LICENSE

## 司考一本通
# 刑 法

编著

阮齐林  邓定永

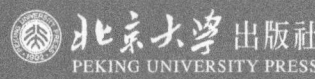
北京大学出版社
PEKING UNIVERSITY PRESS

# 编写说明

实行统一的国家司法考试,不仅是我国司法改革的一项重大举措,也是我国法学教育改革的突破口。从律考转变为司考后,使得更多适合条件的考生热衷于此,司法考试也逐渐形成了市场,辅导用书层出不穷。然而在众多的司考辅导用书当中,如何作出选择,便成了备考考生一个头痛的问题。

司考该用何种辅导书?我们认为,要用"看一本就能通"的书。为了达成此目的,我们努力使本书具备了如下特色:

**特色一 名师编著、套书完整**

本书由来胜全方位法律人培训力邀各科司考名师亲自执笔,集结了老师们多年的司考辅导经验和智慧。本书共分八小册,涵盖了最新考纲的重要考点。

**特色二 内容精炼、针对性强**

本书强调内容的精炼和实战性。针对重要的考点,我们结合历年司考的规律,对其进行精讲,并针对实际考查情况和精讲内容,提供例题以提高实战能力。

**特色三 体例安排科学合理**

根据考纲的要求及体系,我们选出了各科的重要考点并对其从以下三个方面为考生提供帮助。

一、精讲。对当前考点进行精当、有效的讲解,以帮助读者掌握当前考点的精要,具备解决问题的基本能力。

二、例题。针对当前考点,并结合精讲内容,使考生得到及时、有效的练习,提高应试能力,并在修正自己错误的过程中得到提高。

三、提示与预测。主要是针对一些应当特别注意的问题的提示,以及对2017年司考动向的预测。

业精于勤而荒于嬉,行成于思而毁于随。当您拥有了本书,您便得到了一片肥沃的黑土,若能加以勤耕,今日播下的种子,定能在那金秋结出胜利的果实!

编者

2017 年 5 月

# 目　　录

**总则** ……………………………………………………………………………………（1）
 第一章　刑法概说 ………………………………………………………………（1）
 第二章　犯罪概说 ………………………………………………………………（14）
 第三章　犯罪构成 ………………………………………………………………（14）
 第四章　排除犯罪的事由 ………………………………………………………（39）
 第五章　犯罪的未完成形态 ……………………………………………………（47）
 第六章　共同犯罪 ………………………………………………………………（57）
 第七章　单位犯罪 ………………………………………………………………（76）
 第八章　罪数 ……………………………………………………………………（78）
 第九章　刑罚的种类 ……………………………………………………………（89）
 第十章　刑罚的裁量 ……………………………………………………………（101）
 第十一章　刑罚的执行 …………………………………………………………（113）
 第十二章　刑罚的消灭 …………………………………………………………（117）

**分则** …………………………………………………………………………………（122）
 第一章　危害国家安全罪 ………………………………………………………（122）
 第二章　危害公共安全罪 ………………………………………………………（124）
 第三章　破坏社会主义市场经济秩序罪 ………………………………………（136）
 第四章　侵犯人身权利、民主权利罪 …………………………………………（163）
 第五章　侵犯财产罪 ……………………………………………………………（181）
 第六章　妨害社会管理秩序罪 …………………………………………………（218）
 第七章　危害国防利益罪 ………………………………………………………（245）
 第八章　贪污贿赂罪 ……………………………………………………………（245）
 第九章　渎职罪 …………………………………………………………………（266）
 第十章　军人违反职责罪 ………………………………………………………（272）
 附录 ………………………………………………………………………………（274）

# 总　　则

## 第一章　刑法概说

### 考点 1　罪刑法定原则基本内容的理解

#### 一、精讲

第3条①规定：法律明文规定为犯罪行为的，依照法律定罪处刑；法律没有明文规定为犯罪行为的，不得定罪处刑。其基本内容是（其中1—4点为"形式侧面"，5—7点为"实质侧面"）：

（1）成文法，反对习惯法。刑法涉及罪与罚，对法源的形式要求较高。故：① 通常要求是国家最高立法机关（民意机关：国外为议会，中国为全国人大及其常委会）制定的法律；② 根据第90条规定：民族自治地方不能全部适用本法规定的，可以由自治区或者省的人民代表大会根据当地民族的政治、经济、文化的特点和本法规定的基本原则，制定变通或者补充的规定，报请全国人民代表大会常务委员会批准施行。省级人大可根据《刑法》作出适应地方特殊情况的变通性规定，但即使是国家最高行政机关（国务院）也无此权限。

（2）禁止适用类推，严格解释法律。

（3）禁止重法有溯及既往的效力。

（4）禁止绝对不确定刑。

（5）规定犯罪及处罚必须明确。

（6）禁止处罚不当罚的行为。

（7）禁止不均衡、残酷的刑罚。

#### 二、例题

1. 关于罪刑法定原则有以下观点：

① 罪刑法定只约束立法者，不约束司法者

② 罪刑法定只约束法官，不约束侦查人员

③ 罪刑法定只禁止类推适用刑法，不禁止适用习惯法

④ 罪刑法定只禁止不利于被告人的事后法，不禁止有利于被告人的事后法

下列哪一选项是正确的？（单选）

A. 第①句正确，第②③④句错误　　　B. 第①②句正确，第③④句错误

C. 第④句正确，第①②③句错误　　　D. 第①③句正确，第②④句错误

---

① 若无特备说明，本书中的"第×条"，特指《刑法》第×条。

[释疑] 罪刑法定原则既是司法原则也是立法原则,对立法者和司法者具有普遍约束力,第①、②句错。罪刑法定原则排斥习惯法,第③句错;允许适用有利于被告人的事后法(第12条从旧兼从轻),第④句正确。(答案:C)

2. "罪刑法定原则的要求是:(1)禁止溯及既往(_____的罪刑法定);(2)排斥习惯法(_____的罪刑法定);(3)禁止类推解释(_____的罪刑法定);(4)刑罚法规的适当(_____的罪刑法定)。"下列哪一选项与题干空格内容相匹配?(2010年真题,单选)

A. 事前——成文——确定——严格
B. 事前——确定——成文——严格
C. 事前——严格——成文——确定
D. 事前——成文——严格——确定

[释疑] 罪刑法定原则之"依法"要点:<u>严格</u>依照<u>事前</u>的、<u>成文</u>的、<u>确定</u>(罪刑法定的四个方面)的法律定罪判刑。D项是正选。(答案:D)

### 三、提示与预测

罪刑法定原则是刑法最重要的原则(现代刑法的基石),其内涵丰富、考查灵活,2006年和2008年卷四针对此原则两次出论述题,2010—2013年连续出选择题,其重要性怎样估计都不为过。

## 考点 2 罪刑法定原则的思想基础

### 一、精讲

罪刑法定原则的思想基础:现代一般认为是<u>民主</u>和<u>人权(自由)</u>两项。最初则为<u>心理强制说</u>、<u>三权分立学说</u>(仅具有历史价值,现代刑法已不采纳)。

### 二、例题

1. 关于社会主义法治理念与罪刑法定原则的关系有以下观点:(2013年真题,单选)
① 罪刑法定的思想基础是民主主义与尊重人权主义,具备社会主义法治理念的本质属性
② 罪刑法定既约束司法者,也约束立法者,符合依法治国理念的基本要求
③ 罪刑法定的核心是限制国家机关权力,保障国民自由,与执法为民的理念相一致
④ 罪刑法定是依法治国理念在刑法领域的具体表现
关于上述观点的正误,下列哪一选项是正确的?

A. 第①句正确,第②③④句错误
B. 第①③句正确,第②④句错误
C. 第①②③句正确,第④句错误
D. 第①②③④句均正确

[释疑] 罪刑法定原则的内容与价值基础。需要对罪刑法定原则的两个侧面(形式侧面与实质侧面)的内容及其两大价值基础(民主与自由)有深入理解。至于题中的"社会主义法治理念",则属于命题者的应景之举,具备基本的政治常识即可作出正确判断。(答案:D)

2. 关于社会主义法治理念与罪刑法定的表述,下列哪一理解是不准确的?(2011年真题,单选)

A. 依法治国是社会主义法治的核心内容,罪刑法定是依法治国在刑法领域的集中体现
B. 权力制约是依法治国的关键环节,罪刑法定充分体现了权力制约
C. 人民民主是依法治国的政治基础,罪刑法定同样以此为思想基础

D. 执法为民是社会主义法治的本质要求,网民对根据《刑法》规定作出的判决持异议时,应当根据民意判决

[释疑] A项,罪刑法定是刑法的法制原则。B项,依民主价值基础,刑法是代表民意的立法机关制定的,要求司法机关严格执行,不得以类推方式扩大刑事处罚范围,体现立法对司法的制约,对民意的尊重。C项,民主与自由是罪刑法定原则的两大核心价值。D项,执法为民是社会主义法治的本质要求,但不能以民意判决代替法律判决,网民的异议或舆论可以对判决起到监督作用,但不能影响判决,更不能简单地根据民意判决。D项是对罪刑法定原则民主精神的误解。(答案:D)

### 三、提示与预测

因近年考纲增加考查"社会主义法治理念",与这一内容最密切相关的就是罪刑法定原则,故试题往往将二者相结合,但考查重点仍然是罪刑法定原则,"法治理念"的考查更多属于应景之举,考生具备一般的政治常识和判断力即可做出正确选择。

## 考点 3 构成要件要素的概念、分类

### 一、精讲

根据构成要件要素是否包含价值内容(或是否要求作价值判断)分为:"记述的"(或"描述的")构成要件要素和"规范的"构成要件要素两种(注意:这种区分具有相对性)。

(1) 记述的构成要件要素,是指对实际存在的各种人、事、物所作的"事实性"描述,该要素不包含价值(规范)内容的要素,或(法官)不需要作价值判断即可认定,如杀人罪中的"人",盗窃、抢劫、诈骗、抢夺、贪污、职务侵占罪中的"财物",奸淫幼女行为中的"幼女",贩卖毒品罪中的"毒品"等客观的、无须价值判断就可确定其含义的"事实性"要素。因而,裁判者的不同价值观对判断结论基本无影响(放之四海而皆准)。

(2) 规范的构成要件要素,是指刑法规定的那些需要进行"价值"判断才能明确其含义的要素,如放火罪中的"公共安全",传播淫秽物品罪、传播淫秽物品牟利罪中的"淫秽"物品,强制猥亵、侮辱罪中的"侮辱""猥亵",聚众淫乱罪中的"淫乱"等与评价(是非善恶·对错)有关的概念。因而,裁判者基于不同价值观就可能得出不同的判断结论(仁者见仁,智者见智)。

### 二、例题

1. 关于构成要件要素,下列哪一选项是错误的?(2014年真题,单选)

A. 传播淫秽物品罪中的"淫秽物品"是规范的构成要件要素、客观的构成要件要素

B. 签订、履行合同失职被骗罪中的"签订、履行"是记述的构成要件要素、积极的构成要件要素

C. "被害人基于认识错误处分财产"是诈骗罪中的客观的构成要件要素、不成文的构成要件要素

D. "国家工作人员"是受贿罪的主体要素、规范的构成要件要素、主观的构成要件要素

[释疑] 构成要件要素的分类知识:① 客观要素·主观要素,② 记述要素·规范要素,③ 积极要素·消极要素,④ 成文要素·不成文要素。ABC符合构成要件要素分类的概念。

D"国家工作人员"是(客观要素中的)的主体要素,也是规范要素,不是"主观要素",D错在"主观要素"上。(答案:D)

2.《刑法》第246条第1款规定:"以暴力或者其他方法公然侮辱他人或者捏造事实诽谤他人,情节严重的,处三年以下有期徒刑、拘役、管制或者剥夺政治权利。"关于本条的理解,下列哪些选项是正确的?(2012年真题,多选)

A. "以暴力或者其他方法"属于客观的构成要件要素
B. "他人"属于记述的构成要件要素
C. "侮辱""诽谤"属于规范的构成要件要素
D. "三年以下有期徒刑、拘役、管制或者剥夺政治权利"属于相对确定的法定刑

[释疑] 构成要件要素分类:① 客观要素和主观要素。② 记述要素和规范要素。"他人"是描述事实性内容的要素;"侮辱""诽谤"是规定规范内容的要素。中国刑法采取相对确定的法定刑模式(刑种、刑度都可选择),但也有极少数条文采取绝对确定的法定刑模式。(答案:ABCD)

3. 关于构成要件要素的分类,下列哪些选项是正确的?(2008年真题,多选)

A. 贩卖淫秽物品牟利罪中的"贩卖"是记述的构成要件要素,"淫秽物品"是规范的构成要件要素
B. 贩卖毒品罪中的"贩卖"是记述的构成要件要素,"毒品"是规范的构成要件要素
C. 强制猥亵妇女罪中的"妇女"是记述的构成要件要素,"猥亵"是规范的构成要件要素
D. 抢劫罪的客观构成要件要素是成文的构成要件要素,"非法占有目的"是不成文的构成要件要素

[释疑] 第263条(抢劫罪)规定:"以暴力、胁迫或者其他方法抢劫公私财物的,处……"其中,对客观要素作出了明文规定(描述),但是对"非法占有目的"未作明文规定(描述)。虽然法条中对"非法占有目的"未明文描述,但通说认为,抢劫罪应当以"非法占有目的"为要件。故D项说法正确。(答案:ACD)

4.《刑法》第389条第1款规定:"为谋取不正当利益,给予国家工作人员以财物的,是行贿罪。"同条第3款规定:"因被勒索给予国家工作人员以财物,没有获得不正当利益的,不是行贿。"关于上述规定,下列哪些选项是正确的?(2008年缓考真题,多选)

A. "为谋取不正当利益"是客观的构成要件要素
B. "不正当利益"是规范的构成要件要素
C. "给予国家工作人员以财物"是客观的构成要件要素、积极的构成要件要素
D. 第3款规定的内容,属于消极的构成要件要素

[释疑] "为谋取不正当利益"是主观的构成要件要素、规范的构成要件要素。积极的构成要件要素,指构成要件中从正面规定肯定犯罪的要素;消极的构成要件要素,指构成要件中从反面规定排除、否定犯罪的要素。(答案:BCD)

## 考点 4 罪刑法定原则与刑法解释

### 一、精讲

刑法解释若不遵循一定的准则,则罪刑法定原则就是一句空话。在对刑法进行实质解释

时,要注重符合保护个人权利的目的。允许合理的扩张解释和缩小解释,但不允许类推解释。罪刑法定原则的价值取向在于保护个人权利免受国家滥用刑罚权的侵害,故在刑法用语语义难以确定时,采取对被告人(个人)有利的解释;禁止适用行为后(事后)重法,但不排斥事后轻法;禁止习惯法,但未必排斥有利于被告人的习惯法。

## 二、例题

1. 关于罪刑法定原则与刑法解释,下列哪些选项是正确的?(2016年真题,多选)

A. 对甲法条中的"暴力"作扩大解释时,就不可能同时再作限制解释,但这并不意味着对乙法条中的"暴力"也须作扩大解释

B.《刑法》第237条规定的强制猥亵、侮辱罪中的"侮辱",与《刑法》第246条规定的侮辱罪中的"侮辱",客观内容相同、主观内容不同

C. 当然解释是使刑法条文之间保持协调的解释方法,只要符合当然解释的原理,其解释结论就不会违反罪刑法定原则

D. 对刑法分则条文的解释,必须同时符合两个要求:一是不能超出刑法用语可能具有的含义,二是必须符合分则条文的目的

[释疑] 【AD】A项,逻辑上对同一条文的"暴力"不可能同时作扩大和缩小解释。但是,此一条文"暴力"作扩大还是缩小解释,不影响彼一条文的解释。因为刑法中"暴力"一词在不同条文中含义不同,可以作不同解释。D项,不能超出刑法用语可能具有的含义,是刑法解释的形式要求;符合分则条文的目的是刑法解释的实质要求。

B项,同一词语"侮辱",在第237条中的与第246条中的客观、主观内容都不同。C项,当然解释是根据逻辑、事理做出的解释。使刑法条文之间保持协调的解释方法是体系解释,不是当然解释。(答案:AD)

2. 关于刑法解释,下列哪些选项是错误的?(2015年真题,多选)

A.《刑法》规定"以暴力、胁迫或者其他手段强奸妇女的"构成强奸罪。按照文理解释,可将丈夫强行与妻子性交的行为解释为"强奸妇女"

B.《刑法》对抢劫罪与强奸罪的手段行为均使用了"暴力、胁迫"的表述,且二罪的法定刑相同,故对二罪中的"暴力、胁迫"应作相同解释

C. 既然将为了自己饲养而抢劫他人宠物的行为认定为抢劫罪,那么,根据当然解释,对为了自己收养而抢劫他人婴儿的行为更应认定为抢劫罪,否则会导致罪刑不均衡

D. 对中止犯中的"自动有效地防止犯罪结果发生",既可解释为自动采取措施使得犯罪结果未发生;也可解释为自动采取防止犯罪结果发生的有效措施,而不管犯罪结果是否发生

[释疑] A项,文理解释是指根据字面意思所作的解释。强奸罪的对象是"妇女",条文字面上并未将"妻子"排除在"妇女"之外。至于通常并不将"婚内强奸"认定为强奸罪,是因为本罪的法益是妇女的性自主权,而夫妻之间有同居义务,但这一结论并非根据文理解释而得出。B项,两罪中的"暴力"内容大体相同,但"胁迫"则有较大差异。抢劫罪之"胁迫"是指以当场即将实施的暴力相威胁;强奸罪之"胁迫"则内容更为丰富,包括以揭发隐私相威胁、利用职权或从属关系相威胁等。C项,宠物属于财物,但婴儿不属于财物,所以并不适用当然解释。为自己收养而抢劫他人婴儿的行为应当解释为拐骗儿童罪。D项,"不管犯罪结果是否发生"显然不符合"有效性"的要求。"有效性"包括如下情形:采取合理措施防止结果发生(具有因

果关系);采取合理措施,结果未发生,但不具有因果关系;采取合理措施,结果仍发生,但结果由其他因素独立引起(即不可将结果归属于中止者的前行为)。(答案:BCD)

3. 下列哪些选项不违反罪刑法定原则?(2014年真题,多选)

A. 将明知是痴呆女而与之发生性关系导致被害人怀孕的情形,认定为强奸"造成其他严重后果"

B. 将卡拉OK厅未经著作权人许可大量播放其音像制品的行为,认定为侵犯著作权罪中的"发行"

C. 将重度醉酒后在高速公路超速驾驶机动车的行为,认定为以危险方法危害公共安全罪

D.《刑法》规定了盗窃武装部队印章罪,未规定毁灭武装部队印章罪。为弥补处罚漏洞,将毁灭武装部队印章的行为认定为毁灭"国家机关"印章

[释疑] 对刑法条文的解释、适用是否违反罪刑法定原则,判断的标准是"是否明显超出法律用语可能具有的含义",即"解释结论是否与一般人的理解存在重大偏离"。A、C、D项的解释、适用不违反罪刑法定原则。B项"播放"认定为侵犯著作权罪中的"发行",超出词语含义,是类推解释。(答案:ACD)

4. 关于刑法用语的解释,下列哪一选项是正确的?(2014年真题,单选)

A. 按照体系解释,刑法分则中的"买卖"一词,均指购买并卖出;单纯的购买或者出售,不属于"买卖"

B. 按照同类解释规则,对于刑法分则条文在列举具体要素后使用的"等""其他"用语,应按照所列举的内容、性质进行同类解释

C. 将明知是捏造的损害他人名誉的事实,在信息网络上散布的行为,认定为"捏造事实诽谤他人",属于当然解释

D. 将盗窃骨灰的行为认定为盗窃"尸体",属于扩大解释

[释疑] B项表述的"同类解释规则"正确。A项错,根据体系解释,对刑法条文中"买卖"可解释为单纯购买或者单纯出售行为,如非法买卖枪支罪之"买卖"有"出售"或"购买"行为之一就成立。C项错,用当然解释"入罪"的逻辑是:举轻行为X都应入罪以明较重行为Y更应当入罪。"捏造事实诽谤"Y不是比"散布"X轻,因此不是根据当然解释说明"散布"可定罪。C项是目的解释,诽谤罪侵害的法益是他人的名誉。单纯散布捏造的事实足以损害他人的名誉,因此无需本人捏造为必要。相反捏造而不散布的行为却不足以损害他人的名誉。D项错,将"骨灰"解释为"尸体"属于类推解释。另有司法批复明确指出盗窃骨灰的,不能认定为盗窃尸体罪。(答案:B)

5. 关于刑法解释,下列哪一选项是错误的?(2013年真题,单选)

A. 学理解释中的类推解释结论,纳入司法解释后不属于类推解释

B. 将大型拖拉机解释为《刑法》第116条破坏交通工具罪的"汽车",至少是扩大解释乃至是类推解释

C.《刑法》分则有不少条文并列规定了"伪造"与"变造",但不排除在其他一些条文中将"变造"解释为"伪造"的一种表现形式

D.《刑法》第65条规定,不满18周岁的人不成立累犯;《刑法》第356条规定,因走私、贩卖、运输、制造、非法持有毒品罪被判过刑,又犯本节规定之罪的,从重处罚。根据当然解释的原理,对不满18周岁的人不适用《刑法》第356条

[释疑] 司法解释和立法解释也应当遵循罪刑法定原则,禁止(不利被告人)类推解释。B项错,扩张解释。C项对,例如"第227条规定:伪造或者倒卖伪造的车票、船票、邮票或者其他有价票证"之"伪造"含"变造"。D项对。(答案:B)

6. ① 对于同一刑法条文中的同一概念,既可以进行文理解释也可以进行论理解释
② 一个解释者对于同一刑法条文的同一概念,不可能同时既作扩大解释又作缩小解释
③ 刑法中类推解释被禁止,扩大解释被允许,但扩大解释的结论也可能是错误的
④ 当然解释追求结论的合理性,但并不必然符合罪刑法定原则
关于上述4句话的判断,下列哪些选项是错误的?(2011年真题,多选)
A. 第①句正确,第②③④句错误
B. 第①②句正确,第③④句错误
C. 第①③句正确,第②④句错误
D. 第①③④句正确,第②句错误

[释疑] ①解释可以采取多种理由,多多益善,理由充足。② 扩大与缩小(或限制)的"解释技巧"在同一点上不能并用,或者说"在同一条文对同一行为的适用上"不能既扩大又缩小。③采取何种方法、取向释法,不能保证结论当然正确。④追求结论的合理性,是当然解释的特点,"但并不必然符合罪刑法定原则"。④正确,道理同③,采取何种理由、技巧释法,不保证结论当然正确(即符合罪刑法原则)。(答案:ABCD)

7. 关于刑法解释的说法,下列哪一选项是正确的?(2009年真题,单选)
A. 将盗窃罪对象的"公私财物"解释为"他人的财物",属于缩小解释
B. 将《刑法》第171条出售假币罪中的"出售"解释为"购买和销售",属于当然解释
C. 对随身携带枪支等国家禁止个人携带的器械以外的其他器械进行抢夺的,解释为以抢劫罪定罪,属于扩张解释
D. 将信用卡诈骗罪中的"信用卡"解释为"具有消费支付、信用贷款、转账结算、存取现金等全部功能或者部分功能的电子支付卡",属于类推解释

[释疑] (1) A项,盗窃罪的对象是"他人占有的财物",解释成"他人的财物"不妥。
(2) B项,出售本身不应该包含购买,将出售解释为销售和购买属于扩大解释。因为第171条将假币的"出售"和"购买"行为并列,称为出售、购买假币罪,意味着该条中的出售不能包括"购买",故确切地说应是类推解释。
(3) C项,如果将"凶器"的文义理解为"国家禁止个人携带的器械",还包含"其他器械"的解释是扩张解释。
(4) 立法解释对信用卡最重要的限定是"金融机构发行"的……电子支付卡。D项却把"金融机构发行"的限制去掉了,几乎包含所有的"电子支付卡",该项存在瑕疵。(答案:C)

8. ① 立法解释是由立法机关作出的解释,既然立法机关在制定法律时可以规定"携带凶器抢夺的"以抢劫罪论处,立法解释也可以规定"携带凶器盗窃的,以抢劫罪论处"。② 当然,立法解释毕竟是解释,故立法解释不得进行类推解释。③ 司法解释也具有法律效力,当司法解释与立法解释相抵触时,应适用新解释优于旧解释的原则。④ 不过,司法解释的效力低于立法解释的效力,故立法解释可以进行扩大解释,司法解释不得进行扩大解释。关于上述四句话正误的判断,下列哪一选项是正确的?(2008年真题,单选)
A. 第①句正确,其他错误
B. 第②句正确,其他错误
C. 第③句正确,其他错误
D. 第④句正确,其他错误

[释疑] 立法解释毕竟是一种"刑法解释",立法机关也应遵循罪刑法定原则,故立法解

释也不得进行类推解释(无论何种解释,都不可类推)。因为立法解释可随附于被解释法条适用于出台前的行为,若创制罪刑的新内容,可能违反公民可预知原则。如果需要创制新罪刑,则应采取"修正案"的立法形式。B项对,自然A项错。只要符合罪刑法定原则,不论立法机关还是司法机关都可作扩张解释。(答案:B)

## 考点 5　罪刑相适应原则与罪刑法定原则在内容(或要求)上的差别

### 一、精讲

罪刑相适应原则,即第5条:"刑罚的轻重,应当与犯罪分子所犯罪行和承担的刑事责任相适应。"罪刑法定原则解决"处理的性质问题",即何种行为是犯罪、适用何种刑罚必须有法律规定。而罪刑相适应原则解决"处理的轻重问题",即处罚的程度或合理性问题。

### 二、例题

下列关于罪刑相适应原则的说法哪些是正确的?(2005年真题,多选)
A. 罪刑相适应原则要求刑法不溯及既往
B. 罪刑相适应原则要求刑事立法制定合理的刑罚体系
C. 罪刑相适应原则要求刑罚与犯罪性质、犯罪情节和罪犯的人身危险性相适应
D. 罪刑相适应原则要求在行刑中合理地适用减刑、假释等制度

[释疑]　B、C、D项属于罪刑相适应原则方面的问题,正解。A项属于罪刑法定原则的要求,故排除。(答案:BCD)

## 考点 6　社会主义法治理念与刑法基本原则

### 一、精讲

我国刑法作为社会主义法律体系的重要组成部分,是保护人民、惩罚犯罪的有力武器,其三大基本原则集中体现了社会主义法治理念。

1. 罪刑法定原则。依法治国是社会主义法治的核心内容,也是罪刑法定原则的题中应有之义。执法为民是社会主义法治的本质要求,罪刑法定原则是执法为民在司法实践中的具体体现。

2. 适用刑法平等原则。适用刑法平等原则是法律面前人人平等的宪法原则在刑法中的具体表现,是依法治国的重要原则,是社会主义法治追求公平正义价值的集中体现。

3. 罪刑相适应原则。第5条规定:"刑罚的轻重,应当与犯罪分子所犯罪行和承担的刑事责任相适应。"罪刑相适应原则要求做到罚当其罪、罪刑相称,正确处理全局利益与局部利益的关系;在分析罪重罪轻和刑事责任大小时,不仅要看犯罪的客观社会危害性,还应结合行为人的主观恶性和人身危险性,把握罪行和罪犯各方面因素综合体现出来的社会危害程度,从而确定刑事责任的大小,适用相应的刑罚。

根据量刑规范化指导意见,量刑应与被告人犯罪的"社会危害性"和"人身危险性"相适应,在刑法规定的法定刑幅度内进行。社会危害性要素是指由犯罪的客观危害性和犯罪人的主观恶性综合体现决定的因素;人身危险性要素是指反映犯罪人再次犯罪可能性的因素。简

言之,处罚既对"事",也对"人"。

可以说,刑法每一项制度都体现了罪刑相适应原则,如:对未成年人、限制刑事责任能力人、又聋又哑的人犯罪,从轻处罚;对犯罪中止、未遂、预备、从犯、胁从犯、教唆未遂、自首、立功、防卫过当从轻处罚;对累犯、教唆未成年人犯从重处罚,都体现了罪刑相适应原则。

## 二、例题

1. 关于公平正义理念与罪刑相适应原则的关系,下列哪一选项是错误的?(2014年真题,单选)

    A. 公平正义是人类社会的共同理想,罪刑相适应原则与公平正义相吻合

    B. 公平正义与罪刑相适应原则都要求在法律实施中坚持以事实为根据、以法律为准绳

    C. 根据案件特殊情况,为做到罪刑相适应,促进公平正义,可由最高法院授权下级法院,在法定刑以下判处刑罚

    D. 公平正义的实现需要正确处理法理与情理的关系,罪刑相适应原则要求做到罪刑均衡与刑罚个别化,二者并不矛盾

    [释疑] 追求公正合理不得违反刑法规定。第63条规定,对无法定减轻情节的罪犯"在法定刑以下判处刑罚"即减轻处罚,应逐级报最高法核准。C项违反此规定。第5条罪刑相适应原则的价值基是公平正义(A项对),公平正义与情理法理公平报应刑罚个别预防目的一致(D对),通过以事实为根据,以法律为准绳实现(B项对)。(答案:C)

    提示考试技巧:原则理念方面考题,正确的东西其精神往往是相通的,只要具备基本的政治判断能力,这类题都可以轻松搞定。罪刑相适应原则·以事实为根据,以法律为准绳·正确处理情理与法理·罪刑均衡与刑罚个别化,这些都是正确的东西。

2. 甲怀疑医院救治不力致其母死亡,遂在医院设灵堂、烧纸钱,向医院讨说法。结合社会主义法治理念和刑法规定,下列哪一看法是错误的?(2014年真题,单选)

    A. 执法为民与服务大局的理念要求严厉打击涉医违法犯罪,对社会影响恶劣的涉医犯罪行为,要依法从严惩处

    B. 甲属于起哄闹事,只有造成医院的秩序严重混乱的,才构成寻衅滋事罪

    C. 如甲母的死亡确系医院救治不力所致,则不能轻易将甲的行为认定为寻衅滋事罪

    D. 如以寻衅滋事罪判处甲有期徒刑3年、缓刑3年,为有效维护医疗秩序,法院可同时发布禁止令,禁止甲1年内出入医疗机构

    [释疑] 禁止令内容错误。禁止甲去医院闹事或接触有关医务人员即可,不必禁止其出入所有医疗机构,连去医院看病也禁止,既无必要,也不合理。其他各项都是适用刑法寻衅滋事规定处理"医闹"案件的正确观念。有关司法解释要求严惩医闹的违法犯罪行为,A项对。寻衅滋事"情节恶劣"才构成犯罪,B项对。医院方面存在过错,病患方面吵闹事出有因的,"不能轻易"定罪。根据最高人民法院、最高人民检察院《关于办理寻衅滋事刑事案件适用法律若干问题的解释》的规定,寻衅滋事一般是无事生非、借故生非,"有事生非"的,只有在经处理后仍无理纠缠的才考虑定性为寻衅滋事。故"不能轻易"定罪符合有关司法解释,C项对。(答案:D)

3. 甲给机场打电话谎称"3架飞机上有炸弹",机场立即紧急疏散乘客,对飞机进行地毯式安检,3小时后才恢复正常航班秩序。关于本案,下列哪一选项是正确的?(2013年真题,

单选)
　　A. 为维护社会稳定,无论甲的行为是否严重扰乱社会秩序,都应追究甲的刑事责任
　　B. 为防范危害航空安全行为的发生,保护人民群众,应以危害公共安全相关犯罪判处甲死刑
　　C. 从事实和法律出发,甲的行为符合编造、故意传播虚假恐怖信息罪的犯罪构成,应追究其刑事责任
　　D. 对于散布虚假信息,危及航空安全,造成国内国际重大影响的案件,可突破司法程序规定,以高效办案取信社会
　　[释疑] 第291条规定之一编造、传播虚假恐怖信息罪以"严重扰乱社会秩序的"为要件,否则仅为治安违法行为。A项错。《治安管理处罚法》第25条规定,"散布谣言,谎报险情、疫情、警情或者以其他方法故意扰乱公共秩序的",处5日以上10日以下拘留。B项错。无真实公共危险,仅成立第291条之罪或治安违法行为。C项正确。D项违反罪刑法定原则。(答案:C)
　　4. 关于社会主义法治理念与罪刑法定原则的关系有以下观点:
　　① 罪刑法定的思想基础是民主主义与尊重人权主义,具备社会主义法治理念的本质属性
　　② 罪刑法定既约束司法者,也约束立法者,符合依法治国理念的基本要求
　　③ 罪刑法定的核心是限制国家机关权力,保障国民自由,与执法为民的理念相一致
　　④ 罪刑法定是依法治国理念在刑法领域的具体表现
　　关于上述观点的正误,下列哪一选项是正确的?(2013/二/2)
　　A. 第①句正确,第②③④句错误　　　B. 第①③句正确,第②④句错误
　　C. 第①②③句正确,第④句错误　　　D. 第①②③④句均正确
　　[释疑] 罪刑法定原则内容、价值基础。四个观点都符合官方说法。(答案:D)
　　5. 关于社会主义法治理念与罪刑法定的表述,下列哪一理解是不准确的?(2011年真题,单选)
　　A. 依法治国是社会主义法治的核心内容,罪刑法定是依法治国在刑法领域的集中体现
　　B. 权力制约是依法治国的关键环节,罪刑法定充分体现了权力制约
　　C. 人民民主是依法治国的政治基础,罪刑法定同样以此为思想基础
　　D. 执法为民是社会主义法治的本质要求,网民对根据《刑法》规定作出的判决持异议时,应根据民意判决
　　[释疑] A、B、C项都符合官方说法,D项的前半句正确,但后半句认为判决应符合网民意见的说法明显不对。(答案:D)

## 考点 7 属地原则的适用

### 一、精讲

　　第6条规定:凡在中华人民共和国领域内犯罪的,除法律有特别规定的以外,都适用本法。凡在中华人民共和国船舶或者航空器内犯罪的,也适用本法。犯罪的行为或者结果有一项发生在中华人民共和国领域内的,就认为是在中华人民共和国领域内犯罪。
　　其要点是:

（1）行为或结果有一项发生在中国领域的，认为是在中国领域的犯罪。

（2）在共同犯罪的场合，共同犯罪之一人或共同犯罪行为之一部分发生在中国的，认为是在中国领域的犯罪。

（3）预备、实行行为之一部分或一环发生在中国的，认为是在中国领域的犯罪。

（4）在中国船舶或者航空器上犯罪的，认为是在中国领域的犯罪。如果在国际列车上犯罪，参照最高人民法院《关于适用〈中华人民共和国刑事诉讼法〉的解释》第6条规定处理：即按照我国与相关国家签订的有关管辖协定确定管辖；没有协定的，由该列车最初停靠的中国车站所在地或目的地铁路运输法院管辖。

（5）外国驻华使领馆内发生的犯罪，应当认为是域内犯罪。

## 二、例题

下列哪些犯罪行为应实行属地管辖原则？（2005年真题，多选）
A. 外国人乘坐外国民航飞机进入中国领空后实施犯罪行为
B. 中国人乘坐外国船舶，当船舶行驶于公海上时实施犯罪行为
C. 外国人乘坐中国民航飞机进入法国领空后实施犯罪行为
D. 中国国家工作人员在外国实施我国刑法规定的犯罪行为

［释疑］ （1）A项正确，因为犯罪发生在中国领域（领空），中国领域包括领土、领海和领空。依属地原则确定中国刑法的效力。

（2）C项正确，在中国的航空器内犯罪视为域内犯罪。

（3）B项和D项，均不属于在中国领域内犯罪，故不能依据第6条属地原则确立中国刑法的适用效力，但可依属人原则确立中国刑法的适用效力。（答案：AC）

# 考点 8 属地、属人、保护、普遍管辖原则的综合考查

## 一、精讲

确立《刑法》对案件空间适用效力的思路：① "域内·域外两分"，域内发生的犯罪（国内犯），优先依据属地原则确立中国刑法适用（属地优先），我国以属地原则为基础，以其他原则为补充。但享有外交特权和豁免权的外国人的刑事责任和港澳特区发生的犯罪除外。② 若是"域外"犯罪（国外犯），依次根据属人、保护、普遍管辖等原则确定刑法的适用。

（1）属人原则：第7条规定：中华人民共和国公民在中华人民共和国领域外犯本法规定之罪的，适用本法，但是按本法规定的最高刑为3年以下有期徒刑的，可以不予追究。中华人民共和国国家工作人员和军人在中华人民共和国领域外犯本法规定之罪的，适用本法。其要点是：① 罪行较轻，法定最高刑在3年以下。② 可以不予追究，不是绝对不追究。③ 中国国家工作人员和军人不适用这个例外。

（2）保护原则：第8条规定：外国人在中华人民共和国领域外对中华人民共和国国家或公民犯罪，而按本法规定的最低刑为3年以上有期徒刑的，可以适用本法，但是按照犯罪地的法律不受处罚的除外。其要点是：① 侵犯中国国家或公民的利益。② 罪行严重，法定最低刑为3年以上。常见的法定最低刑为3年以上有期徒刑的罪有：盗窃、诈骗、抢夺、敲诈勒索、故意毁坏财物数额巨大的，故意伤害致人重伤、死亡的，故意杀人、抢劫、强奸、绑架等。③ 双方

可罚原则,即该行为必须是中国刑法和犯罪地国家刑法中都认为是犯罪、应受刑罚处罚的行为。

(3)普遍管辖原则:第9条规定:对于中华人民共和国缔结或者参加的国际条约所规定的罪行,中华人民共和国在所承担条约义务的范围内行使刑事管辖权的,适用本法。其要点是:① 适用对象:国际犯罪。② 处理原则:立即逮捕,或引渡,或起诉。

对案件的刑法适用效力与司法管辖权。我国司法机关只适用中国刑法起诉、审判刑事案件,故中国刑法的适用效力与司法当局确立管辖权二者存在必然联系。

## 二、例题

关于刑事管辖权,下列哪些选项是正确的?(2007年真题,多选)

A. 甲在国外教唆陈某到中国境内实施绑架行为,中国司法机关对甲的教唆犯罪有刑事管辖权

B. 隶属于中国某边境城市旅游公司的长途汽车在从中国进入E国境内之后,因争抢座位,F国的汤姆一怒之下杀死了G国的杰瑞。对汤姆的杀人行为不适用中国刑法

C. 中国法院适用普遍管辖原则对劫持航空器的丙行使管辖权时,定罪量刑的依据是中国缔结或者参加的国际条约

D. 外国人丁在中国领域外对中国公民犯罪的,即使按照中国刑法的规定,该罪的最低刑为3年以上有期徒刑,也可能不适用中国刑法

[释疑] (1)A项共同犯罪之一部分或一环节发生在中国,认为是在中国领域犯罪。

(2)B项不属于中国领域的犯罪,且犯罪人与被害人均不属于中国公民,属地、属人、保护原则均不适用,且杀人罪不属于中国参加的公约中规定的罪行,也不能按照中国承诺的条约义务行使管辖权。注意汽车不具有飞机、船舶的拟制领土的地位。

(3)C项错在"定罪量刑的依据是……国际条约"。正确说法是中国司法当局根据中国刑法依据国际条约有权确立案件的刑事管辖权。并且应当适用"中国刑法"规定定罪量刑,而不是依据国际条约定罪量刑。第9条确立了中国刑法(实体法)对案件的适用效力。

(4)D项正确。因为保护原则的适用以"犯罪地国法律也认为犯罪"为要件("双方可罚"),若犯罪地国法律不认为是犯罪的,"也可能不适用中国刑法"。(答案:ABD)

## 三、提示与预测

刑法的空间效力考查灵活,重视对综合知识掌控能力的考查,一个题目中往往涉及多个知识点,请考生予以注意。

# 考点 9 刑法的时间效力

## 一、精讲

(1)修订后的刑法典于1997年10月1日生效。

(2)行为时法与行为后法。行为时有效的法律简称"旧法",行为后生效的法律简称"新法"或"事后法""审判时法"。

(3)刑法溯及力原则:从旧兼从轻。要点:① 从旧,即对某行为应当依据该行为时有效的

法律定罪判刑,该行为发生后才生效的法律(新法)对该行为无溯及既往的效力。②兼从轻,适用新法,如果行为后生效的法律对被告人有利的(不认为犯罪或处罚较轻),应当适用"新法"。但仅限于"未决案",包括未经审判和判决尚未确定的案件;不包括已决案,即判决已经确定的案件。③如果新旧刑法的规定完全相同,适用旧法。④对一人犯有数罪的,应按照各罪的发生时间根据从旧兼从轻原则分别确定刑法的适用。⑤犯罪行为由旧法时连续或继续到新法生效时,只要新旧刑法都认为是犯罪的,适用新法。

(4)刑法修正案。因为刑法修正案对刑法典有关条款的实体内容(犯罪构成或处罚)进行了改动,故属于新规定,同样遵从从旧兼从轻原则。

(5)司法解释。司法解释的时间效力与刑法不同,其要点是:自发布或规定之日起施行,其效力适用于法律的施行期间,即司法解释与被解释的法律在时间效力范围上是一致的。但对同一案件存在两个或以上司法解释的情况下,采取从旧兼从轻原则选择适用其中一个司法解释。对"已决案"不适用事后的司法解释。

(6)对立法解释的时间效力可参照司法解释。

## 二、例题

1.《刑法修正案(八)》于2011年5月1日起施行。根据《刑法》第12条关于时间效力的规定,下列哪一选项是错误的?(2013年真题,单选)

A. 2011年4月30日前犯罪,犯罪后自首又有重大立功表现的,适用修正前的刑法条文,应当减轻或者免除处罚

B. 2011年4月30日前拖欠劳动者报酬,2011年5月1日后以转移财产方式拒不支付劳动者报酬的,适用修正后的刑法条文

C. 2011年4月30日前组织出卖人体器官的,适用修正后的刑法条文

D. 2011年4月30日前扒窃财物数额未达到较大标准的,不得以盗窃罪论处

[释疑] A项对,修正前规定"应当减轻或者免除处罚",对罪犯有利。B项对,犯罪行为发生于2011年5月1日生效后。C项错误,第225条(行为时)比第234条之一(行为后法)法定刑轻,适用行为时法。D项对,对于"扒窃",行为时法也以数额较大为要件,未达到较大标准的,不认为犯罪。(答案:C)

2. 2009年1月,甲(1993年4月生)因抢劫罪被判处有期徒刑1年。2011年3月20日,甲以特别残忍手段故意杀人后逃跑,6月被抓获。关于本案,下列哪一选项是正确的?(2011年真题,单选)

A. 根据从旧兼从轻原则,本案不适用《刑法修正案(八)》

B. 对甲故意杀人的行为,应当从轻或者减轻处罚

C. 甲在审判时已满18周岁,可以适用死刑

D. 甲构成累犯,应当从重处罚

[释疑] B项,第17条第3款规定:"已满十四周岁不满十八周岁的人犯罪,应当从轻或者减轻处罚。"C项,第49条规定:"犯罪的时候不满十八周岁的人和审判的时候怀孕的妇女,不适用死刑。"D项,根据《刑法修正案(八)》的新规定,未成年人不成立累犯。A项,对于未成年人来说,在累犯问题上,《刑法修正案(八)》的新规定比过去轻了,故根据从旧兼从轻原则,本案适用《刑法修正案(八)》,A项错误。(答案:B)

# 第二章 犯罪概说

## 考点　第13条犯罪的概念及"但书"的适用

### 一、精讲

第13条规定："一切……危害社会的行为,依照法律应当受刑罚处罚的,都是犯罪,但是情节显著轻微危害不大的,不认为是犯罪。"其要点是:

(1) 犯罪的本质特征是社会危害性。
(2) 社会危害性与客体的关系,如追问犯罪危害什么？回答是侵害社会关系(即客体)。
(3) 社会危害性与危害结果的关系:危害结果是危害性的具体体现。
(4) 犯罪的中心要素是行为。
(5) "但书"表明犯罪有"程度"或"量"的问题。

### 二、例题

甲女得知男友乙移情,怨恨中送其一双滚轴旱冰鞋,企盼其运动时摔伤。乙穿此鞋运动时,果真摔成重伤。关于本案的分析,下列哪一选项是正确的？(2013年真题,单选)
A. 甲的行为属于作为的危害行为
B. 甲的行为与乙的重伤之间存在刑法上的因果关系
C. 甲具有伤害乙的故意,但不构成故意伤害罪
D. 甲的行为构成过失致人重伤罪

[释疑] 主观上虽有伤害的意思,但赠鞋行为并不能一般性(类型性)地引起伤害结果,故并无实行行为,因而也就不存在刑法上的因果关系。注意刑法中的"行为"的认定(除本题中的赠鞋行为,还有劝人坐高铁、劝人雨天在林中散步、采用迷信巫术手段而希望发生损害结果的,都不存在刑法上的实行行为)。(答案:C)

### 三、提示与预测

犯罪的危害性包括实害和"危险",如果行为既无实害也无危险的,因不可能侵害法益(不能犯),不为罪。如"稻草人"事件,即错把稻草人当做仇人(真人)开枪射击,属于对象不能犯;"保健品"事件,为了杀人,错把保健品当做毒药投放到仇人的食物中,属于工具不能犯。

# 第三章 犯罪构成

## 考点 1　不作为行为成立犯罪的一般条件(或原理)

### 一、精讲

不作为构成犯罪需要具备以下条件:

(1) 行为人负有某种特定的义务。通常情况下,一个人对人或对事如果采取不作为的方式,不会产生危害,也不会构成犯罪,如果成立不作为犯罪必须有一个特定的前提,就是负有某种"义务",或者说是作出某种积极行为避免危害结果发生的义务。不作为构成犯罪的义务来源:① 法律规定的;② 职务上或业务上要求的;③ 法律行为引起的;④ 先前行为引起的。
(2) 行为人能够履行义务。
(3) 履行义务可避免危害结果。
(4) 行为人不履行特定义务,造成或可能造成危害结果。

## 二、例题

1. 关于不作为犯罪,下列哪一选项是正确的?(2016年真题,单选)

A. "法无明文规定不为罪"的原则当然适用于不作为犯罪,不真正不作为犯的作为义务必须源于法律的明文规定

B. 在特殊情况下,不真正不作为犯的成立不需要行为人具有作为可能性

C. 不真正不作为犯属于行为犯,危害结果并非不真正不作为犯的构成要件要素

D. 危害公共安全罪、侵犯公民人身权利罪、侵犯财产罪中均存在不作为犯

[释疑] D项正确在于第二章危害公共安全罪章中至少有不报安全事故罪、丢失枪支不报罪,侵犯人身罪章中至少有遗弃罪,侵犯财产罪中有拒不支付劳动报酬罪。因此对"不作为犯"无论理解为不真正不作为犯还是真正不作为犯,D项都正确。

A项不作为犯义务来源不限于法定的,A项错。B项具有作为可能性是不作为犯的四要件之一,B项错在"不需要行为人具有作为可能性"。C项主要错在"不真正不作为犯属于行为犯"。一是因不作为而未导致危害结果发生的,通常不成立犯罪;二是有学者认为"行为犯"概念自身存疑问,不符合犯罪应当具有法益侵害性或社会危害性的犯罪本质观。(答案:D)

2. 关于不作为犯罪,下列哪些选项是正确的?(2015年真题,多选)

A. 儿童在公共游泳池溺水时,其父甲、救生员乙均故意不救助。甲、乙均成立不作为犯罪

B. 在离婚诉讼期间,丈夫误认为自己无义务救助落水的妻子,致妻子溺水身亡的,成立过失的不作为犯罪

C. 甲在火灾之际,能救出母亲,但为救出女友而未救出母亲。如无排除犯罪的事由,甲构成不作为犯罪

D. 甲向乙的咖啡投毒,看到乙喝了几口后将咖啡递给丙,因担心罪行败露,甲未阻止丙喝咖啡,导致乙、丙均死亡。甲对乙是作为犯罪,对丙是不作为犯罪

[释疑] 不作为即"当为而不为",以具有作为义务为前提。A项,父亲有法定义务,救生员有业务上的义务。B项,法律认识错误,不影响其故意的成立。C项,甲对母亲(近亲属)有法定的救助义务,但对女友(并非近亲属)则并无法定救助义务,且"无排除犯罪的事由",故构成不作为犯。特别提醒:此时并非"义务冲突"!因为女友并无法定义务。倘若将"女友"改为"妻子",则为义务冲突,救出任何一人皆可阻却违法性而不成立犯罪。D项,甲以投毒方式杀乙,成立作为犯(直接故意杀人);甲有阻止丙饮用有毒咖啡的义务而未阻止,成立不作为犯(间接故意杀人)。当然,对甲最终仅需认定一个故意杀人罪即可。(答案:ACD)

3. 关于不作为犯罪的判断,下列哪一选项是错误的?(2014年真题,单选)

A. 小偷翻墙入院行窃,被护院的藏獒围攻。主人甲认为小偷活该,任凭藏獒撕咬,小偷被

咬死。甲成立不作为犯罪

B. 乙杀丙,见丙痛苦不堪,心生悔意,欲将丙送医。路人甲劝阻乙救助丙,乙遂离开,丙死亡。甲成立不作为犯罪的教唆犯

C. 甲看见儿子乙(8周岁)正掐住丙(3周岁)的脖子,因忙于炒菜,便未理会。等炒完菜,甲发现丙已窒息死亡。甲不成立不作为犯罪

D. 甲见有人掉入偏僻之地的深井,找来绳子救人,将绳子的一头扔至井底后,发现井下的是仇人乙,便放弃拉绳子,乙因无人救助死亡。甲不成立不作为犯罪

[释疑] C项,甲对幼子乙有监护责任与阻止乙侵害行为的义务,应成立不作为犯罪。D项,甲无救助乙的义务,且甲放绳不拉与坐视不管无差别,并未恶化乙的处境,不成立不作为犯罪。A、B项正确,均成立不作为犯罪。(答案:C)

4. 关于不作为犯罪,下列哪些选项是正确的?(2013年真题,多选)

A. 船工甲见乙落水,救其上船后发现其是仇人,又将其推到水中,致其溺亡。甲的行为成立不作为犯罪

B. 甲为县公安局长,妻子乙为县税务局副局长。乙在家收受贿赂时,甲知情却不予制止。甲的行为不属于不作为的帮助,不成立受贿罪共犯

C. 甲意外将6岁幼童撞入河中。甲欲施救,乙劝阻,甲便未救助,致幼童溺亡。因只有甲有救助义务,乙的行为不成立犯罪

D. 甲将弃婴乙抱回家中,抚养多日后感觉麻烦,便于夜间将乙放到菜市场门口,期待次日晨被人抱走抚养,但乙被冻死。甲成立不作为犯罪

[释疑] A项错,将仇人从船上推入水中淹死是作为的故意杀人;B项对,夫妻之间无阻止对方受贿的义务。C项错,教唆有作为义务者不作为,也可成立教唆犯。D项对,将弃婴抱回家,属于因"先行行为"而产生的作为(抚养)义务。(答案:BD)

5. 下列哪一选项构成不作为犯罪?(2012年真题,单选)

A. 甲到湖中游泳,见武某也在游泳。武某突然腿抽筋,向唯一在场的甲呼救。甲未予理睬,武某溺亡

B. 乙女拒绝周某求爱,周某说"如不答应,我就跳河自杀"。乙明知周某可能跳河,仍不同意。周某跳河后,乙未呼救,周某溺亡

C. 丙与贺某到水库游泳。丙为显示泳技,将不善游泳的贺某拉到深水区教其游泳。贺某忽然沉没,丙有点害怕,忙游上岸,贺某溺亡

D. 丁邀秦某到风景区漂流,在漂流筏转弯时,秦某的安全带突然松开致其摔落河中。丁未下河救人,秦某溺亡

[释疑] A项甲无救助(阻止危害结果)的义务,B项乙恋人间无保证对方不因失恋自杀的义务,均不成立不作为犯罪。D项秦某自愿参加漂流与其他参与漂流者一样自担相应风险,丁并未使秦某蒙受额外风险,故即使不救助不至于构成犯罪。C项将他人带至险境有义务、有能力救助而不救助,发生危害结果,其不作为可构成犯罪。(答案:C)

6. 关于不作为犯罪,下列哪些选项是正确的?(2011年真题,多选)

A. 宠物饲养人在宠物撕咬儿童时故意不制止,导致儿童被咬死的,成立不作为的故意杀人罪

B. 一般公民发现他人建筑物发生火灾故意不报警的,成立不作为的放火罪

C. 父母能制止而故意不制止未成年子女侵害行为的,可能成立不作为犯罪
D. 荒山狩猎人发现弃婴后不救助的,不成立不作为犯罪

[释疑] 不具有(被害人财产、生命免受侵害的)保证人地位,其不作为不可能构成犯罪,B项错误,D项正确。A、C项,具有(被害人财产、生命免受侵害的)保证人地位,其不作为不可能构成犯罪,A、C项正确。(答案:ACD)

7. 关于不作为犯罪,下列哪些选项是正确的?(2010年真题,多选)

A. 甲在车间工作时,不小心将一根铁钻刺入乙的心脏,甲没有立即将乙送往医院而是逃往外地。医院证明,即使将乙送往医院,乙也不可能得到救治。甲不送乙就医的行为构成不作为犯罪

B. 甲盗伐树木时砸中他人,明知不立即救治将致人死亡,仍有意不救。甲不救助伤者的行为构成不作为犯罪

C. 甲带邻居小孩出门,小孩失足跌入粪塘,甲嫌脏不愿施救,就大声呼救,待乙闻声赶来救出小孩时,小孩已死亡。甲不及时救助的行为构成不作为犯罪

D. 甲乱扔烟头导致所看守的仓库起火,能够扑救而不救,迅速逃离现场,导致火势蔓延,财产损失巨大。甲不扑救的行为构成不作为犯罪

[释疑] A项,即使甲救助了乙,乙也必死,乙死亡是不可避免的,缺乏不作为犯罪的危害结果可避免的要件,甲的不作为不构成犯罪。乙死亡只能归咎于甲"不小心将一根铁钻刺入乙的心脏"的"作为"行为,可追究甲该"作为"重大责任事故罪。B、C、D项均满足有义务、有能力、有可能阻止危害结果却不阻止,以致危害结果发生的条件,可追究不作为的罪责。(答案:BCD)

8. 甲、乙夫妇因8岁的儿子严重残疾,生活完全不能自理而非常痛苦。一天,甲往儿子要喝的牛奶里放入"毒鼠强"时被乙看到,乙说:"这是毒药吧,你给他喝呀?"见甲不说话,乙叹了口气后就走开了。毒死儿子后,甲、乙二人一起掩埋尸体并对外人说儿子因病而死。关于甲、乙行为的定性,下列哪一选项是正确的?(2008年真题,单选)

A. 甲与乙构成故意杀人的共同犯罪
B. 甲构成故意杀人罪,乙构成包庇罪
C. 甲构成故意杀人罪,乙构成遗弃罪
D. 甲构成故意杀人罪,乙无罪

[释疑] 不作为行为成立共犯的认定。甲毫无疑问成立故意杀人罪,乙作为母亲对阻止危害结果,有作为义务、可能,且危害结果(儿子被害)可避免,足以认定乙不作为行为构成甲故意杀人罪的共犯。(答案:A)

9. 下列哪些选项成立不作为犯罪?(2008年缓考真题,多选)

A. 过路人甲看见某公寓发生火灾而不报警,导致公寓全部被烧毁
B. 成年人乙带邻居小孩出去游玩,小孩溺水,乙发现后能够救助而不及时抢救,致使小孩被淹死
C. 丙重男轻女,认为女儿不能延续香火,将年仅1岁的女儿抱到火车站,放在长椅上后匆匆离开。因为天冷,等警察发现女孩将其送到医院时,女孩已经死亡
D. 司机丁意外撞倒负完全责任的行人刘某后,没有立即将刘某送往医院,刘某死亡。事后查明,即使司机丁将刘某送往医院,也不可能挽救刘某的生命

[释疑]　B、C 项,有义务且履行义务可阻止危害结果的发生,成立犯罪。A 项,发现火灾应报警不属于刑法规定的义务,甚至不能认为是一项法律义务。只有与火灾有关的人,如放火者、失火者或其他有特定义务者不报火警才涉及刑事责任。故"过路人"未报警,不成立不作为犯罪,因为其无义务。D 项:① 不成立交通肇事罪;② 即使履行(救助)义务也不能阻止危害结果,结果不可避免,不作为无责。(答案:BC)

### 三、提示与预测

从近几年命题趋势来看,判断是否具有作为义务进而成立不作为犯是常考题,故对作为义务的来源问题要深入理解和掌握。

## 考点 2　不纯正不作为犯的理解

### 一、精讲

以不作为形式构成"作为犯",即构成法律设置作为的方式为其构成要件的犯罪,必须确认该不作为行为与作为行为构成该犯罪具有"相当性"。刑法维护的规范(或规矩)分两种,其一是义务规范,比如公民有纳税义务、服兵役义务等;其二是禁止规范,比如不可杀人、不可放火、不可偷盗等。违反义务规范的行为是"不作为犯",即有义务(当为)而不为,法律惩罚的是"不为",即不作为。违反禁止规范的犯罪是"作为犯",即不当为而为之,法律惩罚的是"为之",即作为行为。可见,刑法为维护义务规范所规定的罪是不作为犯,比如遗弃罪;维护禁止规范所规定的罪行是作为犯,比如故意杀人罪。

(1) 纯正的不作为犯。当行为人以不作为行为构成"不作为犯",叫做"纯正不作为犯"(或真正不作为犯)。因为行为人的行为形式是不作为,刑法规制的犯罪行为形式也是不作为,人的行为和法律惩罚的行为二者在"行为形式上一致",属于依法定罪的"常态"问题。

(2) 纯正的作为犯。当行为人以作为行为构成一个"作为犯",叫做"纯正的作为犯"(或真正的作为犯)。因为行为人的行为形式是作为,刑法规制的犯罪行为形式也是作为,人的行为和法律惩罚的行为二者在"行为形式上一致",也属于依法定罪的"常态"问题。

(3) 不纯正不作为犯。当行为人以不作为行为构成一个"作为犯",或者说以不作为行为构成一个"非不作为犯",叫做"不纯正不作为犯"(或不真正不作为犯)。因为行为人的行为形式是不作为,刑法规制的犯罪行为形式却是作为,人的行为和法律惩罚的行为二者在"行为形式上不一致",属于依法定罪的"非常态"问题,需要特别考虑。特别考虑的要点是:"相当性",即该"不作为行为"构成"作为犯"应当与作为行为构成作为犯相当。

### 二、例题

1. 甲因家中停电而点燃蜡烛时,意识到蜡烛没有放稳,有可能倾倒引起火灾,但想到如果就此引起火灾,反而可以获得高额的保险赔偿,于是外出吃饭,后果然引起火灾,并将邻居家的房屋烧毁。甲以失火为由向保险公司索赔,获得赔偿。对于此案,下列哪一选项是正确的? (2008 年缓考真题,单选)
    A. 就放火罪而言,甲的行为属于不作为犯
    B. 就放火罪而言,甲的行为属于作为与不作为的结合

C. 就保险诈骗罪而言，甲的行为属于不作为犯
D. 就保险诈骗罪而言，甲的行为属于作为与不作为的结合

[释疑] 甲点燃蜡烛为照明，无放火的意思。发现未放稳会引起火灾却不管，对火灾而言是间接故意不作为放火，是不纯正不作为犯。保险诈骗行为是作为。（答案：A）

2. 梁某与好友强某深夜在酒吧喝酒。强某醉酒后，钱包从裤袋里掉到地上，梁某拾后，见钱包里有5 000元现金就将其隐匿。强某要梁某送其回家，梁某怕钱包之事被发现，托辞拒绝。强某在回家途中醉倒在地，被人发现时已冻死。关于本案，下列哪些选项是正确的？（2007年真题，多选）
A. 梁某占有财物的行为构成盗窃罪
B. 梁某占有财物的行为构成侵占罪
C. 梁某对强某的死亡构成不作为的故意杀人罪
D. 梁某对强某的死亡不构成不作为的故意杀人罪

[释疑] 不作为行为构成故意杀人罪的认定以及盗窃与侵占的区别。
(1) 强某钱包掉到地上仍在强某占有下，梁某有照看强某之责却占有钱包，是窃取。
(2) 梁某未尽照看之责（不作为行为）与故意杀人不具有相当性，不构成故意杀人罪。另外，不足以认定梁某具有杀人的故意。不过，不排除梁某的行为可以构成过失致人死亡罪。（答案：AD）

# 考点 3 犯罪客观要件之"危害结果""严重后果"的理解

## 一、精讲

广义的"危害结果"包含实际损害（实害）和可能损害（危险），基本等同于犯罪的"社会危害性"。"危害后果"不是成熟规范的刑法学术语，含义不明确。有的场合，被等同于危害结果；有的场合，似乎特指实际损害结果，范围略窄于危害结果。

## 二、例题

关于危害结果的相关说法，下列哪一选项是错误的？（2008年真题，单选）
A. 甲男（25岁）明知孙某（女）只有13岁而追求她，在征得孙某同意后，与其发生性行为。甲的行为没有造成危害后果
B. 警察乙丢失枪支后未及时报告，清洁工王某捡拾该枪支后立即上交。乙的行为没有造成严重后果
C. 丙诱骗5岁的孤儿离开福利院后，将其作为养子，使之过上了丰衣足食的生活。丙的行为造成了危害后果
D. 丁恶意透支3万元，但经发卡银行催收后立即归还。丁的行为没有造成危害后果

[释疑] 题干中使用"危害结果"一词，选项中使用"危害后果"或"严重后果"，二者不一致，这本身就暴露出"结果"概念的不统一。
(1) A项，既然与幼女性交，就对其身心构成侵害，说"未造成危害后果"是错误的。
(2) B项，第129条规定之要件，丢失枪支不报罪的"严重后果"，特指枪支丢失后被他人利用制造恶性案件或过失造成人身伤亡事故。

(3) C 项,拐骗儿童罪之"危害后果"是儿童的受养育的权利和身心健康遭到损害。

(4) D 项,信用卡诈骗罪的恶意透支之"危害结果"是"经发卡银行催收后仍不归还的行为"(第 196 条第 2 款之要件)。(答案:A)

## 考点 4 偶然现象的因果关系的判断和因果关系中断

### 一、精讲

(1) 条件说,无 A 行为便不会有 B 结果,A 与 B 有因果关系。令人对结果承担刑事责任,至少要有这一因果关系。

(2) 多因一果与"近因阻断远因"。在结果之前存在"多因"时,若近因独立造成了结果,近因为原因且能阻断其他条件与结果的因果关系(也称因果关系中断)。

(3) 因果关系的客观性。判断因果关系的有无,只要危害行为与危害结果存在客观上的联系即可,不受行为人主观上能否预见的影响。

(4) 因果关系与刑事责任的关系。因果关系是承担刑事责任的客观性基础,存在因果关系并不必然承担刑事责任,还要考虑主观要件(有无故意、过失)以及主体资格(责任年龄、责任能力)。

(5) 实行行为与犯罪结果的因果关系(具体犯罪之特殊因果关系),如故意杀人行为与死亡结果之间,伤害行为与伤害、死亡结果之间,抢劫行为与占有财物结果之间,诈骗行为与他人交付财物结果之间,敲诈勒索与他人交付财物之间等。

### 二、例题

1. 关于因果关系的认定,下列哪一选项是正确的?(2016 年真题,单选)

A. 甲重伤王某致其昏迷。乞丐目睹一切,在甲离开后取走王某财物。甲的行为与王某的财产损失有因果关系

B. 乙纠集他人持凶器砍杀李某,将李某逼至江边,李某无奈跳江被淹死。乙的行为与李某的死亡无因果关系

C. 丙酒后开车被查。交警指挥丙停车不当,致石某的车撞上丙车,石某身亡。丙的行为与石某死亡无因果关系

D. 丁敲诈勒索陈某。陈某给丁汇款时,误将 3 万元汇到另一诈骗犯账户中。丁的行为与陈某的财产损失无因果关系

[释疑] C 项对。交警依职权接管了丙驾驶活动,对此后丙在其支配下的驾驶活动及结果负责。

A 项,刑法"因果关系"是构成要件行为与构成要件结果之关系,甲故意伤害王某作为故意伤害行为之构成要件结果是人身伤害,不能逾越构成要件行为范围归责自然意义的结果。甲走后,乞丐乘王某昏迷取走王某财物,王某财产损失结果只能归责于乞丐的窃取行为。其实,因果关系有两层意义:第一层自然意义的条件关系,本案甲的行为事实上为乞丐提供了便利;第二层法律上可归责于构成要件行为,显然王某财产损失结果不在甲故意伤害行为的"射程"内,不能归责于甲的行为,A 项错。B 项、D 项错,凭常识可判断有因果关系。B 项分歧至多存在于是故意伤害罪(致死)还是过失致人死亡罪。D 项分歧至多存在于既遂还是未遂。

(答案:C)

2. 关于因果关系,下列哪一选项是正确的?(2015年真题,单选)

A. 甲跳楼自杀,砸死行人乙。这属于低概率事件,甲的行为与乙的死亡之间无因果关系

B. 集资诈骗案中,如出资人有明显的贪利动机,就不能认定非法集资行为与资金被骗结果之间有因果关系

C. 甲驾车将乙撞死后逃逸,第三人丙拿走乙包中贵重财物。甲的肇事行为与乙的财产损失之间有因果关系

D. 司法解释规定,虽交通肇事重伤3人以上但负事故次要责任的,不构成交通肇事罪。这说明即使有条件关系,也不一定能将结果归责于行为

[释疑] A项,因果关系是一种客观的引起与被引起的关系,独立存在,与概率高低无关。另需注意,有因果关系并不意味着必然承担刑责;B项,因果关系是客观的,被害人的贪利动机是主观的,后者对前者并无影响;C项,第三人的行为属于介入因素,在本案中独立引起财产损失的结果,不能将结果归属于甲的肇事行为;D项,条件说(a是b的条件,则a、b存在因果关系)有时会导致因果关系认定过于宽泛,需要适当限制,肇事者负次要责任,说明介入了被害人或第三人的行为,且介入行为对结果的发生所起的作用更大,应将结果归责于介入因素。(答案:D)

3. 关于因果关系,下列哪些选项是正确的?(2015年真题,多选)

A. 甲驾车经过十字路口右拐时,被行人乙扔出的烟头击中面部,导致车辆失控撞死丙。只要肯定甲的行为与丙的死亡之间有因果关系,甲就应当承担交通肇事罪的刑事责任

B. 甲强奸乙后,威胁不得报警,否则杀害乙。乙报警后担心被甲杀害,便自杀身亡。如无甲的威胁乙就不会自杀,故甲的威胁行为与乙的死亡之间有因果关系

C. 甲夜晚驾车经过无照明路段时,不小心撞倒丙后继续前行,随后的乙未注意,驾车从丙身上轧过。即使不能证明是甲直接轧死丙,也必须肯定甲的行为与丙的死亡之间有因果关系

D. 甲、乙等人因琐事与丙发生争执,进而在电梯口相互厮打,电梯门受外力挤压变形开启,致丙掉入电梯通道内摔死。虽然介入了电梯门非正常开启这一因素,也应肯定甲、乙等人的行为与丙的死亡之间有因果关系

[释疑] 因果关系,是指危害行为与危害结果之间存在的引起与被引起的关系。条件说主张,一切条件共同作用导致危害结果,如果缺少其中一项,就不会发生危害结果。该说将一切对危害结果的产生起到不可缺少作用的因素均视为危害结果产生的原因,有利于人们寻找确定因果关系的链条。但是,该说在过于宽泛的范围内推求因果关系,导致无限地扩大刑事责任的认定范围。相当因果关系说认为,根据日常生活经验,在危害行为与危害结果之间存在基于某种危害行为一般就会发生某种危害结果的相当关系时,即认为存在因果关系。相当因果关系说以行为时客观存在的一切事实为基础判断因果关系,强调借助"相当性"判断来确认因果关系是否存在。关于A项,甲的行为成立意外事件,乙的行为与丙的死亡之间存在因果关系,乙应当承担交通肇事罪的刑事责任。因此,A项错误,不选。关于B项,乙的死亡是其自己选择的结果,与甲的威胁行为并不存在因果关系。因此,B项错误,当选。甲不小心撞倒丙,即使不能证明是甲直接轧死丙,也应当肯定甲的行为与丙的死亡之间有因果关系(这一客观事实不能否认)。因此,C项正确,当选。虽然电梯门非正常开启属于异常因素,但是甲、乙二人的相互厮打仍然对于危害结果的发生具有决定性直接性意义。因此,D项正确,当选。

4. 关于因果关系的判断,下列哪一选项是正确的?(2014年真题,单选)

A. 甲伤害乙后,警察赶到。在警察将乙送医途中,车辆出现故障,致乙长时间得不到救助而亡。甲的行为与乙的死亡具有因果关系

B. 甲违规将行人丙撞成轻伤,丙昏倒在路中央,甲驾车逃窜。1分钟后,超速驾驶的乙发现丙时已来不及刹车,将丙轧死。甲的行为与丙的死亡没有因果关系

C. 甲以杀人故意向乙开枪,但由于不可预见的原因导致丙中弹身亡。甲的行为与丙的死亡没有因果关系

D. 甲向乙的茶水投毒,重病的乙喝了茶水后感觉更加难受,自杀身亡。甲的行为与乙的死亡没有因果关系

[释疑] 自杀通常由被害人自我答责。毒药只是"让重病的乙感觉更加难受",总体评价乙还是因病痛而自杀,不足以将死亡结果归责于甲。甲成立故意杀人罪未遂。A项,公务机关严重过错(责任事故)的影响。甲伤害行为与丙死亡结果之间的因果关系因警方送医"车辆出现故障"长时间耽搁而中断。因伤者丙上了"警方"车辆后救助责任即由公务机关接管,警车出故障是非正常事由或警方事故,故不能归责于甲。B项甲撞丙昏倒在路中央具有被后车再撞的极高风险,与后车撞死丙有因果关系。属于多因一果,即甲乙都有因果关系,甲是"因逃逸致人死亡"。从不作为角度讲,甲对丙有救助义务且能够救助(1分钟后才被后车撞死)而不救助,致丙被后车撞死,有因果关系可归责。C项,因果关系是客观的,丙事实上被甲射出的子弹致死,不受行为人甲主观认识的影响。(答案:D)

5. 关于因果关系的认定,下列哪些选项是正确的?(2013年真题,多选)

A. 甲、乙无意思联络,同时分别向丙开枪,均未击中要害,因两个伤口同时出血,丙失血过多死亡。甲、乙的行为与丙的死亡之间具有因果关系

B. 甲等多人深夜追杀乙,乙被迫跑到高速公路上时被汽车撞死。甲等多人的行为与乙的死亡之间具有因果关系

C. 甲将妇女乙强拉上车,在高速公路上欲猥亵乙,乙在挣扎中被甩出车外,后车躲闪不及将乙轧死。甲的行为与乙的死亡之间具有因果关系

D. 甲对乙的住宅放火,乙为救出婴儿冲入住宅被烧死。乙的死亡由其冒险行为造成,与甲的放火行为之间没有因果关系

[释疑] A项对,二原因共同作用导致结果,缺一不可,依条件说均是原因。类似情形如在未约定的情况下,各自投放致死量一半的毒药将被害人毒死,二人的投毒行为与死亡结果都有因果关系,都构成故意杀人罪的既遂。B、C项对,虽分别介入被害人的行为与第三人的行为,但介入行为并不异常,不足以中断前行为与结果的因果关系。D项错,虽介入被害人行为,但该行为并不异常(人之常情),不中断犯罪行为与结果的因果关系。(答案:ABC)

6. 司机谢某见甲、乙打人后驾车逃离,对乙车紧追。甲让乙提高车速并走"蛇形",以防谢某超车。汽车开出2公里后,乙慌乱中操作不当,车辆失控撞向路中间的水泥隔离墩。谢某刹车不及撞上乙车受重伤。赶来的警察将甲、乙抓获。(事实三)(2013年真题,案例分析)

就事实三,甲、乙是否应当对谢某重伤的结果负责?理由是什么?

答案:在被告人高速驾车走蛇形和被害人重伤之间,介入被害人的过失行为(如对车速的控制不当等)。谢某的重伤与甲、乙的行为之间,仅有条件关系,从规范判断的角度看,是谢某自己驾驶的汽车对乙车追尾所造成,该结果不应当由甲、乙负责。

7. 甲与素不相识的崔某发生口角,推了他肩部一下,踢了他屁股一脚。崔某忽觉胸部不适继而倒地,在医院就医时死亡。经鉴定,崔某因患冠状粥样硬化性心脏病,致急性心力衰竭死亡。关于本案,下列哪一选项是正确的?(2012年真题,单选)

　　A. 甲成立故意伤害罪,属于故意伤害致人死亡
　　B. 甲的行为既不能认定为故意犯罪,也不能认定为意外事件
　　C. 甲的行为与崔某死亡结果之间有因果关系,这是客观事实
　　D. 甲主观上对崔某死亡具有预见可能性,成立过失致人死亡罪

[释疑] 依"条件说",行为与被害人病态体质遭遇偶然导致死伤结果的,符合"无 A 便无 B"的条件关系,C 项正确。但有因果关系只是对危害结果承担罪责的"客观前提",还需主观有故意过失。甲不可能预见自己行为会导致崔某之死,不认为是犯罪。A、B、D 项不正确。(答案:C)

8. 因乙移情别恋,甲将硫酸倒入水杯带到学校欲报复乙。课间,甲、乙激烈争吵,甲欲以硫酸泼乙,但情急之下未能拧开杯盖,后甲因追乙离开教室。丙到教室,误将甲的水杯当作自己的杯子,拧开杯盖时硫酸淋洒一身,灼成重伤。关于本案,下列哪些选项是错误的?(2012年真题,多选)

　　A. 甲未能拧开杯盖,其行为属于不可罚的不能犯
　　B. 对丙的重伤,甲构成过失致人重伤罪
　　C. 甲的行为和丙的重伤之间没有因果关系
　　D. 甲对丙的重伤没有故意、过失,不需要承担刑事责任

[释疑] A 项有致伤危险是能犯未遂,即可罚的未遂。C 项存在条件关系可认为有因果关系。D 项饮水杯装硫酸放于教室,应当预见其危险性,故有过失。B 项客观上有因果关系、主观上有过失,是过失致人重伤罪。B 项正确,则 A、C、D 项错误。(答案:ACD)

9. 关于因果关系,下列哪一选项是错误的?(2011年真题,单选)

　　A. 甲将被害人衣服点燃,被害人跳河灭火而溺亡。甲行为与被害人死亡具有因果关系
　　B. 乙在被害人住宅放火,被害人为救婴儿冲入宅内被烧死。乙行为与被害人死亡具有因果关系
　　C. 丙在高速路将被害人推下车,被害人被后面车辆轧死。丙行为与被害人死亡具有因果关系
　　D. 丁毁坏被害人面容,被害人感觉无法见人而自杀。丁行为与被害人死亡具有因果关系

[释疑] 伤害行为直接造成的死亡结果,才能成立故意伤害致人死亡的结果加重犯。死亡不是毁容(伤害)行为造成的,无因果关系,D 项错误。A、B、C 三项均具有因果关系,由于被害人行为的被迫性和从属性,不影响因果关系的成立。(答案:D)

10. 关于刑法上的因果关系,下列哪一判断是正确的?(2010年真题,单选)

　　A. 甲开枪射击乙,乙迅速躲闪,子弹击中乙身后的丙。甲的行为与丙的死亡之间不具有因果关系
　　B. 甲追赶小偷乙,乙慌忙中撞上疾驶的汽车身亡。甲的行为与乙的死亡之间具有因果关系
　　C. 甲、乙无意思联络,碰巧同时向丙开枪,且均打中了丙的心脏。甲、乙的行为与丙的死亡之间不具有因果关系

D. 甲以杀人故意向乙的食物中投放了足以致死的毒药,但在该毒药起作用前,丙开枪杀死了乙。甲的行为与乙的死亡之间不具有因果关系

[释疑] (1) A项,甲欲射乙却射中丙致死,有因果关系,打击错误、具体事实错误。

(2) B项,抓小偷是法允许行为且未制造过分的风险,无因果不应归咎。

(3) C项,甲、乙的行为均是丙死亡的充足条件,即无甲的行为仍有丙死的结果,无乙的行为也有丙死的结果,甲、乙皆为丙死亡的原因(二重的因果关系)。

(4) D项,因果关系不可假设、推想,既然事实上是丙开枪杀死了乙,故丙的行为与乙的死亡有因果关系。甲的投毒行为无因果关系,且与丙致死乙的行为无关。(答案:D)

11. 关于因果关系,下列哪些选项是错误的? (2008年真题,多选)

A. 甲乘坐公交车时和司机章某发生争吵,狠狠踹了章某后背一脚。章某返身打甲时,公交车失控,冲向自行车道,撞死了骑车人程某。甲的行为与程某的死亡之间存在因果关系

B. 乙以杀人故意瞄准李某的头部开枪,但打中了李某的胸部(未打中心脏)。由于李某是血友病患者,最后流血不止而死亡。乙的行为与李某的死亡之间没有因果关系

C. 丙与同伙经预谋后同时向王某开枪,同伙射击的子弹打中王某的心脏,致王某死亡。由于丙射击的子弹没有打中王某,故丙的行为与王某的死亡之间没有因果关系

D. 丁以杀人故意对赵某实施暴力,导致赵某遭受濒临死亡的重伤。赵某在医院接受治疗时,医生存在一定过失,未能挽救赵某的生命。丁的行为与赵某的死亡之间没有因果关系

[释疑] (1) A项,多因一果,甲和司机章某与程某死亡之间存在因果关系,章某近因不阻断远因。

(2) B项,行为与被害人特异体质(血友病)共同导致结果发生,特异体质不阻断行为与结果的因果关系。

(3) C项,共同犯罪中共犯人之一的行为造成危害结果的,其他共犯人应承担共犯责任。说丙未击中王某就对王某之死不承担罪责肯定是错误的。就事实关系而言,王某之死与"丙与同伙共谋"的行为存在因果关系,但是与丙的射击行为事实上无因果关系。就如同甲教唆乙杀丙,乙将丙射杀。甲根本就未实施射击行为,但也认为甲的行为与丙的死亡结果有关系,其实是指甲"教唆行为"的作用。

(4) D项,医疗瑕疵通常不中断因果关系。(答案:BCD)

### 三、提示与预测

因果关系的判断也属于近几年的必考题。考生往往觉得很难把握,除了要知道因果关系的客观性、因果关系和刑事责任的关系、因果关系的中断理论外,记住因果关系的特殊情形和考试中出现的典型例子,也是把握因果关系的有效途径。

## 考点 5 相对刑事责任年龄人的刑事责任

### 一、精讲

相对刑事责任年龄人对法定"八种"性质的"行为"负刑事责任,而不是具体的罪名。

第17条第2款规定:"已满十四周岁不满十六周岁的人,犯故意杀人、故意伤害致人重伤或者死亡、强奸、抢劫、贩卖毒品、放火、爆炸、投毒罪的,应当负刑事责任。"

## 二、例题

1.（刑事责任年龄）甲（15周岁）的下列哪一行为成立犯罪？（2010年真题,单选）
  A. 春节间放鞭炮,导致邻居失火,造成十多万元财产损失
  B. 骗取他人数额巨大财物,为抗拒抓捕,当场使用暴力将他人打成重伤
  C. 受意图骗取保险金的张某指使,将张某的汽车推到悬崖下毁坏
  D. 因偷拿苹果遭摊主喝骂,遂掏出水果刀将其刺成轻伤

[释疑] B项故意伤害罪（重伤）属于第17条第2款"相对负刑事责任"的行为。C项故意毁坏财物罪、D项故意伤害罪（轻伤）、A项失火罪均已满16周岁才负刑事责任。（答案:B）

2. 关于犯罪主体,下列哪一选项是正确的？（2009年真题,单选）
  A. 甲（女,43岁）吸毒后强制猥亵、侮辱孙某（智障女,19岁）,因强制猥亵、侮辱妇女罪的主体只能是男性,故甲无罪
  B. 乙（15岁）携带自制火药枪夺取妇女张某的挎包,因乙未使用该火药枪,故应当构成抢夺罪
  C. 丙（15岁）在帮助李某扣押被害人王某索取债务时致王某死亡,丙不应当负刑事责任
  D. 丁是司法工作人员,也可构成放纵走私罪

[释疑] A项,强制猥亵、侮辱妇女罪是普通主体,包括男性和女性。B项,携带凶器抢夺的以抢劫论,刑事责任年龄为已满14岁。C项,非法拘禁致人死亡,是过失致人死亡,刑事责任年龄为已满16岁。D项,放纵走私罪的主体应为"海关工作人员"（第411条）。（答案:C）

3.《刑法》规定,在拐卖妇女、儿童过程中奸淫被拐卖的妇女的,仅定拐卖妇女、儿童罪。15周岁的甲在拐卖幼女的过程中,强行奸淫幼女。对此,下列哪些选项是错误的？（2008年真题,多选）
  A.《刑法》第17条第2款没有规定15周岁的人对拐卖妇女、儿童罪负刑事责任,故甲不负刑事责任
  B. 拐卖妇女、儿童罪包含了强奸罪,15周岁的人应对强奸罪承担刑事责任,故对甲应认定为拐卖妇女、儿童罪
  C. 15周岁的人犯强奸罪的应当负刑事责任,故对甲应认定为强奸罪
  D. 拐卖妇女、儿童罪重于强奸罪,既然15周岁的人应对强奸罪承担刑事责任,就应对拐卖妇女、儿童罪承担刑事责任,故对甲应以拐卖妇女、儿童罪与强奸罪实行并罚

[释疑] 15周岁的甲在拐卖幼女的过程中,强行奸淫幼女,对甲应认定为强奸罪。（答案:ABD）

## 三、提示与预测

相对刑事责任年龄即第17条第2款之规定,是历年必考之点。其中,对法定"八种"性质的"行为"负刑事责任,而不是具体的罪名。

## 考点 6 精神病人刑事责任能力的认定

### 一、精讲

（1）精神病人是否具有刑事责任能力的认定标准:① 医学标准（生理标准）:指患有医学

上的精神病;② 心理学标准:是指行为人行为当时不能够辨认、控制自己的所作所为,完全丧失了辨认和控制能力。两个标准必须同时具备。

(2) 精神病人在不能辨认或不能控制自己行为的时候造成危害结果,经法定程序鉴定确认的,不负刑事责任;间歇性的精神病人在精神正常的时候犯罪,应当负刑事责任;尚未完全丧失辨认或控制自己行为能力的精神病人犯罪的,应当负刑事责任,但是可以从轻或减轻处罚。

## 二、例题

1. 关于刑事责任能力,下列哪一选项是正确的?(2016年真题,单选)

A. 甲第一次吸毒产生幻觉,误以为伍某在追杀自己,用木棒将伍某打成重伤。甲的行为成立过失致人重伤罪

B. 乙以杀人故意砍杀陆某时突发精神病,继续猛砍致陆某死亡。不管采取何种学说,乙都成立故意杀人罪未遂

C. 丙因实施爆炸被抓,相关证据足以证明丙已满15周岁,但无法查明具体出生日期。不能追究丙的刑事责任

D. 丁在14周岁生日当晚故意砍杀张某,后心生悔意将其送往医院抢救,张某仍于次日死亡。应追究丁的刑事责任

[释疑] A项正确,甲假想防卫致人死伤,排除故意,通常成立过失罪。

B项,"不管采取何种学说",张明楷《刑法学》(第5版)第306页,三种学说:① 原因上的自由行为;② 行为一体;③ 因果关系的错误。三说结论乙都成立故意杀人罪既遂。C项,足以证明已满14周岁即可,既然足以证明已满15周岁显然可以确认已满14周岁,不以查清具体出生日期为必要。D项,责任年龄以行为时为准。行为时14周岁生日当晚不满14周岁依法不承担刑事责任。简单推理:假如被害人当即死亡,丁未达责任年龄不负刑事责任,被害人在丁满14周岁后死亡,丁达到责任年龄要负刑事责任,等于说被害人死得慢反倒比死得快导致行为人责任更重,不合事理。(答案:A)

2. 关于责任年龄与责任能力,下列哪一选项是正确的?(2015年真题,单选)

A. 甲在不满14周岁时安放定时炸弹,炸弹于甲已满14周岁后爆炸,导致多人伤亡。甲对此不负刑事责任

B. 乙在精神正常时着手实行故意伤害犯罪,伤害过程中精神病突然发作,在丧失责任能力时抢走被害人财物。对乙应以抢劫罪论处

C. 丙将毒药投入丁的茶杯后精神病突然发作,丁在丙丧失责任能力时喝下毒药死亡。对丙应以故意杀人罪既遂论处

D. 戊为给自己杀人壮胆而喝酒,大醉后杀害他人。戊不承担故意杀人罪的刑事责任

[释疑] A项,甲安放炸弹时未达刑责年龄,因而无责任,但炸弹爆炸时已达刑责年龄,对其先行行为负有防止结果发生的义务,故构成不作为的爆炸罪;B项,根据"责任(能力与心理)与行为同时存在"的原理,行为人对丧失责任能力后的行为不承担刑责,但应对此前的行为负责,故构成故意伤害罪;C项,丙已完成投毒行为,其后精神病发作,对责任没有影响,属于(投毒)杀人既遂;D项,(生理性)醉酒者应当承担刑责,无需考虑其是否实际丧失辨认控制能力。(答案:C)

3. 甲患抑郁症欲自杀,但无自杀勇气。某晚,甲用事前准备的刀猛刺路人乙胸部,致乙当

场死亡。随后,甲向司法机关自首,要求司法机关判处其死刑立即执行。对于甲责任能力的认定,下列哪一选项是正确的?(2011年真题,单选)

　　A. 抑郁症属于严重精神病,甲没有责任能力,不承担故意杀人罪的责任
　　B. 抑郁症不是严重精神病,但甲的想法表明其没有责任能力,不承担故意杀人罪的责任
　　C. 甲虽患有抑郁症,但具有责任能力,应当承担故意杀人罪的责任
　　D. 甲具有责任能力,但患有抑郁症,应当对其从轻或者减轻处罚

　　[释疑]　A项错,抑郁症不属于严重精神病。B项错,无责任能力须同时具备患有精神病和完全丧失辨认、控制能力两个条件。D项错,限制责任能力精神病人"可以"从轻或者减轻处罚,并非"应当"。实际上甲也不符合可以从轻、减轻的条件。(答案:C)

## 考点 7　特殊主体(身份犯)

### 一、精讲

关于特殊主体的掌握包括以下方面:

1. 对特殊主体(或称身份限制)应当作广义理解。即某一个条文对某个罪的主体,除了责任年龄、责任能力之外,又附加了某种限制的,就认为是特殊主体。特殊主体常见的是职务或者职业身份,比如渎职罪主体要求是国家机关工作人员;贪污、受贿罪要求是国家工作人员;刑讯逼供罪、暴力取证罪、徇私枉法罪要求是司法工作人员,也包括医疗事故罪中的医务人员,都属于特殊主体。再如脱逃罪的主体,要求三种人:依法被关押的罪犯、犯罪嫌疑人、被告人;背叛国家罪,主体只能是中国人,这就是对国籍的要求;传播性病罪,要求主体是患有严重性病的人,这是对主体健康状况的要求,都属于特殊主体。

2. 特殊主体要求是在犯罪之前、之际就具有的身份,不包括通过犯罪行为形成或获得的地位或身份。比如共同犯罪中的主犯、从犯、胁从犯、教唆犯,还有聚众犯罪中的首要分子、其他参加者,都不是特殊主体。

3. 特殊主体属于刑法分则个罪的特殊规定,要领是熟悉法条规定或具体犯罪的特殊主体。

### 二、例题

① 特殊身份是指行为人在身份上的特殊资格,以及其他与一定的犯罪行为有关的、行为人在社会关系上的特殊地位或者状态。② 由于特殊身份必须与一定的犯罪行为有关,故性别、国籍等不可能成为特殊身份,首要分子则属于特殊身份。③ 挪用公款罪是真正身份犯,只有国家工作人员可以构成挪用公款罪,但非国家工作人员可以成为挪用公款罪的共犯。④ 根据《刑法》第307条的规定,司法工作人员犯帮助毁灭、伪造证据罪的,从重处罚。这种情形称为不真正身份犯。关于上段话正误的判断,下列哪一选项是正确的?(2008年缓考真题,单选)

　　A. 第①句错误,其他正确　　　　　　B. 第②句错误,其他正确
　　C. 第③句错误,其他正确　　　　　　D. 第④句错误,其他正确

　　[释疑]　第①、③、④句正确。第②句错误。性别、国籍也能成为特殊身份,例如妇女(单独)不能成为强奸罪正犯,外国人不能成为中国刑法上背叛国家罪的正犯。首要分子不属于

特殊身份。(答案:B)

### 三、提示与预测

对特殊主体着重掌握:
(1) 不包含自然人主体的情形。
(2) 包含单位主体的情形。
(3) 特殊主体。

而这三种情形都需要用个案的方法掌握,即一个罪一个罪地记忆,非常麻烦,而且不值得。故只能大致了解,然后结合推理。通常自然犯(伦理犯)不包含单位主体,如杀人、抢劫、盗窃等;反之,涉及经济、环境等法定犯(行政犯)包含单位主体的可能性较大。特殊主体主要记住常见罪的主体,尤其是侵犯公民人身权利、民主权利罪一章中的特殊主体的犯罪。因为这涉及案件的侦查管辖归属于检察院还是公安机关。此外,渎职罪、贪污贿赂罪绝大多数是特殊主体,只要记住这两章的罪名中哪几个不是特殊主体就可以了。

## 考点 8  构成要件故意的认定

### 一、精讲

1. "一般故意"的概念规定于第14条:明知自己的行为会发生危害社会的结果,并且希望或者放任这种结果发生的心态。分为直接故意和间接故意。这对于构成要件故意的认定具有指导意义。

2. "构成要件故意",即分则具体罪之特有故意＝明知"第XX条之罪之客观要素"·对自己实施该条客观违法事实承担故意罪责的要件。例如第259条(破坏军婚罪)明知是现役军人的配偶而与之同居或者结婚的,处3年以下……该罪(破坏军婚罪)之构成要件故意是对该罪之客观要件的明知。

3. 故意的认定主要是"构成要件故意"的认定而非犯罪"一般故意"。

### 二、例题

1. 吴某被甲、乙合法追捕。吴某的枪中只有一发子弹,认识到开枪既可能打死甲也可能打死乙。设定吴某对甲、乙均有杀人故意,下列哪一分析是正确的?(2016年真题,单选)

A. 如吴某一枪没有打中甲和乙,子弹从甲与乙的中间穿过,则对甲、乙均成立故意杀人罪未遂

B. 如吴某一枪打中了甲,致甲死亡,则对甲成立故意杀人罪既遂,对乙成立故意杀人罪未遂,实行数罪并罚

C. 如吴某一枪同时打中甲和乙,致甲死亡、乙重伤,则对甲成立故意杀人罪既遂,对乙仅成立故意伤害罪

D. 如吴某一枪同时打中甲和乙,致甲、乙死亡,则对甲、乙均成立故意杀人罪既遂,实行数罪并罚

[释疑]  A项直接故意杀人,成立故意杀人罪未遂。放任击中甲或乙,对二人均成立杀人未遂。根据构成要件符合说,成立故意只需要在构成要件范围一致,不必具体一致,因此不

论对杀害甲还是乙有故意,都是一个杀人故意。

B、D 项错在"数罪并罚"。一行为造成数结果犯数罪是典型想象竞合犯,不数罪并罚。C 项错在对乙仅成立故意伤害罪。对甲乙都是故意杀人罪,一个故意杀人行为造成一死一伤结果,属于同种想象竞合犯。(答案:A)

2. 关于犯罪故意、过失与认识错误的认定,下列哪些选项是错误的?(2013 年真题,多选)

A. 甲、乙是马戏团演员,甲表演飞刀精准,从未出错。某日甲表演时,乙突然移动身体位置,飞刀掷进乙胸部致其死亡。甲的行为属于意外事件

B. 甲、乙在路边争执,甲推乙一掌,致其被路过车辆轧死。甲的行为构成故意伤害(致死)罪

C. 甲见楼下没人,将家中一块木板扔下,不料砸死躲在楼下玩耍的小孩乙。甲的行为属于意外事件

D. 甲本欲用斧子砍死乙,事实上却拿了铁锤砸死乙。甲的错误属于方法错误,根据法定符合说,应认定为故意杀人既遂

[释疑] A 项对,专业表演"从未出错",属于法律所能容忍的风险,且"乙突然移动身体"违反信赖原则,甲无过错,该行为为意外事件。B 项错,"推一掌"通常不具有故意伤害罪性质,应为过失致人死亡。C 项错,自高楼抛物本属过错行为,"见楼下没人""不料砸死",反映出过于自信的心态,应构成(过于自信的)过失致人死亡。D 项错,用斧砍还是拿铁锤砸,甲对所用工具没有误认,不存在事实认识错误。(答案:BCD)

3. 下列哪一行为构成故意犯罪?(2012 年真题,单选)

A. 他人欲跳楼自杀,围观者大喊"怎么还不跳",他人跳楼而亡

B. 司机急于回家,行驶时闯红灯,把马路上的行人撞死

C. 误将熟睡的孪生妻妹当成妻子,与其发生性关系

D. 作客的朋友在家中吸毒,主人装作没看见

[释疑] A 项教唆"他人犯罪"成立教唆犯。他人跳楼"自杀"不是犯罪,故教唆其跳楼(自杀),不成其为教唆犯。是否"杀人"正犯行为?也不成立。"喊跳"不足以致人死亡,客观不是杀人行为;喊跳者主观未必明知喊跳也导致他人死亡,不足以认定有杀人犯罪故意。B 项犯罪故意的内容,是对刑法惩治之犯罪行为及其结果的追求或明知。"闯红灯"是违反交通法规的故意,不是犯罪故意。在此场合,"撞死人"才是犯罪故意(刑法第 232 条故意杀人行为·死亡结果)认知的内容。无事实证据表明该司机追求或放任"撞死"该行人,不构成故意犯罪。是典型交通肇事,过失犯。C 项因事实认识错误以致无强奸故意。客观上违背妻妹意志性交具有强奸性质,但主观上误认为是妻子,缺乏违背妇女意志强奸的明知。未经妻子同意与其性交不是强奸故意。D 项主人事实上已经知道,装不知道不影响故意成立。(答案:D)

4. 关于故意的认识内容,下列哪一选项是错误的?(2011 年真题,单选)

A. 成立故意犯罪,不要求行为人认识到自己行为的违法性

B. 成立贩卖淫秽物品牟利罪,要求行为人认识到物品的淫秽性

C. 成立嫖宿幼女罪,要求行为人认识到卖淫的是幼女

D. 成立为境外非法提供国家秘密罪,要求行为人认识到对方是境外的机构、组织或者个人,没有认识到而非法提供国家秘密的,不成立任何犯罪

[释疑] A项正确,成立故意犯罪是否以认知行为"违法性"为必要?外国学说有:"不要说""认识可能性说""必要说",通说认为,有认识行为违法的可能性即可,不以认识到违法性为必要。B项正确,贩卖淫秽物品牟利罪,以明知是淫秽物品为必要,对淫秽物品的事实层面的明知即认定为明知。C项正确,成立嫖宿幼女罪,以明知对方是幼女而嫖宿为必要。D项错误,可以成立故意泄露国家秘密罪。(答案:D)

注意:嫖宿幼女罪已被《刑法修正案(九)》删除。

5. 关于故意的认识内容,下列哪一选项是正确的?(2008年真题,单选)

A. 甲明知自己的财物处于国家机关管理之中,但不知此时的个人财物应以公共财产论而窃回。甲缺乏成立盗窃罪所必需的对客观事实的认识,故不成立盗窃罪

B. 乙以非法占有财物的目的窃取军人的手提包时,明知手提包内可能有枪支仍然窃取,该手提包中果然有一支枪。乙没有非法占有枪支的目的,故不成立盗窃枪支罪

C. 成立猥亵儿童罪,要求行为人知道被害人是或者可能是不满14周岁的儿童

D. 成立贩卖毒品罪,不仅要求行为人认识到自己贩卖的是毒品,而且要求行为人认识到所贩卖的毒品种类

[释疑] (1) A项,盗窃(构成要件)故意的认知内容:"明知他人占有的财物而非法取得",甲主观具有这种认识,具备盗窃的故意;甲"不知此时的个人财物应以公共财产论",这属于法律认识错误,不排除责任。

(2) B项,行为人"明知提包内可能有枪支仍然窃取",具备盗窃枪支罪之故意,对盗窃枪支事实承担故意罪责。

(3) C项,猥亵儿童罪之主观构成要件故意认知内容:明知对方是儿童,认定这种情形的"明知",指"知道"是儿童或"可能""应当"知道是儿童。类似情形如奸淫幼女构成强奸罪,须主观上"知道"或"可能知道""应当知道"对方是幼女。

(4) D项,贩卖毒品罪故意,仅要求认识到是毒品即可,不必要求认识到明知毒品种类的程度。(答案:C)

### 三、提示与预测

对故意的认定还涉及一个基本原理,就是犯罪故意指的是"犯罪行为时"的心理,以"行为时"的心理为准,行为后才有的认识,不能涉及行为时。比如窃取提包时不知提包内有枪,对于窃包行为仅成立盗窃罪;如果已经预见到包内可能有枪仍然窃取,说明行为时已经有盗窃枪支的故意,是间接故意,则成立盗窃枪支罪。

## 考点 9 过失犯罪的认定

### 一、精讲

(1) 成立过失犯罪,以危害结果的实际发生为必要,否则没有犯罪的问题。

(2) 过失犯罪对危害结果无犯罪故意。犯罪过失是以对特定的危害结果不具有犯罪故意为前提的。如果具有犯罪故意,则成立故意犯罪,排斥成立过失犯罪。

(3) 行为人或未尽到注意义务,即应当预见自己的行为可能造成危害结果但却因疏忽而没有预见;或未尽到回避义务,即已经预见自己的行为可能造成危害结果,却因轻信能够避免

而未能避免。

（4）行为人有能力预见或有能力避免危害结果发生。

（5）结果的发生并非行为人所期望或者放任，是违背行为人意志的。

注意：过失犯罪是针对结果的"过失"，而非针对行为的"过失"，最典型的是交通肇事罪，行为人往往是有意违章，但对于危害结果的发生，心态是"过失的"。

## 二、例题

1. 甲架好枪支准备杀乙，见已患绝症的乙跟跄走来，顿觉可怜，认为已无杀害必要。甲收起枪支，但不小心触动扳机，乙中弹死亡。关于甲的行为定性，下列哪一选项是正确的？（2014年真题，单选）

   A. 仅构成故意杀人罪（既遂）

   B. 仅构成过失致人死亡罪

   C. 构成故意杀人罪（中止）、过失致人死亡罪

   D. 构成故意杀人罪（未遂）、过失致人死亡罪

   [释疑] 依行为客观要素与主观心理要素的"同时性"原理，甲致死乙实因枪支"走火"，此时心态不是故意而是过失，故为过失致人（乙）死亡。之前甲有故意杀人罪中止行为，应数罪并罚。（答案：C）

   【特别注意】先前虽有某种犯罪故意，但若该犯罪中止或未遂，则不应将此犯罪故意延伸至下一行为。

2. 下列哪些案件不构成过失犯罪？（2012年真题，多选）

   A. 老师因学生不守课堂纪律，将其赶出教室，学生跳楼自杀

   B. 汽车修理工恶作剧，将高压气泵塞入同事肛门充气，致其肠道、内脏严重破损

   C. 路人见义勇为追赶小偷，小偷跳河游往对岸，路人见状离去，小偷突然抽筋溺毙

   D. 邻居看见6楼儿童马上要从阳台摔下，遂伸手去接，因未能接牢，儿童摔成重伤

   [释疑] A项行为自身在客观上不会导致自杀死亡，主观上也不可能预见学生会因为这样的小事而自杀，不成立过失犯罪。C项抓小偷行为自身正当，客观上不是过失犯罪行为，且小偷貌似有水性游往对岸，只是途中因抽筋而溺亡，连小偷自己都未预见，路人也不可能预见。D项具有减少危险作用，不成立过失犯罪。也可认为A、C、D项行为自身并未逾越社会常规、不具有造成死亡结果的危险性，不成立过失犯罪。B项一般认为是间接故意致人重伤，故意伤害罪。（答案：ABCD）

3. 关于过失犯的论述，下列哪一选项是错误的？（2011年真题，单选）

   A. 只有实际发生危害结果时，才成立过失犯

   B. 认识到可能发生危害结果，但结果的发生违背行为人意志的，成立过失犯

   C. 过失犯罪，法律有规定的才负刑事责任。这里的"法律"不限于刑事法律

   D. 过失犯的刑事责任一般轻于与之对应的故意犯的刑事责任

   [释疑] C项错误，过失犯罪，法律有规定的才负刑事责任。限于刑事法律（见第15条第2款）。A、B、D项表述正确。（答案：C）

4. 甲到本村乙家买柴油时，因屋内光线昏暗，甲欲点燃打火机看油量。乙担心引起火灾，上前阻止。但甲坚持说柴油见火不会燃烧，仍然点燃了打火机，结果引起油桶燃烧，造成火灾，

导致甲、乙及一旁观看的丙被火烧伤,乙、丙经抢救无效死亡。后经检测,乙储存的柴油闪点不符合标准。甲的行为构成何罪?(2008年真题,单选)
  A. 危险物品肇事罪
  B. 失火罪
  C. 放火罪
  D. 重大责任事故罪

[释疑]  甲对自己的行为引起火灾是过失,属于一般过失。打火照看油量,虽然打火是有意的,但是对于发生的火灾后果心态是过失的,不能认定甲对火灾后果存在故意,故排除C项。本题甲属于"日常生活中"用火不慎引起的灾害,是普通过失,故为失火罪。排除A、D项。(答案:B)

## 考点 10  间接故意与过于自信过失的区分

### 一、精讲

(1) 意志因素上有差别:过于自信的过失对结果持否定、排斥的态度,往往采取一定的措施避免危害结果的发生。间接故意对结果的态度是放任的,不是否定、排斥的态度。

(2) 认识因素有差别:间接故意明知危害结果可能发生,过于自信的过失是预见到危害结果可能发生,间接故意认识的程度较高。

(3) 二者区分更大程度上是一种经验问题,即除了需要知道区分二者的理论要点之外,还应当知道司法实践中常见的认定为间接故意的情形。① 追求一个犯罪的结果而放任另一个犯罪结果的情况。例如为杀妻在饭菜中投毒,放任孩子食用。② 追求一个非犯罪化的结果而放任另一个犯罪结果的发生。例如在自家果园私设电网,毫不顾忌众人安危并造成人身伤亡的场合,较多被认定为间接故意。但是,如果采取了确实、可靠的防范措施的,往往认定为过于自信的过失。

(4) 在分析案例时着重看:① 对结果发生是否持否定态度;② 是否有避免结果发生根据和采取了积极避免的措施。

### 二、例题

1. 甲、乙预谋修车后以假币骗付。某日,甲、乙在某汽修厂修车后应付款 4850 元,按照预谋甲将 4900 元假币递给乙清点后交给修理厂职工丙,乙说:"修得不错,零钱不用找了",甲、乙随即上车。丙发现货币有假大叫"别走",甲迅即启动汽车驶向厂门,丙扑向甲车前风挡,抓住雨刮器。乙对甲说:"太危险,快停车",甲仍然加速,致丙摔成重伤。(2010 年真题,不定项)
问题:(1) 甲、乙用假币支付修车费被识破后开车逃跑的行为应定的罪名是:
  A. 持有、使用假币罪    B. 诈骗罪
  C. 抢夺罪           D. 抢劫罪
(答案:A)
(2) 对于丙的重伤,甲的罪过形式是:
  A. 故意    B. 有目的的故意    C. 过失    D. 无认识的过失

(答案:A)间接故意。
(3) 关于致丙重伤的行为,下列选项错误的是:
A. 乙明确叫甲停车,可以成立犯罪中止
B. 甲、乙构成故意伤害的共同犯罪
C. 甲的行为超出了共同犯罪故意,对于丙的重伤后果,乙不应当负责
D. 乙没有实施共同伤害行为,不构成犯罪。
(答案:AB)
(4) 对甲的定罪,下列选项错误的是:
A. 抢夺罪、故意伤害罪　　　　B. 诈骗罪、以危险方法危害公共安全罪
C. 持有、使用假币罪、交通肇事罪　D. 抢劫罪、故意伤害罪
(答案:ABCD)

2. 甲贩运假烟,驾车路过某检查站时,被工商执法部门拦住检查。检查人员乙正登车检查时,甲突然发动汽车夺路而逃。乙抓住汽车车门的把手不放,甲为摆脱乙,在疾驶时突然急刹车,导致乙头部着地身亡。甲对乙死亡的心理态度属于下列哪一选项?(2006年真题,单选)
A. 直接故意　　　　　　　　B. 间接故意
C. 过于自信的过失　　　　　D. 疏忽大意的过失

[释疑]　此种情形在司法实务中较多认为对死亡结果是间接故意。因为有意将人从疾驶的汽车上甩下,行为高度冒险,常人能认识到会造成非死即伤的结果,事实上发生了死亡结果,可认为具有放任的态度。这与违章开车撞死路上行人不同,故排除 C、D 项。根据案情不能确证甲希望乙死亡,排除 A 项。(答案:B)

# 考点 11　事实认识错误的分类及评价标准

## 一、精讲

事实认识错误指在犯罪过程中行为人的主观认识与客观实际不一致。
对事实认识错误可以从两个角度进行分类。
1. 从发生事实认识错误"表象上"的分类
(1) 对象错误,即行为人预定指向或加害的对象与实际加害或指向的对象不一致。比如甲本想杀害张三却错把李四当做张三杀害,甲本欲加害张三却实际加害了李四,犯了"张冠李戴"的错误;再如甲本欲偷盗财物却误盗枪支。
(2) 打击错误,又称"行为误差""目标(打击)错误""对象打击错误",指行为人对对象没有误认,因为行为发生误差导致预定加害的对象与实际加害的对象不一致,比如,甲看见乙殴打自己老父,从地上拾起一砖块朝乙猛砸过去,不料未击中乙,却击中了自己的老父而致其死亡。甲没有认错人(不是"张冠李戴"的错误),只是因行为误差打击错了对象。
(3) 因果关系认识错误,指行为人对结果的发生认识正确,但对造成结果发生的因果进程有误认,比如,甲投毒杀乙后,将乙抛入河中。经法医鉴定,乙死于溺水而非中毒。而甲以为乙死于中毒。这种错误,不影响甲罪责的承担。
(4) 工具或方法错误,指行为人对所使用的犯罪工具或方法发生错误,比如,甲买来"毒

鼠强"(一种剧毒的灭鼠药)投放到乙的水杯中,乙饮用后安然无恙。事后才知甲买的"毒鼠强"是假的,根本无毒性。这种情形往往因工具错误而导致未造成预定的危害结果,故按照犯罪未遂认定处罚即可。

2. 根据错误的事实(主要是对象)是否属于同一犯罪构成要件(或同一法律性质)作出的分类

(1)同一犯罪构成的事实错误,即预想加害的对象与实际加害的对象属于同一犯罪构成要件范围,比如甲本欲加害张三却实际加害了李四("张冠李戴"的错误),因为张三、李四都是"人",同属于故意杀人罪犯罪构成的对象"人",就是同一犯罪构成的事实错误。这种错误也称为"具体事实错误",或称为"对象认识错误"(狭义),也可简称为"同质错误"。

(2)不同犯罪构成的事实错误,即预想加害的对象与实际加害的对象不属于同一犯罪构成要件范围。比如甲本欲偷盗财物却误盗枪支,在我国刑法中,"财物"是盗窃罪对象;"枪支"是盗窃枪支罪对象,二者不属于同一犯罪构成的对象,或二者属于不同犯罪构成的对象。这也被称为"抽象事实错误""客体错误"(不单纯是对象不同,而是涉及侵犯的客体不同),或者简称为"非同质错误"。

从表象的分类上讲,不论是客体错误还是对象错误,都是认错或打错了对象,都是在对象上出错。该对象错误的范围是广义的,含客体错误。

从法律评价标准的分类上讲,同一犯罪构成范围内的对象错误,是"对象错误";不同犯罪构成的对象错误,叫客体错误。在这种分类标准下对象错误是狭义的,不包含"客体错误"。

3. 认定构成要件故意的通说:"法定符合说"

根据"法定符合说",认定构成要件故意只需要行为人主观认识与客观实际在法定范围内一致,不必要求具体一致,故行为人发生具体事实认识错误即同一构成要件范围内(同质错误),不阻却故意罪责(不阻却行为人对因错误而造成的犯罪结果的故意罪责);如果这种错误超出了同一构成要件范围的(非同质错误),则阻却故意罪责(阻却行为人对因错误而造成的犯罪结果的故意罪责)。

## 二、例题

1. 甲、乙共同对丙实施严重伤害行为时,甲误打中乙致乙重伤,丙乘机逃走。关于本案,下列哪些选项是正确的?(2016年真题,多选)

A. 甲的行为属打击错误,按照具体符合说,成立故意伤害罪既遂
B. 甲的行为属对象错误,按照法定符合说,成立故意伤害罪既遂
C. 甲误打中乙属偶然防卫,但对丙成立故意伤害罪未遂
D. 不管甲是打击错误、对象错误还是偶然防卫,乙都不可能成立故意伤害罪既遂

[释疑] C项甲以犯罪故意却客观上打击不法侵害人乙救助了丙(坏心办好事·出于犯罪动机的行为意外地具有制止不法侵害的"防卫"效果),属"偶然防卫"。偶然防卫致正在进行故意致人重伤的不法侵害人乙重伤,没有超过必要限度,对乙不成立故意伤害罪。对丙虽然有伤害故意但事实上没有造成丙重伤,仅成立故意伤害罪未遂。D正确,参见张明楷《刑法学》(第5版)第206—208页。第一,"打击错误"或"对象错误",均属于主观认识问题,而本案要点是客观上没有造成危害结果。一是重伤乙与乙进行重伤害的不法侵害相当,没有造成不应有损害;二是对丙没有造成损害且阻止了可能致丙重伤的结果,客观有益而无害。客观上没

有造成危害结果,不能因其有恶意就认为故意伤害罪既遂。第二,偶然防卫的核心就是主观怀犯罪意图、客观阻止了不法侵害保护了法益,客观没有造成危害结果,故不可能犯罪既遂。

A项错,因为对于"打击错误"按照具体符合说,对于欲打击的对象丙没有造成重伤结果,成立故意伤害罪未遂;对于错误打击的乙成立过失重伤罪,不成立故意伤害罪既遂。B项错,因为"甲误打中乙致乙重伤",是"打击错误",而非"对象错误"。至少存在认识错误种类的误判。(答案:CD)

2. 警察带着警犬(价值3万元)追捕逃犯甲。甲枪中只有一发子弹,认识到开枪既可能只打死警察(希望打死警察),也可能只打死警犬,但一枪同时打中二者,导致警察受伤、警犬死亡。关于甲的行为定性,下列哪一选项是错误的?(2015年真题,单选)

　　A. 如认为甲只有一个故意,成立故意杀人罪未遂
　　B. 如认为甲有数个故意,成立故意杀人罪未遂与故意毁坏财物罪,数罪并罚
　　C. 如甲仅打中警犬,应以故意杀人罪未遂论处
　　D. 如甲未打中任何目标,应以故意杀人罪未遂论处

[释疑]　A项,"认为甲只有一个故意",且题中明确交代"希望打死警察",所以成立故意杀人罪未遂。B项,"认为甲有数个故意",意味着甲有打死警察和警犬的两个故意,故其行为成立故意杀人罪未遂与故意毁坏财物罪,但因甲只有一个开枪行为,属于想象竞合,应择一重罪(故意杀人罪未遂)处断而非数罪并罚。C项,若丙对打死警犬持故意心态,则为故意杀人罪未遂与故意毁坏财物罪的想象竞合,择一重罪处断,应以故意杀人罪未遂论处;若丙对打死警犬持过失心态,则仅构成故意杀人罪未遂(过失毁坏财物不为罪)。D项,未打中任何目标,但因有杀人的故意和杀人的实行行为,所以构成故意杀人罪未遂。(答案:B)

3. 甲在乙骑摩托车必经的偏僻路段精心设置路障,欲让乙摔死。丙得知甲的杀人计划后,诱骗仇人丁骑车经过该路段,丁果真摔死。关于本案,下列哪些选项是正确的?(2015年真题,多选)

　　A. 甲的行为和丁死亡之间有因果关系,甲有罪
　　B. 甲的行为属对象错误,构成故意杀人罪既遂
　　C. 丙对自己的行为无认识错误,构成故意杀人罪既遂
　　D. 丙利用甲的行为造成丁死亡,可能成立间接正犯

[释疑]　A项,B项,丁确实死于甲所设置的路障,存在客观的因果联系;甲欲杀乙,但最终致丁死亡,属于具体的对象认识错误,不影响其成立犯罪;无论根据法定符合说还是修正的具体符合说,具体的对象认识错误不影响故意犯罪的既遂的认定。C项,丙并无认识错误,构成故意犯罪的既遂。D项,丙以他人的行为实现自己的犯罪目的,相当于将他人作为犯罪工具,可能成立间接正犯。(答案:ABCD)

4. 关于事实认识错误,下列哪一选项是正确的?(2014年真题,单选)

　　A. 甲本欲电话诈骗乙,但拨错了号码,对接听电话的丙实施了诈骗,骗取丙大量财物。甲的行为属于对象错误,成立诈骗既遂
　　B. 甲本欲枪杀乙,但由于未能瞄准,将乙身旁的丙杀死。无论根据什么学说,甲的行为都成立故意杀人既遂
　　C. 事前的故意属于抽象的事实认识错误,按照法定符合说,应按犯罪既遂处理
　　D. 甲将吴某的照片交给乙,让乙杀吴,但乙误将王某当成吴某予以杀害。乙是对象错误,

按照教唆犯从属于实行犯的原理,甲也是对象错误

[释疑] 典型对象错误,符合"骗取他人财物"的法定要件,成立诈骗罪既遂。B项错,打击(方法)错误,依法定符合说是故意杀人既遂,而依具体符合说则是故意杀人未遂和过失致人死亡的想象竞合,择一重罪定故意杀人未遂。C项错,事前的故意的处理结果有四种意见,一般视同因果关系错误处理。但C项中,既说"抽象的事实认识错误",又说"按法定符合说应按犯罪既遂处理",自相矛盾。因为依法定符合说,如果是"具体事实错误"不影响故意罪责是既遂,如果是"抽象事实错误"则影响故意罪责,意味着对死亡结果不成立故意,不是故意杀人罪既遂。D项错在"按照教唆犯从属于实行犯的原理,甲也是对象错误"。依共犯从属性原理,教唆犯从属于正犯的实行行为而非认识错误。有无对象错误是共犯人各自的主观认识问题,不存在从属性问题。(答案:A)

5. 关于认识错误的判断,下列哪些选项是错误的?(2011年真题,多选)

A. 甲为使被害人溺死而将被害人推入井中,但井中没有水,被害人被摔死。这是方法错误,甲行为成立故意杀人既遂

B. 乙准备使被害人吃安眠药熟睡后将其勒死,但未待实施勒杀行为,被害人因吃了乙投放的安眠药死亡。这是构成要件提前实现,乙行为成立故意杀人既遂

C. 丙打算将含有毒药的巧克力寄给王某,但因写错地址而寄给了汪某,汪某吃后死亡。这既不是对象错误,也不是方法错误,丙的行为成立过失致人死亡罪

D. 丁误将生父当作仇人杀害。具体符合说与法定符合说都认为丁的行为成立故意杀人既遂

[释疑] A项,应为因果关系错误。C项,具体事实错误,依法定符合说不影响故意罪责,丙应对汪某之死成立故意杀人罪。D项,具体符合说对故意成立要求犯罪人主观认识到的与实际发生的"具体"一致(或符合)方对实际发生的(危害结果)成立故意。但在D项这样的对象(辨认)错误上,具体符合说也同意不影响故意罪责,与法定符合说结论一致。只是在对象打击错误上与法定符合说存在分歧,如甲看见仇人乙(看得真切,仇人相见,分外眼红)即朝乙开枪欲将乙击毙,不料枪法大失水准却击毙了站在附近的父亲,依具体符合说对父亲之死是过失(致人死亡)。在中国学界,未曾发生过法定符合说与具体符合说的争议,考生对于外国故意学说发展史上如此细致的问题大多不了解。(答案:AC)

6. 甲与乙因情生仇。一日黄昏,甲持锄头路过乙家院子,见甲妻正在院内与一男子说话,以为是乙举锄就打,对方重伤倒地后遂发现是乙的哥哥。甲心想,打伤乙的哥哥也算解恨。关于甲的行为,下列哪些选项是错误的?(2010年真题,多选)

A. 甲的行为属于对象错误,成立过失致人重伤罪

B. 甲的行为属于方法错误,成立故意伤害罪

C. 根据法定符合说,甲对乙成立故意伤害(未遂)罪,对乙哥哥成立过失致人重伤罪

D. 甲的行为不存在任何认识错误,理所当然成立故意伤害罪

[释疑] (1) A项,具体事实错误,按照法定符合说应成立故意伤害罪。

(2) B项,错在"方法错误",应为"对象错误"。

(3) C项,是具体符合说的结论,已经遭到否定。

(4) D项,甲实际打击的对象与预想打击的"不一致",发生了错误(不一致)。(答案:ABCD)

7. 甲欲杀乙,便向乙开枪,但开枪的结果是将乙和丙都打死。关于本案,下列哪些选项是正确的?(2008年真题,多选)

A. 根据具体符合说,甲对乙成立故意杀人既遂,对丙成立过失致人死亡罪
B. 根据法定符合说,甲对乙与丙均成立故意杀人既遂
C. 不管是根据具体符合说,还是根据法定符合说,甲对乙与丙均成立故意杀人既遂
D. 不管是根据具体符合说,还是根据法定符合说,甲对乙成立故意杀人既遂,对丙成立过失致人死亡罪

[释疑] 一故意杀人行为同时造成多个结果(乙、丙二人死亡),属于想象竞合犯。根据法定符合说,丙是人,"致丙死亡"并未超出"故意致人死亡"的范围。(答案:AB)

8. 甲欲杀乙,向乙开枪,但未瞄准,子弹从乙身边穿过打中丙,致丙死亡。关于本案,下列哪些说法是正确的?(2008年缓考真题,多选)

A. 根据具体符合说,甲对乙成立故意杀人(未遂)罪,对丙成立过失致人死亡罪
B. 根据法定符合说,甲对乙成立故意杀人(未遂)罪,对丙成立故意杀人(既遂)罪
C. 具体符合说与法定符合说均认为,甲对乙成立故意杀人(未遂)罪,对丙成立故意杀人(既遂)罪
D. 具体符合说与法定符合说均认为,甲对乙成立过失致人重伤罪,对丙成立过失致人死亡罪

[释疑] 本案属于"打击错误",按照具体符合说,甲意欲的(乙死)与实际发生的(丙死)具体不一致,阻却甲对丙死承担故意罪责,故杀乙是未遂,丙死是过失。按照法定符合说,尽管具体不一致但在法定范围内一致,不影响罪责。(答案:AB)

### 三、提示与预测

从近几年的考题看,司法考试的理论性逐步增强,考点也越来越深入和细致,不仅要求大家知道事实认识错误作为通说的评价标准——法定符合说,也要对具体符合说得出的结论有一定的了解。

## 考点 12 违法性认识错误及其处理原则:不免罪责

### 一、精讲

违法性认识错误,也叫法律认识错误,是指对自己某种行为是否违法有误解,也即对行为在法律上是否被禁止有误解。简单地说,就是不懂法的错误。包括三种情况:假想无罪、假想有罪和误解处罚。其中假想的无罪是法律认识错误最主要的一种情况,这种法律认识错误原则上不免罪责;假想的有罪,对行为是否构成犯罪不发生影响;对处罚有误解,也不影响定罪处罚。

### 二、例题

1. 农民甲醉酒在道路上驾驶拖拉机,其认为拖拉机不属于《刑法》第133条之一规定的机动车。关于本案的分析,下列哪一选项是正确的?(2016年真题,单选)

A. 甲未能正确评价自身的行为,存在事实认识错误

B. 甲欠缺违法性认识的可能性,其行为不构成犯罪
C. 甲对危险驾驶事实有认识,具有危险驾驶的故意
D. 甲受认识水平所限,不能要求其对自身行为负责

[释疑] C项正解,危险驾驶罪之"机动车"属于法律概念,法律概念的认识不属于构成要件故意的认识范围,因此甲对危险驾驶事实有认识,具有危险驾驶的故意,正确。

A项未能正确评价自身的行为,是法律认识错误而非事实认识错误。B、D项本案具体场合足以认定甲具有违法性认识的可能性,不阻却责任。另外,对法律概念的误解属于法律认识错误,不影响构成要件故意成立,也不阻却责任故意。中国学说简单化结论:法律认识错误不免责。(答案:C)

2. 关于故意与违法性的认识,下列哪些选项是正确的?(2015年真题,多选)

A. 甲误以为买卖黄金的行为构成非法经营罪,仍买卖黄金,但事实上该行为不违反《刑法》。甲有犯罪故意,成立犯罪未遂

B. 甲误以为自己盗窃枪支的行为仅成立盗窃罪。甲对《刑法》规定存在认识错误,因而无盗窃枪支罪的犯罪故意,对甲的量刑不能重于盗窃罪

C. 甲拘禁吸毒的陈某数日。甲认识到其行为剥夺了陈某的自由,但误以为《刑法》不禁止普通公民实施强制戒毒行为。甲有犯罪故意,应以非法拘禁罪追究刑事责任

D. 甲知道自己的行为有害,但不知是否违反《刑法》,遂请教中学语文教师乙,被告知不违法后,甲实施了该行为。但事实上《刑法》禁止该行为。乙的回答不影响甲成立故意犯罪

[释疑] A项,积极的法律认识错误,根据罪刑法定原则,甲的行为未触犯刑法,根本不构成犯罪,无需考察犯罪故意,更谈不上犯罪未遂。B项,甲明知是枪支而盗窃,因而具有盗窃枪支罪的故意。甲的错误属于法律认识错误,对犯罪故意没有影响。C项,法律认识错误,对犯罪故意没有影响。D项,甲对其行为的实质违法性(有害)具有明确认识,且所请教的并非专业人士,因此其法律认识错误具有避免的可能性,对其犯罪故意并无影响。(答案:CD)

3. 甲男明知乙女只有13周岁,误以为法律并不禁止征得幼女同意后的性交行为,于是在征得乙女的同意后与乙女发生了性交。甲的行为属于下列何种情形?(2002年真题,单选)

A. 幻觉犯,不构成奸淫幼女罪　　B. 法律认识错误,构成奸淫幼女罪
C. 对象认识错误,构成奸淫幼女罪　　D. 客体认识错误,不构成奸淫幼女罪

[释疑] 就本案而言,甲误以为只要得到同意即使与幼女发生性关系也不犯法,而实际上法律禁止并惩罚任何形式与幼女发生性交的行为,其行为是犯法的。甲属于法律认识错误。法律认识错误原则上不阻碍追究刑事责任。就本案而言,甲对奸淫幼女不违法的误解,不阻碍追究其奸淫幼女罪的刑事责任。当然,如果甲知道法律禁止奸淫幼女的行为,可能就不会那么做了。这比起明知不可为而为之的情况,主观恶性较轻,可以酌情从宽处罚。故法律认识错误虽然不是免责的事由却可以成为减轻责任的事由。不过,这是一个很难证明的问题。故实践中通常不问行为人是否有法律认识错误,也不接受这种辩解。

如果是不知对方(乙)的年龄不满14周岁,则属于事实认识错误,即对事实有误解,具体说是事实错误中的客体错误。(答案:B)

# 第四章 排除犯罪的事由

## 考点 1 正当防卫的起因条件

### 一、精讲

现实的不法侵害是正当防卫的起因,其特点具有攻击性、破坏性、紧迫性。不法侵害包括犯罪行为和其他违法行为。不法侵害应是人实施的不法侵害,人既包括达到责任年龄、具有责任能力的人也包括未达责任年龄、不具有责任能力的人。故对于未达责任年龄、不具有责任能力的人的侵害行为,可以实施正当防卫。

### 二、例题

1. 严重精神病患者乙正在对多名儿童实施重大暴力侵害,甲明知乙是严重精神病患者,仍使用暴力制止了乙的侵害行为,虽然造成乙重伤,但保护了多名儿童的生命。(2014年真题,多选)

观点:
① 正当防卫针对的"不法侵害"不以侵害者具有责任能力为前提
② 正当防卫针对的"不法侵害"以侵害者具有责任能力为前提
③ 正当防卫针对的"不法侵害"不以防卫人是否明知侵害者具有责任能力为前提
④ 正当防卫针对的"不法侵害"以防卫人明知侵害者具有责任能力为前提

结论:
a. 甲成立正当防卫　　b. 甲不成立正当防卫

就上述案情,观点与结论对应错误的是下列哪些选项?
A. 观点①②与 a 结论对应;观点③④与 b 结论对应
B. 观点①③与 a 结论对应;观点②④与 b 结论对应
C. 观点②③与 a 结论对应;观点①④与 b 结论对应
D. 观点①④与 a 结论对应;观点②③与 b 结论对应

[释疑] 正当防卫适用的不同观点。正确对应关系:成立正当防卫,对不法侵害人责任能力以及防卫人是否认知不法侵害人责任能力,主张一概不问的(①、③),更多支持 a 成立正当防卫。与之相反,主张需要考虑的(②、④),则倾向于 b 不成立正当防卫。简单的知识、复杂的考法。就算不懂也可推出:考虑得越少(限制越少)越支持 a 成立正当防卫,考虑的越多(限制越多)越支持 b 不成立正当防卫。本题考查的是理论上如何争议,若需要考生就具体案件作出是否成立正当防卫的定性,则应知道,根据通说,正当防卫是违法层面的问题,所针对的是"不法侵害",而"不法"(危害)是客观的,与被防卫者的责任能力与责任心理无关。(答案:ACD)

2. 逃跑中,因身上有血迹,甲被便衣警察程某盘查。程某上前拽住甲的衣领,试图将其带走。甲怀疑遇上劫匪,与程某扭打。甲的朋友乙开黑车经过此地,见状停车,和甲一起殴打程某。程某边退边说:"你们不要乱来,我是警察。"甲对乙说:"别听他的,假警察该打。"程某被

打倒摔成轻伤。(事实二)(2013年真题,案例分析)

就事实二,对甲、乙的行为应当如何定性?理由是什么?

答案:甲、乙的行为系假想防卫。假想防卫视情况成立过失犯罪或意外事件。在本案中,甲、乙在程某明确告知是警察的情况下,仍然对被害人使用暴力,主观上有过失。但是,过失行为只有在造成重伤结果的场合,才构成犯罪。甲、乙仅造成轻伤结果,故对于事实二,甲、乙均无罪。

3. 关于正当防卫的论述,下列哪一选项是正确的?(2012年真题,单选)

A. 甲将罪犯顾某扭送派出所途中,在汽车后座上死死摁住激烈反抗的顾某头部,到派出所时发现其已窒息死亡。甲成立正当防卫

B. 乙发现齐某驾驶摩托车抢劫财物即驾车追赶,2车并行时摩托车撞到护栏,弹回与乙车碰撞后侧翻,齐某死亡。乙不成立正当防卫

C. 丙发现邻居刘某(女)正在家中卖淫,即将刘家价值6000元的防盗门砸坏,阻止其卖淫。丙成立正当防卫

D. 丁开枪将正在偷越国(边)境的何某打成重伤。丁成立正当防卫

[释疑] A项,致人死亡防卫过当,不是正当防卫。B项,齐某抢劫财物逃离现场时自己驾驶失误撞到护栏,责任自负。乙追击行为与齐某死亡无因果关系。无需适用正当防卫排除、减轻违法性。C、D项,对于无攻击性、破坏性、紧迫性的犯罪行为,不能也不必以猛烈方式实行正当防卫。(答案:B)

4. 甲手持匕首寻找抢劫目标时,突遇精神病人丙持刀袭击。丙追赶甲至一死胡同,甲迫于无奈,与丙搏斗,将其打成重伤。此后,甲继续寻找目标,见到丁后便实施暴力,用匕首将其刺成重伤,使之丧失反抗能力,此时甲的朋友乙驾车正好经过此地,见状后下车和甲一起取走丁的财物(约2万元),然后逃跑,丁因伤势过重不治身亡。(2008年真题,不定项)

关于甲将精神病人丙打成重伤的行为,下列选项正确的是:

A. 甲的行为属于正当防卫,因为对精神病人的不法侵害也可以进行正当防卫

B. 甲的行为属于紧急避险,因为"不法"必须是主客观相统一的行为,而精神病人没有责任能力,其客观侵害行为不属于"不法"侵害,故只能进行紧急避险

C. 甲的行为属于自救行为,因为甲当时只能依靠自己的力量救济自己的法益

D. 甲的行为既不是正当防卫,也不是紧急避险,因为甲当时正在进行不法侵害,精神病人丙的行为客观上阻止了甲的不法行为,甲不得针对丙再进行正当防卫与紧急避险

[释疑] (1) B项错在对"不法侵害"的理解。通说认为不法侵害由客观性质决定,不受实施者精神状态的影响。

(2) C项错,对"正在进行"的不法侵害实施的抵抗(对正在受害法益的保护行为),是防卫性质;对已受害法益的恢复行为,是自救行为。

(3) D项错在"甲当时正在进行不法侵害",甲当时正在寻机作案(预备行为),并且丙的不法侵害与阻止甲欲实施的犯罪无关。(答案:A)

## 考点 2 正当防卫的时间条件

一、精讲

正当防卫的时间条件限定为不法侵害已经开始而尚未结束,事先防卫和事后防卫不是正

当防卫和防卫过当。

## 二、例题

关于正当防卫,下列哪一选项是错误的?(2009年真题,不定项)
A. 制服不法侵害人后,又对其实施加害行为,成立故意犯罪
B. 抢劫犯使用暴力取得财物后,对抢劫犯立即进行追击的,由于不法侵害尚未结束,属于合法行为
C. 动物被饲主唆使侵害他人的,其侵害属于不法侵害;但动物对人的自发侵害,不是不法侵害
D. 基于过失而实施的侵害行为,不是不法侵害

[释疑] 不法侵害的客观性,不受主观影响。如精神病人、未达刑事责任年龄人的侵害同样属于不法侵害。A项属于"事后防卫"。(答案:D)

## 考点 3　正当防卫的主观要件

### 一、精讲

正当防卫的主观要件是具有防卫意识,包括防卫认识和防卫意志两个方面。防卫认识,指认识到不法侵害正在进行;防卫意志,指为了保护本人利益、公共利益、他人利益免受不法侵害。以下两种情况因不符合正当防卫的主观要件,不成立正当防卫:
(1) 互相斗殴。因斗殴双方都有加害对方的故意,缺乏防卫意识,不成立正当防卫。
(2) 防卫挑拨,是指本来有加害对方的故意,但却故意挑逗、刺激对方先加害自己,然后借口遭到不法侵害而加害对方。防卫挑拨因本有加害意思不成立正当防卫。

### 二、例题

1. 甲深夜盗窃5万元财物,在离现场1公里的偏僻路段遇到乙。乙见甲形迹可疑,紧拽住甲,要甲给5 000元才能走,否则就报警。甲见无法脱身,顺手一拳打中乙左眼,致其眼部受到轻伤,甲乘机离去。关于甲伤害乙的行为定性,下列哪一选项是正确的?(2014年真题,单选)
A. 构成转化型抢劫罪　　　　　　B. 构成故意伤害罪
C. 属于正当防卫,不构成犯罪　　D. 系过失致人轻伤,不构成犯罪

[释疑] 正当防卫主观要素的把握,认识到对抗不法侵害即可。乙于深夜在荒僻处紧拽他人以报警相要挟强要5 000元,属于敲诈勒索性质的不法侵害,甲反击造成其轻伤成立正当防卫,理由如下:(1) 属于制止不法侵害;(2) 针对不法侵害防卫造成"轻伤"不认为过当。至于甲刚窃得5万元在心虚中、害怕乙报警,是否影响正当防卫成立?涉及防卫主观要素的把握。按照重视客观的取向,认为:"现实的不法侵害正在进行时,就可以行正当防卫"(张明楷:《刑法学》(第4版),第197页),不以有防卫正当权益的意识为必要。即使考虑防卫意识其重点也是在防卫认识上,即"行为人认识到自己的行为与正在进行的不法侵害相对抗时,就应认为具有防卫意识"(上书第197页)。本案甲拳击乙致轻伤显然具有这种程度的防卫意识,不影响成立正当防卫。C项正确,则A、B、D项错误。A项,"构成转化型抢劫罪"干扰最大。提

示:"离现场1公里处"甲乙相遇,明显不具备"当场"条件。(答案:C)

2. 乙基于强奸故意正在对妇女实施暴力,甲出于义愤对乙进行攻击,客观上阻止了乙的强奸行为。(2011年真题,单选)

观点:
① 正当防卫不需要有防卫认识
② 正当防卫只需要防卫认识,即只要求防卫人认识到不法侵害正在进行
③ 正当防卫只需要防卫意志,即只要求防卫人具有保护合法权益的意图
④ 正当防卫既需要有防卫认识,也需要有防卫意志

结论:
a. 甲成立正当防卫 b. 甲不成立正当防卫

A. 观点①观点②与a结论对应;观点③观点④与b结论对应
B. 观点①观点③与a结论对应;观点②观点④与b结论对应
C. 观点②观点③与a结论对应;观点①观点④与b结论对应
D. 观点①观点④与a结论对应;观点②观点③与b结论对应

[释疑] 对于防卫意志是否必要的问题,有两种学说的争论:防卫意志"不要说"和"必要说"。按照"不要说",只要认识到"发生不法侵害"即可,不必深究防卫人有无保护合法权益、制止不法侵害的意愿。按照必要说,则还需要防卫意志。本题甲主观上除了见"乙攻击妇女"感到气愤外,无"保护合法权益"或"制止不法侵害"意志。如果持①和②不要"防卫意志"的观点,不影响成立正当防卫;如果采"防卫意志必要说"的观点,则影响正当防卫成立。由于争议的存在,"通说"也尚不明朗,本题采取"(立场)观点对应结论"的方式进行考察。(答案:A)

3. 甲、乙两家有仇。某晚,两拨人在歌厅发生斗殴,甲、乙恰巧在场并各属一方。打斗中乙持刀砍伤甲小臂,甲用木棒击中乙头部,致乙死亡。关于甲的行为,下列哪一选项是正确的?(2010年真题,单选)

A. 属于正当防卫　　B. 属于紧急避险　　C. 属于防卫过当　　D. 属于故意杀人

[释疑] "互殴"双方皆违法,皆不成立自卫或避险。根据第292条,聚众斗殴致人死亡,定故意杀人罪。(答案:D)

### 三、提示与预测

近年来,刑法试题理论性越来越强,涉及的学说、理论争议也越来越广,故例1这种"(立场)观点对应结论"的试题模式由于既能提高试题的理论性,又能有效回避争议问题,将在今后的试题中有所增加,考生应尽快适应这种题型。

## 考点 4 防卫过当及其刑事责任

### 一、精讲

防卫过当本身也是正当防卫,只不过在防卫过程中超越了正当防卫的必要限度,如果行为本身不符合正当防卫的其他要求(防卫意图、防卫对象、防卫起因和防卫时间),就不是正当防卫,也不是防卫过当。防卫过当本身不是罪名,应当根据具体情况确定罪名,防卫过当的罪过形式一般是过失,但不排除认定为故意犯罪的可能性。对于防卫过当,应当酌情减轻或者免除

处罚。

## 二、例题

1. 甲对正在实施一般伤害的乙进行正当防卫,致乙重伤(仍在防卫限度之内)。乙已无侵害能力,求甲将其送往医院,但甲不理会而离去。乙因流血过多死亡。关于本案,下列哪一选项是正确的?(2013年真题,单选)
   A. 甲的不救助行为独立构成不作为的故意杀人罪
   B. 甲的不救助行为独立构成不作为的过失致人死亡罪
   C. 甲的行为属于防卫过当
   D. 甲的行为仅成立正当防卫

   [释疑] 甲针对乙的"一般伤害"行为防卫造成"乙死亡"结果,是防卫过当,故C项对,D项错。要点:"乙死亡"结果应当纳入甲防卫行为内评价。不应切割出来另行评价其是否成立不作为犯罪,故A、B项错。注意:防卫行为(正当防卫、防卫过当)无需考察防卫者的作为义务。(答案:C)

2. 根据第20条前两款的规定,(　　)行为不负刑事责任;但(　　)必须符合一定条件,否则就会造成新的不法侵害。误认为存在不法侵害,进行"防卫"的,属于(　　);不法侵害已经结束后,进行"防卫"的,属于(　　)。防卫行为明显超过必要限度造成重大损害的,属于(　　);关于(　　)的罪过形式,刑法理论上存在争议,但可以肯定的是,(　　)不是独立罪名,应根据其符合的犯罪构成确定罪名;对于(　　),应当酌情减轻或者免除处罚。在这段话的空格中:(2004年真题,单选)
   A. 2处填写"正当防卫",5处填写"防卫过当",1处填写"假想防卫"
   B. 2处填写"正当防卫",4处填写"防卫过当",1处填写"假想防卫"
   C. 3处填写"正当防卫",5处填写"防卫过当"
   D. 3处填写"正当防卫",4处填写"防卫过当",1处填写"假想防卫"

   [释疑] 以选择题的方式做填空题。根据第20条前两款的规定,正当防卫行为不负刑事责任;但正当防卫必须符合一定条件,否则就会造成新的不法侵害。误认为存在不法侵害,进行"防卫"的,属于假想防卫;不法侵害已经结束后,进行"防卫"的,属于事后防卫。防卫行为明显超过必要限度造成重大损害的,属于防卫过当;关于防卫过当的罪过形式,刑法理论上存在争议,但可以肯定的是,防卫过当不是独立罪名,应根据其符合的犯罪构成确定罪名;对于防卫过当,应当酌情减轻或者免除处罚。(答案:B)

## 考点 5　特殊正当防卫的"特殊性"

### 一、精讲

特殊防卫即第20条第3款的规定:"对正在进行行凶、杀人、抢劫、强奸、绑架以及其他严重危及人身安全的暴力犯罪,采取防卫行为,造成不法侵害人伤亡的,不属于防卫过当,不负刑事责任。"特殊正当防卫的"特殊性"在于不必考虑打击强度过当,但是仍应注意防卫时间的适当性。

(1) 特殊防卫对象:对正在进行行凶、杀人、抢劫、强奸、绑架以及其他严重危及人身安全的暴力犯罪,采取防卫行为的。犯罪人"作案方式实际具有"暴力性而非"罪名"的暴力性,构成故意杀人罪未必都是暴力性的,如毒杀他人。

(2) 特殊正当防卫是正当防卫的特殊类型,其仍须满足正当防卫的成立条件,只不过不存在过当的问题。

(3) 允许打击强度无过当,但不允许时间无过当。

## 二、例题

1. 关于排除犯罪的事由,下列哪一选项是正确的?(2006年真题,单选)

A. 对于严重危及人身安全的暴力犯罪以外的不法侵害进行防卫,造成不法侵害人死亡的,均属防卫过当

B. 由于武装叛乱、暴乱罪属于危害国家安全罪,而非危害人身安全犯罪,故对于武装叛乱、暴乱犯罪,不可能实行特殊正当防卫

C. 放火毁损自己所有的财物但危害公共安全的,不属于排除犯罪的事由

D. 律师在法庭上为了维护被告人的合法权益,不得已泄露他人隐私的,属于紧急避险

[释疑] (1) A项错,因为不属于特殊防卫未必不属于普通防卫的正当防卫(第20条第1款的情形)。

(2) B项错,因为特殊防卫适用的实质条件是"严重危及人身安全的暴力犯罪",不限于法律列举的"行凶、杀人、抢劫、强奸、绑架"情形,还包括"以及其他严重危及人身安全的暴力犯罪"。武装叛乱、暴乱中发生严重危及人身安全的暴力犯罪的,对其当然可以行使特殊防卫权。

(3) C项正确,毁损自己的财物(自损行为)通常不具有犯罪性,但是"自损"行为严重违法或损害他人、社会的利益的,不排除犯罪性。

(4) D项错在不符合紧急避险的适用条件,是滥用错用紧急避险,因为D项的情形不能认为属于紧急的危险,谈不上适用紧急避险制度排除其行为的犯罪性。这似乎属于义务冲突问题,依法不得泄露他人隐私的义务与维护委托人合法利益的职业义务发生冲突,需根据义务冲突的原理权衡利弊得失考虑,是否排除犯罪性。(答案:C)

2.《刑法》第20条第3款规定:"造成不法侵害人伤亡的,不属于防卫过当,不负刑事责任。"关于刑法对特殊正当防卫的规定,下列哪些理解是错误的?(2005年真题,多选)

A. 对于正在进行杀人等严重危及人身安全的暴力犯罪,采取防卫行为,没有造成不法侵害人伤亡的,不能称为正当防卫

B. "其他严重危及人身安全的暴力犯罪"的表述,不仅说明其前面列举的抢劫、强奸、绑架必须达到严重危及人身安全的程度,而且说明只要列举之外的暴力犯罪达到严重危及人身安全的程度,也应适用特殊正当防卫的规定

C. 由于特殊正当防卫针对的是严重危及人身安全的暴力犯罪,而这种犯罪一旦着手实行便会造成严重后果,故应当允许防卫时间适当提前,即严重危及人身安全的暴力犯罪处于预备阶段时,也应允许进行特殊正当防卫

D. 由于针对严重危及人身安全的暴力犯罪进行防卫时可以杀死不法侵害人,故在严重危及人身安全的暴力犯罪结束后,当场杀死不法侵害人的,也属于特殊正当防卫

[释疑] (1) A项,既然造成伤亡的都成立正当防卫,未造成伤亡的,更能成立正当防

卫,故 A 项是错误的。

(2) B 项,第 20 条第 3 款规定:"……以及其他……"表明不限于该条列举的几个罪名,故 B 项是正确的。

(3) C、D 项,第 20 条第 3 款规定的特殊正当防卫仍须遵守正当防卫的时间条件,事先防卫和事后防卫,均不成立正当防卫。故 C、D 项是错误的。(答案:ACD)

## 考点 6 正当防卫与紧急避险的区分

### 一、精讲

正当防卫与紧急避险的区别:故意致损的对象不同,前者为不法侵害,后者为紧急的危险。这个危险的来源包括人的不法侵害,也可以是自然灾害、动物的侵袭等。在遭遇到不法侵害时,如果行为人针对不法侵害人进行反击,属于正当防卫的范畴;如果为了躲避不法侵害,不得已而损害第三人的利益的,就是紧急避险的范畴。

### 二、例题

1. 关于正当防卫与紧急避险,下列哪一选项是正确的?(2016 年真题,单选)
   A. 为保护国家利益实施的防卫行为,只有当防卫人是国家工作人员时,才成立正当防卫
   B. 为制止正在进行的不法侵害,使用第三者的财物反击不法侵害人,导致该财物被毁坏的,对不法侵害人不可能成立正当防卫
   C. 为摆脱合法追捕而侵入他人住宅的,考虑到人性弱点,可认定为紧急避险
   D. 为保护个人利益免受正在发生的危险,不得已也可通过损害公共利益的方法进行紧急避险

   [释疑] D 项,紧急避险对于不得已牺牲的利益并没有性质、种类限制,只有利益轻重大小的权衡,为保护个人大利益比如生命,牺牲公共财产利益,可以成立紧急避险。
   A 项,对正当防卫人没有身份限制。B 项,正当防卫阻却对不法侵害人损害的违法性,与制止不法侵害中本人或第三人利益是否遭受损害无关。导致第三人利益损害的属于避险行为。C 项,对合法追捕本来就不应当逃避,因此不得作为紧急避险的事由。(答案:D)

2. 鱼塘边工厂仓库着火,甲用水泵从乙的鱼塘抽水救火,致鱼塘中价值 2 万元的鱼苗死亡。仓库中价值 2 万元的商品因灭火及时未被烧毁。甲承认仓库边还有其他几家鱼塘,为报复才从乙的鱼塘抽水。关于本案,下列哪一选项是正确的?(2015 年真题,单选)
   A. 甲出于报复动机损害乙的财产,缺乏避险意图
   B. 甲从乙的鱼塘抽水,是不得已采取的避险行为
   C. 甲未能保全更大的权益,不符合避险限度要件
   D. 对 2 万元鱼苗的死亡,甲成立故意毁坏财物罪

   [释疑] A 项,动机与意图(目的)是两个不同层面的问题,恶意动机并不意味着缺乏避险意图。B 项,在当时的条件下,除了抽水灭火别无选择,尽管有多个鱼塘可供抽水,但不管在哪个鱼塘抽水,都是不得已的避险行为。C 项,尽管通说要求保全的利益大于损害的利益,但命题者认为两种利益相当时仍符合避险限度条件,并非避险过当。D 项,因甲的行为属于紧急避险,排除行为的违法性。(答案:B)

3. 甲遭乙追杀,情急之下夺过丙的摩托车骑上就跑,丙被摔骨折。乙开车继续追杀甲,甲

为逃命,飞身跳下疾驶的摩托车奔入树林,丙1万元的摩托车被毁。关于甲行为的说法,下列哪一选项是正确的?(2009年真题,单选)

  A. 属于正当防卫　　　　　　　　B. 属于紧急避险
  C. 构成抢夺罪　　　　　　　　　D. 构成故意伤害罪、故意毁坏财物罪

[释疑]　对不法侵害人之外的人造成损害的,适用紧急避险排除违法性。(答案:B)

## 考点 7  正当防卫与自救行为的区分

### 一、精讲

"正当防卫""自救行为"均属于"紧急行为"。二者的区别在于:正当防卫针对法益"正在受侵害之际"来不及获取公权力保护的紧急情况下的保护合法权益的行为;自救行为是法益"已经受侵害"时,运用自己的力量"恢复"其权益的行为。

### 二、例题

陈某抢劫出租车司机甲,用匕首刺甲一刀,强行抢走财物后下车逃跑。甲发动汽车追赶,在陈某往前跑了40米处,甲将陈某撞成重伤并夺回财物。关于甲的行为性质,下列哪一选项是正确的?(2007年真题,单选)

  A. 法令行为　　B. 紧急避险　　C. 正当防卫　　D. 自救行为

[释疑]　本题主要是C项与D项之间的选择难判断,关键在于对法益的侵害是正在进行中还是已经过去。若认为针对正在进行的不法侵害实施"保护权利的行为",应当适用正当防卫;若认为不法侵害已经结束之后的"自力恢复"权利的行为,应当适用自救行为。不法侵害已经结束还是正在进行,原则上可根据是否既遂判断,但是不法侵害人盗窃、抢夺、抢劫已取得财物但尚未脱离作案现场时,"尽管盗窃已经既遂,但尚未确定对财物的完全占有,并不属于过去的侵害"。据此"追赶上去夺回财物的行为可以构成正当防卫"。根据这样的观点,C项正确。如果是在事后因情况紧急自力恢复被侵害法益的行为,属于自救行为。(答案:C)

## 考点 8  被害人承诺等其他排除犯罪性事由

### 一、精讲

(1)被害人承诺的行为排除犯罪性的要件:① 对被害法益有处分权,不得侵犯公共利益。如果不是被害人有权处理的权益或者损害公共利益,则不排除犯罪性;② 对所承诺事项的意义、范围有理解能力;③ 出于被害人的真实意志;④ 有现实的承诺。事后承诺不影响犯罪的成立。

(2)其他排除犯罪性事由还包括:执行法令行为、正当业务行为、自损行为、自救行为、义务冲突等。

### 二、例题

1. 经被害人承诺的行为要排除犯罪的成立,至少符合下列4个条件:(2011年真题,单选)

① 被害人对被侵害的_____具有处分权限
② 被害人对所承诺的_____的意义、范围具有理解能力
③ 承诺出于被害人_____的意志
④ 被害人必须有_____的承诺
下列哪一选项与题干空格内容相匹配?
A. 法益——事项——现实——真实　　B. 事项——法益——现实——真实
C. 事项——法益——真实——现实　　D. 法益——事项——真实——现实
(答案:D)

2. 关于被害人承诺,下列哪一选项是正确的?(2008年真题,单选)
　A. 儿童赵某生活在贫困家庭,甲征得赵某父母的同意,将赵某卖至富贵人家。甲的行为得到了赵某父母的有效承诺,并有利于儿童的成长,故不构成拐卖儿童罪
　B. 在钱某家发生火灾之际,乙独自闯入钱某的住宅搬出贵重物品。由于乙的行为事后并未得到钱某的认可,故应当成立非法侵入住宅罪
　C. 孙某为戒掉网瘾,让其妻子丙将其反锁在没有电脑的房间一星期。孙某对放弃自己人身自由的承诺是无效的,丙的行为依然成立非法拘禁罪
　D. 李某同意丁砍掉自己的一个小手指,而丁却砍掉了李某的大拇指。丁的行为成立故意伤害罪

[释疑]　(1) A项,拐卖儿童的行为严重违反人类基本价值准则,儿童父母的同意(承诺)严重违反法律,不能排除犯罪性。
(2) B项,推定被害人承诺,且动机正当、效果良好,即使被害人事后不认可的,仍可排除犯罪性。"行为时"推定被害人承诺,其正当性依据行为时的情形判断,不以被害人事后认可为必要。
(3) C项,被害人的承诺可排除丙拘禁行为的犯罪性。
(4) D项,被害人同意砍掉一个小手指,行为人却砍掉被害人一个大拇指,超出被害人承诺的范围造成的损害,对该超出承诺范围的损害,不排除犯罪性。另外,砍掉一个大拇指是"重伤",即使被害人同意砍掉大拇指,损害未超出承诺范围,也不能排除犯罪性。因被害人同意"重伤",严重超出社会可容忍的范围,不能排除按承诺实施重伤行为的犯罪性。这就与"安乐死"(经被害人同意、出于人道考虑使用人道方式对濒死的人实施的提前结束生命的行为)不能排除犯罪性的道理相同。(答案:D)

# 第五章　犯罪的未完成形态

## 考点 1　未遂犯与预备犯的区别

### 一、精讲

二者的主要区别是:是否"着手"实行犯罪。
(1) 预备犯是进行了犯罪的准备行为,因意志以外的因素未能开始着手实行犯罪。而未遂犯是已经着手实行犯罪,由于意志以外的原因未将犯罪进行到既遂。
(2) 着手的含义,是指已经开始实行符合构成要件的行为或分则各条中所规定的某种犯

罪行为。

(3) 预备行为包括准备工具和制造条件,在分则中未具体规定,了解常见预备行为,对区别预备犯与未遂犯具有重要意义。所谓准备工具,指准备为实行犯罪使用的各种物品,如为杀人而购买刀、枪、毒药。所谓制造条件,指为实行犯罪制造机会或创造条件,如:① 进行犯罪前的调查;② 排除实行犯罪的障碍;③ 前往犯罪现场或者诱骗被害人赴犯罪地点;④ 跟踪或者守候被害人;⑤ 勾引共同犯罪人;⑥ 商议或者拟定实施犯罪的计划等。从某种意义上讲,准备工具也属于制造条件的一种方式。

## 二、例题

1. 甲想杀害身材高大的乙,打算先用安眠药使乙昏迷,然后勒乙的脖子,致其窒息死亡。由于甲投放的安眠药较多,乙吞服安眠药后死亡。对此,下列哪一选项是正确的?(2008年真题,单选)

   A. 甲的预备行为导致了乙死亡,仅成立故意杀人预备
   B. 甲虽已着手实行杀人行为,但所预定的实行行为(勒乙的脖子)并未实施完毕,故只能认定为未实行终了的未遂
   C. 甲已着手实行杀人行为,应认定为故意杀人既遂
   D. 甲的行为是故意杀人预备与过失致人死亡罪的想象竞合犯,应从一重罪论处

   [释疑] 本题考查的是对"着手"的理解和构成要件事实的提前实现。虽然甲预定的杀人计划是"先麻翻、再勒死",但其麻翻被害人乙的预备行为提前实现了预期的构成要件结果(杀死),应当认定为故意杀人罪既遂。从情理上讲,甲杀害人的作案过程中出现了小小的意外(死亡结果提前发生),这种小小的意外不妨害成立故意杀人罪的既遂。因为行为人有杀害乙的意思并实施了相应的行为,最终造成了死亡结果,且该死亡结果与其行为有因果关系。根据法定符合说和因果关系错误不影响罪责的通说,衡量本案,C项结论最为妥当。

   "着手"把握的客观性,杀人罪的"着手"是"开始实施剥夺生命的行为",甲"主观"预定是"勒死";但是,甲主观预定先"麻翻"的准备行为事实上(客观上)已经剥夺了人的生命,表明该行为"客观上足以"剥夺人的生命,且事实上剥夺了人的生命,故应当判断甲的"麻翻"行为是杀害乙的实行行为。

   提示:考生不一定懂"构成要件事实的提前实现"的理论,但根据常识、情理,可"自发"找到正解。可见,在遇到"疑难"问题时,遵循"法律不悖情理"往往能求得正解。其次是"平衡",C项故意杀人罪既遂,与"法定符合说"和"因果关系错误"不影响罪责的通说,在结论的合理性上保持一致。(答案:C)

2. 下列哪些选项是错误的?(2006年真题,多选)

   A. 甲、乙二人合谋抢劫出租车,准备凶器和绳索后拦住一辆出租车,谎称去郊区某地。出租车行驶到检查站,检查人员见甲、乙二人神色慌张便进一步检查,在检查时,甲、乙意图逃离出租车被抓获。甲、乙二人的行为构成抢劫(未遂)罪
   B. 甲深夜潜入某银行储蓄所行窃,正在撬保险柜时,听到窗外有响动,以为有人来了,因害怕被抓就悄悄逃离。甲的行为构成盗窃(未遂)罪
   C. 甲意图杀害乙,经过跟踪,掌握了乙每天上下班的路线。某日,甲准备了凶器,来到乙必经的路口等候。在乙经过的时间快要到时,甲因口渴到旁边的小卖部买饮料。待甲返回时,

乙因提前下班已经过了路口。甲等了一阵儿不见乙经过,就准备回家,在回家路上因凶器暴露被抓获。甲的行为构成故意杀人(未遂)罪

D. 甲意图陷害乙,遂捏造了乙受贿10万元并与他人通奸的所谓犯罪事实,写了一封匿名信给检察院反贪局。检察机关经初查发现根本不存在受贿事实,对乙未追究刑事责任。甲欲使乙受到刑事追究的意图未能得逞。甲的行为构成诬告陷害(未遂)罪

[释疑] (1) A项,因为尚未着手实行抢劫,是抢劫罪预备犯。抢劫罪的"着手"指为强取财物而开始了暴力、胁迫行为,A项中的甲和乙图谋抢劫,但尚未进展到开始暴力胁迫行为而被迫停止,属于预备犯。

(2) C项中的甲也是预备犯。因为甲尚未开始着手实行杀人行为就被查获,处在预备形态。故意杀人罪的"着手",指开始了剥夺生命的行为,在用刀杀人的场合通常到对被害人举刀欲砍或持刀欲刺的程度,或者持刀紧追的程度。

(3) D项的情形应属诬告陷害(既遂)罪。通常捏造犯罪事实作虚假告发,司法机关知悉告发为诬告陷害既遂,不以实际使他人受到刑事追究为必要。

(4) B项,已经着手实行盗窃(正在撬保险柜),因为意志以外的原因未能既遂,属于盗窃未遂,正确。(答案:ACD)

# 考点 2  未遂的分类,能犯的未遂与不能犯未遂

## 一、精讲

理论上讲,不能犯既然不可能侵犯法益应当无罪,故"稻草人事件""保健品事件",这样极端的情形应无罪。但是,鉴于法益侵害危险认定的模糊性,对于上述"绝对"不能犯情形外的,我国通说按照未遂犯处罚,如不知不是毒品,把假毒品当做真毒品贩卖的;或者被公安特情"钓鱼"的贩毒者。

## 二、例题

1. 关于犯罪未遂的认定,下列哪些选项是正确的?(2016年真题,多选)

A. 甲以杀人故意将郝某推下过街天桥,见郝某十分痛苦,便拦下出租车将郝某送往医院。但郝某未受致命伤,即便不送医院也不会死亡。甲属于犯罪未遂

B. 乙持刀拦路抢劫周某。周某说"把刀放下,我给你钱"。乙信以为真,收起刀子,伸手要钱。周某乘乙不备,一脚踢倒乙后逃跑。乙属于犯罪未遂

C. 丙见商场橱柜展示有几枚金锭(30万元/枚),打开玻璃门拿起一枚就跑,其实是值300元的仿制品,真金锭仍在。丙属于犯罪未遂

D. 丁资助林某从事危害国家安全的犯罪活动,但林某尚未实施相关犯罪活动即被抓获。丁属于资助危害国家安全犯罪活动罪未遂

[释疑] B项对,乙已着手抢劫,意志以外原因未得逞(未抢取财物),是抢劫未遂。C项对,以珍宝、古董、玉石、黄金等贵重物品为目标盗窃、抢夺,因为意志以外的原因实际只取得价值不够"数额较大"的赝品的,属于(目标)未遂情形。第一,因为实际取得数额不够较大,一般不成立盗窃、抢夺罪既遂;第二,根据司法解释,盗窃未遂情节严重的应当定罪处罚。情节严重主要是以巨大财产为目标盗窃。

A项错,犯罪过程中自动阻止犯罪(既遂)结果发生、且犯罪(既遂)结果实际没有发生的,应当成立犯罪中止。不必中止行为与犯罪结果不发生有因果关系。D项错,资助危害国家安全犯罪活动罪是帮助行为犯罪化的罪名,其既遂以"资助行为"完成为准,不以被资助行为既遂为必要。(答案:BC)

2. 下列哪一行为成立犯罪未遂?(2015年真题,单选)
A. 以贩卖为目的,在网上订购毒品,付款后尚未取得毒品即被查获
B. 国家工作人员非法收受他人给予的现金支票后,未到银行提取现金即被查获
C. 为谋取不正当利益,将价值5万元的财物送给国家工作人员,但第二天被退回
D. 发送诈骗短信,受骗人上当后汇出5万元,但因误操作汇到无关第三人的账户

[释疑] A项,为贩卖而订购毒品,这是贩卖的预备行为,所以成立贩卖毒品罪的犯罪预备。B项,收受现金支票后即为受贿罪的既遂。C项,完成财物交付即为行贿罪的既遂。D项,实际取得财物才是诈骗的既遂。(答案:D)

3. 甲欲枪杀仇人乙,但早有防备的乙当天穿着防弹背心,甲的子弹刚好打在防弹背心上,乙毫发无损。甲见状一边逃离现场,一边气呼呼地大声说:"我就不信你天天穿防弹背心,看我改天不收拾你!"关于本案,下列哪些选项是正确的?(2009年真题,多选)
A. 甲构成故意杀人中止
B. 甲构成故意杀人未遂
C. 甲的行为具有导致乙死亡的危险,应当成立犯罪
D. 甲不构成犯罪

[释疑] 犯罪已经着手遭遇意志以外因素没有既遂的,是未遂。属于能犯的未遂。(答案:BC)

4. 甲深夜潜入乙家行窃,发现留长发穿花布睡衣的乙正在睡觉,意图奸淫,便扑在乙身上强脱其衣。乙惊醒后大声喝问,甲发现乙是男人,慌忙逃跑时被抓获。甲的行为:(2005年真题,单选)
A. 属于强奸预备   B. 属于强奸未遂   C. 属于强奸中止   D. 不构成强奸罪

[释疑] 该行为属对象不能犯未遂。(答案:B)

## 考点 3 犯罪中止的时间性

### 一、精讲

犯罪中止的时间性,是指发生在犯罪过程中。在犯罪中止时间性的具体认定上,掌握以下要点:

1. 当犯罪过程结束、犯罪既遂的,返还原物、赔偿损失的,不成立犯罪中止。
2. 犯罪明显告一段落归于未遂后,有抢救被害人的表现或者放弃新一轮加害行为的,不成立犯罪中止。
3. 在犯罪过程中,自动放弃重复加害行为的,可成立中止。

### 二、例题

1. 下列哪些选项中的甲属于犯罪未遂?(2014年真题,多选)
A. 甲让行贿人乙以乙的名义办理银行卡,存入50万元,乙将银行卡及密码交给甲。甲用

该卡时,忘记密码,不好意思再问乙。后乙得知甲被免职,将该卡挂失取回50万元

B. 甲、乙共谋傍晚杀丙,甲向乙讲解了杀害丙的具体方法。傍晚乙如约到达现场,但甲却未去。乙按照甲的方法杀死丙

C. 乙欲盗窃汽车,让甲将用于盗窃汽车的钥匙放在乙的信箱。甲同意,但错将钥匙放入丙的信箱,后乙用其他方法将车盗走

D. 甲、乙共同杀害丙,以为丙已死,甲随即离开现场。一个小时后,乙在清理现场时发现丙未死,持刀杀死丙

[解析] (1) C项,甲提供钥匙的帮助行为对乙窃取汽车未发挥物理或心理作用,该帮助行为未遂。D项,乙一小时后清理现场"补刀"杀丙,属于独自行为单独负责,甲对乙事后"补刀"行为结果不承担共犯责任。故甲未遂。乙后一补刀既遂吸收前一未遂行为。(2) A项,甲收到银行卡及密码时受贿罪既遂。B项,甲虽未到现场实行,但"乙按甲的方法杀死丙",说明甲的帮助一直作用到乙杀死丙,甲帮助既遂。注意:甲未到现场实行故甲不是实行犯而是帮助犯,通常认定为从犯。(答案:CD)

2. 甲欲杀乙,将乙打倒在地,掐住脖子致乙深度昏迷。30分钟后,甲发现乙未死,便举刀刺乙,第一刀刺中乙腹,第二刀扎在乙的皮带上,刺第三刀时刀柄折断。甲长叹"你命太大,整不死你,我服气了",遂将乙送医,乙得以保命。经查,第一刀已致乙重伤。关于甲犯罪形态的认定,下列哪一选项是正确的?(2012年真题,单选)

A. 故意杀人罪的未遂犯　　　　　B. 故意杀人罪的中止犯
C. 故意伤害罪的既遂犯　　　　　D. 故意杀人罪的不能犯

[释疑] 犯罪中止时间条件是"在犯罪过程中",犯罪过程结束因意志以外原因归于未遂的,是未遂。掐脖致"乙深度昏迷"(以为乙已经死亡)达"30分钟",似表明犯罪过程已告一段落因误以为死亡结果已经发生而归于未遂,按未遂论。"30分钟"之后的刀刺、送医院抢救疑似与答案(结论)无关。

异议:不过,如果把30分钟前后视为一个故意杀人犯罪过程,则认定为中止未尝不可。本题"犯罪过程中"时间条件把握过严,答案招来不少异议。未来取向本案情形应认定为中止。我国刑法规定"犯罪中止造成损害的,应当减轻处罚",适用于本案并无不当。(答案:A)

3. 下列哪些选项不构成犯罪中止?(2011年真题,多选)

A. 甲收买1名儿童打算日后卖出。次日,看到拐卖儿童犯罪分子被判处死刑的新闻,偷偷将儿童送回家

B. 乙使用暴力绑架被害人后,被害人反复向乙求情,乙释放了被害人

C. 丙加入某恐怖组织并参与了一次恐怖活动,后经家人规劝退出该组织

D. 丁为国家工作人员,挪用公款3万元用于孩子学费,4个月后主动归还

[释疑] A、B、C、D项的犯罪都已经既遂,不能成立中止,仅是犯罪后的悔罪表现而已。(答案:ABCD)

4. 关于犯罪中止,下列哪些选项是正确的?(2010年真题,多选)

A. 甲欲杀乙,埋伏在路旁开枪射击但未打中乙。甲枪内尚有子弹,但担心杀人后被判处死刑,遂停止射击。甲成立犯罪中止

B. 甲入户抢劫时,看到客厅电视正在播放庭审纪实片,意识到犯罪要受刑罚处罚,于是向被害人赔礼道歉后离开。甲成立犯罪中止

C. 甲潜入乙家原打算盗窃巨额现金,入室后发现大量珠宝,便放弃盗窃现金的意思,仅窃取了珠宝。对于盗窃现金,甲成立犯罪中止

D. 甲向乙的饮食投放毒药后,乙呕吐不止,甲顿生悔意急忙开车送乙去医院,但由于交通事故耽误一小时,乙被送往医院时已死亡。医生证明,早半小时送到医院乙就不会死亡。甲的行为仍然成立犯罪中止

[释疑] （1）A项,自动放弃可重复加害行为,成立中止。

（2）B项,电视唤醒了对法律的敬畏因而放弃犯罪,属于抽象害怕,具有自动性,成立中止。

（3）C项,盗窃已经既遂,不再有中止,同一盗窃过程,盗窃金额以实际窃取的为准,也不必考虑中止。

（4）D项,虽有阻止结果的积极行为,但未能有效阻止结果发生,不成立中止。（答案:AB）

5. 甲与一女子有染,其妻乙生怨。某日,乙将毒药拌入菜中意图杀甲。因久等甲未归且又惧怕法律制裁,乙遂打消杀人恶念,将菜倒掉。关于乙的行为,下列哪一选项是正确的？（2010年真题,单选）

A. 犯罪预备　　　　　　　　B. 犯罪预备阶段的犯罪中止
C. 犯罪未遂　　　　　　　　D. 犯罪实行阶段的犯罪中止

[释疑]　乙"将毒药拌入菜中"之后,需待丈夫甲归家吃饭时,才能直接威胁到甲的生命（着手）,乙在此之前自动放弃,属于预备过程中的中止。（答案:B）

6. 甲乘在路上行走的妇女乙不注意之际,将乙价值12 000元的项链一把抓走,然后逃跑。跑了50米之后,甲以为乙的项链根本不值钱,就转身回来,跑到乙跟前,打了乙两个耳光,并说:"出来混,也不知道戴条好项链",然后将项链扔给乙。对甲的行为,应当如何定性？（2008年真题,单选）

A. 抢夺罪（未遂）　　　　　　B. 抢夺罪（中止）
C. 抢夺罪（既遂）　　　　　　D. 抢劫罪（转化型抢劫）

[释疑]　因为已经"跑出50米之后",大体可认为抢夺已经既遂。其要点是:

（1）项链实际价值12 000元,甲误认为不值钱,该"误认"一般不影响犯罪金额的认定故不成立（对象不能犯）未遂,排除A项。

（2）嫌弃"项链不值钱"而退还,对"战利品"（赃物）不感兴趣,不认为是犯罪中止,排除B项。

（3）转化型抢劫是为了"窝藏赃物、抗拒抓捕、毁灭罪证"而施暴,甲对乙施暴,是为了泄愤,不可能是转化型抢劫。（答案:C）

### 三、提示与预测

犯罪既遂、未遂、中止、预备的认定问题,必须因罪而异,具体掌握。切记不可一概而论,不可指望记住既遂、未遂的概念就能正确认定案件中的既遂、未遂等问题。

## 考点 4　犯罪中止的有效性

### 一、精讲

犯罪中止的有效性是指客观上的中止行为,必须在事实上阻止了犯罪结果的发生,如果犯

罪既遂,犯罪结果实际发生了,则无成立犯罪中止的余地。

## 二、例题

1. 甲以杀人故意放毒蛇咬乙,后见乙痛苦不堪,心生悔意,便开车送乙前往医院。途中等红灯时,乙声称其实自己一直想死,突然跳车逃走,三小时后死亡。后查明,只要当时送医院就不会死亡。关于本案,下列哪一选项是正确的?(2015年真题,单选)

   A. 甲不对乙的死亡负责,成立犯罪中止
   B. 甲未能有效防止死亡结果发生,成立犯罪既遂
   C. 死亡结果不能归责于甲的行为,甲成立犯罪未遂
   D. 甲未能阻止乙跳车逃走,应以不作为的故意杀人罪论处

   [释疑] 甲实施了中止行为,但介入了被害人的异常行为而独立引起死亡结果,应将这一结果归属于被害人的行为,甲仍然成立犯罪中止。所以,中止的有效性包括两种情况:结果未发生;结果虽发生但不可归属于行为人。A项正确,B、C项错误。D项,甲没有阻止乙跳车的可能性,不构成不作为的犯罪。(答案:A)

2. 甲为杀乙,对乙下毒。甲见乙中毒后极度痛苦,顿生怜意,开车带乙前往医院。但因车速过快,车右侧撞上电线杆,坐在副驾驶位的乙被撞死。关于本案的分析,下列哪些选项是正确的?(2014年真题,多选)

   A. 如认为乙的死亡结果应归责于驾车行为,则甲的行为成立故意杀人中止
   B. 如认为乙的死亡结果应归责于投毒行为,则甲的行为成立故意杀人既遂
   C. 只要发生了构成要件的结果,无论如何都不可能成立中止犯,故甲不成立中止犯
   D. 只要行为人真挚地防止结果发生,即使未能防止犯罪结果发生的,也应认定为中止犯,故甲成立中止犯

   [释疑] (1)C项错。若遇到A项情形,构成要件结果(死亡)发生与犯罪行为(杀人)无因果关系的,则能成立犯罪中止。A项对,则C项错。(2)D项错,成立积极中止还要具备"有效性",即"有效防止犯罪结果发生"。提示:D项与A项似乎冲突,理解要领是:成立积极中止需要两个要件:① 行为人有防止结果发生行为;且②防止了犯罪结果发生(包括两种情况:绝对型——客观上结果未发生;相对型——结果虽发生但因其他行为引起)。即犯罪(既遂)结果不发生的原则不可动摇!但要特别注意:这里的不发生包括前述两种情况。本案情况极其特殊,乙死亡结果究竟归责于甲"杀人"(犯罪)行为还是"驾车"(中止)行为? 有A、B项两种观点。命题人似乎更倾向于A项。但为了避免争议所以也给出了B项,且在假定的前提成立时B正确。(答案:AB)

3. 关于犯罪停止形态的论述,下列哪些选项是正确的?(2012年真题,多选)

   A. 甲(总经理)召开公司会议,商定逃税。甲指使财务人员黄某将1笔500万元的收入在申报时予以隐瞒,但后来黄某又向税务机关如实申报,缴纳应缴税款。单位属于犯罪未遂,黄某属于犯罪中止
   B. 乙抢夺邹某现金20万元,后发现全部是假币。乙构成抢夺罪既遂
   C. 丙以出卖为目的,偷盗婴儿后,惧怕承担刑事责任,又将婴儿送回原处。丙构成拐卖儿童罪既遂,不构成犯罪中止
   D. 丁对仇人胡某连开数枪均未打中,胡某受惊心脏病突发死亡。丁成立故意杀人罪既遂

[释疑] A项黄某自动有效防止犯罪结果发生,成立中止。其效力不及于甲,故甲成立未遂。甲代表单位行为,故甲未遂单位也未遂。单位犯罪尽管只有一个主体,但各责任人之"责任"是个体的。换言之,责任年龄、责任能力、责任意思总是犯罪人"各自"的,即使单位犯罪也不例外。B项假币也是抢夺对象之"财物",只是无真币相等的价值而已,同一构成要件事实错误。C项根据第240条规定:以出卖为目的,客观上有拐骗、绑架、收买、贩卖、接送、中转等6种行为之一即构成犯罪既遂。丙以出卖为目的偷盗婴幼儿到手,即既遂。既遂以后又送回是犯罪既遂后的悔罪表现,不是中止。D项按照条件说,枪击行为与被害人病态体质遭遇引起死亡,枪击与死亡有因果关系。(答案:ABCD)

## 考点 5 中止犯与预备犯、未遂犯的区别:是否具有自动性

### 一、精讲

犯罪中止的"自动性"是指,在犯罪过程中,犯罪人自主地放弃犯罪或主动地阻止危害结果的发生。

犯罪中止的自动性是中止犯与预备犯和未遂犯区别的本质特征。

1. 常见自动中止犯罪的原因如:(1)出于真诚的悔悟;(2)对被害人的怜悯;(3)受到他人的规劝;(4)害怕受到刑法的惩罚;等等。

2. 认定自动性需注意:

(1)在未遭遇外界阻碍的情况下放弃犯罪,通常认为具有自动性,不以罪犯有悔悟动机为必要。

(2)从行为人"主观认识"角度把握"能犯而不欲"和"欲犯而不能"。在犯罪实际上不可能进行到底而行为人自认为能够把犯罪进行到底的情况下,行为人自动停止犯罪,或者自动防止犯罪结果发生的,可以成立中止。在犯罪实际上能够进行到底而犯罪人自认为遭遇客观障碍不可能进行到底的情况下,犯罪人撤离犯罪,不成立犯罪中止。

(3)担心、害怕因犯罪被抓捕、被惩罚而停止犯罪。在犯罪时因为有"要想人不知,除非己莫为""犯罪将来要受报应"等害怕心理,而停止犯罪的,认为是自动放弃。这也被称为"抽象"或一般性的害怕被抓、被惩罚。在犯罪时因为遭遇具体的不利情况,比如夜晚小偷潜入办公室正在翻找财物时,忽然听到急促的脚步声或钥匙开门的响动声,害怕被发现或偶然遭遇来人被抓获而逃离,不是自动放弃。即使事实上是风吹草动根本无来人,不过是错觉、幻觉,仍属于"欲犯而不能",不是自动放弃。这种行为人在作案现场遭遇的会被发现被抓获的具体情况,被称为具体害怕。

(4)担心、害怕事后被告发而停止犯罪的,是否具有自动性需视情形而定。如果实施抢劫、强奸、故意伤害、绑架等暴力犯罪,因遭到被害人斥责、受到被害人要告发的警告而停止犯罪的,应属自动放弃,因为这类暴力犯罪本身就具有公然性,不避讳被害人告发。如果是盗窃、诈骗、职务侵占一类的犯罪,则被害人的发现、识破、告发,可能成为阻碍犯罪进行的意志以外的原因。

### 二、例题

1. 甲因父仇欲重伤乙,将乙推倒在地举刀便砍,乙慌忙抵挡喊着说:"是丙逼我把你家老

汉推下粪池的,不信去问丁。"甲信以为真,遂松开乙,乙趁机逃走。关于本案,下列哪一选项是正确的?(2009年真题,单选)

A. 甲不成立故意伤害罪
B. 甲成立故意伤害罪中止
C. 甲的行为具有正当性
D. 甲成立故意伤害罪未遂(不能犯)

[释疑] 听被害人辩解而停止犯罪,应属于具有自动性。注意:甲砍乙的起因是乙"把老汉推下粪池",乙辩解并非否认这一事实,故无疑具有自动性,成立犯罪中止。(答案:B)

2. 下列案例中哪一项成立犯罪未遂?(2004年真题,单选)

A. 甲对胡某实施诈骗行为,被胡某识破骗局。但胡某觉得甲穷困潦倒,实在可怜,就给其3 000元钱,甲得款后离开现场

B. 乙为了杀死刘某,持枪尾随刘某,行至偏僻处时,乙向刘某开了一枪,没有打中;在还可以继续开枪的情况下,乙害怕受刑罚处罚,没有继续开枪

C. 丙绑架赵某,并要求其亲属交付100万元。在提出勒索要求后,丙害怕受刑罚处罚,将赵某释放

D. 丁抓住妇女李某的手腕,欲绑架李某然后出卖。李为脱身,便假装说:"我有性病,不会有人要。"丁信以为真,于是垂头丧气地离开现场

[释疑] 考查犯罪形态(与具体犯罪特点结合对诈骗、故意杀人罪、绑架、拐卖妇女等罪既遂、未遂、中止的认定)。

(1) A项,诈骗未遂的认定。诈骗罪既遂必须符合:"欺骗行为→(被害人)误解→交付财物→罪犯得到→被害人失去"这样的因果关系。假如交付财物与欺骗行为、被害人误解无因果关系,不是诈骗既遂而是未遂。本题中甲的骗局被识破,胡某交付财物出于对甲的怜悯而非因为上当受骗,交付与欺骗无关,故不成立诈骗既遂。

(2) B项,乙自动放弃可重复加害行为,成立中止。

(3) C项,绑架罪扣住人质就已经既遂,不以实际勒索到财物为必要。故扣人质后未勒索到财物的或主动释放人质的,我国通说认为是既遂,不是未遂或中止。

(4) D项,成立中止。丁犯拐卖妇女罪过程中,因为妇女有性病而放弃拐卖,认为是自动放弃犯罪较合情理。因为妇女有性病对将其拐卖而言算不上多大的障碍。这样认定也符合中国对中止认定较为宽松的司法习惯。(答案:A)

## 考点 6 部分共犯人的中止

### 一、精讲

部分共犯人可单独成立中止,但必须具备有效性,即有效地阻止了犯罪结果的发生。部分共犯人单独成立中止的,其中止的效力不及于其他共犯人。

### 二、例题

甲(15周岁)求乙(16周岁)为其抢夺作接应,乙同意。某夜,甲抢夺被害人的手提包(内有1万元现金),将包扔给乙,然后吸引被害人跑开。乙害怕坐牢,将包扔在草丛中,独自离去。关于本案,下列哪一选项是错误的?(2012年真题,单选)

A. 甲不满16周岁,不构成抢夺罪
B. 甲与乙构成抢夺罪的共犯

C. 乙不构成抢夺罪的间接正犯　　　D. 乙成立抢夺罪的中止犯

[释疑]　D项甲抢夺既遂,不成立犯罪中止。既遂后返还原物、赔偿损失、抛弃赃物等,是犯罪后悔罪的表现不是犯罪中止。乙无阻止结果发生的行为也不具备阻止结果的效果,更不符合部分共犯单独中止的条件。D项明显错误。

A项按三要件说,构成犯罪须具备三要件:行为(1)该当构成要件,(2)违法,(3)有责,A项甲未达抢夺16岁的刑事责任年龄,不具备"(3)有责"要件,不构成抢夺罪,A项正确。B、C项,成立"共犯"只需具备"(1)该当构成要件,(2)违法"二要件共同即可,不必在"有责"(刑事责任能力·年龄)上共同。故甲未达刑事责任年龄不影响甲乙二人构成抢夺罪共犯,B、C项正确。注意,仍需要甲乙二人对作案有基本的认知能力,如果其中一人是3岁小孩或精神病人对作案无起码认知能力的,不是共犯。(答案:D)

### 三、提示与预测

共同犯罪中部分共犯人的中止涉及共犯制度与犯罪形态的交叉,是犯罪论中最复杂的问题之一,故该考点在案例题中常有涉及,考生要特别注意。

## 考点 7　貌似未遂实为既遂的犯罪形态

### 一、精讲

既遂的认定标准因罪而异,某些犯罪,表面看来"没有得逞",似乎是未遂形态,但根据分则条文规定,这些犯罪应属于既遂形态。

### 二、例题

关于故意犯罪形态的认定,下列哪些选项是正确的?(2013年真题,多选)

A. 甲绑架幼女乙后,向其父勒索财物。乙父佯装不管乙安危,甲只好将乙送回。甲虽未能成功勒索财物,但仍成立绑架罪既遂

B. 甲抢夺乙价值1万元项链时,乙紧抓不放,甲只抢得半条项链。甲逃走60余米后,觉得半条项链无用而扔掉。甲的行为未得逞,成立抢夺罪未遂

C. 乙欲盗汽车,向甲借得盗车钥匙。乙盗车时发现该钥匙不管用,遂用其他工具盗得汽车。乙属于盗窃罪既遂,甲属于盗窃罪未遂

D. 甲在珠宝柜台偷拿一枚钻戒后迅速逃离,慌乱中在商场内摔倒。保安扶起甲后发现其盗窃行为并将其控制。甲未能离开商场,属于盗窃罪未遂

[释疑]　A项对,绑架罪既遂不以勒索到赎金为必要,只要基于勒索的意思实际控制了人质,就是既遂。B项错,盗窃、抢夺、抢劫罪,取得他人占有的(一定价值)财物即为既遂,即使未能完整取得目标物,也是既遂;行为人是否保留赃物属于既遂后对赃物的处置,不影响犯罪既遂。C项对,帮助犯的行为包括心理帮助和物理帮助,无论哪种帮助,都需要实际对被帮助行为发生功用,否则,即使被帮助者既遂,帮助者也只能是未遂。本案中,甲的钥匙"不管用"对乙窃取车子未发挥实际的物理作用,是帮助犯未遂。D项错,在商场等公共场所窃取"钻戒"之类小物件,握于手中即为既遂。(答案:AC)

# 第六章 共同犯罪

## 考点 1 认定共犯的标准

### 一、精讲

二人以上共同作案在哪点上共同才能成立共同犯罪？目前司法考试采取"部分共同说"。其要点是：
1. 如果犯罪性质完全相同，成立共犯；
2. 如果部分相同，就部分相同的部分也能成立共犯；
3. 但犯罪性质不共同的部分不能成立共犯，最终定罪依个人行为而有所不同。即"一个共犯，各自定罪"。

### 二、例题

1. 15 周岁的甲非法侵入某尖端科技研究所的计算机信息系统，18 周岁的乙对此知情，仍应甲的要求为其编写侵入程序。关于本案，下列哪一选项是错误的？（2015 年真题，单选）
   A. 如认为责任年龄、责任能力不是共同犯罪的成立条件，则甲、乙成立共犯
   B. 如认为甲、乙成立共犯，则乙成立非法侵入计算机信息系统罪的从犯
   C. 不管甲、乙是否成立共犯，都不能认为乙成立非法侵入计算机信息系统罪的间接正犯
   D. 由于甲不负刑事责任，对乙应按非法侵入计算机信息系统罪的片面共犯论处

   [释疑] A 项，根据阶层的犯罪理论，共犯是"违法"层面的问题，与责任（年龄、能力）无关。B 项，乙实施了帮助行为，起辅助作用，应认定为从犯。C 项，间接正犯与被利用者之间应当存在着支配关系，而乙显然没有支配甲。D 项，甲乙存在犯意的沟通与联络，乙并非片面共犯。（答案：D）

2. 关于共同犯罪的论述，下列哪一选项是正确的？（2014 年真题，单选）
   A. 无责任能力者与有责任能力者共同实施危害行为的，有责任能力者均为间接正犯
   B. 持不同犯罪故意的人共同实施危害行为的，不可能成立共同犯罪
   C. 在片面的对向犯中，双方都成立共同犯罪
   D. 共同犯罪是指二人以上共同故意犯罪，但不能据此否认片面的共犯

   [释疑] "共同故意犯罪"，通过"物理"和"心理"二途促成犯罪实行和犯罪结果发生。"片面共犯"则仅通过"物理"一途促成之。若承认：即使无心理作用，仅物理作用"一途"也能促成犯罪实行和犯罪结果发生，则无犯意联络（共犯人"相互"的心理作用）即无心理作用的，也可成立共犯。（参见张明楷：《刑法学》（第 4 版），第 392 页）。A 项，"间接正犯"，指"利用"他人代自己实行犯罪。无责能者与有责能者共同犯罪可分两种情况：（1）无责能者因年幼或精神病无辨认控制能力，如成人甲指使 7 岁女童乙盗窃手机，甲无论是否亲自动手偷都是正犯。（2）无责能者对所为之犯罪有规范意识（辨控能力），如 15 岁的甲与 16 岁的乙共同盗窃。甲不够岁数不成立盗窃罪只是法律的规定，事实上甲乙对所为之盗窃的辨认控制能力无异。认为乙是利用甲作其盗窃工具代其实行盗窃行为，不符合事实。不排除甲犯罪能力、作用

甚至大于乙,这时说乙利用甲犯罪违背事实。过去有教科书认为:成立共犯需两个以上的犯罪适格主体,若一个适格另一个不适格不成立共犯,如成人甲教唆15岁乙盗窃,二人不成立共犯。对此案有将甲解说成间接正犯的观点。本题答案有批评该观点之意。B项,共同为"不法行为"(该当构成要件且违法行为或危害社会行为)即可成立共同犯罪(限制的共犯论·部分犯罪共同说),不需要具有相同犯罪性质(或同种罪)的犯罪故意。C项,"对向犯"指互为前提的(犯罪)行为,包括两种:① 双方行为都是罪,如拐卖妇女罪与收买被拐卖妇女罪,出售假币罪与购买假币罪;②单方行为是犯罪即片面对向犯,如贩卖毒品罪和购买毒品(自吸)行为,贩卖传播淫秽物品与购买自用行为。因"对向行为"互为前提依存,故哪方行为有罪需刑法明文规定,未超出"对合"范围的,不能以共犯论处,如甲出售假币乙购买假币,各定其罪。立法上把双方行为都规定为罪的,各定其罪,(虽是自然意义共犯)不以共犯论处。只规定单方行为是犯罪的即"片面对向犯",只处罚规定为罪那方的行为,对另一方不以共犯论处。如瘾君子甲向毒贩乙处购得海洛因,乙为贩卖毒品罪,甲不成立其共犯。(答案:D)

3. 关于共同犯罪,下列哪些选项是正确的?(2013年真题,多选)

A. 乙因妻丙外遇而决意杀之。甲对此不知晓,出于其他原因怂恿乙杀丙。后乙杀害丙。甲不构成故意杀人罪的教唆犯

B. 乙基于敲诈勒索的故意恐吓丙,在丙交付财物时,知情的甲中途加入帮乙取得财物。甲构成敲诈勒索罪的共犯

C. 乙、丙在五金店门前互殴,店员甲旁观。乙边打边掏钱向甲买一羊角锤。甲递锤时对乙说"你打伤人可与我无关"。乙用该锤将丙打成重伤。卖羊角锤是甲的正常经营行为,甲不构成故意伤害罪的共犯

D. 甲极力劝说丈夫乙(国家工作人员)接受丙的贿赂,乙坚决反对,甲自作主张接受该笔贿赂。甲构成受贿罪的间接正犯

[释疑] A项对,甲教唆与乙杀丙犯意形成无关。B项对,承继的共犯。C项错,甲确知所售物品用于犯罪且实际用于犯罪,应当成立共犯。D项错,受贿罪是身份犯(国家工作人员),无该身份者不可构成正犯(包括间接正犯)。乙若知情立受贿罪,受贿罪正犯仍然为乙,甲是帮助犯。乙若不知情则不成立受贿罪,甲也不可能成立受贿罪。(答案:AB)

4. 关于共同犯罪的判断,下列哪些选项是正确的?(2011年真题,多选)

A. 甲教唆赵某入户抢劫,但赵某接受教唆后实施拦路抢劫。甲是抢劫罪的共犯

B. 乙为吴某入户盗窃望风,但吴某入户后实施抢劫行为。乙是盗窃罪的共犯

C. 丙以为钱某要杀害他人为其提供了杀人凶器,但钱某仅欲伤害他人而使用了丙提供的凶器。丙对钱某造成的伤害结果不承担责任

D. 丁知道孙某想偷车,便将备车钥匙给孙某,后又在孙某盗车前要回钥匙,但孙某用其他方法盗窃了轿车。丁对孙某的盗车结果不承担责任

[释疑] (1) A项,被教唆人接受教唆后实施了教唆的抢劫罪,只存在场所或方式方法的出入不影响教唆犯成立。

(2) B项,抢劫含盗窃并重于盗窃,可视为吴某的行为是抢劫,当然也含盗窃,乙无抢劫的明知,故不承担帮助抢劫的罪责,只承担帮助盗窃的罪责。注意:乙是盗窃共犯是以吴某的行为中含盗窃内容为前提的,同时鉴于乙只有盗窃故意,就主客观一致部分承担故意罪责。

(3) C项,杀人含伤害且重于伤害,帮助杀人自然含伤害。B、C项的共性,B项,帮助人犯

轻罪被帮助人犯重罪(含轻罪)的,"实行过限",帮助犯对过限部分不承担故意共犯罪责。C项,帮助犯重罪被帮助人却实施轻罪的,因为只发生了轻罪事实未发生重罪事实,故对帮助犯以轻罪共犯论处。

(4) D项,共犯退出。丁要回钥匙,其一,抵消了当初参与犯罪对孙某的精神鼓励;其二,收回了对孙某未来犯罪的帮助。孙某是用其他方法盗窃,与丁帮助无关。故"丁对孙某的盗车结果不承担责任"。(答案:ABD)

5. 甲、乙共谋行抢。甲在偏僻巷道的出口望风,乙将路人丙的书包(内有现金1万元)一把夺下转身奔逃,丙随后追赶,欲夺回书包。甲在丙跑过巷道口时突然伸腿将丙绊倒,丙倒地后摔成轻伤,甲、乙乘机逃脱。甲、乙的行为构成何罪?(2009年真题,单选)
  A. 甲、乙均构成抢夺罪　　　　B. 甲、乙均构成抢劫罪
  C. 甲构成抢劫罪,乙构成抢夺罪　D. 甲构成故意伤害罪,乙构成抢夺罪
  [释疑] 甲在抢夺中以暴力抗拒抓捕,以抢劫论。甲若与乙事先无通谋,属于共同犯罪中的过限行为,对于过限行为,乙不承担刑责,仍是抢夺。(答案:C)

6. 甲、乙、丙共谋要"狠狠教训一下"他们共同的仇人丁。到丁家后,甲在门外望风,乙、丙进屋打丁。但当时只有丁的好友田某在家,乙、丙误把体貌特征和丁极为相似的田某当做是丁进行殴打,遭到田某强烈抵抗和辱骂,二人分别举起板凳和花瓶向田某头部猛击,将其当场打死。关于本案的处理,下列哪些判断是正确的?(2008年缓考真题,多选)
  A. 甲、乙、丙构成共同犯罪　　　B. 甲、乙、丙均成立故意杀人罪
  C. 甲不需要为丁的死亡后果负责　D. 甲成立故意伤害罪
  [释疑] 甲、乙、丙成立故意伤害罪共犯。甲作为共犯之一,"部分行为全部责任",承担故意伤害致人死亡的责任。(答案:AD)

7. 下列哪些情形成立共同犯罪?(2008年缓考真题,多选)
  A. 甲与赵某共谋共同杀害苏某,但赵某因病没有前往犯罪地点,由甲一人杀死了苏某
  B. 乙在境外购买了毒品,钱某在境外购买了淫秽物品,二人共谋同雇一条走私船回到内地,后被海关查获
  C. 丙发现某商店失火,立即叫孙某:"现在是趁火打劫的好时机,我们一起去吧",孙某便和丙一起到失火地点窃取商品后各自回家
  D. 医生丁为杀害仇人王某,故意将药量加大10倍,护士李某发现后请丁改正,丁说:"那个家伙太坏了,让他死了算了。"李某没再吭声,按丁所开处方用药,导致王某死亡
  [释疑] (1) A项,"共谋"认为有共犯行为,单独退出共犯不影响共犯的成立,也不成立犯罪中止。
  (2) B项,因"共谋"同雇一船,可认为共犯。
  (3) C项,认为已经形成成意思联络(共犯故意),成立共犯。
  (4) D项,可认定形成共犯故意,成立共犯。(答案:ABCD)

8. 甲、乙共谋教训其共同的仇人丙。由于乙对丙有夺妻之恨,暗藏杀丙之心,但未将此意告诉甲。某日,甲、乙二人共同去丙处。为确保万无一失,甲、乙以入室盗窃为由邀请不知情的丁在楼下望风。进入丙的房间后,甲、乙同时对丙拳打脚踢,致丙受伤死亡。甲、乙二人旋即逃离现场。在逃离现场前甲在乙不知情的情况下从丙家的箱子里拿走人民币5万元。出门后,甲背着乙向丁谎称从丙家窃取现金3万元,分给丁1万元,然后一起潜逃。潜逃期间,甲窃得

一张信用卡,向乙谎称该卡是从街上捡的,让乙到银行柜台取出信用卡中的3万元现金。犯罪所得财物挥霍一空后,丁因生活无着,向公安机关投案,交代了自己和甲共同盗窃的事实,但隐瞒了事后知道的甲、乙致丙死亡的事实。(2006年真题,不定选)

(1) 就被害人丙的死亡而言,下列对甲、乙所应成立犯罪的何种判断是错误的?
A. 甲、乙均成立故意杀人(既遂)罪,属于共同犯罪
B. 甲、乙均成立故意伤害(致人死亡)罪,属于共同犯罪
C. 甲成立故意伤害(致人死亡)罪,乙成立故意杀人(既遂)罪,不属于共同犯罪
D. 甲成立故意伤害(致人死亡)罪,乙成立故意杀人(既遂)罪,在故意伤害罪的范围内成立共同犯罪

[释疑] 采"部分共同说"。(答案:ABC)

(2) 就被害人丙死亡这一情节,下列对与丁有关行为的何种判断是错误的?
A. 丁成立故意杀人罪的共犯    B. 丁成立故意伤害罪的共犯
C. 丁成立抢劫罪(致人死亡)的共犯    D. 丁对丙的死亡不承担刑事责任

[释疑] 在犯罪性质上无共同部分,不成立共犯。(答案:ABC)

### 三、提示与预测

1. 共犯认定标准,每年必考。
2. 主客观相一致原理:共同作案人只就共同故意范围内的共犯行为承担罪责。
3. 常见情形如:(1) 共同伤害中有共犯人过限杀人的;(2) 盗窃中,有共犯人使用暴力转化为抢劫的;(3) 绑架人质勒索财物向他人谎称索债的等。

## 考点 2 共犯的责任

### 一、精讲

共犯的责任:"部分实行全部责任"或"按照全部罪行处罚"。
(1) 对集团首要分子,按照集团所犯的全部罪行处罚;
(2) 对于其他共犯人,按照其所参与的全部犯罪处罚。

### 二、例题

1. 甲、乙、丙共同故意伤害丁,丁死亡。经查明,甲、乙都使用铁棒,丙未使用任何凶器;尸体上除一处致命伤外,再无其他伤害;可以肯定致命伤不是丙造成的,但不能确定是甲造成还是乙造成的。关于本案,下列哪一选项是正确的?(2016年真题,单选)
A. 因致命伤不是丙造成的,尸体上也没有其他伤害,故丙不成立故意伤害罪
B. 对甲与乙虽能认定为故意伤害罪,但不能认定为故意伤害(致死)罪
C. 甲、乙成立故意伤害(致死)罪,丙成立故意伤害罪但不属于伤害致死
D. 认定甲、乙、丙均成立故意伤害(致死)罪,与存疑时有利于被告的原则并不矛盾

[释疑] D项对,共同正犯采取"部分实行全部责任"的处理原则,甲、乙、丙均对丁死亡结果起作用,均成立故意伤害(致死)罪,均应对丁死亡结果承担故意伤害罪结果加重犯罪责。至于拿铁棒还是没有拿铁棒,拿铁棒打中还是没有打中,是共犯人甲、乙、丙中哪个人致死不能

确定,不影响三人均成立故意伤害罪(致人死亡)。另,故意伤害罪之加重结果"致人死亡",不以故意为必要,因此行为人在实施故意伤害行为时对该死亡结果没有故意,照样承担罪责。共犯人甲、乙中哪个人致死不能确定(存疑),仅仅在量刑时适当考虑。甲、乙、丙对丁死亡结果的作用大小,在认定主从犯时考量。

D项对,与D项对立的A、B、C项错。根据共犯责任理论简单推论:即使查明致命伤是甲造成不是乙、丙造成的,乙、丙同样成立甲故意伤害罪致人死亡的共犯,同样应当适用伤害致死加重的法定刑,查不明的当然也难逃伤害至死罪责。(答案:D)

2. 甲欲去乙的别墅盗窃,担心乙别墅结构复杂难以找到贵重财物,就请熟悉乙家的丙为其标图。甲入室后未使用丙提供的图纸就找到乙价值100万元的珠宝,即携珠宝逃离现场。关于本案,下列哪些说法是正确的?(2009年真题,多选)

  A. 甲构成盗窃罪,入户盗窃是法定的从重处罚情节
  B. 丙不构成犯罪,因为客观上没能为甲提供实质的帮助
  C. 即便甲未使用丙提供的图纸,丙也构成盗窃罪的共犯
  D. 甲、丙构成盗窃罪的共犯,甲是主犯,丙是帮助犯

[释疑] 为他人盗窃提供图纸帮助,既具有便利他人犯罪的可能性,也具有精神鼓励作用,成立共犯。构成帮助犯,只要行为足以帮助实行犯便利实行犯罪即可,不以该帮助实际被利用为必要。提供了帮助,是否参与实行不影响犯罪成立。实行犯尤其是唯一的实行犯应是主犯,帮助犯为从犯。(答案:CD)

3. 某国有银行行长甲指使负责贷款业务的科长乙向申请贷款的丙单位索要财物。乙将索要所获15万元中的9万元交给甲,其余6万元自己留下。后来,甲、乙均知丙单位不具备贷款条件,仍然向丙单位贷款1 000万元,使银行遭受800万元损失。对于本案,下列哪些选项是正确的?(2008年真题,多选)

  A. 甲的受贿数额是9万元
  B. 乙的受贿数额是15万元
  C. 甲、乙均构成违法发放贷款罪
  D. 对于甲、乙的违法发放贷款罪和受贿罪,应当数罪并罚

[释疑] 考点:① 共犯犯罪金额的计算;② 违法发放贷款罪认定;③ 数罪并罚。

(1) A、B项,共同受贿按照总额计算犯罪金额。

(2) C项,第186条违法发放贷款罪规定:"银行或者其他金融机构的工作人员违反国家规定发放贷款,数额巨大或者造成重大损失的,处……"

(3) D项,因受贿为他人谋取"不正当利益"构成违法发放贷款罪,应当与受贿罪数罪并罚。(答案:BCD)

4. 甲、乙共谋伤害丙,进而共同对丙实施伤害行为,导致丙身受重伤,但不能查明该重伤由谁的行为引起。对此,下列哪些说法是错误的?(2002年真题,多选)

  A. 由于证据不足,甲、乙均无罪
  B. 由于证据不足,甲、乙成立故意伤害(轻伤)罪的共犯,但都不对丙的重伤负责
  C. 由于证据不足,认定甲、乙成立过失致人重伤罪较为合适
  D. 甲、乙成立故意伤害(重伤)罪的共犯

[释疑] 共犯责任。共犯人应对共犯行为(包括自己的和其他共犯的行为)所造成的共

同犯罪故意范围内的结果负担刑事责任。甲、乙共谋伤害丙,其故意的内容包含轻伤、重伤、死亡这三种可能的结果。甲、乙的行为事实上也造成了故意范围内的重伤,自然应当负重伤的刑事责任。(答案:ABC)

### 三、提示与预测

认定共犯的实质在于共犯人承担"全部责任",故共犯人承担共犯责任每年必考。注意,若缺乏共同故意或犯意联络,不成立共犯。

## 考点 3  成立共同犯罪,必须具有共同故意

共同故意包括:(1)故意性质相同;(2)具有意思联络。

### 一、例题

1. 关于共同犯罪的论述,下列哪一选项是正确的?(2012年真题,单选)

A. 甲为劫财将陶某打成重伤,陶某拼死反抗。张某路过,帮甲掏出陶某随身财物。2人构成共犯,均须对陶某的重伤结果负责

B. 乙明知黄某非法种植毒品原植物,仍按黄某要求为其收取毒品原植物的种子。2人构成非法种植毒品原植物罪的共犯

C. 丙明知李某低价销售的汽车系盗窃所得,仍向李某购买该汽车。2人之间存在共犯关系

D. 丁系国家机关负责人,召集领导层开会,决定以单位名义将国有资产私分给全体职工。丁和职工之间存在共犯关系

[释疑] A项"承继共犯"对加入前其他共犯人造成的加重结果、情节等,不承担共犯责任。B项"收种子"对种植有帮助,可成立共犯。C项事先无通谋,不成立共犯,仅成立掩饰隐瞒犯罪所得罪。D项私分国有资产罪是单位犯罪,①只有直接负责的主管和责任人涉嫌犯罪;②一个单位主体,同一单位犯罪事实,犯罪单位与员工之间不是共犯。(答案:B)

2. 看守所值班武警甲擅离职守,在押的犯罪嫌疑人乙趁机逃走,但刚跑到监狱外的树林即被抓回。关于本案,下列哪一选项是正确的?(2010年真题,单选)

A. 甲主观上是过失,乙是故意           B. 甲、乙是事前无通谋的共犯
C. 甲构成私放在押人员罪              D. 乙不构成脱逃罪

[释疑] 对"脱逃"行为,乙明知且希望,是(直接)故意;甲不知情与乙不成立共犯,也不构成私放在押人员罪。乙构成脱逃罪,甲对乙脱逃后果,有失职,A项是正选。(答案:A)

3. 甲、乙上山打猎,在一茅屋旁的草丛中,见有动静,以为是兔子,于是一起开枪,不料将在此玩耍的小孩打死。在小孩身上,只有一个弹孔,甲、乙所使用的枪支、弹药型号完全一样,无法区分到底是谁所为。对于甲、乙的行为,应当如何定性?(2008年缓考真题,单选)

A. 甲、乙分别构成过失致人死亡罪       B. 甲、乙构成过失致人死亡罪的共同犯罪
C. 甲、乙构成故意杀人罪的共同犯罪     D. 甲、乙不构成犯罪

[释疑] 责任的认定。

(1)甲、乙致小孩死亡不是故意的,不成立共同犯罪,不适用"部分行为,全部责任"的原则。

(2) 既然是过失犯,在不能认定究竟是谁(甲还是乙)造成死亡结果的情况下,死亡结果既不能归责于甲也不能归责于乙,甲、乙不构成犯罪。

(3) 要点,过失责任与故意共同犯罪责任的差异:假如甲乙共同故意杀害该小孩,则即使"无法区分到底是谁所为",甲、乙仍应当成立故意杀人罪既遂。(答案:D)

## 二、提示与预测

(1) 二人形成共同犯罪故意,是犯罪性质共同或部分共同的前提。故意内容上无共同性,或未形成犯意联络,自然不可能有犯罪性质共同或部分共同。

(2) 共同犯罪中的共同故意,必须是事前或者事中形成的故意,不能是事后故意。

## 考点 4 分则已经规定为犯罪的"帮助""教唆""组织"等行为,不适用共犯规定

### 一、例题

1. 关于共同犯罪,下列哪一选项是正确的?(2010 年真题,单选)

A. 甲、乙应当预见但没有预见山下有人,共同推下山上一块石头砸死丙。只有认定甲、乙成立共同过失犯罪,才能对甲、乙以过失致人死亡罪论处

B. 甲明知乙犯故意杀人罪而为乙提供隐藏处和财物。甲、乙构成共同犯罪

C. 交警甲故意为乙实施保险诈骗提供虚假鉴定结论。甲、乙构成共同犯罪

D. 公安人员甲向犯罪分子乙通风报信助其逃避处罚。甲、乙成立共同犯罪

[释疑] 第 198 条:故意提供虚假的证明文件为他人诈骗提供条件的,以共犯论。

(1) A 项,根据第 25 条第 2 款的规定:"二人以上共同过失犯罪,不以共同犯罪论处;应当负刑事责任的,按照他们所犯的罪分别处罚。"

(2) B 项,事后帮助犯罪人逃匿的,构成第 310 条规定窝藏罪,若事先通谋的,以共犯论。

(3) D 项,构成第 417 条规定帮助犯罪分子逃避处罚罪。(答案:C)

2. 关于共犯,下列哪一选项是正确的?(2007 年真题,单选)

A. 为他人组织卖淫提供帮助的,以组织卖淫罪的帮助犯论处

B. 以出卖为目的,为拐卖妇女的犯罪分子接送、中转被拐卖的妇女的,以拐卖妇女罪的帮助犯论处

C. 应走私罪犯的要求,为其提供资金、账号的,以走私罪的共犯论处

D. 为他人偷越国(边)境提供伪造的护照的,以偷越国(边)境罪的共犯论处

[释疑] A、B、D 项是已被分则独立规定为犯罪的情形,不适用共犯规定。(答案:C)

## 二、提示与预测

这种问题实际是分则特别规定与总则共犯规定竞合的问题,特别规定(分则)优先适用。掌握要领是熟悉分则有关规定。

## 考点 5 承继的共犯

### 一、精讲

承继的共犯指的是先行为人已经实施了一部分行为,后行为人以共同犯罪的意思参与实

行或者提供帮助。这时,后行为人就其参与后的行为与先行为人构成共同犯罪。考生特别注意:

(1) 如果不是中途加入,而是在"事后帮助"的,如他人盗窃、抢劫犯罪既遂后,为他人掩饰隐瞒犯罪所得的(窝赃),不是共犯。但是"事先通谋"承诺事后帮助的,如窝藏包庇,以共犯论处。

(2) 加入者对加入前其他共犯人造成的额外结果不负刑事责任,例如甲意欲抢劫并致被害人重伤,这时乙加入到犯罪中来,乙虽然与甲成立抢劫罪的共犯,但乙不对被害人的重伤承担刑事责任。

## 二、例题

1. 甲和女友乙在网吧上网时,捡到一张背后写有密码的银行卡。甲持卡去ATM机取款,前两次取出5000元。在准备再次取款时,乙走过来说:"注意,别出事",甲答:"马上就好。"甲又分两次取出6000元,并将该6000元递给乙。乙接过钱后站了一会儿说:"我走了,小心点。"甲接着又取出7000元。关于本案,下列哪些选项是正确的?(2015年真题,多选)

A. 甲拾得他人银行卡并在ATM机上使用,根据司法解释,成立信用卡诈骗罪
B. 对甲前两次取出5000元的行为,乙不负刑事责任
C. 乙接过甲取出的6000元,构成掩饰、隐瞒犯罪所得罪
D. 乙虽未持银行卡取款,也构成犯罪,犯罪数额是1.3万元

[释疑] 承继的共犯。A项,最高人民检察院司法解释对此有明确规定,此种情形属于"冒用他人信用卡",成立信用卡诈骗罪。B项,承继的共犯对加入前的正犯行为无需承担刑责,但需注意,若前行为对后行为的完成有实质作用(例如抢劫罪之暴力行为对取财行为的完成就具有实质作用)。C项,甲乙有犯意联络(事先有通谋),乙的行为属于帮助行为,因而不构成掩饰、隐瞒犯罪所得罪(赃物犯罪)。D项,乙作为承继的共犯,对加入后的行为和结果承担责任。(答案:ABD)

2. 甲手持匕首寻找抢劫目标时,突遇精神病人丙持刀袭击。丙追赶甲至一死胡同,甲迫于无奈,与丙搏斗,将其打成重伤。此后,甲继续寻找目标,见到丁后便实施暴力,用匕首将其刺成重伤,使之丧失反抗能力,此时甲的朋友乙驾车正好经过此地,见状后下车和甲一起取走丁的财物(约2万元),然后逃跑,丁因伤势过重不治身亡。(2008年真题,不定项)

关于乙与甲一起取走丁的财物的行为,下列选项正确的是:

A. 乙与甲成立抢劫罪的共同犯罪
B. 甲的行为构成抢劫罪,乙的行为属于抢夺罪,两者在抢夺罪这一重合罪之内成立共同犯罪,即成立抢夺罪的共同犯罪
C. 乙既不对丁的重伤承担刑事责任,也不对丁的死亡承担刑事责任
D. 乙不对丁的死亡承担刑事责任,但应对丁的重伤承担刑事责任

[释疑] 略。(答案:AC)

3. 周某为抢劫财物在某昏暗场所将王某打昏。周某的朋友高某正好经过此地,高某得知真相后应周某的要求提供照明,使周某顺利地将王某钱包拿走。关于本案,下列哪些选项是正确的?(2007年真题,多选)

A. 高某与周某构成抢劫罪的共同犯罪

B. 周某构成抢劫罪,高某构成盗窃罪,属于共同犯罪
C. 周某是共同犯罪中的主犯
D. 高某是共同犯罪中的从犯

[释疑] (1) 共犯认定,高某在周某抢劫中中途加入,成立共犯,为"承继的共犯"。必须是"中途加入",即在他人犯罪既遂之前加入犯罪。

(2) 主从犯认定,周某是主要实行犯,作用较大应认定为主犯;高某明显起次要作用,是从犯。(答案:ACD)

## 考点 6  主犯、从犯、胁从犯、首要分子的种类或范围

### 一、精讲

1. 主犯:第26条第1款规定:"组织、领导犯罪集团进行犯罪活动的或者在共同犯罪中起主要作用的,是主犯。"主犯包括两类人:(1) 集团首要分子;(2) 其他起主要作用的犯罪分子。

2. 首要分子:第97条规定:"本法所称首要分子,是指在犯罪集团或者聚众犯罪中起组织、策划、指挥作用的犯罪分子。"也包括两类人:(1) 集团首要分子;(2) 聚众犯罪首要分子。

3. 比较主犯与首要分子范围的异同:相同点为都包括集团首要分子;不同点在于首要分子不等同于主犯,如聚众犯罪中的首要分子就不属于主犯。

### 二、例题

4位学生在课堂上讨论共同犯罪时先后发表了以下观点,其中正确的选项是:(2008年真题,不定项)

A. 甲:对于犯罪集团的首要分子,应当按照集团所犯的全部罪行处罚,即应当对集团成员所实施的全部犯罪承担刑事责任

B. 乙:在共同犯罪中起主要作用的是主犯,对于犯罪集团首要分子以外的主犯,应当按照其所参与的或者组织、指挥的全部犯罪处罚;对从犯的处罚应当轻于主犯,故对于从犯不得按照其所参与的全部犯罪处罚

C. 丙:犯罪集团的首要分子都是主犯,但聚众犯罪的首要分子不一定是主犯,因为聚众犯罪不一定成立共同犯罪

D. 丁:一开始被犯罪集团胁迫参加犯罪,但在着手实行后,非常积极,成为主要的实行人之一,在共同犯罪中起主要作用的,应认定为主犯

[释疑] (1) A项,错在不严谨。正确的说法是:集团首要分子,只对成员实施的"集团组织、策划范围内"的全部犯罪承担刑事责任。

(2) B项,错在"对于从犯不得按照其所参与的全部犯罪处罚"。此说法不符合共犯"部分行为,全部责任"的原理。① 各共犯人不论作用大小,都应当对共同犯罪的结果承担罪责。② 对于作用小的,通过处罚原则(如对于从犯,应当从轻、减轻或者免除处罚)体现公平处罚。

(3) D项,胁从犯的要点:① 被暴力胁迫参加犯罪;② 犯罪中作用不大。(答案:CD)

## 考点 7 实行犯和主犯、从犯的关系

### 一、精讲

我国《刑法》对共同犯罪人不是按照"是否实行行为"(正犯行为)分类,而是根据作用大小进行分类。实行犯未必都是主犯,作用大的是主犯,作用小的也可以是主犯。

### 二、例题

1. 关于实行犯的说法,下列哪一选项是正确的?(2008年缓考真题,单选)
A. 按照我国《刑法》总则的规定,有的教唆犯也是实行犯
B. 在共同犯罪中,实行犯就是在犯罪中起主要作用的犯罪分子
C. 在对简单共同犯罪中的各实行犯进行处罚时,要遵循"部分实行全部责任"的原则
D. 间接正犯是共同犯罪中的一种特殊类型的实行犯

[释疑] (1) A项,适用"教唆犯"的前提,是行为人不属于任何正犯。若行为人有正犯行为(实行犯)则排斥教唆的适用。案件中,行为人有既进行教唆也参与实行的情况,如甲花10万元雇乙一同绑架丙,甲既有教唆也参与绑架实行,是所谓教唆·实行竞合。对此,因有正犯行为,排斥教唆犯适用。注意题中给的前提,按"总则"规定,显然就是指这种法律的适用规则。"分则"正条中把教唆规定为犯罪的,则属于正犯(实行犯)。

(2) B项错误,实行犯不一定都是主犯。

(3) D项,间接正犯,双方是利用与被利用的关系,不是共犯。利用人是单独犯·正犯,被利用人视同工具。(答案:C)

2. 关于共同犯罪的说法,下列选项正确的是:(2008年缓考真题,不定项)
A. 甲一开始被恐怖组织胁迫参加犯罪,但在着手实行后,其非常积极,成为主要的实行人之一,甲在共同犯罪中可以成为主犯
B. 乙是共同贪污犯罪中的实行犯,但其可能不是主犯
C. 丙为勒索财物绑架王某,在控制人质之后,丙将真相告诉好友高某,并委托高某去找王某的父母要钱,高同意并实施了勒索行为。丙成立绑架罪,高某成立敲诈勒索罪
D. 丁与成某经共谋后,共同伤害被害人汪某,丁的木棒击中了汪某的腹部,成某的短刀刺中了汪某的肺部,汪某因为成某的致命伤害在送到医院10小时后死亡。丁需要对死亡结果负责

[释疑] (1) 被胁迫参加犯罪若作用大的不排除主犯,"胁从犯"以作用不大为前提,A项正确。

(2) B项,实行犯既可能是主犯,也可能是从犯。

(3) C项错,高某中途加入犯罪,成立绑架罪共犯。

(4) D项,共犯人"部分行为,全部责任",丁需要对死亡结果负责。(答案:ABD)

### 三、提示与预测

(1) 我国《刑法》对共同犯罪人分类的主要根据是犯罪嫌疑人在共犯中的"作用"和"地位"。

(2) 第27条规定,在共同犯罪中起次要或者辅助作用的,是从犯。对于从犯,应当从轻、

减轻处罚或者免除处罚。

（3）主犯、从犯的简单判断：① 实行犯，尤其造成犯罪结果的实行犯，通常是主犯，只是在明显起次要作用的情况下，被认定为从犯；② 教唆犯通常是主犯，只是在作用明显小的情况下被认定为从犯；③ 帮助犯，通常是从犯。

（4）"从犯"意味着具有一个法定的量刑情节。

（5）从犯与胁从犯的异同：共同点，只起到了较小的作用；不同点，从犯是自愿、主动参加犯罪的，而胁从犯是不自愿或不完全自愿参加犯罪的，具有一定的被动性。

## 考点 8　教唆犯及其刑事责任

### 一、精讲

1. 根据第 29 条的规定，教唆他人犯罪的，应当按照他在共同犯罪中所起的作用处罚。
2. 教唆不满 18 周岁的人犯罪的，应当从重处罚。
3. 如果被教唆的人没有犯被教唆的罪，对于教唆犯，可以从轻或者减轻处罚。

（1）如果被教唆人没有犯被教唆的罪，这种教唆失败的情形被称为"教唆未遂"，包括以下几种情况：① 教唆被他人拒绝。② 他人接受了教唆，但未进行预备、实行等任何犯罪活动。③ 被教唆人所犯的罪与教唆的罪在性质上根本不同。比如甲教唆乙盗窃丙女家，乙却将丙女强奸，未实施盗窃行为。但若犯罪之间存在密切关联的，则不属于教唆未遂，比如甲教唆乙盗窃丙女家，乙被丙女发现进而使用暴力进行抢劫，甲应成立盗窃罪（教唆）既遂。④ 教唆犯对被教唆人进行教唆时，被教唆人已有实施该犯罪的故意，即被教唆人实施犯罪不是教唆犯的教唆所引起的。

（2）即使被教唆的人没有犯被教唆的罪，教唆犯也成立犯罪，但可以从轻或者减轻处罚，这意味着教唆犯具有独立的犯罪性。

4. 教唆犯不是独立的罪名，应根据教唆的内容确定适用的法条和罪名，比如教唆他人盗窃的，对教唆犯适用盗窃罪定罪处罚。

### 二、例题

1.《刑法》第 29 条第 1 款规定："教唆他人犯罪的，应当按照他在共同犯罪中所起的作用处罚。教唆不满十八周岁的人犯罪的，应当从重处罚。"对于本规定的理解，下列哪一选项是错误的？（2013 年真题，单选）

A. 无论是被教唆人接受教唆实施了犯罪，还是二人以上共同故意教唆他人犯罪，都能适用该款前段的规定

B. 该款规定意味着教唆犯也可能是从犯

C. 唆使不满 14 周岁的人犯罪因而属于间接正犯的情形时，也应适用该款后段的规定

D. 该款中的"犯罪"并无限定，既包括一般犯罪，也包括特殊身份的犯罪，既包括故意犯罪，也包括过失犯罪

[释疑]　D 项错在"也包括过失犯罪"，因共同犯罪是二人以上共同"故意"犯罪。A 项对，数人共同教唆也可成立教唆犯。B 项对，教唆犯既可起主要作用定主犯也可其次要作用定从犯。特别注意：教唆犯并非与主犯、从犯相并列的共犯人。C 项对。因教唆小的比大的危

害更大,当然(解释)适用从重处罚。注意犯罪概念的层次性,不满14周岁者的侵害行为也可看做一种"犯罪"行为,只是与通常需要承担刑事责任的"犯罪"不属于同一层次而已。(答案:D)

2. 甲雇凶手乙杀丙,言明不要造成其他后果。乙几次杀丙均未成功,后来采取爆炸方法,对丙的住宅(周边没有其他人与物)进行爆炸,结果将丙的妻子丁炸死,但丙安然无恙。关于本案,下列哪些说法是错误的?(2008年真题,多选)

　A. 甲与乙构成共同犯罪
　B. 甲成立故意杀人罪(未遂)
　C. 乙对丙成立故意杀人未遂,对丁成立过失致人死亡罪
　D. 乙对丙成立爆炸罪,对丁成立过失致人死亡罪

[释疑] (1)A项,甲教唆乙杀丙(故意杀人罪),乙也实施了杀丙的故意杀人行为,故甲与乙构成共同犯罪,即使乙后来用爆炸方式杀丙可能涉嫌爆炸罪,因为爆炸罪与杀人罪有竞合关系,在重合范围内(故意杀人)仍成立共犯。

(2)B项,乙在实施犯罪时发生对象错误,按照法定符合说,丁也属于杀人罪对象的"人",故甲照样对丁的死亡结果负责,应定性故意杀人罪既遂。B项错在"(未遂)"。

(3)C项是具体符合说的结论,不是通说。

(4)D项,无论如何都是错。如果成立爆炸罪,则丁的死亡结果作为爆炸罪的加重结果,无成立数罪的余地。注意,本题中乙使用爆炸方式杀人是否成立爆炸罪并不明确,根据本题给出的案情不能确定是否构成爆炸罪,但不影响本题的正确解答。(答案:BCD)

3. 根据《刑法》规定,关于教唆犯的表述,下列哪一选项是正确的?(2008年缓考真题,单选)

　A. 教唆未成年人贩卖毒品的,成立贩卖毒品罪,应当从重处罚
　B. 教唆犯都是主犯
　C. 教唆他人吸食、注射毒品的,成立引诱他人吸毒罪的教唆犯
　D. 传授犯罪方法的行为,一律不成立教唆犯

[释疑] (1)A项,教唆行为成立贩卖毒品罪的共犯,依据第347条第6款的规定:利用、教唆未成年人走私、贩卖、运输、制造毒品,或者向未成年人出售毒品的,从重处罚。

(2)C项是第353条规定之引诱、教唆、欺骗他人吸食、注射毒品罪的正犯行为。且吸食、注射毒品不是犯罪行为,不可能成立该行为之教唆犯。传授犯罪方法时可能同时有教唆行为,发生竞合,原则上择一重罪论处。

(3)B项,主犯、从犯的区分根据作用大小,教唆犯、实行犯作用大的是主犯,作用小的可能是从犯。(答案:A)

4. 丁某教唆17岁的肖某抢夺他人手机,肖某在抢夺得手后,为抗拒抓捕将追赶来的被害人打成重伤。关于本案,下列哪些选项是正确的?(2007年真题,多选)

　A. 丁某构成抢夺罪的教唆既遂
　B. 肖某构成转化型抢劫
　C. 对丁某教唆肖某犯罪的行为应当从重处罚
　D. 丁某与肖某之间不构成共同犯罪

[释疑] (1)教唆既遂与未遂的认定,丁某教唆肖某抢夺,肖某也实施了抢夺行为,尽管

因为当场使用暴力构成抢劫罪,但两罪密切关联,应认为丁某构成抢夺罪的教唆既遂。

(2) 主犯认定,教唆犯一般作用较大,一般认定为主犯,只是在作用明显小的情况下被认定为从犯。

(3) 按"部分共同说",肖某和丁某构成共同犯罪。肖某构成抢劫罪,丁某构成抢夺罪(教唆),肖某和丁某在抢夺上重合,部分犯罪具有共同性,就抢夺部分成立共犯。

(4) 通过"共犯中过限行为"能得出与"部分共同说"同样的结论:① 丁教唆肖抢夺,肖实施了抢夺行为,二人成立抢夺共犯。肖某当场使用暴力转化抢劫,是"实行过限"。② 就过限的部分(抢劫),丁不成立共犯,不负刑事责任。③ 就不过限或共同的部分(抢夺),肖、丁成立共犯。(答案:ABC)

## 考点 9  身份不同不影响共犯的成立

### 一、精讲

无身份者与有身份者勾结利用其身份共同犯罪的,可以构成身份犯的共犯,例如内外勾结共同贪污的,以(贪污罪)共犯论。不同身份者勾结各自利用本人的职务便利共同犯罪的,可以成立共犯,以主犯的身份定罪。

### 二、例题

甲为非国家工作人员,是某国有公司控股的股份有限公司主管财务的副总经理;乙为国家工作人员,是该公司财务部主管。甲与乙勾结,分别利用各自的职务便利,共同侵吞了本单位的财物100万元。对甲、乙两人应当如何定性?(2005年真题,单选)

A. 甲定职务侵占罪,乙定贪污罪,两人不是共同犯罪
B. 甲定职务侵占罪,乙定贪污罪,但两人是共同犯罪
C. 甲定职务侵占罪,乙是共犯,也定职务侵占罪
D. 乙定贪污罪,甲是共犯,也定贪污罪

[释疑]  不同身份的人共同犯罪的定性。单位中非国家工作人员与国家工作人员勾结,分别利用各自的职务便利,共同将本单位财物非法占为己有的,按照主犯的犯罪性质定罪。就本案而言,甲的职务较高,一般认为甲是主犯,对甲、乙二人以职务侵占罪的共犯论处。(答案:C)

## 考点 10  对向行为不适用共犯:对合行为也称对向行为,指互为前提的行为,如买卖枪支、行贿受贿

### 一、精讲

向贩卖毒品者、拐卖妇女者、贩卖淫秽物品者"求购""购买"的行为,不成立共犯。若这种购买行为未被专门规定为犯罪的,不成立犯罪,如向毒贩子购买毒品自吸,其行为不是犯罪。数量较大的,成立非法持有毒品罪。理由是:

(1) 贩卖毒品者、拐卖妇女者、贩卖淫秽物品者本有贩卖的故意,且以需求群体的需求为存在的基础,这种需求对贩卖者不构成教唆(共犯)。

(2) 这种需求行为单独被规定为犯罪的,依法定罪处罚;未被规定为犯罪的,认为是刑法有意不作为犯罪处罚。如果法律专门规定为犯罪的,依照专门规定处罚。如例题中从拐卖妇女者手中购买被拐卖妇女的,刑法专门规定有收买被拐卖的妇女罪,就以收买被拐卖的妇女罪处罚。

二、例题

1. 下列哪些选项中的双方行为人构成共同犯罪?(2012年真题,多选)
A. 甲见卖淫秽影碟的小贩可怜,给小贩1 000元,买下200张淫秽影碟
B. 乙明知赵某已结婚,仍与其领取结婚证
C. 丙送给国家工作人员10万元钱,托其将儿子录用为公务员
D. 丁帮助组织卖淫的王某招募、运送卖淫女

[释疑]　A项对合行为另一方购买自用不为罪,不是共同犯罪。B、C项仅仅是共犯形式上相对于任意共犯而言的"必要的共犯",但不以共犯论处或不适用共犯规定。D项组织卖淫与协助组织卖淫是共同犯罪,只是罪名不同。(答案:BCD)

2. 甲得知乙一直在拐卖妇女,便对乙说:"我的表弟丙没有老婆,你有合适的就告诉我一下"。不久,乙将拐骗的两名妇女带到甲家,甲与丙将其中一名妇女买下给丙做妻子。关于本案,下列哪一选项是错误的?(2008年真题,单选)
A. 乙构成拐卖妇女罪　　　　　　B. 甲构成拐卖妇女罪的共犯
C. 甲构成收买被拐卖的妇女罪　　D. 丙构成收买被拐卖的妇女罪

[释疑]　略。(答案:B)

## 考点 11 部分共犯人的"中途退出"

一、精讲

部分共犯人"中途退出",未自动有效阻止共犯结果发生的,不能单独成立中止。

二、例题

甲与乙共谋盗窃汽车,甲将盗车所需的钥匙交给乙。但甲后来向乙表明放弃犯罪之意,让乙还回钥匙。乙对甲说:"你等几分钟,我用你的钥匙配制一把钥匙后再还给你",甲要回了自己原来提供的钥匙。后乙利用自己配制的钥匙盗窃了汽车(价值5万元)。关于本案,下列哪一选项是正确的?(2008年真题,单选)
A. 甲的行为属于盗窃中止　　　　B. 甲的行为属于盗窃预备
C. 甲的行为属于盗窃未遂　　　　D. 甲与乙构成盗窃罪(既遂)的共犯

[释疑]　部分共犯人退出共同犯罪,未能有效阻止犯罪结果发生,不成立犯罪中止。可理解为乙在甲的帮助下盗窃既遂,故甲与乙构成盗窃罪(既遂)的共犯。(答案:D)

## 考点 12 共同犯罪及其刑事责任

一、精讲

共犯问题是不定项选择题与案例分析题的常考点,分析共犯综合题的要领在于:

(1) 共犯成立标准:部分犯罪共同说。
(2) 共犯责任:部分行为,全部责任。
(3) 主客观一致,各共同作案人仅对自己存在故意的共犯结果承担刑事责任。
(4) 区别对待,根据作用大小区别主犯、从犯、胁从犯,对于从犯应当从轻、减轻或者免除处罚;对于胁从犯应当酌情减轻或者免除处罚。
(5) 教唆犯教唆未遂,可以从轻或者减轻处罚,教唆不满18周岁的人犯罪,应当从重处罚。
(6) 身份不同不妨碍成立共犯。
(7) 把他人的行为当工具利用的,通说认为是间接正犯,不是共犯,具体包括:① 利用不知情人的行为;② 利用无责任能力的精神病人的行为;③ 利用"不懂事"儿童的行为。
(8) 部分共犯人中途退出的,不能单独成立犯罪中止;单独成立中止必须具备有效性。
(9) 在他人实行犯罪后"中途加入"的,可成立共犯。自动投案后,如实供述本人罪行并同时供述出同案犯、共犯的,属于自首后如实供述的行为,不属于揭发他人的立功。

## 二、例题

1. 案情:陈某见熟人赵某做生意赚了不少钱便产生歹意,勾结高某,谎称赵某欠自己10万元货款未还,请高某协助索要,并承诺要回款后给高某1万元作为酬谢。高某同意。某日,陈某和高某以谈生意为名把赵某诱骗到稻香楼宾馆某房间,共同将赵扣押,并由高某对赵某进行看管。次日,陈某和高某对赵某拳打脚踢,强迫赵某拿钱。赵某迫于无奈给其公司出纳李某打电话,以谈成一笔生意急需10万元现金为由,让李某将现金送到宾馆附近一公园交给陈某。陈某指派高某到公园取钱。

李某来到约定地点,见来人不认识,就不肯把钱交给高某。高某威胁李某说:"赵某已被我们扣押,不把钱给我,我们就把赵某给杀了。"李某不得已将10万元现金交给高某。高某回到宾馆房间,发现陈某不在,赵某倒在窗前已经断气。见此情形,高某到公安机关投案,并协助司法机关将陈某抓获归案。事后查明,赵某因爬窗逃跑被陈某用木棒猛击脑部,致赵某身亡。(2007年真题,分析题)

问题:
(1) 陈某将赵某扣押向其索要10万元的行为构成何种犯罪?为什么?
[答案] 构成抢劫罪而非绑架罪,因为陈某是直接向赵某索取财物,而非向第三者索取财物。
(2) 高某将赵某扣押向其索要10万元的行为构成何种犯罪?为什么?
[答案] 构成非法拘禁罪,因为高某并无绑架的故意,而以为是索要债务。
(3) 陈某与高某是否构成共同犯罪?为什么?
[答案] 构成共同犯罪。因为根据部分犯罪共同说,陈某的抢劫罪与高某的非法拘禁罪之间成立共同犯罪。
(4) 高某在公园取得李某10万元的行为是否另行构成敲诈勒索罪?为什么?
[答案] 不另外构成敲诈勒索罪,因为高某的行为属于拘禁他人之后,索取债务的行为,缺乏非法占有的目的。
(5) 陈某对赵某的死亡,应当如何承担刑事责任?为什么?

[答案] 不另定故意杀人罪,因为陈某的故意杀人行为包含在抢劫罪当中。

(6) 高某对赵某的死亡后果是否承担刑事责任?为什么?

[答案] 不负刑事责任,因为陈某的杀人行为超出了高某的故意范围。

(7) 高某的投案行为是否成立自首与立功?为什么?

[答案] 成立自首与重大立功,因为被检举人有可能被判处无期徒刑以上的刑罚。

2. 甲系某国有公司经理。生意人乙见甲掌管巨额资金,就以小恩小惠拉拢甲。后乙以做生意需要资金为由,劝诱甲出借公款,并与甲共同策划了挪用的方式,还送给甲好处费5万元。甲未经公司董事会决定就将100万元资金借给乙。乙得到巨款以后,告知银行职员丙该款的真实来源,丙为乙提供资金账户,乙随时提款用于贩卖毒品。在甲的催促下,1年后,乙归还30万元,后来就拒绝和甲见面。甲见追回剩余70万元无望,就携带乙归还的30万元潜逃。甲半年内将30万元挥霍一空,走投无路后向司法机关投案,并交代了借公款给乙、接受乙贿赂和携款潜逃的事实,并提供线索协助司法机关将乙捉拿归案。乙归案后主动交代了行贿和司法机关尚未掌握的贩卖毒品的犯罪事实。请回答(1)—(4)题。(2007年真题,不定选)

(1) 关于甲的犯罪行为,下列说法正确的是:

A. 甲将公款挪用给乙使用的行为属于挪用公款进行营利活动

B. 甲不知道乙将公款用于犯罪活动,所以甲与乙不构成挪用公款罪的共犯

C. 甲携带30万元公款潜逃的行为构成贪污罪

D. 对甲的行为应以挪用公款罪、受贿罪、贪污罪实行并罚

[释疑] (1) 关于A、B项:① 乙无国家工作人员身份,不妨碍其成立甲身份犯的共犯;② 挪用公款给他人使用,使用人与挪用人共谋,指使或者参与策划取得挪用款的,以挪用公款罪的共犯定罪处罚;③ 甲乙双方只要具有"挪用公款归个人使用"的故意,即可成立共犯;④ 甲只在本人认识到的限度内承担罪责,故"甲不知道乙将公款用于犯罪活动",甲只在挪用公款从事营利活动限度内承担罪责。

(2) C、D项:携带挪用公款潜逃的,以贪污论;因受贿而挪用公款的,数罪并罚。(答案:ACD)

(2) 关于乙的犯罪行为,下列说法正确的是:

A. 乙的行为属于挪用公款进行非法活动

B. 乙与甲不构成挪用公款罪的共犯

C. 乙归还30万元公款的行为导致甲犯贪污罪,故乙成立贪污罪的帮助犯

D. 对乙的行为应以挪用公款罪、行贿罪、贩卖毒品罪实行并罚

[释疑] 乙构成甲挪用公款罪的共犯,并且属于挪用公款进行非法活动,故A项对,B项错。关于C项,甲携款潜逃属于甲单独决定的行为,不涉及乙的行为性质,故C项错。乙构成挪用公款罪(共犯)、行贿罪和贩卖毒品罪,应当实行并罚,D项对。(答案:AD)

(3) 关于甲投案以及乙归案后的行为,下列说法正确的是:

A. 甲在走投无路的情况下被迫投案,不应认定为自首

B. 甲提供线索致使乙被抓获的行为属于立功

C. 乙对贩卖毒品罪成立自首

D. 乙对行贿罪不成立自首

[释疑] 自首立功的认定。

(1) 关于A项,甲仍属于自动投案,如实供述的情形,成立自首,故A项错。

(2) B 项,协助抓获同案犯,应能成立立功。乙是因涉嫌行贿罪、挪用公款罪被抓获归案的,其供述行贿罪行属于司法机关已经掌握的罪行,行贿罪和挪用公款罪不成立自首。乙在被司法机关审查期间主动交代的贩卖毒品罪行,属于主动交代司法机关尚未掌握的不同种罪行,其贩卖毒品罪成立自首。故 C、D 项对。(答案:BCD)

(4) 银行职员丙的行为构成:

A. 挪用公款罪的共犯　　　　　　B. 贩卖毒品罪的共犯
C. 洗钱罪　　　　　　　　　　　D. 赃物犯罪

[释疑] 洗钱罪认定。银行职员丙明知乙的 100 万元款项来源于挪用公款罪,为乙提供资金账户,构成洗钱罪。丙仅有为非法资金提供银行账户存款的行为,对乙贩卖毒品犯罪行为、挪用公款的罪行不成立共犯。另洗钱罪属于特别规定,排斥赃物罪的适用。故只有 C 项正确。(答案:C)

3. 案情:甲男与乙男于 2004 年 7 月 28 日共谋入室抢劫某中学暑假留守女教师丙的财物。7 月 30 日晚,乙在该中学校园外望风,甲翻院墙进入校园内。甲持水果刀闯入丙居住的房间后,发现房间内除有简易书桌、单人床、炊具、餐具外,没有其他贵重财物,便以水果刀相威胁,喝令丙摘下手表(价值 2 100 元)给自己。丙一边摘手表一边说:"我是老师,不能没有手表。你拿走其他东西都可以,只要不抢走我的手表就行。"甲立即将刀装入自己的口袋,然后对丙说:"好吧,我不抢你的手表,也不拿走其他东西,让我看看你脱光衣服的样子我就走。"丙不同意,甲又以刀威胁,逼迫丙脱光衣服,丙一边顺手将已摘下的手表放在桌子上,一边流着泪脱完衣服。甲不顾丙的反抗强行摸了丙的乳房后对丙说:"好吧,你可以穿上衣服了。"在丙背对着甲穿衣服时,甲乘机将丙放在桌上的手表拿走。甲逃出校园后与乙碰头,乙问抢了什么东西,甲说就抢了一只手表。甲将手表交给乙出卖,乙以 1 000 元价格卖给他人后,甲与乙各分得 500 元。(2004 年真题,分析题)

问题:请根据刑法规定与刑法原理,对本案进行全面分析。

[参考答案]

(一) 关于甲和乙的行为

1. 甲、乙构成抢劫罪共犯(1 分)。因二人有抢劫的共同故意和抢劫的共同行为(1 分)。甲、乙的抢劫属于入户抢劫(1 分),因为丙的房间属于其生活的与外界相对隔离的住所(1 分);由于乙与甲共谋入户,甲事实上也实施了入户抢劫行为,故乙虽未入户,对乙也应适用入户抢劫的法定刑(1 分)。

综合本案主客观方面的事实,可以认定甲为主犯,乙为从犯(1 分),对于从犯乙应当从轻、减轻或者免除处罚(1 分)。

2. 甲、乙虽构成抢劫罪共犯,但二人的犯罪形态不同(1 分):

(1) 甲的抢劫属于犯罪中止(1 分)。因为在当时的情况下,甲完全能够达到抢劫既遂,但他自动放弃了抢劫行为(1 分);由于抢劫中止行为没有造成任何损害,故对于甲的抢劫中止,应当免除处罚(1 分)。

(2) 乙的抢劫属于犯罪未遂(1 分)。一方面,不能因为甲事实上取得了手表,就认定乙抢劫既遂,因为该手表并非甲抢劫既遂所得的财物(1 分);另一方面,乙并没有自动放弃自己的抢劫行为,甲的中止行为对于乙来说,属于意志以外的原因(1 分)。根据刑法规定,对于未遂犯乙,可以比照既遂犯从轻或者减轻处罚(1 分)。

(二) 关于甲的行为

1. 甲逼迫丙脱光衣服并猥亵丙的行为,成立强制猥亵妇女罪(1分)。

2. 甲乘机拿走丙手表的行为,成立盗窃罪(1分)。因为拿走手表的行为完全符合盗窃罪的构成要件(1分)。拿走手表已不属于抢劫罪中的强取财物的行为,即不属于因暴力、胁迫或其他方法压制或足以压制了被害人反抗而取得手表的情形。故不能将取得手表的事实评价在抢劫罪中,而应另认定为盗窃罪(1分)。

(三) 关于乙的行为

1. 乙的行为不成立盗窃罪(1分)。乙虽客观上为甲盗窃手表起到了一定作用(望风),但乙并不明知甲会盗窃财物,故乙并不与甲构成盗窃罪的共犯(1分)。

2. 基于同样的理由,乙的行为也不成立强制猥亵妇女罪的共犯(1分)。

3. 乙将手表卖予他人的行为不成立销售赃物罪(1分)。销售赃物罪是指代为销售他人犯罪所得的赃物,对于销售自己犯罪所得的赃物的行为并不成立销售赃物罪(1分)。乙虽在事实上销售了甲盗窃所得的财物,但乙误以为该手表为与甲共谋抢劫所得的财物,并不知道手表是甲单独犯罪所得的财物,故乙没有代为销售他人犯罪所得赃物的故意,不成立销售赃物罪(1分)。

[释疑] 案例分析因为题大分值高,历来被考生所关注。考生在答题时要注意答题技巧。例如,2004年卷四案例分析第六题的提问非常简略,仅指示"对本案进行全面分析",但标准答案的要求非常详细,得分点有25个之多,即有25个要点,一点一分。故得分多少首先取决于回答是否"全面"。而能否作出全面解答,取决于两点:

(1) 有无全面细致解答的意识。从答题技巧讲,对于案例分析题最基本的方法是"看分答题",即分值越高需答得越详细;反之,分值越低,回答得越简略,而不论其提问的方式如何。分值高即使问得简单,也要往复杂的方向解答,即所谓小题大做、面面俱到;分值不高,即使问得仔细,也只需择要回答,即所谓大题小做。因为从出题、制定评分标准方面讲,一个得分点通常不会小于1分,也不会大到5分、10分。如果一个得分点的分值过高或过低,在得分难度上会与其他考题失去平衡,选择题一般是1分或2分,案例分析题的得分点一般也就在2分左右。照此计算,一个25分的案例分析题,得分点至少在10个以上,需要考虑全面、回答周详,切不可择其要点三言两语了事。

(2) 如何全面回答? 这既是水平问题,也是技巧(方法)问题。从方法上讲,刑法的案例分析,核心无非是"罪和责",故需回答一切与"罪和责"有关的问题,包括: ① 罪,被告人涉嫌或构成的犯罪(包括单独或共同犯罪,一罪或数罪)。② 责,包括:第一,对犯罪结果(事实)是否应承担刑事责任、承担何种责任(故意、过失);第二,应当适用的法定刑幅度或法定量刑情节(主要是加重的抢劫、强奸、拐卖等分则量刑情节);第三,总则的法定量刑情节,如未成年、聋哑人、限制刑事责任年龄人、防卫过当、避险过当、预备、未遂、中止、从犯、胁从犯、教唆未遂、累犯、自首、立功等;第四,特殊刑种或刑罚的具体运用,如死刑、罚金刑、剥夺政治权利刑、没收财产刑、缓刑、假释的适用;第五,数罪并罚等。甚至于犯罪工具、违法所得的追缴、没收等程序性措施也应当想到。换一个角度讲,可以想象自己是法官,在对案件作出完整的处理,凡对被告人定罪处罚(处理)有关的问题都应当给以解决(判决)。通过阅读真实的判决书,了解法官如何完整处理案件(给案件"画句号"),可以养成好的思维习惯。

## 二、提示与预测

共犯问题历来是案例分析的主要考点之一,也是选择题的重要考点,属于绝对必考点。其要点是:(1) 共犯的成立:部分共同说;(2) 共犯的罪责:"部分行为,全部责任";(3) 按照共犯人在共犯中作用的大小,区分主犯、从犯、胁从犯,并适用相应的处罚原则。

### 考点 13 共犯关系的脱离

**一、精讲**

1. 因共犯人成立犯罪中止的条件较为严格,对客观上脱离共犯关系(主动退出或客观上未发生实质作用)的共犯人也按既遂处理,失之严苛。只有当共犯的行为与结果之间具有因果联系时,才可将结果归属于共犯的行为。行为人虽实施了教唆或帮助行为,但后来又消除了该行为对犯罪的促进作用,导致先前的共犯行为与结果之间不具有因果性时,就属于共犯关系的脱离。这种脱离,要求同时消除已实施的共犯行为与结果之间的物理的因果性与心理的因果性。但这种脱离并不以脱离者的自动性为前提。

2. 着手前的脱离

若脱离者在正犯着手之前脱离,则仅对预备行为负责。(1) 教唆行为与正犯的行为结果之间是一种心理的因果性。故教唆者引起他人犯意后,只有消除教唆行为所产生的心理的因果性,才能承认教唆犯的脱离。消除心理的因果性,是指教唆者使被教唆者放弃犯意。被教唆者放弃犯意后,自己再起犯意实行犯罪的,教唆者不对正犯的行为结果承担刑责。但若教唆者努力劝说被教唆者,被教唆者执意不放弃犯意,造成法益侵害结果的,教唆者仍应承担既遂责任。(2) 帮助行为与正犯的行为结果之间既可能是物理的因果性,也可能是心理的因果性,还可能两种因果性都有(此时只有两种因果性都消除,才能承认帮助犯的脱离)。例如,将凶器提供给正犯后,在正犯着手之前取回凶器的,或答应按时望风者,在正犯着手之前告诉对方自己不实施望风行为,就是共犯关系的脱离。正犯仍着手犯罪的,帮助者不承担未遂与既遂的责任。(3) (预备阶段的)共同正犯的脱离,按帮助犯的脱离条件予以判断即可。

3. 着手后的脱离

若脱离者在正犯着手之后结果发生之前脱离,即使正犯既遂,脱离者也仅在未遂限度内承担共犯责任。

**二、例题**

乙欲盗汽车,向甲借得盗车钥匙。乙盗车时发现该钥匙不管用,遂用其他工具盗得汽车。乙属于盗窃罪既遂,甲属于盗窃罪未遂。(2013 年卷二第 54 题,多选,C 选项)

[释疑] 此说法正确。帮助犯既遂需至少对正犯之既遂结果发挥"物理"或"心理"作用之一。甲提供的钥匙"不管用"对乙窃车既遂未发挥物理作用,同时因乙发现该钥匙"不管用",也消解了甲提供该钥匙对乙的心理支持作用,故为帮助犯未遂。注意,甲仍是乙的共犯,只是对窃取车子既遂的结果没有作用(未遂)而已。此为共犯关系的脱离,且这种脱离并不以脱离者的自动性为前提(中止则必须具备自动性)。

# 第七章 单位犯罪

## 考点 1 单位犯罪与个人犯罪的区别

### 一、精讲

根据司法解释,下列四种情况不以单位犯罪论处,以自然人犯罪论处:
1. 无法人资格的独资、合伙企业犯罪的。
2. 个人为进行违法犯罪活动而设立的公司、企业、事业单位实施犯罪的。
3. 公司、企业、事业单位设立后,以实施犯罪为主要活动的。
4. 盗用单位名义实施犯罪,违法所得由实施犯罪的个人私分的。

### 二、例题

1. 关于单位犯罪,下列哪些选项是正确的?(2015年真题,多选)

A. 就同一犯罪而言,单位犯罪与自然人犯罪的既遂标准完全相同

B. 《刑法》第一百七十条未将单位规定为伪造货币罪的主体,故单位伪造货币的,相关自然人不构成犯罪

C. 经理赵某为维护公司利益,召集单位员工殴打法院执行工作人员,拒不执行生效判决的,成立单位犯罪

D. 公司被吊销营业执照后,发现其曾销售伪劣产品20万元。对此,应追究相关自然人销售伪劣产品罪的刑事责任

[释疑] 单位犯罪具有法定性(只有明文规定才能由单位构成)。A项,二者的既遂标准完全相同。B项,未规定单位犯罪,直接按自然人犯罪处理。C项,《刑法修正案(九)》之前,拒不执行生效裁判罪并无单位犯罪。D项,单位被吊销,如同自然人死亡,客观上无法追究单位的刑事责任,但对相关自然人仍然应当追究刑责。(答案:AD)

特别提醒:《刑法修正案(九)》已为拒不执行生效裁判罪设置单位犯罪,但因其生效时间为2015年11月1日,晚于考试时间,故C错。此后正确答案应当是ACD。

2. 关于单位犯罪,下列选项错误的是:(2008年缓考真题,不定项)

A. 甲注册某咨询公司后一直亏损,后发现为他人虚开增值税专用发票可以盈利,即以此为主要业务,该行为属于咨询公司单位犯罪

B. 乙公司在实施保险诈骗罪以后,因为没有年检而被工商管理局吊销营业执照。案发后对该公司不再追诉,只能对原公司中的直接负责的主管人员和其他直接责任人员追究刑事责任

C. 丙虚报注册资本成立进出口公司,主要从事正当业务经营,后经公司股东集体讨论,以公司的名义走私汽车,利益均分。由于该进出口公司成立时不符合法律规定,该走私行为属于个人犯罪

D. 丁等5名房地产公司领导以公司名义非法经营烟草业务,所得利益归5人均分。该行为属于单位犯罪

[释疑] A项,甲单位以违法犯罪为主业的,以个人犯罪论。B项,乙单位被吊销营业执照,意味着法人死亡,仅追究责任人的责任。C项,丙单位成立的瑕疵,不影响其具有法人资格,可按照单位对待。D项,违法利益归个人的,以个人犯罪论。(答案:ACD)

3. 关于单位犯罪的主体,下列哪一选项是错误的?(2006年真题,单选)
  A. 不具有法人资格的私营企业,也可以成为单位犯罪的主体
  B. 刑法分则规定的只能由单位构成的犯罪,不可能由自然人单独实施
  C. 单位的分支机构或者内设机构,可以成为单位犯罪的主体
  D. 为进行违法犯罪活动而设立的公司、企业、事业单位,或者公司、企业、事业单位设立后,以实施犯罪为主要活动的,不能成为单位犯罪的主体

[释疑] 单位犯罪主体的有关规定。参见最高人民法院《关于审理单位犯罪案件具体应用法律有关问题的解释》。
(1) C项,根据司法解释,以单位的分支机构或者内设机构、部门的名义实施犯罪,违法所得亦归分支机构或者内设机构、部门所有的,应认定为单位犯罪。
(2) B项,单位犯罪分为纯正的单位犯罪和不纯正的单位犯罪,本项所称"只能由单位构成的犯罪"指的就是纯正的单位犯罪,不可能由自然人单独实施。(答案:A)

# 考点 2  单位负刑事责任以分则条文有明文规定的为限

## 一、精讲

根据第30条的规定,公司、企业、事业单位、机关、团体实施的危害社会的行为,法律规定为单位犯罪的,应当负刑事责任。对于法律没有明文规定单位是犯罪主体的,不能成立单位犯罪。

## 二、例题

某孤儿院为谋取单位福利,分两次将38名孤儿交给国外从事孤儿收养的中介组织,共收取30余万美元的"中介费""劳务费"。关于本案,下列哪一选项符合依法治国的要求?(2011年真题,单选)
  A. 因《刑法》未将此行为规定为犯罪,便不能由于本案社会影响重大,就以刑事案件查处
  B. 本案可追究孤儿院及其主管人员、直接责任人的刑事责任,以利于促进政治效果与社会效果的统一
  C. 报请全国人大常委会核准后,本案可作为单位拐卖儿童犯罪处理,以利于进一步发挥法律维护社会稳定的作用
  D. 可追究主管人员与其他直接责任人的刑事责任,以利于促进法律效果、政治效果与社会效果的统一

[释疑] A项错,第240条规定有拐卖儿童罪,出卖儿童是犯罪行为。B项错,根据第240条的规定,拐卖儿童罪的犯罪主体不包括单位,不能追究单位的刑事责任。C项错,立法机关也要遵循罪刑法定原则,立法机关无权对个案进行核准作出违背法律的判决。D项,本案虽然不成立单位犯罪,但不影响追究自然人的刑事责任。(答案:D)

## 考点 3 单位犯罪的处罚:一般双罚,例外单罚

### 一、精讲

第31条规定:"单位犯罪的,对单位判处罚金,并对其直接负责的主管人员和其他直接责任人员判处刑罚。本法分则和其他法律另有规定的,依照规定。"

(1) 一般双罚:① 对单位判处罚金;② 对其直接负责的主管人员和其他直接责任人员判处刑罚。

(2) 个别单罚:只处罚单位犯罪的责任人。这些罪名集中在:重大劳动安全事故罪,违规披露重要信息罪,妨害清算罪,虚假破产罪,私分国有资产罪,涉嫌单位犯罪被撤销、注销、吊销营业执照或者宣告破产的。

### 二、例题

关于单位犯罪,下列哪些选项是错误的?(2010年真题,多选)

A. 单位只能成为故意犯罪的主体,不能成为过失犯罪的主体
B. 单位犯罪时,单位本身与直接负责的主管人员、直接责任人员构成共同犯罪
C. 对单位犯罪一般实行双罚制,但在实行单罚制时,只对单位处以罚金,不处罚直接负责的主管人员与直接责任人员
D. 对单位犯罪只能适用财产刑,既可能判处罚金,也可能判处没收财产

[释疑] (1) A项,刑法中规定有单位过失犯罪,如工程重大责任事故罪。

(2) B项,单位犯罪是一个犯罪主体,单位内部成员体现的是单位的意志,不构成共同犯罪。

(3) C项,单罚时,只罚责任人不罚单位,如第396条私分国有资产罪。

(4) D项,刑法对单位犯罪无没收财产刑。(答案:ABCD)

# 第八章 罪 数

## 考点 1 数行为犯数罪的应当实行数罪并罚

### 例题

甲在一豪宅院外将一个正在玩耍的男孩(3岁)骗走,意图勒索钱财,但孩子说不清自己家里的联系方式,无法进行勒索。甲怕时间长了被发现,于是将孩子带到异地以4 000元卖掉。对甲应当如何处理?(2005年真题,单选)

A. 以绑架罪与拐卖儿童罪的牵连犯从一重处断
B. 以绑架罪一罪处罚
C. 以拐卖儿童罪一罪处罚
D. 以绑架罪与拐卖儿童罪并罚

[释疑] 罪数与数罪并罚。行为人有两个故意和行为,具备两个犯罪构成,故应当数罪

并罚。(答案:D)

## 考点 2 想象竞合犯及其处理原则

### 一、精讲

想象竞合犯及其处理原则是:从一重罪处罚(酌情不数罪并罚)。

### 二、例题

1. 关于罪数,下列哪些选项是正确的(不考虑数额或情节)? (2016 年真题,多选)
A. 甲使用变造的货币购买商品,触犯使用假币罪与诈骗罪,构成想象竞合犯
B. 乙走私毒品,又走私假币构成犯罪的,以走私毒品罪和走私假币罪实行数罪并罚
C. 丙先后三次侵入军人家中盗窃军人制服,后身穿军人制服招摇撞骗。对丙应按牵连犯从一重罪处罚
D. 丁明知黄某在网上开设赌场,仍为其提供互联网接入服务。丁触犯开设赌场罪与帮助信息网络犯罪活动罪,构成想象竞合犯

[释疑] B 项正确,走私毒品罪(第 347 条)与走私假币罪(第 151 条)是不同种罪,数罪并罚。D 项正确,第 287 条之二规定:(帮助信息网络犯罪活动罪)"明知他人利用信息网络实施犯罪,为其犯罪提供互联网接入……等帮助,情节严重的……"《关于办理网络赌博犯罪案件适用法律若干问题的意见》规定:"明知是赌博网站,而为其提供下列服务或者帮助的,属于开设赌场罪的共同犯罪,依照刑法第三百零三条第二款的规定处罚:(一)为赌博网站提供互联网接入……"第 287 条之二第 3 款规定:"有前两款行为,同时构成其他犯罪的,依照处罚较重的规定定罪处罚。"一个为网络赌场提供互联网接入的行为同时触犯二罪,择一重罪定罪处罚,典型想象竞合犯。

A 项错,因为使用假币罪不包含使用"变造的货币",所以使用变造的货币不成立使用假币罪,可能触犯诈骗罪。C 项错,牵连犯之牵连关系,指两种犯罪行为之间存在着手段行为与目的行为关系,二者关联如此密切、如此常见以至于刑法将其规定为该罪的行为方式,如第 194 条之票据诈骗罪规定,"使用伪造的票据"进行诈骗,第 196 条规定适用伪造的信用卡进行诈骗,伪造货币后又使用、贩卖、运输的,等等。学说对牵连关系掌握的尺度虽然存在分歧,但是应当是犯罪行为法律上的关联性。犯罪人在犯一罪后偶然地引起另一犯意或者用于另一犯罪,而这不是牵连关系。本案丙盗窃时窃得军服,"偶然"地引起招摇撞骗犯意或用于招摇撞骗,不是牵连犯,属于应当数罪并罚的数罪。(答案:BD)

2. 关于想象竞合犯的认定,下列哪些选项是错误的? (2013 年真题,多选)
A. 甲向乙购买危险物质,商定 4 000 元成交。甲先后将 2 000 元现金和 4 克海洛因(折抵现金 2 000 元)交乙后收货。甲的行为成立非法买卖危险物质罪与贩卖毒品罪的想象竞合犯,从一重罪论处
B. 甲女、乙男分手后,甲向乙索要青春补偿费未果,将其骗至别墅,让人看住乙。甲给乙母打电话,声称如不给 30 万元就准备收尸。甲成立非法拘禁罪和绑架罪的想象竞合犯,应以绑架罪论处
C. 甲为劫财在乙的茶水中投放 2 小时后起作用的麻醉药,随后离开乙家。2 小时后甲回

来,见乙不在(乙喝下该茶水后因事外出),便取走乙2万元现金。甲的行为成立抢劫罪与盗窃罪的想象竞合犯

D. 国家工作人员甲收受境外组织的3万美元后,将国家秘密非法提供给该组织。甲的行为成立受贿罪与为境外非法提供国家秘密罪的想象竞合犯

[释疑] A项错,甲有两个行为,侵害两个不同法益,分别构成非法买卖危险物质罪和贩卖毒品罪二罪,且不存在竞合关系,故应数罪并罚。注意:本案表面上只有一个交易行为,似乎是"一行为触犯数罪名",但实际上有两个行为,即购买危险物质和出售毒品,因而不符合想象竞合犯的条件。另外,若甲全部以现金交易,则只有一个行为,且触犯一个罪名,也谈不上想象竞合犯的问题。当然,若甲全部用毒品买进危险物质,同样是两个行为,应数罪并罚。B项错,绑架罪是非法拘禁和敲诈勒索的结合,绑架当然包含拘禁内容,故不是想象竞合犯。甲只有一个单纯的绑架行为,不另评价为非法拘禁罪或敲诈勒索罪。C项错,甲是抢劫罪预备和盗窃罪既遂二罪。D项错,甲有两个行为,分别构成受贿罪和为境外非法提供国家秘密罪,应数罪并罚。(答案:ABCD)

3. 关于罪数判断,下列哪一选项是正确的?
A. 冒充警察招摇撞骗,骗取他人财物的,适用特别法条以招摇撞骗罪论处
B. 冒充警察实施抢劫,同时构成抢劫罪与招摇撞骗罪,属于想象竞合犯,从一重罪论处
C. 冒充军人进行诈骗,同时构成诈骗罪与冒充军人招摇撞骗罪的,从一重罪论处
D. 冒充军人劫持航空器的,成立冒充军人招摇撞骗罪与劫持航空器罪,实行数罪并罚

[释疑] C项对,想象竞合犯从一重罪论处。A项错,A项同C项是想象竞合犯应从一重论处,"适用特别法条"是法条竞合犯处理规则。B项是第263条第(七)项规定的"持枪抢劫的"的加重犯,不存在"从一重论处"的问题。D项"冒充军人"作为劫机手段应是一行为一罪,不数罪并罚。(答案:C)

4. 个体工商户乙欠缴营业税15万元,当税务人员上门征收税款时,乙组织甲等多人进行暴力围攻,殴打税务人员,抗拒缴纳,其中甲出手最狠,将一名税务人员打成重伤。甲的行为构成何罪?(2008年缓考真题,单选)

A. 逃税罪　　　　　　　　B. 抗税罪
C. 故意伤害罪　　　　　　D. 抗税罪与故意伤害罪实行并罚

[释疑] 抗税中使用暴力致人重伤的,同时触犯抗税罪和故意伤害罪,属于想象竞合犯,择一重罪处罚。其中以故意伤害致人重伤为重(3年以上10年以下)。注意,若仅致轻伤的,(3年以下),应按照抗税罪情节严重定罪处罚(3年以上7年以下)。参见第202条。

本题中,仅说"欠缴营业税15万元",不能断定成立逃税罪。既然认为是抗税性质,就不必再考虑逃税罪或逃避追缴欠税罪了。(答案:C)

5. 甲盗割正在使用中的铁路专用电话线,在构成犯罪的情况下,对甲应按照下列哪一选项处理?(2006年真题,单选)

A. 破坏公用电信设施罪
B. 破坏交通设施罪
C. 盗窃罪与破坏交通设施罪中处罚较重的犯罪
D. 盗窃罪与破坏公用电信设施罪中处罚较重的犯罪

[释疑] 破坏特定公共设施的公共安全犯罪的认定和想象竞合犯处罚原则。难点之一

在于破坏"铁路专用电话线"究竟算是破坏"交通设施"还是破坏"公用电信设施"？一般认为是交通设施。

（1）铁路专用电话线属于铁路设施的一部分，涉及铁路运输安全。

（2）从罪名的字面看，破坏公用电信设施罪是"公用"的，不含"专用"的。因盗窃而破坏了有关公共设施危害公共安全的，属于典型想象竞合犯，以处罚较重的罪定罪处罚，不数罪并罚。难点之二在于选 B 项还是 C 项，题中给出："甲盗割……在构成犯罪的情况下"似乎指盗窃行为已构成犯罪，选 C 项更妥。（答案：C）

## 考点 3　法条竞合犯的处理原则

### 一、精讲

法条竞合犯的处理原则是：特别法优先适用，不排除例外优先适用重法。

### 二、例题

1. 关于法条关系，下列哪一选项是正确的（不考虑数额）？（2016 年真题，单选）

A. 即使认为盗窃与诈骗是对立关系，一行为针对同一具体对象（同一具体结果）也完全可能同时触犯盗窃罪与诈骗罪

B. 即使认为故意杀人与故意伤害是对立关系，故意杀人罪与故意伤害罪也存在法条竞合关系

C. 如认为法条竞合仅限于侵害一犯罪客体的情形，冒充警察骗取数额巨大的财物时，就会形成招摇撞骗罪与诈骗罪的法条竞合

D. 即便认为贪污罪和挪用公款罪是对立关系，若行为人使用公款赌博，在不能查明其是否具有归还公款的意思时，也能认定构成挪用公款罪

[释疑]　D 项，行为人用公款赌博，在不能证明"非法占有目的"时只能退而求其次认定挪用公款罪。贪污罪和挪用公款罪是高度罪与低度罪关系，类似于贷款诈骗罪与骗取贷款罪关系。不能证明非法占有目的，只能退而定轻罪。

A 项，诈骗与盗窃自法律上是排斥关系，违背被害人意志夺取占有物的，是窃取；基于被害人意思处分取得占有物的是骗取，非此即彼。B 项，故意杀人罪与故意伤害罪是高度罪与低度罪关系，理同 D。C 项，冒充警察骗取数额巨大的财物时，侵害两个客体而非同一客体，其一为财产；其二为国家机关声誉。（答案：D）

2. 下列说法不正确的是：（2004 年真题，不定选）

A.《刑法》第 266 条规定的诈骗罪的法定最高刑为无期徒刑，而 198 条规定保险诈骗罪的法定最高刑为 15 年有期徒刑。为了保持刑法的协调和实现罪刑相适应原则，对保险诈骗数额特别巨大的，应以诈骗罪论处

B. 根据《刑法》第 358 条的规定，"强奸后迫使卖淫的"成立迫使卖淫罪，不实行数罪并罚。已满 14 周岁不满 16 周岁的人，伙同他人强奸妇女后迫使卖淫的，不负刑事责任；因为《刑法》第 17 条没有规定已满 14 周岁不满 16 周岁的人应对迫使卖淫罪承担刑事责任

C.《刑法》第 382 条明文规定，一般公民与国家工作人员勾结伙同贪污的，以共犯论处，故一般公民可以与国家工作人员构成贪污罪的共犯；《刑法》第 385 条对于受贿罪没有类似规

定,故一般公民不可能与国家工作人员构成受贿罪的共犯

D.《刑法》第399条第4款规定,"司法工作人员收受贿赂"有徇私枉法等行为的,依照处罚较重的规定定罪处罚。但是,司法工作人员索取贿赂并有徇私枉法等行为的,则应对其实行数罪并罚

[释疑] 法条竞合犯的认定及其处理原则、相对刑事责任年龄、特殊主体的常识。

(1) A项,法条竞合的适用原则一般是特别法优先,排斥一般法适用,保险诈骗罪与诈骗罪是典型的法条竞合关系,故一行为同时触犯保险诈骗罪和诈骗罪两个条文的,只能按照保险诈骗罪定罪处罚,不适用诈骗罪条文。这是法条竞合犯与想象竞合犯处理原则的重大差别。想象竞合犯从一重罪处罚,"唯重是从"。法条竞合犯一般是特别规定优先,但是,法律特别规定重法条优先的例外,如第149条规定行为同时触犯第140条(生产、销售伪劣产品罪)和第141条至第148条(生产销售假药罪等)的,依照处罚较重的规定处罚。对法条竞合犯"择重法条"适用属于特殊情况。

(2) B项属于对第17条第2款相对刑事责任年龄规定的理解。正确理解是对该款规定的"行为"负责,而不受罪名的约束。已满14周岁不满16周岁的人既然有强奸性质的行为,就应当负刑事责任。

(3) C项,第382条第3款规定:"与前两款所列人员勾结,伙同贪污的,以共犯论处。"属于提示(或注意)规定,故受贿罪没有相同规定并不意味不能以共犯论。另外,根据没有身份的人可以构成身份犯的共犯这一刑法原理,也可得出正解。

(4) D项,第399条第4款的特别规定:司法工作人员收受贿赂,有前3款行为的(即徇私枉法等行为),同时又构成本法第385条规定之受贿罪的,依照处罚较重的规定定罪处罚。(答案:ABCD)

### 三、提示与预测

注意争议的问题:

(1) 对于第149条规定的情况,究竟属于法条竞合还是想象竞合存在争议,一种观点认为,既然是择重罪处罚,就应当是想象竞合而不是法条竞合;另一种观点认为,该规定是法条竞合中重法优先的例外情况。前一种观点即想象竞合的观点现在是通说。

(2) 对于第279条(招摇撞骗罪,法定最高刑10年有期徒刑)与第266条(诈骗罪,法定最高刑无期徒刑)竞合时,通说认为是重法条优先。也因为如此,有学者认为是想象竞合而非法条竞合。这涉及对法条竞合范围的不同理解,有观点认为,只有"包容竞合"才是法条竞合,而"交叉竞合"不是法条竞合。按照这种观点,第279条与第266条不是法条竞合关系,但这种观点好像不是通说。按照通说,第279条与第266条仍属法条竞合,只是司法时为了避免明显荒谬的判决结果而例外地重法条优先。

## 考点 4  想象竞合犯与法条竞合犯的区别

### 一、精讲

两者非常相近,都是只有一行为;都会涉及数罪名或数法条。区别的要领是:

(1) 一行为触犯的数罪名所在数法条之间是否存在某种内容上的重合,如果不存在任何

重合,属于想象竞合犯;如果存在某种重合,是法条竞合犯。

(2)触犯的数罪名在数法条之中,能否有一个法条完整地评价该犯罪行为。如果不能完整评价,是想象竞合犯;如果能完整评价,是法条竞合犯。

## 二、例题

下列哪些情形属于想象竞合犯?(2000年真题,多选)

A. 盗窃数额较大的、正在使用中的通信设备的
B. 窃取国家所有的、具有历史价值的档案的
C. 行为人在缴纳10万元税款后,一次性假报出口骗取国家20万元退税款的
D. 对正在执行国家安全工作任务的警察实施暴力,使之受轻伤的

[释疑] 根据想象竞合犯与法条竞合犯的区别,判断:

(1)A项:① 盗窃罪与破坏广播电视公用电信设施罪两罪的法条内容上没有重合或交叉现象;② 对该盗窃行为,适用所触犯的任一法条评价都有不完整之感。如果定盗窃罪,该盗窃行为破坏通信设备、危害公共安全的一面没有被包括进去;如果定破坏广播电视公用电信设施罪,该盗窃行为侵犯财产的一面没有被包括进去。既然对该盗窃行为适用所触犯的数法条中任一法条都不能完整评价,说明是想象竞合犯,因为想象竞合犯往往造成数结果或侵害数法益,适用哪一个条文自然总是有所遗漏。D项也具有上述两个特点,触犯妨害公务罪和故意伤害罪,属于想象竞合犯。

(2)B项:① 窃取国有档案与盗窃罪法条之间在手段即"盗窃"行为上存在重合,属于因为对象不同而形成的法条竞合;② 适用其中的一个法条即窃取国有档案罪可以完整评价该犯罪行为。无论从手段(窃取)、对象(档案),还是客体(文物管理)、犯罪故意的方面衡量,都非常完整地包含了该窃取国有档案的行为。故为法条竞合犯。

(3)C项,"行为人在缴纳10万元税款后,一次性假报出口骗取国家20万元退税款的",应当属于第204条第2款明确规定的"纳税人缴纳税款后,采取前款规定的欺骗方法,骗取所缴纳的税款的,依照本法第二百零一条的规定(逃税)定罪处罚;骗取税款超过所缴纳的税款部分,依照前款的规定处罚"。这种情况下,法律有特别规定,实行数罪并罚。(答案:AD)

## 三、提示与预测

对想象竞合犯与法条竞合犯的区别,还有一个掌握的要领:

(1)具体掌握想象竞合犯的类型和法条规定。想象竞合犯的类型常见的就是在盗窃犯罪同时又触犯其他罪的情况。如盗窃通信设备、交通工具、交通设施、电力设备、易燃易爆设备等同时又危害公共安全的情形。其他如暴力妨害公务致公务员伤亡同时触犯杀人伤害罪,制售假烟的行为同时触犯非法经营罪和生产销售伪劣商品罪。记住这些常见类型,判断起来就简单了。

(2)掌握法条规定中常见的竞合现象,如在盗窃手段上竞合的法条有盗窃罪,盗窃枪支、弹药、爆炸物、有害物质罪,窃取国有档案罪,非法获取国家秘密罪(使用窃取手段的),盗窃公文、证件、印章罪等。掌握这些具体法条竞合现象,认定法条竞合犯如例题中B选项就很简单,是一目了然的问题。在应试上,具体掌握比通过理论概念、标准进行推理判断更为有效。因为这个推理过程别人已经完成了,是大家公认的了,既不用自己费力耗时去分析,也不会出错。

## 考点 5 结果加重犯

### 一、精讲

结果加重犯是依据分则条文规定确定的,具有法定性。

所谓结果加重犯,通常认为是在一行为已经实现了基本罪的基础上,又引起了法定的更为严重的结果,因而加重其法定刑的情况。结果加重犯是依据分则条文规定确定的。基本罪引起某种严重结果,是否作为加重法定刑的结果,即是否作为结果加重犯,取决于法律有无明文规定。有明文规定的才作为结果加重犯。

### 二、例题

1. 关于结果加重犯,下列哪一选项是正确的?(2015年真题,单选)
A. 故意杀人包含了故意伤害,故意杀人罪实际上是故意伤害罪的结果加重犯
B. 强奸罪、强制猥亵妇女罪的犯罪客体相同,强奸、强制猥亵行为致妇女重伤的,均成立结果加重犯
C. 甲将乙拘禁在宾馆20楼,声称只要乙还债就放人。乙无力还债,深夜跳楼身亡。甲的行为不成立非法拘禁罪的结果加重犯
D. 甲以胁迫手段抢劫乙时,发现仇人丙路过,于是立即杀害丙。甲在抢劫过程中杀害他人,因抢劫致人死亡包括故意致人死亡,故甲成立抢劫致人死亡的结果加重犯

[释疑] A项,结果加重犯是指原本只有实施基本犯罪的意思,但却过失地造成加重结果的情形。杀人和伤害的犯意不同,杀人不是伤害的结果加重犯,故意伤害的结果加重犯是故意伤害致人死亡罪。B项,结果加重犯具有法定性(需法律明文规定),刑法规定了强奸的结果加重犯,但未规定强制猥亵的结果加重犯。C项,甲对于乙死亡的加重结果并无故意和过失,故不构成结果加重犯。D项,抢劫致死是指抢劫行为直接导致死亡结果,甲杀死丙属于抢劫之外另起犯意,以故意杀人的行为杀死丙,应在抢劫之外另行定罪(故意杀人罪)。(答案:C)

2. 律师赵某接受律师事务所指派,为某公司股票上市提供法律意见。赵某在接受该公司的10万元财物之后,提供了虚假的法律意见书,导致不具备上市条件的该公司取得上市资格,严重损害了股东利益。赵某的行为构成何罪?(2008年缓考真题,单选)
A. 受贿罪
B. 《刑法》第163条规定的公司、企业、其他单位人员受贿罪
C. 提供虚假证明文件罪
D. 《刑法》第163条规定的公司、企业、其他单位人员受贿罪和提供虚假证明文件罪,应当数罪并罚

[释疑] 第229条对加重犯规定:"……中介组织的人员故意提供虚假证明文件,情节严重的,处五年以下有期徒刑或者拘役,并处罚金。……索取他人财物或者非法收受他人财物,犯前款罪的,处五年以上十年以下有期徒刑,并处罚金。"(答案:C)

3. 下列哪些情形不属于结果加重犯?(2002年真题,多选)
A. 侮辱他人,导致他人自杀身亡
B. 监管人员对被监管人进行殴打与体罚,虐待致人死亡

C. 强制猥亵妇女,致人死亡
D. 遗弃没有独立生活能力的人,致其死亡

[释疑] 结果加重犯的理解和法条熟悉程度。与本题罪名有关的第246条、第248条、第237条和第261条,均无结果加重犯罪的规定,故A、B、C、D均为正确选项。常见的结果加重犯有:抢劫致人重伤、死亡的;强奸致人重伤、死亡的;非法行医致人重伤、死亡的;非法拘禁致人重伤、死亡的;虐待致人重伤、死亡的;暴力干涉婚姻自由致人死亡的;绑架致人死亡的;等等。结果加重犯的法定性决定了选择出正确的答案实际上是熟知法律条文的问题,也就是说,要知道哪个罪在引起死亡结果时,法律规定为加重结果,就可以找到答案。(答案:ABCD)

# 考点 6  吸收犯、牵连犯及其处理原则

## 一、精讲

(1) 吸收犯,是指一个犯罪行为作为另一个犯罪行为的必经阶段、组成部分、当然结果而被吸收的情况。这种情况下,只以吸收的行为论罪。作为犯罪的必经阶段、组成部分、当然结果触犯其他罪,而被主罪吸收。

(2) 牵连犯,是指以实施某一犯罪为目的,其犯罪的方法或者结果行为又触犯其他罪名的犯罪形态。有两种牵连关系。① 手段行为与目的行为的牵连;② 原因行为与结果行为的牵连。

(3) 吸收犯和牵连犯的处理原则:都不实行数罪并罚,以一罪论处。

## 二、例题

1. 甲窃得一包冰毒后交乙代为销售,乙销售后得款3万元与甲平分。关于本案,下列哪一选项是错误的?(2015年真题,单选)

A. 甲的行为触犯盗窃罪与贩卖毒品罪
B. 甲贩卖毒品的行为侵害了新的法益,应与盗窃罪实行并罚
C. 乙的行为触犯贩卖毒品罪、非法持有毒品罪、转移毒品罪与掩饰、隐瞒犯罪所得罪
D. 对乙应以贩卖毒品罪一罪论处

[释疑] A项,违禁品也可成为财产罪(盗窃、抢劫等)的对象。B项,甲的贩毒行为侵害了新的法益(毒品管理制度),并非"不可罚(共罚)的事后行为",故应数罪并罚。C项,乙的非法持有毒品、转移毒品与掩饰、隐瞒行为都属于贩卖毒品行为的组成部分,无需单独评价。D项,乙并未参与此前的盗窃行为,故无需对此负责。(答案:C)

2. 下列哪些情形属于吸收犯?(2010年真题,多选)

A. 制造枪支、弹药后又持有、私藏所制造的枪支、弹药的
B. 盗窃他人汽车后,谎称所盗汽车为自己的汽车出卖他人的
C. 套取金融机构信贷资金后又高利转贷他人的
D. 制造毒品后又持有该毒品的

[释疑] (1) 吸收犯,指实施某罪时(如制造枪弹、毒品)其"必经过程"或"当然结果"(如非法持有所造之枪弹、毒品)行为又触犯另一罪(非法持有枪支罪、非法持有毒品罪),A、D项符合。

(2) B项因"谎称所盗汽车为自己的",具有欺诈性,已经超出单纯的销赃范围,为牵连犯或数罪(盗窃罪和诈骗罪)。换言之,诈骗不是盗窃的当然结果行为,不是吸收犯。另外盗窃后销赃属于盗窃之"不可罚事后行为",一般不认为是吸收犯。

(3) C项,第175条规定的"套取金融机构信贷资金"是高利转贷罪的构成要素,只成立一个高利转贷罪,没有触犯另外的罪。(答案:AD)

3. 甲承租乙的房屋后,伪造身份证与房产证交与中介公司,中介公司不知有假,为其售房给不知情的丙,甲获款300万元。关于本案,下列哪一选项是错误的?(2010年真题,单选)

A. 甲的行为触犯了伪造居民身份证罪与伪造国家机关证件罪,同时是诈骗罪的教唆犯
B. 甲是诈骗罪、伪造居民身份证罪与伪造国家机关证件罪的正犯
C. 伪造居民身份证罪、伪造国家机关证件罪与诈骗罪之间具有牵连关系
D. 由于存在牵连关系,对甲的行为应以诈骗罪从重处罚

[释疑] A项错在"诈骗罪的教唆犯",甲是诈骗的间接正犯。本案结论:甲犯有伪造居民身份证罪、伪造国家机关证件罪、诈骗罪,三罪是牵连关系(牵连犯),应择一重罪(诈骗罪)从重处罚。(答案:A)

## 考点 7 法定的数罪并罚或以一罪从重处罚的特殊情形

### 一、精讲

法定的数罪并罚或以一罪从重处罚的特殊情形,掌握的要点是立法中的特别规定。属于法定的特殊的罪数问题,只有通过死记硬背法条来解决。

### 二、例题

1. 关于罪数的认定,下列哪些选项是错误的?(2011年真题,多选)

A. 引诱幼女卖淫后,又容留该幼女卖淫的,应认定为引诱、容留卖淫罪
B. 既然对绑架他人后故意杀害他人的不实行数罪并罚,对绑架他人后伤害他人的就更不能实行数罪并罚
C. 发现盗得的汽车质量有问题而将汽车推下山崖的,成立盗窃罪与故意毁坏财物罪,应当实行并罚
D. 明知在押犯脱逃后去杀害证人而私放,该犯果真将证人杀害的,成立私放在押人员罪与故意杀人罪,应当实行并罚。

[释疑] (1) A项,引诱幼女卖淫罪与引诱、容留、介绍卖淫罪是不同种罪,应成立引诱幼女卖淫罪和容留卖淫罪,数罪并罚。

(2) B项,第239条第2款规定:犯绑架罪"杀害被绑架人的,或者故意伤害被绑架人,致人重伤、死亡的,处无期徒刑或者死刑",处罚最为严厉,只包括两种情形:①"杀害被绑架人";②"故意伤害被绑架人,致人重伤、死亡",此"杀害"指第232条之故意杀人罪。故意伤害被绑架人但没有致人重伤、死亡的,不属于上述绑架罪加重犯的情形,故只能数罪并罚。

(3) C项,盗窃之后对赃物的持有、销售、毁损一般认为是事后不可罚的行为,只以盗窃罪一罪论处。

(4) D项,只有"私放"一行为,只能论以一罪。似可认为一行为同时触犯私放在押人员

罪(正犯)和故意杀人罪(帮助犯),择一重罪处断。(答案:ABCD)

2. 下列哪些情形不能数罪并罚?(2010年真题,多选)

A. 投保人甲,为了骗取保险金杀害被保险人
B. 15周岁的甲,盗窃时杀死被害人
C. 司法工作人员甲,刑讯逼供致被害人死亡
D. 运送他人偷越边境的甲,遇到检查将被运送人推进大海溺死

[释疑] (1) B项,第17条第2款,只能追究甲故意杀人罪的罪责。

(2) C项,第247条以故意杀人罪从重处罚。

(3) A项,第198条保险诈骗罪,数罪并罚。

(4) D项,第318条第2款,数罪并罚。(答案:BC)

## 考点 8  在犯某罪时又使用暴力抗拒检查行为的处罚

### 一、精讲

在犯某罪时又使用暴力抗拒检查构成妨害公务罪的,应当数罪并罚,但分则将该暴力抗拒公务检查特别规定为某罪的加重犯的,不实行数罪并罚。

### 二、例题

对下列哪一情形应当实行数罪并罚?(2006年真题,单选)

A. 在走私普通货物、物品过程中,以暴力、威胁方法抗拒缉私的
B. 在走私毒品过程中,以暴力方法抗拒检查,情节严重的
C. 在组织他人偷越国(边)境过程中,以暴力方法抗拒检查的
D. 在运送他人偷越国(边)境过程中,以暴力方法抗拒检查的

[释疑] (1) A项,第157条第2款规定:"以暴力、威胁方法抗拒缉私的,以走私罪和本法第二百七十七条规定的阻碍国家机关工作人员依法执行职务罪,依照数罪并罚的规定处罚。"

(2) B项,第347条第2款规定:"走私、贩卖、运输、制造毒品,有下列情形之一的,处十五年……(四)以暴力抗拒检查、拘留、逮捕,情节严重的……"

(3) C项,第318条规定:"组织他人偷越国(边)境的……有下列情形之一的,处七年以上……(五)以暴力、威胁方法抗拒检查的……"

(4) D项,第321条第2款规定:"在运送他人偷越国(边)境中造成被运送人重伤、死亡,或者以暴力、威胁方法抗拒检查的,处七年以上有期徒刑,并处罚金。"(答案:A)

## 考点 9  实施某个犯罪中,又实施强奸、杀人、受贿、行贿等犯罪行为的处罚

### 一、精讲

实施某个犯罪中,又实施强奸、杀人、受贿、行贿等犯罪行为的,应当数罪并罚,但是分则对其特别规定按一罪处罚或将其作为法定加重犯的,依分则特别规定处罚,不实行数罪并罚。

## 二、例题

1. 关于罪数的说法,下列哪一选项是错误的?(2008年真题,单选)

A. 甲在车站行窃时盗得一提包,回家一看才发现提包内仅有一支枪。因为担心被人发现,甲便将手枪藏在浴缸下面。甲非法持有枪支的行为,不属于不可罚的事后行为

B. 乙抢夺他人手机,并将该手机变卖,乙的行为构成抢夺罪和掩饰、隐瞒犯罪所得罪,应当数罪并罚

C. 丙非法行医3年多,导致1人死亡、1人身体残疾。丙的行为既是职业犯,也是结果加重犯

D. 丁在绑架过程中,因被害人反抗而将其杀死,对丁不应当以绑架罪和故意杀人罪实行并罚

[释疑] (1) A项,甲将手枪藏在浴缸下面,属于非法持有枪支。甲以盗窃的故意误得枪支,仍属于盗窃性质,盗窃(财物)罪不能包容非法持有枪支的行为,故不属于事后不可罚行为。盗窃后对(纯财产性)"赃物"的占有、处分行为属于"事后不可罚行为",因为它能被盗窃罪所包容。

(2) B项,抢夺后对(纯财产性)"赃物"的处分属于事后不可罚行为,故B项"错误"。

(3) C项,非法行医罪是营业犯,根据第335条规定,非法行医致人死亡的,处10年以上有期徒刑,据此是结果加重犯。

(4) D项,根据第239条规定,绑架杀害人质的,是加重犯。(答案:B)

2. 下列哪些犯罪行为,应按数罪并罚的原则处理?(2003年真题,多选)

A. 拐卖妇女又奸淫被拐卖妇女

B. 司法工作人员枉法裁判又构成受贿罪

C. 参加黑社会性质组织又杀人

D. 组织他人偷越国(边)境又强奸被组织人

[释疑] 纯属法律条文的记忆问题。

(1) 拐卖妇女又奸淫被拐卖妇女的,以拐卖妇女罪一罪论处,法定刑升格。

(2) 司法工作人员枉法裁判又构成受贿的,依照处罚较重的规定定罪处罚。

(3) 参加黑社会性质组织又有其他犯罪行为的,数罪并罚。

(4) 组织他人偷越国(边)境,对被组织人有杀害、伤害、强奸、拐卖等犯罪行为,或者对检查人员有杀害、伤害等犯罪行为的,数罪并罚[参见第240条第1款第(3)项、第399条第2款、第294条、第318条第2款]。(答案:CD)

## 三、提示与预测

考试中罪数与数罪并罚的重点是:

1. 对数罪应当实行数罪并罚,其方法是:(1) 对数罪分别定罪判刑;(2) 将数罪判处的数刑按照第69、70、71条的规定合并决定执行的刑罚。

2. 司法习惯对"一并审理的同种数罪"不实行数罪并罚。这意味着:(1) 对异种数罪实行数罪并罚;(2) 对同种数罪只是在"不一并审理时"才实行数罪并罚。

3. 分则条款法定的加重犯、转化犯,如结果加重、情节加重、罪行加重等依分则规定处罚,

不实行数罪并罚。

4. 一行为同时触犯数罪(想象竞合犯)或者其方法行为(牵连犯)或者其结果行为(牵连犯或吸收犯)又犯其他罪的,"酌情"不数罪并罚。

5. 犯盗窃、抢劫等罪,本人事后"持有""处分"赃物行为,均不单独评价处罚;但是盗窃、抢劫违禁品,本人事后的"处分"行为又构成其他罪,如贩卖毒品、传播淫秽物品的,应当数罪并罚;事后仅仅有持有违禁品的行为,也不单独评价处罚。

# 第九章 刑罚的种类

## 考点 1 死刑与死缓的适用

### 一、精讲

1. "死缓"不是独立刑种而是死刑的执行制度,适用"死缓"也是适用死刑。

2. 死刑适用的条件之一为"罪行极其严重",在条件上"死刑立即执行"与"死缓"是一致的,都是"罪行极其严重"。两者的差别在于"是否必须立即执行",不是必须立即执行的,可以缓期两年执行。

3. 判处死刑缓期执行的,在死刑缓期执行期间,如果没有故意犯罪,两年期满以后,减为无期徒刑;如果确有重大立功表现,两年期满以后,减为25年有期徒刑;如果故意犯罪,查证属实的,由最高人民法院核准,执行死刑。

4. 对死缓犯限制减刑的对象:对被判处死刑缓期执行的累犯以及因故意杀人、强奸、抢劫、绑架、放火、爆炸、投放危险物质或者有组织的暴力性犯罪被判处死刑缓期执行的犯罪分子,人民法院根据犯罪情节等情况可以同时决定对其限制减刑。

### 二、例题

1. 甲与乙女恋爱。乙因甲伤残提出分手,甲不同意,拉住乙不许离开,遭乙痛骂拒绝。甲绝望大喊:"我得不到你,别人也休想",连捅十几刀,致乙当场惨死。甲逃跑数日后,投案自首,有悔罪表现。关于本案的死刑适用,下列哪一说法符合法律实施中的公平正义理念?(2012年真题,单选)

A. 根据《刑法》规定,当甲的杀人行为被评价为"罪行极其严重"时,可判处甲死刑

B. 从维护《刑法》权威考虑,无论甲是否存在从轻情节,均应判处甲死刑

C. 甲轻率杀人,为严防效尤,即使甲自首悔罪,也应判处死刑立即执行

D. 应当充分考虑并尊重网民呼声,以此决定是否判处甲死刑立即执行

[释疑] 第48条:"死刑只适用于罪行极其严重的犯罪分子","罪行极其严重"是死刑适用的法定依据,A项对。在《刑法修正案(八)》增加"限制减刑的死缓"之后,有尽量以特别死缓取代死刑(立即执行)之意,尽量控制死刑适用。对于因婚恋矛盾激化而发生故意杀人的案件,目前司法尺度通常不判处死刑。对本案,B项不问情节"均应判处死刑"不符合死刑尺度和政策;C项"轻率杀人"属于杀人罪中恶性较轻的情形也"应判处死刑",显然也不符合死刑尺度和政策。D项网民呼声决定个案死刑适用,明显错误。

故意杀人案较轻的情形如家庭、邻里之类"民间矛盾"激化引起的杀人,非预谋杀人,可以宽恕的理由常有:被害人过错、被害人谅解、赔偿被害人、有法定减轻处罚的情节。

故意杀人案严重可适用死刑的理由:A 致死多人的,B 手段残忍(刻意折磨被害人)的,C 雇凶杀人、受雇杀人的,D 为争权或夺利而谋杀对手的等。(答案:A)

2. 关于犯罪分子可以适用死刑缓期执行限制减刑的案件,下列选项正确的是:(2011年真题,不定选)

A. 绑架案件　　　　　　　　B. 抢劫案件
C. 爆炸案件　　　　　　　　D. 有组织的暴力性案件

[**释疑**]　此规定为《刑法修正案(八)》新修订。(答案:ABCD)

# 考点 2　法定不适用死刑的情形

## 一、精讲

1. 犯罪时不满 18 周岁的人和审判时怀孕的妇女不适用死刑,注意两点:
(1)审判时怀孕的妇女如果发生人工流产或自然流产的,仍视同孕妇。
(2)"审判时",是指从司法机关立案侦查后发现犯罪嫌疑人时起直至刑事诉讼全过程。

2. 审判的时候已满 75 周岁的人,不适用死刑,但以特别残忍手段致人死亡的除外。这是《刑法修正案(八)》的新规定,要予以特别注意,审判时已满 75 周岁的人原则上不适用死刑,但如果以特别残忍手段致人死亡的,不完全排除适用死刑的可能性。

## 二、例题

1.《刑法》第 49 条规定:_____的时候不满 18 周岁的人和_____的时候怀孕的妇女,不适用死刑。_____的时候已满 75 周岁的人,不适用死刑,但_____的除外。下列哪一选项与题干空格内容相匹配?(2012年真题,单选)

A. 犯罪——审判——犯罪——故意犯罪致人死亡
B. 审判——审判——犯罪——故意犯罪致人死亡
C. 审判——审判——审判——以特别残忍手段致人死亡
D. 犯罪——审判——审判——以特别残忍手段致人死亡

[**释疑**]　第 49 条:"犯罪的时候不满十八周岁的人和审判的时候怀孕的妇女,不适用死刑。审判的时候已满七十五周岁的人,不适用死刑,但以特别残忍手段致人死亡的除外。"(答案:D)

2. 甲女因抢劫杀人被逮捕,羁押期间不慎摔伤流产。一月后,甲被提起公诉。对甲的处理,下列哪一选项是正确的?(2010年真题,单选)

A. 应当视为"审判时怀孕的妇女",不适用死刑
B. 应当视为"审判时怀孕的妇女",可适用死刑缓期二年执行
C. 不应当视为"审判时怀孕的妇女",因甲并非被强制流产
D. 不应当视为"审判时怀孕的妇女",因甲并非在审判时摔伤流产

[**释疑**]　(1)被羁押的孕妇,期间即使发生流产、分娩的,不问因何原因流产仍视为"审

判时怀孕的妇女"。

(2) B 项,适用"死缓"也是适用死刑。

(3) D 项,此处之"审判时",指被司法机关立案后监控时起。(答案:A)

## 考点 3  各刑种刑期的起算

**例题**

下列关于刑期起算的哪些选项是正确的?(2006 年真题,多选)

A. 管制、拘役的刑期,从判决执行之日起计算

B. 有期徒刑的刑期,从判决确定之日起计算

C. 死刑缓期执行减为有期徒刑的刑期,从死刑缓期执行期满之日起计算

D. 附加剥夺政治权利的刑期,从徒刑、拘役执行完毕之日或者从假释期满之日起计算

[释疑]  本题考查的是刑期起算的规定。

(1) A 项,第 41 条规定,管制的刑期,从判决执行之日起计算;第 44 条规定,拘役的刑期,从判决执行之日起计算。正确。

(2) B 项,第 47 条规定:"有期徒刑的刑期,从判决执行之日起计算……"从判决"确定"之日起计算,错误。

(3) C 项,第 51 条规定:"……死刑缓期执行减为有期徒刑的刑期,从死刑缓期执行期满之日起计算。"正确。

(4) D 项,第 58 条规定:"附加剥夺政治权利的刑期,从徒刑、拘役执行完毕之日或者从假释之日起计算……"D 项中的从假释"期满"之日起计算不符合从"假释之日"起计算的规定。错误。(答案:AC)

## 考点 4  管制刑的刑期和执行制度

**例题**

依据法律规定,在管制的判决和执行方面,下列说法哪些是不正确的?(2003 年真题,多选)

A. 管制的期限为 3 个月以上 2 年以下,数罪并罚时不得超过 3 年

B. 被判处管制的犯罪分子,依法实行社区矫正

C. 对于被判处管制的犯罪分子,在劳动中应酌量发给报酬

D. 管制的刑期从判决执行之日起计算,判决执行以前先行羁押的,羁押 1 日折抵刑期 1 日

[释疑]  本题考查法律关于刑种的规定。

(1) C 项,正确说法是:管制是"同工同酬";拘役是"劳动中应酌量发给报酬"。

(2) D 项,正确说法是:管制刑"羁押 1 日折抵刑期 2 日";对有期徒刑、拘役才是"羁押 1 日折抵刑期 1 日"。(答案:CD)

## 考点 5 剥夺政治权利刑的刑期及其刑期的起算

### 一、精讲

1. 第58条第1款规定:"附加剥夺政治权利的刑期,从徒刑、拘役执行完毕之日或者从假释之日起计算;剥夺政治权利的效力当然施用于主刑执行期间。"

2. 第55条第2款规定:"判处管制附加剥夺政治权利的,剥夺政治权利的期限与管制的期限相等,同时执行。"

### 二、例题

下列关于剥夺政治权利附加刑如何执行问题的说法哪些是正确的?(2005年真题,多选)

A. 被判处无期徒刑的罪犯,一般要剥夺政治权利,其刑期与主刑一样,同时执行

B. 被判处有期徒刑的罪犯,被剥夺政治权利的,从有期徒刑执行完毕或假释之日起,执行剥夺政治权利附加刑

C. 被判处拘役的罪犯,被剥夺政治权利的,从拘役执行完毕或假释之日起,执行剥夺政治权利附加刑

D. 被判处管制的罪犯,被剥夺政治权利的,附加刑与主刑刑期相等,同时执行

[释疑] 本题考查的是剥夺政治权利刑的执行。C项这一命题本身存在问题,因为根据第81条的规定,假释的对象为无期徒刑和有期徒刑的罪犯,被判处拘役刑的罪犯不属于假释的范围,不可能存在假释的问题。(答案:BCD)

## 考点 6 剥夺政治权利刑的附加适用

### 一、精讲

剥夺政治权利刑的附加适用分为"应当"附加适用和"可以"附加适用两种。

第56条第1款规定:"对于危害国家安全的犯罪分子应当附加剥夺政治权利;对于故意杀人、强奸、放火、爆炸、投毒、抢劫等严重破坏社会秩序的犯罪分子,可以附加剥夺政治权利。"附加剥夺政治权利的适用有三种情况:

(1) 判处死刑、无期徒刑的,应当附加剥夺政治权利。
(2) 对危害国家安全的犯罪分子,应当附加剥夺政治权利。
(3) 严重破坏社会秩序的犯罪分子(比如严重盗窃和伤害),可以附加剥夺政治权利。

### 二、例题

罗某犯放火罪应被判处10年有期徒刑,此时人民法院对罗某还可以适用的附加刑是:(2004年真题,单选)

A. 罚金　　　　B. 剥夺政治权利　　C. 没收财产　　　　D. 赔偿经济损失

[释疑] 可以附加剥夺政治权利的适用及其与财产刑适用的界限。罗某犯放火罪,属于严重破坏社会秩序的犯罪,可以附加剥夺政治权利。注意:

(1) 需"严重"的才适用附加剥夺政治权利,司法实务中,"严重"的尺度为至少被判处5

年以上有期徒刑。

（2）罚金和没收财产,属于财产刑,通常适用于贪利型犯罪,放火不属于贪利型犯罪,故凭猜测也可选中,应选 B 项。赔偿经济损失,不是附加刑,可被排除。（答案:B）

### 三、提示与预测

（1）附加剥夺政治权利刑的适用及其刑期计算是历来考试的重点,应当掌握。

（2）剥夺政治权利刑中止执行。如果罪犯在剥夺政治权利刑执行期间,再次犯罪被判刑入狱的,其剥夺政治权利刑自立案侦查被羁押之日起暂时中止执行,待刑满释放之日起继续执行剩余的剥夺政治权利刑刑期。比如,甲因为盗窃数额巨大被判处 5 年有期徒刑,附加剥夺政治权利刑 3 年,甲在刑满释放后执行剥夺政治权利刑刑期刚满 1 年,又因为犯抢劫罪被逮捕羁押,尚余 2 年剥夺政治权利刑没有执行,暂时中止执行,待抢劫罪服刑完毕,继续执行该 2 年剥夺政治权利刑。

## 考点 7 民事赔偿优先于财产刑执行

### 一、精讲

第 36 条第 2 款规定:"承担民事赔偿责任的犯罪分子,同时被判处罚金,其财产不足以全部支付的,或者被判处没收财产的,应当先承担对被害人的民事赔偿责任。"

### 二、例题

甲在一刑事附带民事诉讼中,被法院依法判处罚金并赔偿被害人损失,但甲的财产不足以全部支付罚金和承担民事赔偿。下列关于如何执行本案判决的表述哪一项是正确的?（2005年真题,单选）

A. 刑事优先,应当先执行罚金　　　　B. 应当先承担民事赔偿责任
C. 按比例执行罚金和承担民事赔偿责任　D. 承担民事赔偿责任后减免罚金

[释疑]　略。（答案:B）

## 考点 8 核准"死缓"犯执行死刑的条件

### 一、精讲

核准"死缓"犯执行死刑的条件是:在死刑缓期执行期间"故意犯罪"。

### 二、例题

孙某因犯抢劫罪被判处死刑,缓期 2 年执行。在死刑缓期执行期间,孙某在劳动时由于不服管理,违反规章制度,造成重大伤亡事故。对孙某应当如何处理?（2004年真题,单选）

A. 其所犯之罪查证属实的,由最高人民法院核准,立即执行死刑
B. 其所犯之罪查证属实的,由最高人民法院核准,2 年期满后执行死刑
C. 2 年期满后减为无期徒刑
D. 2 年期满后减为 25 年有期徒刑

[释疑] 死缓核准执行死刑的条件为"故意犯罪"。重大责任事故是过失犯罪,不构成核准执行死刑的事由。故 A、B 项错。D 项,需要重大立功表现,也不是正确选项。(答案:C)

## 考点 9 刑法规定"并处"没收财产或者罚金的,在判决中必须并处

### 一、精讲

刑法规定"并处"没收财产或者罚金的犯罪,人民法院在对犯罪分子判处主刑的同时,必须依法判处相应的财产刑。

### 二、例题

《刑法》分则某条文规定:犯 A 罪的,"处 3 年以下有期徒刑,并处或者单处罚金"。被告人犯 A 罪,但情节较轻,且其身无分文。对此,下列哪一项判决符合该条规定?(2002 年真题,单选)

A. 甲法官以被告人身无分文为由,判处有期徒刑 6 个月
B. 乙法官以被告人身无分文且犯罪情节较轻为由,判处有期徒刑 1 年,缓期 2 年执行
C. 丙法官以被告人的犯罪情节较轻为由,判处拘役 3 个月
D. 丁法官以被告人的犯罪情节较轻为由,判处罚金 1 000 元

[释疑] (1) 根据题中所给法条,判决中必须处罚金。符合该法条的判决只能有两种:① 判主刑并处罚金;② 单处罚金。A、B、C 三选项均未处罚金,故不符合"并处或者单处罚金"的规定。

(2) 依据最高人民法院《关于适用财产刑若干问题的规定》第 2 条规定:"人民法院应当根据犯罪情节,如违法所得数额、造成损失的大小等,并综合考虑犯罪分子缴纳罚金的能力,依法判处罚金。刑法没有明确规定罚金数额标准的,罚金的最低数额不能少于一千元……"第 4 条规定:"犯罪情节较轻,适用单处罚金不致再危害社会并具有下列情形之一的,可以依法单处罚金……" D 项符合法律和司法解释的规定:① 判处了罚金;② 数额不少于 1 000 元;③ 属于情节较轻可以单处罚金刑的情形。

(3) 判处罚金刑的依据主要是"法律规定"和"犯罪情节"。法律规定"并处"罚金的,指"必须并处"罚金,不问犯罪人经济状况。况且,罚金刑可以分期、延期缴纳,还可以执行其财产。故"身无分文"不是排除适用罚金刑的理由。(答案:D)

## 考点 10 没收财产刑的适用

### 一、精讲

1. 没收财产刑针对的是犯罪人个人所有的合法财产,对违法所得、犯罪工具和违禁品,应予追缴,但不是没收财产刑的范围,适用的是第 64 条的规定。

2. 没收全部财产的,应当对犯罪分子个人及其扶养的家属保留必需的生活费用。在判处没收财产的时候,不得没收属于犯罪分子家属所有或者应有的财产。

3. 没收财产以前犯罪分子所负的正当债务,需要以没收的财产偿还的,经债权人请求,应当偿还。

## 二、例题

1. 《刑法》第64条前段规定:"犯罪分子违法所得的一切财物,应当予以追缴或者责令退赔"。关于该规定的适用,下列哪一选项是正确的?(2016年真题,单选)

A. 甲以赌博为业,但手气欠佳输掉200万元。输掉的200万元属于赌资,应责令甲全额退赔

B. 乙挪用公款炒股获利500万元用于购买房产(案发时贬值为300万元),应责令乙退赔500万元

C. 丙向国家工作人员李某行贿100万元。除向李某追缴100万元外,还应责令丙退赔100万元

D. 丁与王某共同窃取他人财物30万元。因二人均应对30万元负责,故应向二人各追缴30万元

[释疑] B项,根据司法解释,挪用公款获利属于违法所得应当予以没收、追缴,追缴金额以挪用公款违法所得为准。

A项,赌资属于用于犯罪之物,应当从持有人处没收、追缴。甲输掉的赌资已经不在甲占有下,应当从赢家处追缴。C项与A项同理,贿赂物属于用于犯罪之物应从占有人处追缴。退赔限于违法所得或造成损失的场合。D项应按照个人实际违法所得追缴。(答案:B)

2. 关于没收财产,下列哪些选项是错误的?(2010年真题,多选)

A. 甲受贿100万元,巨额财产来源不明200万元,甲被判处死刑并处没收财产。甲被没收财产的总额至少应为300万元

B. 甲抢劫他人汽车被判处死刑并处没收财产。该汽车应上缴国库

C. 甲因走私罪被判处无期徒刑并处没收财产。此前所负赌债,经债权人请求应予偿还

D. 甲因受贿罪被判有期徒刑10年并处没收财产30万元,因妨害清算罪被判有期徒刑3年并处罚金2万元。没收财产和罚金应当合并执行

[释疑] (1) A项,第59条规定,没收财产刑的范围是犯罪人的合法财产,对于违法所得,应予追缴,但不是没收财产刑的对象。

(2) B项,被害人所有财物,应返还。

(3) C项,第60条规定,需"正当债务",赌债不是正当债务。

(4) D项,最高人民法院《关于适用财产刑若干问题的规定》第3条规定,没收部分财产同时并科罚金的,相加执行。(答案:ABC)

3. 关于没收财产,下列哪一选项是正确的?(2009年真题,单选)

A. 甲抢劫数额巨大,对其可以判处罚金1万元并处没收财产

B. 乙犯诈骗罪被判处没收全部财产时,法院对乙未满18周岁的子女应当保留必需的生活费用,对乙的成年家属不必考虑

C. 丙盗窃珍贵文物情节严重,即便其没有可供执行的财产,亦应当判处没收财产

D. 丁为治病向李某借款5万元,1年后,丁因犯罪被判处没收财产。无论李某是否提出请求,一旦法院发现该债务存在,就应当判决以没收的财产偿还

[释疑] (1) A项,第263条规定:"……并处罚金或者没收财产",二者选择其一。

(2) B项,第59条规定,没收全部财产的,应当对犯罪分子个人及其扶养的家属保留必需

的生活费用。既包括未成年家属,也包括成年家属。

(3) C项,盗窃珍贵文物,情节严重的,第264条明文规定处无期徒刑或者死刑,并处没收财产。

(4) D项,第60条规定,没收财产以前犯罪分子所负的正当债务,需要以没收的财产偿还的,经债权人请求,应当偿还。(答案:C)

## 考点 11 附加刑的执行

### 一、精讲

数罪中有判处附加刑的,附加刑仍须执行,其中附加刑种类相同的,合并执行,种类不同的,分别执行。

### 二、例题

1. 判决宣告以前一人犯数罪,数罪中有判处(1)和(2)的,执行(3);数罪中所判处的(4),仍须执行。将下列哪些选项内容填入以上相应括号内是正确的?(2016年真题,多选)

A. (1)死刑 (2)有期徒刑 (3)死刑 (4)罚金
B. (1)无期徒刑 (2)拘役 (3)无期徒刑 (4)没收财产
C. (1)有期徒刑 (2)拘役 (3)有期徒刑 (4)附加刑
D. (1)拘役 (2)管制 (3)拘役 (4)剥夺政治权利

[释疑] A项,判处(1)死刑、(2)有期徒刑的,执行(3)死刑,(4)罚金附加刑仍须执行;B项,判处(1)无期徒刑、(2)拘役的,执行(3)无期徒刑,(4)没收财产附加刑仍须执行;C项,判处(1)有期徒刑、(2)拘役的,执行(3)有期徒刑,(4)附加刑仍须执行。

D项错。判处(1)拘役、(2)管制的,并科或分别执行原则,(3)拘役执行完毕,还要执行管制。拘役不能吸收管制刑。(答案:ABC)

2. 甲因走私武器被判处15年有期徒刑,剥夺政治权利5年;因组织他人偷越国境被判处14年有期徒刑,并处没收财产5万元,剥夺政治权利3年;因骗取出口退税被判处10年有期徒刑,并处罚金20万元。关于数罪并罚,下列哪一选项符合《刑法》规定?(2012年真题,单选)

A. 决定判处甲有期徒刑35年,没收财产25万元,剥夺政治权利8年
B. 决定判处甲有期徒刑20年,罚金25万元,剥夺政治权利8年
C. 决定判处甲有期徒刑25年,没收财产5万元,罚金20万元,剥夺政治权利6年
D. 决定判处甲有期徒刑23年,没收财产5万元,罚金20万元,剥夺政治权利8年

[释疑] 第69条规定,有期徒刑总和刑期不满35年的,最高不能超过20年,总和刑期在35年以上的,最高不能超过25年。A项超过25年,错。B项没收财产5万与罚金20万元合并为罚金25万元,错。附加刑种类不同应"分别执行"。C项剥夺政治权利6年,既不是限制加重(超5年)也不是并科。D项附加刑种类相同的"合并执行"一般指相加(并科)执行,D项对。(答案:D)

## 考点 12  最高人民法院和最高人民检察院核准的事项

### 一、精讲

(1) 需最高人民法院核准的事项有三项:① 死刑复核案件;② 酌情减轻处罚核准;③ 破格假释核准。

(2) 需最高人民检察院核准的事项只有一项,即超过了法定的最长追诉时效,犯罪经过20年以后,仍认为必须追诉的案件。

### 二、例题

1. 犯罪分子没有法定减轻处罚情节,但根据案件特殊情况,经_____核准,可在法定刑以下判处刑罚;被判处无期徒刑的犯人,如有特殊情况,经_____核准,实际执行未达13年的,可以假释;在死刑缓期执行期间,如故意犯罪,查证属实,由_____核准,执行死刑;犯罪已经经过20年,如果认为必须追诉的,须报_____核准。(2012年真题,单选)

下列哪一选项与题干空格内容相匹配?
A. 最高人民法院—最高人民法院—最高人民法院—最高人民法院
B. 最高人民法院—最高人民检察院—最高人民法院—最高人民法院
C. 最高人民法院—最高人民检察院—最高人民法院—最高人民检察院
D. 最高人民法院—最高人民法院—最高人民法院—最高人民检察院

[释疑] (1) 第63条规定,犯罪分子虽然不具有本法规定的减轻处罚情节,但是根据案件的特殊情况,经最高人民法院核准,也可以在法定刑以下判处刑罚。(2) 第81条规定,被判处无期徒刑的犯罪分子,实际执行13年以上……可以假释。如果有特殊情况,经最高法核准,可以不受上述执行刑期的限制。(3) 第50条规定,判处死刑缓期执行的,在死刑缓期执行期间……如果故意犯罪,查证属实的,由最高人民法院核准,执行死刑。(4) 第87条规定,如果20年以后认为必须追诉的,须报请最高人民检察院核准。(答案:D)

2. 下列哪些情形依法须报经最高人民法院核准?(2008年缓考真题,多选)
A. 判处死刑立即执行的死刑复核案件
B. 犯罪分子没有法定减轻处罚情节,但可以在法定刑以下判处刑罚的案件
C. 因有特殊情况,可以不受实际执行刑期的限制决定假释的案件
D. 追诉时效经过20年以后,仍有必要追诉的案件

[释疑] D项为最高人民检察院核准事项。(答案:ABC)

## 考点 13  死缓犯、管制犯的执行,缓刑、假释的考验

### 一、精讲

1. 被判处有期徒刑、无期徒刑的犯罪分子,在监狱或者其他执行场所执行。
2. 被判处拘役的犯罪分子,由公安机关就近执行。
3. 被判处管制的犯罪分子,依法实行社区矫正。
4. 财产刑由法院执行。

5. 剥夺政治权利刑由公安机关执行。

6. 根据《刑法修正案(八)》的新规定,缓刑和假释的考察机关不再交由公安机关,而是依法实行社区矫正。

7. 《刑法修正案(九)》第 2 条:"将刑法第 50 条第一款修改为:'判处死刑缓期执行的,在死刑缓期执行期间,如果没有故意犯罪,二年期满以后,减为无期徒刑;如果确有重大立功表现,二年期满以后,减为二十五年有期徒刑;如果故意犯罪,情节恶劣的,报请最高人民法院核准后执行死刑;对于故意犯罪未执行死刑的,死刑缓期执行的期间重新计算,并报最高人民法院备案。'"

8. 《刑法修正案(九)》第 3 条:"……由于遭遇不能抗拒的灾祸等原因缴纳确实有困难的,经人民法院裁定,可以延期缴纳、酌情减少或者免除。"

## 二、例题

1. 关于缓刑的适用,下列哪些选项是正确的?(2015 年真题,多选)

A. 甲犯重婚罪和虐待罪,数罪并罚后也可能适用缓刑

B. 乙犯遗弃罪被判处管制 1 年,即使犯罪情节轻微,也不能宣告缓刑

C. 丙犯绑架罪但有立功情节,即使该罪的法定最低刑为 5 年有期徒刑,也可能适用缓刑

D. 丁 17 岁时因犯放火罪被判处有期徒刑 5 年,23 岁时又犯伪证罪,仍有可能适用缓刑

[释疑] A 项,数罪并罚的刑期也可能在 3 年以下,若同时符合缓刑的其他条件,仍可适用缓刑。B 项,管制无需关押,并无缓刑之必要。C 项,注意法定刑与宣告刑的区别。因立功这一法定从宽情节可能导致减轻处罚,宣告刑仍有可能在 3 年以下,若同时符合缓刑的其他条件,仍可适用缓刑。D 项,虽然累犯不适用缓刑,但因丁犯前一罪时未满 18 周岁,不构成累犯,若同时符合缓刑的其他条件,仍可适用缓刑。(答案:ABCD)

2. 被宣告_____的犯罪分子,在_____考验期内犯新罪或者发现判决宣告以前还有其他罪没有判决的,应当撤销_____,对新犯的罪或者新发现的罪作出判决,把前罪和后罪所判处的刑罚,依照《刑法》第 69 条的规定,决定执行的刑罚。

关于三个空格的填充内容,下列哪一选项是正确的?(2013 年真题,单选)

A. 均应填"假释"　　　　　　B. 均应填"缓刑"
C. 既可均填"假释",也可均填"缓刑"　　D. 既不能均填"假释",也不能均填"缓刑"

[释疑] 缓刑假释题。第 77 条规定,被宣告缓刑的犯罪分子,在缓刑考验期限内犯新罪或者发现判决宣告以前还有其他罪没有判决的,应当撤销缓刑,依第 69 条规定并罚。第 86 条规定,被假释的犯罪分子,在假释考验期限内犯新罪,应当撤销假释……依第 71 条规定并罚。(答案:B)

3. 关于缓刑的适用,下列哪一选项是错误的?(2011 年真题,单选)

A. 被宣告缓刑的犯罪分子,在考验期内再犯罪的,应当数罪并罚,且不得再次宣告缓刑

B. 对于被宣告缓刑的犯罪分子,可以同时禁止其从事特定活动,进入特定区域、场所,接触特定的人

C. 对于黑社会性质组织的首要分子,不得适用缓刑

D. 被宣告缓刑的犯罪分子,在考验期内由公安机关考察,所在单位或者基层组织予以配合

[释疑] 《刑法修正案(八)》的新规定:对缓刑、管制、假释犯"实行社区矫正",D项错。(答案:D)

4. 被告人王某故意杀人案经某市中级法院审理,认为案件事实清楚,证据确实、充分。请根据下列条件,回答(1)—(3)题。(2010年真题,不定选)

(1) 如王某被判处死刑立即执行,下列选项正确的是:
A. 核准死刑立即执行的机关是最高法院
B. 签发死刑立即执行命令的是最高法院审判委员会
C. 王某由作出一审判决的法院执行
D. 王某由法院交由监狱或指定的羁押场所执行

[释疑] 死刑的核准和执行机关。(答案:AC)

(2) 如王某被判处无期徒刑,附加剥夺政治权利,下列选项正确的是:
A. 无期徒刑的执行机关是监狱
B. 剥夺政治权利的执行机关是公安机关
C. 对王某应当剥夺政治权利终身
D. 如王某减刑为有期徒刑,剥夺政治权利的期限应改为15年

[释疑] (1) A项,第46条规定:"被判处有期徒刑、无期徒刑的犯罪分子,在监狱或者其他执行场所执行……"

(2) C、D项,第57条规定:"对于被判处死刑、无期徒刑的犯罪分子,应当剥夺政治权利终身。在死刑缓期执行减为有期徒刑或者无期徒刑减为有期徒刑的时候,应当把附加剥夺政治权利的期限改为三年以上十年以下。"

(3) B项,第58条规定:"……被剥夺政治权利的犯罪分子,在执行期间,应当遵守法律、行政法规和国务院公安部门有关监督管理的规定……"(答案:ABC)

(3) 如王某被并处没收个人财产,关于本案财产刑的执行及赔偿、债务偿还,下列说法正确的是:
A. 财产刑由公安机关执行
B. 王某应先履行对提起附带民事诉讼的被害人的民事赔偿责任
C. 案外人对执行标的物提出异议的,法院应当裁定中止执行
D. 王某在案发前所负所有债务,经债权人请求先行予以偿还

[释疑] 第36条第2款规定:"承担民事赔偿责任的犯罪分子,同时被判处罚金,其财产不足以全部支付的……应当先承担对被害人的民事赔偿责任。"A项,最高人民法院《关于适用财产刑若干问题的规定》第10条第1款规定:"财产刑由第一审人民法院执行。"D项应为"所负的正当债务……"(第60条)。(答案:B)

# 考点 14 犯罪金额的计算

## 一、精讲

1. 跨年龄段的犯罪:只能计算到责任年龄的犯罪金额。
2. 犯同种罪的,犯罪金额累计计算。

## 二、例题

关于犯罪数额的计算,下列哪一选项是正确的?(2009年真题,单选)

A. 甲15周岁时携带凶器抢夺他人财物价值3万元;17周岁时抢劫他人财物价值2万元。甲的犯罪数额是5万元

B. 乙收受贿赂15万元,将其中3万元作为单位招待费使用。乙的犯罪数额是12万元

C. 丙第一次诈骗6万元,第二次诈骗12万元,但用其中6万元补偿了第一次诈骗行为被害人的全部损失。丙的犯罪数额是6万元

D. 丁盗窃他人价值6000元的手机,在销赃时夸大手机功能将其以1万元卖出。丁除成立盗窃罪外,还成立诈骗罪,诈骗数额是1万元

[释疑] （1）A项,甲15岁抢劫,17岁抢劫都要追究刑事责任,数次犯同种罪一并审理时,累计犯罪数额。

（2）B项,乙受贿数额15万元,不问受贿款的用途,均按15万元计算数额。

（3）C项,一旦两次诈骗均成立犯罪,应为累计18万元。

（4）D项,盗窃后的销赃即使虚构骗局将赃物卖掉,不再另定诈骗罪,是盗窃罪事后不可罚的行为,但如果差额巨大,对超出部分不排除成立诈骗罪,本题诈骗数额是1万元,显然错误。(答案:A)

## 考点 15 职业禁止

### 一、精讲

《刑法修正案(九)》第1条规定:"在刑法第三十七条后增加一条,作为第三十七条之一:'因利用职业便利实施犯罪,或者实施违背职业要求的特定义务的犯罪被判处刑罚的,人民法院可以根据犯罪情况和预防再犯罪的需要,禁止其自刑罚执行完毕之日或者假释之日起从事相关职业,期限为三年至五年。被禁止从事相关职业的人违反人民法院依照前款规定作出的决定的,由公安机关依法给予处罚;情节严重的,依照本法第三百一十三条的规定(拒不执行判决、裁定罪)定罪处罚。其他法律、行政法规对其从事相关职业另有禁止或者限制性规定的,从其规定。'"

### 二、例题

关于职业禁止,下列哪一选项是正确的?(2016年真题,单选)

A. 利用职务上的便利实施犯罪的,不一定都属于"利用职业便利"实施犯罪

B. 行为人违反职业禁止的决定,情节严重的,应以拒不执行判决、裁定罪定罪处罚

C. 判处有期徒刑和附加剥夺政治权利,同时决定职业禁止的,在有期徒刑与剥夺政治权利均执行完毕后,才能执行职业禁止

D. 职业禁止的期限均为3年至5年

[释疑] B项,根据第37条之一第2款规定,被禁止从事相关职业的人违反人民法院作出的职业禁止的决定,情节严重的,应依照第313条(拒不执行判决、裁定罪)定罪处罚。

A项,利用职业便利包含利用职务上便利,利用职务上便利都属于利用职业便利。C项,

根据第37条之一规定,禁止其自刑罚执行完毕之日或"假释之日"起从事相关职业。D项,3年至5年是相对确定期限,法官可在3年以上5年以下裁量一个职业禁止的期限,比如4年。(答案:B)

# 第十章 刑罚的裁量

## 考点 1 刑罚执行期间"漏罪"和"新罪"在数罪并罚原则方法和效果上的差异

### 一、精讲

(1) 方法差异:① "漏罪""先并后减";② "新罪""先减后并"。

(2) 效果差异:① "漏罪""先并后减"的方法,其判决宣告的刑期与实际执行的刑期一致,均不可能突破法定数罪并罚刑期的限制(拘役不超过1年;管制不超过3年;有期徒刑总和刑期不满35年的,最高不超过20年;有期徒刑总和在35年以上的,最高不能超过25年);② "新罪""先减后并"方法则有可能使"实际执行的刑期"突破法定数罪并罚刑期的限制。因为用"先减后并",将罪犯"已经执行的刑期"在合并之前先行减去,可能导致宣告的刑期与实际执行的刑期不一致。罪犯实际执行的刑期实际上 = 宣告的刑期 + 被先行减去的已经执行的刑期。

### 二、例题

1. 关于数罪并罚,下列哪些选项是符合《刑法》规定的?(2011年真题,多选)

A. 甲在判决宣告以前犯有抢劫罪、盗窃罪与贩卖毒品罪,分别被判处13年、8年、15年有期徒刑。法院数罪并罚决定执行18年有期徒刑

B. 乙犯抢劫罪、盗窃罪分别被判处13年、6年有期徒刑,数罪并罚决定执行18年有期徒刑。在执行5年后,发现乙在判决宣告前还犯有贩卖毒品罪,应当判处15年有期徒刑。法院数罪并罚决定应当执行19年有期徒刑,已经执行的刑期,计算在新判决决定的刑期之内

C. 丙犯抢劫罪、盗窃罪分别被判处13年、8年有期徒刑,数罪并罚决定执行18年有期徒刑。在执行5年后,丙又犯故意伤害罪,被判处15年有期徒刑。法院在15年以上20年以下决定应当判处16年有期徒刑,已经执行的刑期,不计算在新判决决定的刑期之内

D. 丁在判决宣告前犯有3罪,被分别并处罚金3万元、7万元和没收全部财产。法院不仅要合并执行罚金10万元,而且要没收全部财产

[释疑] A项,按照《刑法修正案(八)》修订后的第69条规定,限制加重原则:总和刑期超过35年的,应当在25年以下、数刑中最高刑15年以上决定执行的刑罚。决定执行18年虽然偏轻但没有超出限度。

B项,刑罚执行期间发现漏罪的并罚,先并后减,原判决刑期18年,"漏罪"的15年,总和刑期33年,在20年以下18年以上决定执行19年,已经执行的5年依然有效。实际剩余14年。

C项,刑罚执行期间犯新罪的并罚,已经执行5年,原判决剩余的刑期13年,新罪的15年,总和刑期28年,在20年以下15年以上决定执行16年,符合法律。

D项,《刑法修正案(八)》:并处数个附加刑,种类相同的合并执行,种类不同的分别执行。(答案:ABCD)

2. 关于数罪并罚,下列哪一选项是错误的?(2007年真题,单选)
A. 甲在刑罚执行完毕以前发现漏罪的,应当按照"先并后减"的原则实行数罪并罚
B. 乙在刑罚执行完毕以前再犯新罪的,应当按照"先减后并"的原则实行数罪并罚
C. 丙在刑罚执行完毕以前再犯新罪,同时又发现漏罪的,应当先将漏罪与原判决的罪实行"先并后减";再对新罪与前一罪并罚后尚未执行完毕的刑期实行"先减后并"
D. "先减后并"在一般情况下使犯罪人受到的实际处罚比"先并后减"轻

[释疑] 本题考查刑罚执行期间"漏罪"与"新罪"数罪并罚原则的适用。(答案:D)

### 三、提示与预测

限制加重原则是常见考点,尤其是刑罚执行期间犯新罪和发现漏罪的并罚方法的差异,应重点掌握。

## 考点 2 判决宣告前一人犯数罪的并罚

### 一、精讲

《刑法修正案(九)》第4条将第69条修改为:"判决宣告以前一人犯数罪的,除判处死刑和无期徒刑的以外,应当在总和刑期以下、数刑中最高刑期以上,酌情决定执行的刑期,但是管制最高不能超过三年,拘役最高不能超过一年,有期徒刑总和刑期不满三十五年的,最高不能超过二十年,总和刑期在三十五年以上的,最高不能超过二十五年。数罪中有判处有期徒刑和拘役的,执行有期徒刑。数罪中有判处有期徒刑和管制,或者拘役和管制的,有期徒刑、拘役执行完毕后,管制仍须执行。数罪中有判处附加刑的,附加刑仍须执行,其中附加刑种类相同的,合并执行,种类不同的,分别执行。"

注意:有期徒刑吸收拘役,但有期徒刑、拘役(剥夺自由刑)不能吸收管制(限制自由刑)。

### 二、例题

1. 判决宣告以前一人犯数罪,数罪中有判处(1)和(2)的,执行(3);数罪中所判处的(4),仍须执行。将下列哪些选项内容填入以上相应括号内是正确的?(2016年真题,多选)
A. (1)死刑 (2)有期徒刑 (3)死刑 (4)罚金
B. (1)无期徒刑 (2)拘役 (3)无期徒刑 (4)没收财产
C. (1)有期徒刑 (2)拘役 (3)有期徒刑 (4)附加刑
D. (1)拘役 (2)管制 (3)拘役 (4)剥夺政治权利

[释疑] A项,判处(1)死刑、(2)有期徒刑的,执行(3)死刑,(4)罚金附加刑仍须执行;B项,判处(1)无期徒刑、(2)拘役的,执行(3)无期徒刑,(4)没收财产附加刑仍须执行;C项,判处(1)有期徒刑、(2)拘役的,执行(3)有期徒刑,(4)附加刑仍须执行。

D项错。判处(1)拘役、(2)管制的,并科或分别执行原则,(3)拘役执行完毕,还要执行管制。拘役不能吸收管制刑。(答案:ABC)

## 考点 3 缓刑适用的条件

### 一、精讲

第72条第1款规定:"对于被判处拘役、三年以下有期徒刑的犯罪分子,同时符合下列条件的,可以宣告缓刑,对其中不满十八周岁的人、怀孕的妇女和已满七十五周岁的人,应当宣告缓刑:(一)犯罪情节较轻;(二)有悔罪表现;(三)没有再犯罪的危险;(四)宣告缓刑对所居住社区没有重大不良影响。"

第74条规定:"对于累犯和犯罪集团的首要分子,不适用缓刑。"[《刑法修正案(八)》]

注意以下要点:

(1) 被判处3年以下有期徒刑指的是"宣告刑",而不是法定刑。

(2) 没有限定是一罪还是数罪。数罪并罚但合并宣告刑为3年以下有期徒刑的,也可适用缓刑。

(3) 法律只明文规定"对于累犯和犯罪集团的首要分子,不适用缓刑",没有对某种犯罪不能适用缓刑的限定。

(4) 对于被判处拘役、3年以下有期徒刑,同时符合法定条件的不满18周岁的人、怀孕的妇女和已满75周岁的人,应当宣告缓刑。

(5) 对于累犯和犯罪集团的首要分子,不适用缓刑。

(6)《刑法修正案(八)》新增的"禁止令"规定:宣告缓刑,可以根据犯罪情况,同时禁止犯罪分子在缓刑考验期限内从事特定活动,进入特定区域、场所,接触特定的人。

### 二、例题

1. 关于禁止令,下列哪些选项是错误的?(2012年真题,多选)

A. 甲因盗掘古墓葬罪被判刑7年,在执行5年后被假释,法院裁定假释时,可对甲宣告禁止令

B. 乙犯合同诈骗罪被判处缓刑,因附带民事赔偿义务尚未履行,法院可在禁止令中禁止其进入高档饭店消费

C. 丙因在公共厕所猥亵儿童被判处缓刑,法院可同时宣告禁止其进入公共厕所

D. 丁被判处管制,同时被禁止接触同案犯,禁止令的期限应从管制执行完毕之日起计算

[释疑] A项错误,对假释犯没有禁止令。B项适用禁止令正确,最高人民法院等《关于对判处管制、宣告缓刑的犯罪分子适用禁止令有关问题的规定(试行)》第3条规定:"……(四)附带民事赔偿义务未履行完毕,违法所得未追缴、退赔到位,或者罚金尚未足额缴纳的,禁止从事高消费活动"。C项有两点不妥:(1)公厕只是偶然地侵犯儿童场所,与猥亵儿童没有必然联系,没有预防犯罪价值。不似幼儿园、学校。(2)生活必须去的场所,不可以禁止。如同不能禁止饮食。D项《关于对判处管制、宣告缓刑的犯罪分子适用禁止令有关问题的规定(试行)》第6条第3款规定:"禁止令的执行期限,从管制、缓刑执行之日起计算。"(答案:ACD)

2. 关于缓刑,下列哪一选项是正确的?(2008年缓考真题,单选)

A. 对累犯以及杀人、伤害等暴力性犯罪,不得宣告缓刑

B. 被宣告缓刑的犯罪分子,在缓刑考验期内,只要没有再犯新罪的,缓刑考验期满,原判刑罚就不再执行

C. 缓刑考验期限,从判决确定之日起计算
D. 被宣告缓刑的犯罪分子,在缓刑考验期内犯新罪的,应当撤销缓刑,将前罪和后罪所判处的刑罚,依照先减后并的方法决定应当执行的刑罚

[释疑] （1）A项,刑法没有禁止对暴力犯适用缓刑。
（2）B项,"再犯新罪"只是撤销缓刑的事由之一,另还有被发现"漏罪",违法、违规情节严重的,也是撤销缓刑事由。
（3）D项,缓刑考验期内数罪并罚属于"判决宣告前"的数罪并罚,不存在"减"去已执行刑期的问题。（答案:C）

## 考点 4 自首、立功的认定

### 一、精讲

1. 普通自首的要件
（1）自动投案。要点:自动投案后又逃跑的,不成立自首;仅因形迹可疑受到盘查,即交代有关犯罪事实的,视为自动投案;犯罪既遂后,匿名把赃款、赃物寄给司法机关,人没有自动投案的,不成立自首;或者虽然署名,但拒不到案,甚至向司法机关挑战的,不是自动投案。
（2）如实供述自己的罪行。注意在共同犯罪的场合,如实供述的内容包括同案犯。
2. 特殊自首的要件
（1）属于在案的在押人员（已经到案人员）。
（2）供述不同种罪行。
3. 自首与立功的区别
（1）"交代本人罪行"是自首,"揭发他人罪行"是立功。但是在交代本人与他人共同犯罪的场合,虽然牵连出同案犯,仍然属于如实交代本人罪行,不成立立功。
（2）自首的效力仅及于自首罪行,立功的效力可作用于犯罪人的全部罪行。

### 二、例题

1. 下列哪一选项成立自首?（2015年真题,单选）
A. 甲挪用公款后主动向单位领导承认了全部犯罪事实,并请求单位领导不要将自己移送司法机关
B. 乙涉嫌贪污被检察院讯问时,如实供述将该笔公款分给了国有单位职工,辩称其行为不是贪污
C. 丙参与共同盗窃后,主动投案并供述其参与盗窃的具体情况。后查明,系因分赃太少、得知举报有奖才投案
D. 丁因纠纷致程某轻伤后,报警说自己伤人了。报警后见程某举拳冲过来,丁以暴力致其死亡,并逃离现场

[释疑] A项,可以向单位领导自首,但需有接受司法机关处置的意思。B项,"涉嫌贪污被检察院讯问",不符合"自动投案"。C项,自动投案的动机对自首的认定并无影响。D项,报警虽然也是自动投案的方式之一,但之后又针对被害人实施了更为严重的犯罪并逃离,不能认定自动投案。（答案:C）

2. 甲(民营企业销售经理)因合同诈骗罪被捕。在侦查期间,甲主动供述曾向国家工作人员乙行贿9万元,司法机关遂对乙进行追诉。后查明,甲的行为属于单位行贿,行贿数额尚未达到单位行贿罪的定罪标准。甲的主动供述构成下列哪一量刑情节?(2014年真题,单选)
A. 坦白　　　　B. 立功　　　　C. 自首　　　　D. 准自首
[释疑]　(1)因甲交代给乙9万元,乙受贿罪行案发,属于揭发他人犯罪行为查证属实,是立功。甲给乙9万元的行为因不成立犯罪,故甲乙不是贿赂同案犯,不影响甲立功成立,B项正确。(2)假如甲成立行贿罪则因是乙同案犯,不符合揭发"他人罪行"的条件,不是立功,则在行贿罪上可成立"准自首",即主动供述司法机关尚未掌握的不同种罪,以自首论(第67条第2款)。但甲无罪,故准自首无从谈起,D项错。A、C项则明显不成立。(答案:B)

3. 下列哪些选项不构成立功?(2012年真题,多选)
A. 甲是唯一知晓同案犯裴某手机号的人,其主动供述裴某手机号,侦查机关据此采用技术侦查手段将裴某抓获
B. 乙因购买境外人士赵某的海洛因被抓获后,按司法机关要求向赵某发短信"报平安",并表示还要购买毒品,赵某因此未离境,等待乙时被抓获
C. 丙被抓获后,通过律师转告其父想办法协助司法机关抓捕同案犯,丙父最终找到同案犯藏匿地点,协助侦查机关将其抓获
D. 丁被抓获后,向侦查机关提供同案犯的体貌特征,同案犯由此被抓获
[释疑]　A、D项不是立功,B项是立功,依据见最高人民法院《关于处理自首和立功若干具体问题的意见》(以下简称最高法"自首立功意见"):"五、……犯罪分子具有下列行为之一,使司法机关抓获其他犯罪嫌疑人的,属于《解释》第五条规定的'协助司法机关抓捕其他犯罪嫌疑人':1. 按照司法机关的安排,以打电话、发信息等方式将其他犯罪嫌疑人(包括同案犯)约至指定地点的;2. 按照司法机关的安排,当场指认、辨认其他犯罪嫌疑人(包括同案犯)的;3. 带领侦查人员抓获其他犯罪嫌疑人(包括同案犯)的;4. 提供司法机关尚未掌握的其他案件犯罪嫌疑人的联络方式、藏匿地址,等等。犯罪分子提供同案犯姓名、住址、体貌特征等基本情况,或者提供犯罪前、犯罪中掌握、使用的同案犯联络方式、藏匿地址,司法机关据此抓捕同案犯的,不能认定为协助司法机关抓捕同案犯。"
C项立功限于"本人",C项不是立功依据。见最高法"自首立功意见":"四、……犯罪分子亲友为使犯罪分子'立功',向司法机关提供他人犯罪线索、协助抓捕犯罪嫌疑人的,不能认定为犯罪分子有立功表现。"B项应司法机关要求"钓"同案犯是立功,参见最高法"自首立功意见"。(答案:ACD)

4. 关于自首中的"如实供述",下列哪些选项是错误的?(2009年真题,多选)
A. 甲自动投案后,如实交代自己的杀人行为,但拒绝说明凶器藏匿地点的,不成立自首
B. 乙犯有故意伤害罪、抢夺罪,自动投案后,仅如实供述抢夺行为,对伤害行为一直主张自己是正当防卫的,仍然可以成立自首
C. 丙虽未自动投案,但办案机关所掌握线索针对的贪污事实不成立,在此范围外,丙交代贪污罪行的,应当成立自首
D. 丁自动投案并如实供述自己的罪行后又翻供,但在二审判决前又如实供述的,应当认定为自首
[释疑]　(1)A项,《关于处理自首和立功具体应用法律若干问题的解释》:如实供述自

己的罪行,指"如实交代自己的主要犯罪事实"。不必苛求细节属实。

(2) B 项,被告人对行为性质的辩解不影响自首的成立。

(3) C 项,《关于办理职务犯罪案件认定自首、立功等量刑情节若干问题的意见》第 1 条规定:没有自动投案,但办案机关所掌握线索针对的犯罪事实不成立,在此范围外犯罪分子交代同种罪行的,仍以自首论。

(4) D 项,《关于处理自首和立功具体应用法律若干问题的解释》第 1 条规定:"犯罪嫌疑人自动投案并如实供述自己的罪行后又翻供的,不能认定为自首;但在一审判决前又能如实供述的,应当认定为自首。"(答案:AD)

## 考点 5　协助抓获犯罪人(包括同案犯)成立立功

### 一、精讲

在案人犯供述司法机关未掌握的不同种罪行,以自首论;协助抓获犯罪人(包括同案犯的)是立功,协助抓获罪该处无期徒刑以上刑罚之重大案犯的,是重大立功。

### 二、例题

甲和乙共同入户抢劫并致人死亡后分头逃跑,后甲因犯强奸罪被抓获归案。在羁押期间,甲向公安人员供述了自己和乙共同所犯的抢劫罪行,并提供了乙因犯故意伤害罪被关押在另一城市的看守所的有关情况,使乙所犯的抢劫罪受到刑事追究。对于本案,下列哪一选项是正确的?(2006 年真题,单选)

A. 甲的行为属于坦白,但不成立特别自首
B. 甲的行为成立特别自首,但不成立立功
C. 甲的行为成立特别自首和立功,但不成立重大立功
D. 甲的行为成立特别自首和重大立功

[释疑]　(1) 甲因强奸罪被依法采取强制措施期间主动供述不同种罪行(抢劫罪行),成立特别自首,排除 A 项。

(2) 甲提供了同案犯乙因犯故意伤害罪被关押在另一城市的看守所的情况,使乙所犯的抢劫罪受到刑事追究,属于协助抓获同案犯的立功表现,排除 B 项。

(3) 又因为乙是抢劫结果加重犯,可能被判处无期徒刑以上刑罚,甲属于重大立功表现,排除 C 项。(答案:D)

## 考点 6　一般立功与重大立功的区别以及自首、立功和坦白的处罚原则

### 一、精讲

1. 一般立功与重大立功的区别取决于案件是否"重大"

(1) 应当处无期徒刑以上的案犯、案件等。

(2) 在省级以上范围有重大影响的案件,具体参见最高人民法院《关于处理自首和立功具体应用法律若干问题的解释》。

2. 自首、立功的处罚原则

（1）对自首犯，可以从轻或者减轻处罚。其中，犯罪较轻的，可以免除处罚。

（2）有立功表现的，可以从轻或者减轻处罚；有重大立功表现的，可以减轻或者免除处罚。

（3）对不成立自首，但如实供述自己罪行的(坦白)犯罪嫌疑人，可以从轻处罚；因其如实供述自己罪行，避免特别严重后果发生的，可以减轻处罚[《刑法修正案(八)》]。

## 二、例题

甲因盗窃罪被捕，在侦查人员对其审讯期间，他又交代了自己与李某合伙诈骗4万元的犯罪事实，并提供了李某可能隐匿的地点，根据这一线索，侦查机关顺利将李某追捕归案。对甲盗窃罪的处罚，下列哪一项是正确的？（2003年真题，单选）

A. 应当减轻或者免除处罚　　　　B. 应当从轻或者减轻处罚
C. 可以从轻或者减轻处罚　　　　D. 可以减轻或者免除处罚

[释疑] 本题要选出正选，必须先找出适用的依据。

（1）甲在因盗窃被采取强制措施审查期间，主动交代不同种罪行(诈骗)，以自首论。

（2）甲协助抓获诈骗罪同案共犯，属于一般立功表现，不属于重大立功，因为诈骗4万元的犯罪事实尚不属于罪该处无期徒刑以上刑罚。

（3）对于甲的诈骗罪行适用自首情节，依法"可以从轻或者减轻处罚"；对于甲的盗窃行为，适用立功情节(一般立功)，依法"可以从轻或者减轻处罚"。

（4）数罪的自首适用问题。应当注意，虽然同是"可以从轻或者减轻处罚"，对甲的盗窃和诈骗罪而言适用法定情节的根据是不同的。对盗窃罪而言，根据是立功；对诈骗罪而言，根据是自首。假如甲没有协助抓获同案犯李某的立功表现，则仅能对其诈骗罪依据自首情节"可以从轻或者减轻处罚"，不能对其盗窃罪也认为适用自首情节，对于盗窃罪成立立功，"可以从轻或者减轻处罚"，是正选。（答案：C）

## 三、提示与预测

自首、立功是历来案例分析中的重要考点之一，应当认真掌握自首、立功的认定及其处罚原则。其中较为疑难的有：

（1）重大立功的认定及其处罚原则；

（2）协助抓获同案犯的立功表现；

（3）交代同案犯与本人同案罪行不是立功；

（4）犯有数罪的罪犯自动投案的，如实供述何罪就何罪成立自首，没有如实供述的罪行，不成立自首；

（5）坦白的处罚原则。

## 考点 7 "从重处罚"的理解

### 一、精讲

从重处罚，指在法定刑的限度内，对犯罪分子适用相对较重的刑种或者相对较长的刑期。相对较重，指相对于没有该从重情节时通常判处的刑罚而言，不一定在法定刑的"中间线"以上判罚,也可能判处低于中间线的刑罚。

## 二、例题

下列关于从重处罚的表述哪些选项是正确的?(2005年真题,多选)
A. 从重处罚是指应当在犯罪所适用刑罚幅度的中线以上判处
B. 从重处罚是在法定刑以上判处刑罚
C. 从重处罚是指在法定刑的限度以内判处刑罚
D. 从重处罚不一定判处法定最高刑
[释疑] 本题考查的是对从重处罚的理解。(答案:CD)

## 考点 8  分则中常见的法定从重处罚情节

## 一、例题

下列哪些行为属于法定的从重处罚情节?(2006年真题,多选)
A. 国家机关工作人员甲利用职权对乙进行非法拘禁,时间长达3天
B. 军警人员甲持枪抢劫
C. 国家机关工作人员甲利用职权挪用数额巨大的救济款进行赌博
D. 国家机关工作人员甲徇私舞弊,滥用职权,致使公共财产、国家和人民利益遭受重大损失

[释疑] (1) A项,第238条规定:"非法拘禁他人或者以其他方法非法剥夺他人人身自由的……国家机关工作人员利用职权犯前三款罪的,依照前三款的规定从重处罚。"

(2) C项,第384条第2款规定:"挪用用于救灾、抢险、防汛、优抚、扶贫、移民、救济款物归个人使用的,从重处罚。"

(3) B项,是抢劫罪法定加重犯,参见第263条。

(4) D项是滥用职权罪的法定加重犯,参见第397条。(答案:ABCD)

## 二、提示与预测

1.《刑法》总则中常见的法定量刑情节是必考重点,如:未成年人、聋哑人、限制责任能力人、预备、未遂、中止、从犯、胁从犯、教唆未遂、教唆未成年人、累犯、自首、立功、重大立功。另外分则中的重要法定量刑情节,如行贿人在被追诉前主动交代、毒品再犯。

2.《刑法》中没有一般性的"加重处罚情节"。所谓"加重犯",如结果加重犯,不是量刑情节,而是分则法定刑的规定方式。

## 考点 9  从轻处罚、减轻处罚的理解和区分

## 一、精讲

第62条规定:"犯罪分子具有本法规定的从重处罚、从轻处罚情节的,应当在法定刑的限度以内判处刑罚。"

第63条第1款规定[《刑法修正案(八)》修正]:"犯罪分子具有本法规定的减轻处罚情

节的,应当在法定刑以下判处刑罚;本法规定有数个量刑幅度的,应当在法定量刑幅度的下一个量刑幅度内判处刑罚。"

(1) 从轻处罚:指在法定刑范围内判处"相对"较轻的刑罚,这个"相对"指相对于没有该情节的情况下一般处刑尺度而言。

(2) 减轻处罚:指应当适用的法定刑幅度之最低刑之下判处刑罚。减轻处罚的适用:① 罪犯具有法定减轻处罚情节(法定减轻);② 罪犯不具有法定情节的,特殊情况下可酌情适用减轻处罚(酌定减轻),但必须经最高人民法院核准。

(3) 区别:从轻是在法定刑幅度内判处较轻刑罚,包含法定刑幅度下限"本数"在内;而减轻处罚是在法定最低刑"以下"判处刑罚,不包含法定刑幅度下限"本数"。

## 二、例题

假如甲罪的法定刑为"三年以上十年以下有期徒刑",下列关于量刑的说法正确的是:(2004年真题,不定选)

A. 如果法官对犯甲罪的被告人判处7年以上10年以下有期徒刑,就属于从重处罚;如果判处3年以上7年以下有期徒刑,就属于从轻处罚

B. 法官对犯甲罪的被告人判处3年有期徒刑时,属于从轻处罚与减轻处罚的竞合

C. 由于甲罪的法定最低刑为3年以上有期徒刑,故法官不得对犯甲罪的被告人宣告缓刑

D. 如果犯甲罪的被告人不具有刑法规定的减轻处罚情节,法官就不能判处低于3年有期徒刑的刑罚,除非根据案件的特殊情况,报经最高人民法院核准

[释疑] (1) A项在法定刑幅度内划"中线",作为从重从轻的标准是错误的。

(2) B项错在不符合通说对从轻与减轻的解释。对某罪适用法定刑为"3年以上10年以下有期徒刑",减轻处罚的,必须判处"不满"3年有期徒刑的刑罚,如果判处3年有期徒刑,认为是从轻而非减轻。

(3) C项错在对缓刑适用刑期条件的误解。第72条规定:"3年以下"指法官对罪犯实际判处的刑罚即"宣告刑",而非适用的法定刑幅度。

(4) D项正确,第63条第2款。(答案:D)

## 三、提示与预测

减轻处罚的含义和适用是常见考点。

## 考点 10 一般累犯的成立条件

### 一、精讲

1. 罪种条件:前罪和后罪都是故意犯罪,过失犯罪不成立累犯。
2. 刑种条件:前罪和后罪都是被判处有期徒刑以上刑罚。
3. 时间条件:后罪发生于前罪刑罚执行完毕或"假释期满"以后5年以内。刑罚执行完毕,是指主刑执行完毕,不问附加刑是否执行完毕。主刑执行期间或假释考验期内再次犯罪的,不成立累犯。缓刑考验期内犯罪的不成立累犯。
4. 主体条件:犯罪人已满18周岁。不满18周岁的人犯罪不成立累犯[《刑法修正案

(八)》]。

## 二、例题

1. 关于累犯,下列哪一选项是正确的?(2015年真题,单选)

A. 对累犯和犯罪集团的积极参加者,不适用缓刑

B. 对累犯,如假释后对所居住的社区无不良影响的,法院可决定假释

C. 对被判处无期徒刑的累犯,根据犯罪情节等情况,法院可同时决定对其限制减刑

D. 犯恐怖活动犯罪被判处有期徒刑4年,刑罚执行完毕后的第12年又犯黑社会性质的组织犯罪的,成立累犯

[释疑] A项,累犯和犯罪集团的首要分子不适用缓刑。B项,累犯一律不得假释。C项,累犯限制减刑的,只能是被判处死缓的或实施某些特定犯罪的。D项,危害国家安全、黑社会犯罪、恐怖犯罪的累犯认定不必考虑时间间隔,且前后罪只需是三类犯罪之一。(答案:C)

2. 关于累犯,下列哪一判断是正确的?(2010年真题,单选)

A. 甲因抢劫罪被判处有期徒刑10年,并被附加剥夺政治权利3年。甲在附加刑执行完毕之日起5年之内又犯罪。甲成立累犯

B. 甲犯抢夺罪于2005年3月假释出狱,考验期为剩余的2年刑期。甲从假释考验期满之日起5年内再故意犯重罪。甲成立累犯

C. 甲犯危害国家安全罪5年徒刑期满,6年后又犯杀人罪。甲成立累犯

D. 对累犯可以从重处罚

[释疑] (1) B项,根据第65条的规定,假释的罪犯,自假释期满之日起计算5年以内。

(2) A项,刑罚执行完毕,指"主刑"执行完毕而非附加刑。

(3) C项,按照普通累犯标准须"5年以内"再犯。

(4) D项,错在"可以",应为"应当"。(答案:B)

3. 关于累犯,下列哪一选项是正确的?(2009年真题,单选)

A. 甲因故意伤害罪被判7年有期徒刑,刑期自1990年8月30日至1997年8月29日止。甲于1995年5月20日被假释,于1996年8月25日犯交通肇事罪。甲构成累犯

B. 乙因盗窃罪被判处3年有期徒刑,2002年3月25日刑满释放,2007年3月20日因犯盗窃罪被判有期徒刑4年。乙构成累犯

C. 丙因危害国家安全罪被判处5年有期徒刑,1996年4月21日刑满释放,2006年4月20日再犯同罪。丙不构成累犯

D. 丁因失火罪被判处3年有期徒刑,刑期自1995年5月15日至1998年5月14日。丁于1998年5月15日在出狱回家途中犯故意伤害罪。丁构成累犯

[释疑] (1) A项,成立累犯后罪发生的时间是前罪判处的刑罚已经执行完毕或者赦免以后5年内,对于被假释的犯罪分子,从假释期满之日起计算。甲假释期满是1997年8月29日,在假释期内犯后罪没有累犯的问题。

(2) B项,前罪和后罪都是故意犯罪,前罪和后罪都被判处或应当被判处有期徒刑以上刑罚,后罪发生的时间是前罪判处的刑罚已经执行完毕或者赦免以后5年内,成立累犯。

(3) C项,丙构成特殊累犯。

(4) D项,丁前罪是过失罪没有累犯的问题。(答案:B)

## 三、提示与预测

注意:普通刑事罪与国事罪、恐怖活动犯罪或者黑社会性质的组织犯罪不构成特殊累犯,但符合条件的可以构成一般累犯。例如"甲犯间谍罪被判有期徒刑,刑罚执行完毕后第2年又犯抢劫罪",不成立特殊累犯,但成立一般累犯。

## 考点 11 特殊累犯的成立条件

### 一、精讲

(1)罪种条件:前罪和后罪都是危害国家安全罪(简称"国事罪")、恐怖活动犯罪或者黑社会性质的组织犯罪[《刑法修正案(八)》]。

(2)时间条件:后罪发生于前罪刑罚执行完毕或"假释期满"以后。刑罚执行完毕,指主刑执行完毕,不问附加刑是否执行完毕。主刑执行期间或假释考验期内再次犯罪的,不成立特殊累犯。缓刑考验期内或期满以后犯罪的不成立特殊累犯。

与一般累犯不同,构成特殊累犯没有刑种条件(有期徒刑以上刑罚)的限制,但暗含前罪被判处了刑罚并且实际已执行的该刑罚。

### 二、例题

1. 关于刑罚的具体运用,下列哪些选项是错误的?(2014年真题,多选)

A. 甲1998年因间谍罪被判处有期徒刑4年。2010年,甲因参加恐怖组织罪被判处有期徒刑8年。甲构成累犯

B. 乙因倒卖文物罪被判处有期徒刑1年,罚金5000元;因假冒专利罪被判处有期徒刑2年,罚金5000元。对乙数罪并罚,决定执行有期徒刑2年6个月,罚金1万元。此时,即使乙符合缓刑的其他条件,也不可对乙适用缓刑

C. 丙因无钱在网吧玩游戏而抢劫,被判处有期徒刑1年缓刑1年,并处罚金2000元,同时禁止丙在12个月内进入网吧。若在考验期限内,丙仍常进网吧,情节严重,则应对丙撤销缓刑

D. 丁系特殊领域专家,因贪污罪被判处有期徒刑8年。丁遵守监规,接受教育改造,有悔改表现,无再犯危险。1年后,因国家科研需要,经最高法院核准,可假释丁

[释疑] (1)《刑法修正案(八)》新增恐怖犯罪、黑社会犯罪适用特别累犯规定。甲前罪发生于《刑法修正案(八)》生效前,不适用《刑法修正案(八)》中不利被告人的规定,A项错。适用缓刑的刑期条件"判处3年以下有期徒刑"包括数罪并罚决定执行的刑期在3年以下的情况,可对乙适用缓刑,B项错。(2)C项没错,第77条规定:"被宣告缓刑的犯罪分子,在缓刑考验期限内……违反人民法院判决中的禁止令,情节严重的,应当撒销缓刑,执行原判刑罚。"D项没错,第81条规定"如果有特殊情况,经最高人民法院核准,可以不受上述执行刑期(二分之一以上)的限制"。另根据有关司法解释规定:"特殊情况"指国家政治、经济、科研的需要。(答案:AB)

2. 下列哪一种情形不成立累犯?(2004年真题,单选)

A. 张某犯故意伤害罪被判处有期徒刑3年,缓刑3年,缓刑期满后的第3年又犯盗窃罪,

被判处有期徒刑 10 年

　　B. 李某犯强奸罪被判处有期徒刑 5 年,刑满释放后的第 4 年,又犯妨害公务罪,被判处有期徒刑 6 个月

　　C. 王某犯抢夺罪被判处有期徒刑 4 年,执行 3 年后被假释,于假释期满后的第 5 年又犯故意杀人罪,被判处无期徒刑

　　D. 田某犯叛逃罪被判处管制 2 年,管制期满后 20 年又犯为境外刺探国家秘密罪,被判处拘役 6 个月

　　[释疑]　累犯的认定。

　　(1) B、C 项中的李某、王某属于普通累犯。

　　(2) D 项中的田某属于特殊累犯。

　　(3) A 项中的张某缓刑考验期满以后(没有被撤销缓刑的),又犯一个故意的、应判有期徒刑以上刑罚之罪的不构成累犯,第 76 条规定,原判的刑罚就不再执行,既然是不再执行意味着没有被执行刑罚,不具备构成累犯的"刑罚执行完毕"的条件,不成立累犯。(答案:A)

### 三、提示与预测

　　《刑法修正案(八)》对于特殊累犯的范围有所扩大,除了原有的危害国家安全罪外,又增加了恐怖活动犯罪和黑社会性质的组织犯罪,要予以特别留意。

## 考点 12　累犯的法律效果

### 一、精讲

　　累犯的法律效果是:① 不得缓刑;② 不得假释;③ 从重处罚。

### 二、例题

　　王某因犯盗窃罪被判处有期徒刑,执行完毕后第 4 年,再次犯盗窃罪被人民法院判处 2 年零 9 个月有期徒刑。人民法院不能对王某适用下列哪些制度?(2003 年真题,多选)

　　A. 减刑　　　　　B. 缓刑　　　　　C. 假释　　　　　D. 保外就医

　　[释疑]　法律并没有明文禁止对累犯减刑和保外就医。王某构成累犯,不得缓刑、假释。(答案:BC)

## 考点 13　撤销缓刑的事由及其法律后果

### 一、精讲

　　撤销缓刑的事由及其法律后果是:

　　(1) 考验期内"再犯新罪"或"被发现漏罪"的,撤销缓刑,数罪并罚。

　　(2) 有违反法律、行政法规或者国务院有关部门关于缓刑的监督管理规定,或者违反人民法院判决中的禁止令,情节严重的,撤销缓刑,收监执行。

　　(3) 不排除对缓刑考验期发现漏罪的,经数罪并罚后继续缓刑的可能。

## 二、例题

2000年8月21日,甲因犯诈骗罪被人民法院判处有期徒刑3年,缓刑5年。2005年6月20日,甲又犯盗窃罪。对于甲的量刑,下列表述哪些是正确的?(2005年真题,多选)

A. 甲具有法定从重处罚情节  B. 甲不构成累犯
C. 对甲的盗窃罪不能适用缓刑  D. 对甲应当数罪并罚

[释疑] 缓刑考验期内再犯新罪,撤销缓刑,数罪并罚,D项正确。缓刑考验期内再次犯罪,不成立累犯,B项正确,据此推论A、C项不正确。另外,最高人民法院《关于人民法院审判严重刑事犯罪案件中具体应用法律的若干问题的答复(三)》规定:在缓刑考验期限内,发现被宣告缓刑的犯罪分子在缓刑宣告以前还有其他罪没有判决的,应当参照我国《刑法》第70条的规定,并依照第65条的规定,对漏罪定罪判刑,再对前罪与漏罪实行数罪并罚,决定执行的刑罚。如果必须判处实刑,则应撤销对前罪宣告的缓刑,已经执行的缓刑考验期,不予折抵刑期;但是,判决执行以前先行羁押的日期应当予以折抵刑期;如果仍符合缓刑条件,仍可宣告缓刑,已经执行的缓刑考验期,应当计算在新决定的缓刑考验期以内。根据该答复,对缓刑考验期发现"漏罪"的经数罪并罚后,可继续缓刑,照此推论,不排除对甲适用缓刑的可能性。(答案:BD)

# 第十一章　刑罚的执行

## 考点 1　假释的条件

### 一、精讲

1. 对象条件:被判处有期徒刑、无期徒刑的犯罪分子。
2. 执行刑期限制:被判处有期徒刑的犯罪分子,执行原判刑期1/2以上,被判处无期徒刑的犯罪分子,实际执行13年以上。如果有特殊情况,经最高人民法院核准,可以不受上述执行刑期的限制。
3. 实质条件:认真遵守监规,接受教育改造,确有悔改表现,没有再犯罪的危险的。
4. 不得假释的情形:(1) 累犯;(2) 因故意杀人、强奸、抢劫、绑架、放火、爆炸、投放危险物质或者有组织的暴力性犯罪被判处10年以上有期徒刑、无期徒刑的犯罪分子。

《刑法修正案(八)》将第81条第2款修改为:"对累犯以及因故意杀人、强奸、抢劫、绑架、放火、爆炸、投放危险物质或者有组织的暴力性犯罪被判处十年以上有期徒刑、无期徒刑的犯罪分子,不得假释。"

### 二、例题

1. 甲因在学校饭堂投毒被判处8年有期徒刑。服刑期间,甲认真遵守监规,接受教育改造,确有悔改表现。关于甲的假释,下列哪一说法是正确的?(2014年真题,单选)

A. 可否假释,由检察机关决定  B. 可否假释,由执行机关决定
C. 服刑4年以上才可假释  D. 不得假释

[**释疑**] 假释条件和程序。第81条规定:"被判处有期徒刑的犯罪分子,执行原判刑期二分之一以上……可以假释"。第82条规定,假释依第79条减刑程序即"由执行机关向中级以上法院提出减刑建议书。法院应当组成合议庭进行审理"。据此C项正确,A、B、D项错。(答案:C)

2. 关于假释,下列哪一选项是错误的?(2009年真题,单选)

A. 甲系被假释的犯罪分子,即便其在假释考验期内再犯新罪,也不构成累犯

B. 乙系危害国家安全的犯罪分子,对乙不能假释

C. 丙因犯罪被判处有期徒刑2年,缓刑3年。缓刑考验期满后,发现丙在缓刑考验期内的第七个月犯有抢劫罪,应当判处有期徒刑8年,数罪并罚决定执行9年。丙服刑6年时,因有悔罪表现而被裁定假释

D. 丁犯抢劫罪被判有期徒刑9年,犯寻衅滋事罪被判有期徒刑5年,数罪并罚后,决定执行有期徒刑13年,对丁可以假释

[**释疑**] (1)A项,第65条规定,构成累犯的时间前提:刑罚执行完毕或假释期满以后。

(2)B项,刑法没有禁止对国事罪假释的规定。

(3)C项,缓刑不是刑罚执行,故缓刑考验期内或期满以后再次犯罪的,不成立累犯,既然不成立累犯,可以假释。

(4)D项,既然不是第81条规定禁止假释的罪犯,有资格获得假释。(答案:B)

3. 关于假释的适用,下列哪些选项是正确的?(2007年真题,多选)

A. 甲因爆炸罪被判处有期徒刑15年。在服刑13年时,因有悔改表现而被裁定假释

B. 乙犯抢劫罪被判处有期徒刑9年,犯嫖宿幼女罪判8年,数罪并罚决定执行15年。在服刑13年时,因有悔改表现而被裁定假释

C. 丙犯诈骗罪被判处有期徒刑10年,刑罚执行7年后假释。假释考验期内第2年,丙犯抢劫罪,应当判9年,数罪并罚决定执行10年。在服刑7年时,因有悔改表现而被裁定假释

D. 丁犯盗窃罪,被判处有期徒刑3年,缓刑4年。经过缓刑考验期后,发现丁在缓刑考验期内的第2年,犯故意伤害罪,应判9年,数罪并罚决定执行10年。在服刑7年时,因丁有悔改表现而被裁定假释

[**释疑**] (1)A项错,因为甲以爆炸罪一罪被判处10年以上有期徒刑,不得假释。

(2)B项,数罪并罚超过10年,不属于一罪被判处10年以上有期徒刑的暴力犯,故可以获得假释。

(3)C项,在刑罚执行期间再次犯罪不属于累犯,故可以获得假释。普通累犯成立的时间条件是在刑罚执行完毕或赦免以后或假释考验期满以后5年以内。

(4)D项,被判缓刑的犯罪分子缓刑考验期满以后"原判刑罚不再执行",意味着D项中的丙不符合累犯的"刑罚执行完毕以后"再次犯罪的时间条件,不成立累犯,故可以获得假释。(答案:BCD)

4. 关于假释,下列哪一选项是正确的?(2006年真题,单选)

A. 被假释的犯罪分子,未经执行机关批准,不得行使言论、出版、集会、结社、游行、示威自由的权利

B. 对于犯杀人、爆炸、抢劫、强奸、绑架等暴力性犯罪的犯罪分子,即使被判处10年以下有期徒刑,也不得适用假释

C. 对于累犯,只要被判处的刑罚为10年以下有期徒刑,均可适用假释
D. 被假释的犯罪分子,在假释考验期间再犯新罪的,不构成累犯

[释疑] 本题考查的是累犯成立的时间条件和假释的适用、考验。

(1)关于累犯成立的时间条件,第65条规定:"……刑罚执行完毕或者赦免以后,在五年以内……对于被假释的犯罪分子,从假释期满之日起计算。"这意味着,构成累犯的时间限于刑罚执行完毕或假释期满之后5年以内。故在刑罚执行或假释考验期间犯罪的,不构成累犯。D项正确。

(2)A项错,因为假释考验的内容不包含限制自由权利(第84条)。B、C项错误明显,不符合第81条的规定。(答案:D)

## 考点 2 假释撤销的条件以及撤销假释后的处理

### 一、精讲

(1)被假释的犯罪分子,在假释考验期限内犯新罪,应当撤销假释,依照第71条的规定实行数罪并罚(先减后并)。

(2)在假释考验期限内,发现被假释的犯罪分子在判决宣告以前还有其他罪没有判决的,应当撤销假释,依照第70条的规定实行数罪并罚(先并后减)。

(3)被假释的犯罪分子,在假释考验期限内,有违反法律、行政法规或者国务院有关部门关于假释的监督管理规定的行为,尚未构成新的犯罪的,应当依照法定程序撤销假释,收监执行未执行完毕的刑罚。

(4)对假释的犯罪分子,在假释考验期限内,依法实行社区矫正,如果没有上述三种情形的,假释考验期满,就认为原判刑罚已经执行完毕,并公开予以宣告。

### 二、例题

1. 关于假释的撤销,下列哪一选项是错误的?(2015年真题,单选)

A. 被假释的犯罪分子,在假释考验期内犯新罪的,应撤销假释,按照先减后并的方法实行并罚

B. 被假释的犯罪分子,在假释考验期内严重违反假释监督管理规定,即使假释考验期满后才被发现,也应撤销假释

C. 在假释考验期内,发现被假释的犯罪分子在判决宣告前还有同种罪未判决的,应撤销假释

D. 在假释考验期满后,发现被假释的犯罪分子在判决宣告前有他罪未判决的,应撤销假释,数罪并罚

[释疑] A项,漏罪"先并后减",新罪"先减后并"。B项,只要"严重违反假释监督管理规定"的事由发生在考验期内就应撤销假释,与发现该事由的时间无关。C项,漏罪可以是异种罪,也可以是同种罪。D项,考验期满后发现宣判前的漏罪的,不应撤销假释,只能另行追诉。(答案:D)

2. 关于假释与数罪并罚的相关问题,下列哪些说法是正确的?(2008年延考真题,多选)

A. 甲犯强奸罪被判有期徒刑9年,执行5年后假释,在假释考验期满后,发现甲在强奸罪

判决宣告以前还有抢劫罪没有得到处理。故应该撤销对甲的假释,依照数罪并罚原则进行处理。

B. 乙犯爆炸罪被判处有期徒刑 12 年,在刑罚执行过程中被减刑 2 年,如果乙实际服刑 6 年以上,可以假释

C. 丙犯贪污罪被判处有期徒刑 5 年,刑满释放后 4 年内又犯聚众斗殴罪被判有期徒刑 7 年,在执行 4 年后,丙可以假释

D. 丁犯交通肇事罪被判有期徒刑 5 年,执行 3 年后假释,在假释考验期满后,发现丁在考验内犯有盗窃罪,应当撤销丁的假释,根据先减后并原则数罪并罚

[释疑] (1) A 项,在假释考验期满后,发现"漏罪"的,只能对漏罪单独定罪处罚,不撤销假释。(2) B 项,爆炸罪属于暴力犯,因暴力犯罪被判 10 年以上的,不得假释。(3) C 项,累犯不得假释。(4) D 项,假释考验期内犯罪(犯新罪)即使在考验期满以后才发现的,仍应撤销假释,按照刑罚执行期间犯罪(新罪)的方法(先减后并)数罪并罚。此题为多选,但正确选项只有一项,疑似出题差错。(答案:D)

3. 关于假释,下列哪些选项是错误的?(2008 年真题,多选)

A. 被判处有期徒刑的犯罪分子,执行原判刑期的二分之一,如果符合假释条件的,可以假释;如果有特殊情况,经高级人民法院核准,可以不受上述执行刑期的限制

B. 被假释的犯罪分子,在假释考验期内,遵守了各种相关规定,没有再犯新罪,也没有发现以前还有其他罪没有判决的,假释考验期满,剩余刑罚就不再执行

C. 被假释的犯罪分子,在假释考验期限内犯新罪的,应当撤销假释,按照先并后减的方法实行数罪并罚

D. 对于因杀人、绑架等暴力性犯罪判处 10 年以上有期徒刑的犯罪分子,不得假释;即使他们被减刑后,剩余刑期低于 10 年有期徒刑,也不得假释

[释疑] (1) A 项错,应由最高人民法院核准。第 81 条规定:"……如果有特殊情况,经最高人民法院核准,可以不受上述执行刑期的限制。"(2) B 项错在"剩余刑罚就不再执行",第 85 条规定:"……假释考验期满,就认为原判刑罚已经执行完毕……"(3) C 项错在"先并后减",应是先减后并。(4) D 项正确(第 81 条、第 85 条)。(答案:ABC)

## 考点 3　减刑的适用

### 一、精讲

1. 减刑的适用对象是被判处管制、拘役、有期徒刑、无期徒刑的犯罪分子。

2. 减刑的限度条件:判处管制、拘役、有期徒刑的,不能少于原判刑期的 1/2;判处无期徒刑的,不能少于 13 年;对被判处死刑缓期执行的累犯以及因故意杀人、强奸、抢劫、绑架、放火、爆炸、投放危险物质或者有组织的暴力性犯罪被判处死刑缓期执行的犯罪分子,缓期执行期满后依法减为无期徒刑的,不能少于 25 年;对于有重大立功的死缓犯,缓期执行期满后依法减为 25 年有期徒刑的,不能少于 20 年[《刑法修正案(八)》]。

3. 对于犯罪分子的减刑,由执行机关报中级以上人民法院予以裁定。

### 二、例题

1. 关于减刑、假释的适用,下列哪些选项是错误的?(2013 年真题,多选)

A. 对所有未被判处死刑的犯罪分子,如认真遵守监规,接受教育改造,确有悔改表现,或者有立功表现的,均可减刑

B. 无期徒刑减为有期徒刑的刑期,从裁定被执行之日起计算

C. 被宣告缓刑的犯罪分子,不符合"认真遵守监规,接受教育改造"的减刑要件,不能减刑

D. 在假释考验期限内犯新罪,假释考验期满后才发现的,不得撤销假释

[释疑] A项错,大概是单处罚金、剥夺政治权利刑的犯罪分子,一般不适用减刑。B项错,第80条规定:"无期徒刑减为有期徒刑的刑期,从裁定减刑之日起计算"。C项错,缓刑犯有重大立功表现的可以减刑。D项错,应当撤销假释数罪并罚。(答案:ABCD)

2. 关于减刑,下列哪一选项是正确的?(2010年真题,单选)

A. 减刑只适用于被判处拘役、有期徒刑、无期徒刑和死缓的犯罪分子

B. 对一名服刑犯人的减刑不得超过3次,否则有损原判决的权威性

C. 被判处无期徒刑的罪犯减刑后,实际执行时间可能超过15年

D. 对被判处无期徒刑、死缓的罪犯的减刑,需要报请高级法院核准

[释疑] 无期徒刑罪犯在"减刑"之前往往被先行羁押较长时间,并且一般要求判决确定后至少执行一段时间(数年),故当然"可能"超过15年。

(1) A项,死缓不在减刑范围。

(2) B项,法律没作此类限制。凡有损犯人权益的,均要有法律的明文规定。

(3) D项,第79条规定,减刑报"中级以上"人民法院裁定。(答案:C)

### 三、提示与预测

注意对"死缓犯"的"减刑",规定在死刑制度中,法定的"减刑",而非减刑制度所规定的,减刑制度只是对已经减为无期徒刑或者有期徒刑的"死缓犯"提供减刑幅度的限制。

# 第十二章 刑罚的消灭

## 考点 1 法定的追诉期限

### 一、精讲

1. 法定最高刑为不满5年有期徒刑的,经过5年。
2. 法定最高刑为5年以上不满10年有期徒刑的,经过10年。
3. 法定最高刑为10年以上有期徒刑的,经过15年。
4. 法定最高刑为无期徒刑、死刑的,经过20年。如果20年以后认为必须追诉的,须报请最高人民检察院核准。

追诉时效的期限有四档;即5年、10年、15年、20年。其确定的标准是具体犯罪行为所对应的法定最高刑。注意:

(1) 该"法定最高刑"是指与具体罪行危害程度相应的法定刑幅度的最高刑,不一定是触犯条文的最高刑。

（2）第87条规定之"不满5年""不满10年"不包括5年、10年本数。如果法定最高刑正好为10年的，其追诉期间应为15年。

（3）追诉时效的期限从犯罪之日起计算，即犯罪成立之日。如果犯罪行为有延续或者继续状态的，从犯罪行为终了之日起计算。

（4）在追诉期限内又犯罪的，前罪追诉的期限从犯后罪之日起（重新）计算，即发生追诉时效的中断。

## 二、例题

1. 关于追诉时效，下列哪一选项是正确的？（2016年真题，单选）

A.《刑法》规定，法定最高刑为不满5年有期徒刑的，经过5年不再追诉。危险驾驶罪的法定刑为拘役，不能适用该规定计算危险驾驶罪的追诉时效

B. 在共同犯罪中，对主犯与从犯适用不同的法定刑时，应分别计算各自的追诉时效，不得按照主犯适用的法定刑计算从犯的追诉期限

C. 追诉时效实际上属于刑事诉讼的内容，刑事诉讼采取从新原则，故对刑法所规定的追诉时效，不适用从旧兼从轻原则

D. 刘某故意杀人后逃往国外18年，在国外因伪造私人印章（在我国不构成犯罪）被通缉时潜回国内。4年后，其杀人案件被公安机关发现。因追诉时效中断，应追诉刘某故意杀人的罪行

[释疑]　B项，追诉时效应当根据各自罪行轻重应适用的法定刑范围确定追诉时效。共犯人各自对共同犯罪行为造成结果负责的前提下，应当各自对结果作用大小分别承担轻重不同的责任。

A项，"法定最高刑为不满5年有期徒刑的"，包含拘役、管制。C项，追诉时效期间长短由实体法决定，实体法变化会导致追诉时效长短的变化，所以属于刑法实体问题。D项，追诉时效中断事由之"犯罪"应当指中国刑法中的犯罪。（答案：B）

2. 关于追诉时效，下列哪些选项是正确的？（2015年真题，多选）

A. 甲犯劫持航空器罪，即便经过30年，也可能被追诉

B. 乙于2013年1月10日挪用公款5万元用于结婚，2013年7月10日归还。对乙的追诉期限应从2013年1月10日起计算

C. 丙于2000年故意轻伤李某，直到2008年李某才报案，但公安机关未立案。2014年，丙因他事被抓。不能追诉丙故意伤害的刑事责任

D. 丁与王某共同实施合同诈骗犯罪。在合同诈骗罪的追诉期届满前，王某单独实施抢夺罪。对丁合同诈骗罪的追诉时效，应从王某犯抢夺罪之日起计算

[释疑]　A项，劫持航空器罪的法定最高刑为死刑，追诉期为20年，但即使超过20年，若仍有追诉之必要，报最高人民检察院核准，也可追诉。B项，乙挪用数额较大的公款用于结婚（既非营利活动，亦非非法活动），须挪用时间超过3月方能构成，故其犯罪成立时日为4月10日，追诉期限的起算点也应当是4月10日。C项，故意轻伤法定最高刑为3年，追诉期为5年，李某超期报案，公安机关应当不予立案。注意，追诉时效延长的前提是："应当立案而不立案"。D项，王某后罪为单独犯罪，只能导致其本人的前罪追诉时效中断，而不能导致前罪的共犯人的追诉时效中断。（答案：AC）

3. 1999年11月,甲(17周岁)因邻里纠纷,将邻居杀害后逃往外地。2004年7月,甲诈骗他人5 000元现金。2014年8月,甲因扒窃3 000元现金,被公安机关抓获。在讯问阶段,甲主动供述了杀人、诈骗罪行。关于本案的分析,下列哪些选项是错误的?(2014年真题,多选)

A. 前罪的追诉期限从犯后罪之日起计算,甲所犯三罪均在追诉期限内
B. 对甲所犯的故意杀人罪、诈骗罪与盗窃罪应分别定罪量刑后,实行数罪并罚
C. 甲如实供述了公安机关尚未掌握的罪行,成立自首,故对盗窃罪可从轻或者减轻处罚
D. 甲审判时已满18周岁,虽可适用死刑,但鉴于其有自首表现,不应判处死刑

[释疑] (1)甲构成故意杀人罪、追诉时效20年、犯罪时不满18岁不适用死刑;诈骗罪追诉时效5年;盗窃罪追诉时效5年。至2014年8月诈骗罪已过追诉时效。(2)甲所犯诈骗罪数额较大,法定最高刑3年以下,追诉时效5年,自2004年7月至2014年8月经过了10年,显然不在追诉期限内,A项错。A项错,则B项三罪并罚也错。(3)自首"对事不对人"。甲扒窃被"抓获"到案的,盗窃罪上没有自首,C项错。甲主动供述的故意杀人罪上成立准自首(第67条第2款),但盗窃罪不符合自首条件。(4)第49条规定的"犯罪的时候不满十八周岁的人和审判的时候怀孕的妇女,不适用死刑",D项错。注意犯罪(行为)时和审判时所针对的对象。(答案:ABCD)

4. 1980年初,张某强奸某妇女并将其杀害。1996年末,张某因酒后驾车致人重伤。两案在2007年年初被发现。关于张某的犯罪行为,下列哪些选项是错误的?(2009年真题,多选)

A. 应当以强奸罪、故意杀人罪和交通肇事罪追究其刑事责任,数罪并罚
B. 应当以强奸罪追究其刑事责任
C. 应当以故意杀人罪追究其刑事责任
D. 不应当追究任何刑事责任

[释疑] 审理交通肇事案解释:酒后致人重伤可成立交通肇事罪,属于时效中断事由。"张某强奸某妇女并将其杀害",成立强奸罪和故意杀人罪两罪(注意:不属于强奸致人死亡的结果加重犯)。其中,强奸罪的法定刑为3年以上10年以下(第236条普通犯),法定最高刑为10年,其追诉时效为15年。至1996年已经超过追诉时效,故A、B项错误。交通肇事罪法定刑3年以下,到2007年,交通肇事罪也已经超过追诉时效。故意杀人罪法定最高刑为死刑,追诉时效为20年,因1996年发生交通肇事罪出现了追诉时效的中断,即在追诉期限以内又犯罪的,前罪追诉的期限从犯后罪之日起重新起算,故意杀人罪从1996年开始重新起算,至2007年仍在追诉时效范围内,故D项错误。唯有C项正确。(答案:ABD)

# 考点 2 追诉时效的延长

## 一、精讲

根据第88条的规定,在人民检察院、公安机关、国家安全机关立案侦查或者在人民法院受理案件以后,逃避侦查或者审判的,不受追诉期限的限制。被害人在追诉期限内提出控告,人民法院、人民检察院、公安机关应当立案而不予立案的,不受追诉期限的限制。

## 二、例题

下列哪种情形应当受到追诉期限的限制？（1998年真题,单选）
A. 在人民法院受理了齐某自诉汤某伤害案件以后,汤某离家杳无音信
B. 丛某因出国而未在法定期限内对钟某侮辱案提出控告
C. 薛某向公安机关报案,声称自己被抢劫,因薛某说话颠三倒四,接案人员对其报案有怀疑而未立案
D. 秦某得知与其共同诈骗的李某被公安机关抓获逃离居住地藏匿

[释疑] （1）A、D项属于在司法机关立案受案后,有逃避行为的。
（2）C项属于被害人提出控告,司法机关应立案受案而未立案受案的情况。（答案：B）

## 考点 3  法定告诉才处理的犯罪及其例外情形

### 一、精讲

法定告诉才处理的犯罪：

（1）第257条第1款规定了暴力干涉婚姻自由罪,该条第2款规定了结果加重犯："犯前款罪,致使被害人死亡的,处二年以上七年以下有期徒刑。"该条第3款规定："第一款罪,告诉的才处理。"

（2）第260条第1款规定了虐待罪。该条第2款规定了结果加重犯："犯前款罪,致使被害人重伤、死亡的,处二年以上七年以下有期徒刑。"该条第3款规定："第一款罪,告诉的才处理,但被害人没有能力告诉,或者因受到强制、威吓无法告诉的除外。"

（3）第246条第1款规定了侮辱罪和诽谤罪。该条第2款规定："前款罪,告诉的才处理,但是严重危害社会秩序和国家利益的除外。"《刑法修正案（九）》补充规定,通过信息网络实施侮辱、诽谤行为,被害人向法院告诉,但提供证据确有困难的,法院可以要求公安机关提供协助。

（4）第270条规定了侵占罪。该条第3款规定："本条罪,告诉的才处理。"

由此可见,告诉才处理的犯罪有5个：暴力干涉婚姻自由罪、虐待罪、侮辱罪、诽谤罪和侵占罪。

### 二、例题

1. 下列情形中,告诉才处理的有：（2004年真题,不定选）
A. 捏造事实,诽谤国家领导人,严重危害社会秩序和国家利益
B. 虐待家庭成员,致使被害人重伤
C. 遗弃被抚养人,情节恶劣的
D. 暴力干涉他人婚姻自由的

[释疑] "告诉才处理的犯罪"的种类和法律规定。其中暴力干涉婚姻自由罪、虐待罪的结果加重犯不属于告诉才处理的犯罪；侮辱罪和诽谤罪严重危害社会秩序和国家利益的,不属于告诉才处理的犯罪；只有侵占罪没有例外。

《刑法》中明文规定的"告诉才处理"的犯罪只有5个,与《刑事诉讼法》中规定的"自诉"

案不同。自诉案件根据《刑事诉讼法》第 170 条的规定,包括 3 种:

(1) 告诉才处理的案件;

(2) 被害人有证据证明的轻微刑事案件;

(3) 被害人有证据证明对被告人侵犯自己人身、财产权利的行为应当依法追究刑事责任,而公安机关或者人民检察院不予追究被告人刑事责任的案件。

《刑法》中明文规定的告诉才处理的情形,属于自诉案件之一,而且是由实体内容决定的无条件自诉,不告不理。实质是把它视为被害人的私权利,目的是限制公权介入。而"告诉才处理"之外的自诉案件,本属于公权(公诉)干预的范围,但为了便利公民行使权利或保护公民的利益,而例外地允许自诉。(答案:D)

# 分　　则

## 第一章　危害国家安全罪

**考点 1** 间谍罪与叛逃罪的认定

### 一、精讲

1. 间谍罪的客观方面包括三种法定方式:(1) 参加间谍组织;(2) 接受间谍组织及其代理人的任务;(3) 为敌人指示轰击目标。

2. 叛逃罪的犯罪主体是特殊主体:(1) 国家机关工作人员,在履行公务期间,擅离岗位,叛逃境外或者在境外叛逃的,如果非在履行公务期间,不成立叛逃罪;(2) 掌握国家秘密的国家工作人员叛逃境外或者在境外叛逃的,从重处罚。

3. 如果行为人叛逃后又参加了间谍组织或者接受间谍任务的,应以叛逃罪与间谍罪两罪实行数罪并罚。

### 二、例题

甲系海关工作人员,被派往某国考察。甲担心自己放纵走私被查处,拒不归国。为获得庇护,甲向某国难民署提供我国从未对外公布且影响我国经济安全的海关数据。关于本案,下列哪一选项是错误的?(2012年真题,单选)

A. 甲构成叛逃罪

B. 甲构成为境外非法提供国家秘密、情报罪

C. 对甲不应数罪并罚

D. 即使《刑法》分则对叛逃罪未规定剥夺政治权利,也应对甲附加剥夺1年以上5年以下政治权利

[释疑]　A项叛逃罪成立,第109条规定的国家机关工作人员在履行公务期间,擅离岗位,叛逃境外或者在境外叛逃的。B项为境外非法提供国家情报罪成立,"情报",指"关系国家安全和利益、尚未公开或者依照有关规定不应公开的事项",包括"影响我国经济安全"的事项,B项正确。D项第56条规定对于危害国家安全的犯罪分子应当附加剥夺政治权利。C项甲犯有放纵走私罪、叛逃罪、为境外非法提供国家情报罪,应数罪并罚,C项错误。(答案:C)

### 三、提示与预测

本章不属于考试重点范围,但须能识别"罪名"属于"危害国家安全罪",同时掌握下列相关内容:① 应当附加剥夺政治权利;② 特殊累犯认定。

# 考点 2 为境外窃取、刺探、收买、非法提供国家秘密、情报罪与其他"涉密"犯罪的区分

## 一、精讲

1. 区分本罪与间谍罪。如果行为人明知对方是间谍性质的组织,而为其窃取、刺探、收买、非法提供国家秘密或者情报的,则应构成间谍罪。

2. 区分本罪与非法获取国家秘密罪。关键看行为人服务的对象是境内的组织、机构、人员还是境外的。如果为境内服务,构成非法获取国家秘密罪;如果为境外服务,则构成本罪。

3. 区分本罪与故意泄露国家秘密罪。如果通过互联网将国家秘密或者情报非法发送给境外的机构、组织、个人的,依照为境外窃取、刺探、收买、非法提供国家秘密、情报罪定罪处罚;如果将国家秘密通过互联网予以发布,情节严重的,依照故意泄露国家秘密罪定罪处罚。

4. 区分本罪与为境外窃取、刺探、收买、非法提供军事秘密罪。主体和对象不同,后罪主体为现役军人;对象为军事秘密。

## 二、例题

1. 某国间谍戴某,结识了我某国家机关机要员黄某。戴某谎称来华投资建厂需了解政策动向,让黄某借工作之便为其搞到密级为"机密"的《内参报告》4份。戴某拿到文件后送给黄某1部手机,并为其子前往某国留学提供了6万元资金。对黄某的行为如何定罪处罚?(2009年真题,单选)

A. 资助危害国家安全犯罪活动罪、非法获取国家秘密罪,数罪并罚
B. 为境外窃取、刺探、收买、非法提供国家秘密、情报罪与受贿罪,数罪并罚
C. 非法获取国家秘密罪、受贿罪,数罪并罚
D. 故意泄露国家秘密罪、受贿罪,从一重罪处断

[释疑] 黄某是国家机关机要员,利用职务便利出卖国家秘密,同时成立受贿罪。因受贿而渎职,其渎职行为构成其他罪的,一般数罪并罚。(答案:B)

2. 关于利用计算机网络的犯罪,下列哪一选项是正确的?(2007年真题,单选)

A. 通过互联网将国家秘密非法发送给境外的机构、组织、个人的,成立故意泄露国家秘密罪
B. 以营利为目的,在计算机网络上建立赌博网站,或者为赌博网站担任代理,接受投注的,属于刑法第303条规定的"开设赌场"
C. 以牟利为目的,利用互联网传播淫秽电子信息的,成立传播淫秽物品罪
D. 组织多人故意在互联网上编造、传播爆炸、生化、放射威胁等虚假恐怖信息,严重扰乱社会秩序的,成立聚众扰乱社会秩序罪

[释疑] (1) A项,应构成为境外非法提供国家秘密罪。
(2)《关于办理赌博刑事案件具体应用法律若干问题的解释》第2条规定,以营利为目的,在计算机网络上建立赌博网站,或者为赌博网站担任代理,接受投注的,属于第303条规定的"开设赌场"。故B项正确。
(3) C项,应构成传播淫秽物品牟利罪,因为题中给出"以牟利为目的"的条件。
(4) D项,应构成编造、传播虚假恐怖信息罪。(答案:B)

# 第二章 危害公共安全罪

## 考点 1 具体危险犯与抽象危险犯

### 一、精讲

危险犯可分为具体危险犯与抽象危险犯。前者在构成要件中出现"危险""足以造成……"等表述,个案中认定犯罪是否成立需要具体判断是否存在危险;后者的危险是一种类型性危险,立法者认为只要实施该行为,危险就当然存在,个案中无需判断具体危险。

### 二、例题

下列哪一犯罪属抽象危险犯?(2015 年真题,单选)
A. 污染环境罪　　　　　　　　B. 投放危险物质罪
C. 破坏电力设备罪　　　　　　D. 生产、销售假药罪

[释疑] 具体危险犯的构成要件中有对危险要求的明确表述;抽象危险犯则只要求实施构成要件之行为即可。A 项,过失犯罪,结果犯,属具体危险犯。B 项,属具体危险犯。C 项,属具体危险犯。D 项,属抽象危险犯(行为犯)。(答案:D)

## 考点 2 以危险方法危害公共安全罪的认定

### 一、精讲

1. 仅是放火、爆炸、决水、投放危险物质行为的"兜底"条款;与其他危害公共安全的犯罪相区别。

2. 危险方法主要包括:
(1) 驾驶机动车辆撞人的方法。
注意与交通肇事罪、故意杀人罪、故意伤害罪的区别:如果驾车横冲直闯,危害不特定多人的安全,定本罪;如果由于违章驾车,过失撞伤他人,定交通肇事罪;如果故意驾车撞死撞伤特定人的,定故意杀人或者故意伤害罪。
(2) 在公共场所私设电网的方法。

### 二、例题

1. 甲对拆迁不满,在高速公路中间车道用树枝点燃一个焰高约 20 厘米的火堆,将其分成两堆后离开。火堆很快就被通行车辆轧灭。关于本案,下列哪一选项是正确的?(2016 年真题,单选)
A. 甲的行为成立放火罪
B. 甲的行为成立以危险方法危害公共安全罪
C. 如认为甲的行为不成立放火罪,那么其行为也不可能成立以危险方法危害公共安全罪

D. 行为危害公共安全,但不构成放火、决水、爆炸等犯罪的,应以以危险方法危害公共安全罪论处

[释疑] C项,放火罪是以危险方法危害公共安全罪的特定类型。本案情形不足以危害公共安全,A、B项错。C项正确,D项当然错。(答案:C)

2. 下列哪一行为成立以危险方法危害公共安全罪?(2012年真题,单选)
A. 甲驾车在公路转弯处高速行驶,撞翻相向行驶车辆,致2人死亡
B. 乙驾驶越野车在道路上横冲直撞,撞翻数辆他人所驾汽车,致2人死亡
C. 丙醉酒后驾车,刚开出10米就撞死2人
D. 丁在繁华路段飙车,2名老妇受到惊吓致心脏病发作死亡

[释疑] A、C项构成第133条之交通肇事罪,D项构成第133条之一危险驾驶罪。B项驾车故意冲撞不特定人,构成第115条(故意)以危险方法危害公共安全罪。(答案:B)

# 考点 3  危害公共安全犯罪与故意杀人罪的区分

## 一、精讲

危害公共安全犯罪与故意杀人罪区别的要点在于是否具有对不特定多数人生命、健康的公共危险性。以投毒为手段杀人,没有危害公共安全的,应定故意杀人罪。

## 二、例题

1. 甲在建筑工地开翻斗车。某夜,甲开车时未注意路况,当场将工友乙撞死、丙撞伤。甲背丙去医院,想到会坐牢,遂将丙弃至路沟后逃跑。丙不得救治而亡。关于本案,下列哪一选项是错误的?(2013年真题,单选)
A. 甲违反交通运输管理法规,因而发生重大事故,致人死伤,触犯交通肇事罪
B. 甲在作业中违反安全管理规定,发生重大伤亡事故,触犯重大责任事故罪
C. 甲不构成交通肇事罪与重大责任事故罪的想象竞合犯
D. 甲为逃避法律责任,将丙带离事故现场后遗弃,致丙不得救治而亡,还触犯故意杀人罪

[释疑] A项错,甲在建筑工地(并非交通管理领域)作业中出事应为第114条之重大责任事故罪;B项对,交通肇事罪的场合和行为通常是"在道路运输中违反交通法规";C项对,因不构成交通肇事罪,就谈不上想象竞合的问题;D项对,对死亡结果持放任态度,典型的不作为间接故意杀人罪。不是交通肇事罪逃逸致人死亡(逃逸致死者对死亡结果只有过失而无故意)。(答案:A)

2. 甲将邻居交售粮站的稻米淋洒农药,取出部分作饵料,毒死麻雀后售予饭馆,非法获利5 000元。关于甲行为的定性,下列哪一选项是正确的?(2010年真题,单选)
A. 构成故意毁坏财物罪
B. 构成以危险方法危害公共安全罪和盗窃罪
C. 仅构成以危险方法危害公共安全罪
D. 构成投放危险物质罪和销售有毒、有害食品罪

[释疑] "交售粮站"的稻米淋洒农药,具有公共危险性,构成投放危险物质罪。将毒死的麻雀售予饭馆获利5 000元,数量较大,另成立销售有毒、有害食品罪。(答案:D)

3. 甲曾向乙借款 9 000 元,后不想归还借款,便预谋毒死乙。甲将注射了"毒鼠强"的白条鸡挂在乙家门上,乙怀疑白条鸡有毒未食用。随后,甲又乘去乙家串门之机,将"毒鼠强"投放到乙家米袋内。后乙和其妻子、女儿喝过米汤中毒,乙死亡,其他人经抢救脱险。关于甲的行为,下列哪些选项是错误的?(2008 年真题,多选)

A. 构成投放危险物质罪
B. 构成投放危险物质罪与抢劫罪的想象竞合犯
C. 构成投放危险物质罪与故意杀人罪的想象竞合犯
D. 构成抢劫罪与故意杀人罪的吸收犯

[释疑] A、B、C 项错,本案投毒杀人,不具有危害不特定多数人生命、健康的公共危险性,不成立投放危险物质罪,仅成立故意杀人罪。D 项错,杀害债主以逃避债务,属于甲故意杀人的动机,没有发生从他人占有下非法取财的事实,没有抢劫行为。

想象竞合犯与连续犯的区别。甲出于杀害乙的故意,先在"白条鸡"中下毒,后在"乙家米袋内"下毒,属于连续犯而不是想象竞合犯。想象竞合犯是"一行为",而本题中甲实施了"两个行为",不可能是想象竞合犯。(答案:ABCD)

## 考点 4　破坏公用设施的犯罪

### 一、精讲

该类犯罪分为基本犯(实施了破坏行为,但仅有造成法定的严重后果的危险)和结果加重犯(实际造成法定的严重后果)。注意:并非该类行为引发的任何严重后果都成立结果加重犯,只有法定结果发生才能成立。

### 二、例题

陈某欲制造火车出轨事故,破坏轨道时将螺栓砸飞,击中在附近玩耍的幼童,致其死亡。陈某的行为被及时发现,未造成火车倾覆、毁坏事故。关于陈某的行为性质,下列哪一选项是正确的?(2016 年真题,单选)

A. 构成破坏交通设施罪的结果加重犯
B. 构成破坏交通设施罪的基本犯与故意杀人罪的想象竞合犯
C. 构成破坏交通设施罪的基本犯与过失致人死亡罪的想象竞合犯
D. 构成破坏交通设施罪的结果加重犯与过失致人死亡罪的想象竞合犯

[释疑] 本案陈某一行为触犯数罪名(破坏交通设施罪和过失致人死亡罪)的想象竞合犯。本案击中幼童属于不同构成要件的认识错误,即破坏交通设施的故意行为偶然地(非故意地)致幼童死亡,幼童死亡结果不在陈某故意认识范围内,且与交通设施的毁坏无关。C 项正确,A、B、D 项当然错。(答案:C)

## 考点 5　交通肇事罪及其结果加重犯的认定

### 一、精讲

1. 罪与非罪。交通肇事罪与一般交通事故之间的区别关键在于两点:① 是否发生了重大事故;② 行为人是否有违章行为。其中"重大事故"是指死亡 1 人或者重伤 3 人以上的,或者重伤 1 人以上但情节恶劣、后果严重的,或者造成直接损失在 30 万元以上的情形。

2. 交通肇事罪的结果加重犯。"因逃逸致人死亡"的,以交通肇事罪处 7 年以上(15 年以下)有期徒刑。"因逃逸致人死亡"是指行为人在交通肇事后为逃避法律追究而逃跑,致使被害人因得不到救助而死亡的情形。

## 二、例题

1. 甲将私家车借给无驾照的乙使用。乙夜间驾车与其叔丙出行,途中遇刘某过马路,不慎将其撞成重伤,车辆亦受损。丙下车查看情况,对乙谎称自己留下打电话叫救护车,让乙赶紧将车开走。乙离去后,丙将刘某藏匿在草丛中离开。刘某因错过抢救时机身亡。(事实一)

为逃避刑事责任,乙找到有驾照的丁,让丁去公安机关"自首",谎称案发当晚是丁驾车。丁照办。公安机关找甲取证时,甲想到若说是乙造成事故,自己作为被保险人就无法从保险公司获得车损赔偿,便谎称当晚将车借给了丁。(事实二)

后甲找到在私营保险公司当定损员的朋友陈某,告知其真相,请求其帮忙向保险公司申请赔偿。陈某遂向保险公司报告说是丁驾车造成事故,并隐瞒其他不利于甲的事实。甲顺利获得 7 万元保险赔偿。(事实三)

请回答第 86—88 题。(2016 年真题,不定选)

86. 关于事实一的分析,下列选项正确的是:
A. 乙交通肇事后逃逸致刘某死亡,构成交通肇事逃逸致人死亡
B. 乙交通肇事且致使刘某死亡,构成交通肇事罪与过失致人死亡罪,数罪并罚
C. 丙与乙都应对刘某的死亡负责,构成交通肇事罪的共同正犯
D. 丙将刘某藏匿致使其错过抢救时机身亡,构成故意杀人罪

[释疑]   交通肇事后把被害人遗弃或者隐藏使其无法得到救助而死亡的,成立故意杀人罪。丙虽然不是交通肇事者,但是他欺骗有救助义务的肇事者乙离去,具有相当于肇事者乙的救助义务或保证人地位,而后将被害人隐藏致死,成立不作为的故意杀人罪,或者相当于不作为故意杀人罪间接正犯。

A 项错,主要因为被害人死亡结果只能归责于乙的肇事行为,不应当归责于乙的事故离开现场不救助行为,所以不是逃逸致人死亡。B 项错,交通肇事罪致人死亡的,仅成立交通肇事罪一罪,不另外成立过失致人死亡罪。C 错,丙构成故意杀人罪。(答案:D)

87. 关于事实二的分析,下列选项错误的是:
A. 伪证罪与包庇罪是相互排斥的关系,甲不可能既构成伪证罪又构成包庇罪
B. 甲的主观目的在于骗取保险金,没有妨害司法的故意,不构成妨害司法罪
C. 乙唆使丁代替自己承担交通肇事的责任,就此构成教唆犯
D. 丁的"自首"行为干扰了司法机关的正常活动,触犯包庇罪

[释疑]   A 项,参见张明楷《刑法学》(下册)第 1097 页,"不排除一个行为同时触犯包庇罪与伪证罪的现象,对此应作为狭义的包括一罪,从一重罪处罚"。据此 A 项错误。B 项骗取保险金目的与妨害司法故意不排斥,B 项错误。C 项乙唆使丁"顶包"包庇,如果定罪也是第 307 条之"指使他人作伪证"的妨害作证罪,排斥教唆犯适用。C 项错误。

D 项正确,丁"作假证明"包庇犯罪分子乙,触犯包庇罪。(答案:ABC)

88. 关于事实三的分析,下列选项正确的是:
A. 甲对发生的保险事故编造虚假原因,骗取保险金,触犯保险诈骗罪
B. 甲既触犯保险诈骗罪,又触犯诈骗罪,由于两罪性质不同,应数罪并罚
C. 陈某未将保险金据为己有,因欠缺非法占有目的不构成职务侵占罪
D. 陈某与甲密切配合,骗取保险金,两人构成保险诈骗罪的共犯

[释疑] A项正确,第198条第1款规定,对发生的保险事故编造虚假原因,骗取保险金,属于保险诈骗行为之一。D项正确,第198条第3款规定,保险事故的鉴定人、证明人、财产评估人故意提供虚假的证明文件,为他人诈骗提供条件的,以保险诈骗的共犯论处。
B项错,典型法条竞合。C项错,利用职务便利帮助他人骗取本公司财物的,可以构成职务侵占罪。非法占有财物的目的,不限于本人非法占有,也包括给第三人占有。类似的情形如,国家工作人员帮助他人骗取国家救济、补贴、拆迁款等,也有认定为贪污罪的。如果双方共同占有骗取的财物,一般定共同贪污。只有骗取者一方占有的,判决左右摇摆,有定骗取者诈骗罪,国家工作人员滥用职权罪;也有定共同诈骗罪。(答案:AD)

2. 甲于某晚9时驾驶货车在县城主干道超车时,逆行进入对向车道,撞上乙驾驶的小轿车,乙被卡在车内无法动弹,乙车内黄某当场死亡、胡某受重伤。后查明,乙无驾驶资格,事发时略有超速,且未采取有效制动措施。(事实一)(2013年真题,不定选)
关于事实一的分析,下列选项错误的是:
A. 甲违章驾驶,致黄某死亡、胡某受重伤,构成交通肇事罪
B. 甲构成以危险方法危害公共安全罪和交通肇事罪的想象竞合犯
C. 甲对乙车内人员的死伤,具有概括故意
D. 乙违反交通运输管理法规,致同车人黄某当场死亡、胡某重伤,构成交通肇事罪

[释疑] A项没错,甲违章驾驶致人死伤,构成交通肇事罪。B、C项错,不足以认定甲对造成车祸致人死伤结果有故意,只能认定为过失。D项错,乙无证驾驶违章行为与事故发生没有直接联系,至少关系不大,乙仅是次要责任,不构成交通肇事罪。(答案:BCD)

甲(交通肇事后)驾车逃逸。急救人员5分钟后赶到现场,(被害人)胡某因伤势过重被送医院后死亡。(事实二)
关于事实二的分析,下列选项正确的是:(2013年真题,不定选)
A. 胡某的死亡应归责于甲的肇事行为
B. 胡某的死亡应归责于甲的逃逸行为
C. 对甲应适用交通肇事"因逃逸致人死亡"的法定刑
D. 甲交通肇事后逃逸,如数日后向警方投案如实交待罪行的,成立自首

[释疑] A项对,B、C项错。仅仅耽搁5分钟,不能归因于逃逸行为。客观不可避免的结果不能归因于不作为(逃逸行为)。注意:"因逃逸致人死亡"要求逃逸行为与死亡结果之间具有因果关系,判断是否因果关系使用条件公式。D项对,肇事后逃逸,只要未归案的,仍可成立投案自首。(答案:AD)

3. 某日,甲醉酒驾车将行人乙撞死,急忙将尸体运到X地掩埋。10天后,甲得知某单位要在X地施工,因担心乙的尸体被人发现,便将乙的尸体从X地转移至Y地。在转移尸体时,甲无意中发现了乙的身份证和信用卡。此后,甲持乙的身份证和信用卡,从银行柜台将乙的信用卡中的5万元转入自己的信用卡,并以乙的身份证办理入网手续并使用移动电话,造成电信

资费损失 8 000 余元。甲的行为构成何罪?(2008 年真题,多选)

A. 交通肇事罪　　B. 侵占罪　　　C. 信用卡诈骗罪　　D. 诈骗罪

[释疑]　(1) A 项,交通肇事罪认定,甲"醉酒"(违章)驾车将行人乙撞死,成立交通肇事罪,将"尸体"运走、掩埋,属交通肇事后逃逸。

(2) C 项,冒用他人信用卡的,是信用卡诈骗罪。

(3) D 项,以虚假的身份证明办理入网手续并使用移动电话,造成电信资费损失数额较大的,是诈骗罪。

(4) B 项,甲"10 天后"再次转移尸体时,"无意中"发现并拿走乙的身份证和信用卡。该行为具有侵占性质,不过因为"身份证和信用卡"自身价值不大,加之甲"使用"该身份证和信用卡的行为分别构成诈骗罪和信用卡诈骗罪,故不再单独认定侵占罪。(答案:ACD)

4. 根据刑法规定与相关司法解释,下列哪一选项符合交通肇事罪中的"因逃逸致人死亡"?(2007 年真题,单选)

A. 交通肇事后因害怕被现场群众殴打,逃往公安机关自首,被害人因得不到救助而死亡

B. 交通肇事致使被害人当场死亡,但肇事者误以为被害人没有死亡,为逃避法律责任而逃逸

C. 交通肇事致人重伤后误以为被害人已经死亡,为逃避法律责任而逃逸,导致被害人得不到及时救助而死亡

D. 交通肇事后,将被害人转移至隐蔽处,导致其得不到救助而死亡

[释疑]　交通肇事罪"因逃逸致人死亡"(结果加重犯)的认定。

(1) A 项,不符合"为逃避法律追究而逃跑"的特征,不具备"逃逸"的前提,不成立"因逃逸致人死亡"的结果加重犯。

(2) B 项,"因逃逸致人死亡"客观要件是逃逸(使被害人得不到救助)行为与死亡结果有因果关系。若被害人已经死于交通肇事,死亡结果与逃逸行为无关,不属于"因逃逸致人死亡"。

(3) D 项,行为人在交通肇事后为逃避法律追究,将被害人带离事故现场后隐藏或者遗弃,致使被害人无法得到救助而死亡或者严重残疾的,应当分别以故意杀人罪或者故意伤害罪定罪处罚(最高人民法院《关于审理交通肇事刑事案件具体应用法律若干问题的解释》第 6 条)。据此,D 项属于故意杀人罪。

(4) C 项,"'因逃逸致人死亡',是指行为人在交通肇事后为逃避法律追究而逃跑,致使被害人因得不到救助而死亡的情形"(最高人民法院《关于审理交通肇事刑事案件具体应用法律若干问题的解释》第 5 条),据此 C 项正确。"交通肇事致人重伤后误以为被害人已经死亡",不影响"因逃逸致人死亡"的成立,因为认定"因逃逸致人死亡"的结果加重犯不问行为人逃逸时对死亡结果的心态是过失还是(间接)故意。(答案:C)

# 考点 6　以交通肇事罪共犯论处的情形

## 一、精讲

交通肇事后,单位主管人员、机动车辆所有人、承包人或者乘车人指使肇事人逃逸,致使被害人因得不到救助而死亡的,以交通肇事罪的共犯论处。

## 二、例题

1. 乙(15 周岁)在乡村公路驾驶机动车时过失将吴某撞成重伤。乙正要下车救人,坐在车上的甲(乙父)说:"别下车!前面来了许多村民,下车会有麻烦。"乙便驾车逃走,吴某因流血过多而亡。关于本案,下列哪一选项是正确的?(2014 年真题,单选)

  A. 因乙不成立交通肇事罪,甲也不成立交通肇事罪
  B. 对甲应按交通肇事罪的间接正犯论处
  C. 根据司法实践,对甲应以交通肇事罪论处
  D. 根据刑法规定,甲、乙均不成立犯罪

[释疑] 指使肇事者逃逸致人死亡的,以交通肇事罪共犯论处。"根据司法实践"指根据 2000 年《关于审理交通肇事刑事案件具体应用法律若干问题的解释》第 5 条第 2 款,(提示:此处还隐含这是根据司法解释规定得出的答案,不代表出题人观点)。A 项,乙未达刑事责任年龄不为罪,正确,因单人成立犯罪需具备三要件,甲虽具备① 构成要件,② 违法但不具备,③ 有责性,不为罪。但这不影响甲成立乙共犯,因成立共犯只需二人"不法共同"即可,不以"责任共同"为必要。故甲、乙在责任上不共同(甲具备有责性,乙不具备有责性)不影响甲、乙成立共犯。B 项,交通肇事罪是过失犯罪,甲让 15 岁的儿子乙驾车,不好说成是利用乙犯罪。甲对车的监管责任产生其阻止乙驾车的义务,甲不阻止乙驾驶导致乙肇事,甲成立交通肇事罪(不作为),甲乙都有救助被害人吴某的义务,甲不仅自己不是救助还阻止乙救助,甲的行为是不作为故意杀人性质,乙是共犯。(答案:C)

特别说明:这关联到前面提及的"此处还隐含不代表出题人观点"。根据司法解释即"根据司法实践"定交通肇事罪将因乙不够交通肇事罪刑事责任年龄、不能追究乙的罪责。其实出题人认为这个"根据司法实践"的结论未必妥当。依出题人观点最佳结论似乎是:乙已达到故意杀人罪的刑事责任年龄,且符合不作为故意杀人罪的要件,甲乙都成立不作为故意杀人罪的共犯。按司法解释将本案定成交通肇事性质,使本应构成(不作为)故意杀人罪的乙逃脱罪责,不太合理。

2. 甲系某公司经理,乙是其司机。某日,乙开车送甲去洽谈商务,途中因违章超速行驶,当场将行人丙撞死,并致行人丁重伤。乙欲送丁去医院救治,被甲阻止。甲催乙送其前去洽谈商务,并称否则会造成重大经济损失。于是,乙打电话给 120 急救站后离开肇事现场。但因时间延误,丁不治身亡。关于本案,下列哪一选项是正确的?(2006 年真题,单选)

  A. 甲不构成犯罪,乙构成交通肇事罪
  B. 甲、乙均构成交通肇事罪
  C. 乙构成交通肇事罪和不作为的故意杀人罪,甲是不作为的故意杀人罪的共犯
  D. 甲、乙均构成故意杀人罪

[释疑] 本题考查交通肇事罪的共犯问题。(答案:B)

## 考点 7 交通肇事罪与其他犯罪之间的界限

### 一、精讲

(1) 交通肇事罪与其他过失犯罪的区别:认定责任的依据是有否违反"交通管理法规"。

厂矿企业的专用机动车辆、施工车辆以及军队的军用车辆等在"实行公共交通管理的范围内"因为违反交通规则发生重大交通事故的,以交通肇事罪论处。如果是在公共交通管理范围之外,非因违反交通规则造成人身伤亡、财产损失,构成犯罪的,分别依照第134条(重大责任事故罪)、第135条(工程重大安全事故罪)、第233条(过失致人死亡罪)以及第436条(武器装备肇事罪)等规定定罪处罚。

(2)交通肇事罪与以危险方法危害公共安全罪的区别:如果故意使用驾车撞人的方法,在公共场所故意撞死撞伤多人的,应定以危险方法危害公共安全罪。另外,故意使用驾车的方式杀害、伤害特定人的,以故意杀人罪、故意伤害罪定罪处罚。

(3)交通肇事罪(逃逸致人死亡)与故意杀人罪的区别:行为人在交通肇事后为逃避法律追究,将被害人带离事故现场后隐藏或者遗弃,致使被害人无法得到救助而死亡或者严重残疾的,应当分别以故意杀人罪或者故意伤害罪定罪处罚。

## 二、例题

关于交通肇事罪与其他犯罪关系的论述,下列哪些选项是正确的?(2008年缓考真题,多选)

A. 甲酒后驾车撞死一行人,下车观察时,发现死者是其情敌刘某,甲早已预谋将刘某杀死。甲的行为应为故意杀人罪,而不能定为交通肇事罪

B. 乙明知车辆的安全装置不全,仍然指使其雇员王某驾驶该车辆运输货物;王某明知车辆有缺陷,仍超速行驶,造成交通事故,导致1人死亡。乙与王某均构成交通肇事罪

C. 丙在施工场地卸货倒车时,不慎将一装卸工人轧死。丙的行为构成重大责任事故罪,而不是交通肇事罪

D. 丁在一高速公路上驾车行驶时,因疲劳过度将车驶出高速公路,将行人常某撞死。对丁的行为应认定为交通肇事罪,而不是过失致人死亡罪

[释疑] A项,根据行为与心理"同时性"原理,甲对刘某之死仍是过失,B、C、D项正确。(答案:BCD)

## 考点 8 危险驾驶罪的认定

### 一、精讲

1. 本罪前三种行为类型是行为犯(抽象危险犯),主观上是故意,只要实施法定的三种行为之一,就构成本罪,无需考察是否造成严重结果或具有造成严重结果的具体危险;第四种行为类型是具体危险犯,需要考察是否具有造成严重结果的具体危险。

2. 四种行为类型:追逐竞驶(飙车)型——追逐竞驶,情节恶劣;醉酒驾驶(醉驾)型——醉酒驾驶机动车;超载超速型——从事校车业务或旅客运输,严重超过额定乘员载客,或严重超过规定时速行驶;危险化学品型——违反危险化学品安全管理规定运输危险化学品,危及公共安全。

机动车所有人、管理人对第三、四两类行为负有直接责任的,依本罪处罚。

有本罪行为,同时构成其他犯罪的,依照处罚较重的规定定罪处罚(想象竞合)。

3. 与交通肇事罪、以危险方法危害公共安全罪的关系:本罪是上游行为,若有危险驾驶行

为,之后进一步造成肇事结果或故意危害公共安全的,以交通肇事罪、以危险方法危害公共安全罪定罪,不再定本罪(吸收犯或事前的共罚行为)。

## 二、例题

1. 下列哪一行为应以危险驾驶罪论处?(2015年真题,单选)
A. 醉酒驾驶机动车,误将红灯看成绿灯,撞死2名行人
B. 吸毒后驾驶机动车,未造成人员伤亡,但危及交通安全
C. 在驾驶汽车前吃了大量荔枝,被交警以呼气式酒精检测仪测试到酒精含量达到醉酒程度
D. 将汽车误停在大型商场地下固定卸货车位,后在醉酒时将汽车从地下三层开到地下一层的停车位

[释疑] A项,交通肇事罪。B项,"毒驾"并非危险驾驶罪行为类型。C项,吃大量荔枝并非饮酒,且行为人对达到醉酒程度没有认识,不可能构成危险驾驶罪。D项,"醉驾"型危险驾驶罪是行为犯(抽象危险犯),无需具体考察行为的公共危险性。(答案:D)

2. 交警对乙车进行切割,试图将乙救出。此时,醉酒后的丙(血液中的酒精含量为152 mg/100 ml)与丁各自驾驶摩托车"飙车"经过此路段。(事实三)(2013年真题,不定选)

丙发现乙车时紧急刹车,摩托车侧翻,猛烈撞向乙车左前门一侧,丙受重伤。20分钟后,交警将乙抬出车时,发现其已死亡。现无法查明乙被丙撞前是否已死亡,也无法查明乙被丙撞击前所受创伤是否为致命伤。(事实四)(2013年真题,不定选)

关于事实三的定性,下列选项正确的是:
A. 丙、丁均触犯危险驾驶罪,属于共同犯罪
B. 丙构成以危险方法危害公共安全罪,丁构成危险驾驶罪
C. 丙、丁虽构成共同犯罪,但对丙结合事实四应按交通肇事罪定罪处罚,对丁应按危险驾驶罪定罪处罚
D. 丙、丁未能完成预定的飙车行为,但仍成立犯罪既遂

[释疑] A项对,危险驾驶罪是故意犯罪,丙丁二人共同飙车可以成立共同犯罪。B项错,醉酒+飙车也只能认定危险驾驶罪,在没有造成死伤结果且认定对死伤结果有故意时,不得定以危险方法危害公共安全罪(故意犯罪)。C项错,因无法确定丙的行为与乙的死亡结果之间的因果关系,根据"存疑有利于被告人"原则,不应将结果归于丙的行为,因而不能认定丙构成交通肇事罪(过失犯罪,以造成法定结果为必要)。D项对,危险驾驶罪为行为犯,实施了法定行为即为既遂。(答案:AD)

关于事实四乙死亡的因果关系的判断,下列选项错误的是:
A. 甲的行为与乙死亡之间,存在因果关系
B. 丙的行为与乙死亡之间,存在因果关系
C. 处置现场的警察的行为与乙死亡之间,存在因果关系
D. 乙自身的过失行为与本人死亡之间,存在因果关系

[释疑] A、B项都错,乙的死亡结果或与甲的行为或与丙的行为有因果关系,不能确定,利益归于被告人,都不能认定因果关系。C、D项则明显错误。(答案:ABCD)

## 考点 9 重大责任事故罪的认定

### 一、精讲

（1）重大责任事故罪的主体范围："在生产、作业中"一切生产、作业人员，仍属特殊主体。但不必是特定"工作单位"和"职工"。

（2）本罪与失火罪、过失爆炸罪、过失致人死亡罪的区别：前者是在生产、作业活动中违反规章制度造成严重后果，后者是在日常生活中违反生活规则造成严重后果；前者是业务过失，后者是普通过失。

（3）本罪与强令违章冒险作业罪的区别。行为造成重大责任事故必须具备"强令他人违章冒险作业"特征，才能定强令违章冒险作业罪；不具备此特征的，只能定重大责任事故罪，如"本人"违章冒险作业造成事故的；组织、指挥、管理者非因"强令他人违章冒险作业"造成重大事故的等。

### 二、例题

某施工工地升降机操作工刘某未注意下方有人即按启动按钮，造成维修工张某当场被挤压身亡。刘某报告事故时隐瞒了自己按下启动按钮的事实。关于刘某行为的定性，下列哪一选项是正确的？（2010年真题，单选）

A．（间接）故意杀人罪　　　　B．过失致人死亡罪
C．谎报安全事故罪　　　　　　D．重大责任事故罪

[释疑] 根据第134条的规定，在生产作业中违章致人死伤，是过失，排除 A 项，是重大责任事故，排除 B 项。C 项，当事人本人谎报不利案情，因没有期待可能性而不责罚。（答案：D）

## 考点 10 走私武器、弹药罪与买卖、邮寄枪支、弹药罪的区分

### 一、精讲

1. 买卖、邮寄枪支、弹药罪限于境内。逃避海关监管将枪支、弹药以任何方式（包括携带、邮寄等）运出或运入国（边）境的，是走私武器弹药罪。

2.《刑法修正案（九）》取消走私武器、弹药罪、走私核材料罪、走私假币罪的死刑规定。

### 二、例题

刘某利用到国外旅游的机会，购买了手枪1支、子弹若干发自用，并经过伪装将其邮寄回国内。后来刘某得知丁某欲搞一支枪抢银行，即与丁某协商，以1万元将其手枪出租给丁某。丁某使用该手枪抢劫银行时被抓获。对刘某的行为应如何处理？（2008年缓考真题，单选）

A．以非法买卖危险物质罪与抢劫罪实行并罚
B．以非法买卖危险物质罪与非法出租枪支罪实行并罚
C．以走私武器、弹药罪与抢劫罪实行并罚
D．以走私武器、弹药罪、非法出租枪支罪、抢劫罪实行并罚

[释疑]（1）逃避海关监管邮寄枪支出入国（边）境，是走私枪支罪。

(2) D 项,非法出租枪支罪是特殊主体"依法持枪"的人,非法持枪者不成立该罪。
(3) C 项,走私武器、弹药罪与为他人提供枪支抢劫是各自独立的行为,应实行并罚。
(答案:C)

## 考点 11 非法出租、出借枪支罪的认定

### 一、精讲

(1) 依法配备公务用枪的人员,只要有非法出租、出借枪支的行为即构成犯罪。
(2) 依法配置枪支的人员非法出租、出借枪支,必须造成严重后果才构成犯罪。
(3) 非法将枪支作质押的,以非法出借枪支罪论处。对接收枪支质押的人员,以非法持有枪支罪论处。
(4) 行为人与犯罪人事先通谋,出租、出借枪支供其用于犯罪的,应当以共犯论处。
(5) 本罪的主体是特殊主体,只能是依法配备、配置枪支的人员,不包括非法持有者,非法持有者又将枪支非法出租、出借的,只能以非法持有枪支罪论处。

### 二、例题

1. 关于危害公共安全罪的论述,下列哪些选项是正确的?(2014 年真题,多选)
   A. 甲持有大量毒害性物质,乙持有大量放射性物质,甲用部分毒害性物质与乙交换了部分放射性物质。甲、乙的行为属于非法买卖危险物质
   B. 吸毒者甲用毒害性物质与贩毒者乙交换毒品。甲、乙的行为属于非法买卖危险物质,乙的行为另触犯贩卖毒品罪
   C. 依法配备公务用枪的甲,将枪赠与他人。甲的行为构成非法出借枪支罪
   D. 甲父去世前告诉甲"咱家院墙内埋着 5 支枪",甲说"知道了",但此后甲什么也没做。甲的行为构成非法持有枪支罪

   [释疑] (1) A、B 项正确,"以物易物"可解释为"买卖"(交易)。(2) C 项正确,"出借"都为罪,则比"出借"严重的"赠送"更应有罪,依当然解释结论正确。(3) D 项,甲父临终将非法持有的 5 支枪托付给甲,甲说"知道了"意味着接续其父的非法持有,构成非法持有枪支罪。从不作为角度解释,甲父去世后,甲是该宅院的主人负有监管责任,知道自家宅院内藏有枪支有义务消除而不消除,也可成立非法持有枪支罪。(答案:ABCD)

2. 警察甲为讨好妻弟乙,将公务用枪私自送乙把玩,丙乘乙在人前炫耀枪支时,偷取枪支送交派出所,揭发乙持枪的犯罪事实。关于本案,下列哪些选项是正确的?(2012 年真题,多选)
   A. 甲私自出借枪支,构成非法出借枪支罪
   B. 乙非法持有枪支,构成非法持有枪支罪
   C. 丙构成盗窃枪支罪
   D. 丙揭发乙持枪的犯罪事实,构成刑法上的立功

   [释疑] C 项丙为了揭发犯罪,没有非法占有意思,不成立盗窃枪支罪。D 项根据《关于处理自首和立功具体应用法律若干问题的解释》第 5 条立功时间条件是"犯罪分子到案后",丙不备此条件,不是立功只能算平素表现。(答案:AB)

## 考点 12　组织、领导和积极参加恐怖活动组织同时实施其他犯罪的,数罪并罚

### 一、精讲

根据第120条的规定,组织、领导恐怖活动组织的,处……并处没收财产;积极参加恐怖活动组织的,处……并处罚金;其他参加的,处……可以并处罚金。犯前款罪并实施杀人、爆炸、绑架等犯罪的,依照数罪并罚的规定处罚。

注意:《刑法修正案(九)》为本罪增加了财产刑的规定。

### 二、例题

魏某受恐怖活动组织的指派潜入大陆进行恐怖活动,先后杀害3人,绑架1人。魏某的行为构成何种犯罪?(1998年真题,多选)

A. 积极参加恐怖活动组织罪　　　B. 故意杀人罪
C. 绑架罪　　　　　　　　　　　D. 以危险方法危害公共安全罪

[释疑]　本题考查法定数罪并罚的情形。这种犯罪的数罪并罚有专门规定,必须依照规定处理。不必依据一般原理推断。(答案:ABC)

## 考点 13　帮助恐怖活动罪(原"资助恐怖活动罪")

### 一、精讲

《刑法修正案(九)》第6条将刑法第120条之一修改为:"资助恐怖活动组织、实施恐怖活动的个人的,或者资助恐怖活动培训的,处五年以下有期徒刑、拘役、管制或者剥夺政治权利,并处罚金;情节严重的,处五年以上有期徒刑,并处罚金或者没收财产。为恐怖活动组织、实施恐怖活动或者恐怖活动培训招募、运送人员的,依照前款的规定处罚。单位犯前两款罪的,对单位判处罚金,并对其直接负责的主管人员和其他直接责任人员,依照第一款的规定处罚。"

### 二、例题

乙成立恐怖组织并开展培训活动,甲为其提供资助。受培训的丙、丁为实施恐怖活动准备凶器。因案件被及时侦破,乙、丙、丁未能实施恐怖活动。关于本案,下列哪些选项是正确的?(2016年真题,多选)

A. 甲构成帮助恐怖活动罪,不再适用《刑法》总则关于从犯的规定
B. 乙构成组织、领导恐怖组织罪
C. 丙、丁构成准备实施恐怖活动罪
D. 对丙、丁定罪量刑时,不再适用《刑法》总则关于预备犯的规定

[释疑]　A项,第120条之一:"资助恐怖活动组织、实施恐怖活动的个人的,或者资助恐怖活动培训的",帮助资助行为犯罪化,直接适用本条以帮助恐怖活动罪定罪处罚。对甲不再适用总则规定以乙的"组织恐怖组织罪"的共犯论处。B项,乙构成第120条的组织、领导恐怖组织罪。C、D项,第120条之二规定:"有下列情形之一的……(一)为实施恐怖活动准备凶器、危险物品或者其他工具的;(二)组织恐怖活动培训或者积极参加恐怖活动培训的……"

本条将"准备实施恐怖活动罪"单独规定为犯罪,预备行为犯罪化,排斥总则犯罪预备的适用。(答案:ABCD)

## 考点 14 新增5个恐怖犯罪

1. 准备实施恐怖活动罪:① 为实施恐怖活动准备凶器、危险物品或其他工具;② 组织恐怖活动培训或积极参加恐怖活动培训;③ 为实施恐怖活动与境外恐怖活动组织或人员联络的;④ 为实施恐怖活动进行策划或其他准备。有本罪行为,同时构成其他犯罪的,依照处罚较重的规定定罪处罚(想象竞合)。

2. 宣扬恐怖主义、极端主义、煽动实施恐怖活动罪:以制作、散发宣扬恐怖主义、极端主义的图书、音频视频资料或者其他物品,或者通过讲授、发布信息等方式宣扬恐怖主义、极端主义的,或煽动实施恐怖活动。

3. 利用极端主义破坏法律实施罪:利用极端主义煽动、胁迫群众破坏国家法律确立的婚姻、司法、教育、社会管理等制度实施。

4. 强制穿戴宣扬恐怖主义、极端主义服饰、标志罪:以暴力、胁迫等方式强制他人在公共场所穿着、佩戴宣扬恐怖主义、极端主义服饰、标志。

5. 非法持有宣扬恐怖主义、极端主义物品罪:明知是宣扬恐怖主义、极端主义的图书、音频视频资料或者其他物品而非法持有,情节严重。

# 第三章 破坏社会主义市场经济秩序罪

## 考点 1 生产、销售伪劣商品罪的竞合及法律适用

### 一、精讲

第149条第2款规定:"生产、销售本节第一百四十一条至第一百四十八条所列产品,构成各该条规定的犯罪,同时又构成本节第一百四十条规定之罪的,依照处罚较重的规定定罪处罚。"

(1) 第140条生产、销售伪劣产品罪以销售额5万元以上为要件,本节其他罪均不以此为要件。

(2) 第140条生产、销售伪劣产品罪与其他生产、销售伪劣商品罪发生竞合,择一重罪。

(3) 生产、销售伪劣产品,销售额不足5万元,但查处额在15万元以上的,以生产、销售伪劣产品罪(未遂)定罪处罚。

### 二、例题

1. 关于生产、销售伪劣商品罪,下列哪些选项是正确的?(2016年真题,多选)

A. 甲既生产、销售劣药,对人体健康造成严重危害,同时又生产、销售假药的,应实行数罪并罚

B. 乙为提高猪肉的瘦肉率,在饲料中添加"瘦肉精"。由于生猪本身不是食品,故乙不构

成生产有毒、有害食品罪

C. 丙销售不符合安全标准的饼干,足以造成严重食物中毒事故,但销售金额仅有 500 元。对丙应以销售不符合安全标准的食品罪论处

D. 丁明知香肠不符合安全标准,足以造成严重食源性疾患,但误以为没有毒害而销售,事实上香肠中掺有有毒的非食品原料。对丁应以销售不符合安全标准的食品罪论处

[释疑] A 项正确,生产、销售劣药罪(第 142 条)与生产、销售假药罪(第 141 条)是不同种罪,应实行数罪并罚。C 项正确,销售不符合安全标准的食品罪,以"足以造成严重食物中毒事故"为要件,不以销售金额为要件。D 项正确,不同构成要件之间的事实认识错误,即客观上实施了销售有毒有害食品(罪)的行为,而主观上仅有销售不符合安全标准的食品(罪)的认识,仅承担轻罪即销售不符合安全标准的食品罪罪责。

B 项错。使用有毒害物质的饲料饲养供人食用的动物的,以生产有毒、有害食品罪论处。(答案:ACD)

2. 关于生产、销售伪劣商品罪,下列哪些判决是正确的?(2014 年真题,多选)

A. 甲销售的假药无批准文号,但颇有疗效,销售金额达 500 万元,如按销售假药罪处理会导致处罚较轻,法院以销售伪劣产品罪定罪处罚

B. 甲明知病死猪肉有害,仍将大量收购的病死猪肉,冒充合格猪肉在市场上销售。法院以销售有毒、有害食品罪定罪处罚

C. 甲明知贮存的苹果上使用了禁用农药,仍将苹果批发给零售商。法院以销售有毒、有害食品罪定罪处罚

D. 甲以为是劣药而销售,但实际上销售了假药,且对人体健康造成严重危害。法院以销售劣药罪定罪处罚

[释疑] (1)A 项正确,第 149 条规定:择一重罪处罚。C 项正确,2013 年《关于办理危害食品安全刑事案件适用法律若干问题的解释》第 9 条规定:"……在食用农产品种植、养殖、销售、运输、贮存等过程中,使用禁用农药、兽药等禁用物质或者其他有毒、有害物质的"是销售有毒、有害食品罪。D 项正确,抽象事实认识错误,依法定符合说在竞合范围内定罪处罚。甲没有销售假药罪故意,不成立销售假药罪。销售假药罪重于销售劣药罪,可对甲以销售劣药罪(轻罪)定罪处罚。(2)B 项错,应为销售不安全食品罪,2013 年《关于办理危害食品安全刑事案件适用法律若干问题的解释》第 1 条规定:"……(二) 属于病死、死因不明或者检验检疫不合格的畜、禽、兽、水产动物及其肉类、肉类制品的"制售行为,认定为生产销售不安全食品罪的"足以造成严重食物中毒事故或者其他严重食源性疾病"。(答案:ACD)

3. 杨某生产假冒避孕药品,其成分为面粉和白糖的混合物,货值金额达 15 万多元,尚未销售即被查获。关于杨某的行为,下列哪一选项是正确的?(2010 年真题,单选)

A. 不构成犯罪

B. 以生产、销售伪劣产品罪(未遂)定罪处罚

C. 以生产、销售伪劣产品罪(既遂)定罪处罚

D. 触犯生产假药罪与生产、销售伪劣产品罪(未遂),依照处罚较重的规定定罪处罚

[释疑] 生产假药,不论销售额、有无危险均成立生产假药罪;货值达 15 万多元尚未销售,同时构成生产伪劣产品罪(未遂)。根据第 149 条第 2 款,择一重罪处罚。(答案:D)

4. 甲为了获取超额利润,在明知其所经销的电器产品不符合保障人身安全的国家标准的

情况下,仍然大量进货销售,销售金额总计达到180万元。一企业因使用这种电器导致短路,引起火灾,造成3人轻伤,部分厂房被烧毁,直接经济损失10万元。下列关于甲的行为的说法哪些是正确的?(2005年真题,多选)

  A. 应当数罪并罚
  B. 构成销售不符合安全标准的产品罪
  C. 构成销售伪劣产品罪
  D. 应按照销售伪劣产品罪和销售不符合安全标准的产品罪中的一个重罪,定罪处罚

[释疑] 甲销售不符合保障人身安全的国家标准的电器产品,造成严重后果且销售额达到5万元以上,同时触犯(或构成)销售不符合安全标准的产品罪和销售伪劣产品罪,应择一重罪定罪处罚,故B、C、D项正确。(答案:BCD)

### 考点 2　生产、销售有毒、有害食品罪的认定

**一、精讲**

1. 生产、销售有毒、有害食品罪客观行为表现为三种:(1) 在生产的食品中掺入有毒、有害的非食品原料;(2) 在销售的食品中掺入有毒、有害的非食品原料;(3) 明知是掺有有毒、有害的非食品原料的食品而销售。

2. 与生产、销售不符合安全标准的食品罪的区别:关键在于是否"食品"本身产生危害。如果在食品中掺入有毒、有害的非食品原料,例如用工业酒精甲醇兑制假白酒,定生产、销售有毒、有害食品罪;如果加入的是食品原料,不符合标准,因为变质而产生毒害,定生产、销售不符合安全标准的食品罪。

3. 与投放危险物质罪的区别:主要是有无毒害他人的直接故意。生产、销售有毒、有害食品罪通常发生在经营活动中,行为人的目的是营利,对造成严重后果通常是过失或者间接故意。

**二、例题**

1. 关于生产、销售伪劣商品罪,下列哪些选项是正确的?(2013年真题,多选)
  A. 甲未经批准进口一批药品销售给医院。虽该药品质量合格,甲的行为仍构成销售假药罪
  B. 甲大量使用禁用农药种植大豆。甲的行为属于"在生产的食品中掺入有毒、有害的非食品原料",构成生产有毒、有害食品罪
  C. 甲将纯净水掺入到工业酒精中,冒充白酒销售。甲的行为不属于"在生产、销售的食品中掺入有毒、有害的非食品原料",不成立生产、销售有毒、有害食品罪
  D. 甲利用"地沟油"大量生产"食用油"后销售。因不能查明"地沟油"的具体毒害成分,对甲的行为不能以生产、销售有毒、有害食品罪论处

[释疑]　A项对,根据《药品管理法》依法必须批准而未经批准生产、进口,或依法须经检验而未经检验即销售的,是销售假药行为之一。B项对,根据《关于办理危害食品安全刑事案件适用法律若干问题的解释》第9条第2款规定:"在食用农产品种植、养殖、销售、运输、贮存等过程中,使用禁用农药、兽药等禁用物质或者其他有毒、有害物质的,"是生产有毒有害食

品。C、D 项应为生产、销售有毒、有害食品罪。(答案:AB)

2. 刘某专营散酒收售,农村小卖部为其供应对象。刘某从他人处得知,某村办酒厂生产的散酒价格低廉,虽掺有少量有毒物质,但不会致命,遂大量购进并转销给多家小卖部出售,结果致许多饮用者中毒甚至双眼失明。下列哪些选项是正确的?(2009 年真题,多选)

A. 造成饮用者中毒的直接责任人是某村办酒厂,应以生产和销售有毒、有害食品罪追究其刑事责任;刘某不清楚酒的有毒成分,可不负刑事责任

B. 对刘某应当以生产和销售有毒、有害食品罪追究刑事责任

C. 应当对构成犯罪者并处罚金或没收财产

D. 村办酒厂和刘某构成共同犯罪

[释疑] 刘某贪图酒价低廉,知道掺有少量有毒物质,但不会致命。据此足以认定明知酒为毒酒,要承担刑事责任。B 项正确,A 项错误。本案中卖方与买方属于"对合犯",不成立共犯,D 项错误。根据第 141 条第 1 款的规定:"……致人死亡或者有其他特别严重情节的,处十年以上有期徒刑、无期徒刑或者死刑,并处罚金或者没收财产。"C 项正确。(答案:BC)

## 考点 3 走私犯罪的认定

### 一、精讲

1. "走私"实为一类犯罪,其共同点是"逃避海关监管运输货物出入国(边)境""偷逃关税"。需要掌握的要点是:

(1) 走私普通货物、物品罪属于走私类犯罪的一般性规定。故走私已经被特别规定为一种走私罪的行为对象的物品的,如走私黄金、武器弹药等,不定本罪,定其他走私罪。属于法条竞合关系,特别法优先。

(2) 走私淫秽物品罪"以牟利或传播为要件",属于"目的犯"。

(3) 走私文物、贵金属限定在走私"出口"。如果走私进口文物、贵重金属的,不构成本罪,按照走私普通货物、物品罪论处。

(4) 走私中"暴力抗拒"稽查又构成妨害公务罪的,以走私罪和妨害公务罪,数罪并罚。

2. 走私枪支弹药行为的认定:(1) 走私枪支散件,构成犯罪的,以走私武器罪定罪处罚。成套枪支散件以相应数量的枪支计,非成套枪支散件以每三十件为一套枪支散件计。(2) 走私各种弹药的弹头、弹壳,构成犯罪的,以走私弹药罪定罪处罚。(3) 走私报废或无法组装并使用的各种弹药的弹头、弹壳,构成犯罪的,以走私普通货物、物品罪定罪处罚;属于废物的,以走私废物罪定罪处罚。(4) 走私国家禁止或者限制进出口的仿真枪、管制刀具,构成犯罪的,以走私国家禁止进出口的货物、物品罪定罪处罚。(5) 走私的仿真枪经鉴定为枪支,构成犯罪的,以走私武器罪定罪处罚。

3. 法条竞合问题:未经许可进出口国家限制进出口的货物、物品,构成犯罪的,以走私国家禁止进出口的货物、物品罪等罪名定罪处罚;偷逃应缴税额,同时又构成走私普通货物、物品罪的,依照处罚较重的规定定罪处罚。

4. 取得许可,但超过许可数量进出口国家限制进出口的货物、物品,构成犯罪的,以走私普通货物、物品罪定罪处罚。

5. 在走私的货物、物品中藏匿特殊货物、物品,构成犯罪的,以实际走私的货物、物品定罪处罚;构成数罪的,实行数罪并罚。

6. 走私犯罪既遂标准:(1) 在海关监管现场被查获的;(2) 以虚假申报方式走私,申报行为实施完毕的;(3) 以保税货物或者特定减税、免税进口的货物、物品为对象走私,在境内销售的,或者申请核销行为实施完毕的。

## 二、例题

1. 下列哪些行为(不考虑数量),应以走私普通货物、物品罪论处?(2015年真题,多选)

A. 将白银从境外走私进入中国境内

B. 走私国家禁止进出口的旧机动车

C. 走私淫秽物品,有传播目的但无牟利目的

D. 走私无法组装并使用(不属于废物)的弹头、弹壳

[释疑] A项,走私贵重金属罪属于"单向犯罪",只有走私出境才构成该罪,若走私入境则按走私普通货物罪认定。B项,走私普通货物罪之"普通货物"应是国家并不禁止进出口的货物,走私国家禁止进出口的旧机动车应构成走私国家禁止进出口的货物、物品罪。C项,构成走私淫秽物品罪,只需具备传播或牟利目的之一即可。D项,"无法组装并使用(不属于废物)的弹头、弹壳"应认定为"普通货物、物品"。注意,若是走私可以组装并使用的弹头、弹壳,则构成走私武器、弹药罪。(答案:AD)

2. 关于走私犯罪,下列哪一选项是正确的?(2011年真题,单选)

A. 甲误将淫秽光盘当作普通光盘走私入境。虽不构成走私淫秽物品罪,但如按照普通光盘计算,其偷逃应缴税额较大时,应认定为走私普通货物、物品罪

B. 乙走私大量弹头、弹壳。由于弹头、弹壳不等于弹药,故乙不成立走私弹药罪

C. 丙走私枪支入境后非法出卖。此情形属于吸收犯,按重罪吸收轻罪的原则论处

D. 丁走私武器时以暴力抗拒缉私。此情形属于牵连犯,从一重罪论处

[释疑] (1) A项正确,走私淫秽物品罪必须明知是淫秽物品,如果不明知是淫秽物品,不成立走私淫秽物品罪,但是达到一定数额不排除可以成立走私普通货物、物品罪。

(2) B项错,根据审理走私案的司法解释,走私弹头、弹壳等武器弹药零件可以组装成枪弹的,成立走私武器弹药罪。

(3) C项错,走私枪支后非法出卖,至少不是吸收犯,因为二者不具有 A 罪(走私枪支)是 B 罪(出售枪支)的必经过程;B 罪是 A 罪当然结果的密切关系。或许是牵连犯或许是实质(数罪并罚)数罪。因中国司法实务不喜好数罪并罚,就同一支或一批枪支,在走私入境环节被查获的只有一罪;走私入境后非法出卖的,在出卖环节被查获的,通常只按照非法买卖枪支一罪处罚。不同批次的,因为走私武器弹药与非法买卖枪支弹药是不同种罪,肯定数罪并罚。

(4) D项错,根据第157条的规定,数罪并罚。且属于注意规定,即使没有第157条的规定,也应数罪并罚。(答案:A)

## 三、提示与预测

注意最高人民法院《关于审理走私刑事案件具体应用法律若干问题的解释(二)》第5条

的规定,对在走私的普通货物、物品或者废物中藏匿第151条(枪支弹药等)、第152条(淫秽物品)、第347条(毒品)、第350条(制毒物品)规定的货物、物品,构成犯罪的,以实际走私的货物、物品定罪处罚;构成数罪的,实行数罪并罚。

## 考点 4  虚报注册资本罪与抽逃出资罪的认定

**例题**

1. 甲向乙借款50万元注册成立A公司,乙与甲约定在A公司取得营业执照的第二天,乙的B公司向A公司借款50万元。A公司取得营业执照后,由甲经手将A公司50万元借给B公司。关于甲的行为性质,下列哪一选项是正确的?(2013年真题,单选)

　　A. 虚报注册资本罪　　　　　　　　B. 虚假出资罪
　　C. 抽逃出资罪　　　　　　　　　　D. 无罪

[释疑]  违反公司管理犯罪。甲"借款"50万注册A公司,该50万为A公司所有,A公司注册资金是真实的,不是虚报,也不是虚假出资;A公司虽将该50万出借给B公司,但同时获得50万元的债权(仅为资本形式的改变),A公司注册资金形成的财力仍存在,不是抽逃。故无罪。(答案:D)

2. 甲、乙二人出资10万元,同时通过购买并使用伪造的商业零售发票,虚填商品实物价值人民币50万元,骗取审计事务所出具验资报告,欺骗公司登记主管部门,以60万元注册资本取得"××贸易有限公司"营业执照。后甲、乙又合谋将上述10万元资本金转移用于注册另一公司。甲、乙二人的行为构成:(2005年真题,单选)

　　A. 虚报注册资本罪　　　　　　　　B. 虚假出资罪
　　C. 虚报注册资本罪与抽逃出资罪　　D. 虚假出资罪与抽逃出资罪

[释疑]  到底是一罪还是数罪?从学理上讲,甲乙虚报注册资本50万元(注意不是60万元);后又将实际出资的10万元抽走,成立抽逃出资罪(注意犯罪金额是10万元,不是60万元),故成立数罪。

有考生认为应该选A项,不应选C项,因为"同一个行为被重复评价了,抽逃出资是前一个行为的一部分"。这种想法没有考虑到犯罪金额即虚假出资额(50万元)和抽逃出资额(10万元)的问题。(答案:C)

## 考点 5  高利转贷罪和非国家工作人员贿赂犯罪的认定

**一、精讲**

1. 注意高利转贷罪的主观要件以转贷牟利为目的。
2. 注意非国家工作人员受贿罪和受贿罪的区别:(1) 主体不同。受贿罪的主体是国家工作人员;非国家工作人员受贿罪的主体是公司、企业或其他单位的工作人员。(2) 行为方式不同。如果国家工作人员索贿的,不以为他人谋利为要件即可成立受贿罪;但非国家工作人员索贿的,仍以为他人谋取利益为要件。

## 二、例题

X 公司系甲、乙二人合伙依法注册成立的公司,以钢材批发零售为营业范围。丙因自己的公司急需资金,便找到甲、乙借款,承诺向 X 公司支付高于银行利息 5 个百分点的利息,并另给甲、乙个人好处费。甲、乙见有利可图,即以购买钢材为由,以 X 公司的名义向某银行贷款 1000 万元,贷期半年。甲、乙将贷款按约定的利息标准借予丙,丙给甲、乙各 10 万元的好处费。半年后,丙将借款及利息还给 X 公司,甲、乙即向银行归还本息。关于甲、乙、丙行为的定性,下列哪一选项是正确的?(2008 年真题,单选)

A. 甲、乙构成高利转贷罪,丙无罪
B. 甲、乙构成骗取贷款罪,丙无罪
C. 甲、乙构成高利转贷罪、非国家工作人员受贿罪,丙构成对非国家工作人员行贿罪
D. 甲、乙构成骗取贷款罪、非国家工作人员受贿罪,丙构成对非国家工作人员行贿罪

[释疑] 骗取贷款罪要求给"金融机构造成重大损失或者有其他严重情节",甲、乙到期归还本息,不符合骗取贷款罪的"罪量"要求,排除 B、D 项。丙给甲、乙各 10 万元的好处费,丙构成对非国家工作人员行贿罪,甲、乙另成立非国家工作人员受贿罪。(答案:C)

## 考点 6 违法发放贷款罪的认定

### 一、精讲

违法发放贷款罪的主体为银行或者其他金融机构的工作人员,本罪以违法发放贷款"数额巨大"或者"造成重大损失"为要件。根据司法解释,取消违法向关系人发放贷款罪罪名,向关系人违法发放贷款的,是本罪从重处罚的情节。

### 二、例题

甲受国有事业单位委派,担任某农村信用合作社主任。某日,乙找甲,说要贷款 200 万元做生意,但无任何可抵押财产也无担保人,不符合信贷条件。乙表示若能贷出款来,就会给甲 10 万元作为辛苦费。于是甲嘱咐该合作社主管信贷的职员丙"一定办好此事"。丙无奈,明知不符合条件仍然放贷。乙当即给甲 10 万元,其余 190 万元贷后用于挥霍,经合作社多次催收,乙拒绝归还。请回答:(2008 年缓考真题,不定项)

(1) 甲的行为触犯的罪名是:
A. 受贿罪　　　　　　　　　　B. 贷款诈骗罪
C. 玩忽职守罪　　　　　　　　D. 违法发放贷款罪

[释疑] (1) B 项,甲不知乙不还贷,不成立贷款诈骗罪(共犯)。
(2) D 项,甲明知不符合贷款条件,指使下属违法发放贷款,成立违法发放贷款罪(教唆犯)。
(3) C 项,为行贿人谋利产生的结果,已定为违法发放贷款罪,排斥玩忽职守的适用。(答案:AD)

(2) 对于乙、丙的行为,下列说法正确的是:

A. 乙构成贷款诈骗罪　　　　　　　　B. 乙构成行贿罪
   C. 丙构成违法发放贷款罪　　　　　　D. 丙构成玩忽职守罪
   [释疑]　（1）A项，"用于挥霍，经合作社多次催收，乙拒绝归还"，表明有非法占有目的，成立贷款诈骗罪。
   （2）C项，违反规定贷款造成严重损失，成立违法发放贷款罪，排斥玩忽职守罪。（答案：ABC）

## 考点 7　非法经营同类营业罪的犯罪主体

### 一、精讲

非法经营同类营业罪的犯罪主体包括：国有公司、企业的董事、经理。

根据第165条的规定，国有公司、企业的董事、经理利用职务便利，自己经营或者为他人经营与其所任职公司、企业同类的营业，获取非法利益，数额巨大的，处3年以下有期徒刑或者拘役，并处或者单处罚金；数额特别巨大的，处3年以上7年以下有期徒刑，并处罚金。

### 二、例题

下列哪些人可以成为非法经营同类营业罪的犯罪主体？（2005年真题，多选）
   A. 中外合资企业的董事、经理　　　　B. 国有公司的董事
   C. 国有企业的经理　　　　　　　　　D. 国有公司控股的公司、企业的董事、经理
   [释疑]　B、C项正确，A项明显错误。"国有公司、企业"目前通说认为只包括"国有全资"的公司、企业，不包括国有公司控股的公司、企业。被国有公司控股的公司包含有非国有的股份，不是国有全资的公司、企业，故排除D项。（答案：BC）

## 考点 8　伪造货币罪和变造货币罪的区分

### 一、精讲

1. 伪造货币，是从无到有，制造外观上足以使一般人误认为是货币的假货币的行为；变造是对真货币的加工行为，但注意变造的货币与变造前的货币要具有同一性。如果加工的程度导致其与真货币丧失同一性，则属于伪造货币。故将金属货币熔化后，制作成较薄的、更多的金属货币的行为；以货币碎片为材料，加入其他纸张，制作成假币的，均成立伪造货币罪。

2. 《刑法修正案（九）》取消伪造货币罪的死刑。

### 二、例题

1. 关于货币犯罪，下列哪一选项是错误的？（2013年真题，单选）
   A. 伪造货币罪中的"货币"，包括在国内流通的人民币、在国内可兑换的境外货币，以及正在流通的境外货币
   B. 根据《刑法》规定，伪造货币并出售或者运输伪造的货币的，依照伪造货币罪从重处罚。据此，行为人伪造美元，并运输他人伪造的欧元的，应按伪造货币罪从重处
   C. 将低额美元的纸币加工成高额英镑的纸币的，属于伪造货币

D. 对人民币真币加工处理,使100元面额变为50元面额的,属于变造货币

[释疑] A项对,伪造货币罪中的"货币",包括境内外流通的货币。B项错,伪造美元并运输"他人"伪造的欧元的,应按伪造货币罪(美元数额)和运输假币罪(欧元数额)数罪并罚。第171条第3款指运输贩卖"自己"伪造的假币的情形。C项对,币种不同,是伪造。D项对,属于变造。虽然无人愿做将大额变造成小额的蠢事,但仍属于规范意义上的"变造"。(答案:B)

2. 关于货币犯罪的认定,下列哪些选项是正确的?(2011年真题,多选)
A. 以使用为目的,大量印制停止流通的第三版人民币的,不成立伪造货币罪
B. 伪造正在流通但在我国尚无法兑换的境外货币的,成立伪造货币罪
C. 将白纸冒充假币卖给他人的,构成诈骗罪,不成立出售假币罪
D. 将一半真币与一半假币拼接,制造大量半真半假面额100元纸币的,成立变造货币罪

[释疑] (1) A项正确,伪造货币罪限于伪造"流通"的货币,不能流通的不成立本罪。
(2) B项,伪造流通的境外货币,不问在我国是否能兑换(即不限于"硬通货"),都可定罪,正确。
(3) C项,并没有伪造行为,完全是虚构骗局,骗取他人交付的,定诈骗罪。
(4) D项,应为伪造货币。(答案:ABC)

3. 关于货币犯罪,下列哪一选项是正确的?(2010年真题,单选)
A. 以货币碎片为材料,加入其他纸张,制作成假币的,属于变造货币
B. 将金属货币熔化后,制作成较薄的、更多的金属货币的,属于变造货币
C. 将伪造的货币赠与他人的,属于使用假币
D. 运输假币并使用假币的,按运输假币罪从重处罚

[释疑] C项如果表达为"把假币当作真币赠送"就更明确了。A、B项为伪造货币,D项应数罪并罚。(答案:C)

## 考点 9 使用假币罪与相关犯罪的区分

### 一、精讲

(1) 使用假币罪与出售假币罪的区别:使用假币是以假充真,有诈骗的性质,按票面金额足额使用;出售假币是"以假贩假",对方是"知假买假"不存在欺骗买方,按票面金额打折使用。

(2) 使用假币罪与出售购买假币罪的罪数问题:① 行为人购买假币后使用,构成犯罪的,以购买假币罪定罪,从重处罚。② 行为人出售、运输假币构成犯罪,同时有使用假币行为(数额较大)的,以出售、运输假币罪和使用假币罪,数罪并罚。

(3) 使用假币罪与诈骗罪的区别:因为使用假币是以假币冒充真币使用,本身具有欺诈性,也可理解为诈骗罪的特殊情形之一。但鉴于法律对把假币冒充真币而使用的情况专门规定为使用假币罪,故通常排斥适用诈骗罪条文定罪。按照法条竞合的原理,使用假币是一种特别规定,优先适用。

### 二、例题

1. 下列哪一行为不成立使用假币罪(不考虑数额)?(2015年真题,单选)

A. 用假币缴纳罚款
B. 用假币兑换外币
C. 在朋友结婚时,将假币塞进红包送给朋友
D. 与网友见面时,显示假币以证明经济实力

[释疑] "使用"是指将货币置于流通领域。A、B、C三项,都是"使用"行为。D项,并未将假币置于流通领域,因此不是"使用"。(答案:D)

2. 甲在国外旅游,见有人兜售高仿真人民币,用1万元换取10万元假币,将假币夹在书中寄回国内。(事实一)

赵氏调味品公司欲设加盟店,销售具有注册商标的赵氏调味品,派员工赵某物色合作者。甲知道自己不符合加盟条件,仍找到赵某送其2万元真币和10万元假币,请其帮忙加盟事宜。赵某与甲签订开设加盟店的合作协议。(事实二)

甲加盟后,明知伪劣的"一滴香"调味品含有害非法添加剂,但因该产品畅销,便在"一滴香"上贴上赵氏调味品的注册商标私自出卖,前后共卖出5万多元"一滴香"。(事实三)

张某到加盟店欲批发1万元调味品,见甲态度不好表示不买了。甲对张某拳打脚踢,并说"涨价2000元,不付款休想走"。张某无奈付款1.2万元买下调味品。(事实四)

甲以银行定期存款4倍的高息放贷,很快赚了钱。随后,四处散发宣传单,声称为加盟店筹资,承诺3个月后还款并支付银行定期存款2倍的利息。甲从社会上筹得资金1000万,高利贷出,赚取息差。(事实五)

甲资金链断裂无法归还借款,但仍继续扩大宣传,又吸纳社会资金2000万,以后期借款归还前期借款。后因亏空巨大,甲将余款500万元交给其子,跳楼自杀。(事实六)

请回答(1)—(6)题。(2012年真题,不定选)
(1) 关于事实一的分析,下列选项正确的是:(不定项选)
A. 用1万元真币换取10万元假币,构成购买假币罪
B. 扣除甲的成本1万元,甲购买假币的数额为9万元
C. 在境外购买人民币假币,危害我国货币管理制度,应适用保护管辖原则审理本案
D. 将假币寄回国内,属于走私假币,构成走私假币罪

[释疑] A项以假币交易"价格"换取说明双方知道是假币,是第171条之购买、出售假币行为。B项犯罪金额计算不扣除"犯罪成本支出",应按购买假币总额算为10万假币。C项第8条保护原则限定"外国人"在外国犯罪,甲是中国人,符合第7条属人原则"中国人"在外国犯罪。D项构成第151条走私假币罪。甲有购买假币和走私假币二行为二罪,考虑同一笔假币有牵连关系,且在走私环节被查获,通常以走私假币罪一罪定罪处罚。(答案:AD)

(2) 关于事实二的定性,下列选项正确的是:(不定项选)
A. 甲将2万元真币送给赵某,构成行贿罪
B. 甲将10万元假币冒充真币送给赵某,不构成诈骗罪
C. 赵某收受甲的财物,构成非国家工作人员受贿罪
D. 赵某被甲欺骗而订立合同,构成签订合同失职被骗罪

[释疑] 赵某不是国家工作人员,对其行贿是对非国家工作人员行贿罪而不是行贿罪,A项错,赵某收受贿赂是非国家工作人员受贿罪,C项对。D项赵某不是国家机关工作人员,不符合第406条(国家机关工作人员签订合同失职被骗罪)主体身份,D项错。B项甲赠送假

币虽然有欺骗,但从赵某处没有骗取交付任何财物,不构成诈骗罪正确。如果使用假币购物使他人交付财物,则同时触犯诈骗罪,法条竞合排斥诈骗罪适用。甲送假币行为,如赵某知道是假币,甲仍是行贿罪。如果赵某不知是假币,则甲同时构成使用假币罪。(答案:BC)

(3) 关于事实三的定性,下列选项正确的是:(不定项选)
  A. 在"一滴香"上擅自贴上赵氏调味品注册商标,构成假冒注册商标罪
  B. 因"一滴香"含有害人体的添加剂,甲构成销售有毒、有害食品罪
  C. 卖出5万多元"一滴香",甲触犯销售伪劣产品罪
  D. 对假冒注册商标行为与出售"一滴香"行为,应数罪并罚

[释疑]  D项在销售的伪劣产品上使用假冒注册商标触犯二罪名的,是牵连犯,酌情不数罪并罚。销售有毒食品销售额达到5万元以上同时触犯第140条销售伪劣产品罪的,是法条竞合犯,依据第149条择一重罪处罚,不数罪并罚。(答案:ABC)

(4) 关于事实四甲的定性,下列选项正确的是:(不定项选)
  A. 应以抢劫罪论处               B. 应以寻衅滋事罪论处
  C. 应以敲诈勒索罪论处           D. 应以强迫交易罪论处

[释疑]  D项正确的依据,见最高人民法院《关于审理抢劫、抢夺刑事案件适用法律若干问题的意见》:"以暴力、胁迫手段索取超出正常交易价钱、费用的钱财的行为定性:从事正常商品买卖、交易或者劳动服务的人,以暴力、胁迫手段迫使他人交出与合理价钱、费用相差不大钱物,情节严重的,以强迫交易罪定罪处罚;以非法占有为目的,以买卖、交易、服务为幌子采用暴力、胁迫手段迫使他人交出与合理价钱、费用相差悬殊的钱物的,以抢劫罪定罪处罚。在具体认定时,既要考虑超出合理价钱、费用的绝对数额,还要考虑超出合理价钱、费用的比例,加以综合判断。"

(1) 在商品交易活动中,有经营场所、发票等,被害人较便利维权;(2) 加价数额与商品价值基本挂钩,没有明显不符。最符合第226条规定的"以暴力、威胁手段……(一) 强买强卖商品的"。(答案:D)

(5) 关于事实五的定性,下列选项正确的是:(不定项选)
  A. 以同期银行定期存款4倍的高息放贷,构成非法经营罪
  B. 甲虽然虚构事实吸纳巨额资金,但不构成诈骗罪
  C. 甲非法吸纳资金,构成非法吸收公众存款罪
  D. 对甲应以非法经营罪和非法吸收公众存款罪进行数罪并罚

[释疑]  A、D项非法经营罪的行为类型中不包括"高利贷",故A、D项不对。B、C项就事实五的程度而言,尚不足以认定非法占有的目的,不足以认定构成诈骗罪或集资诈骗罪,只能认定非法吸收公众存款罪。依据见最高人民法院《关于审理非法集资刑事案件具体应用法律若干问题的解释》(第1条)"违反国家金融管理法律规定,向社会公众(包括单位和个人)吸收资金的行为",是非法吸收公众存款。(答案:BC)

(6) 关于事实六的定性,下列选项正确的是:(不定项选)
  A. 甲以非法占有为目的,非法吸纳资金,构成集资诈骗罪
  B. 甲集资诈骗的数额为2000万元
  C. 根据《刑法》规定,集资诈骗数额特别巨大的,可判处死刑
  D. 甲已死亡,导致刑罚消灭,法院对余款500万元不能进行追缴

[释疑]　A、B项事实六足以认定具有非法占有目的。依据见最高人民法院《关于审理非法集资刑事案件具体应用法律若干问题的解释》第4条规定:"以非法占有为目的,使用诈骗方法实施本解释第二条规定所列行为的,应当依照刑法第一百九十二条的规定,以集资诈骗罪定罪处罚。"C项第199条规定,犯第192条之集资诈骗罪,"数额特别巨大并且给国家和人民利益造成特别重大损失的,处无期徒刑或者死刑,并处没收财产"。这是《刑法修正案(八)》之后唯一规定死刑的诈骗犯罪。(答案:ABC)

3. 甲、乙预谋修车后以假币骗付。某日,甲、乙在某汽修厂修车后应付款4 850元,按照预谋甲将4 900元假币递给乙清点后交给修理厂职工丙,乙说:"修得不错,零钱不用找了",甲、乙随即上车。丙发现货币有假大叫"别走",甲迅即启动汽车驶向厂门,丙扑向甲车前风挡,抓住雨刮器。乙对甲说:"太危险,快停车",甲仍然加速,致丙摔成重伤。请回答(1)—(4)题。(2010年真题,不定选)

(1) 甲、乙用假币支付修车费被识破后开车逃跑的行为应定的罪名是:
　A. 持有、使用假币罪　　　　　　B. 诈骗罪
　C. 抢夺罪　　　　　　　　　　　D. 抢劫罪

[释疑]　使用假币要点是"把假币冒充真币"使用,甲、乙的行为完全符合。使用假币当然具有欺诈性,但排斥认定B项诈骗罪。第269条(转化抢劫)限定在"犯盗窃、诈骗、抢夺罪"中,且属于特别规定,不能适用于甲使用假币罪时。(答案:A)

(2) 对于丙的重伤,甲的罪过形式是:
　A. 故意　　　　　　　　　　　　B. 有目的的故意
　C. 过失　　　　　　　　　　　　D. 无认识的过失

[释疑]　甲对丙重伤的心态(罪过形式)符合第14条关于故意犯罪的规定:明知自己(该驾车)行为会造成(丙重伤)结果,大体属于间接故意。看不出对丙重伤有追求,排斥B项。(答案:A)

(3) 关于致丙重伤的行为,下列选项错误的是:
　A. 乙明确叫甲停车,可以成立犯罪中止
　B. 甲、乙构成故意伤害的共同犯罪
　C. 甲的行为超出了共同犯罪故意,对于丙的重伤后果,乙不应当负责
　D. 乙没有实施共同伤害行为,不构成犯罪

[释疑]　本题C、D项是正确处理结论。"甲驾车加速逃跑致丙重伤"是瞬间发生的事情,乙未曾料到,喊"太危险,快停车"表明不赞同不接受这种做法。可认为是甲实施的"过限行为"。乙与甲在伤害丙上不成立共犯,也就不存在中止。(答案:AB)

(4) 对甲的定罪,下列选项错误的是:
　A. 抢夺罪、故意伤害罪　　　　　B. 诈骗罪、以危险方法危害公共安全罪
　C. 持有、使用假币罪,交通肇事罪　D. 抢劫罪、故意伤害罪

[释疑]　对甲的正确定罪:使用假币罪和故意伤害罪。(答案:ABCD)

4. 甲发现某银行的ATM机能够存入编号以"HD"开头的假币,于是窃取了3张借记卡,先后两次采取存入假币取出真币的方法,共从ATM机内获取6 000元人民币。甲的行为构成何罪?(2009年真题,多选)
　A. 使用假币罪　　　　　　　　　B. 信用卡诈骗罪

C. 盗窃罪　　　　　　　　　　　D. 以假币换取货币罪

[释疑]　以假币换取等值真币且可能进一步流通(如被其他客户取走)，是使用假币；A项正确；盗窃信用卡并使用的，以盗窃论，不定信用卡诈骗罪，C项正确。(答案：AC)

## 考点 10　洗钱罪的认定及相关犯罪的区别

### 一、精讲

1. 第191条第1款规定洗钱罪对象(上游犯罪)包括七种(类)犯罪的赃钱：(1)毒品犯罪；(2)黑社会性质的组织犯罪；(3)恐怖活动犯罪；(4)走私犯罪；(5)贪污贿赂犯罪；(6)破坏金融管理秩序犯罪；(7)金融诈骗犯罪的所得及其产生的收益。

2. 区分洗钱罪与毒品犯罪、黑社会性质的组织犯罪、恐怖活动犯罪、走私犯罪、贪污贿赂犯罪、破坏金融监管秩序犯罪、金融诈骗犯罪共同犯罪的界限。是否构成这七种洗钱罪上游犯罪的共同犯罪，关键是看事前是否有通谋，凡事前有通谋的，应当按照共同犯罪处理；事前无通谋的，虽然在事后知道了其所得来源的非法性，不构成共同犯罪，而应当按照洗钱罪的规定定罪处罚。

3. 区分洗钱罪与掩饰、隐瞒犯罪所得、犯罪所得收益罪的界限。刑法中规定有掩饰、隐瞒犯罪所得、犯罪所得收益罪，与洗钱罪有相似之处，但由于法律已经对洗钱行为作了专门规定，对这类行为按照洗钱罪定罪而不再认定为赃物犯罪。

### 二、例题

1. 关于洗钱罪的认定，下列哪一选项是错误的？(2011年真题，单选)

A.《刑法》第191条虽未明文规定侵犯财产罪是洗钱罪的上游犯罪，但是，黑社会性质组织实施的侵犯财产罪，依然是洗钱罪的上游犯罪

B. 将上游的毒品犯罪所得误认为是贪污犯罪所得而实施洗钱行为的，不影响洗钱罪的成立

C. 上游犯罪事实上可以确认，因上游犯罪人死亡依法不能追究刑事责任的，不影响洗钱罪的认定

D. 单位贷款诈骗应以合同诈骗罪论处，合同诈骗罪不是洗钱罪的上游犯罪。为单位贷款诈骗所得实施洗钱行为的，不成立洗钱罪

[释疑]　(1) A项表述正确，对洗钱上游犯罪理解。

(2) B项表述正确，毒品罪和贪污罪都是洗钱"上游犯罪"，(同一构成要件范围内)具体事实认识错误不影响洗钱罪故意。

(3) C项表述正确，根据最高人民法院《关于审理洗钱等刑事案件具体应用法律若干问题的解释》第4条规定：刑法第191条(洗钱罪)、第312条(掩饰、隐瞒犯罪所得、犯罪所得收益罪)、第349条(窝藏、转移、隐瞒毒品、毒赃罪)规定的犯罪，应当以上游犯罪事实成立为认定前提。上游犯罪尚未依法裁判，但查证属实的，不影响第191条、第312条、第349条规定的犯罪的审判。上游犯罪事实可以确认，因行为人死亡等原因依法不予追究刑事责任的，不影响第191条、第312条、第349条规定的犯罪的认定。

(4) D项错误，贷款诈骗是金融诈骗罪这一章节中的罪名之一，是洗钱上游犯罪。由于贷

款诈骗罪的主体只能是自然人,不能是单位,故对于单位骗贷的,实践中以合同诈骗罪定罪处罚。但对洗钱"上游犯罪"范围的理解,以犯罪行为性质为准。(答案:D)

2. 甲公司走私汽车获利人民币4000万元后,欲通过乙公司(非国有)的账户将这笔资金换成外汇转移至香港,并说明可按资金数额的10%支付"手续费"。乙公司得知该笔资金为甲公司走私犯罪所得,仍同意为该资金转账提供账户,并在收取"手续费"400万元后,将该资金折换成438万美元,以预付货款为名汇往甲公司在香港的账户。乙公司的行为构成:(2005年真题,不定选)

A. 走私罪(共犯)    B. 洗钱罪    C. 逃汇罪    D. 单位受贿罪

[释疑] (1)乙公司明知是走私犯罪所得,实施了第191条第1款第(1)(4)项行为,成立洗钱罪。

(2)第156条规定:"与走私罪犯通谋,为其提供贷款、资金、账号、发票、证明,或者为其提供运输、保管、邮寄或者其他方便的,以走私罪的共犯论处。"据此成立走私罪的共犯,通常以事先通谋为条件。而本题中是在他人走私后帮助转移资金,不宜认定犯走私罪(共犯)。

(3)乙公司收取的"手续费"400万元,是其犯洗钱罪的违法所得,不是收取的贿赂物;另外,单位受贿罪的主体必须是国家机关、国有单位,非国有单位不符合单位受贿罪的主体条件,不可能成立单位受贿罪,排除D项。

(4)乙公司也不成立逃汇罪,因为逃汇罪的对象是"外汇",不包括人民币;另外逃汇罪通常只将本单位的外汇转移境外,而非协助他人往境外转移外汇。(答案:B)

### 三、提示与预测

2009年9月颁布的最高人民法院《关于审理洗钱等刑事案件具体应用法律若干问题的解释》,考生应予以注意。此外,"上游犯罪"是常见考点,涉及40余个罪名。

## 考点 11 单位诈骗贷款案的法律适用和金融诈骗案中"非法占有的目的"的认定

### 一、精讲

第193条规定:"有下列情形之一,以非法占有为目的,诈骗银行或者其他金融机构的贷款,数额较大的……(一)编造引进资金、项目等虚假理由的;(二)使用虚假的经济合同的;(三)使用虚假的证明文件的;(四)使用虚假的产权证明作担保或者超出抵押物价值重复担保的;(五)以其他方法诈骗贷款的。"

### 二、例题

甲公司为了解决资金不足,以与虚构的单位签订供货合同的方法,向银行申请获得贷款200万元,并将该款用于购置造酒设备和原料,后因生产、销售假冒注册商标的红酒被查处,导致银行贷款不能归还。甲公司获取贷款的行为构成:(2005年真题,单选)

A. 贷款诈骗罪    B. 合同诈骗罪
C. 集资诈骗罪    D. 民事欺诈,不构成犯罪

[释疑] 金融诈骗案中"非法占有的目的"的认定。《全国法院审理金融犯罪案件工作座谈会纪要》规定:"要严格区分贷款诈骗与贷款纠纷的界限。对于合法取得贷款后,没有按规

定的用途使用贷款,到期没有归还贷款的,不能以贷款诈骗罪定罪处罚;对于确有证据证明行为人不具有非法占有的目的,因不具备贷款的条件而采取了欺骗手段获取贷款,案发时有能力履行还贷义务,或者案发时不能归还贷款是因为意志以外的原因,如因经营不善、被骗、市场风险等,不应以贷款诈骗罪定罪处罚。"据此,鉴于① 甲公司使用了欺诈手段;② 不能偿还贷款;③ 因从事非法经营导致贷款不归还,可认定具有非法占有的目的,属于诈骗行为,排除 D 项。(答案:B)

### 考点 12 贷款诈骗罪的认定与诈骗罪,合同诈骗罪,骗取贷款、票据承兑、金融票证罪的区别

#### 一、精讲

1. 贷款诈骗罪的认定

(1) 贷款诈骗罪,即以非法占有为目的,用诈骗方法骗取银行或金融机构贷款、数额较大的行为。本罪犯罪对象须为贷款。

(2) 本罪的"数额较大",根据 1996 年 12 月 16 日最高人民法院《关于审理诈骗案件具体应用法律若干问题的解释》,以 1 万元以上为具体标准。

(3) 本罪的主体只包括自然人,不包括单位。

2. 贷款诈骗罪与他罪的区别

(1) 与诈骗罪的界限。两罪的关系为特殊与一般的关系。其不同之处有:① 犯罪对象的范围;② 认定"数额较大"的标准,诈骗罪的"数额较大"为 2 000 元以上。

(2) 与合同诈骗罪的区别。本罪中的方法行为上有与合同诈骗一致的地方,但有以下不同:① 本罪对象须为贷款;② 本罪的主体只能是自然人,不包括单位;③ 对放贷金融机构直接使用欺骗手段骗取了贷款。这三点是贷款诈骗罪与合同诈骗罪的不同之处。如果欺骗他人为自己贷款作担保的,因为对放贷的金融机构来说,提供的"担保是真实的",不是贷款诈骗罪。但行为人对担保人可成立合同诈骗罪。

(3) 与骗取贷款、票据承兑、金融票证罪的区别:两罪的根本区别在于有没有非法占有的目的。

#### 二、例题

1. 甲急需 20 万元从事养殖,向农村信用社贷款时被信用社主任乙告知,一个身份证只能贷款 5 万元,再借几个身份证可多贷。甲用自己的名义贷款 5 万元,另借用 4 个身份证贷款 20 万元,但由于经营不善,不能归还本息。关于本案,下列哪一选项是正确的?(2016 年真题,单选)

A. 甲构成贷款诈骗罪,乙不构成犯罪
B. 甲构成骗取贷款罪,乙不构成犯罪
C. 甲构成骗取贷款罪,乙构成违法发放贷款罪
D. 甲不构成骗取贷款罪,乙构成违法发放贷款罪

[释疑] 骗取贷款罪具有诈骗"骗取"的属性,即以被害人(金融机构审批贷款人)因被骗(不明真相)而陷入错误,从而作出放贷决定为要件。信用社主任乙知情,甲的行为不具

有骗取性,甲不构成骗取贷款罪。乙明知甲违规申请贷款而审批发放贷款,构成违法发放贷款罪。D项正确,A、B、C项当然错。(答案:D)

2. 关于贷款诈骗罪的判断,下列哪一选项是正确的?(2007年真题,单选)

A. 甲以欺骗手段骗取银行贷款,给银行造成重大损失,构成贷款诈骗罪

B. 乙以牟利为目的套取银行信贷资金,转贷给某企业,从中赚取巨额利益,构成贷款诈骗罪

C. 丙公司以非法占有为目的,编造虚假的项目骗取银行贷款,该公司构成贷款诈骗罪

D. 丁使用虚假的证明文件,骗取银行贷款后携款潜逃,构成贷款诈骗罪

[释疑] (1)A项中没有表明甲有非法占有目的,不是贷款诈骗罪,应属于骗取贷款罪[第175条之一骗取贷款、票据承兑、金融票证罪,《刑法修正案(六)》新增罪名]。

(2)B项中的乙属于高利转贷罪。

(3)C项中的"丙公司"不符合贷款诈骗罪主体,贷款诈骗罪的主体只包括自然人不包括单位,不能对丙公司定贷款诈骗罪。丙公司涉嫌另外两个罪名:① 骗取贷款罪;② 合同诈骗罪。考虑到题中给出的条件,丙公司"以非法占有为目的",故对丙公司以合同诈骗罪论处较合理。骗取贷款罪的主体虽然也包括单位,但是它指"以非法占有为目的"的骗贷行为,对丙公司"以非法占有为目的"的骗取贷款行为,按照骗取贷款罪处罚似乎过于轻纵。

(4)D项,丁客观上实施了骗取贷款的行为,同时,"携款潜逃"表明丁主观有"非法占有"的目的,构成贷款诈骗罪。(答案:D)

### 三、提示与预测

骗取贷款、票据承兑、金融票证罪是《刑法修正案(六)》增设的重要罪名,目的就是解决贷款诈骗罪"非法占有目的"难以认定的问题,故本罪不以非法占有目的为主观要件。

## 考点 13 保险诈骗罪的认定

### 一、精讲

第198条第1、2款规定:"有下列情形之一,进行保险诈骗活动,数额较大的,处……(一)投保人故意虚构保险标的,骗取保险金的;(二)投保人、被保险人或者受益人对发生的保险事故编造虚假的原因或者夸大损失的程度,骗取保险金的;(三)投保人、被保险人或者受益人编造未曾发生的保险事故,骗取保险金的;(四)投保人、被保险人故意造成财产损失的保险事故,骗取保险金的;(五)投保人、受益人故意造成被保险人死亡、伤残或者疾病,骗取保险金的。有前款第(四)项、第(五)项所列行为,同时构成其他犯罪的,依照数罪并罚的规定处罚。"其要点是:

(1)本罪的构成要件应当注意:① 特殊主体:投保人、被保险人或受益人;② 客观方面表现为使用第198条列举的欺诈手段之一骗取保险金,数额较大。

(2)本罪与诈骗罪、合同诈骗罪区别的要点:保险诈骗罪的主体特殊,是投保人、被保险人和受益人等"特殊主体"骗取"保险金"。

(3)保险诈骗罪的共犯与贪污、职务侵占罪的区别,涉及两个重要的规定:① 第198条第4款规定:"保险事故的鉴定人、证明人、财产评估人故意提供虚假的证明文件,为他人诈骗提

供条件的,以保险诈骗的共犯论处。"② 第 183 条规定:"保险公司的工作人员利用职务上的便利,故意编造未曾发生的保险事故进行虚假理赔,骗取保险金归自己所有的,依照本法第二百七十一条(职务侵占)的规定定罪处罚。国有保险公司工作人员和国有保险公司委派到非国有保险公司从事公务的人员有前款行为的,依照本法第三百八十二条、第三百八十三条(贪污)的规定定罪处罚。"

(4) 投保人、被保险人故意造成财产损失的行为或投保人、受益人故意造成被保险人死亡、伤残或疾病的行为同时又构成其他犯罪的,数罪并罚。

## 二、例题

甲将自己的汽车藏匿,以汽车被盗为由向保险公司索赔。保险公司认为该案存有疑点,随即报警。在掌握充分证据后,侦查机关安排保险公司向甲"理赔"。甲到保险公司二楼财务室领取 20 万元赔偿金后,刚走到一楼即被守候的多名侦查人员抓获。关于甲的行为,下列哪一选项是正确的?(2009 年真题,单选)

A. 保险诈骗罪未遂　　　　　B. 保险诈骗罪既遂
C. 保险诈骗罪预备　　　　　D. 合同诈骗罪

[释疑]　保险公司不是因为上当、误解而交付,甲取得 20 万元,与欺骗行为没有因果关系,成立保险诈骗罪的未遂。本题也涉及刑法因果关系认定的重点:实行行为(诈骗)与危害结果(财物交付·取得)之间的因果关系。(答案:A)

### 考点 14　票据诈骗罪与诈骗罪的区别

## 一、精讲

前罪与后罪区别的关键在于:其使用假票据、空头票据或冒用他人票据进行诈骗。

## 二、例题

钱某持盗来的身份证及伪造的空头支票,骗取某音像中心 VCD 光盘 4 000 张,票面金额 3.5 万元。物价部门进行赃物估价鉴定的结论为:"盗版光盘无价值"。对钱某骗取光盘的行为应如何定性?(2003 年真题,单选)

A. 钱某的行为不构成犯罪
B. 钱某的行为构成票据诈骗罪的既遂,数额按票面金额计算
C. 钱某的行为构成票据诈骗罪的未遂
D. 钱某的行为构成诈骗罪的既遂,数额按票面金额计算

[释疑]　(1) 是否构成犯罪? 钱某行为具有诈骗性质,且涉案金额较大,构成犯罪。至于骗取的光盘是否具有价值,不影响犯罪的成立,可能影响既遂、未遂的认定。

(2) 法条竞合问题。钱某诈骗行为触犯票据诈骗罪条和诈骗罪条,按照法条竞合的适用原则,特别规定优先,应当适用票据诈骗罪定罪处罚。

(3) 既遂还是未遂? 对于诈骗类犯罪,一般以虚构骗局为着手实行犯罪,以从被害人处骗取到财物为既遂。本案钱某实际骗取了 4 000 张光盘,应当认为既遂。其金额以假支票上开具的票面金额为准。(答案:B)

## 三、提示与预测

金融诈骗罪与诈骗罪的区别。使用伪造的票据、金融凭证,并且利用了金融票证的支付、结算等"金融功能"骗取财物的,是票据诈骗罪和金融凭证诈骗罪。如果仅仅利用伪造的票据、金融凭证显示自己有经济实力、骗取他人信任,从而骗取他人财物的,仍属于诈骗罪。

### 考点 15　信用卡诈骗罪与诈骗罪的区别

前罪与后罪区别的关键在于,其使用假卡、废卡、骗领的卡或冒用他人信用卡诈骗。

(1) 信用卡诈骗罪的主体仅为自然人,不包括单位。主观方面具有非法占有他人财物的目的。客观方面的行为方式有:① 使用伪造的信用卡,或者使用以虚假的身份证明骗领的信用卡;② 使用作废的信用卡;③ 冒用他人的信用卡;④ 恶意透支。

(2) 构成犯罪的恶意透支同时具有三个要素:① 透支超过规定的限额;② 经发卡银行催还而仍不归还的行为;③ 透支人有恶意透支的意图。

(3) 如果是盗窃信用卡并使用的,应构成第 264 条规定的盗窃罪而非信用卡诈骗罪,其盗窃数额应根据最高人民法院《关于审理盗窃案件具体应用法律若干问题的解释》第 10 条之规定,以行为人盗窃信用卡后使用的数额认定而不以信用卡的面值额认定。

(4) 拾得他人信用卡并在自动柜员机(ATM 机)上使用的行为,属于第 196 条第 1 款第(3)项规定的"冒用他人信用卡的"情形,构成犯罪的,以信用卡诈骗罪追究刑事责任。参见最高人民检察院 2008 年 4 月公布、5 月 7 日开始施行的《关于拾得他人信用卡并在自动柜员机(ATM 机)上使用的行为如何定性问题的批复》。

(5) 信用卡诈骗罪与伪造金融票证罪的关系:"使用伪造的信用卡,或者使用以虚假的身份证明骗领的信用卡"是信用卡诈骗罪的行为方式之一。"伪造信用卡"是伪造金融票证罪的行为方式之一。区分两者界限应注意以下两点:行为人先伪造了信用卡,然后用之进行诈骗,如果诈骗数额达到"数额较大"标准,手段行为构成伪造金融票证罪,目的行为构成信用卡诈骗罪,构成牵连犯,应按牵连犯处罚,择一重罪论处。

## 二、例题

1. 甲、乙为朋友。乙出国前,将自己的借记卡(背面写有密码)交甲保管。后甲持卡购物,将卡中 1.3 万元用完。乙回国后发现卡里没钱,便问甲是否用过此卡,甲否认。关于甲的行为性质,下列哪一选项是正确的?(2013 年真题,单选)

　　A. 侵占罪　　　　B. 信用卡诈骗罪　　　C. 诈骗罪　　　　D. 盗窃罪

[释疑]　甲未经乙授权使用乙的信用卡,属于"冒用他人信用卡",构成信用卡诈骗罪;法条竞合,特别法条优先适用,故不选 C 项;盗窃信用卡并使用的,才构成盗窃罪,故不选 D 项;干扰性最强的是 A 选项,甲并未侵占保管物(信用卡)本身,故不构成侵占罪。(答案:B)

2. 张某窃得同事一张银行借记卡及身份证,向丈夫何某谎称路上所拾。张某与何某根据身份证号码试出了借记卡密码,持卡消费 5 000 元。关于本案,下列哪一说法是正确的?(2010 年真题,单选)

A. 张某与何某均构成盗窃罪
B. 张某与何某均构成信用卡诈骗罪
C. 张某构成盗窃罪,何某构成信用卡诈骗罪
D. 张某构成信用卡诈骗罪,何某不构成犯罪

[释疑] 张某盗窃信用卡后又使用,以盗窃论,何某不知情以为是捡拾的,捡拾信用卡而使用是信用卡诈骗罪。(答案:C)

### 三、提示与预测

注意本罪与妨害信用卡管理罪,窃取、收买、非法提供信用卡信息罪的牵连关系,可能成为考点。使用虚假的身份证明骗领信用卡后又使用该骗领的信用卡的,以信用卡诈骗罪一罪定罪处罚。

## 考点 16 逃税罪的认定

### 一、精讲

1. 根据最高人民法院、最高人民检察院2009年10月16日公布施行的《关于执行〈中华人民共和国刑法〉确定罪名的补充规定(四)》取消偷税罪罪名,将第201条正式更名为逃税罪。

2. 注意《刑法修正案(七)》第3条对原偷税罪所作的修改:逃税后,经税务机关依法下达追缴通知后,补缴应纳税款,缴纳滞纳金,已受行政处罚的,不予追究刑事责任;但是,5年内因逃避缴纳税款受过刑事处罚或者被税务机关给予两次以上行政处罚的除外。

### 二、例题

1. ① 纳税人逃税,经税务机关依法下达追缴通知后,补缴应纳税款,缴纳滞纳金,已受行政处罚的,一律不予追究刑事责任

② 纳税人逃避追缴欠税,经税务机关依法下达追缴通知后,补缴应纳税款,缴纳滞纳金,已受行政处罚的,应减轻或者免除处罚

③ 纳税人以暴力方法拒不缴纳税款,后主动补缴应纳税款,缴纳滞纳金,已受行政处罚的,不予追究刑事责任

④ 扣缴义务人逃税,经税务机关依法下达追缴通知后,补缴应纳税款,缴纳滞纳金,已受行政处罚的,不予追究刑事责任

关于上述观点的正误判断,下列哪些选项是错误的?(2012年真题,多选)

A. 第①句正确,第②③④句错误    B. 第①②句正确,第③④句错误
C. 第①③句正确,第②④句错误    D. 第①②③句正确,第④句错误

[释疑] ① 错,不符合第201条第4款"有第一款行为,经税务机关依法下达追缴通知后,补缴应纳税款,缴纳滞纳金,已受行政处罚的,不予追究刑事责任;但是,五年内因逃避缴纳税款受过刑事处罚或者被税务机关给予二次以上行政处罚的除外"的规定。② 错,不具备第203条"致使税务机关无法追缴欠缴的税款"要件,应不构成犯罪。③ 错,对抗税罪没有类似第201条第4款的规定。④ 错,对扣缴义务人不适用第201条第4款。(答案:ABCD)

2. 关于刑事责任的追究,下列哪些选项是正确的?(2009年真题,多选)
   A. 甲非法从事资金支付结算业务,构成非法吸收公众存款罪
   B. 乙采取欺骗手段进行虚假纳税申报,逃避缴纳税款1000万元,但经税务机关依法下达追缴通知后,补缴了应纳税款。即便乙拒绝缴纳滞纳金,也不应当再对其追究刑事责任
   C. 丙明知赵某实施高利转贷行为获利200万元,而为其提供资金账户的,构成洗钱罪
   D. 丁组织多名男性卖淫,由于第358条并未限定组织卖淫罪中的被组织者是妇女,对丁应当追究刑事责任

   [释疑] (1) A项,《刑法修正案(七)》第5条在第225条非法经营罪的行为方式中增加了非法从事资金支付结算业务的,A项错误,应为非法经营罪。
   (2) B项是根据《刑法修正案(七)》第3条的规定,逃税后,经税务机关依法下达追缴通知后,补缴应纳税款,缴纳滞纳金,已受行政处罚的,不予追究刑事责任,B项显然错误。注意根据《关于执行〈中华人民共和国刑法〉确定罪名的补充规定(四)》已将偷税罪改为逃税罪。
   (3) C项,高利转贷属于破坏金融秩序罪,是洗钱罪的上游犯罪。
   (4) D项,组织卖淫罪的对象为"他人",既包括女人也包括男人。(答案:CD)

## 考点 17 逃税罪和骗取出口退税罪的区分

### 一、精讲

根据第204条第2款的规定,纳税人缴纳税款后,采取前款规定的欺骗方法,骗取所缴纳的税款的,依照本法第201条(逃税罪)的规定定罪处罚,骗取税款超过所缴纳的税款部分,依照前款(骗取出口退税罪)的规定处罚。注意以下要点:

(1) 行为人以假报出口的方式骗回的自己原先缴纳的税款,实质是一种"事后"逃税的行为,按逃税罪论处。
(2) 行为人以假报出口的方式骗取的不是自己缴纳的税款,而是国家的财产,构成骗取出口退税罪。
(3) 骗取税款超过所缴纳的税款,以逃税罪和骗取出口退税罪,数罪并罚。

### 二、例题

关于骗取出口退税罪和虚开增值税发票罪的说法,下列哪些选项是正确的?(2008年真题,多选)
   A. 甲公司具有进出口经营权,明知他人意欲骗取国家出口退税款,仍违反国家规定允许他人自带客户、自带货源、自带汇票并自行报关,骗取国家出口退税款。对甲公司应以骗取出口退税罪论处
   B. 乙公司虚开用于骗取出口退税的发票,并利用该虚开的发票骗取数额巨大的出口退税,其行为构成虚开用于骗取出口退税发票罪与骗取出口退税罪,实行数罪并罚
   C. 丙公司缴纳200万元税款后,以假报出口的手段,一次性骗取国家出口退税款400万元,丙公司的行为分别构成逃税罪与骗取出口退税罪,实行数罪并罚
   D. 丁公司虚开增值税专用发票并骗取国家税款,数额特别巨大,情节特别严重,给国家利益造成特别重大损失。对丁公司应以虚开增值税专用发票罪论处

[释疑] （1）A项正确，最高人民法院《关于审理骗取出口退税刑事案件具体应用法律若干问题的解释》第6条规定："有进出口经营权的公司、企业，明知他人意欲骗取国家出口退税款，仍违反国家有关进出口经营的规定，允许他人自带客户、自带货源、自带汇票并自行报关，骗取国家出口退税款的，依照刑法第二百零四条第一款、第二百一十一条的规定定罪处罚。"

（2）B项不正确。《关于审理骗取出口退税刑事案件具体应用法律若干问题的解释》第9条规定："实施骗取出口退税犯罪，同时构成虚开增值税专用发票罪等其他犯罪的，依照刑法处罚较重的规定定罪处罚。"

（3）C项正确，第204条第2款规定："纳税人缴纳税款后，采取前款规定的欺骗方法，骗取所缴纳的税款的，依照本法第二百零一条的规定定罪处罚；骗取税款超过所缴纳的税款部分，依照前款的规定处罚。"

（4）D项正确，第205条规定："虚开增值税专用发票或者虚开用于骗取出口退税、抵扣税款的其他发票的，处……单位犯本条规定之罪的，对单位判处罚金，并对其直接负责的主管人员和其他直接责任人员，处……"（答案：ACD）

## 考点 18  妨害增值税发票犯罪的数罪并罚

### 一、精讲

第208条第2款涉及数罪并罚问题的规定，非法购买增值税专用发票或者购买伪造的增值税专用发票又虚开或者出售的，分别依照本法第205条（虚开增值税专用发票罪）、第206条（伪造、出售伪造的增值税专用发票罪）、第207条（非法出售增值税专用发票罪）的规定定罪处罚。

### 二、例题

对涉及增值税专用发票的犯罪案件，下列哪些处理是正确的？（2003年真题，多选）

A. 非法购买增值税专用发票的，按非法购买增值税专用发票罪定罪处罚

B. 非法购买增值税专用发票后又虚开的，按非法购买增值税专用发票罪和虚开增值税专用发票罪并罚

C. 非法购买增值税专用发票后又出售的，按非法出售增值税专用发票罪定罪处罚

D. 非法购买伪造的增值税专用发票后又出售的，按出售伪造的增值税专用发票罪定罪处罚

[释疑] 根据第208条的规定，非法购买增值税专用发票后又虚开的，按本法第205条虚开增值税专用发票罪定罪处罚，不数罪并罚。故B项错，其他各项正确。（答案：ACD）

## 考点 19  侵犯著作权罪与相似罪名的竞合处理

### 一、精讲

（1）侵犯著作权罪与生产、销售伪劣产品罪：侵犯著作权时，可能同时触犯生产、销售伪劣产品罪，是想象竞合犯，择一重罪处罚，不实行数罪并罚。

(2) 侵犯著作权罪与非法经营罪:对于单纯侵犯著作权的行为,不得以非法经营罪论处。

## 二、例题

赵某多次临摹某著名国画大师的一幅名画,然后署上该国画大师姓名并加盖伪造的印鉴,谎称真迹,售得6万元。对赵某的行为如何定罪处罚?(2009年真题,单选)

　　A. 按诈骗罪和侵犯著作权罪,数罪并罚　　B. 按侵犯著作权罪处罚
　　C. 按生产、销售伪劣产品罪处罚　　　　　D. 按非法经营罪处罚

[释疑] 第217条规定:"以营利为目的,有下列侵犯著作权情形之一……(四)制作、出售假冒他人署名的美术作品的。"《关于办理侵犯知识产权刑事案件具体应用法律若干问题的解释》第14条规定:侵犯著作权又销售该侵权复制品,构成犯罪的,以侵犯著作权罪定罪处罚。(答案:B)

## 考点 20 侵犯商业秘密罪的认定

### 一、精讲

(1) 第219条之侵犯商业秘密罪有三种行为方式:① 以盗窃、利诱、胁迫或者其他不正当手段获取权利人的商业秘密的;② 披露、使用或者允许他人使用以前项手段获取的权利人的商业秘密的;③ 违反约定或者违反权利人有关保守商业秘密的要求,披露、使用或者允许他人使用其所掌握的商业秘密的。明知或者应知以此三种行为,获取、使用或者披露他人的商业秘密的,以侵犯商业秘密罪论处。

(2) 结果要件:构成侵犯商业秘密罪需给商业秘密的权利人造成重大损失。

### 二、例题

甲公司拥有某项独家技术每年为公司带来100万元利润,故对该技术严加保密。乙公司经理丙为获得该技术,带人将甲公司技术员丁在其回家路上强行拦截并推入丙的汽车,对丁说如果他提供该技术资料就给他2万元,如果不提供就将他嫖娼之事公之于众。丁同意配合。次日丁向丙提供了该技术资料,并获得2万元报酬。丙的行为构成:(2005年真题,不定选)

　　A. 强迫交易罪　　　　　　　　　　　　B. 敲诈勒索罪
　　C. 绑架罪　　　　　　　　　　　　　　D. 侵犯商业秘密罪

[释疑] (1) 丙对丁的行为符合以胁迫、利诱手段获取权利人的商业秘密,故选D项侵犯商业秘密罪。

(2) 丙的行为对象是商业秘密,而敲诈勒索罪对象是财物,故不符合B项罪的特征;或者在丙的行为符合侵犯商业秘密罪的构成要件时,排斥敲诈勒索罪的适用。

(3) 丙的行为不符合绑架罪的扣人质向他人勒索的特征,故可排除绑架罪。

(4) 强迫交易罪通常发生在经营活动中且付出的对价与商品的价值大体相当,丙的行为也不符合强迫交易罪的特征。

本题存在的疑问点:成立侵犯商业秘密罪还需具备"给商业秘密的权利人造成重大损失的"要件。重大损失指直接经济损失50万元以上,或致使权利人破产。就本题中给出的案件事实,看不出丙的行为具备"给商业秘密的权利人造成重大损失的"要件,故D项构成侵犯商

业秘密罪未必正确。(答案:D)

## 考点 21　合同诈骗罪的认定及与诈骗罪的区别

### 一、精讲

(1) 主体既包括个人也包括单位。

(2) 主观上具有非法占有的目的。这是认定合同诈骗罪与经济纠纷区别的关键。

(3) 合同诈骗罪的法定形式:① 以虚构的单位或者冒用他人名义签订合同的;② 以伪造、变造、作废的票据或者其他虚假的产权证明作担保的;③ 没有实际履行能力,以先履行小额合同或者部分履行的方法,诱骗对方当事人继续签订和履行合同的;④ 收受对方当事人给付的货物、货款、预付款或者担保财产后逃匿的;⑤ 以其他方法骗取对方当事人财物的。

(4) 合同诈骗罪与诈骗罪的区别:要点是在签订履行合同中利用合同骗取对方当事人的财物。

### 二、例题

根据我国刑法的规定,以非法占有为目的,在签订履行合同的过程中,骗取对方当事人的财物,数额较大的,构成合同诈骗罪。下列哪种行为不符合上述条件,不构成合同诈骗罪?(1998年真题,单选)

A. 某甲未经卢某同意即以卢某名义签订合同

B. 某乙为取得对方当事人的信任,要求自己在审计事务所工作的同学杨某为自己出具一份假的产权证明作担保

C. 某丙在签订合同后,携带对方当事人的2 000元定金逃匿

D. 某丁借用其他单位的公章和合同文本签订合同

[释疑]　合同诈骗罪的认定。答案的要点是掌握法条中具体列举的合同诈骗行为,"对号入座"。A项属于第224条第(1)项的情形;B项属于第224条第(2)项的情形;C项属于第224条第(4)项的情形。注意C项中的2 000元,在当时属于"数额较大"。现在提高了一些,如北京地区为3 000元以上。(答案:D)

### 三、提示与预测

合同诈骗罪中的合同主要是指经济合同,应当根据合同诈骗罪侵害的客体性质并结合立法目的加以界定,故必须是能够体现一定的市场秩序,而且结合该合同的具体情况,考查其行为是否符合扰乱市场秩序的特征。如果不具有该特征,不成立本罪。例如"甲以生活窘迫为名,与乙立下借款合同,骗借乙的财物后挥霍一空而不予偿还",再如"甲利用伪造的遗赠扶养协议向继承人骗取被继承人的遗产",甲均不成立合同诈骗罪仅成立诈骗罪,这是考试中可能测试的考点。

## 考点 22　非法经营罪及组织、领导传销活动罪的认定

### 一、精讲

1. 非法经营罪的行为方式,根据第225条的规定包括:(1) 未经许可经营法律、行政法规

规定的专营、专卖物品或者其他限制买卖的物品的;(2)买卖进出口许可证、进出口原产地证明以及其他法律、行政法规规定的经营许可证或者批准文件的;(3)未经国家有关主管部门批准,非法经营证券、期货或者保险业务的,或者非法从事资金支付结算业务的;(4)其他严重扰乱市场秩序的非法经营行为。

2. 其他严重扰乱市场秩序的非法经营行为,根据司法解释包括以下情形:
(1)在境外非法买卖外汇,情节严重的;(2)非法经营出版物;(3)非法经营电信业务;(4)未经国家批准擅自发行、销售彩票,构成犯罪的;(5)非法生产、销售盐酸克伦特罗等禁止在饲料和动物饮用水中使用的药品,扰乱药品市场秩序,情节严重的。

3. 注意《刑法修正案(七)》将"非法从事资金结算业务的"规定为非法经营罪。

4. 对于组织、领导传销的行为《刑法修正案(七)》增加了第224条规定之一,对于"组织、领导以推销商品、提供服务等经营活动为名,要求参加者以缴纳费用或者购买商品、服务等方式获得加入资格,并按照一定顺序组成层级,直接或者间接以发展人员的数量作为计酬或者返利依据,引诱、胁迫参加者继续发展他人参加,骗取财物,扰乱经济社会秩序的传销活动的"单独规定为组织、领导传销活动罪。

## 二、例题

下列哪些行为构成非法经营罪?(2009年真题,多选)
A. 甲违反国家规定,擅自经营国际电信业务,扰乱电信市场秩序,情节严重
B. 乙非法组织传销活动,扰乱市场秩序,情节严重
C. 丙买卖国家机关颁发的野生动物进出口许可证
D. 丁复制、发行盗版的《国家计算机考试大纲》

[释疑] (1)A项,违反国家规定,擅自经营国际电信业务,扰乱电信市场秩序,情节严重的,依司法解释,定非法经营罪。
(2)B项,根据《刑法修正案(七)》第4条,非法组织、领导传销的,构成一个独立的新罪:组织、领导传销活动罪。
(3)C项,买卖进出口许可证明文规定在第225条非法经营罪所列举的行为方式中。
(4)D项,未经著作权人许可,复制发行其文字作品,构成第217条侵犯著作权罪。(答案:AC)

## 考点 23 损害商品声誉罪、虚假广告罪、侵犯商业秘密罪、非法经营罪的认定

## 例题

对下列与扰乱市场秩序罪相关的案例的判断,哪一选项是正确的?(2007年真题,单选)
A. 甲所购某名牌轿车行驶不久,发动机就发生了故障,经多次修理仍未排除。甲用牛车拉着该轿车在闹市区展示。甲构成损害商品声誉罪
B. 广告商乙在拍摄某减肥药广告时,以肥胖的郭某当替身拍摄减肥前的画面,再以苗条的影视明星刘某做代言人夸赞减肥效果。事后查明,该药具有一定的减肥作用。乙构成虚假广告罪
C. 丙按照所在企业安排研发出某关键技术,但其违反保密协议将该技术有偿提供给其他厂家使用,获利400万元。丙构成侵犯商业秘密罪

D. 章某因房地产开发急需资金,以高息向丁借款500万元,且按期归还本息。丁尝到甜头后,多次发放高利贷,非法获利数百万元。丁构成非法经营罪

[释疑] （1）C项中丙的行为构成侵犯商业秘密罪。根据第219条第1款第（3）项的规定,违反约定或者违反权利人有关保守商业秘密的要求,披露、使用或者允许他人使用其所掌握的商业秘密的行为,给商业秘密的权利人造成重大损失的,构成侵犯商业秘密罪。通常,被告人的获利（400万元）可以作为"给商业秘密的权利人造成重大损失"。

（2）A项,因该产品（汽车）确实有毛病,故甲只是维权方式过激,不成立损害商品声誉罪。

（3）B项中的广告商丙制作广告有虚假成分,但产品毕竟有一定的减肥效果,尚未达到"情节严重"的程度,不成立虚假广告罪。参见第222条规定："广告主、广告经营者、广告发布者违反国家规定,利用广告对商品或者服务作虚假宣传,情节严重的,处……"该条之罪以"情节严重"为要件。

（4）D项中章某的行为属于高利贷行为。而非法经营罪不包括高利贷行为。高利贷行为不是刑法中的犯罪行为。（答案：C）

## 考点 24  扰乱市场秩序罪主体、虚假广告罪、串通投标罪、非法转让土地使用权罪的认定

例题

下列关于扰乱市场秩序罪的说法哪些是正确的？（2004年真题,多选）
A. 单位可以构成刑法规定的各种扰乱市场秩序的犯罪
B. 广告主、广告经营者和广告发布者之外的其他人不能单独构成虚假广告罪
C. 招标人不能构成串通投标罪
D. 不以牟利为目的,非法转让土地使用权的,不能构成非法转让土地使用权罪

[释疑] 扰乱市场秩序罪类罪的主体和几种具体犯罪主体、主观要件。

（1）A项,根据第231条规定,单位犯本节第221条至230条规定之罪的,对单位判处罚金,并对其直接负责的主管人员和其他直接责任人员,依照本节各该条的规定处罚。

（2）B项,根据第222条规定："广告主、广告经营者、广告发布者违反国家规定,利用广告对商品或者服务作虚假宣传,情节严重的,处……"故这三类主体以外的其他人不能单独构成虚假广告罪。

（3）C项,第223条第2款规定：投标人与招标人串通投标,损害国家、集体、公民的合法利益的,依照前款的规定处罚。故C项错误。

（4）D项,第228条规定："以牟利为目的,违反土地管理法规,非法转让、倒卖土地使用权,情节严重的,处……"构成非法转让土地使用权罪必须以牟利为目的,否则不构成犯罪。（答案：ABD）

## 考点 25  强迫交易罪的认定与相关犯罪的区别

一、精讲

（1）强迫交易罪。行为人犯罪的方式是：① 强买强卖商品的；② 强迫他人提供或接受服

务的;③强迫他人参与或者退出投标、拍卖的;④强迫他人转让或者收购公司、企业的股份、债券或者其他资产的;⑤强迫他人参与或者退出特定的经营活动的[《刑法修正案(八)》]。

(2)本罪与抢劫罪的区别。《关于审理抢劫、抢夺刑事案件适用法律若干问题的意见》规定,从事正常商品买卖、交易或者劳动服务的人,以暴力、胁迫手段迫使他人交出与合理价钱、费用相差不大的钱物,情节严重的,以强迫交易罪定罪处罚;以非法占有为目的,以买卖、交易、服务为幌子采用暴力、胁迫手段迫使他人交出与合理价钱、费用相差悬殊的钱物的,以抢劫罪定罪处刑。在具体认定时,既要考虑超出合理价钱、费用的绝对数额,还要考虑超出合理价钱、费用的比例,加以综合判断。

(3)本罪与敲诈勒索罪的区别。强迫交易罪有交易的内容和形式,而敲诈勒索罪没有。

(4)对强迫他人卖血的,以强迫卖血罪论处。

## 二、例题

1. 关于破坏社会主义市场经济秩序罪的认定,下列哪一选项是错误的?(2014年真题,单选)

 A. 采用运输方式将大量假币运到国外的,应以走私假币罪定罪量刑
 B. 以暴力、胁迫手段强迫他人借贷,情节严重的,触犯强迫交易罪
 C. 未经批准,擅自发行、销售彩票的,应以非法经营罪定罪处罚
 D. 为项目筹集资金,向亲戚宣称有高息理财产品,以委托理财方式吸收10名亲戚300万元资金的,构成非法吸收公众存款罪

[释疑]《关于审理非法集资刑事案件具体应用法律若干问题的解释》(2010年)第1条第2款规定:"未向社会公开宣传,在亲友或单位内部针对特定对象吸收资金的,不属于非法吸收或变相吸收公众存款。"提示:虽不具有非法"集资"性质,但不排除诈骗。A项,假币禁止进出口,故运输出境势必逃避海关监管,应定"走私假币罪"。B项借贷也是交易类型之一,司法实践中也有将此类行为认定为强迫交易罪的判例。C项,司法解释将此认定为非法经营罪行为类型之一。(答案:D)

2. 张某乘坐出租车到达目的地后,故意拿出面值100元的假币给司机钱某,钱某发现是假币,便让张某给10元零钱,张某声称没有零钱,并执意让钱某找零钱。钱某便将假币退还张某,并说:"算了,我也不要出租车钱了。"于是,张某对钱某的头部猛击几拳,还吼道:"你不找钱我就让你死在车里。"钱某只好收下100元假币,找给张某90元人民币。张某的行为构成何罪?(2002年真题,单选)

 A. 使用假币罪  B. 敲诈勒索罪  C. 抢劫罪  D. 强迫交易罪

[释疑] 对这样罕见事例,首先使用排除法:

(1)数额不够较大,无论是使用假币罪还是敲诈勒索罪,都要求数额较大,故可排除A、B选项。

(2)在抢劫罪与强迫交易罪之间选择。认为抢劫罪令人感到为难的是,甲只以100元为限,不多要、不多换。认定强迫交易罪为难的是,哪有用假币换取真币这样的交易?权衡再三,还是定抢劫罪比较合理一些。(答案:C)

## 考点 26 金融诈骗罪是案例分析或综合型不定向分析主要考点

**例题**

案情:丁某系某市东郊电器厂(私营企业,不具有法人资格)厂长,2003年因厂里资金紧缺,多次向银行贷款未果。为此,丁某仿照银行存单上的印章模式,伪造了甲银行的储蓄章和行政章,以及银行工作人员的人名章,伪造了户名分别为黄某和唐某在甲银行存款额均为50万元的存单两张。随后,丁某约请乙银行办事处(系国有金融机构)副主任朱某吃饭,并将东郊电器厂欲在乙银行办事处申请存单抵押贷款的打算告诉了朱某,承诺事后必有重谢。朱某见有利可图,就让丁某第二天到办事处找信贷科科长张某办理,并答应向张某打招呼。次日,丁某来到乙银行办事处。朱某将其介绍给张某,让其多加关照。

张某在审查丁某提交的贷款材料时,对甲银行的两张存单有所怀疑,遂发函给甲银行查询。此时,丁某通过朱某催促张某,张某遂打电话询问查询事宜。甲银行储蓄科长答应抓紧办理,但张某未等回函,就为丁某办理了抵押贷款手续,并报朱某审批。后甲银行未就查询事宜回函。

朱某审批时发现材料有问题,就把丁某找来询问。丁某见瞒不过朱某,就将假存单之事全盘托出,并欺骗朱某说有一笔大生意保证挣钱,贷款将如期归还,并当场给朱某10万元好处费。朱某见丁某信誓旦旦,便受了好处费,同意批给丁某100万元贷款。丁某获得贷款后,以感谢为名送给张某5万元,张某收受。丁某将贷款全部投入电器厂经营,结果亏损殆尽,致使银行贷款不能归还。检察机关将本案起诉至法院。

问题:简析丁某、朱某和张某涉嫌犯罪行为触犯的罪名,然后根据有关的刑法理论和法律规定确定三人分别应如何定罪处罚。(2005年真题,案例分析)

[参考答案]

1. 丁某:伪造企业印章罪、伪造金融票证罪、金融凭证诈骗罪、贷款诈骗罪、行贿罪。其中:

(1)伪造企业印章罪和伪造金融凭证罪之间存在牵连关系,按照从一重罪处断的原则,应定伪造金融凭证罪。

(2)伪造金融票证罪与金融凭证诈骗罪之间又存在牵连关系,按照从一重罪处断的原则,应以金融凭证诈骗罪论处。

(3)金融凭证诈骗罪与贷款诈骗罪之间也存在法条竞合关系,按照重法优于轻法的原则,应以金融凭证诈骗罪论处。综上,丁某构成金融凭证诈骗罪和行贿罪,应实行数罪并罚。

2. 朱某:金融凭证诈骗罪的共犯和受贿罪,应实行数罪并罚。

3. 张某:国有公司企业事业单位工作人员失职罪和受贿罪,应实行数罪并罚。

# 第四章 侵犯人身权利、民主权利罪

## 考点 1 故意杀人罪的认定

### 一、精讲

故意杀人罪：保护客体是人的生命，犯罪对象为有生命的人。既遂的要件是死亡结果已发生。犯罪的着手实行是开始非法剥夺生命的行为。

### 二、例题

关于故意杀人罪，下列哪一选项是正确的？（2006年真题，单选）

A. 甲意欲使乙在跑步时被车撞死，便劝乙清晨在马路上跑步，乙果真在马路上跑步时被车撞死，甲的行为构成故意杀人罪

B. 甲意欲使乙遭雷击死亡，便劝乙雨天到树林散步，因为下雨时在树林中行走容易遭雷击。乙果真雨天在树林中散步时遭雷击身亡。甲的行为构成故意杀人罪

C. 甲对乙有仇，意图致乙死亡。甲仿照乙的模样捏小面人，写上乙的姓名，在小面人身上扎针并诅咒49天。到第50天，乙因车祸身亡。甲的行为不可能致人死亡，所以不构成故意杀人罪

D. 甲以为杀害妻子乙后，乙可以升天，在此念头支配下将乙杀死。后经法医鉴定，甲具有辨认与控制能力。但由于甲的行为出于愚昧无知，所以不构成故意杀人罪

[释疑] （1）C项，属于迷信犯或愚昧犯，使用的犯罪"方法"自身迷信、愚昧的，不为罪，不能按照工具认识错误认定为犯罪未遂。

（2）A、B项，不是犯罪行为，因为劝人"跑步""散步"不是刑法禁止的行为；通常情况下也不足以产生危害结果，不构成犯罪。

（3）D项，因为愚昧无知、迷信或者出于善良动机而杀人不影响犯罪的成立。因为行为和使用的方法足以剥夺他人生命，是杀人行为。（答案：C）

## 考点 2 过失致人死亡罪的认定

### 一、精讲

1. 过失犯都是结果犯，即发生法定的严重结果是成立犯罪的要件。本罪主观为过失，客观上过失行为造成了他人死亡的结果。在这个意义上，我国《刑法》中不惩罚过失"危险犯"，也即意味着不惩罚"过失未遂犯"，只惩罚故意罪的危险犯或未完成罪。这一原理具有普遍性，也反映了中国刑法对"罪量"要求较高的特点。

2. 法条竞合问题，其他的犯罪中也存在因过失致人死亡的情形，但如果法律规定作为其结果加重犯的，以该罪名定罪处刑，不以本罪论。如强奸致人死亡的、非法拘禁致人死亡的等。

## 二、例题

1. 下列哪些情形不能认定为过失致人死亡罪？(2008年缓考真题,多选)

A. 甲在运输放射性物质过程中发生事故,造成4人死亡

B. 乙在工地塌方之后,仍然强令6名工人进入隧道抢救价值2000万元的机械,6名工人因此遇难

C. 丙遭受不法侵害,情急之下失手将不法侵害人打死,法院认为丙防卫过当,应当负刑事责任

D. 聚众斗殴致人死亡

[释疑] （1）A项,危险物品肇事罪。

（2）B项,强令违章冒险作业罪。

（3）D项,第292条第2款规定:"聚众斗殴,致人重伤、死亡的,依照本法第二百三十四条（故意伤害）、第二百三十二条（故意杀人）的规定定罪处罚。"

（4）C项,防卫过当承担刑事责任,罪过形式通常为过失。（答案:ABD）

2. 下列哪些行为不应认定为过失致人死亡罪？(2006年真题,多选)

A. 甲遭受乙正在进行的不法侵害,在防卫过程中一棒将乙打倒,致乙脑部跌在一块石头上而死亡。法院认为甲的防卫行为明显超过必要限度造成了重大损害,应以防卫过当追究刑事责任

B. 甲对乙进行非法拘禁,在拘禁过程中,因长时间捆绑,致乙呼吸不畅窒息死亡

C. 甲因对女儿乙的恋爱对象丙不满意,阻止乙、丙正常交往,乙对此十分不满,并偷偷与丙登记结婚,甲获知后对乙进行打骂,逼其离婚。乙、丙不从,遂相约自杀而亡

D. 甲结婚以后,对丈夫与其前妻所生之子乙十分不满,采取冻、饿等方式进行虐待,后又发展到打骂,致乙多处伤口溃烂,乙因未能及时救治而不幸身亡

[释疑] （1）A项,防卫过当致人死亡的,通说认为罪过形式一般为过失,可以定过失致人死亡罪,依据防卫过当的规定应当减轻或免除处罚。

（2）B项,是第238条非法拘禁致人死亡的结果加重犯。

（3）C项,是第257条暴力干涉婚姻自由的结果加重犯。

（4）D项,是第260条虐待罪结果加重犯。即B、C、D项过失致人死亡的情形均属于法定的结果加重犯,不应以过失致人死亡罪定罪处罚。（答案:BCD）

## 考点 3 故意伤害罪的认定

### 一、精讲

1. 故意伤害罪:犯罪的客体为他人的健康权,既遂的条件是造成"轻伤"结果。造成重伤、死亡的是加重犯。

2. 故意伤害罪（致人死亡）与故意杀人罪的界限:伤害性质的行为过失导致死亡结果的,是故意伤害罪（致人死亡）。对死亡结果有没有故意是认定两者的要点。如果行为人携带凶器、动辄行凶、不计他人死伤后果的,一般推定对死和伤的后果均具有间接故意。发生了死亡结果的,认定为（间接故意）故意杀人罪;仅仅发生伤害结果的,认定为故意伤害罪。

3. 故意伤害罪(致人死亡)与过失致人死亡罪的界限。相同点是对"死亡结果"都没有故意;关键点在于造成死亡结果的行为自身是否足以认定具有"伤害性质"。行为人具有伤害的故意并实施了相应的伤害行为,导致死亡结果的,应当认定为故意伤害罪;行为本身不具有伤害性质,而是由于日常生活、工作中粗心轻率行为不慎造成死亡结果的,是过失致人死亡。

4. 故意伤害罪与其他条文形成法条竞合关系。其他条款规定有故意伤害如犯绑架罪,拐卖妇女、儿童罪,强奸罪,抢劫罪的过程中暴力致人重伤、死亡的;犯放火、爆炸、投毒、决水、投放危险物质罪或者以其他危险方法危害公共安全罪致人重伤、死亡的;犯破坏交通工具、破坏交通设施罪致人重伤或者死亡的;等等。这类情形虽然也具有故意伤害致人重伤或者死亡的性质,但特别法优先,应当按照有关刑法条文的规定,定罪量刑,不按故意伤害罪定罪处罚。

5. 刑讯逼供、暴力取证、非法拘禁、虐待被监管人、聚众斗殴、寻衅滋事、报复证人、破坏监管秩序等犯罪,包含有故意伤害致人"轻伤"的内容。故在上述犯罪的过程中,伤害他人致"轻伤"的,直接按有关犯罪定罪处罚,不定故意伤害罪。在上述犯罪的过程中若故意造成"重伤"的,按想象竞合犯或"转化犯"从一重罪处罚。在犯妨害公务罪、寻衅滋事罪的过程中,故意伤害他人致人重伤的,可视为想象竞合犯,从一重罪即故意伤害罪定罪处罚。

## 二、例题

1. 关于侵犯公民人身权利罪的认定,下列哪些选项是正确的?(2016年真题,多选)

A. 甲征得17周岁的夏某同意,摘其一个肾脏后卖给他人,所获3万元全部交给夏某。甲的行为构成故意伤害罪

B. 乙将自己1岁的女儿出卖,获利6万元用于赌博。对乙出卖女儿的行为,应以遗弃罪追究刑事责任

C. 丙为索债将吴某绑于地下室。吴某挣脱后,驾车离开途中发生交通事故死亡。丙的行为不属于非法拘禁致人死亡

D. 丁和朋友为寻求刺激,在大街上追逐、拦截两位女生。丁的行为构成强制侮辱罪

[释疑] A项正确,第234条之一规定,摘取不满十八周岁的人的器官,或者强迫、欺骗他人捐献器官的,依照本法第234条(故意伤害罪)、第232条(故意杀人罪)的规定定罪处罚。C项正确,为索债而绑架他人的以非法拘禁罪定罪处罚。非法拘禁致人死亡指拘禁行为造成被拘禁人死亡结果。吴某驾车逃离途中且无人紧追的情况下发生交通事故,与拘禁行为没有因果关系,故不属于非法拘禁致人死亡的结果加重犯。

B项错,出卖儿童成立拐卖儿童罪,不问儿童是否拐取,父母出卖亲生子女也应当以拐卖儿童罪论处。D项错,强制侮辱妇女罪侵犯妇女性自主权,以暴力、胁迫强制手段为前提。本案以寻求刺激为目的、大街上追逐拦截妇女,主观目的和行为方式显然不符合强制侮辱罪要件。丁某等人主观具有寻衅滋事动机,客观符合寻衅滋事行为类型,在公共场所扰乱社会秩序,应当认定为具有寻衅滋事性质。参见张明楷:《刑法学》(下册),第880页。(答案:AC)

2. 甲以伤害故意砍乙两刀,随即心生杀意又砍两刀,但四刀中只有一刀砍中乙并致其死亡,且无法查明由前后四刀中的哪一刀造成死亡。关于本案,下列哪一选项是正确的?(2015年真题,单选)

A. 不管是哪一刀造成致命伤,都应认定为一个故意杀人罪既遂

B. 不管是哪一刀造成致命伤,只能分别认定为故意伤害罪既遂与故意杀人罪未遂

C. 根据日常生活经验,应推定是后两刀中的一刀造成致命伤,故应认定为故意伤害罪未遂与故意杀人罪既遂

D. 根据存疑时有利于被告人的原则,虽可分别认定为故意伤害罪未遂与故意杀人罪未遂,但杀人与伤害不是对立关系,故可按故意伤害(致死)罪处理本案

[释疑] 命题者认为,杀人与伤害不是对立关系,杀人故意当然包含伤害故意。在存疑时虽不能认定杀人故意,但足以认定伤害故意(就低不就高)。(答案:D)

3. 关于故意杀人罪、故意伤害罪的判断,下列哪一选项是正确的?(2014年真题,单选)

A. 甲的父亲乙身患绝症,痛苦不堪。甲根据乙的请求,给乙注射过量镇静剂致乙死亡。乙的同意是真实的,对甲的行为不应以故意杀人罪论处

B. 甲因口角,捅乙数刀,乙死亡。如甲不顾乙的死伤,则应按实际造成的死亡结果认定甲构成故意杀人罪,因为死亡与伤害结果都在甲的犯意之内

C. 甲谎称乙的女儿丙需要移植肾脏,让乙捐肾给丙。乙同意,但甲将乙的肾脏摘出后移植给丁。因乙同意捐献肾脏,甲的行为不成立故意伤害罪

D. 甲征得乙(17周岁)的同意,将乙的左肾摘出,移植给乙崇拜的歌星。乙的同意有效,甲的行为不成立故意伤害罪

[释疑] (1)使用致命工具打击致命部位不计他人死伤,即伤害、死亡结果均在行为人"放任"范围。发生死亡结果的,认定对该死亡结果成立间接故意(杀人罪),B项正确。注意:这是间接故意的一种特殊类型!(2)A项错,对他人实施"安乐死"尚未合法化,不阻却故意杀人行为的违法性。(3)C、D项错,第234条之一第2款规定:摘取不满十八周岁的人的器官,或者强迫、欺骗他人捐献器官的,依照本法第234条(故意伤害罪)、第232条(故意杀人罪)的规定定罪处罚。C项,捐给自己女儿还是他人足以影响捐献意愿,甲显然是欺骗乙捐肾。(答案:B)

4. 下列哪一行为不应以故意伤害罪论处?(2012年真题,单选)

A. 监狱监管人员吊打被监管人,致其骨折

B. 非法拘禁被害人,大力反扭被害人胳膊,致其胳膊折断

C. 经本人同意,摘取17周岁少年的肾脏1只,支付少年5万元补偿费

D. 黑社会成员因违反帮规,在其同意之下,被截断1截小指头

[释疑] A项第248条规定虐待被监管人致伤残的以故意伤害罪论处。B项第238条规定暴力致使被拘禁人重伤的以故意伤害罪论处。C项第234条之一第2款规定摘取未成年人器官的以故意伤害罪、故意杀人罪论处。D项被害人同意可以阻却轻伤、轻微伤的违法性。注意:杀害、重伤害即使经被害人同意的,也不阻却违法性。(答案:D)

5. 张某和赵某长期一起赌博。某日两人在工地发生争执,张某推了赵某一把,赵某倒地后,后脑勺正好碰到石头上,导致颅脑损伤,经抢救无效死亡。关于张某的行为,下列哪一选项是正确的?(2007年真题,单选)

A. 构成故意杀人罪　　　　　　B. 构成过失致人死亡罪

C. 构成故意伤害罪　　　　　　D. 属于意外事件

[释疑] 故意伤害罪与过失致人死亡罪的界限。人们之间小有争执的场合,因推搡、撕扯致他人跌倒摔伤死的,一般尚难认为具有伤害(损害健康)的故意和伤害(足以造成健康

损害的暴力)的行为,认定为过失致人死亡较为稳妥。认为张某存在过失(值得责备)比较合情理,认定张某有杀人的故意则不近情理。(答案:B)

## 考点 4 组织出卖人体器官罪的认定

### 一、精讲

1. 未经本人同意摘取其器官,或者摘取不满18周岁的人的器官,或者强迫、欺骗他人捐献器官的,依照故意伤害罪、故意杀人罪定罪处罚。

2. 违背本人生前意愿摘取其尸体器官,或者本人生前未表示同意,违反国家规定,违背其近亲属意愿摘取其尸体器官的,依照盗窃、侮辱尸体罪定罪处罚。

### 二、例题

1. 关于侵犯人身权利罪,下列哪些选项是错误的?(2013年真题,多选)

A. 医生甲征得乙(15周岁)同意,将其肾脏摘出后移植给乙的叔叔丙。甲的行为不成立故意伤害罪

B. 丈夫甲拒绝扶养因吸毒而缺乏生活能力的妻子乙,致乙死亡。因吸毒行为违法,乙的死亡只能由其本人负责,甲的行为不成立遗弃罪

C. 乙盗窃甲价值4000余元财物,甲向派出所报案被拒后,向县公安局告发乙抢劫价值4000余元财物。公安局立案后查明了乙的盗窃事实。对甲的行为不应以诬告陷害罪论处

D. 成年妇女甲与13周岁男孩乙性交,因性交不属于猥亵行为,甲的行为不成立猥亵儿童罪

[释疑] A项错,第234条之一第2款规定,未经本人同意摘取其器官,或者摘取不满十八周岁的人的器官,或者强迫、欺骗他人捐献器官的,依照本法第234条、第232条的规定定罪处罚。B项错,乙有过错不免除甲扶助义务。C项对,甲被害属实,不是有意诬告。D项错,猥亵儿童之猥亵包含性交。(答案:ABD)

2. 关于故意伤害罪与组织出卖人体器官罪,下列哪一选项是正确的?(2011年真题,单选)

A. 非法经营尸器官买卖的,成立组织出卖人体器官罪

B. 医生明知是未成年人,虽征得其同意而摘取其器官的,成立故意伤害罪

C. 组织他人出卖人体器官并不从中牟利的,不成立组织出卖人体器官罪

D. 组织者出卖一个肾脏获15万元,欺骗提供者说只卖了5万元的,应认定为故意伤害罪

[释疑] A项错,组织出卖人体器官罪之"器官"指"活体"器官,不包括死体器官。

B项正确。C项错,本罪不以牟利为要件。组织出卖人体器官罪是故意犯,客观上有"出卖人体器官"的行为,主观对此事实是明知即可,不以牟利为要件。

D项错,第234条之一第2款规定之"欺骗"指欺骗他人"捐献器官",使他人在决定捐献器官上发生重大误解。在出卖器官价钱方面欺骗,尤其是报出低价对于"捐献"动机没有促进作用,不成立故意伤害罪。(答案:B)

## 考点 5 强奸罪及相关犯罪的罪数问题

### 一、精讲

强奸罪与相关犯罪的罪数问题主要有以下内容：

(1) 在强奸的过程中致使被害人重伤、死亡的，属于强奸罪的结果加重犯。

(2) 行为人在强奸过程中故意杀害妇女的，或者强奸终了，为了杀人灭口或者泄愤报复或者满足变态心理，而又对被害人实施杀害、伤害行为的，应当以强奸罪与故意杀人罪、故意伤害罪数罪并罚。

(3) 在"收买"被拐卖的妇女、幼女之后，又对被其收买的妇女、幼女实施强奸行为的，应当数罪并罚。

(4) 对于在"拐卖"妇女、儿童过程中奸淫被拐卖的被害人的，在组织、强迫他人卖淫中强奸后迫使卖淫的，根据第240条、第358条的规定，是拐卖妇女、儿童罪或者组织卖淫、强迫卖淫罪的加重犯，不数罪并罚。

(5) 组织他人偷越国(边)境，对被组织人有杀害、伤害、强奸、拐卖等犯罪行为的，数罪并罚。

(6) 奸淫不满14周岁的幼女的，以强奸罪论处，从重处罚。

### 二、例题

关于强奸罪及相关犯罪的判断，下列哪一选项是正确的？（2007年真题，单选）

A. 甲欲强奸某妇女遭到激烈反抗，一怒之下卡住该妇女喉咙，致其死亡后实施奸淫行为。甲的行为构成强奸罪的结果加重犯

B. 乙为迫使妇女王某卖淫而将王某强奸，对乙的行为应以强奸罪与强迫卖淫罪实行数罪并罚

C. 丙在组织他人偷越国(边)境过程中，强奸了妇女李某。丙的行为虽然触犯了组织他人偷越国(边)境罪与强奸罪，但只能以组织他人偷越国(边)境罪定罪量刑

D. 丁在拐卖妇女的过程中，强行奸淫了该妇女。丁的行为虽然触犯了拐卖妇女罪与强奸罪，但根据刑法规定，只能以拐卖妇女罪定罪量刑

[释疑] (1) D项，属于第240条规定的在拐卖妇女过程中又奸淫被拐卖妇女的加重犯，只以拐卖妇女罪一罪定罪处罚。

(2) B项，属于第358条规定的"强奸后迫使卖淫的"加重犯，应以强迫卖淫罪一罪定罪处罚，不应实行数罪并罚。

(3) C项中的强奸不属于组织偷越国(边)境的加重犯，应数罪并罚(第318条)。

(4) 本题中只有A项稍难判断。若仔细分析A项的表述，甲是"一怒之下"卡住该妇女喉咙，致其死亡，似乎表明甲的心理发生变化，萌生了杀意，并在"杀意"支配下卡死被害人，故可认为成立故意杀人罪。另外因为本题是单选题，其中的D项属于法定加重犯不数罪并罚的情形，其正确性十分明显，毫不犹豫选D项，自然不考虑其他选项，更不用纠缠A项的对错。由此对考试技巧有所启示，遇到十分模糊难断的选项不要过分纠缠，赶快看看其他选项有没有合适的，借助单选只有一个正确选项、多选必须有两个以上正确选项的规则，从技术上对疑难选项进行肯定或排除的判断。(答案:D)

## 考点 6　非法拘禁罪的认定

### 一、精讲

1. 非法拘禁与其他侵犯自由犯罪的界限。要点在于目的和行为方式不同。非法拘禁罪是侵犯自由类犯罪的基本类型，除为索取债务扣押人质的这种特殊情形外，对主观目的和侵犯自由的方式均无特别的限定。而其他三种侵犯自由的犯罪则对主观目的或者行为方式有特别的限定。拐卖妇女、儿童罪限于以"出卖为目的"；绑架罪限于为了"非法勒索财物或其他不法要求为目的"；拐骗儿童罪则限于拐骗儿童脱离家庭或者监护人。故行为人非法拘禁他人且具有出卖、勒索目的，或者具有使儿童脱离家庭、监护人特征的，应当按照其他侵犯自由的犯罪定罪处罚。

2. 非法拘禁罪结果加重犯与故意伤害罪和故意杀人罪的界限。犯非法拘禁罪，致人重伤或者死亡的，是结果加重犯。常见的结果加重犯情形是，行为人在非法拘禁他人的过程中，因为拘禁的方法不当，如捆绑过紧或是关押、照顾不周，过失造成被拘禁人重伤、死亡的结果。这种情况仍然认定为非法拘禁罪，重伤、死亡结果作为非法拘禁罪的法定加重结果。但是，犯非法拘禁罪"使用暴力致人伤残、死亡的"，则应当按照故意伤害罪或者故意杀人罪定罪处罚。

3. 为索取债务非法扣押、拘禁他人的，应定非法拘禁罪。此"债务"不限于合法债务，也包括赌债、高利贷等不受法律保护的债务。

4. "索债型"纠纷的处理：① "索债"行为自身不是犯罪行为。② 因暴力索债而侵犯人身自由的，可成立非法拘禁罪；因暴力索债而侵犯生命、健康的，可成立故意伤害罪、故意杀人罪，但不定绑架罪、抢劫罪、敲诈勒索罪。

5. 非法拘禁罪是典型的继续犯。追诉时效从行为终了之日起计算。

### 二、例题

1. 甲为要回30万元赌债，将乙扣押，但2天后乙仍无还款意思。甲等5人将乙押到一处山崖上，对乙说："3天内让你家人送钱来，如今天不答应，就摔死你。"乙勉强说只有能力还5万元。甲刚说完"一分都不能少"，乙便跳崖。众人慌忙下山找乙，发现乙已坠亡。关于甲的行为定性，下列哪些选项是错误的？（2014年真题，多选）

　　A. 属于绑架致使被绑架人死亡
　　B. 属于抢劫致人死亡
　　C. 属于不作为的故意杀人
　　D. 成立非法拘禁，但不属于非法拘禁致人死亡

　　[释疑]　（1）甲"为索债非法扣押、拘禁他人"，定非法拘禁罪（第238条第3款），A、B项错。（2）甲来不及阻止乙跳崖，没有不作为罪责，C项错。乙突然跳崖，被害人自我答责，不归责于甲的非法拘禁行为，D项没错。（答案：ABC）

2. 《刑法》第238条第1款与第2款分别规定："非法拘禁他人或者以其他方法非法剥夺他人人身自由的，处三年以下有期徒刑、拘役、管制或者剥夺政治权利。具有殴打、侮辱情节的，从重处罚。""犯前款罪，致人重伤的，处三年以上十年以下有期徒刑；致人死亡的，处十年以上有期徒刑。使用暴力致人伤残、死亡的，依照本法第二百三十四条、第二百三十二条的规定定罪处罚。"关于该条款的理解，下列哪些选项是正确的？（2011年真题，多选）

A. 第一款所称"殴打、侮辱"属于法定量刑情节
B. 第二款所称"犯前款罪,致人重伤"属于结果加重犯
C. 非法拘禁致人重伤并具有侮辱情节的,适用第二款的规定,侮辱情节不再是法定的从重处罚情节
D. 第二款规定的"使用暴力致人伤残、死亡",是指非法拘禁行为之外的暴力致人伤残、死亡

[释疑] 第238条解读。C项似乎认为侮辱从重应当适用于整个第238条。(答案:ABD)

3. 关于侵犯人身权利犯罪的说法,下列哪些选项是错误的?(2008年真题,多选)
A. 私营矿主甲以限制人身自由的方法强迫农民工从事危重矿井作业,并雇用打手殴打农民工,致多人伤残。甲的行为构成非法拘禁罪与故意伤害罪,应当实行并罚
B. 砖窑主乙长期非法雇用多名不满16周岁的未成年人从事超强度体力劳动,并严重忽视生产作业安全,致使一名未成年人因堆砌的成品砖倒塌而被砸死。对乙的行为应以雇用童工从事危重劳动罪从重处罚
C. 丙以介绍高薪工作的名义从外地将多名成年男性农民工骗至砖窑主王某的砖窑场,以每人1 000元的价格卖给王某从事强迫劳动。由于仅规定了拐卖妇女、儿童罪,故对于丙的行为,无法以犯罪论处
D. 拘留所的监管人员对被监管人进行体罚虐待,致人死亡的,以故意杀人罪论处,不实行数罪并罚

[释疑] (1) A项,错在"非法拘禁罪与故意伤害罪,应当实行并罚",第238条第2款规定:"非法拘禁……使用暴力致人伤残、死亡的,依照本法第二百三十四条、第二百三十二条的规定定罪处罚。"

(2) B项,错在不实行数罪并罚。第244条之一规定:"违反劳动管理法规,雇用未满十六周岁的未成年人……造成事故,又构成其他犯罪的,依照数罪并罚的规定处罚。"

(3) C项,错在"无法以犯罪论处",不成立拐卖妇女、儿童罪,未必不能成立其他罪。对本案中丙可以按照强迫劳动罪共犯论处。

(4) D项,第248条第1款规定:"监狱、拘留所、看守所等监管机构的监管人员对被监管人……致人伤残、死亡的,依照本法第二百三十四条、第二百三十二条的规定定罪从重处罚。"(答案:ABC)

## 考点 7 拐卖妇女罪的认定

### 一、精讲

1. 构成拐卖妇女、儿童罪原则上不以违背被害对象——被拐卖的妇女、儿童的意志为必要。

2. 本罪的侵害对象仅限于妇女、儿童,而不包括已满14周岁的男子。根据《关于审理拐卖妇女案件适用法律有关问题的解释》,这里的"妇女",既包括具有中国国籍的妇女,也包括具有外国国籍和无国籍的妇女。

3. 拐卖妇女罪既遂的认定。通常以行为人"拐"的行为完成为既遂,不以实际卖出或者获利为必要。

4. 注意第240条8种加重犯的规定。尤其是在拐卖妇女的犯罪过程中,行为人又强奸被

拐卖的妇女的,或者引诱、强迫被拐卖的妇女卖淫的,是拐卖妇女罪加重犯,不再与强奸罪、引诱卖淫罪、强迫卖淫罪数罪并罚。

5. 我国第241条第5款规定,收买被拐卖的妇女、儿童又出卖的,应定拐卖妇女、儿童罪,而不再定收买被拐卖的妇女、儿童罪。

## 二、例题

1. 甲欲绑架女大学生乙卖往外地,乙强烈反抗,甲将乙打成重伤,并多次对乙实施强制猥亵行为。甲尚未将乙卖出便被公安人员抓获。关于甲行为的定性和处罚,下列哪些判断是错误的?(2010年真题,多选)

    A. 构成绑架罪、故意伤害罪与强制猥亵妇女罪,实行并罚
    B. 构成拐卖妇女罪、故意伤害罪、强制猥亵妇女罪,实行并罚
    C. 构成拐卖妇女罪、强制猥亵妇女罪,实行并罚
    D. 构成拐卖妇女罪、强制猥亵妇女罪,实行并罚,但由于尚未出卖,对拐卖妇女罪应适用未遂犯的规定

    [释疑] 本案正确结论为C项。甲对乙拐卖、强制猥亵的,构成两罪。"甲将乙打成重伤"属于第240条之结果加重犯。第240条第1款第(7)项规定:(拐卖妇女)"造成被拐卖的妇女、儿童或者其亲属重伤、死亡或者其他严重后果的"(处10年以上……)。常见的结果加重犯如:抢劫、强奸致人重伤死亡,绑架致被绑架人死亡。(答案:ABD)

2. 甲拐卖了5名儿童,偷盗了两名婴儿,并准备全部卖往A地。在运送过程中甲因害怕他们哭闹,给他们注射了麻醉药。由于麻醉药过量,致使两名婴儿死亡,5名儿童处于严重昏迷状态,后经救治康复。对甲的行为应以何罪论处?(2004年真题,不定选)

    A. 拐卖儿童罪  B. 拐骗儿童罪
    C. 过失致人死亡罪  D. 绑架罪

    [释疑] 拐卖儿童罪的结果加重犯,解答本题的要领是熟悉法律条文有此结果加重的规定。(答案:A)

### 考点 8 拐卖妇女、儿童罪与拐骗儿童罪的区别

## 一、精讲

拐卖儿童罪与拐骗儿童罪的区别在于行为人的目的不同:前者是以出卖为目的,后者则不是出于出卖的目的,比如收养或"娶妻"。

## 二、例题

1. 甲以从事杂技表演的名义欺骗多名农村儿童,儿童均信以为真,便随甲进城。甲将这些儿童带至大城市,利用儿童从事乞讨活动。其间,甲曾与儿童的家属电话联系,称小孩生活得很好。关于本案,下列哪一选项是正确的?(2008年缓考真题,单选)

    A. 甲的行为构成组织儿童乞讨罪
    B. 甲的行为构成拐骗儿童罪
    C. 甲的行为构成诈骗罪

D. 甲的行为征得了儿童家长的同意,不成立犯罪

[释疑] 甲"欺骗儿童"随其进城,成立拐骗儿童罪。组织儿童乞讨罪以使用暴力、威胁等强制手段为要件,题中对甲是否使用强制手段没有交代,故是否成立组织儿童乞讨罪不清楚。(答案:B)

2. 李某以出卖为目的偷盗1名男童,得手后因未找到买主,就产生了自己抚养的想法。在抚养过程中,因男童日夜啼哭,李某便将男童送回家中。关于李某的行为,下列哪些选项是错误的?(2007年真题,多选)

A. 构成拐卖儿童罪　　　　　　B. 构成拐骗儿童罪
C. 属于拐卖儿童罪未遂　　　　D. 属于拐骗儿童罪中止

[释疑] (1)认定李某构成拐卖儿童罪既遂应属基础知识范围,不成问题,故C、D选项是错误的。

(2)李某后来自己抚养的行为是否单独构成拐骗儿童罪?这有点让人头疼。认为构成拐骗儿童罪选项是错误的较为合理。理由是:以出卖为目的偷盗婴幼儿,当然包容拐骗儿童(脱离家庭监护人)的行为,自无单独评价为拐骗儿童罪的必要。

(3)其后(拐卖儿童既遂后)虽有犯意的转变,但没有另外的"拐的"行为,也不宜另外认定构成拐骗儿童罪。(答案:BCD)

## 考点 9　收买被拐卖的妇女、儿童罪相关罪数问题

### 一、精讲

1. 收买被拐卖的妇女,强行与其发生性关系的,以强奸罪定罪处罚。
2. 收买被拐卖的妇女、儿童,非法剥夺、限制其人身自由或者有伤害、侮辱等犯罪行为的,依照刑法的有关规定定罪处罚。
3. 收买被拐卖的妇女、儿童,并有强奸、非法拘禁、伤害、侮辱等犯罪行为的,依照数罪并罚的规定处罚。
4. 收买被拐卖的妇女、儿童又出卖的,以拐卖妇女、儿童罪定罪处罚,收买不再另外认定。
5. 收买行为一律入刑:收买被拐卖的妇女、儿童,对被买儿童没有虐待行为,不阻碍对其进行解救的,可以从轻处罚;按照被买妇女的意愿,不阻碍其返回原居住地的,可以从轻或减轻处罚。另外,若有其他犯罪行为仍需追究。

### 二、例题

甲花4万元收买被拐卖妇女周某做智障儿子的妻子,周某不从,伺机逃走。甲为避免人财两空,以3万元将周某出卖。(事实一)

乙收买周某,欲与周某成为夫妻,周某不从,乙多次暴力强行与周某发生性关系。(事实二)

不久,周某谎称怀孕要去医院检查,乙信以为真,周某乘机逃走向公安机关报案。警察丙带人先后抓获了甲、乙。讯问中,乙仅承认收买周某,拒不承认强行与周某发生性关系。丙恼羞成怒,当场将乙的一只胳膊打成重伤。乙大声呻吟,丙以为其佯装受伤不予理睬。(事实三)

深夜,丙上厕所,让门卫丁(临时工)帮忙看管乙。乙发现丁是老乡,请求丁放人。丁说:"行,但你以后如被抓住,一定要说是自己逃走的。"乙答应后逃走,丁未阻拦。(事实四)

请回答第(1)—(4)题。(2011年真题,不定选)

(1) 关于事实一的定性,下列选项正确的是:

A. 甲行为应以收买被拐卖的妇女罪与拐卖妇女罪实行并罚

B. 甲虽然实施了收买与拐卖两个行为,但由于两个行为具有牵连关系,对甲仅以拐卖妇女罪论处

C. 甲虽然实施了收买与拐卖两个行为,但根据《刑法》的特别规定,对甲仅以拐卖妇女罪论处

D. 由于收买与拐卖行为侵犯的客体相同,而且拐卖妇女罪的法定刑较重,对甲行为仅以拐卖妇女罪论处,也能做到罪刑相适应

[释疑] 第241条第5款规定:"收买被拐卖的妇女、儿童又出卖的,依照本法第二百四十条的(拐卖妇女、儿童罪)规定定罪处罚。"这被认为是"拟制"规定,C项正确,A项数罪并罚的结论错误,B项"牵连犯"择一重罪的理由错误,D项表述正确。(答案:CD)

(2) 关于事实二的定性,下列选项错误的是:

A. 乙行为成立收买被拐卖的妇女罪与强奸罪,应当实行并罚

B. 乙行为仅成立收买被拐卖的妇女罪,因乙将周某当作妻子,故周某不能成为乙的强奸对象

C. 乙行为仅成立收买被拐卖的妇女罪,因乙将周某当作妻子,故缺乏强奸罪的故意

D. 乙行为仅成立强奸罪,因乙收买周某就是为了使周某成为妻子,故收买行为是强奸罪的预备行为

[释疑] 略。(答案:BCD)

(3) 关于事实三的定性,下列选项正确的是:

A. 丙行为是刑讯逼供的结果加重犯

B. 对丙行为应以故意伤害罪从重处罚

C. 对丙行为应以刑讯逼供罪与过失致人重伤罪实行并罚

D. 对丙行为应以刑讯逼供罪和故意伤害罪实行并罚

[释疑] 第247条规定:"司法工作人员对犯罪嫌疑人、被告人实行刑讯逼供或者使用暴力逼取证人证言的,处三年以下有期徒刑或者拘役。致人伤残、死亡的,依照本法第二百三十四条(故意伤害)、第二百三十二条(故意杀人)的规定定罪从重处罚。"(答案:B)

(4) 关于事实四,下列选项错误的是:

A. 乙构成脱逃罪,丁不构成犯罪

B. 乙构成脱逃罪,丁构成私放在押人员罪

C. 乙离开讯问室征得了丁的同意,不构成脱逃罪,丁构成私放在押人员罪

D. 乙与丁均不构成犯罪

[释疑] 本题结论为:乙构成脱逃罪,丁构成乙脱逃罪的共犯(帮助脱逃)。A项错在"丁不构成犯罪"。B项错在"丁构成私放在押人员罪",因为丁不具有"司法工作人员"的身份。(答案:ABCD)

## 考点 10 拐卖妇女罪和聚众阻碍解救被收买的妇女罪的区分

### 一、精讲

聚众阻碍解救被收买的妇女罪限定在阻碍解救被"收买"的妇女,不包括被"拐卖"中的妇女。对于被"拐卖"中的妇女,聚众阻碍解救的,应当认定为拐卖妇女罪。

### 二、例题

甲以出卖为目的,将乙女拐骗至外地后关押于一地下室,并曾强奸乙女。甲在寻找买主的过程中因形迹可疑被他人告发。国家机关工作人员前往解救乙女时,甲的朋友丙却聚众阻碍国家机关工作人员的解救行为。对本案应如何处理?(2002 年真题,多选)

A. 对甲的行为以拐卖妇女罪论处
B. 由于甲尚未出卖乙女,对拐卖妇女罪应认定为犯罪未遂
C. 对丙以聚众阻碍解救被收买的妇女罪论处
D. 对丙应以拐卖妇女罪的共犯论处

[释疑] (1) 行为人"拐"的行为完成,拐卖妇女罪即为既遂,不以实际卖出或者获利为必要。

(2) 拐卖妇女犯罪过程中奸淫被拐卖妇女的,是法定的情节加重犯,不单独成立强奸罪,仍以拐卖一罪定罪处罚。

(3) 丙对"拐卖"中的妇女聚众阻碍解救,应当认定为是甲拐卖妇女罪的共犯。

从立法意图上讲,收买被拐卖的妇女是一种较轻的犯罪,在中国很多落后地区人们法制意识淡薄,认为花钱买的,似乎就有正当根据,不违反法律。因而也就频繁发生公然聚众阻碍解救的事情。这种对收买者帮助的行为,性质较轻。相反,对拐卖者帮助的行为,性质就不同了。实际上就是拐卖妇女、儿童罪的共犯。理论上,在他人拐卖妇女既遂后提供帮助的,不影响成立共犯。因为拐卖妇女是继续犯,既遂以后犯罪行为可能还在继续之中,在他人犯罪行为继续时提供帮助的,属于"事中"的帮助而不是"事后"的帮助,可以构成共犯。换言之,在继续犯的场合,认定甲犯罪既遂与认定丙构成共犯并不冲突。(答案:AD)

## 考点 11 诬告陷害罪的认定

### 一、精讲

1. 诬告陷害罪的要件是:(1) 捏造"犯罪"事实;(2) 意图使他人受刑事处罚而向司法机关告发。

2. 诬告陷害罪与诽谤罪的区别:诬告陷害罪主观要件必须是意图使他人受刑事追究,客观上必须有捏造"犯罪事实"作虚假告发的行为;诽谤罪则无此要求,但要求情节严重。

### 二、例题

下列哪种情形构成诬告陷害罪?(2007 年真题,单选)

A. 甲为了得到提拔,便捏造同事曹某包养情人并匿名举报,使曹某失去晋升机会

B. 乙捏造"文某明知王某是实施恐怖活动的人而向其提供资金"的事实,并向公安部门举报

C. 丙捏造同事贾某受贿10万元的事实,并写成500份传单在县城的大街小巷张贴

D. 丁匿名举报单位领导王某贪污救灾款50万元。事后查明,王某只贪污了救灾款5 000元

[释疑] (1) A项中,甲捏造的是"包养情人"事实,不属于犯罪事实,不符合捏造"犯罪"事实的要件。

(2) C项中,丙没有"告发"行为,故也不能证实其有意图使他人受刑事处分的目的。

(3) D项中,丁的行为属于检举失实。因为丁检举王某贪污事出有因,也有一定的根据,只是数额出入较大而已。丁明显没有诬告陷害的故意和行为。(答案:B)

## 考点 12 刑讯逼供罪的认定与转化

### 一、精讲

1. 刑讯逼供罪的主体是司法工作人员。

2. 司法工作人员对犯罪嫌疑人、被告人实行刑讯逼供或者使用暴力逼取证人证言,致人伤残、死亡的,依照故意伤害罪、故意杀人罪定罪从重处罚。

3. 刑讯逼供罪与暴力取证罪的区别在于对象不同,前者是犯罪嫌疑人、被告人,后者是证人。

### 二、例题

关于刑讯逼供罪的认定,下列哪些选项是错误的?(2012年真题,多选)

A. 甲系机关保卫处长,采用多日不让小偷睡觉的方式,迫其承认偷盗事实。甲构成刑讯逼供罪

B. 乙教师,受聘为法院人民陪审员,因庭审时被告人刘某气焰嚣张,乙气愤不过,一拳致其轻伤。乙不构成刑讯逼供罪

C. 丙系检察官,为逼取口供殴打犯罪嫌疑人郭某,致其重伤。对丙应以刑讯逼供罪论处

D. 丁系警察,讯问时佯装要实施酷刑,犯罪嫌疑人因害怕承认犯罪事实。丁构成刑讯逼供罪

[释疑] 第247条规定:司法工作人员对犯罪嫌疑人、被告人实行刑讯逼供或者使用暴力逼取证人证言,处3年以下有期徒刑或者拘役。致人伤残、死亡的,依照本法第234条(故意伤害罪)、第232条(故意杀人罪)的规定定罪从重处罚。A项"保卫处长"不符合"司法工作人员"主体条件。B项行为性质不是刑讯逼供,是简单的故意伤害行为。C项刑讯致人伤残以伤害论。D项刑讯是实际的折磨摧残,声称"动刑"尚不足以认定为刑讯逼供。(答案:ACD)

## 考点 13 强迫劳动罪、雇用童工从事危重劳动罪

### 一、精讲

1. 强迫劳动罪是指以暴力、威胁或者限制人身自由的方法强迫他人劳动,包含"以限制人

身自由的方法"强迫劳动的内容,与非法拘禁罪存在法条竞合关系,故尽管也有侵犯人身自由的行为,不需要另定非法拘禁罪[《刑法修正案(八)》]。

2. 明知他人实施强迫劳动的行为,为其招募、运送人员或者有其他协助强迫他人劳动行为的,以强迫劳动罪定罪处罚[《刑法修正案(八)》]。

3. 根据第244条之一的规定,有雇用童工从事危重劳动行为,造成事故,又构成其他犯罪的,依照数罪并罚的规定处罚。

## 二、例题

关于侵犯人身权利罪的论述,下列哪一选项是错误的?(2012年真题,单选)
A. 强行与卖淫幼女发生性关系,事后给幼女500元的,构成强奸罪
B. 使用暴力强迫单位职工以外的其他人员在采石场劳动的,构成强迫劳动罪
C. 雇用16周岁未成年人从事高空、井下作业的,构成雇用童工从事危重劳动罪
D. 收留流浪儿童后,因儿童不听话将其出卖的,构成拐卖儿童罪

[释疑] A项对幼女妇女实施暴力强奸当然构成强奸罪,是否给钱、是否在卖淫嫖娼过程中,被害人是否有卖淫污点,不影响强奸罪成立。B项第244条规定"以暴力、威胁或者限制人身自由的方法强迫他人劳动的……""他人"含任何人,不限于职工。C项不符合第244条之一雇用"未满16周岁"人的对象条件。D项有出卖儿童行为即构成第240条拐卖儿童罪,不问儿童来源。(答案:C)

## 三、提示与预测

《刑法修正案(八)》将强迫职工劳动罪修改为强迫劳动罪,新的立法修订和解释往往容易成为考点。

## 考点 14 绑架罪的认定

### 一、精讲

1. 绑架罪具有劫持人质勒索财物或其他非法利益的意图,包括两方面的目的:一是勒索财物;二是勒索财物以外的非法利益。通常认为,扣住人质为既遂,不以勒索到财物为必要。

2. 行为特征是劫持、扣押人质,以加害人质相威胁或者以释放人质为条件,向第三人勒索财物或者其他非法利益。以勒索财物为目的而偷盗不满1周岁的婴儿和偷盗不满6周岁的幼儿的行为,也视为绑架行为。绑架人质向"第三人"勒索,是绑架的特征之一,也是绑架罪与抢劫罪区别的要点。采取"绑架"的方式勒索,是绑架罪与敲诈勒索罪区别的要点。

3. 绑架罪的加重犯:① 杀害人质,是指故意杀害人质,包括:绑架人质后将人质杀害,隐瞒人质被害真相继续向第三人勒索;因为其勒索的不法要求没有满足而"撕票"(杀害人质);勒索到赎金后为了灭口而杀害人质。杀害人质未遂的,也认为具备"杀害人质"的加重条件。② 故意伤害被绑架人,致人重伤、死亡。《刑法修正案(九)》将以往的"绝对死刑"修正为"无期徒刑或死刑"。

4. 已满16周岁的人应当对绑架行为负刑事责任。已满14周岁不满16周岁的人对绑架行为不负刑事责任,但是,如果在实施或者参与绑架犯罪的活动中,又故意杀害或重伤人质的,

应当对其故意杀人、故意伤害(致人重伤)的行为负刑事责任。

## 二、例题

1. 甲为勒索财物,打算绑架富商之子吴某(5岁)。甲欺骗乙、丙说:"富商欠我100万元不还,你们帮我扣押其子,成功后给你们每人10万元。"乙、丙将吴某扣押,但甲无法联系上富商,未能进行勒索。三天后,甲让乙、丙将吴某释放。吴某一人在回家路上溺水身亡。关于本案,下列哪一选项是正确的?(2016年真题,单选)

A. 甲、乙、丙构成绑架罪的共同犯罪,但对乙、丙只能适用非法拘禁罪的法定刑
B. 甲未能实施勒索行为,属绑架未遂;甲主动让乙、丙放人,属绑架中止
C. 吴某的死亡结果应归责于甲的行为,甲成立绑架致人死亡的结果加重犯
D. 不管甲绑架未遂、绑架中止还是绑架既遂,乙、丙均成立犯罪既遂

[释疑] D项,乙、丙为索债而绑架人质,不成立绑架罪,而是成立非法拘禁罪,只要将被拘禁人扣押,即为犯罪既遂。

A项错,因为乙、丙为索债而绑架人质,不成立绑架罪。B项错,甲成立绑架罪,第239条第3款规定,以勒索财物为目的偷盗婴幼儿的,以绑架罪定罪处罚。绑架罪是侵犯人身权利罪,故实际扣押住人质为既遂。C项错在"甲成立绑架致人死亡的结果加重犯",根据《刑法修正案(九)》修正,犯绑架罪,"杀害被绑架人的,或者故意伤害被绑架人,致人重伤、死亡的,处无期徒刑或者死刑,并处没收财产"。本案致吴某死亡的情形不符合。(答案:D)

2. 甲男(15周岁)与乙女(16周岁)因缺钱,共同绑架富商之子丙,成功索得50万元赎金。甲担心丙将来可能认出他们,提议杀丙,乙同意。乙给甲一根绳子,甲用绳子勒死丙。关于本案的分析,下列哪一选项是错误的?(2014年真题,单选)

A. 甲、乙均触犯故意杀人罪,因而对故意杀人罪成立共同犯罪
B. 甲、乙均触犯故意杀人罪,对甲以故意杀人罪论处,但乙应以绑架罪论处
C. 丙系死于甲之手,乙未杀害丙,故对乙虽以绑架罪定罪,但对乙不能适用"杀害被绑架人"的规定
D. 对甲以故意杀人罪论处,对乙以绑架罪论处,与二人成立故意杀人罪的共同犯罪并不矛盾

[释疑] 本案正解:乙绑架罪适用"杀害被绑架人"规定处罚(第239条),甲故意杀人罪。(1)甲乙共同实行绑架时,乙在现场同意并提供绳子,与甲杀害丙具有共同故意和行为,根据共同正犯"部分实行全部责任"原理,应共同承担杀害被绑架人的责任,C项错。(2)甲乙符合故意杀人罪共同犯罪的条件(部分犯罪共同说),A、D项没错。(3)甲因未达绑架罪16岁的刑责年龄,故不适用绑架罪,应以故意杀人罪论处,B项没错。(答案:C)

3. 为谋财绑架他人的,在下列哪一种情形下不应当判处死刑?(2009年真题,单选)

A. 甲绑架并伤害被绑架人致其残疾的
B. 乙杀死人质后隐瞒事实真相向人质亲友勒索赎金10万元的
C. 丙绑架人质后害怕罪行败露杀人灭口的
D. 丁控制人质时因捆绑太紧过失致被害人死亡的

[释疑] 第239条绑架罪规定,绑架致使被绑架人死亡或者杀害被绑架人的,处死刑。(答案:A)

## 考点 15 绑架罪与抢劫罪的区别

### 一、精讲

抢劫往往是当场使用暴力强取被害人控制、占有的财物。绑架罪往往是扣押人质向人质的亲友(第三人)勒索财物,财物往往不在人质(直接被害人,即第二人)控制支配之下,而是在第三人的控制之下。注意以下两种情形:

1. 行为人虽然使用了绑架的方式,但只是当场直接向被害人(第二人)索取、逼取他本人控制的财物的,不是绑架罪,构成抢劫罪。

2. 行为人虽然扣押人质,并通过人质向第三人索要财物,如果第三人对于绑架并不知情而交付财物的,不成立绑架罪,构成抢劫罪。

### 二、例题

1. 甲持刀将乙逼入山中,让乙通知其母送钱赎人。乙担心其母心脏病发作,遂谎称开车撞人,需付5万元治疗费,其母信以为真。关于甲的行为性质,下列哪一选项是正确的?(2010年真题,单选)

   A. 非法拘禁罪　　B. 绑架罪　　C. 抢劫罪　　D. 诈骗罪

   [释疑] 甲劫持乙并让乙通知其母"送钱赎人",自始就有为勒索财物而绑架的意图并实施了勒索(送钱赎人)的行为,成立绑架罪。乙没有向第三人(乙母)转达甲"送钱赎人"的话,而是改为需医疗费,不影响甲具有绑架人质向第三人勒索赎金的绑架性质。(答案:B)

2. 甲使用暴力将乙扣押在某废弃的建筑物内,强行从乙身上搜出现金3 000元和一张只有少量金额的信用卡,甲逼迫乙向该信用卡中打入人民币10万元。乙便给其妻子打电话,谎称自己开车撞伤他人,让其立即向自己的信用卡打入10万元救治伤员并赔偿。乙妻信以为真,便向乙的信用卡中打入10万元,被甲取走,甲在得款后将乙释放。对甲的行为应当按照下列哪一选项定罪?(2006年真题,单选)

   A. 非法拘禁罪　　　　　　　　B. 绑架罪
   C. 抢劫罪　　　　　　　　　　D. 抢劫罪和绑架罪

   [释疑] 本案虽然出现了第三人乙妻并交付财物,但是乙妻对于绑架毫不知情,如果成立绑架罪,必须存在受到勒索的第三人,没有这个受到勒索的第三人,不成立绑架罪,实际上还是一个向乙当场实施暴力、当场取财的过程,只不过取财借助了乙妻的行为,定抢劫罪。(答案:C)

## 考点 16 强制猥亵、侮辱罪与侮辱罪的区别

### 一、精讲

1. 二者区别的要点在于目的不同:强制猥亵、侮辱罪的目的是满足性刺激或因为蔑视社会公德而无端猥亵他人或者侮辱妇女、伤害公众的情感;而侮辱罪的目的是为了损害他人(包括妇女)的人格、尊严,并且通常是事出有因。

2.《刑法修正案(九)》将强制猥亵的对象扩大到"他人",意味着男性也可作为强制猥亵

的对象。

## 二、例题

关于侮辱罪与诽谤罪的论述,下列哪一选项是正确的?(2013年真题,单选)

A. 为寻求刺激在车站扒光妇女衣服,引起他人围观的,触犯强制猥亵、侮辱妇女罪,未触犯侮辱罪

B. 为报复妇女,在大街上边打妇女边骂"狐狸精",情节严重的,应以侮辱罪论处,不以诽谤罪论处

C. 捏造他人强奸妇女的犯罪事实,向公安局和媒体告发,意图使他人受刑事追究,情节严重的,触犯诬告陷害罪,未触犯诽谤罪

D. 侮辱罪、诽谤罪属于亲告罪,未经当事人告诉,一律不得追究被告人的刑事责任

[释疑] B项对,"谩骂"符合言辞侮辱特点;诽谤罪特点是"捏造+传播",即"造谣中伤",以虚构的内容(信息)损坏他人名誉。当众打骂属于典型的侮辱行为而非诽谤行为。A项错,强制猥亵侮辱妇女罪属于"性侮辱",是侮辱的特殊形式之一,当然触犯侮辱罪,只是因法条竞合而认定为强制猥亵侮辱妇女罪而已。C项错,诬告陷害他人同时毁损他人名誉的,可能同时触犯诽谤罪,想象竞合犯。D项错,第246条第2款规定:"告诉的才处理,但是严重危害社会秩序和国家利益的除外。"注意:五个亲告罪中,只有侵占罪是绝对的"不告不理",其他四个都有亲告的"除外"规定。(答案:B)

### 考点 17 非法拘禁罪,绑架罪,拐卖妇女、儿童罪,抢劫罪,敲诈勒索罪之间的区分以及涉及的一罪数罪问题

**例题**

赵某拖欠张某和郭某6 000多元的打工报酬一直不付。张某与郭某商定后,将赵某15岁的女儿甲骗到外地扣留,以迫使赵某支付报酬。在此期间(共21天),张、郭多次打电话让赵某支付报酬,但赵某仍以种种理由拒不支付。张、郭遂决定将甲卖给他人。在张某外出寻找买主期间,郭某奸淫了甲。张某找到了买主陈某后,张、郭二人以6 000元将甲卖给了陈某。陈某欲与甲结为夫妇,遭到甲的拒绝。陈某为防甲逃走,便将甲反锁在房间里一月余。陈某后来觉得甲年纪小、太可怜,便放甲返回家乡。陈某找到张某要求退回6 000元钱。张某拒绝退还,陈某便于深夜将张某的一辆价值4 000元的摩托车骑走。(2003年真题,分析)

问题:请根据上述案情,分析张某、郭某、陈某的刑事责任。

[参考答案]

1. 张某构成非法拘禁罪、拐卖妇女罪(1分)。
2. 郭某构成非法拘禁罪、拐卖妇女罪(1分)。
3. 张某和郭某是非法拘禁罪、拐卖妇女罪的共同犯罪人(1分),二人均应按非法拘禁罪和拐卖妇女罪数罪并罚(1分)。
4. 郭某和张某拐卖妇女罪应适用不同的法定刑(1分),其中张某按拐卖妇女罪的基础法定刑量刑,郭某奸淫被拐卖的妇女,法定刑升格(1分)。
5. 陈某构成收买被拐卖的妇女罪、非法拘禁罪和盗窃罪(1分),应当数罪并罚(1分)。

6. 陈某所犯的收买被拐卖的妇女罪,由于他中途自愿将被害人放回家,属于犯罪中止,可以不追究该罪的刑事责任(1分)。

[释疑]

本题与2000年的案例分析题完全一样,属于重复的考题。本题要点:

(1)张、郭为索债而将甲扣留,属于非法拘禁罪,而不是绑架罪。因为刑法明文规定,为索债而扣押人质的以非法拘禁罪论处。

(2)张、郭将甲出卖,构成拐卖妇女罪。

(3)期间郭奸淫甲,具有强奸性质。但是法律特别规定,在拐卖妇女过程中奸淫被拐妇女的是加重情形,在10年以上的幅度内处罚,故不数罪并罚。这属于法定的数罪不需并罚的特殊情况。

(4)共犯的责任问题。在非法拘禁和拐卖问题上,张和郭是共犯,共同承担责任。但关键是张对郭的奸淫行为是否负刑事责任?在共同犯罪中,如果其他共同犯罪人实施了共同故意以外的犯罪行为的,不知情、未参与的共犯人不负刑事责任。在共犯理论中,这种结论通常使用"过限行为"来解说。即张、郭二人有共同拘禁和拐卖的行为,但是在犯该两罪的过程中,张单独实施了强奸行为,超出了共同故意范围,由实施者单独承担刑事责任,其他人对于这"过限部分"不负刑事责任。从犯罪的基本原理讲,任何犯罪人只对自己有犯意或过错的行为负刑事责任(主观罪过责任原则),如果没有犯意或过错,不负刑事责任。

(5)陈收买甲,构成收买被拐卖的妇女罪。将甲反锁一月余,又构成非法拘禁罪,根据第241条第3款的规定:收买被拐卖的妇女、儿童,非法剥夺、限制其人身自由的,依照数罪并罚的规定处罚。

(6)陈将张的摩托车骑走,属于盗窃行为,构成盗窃罪。陈、张之间为买卖甲存在的纠葛不影响成立盗窃罪。

# 考点 18 因事实婚姻关系而引发的刑法上的效果

## 一、精讲

事实婚姻关系并无民法上的效力,但在刑法上却可能具有和登记婚姻关系相同的效果,如构成重婚罪、虐待罪、强奸罪等。

## 二、例题

1. 甲与乙(女)2012年开始同居,生有一子丙。甲、乙虽未办理结婚登记,但以夫妻名义自居,周围群众公认二人是夫妻。对甲的行为,下列哪些分析是正确的?(2015年真题,多选)

A. 甲长期虐待乙的,构成虐待罪

B. 甲伤害丙(致丙轻伤)时,乙不阻止的,乙构成不作为的故意伤害罪

C. 甲如与丁(女)领取结婚证后,不再与乙同居,也不抚养丙的,可能构成遗弃罪

D. 甲如与丁领取结婚证后,不再与乙同居,某日采用暴力强行与乙性交的,构成强奸罪

[释疑] 甲与乙形成事实婚姻关系,虽在民法上无法律效力,但在刑法上却可以产生相应的法律后果。A项,事实婚姻的双方可认定为"共同生活的家庭成员",一方对另一方长期虐待的,可构成虐待罪。B项,乙作为丙的生母,对其负有保护责任,在丙受侵害时能阻止而不

阻止的,构成不作为的故意伤害罪。C项,甲即使解除与乙的事实婚姻关系,但作为生父,仍对并负有扶养义务,若拒绝扶养,可能构成遗弃罪。D项,甲与乙已解除事实婚姻关系,双方并无同居的权利和义务,甲强行与乙性交的,构成强奸罪。(答案:ABCD)

## 考点 19  侵犯公民个人信息罪

违反国家有关规定,向他人出售或提供公民个人信息,情节严重的行为;

窃取或者以其他方法非法获取公民个人信息的行为;

违反国家有关规定,将在履行职责或者提供服务过程中获得的公民个人信息,出售或提供给他人的,从重处罚。

单位犯罪的,双罚。

## 考点 20  虐待被监护、看护人罪

对未成年人、老年人、患病的人、残疾人等负有监护、看护职责的人虐待被监护、看护的人,情节恶劣的行为。

单位亦可构成,双罚;

有本罪行为,同时构成其他犯罪的,依照处罚较重的规定定罪处罚(想象竞合)。

# 第五章  侵犯财产罪

## 考点 1  与抢劫罪结果加重犯相关的一罪和数罪的认定

### 一、精讲

1. 行为人为劫取财物而预谋故意杀人,或者在劫取财物过程中,为制服被害人反抗而故意杀人的,以抢劫罪定罪处罚。杀伤是抢劫暴力的组成部分。

2. 起初为了实施其他犯罪如故意杀人、故意伤害、强奸等,在其犯罪过程中"临时起意",当场又抢取了被害人财物的,另外成立抢劫罪,数罪并罚。若被害人已经死亡、昏迷等,行为人"临时起意"取走被害人财物的,或者趁被害人不注意暗中又窃取其财物的,另外成立盗窃罪,数罪并罚。

3. 绑架人质并当场抢取人质随身携带财物的,在绑架和抢劫两罪中择一重罪处罚,不数罪并罚。

4. 行为人实施抢劫后,为灭口而故意杀人的,以抢劫罪和故意杀人罪定罪,实行数罪并罚。

### 二、例题

1. 贾某在路边将马某打倒在地,劫取其财物。离开时贾某为报复马某之前的反抗,往其胸口轻踢了一脚,不料造成马某心脏骤停死亡。设定贾某对马某的死亡具有过失,下列哪一分析是正确的?(2016年真题,单选)

A. 贾某踢马某一脚,是抢劫行为的延续,构成抢劫致人死亡
B. 贾某踢马某一脚,成立事后抢劫,构成抢劫致人死亡
C. 贾某构成抢劫罪的基本犯,应与过失致人死亡罪数罪并罚
D. 贾某构成抢劫罪的基本犯与故意伤害(致死)罪的想象竞合犯

[释疑] 贾某在抢劫既遂后,为泄愤而踢被害人一脚,该行为不具有抢劫性质,独立于先前的抢劫行为。该轻踢一脚不具有故意伤害性质,故仅成立过失致人死亡。抢劫与轻踢一脚是两个意思支配下的两个行为犯两个不同种罪,数罪并罚。C项正确,则A、B、D项错。(答案:C)

2. 甲长期以赌博所得为主要生活来源。某日,甲在抢劫赌徒乙的赌资得逞后,为防止乙日后报案,将其杀死。对甲的处理,下列哪一选项是正确的?(2009年真题,单选)
A. 应以故意杀人罪、抢劫罪并罚
B. 应以抢劫罪从重处罚
C. 应以赌博罪、抢劫罪并罚
D. 应以赌博罪、抢劫罪、故意杀人罪并罚

[释疑] 以赌博所得为主要生活来源,成立赌博罪。抢劫赌资照样可成立抢劫罪,根据2001年《关于抢劫过程中故意杀人案件如何定罪问题的批复》,行为人实施抢劫后,为灭口而故意杀人的,以抢劫罪和故意杀人罪,实行数罪并罚,不属于抢劫的结果加重犯。(答案:D)

3. 甲持西瓜刀冲入某银行储蓄所,将刀架在储蓄所保安乙的脖子上,喝令储蓄所职员丙交出现金1万元。见丙故意拖延时间,甲便在乙的脖子上划了一刀。刚取出5万元现金的储户丁看见乙血流不止,于心不忍,就拿出1万元扔给甲,甲得款后迅速逃离。对甲的犯罪行为,下列哪一选项是正确的?(2008年真题,单选)
A. 抢劫罪(未遂)　B. 抢劫罪(既遂)　C. 绑架罪　D. 敲诈勒索罪

[释疑] 对A施加暴力胁迫在场B交付财物,是抢劫罪,即抢劫暴力取财不以直接施加于财物占有者为必要。(答案:B)

4. 张某出于报复动机将赵某打成重伤,发现赵某丧失知觉后,临时起意拿走了赵某的钱包,钱包里有1万元现金,张某将其占为己有。关于张某取财行为的定性,下列哪一选项是正确的?(2007年真题,单选)
A. 构成抢劫罪　B. 构成抢夺罪　C. 构成盗窃罪　D. 构成侵占罪

[释疑] 一罪与数罪的认定:
(1)起因于伤害,独立成立故意伤害罪。
(2)"临时起意"取被害人财物的,"取财"行为独立成罪,分两种情况:①被害人"丧失知觉后"取财的,是盗窃罪;②被害人"没有丧失知觉"当面取财的,是抢劫罪。
(3)数罪并罚。本题中只问"取财行为"的性质,应是盗窃。(答案:C)

5. 甲、乙为劫取财物将在河边散步的丙杀死,当场劫得丙随身携带的现金2 000余元。甲、乙随后从丙携带的名片上得知丙是某公司总经理。两人经谋合后,按名片上的电话给丙的妻子丁打电话,声称丙已被绑架,丁必须于次日中午12点将10万元现金放在某处,否则杀害丙。丁立即报警,甲、乙被抓获。关于本案的处理,下列哪一种说法是正确的?(2005年真题,单选)
A. 抢劫罪和绑架罪并罚

B. 以故意杀人罪、盗窃罪和绑架罪并罚
C. 以抢劫罪和敲诈勒索罪并罚
D. 以故意杀人罪、侵占罪和敲诈勒索罪并罚

[释疑]（1）甲、乙杀害丙取其财物的行为成立抢劫罪。据此，排除B、D项。

（2）虚构绑架丙的事实威胁丁迫使其交付财物，符合敲诈勒索罪的特征。两罪各自独立，应数罪并罚。

（3）甲、乙没有绑架的故意和行为，简单排除A项；据此也可排除B项。（答案：C）

6. 下列哪些行为应认定为抢劫罪一罪？（2005年真题，多选）
A. 甲将仇人杀死后，取走其身上的5000元现金
B. 甲持刀拦路行抢，故意将受害人杀死后取走其财物
C. 甲在抢劫过程中，为压制被害人的反抗，故意将被害人杀死，取走其财物
D. 甲实行抢劫后，为防止受害人报案，将其杀死

[释疑] 抢劫罪一罪的认定。B、C项属于抢劫罪一罪（结果加重犯），D项属于抢劫罪和故意杀人罪二罪。A项的情形，属于犯故意杀人罪之后又起意取走死者财物，另外成立盗窃罪。（答案：BC）

## 考点 2　抢劫违禁品的性质及罪数认定

### 一、精讲

1. 抢劫他人非法持有的毒品等违禁品，他人持有违禁品的非法性不妨害抢劫罪的成立。
2. 抢劫毒品等违禁品后，其贩卖等"处分"行为又构成其他罪的，应当以抢劫罪和贩卖毒品罪等数罪并罚。
3. 抢劫毒品等违禁品后，仅仅是"持有"行为，属于其抢劫行为的当然结果行为被吸收，不另成立非法持有毒品罪等。

### 二、例题

陈某向王某声称要购买80克海洛因，王某便从外地购买了80克海洛因。到达约定交货地点后，陈某掏出仿真手枪威胁王某，从王某手中夺取了80克海洛因。此后半年内，因没有找到买主，陈某一直持有80克海洛因。半年后，陈某将80克海洛因送给其毒瘾很大的朋友刘某，刘某因过量吸食海洛因而死亡。关于本案，下列哪一选项是错误的？（2007年真题，单选）

A. 王某虽然是陈某抢劫的被害人，但其行为仍成立贩卖毒品罪
B. 陈某持仿真手枪取得毒品的行为构成抢劫罪，但不属于持枪抢劫
C. 陈某抢劫毒品后持有该毒品的行为，被抢劫罪吸收，不另成立非法持有毒品罪
D. 陈某将毒品送给刘某导致其过量吸食进而死亡的行为，成立过失致人死亡罪

[释疑]（1）D项，陈某将毒品送给有吸食毒品经验的正常人，并无反常之处。受赠人如何吸食、是否会因吸食过量而死亡？应由受赠人自己负责。将受赠人因吸食过量而死亡归咎于赠送毒品人，显然违背常理。

（2）本题陈某的行为构成抢劫罪（但不属于"持枪"抢劫）。陈某抢劫毒品后持有该毒品的行为，被抢劫罪吸收，不另成立非法持有毒品罪。故不选C项。

(3)持枪抢劫属于抢劫的加重犯(法定最低刑为10年以上),该"持枪抢劫"是指持"真枪"抢劫,故不选B项。

(4)A项,王某为贩卖而购买、出卖成立贩卖毒品罪,遭到他人抢劫不妨害王某成立贩卖毒品罪。(答案:D)

## 考点 3  抢劫"欠条"的性质

**例题**

甲欠乙10万元久不归还,乙反复催讨。某日,甲持凶器闯入乙家,殴打乙致其重伤,迫乙交出10万元欠条并在已备好的还款收条上签字。关于甲的行为性质,下列哪一选项是正确的?(2010年真题,单选)
A. 故意伤害罪              B. 抢劫罪
C. 非法侵入住宅罪          D. 抢夺罪

[释疑]  甲(债务人)从乙(债权人)处抢取甲所打"欠条"和乙所打"还款收条",是抢劫罪。属于入户抢劫和抢劫中致人重伤(加重犯)。(答案:B)

## 考点 4  "转化"抢劫罪和数罪的认定

### 一、精讲

第269条规定:"犯盗窃、诈骗、抢夺罪,为窝藏赃物、抗拒抓捕或者毁灭罪证而当场使用暴力或者以暴力相威胁的,依照本法第二百六十三条的规定定罪处罚。"其要点是:

(1)有盗窃、诈骗、抢夺罪中的行为即可转化,不需要犯罪既遂。

(2)在盗窃、抢夺、诈骗过程中转化为抢劫罪的,必须是"当场"使用暴力或以暴力相威胁。

(3)暴力程度需带有相当程度的对抗性暴力,不包括挣扎、挣脱、摆脱的行为,否则不认为是转化的抢劫。

### 二、例题

1. 李某乘正在遛狗的老妇人王某不备,抢下王某装有4000元现金的手包就跑。王某让名贵的宠物狗追咬李某。李某见状在距王某50米处转身将狗踢死后逃离。王某眼见一切,因激愤致心脏病发作而亡。关于本案,下列哪一选项是正确的?(2015年真题,单选)
A. 李某将狗踢死,属事后抢劫中的暴力行为
B. 李某将狗踢死,属对王某以暴力相威胁
C. 李某的行为满足事后抢劫的当场性要件
D. 对李某的行为应整体上评价为抢劫罪

[释疑]  A项,事后抢劫中的暴力行为或胁迫行为需针对自然人实施(但不一定是之前的财产犯罪的行为对象)。B项,李某将狗踢死并非针对王某的威胁。C项,"当场"应作扩张解释,包括行为现场和追捕场所。D项,虽具备当场性,但不符合转化为抢劫的其他条件。(答案:C)

2. 《刑法》第269条对转化型抢劫作出了规定,下列哪些选项不能适用该规定? (2008年真题,多选)

A. 甲入室盗窃,被主人李某发现并追赶,甲进入李某厨房,拿出菜刀护在自己胸前,对李某说:"你千万别过来,我胆子很小。"然后,翻窗逃跑

B. 乙抢夺王某的财物,王某让狼狗追赶乙。乙为脱身,打死了狼狗

C. 丙骗取他人财物后,刚准备离开现场,骗局就被识破。被害人追赶丙。走投无路的丙从身上摸出短刀,扎在自己手臂上,并对被害人说:"你们再追,我就死在你们面前。"被害人见丙鲜血直流,一下愣住了。丙迅速逃离现场

D. 丁在一网吧里盗窃财物并往外逃跑时,被管理人员顾某发现。丁为阻止顾某的追赶,提起网吧门边的开水壶,将开水泼在顾某身上,然后逃离现场

[释疑] (1) D项,暴力程度足以"转化"为抢劫。

(2) B项,肯定不能认定转化型抢劫,因为狼狗的追赶难言是"抓捕",况且即使是贼,畏惧狼狗追咬而打死狼狗,含避险成分,肯定不能适用"转化"抢劫的规定。

(3) 根据官方参考答案,A、C项不适用转化抢劫,依出题人的意思大概A、C项的暴力威胁程度不足以转化为抢劫。(答案:ABC)

3. 根据犯罪构成理论,并结合刑法分则的规定,下列哪些说法是正确的? (2003年真题,多选)

A. 甲某晚潜入胡某家中盗窃贵重物品时,被主人发现。甲夺门而逃,胡某也没有再追赶。甲就躲在胡某家墙根处的草垛里睡了一晚,第二天早上村长高某路过时,发现甲行踪诡秘,就对其盘问。甲以为高某发现了自己昨晚的盗窃行为,就对高某进行殴打,致其重伤。甲构成盗窃罪、故意伤害罪,应数罪并罚

B. 乙在大街上见赵某一边走一边打手机,即起歹意,从背后用力将其手机抢走。但因用力过猛,致使赵某绊倒摔成重伤。乙同时构成抢夺罪、过失致人重伤罪,但不应数罪并罚

C. 丙深夜入室盗窃,被主人李某发现后追赶。当丙跨上李某home院墙,正准备往外跳时,李某抓住丙的脚,试图拉住他。但丙顺势踹了李某一脚,然后逃离现场。丙构成抢劫罪

D. 丁骑摩托车在大街上见妇女田某提着一个精致皮包在行走,即起歹意,从背后用力拉皮包带,试图将皮包抢走。田某顿时警觉,拽住皮包带不放。丁见此情景,突然对摩托车加速,并用力猛拉皮包带,田某当即被摔成重伤。丁构成抢劫罪而不构成抢夺罪

[释疑] 本题是围绕着转化抢劫罪的认定和处罚设计的。

(1) A项中甲伤害高某与盗窃无关,故既不转化为抢劫罪也不是牵连犯,应当按照盗窃罪和故意伤害罪数罪并罚。

(2) B项中乙抢到财物过失致人重伤,属于一行为同时触犯数罪的想象竞合犯,根据司法解释择一重罪处罚。既不转化抢劫也不实行数罪并罚。

(3) C项中涉及何为暴力反抗的把握。在盗窃过程中为抗拒抓捕而当场使用暴力的,以抢劫论。问题是丙在墙头"顺势踹了李某一脚"这一行为,能否属于暴力拒捕,足以转化为抢劫罪? 把握这种具体分寸需要一定的生活和司法经验。鉴于抢劫是一种严重犯罪,处罚严厉,故这样轻微的"抗拒"行为不足以改变行为的性质,不能转化为抢劫罪。这也可以说是实质标准,转化抢劫罪需要"相当严重的暴力"或"相当明显的暴力威胁"。为摆脱抓捕而挣扎、"合理冲撞"行为不能认为是足以使行为性质转化的暴力。

(4) D 项中丁在抢夺过程中所使用的暴力相当严重,故"丁构成抢劫罪而不是构成抢夺罪"。(答案:ABD)

## 考点 5 法律拟制规定与注意规定的不同

### 一、精讲

法律拟制规定是指把某种本来不属于该条之罪的行为特别规定以该罪论处,若没有此特别规定则不能以该罪论处。例如第 269 条规定,犯盗窃、诈骗、抢夺罪,为窝藏赃物、抗拒抓捕或者毁灭罪证而当场使用暴力或者以暴力相威胁的,依照抢劫罪定罪处罚;第 267 条第 2 款规定,对于携带凶器抢夺的,以抢劫罪定罪处罚。对于法律拟制,如果没有法律的明文规定,不能如此认定。

注意规定是指某种行为本来就属于该条之犯罪,只是为了提醒注意而作出规定。第 198 条第 4 款规定,保险事故的鉴定人、证明人、财产评估人故意提供虚假的证明文件,为他人实施保险诈骗提供条件的,以保险诈骗罪的共犯论处。对于注意规定,即使没有法律的明文规定,也是如此认定。

### 二、例题

关于《刑法》分则条文的理解,下列哪些选项是错误的?(2011 年真题,多选)
A. 即使没有《刑法》第 269 条的规定,对于犯盗窃罪,为毁灭罪证而当场使用暴力的行为,也要认定为抢劫罪
B. 即使没有《刑法》第 267 条第 2 款的规定,对于携带凶器抢夺的行为也应认定为抢劫罪
C. 即使没有《刑法》第 196 条第 3 款的规定,对于盗窃信用卡并在 ATM 机取款的行为,也能认定为盗窃罪
D. 即使没有《刑法》第 198 条第 4 款的规定,对于保险事故的鉴定人故意提供虚假的证明文件为他人实施保险诈骗提供条件的,也应当认定为保险诈骗罪的共犯
[释疑] A、B 项是拟制规定,C、D 项为注意规定。(答案:AB)

## 考点 6 抢劫罪的加重犯

### 一、精讲

抢劫罪的加重犯共有 8 种情形,要熟记于心:
(1) 入户抢劫。注意三个问题:① "户"的范围,其特征表现为供他人家庭生活和与外界相对隔离两个方面。一般情况下,集体宿舍、旅店宾馆、临时搭建工棚等不应认定为"户"。② 入户目的的非法性,进入他人住所须以实施抢劫等犯罪为目的。③ 暴力或者暴力胁迫行为必须发生在户内。
(2) 在公共交通工具上抢劫的。注意:① 限定于"正在运营中的交通工具";② 排除"小型出租车"。
(3) 抢劫银行或者其他金融机构的。注意:① 指的是抢劫银行或者其他金融机构的经营资金、有价证券和客户的资金等;② 抢劫正在使用中的银行或者其他金融机构的运钞车的,视

为"抢劫银行或者其他金融机构";③ 排除金融机构的普通办公用品、交通工具、职员的私人用品。

（4）多次抢劫或者抢劫数额巨大的。"多次抢劫"是指抢劫3次以上。对于行为人基于一个犯意实施犯罪的，如在同一地点同时对在场的多人实施抢劫的；或基于同一犯意在同一地点实施连续抢劫犯罪的，如在同一地点连续对途经此地的多人进行抢劫的；或在一次犯罪中对一栋居民楼房中的几户居民连续实施入户抢劫的，一般应认定为一次犯罪。

（5）抢劫致人重伤、死亡的。此处的致人重伤、死亡既包括故意也包括过失。致人死亡包括：① 行为人为劫取财物而预谋故意杀人的；② 在劫取财物过程中，为制服被害人反抗而故意杀人的。③ 在劫取财物过程中，过失致人死亡的。

但下列情形应当认定构成故意杀人罪或构成数罪：① 行为人实施抢劫后，为灭口而故意杀人的，以抢劫罪和故意杀人罪定罪，实行数罪并罚。② 行为人具有故意杀人的目的（而不是抢劫的故意），在杀害被害人之后，"见财起意"，顺手牵羊，拿走被害人身上财物的（或者为了掩盖、销毁事迹，而拿走被害人财物的，一般认定为故意杀人罪。拿走被害人财物的行为，数额较大的，构成盗窃罪。③ "谋财害命"，属于基于贪财动机而实施的故意杀人行为，应当认定为故意杀人罪。例如为了争夺遗产而杀害其他继承人的、为了赖掉债务而杀害债权人的、为了骗取保险金而杀害被保险人的，等等。

（6）冒充军警人员抢劫的。不论是否"真警察"，即使真警察也可适用本加重情节。

（7）持枪抢劫的。注意这里指的是真枪，不包括持"假枪"抢劫。持假枪抢劫可以构成抢劫罪，但是只有持真枪抢劫才能属于加重的抢劫。

（8）抢劫军用物资或者抢险、救灾、救济物资的。

## 二、例题

1. 甲深夜进入小超市，持枪胁迫正在椅子上睡觉的店员乙交出现金，乙说"钱在收款机里，只有购买商品才能打开收款机"。甲掏出100元钱给乙说"给你，随便买什么"。乙打开收款机，交出所有现金，甲一把抓跑。事实上，乙给甲的现金只有88元，甲"亏了"12元。关于本案，下列哪一说法是正确的？（2013年真题，单选）

   A. 甲进入的虽是小超市，但乙已在椅子上睡觉，甲属于入户抢劫
   B. 只要持枪抢劫，即使分文未取，也构成抢劫既遂
   C. 对于持枪抢劫，不需要区分既遂与未遂，直接依照分则条文规定的法定刑量刑即可
   D. 甲虽"亏了"12元，未能获利，但不属于因意志以外的原因未得逞，构成抢劫罪既遂

   [释疑] D项对，抢劫罪既遂标准是抢取了他人占有物，甲的行为符合。A项错，营业场所营业时不是"户"。B、C项错，"持枪抢劫"虽然属于法定的"加重犯"，但其既遂标准同样为"抢得财物"。若没有抢取财物的同样是加重犯的未遂（中止、预备）。（答案：D）

2. 甲、乙等人佯装乘客登上长途车。甲用枪控制司机，令司机将车开到偏僻路段；乙等人用刀控制乘客，命乘客交出随身财物。一乘客反抗，被乙捅成重伤。财物到手下车时，甲打死司机。关于本案，下列哪些选项是正确的？（2012年真题，多选）

   A. 甲等人劫持汽车，构成劫持汽车罪
   B. 甲等人构成抢劫罪，属于在公共交通工具上抢劫
   C. 乙重伤乘客，无需以故意伤害罪另行追究刑事责任

D. 甲开枪打死司机,需以故意杀人罪另行追究刑事责任

[释疑] A项以枪控制大客车司机驾驶,使司机在惊恐状态下驾驶汽车至偏僻路段使乘客处在危险之中,有公共危险性,成立第122条之劫持汽车罪。B项劫取乘客财物另成立抢劫罪,是在公共交通工具上抢劫加重犯[第263条(2)项]。C项抢劫暴力致人重伤,结果加重犯[第263条(5)项]。D项抢劫后杀人,另成立故意杀人罪。甲成立劫持汽车罪、抢劫罪、故意杀人罪,三罪并罚。(答案:ABCD)

3. 下列哪些情形可以成立抢劫致人死亡?(2009年真题,多选)

A. 甲冬日深夜抢劫王某财物,为压制王某的反抗将其刺成重伤并取财后离去。3小时后,王某被冻死

B. 乙抢劫妇女高某财物,路人曾某上前制止,乙用自制火药枪将曾某打死

C. 丙和贺某共同抢劫严某财物,严某边呼救边激烈反抗。丙拔刀刺向严某,严某躲闪,丙将同伙贺某刺死

D. 丁盗窃邱某家财物准备驾车离开时被邱某发现,邱某站在车前阻止丁离开,丁开车将邱某撞死后逃跑

[释疑] (1) A项,甲为压制王某反抗将其刺成重伤,3小时后王某被冻死,死亡结果与甲抢劫行为具有因果关系,甲属于抢劫致人死亡。

(2) B项,乙在抢劫过程中,为了排除妨碍,致第三人死亡,也属于抢劫致人死亡。

(3) C项,丙为了压制严某的反抗而刺杀他,只是因为被害人的躲闪而刺死了同伙,属于打击错误,不影响丙抢劫致人死亡的认定。

(4) D项,丁盗窃后离开现场被阻止,开车撞人,构成转化型抢劫,属于抢劫致人死亡的情形。(答案:ABCD)

# 考点 7 抢劫信用卡又使用的处罚

## 一、精讲

抢劫信用卡又使用的,只需按一个抢劫罪定罪处罚。抢劫信用卡后使用、消费的,其实际使用、消费的数额为抢劫数额;抢劫信用卡后未实际使用、消费的,不计数额,根据情节轻重量刑。参见最高人民法院《关于审理抢劫、抢夺刑事案件适用法律若干问题的意见》。

## 二、例题

甲、乙、丙共谋犯罪。某日,3人拦截了丁,对丁使用暴力,然后强行抢走丁的钱包,但钱包内只有少量现金,并有一张银行借记卡。于是甲将丁的借记卡抢走,乙、丙逼迫丁说出密码。丁说出密码后,3人带着丁去附近的自动取款机上取钱。取钱时发现密码不对,3人又对丁进行殴打,丁为避免遭受更严重的伤害,说出了正确的密码,3人取出现金5000元。对甲、乙、丙行为的定性,下列哪些选项是错误的?(2006年真题,多选)

A. 抢劫(未遂)罪与信用卡诈骗罪　　B. 抢劫(未遂)罪与盗窃罪
C. 抢劫(未遂)罪与敲诈勒索罪　　　D. 抢劫(既遂)罪与盗窃罪

[释疑] 抢取少量现金和实际取出5000元,应属于抢劫罪既遂。(答案:ABCD)

## 考点 8  以暴力、胁迫以外的其他方法实施的抢劫罪

### 一、精讲

除了暴力、胁迫取财以外,抢劫罪比较常用的其他方法有:(1)用酒把被害人灌醉。(2)用药物麻醉。

### 二、例题

甲、乙、丙、丁共谋诱骗黄某参赌。4人先约黄某到酒店吃饭,甲借机将安眠药放入黄某酒中,想在打牌时趁黄某不清醒时合伙赢黄某的钱。但因甲投放的药品剂量偏大,饭后刚开牌局,黄某就沉沉睡去,4人趁机将黄某的钱包掏空后离去。上述4人的行为构成何罪?(2009年真题,单选)

A. 赌博罪　　　　B. 抢劫罪　　　　C. 盗窃罪　　　　D. 诈骗罪

[释疑] 用麻醉方法当场取财的,定抢劫罪。(答案:B)

### 三、提示和预测

抢劫罪除了以上常用的其他方法,在考试中经常涉及的还有将被害人反锁在屋子里,使被害人丧失了反抗能力进行取财,也成立抢劫罪。

## 考点 9  盗窃罪的认定

### 一、精讲

1. 盗窃的特点:(1)违背他人意志;(2)非法取得他人占有的财物;(3)暴力没有达到抢劫、抢夺的程度。

2. 盗窃的对象是他人占有的财物,包括电力、煤气、天然气等。不仅包括他人合法占有的物品,也包括他人非法占有的物品以及违禁品。盗窃违禁品,按盗窃罪处理的,不计数额,根据情节轻重量刑。

3. 盗窃未遂,情节严重,如以数额巨大的财物或者国家珍贵文物等为盗窃目标的,应当定罪处罚。

4. 盗窃罪的定罪起点:(1)盗窃公私财物,数额较大的;(2)多次盗窃的;(3)入户盗窃的;(4)携带凶器盗窃、扒窃的[《刑法修正案(八)》]。

### 二、例题

1. 下列哪些行为构成盗窃罪(不考虑数额)?(2016年真题,多选)

A. 酒店服务员甲在帮客人拎包时,将包中的手机放入自己的口袋据为己有

B. 客人在小饭馆吃饭时,将手机放在收银台边上充电,请服务员乙帮忙照看。乙假意答应,却将手机据为己有

C. 旅客将行李放在托运柜台旁,到相距20余米的另一柜台问事时,机场清洁工丙将该行李拿走据为己有

D. 顾客购物时将车钥匙遗忘在收银台,收银员问是谁的,丁谎称是自己的,然后持该钥匙将顾客的车开走

[释疑] A、B、C项违背客人意志窃取客人占有的财物,属于盗窃。要点:A、B、C三场合均认为财物在被害人(客人、旅客)占有下。既不是委托保管物,也不是遗失遗忘物。D项被窃取对象是汽车,汽车仍在车主占有下。钥匙遗失、遗忘,不等于汽车遗失、遗忘,取得车钥匙不等于取得汽车的占有。(答案:ABCD)

2. 甲的下列哪些行为属于盗窃(不考虑数额)?(2014年真题,多选)

A. 某大学的学生进食堂吃饭时习惯于用手机、钱包等物占座后,再去购买饭菜。甲将学生乙用于占座的钱包拿走

B. 乙进入面馆,将手机放在大厅6号桌的空位上,表示占座,然后到靠近窗户的地方看看有没有更合适的座位。在7号桌吃面的甲将手机拿走

C. 乙将手提箱忘在出租车的后备箱。后甲搭乘该出租车时,将自己的手提箱也放进后备箱,并在下车时将乙的手提箱一并拿走

D. 乙全家外出打工,委托邻居甲照看房屋。有人来村里购树,甲将乙家山头上的树谎称为自家的树,卖给购树人,得款3万元

[释疑] 盗窃要点是:违背他人意志(或未经同意)以平和方式拿走"他人占有物"。A、B项,占座的钱包、手机是他人占有物。C项,乙的手提箱对乙而言是遗忘物(脱离占有物),但因出租车属于车主的支配控制领域,对出租车主而言是其占有物(无论车主主观上是否有占有意识)。D项,乙并未将自家山头上的树委托给甲照看,故仍为乙占有,甲利用购树人不知情砍伐并拿走乙占有的树,属于盗窃(间接正犯)。对购树人同时构成诈骗罪(3万元),属于想象竞合犯。(答案:ABCD)

3. 甲潜入他人房间欲盗窃,忽见床上坐起一老妪,哀求其不要拿她的东西。甲不理睬而继续翻找,拿走一条银项链(价值400元)。关于本案的分析,下列哪些选项是正确的?(2013年真题,多选)

A. 甲并未采取足以压制老妪反抗的方法取得财物,不构成抢劫罪

B. 如认为区分盗窃罪与抢夺罪的关键在于是秘密取得财物还是公然取得财物,则甲的行为属于抢夺行为;如甲作案时携带了凶器,则对甲应以抢劫罪论处

C. 如采取B选项的观点,因甲作案时未携带凶器,也未秘密窃取财物,又不符合抢夺罪"数额较大"的要件,无法以侵犯财产罪追究甲的刑事责任

D. 如认为盗窃行为并不限于秘密窃取,则甲的行为属于入户盗窃,可按盗窃罪追究甲的刑事责任

[释疑] 盗窃抢劫区分题。B项对,携带凶器抢夺以抢劫论。C项对,但只是以B项对为基础从逻辑上讲对。其实抢夺结论荒谬:甲要么抢劫罪要么无罪。不如D项,D项的盗窃结论合理:甲要么是入户盗窃要么是携带凶器入户盗窃。(答案:ABCD)

4. 关于盗窃罪的理解,下列哪一选项是正确的?(2011年真题,单选)

A. 扒窃成立盗窃罪的,以携带凶器为前提

B. 扒窃仅限于窃取他人衣服口袋内体积较小的财物

C. 扒窃时无论窃取数额大小,即使窃得一张白纸,也成立盗窃罪既遂

D. 入户盗窃成立盗窃罪的,既不要求数额较大,也不要求多次盗窃

[释疑] （1）A项,扒窃不以携带凶器为前提。
（2）B项,扒窃通常指秘密窃取的对象为被害人贴身放置的财物,并不以窃取财物的体积大小为标准,B项错误。
（3）C项错误,D项正确。(答案:D)

5. 下列哪些行为属于盗窃? (2010年真题,多选)
A. 甲穿过铁丝网从高尔夫球场内"拾得"大量高尔夫球
B. 甲在夜间翻入公园内,从公园水池中"捞得"旅客投掷的大量硬币
C. 甲在宾馆房间"拾得"前一顾客遗忘的笔记本电脑一台
D. 甲从一辆没有关好门的小轿车内"拿走"他人公文包

[释疑] 盗窃与侵占区别要点:是否"他人占有物"。A项球场内的球,B项公园水池中的硬币,C项宾馆房间其他顾客遗忘的电脑,D项小轿车内的公文包,都是"他人占有物",故都是盗窃。(答案:ABCD)

6. 甲潜入乙的住宅盗窃,将乙的皮箱(内有现金3万元)扔到院墙外,准备一会儿翻墙出去再捡。偶尔经过此处的丙发现皮箱无人看管,遂将其拿走,据为己有。15分钟后,甲来到院墙外,发现皮箱已无踪影。对于甲、丙行为的定性,下列哪一选项是正确的? (2008年真题,单选)
A. 甲成立盗窃罪(既遂),丙无罪
B. 甲成立盗窃罪(未遂),丙成立盗窃罪(既遂)
C. 甲成立盗窃罪(既遂),丙成立侵占罪
D. 甲成立盗窃罪(未遂),丙成立侵占罪

[释疑] 盗窃既遂有"失控说"与"控制说"之争,就本案而言,财物已经出了院墙,到了被害人失控的程度,这一般也意味着犯罪人控制。另外,既然事实上已经使被害人蒙受损失,从被害人财产占有权益(保护客体)已经受害的角度,符合既遂的实质特征。丙的行为,是侵占还是盗窃,取决于主观有没有占有他人脱离占有之物的意思和客观上有没有占有他人脱离占有之物的行为。皮箱被盗到了乙的宅院,对乙属于失控之物;对甲也是暂时不在控制范围内,故不能认定丙有窃取他人占有之物的意思和行为,认定为盗窃罪失之严苛。(答案:C)

7. 关于盗窃罪的认定,下列结论哪些是正确的? (2005年真题,多选)
A. 甲因饮酒过量醉卧街头。乙向围观群众声称甲系其好友,将甲扶于无人之处,掏走甲身上1000余元离去。乙的行为构成盗窃罪
B. 甲与乙在火车上相识,下车后同到一饭馆就餐。乙殷勤劝酒,将甲灌醉,掏走甲身上1000余元离去。乙的行为构成盗窃罪
C. 甲去一餐馆吃晚饭,时值该餐馆打烊,服务员已下班离去,只有老板乙在清账理财。在甲再三要求之下,乙无奈亲自下厨准备饭菜。甲趁机将厨房门反锁,致乙欲出不能,只能从递菜窗口眼看着甲打开柜台抽屉拿走1000余元离去。甲的行为构成盗窃罪
D. 甲在街头出售报纸时发现乙与一摊主买东西发生纠纷,其携带的箱子(内有贵重物品)放在身旁的地上,便提起该箱子悄悄溜走。乙发现后紧追不舍。为摆脱乙的追赶,甲将手中剩余的几张报纸卷成一团扔向乙,击中乙脸,乙受惊吓几乎滑倒。随之又追,终于抓住甲。甲的行为构成盗窃罪

[释疑] （1）A项的情形属于盗窃,应无疑问。

(2) B项的情形属于抢劫罪的其他方法,是指对被害人以灌醉酒或者药物麻醉等方法,使被害人丧失反抗能力,无法反抗,据此B、C项的情形属抢劫。

(3) D项的情形,尚未达到"抗拒抓捕"的严重程度,故不能转化为抢劫罪,仍属盗窃。(答案:AD)

8. 甲到乙的办公室送文件,乙不在。甲看见乙办公桌下的地上有一活期存折(该存折未设密码),便将存折捡走。乙回办公室后找不着存折,但看见桌上的文件,便找到甲问是否看见其存折,甲说没看到。甲下班后去银行将该存折中的5 000元取走。甲的行为构成:(2005年真题,单选)

A. 侵占罪　　　　　　　　　　B. 盗窃罪
C. 诈骗罪　　　　　　　　　　D. 金融凭证诈骗罪

[释疑]　本案的难点在于:

(1) 甲的行为是否构成侵占罪?侵占的特点是将自己已经合法持有或经他人允许而持有如委托保管之他人财物予以侵吞。本案不属于这种情形。或者将他人遗忘物予以侵吞,本案也不属于这样的情形。他人在自己办公室、住宅中的财物,通常不能认为是遗忘、遗失物,因为财物仍在特定的区域中被主人所占有、控制。故本案仍然属于将他人控制的财物违背他人意志窃取的盗窃行为。

(2) 是否构成诈骗罪?通常认为盗窃金融凭证后加以冒用的,具有诈骗性质,但这属于盗窃与诈骗的牵连犯(原因行为与结果行为的牵连),择一重罪处断,一般以盗窃行为为重,故以盗窃罪论处。

(3) 是否构成金融凭证诈骗罪?不能。第194条第2款规定,金融凭证诈骗罪是"使用伪造、变造的委托收款凭证、汇款凭证、银行存单等其他银行结算凭证"进行诈骗的行为。如果该金融凭证是真实的而不是"伪造的、变造的",不可能成立金融凭证诈骗罪。(答案:B)

本案提示我们,金融凭证也属于盗窃的对象,故盗取存折照样能成立盗窃罪。最高人民法院《关于审理盗窃案件具体应用法律若干问题的解释》第3条之(二)规定:"盗窃有价支付凭证、有价证券、有价票证,按下列方法计算……"既然在审理盗窃案的司法解释中专门规定有价支付凭证、有价证券、有价票证的计算问题,可见,在司法实务中,盗窃存折等金融凭证通常是按照盗窃罪处罚的。

## 考点 10　非法占有目的的认定

### 一、精讲

侵犯财产罪以行为人对财物具有非法占有目的为必要,非法占有目的有两要素:(1) 排除权利人占有的意思;(2) 有自己利用的意思。虽然排除权利人占有的意思,但如果自始至终没有自己利用的意思,不成立财产犯罪,至于如何利用,不影响财产犯罪的成立。

### 二、例题

下列哪些选项的行为人具有非法占有目的?(2011年真题,多选)

A. 男性基于癖好入户窃取女士内衣
B. 为了燃柴取暖而窃取他人木质家具

C. 骗取他人钢材后作为废品卖给废品回收公司
D. 杀人后为避免公安机关识别被害人身份,将被害人钱包等物丢弃

[释疑] 行为人对财物有占有、利用的意思,至于是基于癖好而占有还是为了取暖、为了赢利,不影响非法占有目的的认定。但如 D 项,拿被害人的钱包自始就没有占有利用的意图,不定财产犯罪,可以考虑其他犯罪。(答案:ABC)

## 考点 11 诈骗罪的认定

### 一、精讲

1. 诈骗罪的特点:"骗取交付",即欺骗他人"交付"财物。(1)欺骗,包括虚构事实或隐瞒真相等方式使他人发生误解;(2)因欺骗获得"交付",被害人仿佛自愿将财物转移给骗子支配、处分。不限于被害人"本人"交付,被害方其他人交付也可,故诉讼欺诈一类的"三角欺诈"也成立诈骗。

2. 诈骗罪与其他诈骗罪名的法条竞合。还规定了一些特殊的诈骗罪。如在金融诈骗罪一节中规定了 8 个特殊的诈骗罪:集资诈骗罪、贷款诈骗罪、票据诈骗罪、金融凭证诈骗罪、信用证诈骗罪、信用卡诈骗罪、有价证券诈骗罪、保险诈骗罪。另外还有:合同诈骗罪、骗取出口退税罪以及招摇撞骗罪和冒充军人招摇撞骗罪。一共 12 个特殊的诈骗罪。它们与诈骗罪之间是法条竞合关系。根据法条竞合特别规定优先适用的原理,符合特别条款的诈骗罪,应当按特别条款定罪处罚,排除一般诈骗条款的适用。在此,应将诈骗理解为一类犯罪,整体掌握。

3. 《刑法修正案(九)》取消了集资诈骗罪的死刑,此后"诈骗无死罪"。

此外,在贪污罪、职务侵占罪中,往往也含有利用职务上便利骗取公共财产或公司财产的方式,与诈骗罪在使用欺骗手段上有交叉关系。

3. 诈骗罪(广义的诈骗,包含合同诈骗罪、金融诈骗罪等)"以非法占有为目的",属于"目的犯"。刑法对诈骗类犯罪目的的规定方式有两种:(1)在法条中明示"以非法占有为目",如第 192 条对集资诈骗罪、第 193 条对贷款诈骗罪的规定等,这种情形也被称为"法定目的犯"。(2)在法条中没有明示,如第 266 条对诈骗罪的规定,这种情形也被称为"非法定目的犯"。不论法条是否明示,诈骗类犯罪均属于"目的犯"。与此相似,盗窃、抢夺、抢劫、敲诈勒索、侵占、贪污、职务侵占等,也属于"以非法占有为目的"的目的犯。

4. "非法占有型"诈骗与"经营型"欺诈的区别。诈骗罪(广义的诈骗,包含合同诈骗罪、金融诈骗罪等)"以非法占有为目的",属于非法占有型欺诈。另外,许多犯罪尤其是经济犯罪具有欺诈性,如非法经营罪、生产销售伪劣商品的犯罪(8 个)、虚假广告罪、假冒注册商标罪、假冒专利罪、侵犯著作权罪等,这些犯罪的欺诈往往"以营利为目的",属于营利型欺诈或经营型欺诈。非法占有型诈骗与营利型欺诈区别要点是有无交易的内容和形式。营利型欺诈一般在工商活动中发生,具有合理的交易内容和形式,像俗语说的"挂羊头卖狗肉",虽有欺诈,但有内容(狗肉)、有持续的经营形式(肉铺)。而非法占有型诈骗,特点类似于俗语说的"空手套白狼",没有交易内容和形式。

5. 诈骗罪的特殊情形:(1)以虚假、冒用的身份证件办理入网手续并使用移动电话,造成电信资费损失数额较大的,依照第 266 条的规定,以诈骗罪定罪处罚;(2)使用伪造、变造、盗窃的武装部队车辆号牌,骗取养路费、通行费等各种规费,数额较大的,以诈骗罪定罪处罚。

## 二、例题

1. 关于诈骗罪的认定，下列哪一选项是正确的(不考虑数额)？(2016年真题，单选)

A. 甲利用信息网络，诱骗他人点击虚假链接，通过预先植入的木马程序取得他人财物。即使他人不知点击链接会转移财产，甲也成立诈骗罪

B. 乙虚构可供交易的商品，欺骗他人点击付款链接，取得他人财物的，由于他人知道自己付款，故乙触犯诈骗罪

C. 丙将钱某门前停放的摩托车谎称是自己的，卖给孙某，让其骑走。丙就钱某的摩托车成立诈骗罪

D. 丁侵入银行计算机信息系统，将刘某存折中的5万元存款转入自己的账户。对丁应以诈骗罪论处

[释疑] B项，被害人"知道自己付款"(有处分财物的意思和行为)，即行为人通过欺骗被害人处分财产而取得占有，是骗取。A项，被害人"不知点击链接会转移财产"，行为人非因被害人处分而取得占有，是窃取而非骗取。C项，丙就钱某的摩托车而言，是盗窃摩托车的间接正犯；但就谎称他人摩托车是自己的并卖给孙某的行为，成立诈骗罪。D项，丁是窃取。(答案：B)

2. 下列哪些行为触犯诈骗罪(不考虑数额)？(2015年真题，多选)

A. 甲对李某家的保姆说："李某现在使用的手提电脑是我的，你还给我吧。"保姆信以为真，将电脑交给甲

B. 甲对持有外币的乙说："你手上拿的是假币，得扔掉，否则要坐牢。"乙将外币扔掉，甲乘机将外币捡走

C. 甲为灾民募捐，一般人捐款几百元。富商经过募捐地点时，甲称："不少人都捐一、二万元，您多捐点吧。"富商信以为真，捐款2万元

D. 乙窃取摩托车，准备骑走。甲觉其可疑，装成摩托车主人的样子说："你想把我的车骑走啊？"乙弃车逃走，甲将摩托车据为己有

[释疑] 关于A项，保姆是财产处分人，李某是被害人，在三角诈骗中，被害人和财产处分人不一致并不影响诈骗罪的认定。因此，A项当选。关于B项，乙因甲的欺骗行为陷入错误认识，乙虽然未将财物直接交付给甲，但是乙扔掉的假币完全处于甲的控制范围。因此，B项当选。关于C项富商并未陷入错误认识，其捐献2万元系真实意思表示，甲的行为不构成犯罪。因此，C项不选。关于D项，甲虚构事实，隐瞒真相，乙陷入错误认识交付财物，尽管乙并非财物所有人，但其转移占有的行为同样属于交付行为，甲构成诈骗罪。因此，D项当选。

3. 关于诈骗罪的理解和认定，下列哪些选项是错误的？(2013年真题，多选)

A. 甲曾借给好友乙1万元。乙还款时未要回借条。一年后，甲故意拿借条要乙还款。乙明知但碍于情面，又给甲1万元。甲虽获得1万元，但不能认定为诈骗既遂

B. 甲发现乙出国后其房屋无人居住，便伪造房产证，将该房租给丙住了一年，收取租金2万元。甲的行为构成诈骗罪

C. 甲请客(餐费1万元)后，发现未带钱，便向餐厅经理谎称送走客人后再付款。经理信以为真，甲趁机逃走。不管怎样理解处分意识，对甲的行为都应以诈骗罪论处

D. 乙花2万元向甲购买假币，后发现是一堆白纸。由于购买假币的行为是违法的，乙不

是诈骗罪的受害人,甲不成立诈骗罪

[释疑] A项没错,乙不是基于误解而交付1万元给甲,与甲的欺骗没有因果关系。B项错,对被害人乙是盗窃罪。因违背乙的意志非法占有乙财产利益。C项错,若严格理解被害人处分(财产性利益的)意识,则不是诈骗罪而是盗窃罪。严格理解处分意识,只有当行为人说明自己离去之后还会回来、被害人认识到行为人将离去并同意其离去,才认为有处分占有(允许行为人离去)的意思,成立诈骗。D项错,乙的过错不影响甲诈骗罪成立。(答案:BCD)

4. (实施了危险驾驶行为的)丁离开现场后,找到无业人员王某,要其假冒飙车者去公安机关投案。王某虽无替丁顶罪的意思,但仍要丁给其5万元酬劳,否则不答应丁的要求,丁只好付钱。王某第二天用该款购买100克海洛因藏在家中,用于自己吸食。5天后,丁被司法机关抓获。(事实六)(2013年,不定选)

关于事实六的定性,下列选项错误的是:

A. 王某乘人之危索要财物,构成敲诈勒索罪

B. 丁基于不法原因给付5万元,故王某不构成诈骗罪

C. 王某购买毒品的数量大,为对方贩卖毒品起到了帮助作用,构成贩卖毒品罪的共犯

D. 王某将毒品藏在家中的行为,不构成窝藏毒品罪

[释疑] A项错,敲诈勒索罪是以恐吓方式使他人基于恐惧而交付财物,王某的行为显然不是敲诈勒索。B项错,不法原因给付并不影响诈骗罪的成立,王某隐瞒了自己不去顶替的意思,欺骗乙交付5万元,构成诈骗罪。C项错,丁不知情,缺乏帮助故意不成立共犯。D项对,王某构成非法持有毒品罪。窝藏毒品罪是指为走私、贩卖、运输、制造毒品的犯罪分子而窝藏。(答案:ABC)

5. 甲将一只壶的壶底落款"民國叁年"磨去,放在自己的古玩店里出卖。某日,钱某看到这只壶,误以为是明代文物。甲见钱某询问,谎称此壶确为明代古董,钱某信以为真,按明代文物交款买走。又一日,顾客李某看上一幅标价很高的赝品,以为名家亲笔,但又心存怀疑。甲遂拿出虚假证据,证明该画为名家亲笔。李某以高价买走赝品。请回答第(1)—(2)题。(2011年真题,不定选)

(1) 关于甲对钱某是否成立诈骗罪,下列选项错误的是:

A. 甲的行为完全符合诈骗罪的犯罪构成,成立诈骗罪

B. 钱某自己有过错,甲不成立诈骗罪

C. 钱某已误以为是明代古董,甲没有诈骗钱某

D. 古玩投资有风险,古玩买卖无诈骗,甲不成立诈骗罪

[释疑] 甲成立诈骗罪,B、C、D项自然都错。甲将"民國叁年"磨去,使钱某陷入错误,而后进一步欺骗使钱某陷入错误,付出明代文物价格,蒙受财产损失,是诈骗罪。D项,古玩行内确有古玩买卖无诈骗罪的说法,且有人频频在电视等传媒宣扬这种观念。自法律而言,这种说法不成立。(答案:BCD)

(2) 关于甲对李某是否成立诈骗罪,下列选项正确的是:

A. 甲的行为完全符合诈骗罪的犯罪构成,成立诈骗罪

B. 标价高不是诈骗行为,虚假证据证明该画为名家亲笔则是诈骗行为

C. 李某已有认识错误,甲强化其认识错误的行为不是诈骗行为

D. 甲拿出虚假证据的行为与结果之间没有因果关系,甲仅成立诈骗未遂

[释疑] 西方司法掌握诈骗的尺度略宽于我国,其认定诈骗的标准很简单:如果A说了真相,B便不会给A钱财;A说了假话让B信以为真,给了A钱财蒙受了损失,A诈骗了B的钱财。(答案:AB)

6. 甲在某银行的存折上有4万元存款。某日,甲将存款全部取出,但由于银行职员乙工作失误,未将存折底卡销毁。半年后,甲又去该银行办理存储业务,乙对甲说:"你的4万元存款已到期。"甲听后,灵机一动,对乙谎称存折丢失。乙为甲办理了挂失手续,甲取走4万元。甲的行为构成何罪?(2008年真题,单选)

　　A. 侵占罪　　　　　　　　　B. 盗窃罪(间接正犯)
　　C. 诈骗罪　　　　　　　　　D. 金融凭证诈骗罪

[释疑] 利用对方的错误,骗取对方交付财物,应是诈骗罪。A项,侵占是侵吞他人脱离占有之物;B项,盗窃需违背他人意志非法取得他人占有财物,均与本题不合。D项,金融凭证诈骗罪需使用伪造、作废等金融凭证的特定方式诈骗,也与本题不合。(答案:C)

7. 关于诈骗罪,下列哪些选项是正确的?(2007年真题,多选)

　　A. 收藏家甲受托为江某的藏品进行鉴定,甲明知该藏品价值100万元,但故意贬其价值后以1万元收买。甲的行为构成诈骗罪

　　B. 文物贩子乙收购一些赝品,冒充文物低价卖给洪某。乙的行为构成诈骗罪

　　C. 店主丙在柜台内陈列了两块标价5万元的玉石,韩某讲价后以3万元购得其中一块,周某讲价后以3000元购买了另一块。丙对韩某构成诈骗罪

　　D. 画家丁临摹了著名画家范某的油画并署上范某的名章,通过画廊以5万元出售给田某,丁非法获利3万元。丁的行为构成诈骗罪

[释疑] (1) C项,在玉石一类的商品交易中,因价格无常且商家奸诈、虚报价格是众所周知的常识,故买家一般也有所预期、戒备。这种经营中"价格欺诈"行为,一般属于经营性欺诈,不属于非法占有型的诈骗罪。

(2) D项,根据第217条的规定(侵犯著作权罪):"以营利为目的,有下列侵犯著作权情形之一,违法所得数额较大或者有其他严重情节的,处……(四)制作、出售假冒他人署名的美术作品的。"据此,D项中丁的行为属于"制作、出售假冒他人署名的美术作品的"侵犯著作权的行为。(答案:AB)

8. 关于侵犯财产罪及相关犯罪,下列哪一选项是正确的?(2007年真题,单选)

　　A. 甲用假币到电器商场购买手机,甲的行为构成诈骗罪

　　B. 乙受王某之托将价值5万元的手表送给10公里外的朱某,乙在路上让许某捆绑自己,伪造了抢劫现场,将表据为己有。报案后,乙向警方说自己被抢。乙的行为构成侵占罪

　　C. 丙假冒某部委名义,以组织某高层论坛为名发布广告、寄送材料,要求参会人员每人先邮寄会务费1万元。丙收款50万元后潜逃。丙的行为构成虚假广告罪

　　D. 丁为孩子升学,买了一辆假冒某名牌的摩托车送给教育局长何某。丁的行为构成诈骗罪

[释疑] (1) A项中甲是使用假币行为(使用假币罪)。

(2) B项中乙的行为构成侵占罪,伪造了抢劫现场不过是遮掩侵占保管物的手段。

(3) C项属于诈骗罪或合同诈骗罪,因为已经具有非法占有的目的,虚假广告不过是诈骗的手段而已。

(4) D项,摩托车不论真假,都不是局长何某所有或应得之物,不存在对他人财产权的侵犯,不可能成立诈骗罪。双方的行为性质仍属于贿赂,真假只以贿赂数额计算。(答案:B)

# 考点 12 盗窃罪与诈骗罪的区别

## 一、精讲

盗窃与诈骗都属非暴力犯罪,容易混淆,二者区别的关键是:是否通过"被害人交付"而获取财物。盗窃是违背他人意志获取财物的控制,而诈骗是通过被害人交付获取他人财物。被害方因被欺骗而自愿交付财物给罪犯占有的(脱离被害方控制的),被害方对财物失控是知情、愿意的,属于诈骗。如果是违背他人意志(和平)取得他人财物,被害人对财物失控是不知情或不愿意的,均不是诈骗,通常是盗窃。

## 二、例题

1. 乙女在路上被铁丝绊倒,受伤不能动,手中钱包(内有现金5000元)摔出七八米外。路过的甲捡起钱包时,乙大喊"我的钱包不要拿",甲说"你不要喊,我拿给你",乙信以为真没有再喊。甲捡起钱包后立即逃走。关于本案,下列哪一选项是正确的?(2016年真题,单选)
   A. 甲以其他方法抢劫他人财物,成立抢劫罪
   B. 甲以欺骗方法使乙信以为真,成立诈骗罪
   C. 甲将乙的遗忘物据为己有,成立侵占罪
   D. 只能在盗窃罪或者抢夺罪中,择一定性甲的行为

   [释疑] 违背他人意志夺取他人占有物,没有达到抢劫程度的,是盗窃或抢夺(若强调盗窃的秘密性,则认定为抢夺;若采取平和窃取的立场,则认定为盗窃罪)。D项正确,则A、B、C项错。A项错,因为没有暴力、威胁行为。B项错,因为违背意志夺取占有,是窃取夺取不是骗取。C项错,因为该钱包仍认为在乙女占有下,不是遗忘物。(答案:B)

2. 欣某在高某的金店选购了一条项链,高某趁欣某接电话之际,将为其以礼品包装的项链调换成款式相同的劣等品(两条项链差价约3 000元)。欣某回家后很快发现项链被"调包",即返回该店要求退还,高某以发票与实物不符为由拒不退换。关于高某的行为,下列哪些说法是错误的?(2009年真题,多选)
   A. 构成盗窃罪                B. 构成诈骗罪
   C. 构成侵占罪                D. 不构成犯罪,属民事纠纷

   [释疑] 暗中掉包,偷换顾客购买的商品,构成盗窃罪。(答案:BCD)

3. 甲系某股份制电力公司所属某供电所抄表组抄表员。在一次抄表时,甲与某金属加工厂承包人乙合谋少记载该加工厂用电量,并将电表上的数字回拨,使加工厂少交3万元电费。事后甲从乙处索取好处费1万元。关于甲的行为触犯的罪名,下列哪些选项是正确的?(2008年缓考真题,多选)
   A. 贪污罪                    B. 非国家工作人员受贿罪
   C. 盗窃罪                    D. 诈骗罪

   [释疑] 甲是单位工作人员,利用职务便利收受贿赂,构成非国家工作人员受贿罪。乙用电不交、少交电费,是盗窃性质,甲利用职务便利提供帮助,是其盗窃共犯。因有甲、乙事先

的"合谋",无人被欺骗,不是诈骗罪。因甲不是国家工作人员。不可能成立贪污罪。值得注意,本题中没有给出最具干扰性的职务侵占罪选项,大概是担心引起争议。(答案:BC)

4. 下列哪种说法是正确的?(2006年真题,单选)

A. 甲潜入乙家,搬出乙家1台价值2 000元的彩电,走到门口,被乙5岁的女儿丙看到。丙问甲为什么搬我家的彩电,乙谎称是其父亲让他来搬的。丙信以为真,让甲将彩电搬走。甲的行为属于诈骗

B. 甲在柜台假装购买金项链,让售货员乙拿出3条挑选,甲看后表示对3条金项链均不满意,让乙再拿两条。甲趁乙弯腰取金项链时,将柜台上的1条金项链装入口袋。乙拿出两条金项链让甲看,甲看后表示不满意,将金项链归还给乙。乙看少了1条,便隔着柜台一把抓住甲的手不让其走,甲猛地甩开乙的手逃走。甲的行为属于抢夺

C. 甲在柜台购买两条中华香烟,在售货员乙拿给甲两条中华香烟后,甲又让乙再拿1瓶五粮液酒。趁乙转身时,甲用事先准备好的两条假中华香烟与柜台上的中华香烟对调。等乙拿出五粮液酒后,甲将烟酒又看了看,以烟酒有假为由没有买。甲的行为属于盗窃

D. 甲与乙进行私下外汇交易。乙给甲1万美元,甲在清点时趁乙不注意,抽出10张100元面值的美元,以10张10元面值的美元顶替。清点完成后,甲将总面额8.3万元的假人民币交给乙,被乙识破。乙要回1万美元,经清点仍是100张,拿回家后才发现美元被调换。甲的行为属于诈骗

[释疑] A、B、C、D项都是盗窃,故C项是正确选项。

(1) C、D项都是"暗中调包"的情形,是盗窃。

(2) A项是在盗窃中使用谎言、骗术遮掩罪行,不改变盗窃性质,此外,对年幼没有处理事务能力的人欺骗获取财物的,是窃取而非骗取。

(3) B项涉及盗窃与抢夺的区别,甲在盗窃基本完成的情况下,用力脱身的行为,也不改变盗窃的性质。甲取得财物控制,既没有公然性也没有夺取性,不是抢夺。(答案:C)

## 考点 13 诉讼欺诈问题

### 一、精讲

所谓"诉讼欺诈",属于诈骗罪认定问题。诉讼欺诈与一般的诈骗有所不同,典型的诈骗,欺骗行为一般是针对被害人的,被害人因被骗误解而自愿向行为人交付财物。在诉讼欺诈的场合,受骗的是法官,被害人既没有误解(否则就不会对簿公堂),也不是自愿交付财物,而是被迫的。对于诉讼欺诈是否应该认定为诈骗罪,存在争议。命题者认为构成诈骗罪(国外通例),但司法解释持否定态度。

《刑法修正案(九)》增加虚假诉讼罪:以捏造的事实提起民事诉讼,妨害司法秩序或者严重侵害他人合法权益的行为。单位可构成。有本罪行为,非法占有他人财产或逃避合法债务,又构成其他犯罪(诈骗等)的,依照处罚较重的规定定罪从重处罚(想象竞合,注意两个"重")。司法工作人员利用职权,与他人共同实施本罪行为的,从重处罚;同时构成其他犯罪的,依照处罚较重的规定定罪从重处罚。(想象竞合,注意两个"重")

### 二、例题

甲向法院提起诉讼,要求乙偿还借款12万元,并向法院提供了盖有乙的印章、指纹的借据

及附件,后法院判决乙向甲偿还"借款"12万元。经乙申诉后查明,上述借据及附件均系甲伪造,乙根本没有向甲借款。甲的行为属于什么性质?(2002年真题,单选)

A. 民事欺诈,不成立犯罪
B. 诈骗罪
C. 合同诈骗罪
D. 票据诈骗罪

[释疑]　焦点是:A、B项之间的选择。B项更合适。对C、D两项可以根据它们与诈骗的关系简单排除考虑。(答案:B)

## 考点 14　侵占罪与盗窃罪、诈骗罪的区分

### 一、精讲

1. 侵占罪是侵吞本人合法持有的他人财物,包括保管物、遗忘物、埋藏物;盗窃、诈骗罪是对他人持有之物进行侵犯,通过窃取、骗取转为自己持有。

2. 侵占罪的犯罪意思发生在持有之后,见财起意,侵吞自己持有的他人财物;盗窃、诈骗罪的犯罪意思和行为只能发生在持有他人财物之前,通过窃取、骗取从而取得持有。

### 二、例题

1. 乙全家外出数月,邻居甲主动帮乙照看房屋。某日,甲谎称乙家门口的一对石狮为自家所有,将石狮卖给外地人,得款1万元据为己有。关于甲的行为定性,下列哪一选项是错误的?(2015年真题,单选)

A. 甲同时触犯侵占罪与诈骗罪
B. 如认为购买者无财产损失,则甲仅触犯盗窃罪
C. 如认为购买者有财产损失,则甲同时触犯盗窃罪与诈骗罪
D. 不管购买者是否存在财产损失,甲都触犯盗窃罪

[释疑]　A项,乙并未委托甲看管石狮,故甲将其处分,构成盗窃而非侵占。B、C、D三项,诈骗罪的成立要求被害人遭受财产损失。(答案:A)

2. 菜贩刘某将蔬菜装入袋中,放在居民小区路旁长条桌上,写明"每袋20元,请将钱放在铁盒内"。然后,刘某去3公里外的市场卖菜。小区理发店的店员经常好奇地出来看看是否有人偷菜。甲数次公开拿走蔬菜时假装往铁盒里放钱。关于甲的行为定性(不考虑数额),下列哪一选项是正确的?(2015年真题,单选)

A. 甲乘人不备,公然拿走刘某所有的蔬菜,构成抢夺罪
B. 蔬菜为经常出来查看的店员占有,甲构成盗窃罪
C. 甲假装放钱而实际未放钱,属诈骗行为,构成诈骗罪
D. 刘某虽距现场3公里,但仍占有蔬菜,甲构成盗窃罪

[释疑]　A项,抢夺至少需以"对物暴力"夺取财物。B项,店员仅出于好奇而查看,并未占有蔬菜。C项,甲无欺诈行为,也无人因受欺诈而处分(交付)财物。D项,依社会观念,刘某仍占有蔬菜(观念上的占有)。甲以平和方式窃取他人占有之物,构成盗窃罪。(答案:D)

3. 乙(16周岁)进城打工,用人单位要求乙提供银行卡号以便发放工资。乙忘带身份证,借用老乡甲的身份证以甲的名义办理了银行卡。乙将银行卡号提供给用人单位后,请甲保管银行卡。数月后,甲持该卡到银行柜台办理密码挂失,取出1万余元现金,拒不退还。甲的行

为构成下列哪一犯罪？（2014年真题，单选）

　　A. 信用卡诈骗罪　　　　　　　　B. 诈骗罪
　　C. 盗窃罪（间接正犯）　　　　　　D. 侵占罪

　　[释疑]　（1）甲是持卡人，合法占有卡中存款。乙将钱存于甲的卡中，属委托保管。甲将该款侵吞，拒不退还，是侵占罪。（2）不选A、B、C项理由：A项，无第196条规定之使用伪造、骗办信用卡、冒用他人信用卡等信用卡诈骗行为。B项，甲未以欺骗方式使乙将钱款存入自己卡中；甲虽欺骗银行改了密码，但那不是骗取财物的行为。C项，甲使用自己信用卡和密码取款，不违法，不成立盗窃。（答案：D）

　　4. 乙驾车带甲去海边游玩。到达后，乙欲游泳。甲骗乙说："我在车里休息，把车钥匙给我。"趁乙游泳，甲将该车开往外地卖给他人。甲构成何罪？（2013年真题，单选）

　　A. 侵占罪　　　　　　　　　　　B. 盗窃罪
　　C. 诈骗罪　　　　　　　　　　　D. 盗窃罪与诈骗罪的竞合

　　[释疑]　盗窃与诈骗、侵占的区别题。A项错，因乙并未将车交给乙保管的意思与行为，故不可能构成侵占。C项错，并非含有欺骗因素的就是诈骗，因诈骗需有受骗后的"处分"行为，本案并无处分行为。D项错，不构成诈骗罪，也就谈不上竞合。B项对，甲违背乙意志以平和方式将车开走，是平和方式的窃取。注意：司考对盗窃的认定已基本由"秘密窃取说"过渡到"平和窃取说"。（答案：B）

　　5. （受丙委托向他人行贿15万元为甲开脱，但遭到他人拒绝的）丁告知丙事情办不成，但仅退还丙5万元，其余10万元用于自己炒股。在甲被定罪判刑后，无论丙如何要求，丁均拒绝退还余款10万元。丙向法院自诉丁犯有侵占罪。（事实五）

　　就事实五，有人认为丁构成侵占罪，有人认为丁不构成侵占罪。你赞成哪一观点？具体理由是什么？（2013年真题，案例分析）

　　答案：（1）构成。理由：① 丁将代为保管的他人财物非法占为己有，数额较大，拒不退还，完全符合侵占罪的犯罪构成。② 无论丙对10万元是否具有返还请求权，10万元都不属于丁的财物，故该财物属于"他人财物"。③ 虽然民法不保护非法的委托关系，但刑法的目的不是确认财产的所有权，而是打击侵犯财产的犯罪行为，如果不处罚侵占代为保管的非法财物的行为，将可能使大批侵占赃款、赃物的行为无罪化，这并不合适。

　　（2）不构成。理由：① 10万元为贿赂款，丙没有返还请求权，该财物已经不属于丙，故丁没有侵占"他人的财物"。② 该财产在丁的实际控制下，不能认为其已经属于国家财产，故该财产不属于代为保管的"他人财物"。据此，不能认为丁虽未侵占丙的财物但侵占了国家财产。③ 如认定为侵占罪，会得出民法上丙没有返还请求权，但刑法上认为其有返还请求权的结论，刑法和民法对相同问题会得出不同结论，法秩序的统一性会受到破坏。

　　6. 不计数额，下列哪一选项构成侵占罪？（2012年真题，单选）
　　A. 甲是个体干洗店老板，洗衣时发现衣袋内有钱，将钱藏匿
　　B. 乙受公司委托外出收取货款，隐匿收取的部分货款
　　C. 丙下飞机时发现乘客钱包掉在座位底下，捡起钱包离去
　　D. 丁是宾馆前台服务员，客人将礼品存于前台让朋友自取。丁见久无人取，私吞礼品

　　[释疑]　A项中送洗衣店衣服衣兜内的钱，对主人而言明显是脱离占有的遗忘物，对甲而言合法持有之后非法侵吞。B项将因职务关系受托保管单位货款侵吞，构成职务侵占罪。

C项是"捡"(遗忘物)还是"偷"(他人占有物)？关键看该钱包是否脱离占有？官方答案不是C项,出题方认为仍是他人控制之物。其他人占有物认定尺度偏宽、遗忘物认定尺度过严。D项该礼品不是脱离占有(遗忘)物,不是侵占罪。两种可能:其一,如果丁对该礼品有经管职责,是职务侵占罪;其二,如果丁没有经管职责,应是盗窃罪。(答案:A)

7. 关于侵占罪的认定(不考虑数额),下列哪些选项是错误的？(2011年真题,多选)

A. 甲将他人停放在车棚内未上锁的自行车骑走卖掉。甲行为构成侵占罪

B. 乙下车取自己行李时将后备箱内乘客遗忘的行李箱一并拿走变卖。乙行为构成侵占罪

C. 丙在某大学食堂将学生用于占座的手机拿走卖掉。丙行为成立侵占罪

D. 丁受托为外出邻居看房,将邻居锁在柜里的手提电脑拿走变卖。丁行为成立侵占罪

[释疑]  A、B、C、D项的财物都是他人占有物,而非脱离占有的遗失物,未经许可非法取得,是盗窃性质。(答案:ABCD)

8. 某地突发百年未遇的冰雪灾害,乙离开自己的住宅躲避自然灾害。两天后,大雪压垮了乙的房屋,家中财物散落一地。灾后最先返回的邻居甲路过乙家时,将乙垮塌房屋中的两万元现金拿走。关于甲行为的定性,下列哪一选项是正确的？(2008年真题,单选)

A. 构成盗窃罪

B. 构成侵占罪

C. 构成抢夺罪

D. 仅成立民法上的不当得利,不构成犯罪

[释疑]  乙垮塌房屋中的财物仍是乙占有之物,未经主人乙的同意非法取得的,是盗窃不是侵占。(答案:A)

9. 甲与乙一起乘火车旅行。火车在某站仅停2分钟,但甲欺骗乙说:"本站停车12分钟。"乙信以为真,下车购物。乙刚下车,火车便开走了。甲立即将乙的财物转移到另一车厢,然后在下一站下车携物潜逃。甲的行为构成何罪？(2008年缓考真题,单选)

A. 诈骗罪      B. 侵占罪      C. 盗窃罪      D. 故意毁坏财物罪

[释疑]  甲以欺骗方法使乙脱离对自己财物的占有,而后窃取,是盗窃。甲欺骗乙脱离财物的占有之时就有非法占有乙财物的意图,排除侵占。(答案:C)

10. 甲在8楼阳台上浇花时,不慎将金镯子(价值3万元)甩到了楼下。甲立即让儿子在楼上盯着,自己跑下楼去捡镯子。路过此处的乙看见地面上有一只金镯子,以为是谁不慎遗失的,在甲到来之前捡起镯子迅速逃离现场。甲经多方询问后找到乙,但乙否认捡到金镯子。乙的行为构成何罪？(2008年缓考真题,单选)

A. 盗窃罪      B. 侵占罪      C. 抢夺罪      D. 不构成犯罪

[释疑]  乙捡拾地上的金镯子,至多是侵占遗失物的行为。金镯子虽然没有脱离被害人控制,但乙并不知情,以为是遗失物而捡取,没有窃取他人占有之物的意思。(答案:B)

11. 甲路过某自行车修理店,见有一辆名牌电动自行车(价值1万元)停在门口,欲据为己有。甲见店内货架上无自行车锁便谎称要购买,催促店主去50米之外的库房拿货。店主临走时对甲说:"我去拿锁,你帮我看一下店。"店主离店后,甲骑走电动自行车。甲的行为构成何罪？(2007年真题,单选)

A. 诈骗罪      B. 盗窃罪      C. 侵占罪      D. 职务侵占罪

[释疑] （1）因为不是"骗取交付"，故排除 A 项。

（2）因为没有利用职务上的便利，排除 D 项。

（3）甲侵犯他人财物的故意产生于持有财物之前，排除 C 项。B 项为正解。（答案：B）

12. 甲将汽车停在自家楼下，忘记拔车钥匙，匆匆上楼取文件，被恰好路过的乙发现。乙发动汽车刚要挂挡开动时，甲正好下楼，将乙抓获。关于乙的行为，下列哪一选项是正确的？（2007 年真题，单选）

A. 构成侵占罪既遂
B. 构成侵占罪未遂
C. 构成盗窃罪既遂
D. 构成盗窃罪未遂

[释疑] （1）侵占罪的认定。他人停放的汽车、自行车之类的交通工具，无论是否上锁，都不能认为是遗忘物。故可简单排除 A、B 项。

（2）本题难在盗窃罪既遂、未遂的判断。判断标准主要有（犯罪人）"控制说"与（被害人或管理人）"失控说"。采取哪一说通常对判断结论影响不大，因为犯罪人控制之时就是被害人失控之际；反之，被害人失控之际就是犯罪人控制之时。关键在于个案中的盗窃行为进展到何种程度可判断为"控制"或"失控"？学者或司法人员等专业人士把握的分寸也会存在差异，实难一概而论。盗窃汽车这类"大件"物品，需要离开停放的场所才认为控制或失控。另外，就本题而言，被害人"匆匆"而去又匆匆而回，对其停放汽车的控制性较强，在其停放汽车处当场将窃贼拿下，认定为未遂较为合理。本题的情形何种程度算是（罪犯）控制或（被害人）失控达到既遂的程度？是驶离停放场所，自停放场所望去已经超出了视线范围。（答案：D）

## 考点 15  敲诈勒索罪的认定

### 一、精讲

敲诈勒索罪的特点是：行为人采用威胁或要挟的方法勒索他人财物。敲诈勒索要求数额较大或者多次敲诈勒索的才构成犯罪，"数额较大"一般为 3 000 元以上。

### 二、例题

1. 甲预谋拍摄乙与卖淫女的裸照，迫使乙交付财物。一日，甲请乙吃饭，叫卖淫女丙相陪。饭后，甲将乙、丙送上车。乙、丙刚到乙宅，乙便被老板电话叫走，丙亦离开。半小时后，甲持相机闯入乙宅发现无人，遂拿走了乙的 3 万元现金。关于甲的行为性质，下列哪一选项是正确的？（2011 年真题，单选）

A. 抢劫未遂与盗窃既遂
B. 抢劫既遂与盗窃既遂的想象竞合
C. 敲诈勒索预备与盗窃既遂
D. 敲诈勒索未遂与盗窃既遂的想象竞合

[释疑]  不存在对人的暴力取财，排除抢劫罪；敲诈勒索罪的"着手"应是开始"威胁索财"的行为，本案没有进展到这样的程度，故为预备犯，C 项是正选。（答案：C）

2. 关于敲诈勒索罪的判断，下列哪些选项是正确的？（2007 年真题，多选）

A. 甲将王某杀害后，又以王某被绑架为由，向其亲属索要钱财。甲除构成故意杀人罪外，还构成敲诈勒索罪与诈骗罪的想象竞合犯

B. 饭店老板乙以可乐兑水冒充洋酒销售，向实际消费数十元的李某索要数千元。李某不从，乙召集店员对其进行殴打，致其被迫将钱交给乙。乙的行为构成抢劫罪而非敲诈勒索罪

C. 职员丙被公司辞退，要求公司支付10万元补偿费，否则会将所掌握的公司商业秘密出卖给其他公司使用。丙的行为构成敲诈勒索罪

D. 丁为谋取不正当利益送给国家工作人员刘某10万元。获取不正当利益后，丁以告发相要挟，要求刘某返还10万元。刘某担心被告发，便还给丁10万元。对丁的行为应以行贿罪与敲诈勒索罪实行并罚

[释疑]（1）A项中甲杀害王某，单独成立故意杀人罪；而后又谎称绑架王某勒索财物，认定为想象竞合犯大体是可以的。不过一般认为，虚构恐吓他人的事实勒索他人是敲诈勒索的题中应有之义，从来都是按照敲诈勒索罪定罪处罚的，从想象竞合犯角度考虑很少见。

（2）B项中的类型通常属于敲诈勒索，但是若当场使用暴力严重并当场取财的，应认定为抢劫罪。

（3）C项中丙以泄露公司商业秘密相要挟，索要"赔偿"，大体可认为是敲诈勒索。但是若公司本应支付丙补偿费而不支付，存在纠纷就不好说了。维权中的过激行为，因双方存在争议，一般不宜按照犯罪处理。

（4）D项中丁成立行贿罪没有问题，难在是否成立敲诈勒索罪。因为丁行贿10万元属于不法给付，没有请求权，故不属于索债问题。以告发他人相威胁非法索要财物，可成立敲诈勒索罪。（答案：ABCD）

3. 下列哪种行为构成敲诈勒索罪？（2006年真题，单选）

A. 甲到乙的餐馆吃饭，在食物中发现一只苍蝇，遂以向消费者协会投诉为由进行威胁，索要精神损失费3 000元。乙迫于无奈付给甲3 000元

B. 甲到乙的餐馆吃饭，偷偷在食物中投放一只事先准备好的苍蝇，然后以砸烂桌椅进行威胁，索要精神损失费3 000元。乙迫于无奈付给甲3 000元

C. 甲捡到乙的手机及身份证等财物后，给乙打电话，索要3 000元，并称若不付钱就不还手机及身份证等物。乙迫于无奈付给甲3 000元现金赎回手机及身份证等财物

D. 甲妻与乙通奸，甲获知后十分生气，将乙暴打一顿，乙主动写下一张赔偿精神损失费2万元的欠条。事后，甲持乙的欠条向其索要2万元，并称若乙不从，就向法院起诉乙

[释疑]（1）A项，是消费者"维权"行为，不认为是犯罪。因为事出有因，"事实上"食物中有苍蝇，向消协投诉，方法并无不当。

（2）同理，D项中，甲"向法院起诉乙"，方法并无不当，不成立敲诈勒索罪。甲得到的"欠条"不是勒索来的。甲暴打乙，是报复乙通奸，没有勒索财物的意思。

（3）C项，捡到他人遗失物后，索要钱财交换的行为，通常不认为是敲诈勒索。若乙不答应交换，甲拒不交出，是侵占性质；若将其毁弃，是故意毁损财物性质，若价值达到1万元（数额较大），可成立侵占罪或故意毁损财物罪。（答案：B）

# 考点 16 拒不支付劳动报酬罪

## 一、精讲

1. 以转移财产、逃匿等方法逃避支付劳动者的劳动报酬或者有能力支付而不支付劳动者

的劳动报酬,数额较大,经政府有关部门责令支付仍不支付的,构成本罪。

2. 如果尚未造成严重后果,在提起公诉前支付劳动者的劳动报酬,并依法承担相应赔偿责任的,可以减轻或者免除处罚。

## 二、例题

老板甲春节前转移资产,拒不支付农民工工资。劳动部门下达责令支付通知书后,甲故意失踪。公安机关接到报警后,立即抽调警力,迅速将甲抓获。在侦查期间,甲主动支付了所欠工资。起诉后,法院根据《刑法修正案(八)》拒不支付劳动报酬罪认定甲的行为,甲表示认罪。关于此案,下列哪一说法是错误的?(2012年真题,单选)

A. 《刑法修正案(八)》增设拒不支付劳动报酬罪,体现了立法服务大局、保护民生的理念
B. 公安机关积极破案解决社会问题,发挥了保障民生的作用
C. 依据《刑法修正案(八)》对欠薪案的审理,体现了惩教并举、引导公民守法、社会向善的作用
D. 甲已支付所欠工资,可不再追究甲的刑事责任,以利于实现良好的社会效果

[释疑] 第276条规定之一:"以转移财产、逃匿等方法逃避支付劳动者的劳动报酬或者有能力支付而不支付劳动者的劳动报酬,数额较大,经政府有关部门责令支付仍不支付的,处……有前两款行为,尚未造成严重后果,在提起公诉前支付劳动者的劳动报酬,并依法承担相应赔偿责任的,可以减轻或者免除处罚。"

甲的行为符合第276条第1款规定要件已构成拒不支付劳动报酬罪,即使支付所欠工资,依据第2款规定只是"可以减轻或者免除处罚",D项"错误"。

另,新立法惩治恶意欠薪当然能体现A项服务大局、保护民生。对欠薪案件,司法机关积极破案、处理当然具有保障民生、法制教育的作用。A、B、C项表述正确。(答案:D)

## 考点 17 诈骗罪与敲诈勒索罪的区分

### 一、精讲

诈骗罪与敲诈勒索罪的共同点是:都是获得了被害人的"交付"。不同点是:诈骗是欺骗他人,使他人陷入错误从而自愿地处分(交付)财物;而敲诈勒索是威胁、要挟他人,使他人恐惧而"被迫"交付财物。敲诈勒索不仅侵犯财产还威胁他人意志,危害性大于诈骗。区分二者时应特别注意:

(1) 如果行为人虚构事实恐吓他人,迫使他人交付财物的,是敲诈勒索和诈骗罪的想象竞合犯,择一重罪即以敲诈勒索定罪处罚。

(2) 如果行为人预言或告知他人将面临灾祸,谎称自己能帮助消除灾祸的,应成立诈骗罪。虽然此时被害人可能心生恐惧,但灾祸毕竟不是来源于说话人,而是对灾祸的恐惧。被害人交付财物不是因为对说话人的恐惧,而是对说话人帮助消除灾祸的酬谢。

### 二、例题

乙与丙因某事发生口角,甲知此事后,找到乙,谎称自己受丙所托带口信给乙,如果乙不拿出2 000元给丙,丙将派人来打乙。乙害怕被打,就托甲将2 000元带给丙。甲将钱占为己有。

对甲的行为应当如何处理？（2005年真题，单选）

  A. 按诈骗罪处理　　　　　　　　B. 按敲诈勒索罪处理
  C. 按侵占罪处理　　　　　　　　D. 按抢劫罪处理

  [释疑]　谎称他人将遭"灾祸"，并谎称本人能帮忙"消灾"，属于虚构骗局取财，成立诈骗罪。本案甲声称丙将会对被害人乙施加暴力（乙有灾祸），并谎称受托斡旋（消灾），具有这个特点，成立诈骗罪。

  诈骗罪的特点是虚构骗局使他人误解从而作出错误的财产处分，本案符合这一特征。难点在于：本案中声称丙将会对被害人乙施加暴力，具有一定的恐吓性，有敲诈勒索嫌疑。为何不能定敲诈勒索罪？因为，甲并非以本人将要施加暴力相威胁，而是声称第三人丙将要施加暴力，是否施加暴力并非由甲能决定。故尚属于虚构骗局取财，成立诈骗罪。假如甲以本人或以本人指使他人（比如丙）对乙进行威胁，自当成立敲诈勒索罪。（答案：A）

## 考点 18　以非法占有的目的窃取他人合法占有之本人财物，成立盗窃罪

### 一、精讲

  对于窃取在他人合法占有之下的本人所有财物，能够成立盗窃罪。但是，对于窃取在他人不法占有之下的本人所有财物，能否构成盗窃罪则存在争议。根据财产犯罪的客体（法益）是"所有权说"，认为不构成犯罪；根据财产犯罪的客体（法益）是"占有权说"，认为构成犯罪。我国比较通行的做法是：

  （1）不具有非法侵犯他人财产的目的而取回本人所有被他人非法占有的财物的，通常不认为是犯罪。

  （2）窃取他人非法占有的违禁品的，如毒品、淫秽物品等，可以构成盗窃罪。

### 二、例题

  李某花5000元购得摩托车一辆，半年后，其友王某提出借用摩托车，李同意。王某借用数周不还，李某碍于情面，一直未讨还。某晚，李某乘王某家无人，将摩托车推回。次日，王某将摩托车丢失之事告诉李某，并提出用4000元予以赔偿。李某故意隐瞒真情，称："你要赔就赔吧。"王某于是给付李某摩托车款4000元。后李某恐事情败露，又将摩托车偷偷卖给丁某，获得款项3500元。李某的行为构成何罪？（2003年真题，单选）

  A. 盗窃罪　　　　　　　　　　　B. 诈骗罪
  C. 销售赃物罪　　　　　　　　　D. 盗窃罪和诈骗罪的牵连犯

  [释疑]　须注意：(1) 本人窃取在他人合法占用下的本人所有的财物，一定要慎重审查行为人有没有非法占有的目的。如果没有非法占有的目的，不成立盗窃罪。比如甲为了催促法院尽快结案而将自己在法院扣押之下的汽车偷走。但是甲在偷走被扣汽车之后，立即告知法官，因为有证据表明确实不具有非法占有财物的目的，不构成盗窃罪。但是不排除可以构成其他罪，如妨害法院扣押、查封罪。最近的判例对这类情形尽量避免定盗窃罪，例如甲因为违章，汽车被交警队扣押，甲因为急于用车，于当晚将车从扣押处偷回。在接受违章处理后，拿着有关手续即回家。从未提及到交警队"索要"被扣车辆的事。没有证据证明甲具有非法占有的目的，不成立盗窃罪。一辆汽车动辄价值数万、数十万元，处刑在10年以上，可以想见，未来

司法实务将会尽量避免把这类情形以盗窃罪定罪处罚。按照妨害司法查封扣押罪定罪处罚较合情理。在盗窃他人财物的场合,通常推定具有非法占有的目的。在盗窃本人所有财物的场合,则相反,不足以证明具有非法占有目的的,不成立盗窃罪。

（2）本人合法所有的财物若在他人"非法占有"下,本人窃取的,排除成立盗窃罪,因为本人从他人非法占有下恢复自己合法权益,足以对抗他人的非法占有。（答案:A）

## 考点 19 盗窃的特殊形式

### 一、精讲

1. 盗窃信用卡并使用的,以盗窃罪定罪处罚。其盗窃数额应当根据行为人盗窃信用卡后使用的数额认定。

2. 以牟利为目的,盗接他人通信线路、复制他人电信号码。明知是盗接、复制的电信设备、设施而使用的,以盗窃罪定罪处罚。

3. 盗窃增值税专用发票或者可以用于骗取出口退税、抵扣税款的其他发票的,以盗窃罪定罪处罚。

4. 将电信卡非法充值后使用,造成电信资费损失数额较大的,以盗窃罪定罪处罚。

5. 盗用他人公共信息网络上网账号、密码上网,造成他人电信资费损失数额较大的,以盗窃罪定罪处罚。

### 二、例题

1. 甲在某证券交易大厅偷窥获得在该营业部开户的乙的资金账号及交易密码后,通过电话委托等方式在乙的资金账号上高吃低抛某一只股票,同时通过自己在证券交易部的资金账号低吃高抛同一只股票,造成乙损失30万元,甲从中获利20万元。对甲应当如何处理？（2005年真题,单选）

　　A. 属于法无明文规定的情形,不以犯罪论处

　　B. 以盗窃罪论处

　　C. 以故意毁坏财物罪论处

　　D. 以操纵证券价格罪论处

　　[释疑]　特殊情形的盗窃罪的认定。

（1）违背他人意志从他人控制下非法取得并占有他人数额较大财物的,通常可认定为盗窃罪。本案情形虽然特殊,但其本质上仍具备盗窃罪的特征。

（2）不选C项,因为不符合甲的目的,甲以非法占有为目的,故属于非法占有型的侵犯财产罪,而C项罪是以毁损为目的的。

（3）不选D项,因为甲的行为明显不符合D项罪的特征。D项罪的要领是通过特定的方式,恶意操作股票,扰乱证券市场的价格（第182条）。（答案:B）

2. 王某利用计算机知识获取某公司上网账号和密码后,以每3个月100元的价格出售上网账号和密码,从中获利5000元,给该公司造成4万元的损失。对此,下列哪个说法是正确的?（2002年真题,单选）

　　A. 王某的行为构成盗窃罪,盗窃数额为5000元

B. 王某的行为构成诈骗罪,诈骗数额为 5 000 元
C. 王某的行为构成盗窃罪,盗窃数额为 4 万元
D. 王某的行为构成诈骗罪,诈骗数额为 4 万元

[释疑] （1）根据《关于审理扰乱电信市场管理秩序案件具体应用法律若干问题的解释》第 8 条规定:"盗用他人公共信息网络上网账号、密码上网,造成他人电信资费损失数额较大的,依照刑法第二百六十四条的规定,以盗窃罪定罪处罚。"本案事实接近盗窃。

（2）犯罪数额计算问题。对本案的犯罪数额可理解为:获利 5 000 元是销赃数额;造成损失 4 万元,是赃物的实际价值。按照我国的司法习惯,盗窃金额通常以财物的实际价额为准而不是以销赃额为准。这还涉及一个基本立场的问题,就是认为盗窃罪的**客体**是什么,如果认为是他人的财产权利,盗窃犯罪的危害程度当然以受害人遭受财产损失的数额为准,而不是以犯罪人实际获利的数额为准。故认为犯罪金额应按 4 万元计算,也是符合刑法基本原理的。（答案:C）

## 考点 20 实施抢夺、盗窃、诈骗等侵犯财产罪后对持有赃物的使用、处分行为的认定、处罚

### 一、精讲

法律对侵犯财产犯罪的处罚已经考虑或包含了罪犯本人对赃物的使用处分行为,故实施抢夺、盗窃、诈骗等侵犯财产罪后,罪犯对赃物的持有、使用、处分,包括赠与、毁弃的,一般不另外单独评价,属于"事后不可罚"的行为。

### 二、例题

1. 甲、乙经共谋后,到丙的住所对其实施了强奸,事后,甲趁丙不注意之机,将丙的钱包拿走。第二天,甲发现丙的钱包里有一张已经中了 5 万元的彩票,即兑了奖。就甲拿走被害人钱包和私自兑奖的行为而言,下列哪些选项是正确的?（2008 年缓考真题,多选）
   A. 甲和乙成立盗窃罪的共同犯罪
   B. 甲单独对自己的行为承担刑事责任
   C. 甲的行为构成盗窃罪
   D. 甲的行为构成盗窃罪和诈骗罪,应实行数罪并罚

[释疑] 乙与甲在盗窃上没有共同性,不是共犯;强奸妇女,偷拿被害妇女的财物,是盗窃罪。若当面恃仗武力或借用强奸暴力公然取财的,是抢劫。《关于审理抢劫、抢夺刑事案件适用法律若干问题的意见》第 8 条规定:"行为人实施伤害、强奸等犯罪行为,在被害人未失去知觉,利用被害人不能反抗、不敢反抗的处境,临时起意劫取他人财物的,应以此前所实施的具体犯罪与抢劫罪实行数罪并罚;在被害人失去知觉或者没有发觉的情形下,以及实施故意杀人犯罪行为之后,临时起意拿走他人财物的,应以此前所实施的具体犯罪与盗窃罪实行数罪并罚。"可见"甲拿走被害人钱包"是盗窃罪,而后"私自兑奖的行为"是盗窃的后续（销赃、兑现赃物价值）行为,不另定他罪。（答案:BC）

2. 甲晚上潜入一古寺,将寺内古墓室中有珍贵文物编号的金佛的头用钢锯锯下,销赃后获赃款 10 万元。对甲应以什么罪追究刑事责任?（2004 年真题,单选）

A. 故意损毁文物罪 B. 倒卖文物罪
C. 盗窃罪 D. 盗掘古文化遗址、古墓葬罪

[释疑] （1）盗窃罪与盗掘古文化遗址、古墓葬罪的区别：对象不同。"寺内古墓室中有珍贵文物编号的金佛"属于"已发掘"的文物，不属于"古文化遗址、古墓葬"。因为"对象"不符，故不构成盗掘古文化遗址、古墓葬罪，排除 D 项。

（2）盗窃对象包含文物，故甲主行为的性质应认定为盗窃罪。损毁文物（锯下金佛头）的行为属于甲盗窃的手段行为，销赃（金佛头）行为属于盗窃罪"事后不可罚"的行为，故"对甲应以什么罪追究刑事责任"的正解是"C 项盗窃罪"。

（3）A 项具有一定的干扰作用，因为受单选限制，有人可能会认为 A 项与 C 项不能兼得，转而选看起来能包容 A 项的 D 项。（答案：C）

3. 陈某在街上趁刘某不备，将其手机（价值 2 500 元）夺走。随后陈某反复使用该手机拨打国际长途电话，致使刘某损失话费 5 200 元。一周后，陈某将该手机丢弃在某邮局门口，引起保安人员的怀疑，经询问案发。下列有关此案的说法中，哪些是不正确的？（2002 年真题，多选）

A. 对陈某的行为以抢夺罪从重处罚即可
B. 对陈某的行为以盗窃罪从重处罚即可
C. 对陈某的行为以抢夺罪与盗窃罪实行数罪并罚
D. 对陈某的行为以抢夺罪与故意毁坏财物罪实行数罪并罚

[释疑] 本题的要点是：

（1）陈某构成抢夺罪，他在夺取手机后，又有将手机丢弃的行为，属于对抢夺罪赃物的处理行为，既不影响抢夺罪的成立，也不另行构成毁坏财物罪。这种行为通常称"事后不可罚"的行为。因为在处罚陈某抢夺行为时就已经将处分该抢夺赃物的行为包含在内了，没有另行重复评价的必要。

（2）陈某在抢夺手机之后，又使用（实际是盗用他人电话号码）该手机，造成刘某损失5 200 元话费，可以认定为构成盗窃罪。① 这与普通的使用、处分赃物行为不同，额外又造成了他人经济损失，不宜作为事后不可罚的行为对待。因为抢夺很难涵盖这种行为。② 盗用他人电话致使他人损失话费，具有盗窃的性质。定盗窃罪是可以的。基于上述理由，认为只有 C 项是正确的，其他选项是不正确的。（答案：ABD）

4. 甲为获利于某日晚向乙家的羊圈内（共有 29 只羊）投放毒药，待羊中毒后将羊运走，并将羊肉出售给他人。甲的行为构成哪些犯罪？（2002 年真题，多选）

A. 盗窃罪 B. 投放危险物质罪
C. 故意毁坏财物罪 D. 生产、销售有毒、有害食品罪

[释疑] （1）甲构成盗窃罪。不单独成立投放危险物质罪和故意毁坏财物罪。甲为偷羊使用投毒的方法，产生（羊死）毁坏财物的结果，是盗窃中手段触犯其他罪名，其中因为投毒行为不足以危害公共安全，不触犯投放危险物质罪，仅仅触犯毁坏财物罪。按照行为的主要特征和竞合的原理，仅构成盗窃罪。

（2）处分赃物（死羊）的行为，通常处分自己盗窃的赃物被包含在盗窃行为之内，不单独构成犯罪。但是鉴于：① 出售毒羊，又触犯生产、销售有毒、有害食品罪；② 实务上有数罪并罚的先例；③ 本题是多项选择题。故认为又构成生产、销售有毒、有害食品罪。（答案：AD）

## 考点 21 盗窃罪相关罪数问题的特殊掌握

### 一、精讲

1. 择一重罪处断

（1）盗窃广播电视设施、公用电信设施，盗窃电力设备、易燃易爆设备、军事通信设备等，价值数额较大且危害公共安全，同时构成盗窃罪和有关危害公共安全罪的，属于想象竞合犯择一重罪处罚。

（2）使用破坏方式盗窃、破坏和窃取的财物均达到数额较大，同时构成盗窃罪和故意毁损财物罪，择一重罪处罚。

2. 数罪并罚

（1）为实施其他犯罪盗窃机动车辆作为犯罪工具使用的，以盗窃罪和所实施的其他犯罪实行数罪并罚。

（2）盗窃后，为掩盖盗窃罪行或者报复等，故意破坏公私财物构成犯罪的，应当以盗窃罪和构成的其他罪实行数罪并罚。

3. 含有盗窃手段的犯罪（法条竞合）

盗窃国家秘密的（非法获取国家秘密罪）；盗窃枪支、弹药、爆炸物的；窃取国有档案的（窃取国有档案罪）；盗窃国家机关公文、证件、印章的，盗窃武装部队公文、证件、印章的，为境外盗窃国家秘密的（为境外窃取国家秘密情报罪）；盗掘古文化遗址、古墓葬的（盗掘古文化遗址、古墓葬罪）；盗窃他人技术成果、商业秘密（侵犯商业秘密罪）；利用职务上的便利监守自盗的（职务侵占罪或贪污罪）等。按照有关法条处理，不认定为盗窃罪。这些均属于法条竞合关系。

### 二、例题

1. 2010年某日，甲到乙家，发现乙家徒四壁。见桌上一块玉坠，断定是不值钱的仿制品，甲便顺手拿走。后甲对丙谎称玉坠乃秦代文物，值5万元，丙以3万元买下。经鉴定乃清代玉坠，市值5000元。关于本案的分析，下列哪一选项是错误的？（2013年真题，单选）

A. 甲断定玉坠为不值钱的仿制品具有一定根据，对"数额较大"没有认识，缺乏盗窃犯罪故意，不构成盗窃罪

B. 甲将所盗玉坠卖给丙，具有可罚性，不属于不可罚的事后行为

C. 不应追究甲盗窃玉坠的刑事责任，但应追究甲诈骗丙的刑事责任

D. 甲诈骗丙的诈骗数额为5万元，其中3万元既遂，2万元未遂

[释疑] A项对，在《刑法修正案（八）》于2011年5月1日生效前，入户盗窃需以窃取"数额较大财物"为客观与主观要件；B对，甲欺骗丙财物，侵害了新的法益，故该行为独立可罚；A、B项对，当然C项对。D项对，甲开价5万，以3万"成交"，以实际骗取的3万作为定罪金额，不存在3万既遂、2万未遂的说法，一个具体的犯罪行为，只能有一种犯罪形态。虽然A、B、C项难度极高，但D项错得离谱，故不应丢分。（答案：D）

2. 甲与余某有一面之交，知其孤身一人。某日凌晨，甲携匕首到余家盗窃，物色一段时间后，未发现可盗财物。此时，熟睡中的余某偶然大动作翻身，且口中念念有词。甲怕被余某认出，用匕首刺死余某，仓皇逃离。（事实一）（2013年真题，案例分析）

就事实一,对甲的行为应当如何定性?理由是什么?

答案:甲携带凶器盗窃、入户盗窃,应当成立盗窃罪。如暴力行为不是作为压制财物占有人反抗的手段而使用的,只能视情况单独定罪。在盗窃过程中,为窝藏赃物、抗拒抓捕、毁灭罪证而使用暴力的,才能定抢劫罪。甲并非出于上述目的,因而不应认定为抢劫罪。在本案中,被害人并未发现罪犯的盗窃行为,并未反抗;甲也未在杀害被害人后再取得财物,故对甲的行为应以盗窃罪和故意杀人罪并罚,不能对甲定抢劫罪。

3. 关于盗窃行为的定性,下列哪些选项是正确的?(2008年真题,多选)

A. 盗窃伪造的货币的行为,不成立盗窃罪

B. 盗窃伪造的国家机关印章的行为,不成立盗窃国家机关印章罪

C. 盗窃伪造的信用卡并使用的行为,不适用《刑法》第196条关于"盗窃信用卡并使用"的规定

D. 盗窃企业违规制造的枪支的行为,不成立盗窃枪支罪

[释疑]  A项,伪造的货币也属于他人占有的财物,可成为盗窃罪对象。另外,盗窃他人不法占有的违禁品如毒品、淫秽物品等,可成立盗窃罪已成通说,依此类推也可认为A项错。同理,他人违规制造、非法持有的枪支也不应当阻却成立盗窃枪支罪,D项错。多选题排除A、D项,只剩下B、C两项,应为正确的答案了。B项的要点是:盗窃国家机关印章罪的对象不包括"伪造的国家机关印章";C项的要点是:第196条"盗窃信用卡并使用"的规定之"信用卡"限于"真卡",不包括"假卡"。注意,B、C项不适用"某规定"定罪处罚,不等于该行为不是犯罪。对B项不排除定盗窃罪;对C项似乎可根据第196条第1款第(1)项"使用伪造的信用卡",以信用卡诈骗罪定罪处罚。(答案:BC)

4. 下列哪些说法是错误的?(2006年真题,多选)

A. 甲盗窃乙的存折后,假冒乙的名义从银行取出存折中的5万元存款。甲的行为构成盗窃罪与诈骗罪

B. 甲盗窃了乙的200克海洛因,因本人不吸毒,就将海洛因转卖给丙。甲的行为构成盗窃罪和贩卖毒品罪

C. 甲盗窃了博物馆的一件国家珍贵文物,以20万元的价格转卖给乙。甲的行为构成盗窃罪和倒卖文物罪

D. 甲盗窃了乙的一块名表,以2万元的价格转卖给丙,甲的行为构成盗窃罪和销售赃物罪

[释疑] (1) A项,应当以盗窃罪定罪处罚,其后的冒用他人存折的诈骗行为属于盗窃的牵连行为或后续行为,不独立定罪处罚。

(2) D项,盗窃犯将本人窃取的赃物销售的,属于所谓"事后不可罚"的行为,不另定销售赃物罪,只以盗窃一罪定罪处罚。

(3) B项,应当以盗窃罪和贩卖毒品罪数罪并罚,另参考《关于审理抢劫、抢夺刑事案件适用法律若干问题的意见》第7条第1款规定:"……抢劫违禁品后又以违禁品实施其他犯罪的,应以抢劫罪与具体实施的其他犯罪实行数罪并罚。"

(4) 参考答案中没选C项,大概认为盗窃珍贵文物销赃的,不是事后不可罚行为,另成立倒卖文物罪,应数罪并罚。对这种情况参照抢劫违禁品如毒品又出售毒品的情形掌握,数罪并罚。(答案:AD)

## 考点 22 盗窃罪与贪污罪、职务侵占罪的区分

### 一、精讲

盗窃与贪污、职务侵占罪的区别,要点是是否利用了职务上的便利。其中的难点是行为人利用在单位工作的一些方便条件,如熟悉内情、出入方便,窃取他人管理的公共财物的,一般认为不属于利用职务上的便利,应定盗窃罪。

### 二、例题

1. 公司保安甲在休假期内,以"第二天晚上要去医院看望病人"为由,欺骗保安乙,成功和乙换岗。当晚,甲将其看管的公司仓库内价值5万元的财物运走变卖。甲的行为构成下列哪一犯罪?(2014年真题,单选)

A. 盗窃罪　　　B. 诈骗罪　　　C. 职务侵占罪　　　D. 侵占罪

[释疑] 甲利用其"看管"公司仓库财物的职务便利,窃取其因职务"看管的单位财物",是职务侵占罪。甲与乙换班(影响考生判断的干扰因素)不影响利用职务便利的认定。(答案:C)

2. 甲系私营速递公司卸货员,主要任务是将公司收取的货物从汽车上卸下,再按送达地重新装车。某晚,甲乘公司监督人员上厕所之机,将客户托运的一台价值1万元的摄像机夹带出公司大院,藏在门外沟渠里,并伪造被盗现场。关于甲的行为,下列哪一选项是正确的?(2009年真题,单选)

A. 诈骗罪　　　B. 职务侵占罪　　　C. 盗窃罪　　　D. 侵占罪

[释疑] 本题难点在于甲是否利用了职务便利?职务侵占罪的"利用职务便利"包括:经营、管理、经手。更进一步,是否利用了"经手"便利?通常,此"经手"含有窃取之时财物不属他人经管或不在他人监管之下。就此案而言,窃取发生在他人密切监管之下,故不属于利用经手便利的窃取,应是盗窃。(答案:C)

3. 在某公司招聘司机时,甲用假身份证应聘并被录用。甲在按照公司安排独自一人将价值7万元的货物从北京运往山东途中,在天津将该货物变卖后潜逃,得款2万元。甲的行为构成何罪?(2008年缓考真题,单选)

A. 盗窃罪　　　B. 诈骗罪　　　C. 职务侵占罪　　　D. 侵占罪

[释疑] 职务侵占罪与侵占罪、盗窃罪的区别。甲是单位工作人员,利用职务便利侵占本人经管的单位财物,是职务侵占。利用了职务便利,排除侵占和盗窃。甲用欺骗手段应聘不等于直接骗取财物,不是诈骗罪。(答案:C)

4. 李某系A市建设银行某储蓄所记账员。2002年3月20日下午下班后,李某发现本所出纳员陈某将2万元营业款遗忘在办公桌抽屉内(未锁)。当日下班后,李某趁所内无人之机,返回所内将该2万元取出,用报纸包好后藏自己办公桌下面的垃圾袋内,并用纸箱遮住垃圾袋。次日上午案发,赃款被他人找出。对此,下列哪一说法是正确的?(2002年真题,单选)

A. 李某的行为属于贪污既遂　　　B. 李某的行为属于贪污未遂
C. 李某的行为属于盗窃既遂　　　D. 李某的行为属于盗窃未遂

[释疑] 本题李某并未利用自己职务上的便利,成立盗窃罪没有问题。对于盗窃罪既

遂、未遂的认定问题,一般采取控制说或失控说。当然,控制失控也还有一个具体掌握界限的问题。而这种具体界限,与其说是理论的,还不如说是经验的、习惯的。在经验上,对小件物品一般以拿在手中、放进口袋为既遂。尤其是像现金这样的种类物,行为人已经将其隐藏到自己办公桌下的垃圾袋里,显然实际取得控制,被害人也已经失去控制,应当认为盗窃既遂。(答案:C)

### 三、提示与预测

（1）窃取是盗窃与抢夺等犯罪区别的要点。

（2）与其他罪的界限等,参见最高人民法院《关于审理盗窃案件具体应用法律若干问题的解释》,此解释非常重要。

## 考点 23 抢夺罪的认定

### 一、精讲

1. 抢夺罪的特点是"公然夺取"数额较大的公私财物,注意,并不要求一定要乘人不备。认定"公然夺取"应当相对于盗窃和抢劫来把握。抢夺与盗窃不同,采取"公然夺取"方式侵犯他人财物,超出了"和平窃取"的范围;抢夺与抢劫不同,其暴力性和对被害人的压制尚未达到抢劫的程度。

2. 携带凶器抢夺的,转化为抢劫罪。

3. 实施抢夺行为之后,为抗拒抓捕、窝藏赃物或者毁灭罪证而当场使用暴力或者以暴力相威胁的,转化为抢劫罪。

4. 驾车抢夺以抢劫论处（《关于办理抢夺刑事案件适用法律若干问题的解释》第6条）:驾驶机动车、非机动车夺取他人财物,具有下列情形之一的,应当以抢劫罪定罪处罚:

（一）夺取他人财物时因被害人不放手而强行夺取的;

（二）驾驶车辆逼挤、撞击或者强行逼倒他人夺取财物的;

（三）明知会致人伤亡仍然强行夺取并放任造成财物持有人轻伤以上后果的。

### 二、例题

1. 关于抢夺罪,下列哪些判断是错误的？（2010年真题,多选）

A. 甲驾驶汽车抢夺乙的提包,汽车能致人死亡属于凶器。甲的行为应认定为携带凶器抢夺罪

B. 甲与乙女因琐事相互厮打时,乙的耳环（价值8 000元）掉在地上。甲假装摔倒在地迅速将耳环握在手中,乙见甲摔倒便离开了现场。甲的行为成立抢夺罪

C. 甲骑着摩托车抢夺乙的背包,乙使劲抓住背包带,甲见状便加速行驶,乙被拖行十多米后松手。甲的行为属于情节特别严重的抢夺罪

D. 甲明知行人乙的提包中装有毒品而抢夺,毒品虽然是违禁品,但也是财物。甲的行为成立抢夺罪

[释疑]（1）A项,飞车抢夺通常仍是抢夺。

（2）B项,厮打与取得耳环无关,不是抢劫。没有夺取行为,不是抢夺。抢劫、抢夺之外的

方式违背他人意志夺取他人占有物,是窃取。

(3) C项,飞车抢夺强拉硬拽,足以使他人不能反抗而取得其财物,是抢劫。(答案:ABC)

2. 甲驾驶摩托车至某广场,趁途经该广场的乙不备,猛拽其携带的手提包,乙紧紧抓住手提包不放,甲即猛踩油门,将乙拖行数米并甩开,夺其手提包后扬长而去。经查,手提包共有钱物价值人民币5 000元,乙亦因被甲强拉硬拽而致手腕脱白。对甲的行为应以何罪处罚?(2008年缓考真题,单选)

A. 抢夺罪
B. 抢劫罪
C. 抢夺罪与抢劫罪实行并罚
D. 抢夺罪与抢劫罪的牵连犯从一重罪处断

[释疑] 最高人民法院《关于审理抢劫、抢夺刑事案件适用法律若干问题的意见》规定:"驾驶车辆"夺取他人财物的,一般以抢夺罪从重处罚。驾驶车辆强抢财物时,因被害人不放手而采取强拉硬拽方法劫取财物的,定抢劫罪。(答案:B)

3. 下列哪些说法是错误的?(2006年真题,多选)

A. 甲将乙价值2万元的戒指扔入海中,由于戒指本身没有被毁坏,甲的行为不构成故意毁坏财物罪

B. 甲见乙迎面走来,担心自己的手提包被乙夺走,便紧抓手提包。乙见甲紧抓手提包,猜想包中有贵重物品,在与甲擦肩而过时,当面用力夺走甲的手提包。由于乙并非乘人不备而夺取财物,所以不构成抢夺罪

C. 甲将一张作废的IC卡插入银行的自动取款机试探,碰巧自动取款机显示能够取出现金,于是甲取出5 000元。甲将IC卡冒充借记卡的欺骗行为在本案中起到了主要作用,因而构成诈骗罪

D. 甲系汽车检修厂职工,发现自己将要检修的一辆公交车为仇人乙驾驶,便在检修时破坏了刹车装置,然后交付使用。乙驾驶该车时,因刹车失灵,导致与其他车辆相撞,造成3人死亡,1人重伤。由于甲不是对正在使用中的交通工具实施破坏手段,所以不构成破坏交通工具罪

[释疑] (1) A项,使物品灭失,也属于一种毁坏财物的行为。
(2) B项,公然夺取,且暴力尚未达到抢劫程度的,可以构成抢夺罪。
(3) C项,应属于信用卡诈骗罪,无论如何不应认定为诈骗罪。
(4) D项,甲故意破坏汽车刹车装置、制造事故隐患,且实际造成重大事故,构成破坏交通工具罪。检修后交付使用,应理解为"正在使用中"。(答案:ABCD)

# 考点 24 故意毁坏财物罪与其他财产犯罪的区分

## 一、精讲

抢劫、抢夺、盗窃这些财产犯罪要有对财物占有、利用的意思,如果自始就意图毁弃,没有占有、利用的意思,应定故意毁坏财物罪。

## 二、例题

甲对乙使用暴力,欲将其打残。乙慌忙掏出手机准备报警,甲一把夺过手机装进裤袋并将

乙打成重伤。甲在离开现场5公里后,把乙价值7000元的手机扔进水沟。甲的行为构成何罪?(2009年真题,单选)

  A. 故意伤害罪、盗窃罪    B. 故意伤害罪、抢劫罪
  C. 故意伤害罪、抢夺罪    D. 故意伤害罪、故意毁坏财物罪

  [释疑] 甲成立故意伤害罪无疑,但拿走价值7000元的手机丢进水沟,说明自始没有占有、利用财物的意思,定故意毁坏财物罪,D项正确。(答案:D)

## 考点 25 抢劫罪、盗窃罪、绑架罪、抢夺罪、敲诈勒索罪、诈骗罪、侵占罪之间的区分以及伴生的一罪数罪问题是案例题的主要考点

### 例题

  1. 乙购物后,将购物小票随手扔在超市门口。甲捡到小票,立即拦住乙说:"你怎么把我购买的东西拿走?"乙莫名其妙,甲便向乙出示小票,两人发生争执。适逢交警丙路过,乙请丙判断是非,丙让乙将商品还给甲,有口难辩的乙只好照办。关于本案的分析(不考虑数额),下列哪一选项是错误的?(2014年真题,单选)

  A. 如认为交警丙没有处分权限,则甲的行为不成立诈骗罪
  B. 如认为盗窃必须表现为秘密窃取,则甲的行为不成立盗窃罪
  C. 如认为抢夺必须表现为乘人不备公然夺取,则甲的行为不成立抢夺罪
  D. 甲虽未实施恐吓行为,但如乙心生恐惧而交出商品的,甲的行为构成敲诈勒索罪

  [释疑] (1)未恐吓,不成立敲诈勒索罪,D项错。被害人主观有恐惧感不等于行为人有恐吓行为。另需注意,即使有恐吓行为,若未能使被害人产生恐惧感,则为敲诈勒索未遂(无论是否交付财物)。(2)A、B、C三项没错的理由:A项,本题考查是否成立"三角诈骗",即被骗处分财物者(交警)与蒙受财产损失者(乙)不是同一人。"三角诈骗"的前提是被骗处分者有处分权限,欺骗无处分权限者使其处分财物(交付行为人)的,不是三角诈骗而是盗窃的间接正犯。B项,本案甲取得乙财物事实上不具有"秘密性",若盗窃罪以"秘密"为要件则甲确实不能成立盗窃罪。C项,本案甲取得乙财物事实上没有"趁人不备",C项推理没错。本题曾刊载于张明楷编的《刑事疑案演习》(二)第256页。该案情与本题有细微差异即:该案中要乙将商品交出者是"警察"而非"交警"。小小差异使得本题中被处分者(交警)是否有处分权更存疑义。该案评析者的结论是警察有处分权,故构成诈骗罪(三角诈骗)。学说上关于"警察"有无处分权有争议,认为有的,定诈骗罪(三角诈骗);认为没有的,定盗窃罪(间接正犯)。本题避开此争议,只是假设"若认为"交警丙无处分权,则甲不成立诈骗罪。这种假设符合三角诈骗定义,不会有错。(答案:D)

  提示:本题意在说明:若盗窃以"秘密窃取"为要件、抢夺以"乘人不备"为要件,这样"人为"添加多余的要件限制,遇到本案处理起来会很困,难以定罪。若认为"交警"丙无处分权,则丙让乙把东西给甲定不了诈骗罪。甲的行为无恐吓不能定敲诈勒索罪、无秘密性不能定盗窃罪、未乘人不备不能定抢夺罪。但本案甲非法占有乙财产的行为显然应定罪。怎么办?其意在说明还是不要添加"秘密性""乘人不备"之类无法律根据的限制为好。

  2. 案情:陈某因没有收入来源,以虚假身份证明骗领了一张信用卡,使用该卡从商场购物十余次,金额达3万余元,从未还款。(事实一)

陈某为求职,要求制作假证的李某为其定制一份本科文凭。双方因价格发生争执,陈某恼羞成怒,长时间勒住李某脖子,致其窒息身亡。(事实二)

陈某将李某尸体拖入树林,准备逃跑时忽然想到李某身有财物,遂拿走李某手机、现金等物,价值1万余元。(事实三)

陈某在手机中查到李某丈夫赵某手机号,以李某被绑架为名,发短信要求赵某交20万元"安全费"。由于赵某及时报案,陈某未得逞。(事实四)

陈某逃至外地。几日后,走投无路向公安机关投案,如实交代了上述事实二与事实四。(事实五)

陈某在检察机关审查起诉阶段,将自己担任警察期间查办犯罪活动时掌握的刘某抢劫财物的犯罪线索告诉检察人员,经查证属实。(事实六)

问与答:(2011年真题,案例分析)

(1) 对事实一应如何定罪? 为什么?

答:应认定为信用卡诈骗罪。因为以虚假身份证明骗领信用卡触犯了妨害信用卡管理罪,使用以虚假的身份证明骗领的信用卡,数额较大,构成信用卡诈骗罪,二者具有手段行为与目的行为的牵连关系,从一重罪论处,应认定为信用卡诈骗罪。

(2) 对事实二应如何定罪? 为什么?

答:应认定为故意杀人罪。因为长时间勒住被害人的脖子,不仅表明其行为是杀人行为,而且表明行为人具有杀人故意。

(3) 对事实三,可能存在哪几种处理意见(包括结论与基本理由)?

答:主要存在两种处理意见:其一,认为死者仍然占有其财物,事实三成立盗窃罪;其二,认为死者不可占有其财物,事实三成立侵占罪。

(4) 对事实四应如何定罪? 为什么?

答:成立敲诈勒索罪(未遂)与诈骗罪(未遂)的竞合。因为陈某的行为同时符合两罪的犯罪构成,属于想象竞合。陈某对赵某实行威胁,意图索取财物未果,构成敲诈勒索罪(未遂);陈某隐瞒李某死亡的事实,意图骗取财物未果,构成诈骗罪(未遂)。由于只有一个行为,故从一重罪论处。

(5) 事实五是否成立自首? 为什么?

答:对故意杀人罪与敲诈勒索罪或诈骗罪成立自首。因为走投无路而投案的,属于自动投案,不影响自首的成立。

(6) 事实六是否构成立功? 为什么?

答:不构成立功。根据的规定,陈某提供的犯罪线索虽属实,但是其以前在查办犯罪活动中掌握的,故不构成立功。

3. 案情:被告人赵某与被害人钱某曾合伙做生意(双方没有债权债务关系)。2009年5月23日,赵某通过技术手段,将钱某银行存折上的9万元存款划转到自己的账户上(没有取出现金)。钱某向银行查询知道真相后,让赵某还给自己9万元。

同年6月26日,赵某将钱某约至某大桥西侧泵房后,二人发生争执。赵某顿生杀意,突然勒钱某的颈部、捂钱某的口鼻,致钱某昏迷。赵某以为钱某已死亡,便将钱某"尸体"缚重扔入河中。

6月28日凌晨,赵某将恐吓信置于钱某家门口,谎称钱某被绑架,让钱某之妻孙某(某国有企业出纳)拿 20 万元到某大桥赎人,如报警将杀死钱某。孙某不敢报警,但手中只有 3 万元,于是在上班之前从本单位保险柜拿出 17 万元,急忙将 20 万元送至某大桥处。赵某蒙面接收 20 万元后,声称 2 小时后孙某即可见到丈夫。

28 日下午,钱某的尸体被人发现(经鉴定,钱某系溺水死亡)。赵某觉得罪行迟早会败露,于 29 日向公安机关投案,如实交代了上述全部犯罪事实,并将勒索的 20 万元交给公安人员(公安人员将 20 万元退还孙某,孙某于 8 月 3 日将 17 万元还给公司)。公安人员李某听了赵某的交代后随口说了一句"你罪行不轻啊",赵某担心被判死刑,逃跑至外地。在被通缉的过程中,赵某身患重病无钱治疗,向当地公安机关投案,再次如实交代了自己的全部罪行。(2010 年真题,案例分析)

问题:
(1)赵某将钱某的 9 万元存款划转到自己账户的行为,是什么性质?为什么?
(2)赵某致钱某死亡的事实,在刑法理论上称为什么?刑法理论对这种情况有哪几种处理意见?你认为应当如何处理?为什么?
(3)赵某向孙某索要 20 万元的行为是什么性质?为什么?
(4)赵某的行为是否成立自首?为什么?
(5)孙某从公司拿出 17 万元的行为是否成立犯罪?为什么?

[参考答案]
(1)赵某将钱某的 9 万元存款划转到自己账户的行为,成立盗窃罪。在我国,存款属于盗窃罪的对象,赵某的行为完全符合盗窃罪的构成要件,而且是盗窃既遂。
(2)赵某致钱某死亡的行为,在刑法理论上称为事前的故意。刑法理论对这种情况有以下处理意见:① 第一行为即勒颈部、捂口鼻的行为成立故意杀人未遂,第二行为即将钱某"尸体"缚重扔入河中的行为成立过失致人死亡罪。② 如果在实施第二行为时对死亡有间接故意(或未必的故意),则成立一个故意杀人既遂;否则成立故意杀人未遂与过失致人死亡罪。③ 将两个行为视为一个行为,将支配行为的故意视为概括的故意,认定为一个故意杀人既遂。④ 将两个行为视为一体,作为对因果关系的认识错误来处理,只要存在相当的因果关系,就认定为一个故意杀人既遂。应当认为,第一行为与结果之间的因果关系并未中断,而且客观发生的结果与行为人意欲发生的结果完全一致,故应肯定赵某的行为成立故意杀人既遂。
(3)赵某向孙某勒索 20 万元的行为是敲诈勒索罪与诈骗罪的想象竞合犯。一方面,赵某实施了胁迫行为,孙某产生了恐惧心理,并交付了财物。故赵某的行为触犯了敲诈勒索罪;另一方面,钱某已经死亡,赵某的行为具有欺骗性质,孙某产生了认识错误;如果孙某知道真相就不会受骗,不会将 20 万元交付给赵某。故赵某的行为也触犯了诈骗罪。但是,由于只有一个行为,故成立想象竞合犯,从一重罪论处。
(4)赵某的行为成立自首。虽然相关司法解释规定,"犯罪嫌疑人自动投案后又逃跑的,不能认定为自首",但这是针对后来不再投案自首而言。在本案中,虽然可以根据司法解释否认赵某的前一次投案成立自首,但不能否认后一次自动投案与如实交代成立自首。
(5)孙某的行为虽然属于挪用公款,但不成立挪用公款罪。因为孙某虽然将公款挪用给个人使用,但并没有超过 3 个月。

4. 案情:甲和乙均缺钱。乙得知甲的情妇丙家是信用社代办点,配有保险柜,认为肯定有钱,便提议去丙家借钱,并说:"如果她不借,也许我们可以偷或者抢她的钱。"甲说:"别瞎整!"

乙未再吭声。某晚,甲、乙一起开车前往丙家。乙在车上等,甲进屋向丙借钱,丙说:"家里没钱。"甲在丙家吃饭过夜。乙见甲长时间不出来,只好开车回家。甲一觉醒来,见丙已睡着,便起身试图打开保险柜。丙惊醒大声斥责甲,说道:"快住手,不然我报警了!"甲恼怒之下将丙打死,藏尸地窖。

甲不知密码打不开保险柜,翻箱倒柜只找到了丙的一张储蓄卡及身份证。甲回家后想到乙会开保险柜,即套问乙开柜方法,但未提及杀丙一事。甲将丙的储蓄卡和身份证交乙保管,声称系从丙处所借。两天后甲又到丙家,按照乙的方法打开保险柜,发现柜内并无钱款。乙未与甲商量,通过丙的身份证号码试出储蓄卡密码,到商场刷卡购买了一件价值两万元的皮衣。

案发后,公安机关认为甲有犯罪嫌疑,即对其实施拘传。甲在派出所乘民警应对突发事件无人看管之机逃跑。半年后,得知甲行踪的乙告知甲,公安机关正在对甲进行网上通缉,甲于是到派出所交代了自己的罪行。

问题:请根据有关规定,对上述案件中甲、乙的各种行为和相关事实、情节进行分析,分别提出处理意见,并简要说明理由。(2009年真题,案例分析)

[参考答案]

(1)关于甲的行为定性。甲在着手盗窃丙的保险柜过程中,因罪行败露而实施杀害丙的行为,甲的犯罪目的是取得财物,根据第269条的规定,其杀人行为属于盗窃过程中为"抗拒抓捕"而对被害人使用暴力,应当成立抢劫罪。根据第263条的规定,甲的行为属于抢劫致人死亡,成立抢劫罪的结果加重犯,应适用升格的法定刑。

甲的杀人、抢劫行为,都与乙无关,甲、乙之间没有共同故意和共同行为,根据第25条的规定,不成立共犯;甲将丙的储蓄卡和身份证给乙,不构成盗窃罪的教唆犯。甲两天后回到丙家,打开保险柜试图窃取丙的钱财的行为,属于抢劫罪中取财行为的一部分,不单独构成盗窃罪。

根据最高人民法院《关于处理自首和立功具体应用法律若干问题的解释》第1条的规定,只有在案发后没有受到讯问、未被采取强制措施,自动投案如实供述自己的罪行的,才能成立自首。本案中,甲被公安机关采取强制措施后逃跑再归案的,即便如实供述也不能成立自首。

(2)关于乙的行为定性。乙事先的提议甲并未接受,当时没有达成合意,二人没有共同犯罪故意。甲的抢劫行为属于临时起意,系单独犯罪,不能认为乙的行为构成教唆犯。乙不成立教唆犯,当然就不能对乙的行为适用第29条第2款。在甲实施抢劫行为之时,乙已经离开现场,与甲之间没有共犯关系,乙没有帮助故意,也缺乏帮助行为,不成立帮助犯。

甲套问乙打开保险柜的方法,将丙的储蓄卡、身份证交乙保管时,均未告知乙实情,乙缺乏传授犯罪方法罪、掩饰、隐瞒犯罪所得、犯罪所得收益罪的故意。乙去商场购物的行为,根据第196条的规定,属于冒用他人信用卡,构成信用卡诈骗罪。

5. 案情:甲在2003年10月15日路边一辆面包车没有上锁,即将车开走,前往A市。行驶途中,行人乙拦车要求搭乘,甲同意。甲见乙提包内有巨额现金,遂起意图财。行驶到某偏僻处时,甲谎称发生故障,请乙下车帮助推车。乙将手提包放在面包车座位上,然后下车。甲乘机发动面包车欲逃。乙察觉出甲的意图后,紧抓住车门不放,被面包车拖行10余米。甲见乙仍不松手并跟着车跑,便加速行驶,使乙摔倒在地,造成重伤。乙报警后,公安机关根据汽车号牌将甲查获。

讯问过程中,虽有乙的指认并查获赃物,但甲拒不交代。侦查人员丙、丁对此十分气愤,对甲进行殴打,造成甲轻伤。在这种情况下,甲供述了以上犯罪事实,同时还交代了其在B市所犯的以下罪行:2003年6月的一天,甲于某小学放学之际,在校门前拦截了一名一年级男生,将其骗走,随即带该男生到某个体商店,向商店老板购买价值5000余元的高档烟酒。在交款时,甲声称未带够钱,将男生留在商店,回去拿钱交款后再将男生带走。商店老板以为男生是甲的儿子便同意了。甲携带烟酒逃之夭夭。公安机关查明,甲身边确有若干与甲骗来的烟酒名称相同的烟酒,但未能查找到商店老板和男生。

本案移送检察机关审查起诉后,甲称其认罪口供均系侦查人员丙、丁对他刑讯逼供所致,推翻了以前所有的有罪供述。经检察人员调查核实,确认了侦查人员丙、丁对甲刑讯逼供的事实。(2006年真题,分析)

问题:请根据我国刑法和刑事诉讼法的有关规定,对上述案例中甲、丙、丁的各种行为及相关事实分别进行分析,并提出处理意见。

[参考答案]

(1) 甲开走他人面包车的行为构成盗窃罪,即使面包车没有锁,但根据社会的一般观念,该车属于他人占有的财物,而非遗忘物。

(2) 甲对乙的行为构成抢劫罪,甲虽然开始打算实施抢夺,但在乙抓住车门不放时,甲加速行驶的行为已经属于暴力行为,因而不是转化型抢劫,而应直接认定为抢劫罪,而且属于抢劫罪的结果加重犯。

(3) 甲对男生的行为构成拐骗儿童罪而不构成拐卖儿童罪。表面上看甲以儿童换取了商品,但这种行为并非属于出卖儿童,商店老板也没有收买儿童的意思。

(4) 甲对商店老板的行为构成诈骗罪。

(5) 丙、丁对甲的行为构成刑讯逼供罪。

(6) 根据最高人民法院、最高人民检察院、公安部等《关于办理刑事案件排除非法证据若干问题的规定》,虽然甲翻供,但对于甲盗窃面包车、抢劫乙的巨额财物的犯罪行为仍可认定,但拐骗儿童罪、诈骗罪只有口供,没有其他证据证明,因而不能成立。

(7) 因拐骗儿童罪、诈骗罪不能认定,甲的特别自首也不成立。

# 第六章 妨害社会管理秩序罪

## 考点 1 妨害公务罪的认定

### 一、精讲

1. 妨害公务罪的行为方式:(1) 以暴力、威胁方法阻碍国家机关工作人员依法执行职务的;(2) 以暴力、威胁方法阻碍全国人民代表大会和地方各级人民代表大会代表依法执行代表职务的;(3) 在自然灾害和突发事件中,以暴力、威胁方法阻碍红十字会工作人员依法履行职责的;(4) 故意阻碍国家安全机关、公安机关依法执行国家安全工作任务,未使用暴力、威胁方法,造成严重后果的。注意:本罪手段一般限于使用暴力、威胁的方法,但是在"执行国家安全工作任务"的场合,没有使用暴力、威胁的也构成本罪,但以造成严重后果为要件。

2. 与其他具有妨害公务性质的犯罪竞合:刑法中其他具有妨害公务性质的犯罪,如抗税罪、聚众冲击国家机关罪、煽动暴力抗拒法律实施罪、聚众扰乱公共场所秩序、交通秩序罪、聚众扰乱社会秩序罪,扰乱法庭秩序罪,劫夺被押解人员罪等,也具有妨害公务的性质,依照有关罪名定罪处罚。

3. 妨害公务罪与故意伤害罪、故意杀人罪的想象竞合处理:行为人使用暴力阻碍执行职务,仅仅造成轻伤结果的,通常还是以妨害公务罪一罪处罚;如果使用暴力阻碍执行职务,造成重伤以上的结果,属想象竞合犯,从一重罪处断,即以故意伤害罪(重伤)或故意杀人罪论处。

4. 犯有某种罪行比如走私罪,在公务人员前来查处时又以暴力抗拒查处构成妨害公务罪的,一般应数罪并罚。比如行为人暴力抗拒缉私(走私)构成妨害公务罪的,以走私罪和妨害公务罪数罪并罚。但是法律特别规定:走私、制造、贩卖、运输毒品暴力抗拒缉毒的,组织、运送他人偷越国(边)境过程中抗拒稽查的,通常作为加重情节,不实行数罪并罚。

5. 聚众阻碍解救被收买的妇女、儿童的,对首要分子以聚众阻碍解救被收买的妇女、儿童罪定罪处罚,对首要分子以外的使用暴力阻碍的参与者,以本罪定罪处罚,不适用共犯规定。

## 二、例题

甲欠乙 10 万元久拖不还,乙向法院起诉并胜诉后,甲在履行期限内仍不归还。于是,乙向法院申请强制执行。当法院的执行人员持强制执行裁定书到甲家执行时,甲率领家人手持棍棒在门口守候,并将试图进入室内的执行人员打成重伤。甲的行为构成何罪?(2008 年真题,单选)

A. 拒不执行判决、裁定罪  B. 聚众扰乱社会秩序罪
C. 妨害公务罪  D. 故意伤害罪

[释疑] 甲的行为同时触犯拒不执行判决、裁定罪,妨害公务罪,故意伤害罪,属于想象竞合犯,择一重罪故意伤害罪定罪处罚。(答案:D)

# 考点 2 招摇撞骗罪的认定

## 一、精讲

本罪特点:(1)"冒充国家机关工作人员"招摇撞骗。(2)不限于骗取财物。

此两点是本罪与诈骗罪区别的要点。若"冒充国家机关工作人员"诈骗数额较大财物,则同时触犯诈骗罪和招摇撞骗罪,通说认为是法条竞合。在诈骗财物"数额巨大"的场合,第 266 条诈骗罪的一般规定重于第 279 条招摇撞骗罪的特别规定,对此是否应当把法条竞合特别规定优先适用的规则进行到底存在诸多争议。通说是,招摇撞骗"数额特别巨大"的场合,应择重适用以诈骗罪论处。冒充军人招摇撞骗罪也存在此问题,可一并掌握。

## 二、例题

甲潜入某公安交通管理局会计室盗窃,未能打开保险柜,却意外发现在该局工作的乙的警官证,随即将该证件拿走。随后,甲到偏僻路段,先后向 9 个驾车超速行驶的司机出示警官证,共收取罚款 900 元。对于本案,下列哪些选项是正确的?(2008 年缓考真题,多选)

A. 甲潜入会计室盗窃的行为,成立盗窃未遂
B. 甲收取罚款的行为,构成敲诈勒索罪
C. 甲收取罚款的行为,构成招摇撞骗罪

D. 甲收取罚款的行为,构成诈骗罪

[释疑] 冒充警察罚款,通常定招摇撞骗罪。另外,因为只罚款"900元",没有达到诈骗和敲诈的数额较大标准(3000元),故排除B、D项。(答案:AC)

## 考点 3 寻衅滋事罪的认定

### 一、精讲

1. 行为方式:(1)随意殴打他人,情节恶劣的;(2)追逐、拦截、辱骂、恐吓他人,情节恶劣的;(3)强拿硬要或者任意损毁、占用公私财物,情节严重的;(4)在公共场所起哄闹事,造成公共场所秩序严重混乱的。纠集他人多次实施上述四种行为,严重破坏社会秩序的,加重处罚。

2. 因随意殴打他人构成寻衅滋事罪与伤害罪的区别:要点是动机不同。前者往往是无端寻衅,打人取乐、发泄或者显示威风,故侵害的对象往往不是特定的人;后者往往是产生于一定的事由或恩怨,故对象一般是特定事情的关系人。因寻衅滋事致人轻伤的,仍构成寻衅滋事罪,致人重伤、死亡的,则应以伤害、杀人罪论处。

3. 寻衅滋事、强拿硬要或者占用公私财物与抢劫罪的区别。要点是:前者往往是在大庭广众之下,以强凌弱,占便宜或耍威风,不顾忌被害人、群众知悉或告发,也不在意财物的价值;后者则以非法占有财物为目的,洗劫被害人有价值或所有的财物,并且尽量避免被害人辨认或者他人知悉。

4. 寻衅滋事、追逐、拦截、辱骂他人与强制猥亵、侮辱妇女罪的区别。要点是:前者的行为对象虽然也包括妇女,但其行为方式中不包括使用暴力、胁迫的手段对妇女进行猥亵、侮辱。追逐、拦截妇女并强制猥亵、侮辱的,应以强制猥亵、侮辱妇女罪论处。

5. 在公共场所寻衅滋事起哄闹事的行为与聚众扰乱社会秩序罪,聚众扰乱公共场所秩序、交通秩序罪的区别。主要区别在于动机和起因不同:前者是基于寻求刺激的动机,无端生事;后者往往是为了满足某种个人的要求,事出有因,企图用聚众闹事的方式向有关单位施加压力,获取一定的利益。

6. 司法解释对未成年人的规定:已满14周岁不满16周岁的人使用轻微暴力或者威胁,强行索要其他未成年人随身携带的生活、学习用品或者钱财数量不大,且未造成被害人轻微伤以上或者不敢正常到校学习、生活等危害后果的,不认为是犯罪。已满16周岁不满18周岁的人具有前款规定情形的,一般也不认为是犯罪。如甲17周岁,多次伙同其他青少年在学校附近拦截上学的中学生,搜取共约十余人的零花钱、学习用品等财物,总共价值五六百元,一般不认为是犯罪。

### 二、例题

甲在公园游玩时遇见仇人胡某,顿生杀死胡某的念头,便欺骗随行的朋友乙、丙说:"我们追逐胡某,让他出洋相。"三人捡起木棒追逐胡某,致公园秩序严重混乱。将胡某追到公园后门偏僻处后,乙、丙因故离开。随后甲追上胡某,用木棒重击其头部,致其死亡。关于本案,下列哪些选项是正确的?(2015年真题,多选)

A. 甲触犯故意杀人罪与寻衅滋事罪

B. 乙、丙的追逐行为是否构成寻衅滋事罪,与该行为能否产生救助胡某的义务是不同的问题

C. 乙、丙的追逐行为使胡某处于孤立无援的境地,但无法预见甲会杀害胡某,不成立过失致人死亡罪

D. 乙、丙属寻衅滋事致人死亡,应从重处罚

[释疑] A项,甲先后实施了(致公园秩序严重混乱的)寻衅滋事和故意杀人行为,分别触犯寻衅滋事罪与故意杀人罪。但需注意,这种情况属于想象竞合,应择一重罪(故意杀人罪)处断。B项,即使乙、丙的行为构成寻衅滋事罪,但该行为也不是胡某被甲杀害这一结果的先行行为。C、D项,乙、丙只有让胡某"出洋相"的故意,不可能预见到甲有杀人故意,因而对胡某的死亡结果既无故意也无过失,因而对该结果不承担刑责。(答案:ABC)

## 考点 4 黑社会性质组织犯罪的认定

### 一、精讲

1. "黑社会性质的组织"应当同时具备以下特征:(1) 形成较稳定的犯罪组织,人数较多,有明确的组织者、领导者,骨干成员基本固定;(2) 有组织地通过违法犯罪活动或者其他手段获取经济利益,具有一定的经济实力,以支持该组织的活动;(3) 以暴力、威胁或者其他手段,有组织地多次进行违法犯罪活动,为非作恶,欺压、残害群众;(4) 通过实施违法犯罪活动,或者利用国家工作人员的包庇或者纵容,称霸一方,在一定区域或者行业内,形成非法控制或者重大影响,严重破坏经济、社会生活秩序。

其要点可简单概括为:(1) 组织性;(2) 攫取经济利益;(3) 残害群众;(4) 控制性。取得控制性方式,指有官员庇护或有犯罪活动,二者有其一即可。

2. 组织、领导和参加黑社会性质组织,同时又有杀人、绑架、放火等其他犯罪行为的,以组织、领导和参加黑社会性质组织罪与其他犯罪,数罪并罚。

### 二、例题

关于黑社会性质组织犯罪的认定问题,下列说法哪些是正确的?(2003年真题,多选)

A. 黑社会性质组织是犯罪集团,具有犯罪集团的一般属性

B. 黑社会性质组织所从事的危害行为,既包括犯罪行为,又包括违法行为

C. 组织、领导、参加黑社会性质组织罪,既包括组织、领导、参加黑社会性质组织的行为,又包括在该黑社会性质组织统一策划、指挥下从事的其他犯罪行为

D. 具有国家工作人员的非法保护,是认定黑社会性质组织的必要条件

[释疑] 本题的难点在于:

(1) C项,从标准答案看,C项的考点是数罪并罚问题,根据第294条第4款的规定:犯组织、领导、参加黑社会性质组织罪,"又有其他犯罪行为的,依照数罪并罚的规定处罚"。故从数罪并罚的角度看,行为人既犯有黑社会性质组织罪并且因为该组织的活动又构成"其他罪",如敲诈勒索、故意杀人罪等的,应当以黑社会性质组织罪和"其他罪"数罪并罚。故认为黑社会性质组织罪不能包容(包含)该组织"统一策划、指挥下从事的其他犯罪行为"。如果知道了出题人的意图,这个问题不难解答。问题是题意不甚明了,难以揣摩。构成黑社会性质组

织罪必须具备"有组织地进行违法犯罪活动"的要件,而这些"违法犯罪活动"中当然包含"该黑社会性质组织统一策划、指挥下从事的其他犯罪行为"。故从构成要件角度看,应当包含该组织指挥、策划的其他罪行,不能认为C项命题错误;从首要分子承担责任的角度看,C项命题也不能算错。另外,从黑社会性质组织犯罪构成要件和首要分子责任角度看,C项命题与B项命题没有本质差别,在标准答案中一个算错一个算对,显然自相矛盾。产生矛盾的原因在于出题人制定标准答案时对B项和C项考虑的角度不同。对相近的命题从不同角度作出不同结论,从出题技术上讲,显然存在题意不明的问题。

(2) D项,涉及一个理论、实务曾经激烈争论的问题:就是黑社会性质组织罪"称霸一方"的特征是否需要加上利用"国家工作人员的非法保护"限定,也就是是否需要加上利用"保护伞"的限定。在当初的最高人民法院的司法解释中确认利用"保护伞"是要件,在后来的立法解释中把利用"保护伞"和"通过实施违法犯罪活动"作为"称霸一方"的选择要件,也就是说,"通过实施违法犯罪活动"称霸一方,或者利用"保护伞"称霸一方,二者具备其一,就认为具备"称霸一方"的条件。参见全国人大常委会《关于〈中华人民共和国刑法〉第二百九十四条第一款的解释》(2002年4月28日)第(4)项。(答案:AB)

## 考点 5　破坏计算机信息系统罪及与其他罪的关联

### 一、精讲

1. 本罪要点:以"技术操作"方式对计算机"软件"系统实施破坏,致使系统崩溃、网站瘫痪、数据丢失等,造成严重后果。

2. 本罪与故意毁坏财物罪的区别。如果使用物理方法对硬件破坏,不构成本罪,可以构成其他的破坏型犯罪,如故意毁坏财物罪等。

3. 本罪与非法侵入计算机信息系统罪的区别。非法侵入计算机信息系统罪的对象限于国家重点保护的计算机信息系统,即:(1)国家事务;(2)国防建设;(3)尖端科学技术领域的计算机信息系统。只要有非法侵入的行为,即具备本罪的客观要件,一旦进入,即构成非法侵入计算机信息系统罪的既遂。而破坏计算机信息系统罪,需要后果严重。

4. 想象竞合犯。非法侵入或破坏计算机信息系统,同时又构成其他罪的,如非法获取国家秘密罪、破坏军事通信罪、破坏公用电信设施罪等,择一重罪处罚。

5. 利用计算机实施金融诈骗、盗窃、贪污、挪用公款、窃取国家秘密或者其他犯罪的,以其他罪名定罪处罚。

6. 《刑法修正案(九)》增加规定:单位亦可成为计算机犯罪的主体。

7. 拒不履行信息网络安全管理义务罪:网络服务提供者不履行法律、行政法规规定的信息网络安全管理义务,经监管部门责令采取改正措施而拒不改正,有下列情形之一的行为:① 致使违法信息大量传播的;② 致使用户信息泄露,造成严重后果的;③ 致使刑事案件证据灭失,情节严重的;④ 有其他严重情节的。

8. 非法利用信息网络罪:利用信息网络实施下列行为之一,情节严重的:① 设立用于实施诈骗、传授犯罪方法、制作或者销售违禁物品、管制物品等违法犯罪活动的网站、通讯群组的;② 发布有关制作或者销售毒品、枪支、淫秽物品等违禁物品、管制物品或者其他违法犯罪信息的;③ 为实施诈骗等违法犯罪活动发布信息的。

9. 帮助信息网络犯罪活动罪:明知他人利用信息网络实施犯罪,为其犯罪提供互联网接入、服务器托管、网络存储、通讯传输等技术支持,或者提供广告推广、支付结算等帮助,情节严重的行为。

《刑法修正案(九)》新增上述犯罪都有以下规定:单位犯罪,双罚。有本罪行为,同时构成其他犯罪的,依照处罚较重的规定定罪处罚(想象竞合)。

## 二、例题

下列哪些情形应以破坏计算机信息系统罪论处？(2005年真题,多选)

A. 甲采用密码破解手段,非法进入国家尖端科学技术领域的计算机信息系统,窃取国家机密

B. 乙因与单位领导存在矛盾,即擅自对单位在计算机中存储的数据和应用程序进行修改操作,给单位的生产经营管理造成严重的混乱

C. 丙通过破解密码的手段,进入某银行计算机信息系统,为其朋友的银行卡增加存款额10万元

D. 丁为了显示自己在计算机技术方面的本事,设计出一种计算机病毒,并通过互联网进行传播,影响计算机系统正常运行,造成严重后果

[**释疑**] （1）A项中甲侵入计算机信息系统窃取国家秘密,构成第285条之非法侵入计算机信息系统罪和第282条之非法获取国家秘密罪,属于牵连犯,择一重罪即非法获取国家秘密罪论处。

（2）B、D项,成立第286条破坏计算机信息系统罪。

（3）C项,属于利用计算机进行盗窃的犯罪,以盗窃罪论处。至于向谁的银行卡中存钱,不影响盗窃罪的成立。(答案:BD)

## 三、提示与预测

《刑法修正案(七)》在第285条中增加两款,作为第285条第2款和第3款,相应新增罪名为非法获取计算机信息系统数据、非法控制计算机信息系统罪,提供侵入、非法控制计算机信息系统程序、工具罪。

## 考点 6 | 伪证罪的认定

### 一、精讲

1. 伪证罪主体限于刑事诉讼中的证人、鉴定人、记录人、翻译人。本罪发生的时空条件也是特定的,即仅限于刑事诉讼活动中。行为人所作的虚假证明、鉴定、记录、翻译是与案件有重要关系的情节。行为人主观上具有陷害他人或者隐匿罪证包庇罪犯的特定目的。

2. 罪与非罪的界限。如果证人如实地根据自己的经验、记忆作出了陈述,即使事后被证明与案件的客观事实真相不一致,也不能以其证明的内容虚假为由认定有罪。如果鉴定人、记录人、翻译人不是有意作伪证,而是由于水平不高或工作疏忽,而提供了不科学或者不符合实际的鉴定结论、记录、翻译的,不构成犯罪。此外刑事被告人、犯罪嫌疑人就与自己有利害关系的情节作虚假陈述的,不构成犯罪。

3. 伪证罪与诬告陷害罪的界限。本罪的主体是四种特定的人员,而诬告陷害罪的主体是一般主体;本罪只是在与案件有重要关系的个别情节上提供伪证,而诬告陷害是捏造整个犯罪事实;本罪的发现发生在刑事诉讼过程之中,而诬告陷害罪的行为则是在立案侦查之前实行的,并且是引起立案侦查的原因。

4. 伪证罪与辩护人、诉讼代理人伪造证据罪的界限:主体不同,在刑事诉讼中,辩护人伪造证据或诉讼代理人帮助当事人伪造证据的,是辩护人、诉讼代理人伪造证据罪,不定伪证罪。

## 二、例题

下列哪一种行为可以构成伪证罪?(2004年真题,单选)
A. 在民事诉讼中,证人作伪证的
B. 在刑事诉讼中,辩护人伪造证据的
C. 在刑事诉讼中,证人故意作虚假证明意图陷害他人的
D. 在刑事诉讼中,诉讼代理人帮助当事人伪造证据的
[释疑] 略。(答案:C)

## 考点 7 妨害作证罪的认定

### 一、精讲

1. 妨害作证罪发生的时空条件,既可以在刑事诉讼活动中,也可以在民事诉讼、行政诉讼活动中。

2. 本罪与伪证罪,辩护人、诉讼代理人毁灭证据、伪造证据、妨害作证罪的区别:(1) 时空不同:伪证罪,辩护人、诉讼代理人妨害作证罪限定在"刑事"诉讼中;而妨害作证罪没有在"刑事"诉讼中的限制。(2) 主体不同:伪证罪主体是特殊主体,即证人、鉴定人、翻译人、记录人;辩护人、诉讼代理人妨害作证罪也是特殊主体,即辩护人、诉讼代理人;而妨害作证罪是一般主体。

3. 妨害作证罪与帮助伪造证据罪的区别:行为方式不同。妨害作证罪通过妨害证人(人证)作证的方式妨害司法,包括阻止证人作证或指使他人作证;帮助伪造证据罪是通过妨害"物证"的方式妨害司法,包括伪造或毁灭物证。

4. 司法工作人员构成妨害作证罪,帮助毁灭、伪造证据罪的,从重处罚。

### 二、例题

1. 甲的下列哪些行为成立帮助毁灭证据罪(不考虑情节)?(2014真题,多选)
A. 甲、乙共同盗窃了丙的财物。为防止公安人员提取指纹,甲在丙报案前擦掉了两人留在现场的指纹
B. 甲、乙是好友。乙的重大贪污罪行被丙发现。甲是丙的上司,为防止丙作证,将丙派往境外工作
C. 甲得知乙放火致人死亡后未清理现场痕迹,便劝说乙回到现场毁灭证据
D. 甲经过犯罪嫌疑人乙的同意,毁灭了对乙有利的无罪证据
[释疑] (1) A项当事人毁灭自己的犯罪证据的,不成立帮助毁灭证据罪,理由有二:

① 刑法第307条第2款规定"帮助当事人毁灭、伪造证据……"之规定,就有排除当事人本人的意思。② 法理上讲,当事人毁灭于己不利的刑事证据,出于自我保护本能缺乏期待可能、不必深究。换言之,国家要求当事人保留于己不利的犯罪证据,太过分(见张明楷:《刑法学》(第4版),第958页)。(2) B项,甲将证人派往境外工作不属于"毁灭证据"。(3) C项,教唆当事人毁灭证据,是帮助毁灭证据罪四种实行行为之一。另三种为①行为人单独,②与当事人共同毁灭证据,以及③为当事人毁灭证据制造便利条件(见张明楷:《刑法学》(第4版),第960页)。(4) D项,"经当事人同意"不是帮助毁灭证据罪的要件,也不是阻却违法性的事由,故是否经当事人同意,不影响犯罪成立。帮助当事人毁灭证据罪之证据,包括对当事人不利证据和有利证据。因此实施帮助毁灭证据行为,是否经当事人同意、是否对当事人有利,不影响成立帮助毁灭证据罪。(答案:CD)

2.(实施了危险驾驶行为的)丁离开现场后,找到无业人员王某,要其假冒飙车者去公安机关投案。(事实五)(2013年真题,不定选)

关于事实五的定性,下列选项错误的是:

A. 丁指使王某作伪证,构成妨害作证罪的教唆犯
B. 丁构成包庇罪的教唆犯
C. 丁的教唆行为属于教唆未遂,应以未遂犯追究刑事责任
D. 对丁的妨害作证行为与包庇行为应从一重罪处罚

[释疑] 当事人唆使他人替自己作伪证包庇,没有期待可能性(自我保护的本能),该唆使行为不构成犯罪,A、B、C、D项错。另"妨害作证罪的教唆犯"的说法本身也错误。(答案:ABCD)

3. 律师王某在代理一起民事诉讼案件时,编造了一份对自己代理的一方当事人有利的虚假证言,指使证人李某背熟以后向法庭陈述,致使本该败诉的己方当事人因而胜诉。王某的行为构成何罪?(2003年真题,单选)

A. 伪证罪  B. 诉讼代理人妨害作证罪
C. 妨害作证罪  D. 帮助伪造证据罪

[释疑] (1) 因为是民事诉讼,可简单排除A、B选项。

(2) 本题中,律师王某表面上有伪造虚假证词的行为,但并不是以物证形式呈堂证明案情的,而是以人证(证人证言)形式呈堂证明案情的,属于指使他人作伪证的情况,故应定妨害作证罪。

(3) 如果行为人为防止证人作证而杀人灭口,属于想象竞合犯,择一重罪按故意杀人罪定罪处罚。如果行为人先实施暴力行为阻止证人作证不成,继而将其杀害的,有两犯意、两行为,属于牵连犯或吸收犯,择一重罪按故意杀人罪定罪处罚。如果帮助他人毁灭证据而毁坏数量较大财产的(如该证据价值巨大的场合)属于想象竞合犯,择一重罪处罚。如果该证据为行为人所有,或者为当事人所有并经当事人同意(被害人承诺)而毁坏的,可排除构成故意毁坏财物罪,但不影响成立帮助毁灭证据罪。(答案:C)

## 考点 8 辩护人、诉讼代理人毁灭证据、伪造证据、妨害作证罪的认定

### 一、精讲

1. 本罪的主体仅限于刑事辩护人与刑事诉讼代理人(但并非仅为律师,非律师的辩护人、诉讼代理人也可构成本罪)。

2. 本罪的行为方式:(1) 毁灭、伪造证据;(2) 帮助当事人毁灭、伪造证据(包括直接帮助当事人自己实施毁灭、伪造证据,也包括间接帮助当事人毁灭、伪造证据);(3) 威胁、引诱证人作伪证。

3. 与教唆犯的界限。"指使他人作伪证",尽管具有"教唆"行为的特点,但是,对此种特定教唆法律已经专门规定为一种犯罪,不适用教唆犯的规定。

4. 本罪是因"人"而设的犯罪,主体限于"刑事诉讼中的辩护人、诉讼代理人",其行为与妨害作证罪,帮助毁灭、伪造证据罪存在重叠,应注意区分。

## 二、例题

王某担任辩护人时,编造了一份隐匿罪证的虚假证言,交给被告人陈小二的父亲陈某,让其劝说证人李某背熟后向法庭陈述,并给李某5 000元好处费。陈某照此办理。李某收受5 000元后,向法庭作了伪证,致使陈小二被无罪释放。后陈某给陈小二10万美元,让其逃往国外。关于本案,下列哪些选项是错误的? (2007年真题,多选)

A. 王某的行为构成辩护人妨害作证罪
B. 陈某劝说李某作伪证的行为构成妨害作证罪的教唆犯
C. 李某构成辩护人妨害作证罪的帮助犯
D. 陈某让陈小二逃往国外的行为构成脱逃罪的共犯

[释疑]  (1) A项中王某构成辩护人妨害作证罪。

(2) B项中陈某指使他人作伪证构成妨害作证罪。参见第307条第1款(妨害作证罪)规定:"以暴力、威胁、贿买等方法阻止证人作证或者指使他人作伪证的,处……"

(3) C项中李某是证人身份,向法庭作伪证应为伪证罪。

(4) D项,陈某给钱让陈小二逃往国外的行为有可能是偷越国边境罪的教唆犯或窝藏罪,不可能是脱逃罪。因为脱逃罪主体限于依法被关押的人,而陈小二不处于被关押状态,不可能成立脱逃罪。(答案:BCD)

## 考点 9 脱逃罪的认定

### 一、精讲

1. 脱逃罪的主体是依法被关押的罪犯、被告人或犯罪嫌疑人。

2. 破坏监管秩序罪与脱逃罪的界限。主体范围不同,前罪限于被关押的"罪犯";而后罪还包括被关押的被告人、犯罪嫌疑人(即未决犯)。

### 二、例题

对下列哪些行为不应当认定为脱逃罪? (2006年真题,多选)

A. 犯罪嫌疑人在从甲地押解到乙地的途中,乘押解人员不备,偷偷溜走
B. 被判处管制的犯罪分子未经执行机关批准到外地经商,直至管制期满未归
C. 被判处有期徒刑的犯罪分子组织多人有计划地从羁押场所秘密逃跑
D. 被判处无期徒刑的8名犯罪分子采取暴动方法逃离羁押场所

[释疑]  (1) A项中的情形构成脱逃罪,因为脱逃既包括从羁押场所逃逸也包括从押解

途中逃逸。

（2）B项的情形不应当认定为脱逃罪，因为第316条规定，脱逃的主体是依法"被关押"的罪犯、被告人、犯罪嫌疑人。被判处管制的犯罪分子，只是被限制人身自由，不属于"被关押"的罪犯。

（3）C项构成第317条第1款之组织越狱罪。

（4）D项构成第317条第2款之暴动越狱罪。（答案：BCD）

## 考点 10 窝藏罪与共犯的区别

### 一、精讲

在犯罪分子犯罪后，明知其犯罪，仍为其逃匿提供帮助的，定窝藏罪。如果在犯罪过程中，加入到犯罪中来，提供帮助的，以共犯论处。

### 二、例题

1. 甲杀人后将凶器忘在现场，打电话告诉乙真相，请乙帮助扔掉凶器。乙随即把凶器藏在自家地窖里。数月后，甲生活无着落准备投案自首时，乙向甲汇款2万元，使其继续在外生活。关于本案，下列哪一选项是正确的？（2015年真题，单选）

    A. 乙藏匿凶器的行为不属于毁灭证据，不成立帮助毁灭证据罪
    B. 乙向甲汇款2万元不属帮助甲逃匿，不成立窝藏罪
    C. 乙的行为既不成立帮助毁灭证据罪，也不成立窝藏罪
    D. 甲虽唆使乙毁灭证据，但不能认定为帮助毁灭证据罪的教唆犯

    [释疑] A项，"毁灭"的规范意义是"毁弃"，既包括物理性的破坏，也包括藏匿、抛弃等使得他人不能对毁弃物行使占有、使用权的行为。B项，所有帮助犯罪人逃匿的行为，都是窝藏行为。D项，犯罪人毁灭自己罪证的行为，因缺乏期待可能性（人皆有自保本能）并不构成犯罪，故刑法并未规定"毁灭证据罪"。在并无正犯的情况下，只能将唆使他人毁灭证据的行为解释为心理帮助行为，直接构成已经被正犯化的帮助毁灭证据罪。（答案：D）

2. 甲在经过某偏僻路口时，发现其好友乙抢劫了丙的财物，且由于乙先前的暴力行为，导致丙流血过多，陷入昏迷状态。甲赶忙对乙说："你惹麻烦了，快找个地方躲躲，走得越远越好。"甲还将自己远房亲戚的姓名、住址提供给乙，并给乙3 000元。乙于是坐火车投奔甲的亲戚。甲、乙分别离开现场，3小时后，丙死亡。甲的行为构成何罪？（2008年缓考真题，单选）

    A. 抢劫罪　　　B. 故意杀人罪　　　C. 过失致人死亡罪　　　D. 窝藏罪

    [释疑] 甲在乙犯罪后帮助其逃匿，成立窝藏罪。甲是在乙抢劫丙的行为实施完毕后才参与进去的，且甲与乙没有事先通谋，甲不成立抢劫罪共犯。甲对丙濒死没有救助义务，也不成立故意杀人罪或过失致人死亡罪。（答案：D）

## 考点 11 包庇罪的认定

### 一、精讲

1. 以包庇罪论处的只有两种情形：（1）作假证明包庇。（2）特别规定：旅馆业、文化娱乐

业、出租汽车业等单位的人员,在公安机关查处卖淫嫖娼活动时,为违法犯罪分子通风报信,情节严重的,依照第310条的规定定罪处罚,即按包庇罪定罪处罚。其他具有包庇动机或包庇性质的,均以其他罪定罪,如包庇黑社会性质组织罪、包庇毒品犯罪分子罪等。

2. 包庇罪与伪证罪的区别要点:行为主体不同,伪证罪限于证人、鉴定人、记录人、翻译人。故特定的主体在刑事诉讼中作伪证以包庇犯罪分子的,是伪证罪;其他人在刑事诉讼之前或之中提供假证明包庇犯罪分子的,是包庇罪。此外,包庇行为可以在刑事诉讼过程中实施,也可以在此之前实施;而伪证罪只能在刑事诉讼过程中实施。

## 二、例题

1. 甲杀丙后潜逃。为干扰侦查,甲打电话让乙将一把未留有指纹的斧头粘上丙的鲜血放到现场。乙照办后报案称,自己看到"凶手"杀害了丙,并描述了与甲相貌特征完全不同的"凶手"情况,导致公安机关长期未将甲列为嫌疑人。关于本案,下列哪一选项是错误的?(2016年真题,单选)

   A. 乙将未留有指纹的斧头放到现场,成立帮助伪造证据罪
   B. 对乙伪造证据的行为,甲不负刑事责任
   C. 乙捏造事实诬告陷害他人,成立诬告陷害罪
   D. 乙向公安机关虚假描述"凶手"的相貌特征,成立包庇罪

   [释疑] C项错误最明显,因为乙的行为与诬告陷害完全不搭界。A项没错,因为乙"将未留有指纹的斧头放到现场"成立帮助伪造证据罪。B项没错,因为帮助伪造证据罪不包含犯罪人本人伪造证据掩盖自己罪行的行为。D项没错,属于"作假证明"包庇。(答案:C)

2. 甲路过偏僻路段,看到其友乙强奸丙的犯罪事实。甲的下列哪一行为构成包庇罪?(2012年真题,单选)

   A. 用手机向乙通报公安机关抓捕乙的消息
   B. 对侦查人员的询问沉默不语
   C. 对侦查人员声称乙、丙系恋人,因乙另有新欢遭丙报案诬陷
   D. 经法院通知,无正当理由,拒绝出庭作证

   [释疑] A项帮助逃匿的窝藏行为。B项知情不举,不涉及国家安全的不为罪。C项作假证明包庇,典型包庇行为。D项拒绝作证目前没有这种犯罪类型,不为罪。(答案:C)

3. 下列哪些行为构成包庇罪?(2009年真题,多选)

   A. 甲帮助强奸罪犯毁灭证据
   B. 乙(乘车人)在交通肇事后指使肇事人逃逸,致使被害人因得不到救助而死亡
   C. 丙明知实施杀人、放火犯罪行为是恐怖组织所为,而作假证明予以包庇
   D. 丁系歌舞厅老板,在公安机关查处卖淫嫖娼违法行为时,为违法者通风报信,情节严重

   [释疑] (1) A项,帮助当事人毁灭、伪造证据的,构成第307条第2款帮助毁灭、伪造证据罪。

   (2) B项,应以交通肇事罪共犯论。《关于审理交通肇事刑事案件具体应用法律若干问题的解释》第5条第2款规定:交通肇事后,单位主管人员、机动车辆所有人、承包人或者乘车人指使肇事人逃逸,致使被害人因得不到救助而死亡的,以交通肇事罪的共犯论处。

   (3) C项,根据第310条的规定,作假证明包庇定包庇罪,正确。

(4) D项,根据第362条的规定,按包庇罪定罪处罚,D项正确。(答案:CD)

## 考点 12　帮助、毁灭证据罪,掩饰、隐瞒犯罪所得罪和共犯的认定

### 一、精讲

1. 如果是事前承诺帮助、毁灭证据,掩饰、隐瞒犯罪所得的,成立共犯,对帮助、毁灭证据,掩饰、隐瞒犯罪所得不单独定罪。例如甲和乙商量,由甲去偷车,乙帮其销售,乙欣然应允,事发之后,甲、乙构成盗窃罪的共犯。

2. 如果是事后提供帮助、毁灭证据,掩饰、隐瞒犯罪所得的,不成立共犯,依行为单独定帮助、毁灭证据罪,掩饰、隐瞒犯罪所得罪。

### 二、例题

1. 下列哪一选项的行为应以掩饰、隐瞒犯罪所得罪论处?(2011年真题,单选)
   A. 甲用受贿所得1000万元购买了一处别墅
   B. 乙明知是他人用于抢劫的汽车而更改车身颜色
   C. 丙与抢劫犯事前通谋后代为销售抢劫财物
   D. 丁明知是他人盗窃的汽车而为其提供伪造的机动车来历凭证

   [释疑]　(1) A项,犯罪人本人使用受贿款,是不可罚的事后行为,还是受贿罪问题。
   (2) B项,乙成立帮助劫匪准备抢劫犯罪工具的共犯。
   (3) B、C项,事先通谋承担事后帮助隐匿犯罪所得,以共犯论。
   (4) D项,根据2007年最高人民法院、最高人民检察院《关于办理与盗窃、抢劫、诈骗、抢夺机动车相关刑事案件具体应用法律若干问题的解释》明确规定:明知是盗窃、抢劫、诈骗、抢夺的机动车,提供或者出售机动车来历凭证、整车合格证、号牌以及有关机动车的其他证明和凭证的,以掩饰、隐瞒犯罪所得、犯罪所得收益罪定罪。D项正确。(答案:D)

   2. 甲抢劫出租车,将被害司机尸体藏入后备箱后打电话给堂兄乙,请其帮忙。乙帮助甲把尸体埋掉,并把被害司机的证件、衣物等烧掉。两天后,甲把抢来的出租车送给乙。乙的行为构成何罪?(2009年真题,多选)
   A. 抢劫罪 　　　　　　　　B. 包庇罪
   C. 掩饰、隐瞒犯罪所得罪　　D. 帮助毁灭证据罪

   [释疑]　乙不构成甲抢劫罪的共犯,甲是在抢劫行为完成之后,即抢劫过程全部结束之后打电话给乙请其帮忙,并没有抢劫罪的事前同谋或者事中帮助,而是事后帮助其毁灭证据,窝藏赃物。(答案:CD)

## 考点 13　拒不执行判决裁定罪的认定

### 精讲

1. 本罪的犯罪对象是人民法院依法作出的具有执行内容并已经发生法律效力的判决或裁定。犯罪主体为特殊主体,即对法院的裁判负有履行义务的人。
2. 构成本罪,客观方面必须具备以下三点:(1) 拒不执行的是人民法院已经生效的判决、

裁定;(2)行为人必须有能力执行而拒不执行;(3)拒不执行判决、裁定的行为情节严重。

3. 若行为人以暴力方式拒不执行法院生效的判决、裁定,造成执行人员重伤、死亡的(即暴力致人重伤或致死),应依照第234条第2款故意伤害罪、第232条故意杀人罪论处。

4. 单位犯罪,双罚。[刑法修正案(九)]

## 考点 14 打击报复证人罪与妨害作证罪的区别

### 一、精讲

打击报复证人罪与妨害作证罪的区别:因为证人作证(已经作证)而对其打击报复的,是打击报复证人罪;而在证人作证之前阻碍证人作证或指使作伪证的,是妨碍作证罪。二者的区别在于:

(1) 时间不同;妨害作证发生在证人作证之前;而打击报复证人在作证之后。

(2) 动机不同;前者是出于打击报复作证的证人;后者是意图阻止证人出面作证或指使作伪证。

### 二、例题

某法院开庭审理一起民事案件,参加旁听的原告之夫李某认为证人王某的证言不实,便当场大声指责,受到法庭警告。李某不听劝阻,大喊"给我打",在场旁听的十多个原告方的亲属一拥而上,对王某拳打脚踢,法庭秩序顿时大乱。审判长予以制止,李某一伙又对审判长和审判员进行围攻、殴打,审判长只好匆匆宣布休庭。李某的上述行为触犯了什么罪名?(2004年真题,不定选)

A. 打击报复证人罪  B. 聚众冲击国家机关罪
C. 扰乱法庭秩序罪  D. 妨害作证罪

[释疑] (1) 本题在作证之后,对证人打击报复的,定打击报复证人罪。排除D项。

(2) 至于B项与C项,在于场合不同。法庭秩序是一种特殊的国家机关工作(庭审)秩序,符合这一特殊情形的,定扰乱法庭秩序罪。如果因为对判决、裁定不满,而聚众冲击法院办公场所的,仍应当认定为聚众冲击国家机关罪。(答案:AC)

### 三、提示与预测

对"李某的上述行为触犯了什么罪名"之提问中"触犯"的回答。

(1) "触犯"何罪与"构成"何罪的差别。"触犯"一词通常用于想象竞合犯,如一行为同时在表面上"触犯"数罪名的是想象竞合犯,想象竞合犯是实际的一罪,故虽然"触犯数罪名",仍然认为是"一罪"。而"构成"则是指数行为具备数犯罪构成、成立数罪,是"实际"的数罪而不是"想象"的数罪。就本题而言,李某等众人在法庭上对证人大打出手,只能算一个故意、一个行为,但触犯了数罪名,属于想象竞合犯,是实际的一罪。但因为"触犯数罪名"并非实际"构成数罪",故尽管是一行为一罪,按照"触犯"的意义和要求,尽管不是实际构成数罪,但A项和C项都选是正解。假如本题问李某等人的行为"构成何罪"?或"以何罪定罪处罚",或"以何罪论处"?则只能从四项中选择一项,或者选能够完整涵盖行为情况(案件事实)的C项"扰乱法庭秩序罪",或者选处罚较重的A项"打击报复证人罪"。

(2)"构成何罪"与"以何罪定罪处罚"。从官方制定的参考答案看,二者大体在同一意义上使用。当然最明确的还是"以何罪定罪处罚"。

## 考点 15  盗掘古文化遗址、古墓葬,并盗窃珍贵文物的,构成盗掘古文化遗址、古墓葬罪一罪

### 一、精讲

1. 盗掘古文化遗址、古墓葬,并盗窃珍贵文物或者造成珍贵文物严重破坏的,构成盗掘古文化遗址、古墓葬罪一罪,加重处罚。

2. 盗掘古文化遗址、古墓葬后,为了毁灭罪证等原因故意毁坏盗掘古文化遗址、古墓葬中的珍贵文物的,以本罪与故意损毁文物罪数罪并罚。

### 二、例题

甲盗掘国家重点保护的古墓葬,窃取大量珍贵文物,并将部分文物偷偷运往境外出售牟利。司法机关发现后,甲为毁灭罪证将剩余珍贵文物损毁。关于本案,下列哪些选项是错误的?(2010年真题,多选)

A. 运往境外出售与损毁文物,属于不可罚的事后行为,对甲应以盗掘古墓葬罪、盗窃罪论处

B. 损毁文物是为自己毁灭证据的行为,不成立犯罪,对甲应以盗掘古墓葬罪、盗窃罪、走私文物罪论处

C. 盗窃文物是盗掘古墓葬罪的法定刑升格条件,对甲应以盗掘古墓葬罪、走私文物罪、故意损毁文物罪论处

D. 盗掘古墓葬罪的成立不以盗窃文物为前提,对甲应以盗掘古墓葬罪、盗窃罪、走私文物罪、故意损毁文物罪论处

[释疑] 本案正确结论是 C 项。第 328 条第 1 款第(4)项规定:"盗掘古文化遗址、古墓葬,并盗窃珍贵文物或者造成珍贵文物严重破坏的"(处 10 年以上……)。据此"窃取大量珍贵文物"是第 328 条第 1 款第(4)项的加重犯。另外,第 328 条之罪当然包含盗掘中窃取墓葬中文物的行为,故 A、B、D 项中"……盗窃罪……论处"有错。甲盗掘"之后"(事后),"将部分文物偷偷运往境外",是走私文物(第 151 条第 2 款),"将剩余珍贵文物损毁",是故意毁损文物(第 324 条)。均超出第 328 条(盗掘罪)包容的范围,故应当数罪并罚。(答案:ABD)

## 考点 16  非法行医罪、非法进行节育手术罪、医疗事故罪的认定和区分

### 一、精讲

1. 非法行医罪、非法进行节育手术罪。这两罪共有的主要特点是:(1) 其主体是未取得医生执业资格的人;(2) 故意犯罪;(3) 情节严重的才构成本罪。二罪的联系是:非法进行节育手术罪实际上是非法行医罪的特殊类型。

2. 医疗事故罪与非法行医罪、非法进行节育手术罪的区别:(1) 主体不同。医疗事故罪

的主体有医生执业资格;而后者主体没有医生执业资格。(2)罪过形式不同。医疗事故罪是过失犯罪,以造成就诊人死亡、伤残的严重结果为要件;后者构成故意罪,不以造成严重后果为要件。严重损害就诊人健康或者造成就诊人死亡的,构成结果加重犯。

3. 医疗事故罪与过失致人死亡罪是法条竞合关系。

## 二、例题

1. 医生甲退休后,擅自为人看病2年多。某日,甲为乙治疗,需注射青霉素。乙自述以前曾注射过青霉素,甲便未做皮试就给乙注射青霉素,乙因青霉素过敏而死亡。关于本案,下列哪一选项是正确的?(2013年真题,单选)

A. 以非法行医罪的结果加重犯论处　　B. 以非法行医罪的基本犯论处
C. 以过失致人死亡罪论处　　D. 以医疗事故罪论处

[释疑] 第336条规定,未取得医生执业资格的人非法行医,情节严重的,处3年以下有期徒刑、拘役或者管制……造成就诊人死亡的,处10年以上有期徒刑,并处罚金。故"情节严重"为基本犯,"致死"为加重犯,A项对,B项错。非法行医致人死亡,也属于"过失致人死亡",但法条竞合时,特别法条优先,故C项错。特别注意:"论处""构成"与"触犯"不同,"论处""构成"属于最终定罪结论,"触犯"不是最终定罪结论。医疗事故罪的主体为"医务人员",已退休者已不再属于"医务人员",故D项错。另外,"未取得医生执业资格"应解释为"案发时不具有医生执业资格",故即使曾经取得资格,但退休后就应认定为"未取得资格"。(答案:A)

2. 甲系某医院外科医师,应邀在朋友乙的私人诊所兼职期间,擅自为多人进行了节育复通手术。对甲的行为应当如何定性?(2005年真题,单选)

A. 构成非法行医罪　　B. 构成非法进行节育手术罪
C. 构成医疗事故罪　　D. 不构成犯罪

[释疑] (1)甲系某医院外科医师,显系有医生执业资格的人,不符合A罪和B罪的主体要件,不可能成立A罪和B罪。

(2)第335条规定之医疗事故罪,是过失犯罪,以"造成就诊人死亡或者严重损害就诊人身体健康"的结果为要件,甲没有造成特定的结果,也不成立C罪。

(3)D项是正选。甲的行为是违反医政管理的行政违法行为。(答案:D)

## 三、提示与预测

非法行医罪与医疗事故罪是考试重点,注意它们之间的界限。构成非法行医罪应具有"行医"的形式,即使用"医术"之名为他人诊疗疾病,如果没有使用医术的名义,不成立本罪,如乡间神汉巫婆采用跳大仙、念咒语、驱鬼神等迷信方式为他人"治病",不是非法行医,如果以此骗人钱财的,可构成诈骗罪。一般应具有"常业性",即以非法行医为业或以此为生活主要来源,如开办诊所或游走江湖非法行医,若缺乏常业性,不成立本罪,如村民甲以种地为业,有时利用祖传的治疗肝炎的偏方为周围群众看病,收取少量谢金和礼物,不构成非法行医。再如某医院护士,偶然受朋友之托私自为他人做人工流产手术,因无手术经验,导致受害人大出血死亡的,因不具有常业性行医的特征,不构成非法行医罪,也不构成非法进行节育手术罪。因为不在正常的医疗活动中,缺乏业务性质,不宜定医疗事故罪,构成过失致人死亡罪。

## 考点 17　盗伐林木罪与盗窃罪的界限

### 一、精讲

1. 盗伐林木罪的对象必须具有两个特征:其一是"活树",不是木头;其二是"成片树林"之活树,不包括"零星"树木。因为客体(保护法益)为自然资源、环境。

2. 盗窃他人已经伐倒的树木的,以及偷砍他人房前屋后、自留地种植的零星树木,数额较大的,以盗窃罪定罪处罚。

### 二、例题

1. 甲公司竖立的广告牌被路边树枝遮挡,甲公司在未取得采伐许可的情况下,将遮挡广告牌的部分树枝砍掉,所砍树枝共计 6 立方米。关于本案,下列哪一选项是正确的?
   A. 盗伐林木包括砍伐树枝,甲公司的行为成立盗伐林木罪
   B. 盗伐林木罪是行为犯,不以破坏林木资源为要件,甲公司的行为成立盗伐林木罪
   C. 甲公司不以非法占有为目的,只成立滥伐林木罪
   D. 不能以盗伐林木罪判处甲公司罚金

   [释疑]　A 项错,林木是指树干部分,"树枝"不属于"林木"。故甲公司不成立盗伐林木罪,A 项错,D 项对。B 项错,盗伐林木罪以破坏林木资源为要件。C 项错,盗伐林木罪是无许可证砍伐他人林木破坏林木资源的犯罪,不以非法占有目的为要件。(答案:D)

2. 李某多次尾随盗伐林木人员,将其砍倒尚未运走的林木偷偷运走,销赃获利数千元。此外,他还盗伐了他人自留地、责任田等地边田坎种植的零星树木 5 个多立方米。对李某的上述行为应当如何定罪处罚?(2003 年真题,单选)
   A. 以盗伐林木罪定罪处罚
   B. 以盗窃罪定罪处罚
   C. 以盗伐林木罪和盗窃罪定罪,实行数罪并罚
   D. 以盗伐林木罪、盗窃罪和销售赃物罪定罪,实行数罪并罚

   [释疑]　略。(答案:B)

## 考点 18　贩卖毒品罪的认定

### 一、精讲

贩卖毒品,包括:① 出售毒品;② 为出售而购买毒品;③ 居间介绍买卖毒品的,以贩卖毒品论处。贩卖毒品罪不需要以牟利为目的,但如果仅为供本人吸食而购买的,不构成贩卖毒品罪,达到一定数量的,构成非法持有毒品罪。

### 二、例题

1. 关于毒品犯罪,下列哪些选项是正确的?(2016 年真题,多选)
   A. 甲无牟利目的,为江某代购仅用于吸食的毒品,达到非法持有毒品罪的数量标准。对甲应以非法持有毒品罪定罪

B. 乙为蒋某代购仅用于吸食的毒品,在交通费等必要开销之外收取了若干"劳务费"。对乙应以贩卖毒品罪论处

C. 丙与曾某互不知情,受雇于同一雇主,各自运输海洛因500克。丙将海洛因从一地运往另一地后,按雇主吩咐交给曾某,曾某再运往第三地。丙应对运输1000克海洛因负责

D. 丁盗窃他人200克毒品后,将该毒品出卖。对丁应以盗窃罪和贩卖毒品罪实行数罪并罚

[释疑] A、B项正确,代购毒品,不牟利的不成立贩卖毒品罪。持有数量较大的(海洛因、甲基苯丙胺)10克以上,成立非法持有毒品罪。为牟利而代购毒品的成立贩卖毒品罪。D项正确,根据司法解释,盗窃毒品的成立盗窃罪,而后将所盗窃毒品卖出的,成立贩卖毒品罪,数罪并罚。因为盗窃毒品侵犯财产法益,销售毒品侵犯麻醉药品精神药品管理秩序,产生数个危害。这不同于盗窃财物后销赃的行为。C项错,因为"丙与曾某互不知情",主观上没有共同犯罪的故意,客观上也没有起到相互帮助的作用,不成立共犯,仅对自己贩运的部分负责。参见《全国法院毒品犯罪审判工作座谈会纪要》(法[2015]129号)。(答案:ABD)

2. 关于毒品犯罪,下列哪些选项是正确的?(2010年真题,多选)

A. 明知他人实施毒品犯罪而为其居间介绍,代购代卖的,即使没有牟利目的,也成立贩卖毒品罪

B. 为便于隐蔽运输,对毒品掺杂使假的行为,或者为了销售,去除毒品中的非毒品物质的行为,不成立制造毒品罪

C. 甲认为自己管理毒品不安全,将数量较大毒品委托给乙保管时,甲、乙均成立非法持有毒品罪

D. 行为人对同一宗毒品既走私又贩卖的,量刑时不应重复计算毒品数量

[释疑] A项,居间介绍,代购代卖以贩卖毒品共犯论。贩卖毒品罪的主观要素只需对贩卖的明知(故意),不必以牟利为目的。C项,非法持有毒品罪,不以本人实际占有为必要,也不以本人"所有"为必要。本人拥有而交他人保管或为他人保管,都是非法持有。(答案:ABCD)

3. 甲、乙均为吸毒人员,且关系密切。乙因买不到毒品,多次让甲将自己吸食的毒品转让几克给乙,甲每次均以购买价转让毒品给乙,未从中牟利。关于本案,下列哪些选项是错误的?(2008年真题,多选)

A. 贩卖毒品罪必须以营利为目的,故甲的行为不成立贩卖毒品罪

B. 贩卖毒品罪以获利为要件,故甲的行为不成立贩卖毒品罪

C. 甲属于无偿转让毒品,不属于贩卖毒品,故不成立贩卖毒品罪

D. 甲只是帮助乙吸食毒品,《刑法》没有将吸食毒品规定为犯罪,故甲不成立犯罪

[释疑] (1) A、B项,贩卖毒品的要点是"出售"行为,包括"以出售为目的的购买"行为,不以具有营利目的、实际获利为必要。

(2) C项,"购买价转让"不属于"无偿转让"。

(3) D项,犯罪行为的"对向行为"是否为刑法上的犯罪,对该犯罪行为的性质没有影响。而且不少场合犯罪行为的对向行为没有被规定为犯罪,如贩卖淫秽物品罪的对向行为购买自用行为。(答案:ABCD)

4. 甲、乙通过丙向丁购买毒品,甲购买的目的是为自己吸食,乙购买的目的是为贩卖,丙则通过介绍毒品买卖,从丁处获得一定的好处费。对于本案,下列哪些选项是正确的?(2006

年真题,多选)

A. 甲的行为构成贩卖毒品罪　　B. 乙的行为构成贩卖毒品罪
C. 丙的行为构成贩卖毒品罪　　D. 丁的行为构成贩卖毒品罪

[释疑]　(1) A项,甲购买毒品仅仅供自己吸食的,不构成贩卖毒品罪,数量较大的,以非法持有毒品罪论处。
(2) B项,乙为贩卖而购买,构成贩卖毒品罪。
(3) C项,居间介绍买卖毒品的以贩卖毒品共犯论,故丙的行为构成贩卖毒品罪。
(4) D项,丁出售毒品,当然成立贩卖毒品罪。(答案:BCD)

## 考点 19　窝藏、转移、隐瞒毒品、毒赃罪与非法持有毒品罪的区分

### 一、精讲

区别的要点在于能否查明毒品来源。如果能够证明是为其他毒品犯罪分子保管的毒品,属于窝藏毒品性质;如果不能说明或不能证明毒品来源的,属于非法持有。

### 二、例题

毒贩甲得知公安机关近来要开展"严打"斗争,遂将尚未卖掉的50多克海洛因和贩毒所得赃款8万多元拿到家住偏远农村的亲戚乙处隐藏。公安机关得到消息后找乙调查此事,乙矢口否认。乙当晚将上述毒品、赃款带到后山山洞隐藏时被跟踪而至的公安人员当场抓获。乙的上述行为应当以何罪论处?(2005年真题,单选)

A. 非法持有毒品罪　　　　　　B. 掩饰隐瞒犯罪所得罪
C. 窝藏、转移、隐瞒毒品、毒赃罪　　D. 包庇毒品犯罪分子罪

[释疑]　(1) 本题能够查明毒品来源是为其他毒品犯罪分子保管的、持有、转移的,是C项,排除A项。
(2) B项与C项之间是法条竞合关系,C项属于较为特别规定,选C项。
(3) C项与D项的区别在于行为对象不同,C项是对毒品毒赃(物)的窝藏、转移、隐瞒行为;D项是对毒品犯罪分子(人)的包庇。乙矢口否认帮甲隐藏毒品毒赃,首先属于其隐瞒自己窝藏、转移、隐瞒毒品、毒赃罪行,无须另行认定为包庇毒品犯罪分子罪。(答案:C)

## 考点 20　走私、贩卖、运输、制造毒品罪的处罚

### 一、精讲

(1) 走私、贩卖、运输、制造毒品,无论数量多少,都应当追究刑事责任,予以刑事处罚。非法持有毒品罪有定罪的数量标准。
(2) 在走私、贩卖、运输、制造毒品罪过程中,使用暴力抗拒检查、拘留、逮捕的,作为法定加重情节,而不成立妨害公务罪。但不可依此类推到走私罪上面。在走私犯罪过程中使用暴力抗拒检查、拘留、逮捕,情节严重的,另外成立妨害公务罪,数罪并罚。
(3) 单位可构成走私、贩卖、运输、制造毒品罪,对单位判处罚金,并对其直接负责的主管人员和其他直接责任人员,依照规定处罚。

## 二、例题

关于毒品犯罪的论述,下列哪些选项是错误的?(2012年真题,多选)
A. 非法买卖制毒物品的,无论数量多少,都应追究刑事责任
B. 缉毒警察掩护、包庇走私毒品的犯罪分子的,构成放纵走私罪
C. 强行给他人注射毒品,使人形成毒瘾的,应以故意伤害罪论处
D. 窝藏毒品犯罪所得的财物的,属于窝藏毒赃罪与掩饰、隐瞒犯罪所得罪的法条竞合,应以窝藏毒赃罪定罪处刑

[释疑] A项只有第347条明文规定:"走私、贩卖、运输、制造毒品,无论数量多少,都应当追究刑事责任",以示特别从严惩治。第347条以外对其他毒品犯罪无此规定。B项应为第349条包庇毒品犯罪分子罪。该条第2款规定"缉毒人员或者其他国家机关工作人员掩护、包庇走私、贩卖、运输、制造毒品的犯罪分子的"从重处罚。C项应为第353条第2款强迫吸食毒品罪,D项为第349条窝藏毒赃罪。(答案:ABC)

## 考点 21 非法持有毒品罪的认定

### 一、精讲

1. 本罪以持有毒品"数量较大"为要件:(1)鸦片200克以上;(2)海洛因或者甲基苯丙胺10克以上;(3)其他毒品数量较大的。毒品的数量以查证属实的数量计算,不以纯度折算。

2. 罪数问题。因实施其他毒品犯罪而持有毒品的,按所实施的毒品犯罪定罪处罚。非法持有毒品罪实际上是一个对证据要求最低的毒品犯罪。对于有证据证明因犯其他毒品罪而持有毒品的,应当优先适用其他罪名定罪,并排斥适用非法持有毒品罪。尤其是因为贩卖而持有毒品的,只要有证据证实,应当认定为贩卖毒品罪。在司法实践中,往往在行为人贩卖时将其抓获,并当场查获一定数量的毒品,然后又从行为人家中或其他地点起获大量毒品。如果罪犯没有合理的解释,通常认定为为贩卖而持有,一并作为贩卖毒品罪的数量,以贩卖毒品一罪处罚。而不要把在贩卖现场查获的毒品作为贩卖的毒品,在家中等处起获的毒品作为非法持有的毒品,分别计算,分别以贩卖毒品罪、非法持有毒品罪定罪,数罪并罚。

3. 吸毒者在购买、运输、存储毒品过程中被抓获,如果没有证据证明实施了其他毒品犯罪行为的,一般不应定罪处罚。但查获的毒品数量大的,应当以非法持有毒品罪定罪处罚;毒品数量未超过构成犯罪的最低数量标准的,不定罪处罚。

4. 托购、代购毒品问题。行为人不是以营利为目的,为他人代买仅用于吸食的毒品,毒品数量达到非法持有毒品罪数量最低标准的,托购者、代购者均构成非法持有毒品罪。

### 二、例题

关于非法持有毒品罪,下列哪一选项是正确的?(2011年真题,单选)
A. 非法持有毒品的,无论数量多少都应当追究刑事责任
B. 持有毒品不限于本人持有,包括通过他人持有
C. 持有毒品者而非所有者时,必须知道谁是所有者
D. 因贩卖而持有毒品的,应当实行数罪并罚

[释疑] （1）A项，非法持有毒品罪有数量要求，构成本罪所持有的鸦片要200克以上，海洛因或者甲基苯丙胺要10克以上。A项错误。

（2）B项正确，持有既包括本人亲自控制、占有自己所有或他人所有的毒品，也包括本人拥有而由他人保管、占有的毒品。

（3）C项错误，不需明知所有者。

（4）D项，贩卖毒品的犯罪分子对毒品的持有，认为是贩卖毒品的当然结果，被贩卖毒品罪吸收，仅定贩卖毒品罪。（答案：B）

## 考点 22 有关非法种植毒品原植物罪的问题

### 一、精讲

根据第351条的规定，非法种植罂粟、大麻等毒品原植物的，一律强制铲除。有下列情形之一的，处5年以下有期徒刑、拘役或者管制，并处罚金：（1）种植罂粟500株以上不满3000株或者其他毒品原植物数量较大的；（2）经公安机关处理后又种植的；（3）抗拒铲除的。

非法种植罂粟3000株以上或者其他毒品原植物数量大的，处5年以上有期徒刑，并处罚金或者没收财产。

非法种植罂粟或者其他毒品原植物，在收获前自动铲除的，可以免除处罚。

### 二、例题

关于非法种植毒品原植物罪，下列说法错误的是：（2000年真题，不定选）
A. 非法种植罂粟300株以上的行为构成非法种植毒品原植物罪
B. 非法种植罂粟或者其他毒品原植物，在收获前自动铲除的，可以不追究刑事责任
C. 非法种植罂粟而抗拒铲除的，成立非法种植毒品原植物罪
D. 国家工作人员非法种植罂粟或者其他毒品原植物的，属法定的从重处罚情况

[释疑] 答题要领是熟悉法条。

（1）A项的数量不够法定的标准。

（2）B项中"可以不追究刑事责任"的说法与法条中"可以免除处罚"的规定，多少有点不一致。不追究刑事责任是既不定罪也不处罚，而免除处罚是追究刑事责任定罪但不予处罚，略有不同。

（3）C项至少在字面上完全符合法律规定。实际上可能有例外情况，如自家花园里种两棵观赏，抗拒铲除的。

（4）D项于法无据。尤其是对罪犯不利的命题，必须有明确的法律根据。（答案：ABD）

## 考点 23 引诱、教唆、欺骗他人吸毒罪，强迫他人吸毒罪的认定

### 一、精讲

1. 引诱、教唆、欺骗他人吸毒罪，对"他人"的年龄没有限制。
2. 引诱、教唆、欺骗或者强迫未成年人吸食、注射毒品的，从重处罚。

## 二、例题

关于引诱、教唆、欺骗他人吸毒罪与强迫他人吸毒罪,下列说法正确的是:(2000年真题,不定选)

A. 引诱、教唆、欺骗他人吸毒罪中的"他人",仅限于已满14周岁的人
B. 非法在牛奶中加入毒品而提供给婴儿饮用的,不成立引诱、教唆、欺骗他人吸毒罪,而成立强迫他人吸毒罪
C. 国家工作人员利用职权强迫他人吸毒的,属于法定的从重处罚情节
D. 强迫未成年人吸毒的,属于法定的从重处罚情节

[释疑] (1) A项错误明显。

(2) 对C项内容,没有明文规定。

(3) 对D项内容,有明文规定。

(4) 关于B项,只能依据学理上的一般解释,因为婴幼儿没有起码的辨认、选择能力,对其不存在引诱、欺骗问题,将毒品掺在食品中给其食用,比照偷盗婴幼儿、奸淫幼女,以绑架、强奸论处的一般理解,认定为强迫吸食。不过,如果是将毒品偷偷掺在食品中供成人食用,通常认为属于引诱。(答案:BD)

## 考点 24 组织、强迫卖淫罪罪数问题

**精讲**

《刑法修正案(九)》之前,组织或强迫卖淫的,有五种加重处罚情形:(1) 组织他人卖淫,情节严重的;(2) 强迫不满14周岁的幼女卖淫的;(3) 强迫多人卖淫或者多次强迫他人卖淫的;(4) 强奸后迫使其卖淫的;(5) 造成被强迫卖淫的人重伤、死亡或者其他严重后果的。不需要数罪并罚。但《刑法修正案(九)》对此作了重要调整:(1) 删除加重处罚的情形;(2) 组织、强迫未成年人卖淫的,从重处罚;(3) 犯组织、强迫卖淫罪,并有杀害、伤害、强奸、绑架等犯罪行为的,数罪并罚(不再是按一罪加重处罚)。(4) 删除此二罪的死刑规定。

## 考点 25 组织卖淫罪的认定

### 一、精讲

1. 组织卖淫罪是指以招募、雇用、纠集、强迫、引诱、容留等手段,控制多人从事卖淫的行为。应掌握以下要点:(1) 多人,是指3人以上,主要是女人,也包括男人。(2) 既包括组织卖淫人员向异性卖淫,也包括向同性卖淫。

2. 一罪与数罪。在组织卖淫的犯罪活动中,同时对被组织卖淫的人有强迫、引诱、容留、介绍卖淫行为的,应当作为组织卖淫罪的量刑情节考虑,不实行数罪并罚。但是,如果这些行为是对被组织者以外的人实施的,仍应分别定罪,实行数罪并罚。

3. 组织卖淫罪的特殊性。组织卖淫罪虽有"组织"一词,但与共同犯罪制度中的"组织"、领导犯罪集团的"组织"一词意义不同。(1) 被组织的卖淫人员从事的卖淫活动本身不是犯罪,卖淫人员也不是共同犯罪人,故组织卖淫的组织者不是她们的"首要分子";(2) 组织者与

协助组织者通常具有共犯关系,但是刑法已经将协助组织卖淫罪独立出来,不按共同犯罪关系定罪处罚。故对组织卖淫者和协助者,不适用共犯一般制度定罪处罚,也就不把组织者认为是协助组织者的首要分子。

## 二、例题

徐某1990年曾因投机倒把罪被判处5年有期徒刑,服刑期间经过减刑,于1994年11月刑满释放。1998年,徐某在某市开设一娱乐城,自任总经理,为谋利,非法提供色情服务。为了对付公安机关的查处和管理卖淫妇女,徐某要求统一保管卖淫妇女的身份证,对卖淫妇女实行集体吃住、统一收费、定期休检和发避孕工具的措施。徐某聘用李某负责保安,聘用赵某协助管理卖淫妇女。营业初期,有陆某等6名妇女卖淫,陆某又将1名刚满13周岁的女孩林某引诱来卖淫。一次,出租汽车司机罗某得知公安机关晚上要检查娱乐场所,便给徐某报信,使娱乐城躲过了公安机关的查处。后公安机关经过严密侦查,于1998年6月查封了娱乐城,在对卖淫妇女和嫖娼人员的查处中,发现经常在娱乐城嫖娼的陈某患有严重的性病。据陈某交代,他在一个月前被查出患有性病,但认为每次使用安全套,不会传染他人,因此一边治疗,一边经常嫖娼,听说娱乐城有一个十三四岁的女孩林某,曾嫖宿过这个女孩。幼女林某也指认,曾与陈某嫖宿过。根据以上事实,请回答下列问题:(1999年真题,不定选)

(1)对徐某应以什么罪定罪量刑?
A. 强迫妇女卖淫罪　　　　　　　　B. 组织卖淫罪
C. 引诱、容留卖淫罪　　　　　　　D. 非法经营罪
[释疑]　略。(答案:B)

(2)徐某具有哪些法定从重处罚情节?
A. 教唆不满18周岁的人犯罪　　　　B. 累犯
C. 该娱乐城的主要负责人　　　　　D. 首要分子

[释疑]　(1)徐某因故意犯罪被判5年有期徒刑,刑满释放后5年以内又犯应当判处有期徒刑以上的故意罪,构成累犯,应当从重。

(2)分则条文规定法定从重的情节。根据第361条规定,旅馆业、饮食服务业、文化娱乐业、出租汽车业等单位的主要负责人,利用本单位的条件,组织、强迫、引诱、容留、介绍他人卖淫的,从重处罚。

(3)虽然不能排除徐某有引诱幼女卖淫的行为,但幼女卖淫行为本身不是犯罪,故即使有引诱幼女卖淫行为,也不构成教唆,不存在教唆不满18岁的人犯罪的问题。

(4)关于D项首要分子的问题。现行中的共犯制度,对主犯和集团犯罪的首要分子,是通过让他们对共同犯罪或集团犯罪的全部罪行承担刑事责任的方式来体现从重。不是一般性地把首要分子作为法定从重处罚的情节。在分则中,也未见对组织卖淫罪首要分子从重处罚的特别规定,故认为D项错误。(答案:BC)

## 考点 26　协助组织卖淫罪是独立罪名,不以组织卖淫罪的共犯论处

## 一、精讲

1. 协助组织卖淫也可包含相关行为,如引诱、容留、介绍卖淫的行为,限制甚至剥夺卖淫

人员人身自由的行为等,不必数罪并罚。

2. 协助是指对组织卖淫者提供帮助,协助组织卖淫罪实际上是从组织卖淫的共同犯罪中独立出来的一个罪名,刑法将这种协助行为规定为独立的罪名并配置独立法定刑。故对于协助组织卖淫的行为应单独定罪,而不以组织卖淫罪的共犯论处。

## 二、例题

(题干见考点25的例题)李某和赵某行为构成何罪?(1999年真题,不定选)
A. 组织卖淫罪  B. 协助组织卖淫罪
C. 引诱、容留卖淫罪  D. 强迫卖淫罪
[**释疑**]  略。(答案:B)

## 考点 27  引诱幼女卖淫罪是独立罪名

### 一、精讲

本罪与引诱卖淫罪是不同种罪,犯罪对象须为不满14周岁的幼女。

### 二、例题

(题干见考点25的例题)陆某的行为构成何罪?(1999年真题,不定选)
A. 协助组织卖淫罪  B. 介绍卖淫罪
C. 引诱幼女卖淫罪  D. 组织卖淫罪
[**释疑**]  其实只要知道引诱幼女卖淫是刑法上的一个独立罪名,即可正确回答本题。引诱幼女卖淫罪与引诱卖淫罪是不同种罪,故若被告人既有引诱幼女卖淫行为又有引诱卖淫行为的,应当成立数罪并罚。(答案:C)

## 考点 28  引诱、容留、介绍卖淫罪的认定

### 一、精讲

1. 引诱、容留、介绍卖淫罪是一个选择性罪名,行为人有任一项行为的,均可单独构成完整一罪,如容留他人卖淫罪。如果行为人同时构成两个以上的行为的,不数罪并罚,以相应的罪名定罪处罚,如容留、介绍卖淫罪。我国学说和司法对选择一罪的处理方式类似于同种数罪,不数罪并罚。

2. 引诱幼女卖淫罪与容留幼女卖淫罪,二者不属于选择罪名,故通常实行并罚。但是如果引诱与容留卖淫为同一幼女,可认为是结果行为的牵连,不数罪并罚。如甲引诱幼女乙卖淫同时为乙卖淫提供场所(容留卖淫)的,择一重罪以引诱幼女卖淫罪一罪处罚。

3. 引诱幼女卖淫的,构成第359条第2款规定之引诱幼女卖淫罪。

4. 引诱卖淫罪与引诱幼女卖淫罪是不同种罪,如果被告人既有引诱幼女卖淫行为又有引诱卖淫行为的,数罪并罚。

### 二、例题

对《刑法》关于组织、强迫、引诱、容留、介绍卖淫罪的规定,下列解释正确的是:(2004年真

题,不定选)

A. 引诱、容留、介绍卖淫罪,包括引诱、容留、介绍男性向同性恋者卖淫
B. 引诱成年人甲卖淫,容留成年人乙卖淫的,成立引诱、容留卖淫罪,不实行并罚
C. 引诱幼女甲卖淫,容留幼女乙卖淫的,成立引诱幼女卖淫罪与容留卖淫罪,实行并罚
D. 引诱幼女向他人卖淫后又嫖宿该幼女的,以引诱幼女卖淫罪论处,从重处罚

[释疑] 略。(答案:ABC)

## 考点 29 有关淫秽物品的犯罪

### 一、精讲

1. 制作、复制、出版、贩卖、传播淫秽物品牟利罪是目的犯,"以牟利为目的"。
2. 为他人提供书号出版淫秽书刊罪是过失犯,即在不知他人用于出版淫秽书刊的情况下为他人提供书号。主体是特殊主体,通常是新闻出版部门的管理人员或单位。如果明知他人用于出版淫秽书刊而故意提供书号的,应当以出版淫秽物品牟利罪的共犯论处。
3. 传播淫秽物品罪,是故意犯,但不是目的犯,即不"以牟利为目的"为要件。本罪与传播淫秽物品牟利罪区别的要点是有没有"以牟利为目的"。
4. 以上各罪主体均包括单位,并实行双罚制。

### 二、例题

1. 关于利用互联网传播淫秽物品牟利的犯罪,可以由哪些主体构成?(2010年真题,多选)

A. 网站建立者　　　　　　　　B. 网站直接管理者
C. 电信业务经营者　　　　　　D. 互联网信息服务提供者

[释疑] 2010年1月《关于办理利用互联网、移动通讯终端、声讯台制作、复制、出版、贩卖、传播淫秽电子信息刑事案件具体应用法律若干问题的解释(二)》第6条规定,电信业务经营者(C)、互联网信息服务提供者(D)明知是淫秽网站(A、B),为其……的,以传播淫秽物品牟利罪定罪处罚……C、D项是"淫秽网站"建立、管理者(A、B项)的共犯。(答案:ABCD)

2. 雷某为购买正式书号用于出版淫秽录像带,找某音像出版社负责人任某帮忙。雷向任谎称自己想制作商业宣传片,需要一个书号,并提出付给出版社1万元"书号费"。任某同意,但要求雷给自己2万元好处费,雷某声称盈利后会考虑。任某随后指示有关部门立即办理。雷某拿到该书号出版了淫秽录像带,发行数量极大、影响极坏。雷牟利后给任某2万元好处费,任某收下。关于本案,下列哪些说法是错误的?(2004年真题,多选)

A. 雷某与任某的行为构成为他人提供书号出版淫秽书刊罪的共犯
B. 雷某的行为构成传播淫秽物品罪,任某的行为构成为他人提供书号出版淫秽书刊罪
C. 雷某的行为构成出版淫秽物品牟利罪,任某的行为构成出版淫秽物品牟利罪的共犯
D. 雷某与任某的行为构成非法经营罪的共犯

[释疑] (1)雷某构成出版淫秽物品牟利罪(第363条)和行贿罪;
(2)任某构成为他人提供书号出版淫秽书刊罪(第363条第2款)和受贿罪,二人不是共同犯罪。

假如明知他人用于出版淫秽书刊而提供书号的,构成出版淫秽物品牟利罪的共犯,但从案

情看,任某被雷某蒙骗,明显不具有这种明知。据此,A、B、C、D四项说法都是错误的。另外,雷某有对单位行贿罪的行为,但数额只有1万元,未达到立案标准(10万元)。(答案:ABCD)

## 考点 30 有关编造、故意传播虚假恐怖信息及其他虚假信息的犯罪[刑法修正案(九)]

### 一、精讲

1. 包括编造、故意传播两种行为,以"严重扰乱社会秩序"为成立要素。编造、传播内容包括虚假恐怖信息和其他虚假信息。

2. 编造、故意传播虚假信息罪:编造虚假的险情、疫情、灾情、警情,在信息网络或其他媒体上传播,或明知是上述虚假信息,故意在信息网络或其他媒体上传播,严重扰乱社会秩序的行为。[《刑法修正案(九)》新增]

3. 此类行为并未对公共安全构成具体危险,与实施真正的恐怖犯罪活动有所不同,意在造成社会心理恐慌,故不能成立危害公共安全犯罪。

### 二、例题

1. 甲给机场打电话谎称"3架飞机上有炸弹",机场立即紧急疏散乘客,对飞机进行地毯式安检,3小时后才恢复正常航班秩序。关于本案,下列哪一选项是正确的?(2013年真题,单选)

A. 为维护社会稳定,无论甲的行为是否严重扰乱社会秩序,都应追究甲的刑事责任

B. 为防范危害航空安全行为的发生,保护人民群众,应以危害公共安全相关犯罪判处甲死刑

C. 从事实和法律出发,甲的行为符合编造、故意传播虚假恐怖信息罪的犯罪构成,应追究其刑事责任

D. 对于散布虚假信息,危及航空安全,造成国内国际重大影响的案件,可突破司法程序规定,以高效办案取信社会

[释疑] A项,第291条规定之一编造、传播虚假恐怖信息罪以"严重扰乱社会秩序的"为要件,否则为治安违法行为。《治安管理处罚法》第25条规定,散布谣言,谎报险情、疫情、警情或者以其他方法故意扰乱公共秩序的,处5日以上10日以下拘留。B项错,没有真实公共危险,仅成立C项第291条之罪或第25条之违法行为。D项违反罪刑法定原则。(答案:C)

## 考点 31 聚众斗殴罪

### 一、精讲

1. 本罪的处罚范围:首要分子和积极参加者,一般参加者不再刑罚处罚之列。
2. 本罪有转化犯的规定,即"致人重伤、死亡的,以故意伤害、故意杀人定罪处罚"。

### 二、例题

甲、乙两村因水源发生纠纷。甲村20名村民手持铁锹等农具,在两村交界处强行修建引

水设施。乙村 18 名村民随即赶到,手持木棍、铁锹等与甲村村民互相谩骂、互扔石块,甲村 3 人被砸成重伤。因警察及时疏导,两村村民才逐渐散去。关于本案,下列哪些选项是正确的?(2013 年真题,多选)

A. 村民为争水源而斗殴,符合聚众斗殴罪的主观要件
B. 不分一般参加斗殴还是积极参加斗殴,甲、乙两村村民均触犯聚众斗殴罪
C. 因警察及时疏导,两村未发生持械斗殴,属于聚众斗殴未遂
D. 对扔石块将甲村 3 人砸成重伤的乙村村民,应以故意伤害罪论处

[释疑] 聚众斗殴罪题。A 项对,聚众斗殴罪主观要件是故意罪,明知聚众斗殴即可,对动机、目的没有特别限定。第 292 条规定:聚众斗殴的,对首要分子和其他积极参加的,处三年以下有期徒刑、拘役或者管制;有下列情形之一的,对首要分子和其他积极参加的,处三年以上十年以下有期徒刑:……(四)持械聚众斗殴的。聚众斗殴,致人重伤、死亡的,依照本法第 234 条(伤害)、第 232 条(杀人)的规定定罪处罚。据此,B、C 项错,D 项对。(答案:AD)

## 考点 32　涉及身份证件的犯罪[《刑法修正案(九)》]

伪造、变造、买卖身份证件罪:伪造、变造、买卖居民身份证、护照、社会保障卡、驾驶证等依法可以用于证明身份的证件的行为。

使用虚假身份证件、盗用身份证件罪:在依照国家规定应当提供身份证明的活动中,使用伪造、变造的或者盗用他人的居民身份证、护照、社会保障卡、驾驶证等依法可以用于证明身份的证件,情节严重的行为。若同时构成其他犯罪的,依照处罚较重的规定定罪处罚(想象竞合)。

## 考点 33　涉及考试作弊的犯罪[《刑法修正案(九)》]

### 一、精讲

组织考试作弊罪:在法律规定的国家考试中,组织作弊的行为。为他人实施本罪提供作弊器材或其他帮助的,同罚。

非法出售、提供试题、答案罪:为实施考试作弊行为,向他人非法出售或提供法律规定的国家考试的试题、答案的行为。

代替考试罪:代替他人或让他人代替自己参加法律规定的国家考试的行为(双方皆入罪)。

### 二、例题

2016 年 4 月,甲利用乙提供的作弊器材,安排大学生丙在地方公务员考试中代替自己参加考试。但丙考试成绩不佳,甲未能进入复试。关于本案,下列哪些选项是正确的?(2016 年真题,多选)

A. 甲组织他人考试作弊,应以组织考试作弊罪论处
B. 乙为他人考试作弊提供作弊器材,应按组织考试作弊罪论处
C. 丙考试成绩虽不佳,仍构成代替考试罪

D. 甲让丙代替自己参加考试,构成代替考试罪

[释疑] C、D项正确,第284条(代替考试罪)之一规定:"代替他人或者让他人代替自己参加第一款规定的考试的,处拘役或者管制,并处或者单处罚金。"代替考试罪包括甲、丙的行为。从法条上看,替考成绩如何不影响犯罪成立。

A、B项错,因为甲、乙行为明显不符合组织考试作弊的要件。(答案:CD)

## 考点 34 扰乱社会秩序的犯罪[《刑法修正案(九)》]

1. 聚众扰乱社会秩序罪:聚众扰乱社会秩序,情节严重,致使工作、生产、营业和教学、科研、医疗无法进行,造成严重损失的行为。

2. 扰乱国家机关工作秩序罪:多次扰乱国家机关工作秩序,经行政处罚后仍不改正,造成严重后果的行为。

3. 组织、资助非法聚集罪:多次组织、资助他人非法聚集,扰乱社会秩序,情节严重的行为。

## 考点 35 盗窃、侮辱、故意毁坏尸体、尸骨、骨灰罪[《刑法修正案(九)》]

行为类型增加了侮辱、故意毁坏两种;对象增加了尸骨、骨灰。

## 考点 36 涉及案件信息的犯罪[《刑法修正案(九)》]

泄露不应公开的案件信息罪:司法工作人员、辩护人、诉讼代理人或者其他诉讼参与人,泄露依法不公开审理的案件中不应当公开的信息,造成信息公开传播或者其他严重后果的行为。有本罪行为,泄露国家秘密的,依故意泄露国家秘密罪定罪处罚。

披露、报道不应公开的案件信息罪:公开披露、报道第1款规定的案件信息,情节严重的行为。单位犯罪,双罚。

## 考点 37 扰乱法庭秩序罪[《刑法修正案(九)》]

有下列扰乱法庭秩序情形之一的行为:(1)聚众哄闹、冲击法庭的;(2)殴打司法工作人员或者诉讼参与人的;(3)侮辱、诽谤、威胁司法工作人员或者诉讼参与人,不听法庭制止,严重扰乱法庭秩序的;(4)有毁坏法庭设施,抢夺、损毁诉讼文书、证据等扰乱法庭秩序行为,情节严重的。

## 考点 38 拒绝提供间谍犯罪、恐怖主义犯罪、极端主义犯罪证据罪[《刑法修正案(九)》]

明知他人有间谍犯罪或恐怖主义、极端主义犯罪行为,在司法机关向其调查有关情况、收集有关证据时,拒绝提供,情节严重的行为。

## 考点 39 非法生产、买卖、运输制毒物品、走私制毒物品罪[《刑法修正案(九)》]

违反国家规定,非法生产、买卖、运输醋酸酐、乙醚、三氯甲烷或者其他用于制造毒品的原

料、配剂,或者携带上述物品进出境,情节较重的行为。明知他人制造毒品而为其生产、买卖、运输前款规定的物品的,以制造毒品罪的共犯论处。

# 第七章 危害国防利益罪

### 考点  破坏军事通信、军事设施罪与其他罪的竞合

#### 一、精讲

1. 破坏军事通信、军事设施罪与破坏广播电视设施、公用电信设施罪发生法条竞合。根据特殊规定优先适用的原理,应当按破坏军事设施、军事通信罪定罪处罚。
2. 破坏军事通信、军事设施罪与盗窃罪发生想象竞合,根据从一重罪处罚的原理,应当以破坏军事设施、军事通信罪定罪处罚。

#### 二、例题

村民张某,为了筹集结婚费用,动起了盗窃国防通信线路的念头,先后3次用钢丝钳等工具,偷剪该线路电缆2000余米,价值2万元,销赃后得赃款3000元,致使该线路中断通信3个多小时。张某的行为构成何罪?(1999年真题,单选)

　　A. 盗窃罪　　　　　　　　　B. 破坏公用通信设备罪
　　C. 破坏军事通信罪　　　　　D. 故意毁坏财物罪

[释疑] (1)张某犯盗窃罪同时触犯破坏通信设备方面的犯罪,属于典型的一行为触犯数罪名的想象竞合犯,应从一重罪处罚。

(2)张某盗割军事通信电缆,在破坏通信这点上触犯到两个罪:破坏军事通信罪和破坏公用电信设施罪。根据特殊规定优先适用的原理,按破坏军事设施罪定罪处罚。(答案:C)

#### 三、提示与预测

注意对2007年6月最高人民法院《关于审理危害军事通信刑事案件具体应用法律若干问题的解释》的考查。

# 第八章 贪污贿赂罪

### 考点 1  贪污罪的认定

#### 一、精讲

1. 贪污罪与职务侵占罪的区别,关键是犯罪主体不同:贪污罪主体是国家工作人员;职务侵占罪的主体是公司企业职员。
2. 贪污罪的主体包括:

(1) 国家机关中从事公务的人员。

(2) 国有公司、企业、事业单位、人民团体(以下简称"国有单位")中从事公务的人员。"国有单位"指国有"全资"单位。国有控股公司、企业,不属于本条所称的国有单位。

(3) 国有单位委派到非国有单位中从事公务的人员,只要他们在其中从事公务,不论被委派前是否具有国家工作人员的身份,都以国家工作人员论。

(4) 其他依照法律从事公务的人员。所谓"从事公务",是指在国有单位中或被委派到非国有单位中从事履行组织、领导、监督、管理等职责。根据全国人大常委会的立法解释,村民委员会等村基层组织人员协助人民政府从事下列行政管理工作时,属于第93条第2款规定的"其他依照法律从事公务的人员":① 救灾、抢险、防汛、优抚、移民、救济款物的管理和发放;② 社会捐助公益事业款物的管理和发放;③ 土地的经营、管理和宅基地的管理;④ 土地征用补偿费用的管理和发放;⑤ 代征、代缴税款;⑥ 有关计划生育、户籍、征兵工作;⑦ 协助人民政府从事的其他行政管理工作。

贪污罪主体除包括上述国家工作人员之外,还包括"受委托从事公务的人员",他们主要是因承包、租赁、临时聘用等授权管理、经营国有财产的人员。

3.《刑法修正案(九)》将贪污、受贿罪的量刑标准由原来"绝对数额"的单一标准修改为"相对数额+其他情节"的复合标准。

4. 犯贪污、受贿罪,在提起公诉前如实供述自己罪行、真诚悔罪、积极退赃、避免、减少损害结果的发生,贪污、受贿数额较大或有其他较重情节的,可以从轻、减轻或者免处罚;贪污、受贿数额(特别)巨大或有其他(特别)严重情节的,可以从轻处罚。

5. 终身监禁制度:犯贪污、受贿罪被判处死刑缓期执行的,法院根据犯罪情节等情况可以同时决定在其死刑缓期执行二年期满依法减为无期徒刑后,终身监禁,不得减刑、假释。

## 二、例题

1. 甲是A公司(国有房地产公司)领导,因私人事务欠蔡某600万元。蔡某让甲还钱,甲提议以A公司在售的商品房偿还债务,蔡某同意。甲遂将公司一套价值600万元的商品房过户给蔡某,并在公司财务账目上记下自己欠公司600万元。三个月后,甲将账作平,至案发时亦未归还欠款。(事实一)

A公司有工程项目招标。为让和自己关系好的私营公司老板程某中标,甲刻意安排另外两家公司与程某一起参与竞标。甲让这两家公司和程某分别制作工程预算和标书,但各方约定,若这两家公司中标,就将工程转包给程某。程某最终在A公司预算范围内以最优报价中标。为感谢甲,程某花5000元购买仿制古董赠与甲。甲以为是价值20万元的真品,欣然接受。(事实二)

甲曾因公务为A公司垫付各种费用5万元,但由于票据超期,无法报销。为挽回损失,甲指使知情的程某虚构与A公司的劳务合同并虚开发票。甲在合同上加盖公司公章后,找公司财务套取"劳务费"5万元。(事实三)

请回答第89—91题。(2016年真题,不定选)

89. 关于事实一的分析,下列选项正确的是:

A. 甲将商品房过户给蔡某的行为构成贪污罪

B. 甲将商品房过户给蔡某的行为构成挪用公款罪

C. 甲虚假平账,不再归还600万元,构成贪污罪
D. 甲侵占公司600万元,应与挪用公款罪数罪并罚

[释疑] C项正确,甲利用职务便利将公司房产一套过户给他人归还个人借款,且已经"平账",客观上侵占了公共财产、实现了非法占有目的,构成贪污罪。

A项错,因为甲将房款在公司财务账目上记下自己欠公司600万元,不足以证明具有非法占有目的、实现非法占有。B项错,挪用公款罪对象是"公款",不包括"公物"(房产)。D项错,甲仅有侵占公司房产的一个行为,仅成立贪污罪一罪。(答案:C)

90. 关于事实二的分析,下列选项正确的是:
A. 程某虽与其他公司串通参与投标,但不构成串通投标罪
B. 甲安排程某与他人串通投标,构成串通投标罪的教唆犯
C. 程某以行贿的意思向甲赠送仿制古董,构成行贿罪既遂
D. 甲以受贿的意思收下程某的仿制古董,构成受贿罪既遂

[释疑] A项正确,第223条【串通投标罪】规定:"投标人相互串通投标报价,损害招标人或者其他投标人利益,情节严重的,处三年以下有期徒刑或者拘役,并处或者单处罚金。投标人与招标人串通投标,损害国家、集体、公民的合法利益的,依照前款的规定处罚。"

根据第223条,串通投标罪要求投标人相互串通投标报价。投标人没有串通投标报价,仅仅是约定由其中一人得标,若其他人中标的,将标的转让,通常不损害招标人或其他投标人利益,不是串通投标罪(参见张明楷:《刑法学》(下册),第832页)。根据案情,三家公司分别制作标书,没有串通价格,程某最终在A公司预算范围内以最优报价中标,似乎没有损害招标人利益,如果另两家公司中标,转让给程某公司,似乎也没有损害其他投标人利益。不符合"损害招标人或者其他投标人利益"的要件。

B项错,按照223条第2款规定,投标人与招标人串通投标,直接适用该款以串通投标罪定罪处罚,不适用教唆犯规定。另第2款之罪也以"损害国家、集体、公民的合法利益"为要件,甲之行为似乎不具备这一要件。理由同上。C项错,行贿数额较大(3万元以上)才构成犯罪。D项错,受贿数额较大(3万元以上)才构成犯罪。司法实务上严格按照贿赂物的实际价值定罪,实际价值不到数额较大的,绝对不定罪贿赂罪。理论上,甲某似乎可成立受贿罪未遂。(答案:A)

91. 关于事实三的分析,下列选项错误的是:
A. 甲以非法手段骗取国有公司的财产,构成诈骗罪
B. 甲具有非法占有公共财物的目的,构成贪污罪
C. 程某协助甲对公司财务人员进行欺骗,构成诈骗罪与贪污罪的想象竞合犯
D. 程某并非国家工作人员,但帮助国家工作人员贪污,构成贪污罪的帮助犯

[释疑] 无论是诈骗还是贪污,都是非法占有财物,实质上侵犯了他人或公司财产。本案甲某确实为公司垫付了5万元,本该由公司支付给甲。甲以假发票做账,套取自己为公司垫付款,是取得自己应得的有财产,没有侵犯公司财产。其非法性不在取得财产而在做假账,违反公司财务管理制度的行为。甲作为正犯不成立犯罪,程某帮助行为当然不构成犯罪。另外,利用职务便利骗取公共财产,一般认为是法条竞合犯。程某并非国家工作人员,如果本人侵占公司财产必须达到6万元才构成犯罪,本案中帮助他人贪污5万元,不应当认定为犯罪(参见张明楷:刑法学(第五版)(下册),第1186页)。(答案:ABCD)

2. 国有A公司总经理甲发现A公司将从B公司购进的货物转手卖给某公司时，A公司即可赚取300万元。甲便让其妻乙注册成立C公司，并利用其特殊身份，让B公司与A公司解除合同后，再将货物卖给C公司。C公司由此获得300万元利润。关于甲的行为定性，下列哪一选项是正确的？（2013年真题，单选）

A. 贪污罪
B. 为亲友非法牟利罪
C. 诈骗罪
D. 非法经营同类营业罪

[释疑] A项对，甲乙夫妻财产共有。甲利用职务便利将本单位应得收益300万由乙占有等于是本人侵吞本单位财产，是贪污。排除适用B、C、D项。（第166条为亲友非法牟利罪）："国有公司、企业、事业单位的工作人员，利用职务便利，有下列情形之一……（一）将本单位的盈利业务交由自己的亲友进行经营的……"第165条（非法经营同类营业罪）规定"国有公司、企业的董事、经理利用职务便利，自己经营或者为他人经营与其所任职公司、企业同类的营业，获取非法利益，数额巨大的，处三年以下……"（答案：A）

3. 关于贪污罪的认定，下列哪些选项是正确的？（2011年真题，多选）

A. 国有公司中从事公务的甲，利用职务便利将本单位收受的回扣据为己有，数额较大。甲的行为构成贪污罪
B. 土地管理部门的工作人员乙，为农民多报青苗数，使其从房地产开发商处多领取20万元补偿款，自己分得10万元。乙的行为构成贪污罪
C. 村民委员会主任丙，在协助政府管理土地征用补偿费时，利用职务便利将其中数额较大款项据为己有。丙的行为构成贪污罪
D. 国有保险公司工作人员丁，利用职务便利编造未发生的保险事故进行虚假理赔，将骗取的5万元保险金据为己有。丁的行为构成贪污罪

[释疑] （1）A项，单位收受的回扣虽然不合法，但属于公共财物，是贪污罪对象。
（2）B项，没有利用职务便利，侵占财产不属于本单位的，成立诈骗罪。利用职务便利"贪污"（本人经管、本单位的）公共财产，是贪污。
（3）C项，根据第93条的规定，村民委员会等基层组织人员协助人民政府从事土地、管理工作时，以国家工作人员论，利用职务便利，将经手财物据为己有的，定贪污罪。
（4）D项，第183条第2款规定，国有保险公司工作人员和国有保险公司委派到非国有保险公司从事公务的人员利用职务上的便利，故意编造未曾发生的保险事故进行虚假理赔，骗取保险金归自己所有的，依照贪污罪定罪处罚。（答案：ACD）

4. 下列哪些行为应以职务侵占罪论处？（2008年真题，多选）

A. 甲系某村民小组的组长，利用职务上的便利，将村民小组集体财产非法据为己有，数额达到5万元
B. 乙为村委会主任，利用协助乡政府管理和发放救灾款物之机，将5万元救灾款非法据为己有
C. 丙是某国有控股公司部门经理，利用职务上的便利，将本单位的5万元公款非法据为己有
D. 丁与某私营企业的部门经理李某内外勾结，利用李某职务上的便利，共同将该单位的5万元资金非法据为己有

[释疑] （1）A、C、D项中的甲、丙、丁，均不属于国家工作人员，利用职务便利侵吞单位

财产的,是职务侵占罪;其中C项,"国有控股公司"在刑法上属于非国有单位,其工作人员除国企和政府委派的,均不是国家工作人员。

(2) B项,村委会等基层组织的工作人员,协助政府从事行政管理事务的,属于国家工作人员。(答案:ACD)

5. 某国有公司出纳甲意图非法占有本人保管的公共财物,但不使用自己手中的钥匙和所知道的密码,而是使用铁棍将自己保管的保险柜打开并取走现金3万元。之后,甲伪造作案现场,声称失窃。关于本案,下列哪一选项是正确的?(2008年真题,单选)

A. 甲虽然是国家工作人员,但没有利用职务上的便利,故应认定为盗窃罪
B. 甲虽然没有利用职务上的便利,但也不属于将他人占有的财物转移为自己占有,故应认定为侵占罪
C. 甲将自己基于职务保管的财物据为己有,应成立贪污罪
D. 甲实际上是通过欺骗手段获得财物的,应认定为诈骗罪

[释疑] 对本人基于职务保管的财物窃取,通常认定为贪污罪。属于利用职务便利窃取公共财产(第382条)。(答案:C)

6. 下列哪些行为应当以贪污罪论处?(2008年缓考真题,多选)

A. 国家工作人员甲在国内公务活动中收受礼物,依照国家规定应当交公而不交公,数额较大
B. 乙受国家机关的委托经营某小型国有企业,利用职务上的便利,将该国有企业的资产转移到个人名下
C. 国家工作人员丙利用职务上的便利,挪用公款数额巨大不能退还
D. 国家工作人员丁利用职务之便,将依法扣押的陈某私人所有的汽车据为己有

[释疑] (1) A项,第394条规定:"国家工作人员在国内公务活动或者对外交往中接受礼物,依照国家规定应当交公而不交公,数额较大的,依照本法第三百八十二条、第三百八十三条的规定定罪处罚。"

(2) B项,第382条第2款规定:"受国家机关……委托管理、经营国有财产的人员,利用职务上的便利,侵吞、窃取、骗取或者以其他手段非法占有国有财物的,以贪污论。"

(3) C项,第384条第1款规定:"……挪用公款数额巨大不退还的,处十年以上有期徒刑或者无期徒刑。"是挪用公款的结果加重犯。

(4) D项,第91条第2款规定:"在国家机关、国有公司、企业、集体企业和人民团体管理、使用或者运输中的私人财产,以公共财产论。"(答案:ABD)

# 考点 2 受贿罪"为他人谋利"的理解

## 一、精讲

受贿有两种基本形式:

(1) 利用职务之便,索取他人财物,即通常所说的"索贿"。

(2) 利用职务之便,非法收受他人财物,即在行贿人主动行贿的情况下,行为人非法收受他人财物的情况。非法收受他人财物的,必须同时具备"为他人谋取利益"的条件,才能构成受贿罪。但是为他人谋取的利益是否正当,为他人谋取的利益是否实现,不影响受贿罪的成

立。至于"为他人谋取利益"的时间是在非法收受他人财物的同时还是之前或之后,不影响受贿罪的成立。是否具备"为他人谋取利益"的要件,关键看有无具体的请托事项。为他人谋取利益包括承诺、实施和实现三个阶段,只要具备其中一项,就认为具有为他人谋利的条件。"承诺"的认定,通常只要明知他人有具体请托事项而收受财物的,就认为承诺为他人谋利。

## 二、例题

某甲在国家机关任职,某乙有求于他的职务行为,给某甲送上 5 万元的好处费。某甲答应给某乙办事,但因故未办成。某乙见事未办成,要求某甲退回好处费,某甲拒不退还,并威胁某乙如果再来要钱就告某乙行贿。对某甲的行为应如何定罪?(2000 年真题,单选)

A. 受贿罪　　　　　　　　　　　B. 诈骗罪
C. 敲诈勒索罪　　　　　　　　　D. 受贿罪与敲诈勒索罪

[释疑]　5 万元是某乙主动送上的,某甲取得财物不存在欺骗问题,故排除诈骗罪。同样道理,5 万元是受贿款,与威胁行为无关。某甲不退还受贿款的问题,是其受贿罪后续行为,不应单独评价、处罚。(答案:A)

# 考点 3　受贿罪的认定

## 一、精讲

1. 本罪主体为特殊主体。

2. 客观上利用职务上的便利,索取他人财物或非法收受他人财物,为他人谋取利益。"利用职务上的便利"包括三种情况:

(1) 利用本人直接主管、经办某公共事务的职权;

(2) 利用自己分管、主管的下属工作人员的职权;

(3) 利用不属自己分管的下级部门的国家工作人员的职权。

3. 对象是他人财物,也包括财产性利益,如债权的设立、债务的免除以及其他财产性利益,但不包括诸如提升职务、迁移户口、升学就业、提供女色等非财产性利益。

4. 刑法特别规定的以受贿论处的两种情况:

(1) 在经济往来中的受贿罪。根据第 385 条第 2 款的规定:"国家工作人员在经济往来中,违反国家规定,收受各种名义的回扣、手续费,归个人所有的,以受贿论处。"

(2) 斡旋受贿以受贿论处。第 388 条规定:"国家工作人员利用本人职权或者地位形成的便利条件,通过其他国家工作人员职务上的行为,为请托人谋取不正当利益,索取请托人财物或者收受请托人财物的,以受贿论处。"成立(斡旋)受贿不以一方对另一方存在权力"制约"关系为必要,若存在制约关系的,则属于直接利用本人职权受贿,不需适用斡旋受贿的特别规定。

5. 受贿罪与诈骗罪、敲诈勒索罪的区别:主要在于是否利用职务之便。

6. 受贿罪一罪数罪的认定。因为受贿为请托人谋取非法利益的场合,往往会同时构成其他犯罪,例如,因为受贿而挪用公款给他人使用的、滥用职权的,一般要数罪并罚。但是根据第 399 条第 4 款的规定,司法工作人员贪赃枉法有徇私枉法或民事、行政枉法裁判行为的,依照处罚较重的规定定罪处罚。

7. "事后受贿"以事先约定为要件,事前无约定不成立受贿罪。

## 二、例题

1. 关于贿赂犯罪的认定，下列哪些选项是正确的？(2016年真题，多选)

A. 甲是公立高校普通任课教师，在学校委派其招生时，利用职务便利收受考生家长10万元。甲成立受贿罪

B. 乙是国有医院副院长，收受医药代表10万元，承诺为病人开处方时多开相关药品。乙成立非国家工作人员受贿罪

C. 丙是村委会主任，在村集体企业招投标过程中，利用职务收受他人财物10万元，为其谋利。丙成立非国家工作人员受贿罪

D. 丁为国有公司临时工，与本公司办理采购业务的副总经理相勾结，收受10万元回扣归二人所有。丁构成受贿罪

[释疑] A项正确，公立高校招生属于从事公务。B项正确，乙利用医生看病开处方职务便利，不是从事公务。C项正确，村主任村集体企业招标，属于村务而非公务。D项正确，国有公司副总采购，属于国家工作人员从事公务，收受回扣的成立受贿罪。丁是副总的受贿罪共犯，不论他身份如何都是受贿罪共犯。(答案：ABCD)

2. 国家工作人员甲听到有人敲门，开门后有人扔进一个包就跑。甲发现包内有20万元现金，推测是有求于自己职务行为的乙送的。甲打电话问乙时被告知"不要问是谁送的，收下就是了"(事实上是乙安排丙送的)，并重复了前几天的请托事项。甲虽不能确定是乙送的，但还是允诺为乙谋取利益。关于本案，下列哪一选项是正确的？(2016年真题，单选)

A. 甲没有主动索取、收受财物，不构成受贿罪

B. 甲没有受贿的直接故意，间接故意不可能构成受贿罪，故甲不构成受贿罪

C. 甲允诺为乙谋取利益与收受20万元现金之间无因果关系，故不构成受贿罪

D. 即使认为甲不构成受贿罪，乙与丙也构成行贿罪

[释疑] D项，无论甲是否构成受贿，"乙与丙构成行贿罪"绝对正确。相反其他各项明显错误。A项错，因为构成受贿罪不以索取为必要。B项错，因为受贿罪故意不限于直接故意，包括间接故意。进一步扩展：根据第14条第1款，犯罪故意包括明知且希望(直接故意)和明知且放任(间接故意)，普遍适用于分则各罪，没有理由认为某个故意罪不包含间接故意。C项错，因为，首先足以认定甲知道该20万元贿赂是乙所送，其次根据司法解释，明知他人有请托事项而收其财，视为允诺为其谋利，所以具有因果关系。(答案：D)

3. 根据《刑法》规定，国家工作人员利用本人职权或者(1)形成的便利条件，通过其他(2)职务上的行为，为请托人谋取(3)，索取请托人财物或者收受请托人财物的，以(4)论处。这在刑法理论上称为(5)。将下列哪一选项内容填充到以上相应位置是正确的？(2015年真题，单选)

A. (1)地位(2)国家机关工作人员(3)利益(4)利用影响力受贿罪(5)间接受贿

B. (1)职务(2)国家工作人员(3)利益(4)受贿罪(5)斡旋受贿

C. (1)职务(2)国家机关工作人员(3)不正当利益(4)利用影响力受贿罪(5)间接受贿

D. (1)地位(2)国家工作人员(3)不正当利益(4)受贿罪(5)斡旋受贿

[释疑] 见第388条(斡旋受贿)和第388条之一(利用影响力受贿)。(答案：D)

4. 交警甲和无业人员乙勾结，让乙告知超载司机"只交罚款一半的钱，即可优先通行"；司

机交钱后,乙将交钱司机的车号报给甲,由在高速路口执勤的甲放行。二人利用此法共得32万元,乙留下10万元,余款归甲。关于本案的分析,下列哪一选项是错误的?(2014年真题,单选)

A. 甲、乙构成受贿罪共犯
B. 甲、乙构成贪污罪共犯
C. 甲、乙构成滥用职权罪共犯
D. 乙的受贿数额是32万元

[释疑] (1)贪污罪是利用职务便利侵吞"本单位财物"。甲、乙非法所得32万元不是本单位财物而是司机的财物,甲、乙不是贪污罪共犯,B项错误。(2)甲利用职务便利收受司机财物为其谋利,是受贿罪。乙帮助,是受贿罪共犯,受贿金额按照总额计算。A、D项没错。甲擅自让超载司机只交一般罚款且优先通行,至少造成罚款损失32万元,成立滥用职权罪,乙是其共犯,C项没错。(答案:B)

5. 关于受贿相关犯罪的认定,下列哪些选项是正确的?(2013年真题,多选)

A. 甲知道城建局长张某吸毒,以提供海洛因为条件请其关照工程招标,张某同意。甲中标后,送给张某50克海洛因。张某构成受贿罪
B. 乙系人社局副局长,乙父让乙将不符合社保条件的几名亲戚纳入社保范围后,收受亲戚送来的3万元。乙父构成利用影响力受贿罪
C. 国企退休厂长王某(正处级)利用其影响,让现任厂长帮忙,在本厂推销保险产品后,王某收受保险公司3万元。王某不构成受贿罪
D. 法院院长告知某企业经理赵某"如给法院捐赠500万元办公经费,你们那个案件可以胜诉"。该企业胜诉后,给法院单位账户打入500万元。应认定法院构成单位受贿罪

[释疑] A项对,违禁品(如海洛因等)也是"财物",同样可成为贿赂物。B项对,乙父的行为符合利用影响力受贿罪。C项对,王某的行为是利用影响力受贿罪。D项对,法院构成单位受贿罪。(答案:ABCD)

6. 国家工作人员甲与民办小学教师乙是夫妻。甲、乙支出明显超过合法收入,差额达300万元。甲、乙拒绝说明财产来源。一审中,甲交代300万元系受贿所得,经查证属实。关于本案,下列哪些选项是正确的?(2012年真题,多选)

A. 甲构成受贿罪
B. 甲不构成巨额财产来源不明罪
C. 乙不构成巨额财产来源不明罪
D. 乙构成掩饰、隐瞒犯罪所得罪

[释疑] A、B项查明300万来源于受贿罪,以受贿罪论处。同一事实不得重复处罚,故该300万不得再论以巨额财产来源不明罪。C项乙不符合巨额财产来源不明罪的身份,拒绝说明其来源不构成犯罪。D项乙"拒绝说明",不作证、不举报行为不是掩饰、隐瞒犯罪所得罪的行为,不为罪。(答案:ABC)

7. 关于受贿罪的判断,下列哪些选项是错误的?(2007年真题,多选)

A. 公安局副局长甲收受犯罪嫌疑人家属10万元现金,允诺释放犯罪嫌疑人,因为局长不同意而未成。由于甲并没有为他人谋取利益,所以不构成受贿罪
B. 国家机关工作人员乙在退休前利用职务便利为钱某谋取了不正当利益,退休后收受了钱某10万元。尽管乙与钱某事前并无约定,仍应以受贿罪论处
C. 基层法院法官丙受被告人孙某家属之托,请中级法院承办法官李某对孙某减轻处罚,并无减轻情节的孙某因此被减轻处罚。事后,丙收受孙某家属10万元现金。丙不具有制约李某的职权与地位,不成立受贿罪

D. 海关工作人员丁收受10万元贿赂后徇私舞弊,放纵走私,触犯受贿罪和放纵走私罪。由于具有牵连关系,应从一重罪论处

[**释疑**] 关于D项,丁分别构成受贿罪和放纵走私罪,一般应数罪并罚。(答案:ABCD)

## 三、提示与预测

注意掌握《关于办理受贿刑事案件适用法律若干问题的意见》(2007年7月施行)中的一些要点。

(1) 以下列交易形式收受请托人财物的,视为受贿:① 以明显低于市场的价格向请托人购买房屋、汽车等物品的;② 以明显高于市场的价格向请托人出售房屋、汽车等物品的;③ 以其他交易形式非法收受请托人财物的。受贿数额按照交易时当地市场价格与实际支付价格的差额计算。前款所列市场价格包括商品经营者事先设定的不针对特定人的最低优惠价格。根据商品经营者事先设定的各种优惠交易条件,以优惠价格购买商品的,不属于受贿。

(2) 收受请托人提供的干股的,视为受贿。干股是指未出资而获得的股份。进行了股权转让登记,或相关证据证明股份发生了实际转让的,受贿数额按转让行为时股份价值计算,所分红利按受贿孳息处理。股份未实际转让,以股份分红名义获取利益的,实际获利数额应当认定为受贿数额。

(3) 由请托人出资,"合作"开办公司或进行其他"合作"投资的,视为受贿。受贿数额为请托人给国家工作人员的出资额。以合作开办公司或其他合作投资的名义获取"利润",没有实际出资和参与管理、经营的,视为受贿。

(4) 以委托请托人投资证券、期货或其他委托理财的名义,未实际出资而获取"收益",或虽然实际出资,但获取"收益"明显高于出资应得收益的,视为受贿。受贿数额,前一情形,以"收益"额计算;后一情形,以"收益"额与出资应得收益额的差额计算。

(5) 通过赌博方式收受请托人财物的,构成受贿。实践中应注意区分贿赂与赌博活动、娱乐活动的界限。具体认定时,主要应当结合以下因素进行判断:① 赌博的背景、场合、时间、次数;② 赌资来源;③ 其他赌博参与者有无事先通谋;④ 输赢钱物的具体情况和金额大小。

(6) 要求或接受请托人以给特定关系人安排工作为名,使特定关系人不实际工作却获取所谓薪酬的,视为受贿。

(7) 授意请托人将有关财物给予特定关系人的,视为受贿。特定关系人与国家工作人员通谋,共同实施前款行为的,对特定关系人以受贿罪的共犯论处。特定关系人以外的其他人与国家工作人员通谋,收受请托人财物后双方共同占有的,以受贿罪的共犯论处。

(8) 收受请托人房屋、汽车等物品,未变更权属登记或借用他人名义办理权属变更登记的,不影响受贿罪的认定。认定以房屋、汽车等物品为对象的受贿,应注意与借用的区分。具体认定时,除双方交代或书面协议之外,主要应当结合以下因素进行判断:① 有无借用的合理事由;② 是否实际使用;③ 借用时间的长短;④ 有无归还的条件;⑤ 有无归还的意思表示及行为。

(9) 国家工作人员受贿后,因自身或与其受贿有关联的人、事被查处,为掩饰犯罪而退还或上交的,不影响认定受贿罪。

(10) 利用职务上的便利为请托人谋取利益之前或之后,约定在其离职后收受请托人财物,并在离职后收受的,以受贿论处。利用职务上的便利为请托人谋取利益,离职前后连续收

受请托人财物的,离职前后收受部分均应计入受贿数额。"特定关系人",是指与国家工作人员有近亲属、情妇(夫)以及其他有共同利益关系的人。

## 考点 4 挪用公款罪的认定

### 一、精讲

1. 挪用公款罪的主体是"国家工作人员",参见贪污罪主体。
2. 本罪利用职务之便挪用公款归个人使用包括三种情形:(1)进行非法活动的;(2)进行营利活动,数额较大;(3)其他个人使用数额较大、超过3个月未还。
3. 因挪用公款索取、收受贿赂构成犯罪的,数罪并罚。
4. 挪用公款进行非法活动构成其他犯罪的,数罪并罚。
5. 挪用公款罪共犯的认定:挪用公款给他人使用,使用人与挪用人共谋,指使或参与策划取得挪用款的,以挪用公款罪的共犯定罪处罚。

### 二、例题

1. 根据《刑法》与司法解释的规定,国家工作人员挪用公款进行营利活动、数额达到1万元或者挪用公款进行非法活动、数额达到5000元的,以挪用公款罪论处。国家工作人员甲利用职务便利挪用公款1.2万元,将8000元用于购买股票,4000元用于赌博,在1个月内归还1.2万元。关于本案的分析,下列哪些选项是错误的?(2014年真题,多选)

A. 对挪用公款的行为,应按用途区分行为的性质与罪数;甲实施了两个挪用行为,对两个行为不能综合评价,甲的行为不成立挪用公款罪

B. 甲虽只实施了一个挪用公款行为,但由于既未达到挪用公款进行营利活动的数额要求,也未达到挪用公款进行非法活动的数额要求,故不构成挪用公款罪

C. 国家工作人员购买股票属于非法活动,故应认定甲属于挪用公款1.2万元进行非法活动,甲的行为成立挪用公款罪

D. 可将赌博行为评价为营利活动,认定甲属于挪用公款1.2万元进行营利活动,故甲的行为成立挪用公款罪

[释疑] (1)D项是本案正确处理结论。分析关键是:甲挪用1.2万元归个人使用是一个挪用行为,比如赵会计挪用1千万到自己账户,500万炒股、400万赌博、100万消费,首先仍被评价为一个挪用1千万行为。怎么使用挪用的公款对行为个数、罪数没有影响。(2)甲一次"挪用公款1.2万元""归个人使用"是一个行为。"挪归个人使用"具体用途不同,不影响行为个数,仅仅是限制处罚的条件不同,营利或非法活动的定罪不受挪用时间限制,其他个人使用的定罪受超过3个月未还的时间条件限制。据此A项错。(3)甲挪1.2万元"归个人使用"的具体用途"8000元用于购买股票"是营利活动、4000元赌博是非法活动,定罪都没有"超过3个月未还"的限制,故达到营利活动定罪起点1万元即可定罪。(4)当然解释,A进行营利活动定罪起点是1万元,B进行非法活动定罪起点是5000元,A营利用途轻于B非法用途。既然挪用1万元以上较轻的A用途即可定罪,那么挪用1万元以上一部或全部较重的B用途更应定罪。根据(3)(4)分析,B项错误。(5)挪用公款罪之"非法活动"指"行为本身"具有违法犯罪性质的活动,炒股行为本身不违法,不是挪用公款罪个人使用之"违法活动"。

(答案:ABC)

特别注意:对于实施了多个挪用行为类型,而每一类型单独来看都未达到定罪标准的,可以将严重类型降格评价(但不可升格评价!),严重程度依次是违法活动>营利活动>合法的非盈利活动。例如某人挪用公款 1 万元,其中 3 千元用于买家电,5 千元用于买股票,2 千元用于赌博,且都在 3 个月内没有归还,此时,可将后两者(营利活动、非法活动)降格评价为合法的非盈利活动,则该类型的挪用金额一共为 1 万元,且超过 3 个月未归还,应认定为构成挪用公款罪。

2. 甲恳求国有公司财务主管乙,从单位挪用 10 万元供他炒股,并将一块名表送给乙。乙做假账将 10 万元交与甲,甲表示尽快归还。20 日后,乙用个人财产归还单位 10 万元。关于本案,下列哪一选项是错误的?(2012 年真题,单选)

A. 甲、乙勾结私自动用公款,构成挪用公款罪的共犯
B. 乙虽 20 日后主动归还 10 万元,甲、乙仍属于挪用公款罪既遂
C. 乙非法收受名表,构成受贿罪
D. 对乙不能以挪用公款罪与受贿罪进行数罪并罚

[释疑] A、B 项使用人与挪用人共谋协助取得挪用公款的,成立挪用公款罪共犯(教唆犯)和行贿罪。挪用公款从事营利活动数额较大(3 万以上)即构成犯罪既遂,不以超 3 个月未还为要件。C、D 项国家工作人员收受请托人财物为请托人谋利(挪用公款供其使用),构成受贿罪和挪用公款罪,数罪并罚。(答案:D)

3. 甲找到某国有企业出纳乙,称自己公司生意困难,让乙想办法提供点资金,并许诺给乙好处。乙便找机会从公司账户中拿出 15 万元借给甲。甲从中拿了 2 万元给乙。之后,甲因违法行为被公安机关逮捕,乙害怕受牵连,携带 100 万元公款潜逃。关于乙的全部犯罪行为,下列哪些说法是错误的?(2008 年缓考真题,多选)

A. 挪用公款罪与受贿罪,应择一重罪从重处罚
B. 应以挪用资金罪、职务侵占罪论处,实行数罪并罚
C. 应以挪用公款罪、贪污罪论处,实行数罪并罚
D. 应以挪用公款罪、贪污罪、受贿罪论处,实行数罪并罚

[释疑] (1) A 项错,因受贿而挪用公款构成数罪的,数罪并罚。
(2) B 项错,乙是国企出纳,属于从事公务人员,利用职务便利挪用、侵占单位财产的,不是挪用资金罪、职务侵占罪。
(3) C 项错,漏掉了受贿罪。(答案:ABC)

## 考点 5 挪用公款"归个人使用"的情形

### 一、精讲

挪用公款"归个人使用"的情形包括:(1) 将公款供本人、亲友或其他自然人使用的;(2) 以个人名义将公款供其他单位使用的;(3) 个人决定以单位名义将公款供其他单位使用,谋取个人利益的。

### 二、例题

1. 下列哪一情形不属于"挪用公款归个人使用"?(2010 年真题,单选)

A. 国家工作人员甲,将公款借给其弟炒股
B. 国家机关工作人员甲,以个人名义将公款借给原工作过的国有企业使用
C. 某县工商局长甲,以单位名义将公款借给某公司使用
D. 某国有公司总经理甲,擅自决定以本公司名义将公款借给某国有事业单位使用,以安排其子在该单位就业

[释疑] A 项属于将公款供自然人使用;B 项属于以个人名义将公款供其他单位使用;D 项属于个人决定以单位名义将公款供其他单位使用,谋取个人利益;C 项非以"个人决定",并没有"谋取个人利益的",是正选。(答案:C)

2. 下列哪些选项属于"挪用公款归个人使用"? (2006 年真题,多选)
A. 以个人名义将公款借给某国有企业使用
B. 以个人名义将公款借给某私营企业使用
C. 个人决定以单位名义将公款借给其他单位使用,谋取个人利益的
D. 以单位名义将公款借给其他自然人使用,未谋取个人利益的

[释疑] 本题考查的是挪用公款罪的立法解释。(答案:ABCD)

## 考点 6 挪用公款罪与挪用资金罪、挪用特定款物罪、贪污罪的区别

### 一、精讲

1. 挪用公款罪与挪用资金罪

区别的要点在于主体和对象不同:挪用公款罪的主体是国家工作人员(包括国有公司企业中从事公务的人员);挪用资金罪的主体是挪用公款罪主体以外的公司企业人员。挪用公款罪的对象是公款;挪用资金罪的对象是公款以外的公司企业资金。

2. 挪用公款罪与挪用特定款物罪

区别要点是目的和用途不同:挪用公款(包含特定款物)归个人使用的,是挪用公款罪;挪用特定款物作他用的(非个人使用),是挪用特定款物罪。

3. 挪用公款罪与贪污罪

区别要点主要是目的不同:贪污是以非法占有为目的;挪用则以挪归个人使用为目的。在司法实践中,具有以下情形之一的,可以认定具有非法占有的目的,成立贪污罪:

(1) "携带挪用的公款潜逃的",对其携带挪用的公款部分,以贪污罪定罪处罚。挪用公款后因害怕罪行败露或已经案发而"畏罪潜逃的",仍是挪用公款性质。

(2) 挪用公款后采取虚假发票平账、销毁有关账目等手段,使所挪用的公款难以在单位财务账目上反映出来,且没有归还行为的,应当以贪污罪定罪处罚。

(3) 截取单位收入不入账,非法占有,使所占有的公款难以在单位财务账目上反映出来,且没有归还行为的,应当以贪污罪定罪处罚。

(4) 有证据证明行为人有能力归还所挪用的公款而拒不归还,并隐瞒挪用的公款去向的,应当以贪污罪定罪处罚。但行为人挪用公款归个人使用,因"客观原因"导致一审宣判前不能退还的,仍然以挪用公款罪定罪处罚。

### 二、例题

1. 国有公司财务人员甲于 2007 年 6 月挪用单位救灾款 100 万元,供自己购买股票,后股

价大跌,甲无力归还该款项。2008 年 1 月,甲挪用单位办公经费 70 万元为自己购买商品房。两周后,甲采取销毁账目的手段,使挪用的办公经费 70 万元中的 50 万元难以在单位财务账上反映出来。甲一直未归还上述所有款项。关于甲的行为定性,下列选项正确的是:(2008 年真题,不定项)

A. 甲挪用救灾款的行为,不构成挪用特定款物罪
B. 甲挪用办公经费的行为构成挪用公款罪,挪用数额为 70 万元
C. 甲挪用办公经费后销毁账目且未归还的行为构成贪污罪,贪污数额为 50 万元
D. 对于甲应当以挪用公款罪、贪污罪实行并罚

[释疑] (1) A 项,挪用救灾等特定款物归个人使用,以挪用公款罪从重处罚。挪用特定款物作其他"非个人使用的",才可成立挪用特定款物罪。

(2) C 项,挪用公款后,做假账使公款在单位账目上不能显示、反映的,表明主观有非法占有该笔公款的目的,客观具备了永远不归还的条件,以贪污罪论处。C 项对,则 B 项错。其中的 50 万元应算作贪污金额,不能再算作挪用公款的金额。

(3) D 项,对于甲应当以挪用公款罪(20 万元)、贪污罪(50 万元)实行并罚。(答案:ACD)

2. 某事业单位负责人甲决定以单位名义将本单位资金 150 余万元贷给另一公司,所得高利息归本单位所有。甲虽未牟取个人利益,但最终使本金无法收回。关于该行为的定性,下列哪几种是可以排除的?(2004 年真题,多选)

A. 挪用公款罪
B. 挪用资金罪
C. 违法发放贷款罪
D. 高利转贷罪

[释疑] (1) A 项,甲个人决定以单位名义将公款供其他单位使用,但缺乏"谋取个人利益"的要件,不成立挪用公款罪。

(2) B 项,挪用资金罪也要求是"挪归个人使用",并且没有扩大到挪给单位使用,故排除挪用公款自然也就排除了挪用资金。

(3) 甲是事业单位负责人,不符合违法发放贷款罪的主体要件"银行或者其他金融机构的工作人员"(第 186 条),故 C 项也可排除。

(4) 根据第 175 条的规定,高利转贷的特征之一是"套取金融机构信贷资金高利转贷他人",甲的行为不符合高利转贷罪的这一特征,也可排除 D 项。(答案:ABCD)

### 考点 7 受贿罪既遂的认定

一、精讲

在利用职务上的便利为他人谋取利益的意图支配下收取了财物,就成立受贿罪既遂。行为人受贿后,将收取的贿赂转送他人、捐赠公益事业,甚至返还行贿人的,属于犯罪后对财物的处分行为,不影响受贿罪的成立。行为人收取财物后,没有实际给他人谋到利益的,也不影响受贿罪既遂的成立。

二、例题

1. 国家工作人员甲利用职务上的便利为某单位谋取利益。随后,该单位的经理送给甲一张购物卡,并告知其购物卡的价值为 2 万元,使用期限为 1 个月。甲收下购物卡后忘记使用,

导致购物卡过期作废,卡内的 2 万元被退回到原单位。关于甲的行为,下列哪一选项是正确的?(2006 年真题,单选)

A. 甲的行为不构成受贿罪
B. 甲的行为构成受贿(既遂)罪
C. 甲的行为构成受贿(未遂)罪
D. 甲的行为构成受贿(预备)罪

[释疑] 本案有三点较为特殊之处:

(1)事后收受财物的,只要表明受财与利用职务上的便利为他人谋利的关联性,即使事后收受财物也不影响受贿罪成立。

(2)为某"单位"谋取利益,为送财物方谋利,不论是单位还是个人,不影响受贿罪成立。但可能影响对方的行为性质,对方若为单位利益以单位名义行贿,则可能成立"单位行贿罪"而不是"行贿罪"。

(3)购物卡因过期作废。受贿已经完成,受贿人是否实际享用到受贿财物不影响犯罪成立。因为事后甲即使主动退回购物卡,也属于犯罪既遂后的退赃行为(悔罪表现),不影响行为性质。但应当注意,如果甲不但主动退回购物卡,而且能证明自始(本来)就没有收受的意思的,不构成受贿罪。(答案:B)

2. 甲的女儿 2003 年参加高考,没有达到某大学录取线。甲委托该高校所在市的教委副主任乙向该大学主管招生的副校长丙打招呼,甲还交付给乙 2 万元现金,其中 1 万元用于酬谢乙,另 1 万元请乙转交给丙。乙向丙打了招呼,并将 1 万元转交给丙。丙收下 1 万元,并答应尽量帮忙,但仍然没有录取甲的女儿。1 个月后,丙的妻子丁知道此事后,对丙说:"你没有帮人家办事,不能收这 1 万元,还是退给人家吧。"丙同意后,丁将 1 万元退给甲。关于本案,下列哪些说法是错误的?(2004 年真题,多选)

A. 乙的行为成立不当得利与介绍贿赂罪
B. 丙没有利用职务上的便利为他人牟取利益,所以不成立受贿罪
C. 丙在未能为他人牟取利益之后退还了财物,所以不成立受贿罪
D. 丁将 1 万元贿赂退给甲而不移交司法机关,构成帮助毁灭证据罪

[释疑] 本题中甲的行为是行贿;乙、丙的行为均构成受贿罪;丁的行为是退赃,主观上没有妨害司法和证据的故意,也没有妨害司法和证据的行为,不构成犯罪。据此 A、B、C、D 项均属"错误说法"。乙利用了本人的教委副主任职权或地位形成的便利条件,通过副校长丙职务上的行为,为请托人甲谋取不正当利益,收受请托人甲的财物,属于第 388 条的以受贿论(斡旋受贿)的情形。丙利用职务上的便利,非法收受他人财物,为他人谋取利益的,是受贿罪。至于是否为行贿人实际谋取了利益,不影响受贿罪的成立,丙承诺为他人谋取利益并收取财物,受贿罪已经既遂,退回贿赂款是犯罪后的表现,既不影响受贿罪的成立,也不是犯罪中止。甲为谋取不正当利益(使不够分数线的女儿上大学),给予国家工作人员乙、丙以财物,是行贿罪。在主动行贿的场合,是否实际谋到不正当利益不影响行贿罪的成立。(答案:ABCD)

## 考点 8 行贿罪的认定

### 一、精讲

1. 主观具有"谋取不正当利益的目的","不正当利益"是指谋取违反法律、法规、国家政策和国务院各部门规章规定的利益,以及要求国家工作人员或者有关单位提供违反法律、法

规、国家政策和国务院各部门规章规定的帮助或方便条件。据此谋取不正当利益包括两方面的内容:(1) 谋取本身违法的利益;(2) 谋取违法的帮助或便利以获取本身不违法的利益。

2. 客观上违反国家规定给予国家工作人员财物,或在经济往来中违反国家规定,给予国家工作人员以各种名义的回扣、手续费的。

3. 成立本罪不以实际谋取不正当利益为必要。但如果因被勒索被迫给予国家工作人员财物且没有实际谋取不正当利益的,不认为是犯罪。

4. 行贿人在被追诉前主动交待行贿行为的,可以从轻或减轻处罚。其中,犯罪较轻的,对侦破重大案件起关键作用的,或者有重大立功表现的,可以减轻或免除处罚。《刑法修正案(九)》与总则中的自首规定存在法条竞合,即主动交代行贿的一个行为,同时涉及刑法的两项规定,属于总则与分则的法条竞合问题,对于法条竞合应当根据特别规定优先适用的原理,适用分则规定,不能适用总则中的自首规定。

## 二、例题

1. 在甲、乙被起诉后,甲父丙为使甲获得轻判,四处托人,得知丁的表兄刘某是法院刑庭庭长,遂托丁将15万元转交刘某。丁给刘某送15万元时,遭到刘某坚决拒绝。(事实四)

就事实四,丁是否构成介绍贿赂罪?是否构成行贿罪(共犯)?是否构成利用影响力受贿罪?理由分别是什么?(2013年真题,案例分析)

答案:① 丁没有在丙和法官刘某之间牵线搭桥,没有促成行贿受贿事实的介绍行为,不构成介绍贿赂罪。② 丁接受丙的委托,帮助丙实施行贿行为,构成行贿罪(未遂)共犯。③ 丁客观上并未索取或收受他人财物,主观上并无收受财物的意思,不构成利用影响力受贿罪。

2. 大学生甲为获得公务员面试高分,送给面试官乙(某机关领导)两瓶高档白酒,乙拒绝。次日,甲再次到乙家,偷偷将一块价值1万元的金币放在茶几上离开。乙不知情。保姆以为乙知道此事,将金币放入乙的柜子。对于本案,下列哪一选项是错误的?(2011年真题,单选)

A. 甲的行为成立行贿罪

B. 乙的行为不构成受贿罪

C. 认定甲构成行贿罪与乙不构成受贿罪不矛盾

D. 保姆的行为成立利用影响力受贿罪

[释疑] A、B项正确,甲构成行贿罪,乙不构成受贿罪。C项表述正确,为谋取不正当利益而给予国家工作人员财物的,成立行贿罪。国家工作人员拒绝或举报的,不成立受贿罪,不影响成立行贿罪。故认定甲构成行贿罪与乙不构成受贿罪不矛盾。

对于保姆来说,其没有收受请托人财物,为请托人谋取不正当利益的行为和意思,不成立利用影响力受贿罪。保姆的行为仅是金币从茶几放入柜子,没有超出保姆履行做家务职责范围,不可能成立任何犯罪。D项错误,是正选。(答案:D)

3. 关于贿赂犯罪,下列哪些选项是错误的?(2010年真题,多选)

A. 国家工作人员利用职务便利,为请托人谋取利益并收受其财物而构成受贿罪的,请托人当然构成行贿罪

B. 因被勒索给予国家工作人员以财物的,当然不构成行贿罪

C. 行贿人在被追诉前主动交代行贿行为的,可以从轻或者减轻处罚

D. 某国家机关利用其职权或地位形成的便利条件,通过其他国家机关的职务行为,为请

托人谋取利益,索取请托人财物的,构成单位受贿罪

[释疑] 第389条(行贿)规定:"……因被勒索给予国家工作人员以财物,没有获得不正当利益的,不是行贿。"A项,当请托人符合这款时不为罪,但收受者依然可成立受贿罪。B项,需同时具备"没有获得不正当利益的",若获得不正当利益的,仍可成立行贿罪。C项,第390条规定:"……可以减轻处罚或者免除处罚。"D项,第388条之一的利用影响力受贿(斡旋受贿)仅适用于个人不适用于单位。(答案:ABCD)

4. 甲向乙行贿5万元,乙收下后顺手藏于自家沙发垫下,匆忙外出办事。当晚,丙潜入乙家盗走该5万元。事后查明,该现金全部为假币。下列哪些选项是正确的?(2009年真题,多选)

A. 甲用假币行贿,其行为成立行贿罪未遂,是实行终了的未遂
B. 丙的行为没有侵犯任何人的合法财产,不构成盗窃罪
C. 乙虽然收受假币,但其行为仍构成受贿罪
D. 丙的行为侵犯了乙的占有权,构成盗窃罪

[释疑] 侵犯财产罪的对象不仅包括财物也包括违禁品,如毒品、盗版光盘、假币等,丙构成盗窃罪正确,D项正确,B项错误。甲使用假币行贿,仍构成行贿罪,乙也构成受贿罪。行贿罪的既遂以送出财物,对方接受为准。甲构成行贿罪的既遂,A项错误,C项正确。(答案:CD)

5. 下列行为人所谋取的利益,哪些是行贿罪中的"不正当利益"?(2005年真题,多选)

A. 甲向某国有公司负责人米某送2万元,希望能承包该公司正在发包的一项建筑工程
B. 乙向某高校招生人员刘某送2万元,希望刘某在招生时对其已经进入该高校投档线的女儿优先录取
C. 丙向某法院国家赔偿委员会委员高某送2万元,希望高某按照国家赔偿法的规定处理自己的赔偿申请
D. 丁向某医院药剂科长程某送2万元,希望程某在质量、价格相同的条件下优先采购丁所在单位生产的药品

[释疑] A、B、D项均属于谋取违法的帮助或便利,以获取本身不违法的利益的情形。C项的情形为,既不谋取本身违法的利益,也不谋取违法的帮助或便利。(答案:ABD)

## 考点 9 行贿罪与单位行贿罪的区分

### 一、精讲

单位为谋取不正当利益而行贿,或者违反国家规定,给予国家工作人员以回扣、手续费,情节严重的,定单位行贿罪,但如果因行贿取得的违法所得归个人所有的,则以行贿罪论处。

### 二、例题

何经理为了销售本公司经营的医疗器械,安排公司监事刘某在与某市立医院联系销售业务过程中,按销售金额25%的比例给医院4位正、副院长回扣共计25万余元。本案中,该公司提供回扣的行为构成何罪?(2009年真题,单选)

A. 行贿罪
B. 对非国家工作人员行贿罪

C. 单位行贿罪　　　　　　　　　D. 对单位行贿罪

[释疑] 本题为单位行为,成立单位行贿罪。(答案:C)

## 考点 10 利用影响力受贿罪

### 一、精讲

1. 本罪包括两大类型:(1)在职型。国家工作人员的近亲属或其他与该国家工作人员关系密切的人,通过该国家工作人员职务上的行为(直接型),或利用该国家工作人员职权或地位形成的便利条件,通过其他国家工作人员职务上的行为(间接型),为请托人谋取不正当利益,索取请托人财物或收受请托人财物的。(2)离职型。离职的国家工作人员(本人型)或其近亲属以及其他与其关系密切的人(他人型),利用该离职的国家工作人员原职权或地位形成的便利条件实施前项行为的。

2.《刑法修正案(九)》新增"对有影响力的人行贿罪":为谋取不正当利益,向国家工作人员的近亲属或者其他与该国家工作人员关系密切的人,或者向离职的国家工作人员或者其近亲属以及其他与其关系密切的人行贿的行为。单位亦可构成,双罚。

### 二、例题

1. 乙的孙子丙因涉嫌抢劫被刑拘。乙托甲设法使丙脱罪,并承诺事成后付其10万元。甲与公安局副局长丁早年认识,但多年未见面。甲托丁对丙作无罪处理,丁不同意,甲便以揭发隐私要挟,丁被迫按甲的要求处理案件。后甲收到乙10万元现金。关于本案,下列哪一选项是错误的?(2013年真题,单选)

A. 对于"关系密切"应根据利用影响力受贿罪的实质进行解释,不能仅从形式上限定为亲朋好友

B. 根据A选项的观点,"关系密切"包括具有制约关系的情形,甲构成利用影响力受贿罪

C. 丁构成徇私枉法罪,甲构成徇私枉法罪的教唆犯

D. 甲的行为同时触犯利用影响力受贿罪与徇私枉法罪,应从一重罪论处

[释疑] 贿赂渎职罪题。A项对,"关系密切"人,包括一切对官员可施加影响力之人,不限于亲友。A项对,则B项也对。C项对,甲威胁乙实施徇私枉法行为,成立教唆犯。D项错,甲的行为构成利用影响力受贿罪和徇私枉法罪二罪,应数罪并罚。(答案:D)

2. 根据《刑法》有关规定,下列哪些说法是正确的?(2009年真题,多选)

A. 甲系某国企总经理之妻,甲让其夫借故辞退企业财务主管,而以好友陈某取而代之,陈某赠甲一辆价值12万元的轿车。甲构成犯罪

B. 乙系已离职的国家工作人员,请接任处长为缺少资质条件的李某办理了公司登记,收取李某10万元。乙构成犯罪

C. 丙系某国家机关官员之子,利用其父管理之便,请父下属将不合条件的某企业列入政府采购范围,收受该企业5万元。丙构成犯罪

D. 丁系国家工作人员,在主管土地拍卖工作时向一家房地产公司通报了重要情况,使其如愿获得黄金地块。丁退休后,该公司为表示感谢,自作主张送了丁价值5万元的按摩床。丁构成犯罪

[释疑]　(1) A、B、C项构成利用影响力受贿罪。

(2) D项,受贿的时间不影响受贿罪的成立,不限于在职期间,但必须事前有约定,没有约定的,不成立受贿罪。(答案:ABC)

## 考点 11　本章不定项及案例分析的主要考点

### 一、精讲

本章挪用公款罪、挪用资金罪、贪污罪、职务侵占罪、受贿罪、行贿罪、非国家工作人员受贿罪、对非国家工作人员行贿罪之间的区分以及伴生的一罪数罪、共犯问题是不定项与案例分析的主要考点所在。

### 二、例题

1. 甲送给国有收费站站长吴某3万元,与其约定:甲在高速公路另开出口帮货车司机逃费,吴某想办法让人对此不予查处,所得由二人分成。后甲组织数十人,锯断高速公路一侧隔离栏、填平隔离沟(恢复原状需3万元),形成一条出口。路过的很多货车司机知道经过收费站要收300元,而给甲100元即可绕过收费站继续前行。甲以此方式共得款30万元,但骗吴某仅得20万元,并按此数额分成。请回答以下各题。(2015年真题,不定选)

(1) 关于甲锯断高速公路隔离栏的定性,下列分析正确的是:

A. 任意损毁公私财物,情节严重,应以寻衅滋事罪论处

B. 聚众锯断高速公路隔离栏,成立聚众扰乱交通秩序罪

C. 锯断隔离栏的行为,即使得到吴某的同意,也构成故意毁坏财物罪

D. 锯断隔离栏属破坏交通设施,在危及交通安全时,还触犯破坏交通设施罪

[释疑]　A、B项,寻衅滋事罪、聚众扰乱交通秩序罪都是妨害社会管理秩序的犯罪,甲锯断高速公路隔离栏的行为并未扰乱公共秩序,故不构成此二罪。C项,隔离栏是公共财产,吴某并无承诺(同意)他人对其予以破坏的权利,故甲的行为仍构成故意毁坏财物罪。D项,故意毁坏财物罪与破坏交通设施罪的想象竞合。(答案:CD)

(2) 关于甲非法获利的定性,下列分析正确的是:(2015年真题,不定选)

A. 擅自经营收费站收费业务,数额巨大,构成非法经营罪

B. 即使收钱时冒充国有收费站工作人员,也不构成招摇撞骗罪

C. 未使收费站工作人员基于认识错误免收司机过路费,不构成诈骗罪

D. 骗吴某仅得20万元的行为,构成隐瞒犯罪所得罪

[释疑]　A项,甲的行为并非非法经营,而是与吴某构成贪污罪的共犯。B项,国有收费站工作人员并非"国家机关工作人员",故该行为并不构成招摇撞骗罪。C项,只有被骗者基于错误认识作出财物处分行为才构成诈骗罪,本案中并无受骗与处分。D项,隐瞒犯罪所得罪是赃物犯罪,属于妨害社会管理秩序的犯罪,其隐瞒对象是社会公众,内部分赃时的"隐瞒"显然不构成隐瞒犯罪所得罪。(答案:BC)

(3) 围绕吴某的行为,下列论述正确的是:(2015年真题,不定选)

A. 利用职务上的便利侵吞本应由收费站收取的费用,成立贪污罪

B. 贪污数额为30万元

C. 收取甲 3 万元,利用职务便利为甲谋利益,成立受贿罪
D. 贪污罪与受贿罪成立牵连犯,应从一重罪处断

[释疑] A、B 项,利用职务便利侵吞本应由国有单位收取的费用,成立贪污罪;贪污数额根据其实际所获得的非法所得认定。C 项,收取他人财物,利用职务便利为其谋利,成立受贿罪。D 项,贪污罪和受贿罪并不成立牵连犯,应数罪并罚。(答案:ABC)

2. 案情:镇长黄某负责某重点工程项目占地前期的拆迁和评估工作。黄某和村民李某勾结,由李某出面向某村租赁可能被占用的荒山 20 亩植树,以骗取补偿款。但村长不同意出租荒山。黄某打电话给村长施压,并安排李某给村长送去 1 万元现金后,村长才同意签订租赁合同。李某出资 1 万元购买小树苗 5 000 棵,雇人种在荒山上。

副县长赵某带队前来开展拆迁、评估工作的验收。李某给赵某的父亲(原县民政局局长,已退休)送去 1 万元现金,请其帮忙说话。赵某得知父亲收钱后答应关照李某,令人将邻近山坡的树苗都算到李某名下。

后李某获得补偿款 50 万元,分给黄某 30 万元。黄某认为自己应分得 40 万元,二人发生争执,李某无奈又给黄某 10 万元。

李某非常恼火,回家与妻子陈某诉说。陈某说:"这种人太贪心,咱可把钱偷回来。"李某深夜到黄家伺机作案,但未能发现机会,便将黄某的汽车玻璃(价值 1 万元)砸坏。

黄某认定是李某作案,决意报复李某,深夜对其租赁的山坡放火(李某住在山坡上)。

树苗刚起火时,被路过的村民邢某发现。邢某明知法律规定发现火情时,任何人都有报警的义务,但因与李某素有矛盾,便悄然离去。

大火烧毁山坡上的全部树苗,烧伤了李某,并延烧至村民范某家。范某被火势惊醒逃至屋外,想起卧室有 5 000 元现金,即返身取钱,被烧断的房梁砸死。(2012 年真题,卷四案例)

问题:
(1) 对村长收受黄某、李某现金 1 万元一节,应如何定罪?为什么?
答案:村长构成非国家工作人员受贿罪,黄某、李某构成对非国家工作人员行贿罪。出租荒山是村民自治组织事务,不是接受乡镇政府从事公共管理活动,村长此时不具有国家工作人员身份,不构成受贿罪。

(2) 对赵某父亲收受 1 万元一节,对赵某父亲及赵某应如何定罪?为什么?
答案:赵某父亲与赵某构成受贿罪共犯。赵某父亲不成立利用影响力受贿罪。因为只有在离退休人员利用过去的职务便利收受财物,且与国家工作人员没有共犯关系的场合,才有构成利用影响力受贿罪的余地。

[释疑] 受贿共犯与利用影响力受贿罪之区别,要点是办事的国家工作人员"是否知情"收财。官员知道特定关系人收财而利用职务便利为请托人谋利,应当是受贿罪共犯。答案正确。只是题中"案件事实"介绍较简略,考生或许不能正确解读案情而造成误判,或许不知法律要点找不出案件事实关键点。

(3) 对黄某、李某取得补偿款的行为,应如何定性?二人的犯罪数额应如何认定?
答案:伙同他人贪污的,以共犯论。黄某、李某取得补偿款的行为构成贪污罪,二人是贪污罪共犯。因为二人共同利用了黄某的职务便利骗取公共财物。二人要对共同贪污的犯罪数额负责,犯罪数额都是 50 万元,而不能按照各自最终分得的赃物确定犯罪数额。

(4) 对陈某让李某盗窃及汽车玻璃被砸坏一节,对二人应如何定罪?为什么?

答案:陈某构成盗窃罪的教唆犯,属于教唆未遂。李某构成故意毁坏财物罪。李某虽然接受盗窃教唆,但并未按照陈某的教唆造成危害后果,对汽车玻璃被砸坏这一结果,属于超过共同故意之外的行为,由李某自己负责。

(5) 村民邢某是否构成不作为的放火罪?为什么?

答案:邢某不构成不作为的放火罪。虽然法律明文规定发现火情时,任何人都有报警的义务,但是,报警义务不等于救助义务,同时,仅在行为人创设了危险或具有保护、救助法益的义务时,其他法律、法规规定的义务,才能构成刑法上的不作为的义务来源。本案中火情是黄某造成的,邢某仅是偶然路过,其并未创设火灾的危险,故邢某并无刑法上的作为义务,不构成不作为的放火罪。

(6) 如认定黄某放火与范某被砸死之间存在因果关系,可能有哪些理由?如否定黄某放火与范某被砸死之间存在因果关系,可能有哪些理由?(两问均须作答)

答案:黄某放火与范某死亡之间,介入了被害人范某的行为。

肯定因果关系的大致理由:(1) 根据条件说,可以认为放火行为和死亡之间具有"无A就无B"的条件关系;(2) 被害人在当时情况下,来不及精确判断返回住宅取财的危险性;(3) 被害人在当时情况下,返回住宅取财符合常理。

否定因果关系的大致理由:(1) 根据相当因果关系说,放火和被害人死亡之间不具有相当性;(2) 被告人实施的放火行为并未烧死范某,范某为抢救数额有限的财物返回高度危险的场所,违反常理;(3) 被害人是精神正常的成年人,对自己行为的后果非常清楚,故要对自己的选择负责;(4) 被害人试图保护的法益价值有限。只有甲对乙的住宅放火,如乙为了抢救婴儿而进入住宅内被烧死的,才能肯定放火行为和死亡后果之间的因果关系。

3. 甲为某国有企业出纳,为竞争公司财务部主任职位欲向公司副总经理乙行贿。甲通过涂改账目等手段从公司提走20万元,委托总经理办公室秘书丙将15万元交给乙,并要丙在转交该款时一定为自己提升一事向乙"美言几句"。乙收下该款。8天后,乙将收受钱款一事报告了公司总经理,并将15万元交到公司纪检部门。

一个月后,甲得知公司委任其他人担任财务部主任,恼羞成怒找到乙说:"还我15万元,我去把公司钱款补上。你还必须付我10万元精神损害赔偿,否则我就将你告到检察院。"乙反复向甲明钱已上交不能退还,但甲并不相信。数日后,甲携带一桶汽油闯入乙办公室纵火,导致室内空调等财物被烧毁。请回答(1)—(4)题。(2009年真题,不定项)

(1) 关于甲从公司提出公款20万元并将其中一部分行贿给乙的行为,下列选项错误的是:

A. 甲构成贪污罪,数额是20万元;行贿罪与贪污罪之间是牵连关系,不再单独定罪
B. 甲构成贪污罪、行贿罪,数罪并罚,贪污数额是5万元,行贿15万元
C. 甲构成贪污罪、行贿罪,数罪并罚,贪污数额是20万元,行贿15万元
D. 甲对乙说过要"去把公司钱款补上",应当构成挪用公款罪,数额是20万元,再与行贿罪并罚

[释疑] (1) A项,这种情况下不认为有牵连关系,应当数罪并罚,A项错误。

(2) B项错在贪污金额5万元。贪污、挪用后用赃款实施其他犯罪的,不能从犯罪金额中扣除。

(3) D 项行为时就足以证明非法占有目的,是贪污罪,不因为后面归还行为而改变性质。(答案:ABD)

(2) 关于乙的行为,下列选项错误的是:
A. 乙构成受贿罪既遂
B. 乙构成受贿罪中止
C. 乙犯罪以后上交赃物的行为,属于酌定从轻处罚情节
D. 乙不构成犯罪

[释疑] 收财后及时、主动上交的,属于"拒贿",不构成犯罪。究竟多久算"及时"? 有弹性,需参酌其他因素,应在决策请托事项之前主动上交。但谋利不成退款的,属于受贿后退赃;听别人规劝或是被查处而退款或上交的,属于"闻风"退赃,不改变受贿性质。(答案:ABC)

(3) 关于丙的行为,下列选项正确的是:
A. 丙构成受贿罪共犯    B. 丙构成介绍贿赂罪
C. 丙构成行贿罪共犯    D. 丙没有实行行为,不构成犯罪

[释疑] 学说对介绍贿赂罪有收缩适用倾向。通常,与行贿人共谋利用其与受贿者的关系,帮行贿者行贿的,定行贿罪共犯。介绍贿赂,指给贿赂双方引荐、撮合,或沟通贿赂信息的行为。(答案:C)

(4) 关于甲得知财务部主任由他人担任后实施的行为,下列选项错误的是:
A. 甲的行为只构成放火罪
B. 甲索要 10 万元"精神损害赔偿"的行为不构成敲诈勒索罪
C. 甲的行为是敲诈勒索罪与放火罪的想象竞合犯
D. 甲的行为是敲诈勒索罪与放火罪的吸收犯

[释疑] (1) B 项,以告发他人受贿相威胁,索要钱财,是敲诈勒索。
(2) C 项,想象竞合犯是一行为。甲有敲诈、放火二行为,不是想象竞合犯。
(3) D 项,吸收犯,一行为是另一行为的必经过程或当然结果。甲的敲诈、放火行为之间没有紧密关联。(答案:ABCD)

4. 徐某系某市国有黄河商贸公司的经理,顾某系该公司的副经理。2005 年,黄河商贸公司进行产权制度改革,将国有公司改制为管理层控股的股份有限公司。其中,徐某、顾某及其他 15 名干部职工分别占 40%、30%、30% 股份。在改制过程中,国有资产管理部门委托某资产评估所对黄河商贸公司的资产进行评估,资产评估所指派周某具体参与评估。在评估时,徐某与顾某明知在公司的应付款账户中有 100 万元系上一年度为少交利润而虚设的,经徐某与顾某以及公司其他领导班子成员商量,决定予以隐瞒,转入改制后的公司,按照股份分配给个人。当周某发现了该 100 万元应付款的问题时,公司领导班子决定以辛苦费的名义,从公司的其他公款中取出 1 万元送给周某。周某收下该款后,出具了隐瞒该 100 万元虚假的应付款的评估报告。随后,国有资产管理部门经研究批准了公司的改制方案。在尚未办理产权过户手续时,徐某等人因被举报而案发。(2008 年真题,案例分析)

问题:
(1) 徐某与顾某构成贪污罪还是私分国有资产罪? 为什么?
(2) 徐某与顾某的犯罪数额如何计算? 为什么?
(3) 徐某与顾某的犯罪属于既遂还是未遂? 为什么?

(4) 给周某送的 1 万元是单位行贿还是个人行贿？为什么？

(5) 周某的行为是否以非国家工作人员受贿罪与提供虚假证明文件罪实行数罪并罚？为什么？

(6) 周某是否构成徐某与顾某的共犯？为什么？

[参考答案]

(1) 徐某与顾某构成贪污罪，而不构成私分国有资产罪。本案不符合以单位名义集体私分的特征，而是采取隐瞒的方式将公款予以非法占有，符合贪污罪的特征。

(2) 徐某与顾某应对 100 万元的贪污总数额负责，而不是只对个人所得部分负责；此外，用于行贿的 1 万元也应计入贪污数额。

(3) 徐某与顾某贪污 100 万元属于未遂，因为公司产权尚未过户，但贪污 1 万元属于既遂。

(4) 给周某送的 1 万元属于个人行贿，因为不是为单位谋取不正当利益。

(5) 周某构成提供虚假证明文件罪，不应与非国家工作人员受贿罪实行并罚。

(6) 周某构成徐某与顾某犯罪的共犯，属于提供虚假证明文件罪与贪污共犯的想象竞合。

# 第九章　渎　职　罪

## 考点 1　滥用职权罪与玩忽职守罪的区别

### 一、精讲

滥用职权罪与玩忽职守罪。两罪的共同点是：

(1) 主观方面一般是过失，滥用职权罪主观方面不排除间接故意。

(2) 都是结果犯，以"致使公共财产、国家和人民利益遭受重大损失"为要件。不同点在于渎职方式。"滥用职权"表现为两种类型：① 超越职权，违法决定、处理其无权决定、处理的事项；② 违反规定处理公务，多表现为作为形式。玩忽职守主要表现为以不作为的方式不履行职责或怠于履行职责，多表现为不作为。

### 二、例题

1. 关于渎职犯罪，下列哪些选项是正确的？（2016 年真题，多选）

A. 县财政局副局长秦某工作时擅离办公室，其他办公室人员操作电炉不当，触电身亡并引发大火将办公楼烧毁。秦某触犯玩忽职守罪

B. 县卫计局执法监督大队队长武某，未能发现何某在足疗店内非法开诊所行医，该诊所开张三天即造成一患者死亡。武某触犯玩忽职守罪

C. 负责建房审批工作的干部柳某，徇情为拆迁范围内违规修建的房屋补办建设许可证，房主凭此获得补偿款 90 万元。柳某触犯滥用职权罪

D. 县长郑某擅自允许未经环境评估的水电工程开工，导致该县水域内濒危野生鱼类全部灭绝。郑某触犯滥用职权罪

[释疑]　C、D 项，符合滥用职权罪的要件。A 项错，办公室人员操作电炉不当，与秦某职

责无关,失火与秦某离开办公室没有因果关系。B项错,武某的失职行为极其轻微,且患者死亡的结果不能归责于武某,而应归责于何某的非法行医行为。(答案:CD)

2. 朱某系某县民政局副局长,率县福利企业年检小组到同学黄某任厂长的电气厂年检时,明知该厂的材料有虚假、残疾员工未达法定人数,但朱以该材料为准,使其顺利通过年检。为此,电气厂享受了不应享受的退税优惠政策,获取退税300万元。黄某动用关系,帮朱某升任民政局局长。检察院在调查朱某时发现,朱某有100万元财产明显超过合法收入,但其拒绝说明来源。在审查起诉阶段,朱某交代100万元系在澳门赌场所赢,经查证属实。

请回答以下各题。(2015年真题,不定选)

(1) 关于朱某帮助电气厂通过年检的行为,下列说法正确的是:
A. 其行为与国家损失300万元税收之间,存在因果关系
B. 属滥用职权,构成滥用职权罪
C. 属徇私舞弊,使国家税收遭受损失,同时构成徇私舞弊不征、少征税款罪
D. 事后虽获得了利益(升任局长),但不构成受贿罪

[释疑] A项,正是朱某的行为导致国家税收的损失,二者之间存在因果关系。B、C项,徇私舞弊不征、少征税款罪的主体应当是税收人员;朱某的行为属于滥用职权。D项,受贿罪的"贿赂"应当是财物或财产性利益,升职并非"贿赂"。(答案:ABD)

(2) 关于朱某100万元财产的来源,下列分析正确的是:(2015年真题,不定选)
A. 其财产、支出明显超过合法收入,这是巨额财产来源不明罪的实行行为
B. 在审查起诉阶段已说明100万元的来源,故不能以巨额财产来源不明罪提起公诉
C. 在澳门赌博,数额特别巨大,构成赌博罪
D. 作为国家工作人员,在澳门赌博,应依属人管辖原则追究其赌博的刑事责任

[释疑] A项,巨额财产来源不明罪的实行行为应当是拒不说明来源的行为。B项,行为人已说明其巨额财产的来源(无论是否合法)且查证属实的,不构成巨额财产来源不明罪。C项,构成赌博罪须"聚众赌博"或"以赌博为业",题中并无内容显示。D项,属人原则针对的是本国公民在本国领域外的犯罪行为,澳门属于我国领域内,故应适用属地原则。(答案:B)

(3) 关于黄某使电气厂获取300万元退税的定性,下列分析错误的是:(2015年真题,不定选)
A. 具有逃税性质,触犯逃税罪
B. 具有诈骗属性,触犯诈骗罪
C. 成立逃税罪与提供虚假证明文件罪,应数罪并罚
D. 属单位犯罪,应对电气厂判处罚金,并对黄某判处相应的刑罚

[释疑] A、B项,黄某使电气厂获取300万元退税,因该退税并非出口退税,故不能按逃税罪处理。其行为符合诈骗罪的构成要件。C项,提供虚假证明文件罪的主体是"中介组织或其人员"。D项,单位不能构成诈骗罪,按自然人犯罪处理。(答案:ACD)

3. 派出所长陈某在"追逃"专项斗争中,为得到表彰,在网上通缉了7名仅违反《治安管理处罚条例》并且已受过治安处罚的人员。虽然陈某通知本派出所人员不要"抓获"这7名人员,但仍有5名人员被外地公安机关"抓获"后关押。关于陈某行为的性质,下列哪些说法是错误的?(2002年真题,多选)
A. 陈某的行为构成滥用职权罪　　　　B. 陈某的行为构成玩忽职守罪

C. 陈某的行为构成非法拘禁罪　　　　D. 陈某的行为不构成犯罪

[释疑]（1）本题有些不明确，属于比较复杂的问题。根据检察机关的立案标准，滥用职权案和玩忽职守案需有下列情形之一的(造成以下程度的"结果")才立案(定罪最低标准)：① 造成死亡1人以上，或重伤2人以上，或轻伤5人以上的；② 造成直接经济损失20万元以上的；③ 造成有关公司、企业等单位停产、严重亏损、破产的；④ 严重损害国家声誉，或造成恶劣社会影响的；⑤ 其他致使公共财产、国家和人民利益遭受重大损失的情形的。对照立案标准，"造成5人在外地被公安关押"的后果是否达到定罪程度有些不明确。

（2）至于非法拘禁，也不典型，因为：① 甲只是上网作虚假通缉，并未直接实施非法剥夺自由行为；② 主观上对5人被关押的结果只是放任。选C项也很牵强。

（3）选D项又有点不对劲，是一个模棱两可的问题。A项相对可以成立，不选。故判断(或猜测)可选B、C、D项。

本题甲的情况也不完全符合"徇私枉法罪"的特征。根据最高人民检察院的立案标准，涉嫌对明知是无罪的人，采取伪造、隐匿、毁灭证据或其他隐瞒事实、违背法律的手段，"以追究刑事责任为目的"立案、侦查(含采取强制措施)、起诉、审判的，可以徇私枉法追究刑事责任。但是，甲的行为不合"以追究刑事责任为目的"的主观要件，也定不了徇私枉法罪。（答案：BCD）

## 考点 2　滥用职权罪与刑法另有规定的滥用职权犯罪竞合时,适用特别规定

### 一、精讲

《刑法》另有规定的特定的滥用职权(徇私舞弊)的犯罪有：第399条之徇私枉法罪、枉法裁判罪；第400条之私放在押人员罪；第401条之徇私舞弊减刑、假释、暂予监外执行罪；第402条之徇私舞弊不移交刑事案件罪；第404条之徇私舞弊不征、少征税款罪；第405条之徇私舞弊发售发票、抵扣税款、出口退税罪，非法提供出口退税罪；第407条之违法发放林木采伐许可证罪；第410条之非法批准征用、占用土地罪，非法低价出让国有土地使用权罪；第411条之放纵走私罪；第412条之商检徇私舞弊罪；第413条之动植物检疫徇私舞弊罪；第414条之放纵制售伪劣商品犯罪行为罪；第415条之办理偷越国(边)境人员出入境证件罪，放行偷越国(边)境人员罪；第416条第2款之阻碍解救被拐卖、绑架妇女儿童罪；第417条之帮助罪犯逃避处罚罪等。

本罪与上列其他具有滥用职权(徇私舞弊)性质的犯罪是一般与特别的关系，行为人的行为同时触犯第397条滥用职权罪和其他有关条款规定的，应择特别规定定罪处罚。

### 二、例题

1. 丙实施抢劫犯罪后，分管公安工作的副县长甲滥用职权，让侦办此案的警察乙想办法使丙无罪。乙明知丙有罪，但为徇人情，采取毁灭证据的手段使丙未受追诉。关于本案的分析，下列哪些选项是正确的？（2014年真题，多选）

A. 因甲是国家机关工作人员，故甲是滥用职权罪的实行犯
B. 因甲居于领导地位，故甲是徇私枉法罪的间接正犯
C. 因甲实施了两个实行行为，故应实行数罪并罚

D. 乙的行为同时触犯徇私枉法罪与帮助毁灭证据罪、滥用职权罪，但因只有一个行为，应以徇私枉法罪论处

[释疑] 滥用职权罪主体是国家机关工作人员，徇私枉法罪主体是司法工作人员，二罪都属于身份犯(见第397条、第399条)。(1)根据身份犯原理：身份犯之主体身份是构成该罪之实行犯(正犯)所必须具备的身份，据此A项正确。(2)由该原理派生，没有身份犯主体身份之人不可能成为该身份犯之实行犯(正犯)包括间接正犯。据此B项错。(3)甲徇私情滥用分管公安工作职权指令下级乙违法办案，是一个滥用职权行为，据此C项错。另依据身份犯原理，甲不是司法工作人员不可能成为徇私枉法罪正犯，不可能实施(滥用职权和徇私枉法)"二个实行行为"，据此C项也错。(4)徇私枉法罪包含毁灭伪造证据等"枉法"行为，乙徇私枉法行为同时有毁灭证据行为，被其徇私枉法罪包容。根据"整体法优于局部法适用"的法条竞合原理，适用徇私枉法罪。徇私枉法罪与滥用职权罪是特别与一般的法条竞合关系，故同时触犯滥用职权罪也是法条竞合关系，特别规定优先适用，应定乙徇私枉法罪。(答案：AD)

2. 某中级法院的主审法官甲收受故意杀人案被告人乙的家属现金1万元后，伪造乙防卫过当、自首的证据，欺骗该院审判委员会，导致原本可能被判处死刑的乙，最终仅被判处3年有期徒刑。对甲应当以何罪论处？(2008年缓考真题，单选)

A. 徇私枉法罪　　B. 滥用职权罪　　C. 受贿罪　　D. 伪证罪

[释疑] 第399条规定："司法工作人员徇私枉法、徇情枉法，对明知是无罪的人而使他受追诉、对明知是有罪的人而故意包庇不使他受追诉，或者在刑事审判活动中故意违背事实和法律作枉法裁判的，处……司法工作人员收受贿赂，有前三款行为的，同时又构成本法第三百八十五条规定之罪的，依照处罚较重的规定定罪处罚。"成立徇私枉法罪，排斥适用滥用职权罪一般规定，与受贿罪择一重罪处罚。受贿1万元刚刚达到受贿定罪标准，应以徇私枉法罪定罪处罚。(答案：A)

3. 某国税稽查局对某电缆厂的逃税案件进行查处。该厂厂长甲送给国税稽查局局长乙3万元，要求给予关照。乙收钱后，将某电缆厂已涉嫌构成逃税罪的案件仅以罚款了事。次年8月，上级主管部门清理税务违法案件。为避免电缆厂逃税案件移交司法机关处理，乙私自更改数据，隐瞒事实，使该案未移交司法机关。对乙应当以何罪论处？(2004年真题，多选)

A. 受贿罪　　　　　　　　　　　B. 滥用职权罪
C. 帮助犯罪分子逃避处罚罪　　　D. 徇私舞弊不移交刑事案件罪

[释疑] (1)几种相近渎职罪的区别，乙的行为符合D项徇私舞弊不移交刑事案件罪的特征，排斥一般规定(滥用职权罪)的适用。帮助犯罪分子逃避处罚罪，是指有查禁犯罪活动职责的国家机关工作人员，向犯罪分子通风报信、提供便利，帮助犯罪分子逃避处罚的行为(第417条)。乙的主体身份和行为特征均不符合该罪的要件。

(2)数罪并罚问题。本题显然是要求回答处罚的犯罪个数即是否数罪并罚。因为受贿而犯其他渎职罪的一般应数罪并罚，但法律有特别规定的除外，如第399条第4款的规定。本题中的情形属于一般情况，故应当数罪并罚。这一结论是否属于通说存在争议。不过，在关于被告人受贿后徇私舞弊为服刑罪犯减刑假释行为应定一罪还是数罪的研究意见中，最高人民法院刑一庭审判长会议经讨论认为："应当认定为受贿罪和徇私舞弊减刑、假释罪，实行两罪并罚"，理由是：① 具备两构成要件，且不具有牵连关系；② 不违反禁止重复评价原则；③ 与第

399 条第 4 款特别规定不矛盾。根据上述司法经验推论,对于因为受贿而犯(《刑法》第九章)渎职罪的如滥用职权、玩忽职守等,还有因为受贿而挪用公款的,通常实行数罪并罚。至于受贿与渎职或挪用的犯罪是否属于牵连关系,并不重要。不一定非要找出什么理论根据来,因为法律和司法实践并非完全遵循理论的。

（3）根据答题技巧推测。既然是多项选择,至少有两项正确,照此推测,在选 A 项受贿罪之外,还须从 B、C、D 三项中选一,故为几种相近渎职罪的区别问题。本题在数罪并罚问题上没有令人为难之处。(答案:AD)

## 考点 3　玩忽职守罪与其他渎职或责任事故性犯罪的区别

### 一、精讲

1. 《刑法》另有规定的具有玩忽职守性质的渎职犯罪有:第 398 条之过失泄露国家秘密罪;第 400 条之失职致使在押人员脱逃罪;第 406 条之国家机关工作人员签订、履行合同失职罪;第 408 条之环境监管失职罪;第 409 条之传染病防治失职罪;第 412 条之商检失职罪;第 413 条之动植物检疫失职罪;第 414 条之放纵制售伪劣商品犯罪行为罪;第 416 条之不解救被拐卖、绑架妇女、儿童罪;第 419 条之失职造成珍贵文物损毁、流失罪等。

本罪与上列有关犯罪是一般与特殊的法条竞合关系,故行为人触犯刑法另有规定的特定玩忽职守犯罪的,虽然也触犯了第 397 条的规定,但依法应以特别的规定定罪处罚。

2. 玩忽职守罪与有关责任事故型犯罪的区别。从广义上讲,本罪以造成重大损失为要件,亦属于一种责任事故型犯罪,与其他事故型犯罪所不同者,在于它是公务型责任事故。故本罪与其他责任事故型犯罪有相似之处,认定时应予注意。这些事故型犯罪主要有第 131 条之重大飞行事故罪,第 132 条之铁路运营安全事故罪,第 134 条之重大责任事故罪,第 135 条之重大劳动安全事故罪,第 136 条之危险物品肇事罪,第 137 条之工程重大安全事故罪,第 138 条之教育设施重大安全事故罪,第 139 条之消防责任事故罪,第 330 条之违反传染病防治规定罪,第 331 条之传染病菌种、毒种扩散罪,第 335 条之医疗事故罪等。

本罪与上述事故型犯罪的主要区别是:① 主体不同。本罪主体为国家机关工作人员;而有关事故型犯罪的主体一般为厂矿企业、事业单位的职工或工作人员。② 发生的场合不同。本罪发生于国家机关的公务活动过程中;而有关事故型犯罪,一般发生于生产、作业等业务活动中,以及直接指挥生产、作业或管理生产、作业等业务活动过程中。

### 二、例题

1. 下列哪一行为应以玩忽职守罪论处?（2012 年真题,单选）
A. 法官执行判决时严重不负责任,因未履行法定执行职责,致当事人利益遭受重大损失
B. 检察官讯问犯罪嫌疑人甲,甲要求上厕所,因检察官违规打开械具后未跟随,致甲在厕所翻窗逃跑
C. 值班警察与女友电话聊天时接到杀人报警,又闲聊 10 分钟后才赶往现场,因延迟出警,致被害人被杀、歹徒逃走
D. 市政府基建负责人因听信朋友介绍,未经审查便与对方签订建楼合同,致被骗 300 万元

[释疑] A项为第399条第3款执行判决、裁定失职罪,B项是失职致使在押人员脱逃罪(第400条第2款),D项是签订履行合同失职被骗罪(第406条)。(答案:C)

2. 下列哪种行为可以构成玩忽职守罪?(2007年真题,单选)

A. 在安全事故发生后,负有报告职责的人员不报或者谎报情况,贻误事故抢救时机,情节严重的

B. 国有公司工作人员严重不负责任,造成国有公司破产,致使国家利益遭受重大损失的

C. 负有环境保护监督管理职责的国家机关工作人员严重不负责任,导致发生重大环境污染事故,造成人身伤亡的严重后果的

D. 负有管理职责的国家机关工作人员发现他人非法从事天然气开采、加工等违法活动而不予查封、取缔,致使国家和人民利益遭受重大损失的

[释疑] (1) A项应为不报、谎报安全事故罪。

(2) B项构成国有公司工作人员失职罪(第168条)。

(3) C项构成环境监管失职罪。

(4) D项构成玩忽职守罪,参见最高人民法院、最高人民检察院《关于办理盗窃油气、破坏油气设备等刑事案件具体应用法律若干问题的解释》第7条的规定:"国家机关工作人员滥用职权或者玩忽职守,实施下列行为之一,致使公共财产、国家和人民利益遭受重大损失的,依照刑法第三百九十七条的规定,以滥用职权罪或者玩忽职守罪定罪处罚:……(四)对发现或者经举报查实的未经依法批准、许可擅自从事石油、天然气勘查、开采、加工、经营等违法活动不予查封、取缔的。"据此D项为正选。(答案:D)

### 三、提示与预测

注意第397条(滥用职权、玩忽职守)处理渎职案的司法解释规定。最高人民检察院《关于渎职侵权犯罪案件立案标准的规定》规定,国家机关工作人员滥用职权、玩忽职守,符合《刑法》第九章所规定的特殊渎职罪构成要件的,按照该特殊规定追究刑事责任;主体不符合《刑法》第九章所规定的特殊渎职罪的主体要件,但符合滥用职权、玩忽职守犯罪构成的,按照第397条的规定以滥用职权罪、玩忽职守罪追究刑事责任。

## 考点 4 徇私枉法罪的认定

### 一、精讲

1. 本罪的主体为司法工作人员。

2. 根据最高人民检察院《关于渎职侵权犯罪案件立案标准的规定》的规定,徇私枉法罪包括以下情形:(1) 对明知是没有犯罪事实或其他依法不应当追究刑事责任的人,采取伪造、隐匿、毁灭证据或其他隐瞒事实、违反法律的手段,以追究刑事责任为目的立案、侦查、起诉、审判的;(2) 对明知是有犯罪事实需要追究刑事责任的人,采取伪造、隐匿、毁灭证据或其他隐瞒事实、违反法律的手段,故意包庇使其不受立案、侦查、起诉、审判的;(3) 采取伪造、隐匿、毁灭证据或其他隐瞒事实、违反法律的手段,故意使罪重的人受较轻的追诉,或使罪轻的人受较重的追诉的;(4) 在立案后,采取伪造、隐匿、毁灭证据或其他隐瞒事实、违反法律的手段,应当采取强制措施而不采取强制措施,或虽然采取强制措施,但中断侦查或超过法定期限不采取任何措

施,实际放任不管,以及违法撤销、变更强制措施,致使犯罪嫌疑人、被告人实际脱离司法机关侦控的;(5) 在刑事审判活动中故意违背事实和法律,作出枉法判决、裁定,即有罪判无罪、无罪判有罪,或重罪轻判、轻罪重判的;(6) 其他徇私枉法应予追究刑事责任的情形。

3. 司法工作人员徇私枉法同时收受贿赂的,依照处罚较重的规定定罪处罚。

## 二、例题

1. 刘某以赵某对其犯故意伤害罪,向法院提起刑事附带民事诉讼。因赵某妹妹曾拒绝本案主审法官王某的求爱,故王某在明知证据不足、指控犯罪不能成立的情况下,毁灭赵某无罪证据,认定赵某构成故意伤害罪,并宣告免予刑事处罚。对王某的定罪,下列哪一选项是正确的?(2011年真题,单选)

A. 徇私枉法罪
B. 滥用职权罪
C. 玩忽职守罪
D. 帮助毁灭证据罪

[释疑] 根据《关于渎职侵权犯罪案件立案标准的规定》之(五)徇私枉法案(第399条第1款)的规定:"涉嫌下列情形之一的,应予立案:1. 对明知是没有犯罪事实或其他依法不应当追究刑事责任的人,采取伪造、隐匿、毁灭证据或者其他隐瞒事实、违反法律的手段,以追究刑事责任为目的立案、侦查、起诉、审判的……"同时排斥B、C、D项的适用。(答案:A)

2. 关于徇私枉法罪,下列哪些选项是正确的?(2009年真题,多选)

A. 甲(警察)与犯罪嫌疑人陈某曾是好友,在对陈某采取监视居住期间,故意对其放任不管,导致陈某逃匿,司法机关无法对其追诉。甲成立徇私枉法罪

B. 乙(法官)为报复被告人赵某对自己的出言不逊,故意在刑事附带民事判决中加大赵某对被害人的赔偿数额,致使赵某多付10万元。乙不成立徇私枉法罪

C. 丙(鉴定人)在收取犯罪嫌疑人盛某的钱财后,将被害人的伤情由重伤改为轻伤,导致盛某轻判。丙不成立徇私枉法罪

D. 丁(法官)为打击被告人程某,将对程某不起诉的理由从"证据不足,指控犯罪不能成立",擅自改为"可以免除刑罚"。丁成立徇私枉法罪

[释疑] (1) 根据最高人民检察院《关于渎职侵权犯罪案件立案标准的规定》,A、D项正确,B项乙的行为构成徇私枉法罪。

(2) C项,证人、鉴定人、记录人、翻译人在刑事诉讼中对与案件有重要关系的情节,故意作虚假证明、记录、翻译、鉴定,意图陷害他人或隐匿罪证的,构成第305条伪证罪。C项正确,不成立徇私枉法罪。(答案:ACD)

# 第十章 军人违反职责罪

**考点** 战时自伤罪的认定

## 一、精讲

战时自伤罪的认定:(1) 战时自伤;(2) 为了逃避军事义务。

## 二、例题

关于自伤,下列哪一选项是错误的?(2011年真题,单选)
A. 军人在战时自伤身体、逃避军事义务的,成立战时自伤罪
B. 帮助有责任能力成年人自伤的,不成立故意伤害罪
C. 受益人唆使60周岁的被保险人自伤、骗取保险金的,成立故意伤害罪与保险诈骗罪
D. 父母故意不救助自伤的12周岁儿子而致其死亡的,视具体情形成立故意杀人罪或者遗弃罪

[释疑] A项没错,第434条(战时自伤罪)规定:"(军人)战时自伤身体,逃避军事义务的,处……"B项不错,帮助自伤一般无罪,但帮助自杀才有罪。C项,教唆他人自杀,没有强迫、欺骗的,难言有罪,教唆60周岁(有辨认控制能力)人自伤的,不成立故意伤害罪。D项成立犯罪,作为父母对孩子有扶养、救助的义务,有义务救助,也有能力救助,但不救助导致孩子死亡的,成立不作为犯罪。(答案:C)

# 附　录

**2015年案例分析题(卷四)**

案情：高某(男)与钱某(女)在网上相识,后发展为网恋关系,其间,钱某知晓了高某一些隐情,并以开店缺钱为由,骗取了高某20万元现金。

见面后,高某对钱某相貌大失所望,相处不久更感到她性格古怪,便决定断绝关系。但钱某百般纠缠,最后竟以公开隐情相要挟,要求高某给予500万元补偿费。高某假意筹钱,实际打算除掉钱某。

随后,高某找到密友夏某和认识钱某的宗某,共谋将钱某诱骗至湖边小屋,先将其掐昏,然后扔入湖中溺死。事后,高某给夏某、宗某各20万元作为酬劳。

按照事前分工,宗某发微信将钱某诱骗到湖边小屋。但宗某得知钱某到达后害怕出事后被抓,给高某打电话说："我不想继续参与了。一日网恋十日恩,你也别杀她了。"高某大怒说："你太不义气啦,算了,别管我了!"宗某又随即打钱某电话,打算让其离开小屋,但钱某手机关机未通。

高某、夏某到达小屋后,高某寻机抱住钱某,夏某掐钱某脖子。待钱某不能挣扎后,二人均误以为钱某已昏迷(实际上已经死亡),便准备给钱某身上绑上石块将其扔入湖中溺死。此时,夏某也突然反悔,对高某说："算了吧,教训她一下就行了。"高某说："好吧,没你事了,你走吧!"夏某离开后,高某在钱某身上绑石块时,发现钱某已死亡。为了湮灭证据,高某将钱某尸体扔入湖中。

高某回到小屋时,发现了钱某的LV手提包(价值5万元),包内有5000元现金、身份证和一张储蓄卡,高某将现金据为己有。

三天后,高某将LV提包送给前女友尹某,尹某发现提包不是新的,也没有包装,问："是偷来的还是骗来的",高某说："不要问包从哪里来。我这里还有一张储蓄卡和身份证,身份证上的人很像你,你拿着卡和身份证到银行柜台取钱后,钱全部归你。"尹某虽然不知道全部真相,但能猜到包与卡都可能是高某犯罪所得,但由于爱财还是收下了手提包,并冒充钱某从银行柜台取出了该储蓄卡中的2万元。

问题：

请根据《刑法》相关规定与刑法原理分析高某、夏某、宗某和尹某的刑事责任(要求注重说明理由,并可以同时答出不同观点和理由)。

参考答案：

(一)高某的刑事责任

1. 高某对钱某成立故意杀人罪。是成立故意杀人既遂还是故意杀人未遂与过失致人死亡罪的想象竞合,关键在于如何处理构成要件的提前实现。

答案一：虽然构成要件结果提前发生,但掐脖子本身有致人死亡的紧迫危险,能够认定掐脖子时就已经实施杀人行为,故意存在于着手实行时即可,故高某应对钱某的死亡承担故意杀人既遂的刑事责任。

答案二：高某、夏某掐钱某的脖子时只是想致钱某昏迷,没有认识到掐脖子的行为会导致钱某死亡,亦即缺乏既遂的故意,因而不能对故意杀人既遂负责,只能认定高某的行为是故意杀人未遂与过失致人死亡的想象竞合。

2. 关于拿走钱某的手提包和5000元现金的行为性质,关键在于如何认定死者的占有。

答案一:高某对钱某的手提包和5000元现金成立侵占罪,理由是死者并不占有自己生前的财物,故手提包和5000元现金属于遗忘物。

答案二:高某对钱某的手提包和5000元现金成立盗窃罪,理由是死者继续占有生前的财物,高某的行为属于将他人占有财产转移给自己占有的盗窃行为,成立盗窃罪。

3. 将钱某的储蓄卡与身份证交给尹某取款2万元的行为性质。

答案一:构成信用卡诈骗罪的教唆犯。因为高某不是盗窃信用卡,而是侵占信用卡,利用拾得的他人信用卡取款的,属于冒用他人信用卡,高某唆使尹某冒用,故属于信用卡诈骗罪的教唆犯。

答案二:构成盗窃罪。因为高某是盗窃信用卡,盗窃信用卡并使用的,不管是自己直接使用还是让第三者使用,均应认定为盗窃罪。

(二) 夏某的刑事责任

1. 夏某参与杀人共谋,掐钱某的脖子,构成故意杀人罪既遂。(或:夏某成立故意杀人未遂与过失致人死亡的想象竞合,理由与高某相同。)

2. 由于发生了钱某死亡结果,夏某的行为是钱某死亡的原因,夏某不可能成立犯罪中止。

(三) 宗某的刑事责任

宗某参与共谋,并将钱某诱骗到湖边小屋,成立故意杀人既遂。宗某虽然后来没有实行行为,但其前行为与钱某死亡之间具有因果性,没有脱离共犯关系;宗某虽然给钱某打过电话,但该中止行为未能有效防止结果发生,不能成立犯罪中止。

(四) 尹某的刑事责任

1. 尹某构成掩饰、隐瞒犯罪所得罪。因为从客观上说,该包属于高某犯罪所得,而且尹某的行为属于掩饰、隐瞒犯罪所得的行为;尹某认识到可能是高某犯罪所得,因而具备明知的条件。

2. 尹某冒充钱某取出2万元的行为性质。

答案一:构成信用卡诈骗罪。因为尹某属于冒用他人信用卡,完全符合信用卡诈骗罪的构成要件。

答案二:构成盗窃罪。尹某虽然没有盗窃储蓄卡,但认识到储蓄卡可能是高某盗窃所得,并且实施使用行为,属于承继的共犯,故应以盗窃罪论处。

**2014年不定项选择题(卷二)**

(一) 郑某等人多次预谋通过爆炸抢劫银行运钞车。为方便跟踪运钞车,郑某等人于2012年4月6日杀害一车主,将其面包车开走(事实一)。后郑某等人制作了爆炸装置,并多次开面包车跟踪某银行运钞车,了解运钞车到某储蓄所收款的情况。郑某等人摸清运钞车情况后,于同年6月8日将面包车推下山崖(事实二)。同年6月11日,郑某等人将放有爆炸装置的自行车停于储蓄所门前。当运钞车停在该所门前押款人员下车提押款时(当时附近没有行人),郑某遥控引爆爆炸装置,致2人死亡4人重伤(均为运钞人员),运钞车中的230万元人民币被劫走(事实三)。

请回答第86—88题。(2014年真题,不定项选择)

86. 关于事实一(假定具有非法占有目的),下列选项正确的是:
A. 抢劫致人死亡包括以非法占有为目的故意杀害他人后立即劫取财物的情形
B. 如认为抢劫致人死亡仅限于过失致人死亡,则对事实一只能认定为故意杀人罪与盗窃罪(如否认死者占有,则成立侵占罪),实行并罚
C. 事实一同时触犯故意杀人罪与抢劫罪
D. 事实一虽是为抢劫运钞车服务的,但依然成立独立的犯罪,应适用"抢劫致人死亡"的规定

[释疑] (1)事实一属于"为了劫财(面包车)而杀人(车主)后取财"的类型,定性抢劫,致人重伤死亡的成立抢劫致人死亡,A项正确。(2)事实一中杀害车主行为具有故意杀人罪性质,该杀车主行为同时也是抢劫罪夺取财物(面包车)的暴力方式,成立抢劫罪,C项正确。另"抢劫致人死亡"包括为取财而预谋杀人的类型,故C项与A项之间不矛盾。(3)有非主流观点认为"抢劫致人死亡仅限于过失致人死亡",若据此"非主流观点",事实一只能认定为故意杀人罪和盗窃罪,B项正确。否则不能完整评价事实一,只定故意杀人罪漏评"取财行为";只定盗窃罪漏评故意杀人行为。另外,若采用"死者占有否认说",则就取财行为而言成立侵占而非盗窃,正确。既然依据"非主流观点"把事实一评价为"故意杀人"和"取财"二个行为,则成立故意杀人罪和盗窃罪(或侵占罪)二罪,数罪并罚正确。(4)为实施X项犯罪而准备工具、制造条件的行为构成Y项犯罪的,除X罪与Y罪存在牵连关系的外,应成立独立犯罪。郑某等为抢劫运钞车(现钞)而抢劫面包车做犯罪工具使用,不是牵连关系,D项正确。(答案:ABCD)

提示:此题特点有二:第一,对"抢劫致人死亡"有主流和非主流观点,根据不同观点对同一案件有不同处理结论。第二,不同处理结论("抢劫致人死亡"与"故意杀人罪和盗窃罪数罪并罚"),往往凸显观点的利弊优劣。换言之,争论"抢劫致人死亡"是否应包括"故意杀人罪",需要考虑对事实一处理,"抢劫致人死亡"与"故意杀人罪和盗窃罪数罪并罚",哪个结论更为合理?更为实质考虑是对案件事实的准确评价和死刑适用。评价为"抢劫致人死亡",突出图财害命的杀人动机,纳入抢劫致人死亡类型考虑死刑适用。评价为故意杀人和盗窃二罪,则纳入故意杀人罪类型考虑死刑适用,取财行为则忽略不计。

87. 关于事实二的判断,下列选项正确的是:
A. 非法占有目的包括排除意思与利用意思
B. 对抢劫罪中的非法占有目的应与盗窃罪中的非法占有目的作相同理解
C. 郑某等人在利用面包车后毁坏面包车的行为,不影响非法占有目的的认定
D. 郑某等人事后毁坏面包车的行为属于不可罚的事后行为

[释疑] A、B项对"非法占有目的"的理解正确。C项,学说上借助"利用意思",把盗窃、诈骗等"取得性"犯罪与故意毁坏财物等"毁损性"犯罪区别开来。这种意义的"利用意思",其作用仅为将纯粹出于毁弃目的而窃取骗取他人财物的行为排除出"取得性"犯罪的范围。事实二将车用于犯罪前的跟踪调查,已具备"利用意思",C项正确。既然将郑某等人抢劫(或盗窃)面包车行为评价为抢劫罪(或盗窃罪),可包容罪犯郑某等人对取得之财物(面包车)的利用处分毁弃行为,D项正确。(答案:ABCD)

88. 关于事实三的判断,下列选项正确的是:
A. 虽然当时附近没有行人,郑某等人的行为仍触犯爆炸罪

B. 触犯爆炸罪与故意杀人罪的行为只有一个,属于想象竞合
C. 爆炸行为亦可成为抢劫罪的手段行为
D. 对事实三应适用"抢劫致人重伤、死亡"的规定

[释疑] (1)爆炸罪的公共危险性,指足以危害不特定或多数人的人身安全。储蓄所门前是公共场所,在此实行爆炸足以危害不特定或多数人的人身安全,且事实上炸死炸伤多人,造成公共危险结果,A项正确。(2)郑某实施了一个爆炸行为致多人死伤,同时符合第232条之故意杀人罪和第115条之爆炸罪"致人重伤、死亡或者使公私财产遭受重大损失的"情形,属想象竞合犯,B项正确。(3)第263条规定"以暴力、胁迫或其他方法抢劫公私财物的",包括爆炸在内的一切暴力方式,如同包括事实一中故意杀人在内的暴力方式,C项正确。(4)预谋以爆炸致人死伤方式抢劫致人死伤的,属于"抢劫致人重伤死亡"的结果加重犯,D项正确。(答案:ABCD)

提示一:本题常规处理结果是:对郑某等人适用第263条之"(三)抢劫银行或者其他金融机构的;(四)多次抢劫或者抢劫数额巨大的;(五)抢劫致人重伤、死亡的;",以"一个抢劫罪定罪处罚"。说明如下:

(1)事实一和事实二认定为郑某等人成立抢劫罪"抢劫致人死亡"。(2)事实三认定为郑某等人成立抢劫罪且属于"抢劫金融机构""抢劫数额巨大""抢劫致人重伤死亡"。(3)中国司法习惯同种数罪不并罚。可以想见适用死刑可能性极大。

提示二:本题知识点和偏好

(1)第263条(抢劫罪)"以暴力、胁迫或者其他方法抢劫公私财物的……"之抢劫方法的解释,包括杀人、爆炸、持枪……等暴力方法。

(2)"抢劫致人重伤死亡"结果加重犯的解释,包含作为抢劫暴力方法的杀人、爆炸行为致人死伤的结果。

(3)"非法占有目的"的解释,排除意思和利用意思。郑某等人抢车之后用于犯罪前调查,具有利用意思;用后毁弃,具有剥夺车主财物的意思(排除意思)。

(4)一行为、想象竞合犯、事后不可罚行为认定。

(二)甲在强制戒毒所戒毒时,无法抗拒毒瘾,设法逃出戒毒所。甲径直到毒贩陈某家,以赊账方式买了少量毒品过瘾。后甲逃往乡下,告知朋友乙详情,请乙收留。乙让甲住下(事实一)。甲对陈某的毒品动起了歪脑筋,探知陈某将毒品藏在厨房灶膛内。某夜,甲先用毒包子毒死陈某的2条看门狗(价值6000元),然后翻进陈某院墙,从厨房灶膛拿走陈某50克纯冰毒(事实二)。甲拿出40克冰毒,让乙将40克冰毒和80克其他物质混合,冒充120克纯冰毒卖出(事实三)。

请回答第89—91题(2014年真题,不定项)。

89. 关于事实一,下列选项正确的是:
A. 甲是依法被关押的人员,其逃出戒毒所的行为构成脱逃罪
B. 甲购买少量毒品是为了自吸,购买毒品的行为不构成犯罪
C. 陈某出卖毒品给甲,虽未收款,仍属于贩卖毒品既遂
D. 乙收留甲的行为构成窝藏罪

[释疑] (1)对甲的行为正确评价是,甲不属于第316条(脱逃罪)"依法被关押的罪犯、被告人、犯罪嫌疑人",其逃离戒毒所行为不为罪。甲买毒"自吸"也不是犯罪。甲非"犯罪的

人",乙帮其逃匿不成立犯罪。据此,A、D项错,B项对。(2)对陈某行为的评价,赊销也是出售方式之一,贩卖毒品罪既遂不以获利或收到销售款为必要,C项正确。另据司法经验,以出售为目的而持有(尚未售出)的毒品,也算入贩卖毒品数额,可以推出毒品出手尚未收取毒资的,不影响既遂成立。(答案:BC)

90. 关于事实二的判断,下列选项正确的是:
   A. 甲翻墙入院从厨房取走毒品的行为,属于入户盗窃
   B. 甲进入陈某厨房的行为触犯非法侵入住宅罪
   C. 甲毒死陈某看门狗的行为是盗窃预备与故意毁坏财物罪的想象竞合
   D. 对甲盗窃50克冰毒的行为,应以盗窃罪论处,根据盗窃情节轻重量刑

[释疑] (1)毒品也是财物,属于盗窃罪对象;陈某宅院属于"户"和"住宅"。甲入陈某厨房窃取毒品属于入户盗窃,同时触犯非法侵入住宅罪,据此A、B项正确。但应注意:入户犯罪通常触犯非法侵入住宅罪,但最终并不认定该罪,一般根据想象竞合犯从一重罪以入户犯罪定罪。(2)甲毒死狗造成他人财产损失数额较大,构成故意毁坏财物罪。该毒狗行为同时是盗窃的预备行为,属于一行为触犯数罪(盗窃预备·故意毁坏财物罪)的想象竞合犯。C项正确。(3)《关于办理盗窃刑事案件适用法律若干问题的解释》(2013年4月)第1条第4款规定:"盗窃毒品等违禁品,应当按照盗窃罪处理的,根据情节轻重量刑。"据此D项对。因毒品是违禁品不便作价,故司法解释规定"根据情节轻重量刑"。主要还是根据窃取毒品数量或黑市价值量刑。(答案:ABCD)

91. 关于事实三的判断,下列选项正确的是:
   A. 甲让乙卖出冰毒应定性为甲事后处理所盗赃物,对此不应追究甲的刑事责任
   B. 乙将40克冰毒掺杂、冒充120克纯冰毒卖出的行为,符合诈骗罪的构成要件
   C. 甲、乙既成立诈骗罪的共犯,又成立贩卖毒品罪的共犯
   D. 乙在冰毒中掺杂使假,不构成制造毒品罪

(1)根据司法解释,盗窃毒品后出售的,以盗窃罪和贩卖毒品罪数罪并罚,不认为是"事后不可罚行为",A项错。理论上讲,盗窃侵犯法益是财产占有,而贩卖毒品则另危害其他法益,应成立数罪。(2)《全国法院审理毒品犯罪案件工作座谈会纪要》(2008年)为便于隐蔽运输、销售、使用、欺骗购买者,或为了增重,对毒品掺杂使假,添加或者去除其他非毒品物质,不属于制造毒品的行为。据此D项正确。制造毒品行为主要是:①化学提炼;②物理混合配制出新(功能)品种。(3)贩卖的毒品掺杂使假不影响贩卖毒品罪成立。是否成立诈骗罪?按司考对诈骗尺度的掌握,一般认为成立诈骗罪,故B、C项正确。(答案:BCD)

提示:司法实务而非司法考试场合对于毒品掺杂使假的,根本不考虑是否成立诈骗罪问题。其一,毒品走私入境时纯度往往几乎达100%,经多手倒卖、层层掺假到购买吸食者手里,纯度往往不过10%,司空见惯。其二,毒品数额不折纯计算,掺杂掺假的数量照样算作贩卖的数额处罚。定贩卖毒品总是比诈骗罪重,即使成立诈骗罪也没有定诈骗罪的必要和可能。司考从理论上分析,该行为同时构成贩卖毒品罪和诈骗罪想象竞合犯择一重罪处断。

**2014年案例分析题(卷四)**

案情:国有化工厂车间主任甲与副厂长乙(均为国家工作人员)共谋,在车间的某贵重零件仍能使用时,利用职务之便,制造该零件报废、需向五金厂(非国有企业)购买的假象(该零

件价格26万元),以便非法占有货款。甲将实情告知五金厂负责人丙,嘱丙接到订单后,只向化工厂寄出供货单、发票而不需要实际供货,等五金厂收到化工厂的货款后,丙再将26万元货款汇至乙的个人账户。

丙为使五金厂能长期向化工厂供货,便提前将五金厂的26万元现金汇至乙的个人账户。乙随即让事后知情的妻子丁去银行取出26万元现金,并让丁将其中的13万元送给甲。3天后,化工厂会计准备按照乙的指示将26万元汇给五金厂时,因有人举报而未汇出。甲、乙见事情败露,主动向检察院投案,如实交待了上述罪行,并将26万元上交检察院。

此外,甲还向检察院揭发乙的其他犯罪事实:乙利用职务之便,长期以明显高于市场的价格向其远房亲戚戊经营的原料公司采购商品,使化工厂损失近300万元;戊为了使乙长期关照原料公司,让乙的妻子丁未出资却享有原料公司10%的股份(乙、丁均知情),虽未进行股权转让登记,但已分给红利58万元,每次分红都是丁去原料公司领取现金。

问题:

请分析甲、乙、丙、丁、戊的刑事责任(包括犯罪性质、犯罪形态、共同犯罪、数罪并罚与法定量刑情节),须答出相应理由。(2014年真题,案例分析)

参考答案:

甲、乙利用职务上便利实施了贪污行为,虽然客观上获得了26万元,构成贪污罪,但该26万元不是化工厂的财产,没有给化工厂造成实际损失;甲、乙也不可能贪污五金厂的财物,故对甲、乙的贪污行为只能认定为贪污未遂。甲乙犯贪污罪后自首,可以从轻或者减轻处罚。甲揭发了乙为亲友非法牟利罪与受贿罪的犯罪事实,构成立功,可以从轻或者减轻处罚。

乙长期以明显高于市场的价格向其远房亲戚戊经营的原料公司采购商品,使化工厂损失近300万元的行为构成为亲友非法牟利罪。乙以妻子丁的名义在原料公司享有10%的股份分得红利58万元的行为,符合受贿罪的构成要件,成立受贿罪。对于为亲友非法牟利罪与受贿罪以及上述贪污罪,应当实行数罪并罚。

丙将五金厂的26万元挪用出来汇给乙的个人账户,不是为了个人使用,也不是为了谋取个人利益,不能认定为挪用资金罪。但是,丙明知甲、乙二人实施贪污行为,客观上也帮助甲、乙实施了贪污行为,故丙构成贪污罪的共犯(从犯)。

丁将26万元取出的行为,不构成掩饰、隐瞒犯罪所得罪,因为该26万元不是贪污犯罪所得,也不是其他犯罪所得。丁也不成立贪污罪的共犯,因为丁取出26万元时该26万元不是贪污犯罪所得。丁将其中的13万元送给甲,既不是帮助分赃,也不是行贿,因而不成立犯罪。丁对自己名义的干股知情,并领取贿赂款,构成受贿罪的共犯(从犯)。

戊作为回报让乙的妻子丁未出资却享有原料公司10%的股份,虽未进行股权转让登记,但让丁分得红利58万元的行为,是为了谋取不正当利益,构成行贿罪。

**2016年案例分析题(卷四)**

赵某与钱某原本是好友,赵某受钱某之托,为钱某保管一幅名画(价值800万元)达三年之久。某日,钱某来赵某家取画时,赵某要求钱某支付10万元保管费,钱某不同意。赵某突然起了杀意,为使名画不被钱某取回进而据为己有,用花瓶猛砸钱某的头部,钱某头部受重伤后昏倒,不省人事,赵某以为钱某已经死亡。刚好此时,赵某的朋友孙某来访。赵某向孙某说"我摊上大事了",要求孙某和自己一起将钱某的尸体埋在野外,孙某同意。

二人一起将钱某抬至汽车的后座,由赵某开车,孙某坐在钱某身边。开车期间,赵某不断地说"真不该一时冲动""悔之晚矣"。其间,孙某感觉钱某身体动了一下,仔细察看,发现钱某并没有死。但是,孙某未将此事告诉赵某。到野外后,赵某一人挖坑并将钱某埋入地下(致钱某窒息身亡),孙某一直站在旁边没做什么,只是反复催促赵某动作快一点。

一个月后,孙某对赵某说:"你做了一件对不起朋友的事,我也做一件对不起朋友的事。你将那幅名画给我,否则向公安机关揭发你的杀人罪行。"三日后,赵某将一幅赝品(价值8000元)交给孙某。孙某误以为是真品,以600万元的价格卖给李某。李某发现自己购买了赝品,向公安机关告发孙某,导致案发。

问题:

1. 关于赵某杀害钱某以便将名画据为己有这一事实,可能存在哪几种处理意见?各自的理由是什么?

2. 关于赵某以为钱某已经死亡,为毁灭罪证而将钱某活埋导致其窒息死亡这一事实,可能存在哪几种主要处理意见?各自的理由是什么?

3. 孙某对钱某的死亡构成何罪(说明理由)?是成立间接正犯还是成立帮助犯(从犯)?

4. 孙某向赵某索要名画的行为构成何罪(说明理由)?关于法定刑的适用与犯罪形态的认定,可能存在哪几种观点?

5. 孙某将赝品出卖给李某的行为是否构成犯罪?为什么?

参考答案:

1. 关于赵某杀害钱某以便将名画据为己有这一事实,可能存在两种处理意见。其一,认定为侵占罪与故意杀人罪,实行数罪并罚。理由是,赵某已经占有了名画,不可能对名画实施抢劫行为,杀人行为同时使得赵某将名画据为己有,所以,赵某对名画成立(委托物)侵占罪,对钱某的死亡成立故意杀人罪。其二,认定成立抢劫罪一罪。理由是,赵某杀害钱某是为了使名画不被返还,钱某对名画的返还请求权是一种财产性利益,财产性利益可以成为抢劫罪的对象,所以,赵某属于抢劫财产性利益。

2. 赵某以为钱某已经死亡,为毁灭罪证而将钱某活埋导致其窒息死亡,属于事前的故意或概括的故意。对此现象的处理,主要有两种观点:其一,将赵某的前行为认定为故意杀人未遂(或普通抢劫),将后行为认定为过失致人死亡,对二者实行数罪并罚或者按想象竞合处理;理由是,毕竟是因为后行为导致死亡,但行为人对后行为只有过失。其二认为,应认定为故意杀人既遂一罪(或故意的抢劫致人死亡即对死亡持故意一罪);理由是,前行为与死亡结果之间的因果关系并未中断,前行为与后行为具有一体性,故意不需要存在于实行行为的全过程。答出其他有一定道理的观点的,适当给分。

3. 孙某对钱某的死亡构成故意杀人罪。孙某明知钱某没有死亡,却催促赵某动作快一点,显然具有杀人故意,客观上对钱某的死亡也起到了作用。即使认为赵某对钱某成立抢劫致人死亡,但由于钱某不对抢劫负责,也只能认定为故意杀人罪。倘若在前一问题上认为赵某成立故意杀人未遂(或普通抢劫)与过失致人死亡罪,那么,孙某就是利用过失行为实施杀人的间接正犯;倘若在前一问题上认为赵某成立故意杀人既遂(或故意的抢劫人死亡即对死亡持故意),则孙某成立故意杀人罪的帮助犯(从犯)。

4. 孙某索要名画的行为构成敲诈勒索罪。理由:孙某的行为完全符合本罪的构成要件,因为利用合法行为使他人产生恐惧心理的也属于敲诈勒索。一种观点是,对孙某应当按800

万元适用数额特别巨大的法定刑,同时适用未遂犯的规定,并将取得价值8 000元的赝品的事实作为量刑情节,这种观点将数额巨大与特别巨大作为加重构成要件;另一种观点是,对孙某应当按8 000元适用数额较大的法定刑,认定为犯罪既遂,不适用未遂犯的规定,这种观点将数额较大视为单纯的量刑因素或量刑规则。

5. 孙某出卖赝品的行为不构成诈骗罪,因为孙某以为出卖的是名画,不具有诈骗故意。

LICENSE

司考一本通
# 刑事诉讼法

编著 卫跃宁

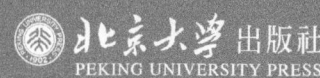

# 编 写 说 明

实行统一的国家司法考试，不仅是我国司法改革的一项重大举措，也是我国法学教育改革的突破口。从律考转变为司考后，使得更多适合条件的考生热衷于此，司法考试也逐渐形成了市场，辅导用书层出不穷。然而在众多的司考辅导用书当中，如何作出选择，便成了备考考生一个头痛的问题。

司考该用何种辅导书？我们认为，要用"看一本就能通"的书。为了达成此目的，我们努力使本书具备了如下特色：

**特色一　名师编著、套书完整**

本书由来胜全方位法律人培训力邀各科司考名师亲自执笔，集结了老师们多年的司考辅导经验和智慧。本书共分八小册，涵盖了最新考纲的重要考点。

**特色二　内容精炼、针对性强**

本书强调内容的精炼和实战性。针对重要的考点，我们结合历年司考的规律，对其进行精讲，并针对实际考查情况和精讲内容，提供例题以提高实战能力。

**特色三　体例安排科学合理**

根据考纲的要求及体系，我们选出了各科的重要考点并对其从以下三个方面为考生提供帮助。

一、精讲。对当前考点进行精当、有效的讲解，以帮助读者掌握当前考点的精要，具备解决问题的基本能力。

二、例题。针对当前考点，并结合精讲内容，使考生得到及时、有效的练习，提高应试能力，并在修正自己错误的过程中得到提高。

三、提示与预测。主要是针对一些应当特别注意的问题的提示，以及对2017年司考动向的预测。

业精于勤而荒于嬉，行成于思而毁于随。当您拥有了本书，您便得到了一片肥沃的黑土，若能加以勤耕，今日播下的种子，定能在那金秋结出胜利的果实！

编者<br>
2017年5月

# 前　言

## 一、2017 年是国家司法考试的最后一年！接下来，司法考试制度将调整为国家统一法律职业资格考试制度

为了贯彻落实党的十八大和十八届三中、四中全会精神，中共中央办公厅、国务院办公厅印发了《关于完善国家统一法律职业资格制度的意见》，该《意见》提出了完善国家统一法律职业资格制度的目标任务和重要举措，对于推进法治工作队伍的正规化、专业化、职业化，为建设社会主义法治国家提供人才保障具有重要意义。该《意见》指出，本《意见》提出的各项改革措施应于 2017 年年底前全部落实到位。这就说明 2017 年是最后一次国家司法考试，2018 年将面临重大改革。希望各位考生，尤其是非法学考生、非全日制考生能抓住最后一次机会，通过考试。

对于《刑事诉讼法》的司法考试复习，重点还是要掌握全国人大对《刑事诉讼法》的重大修改与中共中央通过的《关于全面推进依法治国若干重大问题的决定》，以及相关的司法解释等内容。修改后的《刑事诉讼法》2013 年施行后，2014 年 10 月 20 日至 23 日，中国共产党第十八届中央委员会第四次全体会议又审议通过了《中共中央关于全面推进依法治国若干重大问题的决定》，该《决定》提出了全面深化司法体制改革的六项任务。其中，"推进以审判为中心的诉讼制度改革"，"全面贯彻证据裁判规则，严格依法收集、固定、保存、审查、运用证据，完善证人、鉴定人出庭制度，保证庭审在查明事实、认定证据、保护诉权、公正裁判中发挥决定性作用"等与刑事诉讼息息相关。考生应当结合修改后的《刑事诉讼法》认真加以领会。修改后的《刑事诉讼法》条文共 290 条，增加了 65 条。这次修改几乎涉及刑事诉讼程序的方方面面，规定了"尊重与保障人权""反对强迫自证其罪""非法证据排除规则"等原则，对辩护制度、证据制度、强制措施、侦查程序、审查起诉、一审程序、二审程序、死刑复核程序、审判监督程序、执行程序等进行了修改完善。此外，还增加规定了技术侦查措施和未成年人刑事案件诉讼程序，公诉案件和解程序，犯罪嫌疑人死亡、逃亡案件中非法所得没收程序以及强制医疗四种特别程序。

考生应当注意，本书的讲解完全按照新修正的《刑事诉讼法》作了更正，并且增加了最高人民法院、最高人民检察院、公安部、国家安全部、司法部、全国人大常委会法制工作委员会《关于实施刑事诉讼法若干问题的规定》（以下简称六部门《规定》）、最高人民法院《关于适用〈中华人民共和国刑事诉讼法〉的解释》（以下简称《刑诉法解释》）、最高人民检察院《人民检察院刑事诉讼规则（试行）》（以下简称《刑事诉讼规则》）、公安部《公安机关办理刑事案件程序规定》（以下简称《刑事程序规定》），以及全国人民代表大会常务委员会关于《中华人民共和国刑事诉讼法》第 79 条第 3 款、第 254 条第 5 款、第 271 条第 2 款的解释，最高人民法院《关于办理死刑复核案件听取辩护律师意见的办法》《关于刑事裁判涉财产部分执行的若干规定》《关于减刑、假释案件审理程序的规定》《人民检察院办理减刑、假释案件规定》，最高人民法

院、最高人民检察院、公安部《关于办理网络犯罪案件适用刑事诉讼程序若干问题的意见》，最高人民法院、最高人民检察院、公安部、国家安全部、司法部《关于依法保障律师执业权利的规定》，最高人民检察院《人民检察院办理羁押必要性审查案件规定（试行）》等新的司法解释。希望考生在学习时，要结合这些司法解释与《刑事诉讼法》进行比较，以便更好地掌握《刑事诉讼法》的司法考试要点，可以说，《刑事诉讼法》修改的部分和新的司法解释应当是考试的重点。由于《刑事诉讼法》及司法解释进行了大幅度修改，考生在做2012年以前的真题时，一定要注意根据新法修正其答案与解析，学习时，一定要按照新法思考新的答案。

还需要注意的是，北京、浙江、山西三个省、直辖市试点实行监察委员会制度，三地的检察院的反贪局、反渎局等转隶当地的监察委员会。这是一个改革的信号。考生对于检察院的职务犯罪追究的相关程序规定，可以不作为重点掌握。

### 二、司法考试中刑事诉讼法的考试特点

对近些年（包括2015年）的司法考试刑事诉讼法试题进行分析，可以发现以下五个特点：

1. 司法考试中刑事诉讼法涉及的知识点同其他科目比起来变化不大，既不偏也不难，在司法考试大纲中都有体现。

2. 司法考试中刑事诉讼法对基本法条的直接考查仍是试题的重点，这类题目是最容易得分的。从刑事诉讼法自身的特点和历年的考题来看，题目所考查的知识点一半以上都是对法律条文内容的直接考查，理论问题较少见。

3. 刑事诉讼法更侧重于应用性、操作性方面的考查，部分知识点考得非常细。往年对一些具体的司法解释的考查的分值较高，题目考得很细。但是，今年重点应当放在刑事诉讼法修改和新增法条以及相关司法解释的修改上。

4. 与刑法、民法、行政法等实体法相比，刑事诉讼法的分值虽然较高，但却不难，易得高分。许多考生反馈，卷二比较有把握的是刑事诉讼法，因为刑事诉讼法的答案很容易确定，刑法、行政法则相对较难。

5. 司法考试中刑事诉讼法的知识点重复率较高，有些试题甚至原封不动地重复出现；这部分题目只要注意到新的规定就可以直接得分。

### 三、如何备考2017年司法考试中的刑事诉讼法

针对上述特点，可以看出司法考试的范围、重点是可以掌握的，刑事诉讼法的司法考试题目并非不可预测。分析研究司法考试中刑事诉讼法考题的命题规律和答题技巧，有助于我们在今后的复习中少走弯路、提高复习效率。对于备考2017年司法考试的考生来说，复习刑事诉讼法要注意以下几点：

1. 从应考的角度看，刑事诉讼法试题的分值较高，并且相对较容易，所以，考生应当充分予以重视，尽可能地获得全部的考分。刑事诉讼法是程序法，它规定的是进行刑事诉讼活动的方式、方法。考试的重点是如何操作它，即如何运用刑事诉讼法解决实际问题，并且大部分题目是对《刑事诉讼法》法条和有关司法解释的直接考查，这种类型的题目对法律条文的考查没有任何的拐弯和进一步引申，只要掌握条文就能选对答案，不需要考生根据基本理论知识对法条进行运用。如果考生凭借自己的勤奋，能够在理解的基础上掌握法条（并非死记硬背，因为所有选择题的答案均在选项中），即使理论水平有限，也能够得到大部分的分数。尤其对那些

非法学专业的考生,这一点更为重要,因为抓住了这些基本东西就能使自己理论功底差的缺陷得以弥补。所以,一定要全面了解《刑事诉讼法》及相关司法解释。

2. 从刑事诉讼法试题涉及的知识点变化不大的角度看,考生应当注意对常考点的掌握。值得注意的是,司法考试大纲设定的知识点永远都是考试的重点。在法律作出较大的修改之前,是不会出现更多重点的。许多考生总试图发现新的、更多的重点,钻研许多偏题、怪题,并且准备了一些理论问题,结果一参加考试,发现所考的内容仍和往年接近。自己煞费苦心准备的基本都未考到。司法考试的最大难度在于,在较短的时间内掌握数千个不同部门的法律条文。从刑事诉讼法的自身特点和历年的考题来看,题目所考查的知识点几乎全部是对法律条文(包括《刑事诉讼法》和有关司法解释)内容的直接考查,理论问题很少涉及,所以,要注意对常考点和传统意义上的重点的掌握。

3. 司法考试中刑事诉讼法考题中难度大一点的题目,主要表现在对法律条文的考查比以前更具体、更细微。所以,提醒考生在复习时要处理好重点与全面的关系,不能只看重点,其他不管;也不能只顾全面,而忽略重点。近几年有些题目虽然考查的知识点仍是很基本的东西,但由于涉及的法条比较具体,有些考生平时根本就没注意,所以,答题时无从下手。从历年的考题可以看出,最高人民法院的司法解释比最高人民检察院的司法解释考得要多一些。对于最高人民检察院的司法解释重点应放在检察院与公安机关、检察院与法院的关系方面的法条上。非法学专业的考生对此往往较难把握,需要注意。刑事诉讼法涉及理论性的题目主要是要掌握证据的基本概念、基本理论,尤其要注意掌握通说。

4. 重复知识点和重复试题增多这一特点,要求考生要重视对往年真题的研究。除了刑事诉讼法以外,刑法、民法等试题中都有重复试题。认真复习历年的真题除了能够引导我们正确把握复习方向和范围外,有时候还能够直接帮助我们得分。同时,适当地、科学地选择一些质量比较好的辅导书和练习题,除了能够帮助我们巩固复习过的知识外,也有益于我们解析考题。要正确把握好教材、法条与练习题(真题)之间的关系。教材是对法规的阐释,通常是按照大纲,针对司法考试编写的,易于理解。相比之下,法规的系统性、逻辑性不如教材。但是,法规的内容比教材少而集中,是其优点。练习题(真题)则有助于理解、巩固所学知识,并有助于提高应考能力。要注意司考复习的误区:有的考生说,看法条就够了;有的考生说,看教材就够了。笔者认为要因人而异:对于原来是法学科班毕业、理论基础好的考生,不需要将过多的时间花在教材上,可以主攻法条;对于非法学专业或者基础不好的,则一定要将教材看几遍。在认真领会、理解教材的基础上再去看法条,或者将二者结合起来看,效果会好得多。注意:教材与法条的学习不是让你去死记硬背的,因为,不论单选、多选还是不定项选的考题,答案就在选项中。

5. 要注意对司考大纲中新增内容及最新司法解释内容的掌握,每年的大纲多少会有些变化,全国人大常委会或者最高人民法院、最高人民检察院等会出台一些涉及《刑事诉讼法》的决定、规定、司法解释等,这些地方往往会出题,但却不难,带有时事法律的味道,关键看你是不是了解。就2017年而言,最重要的是认真了解并掌握《刑事诉讼法》和相关司法解释的修改部分,这是重中之重。希望考生予以关注。

6. 关于练习题、模拟题以及历年考题(2012年以后)的作用。要注意,如果没有搞清楚基本理论,单做题是不行的。每章教材看完后,要做一下分章练习,尤其是基础不好的考生。在做题过程中,要思考:为什么这样出题?为什么有的地方没出题?是否可以出?要怎么出?如果学到你自己都可以出题的程度,那就应当能考过。注意:单看教材、法条,不做题,会出现眼高手低的问题。所有你见过的题目,包括案例题,一定要亲自动手做一遍,做完后再对答案,就会发现自己差在什么地方了。分章练习做完后,要做综合练习、模拟题以及前几年的考题,如果做下来,效果很好,会使自己的自信心大增。效果不好,有利于你发现不足而加以克服。现在许多资料质量太差,所以,一定要自己找一下答案,特别是吃不准的。切记:单看教材和单做模拟题都不可取,要将两者结合起来。

卫跃宁<br>
2016 年 12 月

# 目 录

第一章 刑事诉讼法概述 …………………………………… (1)
第二章 刑事诉讼法的基本原则 …………………………… (10)
第三章 刑事诉讼中的专门机关和诉讼参与人 …………… (18)
第四章 管辖 ………………………………………………… (30)
第五章 回避 ………………………………………………… (41)
第六章 辩护与代理 ………………………………………… (47)
第七章 刑事证据 …………………………………………… (68)
第八章 强制措施 …………………………………………… (107)
第九章 附带民事诉讼 ……………………………………… (146)
第十章 期间、送达 ………………………………………… (157)
第十一章 立案 ……………………………………………… (160)
第十二章 侦查 ……………………………………………… (166)
第十三章 起诉 ……………………………………………… (198)
第十四章 刑事审判概述 …………………………………… (214)
第十五章 第一审程序 ……………………………………… (229)
第十六章 第二审程序 ……………………………………… (274)
第十七章 复核核准程序 …………………………………… (297)
第十八章 审判监督程序 …………………………………… (308)
第十九章 执行 ……………………………………………… (319)
第二十章 未成年人刑事案件诉讼程序 …………………… (343)
第二十一章 当事人和解的公诉案件诉讼程序 …………… (357)
第二十二章 犯罪嫌疑人、被告人逃匿、死亡案件违法所得的没收程序 ………… (362)
第二十三章 依法不负刑事责任的精神病人的强制医疗程序 ………… (369)
第二十四章 涉外刑事诉讼程序与司法协助制度 ………… (376)

# 第一章 刑事诉讼法概述

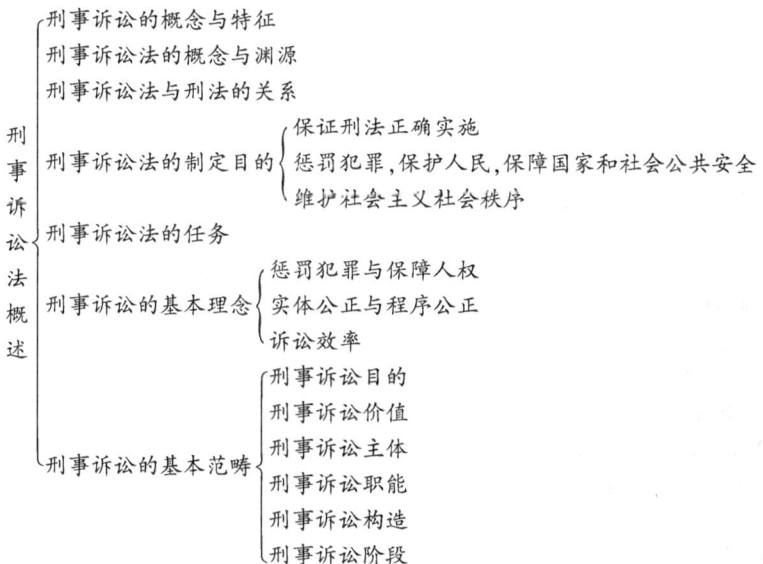

一、精讲

## 考点 1 刑事诉讼法的概念、特征、渊源

（一）刑事诉讼的概念与特征

刑事诉讼是指人民法院、人民检察院和公安机关（含国家安全机关等，下同）在当事人及其他诉讼参与人的参加下，依照法律规定的程序，解决被追诉者刑事责任问题的活动。

刑事诉讼有以下特征：

（1）刑事诉讼是公、检、法机关主持进行的活动；
（2）刑事诉讼是实现国家刑罚权、解决被追诉者刑事责任问题的活动；
（3）刑事诉讼是依法律规定的程序进行的活动；
（4）刑事诉讼是在当事人及其他诉讼参与人的参加下进行的一种活动。

（二）刑事诉讼法的概念与渊源

刑事诉讼法是指国家制定的调整刑事诉讼活动的法律规范的总称。狭义的刑事诉讼法单指《刑事诉讼法》，广义的刑事诉讼法指一切有关刑事诉讼的法律规范。

刑事诉讼法的渊源是指刑事诉讼法律规范的存在形式，有以下几种：

（1）宪法；
（2）刑事诉讼法典；
（3）有关刑事诉讼的法律，指全国人大及其常委会制定的法律中有关刑事诉讼的规定；

（4）有关刑事诉讼的法律解释；
（5）有关行政法规、规定（包括地方性法规）；
（6）我国签署、加入的有关国际公约、条约。

（三）刑事诉讼法与刑法的关系

刑法是实体法，刑事诉讼法是程序法。刑事诉讼法具有保障刑法正确适用的作用，也有自己独立的价值。

1. 保障刑法实施的工具价值

（1）明确规定了行使侦查权、起诉权、审判权的各专门机关，为查明案情、适用实体法提供了组织上的保障。

（2）明确规定了各专门机关的权力与职责及诉讼参与人的权利与义务，为查明案情、适用实体法的活动提供了基本构架、方式和程序，也为实体法适用的有序性提供了保障。

（3）规定了证据的收集方法与运用规则，既为获取证据、查明事实提供手段，又提供了收集、运用证据的程序规范。

（4）关于程序系统的设计，可以在相当程度上避免、减少案件处理实体上的误差。

（5）针对不同案件设计不同的程序，使案件处理繁简有别，保证效率。

2. 独立价值

（1）刑事诉讼法规定的原则、制度、程序，体现着程序本身的民主、法治、人权精神与文明。

（2）刑事诉讼法具有弥补实体法不足并"创制"实体法的功能：① 实体法规范语义抽象、模糊时，刑事诉讼担负特别的"解说"功能，而这种活动是由刑事诉讼法规范的。② 由于语言自身的特点，决定了实体法规范所能表达的可能量一般并不等于立法者意图对它的要求量。当法律条文出现歧义时，受刑事诉讼法规范的诉讼中积极有效的争辩、论证，能够对此作出调节和修正。同时，在出现对同一法律规范的语义有不同理解时，实体法规范就会出现不确定状态，而刑事诉讼法可以通过特有程序机制，如评议、表决等使实体法规范实现其确定性。③ 当实体法规范之间出现不协调时，刑事诉讼法可以提供程序机制解决。④ 刑事诉讼法具有创制实体法的功能。

（3）刑事诉讼法具有阻却或影响实体法实现的功能，比如，没有起诉，就不能适用实体法；适用不同的程序，其结果可能不同。

（四）刑事诉讼法与法治国家

刑事诉讼法在实现法治国家方面的作用，主要体现在与宪法的关系中。一方面，刑事诉讼的程序条款在宪法当中具有重要地位，宪法关于程序性条款的规定是法治国家的基本标志；另一方面，刑事诉讼法在维护宪法制度方面发挥着重要作用。

## 考点 2　刑事诉讼法的制定目的与任务

（一）《刑事诉讼法》的制定目的

《刑事诉讼法》第1条规定，刑事诉讼法的制定目的可以作以下理解：

（1）保证刑法的正确实施；

（2）惩罚犯罪，保护人民，保障国家安全和社会公共安全；

（3）维护社会主义社会秩序。

《刑事诉讼法》的制定根据是《宪法》。

(二)《刑事诉讼法》的任务

《刑事诉讼法》第2条规定,我国刑事诉讼法的任务,可以作以下理解:

(1) 保证准确、及时地查明犯罪事实,正确应用法律,惩罚犯罪分子,保障无罪的人不受刑事追究(首要任务或曰直接任务);

(2) 教育公民自觉遵守法律,积极同犯罪行为作斗争(重要任务);

(3) 维护社会主义法制,尊重和保障人权,保护公民的人身权利、财产权利、民主权利和其他权利,保障社会主义建设事业的顺利进行(根本任务)。

**特别关注:**

尊重和保障人权是新增"任务",可出选择题。

## 考点 3  刑事诉讼的基本理念

(一) 惩罚犯罪与保障人权

惩罚犯罪是指通过刑事诉讼活动,对构成犯罪的被告人公正适用刑法,以抑制犯罪,以及通过刑事程序本身抑制犯罪。

保障人权是指在通过刑事诉讼惩罚犯罪过程中,保障公民合法权益不受非法侵犯。包括:① 无罪的人不受追究;② 有罪的人受公正处罚;③ 诉讼权利得到充分保障和行使。

惩罚犯罪与保障人权既统一又对立,同等重要。

(二) 程序公正与实体公正

司法公正包括实体公正和程序公正。实体公正是结果的公正,程序公正是过程的公正。程序公正的含义主要有三点:① 诉讼参与人能有效参与;② 诉讼程序能得到遵守;③ 程序违法能得到救济。

程序公正要求:① 严格遵守刑事诉讼法规定;② 保障诉讼参与,尤其是被追诉人的诉讼权利;③ 严禁刑讯逼供和以其他非法方法取证;④ 司法机关依法独立行使职权;⑤ 保证诉讼程序公开、透明;⑥ 在法定期限内办案、结案。

(三) 诉讼效率

诉讼效率是指诉讼中所投入的司法资源(包括人、财、设备等)与案件处理数量的比例。在刑事诉讼中,应当公正优先,兼顾效率。

## 考点 4  刑事诉讼的基本范畴

(一) 刑事诉讼的目的

刑事诉讼的目的是指国家制定刑事诉讼法和进行刑事诉讼所期望达到的结果。

刑事诉讼的根本目的与法的一般目的是一致的,即维护社会秩序。刑事诉讼的直接目的在于惩罚犯罪与保障人权。刑事诉讼的根本目的的实现,有赖直接目的的实现。直接目的的两个方面应当并重。

美国、日本、德国及我国台湾地区的刑事诉讼目的理论分类有如下学说:

1. 犯罪控制模式与正当程序模式

犯罪控制模式的价值理念是:刑事诉讼以惩罚犯罪的"效率"为目标与评价标准。正当程序模式主张刑事诉讼目的不单是发现实体真实,更重要的是以公平和合乎正义的程序来保护被告人的人权。

2. 家庭模式

犯罪控制模式与正当程序模式之分受到学者批评,认为是基于"国家与个人间为敌对关系",并以"整个刑事程序自始至终为一项战争"为出发点。两种对立模式实为"战争模式"或"争斗模式"。所以,有学者提出家庭模式,以家庭中父母与子女的关系为喻,强调国家与个人间的和谐关系,并以此为出发点,提出解决问题的途径。

3. 实体真实主义与正当程序主义

实体真实主义在于追求案件实体真实的目的观,实体优越于程序,将程序法视为发现实体真实、实现刑法目的的手段;在人权保障与实体真实的关系上,实体真实处于优势。对违反程序侵犯公民权利,只由有关部门个别处理,不影响其后的诉讼行为。实体真实主义分为积极实体真实主义与消极实体真实主义。传统的实体真实主义仅指前者,认为凡是出现犯罪,就应当毫无遗漏地发现、处罚。消极实体真实主义是将发现真实与保障无辜相联系的目的观,认为刑事诉讼目的在于发现实体真实,本身应包含力求避免处罚无罪者的意思,而不单纯无遗漏地处罚任何一个犯罪者。

正当程序的目的观认为,刑事诉讼的目的重在维护正当程序。正当程序主义的认识论基础是:刑事诉讼对案件事实的认识能力十分有限,刑事诉讼中的真实只是作为认识的真实。因此,当在诉讼中根据能够利用的资料作出合理的事实认定时,只能是相对地视为真实。在此意义上,刑事诉讼是将真实设定为诉讼程序之外的客观实在,并谋求通过诉讼程序内的活动来接近它。刑事诉讼所追求的,是在所给定的程序范围内,竭尽人之所能,将以此认定的事实视做真实。

(二) 刑事诉讼价值

刑事诉讼价值是指刑事诉讼立法及其实施能够满足国家、社会及其一般成员的特定需要而具有的效用和意义。刑事诉讼价值包括秩序、公正、效益诸项内容。

秩序价值包括:① 通过惩治犯罪,恢复被破坏的秩序和预防秩序被破坏;② 惩治犯罪的活动是有序的,受程序约束。

公正在刑事诉讼价值中居于核心地位,包括实体公正和程序公正。

刑事诉讼的效益价值既包括效率,也包括在保证社会生产方面所产生的效益,即刑事诉讼对推动社会经济发展方面的效益。

(三) 刑事诉讼主体

刑事诉讼主体是指所有参与刑事诉讼活动,在诉讼中享有一定权利、承担一定义务的国家专门机关和诉讼参与人。我国刑事诉讼主体有三大类:

(1) 国家专门机关;

(2) 直接影响诉讼进程且与诉讼结果有直接利害关系的当事人;

(3) 其他诉讼参与人。

其中,专门机关和当事人承担着控诉、辩护、审判三种基本诉讼职能,彼此制约,推动诉讼的进行,是主要的诉讼主体;其他诉讼参与人协助专门机关和当事人进行诉讼活动,是一般诉讼主体。

(四) 刑事诉讼职能

刑事诉讼职能是指根据法律规定,国家专门机关和诉讼参与人在诉讼中所承担的职责,具有的作用和功能。传统理论认为,刑事诉讼有控诉、辩护、审判三种基本职能。现代混合式的诉讼模式强调三种职能相互独立又相互制衡。控诉是辩护的对象,是审判的前提和根据,审判必须限定在控诉的事实与被告人的范围内;辩护必然针对控诉进行,对控诉起制衡作用;审判是控诉的法律后果,在审判中必须保障辩护权。

(五)刑事诉讼构造

刑事诉讼构造是指刑事诉讼法所确立的进行刑事诉讼的基本方式以及专门机关、诉讼参与人在刑事诉讼中形成的法律关系的基本格局,集中体现在控诉、辩护、裁判三方在刑事诉讼中的地位及其相互间的法律关系。

一般认为,现代西方国家刑事诉讼构造分为大陆法系国家的职权主义和英美法系的当事人主义。第二次世界大战后,日本形成了以当事人主义为主,职权主义为补充的混合式诉讼构造。职权主义,是指法庭审判以法官为中心,法官在审判程序中居于主导和控制地位,限制控辩双方积极性的审判模式。职权主义审判模式的主要特点是法官处于中心地位和在事实认定与证据调查中处于主动地位。当事人主义,是指法官(陪审团)居于中立且被动的裁判者地位,法庭审判的进行由控方的举证和辩方的反驳共同推进和控制的审判模式。

(六)刑事诉讼阶段

刑事诉讼阶段的特点是每一个诉讼阶段都是一个完整的独立程序,有其自身的直接任务和形式,有下列五方面的划分:① 直接任务;② 参与诉讼的机关和个人的构成;③ 诉讼行为的方式;④ 诉讼法律关系;⑤ 诉讼的总结性文书。根据这些标准,我国刑事诉讼可以分为立案、侦查、起诉、审判、执行等阶段。

## 二、例题

1. 刑事诉讼法的独立价值之一是具有影响刑事实体法实现的功能。下列哪些选项体现了这一功能?(2016年真题,多选)

A. 被告人与被害人达成刑事和解而被法院量刑时从轻处理

B. 因排除犯罪嫌疑人的口供,检察院作出证据不足不起诉的决定

C. 侦查机关对于已超过追诉期限的案件不予立案

D. 只有被告人一方上诉的案件,二审法院判决时不得对被告人判处重于原判的刑罚

[释疑] 刑事诉讼法的独立价值主要体现为以下几点:(1)刑诉法规定的原则、制度、程序,体现着程序本身的民主、法治、人权精神与文明;(2)刑诉法具有弥补实体法不足并"创制"实体法的功能;(3)刑诉法具有阻却或影响实体法实现的功能,比如,没有起诉,就不能适用实体法;不同的程序,实体法结果可能不同。

公诉案件和解程序是刑诉法的特别程序,适用该程序的结果会突破刑法的"罪刑法定"法定原则所以,A项"被告人与被害人达成刑事和解而被法院量刑时从轻处理",体现了刑事诉讼法具有影响刑事实体法实现的功能。

非法证据的排除并非因为该证据没有证明力,但是,排除了非法证据会使得案件达不到证明标准而不能适用刑法,所以B项"因排除犯罪嫌疑人的口供,检察院作出证据不足不起诉的决定"也体现了刑事诉讼法具有影响刑事实体法实现的功能。

追诉期限是刑法的规定,对于已超过追诉期限的案件不予追究是实现刑法的规定,所以C项"侦查机关对于已超过追诉期限的案件不予立案"不具有影响刑事实体法实现的功能。

上诉不加刑原则使得即使一审判决确实低于刑法的规定,二审也不得改判加重。所以,D项"只有被告人一方上诉的案件,二审法院判决时不得对被告人判处重于原判的刑罚"也体现了刑事诉讼法具有影响刑事实体法实现的功能。(答案:ABD)

2. 关于保障诉讼参与人的诉讼权利原则,下列哪些选项是正确的?(2016年真题,多选)
A. 是对《宪法》和《刑事诉讼法》尊重和保障人权的具体化
B. 保障诉讼参与人的诉讼权利,核心在于保护犯罪嫌疑人、被告人的辩护权
C. 要求诉讼参与人在享有诉讼权利的同时,还应承担法律规定的诉讼义务
D. 保障受犯罪侵害的人的起诉权和上诉权,是这一原则的重要内容

[释疑] 我国《宪法》第33条第3款规定:"国家尊重和保障人权。"根据《宪法》的规定,《刑事诉讼法》第2条把"尊重和保障人权"列为刑事诉讼法的一项重要任务。刑事诉讼领域内的保障人权,可以从三个层面去理解:第一个层面是保障犯罪嫌疑人、被告人和罪犯的权利,防止无罪的人受到刑事法律追究,防止有罪的人受到不公正的处罚;第二个层面是保障所有诉讼参与人、特别是被害人的权利;第三个层面是通过对犯罪的惩罚,保护广大人民群众的权利不受犯罪侵害。其中第一层面保障被追诉人的权利是保障人权的重心所在。所以,保障诉讼参与人的诉讼权利原则是对宪法和刑事诉讼法尊重和保障人权的具体化,A项正确;保障诉讼参与人的诉讼权利要求保护包括犯罪嫌疑人、被告人在内的所有诉讼参与人的权利,所以B项"保障诉讼参与人的诉讼权利,核心在于保护犯罪嫌疑人、被告人的辩护权"错误;有权利就有义务,所以,C项"要求诉讼参与人在享有诉讼权利的同时,还应承担法律规定的诉讼义务"正确;我国刑诉法规定了公诉案件中的被害人对一审判决不服时,只有请求抗诉权而没有上诉权,所以D项"保障受犯罪侵害的人的起诉权和上诉权,是这一原则的重要内容"错误。(答案:AC)

3. 关于刑事诉讼价值的理解,下列哪一选项是错误的?(2015年真题,单选)
A. 公正在刑事诉讼价值中居于核心地位
B. 通过刑事程序规范国家刑事司法权的行使,是秩序价值的重要内容
C. 效益价值属于刑事诉讼法的工具价值,而不属于刑事诉讼法的独立价值
D. 适用强制措施遵循比例原则是公正价值的应有之义

[释疑] 刑事诉讼价值是指刑事诉讼立法及其实施能够满足国家、社会及其一般成员的特定需要而对其所具有的效用和意义。

刑事诉讼价值可分为刑事诉讼法的工具价值和刑事诉讼法的自身价值(独立价值)两个方面。

刑事诉讼价值有公正、效益、秩序说,公正、人权、效率说等。刑事诉讼的价值目标是"公正优先,兼顾效率"。公正在刑事诉讼价值中居于核心地位,包括实体公正与程序公正。通过刑事程序规范国家刑事司法权的行使,是秩序价值的重要内容;比例性原则,即适用何种强制措施,要与行为人的人身危险性程度和犯罪的轻重程度相适应,适用强制措施遵循比例原则是公正价值的应有之义。

刑事诉讼效益价值不仅包括效率,还包括刑事诉讼对推动社会经济发展方面的效益,这是刑事诉讼法的独立价值。所以,选项"效益价值属刑事诉讼法的工具价值,而不属刑事诉讼法的独立价值"错误。(答案:C)

4. 社会主义法治公平正义的实现,应当高度重视程序的约束作用,避免法治活动的任意性和随意化。据此,下列哪一说法是正确的?(2014年真题,单选)

A. 程序公正是实体公正的保障,只要程序公正就能实现实体公正
B. 刑事程序的公开与透明有助于发挥程序的约束作用
C. 为实现程序的约束作用,违反法定程序收集的证据均应予以排除
D. 对复杂程度不同的案件进行程序上的繁简分流会限制程序的约束作用

[释疑] 诉讼公正,包括实体公正和程序公正两个方面。实体公正,即结果公正,指案件实体的处理结果所体现的公正。程序公正,指诉讼程序方面体现的公正,是刑事诉讼法独立价值的体现。实体公正和程序公正各自都有独立的内涵和标准,不能互相替代,二者应当并重。A项前半句的表述正确,后半句过分夸大了程序公正的作用,程序公正虽然是实体公正的保障,但是不能完全替代实体公正,有的时候程序虽然公正,但实体并不一定公正。故A项错误。程序公正严禁刑讯逼供和以其他非法手段取证,违反法定程序,以非法方法获取的证据,原则上应当排除。但是,基于惩罚犯罪的客观需要,违反法定程序收集的证据并不是一律排除,存在一些例外。《刑事诉讼法》第54条第1款规定:"采用刑讯逼供等非法方法收集的犯罪嫌疑人、被告人供述和采用暴力、威胁等非法方法收集的证人证言、被害人陈述,应当予以排除。收集物证、书证不符合法定程序,可能严重影响司法公正的,应当予以补正或者作出合理解释;不能补正或者作出合理解释的,对该证据应当予以排除。"故C项错误。对复杂程度不同的案件进行程序上的繁简分流,体现了对诉讼效率的追求,而对诉讼效率的追求是以公正为前提的,不能以牺牲公正为代价,因此,这种繁简分流是建立在程序公正和实体公正的基础上的,不会限制程序的约束作用。故D项错误。(答案:B)

5. 关于刑事诉讼构造,下列哪一选项是正确的?(2014年真题,单选)

A. 刑事诉讼价值观决定了刑事诉讼构造
B. 混合式诉讼构造是当事人主义吸收职权主义的因素形成的
C. 职权主义诉讼构造适用于实体真实的诉讼目的
D. 当事人主义诉讼构造与控制犯罪是矛盾的

[释疑] 一般认为,现代西方国家刑事诉讼构造类型大致分为两类,即大陆法系国家采职权主义,英美法系国家采当事人主义。第二次世界大战后,日本在职权主义背景下大量吸收当事人主义因素,从而形成了以当事人主义为主、以职权主义为补充的混合式诉讼构造。当事人主义诉讼将开始和推动诉讼的主动权委于当事人,控诉、辩护双方当事人在诉讼中居于主导地位,适用于程序上保障人权的诉讼目的;而职权主义诉讼将诉讼的主动权委于国家专门机关,适用于实体真实的诉讼目的。故C项正确。刑事诉讼构造确实受到刑事诉讼价值观的深刻影响,但是,"刑事诉讼价值观决定了刑事诉讼构造"的说法过于绝对。故A项错误。混合式诉讼构造是职权主义吸收当事人主义的因素形成的。故B项错误。虽然当事人主义诉讼构造适用于保障人权的诉讼目的,控制犯罪的功能在一定程度上会受到抑制,但这并不意味着两者是矛盾的,当事人主义诉讼构造也有控制犯罪的功能,只不过与保障人权相比,控制犯罪处于次要地位,而且近些年来,当事人主义也在吸收职权主义的合理因素以加强对犯罪的控制。故D项错误。(答案:C)

6. 关于"宪法是静态的刑事诉讼法、刑事诉讼法是动态的宪法",下列哪些选项是正确的?(2014年真题,多选)

A. 有关刑事诉讼的程序性条款,构成各国宪法中关于人权保障条款的核心

B.《刑事诉讼法》关于强制措施的适用权限、条件、程序与辩护等规定,都直接体现了宪法关于公民人身、住宅、财产不受非法逮捕、搜查、扣押以及被告人有权获得辩护等规定的精神

C. 刑事诉讼法规范和限制了国家权力,保障了公民享有宪法规定的基本人权和自由

D. 宪法关于人权保障的条款,都要通过刑事诉讼法保证刑法的实施来实现

[释疑]《宪法》是我国《刑事诉讼法》的渊源。《刑事诉讼法》是根据《宪法》制定的。《宪法》规定了许多与刑事诉讼直接相关的原则和制度,这些规定是刑事诉讼法的重要渊源。保障人权是刑事诉讼法的任务之一,是指在通过刑事诉讼惩罚犯罪的过程中,保障公民合法权益不受非法侵犯。具体包括:① 无罪的人不受追究;② 有罪的人受到公正处罚;③ 诉讼权利得到充分保障和行使。我国《宪法》庄严规定:国家尊重和保障人权。我国《刑事诉讼法》不仅规定了尊重和保障人权,保障无罪的人不受刑事追究,还规定了一系列保障人权的原则、制度和程序。故 ABC 项正确。刑事诉讼法具有保障刑法正确适用的工具价值,也有自己独立的价值。《刑事诉讼法》所规定的诉讼原则、结构、制度、程序,体现着程序本身的民主、法治、人权精神。因此,宪法关于人权保障的条款,通过《刑事诉讼法》规定的程序本身也能够实现。故 D 项错误。(答案:ABC)

7. 在刑事司法实践中坚持不偏不倚、不枉不纵、秉公执法原则,反映了我国刑事诉讼"惩罚犯罪与保障人权并重"的理论观点。如果有观点认为"司法机关注重发现案件真相的立足点是防止无辜者被错误定罪",该观点属于下列哪一种学说?(2013 年真题,单选)

A. 正当程序主义    B. 形式真实发现主义
C. 积极实体真实主义    D. 消极实体真实主义

[释疑] 积极实体真实主义认为,只要有犯罪就应积极发现、认定、处罚,不使一个犯罪人逃脱,刑事诉讼以发现真实为要。消极实体真实主义是将发现真实与保障无辜相联系的目的观,认为刑事诉讼目的在于发现实体真实,本身应包含力求避免处罚无罪者的意思,而不单纯是无遗漏地处罚任何一个犯罪者。正当程序的目的观认为,刑事诉讼目的重在维护正当程序,认为刑事诉讼对案件的认识能力十分有限,刑事诉讼中的真实只是作为认识的真实。因此,D 项当选。(答案:D)

8. 在刑事诉讼中,法官消极中立,通过当事人举证、辩论发现事实真相,并由当事人推动诉讼进程。这种诉讼构造属于下列哪一种类型?(2013 年真题,单选)

A. 职权主义    B. 当事人主义    C. 纠问主义    D. 混合主义

[释疑] 职权主义,是指法庭审判以法官为中心,法官在审判程序中居于主导和控制地位,限制控辩双方积极性的审判模式。职权主义审判模式的主要特点是法官处于中心地位和在事实认定与证据调查中具有积极性。当事人主义,是指法官(陪审团)居于中立且被动的裁判者地位,法庭审判的进行由控方的举证和辩方的反驳共同推进和控制的审判模式。纠问主义是中世纪欧洲出现的一种纠问式审判模式,刑讯逼供合法,被告人没有人权,只是被纠问的对象。混合主义的特征是:① 保留了法官主动依职权进行调查证据的权力,注重发挥法官在调查案件事实方面的能动性,表现了对职权主义模式优势的客观态度;② 大力借鉴对抗制的因素,在诉讼中注重发挥控辩双方的积极性,注重控辩双方平等对抗。因此,B 项当选。(答案:B)

9. 关于《刑事诉讼法》"尊重和保障人权,保护公民的人身权利、财产权利、民主权利及其他权利"的规定,下列哪一选项是正确的?(2012 年真题,单选)

A. 体现了以人为本、保障和维护公民基本权利和自由的理念

B. 体现了犯罪嫌疑人、被告人权利至上的理念
C. 体现了实体公正与程序公正并重的理念
D. 体现了公正优先、兼顾效率的理念

[释疑] 《刑事诉讼法》第2条把"尊重和保障人权"列为刑事诉讼法的一项重要任务。对这项任务可以从三个层面去理解：第一个层面是保障犯罪嫌疑人、被告人和罪犯的权利,防止无罪的人受到刑事追究,防止有罪的人受到不公正的处罚;第二个层面是保障所有诉讼参与人,特别是被害人的权利;第三个层面是通过对犯罪的惩罚保护广大人民群众的权利不受犯罪侵害。因此,这一规定体现了以人为本、保障和维护公民基本权利和自由的理念。(答案:A)

10. 甲发现自家优质甜瓜常被人在夜里偷走,怀疑是乙所为。某夜,甲带上荧光恐怖面具,在乙偷瓜时突然怪叫,乙受到惊吓精神失常。甲后悔不已,主动承担乙的治疗费用。公安机关以涉嫌过失致人重伤将甲拘留,乙父母向公安机关表示已谅解甲,希望不追究甲的责任。在公安机关主持下,乙父母与甲签订和解协议,公安机关将案件移送检察院并提出从宽处理建议。下列社会主义法治理念和刑事诉讼理念的概括,哪一选项与本案处理一致？(2012年真题,单选)
    A. 既要充分发挥司法功能,又要构建多元化的矛盾纠纷化解机制
    B. 既要坚持法律面前人人平等,又要考虑对特殊群体区别对待
    C. 既要追求公平正义,又要兼顾诉讼效率
    D. 既要高度重视程序的约束作用,又不应忽略实体公正

[释疑] 当事人和解的公诉案件程序是2012年修改后《刑事诉讼法》增加的特别程序之一。根据《刑事诉讼法》第五编第二章的规定,该项特别程序是指公安机关、人民检察院、人民法院在法定范围的公诉案件中,犯罪嫌疑人、被告人真诚悔罪,通过向被害人赔偿损失、赔礼道歉等方式获得被害人谅解、双方当事人自愿达成协议的,可以对犯罪嫌疑人、被告人作出不同方式的从宽处理的程序。这个程序有助于促进社会秩序的和谐安定,既充分发挥了司法功能,又构建了多元化的矛盾纠纷化解机制。因此,A项当选。(答案:A)

11. 关于刑事诉讼的秩序价值的表述,下列哪些选项是正确的？(2012年真题,多选)
    A. 通过惩罚犯罪维护社会秩序
    B. 追究犯罪的活动必须是有序的
    C. 刑事司法权的行使,必须受到刑事程序的规范
    D. 效率越高,越有利于秩序的实现

[释疑] 刑事诉讼的秩序价值一方面体现在行使刑事司法权必须受到刑事程序的规范,另一方面体现在追究犯罪的活动必须是有序的,还体现在通过惩罚犯罪维护社会秩序。效率的高低,同秩序的实现关系不大。故A、B、C项正确。(答案:ABC)

12. 二审法院发现一审法院的审理违反《刑事诉讼法》关于公开审判、回避等规定的,应当裁定撤销原判、发回原审法院重新审判。关于该规定,下列哪些说法是正确的？(2012年真题,多选)
    A. 体现了分工负责、互相配合、互相制约的原则
    B. 体现了严格遵守法定程序原则的要求
    C. 表明违反法定程序严重的,应当承担相应法律后果
    D. 表明程序公正具有独立的价值

[释疑] 《刑事诉讼法》第227条规定："第二审人民法院发现第一审人民法院的审理有下列违反法律规定的诉讼程序的情形之一的，应当裁定撤销原判，发回原审人民法院重新审判：（一）违反本法有关公开审判的规定的；（二）违反回避制度的；（三）剥夺或者限制了当事人的法定诉讼权利，可能影响公正审判的；（四）审判组织的组成不合法的；（五）其他违反法律规定的诉讼程序，可能影响公正审判的。"这一规定的第1、2、3项，并不以"可能影响公正审判"为条件，表明程序公正具有独立的价值，也表明违反法定程序严重的，应当承担相应的法律后果，是严格遵守法定程序原则的具体体现。故B、C、D项正确。（答案：BCD）

13. 李某系富家子弟，王某系下岗职工子女，二人共同伤害（轻伤）被害人张某。在侦查过程中，公安机关鉴于二人犯罪情节较轻且认罪态度较好，决定取保候审，对李某采取了保证金的保证方式，由于王某经济困难，对其采取了保证人的保证方式。公安机关的做法，体现了社会主义法治理念的下列哪一要求？（2011年真题，单选）

　　A. 实体公正　　　　B. 追求效率　　　　C. 执法为民　　　　D. 公平正义

[释疑] 社会主义法治理念是中国特色社会主义理论在法治建设上的体现，包括依法治国、执法为民、公平正义、服务大局、党的领导。这五个方面相辅相成，体现了党的领导、人民当家做主和依法治国的有机统一。同样的犯罪，不管有钱没钱都可以取保候审，体现了公平正义。取保候审是程序公正的体现。因此，D项当选。（答案：D）

14. 下列哪些人是承担控诉职能的诉讼参与人？（2007年真题，多选）

　　A. 公诉人　　　　　B. 自诉人　　　　　C. 被害人　　　　　D. 控方证人

[释疑] 公诉人不是诉讼参与人；证人作证应当实事求是，而非承担控诉或辩护职能。该题要掌握刑事诉讼控诉、辩护、审判三项职能，还要分清哪些是诉讼参与人，诉讼参与人中哪些人有控诉职能等。因此，B、C项当选。（答案：BC）

### 三、提示与预测

本章涉及刑事诉讼法的基本概念、理念、范畴，有一定的理论性。本章内容理解即可。

# 第二章　刑事诉讼法的基本原则

刑事诉讼法的基本原则
- 侦查权、检察权、审判权由专门机关依法行使
- 严格遵守法律程序
- 人民法院、人民检察院依法独立行使职权
- 分工负责，互相配合，互相制约
- 人民检察院依法对刑事诉讼实行法律监督
- 各民族公民有权使用本民族的语言文字进行诉讼
- 犯罪嫌疑人、被告人有权获得辩护
- 未经人民法院依法判决，对任何人都不得确定有罪
- 保障诉讼参与人依法享有诉讼权利
- 具有法定情形，不予追究刑事责任
- 追究外国人的刑事责任，适用我国的《刑事诉讼法》

## 一、精讲

### 考点 1　基本原则概述

（一）刑事诉讼法基本原则的概念

刑事诉讼法的基本原则是由《刑事诉讼法》规定的，贯穿于刑事诉讼的全过程或主要诉讼阶段，公、检、法机关和诉讼参与人进行刑事诉讼活动所必须遵循的基本准则。

（二）刑事诉讼法基本原则的特点

（1）体现刑事诉讼活动的基本规律；

（2）必须由法律明确规定；

（3）一般贯穿于刑事诉讼全过程或主要诉讼阶段，具有普遍指导意义；

（4）具有法律约束力。

### 考点 2　侦查权、检察权、审判权由专门机关依法行使

《刑事诉讼法》第 3 条规定："对刑事案件的侦查、拘留、执行逮捕、预审，由公安机关负责。检察、批准逮捕、检察机关直接受理的案件的侦查、提起公诉，由人民检察院负责。审判由人民法院负责。除法律有特别规定的以外，其他任何机关、团体和个人都无权行使这些权力。人民法院、人民检察院和公安机关进行刑事诉讼，必须严格遵守本法和其他法律的有关规定。"

**特别关注：**

（1）侦查权、检察权、审判权具有专属性和排他性，只能由公、检、法三机关分别行使。

（2）法律特别规定只针对侦查权，即除了公安机关以外，安全机关、军队保卫部门和监狱等在法律规定的范围内享有侦查权。

（3）行使侦查权、检察权、审判权，必须严格遵守《刑事诉讼法》（程序法）、《刑法》（实体法）等相关法律的规定。严重违反刑事诉讼程序的，应受制裁。

### 考点 3　严格遵守法律程序

《刑事诉讼法》第 3 条第 2 款规定："人民法院、人民检察院和公安机关进行刑事诉讼，必须严格遵守本法和其他法律的有关规定。"

**特别关注：**

（1）人民法院、人民检察院和公安机关进行刑事诉讼，必须严格遵守《刑事诉讼法》和其他法律的有关规定。

（2）违反法律程序严重的，应当依法承担相应的法律后果。比如，违反程序发回重审、非法证据排除等。

程序法定原则包含两层含义：一为立法方面的要求，即刑事诉讼程序应由法律事先明确规定；二是司法方面的要求，即刑事诉讼活动应当依国家法律规定的刑事程序进行。在大陆法系国家，程序法定原则与罪刑法定原则共同构成法定原则的内容；在英美法系国家，程序法定原则具体表现为正当程序原则。

## 考点 4 人民法院、人民检察院依法独立行使职权

《刑事诉讼法》第 5 条规定:"人民法院依照法律规定独立行使审判权,人民检察院依照法律规定独立行使检察权,不受行政机关、社会团体和个人的干涉。"

**特别关注:**

(1) 人民法院和人民检察院要接受中国共产党的领导和人民代表大会的监督,在此前提下依法独立行使审判权、检察权。

(2) 检察院上下级之间是领导和被领导的关系,其独立行使检察权体现于检察系统的独立。

(3) 法院上下级之间则是监督与被监督的关系,其独立行使审判权在法院系统独立的前提下,主要体现于审级独立。

(4) 我国的人民法院、人民检察院依法独立行使职权原则,不同于西方国家的司法独立。

## 考点 5 分工负责,互相配合,互相制约

《刑事诉讼法》第 7 条规定:"人民法院、人民检察院和公安机关进行刑事诉讼,应当分工负责,互相配合,互相制约,以保证准确有效地执行法律。"

分工负责要求各专门机关在刑事诉讼中,应当在法定范围内行使职权,既不能互相替代,也不能互相推诿。

互相配合要求公、检、法机关在分工负责的基础上相互支持与协作,共同完成惩罚犯罪、保障无罪的人不受刑事追究的任务。违法"联合办案"或"提前介入"是违反该原则的。

互相制约要求公、检、法机关在刑事诉讼中应当各把关口,互相约束,防止发生错误,及时纠正错误,正确执行法律。

分工负责,互相配合,互相制约是相互联系、缺一不可的。分工负责是前提,配合与制约是正确执行法律的保障。

## 考点 6 人民检察院依法对刑事诉讼实行法律监督

根据《刑事诉讼法》第 8 条的规定,人民检察院依法对刑事诉讼实行法律监督。

人民检察院对刑事诉讼的法律监督体现在立案、侦查、审判和执行等各个程序中,要结合具体程序加以掌握。

本原则与"互相制约"的区别是,检察院的法律监督是单向的,而互相制约则是双向或者多向的。

## 考点 7 各民族公民有权使用本民族语言文字进行诉讼

《刑事诉讼法》第 9 条规定:"各民族公民都有用本民族语言文字进行诉讼的权利。人民法院、人民检察院和公安机关对于不通晓当地通用的语言文字的诉讼参与人,应当为他们翻译。在少数民族聚居或者多民族杂居的地区,应当用当地通用的语言进行审讯,用当地通用的文字发布判决书、布告和其他文件。"

对该原则的理解:

(1) 各民族公民,无论当事人,还是辩护人、证人、鉴定人,都有权使用本民族的语言进行

陈述、辩论,有权使用本民族文字书写有关诉讼文书。

(2)公、检、法机关在少数民族聚居或多民族杂居的地区,要用当地通用的语言进行侦查、起诉和审判,用当地通用的文字发布判决书、公告、布告和其他文件。

(3)如果诉讼参与人不通晓当地的语言文字,公、检、法机关有义务为其指派或聘请翻译人员进行翻译。

### 考点 8　犯罪嫌疑人、被告人有权获得辩护

《刑事诉讼法》第 11 条规定:"人民法院审判案件,除本法另有规定的以外,一律公开进行。被告人有权获得辩护,人民法院有义务保证被告人获得辩护。"

结合辩护与代理一章掌握该原则。

### 考点 9　未经人民法院依法判决,对任何人都不得确定有罪

《刑事诉讼法》第 12 条规定:"未经人民法院依法判决,对任何人都不得确定有罪。"

该原则的基本含义为:

(1)在刑事诉讼中,确定被告人有罪的权力由人民法院统一行使,其他任何机关、团体和个人都无权行使;

(2)人民法院确定任何人有罪,必须依法进行。

该原则在《刑事诉讼法》中的体现:

(1)受到刑事追诉的人在侦查和审查起诉阶段,一律被称为"犯罪嫌疑人",从检察机关提起公诉之后,则被称为"被告人";

(2)明确由控诉方承担举证责任,公诉人在法庭调查中有义务提出证据,对被告人有罪承担证明责任;

(3)确立了疑罪从无的原则。

未经人民法院依法判决不得确定有罪原则,吸收了无罪推定原则的基本精神和要求,但不同于西方国家的无罪推定。

### 考点 10　保障诉讼参与人的诉讼权利

《刑事诉讼法》第 14 条规定:"人民法院、人民检察院和公安机关应当保障犯罪嫌疑人、被告人和其他诉讼参与人依法享有的辩护权和其他诉讼权利。诉讼参与人对于审判人员、检察人员和侦查人员侵犯公民诉讼权利和人身侮辱的行为,有权提出控告。"

该原则的含义:

(1)诉讼权利是诉讼参与人所享有的法定权利,法律予以保护,公安、司法机关不得以任何方式加以剥夺。诉讼参与人的诉讼权利受到侵害的时候,有权使用法律手段维护自己的诉讼权利。

(2)公安、司法机关有义务保障诉讼参与人充分行使诉讼权利。

(3)应当保障诉讼参与人的诉讼权利,并不意味着诉讼参与人可以放弃其应承担的诉讼义务。公安、司法机关有义务保障诉讼参与人的诉讼权利,也有权力要求诉讼参与人履行相应的诉讼义务。

**特别关注：**
对未成年人诉讼权利的保障规定移至特别程序。

## 考点 11 具有法定情形不予追究刑事责任

根据《刑事诉讼法》第 15 条的规定："有下列情形之一的，不追究刑事责任，已经追究的，应当撤销案件，或者不起诉，或者终止审理，或者宣告无罪：（一）情节显著轻微、危害不大，不认为是犯罪的；（二）犯罪已过追诉时效期限的；（三）经特赦令免除刑罚的；（四）依照刑法告诉才处理的犯罪，没有告诉或者撤回告诉的；（五）犯罪嫌疑人、被告人死亡的；（六）其他法律规定免予追究刑事责任的。"

对以上六种情形，公安、司法机关应在不同诉讼阶段作出不同的处理：

（1）在立案阶段，有上述情形之一的，应当作出不立案的决定。

（2）在侦查阶段，侦查机关发现有上述情形之一的，应当作出撤销案件的决定。

（3）在审查起诉阶段，人民检察院对于公安机关移送审查起诉的案件，发现犯罪嫌疑人没有犯罪事实，或者符合《刑事诉讼法》第 15 条规定的情形之一的，经检察长或者检察委员会决定，应当作出不起诉的决定。

对于犯罪事实并非犯罪嫌疑人所为，需要重新侦查的，应当在作出不起诉决定后书面说明理由，将案卷材料退回公安机关，并建议公安机关重新侦查。

公诉部门对本院侦查部门移送审查起诉的案件，发现犯罪嫌疑人没有犯罪事实，或者符合《刑事诉讼法》第 15 条规定的情形之一的，应当退回本院侦查部门，建议作出撤销案件的处理。

（4）在审判阶段，对于上述第一种情形，人民法院应当判决宣告无罪；对于其余五种情形，根据《刑诉法解释》第 181 条第 1 款第 6 项的规定，人民法院对提起公诉的案件审查后，对于符合《刑事诉讼法》第 15 条第 2 项至第 6 项规定情形的，应当裁定终止审理或者退回人民检察院。但是，根据已经查明的案件事实和认定的证据材料，能够确认已经死亡的被告人无罪的，人民法院应当判决宣告被告人无罪。在共同犯罪案件的二审中，如果上诉人死亡，对其应终止审理或宣告无罪，对其他同案被告人仍应作出判决或裁定。公安司法机关一经宣布不予追究刑事责任，刑事诉讼即告结束。

在自诉案件的审查中，对于犯罪已过追诉时效期限、被告人死亡或者被告人下落不明的，应当说服自诉人撤回起诉；自诉人不撤回起诉的，裁定不予受理。

要注意"情节显著轻微"与"犯罪情节轻微"的区别，"情节显著轻微"不构成犯罪，"犯罪情节轻微"则构成犯罪。

告诉才处理的案件中，只有侵占案是绝对的自诉案件。

## 考点 12 追究外国人刑事责任适用我国《刑事诉讼法》

《刑事诉讼法》第 16 条规定了这一原则："对于外国人犯罪应当追究刑事责任的，适用本法；对于享有外交特权和豁免权的外国人犯罪应当追究刑事责任的，通过外交途径解决。"

国际法中规定有关享有外交特权和豁免权的外国人的内容。

## 二、例题

1. 关于程序法定，下列哪些说法是正确的？（2015年真题，多选）
A. 程序法定要求法律预先规定刑事诉讼程序
B. 程序法定是大陆法系国家法定原则的重要内容之一
C. 英美国家实行判例制度而不实行程序法定
D. 以法律为准绳意味着我国实行程序法定

[释疑] 由于刑事诉讼涉及公民人身自由和财产权等重要权利，基于人类对在暴政、专制社会下失去自由、尊严与权利保障的痛苦经历的反思，所以，要求刑事诉讼法必须由国家立法机构制定，这称为刑事程序法定原则。作为现代刑事诉讼中具有全局性指导意义的重要原则，它包括两层含义：一是立法方面的要求，即刑事诉讼程序应当由法律事先明确规定；二是司法方面的要求，即刑事诉讼活动应当依据国家法律规定的刑事程序来进行。"没有程序（法）即无实体（法）"。这一法律格言，在刑事领域体现得最为彻底。所以，"程序法定要求法律预先规定刑事诉讼程序"正确。

在大陆法系国家，程序法定原则与罪刑法定原则共同构成法定原则的内容。法定原则既包括实体上的罪刑法定原则，也包括程序上的程序法定原则。根据法国教科书对于程序法定原则的界定，"只有法律才能确定负责审判犯罪人的机关以及它们的权限，确定这些法院应当遵守什么样的程序才能对犯罪人宣告无罪或者作出有罪判决。所有这一切，都要由立法者细致具体地作出规定"。所以，"程序法定是大陆法系国家法定原则的重要内容之一"正确。

在英美法系国家，不实行严格意义上的程序法定，但却有与刑事程序法定原则精神相通的"正当程序"的理念，其基本含义为："除非事先经过依据调整司法程序的既定规则进行的审判，任何人不得被剥夺生命、自由、财产或者法律赋予的其他权利"。美国宪法修正案第14条规定了正当法律程序条款："所有在合众国出生或归化合众国受其管辖的人，都是合众国的和他们居住地的公民。任何一州，都不得制定或实施限制合众国公民的特权或豁免权的任何法律；不经正当法律程序，不得剥夺任何人的生命、自由或财产；在州管辖范围内，不得拒绝给予任何人以同等的法律保护。"尽管在英美法系国家判例是刑事诉讼程序的法律渊源，但不论是判例还是议会制定的成文法，都不得与"正当程序"的理念相违背。所以，"英美国家实行判例制度而不实行程序法定"错误。

我国宪法和刑事诉讼法规定刑事诉讼必须"以法律为准绳"；《刑事诉讼法》第3条第2款规定，人民法院、人民检察院、公安机关进行刑事诉讼，必须严格遵守刑事诉讼法和其他法律的有关规定。可以说，在我国法律确立了刑事程序法定原则。所以，"以法律为准绳意味着我国实行程序法定"正确。

但是，我国在具体贯彻该原则方面尚存在许多问题：首先，我国司法实践中许多涉及公民基本人权的刑事诉讼行为于法无据。譬如，在侦查实践中存在的疲劳讯问、没有沉默权等。其次，"司法立法"的状况构成对程序法定原则的严重背离。程序法定原则要求有关刑事程序的法律由立法机关制定，而我国的现实情况是最高人民法院、最高人民检察院、公安部都有关于实施刑事诉讼法的规定，这些规定在实践中往往取代立法机关制定的刑事诉讼法，其中有些规定与刑事诉讼法明显抵触，刑事程序法定原则遭到破坏，致使刑事诉讼法规定的程序得不到遵守。最后，许多涉及公民基本人权的程序规范本应由立法机关制定，却出自行政机关。由于行政机关既是实际的实施者，又是立法者，导致实践中权力的滥用和专权，公民基本人权难以得

到有效保障。综上,A、B、C项正确。(答案:ABD)

2. 社会主义法治要通过法治的一系列原则加以体现。具有法定情形不予追究刑事责任是《刑事诉讼法》确立的一项基本原则,下列哪一案件的处理体现了这一原则?(2014年真题,单选)

A. 甲涉嫌盗窃,立案后发现涉案金额400余元,公安机关决定撤销案件
B. 乙涉嫌抢夺,检察院审查起诉后认为犯罪情节轻微,不需要判处刑罚,决定不起诉
C. 丙涉嫌诈骗,法院审理后认为其主观上不具有非法占有他人财物的目的,作出无罪判决
D. 丁涉嫌抢劫,检察院审查起诉后认为证据不足,决定不起诉

[释疑] 《刑事诉讼法》第15条规定:"有下列情形之一的,不追究刑事责任,已经追究的,应当撤销案件,或者不起诉,或者终止审理,或者宣告无罪:(一)情节显著轻微、危害不大,不认为是犯罪的;(二)犯罪已过追诉时效期限的;(三)经特赦令免除刑罚的;(四)依照刑法告诉才处理的犯罪,没有告诉或者撤回告诉的;(五)犯罪嫌疑人、被告人死亡的;(六)其他法律规定免予追究刑事责任的。"A项正确,属于"情节显著轻微、危害不大,不认为是犯罪"的情形,符合这种情形的行为是违法的但不构成犯罪,本质上具备犯罪的主客观要件,但是基于刑事政策的考量,刑法不认为这种行为是犯罪。B项属于酌定不起诉的情形,已经构成犯罪,依法应予追究刑事责任,但是由于犯罪情节轻微,根据起诉便宜主义,检察院可以作出不起诉决定,故C项不当选。C项由于缺乏犯罪主观要件,不构成犯罪,也不构成违法,故C项不当选。D项属于证据不足不起诉的情形,依法应予追究刑事责任,但是客观上由于证据不足而无法追究,故D项不当选。(答案:A)

3. 关于刑事诉讼基本原则,下列哪些说法是正确的?(2014年真题,多选)

A. 体现刑事诉讼基本规律,有着深厚的法律理论基础和丰富的思想内涵
B. 既可由法条文明确表述,也可体现于刑事诉讼法的指导思想、目的、任务、具体制度和程序之中
C. 既包括一般性原则,也包括独有原则
D. 与规定具体制度、程序的规范不同,基本原则不具有法律约束力,只具有倡导性、指引性

[释疑] 刑事诉讼的基本原则,是指反映刑事诉讼理念和目的的要求,贯穿于刑事诉讼的全过程或者主要诉讼阶段,对刑事诉讼过程具有普遍或者重大指导意义和规范作用,为国家专门机关和诉讼参与人参与刑事诉讼必须遵循的基本行为准则。基本原则体现刑事诉讼活动的基本规律,有着深厚的法律理论基础和丰富的思想内涵。故A项正确。刑事诉讼基本原则可以由法律明文规定,也可以体现于刑事诉讼法的指导思想、目的、任务、具体制度和程序之中。刑事诉讼法规定的基本原则包括两大类:一般性原则和独有原则。故B、C项正确。基本原则具有法律约束力。基本原则虽然较为抽象和概括,但各项具体的诉讼制度和程序都必须与之相符合。故D项错误。(答案:ABC)

4. 社会主义法治的公平正义,要通过法治的一系列基本原则加以体现。"未经法院依法判决,对任何人都不得确定有罪"是《刑事诉讼法》确立的一项基本原则。关于这一原则,下列哪些说法是正确的?(2013年真题,多选)

A. 明确了定罪权的专属性,法院以外任何机关、团体和个人都无权行使这一权力
B. 确定被告人有罪需要严格依照法定程序进行
C. 表明我国刑事诉讼法已经全面认同和确立无罪推定原则
D. 按照该规定,可以得出疑罪从无的结论

[释疑] "未经人民法院依法判决,对任何人都不得确定有罪"原则的基本含义为:① 在刑事诉讼中,确定被告人有罪的权力由人民法院统一行使,其他任何机关、团体和个人都无权行使;② 人民法院确定任何人有罪,必须依法进行;③ 确立了疑罪从无的原则;④ 该原则吸收了无罪推定原则的基本精神和要求,但不同于西方国家的无罪推定。(答案:ABD)

5. 被告人刘某在案件审理期间死亡,法院作出终止审理的裁定。其亲属坚称刘某清白,要求法院作出无罪判决。对于本案的处理,下列哪些选项是正确的?(2013年真题,多选)

A. 应当裁定终止审理
B. 根据已查明的案件事实和认定的证据,能够确认无罪的,应当判决宣告刘某无罪
C. 根据刘某亲属要求,应当撤销终止审理的裁定,改判无罪
D. 根据刘某亲属要求,应当以审判监督程序重新审理该案

[释疑] 《刑诉法解释》第241条第1款第9项规定:"被告人死亡的,应当裁定终止审理;根据已查明的案件事实和认定的证据,能够确认无罪的,应判决宣告被告人无罪。"依此规定,A、B项正确。(答案:AB)

6. 关于依法不追究刑事责任的情形,下列哪些选项是正确的?(2008年真题,多选)

A. 犯罪嫌疑人甲和被害人乙在审查起诉阶段就赔偿达成协议,被害人乙要求不追究甲的刑事责任
B. 甲侵占案,被害人乙没有起诉
C. 高某犯罪情节轻微,对社会危害不大
D. 犯罪嫌疑人白某在被抓获前自杀身亡

[释疑] 《刑事诉讼法》第15条规定:"有下列情形之一的,不追究刑事责任,已经追究的,应当撤销案件,或者不起诉,或者终止审理,或者宣告无罪:(一)情节显著轻微、危害不大,不认为是犯罪的;(二)犯罪已过追诉时效期限的;(三)经特赦令免除刑罚的;(四)依照刑法告诉才处理的犯罪,没有告诉或者撤回告诉的;(五)犯罪嫌疑人、被告人死亡的;(六)其他法律规定免予追究刑事责任的。"故B、D项正确。(答案:BD)

7. 检察院以涉嫌诈骗罪对某甲提起公诉。经法庭审理,法院认定,某甲的行为属于刑法规定的"将代为保管的他人财物非法占为己有并拒不退还"的侵占行为。对于本案,检察院拒不撤回起诉时,法院的哪种处理方法是正确的?(2008年真题,单选)

A. 裁定驳回起诉            B. 裁定终止审理
C. 径行作出无罪判决        D. 以侵占罪作出有罪判决

[释疑] 《刑诉法解释》第241条第1款第2项规定:"起诉指控的事实清楚,证据确实、充分,指控的罪名与审理认定的罪名不一致的,法院应当按照审理认定的罪名作出有罪判决。"本题似乎应当选D项。但是,侵占罪属于刑法规定的告诉才处理的犯罪,而本案中没有告诉,因此D项是错误的。《刑事诉讼法》第15条规定:"有下列情形之一的,不追究刑事责任,已经追究的,应当撤销案件,或者不起诉,或者终止审理,或者宣告无罪:(一)情节显著轻微、危害不大,不认为是犯罪的;(二)犯罪已过追诉时效期限的;(三)经特赦令免除刑罚的;(四)依照刑法告诉才处理的犯罪,没有告诉或者撤回告诉的;(五)犯罪嫌疑人、被告人死亡的;(六)其他法律规定免予追究刑事责任的。"因此,应当裁定终止审理,B项正确。(答案:B)

8. 下列哪些选项属于法院应当终止审理的情形?(2006年真题,多选)

A. 张某涉嫌销售赃物一案,经审理认为情节显著轻微危害不大的
B. 赵某涉嫌抢劫一案,赵某在第一审开庭审理前发病猝死的

C. 李某以遭受遗弃为由提起自诉,法院审查后不予立案的
D. 王某以遭受虐待为由提起自诉,后又撤回自诉的

[释疑] 《刑事诉讼法》第 15 条规定:"有下列情形之一的,不追究刑事责任,已经追究的,应当撤销案件,或者不起诉,或者终止审理,或者宣告无罪:(一) 情节显著轻微、危害不大,不认为是犯罪的;(二) 犯罪已过追诉时效期限的;(三) 经特赦令免除刑罚的;(四) 依照刑法告诉才处理的犯罪,没有告诉或者撤回告诉的;(五) 犯罪嫌疑人、被告人死亡的;(六) 其他法律规定免予追究刑事责任的。"据此,张某涉嫌销售赃物一案,经审理认为情节显著轻微危害不大的,应宣告无罪,故 A 项不选,D 项应选。《刑诉法解释》第 181 条第 1 款第 6 项规定,对于符合《刑事诉讼法》第 15 条第 2 项至第 6 项规定情形的,应当裁定终止审理或者退回人民检察院,故 B 项应选。《刑诉法解释》第 263 条第 2 款规定:"具有下列情形之一的,应当说服自诉人撤回起诉;自诉人不撤回起诉的,裁定不予受理:(一) 不属于本解释第一条规定的案件的;(二) 缺乏罪证的;(三) 犯罪已过追诉时效期限的;(四) 被告人死亡的;(五) 被告人下落不明的;(六) 除因证据不足而撤诉的以外,自诉人撤诉后,就同一事实又诉的;(七) 经人民法院调解结案后,自诉人反悔,就同一事实再行告诉的。"故 C 项不选。(答案:BD)

### 三、提示与预测

本章涉及刑事诉讼法的基本原则,其中考得最多的是法定情形不追究刑事责任原则,尤其是法定不起诉增加了一种情形,考生应加注意。

# 第三章 刑事诉讼中的专门机关和诉讼参与人

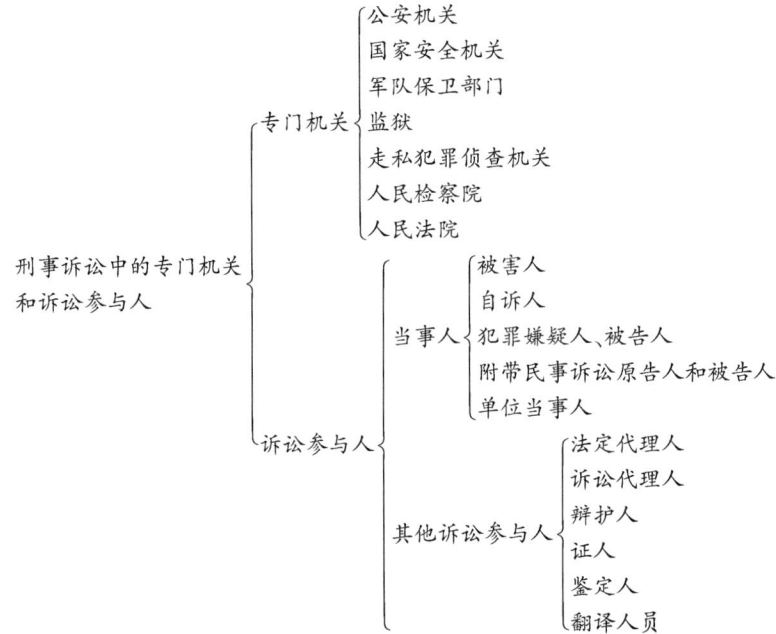

## 一、精讲

### 考点 1  刑事诉讼中的专门机关

（一）公安机关

公安机关是国家的治安保卫机关，是各级人民政府的职能部门。公安机关在刑事诉讼中是最主要的侦查机关，其性质属于行政机关。

在刑事诉讼中，公安机关的主要职权有：① 立案权；② 侦查权；③ 执行权；等等。

在刑事诉讼中，除了公安机关和检察院以外，其他行使侦查权的机关和部门有：① 国家安全机关；② 军队保卫部门；③ 监狱；④ 走私犯罪侦查机关。

（二）人民检察院

人民检察院是国家的法律监督机关，代表国家行使检察权（法律监督权）。

人民检察院上下级之间是领导关系。

各级检察院设立检察委员会。检察委员会实行民主集中制，在检察长的主持下，讨论决定重大案件和其他重大问题。如果检察长在重大问题上不同意多数人的决定，可以报请本级人民代表大会常务委员会决定。

人民检察院的职权有：① 侦查权；② 批捕权、决定逮捕权；③ 公诉权；④ 诉讼监督权。

**特别关注：**

不同的案件由不同的侦查机关和部门侦查可出案例或选择题。

（三）人民法院

人民法院是国家的审判机关，代表国家独立行使审判权。

根据《人民法院组织法》的规定，我国的人民法院由最高人民法院和地方各级人民法院、专门人民法院构成一个完整的审判机关体系。

人民法院上下级之间是监督关系，而不是领导关系。

人民法院的监督关系具体表现在以下方面：

（1）通过二审程序审查下级人民法院未发生法律效力的一审裁判，如有错误则按法定程序予以纠正。

（2）通过审判监督程序纠正下级人民法院已经发生法律效力的、确有错误的裁判。

（3）最高人民法院和高级人民法院通过死刑复核程序对下级人民法院的死刑案件实行监督。

（4）最高人民法院通过依法解释法律等方法，指导、监督各级人民法院的审判工作。

（5）通过检查工作、总结经验，发现问题，对下级人民法院的审判工作实施监督和指导。

### 考点 2  诉讼参与人

刑事诉讼中的诉讼参与人，是指除专门机关依其职权办案的人员以外，享有一定的诉讼权利并承担一定的诉讼义务而参加诉讼的人。诉讼参与人分为当事人和其他诉讼参与人两大类。

根据《刑事诉讼法》的规定，诉讼参与人是指当事人、法定代理人、诉讼代理人、辩护人、证人、鉴定人和翻译人员。

当事人是指被害人、自诉人、犯罪嫌疑人、被告人、附带民事诉讼的原告人和被告人。

其他诉讼参与人是指法定代理人、诉讼代理人、辩护人、证人、鉴定人和翻译人员。
**特别关注：**
当事人与案件的结果有直接的利害关系,对刑事诉讼进程发挥着较大影响作用。

## 考点 3 当事人

(一) 当事人
当事人共有的诉讼权利主要有：
(1) 以本民族语言文字进行诉讼。
(2) 申请回避。
(3) 对于驳回申请回避的决定,有权申请复议一次。
(4) 对侦查、检察、审判人员侵犯其诉讼权利或人身侮辱的行为,有权提出控告。
(5) 有权参加法庭调查、质证和辩论、发表意见。
(6) 申请通知新的证人到庭,调取新的物证,申请重新鉴定或者勘验。
(7) 对生效裁判提出申诉等。

(二) 被害人
刑事诉讼中的被害人通常指公诉案件中的被害人。证据种类中"被害人陈述"的"被害人"是广义的,还包括自诉案件的被害人与附带民诉的原告人。

1. 被害人的诉讼权利
根据《刑事诉讼法》的规定,被害人除了享有一些为其他当事人所共有的诉讼权利外,还享有一些特有的诉讼权利：
(1) 有权自案件移送审查起诉之日起,委托诉讼代理人。
(2) 对于侵犯其人身、财产权利的犯罪事实或者犯罪嫌疑人,有权报案或者控告,要求有关机关立案。
(3) 对公安机关不立案的,有权获知原因,并可申请复议;对公安机关应当立案侦查的案件而不立案侦查的,有权向人民检察院提出,由后者要求公安机关说明理由,并予以纠正。
(4) 对人民检察院所作的不起诉决定,有权向上一级人民检察院申诉,要求提起公诉,也可以不经申诉,直接向人民法院起诉。
(5) 被害人有证据证明对被告人侵犯自己人身、财产权利的行为应当依法追究刑事责任,而公安机关或者人民检察院不予追究被告人刑事责任的案件,被害人有权向人民法院提起自诉。
(6) 对地方各级人民法院第一审的判决不服的,有权请求人民检察院抗诉。
(7) 不服地方各级人民法院的生效裁判的,有权提出申诉。

2. 被害人的诉讼义务
(1) 如实向公安司法机关陈述案件事实。
(2) 接受公安司法机关传唤,按时出席法庭。
(3) 遵守法庭秩序,在法庭上接受询问和回答问题。

(三) 自诉人
自诉人是指在自诉案件中以个人名义直接向人民法院提起刑事诉讼,请求追究被告人刑事责任的人。自诉人承担控诉职能。

1. 自诉人的主要诉讼权利
(1) 向人民法院直接提出自诉。
(2) 随时委托诉讼代理人。
(3) 同被告人自行和解或撤回自诉。
(4) 接受调解(特定案件)。
(5) 参加法庭调查和法庭辩论。
(6) 申请回避。
(7) 法院受理案件后,对于因客观原因无法取证的,申请法院调查取证。
(8) 提出上诉。
(9) 提起附带民事诉讼。
(10) 对生效判决、裁定提出申诉,请求重新审判等。
2. 自诉人的主要诉讼义务
(1) 自诉人负有举证责任。
(2) 捏造事实、伪造证据要承担诬告陷害的法律责任。
(3) 自诉人应当亲自参加诉讼。《刑事诉讼法》规定,自诉人经两次依法传唤,无正当理由拒不到庭的,或者未经法庭许可中途退庭的,按撤诉处理。

(四) 犯罪嫌疑人、被告人

犯罪嫌疑人和被告人是对涉嫌犯罪而受到刑事追诉的人的两种称谓。公诉案件中,受刑事追诉的人在检察机关向人民法院提起公诉以前,称为"犯罪嫌疑人";在检察机关正式向人民法院提起公诉以后,则称为"被告人"。

1. 犯罪嫌疑人和被告人的诉讼地位
(1) 犯罪嫌疑人、被告人是拥有一系列诉讼权利的诉讼主体,居于当事人地位。
(2) 犯罪嫌疑人、被告人与案件结果有着直接的利害关系,他们居于被追诉者的地位。
(3) 犯罪嫌疑人、被告人本身还可以成为重要的证据来源。

犯罪嫌疑人、被告人的诉讼权利按其性质和作用的不同,可分为防御性权利和救济性权利两种。防御性权利,是指犯罪嫌疑人、被告人为对抗追诉方的指控、抵消其控诉效果所享有的诉讼权利。救济性权利,是指犯罪嫌疑人、被告人对国家专门机关所作的对其不利的行为、决定或裁判,要求另一专门机关予以审查并作出改变或撤销的诉讼权利。

2. 犯罪嫌疑人、被告人所享有的主要防御性权利
(1) 有权使用本民族语言文字进行诉讼。
(2) 有权自行或在辩护人协助下获得辩护;有权在法定条件下获得公、检、法机关为其指定的辩护人的法律帮助;有权拒绝辩护人继续为其辩护,也有权另行委托辩护人辩护。
(3) 有权拒绝回答侦查人员提出的与本案无关的问题。
(4) 在侦查机关第一次讯问或者采取强制措施之日起,有权聘请辩护律师提供法律咨询、代理申诉和控告,代为申请取保候审等。
(5) 有权在开庭前10日收到起诉书副本。
(6) 有权参加法庭调查,就指控事实发表陈述,对证人、鉴定人发问,辨认、鉴别物证,听取未到庭的证人的证言笔录、鉴定人的鉴定意见、勘验检查笔录和其他证据文书,并就上述书面证据发表意见;有权申请通知新的证人到庭,调取新的物证,申请重新鉴定或者勘验。

(7) 有权参加法庭辩论,对证据和案件情况发表意见并且可以互相辩论。

(8) 有权向法庭作最后陈述。

(9) 自诉案件的被告人有权对自诉人提出反诉。

3. 犯罪嫌疑人、被告人所享有的主要救济性权利

(1) 有权申请回避,对驳回申请回避的决定,有权申请复议。

(2) 对侵犯其诉讼权利和人身侮辱的行为,有权提出控告。

(3) 申请变更、解除强制措施;犯罪嫌疑人、被告人被羁押的,有权申请取保候审;对人民法院、人民检察院和公安机关采取强制措施法定期限届满的,有权要求解除。

(4) 对人民检察院依照《刑事诉讼法》的规定作出的酌定不起诉决定,有权向人民检察院申诉。

(5) 对地方各级人民法院的第一审判决、裁定,有权用书状或者口头向上一级人民法院上诉。

(6) 对各级人民法院已经发生法律效力的判决、裁定,有权向人民法院、人民检察院提出申诉。

(7) 犯罪嫌疑人、被告人被羁押的,有权申请取保候审。

4. 犯罪嫌疑人、被告人享有的程序保障

(1) 在未经人民法院依法判决的情况下,不得被确定有罪。

(2) 获得人民法院的公开、独立、公正的审判。

(3) 在刑事诉讼过程中,不被强迫自己证实自己有罪,不受审判人员、检察人员、侦查人员以刑讯逼供、威胁、引诱、欺骗及其他非法方法进行的讯问,以及排除非法证据。

(4) 不受侦查人员实施的非法逮捕、拘留、取保候审、监视居住等强制措施,不受侦查人员的非法搜查、扣押等侦查行为。

(5) 在提出上诉时不得被加重刑罚。

5. 犯罪嫌疑人、被告人的主要义务

(1) 在符合法定条件的情况下承受逮捕、拘留、监视居住、拘传等强制措施。

(2) 接受侦查人员的讯问、搜查、扣押等侦查行为。

(3) 对侦查人员的讯问,应当如实回答。

(4) 承受检察机关的起诉,依法按时出庭并接受法庭审判。

(5) 遵守法庭纪律,听从审判人员指挥。

(6) 对于生效的裁定和判决,有义务执行或者协助执行。

(五) 附带民事诉讼当事人

附带民事诉讼当事人包括附带民事诉讼的原告人和附带民事诉讼的被告人。

附带民事诉讼当事人的共同诉讼权利主要有:

(1) 申请回避。

(2) 参加附带民事诉讼部分的事实调查和辩论。

(3) 委托诉讼代理人。

(4) 对附带民事诉讼部分的裁判提出上诉等。

附带民事诉讼的原告人,有权提出赔偿请求和撤销请求,有权要求调解和达成和解;可以依照《民事诉讼法》的规定,申请人民法院采取保全措施。有权申请先予执行。

附带民事诉讼的被告人,有权反诉,对生效裁判中附带民事诉讼部分不服的,有权申诉。附带民事诉讼的当事人,都应当如实陈述案情,接受调查和审判,执行附带民事的裁判。附带民事诉讼的原告人有义务对赔偿请求提供证据。

附带民事诉讼当事人要结合附带民事诉讼一章加以掌握。

(六) 单位当事人

1. 单位犯罪嫌疑人、被告人

单位犯罪嫌疑人、被告人的诉讼权利和诉讼义务,与自然人犯罪嫌疑人、被告人大致相同。《刑诉法解释》作出了以下特殊规定:

(1) 被告单位的诉讼代表人,应当是法定代表人或者主要负责人;法定代表人或者主要负责人被指控为单位犯罪直接负责的主管人员或者因客观原因无法出庭的,应当由被告单位委托其他负责人或者职工作为诉讼代表人。但是,有关人员被指控为单位犯罪的其他直接责任人员或者知道案件情况、负有作证义务的除外。

(2) 开庭审理单位犯罪案件,应当通知被告单位的诉讼代表人出庭;没有诉讼代表人参与诉讼的,应当要求人民检察院确定。

(3) 诉讼代表人有出庭的义务。被告单位的诉讼代表人不出庭的,应当按下列情形分别处理:① 诉讼代表人系被告单位的法定代表人或者主要负责人,无正当理由拒不出庭的,可以拘传其到庭;因客观原因无法出庭,或者下落不明的,应当要求人民检察院另行确定诉讼代表人。② 诉讼代表人系被告单位的其他人员的,应当要求人民检察院另行确定诉讼代表人出庭。

(4) 被告单位的诉讼代表人享有刑事诉讼法规定的有关被告人的诉讼权利。开庭时,诉讼代表人席位置于审判台前左侧,与辩护人席并列。

(5) 被告单位的委托辩护人,参照适用有关规定。

(6) 专门机关有权对单位财产采取特殊的强制措施。被告单位的违法所得及其孳息,尚未被依法追缴或者查封、扣押、冻结的,人民法院应当决定追缴或者查封、扣押、冻结;为保证判决的执行,人民法院可以先行查封、扣押、冻结被告单位的财产,或者由被告单位提出担保。

2. 单位被害人

被害人一般是自然人,但单位也可以成为被害人。单位被害人参加刑事诉讼时,应当由其法定代表人作为代表参加诉讼。法定代表人也可以委托诉讼代理人参加诉讼。单位被害人在刑事诉讼中的诉讼权利和诉讼义务,与自然人作为被害人时大体相同。

## 考点 4  其他诉讼参与人

1. 法定代理人

法定代理人是指依照法律的规定,对被代理人负有保护责任的人。

《刑事诉讼法》第 106 条第 3 项规定:法定代理人包括被代理人的父母、养父母、监护人和负有保护责任的机关、团体的代表。

法定代理人的任务是保护被代理人的合法权益,因而应当是有完全行为能力的自然人。在法定代理人为多人时,只能由其中一人参加诉讼。法定代理人的诉讼权利与被代理人相同,承担相应的义务,但不能代替陈述,也不能代替承担与人身自由相关联的义务。

## 2. 诉讼代理人

诉讼代理人是指根据被代理人的委托而参加诉讼的人。《刑事诉讼法》第106条第5项规定：诉讼代理人是指公诉案件的被害人及其法定代理人或者近亲属、自诉案件的自诉人及其法定代理人委托代为参加诉讼的人和附带民事诉讼的当事人及其法定代理人委托代为参加诉讼的人。

## 3. 辩护人

辩护人，是指在诉讼中接受犯罪嫌疑人和被告人及其法定代理人的委托，或经公、检、法机关的指定，为犯罪嫌疑人和被告人的合法权益进行辩护的诉讼参与人。

诉讼代理人、辩护人的范围、职责、权利和义务等有关内容应结合"辩护与代理"一章掌握。

**特别关注：**

新法已将犯罪嫌疑人委托辩护人的时间提前到侦查阶段。

## 4. 证人

证人是指除当事人以外，了解案件情况并向公安司法机关作证的诉讼参与人。

证人的条件是了解案情或与案件有关的情况，并能辨别是非和正确表达。生理上、精神上有缺陷或者年幼，不能辨别是非、不能正确表达的人不得作为证人。证人必须是自然人。

证人的特点：

（1）证人必须是了解案件情况的人。

（2）证人必须是在诉讼之外了解案件情况的人。

（3）证人必须是当事人以外的人。

## 5. 鉴定人

（1）鉴定人，是指接受公安司法机关的指派或者聘请，以其专门知识和技能，对案件中的专门性问题进行鉴别判断并提出书面意见的诉讼参与人。

（2）鉴定人应当符合以下条件：① 应当具有专门知识或者技能；② 鉴定人应当受到公安司法机关的指派或者聘请；③ 鉴定人应当与案件或者案件当事人无利害关系，否则应当回避。

（3）鉴定人的特点：① 鉴定人必须是与案件或案件当事人无利害关系的人；② 鉴定人通过参加刑事诉讼了解案件的真实情况；③ 鉴定人通过聘请或指定产生，且在诉讼中可以更换；④ 鉴定人必须具备鉴定某项专门性问题的知识或技能。

**特别关注：**

全国人民代表大会常务委员会《关于司法鉴定管理问题的决定》对鉴定人和鉴定机构的新规定。

# 考点 5 翻译人员

翻译人员，是指接受公安司法机关的指派或聘请，在诉讼中进行语言文字（包括聋哑手势和盲文等）翻译的诉讼参与人。

翻译人员应当受到公安司法机关的指派或者聘请，也应当与案件或者案件当事人无利害关系，否则应当回避。

**特别关注：**

要注意诉讼参与人的权利义务，尤其是当事人，可在案例或选择题中体现，对新法中关于辩护人、诉讼代理人的一些权利变化也要给予注意。

## 二、例题

1. 关于公检法机关的组织体系及其在刑事诉讼中的职权,下列哪些选项是正确的？(2015 年真题,多选)

A. 公安机关统一领导、分级管理,对超出自己管辖的地区发布通缉令,应报有权的上级公安机关发布

B. 基于检察一体化,检察院独立行使职权是指检察系统整体独立行使职权

C. 检察院上下级之间是领导关系,上级检察院认为下级检察院二审抗诉不当的,可以直接向同级法院撤回抗诉

D. 法院上下级之间是监督指导关系,上级法院如认为下级法院审理更适宜,可以将自己管辖的案件交由下级法院审理

[释疑] 《刑事诉讼法》第 153 条第 2 款规定:"各级公安机关在自己管辖的地区以内,可以直接发布通缉令;超出自己管辖的地区,应当报请有权决定的上级机关发布。"所以,A 项正确。由于检察院上下级之间是领导关系,"人民检察院依法独立行使检察权"是指检察系统独立于行政机关、审判机关、公安机关等等。所以,B 项正确。《刑事诉讼法》第 221 条规定:"地方各级人民检察院对同级人民法院第一审判决、裁定的抗诉,应当通过原审人民法院提出抗诉书,并且将抗诉书抄送上一级人民检察院。原审人民法院应当将抗诉书连同案卷、证据移送上一级人民法院,并且将抗诉书副本送交当事人。上级人民检察院如果认为抗诉不当,可以向同级人民法院撤回抗诉,并且通知下级人民检察院。"所以,C 项正确。《刑事诉讼法》第 23 条规定:"上级人民法院在必要的时候,可以审判下级人民法院管辖的第一审刑事案件;下级人民法院认为案情重大、复杂需要由上级人民法院审判的第一审刑事案件,可以请求移送上一级人民法院审判。"所以,D 项错误。(答案:ABC)

2. 关于刑事诉讼当事人中的被害人的诉讼权利,下列哪些选项是正确的？(2015 年真题,多选)

A. 撤回起诉、申请回避　　　　　　B. 委托诉讼代理人、提起自诉

C. 申请复议、提起上诉　　　　　　D. 申请抗诉、提出申诉

[释疑] 作为刑事诉讼当事人中的被害人,仅指公诉案件中的被害人,没有起诉权也就没有撤诉权,但有申请回避权。如果公诉转自诉时,已变为自诉人,则有起诉也有撤诉权。所以 A 项错误。作为刑事诉讼当事人中的被害人有委托诉讼代理人的权利,如果在自诉案件中或转为自诉案件时,被害人就是自诉人,当然有权提起自诉。所以,B 项正确。《刑事诉讼法》第 218 条规定:"被害人及其法定代理人不服地方各级人民法院第一审的判决的,自收到判决书后五日以内,有权请求人民检察院提出抗诉。人民检察院自收到被害人及其法定代理人的请求后五日以内,应当作出是否抗诉的决定并且答复请求人。"所以,C 项错误,D 项正确。(答案:BD)

3. 关于被害人在刑事诉讼中的权利,下列哪一选项是正确的?(2014年真题,单选)

A. 自公诉案件立案之日起有权委托诉讼代理人

B. 对因作证而支出的交通、住宿、就餐等费用,有权获得补助

C. 对法院作出的强制医疗决定不服的,可向作出决定的法院申请复议一次

D. 对检察院作出的附条件不起诉决定不服的,可向上一级检察院申诉

[释疑] 《刑事诉讼法》第44条第1款规定:"公诉案件的被害人及其法定代理人或者近亲属,附带民事诉讼的当事人及其法定代理人,自案件移送审查起诉之日起,有权委托诉讼代理人。自诉案件的自诉人及其法定代理人,附带民事诉讼的当事人及其法定代理人,有权随时委托诉讼代理人。"故A项错误。《刑事诉讼法》第63条规定:"证人因履行作证义务而支出的交通、住宿、就餐等费用,应当给予补助。证人作证的补助列入司法机关业务经费,由同级政府财政予以保障。有工作单位的证人作证,所在单位不得克扣或者变相克扣其工资、奖金及其他福利待遇。"在我国,被害人不属于证人,无权申请补助。故B项错误。《刑事诉讼法》第287条:"人民法院经审理,对于被申请人或者被告人符合强制医疗条件的,应当在一个月以内作出强制医疗的决定。被决定强制医疗的人、被害人及其法定代理人、近亲属对强制医疗决定不服的,可以向上一级人民法院申请复议。"被害人应当向上一级法院申请复议,故C项错误。《刑事诉讼法》第271条第2款规定:"对附条件不起诉的决定,公安机关要求复议、提请复核或者被害人申诉的,适用本法第一百七十五条、第一百七十六条的规定。"《刑事诉讼法》第176条规定:"对于有被害人的案件,决定不起诉的,人民检察院应当将不起诉决定书送达被害人。被害人如果不服,可以自收到决定书后七日以内向上一级人民检察院申诉,请求提起公诉。人民检察院应当将复查决定告知被害人。对人民检察院维持不起诉决定的,被害人可以向人民法院起诉。被害人也可以不经申诉,直接向人民法院起诉。人民法院受理案件后,人民检察院应当将有关案件材料移送人民法院。"故D项正确。(答案:D)

4. 关于法定代理人对法院一审判决、裁定的上诉权,下列哪一说法是错误的?(2011年真题,单选)

A. 自诉人高某的法定代理人有独立上诉权

B. 被告人李某的法定代理人有独立上诉权

C. 被害人方某的法定代理人有独立上诉权

D. 附带民事诉讼当事人吴某的法定代理人对附带民事部分有独立上诉权

[释疑] 由于刑事诉讼中的被害人本身就没有上诉权,故C项当选。(答案:C)

5. 关于司法鉴定,下列哪些选项是正确的?(2010年真题,多选)

A. 某鉴定机构的3名鉴定人共同对某杀人案进行法医类鉴定,这3名鉴定人依照诉讼法律规定实行回避

B. 某鉴定机构的鉴定人钱某对某盗窃案进行了声像资料鉴定,该司法鉴定应由钱某负责

C. 当事人对鉴定人胡某的鉴定意见有异议,经法院通知,胡某应当出庭作证

D. 鉴定人刘某、廖某、徐某共同对被告人的精神状况进行了鉴定,刘某和廖某意见一致,但徐某有不同意见,应当按照刘某和廖某的意见作出结论

[释疑] 根据《刑事诉讼法》第31条的规定,鉴定人属于回避人员的范围,故A项正确。全国人民代表大会常务委员会《关于司法鉴定管理问题的决定》第10条规定:"司法鉴定实行鉴定人负责制度。鉴定人应当独立进行鉴定,对鉴定意见负责并在鉴定书上签名或者盖章。多人参加的鉴定,对鉴定意见有不同意见的,应当注明。"该决定第11条规定:"在诉讼中,当事人对鉴定意见有异议的,经人民法院依法通知,鉴定人应当出庭作证。"故B、C项正确,D项错误。故A、B、C项正确。(答案:ABC)

6. 高某系一抢劫案的被害人。关于高某的诉讼权利,下列哪些选项是正确的?(2009年真题,多选)

A. 有权要求不公开自己的姓名和报案行为

B. 如公安机关不立案,有权要求告知不立案的原因

C. 作为证据使用的鉴定意见,经申请可以补充或者重新鉴定

D. 如检察院作出不起诉决定,也可以直接向法院提起自诉

[释疑]《刑事诉讼法》第109条规定:"报案、控告、举报可以用书面或者口头提出。接受口头报案、控告、举报的工作人员,应当写成笔录,经宣读无误后,由报案人、控告人、举报人签名或者盖章。接受控告、举报的工作人员,应当向控告人、举报人说明诬告应负的法律责任。但是,只要不是捏造事实,伪造证据,即使控告、举报的事实有出入,甚至是错告的,也要和诬告严格加以区别。公安机关、人民检察院或者人民法院应当保障报案人、控告人、举报人及其近亲属的安全。报案人、控告人、举报人如果不愿公开自己的姓名和报案、控告、举报的行为,应当为他保守秘密。"故A项正确。第110条规定:"人民法院、人民检察院或者公安机关对于报案、控告、举报和自首的材料,应当按照管辖范围,迅速进行审查,认为有犯罪事实需要追究刑事责任的时候,应当立案;认为没有犯罪事实,或者犯罪事实显著轻微,不需要追究刑事责任的时候,不予立案,并且将不立案的原因通知控告人。控告人如果不服,可以申请复议。"故B项正确。第146条规定:"侦查机关应当将用作证据的鉴定意见告知犯罪嫌疑人、被害人。如果犯罪嫌疑人、被害人提出申请,可以补充鉴定或者重新鉴定。"故C项正确。第176条规定:"对于有被害人的案件,决定不起诉的,人民检察院应当将不起诉决定书送达被害人。被害人如果不服,可以自收到决定书后七日以内向上一级人民检察院申诉,请求提起公诉。人民检察院应当将复查决定告知被害人。对人民检察院维持不起诉决定的,被害人可以向人民法院起诉。被害人也可以不经申诉,直接向人民法院起诉。人民法院受理案件后,人民检察院应当将有关案件材料移送人民法院。"故D项正确。(答案:ABCD)

7. 关于刑事诉讼法定代理人与诉讼代理人的区别,下列哪些选项是正确的?(2009年真题,多选)

A. 法定代理人基于法律规定或法定程序产生,诉讼代理人基于被代理人委托产生

B. 法定代理人的权利源于法律授权,诉讼代理人的权利源于委托协议授权

C. 法定代理人可以违背被代理人的意志进行诉讼活动,诉讼代理人的代理活动不得违背被代理人的意志

D. 法定代理人可以代替被代理人陈述案情,诉讼代理人不能代替被代理人陈述案情

[释疑] 根据《刑事诉讼法》第106条的规定,"法定代理人"是指被代理人的父母、养母、监护人和负有保护责任的机关、团体的代表;"诉讼代理人"是指公诉案件的被害人及其法定代理人或者近亲属、自诉案件的自诉人及其法定代理人委托代为参加诉讼的人和附带民事诉讼的当事人及其法定代理人委托代为参加诉讼的人。故A、B、C项正确。《刑事诉讼法》第186条第1款还规定,公诉人在法庭上宣读起诉书后,被告人、被害人可以就起诉书指控的犯罪进行陈述。第270条第4款规定,审判未成年人刑事案件,未成年被告人最后陈述后,其法定代理人可以进行补充陈述。故D项错误。(答案:ABC)

8. 关于证人与鉴定人的共同特征,下列哪些选项是正确的?(2009年真题,多选)
   A. 是当事人以外的人
   B. 与案件或案件当事人没有利害关系
   C. 具有不可替代性
   D. 有义务出席法庭接受控辩双方询问

[释疑] 根据《刑事诉讼法》的规定和刑事诉讼法原理,与案件或案件当事人有利害关系的可以作证人,故B项错误;鉴定人是可以更换的,故C项错误;证人、鉴定人都是当事人以外的人,都有义务出席法庭接受控辩双方的询问,故A、D项正确。(答案:AD)

9. 童馨因涉嫌非法为境外组织提供国家秘密文件而被立案侦查。下列说法正确的有:(单选)
   A. 在审查起诉或者审判阶段要对童馨采取监视居住措施,由人民检察院或者人民法院决定,由公安机关执行
   B. 对童馨的逮捕由公安机关执行
   C. 在侦查阶段要对童馨采取监视居住措施,由公安机关决定并执行
   D. 在侦查阶段要对犯罪嫌疑人童馨采取逮捕措施,需经人民检察院批准

[释疑] 非法为境外组织提供国家秘密文件理由安全机关管辖,故对童馨的强制措施应由国家安全机关执行,而批准逮捕权当属人民检察院。(答案:D)

10. 某女工在下班途中遭到强奸,在刑事诉讼中,她不具有下列哪些诉讼权利?(单选)
    A. 如果公安机关应当立案而不立案,某女工有权向人民检察院提出意见,请求人民检察院责令公安机关向检察机关说明不立案的理由
    B. 对人民检察院作出的不起诉决定不服,有权向上一级人民检察院申诉
    C. 如果不服第一审人民法院的未生效判决,有权提出上诉
    D. 不服地方各级人民法院的生效裁判,有权提出申诉

[释疑] 被害人虽然是当事人,但是,对于第一审人民法院的未生效判决,只有请求人民检察院抗诉的权利,而没有提出上诉的权利。(答案:C)

11. 大地有限责任公司涉嫌走私,公司法定代表人、董事长甲某,财务部经理乙某同时受到追诉。副董事长丙某没有涉嫌犯罪。本案中,下列说法错误的有:(多选)
    A. 本案中大地公司是单位被告人,应由甲某代表被告单位大地公司参加刑事诉讼
    B. 本案可以由丙某作为被告单位的诉讼代表人出庭
    C. 检察院在起诉书中把甲某列为被告单位的诉讼代表人,人民法院应当要求检察院另行确定被告单位的诉讼代表人出庭

D. 人民法院通知被告单位的诉讼代表人出庭而该代表人拒不出庭的,人民法院在必要的时候,可以对其采取拘留措施

[释疑] 《刑诉法解释》第279条规定:"被告单位的诉讼代表人,应当是法定代表人或者主要负责人;法定代表人或者主要负责人被指控为单位犯罪直接负责的主管人员或者因客观原因无法出庭的,应当由被告单位委托其他负责人或者职工作为诉讼代表人。但是,有关人员被指控为单位犯罪的其他直接责任人员或者知道案件情况、负有作证义务的除外。"故A项错误,B项正确。该《解释》第280条规定:"开庭审理单位犯罪案件,应当通知被告单位的诉讼代表人出庭;没有诉讼代表人参与诉讼的,应当要求人民检察院确定。被告单位的诉讼代表人不出庭的,应当按照下列情形分别处理:(一) 诉讼代表人系被告单位的法定代表人或者主要负责人,无正当理由拒不出庭的,可以拘传其到庭;因客观原因无法出庭,或者下落不明的,应当要求人民检察院另行确定诉讼代表人;(二) 诉讼代表人系被告单位的其他人员的,应当要求人民检察院另行确定诉讼代表人出庭。"故C项正确,D项错误。(答案:AD)

12. 18岁的林某将16岁的金某打成重伤。在法院开庭时,金某的母亲请求法庭判决被告人赔偿金某医疗费等人民币6 800元。请问,金某的母亲处于哪种诉讼地位?(多选)

A. 诉讼代理人　　　B. 法定代理人　　　C. 诉讼参与人　　　D. 辩护人

[释疑] 由于被害人金某只有16岁,属于未成年人,金某的母亲是其法定代理人,而法定代理人又是诉讼参与人的一种,故B、C项当选。(答案:BC)

13. 乙县公安局法医鉴定室的法医程龙某日上班途中,目睹了江某故意伤害案的经过。下列哪些说法正确?(多选)

A. 程龙应当作证人,不能作鉴定人　　　B. 程龙既可以作鉴定人,又可以作证人
C. 程龙既不能作鉴定人,又不能作证人　　　D. 程龙是本案的诉讼参与人

[释疑] 由于证人具有不可替代性,故B、C项错误。(答案:AD)

14. 某甲目击了一起抢劫案的全过程。事后,侦查人员找到某甲取证。对此,下列说法错误的是:(单选)

A. 某甲有义务作证
B. 某甲有权要求对自己的姓名在整个刑事诉讼过程中保密
C. 某甲有权要求公安司法机关保障自己的人身安全
D. 某甲有权要求公安司法机关保障自己近亲属的安全

[释疑] 如果某甲在法庭审判中作证,就无权要求对自己的姓名保密,故B项错误。(答案:B)

### 三、提示与预测

本章涉及刑事诉讼中的专门机关和诉讼参与人。要注意各专门机关的不同职能、诉讼参与人的权利义务等有关法律规定。新法中关于当事人及其他诉讼参与人权利的变化是今年的重要考点。尤其是当事人,可在案例或选择题中体现,对新法中关于辩护人、诉讼代理人的一些权利变化也要给予注意。

# 第四章 管 辖

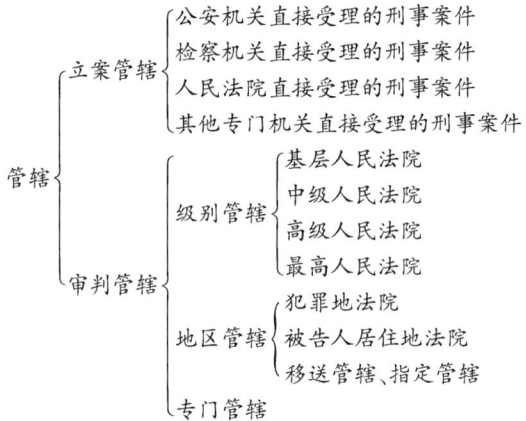

## 一、精讲

我国刑事诉讼法中的管辖,是指公安机关、人民检察院和人民法院等依照法律规定,立案受理刑事案件以及人民法院系统内审判第一审刑事案件的分工制度。

我国刑事诉讼法中的管辖,分为立案管辖和审判管辖两大类。

## 考点 1 立案管辖

立案管辖,又称职能管辖或部门管辖,是指人民法院、人民检察院和公安机关各自直接受理刑事案件的职权范围,也就是各专门机关之间在直接受理刑事案件范围上的权限划分。

（一）公安机关直接受理的刑事案件

《刑事诉讼法》第18条第1款规定:"刑事案件的侦查由公安机关进行,法律另有规定的除外。"

**特别关注:**

"法律另有规定",一是指虽然实体法上列为刑事案件,但在程序法上规定不需要侦查,人民法院可以直接受理的刑事案件。自诉案件就属于这种情况。二是指法律规定应由其他机关或部门立案侦查的刑事案件。这类案件有:① 人民检察院依法管辖的自侦案件;② 国家安全机关依法立案侦查的危害国家安全的案件;③ 军队保卫部门依法立案侦查的军队内部发生的案件;④ 监狱依法立案侦查的罪犯在监狱内犯罪的案件。

公安机关立案侦查的案件,由犯罪地的公安机关立案侦查,如果由犯罪嫌疑人居住地的公安机关管辖更为适宜的,可以由犯罪嫌疑人居住地的公安机关管辖。跨地区系列盗窃、抢劫机动车案件,由最初受理的公安机关立案侦查;必要时,可由主要犯罪地公安机关立案侦查,或者由上级公安机关指定立案侦查。

(二) 人民检察院直接受理的刑事案件

《刑事诉讼法》第18条第2款和《刑事诉讼规则》规定了人民检察院直接受理的案件。

人民检察院直接受理的案件如下：

(1) 贪污贿赂犯罪案件。共有12个罪名。

(2) 国家工作人员的渎职犯罪案件，是指《刑法》分则第九章规定的渎职犯罪案件。修订后的《刑法》已将渎职罪的主体修改为国家机关工作人员，涉税案件由公安机关侦查，但徇私舞弊不征、少征税款案由检察院侦查。

(3) 国家机关工作人员利用职权实施的侵犯公民人身权利和民主权利的犯罪案件。这类案件包括：① 非法拘禁案；② 非法搜查案；③ 刑讯逼供案；④ 暴力取证案；⑤ 虐待被监管人案；⑥ 报复陷害案；⑦ 破坏选举案。

(4) 国家机关工作人员利用职权实施的其他重大犯罪案件，需要由人民检察院直接受理的时候，经省级以上人民检察院决定，可以由人民检察院立案侦查。必须具备以下条件：① 是国家机关工作人员利用职权实施的；② 是上述三类犯罪案件以外的重大的犯罪案件；③ 需要由人民检察院直接受理；④ 经过省级以上人民检察院决定。

对于第(四)类案件，《刑事诉讼规则》规定，基层人民检察院或者分、州、市人民检察院需要直接立案侦查的，应当层报省级人民检察院决定。分、州、市人民检察院对于基层人民检察院层报省级人民检察院的案件，应当进行审查，提出是否需要立案侦查的意见，报请省级人民检察院决定。

报请省级人民检察院决定立案侦查的案件，应当制作提请批准直接受理书，写明案件情况以及需要由人民检察院立案侦查的理由，并附有关材料。

省级人民检察院应当在收到提请批准直接受理书后的10日以内作出是否立案侦查的决定。省级人民检察院可以决定由下级人民检察院直接立案侦查，也可以决定直接立案侦查。

**特别关注：**

公安机关、人民检察院和人民法院管辖权竞合的处理

(1) 公安机关侦查刑事案件涉及人民检察院管辖的贪污贿赂案件时，应当将贪污贿赂案件移送人民检察院；人民检察院侦查贪污贿赂案件涉及公安机关管辖的刑事案件时，应当将属于公安机关管辖的刑事案件移送公安机关。在上述情况中，如果涉嫌主罪属于公安机关管辖，由公安机关为主侦查，人民检察院予以配合；如果涉嫌主罪属于人民检察院管辖，由人民检察院为主侦查，公安机关予以配合。

(2) 具有下列情形之一的，人民法院、人民检察院、公安机关可以在其职责范围内并案处理：① 一人犯数罪的；② 共同犯罪的；③ 共同犯罪的犯罪嫌疑人、被告人还实施其他犯罪的；④ 多个犯罪嫌疑人、被告人实施的犯罪存在关联，并案处理有利于查明案件事实的。

(三) 人民法院直接受理的刑事案件

《刑事诉讼法》第18条第3款规定："自诉案件，由人民法院直接受理。"

《刑事诉讼法》第204条规定："自诉案件包括下列案件：(一) 告诉才处理的案件；(二) 被害人有证据证明的轻微刑事案件；(三) 被害人有证据证明对被告人侵犯自己人身、财产权利的行为应当依法追究刑事责任，而公安机关或者人民检察院不予追究被告人刑事责任的案件。"

(1) 告诉才处理的案件包括侮辱、诽谤案，暴力干涉婚姻自由案，虐待案，侵占案。

(2) 被害人有证据证明的轻微刑事案件包括：① 故意伤害案（轻伤）；② 重婚案；③ 遗弃案；④ 侵犯通信自由案；⑤ 非法侵入住宅案；⑥ 生产、销售伪劣商品案件（严重危害社会秩序和国家利益的除外）；⑦ 侵犯知识产权案件（严重危害社会秩序和国家利益的除外）；⑧ 属于《刑法》分则第四章、第五章规定的，对被告人可以判处3年有期徒刑以下刑罚的其他轻微刑事案件。

这些案件，被害人直接向人民法院起诉的，人民法院应当依法受理。对其中证据不足、可以由公安机关受理的，或者认为对被告人可能判处3年有期徒刑以上刑罚的，应当告知被害人向公安机关报案，或者移送公安机关立案侦查。

(3) 被害人有证据证明对被告人侵犯自己人身、财产权利的行为应当依法追究刑事责任，且有证据证明曾经提出控告，而公安机关或者人民检察院不予追究被告人刑事责任的案件。这类案件有下列限制性条件：① 被害人能提供证据证明被告人的行为构成犯罪；② 对被告人的行为应当依法追究刑事责任；③ 被告人的行为侵犯的是被害人的人身权利或财产权利；④ 有证据证明曾经提出控告，而公安机关或者人民检察院不予追究被告人的刑事责任。

**特别关注：**

(1) 伪证罪，拒不执行判决、裁定罪由公安机关立案侦查，而不是由人民法院直接立案审理。

(2) 公安机关或者人民检察院在侦查中如果发现犯罪嫌疑人还涉嫌属于法院直接受理的案件时，应当分别情况处理；对于属于告诉才处理的，可以告知被害人向法院直接自诉。

(3) 法院在审理自诉案件中，如果发现被告人还实施了其他应当公诉的案件，应当另案移送有管辖权的公安机关或者人民检察院处理。

## 考点 2　审判管辖

审判管辖，是指人民法院审判第一审刑事案件的职权范围。人民检察院提起公诉的案件，应当与各级人民法院管辖审理的案件范围相适应。审判管辖分为级别管辖、地区管辖、移送管辖、指定管辖和专门管辖等。

（一）级别管辖

级别管辖，是指各级人民法院审判第一审刑事案件的职权范围。

《刑事诉讼法》第19条规定："基层人民法院管辖第一审普通刑事案件，但是依照本法由上级人民法院管辖的除外。"《刑事诉讼法》第20条规定："中级人民法院管辖下列第一审刑事案件：(一) 危害国家安全、恐怖活动案件；(二) 可能判处无期徒刑、死刑的案件。"

**特别关注：**

按照新法规定，"外国人犯罪的刑事案件"已不是最低应归中级人民法院管辖的案件。

《刑事诉讼法》第21条规定："高级人民法院管辖的第一审刑事案件，是全省（自治区、直辖市）性的重大刑事案件。"

《刑事诉讼法》第22条规定："最高人民法院管辖的第一审刑事案件，是全国性的重大刑事案件。"

《刑事诉讼法》第23条规定："上级人民法院在必要的时候，可以审判下级人民法院管辖的第一审刑事案件；下级人民法院认为案情重大、复杂需要由上级人民法院审判的第一审刑事案件，可以请求移送上一级人民法院审判。"

**特别关注：**

（1）人民检察院认为可能判处无期徒刑、死刑，向中级人民法院提起公诉的案件，中级人民法院受理后，认为不需要判处无期徒刑、死刑的，应当依法审判，不再交基层人民法院审判。

（2）一人犯数罪、共同犯罪和其他需要并案审理的案件，其中一人或者一罪属于上级人民法院管辖的，全案由上级人民法院管辖。

（二）地区管辖

地区管辖，是指同级人民法院之间，在审判第一审刑事案件上的权限划分。

《刑事诉讼法》第 24 条规定："刑事案件由犯罪地的人民法院管辖。如果由被告人居住地的人民法院审判更为适宜的，可以由被告人居住地的人民法院管辖。"

《刑事诉讼法》第 25 条规定："几个同级人民法院都有权管辖的案件，由最初受理的人民法院审判。在必要的时候，可以移送主要犯罪地的人民法院审判。"

**特别关注：**

（1）犯罪地包括犯罪行为发生地和犯罪结果发生地。针对或者利用计算机网络实施的犯罪，犯罪地包括犯罪行为发生地的网站服务器所在地，网络接入地，网站建立者、管理者所在地，被侵害的计算机信息系统及其管理者所在地，被告人、被害人使用的计算机信息系统所在地，以及被害人财产遭受损失地。

（2）被告人的户籍地为其居住地。经常居住地与户籍地不一致的，经常居住地为其居住地。经常居住地为被告人被追诉前已连续居住 1 年以上的地方，但住院就医的除外。被告单位登记的住所地为其居住地。主要营业地或者主要办事机构所在地与登记的住所地不一致的，主要营业地或者主要办事机构所在地为其居住地。

（3）在中华人民共和国领域外的中国船舶内的犯罪，由该船舶最初停泊的中国口岸所在地的人民法院管辖。

（4）在中华人民共和国领域外的中国航空器内的犯罪，由该航空器在中国最初降落地的人民法院管辖。

（5）在国际列车上的犯罪，根据我国与相关国家签订的协定确定管辖；没有协定的，由该列车最初停靠的中国车站所在地或者目的地的铁路运输法院管辖。

（6）中国公民在中国驻外使、领馆内的犯罪，由其主管单位所在地或者原户籍地的人民法院管辖。

（7）中国公民在中华人民共和国领域外的犯罪，由其入境地或者离境前居住地的人民法院管辖；被害人是中国公民的，也可由被害人离境前居住地的人民法院管辖。

（8）外国人在中华人民共和国领域外对中华人民共和国国家或者公民犯罪，根据《中华人民共和国刑法》应当受处罚，由该外国人入境地、入境后居住地或者被害中国公民离境前居住地的人民法院管辖。

（9）对中华人民共和国缔结或者参加的国际条约所规定的罪行，中华人民共和国在所承担条约义务的范围内，行使刑事管辖权的，由被告人被抓获地的人民法院管辖。

（10）正在服刑的罪犯在判决宣告前还有其他罪没有判决的，由原审地人民法院管辖；由罪犯服刑地或者犯罪地的人民法院审判更为适宜的，可以由罪犯服刑地或者犯罪地的人民法院管辖。

罪犯在服刑期间又犯罪的，由服刑地的人民法院管辖。

罪犯在脱逃期间犯罪的,由服刑地的人民法院管辖。但是,在犯罪地抓获罪犯并发现其在脱逃期间的犯罪的,由犯罪地的人民法院管辖。

(三) 专门管辖

专门管辖,是指专门人民法院之间,以及专门人民法院与普通人民法院之间对第一审刑事案件在受理范围上的分工。

《刑事诉讼法》第27条规定:"专门人民法院案件的管辖另行规定。"《刑诉法解释》第22条规定:"军队和地方互涉刑事案件,按照有关规定确定管辖。"

**特别关注:**

管辖一直是司法考试的重点,考生应当熟知《刑事诉讼法》和司法解释中的相关规定。选择题或案例题均可能出现。

(四) 移送管辖

移送管辖是指本来受理案件的法院,由于某些特殊原因,将案件移送其他法院管辖。比如,《刑事诉讼法》第23条规定:"上级人民法院在必要的时候,可以审判下级人民法院管辖的第一审刑事案件;下级人民法院认为案情重大、复杂需要由上级人民法院审判的第一审刑事案件,可以请求移送上一级人民法院审判。"再比如,地区管辖中也会出现移送管辖。

**特别关注:**

(1) 上级人民法院决定审判下级人民法院管辖的第一审刑事案件的,应当向下级人民法院下达改变管辖决定书,并书面通知同级人民检察院。

(2) 基层人民法院对可能判处无期徒刑、死刑的第一审刑事案件,应当移送中级人民法院审判。基层人民法院对下列第一审刑事案件,可以请求移送中级人民法院审判:① 重大、复杂案件;② 新类型的疑难案件;③ 在法律适用上具有普遍指导意义的案件。需要将案件移送中级人民法院审判的,应当在报请院长决定后,至迟于案件审理期限届满15日前书面请求移送。中级人民法院应当在接到申请后10日内作出决定。不同意移送的,应当下达不同意移送决定书,由请求移送的人民法院依法审判;同意移送的,应当下达同意移送决定书,并书面通知同级人民检察院。

(3) 有管辖权的人民法院因案件涉及本院院长需要回避等原因,不宜行使管辖权的,可以请求移送上一级人民法院管辖。上一级人民法院可以管辖,也可以指定与提出请求的人民法院同级的其他人民法院管辖。

(五) 指定管辖

指定管辖是指管辖不明或有管辖权的法院不宜行使管辖权时,由上级法院以指定方式确定案件的管辖权。

《刑事诉讼法》第26条规定:"上级人民法院可以指定下级人民法院审判管辖不明的案件,也可以指定下级人民法院将案件移送其他人民法院审判。"

**特别关注:**

(1) 两个以上同级人民法院都有管辖权的案件,由最初受理的人民法院审判。必要时,可以移送被告人主要犯罪地的人民法院审判。

管辖权发生争议的,应当在审理期限内协商解决;协商不成的,由争议的人民法院分别层报共同的上级人民法院指定管辖。

(2) 上级人民法院在必要时,可以指定下级人民法院将其管辖的案件移送其他下级人民法院审判。

(3) 上级人民法院指定管辖,应当将指定管辖决定书分别送达被指定管辖的人民法院和其他有关的人民法院。

(4) 原受理案件的人民法院在收到上级人民法院改变管辖决定书、同意移送决定书或者指定其他人民法院管辖决定书后,对公诉案件,应当书面通知同级人民检察院,并将案卷材料退回,同时书面通知当事人;对自诉案件,应当将案卷材料移送被指定管辖的人民法院,并书面通知当事人。

(5) 第二审人民法院发回重新审判的案件,人民检察院撤回起诉后,又向原第一审人民法院的下级人民法院重新提起公诉的,下级人民法院应当将有关情况层报第二审人民法院。原第二审人民法院根据具体情况,可以决定将案件移送原第一审人民法院或者其他人民法院审判。

## 二、例题

1. 甲省 A 市副市长涉嫌受贿 2000 万元,为保证诉讼顺利进行,拟指定甲省 B 市管辖。关于本案指定管辖,下列哪一选项是正确的?(2016 年真题,单选)

A. 如指定 B 市中级人民法院审理,应由 B 市人民检察院侦查并提起公诉

B. 甲省人民检察院可指定 B 市人民检察院审查起诉并指定 B 市中级人民法院审理

C. 可由最高人民检察院直接指定 B 市人民检察院立案侦查

D. 如甲省高级人民法院指定 B 市中级人民法院审理,A 市中级人民法院应将案卷材料移送 B 市中级人民法院

[释疑] 《刑诉解释》第 20 条规定:原受理案件的人民法院在收到上级人民法院改变管辖决定书、同意移送决定书或者指定其他人民法院管辖决定书后,对公诉案件,应当书面通知同级人民检察院,并将案卷材料退回,同时书面通知当事人;对自诉案件,应当将案卷材料移送被指定管辖的人民法院,并书面通知当事人。据此,"如指定 B 市中级人民法院审理",B 市人民检察院并不见得是该案的侦查机关;《人民检察院刑事诉讼规则(试行)》第 18 条规定:上级人民检察院可以指定下级人民检察院立案侦查管辖不明或者需要改变管辖的案件。人民检察院在立案侦查中指定异地管辖,需要在异地起诉、审判的,应当在移送审查起诉前与人民法院协商指定管辖的相关事宜。所以,A 项错误。检察院与法院是独立关系,上级人民检察院可以指定下级人民检察院管辖,但不能指定下级人民法院管辖。所以,B 项错误。《刑诉解释》第 20 条规定:原受理案件的人民法院在收到上级人民法院改变管辖决定书、同意移送决定书或者指定其他人民法院管辖决定书后,对公诉案件,应当书面通知同级人民检察院,并将案卷材料退回,同时书面通知当事人;对自诉案件,应当将案卷材料移送被指定管辖的人民法院,并书面通知当事人。所以,D 项错误。检察院上下级之间是领导与被领导关系,根据需要最高人民检察院对各级人民检察院有指定管辖权。所以,C 项正确。(答案:C)

2. 孙某系甲省乙市海关科长,与走私集团通谋,利用职权走私国家禁止出口的文物,情节特别严重。关于本案管辖,下列哪些选项是正确的?(2015 年真题,多选)

A. 可由公安机关立案侦查

B. 经甲省检察院决定,可由检察院立案侦查

C. 甲省检察院决定立案侦查后可根据案件情况自行侦查

D. 甲省检察院决定立案侦查后,可根据案件情况指定甲省丙市检察院侦查

[释疑] 《刑事诉讼法》第18条规定:"刑事案件的侦查由公安机关进行,法律另有规定的除外。贪污贿赂犯罪,国家工作人员的渎职犯罪,国家机关工作人员利用职权实施的非法拘禁、刑讯逼供、报复陷害、非法搜查的侵犯公民人身权利的犯罪以及侵犯公民民主权利的犯罪,由人民检察院立案侦查。对于国家机关工作人员利用职权实施的其他重大的犯罪案件,需要由人民检察院直接受理的时候,经省级以上人民检察院决定,可以由人民检察院立案侦查。自诉案件,由人民法院直接受理。"所以,A、B项正确。《刑事诉讼规则》第10条第1款规定,对于"国家机关工作人员利用职权实施的其他重大犯罪案件,需要由人民检察院直接受理的时候,经省级以上人民检察院决定,可以由人民检察院立案侦查"的案件,"基层人民检察院或者分、州、市人民检察院需要直接立案侦查的,应当层报省级人民检察院决定。分、州、市人民检察院对于基层人民检察院层报省级人民检察院的案件,应当进行审查,提出是否需要立案侦查的意见,报请省级人民检察院决定。"第2款规定:"省级人民检察院应当在收到提请批准直接受理书后的十日以内作出是否立案侦查的决定。省级人民检察院可以决定由下级人民检察院直接立案侦查,也可以决定直接立案侦查。"所以,C、D项正确。(答案:ABCD)

3. 某县破获一抢劫团伙,涉嫌多次入户抢劫,该县法院审理后认为,该团伙中只有主犯赵某可能被判处无期徒刑。关于该案的移送管辖,下列哪些选项是正确的?(2014年真题,多选)

A. 应当将赵某移送中级法院审理,其余被告人继续在县法院审理

B. 团伙中的未成年被告人应当一并移送中级法院审理

C. 中级法院审查后认为赵某不可能被判处无期徒刑,可不同意移送

D. 中级法院同意移送的,应当书面通知其同级检察院

[释疑] 《刑诉法解释》第13条规定:"一人犯数罪、共同犯罪和其他需要并案审理的案件,其中一人或者一罪属于上级人民法院管辖的,全案由上级人民法院管辖。"《刑诉法解释》第15条规定:"基层人民法院对可能判处无期徒刑、死刑的第一审刑事案件,应当移送中级人民法院审判。基层人民法院对下列第一审刑事案件,可以请求移送中级人民法院审判:(一)重大、复杂案件;(二)新类型的疑难案件;(三)在法律适用上具有普遍指导意义的案件。需要将案件移送中级人民法院审判的,应当在报请院长决定后,至迟于案件审理期限届满十五日前书面请求移送。中级人民法院应当在接到申请后十日内作出决定。不同意移送的,应当下达不同意移送决定书,由请求移送的人民法院依法审判;同意移送的,应当下达同意移送决定书,并书面通知同级人民检察院。"故A项错误,CD项正确。《人民检察院办理未成年人刑事案件的规定》(2013年)第51条规定:"人民检察院审查未成年人与成年人共同犯罪案件,一般应当将未成年人与成年人分案起诉。但是具有下列情形之一的,可以不分案起诉:(一)未成年人系犯罪集团的组织者或者其他共同犯罪中的主犯的;(二)案件重大、疑难、复杂,分案起诉可能妨碍案件审理的;(三)涉及刑事附带民事诉讼,分案起诉妨碍附带民事诉讼部分审理的;(四)具有其他不宜分案起诉情形的。对分案起诉至同一人民法院的未成年人与

成年人共同犯罪案件,由未成年人刑事检察机构一并办理更为适宜的,经检察长决定,可以由未成年人刑事检察机构一并办理。分案起诉的未成年人与成年人共同犯罪案件,由不同机构分别办理的,应当相互了解案件情况,提出量刑建议时,注意全案的量刑平衡。"该条确立了分案起诉原则,B项情况应当分案起诉,也就是说,团伙中的未成年被告人应当另案起诉由县法院审理,不受成年被告人案件移送管辖的影响。故B项错误。(答案:CD)

4. 检察院在查办国家机关工作人员刘某贪污贿赂案中,发现刘某还涉嫌伙同其同事苏某利用职权实施非法拘禁犯罪。关于新发现的犯罪的处理,下列哪一选项是正确的?(2013年真题,单选)

A. 将刘某涉嫌的两个犯罪以及苏某涉嫌的犯罪并案处理,由检察院一并侦查
B. 将刘某涉嫌的两个犯罪并案移送公安机关处理
C. 将刘某和苏某涉嫌的非法拘禁犯罪移送公安机关处理
D. 将刘某涉嫌的两个犯罪以及苏某涉嫌的犯罪,移送公安机关一并侦查

[释疑] 由于刑事诉讼法规定国家机关工作人员利用职权实施非法拘禁犯罪由检察院管辖,故检察院应当将刘某涉嫌的两个犯罪以及苏某涉嫌的犯罪并案处理,一并侦查。(答案:A)

5. 周某采用向计算机植入木马程序的方法窃取齐某的网络游戏账号、密码等信息,将窃取到的相关数据存放在其租用的服务器中,并利用这些数据将齐某游戏账户内的金币、点券等虚拟商品放在第三方网络交易平台上进行售卖,获利5 000元。下列哪些地区的法院对本案具有管辖权?(2013年真题,多选)

A. 周某计算机所在地
B. 齐某计算机所在地
C. 周某租用的服务器所在地
D. 经营该网络游戏的公司所在地

[释疑] 《刑诉法解释》第2条规定:"犯罪地包括犯罪行为发生地和犯罪结果发生地。针对或者利用计算机网络实施的犯罪,犯罪地包括犯罪行为发生地的网站服务器所在地,网络接入地,网站建立者、管理者所在地,被侵害的计算机信息系统及其管理者所在地,被告人、被害人使用的计算机信息系统所在地,以及被害人财产遭受损失地。"(答案:ABCD)

6. 下列哪些案件应当由检察院立案侦查?(2010年真题,多选)

A. 骗取出口退税案
B. 徇私舞弊不征、少征税款案
C. 隐瞒境外存款案
D. 阻碍解救被拐卖、绑架妇女、儿童案

[解析] 徇私舞弊不征、少征税款案和阻碍解救被拐卖、绑架妇女、儿童案属于渎职罪,隐瞒境外存款案属于贪贿罪,应由检察院管辖;而骗取出口退税案则属于公安机关管辖的案件。故选B、C、D项。(答案:BCD)

7. 甲涉嫌刑讯逼供罪被立案侦查。甲以该案侦查人员王某与被害人存在近亲属关系为由,提出回避申请。对此,下列哪一选项是错误的?(2010年真题,单选)

A. 王某可以口头提出自行回避的申请
B. 作出回避决定以前,王某不能停止案件的侦查工作
C. 王某的回避由公安机关负责人决定
D. 如甲的回避申请被驳回,甲有权申请复议一次

[释疑] 因刑讯逼供罪只能由检察院立案侦查,王某的回避应由检察机关负责人决定,故王某的回避由公安机关负责人决定是错误的。(答案:C)

8. 下列哪一案件应由公安机关直接受理立案侦查?(2009年真题,单选)

A. 林业局副局长王某违法发放林木采伐许可证案

B. 吴某破坏乡长选举案

C. 负有解救被拐卖儿童职责的李某利用职务阻碍解救案

D. 某地从事实验、保藏传染病菌种的钟某,违反国务院卫生行政部门的有关规定,造成传染病菌种扩散构成犯罪的案件

[释疑] A项属于渎职犯罪,应由检察院侦查。B项主体不明,如果吴某属国家机关工作人员利用职务破坏选举,则由检察院立案侦查;反之则由公安机关立案侦查,故B项亦不选。负有解救被拐卖儿童职责的李某利用职务阻碍解救案属于渎职犯罪,故C项不选。《刑法》第331条规定:"从事实验、保藏、携带、运输传染病菌种、毒种的人员,违反国务院卫生行政部门的有关规定,造成传染病菌种、毒种扩散,后果严重的,处三年以下有期徒刑或者拘役;后果特别严重的,处三年以上七年以下有期徒刑。"《刑法》第409条规定:"从事传染病防治的政府卫生行政部门的工作人员严重不负责任,导致传染病传播或者流行,情节严重的,处三年以下有期徒刑或者拘役。""从事实验、保藏传染病菌种的钟某"不属于"从事传染病防治的政府卫生行政部门的工作人员",故非渎职犯罪,故选D项。(答案:D)

9. 国家机关工作人员高某与某军事部门有业务往来。一日,高某到该部门洽谈工作,趁有关人员临时离开将一部照相机窃走。该照相机中有涉及军事机密的照片。关于本案,负责立案侦查的是下列哪一机关?(2009年真题,单选)

A. 公安机关　　　　　　　　B. 检察机关

C. 国家安全机关　　　　　　D. 军队保卫部门

[释疑] 《刑事诉讼法》第18条第1款规定:"刑事案件的侦查由公安机关进行,法律另有规定的除外。"本案涉及"军事秘密",故A项不选。《刑事诉讼法》第290条第1款规定:"军队保卫部门对军队内部发生的刑事案件行使侦查权。"因此,军队保卫部门有侦查权。司法实践中现役军人(含军内在编职工,下同)和非军人共同犯罪的,分别由军事法院和地方人民法院或者其他专门法院管辖;涉及国家军事秘密,全案由军事法院管辖。根据立法精神和管辖的基本原理,应选D项。(答案:D)

10. 关于"告诉才处理"的案件与自诉案件,下列哪一选项是正确的?(2008年真题,单选)

A. 自诉案件是告诉才处理的案件

B. 告诉才处理的案件是自诉案件

C. 告诉才处理的案件与自诉案件,只是说法不同,含义相同

D. 告诉才处理的案件与自诉案件二者之间没有关系

[释疑] 《刑诉法解释》第1条规定:"人民法院直接受理的自诉案件包括:(一)告诉才处理的案件……"故选B项。(答案:B)

11. 张某,甲市人,中国乙市远洋运输公司"黎明号"货轮船员。"黎明号"航行在公海时,张某因与另一船员李某发生口角将其打成重伤。货轮返回中国首泊丙市港口时,张某趁机潜逃,后在丁市被抓获。该案应由下列哪一法院行使管辖权?(2008年真题,单选)

　　A. 甲市法院　　　　　B. 乙市法院　　　　　C. 丙市法院　　　　　D. 丁市法院

[释疑] 《刑诉法解释》第4条规定:"在中华人民共和国领域外的中国船舶内的犯罪,由该船舶最初停泊的中国口岸所在地的人民法院管辖。"故选C项。(答案:C)

12. 甲非法拘禁乙于某市A区,后又用汽车经该市B区、C区,将乙转移到D区继续拘禁。对于甲所涉非法拘禁案,下列哪些法院依法享有管辖权?(2006年真题,多选)

　　A. A区法院　　　　　B. B区法院　　　　　C. C区法院　　　　　D. D区法院

[释疑] 《刑事诉讼法》第24条规定:"刑事案件由犯罪地的人民法院管辖。如果由被告人居住地的人民法院审判更为适宜的,可以由被告人居住地的人民法院管辖。"《刑诉法解释》第2条第1款规定:"犯罪地包括犯罪行为发生地和犯罪结果发生地。"本题中,A区、B区、C区和D区都是犯罪地,上述各区法院均有管辖权,故选A、B、C、D项。(答案:ABCD)

13. 某检察院在国家干部某甲受贿案的侦查过程中,除发现某甲利用职务之便收受他人贿赂外,还发现某甲涉嫌巨额财产来源不明罪和非法向外国人出售、赠送珍贵文物罪。对于某甲涉嫌非法向外国人出售、赠送珍贵文物罪,检察院应当如何处理?(多选)

　　A. 与受贿罪、巨额财产来源不明罪一并侦查

　　B. 移送公安机关侦查

　　C. 在某甲涉嫌的三个罪中,如果受贿罪、巨额财产来源不明罪两罪中一个是主罪,由人民检察院为主侦查,公安机关予以配合

　　D. 在某甲涉嫌的三个罪中,如果非法向外国人出售、赠送珍贵文物罪是主罪,由公安机关为主侦查,人民检察院予以配合

[释疑] 公安机关侦查刑事案件涉及人民检察院管辖的贪污贿赂案件时,应当将贪污贿赂案件移送人民检察院;人民检察院侦查贪污贿赂案件涉及公安机关管辖的刑事案件时,应当将属于公安机关管辖的刑事案件移送公安机关。故选B项。在上述情况中,如果涉嫌主罪属于公安机关管辖,由公安机关为主侦查,人民检察院予以配合;如果涉嫌主罪属于人民检察院管辖,由人民检察院为主侦查,公安机关予以配合。故选C、D项。(答案:BCD)

14. 下列案件可由人民检察院直接立案侦查的有:(多选)

　　A. 骗取出口退税案　　　　　　　　　　B. 受贿案

　　C. 私分国有资产案　　　　　　　　　　D. 徇私舞弊不征、少征税款案

[释疑] 受贿案,私分国有资产案,徇私舞弊不征、少征税款案均由检察院管辖,故选B、C、D项。(答案:BCD)

15. 根据《刑事诉讼法》的规定,刑事自诉案件共有三类,其中一类即为被害人有证据证明的轻微刑事案件。下列属于这类自诉案件的有:(多选)

　　A. 故意伤害案(轻伤)

　　B. 妨害通信自由案

　　C. 拒不执行判决、裁定案

D. 国家机关工作人员非法剥夺公民宗教信仰自由案

[释疑] 被害人有证据证明的轻微的刑事案件包括：① 故意伤害案（轻伤）；② 重婚案；③ 遗弃案；④ 妨害通信自由案；⑤ 非法侵入他人住宅案；⑥ 生产、销售伪劣商品案件（严重危害社会秩序和国家利益的除外）；⑦ 侵犯知识产权案件（严重危害社会秩序和国家利益的除外）；⑧ 属于《刑法》分则第四章、第五章规定的，对被告人可以判处3年有期徒刑以下刑罚的其他轻微刑事案件。国家机关工作人员非法剥夺公民宗教信仰自由案属于第8类，故选A、B、D项。（答案：ABD）

16. 下列关于审判管辖的说法错误的有：（多选）

A. 陈某犯有故意杀人罪、重婚罪。对陈某的故意杀人罪由中级人民法院管辖，重婚罪由基层人民法院管辖

B. 某省副省长受贿880万元，必要时，最高人民法院可以指定北京市高级人民法院管辖

C. 自诉案件只能由基层人民法院管辖

D. 甲省乙市中级人民法院与丙省丁市中级人民法院对江某走私案的管辖发生争议，在审理期限内协商不成，应当逐级报请最高法院指定管辖

[释疑] 一人犯数罪、共同犯罪和其他需要并案审理的案件，只要其中一人或者一罪属于上级人民法院管辖的，全案由上级人民法院管辖。故A项错误。被害人有证据证明侵犯自己人身权、财产权而公安机关、检察院不追究的自诉案件（如果可能判处无期徒刑以上刑罚）就可由中级人民法院管辖。故选A、C项。（答案：AC）

17. 某市A区法院受理一起盗窃案件，因该案被告人与该法院院长具有亲属关系，市中级人民法院遂指定将该案移交B区法院审判。对于该案的全部案卷材料，A区法院应按下列哪一选项处理？（单选）

A. 应当退回A区检察院

B. 应当直接移交B区法院

C. 可以直接移交B区法院

D. 应当通过中级人民法院移交B区法院

[释疑] 《刑诉法解释》第19条规定："上级人民法院指定管辖，应当将指定管辖决定书分别送达被指定管辖的人民法院和其他有关的人民法院。"《刑诉法解释》第20条规定："原受理案件的人民法院在收到上级人民法院改变管辖决定书、同意移送决定书或者指定其他人民法院管辖决定书后，对公诉案件，应当书面通知同级人民检察院，并将案卷材料退回，同时书面通知当事人；对自诉案件，应当将案卷材料移送被指定管辖的人民法院，并书面通知当事人。"根据上述规定，B、C、D项不能选，故选A项。（答案：A）

## 三、提示与预测

管辖一直是司法考试的重点，考生应当熟知《刑事诉讼法》及司法解释中的相关规定。选择题或案例题均可能出现。本章涉及《刑事诉讼法》中的立案管辖和审判管辖两大部分，立案管辖重点掌握法院、检察院管辖的案件；审判管辖要把握好级别、地区、专门和指定管辖等有关规定。要特别注意新《刑事诉讼法》中关于中级人民法院管辖案件的变化。

# 第五章　回　避

```
         ┌ 回避的概念
         │                ┌ 审判人员、检察人员、侦查人员
         │ 回避适用人员 ┤ 书记员、翻译人员、鉴定人
         │                └ 其他人员
         │                ┌ 是本案当事人或者当事人的近亲属
         │                │ 本人或者他的近亲属和本案有利害关系
         │ 回避理由    ┤ 担任过本案证人、鉴定人、辩护人或者诉讼代理人
  回避 ┤                │ 与本案当事人有其他关系，可能影响案件的公正处理
         │                │ 违规会见当事人及委托代理人或接受其请客送礼
         │                └ 其他回避理由
         │                ┌ 自行回避
         │ 回避种类    ┤ 申请回避
         │                └ 指令回避
         │                ┌ 回避的期间
         │                │ 回避的申请
         └ 回避程序    ┤ 回避的决定权人
                          │ 回避的审查决定
                          └ 对驳回回避申请的复议
```

## 一、精讲

### 考点 1　回避的概念和适用人员

（一）回避的概念

刑事诉讼中的回避，是指侦查、检察、审判等人员与案件或案件当事人具有某种利害关系或其他特殊关系，可能影响案件的公正处理，从而不得参加办理该案的一项诉讼制度。

（二）回避的适用人员

《刑事诉讼法》规定适用回避的人员范围包括审判人员、检察人员、侦查人员以及参与侦查、起诉、审判活动的书记员、鉴定人和翻译人员。审判人员，包括人民法院院长、副院长、审判委员会委员、庭长、副庭长、审判员、助理审判员和人民陪审员。

### 考点 2　回避的理由与种类

（一）回避的理由

《刑事诉讼法》第 28 条规定："审判人员、检察人员、侦查人员有下列情形之一的，应当自行回避，当事人及其法定代理人也有权要求他们回避：（一）是本案的当事人或者是当事人的近亲属的；（二）本人或者他的近亲属和本案有利害关系的；（三）担任过本案的证人、鉴定人、

辩护人、诉讼代理人的;(四)与本案当事人有其他关系,可能影响公正处理案件的。"《刑诉法解释》第23条规定:担任过本案的翻译人员的,与本案的辩护人、诉讼代理人有近亲属关系的,与本案当事人有其他利害关系,可能影响公正审判的等也属回避理由。《刑事诉讼法》第29条规定:"审判人员、检察人员、侦查人员不得接受当事人及其委托的人的请客送礼,不得违反规定会见当事人及其委托的人。审判人员、检察人员、侦查人员违反前款规定的,应当依法追究法律责任。当事人及其法定代理人有权要求他们回避。"但申请人应当提供证明材料。《刑事诉讼法》第228条规定:"原审人民法院对于发回重新审判的案件,应当另行组成合议庭,依照第一审程序进行审判……"《刑事诉讼法》第245条规定:"人民法院按照审判监督程序重新审判的案件,由原审人民法院审理的,应当另行组成合议庭进行……"

**特别关注:**

《刑事诉讼法》中的近亲属不同于民事诉讼法,是指夫、妻、父、母、子、女、同胞兄弟姊妹。审判人员违反规定,具有下列情形之一的,当事人及其法定代理人有权申请其回避:(1)违反规定会见本案当事人、辩护人、诉讼代理人的;(2)为本案当事人推荐、介绍辩护人、诉讼代理人,或者为律师、其他人员介绍办理本案的;(3)索取、接受本案当事人及其委托人的财物或者其他利益的;(4)接受本案当事人及其委托人的宴请,或者参加由其支付费用的活动的;(5)向本案当事人及其委托人借用款物的;(6)有其他不正当行为,可能影响公正审判的。

参与过本案侦查、审查起诉工作的侦查、检察人员,调至人民法院工作的,不得担任本案的审判人员。在一个审判程序中参与过本案审判工作的合议庭组成人员或者独任审判员,不得再参与本案其他程序的审判。但是,发回重新审判的案件,在第一审人民法院作出裁判后又进入第二审程序或者死刑复核程序的,原第二审程序或者死刑复核程序中的合议庭组成人员不受本款规定的限制。当事人及其法定代理人依照《刑事诉讼法》第29条和《刑诉法解释》第24条规定申请回避,应当提供证明材料。

(二)回避的种类

回避分为自行回避、申请回避和指令回避三种。

## 考点 3 回避的程序

(一)回避的期间

回避的期间是指回避适用的诉讼阶段范围。我国刑事诉讼中的回避适用于侦查、起诉和审判等各个阶段。

(二)回避的申请、审查、决定与对驳回回避申请的复议

公安、司法人员在立案以及以后的诉讼程序中,发现有依法应予回避的情形的,应当自行提出回避。没有自行回避的,当事人及其法定代理人有权申请他们回避。《刑事诉讼法》第30条规定:"审判人员、检察人员、侦查人员的回避,应当分别由院长、检察长、公安机关负责人决定;院长的回避,由本院审判委员会决定;检察长和公安机关负责人的回避,由同级人民检察院检察委员会决定。对侦查人员的回避作出决定前,侦查人员不能停止对案件的侦查。对驳回申请回避的决定,当事人及其法定代理人可以申请复议一次。"《刑事诉讼法》第31条规定:"本章关于回避的规定适用于书记员、翻译人员和鉴定人。辩护人、诉讼代理人可以依照本章的规定要求回避、申请复议。"

**特别关注：**

(一)《刑诉法解释》的相关规定

(1) 人民法院应当依法告知当事人及其法定代理人有权申请回避,并告知其合议庭组成人员、独任审判员、书记员等人员的名单。

(2) 审判人员自行申请回避,或者当事人及其法定代理人申请审判人员回避的,可以口头或者书面提出,并说明理由,由院长决定。院长自行申请回避,或者当事人及其法定代理人申请院长回避的,由审判委员会讨论决定。审判委员会讨论时,由副院长主持,院长不得参加。

(3) 应当回避的审判人员没有自行回避,当事人及其法定代理人也没有申请其回避的,院长或者审判委员会应当决定其回避。

(4) 对当事人及其法定代理人提出的回避申请,人民法院可以口头或者书面作出决定,并将决定告知申请人。当事人及其法定代理人申请回避被驳回的,可以在接到决定时申请复议一次。不属于《刑事诉讼法》第28条、第29条规定情形的回避申请,由法庭当庭驳回,并不得申请复议。

(5) 当事人及其法定代理人申请出庭的检察人员回避的,人民法院应当决定休庭,并通知人民检察院。

(6) 书记员、翻译人员和鉴定人适用审判人员回避的有关规定,其回避问题由院长决定。

(二)《刑事诉讼规则》的相关规定

(1) 人民检察院作出驳回申请回避的决定后,应当告知当事人及其法定代理人如不服本决定,有权在收到驳回申请回避的决定书后5日以内向原决定机关申请复议一次。

(2) 当事人及其法定代理人对驳回申请回避的决定不服申请复议的,决定机关应当在3日以内作出复议决定并书面通知申请人。

(3) 人民检察院直接受理案件的侦查人员或者进行补充侦查的人员在回避决定作出以前或者复议期间,不得停止对案件的侦查。

(4) 参加过本案侦查的侦查人员,不得承办本案的审查逮捕、起诉和诉讼监督工作。

(5) 因符合《刑事诉讼法》第28条或者第29条规定的情形之一而回避的检察人员,在回避决定作出以前所取得的证据和进行的诉讼行为是否有效,由检察委员会或者检察长根据案件具体情况决定。

(6) 本规则关于回避的规定,适用于书记员、司法警察和人民检察院聘请或者指派的翻译人员、鉴定人。书记员、司法警察和人民检察院聘请或者指派的翻译人员、鉴定人的回避由检察长决定。

## 二、例题

1. 未成年人小付涉嫌故意伤害袁某,袁某向法院提起自诉。小付的父亲委托律师黄某担任辩护人,袁某委托其在法学院上学的儿子担任诉讼代理人。本案中,下列哪些人有权要求审判人员回避?(2015年真题,多选)

A. 黄某　　　　　B. 袁某　　　　　C. 袁某的儿子　　　D. 小付的父亲

[释疑]　《刑事诉讼法》第28条规定:"审判人员、检察人员、侦查人员有下列情形之一的,应当自行回避,当事人及其法定代理人也有权要求他们回避:(一)是本案的当事人或者是当事人的近亲属的;(二)本人或者他的近亲属和本案有利害关系的;(三)担任过本案的证

人、鉴定人、辩护人、诉讼代理人的;(四)与本案当事人有其他关系,可能影响公正处理案件的。第31条规定:"本章关于回避的规定适用于书记员、翻译人员和鉴定人。辩护人、诉讼代理人可以依照本章的规定要求回避、申请复议。"黄某是辩护人,袁某是自诉人,袁某的儿子是诉讼代理人、小付的父亲是法定代理人,所以,"黄某""袁某""袁某的儿子""小付的父亲"都有权要求审判人员回避。(答案:ABCD)

2. 林某盗版销售著名作家黄某的小说涉嫌侵犯著作权罪,经一审和二审后,二审法院裁定撤销原判,发回原审法院重新审判。关于该案的回避,下列哪些选项是正确的?(2014年真题,多选)

A. 一审法院审判委员会委员甲系林某辩护人妻子的弟弟,黄某的代理律师可申请其回避
B. 一审书记员乙系林某的表弟而未回避,二审法院可以此为由裁定发回原审法院重审
C. 一审合议庭审判长丙系黄某的忠实读者,应当回避
D. 丁系二审合议庭成员,如果林某对一审法院重新审判作出的裁判不服再次上诉至二审法院,丁应当自行回避

[释疑] 《刑诉法解释》第23条规定:"审判人员具有下列情形之一的,应当自行回避,当事人及其法定代理人有权申请其回避:(一)是本案的当事人或者是当事人的近亲属的;(二)本人或者其近亲属与本案有利害关系的;(三)担任过本案的证人、鉴定人、辩护人、诉讼代理人、翻译人员的;(四)与本案的辩护人、诉讼代理人有近亲属关系的;(五)与本案当事人有其他利害关系,可能影响公正审判。"《刑事诉讼法》第31条第2款规定:"辩护人、诉讼代理人可以依照本章的规定要求回避、申请复议。"从法理上看,审判委员会委员甲系林某辩护人妻子的弟弟,甲与本案辩护人存在亲属关系,可能影响案件的公正审判,为实现案件的程序正义,甲应当回避,诉讼代理人有权申请其回避。B项符合《刑诉法解释》第23条第5项的规定,正确。C项,审判长丙系黄某的忠实读者,不能认定为"与本案当事人有其他利害关系",不符合回避的法定理由。《刑诉法解释》第25条第2款规定:"在一个审判程序中参与过本案审判工作的合议庭组成人员或者独任审判员,不得再参与本案其他程序的审判。但是,发回重新审判的案件,在第一审人民法院作出裁判后又进入第二程序或者死刑复核程序的,原第二审程序或者死刑复核程序中的合议庭组成人员不受本款规定的限制。"故D项错误。(答案:AB)

3. 法院审理过程中,被告人赵某在最后陈述时,以审判长数次打断其发言为理由申请更换审判长。对于这一申请,下列哪一说法是正确的?(2013年真题,单选)

A. 赵某的申请理由不符合法律规定,法院院长应当驳回申请
B. 赵某在法庭调查前没有申请回避,法院院长应当驳回申请
C. 如法院作出驳回申请的决定,赵某可以在决定作出后五日内向上级法院提出上诉
D. 如法院作出驳回申请的决定,赵某可以向上级法院申请复议一次

[释疑] 《刑事诉讼法》第28条规定:"审判人员、检察人员、侦查人员有下列情形之一的,应当自行回避,当事人及其法定代理人也有权要求他们回避:(一)是本案的当事人或者是当事人的近亲属的;(二)本人或者他的近亲属和本案有利害关系的;(三)担任过本案的证人、鉴定人、辩护人、诉讼代理人的;(四)与本案当事人有其他关系,可能影响公正处理案件的。"第29条规定:"审判人员、检察人员、侦查人员不得接受当事人及其委托的人的请客送礼,不得违反规定会见当事人及其委托的人。审判人员、检察人员、侦查人员违反前款规定的,应当依法追究法律责任。当事人及其法定代理人有权要求他们回避。"《刑诉法解释》第30条

规定:"对当事人及其法定代理人提出的回避申请,人民法院可以口头或者书面作出决定,并将决定告知申请人。当事人及其法定代理人申请回避被驳回的,可以在接到决定时申请复议一次。不属于刑事诉讼法第二十八条、第二十九条规定情形的回避申请,由法庭当庭驳回,并不得申请复议。"(答案:A)

4. 在庭审过程中,被告人赵某指出,公诉人的书记员李某曾在侦查阶段担任鉴定人,并据此要求李某回避。对于赵某的回避申请,下列哪一选项是正确的?(2007年真题,单选)

A. 法庭应以不属于法定回避情形为由当庭驳回
B. 法庭应以符合法庭回避情形为由当庭作出回避决定
C. 李某应否回避需提交法院院长决定
D. 李某应否回避需提交检察院检察长决定

[释疑] 《刑事诉讼法》第28条规定:"审判人员、检察人员、侦查人员有下列情形之一的,应当自行回避,当事人及其法定代理人也有权要求他们回避:(一)是本案的当事人或者是当事人的近亲属的;(二)本人或者他的近亲属和本案有利害关系的;(三)担任过本案的证人、鉴定人、辩护人、诉讼代理人的;(四)与本案当事人有其他关系,可能影响公正处理案件的。"本题符合法定的回避情形,A项错误。《刑诉法解释》第31条规定:"当事人及其法定代理人申请出庭的检察人员回避的,人民法院应当决定休庭,并通知人民检察院。"因此D项正确。(答案:D)

5. 王某因涉嫌报复陷害罪被立案侦查后,发现负责该案的侦查人员刘某与自己是邻居,两家曾发生过纠纷,遂申请刘某回避。对于刘某的回避应当由谁决定?(2006年真题,单选)

A. 公安局局长　　　　　　　　　B. 检察院检察长
C. 法院院长　　　　　　　　　　D. 检察委员会

[释疑] 《刑事诉讼法》第30条第1款规定:"审判人员、检察人员、侦查人员的回避,应当分别由院长、检察长、公安机关负责人决定;院长的回避,由本院审判委员会决定;检察长和公安机关负责人的回避,由同级人民检察院检察委员会决定。"报复陷害罪由检察院立案侦查,所以该案的侦查人员的回避应由检察长决定。故选B项。(答案:B)

6. 某县人民法院在审理一起伤害案件时,被害人申请参与案件审理的法院审判委员会委员甲某、刑一庭庭长乙某、人民陪审员丙某以及辩方申请通知的鉴定人丁某回避。下列选项中,属于应当回避的人员有:(多选)

A. 审判委员会委员甲某　　　　　B. 刑一庭庭长乙某
C. 人民陪审员丙某　　　　　　　D. 鉴定人丁某

[释疑] 参加审判的审判委员会委员、刑一庭庭长、人民陪审员和鉴定人都属于回避人员的范围,故选A、B、C、D项。(答案:ABCD)

7. 某案在开庭审理过程中,17岁的被告人甲的父亲乙提出申请,要求担任本案庭审记录工作的书记员丙回避,理由是听人说被害人的父亲丁在开庭前曾请丙出去吃过饭。关于本案中的回避,下列说法错误的是:(多选)

A. 乙提出回避申请,应当经过甲同意
B. 乙提出回避申请时,应当提供相应的证明材料
C. 是否批准本案中的回避申请,由审判长决定
D. 是否批准本案中的回避申请,由法院院长决定

[释疑] 《刑事诉讼法》规定,公安、司法人员在立案及以后的诉讼程序中,发现有依法应予回避的情形的,应当自行提出回避。没有自行回避的,当事人及其法定代理人有权申请他们回避。所以,当事人及其法定代理人都有申请回避权。故 A 项错误。根据《刑事诉讼法》第 31 条第 1 款的规定,书记员、翻译人员和鉴定人的回避程序同审判人员、检察人员、侦查人员。故 C 项错误。(答案:AC)

8. 16 岁的白某因伤害本县公安局局长林某的儿子而被该县公安局立案侦查。有关本案的回避问题,下列选项正确的有哪些?(多选)

   A. 白某的父亲有权申请林某回避
   B. 林某的回避由该县人民检察院检察长决定
   C. 在回避决定作出之前,林某应暂停参加对本案的侦查工作
   D. 如果白某的父亲对驳回回避申请的决定不服,可以在 5 日内向该县人民检察院检察委员会申请复议一次

[释疑] 白某的父亲是其法定代理人,故选 A 项;《刑事诉讼规则》第 27 条规定:"人民检察院作出驳回申请回避的决定后,应当告知当事人及其法定代理人如不服本决定,有权在收到驳回申请回避的决定书后五日以内向原决定机关申请复议一次。"故选 D 项。(答案:AD)

9. 杜某是某公安机关的法医,在一起刑事案件的法庭审理过程中,人民法院聘请杜某担任本案鉴定人。本案的被告人提出杜某与本案有利害关系,申请回避。下列有权对杜某是否回避作出决定的是:(单选)

   A. 杜某所在公安机关的负责人    B. 该人民法院院长
   C. 本案的合议庭              D. 本案合议庭的审判长

[释疑] 根据《刑事诉讼法》第 31 条第 1 款的规定,书记员、翻译人员和鉴定人的回避程序同审判人员、检察人员、侦查人员。故选 B 项。(答案:B)

10. 下列有关回避决定的表述中哪些是正确的?(多选)

    A. 公安机关侦查人员的回避由公安机关的负责人决定,在回避作出决定前被申请回避的人员应暂停参加对本案的侦查工作
    B. 公安机关负责人和检察长的回避,由同级人民检察院检察委员会决定
    C. 对书记员、翻译人员和鉴定人的回避,由审判长决定,对合议庭成员的回避,由院长或审判委员会决定
    D. 对公诉人员提出申请回避的,人民法院应当通知指派该公诉人员出庭的人民检察院,由该院检察长或检察委员会决定

[释疑] 《刑事诉讼法》第 30 条第 1 款规定,检察长和公安机关负责人的回避,由同级人民检察院检察委员会决定。故选 B 项。检察人员的回避,由检察长或检察委员会决定。故选 D 项。(答案:BD)

11. 某县人民检察院检察官郝某在审查该县公安机关移送的毛某猥亵案过程中,违反规定会见被害人委托的诉讼代理人并接受其宴请。郝某在补充侦查中取得重要证据。原来在该县公安机关参与了本案侦查的彭某,在案件移送前调入该县检察院,在本案中参与了审查起诉工作。关于本案的回避问题,下列哪些选项错误?(多选)

    A. 毛某有权申请郝某回避
    B. 郝某没有自行回避,当事人也没有申请其回避的,检察长或者检察委员会应当依职权

决定其回避

C. 彭某不属于当事人申请回避的法定情形,因此无须回避

D. 郝某在回避决定作出前取得的证据无效

[释疑] 《刑事诉讼规则》第30条规定:"参加过本案侦查的侦查人员,不得办本案的审查逮捕、起诉和诉讼监督工作。"故C项错误。《刑事诉讼规则》第31条规定:"因符合刑事诉讼法第二十八条或者第二十九条规定的情形之一而回避的检察人员,在回避决定作出以前所取得的证据和进行的诉讼行为是否有效,由检察委员会或者检察长根据案件具体情况决定。"故D项错误。(答案:CD)

### 三、提示与预测

本章是重点章,涉及刑事诉讼中回避的理由、种类、适用范围和程序。要特别注意新法关于辩护人、诉讼代理人关于申请回避的新规定。

# 第六章　辩护与代理

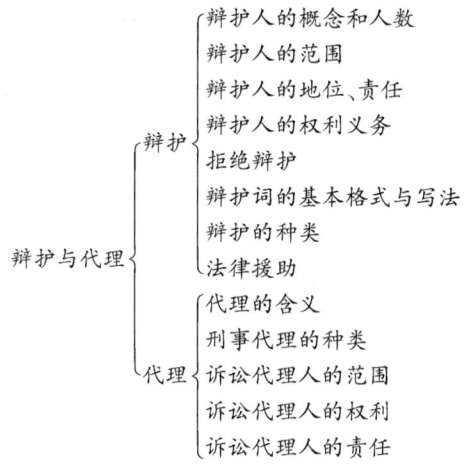

### 一、精讲

**考点 1** 辩护人

(一)辩护人的概念和人数

辩护人,是指受犯罪嫌疑人、被告人的委托或公检法机关通知法律援助机构指派或犯罪嫌疑人、被告人申请法律援助机构指派,帮助犯罪嫌疑人、被告人行使辩护权,以维护其合法权益的人或律师。根据《刑事诉讼法》第32条的规定,犯罪嫌疑人、被告人除自己行使辩护权以外,还可以委托1—2人作为辩护人。

**特别关注**:六部门《规定》:一名辩护人不得为两名以上的同案犯罪嫌疑人、被告人辩护,

不得为两名以上的未同案处理但实施的犯罪存在关联的犯罪嫌疑人、被告人辩护。

(二)辩护人的范围

1.《刑事诉讼法》规定

根据《刑事诉讼法》第32条的规定,下列的人可以被委托为辩护人:(1)律师;(2)人民团体或者犯罪嫌疑人、被告人所在单位推荐的人;(3)犯罪嫌疑人、被告人的监护人、亲友。正在被执行刑罚或者依法被剥夺、限制人身自由的人,不得担任辩护人。

2. 六部门《规定》的相关规定

人民法院、人民检察院、公安机关、国家安全机关、监狱的现职人员,人民陪审员,外国人或者无国籍人,以及与本案有利害关系的人,不得担任辩护人。但是,上述人员系犯罪嫌疑人、被告人的监护人或者近亲属,犯罪嫌疑人、被告人委托其担任辩护人的,可以准许。无行为能力或者限制行为能力的人,不得担任辩护人。

3.《刑诉法解释》的相关规定

(1)被告人除自己行使辩护权以外,还可以委托辩护人辩护。下列人员不得担任辩护人:① 正在被执行刑罚或者处于缓刑、假释考验期间的人;② 依法被剥夺、限制人身自由的人;③ 无行为能力或者限制行为能力的人;④ 人民法院、人民检察院、公安机关、国家安全机关、监狱的现职人员;⑤ 人民陪审员;⑥ 与本案审理结果有利害关系的人;⑦ 外国人或者无国籍人。第④项至第⑦项规定的人员,如果是被告人的监护人、近亲属,由被告人委托担任辩护人的,可以准许。

(2)审判人员和人民法院其他工作人员从人民法院离任后两年内,不得以律师身份担任辩护人。审判人员和人民法院其他工作人员从人民法院离任后,不得担任原任职法院所审理案件的辩护人,但作为被告人的监护人、近亲属进行辩护的除外。审判人员和人民法院其他工作人员的配偶、子女或者父母不得担任其任职法院所审理案件的辩护人,但作为被告人的监护人、近亲属进行辩护的除外。

(3)律师,人民团体、被告人所在单位推荐的人,或者被告人的监护人、亲友被委托为辩护人的,人民法院应当核实其身份证明和授权委托书。

4.《刑事诉讼规则》的规定

(1)在侦查期间,犯罪嫌疑人只能委托律师作为辩护人。在审查起诉期间,犯罪嫌疑人可以委托律师作为辩护人,也可以委托人民团体或者所在单位推荐的人以及监护人、亲友作为辩护人。但下列人员不得被委托担任辩护人:① 人民法院、人民检察院、公安机关、国家安全机关、监狱的现职人员;② 人民陪审员;③ 外国人或者无国籍人;④ 与本案有利害关系的人;⑤ 依法被剥夺、限制人身自由的人;⑥ 处于缓刑、假释考验期间或者刑罚尚未执行完毕的人;⑦ 无行为能力或者限制行为能力的人。一名辩护人不得为两名以上的同案犯罪嫌疑人辩护,不得为两名以上的未同案处理但实施的犯罪相互关联的犯罪嫌疑人辩护。

(2)审判人员、检察人员从人民法院、人民检察院离任后两年以内,不得以律师身份担任辩护人。检察人员从人民检察院离任后,不得担任原任职检察院办理案件的辩护人。但作为犯罪嫌疑人的监护人、近亲属进行辩护的除外。检察人员的配偶、子女不得担任该检察人员所任职检察院办理案件的辩护人。

(3)一名犯罪嫌疑人可以委托一至二人作为辩护人。律师担任诉讼代理人的,不得同时接受同一案件两名以上被害人的委托,参与刑事诉讼活动。

**特别关注**：1.《律师法》第 11 条的规定："公务员不得兼任执业律师。律师担任各级人民代表大会常务委员会组成人员的，任职期间不得从事诉讼代理或者辩护业务。"该法第 41 条规定："曾经担任法官、检察官的律师，从人民法院、人民检察院离任后二年内，不得担任诉讼代理人或者辩护人。"

2. 正在执行的刑罚包括主刑和附加刑；依法被剥夺、限制人身自由的人包括被公安司法机关采取了刑事诉讼强制措施或者依据其他法律、法规被限制或者剥夺人身自由的人。

3. 在我国进行的刑事诉讼中，外国人、无国籍人依法只能委托中国律师为其辩护。

(三) 辩护人的地位与责任

辩护人在刑事诉讼中具有独立的诉讼地位，依法独立履行职务，只维护犯罪嫌疑人、被告人的合法权益，没有控诉的义务。根据《刑事诉讼法》第 35 条的规定：辩护人的责任是根据事实和法律，提出犯罪嫌疑人、被告人无罪、罪轻或者减轻、免除其刑事责任的材料和意见，维护犯罪嫌疑人、被告人的诉讼权利和其他合法权益。

(四) 辩护人的权利、义务

辩护人的主要权利，包括：

(1) 接受委托担任辩护人的权利。

(2) 辩护人、诉讼代理人有权要求回避、申请复议。

(3) 提供法律帮助，代理申诉、控告，申请变更强制措施，提出意见权。《刑事诉讼法》第 36 条规定："辩护律师在侦查期间可以为犯罪嫌疑人提供法律帮助；代理申诉、控告；申请变更强制措施；向侦查机关了解犯罪嫌疑人涉嫌的罪名和案件有关情况，提出意见。"

**特别关注**：根据六部门《规定》第 6 条的规定：辩护律师在侦查期间可以向侦查机关了解犯罪嫌疑人涉嫌的罪名及当时已查明的该罪的主要事实，犯罪嫌疑人被采取、变更、解除强制措施的情况，侦查机关延长侦查羁押期限等情况。

(4) 会见、通信权。《刑事诉讼法》第 37 条第 1、2 款规定："辩护律师可以同在押的犯罪嫌疑人、被告人会见和通信。其他辩护人经人民法院、人民检察院许可，也可以同在押的犯罪嫌疑人、被告人会见和通信。辩护律师持律师执业证书、律师事务所证明和委托书或者法律援助公函要求会见在押的犯罪嫌疑人、被告人的，看守所应当及时安排会见，至迟不得超过四十八小时。"

**特别关注**：根据六部门《规定》第 7 条的规定：辩护律师要求会见在押的犯罪嫌疑人、被告人的，看守所应当及时安排会见，保证辩护律师在 48 小时以内见到在押的犯罪嫌疑人、被告人。

(5) 会见时不被监听权。《刑事诉讼法》第 37 条第 4 款规定："辩护律师会见在押的犯罪嫌疑人、被告人，可以了解有关案件情况，提供法律咨询等；自案件移送审查起诉之日起，可以向犯罪嫌疑人、被告人核实有关证据。辩护律师会见犯罪嫌疑人、被告人时不被监听。"《刑事诉讼法》第 37 条第 3 款规定："危害国家安全犯罪、恐怖活动犯罪、特别重大贿赂犯罪案件，在侦查期间辩护律师会见在押的犯罪嫌疑人，应当经侦查机关许可。上述案件，侦查机关应当事先通知看守所。"

(6) 根据《刑事诉讼法》第 37 条第 5 款规定：辩护律师同被监视居住的犯罪嫌疑人、被告人会见、通信，适用《刑事诉讼法》第 37 条第 1 款、第 3 款、第 4 款的规定。

(7) 查阅、摘抄、复制案卷材料权。《刑事诉讼法》第 38 条规定："辩护律师自人民检察院对案件审查起诉之日起,可以查阅、摘抄、复制本案的案卷材料。其他辩护人经人民法院、人民检察院许可,也可以查阅、摘抄、复制上述材料。"

(8) 申请人民检察院、人民法院调取有关证据权。《刑事诉讼法》第39条规定:"辩护人认为在侦查、审查起诉期间公安机关、人民检察院收集的证明犯罪嫌疑人、被告人无罪或者罪轻的证据材料未提交的,有权申请人民检察院、人民法院调取。"

(9) 调查取证权。这是辩护律师专有的权利,其他辩护人没有这项权利。《刑事诉讼法》第41条规定:"辩护律师经证人或者其他有关单位和个人同意,可以向他们收集与本案有关的材料,也可以申请人民检察院、人民法院收集、调取证据,或者申请人民法院通知证人出庭作证。辩护律师经人民检察院或者人民法院许可,并且经被害人或者其近亲属、被害人提供的证人同意,可以向他们收集与本案有关的材料。"

**特别关注:** 根据六部门《规定》第8条的规定:对于辩护律师申请人民检察院、人民法院收集、调取证据,人民检察院、人民法院认为需要调查取证的,应当由人民检察院、人民法院收集、调取证据,不得向律师签发准许调查决定书,让律师收集、调取证据。

(10) 审查起诉阶段提出辩护意见权。
(11) 参加法庭调查和法庭辩论权。
(12) 经被告人同意,提出上诉的权利。
(13) 对超过法定期限的强制措施,辩护人有权要求解除。
(14) 代理申诉、控告权。
(15) 依法独立进行辩护权和人身权利不受侵犯。
(16) 保密权。《刑事诉讼法》第46条规定:"辩护律师对在执业活动中知悉的委托人的有关情况和信息,有权予以保密。但是,辩护律师在执业活动中知悉委托人或者其他人,准备或者正在实施危害国家安全、公共安全以及严重危害他人人身安全的犯罪,应当及时告知司法机关。"

(17) 诉讼权利受到侵犯时的申诉、控告权。《刑事诉讼法》第47条规定:"辩护人、诉讼代理人认为公安机关、人民检察院、人民法院及其工作人员阻碍其依法行使诉讼权利的,有权向同级或者上一级人民检察院申诉或者控告。人民检察院对申诉或者控告应当及时进行审查,情况属实的,通知有关机关予以纠正。"人民检察院受理辩护人、诉讼代理人的申诉或者控告后,应当在10日以内将处理情况书面答复提出申诉或者控告的辩护人、诉讼代理人。

**特别关注:** 辩护人、诉讼代理人认为公安机关、人民检察院、人民法院及其工作人员具有下列阻碍其依法行使诉讼权利的行为之一的,可以向同级或者上一级人民检察院申诉或者控告,控告检察部门应当接受并依法办理,相关办案部门应当予以配合:① 对辩护人、诉讼代理人提出的回避要求不予受理或者对不予回避决定不服的复议申请不予受理的;② 未依法告知犯罪嫌疑人、被告人有权委托辩护人的;③ 未转达在押的或者被监视居住的犯罪嫌疑人、被告人委托辩护人的要求的;④ 应当通知而不通知法律援助机构为符合条件的犯罪嫌疑人、被告人或者被申请强制医疗的人指派律师提供辩护或者法律援助的;⑤ 在规定时间内不受理、不答复辩护人提出的变更强制措施申请或者解除强制措施要求的;⑥ 未依法告知辩护律师犯罪嫌疑人涉嫌的罪名和案件有关情况的;⑦ 违法限制辩护律师同在押、被监视居住的犯罪嫌疑人、被告人会见和通信的;⑧ 违法不允许辩护律师查阅、摘抄、复制本案的案卷材料的;⑨ 违法限制辩护律师收集、核实有关证据材料的;⑩ 没有正当理由不同意辩护律师提出的收集、调取证据或者通知证人出庭作证的申请,或者不答复、不说明理由的;⑪ 未依法提交证明犯罪嫌疑人、被告人无罪或者罪轻的证据材料的;⑫ 未依法听取辩护人、诉讼代理人的意见的;⑬ 未依法将开庭的时间、地点及时通知辩护人、诉讼代理人的;⑭ 未依法向辩护人、诉讼代理人及时送达本案的法律文书或者及时告知案件移送情况的;⑮ 阻碍辩护人、诉讼代理人在法庭审理过程中依法行使诉讼权利的;⑯ 其他阻碍辩护人、诉讼代理人依法行使诉讼权利的。辩护人、诉讼代理人认为看守所及其工作人员有阻碍其依法行使诉讼权利的行为,向人民检察院申诉或者控告的,监所检察部门应当接收并依法办理;控告检察部门收到申诉或者控告的,应当及时移送监所检察部门办理。辩护人、诉讼代理人认为其依法行使诉讼权利受到阻碍向人民检察院申诉或者控告的,人民检察院应当在受理后10日以内进行审查,情况属实的,经检察长决定,通知有关机关或者本院有关部门、下级人民检察院予以纠正,并将处理情况书面答复提出申诉或控告的辩护人、诉讼代理人。

(18) 拒绝辩护权。《律师法》第32条规定第2款规定:律师接受委托后,无正当理由的,不得拒绝辩护或者代理。但是,委托事项违法、委托人利用律师提供的服务从事违法活动或者委托人故意隐瞒与案件有关的重要事实的,律师有权拒绝辩护或者代理。

**特别关注**:辩护律师与其他辩护人的诉讼权利不完全相同,辩护人在不同的诉讼阶段诉讼权利也不相同,应注意区别。

1. 《刑事诉讼规则》关于辩护的相关规定

(1) 对于特别重大贿赂犯罪案件,犯罪嫌疑人被羁押或者监视居住的,人民检察院侦查部门应当在将犯罪嫌疑人送看守所或者送交公安机关执行时书面通知看守所或者公安机关,在侦查期间辩护律师会见犯罪嫌疑人的,应当经人民检察院许可。有下列情形之一的,属于特别重大贿赂犯罪:① 涉嫌贿赂犯罪数额在50万元以上,犯罪情节恶劣的;② 有重大社会影响的;③ 涉及国家重大利益的。

(2) 对于特别重大贿赂犯罪案件,辩护律师在侦查期间提出会见在押或者被监视居住的犯罪嫌疑人的,人民检察院侦查部门应当提出是否许可的意见,在3日以内报检察长决定并答复辩护律师。人民检察院办理特别重大贿赂犯罪案件,在有碍侦查的情形消失后,应当通知看守所或者执行监视居住的公安机关和辩护律师,辩护律师可以不经许可会见犯罪嫌疑人。对于特别重大贿赂犯罪案件,人民检察院在侦查终结前应当许可辩护律师会见犯罪嫌疑人。

(3) 自案件移送审查起诉之日起,人民检察院应当允许辩护律师查阅、摘抄、复制本案的案卷材料。案卷材料包括案件的诉讼文书和证据材料。

(4) 自案件移送审查起诉之日起,律师以外的辩护人向人民检察院申请查阅、摘抄、复制本案的案卷材料或者申请同在押、被监视居住的犯罪嫌疑人会见和通信的,人民检察院公诉部门应当对申请人是否具备辩护人资格进行审查并提出是否许可的意见,在3日以内报检察长决定并书面通知申请人。人民检察院许可律师以外的辩护人同在押或者被监视居住的犯罪嫌疑人通信的,可以要求看守所或者公安机关将书信送交人民检察院进行检查。对于律师以外的辩护人申请查阅、摘抄、复制案卷材料或者申请同在押、被监视居住的犯罪嫌疑人会见和通信,具有下列情形之一的,人民检察院可以不予许可:① 同案犯罪嫌疑人在逃的;② 案件事实不清,证据不足,或者遗漏罪行、遗漏同案犯罪嫌疑人需要补充侦查的;③ 涉及国家秘密或者商业秘密的;④ 有事实表明存在串供、毁灭、伪造证据或者危害证人人身安全可能的。

(5) 辩护律师或者经过许可的其他辩护人到人民检察院查阅、摘抄、复制本案的案卷材料,由案件管理部门及时安排,由公诉部门提供案卷材料。因公诉部门工作等原因无法及时安排的,应当向辩护人说明,并安排辩护人自即日起3个工作日以内阅卷,公诉部门应当予以配合。查阅、摘抄、复制案卷材料,应当在人民检察院设置的专门场所进行。必要时,人民检察院可以派员在场协助。辩护人复制案卷材料可以采取复印、拍照等方式,人民检察院只收取必需的工本费用。对于承办法律援助案件的辩护律师复制必要的案卷材料的费用,人民检察院应当根据具体情况予以减收或者免收。

(6) 案件移送审查逮捕或者审查起诉后,辩护人认为在侦查期间公安机关收集的证明犯罪嫌疑人无罪或者罪轻的证据材料未提交,申请人民检察院向公安机关调取的,人民检察院案件管理部门应当及时将申请材料送侦查监督部门或者公诉部门办理。经审查,认为辩护人申请调取的证据已收集并且与案件事实有联系的,应当予以调取;认为辩护人申请调取的证据未收集或者与案件事实没有联系的,应当决定不予调取并向辩护人说明理由。公安机关移送相关证据材料的,人民检察院应当在3日以内告知辩护人。人民检察院办理直接立案侦查的案件,按照本条规定办理。

(7) 在人民检察院侦查、审查逮捕、审查起诉过程中,辩护人收集到有关犯罪嫌疑人不在犯罪现场、未达到刑事责任年龄、属于依法不负刑事责任的精神病人的证据,告知人民检察院的,人民检察院相关办案部门应当及时进行审查。

(8) 案件移送审查起诉后,辩护律师依据《刑事诉讼法》第41条第1款的规定申请人民检察院收集、调取证据的,人民检察院案件管理部门应当及时将申请材料移送公诉部门办理。人民检察院认为需要收集、调取证据的,应当决定收集、调取并制作笔录附卷;决定不予收集、调取的,应当书面说明理由。人民检察院根据辩护律师的申请收集、调取证据时,辩护律师可以在场。

(9) 辩护律师向被害人或者其近亲属、被害人提供的证人收集与本案有关的材料,向人民检察院提出申请的,参照《刑事诉讼规则》第52条第1款的规定办理,人民检察院应当在7日以内作出是否许可的决定,通知辩护律师。人民检察院没有许可的,应当书面说明理由。

(10) 在人民检察院侦查、审查逮捕、审查起诉过程中,辩护人提出要求听取其意见的,案件管理部门应当及时联系侦查部门、侦查监督部门或者公诉部门对听取意见作出安排。辩护人提出书面意见的,案件管理部门应当及时移送侦查部门、侦查监督部门或者公诉部门。

2. 《刑诉法解释》关于辩护的相关规定

(1) 辩护律师可以查阅、摘抄、复制案卷材料。其他辩护人经人民法院许可,也可以查阅、摘抄、复制案卷材料。合议庭、审判委员会的讨论记录以及其他依法不公开的材料不得查阅、摘抄、复制。辩护人查阅、摘抄、复制案卷材料的,人民法院应当提供方便,并保证必要的时间。复制案卷材料可以采用复印、拍照、扫描等方式。

(2) 辩护律师可以同在押的或者被监视居住的被告人会见和通信。其他辩护人经人民法院许可,也可以同在押的或者被监视居住的被告人会见和通信。

(3) 辩护人认为在侦查、审查起诉期间,公安机关、人民检察院收集的证明被告人无罪或者罪轻的证据材料未随案移送,申请人民法院调取的,应当以书面形式提出,并提供相关线索或者材料。人民法院接受申请后,应当向人民检察院调取。人民检察院移送相关证据材料后,人民法院应当及时通知辩护人。

(4) 辩护律师申请向被害人及其近亲属、被害人提供的证人收集与本案有关的材料,人民法院认为确有必要的,应当签发准许调查书。

（5）辩护律师向证人或者有关单位、个人收集、调取与本案有关的证据材料,因证人或者有关单位、个人不同意,申请人民法院收集、调取,或者申请通知证人出庭作证,人民法院认为确有必要的,应当同意。

（6）辩护律师直接申请人民法院向证人或者有关单位、个人收集、调取证据材料,人民法院认为确有收集、调取必要,且不宜或者不能由辩护律师收集、调取的,应当同意。人民法院收集、调取证据材料时,辩护律师可以在场。人民法院向有关单位收集、调取的书面证据材料,必须由提供人签名,并加盖单位印章;向个人收集、调取的书面证据材料,必须由提供人签名。人民法院对有关单位、个人提供的证据材料,应当出具收据,写明证据材料的名称、收到的时间、件数、页数以及是否为原件等,由书记员或者审判人员签名。收集、调取证据材料后,应当及时通知辩护律师查阅、摘抄、复制,并告知人民检察院。

（7）《刑诉法解释》第 50 条至第 52 条规定的申请,应当以书面形式提出,并说明理由,写明需要收集、调取证据材料的内容或者需要调查问题的提纲。对辩护律师的申请,人民法院应当在 5 日内作出是否准许、同意的决定,并通知申请人;决定不准许、不同意的,应当说明理由。

3. 辩护人的义务

（1）《刑事诉讼法》第 35 条规定:"辩护人的责任是根据事实和法律,提出犯罪嫌疑人、被告人无罪、罪轻或者减轻、免除其刑事责任的材料和意见,维护犯罪嫌疑人、被告人的诉讼权利和其他合法权益。"

（2）《刑事诉讼法》第 40 条规定:"辩护人收集的有关犯罪嫌疑人不在犯罪现场、未达到刑事责任年龄、属于依法不负刑事责任的精神病人的证据,应当及时告知公安机关、人民检察院。"

**特别关注:**（1）辩护律师告知人民检察院其委托人或者其他人员准备实施、正在实施危害国家安全、公共安全以及严重危及他人人身安全犯罪的,人民检察院应当接受并立即移送有关机关依法处理。人民检察院应当为反映有关情况的辩护律师保密。（2）辩护律师向人民法院告知其委托人或者其他人准备实施、正在实施危害国家安全、公共安全以及严重危及他人人身安全犯罪的,人民法院应当记录在案,立即转告主管机关依法处理,并为反映有关情况的辩护律师保密。（3）《刑事诉讼法》第 42 条规定:"辩护人或者其他任何人,不得帮助犯罪嫌疑人、被告人隐匿、毁灭、伪造证据或者串供,不得威胁、引诱证人作伪证以及进行其他干扰司法机关诉讼活动的行为。违反前款规定的,应当追究法律责任。辩护人涉嫌犯罪的,应当由办理辩护人所承办案件的侦查机关以外的侦查机关办理。辩护人是律师的,应当及时通知其所在的律师事务所或者所属的律师协会。"

**特别关注:**（1）根据六部门《规定》第 9 条的规定:公安机关、人民检察院发现辩护人涉嫌犯罪,或者接受报案、控告、举报、有关机关的移送,依照侦查管辖分工进行审查后认为符合立案条件的,应当按照规定报请办理辩护人所承办案件的侦查机关的上一级侦查机关指定其他侦查机关立案侦查,或者由上一级侦查机关立案侦查,不得指定办理辩护人所承办案件的侦查机关的下级侦查机关立案侦查。

（2）《刑事诉讼规则》第 60 条规定:人民检察院发现辩护人有帮助犯罪嫌疑人、被告人隐匿、毁灭、伪造证据或者串供,或者威胁、引诱证人作伪证以及进行其他干扰司法机关诉讼活动的行为,可能涉嫌犯罪的,经检察长批准,应当按照下列规定办理:① 涉嫌犯罪属于公安机关管辖的,应当将辩护人涉嫌犯罪的线索或者证据材料移送同级公安机关按照有关规定处理;② 涉嫌犯罪属于人民检察院管辖的,应当报请上一级人民检察院立案侦查或者由上一级人民检察院指定其他人民检察院立案侦查。上一级人民检察院不得指定办理辩护人所承办案件的人民检察院的下级人民检察院立案侦查。辩护人是律师的,被指定管辖的人民检察院应当在立案侦查的同时,书面通知其所在的律师事务所或者所属的律师协会。

(3)《律师法》第38条规定:律师应当保守在执业活动中知悉的国家秘密、商业秘密,不得泄露当事人的隐私。律师对在执业活动中知悉的委托人和其他人不愿泄露的情况和信息,应当予以保密。但是,委托人或者其他人准备或者正在实施的危害国家安全、公共安全以及严重危害他人人身安全的犯罪事实和信息除外。

(4)新法删除了辩护人"引诱证人改变证言"的规定。

(五)拒绝辩护

(1)被告人拒绝法律援助机构指派的律师为其辩护,坚持自行行使辩护权的,人民法院应当准许。属于应当提供法律援助的情形,被告人拒绝指派的律师为其辩护的,人民法院应当查明原因。理由正当的,应当准许,但被告人须另行委托辩护人;被告人未另行委托辩护人的,人民法院应当在3日内书面通知法律援助机构另行指派律师为其提供辩护。

(2)被告人当庭拒绝辩护人辩护,要求另行委托辩护人或者指派律师的,合议庭应当准许。被告人拒绝辩护人辩护后,没有辩护人的,应当宣布休庭;仍有辩护人的,庭审可以继续进行。有多名被告人的案件,部分被告人拒绝辩护人辩护后,没有辩护人的,根据案件情况,可以对该被告人另案处理,对其他被告人的庭审继续进行。重新开庭后,被告人再次当庭拒绝辩护人辩护的,可以准许,但被告人不得再次另行委托辩护人或者要求另行指派律师,由其自行辩护。被告人属于应当提供法律援助的情形,重新开庭后再次当庭拒绝辩护人辩护的,不予准许。

(3)法庭审理过程中,辩护人拒绝为被告人辩护的,应当准许;是否继续庭审,参照适用前条的规定。

(4)另行委托辩护人或者指派律师的,自案件宣布休庭之日起至第15日止,由辩护人准备辩护,但被告人及其辩护人自愿缩短时间的除外。

(5)根据《律师法》第32条第2款的规定,律师接受委托后,发现委托事项违法、委托人利用律师提供的服务从事违法活动或者委托人故意隐瞒与案件有关的重要事实的,律师有权拒绝辩护或者代理。

## 考点 2 辩护的种类

刑事诉讼中辩护的种类分为自行辩护、委托辩护和指定辩护三种。

(一)《刑事诉讼法》的相关规定

《刑事诉讼法》第33条规定:"犯罪嫌疑人自被侦查机关第一次讯问或者采取强制措施之日起,有权委托辩护人;在侦查期间,只能委托律师作为辩护人。被告人有权随时委托辩护人。侦查机关在第一次讯问犯罪嫌疑人或者对犯罪嫌疑人采取强制措施的时候,应当告知犯罪嫌疑人有权委托辩护人。人民检察院自收到移送审查起诉的案件材料之日起三日以内,应当告知犯罪嫌疑人有权委托辩护人。人民法院自受理案件之日起三日以内,应当告知被告人有权委托辩护人……辩护人接受犯罪嫌疑人、被告人委托后,应当及时告知办理案件的机关。"

《刑事诉讼法》第 34 条规定:"犯罪嫌疑人、被告人因经济困难或者其他原因没有委托辩护人的,本人及其近亲属可以向法律援助机构提出申请。对符合法律援助条件的,法律援助机构应当指派律师为其提供辩护。犯罪嫌疑人、被告人是盲、聋、哑人,或者是尚未完全丧失辨认或者控制自己行为能力的精神病人,没有委托辩护人的,人民法院、人民检察院和公安机关应当通知法律援助机构指派律师为其提供辩护。犯罪嫌疑人、被告人可能被判处无期徒刑、死刑,没有委托辩护人的,人民法院、人民检察院和公安机关应当通知法律援助机构指派律师为其提供辩护。"

**特别关注**:对于人民法院、人民检察院、公安机关根据《刑事诉讼法》第 34 条、第 267 条、第 286 条规定,通知法律援助机构指派律师提供辩护或者法律帮助的,法律援助机构应当在接到通知后 3 日以内指派律师,并将律师的姓名、单位、联系方式书面通知人民法院、人民检察院、公安机关。

(二)《刑事诉讼规则》的相关规定

(1)人民检察院侦查部门在第一次开始讯问犯罪嫌疑人或者对其采取强制措施的时候,应当告知犯罪嫌疑人有权委托辩护人,并告知其如果经济困难或者其他原因没有聘请辩护人的,可以申请法律援助。对属于《刑事诉讼法》第 34 条规定情形的,应当告知犯罪嫌疑人有权获得法律援助。人民检察院自收到移送审查起诉的案件材料之日起 3 日以内,公诉部门应当告知犯罪嫌疑人有权委托辩护人,并告知其如果经济困难或者其他原因没有聘请辩护人的,可以申请法律援助。对属于《刑事诉讼法》第 34 条规定情形的,应当告知犯罪嫌疑人有权获得法律援助。告知可以采取口头或者书面方式。口头告知的,应当记入笔录,由被告人签名;书面告知的,应当将送达回执入卷。

(2)人民检察院办理直接受理立案侦查案件、审查逮捕案件和审查起诉案件,在押或者被指定居所监视居住的犯罪嫌疑人提出委托辩护人要求的,侦查部门、侦查监督部门和公诉部门应当及时向其监护人、近亲属或者其指定的人员转达其要求,并记录在案。

(3)人民检察院办理直接受理立案侦查案件和审查起诉案件,发现犯罪嫌疑人是盲、聋、哑人或者是尚未完全丧失辨认或者控制自己行为能力的精神病人,或者可能被判处无期徒刑、死刑,没有委托辩护人的,应当及时书面通知法律援助机构指派律师为其提供辩护。

(4)人民检察院收到在押或者被指定居所监视居住的犯罪嫌疑人提出的法律援助申请,应当在 3 日以内将其申请材料转交法律援助机构,并通知犯罪嫌疑人的监护人、近亲属或者其委托的其他人员协助提供有关证件、证明等相关材料。

(5)犯罪嫌疑人拒绝法律援助机构指派的律师作为辩护人的,人民检察院应当查明拒绝的原因,有正当理由的,予以准许,但犯罪嫌疑人需另行委托辩护人;犯罪嫌疑人未另行委托辩护人的,应当书面通知法律援助机构另行指派律师为其提供辩护。

(6)辩护人接受委托后告知人民检察院或者法律援助机构指派律师后通知人民检察院的,人民检察院案件管理部门应当及时登记辩护人的相关信息,并将有关情况和材料及时通知、移交相关办案部门。人民检察院案件管理部门对办理业务的辩护人,应当查验其律师执业证书、律师事务所证明和授权委托书或者法律援助公函。对其他辩护人、诉讼代理人,应当查验其身份证明和授权委托书。

(三)《刑诉法解释》的相关规定

(1) 被告人没有委托辩护人的,人民法院自受理案件之日起3日内,应当告知其有权委托辩护人;被告人因经济困难或者其他原因没有委托辩护人的,应当告知其可以申请法律援助;被告人属于应当提供法律援助情形的,应当告知其将依法通知法律援助机构指派律师为其提供辩护。告知可以采取口头或者书面方式。

(2) 审判期间,在押的被告人要求委托辩护人的,人民法院应当在3日内向其监护人、近亲属或者其指定的人员转达要求。被告人应当提供有关人员的联系方式。有关人员无法通知的,应当告知被告人。

(3) 人民法院收到在押被告人提出的法律援助申请,应当在24小时内转交所在地的法律援助机构。

(4) 对下列没有委托辩护人的被告人,人民法院应当通知法律援助机构指派律师为其提供辩护:① 盲、聋、哑人;② 尚未完全丧失辨认或者控制自己行为能力的精神病人;③ 可能被判处无期徒刑、死刑的人。高级人民法院复核死刑案件,被告人没有委托辩护人的,应当通知法律援助机构指派律师为其提供辩护。

(5) 具有下列情形之一,被告人没有委托辩护人的,人民法院可以通知法律援助机构指派律师为其提供辩护:① 在共同犯罪案件中,其他被告人已经委托辩护人的;② 有重大社会影响的案件;③ 人民检察院抗诉的案件;④ 被告人的行为可能不构成犯罪的;⑤ 有必要指派律师提供辩护的其他情形。

(6) 人民法院通知法律援助机构指派律师提供辩护的,应当将法律援助通知书、起诉书副本或者判决书送达法律援助机构;决定开庭审理的,除适用简易程序审理的以外,应当在开庭15日前将上述材料送达法律援助机构。法律援助通知书应当写明案由、被告人姓名、提供法律援助的理由、审判人员的姓名和联系方式;已确定开庭审理的,应当写明开庭的时间、地点。

(7) 审判期间,辩护人接受被告人委托的,应当在接受委托之日起3日内,将委托手续提交人民法院。法律援助机构决定为被告人指派律师提供辩护的,承办律师应当在接受指派之日起3日内,将法律援助手续提交人民法院。

**特别关注**:刑事法律援助制度

最高人民法院、最高人民检察院、公安部和司法部2013年2月4日联合发布了修改后的《关于刑事诉讼法律援助工作的规定》,该规定的主要内容有:

(1) 犯罪嫌疑人、被告人因经济困难没有委托辩护人的,本人及其近亲属可以向办理案件的公安机关、人民检察院、人民法院所在地同级司法行政机关所属法律援助机构申请法律援助。具有下列情形之一,犯罪嫌疑人、被告人没有委托辩护人的,可以依照前款规定申请法律援助:① 有证据证明犯罪嫌疑人、被告人属于一级或者二级智力残疾的;② 共同犯罪案件中,其他犯罪嫌疑人、被告人已委托辩护人的;③ 人民检察院抗诉的;④ 案件具有重大社会影响的。

(2) 公诉案件中的被害人及其法定代理人或者近亲属,自诉案件中的自诉人及其法定代理人,因经济困难没有委托诉讼代理人的,可以向办理案件的人民检察院、人民法院所在地同级司法行政机关所属法律援助机构申请法律援助。公民经济困难的标准,按案件受理地所在的省、自治区、直辖市人民政府的规定执行。

(3) 公安机关、人民检察院在第一次讯问犯罪嫌疑人或者采取强制措施的时候,应当告知犯罪嫌疑人有权委托辩护人,并告知其如果符合前述第 1 条规定,本人及其近亲属可以向法律援助机构申请法律援助。人民检察院自收到移送审查起诉的案件材料之日起 3 日内,应当告知犯罪嫌疑人有权委托辩护人,并告知其如果符合前述第 1 条规定,本人及其近亲属可以向法律援助机构申请法律援助;应当告知被害人及其法定代理人或者近亲属有权委托诉讼代理人,并告知其如果经济困难,可以向法律援助机构申请法律援助。人民法院自受理案件之日起 3 日内,应当告知被告人有权委托辩护人,并告知其如果符合前述第 1 条规定,本人及其近亲属可以向法律援助机构申请法律援助;应当告知自诉人及其法定代理人有权委托诉讼代理人,并告知其如果经济困难,可以向法律援助机构申请法律援助。人民法院决定再审的案件,应当自决定再审之日起 3 日内履行相关告知职责。犯罪嫌疑人、被告人具有后述第 5 条规定情形的,公安机关、人民检察院、人民法院应当告知其如果不委托辩护人,将依法通知法律援助机构指派律师为其提供辩护。告知可以采取口头或者书面方式,告知的内容应当易于被告知人理解。口头告知的,应当制作笔录,由被告知人签名;书面告知的,应当将送达回执入卷。对于被告知人当场表达申请法律援助意愿的,应当记录在案。

(4) 被羁押的犯罪嫌疑人、被告人提出法律援助申请的,公安机关、人民检察院、人民法院应当在收到申请 24 小时内将其申请转交或者告知法律援助机构,并于 3 日内通知申请人的法定代理人、近亲属或者其委托的其他人员协助向法律援助机构提供有关证件、证明等相关材料。犯罪嫌疑人、被告人的法定代理人或者近亲属无法通知的,应当在转交申请时一并告知法律援助机构。法律援助机构收到申请后应当及时进行审查并于 7 日内作出决定。对符合法律援助条件的,应当决定给予法律援助,并制作给予法律援助决定书;对不符合法律援助条件的,应当决定不予法律援助,制作不予法律援助决定书。给予法律援助决定书和不予法律援助决定书应当及时发送申请人,并函告公安机关、人民检察院、人民法院。对于犯罪嫌疑人、被告人申请法律援助的案件,法律援助机构可以向公安机关、人民检察院、人民法院了解案件办理过程中掌握的犯罪嫌疑人、被告人是否具有前述第 1 条规定情形等情况。

(5) 犯罪嫌疑人、被告人具有下列情形之一没有委托辩护人的,公安机关、人民检察院、人民法院应当自发现该情形之日起 3 日内,通知所在地同级司法行政机关所属法律援助机构指派律师为其提供辩护:① 未成年人;② 盲、聋、哑人;③ 尚未完全丧失辨认或者控制自己行为能力的精神病人;④ 可能被判处无期徒刑、死刑的人。公安机关、人民检察院、人民法院通知辩护的,应当将通知辩护公函和采取强制措施决定书、起诉意见书、起诉书、判决书副本或者复印件送交法律援助机构。通知辩护公函应当载明犯罪嫌疑人或者被告人的姓名、涉嫌的罪名、羁押场所或者住所、通知辩护的理由、办案机关联系人姓名和联系方式等。

(6) 人民法院自受理强制医疗申请或者发现被告人符合强制医疗条件之日起 3 日内,对于被申请人或者被告人没有委托诉讼代理人的,应当向法律援助机构送交通知代理公函,通知其指派律师担任被申请人或被告人的诉讼代理人,为其提供法律帮助。人民检察院申请强制医疗的,人民法院应当将强制医疗申请书副本一并送交法律援助机构。通知代理公函应当载明被申请人或者被告人的姓名、法定代理人的姓名和联系方式、办案机关联系人姓名和联系方式。

(7) 法律援助机构应当自作出给予法律援助决定或者自收到通知辩护公函、通知代理公函之日起 3 日内,确定承办律师并函告公安机关、人民检察院、人民法院。法律援助机构出具的法律援助公函应当载明承办律师的姓名、所属单位及联系方式。

(8) 对于可能被判处无期徒刑、死刑的案件,法律援助机构应当指派具有一定年限刑事辩护执业经历的律师担任辩护人。对于未成年人案件,应当指派熟悉未成年人身心特点的律师担任辩护人。

(9) 承办律师接受法律援助机构指派后,应当按照有关规定及时办理委托手续。承办律师应当在首次会见犯罪嫌疑人、被告人时,询问是否同意为其辩护,并制作笔录。犯罪嫌疑人、被告人不同意的,律师应当书面告知公安机关、人民检察院、人民法院和法律援助机构。

(10) 对于依申请提供法律援助的案件,犯罪嫌疑人、被告人坚持自己辩护,拒绝法律援助机构指派的律师为其辩护的,法律援助机构应当准许,并作出终止法律援助的决定;对于有正当理由要求更换律师的,法律援助机构应当另行指派律师为其提供辩护。对于应当通知辩护的案件,犯罪嫌疑人、被告人拒绝法律援助机构指派的律师为其辩护的,公安机关、人民检察院、人民法院应当查明拒绝的原因,有正当理由的,应当准许,同时告知犯罪嫌疑人、被告人需另行委托辩护人。犯罪嫌疑人、被告人未另行委托辩护人的,公安机关、人民检察院、人民法院应当及时通知法律援助机构另行指派律师为其提供辩护。

(11) 人民检察院审查批准逮捕时,认为犯罪嫌疑人具有应当通知辩护的情形,公安机关未通知法律援助机构指派律师的,应当通知公安机关予以纠正,公安机关应当将纠正情况通知人民检察院。

(12) 在案件侦查终结前,承办律师提出要求的,侦查机关应当听取其意见,并记录在案。承办律师提出书面意见的,应当附卷。

(13) 人民法院决定变更开庭时间的,应当在开庭3日前通知承办律师。承办律师有正当理由不能按时出庭的,可以申请人民法院延期开庭。人民法院同意延期开庭的,应当及时通知承办律师。人民法院决定不开庭审理的案件,承办律师应当在接到人民法院不开庭通知之日起10日内向人民法院提交书面辩护意见。人民检察院、人民法院应当对承办律师复制案卷材料的费用予以免收或者减收。

(14) 公安机关在撤销案件或者移送审查起诉后,人民检察院在作出提起公诉、不起诉或者撤销案件决定后,人民法院在终止审理或者作出裁决后,以及公安机关、人民检察院、人民法院将案件移送其他机关办理后,应当在5日内将相关法律文书副本或者复印件送达承办律师,或者书面告知承办律师。公安机关的起诉意见书,人民检察院的起诉书、不起诉决定书,人民法院的判决书、裁定书等法律文书,应当载明作出指派的法律援助机构名称、承办律师姓名以及所属单位等情况。

(15) 具有下列情形之一的,法律援助机构应当作出终止法律援助决定,制作终止法律援助决定书发送受援人,并自作出决定之日起3日内通告公安机关、人民检察院、人民法院:① 受援人的经济收入状况发生变化,不再符合法律援助条件的;② 案件终止办理或者已被撤销的;③ 受援人自行委托辩护人或者代理人的;④ 受援人要求终止法律援助的,但应当通知辩护的情形除外;⑤ 法律、法规规定应当终止的其他情形。公安机关、人民检察院、人民法院在案件办理过程中发现有前款规定情形的,应当及时通告法律援助机构。

(16) 申请人对法律援助机构不予援助的决定有异议的,可以向主管该法律援助机构的司法行政机关提出。司法行政机关应当在收到异议之日起5个工作日内进行审查,经审查认为申请人符合法律援助条件的,应当以书面形式责令法律援助机构及时对该申请人提供法律援助,同时通知申请人;认为申请人不符合法律援助条件的,应当维持法律援助机构不予援助的决定,并书面告知申请人。受援人对法律援助机构终止法律援助的决定有异议的,按照前款规定办理。

(17) 犯罪嫌疑人、被告人及其近亲属、法定代理人,强制医疗案件中的被申请人、被告人的法定代理人认为公安机关、人民检察院、人民法院应当告知其可以向法律援助机构申请法律援助而没有告知,或者应当通知法律援助机构指派律师为其提供辩护或者诉讼代理而没有通知的,有权向同级或者上一级人民检察院申诉或者控告。人民检察院应当对申诉或者控告及时进行审查,情况属实的,通知有关机关予以纠正。

(18) 律师应当遵守有关法律法规和法律援助业务规程,做好会见、阅卷、调查取证、解答咨询、参加庭审等工作,依法为受援人提供法律服务。律师事务所应当对律师办理法律援助案件进行业务指导,督促律师在办案过程中尽职尽责,恪守职业道德和执业纪律。

(19) 法律援助机构依法对律师事务所、律师开展法律援助活动进行指导监督,确保办案质量。司法行政机关和律师协会根据律师事务所、律师履行法律援助义务情况实施奖励和惩戒。公安机关、人民检察院、人民法院在案件办理过程中发现律师有违法或者违反职业道德和执业纪律行为,损害受援人利益的,应当及时向法律援助机构通报有关情况。

## 考点 3 刑事代理

(一)《刑事诉讼法》的相关规定

《刑事诉讼法》第44条规定:"公诉案件的被害人及其法定代理人或者近亲属,附带民事诉讼的当事人及其法定代理人,自案件移送审查起诉之日起,有权委托诉讼代理人。自诉案件的自诉人及其法定代理人,附带民事诉讼的当事人及其法定代理人,有权随时委托诉讼代理人。人民检察院自收到移送审查起诉的案件材料之日起三日以内,应当告知被害人及其法定代理人或者其近亲属、附带民事诉讼的当事人及其法定代理人有权委托诉讼代理人。人民法院自受理自诉案件之日起三日以内,应当告知自诉人及其法定代理人、附带民事诉讼的当事人及其法定代理人有权委托诉讼代理人。"《刑事诉讼法》第281条第2款规定:"人民法院受理没收违法所得的申请后,应当发出公告。公告期间为六个月。犯罪嫌疑人、被告人的近亲属和其他利害关系人有权申请参加诉讼,也可以委托诉讼代理人参加诉讼。"《刑事诉讼法》第286条规定:"人民法院受理强制医疗的申请后,应当组成合议庭进行审理。人民法院审理强制医疗案件,应当通知被申请人或者被告人的法定代理人到场。被申请人或者被告人没有委托诉讼代理人的,人民法院应当通知法律援助机构指派律师为其提供法律帮助。"刑事代理还包括申诉代理。

**特别关注**:委托诉讼代理人的范围,与辩护人的范围相同。不能充当辩护人的人,也不能被委托为诉讼代理人。诉讼代理人应当向人民法院提交由被代理人签名或者盖章的委托书;如果被代理人是附带民事诉讼当事人的,诉讼代理人应当向人民法院提交由被代理人签名或者盖章的授权委托书。

(二)《刑事诉讼规则》的相关规定

(1) 人民检察院自收到移送审查起诉的案件材料之日起3日以内,应当告知被害人及其法定代理人或者其近亲属、附带民事诉讼的当事人及其法定代理人有权委托诉讼代理人。告知可以采取口头或者书面方式。口头告知的,应当制作笔录,由被告知人签名;书面告知的,应当将送达回执入卷;无法告知的,应当记录在案。被害人有法定代理人的,应当告知其法定代理人;没有法定代理人的,应当告知其近亲属。法定代理人或者近亲属为二人以上的,可以只告知其中一人,告知时应当按照《刑事诉讼法》第 106 条第 3、6 项列举的顺序择先进行。当事人及其法定代理人、近亲属委托诉讼代理人的,参照《刑事诉讼法》第 32 条和本规则第 38 条、第 39 条、第 44 条的规定执行。

(2) 经人民检察院许可,诉讼代理人查阅、摘抄、复制本案的案卷材料的,参照《刑事诉讼规则》第 47 条至第 49 条的规定办理。律师担任诉讼代理人,需要申请人民检察院收集、调取证据的,参照《刑事诉讼规则》第 52 条的规定办理。

(三)《刑诉法解释》的相关规定

(1) 人民法院自受理自诉案件之日起 3 日内,应当告知自诉人及其法定代理人、附带民事诉讼当事人及其法定代理人,有权委托诉讼代理人,并告知如果经济困难的,可以申请法律援助。

(2) 当事人委托诉讼代理人的,参照适用《刑事诉讼法》第 32 条和本解释的有关规定。

(3) 诉讼代理人有权根据事实和法律,维护被害人、自诉人或者附带民事诉讼当事人的诉讼权利和其他合法权益。

(4) 经人民法院许可,诉讼代理人可以查阅、摘抄、复制本案的案卷材料。律师担任诉讼代理人,需要收集、调取与本案有关的证据材料的,参照适用《刑诉法解释》第 51 条至第 53 条的规定。

(5) 诉讼代理人接受当事人委托或者法律援助机构指派后,应当在 3 日内将委托手续或者法律援助手续提交人民法院。

(6) 辩护人、诉讼代理人复制案卷材料的,人民法院只收取工本费;法律援助律师复制必要的案卷材料的,应当免收或者减收费用。

## 二、例题

1. 法官齐某从 A 县法院辞职后,在其妻洪某开办的律师事务所从业。关于齐某与洪某的辩护人资格,下列哪一选项是正确的?(2016 年真题,单选)

A. 齐某不得担任 A 县法院审理案件的辩护人

B. 齐某和洪某不得分别担任同案犯罪嫌疑人的辩护人

C. 齐某和洪某不得同时担任同一犯罪嫌疑人的辩护人

D. 洪某可以律师身份担任 A 县法院审理案件的辩护人

[释疑] 《刑诉解释》第 36 条规定:审判人员和人民法院其他工作人员从人民法院离任后两年内,不得以律师身份担任辩护人。审判人员和人民法院其他工作人员从人民法院离任后,不得担任原任职法院所审理案件的辩护人,但作为被告人的监护人、近亲属进行辩护的除外。据此,齐某可以以被告人的监护人、近亲属的身份在原任职法院担任辩护人。故 A 错误。《刑诉解释》第 38 条规定:一名被告人可以委托 1 至 2 人作为辩护人。一名辩护人不得为两名以上的同案被告人,或者未同案处理但犯罪事实存在关联的被告人辩护。所以,B 项"齐某和洪某不得分别担任同案犯罪嫌疑人的辩护人"错误。C 项也错误。《刑诉解释》第 36 条第 3 款规定:审判人员和人民法院其他工作人员的配偶、子女或者父母不得担任其任职法院所审理案件的辩护人,但作为被告人的监护人、近亲属进行辩护的除外。由于齐某已辞职,故其已不能在原任职法院审理案件。所以,D 项正确。(答案:D)

2. 郭某涉嫌参加恐怖组织罪被逮捕，随后委托律师姜某担任辩护人。关于姜某履行辩护职责，下列哪一选项是正确的？（2016年真题，单选）

A. 姜某到看守所会见郭某时，可带1—2名律师助理协助会见
B. 看守所可对姜某与郭某的往来信件进行必要的检查，但不得截留、复制
C. 姜某申请法院收集、调取证据而法院不同意的，法院应书面说明不同意的理由
D. 法庭审理中姜某作无罪辩护的，也可当庭对郭某从轻量刑的问题发表辩护意

[释疑] 《刑事诉讼法》第32条第1款规定：犯罪嫌疑人、被告人除自己行使辩护权以外，还可以委托1至2人作为辩护人；《刑事诉讼法》第33条第1款规定：犯罪嫌疑人自被侦查机关第一次讯问或者采取强制措施之日起，有权委托辩护人；在侦查期间，只能委托律师作为辩护人；《刑事诉讼法》第37条第2款规定：辩护律师持律师执业证书、律师事务所证明和委托书或者法律援助公函要求会见在押的犯罪嫌疑人、被告人的，看守所应当及时安排会见，至迟不得超过48小时。本案中姜某是接受郭某委托的辩护律师，有权会见郭某。但是，法律和司法解释并未规定辩护律师会见时，可带1—2名律师助理协助会见。所以，A项错误。《刑事诉讼法》第37条第1款规定：辩护律师可以同在押的犯罪嫌疑人、被告人会见和通信。但是，法律和司法解释并未规定看守所可以对辩护律师与犯罪嫌疑人的往来信件进行检查。所以，B项错误。《刑事诉讼法》第39条规定：辩护人认为在侦查、审查起诉期间公安机关、人民检察院收集的证明犯罪嫌疑人、被告人无罪或者罪轻的证据材料未提交的，有权申请人民检察院、人民法院调取；《刑事诉讼法》第41条第1款规定：辩护律师经证人或者其他有关单位和个人同意，可以向他们收集与本案有关的材料，也可以申请人民检察院、人民法院收集、调取证据，或者申请人民法院通知证人出庭作证。《刑诉解释》第53条第2款规定：对辩护律师的申请，人民法院应当在5日内作出是否准许、同意的决定，并通知申请人；决定不准许、不同意的，应当说明理由。法律和司法解释并未明确规定"辩护律师申请法院收集、调取证据而法院不同意的，法院应书面说明不同意的理由"，所以，C项错误。《刑事诉讼法》第35条规定：辩护人的责任是根据事实和法律，提出犯罪嫌疑人、被告人无罪、罪轻或者减轻、免除其刑事责任的材料和意见，维护犯罪嫌疑人、被告人的诉讼权利和其他合法权益。根据该规定，辩护律师有权做无罪辩护，也有权在无罪辩护意见可能不被接受时，提出"即使被告人有罪，也有量刑应当从轻的理由"，所以，D项正确。（答案：D）

3. 根据《刑事诉讼法》的规定，辩护律师收集到的下列哪一证据应及时告知公安机关、检察院？（2016年真题，单选）

A. 强奸案中被害人系精神病人的证据
B. 故意伤害案中犯罪嫌疑人系正当防卫的证据
C. 投放危险物质案中犯罪嫌疑人案发时在外地出差的证据
D. 制造毒品案中犯罪嫌疑人犯罪时刚满16周岁的证据

[释疑] 《刑事诉讼法》第40条规定：辩护人收集的有关犯罪嫌疑人不在犯罪现场、未达到刑事责任年龄、属于依法不负刑事责任的精神病人的证据，应当及时告知公安机关、人民检察院。所以，A项错误，因为法律规定的是"犯罪嫌疑人"而非"被害人"；B项"故意伤害案中犯罪嫌疑人系正当防卫的证据"不属于法律规定的三类证据之一，故不需要告知；D项"制造毒品案中犯罪嫌疑人犯罪时刚满16周岁"是"已达刑事责任年龄"的证据；只有C项"投放危险物质案中犯罪嫌疑人案发时在外地出差的证据"符合法律规定。（答案：C）

4. 关于有效辩护原则,下列哪些理解是正确的?(2015年真题,多选)

A. 有效辩护原则的确立有助于实现控辩平等对抗

B. 有效辩护是一项主要适用于审判阶段的原则,但侦查、审查起诉阶段对辩护人权利的保障是审判阶段实现有效辩护的前提

C. 根据有效辩护原则的要求,法庭审理过程中一般不应限制被告人及其辩护人发言的时间

D. 指派没有刑事辩护经验的律师为可能被判处无期徒刑、死刑的被告人提供法律援助,有违有效辩护原则

[释疑] 有效辩护原则强调,辩护不仅仅应当是形式意义上的,更应该是实质意义上的,有效辩护原则的确立有助于实现控辩平等对抗,故A项正确。有效辩护原则适用于整个刑事诉讼程序,并非只适用于审判阶段。所以,B项错误。有效辩护原则同时也是公检法等国家机关的义务,它们有义务保障有效辩护原则的实现,确保其有效履行辩护职责。所以C项正确。有效辩护原则要求国家设立法律援助制度并确保犯罪嫌疑人、被告人能够获得符合最低标准并具有实质意义的律师帮助,所以,D项正确。(答案:ACD)

5. 在法庭审判中,被告人翻供,否认犯罪,并当庭拒绝律师为其进行有罪辩护。合议庭对此问题的处理,下列哪一选项是正确的?(2013年真题,单选)

A. 被告人有权拒绝辩护人辩护,合议庭应当准许

B. 辩护律师独立辩护,不受当事人意思表示的约束,合议庭不应当准许拒绝辩护

C. 属于应当提供法律援助的情形的,合议庭不应当准许拒绝辩护

D. 有多名被告人的案件,部分被告人拒绝辩护人辩护的,合议庭不应当准许

[释疑]《刑诉法解释》第254条规定:"被告人当庭拒绝辩护人辩护,要求另行委托辩护人或者指派律师的,合议庭应当准许。被告人拒绝辩护人辩护后,没有辩护人的,应当宣布休庭;仍有辩护人的,庭审可以继续进行。有多名被告人的案件,部分被告人拒绝辩护人辩护后,没有辩护人的,根据案件情况,可以对该被告人另案处理,对其他被告人的庭审继续进行。重新开庭后,被告人再次当庭拒绝辩护人辩护的,可以准许,但被告人不得再次另行委托辩护人或者要求另行指派律师,由其自行辩护。被告人属于应当提供法律援助的情形,重新开庭后再次当庭拒绝辩护人辩护的,不予准许。"故A项正确。(答案:A)

6. 关于诉讼代理人参加刑事诉讼,下列哪一说法是正确的?(2012年真题,单选)

A. 诉讼代理人的权限依据法律规定而设定

B. 除非法律有明文规定,诉讼代理人也享有被代理人享有的诉讼权利

C. 诉讼代理人应当承担被代理人依法负有的义务

D. 诉讼代理人的职责是帮助被代理人行使诉讼权利

[释疑] 刑事诉讼中的代理,是指代理人接受公诉案件的被害人及其法定代理人或者近亲属、自诉案件的自诉人及其法定代理人、附带民事诉讼的当事人及其法定代理人的委托,以被代理人名义参加诉讼,由被代理人承担代理行为的法律后果的一项诉讼活动。有了诉讼代理人参加诉讼,就能更好地维护被代理人的合法权益。故D项正确。(答案:D)

7. 关于辩护律师在刑事诉讼中享有的权利和承担的义务,下列哪一说法是正确的?(2012年真题,单选)

A. 在侦查期间可以向犯罪嫌疑人核实证据

B. 会见在押的犯罪嫌疑人、被告人,可以了解案件有关情况

C. 收集到的有利于犯罪嫌疑人的证据,均应及时告知公安机关、检察院

D. 在执业活动中知悉犯罪嫌疑人、被告人曾经实施犯罪的,应及时告知司法机关

[释疑] 《刑事诉讼法》第36条规定:"辩护律师在侦查期间可以为犯罪嫌疑人提供法律帮助;代理申诉、控告;申请变更强制措施;向侦查机关了解犯罪嫌疑人涉嫌的罪名和案件有关情况,提出意见。"《刑事诉讼法》第37条第4款规定:"辩护律师会见在押的犯罪嫌疑人、被告人,可以了解案件有关情况,提供法律咨询等;自案件移送审查起诉之日起,可以向犯罪嫌疑人、被告人核实有关证据。辩护律师会见犯罪嫌疑人、被告人时不被监听。"故B项正确。(答案:B)

8. 在张某故意毁坏李某汽车案中,张某聘请赵律师为辩护人,李某聘请孙律师为诉讼代理人。关于该案辩护人和诉讼代理人,下列哪一选项是正确的?(2010年真题,单选)

A. 赵律师、孙律师均自案件移送审查起诉之日起方可接受委托担任辩护人、诉讼代理人

B. 赵律师、孙律师均有权申请该案的审判人员和公诉人员回避

C. 赵律师可在审判中向张某发问,孙律师无权向张某发问

D. 赵律师应以张某的意见作为辩护意见,孙律师应以李某的意见为代理意见

[释疑] 《刑事诉讼法》第33条第1款规定:"犯罪嫌疑人自被侦查机关第一次讯问或者采取强制措施之日起,有权委托辩护人;在侦查期间,只能委托律师作为辩护人。被告人有权随时委托辩护人。"第44条规定:"公诉案件的被害人及其法定代理人或者近亲属,附带民事诉讼的当事人及其法定代理人,自案件移送审查起诉之日起,有权委托诉讼代理人。自诉案件的自诉人及其法定代理人,附带民事诉讼的当事人及其法定代理人,有权随时委托诉讼代理人。人民检察院自收到移送审查起诉的案件材料之日起三日以内,应当告知被害人及其法定代理人或者其近亲属、附带民事诉讼的当事人及其法定代理人有权委托诉讼代理人。人民法院自受理自诉案件之日起三日以内,应当告知自诉人及其法定代理人、附带民事诉讼的当事人及其法定代理人有权委托诉讼代理人。"故A项错误。《刑事诉讼法》第31条第2款规定:"辩护人、诉讼代理人可以依照本章的规定要求回避、申请复议。"故B项正确。C、D项于法无据。(原答案:A;现答案:B)

9. 郭某涉嫌招摇撞骗罪。在检察机关审查起诉时,郭某希望委托辩护人。下列哪一人员可以被委托担任郭某的辩护人?(2009年真题,单选)

A. 郭某的爷爷,美籍华人

B. 郭某的儿子,16岁

C. 郭某的朋友甲,曾为郭某招摇撞骗伪造国家机关证件

D. 郭某的朋友乙,司法行政部门负责人

[释疑] 《刑诉法解释》第35条规定:"人民法院审判案件,应当充分保障被告人依法享有的辩护权利。被告人除自己行使辩护权以外,还可以委托辩护人辩护。下列人员不得担任辩护人:(一)正在被执行刑罚或者处于缓刑、假释考验期间的人;(二)依法被剥夺、限制人身自由的人;(三)无行为能力或者限制行为能力的人;(四)人民法院、人民检察院、公安机关、国家安全机关、监狱的现职人员;(五)人民陪审员;(六)与本案审理结果有利害关系的人;(七)外国人或者无国籍人。前款第四项至第七项规定的人员,如果是被告人的监护人、近亲属,由被告人委托担任辩护人的,可以准许。"A项不是近亲属;B项属于限制行为能力人;C项属于被追究刑事责任者,看不出是否执行完毕;只有D项不受任何限制。(答案:D)

10. 关于辩护,下列哪一选项是正确的?(2008年真题,单选)

A. 被告人王某在犯罪时17周岁,在审判时已满18周岁,法院应当为其指定辩护人

B. 被告人李某可能被判处死刑,在审判时法院为其指定辩护人。在法庭审理过程中,李某当庭拒绝指定的辩护人为其辩护,法院另行为其指定辩护人。在重新开庭审理后,李某再次拒绝法院为其指定的辩护人,合议庭不予准许

C. 法院为外籍被告人汤姆(25周岁)指定了辩护人,在法庭审理过程中,汤姆拒绝法院为其指定的辩护人,提出自行委托辩护人,法庭准许后,汤姆自行委托了辩护人。再次开庭审理后,汤姆再次拒绝辩护人为其辩护,要求另行委托辩护人,合议庭不予准许

D. 被告人当庭拒绝辩护人为其辩护的,法庭应当允许,宣布延期审理。延期审理的期限为10日,准备辩护时间计入审限

[释疑] 《刑诉法解释》第42条规定:"对下列没有委托辩护人的被告人,人民法院应当通知法律援助机构指派律师为其提供辩护:(一)盲、聋、哑人;(二)尚未完全丧失辨认或者控制自己行为能力的精神病人;(三)可能被判处无期徒刑、死刑的人。高级人民法院复核死刑案件,被告人没有委托辩护人的,应当通知法律援助机构指派律师为其提供辩护。"《刑事诉讼法》第274条规定:"审判的时候被告人不满十八周岁的案件,不公开审理。但是,经未成年被告人及其法定代理人同意,未成年被告人所在学校和未成年保护组织可以派代表到场。"故A项错误。《刑诉法解释》第45条规定:"被告人拒绝法律援助机构指派的律师为其辩护,坚持自己行使辩护权的,人民法院应当准许。属于应当提供法律援助的情形,被告人拒绝指派的律师为其辩护的,人民法院应当查明原因。理由正当的,应当准许,但被告人须另行委托辩护人;被告人未另行委托辩护人的,人民法院应当在三日内书面通知法律援助机构另行指派律师为其提供辩护。"《刑诉法解释》第43条规定:"具有下列情形之一,被告人没有委托辩护人的,人民法院可以通知法律援助机构指派律师为其提供辩护:(一)共同犯罪案件中,其他被告人已经委托辩护人;(二)有重大社会影响的案件;(三)人民检察院抗诉的案件;(四)被告人的行为可能不构成犯罪;(五)有必要指派律师提供辩护的其他情形。"《刑诉法解释》第254条规定:"被告人当庭拒绝辩护人辩护,要求另行委托辩护人或者指派律师的,合议庭应当准许。被告人拒绝辩护人辩护后,没有辩护人的,应当宣布休庭;仍有辩护人的,庭审可以继续进行。有多名被告人的案件,部分被告人拒绝辩护人辩护后,没有辩护人的,根据案件情况,可以对该被告人另案处理,对其他被告人的庭审继续进行。重新开庭后,被告人再次当庭拒绝辩护人辩护的,可以准许,但被告人不得再次另行委托辩护人或者要求另行指派律师,由其自行辩护。被告人属于应当提供法律援助的情形,重新开庭后再次当庭拒绝辩护人辩护的,不予准许。"《刑诉法解释》第256条规定:"依照前两条规定另行委托辩护人或者指派律师的,自案件宣布休庭之日起至第十五日止,由辩护人准备辩护,但被告人及其辩护人自愿缩短时间的除外。"故B项正确,C、D项错误。(答案:B)

11. 甲、乙涉嫌共同盗窃国家一级文物并致文物损毁,某中级法院受理案件后,甲委托其弟弟为辩护人,乙因经济困难没有委托辩护人。下列哪一选项是正确的?(单选)

A. 法院应当为乙指定辩护

B. 法院可以为乙指定辩护

C. 法院应当指定乙的近亲属作为其辩护人

D. 法院可以指定乙的近亲属作为其辩护人

[释疑] 乙可能被判无期徒刑,属于应当指定辩护,故选 A 项。(答案:A)

12. 在刑事诉讼中,下列哪些诉讼参与人可以由他人代理和实施诉讼行为?(多选)
    A. 附带民事诉讼当事人的近亲属
    B. 被害人
    C. 自诉人
    D. 证人

[释疑] 《刑事诉讼法》规定,公诉案件的被害人及其法定代理人或者近亲属、自诉案件的自诉人及其法定代理人以及附带民事诉讼的当事人及其法定代理人有权委托诉讼代理人。故选 B、C 项。(答案:BC)

13. 根据《刑事诉讼法》的规定,下列何人有权委托诉讼代理人?(单选)
    A. 涉嫌强奸罪被告人的父亲
    B. 抢劫案被害人的胞妹
    C. 伤害案中附带民事被告人的胞弟
    D. 虐待案自诉人的胞妹

[释疑] 《刑事诉讼法》第 44 条规定:"公诉案件的被害人及其法定代理人或者近亲属、附带民事诉讼的当事人及其法定代理人,自案件移送审查起诉之日起,有权委托诉讼代理人。自诉案件的自诉人及其法定代理人、附带民事诉讼的当事人及其法定代理人,有权随时委托诉讼代理人。人民检察院自收到移送审查起诉的案件材料之日起三日以内,应当告知被害人及其法定代理人或者其近亲属、附带民事诉讼的当事人及其法定代理人有权委托诉讼代理人。人民法院自受理自诉案件之日起三日以内,应当告知自诉人及其法定代理人、附带民事诉讼的当事人及其法定代理人有权委托诉讼代理人。"故 B 项正确。(答案:B)

14. 关于律师担任刑事案件被告人的辩护人,下列哪些选项是正确的?(多选)
    A. 辩护人不是被告人的代言人
    B. 辩护人应当维护被告人的合法权益
    C. 辩护人须按照被告人的要求作无罪辩护
    D. 辩护人有权独立发表辩护意见

[释疑] 《刑事诉讼法》第 35 条规定:"辩护人的责任是根据事实和法律,提出犯罪嫌疑人、被告人无罪、罪轻或者减轻、免除其刑事责任的材料和意见,维护犯罪嫌疑人、被告人的诉讼权利和其他合法权益。"故 ABD 项正确。(答案:ABD)

15. 甲因积怨将乙打成重伤,致乙丧失劳动能力。本案中,哪些人有权为乙委托诉讼代理人?(多选)
    A. 乙的母亲
    B. 乙的祖父
    C. 乙本人
    D. 乙的好友丙

[释疑] 《刑事诉讼法》第 44 条第 1 款规定:"公诉案件的被害人及其法定代理人或者近亲属、附带民事诉讼的当事人及其法定代理人,自案件移送审查起诉之日起,有权委托诉讼代理人。自诉案件的自诉人及其法定代理人、附带民事诉讼的当事人及其法定代理人,有权随时委托诉讼代理人。"《刑事诉讼法》第 106 条规定:"本法下列用语的含意是:……(六)'近亲属'是指夫、妻、父、母、子、女、同胞兄弟姊妹。"因此,乙的母亲是乙的近亲属,有权为乙委托诉讼代理人;乙的祖父不是乙的近亲属,无权为乙委托诉讼代理人,故 A、C 项正确。(答案:AC)

16. 辩护律师乙在办理甲涉嫌抢夺一案中,了解到甲实施抢夺时携带凶器,但办案机关并未掌握这一事实。对于该事实,乙应当如何处理?(单选)
    A. 应当告知公安机关
    B. 应当告知检察机关
    C. 应当告知人民法院
    D. 应当为被告人保守秘密

[释疑] 《刑事诉讼法》第 35 条规定:"辩护人的责任是根据事实和法律,提出犯罪嫌疑人、被告人无罪、罪轻或者减轻、免除其刑事责任的材料和意见,维护犯罪嫌疑人、被告人的诉讼权利和其他合法权益。"《刑事诉讼法》第 46 条规定:"辩护律师对在执业活动中知悉的委托

人的有关情况和信息,有权予以保密。但是,辩护律师在执业活动中知悉委托人或者其他人,准备或者正在实施危害国家安全、公共安全以及严重危害他人人身安全的犯罪的,应当及时告知司法机关。"根据上述规定,辩护人只有为犯罪嫌疑人、被告人辩护的义务,没有控诉犯罪嫌疑人、被告人的义务。故 D 项正确。(答案:D)

17. 犯罪嫌疑人甲委托其弟乙作为自己的辩护人。在审查起诉阶段,乙享有哪些诉讼权利?(多选)

A. 甲被超期羁押时,有权要求解除强制措施
B. 申请检察人员回避
C. 向检察机关陈述辩护意见
D. 经被害人同意,向其收集与本案有关的材料

[释疑] 《刑事诉讼法》第 97 条规定:"人民法院、人民检察院或者公安机关对被采取强制措施法定期限届满的犯罪嫌疑人、被告人,应当予以释放、解除取保候审、监视居住或者依法变更强制措施。犯罪嫌疑人、被告人及其法定代理人、近亲属或者辩护人对于人民法院、人民检察院或者公安机关采取强制措施法定期限届满的,有权要求解除强制措施。"据此,A 项正确。《刑事诉讼法》第 28 条规定:"审判人员、检察人员、侦查人员有下列情形之一的,应当自行回避,当事人及其法定代理人也有权要求他们回避……"《刑事诉讼法》第 31 条第 2 款规定:"辩护人、诉讼代理人可以依照本章的规定要求回避、申请复议。"据此,当事人及其法定代理人、辩护人、诉讼代理人都有申请回避权,故 B 项正确。《刑事诉讼法》第 170 条规定:"人民检察院审查案件,应当讯问犯罪嫌疑人,听取辩护人、被害人及其诉讼代理人的意见,并记录在案。辩护人、被害人及其诉讼代理人提出书面意见的,应当附卷。"据此,C 项正确。《刑事诉讼法》第 41 条第 2 款规定:"辩护律师经人民检察院或者人民法院许可,并且经被害人或者其近亲属、被害人提供的证人同意,可以向他们收集与本案有关的材料。"据此,只有辩护律师才有调查取证权,并且,即便是辩护律师向被害人取证也必须先经专门机关同意,再经被害人同意方可。仅有被害人同意是不行的。故 D 项错误。(答案:ABC)

18. 下列关于刑事诉讼中辩护人与诉讼代理人区别的表述,不正确的有:(多选)

A. 介入诉讼的时间不同
B. 可以担任辩护人和诉讼代理人的人员范围不同
C. 是否出席法庭不同
D. 承担的刑事诉讼职能不同

[释疑] 辩护人承担辩护职能,诉讼代理人承担控诉或附带民诉职能。故 D 当选。《刑事诉讼法》规定,辩护人在侦查阶段(第一次讯问或采取强制措施之日起)就可介入;诉讼代理人则在公诉案件中从审查起诉之日起介入,自诉案件随时介入,故 A 项当选。《刑事诉讼法》规定可以担任辩护人和诉讼代理人的人员范围完全相同,出席法庭的时间亦完全相同。故 B、C 项不当选。(答案:BC)

19. 秦某故意伤害一案,可以为其辩护的人有:(多选)

A. 秦某的在公安局任科长的哥哥
B. 秦某的在本市人大常委会任职的朋友
C. 秦某的监护人方某,与本案审理结果有利害关系
D. 秦某的叔叔,外籍华人

[释疑] 《刑诉法解释》第 35 条规定:"……下列人员不得担任辩护人:(一) 正在被执行刑罚或者处于缓刑、假释考验期间的人;(二) 依法被剥夺、限制人身自由的人;(三) 无行为能力或者限制行为能力的人;(四) 人民法院、人民检察院、公安机关、国家安全机关、监狱的现职人员;(五) 人民陪审员;(六) 与本案审理结果有利害关系的人;(七) 外国人或者无国籍人。前款第四项至第七项规定的人员,如果是被告人的监护人、近亲属,由被告人委托担任辩护人的,可以准许。"秦某的叔叔,外籍华人不属于近亲属,故 A、B、C 当选;不选 D 项。(答案:ABC)

20. 下列人员中不能担任辩护人的有:(多选)
A. 在缓刑考验期间的某甲
B. 因涉嫌盗窃而在取保候审期间的某乙
C. 已取得美国国籍的某丙接受其同胞兄弟的委托作为其辩护人
D. 曾担任法官的某丁从人民法院退休 2 年后以律师身份在原任职法院担任辩护人

[释疑] 已取得美国国籍的某丙是其同胞兄弟的近亲属,故其可担任其同胞兄弟的辩护人。故 C 项正确,A、B、D 项错误。(答案:ABD)

21. 某市公安机关侦查人员温某对犯罪嫌疑人骈某刑讯逼供,致其死亡,被该市人民检察院立案侦查。在审查起诉阶段温某聘请律师张某作为辩护人,该律师可以:(多选)
A. 会见在押的犯罪嫌疑人
B. 查阅、摘抄、复制本案的案卷材料
C. 经证人同意,向他们收集与本案有关的材料
D. 对人民检察院侵犯犯罪嫌疑人人身权利和人身侮辱的行为进行控告

[释疑] 《刑事诉讼法》第 37 条第 1 款规定:"辩护律师可以同在押的犯罪嫌疑人、被告人会见和通信。其他辩护人经人民法院、人民检察院许可,也可以同在押的犯罪嫌疑人、被告人会见和通信。"《刑事诉讼法》第 38 条规定:"辩护律师自人民检察院对案件审查起诉之日起,可以查阅、摘抄、复制本案的案卷材料。其他辩护人经人民法院、人民检察院许可,也可以查阅、摘抄、复制上述材料。"故 A、B 项当选。《刑事诉讼法》第 41 条第 1 款规定:"辩护律师经证人或者其他有关单位和个人同意,可以向他们收集与本案有关的材料,也可以申请人民检察院、人民法院收集、调取证据,或者申请人民法院通知证人出庭作证。"故 C 项当选。《刑事诉讼法》第 36 条规定:"辩护律师在侦查期间可以为犯罪嫌疑人提供法律帮助;代理申诉、控告;申请变更强制措施;向侦查机关了解犯罪嫌疑人涉嫌的罪名和案件有关情况,提出意见。"提供法律帮助,代理申诉、控告当然顺延到其后的程序中,故 D 项当选。(答案:ABCD)

## 三、提示与预测

本章涉及刑事诉讼中辩护和代理。辩护人的范围、委托辩护、指定辩护、拒绝辩护、刑事代理都是重要的知识点,本章是重点章。要注意新法关于委托辩护人的时间、辩护人的权利义务、法律援助的新规定。

# 第七章 刑事证据

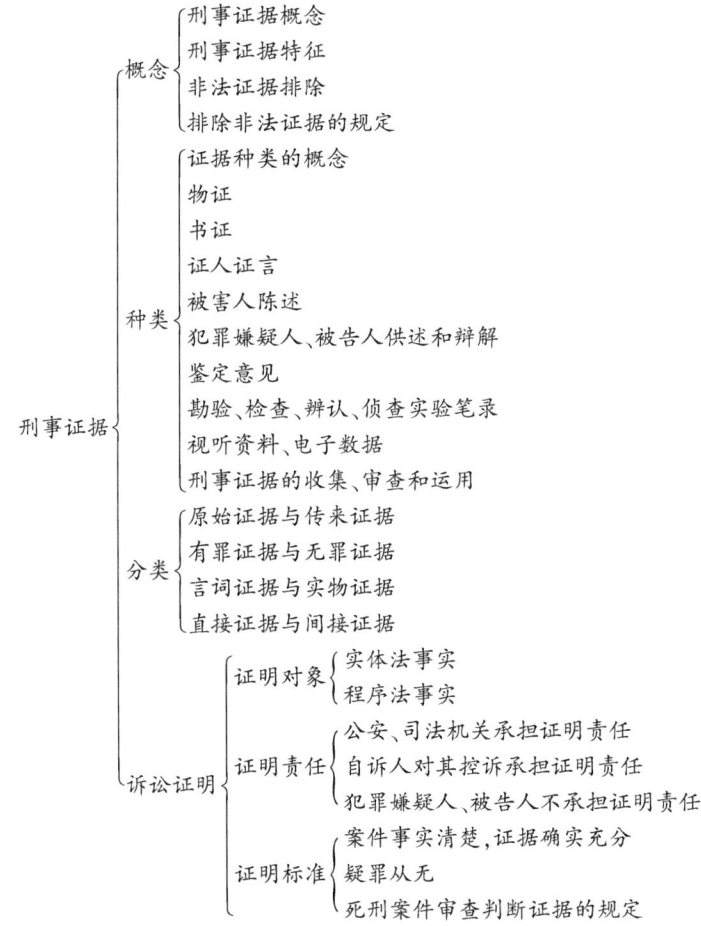

## 一、精讲

### 考点 1　刑事证据的概念与特征

（一）刑事证据的概念

刑事诉讼证据是指以法律规定的形式表现出来的能够证明案件真实情况的一切材料。根据《刑事诉讼法》第48条的规定，可以用于证明案件事实的材料，都是证据。证据包括：① 物证；② 书证；③ 证人证言；④ 被害人陈述；⑤ 犯罪嫌疑人、被告人供述和辩解；⑥ 鉴定意见；⑦ 勘验、检查、辨认、侦查实验笔录；⑧ 视听资料、电子数据。以上证据必须经过查证属实，才能作为定案的根据。《刑诉法解释》第 61 条规定:"认定案件事实,必须以证据为根据。"《刑事诉讼法》第 52 条第 2 款规定:"行政机关在行政执法和查办案件过程中收集的物证、书证、视听资料、电子数据等证据材料,在刑事诉讼中可以作为证据使用。"

**特别关注**:1. 行政机关在行政执法和查办案件过程中收集的物证、书证、视听资料、电子数据等证据材料,在刑事诉讼中可以作为证据使用;经法庭查证属实,且收集程序符合有关法律、行政法规规定的,可以作为定案的根据。根据法律、行政法规规定行使国家行政管理职权的组织,在行政执法和查办案件过程中收集的证据材料,视为行政机关收集的证据材料。2. 行政机关在行政执法和查办案件过程中收集的物证、书证、视听资料、电子数据证据材料,应当以该机关的名义移送,经人民检察院审查符合法定要求的,可以作为证据使用。行政机关在行政执法和查办案件过程中收集的鉴定意见、勘验、检查笔录,经人民检察院审查符合法定要求的,可以作为证据使用。人民检察院办理直接受理立案侦查的案件,对于有关机关在行政执法和查办案件过程中收集的涉案人员供述或者相关人员的证言、陈述,应当重新收集;确有证据证实涉案人员或者相关人员因路途遥远、死亡、失踪或者丧失作证能力,无法重新收集,但供述、证言或者陈述的来源、收集程序合法,并有其他证据相印证,经人民检察院审查符合法定要求的,可以作为证据使用。根据法律、法规赋予的职责查处行政违法、违纪案件的组织属于本条规定的行政机关。

(二) 刑事证据的基本特征

证据具有客观性、关联性和合法性三个特征。证据的客观性是指诉讼证据是客观存在的事实,是不以人的意志为转移的。证据的关联性,又称为相关性,是指作为证据的事实与案件事实之间存在某种客观的联系,从而使其对案件事实具有证明作用。正是由于证据的关联性,才使证据具有证明力。证据的合法性,又称证据的法律性,是指证据必须具有法定的形式,由法定的人员依照法定的程序收集、审查和运用。证据的合法性又被称为证据资格、证据能力或可采性。

**特别关注**:证据的合法性特征表明:(1) 证据必须是依法收集的;(2) 证据必须具备合法的形式,具有合法的来源;(3) 证据必须经法定程序出示,一切证据必须经过查证属实,才能作为定案的根据。

1. 《刑事诉讼法》关于非法证据排除的规定

(1)《刑事诉讼法》第 50 条规定,"不得强迫任何人证实自己有罪"。

(2) 采用刑讯逼供等非法方法收集的犯罪嫌疑人、被告人供述和采用暴力、威胁等非法方法收集的证人证言、被害人陈述,应当予以排除。收集物证、书证不符合法定程序,可能严重影响司法公正的,应当予以补正或者作出合理解释;不能补正或者作出合理解释的,对该证据应当予以排除。在侦查、审查起诉、审判时发现有应当排除的证据的,应当依法予以排除,不得作为起诉意见、起诉决定和判决的依据。

(3) 人民检察院接到报案、控告、举报或者发现侦查人员以非法方法收集证据的,应当进行调查核实。对于确有以非法方法收集证据情形的,应当提出纠正意见;构成犯罪的,依法追究刑事责任。

(4) 法庭审理过程中,审判人员认为可能存在《刑事诉讼法》第 54 条规定的以非法方法收集证据情形的,应当对证据收集的合法性进行法庭调查。当事人及其辩护人、诉讼代理人有权申请人民法院对以非法方法收集的证据依法予以排除。申请排除以非法方法收集的证据的,应当提供相关线索或者材料。

(5) 在对证据收集的合法性进行法庭调查的过程中,人民检察院应当对证据收集的合法性加以证明。现有证据材料不能证明证据收集的合法性的,人民检察院可以提请人民法院通知有关侦查人员或者其他人员出庭说明情况;人民法院可以通知有关侦查人员或者其他人员出庭说明情况。有关侦查人员或者其他人员也可以要求出庭说明情况。经人民法院通知,有关人员应当出庭。

(6) 对于经过法庭审理,确认或者不能排除存在《刑事诉讼法》第54条规定的以非法方法收集证据情形的,对有关证据应当予以排除。

**特别关注**:六部门《规定》第11条规定:法庭经对当事人及其辩护人、诉讼代理人提供的相关线索或者材料进行审查后,认为可能存在《刑事诉讼法》第54条规定的以非法方法收集证据情形的,应当对证据收集的合法性进行法庭调查。法庭调查的顺序由法庭根据案件审理情况确定。

2.《刑事诉讼规则》关于非法证据排除的规定

(1) 对采用刑讯逼供等非法方法收集的犯罪嫌疑人供述和采用暴力、威胁等非法方法收集的证人证言、被害人陈述,应当依法排除,不得作为报请逮捕、批准或者决定逮捕、移送审查起诉以及提起公诉的依据。刑讯逼供是指使用肉刑或者变相使用肉刑,使犯罪嫌疑人在肉体或者精神上遭受剧烈疼痛或者痛苦以逼取供述的行为。其他非法方法是指违法程度和对犯罪嫌疑人的强迫程度与刑讯逼供或者暴力、威胁相当而迫使其违背意愿供述的方法。

(2) 收集物证、书证不符合法定程序,可能严重影响司法公正的,人民检察院应当及时要求侦查机关补正或者作出书面解释;不能补正或者无法作出合理解释的,对该证据应当予以排除。对侦查机关的补正或者解释,人民检察院应当予以审查。经侦查机关补正或者作出合理解释的,可以作为批准或者决定逮捕、提起公诉的依据。可能严重影响司法公正是指收集物证、书证不符合法定程序的行为明显违法或者情节严重,可能对司法机关办理案件的公正性造成严重损害;补正是指对取证程序上的非实质性瑕疵进行补救;合理解释是指对取证程序的瑕疵作出符合常理及逻辑的解释。

(3) 人民检察院经审查发现存在《刑事诉讼法》第54条规定的非法取证行为,依法对该证据予以排除后,其他证据不能证明犯罪嫌疑人实施犯罪行为的,应当不批准或者决定逮捕,已经移送审查起诉的,可以将案件退回侦查机关补充侦查或者作出不起诉决定。

(4) 在侦查、审查和审判阶段,人民检察院发现侦查人员以非法方法收集证据的,应当报经检察长批准,及时进行调查核实。当事人及其辩护人、诉讼代理人报案、控告、举报侦查人员采用刑讯逼供等非法方法收集证据并提供涉嫌非法取证的人员、时间、地点、方式和内容等材料或者线索的,人民检察院应当受理并进行审查,对于根据现有材料无法证明证据收集合法性的,应当报经检察长批准,及时进行调查核实。上一级人民检察院接到对侦查人员采用刑讯逼供等非法方法收集证据的报案、控告、举报的,可以直接进行调查核实,也可以交由下级人民检察院调查核实。交由下级人民检察院调查核实的,下级人民检察院应当及时将调查结果报告上一级人民检察院。人民检察院决定调查核实的,应当及时通知办案机关。

(5) 对于非法证据的调查核实,在侦查阶段由侦查监督部门负责;在审查起诉、审判阶段由公诉部门负责。必要时,渎职侵权检察部门可以派员参加。

(6) 人民检察院可以采取以下方式对非法取证行为进行调查核实:① 讯问犯罪嫌疑人;

② 询问办案人员;③ 询问在场人员及证人;④ 听取辩护律师意见;⑤ 调取讯问笔录、讯问录音、录像;⑥ 调取、查询犯罪嫌疑人出入看守所的身体检查记录及相关材料;⑦ 进行伤情、病情检查或者鉴定;⑧ 其他调查核实方式。

(7) 人民检察院调查完毕后,应当制作调查报告,根据查明的情况提出处理意见,报请检察长决定后依法处理。办案人员在审查逮捕、审查起诉中经调查核实依法排除非法证据的,应当在调查报告中予以说明。被排除的非法证据应当随案移送。对于确有以非法方法收集证据情形,尚未构成犯罪的,应当依法向被调查人所在机关提出纠正意见。对于需要补正或者作出合理解释的,应当提出明确要求。经审查,认为非法取证行为构成犯罪需要追究刑事责任的,应当依法移送立案侦查。

(8) 人民检察院认为存在以非法方法收集证据情形的,可以书面要求侦查机关对证据收集的合法性进行说明。说明应当加盖单位公章,并由侦查人员签名。

(9) 对于公安机关立案侦查的案件,存在下列情形之一的,人民检察院在审查逮捕、审查起诉和审判阶段,可以调取公安机关讯问犯罪嫌疑人的录音、录像,对证据收集的合法性以及犯罪嫌疑人、被告人供述的真实性进行审查:① 认为讯问活动可能存在刑讯逼供等非法取证行为的;② 犯罪嫌疑人、被告人或者辩护人提出犯罪嫌疑人、被告人供述系非法取得,并提供相关线索或者材料的;③ 犯罪嫌疑人、被告人对讯问活动合法性提出异议或者翻供,并提供相关线索或者材料的;④ 案情重大、疑难、复杂的。人民检察院直接受理立案侦查的案件,侦查部门移送审查逮捕、审查起诉时,应当将讯问录音、录像连同案卷材料一并移送审查。

(10) 对于提起公诉的案件,被告人及其辩护人提出审前供述系非法取得,并提供相关线索或者材料的,人民检察院可以将讯问录音、录像连同案卷材料一并移送人民法院。

(11) 在法庭审理过程中,被告人或者辩护人对讯问活动合法性提出异议,公诉人可以要求被告人及其辩护人提供相关线索或者材料。必要时,公诉人可以提请法庭当庭播放相关时段的讯问录音、录像,对有关异议或者事实进行质证。需要播放的讯问录音、录像中涉及国家秘密、商业秘密、个人隐私或者含有其他不宜公开的内容的,公诉人应当建议在法庭组成人员、公诉人、侦查人员、被告人及其辩护人范围内播放。因涉及国家秘密、商业秘密、个人隐私或者其他犯罪线索等内容,人民检察院对讯问录音、录像的相关内容作技术处理的,公诉人应当向法庭作出说明。

(12) 人民检察院在开庭审理前收到人民法院或者被告人及其辩护人、被害人、证人等送交的反映证据系非法取得的书面材料的,应当进行审查。对于审查逮捕、审查起诉期间已经提出并经查证不存在非法取证行为的,应当通知人民法院、有关当事人和辩护人,并按照查证的情况做好庭审准备。对于新的材料或者线索,可以要求侦查机关对证据收集的合法性进行说明或者提供相关证明材料,必要时可以自行调查核实。

(13) 在法庭审理过程中,被告人及其辩护人提出被告人庭前供述系非法取得,审判人员认为需要进行法庭调查的,公诉人可以根据讯问笔录、羁押记录、出入看守所的健康检查记录、看守管教人员的谈话记录以及侦查机关对讯问过程合法性的说明等,对庭前讯问被告人的合法性进行证明,可以要求法庭播放讯问录音、录像,必要时可以申请法庭通知侦查人员或者其他人员出庭说明情况。审判人员认为可能存在《刑事诉讼法》第 54 条规定的以非法方法收集其他证据的情形,需要进行法庭调查的,公诉人可以参照前款规定对证据收集的合法性进行证明。公诉人不能当庭证明证据收集的合法性,需要调查核实的,可以建议法庭休庭或者延期审理。在法庭审理期间,人民检察院可以要求侦查机关对证据收集的合法性进行说明或者提供相关证明材料,必要时可以自行调查核实。

(14)公诉人对证据收集的合法性进行证明后,法庭仍有疑问的,可以建议法庭休庭,由人民法院对相关证据进行调查核实。人民法院调查核实证据,通知人民检察院派员到场的,人民检察院可以派员到场。

(15)在法庭审理过程中,对证据合法性以外的其他程序事实存在争议的,公诉人应当出示、宣读有关诉讼文书、侦查或者审查起诉活动笔录。

(16)对于搜查、查封、扣押、冻结、勘验、检查、辨认、侦查实验等侦查活动中形成的笔录存在争议,需要负责侦查的人员以及搜查、查封、扣押、冻结、勘验、检查、辨认、侦查实验等活动的见证人出庭陈述有关情况的,公诉人可以建议合议庭通知其出庭。

3.《刑诉法解释》关于非法证据排除的规定

(1)使用肉刑或者变相肉刑,或者采用其他使被告人在肉体上或者精神上遭受剧烈疼痛或者痛苦的方法,迫使被告人违背意愿供述的,应当认定为《刑事诉讼法》第54条规定的"刑讯逼供等非法方法"。认定《刑事诉讼法》第54条规定的"可能严重影响司法公正",应当综合考虑收集物证、书证违反法定程序以及所造成后果的严重程度等情况。

(2)当事人及其辩护人、诉讼代理人申请人民法院排除以非法方法收集的证据的,应当提供涉嫌非法取证的人员、时间、地点、方式、内容等相关线索或者材料。

(3)人民法院向被告人及其辩护人送达起诉书副本时,应当告知其申请排除非法证据的,应当在开庭审理前提出,但在庭审期间才发现相关线索或者材料的除外。

(4)开庭审理前,当事人及其辩护人、诉讼代理人申请人民法院排除非法证据的,人民法院应当在开庭前及时将申请书或者申请笔录及相关线索、材料的复制件送交人民检察院。

(5)开庭审理前,当事人及其辩护人、诉讼代理人申请排除非法证据,人民法院经审查,对证据收集的合法性有疑问的,应当依照《刑事诉讼法》第182条第2款的规定召开庭前会议,就非法证据排除等问题了解情况,听取意见。人民检察院可以通过出示有关证据材料等方式,对证据收集的合法性加以说明。

(6)法庭审理过程中,当事人及其辩护人、诉讼代理人申请排除非法证据的,法庭应当进行审查。经审查,对证据收集的合法性有疑问的,应当进行调查;没有疑问的,应当当庭说明情况和理由,继续法庭审理。当事人及其辩护人、诉讼代理人以相同理由再次申请排除非法证据的,法庭不再进行审查。对证据收集合法性的调查,根据具体情况,可以在当事人及其辩护人、诉讼代理人提出排除非法证据的申请后进行,也可以在法庭调查结束前一并进行。法庭审理过程中,当事人及其辩护人、诉讼代理人申请排除非法证据,人民法院经审查,不符合《刑诉法解释》第97条规定的,应当在法庭调查结束前一并进行审查,并决定是否进行证据收集合法性的调查。

(7)法庭决定对证据收集的合法性进行调查的,可以由公诉人通过出示、宣读讯问笔录或者其他证据,有针对性地播放讯问过程的录音录像,提请法庭通知有关侦查人员或者其他人员出庭说明情况等方式,证明证据收集的合法性。公诉人提交的取证过程合法的说明材料,应当经有关侦查人员签名,并加盖公章。未经有关侦查人员签名的,不得作为证据使用。上述说明材料不能单独作为证明取证过程合法的根据。

(8)经审理,确认或者不能排除存在《刑事诉讼法》第54条规定的以非法方法收集证据情形的,对有关证据应当排除。人民法院对证据收集的合法性进行调查后,应当将调查结论告知公诉人、当事人和辩护人、诉讼代理人。

(9) 具有下列情形之一的,第二审人民法院应当对证据收集的合法性进行审查,并根据《刑事诉讼法》和《刑诉法解释》的有关规定作出处理:① 第一审人民法院对当事人及其辩护人、诉讼代理人排除非法证据的申请没有审查,且以该证据作为定案根据的;② 人民检察院或者被告人、自诉人及其法定代理人不服第一审人民法院作出的有关证据收集合法性的调查结论,提出抗诉、上诉的;③ 当事人及其辩护人、诉讼代理人在第一审结束后才发现相关线索或者材料,申请人民法院排除非法证据的。最高人民法院2013年10月9日发布的《关于建立健全防范刑事冤假错案工作机制的意见》中第8条规定:"采用刑讯逼供或者冻、饿、晒、烤、疲劳审讯等非法方法收集的被告人供述,应当排除。除情况紧急必须现场讯问以外,在规定的办案场所外讯问取得的供述,未依法对讯问进行全程录音录像取得的供述,以及不能排除以非法方法取得的供述,应当排除。"

**特别关注:** 刑事证据制度的基本原则

刑事证据制度的基本原则包括证据裁判原则、自由心证原则和直接言词原则。直接言词原则见第十四章"刑事审判概述"。

(一) 证据裁判原则

证据裁判原则,又称证据裁判主义、证据为本原则,是指对案件事实的认定,必须有相应的证据予以证明。没有证据或者证据不充分,不能认定案件事实。证据裁判原则包括以下含义: 1. 认定案件事实必须依靠证据;2. 认定案件事实的证据必须具有证据能力;3. 用于定案的证据必须在法庭上查证属实,除非法律另有规定。

(二) 自由心证原则

自由心证原则是指证据的取舍、证据的证明力大小以及对案件事实的认定规则等,法律不预先加以明确规定,而由裁判主体按照自己的良心、理性形成内心确信,以此作为对案件事实认定的一项证据原则。在刑事诉讼中,作为最终定案根据的证据一般要经历证据的发现、收集以及对证据的质证、认证等过程,自由心证原则并非适用于所有这些和证据有关的过程,而只适用于最终裁判阶段。自由心证包含两方面内容:一是自由判断,二是内心确信。所谓"自由判断",是指除法律另有规定以外,证据及其证明力由法官自由判断,法律不作预先规定。但是,"自由"是相对自由,要受整个法律体系中的一系列法律制度和规定的制约,法官应当在使用各种证据规则并慎重考虑庭审证据调查与辩论的全部过程的基础上,依据自由心证对案件事实作出判断。所谓"内心确信",是指法官通过对证据的判断所形成的内心信念,并且应当达到深信不疑的程度,由此判定事实。"内心确信"禁止法官根据似是而非、尚有疑虑的主观感受判定事实。

## 考点 2  刑事证据的种类

证据的种类,是指表现证据事实内容的各种外部形式,具有法律约束力。

(一) 物证

物证,指以其物质属性、外部特征、存在状况等来证明案件真实情况的一切物品和痕迹。

(二) 书证

书证,指以其记载的内容和反映的思想来证明案件真实情况的书面材料或其他物质材料。

如果一个证据同时具备两种证明方式,既是书证又是物证,理论上称为物证书证同体。例如,在犯罪现场收集到一封书信,内容与被害人死亡原因有关,如果用该书信的内容证明被害人的死亡原因,则属于书证;同时,又需要判明该书信是否为被害人所写,需要作笔迹鉴定,从痕迹的角度看,该书信又是物证。

**特别关注:**《刑诉法解释》关于物证、书证的审查与认定的规定:

(1) 对物证、书证应当着重审查以下内容:① 物证、书证是否为原物、原件,是否经过辨认、鉴定;物证的照片、录像、复制品或者书证的副本、复制件是否与原物、原件相符,是否由二人以上制作,有无制作人关于制作过程以及原物、原件存放于何处的文字说明和签名。② 物证、书证的收集程序、方式是否符合法律、有关规定;经勘验、检查、搜查提取、扣押的物证、书证,是否附有相关笔录、清单,笔录、清单是否经侦查人员、物品持有人、见证人签名,没有物品持有人签名的,是否注明原因;物品的名称、特征、数量、质量等是否注明清楚。③ 物证、书证在收集、保管、鉴定过程中是否受损或者改变。④ 物证、书证与案件事实有无关联;对现场遗留与犯罪有关的具备鉴定条件的血迹、体液、毛发、指纹等生物样本、痕迹、物品,是否已作DNA鉴定、指纹鉴定等,并与被告人或者被害人的相应生物检材、生物特征、物品等比对。⑤ 与案件事实有关联的物证、书证是否全面收集。

(2) 据以定案的物证应当是原物。原物不便搬运,不易保存,依法应当由有关部门保管、处理,或者依法应当返还的,可以拍摄、制作足以反映原物外形和特征的照片、录像、复制品。物证的照片、录像、复制品,不能反映原物的外形和特征的,不得作为定案的根据。物证的照片、录像、复制品,经与原物核对无误、经鉴定为真实或者以其他方式确认为真实的,可以作为定案的根据。

(3) 据以定案的书证应当是原件。取得原件确有困难的,可以使用副本、复制件。书证有更改或者更改迹象不能作出合理解释,或者书证的副本、复制件不能反映原件及其内容的,不得作为定案的根据。书证的副本、复制件,经与原件核对无误、经鉴定为真实或者以其他方式确认为真实的,可以作为定案的根据。

(4) 对与案件事实可能有关联的血迹、体液、毛发、人体组织、指纹、足迹、字迹等生物样本、痕迹和物品,应当提取而没有提取,应当检验而没有检验,导致案件事实存疑的,人民法院应当向人民检察院说明情况,由人民检察院依法补充收集、调取证据或者作出合理说明。

(5) 在勘验、检查、搜查过程中提取、扣押的物证、书证,未附笔录或者清单,不能证明物证、书证来源的,不得作为定案的根据。物证、书证的收集程序、方式有下列瑕疵,经补正或者作出合理解释的,可以采用:① 勘验、检查、搜查、提取笔录或者扣押清单上没有侦查人员、物品持有人、见证人签名,或者对物品的名称、特征、数量、质量等注明不详的;② 物证的照片、录像、复制品,书证的副本、复制件未注明与原件核对无异,无复制时间,或者无被收集、调取人签名、盖章的;③ 物证的照片、录像、复制品,书证的副本、复制件没有制作人关于制作过程和原物、原件存放地点的说明,或者说明中无签名的;④ 有其他瑕疵的。对物证、书证的来源、收集程序有疑问,不能作出合理解释的,该物证、书证不得作为定案的根据。

### (三) 证人证言

证人证言,是指证人就其所了解的案件情况向公安司法机关所作的陈述。证人证言一般以证人证言笔录加以固定;经办案人员同意由证人亲笔书写的书面证词,也是证人证言。

1.《刑事诉讼法》的相关规定

(1)《刑事诉讼法》第59条规定:"证人证言必须在法庭上经过公诉人、被害人和被告人、辩护人双方质证并且查实以后,才能作为定案的根据。法庭查明证人有意作伪证或者隐匿罪证的时候,应当依法处理。"

(2)《刑事诉讼法》第60条规定:"凡是知道案件情况的人,都有作证的义务。生理上、精神上有缺陷或者年幼,不能辨别是非,不能正确表达的人,不能作证人。"

(3)《刑事诉讼法》第62条规定:"对于危害国家安全犯罪、恐怖活动犯罪、黑社会性质的组织犯罪、毒品犯罪等案件,证人、鉴定人、被害人因在诉讼中作证,本人或者其近亲属的人身安全面临危险的,人民法院、人民检察院和公安机关应当采取以下一项或者多项保护措施:① 不公开真实姓名、住址和工作单位等个人信息;② 采取不暴露外貌、真实声音等出庭作证措施;③ 禁止特定的人员接触证人、鉴定人、被害人及其近亲属;④ 对人身和住宅采取专门性保护措施;⑤ 其他必要的保护措施。证人、鉴定人、被害人认为因在诉讼中作证,本人或者其近亲属的人身安全面临危险的,可以向人民法院、人民检察院、公安机关请求予以保护。人民法院、人民检察院、公安机关依法采取保护措施,有关单位和个人应当配合。"

(4)《刑事诉讼法》第63条规定:"证人因履行作证义务而支出的交通、住宿、就餐等费用,应当给予补助。证人作证的补助列入司法机关业务经费,由同级政府财政予以保障。有工作单位的证人作证,所在单位不得克扣或者变相克扣其工资、奖金及其他福利待遇。"

(5)六部门《规定》第12条规定:人民法院、人民检察院和公安机关依法决定不公开证人、鉴定人、被害人的真实姓名、住址和工作单位等个人信息的,可以在判决书、裁定书、起诉书、询问笔录等法律文书、证据材料中使用化名等代替证人、鉴定人、被害人的个人信息。但是,应当书面说明使用化名的情况并标明密级,单独成卷。辩护律师经法庭许可,查阅对证人、鉴定人、被害人使用化名情况的,应当签署保密承诺书。

**特别关注**:《刑事诉讼规则》规定:对于危害国家安全犯罪、恐怖活动犯罪、黑社会性质的组织犯罪、毒品犯罪等案件,人民检察院在办理案件过程中,证人、鉴定人、被害人因在诉讼中作证,本人或者其近亲属人身安全面临危险,向人民检察院请求保护的,人民检察院应当受理并及时进行审查,对于确实存在人身安全危险的,应当立即采取必要的保护措施。人民检察院发现存在上述情形的,可以主动采取保护措施。人民检察院可以采取以下一项或者多项保护措施:① 不公开真实姓名、住址和工作单位等个人信息;② 建议法庭采取不暴露外貌、真实声音等出庭作证措施;③ 禁止特定的人员接触证人、鉴定人、被害人及其近亲属;④ 对人身和住宅采取专门性保护措施;⑤ 其他必要的保护措施。人民检察院依法决定不公开证人、鉴定人、被害人的真实姓名、住址和工作单位等个人信息的,可以在起诉书、询问笔录等法律文书、证据材料中使用化名代替证人、鉴定人、被害人的个人信息。但是应当另行书面说明使用化名的情况并标明密级。人民检察院依法采取保护措施,可以要求有关单位和个人予以配合。对证人及其近亲属进行威胁、侮辱、殴打或者打击报复,构成犯罪或者应当给予治安管理处罚的,人民检察院应当移送公安机关处理;情节轻微的,予以批评教育、训诫。证人在人民检察院侦查、审查起诉阶段因履行作证义务而支出的交通、住宿、就餐等费用,人民检察院应当给予补助。还需要注意:

(1)单位不能作证人,因为单位本身没有感觉和知觉,不能感知案件情况,也无法承担作伪证的责任。

（2）证人作证的两个基本规则：一是证人的不可替代性规则；二是证人作证优先规则，即证人的身份与本案当事人以外的其他诉讼参与人的身份发生矛盾时，应当优先作为证人。

（3）证人与见证人不同。见证人的证明行为并不针对案件事实。《刑诉法解释》第67条规定："下列人员不得担任刑事诉讼活动的见证人：（一）生理上、精神上有缺陷或者年幼，不具有相应辨别能力或者不能正确表达的人；（二）与案件有利害关系，可能影响案件公正处理的人；（三）行使勘验、检查、搜查、扣押等刑事诉讼职权的公安、司法机关的工作人员或者其聘用的人员。由于客观原因无法由符合条件的人员担任见证人的，应当在笔录材料中注明情况，并对相关活动进行录像。"

2.《刑诉法解释》关于证人证言的审查与认定的相关规定

（1）对证人证言应当着重审查以下内容：① 证言的内容是否为证人直接感知；② 证人作证时的年龄、认知、记忆和表达能力，生理和精神状态是否影响作证；③ 证人与案件当事人、案件处理结果有无利害关系；④ 询问证人是否个别进行；⑤ 询问笔录的制作、修改是否符合法律、有关规定，是否注明询问的起止时间和地点，首次询问时是否告知证人有关作证的权利义务和法律责任，证人对询问笔录是否核对确认；⑥ 询问未成年证人时，是否通知其法定代理人或者有关人员到场，其法定代理人或者有关人员是否到场；⑦ 证人证言有无以暴力、威胁等非法方法收集的情形；⑧ 证言之间以及与其他证据之间能否相互印证，有无矛盾。

（2）处于明显醉酒、中毒或者麻醉等状态，不能正常感知或者正确表达的证人所提供的证言，不得作为证据使用。证人的猜测性、评论性、推断性的证言，不得作为证据使用，但根据一般生活经验判断符合事实的除外。

（3）证人证言具有下列情形之一的，不得作为定案的根据：① 询问证人没有个别进行的；② 书面证言没有经证人核对确认的；③ 询问聋、哑人，应当提供通晓聋、哑手势的人员而未提供；④ 询问不通晓当地通用语言、文字的证人，应当提供翻译人员而未提供的。

（4）证人证言的收集程序、方式有下列瑕疵，经补正或者作出合理解释的，可以采用；不能补正或者作出合理解释的，不得作为定案的根据：① 询问笔录没有填写询问人、记录人、法定代理人姓名以及询问的起止时间、地点的；② 询问地点不符合规定的；③ 询问笔录没有记录告知证人有关作证的权利义务和法律责任的；④ 询问笔录反映出在同一时段，同一询问人员询问不同证人的。

（5）证人当庭作出的证言，经控辩双方质证、法庭查证属实的，应当作为定案的根据。证人当庭作出的证言与其庭前证言矛盾，证人能够作出合理解释，并有相关证据印证的，应当采信其庭审证言；不能作出合理解释，而其庭前证言有相关证据印证的，可以采信其庭前证言。经人民法院通知，证人没有正当理由拒绝出庭或者出庭后拒绝作证，法庭对其证言的真实性无法确认的，该证人证言不得作为定案的根据。

（四）被害人陈述

被害人陈述，是指刑事被害人就其受害情况和其他与案件有关的情况向公安司法机关所作的陈述。自诉人和附带民事诉讼的原告人如果是被害人，他们的陈述也是被害人陈述。对被害人陈述的审查与认定，参照前述关于证人证言的审查与认定的有关规定。

（五）犯罪嫌疑人、被告人供述和辩解

犯罪嫌疑人、被告人供述和辩解，是指犯罪嫌疑人、被告人就有关案件的情况向侦查、检察和审判人员所作的陈述，通常也称为"口供"。内容主要包括承认自己有罪的供述和说明自己无罪、罪轻的辩解。犯罪嫌疑人、被告人供述和辩解应当是口头陈述,以笔录的形式加以固定。经犯罪嫌疑人、被告人的请求或办案人员的要求,也可以由犯罪嫌疑人、被告人亲笔书写供词。严禁刑讯逼供或以欺骗、引诱等方法套取口供。

1.《刑事诉讼法》的相关规定

《刑事诉讼法》第 53 条第 1 款规定:对一切案件的判处都要重证据,重调查研究,不轻信口供。只有被告人供述,没有其他证据的,不能认定被告人有罪和处以刑罚;没有被告人供述,证据确实、充分的,可以认定被告人有罪和处以刑罚。注意:共犯相互之间就共同犯罪的情况相互举发与个人的罪责相关,属于犯罪嫌疑人、被告人供述和辩解;而单个犯罪嫌疑人、被告人对他人犯罪事实的检举,或同案犯罪嫌疑人、被告人对非共同犯罪事实的检举,属于证人证言。

2.《刑诉法解释》关于被告人供述和辩解的审查与认定的规定

(1)对被告人供述和辩解应当着重审查以下内容:① 讯问的时间、地点,讯问人的身份、人数以及讯问方式等是否符合法律、有关规定;② 讯问笔录的制作、修改是否符合法律、有关规定,是否注明讯问的具体起止时间和地点,首次讯问时是否告知被告人相关权利和法律规定,被告人是否核对确认;③ 讯问未成年被告人时,是否通知其法定代理人或者有关人员到场,其法定代理人或者有关人员是否到场;④ 被告人的供述有无以刑讯逼供等非法方法收集的情形;⑤ 被告人的供述是否前后一致,有无反复以及出现反复的原因;被告人的所有供述和辩解是否均已随案移送;⑥ 被告人的辩解内容是否符合案情和常理,有无矛盾;⑦ 被告人的供述和辩解与同案被告人的供述和辩解以及其他证据能否相互印证,有无矛盾。必要时,可以调取讯问过程的录音录像、被告人进出看守所的健康检查记录、笔录,并结合录音录像、记录、笔录对上述内容进行审查。

(2)被告人供述具有下列情形之一的,不得作为定案的根据:① 讯问笔录没有经被告人核对确认的;② 讯问聋、哑人,应当提供通晓聋、哑手势的人员而未提供的;③ 讯问不通晓当地通用语言、文字的被告人,应当提供翻译人员而未提供的。

(3)讯问笔录有下列瑕疵,经补正或者作出合理解释的,可以采用;不能补正或者作出合理解释的,不得作为定案的根据:① 讯问笔录填写的讯问时间、讯问人、记录人、法定代理人等有误或者存在矛盾的;② 讯问人没有签名的;③ 首次讯问笔录没有记录告知被讯问人相关权利和法律规定的。

(4)审查被告人供述和辩解,应当结合控辩双方提供的所有证据以及被告人的全部供述和辩解进行。被告人庭审中翻供,但不能合理说明翻供原因或者其辩解与全案证据矛盾,而其庭前供述与其他证据相互印证的,可以采信其庭前供述。被告人庭前供述和辩解存在反复,但庭审中供认,且与其他证据相互印证的,可以采信其庭审供述;被告人庭前供述和辩解存在反复,庭审中不供认,且无其他证据与庭前供述印证的,不得采信其庭前供述。

(六)鉴定意见

1.《刑事诉讼法》的相关规定

鉴定意见,是指受公安司法机关指派或聘请的鉴定人,对案件中的专门性问题进行鉴定后所作出的书面意见。鉴定人有法定的回避理由,应当回避。鉴定意见与医疗单位的诊断证明在产生的程序上有原则的区别。用作证据的鉴定意见应当告知当事人,当事人有权提出重新鉴定和补充鉴定的要求。鉴定意见必须当庭宣读,鉴定人应当出庭,对鉴定过程和内容、结论作出说明,接受质证。

2.《刑诉法解释》关于鉴定意见的审查与认定的规定

(1) 对鉴定意见应当着重审查以下内容:① 鉴定机构和鉴定人是否具有法定资质;② 鉴定人是否存在应当回避的情形;③ 检材的来源、取得、保管、送检是否符合法律、有关规定,与相关提取笔录、扣押物品清单等记载的内容是否相符,检材是否充足、可靠;④ 鉴定意见的形式要件是否完备,是否注明提起鉴定的事由、鉴定委托人、鉴定机构、鉴定要求、鉴定过程、鉴定方法、鉴定日期等相关内容,是否由鉴定机构加盖司法鉴定专用章并由鉴定人签名、盖章;⑤ 鉴定程序是否符合法律、有关规定;⑥ 鉴定的过程和方法是否符合相关专业的规范要求;⑦ 鉴定意见是否明确;⑧ 鉴定意见与案件待证事实有无关联;⑨ 鉴定意见与勘验、检查笔录及相关照片等其他证据是否矛盾;⑩ 鉴定意见是否依法及时告知相关人员,当事人对鉴定意见有无异议。

(2) 鉴定意见具有下列情形之一的,不得作为定案的根据:① 鉴定机构不具备法定资质,或者鉴定事项超出该鉴定机构业务范围、技术条件的;② 鉴定人不具备法定资质,不具有相关专业技术或者职称,或者违反回避规定的;③ 送检材料、样本来源不明,或者因污染不具备鉴定条件的;④ 鉴定对象与送检材料、样本不一致的;⑤ 鉴定程序违反规定的;⑥ 鉴定过程和方法不符合相关专业的规范要求的;⑦ 鉴定文书缺少签名、盖章的;⑧ 鉴定意见与案件待证事实没有关联的;⑨ 违反有关规定的其他情形。

(3) 经人民法院通知,鉴定人拒不出庭作证的,鉴定意见不得作为定案的根据。鉴定人由于不能抗拒的原因或者有其他正当理由无法出庭的,人民法院可以根据情况决定延期审理或者重新鉴定。对没有正当理由拒不出庭作证的鉴定人,人民法院应当通报司法行政机关或者有关部门。

(4) 对案件中的专门性问题需要鉴定,但没有法定司法鉴定机构,或者法律、司法解释规定可以进行检验的,可以指派、聘请有专门知识的人进行检验,检验报告可以作为定罪量刑的参考。对检验报告的审查与认定,参照适用对鉴定意见的有关规定。经人民法院通知,检验人拒不出庭作证的,检验报告不得作为定罪量刑的参考。

(七) 勘验、检查、辨认、侦查实验笔录

1. 勘验、检查、辨认、侦查实验笔录的概念

(1) 勘验笔录,是指办案人员对于与犯罪有关的场所、物品、痕迹、尸体等勘查、检验中所作的记载,包括文字记录、绘图、照相、录像、模型等材料。勘验笔录可以分为现场勘验笔录、物证检验笔录、尸体检验笔录、侦查实验笔录等。

(2) 检查笔录,是指办案人员为确定被害人、犯罪嫌疑人、被告人的某些特征、伤害情况或生理状态,而对他们的人身进行检验和观察后所作的客观记载。检查笔录以文字记载为主,也可以采取拍照等其他有利于准确、客观记录的方法。

(3) 辨认笔录,是指办案人员为确定犯罪嫌疑人、被告人或者与犯罪相关的物品,要求相关人员进行辨认后所作的客观记载。

(4) 侦查实验笔录,是指侦查机关在侦查过程中,采用模拟和重演的方法,验证在某种条件下案件事实能否发生和怎样发生,以及发生何种结果时所作的客观记载。

**特别关注**:勘验、检查、辨认、侦查实验笔录由办案人员制作,鉴定意见则由办案机关指派或聘请的鉴定人制作;勘验、检查、辨认、侦查实验笔录是对所见情况的客观记载,鉴定意见的主要内容是科学的分析判断意见;勘验、检查、辨认、侦查实验笔录大多是解决一般性问题,鉴

定意见则是解决案件中的专门性问题。

2.《刑诉法解释》关于勘验、检查、辨认、侦查实验等笔录的审查与认定的规定

(1) 对勘验、检查笔录应当着重审查以下内容:① 勘验、检查是否依法进行,笔录的制作是否符合法律、有关规定,勘验、检查人员和见证人是否签名或者盖章;② 勘验、检查笔录是否记录了提起勘验、检查的事由,勘验、检查的时间、地点、在场人员、现场方位、周围环境等,现场的物品、人身、尸体等的位置、特征等情况,以及勘验、检查、搜查的过程;文字记录与实物或者绘图、照片、录像是否相符;现场、物品、痕迹等是否伪造、有无破坏;人身特征、伤害情况、生理状态有无伪装或者变化等;③ 补充进行勘验、检查的,是否说明了再次勘验、检查的缘由,前后勘验、检查的情况是否矛盾。

(2) 勘验、检查笔录存在明显不符合法律、有关规定的情形,不能作出合理解释或者说明的,不得作为定案的根据。

(3) 对辨认笔录应当着重审查辨认的过程、方法,以及辨认笔录的制作是否符合有关规定。辨认笔录具有下列情形之一的,不得作为定案的根据:① 辨认不是在侦查人员主持下进行的;② 辨认前使辨认人见到辨认对象的;③ 辨认活动没有个别进行的;④ 辨认对象没有混杂在具有类似特征的其他对象中,或者供辨认的对象数量不符合规定的;⑤ 辨认中给辨认人明显暗示或者明显有指认嫌疑的;⑥ 违反有关规定、不能确定辨认笔录真实性的其他情形。

(4) 对侦查实验笔录应当着重审查实验的过程、方法,以及笔录的制作是否符合有关规定。侦查实验的条件与事件发生时的条件有明显差异,或者存在影响实验结论科学性的其他情形的,侦查实验笔录不得作为定案的根据。

(八) 视听资料、电子数据

1. 视听资料、电子数据的概念

视听资料,是指以录音、录像、电子计算机或其他高科技设备所存储的信息证明案件真实情况的资料。电子数据,是指基于计算机应用、通信、网络和现代管理技术等电子化技术手段形成包括文字、图形符号、数字、字母等的客观资料。

**特别关注**:讯问、询问、勘验、检查时所作的录音、录像通常为固定证据的方法,不是视听资料,在审查证据是否非法取得时除外。

2.《刑诉法解释》关于视听资料、电子数据的审查与认定的规定

(1) 对视听资料应当着重审查以下内容:① 是否附有提取过程的说明,来源是否合法;② 是否为原件,有无复制及复制份数;是复制件的,是否附有无法调取原件的原因、复制件制作过程和原件存放地点的说明,制作人、原视听资料持有人是否签名或者盖章;③ 制作过程中是否存在威胁、引诱当事人等违反法律、有关规定的情形;④ 是否写明制作人、持有人的身份,制作的时间、地点、条件和方法;⑤ 内容和制作过程是否真实,有无剪辑、增加、删改等情形;⑥ 内容与案件事实有无关联。对视听资料有疑问的,应当进行鉴定。

(2) 对电子邮件、电子数据交换、网上聊天记录、博客、微博客、手机短信、电子签名、域名等电子数据,应当着重审查以下内容:① 是否随原始存储介质移送;在原始存储介质无法封存、不便移动或者依法应当由有关部门保管、处理、返还时,提取、复制电子数据是否由二人以上进行,是否足以保证电子数据的完整性,有无提取、复制过程及原始存储介质存放地点的文字说明和签名;② 收集程序、方式是否符合法律及有关技术规范;经勘验、检查、搜查等侦查活动收集的电子数据,是否附有笔录、清单,并经侦查人员、电子数据持有人、见证人签名;没有持

有人签名的,是否注明原因;远程调取境外或者异地的电子数据的,是否注明相关情况;对电子数据的规格、类别、文件格式等注明是否清楚;③ 电子数据内容是否真实,有无删除、修改、增加等情况;④ 电子数据与案件事实有无关联;⑤ 与案件事实有关联的电子数据是否全面收集。对电子数据有疑问的,应当进行鉴定或者检验。

(3) 视听资料、电子数据具有下列情形之一的,不得作为定案的根据:① 经审查无法确定真伪的;② 制作、取得的时间、地点、方式等有疑问,不能提供必要证明或者作出合理解释的。

(九) 刑事证据的收集、审查和运用

1. 收集刑事证据的要求

收集刑事证据的要求有以下几方面:① 合法性;② 及时性;③ 深入实际,采用专门手段和依靠群众相结合;④ 客观全面;⑤ 深入细致;⑥ 应用科学技术手段;⑦ 收集的证据必须妥善保全。

**特别关注**:《刑事诉讼法》第 50 条规定:审判人员、检察人员、侦查人员必须依照法定程序,收集能够证实犯罪嫌疑人、被告人有罪或者无罪、犯罪情节轻重的各种证据。严禁刑讯逼供和以威胁、引诱、欺骗以及其他非法方法收集证据,不得强迫任何人证实自己有罪。必须保证一切与案件有关或者了解案情的公民,有客观地充分地提供证据的条件,除特殊情况外,可以吸收他们协助调查。《刑事诉讼法》第 52 条第 3、4 款规定:对涉及国家秘密、商业秘密、个人隐私的证据,应当保密。凡是伪造证据、隐匿证据或者毁灭证据的,无论属于何方,必须受法律追究。

2.《刑诉法解释》的相关规定

(1) 审判人员应当依照法定程序收集、审查、核实、认定证据。

(2) 证据未经当庭出示、辨认、质证等法庭调查程序查证属实,不得作为定案的根据,但法律和本解释另有规定的除外。

(3) 人民法院依照《刑事诉讼法》第 191 条的规定调查核实证据,必要时,可以通知检察人员、辩护人、自诉人及其法定代理人到场。上述人员未到场的,应当记录在案。人民法院调查核实证据时,发现对定罪量刑有重大影响的新的证据材料的,应当告知检察人员、辩护人、自诉人及其法定代理人。必要时,也可以直接提取,并及时通知检察人员、辩护人、自诉人及其法定代理人查阅、摘抄、复制。

(4) 公开审理案件时,公诉人、诉讼参与人提出涉及国家秘密、商业秘密或者个人隐私的证据的,法庭应当制止。有关证据确与本案有关的,可以根据具体情况,决定将案件转为不公开审理,或者对相关证据的法庭调查不公开进行。

3. 审查刑事证据的步骤

审查刑事证据的步骤包括:① 单独审查;② 比对审查;③ 综合审查。

4. 审查证据还应当注意:

(1) 审查证据的来源是否可靠。

(2) 审查证据的具体内容是否真实,证据和案件事实有无必然的内在联系。

(3) 审查各个证据之间的关系。

(4) 审查证据是否充分。

《刑事诉讼规则》第 62 条规定:证据的审查认定,应当结合案件的具体情况,从证据与待证事实的关联程度、各证据之间的联系、是否依照法定程序收集等方面进行综合审查判断。

5. 刑事证据的运用

（1）重证据重调查研究，不轻信口供原则。只有被告人的供述，没有其他证据的，不能认定被告人有罪和处以刑罚；没有被告人供述，证据确实充分的，可以认定被告人有罪和处以刑罚。

（2）严禁刑讯逼供原则。

（3）一切证据必须经过查证属实，才能作为认定案件事实的根据。

（4）有罪认定必须做到犯罪事实情节清楚，证据确实充分。

（5）必须忠实于事实真相原则。

（6）对定罪证据不足所形成的"疑案"，应当按无罪处理。

6. 《刑诉法解释》关于证据的综合审查与运用的规定

（1）对证据的真实性，应当综合全案证据进行审查。对证据的证明力，应当根据具体情况，从证据与待证事实的关联程度、证据之间的联系等方面进行审查判断。证据之间具有内在联系，共同指向同一待证事实，不存在无法排除的矛盾和无法解释的疑问的，才能作为定案的根据。

（2）没有直接证据，但间接证据同时符合下列条件的，可以认定被告人有罪：① 证据已经查证属实；② 证据之间相互印证，不存在无法排除的矛盾和无法解释的疑问；③ 全案证据已经形成完整的证明体系；④ 根据证据认定案件事实足以排除合理怀疑，结论具有唯一性；⑤ 运用证据进行的推理符合逻辑和经验。

（3）根据被告人的供述、指认提取到了隐蔽性很强的物证、书证，且被告人的供述与其他证明犯罪事实发生的证据相互印证，并排除串供、逼供、诱供等可能性的，可以认定被告人有罪。

（4）采取技术侦查措施收集的证据材料，经当庭出示、辨认、质证等法庭调查程序查证属实的，可以作为定案的根据。使用前款规定的证据可能危及有关人员的人身安全，或者可能产生其他严重后果的，法庭应当采取不暴露有关人员身份、技术方法等保护措施，必要时，审判人员可以在庭外核实。

（5）对侦查机关出具的被告人到案经过、抓获经过等材料，应当审查是否有出具该说明材料的办案人、办案机关的签名、盖章。对到案经过、抓获经过或者确定被告人有重大嫌疑的根据有疑问的，应当要求侦查机关补充说明。

（6）下列证据应当慎重使用，有其他证据印证的，可以采信：① 生理上、精神上有缺陷，对案件事实的认知和表达存在一定困难，但尚未丧失正确认知、表达能力的被害人、证人和被告人所作的陈述、证言和供述；② 与被告人有亲属关系或者其他密切关系的证人所作的有利被告人的证言，或与被告人有利害冲突的证人所作的不利被告人的证言。

（7）证明被告人自首、坦白、立功的证据材料，没有加盖接受被告人投案、坦白、检举揭发等的单位的印章，或者接受人员没有签名的，不得作为定案的根据。对被告人及其辩护人提出有自首、坦白、立功的事实和理由，有关机关未予认定，或者有关机关提出被告人有自首、坦白、立功表现，但证据材料不全的，人民法院应当要求有关机关提供证明材料，或者要求相关人员作证，并结合其他证据作出认定。

（8）证明被告人构成累犯、毒品再犯的证据材料，应当包括前罪的裁判文书、释放证明等材料；材料不全的，应当要求有关机关提供。

（9）审查被告人实施被指控的犯罪时或者审判时是否达到相应法定责任年龄,应当根据户籍证明、出生证明文件、学籍卡、人口普查登记、无利害关系人的证言等证据综合判断。证明被告人已满14周岁、16周岁、18周岁或者不满75周岁的证据不足的,应当认定被告人不满14周岁、不满16周岁、不满18周岁或者已满75周岁。

## 考点 3　刑事证据的分类

刑事证据的分类,是指根据证据本身的各种特征,从不同角度在学理上对证据所作的不同归类。

（一）原始证据与传来证据

凡是来自原始出处,即直接来源于案件事实的证据材料,叫做原始证据,也称第一手材料;凡不是直接来源于案件事实,而是从间接的非第一来源获得的证据材料,称为传来证据。

**特别关注**：原始证据材料的证明价值大于传来证据材料的证明价值。在传来证据材料中,中间环节少的材料的证明价值大于中间环节多的材料的证明价值。不能忽视传来证据的作用。

（二）有罪证据与无罪证据

凡是可以肯定犯罪嫌疑人、被告人实施犯罪行为以及可以证明犯罪行为轻重情节的证据,是有罪证据。凡是可以证明犯罪事实不存在,或否定犯罪嫌疑人、被告人实施犯罪行为的证据,是无罪证据。在立案或侦查阶段,如果犯罪嫌疑人尚不明确,则说明有犯罪事实发生的证据就是有罪证据。

（三）言词证据与实物证据

凡是通过人的陈述,即以言词作为表现形式的证据,是言词证据,包括证人证言、被害人陈述、犯罪嫌疑人、被告人的供述和辩解、鉴定意见。凡是以物品的性质或外部形态、存在状况以及其内容表现证据价值的证据,都是实物证据。证据种类中的物证、书证、视听资料以及勘验、检查、辨认、侦查实验笔录均属此列。

（四）直接证据与间接证据

这是根据证据与案件主要事实的证明关系的不同所作的划分。刑事案件的主要事实就是犯罪嫌疑人、被告人是否实施了犯罪行为。凡是可以单独直接证明案件主要事实的证据,属于直接证据。直接证据不必经过推理过程就可以直观地说明被指控的犯罪行为是否发生和是否是正在被追诉的人实施的。例如,证人甲目睹乙持刀杀死丙的证言,或者乙供述自己持刀杀人的口供,都属于直接证据。凡是必须与其他证据相结合才能证明案件主要事实的证据,属于间接证据。例如,被害人的尸体,只能证明发生杀人或者重伤致死的案件,但不能指明何人是凶犯,所以是间接证据。

**特别关注**：孤证不能定案。完全依靠间接证据认定有罪时必须遵守以下规则:
（1）必须严格遵守运用证据的一般规则。即:一切证据必须具有客观性、关联性、合法性。
（2）间接证据必须形成完整的证明体系。
（3）间接证据与案件事实之间以及间接证据相互之间必须协调一致,没有矛盾。如果存在矛盾,应当继续收集新的证据,使矛盾得到合理排除。
（4）间接证据的证明体系必须足以排除其他可能性,得出的结论必须是唯一的。

## 考点 4 刑事证据规则

（一）刑事证据规则的概念

刑事证据规则是指在刑事诉讼中收集、审查、判断证据应当遵循的规则。

（二）关联性规则

关联性规则，即只有那些在正常推理过程中被视为能够证明某一争议事实的证据才允许在审判中提交。关联性规则是关于证据可采性的基础性规则，其设立目的有二：其一，为防止当事人将无关联的证据提交陪审团考虑，导致陪审团错误地认定案件事实；其二，为了限定调查证据的范围。由于英美法实行当事人主义，证据的提出是当事人的责任，提出何种证据完全由当事人决定，如不加以限制，会使案件证据的调查没有终结，审判旷日持久，影响诉讼的顺利进行。在英美证据法中，与可采性密切相关的关联性规则主要有品格证据规则和类似事实证据规则。

（三）非法证据排除规则

非法证据排除规则，是指违反法定程序，以非法方法获取的证据，不具有证据能力，不能为法庭所采纳。按照美国学者施乐辛格的解释，非法证据排除规则是指法律实施官员（警察）以非法手段取得的证据在刑事诉讼中将被排除或者导致证据不可采的证据规则。

（四）自白任意规则

自白是指被追诉人向特定机关或人自愿作出的承认自己犯有所指控的罪行并披露实施犯罪的具体情况的供述，即自白是被追诉人所作的对己不利的、对犯罪的主要构成要件的承认。自白任意规则是指在刑事诉讼中，只有基于被追诉人自由意志而作出的自白（即承认有罪的供述），才具有可采性，违背当事人意愿或者违反法定程序而强制作出的供述不具有可采性，必须予以排除。自白应受到两方面的限制。第一，自白证据能力方面的限制，自白应当是自愿作出的，且自白人应当在作出自白之时对自白的后果有清醒的认识，也就是自白应具有任意性。第二，自白证明力方面的限制，欲对被告人定罪，不能仅仅依靠自白之有罪陈述，尚需其他证据加以补强，即自白不得作为对被告人定罪的唯一依据。这两方面的限制构成了完整的自白规则。从这两方面的限制，我们可以得到自白规则的两个分支：自白任意性规则和口供补强规则。由此可见，口供补强规则是自白规则的一个分支。

（五）传闻证据规则

《美国联邦证据规则》第801条(c)项给传闻证据下的定义是："'传闻'是指除陈述者在审理或听证作证时所作陈述外的陈述，行为人提供它旨在用作证据来证明所主张事实的真实性。"传闻证据包括两种形式：① 指亲身感受了案件事实的证人在庭审期日以外所作的书面证人证言以及警检人员所作的（证人）询问笔录；② 指他人在审判期日以证人亲身感知的事实向法庭所作的转述。

传闻证据应当具备以下特征：

（1）传闻证据的表现形式多样化。传闻证据可以是口头的、书面的以及非语言行为，即动作。传闻证据应当是一种意思表示，这种意思表示可以是口头作出的，也可以是以书面形式作出，还可以是通过非语言行为表现出来。

（2）至少涉及两个陈述主体和两个陈述环节。作为传闻证据，其涉及的陈述主体至少是两个人，一个是亲身感知案件事实的人甲，另一个是在庭审期日以证人身份出庭作证（或提交书面证据)的陈述主体乙;至少涉及两个陈述环节,一个是陈述主体甲在审判或讯问程序以外对乙所作的陈述,另一个是乙以证人身份在审判或讯问程序中向法庭所做的陈述(或以书面证据代为陈述)。但是,应当指出的是,前后两个陈述的表现形式并不完全相同。在审判或讯问程序中作为证人证言的陈述的一般表现形式是口头陈述;而陈述主体甲向乙所作的陈述,则包括一切能够表达意思的方式,如口头陈述、书面形式、有意识的非语言行为(如点头、手势等)。

(3)提出该项陈述的目的是为了证明该陈述所述的内容是真实的。如果该证人在庭审期日提出的陈述是为了证明其他目的,如证明甲"曾经说过这样的话",或者为了证明证人前后证言是否一致,那么,此种转述就不属于传闻。例如,证人A作证说"B曾对他说:'10月6日我去上海出差'"。如果该证言是为了证明"B在10月6日确实去上海出差",那么,该证据属于传闻证据;如果该证言是为了证明"B曾经说过这句话",则不属于传闻证据。所以,判断一项陈述是否属于传闻应考虑以下两方面:① 陈述的来源,即出庭作证的证人是否是亲身感知所陈述事实的人;② 证明对象,即提出该项陈述证据的目的是否为了证明其所述内容的真实性。根据传闻证据规则(Hearsay Rule),传闻证据一般不具有可采性,不得提交法庭进行调查质证;已经在法庭出示的,不得提交陪审团作为评议的依据。即法律排除传闻证据作为认定犯罪事实的依据。

之所以要排除传闻证据,有以下几个原因:

(1)传闻证据本身因为不是本人亲自在法庭上所作的陈述,因此存在转述不准确或伪造的可能。

(2)传闻证据是未经宣誓就提出来的,没有经过交叉询问程序,其真实性难以通过公正的诉讼程序加以证实。如果允许采纳传闻证据,则有悖于程序正义的要求。

(3)传闻证据不是在裁判者面前所作的陈述。证据调查应当在法庭上进行,以保证裁判官能够察言观色,辨明其真伪。

(4)基于保障被告人的宪法性权利——与对方证人的对质权的需要。传闻证据规则的例外,《美国联邦证据规则》第803条和第804条规定了两类例外:一类是陈述者可否作证无关紧要;另一类是陈述者不能到庭作证。

(六)意见证据排除规则

意见证据,是指某种源于证人所亲身感知的事实而作的意见、推理或结论。麦克威对意见证据的解释为:证人基于直接呈现于其感官上之事实,推论系争事实存在与否,法律上称之为意见,证人本于上述推论所作的陈述,称之为意见证据。意见证据规则是英美法的一项重要证据规则,在英美法系国家,证人一般只能对自己所耳闻目睹的事实作证,而不能就这些事实提出意见、推理或结论,也就是说,普通证人不得在陈述自己亲身经历的事实之外,陈述其意见、推理或结论,这就是意见证据规则。根据《关于办理死刑案件审查判断证据若干问题的规定》第12条第3款规定:证人的猜测性、评论性、推断性的证言,不能作为证据使用,但根据一般生活经验判断符合事实的除外。这一规定就是对证人意见证据的排除。

(七)补强证据规则

补强证据规则,是指为了防止误认事实或产生其他的危险性,而在运用某些证明力显然薄弱的证据认定案情时,必须有其他证据补强其证明力,才能被法庭采信为定案依据。

(八)最佳证据规则

最佳证据规则是一项适用于书证的规则,含义是在证明一项文书内容的过程中,如果其内容对案件审理重要,除非是因可证明的提出人重大过失之外的其他原因,否则必须使用原始的文书。即在以文书的内容证明案件的事实时,除非存在法定的特定例外情形,必须提供原始文书,否则法官不予采纳。美国证据法学者华尔兹教授认为:最佳证据规则称为"原始文书规则"或许更为妥当,它仅是一项规定原始文字材料有优先权作为证据的简单原则。

## 考点 5 刑事诉讼证明

(一) 刑事诉讼证明

刑事诉讼中的证明,狭义是指侦查、检察、审判人员依照法定程序收集证据,审查判断证据,运用证据来确定有无犯罪,是谁实施了犯罪,犯罪人的罪责轻重以及其他有关事实的诉讼活动;广义是指除了上述人员以外,还包括当事人和其他诉讼参与人依法提供证据,运用证据证明自己诉讼主张的活动。

(二) 刑事诉讼证明对象

证明对象是指诉讼中必须用证据加以证明的案件事实。《刑诉法解释》第 64 条规定:应当运用证据证明的案件事实包括:① 被告人、被害人的身份;② 被指控的犯罪是否存在;③ 被指控的犯罪是否为被告人所实施;④ 被告人有无刑事责任能力,有无罪过,实施犯罪的动机、目的;⑤ 实施犯罪的时间、地点、手段、后果以及案件起因等;⑥ 被告人在共同犯罪中的地位、作用;⑦ 被告人有无从重、从轻、减轻、免除处罚情节;⑧ 有关附带民事诉讼、涉案财物处理的事实;⑨ 有关管辖、回避、延期审理等的程序事实;⑩ 与定罪量刑有关的其他事实。

认定被告人有罪和对被告人从重处罚,应当适用证据确实、充分的证明标准。《刑事诉讼规则》第 437 条规定:在法庭审理中,下列事实不必提出证据进行证明:① 为一般人共同知晓的常识性事实;② 人民法院生效裁判所确认的并且未依审判监督程序重新审理的事实;③ 法律、法规的内容以及适用等属于审判人员履行职务所应当知晓的事实;④ 在法庭审理中不存在异议的程序事实;⑤ 法律规定的推定事实;⑥ 自然规律或者定律。

**特别关注**:概括起来,刑事诉讼证明对象包括实体法方面的事实和程序法方面的事实两大类。

(1) 实体法方面的事实主要有:① 有关犯罪构成要件方面的事实;② 作为从重或者从轻、减轻、免除刑事处罚的事实;③ 犯罪嫌疑人、被告人的个人情况和犯罪后的表现。

(2) 程序法方面的事实主要有:① 关于回避的事实;② 影响采取某种强制措施的事实;③ 关于耽误期限是否有不能抗拒的原因的事实;④ 违反法定程序的事实。

证据本身不是刑事诉讼证明的对象。

(三) 刑事诉讼证明责任

证明责任,也称举证责任,是指司法机关或者某些当事人对应予认定或者阐明的案件事实或者自己所主张的事实,应当收集或者提供证据予以证明的责任;否则,将承担其认定或主张事实有不能成立危险的后果。《刑事诉讼法》第 49 条规定:"公诉案件中被告人有罪的举证责任由人民检察院承担,自诉案件中被告人有罪的举证责任由自诉人承担。"(1) 公诉案件中,证明犯罪嫌疑人、被告人有罪的责任,由人民检察院和公安机关等承担。(2) 自诉案件的自诉人应当对其控诉承担证明责任。(3) 犯罪嫌疑人、被告人一般情况下不承担证明自己无罪的责任,但犯罪嫌疑人、被告人对侦查人员的提问应当如实陈述。(4) 在例外情况下,犯罪嫌疑人、被告人应当承担证明责任,被称作举证责任倒置。主要是指我国《刑法》第 395 条第 1 款规定的巨额财产来源不明罪。

**特别关注**：《刑事诉讼规则》第61条规定：人民检察院在立案侦查、审查逮捕、审查起诉等办案活动中认定案件事实，应当以证据为根据。公诉案件中被告人有罪的举证责任由人民检察院承担。人民检察院在提起公诉指控犯罪时，应当提出确实、充分的证据，并运用证据加以证明。人民检察院提起公诉，应当遵循客观公正原则，对被告人有罪、罪重、罪轻的证据都应当向人民法院提出。

（四）刑事诉讼证明标准

刑事诉讼中的证明标准，又叫证明要求，是指法律要求公安、司法人员运用证据证明案件事实所要达到的程度。我国刑事诉讼的证明标准是案件事实清楚，证据确实、充分。对于达不到证明标准的疑罪应当从无处理。《刑事诉讼法》第53条第2款规定："证据确实、充分，应当符合以下条件：（一）定罪量刑的事实都有证据证明；（二）据以定案的证据均经法定程序查证属实；（三）综合全案证据，对所认定事实已排除合理怀疑。"

**特别关注**：

1.《刑诉法解释》第64条第2款规定：认定被告人有罪和对被告人从重处罚，应当适用证据确实、充分的证明标准。

2.《刑事诉讼规则》第63条规定：人民检察院侦查终结或者提起公诉的案件，证据应当确实、充分。证据确实、充分，应当符合以下条件：① 定罪量刑的事实都有证据证明；② 据以定案的证据均经法定程序查证属实；③ 综合全案证据，对所认定事实已排除合理怀疑。

3.《刑诉法解释》第105条规定：没有直接证据，但间接证据同时符合下列条件的，可以认定被告人有罪：① 证据已经查证属实；② 证据之间相互印证，不存在无法排除的矛盾和无法解释的疑问；③ 全案证据已经形成完整的证明体系；④ 根据证据认定案件事实足以排除合理怀疑，结论具有唯一性；⑤ 运用证据进行的推理符合逻辑和经验。

**特别关注**：最高人民法院2013年11月21日出台的《关于建立健全防范刑事冤假错案工作机制的意见》

（一）坚持刑事诉讼基本原则，树立科学司法理念

（1）坚持尊重和保障人权原则。尊重被告人的诉讼主体地位，维护被告人的辩护权等诉讼权利，保障无罪的人不受刑事追究。

（2）坚持依法独立行使审判权原则。必须以事实为根据，以法律为准绳。不能因为舆论炒作、当事方上访闹访和地方"维稳"等压力，作出违反法律的裁判。

（3）坚持程序公正原则。自觉遵守刑事诉讼法有关规定，严格按照法定程序审判案件，保证准确有效地执行法律。

（4）坚持审判公开原则。依法保障当事人的诉讼权利和社会公众的知情权，审判过程、裁判文书依法公开。

（5）坚持证据裁判原则。认定案件事实，必须以证据为根据。应当依照法定程序审查、认定证据。认定被告人有罪，应当适用证据确实、充分的证明标准。

（二）严格执行法定证明标准，强化证据审查机制

（1）定罪证据不足的案件，应当坚持疑罪从无原则，依法宣告被告人无罪，不得降格作出"留有余地"的判决。定罪证据确实、充分，但影响量刑的证据存疑的，应当在量刑时作出有利于被告人的处理。死刑案件，认定对被告人适用死刑的事实证据不足的，不得判处死刑。

(2) 重证据,重调查研究,切实改变"口供至上"的观念和做法,注重实物证据的审查和运用。只有被告人供述,没有其他证据的,不能认定被告人有罪。

(3) 采用刑讯逼供或者冻、饿、晒、烤、疲劳审讯等非法方法收集的被告人供述,应当排除。除情况紧急必须现场讯问以外,在规定的办案场所外讯问取得的供述,未依法对讯问进行全程录音录像取得的供述,以及不能排除以非法方法取得的供述,应当排除。

(4) 现场遗留的可能与犯罪有关的指纹、血迹、精斑、毛发等证据,未通过指纹鉴定、DNA鉴定等方式与被告人、被害人的相应样本作同一认定的,不得作为定案的根据。涉案物品、作案工具等未通过辨认、鉴定等方式确定来源的,不得作为定案的根据。对于命案,应当审查是否通过被害人近亲属辨认、指纹鉴定、DNA鉴定等方式确定被害人身份。

(三) 切实遵守法定诉讼程序,强化案件审理机制

(1) 庭前会议应当归纳事实、证据争点。控辩双方有异议的证据,庭审时重点调查;没有异议的,庭审时举证、质证适当简化。

(2) 审判案件应当以庭审为中心。事实证据调查在法庭,定罪量刑辩论在法庭,裁判结果形成于法庭。

(3) 证据未经当庭出示、辨认、质证等法庭调查程序查证属实,不得作为定案的根据。采取技术侦查措施收集的证据,除可能危及有关人员的人身安全,或者可能产生其他严重后果,由人民法院依职权庭外调查核实的外,未经法庭调查程序查证属实,不得作为定案的根据。

(4) 依法应当出庭作证的证人没有正当理由拒绝出庭或者出庭后拒绝作证,其庭前证言真实性无法确认的,不得作为定案的根据。

(5) 保障被告人及其辩护人在庭审中的发问、质证、辩论等诉讼权利。对于被告人及其辩护人提出的辩解理由、辩护意见和提交的证据材料,应当当庭或者在裁判文书中说明采纳与否及理由。

(6) 定罪证据存疑的,应当书面建议人民检察院补充调查。人民检察院在两个月内未提交书面材料的,应当根据在案证据依法作出裁判。

(四) 认真履行案件把关职责,完善审核监督机制

(1) 合议庭成员共同对案件事实负责。承办法官为案件质量第一责任人。合议庭成员通过庭审或者阅卷等方式审查事实和证据,独立发表评议意见并说明理由。死刑案件,由经验丰富的法官承办。

(2) 审判委员会讨论案件,委员依次独立发表意见并说明理由,主持人最后发表意见。

(3) 原判事实不清、证据不足,第二审人民法院查清事实的,不得发回重新审判。以事实不清、证据不足为由发回重新审判的案件,上诉、抗诉后,不得再次发回重新审判。

(4) 不得通过降低案件管辖级别规避上级人民法院的监督。不得就事实和证据问题请示上级人民法院。

(5) 复核死刑案件,应当讯问被告人。辩护律师提出要求的,应当听取意见。证据存疑的,应当调查核实,必要时到案发地调查。

(6) 重大、疑难、复杂案件,不能在法定期限内审结的,应当依法报请延长审理期限。

(7) 建立科学的办案绩效考核指标体系,不得以上诉率、改判率、发回重审率等单项考核指标评价办案质量和效果。

（五）充分发挥各方职能作用，建立健全制约机制

（1）严格依照法定程序和职责审判案件，不得参与公安机关、人民检察院联合办案。

（2）切实保障辩护人会见、阅卷、调查取证等辩护权利。辩护人申请调取可能证明被告人无罪、罪轻的证据，应当准许。

（3）重大、疑难、复杂案件，可以邀请人大代表、政协委员、基层群众代表等旁听观审。

（4）对确有冤错可能的控告和申诉，应当依法复查。原判决、裁定确有错误的，依法及时纠正。

（5）建立健全审判人员权责一致的办案责任制。审判人员依法履行职责，不受追究。审判人员办理案件违反审判工作纪律或者徇私枉法的，依照有关审判工作纪律和法律的规定追究责任。

[特别提示]　最高人民法院《关于进一步加强合议庭职责的若干规定》第十条规定："合议庭组成人员存在违法审判行为的，应当按照《人民法院审判人员违法审判责任追究办法（试行）》等规定追究相应责任。合议庭审理案件有下列情形之一的，合议庭成员不承担责任：（一）因对法律理解和认识上的偏差而导致案件被改判或者发回重审的；（二）因对案件事实和证据认识上的偏差而导致案件被改判或者发回重审的；（三）因新的证据而导致案件被改判或者发回重审的；（四）因法律修订或者政策调整而导致案件被改判或者发回重审的；（五）因裁判所依据的其他法律文书被撤销或变更而导致案件被改判或者发回重审的；（六）其他依法履行审判职责不应当承担责任的情形。"

## 二、例题

1. 公安机关发现一具被焚烧过的尸体，因地处偏僻且天气恶劣，无法找到见证人，于是对勘验过程进行了全程录像，并在笔录中注明原因。法庭审理时，辩护人以勘验时没有见证人在场为由，申请排除勘验现场收集的物证。关于本案证据，下列哪一选项是正确的？（2016年真题，单选）

A. 因违反取证程序的一般规定，应当排除

B. 应予以补正或者作出合理解释，否则予以排除

C. 不仅物证应当排除，对物证的鉴定意见等衍生证据也应排除

D. 有勘验过程全程录像并在笔录中已注明理由，不予排除

[释疑]　《刑诉解释》第73条第2款规定："物证、书证的收集程序、方式有下列瑕疵，经补正或者作出合理解释的，可以采用：（一）勘验、检查、搜查、提取笔录或者扣押清单上没有侦查人员、物品持有人、见证人签名，或者对物品的名称、特征、数量、质量等注明不详的；……对物证、书证的来源、收集程序有疑问，不能作出合理解释的，该物证、书证不得作为定案的根据。"《刑诉解释》第67条第2款规定："由于客观原因无法由符合条件的人员担任见证人的，应当在笔录材料中注明情况，并对相关活动进行录像。"根据上述规定，本题中A项于法无据，错误；B项错误，因为《刑诉解释》明确规定，"由于客观原因无法由符合条件的人员担任见证人的，应当在笔录材料中注明情况，并对相关活动进行录像"即可。C项更无法律依据；只有D项正确。（答案：D）

2. 关于《刑事诉讼法》规定的证明责任分担，下列哪一选项是正确的？（2016年真题，单选）

A. 公诉案件中检察院负有证明被告人有罪的责任，证明被告人无罪的责任由被告方承担

B. 自诉案件的证明责任分配依据"谁主张，谁举证"的法则确定

C. 巨额财产来源不明案中,被告人承担说服责任

D. 非法持有枪支案中,被告人负有提出证据的责任

[释疑]  《刑事诉讼法》第49条规定:公诉案件中被告人有罪的举证责任由人民检察院承担,自诉案件中被告人有罪的举证责任由自诉人承担。所以,A项"公诉案件中检察院负有证明被告人有罪的责任,证明被告人无罪的责任由被告方承担"错误;B项也错误。被告人有提出自己无罪证据的权利,而不是责任;只有民事诉讼中才存在"谁主张,谁举证"的规则;巨额财产来源不明案中,也必须由检察院承担证明被告人的财产超过其收入,且差额巨大的责任,这时,法律只要求被告人说明差额部分的合法来源,而不是什么"说服责任",所以,C项错误;在非法持有枪支案中,仍应当由控方证明被告人持有了枪支,而彼时被告人需提出证据证明其是合法持有枪支。所以,D项正确。(答案:D)

3. 甲驾车将昏迷的乙送往医院,并垫付了医疗费用。随后赶来的乙的家属报警称甲驾车撞倒乙。急救中,乙曾短暂清醒并告诉医生自己系被车辆撞倒。医生将此话告知警察,并称从甲送乙入院时的神态看,甲应该就是肇事者。关于本案证据,下列哪些选项是正确的?(2016年真题,多选)

A. 甲垫付医疗费的行为与交通肇事不具有关联性

B. 乙告知医生"自己系被车辆撞倒"属于直接证据

C. 医生基于之前乙的陈述,告知警察乙系被车辆撞倒,属于传来证据

D. 医生认为甲是肇事者的证词属于符合一般生活经验的推断性证言,可作为定案依据

[释疑]  关联性也称为相关性,是指证据必须与案件事实有客观联系,对证明刑事案件事实具有某种实际意义,反之,与本案无关的事实或材料,都不能成为刑事证据。甲垫付医疗费的行为并不能证明其交通肇事,所以,A项正确。凡是可以单独直接证明案件主要事实的证据,属于直接证据。刑事案件的主要事实就是犯罪嫌疑人、被告人是否实施了犯罪行为。乙告知医生"自己系被车辆撞倒",但不能说明是谁撞到。所以,B项错误。凡不是直接来源于案件事实,而是从间接的非第一来源获得的证据材料,称为传来证据。医生告知警察乙系被车辆撞倒,不是自己看见的,而是听乙说的,所以C项正确。甲驾车将昏迷的乙送往医院急救,医生说从甲送乙入院时的神态看,甲应该就是肇事者。这个判断不符合普通人一般的生活经验,所以,D项错误。(答案:AC)

4. 辩护律师在庭审中对控方证据提出异议,主张这些证据不得作为定案依据。对下列哪些证据的异议,法院应当予以支持?(2016年真题,多选)

A. 因证人拒不到庭而无法当庭询问的证人证言

B. 被告人提供了有关刑讯逼供的线索及材料,但公诉人不能证明讯问合法的被告人庭前供述

C. 工商行政管理部门关于查处被告人非法交易行为时的询问笔录

D. 侦查人员在办案场所以外的地点询问被害人所获得的被害人陈述

[释疑]  因我国刑诉法并不要证人军需出庭作证,并且证人应当出庭而未出庭的,其庭前证言仍可采纳,所以,A项法院应当予以支持错误。我国刑诉法规定刑讯逼供等非法方法取得的供述应当排除。本案中被告人提供了有关刑讯逼供的线索及材料,但公诉人不能证明取得庭前被告人供述讯问程序合法,所以,B项法院应当予以支持正确。根据刑诉法及相关司法解释规定,行政机关在行政执法和查办案件过程中收集的物证、书证、视听资料、电子数据等实

物证据,在刑事诉讼中可以作为证据使用,而证言、陈述类证据则需要重新走程序。所以,C项正确。刑诉法及司法解释规定询问被害人适用询问证人的程序,而询问证人可以在其住处、单位等地方。所以D项错误。(答案:BC)

5. 下列哪些选项属于刑事诉讼中的证明对象?(2016年真题,多选)
   A. 行贿案中,被告人知晓其谋取的系不正当利益的事实
   B. 盗窃案中,被告人的亲友代为退赃的事实
   C. 强奸案中,用于鉴定的体液检材是否被污染的事实
   D. 侵占案中,自诉人申请期间恢复而提出的其突遭车祸的事实,且被告人和法官均无异议

[释疑] 《刑诉解释》第64条规定:"应当运用证据证明的案件事实包括:(一)被告人、被害人的身份;(二)被指控的犯罪是否存在;(三)被指控的犯罪是否为被告人所实施;(四)被告人有无刑事责任能力,有无罪过,实施犯罪的动机、目的;(五)实施犯罪的时间、地点、手段、后果以及案件起因等;(六)被告人在共同犯罪中的地位、作用;(七)被告人有无从重、从轻、减轻、免除处罚情节;(八)有关附带民事诉讼、涉案财物处理的事实;(九)有关管辖、回避、延期审理等的程序事实;(十)与定罪量刑有关的其他事实。"本题中,行贿案中,被告人知晓其谋取的系不正当利益的事实能够说明被指控的犯罪是否存在,所以,A项正确;盗窃案中,被告人的亲友代为退赃的事实,属于与定罪量刑有关的其他事实。所以,B项正确;证据本身不是证明对象而是查证是否属实的问题,本题中体液检材是否被污染不是刑事诉讼中的证明对象,所以,C项错误。《刑事诉讼规则》第437条规定:"在法庭审理中,下列事实不必提出证据进行证明:(一)为一般人共同知晓的常识性事实;(二)人民法院生效裁判所确认的并且未按审判监督程序重新审理的事实;(三)法律、法规的内容以及适用等属于审判人员履行职务所应当知晓的事实;(四)在法庭审理中不存在异议的程序事实;(五)法律规定的推定事实;(六)自然规律或者定律。"本题中,"侵占案中,自诉人申请期间恢复而提出的其突遭车祸的事实,且被告人和法官均无异议"属于"(四)在法庭审理中不存在异议的程序事实"所以,D项属于刑事诉讼中的证明对象错误。(答案:AB)

6. 关于证人证言与鉴定意见,下列哪一选项是正确的?(    )
   A. 证人证言只能由自然人提供,鉴定意见可由单位出具
   B. 生理上、精神上有缺陷的人有时可以提供证人证言,但不能出具鉴定意见
   C. 如控辩双方对证人证言和鉴定意见有异议的,相应证人和鉴定人均应出庭
   D. 证人应出庭而不出庭的,其庭前证言仍可能作为证据;鉴定人应出庭而不出庭的,鉴定意见不得作为定案根据

[释疑] A项是正确的,因为单位没有感知能力。但是,B项是错误的,因为,鉴定意见是鉴定人做出的,要由鉴定人签名才有效。单位盖章只是为了表明该鉴定人属于哪一个鉴定机构,单位本身不能提供鉴定意见。生理上、精神上有缺陷的人只要能辨别是非、能正确表达,就可以作证人,同样如果生理上、精神上有缺陷的人具有某种专门的知识或技能,取得鉴定人资质的,也可以出具鉴定意见。《刑事诉讼法》第187条规定:"公诉人、当事人或者辩护人、诉讼代理人对证人证言有异议,且该证人证言对案件定罪量刑有重大影响,人民法院认为证人有必要出庭作证的,证人应当出庭作证。人民警察就其执行职务时目击的犯罪情况作为证人出庭作证,适用前款规定。公诉人、当事人或者辩护人、诉讼代理人对鉴定意见有异议,人民法院认

为鉴定人有必要出庭的,鉴定人应当出庭作证。经人民法院通知,鉴定人拒不出庭作证的,鉴定意见不得作为定案的根据。"所以,C项错误;D项正确。(答案:D)

7. 甲涉嫌盗窃室友乙存放在储物柜中的笔记本电脑一台并转卖他人,但甲辩称该电脑系其本人所有,只是暂存于乙处。下列哪一选项既属于原始证据,又属于直接证据?(2015年真题,单选)

A. 侦查人员在乙储物柜的把手上提取的甲的一枚指纹
B. 侦查人员在室友丙手机中直接提取的视频,内容为丙偶然拍下的甲打开储物柜取走电脑的过程
C. 室友丁的证言,内容是曾看到甲将一台相同的笔记本电脑交给乙保管
D. 甲转卖电脑时出具的现金收条凡是直接来源于案件事实,未经复制、转述的证据是原始证据,也就是通常所说的第一手材料。

[释疑] 直接证据与间接证据是根据证据与案件主要事实的证明关系的不同,对证据进行的划分。刑事案件的主要事实是指犯罪事实是否存在,以及该行为是否系犯罪嫌疑人、被告人所实施。所谓直接证据,是指能够单独地直接证明案件主要事实的证据。间接证据,是指不能单独地直接证明案件主要事实,而需要与其他证据相结合才能证明案件主要事实的证据。A项"指纹"是原始证据,但不能单独证明案件主要事实,所以,不是直接证据。B项"视频"是直接证据,但不是原始证据,因为该"视频"经过了"复制"。C项"证言"是原始证据,同时,又是直接证据。D项"收条"是原始证据,但不是直接证据。(答案:C)

8. 下列哪一选项属于传闻证据?(2015年真题,单选)

A. 甲作为专家辅助人在法庭上就一起伤害案的鉴定意见提出的意见
B. 乙了解案件情况但因重病无法出庭,法官自行前往调查核实的证人证言
C. 丙作为技术人员"就证明讯问过程合法性的同步录音录像是否经过剪辑"在法庭上所作的说明
D. 丁曾路过发生杀人案的院子,其开庭审理时所作的"当时看到一个人从那里走出来,好像喝了许多酒"的证言

[释疑] 传闻证据规则即传闻证据排除法则,是英美证据法最重要的证据规则之一。传闻证据规则是指,如果一个证据被定义为传闻证据,并且没有法定的例外情况可以适用,则该证据不得被法庭采纳。传闻证据规则的核心概念是"传闻",即传闻证据,是英美证据法上特有的证据概念。所谓"传闻",在广义上是指,用以证明其所说内容真实的法庭之外的陈述,包括口头陈述、书面陈述以及有意或无意地带有某种意思表示的非语言行为。关于传闻证据的界定,可以概括出以下几点:① 传闻证据必须是一项陈述。但陈述是一个十分广泛的概念,包括意思表达的所有方式。其广义的表现方式包括口头陈述、书面陈述,以及非语言行为。至于陈述的主体,是广义的证人。在英美法系国家,证人的概念是广义的。证人通常指经过宣誓之后在法庭审理过程中对案件的有关事实作证的人,包括大陆法系意义上的证人,还包括被害人、鉴定人、进行侦查的警察。② 传闻证据是在法庭外作出的。庭外陈述人的主张是不能被接受的,因为该主张不是在能获得某些实质的检验或调查的情况下作出的,而这些检验或调查能够通过暴露其潜在错误来源而彰显其真实价值。③ 传闻证据是一项主张,并旨在证明这一主张的真实性。传闻证据规则并非一律排除陈述者在庭外的所有陈述,而是不得用于证明其陈述内容是真实的。如果为了其他证明目的,传闻证据是可以采纳的。所以,A项"意见"是

意见提供者在法庭上亲自提出的,不是传闻证据。B项"证言"并非该证人亲自在法庭上提供,故为传闻证据。C项"说明"也非传闻证据。D项"好像喝了许多酒"的证言,也非传闻证据。(答案:B)

9. 案例题(2015年真题,案例)

案情:某日凌晨,A市某小区地下停车场发现一具男尸,经辨认,死者为刘瑞,达永房地产公司法定代表人。停车场录像显示一男子持刀杀死了被害人,但画面极为模糊,小区某保安向侦查人员证实其巡逻时看见形似刘四的人拿刀捅了被害人后逃走(开庭时该保安已辞职无法联系)。

侦查人员在现场提取了一只白手套,一把三棱刮刀(由于疏忽,提取时未附笔录)。侦查人员对现场提取的血迹进行了ABO血型鉴定,认定其中的血迹与犯罪嫌疑人刘四的血型一致。

刘四到案后几次讯问均不认罪,后来交代了杀人的事实并承认系被他人雇用所为,公安机关据此抓获了另外两名犯罪嫌疑人康雍房地产公司开发商张文、张武兄弟。

侦查终结后,检察机关提起公诉,认定此案系因开发某地块利益之争,张文、张武雇用社会人员刘四杀害了被害人。

法庭上张氏兄弟、刘四同时翻供,称侦查中受到严重刑讯,不得不按办案人员意思供认,但均未向法庭提供非法取证的证据或线索,未申请排除非法证据。

公诉人指控定罪的证据有:① 小区录像;② 小区保安的证言;③ 现场提取的手套、刮刀;④ ABO血型鉴定;⑤ 侦查预审中三被告人的有罪供述及其相互证明。三被告对以上证据均提出异议,主张自己无罪。

答题要求:

1. 无本人分析、照抄材料原文不得分;
2. 结论、观点正确,逻辑清晰,说理充分,文字通畅;
3. 请按问题顺序作答,总字数不得少于800字。

问题:

1. 请根据《刑事诉讼法》及相关司法解释的规定,对以上证据分别进行简要分析,并作出是否有罪的结论。

[释疑] 本案现有证据不能作出有罪的结论。

(1) 小区录像只能证明一男子持刀杀死了被害人,由于画面极为模糊,不能证明该男子是被告人刘四。

(2) 小区保安的证言只是向侦查人员证实其巡逻时看见形似刘四的人拿刀捅了被害人后逃走(开庭时该保安已辞职无法联系)。该证言属于猜测性、评论性、推断性的证言,根据《刑诉法解释》第75条第2款规定:"证人的猜测性、评论性、推断性的证言,不得作为证据使用,但根据一般生活经验判断符合事实的除外",况且,该证人开庭已无法联系,所以,该证言不得作为证据使用。

(3) 现场提取的手套、刮刀,侦查人员在现场提取了一只白手套,一把三棱刮刀(由于疏忽,提取时未附笔录)。根据《刑诉法解释》第73条第1款规定:"在勘验、检查、搜查过程中提取、扣押的物证、书证,未附笔录或者清单,不能证明物证、书证来源的,不得作为定案的根据。"该物证也不得作为定案的根据。

(4) ABO血型鉴定:其中的血迹与犯罪嫌疑人刘四的血型一致。血型一致并非DNA鉴定,可以作出同一认定,只能说明不排除该血迹是刘四的,也可能是别人的。

(5) 侦查预审中三被告人的有罪供述及其相互证明。由于法庭上张氏兄弟、刘四同时翻供,称侦查中受到严重刑讯,不得不按办案人员意思供认。《刑诉法解释》第83条规定:"审查被告人供述和辩解,应当结合控辩双方提供的所有证据以及被告人的全部供述和辩解进行。被告人庭审中翻供,但不能合理说明翻供原因或者其辩解与全案证据矛盾,而其庭前供述与其他证据相互印证的,可以采信其庭前供述。被告人庭前供述和辩解存在反复,但庭审中供认,且与其他证据相互印证的,可以采信其庭审供述;被告人庭前供述和辩解存在反复,庭审中不供认,且无其他证据与庭前供述印证的,不得采信其庭前供述。"根据上述规定,本案中被告人庭审中不供认,且无其他证据与庭前供述相印证,故不得采信其庭前供述。尽管本案被告人均未向法庭提供非法取证的证据或线索,未申请排除非法证据,但法院可以依职权对非法证据进行调查。因为《刑事诉讼法》第56条第1款规定:"法庭审理过程中,审判人员认为可能存在本法第五十四条规定的以非法方法收集证据情形的,应当对证据收集的合法性进行法庭调查。"《刑事诉讼法》第53条规定:"对一切案件的判处都要重证据,重调查研究,不轻信口供。只有被告人供述,没有其他证据的,不能认定被告人有罪和处以刑罚;没有被告人供述,证据确实、充分的,可以认定被告人有罪和处以刑罚。证据确实、充分,应当符合以下条件:(一) 定罪量刑的事实都有证据证明;(二) 据以定案的证据均经法定程序查证属实;(三) 综合全案证据,对所认定事实已排除合理怀疑。"

《刑诉法解释》第105条规定:"没有直接证据,但间接证据同时符合下列条件的,可以认定被告人有罪:(一) 证据已经查证属实;(二) 证据之间相互印证,不存在无法排除的矛盾和无法解释的疑问;(三) 全案证据已经形成完整的证明体系;(四) 根据证据认定案件事实足以排除合理怀疑,结论具有唯一性;(五) 运用证据进行的推理符合逻辑和经验。"本案证据达不到确实、充分的条件,对所认定事实不能排除合理怀疑。所以,本案现有证据不能作出有罪的结论。

2. 请结合本案,谈谈对《中共中央关于全面推进依法治国若干重大问题的决定》中关于"推进以审判为中心的诉讼制度改革,确保侦查、审查起诉的案件事实证据经得起法律的检验"这一部署的认识。

[释疑] 以审判为中心就是以庭审作为整个诉讼的中心环节,侦查、起诉等审前程序都是开启审判程序的准备阶段,侦查、起诉活动都是围绕审判中事实认定、法律适用的标准和要求而展开,法官直接听取控辩双方的意见,依据证据裁判规则作出裁判,做到事实证据调查在法庭,定罪量刑辩论在法庭,判决结果形成在法庭。简而言之,以审判为中心就是要求庭审实质化,提高审判质量。以审判为中心要求作为刑事诉讼开端程序的立案、侦查,收集证据要从源头上保证案件审判质量,防止冤假错案的发生。侦查人员收集证据一定要依法定的程序进行,这样才能为公正审判提供合法证据。同时,侦查中还应当保护犯罪嫌疑人的辩护权等合法权益。本案的侦查中,侦查人员询问证人不仔细,对证人的保护不力,开庭时证人已无法联系,丧失了证人出庭接受询问的条件;侦查人员对现场提取白手套、三棱刮刀也违反取证程序,提取时居然未附笔录。侦查人员对现场提取的血迹只做不能认定同一的ABO血型鉴定,未做DNA鉴定也违反了法定程序。对犯罪嫌疑人的供述过程也未按规定进行全程录音录像,也未按规定为犯罪嫌疑人提供法律援助。因此,本案中的侦查活动未能按审判为中心的要求进行,

其证据不被法庭采纳就不足为奇了。审查起诉是把守案件审判质量的重要闸门，审判中心要求公诉部门要严格依法审查起诉、提起公诉、出庭支持公诉的，对于不符合起诉条件的案件不能起诉到法院。本案中，公诉部门对没有证据能力的证人证言、不能作为定案根据的的手套、刮刀，未做DNA鉴定的血迹未依法进行认真审查就移送人民法院；对侦查活动中可能存在的非法取证行为也未进行有效监督；对犯罪嫌疑人的辩护权也未依法进行保护；关键证人下落不明等等，都不符合法定程序，达不到按审判中心的要求。审判中心除了要求侦查、起诉要围绕着审判展开，还要求审判中：

（1）要贯彻直接言词原则。直接言词原则是直接审理原则和言词审理原则的合称。直接原则的要求有二：① 法官（包括陪审法官）必须始终在法庭上亲自接触证据材料、直接感受证据材料。② 法官应当尽可能接触原始证据材料，而不是第二手或者更远离原始的材料。因为在诉讼中，法官对于案件事实的认定是以证据为根据的，唯有要求法官对于证据调查具有亲历性，要求证据尽可能具有原始性，才能使法官更准确地判断证据和案件事实。言词审理原则，又称口头(审理)原则，"要求以言词陈述或问答形式而显现于审判庭之诉讼材料，法院始得采为裁判之基础"。直接审理原则和言词审理原则的综合作用，就是通过公正审判程序保障实现实体审判公正，特别是通过庭审查明案件事实真相。本案中，并未有通知证人、鉴定人、勘验检查笔录制作人等出庭的打算，就会使得直接言词原则难以贯彻。

（2）要保障犯罪嫌疑人、被告人的辩护权。对于犯罪嫌疑人、被告人而言，在面临着被定罪处刑的关键性审判阶段，其辩护权应当得到充分和有效的保障。而对犯罪嫌疑人、被告人来说，最有效的辩护就是律师辩护。本案中从头到尾始终未见辩护律师与辩护律师的意见，显然与审判中心的要求相去甚远。

（3）事实认定符合客观真相。推进审判中心的改革主要是为了公正司法，严防冤假错案发生，提高司法公信力。这就必须努力做到庭审所作出的"事实认定符合客观真相"。案件事实客观真相或者称案件本源事实是指客观存在的案件发生时的事实情况。它不以办案人员的意志为转移，办案人员不能否认、改变案件的客观真相，而只能对其加以发现、查明和认定。但是案件本原事实是过去发生的，办案人员只能以证据作为唯一手段来认定案件事实、还原案件事实真相。依据证据准确认定案件事实，这就是证据裁判原则之要义。需要明确的是，在刑事司法中事实认定符合客观真相这一要求实际上仅指对被告人有罪事实的认定而言，即在证明标准上达到了事实清楚、证据确实充分的程度才能认定被告人有罪。至于无罪的事实认定，能达到符合客观真相固然理想，但是一部分案件的事实认定，属于事实不清、证据不足的情形，无法达到符合客观真相，只能按照疑罪从无原则作无罪处理，以免冤枉无辜。本案中，由于证据不足以证明被告人构成犯罪，只能作出证据不足的无罪判决。

10. 关于鉴定人与鉴定意见，下列哪一选项是正确的？（2014年真题，单选）
  A. 经法院通知，鉴定人无正当理由拒不出庭的，可由院长签发强制令强制其出庭
  B. 鉴定人有正当理由无法出庭的，法院可中止审理，另行聘请鉴定人重新鉴定
  C. 经辩护人申请而出庭的具有专门知识的人，可向鉴定人发问
  D. 对鉴定意见的审查和认定，受到意见证据规则的规制

[释疑] 《刑事诉讼法》第187条第3款规定："公诉人、当事人或者辩护人、诉讼代理人对鉴定意见有异议，人民法院认为鉴定人有必要出庭的，鉴定人应当出庭作证。经人民法院通知，鉴定人拒不出庭作证的，鉴定意见不得作为定案的根据。"法院不能强制鉴定人出庭，故

A项错误。六部门《规定》第29条规定:"刑事诉讼法第一百八十七条第三款规定:'公诉人、当事人或者辩护人、诉讼代理人对鉴定意见有异议,人民法院认为鉴定人有必要出庭的,鉴定人应当出庭作证。经人民法院通知,鉴定人拒不出庭作证的,鉴定意见不得作为定案的根据。'根据上述规定,依法应当出庭的鉴定人经人民法院通知未出庭作证的,鉴定意见不得作为定案的根据。鉴定人由于不能抗拒的原因或者有其他正当理由无法出庭的,人民法院可以根据案件审理情况决定延期审理。"故B项错误。《刑事诉讼法》第192条规定:"法庭审理过程中,当事人和辩护人、诉讼代理人有权申请通知新的证人到庭,调取新的物证,申请重新鉴定或者勘验。公诉人、当事人和辩护人、诉讼代理人可以申请法庭通知有专门知识的人出庭,就鉴定人作出的鉴定意见提出意见。法庭对于上述申请,应当作出是否同意的决定。第二款规定的有专门知识的人出庭,适用鉴定人的有关规定。"有专门知识的人出庭是就鉴定意见提出意见,故C项正确。意见证据规则,是指证人只能陈述自己亲身感受和经历的事实,而不得陈述对该事实的意见或结论。英美国家将证人分为"专家证人"与"普通证人",允许专家证人基于专业知识提供意见证据,而普通证人只能陈述他们所知道的第一手资料,并且只能就事实提供证言。在我国,证人的猜测性、评论性、推断性的证言,不得作为证据使用,但根据一般生活经验判断符合事实的除外。鉴定意见属于言词证据,本身就是鉴定人对案件的专门问题作出的判断和发表的意见,不受意见证据规则的规制。故D项错误。(答案:C)

11. 关于证据的关联性,下列哪一选项是正确的?(2014年真题,单选)
   A. 关联性仅指证据事实与案件事实之间具有因果关系
   B. 具有关联性的证据即具有可采性
   C. 证据与待证事实的关联度决定证据证明力的大小
   D. 类似行为一般具有关联性

[释疑] 关联性也称为相关性,是指证据必须与案件事实有客观联系,对证明刑事案件事实具有某种实际意义,反之,与本案无关的事实或材料,都不能成为刑事证据。证据与案件事实相关联的形式是多种多样、十分复杂的。其中最常见的是因果关系,即证据事实是犯罪的原因或结果的事实;其次是与犯罪相关的空间、时间、条件、方法、手段的事实。故A项错误。关联性是证据被采纳的首要条件。没有关联性的证据不具有可采性,但具有关联性的证据未必都具有可采性,仍有可能出于利益考虑,或者由于某种特殊规则,而不具有可采性。故B项错误。证据的关联性是证据证明力的原因。所谓证明力,是指证据所具有的对案件事实的证明作用,也就是证据对证明案件事实的价值。证据对案件事实有无证明力以及证明力的大小,取决于证据本身与案件事实有无联系以及联系的紧密、强弱程度。一般来说,如果证据与案件事实之间的联系紧密,则该证据的证明力较强,在诉讼中所起的作用也较大。故C项正确。一般而言,英美证据法认为下列几种证据不具有关联性,不得作为认定案件事实的根据:① 品格证据。② 类似行为。一般规则是,被告人在其他场合的某一行为与他在当前场合的类似行为通常没有关联性。③ 特定的诉讼行为。④ 特定的事实行为。⑤ 被害人过去的行为。但是,上述行为不具有关联性也不是绝对的,而是存在一些例外的情况。故D项错误。(答案:C)

12. 下列哪一选项所列举的证据属于补强证据?(2014年真题,单选)
   A. 证明讯问过程合法的同步录像材料
   B. 证明获取被告人口供过程合法,经侦查人员签名并加盖公章的书面说明材料

C. 根据被告人供述提取到的隐蔽性极强、并能与被告人供述和其他证据相印证的物证

D. 对与被告人有利害冲突的证人所作的不利被告人的证言的真实性进行佐证的书证

[释疑] 补强证据,是指用以增强另一个证据证明力的证据,一开始收集到的对证实案情有重要意义的证据,称为"主证据",而用以印证该证据真实性的其他证据,就称之为"补强证据"。补强证据必须满足以下条件:① 补强证据必须具有证据能力。② 补强证据本身必须具有担保补强对象真实的能力。补强证据的作用仅仅在于担保特定补强对象的真实性,而非对整个待证事实或案件事实具有补强作用。③ 补强证据必须具有独立的来源。故 D 项正确。同步录像材料是用于证明讯问过程是否合法的,不能证明案件事实,不具备证据能力。故 A 项错误。经侦查人员签名并加盖公章的书面说明材料是用来说明获取被告人口供过程合法的,并不能担保被告人口供是真实的,不具备证据能力。故 B 项错误。根据被告人供述提取到的物证来源于被告人供述,不具备独立来源。故 C 项错误。(答案:D)

13. 某地法院审理齐某组织、领导、参加黑社会性质组织罪,关于对作证人员的保护,下列哪些选项是正确的?(2014 年真题,多选)

A. 可指派专人对被害人甲的人身和住宅进行保护

B. 证人乙可申请不公开真实姓名、住址等个人信息

C. 法院通知侦查人员丙出庭说明讯问的合法性,为防止黑社会组织报复,对其采取不向被告人暴露外貌、真实声音的措施

D. 为保护警方卧底丁的人身安全,丁可不出庭作证,由审判人员在庭外核实丁的证言

[释疑] 《刑事诉讼法》第 62 条规定:"对于危害国家安全犯罪、恐怖活动犯罪、黑社会性质的组织犯罪、毒品犯罪等案件,证人、鉴定人、被害人因在诉讼中作证,本人或者其近亲属的人身安全面临危险的,人民法院、人民检察院和公安机关应当采取以下一项或者多项保护措施:(一) 不公开真实姓名、住址和工作单位等个人信息;(二) 采取不暴露外貌、真实声音等出庭作证措施;(三) 禁止特定的人员接触证人、鉴定人、被害人及其近亲属;(四) 对人身和住宅采取专门性保护措施;(五) 其他必要的保护措施。证人、鉴定人、被害人认为因在诉讼中作证,本人或者其近亲属的人身安全面临危险的,可以向人民法院、人民检察院、公安机关请求予以保护。人民法院、人民检察院、公安机关依法采取保护措施,有关单位和个人应当配合。"故 A、B 项正确。侦查人员丙出庭是为了说明讯问的合法性,不是陈述案件事实,丙不具备证人资格,不能适用证人保护的规定。故 C 项错误。《刑事诉讼法》第 152 条规定:"依照本节规定采取侦查措施收集的材料在刑事诉讼中可以作为证据使用。如果使用该证据可能危及有关人员的人身安全,或者可能产生其他严重后果的,应当采取不暴露有关人员身份、技术方法等保护措施,必要的时候,可以由审判人员在庭外对证据进行核实。"故 D 项正确。(答案:ABD)

14. 在法庭审理过程中,被告人屠某、沈某和证人朱某提出在侦查期间遭到非法取证,要求确认其审前供述或证言不具备证据能力。下列哪些情形下应当根据法律规定排除上述证据?(2013 年真题,多选)

A. 将屠某"大"字型吊铐在窗户的铁栏杆上,双脚离地

B. 对沈某进行引诱,说"讲了就可以回去"

C. 对沈某进行威胁,说"不讲就把你老婆一起抓进来"

D. 对朱某进行威胁,说"不配合我们的工作就把你关进来"

[释疑] 《刑事诉讼法》第 54 条规定:"采用刑讯逼供等非法方法收集的犯罪嫌疑人、被告人供述和采用暴力、威胁等非法方法收集的证人证言、被害人陈述,应当予以排除。收集物

证、书证不符合法定程序,可能严重影响司法公正的,应当予以补正或者作出合理解释;不能补正或者作出合理解释的,对该证据应当予以排除。在侦查、审查起诉、审判时发现有应当排除的证据的,应当依法予以排除,不得作为起诉意见、起诉决定和判决的依据。"因此,A、D项当选。(答案:AD)

15. 下列哪些情形下,合议庭成员不承担责任?(2013年真题,多选)

A. 发现了新的无罪证据,合议庭作出的判决被改判的

B. 合议庭认为审前供述虽非自愿,但能够与其他证据相印证,因此予以采纳,该供述后来被上级法院排除后而改判的

C. 辩护方提出被告人不在犯罪现场的线索和证据材料,合议庭不予调查,作出有罪判决而被改判无罪的

D. 合议庭对某一事实的认定以生效的民事判决为依据,后来该民事判决被撤销,导致刑事判决发回重审的

[释疑] 最高人民法院《关于进一步加强合议庭职责的若干规定》第10条规定:"合议庭组成人员存在违法审判行为的,应当按照《人民法院审判人员违法审判责任追究办法(试行)》等规定追究相应责任。合议庭审理案件有下列情形之一的,合议庭成员不承担责任:(一)因对法律理解和认识上的偏差而导致案件被改判或者发回重审的;(二)因对案件事实和证据认识上的偏差而导致案件被改判或者发回重审的;(三)因新的证据而导致案件被改判或者发回重审的;(四)因法律修订或者政策调整而导致案件被改判或者发回重审的;(五)因裁判所依据的其他法律文书被撤销或变更而导致案件被改判或者发回重审的;(六)其他依法履行审判职责不应当承担责任的情形。"因此,A、B、D项当选。(答案:ABD)

16. 关于证人证言的收集程序和方式存在瑕疵,经补正或者作出合理解释后,可以作为证据使用的情形,下列哪一选项是正确的?(2012年真题,单选)

A. 询问证人时没有个别进行的

B. 询问笔录反映出在同一时间内,同一询问人员询问不同证人的

C. 询问聋哑人时应当提供翻译而未提供的

D. 没有经证人核对确认并签名(盖章)、捺指印的

[释疑] 《刑诉法解释》第76条规定:"证人证言具有下列情形之一的,不得作为定案的根据:(一)询问证人没有个别进行的;(二)书面证言没有经证人核对确认的;(三)询问聋哑人,应当提供通晓聋、哑手势的人员而未提供的;(四)询问不通晓当地通用语言、文字的证人,应当提供翻译人员而未提供的。"《刑诉法解释》第77条规定:"证人证言的收集程序、方式有下列瑕疵,经补正或者作出合理解释的,可以采用;不能补正或者作出合理解释的,不得作为定案的根据:(一)询问笔录没有填写询问人、记录人、法定代理人姓名以及询问的起止时间、地点的;(二)询问地点不符合规定的;(三)询问笔录没有记录告知证人有关作证的权利义务和法律责任的;(四)询问笔录反映出在同一时段,同一询问人员询问不同证人的。"故B项正确。(答案:B)

17. 关于补强证据,下列哪一说法是正确的?(2012年真题,单选)

A. 应当具有证据能力　　　　　　　　B. 可以和被补强证据来源相同

C. 对整个待证事实有证明作用　　　　D. 应当是物证或者书证

[释疑] 补强证据规则,是指为了防止错误认定案件事实或发生其他危险性,而在运用某些证明力显然薄弱的证据认定案情时,法律规定必须有其他证据补强其证明力。补强证

规则主要适用于言词证据。由于被追诉者的口供与其他言词证据在诉讼特征上有很大不同，又可以将补强证据规则分为口供的补强与其他证据的补强两类。证据必须具有证据能力，补强证据也不例外。因此，A项正确。（答案：A）

18. 关于辨认程序不符合有关规定，经补正或者作出合理解释后，辨认笔录可以作为证据使用的情形，下列哪一选项是正确的？（2012年真题，单选）

A. 辨认前使辨认人见到辨认对象的
B. 供辨认的对象数量不符合规定的
C. 案卷中只有辨认笔录，没有被辨认对象的照片、录像等资料，无法获悉辨认的真实情况的
D. 辨认活动没有个别进行的

[释疑]　《刑诉法解释》第90条规定："对辨认笔录应当着重审查辨认的过程、方法，以及辨认笔录的制作是否符合有关规定。辨认笔录具有下列情形之一的，不得作为定案的根据：（一）辨认不是在侦查人员主持下进行的；（二）辨认前使辨认人见到辨认对象的；（三）辨认活动没有个别进行的；（四）辨认对象没有混杂在具有类似特征的其他对象中，或者供辨认的对象数量不符合规定的；（五）辨认中给辨认人明显暗示或者明显有指认嫌疑的；（六）违反有关规定、不能确定辨认笔录真实性的其他情形。"最高人民法院、最高人民检察院、公安部、国家安全部、司法部《关于办理死刑案件审查判断证据若干问题的规定》第30条规定："……有下列情形之一的，通过有关办案人员的补正或者作出合理解释的，辨认结果可以作为证据使用：（一）主持辨认的侦查人员少于二人的；（二）没有向辨认人详细询问辨认对象的具体特征的；（三）对辨认经过和结果没有制作专门的规范的辨认笔录，或者辨认笔录没有侦查人员、辨认人、见证人的签名或者盖章的；（四）辨认记录过于简单，只有结果没有过程的；（五）案卷中只有辨认笔录，没有被辨认对象的照片、录像等资料，无法获悉辨认的真实情况的。"因此，C项正确。（答案：C）

19. 下列哪一选项表明我国基本确立了自白任意性规则？（2012年真题，单选）

A. 侦查人员在讯问犯罪嫌疑人的时候，可以对讯问过程进行录音或者录像
B. 不得强迫任何人证实自己有罪
C. 逮捕后应当立即将被逮捕人送交看守所羁押
D. 不得以连续拘传的方式变相拘禁犯罪嫌疑人、被告人

[释疑]　自白是指被追诉人向特定机关或人自愿作出的承认自己犯有所指控的罪行并披露实施犯罪的具体情况的供述，即自白是被追诉人所作的对己不利的、对犯罪的主要构成要件的承认。自白任意规则是指在刑事诉讼中，只有基于被追诉人自由意志而作出的自白（即承认有罪的供述），才具有可采性，违背当事人意愿或者违反法定程序而强制作出的供述不具有可采性，必须予以排除。故B项当选。（答案：B）

20. 关于非法证据的排除，下列哪些说法是正确的？（2012年真题，多选）

A. 非法证据排除的程序，可以根据当事人等申请而启动，也可以由法庭依职权启动
B. 申请排除以非法方法收集的证据的，应当提供相关线索或者材料
C. 检察院应当对证据收集的合法性加以证明
D. 只有确认存在《刑事诉讼法》第54条规定的以非法方法收集证据情形时，才可以对有关证据应当予以排除

[释疑]　《刑事诉讼法》第56条规定："法庭审理过程中，审判人员认为可能存在本法第五十四条规定的以非法方法收集证据情形的，应当对证据收集的合法性进行法庭调查。当事

人及其辩护人、诉讼代理人有权申请人民法院对以非法方法收集的证据依法予以排除。申请排除以非法方法收集的证据的,应当提供相关线索或者材料。"《刑事诉讼法》第 57 条规定:"在对证据收集的合法性进行法庭调查的过程中,人民检察院应当对证据收集的合法性加以证明。现有证据材料不能证明证据收集的合法性的,人民检察院可以提请人民法院通知有关侦查人员或者其他人员出庭说明情况;人民法院可以通知有关侦查人员或者其他人员出庭说明情况。有关侦查人员或者其他人员也可以要求出庭说明情况。经人民法院通知,有关人员应当出庭。"《刑事诉讼法》第 58 条规定:"对于经过法庭审理,确认或者不能排除存在本法第五十四条规定的以非法方法收集证据情形的,对有关证据应当予以排除。"根据以上规定,A、B、C 项正确。(答案:ABC)

21. 张某伪造、变造国家机关公文、证件、印章案的下列哪一证据既属于言词证据,又属于间接证据?(2011 年真题,单选)
    A. 用于伪造、变造国家机关公文、证件、印章的设备、工具
    B. 伪造、变造的国家机关公文、证件、印章
    C. 张某关于实施伪造、变造行为的供述
    D. 判别国家机关公文、证件、印章真伪的鉴定意见

[释疑]  判别国家机关公文、证件、印章真伪的鉴定意见既属于言词证据,又属于间接证据。(答案:D)

22. 下列哪一选项既属于原始证据,又属于间接证据?(单选)
    A. 被告人丁某承认伤害被害人的供述
    B. 证人王某陈述看到被告人丁某在案发现场擦拭手上血迹的证言
    C. 证人李某陈述被害人向他讲过被告人丁某伤害她的经过
    D. 被告人丁某精神病鉴定意见的抄本

[释疑]  A、C 项为直接证据,D 项为传来证据。单个直接证据即能说明案件主要事实,即直接说明某人是否犯罪;单个间接证据只能说明案件的部分或片断事实,不能直接说明某人是否犯罪,而需要与其他证据形成证据链。证人王某的陈述是其亲眼所见,属于原始证据,但陈述内容只是片断事实,故选 B 项。(答案:B)

23. 甲乙两家曾因宅基地纠纷诉至法院,尽管有法院生效裁判,但甲乙两家关于宅基地的争议未得到根本解决。一日,甲、乙因各自车辆谁先过桥引发争执继而扭打,甲拿起车上的柴刀砍中乙颈部,乙当场死亡。对此,下列哪一选项是不需要用证据证明的免证事实?(单选)
    A. 甲的身份状况
    B. 甲用柴刀砍乙颈部的时间、地点、手段、后果
    C. 甲用柴刀砍乙颈部时精神失常
    D. 法院就甲乙两家宅基地纠纷所作出的裁判事项

[释疑]  《刑事诉讼规则》第 437 条规定:"在法庭审理中,下列事实不必提出证据进行证明:(一)为一般人共同知晓的常识性事实;(二)人民法院生效裁判所确认的并且未依审判监督程序重新审理的事实;(三)法律、法规的内容以及适用等属于审判人员履行职务所应知晓的事实;(四)在法庭审理中不存在异议的程序事实;(五)法律规定的推定事实;(六)自然规律或者定律。"故选 D 项。(答案:D)

24. 法院审理一起受贿案时,被告人石某称因侦查人员刑讯不得已承认犯罪事实,并讲述受到刑讯的具体时间。检察机关为证明侦查讯问程序合法,当庭播放了有关讯问的录音录像,

并提交了书面说明。关于该录音录像的证据种类,下列哪一选项是正确的?(单选)

A. 犯罪嫌疑人供述和辩解　　　　　　B. 视听资料
C. 书证　　　　　　　　　　　　　　D. 物证

[释疑]　讯问犯罪嫌疑人的录音、录像如果作为保存口供的方式,用以证明案件事实,则是犯罪嫌疑人供述和辩解这一证据种类;如果检察机关是为证明侦查讯问程序合法,而当庭播放了有关讯问的录音、录像,这时则为视听资料这一证据种类。(答案:B)

25. 案情:张某——某国企副总经理,石某——某投资管理有限公司董事长,杨某——张某的朋友,姜某——石某公司出纳。

石某请张某帮助融资,允诺事成后给张某好处,被张某拒绝。石某请出杨某帮忙说服张某,允诺事成后各给张某、杨某400万股的股份。后经杨某多次撮合,2006年3月6日,张某指令下属分公司将5000万元打入石某公司账户,用于股权收购项目。2006年5月10日,杨某因石某允诺的400万股未兑现,遂将石某诉至法院,并提交了张某出具的书面证明作为重要证据,证明石某曾有给杨某股份的允诺。石某因此对张某大为不满,即向某区检察院揭发了张某收受贿赂的行为。检察院立案侦查,查得证据及事实如下:

——石某称:2006年3月14日,在张某办公室将15万元现金交给张某。同年4月17日,在杨某催促下,让姜某与杨某一起给张某送去40万元。因担心杨某私吞,特别告诉姜某一定与杨某同到张某处(石某讲述了张某办公室桌椅、沙发等摆放的具体位置)。

——姜某称:取出40万元后与杨某约好见面时间和地点,但杨某称堵车迟到很久。自己因有重要事情需要处理,就将钱交杨某送予张某。

——杨某称:确曾介绍张某与石某认识,并积极撮合张某为石某融资。与姜某见面时因堵车迟到,姜某将钱交给他后匆匆离开。他随后在自己车上将钱交给张某,张某拿出10万元给他,说是辛苦费(案发后,杨某将10万元交检察院)。

——张某称:帮助石某公司融资,是受杨某所托(检察院共对张某讯问六次,每次都否认收受过任何贿赂)。

据石某公司日记账、记账凭证、银行对账单等记载,2006年3月6日张某公司的下属分公司将5000万元打入石某公司账户。同年3月14日和4月17日,分别有15万元和40万元现金被提出。

问题:依据有关法律、司法解释规定和刑事证明理论,运用本案现有证据,分析能否认定张某构成受贿罪,请说明理由。

答题要求:①能够根据法律、司法解释相关规定及对刑事证明理论的理解,运用本案证据作出能否认定犯罪的判断,指出法院依法应当作出何种判决。②观点明确,分析有据,逻辑清晰,文字通畅。(2010年真题,案例)

[释疑]　解答本题的要点包括:①判断。不能认定张某受贿。②依据。《刑事诉讼法》第53、195条,《刑诉法解释》规定的证明标准。《刑事诉讼法》第53条规定:"对一切案件的判处都要重证据,重调查研究,不轻信口供。只有被告人供述,没有其他证据的,不能认定被告人有罪和处以刑罚;没有被告人供述,证据确实、充分的,可以认定被告人有罪和处以刑罚。证据确实、充分,应当符合以下条件:(一)定罪量刑的事实都有证据证明;(二)据以定案的证据均经法定程序查证属实;(三)综合全案证据,对所认定事实已排除合理怀疑。"③分析。从犯罪行为是否存在角度看,在证明张某收受两笔款项问题上,均为"一对一"证据,既没有足够证据证明他没有收受贿赂,也没有足够证据证明他收受了贿赂。从本案涉案人员情况看,石某、杨

某均为本案利害关系人,有可能为了陷害张某。现有证据不足以排除这种可能性。④ 处理。本案证据在证明张某收受这两笔钱款这一关键问题上没有排除其他可能性,应当作出证据不足,指控的犯罪不能成立的无罪判决。

26. 关于刑事诉讼中的证明责任,下列哪些选项是正确的?(多选)
A. 总是与一定的积极诉讼主张相联系,否认一方不负证明责任
B. 总是与一定的不利诉讼后果相联系,受到不利裁判的不一定承担证明责任
C. 是提出证据责任与说服责任的统一,提出证据并非完全履行了证明责任
D. 是专属于控诉方独自承担的责任,具有一定的责任排他性

[释疑] 《刑事诉讼法》第49条规定了"公诉案件中被告人有罪的举证责任由人民检察院承担,自诉案件中被告人有罪的举证责任由自诉人承担"的刑事证据原理。刑事诉讼中的证明责任总是与一定的积极诉讼主张相联系,否认一方不负证明责任;总是与一定的不利诉讼后果相联系,受到不利裁判的不一定承担证明责任,是提出证据责任与说服责任的统一,提出证据并非完全履行了证明责任。故A、B、C项正确。由于法律特别规定的情况下,在刑事证明中会出现举证责任倒置,故说证明责任是由控诉方独自承担的责任太绝对,故D项错误。(答案:ABC)

27. 关于吴某涉嫌故意泄露国家秘密罪,下列哪些选项属于需要运用证据加以证明的事实?(多选)
A. 吴某是否为国家机关工作人员
B. 是否存在为吴某所实施的被指控事实
C. 被指控事实是否情节严重
D. 是否具有法定或酌定从重、从轻、减轻及免除处罚的情节

[释疑] 《刑诉法解释》第64条规定:"应当运用证据证明的案件事实包括:(一) 被告人、被害人的身份;(二) 被指控的犯罪是否存在;(三) 被指控的犯罪是否为被告人所实施;(四) 被告人有无刑事责任能力,有无过错,实施犯罪的动机、目的;(五) 实施犯罪的时间、地点、手段、后果以及案件起因等;(六) 被告人在共同犯罪中的地位、作用;(七) 被告人有无从重、从轻、减轻、免除处罚情节;(八) 有关附带民事诉讼、涉案财物处理的事实;(九) 有关管辖、回避、延期审理等的程序事实;(十) 与定罪量刑有关的其他事实。认定被告人有罪和对被告人从重处罚,应当适用证据确实、充分的证明标准。"故A、B、C、D项正确。(答案:ABCD)

28. 某银行被盗,侦查机关将沈某确定为犯罪嫌疑人。在进行警犬辨认时,一"功勋警犬"在发案银行四处闻了闻后,猛地扑向沈某。随后,侦查人员又对沈某进行心理测试,测试结论显示,只要犯罪嫌疑人说没偷,测谎仪就显示其撒谎。关于可否作为认定案件事实的根据,下列哪一选项是正确的?(单选)
A. 警犬辨认和心理测试结论均可以
B. 警犬辨认可以,心理测试结论不可以
C. 警犬辨认不可以,心理测试结论可以
D. 警犬辨认和心理测试结论均不可以

[释疑] 警犬辨认和心理测试结论都不属于法定的证据种类,所以都不能作为定案根据。(答案:D)

29. 公安机关在一盗窃案现场收集到犯罪嫌疑人张某书写的一张字条,收缴了被盗电视剧录像带、DVD光盘、书籍等,被盗超市提供了被盗物品清单。下列哪一选项是正确的?(单选)
A. 该字条是书证
B. 电视剧录像带和DVD光盘是物证

C. 收缴的被盗书籍是书证	D. 被盗物品清单属于证人证言

[释疑] 电视剧录像带、DVD光盘并非以其内容与案件相关联,而是以其作为物品的价值与案件相关联,故属物证。(答案:B)

30. 下列案件能够作出有罪认定的是哪一选项?(单选)
A. 甲供认自己强奸了乙,乙否认,该案没有其他证据
B. 甲指认乙强奸了自己,乙坚决否认,该案没有其他证据
C. 某单位资金30万元去向不明,会计说局长用了,局长说会计用了,该案没有其他证据
D. 甲、乙二人没有通谋,各自埋伏,几乎同时向丙开枪,后查明丙身中一弹,甲、乙对各自的犯罪行为供认不讳,但收集到的证据无法查明这一枪到底是谁打中的

[释疑] A、B、C项属于孤证不能定案;D项证明甲、乙均向丙开枪,故可作出有罪认定。(答案:D)

31. 下列哪些选项属于实物证据?(多选)
A. 杀人案中现场勘验笔录
B. 贪污案中证明贪污数额的账册
C. 强奸案中证明被害人精神状态的鉴定意见
D. 伤害案中证明伤害发生过程情况的监控录像

[释疑] 物证、书证、勘验检查笔录、视听资料属于实物证据;证人证言、被害人陈述、口供、鉴定意见属于言词证据。故选A、B、D项。(答案:ABD)

32. 刘某涉嫌强奸罪、杀人罪,在公安机关收集到的下列证据中,哪些属于间接证据?(多选)
A. 在现场提取的刘某的毛发
B. 从被害人身上提取遗留物,经鉴定系刘某所留
C. 王某证明案发前看到刘某进入被害人住宅的证言
D. 带血的菜刀

[释疑] 因A、B、C、D项都不能单独说明刘某犯罪,故均非直接证据。(答案:ABCD)

33. 石某杀人后弃尸河中。在法庭审理中,对下列哪些事实不必提出证据证明?(多选)
A. 被弃尸的河流从案发村镇穿过的事实
B. 刑法关于杀人罪的法律规定
C. 检察机关和石某都没有异议的案件基本事实
D. 石某的精神状态

[释疑] 《刑事诉讼规则》第437条规定:"在法庭审理中,下列事实不必提出证据进行证明:(一)为一般人共同知晓的常识性事实;(二)人民法院生效裁判所确认的并且未依审判监督程序重新审理的事实;(三)法律、法规的内容以及适用等属于审判人员履行职务所应当知晓的事实;(四)在法庭审理中不存在异议的程序事实;(五)法律规定的推定事实;(六)自然规律或者定律。"故选A、B项。(答案:AB)

34. 在杨某被控故意杀人案的审理中,公诉人出示了死者儿女高某(小学生,9岁)的证言。高某证称,杨某系其表哥,案发当晚,她看到杨某举刀杀害其父。下列哪一选项是正确的?(单选)
A. 因高某年幼,其证言不能作为证据出示
B. 因高某对所证事实具有辨别能力,其证言可以作为证据出示

C. 高某必须到庭作证,否则其证言不能作为证据出示

D. 高某与案件有利害关系,其证言不可以作为定案的根据

[释疑] 《刑事诉讼法》第60条规定:"凡是知道案件情况的人,都有作证的义务。生理上、精神上有缺陷或者年幼,不能辨别是非、不能正确表达的人,不能作证人。"因此B项正确。《刑诉法解释》第206条规定:"证人具有下列情形之一,无法出庭作证的,人民法院可以准许其不出庭:(一) 在庭审期间身患严重疾病或者行动极为不便的;(二) 居所远离开庭地点且交通极为不便的;(三) 身处国外短期无法回国的;(四) 有其他客观原因,确实无法出庭的。具有前款规定情形的,可以通过视频等方式作证。"因此C项错误。(答案:B)

35. 姚某在盗窃时被钟某等人当场抓获,扭送公安局。公安机关讯问姚某时,姚某指认参与抓获的钟某曾强奸过妇女刘某。公安机关对钟某强奸案的侦查中,受害妇女刘某证实曾遭强奸,所描述的作案人体貌特征与钟某相似,但因事隔一年,经辨认却又不能肯定是钟某。讯问钟某时,钟某不承认。后因侦查人员逼供,钟某被迫承认,但所述的内容与刘某所述作案过程在细节上多有不符。本案虽无其他证据,但检察院仍决定对钟某提起公诉。问本案有哪些证据材料?(单选)

A. 只有被告人口供和被害人陈述
B. 只有证人证言
C. 具有AB所列证据材料
D. 并无任何证据材料

[释疑] 证据材料与定案根据不同。在查证属实之前,一般称为证据材料。尽管口供和被害人陈述以及犯罪嫌疑人揭发的与自己无关的犯罪事实(证人证言)不真实,但仍属于证据材料。故选C项。(答案:C)

36. 下列关于证据的说法,错误的有哪些?(多选)

A. 证据之所以具有证明力,是因为证据的客观性或者真实性
B. 说明某人有暴力倾向的材料对证明其实施了故意伤害行为的犯罪事实具有关联性
C. 在我国,以饥饿、不让睡觉的手段逼取的犯罪嫌疑人供述可以作为定案的根据
D. 我国非法取得的言词证据予以排除的理由是这些证据不具有客观性

[释疑] 证据之所以具有证明力,是因为证据的关联性;说明某人有暴力倾向的材料对证明其实施了故意伤害行为的犯罪事实不具关联性;刑讯、威胁、引诱、欺骗取得的犯罪嫌疑人供述不能作为定案的根据;我国非法取得的言词证据予以排除的理由是这些证据不具有合法性。故选A、B、C、D项。(答案:ABCD)

37. 杨某涉嫌故意杀人罪,法庭审理期间杨声称侦查人员曾对其实施刑讯逼供,杨妻也提出其证言出自侦查人员的威胁、引诱、欺骗。如果上述情况属实,则下列证据材料哪些不能作为定案的根据?(多选)

A. 杨某的有罪供述
B. 根据杨某的有罪供述找到的杀人凶器
C. 杨妻的证言
D. 根据杨妻的证言找到的杨某转移被害人尸体时使用的布口袋

[释疑] A、C项是刑讯、威胁、引诱、欺骗所得,故不能作为定案的根据;B、D项是"毒树之果",我国法律和司法解释并未规定排除"毒树之果"。(答案:AC)

38. 某公司被盗手提电脑一台,侦查人员怀疑是包某所为,包某一开始不承认,但后来经过刑讯承认了盗窃事实,并供述已将电脑卖给蔡某,同时还说他之所以拿公司的电脑是因为公司拖欠了6个月的工资。侦查人员找到蔡某后,蔡某说电脑又倒卖给了董某。董某起初不承

认,侦查人员威胁他:"如果不承认就按共同盗窃论罪!"董某害怕,承认了购买电脑一事,并交出了电脑。此案中下列哪些证据可以作为定案的根据?(多选)

A. 包某承认盗窃事实的供述　　B. 包某有关公司拖欠他工资的辩解
C. 董某的证言　　　　　　　　D. 手提电脑

[释疑]　我国司法解释只规定排除非法取得的供述,未规定排除非法取得的辩解,而D项是"毒树之果",故选B、D项。(答案:BD)

39. 侦查人员在杀人案件现场收集到一封信和一张字条,信的内容与案件无关,但根据通信对方的姓名和地址查出了犯罪分子。字条的内容也与案件无关,但根据笔迹鉴定找到了字条的书写人,从而发现了犯罪分子。对于本案中的信件和字条属于何种证据种类,下列表述中不正确的有:(多选)

A. 信件是物证,字条是物证　　B. 信件是物证,字条是书证
C. 信件是书证,字条是物证　　D. 信件是书证,字条是书证

[释疑]　物证是以物质属性同案件相关联的,书证是以其记载的内容或表达的思想与案件相关联的。故信件是书证,字条是物证,A、B、D项错误。(答案:ABD)

40. 下列证据中不属于书证的有:(多选)

A. 以死者身上的信用卡上的血指印证明犯罪嫌疑人到过现场
B. 伤害案件中的被害人受伤后医院就其受伤情况开出的诊断书
C. 某省人民政府指定的某精神病医院受人民法院的委托对被告人精神病状况作出的诊断结论
D. 某盗窃案中,价格事务所受人民检察院委托对赃物所作的价格评估书

[释疑]　伤害案件中的被害人受伤后医院就其受伤情况开出的诊断书具有书证的特点;C、D项均为鉴定意见;A项是物证。(答案:ACD)

41. 下列哪些证据不属于书证?(多选)

A. 某强奸案,在犯罪嫌疑人住处收集的笔记本,其中记载着其作案经过及对被害人的描述
B. 某贪污案,为查明账册涂改人而进行鉴定的笔迹
C. 某故意伤害案,证人书写的书面证词
D. 某走私淫秽物品案,犯罪嫌疑人非法携带的淫秽书刊

[释疑]　A、D项是书证,B项是物证,C项是证人证言。(答案:BC)

42. 下列陈述不属于犯罪嫌疑人、被告人供述和辩解的有哪些?(多选)

A. 甲向其单位领导所作的关于其受贿的陈述
B. 乙在侦查过程中亲笔书写的"悔过书",陈述了其抢劫的事实
C. 丙在公安机关讯问时对同案犯丁在他们共同犯罪盗窃以外单独实施的强奸事实的陈述
D. 在讯问犯罪嫌疑人戊时对其陈述的犯罪过程的录音

[释疑]　犯罪嫌疑人、被告人供述和辩解是犯罪嫌疑人、被告人在刑事诉讼过程中向公、检、法机关所作的有关案件事实的陈述。故A项不是,B项是犯罪嫌疑人供述,C项是证人证言,D项是对犯罪嫌疑人供述记录,仍属犯罪嫌疑人供述。(答案:AC)

43. 勘验笔录具有哪些作用?(多选)

A. 固定证据　　　　　　　　　B. 确定证据所表现的各种有关特征

C. 确定侦查方向  D. 鉴别其他证据

[释疑] 勘验笔录既具有固定证据、确定证据所表现的各种有关特征的作用,也具有确定侦查方向和鉴别其他证据的作用。故选 A、B、C、D 项。(答案:ABCD)

44. 某县发生一起杀人案件,侦查人员赶到犯罪现场后,对现场进行了勘验、拍照,对尸体进行了尸表检验和尸体解剖,对整个过程制作了笔录,并由法医对死亡原因和死亡时间作出书面的结论性意见。对这一过程中涉及的证据,下列说法错误的有哪些?(多选)

A. 对现场勘验、尸表检验、尸体解剖所作的笔录属于勘验、检查、辨认、侦查实验笔录
B. 所拍的照片既可以是勘验、检查、辨认、侦查实验笔录的组成部分,也可以是对物证的固定、保全方法,具有物证的作用
C. 法医对死亡原因和死亡时间的意见属于检查笔录的一部分
D. 本例中所涉及的证据都是实物证据

[释疑] 法医对死亡原因和死亡时间的意见属于鉴定意见,而鉴定意见属于言词证据。故选 C、D 项。(答案:CD)

45. 某市公安机关根据商场电子监视系统拍摄的图像资料破获一盗窃团伙,收缴赃款 8 万余元,并缴获金、银首饰及 CD 机、电视剧录像带等赃物。下列说法错误的是:(多选)

A. 现金、CD 机、首饰属于物证
B. 电子监视系统拍摄的图像资料属于视听资料
C. 电视剧录像带属于视听资料
D. 监视系统拍摄的图像资料属于勘验笔录,电视剧录像带属于视听资料

[释疑] 电视剧录像带属于物证,故选 C、D 项。(答案:CD)

46. 某县公安机关依法收集到犯罪嫌疑人张强通过电话进行敲诈的录音磁带一盘。该磁带中有如下话语:"我是张强,准备 5 万块钱,限期 3 天。不许报警,否则会有人杀你全家!"该录音带属于:(多选)

A. 犯罪嫌疑人、被告人供述和辩解  B. 视听资料
C. 直接证据  D. 间接证据

[释疑] 视听资料,是指以录音、录像、电子计算机或其他高科技设备所存储的信息证明案件真实情况的资料,故该磁带是视听资料。一个证据如果能单独说明某人是否犯罪就是直接证据,否则就是间接证据。本案的磁带不是犯罪嫌疑人、被告人供述和辩解,而是视听资料;不是间接证据,而是直接证据。故选 B、C 项。(答案:BC)

47. 下列证据中,既属于直接证据又属于原始证据的有哪些?(多选)

A. 犯罪嫌疑人在侦查阶段向侦查人员所作的有关犯罪过程的供述
B. 侦查人员在现场提取的犯罪嫌疑人的指纹
C. 被害人关于刘某抢劫其钱财的陈述
D. 沾有血迹的杀人凶器

[释疑] A、C 项既属于直接证据又属于原始证据;而 B、D 项则既属于间接证据又属于原始证据。(答案:AC)

48. 某商业银行的摄像镜头摄下了达某和跷某持枪抢劫该银行的全过程,该录像带属于:(多选)

A. 原始证据  B. 直接证据  C. 实物证据  D. 有罪证据

[释疑] 该录像带既是原始证据也是直接证据,既是实物证据也是有罪证据。(答案:ABCD)

49. 下列不属于直接证据的有:(多选)
A. 韩某杀人案,证明被告人到过案发现场的证人证言
B. 马某盗窃案,被害人陈某关于犯罪给自己造成物质损害的陈述
C. 高某放火案,表明大火系因电器短路引起的录像
D. 吴某投毒案,证明被告人指纹与现场提取的指纹同一的鉴定意见

[释疑] C项单独就能说明高某没有犯罪,故为直接证据;A、B、D项都不能单独说明某人是否犯罪,故为间接证据。(答案:ABD)

50. 欧阳林16岁,高中生,在2004年国庆节期间,他潜入某单位办公室,窃得一台手提电脑。下列不属于刑事诉讼的证明对象的是:(单选)
A. 欧阳林盗窃的事实
B. 欧阳林的年龄
C. 2004年国庆节期间放长假的事实
D. 欧阳林犯罪后的表现

[释疑] 《刑诉法解释》第64条规定:"应当运用证据证明的案件事实包括:(一)被告人、被害人的身份;(二)被指控的犯罪是否存在;(三)被指控的犯罪是否为被告人所实施;(四)被告人有无刑事责任能力,有无罪过,实施犯罪的动机、目的;(五)实施犯罪的时间、地点、手段、后果以及案件起因等;(六)被告人在共同犯罪中的地位、作用;(七)被告人有无从重、从轻、减轻、免除处罚情节;(八)有关附带民事诉讼、涉案财物处理的事实;(九)有关管辖、回避、延期审理等的程序事实;(十)与定罪量刑有关的其他事实。认定被告人有罪和对被告人从重处罚,应当适用证据确实、充分的证明标准。"故A、B、D项属于刑事诉讼的证明对象,C项不属于证明对象。(答案:C)

51. 黄某以带邻居的小孩去划船为名,当船行至湖中央时,故意将刚满1周岁的女婴抛入湖中,使其溺水而死。本案在法庭审理时,控方应主要证明哪些事实?(多选)
A. 黄某作案时已满18周岁
B. 黄某的行为系故意
C. 该女婴不会游泳
D. 该女婴已因溺水而死亡

[释疑] C项不属于证明对象,A、B、D项属于证明对象。(答案:ABD)

52. 关于我国刑事诉讼中证明责任的分担,下列说法错误的是:(多选)
A. 犯罪嫌疑人应当如实回答侦查人员的提问,承担证明自己无罪的责任
B. 自诉人对其控诉承担提供证据予以证明的责任
C. 律师进行无罪辩护时必须承担提供证据证明其主张成立的责任
D. 在巨额财产来源不明案中,检察机关应当证明国家工作人员的财产明显超过合法收入且差额巨大这一事实的存在

[释疑] 本题考查刑事诉讼中的证明责任与举证责任。按我国《刑事诉讼法》第49条"公诉案件中被告人有罪的举证责任由人民检察院承担,自诉案件中被告人有罪的举证责任由自诉人承担"的规定和刑事诉讼证明责任的理论,在我国的刑事诉讼中,对于公诉案件,人民检察院应承担证明被告人有罪的证明责任;在自诉案件中,自诉人对其控诉承担提供证据予以证明的责任;犯罪嫌疑人、被告人及其辩护律师有举证权利而没有举证责任,他们举证不能并不因此承担不利后果;犯罪嫌疑人应当如实回答侦查人员的提问并不等于其承担证明自己无罪的责任,即便其未如实回答,也不得据此定罪;在巨额财产来源不明罪中,检察机关应当证明国家工作人员的财产明显超过合法收入且差额巨大这一事实,后由犯罪嫌疑人、被告人承担

巨大差额的合法来源的举证责任,这是犯罪嫌疑人、被告人不负举证责任的例外,理论上称"举证责任倒置"。所以本题的答案应选 A、C 项。(答案:AC)

### 三、提示与预测

本章涉及刑事证据的概念、特征,非法证据的排除,证据的种类、分类和证明等内容,近几年的考试中多有涉及,考生要重点掌握。本章是重点章,要注意新法关于证据概念、非法证据排除、证明责任、证明标准、对证人的保护等新规定。

# 第八章　强制措施

```
          ┌ 强制措施的概念
          │ 扭送
          │ 拘传 ┌ 拘传的概念
          │      └ 拘传的程序
          │      ┌ 取保候审的概念
          │      │ 适用条件
          │ 取保候审 ┤ 取保候审的保证方式 ┌ 保证人保证
          │      │                      └ 保证金保证
          │      │ 被取保候审人的义务
          │      │ 取保候审的程序
          │      └ 取保候审的期限
          │      ┌ 监视居住的概念、适用条件
强制措施 ┤ 监视居住 ┤ 被监视居住人的义务
          │      └ 监视居住的程序
          │      ┌ 拘留的概念
          │      │ 适用对象 ┌ 现行犯
          │      │          └ 重大嫌疑分子
          │ 拘留 ┤ 拘留的程序
          │      │ 拘留的期限 ┌ 公安机关最长 14 日或 37 日
          │      │            │ 检察机关最长 14 日
          │      │            └ 刑事拘留与行政拘留、司法拘留的区别
          │      ┌ 逮捕的概念
          │      │ 适用条件 ┌ 有证据证明有犯罪事实
          │      │          │ 可能判处徒刑以上刑罚
          │      │          └ 有逮捕必要
          │ 逮捕 ┤ 逮捕的权限 ┌ 批准权、决定权属于检察院和法院
          │      │            └ 执行权属于公安、安全机关
          │      │ 逮捕的程序 ┌ 审查、决定程序
          │      │            └ 执行程序
          │      └ 逮捕的变更、撤销或解除
```

## 一、精讲

### 考点 1 强制措施的概念

刑事诉讼中的强制措施,是指公安机关、人民检察院和人民法院为了保证刑事诉讼的顺利进行,依法对刑事案件的犯罪嫌疑人、被告人的人身自由进行限制或者剥夺的各种强制性方法。

### 考点 2 公民的扭送

《刑事诉讼法》第82条规定:"对于有下列情形的人,任何公民都可以立即扭送公安机关、人民检察院或者人民法院处理:(一)正在实行犯罪或者在犯罪后即时被发觉的;(二)通缉在案的;(三)越狱逃跑的;(四)正在被追捕的。"

**特别关注**:公安机关、人民检察院和人民法院对于公民扭送来的人都应当接受,并立即进行审查,对不属于自己管辖的,应当移送有管辖权的机关;该采取紧急措施的,应先采取紧急措施。扭送不是强制措施。

### 考点 3 拘传

拘传是指人民法院、人民检察院和公安机关,对未被逮捕、拘留的犯罪嫌疑人、被告人依法强制其到指定地点接受讯问的一种强制方法。

**特别关注**:传唤不是强制措施,适用于所有当事人,不得使用戒具;拘传则仅适用于犯罪嫌疑人、被告人,可使用戒具。在刑事诉讼中,可以不经传唤而径行拘传犯罪嫌疑人、被告人。

(一)《刑事诉讼法》的相关规定

《刑事诉讼法》第117条规定:"对不需要逮捕、拘留的犯罪嫌疑人,可以传唤到犯罪嫌疑人所在市、县内的指定地点或者到他的住处进行讯问,但是应当出示人民检察院或者公安机关的证明文件。对在现场发现的犯罪嫌疑人,经出示工作证件,可以口头传唤,但应当在讯问笔录中注明。传唤、拘传持续的时间不得超过十二小时;案情特别重大、复杂,需要采取拘留、逮捕措施的,传唤、拘传持续的时间不得超过二十四小时。不得以连续传唤、拘传的形式变相拘禁犯罪嫌疑人。传唤、拘传犯罪嫌疑人,应当保证犯罪嫌疑人的饮食和必要的休息时间。"

(二)《刑事诉讼规则》的相关规定

拘传持续的时间从犯罪嫌疑人到案时开始计算。犯罪嫌疑人到案后,应当责令其在拘传证上填写到案时间,并在拘传证上签名、捺指印或者盖章,然后立即讯问。讯问结束后,应当责令犯罪嫌疑人在拘传证上填写讯问结束时间。犯罪嫌疑人拒绝填写的,检察人员应当在拘传证上注明。一次拘传持续的时间不得超过12小时;案情特别重大、复杂,需要采取拘留、逮捕措施的,拘传持续的时间不得超过24小时。两次拘传间隔的时间一般不得少于12小时,不得以连续拘传的方式变相拘禁犯罪嫌疑人。人民检察院拘传犯罪嫌疑人,应当在犯罪嫌疑人所在市、县内的地点进行。犯罪嫌疑人的工作单位与居住地不在同一市、县的,拘传应当在犯罪嫌疑人的工作单位所在的市、县进行;特殊情况下,也可以在犯罪嫌疑人居住地所在的市、县内进行。需要对被拘传的犯罪嫌疑人变更强制措施的,应当经检察长或者检察委员会决定,在拘传期限内办理变更手续。在拘传期间内决定不采取其他强制措施的,拘传期限届满,应当结束拘传。

(三)《刑诉法解释》的相关规定

开庭审理单位犯罪案件,应当通知被告单位的诉讼代表人出庭。诉讼代表人系被告单位的法定代表人或者主要负责人,无正当理由拒不出庭,可以拘传其到庭。强制证人出庭的,应当由院长签发强制证人出庭令。

**特别关注**:1. 拘传应由县(区)以上公安机关负责人、人民检察院检察长、人民法院院长批准,签发《拘传证》(法院称为《拘传票》)。执行拘传的公安、司法人员不得少于2人。

2. 拘传时,应当向被拘传人出示拘传证(拘传票)。对于抗拒拘传的,可以使用戒具,强制其到案。

## 考点 4 取保候审

取保候审,是指人民法院、人民检察院和公安机关对未被逮捕的犯罪嫌疑人、被告人,为防止其逃避侦查、起诉和审判,责令其提出保证人或交纳保证金,并出具保证书,保证随传随到的一种强制方法。《刑事诉讼法》第95条规定:"犯罪嫌疑人、被告人及其法定代理人、近亲属或者辩护人有权申请变更强制措施。人民法院、人民检察院和公安机关收到申请后,应当在三日以内作出决定;不同意变更强制措施的,应当告知申请人,并说明不同意的理由。"

(一)取保候审适用的情形

《刑事诉讼法》第65条规定:"人民法院、人民检察院和公安机关对有下列情形之一的犯罪嫌疑人、被告人,可以取保候审:(一)可能判处管制、拘役或者独立适用附加刑的;(二)可能判处有期徒刑以上刑罚,采取取保候审不致发生社会危险性的;(三)患有严重疾病、生活不能自理,怀孕或者正在哺乳自己婴儿的妇女,采取取保候审不致发生社会危险性的;(四)羁押期限届满,案件尚未办结,需要采取取保候审的。"

《刑事诉讼规则》规定:① 人民检察院决定对犯罪嫌疑人取保候审的,应当制作取保候审决定书,载明取保候审的期间、担保方式、被取保候审人应当履行的义务和应当遵守的规定。② 人民检察院应当向取保候审的犯罪嫌疑人宣读取保候审决定书,由犯罪嫌疑人签名、捺指印或者盖章,并责令犯罪嫌疑人遵守《刑事诉讼法》第69条的规定,告知其违反规定应负的法律责任;以保证金方式担保的,应当同时告知犯罪嫌疑人一次性将保证金存入公安机关指定银行的专门账户。③ 人民检察院对于严重危害社会治安的犯罪嫌疑人,以及其他犯罪性质恶劣、情节严重的犯罪嫌疑人不得取保候审。

(二)取保候审的方式

《刑事诉讼法》第66条规定:"人民法院、人民检察院和公安机关决定对犯罪嫌疑人、被告人取保候审,应当责令犯罪嫌疑人、被告人提出保证人或者交纳保证金。"《刑事诉讼规则》《刑诉法解释》都规定,对符合取保候审条件,具有下列情形之一的犯罪嫌疑人,可以责令其提供一至二名保证人:① 无力交纳保证金的;② 未成年人或者已满75周岁的;③ 其他不宜收取保证金的。

(三)保证人的条件

《刑事诉讼法》第67条规定了保证人的条件:① 与本案无牵连;② 有能力履行保证义务;③ 享有政治权利,人身自由未受到限制;④ 有固定的住处和收入。决定机关应审查保证人是否符合法定条件。符合条件的,应当告知其必须履行的义务,并由其出具保证书。保证人应当在取保候审保证书上签名或者盖章。

(四)保证人的义务

《刑事诉讼法》第68条规定:"保证人应当履行以下义务:(一)监督被保证人遵守本法第六十九条的规定;(二)发现被保证人可能发生或者已经发生违反本法第六十九条规定的行为的,应当及时向执行机关报告。被保证人有违反本法第六十九条规定的行为,保证人未履行保证义务的,对保证人处以罚款,构成犯罪的,依法追究刑事责任。"

**特别关注**:六部门《规定》第14条规定:对取保候审保证人是否履行了保证义务,由公安机关认定,对保证人的罚款决定,也由公安机关作出。《刑事诉讼规则》《刑诉法解释》规定,采取保证人保证方式的,如果保证人不愿继续履行保证义务或者丧失履行保证义务能力的,人民检察院、人民法院应当在收到保证人的申请或者公安机关的书面通知后3日内,责令被告人重新提出保证人或者交纳保证金,或者变更强制措施,并通知公安机关。《刑事诉讼规则》规定:人民检察院发现保证人没有履行《刑事诉讼法》第68条规定的义务,应当通知公安机关,要求公安机关对保证人作出罚款决定。构成犯罪的,依法追究保证人的刑事责任。《刑诉法解释》规定:根据案件事实和法律规定,认为已经构成犯罪的被告人在取保候审期间逃匿的,如果系保证人协助被告人逃匿,或者保证人明知被告人藏匿地点但拒绝向司法机关提供,对保证人应当依法追究刑事责任。

(五)被取保候审人的义务

《刑事诉讼法》第69条规定:被取保候审的犯罪嫌疑人、被告人应当遵守以下规定:① 未经执行机关批准不得离开所居住的市、县;② 住址、工作单位和联系方式发生变动的,在24小时以内向执行机关报告;③ 在传讯的时候及时到案;④ 不得以任何形式干扰证人作证;⑤ 不得毁灭、伪造证据或者串供。

人民法院、人民检察院和公安机关可以根据案件情况,责令被取保候审的犯罪嫌疑人、被告人遵守以下一项或者多项规定:① 不得进入特定的场所;② 不得与特定的人员会见或者通信;③ 不得从事特定的活动;④ 将护照等出入境证件、驾驶证件交执行机关保存。被取保候审的犯罪嫌疑人、被告人违反前两款规定,已交纳保证金的,没收部分或者全部保证金,并且区别情形,责令犯罪嫌疑人、被告人具结悔过、重新交纳保证金、提出保证人,或者监视居住、予以逮捕。对违反取保候审规定,需要予以逮捕的,可以对犯罪嫌疑人、被告人先行拘留。六部门《规定》第13条规定:被取保候审、监视居住的犯罪嫌疑人、被告人无正当理由不得离开所居住的市、县或者执行监视居住的处所,有正当理由需要离开所居住的市、县或者执行监视居住的处所,应当经执行机关批准。如果取保候审、监视居住是由人民检察院、人民法院决定的,执行机关在批准犯罪嫌疑人、被告人离开所居住的市、县或者执行监视居住的处所前,应当征得决定机关的同意。

(六)《刑事诉讼规则》的相关规定

(1) 公安机关在执行取保候审期间向人民检察院征询是否同意批准犯罪嫌疑人离开所居住的市、县时,人民检察院应当根据案件的具体情况及时作出决定,并通知公安机关。

(2) 人民检察院发现犯罪嫌疑人违反《刑事诉讼法》第69条的规定,已交纳保证金的,应当书面通知公安机关没收部分或者全部保证金,并且根据案件的具体情况,责令犯罪嫌疑人具结悔过、重新交纳保证金、提出保证人或者决定监视居住、予以逮捕。公安机关发现犯罪嫌疑人违反《刑事诉讼法》第 69 条的规定,提出没收保证金或者变更强制措施意见的,人民检察院应当在收到意见后 5 日以内作出决定,并通知公安机关。重新交纳保证金的程序适用《刑事诉讼规则》第 90 条、第 91 条的规定;提出保证人的程序适用《刑事诉讼规则》第 88 条、第 89 条的规定。对犯罪嫌疑人继续取保候审的,取保候审的时间应当累计计算。对犯罪嫌疑人决定监视居住的,应当办理监视居住手续,监视居住的期限应当重新计算并告知犯罪嫌疑人。

(3) 人民法院发现使用保证金保证的被取保候审人违反《刑事诉讼法》第 69 条第 1 款、第 2 款规定的,应当提出没收部分或者全部保证金的书面意见,连同有关材料一并送交负责执行的公安机关处理。人民法院收到公安机关已经没收保证金的书面通知或者变更强制措施的建议后,应当区别情形,在 5 日内责令被告人具结悔过、重新交纳保证金或者提出保证人,或者变更强制措施,并通知公安机关。人民法院决定对被依法没收保证金的被告人继续取保候审的,取保候审的期限连续计算。

(4) 犯罪嫌疑人有下列违反取保候审规定的行为,人民检察院应当对犯罪嫌疑人予以逮捕:① 故意实施新的犯罪的;② 企图自杀、逃跑,逃避侦查、审查起诉的;③ 实施毁灭、伪造证据,串供或者干扰证人作证,足以影响侦查、审查起诉工作正常进行的;④ 对被害人、证人、举报人、控告人及其他人员实施打击报复。犯罪嫌疑人有下列违反取保候审规定的行为,人民检察院可以对犯罪嫌疑人予以逮捕:① 未经批准,擅自离开所居住的市、县,造成严重后果,或者两次未经批准,擅自离开所居住的市、县的;② 经传讯不到案,造成严重后果,或者经两次传讯不到案的;③ 住址、工作单位和联系方式发生变动,未在 24 小时以内向公安机关报告,造成严重后果的;④ 违反规定进入特定场所、与特定人员会见或者通信、从事特定活动,严重妨碍诉讼程序正常进行的。需要对上述犯罪嫌疑人予以逮捕的,可以先行拘留;已交纳保证金的,同时书面通知公安机关没收保证金。

(5) 被取保候审的被告人具有下列情形之一的,人民法院应当决定逮捕:① 故意实施新的犯罪的;② 企图自杀、逃跑的;③ 毁灭、伪造证据,干扰证人作证或者串供的;④ 对被害人、举报人、控告人实施打击报复的;⑤ 经传唤,无正当理由不到案,影响审判活动正常进行的;⑥ 擅自改变联系方式或者居住地,导致无法传唤,影响审判活动正常进行的;⑦ 未经批准,擅自离开所居住的市、县,影响审判活动正常进行,或者两次未经批准,擅自离开所居住的市、县的;⑧ 违反规定进入特定场所、与特定人员会见或者通信、从事特定活动,影响审判活动正常进行,或者两次违反有关规定的;⑨ 依法应当决定逮捕的其他情形。

(七) 保证金数额的确定与缴纳

(1)《刑事诉讼法》第 70 条规定:"取保候审的决定机关应当综合考虑保证诉讼活动正常进行的需要,被取保候审人的社会危险性,案件的性质、情节,可能判处刑罚的轻重,被取保候审人的经济状况等情况,确定保证金的数额。提供保证金的人应当将保证金存入执行机关指定银行的专门账户。"

(2)《刑事诉讼规则》规定:采取保证金担保方式的,人民检察院可以根据犯罪嫌疑人的社会危险性,案件的性质、情节、危害后果,可能判处刑罚的轻重,犯罪嫌疑人的经济状况等,责令犯罪嫌疑人交纳 1000 元以上的保证金,对于未成年犯罪嫌疑人可以责令交纳 500 元以上的保证金。

(3) 公安机关决定对犯罪嫌疑人取保候审,案件移送人民检察院审查起诉后,对于需要继续取保候审的,人民检察院应当依法重新作出取保候审决定,并对犯罪嫌疑人办理取保候审手续。取保候审的期限应当重新计算并告知犯罪嫌疑人。对继续采取保证金方式取保候审的,被取保候审人没有违反《刑事诉讼法》第69条规定的,不变更保证金数额,不再重新收取保证金。

(4) 取保候审根据案件的不同,由公安机关或者国家安全机关执行。没收保证金的决定、退还保证金的决定、对保证人的罚款决定等,都应当由执行机关作出。

(八) 保证金的退还

《刑事诉讼法》第71条规定:"犯罪嫌疑人、被告人在取保候审期间未违反本法第六十九条规定的,取保候审结束的时候,凭解除取保候审的通知或者有关法律文书到银行领取退还的保证金。"《刑诉法解释》第124条规定:对被取保候审的被告人的判决、裁定生效后,应当解除取保候审、退还保证金的,如果保证金属于其个人财产,人民法院可以书面通知公安机关将保证金移交人民法院,用以退赔被害人、履行附带民事赔偿义务或者执行财产刑,剩余部分应当退还被告人。

(九) 取保候审的程序。

公安、司法机关对犯罪嫌疑人、被告人决定取保候审的,应当向其本人宣布,并由其本人在取保候审决定书上签名。人民检察院、人民法院向犯罪嫌疑人、被告人宣布取保候审决定后,应当将取保候审决定书等相关材料送交当地同级公安机关执行;被告人不在本地居住的,送交其居住地公安机关执行。以保证人方式担保的,应当将取保候审保证书同时送达公安机关。适用保证金保证的,应当在核实保证金已经存入公安机关指定银行的专门账户后,将银行出具的收款凭证一并送交公安机关。《刑事诉讼规则》规定,采取保证金担保方式的,被取保候审人拒绝交纳保证金或者交纳保证金不足决定数额时,人民检察院应当作出变更取保候审措施、变更保证方式或者变更保证金数额的决定,并将变更情况通知公安机关。

(十) 取保候审的期限

人民法院、人民检察院和公安机关对犯罪嫌疑人、被告人取保候审最长不得超过12个月。

(十一) 取保候审的解除与撤销

《刑事诉讼规则》规定:① 取保候审期限届满或者发现不应当追究犯罪嫌疑人的刑事责任的,应当及时解除或者撤销取保候审。② 解除或者撤销取保候审,应当由办案人员提出意见,部门负责人审核,检察长决定。③ 解除或者撤销取保候审的决定,应当及时通知执行机关,并将解除或者撤销取保候审的决定书送达犯罪嫌疑人;有保证人的,应当通知保证人解除保证义务。④ 犯罪嫌疑人在取保候审期间没有违反《刑事诉讼法》第69条的规定,或者发现不应当追究犯罪嫌疑人刑事责任的,变更、解除或者撤销取保候审时,应当告知犯罪嫌疑人可以凭变更、解除或者撤销取保候审的通知或者有关法律文书到银行领取退还的保证金。⑤ 犯罪嫌疑人及其法定代理人、近亲属或者辩护人认为取保候审期限届满,向人民检察院提出解除取保候审要求的,人民检察院应当在3日以内审查决定。经审查认为法定期限届满的,经检察长批准后,解除取保候审;经审查未超过法定期限的,书面答复申请人。

## 考点 5 监视居住

监视居住,是指人民法院、人民检察院和公安机关对符合逮捕条件的犯罪嫌疑人、被告人,具有法定情形,或者对符合取保候审条件,但犯罪嫌疑人、被告人不能提出保证人,也不交纳保证金的,责令其在一定的期限内不得离开指定的区域,并对其行动实行监视的一种强制措施。

(一) 监视居住的情形

《刑事诉讼法》第 72 条规定:"人民法院、人民检察院和公安机关对符合逮捕条件,有下列情形之一的犯罪嫌疑人、被告人,可以监视居住:(一) 患有严重疾病、生活不能自理的;(二) 怀孕或者正在哺乳自己婴儿的妇女;(三) 系生活不能自理的人的唯一扶养人;(四) 因为案件的特殊情况或者办理案件的需要,采取监视居住措施更为适宜的;(五) 羁押期限届满,案件尚未办结,需要采取监视居住措施的。对符合取保候审条件,但犯罪嫌疑人、被告人不能提出保证人,也不交纳保证金的,可以监视居住。监视居住由公安机关执行。"《刑事诉讼规则》规定的"系生活不能自理的人的唯一扶养人"中的"扶养"包括父母、祖父母、外祖父母对子女、孙子女、外孙子女的抚养和子女、孙子女、外孙子女对父母、祖父母、外祖父母的赡养以及配偶、兄弟姐妹之间的相互扶养。

(二) 监视居住的执行

《刑事诉讼法》第 73 条规定:"监视居住应当在犯罪嫌疑人、被告人的住处执行;无固定住处的,可以在指定的居所执行。对于涉嫌危害国家安全犯罪、恐怖活动犯罪、特别重大贿赂犯罪,在住处执行可能有碍侦查的,经上一级人民检察院或者公安机关批准,也可以在指定的居所执行。但是,不得在羁押场所、专门的办案场所执行。指定居所监视居住的,除无法通知的以外,应当在执行监视居住后二十四小时以内,通知被监视居住人的家属。被监视居住的犯罪嫌疑人、被告人委托辩护人,适用本法第三十三条的规定。人民检察院对指定居所监视居住的决定和执行是否合法实行监督。"《刑事诉讼法》第 76 条规定:"执行机关对被监视居住的犯罪嫌疑人、被告人,可以采取电子监控、不定期检查等监视方法对其遵守监视居住规定的情况进行监督;在侦查期间,可以对被监视居住的犯罪嫌疑人的通信进行监控。"六部门《规定》第 15 条规定:指定居所监视居住的,不得要求被监视居住人支付费用。

(三) 《刑事诉讼法规则》的相关规定

(1) 固定住处是指犯罪嫌疑人在办案机关所在地的市、县内工作、生活的合法居所。

(2) 有下列情形之一的,属于有碍侦查:① 可能毁灭、伪造证据,干扰证人作证或者串供的;② 可能自杀或者逃跑的;③ 可能导致同案犯逃避侦查的;④ 在住处执行监视居住可能导致犯罪嫌疑人面临人身危险的;⑤ 犯罪嫌疑人的家属或者其所在单位的人员与犯罪有牵连的;⑥ 可能对举报人、控告人、证人及其他人员等实施打击报复的。

(3) 指定的居所应当符合下列条件:① 具备正常的生活、休息条件;② 便于监视、管理;③ 能够保证办案安全。采取指定居所监视居住的,不得在看守所、拘留所、监狱等羁押、监管场所以及留置室、讯问室等专门的办案场所、办公区域执行。

(4) 对犯罪嫌疑人采取监视居住,应当由办案人员提出意见,部门负责人审核,检察长决定。需要对涉嫌特别重大贿赂犯罪的犯罪嫌疑人采取指定居所监视居住的,由办案人员提出意见,经部门负责人审核,报检察长审批后,连同案卷材料一并报上一级人民检察院侦查部门审查。对于下级人民检察院报请指定居所监视居住的案件,上一级人民检察院应当在收到案卷材料后及时作出是否批准的决定。上一级人民检察院批准指定居所监视居住的,应当将指定居所监视居住决定书连同案卷材料一并交由下级人民检察院通知同级公安机关执行。下级人民检察院应当将执行回执报上一级人民检察院。上一级人民检察院不予批准指定居所监视居住的,应当将不予批准指定监视居住决定书送达下级人民检察院,并说明不予批准的理由。

(5) 对于特别重大贿赂犯罪案件决定指定居所监视居住的,人民检察院侦查部门应当自决定指定居所监视居住之日起每两个月对指定居所监视居住的必要性进行审查,没有必要继续指定居所监视居住或者案件已经办结的,应当解除指定居所监视居住或者变更强制措施。犯罪嫌疑人及其法定代理人、近亲属或者辩护人认为不再具备指定居所监视居住条件的,有权向人民检察院申请变更强制措施。人民检察院应当在3日以内作出决定,经审查认为不需要继续指定居所监视居住的,应当解除指定居所监视居住或者变更强制措施;认为需要继续指定居所监视居住的,应当答复申请人并说明理由。解除指定居所监视居住或者变更强制措施的,下级人民检察院侦查部门应当报送上一级人民检察院备案。

(6) 人民检察院应当向监视居住的犯罪嫌疑人宣读监视居住决定书,由犯罪嫌疑人签名、捺指印或者盖章,并责令犯罪嫌疑人遵守《刑事诉讼法》第75条的规定,告知其违反规定应负的法律责任。

(7) 对犯罪嫌疑人决定在指定的居所执行监视居住,除无法通知的以外,人民检察院应当在执行监视居住后24小时以内,将指定居所监视居住的原因通知被监视居住人的家属。无法通知的,应当向检察长报告,并将原因写明附卷。无法通知的情形消除后,应当立即通知其家属。无法通知包括以下情形:① 被监视居住人无家属的;② 与其家属无法取得联系的;③ 受自然灾害等不可抗力阻碍的。

(8) 人民检察院核实犯罪嫌疑人住处或者为其指定居所后,应当制作监视居住执行通知书,将有关法律文书和案由、犯罪嫌疑人基本情况材料,送交监视居住地的公安机关执行,必要时人民检察院可以协助公安机关执行。

(9) 公安机关在执行监视居住期间向人民检察院征询是否同意批准犯罪嫌疑人离开执行监视居住的处所、会见他人或者通信时,人民检察院应当根据案件的具体情况决定是否同意。

(10) 人民检察院可以根据案件的具体情况,商请公安机关对被监视居住的犯罪嫌疑人采取电子监控、不定期检查等监视方法,对其遵守监视居住规定的情况进行监督。人民检察院办理直接受理立案侦查的案件对犯罪嫌疑人采取监视居住的,在侦查期间可以商请公安机关对其通信进行监控。

(四)《刑诉法解释》的相关规定

人民法院向被告人宣布监视居住决定后,应当将监视居住决定书等相关材料送交被告人住处或者指定居所所在地的同级公安机关执行。对被告人指定居所监视居住后,人民法院应当在24小时内,将监视居住的原因和处所通知其家属;确实无法通知的,应当记录在案。人民检察院、公安机关已经对犯罪嫌疑人取保候审、监视居住,案件起诉至人民法院后,需要继续取保候审、监视居住或者变更强制措施的,人民法院应当在7日内作出决定,并通知人民检察院、公安机关。决定继续取保候审、监视居住的,应当重新办理手续,期限重新计算;继续使用保证金保证的,不再收取保证金。人民法院不得对被告人重复采取取保候审、监视居住措施。

(五)指定居所监视居住期限的刑期折抵

《刑事诉讼法》第74条规定:"指定居所监视居住的期限应当折抵刑期。被判处管制的,监视居住一日折抵刑期一日;被判处拘役、有期徒刑的,监视居住二日折抵刑期一日。"

(六)被监视居住的犯罪嫌疑人、被告人应当遵守的规定

《刑事诉讼法》第75条规定:"被监视居住的犯罪嫌疑人、被告人应当遵守以下规定:(一)未经执行机关批准不得离开执行监视居住的处所;(二)未经执行机关批准不得会见他人或者通信;(三)在传讯的时候及时到案;(四)不得以任何形式干扰证人作证;(五)不得毁

灭、伪造证据或者串供;(六)将护照等出入境证件、身份证件、驾驶证件交执行机关保存。被监视居住的犯罪嫌疑人、被告人违反前款规定,情节严重的,可以予以逮捕;需要予以逮捕的,可以对犯罪嫌疑人、被告人先行拘留。"

《刑事诉讼规则》第121条规定:"犯罪嫌疑人有下列违反监视居住规定的行为,人民检察院应当对犯罪嫌疑人予以逮捕:(一)故意实施新的犯罪行为的;(二)企图自杀、逃跑,逃避侦查、审查起诉的;(三)实施毁灭、伪造证据或者串供、干扰证人作证行为,足以影响侦查、审查起诉工作正常进行的;(四)对被害人、证人、举报人、控告人及其他人员实施打击报复的。犯罪嫌疑人有下列违反监视居住规定的行为,人民检察院可以对犯罪嫌疑人予以逮捕:(一)未经批准,擅自离开执行监视居住的处所,造成严重后果,或者两次未经批准,擅自离开执行监视居住的处所的;(二)未经批准,擅自会见他人或者通信,造成严重后果,或者两次未经批准,擅自会见他人或者通信的;(三)经传讯不到案,造成严重后果,或者经两次传讯不到案的。需要对上述犯罪嫌疑人予以逮捕的,可以先行拘留。"

《刑诉法解释》第130条规定:"被监视居住的被告人具有下列情形之一的,人民法院应当决定逮捕:(一)具有前条第一项至第五项规定情形之一的;(二)未经批准,擅自离开执行监视居住的处所,影响审判活动正常进行,或者两次未经批准,擅自离开执行监视居住的处所的;(三)未经批准,擅自会见他人或者通信,影响审判活动正常进行,或者两次未经批准,擅自会见他人或者通信的;(四)对因患有严重疾病、生活不能自理,或者因怀孕、正在哺乳自己婴儿而未予逮捕的被告人,疾病痊愈或者哺乳期已满的;(五)依法应当决定逮捕的其他情形。"

(七)监视居住的期限

监视居住最长不得超过6个月。公安机关、人民检察院已经对犯罪嫌疑人监视居住的,案件移送到人民检察院、人民法院后,人民检察院、人民法院对于符合监视居住条件的,应当依法对犯罪嫌疑人、被告人重新办理监视居住手续,监视居住的期限重新计算。

(八)对监视居住的监督

人民检察院应当依法对指定居所监视居住的决定是否合法实行监督。对于下级人民检察院报请指定居所监视居住的案件,由上一级人民检察院侦查监督部门依法对决定是否合法进行监督。对于公安机关决定指定居所监视居住的案件,由作出批准决定公安机关的同级人民检察院侦查监督部门依法对决定是否合法进行监督。对于人民法院因被告人无固定住处而指定居所监视居住的,由同级人民检察院公诉部门依法对决定是否合法进行监督。被指定居所监视居住人及其法定代理人、近亲属或者辩护人认为侦查机关、人民法院的指定居所监视居住决定存在违法情形,提出控告或者举报的,人民检察院应当受理,并报送或者移送《刑事诉讼规则》第118条规定的承担监督职责的部门办理。人民检察院可以要求侦查机关、人民法院提供指定居所监视居住决定书和相关案件材料。经审查,发现存在下列违法情形的,应当及时通知有关机关纠正:① 不符合指定居所监视居住的适用条件的;② 未按法定程序履行批准手续的;③ 在决定过程中有其他违反刑事诉讼法规定的行为的。

人民检察院监所检察部门依法对指定居所监视居住的执行活动是否合法实行监督。发现下列违法情形的,应当及时提出纠正意见:① 在执行指定居所监视居住后24小时以内没有通知被监视居住人的家属的;② 在羁押场所、专门的办案场所执行监视居住的;③ 为被监视居住人通风报信、私自传递信件、物品的;④ 对被监视居住人刑讯逼供、体罚、虐待或者变相体罚、虐待的;⑤ 有其他侵犯被监视居住人合法权利或者其他违法行为的。被监视居住人及其法定代理人、近亲属或者辩护人对于公安机关、本院侦查部门或者侦查人员存在上述违法情形提出控告的,人民检察院控告检察部门应当受理并及时移送监所检察部门处理。

(九)监视居住的解除与变更

根据《刑事诉讼法》第97条的规定,人民法院、人民检察院或者公安机关对被采取监视居住法定期限届满的犯罪嫌疑人、被告人,应当予以解除或者依法变更强制措施。犯罪嫌疑人、被告人及其法定代理人、近亲属或者辩护人对于人民法院、人民检察院或者公安机关采取监视居住法定期限届满的,有权要求解除。监视居住期限届满或者发现不应当追究犯罪嫌疑人刑事责任的,应当解除或者撤销监视居住。解除或者撤销监视居住,应当由办案人员提出意见,部门负责人审核,检察长决定。解除或者撤销监视居住的决定应当通知执行机关,并将解除或者撤销监视居住的决定书送达犯罪嫌疑人。犯罪嫌疑人及其法定代理人、近亲属或者辩护人认为监视居住法定期限届满,向人民检察院提出解除监视居住要求的,人民检察院应当在3日以内审查决定。经审查认为法定期限届满的,经检察长批准后,解除监视居住;经审查未超过法定期限的,书面答复申请人。

## 考点 6 拘留

(一)拘留的概念和适用条件

刑事拘留是指公安机关、人民检察院在侦查过程中,遇有紧急情况时,对现行犯或者重大嫌疑分子所采取的临时剥夺其人身自由的强制方法。

**特别关注:**刑事拘留必须同时具备两个条件:① 拘留的对象是现行犯或者是重大嫌疑分子。② 具有法定的紧急情形之一。《刑事诉讼法》第80条规定:"公安机关对于现行犯或者重大嫌疑分子,如果有下列情形之一的,可以先行拘留:(一)正在预备犯罪、实行犯罪或者在犯罪后即时被发觉的;(二)被害人或者在场亲眼看见的人指认他犯罪的;(三)在身边或者住处发现有犯罪证据的;(四)犯罪后企图自杀、逃跑或者在逃的;(五)有毁灭、伪造证据或者串供可能的;(六)不讲真实姓名、住址,身份不明的;(七)有流窜作案、多次作案、结伙作案重大嫌疑的。"

**特别关注:**对于检察院直接受理的案件中符合上述第4项、第5项规定的情形,需要拘留犯罪嫌疑人的,由检察院作出决定,由公安机关执行。

(二)拘留的程序和期限

(1)公安机关执行拘留时,执行拘留的人员不得少于两人,应持有经县级以上公安机关负责人签发的《拘留证》,向被拘留的人出示,并责令被拘留人在《拘留证》上签名(盖章)或者按指印。拒绝签名和按指印的,执行拘留的人员应当予以注明。被拘留人如果抗拒拘留,公安人员有权使用强制方法,包括使用戒具。

(2)《刑事诉讼法》第83条第2款规定:"拘留后,应当立即将被拘留人送看守所羁押,至迟不得超过二十四小时。除无法通知或者涉嫌危害国家安全犯罪、恐怖活动犯罪通知可能有碍侦查的情形以外,应当在拘留后二十四小时以内,通知被拘留人的家属。有碍侦查的情形消失以后,应当立即通知被拘留人的家属。"

(3)《刑事诉讼规则》规定,无法通知的,应当向检察长报告,并将原因写明附卷。无法通知的情形消除后,应当立即通知其家属。

无法通知包括以下情形：

(1) 被拘留人无家属的。

(2) 与其家属无法取得联系的。

(3) 受自然灾害等不可抗力阻碍的。

(4) 《刑事诉讼法》第 84 条规定："公安机关对被拘留的人,应当在拘留后的二十四小时以内进行讯问。在发现不应当拘留的时候,必须立即释放,发给释放证明。"

(5) 异地执行拘留时,应当通知被拘留人所在地的公安机关,被拘留人所在地的公安机关应当予以配合。

(6) 《刑事诉讼法》第 89 条规定：公安机关对被拘留的人,认为需要逮捕的,应当在拘留后的 3 日以内,提请人民检察院审查批准。在特殊情况下,提请审查批准的时间可以延长 1 日至 4 日。对于流窜作案、多次作案、结伙作案的重大嫌疑分子,提请审查批准的时间可以延长至 30 日。人民检察院应当自接到公安机关提请批准逮捕书后的 7 日以内,作出批准逮捕或者不批准逮捕的决定。人民检察院不批准逮捕的,公安机关应当在接到通知后立即释放,并且将执行情况及时通知人民检察院。对于需要继续侦查,并且符合取保候审、监视居住条件的,依法取保候审或者监视居住。因此,公安机关对普通刑事拘留的最长期限不得超过 14 日,对流窜作案、多次作案或者结伙作案的重大嫌疑分子的拘留期限不得超过 37 日。

(7) 《刑事诉讼法》第 165 条规定："人民检察院对直接受理的案件中被拘留的人,认为需要逮捕的,应当在十四日以内作出决定。在特殊情况下,决定逮捕的时间可以延长一日至三日。对不需要逮捕的,应当立即释放；对需要继续侦查,并且符合取保候审、监视居住条件的,依法取保候审或者监视居住。"人民检察院对直接受理的案件中被拘留的人,应当在拘留后的 24 小时以内进行讯问。在发现不应当拘留的时候,必须立即释放,发给释放证明。

(8) 六部门《规定》第 16 条规定：《刑事诉讼法》规定,拘留由公安机关执行。对于人民检察院直接受理的案件,人民检察院作出的拘留决定,应当送达公安机关执行,公安机关应当立即执行,人民检察院可以协助公安机关执行。

(9) 涉嫌犯罪的人大代表的拘留担任县级以上人民代表大会代表的犯罪嫌疑人因现行犯被拘留的,人民检察院应当立即向该代表所属的人民代表大会主席团或者常务委员会报告；因为其他情形需要拘留的,人民检察院应当报请该代表所属的人民代表大会主席团或者常务委员会许可。人民检察院拘留担任本级人民代表大会代表的犯罪嫌疑人,直接向本级人民代表大会主席团或常务委员会报告或者报请许可。拘留担任上级人民代表大会代表的犯罪嫌疑人,应当立即层报该代表所属的人民代表大会同级的人民检察院报告或者报请许可。拘留担任下级人民代表大会代表的犯罪嫌疑人,可以直接向该代表所属的人民代表大会主席团或者常务委员会报告或者报请许可,也可以委托该代表所属的人民代表大会同级的人民检察院报告或者报请许可；拘留担任乡、民族乡、镇的人民代表大会代表的犯罪嫌疑人,由县级人民检察院报告乡、民族乡、镇的人民代表大会。拘留担任两级以上人民代表大会代表的犯罪嫌疑人,分别按照上述规定报告或者报请许可。拘留担任办案单位所在省、市、县(区)以外的其他地区人民代表大会代表的犯罪嫌疑人,应当委托该代表所属的人民代表大会同级的人民检察院报告或者报请许可；担任两级以上人民代表大会代表的,应当分别委托该代表所属的人民代表大会同级的人民检察院报告或者报请许可。

(10) 根据《刑事诉讼法》第 97 条的规定,人民检察院或者公安机关对被采取拘留措施法定期限届满的犯罪嫌疑人、被告人,应当予以释放或者依法变更强制措施。犯罪嫌疑人及其法定代理人、近亲属或者辩护人对于人民检察院或者公安机关采取拘留措施法定期限届满的,有权要求解除强制措施。

(11)《刑事诉讼规则》第138条规定:犯罪嫌疑人及其法定代理人、近亲属或者辩护人认为人民检察院对拘留的犯罪嫌疑人法定羁押期限届满,向人民检察院提出释放犯罪嫌疑人或者变更拘留措施要求的,人民检察院侦查部门应当在3日以内审查完毕。侦查部门经审查认为法定期限届满的,应当提出释放犯罪嫌疑人或者变更强制措施的意见,经检察长批准后,通知公安机关执行;经审查认为未满法定期限的,书面答复申诉人。侦查部门应当将审查结果同时书面通知本院监所检察部门。

(三)刑事拘留与行政拘留、司法拘留的区别

1. 刑事拘留与行政拘留

(1)法律性质不同。刑事拘留在刑事诉讼活动中是一种保障性措施,不具有惩罚性;行政拘留是行政处罚,具有惩罚性。(2)适用对象不同。刑事拘留适用于刑事案件中的现行犯或重大嫌疑分子,行政拘留适用于一般违法行为人。(3)适用目的不同。适用刑事拘留的目的是保证刑事诉讼活动的顺利进行,而行政拘留的适用目的是处罚和教育一般违法行为人。(4)期限不同。刑事拘留的最长期限为14日、17日、37日;而行政拘留的最长期限为15日、20日。

2. 刑事拘留与司法拘留

(1)适用对象不同。司法拘留适用于实施了妨害诉讼行为的人,既包括诉讼当事人及其他诉讼参与人,还包括案外人;刑事拘留只适用于刑事案件中的现行犯或重大嫌疑分子。

(2)有权采用的机关不同。司法拘留由人民法院决定,由人民法院司法警察执行,交公安机关的羁押场所予以看管;刑事拘留由公安机关、人民检察院决定,交由公安机关执行。

(3)与判决的关系不同。司法拘留仅仅是对妨害诉讼行为人的惩戒,与判决结果无任何关系;刑事拘留的羁押期限可以折抵刑期。

(4)期限不同。司法拘留的期限为最长15日,不同于刑事拘留。

**特别关注**:根据《刑事诉讼法》第194条的规定,对于违反法庭秩序的人,经人民法院院长批准,可以适用15日以下的拘留。这一措施是司法拘留而不是刑事拘留。此外,《刑事诉讼法》第188条第2款规定:"证人没有正当理由拒绝出庭或者出庭后拒绝作证的,予以训诫,情节严重的,经院长批准,处以十日以下的拘留。被处罚人对拘留决定不服的,可以向上一级人民法院申请复议。复议期间不停止执行。"这个拘留也属于司法拘留。

## 考点 7 逮捕

(一)逮捕的概念和适用条件

逮捕,是指在一定期限内依法暂时剥夺犯罪嫌疑人、被告人的人身自由并予以羁押的一种强制措施,是刑事诉讼强制措施中最严厉的一种。

1.《刑事诉讼法》的相关规定

《刑事诉讼法》第79条规定:对有证据证明有犯罪事实,可能判处徒刑以上刑罚的犯罪嫌疑人、被告人,采取取保候审尚不足以防止发生下列社会危险性的,应当予以逮捕:(1)可能实施新的犯罪的;(2)有危害国家安全、公共安全或者社会秩序的现实危险的;(3)可能毁灭、伪

造证据,干扰证人作证或者串供的;(4) 可能对被害人、举报人、控告人实施打击报复的;(5) 企图自杀或者逃跑的。对有证据证明有犯罪事实,可能判处 10 年有期徒刑以上刑罚的,或者有证据证明有犯罪事实,可能判处徒刑以上刑罚,曾经故意犯罪或者身份不明的,应当予以逮捕。被取保候审、监视居住的犯罪嫌疑人、被告人违反取保候审、监视居住规定,情节严重的,可以予以逮捕。

**特别关注**:全国人民代表大会常务委员会关于《中华人民共和国刑事诉讼法》第七十九条第三款的解释,全国人民代表大会常务委员会根据司法实践中遇到的情况,讨论了刑事诉讼法第七十九条第三款关于违反取保候审、监视居住规定情节严重可以逮捕的规定,是否适用于可能判处徒刑以下刑罚的犯罪嫌疑人、被告人的问题,解释如下:根据刑事诉讼法第七十九条第三款的规定,对于被取保候审、监视居住的可能判处徒刑以下刑罚的犯罪嫌疑人、被告人,违反取保候审、监视居住规定,严重影响诉讼活动正常进行的,可以予以逮捕。

《刑事诉讼规则》的相关规定

关于有社会危险性需要逮捕条件的规定:① 可能实施新的犯罪的,即犯罪嫌疑人多次作案、连续作案、流窜作案,其主观恶性、犯罪习性表明其可能实施新的犯罪,以及有一定证据证明犯罪嫌疑人已经开始策划、预备实施犯罪的;② 有危害国家安全、公共安全或者社会秩序的现实危险的,即有一定证据证明或者有迹象表明犯罪嫌疑人在案发前或者案发后正在积极策划、组织或者预备实施危害国家安全、公共安全或者社会秩序的重大违法犯罪行为的;③ 可能毁灭、伪造证据,干扰证人作证或者串供的,即有一定证据证明或者有迹象表明犯罪嫌疑人在归案前或者归案后已经着手实施或者企图实施毁灭、伪造证据,干扰证人作证或者串供行为的;④ 有一定证据证明或者有迹象表明犯罪嫌疑人可能对被害人、举报人、控告人实施打击报复的;⑤ 企图自杀或者逃跑的,即犯罪嫌疑人归案前或者归案后曾经自杀,或者有一定证据证明或者有迹象表明犯罪嫌疑人试图自杀或者逃跑的。

2. 有证据证明有犯罪事实是指同时具备下列情形:

(1) 有证据证明的事实等

① 有证据证明发生了犯罪事实;② 有证据证明该犯罪事实是犯罪嫌疑人实施的;③ 证明犯罪嫌疑人实施犯罪行为的证据已经查证属实的。犯罪事实既可以是单一犯罪行为的事实,也可以是数个犯罪行为中任何一个犯罪行为的事实。

(2) 对有证据证明有犯罪事实,可能判处徒刑以上刑罚,犯罪嫌疑人曾经故意犯罪或者不讲真实姓名、住址,身份不明的,应当批准或者决定逮捕。

(3) 对实施多个犯罪行为或者共同犯罪案件的犯罪嫌疑人,符合《刑事诉讼规则》第139条的规定,具有下列情形之一的,应当批准或者决定逮捕:① 有证据证明犯有数罪中的一罪的;② 有证据证明实施多次犯罪中的一次犯罪的;③ 共同犯罪中,已有证据证明有犯罪事实的犯罪嫌疑人。

(二) 逮捕的权限以及批准和决定程序

1.《刑事诉讼法》及《刑事诉讼规则》的规定

(1)《刑事诉讼法》第 78 条规定:"逮捕犯罪嫌疑人、被告人,必须经过人民检察院批准或者人民法院决定,由公安机关执行。"

(2) 公安机关要求逮捕犯罪嫌疑人时,应写出提请批准逮捕书,连同案卷材料、证据,一并移送同级人民检察院审查批准。必要的时候,人民检察院可以派人参加公安机关对于重大案件的讨论。

(3)人民检察院审查批准或者决定逮捕犯罪嫌疑人,由侦查监督部门办理。侦查监督部门办理审查逮捕案件,应当指定办案人员进行审查。办案人员应当审阅案卷材料和证据,依法讯问犯罪嫌疑人、询问证人等诉讼参与人、听取辩护律师意见,制作审查逮捕意见书,提出批准或者决定逮捕、不批准或者不予逮捕的意见,经部门负责人审核后,报请检察长批准或者决定;重大案件应当经检察委员会讨论决定。侦查监督部门办理审查逮捕案件,不另行侦查,不得直接提出采取取保候审措施的意见。

(4)《刑事诉讼法》第86条规定:人民检察院审查批准逮捕,可以讯问犯罪嫌疑人;有下列情形之一的,应当讯问犯罪嫌疑人:① 对是否符合逮捕条件有疑问的;② 犯罪嫌疑人要求向检察人员当面陈述的;③ 侦查活动可能有重大违法行为的。人民检察院审查批准逮捕,可以询问证人等诉讼参与人,听取辩护律师的意见;辩护律师提出要求的,应当听取辩护律师的意见。

(5)《刑事诉讼规则》规定,侦查监督部门办理审查逮捕案件,可以讯问犯罪嫌疑人;有下列情形之一的,应当讯问犯罪嫌疑人:① 对是否符合逮捕条件有疑问的;② 犯罪嫌疑人要求向检察人员当面陈述的;③ 侦查活动可能有重大违法行为的;④ 案情重大疑难复杂的;⑤ 犯罪嫌疑人系未成年人的;⑥ 犯罪嫌疑人是盲、聋、哑人或者是尚未完全丧失辨认或者控制自己行为能力的精神病人的。讯问未被拘留的犯罪嫌疑人,讯问前应当征求侦查机关的意见,并做好办案安全风险评估预警工作。是否符合逮捕条件有疑问主要包括罪与非罪界限不清的,据以定罪的证据之间存在矛盾的,犯罪嫌疑人的供述前后矛盾或者违背常理的,有无社会危险性难以把握的,以及犯罪嫌疑人是否达到刑事责任年龄需要确认等情形。重大违法行为是指办案严重违反法律规定的程序,或者存在刑讯逼供等严重侵犯犯罪嫌疑人人身权利和其他诉讼权利等情形。在审查逮捕中对被拘留的犯罪嫌疑人不予讯问的,应当送达听取犯罪嫌疑人意见书,由犯罪嫌疑人填写后及时收回审查并附卷。经审查发现应当讯问犯罪嫌疑人的,应当及时讯问。讯问时,应当首先查明犯罪嫌疑人的基本情况,依法告知犯罪嫌疑人的诉讼权利和义务,听取其供述和辩解,有检举揭发他人犯罪线索的,应当予以记录,并依照有关规定移送有关部门处理。讯问犯罪嫌疑人应当制作讯问笔录,并交犯罪嫌疑人核对或者向其宣读,经核对无误后逐页签名、盖章或者捺指印并附卷。犯罪嫌疑人请求自行书写供述的,应当准许,但不得以自行书写的供述代替讯问笔录。侦查监督部门办理审查逮捕案件,必要时,可以询问证人、被害人、鉴定人等诉讼参与人,并制作笔录附卷。在审查逮捕过程中,犯罪嫌疑人已经委托辩护律师的,侦查监督部门可以听取辩护律师的意见。辩护律师提出要求的,应当听取辩护律师的意见。对辩护律师的意见应当制作笔录附卷。辩护律师提出不构成犯罪、无社会危险性、不适宜羁押、侦查活动有违法犯罪情形等书面意见的,办案人员应当审查,并在审查逮捕意见书中说明是否采纳的情况和理由。

(6)《刑事诉讼规则》规定,对于公安机关立案侦查的案件,侦查监督部门审查逮捕时发现存在《刑事诉讼规则》第73条第1款规定情形的,可以调取公安机关讯问犯罪嫌疑人的录音、录像并审查相关的录音、录像,对于重大、疑难、复杂的案件,必要时可以审查全部录音、录像。人民检察院直接受理立案侦查的案件,侦查部门在移送或者报请审查逮捕时,应当向侦查监督部门移送全部讯问犯罪嫌疑人的录音、录像,未移送或移送不全的,侦查监督部门应当要求侦查部门补充移送。经要求仍未移送或者未全部移送的,应当将案件退回侦查部门。侦查监督部门审查逮捕时对取证合法性或者讯问笔录真实性等产生疑问的,可以审查相关的录音、录像;对于重大、疑难、复杂的案件,必要时可以审查全部录音、录像。

(7) 经审查讯问犯罪嫌疑人录音、录像,发现侦查机关讯问不规范,讯问过程存在违法行为,录音、录像内容与讯问笔录不一致等情形的,应当逐一列明并向侦查机关书面提出,要求侦查机关予以纠正、补正或者书面作出合理解释。发现讯问笔录与讯问犯罪嫌疑人录音、录像内容有重大实质性差异的,或者侦查机关不能补正或者作出合理解释的,该讯问笔录不能作为批准逮捕或者决定逮捕的依据。

2.《刑事诉讼规则》关于审查批准逮捕的规定

(1) 对公安机关提请批准逮捕的犯罪嫌疑人,已被拘留的,人民检察院应当在收到提请批准逮捕书后的 7 日以内作出是否批准逮捕的决定;未被拘留的,应当在收到提请批准逮捕书后的 15 日以内作出是否批准逮捕的决定,重大、复杂的案件,不得超过 20 日。

(2) 上级公安机关指定犯罪地或者犯罪嫌疑人居住地以外的下级公安机关立案侦查的案件,需要逮捕犯罪嫌疑人的,由侦查该案件的公安机关提请同级人民检察院审查批准逮捕,人民检察院应当依法作出批准或者不批准逮捕的决定。

(3) 对公安机关提请批准逮捕的犯罪嫌疑人,人民检察院经审查认为符合《刑事诉讼规则》第 139 条、第 140 条、第 142 条规定情形的,应当作出批准逮捕的决定,连同案卷材料送达公安机关执行,并可以对收集证据、适用法律提出意见。

(4) 对公安机关提请批准逮捕的犯罪嫌疑人,具有《刑事诉讼规则》第 143 条和第 144 条规定情形,人民检察院作出不批准逮捕决定的,应当说明理由,连同案卷材料送达公安机关执行。需要补充侦查的,应当同时通知公安机关。

(5) 对于人民检察院批准逮捕的决定,公安机关应当立即执行,并将执行回执及时送达作出批准决定的人民检察院;如果未能执行,也应当将回执送达人民检察院,并写明未能执行的原因。对于人民检察院决定不批准逮捕的,公安机关在收到不批准逮捕决定书后,应当立即释放在押的犯罪嫌疑人或者变更强制措施,并将执行回执在收到不批准逮捕决定书后的 3 日以内送达作出不批准逮捕决定的人民检察院。

(6) 人民检察院办理审查逮捕案件,发现应当逮捕而公安机关未提请批准逮捕的犯罪嫌疑人的,应当建议公安机关提请批准逮捕。如果公安机关仍不提请批准逮捕或者不提请批准逮捕的理由不能成立的,人民检察院也可以直接作出逮捕决定,送达公安机关执行。

(7) 对已作出的批准逮捕决定发现确有错误的,人民检察院应当撤销原批准逮捕决定,送达公安机关执行。对已作出的不批准逮捕决定发现确有错误,需要批准逮捕的,人民检察院应当撤销原不批准逮捕决定,并重新作出批准逮捕决定,送达公安机关执行。对因撤销原批准逮捕决定而被释放的犯罪嫌疑人或者逮捕后公安机关变更为取保候审、监视居住的犯罪嫌疑人,又发现需要逮捕的,人民检察院应当重新作出逮捕决定。

3.《刑事诉讼规则》关于审查决定逮捕的规定

(1) 省级以下(不含省级)人民检察院直接受理立案侦查的案件,需要逮捕犯罪嫌疑人的,应当报请上一级人民检察院审查决定。监所、林业等派出人民检察院立案侦查的案件,需要逮捕犯罪嫌疑人的,应当报请上一级人民检察院审查决定。

(2) 下级人民检察院报请审查逮捕的案件,由侦查部门制作报请逮捕书,报检察长或者检察委员会审批后,连同案卷材料、讯问犯罪嫌疑人录音、录像一并报上一级人民检察院审查,报请逮捕时应当说明犯罪嫌疑人的社会危险性并附相关证据材料。侦查部门报请审查逮捕时，应当同时将报请情况告知犯罪嫌疑人及其辩护律师。

（3）犯罪嫌疑人已被拘留的，下级人民检察院侦查部门应当在拘留后7日以内报上一级人民检察院审查逮捕。上一级人民检察院应当在收到报请逮捕书后7日以内作出是否逮捕的决定，特殊情况下，决定逮捕的时间可以延长1日至3日。犯罪嫌疑人未被拘留的，上一级人民检察院应当在收到报请逮捕书后15日以内作出是否逮捕决定，重大、复杂的案件，不得超过20日。报送案卷材料、送达法律文书的路途时间计算在上一级人民检察院审查逮捕期限以内。

（4）对于重大、疑难、复杂的案件，下级人民检察院侦查部门可以提请上一级人民检察院侦查监督部门和本院侦查监督部门派员介入侦查，参加案件讨论。上一级人民检察院侦查监督部门和下级人民检察院侦查监督部门认为必要时，可以报经检察长批准，派员介入侦查，对收集证据、适用法律提出意见，监督侦查活动是否合法。

（5）上一级人民检察院经审查，对符合《刑事诉讼规则》第305条规定情形的，应当讯问犯罪嫌疑人。讯问时，按照《刑事诉讼规则》第307条的规定进行。对未被拘留的犯罪嫌疑人，讯问前应当征求下级人民检察院侦查部门的意见。讯问犯罪嫌疑人，可以当面讯问，也可以通过视频讯问。通过视频讯问的，上一级人民检察院应当制作笔录附卷。下级人民检察院应当协助做好提押、讯问笔录核对、签字等工作。因交通、通讯不便等原因，不能当面讯问或者视频讯问的，上一级人民检察院可以拟定讯问提纲，委托下级人民检察院侦查监督部门进行讯问。下级人民检察院应当及时将讯问笔录报送上一级人民检察院。

（6）对已被拘留的犯罪嫌疑人，上一级人民检察院拟不讯问的，应当向犯罪嫌疑人送达听取犯罪嫌疑人意见书。因交通不便等原因不能及时送达的，可以委托下级人民检察院侦查监督部门代为送达。下级人民检察院应当及时回收意见书，并报上一级人民检察院。经审查发现应当讯问犯罪嫌疑人的，应当及时讯问。

（7）上一级人民检察院决定逮捕的，应当将逮捕决定书连同案卷材料一并交下级人民检察院，由下级人民检察院通知同级公安机关执行。必要时，下级人民检察院可以协助执行。下级人民检察院应当在公安机关执行逮捕3日以内，将执行回执报上一级人民检察院。上一级人民检察院作出逮捕决定的，可以对收集证据、适用法律提出意见。

（8）上一级人民检察院决定不予逮捕的，应当将不予逮捕决定书连同案卷材料一并交下级人民检察院，同时书面说明不予逮捕的理由。犯罪嫌疑人已被拘留的，下级人民检察院应当通知公安机关立即释放，并报上一级人民检察院；案件需要继续侦查，犯罪嫌疑人符合取保候审、监视居住条件的，由下级人民检察院依法决定取保候审或者监视居住。上一级人民检察院作出不予逮捕决定，认为需要补充侦查的，应当制作补充侦查提纲，送达下级人民检察院侦查部门。

（9）对应当逮捕而下级人民检察院未报请逮捕的犯罪嫌疑人，上一级人民检察院应当通知下级人民检察院报请逮捕犯罪嫌疑人。下级人民检察院不同意报请逮捕犯罪嫌疑人的，应当说明理由。经审查理由不成立的，上一级人民检察院可以依法作出逮捕决定。

（10）决定逮捕后，应当立即将被逮捕人送看守所羁押。除无法通知的以外，下级人民检察院侦查部门应当把逮捕的原因和羁押的处所，在24小时以内通知被逮捕人的家属。对于无法通知的，在无法通知的情形消除后，应当立即通知其家属。

(11) 对被逮捕的犯罪嫌疑人,下级人民检察院侦查部门应当在逮捕后 24 小时以内进行讯问。下级人民检察院在发现不应当逮捕的时候,应当立即释放犯罪嫌疑人或者变更强制措施,并向上一级人民检察院报告。对已被释放或者变更为其他强制措施的犯罪嫌疑人,又发现需要逮捕的,应当重新报请审查逮捕。

(12) 对被逮捕的犯罪嫌疑人,作出逮捕决定的人民检察院发现不应当逮捕的,应当撤销逮捕决定,并通知下级人民检察院送达同级公安机关执行,同时向下级人民检察院说明撤销逮捕的理由。

(13) 下级人民检察院认为上一级人民检察院作出的不予逮捕决定有错误的,应当在收到不予逮捕决定书后 5 日以内报请上一级人民检察院重新审查,但是必须将已被拘留的犯罪嫌疑人立即释放或者变更为其他强制措施。上一级人民检察院侦查监督部门在收到报请重新审查逮捕意见书和案卷材料后,应当另行指派办案人员审查,在 7 日以内作出是否变更的决定。

(14) 基层人民检察院、分、州、市人民检察院对直接受理立案侦查的案件进行审查起诉时,发现需要逮捕犯罪嫌疑人的,应当报请上一级人民检察院审查决定逮捕。报请工作由公诉部门负责。

(15) 需要逮捕担任各级人民代表大会代表的犯罪嫌疑人的,下级人民检察院侦查部门应当按照《刑事诉讼规则》第 146 条的规定报请许可,在获得许可后,向上一级人民检察院报请逮捕。

(16) 最高人民检察院、省级人民检察院办理直接受理立案侦查的案件,需要逮捕犯罪嫌疑人的,由侦查部门填写逮捕犯罪嫌疑人意见书,连同案卷材料、讯问犯罪嫌疑人录音、录像一并移送本院侦查监督部门审查。犯罪嫌疑人已被拘留的,侦查部门应当在拘留后 7 日以内将案件移送本院侦查监督部门审查。

(17) 对本院侦查部门移送审查逮捕的案件,犯罪嫌疑人已被拘留的,应当在侦查监督部门收到逮捕犯罪嫌疑人意见书后的 7 日以内,由检察长或者检察委员会决定是否逮捕,特殊情况下,决定逮捕的时间可以延长 1 日至 3 日;犯罪嫌疑人未被拘留的,应当在侦查监督部门收到逮捕犯罪嫌疑人意见书后的 15 日以内由检察长或者检察委员会决定是否逮捕,重大、复杂的案件,不得超过 20 日。

(18) 对本院侦查部门移送审查逮捕的犯罪嫌疑人,经检察长或者检察委员会决定逮捕的,侦查监督部门应当将逮捕决定书连同案卷材料、讯问犯罪嫌疑人录音、录像送交侦查部门,由侦查部门通知公安机关执行,必要时人民检察院可以协助执行,并可以对收集证据、适用法律提出意见。

(19) 对本院侦查部门移送审查逮捕的犯罪嫌疑人,经检察长或者检察委员会决定不予逮捕的,侦查监督部门应当将不予逮捕的决定连同案卷材料、讯问犯罪嫌疑人录音、录像移交侦查部门。犯罪嫌疑人已被拘留的,侦查部门应当通知公安机关立即释放。

(20) 对应当逮捕而本院侦查部门未移送审查逮捕的犯罪嫌疑人,侦查监督部门应当向侦查部门提出移送审查逮捕犯罪嫌疑人的建议。如果建议不被采纳,侦查监督部门可以报请检察长提交检察委员会决定。

(21) 最高人民检察院、省级人民检察院办理直接受理立案侦查的案件,逮捕犯罪嫌疑人后,应当立即将被逮捕人送看守所羁押。除无法通知的以外,侦查部门应当把逮捕的原因和羁押的处所,在 24 小时以内通知被逮捕人的家属。对于无法通知的,在无法通知的情形消除后,应当立即通知其家属。

（22）最高人民检察院、省级人民检察院办理直接受理立案侦查的案件，对被逮捕的犯罪嫌疑人，侦查部门应当在逮捕后24小时以内进行讯问。发现不应当逮捕的，应当经检察长批准，撤销逮捕决定或者变更为其他强制措施，并通知公安机关执行，同时通知侦查监督部门。对按照前款规定被释放或者被变更逮捕措施的犯罪嫌疑人，又发现需要逮捕的，应当重新移送审查逮捕。

（23）最高人民检察院、省级人民检察院办理直接受理立案侦查的案件，已经作出不予逮捕的决定，又发现需要逮捕犯罪嫌疑人的，应当重新办理逮捕手续。

（24）人民检察院办理直接受理立案侦查的案件，侦查部门应当将决定、变更、撤销逮捕措施的情况书面通知本院监所检察部门。

4.《刑诉法解释》关于决定逮捕的规定

（1）人民法院作出逮捕决定后，应当将逮捕决定书等相关材料送交同级公安机关执行，并将逮捕决定书抄送人民检察院。逮捕被告人后，人民法院应当将逮捕的原因和羁押的处所，在24小时内通知其家属；确实无法通知的，应当记录在案。

（2）人民法院对决定逮捕的被告人，应当在逮捕后24小时内讯问。发现不应当逮捕的，应当变更强制措施或者立即释放。

5. 六部门《规定》关于逮捕的规定

六部门《规定》第17条规定：对于人民检察院批准逮捕的决定，公安机关应当立即执行，并将执行回执及时送达批准逮捕的人民检察院。如果未能执行，也应当将回执送达人民检察院，并写明未能执行的原因。对于人民检察院决定不批准逮捕的，公安机关在收到不批准逮捕决定书后，应当立即释放在押的犯罪嫌疑人或者变更强制措施，并将执行回执在收到不批准逮捕决定书后的3日内送达作出不批准逮捕决定的人民检察院。

6.《刑事诉讼规则》关于对不批捕的复议、复核的规定

（1）对公安机关要求复议的不批准逮捕的案件，人民检察院侦查监督部门应当另行指派办案人员复议，并在收到提请复议书和案卷材料后的7日以内作出是否变更的决定，通知公安机关。

（2）对公安机关提请上一级人民检察院复核的不批准逮捕的案件，上一级人民检察院侦查监督部门应当在收到提请复核意见书和案卷材料后的15日以内由检察长或者检察委员会作出是否变更的决定，通知下级人民检察院和公安机关执行。如果需要改变原决定，应当通知作出不批准逮捕决定的人民检察院撤销原不批准逮捕决定，另行制作批准逮捕决定书。必要时，上级人民检察院也可以直接作出批准逮捕决定，通知下级人民检察院送达公安机关执行。

（3）人民检察院作出不批准逮捕决定，并且通知公安机关补充侦查的案件，公安机关在补充侦查后又提请复议的，人民检察院应当告知公安机关重新提请批准逮捕。公安机关坚持复议的，人民检察院不予受理。公安机关补充侦查后应当提请批准逮捕而不提请批准逮捕的，按照《刑事诉讼规则》第321条的规定办理。

（4）对公安机关提请批准逮捕的案件，侦查监督部门应当将批准、变更、撤销逮捕措施的情况书面通知本院监所检察部门。

7.《刑事诉讼规则》关于对涉嫌犯罪人大代表逮捕的规定

（1）人民检察院对担任本级人民代表大会代表的犯罪嫌疑人批准或者决定逮捕，应当报

请本级人民代表大会主席团或者常务委员会许可。报请许可手续的办理由侦查机关负责。

(2) 对担任上级人民代表大会代表的犯罪嫌疑人批准或者决定逮捕,应当层报该代表所属的人民代表大会同级的人民检察院报请许可。

(3) 对担任下级人民代表大会代表的犯罪嫌疑人批准或者决定逮捕,可以直接报请该代表所属的人民代表大会主席团或者常务委员会许可,也可以委托该代表所属的人民代表大会同级的人民检察院报请许可;对担任乡、民族乡、镇的人民代表大会代表的犯罪嫌疑人批准或者决定逮捕,由县级人民检察院报告乡、民族乡、镇的人民代表大会。

(4) 对担任两级以上的人民代表大会代表的犯罪嫌疑人批准或者决定逮捕,分别依照上述规定报请许可。

(5) 对担任办案单位所在省、市、县(区)以外的其他地区人民代表大会代表的犯罪嫌疑人批准或者决定逮捕,应当委托该代表所属的人民代表大会同级的人民检察院报请许可;担任两级以上人民代表大会代表的,应当分别委托该代表所属的人民代表大会同级的人民检察院报请许可。

8.《刑事诉讼规则》关于审查逮捕外国人犯罪及危害国家安全犯罪的规定

(1) 外国人、无国籍人涉嫌危害国家安全犯罪的案件或者涉及国与国之间政治、外交关系的案件以及在适用法律上确有疑难的案件,认为需要逮捕犯罪嫌疑人的,按照《刑事诉讼法》第19条、第20条的规定,分别由基层人民检察院或者分、州、市人民检察院审查并提出意见,层报最高人民检察院审查。最高人民检察院经审查认为需要逮捕的,经征求外交部的意见后,作出批准逮捕的批复,经审查认为不需要逮捕的,作出不批准逮捕的批复。基层人民检察院或者分、州、市人民检察院根据最高人民检察院的批复,依法作出批准或者不批准逮捕的决定。层报过程中,上级人民检察院经审查认为不需要逮捕的,应当作出不批准逮捕的批复,报送的人民检察院根据批复依法作出不批准逮捕的决定。基层人民检察院或者分、州、市人民检察院经审查认为不需要逮捕的,可以直接依法作出不批准逮捕的决定。外国人、无国籍人涉嫌上述规定以外的其他犯罪案件,决定批准逮捕的人民检察院应当在作出批准逮捕决定后48小时以内报上一级人民检察院备案,同时向同级人民政府外事部门通报。上一级人民检察院对备案材料经审查发现错误的,应当依法及时纠正。

(2) 人民检察院办理审查逮捕的危害国家安全的案件,应当报上一级人民检察院备案。上一级人民检察院对报送的备案材料经审查发现错误的,应当依法及时纠正。

9.《刑事诉讼规则》关于不批准逮捕或不予逮捕的规定

(1)《刑事诉讼规则》第143条规定:"对具有下列情形之一的犯罪嫌疑人,人民检察院应当作出不批准逮捕的决定或者不予逮捕:(一) 不符合本规则第一百三十九条至第一百四十二条规定的逮捕条件的;(二) 具有刑事诉讼法第十五条规定的情形之一的。"

(2) 犯罪嫌疑人涉嫌的罪行较轻,且没有其他重大犯罪嫌疑,具有以下情形之一的,可以作出不批准逮捕的决定或者不予逮捕:① 属于预备犯、中止犯,或者防卫过当、避险过当的;② 主观恶性较小的初犯,共同犯罪中的从犯、胁从犯,犯罪后自首,有立功表现或者积极退赃、赔偿损失、确有悔罪表现的;③ 过失犯罪的犯罪嫌疑人,犯罪后有悔罪表现,有效控制损失或者积极赔偿损失的;④ 犯罪嫌疑人与被害人双方根据刑事诉讼法的有关规定达成和解协议,经审查,认为和解系自愿、合法且已经履行或者提供担保的;⑤ 犯罪嫌疑人系已满14周岁未满18周岁的未成年人或者在校学生,本人有悔罪表现,其家庭、学校或者所在社区、居民委会、村民委员会具备监护、帮教条件的;⑥年满75周岁以上的老年人。

(3)对符合《刑事诉讼法》第72条第1款规定的犯罪嫌疑人,人民检察院经审查认为不需要逮捕的,可以在作出不批准逮捕或者不予逮捕决定的同时,向侦查机关提出监视居住的建议。

(三)逮捕的执行程序

逮捕犯罪嫌疑人、被告人,一律由公安机关执行。

(1)执行逮捕的人员不得少于两人。执行逮捕时,应当有县级以上公安机关负责人签发的逮捕证,要向被逮捕人出示逮捕证,宣布逮捕,并责令被逮捕人在逮捕证上签字或按手印,并注明时间。被逮捕人拒绝在逮捕证上签字或按手印的,应在逮捕证上注明。逮捕犯罪嫌疑人、被告人,可以采用适当的强制方法,包括使用武器和戒具。

(2)逮捕犯罪嫌疑人、被告人后,提请批准逮捕的公安机关、决定逮捕的人民检察院或者人民法院,应当在24小时之内进行讯问。对于发现不应当逮捕的,立即释放,并发给释放证明。公安机关释放被逮捕的人,或者将逮捕变更为取保候审或监视居住的,应当通知人民检察院。

(3)《刑事诉讼法》第91条第2款规定:"逮捕后,应当立即将被逮捕人送看守所羁押。除无法通知的以外,应当在逮捕后二十四小时以内,通知被逮捕人的家属。"

(4)异地逮捕,公安机关应当通知被逮捕人所在地的公安机关。被逮捕人所在地的公安机关应当协助执行。

(5)《刑事诉讼法》第93条规定:"犯罪嫌疑人、被告人被逮捕后,人民检察院仍应当对羁押的必要性进行审查。对不需要继续羁押的,应当建议予以释放或者变更强制措施。有关机关应当在十日以内将处理情况通知人民检察院。"

(四)逮捕的变更、撤销或解除

1.《刑事诉讼法》的相关规定

(1)《刑事诉讼法》第95条规定:"犯罪嫌疑人、被告人及其法定代理人、近亲属或者辩护人有权申请变更强制措施。人民法院、人民检察院和公安机关收到申请后,应当在三日以内作出决定;不同意变更强制措施的,应当告知申请人,并说明不同意的理由。"

(2)《刑事诉讼法》第96条规定:"犯罪嫌疑人、被告人被羁押的案件,不能在本法规定的侦查羁押、审查起诉、一审、二审期限内办结的,对犯罪嫌疑人、被告人应当予以释放;需要继续查证、审理的,对犯罪嫌疑人、被告人可以取保候审或者监视居住。"

(3)《刑事诉讼法》第97条规定:"人民法院、人民检察院或者公安机关对被采取强制措施法定期限届满的犯罪嫌疑人、被告人,应当予以释放、解除取保候审、监视居住或者依法变更强制措施。犯罪嫌疑人、被告人及其法定代理人、近亲属或者辩护人对于人民法院、人民检察院或者公安机关采取强制措施法定期限届满的,有权要求解除强制措施。"

(4)《刑事诉讼法》第94条规定:"人民法院、人民检察院和公安机关如果发现对犯罪嫌疑人、被告人采取强制措施不当的,应当及时撤销或者变更。公安机关释放被逮捕的人或者变更逮捕措施的,应当通知原批准的人民检察院。"

(5)《刑事诉讼法》第249条规定:"第一审人民法院判决被告人无罪、免除刑事处罚的,如果被告人在押,在宣判后应当立即释放。"

2.《刑事诉讼规则》的相关规定

（1）对于人民检察院正在侦查或者审查起诉的案件，被逮捕的犯罪嫌疑人及其法定代理人、近亲属或者辩护人认为羁押期限届满，向人民检察院提出释放犯罪嫌疑人或者变更逮捕措施要求的，人民检察院应当在3日以内审查决定。经审查，认为法定期限届满的，应当决定释放或者依法变更逮捕措施，并通知公安机关执行；认为未满法定期限的，书面答复申请人。

（2）被害人对人民检察院以没有犯罪事实为由作出的不批准逮捕决定不服提出申诉的，由作出不批准逮捕决定的人民检察院刑事申诉检察部门审查处理。对以其他理由作出的不批准逮捕决定不服提出申诉的，由侦查监督部门办理。

3.《刑诉法解释》的相关规定

（1）被逮捕的被告人具有下列情形之一的，人民法院可以变更强制措施：① 患有严重疾病、生活不能自理的；② 怀孕或者正在哺乳自己婴儿的；③ 系生活不能自理的人的唯一扶养人。

（2）第一审人民法院判决被告人无罪、不负刑事责任或者免除刑事处罚，被告人在押的，应当在宣判后立即释放。被逮捕的被告人具有下列情形之一的，人民法院应当变更强制措施或者予以释放：① 第一审人民法院判处管制、宣告缓刑、单独适用附加刑，判决尚未发生法律效力的；② 被告人被羁押的时间已到第一审人民法院对其判处的刑期期限的；③ 案件不能在法律规定的期限内审结的。

（3）人民法院决定变更强制措施或者释放被告人的，应当立即将变更强制措施决定书或者释放通知书送交公安机关执行。

（4）对人民法院决定逮捕的被告人，人民检察院建议释放或者变更强制措施的，人民法院应当在收到建议后10日内将处理情况通知人民检察院。

（5）被告人及其法定代理人、近亲属或者辩护人申请变更强制措施的，应当说明理由。人民法院收到申请后，应当在3日内作出决定。同意变更强制措施的，应当依照《刑诉法解释》规定处理；不同意的，应当告知申请人，并说明理由。

## 考点 8 核准追诉

（一）核准追诉的概念与适用条件

对过去的犯罪行为，在法定期限内起诉和追究刑事责任的叫追诉。超过法定期限的，不再追诉。刑法规定，法定最高刑为无期徒刑、死刑的犯罪，已过20年追诉期限的，不再追诉。如果认为必须追诉的，须报请最高人民检察院核准。由最高人民检察院核准的追诉就叫核准追诉。

对核准追诉的案件犯罪嫌疑人采取强制措施。须报请最高人民检察院核准追诉的案件，侦查机关在核准之前可以依法对犯罪嫌疑人采取强制措施。侦查机关报请核准追诉并提请逮捕犯罪嫌疑人，人民检察院经审查认为必须追诉而且符合法定逮捕条件的，可以依法批准逮捕，同时要求侦查机关在报请核准追诉期间不得停止对案件的侦查。未经最高人民检察院核准，不得对案件提起公诉。

报请核准追诉案件应当符合的条件

报请核准追诉的案件应当同时符合下列条件：

（1）有证据证明存在犯罪事实，且犯罪事实是犯罪嫌疑人实施的。

(2)涉嫌犯罪的行为应当适用的法定量刑幅度的最高刑为无期徒刑或者死刑的。

(3)涉嫌犯罪的性质、情节和后果特别严重,虽然已过20年追诉期限,但社会危害性和影响依然存在,不追诉会严重影响社会稳定或者产生其他严重后果,而必须追诉的。

(4)犯罪嫌疑人能够及时到案接受追诉的。

(二)核准追诉的程序

(1)侦查机关报请核准追诉的案件,由同级人民检察院受理并层报最高人民检察院审查决定。

(2)地方各级人民检察院对侦查机关报请核准追诉的案件,应当及时进行审查并开展必要的调查,经检察委员会审议提出是否同意核准追诉的意见,在受理案件后10日以内制作报请核准追诉案件报告书,连同案件材料一并层报最高人民检察院。

(3)最高人民检察院收到省级人民检察院报送的报请核准追诉案件报告书及案件材料后,应当及时审查,必要时派人到案发地了解案件有关情况。经检察长批准或者检察委员会审议,应当在受理案件后1个月以内作出是否核准追诉的决定,特殊情况下可以延长15日,并制作核准追诉决定书或者不予核准追诉决定书,逐级下达最初受理案件的人民检察院,送达报请核准追诉的侦查机关。

(4)对已经批准逮捕的案件,侦查羁押期限届满不能作出是否核准追诉决定的,应当对犯罪嫌疑人变更强制措施或者延长侦查羁押期限。

(5)最高人民检察院决定核准追诉的案件,最初受理案件的人民检察院应当监督侦查机关的侦查工作。最高人民检察院决定不予核准追诉,侦查机关未及时撤销案件的,同级人民检察院应当予以监督纠正。犯罪嫌疑人在押的,应当立即释放。

(6)人民检察院直接受理立案侦查的案件报请最高人民检察院核准追诉的,参照《刑事诉讼规则》相关规定办理。

## 考点 9 羁押和办案期限及看守所执法活动的监督

(一)羁押和办案期限的监督

(1)对公安机关、人民法院办理案件的羁押期限和办案期限的监督,犯罪嫌疑人、被告人被羁押的,由人民检察院监所检察部门负责;犯罪嫌疑人、被告人未被羁押的,由人民检察院侦查监督部门或者公诉部门负责。对人民检察院办理案件的羁押期限和办案期限的监督,由本院案件管理部门负责。

(2)犯罪嫌疑人、被告人被逮捕后,人民检察院仍应当对羁押的必要性进行审查。人民检察院发现或者根据犯罪嫌疑人、被告人及其法定代理人、近亲属或者辩护人的申请,经审查认为不需要继续羁押的,应当建议有关机关予以释放或者变更强制措施。

(3)侦查阶段的羁押必要性审查由侦查监督部门负责,审判阶段的羁押必要性审查由公诉部门负责。监所检察部门在监所检察工作中发现不需要继续羁押的,可以提出释放犯罪嫌疑人、被告人或者变更强制措施的建议。

(4)犯罪嫌疑人、被告人及其法定代理人、近亲属或者辩护人可以申请人民检察院进行羁押必要性审查,申请时应当说明不需要继续羁押的理由,有相关证据或者其他材料的,应当提供。

(5)人民检察院发现有下列情形之一的,可以向有关机关提出予以释放或者变更强制措施的书面建议:① 案件证据发生重大变化,不足以证明有犯罪事实或者犯罪行为系犯罪嫌疑人、被告人所为的;② 案件事实或者情节发生变化,犯罪嫌疑人、被告人可能被判处管制、拘役、独立适用附加刑、免予刑事处罚或者判决无罪的;③ 犯罪嫌疑人、被告人实施新的犯罪,毁灭、伪造证据,干扰证人作证,串供,对被害人、举报人、控告人实施打击报复,自杀或者逃跑等的可能性已被排除的;④ 案件事实基本查清,证据已经收集固定,符合取保候审或者监视居住条件的;⑤ 继续羁押犯罪嫌疑人、被告人,羁押期限将超过依法可能判处的刑期的;⑥ 羁押期限届满的;⑦ 因为案件的特殊情况或者办理案件的需要,变更强制措施更为适宜的;⑧ 其他不需要继续羁押犯罪嫌疑人、被告人的情形。释放或者变更强制措施的建议书应当说明不需要继续羁押犯罪嫌疑人、被告人的理由及法律依据。

(6) 人民检察院可以采取以下方式进行羁押必要性审查:① 对犯罪嫌疑人、被告人进行羁押必要性评估;② 向侦查机关了解侦查取证的进展情况;③ 听取有关办案机关、办案人员的意见;④ 听取犯罪嫌疑人、被告人及其法定代理人、近亲属、辩护人、被害人及其诉讼代理人或者其他有关人员的意见;⑤ 调查核实犯罪嫌疑人、被告人的身体健康状况;⑥ 查阅有关案卷材料,审查有关人员提供的证明不需要继续羁押犯罪嫌疑人、被告人的有关证明材料;⑦ 其他方式。

(7) 人民检察院向有关办案机关提出对犯罪嫌疑人、被告人予以释放或者变更强制措施的建议的,应当要求有关办案机关在10日以内将处理情况通知本院。有关办案机关没有采纳人民检察院建议的,应当要求其说明理由和依据。对人民检察院办理的案件,经审查认为不需要继续羁押犯罪嫌疑人的,应当建议办案部门予以释放或者变更强制措施。具体程序按照前款规定办理。

(8) 人民检察院侦查部门、侦查监督部门、公诉部门在办理案件过程中,犯罪嫌疑人、被告人被羁押的,具有下列情形之一的,应当在作出决定或者收到决定书、裁定书后10日以内通知负有监督职责的人民检察院监所检察部门或者案件管理部门以及看守所:① 批准或者决定延长侦查羁押期限的;② 对于人民检察院直接受理立案侦查的案件,决定重新计算侦查羁押期限、变更或者解除强制措施的;③ 对犯罪嫌疑人、被告人进行精神病鉴定的;④ 审查起诉期间改变管辖、延长审查起诉期限的;⑤ 案件退回补充侦查,或者补充侦查完毕移送审查起诉后重新计算审查起诉期限的;⑥ 人民法院决定适用简易程序审理第一审案件,或者将案件由简易程序转为普通程序重新审理的;⑦ 人民法院改变管辖,决定延期审理、中止审理,或者同意人民检察院撤回起诉的。

(9) 人民检察院发现看守所的羁押期限管理活动有下列情形之一的,应当依法提出纠正意见:① 未及时督促办案机关办理换押手续的;② 未在犯罪嫌疑人、被告人羁押期限届满前7日以内向办案机关发出羁押期限即将届满通知书的;③ 犯罪嫌疑人、被告人被超期羁押后,没有立即书面报告人民检察院并通知办案机关的;④ 收到犯罪嫌疑人、被告人及其法定代理人、近亲属或者辩护人提出的变更强制措施、羁押必要性审查、羁押期限届满要求释放或者变更强制措施的申请、申诉、控告后,没有及时转送有关办案机关或者人民检察院的;⑤ 其他违法情形。

(10) 人民检察院发现公安机关的侦查羁押期限执行情况有下列情形之一的,应当依法提出纠正意见:① 未按规定办理换押手续的;② 决定重新计算侦查羁押期限、经批准延长侦查羁押期限,未书面通知人民检察院和看守所的;③ 对犯罪嫌疑人进行精神病鉴定,没有书面通知人民检察院和看守所的;④ 其他违法情形。

（11）人民检察院发现人民法院的审理期限执行情况有下列情形之一的,应当依法提出纠正意见:① 在一审、二审和死刑复核阶段未按规定办理换押手续的;② 违反《刑事诉讼法》的规定重新计算审理期限、批准延长审理期限、改变管辖、延期审理、中止审理或者发回重审的;③ 决定重新计算审理期限、批准延长审理期限、改变管辖、延期审理、中止审理、对被告人进行精神病鉴定,没有书面通知人民检察院和看守所的;④ 其他违法情形。

（12）人民检察院发现同级或者下级公安机关、人民法院超期羁押的,应当报经本院检察长批准,向该办案机关发出纠正违法通知书。发现上级公安机关、人民法院超期羁押的,应当及时层报该办案机关的同级人民检察院,由同级人民检察院向该办案机关发出纠正违法通知书。对异地羁押的案件,发现办案机关超期羁押的,应当通报该办案机关的同级人民检察院,由其依法向办案机关发出纠正违法通知书。

（13）人民检察院发出纠正违法通知书后,有关办案机关未回复意见或者继续超期羁押的,应当及时报告上一级人民检察院处理。对于造成超期羁押的直接责任人员,可以书面建议其所在单位或者有关主管机关依照法律或者有关规定予以行政或者纪律处分;对于造成超期羁押情节严重,涉嫌犯罪的,应当依法追究其刑事责任。

（14）对人民检察院办理的直接受理立案侦查案件或者审查逮捕、审查起诉案件,在犯罪嫌疑人侦查羁押期限、办案期限届满前,案件管理部门应当依照有关规定向本院侦查部门、侦查监督部门或者公诉部门进行期限届满提示。发现办案部门办理案件超过规定期限的,应当依照有关规定提出纠正意见。

（二）看守所执法活动监督

（1）人民检察院依法对看守所收押、监管、释放犯罪嫌疑人、被告人以及对留所服刑罪犯执行刑罚等执法活动实行监督。对看守所执法活动的监督由人民检察院监所检察部门负责。

（2）人民检察院发现看守所有下列违法情形之一的,应当提出纠正意见:① 监管人员殴打、体罚、虐待或者变相体罚、虐待在押人员的;② 监管人员为在押人员通风报信,私自传递信件、物品,帮助伪造、毁灭、隐匿证据或者干扰证人作证、串供的;③ 违法对在押人员使用械具或者禁闭的;④ 没有将未成年人与成年人分别关押、分别管理、分别教育的;⑤ 违反规定同意侦查人员将犯罪嫌疑人提出看守所讯问的;⑥ 收到在押犯罪嫌疑人、被告人及其法定代理人、近亲属或者辩护人的变更强制措施申请或者其他申请、申诉、控告、举报,不及时转交、转告人民检察院或者有关办案机关的;⑦ 应当安排辩护律师依法会见在押的犯罪嫌疑人、被告人而没有安排的;⑧ 违法安排辩护律师或者其他人员会见在押的犯罪嫌疑人、被告人的;⑨ 辩护律师会见犯罪嫌疑人、被告人时予以监听的;⑩ 其他违法情形。

（3）人民检察院发现看守所代为执行刑罚的活动有下列情形之一的,应当依法提出纠正意见:① 将被判处有期徒刑剩余刑期在3个月以上的罪犯留所服刑的;② 将未成年罪犯留所执行刑罚的;③ 将留所服刑罪犯与犯罪嫌疑人、被告人混押、混管、混教的;④ 其他违法情形。

（4）对于看守所违法行为情节轻微的,检察人员可以口头提出纠正意见;发现严重违法行为,或者提出口头纠正意见后看守所在7日以内未予以纠正的,应当报经检察长批准,向看守所发出纠正违法通知书,同时将纠正违法通知书副本抄报上一级人民检察院并抄送看守所所属公安机关的上一级公安机关。人民检察院发出纠正违法通知书15日后,看守所仍未纠正或者回复意见的,应当及时向上一级人民检察院报告。上一级人民检察院应当通报同级公安机关并建议其督促看守所予以纠正。

## 二、例题

1. 甲与邻居乙发生冲突致乙轻伤,甲被刑事拘留期间,甲的父亲代为与乙达成和解,公安机关决定对甲取保候审。关于甲在取保候审期间应遵守的义务,下列哪一选项是正确的?(2016年真题,单选)

A. 将驾驶证件交执行机关保存

B. 不得与乙接触

C. 工作单位调动的,在24小时内报告执行机关

D. 未经公安机关批准,不得进入特定的娱乐场所

[释疑] 《刑事诉讼法》第69条规定:"被取保候审的犯罪嫌疑人、被告人应当遵守以下规定:(一)未经执行机关批准不得离开所居住的市、县;(二)住址、工作单位和联系方式发生变动的,在二十四小时以内向执行机关报告;(三)在传讯的时候及时到案;(四)不得以任何形式干扰证人作证;(五)不得毁灭、伪造证据或者串供。人民法院、人民检察院和公安机关可以根据案件情况,责令被取保候审的犯罪嫌疑人、被告人遵守以下一项或者多项规定:(一)不得进入特定的场所;(二)不得与特定的人员会见或者通信;(三)不得从事特定的活动;(四)将护照等出入境证件、驾驶证件交执行机关保存。"

该条第1款是必需遵守的;第2款是公检法机关可以选择的。本题中问的是甲在取保候审期间应遵守的义务,所以,A项"将驾驶证件交执行机关保存"错误;B项"不得与乙接触"错误;C项"工作单位调动的,在24小时内报告执行机关"正确;D项"未经公安机关批准,不得进入特定的娱乐场所"错误。(答案:C)

2. 甲、乙二人涉嫌猥亵儿童,甲被批准逮捕,乙被取保候审。案件起诉到法院后,乙被法院决定逮捕。关于本案羁押必要性审查,下列哪一选项是正确的?(2016年真题,单选)

A. 在审查起诉阶段对甲进行审查,由检察院公诉部门办理

B. 对甲可进行公开审查并听取被害儿童法定代理人的意见

C. 检察院可依职权对乙进行审查

D. 经审查,发现乙系从犯、具有悔罪表现且可能宣告缓刑,不予羁押不致发生社会危险性的,检察院应要求法院变更强制措施

[释疑] 《人民检察院办理羁押必要性审查案件规定(试行)》第3条规定:"羁押必要性审查案件由办案机关对应的同级人民检察院刑事执行检察部门统一办理,侦查监督、公诉、侦查、案件管理、检察技术等部门予以配合。"所以,A项"在审查起诉阶段对甲进行审查,由检察院公诉部门办理"错误;第14条规定:"人民检察院可以对羁押必要性审查案件进行公开审查。但是,涉及国家秘密、商业秘密、个人隐私的案件除外。"因本案系猥亵儿童,涉及隐私,所以,B项"对甲可进行公开审查并听取被害儿童法定代理人的意见"错误;第11条规定:"刑事执行检察部门对本院批准逮捕和同级人民法院决定逮捕的犯罪嫌疑人、被告人,应当依职权对羁押必要性进行初审。"所以,C项"检察院可依职权对乙进行审查"正确;第18条规定:"经羁押必要性审查,发现犯罪嫌疑人、被告人具有下列情形之一,且具有悔罪表现,不予羁押不致发生社会危险性的,可以向办案机关提出释放或者变更强制措施的建议:(一)预备犯或者中止犯;……(十一)可能被判处一年以下有期徒刑或者宣告缓刑的。"所以,D项"经审查发现乙

系从犯、具有悔罪表现且可能宣告缓刑,不予羁押不致发生社会危险性的,检察院应要求法院变更强制措施"错误。(答案:C)

3. 下列哪些情形,法院应当变更或解除强制措施?(2016年真题,多选)

A. 甲涉嫌绑架被逮捕,案件起诉至法院时发现怀有身孕

B. 乙涉嫌非法拘禁被逮捕,被法院判处有期徒刑2年,缓期2年执行,判决尚未发生法律效力

C. 丙涉嫌妨害公务被逮捕,在审理过程中突发严重疾病

D. 丁涉嫌故意伤害被逮捕,因对被害人伤情有异议而多次进行鉴定,致使该案无法在法律规定的一审期限内审结

[释疑] 《刑诉解释》第134条第2款规定:"被逮捕的被告人具有下列情形之一的,人民法院应当变更强制措施或者予以释放:(一)第一审人民法院判处管制、宣告缓刑、单独适用附加刑,判决尚未发生法律效力的;(二)被告人被羁押的时间已到第一审人民法院对其判处的刑期期限的;(三)案件不能在法律规定的期限内审结的。"所以,B项正确;我国刑诉法只规定了精神病鉴定期间不计入办案期限,所以,D项也正确;《刑诉法》第65条规定:"人民法院、人民检察院和公安机关对有下列情形之一的犯罪嫌疑人、被告人,可以取保候审:……(三)患有严重疾病、生活不能自理,怀孕或者正在哺乳自己婴儿的妇女,采取取保候审不致发生社会危险性的……"所以,A项、C项都属于可以变更,故均错误。(答案:BD)

4. 郭某涉嫌报复陷害申诉人蒋某,侦查机关因郭某可能毁灭证据将其拘留。在拘留期限即将届满前,因逮捕郭某的证据尚不充足,侦查机关责令其交纳2万元保证金取保候审。关于本案处理,下列哪一选项是正确的?(2015年真题,单选)

A. 取保候审由本案侦查机关执行

B. 如郭某表示无力全额交纳保证金,可降低保证金数额,同时责令其提出保证人

C. 可要求郭某在取保候审期间不得进入蒋某居住的小区

D. 应要求郭某在取保候审期间不得变更住址

[释疑] 《刑事诉讼法》规定,取保候审由公安机关执行。本案郭某涉嫌报复陷害,该案应由检察院侦查,故A项错误。《刑事诉讼法》第66条规定:"人民法院、人民检察院和公安机关决定对犯罪嫌疑人、被告人取保候审,应当责令犯罪嫌疑人、被告人提出保证人或者交纳保证金。"所以,B项错误。《刑事诉讼法》第69条规定:"被取保候审的犯罪嫌疑人、被告人应当遵守以下规定:(一)未经执行机关批准不得离开所居住的市、县;(二)住址、工作单位和联系方式发生变动的,在二十四小时以内向执行机关报告;(三)在传讯的时候及时到案;(四)不得以任何形式干扰证人作证;(五)不得毁灭、伪造证据或者串供。人民法院、人民检察院和公安机关可以根据案件情况,责令被取保候审的犯罪嫌疑人、被告人遵守以下一项或者多项规定:(一)不得进入特定的场所;(二)不得与特定的人员会见或者通信;(三)不得从事特定的活动;(四)将护照等出入境证件、驾驶证件交执行机关保存。被取保候审的犯罪嫌疑人、被告人违反前两款规定,已交纳保证金的,没收部分或者全部保证金,并且区别情形,责令犯罪嫌疑人、被告人具结悔过,重新交纳保证金、提出保证人,或者监视居住、予以逮捕。对违反取保候审规定,需要予以逮捕的,可以对犯罪嫌疑人、被告人先行拘留。"所以,C项正确,D项错误。(答案:C)

5. 章某涉嫌故意伤害致人死亡,因犯罪后企图逃跑被公安机关先行拘留。关于本案程序,下列哪一选项是正确的?(2015年真题,单选)

　　A. 拘留章某时,必须出示拘留证
　　B. 拘留章某后,应在12小时内将其送看守所羁押
　　C. 拘留后对章某的所有讯问都必须在看守所内进行
　　D. 因怀疑章某携带管制刀具,拘留时公安机关无需搜查证即可搜查其身体

[释疑] 《公安机关办理刑事案件程序规定》第120条规定:"公安机关对于现行犯或者重大嫌疑分子,有下列情形之一的,可以先行拘留:(一)正在预备犯罪、实行犯罪或者在犯罪后即时被发觉的;(二)被害人或者在场亲眼看见的人指认他犯罪的;(三)在身边或者住处发现有犯罪证据的;(四)犯罪后企图自杀、逃跑或者在逃的;(五)有毁灭、伪造证据或者串供可能的;(六)不讲真实姓名、住址,身份不明的;(七)有流窜作案、多次作案、结伙作案重大嫌疑的。"第121条规定:"拘留犯罪嫌疑人,应当填写呈请拘留报告书,经县级以上公安机关负责人批准,制作拘留证。执行拘留时,必须出示拘留证,并责令被拘留人在拘留证上签名、捺指印,拒绝签名、捺指印的,侦查人员应当注明。紧急情况下,对于符合本规定第一百二十条所列情形之一的,应当将犯罪嫌疑人带到公安机关后立即审查,办理法律手续。"本题中,章某涉嫌故意伤害致人死亡,因犯罪后企图逃跑被公安机关先行拘留,只能到公安机关后再办手续。所以A项错误。《刑事诉讼法》第83条规定:"公安机关拘留人的时候,必须出示拘留证。拘留后,应当立即将被拘留人送看守所羁押,至迟不得超过二十四小时。除无法通知或者涉嫌危害国家安全犯罪、恐怖活动犯罪通知可能有碍侦查的情形以外,应当在拘留后二十四小时以内,通知被拘留人的家属。有碍侦查的情形消失以后,应当立即通知被拘留人的家属。"第84条规定:"公安机关对被拘留的人,应当在拘留后的二十四小时以内进行讯问。在发现不应当拘留的时候,必须立即释放,发给释放证明。"所以,B项、C项错误。《刑事诉讼法》第136条规定:"进行搜查,必须向被搜查人出示搜查证。在执行逮捕、拘留的时候,遇有紧急情况,不另用搜查证也可以进行搜查。"所以,D项正确。(答案:D)

6. 王某涉嫌在多个市县连续组织淫秽表演,2014年9月15日被刑事拘留,随即聘请律师担任辩护人,10月17日被检察院批准逮捕,12月5日被移送检察院审查起诉。关于律师提请检察院进行羁押必要性审查,下列哪一选项是正确的?(2015年真题,单选)

　　A. 10月14日提出申请,检察院应受理
　　B. 11月18日提出申请,检察院应告知其先向侦查机关申请变更强制措施
　　C. 12月3日提出申请,由检察院承担监所检察工作的部门负责审查
　　D. 12月10日提出申请,由检察院公诉部门负责审查

[释疑] 《刑事诉讼法》第93条规定:"犯罪嫌疑人、被告人被逮捕后,人民检察院仍应当对羁押的必要性进行审查。对不需要继续羁押的,应当建议予以释放或者变更强制措施。有关机关应当在十日以内将处理情况通知人民检察院。"因此,人民检察院对羁押的必要性进行审查是犯罪嫌疑人、被告人被逮捕后进行的。10月14日尚未逮捕,故A项错误。王某10月17日已被检察院批准逮捕,辩护人11月18日申请人民检察院对羁押的必要性进行审查,B项于法无据,错误。《人民检察院刑事诉讼规则(试行)》第617条规定:"侦查阶段的羁押必要性审查由侦查监督部门负责;审判阶段的羁押必要性审查由公诉部门负责。监所检察部门在监所检察工作中发现不需要继续羁押的,可以提出释放犯罪嫌疑人、被告人或者变更强制措施的

建议。"辩护人12月3日提出申请时,案件尚处于侦查阶段。因此,C项错误。12月10日已经移送检察院审查起诉,故D项原来是正确的。但是,需要注意的是,由于《人民检察院办理羁押必要性审查案件规定(试行)》第3条规定:羁押必要性审查案件由办案机关对应的同级人民检察院刑事执行检察部门统一办理,侦查监督、公诉、侦查、案件管理、检察技术等部门予以配合。所以,根据新规定,D项"由检察院公诉部门负责审查"也是错误的。(原答案:D,现无答案)

7. 未成年人郭某涉嫌犯罪被检察院批准逮捕。在审查起诉中,经羁押必要性审查,拟变更为取保候审并适用保证人保证。关于保证人,下列哪一选项是正确的?(2014年真题,单选)
   A. 可由郭某的父亲担任保证人,并由其交纳1 000元保证金
   B. 可要求郭某的父亲和母亲同时担任保证人
   C. 如果保证人协助郭某逃匿,应当依法追究保证人的刑事责任,并要求其承担相应的民事连带赔偿责任
   D. 保证人未履行保证义务应处罚款的,由检察院决定

[释疑] 《刑事诉讼规则》第87条:"人民检察院决定对犯罪嫌疑人取保候审,应当责令犯罪嫌疑人提出保证人或者交纳保证金。对同一犯罪嫌疑人决定取保候审,不得同时使用保证人保证和保证金保证方式。对符合取保候审条件,具有下列情形之一的犯罪嫌疑人,人民检察院决定取保候审时,可以责令其提供一至二名保证人:(一)无力交纳保证金的;(二)系未成年人或者已满七十五周岁的人;(三)其他不宜收取保证金的。"故A项错误,B项正确。《刑诉法解释》第122条:"根据案件事实和法律规定,认为已经构成犯罪的被告人在取保候审期间逃匿的,如果保证人协助被告人逃匿,或者保证人明知被告人藏匿地点但拒绝向司法机关提供,对保证人应当依法追究刑事责任。"新出台的《刑诉法解释》删掉了"保证人承担相应的民事连带赔偿责任"的规定。故C项错误。六部门《规定》第14条:"对取保候审保证人是否履行了保证义务,由公安机关认定,对保证人的罚款决定,也由公安机关作出。"故D项错误。(答案:B)

8. 关于犯罪嫌疑人的审前羁押,下列哪一选项是错误的?(2014年真题,单选)
   A. 基于强制措施适用的必要性原则,应当尽量减少审前羁押
   B. 审前羁押是临时性的状态,可根据案件进展和犯罪嫌疑人的个人情况予以变更
   C. 经羁押必要性审查认为不需要继续羁押的,检察院应及时释放或变更为其他非羁押强制措施
   D. 案件不能在法定办案期限内办结的,应当解除羁押

[释疑] 必要性原则是指只有在为保证刑事诉讼的顺利进行而有必要时方能采取,若无必要,不得随意适用强制措施。故A项正确。强制措施是一种临时性措施,随着刑事诉讼的进程,强制措施可根据案件的进展情况予以变更或者解除。故B项正确。《刑事诉讼规则》第616条规定:"犯罪嫌疑人、被告人被逮捕后,人民检察院仍应当对羁押的必要性进行审查。人民检察院发现或者根据犯罪嫌疑人、被告人及其法定代理人、近亲属或者辩护人的申请,经审查认为不需要继续羁押的,应当建议有关机关予以释放或者变更强制措施。"注意,检察院是建议有关机关予以释放或变更强制措施,而不是自己直接进行。故C项错误。《刑事诉讼法》第96条:"犯罪嫌疑人、被告人被羁押的案件,不能在本法规定的侦查羁押、审查起诉、一审、

二审期限内办结的,对犯罪嫌疑人、被告人应当予以释放;需要继续查证、审理的,对犯罪嫌疑人、被告人可以取保候审或者监视居住。"故D项正确。(答案:C)

9. 刘某涉嫌特别重大贿赂犯罪被指定居所监视居住,律师洪某担任其辩护人。关于洪某在侦查阶段参与刑事诉讼,下列哪些选项是正确的?(2014年真题,多选)

A. 会见刘某应当经公安机关许可
B. 可申请将监视居住的地点变更为刘某的住处
C. 可向刘某核实有关证据
D. 会见刘某不受监听

[释疑]《刑事诉讼法》第37条规定:"辩护律师可以同在押的犯罪嫌疑人、被告人会见和通信。其他辩护人经人民法院、人民检察院许可,也可以同在押的犯罪嫌疑人、被告人会见和通信。辩护律师持律师执业证书、律师事务所证明和委托书或者法律援助公函要求会见在押的犯罪嫌疑人、被告人的,看守所应当及时安排会见,至迟不得超过四十八小时。危害国家安全犯罪、恐怖活动犯罪、特别重大贿赂犯罪案件,在侦查期间辩护律师会见在押的犯罪嫌疑人,应当经侦查机关许可。上述案件,侦查机关应当事先通知看守所。辩护律师会见在押的犯罪嫌疑人、被告人,可以了解案件有关情况,提供法律咨询等;自案件移送审查起诉之日起,可以向犯罪嫌疑人、被告人核实有关证据。辩护律师会见犯罪嫌疑人、被告人时不被监听。辩护律师同被监视居住的犯罪嫌疑人、被告人会见、通信,适用第一款、第三款、第四款的规定。"故D项正确,C项错误。特别重大贿赂犯罪由人民检察院直接立案侦查,故A项错误。《刑事诉讼规则》第112条第2款:"犯罪嫌疑人及其法定代理人、近亲属或者辩护人认为不再具备指定居所监视居住条件的,有权向人民检察院申请变更强制措施。人民检察院应当在三日以内作出决定,经审查认为不需要继续指定居所监视居住的,应当解除指定居所监视居住或者变更强制措施;认为需要继续指定居所监视居住的,应当答复申请人并说明理由。"在指定居所监视居住中,辩护人有权申请变更强制措施。变更强制措施就是将强度较高的强制措施变为强度较低的,相比于可以折抵刑期的指定居所监视居住,住处监视居住的强度较低,因此,辩护人有权申请将监视居住的地点变更为住处。故B项正确。(答案:BD)

10. 关于取保候审的程序限制,下列哪一选项是正确的?(2013年真题,单选)

A. 保证金应当由决定机关统一收取,存入指定银行的专门账户
B. 对于可能判处徒刑以上刑罚的,不得采取取保候审措施
C. 对同一犯罪嫌疑人不得同时使用保证金担保和保证人担保两种方式
D. 对违反取保候审规定,需要予以逮捕的,不得对犯罪嫌疑人、被告人先行拘留

[释疑]《刑事诉讼法》第65条规定:"人民法院、人民检察院和公安机关对有下列情形之一的犯罪嫌疑人、被告人,可以取保候审:(一)可能判处管制、拘役或者独立适用附加刑的;(二)可能判处有期徒刑以上刑罚,采取取保候审不致发生社会危险性的;(三)患有严重疾病、生活不能自理,怀孕或者正在哺乳自己婴儿的妇女,采取取保候审不致发生社会危险性的;(四)羁押期限届满,案件尚未办结,需要采取取保候审的。取保候审由公安机关执行。"第66条规定:"人民法院、人民检察院和公安机关决定对犯罪嫌疑人、被告人取保候审,应当责令犯罪嫌疑人、被告人提出保证人或者交纳保证金。"第70条第2款规定:"提供保证金的人应当将保证金存入执行机关指定银行的专门账户。"(答案:C)

11. 在侦查过程中,下列哪些行为违反我国《刑事诉讼法》的规定?(2013年真题,多选)
   A. 侦查人员拒绝律师讯问时在场的要求
   B. 公安机关变更逮捕措施,没有通知批准的检察院
   C. 公安机关认为检察院不批准逮捕的决定有错误,提出复议前继续拘留犯罪嫌疑人
   D. 侦查机关未告知犯罪嫌疑人家属指定居所监视居住的理由和处所

   [释疑] 《刑事诉讼法》第73条第2款规定:"指定居所监视居住的,除无法通知的以外,应当在执行监视居住后二十四小时以内,通知被监视居住人的家属。"第90条规定:"公安机关对人民检察院不批准逮捕的决定,认为有错误的时候,可以要求复议,但是必须将被拘留的人立即释放。如果意见不被接受,可以向上一级人民检察院提请复核。上级人民检察院应当立即复核,作出是否变更的决定,通知下级人民检察院和公安机关执行。"第94条规定:"人民法院、人民检察院和公安机关如果发现对犯罪嫌疑人、被告人采取强制措施不当的,应当及时撤销或者变更。公安机关释放被逮捕的人或者变更逮捕措施的,应当通知原批准的人民检察院。"(答案:BC)

12. 关于刑期计算,下列哪一说法是不正确的?(2013年真题,单选)
   A. 甲被判处拘役6个月,其被指定居所监视居住154天的期间折抵刑期154天
   B. 乙通过贿赂手段被暂予监外执行,其在监外执行的267天不计入执行刑期
   C. 丙在暂予监外执行期间脱逃,脱逃的78天不计入执行刑期
   D. 丁被判处管制,其判决生效前被逮捕羁押208天的期间折抵刑期416天

   [释疑] 《刑事诉讼法》第74条规定:"指定居所监视居住的期限应当折抵刑期。被判处管制的,监视居住一日折抵刑期一日;被判处拘役、有期徒刑的,监视居住二日折抵刑期一日。"(答案:A)

13. 检察机关审查批准逮捕,下列哪些情形存在时应当讯问犯罪嫌疑人?(2013年真题,多选)
   A. 犯罪嫌疑人的供述前后反复且与其他证据矛盾
   B. 犯罪嫌疑人要求向检察机关当面陈述
   C. 侦查机关拘留犯罪嫌疑人36小时以后将其送交看守所羁押
   D. 犯罪嫌疑人是聋哑人

   [释疑] 《刑事诉讼规则》第305条第1款规定:"侦查监督部门办理审查逮捕案件,可以讯问犯罪嫌疑人;有下列情形之一的,应当讯问犯罪嫌疑人:(一)对是否符合逮捕条件有疑问的;(二)犯罪嫌疑人要求向检察人员当面陈述的;(三)侦查活动可能有重大违法行为的;(四)案情重大疑难复杂的;(五)犯罪嫌疑人系未成年人的;(六)犯罪嫌疑人是盲、聋、哑或者是尚未完全丧失辨认或者控制自己行为能力的精神病人的。"(答案:ABCD)

14. 检察院审查批准逮捕时,遇有下列哪一情形依法应当讯问犯罪嫌疑人?(2012年真题,单选)
   A. 辩护律师提出要求的
   B. 犯罪嫌疑人要求向检察人员当面陈述的
   C. 犯罪嫌疑人要求会见律师的
   D. 共同犯罪的

   [释疑] 《刑事诉讼法》第86条规定:"人民检察院审查批准逮捕,可以讯问犯罪嫌疑人;

有下列情形之一的,应当讯问犯罪嫌疑人:(一)对是否符合逮捕条件有疑问的;(二)犯罪嫌疑人要求向检察人员当面陈述的;(三)侦查活动可能有重大违法行为的。人民检察院审查批准逮捕,可以询问证人等诉讼参与人,听取辩护律师的意见;辩护律师提出要求的,应当听取辩护律师的意见。"(答案:B)

15. 甲涉嫌黑社会性质组织犯罪,10月5日上午10时被刑事拘留。下列哪一处置是违法的?(2012年真题,单选)

A. 甲于当月6日上午10时前被送至看守所羁押
B. 甲涉嫌黑社会性质组织犯罪,因考虑通知家属有碍进一步侦查,决定暂不通知
C. 甲当月6日被送至看守所之前,公安机关对其进行了讯问
D. 讯问后,发现甲依法需要逮捕,当月8日提请检察院审批

[释疑] 《刑事诉讼法》第83条规定:"公安机关拘留人的时候,必须出示拘留证。拘留后,应当立即将被拘留人送看守所羁押,至迟不得超过二十四小时。除无法通知或者涉嫌危害国家安全犯罪、恐怖活动犯罪通知可能有碍侦查的情形以外,应当在拘留后二十四小时以内,通知被拘留人的家属。有碍侦查的情形消失以后,应当立即通知被拘留人的家属。"《刑事诉讼法》第84条规定:"公安机关对被拘留的人,应当在拘留后的二十四小时以内进行讯问。在发现不应当拘留的时候,必须立即释放,发给释放证明。"《刑事诉讼法》第89条第1款规定:"公安机关对被拘留的人,认为需要逮捕的,应当在拘留后的三日以内,提请人民检察院审查批准。在特殊情况下,提请审查批准的时间可以延长一日至四日。"(答案:B)

16. 在符合逮捕条件时,对下列哪些人员可以适用监视居住措施?(2012年真题,多选)

A. 甲患有严重疾病、生活不能自理
B. 乙正在哺乳自己婴儿
C. 丙系生活不能自理的人的唯一扶养人
D. 丁系聋哑人

[释疑] 《刑事诉讼法》第72条第1款规定:"人民法院、人民检察院和公安机关对符合逮捕条件,有下列情形之一的犯罪嫌疑人、被告人,可以监视居住:(一)患有严重疾病、生活不能自理的;(二)怀孕或者正在哺乳自己婴儿的妇女;(三)系生活不能自理的人的唯一扶养人;(四)因为案件的特殊情况或者办理案件的需要,采取监视居住措施更为适宜的;(五)羁押期限届满,案件尚未办结,需要采取监视居住措施的。"故A、B、C项当选。(答案:ABC)

17. 下列哪一情形下,法院对已经逮捕的被告人应当变更强制措施或者释放?(2010年真题,单选)

A. 涉嫌盗窃的孕妇张某,认罪态度良好
B. 涉嫌故意杀人的李某,因对其进行司法鉴定尚未审结,法律规定的期限已届满
C. 涉嫌走私的王某,由于案件复杂不能在法律规定的期限内审结
D. 涉嫌贩毒的孙某,患有严重疾病

[释疑] 《刑诉法解释》第133条规定:"被逮捕的被告人具有下列情形之一的,人民法院可以变更强制措施:(一)患有严重疾病、生活不能自理的;(二)怀孕或者正在哺乳自己婴儿的;(三)系生活不能自理的人的唯一扶养人。"第134条第2款规定:"被逮捕的被告人具有下列情形之一的,人民法院应当变更强制措施或者予以释放:(一)第一审人民法院判处管制、宣告缓刑、单独适用附加刑,判决尚未发生法律效力的;(二)被告人被羁押的时间已到第一审

人民法院对其判处的刑期期限的;(三)案件不能在法律规定的期限内审结的。"故选 C 项。(答案:C)

18. 关于被法院决定取保候审的被告人在取保候审期间应当遵守的法定义务,下列哪些选项是正确的?(2010 年真题,多选)

　　A. 未经法院批准不得离开所居住的市、县
　　B. 未经公安机关批准不得会见他人
　　C. 在传讯的时候及时到案
　　D. 不得以任何形式干扰证人作证

[释疑] 《刑事诉讼法》第 69 条规定:"被取保候审的犯罪嫌疑人、被告人应当遵守以下规定:(一) 未经执行机关批准不得离开所居住的市、县;(二) 住址、工作单位和联系方式发生变动的,在二十四小时以内向执行机关报告;(三) 在传讯的时候及时到案;(四) 不得以任何形式干扰证人作证;(五) 不得毁灭、伪造证据或者串供。人民法院、人民检察院和公安机关可以根据案件情况,责令被取保候审的犯罪嫌疑人、被告人遵守以下一项或者多项规定:(一) 不得进入特定的场所;(二) 不得与特定的人员会见或者通信;(三) 不得从事特定的活动;(四) 将护照等出入境证件、驾驶证件交执行机关保存。被取保候审的犯罪嫌疑人、被告人违反前两款规定,已交纳保证金的,没收部分或者全部保证金,并且区别情形,责令犯罪嫌疑人、被告人具结悔过,重新交纳保证金、提出保证人,或者监视居住、予以逮捕。对违反取保候审规定,需要予以逮捕的,可以对犯罪嫌疑人、被告人先行拘留。"由于法院非执行机关,A 项错误,B 项不符合规定,只有 C、D 项正确。(答案:CD)

19. 公安机关对涉嫌抢劫、已被拘留的张某提请检察院批准逮捕。检察院审查后,可以作出哪些处理决定?(多选)

　　A. 退回补充侦查　　　　　　　　B. 另行侦查
　　C. 不批准逮捕　　　　　　　　　D. 批准逮捕

[释疑] 《刑事诉讼法》第 88 条规定:"人民检察院对于公安机关提请批准逮捕的案件进行审查后,应当根据情况分别作出批准逮捕或者不批准逮捕的决定。对于批准逮捕的决定,公安机关应当立即执行,并且将执行情况及时通知人民检察院。对于不批准逮捕的,人民检察院应当说明理由,需要补充侦查的,应当同时通知公安机关。"所以,检察院对提请其批捕的案件,只能作出批捕或不批捕决定,不能退回也不能另行侦查。(答案:CD)

20. 在侦查中,下列哪些情形,检察院有权对犯罪嫌疑人决定拘留?(多选)

　　A. 张某刑讯逼供案,在场的人指认他犯罪
　　B. 姚某徇私枉法案,在取保候审期间企图自杀
　　C. 王某贪污案,在取保候审期间毁灭证据并串供
　　D. 高某受贿案,在其家中发现赃款、赃物

[释疑] 《刑事诉讼法》第 80 条规定:"公安机关对于现行犯或者重大嫌疑分子,如果有下列情形之一的,可以先行拘留:(一) 正在预备犯罪、实行犯罪或者在犯罪后即时被发觉的;(二) 被害人或者在场亲眼看见的人指认他犯罪的;(三) 在身边或者住处发现有犯罪证据的;(四) 犯罪后企图自杀、逃跑或者在逃的;(五) 有毁灭、伪造证据或者串供可能的;(六) 不讲真实姓名、住址,身份不明的;(七) 有流窜作案、多次作案、结伙作案重大嫌疑的。"《刑事诉讼法》第 163 条规定:"人民检察院直接受理的案件中符合本法第七十九条、第八十条第四项、第

五项规定情形,需要逮捕、拘留犯罪嫌疑人的,由人民检察院作出决定,由公安机关执行。"据此,B、C项当选。(答案:BC)

21. 公安局长王某涉嫌非法拘禁罪被立案侦查。在决定是否逮捕王某时,应当具备下列哪些条件?(多选)

A. 有证据能够证明王某实施了非法拘禁犯罪
B. 王某可能被判处徒刑以上的刑罚
C. 王某具有很大的社会危险性
D. 王某在境外有住宅

[释疑] 《刑事诉讼法》第79条规定:"对有证据证明有犯罪事实,可能判处徒刑以上刑罚的犯罪嫌疑人、被告人,采取取保候审尚不足以防止发生下列社会危险性的,应当予以逮捕:(一) 可能实施新的犯罪的;(二) 有危害国家安全、公共安全或者社会秩序的现实危险的;(三) 可能毁灭、伪造证据,干扰证人作证或者串供的;(四) 可能对被害人、举报人、控告人实施打击报复的;(五) 企图自杀或者逃跑的。对有证据证明有犯罪事实,可能判处十年有期徒刑以上刑罚的,或者有证据证明有犯罪事实,可能判处徒刑以上刑罚,曾经故意犯罪或者身份不明的,应当予以逮捕。被取保候审、监视居住的犯罪嫌疑人、被告人违反取保候审、监视居住规定,情节严重的,可以予以逮捕。"故本题应选A、B、C项。(答案:ABC)

22. 关于应当变更为取保候审、监视居住或解除强制措施,下列哪一选项是正确的?(单选)

A. 甲被逮捕后发现患有严重疾病
B. 乙被逮捕后经检查正在怀孕
C. 丙被逮捕后侦查羁押期限届满仍须继续查证
D. 丁被逮捕后一审法院判处有期徒刑1年缓刑2年,判决尚未发生效力

[释疑] 《刑诉法解释》第134条规定:"第一审人民法院判决被告人无罪、不负刑事责任或者免除刑事处罚,被告人在押的,应当在宣判后立即释放。被逮捕的被告人具有下列情形之一的,人民法院应当变更强制措施或者予以释放:(一) 第一审人民法院判处管制、宣告缓刑、单独适用附加刑,判决尚未发生法律效力的;(二) 被告人被羁押的时间已到第一审人民法院对其判处的刑期期限的;(三) 案件不能在法律规定的期限内审结的。"A、B、C项均属于可以变更强制措施的情形,故选D项。(答案:D)

23. 在审判阶段,法院认为被告人某甲有毁灭证据的可能,遂决定逮捕某甲。关于该案逮捕程序,下列哪一选项是正确的?(单选)

A. 法院可以自行执行逮捕
B. 异地执行逮捕的,可以由当地公安机关负责执行
C. 执行逮捕后,应当由法院负责对某甲进行讯问
D. 执行逮捕后,应当由公安机关负责通知被逮捕人的家属或所在单位

[释疑] 《刑诉法解释》第131条规定:"人民法院作出逮捕决定后,应当将逮捕决定书等相关材料送交同级公安机关执行,并将逮捕决定书抄送人民检察院。逮捕被告人后,人民法院应当将逮捕的原因和羁押的处所,在二十四小时内通知其家属;确实无法通知的,应当记录在案。"《刑诉法解释》第132条规定:"人民法院对决定逮捕的被告人,应当在逮捕后二十四小时内讯问。发现不应当逮捕的,应当变更强制措施或者立即释放。"《刑事诉讼法》第81条规定:

"公安机关在异地执行拘留、逮捕的时候,应当通知被拘留、逮捕人所在地的公安机关,被拘留、逮捕人所在地的公安机关应当予以配合。"因此 B 项错误。(答案:C)

24. 被取保候审人高某在取保候审期间涉嫌重新犯罪,被公安机关立案侦查。关于保证金的处理,下列哪些选项是错误的?(多选)

A. 由正在审查起诉的检察院暂扣其交纳的保证金

B. 由取保候审的执行机关暂扣其交纳的保证金

C. 由正在审查起诉的检察院没收其交纳的保证金

D. 由取保候审的执行机关没收其交纳的保证金

[释疑] 根据《关于取保候审若干问题的规定》第 12 条的规定:被取保候审人没有违反《刑事诉讼法》第 69 条的规定,但在取保候审期间涉嫌重新犯罪被司法机关立案侦查的,执行机关应当暂扣其交纳的保证金,待人民法院判决生效后,决定是否没收保证金。对故意重新犯罪的,应当没收保证金;对过失重新犯罪或者不构成犯罪的,应当退还保证金。(答案:ACD)

25. 无国籍人吉姆涉嫌在甲市为外国情报机构窃取我国秘密,侦查机关报请检察机关批准逮捕吉姆。甲市检察院应当如何审查批捕?(单选)

A. 可以直接审查批准逮捕吉姆

B. 应当报请省检察院审查批准

C. 应当审查并提出意见后,层报最高人民检察院审查,最高人民检察院经征求外交部的意见后,决定批准逮捕

D. 应当层报最高人民检察院审查,最高人民检察院经审查认为不需要逮捕的,报经外交部备案后,作出不批准逮捕的决定

[释疑] 《刑事诉讼规则》第 312 条规定:"外国人、无国籍人涉嫌危害国家安全犯罪的案件或者涉及国与国之间政治、外交关系的案件以及在适用法律上确有疑难的案件,认为需要逮捕犯罪嫌疑人的,按照刑事诉讼法第十九条、第二十条的规定,分别由基层人民检察院或者分、州、市人民检察院审查并提出意见,层报最高人民检察院审查。最高人民检察院经审查认为需要逮捕的,经征求外交部的意见后,作出批准逮捕的批复,经审查认为不需要逮捕的,作出不批准逮捕的批复。基层人民检察院或者分、州、市人民检察院根据最高人民检察院的批复,依法作出批准或者不批准逮捕的决定。层报过程中,上级人民检察院经审查认为不需要逮捕的,应当作出不批准逮捕的批复,报送的人民检察院根据批复依法作出不批准逮捕的决定。基层人民检察院或者分、州、市人民检察院经审查认为不需要逮捕的,可以直接依法作出不批准逮捕的决定。外国人、无国籍人涉嫌本条第一款规定以外的其他犯罪案件,决定批准逮捕的人民检察院应当在作出批准逮捕决定后四十八小时以内报上一级人民检察院备案,同时向同级人民政府外事部门通报。上一级人民检察院对备案材料经审查发现错误的,应当依法及时纠正。"本题中,无国籍人吉姆属于"外国人、无国籍人涉嫌危害国家安全犯罪的案件",故选 C 项。(答案:C)

26. 甲因涉嫌盗窃罪被逮捕。经其辩护人申请,公安机关同意对甲取保候审。公安机关应当如何办理变更手续?(单选)

A. 报请原批准机关审批   B. 报请原批准机关备案

C. 自主决定并通知原批准机关   D. 要求原批准机关撤销逮捕决定

[释疑] 《刑事诉讼法》第 94 条规定:"人民法院、人民检察院和公安机关如果发现对犯

罪嫌疑人、被告人采取强制措施不当的,应当及时撤销或者变更。公安机关释放被逮捕的人或者变更逮捕措施的,应当通知原批准的人民检察院。"故选 C 项。(答案:C)

27. 依照《刑事诉讼法》的规定,对于下列哪种情形的人,任何公民都可以立即将其扭送公安机关、人民检察院或者人民法院处理?(单选)

　　A. 有流窜作案嫌疑的人
　　B. 不讲真实姓名、住址,身份不明的人
　　C. 在身边或者住处发现犯罪证据的人
　　D. 正在实行犯罪或者犯罪后即时被发觉的人

[释疑] 《刑事诉讼法》第 80 条规定:"公安机关对于现行犯或者重大嫌疑分子,如果有下列情形之一的,可以先行拘留:(一) 正在预备犯罪、实行犯罪或者在犯罪后即时被发觉的;(二) 被害人或者在场亲眼看见的人指认他犯罪的;(三) 在身边或者住处发现有犯罪证据的;(四) 犯罪后企图自杀、逃跑或者在逃的;(五) 有毁灭、伪造证据或者串供可能的;(六) 不讲真实姓名、住址,身份不明的;(七) 有流窜作案、多次作案、结伙作案重大嫌疑的。"《刑事诉讼法》第 82 条规定:"对于有下列情形的人,任何公民都可以立即扭送公安机关、人民检察院或者人民法院处理:(一) 正在实行犯罪或者在犯罪后即时被发觉的;(二) 通缉在案的;(三) 越狱逃跑的;(四) 正在被追捕的。" A、B、C 项都是拘留的情形,只有 D 项是扭送的情形。(答案:D)

28. 除有碍侦查和无法通知的情况外,有关部门对周某因涉嫌受贿罪执行逮捕后,下列哪个机关应在 24 小时以内将逮捕周某的原因和羁押处所通知周某的家属或所在单位?(单选)

　　A. 决定逮捕的人民检察院　　　　B. 执行逮捕的公安机关
　　C. 负责羁押的部门　　　　　　　D. 人民检察院和公安机关

[释疑] 《刑事诉讼规则》第 336 条规定:"决定逮捕后,应当立即将被逮捕人送看守所羁押。除无法通知的以外,下级人民检察院侦查部门应当把逮捕的原因和羁押的处所,在二十四小时以内通知被逮捕人的家属。对于无法通知的,在无法通知的情形消失后,应当立即通知其家属。"故选 A 项。(答案:A)

29. 关于法院可以决定对什么人采取拘传这一刑事强制措施,下列哪一选项是正确的?(多选)

　　A. 某公司涉嫌生产、销售伪劣产品罪,作为该公司诉讼代表人而拒不出庭的高某
　　B. 抢夺案中非在押的被告人陈某
　　C. 盗窃案中非在押的犯罪嫌疑人卢某
　　D. 贿赂案中拒不出庭的证人李某

[释疑] 《刑诉法解释》第 280 条规定:"开庭审理单位犯罪案件,应当通知被告单位的诉讼代表人出庭;没有诉讼代表人参与诉讼的,应当要求人民检察院确定。被告单位的诉讼代表人不出庭的,应当按照下列情形分别处理:(一) 诉讼代表人系被告单位的法定代表人或者主要负责人,无正当理由拒不出庭的,可以拘传其到庭;因客观原因无法出庭,或者下落不明的,应当要求人民检察院另行确定诉讼代表人;(二) 诉讼代表人系被告单位的其他人员,应当要求人民检察院另行确定诉讼代表人出庭。"故选 A 项。《刑诉法解释》第 114 条第 1 款规定:"对经依法传唤拒不到庭的被告人,或者根据案件情况有必要拘传的被告人,可以拘传。"故选 B 项。(答案:AB)

30. 葛某居住在某县,因涉嫌受贿被检察机关决定取保候审。取保候审期间,葛某应当遵守的义务有哪些?(多选)

　　A. 未经某县公安机关批准不得离开某县
　　B. 未经某县检察机关批准不得离开某县
　　C. 在传讯的时候及时到案
　　D. 未经某县公安机关批准不得会见他人

　　[释疑]　A、C项是被取保候审人应遵守的义务;检察机关不是执行机关,故不选B项;D项是监视居住的义务,故不选。(答案:AC)

31. 高某因涉嫌偷税被公安机关刑事拘留,拘留期间,下列哪些人有权为高某申请取保候审?(多选)

　　A. 高某本人　　　　　　　　　　B. 高某的妻子
　　C. 高某的叔叔　　　　　　　　　D. 高某聘请的律师

　　[释疑]　《刑事诉讼法》第36条规定:"辩护律师在侦查期间可以为犯罪嫌疑人提供法律帮助;代理申诉、控告;申请变更强制措施;向侦查机关了解犯罪嫌疑人涉嫌的罪名和案件有关情况,提出意见。"第95条规定:"犯罪嫌疑人、被告人及其法定代理人、近亲属或者辩护人有权申请变更强制措施。人民法院、人民检察院和公安机关收到申请后,应当在三日以内作出决定;不同意变更强制措施的,应当告知申请人,并说明不同意的理由。"故本题只能选A、B、D项;C项不是近亲属,不选。(答案:ABD)

32. 刑事诉讼中为取保候审的犯罪嫌疑人提供担保的保证人,需具备相应条件。下列哪些属于保证人的条件?(多选)

　　A. 有固定住处和收入
　　B. 享有政治权利
　　C. 与本案无牵连
　　D. 有能力对被保释的犯罪嫌疑人起到管制、约束作用

　　[释疑]　《刑事诉讼法》第67条规定了保证人的条件:"保证人必须符合下列条件:(一)与本案无牵连;(二)有能力履行保证义务;(三)享有政治权利,人身自由未受到限制;(四)有固定的住处和收入。"故选A、B、C、D项。(答案:ABCD)

33. 杨某因涉嫌贪污,被检察院监视居住。在监视居住期间,杨某的下列哪些行为违反规定?(多选)

　　A. 未经执行的公安机关批准,离开住处
　　B. 未经决定机关和执行机关批准,会见聘请的律师和同住的家人
　　C. 以手机短信,告诉证人如何作对其有利的陈述
　　D. 通过其同住的家人与同案的犯罪嫌疑人订立攻守同盟

　　[释疑]　《刑事诉讼法》第75条规定:"被监视居住的犯罪嫌疑人、被告人应当遵守以下规定:(一)未经执行机关批准不得离开执行监视居住的处所;(二)未经执行机关批准不得会见他人或者通信;(三)在传讯的时候及时到案;(四)不得以任何形式干扰证人作证;(五)不得毁灭、伪造证据或者串供;(六)将护照等出入境证件、身份证件、驾驶证件交执行机关保存。被监视居住的犯罪嫌疑人、被告人违反前款规定,情节严重的,可以予以逮捕;需要予以逮捕的,可以对犯罪嫌疑人、被告人先行拘留。"由于新法将监视居住区分为住处执行和指定居所

执行两种,在指定居所执行时,会见原来同住的家人必然会受到限制。故选 A、B、C、D 项。(答案:ABCD)

34. 犯罪嫌疑人刘军,因涉嫌组织、领导、参加黑社会性质组织罪、抢劫罪、走私罪和故意伤害罪被公安机关立案侦查。公安机关于1999年11月1日拘留犯罪嫌疑人刘军。刘军提出聘请律师,公安机关以涉嫌黑社会犯罪为由拒绝了刘军的要求。1999年12月6日人民检察院批准逮捕刘军。犯罪嫌疑人刘军认为公安机关对其拘留超过法定期限,公安机关则认为对刘军的拘留没有超限。下列哪些观点是正确的?(多选)

A. 公安机关对刘军的拘留超过了法定的期限
B. 如果拘留超过法定期限,犯罪嫌疑人及聘请的律师提出后,侦查机关应立即释放犯罪嫌疑人,或变更为取保候审或监视居住,如果拘留期满的最后一日是节假日,应在节假日后的第一个工作日立即释放犯罪嫌疑人或变更为取保候审或监视居住
C. 公安机关对犯罪嫌疑人刘军的拘留没有超过法定拘留期限
D. 如果犯罪嫌疑人聘请的律师认为公安机关拘留超过法定期限,可以向有关部门提出控告

[释疑] 根据《刑事诉讼法》第89条第2款的规定,对于流窜作案、多次作案、结伙作案的重大嫌疑分子,提请审查批准的时间可以延长至30日。故选 C 项。《刑事诉讼法》第97条规定:"人民法院、人民检察院或者公安机关对被采取强制措施法定期限届满的犯罪嫌疑人、被告人,应当予以释放、解除取保候审、监视居住或者依法变更强制措施。犯罪嫌疑人、被告人及其法定代理人、近亲属或者辩护人对于人民法院、人民检察院或者公安机关采取强制措施法定期限届满的,有权要求解除强制措施。"故选 D 项。(答案:CD)

35. 下列关于司法拘留、行政拘留与刑事拘留的表述,错误的有:(多选)

A. 司法拘留是对妨害诉讼的强制措施,行政拘留是行政制裁方法,被司法拘留和行政拘留的人均羁押在行政拘留所;刑事拘留是一种强制措施,被刑事拘留的人羁押在看守所
B. 司法拘留、行政拘留、刑事拘留都是一种处罚手段
C. 司法拘留、行政拘留、刑事拘留都是一种强制措施
D. 司法拘留、行政拘留、刑事拘留均可由公安机关决定

[释疑] 司法拘留是指法院决定对妨害诉讼的人采取的强制措施;行政拘留是指由公安机关依法对违法行为人进行短期内限制人身自由的行政处罚方法;刑事拘留是公安机关、人民检察院在侦查过程中,遇到紧急情况时,对现行犯或者重大嫌疑分子所采取的临时限制人身自由的强制方法。被司法拘留和行政拘留的人羁押在行政拘留所,被刑事拘留的人羁押在看守所。所以本题的正确答案为 A 项。(答案:BCD)

36. 白某涉嫌投毒杀人被立案侦查,考虑到白某怀孕已近分娩,县公安机关决定对其取保候审,责令其交纳保证金5000元。婴儿出生1个月后,白某写下遗书,两次自杀未遂,家人遂轮流看护白某及其婴儿,以防意外。对此,下列做法错误的是:(多选)

A. 维持原取保候审决定
B. 将取保候审变更为监视居住
C. 增加取保候审保证金或者改为保证人担保
D. 依法提请人民检察院批准逮捕

[释疑] 《刑事诉讼法》第79条规定:"对有证据证明有犯罪事实,可能判处徒刑以上刑罚的犯罪嫌疑人、被告人,采取取保候审尚不足以防止发生下列社会危险性的,应当予以逮捕:

(一)可能实施新的犯罪的;(二)有危害国家安全、公共安全或者社会秩序的现实危险的;(三)可能毁灭、伪造证据,干扰证人作证或者串供的;(四)可能对被害人、举报人、控告人实施打击报复的;(五)企图自杀或者逃跑的。对有证据证明有犯罪事实,可能判处十年有期徒刑以上刑罚的,或者有证据证明有犯罪事实,可能判处徒刑以上刑罚,曾经故意犯罪或者身份不明的,应当予以逮捕。被取保候审、监视居住的犯罪嫌疑人、被告人违反取保候审、监视居住规定,情节严重的,可以予以逮捕。"本题中,白某属于"企图自杀或者逃跑的"情形,故 D 项正确,A、B、C 项错误。(答案:ABC)

37. 犯罪嫌疑人甲于1996年因琐事将邻居捅成轻伤后逃跑,2002年春节他以为没事,回家过年,被害人发现后到当地公安机关报案,要求追究其刑事责任,公安机关决定立案侦查,并将其拘留,报请人民检察院批准逮捕。对此案应当如何处理?(多选)

　　A. 人民检察院应当作出不批准逮捕的决定
　　B. 人民检察院应当作出退回补充侦查的决定
　　C. 公安机关应当作出撤销案件的决定
　　D. 公安机关应当释放嫌疑人,并发给释放证明

[释疑] 本题要注意,由于已过期限,故选 A、C、D 项。(答案:ACD)

38. 王某因涉嫌抢夺罪,县公安局提请县检察院批准对其采取逮捕措施。逮捕执行后,县公安局发现对王某逮捕不当,下列选项错误的是:(多选)

　　A. 县公安局不能对王某变更强制措施或者释放王某
　　B. 县公安局可以释放王某或者变更强制措施,但需经县检察院批准
　　C. 县公安局可以释放王某或者变更强制措施,只要通知县检察院即可
　　D. 县公安局可以自行决定释放或变更强制措施,与检察院无关

[释疑] 《刑事诉讼法》第92条规定:"人民法院、人民检察院对于各自决定逮捕的人,公安机关对于经人民检察院批准逮捕的人,都必须在逮捕后的二十四小时以内进行讯问。在发现不应当逮捕的时候,必须立即释放,发给释放证明。"第94条规定:"人民法院、人民检察院和公安机关如果发现对犯罪嫌疑人、被告人采取强制措施不当的,应当及时撤销或者变更。公安机关释放被逮捕的人或者变更逮捕措施的,应当通知原批准的人民检察院。"故 C 项不选。(答案:ABD)

39. 刘某与陈某涉嫌组织卖淫罪被公安机关立案侦查,并对刘某提请人民检察院批准逮捕。检察院在办理刘某的审查批捕时,发现对陈某也应当逮捕。这时,检察院该如何处理?(多选)

　　A. 本案不是检察院直接受理案件的范围,检察院应当对刘某批准逮捕,对陈某置之不理
　　B. 检察院应当将案卷退回,建议公安机关重新对刘某和陈某两人一并提请批准逮捕
　　C. 检察院应当建议公安机关对陈某提请批准逮捕
　　D. 对检察院的建议,如果公安机关说明不提请逮捕的理由,但理由不能成立的,检察院可以对陈某直接作出逮捕决定,送达公安机关执行

[释疑] 《刑事诉讼规则》第321条规定:"人民检察院办理审查逮捕案件,发现应当逮捕而公安机关未提请批准逮捕的犯罪嫌疑人的,应当建议公安机关提请批准逮捕。如果公安机关仍不提请批准逮捕或者不提请批准逮捕的理由不能成立的,人民检察院也可以直接作出逮捕决定,送达公安机关执行。"故选 C、D 项。(答案:CD)

40. 甲、乙、丙三人实施信用证诈骗。在侦查过程中,某地级市公安机关向该市检察院提请批准逮捕甲、乙、丙三人。其中,甲系省、市两级人民代表大会代表;乙系自由职业者;丙系无国籍人士。在审查批捕过程中,检察院查明:乙已怀有两个月身孕。在人民代表大会闭会期间,检察机关决定对甲批准逮捕。下列选项正确的是:(不定选)

A. 只需报请省人民代表大会常务委员会许可
B. 应当在市人大常委会许可后,再报省人大常委会许可
C. 应当分别报请省市两级人民代表大会常务委员会许可
D. 等待人大常委会许可期间,应当先取保候审

[**释疑**] 《刑事诉讼规则》第146条规定:"人民检察院对担任本级人民代表大会代表的犯罪嫌疑人批准或者决定逮捕,应当报请本级人民代表大会主席团或者常务委员会许可。报请许可手续的办理由侦查机关负责。对担任上级人民代表大会代表的犯罪嫌疑人批准或者决定逮捕,应当层报该代表所属的人民代表大会同级的人民检察院报请许可。对担任下级人民代表大会代表的犯罪嫌疑人批准或者决定逮捕,可以直接报请该代表所属的人民代表大会主席团或者常务委员会许可,也可以委托该代表所属的人民代表大会同级的人民检察院报请许可;对担任乡、民族乡、镇的人民代表大会代表的犯罪嫌疑人批准或者决定逮捕,由县级人民检察院报告乡、民族乡、镇的人民代表大会。对担任两级以上的人民代表大会代表的犯罪嫌疑人批准或者决定逮捕,分别依照本条第一、二、三款的规定报请许可。对担任办案单位所在省、市、县(区)以外的其他地区人民代表大会代表的犯罪嫌疑人批准或者决定逮捕,应当委托该代表所属的人民代表大会同级的人民检察院报请许可;担任两级以上人民代表大会代表的,应当分别委托该代表所属的人民代表大会同级的人民检察院报请许可。"故C项正确。(答案:C)

41. 甲、乙、丙三人实施信用证诈骗。侦查过程中,某地级市公安机关向该市检察院提请批准逮捕甲、乙、丙三人。其中,甲系省、市两级人民代表大会代表;乙系自由职业者;丙系无国籍人士。在审查批捕过程中,检察院查明:乙已怀有两个月身孕。关于检察院对乙审查批捕,下列选项正确的是:(不定选)

A. 可以对乙作出批准逮捕的决定
B. 可以直接建议公安机关对乙取保候审
C. 对证据有疑问的,可以决定另行侦查
D. 认为需要补充侦查的,应当作出不批准逮捕的决定,同时通知公安机关

[**释疑**] 《刑事诉讼规则》第83条规定:"人民检察院对于有下列情形之一的犯罪嫌疑人,可以取保候审:(一) 可能判处管制、拘役或者独立适用附加刑的;(二) 可能判处有期徒刑以上刑罚,采取取保候审不致发生社会危险性的;(三) 患有严重疾病、生活不能自理,怀孕或者正在哺乳自己婴儿的妇女,采取取保候审不致发生社会危险性的;(四) 犯罪嫌疑人羁押期限届满,案件尚未办结,需要取保候审的。"因此A项正确。《刑事诉讼规则》第304条规定:"侦查监督部门办理审查逮捕案件,应当指定办案人员进行审查。办案人员应当审阅案卷材料和证据,依法讯问犯罪嫌疑人、询问证人等诉讼参与人、听取辩护律师意见,制作审查逮捕意见书,提出批准或者决定逮捕、不批准或者不予逮捕的意见,经部门负责人审核后,报请检察长批准或者决定;重大案件应当经检察委员会讨论决定。侦查监督部门办理审查逮捕案件,不另行侦查,不得直接提出采取取保候审措施的意见。"因此B项错误,C项错误。《刑事诉讼规则》第319条规定:"对公安机关提请批准逮捕的犯罪嫌疑人,具有本规则第一百四十三条和第一百四十四条规定情形,人民检察院作出不批准逮捕决定的,应当说明理由,连同案卷材料

送达公安机关执行。需要补充侦查的,应当同时通知公安机关。"因此 D 项正确。(答案:AD)

42. 甲、乙、丙三人实施信用证诈骗。侦查过程中,某地级市公安机关向该市检察院提请批准逮捕甲、乙、丙三人。其中,甲系省、市两级人民代表大会代表;乙系自由职业者;丙系无国籍人士。在审查批捕过程中,检察院查明:乙已怀有两个月身孕。关于检察院对丙审查批捕,下列选项正确的是:(不定选)

  A. 市检察院认为不需要逮捕的,可以自行作出决定
  B. 市检察院认为需要逮捕的,报省检察院审查
  C. 省检察院征求同级政府外事部门的意见后,决定批准逮捕
  D. 省检察院批准逮捕的,应同时报最高人民检察院备案

[释疑]《刑事诉讼规则》第312条规定:"外国人、无国籍人涉嫌危害国家安全犯罪的案件或者涉及国与国之间政治、外交关系的案件以及在适用法律上确有疑难的案件,认为需要逮捕犯罪嫌疑人的,按照刑事诉讼法第十九条、第二十条的规定,分别由基层人民检察院或者分、州、市人民检察院审查并提出意见,层报最高人民检察院审查。最高人民检察院经审查认为需要逮捕的,经征求外交部的意见后,作出批准逮捕的批复,经审查认为不需要逮捕的,作出不批准逮捕的批复。基层人民检察院或者分、州、市人民检察院根据最高人民检察院的批复,依法作出批准或者不批准逮捕的决定。层报过程中,上级人民检察院经审查认为不需要逮捕的,应当作出不批准逮捕的批复,报送的人民检察院根据批复依法作出不批准逮捕的决定。基层人民检察院或者分、州、市人民检察院经审查认为不需要逮捕的,可以直接依法作出不批准逮捕的决定。外国人、无国籍人涉嫌本条第一款规定以外的其他犯罪案件,决定批准逮捕的人民检察院应当在作出批准逮捕决定后四十八小时以内报上一级人民检察院备案,同时向同级人民政府外事部门通报。上一级人民检察院对备案材料经审查发现错误的,应当依法及时纠正。"(答案:ABCD)

### 三、提示与预测

  本章涉及刑事诉讼中的强制措施,其中,拘传、取保候审、监视居住、拘留、逮捕等都有了重大修改,一定要认真掌握,是重中之重!尤其是指定居所监视居住,考生一定要注意!

# 第九章 附带民事诉讼

```
                   ┌ 概述 ┬ 附带民事诉讼的概念
                   │      └ 附带民事诉讼的范围
                   │         ┌ 以刑事诉讼的成立为前提
                   │         │ 附带民事诉讼原告人符合法定条件
附带民事诉讼 ──────┤ 成立条件┤ 有明确的被告人
                   │         │ 有请求赔偿的具体要求和事实根据
                   │         │ 物质损失是由被告人的犯罪行为造成的
                   │         └ 属于人民法院受理附带民事诉讼的范围
                   │ 附带民事诉讼的提起
                   └ 附带民事诉讼的审判
```

## 一、精讲

### 考点 1　附带民事诉讼概述

（一）附带民事诉讼的概念与赔偿范围

附带民事诉讼，是指公安司法机关在刑事诉讼过程中，在解决被告人刑事责任的同时，附带解决被告人的犯罪行为所造成的物质损失的赔偿问题，而进行的诉讼活动。

1.《刑事诉讼法》的相关规定

《刑事诉讼法》第99条规定："被害人由于被告人的犯罪行为而遭受物质损失的，在刑事诉讼过程中，有权提起附带民事诉讼。被害人死亡或者丧失行为能力的，被害人的法定代理人、近亲属有权提起附带民事诉讼。如果是国家财产、集体财产遭受损失的，人民检察院在提起公诉的时候，可以提起附带民事诉讼。"

2.《刑诉法解释》的相关规定

（1）被害人因人身权利受到犯罪侵犯或者财物被犯罪分子毁坏而遭受物质损失的，有权在刑事诉讼过程中提起附带民事诉讼；被害人死亡或者丧失行为能力的，其法定代理人、近亲属有权提起附带民事诉讼。因受到犯罪侵犯，提起附带民事诉讼或者单独提起民事诉讼要求赔偿精神损失的，人民法院不予受理。（2）被告人非法占有、处置被害人财产的，应当依法予以追缴或者责令退赔。被害人提起附带民事诉讼的，人民法院不予受理。追缴、退赔的情况，可以作为量刑情节考虑。（3）国家机关工作人员在行使职权时，侵犯他人人身、财产权利构成犯罪，被害人或者其法定代理人、近亲属提起附带民事诉讼的，人民法院不予受理，但应当告知其可以依法申请国家赔偿。（4）对附带民事诉讼作出判决，应当根据犯罪行为造成的物质损失，结合案件具体情况，确定被告人应当赔偿的数额。犯罪行为造成被害人人身损害的，应当赔偿医疗费、护理费、交通费等为治疗和康复支付的合理费用，以及因误工减少的收入。造成被害人残疾的，还应当赔偿残疾生活辅助具费等费用；造成被害人死亡的，还应当赔偿丧葬费等费用。驾驶机动车致人伤亡或者造成公私财产重大损失，构成犯罪的，依照《中华人民共和国道路交通安全法》第76条的规定确定赔偿责任。附带民事诉讼当事人就民事赔偿问题达成调解、和解协议的，赔偿范围、数额不受前述规定的限制。

（二）附带民事诉讼的财产保全

《刑事诉讼法》第100条规定："人民法院在必要的时候，可以采取保全措施，查封、扣押或者冻结被告人的财产。附带民事诉讼原告人或者人民检察院可以申请人民法院采取保全措施。人民法院采取保全措施，适用民事诉讼法的有关规定。"《刑诉法解释》规定：人民法院对可能因被告人的行为或者其他原因，使附带民事判决难以执行的案件，根据附带民事诉讼原告人的申请，可以裁定采取保全措施，查封、扣押或者冻结被告人的财产；附带民事诉讼原告人未提出申请的，必要时，人民法院也可以采取保全措施。有权提起附带民事诉讼的人因情况紧急，不立即申请保全将会使其合法权益受到难以弥补的损害的，可以在提起附带民事诉讼前，向被保全财产所在地、被申请人居住地或者对案件有管辖权的人民法院申请采取保全措施。申请人在人民法院受理刑事案件后15日内未提起附带民事诉讼的，人民法院应当解除保全措施。人民法院采取保全措施，适用《民事诉讼法》第100条至第105条的有关规定，但《民事诉讼法》第101条第3款的规定除外。

## 考点 2　附带民事诉讼的成立条件

（一）附带民事诉讼以刑事诉讼的成立为前提

（二）提起附带民事诉讼的原告人符合法定条件

（1）人民法院受理刑事案件后，对符合《刑事诉讼法》第 99 条和《刑诉法解释》第 138 条第 1 款规定的，可以告知被害人或者其法定代理人、近亲属有权提起附带民事诉讼。有权提起附带民事诉讼的人放弃诉讼权利的，应当准许，并记录在案。

（2）国家财产、集体财产遭受损失，受损失的单位未提起附带民事诉讼，人民检察院在提起公诉时提起附带民事诉讼的，人民法院应当受理。人民检察院提起附带民事诉讼的，应当列为附带民事诉讼原告人。被告人非法占有、处置国家财产、集体财产的，依照《刑诉法解释》第 139 条的规定处理。

（3）被害人或者其法定代理人、近亲属仅对部分共同侵害人提起附带民事诉讼的，人民法院应当告知其可以对其他共同侵害人，包括没有被追究刑事责任的共同侵害人，一并提起附带民事诉讼，但共同犯罪案件中同案犯在逃的除外。被害人或者其法定代理人、近亲属放弃对其他共同侵害人的诉讼权利的，人民法院应当告知其相应法律后果，并在裁判文书中说明其放弃诉讼请求的情况。

（4）共同犯罪案件，同案犯在逃的，不应列为附带民事诉讼被告人。逃跑的同案犯到案后，被害人或者其法定代理人、近亲属可以对其提起附带民事诉讼，但已经从其他共同犯罪人处获得足额赔偿的除外。

（5）被害人或者其法定代理人、近亲属在刑事诉讼过程中未提起附带民事诉讼，另行提起民事诉讼的，人民法院可以进行调解，或者根据物质损失情况作出判决。

（三）有明确的被告人及赔偿的具体要求和事实根据

附带民事诉讼中依法负有赔偿责任的人包括：

（1）刑事被告人以及未被追究刑事责任的其他共同侵害人。

（2）刑事被告人的监护人。

（3）死刑罪犯的遗产继承人。

（4）共同犯罪案件中，案件审结前死亡的被告人的遗产继承人。

（5）对被害人的物质损失依法应当承担赔偿责任的其他单位和个人。

附带民事诉讼被告人的亲友自愿代为赔偿的，应当准许。附带民事诉讼当事人对自己提出的主张，有责任提供证据。

（四）被害人的物质损失是由被告人的犯罪行为造成的

（五）属于人民法院受理附带民事诉讼的范围

## 考点 3　附带民事诉讼的提起

（一）附带民事诉讼的提起期间和方式

（1）附带民事诉讼应当在刑事案件立案后及时提起。（2）提起附带民事诉讼应当提交附带民事起诉状。（3）侦查、审查起诉期间，有权提起附带民事诉讼的人提出赔偿要求，经公安机关、人民检察院调解，当事人双方已经达成协议并全部履行，被害人或者其法定代理人、近亲属又提起附带民事诉讼的，人民法院不予受理，但有证据证明调解违反自愿、合法原则的除外。

(4) 附带民事诉讼的起诉条件是：① 起诉人符合法定条件；② 有明确的被告人；③ 有请求赔偿的具体要求和事实、理由；④ 属于人民法院受理附带民事诉讼的范围。(5) 被害人或者其法定代理人、近亲属提起附带民事诉讼的，人民法院应当在7日内决定是否立案。符合《刑事诉讼法》第99条以及《刑诉法解释》有关规定的，应当受理；不符合的，裁定不予受理。(6) 人民法院受理附带民事诉讼后，应当在5日内将附带民事起诉状副本送达附带民事诉讼被告人及其法定代理人，或者将口头起诉的内容及时通知附带民事诉讼被告人及其法定代理人，并制作笔录。人民法院送达附带民事起诉状副本时，应当根据刑事案件的审理期限，确定被告人及其法定代理人提交附带民事答辩状的时间。

(二) 附带民事诉讼的审判

1. 《刑事诉讼法》的相关规定

《刑事诉讼法》第102条规定："附带民事诉讼应当同刑事案件一并审判，只有为了防止刑事案件审判的过分迟延，才可以在刑事案件审判后，由同一审判组织继续审理附带民事诉讼。"

2. 《刑诉法解释》的相关规定

(1) 同一审判组织的成员确实不能继续参与审判的，可以更换。

(2) 人民检察院提起附带民事诉讼的，人民法院经审理，认为附带民事诉讼被告人依法应当承担赔偿责任的，应当判令附带民事诉讼被告人直接向遭受损失的单位作出赔偿；遭受损失的单位已经终止，有权利义务继受人的，应当判令其向继受人作出赔偿；没有权利义务继受人的，应当判令其向人民检察院交付赔偿款，由人民检察院上缴国库。

(3) 审理刑事附带民事诉讼案件，人民法院应当结合被告人赔偿被害人物质损失的情况认定其悔罪表现，并在量刑时予以考虑。

(4) 附带民事诉讼原告人经传唤，无正当理由拒不到庭，或者未经法庭许可中途退庭的，应当按撤诉处理。刑事被告人以外的附带民事诉讼被告人经传唤，无正当理由拒不到庭，或者未经法庭许可中途退庭的，附带民事部分可以缺席判决。

(5) 人民法院认定公诉案件被告人的行为不构成犯罪，对已经提起的附带民事诉讼，经调解不能达成协议的，应当一并作出刑事附带民事判决。人民法院准许人民检察院撤回起诉的公诉案件，对已经提起的附带民事诉讼，可以进行调解；不宜调解或者经调解不能达成协议的，应当裁定驳回起诉，并告知附带民事诉讼原告人可以另行提起民事诉讼。

(6) 第一审期间未提起附带民事诉讼，在第二审期间提起的，第二审人民法院可以依法进行调解；调解不成的，告知当事人可以在刑事判决、裁定生效后另行提起民事诉讼。

(7) 人民法院审理附带民事诉讼案件，不收取诉讼费。

(8) 人民法院审理附带民事诉讼案件，除《刑法》《刑事诉讼法》以及刑事司法解释已有规定的以外，适用民事法律的有关规定。

(三) 附带民事诉讼的调解

1. 《刑事诉讼法》的相关规定

《刑事诉讼法》第101条规定："人民法院审理附带民事诉讼案件，可以进行调解，或者根据物质损失情况作出判决、裁定。"

2. 《刑诉法解释》的相关规定

(1) 人民法院审理附带民事诉讼案件，可以根据自愿、合法的原则进行调解。经调解达成协议的,应当制作调解书。调解书经双方当事人签收后,即具有法律效力。调解达成协议并即时履行完毕的,可以不制作调解书,但应当制作笔录,经双方当事人、审判人员、书记员签名或者盖章后即发生法律效力。

(2)调解未达成协议或者调解书签收前当事人反悔的,附带民事诉讼应当同刑事诉讼一并判决。

## 二、例题

1. 甲、乙殴打丙,致丙长期昏迷,乙在案发后潜逃,检察院以故意伤害罪对甲提起公诉。关于本案,下列哪些选项是正确的?(2016年真题,多选)

A. 丙的妻子、儿子和弟弟都可成为附带民事诉讼原告人

B. 甲、乙可作为附带民事诉讼共同被告人,对故意伤害丙造成的物质损失承担连带赔偿责任

C. 丙因昏迷无法继续履行与某公司签订的合同造成的财产损失,不属于附带民事诉讼的赔偿范围

D. 如甲的朋友愿意代为赔偿,法院应准许并可作为酌定量刑情节考虑

[释疑] 《刑事诉讼法》第99条规定:"被害人由于被告人的犯罪行为而遭受物质损失的,在刑事诉讼过程中,有权提起附带民事诉讼。被害人死亡或者丧失行为能力的,被害人的法定代理人、近亲属有权提起附带民事诉讼。"丙的妻子、儿子和弟弟都属于近亲属,所以A项正确。《刑诉解释》第146条规定:"共同犯罪案件,同案犯在逃的,不应列为附带民事诉讼被告人。逃跑的同案犯到案后,被害人或者其法定代理人、近亲属可以对其提起附带民事诉讼,但已经从其他共同犯罪人处获得足额赔偿的除外。"所以,B项"甲、乙可作为附带民事诉讼共同被告人,对故意伤害丙造成的物质损失承担连带赔偿责任"错误。《刑诉解释》第155条第2款规定:"犯罪行为造成被害人人身损害的,应当赔偿医疗费、护理费、交通费等为治疗和康复支付的合理费用,以及因误工减少的收入。造成被害人残疾的,还应当赔偿残疾生活辅助具费等费用;造成被害人死亡的,还应当赔偿丧葬费等费用。"所以,C项"丙因昏迷无法继续履行与某公司签订的合同造成的财产损失不属于附带民事诉讼的赔偿范围"正确。《刑诉解释》第143条第2款规定:"附带民事诉讼被告人的亲友自愿代为赔偿的,应当准许。"第157条规定:"审理刑事附带民事诉讼案件,人民法院应当结合被告人赔偿被害人物质损失的情况认定其悔罪表现,并在量刑时予以考虑。"所以,D项"如甲的朋友愿意代为赔偿,法院应准许并可作为酌定量刑情节考虑"正确。(答案:ACD)

2. 法院可以受理被害人提起的下列哪一附带民事诉讼案件?(2015年真题,单选)

A. 抢夺案,要求被告人赔偿被夺走并变卖的手机

B. 寻衅滋事案,要求被告人赔偿所造成的物质损失

C. 虐待被监管人案,要求被告人赔偿因体罚虐待致身体损害所产生的医疗费

D. 非法搜查案,要求被告人赔偿因非法搜查所导致的物质损失

[释疑] 《刑诉法解释》第139条规定:"被告人非法占有、处置被害人财产的,应当依法予以追缴或者责令退赔。被害人提起附带民事诉讼的,人民法院不予受理。追缴、退赔的情况,可以作为量刑情节考虑。"所以,A项错误。第138条规定:"被害人因人身权利受到犯罪侵犯或者财物被犯罪分子毁坏而遭受物质损失的,有权在刑事诉讼过程中提起附带民事诉讼;

被害人死亡或者丧失行为能力的,其法定代理人、近亲属有权提起附带民事诉讼。因受到犯罪侵犯,提起附带民事诉讼或者单独提起民事诉讼要求赔偿精神损失的,人民法院不予受理。"所以,B项正确。第140条规定:"国家机关工作人员在行使职权时,侵犯他人人身、财产权利构成犯罪,被害人或者其法定代理人、近亲属提起附带民事诉讼的,人民法院不予受理,但应当告知其可以依法申请国家赔偿。"所以,C项,D项错误。(答案:B)

3. 甲因琐事与乙发生口角进而厮打,推搡之间,不慎致乙死亡。检察院以甲涉嫌过失致人死亡提起公诉,乙母丙向法院提起附带民事诉讼。关于本案处理,下列哪些选项是正确的? (2015年真题,多选)

A. 法院可对附带民事部分进行调解
B. 如甲与丙经法院调解达成协议,调解协议中约定的赔偿损失内容可分期履行
C. 如甲提出申请,法院可组织甲与丙协商以达成和解
D. 如甲与丙达成刑事和解,其约定的赔偿损失内容可分期履行

[释疑] 《刑事诉讼法》第101条规定:"人民法院审理附带民事诉讼案件,可以进行调解,或者根据物质损失情况作出判决、裁定。"所以,A项正确。

《刑诉法解释》第153条:"人民法院审理附带民事诉讼案件,可以根据自愿、合法的原则进行调解。经调解达成协议的,应当制作调解书。调解书经双方当事人签收后,即具有法律效力。调解达成协议并即时履行完毕的,可以不制作调解书,但应当制作笔录,经双方当事人、审判人员、书记员签名或者盖章后即发生法律效力。"所以,B项正确。《刑诉法解释》第496条第1款规定:"对符合刑事诉讼法第二百七十七条规定的公诉案件,事实清楚、证据充分的,人民法院应当告知当事人可以自行和解;当事人提出申请的,人民法院可以主持双方当事人协商以达成和解。"所以,C项正确。《刑诉法解释》第502条规定:"和解协议约定的赔偿损失内容,被告人应当在协议签署后即时履行。和解协议已经全部履行,当事人反悔的,人民法院不予支持,但有证据证明和解违反自愿、合法原则的除外。"所以,D项错误。(答案:ABC)

4. 韩某和苏某共同殴打他人,致被害人李某死亡、吴某轻伤,韩某还抢走吴某的手机。后韩某被抓获,苏某在逃。关于本案的附带民事诉讼,下列哪一选项是正确的? (2014年真题,单选)

A. 李某的父母和祖父母都有权提起附带民事诉讼
B. 韩某和苏某应一并列为附带民事诉讼的被告人
C. 吴某可通过附带民事诉讼要求韩某赔偿手机
D. 吴某在侦查阶段与韩某就民事赔偿达成调解协议并全部履行后又提起附带民事诉讼,法院不予受理

[释疑] 《刑事诉讼法》第99条第1款规定:"被害人由于被告人的犯罪行为而遭受物质损失的,在刑事诉讼过程中,有权提起附带民事诉讼。被害人死亡或者丧失行为能力的,被害人的法定代理人、近亲属有权提起附带民事诉讼。"《刑事诉讼法》第106条规定的近亲属包括夫、妻、父、母、子、女、同胞兄弟姊妹。李某的祖父母不属于近亲属,故A项错误。《刑诉法解释》第146条:"共同犯罪案件,同案犯在逃的,不应列为附带民事诉讼被告人。逃跑的同案犯到案后,被害人或者其法定代理人、近亲属可以对其提起附带民事诉讼,但已经从其他共同犯罪人处获得足额赔偿的除外。"故B项错误。《刑诉法解释》第139条:"被告人非法占有、处置被害人财产的,应当依法予以追缴或者责令退赔。被害人提起附带民事诉讼的,人民法院不予

受理。追缴、退赔的情况，可以作为量刑情节考虑。"吴某的手机应当依法予以追缴或责令退赔，故 C 项错误。《刑诉法解释》第 148 条："侦查、审查起诉期间，有权提起附带民事诉讼的人提出赔偿要求，经公安机关、人民检察院调解，当事人双方已经达成协议并全部履行，被害人或者其法定代理人、近亲属又提起附带民事诉讼的，人民法院不予受理，但有证据证明调解违反自愿、合法原则的除外。"故 D 项正确。（答案：D）

5. 王某被姜某打伤致残，在开庭审判前向法院提起附带民事诉讼，并提出财产保全的申请。法院对于该申请的处理，下列哪一选项是正确的？（2013 年真题，单选）

A. 不予受理

B. 可以采取查封、扣押或者冻结被告人财产的措施

C. 只有在王某提供担保后，法院才予以财产保全

D. 移送财产所在地的法院采取保全措施

[释疑]《刑事诉讼法》第 100 条规定："人民法院在必要的时候，可以采取保全措施，查封、扣押或者冻结被告人的财产。附带民事诉讼原告人或者人民检察院可以申请人民法院采取保全措施。人民法院采取保全措施，适用民事诉讼法的有关规定。"故 B 项正确。（答案：B）

6. 张一、李二、王三因口角与赵四发生斗殴，赵四因伤势过重死亡。其中张一系未成年人，王三情节轻微未被起诉，李二在一审开庭前意外死亡。请回答第 95—96 题。（2013 年真题，不定选）

（1）本案依法负有民事赔偿责任的人是：

A. 张一、李二
B. 张一父母、李二父母

C. 张一父母、王三
D. 张一父母、李二父母、王三

[释疑]《刑诉法解释》第 143 条规定："附带民事诉讼中依法负有赔偿责任的人包括：（一）刑事被告人以及未被追究刑事责任的其他共同侵害人；（二）刑事被告人的监护人；（三）死刑罪犯的遗产继承人；（四）共同犯罪案件中，案件审结前死亡的被告人的遗产继承人；（五）对被害人的物质损失依法应当承担赔偿责任的其他单位和个人。附带民事诉讼被告人的亲友自愿代为赔偿的，应当准许。"所以，D 项当选。（答案：D）

（2）在一审过程中，如果发生附带民事诉讼原、被告当事人不到庭情形，法院的下列做法正确的是：

A. 赵四父母经传唤，无正当理由不到庭，法庭应当择期审理

B. 赵四父母到庭后未经法庭许可中途退庭，法庭应当按撤诉处理

C. 王三经传唤，无正当理由不到庭，法庭应当采取强制手段强制其到庭

D. 李二父母未经法庭许可中途退庭，就附带民事诉讼部分，法庭应当缺席判决

[释疑]《刑诉法解释》第 158 条规定："附带民事诉讼原告人经传唤，无正当理由拒不到庭，或者未经法庭许可中途退庭的，应当按撤诉处理。刑事被告人以外的附带民事诉讼被告人经传唤，无正当理由拒不到庭，或者未经法庭许可中途退庭的，附带民事部分可以缺席判决。"所以，B 项当选。（答案：B）

7. 关于附带民事诉讼案件诉讼程序中的保全措施，下列哪一说法是正确的？（2012 年真题，单选）

A. 法院应当采取保全措施

B. 附带民事诉讼原告人和检察院都可以申请法院采取保全措施

C. 采取保全措施,不受《民事诉讼法》规定的限制

D. 财产保全的范围不限于犯罪嫌疑人、被告人的财产或与本案有关的财产

[释疑] 《刑事诉讼法》第100条规定:"人民法院在必要的时候,可以采取保全措施,查封、扣押或者冻结被告人的财产。附带民事诉讼原告人或者人民检察院可以申请人民法院采取保全措施。人民法院采取保全措施,适用民事诉讼法的有关规定。"所以,B项当选。(答案:B)

8. 某县检察院以涉嫌故意伤害罪对16岁的马某提起公诉,被害人刘某提起附带民事诉讼。对此,下列哪些选项是正确的?(2010年真题,多选)

A. 在审理该案时,法院只能适用《刑法》、《刑事诉讼法》等有关的刑事法律

B. 在审查起诉阶段,马某、刘某已就赔偿达成协议且马某按照协议给付了刘某5万元,法院仍可以受理刘某提起的附带民事诉讼

C. 法院受理附带民事诉讼后,应当将附带民事起诉状副本送达马某,或者将口头起诉的内容通知马某

D. 法院可以决定查封或者扣押被告人马某的财产

[释疑] 《刑诉法解释》第163条规定:"人民法院审理附带民事诉讼案件,除刑法、刑事诉讼法以及刑事司法解释已有规定的以外,适用民事法律的有关规定。",A项错误。《刑诉法解释》第148条规定:"侦查、审查起诉期间,有权提起附带民事诉讼的人提出赔偿要求,经公安机关、人民检察院调解,当事人双方已经达成协议并全部履行,被害人或者其法定代理人、近亲属又提起附带民事诉讼的,人民法院不予受理,但有证据证明调解违反自愿、合法原则的除外。"B项正确。《刑诉法解释》第150条第1款规定:"人民法院受理附带民事诉讼后,应当在五日内将附带民事起诉状副本送达附带民事诉讼被告人及其法定代理人,或者将口头起诉的内容及时通知附带民事诉讼被告人及其法定代理人,并制作笔录。"C项错。《刑诉法解释》第152条规定:"人民法院对可能因被告人的行为或者其他原因,使附带民事判决难以执行的案件,根据附带民事诉讼原告人的申请,可以裁定采取保全措施,查封、扣押或者冻结被告人的财产;附带民事诉讼原告人未提出申请的,必要时,人民法院也可以采取保全措施。有权提起附带民事诉讼的人因情况紧急,不立即申请保全将会使其合法权益受到难以弥补的损害的,可以在提起附带民事诉讼前,向被保全财产所在地、被申请人居住地或者对案件有管辖权的人民法院申请采取保全措施。申请人在人民法院受理刑事案件后十五日内未提起附带民事诉讼的,人民法院应当解除保全措施。人民法院采取保全措施,适用民事诉讼法第一百条至第一百零五条的有关规定,但民事诉讼法第一百零一条第三款的规定除外。"D项正确。故选B、D项。(答案:BD)

9. 关于附带民事诉讼,下列哪一选项是正确的?(2009年真题,单选)

A. 在侦查、审查起诉阶段,被害人提出赔偿要求经记录在案的,公安机关、检察院可以对民事赔偿部分进行调解

B. 在侦查、审查起诉阶段,经调解当事人达成协议并已给付,被害人又向法院提起附带民事诉讼的,法院不再受理

C. 法院审理刑事附带民事诉讼案件,可以进行调解

D. 附带民事诉讼经调解达成协议并当庭执行完毕的,无需制作调解书,也不需记入笔录

[释疑] 《刑诉法解释》第148条规定:侦查、审查起诉期间,有权提起附带民事诉讼的人

提出赔偿要求,经公安机关、人民检察院调解,当事人双方已经达成协议并全部履行,被害人或者其法定代理人、近亲属又提起附带民事诉讼的,人民法院不予受理,但有证据证明调解违反自愿、合法原则的除外。《刑诉法解释》第153条规定:人民法院审理附带民事诉讼案件,可以根据自愿、合法的原则进行调解。经调解达成协议的,应当制作调解书。调解书经双方当事人签收后,即具有法律效力。调解达成协议并即时履行完毕的,可以不制作调解书,但应当制作笔录,经双方当事人、审判人员、书记员签名或者盖章后即发生法律效力。《刑诉法解释》第156条规定:"人民检察院提起附带民事诉讼的,人民法院经审理,认为附带民事诉讼被告人依法应当承担赔偿责任的,应当判令附带民事诉讼被告人直接向遭受损失的单位作出赔偿;遭受损失的单位已经终止,有权利义务继受人的,应当判令其向继受人作出赔偿;没有权利义务继受人的,应当判令其向人民检察院交付赔偿款,由人民检察院上缴国库。"根据上述规定,应选A项。(答案:A)

10. 案情:张某与王某因口角发生扭打,张某将王某打成重伤。检察院以故意伤害罪向法院提起公诉,被害人王某同时向法院提起附带民事诉讼。(2008年真题,案例)

问题1:如果一审宣判后,张某对刑事部分不服提出上诉,王某对民事部分不服提出上诉,第二审法院在审理中发现本案的刑事部分和附带民事部分认定事实都没有错误,但适用法律有错误,应当如何处理?

答案:第二审人民法院应当在二审判决中一并改判。

问题2:如果一审宣判后,检察院对本案刑事部分提起了抗诉,本案的附带民事部分没有上诉。第二审法院在审理中发现本案民事部分有错误,二审法院对民事部分应如何处理?

答案:第二审人民法院应当对民事部分按审判监督程序予以纠正。

问题3:如果一审宣判后,本案的刑事部分既没有上诉也没有抗诉,王某对本案附带民事部分提起了上诉,在刑事部分已经发生法律效力的情况下,二审法院在审理中发现本案的刑事部分有错误,二审法院应如何处理?

答案:第二审人民法院应当对刑事部分按照审判监督程序进行再审,并将附带民事诉讼部分与刑事部分一并审理。

问题4:如果一审宣判后,王某对附带民事部分判决上诉中增加了独立的诉讼请求,张某在二审中也对民事部分提出了反诉,二审法院应当如何处理?

答案:第二审人民法院可以根据当事人自愿的原则就新增加的诉讼请求或者反诉进行调解,调解不成的,告知当事人另行起诉。

问题5:如果在一审程序中,法院审查王某提起的附带民事诉讼请求后,认为不符合提起附带民事诉讼的条件,法院应当如何处理?

答案:人民法院经审查认为不符合提起附带民事诉讼条件规定的,应当裁定驳回起诉。

问题6:如果法院受理了附带民事诉讼,根据我国《刑事诉讼法》及司法解释相关规定,对一审过程中附带民事诉讼的调解,法院应当如何处理?

答案:(1)调解应当在自愿合法的基础上进行,经调解达成协议的,审判人员应当及时制作调解书,调解书经双方当事人签收后即发生法律效力。

(2)调解达成协议并当庭执行完毕的,可以不制作调解书,但应记入笔录,经双方当事人、审判人员、书记员签名或盖章即发生法律效力。

(3)经调解无法达成协议或者调解书签收前当事人反悔的,附带民事诉讼应当同刑事诉讼一并判决。

11. 关于法院审理附带民事诉讼案件,下列哪些选项是正确的?(多选)
   A. 犯罪分子非法处置被害人财产而使其遭受物质损失的,被害人可以提起附带民事诉讼
   B. 因财物被犯罪分子毁坏而遭受物质损失的,被害人可以提起附带民事诉讼
   C. 依法判决后,查明被告人确实没有财产可供执行的,应当裁定中止或者终结执行
   D. 被告人已经赔偿被害人物质损失的,法院可以作为量刑情予以考虑

   [释疑] 《刑诉法解释》第138条规定:"被害人因人身权利受到犯罪侵犯或者财物被犯罪分子毁坏而遭受物质损失的,有权在刑事诉讼过程中提起附带民事诉讼;被害人死亡或者丧失行为能力的,其法定代理人、近亲属有权提起附带民事诉讼。因受到犯罪侵犯,提起附带民事诉讼或者单独提起民事诉讼要求赔偿精神损失的,人民法院不予受理。"最高人民法院《关于刑事附带民事诉讼范围问题的规定》第3条规定,人民法院审理附带民事诉讼案件,依法判决后,查明被告人确实没有财产可供执行的,应当裁定中止或者终结执行。第4条规定,被告人已经赔偿被害人物质损失的,人民法院可以作为量刑情节予以考虑。《刑诉法解释》第157条规定:"审理刑事附带民事诉讼案件,人民法院应当结合被告人赔偿被害人物质损失的情况认定其悔罪表现,并在量刑时予以考虑。"因此,B、C、D三项正确。《刑诉法解释》第139条规定:"被告人非法占有、处置被害人财产的,应当依法予以追缴或者责令退赔。被害人提起附带民事诉讼的,人民法院不予受理。追缴、退赔的情况,可以作为量刑情节考虑。"故A项错误。(答案:BCD)

12. 甲因遭受强奸住院治疗一个多月,出院后仍长期精神恍惚,后经多方医治才恢复正常。在诉讼过程中,甲提起附带民事诉讼。下列哪些赔偿要求具有法律依据?(2006年真题,多选)
   A. 甲因住院支付的费用
   B. 甲住院期间的陪护费用
   C. 甲住院期间的误工费用
   D. 甲医治精神恍惚支付的费用

   [释疑] 《刑诉法解释》第155条第1、2款规定:"对附带民事诉讼作出判决,应当根据犯罪行为造成的物质损失,结合案件具体情况,确定被告人应当赔偿的数额。犯罪行为造成被害人人身损害的,应当赔偿医疗费、护理费、交通费等为治疗和康复支付的合理费用,以及因误工减少的收入。造成被害人残疾的,还应当赔偿残疾生活辅助具费等费用;造成被害人死亡的,还应当赔偿丧葬费等费用。"据此,本题中,A、B、C、D项均属于被害人因犯罪行为已经遭受的实际损失和必然遭受的损失,故均当选。(答案:ABCD)

13. 下列选项哪些属于刑事附带民事诉讼的范围?(单选)
   A. 因犯罪行为而遭受的人身损害包括医药费、住院费、护理费、误工损失、残疾赔偿金等,以及被犯罪分子毁坏的财物的损失
   B. 因犯罪行为而遭受的精神损失
   C. 因盗窃、诈骗、侵占等犯罪行为而失去的财产
   D. 因债务纠纷引起犯罪,该债务纠纷属于附带民事诉讼的范围

   [释疑] 《刑诉法解释》第138条规定:被害人因人身权利受到犯罪侵犯或者财物被犯罪分子毁坏而遭受物质损失的,有权在刑事诉讼过程中提起附带民事诉讼;被害人死亡或者丧失行为能力的,其法定代理人、近亲属有权提起附带民事诉讼。因受到犯罪侵犯,提起附带民事

诉讼或者单独提起民事诉讼要求赔偿精神损失的,人民法院不予受理。故不选 B 项。第 139 条规定:被告人非法占有、处置被害人财产的,应当依法予以追缴或者责令退赔。被害人提起附带民事诉讼的,人民法院不予受理。追缴、退赔的情况,可以作为量刑情节考虑。故不选 C 项。对于因债务纠纷引起犯罪,该债务纠纷并非犯罪造成的物质损失,不属于附带民事诉讼的范围,故不选 D 项,只有 A 项符合。(答案:A)

14. 孔某向王某借款 3 万元,到期不还。王某向孔某索款,被孔某殴打致重伤,其母因受刺激生病住院。下列王某提起的附带民事诉讼错误的是:(多选)
   A. 要求孔某偿还其借款 3 万元
   B. 要求孔某赔偿治伤所花医药费
   C. 要求孔某赔偿王某之母住院所花医药费
   D. 要求孔某赔偿因伤所致误工损失费
   [释疑]  借款 3 万元并非犯罪造成的物质损失,故选 A 项;王某之母住院所花医药费并非被害人因犯罪行为必然遭受的损失,故选 C 项。(答案:AC)

15. 甲、乙、丙三人共同伤害被害人,检察机关对甲和乙提起公诉,对丙作了不起诉处理。被害人欲提起附带民事诉讼,下列说法哪些是错误的?(多选)
   A. 应当将甲和乙作为共同被告
   B. 应当将甲、乙、丙作为共同被告
   C. 既可以将甲和乙作为被告,也可以将甲、乙、丙作为被告
   D. 由于只有丙有赔偿能力,可以只以丙为被告
   [释疑]  附带民事诉讼的诉权在原告人,A、B 项错误,C、D 项正确。(答案:AB)

16. 下列哪些人不属于刑事附带民事诉讼中依法负有赔偿责任的人?(单选)
   A. 没有被追究刑事责任的其他共同致害人
   B. 案件审结前已死亡的被告人的遗产继承人
   C. 刑事被告人的配偶或子女
   D. 对刑事被告人的犯罪行为应当承担民事赔偿责任的单位和个人
   [释疑]  《刑诉法解释》第 143 条规定:"附带民事诉讼中依法负有赔偿责任的人包括:(一)刑事被告人以及未被追究刑事责任的其他共同侵害人;(二)刑事被告人的监护人;(三)死刑罪犯的遗产继承人;(四)共同犯罪案件中,案件审结前死亡的被告人的遗产继承人;(五)对被害人的物质损失依法应当承担赔偿责任的其他单位和个人。附带民事诉讼被告人的亲友自愿代为赔偿的,应当准许。"故选 C 项。(答案:C)

### 三、提示与预测

本章涉及刑事附带民事诉讼的条件、提起和程序。要注意新法的修改部分。

# 第十章 期间、送达

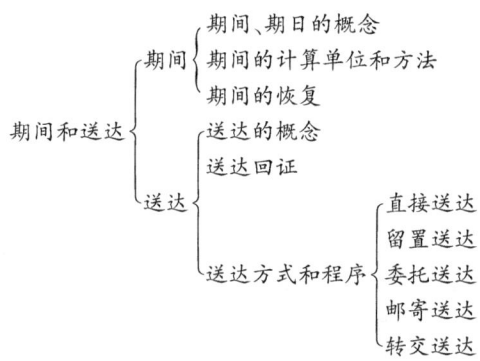

## 一、精讲

### 考点 1 期间

(一) 期间与期日

刑事诉讼中的期间,是指公安机关、人民检察院和人民法院,以及当事人和其他诉讼参与人分别进行一定的刑事诉讼活动所必须遵守的时间期限。期日,是指公安司法人员和诉讼参与人共同进行刑事诉讼活动的特定时间。

(二) 期间的计算单位和方法

期间以时、日、月计算。

**特别关注:** (1) 开始的时、日不计算在期间以内。"时"和"日"这两种计量单位不能互相换算。以月计算的,自本月某日至下月某日为1个月。如果本月31日收案,而下月无31日时,则至下月的最后一日为1个月。半个月一律按15天计算。

(2) 节假日应当计算在期间以内。《刑事诉讼法》第103条第4款规定:"期间的最后一日为节假日的,以节假日后的第一日为期满日期,但犯罪嫌疑人、被告人或者罪犯在押期间,应当至期满之日为止,不得因节假日而延长。"

(3) 对于法定期间的计算,不包括路途上的时间。通过邮寄的上诉状或者其他文件,应以当地交邮盖印邮戳的时间为准。

(三) 期间的恢复

《刑事诉讼法》第104条规定:"当事人由于不能抗拒的原因或者有其他正当理由而耽误期限的,在障碍消除后五日以内,可以申请继续进行应当在期满以前完成的诉讼活动。前款申请是否准许,由人民法院裁定。"《刑诉法解释》第166条规定:"当事人由于不能抗拒的原因或者有其他正当理由而耽误期限,依法申请继续进行应当在期满前完成的诉讼活动的,人民法院查证属实后,应当裁定准许。"

**特别关注**：《刑诉法解释》关于审理期限的规定：① 指定管辖案件的审理期限，自被指定管辖的人民法院收到指定管辖决定书和有关案卷、证据材料之日起计算。② 申请上级人民法院批准延长审理期限，应当在期限届满 15 日前层报。有权决定的人民法院不同意延长的，应当在审理期限届满 5 日前作出决定。因特殊情况申请最高人民法院批准延长审理期限，最高人民法院经审查，予以批准的，可以延长审理期限 1 至 3 个月。期限届满案件仍然不能审结的，可以再次提出申请。③ 审判期间，对被告人作精神病鉴定的时间不计入审理期限。

## 考点 2 送达

刑事诉讼文书送达，是指公安司法机关按照法定程序和方法将诉讼文件送交收件人的诉讼活动。送达的方式包括直接送达、留置送达、委托送达、邮寄送达、转交送达等。送达诉讼文书必须有送达回证。收件人本人应当在送达回证上记明收到的日期，并且签名或者盖章。如果本人不在，可以由其成年家属或者所在单位负责收件人员代收，代收人应当在送达回证上记明收到的日期，并且签名或者盖章。收件人本人或者代收人在送达回证上签收的日期为送达的日期。

（一）《刑事诉讼法》的相关规定

《刑事诉讼法》第 105 条规定："送达传票、通知书和其他诉讼文件应当交给收件人本人；如果本人不在，可以交给他的成年家属或者所在单位的负责人员代收。收件人本人或代收人拒绝接收或者拒绝签名、盖章的时候，送达人可以邀请他的邻居或者其他见证人到场，说明情况，把文件留在他的住处，在送达证上记明拒绝的事由、送达的日期，由送达人签名，即认为已经送达。"

（二）《刑诉法解释》的相关规定

送达诉讼文书，应当由收件人签收。收件人不在的，可以由其成年家属或者所在单位负责收件的人员代收。收件人或者代收人在送达回证上签收的日期为送达日期。收件人或者代收人拒绝签收的，送达人可以邀请见证人到场，说明情况，在送达回证上注明拒收的事由和日期，由送达人、见证人签名或者盖章，将诉讼文书留在收件人、代收人的住处或者单位；也可以把诉讼文书留在受送达人的住处，并采用拍照、录像等方式记录送达过程，即视为送达。直接送达诉讼文书有困难的，可以委托收件人所在地的人民法院代为送达，或者邮寄送达。委托送达的，应当将委托函、委托送达的诉讼文书及送达回证寄送受托法院。受托法院收到后，应当登记，在 10 日内送达收件人，并将送达回证寄送委托法院；无法送达的，应当告知委托法院，并将诉讼文书及送达回证退回。邮寄送达的，应当将诉讼文书、送达回证挂号邮寄给收件人。挂号回执上注明的日期为送达日期。诉讼文书的收件人是军人的，可以通过其所在部队团级以上单位的政治部门转交。收件人正在服刑的，可以通过执行机关转交。收件人正在被采取强制性教育措施的，可以通过强制性教育机构转交。由有关部门、单位代为转交诉讼文书的，应当请有关部门、单位收到后立即交收件人签收，并将送达回证及时寄送人民法院。

## 二、例题

1. 关于办案期限重新计算的说法，下列哪一选项是正确的？（2015 年真题，单选）

A. 甲盗窃汽车案，在侦查过程中发现其还涉嫌盗窃 1 辆普通自行车，重新计算侦查羁押期限

B. 乙受贿案,检察院审查起诉时发现一笔受贿款项证据不足,退回补充侦查后再次移送审查起诉时,重新计算审查起诉期限

C. 丙聚众斗殴案,在处理完丙提出的有关检察院书记员应当回避的申请后,重新计算一审审理期限

D. 丁贩卖毒品案,二审法院决定开庭审理并通知同级检察院阅卷,检察院阅卷结束后,重新计算二审审理期限

[释疑] 《刑事诉讼法》第158条第1款规定:"在侦查期间,发现犯罪嫌疑人另有重要罪行的,自发现之日起依照本法第一百五十四条的规定重新计算侦查羁押期限。"《公安机关办理刑事案件程序规定》和《刑事诉讼规则》都规定:"另有重要罪行",是指与逮捕时的罪行不同种的重大犯罪以及同种犯罪并将影响罪名认定、量刑档次的重大犯罪。所以,A项错误。《刑事诉讼法》第171条第3款规定:"对于补充侦查的案件,应当在一个月以内补充侦查完毕。补充侦查以二次为限。补充侦查完毕移送人民检察院后,人民检察院重新计算审查起诉期限。"所以,B项正确。《刑事诉讼法》第198条规定:"在法庭审判过程中,遇有下列情形之一,影响审判进行的,可以延期审理:(一)需要通知新的证人到庭,调取新的物证,重新鉴定或者勘验的;(二)检察人员发现提起公诉的案件需要补充侦查,提出建议的;(三)由于申请回避而不能进行审判的。"《刑诉法解释》第31条规定:"当事人及其法定代理人申请出庭的检察人员回避的,人民法院应当决定休庭,并通知人民检察院。""休庭""延期审理"只是将审理延后,所以,C项错误。《刑事诉讼法》第224条规定:"人民检察院提出抗诉的案件或者第二审人民法院开庭审理的公诉案件,同级人民检察院都应当派员出席法庭。第二审人民法院应当在决定开庭审理后及时通知人民检察院查阅案卷。人民检察院应当在一个月以内查阅完毕。人民检察院查阅案卷的时间不计入审理期限。"所以,D项错误。(答案:B)

2. 关于期间的计算,下列哪一选项是正确的?(2014年真题,单选)

A. 重新计算期限包括公检法的办案期限和当事人行使诉讼权利的期限两种情况

B. 上诉状或其他法律文书在期满前已交邮的不算过期,已交邮是指在期间届满前将上诉状或其他法律文书递交邮局或投入邮筒内

C. 法定期间不包括路途上的时间,比如有关诉讼文书材料在公检法之间传递的时间应当从法定期间内扣除

D. 犯罪嫌疑人、被告人在押的案件,在羁押场所以外对患有严重疾病的犯罪嫌疑人、被告人进行医治的时间,应当从法定羁押期间内扣除

[释疑] 期间的重新计算,是指由于发生了法定的情况,原来已进行的期间归于无效,而从新发生情况之时起计算期间。重新计算期间仅适用于公安司法机关的办案期限。故A项错误。通过邮寄的上诉状或者其他文件,只要是在法定期间内交邮的,即使司法机关收到时已过法定期限,也不算过期。上诉状或者其他文件是否在法定期间内交邮以当地邮局所盖邮戳为准。故B项错误。法定期间不包括路途上的时间。有关诉讼文书材料在公安司法机关之间传递过程中的时间,也应当在法定期间内予以扣除。故C项正确。在羁押场所以外对患有严重疾病的犯罪嫌疑人、被告人进行医治,其人身自由仍然处于被剥夺的状态,医治的时间不应从羁押期间内扣除。故D项错误。(答案:C)

3. 被告人徐某为未成年人,法院书记员到其住处送达起诉书副本,徐某及其父母拒绝签收。关于该书记员处理这一问题的做法,下列哪些选项是正确的?(2013年真题,多选)

A. 邀请见证人到场

B. 在起诉书副本上注明拒收的事由和日期,该书记员和见证人签名或盖章
C. 采取拍照、录像等方式记录送达过程
D. 将起诉书副本留在徐某住处

[释疑] 《刑诉法解释》第167条第3款规定:"收件人或者代收人拒绝签收的,送达人可以邀请见证人到场,说明情况,在送达回证上注明拒收的事由和日期,由送达人、见证人签名或者盖章,将诉讼文书留在收件人、代收人的住处或者单位;也可以把诉讼文书留在受送达人的住处,并采用拍照、录像等方式记录送达过程,即视为送达。"(答案:ACD)

### 三、提示与预测

本章涉及刑事诉讼中的期间、送达。期间和送达都要结合各个程序加以掌握。要注意新法对各法定期间的修改。

# 第十一章 立 案

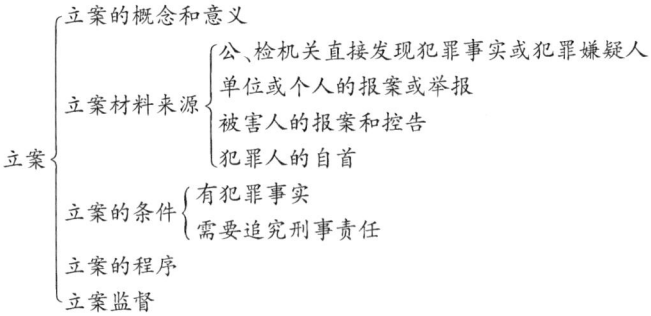

### 一、精讲

**考点 1** 立案概述

(一)立案的概念

立案是刑事诉讼的起始程序;立案是刑事诉讼的必经程序;立案是法定机关的专门活动。

刑事诉讼中,公诉案件要经过立案、侦查、起诉、审判和执行五个诉讼阶段,自诉案件一般只经过起诉、立案、审判和执行四个阶段。

(二)立案的材料来源

(1)公安机关或者检察院等侦查机关直接发现的犯罪事实或者获得的犯罪线索。

(2)单位或个人的报案或者举报。

(3)任何单位和个人发现有犯罪事实或者犯罪嫌疑人,有权利也有义务向公安机关、检察院或者人民法院报案或者举报。

**特别关注**:报案或举报既是权利也是义务,可出单选题或多选题。

(1)被害人的报案或者控告。被害人对侵犯其人身或者财产权利的犯罪事实或者犯罪嫌

疑人,有权向公安机关、检察院或者人民法院报案或者控告。自诉案件的被害人及其法定代理人、近亲属向人民法院起诉,也是立案材料的来源之一。

(2)犯罪人的自首。

(三)立案的条件

(1)有犯罪事实。

(2)需要追究刑事责任。

**特别关注**:《刑事诉讼法》第15条规定了6种不需要追究刑事责任的情形。

## 考点 2 立案程序和立案监督

(一)立案程序

对立案材料的接受

公安机关、检察院和人民法院对于报案、控告、举报和自首,都应当接受。对于不属于自己管辖的,应当移送主管机关处理,并且通知报案人、控告人、举报人;对于不属于自己管辖而又必须采取紧急措施的,应当先采取紧急措施,然后移送主管机关。"紧急措施"是指保护现场,依法先行拘留嫌疑人,扣押证据等。

**特别关注**:① 法院对于不属于自己管辖的报案、控告、举报和自首,也应当接受。② 报案、控告和举报可以用书面或口头形式提出。接受口头报案、控告和举报的工作人员,应当记入笔录,经宣读无误后,由报案人、控告人、举报人签名或者盖章。③ 接受控告、举报的工作人员应当向控告人、举报人说明诬告应负的法律责任。但是,只要不是捏造事实,伪造证据,即使控告、举报的事实有出入,甚至是错告,也要和诬告严格加以区别。④ 公检法机关应当保障报案人、控告人、举报人及其近亲属的安全。报案人、控告人、举报人如果不愿公开自己的姓名和报案、控告、举报的行为,应当为他保守秘密。

**特别关注**:如果报案人、举报人等在法庭上作为证人出庭时,通常不能对其姓名等保密。

(1)对立案材料的审查:人民法院、检察院或者公安机关对于报案、控告、举报和自首的材料,应当按照管辖范围,迅速进行审查。

(2)对立案材料的处理:人民法院、检察院、公安机关对立案材料审查后,认为有犯罪事实需要追究刑事责任的时候,应当立案;认为没有犯罪事实,或者犯罪事实显著轻微,不需要追究刑事责任的时候,不予立案。并且将不立案的原因通知控告人。控告人如果不服,可以申请复议。

(二)立案监督

1.《刑事诉讼法》的相关规定

(1)控告人接到公安机关、检察院说明不立案原因的通知书后,如果不服,有权向不予立案的机关申请复议,该机关应当复议,并将复议结果及时通知控告人。如果属于第三种自诉案件的范围,控告人也可直接向法院起诉。

(2)《刑事诉讼法》第111条规定:"人民检察院认为公安机关对应当立案侦查的案件而不立案侦查的,或者被害人认为公安机关对应当立案侦查的案件而不立案侦查,向人民检察院提出的,人民检察院应当要求公安机关说明不立案的理由。人民检察院认为公安机关不立案理由不能成立的,应当通知公安机关立案,公安机关接到通知后应当立案。"

(3)六部门《规定》第18条:公安机关收到人民检察院要求说明不立案理由通知书后,

应当在 7 日内将说明情况书面答复人民检察院。人民检察院认为公安机关不立案理由不能成立,发出通知立案书时,应当将有关证明应当立案的材料同时移送公安机关。公安机关收到通知立案书后,应当在 15 日内决定立案,并将立案决定书送达人民检察院。

2.《刑事诉讼规则》关于立案监督的主要规定

(1) 被害人及其法定代理人、近亲属或者行政执法机关,认为公安机关对其控告或者移送的案件应当立案侦查而不立案侦查,或者当事人认为公安机关不应当立案而立案,向人民检察院提出的,人民检察院应当受理并进行审查。人民检察院发现公安机关可能存在应当立案侦查而不立案侦查情形的,应当依法进行审查。人民检察院接到控告、举报或者发现行政执法机关不移送涉嫌犯罪案件的,应当向行政执法机关提出检察意见,要求其按照管辖规定向公安机关或者人民检察院移送涉嫌犯罪案件。

(2) 人民检察院控告检察部门受理对公安机关应当立案而不立案或者不应当立案而立案的控告、申诉,应当根据事实和法律进行审查,并可以要求控告人、申诉人提供有关材料,认为需要公安机关说明不立案或者立案理由的,应当及时将案件移送侦查监督部门办理。

(3) 人民检察院侦查监督部门经过调查、核实有关证据材料,认为需要公安机关说明不立案理由的,经检察长批准,应当要求公安机关书面说明不立案的理由。有证据证明公安机关可能存在违法动用刑事手段插手民事、经济纠纷,或者利用立案实施报复陷害、敲诈勒索以及谋取其他非法利益等违法立案情形,尚未提请批准逮捕或者移送审查起诉的,经检察长批准,应当要求公安机关书面说明立案理由。

(4) 人民检察院进行调查核实,可以询问办案人员和有关当事人,查阅、复制公安机关刑事受案、立案、破案等登记表册和立案、不立案、撤销案件、治安处罚、劳动教养等相关法律文书及案卷材料。

(5) 人民检察院要求公安机关说明不立案或者立案理由,应当制作要求说明不立案理由通知书或者要求说明立案理由通知书,及时送达公安机关,并且告知公安机关在收到要求说明不立案理由通知书或者要求说明立案理由通知书后 7 日以内,书面说明不立案或者立案的情况、依据和理由,连同有关证据材料回复人民检察院。

(6) 公安机关说明不立案或者立案的理由后,人民检察院侦查监督部门应当进行审查,认为公安机关不立案或者立案理由不能成立的,经检察长或者检察委员会讨论决定,应当通知公安机关立案或者撤销案件。侦查监督部门认为公安机关不立案或者立案理由成立的,应当通知控告检察部门,由其在 10 日以内将不立案或者立案的理由和根据告知被害人及其法定代理人、近亲属或者行政执法机关。

(7) 人民检察院通知公安机关立案或者撤销案件,应当制作通知立案书或者通知撤销案件书,说明依据和理由,连同证据材料送达公安机关,并且告知公安机关应当在收到通知立案书后 15 日以内立案,对通知撤销案件书没有异议的应当立即撤销案件,并将立案决定书或者撤销案件决定书及时送达人民检察院。

(8) 人民检察院通知公安机关立案或者撤销案件的,应当依法对执行情况进行监督。公安机关在收到通知立案书或者通知撤销案件书后超过 15 日不予立案或者既不提出复议、复核也不撤销案件的,人民检察院应当发出纠正违法通知书予以纠正。公安机关仍不纠正的,报上一级人民检察院协商同级公安机关处理。公安机关立案后 3 个月以内未侦查终结的,人民检察院可以向公安机关发出立案监督案件催办函,要求公安机关及时向人民检察院反馈侦查工作进展情况。

(9) 对于由公安机关管辖的国家机关工作人员利用职权实施的重大犯罪案件,人民检察院通知公安机关立案,公安机关不予立案的,经省级以上人民检察院决定,人民检察院可以直接立案侦查。

(10) 对于公安机关认为人民检察院撤销案件通知有错误要求同级人民检察院复议的,人民检察院应当重新审查,在收到要求复议意见书和案卷材料后 7 日以内作出是否变更的决定,并通知公安机关。对于公安机关不接受人民检察院复议决定提请上一级人民检察院复核的,上级人民检察院应当在收到提请复核意见书和案卷材料后 15 日以内作出是否变更的决定,通知下级人民检察院和公安机关执行。上级人民检察院复核认为撤销案件通知有错误的,下级人民检察院应当立即纠正;上级人民检察院复核认为撤销案件通知正确的,应当作出复核决定并送达下级公安机关。

(11) 人民检察院侦查监督部门或者公诉部门发现本院侦查部门对应当立案侦查的案件不报请立案侦查或者对不应当立案侦查的案件进行立案侦查的,应当建议侦查部门报请立案侦查或者撤销案件;建议不被采纳的,应当报请检察长决定。

## 二、例题

1. 甲、乙二人在餐厅吃饭时言语不合进而互相推搡,乙突然倒地死亡,县公安局以甲涉嫌过失致人死亡立案侦查。经鉴定,乙系特殊体质,其死亡属于意外事件,县公安局随即撤销案件。关于乙的近亲属的诉讼权利,下列哪一选项是正确的?(2016 年真题,单选)

A. 就撤销案件向县公安局申请复议
B. 就撤销案件向县公安局的上一级公安局申请复核
C. 向检察院侦查监督部门申请立案监督
D. 直接向法院对甲提起刑事附带民事诉讼

[释疑] 刑诉法对不立案的复议、复核规定,但没有对撤销案件的复议、复核规定。所以,A 项、B 项均错误。同样,刑诉法规定对不立案的案件可以向检察院侦查监督部门申请立案监督,而未规定对撤销案件的情形可以向检察院侦查监督部门申请立案监督。所以,C 项错误。《刑事诉讼法》第 204 条规定:"自诉案件包括下列案件:(一) 告诉才处理的案件;(二) 被害人有证据证明的轻微刑事案件;(三) 被害人有证据证明对被告人侵犯自己人身、财产权利的行为应当依法追究刑事责任,而公安机关或者人民检察院不予追究被告人刑事责任的案件。"《刑诉解释》第 260 条规定:"如果被害人死亡、丧失行为能力或者因受强制、威吓等无法告诉,或者是限制行为能力人以及因年老、患病、盲、聋、哑等不能亲自告诉,其法定代理人、近亲属告诉或者代为告诉的,人民法院应当依法受理。被害人的法定代理人、近亲属告诉或者代为告诉,应当提供与被害人关系的证明和被害人不能亲自告诉的原因的证明。"所以,D 项正确。(答案:D)

2. 甲公司以虚构工程及伪造文件的方式,骗取乙工程保证金 400 余万元。公安机关接到乙控告后,以尚无明确证据证明甲涉嫌犯罪为由不予立案。关于本案,下列哪一选项是正确的?(2015 年真题,单选)

A. 乙应先申请公安机关复议,只有不服复议决定的才能请求检察院立案监督
B. 乙请求立案监督,检察院审查后认为公安机关应立案的,可通知公安机关立案

C. 公安机关接到检察院立案通知后仍不立案的,经省级检察院决定,检察院可自行立案侦查

D. 乙可直接向法院提起自诉

[释疑] 《刑事诉讼法》第110条规定:"人民法院、人民检察院或者公安机关对于报案、控告、举报和自首的材料,应当按照管辖范围,迅速进行审查,认为有犯罪事实需要追究刑事责任的时候,应当立案;认为没有犯罪事实,或者犯罪事实显著轻微,不需要追究刑事责任的时候,不予立案,并且将不立案的原因通知控告人。控告人如果不服,可以申请复议。"《刑事诉讼法》第111条规定:"人民检察院认为公安机关对应当立案侦查的案件而不立案侦查的,或者被害人认为公安机关对应当立案侦查的案件而不立案侦查,向人民检察院提出的,人民检察院应当要求公安机关说明不立案的理由。人民检察院认为公安机关不立案理由不能成立的,应当通知公安机关立案,公安机关接到通知后应当立案。"据此,A项和B项均错误。《刑事诉讼法》第18条第2款规定:"贪污贿赂犯罪,国家工作人员的渎职犯罪,国家机关工作人员利用职权实施的非法拘禁、刑讯逼供、报复陷害、非法搜查的侵犯公民人身权利的犯罪以及侵犯公民民主权利的犯罪,由人民检察院立案侦查。对于国家机关工作人员利用职权实施的其他重大的犯罪案件,需要由人民检察院直接受理的时候,经省级以上人民检察院决定,可以由人民检察院立案侦查。""甲公司以虚构工程及伪造文件的方式,骗取乙工程保证金400余万元"并非"国家机关工作人员利用职权实施的其他重大的犯罪案件",所以,C项错误。《刑事诉讼法》第204条:"自诉案件包括下列案件:(一)告诉才处理的案件;(二)被害人有证据证明的轻微刑事案件;(三)被害人有证据证明对被告人侵犯自己人身、财产权利的行为应当依法追究刑事责任,而公安机关或者人民检察院不予追究被告人刑事责任的案件。"所以,D项正确。(答案:D)

3. 卢某坠楼身亡,公安机关排除他杀,不予立案。但卢某的父母坚称他杀可能性大,应当立案,请求检察院监督。检察院的下列哪一做法是正确的?(2013年真题,单选)

A. 要求公安机关说明不立案理由

B. 拒绝受理并向卢某的父母解释不立案原因

C. 认为符合立案条件的,可以立案并交由公安机关侦查

D. 认为公安机关不立案理由不能成立的,应当建议公安机关立案

[释疑] 《刑事诉讼法》第111条规定:"人民检察院认为公安机关对应当立案侦查的案件而不立案侦查的,或者被害人认为公安机关对应当立案侦查的案件而不立案侦查,向人民检察院提出的,人民检察院应当要求公安机关说明不立案的理由。人民检察院认为公安机关不立案理由不能成立的,应当通知公安机关立案,公安机关接到通知后应当立案。"(答案:A)

4. 某法院在审理张某自诉伤害案中,发现被告人还实施过抢劫。对此,下列哪一做法是正确的?(2010年真题,单选)

A. 继续审理伤害案,将抢劫案移送有管辖权的公安机关

B. 鉴于伤害案属于可以公诉的案件,将伤害案与抢劫案一并移送有管辖权的公安机关

C. 继续审理伤害案,建议检察院对抢劫案予以起诉

D. 对伤害案延期审理,待检察院对抢劫案起诉后一并予以审理

[释疑] 《刑事诉讼法》第108条第3款规定:"公安机关、人民检察院或者人民法院对于

报案、控告、举报,都应当接受。对于不属于自己管辖的,应当移送主管机关处理,并且通知报案人、控告人、举报人;对于不属于自己管辖而又必须采取紧急措施的,应当先采取紧急措施,然后移送主管机关。"故选 A 项。(答案:A)

5. 国家机关工作人员李某多次利用职务之便向境外间谍机构提供涉及国家机密的情报,同事赵某发现其行迹后决定写信揭发李某。关于赵某行为的性质,下列哪一选项是正确的?(2009 年真题,单选)

A. 控告　　　　B. 告诉　　　　C. 举报　　　　D. 报案

[释疑] 根据《刑事诉讼法》第 108 条第 1、2 款的规定:"任何单位和个人发现有犯罪事实或者犯罪嫌疑人,有权利也有义务向公安机关、人民检察院或者人民法院报案或者举报。被害人对侵犯其人身、财产权利的犯罪事实或者犯罪嫌疑人,有权向公安机关、人民检察院或者人民法院报案或者控告。"控告是指知道加害人的被害人的一种行为;举报是指知道犯罪人的单位或个人(非被害人)的行为;报案则不知犯罪人,故选 C。告诉特指向法院起诉。(答案:C)

6. 甲的汽车被盗。第二日,甲发现乙开的是自己的汽车(虽然更换了汽车号牌仍可认出),遂前去拦车。在询问时,乙突然将车开走。甲追了一段路未追上,遂向公安机关陈述了这一事实,要求公安机关追究乙的法律责任。甲这一行为的法律性质是什么?(2006 年真题,单选)

A. 报案　　　　B. 控告　　　　C. 举报　　　　D. 扭送

[释疑] 《刑事诉讼法》第 108 条第 1、2 款规定:"任何单位和个人发现有犯罪事实或者犯罪嫌疑人,有权利也有义务向公安机关、人民检察院或者人民法院报案或者举报。被害人对侵犯其人身、财产权利的犯罪事实或者犯罪嫌疑人,有权向公安机关、人民检察院或者人民法院报案或者控告。"报案的主体既包括任何单位和个人也包括被害人,而控告的主体只有被害人。被害人报案与被害人控告的区别在于是否知道犯罪嫌疑人。本题中"甲发现乙开的是自己的汽车",可以得知甲认识乙,故选 B 项。(答案:B)

7. 某县公安机关接到有关陈某、刘某合伙拐卖妇女的报案,依法对报案材料进行立案前的审查。下列哪些选项不属于该县公安机关决定立案的条件?(多选)

A. 报案人提供了充分的证据

B. 有明确的犯罪嫌疑人

C. 案件事实已基本查清

D. 认为有犯罪事实需要追究刑事责任

[释疑] 只有 D 项是决定立案的条件,故选 A、B、C 项。(答案:ABC)

### 三、提示与预测

本章要注意立案的条件、程序和立案监督。

# 第十二章 侦 查

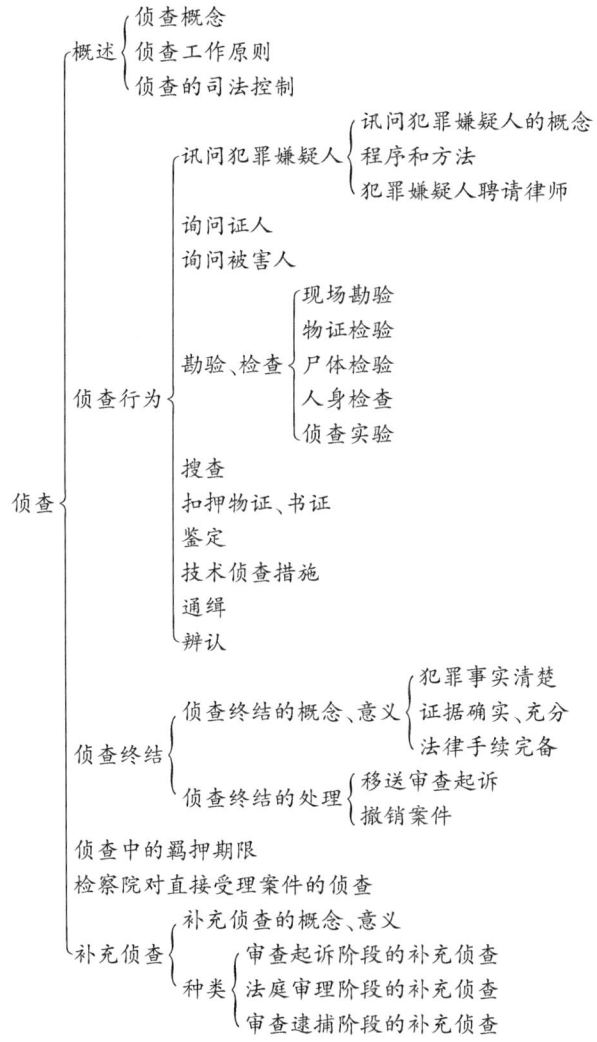

一、精讲

**考点 1** 侦查的概念、原则

（一）侦查的概念

侦查是指有侦查权的机关或部门在办理案件过程中依照法律进行的专门调查工作和有关

的强制性措施。

**特别关注**:"强制性措施"中的"性"不能少。

（二）侦查工作的原则

① 迅速及时；② 客观全面；③ 深入细致；④ 依靠群众；⑤ 遵守法制；⑥ 保守秘密；⑦ 比例原则。

（三）侦查的司法控制

侦查活动存在的问题：① 侦查手段滥用；② 违法行为的存在和缺乏制裁。

司法控制：对前者，要实施事前审查，由法官进行，主要针对逮捕、羁押、搜查等较严厉的措施，有些学者称为强行性侦查措施，与之相对应的任意性侦查措施则可由侦查机关独立作出决定。针对侦查过程中违法行为的存在和缺乏制裁，应当对其进行事后审查。应允许公民采取提起行政诉讼的方式寻求司法救济。

# 考点 2 侦查行为

（一）讯问犯罪嫌疑人

（1）讯问犯罪嫌疑人，必须由侦查人员（不得少于2人）负责进行。《刑事诉讼法》第116条第2款规定："犯罪嫌疑人被送交看守所羁押以后，侦查人员对其进行讯问，应当在看守所内进行。"

（2）《刑事诉讼法》第117条规定："对不需要逮捕、拘留的犯罪嫌疑人，可以传唤到犯罪嫌疑人所在的市、县内的指定地点或者到他的住处进行讯问，但是应当出示人民检察院或者公安机关的证明文件。对在现场发现的犯罪嫌疑人，经出示工作证件，可以口头传唤，但应当在讯问笔录中注明。传唤、拘传持续的时间不得超过十二小时；案情特别重大、复杂，需要采取拘留、逮捕措施的，传唤、拘传持续的时间不得超过二十四小时。不得以连续传唤、拘传的形式变相拘禁犯罪嫌疑人。传唤、拘传犯罪嫌疑人，应当保证犯罪嫌疑人的饮食和必要的休息时间。"

（3）侦查人员在讯问犯罪嫌疑人的时候，应当首先讯问犯罪嫌疑人是否有犯罪行为。如果犯罪嫌疑人承认有犯罪行为，即让其陈述有罪的情节；如果犯罪嫌疑人否认有犯罪事实，则让其作无罪的辩解，然后根据其陈述向其提出问题。对侦查人员的提问，犯罪嫌疑人应当如实回答，但是对与本案无关的问题，有权拒绝回答。《刑事诉讼法》第118条第2款规定："侦查人员在讯问犯罪嫌疑人的时候，应当告知犯罪嫌疑人如实供述自己罪行可以从宽处理的法律规定。"对同案犯罪嫌疑人的讯问，应当分别进行。

（4）讯问聋、哑犯罪嫌疑人，应当有通晓聋、哑手势的人参加，并记入笔录。

（5）《刑事诉讼法》第121条规定："侦查人员在讯问犯罪嫌疑人的时候，可以对讯问过程进行录音或者录像；对于可能判处无期徒刑、死刑的案件或者其他重大犯罪案件，应对讯问过程进行录音或者录像。录音或者录像应当全程进行，保持完整性。"六部门《规定》第19条：侦查人员对讯问过程进行录音或者录像的，应当在讯问笔录中注明。人民检察院、人民法院可以根据需要调取讯问犯罪嫌疑人的录音或者录像，有关机关应当及时提供。《刑事诉讼规则》第197条规定：讯问犯罪嫌疑人应告知犯罪嫌疑人在侦查阶段的诉讼权利，有权自行辩护或委托律师辩护，告知其如实供述自己罪行可以依法从宽处理的法律规定；讯问犯罪嫌疑人时，应当告知犯罪嫌疑人将对讯问进行全程同步录音、录像，告知情况应当在录音、录像中予以反映，并记明笔录。《刑事诉讼规则》第201条规定：人民检察院立案侦查职务犯罪案件，在每次讯问犯罪嫌疑人的时候,应当对讯问过程实行全程录音、录像,并在讯问笔录中注明。录音、录像应当由检察技术人员负责。特殊情况下,经检察长批准也可以由讯问人员以外的其他检察人员负责。

(6) 讯问犯罪嫌疑人应当制作讯问笔录。犯罪嫌疑人请求自行书写供述的,应当准许。

(7) 讯问犯罪嫌疑人,严禁刑讯逼供或以威胁、引诱、欺骗以及其他非法方法获取供述。

(二) 询问证人、被害人

(1) 询问证人必须由侦查人员(不得少于2人)进行。

(2)《刑事诉讼法》第122条第1款规定:"侦查人员询问证人,可以在现场进行,也可以到证人所在单位、住处或者证人提出的地点进行,在必要的时候,可以通知证人到人民检察院或者公安机关提供证言。在现场询问证人,应当出示工作证件,到证人所在单位、住处或者证人提出的地点询问证人,应当出示人民检察院或者公安机关的证明文件。"侦查人员询问证人不得另行指定其他地点。

(3) 侦查人员询问证人,应当分别进行。

(4) 询问证人时,侦查人员应当告知其如实地提供证据、证言,有意作伪证或者隐匿罪证要负的法律责任。

(5) 询问证人,一般应让证人就他所知道的案件情况作连续的详细叙述,问明其所述事实来源和根据,然后提问。

(6) 询问证人,应当制作笔录。

(7) 侦查机关应当保障证人依法享有的诉讼权利,保障证人及其近亲属的安全。

(8) 询问被害人适用询问证人的程序。

(三) 勘验、检查

勘验的对象是现场、物品和尸体,而检查的对象则是人身。

1. 现场勘验

(1) 保护好现场。任何单位和个人,都有义务保护犯罪现场,并且立即通知公安机关派员勘验。接案后,侦查人员应当迅速赶到案发现场,并保护好现场。

(2) 侦查人员进行现场勘验时,必须持有公安机关或检察院的证明文件。

(3) 必要时,可以指派或聘请具有专门知识的人在侦查人员的主持下进行勘验。还应邀请两名与案件无关的见证人在场。

(4) 侦查人员在现场勘验时,应当及时向现场周围的群众、被害人、目睹人、报案人等调查访问,收集、固定和保全各种证据。

(5) 现场勘验的情况应制成笔录,侦查人员、参加勘验的其他人员和见证人都应当在笔录上签名或盖章。

2. 物证检验

(1) 必须及时、认真、细致地对物证进行检验,如果需要专门技术人员进行检验和鉴定的,应当指派或聘请鉴定人进行鉴定。

(2) 物证检验应当制作笔录,参加检验的侦查人员、鉴定人和见证人均应签名或者盖章。

3. 尸体检验

(1) 对于死因不明的尸体,经县级以上公安机关负责人批准,可以解剖尸体或者开棺检验,并且通知死者家属到场。(2) 尸体检验的情况,应当制作笔录,并由侦查人员、法医或医师签名或者盖章。

4. 人身检查

《刑事诉讼法》第130条第1款规定:"为了确定被害人、犯罪嫌疑人的某些特征、伤害情况或者生理状态,可以对人身进行检查,可以提取指纹信息,采集血液、尿液等生物样本。"

(1) 对被害人、犯罪嫌疑人进行人身检查,必须由侦查人员进行。必要时也可以在侦查人员的主持下,聘请法医或医师严格依法进行,不得侮辱被检查人的人格。

(2) 对犯罪嫌疑人进行人身检查,必要时,可以强制进行。但对被害人的人身检查,不得强制进行。检查妇女的身体,应当由女工作人员或者医师进行。

(3) 人身检查的情况应当制作笔录,并由侦查人员和进行检查的法医或医师签名或盖章。

(4) 提取指纹信息,采集血液、尿液等生物样本也应当制作笔录,并由侦查人员和进行提取、采集的法医或医师签名或盖章。

5. 侦查实验

(1) 为了查明案情,在必要的时候,经公安机关负责人批准,可以进行侦查实验。进行侦查实验时,禁止一切足以造成危险、侮辱人格或者有伤风化的行为。

(2) 应当由侦查人员进行侦查实验,在必要的时候可以聘请有关人员参加,也可以要求犯罪嫌疑人、被害人、证人参加。

(3) 侦查实验的情况应当写成笔录,由参加实验的人签名或者盖章。检察院审查案件的时候,对公安机关的勘验、检查,认为需要复验、复查时,可以要求公安机关复验、复查,并且可以派检察人员参加。复验、复查可以退回公安机关进行,也可以由检察院自己进行。对于退回公安机关的,检察院也可以派员参加。复验、复查应当遵守的法律程序和规则与勘验、检查相同。

**特别关注**:

检察长对自侦案件也可批准进行侦查实验。

(四) 搜查

(1) 搜查只能由侦查人员进行。

(2) 搜查的对象和范围,既可以是犯罪嫌疑人,也可以是其他可能隐藏罪犯或者犯罪证据的人;既可以对人身进行,也可以对被搜查人的住处、物品和其他有关场所进行。

(3) 搜查时,必须向被搜查人出示搜查证,否则被搜查人有权拒绝搜查。但是,侦查人员在执行逮捕、拘留的时候,遇有紧急情况,不另用搜查证也可以进行搜查。《刑事诉讼规则》第224条规定:在执行逮捕、拘留的时候,遇有下列紧急情况之一,不另用搜查证也可以进行搜查:① 可能随身携带凶器的;② 可能隐藏爆炸、剧毒等危险物品的;③ 可能隐匿、毁弃、转移犯罪证据的;④ 可能隐匿其他犯罪嫌疑人的;⑤ 其他紧急情况。搜查结束后,搜查人员应当在24小时内向检察长报告,及时补办有关手续。

(4) 任何单位和个人,有义务按照公安机关和检察院的要求,交出可以证明犯罪嫌疑人有罪或者无罪的物证、书证、视听资料等证据。

(5) 搜查时,应当有被搜查人或者他的家属、邻居或者其他见证人在场。

(6) 搜查妇女的身体,应当由女工作人员进行。

(7) 搜查的情况应当制作成笔录,由侦查人员和被搜查人或者他的家属、邻居或者其他见证人签名或者盖章。如果被搜查人或者他的家属在逃或者拒绝签名、盖章,应当在笔录上注明。

**特别关注**：公安机关负责人、检察长都有权签发搜查证。

（五）扣押物证、书证

（1）扣押物证、书证只能由侦查人员进行。

（2）扣押的范围仅限于查明与案件有关的具有证据意义的各种物品和文件。

（3）《刑事诉讼法》第140条规定："对查封、扣押的财物、文件，应当会同在场见证人和被查封、扣押财物、文件持有人查点清楚，当场开列清单一式二份，由侦查人员、见证人和持有人签名或者盖章，一份交给持有人，另一份附卷备查。"

（4）对查封、扣押的财物、文件，要妥善保管或者封存，不得使用、调换或者损毁。

（5）侦查人员认为需要扣押犯罪嫌疑人的邮件、电报时，经公安机关或检察院批准，即可通知邮电机关将有关的邮件、电报检交扣押。不需要继续扣押时，应当立即通知邮电机关。

（6）《刑事诉讼法》第142条规定："人民检察院、公安机关根据侦查犯罪的需要，可以依照规定查询、冻结犯罪嫌疑人的存款、汇款、债券、股票、基金份额等财产。有关单位和个人应当配合。犯罪嫌疑人的存款、汇款、债券、股票、基金份额等财产已被冻结的，不得重复冻结。"

（7）《刑事诉讼法》第143条规定："对查封、扣押的财物、文件、邮件、电报或者冻结的存款、汇款、债券、股票、基金份额等财产，经查明确实与案件无关的，应当在三日以内解除查封、扣押、冻结，予以退还。"

**特别关注**：侦查人员如果是在勘验、检查和搜查中发现需要扣押的物品、文件时，凭勘查证和搜查证即可予以扣押；如果是单独进行扣押，则应持有侦查机关的证明文件。

（六）鉴定

（1）以指派或者聘请的方式选定鉴定人。鉴定人必须具有解决本案中涉及的专门问题的专门知识和技能，并且不具有回避情形。

（2）侦查机关应当为鉴定人进行鉴定提供必要条件，及时向鉴定人送交有关检材和对比样本等原始材料，介绍与鉴定有关的情况，并且明确提出要求鉴定解决的问题，但是不得暗示或者强迫鉴定人作出某种鉴定意见。

（3）鉴定人故意作虚假鉴定的，应承担法律责任。

（4）鉴定人进行鉴定后，应当写出鉴定意见，并且签名。共同鉴定中，几个鉴定人意见有分歧的，应当在鉴定意见上写明分歧的内容和理由，并且分别签名或者盖章。

（5）侦查机关应当将用作证据的鉴定意见告知犯罪嫌疑人、被害人，如果犯罪嫌疑人、被害人提出申请，可以补充鉴定或者重新鉴定。

（七）技术侦查措施

1. 技术侦查的概念

修正后的《刑事诉讼法》共增加5个条文对"技术侦查"进行了规定。实际上应为三种特殊侦查手段：技术侦查、秘密侦查和控制下交付。技术侦查一般是指专门机关对特定的犯罪嫌疑人实施隐秘、不间断的监控，包括电话监听、GPS定位、电子信息监控等技术方式以查获犯罪的侦查方法。由于技术侦查本身的神秘性，学术界对技术侦查的概念、内涵并没有明确的界定，立法应当就技术侦查的概念、种类、方法以及适用范围加以明确。"秘密侦查"字样在一审稿中是存在的，由于在全民征求意见中，许多群众有关于秘密拘留、逮捕、秘密侦查等的担忧，所以二审稿中删去了"秘密侦查"字样，代之以"有关人员隐匿身份实施侦查"。实际上，这一做法常被称为"诱惑侦查"或者"陷阱取证"，是指包括专门机关的专门人员乔装打扮，也包括专门机关安排的特定人员(有些甚至是犯罪人员)利用其特定身份(比如伪装成贩卖毒品的人等)与犯罪分子进行接触,以查获犯罪的侦查方法。与此相关的还有"卧底""特情""线人""耳目"等。其实,严格地说技术侦查和下面要说的控制下交付也都是秘密的,所以,秘密侦查的内涵太多,不好准确界定这种侦查方式。控制下交付在联合国的公约里被界定为"指在主管机关知情并由其监控的情况下允许非法或可疑货物运出、通过或者运入一国或多国领域的做法,其目的在于侦查某项犯罪并查明参与该项犯罪的人员"。在我国,控制下交付应该是针对给付毒品等违禁品或者财物的犯罪活动,公安机关根据侦查犯罪的需要,采取的一种秘密侦查活动。

2.《刑事诉讼法》关于技术侦查的具体规定

(1)公安机关在立案后,对于危害国家安全犯罪、恐怖活动犯罪、黑社会性质的组织犯罪、重大毒品犯罪或者其他严重危害社会的犯罪案件,根据侦查犯罪的需要,经过严格的批准手续,可以采取技术侦查措施。

(2)人民检察院在立案后,对于重大的贪污、贿赂犯罪案件以及利用职权实施的严重侵犯公民人身权利的重大犯罪案件,根据侦查犯罪的需要,经过严格的批准手续,可以采取技术侦查措施,按照规定交有关机关执行。

(3)追捕被通缉或者批准、决定逮捕的在逃的犯罪嫌疑人、被告人,经过批准,可以采取追捕所必需的技术侦查措施。

(4)批准决定应当根据侦查犯罪的需要,确定采取技术侦查措施的种类和适用对象。批准决定自签发之日起3个月以内有效。对于不需要继续采取技术侦查措施的,应当及时解除;对于复杂、疑难案件,期限届满仍有必要继续采取技术侦查措施的,经过批准,有效期可以延长,每次不得超过3个月。采取技术侦查措施,必须严格按照批准的措施种类、适用对象和期限执行。六部门《规定》第20条规定:采取技术侦查措施收集的材料作为证据使用的,批准采取技术侦查措施的法律文书应当附卷,辩护律师可以依法查阅、摘抄、复制,在审判过程中可以向法庭出示。

(5)侦查人员对采取技术侦查措施过程中知悉的国家秘密、商业秘密和个人隐私,应当保密;对采取技术侦查措施获取的与案件无关的材料,必须及时销毁。采取技术侦查措施获取的材料,只能用于对犯罪的侦查、起诉和审判,不得用于其他用途。公安机关依法采取技术侦查措施,有关单位和个人应当配合,并对有关情况予以保密。秘密侦查的规定为:为了查明案情,在必要的时候,经公安机关负责人决定,可以由有关人员隐匿其身份实施侦查。但是,不得诱使他人犯罪,不得采用可能危害公共安全或者发生重大人身危险的方法。控制下交付的规定为:对涉及给付毒品等违禁品或者财物的犯罪活动,公安机关根据侦查犯罪的需要,可以依照规定实施控制下交付。关于技术侦查收集的证据的规定,《刑事诉讼法》第152条规定:"依照本节规定采取侦查措施收集的材料在刑事诉讼中可以作为证据使用。如果使用该证据可能危及有关人员的人身安全,或者可能产生其他严重后果的,应当采取不暴露有关人员身份、技术方法等保护措施,必要的时候,可以由审判人员在庭外对证据进行核实。"

3.《刑事诉讼规则》关于技术侦查的主要规定

(1)人民检察院在立案后,对于涉案数额在10万元以上、采取其他方法难以收集证据的重大贪污、贿赂犯罪案件以及利用职权实施的严重侵犯公民人身权利的重大犯罪案件,经过严格的批准手续,可以采取技术侦查措施,交有关机关执行。本条规定的贪污、贿赂犯罪包括

《刑法》分则第八章规定的贪污罪、受贿罪、单位受贿罪、行贿罪、对单位行贿罪、介绍贿赂罪、单位行贿罪、利用影响力受贿罪。本条规定的利用职权实施的严重侵犯公民人身权利的重大犯罪案件包括有重大社会影响的、造成严重后果的或者情节特别严重的非法拘禁、非法搜查、刑讯逼供、暴力取证、虐待被监管人、报复陷害等案件。

（2）人民检察院办理直接受理立案侦查的案件，需要追捕被通缉或者批准、决定逮捕的在逃的犯罪嫌疑人、被告人的，经过批准，可以采取追捕所必需的技术侦查措施，不受《刑事诉讼规则》第263条规定的案件范围的限制。

（3）人民检察院采取技术侦查措施应当根据侦查犯罪的需要，确定采取技术侦查措施的种类和适用对象，按照有关规定报请批准。批准决定自签发之日起3个月以内有效。对于不需要继续采取技术侦查措施的，应当及时解除；对于复杂、疑难案件，期限届满仍有必要继续采取技术侦查措施的，应当在期限届满前10日以内制作呈请延长技术侦查措施期限报告书，写明延长的期限及理由，经过原批准机关批准，有效期可以延长，每次不得超过3个月。采取技术侦查措施收集的材料作为证据使用的，批准采取技术侦查措施的法律决定文书应当附卷，辩护律师可以依法查阅、摘抄、复制。

（4）采取技术侦查措施收集的物证、书证及其他证据材料，侦查人员应当制作相应的说明材料，写明获取证据的时间、地点、数量、特征以及采取技术侦查措施的批准机关、种类等，并签名和盖章。对于使用技术侦查措施获取的证据材料，如果可能危及特定人员的人身安全、涉及国家秘密或者公开后可能暴露侦查秘密或严重损害商业秘密、个人隐私的，应当采取不暴露有关人员身份、技术方法等保护措施。在必要的时候，可以建议不在法庭上质证，由审判人员在庭外对证据进行核实。

（八）通缉

（1）只有公安机关有权发布通缉令。公安机关在自己管辖的地区以内，可以直接发布通缉令，如果超出自己管辖的地区，应当报请有权决定的上级机关发布。

**特别关注**：检察院可以作出通缉的决定，但应当由公安机关发布通缉令。

（2）被通缉的对象必须是依法应当逮捕而在逃的犯罪嫌疑人，包括依法应当逮捕而在逃的和已被逮捕但在羁押期间逃跑的犯罪嫌疑人。

（3）通缉令中应当写明被通缉人的姓名、性别、年龄、籍贯、衣着和体貌特征，并应附上照片。除了必须保密的事项外，应当写明发案时间、地点、案情性质等简要情况。通缉令必须加盖发布机关的印章。

（4）通缉令发出后，如果发现新的重要情况，可以补发通报。

（5）各级公安机关在接到通缉令后，必须及时布置，组织力量，采取有效措施，做好调查缉拿工作。

（6）被通缉的人已经归案、死亡或者通缉的原因已经消失而无逮捕必要的，发布通缉令的公安机关应当在原发布范围内立即通知撤销通缉令。

（九）辨认

1. 辨认的程序

（1）公安机关、检察院在各自管辖案件的侦查过程中，需要辨认犯罪嫌疑人的，应当分别经办案部门负责人或者检察长批准。

（2）辨认应当在侦查人员的主持下进行。主持辨认的侦查人员不得少于2人。在辨认前,应当向辨认人详细询问被辨认对象的具体特征,尤其是要避免辨认人见到被辨认对象,并应当告知辨认人有意做虚假辨认应当承担的法律责任。

(3) 多个辨认人对同一辨认对象进行辨认时,应当由每位辨认人单独进行。必要的时候,可以有见证人在场。

(4) 辨认时,应当将辨认对象混杂在其他人员或者物品之中,不得给予辨认人任何暗示。公安机关侦查的案件,在辨认犯罪嫌疑人时,被辨认的人数不得少于7人;辨认照片时,被辨认的照片不得少于10张。

(5) 对犯罪嫌疑人的辨认,辨认人不愿公开进行的,可以在不暴露辨认人的情况下进行,侦查人员应当为其保密。

(6) 对于辨认的情况,应当制作笔录,由主持和参加辨认的侦查人员、辨认人、见证人签名或者盖章。

2.《刑事诉讼规则》的主要规定

(1) 因侦查工作需要,需要提押犯罪嫌疑人出所辨认或者追缴犯罪有关财物的,经检察长批准,可以提押犯罪嫌疑人出所,并应当由两名以上司法警察押解。不得以讯问为目的将犯罪嫌疑人提押出所进行讯问。

(2) 为了查明案情,在必要的时候,检察人员可以让被害人、证人和犯罪嫌疑人对与犯罪有关的物品、文件、尸体或场所进行辨认;也可以让被害人、证人对犯罪嫌疑人进行辨认,或者让犯罪嫌疑人对其他犯罪嫌疑人进行辨认。

(3) 辨认时,应当将辨认对象混杂在其他对象中,不得给辨认人任何暗示。辨认犯罪嫌疑人、被害人时,被辨认的人数为5到10人,照片5到10张。辨认物品时,同类物品不得少于5件,照片不得少于5张。

(4) 辨认的情况,应当制作笔录,由检察人员、辨认人、见证人签字。对辨认对象应当拍照,必要时可以对辨认过程进行录音、录像。

(5) 人民检察院主持进行辨认,可以商请公安机关参加或者协助。

## 考点 3 侦查终结

(一) 侦查终结的条件和对案件的处理

《刑事诉讼法》第159条规定:"在案件侦查终结前,辩护律师提出要求的,侦查机关应当听取辩护律师的意见,并记录在案。辩护律师提出书面意见的,应当附卷。"《刑事诉讼法》第160条规定:"公安机关侦查终结的案件,应当做到犯罪事实清楚,证据确实、充分,并且写出起诉意见书,连同案卷材料、证据一并移送同级人民检察院审查决定;同时将案件移送情况告知犯罪嫌疑人及其辩护律师。"如果公安机关在侦查过程中,发现不应对犯罪嫌疑人追究刑事责任的,应当撤销案件;犯罪嫌疑人已被逮捕的,应当立即释放,发给释放证明,并且通知原批准逮捕的检察院。

(二) 侦查羁押期限

侦查羁押期限,是指犯罪嫌疑人在侦查中被逮捕以后到侦查终结的期限。

**特别关注:** 拘留的期间不属于侦查羁押期限。

对犯罪嫌疑人逮捕后的侦查羁押期限不得超过两个月。

(1) 案情复杂、期限届满不能终结的案件,可以经上一级检察院批准延长1个月。

(2) 下列案件在上述 3 个月内仍不能侦查终结,经省、自治区、直辖市检察院批准或者决定,可以再延长两个月:① 交通十分不便的边远地区的重大复杂案件;② 重大的犯罪集团案件;③ 流窜作案的重大复杂案件;④ 犯罪涉及面广,取证困难的重大复杂案件。

(3) 对犯罪嫌疑人可能判处 10 年有期徒刑以上刑罚,在上述 5 个月内仍不能侦查终结,经省、自治区、直辖市检察院批准或者决定,可以再延长两个月。六部门《规定》第 21 条规定:公安机关对案件提请延长羁押期限的,应当在羁押期限届满 7 日前提出,并书面呈报延长羁押期限案件的主要案情和延长羁押期限的具体理由,人民检察院应当在羁押期限届满前作出决定。最高人民检察院直接立案侦查的案件,由最高人民检察院依法决定。

(4) 因为特殊原因,在较长时间内不宜交付审判的特别重大复杂的案件,由最高人民检察院报请全国人民代表大会常务委员会批准延期审理。

(5) 羁押期限的重新计算:① 在侦查期间,发现犯罪嫌疑人另有重要罪行的,自发现之日起依照《刑事诉讼法》第 154 条的规定重新计算侦查羁押期限。《刑事诉讼规则》规定:另有重要罪行是指与逮捕时的罪行不同种的重大犯罪和同种的影响罪名认定、量刑档次的重大犯罪。六部门《规定》第 22 条规定:公安机关依照上述规定重新计算侦查羁押期限的,不需要经人民检察院批准,但应当报人民检察院备案,人民检察院可以进行监督。② 犯罪嫌疑人不讲真实姓名、住址,身份不明的,应当对其身份进行调查,侦查羁押期限自查清其身份之日起计算,但是不得停止对其犯罪行为的侦查取证。对于犯罪事实清楚、证据确实、充分,确实无法查明其身份的,也可以按其自报的姓名起诉、审判。③ 六部门《规定》第 40 条规定:犯罪嫌疑人、被告人在押的案件,除对犯罪嫌疑人、被告人的精神病鉴定期间不计入办案期限外,其他鉴定期间都应当计入办案期限。对于因鉴定时间较长,办案期限届满仍不能终结的案件,自期限届满之日起,应当对被羁押的犯罪嫌疑人、被告人变更强制措施,改为取保候审或者监视居住。国家安全机关依照法律规定,办理危害国家安全的刑事案件,适用本规定中有关公安机关的规定。

### 考点 4　人民检察院对直接受理案件的侦查

(一) 人民检察院的侦查权限

检察院对直接受理的案件的侦查适用《刑事诉讼法》关于公安机关侦查的规定。检察院决定拘留犯罪嫌疑人只有"犯罪后企图自杀、逃跑或者在逃的"和"有毁灭、伪造证据或者串供可能的"两种情形。由公安机关执行拘留。必要时,检察院可以协助公安机关执行。检察院对决定拘留的犯罪嫌疑人,应当在拘留后的 24 小时内通知家属。检察院对直接受理的案件中被拘留的人,应当在拘留后的 24 小时以内进行讯问。在发现不应当拘留的时候,必须立即释放,发给释放证明。《刑事诉讼法》第 165 条规定:"人民检察院对直接受理的案件中被拘留的人,认为需要逮捕的,应当在十四日以内作出决定。在特殊情况下,决定逮捕的时间可以延长一日至三日。对不需要逮捕的,应当立即释放;对需要继续侦查,并且符合取保候审、监视居住条件的,依法取保候审或者监视居住。"

(二) 人民检察院侦查终结后的处理

1. 刑事诉讼法的相关规定

检察院侦查终结的案件,应当作出提起公诉、不起诉或者撤销案件的决定。

(1) 检察院侦查终结,对于符合提起公诉或不起诉条件的案件,由侦查部门制作《起诉意见书》或《不起诉意见书》,连同其他案卷材料一并移送审查起诉部门,由审查起诉部门进行审查,再根据审查起诉的程序,作出提起公诉或不起诉的决定。

**特别关注:**

公安机关不能制作《不起诉意见书》。

(2) 检察院侦查终结,应当撤销案件的,侦查部门应当制作《撤销案件意见书》,报经检察长或检察委员会讨论决定后撤销案件。检察院撤销案件的决定,应当分别送达犯罪嫌疑人所在单位和犯罪嫌疑人。如果犯罪嫌疑人在押,应当书面通知公安机关依法释放。

2.《刑事诉讼规则》的相关规定

(1) 人民检察院经过侦查,认为犯罪事实清楚、证据确实、充分,依法应当追究刑事责任的案件,应当写出侦查终结报告,并且制作起诉意见书。对于犯罪情节轻微,依照刑法规定不需要判处刑罚或者免除刑罚的案件,应当写出侦查终结报告,并且制作不起诉意见书。侦查终结报告和起诉意见书或者不起诉意见书由侦查部门负责人审核,检察长批准。

(2) 提出起诉意见或者不起诉意见的,侦查部门应当将起诉意见书或者不起诉意见书,查封、扣押、冻结的犯罪嫌疑人的财物及其孳息、文件清单以及对查封、扣押、冻结的涉案款物的处理意见和其他案卷材料,一并移送本院公诉部门审查。国家或者集体财产遭受损失的,在提出提起公诉意见的同时,可以提出提起附带民事诉讼的意见。

(3) 案件侦查终结移送审查起诉时,人民检察院应当同时将案件移送情况告知犯罪嫌疑人及其辩护律师。

(4) 人民检察院在侦查过程中或者侦查终结后,发现具有下列情形之一的,侦查部门应当制作拟撤销案件意见书,报请检察长或者检察委员会决定:① 具有《刑事诉讼法》第15条规定情形之一的;② 没有犯罪事实的,或者依照刑法规定不负刑事责任或者不是犯罪的;③ 虽有犯罪事实,但不是犯罪嫌疑人所为的。对于共同犯罪的案件,如有符合本条规定情形的犯罪嫌疑人,应当撤销对该犯罪嫌疑人的立案。

(5) 检察长或者检察委员会决定撤销案件的,侦查部门应当将撤销案件意见书连同本案全部案卷材料,在法定期限届满7日前报上一级人民检察院审查;重大、复杂案件在法定期限届满10日前报上一级人民检察院审查。对于共同犯罪案件,应当将处理同案犯罪嫌疑人的有关法律文书以及案件事实、证据材料复印件等,一并报送上一级人民检察院。上一级人民检察院侦查部门应当对案件事实、证据和适用法律进行全面审查,必要时可以讯问犯罪嫌疑人。上一级人民检察院侦查部门经审查后,应当提出是否同意撤销案件的意见,报请检察长或者检察委员会决定。人民检察院决定撤销案件的,应当告知控告人、举报人,听取其意见并记明笔录。

(6) 人民检察院作出撤销案件决定的,侦查部门应当在30日以内对犯罪嫌疑人的违法所得作出处理,并制作查封、扣押、冻结款物的处理报告,详细列明每一项款物的来源、去向并附有关法律文书复印件,报检察长审核后存入案卷,并在撤销案件决定书中写明对查封、扣押、冻结的涉案款物的处理结果。情况特殊的,经检察长决定,可以延长30日。

(7) 人民检察院撤销案件时,对犯罪嫌疑人的违法所得应当区分不同情形,作出相应处理:① 因犯罪嫌疑人死亡而撤销案件,依照刑法规定应当追缴其违法所得及其他涉案财产的,按照《刑事诉讼规则》第十三章第三节的规定办理。② 因其他原因撤销案件,对于查封、扣押、冻结的犯罪嫌疑人违法所得及其他涉案财产需要没收的,应当提出检察建议,移送有关主管机关处理。③ 对于冻结的犯罪嫌疑人存款、汇款、债券、股票、基金份额等财产需要返还被害人的,可以通知金融机构返还被害人;对于查封、扣押的犯罪嫌疑人的违法所得及其他涉案财产需要返还被害人的,直接决定返还被害人。人民检察院申请人民法院裁定处理犯罪嫌疑人涉案财产的,应当向人民法院移送有关案件材料。

(8) 人民检察院撤销案件时,对查封、扣押、冻结的犯罪嫌疑人的涉案财产需要返还犯罪嫌疑人的,应当解除查封、扣押或者书面通知有关金融机构解除冻结,返还犯罪嫌疑人或者其合法继承人。

(9) 查封、扣押、冻结的款物,除依法应当返还被害人或者经查明确实与案件无关的以外,不得在诉讼程序终结之前处理。法律和有关规定另有规定的除外。

(10) 人民检察院直接受理立案侦查的案件,对犯罪嫌疑人没有采取取保候审、监视居住、拘留或者逮捕措施的,侦查部门应当在立案后两年以内提出移送审查起诉、移送审查不起诉或者撤销案件的意见;对犯罪嫌疑人采取取保候审、监视居住、拘留或者逮捕措施的,侦查部门应当在解除或者撤销强制措施后1年以内提出移送审查起诉、移送审查不起诉或者撤销案件的意见。

## 考点 5 补充侦查

(一) 审查起诉阶段的补充侦查

1.《刑事诉讼法》的相关规定

《刑事诉讼法》第171条规定:"人民检察院审查案件,可以要求公安机关提供法庭审判所必需的证据材料;认为可能存在本法第五十四条规定的以非法方法收集证据情形的,可以要求其对证据收集的合法性作出说明。人民检察院审查案件,对于需要补充侦查的,可以退回公安机关补充侦查,也可以自行侦查。对于补充侦查的案件,应当在一个月以内补充侦查完毕。补充侦查以二次为限。补充侦查完毕移送人民检察院后,人民检察院重新计算审查起诉期限。对于二次补充侦查的案件,人民检察院仍然认为证据不足,不符合起诉条件的,应当作出不起诉的决定。"

2.《刑事诉讼规则》的相关规定

(1) 对于在审查起诉期间改变管辖的案件,改变后的人民检察院对于符合《刑事诉讼法》第171条第2款规定的案件,可以通过原受理案件的人民检察院退回原侦查的公安机关补充侦查,也可以自行侦查。改变管辖前后退回补充侦查的次数总共不得超过两次。

(2) 人民检察院认为犯罪事实不清、证据不足或者遗漏罪行、遗漏同案犯罪嫌疑人等情形需要补充侦查的,应当提出具体的书面意见,连同案卷材料一并退回公安机关补充侦查;人民检察院也可以自行侦查,必要时可以要求公安机关提供协助。

(3) 人民检察院公诉部门对本院侦查部门移送审查起诉的案件审查后,认为犯罪事实不清、证据不足或者遗漏罪行、遗漏同案犯罪嫌疑人等情形需要补充侦查的,应当向侦查部门提出补充侦查的书面意见,连同案卷材料一并退回侦查部门补充侦查;必要时也可以自行侦查,可以要求侦查部门予以协助。

(4) 对于退回公安机关补充侦查的案件,应当在1个月以内补充侦查完毕。补充侦查以两次为限。补充侦查完毕移送审查起诉后,人民检察院重新计算审查起诉期限。人民检察院公诉部门退回本院侦查部门补充侦查的期限、次数按照上述规定执行。

(5) 人民检察院在审查起诉中决定自行侦查的,应当在审查起诉期限内侦查完毕。

(6) 人民检察院对已经退回侦查机关二次补充侦查的案件,在审查起诉中又发现新的犯罪事实的,应当移送侦查机关立案侦查;对已经查清的犯罪事实,应当依法提起公诉。

(二)法庭审理阶段的补充侦查

在法庭审理过程中,检察人员发现提起公诉的案件需要补充侦查,并提出建议的,人民法院可以延期审理。建议延期审理的次数不得超过两次,检察院应当在1个月内补充侦查完毕。补充侦查的方式,一般由检察院自行侦查,必要时可以要求公安机关协助。

**特别关注:**合议庭在案件审理过程中,发现被告人可能有自首、立功等法定量刑情节,而起诉和移送的证据材料中没有这方面的证据材料的,应当建议检察院补充侦查。法庭审理阶段补充侦查的决定权虽然属于人民法院(以延期审理方式决定),但前提必须是检察院提出建议。

## 考点 6 侦查监督

(一)侦查监督的概念

侦查监督,是指人民检察院依法对侦查机关的侦查活动是否合法进行的监督。

**特别关注:**《刑事诉讼法》第115条规定:"当事人和辩护人、诉讼代理人、利害关系人对于司法机关及其工作人员有下列行为之一的,有权向该机关申诉或者控告:(一)采取强制措施法定期限届满,不予以释放、解除或者变更的;(二)应当退还取保候审保证金不退还的;(三)对与案件无关的财物采取查封、扣押、冻结措施的;(四)应当解除查封、扣押、冻结不解除的;(五)贪污、挪用、私分、调换、违反规定使用查封、扣押、冻结的财物的。受理申诉或者控告的机关应当及时处理。对处理不服的,可以向同级人民检察院申诉;人民检察院直接受理的案件,可以向上一级人民检察院申诉。人民检察院对申诉应当及时进行审查,情况属实的,通知有关机关予以纠正。"

(二)侦查监督的范围

《刑事诉讼规则》第565条规定:"侦查活动监督主要发现和纠正以下违法行为:(一)采用刑讯逼供以及其他非法方法收集犯罪嫌疑人供述的;(二)采用暴力、威胁等非法方法收集证人证言、被害人陈述,或者以暴力、威胁等方法阻止证人作证或者指使他人作伪证的;(三)伪造、隐匿、销毁、调换、私自涂改证据,或者帮助当事人毁灭、伪造证据的;(四)徇私舞弊,放纵、包庇犯罪分子的;(五)故意制造冤、假、错案的;(六)在侦查活动中利用职务之便谋取非法利益的;(七)非法拘禁他人或者以其他方法非法剥夺他人人身自由的;(八)非法搜查他人身体、住宅,或者非法侵入他人住宅的;(九)非法采取技术侦查措施的;(十)在侦查过程中不应当撤案而撤案的;(十一)对与案件无关的财物采取查封、扣押、冻结措施,或者应当解除查封、扣押、冻结不解除的;(十二)贪污、挪用、私分、调换、违反规定使用查封、扣押、冻结的财物及其孳息的;(十三)应当退还取保候审保证金不退还的;(十四)违反刑事诉讼法关于决定、执行、变更、撤销强制措施规定的;(十五)侦查人员应当回避而不回避的;(十六)应当依法告知犯罪嫌疑人诉讼权利而不告知,影响犯罪嫌疑人行使诉讼权利的;(十七)阻碍当事人、辩护人、诉讼代理人依法行使诉讼权利的;(十八)讯问犯罪嫌疑人依法应当录音或者录像而没有录音或者录像的;(十九)对犯罪嫌疑人拘留、逮捕、指定居所监视居住后依法应当通知家属而未通知的;(二十)在侦查中有其他违反刑事诉讼法有关规定的行为的。"

(三)侦查监督的途径和措施

根据《刑事诉讼规则》规定:

(1)人民检察院发现公安机关侦查活动中的违法行为,对于情节较轻的,可以由检察人员以口头方式向侦查人员或者公安机关负责人提出纠正意见,并及时向本部门负责人汇报;必要的时候,由部门负责人提出。对于情节较重的违法情形,应当报请检察长批准后,向公安机关发出纠正违法通知书。构成犯罪的,移送有关部门依法追究刑事责任。监所检察部门发现侦查中违反法律规定的羁押和办案期限规定的,应当依法提出纠正违法意见,并通报侦查监督部门。

(2)人民检察院根据需要可以派员参加公安机关对于重大案件的讨论和其他侦查活动,发现违法行为,情节较轻的可以口头纠正,情节较重的应当报请检察长批准后,向公安机关发出纠正违法通知书。

(3)对于公安机关执行人民检察院批准或者不批准逮捕决定的情况,以及释放被逮捕的犯罪嫌疑人或者变更逮捕措施的情况,人民检察院发现有违法情形的,应当通知纠正。

(4)人民检察院发现侦查机关或者侦查人员决定、执行、变更、撤销强制措施等活动中有违法情形的,应当及时提出纠正意见。对于情节较轻的违法情形,由检察人员以口头方式向侦查人员或者公安机关负责人提出纠正意见,并及时向本部门负责人汇报;必要的时候,由部门负责人提出。对于情节较重的违法情形,应当报请检察长批准后,向公安机关发出纠正违法通知书。

(5)人民检察院发出纠正违法通知书的,应当根据公安机关的回复,监督落实情况;没有回复的,应当督促公安机关回复。

(6)人民检察院提出的纠正意见不被接受,公安机关要求复查的,应当在收到公安机关的书面意见后7日以内进行复查。经过复查,认为纠正违法意见正确的,应当及时向上一级人民检察院报告;认为纠正违法意见错误的,应当及时撤销。上一级人民检察院经审查,认为下级人民检察院的纠正意见正确的,应当及时通知同级公安机关督促下级公安机关纠正;认为下级人民检察院的纠正意见不正确的,应当书面通知下级人民检察院予以撤销,下级人民检察院应当执行,并及时向公安机关及有关侦查人员说明情况。同时,将调查结果及时回复申诉人、控告人。

(7)人民检察院侦查监督部门、公诉部门发现侦查人员在侦查活动中的违法行为情节严重,构成犯罪的,应当移送本院侦查部门审查,并报告检察长。侦查部门审查后应当提出是否立案侦查的意见,报请检察长决定。对于不属于本院管辖的,应当移送有管辖权的人民检察院或者其他机关处理。

(8)人民检察院侦查监督部门或者公诉部门对本院侦查部门侦查活动中的违法行为,应当根据情节分别处理。情节较轻的,可以直接向侦查部门提出纠正意见;情节较重或者需要追究刑事责任的,应当报请检察长决定。上级人民检察院发现下级人民检察院在侦查活动中有违法情形的,应当通知其纠正。下级人民检察院应当及时纠正,并将纠正情况报告上级人民检察院。

(9)当事人和辩护人、诉讼代理人、利害关系人对于办理案件的机关及其工作人员有《刑事诉讼法》第115条规定的行为,向该机关申诉或者控告,对该机关作出的处理不服,或者该机关未在规定时间内作出答复,向人民检察院申诉的,办理案件的机关的同级人民检察院应当及时受理。人民检察院直接受理的案件,对办理案件的人民检察院的处理不服,可以向上一级人民检察院申诉,上一级人民检察院应当受理。未向办理案件的机关申诉或者控告,或者办理案件的机关在规定时间内尚未作出处理决定,直接向人民检察院申诉的,人民检察院应当告知其向办理案件的机关申诉或者控告。人民检察院在审查逮捕、审查起诉中发现有《刑事诉讼法》第 115 条规定的违法情形的,可以直接监督纠正。对当事人和辩护人、诉讼代理人、利害关系人提出的《刑事诉讼法》第 115 条规定情形之外的申诉或者控告,人民检察院应当受理,并及时审查,依法处理。

(10) 对人民检察院办理案件中的违法行为的控告、申诉,以及对其他司法机关对控告、申诉的处理不服向人民检察院提出的申诉,由人民检察院控告检察部门受理。控告检察部门对本院办理案件中的违法行为的控告,应当及时审查办理;对下级人民检察院和其他司法机关的处理不服向人民检察院提出的申诉,应当根据案件的具体情况,及时移送侦查监督部门、公诉部门或者监所检察部门审查办理。审查办理的部门应当在收到案件材料之日起 15 日以内提出审查意见。人民检察院对《刑事诉讼法》第 115 条第 1 款第 3、4、5 项的申诉,经审查认为需要侦查机关说明理由的,应当要求侦查机关说明理由,并在收到理由说明以后 15 日以内提出审查意见。认为本院办理案件中存在的违法情形属实的,应当报请检察长决定予以纠正。认为有关司法机关或者下级人民检察院对控告、申诉的处理不正确的,应当报请检察长批准后,通知有关司法机关或者下级人民检察院予以纠正。认为本院办理案件中不存在控告反映的违法行为,或者下级人民检察院和其他司法机关对控告、申诉的处理正确的,应当报请检察长批准后,书面提出答复意见及其理由,答复控告人、申诉人。控告检察部门应当在收到通知后 5 日以内答复。

### 考点 7  最高法、最高检、公安部关于办理网络犯罪案件适用刑事诉讼程序若干问题的意见

(一) 网络犯罪案件的范围
(1) 危害计算机信息系统安全犯罪案件;
(2) 通过危害计算机信息系统安全实施的盗窃、诈骗、敲诈勒索等犯罪案件;
(3) 在网络上发布信息或者设立主要用于实施犯罪活动的网站、通讯群组,针对或者组织、教唆、帮助不特定多数人实施的犯罪案件;
(4) 主要犯罪行为在网络上实施的其他案件。

(二) 网络犯罪案件的管辖
(1) 网络犯罪案件由犯罪地公安机关立案侦查。必要时,可以由犯罪嫌疑人居住地公安机关立案侦查。网络犯罪案件的犯罪地包括用于实施犯罪行为的网站服务器所在地,网络接入地,网站建立者、管理者所在地,被侵害的计算机信息系统或其管理者所在地,犯罪嫌疑人、被害人使用的计算机信息系统所在地,被害人被侵害时所在地,以及被害人财产遭受损失地等。涉及多个环节的网络犯罪案件,犯罪嫌疑人为网络犯罪提供帮助的,其犯罪地或者居住地公安机关可以立案侦查。

(2) 有多个犯罪地的网络犯罪案件,由最初受理的公安机关或者主要犯罪地公安机关立案侦查。有争议的,按照有利于查清犯罪事实、有利于诉讼的原则,由共同上级公安机关指定有关公安机关立案侦查。需要提请批准逮捕、移送审查起诉、提起公诉的,由该公安机关所在地的人民检察院、人民法院受理。

(3) 具有下列情形之一的,有关公安机关可以在其职责范围内并案侦查,需要提请批准逮捕、移送审查起诉、提起公诉的,由该公安机关所在地的人民检察院、人民法院受理:① 一人犯数罪的;② 共同犯罪的;③ 共同犯罪的犯罪嫌疑人、被告人还实施其他犯罪的;④ 多个犯罪嫌

疑人、被告人实施的犯罪存在关联,并案处理有利于查明案件事实的。

(4) 对因网络交易、技术支持、资金支付结算等关系形成多层级链条、跨区域的网络犯罪案件,共同上级公安机关可以按照有利于查清犯罪事实、有利于诉讼的原则,指定有关公安机关——立案侦查,需要提请批准逮捕、移送审查起诉、提起公诉的,由该公安机关所在地的人民检察院、人民法院受理。

(5) 具有特殊情况,由异地公安机关立案侦查更有利于查清犯罪事实、保证案件公正处理的跨省(自治区、直辖市)重大网络犯罪案件,可以由公安部商最高人民检察院和最高人民法院指定管辖。人民检察院对于公安机关移送审查起诉的网络犯罪案件,发现犯罪嫌疑人还有犯罪被其他公安机关立案侦查的,应当通知移送审查起诉的公安机关。人民法院受理案件后,发现被告人还有犯罪被其他公安机关立案侦查的,可以建议人民检察院补充侦查。人民检察院经审查,认为需要补充侦查的,应当通知移送审查起诉的公安机关。经人民检察院通知,有关公安机关根据案件具体情况,可以对犯罪嫌疑人所犯其他犯罪并案侦查。

(6) 为保证及时结案,避免超期羁押,人民检察院对于公安机关提请批准逮捕、移送审查起诉的网络犯罪案件,第一审人民法院对于已经受理的网络犯罪案件,经审查发现没有管辖权的,可以依法报请共同上级人民检察院、人民法院指定管辖。

(7) 部分犯罪嫌疑人在逃,但不影响对已到案共同犯罪嫌疑人、被告人的犯罪事实认定的网络犯罪案件,可以依法先行追究已到案共同犯罪嫌疑人、被告人的刑事责任。在逃的共同犯罪嫌疑人、被告人归案后,可以由原公安机关、人民检察院、人民法院管辖其所涉及的案件。

(三) 网络犯罪案件的初查

对接受的案件或者发现的犯罪线索,在审查中发现案件事实或者线索不明,需要经过调查才能够确认是否达到犯罪追诉标准的,经办案部门负责人批准,可以进行初查。

初查过程中,可以采取询问、查询、勘验、检查、鉴定、调取证据材料等不限制初查对象人身、财产权利的措施,但不得对初查对象采取强制措施和查封、扣押、冻结财产。

(四) 网络犯罪案件的跨地域取证

(1) 公安机关跨地域调查取证的,可以将办案协作函和相关法律文书及凭证电传或者通过公安机关信息化系统传输至协作地公安机关。协作地公安机关经审查确认,在传来的法律文书上加盖本地公安机关印章后,可以代为调查取证。

(2) 询(讯)问异地证人、被害人以及与案件有关联的犯罪嫌疑人的,可以由办案地公安机关通过远程网络视频等方式进行询(讯)问并制作笔录。远程询(讯)问的,应当由协作地公安机关事先核实被询(讯)问人的身份。办案地公安机关应当将询(讯)问笔录传输至协作地公安机关。询(讯)问笔录经被询(讯)问人确认并逐页签名、捺指印后,由协作地公安机关协作人员签名或者盖章,并将原件提供给办案地公安机关。询(讯)问人员收到笔录后,应当在首页右上方写明"于某年某月某日收到",并签名或者盖章。远程询(讯)问的,应当对询(讯)问过程进行录音录像,并随案移送。异地证人、被害人以及与案件有关联的犯罪嫌疑人亲笔书写证词、供词的,参照本条第 2 款的规定执行。

(五) 电子数据的取证与审查

(1) 收集、提取电子数据,应当由二名以上具备相关专业知识的侦查人员进行。取证设备和过程应当符合相关技术标准,并保证所收集、提取的电子数据的完整性、客观性。

(2) 收集、提取电子数据,能够获取原始存储介质的,应当封存原始存储介质,并制作笔录,记录原始存储介质的封存状态,由侦查人员、原始存储介质持有人签名或者盖章;持有人无法签名或者拒绝签名的,应当在笔录中注明,由见证人签名或者盖章。有条件的,侦查人员应当对相关活动进行录像。

(3) 具有下列情形之一,无法获取原始存储介质的,可以提取电子数据,但应当在笔录中注明不能获取原始存储介质的原因、原始存储介质的存放地点等情况,并由侦查人员、电子数据持有人、提供人签名或者盖章;持有人、提供人无法签名或者拒绝签名的,应当在笔录中注明,由见证人签名或者盖章;有条件的,侦查人员应当对相关活动进行录像:① 原始存储介质不便封存的;② 提取计算机内存存储的数据、网络传输的数据等不是存储在存储介质上的电子数据的;③ 原始存储介质位于境外的;④ 其他无法获取原始存储介质的情形。

(4) 收集、提取电子数据应当制作笔录,记录案由、对象、内容,收集、提取电子数据的时间、地点、方法、过程,电子数据的清单、规格、类别、文件格式、完整性校验值等,并由收集、提取电子数据的侦查人员签名或者盖章。远程提取电子数据的,应当说明原因,有条件的,应当对相关活动进行录像。通过数据恢复、破解等方式获取被删除、隐藏或者加密的电子数据的,应当对恢复、破解过程和方法作出说明。

(5) 收集、提取的原始存储介质或者电子数据,应当以封存状态随案移送,并制作电子数据的复制件一并移送。对文档、图片、网页等可以直接展示的电子数据,可以不随案移送电子数据打印件,但应当附有展示方法说明和展示工具;人民法院、人民检察院因设备等条件限制无法直接展示电子数据的,公安机关应当随案移送打印件。对侵入、非法控制计算机信息系统的程序、工具以及计算机病毒等无法直接展示的电子数据,应当附有电子数据属性、功能等情况的说明。对数据统计数量、数据同一性等问题,公安机关应当出具说明。

(6) 对电子数据涉及的专门性问题难以确定的,由司法鉴定机构出具鉴定意见,或者由公安部指定的机构出具检验报告。

(六) 关于网络犯罪案件的其他问题

(1) 采取技术侦查措施收集的材料作为证据使用的,应当随案移送批准采取技术侦查措施的法律文书和所收集的证据材料。使用有关证据材料可能危及有关人员的人身安全,或者可能产生其他严重后果的,应当采取不暴露有关人员身份、技术方法等保护措施,必要时,可以由审判人员在庭外进行核实。

(2) 对针对或者组织、教唆、帮助不特定多数人实施的网络犯罪案件,确因客观条件限制无法逐一收集相关言词证据的,可以根据记录被害人数、被侵害的计算机信息系统数量、涉案资金数额等犯罪事实的电子数据、书证等证据材料,在慎重审查被告人及其辩护人所提辩解、辩护意见的基础上,综合全案证据材料,对相关犯罪事实作出认定。

## 二、例题

1. 公安机关获知有多年吸毒史的王某近期可能从事毒品制售活动,遂对其开展初步调查工作。关于这一阶段公安机关可以采取的措施,下列哪些选项是正确的?(2016年真题,多选)

A. 监听　　　　　　　　　　　　　B. 查询王某的银行存款

C. 询问王某　　　　　　　　　　　D. 通缉

[释疑] 《公安机关办理刑事案件程序规定》第171条第3款规定:初查过程中,公安机

关可以依照有关法律和规定采取询问、查询、勘验、鉴定和调取证据材料等不限制被调查对象人身、财产权利的措施。所以,B项"查询王某的银行存款"、C项"询问王某"正确;A项、D项错误。(答案:BC)

2. 某地发生一起以爆炸手段故意杀人致多人伤亡的案件。公安机关立案侦查后,王某被确定为犯罪嫌疑人。关于本案辨认,下列哪一选项是正确的?(2016年真题,单选)

A. 证人甲辨认制造爆炸物的工具时,混杂了另外4套同类工具
B. 证人乙辨认犯罪嫌疑人时未同步录音或录像,辨认笔录不得作为定案的依据
C. 证人丙辨认犯罪现场时没有见证人在场,辨认笔录不得作为定案的依据
D. 王某作为辨认人时,陪衬物不受数量的限制

[释疑] 《公安机关办理刑事案件程序规定》第251条规定:"辨认时,应当将辨认对象混杂在特征相似的其他对象中,不得给辨认人任何暗示。辨认犯罪嫌疑人时,被辨认的人数不得少于七人;对犯罪嫌疑人照片进行辨认的,不得少于十人的照片;辨认物品时,混杂的同类物品不得少于五件。对场所、尸体等特定辨认对象进行辨认,或者辨认人能够准确描述物品独有特征的,陪衬物不受数量的限制。"所以,A项正确;因为,辨认犯罪嫌疑人时,被辨认的人数不得少于7人,所以,D项错误;《刑诉解释》第67条第2款规定:"由于客观原因无法由符合条件的人员担任见证人的,应当在笔录材料中注明情况,并对相关活动进行录像。"所以,C项错误;《刑诉解释》第90条第2款规定:"辨认笔录具有下列情形之一的,不得作为定案的根据:(一)辨认不是在侦查人员主持下进行的;(二)辨认前使辨认人见到辨认对象的;(三)辨认活动没有个别进行的;(四)辨认对象没有混杂在具有类似特征的其他对象中,或者供辨认的对象数量不符合规定的;(五)辨认中给辨认人明显暗示或者明显有指认嫌疑的;(六)违反有关规定,才能确定辨认笔录真实性的其他情形。"该条并未规定"证人乙辨认犯罪嫌疑人时未同步录音或录像,辨认笔录不得作为定案的依据";《公安机关办理刑事案件程序规定》第253条只是规定:必要时,应当对辨认过程进行录音或者录像。所以,B项错误。(答案:A)

3. 甲、乙(户籍地均为M省A市)共同运营一条登记注册于A市的远洋渔船。某次在公海捕鱼时,甲、乙二人共谋杀害了与他们素有嫌隙的水手丙。该船回国后,首泊于M省B市港口以作休整,然后再航行至A市。从B市起航后,在途经M省C市航行至A市过程中,甲因害怕乙投案自首,一直将乙捆绑拘禁于船舱。该船于A市靠岸后案发。

请回答第(1)—(3)题。(2016年真题,不定选)
(1)关于本案管辖,下列选项正确的是:
A. 故意杀人案和非法拘禁案应分别由中级人民法院和基层人民法院审理
B. A市和C市对非法拘禁案有管辖权
C. B市中级人民法院对故意杀人案有管辖权
D. A市中级人民法院对故意杀人案有管辖权

[释疑] 根据我国刑事诉讼法及相关司法解释的规定,共同犯罪案件的管辖适用就高不就低原则,所以A项"故意杀人案和非法拘禁案应分别由中级法院和基层法院审理"错误;因为A市和C市都是非法拘禁的犯罪地,所以B项"A市和C市对非法拘禁案有管辖权"正确;B市是凶杀案在公海渔船上发生后该渔船最初停泊的港口,所以,B市中级法院对故意杀人案有管辖权,D项"A市中级法院对故意杀人案有管辖权"错误。(答案:BC)

(2) 关于本案强制措施的适用,下列选项正确的是:
A. 拘留甲后,应在送看守所羁押后 24 小时以内通知甲的家属
B. 如有证据证明甲参与了故意杀害丙的行为,应逮捕甲
C. 拘留乙后,应在 24 小时内进行讯问
D. 如乙因捆绑拘禁时间过长致身体极度虚弱而生活无法自理的,可在拘留后转为监视居住

[释疑] 《刑事诉讼法》规定拘留以后,应当在 24 小时以内通知家属,所以,A 项"拘留甲后,应在送看守所羁押后 24 小时以内通知甲的家属"错误;刑诉法规定可能判处 10 年以上有期徒刑的应当逮捕。所以,D 项"如有证据证明甲参与了故意杀害丙,应逮捕甲"正确;刑诉法规定拘留以后,应当在 24 小时以内讯问,所以,C 项"拘留乙后,应在 24 小时内进行讯问"正确;《刑事诉讼法》第 72 条第 1 款规定:"人民法院、人民检察院和公安机关对符合逮捕条件,有下列情形之一的犯罪嫌疑人、被告人,可以监视居住:(一)患有严重疾病、生活不能自理的;……"所以,D 项"如乙因捆绑拘禁时间过长致身体极度虚弱而生活无法自理的,可在拘留后转为监视居住"正确。
(答案:BCD)

(3) 本案公安机关开展侦查。关于侦查措施,下列选项正确的是:
A. 讯问甲的过程应当同步录音或录像
B. 可在讯问乙的过程中一并收集乙作为非法拘禁案的被害人的陈述
C. 在该船只上进行犯罪现场勘查时,应邀请见证人在场
D. 可查封该船只进一步收集证据

[释疑] 《刑事诉讼法》121 条规定:"侦查人员在讯问犯罪嫌疑人的时候,可以对讯问过程进行录音或者录像;对于可能判处无期徒刑、死刑的案件或者其他重大犯罪案件,应当对讯问过程进行录音或者录像。"因为甲可能被判处死刑,所以,A 项正确。因为讯问被告人与询问证人程序不同,所以,B 项错误;刑诉法规定进行犯罪现场勘查时,应邀请见证人在场,也规定可以采取查封、扣押等措施,所以,C 项、D 项均正确。(答案:ACD)

4. 甲、乙共同实施抢劫,该案经两次退回补充侦查后,检察院发现甲在两年前曾实施诈骗犯罪。关于本案,下列哪一选项是正确的?(2016 年真题,单选)
A. 应将全案退回公安机关依法处理
B. 对新发现的犯罪自行侦查,查清犯罪事实后一并提起公诉
C. 将新发现的犯罪移送公安机关侦查,待公安机关查明事实移送审查起诉后一并提起公诉
D. 将新发现的犯罪移送公安机关立案侦查,对已查清的犯罪事实提起公诉

[释疑] 《人民检察院刑事诉讼规则(试行)》第 384 条规定:"人民检察院对已经退回侦查机关二次补充侦查的案件,在审查起诉中又发现新的犯罪事实的,应当移送侦查机关立案侦查;对已经查清的犯罪事实,应当依法提起公诉。"所以,本题 A、B、C 项均错误,只有 D 项"将新发现的犯罪移送公安机关立案侦查,对已查清的犯罪事实提起公诉"正确。(答案:D)

5. 关于网络犯罪案件证据的收集与审查,下列哪一选项是正确的?(2015 年真题,单选)
A. 询问异地证人、被害人的,应由办案地公安机关通过远程网络视频等方式进行

B. 收集、提取电子数据,能够获取原始存储介质的应封存原始存储介质,并对相关活动录像

C. 远程提取电子数据的,应说明原因,并对相关活动录像

D. 对电子数据涉及的专门性问题难以确定的,可由公安部指定的机构出具检验报告

[释疑] 2014年最高人民法院、最高人民检察院、公安部《关于办理网络犯罪案件适用刑事诉讼程序若干问题的意见》第12条规定:"询(讯)问异地证人、被害人以及与案件有关联的犯罪嫌疑人的,可以由办案地公安机关通过远程网络视频等方式进行询(讯)问并制作笔录。远程询(讯)问的,应当由协作地公安机关事先核实被询(讯)问人的身份。办案地公安机关应当将询(讯)问笔录传输至协作地公安机关。询(讯)问笔录经被询(讯)问人确认并逐页签名、捺指印后,由协作地公安机关协作人员签名或者盖章,并将原件提供给办案地公安机关。询(讯)问人员收到笔录后,应当在首页右上方写明'于某年某月某日收到',并签名或者盖章。远程询(讯)问的,应当对询(讯)问过程进行录音录像,并随案移送。异地证人、被害人以及与案件有关联的犯罪嫌疑人亲笔书写证词、供词的,参照本条第二款规定执行。"所以,A项错误。第14条规定:"收集、提取电子数据,能够获取原始存储介质的,应当封存原始存储介质,并制作笔录,记录原始存储介质的封存状态,由侦查人员、原始存储介质持有人签名或者盖章;持有人无法签名或者拒绝签名的,应当在笔录中注明,由见证人签名或者盖章。有条件的,侦查人员应当对相关活动进行录像。"所以,B项错误。

第16条规定:"收集、提取电子数据应当制作笔录,记录案由、对象、内容、收集、提取电子数据的时间、地点、方法、过程,电子数据的清单、规格、类别、文件格式、完整性校验值等,并由收集、提取电子数据的侦查人员签名或者盖章。远程提取电子数据的,应当说明原因,有条件的,应当对相关活动进行录像。通过数据恢复、破解等方式获取被删除、隐藏或者加密的电子数据的,应当对恢复、破解过程和方法作出说明。"所以,C项错误。第18条规定:"对电子数据涉及的专门性问题难以确定的,由司法鉴定机构出具鉴定意见,或者由公安部指定的机构出具检验报告。",所以,D项正确。(答案:D)

6. 关于补充侦查,下列哪些选项是正确的?(2015年真题,多选)

A. 审查批捕阶段,只有不批准逮捕的,才能通知公安机关补充侦查

B. 审查起诉阶段的补充侦查以两次为限

C. 审判阶段检察院应自行侦查,不得退回公安机关补充侦查

D. 审判阶段法院不得建议检察院补充侦查

[释疑] 《刑事诉讼法》第88条规定:"人民检察院对于公安机关提请批准逮捕的案件进行审查后,应当根据情况分别作出批准逮捕或者不批准逮捕的决定。对于批准逮捕的决定,公安机关应当立即执行,并且将执行情况及时通知人民检察院。对于不批准逮捕的,人民检察院应当说明理由,需要补充侦查的,应当同时通知公安机关。"所以,A项正确。《刑事诉讼法》第171条第3款规定:"对于补充侦查的案件,应当在一个月以内补充侦查完毕。补充侦查以二次为限。补充侦查完毕移送人民检察院后,人民检察院重新计算审查起诉期限。"所以,B项正确。《刑事诉讼规则》第457条第1款规定:"在审判过程中,对于需要补充提供法庭审判所必需的证据或者补充侦查的,人民检察院应当自行收集证据和进行侦查,必要时可以要求侦查机关提供协助;也可以书面要求侦查机关补充提供证据。"所以,C项正确。《刑诉法解释》第226条规定:"审判期间,合议庭发现被告人可能有自首、坦白、立功等法定量刑情节,而人民检察

院移送的案卷中没有相关证据材料的,应当通知人民检察院移送。审判期间,被告人提出新的立功线索的,人民法院可以建议人民检察院补充侦查。"所以,D项错误。(答案:ABC)

7. 关于勘验、检查,下列哪一选项是正确的?(2014年真题,单选)
   A. 为保证侦查活动的规范性与合法性,只有侦查人员可以进行勘验、检查
   B. 侦查人员进行勘验、检查,必须持有侦查机关的证明文件
   C. 检查妇女的身体,应当由女工作人员或者女医师进行
   D. 勘验、检查应当有见证人在场,勘验、检查笔录上没有见证人签名的,不得作为定案的根据

[释疑] 《刑事诉讼法》第126条规定:"侦查人员对于与犯罪有关的场所、物品、人身、尸体应当进行勘验或者检查。在必要的时候,可以指派或者聘请具有专门知识的人,在侦查人员的主持下进行勘验、检查。"故A项错误。《刑事诉讼法》第128条规定:"侦查人员执行勘验、检查,必须持有人民检察院或者公安机关的证明文件。"故B项正确。《刑事诉讼法》第130条第3款:"检查妇女的身体,应当由女工作人员或者医师进行。"医师并没有性别要求,故C项错误。《刑事诉讼法》第131条:"勘验、检查的情况应当写成笔录,由参加勘验、检查的人和见证人签名或者盖章。"《关于办理死刑案件审查判断证据若干问题的规定》第26条:"勘验、检查笔录存在明显不符合法律及有关规定的情形,并且不能作出合理解释或者说明的,不能作为证据使用。勘验、检查笔录存在勘验、检查没有见证人的,勘验、检查人员和见证人没有签名、盖章的,勘验、检查人员违反回避规定的等情形,应当结合案件其他证据,审查其真实性和关联性。"勘验、检查笔录上没有见证人签名的,允许作出合理解释或者说明,而且要结合案件其他证据,审查其真实性和关联性,并不是一律不得作为定案根据。故D项错误。(答案:B)

8. 关于讯问犯罪嫌疑人,下列哪些选项是正确的?(2014年真题,多选)
   A. 在拘留犯罪嫌疑人之前,一律不得对其进行讯问
   B. 在拘留犯罪嫌疑人之后,可在送看守所羁押前进行讯问
   C. 犯罪嫌疑人被拘留送看守所之后,讯问应当在看守所内进行
   D. 对于被指定居所监视居住的犯罪嫌疑人,应当在指定的居所进行讯问

[释疑] 《刑事诉讼法》第117条第1款规定:"对不需要逮捕、拘留的犯罪嫌疑人,可以传唤到犯罪嫌疑人所在市、县内的指定地点或者到他的住处进行讯问,但是应当出示人民检察院或者公安机关的证明文件。对在现场发现的犯罪嫌疑人,经出示工作证件,可以口头传唤,但应当在讯问笔录中注明。"故A、D项错误。对于被指定居所监视居住的犯罪嫌疑人,可以传唤到犯罪嫌疑人所在市、县内的指定地点进行讯问。《刑事诉讼法》第83条第2款:"拘留后,应当立即将被拘留人送看守所羁押,至迟不得超过二十四小时。除无法通知或者涉嫌危害国家安全犯罪、恐怖活动犯罪通知可能有碍侦查的情形以外,应当在拘留后二十四小时以内,通知被拘留人的家属。有碍侦查的情形消失以后,应当立即通知被拘留人的家属。"《刑事诉讼法》第84条:"公安机关对被拘留的人,应当在拘留后的二十四小时以内进行讯问。在发现不应当拘留的时候,必须立即释放,发给释放证明。"据此,拘留后至送看守所羁押前最长可以有24小时的间隔,这段时间内可以进行讯问。故B项正确。《刑事诉讼法》第116条第2款:"犯罪嫌疑人被送交看守所羁押以后,侦查人员对其进行讯问,应当在看守所内进行。"故C项正确。(答案:BC)

9. 赵某、石某抢劫杀害李某,被路过的王某、张某看见并报案。赵某、石某被抓获后,两名侦查人员负责组织辨认。请回答第(1)—(2)题。(2014年真题,不定选)

(1) 关于辨认的程序,下列选项正确的是:

A. 在辨认尸体时,只将李某尸体与另一尸体作为辨认对象

B. 在两名侦查人员的主持下,将赵某混杂在9名具有类似特征的人员中,由王某、张某个别进行辨认

C. 在对石某进行辨认时,9名被辨认人员中的4名民警因紧急任务离开,在两名侦查人员的主持下,将石某混杂在5名人员中,由王某、张某个别进行辨认

D. 根据王某、张某的要求,辨认在不暴露他们身份的情况下进行

[释疑] 《公安机关办理刑事案件程序规定》第251条:"辨认时,应当将辨认对象混杂在特征相类似的其他对象中,不得给辨认人任何暗示。辨认犯罪嫌疑人时,被辨认的人数不得少于七人;对犯罪嫌疑人照片进行辨认的,不得少于十人的照片;辨认物品时,混杂的同类物品不得少于五件。对场所、尸体等特定辨认对象进行辨认,或者辨认人能够准确描述物品独有特征的,陪衬物不受数量的限制。"故A、B项正确,C项错误。《公安机关办理刑事案件程序规定》第252条:"对犯罪嫌疑人的辨认,辨认人不愿意公开进行时,可以在不暴露辨认人的情况下进行,并应当为其保守秘密。"故D项正确。(答案:ABD)

(2) 关于辨认笔录的审查与认定,下列选项正确的是:

A. 如对尸体的辨认过程没有录像,则辨认结果不得作为定案证据

B. 如侦查人员组织辨认时没有见证人在场,则辨认结果不得作为定案的根据

C. 如在辨认前没有详细向辨认人询问被辨认对象的具体特征,则辨认结果不得作为定案证据

D. 如对赵某的辨认只有笔录,没有赵某的照片,无法获悉辨认真实情况的,也可补正或进行合理解释

[释疑] 《关于办理死刑案件审查判断证据若干问题的规定》第30条规定:"侦查机关组织的辨认,存在下列情形之一的,应当严格审查,不能确定其真实性的,辨认结果不能作为定案的根据:① 辨认不是在侦查人员主持下进行的;② 辨认前使辨认人见到辨认对象的;③ 辨认人的辨认活动没有个别进行的;④ 辨认对象没有混杂在具有类似特征的其他对象中,或者供辨认的对象数量不符合规定的;尸体、场所等特定辨认对象除外。⑤ 辨认中给辨认人明显暗示或者明显有指认嫌疑的。有下列情形之一的,通过有关办案人员的补正或者作出合理解释的,辨认结果可以作为证据使用:① 主持辨认的侦查人员少于2人的;② 没有向辨认人详细询问辨认对象的具体特征的;③ 对辨认经过和结果没有制作专门的规范的辨认笔录,或者辨认笔录没有侦查人员、辨认人、见证人的签名或者盖章的;④ 辨认记录过于简单,只有结果没有过程;⑤ 案卷中只有辨认笔录,没有被辨认对象的照片、录像等资料,无法获悉辨认的真实情况的。"辨认过程并不要求必须录像,故A、C项错误,D项正确。辨认程序中见证人并不是必须的,故B项错误。(答案:D)

10. 对侦查所实施的司法控制,包括对某些侦查行为进行事后审查。下列哪一选项是正确的?(2013年真题,单选)

A. 事后审查的对象主要包括逮捕、羁押、搜查等

B. 事后审查主要针对的是强行性侦查措施

C. 采取这类侦查行为不可以由侦查机关独立作出决定

D. 对于这类行为,公民认为侦查机关侵犯其合法权益的,可以寻求司法途径进行救济

[释疑] 对侦查所实施的司法控制包括:① 侦查手段滥用;② 违法行为的存在和缺乏制裁。对前者,要实施事前审查,由法官进行,主要针对逮捕、羁押、搜查等较严厉的措施,有些学者称为强行性侦查措施;与之相对应的任意性侦查措施则可由侦查机关独立作出决定。针对侦查过程中违法行为的存在和缺乏制裁,应当对其进行事后审查。应允许公民采取提起行政诉讼的方式寻求司法救济。(答案:D)

11. 在一起聚众斗殴案件发生时,证人甲、乙、丙、丁四人在现场目睹事实经过,侦查人员对上述4名证人进行询问。关于询问证人的程序和方式,下列哪一选项是错误的?(2013年真题,单选)

A. 在现场立即询问证人甲

B. 传唤证人乙到公安机关提供证言

C. 到证人丙租住的房屋询问证人丙

D. 到证人丁提出的其工作单位附近的快餐厅询问证人丁

[释疑] 《刑事诉讼法》第122条规定:"侦查人员询问证人,可以在现场进行,也可以到证人所在单位、住处或者证人提出的地点进行,在必要的时候,可以通知证人到人民检察院或者公安机关提供证言。在现场询问证人,应当出示工作证件,到证人所在单位、住处或者证人提出的地点询问证人,应当出示人民检察院或者公安机关的证明文件。询问证人应当个别进行。"所以,只能通知证人不能传唤证人,故B项当选。(答案:B)

12. 高某涉嫌抢劫犯罪,公安机关经二次补充侦查后将案件移送检察机关,检察机关审查发现高某可能还实施了另一起盗窃犯罪。检察机关关于此案的处理,下列哪一选项是正确的?(2013年真题,单选)

A. 再次退回公安机关补充侦查,并要求在1个月内补充侦查完毕

B. 要求公安机关收集并提供新发现的盗窃犯罪的证据材料

C. 对新发现的盗窃犯罪自行侦查,并要求公安机关提供协助

D. 将新发现的盗窃犯罪移送公安机关另行立案侦查,对已经查清的抢劫犯罪提起公诉

[释疑] 《刑事诉讼规则》第384条规定:"人民检察院对已经退回侦查机关二次补充侦查的案件,在审查起诉中又发现新的犯罪事实的,应当移送侦查机关立案侦查;对已经查清的犯罪事实,应当依法提起公诉。"(答案:D)

13. 关于侦查程序中的辩护权保障和情况告知,下列哪一选项是正确的?(2012年真题,单选)

A. 辩护律师提出要求的,侦查机关可以听取辩护律师的意见,并记录在案

B. 辩护律师提出书面意见的,可以附卷

C. 侦查终结移送审查起诉时,将案件移送情况告知犯罪嫌疑人或者其辩护律师

D. 侦查终结移送审查起诉时,将案件移送情况告知犯罪嫌疑人及其辩护律师

[释疑] 《刑事诉讼法》第159条规定:"在案件侦查终结前,辩护律师提出要求的,侦查机关应当听取辩护律师的意见,并记录在案。辩护律师提出书面意见的,应当附卷。"《刑事诉讼法》第160条规定:"公安机关侦查终结的案件,应当做到犯罪事实清楚,证据确实、充分,并且写出起诉意见书,连同案卷材料、证据一并移送同级人民检察院审查决定;同时将案件移送

情况告知犯罪嫌疑人及其辩护律师。"(答案:D)

14. 关于拘传,下列哪些说法是正确的?(2012年真题,多选)
    A. 对在现场发现的犯罪嫌疑人,经出示工作证件可以口头拘传,并在笔录中注明
    B. 拘传持续的时间不得超过12小时
    C. 案情特别重大、复杂,需要采取拘留、逮捕措施的,拘传持续的时间不得超过24小时
    D. 对于被拘传的犯罪嫌疑人,可以连续讯问24小时

    [释疑] 《刑事诉讼法》第117条规定:"对不需要逮捕、拘留的犯罪嫌疑人,可以传唤到犯罪嫌疑人所在市、县内的指定地点或者到他的住处进行讯问,但是应当出示人民检察院或者公安机关的证明文件。对在现场发现的犯罪嫌疑人,经出示工作证件,可以口头传唤,但应当在讯问笔录中注明。传唤、拘传持续的时间不得超过十二小时;案情特别重大、复杂,需要采取拘留、逮捕措施的,传唤、拘传持续的时间不得超过二十四小时。不得以连续传唤、拘传的形式变相拘禁犯罪嫌疑人。传唤、拘传犯罪嫌疑人,应当保证犯罪嫌疑人的饮食和必要的休息时间。"据此规定,B、C项正确。(答案:BC)

15. 关于技术侦查,下列哪些说法是正确的?(2012年真题,多选)
    A. 适用于严重危害社会的犯罪案件
    B. 必须在立案后实施
    C. 公安机关和检察院都有权决定并实施
    D. 获得的材料需要经过转化才能在法庭上使用

    [释疑] 《刑事诉讼法》第148条规定:"公安机关在立案后,对于危害国家安全犯罪、恐怖活动犯罪、黑社会性质的组织犯罪、重大毒品犯罪或者其他严重危害社会的犯罪案件,根据侦查犯罪的需要,经过严格的批准手续,可以采取技术侦查措施。人民检察院在立案后,对于重大的贪污、贿赂犯罪案件以及利用职权实施的严重侵犯公民人身权利的重大犯罪案件,根据侦查犯罪的需要,经过严格的批准手续,可以采取技术侦查措施,按照规定交有关机关执行。追捕被通缉或者批准、决定逮捕的在逃的犯罪嫌疑人、被告人,经过批准,可以采取追捕所必需的技术侦查措施。"《刑事诉讼法》第152条:"依照本节规定采取侦查措施收集的材料在刑事诉讼中可以作为证据使用。如果使用该证据可能危及有关人员的人身安全,或者可能产生其他严重后果的,应当采取不暴露有关人员身份、技术方法等保护措施,必要的时候,可以由审判人员在庭外对证据进行核实。"(答案:AB)

16. 关于讯问犯罪嫌疑人的地点,下列选项正确的是:(2012年真题,不定选)
    A. 对不需要逮捕、拘留的犯罪嫌疑人,可以传唤到犯罪嫌疑人所在市、县的公安局进行讯问
    B. 对不需要逮捕、拘留的犯罪嫌疑人,可以传唤到犯罪嫌疑人所在市、县的公司内进行讯问
    C. 对于已经被逮捕羁押的犯罪嫌疑人,应当在看守所内进行讯问
    D. 犯罪现场发现的犯罪嫌疑人,可以当场口头传唤,但须出示工作证并在讯问笔录中注明

    [释疑] 《刑事诉讼法》第91条规定:"公安机关逮捕人的时候,必须出示逮捕证。逮捕后,应当立即将被逮捕人送看守所羁押。除无法通知的以外,应当在逮捕后二十四小时以内,通知被逮捕人的家属。"《刑事诉讼法》第116条规定:"讯问犯罪嫌疑人必须由人民检察院或

者公安机关的侦查人员负责进行。讯问的时候，侦查人员不得少于二人。犯罪嫌疑人被送交看守所羁押以后，侦查人员对其进行讯问，应当在看守所内进行。"《刑事诉讼法》第117条第1款规定："对不需要逮捕、拘留的犯罪嫌疑人，可以传唤犯罪嫌疑人所在市、县内的指定地点或者到他的住处进行讯问，但是应当出示人民检察院或者公安机关的证明文件。对在现场发现的犯罪嫌疑人，经出示工作证件，可以口头传唤，但应当在讯问笔录中注明。"据以上规定，4个选项均正确。(答案：ABCD)

17. 关于询问被害人，下列选项正确的是：(2012年真题，不定选)
   A. 侦查人员可以在现场进行询问
   B. 侦查人员可以在指定的地点进行询问
   C. 侦查人员可以通知被害人到侦查机关接受询问
   D. 询问笔录应当交被害人核对，如记载有遗漏或者差错，被害人可以提出补充或者改正

[释疑]《刑事诉讼法》第122条规定："侦查人员询问证人，可以在现场进行，也可以到证人所在单位、住处或者证人提出的地点进行，在必要的时候，可以通知证人到人民检察院或者公安机关提供证言。在现场询问证人，应当出示工作证件，到证人所在单位、住处或者证人提出的地点询问证人，应当出示人民检察院或者公安机关的证明文件。询问证人应当个别进行。"根据《刑事诉讼法》第125条规定，第122条也适用于询问被害人。《刑事诉讼法》第120条规定："讯问笔录应当交犯罪嫌疑人核对，对于没有阅读能力的，应当向他宣读。如果记载有遗漏或者差错，犯罪嫌疑人可以提出补充或者改正。犯罪嫌疑人承认笔录没有错误后，应当签名或者盖章。侦查人员也应当在笔录上签名。犯罪嫌疑人请求自行书写供述的，应当准许。必要的时候，侦查人员也可以要犯罪嫌疑人亲笔书写供词。"根据《刑事诉讼法》第124、125条的规定，第120条也适用于询问被害人。根据以上规定A、C、D项正确。(答案：ACD)

18. 关于查封、扣押措施，下列选项正确的是：(2012年真题，不定选)
   A. 查封、扣押犯罪嫌疑人与案件有关的各种财物、文件只能在勘验、搜查中实施
   B. 根据侦查犯罪的需要，可以依照规定扣押犯罪嫌疑人的存款、汇款、债券、股票、基金份额等财产
   C. 侦查人员认为需要扣押犯罪嫌疑人的邮件、电报的时候，可通知邮电机关将有关的邮件、电报检交扣押
   D. 对于查封、扣押的财物、文件、邮件、电报，经查明确实与案件无关的，应当在3日以内解除查封、扣押，予以退还

[释疑]《刑事诉讼法》第139条规定："在侦查活动中发现的可用以证明犯罪嫌疑人有罪或者无罪的各种财物、文件，应当查封、扣押；与案件无关的财物、文件，不得查封、扣押。对查封、扣押的财物、文件，要妥善保管或者封存，不得使用、调换或者损毁。"A项错误。《刑事诉讼法》第142条规定："人民检察院、公安机关根据侦查犯罪的需要，可以依照规定查询、冻结犯罪嫌疑人的存款、汇款、债券、股票、基金份额等财产。有关单位和个人应当配合。犯罪嫌疑人的存款、汇款、债券、股票、基金份额等财产已被冻结的，不得重复冻结。"B项错误。《刑事诉讼法》第141条规定："侦查人员认为需要扣押犯罪嫌疑人的邮件、电报的时候，经公安机关或者人民检察院批准，即可通知邮电机关将有关的邮件、电报检交扣押。不需要继续扣押的时候，应即通知邮电机关。"C项错误。《刑事诉讼法》第143条规定："对查封、扣押的财物、文件、邮件、电报或者冻结的存款、汇款、债券、股票、基金份额等财产，经查明确实与案件无关的，

应当在三日以内解除查封、扣押、冻结,予以退还。"D项正确。(答案:D)

19. 关于辨认规则,下列哪一说法是正确的?(2010年真题,单选)
   A. 检察院侦查的案件,对犯罪嫌疑人辨认由侦查部门负责人决定
   B. 为了辨认需要,可以让辨认人在辨认前见到被辨认对象
   C. 有多个辨认人时,根据需要可以进行集体辨认
   D. 为了进行辨认,必要时证人可以在场

[释疑] 《刑事诉讼规则》第257条规定:"为了查明案情,在必要的时候,检察人员可以让被害人、证人和犯罪嫌疑人对与犯罪有关的物品、文件、尸体或场所进行辨认;也可以让被害人、证人对犯罪嫌疑人进行辨认,或者让犯罪嫌疑人对其他犯罪嫌疑人进行辨认。对犯罪嫌疑人进行辨认,应当经检察长批准。"第259条规定:"几名辨认人对同一被辨认对象进行辨认时,应当由每名辨认人单独进行。必要的时候,可以有见证人在场。"见证人属于一种特殊证人,故选D项。(答案:D)

20. 关于检察院侦查监督,下列哪些选项是正确的?(2010年真题,多选)
   A. 发现侦查人员杨某和耿某以欺骗的方法收集犯罪嫌疑人供述,立即提出纠正意见,同时要求侦查机关另行指派除杨某和耿某以外的侦查人员重新调查取证
   B. 发现侦查人员伍某等人以引诱的方法收集犯罪嫌疑人供述,只能要求侦查机关重新取证,不能自行取证
   C. 发现侦查人员邵某有刑讯逼供行为,且导致犯罪嫌疑人重伤,应当立案侦查
   D. 甲县检察院可派员参加甲县公安局对于重大案件的讨论,无权参与甲县公安局的其他侦查活动

[释疑] 《刑事诉讼规则》第379条规定:"人民检察院公诉部门在审查中发现侦查人员以非法方法收集犯罪嫌疑人供述、被害人陈述、证人证言等证据材料的,应当依法排除非法证据并提出纠正意见,同时可以要求侦查机关另行指派侦查人员重新调查取证,必要时人民检察院也可以自行调查取证。"A项正确;刑讯逼供犯罪由检察院侦查,C项正确;如果只是发现侦查人员等人以引诱的方法收集犯罪嫌疑人供述,只能要求侦查机关重新取证,不能自行取证,因为检察院不具有对该案件的管辖权,B项正确;《刑事诉讼规则》第567条规定:"人民检察院根据需要可以派员参加公安机关对于重大案件的讨论和其他侦查活动,发现违法行为,情节较轻的可以口头纠正,情节较重的应当报请检察长批准后,向公安机关发出纠正违法通知书。"D项错误。故选A、B、C项。(答案:ABC)

21. 关于侦查中的检查与搜查,下列哪一说法是正确的?(2009年真题,单选)
   A. 搜查的对象可以是活人的身体,检查只能对现场、物品、尸体进行
   B. 搜查只能由侦查人员进行,检查可以由具有专门知识的人在侦查人员主持下进行
   C. 搜查应当出示搜查证,检查不需要任何证件
   D. 搜查和检查对任何对象都可以强制进行

[释疑] 《刑事诉讼法》第126条规定:"侦查人员对于与犯罪有关的场所、物品、人身、尸体应当进行勘验或者检查。在必要的时候,可以指派或者聘请具有专门知识的人,在侦查人员的主持下进行勘验、检查。"《刑事诉讼法》第128条规定:"侦查人员执行勘验、检查,必须持有人民检察院或者公安机关的证明文件。"《刑事诉讼法》第130条规定:"为了确定被害人、犯罪嫌疑人的某些特征、伤害情况或者生理状态,可以对人身进行检查,可以提取指纹信息,采集血

液、尿液等生物样本。犯罪嫌疑人如果拒绝检查,侦查人员认为必要的时候,可以强制检查。检查妇女的身体,应当由女工作人员或者医师进行。"《刑事诉讼法》第 134 条规定:"为了收集犯罪证据、查获犯罪人,侦查人员可以对犯罪嫌疑人以及可能隐藏罪犯或者犯罪证据的人的身体、物品、住处和其他有关的地方进行搜查。"《刑事诉讼法》第 136 条规定:"进行搜查,必须向被搜查人出示搜查证。在执行逮捕、拘留的时候,遇有紧急情况,不另用搜查证也可以进行搜查。"根据上述规定,应选 B 项。(答案:B)

22. 关于扣押物证、书证,下列哪些做法是正确的?(2009 年真题,多选)

A. 侦查人员在搜查钱某住宅时,发现一份能够证明钱某无罪的证据,对此证据予以扣押

B. 在杜某故意杀人案中,侦查机关依法扣押杜某一些物品和文件。对与案件无关的物品和文件,侦查机关应当在 5 日内解除查封、扣押、冻结,退还杜某

C. 公安机关在侦查刘某盗窃案中,可以依照规定查询、冻结刘某的存款、汇款

D. 在对周某盗窃罪审查起诉中,周某死亡,检察院决定将依法冻结的周某赃款的一部分上缴国库,其余部分返还给被害人

[释疑] 《刑事诉讼法》第 139 条规定:"在侦查活动中发现的可用以证明犯罪嫌疑人有罪或者无罪的各种财物、文件,应当查封、扣押;与案件无关的财物、文件,不得查封、扣押。对查封、扣押的财物、文件,要妥善保管或者封存,不得使用、调换或者损毁。"故 A 项正确。第 143 条规定:"对扣押的物品、文件、邮件、电报或者冻结的存款、汇款,经查明确实与案件无关的,应当在三日以内解除查封、扣押、冻结,予以退还。"故 B 项错误。第 142 条规定:"人民检察院、公安机关根据侦查犯罪的需要,可以依照规定查询、冻结犯罪嫌疑人的存款、汇款、债券、股票、基金份额等财产。有关单位和个人应当配合。犯罪嫌疑人的存款、汇款、债券、股票、基金份额等财产已被冻结的,不得重复冻结。"故 C 项正确。《刑事诉讼规则》规定,在审查起诉中犯罪嫌疑人死亡,对犯罪嫌疑人的存款、汇款应当依法予以没收或者返还被害人的,可以申请人民法院裁定通知冻结犯罪嫌疑人存款、汇款的金融机构上缴国库或者返还被害人。人民检察院申请人民法院裁定处理犯罪嫌疑人存款、汇款的,应当向人民法院移送有关案件材料。故 D 项错误。(答案:AC)

23. 律师提出会见下列哪些案件的犯罪嫌疑人,可以不在 48 小时以内安排会见?(2008 年真题,多选)

A. 王某和刘某、李某共同实施的重大复杂的贩卖毒品的犯罪

B. 黄某实施的数额巨大的贪污案

C. 崔某涉嫌参加黑社会性质组织案

D. 张某、赵某实施的重大复杂的共同走私案

[释疑] 原六机关《规定》中规定,律师提出会见犯罪嫌疑人的,应当在 48 小时内安排会见,对于组织、领导、参加黑社会性质组织罪、组织、领导、参加恐怖活动组织罪或者走私犯罪、毒品犯罪、贪污贿赂犯罪等重大复杂的两人以上的共同犯罪案件,律师提出会见犯罪嫌疑人的,应当在 5 日内安排会见。《刑事诉讼法》第 37 条规定:"辩护律师可以同在押的犯罪嫌疑人、被告人会见和通信。其他辩护人经人民法院、人民检察院许可,也可以同在押的犯罪嫌疑人、被告人会见和通信。辩护律师持律师执业证书、律师事务所证明和委托书或者法律援助公函要求会见在押的犯罪嫌疑人、被告人的,看守所应当及时安排会见,至迟不得超过四十八小时。危害国家安全犯罪、恐怖活动犯罪、特别重大贿赂犯罪案件,在侦查期间辩护律师会见在

押的犯罪嫌疑人,应当经侦查机关许可。上述案件,侦查机关应当事先通知看守所。辩护律师会见在押的犯罪嫌疑人、被告人,可以了解案件有关情况,提供法律咨询等;自案件移送审查起诉之日起,可以向犯罪嫌疑人、被告人核实有关证据。辩护律师会见犯罪嫌疑人、被告人时不被监听。辩护律师同被监视居住的犯罪嫌疑人、被告人会见、通信,适用第一款、第三款、第四款的规定。"根据这一规定,只有危害国家安全犯罪、恐怖活动犯罪、特别重大贿赂犯罪三类案件,在侦查期间辩护律师会见在押的犯罪嫌疑人,应当经侦查机关许可。根据这一规定,原答案为A、C、D已不正确,A、B、C、D都应当在48小时内安排会见。(原答案:ACD;现无正确答案)

24. 案情:某县检察院办理一起贪污单位小金库款案件时,犯罪嫌疑人杨某(法定代表人)称所涉款项系单位招待费等,发票在其办公室抽屉中未及报销。侦查人员在杨某办公室抽屉中搜查到付款单位为犯罪嫌疑人原单位的发票11张,价值5万元。为了查明该发票是否已经从该单位报销,侦查人员传犯罪嫌疑人李某(原单位会计)、许某(出纳)同时对粘贴在一张纸上的11张发票进行辨认,二人指认该11张发票已从单位的小金库账上报销。侦查人员遂让二人在粘贴被辨认发票的附页上签署辨认意见,次日持此发票到看守所让犯罪嫌疑人杨某辨认。杨某否认已经从原单位报销,侦查人员指着粘贴附页上李某、许某书写的辨认意见及签名说"会计、出纳都证明了,你这样顽固下去没好处!",杨某遂在李某与许某的辨认意见及签名下面签署了"此票据已从单位小金库账上报销"的意见。

杨某妻子委托的律师向侦查机关提出会见杨某的要求,侦查人员陈某以授权委托书上没有杨某的签名而拒绝。

某县检察院提起公诉,指控杨某、李某、许某共同贪污单位公款5万元。在法庭审理中,发现杨某尚有收受贿赂的事实,法庭决定对此一并审理。法庭辩论中,杨某的辩护人除认为指控杨某犯贪污罪、受贿罪证据不足外,还对公诉人起诉书中对三被告人没有区分主从犯,而在发表的公诉词中称杨某为主犯提出了反对意见。休庭后,审判长王某到杨某原单位调取了部分新证据,分别通知公诉人和辩护人到其办公室,听取了他们对该新证据的意见。

县法院一审判决认为,公诉机关指控三被告人犯贪污罪成立,杨某系主犯,判处有期徒刑5年;李某和许某系从犯,分别判处有期徒刑1年,缓刑2年。杨某涉嫌的受贿罪因证据不足不予认定。

杨某上诉后,某市中级法院认为该案事实不清,撤销原判,发回重新审判。

县法院指派刑庭庭长赵某担任审判长与原审人民陪审员毛某、苗某组成合议庭,重新审理认为,原审证据虽然在证据资格上存在瑕疵,但不影响对案件事实的认定,故作出与原审一审相同的判决。

问题:请结合《刑事诉讼法》和有关司法解释的规定及刑事诉讼理论,分析本案的诉讼程序有哪些错误之处?(2008年缓考真题,案例)

**答案:**①侦查人员组织李某和许某同时辨认,违反了个别辨认规则。②侦查人员组织三犯罪嫌疑人仅对涉案票据辨认,违反了混合辨认规则。③侦查人员组织杨某的辨认,采取言语威胁手段,违反法律规定。④侦查人员以授权委托书上没有杨某的签名而拒绝律师会见是错误的。《刑事诉讼法》第33条第3款规定:"犯罪嫌疑人、被告人在押的,也可以由其监护人、近亲属代为委托辩护人。"所以,在侦查阶段犯罪嫌疑人聘请律师的,可以自己聘请,也可以由其家属代为聘请。⑤法庭审理中发现杨某涉嫌收受贿赂,应当由检察院追加起诉,而不应直接审理。⑥公诉词只能是对起诉书的补充与解释,不能超出起诉书中所作指控。⑦一审审判长在休庭后调取的新证据,并没有在开庭的情况下将其作为证据,违反了证据必须经过当庭出示、辨认、质证等法庭调查程序查证属实后才能作为定案根据的规定。⑧县人民法院指派刑庭庭长赵某担任审判长,与原审的人民陪审员毛某、苗某组成合议庭重新审理此案,违反了关于原审人民法院对发回重新审判的案件应当另行组成合议庭审判的规定。

25. 在一起受贿案件的侦查过程中,侦查人员获悉,犯罪嫌疑人接受财物时,他家的保姆赵某曾经在场,遂决定对赵某进行调查。本案中,办案机关的下列哪种做法是错误的?(2007年真题,单选)

   A. 到赵某的住处进行询问　　　B. 到赵某所属的家政公司进行询问
   C. 通知赵某到检察机关提供证言　　D. 通知赵某到公安机关提供证言

[释疑]　《刑事诉讼法》第122条规定:"侦查人员询问证人,可以在现场进行,也可以到证人所在单位、住处或者证人提出的地点进行,在必要的时候,可以通知证人到人民检察院或者公安机关提供证言。在现场询问证人,应当出示工作证件,到证人所在单位、住处或者证人提出的地点询问证人,应当出示人民检察院或者公安机关的证明文件。询问证人应当个别进行。"本案是一起受贿案件,由人民检察院负责侦查,公安机关不是办案机关,因此不能通知证人到公安机关提供证言,根据以上规定,D项错误。(答案:D)

26. 侦查人员怀疑已批捕的甲患有精神病,拟对其进行鉴定。关于对甲进行鉴定一事,下列哪些程序是正确的?(2007年真题,多选)

   A. 应当由省级医院进行
   B. 精神病鉴定意见应加盖医院公章
   C. 精神病鉴定的时间计入办案期限
   D. 作为证据的精神病鉴定意见,告知犯罪嫌疑人和被害人

[释疑]　《刑事诉讼法》已取消了原第120条第2款的规定:"对人身伤害的医学鉴定有争议需要重新鉴定或者对精神病的医学鉴定,由省级人民政府指定的医院进行。鉴定人进行鉴定后,应当写出鉴定结论,并且由鉴定人签名,医院加盖公章。"《刑事诉讼法》第144条规定:"为了查明案情,需要解决案件中某些专门性问题的时候,应当指派、聘请有专门知识的人进行鉴定。"因此A、B项错误。《刑事诉讼法》第146条规定:"侦查机关应当将用作证据的鉴定意见告知犯罪嫌疑人、被害人。如果犯罪嫌疑人、被害人提出申请,可以补充鉴定或者重新鉴定。"《刑事诉讼法》第147条规定:"对犯罪嫌疑人作精神病鉴定的期间不计入办案期限。"因此C项错误,D项正确。

(原答案:BD;现答案:D)

27. 关于补充侦查,下列哪些选项是正确的?(2007年真题,多选)

   A. 检察院审查公安机关报请批准逮捕的案件,发现证据不足的,可以决定退回补充侦查
   B. 检察院在审查起诉时,认为事实不清、证据不足的,可以退回公安机关补充侦查
   C. 法院对提起公诉的案件进行审查后,对主要事实不清、证据不足的,可退回检察院补充侦查
   D. 合议庭在案件审理过程中,发现被告人可能有自首、立功等法定量刑情节,而起诉和移送的证据材料中没有这方面的证据材料的,应当建议检察院补充侦查

[释疑]　《刑事诉讼法》第88条规定:"人民检察院对于公安机关提请批准逮捕的案件进行审查后,应当根据情况分别作出批准逮捕或者不批准逮捕的决定。对于批准逮捕的决定,公

安机关应当立即执行,并且将执行情况及时通知人民检察院。对于不批准逮捕的,人民检察院应当说明理由,需要补充侦查的,应当同时通知公安机关。"《刑事诉讼规则》第 304 条规定,侦查监督部门办理审查逮捕案件,应当指定办案人员进行审查。办案人员应当审阅案卷材料和证据,依法讯问犯罪嫌疑人、询问证人等诉讼参与人、听取辩护律师意见,制作审查逮捕意见书,提出批准或者决定逮捕、不批准或者不予逮捕的意见,经部门负责人审核后,报请检察长批准或者决定;重大案件应当经检察委员会讨论决定。侦查监督部门办理审查逮捕案件,不另行侦查,不得直接提出采取取保候审措施的意见。故 A 项错误。《刑事诉讼法》第 171 条第 2 款规定:人民检察院审查案件,对于需要补充侦查的,可以退回公安机关补充侦查,也可以自行侦查。故 B 项正确。法院无权将案件依职权退回检察院补充侦查,故 C 项错误。《刑诉法解释》第 226 条规定:"审判期间,合议庭发现被告人可能有自首、坦白、立功等法定量刑情节,而人民检察院移送的案卷中没有相关证据材料的,应当通知人民检察院移送。审判期间,被告人提出新的立功线索的,人民法院可以建议人民检察院补充侦查。"故 D 项错误。(答案:B)

28. 甲因涉嫌故意泄露国家秘密罪被立案侦查。羁押 1 个月后,被变更为监视居住。甲回家后,约请律师乙见面商谈聘请其担任自己律师的事宜。甲会见乙应否取得有关机关批准?(2006 年真题,单选)

   A. 须经侦查机关批准　　　　　　B. 不必经侦查机关批准
   C. 须经执行机关批准　　　　　　D. 不必经执行机关批准

[释疑]　《刑事诉讼法》第 33 条规定:"犯罪嫌疑人自被侦查机关第一次讯问或者采取强制措施之日起,有权委托辩护人;在侦查期间,只能委托律师作为辩护人。被告人有权随时委托辩护人。侦查机关在第一次讯问犯罪嫌疑人或者对犯罪嫌疑人采取强制措施的时候,应当告知犯罪嫌疑人有权委托辩护人。人民检察院自收到移送审查起诉的案件材料之日起三日以内,应当告知犯罪嫌疑人有权委托辩护人。人民法院自受理案件之日起三日以内,应当告知被告人有权委托辩护人。犯罪嫌疑人、被告人在押期间要求委托辩护人的,人民法院、人民检察院和公安机关应当及时转达其要求。犯罪嫌疑人、被告人在押的,也可以由其监护人、近亲属代为委托辩护人。辩护人接受犯罪嫌疑人、被告人委托后,应当及时告知办理案件的机关。"《刑事诉讼法》第 73 条第 3 款规定:"被监视居住的犯罪嫌疑人、被告人委托辩护人,适用本法第三十三条的规定。"《刑事诉讼法》第 37 条规定:"辩护律师可以同在押的犯罪嫌疑人、被告人会见和通信。其他辩护人经人民法院、人民检察院许可,也可以同在押的犯罪嫌疑人、被告人会见和通信。辩护律师持律师执业证书、律师事务所证明和委托书或者法律援助公函要求会见在押的犯罪嫌疑人、被告人的,看守所应当及时安排会见,至迟不得超过四十八小时。危害国家安全犯罪、恐怖活动犯罪、特别重大贿赂犯罪案件,在侦查期间辩护律师会见在押的犯罪嫌疑人,应当经侦查机关许可。上述案件,侦查机关应当事先通知看守所。辩护律师会见在押的犯罪嫌疑人、被告人,可以了解案件有关情况,提供法律咨询等;自案件移送审查起诉之日起,可以向犯罪嫌疑人、被告人核实有关证据。辩护律师会见犯罪嫌疑人、被告人时不被监听。辩护律师同被监视居住的犯罪嫌疑人、被告人会见、通信,适用第一款、第三款、第四款的规定。"根据上述规定,侦查阶段任何犯罪嫌疑人聘请辩护律师已不需要经侦查机关批准,但是,如果是危害国家安全犯罪、恐怖活动犯罪、特别重大贿赂犯罪案件,在侦查期间辩护律师会见在押的犯罪嫌疑人,则应当经侦查机关许可。本题中,甲因涉嫌故意泄露国家秘密罪被立案侦查,该案件不属于危害国家安全犯罪、恐怖活动犯罪、特别重大贿赂犯罪案件,因此,应该选 B

项。(原答案:A;现答案:B)

29. 甲公司向公安机关报案,称高某利用职务便利侵占本公司公款 320 万元。侦查机关在侦查中发现,高某有存款 380 万元,利用职务侵占的公款购买的汽车 1 部和住房 1 套,还发现高某私藏军用子弹 120 发。公安机关对于上述财物、物品所作的下列哪种处理是错误的?(2006 年真题,单选)

   A. 扣押汽车 1 部　　　　　　　　B. 查封住房 1 套
   C. 扣押子弹 120 发　　　　　　　D. 冻结存款 380 万元

   [释疑]　《刑事诉讼法》第 139 条规定:"在侦查活动中发现的可用以证明犯罪嫌疑人有罪或者无罪的各种财物、文件,应当查封、扣押;与案件无关的财物、文件,不得查封、扣押。对查封、扣押的财物、文件,要妥善保管或者封存,不得使用、调换或者损毁。"《刑事诉讼法》第 142 条规定:"人民检察院、公安机关根据侦查犯罪的需要,可以依照规定查询、冻结犯罪嫌疑人的存款、汇款、债券、股票、基金份额等财产。有关单位和个人应当配合。犯罪嫌疑人的存款、汇款、债券、股票、基金份额等财产已被冻结的,不得重复冻结。"本题中,高某的 380 万元存款尚不属于证明高某有罪或者无罪的证据材料,予以冻结于法无据。故选 D 项。(答案:D)

30. 叶某涉嫌盗窃罪,甲市公安局侦查终结后移送该市检察院审查起诉。甲市检察院审查后,将该案交 A 区检察院审查起诉。A 区检察院审查后认为需要退回公安机关补充侦查。A 区检察院应当如何退回?(2006 年真题,单选)

   A. 应当退回甲市检察院
   B. 应当退回甲市公安局
   C. 可以退回甲市公安局
   D. 应当通过甲市检察院退回甲市公安局

   [释疑]　《刑事诉讼规则》第 385 条规定:"对于在审查起诉期间改变管辖的案件,改变后的人民检察院对于符合刑事诉讼法第一百七十一条第二款规定的案件,可以通过原受理案件的人民检察院退回原侦查的公安机关补充侦查,也可以自行侦查。改变管辖前后退回补充侦查的次数总共不得超过二次。"故选 D 项。(答案:D)

31. 张某和李某是夫妻,其中李某是哑巴,他们日常生活中用哑语进行交流。一天晚上,他们夫妻二人目睹了犯罪嫌疑人抢劫邻居的全过程。公安机关对他们进行询问,下列有关询问方式的说法中哪些是正确的?(多选)

   A. 应当单独询问张某
   B. 应当单独询问李某,但可以请张某在现场对其哑语进行翻译
   C. 应当单独询问李某,但应当另请懂哑语的人在现场对其哑语进行翻译
   D. 可以将张某和李某传唤到指定的某宾馆进行询问

   [释疑]　侦查人员询问证人,应当分别进行,A 项正确;张某应回避,故 B 项错误,C 项正确;侦查人员询问证人不得另行指定其他地点,故 D 项错误。(答案:AC)

32. 为确定强奸案被害人甲受到暴力伤害的情况,侦查人员拟对她进行人身检查。下列哪些选项是正确的?(多选)

   A. 如果甲拒绝检查,可以对她进行强制检查
   B. 如果甲拒绝检查,不得对她进行强制检查
   C. 如果甲同意检查,可以由医师进行检查

D. 如果甲同意检查,可以由女工作人员进行检查

[释疑] 《刑事诉讼法》第130条规定:"为了确定被害人、犯罪嫌疑人的某些特征、伤害情况或者生理状态,可以对人身进行检查,可以提取指纹信息,采集血液、尿液等生物样本。犯罪嫌疑人如果拒绝检查,侦查人员认为必要的时候,可以强制检查。检查妇女的身体,应当由女工作人员或者医师进行。"据此,对被害人甲不得进行强制检查,A项错误,B项正确;被害人甲为女性,应当由女工作人员或者医师进行检查。故 C、D 项正确。(答案:BCD)

33. 某公安机关对涉嫌盗窃罪的钱某及其妻子范某执行拘留时搜查了他们的住处。在搜查时,因情况紧急未用搜查证,但钱某夫妇一直在场。由于没有女侦查人员在场,所以由男侦查人员对钱某、范某的身体进行了搜查。搜查结束时,侦查人员要求被搜查人在搜查笔录上签名时遭到拒绝,侦查人员就此结束搜查活动。下列选项正确的是:(多选)

A. 在搜查时因情况紧急未用搜查证
B. 在搜查时钱某夫妇一直在场
C. 由男侦查人员对范某的身体进行了搜查
D. 侦查人员要求被搜查人在搜查笔录上签名遭拒绝后就此结束了搜查活动

[释疑] 《刑事诉讼法》第136条规定:"进行搜查,必须向被搜查人出示搜查证。在执行逮捕、拘留的时候,遇有紧急情况,不另用搜查证也可以进行搜查";第137条规定"在搜查的时候,应当有被搜查人或者他的家属,邻居或者其他见证人在场。搜查妇女的身体,应当由女工作人员进行。"第138条规定:"搜查的情况应当写成笔录,由侦查人员和被搜查人或者他的家属,邻居或者其他见证人签名或者盖章。如果被搜查人或者他的家属在逃或者拒绝签名、盖章,应当在笔录上注明。"该题的考查点直截了当,就是《刑事诉讼法》的第136、137、138条,故A、B项正确;C、D项错误。(答案:AB)

34. 公安机关在侦查林某贩毒案时,对林某的住处进行了搜查,并对搜查过程中所获取的毒品及其他有关物品进行扣押。有关本案的扣押,下列说法哪些是错误的?(多选)

A. 进行扣押时,应当出示扣押证
B. 进行扣押时,不必出示扣押证
C. 扣押物品时应当制作扣押物品清单
D. 公安机关在侦查过程中,如果发现其中被扣押的某些物品与本案无关时,应当在 5 日以内返还物品所有人

[释疑] 在勘验、搜查过程中进行扣押的,不需另办扣押证,如果是单独扣押,则应有扣押证,A项错误;扣押物品时应当制作扣押物品清单,B项正确;对于扣押的物品、文件、邮件、电报或者冻结的存款、汇款,经查明确实与案件无关的,应当在 3 日以内解除查封、扣押、冻结,D项错误。(答案:AD)

35. 黄某住甲市 A 区,因涉嫌诈骗罪被甲市检察院批准逮捕。由于案情复杂,期限届满侦查不能终结,侦查机关报请有关检察机关批准延长 1 个月。其后,由于该案重大复杂,涉及面广,取证困难,侦查机关报请有关检察机关批准后,又延长了两个月。但是,延长两个月后,仍不能侦查终结,且根据已查明的犯罪事实,对黄某可能判处无期徒刑,侦查机关第三次报请检察院批准再延长两个月。在报请延长手续问题上,下列哪一选项是错误的?(单选)

A. 第一次延长,须经甲市检察院批准
B. 第二次延长,须经甲市检察院的上一级检察院批准

C. 第二次延长,须经甲市所属的省检察院批准
D. 第三次延长,须经甲市所属的省检察院批准

[释疑] 《刑事诉讼法》第154条规定:"对犯罪嫌疑人逮捕后的侦查羁押期限不得超过二个月。案情复杂、期限届满不能终结的案件,可以经上一级人民检察院批准延长一个月。"《刑事诉讼法》第156条规定:"下列案件在本法第一百五十四条规定的期限届满不能侦查终结的,经省、自治区、直辖市人民检察院批准或者决定,可以延长二个月:(一) 交通十分不便的边远地区的重大复杂案件;(二) 重大的犯罪集团案件;(三) 流窜作案的重大复杂案件;(四) 犯罪涉及面广,取证困难的重大复杂案件。"《刑事诉讼法》第157条规定:"对犯罪嫌疑人可能判处十年有期徒刑以上刑罚,依照本法第156条规定延长期限届满,仍不能侦查终结的,经省、自治区、直辖市人民检察院批准或者决定,可以再延长二个月。"根据上述规定,黄某因涉嫌诈骗罪被甲市检察院批准逮捕,由于案情复杂、期限届满侦查不能终结,侦查机关应报请甲市检察院的上一级检察院批准延长1个月,而不能由甲市检察院批准。故选A项。(答案:A)

36. 某县公安局在对崔某的盗窃案侦查终结时发现崔某另有杀人嫌疑,但此时对崔某的侦查羁押期限已届满。鉴于需对该杀人案进行侦查,公安局决定对崔某继续羁押,并重新计算侦查羁押期限。此时公安局应如何履行法律手续?(单选)

A. 报经检察院批准　　　　　　　B. 报检察院备案
C. 不必告知检察院　　　　　　　D. 报上级公安机关批准

[释疑] 在侦查期间,发现犯罪嫌疑人另有重要罪行的,自发现之日重新计算羁押期限。重新计算羁押期限的,由公安机关决定,不再经检察院批准。但须报检察院备案,并受检察院监督。故选B项。(答案:B)

37. 某检察院渎职犯罪侦查部门接到群众的举报,对某单位领导在一起责任事故中的失职行为立案侦查,经侦查认为,该领导虽然有过失,但其行为尚不构成犯罪,该检察院应当作出何种处理决定?(单选)

A. 免予起诉　　　B. 撤销案件　　　C. 不起诉　　　D. 终止侦查

[释疑] 根据《刑事诉讼法》第15条的规定,侦查中发现法定不追究刑事责任的情形的,应当撤销案件,故选B项。(答案:B)

38. 在某县人民法院审理郑某盗窃案过程中,检察机关发现本案被告人郑某不仅有起诉书所指控的两起盗窃行为,而且涉嫌另两起盗窃案件。为此,检察机关要求延期审理,以便对此进行补充侦查。本案的补充侦查应以下列哪种方式进行?(单选)

A. 应交由公安机关进行侦查,必要时检察院可予以协助
B. 检察院应当自行侦查,必要时可要求公安机关协助
C. 应当由公安机关进行侦查,检察院不应协助
D. 检察院应自行侦查,公安机关不应协助

[释疑] 法庭审理过程中的补充侦查,一般由检察院自行侦查,必要时可以要求公安机关协助。故选B项。(答案:B)

## 三、提示与预测

侦查是刑事诉讼的重点章节,每一个侦查行为都要认真掌握。侦查羁押期限、补充侦查等内容经常会考到。尤其要注意新《刑事诉讼法》的修改部分,比如技术侦查措施等。

# 第十三章 起 诉

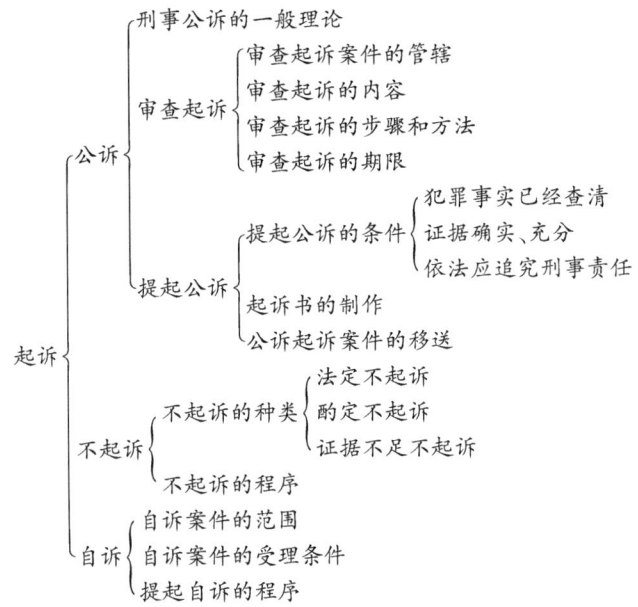

一、精讲

### 考点 1 刑事公诉的一般理论

（1）现代公诉主要分为两种类型：一是刑事公诉独占主义，即刑事起诉权被国家垄断，排除被害人自诉；二是刑事公诉兼自诉，即较严重犯罪案件的起诉权由检察机关代表国家行使，少数轻微案件允许公民自诉。

（2）对于符合起诉条件的刑事公诉案件是否必须向法院起诉，也有两种原则：一是起诉法定主义或称起诉合法主义，即只要被告人的行为符合法定起诉条件，公诉机关不享有自由裁量权，必须起诉，而不论具体情节；二是起诉便宜主义或称起诉合理主义，即被告人的行为在具备起诉条件时，是否起诉，由检察官根据被告人的具体情况以及刑事政策等因素自由裁量。现代刑事诉讼普遍奉行起诉法定主义与起诉便宜主义二元并存、相互补充的起诉原则。

（3）我国实行公诉为主、自诉为辅的犯罪追诉机制。在起诉原则上，我国采用以起诉法定主义为主，兼采起诉便宜主义，检察官的裁量权受到严格限制。

（4）检察院追诉活动的内容，包括审查起诉、提起公诉、出庭支持公诉以及由提起公诉派生出来的不起诉活动。

## 考点 2 提起公诉的程序

(一) 审查起诉

凡需要提起公诉的案件,一律由检察院审查决定。

1. 审查起诉案件的管辖

六部门《规定》第23条规定:上级公安机关指定下级公安机关立案侦查的案件,需要逮捕犯罪嫌疑人的,由侦查该案件的公安机关提请同级人民检察院审查批准;需要提起公诉的,由侦查该案件的公安机关移送同级人民检察院审查起诉。人民检察院对于审查起诉的案件,按照刑事诉讼法的管辖规定,认为应当由上级人民检察院或者同级其他人民检察院起诉的,应当将案件移送有管辖权的人民检察院。人民检察院认为需要依照刑事诉讼法的规定指定审判管辖的,应当协商同级人民法院办理指定管辖有关事宜。《刑事诉讼规则》第362条规定:各级人民检察院提起公诉,应当与人民法院审判管辖相适应。公诉部门收到移送审查起诉的案件后,经审查认为不属于本院管辖的,应当在5日以内经由案件管理部门移送有管辖权的人民检察院。认为属于上级人民法院管辖的第一审案件的,应当报送上一级人民检察院,同时通知移送审查起诉的公安机关;认为属于同级其他人民法院管辖的第一审案件的,应当移送有管辖权的人民检察院或者报送共同的上级人民检察院指定管辖,同时通知移送审查起诉的公安机关。上级人民检察院受理同级公安机关移送审查起诉案件,认为属于下级人民法院管辖的,可以交下级人民检察院审查,由下级人民检察院向同级人民法院提起公诉,同时通知移送审查起诉的公安机关。一人犯数罪、共同犯罪和其他需要并案审理的案件,只要其中一人或者一罪属于上级人民检察院管辖的,全案由上级人民检察院审查起诉。需要依照刑事诉讼法的规定指定审判管辖的,人民检察院应当在侦查机关移送审查起诉前协商同级人民法院办理指定管辖有关事宜。

**特别关注**:《刑事诉讼规则》第427条规定:对于提起公诉后改变管辖的案件,原提起公诉的人民检察院参照本规则第362条的规定将案件移送与审判管辖相对应的人民检察院。接受移送的人民检察院重新对案件进行审查的,根据《刑事诉讼法》第169条第2款的规定自收到案件之日起计算审查起诉期限。

2. 审查起诉的内容

《刑事诉讼法》第168条规定,人民检察院审查案件的时候,必须查明:① 犯罪事实、情节是否清楚,证据是否确实、充分,犯罪性质和罪名的认定是否正确;② 有无遗漏罪行和其他应当追究刑事责任的人;③ 是否属于不应追究刑事责任的;④ 有无附带民事诉讼;⑤ 侦查活动是否合法。

《刑事诉讼规则》第363条规定:人民检察院审查移送起诉的案件,应当查明:① 犯罪嫌疑人身份状况是否清楚,包括姓名、性别、国籍、出生年月日、职业和单位等;单位犯罪的,单位的相关情况是否清楚。② 犯罪事实、情节是否清楚;实施犯罪的时间、地点、手段、犯罪事实、危害后果是否明确。③ 认定犯罪性质和罪名的意见是否正确;有无法定的从重、从轻、减轻或者免除处罚的情节及酌定从重、从轻情节;共同犯罪案件的犯罪嫌疑人在犯罪活动中的责任的认定是否恰当。④ 证明犯罪事实的证据材料包括采取技术侦查措施的决定书及证据材料是否随案移送;证明相关财产系违法所得的证据材料是否随案移送;不宜移送的证据的清单、复制件、照片或者其他证明文件是否随案移送。⑤ 证据是否确实、充分,是否依法收集,有无应当排除非法证据的情形。⑥侦查的各种法律手续和诉讼文书是否完备。⑦有无遗漏罪行和其他应当追究刑事责任的人。⑧是否属于不应当追究刑事责任的。⑨有无附带民事诉讼;对于国家财产、集体财产遭受损失的,是否需要由人民检察院提起附带民事诉讼。⑩采取的强制措施是否适当,对于已经逮捕的犯罪嫌疑人,有无继续羁押的必要。⑪侦查活动是否合法。⑫涉案款物是否查封、扣押、冻结并妥善保管,清单是否齐备;对被害人合法财产的返还和对违禁品或者不宜长期保存的物品的处理是否妥当,移送的证明文件是否完备。

3. 审查起诉的步骤和方法

(1)检察院审查案件,应当阅卷审查,制作阅卷笔录。

(2)《刑事诉讼法》第170条规定:"人民检察院审查案件,应当讯问犯罪嫌疑人,听取辩护人、被害人及其诉讼代理人的意见,并记录在案。辩护人、被害人及其诉讼代理人提出书面意见的,应当附卷。"

**特别关注:**《刑事诉讼规则》规定:①直接听取辩护人、被害人及其诉讼代理人的意见有困难的,可以通知辩护人、被害人及其诉讼代理人提出书面意见,在指定期限内未提出意见的,应当记录在案。②人民检察院对证人证言笔录存在疑问或者认为对证人的询问不具体或者有遗漏的,可以对证人进行询问并制作笔录附卷。③讯问犯罪嫌疑人或者询问被害人、证人、鉴定人时,应当分别告知其在审查起诉阶段所享有的诉讼权利。④讯问犯罪嫌疑人,询问被害人、证人、鉴定人,听取辩护人、被害人及其诉讼代理人的意见,应当由两名以上办案人员进行。讯问犯罪嫌疑人,询问证人、鉴定人、被害人,应当个别进行。询问证人、被害人的地点按照《刑事诉讼法》第122条的规定执行。⑤对于随案移送的讯问犯罪嫌疑人录音、录像或者人民检察院调取的录音、录像,人民检察院应当审查相关的录音、录像;对于重大、疑难、复杂的案件,必要时可以审查全部录音、录像。

(3)《刑事诉讼规则》对其他证据进行审查的规定:①人民检察院认为需要对案件中某些专门性问题进行鉴定而侦查机关没有鉴定的,应当要求侦查机关进行鉴定;必要时也可以由人民检察院进行鉴定或者由人民检察院送交有鉴定资格的人进行。人民检察院自行进行鉴定的,可以商请侦查机关派员参加,必要时可以聘请有鉴定资格的人参加。②在审查起诉中,发现犯罪嫌疑人可能患有精神病的,人民检察院应当依照本规则的有关规定对犯罪嫌疑人进行鉴定。犯罪嫌疑人的辩护人或者近亲属以犯罪嫌疑人可能患有精神病而申请对犯罪嫌疑人进行鉴定的,人民检察院也可以依照本规则的有关规定对犯罪嫌疑人进行鉴定,鉴定费用由申请方承担。③人民检察院对鉴定意见有疑问的,可以询问鉴定人并制作笔录附卷,也可以指派检察技术人员或者聘请有鉴定资格的人对案件中的某些专门性问题进行补充鉴定或者重新鉴定。公诉部门对审查起诉案件中涉及专门技术问题的证据材料需要进行审查的,可以送交检察技术人员或者其他有专门知识的人审查,审查后应当出具审查意见。④人民检察院审查案件的时候,对公安机关的勘验、检查,认为需要复验、复查的,应当要求公安机关复验、复查,人民检察院可以派员参加;也可以自行复验、复查,商请公安机关派员参加,必要时也可以聘请专门技术人员参加。⑤人民检察院对物证、书证、视听资料、电子数据及勘验、检查、辨认、侦查实验等笔录存在疑问的,可以要求侦查人员提供获取、制作的有关情况。必要时也可以询问提供物证、书证、视听资料、电子数据及勘验、检查、辨认、侦查实验等笔录的人员和见证人并制作笔录附卷,对物证、书证、视听资料、电子数据进行技术鉴定。

(4)《刑事诉讼法》第171条第1款规定:"人民检察院审查案件,可以要求公安机关提供法庭审判所必需的证据材料;认为可能存在本法第五十四条规定的以非法方法收集证据情形的,可以要求其对证据收集的合法性作出说明。"

**特别关注**:《刑事诉讼规则》规定:① 人民检察院对侦查机关移送的案件进行审查后,在法院作出生效判决之前,认为需要补充提供法庭审判所必需的证据的,可以书面要求侦查机关提供。② 人民检察院在审查起诉中,发现可能存在刑事诉讼法第五十四条规定的以非法方法收集证据情形的,可以要求侦查机关对证据收集的合法性作出书面说明或者提供相关证明材料。③ 人民检察院公诉部门在审查中发现侦查人员以非法方法收集犯罪嫌疑人供述、被害人陈述、证人证言等证据材料的,应当依法排除非法证据并提出纠正意见,同时可以要求侦查机关另行指派侦查人员重新调查取证,必要时人民检察院也可以自行调查取证。

(5) 补充侦查。《刑事诉讼法》第171条第2、3、4款规定:"人民检察院审查案件,对于需要补充侦查的,可以退回公安机关补充侦查,也可以自行侦查。对于补充侦查的案件,应当在一个月以内补充侦查完毕。补充侦查以二次为限。补充侦查完毕移送人民检察院后,人民检察院重新计算审查起诉期限。对于二次补充侦查的案件,人民检察院仍然认为证据不足,不符合起诉条件的,应当作出不起诉的决定。"

**特别关注**:《刑事诉讼规则》规定:① 人民检察院认为犯罪事实不清、证据不足或者遗漏罪行、遗漏同案犯罪嫌疑人等情形需要补充侦查的,应当提出具体的书面意见,连同案卷材料一并退回公安机关补充侦查;人民检察院也可以自行侦查,必要时可以要求公安机关提供协助。② 人民检察院公诉部门对本院侦查部门移送审查起诉的案件审查后,认为犯罪事实不清、证据不足或者遗漏罪行、遗漏同案犯罪嫌疑人等情形需要补充侦查的,应当向侦查部门提出补充侦查的书面意见,连同案卷材料一并退回侦查部门补充侦查;必要时也可以自行侦查,可以要求侦查部门予以协助。③ 人民检察院在审查起诉中决定自行侦查的,应当在审查起诉期限内侦查完毕。④ 人民检察院对已经退回侦查机关二次补充侦查的案件,在审查起诉中又发现新的犯罪事实的,应当移送侦查机关立案侦查;对已经查清的犯罪事实,应当依法提起公诉。⑤ 对于在审查起诉期间改变管辖的案件,改变后的人民检察院对于符合《刑事诉讼法》第171条第2款规定的案件,可以通过原受理案件的人民检察院退回原侦查的公安机关补充侦查,也可以自行侦查。改变管辖前后退回补充侦查的次数总共不得超过两次。

(6) 审查后的处理。① 公诉部门经审查认为需要逮捕犯罪嫌疑人的,应当按照《刑事诉讼规则》第十章的规定移送侦查监督部门办理。② 办案人员对案件进行审查后,应当制作案件审查报告,提出起诉或者不起诉以及是否需要提起附带民事诉讼的意见,经公诉部门负责人审核,报请检察长或者检察委员会决定。办案人员认为应当向人民法院提出量刑建议的,可以在审查报告或者量刑建议书中提出量刑的意见,一并报请决定。检察长承办的审查起诉案件,除《刑事诉讼规则》规定应当由检察委员会讨论决定的以外,可以直接作出起诉或者不起诉的决定。③ 追缴的财物中,属于被害人的合法财产,不需要在法庭出示的,应当及时返还被害人,并由被害人在发还款物清单上签名或者盖章,注明返还的理由,并将清单、照片附卷。④ 追缴的财物中,属于违禁品或者不宜长期保存的物品,应当依照国家有关规定处理,并将清单、照片、处理结果附卷。

**特别关注**:根据新《刑事诉讼法》,以下情形只能法定不起诉:对于公安机关移送审查起诉的案件,发现犯罪嫌疑人没有违法犯罪行为的,应当书面说明理由将案卷退回公安机关处理;发现犯罪事实并非犯罪嫌疑人所为的,应当书面说明理由将案卷退回公安机关并建议公安机关重新侦查。如果犯罪嫌疑人已经被逮捕,应当撤销逮捕决定,通知公安机关立即释放。

4. 审查起诉的期限

检察院对公安机关移送起诉的案件,应当在1个月以内作出决定,重大、复杂的案件,经检察长批准,可以延长15日。检察院审查起诉的案件,改变管辖的,从改变后的人民检察院收到案件之日起计算审查起诉期限。补充侦查的案件,补充侦查完毕移送检察院后,检察院重新计算审查起诉期限。

(二) 提起公诉

《刑事诉讼法》第172条规定:"人民检察院认为犯罪嫌疑人的犯罪事实已经查清,证据确实、充分,依法应当追究刑事责任的,应当作出起诉决定,按照审判管辖的规定,向人民法院提起公诉,并将案卷材料、证据移送人民法院。"

1. 提起公诉的条件

(1) 根据《刑事诉讼法》第172条的规定,以下条件必须同时具备:① 犯罪嫌疑人的犯罪事实已经查清。② 证据确实、充分。③ 依法应当追究犯罪嫌疑人的刑事责任。

(2)《刑事诉讼规则》规定,具有下列情形之一的,可以确认犯罪事实已经查清:① 属于单一罪行的案件,查清的事实足以定罪量刑或者与定罪量刑有关的事实已经查清,不影响定罪量刑的事实无法查清的;② 属于数个罪行的案件,部分罪行已经查清并符合起诉条件,其他罪行无法查清的;③ 无法查清作案工具、赃物去向,但有其他证据足以对被告人定罪量刑的;④ 证人证言、犯罪嫌疑人供述和辩解、被害人陈述的内容中主要情节一致,只有个别情节不一致且不影响定罪的。对于符合第(二)种情形的,应当以已经查清的罪行起诉。

(3) 人民检察院在办理公安机关移送起诉的案件中,发现遗漏罪行或者依法应当移送审查起诉同案犯罪嫌疑人的,应当要求公安机关补充移送审查起诉;对于犯罪事实清楚,证据确实、充分的,人民检察院也可以直接提起公诉。

(4) 人民检察院立案侦查时认为属于直接立案侦查的案件,在审查起诉阶段发现不属于人民检察院管辖,案件事实清楚、证据确实充分,符合起诉条件的,可以直接起诉;事实不清、证据不足的,应当及时移送有管辖权的机关办理。

2. 起诉书与量刑建议书的制作

(1) 检察院决定提起公诉的,应当制作起诉书。起诉书的主要内容包括:① 首部。包括标题、被告人基本情况、案由和案件来源。② 犯罪事实和证据。公诉书要写明被告人的罪名、罪状、罪证以及认罪态度。③ 结论。包括起诉的理由和法律依据。要写明检察院对被告人犯罪事实的分析、认定,反映检察院对被告人所犯罪行追究法律责任的具体意见。④ 附项。包括:被告人的住址或者羁押处所;随案移送案卷的册数、页数;随卷移送的赃物、证物。

(2)《刑事诉讼规则》规定:人民检察院决定起诉的,应当制作起诉书。起诉书的主要内容包括:① 被告人的基本情况,包括姓名、性别、出生年月日、出生地和户籍地、身份证号码、民族、文化程度、职业、工作单位及职务、住址,是否受过刑事处分及处分的种类和时间,采取强制措施的情况等;如果是单位犯罪,应当写明犯罪单位的名称和组织机构代码、所在地址、联系方式,法定代表人和诉讼代表人的姓名、职务、联系方式;如果还有应当负刑事责任的直接负责的主管人员或其他直接责任人员,应当按上述被告人基本情况的内容叙写。② 案由和案件来源。③ 案件事实,包括犯罪的时间、地点、经过、手段、动机、目的、危害后果等与定罪量刑有关的事实要素。起诉书叙述的指控犯罪事实的必备要素应当明晰、准确。被告人被控有多项犯罪事实的,应当逐一列举,对于犯罪手段相同的同一犯罪可以概括叙写。④ 起诉的根据和理由,包括被告人触犯的刑法条款、犯罪的性质及认定的罪名、处罚条款、法定从轻、减轻或者从重处罚的情节,共同犯罪各被告人应负的罪责等。被告人真实姓名、住址无法查清的,应当按其绰号或者自报的姓名、住址制作起诉书,并在起诉书中注明。被告人自报的姓名可能造成损害他人名誉、败坏道德风俗等不良影响的,可以对被告人编号并按编号制作起诉书,并附具被告人的照片,记明足以确定被告人面貌、体格、指纹以及其他反映被告人特征的事项。起诉书应当附有被告人的现在处所,证人、鉴定人、需要出庭的有专门知识的人的名单,需要保护的被害人、证人、鉴定人的名单,涉案款物情况,附带民事诉讼情况以及其他需要附注的情况。证人、鉴定人、有专门知识的人的名单应当列明姓名、性别、年龄、职业、住址、联系方式,并注明证人、鉴定人是否出庭。

(3) 人民检察院提起公诉的案件,应当向人民法院移送起诉书、案卷材料和证据。起诉书应当一式 8 份,每增加一名被告人增加起诉书 5 份。关于被害人的姓名、住址、联系方式、被告人被采取强制措施的种类、是否在案及羁押处所等问题,人民检察院应当在起诉书中列明,不再单独移送材料;对于涉及被害人隐私或者为保护证人、鉴定人、被害人人身安全,而不宜公开证人、鉴定人、被害人姓名、住址、工作单位和联系方式等个人信息,可以在起诉书中使用化名替代证人、鉴定人、被害人的个人信息,但是应当另行书面说明使用化名等情况,并标明密级。

(4) 人民检察院对提起公诉的案件,可以向人民法院提出量刑建议。除有减轻处罚或者免除处罚情节外,量刑建议应当在法定量刑幅度内提出。建议判处有期徒刑、管制、拘役的,可以具有一定的幅度,也可以提出具体确定的建议。

(5) 对提起公诉的案件提出量刑建议的,可以制作量刑建议书,与起诉书一并移送人民法院。量刑建议书的主要内容应当包括被告人所犯罪行的法定刑、量刑情节、人民检察院建议人民法院对被告人处以刑罚的种类、刑罚幅度、可以适用的刑罚执行方式以及提出量刑建议的依据和理由等。

3. 起诉案件的移送

检察院对于决定提起公诉的案件,应当向人民法院移送起诉书、案卷材料、证据,并且应当按照审判管辖的规定,向同级人民法院提起公诉。起诉书应当一式 8 份,每增加 1 名被告人增加起诉书 5 份。六部门《规定》第 24 条规定:人民检察院向人民法院提起公诉时,应当将案卷材料和全部证据移送人民法院,包括犯罪嫌疑人、被告人翻供的材料,证人改变证言的材料,以及对犯罪嫌疑人、被告人有利的其他证据材料。

4.《刑事诉讼规则》规定:

(1) 人民检察院对于犯罪嫌疑人、被告人或者证人等翻供、翻证的材料以及对于犯罪嫌疑人、被告人有利的其他证据材料,应当移送人民法院。

(2) 人民法院向人民检察院提出书面意见要求补充移送材料,人民检察院认为有必要移送的,应当自收到通知之日起 3 日以内补送。

(3) 对提起公诉后,在人民法院宣告判决前补充收集的证据材料,人民检察院应当及时移送人民法院。

(4) 在审查起诉期间,人民检察院可以根据辩护人的申请,向公安机关调取在侦查期间收集的证明犯罪嫌疑人、被告人无罪或者罪轻的证据材料。

(5) 人民检察院提起公诉向人民法院移送全部案卷材料、证据后,在法庭审理过程中,公诉人需要出示、宣读、播放有关证据的,可以申请法庭出示、宣读、播放。人民检察院基于出庭准备和庭审举证工作的需要,可以至迟在人民法院送达出庭通知书时取回有关案卷材料和证据。取回案卷材料和证据后,辩护律师要求查阅案卷材料的,应当允许辩护律师在人民检察院查阅、摘抄、复制案卷材料。

(三) 不起诉

不起诉是检察院审查起诉后所作的处理方式之一,具有终止刑事诉讼的效力。

1. 不起诉的种类

不起诉分法定不起诉、酌定不起诉和证据不足不起诉和附条件不起诉四种。附条件不起诉现在没有程序性规定。

(1) 法定不起诉。检察院审查起诉,发现犯罪嫌疑人没有犯罪事实,或者有《刑事诉讼法》第15条规定的情形之一的,应当作出不起诉决定。

《刑事诉讼规则》规定:① 人民检察院对于公安机关移送审查起诉的案件,发现犯罪嫌疑人没有犯罪事实,或者符合《刑事诉讼法》第15条规定的情形之一的,经检察长或者检察委员会决定,应当作出不起诉决定。对于犯罪事实并非犯罪嫌疑人所为,需要重新侦查的,应当在作出不起诉决定后书面说明理由,将案卷材料退回公安机关并建议公安机关重新侦查。② 公诉部门对于本院侦查部门移送审查起诉的案件,发现具有《刑事诉讼规则》第401条第1款规定情形的,应当退回本院侦查部门,建议作出撤销案件的处理。

(2) 酌定不起诉。对于犯罪情节轻微,依照刑法规定不需要判处刑罚或者免除刑罚的,检察院可以作出不起诉决定。酌定不起诉是检察院行使起诉裁量权的表现。酌定不起诉必须同时具备两个条件:一是犯罪嫌疑人的行为已经构成犯罪;二是犯罪情节轻微,依照《刑法》规定不需要判处刑罚或者免除刑罚的。

依照《刑法》的有关规定,免除刑罚的情形主要有:① 犯罪嫌疑人在中华人民共和国领域外犯罪,依照我国刑法规定应当负刑事责任,但在外国已经受过刑事处罚的;② 犯罪嫌疑人又聋又哑,或者是盲人犯罪的;③ 犯罪嫌疑人因防卫过当或者紧急避险超过必要限度,并造成不应有的危害而犯罪的;④ 为犯罪准备工具,制造条件的;⑤ 在犯罪过程中自动中止或自动有效地防止犯罪结果发生的;⑥ 在共同犯罪中,起次要或辅助作用的;⑦ 被胁迫、被诱骗参加犯罪的;⑧ 犯罪嫌疑人自首或者在自首后有立功表现的。

《刑事诉讼规则》第406条规定:人民检察院对于犯罪情节轻微,依照《刑法》规定不需要判处刑罚或者免除刑罚的,经检察长或者检察委员会决定,可以作出不起诉决定。

(3) 证据不足不起诉。对于补充侦查的案件,检察院仍然认为证据不足,不符合起诉条件的,可以作出不起诉的决定。对于二次补充侦查的案件,人民检察院仍然认为证据不足,不符合起诉条件的,应当作出不起诉的决定。

2. 《刑事诉讼规则》规定:

(1) 人民检察院对于二次退回补充侦查的案件,仍然认为证据不足,不符合起诉条件的,经检察长或者检察委员会决定,应当作出不起诉决定。人民检察院对于经过一次退回补充侦查的案件,认为证据不足,不符合起诉条件,且没有退回补充侦查必要的,可以作出不起诉决定。

(2) 具有下列情形之一,不能确定犯罪嫌疑人构成犯罪和需要追究刑事责任的,属于证据不足,不符合起诉条件:犯罪构成要件事实缺乏必要的证据予以证明的;据以定罪的证据存在疑问,无法查证属实的;据以定罪的证据之间、证据与案件事实之间的矛盾不能合理排除的;根据证据得出的结论具有其他可能性,不能排除合理怀疑的;根据证据认定案件事实不符合逻辑和经验法则,得出的结论明显不符合常理的。

(3) 人民检察院根据《刑事诉讼法》第171条第4款规定决定不起诉的,在发现新的证据,符合起诉条件时,可以提起公诉。

**特别关注**:省级以下人民检察院办理直接受理立案侦查的案件,拟作不起诉决定的,应当报请上一级人民检察院批准。

3. 不起诉的程序

(1) 制作不起诉决定书。《刑事诉讼规则》第408条规定:人民检察院决定不起诉的,应当制作不起诉决定书。不起诉决定书的主要内容包括:① 被不起诉人的基本情况,包括姓名、性别、出生年月日、出生地和户籍地、民族、文化程度、职业、工作单位及职务、住址、身份证号码,是否受过刑事处分,采取强制措施的情况以及羁押处所等;如果是单位犯罪,应当写明犯罪单位的名称和组织机构代码、所在地址、联系方式,法定代表人和诉讼代表人的姓名、职务、联系方式;② 案由和案件来源;③ 案件事实,包括否定或者指控被不起诉人构成犯罪的事实以及作为不起诉决定根据的事实;④ 不起诉的法律根据和理由,写明作出不起诉决定适用的法律条款;⑤ 查封、扣押、冻结的涉案款物的处理情况;⑥ 有关告知事项。

(2) 不起诉决定书的宣读和送达。① 不起诉的决定,由人民检察院公开宣布。公开宣布不起诉决定的活动应当记录在案。不起诉决定书自公开宣布之日起生效。被不起诉人在押的,应当立即释放;被采取其他强制措施的,应当通知执行机关解除。② 不起诉决定书应当送达被害人或者其近亲属及其诉讼代理人、被不起诉人及其辩护人以及被不起诉人的所在单位。送达时,应当告知被害人或者其近亲属及其诉讼代理人,如果对不起诉决定不服,可以自收到不起诉决定书后7日以内向上一级人民检察院申诉,也可以不经申诉,直接向人民法院起诉;告知被不起诉人,如果对不起诉决定不服,可以自收到不起诉决定书后7日以内向人民检察院申诉。③ 对于公安机关移送起诉的案件,人民检察院决定不起诉的,应当将不起诉决定书送达公安机关。

(3) 对被害人的申诉进行复查。《刑事诉讼法》第176条规定:"对于有被害人的案件,决定不起诉的,人民检察院应当将不起诉决定书送达被害人。被害人如果不服,可以自收到决定书后七日以内向上一级人民检察院申诉,请求提起公诉。人民检察院应当将复查决定告知被害人。对人民检察院维持不起诉决定的,被害人可以向人民法院起诉。被害人也可以不经申诉,直接向人民法院起诉。人民法院受理案件后,人民检察院应当将有关案件材料移送人民法院。"

《刑事诉讼规则》规定:① 被害人不服不起诉决定的,在收到不起诉决定书后7日以内申诉的,由作出不起诉决定的人民检察院的上一级人民检察院刑事申诉检察部门立案复查。被害人向作出不起诉决定的人民检察院提出申诉的,作出决定的人民检察院应当将申诉材料连同案卷一并报送上一级人民检察院。② 被害人不服不起诉决定,在收到不起诉决定书7日后提出申诉的,由作出不起诉决定的人民检察院刑事申诉检察部门审查后决定是否立案复查。③ 刑事申诉检察部门复查后应当提出复查意见,报请检察长作出复查决定。复查决定书应当送达被害人、被不起诉人和作出不起诉决定的人民检察院。上级人民检察院经复查作出起诉决定的,应当撤销下级人民检察院的不起诉决定,交由下级人民检察院提起公诉,并将复查决定抄送移送审查起诉的公安机关。出庭支持公诉由公诉部门办理。④人民检察院收到人民法院受理被害人对被不起诉人起诉的通知后,人民检察院应当终止复查,将作出不起诉决定所依据的有关案件材料移送人民法院。

（4）对被不起诉人的申诉进行复查。《刑事诉讼法》第177条规定:"对于人民检察院依照本法第一百七十三条第二款规定作出的不起诉决定,被不起诉人如果不服,可以自收到决定书后七日以内向人民检察院申诉。人民检察院应当作出复查决定,通知被不起诉的人,同时抄送公安机关。"《刑事诉讼规则》规定:被不起诉人对不起诉决定不服,在收到不起诉决定书后7日以内提出申诉的,应当由作出决定的人民检察院刑事申诉检察部门立案复查。被不起诉人在收到不起诉决定书7日后提出申诉的,由刑事申诉检察部门审查后决定是否立案复查。人民检察院刑事申诉检察部门复查后应当提出复查意见,认为应当维持不起诉决定的,报请检察长作出复查决定;认为应当变更不起诉决定的,报请检察长或者检察委员会决定;认为应当撤销不起诉决定提起公诉的,报请检察长或者检察委员会决定。复查决定书中应当写明复查认定的事实,说明作出决定的理由。复查决定书应当送达被不起诉人、被害人,撤销不起诉决定或者变更不起诉的事实或者法律根据的,应当同时将复查决定书抄送移送审查起诉的公安机关和本院有关部门。人民检察院作出撤销不起诉决定提起公诉的复查决定后,应当将案件交由公诉部门提起公诉。

**特别关注**:《刑事诉讼规则》还规定:①人民检察院复查不服不起诉决定的申诉,应当在立案3个月以内作出复查决定,案情复杂的,不得超过6个月。②被害人、被不起诉人对不起诉决定不服,提出申诉的,应当递交申诉书,写明申诉理由。被害人、被不起诉人没有书写能力的,也可以口头提出申诉,人民检察院应当根据其口头提出的申诉制作笔录。③人民检察院发现不起诉决定确有错误,符合起诉条件的,应当撤销不起诉决定,提起公诉。④最高人民检察院对地方各级人民检察院的起诉、不起诉决定,上级人民检察院对下级人民检察院的起诉、不起诉决定,发现确有错误的,应当予以撤销或者指令下级人民检察院纠正。⑤对公安机关的意见进行复议、复核公安机关认为不起诉的决定有错误的时候,可以要求复议,如果意见不被接受,可以向上一级检察院提请复核。

《刑事诉讼规则》规定:①公安机关认为不起诉决定有错误,要求复议的,人民检察院公诉部门应当另行指定检察人员进行审查并提出审查意见,经公诉部门负责人审核,报请检察长或者检察委员会决定。人民检察院应当在收到要求复议意见书后的30日以内作出复议决定,通知公安机关。②上一级人民检察院收到公安机关对不起诉决定提请复核的意见书后,应当交由公诉部门办理。公诉部门指定检察人员进行审查并提出审查意见,经公诉部门负责人审核,报请检察长或者检察委员会决定。上一级人民检察院应当在收到提请复核意见书后的30日以内作出决定,制作复核决定书送交提请复核的公安机关和下级人民检察院。经复核改变下级人民检察院不起诉决定的,应当撤销或者变更下级人民检察院作出的不起诉决定,交由下级人民检察院执行。

（5）作出其他附带处分或者移送主管机关处理。人民检察院决定不起诉的案件,可以根据案件的不同情况,对被不起诉人予以训诫或者责令具结悔过、赔礼道歉、赔偿损失。对被不起诉人需要给予行政处罚、行政处分的,人民检察院应当提出检察意见,连同不起诉决定书一并移送有关主管机关处理,并要求有关主管机关及时通报处理情况。

（6）解除查封、扣押、冻结。①人民检察院决定不起诉的案件,对犯罪嫌疑人违法所得及其他涉案财产的处理,参照《刑事诉讼规则》第296条的规定办理。② 人民检察院决定不起诉的案件,需要对侦查中查封、扣押、冻结的财物解除查封、扣押、冻结的,应当书面通知作出查封、扣押、冻结决定的机关或者执行查封、扣押、冻结决定的机关解除查封、扣押、冻结。

## 考点 3 提起自诉

(一) 自诉案件的范围

《刑事诉讼法》第204条规定:"自诉案件包括下列案件:① 告诉才处理的案件;② 被害人有证据证明的轻微刑事案件;③ 被害人有证据证明对被告人侵犯自己人身、财产权利的行为应当依法追究刑事责任,而公安机关或者人民检察院不予追究被告人刑事责任的案件。"

(二) 自诉案件的受理条件

人民法院受理自诉案件必须符合下列条件:① 符合《刑事诉讼法》第204条、《刑诉法解释》第1条的规定;② 属于本院管辖;③ 被害人告诉;④ 有明确的被告人、具体的诉讼请求和证明被告人犯罪事实的证据。

**特别关注**:《刑诉法解释》第260条规定:本解释第1条规定的案件,如果被害人死亡、丧失行为能力或者因受强制、威吓等无法告诉,或者是限制行为能力人以及因年老、患病、盲、聋、哑等不能亲自告诉,其法定代理人、近亲属告诉或者代为告诉的,人民法院应当依法受理。被害人的法定代理人、近亲属告诉或者代为告诉,应当提供与被害人关系的证明和被害人不能亲自告诉的原因的证明。

(三) 提起自诉的程序

提起自诉应当提交刑事自诉状;同时提起附带民事诉讼的,应当提交刑事附带民事自诉状。

(四) 自诉状的内容

自诉状应当包括以下内容:① 自诉人(代为告诉人)、被告人的姓名、性别、年龄、民族、出生地、文化程度、职业、工作单位、住址、联系方式;② 被告人实施犯罪的时间、地点、手段、情节和危害后果等;③ 具体的诉讼请求;④ 致送的人民法院和具状时间;⑤ 证据的名称、来源等;⑥ 证人的姓名、住址、联系方式等。对两名以上被告人提出告诉的,应当按照被告人的人数提供自诉状副本。

## 二、例题

1. 田某涉嫌挪用公款被立案侦查并逮捕,侦查过程中发现田某还涉嫌重婚。关于本案处理,下列哪些选项是正确的?(2016年真题,多选)

A. 如挪用公款与重婚互有牵连,检察院可并案侦查

B. 对田某的侦查羁押期限可自发现其涉嫌重婚之日起重新计算

C. 如检察院审查起诉后认为田某构成挪用公款而不构成重婚,应当对重婚罪作出不起诉决定

D. 如检察院只对田某以挪用公款罪提起公诉,重婚罪的被害人可向法院提起自诉

[释疑] 《刑事诉讼规则》第12条第2款规定:"对于一人犯数罪、共同犯罪、多个犯罪嫌疑人实施的犯罪相互关联,并案处理有利于查明案件事实和诉讼进行的,人民检察院可以对相关犯罪案件并案处理。"所以,A项正确。《刑事诉讼规则》第281条规定:"人民检察院在侦查

期间发现犯罪嫌疑人另有重要罪行的,自发现之日起依照本规则第二百七十四条的规定重新计算侦查羁押期限。"另有重要罪行是指与逮捕时的罪行不同种的重大犯罪和同种的影响罪名认定、量刑档次的重大犯罪。重婚与逮捕时的挪用公款既不属于不同种的重大犯罪也不属于同种的影响罪名认定、量刑档次的重大犯罪。所以,B项错误。《刑事诉讼规则》第402条规定:"公诉部门对于本院侦查部门移送审查起诉的案件,发现犯罪嫌疑人没有犯罪事实,或者符合《刑事诉讼法》第15条规定的情形之一的,应当退回本院侦查部门,建议作出撤销案件的处理。所以,C项错误。《刑诉法解释》第1条第1款规定:人民法院直接受理的自诉案件包括:……(二)人民检察院没有提起公诉,被害人有证据证明的轻微刑事案件;……4.重婚案(刑法第二百五十八条规定的)。"该条第3项规定:"被害人有证据证明对被告人侵犯自己人身、财产权利的行为应当依法追究刑事责任,且有证据证明曾经提出控告,而公安机关或者人民检察院不予追究被告人刑事责任的案件。"该项规定也属于人民法院直接受理的自诉案件。所以,D项正确。(答案:AD)

2. 甲、乙、丙、丁四人涉嫌多次结伙盗窃,公安机关侦查终结移送审查起诉后,甲突然死亡。检察院审查后发现,甲和乙共同盗窃1次,数额未达刑事立案标准;乙和丙共同盗窃1次,数额刚达刑事立案标准;甲、丙、丁三人共同盗窃1次,数额巨大,但经两次退回公安机关补充侦查后仍证据不足;乙对其参与的2起盗窃有自首情节。关于本案,下列哪一选项是正确的?(2015年真题,单选)

A. 对甲可作出酌定不起诉决定     B. 对乙可作出法定不起诉决定
C. 对丙应作出证据不足不起诉决定   D. 对丁应作出证据不足不起诉决定

[释疑] 《刑事诉讼法》第171条规定:"人民检察院审查案件,可以要求公安机关提供法庭审判所必需的证据材料;认为可能存在本法第五十四条规定的以非法方法收集证据情形的,可以要求其对证据收集的合法性作出说明。人民检察院审查案件,对于需要补充侦查的,可以退回公安机关补充侦查,也可以自行侦查。对于补充侦查的案件,应当在一个月以内补充侦查完毕。补充侦查以二次为限。补充侦查完毕移送人民检察院后,人民检察院重新计算审查起诉期限。对于二次补充侦查的案件,人民检察院仍然认为证据不足,不符合起诉条件的,应当作出不起诉的决定。"第173条规定:"犯罪嫌疑人没有犯罪事实,或者有本法第十五条规定的情形之一的,人民检察院应当作出不起诉决定。对于犯罪情节轻微,依照刑法规定不需要判处刑罚或者免除刑罚的,人民检察院可以作出不起诉决定。"据此,A项、B项、C项错误;D项正确。(答案:D)

3. 检察院对孙某敲诈勒索案审查起诉后认为,作为此案关键证据的孙某口供系刑讯所获,依法应予排除。在排除该口供后,其他证据显然不足以支持起诉,因而作出不起诉决定。关于该案处理,下列哪一选项是错误的?(2014年真题,单选)

A. 检察院的不起诉属于存疑不起诉
B. 检察院未经退回补充侦查即作出不起诉决定违反《刑事诉讼法》的规定
C. 检察院排除刑讯获得的口供,体现了法律监督机关的属性
D. 检察不起诉后,又发现新的证据,符合起诉条件时,可提起公诉

[释疑] 存疑不起诉,又称证据不足的不起诉。故A项正确。《刑事诉讼规则》第67条规定:"人民检察院经审查发现存在刑事诉讼法第五十四条规定的非法取证行为,依法对该证据予以排除后,其他证据不能证明犯罪嫌疑人实施犯罪行为的,应当不批准或者决定逮捕,已

经移送审查起诉的,可以将案件退回侦查机关补充侦查或者作出不起诉决定。"故 B 项错误。人民检察院是国家的法律监督机关,依法对刑事诉讼活动实行监督,当然包括对侦查活动的监督。故 C 项正确。《刑事诉讼规则》第 405 条规定:"人民检察院根据刑事诉讼法第一百七十一条第四款规定决定不起诉的,在发现新的证据,符合起诉条件时,可以提起公诉。"故 D 项正确。(答案:B)

4. 只要有足够证据证明犯罪嫌疑人构成犯罪,检察机关就必须提起公诉。关于这一制度的法理基础,下列哪一选项是正确的?(2013 年真题,单选)

A. 起诉便宜主义　　　　　　B. 起诉法定主义
C. 公诉垄断主义　　　　　　D. 私人诉追主义

[释疑]　对于符合起诉条件的刑事公诉案件是否必须向法院起诉,有两种原则:一是起诉法定主义或称起诉合法主义,即只要被告人的行为符合法定起诉条件,公诉机关不享有自由裁量权,必须起诉,而不论具体情节;二是起诉便宜主义或称起诉合理主义,即被告人的行为在具备起诉条件时,是否起诉,由检察官根据被告人及其具体情况以及刑事政策等因素自由裁量。故 B 项正确。(答案:B)

5. 检察院在审查起诉时,下列哪一处理方式是正确的?(2010 年真题,单选)

A. 审查公安机关移送起诉的投毒案,发现犯罪嫌疑人周某根本没有作案时间,遂书面说明理由将案卷退回公安机关并建议公安机关重新侦查

B. 审查吴某、郑某共同抢劫案的过程中,吴某在押但郑某潜逃,遂全案中止审查起诉

C. 甲县公安局将蔡某抢劫案移送甲县检察院审查起诉,甲县检察院审查认为蔡某可能会被判处死刑,遂将案件退回

D. 甲县检察院受理移送起诉的谭某诈骗案,认为应当由谭某居住地的乙县检察院起诉,遂将案卷材料移送乙县检察院审查起诉,但未通知甲县公安局

[释疑]　《刑事诉讼法》第 173 条第 1 款规定:"犯罪嫌疑人没有犯罪事实,或者有本法第十五条规定的情形之一的,人民检察院应当作出不起诉决定。"《刑事诉讼规则》第 401 条规定:"人民检察院对于公安机关移送审查起诉的案件,发现犯罪嫌疑人没有犯罪事实,或者符合刑事诉讼法第十五条规定的情形之一的,经检察长或者检察委员会决定,应当作出不起诉决定。对于犯罪事实并非犯罪嫌疑人所为,需要重新侦查的,应当在作出不起诉决定后书面说明理由,将案卷材料退回公安机关并建议公安机关重新侦查。"故 A 项错误。其他三项均于法无据。(原答案:A;现无答案)

6. 关于检察院审查起诉,下列哪一选项是正确的?(2009 年真题,单选)

A. 认为需要对公安机关的勘验、检查进行复验、复查的,可以自行复验、复查

B. 发现侦查人员以非法方法收集证据的,应当自行调查取证

C. 对已经退回公安机关二次补充侦查的案件,在审查起诉中又发现新的犯罪事实的,应当将已侦查的案件和新发现的犯罪一并移送公安机关立案侦查

D. 共同犯罪中部分犯罪嫌疑人潜逃的,应当中止对全案的审查,待潜逃犯罪嫌疑人归案后重新开始审查起诉

[释疑]　《刑事诉讼规则》第 369 条规定:"人民检察院审查案件的时候,对公安机关的勘验、检查,认为需要复验、复查的,应当要求公安机关复验、复查,人民检察院可以派员参加;也可以自行复验、复查,商请公安机关派员参加,必要时也可以聘请专门技术人员参加。"第 379

条规定:"人民检察院公诉部门在审查中发现侦查人员以非法方法收集犯罪嫌疑人供述、被害人陈述、证人证言等证据材料的,应当依法排除非法证据并提出纠正意见,同时可以要求侦查机关另行指派侦查人员重新调查取证,必要时人民检察院也可以自行调查取证。"第154条规定:"案件管理部门对接收的案卷材料审查后,认为具备受理条件的,应当及时进行登记,并立即将案卷材料和案件受理登记表移送相关办案部门办理。经审查,认为案卷材料不齐备的,应当及时要求移送案件的单位补送相关材料。对于案卷装订不符合要求的,应当要求移送案件的单位重新装订后移送。对于移送审查起诉的案件,如果犯罪嫌疑人在逃的,应当要求公安机关采取措施保证犯罪嫌疑人到案后再移送审查起诉。共同犯罪案件中部分犯罪嫌疑人在逃的,对在案的犯罪嫌疑人的审查起诉应当依法进行。"第384条规定:"人民检察院对已经退回侦查机关二次补充侦查的案件,在审查起诉中又发现新的犯罪事实的,应当移送侦查机关立案侦查;对已经查清的犯罪事实,应当依法提起公诉。"根据上述规定,应选A项。(答案:A)

7. 下列哪一案件,在作出不起诉决定时由检察长决定？(2009年真题,单选)

A. 犯罪嫌疑人甲涉嫌故意伤害罪,经鉴定,被害人受到的伤害为轻微伤

B. 犯罪嫌疑人乙涉嫌故意伤害罪,经鉴定,被害人受到的伤害为轻伤,但情节轻微,且被害人希望不追究乙的刑事责任

C. 犯罪嫌疑人丙涉嫌非法侵入住宅罪,经查明,丙是因为受到野猪追赶被迫闯入被害人住宅的,属于紧急避险

D. 犯罪嫌疑人丁涉嫌偷税罪,案件经过一次退回补充侦查,仍事实不清,证据不足

[释疑] 《刑事诉讼规则》第403条规定:"人民检察院对于二次退回补充侦查的案件,仍然认为证据不足,不符合起诉条件的,经检察长或者检察委员会决定,应当作出不起诉决定。人民检察院对于经过一次退回补充侦查的案件,认为证据不足,不符合起诉条件,且没有退回补充侦查必要的,可以作出不起诉决定。"第401条规定:"人民检察院对于公安机关移送审查起诉的案件,发现犯罪嫌疑人没有犯罪事实,或者符合刑事诉讼法第十五条规定的情形之一的,经检察长或者检察委员会决定,应当作出不起诉决定。对于犯罪事实并非犯罪嫌疑人所为,需要重新侦查的,应当在作出不起诉决定后书面说明理由,将案卷材料退回公安机关并建议公安机关重新侦查。"第406条规定:"人民检察院对于犯罪情节轻微,依照刑法规定不需要判处刑罚或者免除刑罚的,经检察长或者检察委员会决定,可以作出不起诉决定。"故选A、B、C、D项。(答案:ABCD)

8. 关于检察院审查起诉的期限,下列哪些说法是正确的？(2008年缓考真题,多选)

A. 改变管辖的,从改变后的检察院收到案件之日起计算

B. 改变管辖的,从原审查起诉的检察院移送案件之日起计算

C. 补充侦查的,从补充侦查完毕移送检察院后重新计算

D. 补充侦查的,从补充侦查完毕之日起重新计算

[释疑] 略。(答案:AC)

9. 某看守所干警甲,因涉嫌虐待被监管人乙被立案侦查。在审查起诉期间,A地基层检察院认为甲情节显著轻微,不构成犯罪,遂作不起诉处理。关于该决定,下列哪一选项是正确的？(2008年真题,单选)

A. 公安机关有权申请复议复核

B. 某甲有权向原决定检察院申诉

C. 某乙有权向上一级检察院申诉

D. 申诉后,上级检察院维持不起诉决定的,某乙可以向该地的中级法院提起自诉

[释疑] 根据《刑事诉讼法》第176条的规定,对于有被害人的案件,决定不起诉的,人民检察院应当将不起诉决定书送达被害人。被害人如果不服,可以自收到决定书后7日以内向上一级人民检察院申诉,请求提起公诉。人民检察院应当将复查决定告知被害人。对人民检察院维持不起诉决定的,被害人可以向人民法院起诉。被害人也可以不经申诉,直接向人民法院起诉。人民法院受理案件后,人民检察院应当将有关案件材料移送人民法院。本案非公安机关侦查,故A、B、D项错误。(答案:C)

10. 关于在审查起诉阶段,犯罪嫌疑人死亡,但对犯罪嫌疑人的存款、汇款应当依法没收的,下列哪一选项是正确的?(2008年真题,单选)

A. 由检察院依法作出不起诉的决定,并没收犯罪嫌疑人存款上缴国库,或返还被害人

B. 由检察院作出撤销案件的决定,并没收犯罪嫌疑人的存款上缴国库,或返还被害人

C. 由检察院作出不起诉的决定,并申请法院裁定通知冻结犯罪嫌疑人的存款、汇款的金融机构上缴国库或返还被害人

D. 由检察院作出撤销案件的决定,并申请法院裁定通知冻结犯罪嫌疑人的存款、汇款的金融机构上缴国库或者返还被害人

[释疑] 《刑事诉讼法》第15条规定:"有下列情形之一的,不追究刑事责任,已经追究的,应当撤销案件,或者不起诉,或者终止审理,或者宣告无罪:① 情节显著轻微、危害不大,不认为是犯罪的;② 犯罪已过追诉时效期限的;③ 经特赦令免除刑罚的;④ 依照刑法告诉才处理的犯罪,没有告诉或者撤回告诉的;⑤ 犯罪嫌疑人、被告人死亡的;⑥ 其他法律规定免予追究刑事责任的。"《刑事诉讼规则》第523条规定:"对于贪污贿赂犯罪、恐怖活动犯罪等重大犯罪案件,犯罪嫌疑人、被告人逃匿,在通缉一年后不能到案,依照刑法规定应当追缴其违法所得及其他涉案财产的,人民检察院可以向人民法院提出没收违法所得的申请。对犯罪嫌疑人、被告人死亡,依照刑法规定应当追缴其违法所得及其他涉案财产的,人民检察院也可以向人民法院提出没收违法所得的申请。犯罪嫌疑人实施犯罪行为所取得的财物及其孳息以及犯罪嫌疑人非法持有的违禁品、供犯罪所用的本人财物,应当认定为前两款规定的违法所得及其他涉案财产。"依照上述规定,应选C项。(答案:C)

11. 某检察院对陈某、姚某共同诈骗一案审查起诉时,陈某潜逃。下列哪一选项是正确的?(2007年真题,单选)

A. 应当中止对陈某、姚某的审查起诉

B. 可以对陈某中止审查起诉,对姚某继续审查起诉

C. 应当将案件中陈某的部分退回公安机关处理,对姚某继续审查起诉

D. 应当将全案退回公安机关,待抓获陈某后再继续审查起诉

[释疑] 《刑事诉讼规则》第154条第3款规定:"对于移送审查起诉的案件,如果犯罪嫌疑人在逃的,应当要求公安机关采取措施保证犯罪嫌疑人到案后再移送审查起诉。共同犯罪案件中部分犯罪嫌疑人在逃的,对在案的犯罪嫌疑人的审查起诉应当依法进行。"故B项正确。(答案:B)

12. 某市检察院在审查甲杀人案中，发现遗漏了依法应当移送审查起诉的同案犯罪嫌疑人乙。对此检察院应该如何处理？（2006年真题，多选）

A. 应当建议公安机关对乙提请批准逮捕

B. 应当建议公安机关对乙补充移送审查起诉

C. 如果符合逮捕条件，可以直接决定逮捕乙

D. 如果符合起诉条件，可以直接将甲与乙一并提起公诉

[释疑] 《刑事诉讼规则》第391条规定："人民检察院在办理公安机关移送起诉的案件中，发现遗漏罪行或者依法应当移送审查起诉同案犯罪嫌疑人的，应当要求公安机关补充移送审查起诉；对于犯罪事实清楚，证据确实、充分的，人民检察院也可以直接提起公诉。"据此，B、D项正确；《刑事诉讼规则》第375条规定："公诉部门经审查认为需要逮捕犯罪嫌疑人的，应当按照本规则第十章的规定移送侦查监督部门办理。"本题中，案件已进入审查起诉阶段，某市检察院在审查起诉中发现乙符合逮捕条件，检察院有权直接作出逮捕决定，交公安机关执行，而不应建议公安机关提请批捕。故A项错误，C项正确。（答案：BCD）

13. 甲涉嫌过失致人重伤。在审查起诉阶段，检察院认为证据不足，遂作出不起诉决定。如果被害人对不起诉决定不服，依法可以采取下列哪些诉讼行为？（2006年真题，多选）

A. 可以向上一级检察院提起申诉　　　B. 可以直接向法院起诉

C. 向法院起诉后，可以与被告人自行和解　　D. 向法院起诉后，可以请求法院调解

[释疑] 《刑事诉讼法》第176条规定："对于有被害人的案件，决定不起诉的，人民检察院应当将不起诉决定书送达被害人。被害人如果不服，可以自收到决定书后七日以内向上一级人民检察院申诉，请求提起公诉。人民检察院应当将复查决定告知被害人。对人民检察院维持不起诉决定的，被害人可以向人民法院起诉。被害人也可以不经申诉，直接向人民法院起诉。人民法院受理案件后，人民检察院应当将有关案件材料移送人民法院。"据此，A、B项正确。《刑事诉讼法》第204条规定："自诉案件包括下列案件：① 告诉才处理的案件；② 被害人有证据证明的轻微刑事案件；③ 被害人有证据证明对被告人侵犯自己人身、财产权利的行为应当依法追究刑事责任，而公安机关或者人民检察院不予追究被告人刑事责任的案件。"《刑事诉讼法》第206条规定："人民法院对自诉案件，可以进行调解；自诉人在宣告判决前，可以同被告人自行和解或者撤回自诉。本法第二百零四条第三项规定的案件不适用调解。人民法院审理自诉案件的期限，被告人被羁押的，适用本法第二百零二条第一款、第二款的规定；未被羁押的，应当在受理后六个月以内宣判。"根据上述规定，C项正确，D项错误。（答案：ABC）

14. 人民检察院对公安机关移送审查起诉的下列案件，哪些不可以作出酌定不起诉决定？（2005年真题，多选）

A. 犯罪嫌疑人甲，为犯罪准备工具、制造条件，犯罪情节轻微

B. 犯罪嫌疑人乙犯罪构成要件事实缺乏足够的证据予以证明

C. 犯罪嫌疑人丙又聋又哑，且犯罪情节轻微

D. 犯罪嫌疑人丁已死亡

[释疑] 《刑事诉讼法》第171条规定："人民检察院审查案件，可以要求公安机关提供法庭审判所必需的证据材料；认为可能存在本法第五十四条规定的以非法方法收集证据情形的，可以要求其对证据收集的合法性作出说明。人民检察院审查案件，对于需要补充侦查的，可以

退回公安机关补充侦查,也可以自行侦查。对于补充侦查的案件,应当在一个月以内补充侦查完毕。补充侦查以二次为限。补充侦查完毕移送人民检察院后,人民检察院重新计算审查起诉期限。对于二次补充侦查的案件,人民检察院仍然认为证据不足,不符合起诉条件的,应当作出不起诉的决定。"《刑事诉讼法》第173条规定:"犯罪嫌疑人没有犯罪事实,或者有本法第十五条规定的情形之一的,人民检察院应当作出不起诉决定。对于犯罪情节轻微,依照刑法规定不需要判处刑罚或者免除刑罚的,人民检察院可以作出不起诉决定。人民检察院决定不起诉的案件,应当同时对侦查中查封、扣押、冻结的财物解除查封、扣押、冻结。对被不起诉人需要给予行政处罚、行政处分或者需要没收其违法所得的,人民检察院应当提出检察意见,移送有关主管机关处理。有关主管机关应当将处理结果及时通知人民检察院。"(答案:BD)

15. 某甲,因涉嫌挪用资金罪被公安机关立案侦查,侦查终结后移送检察院审查起诉。检察院经审查后,认为犯罪嫌疑人某甲没有犯罪行为,经检察委员会讨论,作出不起诉的决定。下列表述不正确的是:(多选)

A. 本案应由检察院立案侦查
B. 检察院应当作出撤销案件的决定
C. 检察院作出不起诉的决定是正确的,但不应由检察委员会讨论决定
D. 检察院应当写出书面理由,将案卷退回公安机关处理

[释疑] 《刑事诉讼法》第173条规定:"犯罪嫌疑人没有犯罪事实,或者有本法第十五条规定的情形之一的,人民检察院应当作出不起诉决定。对于犯罪情节轻微,依照刑法规定不需要判处刑罚或者免除刑罚的,人民检察院可以作出不起诉决定。人民检察院决定不起诉的案件,应当同时对侦查中查封、扣押、冻结的财物解除查封、扣押、冻结。对被不起诉人需要给予行政处罚、行政处分或者需要没收其违法所得的,人民检察院应当提出检察意见,移送有关主管机关处理。有关主管机关应当将处理结果及时通知人民检察院。"《刑事诉讼规则》第401条规定:"人民检察院对于公安机关移送审查起诉的案件,发现犯罪嫌疑人没有犯罪事实,或者符合刑事诉讼法第十五条规定的情形之一的,经检察长或者检察委员会决定,应当作出不起诉决定。对于犯罪事实并非犯罪嫌疑人所为,需要重新侦查的,应当在作出不起诉决定后书面说明理由,将案卷材料退回公安机关并建议公安机关重新侦查。"故A、B、C、D项错误。(现答案:ABCD)

16. 《刑事诉讼法》规定,检察院作出的不起诉决定共有三类,即法定不起诉、酌定不起诉、存疑不起诉。下列情况检察院均可以作出不起诉决定,其中哪些不属于法定不起诉的情况?(多选)

A. 聋、哑、盲人犯罪
B. 共同犯罪中的从犯
C. 犯罪情节轻微、依照刑法不需要判处刑罚
D. 犯罪嫌疑人自首后有重大立功表现

[释疑] 《刑事诉讼法》第173条第1、2款规定:"犯罪嫌疑人没有犯罪事实,或者有本法第十五条规定的情形之一的,人民检察院应当作出不起诉决定。对于犯罪情节轻微,依照刑法规定不需要判处刑罚或者免除刑罚的,人民检察院可以作出不起诉决定。"根据《刑事诉讼法》第15条的规定,A、B、C、D项均不属于法定不起诉,而属于酌定不起诉。(答案:ABCD)

17. 常女士喜欢编造并传播小道消息,她曾经捏造事实,同时诽谤甲、乙、丙、丁四人。此后,甲独自向人民法院起诉。关于本案,人民法院下列哪些处理方式是正确的?(单选)

  A. 人民法院不受理此案
  B. 同意乙、丙、丁不参加诉讼
  C. 乙、丙、丁不参加诉讼,但允许他们在本案宣判后另行提起刑事自诉
  D. 乙、丙、丁不出庭,但允许其保留告诉权
  [释疑] 自诉案件具有可分性的特点,故选 B 项,A、C、D 项于法无据。(答案:B)

### 三、提示与预测

本章也是刑事诉讼的重点章节。要注意审查起诉后的处理、各种不起诉的规定。尤其要注意新《刑事诉讼法》关于法定不起诉、证据不足不起诉的变化。

# 第十四章　刑事审判概述

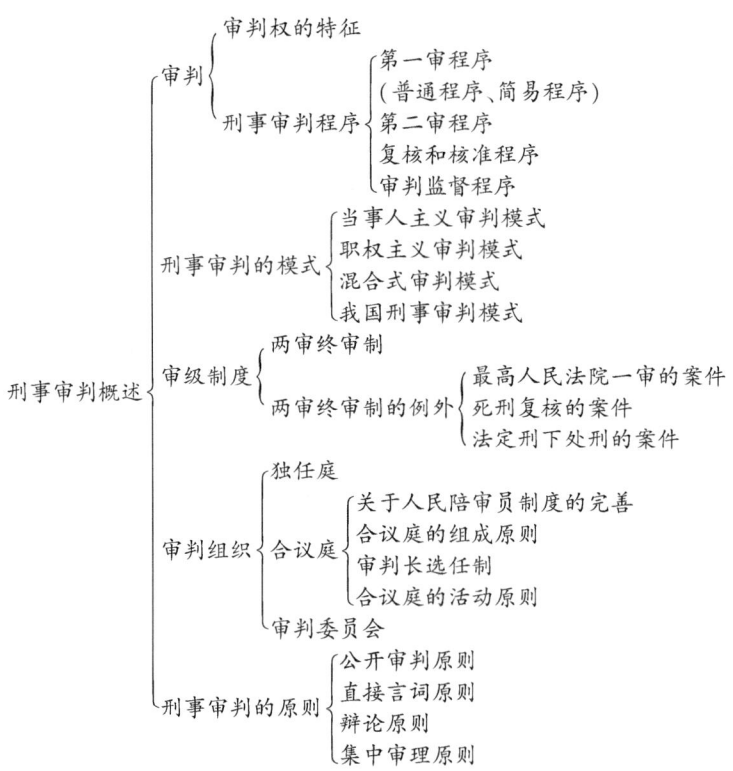

## 一、精讲

### 考点 1 刑事审判的特征、程序

（一）刑事审判的概念

刑事审判是指人民法院在控、辩双方及其他诉讼参与人参加下，依照法定的权限和程序，对于依法向其提出诉讼请求的刑事案件进行审理和裁判的诉讼活动。审理主要是对案件的有关事实进行举证、调查、辩论；而裁判则是在审理的基础上，依法就案件的实体问题或某些程序问题作出公正的处理决定。审理是裁判的前提和基础，裁判是审理的目的和结果，二者构成一个辩证统一的整体。

（二）审判权的特征

审判权具有以下特征：① 被动性；② 独立性；③ 中立性；④ 职权性；⑤ 程序性；⑥ 亲历性；⑦ 公开性；⑧ 公正性；⑨ 终局性。

（三）刑事审判程序

《刑事诉讼法》规定了五种刑事案件的审判程序：① 第一审程序，包括第一审普通程序和简易程序；② 第二审程序；③ 特殊案件的复核和核准程序，包括死刑复核程序、法定刑以下判处刑罚案件的复核程序以及适用特殊情况假释的核准程序；④ 审判监督程序；⑤ 特别程序。

### 考点 2 刑事审判的模式

（一）刑事审判模式的概念

刑事审判模式，是指控、辩、审三方在刑事审判程序中的诉讼地位和相互关系，以及与之相适应的审判程序组合方式。历史上最早出现的是弹劾式审判模式，中世纪欧洲又出现了纠问式审判模式。近现代刑事诉讼中存在三大诉讼模式：当事人主义审判模式（主要实行于英美法系国家）、职权主义审判模式（主要实行于大陆法系国家）和兼采当事人主义与职权主义优点的混合式诉讼。

（二）当事人主义审判模式

（1）当事人主义审判模式，又称对抗制审判模式、抗辩式审判模式，是指法官（陪审团）居于中立且被动的裁判者地位，法庭审判的进行由控方的举证和辩方的反驳共同推进和控制的审判模式。

（2）当事人的积极性和法官的消极性是当事人主义审判模式最重要的特点。与职权主义相比，当事人主义审判模式有三个基本特点：① 法官消极中立。表现为：一是法官开庭前不接触证据材料，避免其产生预断；二是法官不主动出示证据、询问证人、调查证据，尤其不参与证据的收集。法官在审判中主要是主持审判的进行，根据双方提出的证据对案件事实作出判断、依法判决。法官的消极性和中立性，增强了审判程序本身的形式公正性。② 控辩双方积极主动和平等对抗。由于法官消极中立，控辩双方都会积极主动举证、质证、相互辩论，使法官形成对己有利之判断。在当事人主义审判模式下，控辩双方的平等对抗得以充分实现，表现为控辩双方都有权收集、提供证据，以证明自己的主张，反驳对方的主张，平等辩论、交叉询问使审判程序充满"诉讼竞赛"气氛。③ 控辩双方分享对审判程序的控制权。尽管法官主持审判，但控辩双方对审判程序也分享一定的控制权,表现为:一是事实和证据的调查范围、深度取决于双方,只要不违反规则,法官不能主动干预;二是实行辩诉交易的国家,控辩双方可在庭前交易。法官只要查明协议是在完全自愿、没有误解的情况下达成的,通常会尊重双方的选择。

(三) 职权主义审判模式

(1) 职权主义审判模式,又称"审问式"审判模式,是指法庭审判以法官为中心,法官在审判程序中居于主导和控制地位,限制控辩双方积极性的审判模式。职权主义审判模式的主要特点是法官的中心地位和在事实认定与证据调查中的积极性。

(2) 职权主义审判模式的基本特征:① 法官在审判程序中居于中心地位,主导审判的进行。法官既是仲裁者,又是一个积极的事实调查者,行使调查权、审判决策权、指挥权。表现为三方面:一是公诉机关庭前移送卷宗,以便法官庭前初步了解案件事实和制定庭审计划;二是法官可以主动审问、询问被告人、证人等,主动出示核实证据;三是法官决定案件的审理范围、审理方式、证人出庭、进程安排等。② 要是法官的审问对象。控辩双方需要发问或出示证据要征得法官同意,并须在法官讯问和示证结束后,控辩双方都处于被动、消极、补充的地位。③ 法官完全掌握程序控制权。尽管控辩双方有审判程序的参与权,但必须服从法官的安排和指挥。

(四) 混合式审判模式

(1) 混合式审判模式又称"折中主义"审判模式。这一模式兼采当事人主义模式和职权主义模式的长处而形成,主要代表国家是日本和意大利。

(2) 当事人主义审判模式充分体现了审判程序的民主性,能够充分发挥控辩双方的积极作用,程序公正性的特征较明显。但是,法官的过分消极被动和控辩双方对审判程序的较大控制权,又难免造成审判效率和发现案件实体真实方面效率的降低。职权主义审判模式由于法官积极主动的作用和对审判程序的有效控制,总的来说,有利于案件实体真实的发现,而且审判效率高于当事人主义审判模式。但是,该模式使法官的中立公正形象受到损害,并由此易于导致法官对辩护方产生偏见。由于两种模式各有优缺点,第二次世界大战后出现相互借鉴吸收的趋势。现在,纯粹的当事人主义审判模式和职权主义审判模式已不复存在。

(3) 混合式模式的特征:① 保留了法官主动依职权进行调查证据的权力,注重发挥法官在调查案件事实方面的能动性,表现了对职权主义模式的优势的客观态度;② 大力借鉴对抗制的因素,在诉讼中注重发挥控辩双方的积极性,注重控辩双方平等对抗。

(五) 我国的刑事审判模式

(1) 我国1979年《刑事诉讼法》的审判模式具有超职权主义特点:① 法官完全主导和控制审判程序。② 审判程序以法官积极主动的证据调查为中心。③ 被告人诉讼主体地位弱化,成为法官诉讼客体。④ 法官代替检察官行使控诉职能。

(2) 修正后的《刑事诉讼法》吸收了英美法系当事人主义对抗因素,适当保留了职权主义的某些特征,体现在:① 强化了控方举证责任和辩方的辩护职责,弱化了法官的调查功能。② 扩大了辩方的权利范围,强化了庭审的对抗性。

## 考点 3  刑事审判的原则

(一) 审判公开原则

(1) 根据《刑事诉讼法》第 11 条的规定,人民法院审判案件,除法律另有规定的以外,一律公开进行。审判公开,指法院审理案件和宣告判决,除了法庭评议以外,一律公开进行。它是刑事审判的一项基本原则。《刑事诉讼法》第 183 条规定:"人民法院审判第一审案件应当公开进行。但是有关国家秘密或者个人隐私的案件,不公开审理;涉及商业秘密的案件,当事人申请不公开审理的,可以不公开审理。不公开审理的案件,应当当庭宣布不公开审理的理由。"

(2) 审判公开,法院应当做到:① 开庭 3 日以前先期公布案由、被告人姓名、开庭时间和地点;② 允许公民到场旁听;③ 允许记者采访和报道。

**特别关注:**① 不公开审理的案件,任何人不得旁听,但法律另有规定的除外。② 精神病人、醉酒的人、未经人民法院批准的未成年人以及其他不宜旁听的人不得旁听案件审理。③ 依法不公开审理的案件,宣告判决也必须公开。

(二) 直接言词原则

(1) 直接言词原则是指法官必须在法庭上亲自听取当事人、证人及其他诉讼参与人的口头陈述,案件事实和证据必须由控辩双方当庭口头提出并以口头辩论和质证的方式进行调查。直接言词原则包括直接原则和言词原则。

(2) 直接原则是指法官必须与诉讼参与人直接接触,直接审查有关案件事实材料和证据。直接原则又可分为直接审理原则和直接采证原则。

**特别关注:**直接审理是指法官审理案件时,公诉人、当事人及其他诉讼参与人应当在场,除了法律特别规定以外,上述人员不在场,不得进行审理。否则,审判活动无效。直接审理原则又称在场原则。直接采证是指法官对证据的调查必须亲自进行,不能由他人代为进行。而且法官必须当庭直接听证和直接查证,不得采纳未经当庭亲自听证和直接查证的证据,不得以书面审查方式采信证据。

(3) 言词原则是指法庭审理必须以口头陈述的方式进行。法官要以口头的形式进行讯问(询问)调查,除非法律特别规定,未经口头调查的证据,不得采纳为定案依据。

(4) 直接言词原则的意义:① 有利于查明案件事实真相;② 有利于实现程序公正。

(5) 直接言词原则的适用。贯彻直接言词原则应注意下列问题:① 及时通知有关人员出庭。② 开庭审理中,合议庭成员必须始终在庭,参加庭审的全过程。③ 所有证据包括法庭收集的证据都必须当庭出示、当庭质证。证人不出庭只能是例外。④ 保证控辩双方有充分的陈述和辩论的机会和时间。

(6) 直接言词原则在简易程序中可以例外。

(三) 辩论原则

(1) 辩论原则是指在法庭审理过程中,控辩双方应当以口头的方式进行辩论,法院裁判的作出应当以充分的辩论为必经程序。

(2) 辩论原则的内容:① 辩论的主体是控辩双方和其他当事人。② 辩论的内容是证据问题、事实问题和法律(实体法和程序法)适用问题。

(3) 辩论原则的意义:① 保障辩护权。② 有利于准确认定事实和证据,适用法律,作出公正的判决。

（四）集中审理原则

（1）集中审理原则,又称不中断审理原则,是指法院开庭审理案件,应当在不更换审判人员的条件下连续进行,不得中断审理的诉讼原则。

（2）集中审理原则的主要内容:① 一个案件组成一个审判庭进行审理,每起案件自始至终应由同一法庭进行审判。在案件审理开始后尚未结束前不允许法庭再审理其他任何案件。② 法庭成员不得更换。对于因故不能继续参加审理的,应由始终在场的候补法官、候补陪审员替换。否则,应重新审判。③ 集中证据调查与法庭辩论。④ 庭审不中断并迅速作出裁判。

（3）集中审理原则的意义:① 保证法庭审理顺利、迅速、公正进行,有利于实现刑事审判公正与效率双重价值目标。② 有利于实现被告人的辩护权以及迅速审判权。③ 能使法官、陪审员通过集中、全面地接触证据对案件形成全面、准确的认识,从而作出正确的裁判。④ 有利于实现审判监督,防止司法不公。

（4）集中审理原则的适用。最高人民法院2002年8月12日颁布的《关于人民法院合议庭工作的若干规定》,体现了集中审理原则的精神:① 第3条规定了合议庭成员不得更换;② 第9条规定了合议庭评议案件的时限;③ 第14条规定了裁判文书制作的时限。

## 考点 4 审级制度

（一）两审终审制

两审终审制是指一个案件最多经过两级法院审判即告终结的制度。

**特别关注**:两审终审不是指两次审判。

（二）两审终审制的例外

（1）最高人民法院审理的第一审案件为一审终审。

（2）判处死刑的案件,必须依法经过死刑复核程序核准后,判处死刑的裁判才能生效并交付执行。

（3）地方各级人民法院依照刑法规定在法定刑以下判处刑罚的案件,必须经过最高人民法院核准,判决、裁定才能生效。

## 考点 5 审判组织

（一）审判组织的概念和种类

审判组织是人民法院审判案件的组织形式。我国刑事案件的审判组织有独任庭、合议庭和审判委员会。

（二）独任制

基层人民法院适用简易程序审理案件,对可能判处3年有期徒刑以下刑罚的,可以组成合议庭进行审判,也可以由审判员一人独任审判;对可能判处的有期徒刑超过3年的,应当组成合议庭进行审判。独任审判员独任审判刑事案件时,与审判长权利相同。

（三）合议制

（1）合议庭的组成方式。除基层人民法院适用简易程序的案件可以独任审判以外,其他案件以及中级人民法院、高级人民法院、最高人民法院审判第一审案件,应当由合议庭进行。

① 基层人民法院、中级人民法院审判第一审案件,应当由审判员 3 人或者由审判员和人民陪审员共 3 人组成合议庭进行。② 高级人民法院、最高人民法院审判第一审案件,应当由审判员 3 人至 7 人或者由审判员和人民陪审员共 3 人至 7 人组成合议庭进行。③ 中级人民法院以上的各级人民法院审判上诉和抗诉的案件,由审判员 3 人至 5 人组成合议庭进行。④ 最高人民法院和高级人民法院复核死刑和死刑缓期执行的案件,应当由审判员 3 人组成合议庭进行。

(2) 合议庭的组成原则。① 合议的成员应当是单数。② 合议庭的组成人员,只能是经过合法任命的本院的审判员和在本院执行职务的人民陪审员担任。③ 合议庭由院长或者庭长指定审判员 1 人担任审判长。院长或者庭长参加审判案件的时候,自己担任审判长。审判长由审判员担任。助理审判员由本院院长提出,经审判委员会通过,可以临时代行审判员职务,并可以担任审判长。④ 不得随意更换合议庭成员。合议庭组成人员确定后,除因回避或者其他特殊情况,不能继续参加案件审理的之外,不得在案件审理过程中更换。更换合议庭成员,应当报请院长或者庭长决定。合议庭成员的更换情况应当及时通知诉讼当事人。

**特别关注:**

(1) 陪审案件的范围。人民法院审判下列第一审案件,由人民陪审员和法官组成合议庭进行,适用简易程序审理的案件和法律另有规定的案件除外:① 社会影响较大的刑事、民事、行政案件;② 刑事案件被告人、民事案件原告或者被告、行政案件原告申请由人民陪审员参加合议庭审判的案件。

(2) 人民陪审员的条件。公民担任人民陪审员,应当具备下列条件:① 拥护中华人民共和国宪法;② 年满 23 周岁;③ 品行良好、公道正派;④ 身体健康;⑤ 担任人民陪审员,一般应当具有大学专科以上文化程度。

(3) 不得担任人民陪审员的情形。人民代表大会常务委员会的组成人员,人民法院、人民检察院、公安机关、国家安全机关、司法行政机关的工作人员和执业律师等人员,不得担任人民陪审员。下列人员也不得担任人民陪审员:① 因犯罪受过刑事处罚的;② 被开除公职的。

(4) 人民陪审员在人民法院执行职务,同审判员有同等的权利。第一审程序的合议庭可以吸收人民陪审员参加。

(3) 合议庭评议案件。① 合议庭进行评议的时候,如果意见分歧,应当按多数人的意见作出决定,但是少数人的意见应当写入笔录。评议笔录由合议庭的组成人员签名。② 合议庭开庭审理并且评议后,应当作出判决。对于疑难、复杂、重大的案件,合议庭认为难以作出决定的,由合议庭提请院长决定提交审判委员会讨论决定。审判委员会的决定,合议庭应当执行。

《刑诉法解释》第 176 条规定:开庭审理和评议案件,应当由同一合议庭进行。合议庭成员在评议案件时,应当独立表达意见并说明理由。意见分歧的,应当按多数意见作出决定,但少数意见应当记入笔录。评议笔录由合议庭的组成人员在审阅确认无误后签名。评议情况应当保密。

(四) 审判委员会

审判委员会是人民法院内部对审判工作实行集体领导的组织形式。各级人民法院设立审判委员会,实行民主集中制。审判委员会的任务是总结审判经验,讨论重大的或者疑难的案件和其他有关审判工作的问题。审判委员会不同于合议庭,它不直接开庭审理案件。《刑诉法解释》规定:① 拟判处死刑的案件、人民检察院抗诉的案件,合议庭应当提请院长决定提交审判委员会讨论决定。② 对合议庭成员意见有重大分歧的案件、新类型案件、社会影响重大的案件以及其他疑难、复杂、重大的案件,合议庭认为难以作出决定的,可以提请院长决定提交审判委员会讨论决定。③ 人民陪审员可以要求合议庭将案件提请院长决定是否提交审判委员会讨论决定。④ 独任审判的案件,审判员认为有必要的,也可以提请院长决定提交审判委员会讨论决定。

**特别关注**:对提请院长决定提交审判委员会讨论决定的案件,院长认为不必要的,可以建议合议庭复议一次。审判委员会讨论案件,应当在合议庭审理的基础上进行,并且应当充分听取合议庭成员关于审理和评议情况的说明。审判委员会的决定,合议庭、独任审判员应当执行;有不同意见的,可以建议院长提交审判委员会复议。

(五) 关于人民陪审员制度的完善

我国实行的人民陪审员制度与外国的陪审团制度有很大不同。英美法系实行陪审团陪审制度的国家,陪审团只负责事实认定,适用法律则由法官负责;而我国的人民陪审员则与法官行使相同职权,既认定事实,也适用法律。法律、法规参照之一:全国人大常委会《关于完善人民陪审员制度的决定》

(1) 陪审案件的范围。人民法院审判下列第一审案件,由人民陪审员和法官组成合议庭进行,适用简易程序审理的案件和法律另有规定的案件除外:① 社会影响较大的刑事、民事、行政案件;② 刑事案件被告人、民事案件原告或者被告、行政案件原告申请由人民陪审员参加合议庭审判的案件。

(2) 人民陪审员的条件:公民担任人民陪审员,应当具备下列条件:① 拥护中华人民共和国宪法;② 年满23周岁;③ 品行良好、公道正派;④ 身体健康;⑤ 担任人民陪审员,一般应当具有大学专科以上文化程度。

(3) 不得担任人民陪审员的情形。人民代表大会常务委员会的组成人员,人民法院、人民检察院、公安机关、国家安全机关、司法行政机关的工作人员和执业律师等人员,不得担任人民陪审员。下列人员不得担任人民陪审员:① 因犯罪受过刑事处罚的;② 被开除公职的。

(4) 人民陪审员的产生与任期。① 符合担任人民陪审员条件的公民,可以由其所在单位或者户籍所在地的基层组织向基层人民法院推荐,或者本人提出申请,由基层人民法院会同同级人民政府司法行政机关审查,并由基层人民法院院长提出人民陪审员人选,提请同级人民代表大会常务委员会任命。② 人民陪审员的名额,由基层人民法院根据审判案件的需要,提请同级人民代表大会常务委员会确定。③ 人民陪审员的任期为5年。

(5) 人民陪审员的职务保障。① 依法参加审判活动是人民陪审员的权利和义务。人民陪审员依法参加审判活动,受法律保护。② 人民法院应当依法保障人民陪审员参加审判活动。③ 人民陪审员所在单位或者户籍所在地的基层组织应当保障人民陪审员依法参加审判活动。

(6) 人民陪审员在合议庭中的比例。人民陪审员和法官组成合议庭审判案件时,合议庭中人民陪审员所占人数比例应当不少于1/3。

(7) 人民陪审员的权利。① 人民陪审员依法参加人民法院的审判活动,除不得担任审判长外,同法官有同等权利。② 人民陪审员参加合议庭审判案件,对事实认定、法律适用独立行使表决权。③ 合议庭评议案件时,实行少数服从多数的原则。人民陪审员同合议庭其他组成人员意见分歧的,应当将其意见写入笔录,必要时,人民陪审员可以要求合议庭将案件提请院长决定是否提交审判委员会讨论决定。

(8) 人民陪审员的回避与职务要求。① 人民陪审员的回避,参照有关法官回避的法律规定执行。② 人民陪审员参加审判活动,应当遵守法官履行职责的规定,保守审判秘密、注重司法礼仪、维护司法形象。

(9) 人民陪审员的抽选。① 基层人民法院审判案件依法应当由人民陪审员参加合议庭审判的,应当在人民陪审员名单中随机抽取确定。② 中级人民法院、高级人民法院审判案件依法应当由人民陪审员参加合议庭审判的,在其所在城市的基层人民法院的人民陪审员名单中随机抽取确定。

(10) 人民陪审员的培训。基层人民法院会同同级人民政府司法行政机关对人民陪审员进行培训,提高人民陪审员的素质。

(11) 人民陪审员的奖励与免除。对于在审判工作中有显著成绩或者有其他突出事迹的人民陪审员,给予表彰和奖励。人民陪审员有下列情形之一,经所在基层人民法院会同同级人民政府司法行政机关查证属实的,应当由基层人民法院院长提请同级人民代表大会常务委员会免除其人民陪审员职务:① 本人申请辞去人民陪审员职务的;② 无正当理由,拒绝参加审判活动,影响审判工作正常进行的;③ 具有《关于完善人民陪审员制度的决定》第 5 条、第 6 条所列情形之一的;④ 违反与审判工作有关的法律及相关规定,徇私舞弊,造成错误裁判或者其他严重后果的。人民陪审员有第④项所列行为,构成犯罪的,依法追究刑事责任。

(12) 人民陪审员的费用与补助。① 人民陪审员因参加审判活动而支出的交通、就餐等费用,由人民法院给予补助。② 有工作单位的人民陪审员参加审判活动期间,所在单位不得克扣或者变相克扣其工资、奖金及其他福利待遇。③ 无固定收入的人民陪审员参加审判活动期间,由人民法院参照当地职工上年度平均货币工资水平,按实际工作日给予补助。④ 人民陪审员因参加审判活动应当享受的补助,人民法院和司法行政机关为实施陪审制度所必需的开支,列入人民法院和司法行政机关业务经费,由同级政府财政予以保障。

法律、法规参照之二:最高人民法院《关于人民陪审员参加审判活动若干问题的规定》

(1) 人民法院审判第一审刑事、民事、行政案件,属于下列情形之一的,由人民陪审员和法官共同组成合议庭进行,适用简易程序审理的案件和法律另有规定的案件除外:① 涉及群体利益的;② 涉及公共利益的;③ 人民群众广泛关注的;④ 其他社会影响较大的。第一审刑事案件被告人、民事案件原告或者被告、行政案件原告申请人民陪审员参加合议庭审判的,由人民陪审员和法官共同组成合议庭进行。人民法院征得前款规定的当事人同意由人民陪审员和法官共同组成合议庭审判案件的,视为申请。

(2) 第一审人民法院决定适用普通程序审理案件后应当明确告知本规定第 2 条的当事人,在收到通知 5 日内有权申请由人民陪审员参加合议庭审判案件。人民法院接到当事人在规定期限内提交的申请后,经审查符合本规定的,应当组成有人民陪审员参加的合议庭进行审判。

(3) 人民法院应当在开庭 7 日前采取电脑生成等方式,从人民陪审员名单中随机抽取确定人民陪审员。特殊案件需要具有特定专业知识的人民陪审员参加审判的,人民法院可以在具有相应专业知识的人民陪审员范围内随机抽取。

(4) 人民陪审员确有正当理由不能参加审判活动,或者当事人申请其回避的理由经审查成立的,人民法院应当及时重新确定其他人选。

(5) 人民陪审员参加合议庭评议案件时,有权对事实认定、法律适用独立发表意见,并独立行使表决权。人民陪审员评议案件时应当围绕事实认定、法律适用充分发表意见并说明理由。

(6) 合议庭评议案件时,先由承办法官介绍案件涉及的相关法律、审查判断证据的有关规则,后由人民陪审员及合议庭其他成员充分发表意见,审判长最后发表意见并总结合议庭意见。

(7) 人民陪审员同合议庭其他组成人员意见分歧,要求合议庭将案件提请院长决定是否提交审判委员会讨论决定的,应当说明理由;人民陪审员提出的要求及理由应当写入评议笔录。

(8) 人民陪审员应当认真阅读评议笔录,确认无误后签名;发现评议笔录与评议内容不一致的,应当要求更正后签名。人民陪审员应当审核裁判文书文稿并签名。

## 二、例题

1.《中共中央关于全面深化改革若干重大问题的决定》提出"让审理者裁判、由裁判者负责"。结合刑事诉讼基本原理,关于这一表述的理解,下列哪一选项是正确的?(2016年真题,单选)

A. 体现了我国刑事诉讼职能的进一步细化与完善
B. 体现了刑事诉讼直接原则的要求
C. 体现了刑事审判的程序性特征
D. 体现了刑事审判控辩式庭审方式改革的方向

[释疑] "让审理者裁判、由裁判者负责",体现了刑事诉讼直接原则的要求。直接言词原则是指法官必须在法庭上亲自听取当事人、证人及其他诉讼参与人的口头陈述,案件事实和证据必须由控辩双方当庭口头提出并以口头辩论和质证的方式进行调查。直接言词原则包括直接原则和言词原则。直接原则,是指法官必须与诉讼参与人直接接触,直接审查有关案件事实材料和证据。直接原则又可分为直接审理原则和直接采证原则。言词原则,是指法庭审理必须以口头陈述的方式进行。法官要以口头的形式进行讯问(询问)调查,除非法律特别规定,未经口头调查的证据,不得采纳为定案依据。"让审理者裁判",其重大意义就在于打破过去司法权力运行的"行政化""层级化"状况,改变"审者不判、判者不审""审与判分离"问题,实现"审与判相统一、相一致",裁判者必须是审理者,必须要有"亲历性"。同时"让审理者裁判",也明确无误地要求还权给"审理者",要让"审理者"而非任何其他人作出裁判,也就是要求审理者必须有权进行裁判,审理者必须要有独立地位、独立人格和充分的裁判权。"让审理者裁判",强调的是给审理者以裁判权,还权于审理者、审判组织,强调突出审理者的地位,这也是符合司法规律之举。"由裁判者负责",则明确要求"权、责相统一、相一致""谁裁判谁负责""用权受监督",这不仅符合权力运行规则,而且也是"让审理者裁判""谁审理谁裁判"的自然延伸和逻辑发展。因此,我们既要强调"让审理者裁判",又要强调"由裁判者负责",没有"让审理者裁判",就不能实现"审与判的统一",不能确定裁判的真正主体,当然也就没有追究责任的前提和基础。而没有"由裁判者负责",审理者就可能恣意而为,"自由裁量"可能失去控制,甚至导致枉法裁判,徇私枉法。所以,B项正确。(答案:B)

2. 我国刑事审判模式正处于由职权主义走向控辩式的改革过程之中,2012 年《刑事诉讼法》修改内容中,下列哪一选项体现了这一趋势？（2015 年真题,单选）

A. 扩大刑事简易程序的适用范围
B. 延长第一审程序的审理期限
C. 允许法院强制证人出庭作证
D. 增设当事人和解的公诉案件诉讼程序

[释疑] "扩大刑事简易程序的适用范围"是为了在公正的前提下提高诉讼效率;"延长第一审程序的审理期限"是为了保证公正审判所必需的时间;"增设当事人和解的公诉案件诉讼程序"是有效解决刑事纠纷,化解社会矛盾和促进社会和谐的重要举措;党的十八届四中全会要求我国诉讼要进行以审判为中心的诉讼改革,刑事审判模式由职权主义走向控辩式改革就是顺应了这一要求,在 2012 年《刑事诉讼法》修改内容中,"允许法院强制证人出庭作证"体现了控辩式改革的基本要求。（答案:C）

3. 罗某作为人民陪审员参与 D 市中级法院的案件审理工作。关于罗某的下列哪一说法是正确的？（2015 年真题,单选）

A. 担任人民陪审员,必须经 D 市人大常委会任命
B. 同法官享有同等权利,也能担任合议庭审判长
C. 可参与中级法院二审案件审理,并对事实认定、法律适用独立行使表决权
D. 可要求合议庭将案件提请院长决定是否提交审委会讨论决定

[释疑] 《全国人民代表大会常务委员会关于完善人民陪审员制度的决定》第 8 条规定:"符合担任人民陪审员条件的公民,可以由其所在单位或者户籍所在地的基层组织向基层人民法院推荐,或者本人提出申请,由基层人民法院会同同级人民政府司法行政机关进行审查,并由基层人民法院院长提出人民陪审员人选,提请同级人民代表大会常务委员会任命。"所以, A 项错误。《刑事诉讼法》第 178 条第 1 款规定:"基层人民法院、中级人民法院审判第一审案件,应当由审判员三人或者由审判员和人民陪审员共三人组成合议庭进行,但是基层人民法院适用简易程序的案件可以由审判员一人独任审判。"第 4 款规定:"人民法院审判上诉和抗诉案件,由审判员三人至五人组成合议庭进行。"所以,C 项错误。第 6 款规定:"合议庭由院长或者庭长指定审判员一人担任审判长。院长或者庭长参加审判案件的时候,自己担任审判长。"所以,B 项错误。最高人民法院《关于人民陪审员参加审判活动若干问题的规定》第 9 条规定:"人民陪审员同合议庭其他组成人员意见分歧,要求合议庭将案件提请院长决定是否提交审判委员会讨论决定的,应当说明理由;人民陪审员提出的要求及理由应当写入评议笔录。"所以,D 项正确。（答案:D）

4. 刑事审判具有亲历性特征。下列哪一选项不符合亲历性要求？（2014 年真题,单选）

A. 证人因路途遥远无法出庭,采用远程作证方式在庭审过程中作证
B. 首次开庭并对出庭证人的证言质证后,某合议庭成员因病无法参与审理,由另一人民陪审员担任合议庭成员继续审理并作出判决
C. 某案件独任审判员在公诉人和辩护人共同参与下对部分证据进行庭外调查核实
D. 第二审法院对决定不开庭审理的案件,通过讯问被告人,听取被害人、辩护人和诉讼代理人的意见进行审理

[释疑] 刑事审判的亲历性,是指案件的裁判者必须自始至终参与审理,审查所有证据,

对案件作出判决须以充分听取控辩双方的意见为前提。证人因路途遥远无法出庭,采用远程作证方式在庭审过程中作证,法官亲身听取了证人作证。A项符合要求。B项不符合亲历性,后参加庭审的人民陪审员没有亲身听取对出庭证人的质证。《刑事诉讼法》第191条第1款:"法庭审理过程中,合议庭对证据有疑问的,可以宣布休庭,对证据进行调查核实。"法官亲自参与了庭外调查核实,C项符合要求。D项符合要求。(答案:B)

5. 开庭审判过程中,一名陪审员离开法庭处理个人事务,辩护律师提出异议并要求休庭,审判长予以拒绝,四十分钟后陪审员返回法庭继续参与审理。陪审员长时间离开法庭的行为违背下列哪一审判原则?(2013年真题,单选)

A. 职权主义原则
B. 证据裁判规则
C. 直接言词原则
D. 集中审理原则

[释疑] 直接言词原则是指法官必须在法庭上亲自听取当事人、证人及其他诉讼参与人的口头陈述,案件事实和证据必须由控辩双方当庭口头提出并以口头辩论和质证的方式进行调查。故C项正确。(答案:C)

6. 关于我国人民陪审员制度与一些国家的陪审团制度存在的差异,下列哪一选项是正确的?(2013年真题,单选)

A. 人民陪审员制度目的在于协助法院完成审判任务,陪审团制度目的在于制约法官
B. 人民陪审员与法官行使相同职权,陪审团与法官存在职权分工
C. 人民陪审员在成年公民中随机选任,陪审团从有选民资格的人员中聘任
D. 是否适用人民陪审员制度取决于当事人的意愿,陪审团适用于所有案件

[释疑] 英美法系实行陪审团陪审制度的国家,陪审团只负责事实认定,适用法律则由法官负责;而我国的人民陪审员则与法官行使相同职权,既认定事实,也适用法律。(答案:B)

7. 下列哪些选项体现了集中审理原则的要求?(2010年真题,多选)

A. 案件一旦开始审理即不得更换法官
B. 法庭审理应不中断地进行
C. 更换法官或者庭审中断时间较长的,应当重新进行审理
D. 法庭审理应当公开进行

[释疑] 案件一旦开始审理,即不得更换法官;法庭审理应不中断地进行;更换法官或者庭审中断时间较长的,应当重新进行审理。这三点体现了集中审理原则的要求,而法庭审理应当公开进行是公开审理原则的要求,故选A、B、C项。(答案:ABC)

8. 根据最高人民法院《关于进一步加强合议庭职责的若干规定》,关于合议庭,下列哪些说法是正确的?(2010年真题,多选)

A. 合议庭是法院的基本审判组织,由审判员和人民陪审员随机组成
B. 合议庭成员因对案件事实和证据认识上的偏差而导致案件被改判或者发回重审的不承担责任
C. 合议庭成员因法律修订或者政策调整而导致案件被改判或者发回重审的不承担责任
D. 开庭审理时,合议庭成员从事与该庭审无关的活动,当事人提出异议合议庭不纠正的,当事人可以要求延期审理,并将有关情况记入庭审笔录

[释疑] 最高人民法院《关于进一步加强合议庭职责的若干规定》第2条规定:"合议庭由审判员、助理审判员或者人民陪审员随机组成。合议庭成员相对固定的,应当定期交流。人

民陪审员参加合议庭的,应当从人民陪审员名单中随机抽取确定。"合议庭并不必然由人民陪审员组成,故 A 项错误。第 5 条规定:"开庭审理时,合议庭全体成员应当共同参加,不得缺席、中途退庭或者从事与该庭审无关的活动。合议庭成员未参加庭审、中途退庭或者从事与该庭审无关的活动,当事人提出异议的,应当纠正。合议庭仍不纠正的,当事人可以要求休庭,并将有关情况记入庭审笔录。""可以要求休庭"并非"可以要求延期审理",故 D 项错误。第 10 条规定:"……合议庭审理案件有下列情形之一的,合议庭成员不承担责任:① 因对法律理解和认识上的偏差而导致案件被改判或者发回重审的;② 因对案件事实和证据认识上的偏差而导致案件被改判或者发回重审的;③ 因新的证据而导致案件被改判或者发回重审的;④ 因法律修订或者政策调整而导致案件被改判或者发回重审的;⑤ 因裁判所依据的其他法律文书被撤销或变更而导致案件被改判或者发回重审的;⑥ 其他依法履行审判职责不应当承担责任的情形。"故 B、C 项正确。(答案:BC)

9. 下列哪一选项体现了直接言词原则的要求?(2009 年真题,单选)

A. 法官亲自收集证据

B. 法官亲自在法庭上听取当事人、证人及其他诉讼参与人的口头陈述

C. 法庭审理尽可能不中断地进行

D. 法庭审理应当公开进行证据调查与辩论

[释疑] 收集证据主要由控辩双方来做,故 A 项不选;C 项属集中审理;D 项属审判公开。直接言词原则是指法官必须在法庭上亲自听取当事人、证人及其他诉讼参与人的口头陈述,案件事实和证据必须由控辩双方当庭口头提出并以口头辩论和质证的方式进行调查。故选 B 项。(答案:B)

10. 关于合议庭的组成及活动原则,下列哪些选项是正确的?(2009 年真题,多选)

A. 在审判员不能参加合议庭时,经院长指定,助理审判员可以临时代行审判员职务担任审判长

B. 开庭审理和评议案件,必须由同一合议庭进行

C. 合议庭成员如有意见分歧,应当按照 2/3 以上多数作出决定

D. 经审判委员会讨论决定的案件,合议庭有不同意见时,可以建议院长提交审判委员会复议

[释疑] 《刑诉法解释》第 175 条规定:"审判长由审判员担任。助理审判员由本院院长提出,经审判委员会通过,可以临时代行审判员职务,并可以担任审判长。"故 A 项错误。第 176 条规定:"开庭审理和评议案件,应当由同一合议庭进行。合议庭成员在评议案件时,应当独立表达意见并说明理由。意见分歧的,应当按多数意见作出决定,但少数意见应当记入笔录。评议笔录由合议庭的组成人员在审阅确认无误后签名。评议情况应当保密。"故 B 项正确,C 项错误。第 179 条规定:"审判委员会的决定,合议庭、独任审判员应当执行;有不同意见的,可以建议院长提交审判委员会复议。"故 D 项正确。(答案:BD)

11. 张某系某基层法院陪审员,可以参与审判下列哪些案件?(2009 年真题,多选)

A. 所在区基层法院适用简易程序审理的案件

B. 所在市中级法院审理的一审案件

C. 所在市中级法院审理的二审案件

D. 所在省高级法院审理的一审案件

[释疑]《刑事诉讼法》第 210 条规定:"适用简易程序审理案件,对可能判处三年有期徒刑以下刑罚的,可以组成合议庭进行审判,也可以由审判员一人独任审判;对可能判处的有期徒刑超过三年的,应当组成合议庭进行审判。适用简易程序审理公诉案件,人民检察院应当派员出席法庭。"所以,只要不是独任审判,人民陪审员就可以参与审判所在区基层人民法院适用简易程序审理的案件,故 A 项正确;根据全国人民代表大会常务委员会《关于完善人民陪审员制度的决定》第 14 条的规定:基层人民法院审判案件依法应当由人民陪审员参加合议庭审判的,应当在人民陪审员名单中随机抽取确定。中级人民法院、高级人民法院审判案件依法应当由人民陪审员参加合议庭审判的,在其所在城市的基层人民法院的人民陪审员名单中随机抽取确定。故 C 项不选,B、D 项应选。(现答案:ABD)

12. 最高人民法院《关于人民法院合议庭工作的若干规定》规定,合议庭组成人员确定后,除因回避或者其他特殊情况不能继续参加案件审理外,不得在案件审理过程中更换。这一规定体现的是下列哪一项审判原则?(2007 年真题,单选)

　　A. 公开审判原则　　　　　　　　　B. 言词审理原则
　　C. 集中审理原则　　　　　　　　　D. 辩论原则

[释疑] 本题是不能在现行法律和司法解释中找到答案的,只有掌握了上述刑事审判原则中的集中审理原则的理论,才能选对,故 C 项当选。(答案:C)

13. 关于人民陪审员,下列哪些选项是正确的?(2007 年真题,多选)

　　A. 各级法院审判第一审刑事案件,均可吸收人民陪审员作为合议庭成员参与审判
　　B. 一审刑事案件被告人有权申请由人民陪审员参加合议庭审判
　　C. 执业律师不得担任人民陪审员
　　D. 高级人民法院审判案件依法应当由人民陪审员参加合议庭审判的,在其所在城市的中级人民法院的人民陪审员名单中随机抽取

[释疑]《刑事诉讼法》第 178 条第 1、2 款规定:"基层人民法院、中级人民法院审判第一审案件,应当由审判员三人或者由审判员和人民陪审员共三人组成合议庭进行,但是基层人民法院适用简易程序的案件可以由审判员一人独任审判。高级人民法院、最高人民法院审判第一审案件,应当由审判员三人至七人或者由审判员和人民陪审员共三人至七人组成合议庭进行。"故 A 项说法正确。全国人民代表大会常务委员会《关于完善人民陪审员制度的决定》第 2 条规定:"人民法院审判下列第一审案件,由人民陪审员和法官组成合议庭进行,适用简易程序审理的案件和法律另有规定的案件除外:① 社会影响较大的刑事、民事、行政案件;② 刑事案件被告人、民事案件原告或者被告、行政案件原告申请由人民陪审员参加合议庭审判的案件。"因此,B 项正确。第 5 条规定:"人民代表大会常务委员会的组成人员,人民法院、人民检察院、公安机关、国家安全机关、司法行政机关的工作人员和执业律师等人员,不得担任人民陪审员。"因此,C 项正确。第 14 条规定:"基层人民法院审判案件依法应当由人民陪审员参加合议庭审判的,应当在人民陪审员名单中随机抽取确定。中级人民法院、高级人民法院审判案件依法应当由人民陪审员参加合议庭审判的,在其所在城市的基层人民法院的人民陪审员名单中随机抽取确定。"因此,D 项错误。(答案:ABC)

14. 下列关于人民陪审员的哪些表述是错误的?(2006 年真题,多选)

　　A. 人民陪审员不得担任审判长
　　B. 人民陪审员有权参加法院所有的审判活动

C. 人民陪审员参加中级人民法院审判活动的,应当从本院的人民陪审员名单中随机抽取确定

D. 合议庭评议案件时,对于法律适用问题,人民陪审员应当接受法官的指导

[释疑] 《刑事诉讼法》第178条第6款规定:"合议庭由院长或者庭长指定审判员一人担任审判长。院长或者庭长参加审判案件的时候,自己担任审判长。"据此,人民陪审员不得担任审判长,故不选A项。全国人民代表大会常务委员会《关于完善人民陪审员制度的决定》第2条规定:"人民法院审判下列第一审案件,由人民陪审员和法官组成合议庭进行,适用简易程序审理的案件和法律另有规定的案件除外:(一)社会影响较大的刑事、民事、行政案件;(二)刑事案件被告人、民事案件原告或者被告、行政案件原告申请由人民陪审员参加合议庭审判的案件。"据此,人民陪审员只参加普通程序一审的案件的审判,二审、死刑复核、审判监督等程序均没有人民陪审员参加。故B项应选。全国人民代表大会常务委员会《关于完善人民陪审员制度的决定》第14条规定:"基层人民法院审判案件依法应当由人民陪审员参加合议庭审判的,应当在人民陪审员名单中随机抽取确定。中级人民法院、高级人民法院审判案件依法应当由人民陪审员参加合议庭审判的,在其所在城市的基层人民法院的人民陪审员名单中随机抽取确定。"据此,C项应选。全国人民代表大会常务委员会《关于完善人民陪审员制度的决定》第11条第1款规定:"人民陪审员参加合议庭审判案件,对事实认定、法律适用独立行使表决权。"故D项应选。(答案:BCD)

15. 下列哪些案件依法不应公开审理?(2005年真题,多选)

A. 何某强奸案

B. 15岁的金某抢劫案

C. 白某间谍案

D. 当事人冯某提出不公开审判申请,确属涉及商业秘密的案件

[释疑] 《刑事诉讼法》第183条规定:"人民法院审判第一审案件应当公开进行。但是有关国家秘密或者个人隐私的案件,不公开审理;涉及商业秘密的案件,当事人申请不公开审理的,可以不公开审理。不公开审理的案件,应当当庭宣布不公开审理的理由。"《刑事诉讼法》第274条规定:"审判的时候被告人不满十八周岁的案件,不公开审理。但是,经未成年被告人及其法定代理人同意,未成年被告人所在学校和未成年人保护组织可以派代表到场。"因此本题各项全选。(答案:ABCD)

16. 甲在犯罪时不满18周岁,开庭审理时已满18周岁。法庭应如何确定审理的形式?(单选)

A. 应当公开审理  B. 应当不公开审理

C. 可以不公开审理  D. 可以公开审理

[释疑] 《刑事诉讼法》第274条规定:"审判的时候被告人不满十八周岁的案件,不公开审理。但是,经未成年被告人及其法定代理人同意,未成年被告人所在学校和未成年人保护组织可以派代表到场。"本题中,甲在开庭审理时已满18周岁,不属于不公开审理的范围,故选A项。(答案:A)

17. 根据我国《刑事诉讼法》的规定,下列表述准确的是?(多选)

A. 涉及国家秘密的犯罪案件不公开审理

B. 有关个人隐私的犯罪案件不公开审理

C. 16岁以上不满18岁未成年人犯罪案件一律不公开审理

D. 14岁以上不满16岁未成年人犯罪案件一律不公开审理

[释疑] 《刑事诉讼法》第183条规定:"人民法院审判第一审案件应当公开进行。但是有关国家秘密或者个人隐私的案件,不公开审理;涉及商业秘密的案件,当事人申请不公开审理的,可以不公开审理。不公开审理的案件,应当当庭宣布不公开审理的理由。"《刑事诉讼法》第274条规定:"审判的时候被告人不满十八周岁的案件,不公开审理。但是,经未成年被告人及其法定代理人同意,未成年被告人所在学校和未成年人保护组织可以派代表到场。"故A、B、C、D项正确。(现答案:ABCD)

18. 甲涉嫌故意杀人被提起公诉,可能判处死刑。关于本案诉讼程序,下列哪一选项是正确的?(单选)

A. 可以依据《关于适用普通程序审理"被告人认罪案件"的若干意见(试行)》审理本案

B. 上级法院可以指定基层法院审理本案

C. 合议庭可以由审判员组成,也可以由审判员和人民陪审员组成

D. 某甲拒绝法院指定辩护人为其辩护,坚持自行辩护,法庭应当准许

[释疑] 可能判处死刑的案件,不能适用《关于适用普通程序审理"被告人认罪案件"的若干意见(试行)》审理,A项错误。可能判处死刑的案件,最低应由中级人民法院进行第一审审理,因此,上级法院不能指定基层人民法院审理本案,B项错误。《刑诉法解释》第254条规定:"被告人当庭拒绝辩护人辩护,要求另行委托辩护人或者指派律师的,合议庭应当准许。被告人拒绝辩护人辩护后,没有辩护人的,应当宣布休庭;仍有辩护人的,庭审可以继续进行。有多名被告人的案件,部分被告人拒绝辩护人辩护后,没有辩护人的,根据案件情况,可以对该被告人另案处理,对其他被告人的庭审继续进行。重新开庭后,被告人再次当庭拒绝辩护人辩护的,可以准许,但被告人不得再次另行委托辩护人或者要求另行指派律师,由其自行辩护。被告人属于应当提供法律援助的情形,重新开庭后再次当庭拒绝辩护人辩护的,不予准许。"因此,D项错误。(答案:C)

19. 下列哪些人员可以担任人民陪审员?(多选)

A. 某甲,司法行政机关工作人员

B. 某乙,曾因盗窃受到刑事处罚

C. 某丙,所学专业为法律专业但只具有大学专科文化程度

D. 某丁,具有大学本科文化程度但所学专业为非法律专业

[释疑] 根据全国人民代表大会常务委员会《关于完善人民陪审员制度的决定》,担任人民陪审员,一般应当具有大学专科以上文化程度;人民代表大会常务委员会的组成人员,人民法院、人民检察院、公安机关、国家安全机关、司法行政机关的工作人员和执业律师等人员,不得担任人民陪审员;另外,还规定因犯罪受过刑事处罚的和被开除公职的不得担任人民陪审员。(答案:CD)

### 三、提示与预测

本章重点掌握审判原则、审判组织等内容。要注意全国人大常委和最高人民法院关于陪审制度的新规定。新法关于简易程序合议庭的规定也要特别注意。

# 第十五章　第一审程序

```
           ┌ 公诉案件庭前审查 ┤ 审查的内容
           │                 └ 审查后的处理
           │ 开庭前的准备
           │           ┌ 开庭
           │           │ 法庭调查
           │ 法庭审判 ┤ 法庭辩论
           │           │ 被告人最后陈述
           │           └ 评议和宣判
           │           ┌ 违反法庭秩序情节较轻,应当庭警告制止并训诫
           │           │ 不听警告制止的,可以指令法警强行带出法庭
           │           │ 违反法庭秩序情节严重的,经报请院长批准后,
           │ 法庭秩序 ┤ 对行为人处以1 000元以下的罚款或15日以下的拘留
 第一审程序┤           │ 对聚众哄闹、冲击法庭或者侮辱、诽谤、威胁、
           │           │ 殴打司法工作人员或者诉讼参与人,严重扰乱法庭秩序,
           │           └ 构成犯罪的,应当依法追究刑事责任
           │ 延期审理、中止审理和终止审理
           │ 第一审程序的期限
           │ 自诉案件第一审程序 ┤ 自诉案件的受理程序
           │                    └ 自诉案件第一审程序的特点
           │           ┌ 简易程序的概念
           │           │ 我国刑事诉讼简易程序的特点
           │ 简易程序 ┤ 简易程序的适用范围
           │           │ 简易审判程序的特点
           │           └ 简易程序的提起和审判
           │ 检察院对审判活动的监督
           └ 判决、裁定和决定
```

## 一、精讲

### 考点 1　公诉案件第一审程序——庭前审查

公诉案件的庭前审查,是指人民法院对于检察院提起公诉的刑事案件进行审查,并决定是否开庭审判的诉讼活动。对公诉案件的审查主要是程序性审查。

（一）庭前审查的内容

《刑事诉讼法》第181条规定:"人民法院对提起公诉的案件进行审查后,对于起诉书中有明确的指控犯罪事实的,应当决定开庭审判。"对提起公诉的案件,人民法院应当在收到起诉

书(一式8份,每增加1名被告人,增加起诉书五份)和案卷、证据后,指定审判人员审查以下内容:

(1)是否属于本院管辖。

(2)起诉书是否写明被告人的身份,是否受过或者正在接受刑事处罚,被采取强制措施的种类、羁押地点,犯罪的时间、地点、手段、后果以及其他可能影响定罪量刑的情节。

(3)是否移送证明指控犯罪事实的证据材料,包括采取技术侦查措施的批准决定和所收集的证据材料。

(4)是否查封、扣押、冻结被告人的违法所得或者其他涉案财物,并附证明相关财物依法应当追缴的证据材料。

(5)是否列明被害人的姓名、住址、联系方式;是否附有证人、鉴定人名单;是否申请法庭通知证人、鉴定人、有专门知识的人出庭,并列明有关人员的姓名、性别、年龄、职业、住址、联系方式;是否附有需要保护的证人、鉴定人、被害人名单。

(6)当事人已委托辩护人、诉讼代理人,或者已接受法律援助的,是否列明辩护人、诉讼代理人的姓名、住址、联系方式。

(7)是否提起附带民事诉讼;提起附带民事诉讼的,是否列明附带民事诉讼当事人的姓名、住址、联系方式,是否附有相关证据材料。

(8)侦查、审查起诉程序的各种法律手续和诉讼文书是否齐全。

(9)有无《刑事诉讼法》第15条第2项至第6项规定的不追究刑事责任的情形。

(二)审查后的处理

(1)《刑事诉讼法》第181条规定:"人民法院对提起公诉的案件进行审查后,对于起诉书中有明确的指控犯罪事实的,应当决定开庭审判。"

(2)六部门《规定》第25条规定:对于人民检察院提起公诉的案件,人民法院都应当受理。人民法院对提起公诉的案件进行审查后,对于起诉书中有明确的指控犯罪事实并且附有案卷材料、证据的,应当决定开庭审判,不得以上述材料不充足为由而不开庭审判。如果人民检察院移送的材料中缺少上述材料的,人民法院可以通知人民检察院补充材料,人民检察院应当自收到通知之日起3日内补送。人民法院对提起公诉的案件进行审查的期限计入人民法院的审理期限。

(3)人民法院对提起公诉的案件审查后,应当按照下列情形分别处理:①属于告诉才处理的案件,应当退回人民检察院,并告知被害人有权提起自诉;②不属于本院管辖或者被告人不在案的,应当退回人民检察院;③不符合上述(一)中第2项至第8项规定之一,需要补充材料的,应当通知人民检察院在3日内补送;④依照《刑事诉讼法》第195条第3项规定宣告被告人无罪后,人民检察院根据新的事实、证据重新起诉的,应当依法受理;⑤依照《刑诉法解释》第242条规定裁定准许撤诉的案件,没有新的事实、证据,重新起诉的,应当退回人民检察院;⑥符合《刑事诉讼法》第15条第2项至第6项规定情形的,应当裁定终止审理或者退回人民检察院;⑦被告人真实身份不明,但符合《刑事诉讼法》第158条第2款规定的,应当依法受理。对公诉案件是否受理,应当在7日内审查完毕。

## 考点 2　公诉案件第一审程序——开庭审判前的准备

（一）《刑事诉讼法》的相关规定

《刑事诉讼法》第 182 条规定："人民法院决定开庭审判后，应当确定合议庭的组成人员，将人民检察院的起诉书副本至迟在开庭十日以前送达被告人及其辩护人。在开庭以前，审判人员可以召集公诉人、当事人和辩护人、诉讼代理人，对回避、出庭证人名单、非法证据排除等与审判相关的问题，了解情况，听取意见。人民法院确定开庭日期后，应当将开庭的时间、地点通知人民检察院，传唤当事人，通知辩护人、诉讼代理人、证人、鉴定人和翻译人员，传票和通知书至迟在开庭三日以前送达。公开审判的案件，应当在开庭三日以前先期公布案由、被告人姓名、开庭时间和地点。上述活动情形应当写入笔录，由审判人员和书记员签名。"

（二）《刑诉法解释》的相关规定

1. 开庭审理前，人民法院应当进行下列工作

（1）确定审判长及合议庭组成人员。

（2）开庭 10 日前将起诉书副本送达被告人、辩护人。

（3）通知当事人、法定代理人、辩护人、诉讼代理人在开庭 5 日前提供证人、鉴定人名单，以及拟当庭出示的证据；申请证人、鉴定人、有专门知识的人出庭的，应当列明有关人员的姓名、性别、年龄、职业、住址、联系方式。

（4）开庭 3 日前将开庭的时间、地点通知人民检察院。

（5）开庭 3 日前将传唤当事人的传票和通知辩护人、诉讼代理人、法定代理人、证人、鉴定人等出庭的通知书送达；通知有关人员出庭，也可以采取电话、短信、传真、电子邮件等能够确认对方收悉的方式。

（6）公开审理的案件，在开庭 3 日前公布案由、被告人姓名、开庭时间和地点。

上述工作情况应当记录在案。

2. 案件具有下列情形之一的，审判人员可以召开庭前会议

（1）当事人及其辩护人、诉讼代理人申请排除非法证据的。

（2）证据材料较多、案情重大复杂的。

（3）社会影响重大的。

（4）需要召开庭前会议的其他情形。

召开庭前会议，根据案件情况，可以通知被告人参加。

3. 召开庭前会议，审判人员可以就下列问题向控辩双方了解情况，听取意见

（1）是否对案件管辖有异议。

（2）是否申请有关人员回避。

（3）是否申请调取在侦查、审查起诉期间公安机关、人民检察院收集但未随案移送的证明被告人无罪或者罪轻的证据材料。

（4）是否提供新的证据。

（5）是否对出庭证人、鉴定人、有专门知识的人的名单有异议。

（6）是否申请排除非法证据。

（7）是否申请不公开审理。

（8）与审判相关的其他问题。

审判人员可以询问控辩双方对证据材料有无异议,对有异议的证据,应当在庭审时重点调查;无异议的,庭审时举证、质证可以简化。被害人或者其法定代理人、近亲属提起附带民事诉讼的,可以调解。庭前会议情况应当制作笔录。

(三)《刑事诉讼规则》的相关规定

(1)人民法院通知人民检察院派员参加庭前会议的,由出席法庭的公诉人参加,必要时配备书记员担任记录。

(2)在庭前会议中,公诉人可以对案件管辖、回避、出庭证人、鉴定人、有专门知识的人的名单、辩护人提供的无罪证据、非法证据排除、不公开审理、延期审理、适用简易程序、庭审方案等与审判相关的问题提出和交换意见,了解辩护人收集的证据等情况。对辩护人收集的证据有异议的,应当提出。公诉人通过参加庭前会议,了解案件事实、证据和法律适用的争议和不同意见,解决有关程序问题,为参加法庭审理做好准备。

(3)当事人、辩护人、诉讼代理人在庭前会议中提出证据系非法取得,人民法院认为可能存在以非法方法收集证据情形的,人民检察院可以对证据收集的合法性进行证明。需要调查核实的,在开庭审理前进行。

## 考点 3 公诉案件第一审程序——开庭

法庭审判分为开庭、法庭调查、法庭辩论、被告人最后陈述、评议和宣判几个阶段。

1. 开庭审理前,书记员应当依次进行下列工作

(1)受审判长委托,查明公诉人、当事人、证人及其他诉讼参与人是否到庭。

(2)宣读法庭规则。

(3)请公诉人及相关诉讼参与人入庭。

(4)请审判长、审判员(人民陪审员)入庭。

(5)审判人员就座后,向审判长报告开庭前的准备工作已经就绪。

被害人、诉讼代理人经传唤或者通知未到庭,不影响开庭审理的,人民法院可以开庭审理。辩护人经通知未到庭,被告人同意的,人民法院可以开庭审理,但被告人属于应当提供法律援助情形的除外。

(2)审判长宣布开庭,传被告人到庭后,应当查明被告人的下列情况:① 姓名、出生日期、民族、出生地、文化程度、职业、住址,或者被告单位的名称、住所地、诉讼代表人的姓名、职务。② 是否受过法律处分及处分的种类、时间。③ 是否被采取强制措施及强制措施的种类、时间。④ 收到起诉书副本的日期;有附带民事诉讼的,附带民事诉讼被告人收到附带民事起诉状的日期。被告人较多的,可以在开庭前查明上述情况,但开庭时审判长应当作出说明。

(3)审判长宣布案件的来源、起诉的案由、附带民事诉讼当事人的姓名及是否公开审理;不公开审理的,应当宣布理由。

(4)审判长宣布合议庭组成人员、书记员、公诉人名单及辩护人、鉴定人、翻译人员等诉讼参与人的名单。

(5)审判长应当告知当事人及其法定代理人、辩护人、诉讼代理人在法庭审理过程中依法享有下列诉讼权利:① 可以申请合议庭组成人员、书记员、公诉人、鉴定人和翻译人员回避;② 可以提出证据,申请通知新的证人到庭、调取新的证据,申请重新鉴定或者勘验、检查;③ 被告人可以自行辩护;④ 被告人可以在法庭辩论终结后作最后陈述。

**特别关注**：审判长应当询问当事人及其法定代理人、辩护人、诉讼代理人是否申请回避、申请何人回避和申请回避的理由。当事人及其法定代理人、辩护人、诉讼代理人申请回避的，依照《刑事诉讼法》及《刑诉法解释》的有关规定处理。同意或者驳回回避申请的决定及复议决定，由审判长宣布，并说明理由。必要时，也可以由院长到庭宣布。

## 考点 4 公诉案件第一审程序——法庭调查

法庭调查主要针对案件事实和证据进行审查、核实。具体程序包括：

（一）审判长宣布法庭调查开始后，应当先由公诉人宣读起诉书；有附带民事诉讼的，再由附带民事诉讼原告人或者其法定代理人、诉讼代理人宣读附带民事起诉状。起诉书指控的被告人的犯罪事实为两起以上的，法庭调查一般应当分别进行。

（二）在审判长主持下，被告人、被害人可以就起诉书指控的犯罪事实分别陈述。

（三）讯问、发问当事人

（1）在审判长主持下，公诉人可以就起诉书指控的犯罪事实讯问被告人。讯问同案审理的被告人，应当分别进行。必要时，可以传唤同案被告人等到庭对质。

（2）发问被告人。经审判长准许，被害人及其法定代理人、诉讼代理人可以就公诉人讯问的犯罪事实补充发问；附带民事诉讼原告人及其法定代理人、诉讼代理人可以就附带民事部分的事实向被告人发问；被告人的法定代理人、辩护人，附带民事诉讼被告人及其法定代理人、诉讼代理人可以在控诉一方就某一问题讯问完毕后向被告人发问。

（3）经审判长准许，控辩双方可以向被害人、附带民事诉讼原告人发问。

（4）审判人员可以讯问被告人。必要时，可以向被害人、附带民事诉讼当事人发问。

（四）出示、核实证据

公诉人、辩护人应当向法庭出示物证，让当事人辨认，对未到庭的证人的证言笔录、鉴定人的鉴定意见，勘验笔录和其他作为证据的文书，应当当庭宣读。审判人员应当听取公诉人、当事人和辩护人、诉讼代理人的意见。

1. 《刑事诉讼法》关于询问证人、鉴定人的规定

（1）《刑事诉讼法》第187条规定："公诉人、当事人或者辩护人、诉讼代理人对证人证言有异议，且该证人证言对案件定罪量刑有重大影响，人民法院认为证人有必要出庭作证的，证人应当出庭作证。人民警察就其执行职务时目击的犯罪情况作为证人出庭作证，适用前款规定。公诉人、当事人或者辩护人、诉讼代理人对鉴定意见有异议，人民法院认为鉴定人有必要出庭的，鉴定人应当出庭作证。经人民法院通知，鉴定人拒不出庭作证的，鉴定意见不得作为定案的根据。"

（2）《刑事诉讼法》第188条规定："经人民法院通知，证人没有正当理由不出庭作证的，人民法院可以强制其到庭，但是被告人的配偶、父母、子女除外。证人没有正当理由拒绝出庭或者出庭后拒绝作证的，予以训诫，情节严重的，经院长批准，处以十日以下的拘留。被处罚人对拘留决定不服的，可以向上一级人民法院申请复议。复议期间不停止执行。"

（3）《刑事诉讼法》第192条第2、4款规定："公诉人、当事人和辩护人、诉讼代理人可以申请法庭通知有专门知识的人出庭，就鉴定人作出的鉴定意见提出意见。""第二款规定的有专门知识的人出庭，适用鉴定人的有关规定。"

**特别关注**：（4）六部门《规定》第28条规定："人民法院依法通知证人、鉴定人出庭作证

的,应当同时将证人、鉴定人出庭通知书送交控辩双方,控辩双方应当予以配合。"

(5) 六部门《规定》第29条规定:"依法应当出庭的鉴定人经人民法院通知未出庭作证的,鉴定意见不得作为定案的根据。鉴定人由于不能抗拒的原因或者有其他正当理由无法出庭的,人民法院可以根据案件审理情况决定延期审理。"

2.《刑诉法解释》关于询问证人、鉴定人的规定

(1) 公诉人可以提请审判长通知证人、鉴定人出庭作证,或者出示证据。被害人及其法定代理人、诉讼代理人、附带民事诉讼原告人及其诉讼代理人也可以提出申请。在控诉一方举证后,被告人及其法定代理人、辩护人可以提请审判长通知证人、鉴定人出庭作证,或者出示证据。

(2) 控辩双方申请证人出庭作证,出示证据,应当说明证据的名称、来源和拟证明的事实。法庭认为有必要的,应当准许;对方提出异议,认为有关证据与案件无关或者明显重复、不必要,法庭经审查异议成立的,可以不予准许。

(3) 公诉人、当事人或者辩护人、诉讼代理人对证人证言有异议,且该证人证言对定罪量刑有重大影响,或者对鉴定意见有异议,申请法庭通知证人、鉴定人出庭作证,人民法院认为有必要的,应当通知证人、鉴定人出庭;无法通知或者证人、鉴定人拒绝出庭的,应当及时告知申请人。

(4) 证人具有下列情形之一,无法出庭作证的,人民法院可以准许其不出庭:① 在庭审期间身患严重疾病或者行动极为不便的;② 居所远离开庭地点且交通极为不便的;③ 身处国外短期无法回国的;④ 有其他客观原因,确实无法出庭的。具有上述规定情形的,可以通过视频等方式作证。

(5) 强制证人出庭的,应当由院长签发强制证人出庭令。

(6) 审判危害国家安全犯罪、恐怖活动犯罪、黑社会性质的组织犯罪、毒品犯罪等案件,证人、鉴定人、被害人因出庭作证,本人或者其近亲属的人身安全面临危险的,人民法院应当采取不公开其真实姓名、住址和工作单位等个人信息,或者不暴露其外貌、真实声音等保护措施。审判期间,证人、鉴定人、被害人提出保护请求的,人民法院应当立即审查;认为确有保护必要的,应当及时决定采取相应保护措施。

(7) 决定对出庭作证的证人、鉴定人、被害人采取不公开个人信息的保护措施的,审判人员应当在开庭前核实其身份,对证人、鉴定人如实作证的保证书不得公开,在判决书、裁定书等法律文书中可以使用化名等代替其个人信息。

(8) 证人、鉴定人到庭后,审判人员应当核实其身份、与当事人以及本案的关系,并告知其有关作证的权利义务和法律责任。证人、鉴定人作证前,应当保证向法庭如实提供证言、说明鉴定意见,并在保证书上签名。

(9) 向证人、鉴定人发问,应当先由提请通知的一方进行;发问完毕后,经审判长准许,对方也可以发问。

(10) 向证人发问应当遵循以下规则:① 发问的内容应当与本案事实有关;② 不得以诱导方式发问;③ 不得威胁证人;④ 不得损害证人的人格尊严。上述规定适用于对被告人、被害人、附带民事诉讼当事人、鉴定人、有专门知识的人的讯问、发问。

(11) 控辩双方的讯问、发问方式不当或者内容与本案无关的,对方可以提出异议,申请审判长制止,审判长应当判明情况予以支持或者驳回;对方未提出异议的,审判长也可以根据情

况予以制止。

（12）审判人员认为必要时，可以询问证人、鉴定人、有专门知识的人。

（13）向证人、鉴定人、有专门知识的人发问应当分别进行。证人、鉴定人、有专门知识的人经控辩双方发问或者审判人员询问后，审判长应当告知其退庭。证人、鉴定人、有专门知识的人不得旁听对本案的审理。

（14）公诉人、当事人及其辩护人、诉讼代理人申请法庭通知有专门知识的人出庭，就鉴定意见提出意见的，应当说明理由。法庭认为有必要的，应当通知有专门知识的人出庭。申请有专门知识的人出庭，不得超过两人。有多种类鉴定意见的，可以相应增加人数。有专门知识的人出庭，适用鉴定人出庭的有关规定。

3.《刑事诉讼法》关于出示、宣读证据的规定

（1）《刑事诉讼法》第193条规定："法庭审理过程中，对与定罪、量刑有关的事实、证据都应当进行调查、辩论。经审判长许可，公诉人、当事人和辩护人、诉讼代理人可以对证据和案件情况发表意见并且可以互相辩论。审判长在宣布辩论终结后，被告人有最后陈述的权利。"

（2）六部门《规定》第26条规定："人民法院开庭审理公诉案件时，出庭的检察人员和辩护人需要出示、宣读、播放已移交人民法院的证据的，可以申请法庭出示、宣读、播放。"

4.《刑诉法解释》的相关规定

（1）已经移送人民法院的证据，控辩双方需要出示的，可以向法庭提出申请。法庭同意的，应当指令值庭法警出示、播放；需要宣读的，由值庭法警交由申请人宣读。

（2）举证方当庭出示证据后，由对方进行辨认并发表意见。控辩双方可以互相质问、辩论。

（3）当庭出示的证据，尚未移送人民法院的，应当在质证后移交法庭。

（五）调取新证据

1.《刑事诉讼法》的相关规定

（1）法庭审理过程中，当事人和辩护人、诉讼代理人有权申请通知新的证人到庭，调取新的物证，申请重新鉴定或者勘验。

（2）在法庭调查过程中，合议庭对于证据有疑问的，可以宣布休庭，对该证据进行调查核实。人民法院调查核实证据时，可以进行勘验、检查、查封、扣押、鉴定和查询、冻结，必要时，可以通知检察人员、辩护人到场。

（3）六部门《规定》第27条规定："《刑事诉讼法》第三十九条规定：'辩护人认为在侦查、审查起诉期间公安机关、人民检察院收集的证明犯罪嫌疑人、被告人无罪或者罪轻的证据材料未提交的，有权申请人民检察院、人民法院调取。'第一百九十一条第一款规定：'法庭审理过程中，合议庭对证据有疑问的，可以宣布休庭，对证据进行调查核实。'第一百九十二条第一款规定：'法庭审理过程中，当事人和辩护人、诉讼代理人有权申请通知新的证人到庭，调取新的物证，申请重新鉴定或者勘验。'根据上述规定，自案件移送审查起诉之日起，人民检察院可以根据辩护人的申请，向公安机关调取未提交的证明犯罪嫌疑人、被告人无罪或者罪轻的证据材料。在法庭审理过程中，人民法院可以根据辩护人的申请，向人民检察院调取未提交的证明被告人无罪或者罪轻的证据材料，也可以向人民检察院调取需要调查核实的证据材料。公安机关、人民检察院应当自收到要求调取证据材料决定书后三日内移交。"

2.《刑诉法解释》的相关规定

(1) 法庭对证据有疑问的,可以告知公诉人、当事人及其法定代理人、辩护人、诉讼代理人补充证据或者作出说明;必要时,可以宣布休庭,对证据进行调查核实。对公诉人、当事人及其法定代理人、辩护人、诉讼代理人补充的和法庭庭外调查核实取得的证据,应当经过当庭质证才能作为定案的根据。但是,经庭外征求意见,控辩双方没有异议的除外。有关情况,应当记录在案。

(2) 公诉人申请出示开庭前未移送人民法院的证据,辩护方提出异议的,审判长应当要求公诉人说明理由;理由成立并确有出示必要的,应当准许。辩护方提出需要对新的证据作辩护准备的,法庭可以宣布休庭,并确定准备辩护的时间。辩护方申请出示开庭前未提交的证据,参照适用前两款的规定。

(3) 法庭审理过程中,当事人及其辩护人、诉讼代理人申请通知新的证人到庭,调取新的证据,申请重新鉴定或者勘验的,应当提供证人的姓名、证据的存放地点,说明拟证明的案件事实,要求重新鉴定或者勘验的理由。法庭认为有必要的,应当同意,并宣布延期审理;不同意的,应当说明理由并继续审判。延期审理的案件,符合《刑事诉讼法》第202条第1款规定的,可以报请上级人民法院批准延长审理期限。人民法院同意重新鉴定申请的,应当及时委托鉴定,并将鉴定意见告知人民检察院、当事人及其辩护人、诉讼代理人。

(4) 审判期间,公诉人发现案件需要补充侦查,建议延期审理的,合议庭应当同意,但建议延期审理不得超过两次。人民检察院将补充收集的证据移送人民法院的,人民法院应当通知辩护人、诉讼代理人查阅、摘抄、复制。补充侦查期限届满后,经法庭通知,人民检察院未将案件移送人民法院,且未说明原因的,人民法院可以决定按人民检察院撤诉处理。

(5) 人民法院向人民检察院调取需要调查核实的证据材料,或者根据被告人、辩护人的申请,向人民检察院调取在侦查、审查起诉期间收集的有关被告人无罪或者罪轻的证据材料,应当通知人民检察院在收到调取证据材料决定书后3日内移交。

(6) 审判期间,合议庭发现被告人可能有自首、坦白、立功等法定量刑情节,而人民检察院移送的案卷中没有相关证据材料的,应当通知人民检察院移送。审判期间,被告人提出新的立功线索的,人民法院可以建议人民检察院补充侦查。

(六) 量刑调查

1.《刑事诉讼规则》的规定

人民检察院向人民法院提出量刑建议的,公诉人应当在发表公诉意见时提出。

2.《刑诉法解释》的相关规定

(1) 法庭审理过程中,对与量刑有关的事实、证据,应当进行调查。

(2) 人民法院除应当审查被告人是否具有法定量刑情节外,还应当根据案件情况审查以下影响量刑的情节:① 案件起因;② 被害人有无过错及过错程度,是否对矛盾激化负有责任及责任大小;③ 被告人的近亲属是否协助抓获被告人;④ 被告人的平时表现,有无悔罪态度;⑤ 退赃、退赔及赔偿情况;⑥ 被告人是否取得被害人或者其近亲属谅解;⑦ 影响量刑的其他情节。

(3) 对被告人认罪的案件,在确认被告人了解起诉书指控的犯罪事实和罪名,自愿认罪且知悉认罪的法律后果后,法庭调查可以主要围绕量刑和其他有争议的问题进行。对被告人不认罪或者辩护人作无罪辩护的案件,法庭调查应当在查明定罪事实的基础上,查明有关量刑事实。

## 考点 5 公诉案件第一审程序——法庭辩论与最后陈述

（一）法庭辩论

合议庭认为案件事实已经调查清楚的,应当由审判长宣布法庭调查结束,开始就定罪、量刑的事实、证据和适用法律等问题进行法庭辩论。

（1）法庭辩论应当在审判长的主持下,按照下列顺序进行:① 公诉人发言(发表公诉词);② 被害人及其诉讼代理人发言;③ 被告人自行辩护;④ 辩护人辩护(发表辩护词);⑤ 控辩双方进行辩论。

（2）附带民事部分的辩论应当在刑事部分的辩论结束后进行,先由附带民事诉讼原告人及其诉讼代理人发言,后由附带民事诉讼被告人及其诉讼代理人答辩。

（3）人民检察院可以提出量刑建议并说明理由,量刑建议一般应当具有一定的幅度。当事人及其辩护人、诉讼代理人可以对量刑提出意见并说明理由。

（4）对被告人认罪的案件,法庭辩论时,可以引导控辩双方主要围绕量刑和其他有争议的问题进行。对被告人不认罪或者辩护人作无罪辩护的案件,法庭辩论时,可以引导控辩双方先辩论定罪问题,后辩论量刑问题。

（5）法庭辩论过程中,审判长应当充分听取控辩双方的意见,对控辩双方与案件无关、重复或者指责对方的发言应当提醒、制止。

（6）法庭辩论过程中,合议庭发现与定罪、量刑有关的新的事实,有必要调查的,审判长可以宣布暂停辩论,恢复法庭调查,在对新的事实调查后,继续法庭辩论。

（二）被告人最后陈述

（1）审判长宣布法庭辩论终结后,合议庭应当保证被告人充分行使最后陈述的权利。被告人在最后陈述中多次重复自己的意见的,审判长可以制止。陈述内容蔑视法庭、公诉人,损害他人及社会公共利益,或者与本案无关的,应当制止。在公开审理的案件中,被告人最后陈述的内容涉及国家秘密、个人隐私或者商业秘密的,应当制止。

（2）被告人在最后陈述中提出新的事实、证据,合议庭认为可能影响正确裁判的,应当恢复法庭调查;被告人提出新的辩解理由,合议庭认为可能影响正确裁判的,应当恢复法庭辩论。

## 考点 6 公诉案件第一审程序——评议和宣判

（一）评议

1.《刑事诉讼法》的相关规定

（1）在被告人最后陈述后,审判长宣布休庭,合议庭进行评议,根据已经查明的事实、证据和有关的法律规定,分别作出以下判决:① 案件事实清楚,证据确实、充分,依据法律认定被告人有罪的,应当作出有罪判决;② 依据法律认定被告人无罪的,应当作出无罪判决;③ 证据不足,不能认定被告人有罪的,应当作出证据不足、指控的犯罪不能成立的无罪判决。

（2）判决书应当由审判人员和书记员署名,并且写明上诉的期限和上诉的法院。

2.《刑诉法解释》的相关规定

（1）合议庭评议案件,应当根据已经查明的事实、证据和有关法律规定,在充分考虑控辩双方意见的基础上,确定被告人是否有罪、构成何罪,有无从重、从轻、减轻或者免除处罚的情节,应否处以刑罚,判处何种刑罚,附带民事诉讼如何解决,查封、扣押、冻结的财物及其孳息如何处理等,并依法作出判决、裁定。

(2) 对第一审公诉案件,人民法院审理后,应当按照下列情形分别作出判决、裁定:① 起诉指控的事实清楚,证据确实、充分,依据法律认定指控被告人的罪名成立的,应当作出有罪判决。② 起诉指控的事实清楚,证据确实、充分,指控的罪名与审理认定的罪名不一致的,应当按照审理认定的罪名作出有罪判决。③ 案件事实清楚,证据确实、充分,依据法律认定被告人无罪的,应当判决宣告被告人无罪。④ 证据不足,不能认定被告人有罪的,应当以证据不足、指控的犯罪不能成立,判决宣告被告人无罪。⑤ 案件部分事实清楚,证据确实、充分的,应当作出有罪或者无罪的判决;对事实不清、证据不足部分,不予认定。⑥ 被告人因不满16周岁,不予刑事处罚的,应当判决宣告被告人不负刑事责任。⑦ 被告人是精神病人,在不能辨认或者不能控制自己行为时造成危害结果,不予刑事处罚的,应当判决宣告被告人不负刑事责任。⑧ 犯罪已过追诉时效期限且不是必须追诉,或者经特赦令免除刑罚的,应当裁定终止审理。⑨ 被告人死亡的,应当裁定终止审理;根据已查明的案件事实和认定的证据,能够确认无罪的,应当判决宣告被告人无罪。具有前述②规定情形的,人民法院应当在判决前听取控辩双方的意见,保障被告人、辩护人充分行使辩护权。必要时,可以重新开庭,组织控辩双方围绕被告人的行为构成何罪进行辩论。

(3) 合议庭成员应当在评议笔录上签名,在判决书、裁定书等法律文书上署名。

(4) 裁判文书应当写明裁判依据,阐释裁判理由,反映控辩双方的意见,并说明采纳或者不予采纳的理由。

(二) 宣判

宣判分为当庭宣判和定期宣判两种。

1. 《刑事诉讼法》第196条规定

"宣告判决,一律公开进行。当庭宣告判决的,应当在五日以内将判决书送达当事人和提起公诉的人民检察院;定期宣告判决的,应当在宣告后立即将判决书送达当事人和提起公诉的人民检察院。判决书应当同时送达辩护人、诉讼代理人。"

2. 《刑诉法解释》的相关规定

(1) 当庭宣告判决的,应当在5日内送达判决书。定期宣告判决的,应当在宣判前,先期公告宣判的时间和地点,传唤当事人并通知公诉人、法定代理人、辩护人和诉讼代理人;判决宣告后,应当立即送达判决书。判决书应当送达人民检察院、当事人、法定代理人、辩护人、诉讼代理人,并可以送达被告人的近亲属。判决生效后,还应当送达被告人的所在单位或者原户籍地的公安派出所,或者被告单位的注册登记机关。

(2) 宣告判决,一律公开进行。公诉人、辩护人、诉讼代理人、被害人、自诉人或者附带民事诉讼原告人未到庭的,不影响宣判的进行。宣告判决结果时,法庭内全体人员应当起立。

(三) 追加起诉、变更起诉、撤回起诉

1. 六部门《规定》第30条规定

人民法院审理公诉案件,发现有新的事实,可能影响定罪的,人民检察院可以要求补充起诉或者变更起诉,人民法院可以建议人民检察院补充起诉或者变更起诉。人民法院建议人民检察院补充起诉或者变更起诉的,人民检察院应当在7日以内回复意见。

2. 《刑诉法解释》的相关规定

(1) 宣告判决前,人民检察院要求撤回起诉的,人民法院应当审查撤回起诉的理由,作出是否准许的裁定。

（2）审判期间,人民法院发现新的事实,可能影响定罪的,可以建议人民检察院补充或者变更起诉;人民检察院不同意或者在 7 日内未回复意见的,人民法院应当就起诉指控的犯罪事实,依照《刑诉法解释》第 241 条的规定作出判决、裁定。

（3）对依照《刑诉法解释》第 181 条第 1 款第 4 项规定受理的案件,人民法院应当在判决中写明被告人曾被人民检察院提起公诉,因证据不足,指控的犯罪不能成立,被人民法院依法判决宣告无罪的情况;前案依照《刑事诉讼法》第 195 条第 3 项规定作出的判决不予撤销。

（4）对应当认定为单位犯罪的案件,人民检察院只作为自然人犯罪起诉的,人民法院应当建议人民检察院对犯罪单位补充起诉。人民检察院仍以自然人犯罪起诉的,人民法院应当依法审理,按照单位犯罪中的直接负责的主管人员或者其他直接责任人员追究刑事责任,并援引刑法分则关于追究单位犯罪中直接负责的主管人员和其他直接责任人员刑事责任的条款。

3.《刑事诉讼规则》的相关规定

（1）在人民法院宣告判决前,人民检察院发现被告人的真实身份或者犯罪事实与起诉书中叙述的身份或者指控犯罪事实不符的,或者事实、证据没有变化,但罪名、适用法律与起诉书不一致的,可以变更起诉;发现遗漏的同案犯罪嫌疑人或者罪行可以一并起诉和审理的,可以追加、补充起诉。

（2）在人民法院宣告判决前,人民检察院发现具有下列情形之一的,可以撤回起诉:① 不存在犯罪事实的;② 犯罪事实并非被告人所为的;③ 情节显著轻微、危害不大,不认为是犯罪的;④ 证据不足或证据发生变化,不符合起诉条件的;⑤ 被告人因未达到刑事责任年龄,不负刑事责任的;⑥ 法律、司法解释发生变化导致不应当追究被告人刑事责任的;⑦ 其他不应当追究被告人刑事责任的。对于撤回起诉的案件,人民检察院应当在撤回起诉后 30 日以内作出不起诉决定。需要重新侦查的,应当在作出不起诉决定后将案卷材料退回公安机关,建议公安机关重新侦查并书面说明理由。对于撤回起诉的案件,没有新的事实或者新的证据,人民检察院不得再行起诉。新的事实是指原起诉书中未指控的犯罪事实。该犯罪事实触犯的罪名既可以是原指控罪名的同一罪名,也可以是其他罪名。新的证据是指撤回起诉后收集、调取的足以证明原指控犯罪事实的证据。

（3）在法庭审理过程中,人民法院建议人民检察院补充侦查、补充起诉、追加起诉或者变更起诉的,人民检察院应当审查有关理由,并作出是否补充侦查、补充起诉、追加起诉或者变更起诉的决定。人民检察院不同意的,可以要求人民法院就起诉指控的犯罪事实依法作出裁判。

（4）变更、追加、补充或者撤回起诉应当报经检察长或者检察委员会决定,并以书面方式在人民法院宣告判决前向人民法院提出。

（四）《刑事诉讼规则》关于出席第一审法庭的相关规定

（1）公诉人应当由检察长、检察员或者经检察长批准代行检察员职务的助理检察员 1 人至数人担任,并配备书记员担任记录。适用简易程序审理的公诉案件,可以不配备书记员担任记录。

（2）公诉人在法庭上应当依法进行下列活动:① 宣读起诉书,代表国家指控犯罪,提请人民法院对被告人依法审判;② 讯问被告人;③ 询问证人、被害人、鉴定人;④ 申请法庭出示物证,宣读书证、未到庭证人的证言笔录、鉴定人的鉴定意见、勘验、检查、辨认、侦查实验等笔录和其他作为证据的文书,播放作为证据的视听资料、电子数据等;⑤ 对证据采信、法律适用和案件情况发表意见,提出量刑建议及理由,针对被告人、辩护人的辩护意见进行答辩,全面阐述公诉意见;⑥维护诉讼参与人的合法权利;⑦对法庭审理案件有无违反法律规定的诉讼程序的情况记明笔录;⑧依法从事其他诉讼活动。

(3)被告人在庭审中的陈述与在侦查、审查起诉中的供述一致或者不一致的内容不影响定罪量刑的,可以不宣读被告人的供述笔录。被告人在庭审中的陈述与在侦查、审查起诉中的供述不一致,足以影响定罪量刑的,可以宣读被告人的供述笔录,并针对笔录中被告人的供述内容对被告人进行讯问,或者提出其他证据进行证明。

(4)证人应当由人民法院通知并负责安排出庭作证。对于经人民法院通知而未到庭的证人或者出庭后拒绝作证的证人的证言笔录,公诉人应当当庭宣读。对于经人民法院通知而未到庭的证人的证言笔录存在疑问、确实需要证人出庭作证,且可以强制其到庭的,公诉人应当建议人民法院强制证人到庭作证和接受质证。

(5)在法庭审理过程中,合议庭对证据有疑问或者人民法院根据辩护人、被告人的申请,向人民检察院调取在侦查、审查起诉中收集的有关被告人无罪或者罪轻的证据材料的,人民检察院应当自收到人民法院要求调取证据材料决定书后3日以内移交。没有上述材料的,应当向人民法院说明情况。

(6)在法庭审理过程中,合议庭对证据有疑问并在休庭后进行勘验、检查、查封、扣押、鉴定和查询、冻结的,人民检察院应当依法进行监督,发现上述活动有违法情况的,应当提出纠正意见。

(7)人民法院根据申请收集、调取的证据或者合议庭休庭后自行调查取得的证据,应当经过庭审出示、质证才能决定是否作为判决的依据。未经庭审出示、质证直接采纳为判决依据的,人民检察院应当提出纠正意见;作出的判决确有错误的,应当依法提出抗诉。

(8)出庭的书记员应当制作出庭笔录,详细记载庭审的时间、地点、参加人员、公诉人出庭执行任务情况和法庭调查、法庭辩论的主要内容以及法庭判决结果,由公诉人和书记员签名。

(9)人民检察院应当当庭向人民法院移交取回的案卷材料和证据。在审判长宣布休庭后,公诉人应当与审判人员办理交接手续。无法当庭移交的,应当在休庭后3日以内移交。

(10)人民检察院对查封、扣押、冻结的被告人财物及其孳息,应当根据不同情况作以下处理:①对作为证据使用的实物,应当依法随案移送;对不宜移送的,应当将其清单、照片或者其他证明文件随案移送。②冻结在金融机构的违法所得及其他涉案财产,应当向人民法院随案移送该金融机构出具的证明文件,待人民法院作出生效判决、裁定后,由人民法院通知该金融机构上缴国库。③查封、扣押的涉案财产,对依法不移送的,应当随案移送清单、照片或者其他证明文件,待人民法院作出生效判决、裁定后,由人民检察院根据人民法院的通知上缴国库,并向人民法院送交执行回单。④对于被扣押、冻结的债券、股票、基金份额等财产,在扣押、冻结期间权利人申请出售的,参照《刑事诉讼规则》第244条的规定办理。

## 考点 7 公诉案件第一审程序——单位犯罪案件的审理程序

(1)人民法院受理单位犯罪案件,除依照有关规定进行审查外,还应当审查起诉书是否列明被告单位的名称、住所地、联系方式、法定代表人、主要负责人以及代表被告单位出庭的诉讼代表人的姓名、职务、联系方式。需要人民检察院补充材料的,应当通知人民检察院在3日内补送。

(2) 被告单位的诉讼代表人,应当是法定代表人或者主要负责人;法定代表人或者主要负责人被指控为单位犯罪直接负责的主管人员或者因客观原因无法出庭的,应当由被告单位委托其他负责人或者职工作为诉讼代表人。但是,有关人员被指控为单位犯罪的其他直接责任人员或者知道案件情况、负有作证义务的除外。

(3) 开庭审理单位犯罪案件,应当通知被告单位的诉讼代表人出庭;没有诉讼代表人参与诉讼的,应当要求人民检察院确定。被告单位的诉讼代表人不出庭的,应当按照下列情形分别处理:① 诉讼代表人系被告单位的法定代表人或者主要负责人,无正当理由拒不出庭的,可以拘传其到庭;因客观原因无法出庭,或者下落不明的,应当要求人民检察院另行确定诉讼代表人;② 诉讼代表人系被告单位的其他人员的,应当要求人民检察院另行确定诉讼代表人出庭。

(4) 被告单位的诉讼代表人享有刑事诉讼法规定的有关被告人的诉讼权利。开庭时,诉讼代表人席位置于审判台前左侧,与辩护人席并列。被告单位委托辩护人,参照适用《刑诉法解释》的有关规定。

(5) 被告单位的违法所得及其孳息,尚未被依法追缴或者查封、扣押、冻结的,人民法院应当决定追缴或者查封、扣押、冻结。为保证判决的执行,人民法院可以先行查封、扣押、冻结被告单位的财产,或者由被告单位提出担保。

(6) 审判期间,被告单位被撤销、注销、吊销营业执照或者宣告破产的,对单位犯罪直接负责的主管人员和其他直接责任人员应当继续审理。审判期间,被告单位合并、分立的,应当将原单位列为被告单位,并注明合并、分立情况。对被告单位所判处的罚金以其在新单位的财产及收益为限。

### 考点 8 公诉案件第一审程序——法庭秩序

1. 《刑事诉讼法》的相关规定

《刑事诉讼法》第194条规定:"在法庭审判过程中,如果诉讼参与人或者旁听人员违反法庭秩序,审判长应当警告制止。对不听制止的,可以强行带出法庭;情节严重的,处以一千元以下的罚款或者十五日以下的拘留。罚款、拘留必须经院长批准。被处罚人对罚款、拘留的决定不服的,可以向上一级人民法院申请复议。复议期间不停止执行。对聚众哄闹、冲击法庭或者侮辱、诽谤、威胁、殴打司法工作人员或者诉讼参与人,严重扰乱法庭秩序,构成犯罪的,依法追究刑事责任。"

2. 《刑诉法解释》的相关规定

(1) 法庭审理过程中,诉讼参与人、旁听人员应当遵守以下纪律:① 服从法庭指挥,遵守法庭礼仪;② 不得鼓掌、喧哗、哄闹、随意走动;③ 不得对庭审活动进行录音、录像、摄影,或者通过发送邮件、博客、微博客等方式传播庭审情况,但经人民法院许可的新闻记者除外;④ 旁听人员不得发言、提问;⑤ 不得实施其他扰乱法庭秩序的行为。

(2) 法庭审理过程中,诉讼参与人或者旁听人员扰乱法庭秩序的,审判长应当按照下列情形分别处理:① 情节较轻的,应当警告制止并进行训诫;② 不听制止的,可以指令法警强行带出法庭;③ 情节严重的,报经院长批准后,可以对行为人处1 000元以下的罚款或者15日以下的拘留;④ 未经许可录音、录像、摄影或者通过邮件、博客、微博客等方式传播庭审情况的,可以暂扣存储介质或者相关设备。诉讼参与人、旁听人员对罚款、拘留的决定不服的,可以直接向上一级人民法院申请复议,也可以通过决定罚款、拘留的人民法院向上一级人民法院申请复议。通过决定罚款、拘留的人民法院申请复议的,该人民法院应当自收到复议申请之日起3日内,将复议申请、罚款或者拘留决定书和有关事实、证据材料一并报上一级人民法院复议。复议期间,不停止决定的执行。

(3) 担任辩护人、诉讼代理人的律师严重扰乱法庭秩序,被强行带出法庭或者被处以罚款、拘留的,人民法院应当通报司法行政机关,并可以建议依法给予相应处罚。

(4) 聚众哄闹、冲击法庭或者侮辱、诽谤、威胁、殴打司法工作人员或诉讼参与人,严重扰乱法庭秩序,构成犯罪的,应当依法追究刑事责任。

(5) 辩护人严重扰乱法庭秩序,被强行带出法庭或者被处以罚款、拘留,被告人自行辩护的,庭审继续进行;被告人要求另行委托辩护人,或者被告人属于应当提供法律援助情形的,应当宣布休庭。

## 考点 9 公诉案件第一审程序——法庭审判笔录

开庭审理的全部活动,应当由书记员制作笔录;笔录经审判长审阅后,分别由审判长和书记员签名。法庭笔录应当在庭审后交由当事人、法定代理人、辩护人、诉讼代理人阅读或者向其宣读。法庭笔录中的出庭证人、鉴定人、有专门知识的人的证言、意见部分,应当在庭审后分别交由有关人员阅读或向其宣读。前述所列人员认为记录有遗漏或者差错的,可以请求补充或者改正;确认无误后,应当签名;拒绝签名的,应当记录在案;要求改变庭审中陈述的,不予准许。

## 考点 10 公诉案件第一审程序——延期审理、中止审理和终止审理

六部门《规定》第31条规定:法庭审理过程中,被告人揭发他人犯罪行为或者提供重要线索,人民检察院认为需要进行查证的,可以建议补充侦查。

(一) 延期审理

延期审理是指在法庭审判过程中,遇到某些法定的足以影响审判进行的情形时,法庭决定推迟审理活动。《刑事诉讼法》第198条规定:"在法庭审判过程中,遇有下列情形之一,影响审判进行的,可以延期审理:(一) 需要通知新的证人到庭,调取新的物证,重新鉴定或者勘验的;(二) 检察人员发现提起公诉的案件需要补充侦查,提出建议的;(三) 由于申请回避而不能进行审判的。"《刑事诉讼法》第199条规定:"依照本法第一百九十八条第二项的规定延期审理的案件,人民检察院应当在一个月以内补充侦查完毕。"

1.《刑诉法解释》的相关规定

(1) 法庭审理过程中,当事人及其辩护人、诉讼代理人申请通知新的证人到庭,调取新的证据,申请重新鉴定或者勘验的,应当提供证人的姓名、证据的存放地点,说明拟证明的案件事实,要求重新鉴定或者勘验的理由。法庭认为有必要的,应当同意,并宣布延期审理;不同意的,应当说明理由并继续审理。延期审理的案件,符合《刑事诉讼法》第202条第1款规定的,可以报请上级人民法院批准延长审理期限。人民法院同意重新鉴定申请的,应当及时委托鉴定,并将鉴定意见告知人民检察院、当事人及其辩护人、诉讼代理人。

(2) 审判期间,公诉人发现案件需要补充侦查,建议延期审理的,合议庭应当同意,但建议延期审理不得超过两次。人民检察院将补充收集的证据移送人民法院的,人民法院应当通知

辩护人、诉讼代理人查阅、摘抄、复制。补充侦查期限届满后,经法庭通知,人民检察院未将案件移送人民法院,且未说明原因的,人民法院可以决定按人民检察院撤诉处理。

2.《刑事诉讼规则》的相关规定

(1) 法庭审判过程中遇有下列情形之一的,公诉人可以建议法庭延期审理:① 发现事实不清、证据不足,或者遗漏罪行、遗漏同案犯罪嫌疑人,需要补充侦查或者补充提供证据的;② 被告人揭发他人犯罪行为或者提供重要线索,需要补充侦查进行查证的;③ 发现遗漏罪行或者遗漏同案犯罪嫌疑人,虽不需要补充侦查和补充提供证据,但需要补充、追加或者变更起诉的;④ 申请人民法院通知证人、鉴定人出庭作证或者有专门知识的人出庭提出意见的;⑤ 需要调取新的证据,重新鉴定或者勘验的;⑥ 公诉人出示、宣读开庭前移送人民法院的证据以外的证据,或者补充、变更起诉,需要给予被告人、辩护人必要时间进行辩护准备的;⑦ 被告人、辩护人向法庭出示公诉人不掌握的与定罪量刑有关的证据,需要调查核实的;⑧ 公诉人对证据收集的合法性进行证明,需要调查核实的。在人民法院开庭审理前发现具有上述情形之一的,人民检察院可以建议人民法院延期审理。

(2) 法庭宣布延期审理后,人民检察院应当在补充侦查的期限内提请人民法院恢复法庭审理或者撤回起诉。公诉人在法庭审理过程中建议延期审理的次数不得超过两次,每次不得超过1个月。

(3) 在审判过程中,对于需要补充提供法庭审判所必需的证据或者补充侦查的,人民检察院应当自行收集证据和进行侦查,必要时可以要求侦查机关提供协助;也可以书面要求侦查机关补充提供证据。补充侦查不得超过1个月。

(二) 中止审理

中止审理是指在审判过程中,出现了某些使审判活动在一定期限内无法继续进行的情况时,审判人员决定暂时停止审判活动,待有关情形消失后,再行恢复审判。《刑事诉讼法》第200条规定:"在审判过程中,有下列情形之一,致使案件在较长时间内无法继续审理的,可以中止审理:(一) 被告人患有严重疾病,无法出庭的;(二) 被告人脱逃的;(三) 自诉人患有严重疾病,无法出庭,未委托诉讼代理人出庭的;(四) 由于不能抗拒的原因。中止审理的原因消失后,应当恢复审理。中止审理的期间不计入审理期限。"

《刑诉法解释》的相关规定

(1) 依照有关规定另行委托辩护人或者指派律师的,自案件宣布休庭之日起至第15日止,由辩护人准备辩护,但被告人及其辩护人自愿缩短时间的除外。

(2) 有多名被告人的案件,部分被告人具有《刑事诉讼法》第200条第1款规定情形的,人民法院可以对全案中止审理;根据案件情况,也可以对该部分被告人中止审理,对其他被告人继续审理。对中止审理的部分被告人,可以根据案件情况另案处理。

(3) 被告人在自诉案件审判期间下落不明的,人民法院应当裁定中止审理。被告人到案后,应当恢复审理,必要时应当对被告人依法采取强制措施。

(三) 终止审理

终止审理是指人民法院在案件审判过程中,遇有《刑事诉讼法》第15条第2项至第6项规定的情形时终结诉讼程序的活动。① 犯罪已过追诉时效期限的;② 经特赦令免除刑罚的;③ 依照刑法告诉才处理的犯罪,没有告诉或者撤回告诉的;④ 被告人死亡的;⑤ 其他法律规定免予追究刑事责任的。

## 考点 11 公诉案件第一审程序——期限

《刑事诉讼法》第 202 条规定:"人民法院审理公诉案件,应当在受理后二个月以内宣判,至迟不得超过三个月。对于可能判处死刑的案件或者附带民事诉讼的案件,以及有本法第一百五十六条规定情形之一的,经上一级人民法院批准,可以延长三个月;因特殊情况还需要延长的,报请最高人民法院批准。人民法院改变管辖的案件,从改变后的人民法院收到案件之日起计算审理期限。人民检察院补充侦查的案件,补充侦查完毕移送人民法院后,人民法院重新计算审理限。"

**特别关注**:人民法院审理自诉案件的期限,被告人被羁押的,适用《刑事诉讼法》第 202 条第 1 款、第 2 款的规定;未被羁押的,应当在受理后 6 个月以内宣判。

## 考点 12 人民检察院对审判活动的监督

1. 《刑事诉讼法》的规定

《刑事诉讼法》第 203 条规定:"检察院发现人民法院审理案件违反法律规定的诉讼程序,有权向人民法院提出纠正意见。"六部门《规定》第 32 条规定:"人民检察院对违反法定程序的庭审活动提出纠正意见,应当由人民检察院在庭审后提出。"《刑事法解释》第 258 条规定:"人民检察院认为人民法院审理案件违反法定程序,在庭审后提出书面纠正意见,人民法院认为正确的,应当采纳。"

2. 《刑事诉讼规则》关于审判活动监督的有关规定

(1) 审判活动监督主要发现和纠正以下违法行为:① 人民法院对刑事案件的受理违反管辖规定的;② 人民法院审理案件违反法定审理和送达期限的;③ 法庭组成人员不符合法律规定,或者违反规定应当回避而不回避的;④ 法庭审理案件违反法定程序的;⑤ 侵犯当事人和其他诉讼参与人的诉讼权利和其他合法权利的;⑥ 法庭审理时对有关程序问题所作的决定违反法律规定的;⑦ 二审法院违反法律规定裁定发回重审的;⑧ 故意毁弃、篡改、隐匿、伪造、偷换证据或者其他诉讼材料,或者依据未经法定程序调查、质证的证据定案的;⑨ 依法应当调查收集相关证据而不收集的;⑩ 徇私枉法,故意违背事实和法律作枉法裁判的;⑪ 收受、索取当事人及其近亲属或者其委托的律师等人财物或者其他利益的;⑫ 违反法律规定采取强制措施或者采取强制措施法定期限届满,不予释放、解除或者变更的;⑬ 应当退还取保候审保证金不退还的;⑭ 对与案件无关的财物采取查封、扣押、冻结措施,或者应当解除查封、扣押、冻结不解除的;⑮ 贪污、挪用、私分、调换、违反规定使用查封、扣押、冻结的财物及其孳息的;⑯ 其他违反法律规定的审理程序的行为。

(2) 审判活动监督由公诉部门和刑事申诉检察部门承办,对于人民法院审理案件违反法定期限的,由监所检察部门承办。人民检察院可以通过调查、审阅案卷、受理申诉、控告等活动,监督审判活动是否合法。

(3) 人民检察院检察长可以列席人民法院审判委员会会议,对审判委员会讨论的案件等议题发表意见,依法履行法律监督职责。

(4) 人民检察院在审判活动监督中,如果发现人民法院或者审判人员审理案件违反法律规定的诉讼程序,应当向人民法院提出纠正意见。出席法庭的检察人员发现法庭审判违反法律规定的诉讼程序,应当在休庭后及时向检察长报告。人民检察院对违反程序的庭审活动提出纠正意见,应当由人民检察院在庭审后提出。

(5) 人民检察院对人民法院审判活动中违法行为的监督,可以参照《刑事诉讼规则》有关人民检察院对公安机关侦查活动中违法行为监督的规定办理。

## 考点 13　自诉案件第一审程序

1. 《刑事诉讼法》的相关规定

《刑事诉讼法》第 204 条规定:"自诉案件包括下列案件:(一) 告诉才处理的案件;(二) 被害人有证据证明的轻微刑事案件;(三) 被害人有证据证明对被告人侵犯自己人身、财产权利的行为应当依法追究刑事责任,而公安机关或者人民检察院不予追究被告人刑事责任的案件。"

(一) 自诉案件的受理程序

《刑事诉讼法》第 205 条规定:"人民法院对于自诉案件进行审查后,按照下列情形分别处理:(一) 犯罪事实清楚,有足够证据的案件,应当开庭审判;(二) 缺乏罪证的自诉案件,如果自诉人提不出补充证据,应当说服自诉人撤回自诉,或者裁定驳回。自诉人经两次依法传唤,无正当理由拒不到庭的,或者未经法庭许可中途退庭的,按撤诉处理。法庭审理过程中,审判人员对证据有疑问,需要调查核实的,适用本法第一百九十一条的规定。"

2. 《刑诉法解释》的相关规定

(1) 对自诉案件,人民法院应当在 15 日内审查完毕。经审查,符合受理条件的,应当决定立案,并书面通知自诉人或者代为告诉人。具有下列情形之一的,应当说服自诉人撤回起诉;自诉人不撤回起诉的,裁定不予受理:① 不属于《刑诉法解释》第 1 条规定的案件的;② 缺乏罪证的;③ 犯罪已过追诉时效期限的;④ 被告人死亡的;⑤ 被告人下落不明的;⑥ 除因证据不足而撤诉的以外,自诉人撤诉后,就同一事实又告诉的;⑦ 经人民法院调解结案后,自诉人反悔,就同一事实再行告诉的。

(2) 对已经立案,经审查缺乏罪证的自诉案件,自诉人提不出补充证据的,人民法院应当说服其撤回起诉或者裁定驳回起诉;自诉人撤回起诉或者被驳回起诉后,又提出了新的足以证明被告人有罪的证据,再次提起自诉的,人民法院应当受理。

(3) 自诉人对不予受理或者驳回起诉的裁定不服的,可以提起上诉。第二审人民法院查明第一审人民法院作出的不予受理裁定有错误的,应当在撤销原裁定的同时,指令第一审人民法院立案受理;查明第一审人民法院驳回起诉裁定有错误的,应当在撤销原裁定的同时,指令第一审人民法院进行审理。

(4) 自诉人明知有其他共同侵害人,但只对部分侵害人提自诉的,人民法院应当受理,并告知其放弃告诉的法律后果;自诉人放弃告诉,判决宣告后又对其他共同侵害人就同一事实提起自诉的,人民法院不予受理。共同被害人中只有部分人告诉的,人民法院应当通知其他被害人参加诉讼,并告知其不参加诉讼的法律后果。被通知人接到通知后表示不参加诉讼或者不出庭的,视为放弃告诉。第一审宣判后,被通知人就同一事实又提起自诉的,人民法院不予受理。但是,当事人另行提起民事诉讼的,不受《刑诉法解释》限制。

(5) 被告人实施两个以上犯罪行为,分别属于公诉案件和自诉案件,人民法院可以一并审理。对自诉部分的审理,适用本章的规定。

(6) 自诉案件当事人因客观原因不能取得的证据,申请人民法院调取的,应当说明理由,并提供相关线索或者材料。人民法院认为有必要的,应当及时调取。

(7) 对犯罪事实清楚,有足够证据的自诉案件,应当开庭审理。

(8) 自诉案件,符合简易程序适用条件的,可以适用简易程序审理。不适用简易程序审理的自诉案件,参照适用公诉案件第一审普通程序的有关规定。

(二) 自诉案件第一审程序的特点

自诉案件应当开庭审判,第一审程序参照公诉案件第一审程序的规定进行。《刑事诉讼法》第 206 条第 1 款规定:"人民法院对自诉案件,可以进行调解;自诉人在宣告判决前,可以同被告人自行和解或者撤回自诉。本法第二百零四条第三项规定的案件不适用调解。"《刑事诉讼法》第 207 条规定:"自诉案件的被告人在诉讼过程中,可以对自诉人提起反诉。反诉适用自诉的规定。"

《刑诉法解释》的相关规定

(1) 人民法院审理自诉案件,可以在查明事实、分清是非的基础上,根据自愿、合法的原则进行调解。调解达成协议的,应当制作刑事调解书,由审判人员和书记员署名,并加盖人民法院印章。调解书经双方当事人签收后,即具有法律效力。调解没有达成协议,或者调解书签收前当事人反悔的,应当及时作出判决。

(2) 判决宣告前,自诉案件的当事人可以自行和解,自诉人可以撤回自诉。人民法院经审查,认为和解、撤回自诉确属自愿的,应当裁定准许;认为系被强迫、威吓等,并非出于自愿的,不予准许。

(3) 裁定准许撤诉或者当事人自行和解的自诉案件,被告人被采取强制措施的,人民法院应当立即解除。

(4) 自诉人经两次传唤,无正当理由拒不到庭,或者未经法庭准许中途退庭的,人民法院应当裁定按撤诉处理。部分自诉人撤诉或者被裁定按撤诉处理的,不影响案件的继续审理。

(5) 对自诉案件,应当参照《刑事诉讼法》第 195 条和《刑诉法解释》第 241 条的有关规定作出判决;对依法宣告无罪的案件,其附带民事部分应当依法进行调解或者一并作出判决。

(6) 告诉才处理和被害人有证据证明的轻微刑事案件的被告人或者其法定代理人在诉讼过程中,可以对自诉人提起反诉。反诉必须符合下列条件:① 反诉的对象必须是本案自诉人;② 反诉的内容必须是与本案有关的行为;③ 反诉的案件必须符合《刑诉法解释》第 1 条第 1 项、第 2 项的规定。反诉案件适用自诉案件的规定,应当与自诉案件一并审理。自诉人撤诉的,不影响反诉案件的继续审理。

(三) 自诉案件第一审的审限

《刑事诉讼法》第 206 条第 2 款规定:"人民法院审理自诉案件的期限,被告人被羁押的,适用本法第二百零二条第一款、第二款的规定;未被羁押的,应当在受理后六个月以内宣判。"

# 考点 14 简易程序

(一) 简易程序的概念

简易程序是指基层人民法院审理某些事实清楚、情节简单、犯罪轻微的刑事案件所适用的比普通程序相对简化的审判程序。

(二) 我国刑事诉讼简易程序的特点

只适用于第一审程序。只适用于基层人民法院。简易程序的具体内容是对第一审普通程序的相对简化。对自愿认罪的被告人,酌情予以从轻处罚。

(三) 简易程序的适用范围

1.《刑事诉讼法》的规定

《刑事诉讼法》第 208 条规定:"基层人民法院管辖的案件,符合下列条件的,可以适用简易程序审判:(一) 案件事实清楚、证据充分的;(二) 被告人承认自己所犯罪行,对指控的犯罪事实没有异议的;(三) 被告人对适用简易程序没有异议的。人民检察院在提起公诉的时候,可以建议人民法院适用简易程序。"《刑事诉讼法》第 209 条规定:"有下列情形之一的,不适用简易程序:(一) 被告人是盲、聋、哑人,或者是尚未完全丧失辨认或者控制自己行为能力的精神病人的;(二) 有重大社会影响的;(三) 共同犯罪案件中部分被告人不认罪或者对适用简易程序有异议的;(四) 其他不宜适用简易程序审理的。"

2.《刑诉法解释》的规定

(1) 基层人民法院受理公诉案件后,经审查认为案件事实清楚、证据充分的,在将起诉书副本送达被告人时,应当询问被告人对指控的犯罪事实的意见,告知其适用简易程序的法律规定。被告人对指控的犯罪事实没有异议并同意适用简易程序的,可以决定适用简易程序,并在开庭前通知人民检察院和辩护人。对人民检察院建议适用简易程序审理的案件,依照前款的规定处理;不符合简易程序适用条件的,应当通知人民检察院。

(2) 具有下列情形之一的,不适用简易程序:① 被告人是盲、聋、哑人;② 被告人是尚未完全丧失辨认或者控制自己行为能力的精神病人的;③ 有重大社会影响的;④ 共同犯罪案件中部分被告人不认罪或者对适用简易程序有异议的;⑤ 辩护人作无罪辩护的;⑥ 被告人认罪但经审查认为可能不构成犯罪的;⑦ 不宜适用简易程序审理的其他情形。

(3) 适用简易程序审理的案件,符合《刑事诉讼法》第 34 条第 1 款规定的,人民法院应当告知被告人及其近亲属可以申请法律援助。

(四) 简易审判程序的特点

1.《刑事诉讼法》的规定

(1) 可以由审判员一人独任审判。《刑事诉讼法》第 210 条规定:"适用简易程序审理案件,对可能判处三年有期徒刑以下刑罚的,可以组成合议庭进行审判,也可以由审判员一人独任审判;对可能判处的有期徒刑超过三年的,应当组成合议庭进行审判。适用简易程序审理公诉案件,人民检察院应当派员出席法庭。"

(2) 简化法庭调查和法庭辩论程序。《刑事诉讼法》第 213 条规定:"适用简易程序审理案件,不受本章第一节关于送达期限、讯问被告人、询问证人、鉴定人、出示证据、法庭辩论程序规定的限制。但在判决宣告前应当听取被告人的最后陈述意见。"

2.《刑诉法解释》的规定

(1) 适用简易程序审理案件,人民法院应当在开庭 3 日前,将开庭的时间、地点通知人民检察院、自诉人、被告人、辩护人,也可以通知其他诉讼参与人。通知可以采用简便方式,但应当记录在案。

(2) 适用简易程序审理案件,被告人有辩护人的,应当通知其出庭。

(3) 适用简易程序审理案件,审判长或者独任审判员应当当庭询问被告人对指控的犯罪事实的意见,告知被告人适用简易程序审理的法律规定,确认被告人是否同意适用简易程序。

(4) 适用简易程序审理案件,可以对庭审作如下简化:① 公诉人可以摘要宣读起诉书;

② 公诉人、辩护人、审判人员对被告人的讯问、发问可以简化或者省略；③ 对控辩双方无异议的证据,可以仅就证据的名称及所证明的事项作出说明;对控辩双方有异议,或者法庭认为有必要调查核实的证据,应当出示,并进行质证;④ 控辩双方对与定罪量刑有关的事实、证据没有异议的,法庭审理可以直接围绕罪名确定和量刑问题进行。适用简易程序审理案件,判决宣告前应当听取被告人的最后陈述。

简易程序在必要时可以变更为普通程序,但是,普通程序不得转为简易程序。适用简易程序独任审判过程中,发现对被告人可能判处的有期徒刑超过3年的,应当转由合议庭审理。适用简易程序审理案件,在法庭审理过程中,有下列情形之一的,应当转为普通程序审理：① 被告人的行为可能不构成犯罪的;② 被告人可能不负刑事责任的;③ 被告人当庭对起诉指控的犯罪事实予以否认的;④ 案件事实不清、证据不足的;⑤ 不应当或者不宜适用简易程序的其他情形。转为普通程序审理的案件,审理期限应当从决定转为普通程序之日起计算。

（五）简易程序的提起和审判

《刑事诉讼法》第211条规定："适用简易程序审理案件,审判人员应当询问被告人对指控的犯罪事实的意见,告知被告人适用简易程序审理的法律规定,确认被告人是否同意适用简易程序审理。"《刑事诉讼法》第212条规定："适用简易程序审理案件,经审判人员许可,被告人及其辩护人可以同公诉人、自诉人及其诉讼代理人互相辩论。"《刑事诉讼法》第213条规定："适用简易程序审理案件,不受本章第一节关于送达期限、讯问被告人、询问证人、鉴定人、出示证据、法庭辩论程序规定的限制。但在判决宣告前应当听取被告人的最后陈述意见。"《刑事诉讼法》第214条规定："适用简易程序审理案件,人民法院应当在受理后二十日以内审结;对可能判处的有期徒刑超过三年的,可以延长至一个半月。"适用简易程序审理案件,一般应当当庭宣判。

（六）《刑事诉讼规则》关于简易程序的规定

（1）人民法院决定适用简易程序审理的案件,人民检察院认为具有《刑事诉讼法》第209条规定情形之一的,应当向人民法院提出纠正意见;具有其他不宜适用简易程序情形的,人民检察院可以建议人民法院不适用简易程序。

（2）基层人民检察院审查案件,认为案件事实清楚、证据充分的,应当在讯问犯罪嫌疑人时,了解其是否承认自己所犯罪行,对指控的犯罪事实有无异议,告知其适用简易程序的法律规定,确认其是否同意适用简易程序。

（3）适用简易程序审理的公诉案件,人民检察院应当派员出席法庭。人民检察院可以对适用简易程序的案件相对集中提起公诉,建议人民法院相对集中审理。

（4）公诉人出席简易程序法庭时,应当主要围绕量刑以及其他有争议的问题进行法庭调查和法庭辩论。在确认被告人庭前收到起诉书并对起诉书指控的犯罪事实没有异议后,可以简化宣读起诉书,根据案件情况决定是否讯问被告人,是否询问证人、鉴定人,是否需要出示证据。根据案件情况,公诉人可以建议法庭简化法庭调查和法庭辩论程序。

（5）适用简易程序审理的公诉案件,公诉人发现不宜适用简易程序审理的,应当建议法庭按照第一审普通程序重新审理。

（6）转为普通程序审理的案件,公诉人需要为出席法庭进行准备的,可以建议人民法院延期审理。

## 考点 15 判决、裁定和决定

判决、裁定和决定,是指公安机关、人民检察院、人民法院在刑事诉讼过程中,依据事实和法律对案件的实体问题和程序问题作出的三种对诉讼参与人以及其他机构和个人具有约束力的处理决定。

(一) 判决

1. 判决的概念和种类

判决是人民法院通过审理对案件的实体问题作出的处理决定。它是人民法院代表国家行使审判权,在个案适用法律上的具体体现。根据《刑事诉讼法》第195条的规定,人民法院所作的刑事判决分为有罪判决和无罪判决两种。有罪判决是人民法院对案件事实清楚,证据确实充分,依据法律认定被告人有罪时作出的判决。进一步划分,有罪判决又可分为定罪处刑判决和定罪免刑判决。定罪处刑判决是指人民法院作出的在认定被告人的行为构成犯罪的基础上,给予适当刑事处罚的判决;定罪免刑判决是人民法院作出的确认被告人的行为构成犯罪,同时又基于被告人具有法定免除处罚情节而宣布对被告人免除刑事处罚的判决。无罪判决是人民法院作出的确认被告人的行为不构成犯罪或者因证据不足,不能认定被告人有罪的判决。无罪判决有两种:一种是案件事实清楚,证据确实、充分,依据法律认定被告人无罪的无罪判决;另一种是因证据不足,不能认定被告人有罪时作出的证据不足,指控的犯罪不能成立的无罪判决。后一种无罪判决是刑事诉讼法贯彻疑罪从无原则的具体体现。另外,根据有无附带民事诉讼,判决还可以分为刑事判决和刑事附带民事判决两种。

2. 判决书的制作要求和内容

判决是人民法院行使国家审判权和执行国家法律的具体结果,具有权威性、强制性、严肃性和稳定性。因此,判决书作为判决的书面表现形式,其制作是一项严肃且慎重的活动,必须严格按照规定的格式和要求制作。总的要求是:格式规范;事实叙述清楚、具体、层次清楚,重点突出;说理透彻,论证充分;结论明确,法律条文的引用正确、无误;逻辑结构严谨,无前后矛盾之处;行文通俗易懂,繁简得当,标点符号正确。《刑事诉讼法》第51条规定:审判人员制作判决书时,必须忠实于事实真相。故意隐瞒事实真相的,应当追究责任。具体而言,根据最高人民法院审判委员会通过的《法院刑事诉讼文书样式》(样本)的规定,判决书的制作要求和内容有以下几方面:

(1) 首部。首部包括人民法院名称、判决书类别、案号;公诉机关和公诉人、当事人、辩护人、诉讼代理人基本情况;案由和案件来源;开庭审理,审判组织的情况等。

(2) 事实部分。事实是判决的基础,是判决理由和判决结果的根据。这部分包括四个方面的内容:① 人民检察院指控被告人犯罪的事实和证据;② 被告人的供述、辩护和辩护人的辩护意见;③ 经法庭审理查明的事实;④ 据以定案的证据。其中,对认定事实的证据必须做到:① 依法公开审理的案件,除无须举证的事实外,证明案件事实的证据必须是指经过法庭公开举证、质证的,未经法庭公开举证、质证的不能认证;② 要通过对证据的具体分析、认证来证明判决所确认的犯罪事实,防止并杜绝用"以上事实、证据充分、被告人也供认不讳,足以认定"等抽象、笼统的说法或简单地罗列证据的方法来代替对证据的具体分析、认证,法官认证和采证的过程应当在判决书中充分体现出来;③ 证据的叙述要尽可能明确、具体。此外,叙述证据时,还应当注意到保守国家秘密,保护报案人、控告人、举报人、被害人、证人的安全和名誉。

(3) 理由部分。理由是判决的灵魂,是将事实和判决结果有机联系在一起的纽带,是判决书说服力的基础。其核心内容是针对具体案件的特点,运用法律规定、犯罪构成和刑事诉讼理论,阐明控方的指控是否成立,被告人的行为是否构成犯罪,犯什么罪,情节轻重与否,依法应当如何处理。书写判决理由时应注意:① 理由的论述要结合具体案情有针对性和个性,说理力求透彻,使理由具有较强的思想性和说服力。切忌说空话,套话。② 罪名确定准确。一人犯数罪的,一般先定重罪,后定轻罪;共同犯罪案件应在分清各被告人在共同犯罪中的地位、作用和刑事责任的前提下,依次确定首要分子、主犯、从犯或者胁从犯、教唆犯的罪名。③ 被告人具有从轻、减轻、免除处罚或从重处罚情节的,应当分别或者综合予以认定。④ 对控辩双方适用法律方面的意见应当有分析地表明是否予以采纳,并阐明理由。⑤ 法律条文(包括司法解释)的引用要完整、准确、具体。

(4) 结果部分。判决结果是依照有关法律的具体规定,对被告人作出的定性处理的结论。书写时应当字斟句酌、认真推敲,力求文字精练、表达清楚、准确无误。其中有罪判决应写明判处的罪名、刑种、刑期或者免除刑罚;数罪并罚的应分别写明各罪判处的刑罚和决定执行的刑罚;被告人已被羁押的,应写明刑期折抵情况和实际执行刑期的起止时间;缓刑的应写明缓刑考验期限;附带民事诉讼案件,应写明附带民事诉讼的处理情况;有赃款赃物的,应写明处理情况。无罪判决要写明认定被告人无罪以及所根据的事实和法律依据;对证据不足,不能认定被告人有罪的应写明证据不足、指控的犯罪不能成立,并宣告无罪。

(5) 尾部。这部分写明被告人享有上诉权利、上诉期限、上诉法院、上诉方式和途径;合议庭组成人员或独任审判员和书记员姓名;判决书制作、宣判日期;最后要加盖人民法院印章。

(二) 裁定

1. 裁定的概念和分类

裁定是人民法院在案件审理过程中和判决执行过程中,对程序性问题和部分实体问题所作的决定。裁定与判决的法律性质和特点基本相同,但二者也有区别,具体表现如下:

(1) 适用对象上不同;判决只解决案件的实体性问题,而裁定除了解决部分实体性问题外,主要是解决程序性问题。

(2) 适用范围不同;裁定比判决的适用范围要广泛得多。判决只适用于审判程序终结时,包括第一审、第二审和审判监督程序,而裁定则适用于整个审判程序和执行程序。

(3) 适用的方式不同;判决必须采用书面形式,而裁定则可采用书面和口头两种形式。

(4) 上诉、抗诉的期限不同;不服判决的上诉、抗诉期限为 10 日,而不服裁定的上诉、抗诉期限为 5 日。裁定可根据不同标准进行分类:根据裁定解决的问题划分,裁定可分为程序性裁定和实体性裁定;根据诉讼阶段划分,可分为一审裁定,二审裁定,再审裁定和核准死刑裁定等;根据其适用方式划分,可分为口头裁定和书面裁定。

2. 裁定适用的范围和裁定书的制作

根据《刑事诉讼法》的规定,裁定适用于解决程序性问题,主要是指是否恢复诉讼期限、中止审理、维持原判、撤销原判并发回重审、驳回公诉或自诉、核准死刑等。裁定适用于解决某些实体性问题主要是指减刑、假释、撤销缓刑、减免罚金,以及对犯罪嫌疑人、被告人逃匿、死亡案件违法所得的没收。裁定书是与判决书同等重要的法律文书,其制作要求、格式与判决书基本一致,但在内容上较判决书简单一些,因为裁定往往解决的问题比较单一,要么是一个专门的程序性问题,要么是一个较为简单的实体性问题。若使用口头形式作出裁定的,必须记入审判笔录,其效力与书面裁定效力相同。

(三) 决定

1. 决定的概念和分类

决定是公安机关、人民检察院、人民法院在诉讼过程中,依法就有关诉讼程序问题所作的一种处理。决定和判决、裁定不同之处在于是否涉及上诉、抗诉问题。一般情况下,决定一经作出,立即发生效力,不能上诉或者抗诉。某些决定,如不起诉的决定、回避的决定,为保护当事人的合法权益,纠正可能出现的错误,法律允许当事人或有关机关申请复议、复核。但判决、裁定则是在法定期限内可以上诉、抗诉的。决定以其表现形式不同可分为口头决定和书面决定。书面决定应制作决定书,写明处理结论及理由。口头决定应记入笔录,它与书面决定具有同等效力。

2. 决定的适用范围

根据我国《刑事诉讼法》的规定,决定主要适用于解决以下一些问题:是否回避的决定;立案或不立案的决定;采取各种强制措施或变更强制措施的决定;实施各种侦查行为的决定;撤销案件的决定;延长侦查中羁押犯罪嫌疑人的期限的决定;起诉或不起诉决定;开庭审判的决定;庭审中解决当事人和辩护人、诉讼代理人申请通知新的证人到庭、调取新的物证、申请重新鉴定或勘验的决定;延期审理的决定;抗诉的决定;提起审判监督程序的决定,以及对依法不负刑事责任的精神病人进行强制医疗的决定;等等。

## 二、例题

1. 甲女与乙男在某社交软件互加好友,在手机网络聊天过程中,甲女多次向乙男发送暧昧言语和色情图片,表示可以提供有偿性服务。二人于酒店内见面后因价钱谈不拢而争吵,乙男强行将甲女留在房间内,并采用胁迫手段与其发生性关系。后甲女向公安机关报案,乙男则辩称双方系自愿发生性关系。

请回答第(1)、(2)题。(2016年真题,不定选)

(1) 乙男提供了二人之前的网络聊天记录。关于这一网络聊天记录,下列选项正确的是:
A. 属于电子数据的一种
B. 必须随原始的聊天时使用的手机移送才能作为定案的依据
C. 只有经甲女核实认可后才能作为定案的依据
D. 因不具有关联性而不得作为本案定罪量刑的依据

[释疑]  在甲、乙手机网络聊天过程中,甲女多次向乙男发送暧昧言语和色情图片,表示可以提供有偿性服务,这一网络聊天记录属于证据中的电子数据,能够证明甲女打算向乙男卖淫,该网络聊天记录与后来发生的强奸案具有关联性,而网络聊天记录不是必须随原始的聊天时使用的手机移送才能作为定案的依据,也不需要经甲女核实认可后才能作为定案的依据。A项正确,B项、C项、D项均错误。(答案:A)

(2) 本案后起诉至法院,关于本案审理程序,下列选项正确的是:(2016年真题,不定选)
A. 应当不公开审理
B. 甲女因出庭作证而支出的交通、住宿的费用,法院应给予补助
C. 甲女可向法院提起附带民事诉讼,要求乙男赔偿因受侵害而支出的医疗费

D. 公诉人讯问乙男后,甲女可就强奸的犯罪事实向乙男发问

[释疑] 因本案涉及个人隐私,故不公开审理;甲女不是证人是被害人,所以甲女不能享受证人才有的获得补助的权利;甲女可向法院提起附带民事诉讼,要求乙男赔偿因强奸犯罪受侵害而支出的医疗费;公诉人讯问被告人以后,被害人可就受事实向被告人发问。所以,本题B项错误;A项、C项、D项都正确。(答案:ACD)

2. 法院在审理胡某持有毒品案时发现,胡某不仅持有毒品数量较大,而且向他人出售毒品,构成贩卖毒品罪。关于本案,下列哪一选项是正确的?(2016年真题,单选)

A. 如胡某承认出售毒品,法院可以直接改判
B. 法院可以在听取控辩双方意见的基础上直接改判
C. 法院可以建议检察院补充或者变更起诉
D. 法院可以建议检察院退回补充侦查

[释疑] 《刑诉法解释》第243条规定:"审判期间,人民法院发现新的事实,可能影响定罪的,可以建议人民检察院补充或者变更起诉;人民检察院不同意或者在七日内未回复意见的,人民法院应当就起诉指控的犯罪事实,依照本解释第二百四十一条的规定作出判决、裁定。"本题中,"法院在审理胡某持有毒品案时发现,胡某不仅持有毒品数量较大,而且向他人出售毒品",属于"人民法院发现新的事实,可能影响定罪的"的情况,所以,只有C项"法院可建议检察院补充或者变更起诉"正确;A、B、D项均错误。(答案:C)

3. 王某系聋哑人,因涉嫌盗窃罪被提起公诉。关于本案,下列哪一选项是正确的?(2016年真题,单选)

A. 讯问王某时,如有必要可通知通晓聋哑手势的人参加
B. 王某没有委托辩护人,应通知法律援助机构指派律师为其提供辩护
C. 辩护人经通知未到庭,经王某同意,法院决定开庭审理
D. 因事实清楚且王某认罪,实行独任审判

[释疑] 《刑事诉讼法》第119条规定:"讯问聋、哑的犯罪嫌疑人,应当有通晓聋、哑手势的人参加,并且将这种情况记明笔录。"故A项错误。《刑事诉讼法》第34条第2款规定:"犯罪嫌疑人、被告人是盲、聋、哑人,或者是尚未完全丧失辨认或者控制自己行为能力的精神病人,没有委托辩护人的,人民法院、人民检察院和公安机关应当通知法律援助机构指派律师为其提供辩护。"所以,B项正确;由于王某系聋哑人,在接受审判时,必须有辩护人在场,所以,C项错误。《刑事诉讼法》第209条规定:"有下列情形之一的,不适用简易程序:(一) 被告人是盲、聋、哑人,或者是尚未完全丧失辨认或者控制自己行为能力的精神病人的;(二) 有重大社会影响的;(三) 共同犯罪案件中部分被告人不认罪或者对适用简易程序有异议的;(四) 其他不宜适用简易程序审理的。"《刑事诉讼法》第210条第1款规定:"适用简易程序审理案件,对可能判处三年有期徒刑以下刑罚的,可以组成合议庭进行审判,也可以由审判员一人独任审判;对可能判处的有期徒刑超过三年的,应当组成合议庭进行审判。"由于只有简易程序审理才可能适用独任审判,而被告人王某系聋哑人,不能适用简易程序审理,故决不可能适用独任审判。所以,D项错误。(答案:B)

4. 甲犯抢夺罪,法院经审查决定适用简易程序审理。关于本案,下列哪一选项是正确的?(2016年真题,单选)

A. 适用简易程序必须由检察院提出建议

B. 如被告人已提交承认指控犯罪事实的书面材料,则无须再当庭询问其对指控的意见
C. 不需要调查证据,直接围绕罪名确定和量刑问题
D. 如无特殊情况,应当庭宣判

[释疑] 《刑诉法解释》第289条规定:"基层人民法院受理公诉案件后,经审查认为案件事实清楚、证据充分的,在将起诉书副本送达被告人时,应当询问被告人对指控的犯罪事实的意见,告知其适用简易程序的法律规定。被告人对指控的犯罪事实没有异议并同意适用简易程序的,可以决定适用简易程序,并在开庭前通知人民检察院和辩护人。对人民检察院建议适用简易程序审理的案件,依照前款的规定处理;不符合简易程序适用条件的,应当通知人民检察院。"所以,适用简易程序并不必须由检察院提出建议,A项错误。《刑诉法解释》第295条规定:"适用简易程序审理案件,可以对庭审作如下简化:(一)公诉人可以摘要宣读起诉书;(二)公诉人、辩护人、审判人员对被告人的讯问、发问可以简化或者省略;(三)对控辩双方无异议的证据,可以仅就证据的名称及所证明的事项作出说明;对控辩双方有异议,或者法庭认为有必要调查核实的证据,应当出示,并进行质证;(四)控辩双方对与定罪量刑有关的事实、证据没有异议的,法庭审理可以直接围绕罪名确定和量刑问题进行。"据此,B项无法律规定,错误;C项亦无法律规定,错误。《刑诉法解释》第297条规定:"适用简易程序审理案件,一般应当庭宣判。"所以,D项正确。(答案:D)

5. 关于我国刑事诉讼中起诉与审判的关系,下列哪一选项是正确的?(2015年真题,单选)
   A. 自诉人提起自诉后,在法院宣判前,可随时撤回自诉,法院应准许
   B. 法院只能就起诉的罪名是否成立作出裁判
   C. 在法庭审理过程中,法院可建议检察院补充、变更起诉
   D. 对检察院提起公诉的案件,法院判决无罪后,检察院不能再次起诉

[释疑] 《刑诉法解释》第272条规定:"判决宣告前,自诉案件的当事人可以自行和解,自诉人可以撤回自诉。人民法院经审查,认为和解、撤回自诉确属自愿的,应当裁定准许;认为系被强迫、威吓等,并非出于自愿的,不予准许。"所以,A项错误。第241条第1款第2项规定:"起诉指控的事实清楚,证据确实、充分,指控的罪名与审理认定的罪名不一致的,应当按照审理认定的罪名作出有罪判决。"所以,B项错误。第243条规定:"审判期间,人民法院发现新的事实,可能影响定罪的,可以建议人民检察院补充或者变更起诉;人民检察院不同意或者在七日内未回复意见的,人民法院应当就起诉指控的犯罪事实,依照本解释第二百四十一条的规定作出判决、裁定。"所以,C项正确。第181条第1款第4项规定:"依照刑事诉讼法第一百九十五条第三项规定宣告被告人无罪后,人民检察院根据新的事实、证据重新起诉的,应当依法受理。"所以,D项错误。(答案:C)

6. 某国有银行涉嫌违法发放贷款造成重大损失,该行行长因系直接负责的主管人员也被追究刑事责任,信贷科科长齐某因较为熟悉银行贷款业务被确定为单位的诉讼代表人。关于本案审理程序,下列哪一选项是正确的?(2015年真题,单选)
   A. 如该案在开庭审理前召开庭前会议,应通知齐某参加
   B. 齐某无正当理由拒不出庭的,可拘传其到庭
   C. 齐某可当庭拒绝银行委托的辩护律师为该行辩护
   D. 齐某没有最后陈述的权利

[释疑] 《刑诉法解释》第183条规定:"案件具有下列情形之一的,审判人员可以召开庭前会议:(一) 当事人及其辩护人、诉讼代理人申请排除非法证据的;(二) 证据材料较多、案情重大复杂的;(三) 社会影响重大的;(四) 需要召开庭前会议的其他情形。召开庭前会议,根据案件情况,可以通知被告人参加。"所以,A项错误。《刑诉法解释》第280条规定:"开庭审理单位犯罪案件,应当通知被告单位的诉讼代表人出庭;没有诉讼代表人参与诉讼的,应当要求人民检察院确定。被告单位的诉讼代表人不出庭的,应当按照下列情形分别处理:(一) 诉讼代表人系被告单位的法定代表人或者主要负责人,无正当理由拒不出庭的,可以拘传其到庭;因客观原因无法出庭,或者下落不明的,应当要求人民检察院另行确定诉讼代表人;(二) 诉讼代表人系被告单位的其他人员的,应当要求人民检察院另行确定诉讼代表人出庭。"信贷科科长齐某因较为熟悉银行贷款业务被确定为单位的诉讼代表人,属于"诉讼代表人系被告单位的其他人员的,应当要求人民检察院另行确定诉讼代表人出庭"的情形,所以,B项错误。《刑诉法解释》第281条规定:"被告单位的诉讼代表人享有刑事诉讼法规定的有关被告人的诉讼权利。开庭时,诉讼代表人席位置于审判台前左侧,与辩护人席并列。"《刑诉法解释》第282条规定:"被告单位委托辩护人,参照适用本解释的有关规定。"据此,齐某有最后陈述权,也有拒绝辩护权。所以,C项正确;D项错误。(答案:C)

7. 高某利用职务便利多次收受贿赂,还雇凶将举报他的下属王某打成重伤。关于本案庭前会议,下列哪些选项是正确的?(2015年真题,多选)

　　A. 高某可就案件管辖提出异议

　　B. 王某提起附带民事诉讼的,可调解

　　C. 高某提出其口供系刑讯所得,法官可在审查讯问时同步录像的基础上决定是否排除口供

　　D. 庭前会议上出示过的证据,庭审时举证、质证可简化

[释疑] 《刑诉法解释》第184条规定:"召开庭前会议,审判人员可以就下列问题向控辩双方了解情况,听取意见:(一) 是否对案件管辖有异议;(二) 是否申请有关人员回避;(三) 是否申请调取在侦查、审查起诉期间公安机关、人民检察院收集但未随案移送的证明被告人无罪或者罪轻的证据材料;(四) 是否提供新的证据;(五) 是否对出庭证人、鉴定人、有专门知识的人的名单有异议;(六) 是否申请排除非法证据;(七) 是否申请不公开审理;(八) 与审判相关的其他问题。审判人员可以询问控辩双方对证据材料有无异议,对有异议的证据,应当在庭审时重点调查;无异议的,庭审时举证、质证可以简化。被害人或者其法定代理人、近亲属提起附带民事诉讼的,可以调解。庭前会议情况应当制作笔录。"据此,A项、B项正确;C项、D项错误。(答案:AB)

8. 关于自诉案件的程序,下列哪一选项是正确的?(2014年真题,单选)

　　A. 不论被告人是否羁押,自诉案件与普通公诉案件的审理期限都相同

　　B. 不论在第一审程序还是第二审程序中,在宣告判决前,当事人都可和解

　　C. 不论当事人在第一审还是第二审审理中提出反诉的,法院都应当受理

　　D. 在第二审程序中调解结案的,应当裁定撤销第一审裁判

[释疑] 《刑事诉讼法》第206条第2款规定:"人民法院审理自诉案件的期限,被告人被羁押的,适用本法第二百零二条第一款、第二款的规定;未被羁押的,应当在受理后六个月以内宣判。"《刑事诉讼法》第202条第1款、第2款规定:"人民法院审理公诉案件,应当在受理后

二个月以内宣判,至迟不得超过三个月。对于可能判处死刑的案件或者附带民事诉讼的案件,以及有本法第一百五十六条规定情形之一的,经上一级人民法院批准,可以延长三个月;因特殊情况还需要延长的,报请最高人民法院批准。人民法院改变管辖的案件,从改变后的人民法院收到案件之日起计算审理期限。"故 A 项错误。《刑事诉讼法》第 206 条第 1 款规定:"人民法院对自诉案件,可以进行调解;自诉人在宣告判决前,可以同被告人自行和解或者撤回自诉。本法第二百零四条第三项规定的案件不适用调解。"《刑诉法解释》第 333 条规定:"对第二审自诉案件,必要时可以调解,当事人也可以自行和解。调解结案的,应当制作调解书,第一审判决、裁定视为自动撤销;当事人自行和解的,应当裁定准许撤回自诉,并撤销第一审判决、裁定。"故 B 项正确,D 项错误。

《刑诉法解释》第 334 条:"第二审期间,自诉案件的当事人提出反诉的,应当告知其另行起诉。"故 C 项错误。(答案:B)

9. 关于庭前会议,下列哪些选项是正确的?(2014 年真题,多选)

A. 被告人有参加庭前会议的权利

B. 被害人提起附带民事诉讼的,审判人员可在庭前会议中进行调解

C. 辩护人申请排除非法证据的,可在庭前会议中就是否排除作出决定

D. 控辩双方可在庭前会议中就出庭作证的证人名单进行讨论

[释疑] 《刑诉法解释》第 183 条第 2 款规定:"召开庭前会议,根据案件情况,可以通知被告人参加。"据此,被告人是否参加庭前会议由审判人员决定,被告人只是被动接受通知,并没有权利主动参加。故 A 项错误。《刑诉法解释》第 184 条规定:"召开庭前会议,审判人员可以就下列问题向控辩双方了解情况,听取意见:(一) 是否对案件管辖有异议;(二) 是否申请有关人员回避;(三) 是否申请调取在侦查、审查起诉期间公安机关、人民检察院收集但未随案移送的证明被告人无罪或者罪轻的证据材料;(四) 是否提供新的证据;(五) 是否对出庭证人、鉴定人、有专门知识的人的名单有异议;(六) 是否申请排除非法证据;(七) 是否申请不公开审理;(八) 与审判相关的其他问题。审判人员可以询问控辩双方对证据材料有无异议,对有异议的证据,应当在庭审时重点调查;无异议的,庭审时举证、质证可以简化。被害人或者其法定代理人、近亲属提起附带民事诉讼的,可以调解。庭前会议情况应当制作笔录。"故 B、D 项正确,C 项错误。庭前会议中审判人员对非法证据排除申请只是了解情况、听取意见,不能作出决定,必须在正式开庭审理过程中才能作出是否排除非法证据的决定。(答案:BD)

10. 方某涉嫌在公众场合侮辱高某和任某,高某向法院提起自诉。关于本案的审理,下列哪些选项是正确的?(2014 年真题,多选)

A. 如果任某担心影响不好不愿起诉,任某的父亲可代为起诉

B. 法院通知任某参加诉讼并告知其不参加的法律后果,任某仍未到庭,视为放弃告诉,该案宣判后,任某不得再行自诉

C. 方某的弟弟系该案关键目击证人,经法院通知其无正当理由不出庭作证的,法院可强制其到庭

D. 本案应当适用简易程序审理

[释疑] 《刑诉法解释》第 260 条规定:"本解释第一条规定的案件,如果被害人死亡、丧失行为能力或者因受强制、威吓等无法告诉,或者是限制行为能力人以及因年老、患病、盲、聋、哑等不能亲自告诉,其法定代理人、近亲属告诉或者代为告诉的,人民法院应当依法受理。被

害人的法定代理人、近亲属告诉或者代为告诉,应当提供与被害人关系的证明和被害人不能亲自告诉的原因的证明。"A 项不符合代为告诉的条件,错误。《刑诉法解释》第 266 条第 2 款规定:"共同被害人中只有部分人告诉的,人民法院应当通知其他被害人参加诉讼,并告知其不参加诉讼的法律后果。被通知人接到通知后表示不参加诉讼或者不出庭的,视为放弃告诉。第一审宣判后,被通知人就同一事实又提起自诉的,人民法院不予受理。但是,当事人另行提起民事诉讼的,不受本解释限制。"故 B 项正确。《刑事诉讼法》第 188 条第 1 款规定:"经人民法院通知,证人没有正当理由不出庭作证的,人民法院可以强制其到庭,但是被告人的配偶、父母、子女除外。"故 C 项正确。新修改后的《刑事诉讼法》没有规定自诉案件一律适用简易程序,因此,自诉案件是否适用简易程序要看其是否满足适用简易程序的条件。故 D 项错误。(答案:BC)

11. 关于简易程序,下列哪些选项是正确的?(2014 年真题,多选)

A. 甲涉嫌持枪抢劫,法院决定适用简易程序,并由两名审判员和一名人民陪审员组成合议庭进行审理

B. 乙涉嫌盗窃,未满 16 周岁,法院只有在征得乙的法定代理人和辩护人同意后,才能适用简易程序

C. 丙涉嫌诈骗并对罪行供认不讳,但辩护人为其做无罪辩护,法院决定适用简易程序

D. 丁涉嫌故意伤害,经审理认为可能不构成犯罪,遂转为普通程序审理

[释疑] 《刑法》第 263 条规定:"以暴力、胁迫或者其他方法抢劫公私财物的,处三年以上十年以下有期徒刑,并处罚金;有下列情形之一的,处十年以上有期徒刑、无期徒刑或者死刑,并处罚金或者没收财产:(一)入户抢劫的;(二)在公共交通工具上抢劫的;(三)抢劫银行或者其他金融机构的;(四)多次抢劫或者抢劫数额巨大的;(五)抢劫致人重伤、死亡的;(六)冒充军警人员抢劫的;(七)持枪抢劫的;(八)抢劫军用物资或者抢险、救灾、救济物资的。"《刑事诉讼法》第 210 条:"适用简易程序审理案件,对可能判处三年有期徒刑以下刑罚的,可以组成合议庭进行审判,也可以由审判员一人独任审判;对可能判处的有期徒刑超过三年的,应当组成合议庭进行审判。"A 项,甲涉嫌持枪抢劫,可能判处十年以上有期徒刑,应当由合议庭审理。故 A 项正确。《刑诉法解释》第 474 条规定:"对未成年人刑事案件,人民法院决定适用简易程序审理的,应当征求未成年被告人及其法定代理人、辩护人的意见。上述人员提出异议的,不适用简易程序。"故 B 项正确。《刑诉法解释》第 290 条规定:"具有下列情形之一的,不适用简易程序:(一)被告人是盲、聋、哑人;(二)被告人是尚未完全丧失辨认或者控制自己行为能力的精神病人;(三)有重大社会影响的;(四)共同犯罪案件中部分被告人不认罪或者对适用简易程序有异议的;(五)辩护人作无罪辩护的;(六)被告人认罪但经审查认为可能不构成犯罪的;(七)不宜适用简易程序审理的其他情形。"故 C 项错误。《刑诉法解释》第 298 条规定:"适用简易程序审理案件,在法庭审理过程中,有下列情形之一的,应当转为普通程序审理:(一)被告人的行为可能不构成犯罪的;(二)被告人可能不负刑事责任的;(三)被告人当庭对起诉指控的犯罪事实予以否认的;(四)案件事实不清、证据不足的;(五)不应当或者不宜适用简易程序的其他情形。转为普通程序审理的案件,审理期限应当从决定转为普通程序之日起计算。"故 D 项正确。(答案:ABD)

12. 检察院以抢夺罪向法院提起公诉,法院经审理后查明被告人构成抢劫罪。关于法院的做法,下列哪一选项是正确的?(2013年真题,单选)
   A. 应当建议检察院改变起诉罪名,不能直接以抢劫罪定罪
   B. 可以直接以抢劫罪定罪,不必建议检察院改变起诉罪名
   C. 只能判决无罪,检察院应以抢劫罪另行起诉
   D. 应当驳回起诉,检察院应以抢劫罪另行起诉

   [释疑] 《刑诉法解释》第241条第1款第2项规定:"起诉指控的事实清楚,证据确实、充分,指控的罪名与审理认定的罪名不一致的,应当按照审理认定的罪名作出有罪判决。"该条第2款规定:"具有前款第二项规定情形的,人民法院应当在判决前听取控辩双方的意见,保障被告人、辩护人充分行使辩护权。必要时,可以重新开庭,组织控辩双方围绕被告人的行为构成何罪进行辩论。"据此,B项正确。(答案:B)

13. 法院审理郑某涉嫌滥用职权犯罪案件,在宣告判决前,检察院发现郑某和张某接受秦某巨款,涉嫌贿赂犯罪。对于新发现犯罪嫌疑人和遗漏罪行的处理,下列哪些做法是正确的?(2013年真题,多选)
   A. 法院可以主动将张某、秦某追加为被告人一并审理
   B. 检察院可以补充起诉郑某、张某和秦某的贿赂犯罪
   C. 检察院可以将张某、秦某追加为被告人,要求法院一并审理
   D. 检察院应当撤回起诉,将三名犯罪嫌疑人以两个罪名重新起诉

   [释疑] 《刑诉法解释》第243条规定:"审判期间,人民法院发现新的事实,可能影响定罪的,可以建议人民检察院补充或者变更起诉;人民检察院不同意或者在七日内未回复意见的,人民法院应当就起诉指控的犯罪事实,依照本解释第二百四十一条的规定作出判决、裁定。"《刑事诉讼规则》第458条规定:"在人民法院宣告判决前,人民检察院发现被告人的真实身份或者犯罪事实与起诉书中叙述的身份或者指控犯罪事实不符的,或者事实、证据没有变化,但罪名、适用法律与起诉书不一致的,可以变更起诉;发现遗漏的同案犯罪嫌疑人或者罪行可以一并起诉和审理的,可以追加、补充起诉。"根据以上规定,B、C项正确。(答案:BC)

14. 迅辉制药股份公司主要生产健骨消痛丸,公司法定代表人陆某指令保管员韩某采用不登记入库、销售人员打白条领取产品的方法销售,逃避缴税65万元。迅辉公司及陆某以逃税罪被起诉到法院。请回答第92—94题。(2013年真题,不定选)
   (1) 可以作为迅辉公司单位犯罪的诉讼代表人的是:
   A. 公司法定代表人陆某            B. 被单位委托的职工王某
   C. 保管员韩某                    D. 公司副经理李某

   [释疑] 《刑诉法解释》第279条规定:"被告单位的诉讼代表人,应当是法定代表人或者主要负责人;法定代表人或者主要负责人被指控为单位犯罪直接负责的主管人员或者因客观原因无法出庭的,应当由被告单位委托其他负责人或者职工作为诉讼代表人。但是,有关人员被指控为单位犯罪的其他直接责任人员或者知道案件情况、负有作证义务的除外。"(答案:B)

   (2) 对迅辉公司财产的处置,下列选项正确的是:
   A. 涉及违法所得及其孳息,尚未被追缴的,法院应当追缴
   B. 涉及违法所得及其孳息,尚未被查封、扣押、冻结的,法院应当查封、扣押、冻结
   C. 为了保证判决的执行,对迅辉公司财产,法院应当先行查封、扣押、冻结

D. 如果迅辉公司能够提供担保,对其财产也可以不采取查封、扣押、冻结

[释疑] 《刑诉法解释》第284条规定:"被告单位的违法所得及其孳息,尚未被依法追缴或者查封、扣押、冻结的,人民法院应当决定追缴或者查封、扣押、冻结。"第285条规定:"为保证判决的执行,人民法院可以先行查封、扣押、冻结被告单位的财产,或者由被告单位提出担保。"故A、B、D项正确。(答案:ABD)

如迅辉公司在案件审理期间发生下列变故,法院的做法正确的是:
A. 公司被撤销,不能免除单位和单位主管人员的刑事责任
B. 公司被注销,对单位不再追诉,对主管人员继续审理
C. 公司被合并,仍应将迅辉公司列为被告单位,并以其在新单位的财产范围承担责任
D. 公司被分立,应将分立后的单位列为被告单位,并以迅辉公司在新单位的财产范围承担责任

[释疑] 《刑诉法解释》第286条规定:"审判期间,被告单位被撤销、注销、吊销营业执照或者宣告破产的,对单位犯罪直接负责的主管人员和其他直接责任人员应当继续审理。"第287条规定:"审判期间,被告单位合并、分立的,应当将原单位列为被告单位,并注明合并、分立情况。对被告单位所判处的罚金以其在新单位的财产及收益为限。"故B、C项正确。(答案:BC)

15. 法院在审理案件过程中发现被告人可能有立功情节,而起诉书和移送的证据材料中没有此种材料,下列哪一处理是正确的?(2012年真题,单选)
A. 将全部案卷材料退回提起公诉的检察院
B. 建议提起公诉的检察院补充侦查
C. 建议公安机关补充侦查
D. 宣布休庭,进行庭外调查

[释疑] 《刑诉法解释》第226条规定:"审判期间,合议庭发现被告人可能有自首、坦白、立功等法定量刑情节,而人民检察院移送的案卷中没有相关证据材料的,应当通知人民检察院移送。审判期间,被告人提出新的立功线索的,人民法院可以建议人民检察院补充侦查。"注意比较:旧《刑诉法解释》第159条规定:"合议庭在案件审理过程中,发现被告人可能有自首、立功等法定量刑情节,而起诉和移送的证据材料中没有这方面的证据材料的,应当建议人民检察院补充侦查。"(原答案:B;根据新的司法解释此题无答案)

16. 下列哪一选项属于刑事诉讼中适用中止审理的情形?(2012年真题,单选)
A. 由于申请回避而不能进行审判的
B. 需要重新鉴定的
C. 被告人患有严重疾病,长时间无法出庭的
D. 检察人员发现提起公诉的案件需要补充侦查,提出建议的

[释疑] 《刑事诉讼法》第198条规定:"在法庭审判过程中,遇有下列情形之一,影响审判进行的,可以延期审理:(一)需要通知新的证人到庭,调取新的物证,重新鉴定或者勘验的;(二)检察人员发现提起公诉的案件需要补充侦查,提出建议的;(三)由于申请回避而不能进行审判的。"《刑事诉讼法》第200条规定:"在审判过程中,有下列情形之一,致使案件在较长时间内无法继续审理的,可以中止审理:(一)被告人患有严重疾病,无法出庭的;(二)被告人脱逃的;(三)自诉人患有严重疾病,无法出庭,未委托诉讼代理人出庭的;(四)由于不能抗拒

的原因。中止审理的原因消失后,应当恢复审理。中止审理的期间不计入审理期限。"据此,C项当选。(答案:C)

17. 下列哪一情形不得适用简易程序?(2012年真题,单选)
    A. 未成年人案件　　　　　　　　B. 共同犯罪案件
    C. 有重大社会影响的案件　　　　D. 被告人没有辩护人的案件

[释疑] 《刑事诉讼法》第209条规定:"有下列情形之一的,不适用简易程序:(一) 被告人是盲、聋、哑人,或者是尚未完全丧失辨认或者控制自己行为能力的精神病人的;(二) 有重大社会影响的;(三) 共同犯罪案件中部分被告人不认罪或者对适用简易程序有异议的;(四) 其他不宜适用简易程序审理的。"故选C项。(答案:C)

18. 审理一起团伙犯罪案时,因涉及多个罪名和多名被告人、被害人,审判长为保障庭审秩序,提高效率,在法庭调查前告知控辩双方注意事项。下列哪些做法是错误的?(2012年真题,多选)
    A. 公诉人和被告人仅就刑事部分进行辩论,被害人和被告人仅就附带民事部分进行辩论
    B. 控辩双方仅在法庭辩论环节就证据的合法性、相关性问题进行辩论
    C. 控辩双方可就证据问题、事实问题、程序问题以及法律适用问题进行辩论
    D. 为保证控方和每名辩护人都有发言时间,控方和辩方发表辩论意见时间不超过30分钟

[释疑] 《刑事诉讼法》第193条规定:"法庭审理过程中,对与定罪、量刑有关的事实、证据都应当进行调查、辩论。经审判长许可,公诉人、当事人和辩护人、诉讼代理人可以对证据和案件情况发表意见并且可以互相辩论。审判长在宣布辩论终结后,被告人有最后陈述的权利。"据此,A、B、D项当选。(答案:ABD)

19. 关于对法庭审理中违反法庭秩序的人员可采取的措施,下列哪些选项是正确的?(2012年真题,多选)
    A. 警告制止　　　　　　　　　　B. 强行带出法庭
    C. 只能在1000元以下处以罚款　　D. 只能在10日以下处以拘留

[释疑] 《刑事诉讼法》第194条规定:"在法庭审判过程中,如果诉讼参与人或者旁听人员违反法庭秩序,审判长应当警告制止。对不听制止的,可以强行带出法庭;情节严重的,处以一千元以下的罚款或者十五日以下的拘留。罚款、拘留必须经院长批准。被处罚人对罚款、拘留的决定不服的,可以向上一级人民法院申请复议。复议期间不停止执行。对聚众哄闹、冲击法庭或者侮辱、诽谤、威胁、殴打司法工作人员或者诉讼参与人,严重扰乱法庭秩序,构成犯罪的,依法追究刑事责任。"据此,A、B、C项正确。(答案:ABC)

20. 关于证人出庭作证,下列哪些说法是正确的?(2012年真题,多选)
    A. 需要出庭作证的警察就其执行职务时目击的犯罪情况出庭作证,适用证人作证的规定
    B. 警察就其非执行职务时目击的犯罪情况出庭作证,不适用证人作证的规定
    C. 对了解案件情况的人,确有必要时,可以强制到庭作证
    D. 证人没有正当理由拒绝出庭作证的,只有情节严重,才可以处以拘留,且拘留不可以超过10日

[释疑] 《刑事诉讼法》第187条规定:"公诉人、当事人或者辩护人、诉讼代理人对证人证言有异议,且该证人证言对案件定罪量刑有重大影响,人民法院认为证人有必要出庭作证

的,证人应当出庭作证。人民警察就其执行职务时目击的犯罪情况作为证人出庭作证,适用前款规定。公诉人、当事人或者辩护人、诉讼代理人对鉴定意见有异议,人民法院认为鉴定人有必要出庭的,鉴定人应当出庭作证。经人民法院通知,鉴定人拒不出庭作证的,鉴定意见不得作为定案的根据。"《刑事诉讼法》第188条规定:"经人民法院通知,证人没有正当理由不出庭作证的,人民法院可以强制其到庭,但是被告人的配偶、父母、子女除外。证人没有正当理由拒绝出庭或者出庭后拒绝作证的,予以训诫,情节严重的,经院长批准,处以十日以下的拘留。被处罚人对拘留决定不服的,可以向上一级人民法院申请复议。复议期间不停止执行。"据以上规定,A、D项正确。(答案:AD)

21. 法院对检察院提起公诉的案件进行庭前审查,下列哪些做法是正确的?(2010年真题,多选)

A. 发现被告人张某在起诉前已从看守所脱逃的,退回检察院

B. 法院裁定准许撤诉的抢劫案,检察院因被害人范某不断上访重新起诉的,不予受理

C. 起诉时提供的一名外地证人石某没有列明住址和通讯处的,通知检察院补送

D. 某被告人被抓获后始终一言不发,也没有任何有关姓名、年龄、住址、单位等方面的信息或线索的,不予受理

[释疑] 《刑诉法解释》第181条规定:"人民法院对提起公诉的案件审查后,应当按照下列情形分别处理:(一) 属于告诉才处理的案件,应当退回人民检察院,并告知被害人有权提起自诉;(二) 不属于本院管辖或者被告人不在案的,应当退回人民检察院;(三) 不符合前条第二项至第八项规定之一,需要补充材料的,应当通知人民检察院在三日内补送;(四) 依照刑事诉讼法第一百九十五条第三项规定宣告被告人无罪后,人民检察院根据新的事实、证据重新起诉的,应当依法受理;(五) 依照本解释第二百四十二条规定裁定准许撤诉的案件,没有新的事实、证据,重新起诉的,应当退回人民检察院;(六) 符合刑事诉讼法第十五条第二项至第六项规定情形的,应当裁定终止审理或者退回人民检察院;(七) 被告人真实身份不明,但符合刑事诉讼法第一百五十八条第二款规定的,应当依法受理。对公诉案件是否受理,应当在七日内审查完毕。"所以,A、C项正确,B、D项错误。故选A、C项。(答案:AC)

22. 下列哪一段时间应计入一审案件审理期限?(2010年真题,单选)

A. 需要延长审理期限的案件,办理报请高级法院批准手续的时间

B. 当事人申请重新鉴定,经法院同意延期审理的时间

C. 检察院补充侦查完毕后重新移送法院的案件,法院收到案件之日以前补充侦查的时间

D. 法院改变管辖的案件,自改变管辖决定作出至改变后的法院收到案件之日的时间

[释疑] 《刑诉法解释》第173条规定:"申请上级人民法院批准延长审理期限,应当在期限届满十五日前层报。有权决定的人民法院不同意延长的,应当在审理期限届满五日前作出决定。因特殊情况申请最高人民法院批准延长审理期限,最高人民法院经审查,予以批准的,可以延长审理期限一至三个月。期限届满案件仍然不能审结的,可以再次提出申请。""期限届满十五日前层报"表明,办理报请高级人民法院批准手续的时间应计入一审案件审理期限,而B、C、D项都不计入审限,故选A项。(答案:A)

23. 下列哪些案件法院审理时可以调解?(2010年真题,多选)

A. 《刑法》规定告诉才处理的案件

B. 被害人有证据证明的轻微刑事案件

C. 检察院决定不起诉后被害人提起自诉的案件
D. 刑事诉讼中的附带民事诉讼案件

[释疑] 《刑事诉讼法》规定，告诉才处理的案件和被害人有证据证明的轻微刑事自诉案件可以适用调解，"公诉转为自诉"的案件，如检察院决定不起诉后被害人提起自诉的案件，不适用调解，所以A、B项正确，C项错误；由于检察院代为提起的刑事诉讼中的附带民事诉讼案件不得调解，D项错误。故选A、B项。(答案：AB)

24. 关于刑事判决与裁定的区别，下列哪一选项是正确的？(2010年真题，单选)
A. 判决解决案件的实体问题，裁定解决案件的程序问题
B. 一案中只能有一个判决，裁定可以有若干个
C. 判决只能以书面的形式表现，裁定只以口头作出
D. 不服判决与不服裁定的上诉、抗诉期限不同

[释疑] 有的裁定也解决实体问题，比如裁定减刑，故A项错误；一个案件也可能有两个判决，比如一审判决，二审判决，故B项错误；裁定也可以书面作出，故C项错误；不服判决与不服裁定的上诉、抗诉期限(判决10天、裁定5天)不同，故选D项。(答案：D)

25. 检察院以涉嫌盗窃罪对赵某提起公诉。经审理，法院认为证明指控事实的证据间存在矛盾且无法排除，同时查明赵某年龄认定有误，该案发生时赵某未满16周岁。关于本案，法院应当采取下列哪一做法？(2009年真题，单选)
A. 将案件退回检察院
B. 终止审理
C. 作证据不足、指控的犯罪不能成立的无罪判决
D. 判决宣告赵某不负刑事责任

[释疑] 《刑事诉讼法》第195条规定："在被告人最后陈述后，审判长宣布休庭，合议庭进行评议，根据已经查明的事实、证据和有关的法律规定，分别作出以下判决：(一) 案件事实清楚，证据确实、充分，依照法律认定被告人有罪的，应当作出有罪判决；(二) 依据法律认定被告人无罪的，应当作出无罪判决；(三) 证据不足，不能认定被告人有罪的，应当作出证据不足、指控的犯罪不能成立的无罪判决。"《刑诉法解释》第241条规定："对第一审公诉案件，人民法院审理后，应当按照下列情形分别作出判决、裁定：(一) 起诉指控的事实清楚，证据确实、充分，依据法律认定指控被告人的罪名成立的，应当作出有罪判决；(二) 起诉指控的事实清楚，证据确实、充分，指控的罪名与审理认定的罪名不一致的，应当按照审理认定的罪名作出有罪判决；(三) 案件事实清楚，证据确实、充分，依据法律认定被告人无罪的，应当判决宣告被告人无罪；(四) 证据不足，不能认定被告人有罪的，应当以证据不足、指控的犯罪不能成立，判决宣告被告人无罪；(五) 案件部分事实清楚，证据确实、充分的，应当作出有罪或者无罪的判决；对事实不清、证据不足部分，不予认定；(六) 被告人因不满十六周岁，不予刑事处罚的，应当判决宣告被告人不负刑事责任；(七) 被告人是精神病人，在不能辨认或者不能控制自己行为时造成危害结果，不予刑事处罚的，应当判决宣告被告人不负刑事责任；(八) 犯罪已过追诉时效期限且不是必须追诉，或者经特赦令免除刑罚的，应当裁定终止审理；(九) 被告人死亡的，应当裁定终止审理；根据已查明的案件事实和认定的证据，能够确认无罪的，应当判决宣告被告人无罪。具有前款第二项规定情形的，人民法院应当在判决前听取控辩双方的意见，保障被告人、辩护人充分行使辩护权。必要时，可以重新开庭，组织控辩双方围绕被告人的行为构成何

罪进行辩论。"根据《刑事诉讼法》的规定,应选 C 项,而根据司法解释,似乎 C、D 项都可以,但是,处理案件,首先考虑证据,对于已满 14 周岁不满 16 周岁的人若证据不足只能选 C 项,因其犯有何罪不能确定,若犯有抢劫则不能宣告不负刑事责任。(答案:C)

26. 法院在刑事案件的审理过程中,根据对案件的不同处理需要使用判决、裁定和决定。请根据有关法律规定及刑事诉讼原理,回答第(1)—(3)题。(2009 年真题,不定选)

(1)关于判决、裁定、决定的适用对象,下列选项正确的是:
  A. 判决不适用于解决案件的程序问题    B. 裁定不适用于解决案件的实体问题
  C. 决定只适用于解决案件的程序问题    D. 解决案件的程序问题只能用决定

[释疑] 根据《刑事诉讼法》的规定和刑事诉讼法学原理,判决只适用于解决案件的实体问题。决定一般只适用于解决案件的程序问题,但也有例外。《刑事诉讼法》第 287 条规定:"人民法院经审理,对于被申请人或者被告人符合强制医疗条件的,应当在一个月以内作出强制医疗的决定。被决定强制医疗的人、被害人及其法定代理人、近亲属对强制医疗决定不服的,可以向上一级人民法院申请复议。"裁定既适用于解决案件的程序问题,也部分适用解决案件的实体问题,比如裁定减刑,又比如没收违法所得的裁定。《刑事诉讼法》第 282 条规定:"人民法院经审理,对经查证属于违法所得及其他涉案财产,除依法返还被害人的以外,应当裁定予以没收;对不属于应当追缴的财产的,应当裁定驳回申请,解除查封、扣押、冻结措施。对于人民法院依照前款规定作出的裁定,犯罪嫌疑人、被告人的近亲属和其他利害关系人或者人民检察院可以提出上诉、抗诉。"故选 A 项,B、C、D 项不选。(原答案:AC;现答案:A)

(2)关于一个案件中适用判决、裁定、决定的数量,下列选项正确的是:
  A. 在一个案件中,可以有多个判决
  B. 在一个案件中,可以有多个裁定
  C. 在一个案件中,可以有多个决定
  D. 在一个案件中,可以只有决定,而没有判决或裁定

[释疑] 根据《刑事诉讼法》的规定和刑事诉讼法学原理,在一个案件中,可以有多个判决,比如上诉、抗诉后发回重审的案件;在一个案件中,可以有多个裁定,比如裁定中止审理后,又裁定终止审理;在一个案件中,可以有多个决定,比如回避决定、拘留决定等;在一个案件中,可以只有决定,而没有判决或裁定,比如决定不予受理、决定退回检察院等。故 A、B、C、D 项均正确。(答案:ABCD)

(3)关于判决、裁定、决定的效力,下列选项正确的是:
  A. 判决只有经过法定上诉、抗诉期限才能发生法律效力
  B. 裁定一经作出立即发生法律效力
  C. 有些决定可以申请复议,复议期间不影响决定的效力
  D. 法院减刑、假释裁定的法律效力并不最终确定,检察院认为不当而提出纠正意见的,法院应当重新组成合议庭进行审理,作出最终裁定

[释疑] 根据《刑事诉讼法》的规定和刑事诉讼法学原理,最高人民法院的判决没有上诉、抗诉期限,故 A 项错误。地方各级法院的一审裁定作出后还有可能被上诉或抗诉,故 B 项错误。有些决定可以申请复议,复议期间不影响决定的效力,比如,违反法庭秩序被罚款,故 C 项正确。《刑事诉讼法》第 263 条规定:"人民检察院认为人民法院减刑、假释的裁定不当,应当在收到裁定书副本后二十日以内,向人民法院提出书面纠正意见。人民法院应当在收到

纠正意见后一个月以内重新组成合议庭进行审理,作出最终裁定。"故 D 项正确。(答案:CD)

27. 某县法院在对杨某绑架案进行庭前审查中,发现下列哪些情形时,应当将案件退回检察机关?(2008年真题,多选)

   A. 杨某在绑架的过程中杀害了人质
   B. 杨某在审查起诉期间从看守所逃脱
   C. 检察机关移送起诉材料未附证据目录
   D. 检察机关移送起诉材料欠缺已经委托辩护人的住址、通信处

[释疑] 《刑诉法解释》第181条规定:"人民法院对提起公诉的案件审查后,应当按照下列情形分别处理:(一)属于告诉才处理的案件,应当退回人民检察院,并告知被害人有权提起自诉;(二)不属于本院管辖或者被告人不在案的,应当退回人民检察院;(三)不符合前条第二项至第八项规定之一,需要补充材料的,应当通知人民检察院在三日内补送;(四)依照刑事诉讼法第一百九十五条第三项规定宣告被告人无罪后,人民检察院根据新的事实、证据重新起诉的,应当依法受理;(五)依照本解释第二百四十二条规定裁定准许撤诉的案件,没有新的事实、证据,重新起诉的,应当退回人民检察院;(六)符合刑事诉讼法第十五条第二项至第六项规定情形的,应当裁定终止审理或者退回人民检察院;(七)被告人真实身份不明,但符合刑事诉讼法第一百五十八条第二款规定的,应当依法受理。对公诉案件是否受理,应当在七日内审查完毕。"故选 A、B 项。(答案:AB)

28. 在法庭审理中,控方向法庭出示被告人实施抢劫时所持的匕首。关于该匕首,应当履行的法庭调查程序,下列哪些选项是正确的?(2008年真题,多选)

   A. 让被害人辨认
   B. 让被告人辨认
   C. 听取辩护人意见
   D. 听取诉讼代理人意见

[释疑] 《刑事诉讼法》第190条规定:"公诉人、辩护人应当向法庭出示物证,让当事人辨认,对未到庭的证人的证言笔录、鉴定人的鉴定意见、勘验笔录和其他作为证据的文书,应当当庭宣读。审判人员应当听取公诉人、当事人和辩护人、诉讼代理人的意见。"故选 A、B、C、D 项。(答案:ABCD)

29. 按照我国《刑事诉讼法》的规定,关于法庭审理活动先后顺序的排列,下列哪一选项的组合是正确的?(2008年真题,单选)

① 宣读勘验笔录;② 公诉人发表公诉词;③ 讯问被告人;④ 询问证人、鉴定人;⑤ 出示物证;⑥ 被告人最后陈述。

   A. ②③⑤④①⑥
   B. ③④⑤①②⑥
   C. ②④⑤①⑥③
   D. ③④①⑤②⑥

[释疑] 参见《刑诉法解释》第195条至第235条的规定。(答案:B)

30. 朱某涉嫌盗窃罪,法庭审理查明其实施盗窃行为时刚满15岁。法院应当如何处理?(2008年缓考真题,单选)

   A. 退回检察院,建议决定不起诉
   B. 商请检察院撤回起诉
   C. 判决宣告朱某不负刑事责任
   D. 裁定终止审理

[释疑] 根据《刑诉法解释》第291条第1款第6项的规定,被告人因不满16周岁,不予刑事处罚的,应当判决宣告被告人不负刑事责任。故 C 项正确。(答案:C)

31. 法庭在审理被告人某甲入室盗窃案的过程中发现,某甲在实施犯罪过程中,为逃避抓捕曾以暴力伤害被害人。关于法院的做法,下列哪一选项是正确的?(2008年真题,单选)

A. 建议检察机关补充侦查
B. 建议检察机关变更起诉
C. 建议检察机关撤回起诉
D. 应当自行补充侦查

[释疑] 《刑诉法解释》第243条规定:"审判期间,人民法院发现新的事实,可能影响定罪的,可以建议人民检察院补充或者变更起诉;人民检察院不同意或者在七日内未回复意见的,人民法院应当就起诉指控的犯罪事实,依照本解释第二百四十一条的规定作出判决、裁定。"故B项正确。(答案:B)

32. 某电子科技有限公司因涉嫌虚开增值税专用发票罪被提起公诉,公司董事长、总经理、会计等5人被认定为单位犯罪的直接责任人员。在法院审理中,该公司被注销。关于法院的处理,下列哪一选项是正确的?(2008年真题,单选)

A. 继续审理
B. 终止审理
C. 终止审理,建议检察机关对公司董事长、总经理、会计等另行起诉
D. 退回检察机关,建议检察机关对公司董事长、总经理、会计等另行起诉

[释疑] 《刑诉法解释》第286条规定:"审判期间,被告单位被撤销、注销、吊销营业执照或者宣告破产的,对单位犯罪直接负责的主管人员和其他直接责任人员应当继续审理。"故A项正确。(答案:A)

33. 法庭审理活动结束后,下列哪些人员应当在法庭审判活动笔录上签名?(2008年缓考真题,多选)

A. 参与本案审判的陪审员甲
B. 参与本案审判的审判人员乙
C. 主持本案审判的审判长丙
D. 本案书记员丁

[释疑] 《刑事诉讼法》第201条第1款规定:"法庭审判的全部活动,应当由书记员写成笔录,经审判长审阅后,由审判长和书记员签名。"故C、D项正确。(答案:CD)

34. 在下列何种情形下,经公诉人建议法庭延期审理的时间一次不得超过一个月?(2008年真题,多选)

A. 发现事实不清、证据不足的
B. 发现遗漏罪行、遗漏同案犯罪嫌疑人,需要补充侦查或者补充提供证据的
C. 发现遗漏罪行或者遗漏同案犯罪嫌疑人,虽不需要补充侦查和补充提供证据,但需要提出追加或者变更起诉的
D. 需要通知开庭前未向人民法院提供名单的证人、鉴定人或者经人民法院通知而未到庭的证人出庭陈述的

[释疑] 《刑事诉讼规则》第455条规定:"法庭审判过程中遇有下列情形之一的,公诉人可以建议法庭延期审理:(一)发现事实不清、证据不足,或者遗漏罪行、遗漏同案犯罪嫌疑人,需要补充侦查或者补充提供证据的;(二)被告人揭发他人犯罪行为或者提供重要线索,需要补充侦查进行查证的;(三)发现遗漏罪行或者遗漏同案犯罪嫌疑人,虽不需要补充侦查和补充提供证据,但需要补充、追加或者变更起诉的;(四)申请人民法院通知证人、鉴定人出庭作证或者有专门知识的人出庭提出意见的;(五)需要调取新的证据,重新鉴定或者勘验的;(六)公诉人出示、宣读开庭前移送人民法院的证据以外的证据,或者补充、变更起诉,需要给

予被告人、辩护人必要时间进行辩护准备的;(七) 被告人、辩护人向法庭出示公诉人不掌握的与定罪量刑有关的证据,需要调查核实的;(八) 公诉人对证据收集的合法性进行证明,需要调查核实的。在人民法院开庭审理前发现具有上述情形之一的,人民检察院可以建议人民法院延期审理。"《刑事诉讼规则》第456条规定:"法庭宣布延期审理后,人民检察院应当在补充侦查的期限内提请人民法院恢复法庭审理或者撤回起诉。公诉人在法庭审理过程中建议延期审理的次数不得超过两次,每次不得超过一个月。"故选A、B、C、D项。(答案:ABCD)

35. 关于刑事案件的延期审理和中止审理,下列哪些说法是正确的? (2008年真题,多选)

A. 延期审理适用于法庭审理过程中,中止审理适用于法院受理案件后至作出判决前

B. 导致延期审理的原因是庭审自身出现障碍,因而不停止法庭审理以外的诉讼活动,导致中止审理的原因是出现了不能抗拒的情况,使诉讼活动无法正常进行,因而暂停诉讼活动

C. 延期审理的案件再行开庭的时间具有可预见性,中止审理的案件再行开庭的时间往往无法预见

D. 不论延期审理还是中止审理,其时间都计入审理期限

[释疑] 《刑诉法解释》第222条规定:"法庭审理过程中,当事人及其辩护人、诉讼代理人申请通知新的证人到庭,调取新的证据,申请重新鉴定或者勘验的,应当提供证人的姓名、证据的存放地点,说明拟证明的案件事实,要求重新鉴定或者勘验的理由。法庭认为有必要的,应当同意,并宣布延期审理;不同意的,应当说明理由并继续审理。延期审理的案件,符合刑事诉讼法第二百零二条第一款规定的,可以报请上级人民法院批准延长审理期限。人民法院同意重新鉴定申请的,应当及时委托鉴定,并将鉴定意见告知人民检察院、当事人及其辩护人、诉讼代理人。"《刑诉法解释》第223条规定:"审判期间,公诉人发现案件需要补充侦查,建议延期审理的,合议庭应当同意,但建议延期审理不得超过两次。人民检察院将补充收集的证据移送人民法院的,人民法院应当通知辩护人、诉讼代理人查阅、摘抄、复制。补充侦查期限届满后,经法庭通知,人民检察院未将案件移送人民法院,且未说明原因的,人民法院可以决定按人民检察院撤诉处理。"《刑诉法解释》第254条规定:"被告人当庭拒绝辩护人辩护,要求另行委托辩护人或者指派律师的,合议庭应当准许。被告人拒绝辩护人辩护后,没有辩护人的,应当宣布休庭;仍有辩护人的,庭审可以继续进行。有多名被告人的案件,部分被告人拒绝辩护人辩护后,没有辩护人的,根据案件情况,可以对该被告人另案处理,对其他被告人的庭审继续进行。重新开庭后,被告人再次当庭拒绝辩护人辩护的,可以准许,但被告人不得再次另行委托辩护人或者要求另行指派律师,由其自行辩护。被告人属于应当提供法律援助的情形,重新开庭后再次当庭拒绝辩护人辩护的,不予准许。"《刑诉法解释》第255条规定:"法庭审理过程中,辩护人拒绝为被告人辩护的,应当准许;是否继续庭审,参照适用前条的规定。"《刑诉法解释》第256条规定:"依照前两条规定另行委托辩护人或者指派律师的,自案件宣布休庭之日起至第十五日止,由辩护人准备辩护,但被告人及其辩护人自愿缩短时间的除外。"《刑事诉讼法》第200条规定:"在审判过程中,有下列情形之一,致使案件在较长时间内无法继续审理的,可以中止审理:(一) 被告人患有严重疾病,无法出庭的;(二) 被告人脱逃的;(三) 自诉人患有严重疾病,无法出庭,未委托诉讼代理人出庭的;(四) 由于不能抗拒的原因。中止审理的原因消失后,应当恢复审理。中止审理的期间不计入审理期限。"根据以上规定,选A、B、C项。(答案:ABC)

36. 甲偷偷将乙家的一群羊赶走卖掉,获得赃款3 000元。乙向法院起诉,并提供了足以证明甲盗窃的证据,要求追究甲盗窃罪的刑事责任。法院应采用下列哪一做法处理此案?(2008年缓考真题,单选)

  A. 裁定不予受理        B. 告知乙向公安机关控告

  C. 先受理,然后移送公安机关处理  D. 依法受理

[释疑] 《刑事诉讼法》第204条规定:"自诉案件包括下列案件:(一)告诉才处理的案件;(二)被害人有证据证明的轻微刑事案件;(三)被害人有证据证明对被告人侵犯自己人身、财产权利的行为应当依法追究刑事责任,而公安机关或者人民检察院不予追究被告人刑事责任的案件。"《刑事诉讼法》第205条规定:"人民法院对于自诉案件进行审查后,按照下列情形分别处理:(一)犯罪事实清楚,有足够证据的案件,应当开庭审判;(二)缺乏罪证的自诉案件,如果自诉人提不出补充证据,应当说服自诉人撤回自诉,或者裁定驳回。自诉人经两次依法传唤,无正当理由拒不到庭的,或者未经法庭许可中途退庭的,按撤诉处理。法庭审理过程中,审判人员对证据有疑问,需要调查核实的,适用本法第一百九十一条的规定。"根据以上规定,应选D项。(答案:D)

37. 马某涉嫌盗窃罪,法院决定开庭审理时,马某的母亲也到该院递交自诉状,对马某长期虐待自己的行为提起自诉。下列哪一选项是正确的?(2008年缓考真题,单选)

  A. 应当先审理盗窃案件    B. 应当先审理虐待案件

  C. 应当一并审理这两个案件    D. 可以一并审理这两个案件

[释疑] 被告人实施的两个以上的犯罪行为,分别属于公诉案件和自诉案件的,人民法院可以在审理公诉案件时,对自诉案件一并审理。故选D项。(答案:D)

38. 王某与张某发生口角,王某一怒之下顺手将李某放在桌子上的手机打向张某,致张某轻伤。请回答(1)—(3)题。(2008年缓考真题,不定选)

(1) 对由王某造成的伤害,张某依法享有的诉讼权利是:

  A. 向法院提起自诉      B. 向公安机关控告

  C. 向检察院控告       D. 提起附带民事诉讼

[释疑] 《刑事诉讼法》第108条规定:"任何单位和个人发现有犯罪事实或者犯罪嫌疑人,有权利也有义务向公安机关、人民检察院或者人民法院报案或者举报。被害人对侵犯其人身、财产权利的犯罪事实或者犯罪嫌疑人,有权向公安机关、人民检察院或者人民法院报案或者控告。公安机关、人民检察院或者人民法院对于报案、控告、举报,都应当接受。对于不属于自己管辖的,应当移送主管机关处理,并且通知报案人、控告人、举报人;对于不属于自己管辖而又必须采取紧急措施的,应当先采取紧急措施,然后移送主管机关。犯罪人向公安机关、人民检察院或者人民法院自首的,适用第三款规定。"《刑事诉讼法》第204条规定:"自诉案件包括下列案件:(一)告诉才处理的案件;(二)被害人有证据证明的轻微刑事案件;(三)被害人有证据证明对被告人侵犯自己人身、财产权利的行为应当依法追究刑事责任,而公安机关或者人民检察院不予追究被告人刑事责任的案件。"根据以上规定A、B、C、D项都是自诉人的权利。(答案:ABCD)

(2) 李某享有的诉讼权利是:

  A. 就王某给自己造成的损失提起民事诉讼

  B. 就王某给自己造成的损失提起附带民事诉讼

C. 就王某的犯罪行为向公安机关举报
D. 就王某的犯罪行为向法院提出自诉

[释疑] 附带民事诉讼当事人既可以提起附带民事诉讼,也可以另行提起民事诉讼,故选A、B、C项。(答案:ABC)

(3) 如张某提起自诉,对本案刑事部分判决有权上诉的是:
A. 王某                      B. 张某
C. 李某                      D. 提起公诉的检察院

[释疑] 只有刑事当事人才能就刑事部分上诉,故选A、B项。(答案:AB)

39. 法院对公诉案件进行审查后,应当根据不同情况作出处理。据此,下列哪一选项是正确的? (2007年真题,单选)
A. 对于不属于本院管辖的,应当通知检察院撤回起诉
B. 对于被告人不在案的,应当决定退回检察院
C. 法院裁定准许撤诉的案件,没有新的事实、证据,检察院重新起诉的,应当裁定驳回起诉
D. 法院作出了证据不足、指控的犯罪不能成立的无罪判决的案件,检察院依据新的事实、证据材料重新起诉的,法院应当根据禁止重复追诉原则不予受理

[释疑] 《刑诉法解释》第181条规定:"人民法院对提起公诉的案件审查后,应当按照下列情形分别处理:(一)属于告诉才处理的案件,应当退回人民检察院,并告知被害人有权提起自诉;(二)不属于本院管辖或者被告人不在案的,应当退回人民检察院;(三)不符合前条第二项至第八项规定之一,需要补充材料的,应当通知人民检察院在三日内补送;(四)依照刑事诉讼法第一百九十五条第三项规定宣告被告人无罪后,人民检察院根据新的事实、证据重新起诉的,应当依法受理;(五)依照本解释第二百四十二条规定裁定准许撤诉的案件,没有新的事实、证据,重新起诉的,应当退回人民检察院;(六)符合刑事诉讼法第十五条第二项至第六项规定情形的,应当裁定终止审理或者退回人民检察院;(七)被告人真实身份不明,但符合刑事诉讼法第一百五十八条第二款规定的,应当依法受理。对公诉案件是否受理,应当在七日内审查完毕。"对于A项,应当决定退回人民检察院;对于C项,人民法院应当退回人民检察院;对于D项,人民法院应当依法受理。因此,只有B项正确。(答案:B)

40. 某市法院审理被告人赵某故意伤害案,为其指定了辩护律师。庭审中,赵某拒绝辩护律师为其辩护,合议庭的下列哪些做法是正确的? (2007年真题,多选)
A. 赵某要求另行委托辩护人时,应当同意,并宣布延期审理
B. 赵某要求另行指定辩护律师时,应当同意,并宣布延期审理
C. 赵某要求另行指定辩护律师时,不应当同意,并宣布继续审理
D. 赵某另行委托辩护人的,自宣布延期审理之日起至第十日止,准备辩护时间不计入审限

[释疑] 《刑诉法解释》第254条规定:"被告人当庭拒绝辩护人辩护,要求另行委托辩护人或者指派律师的,合议庭应当准许。被告人拒绝辩护人辩护后,没有辩护人的,应当宣布休庭;仍有辩护人的,庭审可以继续进行。有多名被告人的案件,部分被告人拒绝辩护人辩护后,没有辩护人的,根据案件情况,可以对该被告人另案处理,对其他被告人的庭审继续进行。重新开庭后,被告人再次当庭拒绝辩护人辩护的,可以准许,但被告人不得再次另行委托辩护人或者要求另行指派律师,由其自行辩护。被告人属于应当提供法律援助的情形,重新开庭后再次当庭拒绝辩护人辩护的,不予准许。"《刑诉法解释》第255条规定:"法庭审理过程中,辩护

人拒绝为被告人辩护的,应当准许;是否继续庭审,参照适用前条的规定。"《刑诉法解释》第256条规定:"依照前两条规定另行委托辩护人或者指派律师的,自案件宣布休庭之日起至第十五日止,由辩护人准备辩护,但被告人及其辩护人自愿缩短时间的除外。"故选 A 项。(答案:A)

41. 在一起伤害案件中,被害人甲不服某县人民检察院对犯罪嫌疑人乙作出的不起诉决定而向县人民法院提起诉讼。人民法院审查后认为该案缺乏罪证,经要求,自诉人未能提出补充证据。县人民法院可以作出哪些处理?(2007年真题,多选)

 A. 说服自诉人撤诉  B. 裁定驳回自诉
 C. 对甲和乙进行调解  D. 中止诉讼

[释疑] 《刑事诉讼法》第205条规定:"人民法院对于自诉案件进行审查后,按照下列情形分别处理:(一)犯罪事实清楚,有足够证据的案件,应当开庭审判;(二)缺乏罪证的自诉案件,如果自诉人提不出补充证据,应当说服自诉人撤回自诉,或者裁定驳回。自诉人经两次依法传唤,无正当理由拒不到庭的,或者未经法庭许可中途退庭的,按撤诉处理。法庭审理过程中,审判人员对证据有疑问,需要调查核实的,适用本法第一百九十一条的规定。"C、D项于法无据,应选 A、B 项。(答案:AB)

42. 关于适用简易程序审理刑事案件,下列哪一选项是正确的?(2007年真题,单选)

 A. 被告人可以不出庭
 B. 可以由人民陪审员独任审判
 C. 检察院可以派员出庭,也可以不派员出庭
 D. 可以不受《刑事诉讼法》关于听取被告人最后陈述规定的限制

[释疑] 我国刑事诉讼中没有缺席审判制度(附带民事诉讼中除刑事被告人以外的被告人经传唤无正当理由不到庭或未经许可中途退庭的,附带民事部分可以缺席判决),A 项错误。独任审判员必须由审判员担任,B 项错误。《刑事诉讼法》第210条规定:"适用简易程序审理案件,对可能判处三年有期徒刑以下刑罚的,可以组成合议庭进行审判,也可以由审判员一人独任审判;对可能判处的有期徒刑超过三年的,应当组成合议庭进行审判。适用简易程序审理公诉案件,人民检察院应当派员出席法庭。"故 C 项错误。《刑事诉讼法》第213条规定:"适用简易程序审理案件,不受本章第一节关于送达期限、讯问被告人、询问证人、鉴定人、出示证据、法庭辩论程序规定的限制。但在判决宣告前应当听取被告人的最后陈述意见。"因此,D 项错误。(原答案:C;现无答案)

43. 下列关于合议庭评议笔录的哪些表述是正确的?(2006年真题,多选)

 A. 合议庭意见有分歧的,应当按多数人的意见作出决定并写入笔录
 B. 合议庭意见有分歧的,少数人的意见可以不写入笔录
 C. 持少数意见的合议庭成员,也应当在评议笔录上签名
 D. 合议庭的书记员,应当在评议笔录上签名

[释疑] 《刑诉法解释》第176条规定:"开庭审理和评议案件,应当由同一合议庭进行。合议庭成员在评议案件时,应当独立表达意见并说明理由。意见分歧的,应当按多数意见作出决定,但少数意见应当记入笔录。评议笔录由合议庭的组成人员在审阅确认无误后签名。评议情况应当保密。"据此,A、C 项正确,B 项错误。《刑事诉讼法》第178条第1款规定:"基层人民法院、中级人民法院审判第一审案件,应当由审判员三人或者由审判员和人民陪审员共三

人组成合议庭进行,但是基层人民法院适用简易程序的案件可以由审判员一人独任审判。"据此,合议庭成员不包括书记员。D项错误。(答案:AC)

44. 在某案件的法庭审理中,旁听的被害人亲属甲对辩护律师的辩护发言多次表示不满,并站起来指责律师,经审判长多次警告制止无效。法院对甲可以做下列何种处理? (2006年真题,多选)

　　A. 由审判长责令甲具结悔过　　　　　　B. 由审判长决定将甲强行带出法庭
　　C. 经法院院长批准对甲处以500元罚款　　D. 经法院院长批准对甲处以20日拘留

[释疑] 《刑事诉讼法》第194条规定:"在法庭审判过程中,如果诉讼参与人或者旁听人员违反法庭秩序,审判长应当警告制止。对不听制止的,可以强行带出法庭;情节严重的,处以一千元以下的罚款或者十五日以下的拘留。罚款、拘留必须经院长批准。被处罚人对罚款、拘留的决定不服的,可以向上一级人民法院申请复议。复议期间不停止执行。对聚众哄闹、冲击法庭或者侮辱、诽谤、威胁、殴打司法工作人员或者诉讼参与人,严重扰乱法庭秩序,构成犯罪的,依法追究刑事责任。"据此,B、C项正确,A项没有依据,D项"20日拘留"违反"15日以下的拘留"的规定。(答案:BC)

45. 对于公诉人向法庭提出的补充侦查延期审理的建议,法院应当如何处理? (2006年真题,单选)

　　A. 应当同意
　　B. 可以同意,也可以不同意
　　C. 可以同意延期审理,但限制延期审理的次数只能一次
　　D. 不应当同意

[释疑] 根据《刑诉法解释》第223条的规定:"审判期间,公诉人发现案件需要补充侦查,建议延期审理的,合议庭应当同意,但建议延期审理不得超过两次。人民检察院将补充收集的证据移送人民法院的,人民法院应当通知辩护人、诉讼代理人查阅、摘抄、复制。补充侦查期限届满后,经法庭通知,人民检察院未将案件移送人民法院,且未说明原因的,人民法院可以决定按人民检察院撤诉处理。"故选A项。(答案:A)

46. 甲(18岁)、乙(14岁)因故将丙打成轻伤。提起公诉后,法院同意适用简易程序进行审理。与此同时,丙对甲、乙提起附带民事诉讼。在本案中,以下哪些人员可以不参加法庭审理? (2006年真题,多选)

　　A. 甲　　　　　　B. 乙　　　　　　C. 丙　　　　　　D. 公诉人

[释疑] 乙因只有14岁,对轻伤害案件不承担刑事责任;在附带民事诉讼中,乙是未成年人,其监护人是负有赔偿责任的人。所以乙可以不出庭。故应选B项。《刑诉法解释》第158条规定:"附带民事诉讼原告人经传唤,无正当理由拒不到庭,或者未经法庭许可中途退庭的,应当按撤诉处理。刑事被告人以外的附带民事诉讼被告人经传唤,无正当理由拒不到庭,或者未经法庭许可中途退庭的,附带民事部分可以缺席判决。"据此,本题中作为附带民事诉讼原告人的丙必须出庭。故C项不选。《刑事诉讼法》第210条规定:"适用简易程序审理案件,对可能判处三年有期徒刑以下刑罚的,可以组成合议庭进行审判,也可以由审判员一人独任审判;对可能判处的有期徒刑超过三年的,应当组成合议庭进行审判。适用简易程序审理公诉案件,人民检察院应当派员出席法庭。"据此,D项不选。(原答案:BD;现答案:B)

47. 刘某,17 岁,系某聋哑学校职工,因涉嫌盗窃罪被检察院提起公诉。刘某的辩护人高某认为,刘某并非该案的犯罪人。县人民法院经审查,决定按照普通程序审理该案。下列哪一项是法院决定按照普通程序审理该案的依据?(2005 年真题,单选)

　　A. 刘某系未成年人　　　　　　　　　B. 刘某系某聋哑学校职工
　　C. 辩护人高某认为刘某无罪　　　　　D. 检察院没有建议适用简易程序

[释疑] 《刑事诉讼法》第 208 条规定:"基层人民法院管辖的案件,符合下列条件的,可以适用简易程序审判:(一) 案件事实清楚、证据充分的;(二) 被告人承认自己所犯罪行,对指控的犯罪事实没有异议的;(三) 被告人对适用简易程序没有异议的。人民检察院在提起公诉的时候,可以建议人民法院适用简易程序。"《刑事诉讼法》第 209 条规定:"有下列情形之一的,不适用简易程序:(一) 被告人是盲、聋、哑人,或者是尚未完全丧失辨认或者控制自己行为能力的精神病人的;(二) 有重大社会影响的;(三) 共同犯罪案件中部分被告人不认罪或者对适用简易程序有异议的;(四) 其他不宜适用简易程序审理的。"因此,应选 C 项。(答案:C)

48. 某区人民法院开庭审理郭某盗窃案,在调查证据时,宣读了因病不能出庭作证的赵某的证言笔录。依照《刑事诉讼法》的规定,对于该证言笔录,审判人员不应当听取哪些人的意见?(单选)

　　A. 公诉人　　　　　　　　　　　　　B. 被害人
　　C. 被告人　　　　　　　　　　　　　D. 其他出庭作证的证人

[释疑] 《刑事诉讼法》第 190 条规定:"公诉人、辩护人应当向法庭出示物证,让当事人辨认,对未到庭的证人的证言笔录、鉴定人的鉴定意见、勘验笔录和其他作为证据的文书,应当庭宣读。审判人员应当听取公诉人、当事人和辩护人、诉讼代理人的意见。"故选 D 项。(答案:D)

49. 按照《刑事诉讼法》的规定,证人应当到庭作证。证人到庭后,审判人员应当做的工作包括下列哪些内容?(多选)

　　A. 证人作证前应核实证人的身份
　　B. 证人作证前应核实证人与被告人的关系
　　C. 证人作证前应告知有意作伪证要负的法律责任
　　D. 证人作证前,应让其在如实作证的保证书上签名

[释疑] 《刑诉法解释》第 211 条规定:"证人、鉴定人到庭后,审判人员应当核实其身份、与当事人以及本案的关系,并告知其有关作证的权利义务和法律责任。证人、鉴定人作证前,应当保证向法庭如实提供证言、说明鉴定意见,并在保证书上签名。"故 A、B、C 项均正确。(答案:A、C、D)

50. 在法庭审理中,对于张某在最后陈述中提出其受胁迫的事实,合议庭应如何处理?(单选)

　　A. 可以恢复法庭辩论　　　　　　　　B. 应当恢复法庭辩论
　　C. 可以恢复法庭调查　　　　　　　　D. 应当恢复法庭调查

[释疑] 《刑诉法解释》第 236 条规定:"被告人在最后陈述中提出新的事实、证据,合议庭认为可能影响正确裁判的,应当恢复法庭调查;被告人提出新的辩解理由,合议庭认为可能影响正确裁判的,应当恢复法庭辩论。"故选 D 项。(答案:D)

51. 某县人民法院在审判徐某强奸案过程中,县检察院以徐某的行为不构成强奸罪为理由,向人民法院提出撤回起诉的要求。人民法院接到该撤诉要求时,合议庭已经对本案进行了评议并作出了判决,但尚未宣告判决。人民法院对该撤诉要求应按下列哪种方式处理?(单选)

A. 人民法院应当作出准予撤诉的裁定

B. 人民法院应当作出不准撤诉的裁定

C. 可以先审查撤诉理由,再作出是否准予撤诉的裁定

D. 应当先审查撤诉理由,再作出是否准予撤诉的裁定

[释疑] 《刑诉法解释》第242条规定:"宣告判决前,人民检察院要求撤回起诉的,人民法院应当审查撤回起诉的理由,作出是否准许的裁定。"故选D项。(答案:D)

52. 某甲在旁听其弟故意伤害一案时,违反法庭秩序,当庭侮辱作证的证人。依照《刑事诉讼法》的规定,审判长有权对某甲予以何种处理?(单选)

A. 警告制止,如果不听制止,可以强行带出法庭

B. 罚款或者拘留10日

C. 罚款1500元或者拘留15日

D. 罚款2000元或者拘留15日

[释疑] 《刑事诉讼法》第194条规定:"在法庭审判过程中,如果诉讼参与人或者旁听人员违反法庭秩序,审判长应当警告制止。对不听制止的,可以强行带出法庭;情节严重的,处以一千元以下的罚款或者十五日以下的拘留。罚款、拘留必须经院长批准。被处罚人对罚款、拘留的决定不服的,可以向上一级人民法院申请复议。复议期间不停止执行。对聚众哄闹、冲击法庭或者侮辱、诽谤、威胁、殴打司法工作人员或者诉讼参与人,严重扰乱法庭秩序,构成犯罪的,依法追究刑事责任。"审判长无权罚款或者拘留,B、C、D项于法无据,只有A项符合法律规定。(答案:A)

53. 某区人民法院在开庭审判万某交通肇事案的过程中,万某的辩护人请求通知新的证人到庭并请求重新勘验。依照法律规定,法庭正确的做法是什么?(单选)

A. 应当决定延期审理          B. 应当决定中止审理

C. 可以决定延期审理          D. 可以决定中止审理

[释疑] 《刑事诉讼法》第198条规定:"在法庭审判过程中,遇有下列情形之一,影响审判进行的,可以延期审理:(一)需要通知新的证人到庭,调取新的物证,重新鉴定或者勘验的;(二)检察人员发现提起公诉的案件需要补充侦查,提出建议的;(三)由于申请回避而不能进行审判的。"应选C项。(答案:C)

54. 某县人民法院在审理赵某抢劫案过程中,发现被告人赵某可能有立功的法定量刑情节,但检察院的起诉书及所移送的证据材料中却没有这方面的证据材料。此时,审理本案的合议庭下列哪种方法处理错误?(多选)

A. 可以建议检察院补充侦查          B. 应当建议检察院补充侦查

C. 可以向检察院调取相应的证据材料   D. 应当向检察院调取相应的证据材料

[释疑] 《刑诉法解释》第226条规定:"审判期间,合议庭发现被告人可能有自首、坦白、立功等法定量刑情节,而人民检察院移送的案卷中没有相关证据材料的,应当通知人民检察院移送。审判期间,被告人提出新的立功线索,人民法院可以建议人民检察院补充侦查。"(无答案)

55. 在公诉案件的审理过程中,下列哪些选项不是合议庭应当决定延期审理的情形?(单选)
A. 辩护人申请通知新的证人到庭,审判人员认为可能影响案件事实认定的
B. 公诉人要求进行补充侦查的
C. 被告人当庭拒绝辩护人为其辩护,依法要求另行委托辩护人的
D. 被告人患严重疾病,致使案件在较长时间内无法继续审理的

[释疑] A、B、C项都是应当决定延期审理的情形,D项是中止审理的情形。故选D项。(答案:D)

56. 被告人孙某在法庭审理中突发精神病,致使案件在较长时间内无法继续审理。法院的下列哪一做法是正确的?(单选)
A. 判决宣告孙某不负刑事责任 　　　　B. 裁定中止审理
C. 裁定延期审理 　　　　　　　　　　D. 裁定终止审理

[释疑] 《刑事诉讼法》第200条规定:"在审判过程中,有下列情形之一,致使案件在较长时间内无法继续审理的,可以中止审理:(一)被告人患有严重疾病,无法出庭的;(二)被告人脱逃的;(三)自诉人患有严重疾病,无法出庭,未委托诉讼代理人出庭的;(四)由于不能抗拒的原因。中止审理的原因消失后,应当恢复审理。中止审理的期间不计入审理期限。"(答案:B)

57. 根据《刑事诉讼法》及有关司法解释的规定,下列哪一项办案期限是不能重新计算的?(单选)
A. 补充侦查完毕后的审查起诉期限
B. 发现犯罪嫌疑人另有重要罪行后的侦查羁押期限
C. 处理当事人回避申请后的法庭审理期限
D. 检察院补充侦查完毕移送法院继续审理的审理期限

[释疑] 《刑事诉讼法》第171条第3款规定:"对于补充侦查的案件,应当在一个月以内补充侦查完毕。补充侦查以二次为限。补充侦查完毕移送人民检察院后,人民检察院重新计算审查起诉期限。"故A项不选。《刑事诉讼法》第158条第1款规定:"在侦查期间,发现犯罪嫌疑人另有重要罪行的,自发现之日起依照本法第一百五十四条的规定重新计算侦查羁押期限。"故B项不选。《刑事诉讼法》第202条第3款规定:"人民检察院补充侦查的案件,补充侦查完毕移送人民法院后,人民法院重新计算审理期限。"故D项不选。只有C项未明确规定办案期限重新计算。《刑诉法解释》第194条规定:"审判长应当询问当事人及其法定代理人、辩护人、诉讼代理人是否申请回避、申请何人回避和申请回避的理由。当事人及其法定代理人、辩护人、诉讼代理人申请回避的,依照刑事诉讼法及本解释的有关规定处理。同意或者驳回回避申请的决定及复议决定,由审判长宣布,并说明理由。必要时,也可以由院长到庭宣布。"故选C项。(答案:C)

58. 被害人张某以故意伤害罪对聋哑人郑某提起自诉,市北道区人民法院受理了该案。该人民法院经审理后,判处郑某拘役6个月,并赔偿被害人医疗费等人民币2 000元。下列哪种行为与《刑事诉讼法》的有关规定不符?(单选)
A. 未对郑某采取强制措施
B. 对自诉案件适用普通程序审理
C. 于受理案件后,10个月后的第5日作出宣判

D. 对该自诉案件没有进行调解

[释疑] 《刑事诉讼法》第 206 条规定:"人民法院对自诉案件,可以进行调解;自诉人在宣告判决前,可以同被告人自行和解或者撤回自诉。本法第二百零四条第三项规定的案件不适用调解。人民法院审理自诉案件的期限,被告人被羁押的,适用本法第二百零二条第一款、第二款的规定;未被羁押的,应当在受理后六个月以内宣判。"C 项于法无据。(答案:C)

59. 靳某以诽谤罪将宁某起诉至某县法院。县法院经审查认为,该案应属本院管辖,该案有明确的被告人、具体的诉讼请求和能证明被告人犯罪事实的证据,应予受理。但被告人宁某目前下落不明。法院处理错误的是?(单选)

A. 裁定中止审理

B. 说服自诉人撤回起诉或者裁定驳回起诉

C. 宣告宁某犯有诽谤罪并处以刑罚

D. 将案件交公安机关查找宁某下落

[释疑] 《刑诉法解释》第 263 条规定:"对自诉案件,人民法院应当在十五日内审查完毕。经审查,符合受理条件的,应当决定立案,并书面通知自诉人或者代为告诉人。具有下列情形之一的,应当说服自诉人撤回起诉;自诉人不撤回起诉的,裁定不予受理:(一)不属于本解释第一条规定的案件的;(二)缺乏罪证的;(三)犯罪已过追诉时效期限的;(四)被告人死亡的;(五)被告人下落不明的;(六)除因证据不足而撤诉的以外,自诉人撤诉后,就同一事实又告诉的;(七)经人民法院调解结案后,自诉人反悔,就同一事实再行告诉的。"故 B 项正确,A、C、D 项错误。(答案:ACD)

60. 赵某与罗某系邻居。两人常因日常小事纠纷不断。某日,两人又起纠纷,争吵中罗某抄起木棍,打在赵某头上,致使其严重脑震荡,左耳失聪。赵某因受此重伤而报至公安机关。公安机关认为本案系邻里纠纷,以民事调解为宜,不予立案。赵某又告至检察院,检察院以同样理由不予立案。赵某即将本案诉至人民法院。下列选项中属于人民法院在决定是否立案之前应审的内容的是:(多选)

A. 本院是否有管辖权

B. 自诉人是否有证明被告人犯罪事实的证据

C. 被告人是否下落不明

D. 被告人是否会提出反诉

[释疑] 根据《刑诉法解释》的规定,A、B、C 项是法院决定是否立案之前应审的内容,D 项于法无据。(答案:ABC)

61. 刘某以侮辱罪对王某提起自诉。一审中,经调解双方达成协议。但在送达调解书时,刘某反悔,拒绝签收。关于本案,下列哪一选项是正确的?(单选)

A. 调解协议一经达成,即发生法律效力

B. 调解书经审判人员和书记员署名,并加盖法院印章后,即发生法律效力

C. 无论当事人是否签收,调解书一经送达,即发生法律效力

D. 本案中调解书并未生效,人民法院应当进行判决

[释疑] 《刑诉法解释》第 271 条第 1 款规定:"人民法院审理自诉案件,可以在查明事实、分清是非的基础上,根据自愿、合法的原则进行调解。调解达成协议的,应当制作刑事调解书,由审判人员和书记员签名,并加盖人民法院印章。调解书经双方当事人签收后,即具有法

律效力。调解没有达成协议,或者调解书签收前当事人反悔的,应当及时作出判决。"据此,应选D项。(答案:D)

### 三、提示与预测

本章是重点章,公诉案件的审查处理、法庭审判、延期审理、中止审理、一审期限、自诉一审、简易程序等都很重要。尤其要注意新法的规定。

# 第十六章　第二审程序

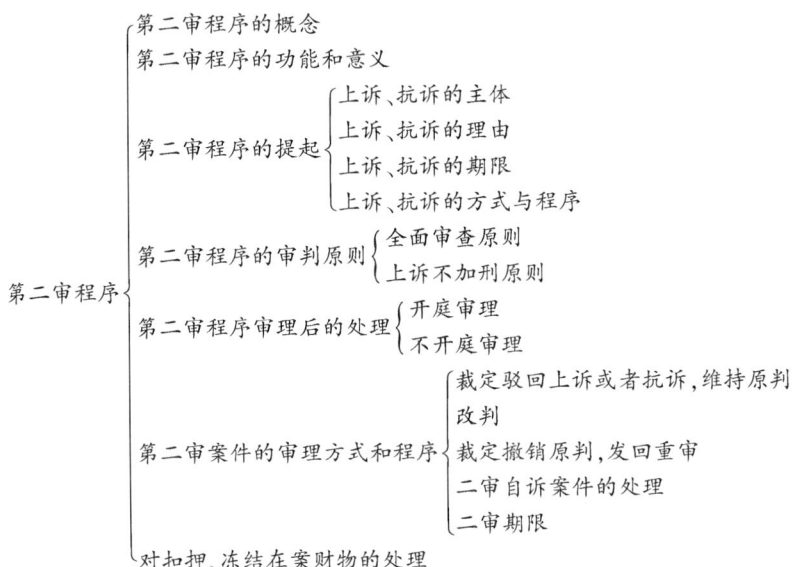

### 一、精讲

## 考点 1　第二审程序的概述

(一) 第二审程序的概念

第二审程序,是指第一审人民法院的上一级人民法院,对不服第一审人民法院尚未发生法律效力的判决或者裁定而提出上诉或者抗诉的案件进行审理时所适用的诉讼程序。

**特别关注:**

(1) 第二审程序不是审理刑事案件的必经程序。

(2) 不能将第二审程序简单等同于对同一案件进行第二次审理的程序。

(3) 除了基层人民法院以外,其他各级人民法院都可以成为上级人民法院。

(二) 第二审程序的功能和意义

(1) 第二审程序具有对一审判决、裁定进行审查和救济的功能,能够及时发现和纠正第一审判决或裁定的错误,保证刑事审判的公正性。

(2) 第二审程序的设置满足了当事人对于审判公正性的要求。

(3) 有利于维护法制的统一。

(4) 有利于实现对下级法院的监督和指导,提高刑事司法工作的质量。

## 考点 2　第二审程序的提起

上诉、抗诉的主体

(一) 上诉的主体。

有上诉权的人有：① 自诉人及其法定代理人。② 被告人及其法定代理人。③ 经被告人同意的辩护人和近亲属。④ 附带民事诉讼的当事人和他们的法定代理人。地方各级人民法院在宣告第一审判决、裁定时,应当明确告知有上诉权的人的上诉权。

**特别关注：**

被告人的辩护人和近亲属不是案件的当事人,没有独立的上诉权;附带民事诉讼的当事人和他们的法定代理人,只有权对地方各级人民法院一审判决、裁定中的附带民事诉讼部分提出上诉,对判决、裁定中的刑事部分,则无权上诉。

《刑诉法解释》的相关规定

(1) 地方各级人民法院在宣告第一审判决、裁定时,应当告知被告人、自诉人及其法定代理人不服判决、裁定的,有权在法定期限内以书面或者口头形式,通过本院或者直接向上一级人民法院提出上诉;被告人的辩护人、近亲属经被告人同意,也可以提出上诉;附带民事诉讼当事人及其法定代理人,可以对判决、裁定中的附带民事部分提出上诉。被告人、自诉人、附带民事诉讼当事人及其法定代理人是否提出上诉,以其在上诉期满前最后一次的意思表示为准。

(2) 人民法院受理的上诉案件,一般应当有上诉状正本及副本。上诉状内容应当包括：第一审判决书、裁定书的文号和上诉人收到的时间,第一审人民法院的名称,上诉的请求和理由,提出上诉的时间。被告人的辩护人、近亲属经被告人同意提出上诉的,还应当写明其与被告人的关系,并应当以被告人作为上诉人。

(二) 抗诉的主体

抗诉分为两种：一是上诉审程序的抗诉,即对一审未生效裁判的抗诉;二是再审程序的抗诉,即对生效裁判的抗诉。有权对一审未生效判决、裁定抗诉的机关是一审人民法院的同级检察院。《刑事诉讼法》第218条规定："被害人及其法定代理人不服地方各级人民法院第一审的判决的,自收到判决书后五日以内,有权请求人民检察院提出抗诉。人民检察自收到被害人及其法定代理人的请求后五日以内,应当作出是否抗诉的决定并且答复请求人。"被害人及其法定代理人的请求抗诉权,并不等于上诉权,不必然引起二审程序。

《刑事诉讼规则》的相关规定

人民检察院依法对人民法院的判决、裁定是否正确实行监督,对人民法院确有错误的判决、裁定,应当依法提出抗诉。对刑事判决、裁定的监督由公诉部门和刑事申诉检察部门承办。当事人及其法定代理人、近亲属认为人民法院已经发生法律效力的判决、裁定确有错误,向人民检察院申诉的,由刑事申诉检察部门依法办理。人民检察院通过受理申诉、审查人民法院的判决、裁定等活动,监督人民法院的判决、裁定是否正确。

## 考点 3　上诉、抗诉的理由

上诉的理由

对于上诉的理由，《刑事诉讼法》没有明确规定。有上诉权的人只要不服一审未生效的判决、裁定，就有权依法提出上诉，人民法院就应当受理，并引起二审程序。

抗诉的理由。检察院提出抗诉，必须是"人民法院第一审的判决、裁定确有错误"。具体是指第一审的判决、裁定有下列情形之一：① 认定事实不清、证据不足的；② 有确实、充分的证据证明有罪而判无罪，或者无罪判有罪的；③ 重罪轻判、轻罪重判，适用刑罚明显不当的；④ 认定罪名不正确，一罪判数罪、数罪判一罪，影响量刑或者造成严重社会影响的；⑤ 免除刑事处罚或者适用缓刑错误的；⑥ 人民法院在审理过程中严重违反法律规定的诉讼程序的。

## 考点 4　上诉、抗诉的期限

上诉、抗诉必须在法定期限内提出。不服判决的上诉、抗诉期限为 10 日；不服裁定的上诉、抗诉期限为 5 日。上诉、抗诉的期限，从接到判决书、裁定书的第二日起计算。

对附带民事判决、裁定的上诉、抗诉期限，应当按照刑事部分的上诉、抗诉期限确定。附带民事部分另行审判的，上诉期限也应当按照《刑事诉讼法》规定的期限确定。

## 考点 5　上诉、抗诉的方式与程序

（一）上诉的方式与程序。

上诉可以用书状和口头两种形式提出。口头上诉应当制作笔录。上诉可以通过原审人民法院提出，也可以直接向上一级人民法院提出。

《刑诉法解释》的相关规定

（1）上诉人通过第一审人民法院提出上诉的，第一审人民法院应当审查。上诉符合法律规定的，应当在上诉期满后 3 日内将上诉状连同案卷、证据移送上一级人民法院，并将上诉状副本送交同级人民检察院和对方当事人。

（2）上诉人直接向第二审人民法院提出上诉的，第二审人民法院应当在收到上诉状后 3 日内将上诉状交第一审人民法院。第一审人民法院应当审查上诉是否符合法律规定。符合法律规定的，应当在接到上诉状后 3 日内将上诉状连同案卷、证据移送上一级人民法院，并将上诉状副本送交同级人民检察院和对方当事人。

（3）上诉人在上诉期限内要求撤回上诉的，人民法院应当准许。

（4）上诉人在上诉期满后要求撤回上诉的，第二审人民法院应当审查。经审查，认为原判认定事实和适用法律正确，量刑适当的，应当裁定准许撤回上诉；认为原判事实不清、证据不足或者将无罪判为有罪、轻罪重判的，应当不予准许，继续按照上诉案件审理。被判处死刑立即执行的被告人提出上诉，在第二审开庭后宣告裁判前申请撤回上诉的，应当不予准许，继续按照上诉案件审理。

（二）抗诉的程序和方式

《刑事诉讼法》第 221 条规定："地方各级人民检察院对同级人民法院第一审判决、裁定的抗诉，应当通过原审人民法院提出抗诉书，并且将抗诉书抄送上一级人民检察院。原审人民法院应当将抗诉书连同案卷、证据移送上一级人民法院,并且将抗诉书副本送交当事人。上级人民检察院如果认为抗诉不当,可以向同级人民法院撤回抗诉,并且通知下级人民检察院。"

1.《刑诉法解释》的相关规定

(1) 地方各级人民检察院对同级人民法院第一审判决、裁定的抗诉,应当通过第一审人民法院提交抗诉书。第一审人民法院应当在抗诉期满后3日内将抗诉书连同案卷、证据移送上一级人民法院,并将抗诉书副本送交当事人。

(2) 人民检察院在抗诉期限内撤回抗诉的,第一审人民法院不再向上一级人民法院移送案件;在抗诉期满后第二审人民法院宣告裁判前撤回抗诉的,第二审人民法院可以裁定准许,并通知第一审人民法院和当事人。

(3) 在上诉、抗诉期满前撤回上诉、抗诉的,第一审判决、裁定在上诉、抗诉期满之日起生效。在上诉、抗诉期满后要求撤回上诉、抗诉,第二审人民法院裁定准许的,第一审判决、裁定应当自第二审裁定书送达上诉人或者抗诉机关之日起生效。

2.《刑事诉讼规则》的相关规定

(1) 人民检察院在收到人民法院第一审判决书或者裁定书后,应当及时审查,承办人员应当填写刑事判决、裁定审查表,提出处理意见,报公诉部门负责人审核。对于需要提出抗诉的案件,公诉部门应当报请检察长决定;案情重大、疑难、复杂的案件,由检察长提交检察委员会讨论决定。

(2) 人民检察院对同级人民法院第一审判决的抗诉,应当在接到判决书的第二日起10日以内提出;对裁定的抗诉,应当在接到裁定书后的第二日起5日以内提出。

(3) 人民检察院对同级人民法院第一审判决、裁定的抗诉,应当制作抗诉书通过原审人民法院向上一级人民法院提出,并将抗诉书副本连同案件材料报送上一级人民检察院。

(4) 被害人及其法定代理人不服地方各级人民法院第一审的判决,在收到判决书后5日以内请求人民检察院提出抗诉的,人民检察院应当立即进行审查,在收到被害人及其法定代理人的请求后5日以内作出是否抗诉的决定,并且答复请求人。经审查认为应当抗诉的,适用本规则第584条至第587条的规定办理。被害人及其法定代理人在收到判决书5日以后请求人民检察院提出抗诉的,由人民检察院决定是否受理。

(5) 上一级人民检察院对下级人民检察院按照第二程序提出抗诉的案件,认为抗诉正确的,应当支持抗诉;认为抗诉不当的,应当向同级人民法院撤回抗诉,并且通知下级人民检察院。下级人民检察院如果认为上一级人民检察院撤回抗诉不当的,可以提请复议。上一级人民检察院应当复议,并将复议结果通知下级人民检察院。上一级人民检察院在上诉、抗诉期限内,发现下级人民检察院应当提出抗诉而没有提出抗诉的案件,可以指令下级人民检察院依法提出抗诉。

(6) 第二审人民法院发回原审人民法院重新按照第一审程序审判的案件,如果人民检察院认为重新审判的判决、裁定确有错误的,可以按照第二程序提出抗诉。

## 考点 6 第二审程序的审判

(一) 第二审程序的审判原则

1. 全面审查原则

《刑事诉讼法》第222条规定:"第二人民法院应当就第一审判决认定的事实和适用法

律进行全面审查，不受上诉或者抗诉范围的限制。共同犯罪的案件只有部分被告人上诉的，应当对全案进行审查，一并处理。"

《刑诉法解释》的相关规定

（1）第二审人民法院对第一审人民法院移送的上诉、抗诉案卷、证据，应当审查是否包括下列内容：① 移送上诉、抗诉案件函；② 上诉状或者抗诉书；③ 第一审判决书、裁定书8份（每增加一名被告人增加一份）及其电子文本；④ 全部案卷、证据，包括案件审理报告和其他应当移送的材料。前款所列材料齐全的，第二审人民法院应当收案；材料不全的，应当通知第一审人民法院及时补送。

（2）共同犯罪案件，只有部分被告人提出上诉，或者自诉人只对部分被告人的判决提出上诉，或者人民检察院只对部分被告人的判决提出抗诉的，第二审人民法院应当对全案进行审查，一并处理。

（3）共同犯罪案件，上诉的被告人死亡，其他被告人未上诉的，第二审人民法院仍应对全案进行审查。经审查，死亡的被告人不构成犯罪的，应当宣告无罪；构成犯罪的，应当终止审理。对其他同案被告人仍应作出判决、裁定。

（4）刑事附带民事诉讼案件，只有附带民事诉讼当事人及其法定代理人上诉的，第二审人民法院应当对全案进行审查。经审查，第一审判决的刑事部分并无不当的，第二审人民法院只需就附带民事部分作出处理；第一审判决的附带民事部分事实清楚，适用法律正确的，应当以刑事附带民事裁定维持原判，驳回上诉。

（5）刑事附带民事诉讼案件，只有附带民事诉讼当事人及其法定代理人上诉的，第一审刑事部分的判决在上诉期满后即发生法律效力。应当送监执行的第一审刑事被告人是第二审附带民事诉讼被告人的，在第二审附带民事诉讼案件审结前，可以暂缓送监执行。

（6）对上诉、抗诉案件，应当着重审查下列内容：① 第一审判决认定的事实是否清楚，证据是否确实、充分；② 第一审判决适用法律是否正确，量刑是否适当；③ 在侦查、审查起诉、第一审程序中，有无违反法定诉讼程序的情形；④ 上诉、抗诉是否提出新的事实、证据；⑤ 被告人的供述和辩解情况；⑥ 辩护人的辩护意见及采纳情况；⑦ 附带民事部分的判决、裁定是否合法、适当；⑧ 第一审人民法院合议庭、审判委员会讨论的意见。

**特别关注：**

（1）第二审人民法院审理对刑事部分提出上诉、抗诉，附带民事部分已经发生法律效力的案件，发现第一审判决、裁定中的附带民事部分确有错误的，应当依照审判监督程序对附带民事部分予以纠正。

（2）第二审人民法院审理对附带民事部分提出上诉，刑事部分已经发生法律效力的案件，发现第一审判决、裁定中的刑事部分确有错误的，应当依照审判监督程序对刑事部分进行再审，并将附带民事部分与刑事部分一并审理。

（3）第二审期间，第一审附带民事诉讼原告人增加独立的诉讼请求或者第一审附带民事诉讼被告人提出反诉的，第二审人民法院可以根据自愿、合法的原则进行调解；调解不成的，告知当事人另行起诉。

2. 上诉不加刑原则

上诉不加刑，是指第二审人民法院审判仅有被告人一方提出上诉的案件时，不得改判重于原判刑罚的原则。《刑事诉讼法》第226条第1款规定："第二审人民法院审理被告人或者他的法定代理人、辩护人、近亲属上诉的案件,不得加重被告人的刑罚。第二审人民法院发回原审人民法院重新审判的案件,除有新的犯罪事实,人民检察院补充起诉的以外,原审人民法院也不得加重被告人的刑罚。"

上诉不加刑的要求:

(1)审理被告人或者其法定代理人、辩护人、近亲属提出上诉的案件,不得加重被告人的刑罚,并应当执行下列规定:① 同案审理的案件,只有部分被告人上诉的,既不得加重上诉人的刑罚,也不得加重其他同案被告人的刑罚;② 原判事实清楚,证据确实、充分,只是认定的罪名不当的,可以改变罪名,但不得加重刑罚;③ 原判对被告人实行数罪并罚的,不得加重决定执行的刑罚,也不得加重数罪中某罪的刑罚;④ 原判对被告人宣告缓刑的,不得撤销缓刑或者延长缓刑考验期;⑤ 原判没有宣告禁止令的,不得增加宣告;原判宣告禁止令的,不得增加内容、延长期限;⑥ 原判对被告人判处死刑缓期执行没有限制减刑的,不得限制减刑;⑦ 原判事实清楚,证据确实、充分,但判处的刑罚畸轻、应当适用附加刑而没有适用的,不得直接加重刑罚、适用附加刑,也不得以事实不清、证据不足为由发回第一审人民法院重新审判。必须依法改判的,应当在第二审判决、裁定生效后,依照审判监督程序重新审判。人民检察院抗诉或者自诉人上诉的案件,不受前款规定的限制。

(2)人民检察院只对部分被告人的判决提出抗诉,或者自诉人只对部分被告人的判决提出上诉的,第二审人民法院不得对其他同案被告人加重刑罚。

(3)被告人或者其法定代理人、辩护人、近亲属提出上诉的案件,第二审人民法院发回重新审判后,除有新的犯罪事实,人民检察院补充起诉的以外,原审人民法院不得加重被告人的刑罚。

(二)第二审案件的审理

第二审人民法院的审判方式分为开庭审理和不开庭审理。

1. 开庭审理

(1)《刑事诉讼法》第223条规定:"第二审人民法院对于下列案件,应当组成合议庭,开庭审理:(一)被告人、自诉人及其法定代理人对第一审认定的事实、证据提出异议,可能影响定罪量刑的上诉案件;(二)被告人被判处死刑的上诉案件;(三)人民检察院抗诉的案件;(四)其他应当开庭审理的案件。第二审人民法院决定不开庭审理的,应当讯问被告人,听取其他当事人、辩护人、诉讼代理人的意见。第二审人民法院开庭审理上诉、抗诉案件,可以到案件发生地或者原审人民法院所在地进行。"

(2)《刑诉法解释》第317条规定:下列案件,根据《刑事诉讼法》第223条第1款的规定,应当开庭审理:① 被告人、自诉人及其法定代理人对第一审认定的事实、证据提出异议,可能影响定罪量刑的上诉案件;② 被告人被判处死刑立即执行的上诉案件;③ 人民检察院抗诉的案件;④ 应当开庭审理的其他案件。被判处死刑立即执行的被告人没有上诉,同案的其他被告人上诉的案件,第二审人民法院应当开庭审理。被告人被判处死刑缓期执行的上诉案件,虽不属于第1款第1项规定的情形,有条件的,也应当开庭审理。

(3)《刑事诉讼法》第224条规定:"人民检察院提出抗诉的案件或者第二审人民法院开庭审理的公诉案件,同级人民检察院都应当派员出席法庭。第二审人民法院应当在决定开庭审理后及时通知人民检察院查阅案卷。人民检察院应当在一个月以内查阅完毕。人民检察院查阅案卷的时间不计入审理期限。"

(4)《刑诉法解释》第 320 条规定:开庭审理第二审公诉案件,应当在决定开庭审理后及时通知人民检察院查阅案件。自通知后的第二日起,人民检察院查阅案卷的时间不计入审理期限。

(5)《刑诉法解释》第 321 条第 2 款规定:抗诉案件,人民检察院接到开庭通知后不派员出庭,且未说明原因的,人民法院可以裁定按人民检察院撤回抗诉处理,并通知第一审人民法院和当事人。

《刑诉法解释》的其他规定:

(1)第二审期间,被告人除自行辩护外,还可以继续委托第一审辩护人或者另行委托辩护人辩护。共同犯罪案件,只有部分被告人提出上诉,或者自诉人只对部分被告人的判决提出上诉,或者人民检察院只对部分被告人的判决提出抗诉的,其他同案被告人也可以委托辩护人辩护。

(2)开庭审理上诉、抗诉案件,除参照适用第一审程序的有关规定外,应当按照下列规定进行:① 法庭调查阶段,审判人员宣读第一审判决书、裁定书后,上诉案件由上诉人或者辩护人先宣读上诉状或者陈述上诉理由,抗诉案件由检察员先宣读抗诉书;既有上诉又有抗诉的案件,先由检察员宣读抗诉书,再由上诉人或者辩护人宣读上诉状或者陈述上诉理由。② 法庭辩论阶段,上诉案件,先由上诉人、辩护人发言,后由检察员、诉讼代理人发言;抗诉案件,先由检察员、诉讼代理人发言,后由被告人、辩护人发言;既有上诉又有抗诉的案件,先由检察员、诉讼代理人发言,后由上诉人、辩护人发言。

(3)开庭审理上诉、抗诉案件,可以重点围绕对第一审判决、裁定有争议的问题或者有疑问的部分进行。根据案件情况,可以按照下列方式审理:① 宣读第一审判决书,可以只宣读案由、主要事实、证据名称和判决主文等。② 法庭调查应当重点围绕对第一审判决提出异议的事实、证据以及提交的新的证据等进行;对没有异议的事实、证据和情节,可以直接确认。③ 对同案审理案件中未上诉的被告人,未被申请出庭或者人民法院认为没有必要到庭的,可以不再传唤到庭。④ 被告人犯有数罪的案件,对其中事实清楚且无异议的犯罪,可以不在庭审时审理。

(4)同案审理的案件,未提出上诉、人民检察院也未对其判决提出抗诉的被告人要求出庭的,应当准许。出庭的被告人可以参加法庭调查和辩论。第二审期间,人民检察院或者被告人及其辩护人提交新证据的,人民法院应当及时通知对方查阅、摘抄或者复制。

2. 不开庭审理

不开庭审理,即以上诉内容和一审的全部案卷为基础,通过调查讯问方式进行的审理。合议庭可以在阅卷、讯问被告人、听取其他当事人、辩护人、诉讼代理人的意见后,进行评议和作出裁判,而不进行法庭调查和法庭辩论活动。不开庭审理的案件,也应公开宣判。

《刑诉法解释》第 324 条规定:第二审案件依法不开庭审理的,应当讯问被告人,听取其他当事人、辩护人、诉讼代理人的意见。合议庭全体成员应当阅卷,必要时应当提交书面阅卷意见。

(三)对上诉、抗诉案件审理后的处理

第二审人民法院对不服第一审判决的上诉、抗诉案件,经过审理后,应当按照下列情形分别处理:

1. 裁定驳回上诉或者抗诉,维持原判

原判决认定事实和适用法律正确、量刑适当的,应当裁定驳回上诉或者抗诉,维持原判。

2. 改判

(1) 原判决认定事实没有错误,但适用法律有错误,或者量刑不当的,应当改判。

(2) 原判决事实不清楚或者证据不足的,可以在查清事实后改判。

3. 裁定撤销原判,发回重审

(1) 原判决事实不清楚或者证据不足的,也可以裁定撤销原判,发回原审法院重审。

(2) 原审人民法院对于依照前述第 1 项规定发回重新审判的案件作出判决后,被告人提出上诉或者人民检察院提出抗诉的,第二审人民法院应当依法作出判决或者裁定,不得再发回原审人民法院重新审判。

(3)《刑事诉讼法》第 227 条规定:"第二审人民法院发现第一审人民法院的审理有下列违反法律规定的诉讼程序的情形之一的,应当裁定撤销原判,发回原审人民法院重新审判:(一) 违反本法有关公开审判的规定的;(二) 违反回避制度的;(三) 剥夺或者限制了当事人的法定诉讼权利,可能影响公正审判的;(四) 审判组织的组成不合法的;(五) 其他违反法律规定的诉讼程序,可能影响公正审判的。"

**特别关注:**

(1)《刑事诉讼法》第 228 条规定:原审人民法院对于发回重新审判的案件,应当另行组成合议庭,依照第一审程序进行审判。对于重新审判后的判决,依照本法第 216 条、第 217 条、第 218 条的规定可以上诉、抗诉。

(2)《刑事诉讼法》第 229 条规定:第二审人民法院对不服第一审裁定的上诉或者抗诉,经过审查后,应当参照本法第 225 条、第 227 条和第 228 条的规定,分别情形用裁定驳回上诉、抗诉,或者撤销、变更原裁定。

(四) 二审自诉案件的处理

(1) 对第二审自诉案件,必要时可以调解,当事人也可以自行和解。调解结案的,应当制作调解书,第一审判决、裁定视为自动撤销;当事人自行和解的,应当裁定准许撤回自诉,并撤销第一审判决、裁定。

(2) 第二审期间,自诉案件的当事人提出反诉的,应当告知其另行起诉。

(3) 第二审人民法院可以委托第一审人民法院代为宣判,并向当事人送达第二审判决书、裁定书。第一审人民法院应当在代为宣判后 5 日内将宣判笔录送交第二审人民法院,并在送达完毕后及时将送达回证送交第二审人民法院。委托宣判的,第二审人民法院应当直接向同级人民检察院送达第二审判决书、裁定书。

(五) 第二审程序的审理期限

第二审人民法院受理上诉、抗诉案件,应当在两个月以内审结。对于可能判处死刑的案件或者附带民事诉讼的案件,以及有《刑事诉讼法》第 156 条规定情形之一的,经省、自治区、直辖市高级人民法院批准或者决定,可以延长两个月;因特殊情况还需要延长的,报请最高人民法院批准。最高人民法院受理上诉、抗诉案件的审理期限,由最高人民法院决定。第二审人民法院发回原审人民法院重新审判的案件,原审人民法院从收到发回的案件之日起,重新计算审理期限。

(六)《刑事诉讼规则》关于出席第二审法庭的规定

(1) 检察人员出席第二审法庭的任务:① 支持抗诉或者听取上诉意见,对原审人民法院作出的错误判决或者裁定提出纠正意见;② 维护原审人民法院正确的判决或者裁定,建议法庭维持原判;③ 维护诉讼参与人的合法权利;④ 对法庭审理案件有无违反法律规定的诉讼程序的情况制作笔录;⑤ 依法从事其他诉讼活动。

(2) 对抗诉和上诉案件,与第二人民法院同级的人民检察院可以调取下级人民检察院与案件有关的材料。人民检察院在接到第二人民法院决定开庭、查阅案卷通知后,可以查阅或者调阅案卷材料,查阅或者调阅案卷材料应当在接到人民法院的通知之日起1个月以内完成。在1个月以内无法完成的,可以商请人民法院延期审理。

(3) 检察人员在审查第一审案卷材料时,应当复核主要证据,可以讯问原审被告人,必要时可以补充收集证据、重新鉴定或者补充鉴定。需要原侦查机关补充收集证据的,可以要求原侦查机关补充收集。被告人、辩护人提出被告人自首、立功等可能影响定罪量刑的材料和线索的,人民检察院可以依照管辖规定交侦查机关调查核实,也可以自行调查核实。发现遗漏罪行或者同案犯罪嫌疑人的,应当建议侦查机关侦查。对于下列原审被告人,应当进行讯问:① 提出上诉的;② 人民检察院提出抗诉的;③ 被判处无期徒刑以上刑罚的。

(4) 人民检察院办理死刑上诉、抗诉案件,应当进行下列工作:① 讯问原审被告人,听取原审被告人的上诉理由或者辩解;② 必要时听取辩护人的意见;③ 复核主要证据,必要时询问证人;④ 必要时补充收集证据;⑤ 对鉴定意见有疑问的,可以重新鉴定或者补充鉴定;⑥ 根据案件情况,可以听取被害人的意见。

## 考点 7　对查封、扣押、冻结在案财物的处理

(一)《刑事诉讼法》的有关规定

(1) 公安机关、人民检察院和人民法院对查封、扣押、冻结的犯罪嫌疑人、被告人的财物及其孳息,应当妥善保管,以供核查,并制作清单,随案移送。任何单位和个人不得挪用或者自行处理。

(2) 对被害人的合法财产,应当及时返还。对违禁品或者不宜长期保存的物品,应当依照国家有关规定处理。

(3) 对作为证据使用的实物应当随案移送,对不宜移送的,应当将其清单、照片或者其他证明文件随案移送。

(4) 人民法院作出的判决,应当对查封、扣押、冻结的财物及其孳息作出处理。

(5) 人民法院作出的判决生效以后,有关机关应当根据判决对查封、扣押、冻结的财物及其孳息进行处理。对查封、扣押、冻结的赃款赃物及其孳息,除依法返还被害人的以外,一律上缴国库。

(6) 司法工作人员贪污、挪用或者私自处理查封、扣押、冻结的财物及其孳息的,依法追究刑事责任;不构成犯罪的,给予处分。

(二) 六部门《规定》关于涉案财产的处理的规定

(1) 对于依照刑法规定应当追缴的违法所得及其他涉案财产,除依法返还被害人的财物以及依法销毁的违禁品外,必须一律上缴国库。查封、扣押的涉案财产,依法不移送的,待人民法院作出生效判决、裁定后,由人民法院通知查封、扣押机关上缴国库,查封、扣押机关应当向

人民法院送交执行回单;冻结在金融机构的违法所得及其他涉案财产,待人民法院作出生效判决、裁定后,由人民法院通知有关金融机构上缴国库,有关金融机构应当向人民法院送交执行回单。对于被扣押、冻结的债券、股票、基金份额等财产,在扣押、冻结期间权利人申请出售,经扣押、冻结机关审查,不损害国家利益、被害人利益,不影响诉讼正常进行的,以及扣押、冻结的汇票、本票、支票的有效期即将届满的,可以在判决生效前依法出售或者变现,所得价款由扣押、冻结机关保管,并及时告知当事人或者其近亲属。

(2)《刑事诉讼法》第142条第1款规定:"人民检察院、公安机关根据侦查犯罪的需要,可以依照规定查询、冻结犯罪嫌疑人的存款、汇款、债券、股票、基金份额等财产……"根据上述规定,人民检察院、公安机关不能扣划存款、汇款、债券、股票、基金份额等财产。对于犯罪嫌疑人、被告人死亡,依照刑法规定应当追缴其违法所得及其他涉案财产的,适用《刑事诉讼法》第五编第三章规定的程序,由人民检察院向人民法院提出没收违法所得的申请。

(3)犯罪嫌疑人、被告人死亡,现有证据证明存在违法所得及其他涉案财产应当予以没收的,公安机关、人民检察院可以进行调查。公安机关、人民检察院进行调查,可以依法进行查封、扣押、查询、冻结。人民法院在审理案件过程中,被告人死亡的,应当裁定终止审理;被告人脱逃的,应当裁定中止审理。人民检察院可以依法另行向人民法院提出没收违法所得的申请。

(4)对于人民法院依法作出的没收违法所得的裁定,犯罪嫌疑人、被告人的近亲属和其他利害关系人或者人民检察院可以在5日内提出上诉、抗诉。

(三)《刑诉法解释》的相关规定

(1)人民法院对查封、扣押、冻结的被告人财物及其孳息,应当妥善保管,并制作清单,附卷备查;对人民检察院随案移送的被告人财物及其孳息,应当根据清单核查后妥善保管。任何单位和个人不得挪用或者自行处理。查封不动产、车辆、船舶、航空器等财物,应当扣押其权利证书,经拍照或者录像后原地封存,或者交持有人、被告人的近亲属保管,登记并写明财物的名称、型号、权属、地址等详细情况,并通知有关财物的登记、管理部门办理查封登记手续。扣押物品,应当登记并写明物品名称、型号、规格、数量、重量、质量、成色、纯度、颜色、新旧程度、缺损特征和来源等。扣押货币、有价证券,应当登记并写明货币、有价证券的名称、数额、面额等,货币应当存入银行专门账户,并登记银行存款凭证的名称、内容。扣押文物、金银、珠宝、名贵字画等贵重物品以及违禁品,应当拍照,需要鉴定的,应当及时鉴定。对扣押的物品应当根据有关规定及时估价。冻结存款、汇款、债券、股票、基金份额等财产,应当登记并写明编号、种类、面值、张数、金额等。

(2)对被害人的合法财产,权属明确的,应当依法及时返还,但须经拍照、鉴定、估价,并在案卷中注明返还的理由,将原物照片、清单和被害人的领取手续附卷备查;权属不明的,应当在人民法院判决、裁定生效后,按比例返还被害人,但已获退赔的部分应予扣除。

(3)审判期间,权利人申请出卖被扣押、冻结的债券、股票、基金份额等财产,人民法院经审查,认为不损害国家利益、被害人利益,不影响诉讼正常进行的,以及扣押、冻结的汇票、本票、支票有效期即将届满的,可以在判决、裁定生效前依法出卖,所得价款由人民法院保管,并及时告知当事人或者其近亲属。

(4)对作为证据使用的实物,包括作为物证的货币、有价证券等,应当随案移送。第一审判决、裁定宣告后,被告人上诉或者人民检察院抗诉的,第一审人民法院应当将上述证据移送第二审人民法院。

（5）对不宜移送的实物，应当根据情况，分别审查以下内容：① 大宗的、不便搬运的物品，查封、扣押机关是否随案移送查封、扣押清单，并附原物照片和封存手续，注明存放地点等；② 易腐烂、霉变和不易保管的物品，查封、扣押机关变卖处理后，是否随案移送原物照片、清单、变价处理的凭证(复印件)等；③ 枪支弹药、剧毒物品、易燃易爆物品以及其他违禁品、危险物品，查封、扣押机关根据有关规定处理后，是否随案移送原物照片和清单等。上述不宜移送的实物，应当依法鉴定、估价的，还应当审查是否附有鉴定、估价意见。对查封、扣押的货币、有价证券等未移送的，应当审查是否附有原物照片、清单或者其他证明文件。

（6）法庭审理过程中，对查封、扣押、冻结的财物及其孳息，应当调查其权属情况，是否属于违法所得或者依法应当追缴的其他涉案财物。案外人对查封、扣押、冻结的财物及其孳息提出权属异议的，人民法院应当审查并依法处理。经审查，不能确认查封、扣押、冻结的财物及其孳息属于违法所得或者依法应当追缴的其他涉案财物的，不得没收。

（7）对查封、扣押、冻结的财物及其孳息，应当在判决书中写明名称、金额、数量、存放地点及其处理方式等。涉案财物较多，不宜在判决主文中详细列明的，可以附清单。涉案财物未随案移送的，应当在判决书中写明，并写明由查封、扣押、冻结机关负责处理。

（8）查封、扣押、冻结的财物及其孳息，经审查，确属违法所得或者依法应当追缴的其他涉案财物的，应当判决返还被害人，或者没收上缴国库，但法律另有规定的除外。判决返还被害人的涉案财物，应当通知被害人认领；无人认领的，应当公告通知；公告满3个月无人认领的，应当上缴国库；上缴国库后有人认领，经查证属实的，应当申请退库予以返还；原物已经拍卖、变卖的，应当返还价款。对侵犯国有财产的案件，被害单位已经终止且没有权利义务继受人，或者损失已经被核销的，查封、扣押、冻结的财物及其孳息应当上缴国库。

（9）随案移送的或者人民法院查封、扣押的财物及其孳息，由第一审人民法院在判决生效后负责处理。涉案财物未随案移送的，人民法院应当在判决生效后10日内，将判决书、裁定书送达查封、扣押机关，并告知其在1个月内将执行回单送回。

（10）对冻结的存款、汇款、债券、股票、基金份额等财产判决没收的，第一审人民法院应当在判决生效后，将判决书、裁定书送达相关金融机构和财政部门，通知相关金融机构依法上缴国库，并在接到执行通知书后15日内，将上缴国库的凭证、执行回单送回。

（11）查封、扣押、冻结的财物与本案无关但已列入清单的，应当由查封、扣押、冻结机关依法处理。查封、扣押、冻结的财物属于被告人合法所有的，应当在赔偿被害人损失、执行财产刑后及时返还被告人；财物未随案移送的，应当通知查封、扣押、冻结机关将赔偿被害人损失、执行财产刑的部分移送人民法院。

## 二、例题

1. 龚某因生产不符合安全标准的食品罪被一审法院判处有期徒刑5年，并被禁止在刑罚执行完毕之日起3年内从事食品加工行业。龚某以量刑畸重为由上诉，检察院未抗诉。关于本案二审，下列哪一选项是正确的？(2016年真题，单选)

A. 应开庭审理

B. 可维持有期徒刑5年的判决，并将职业禁止的期限变更为4年

C. 如认为原判认定罪名不当，二审法院可在维持原判刑罚不变的情况下改判为生产有害食品罪

D. 发回重审后,如检察院变更起诉罪名为生产有害食品罪,一审法院可改判并加重龚某的刑罚

[释疑] 《刑诉法解释》第317条第1款规定:"下列案件,根据刑事诉讼法第二百二十三条第一款的规定,应当开庭审理:(一) 被告人、自诉人及其法定代理人对第一审认定的事实、证据提出异议,可能影响定罪量刑的上诉案件;(二) 被告人被判处死刑立即执行的上诉案件;(三) 人民检察院抗诉的案件;(四)应当开庭审理的其他案件。"本案被告人未对第一审认定的事实、证据提出异议,所以,A项"应开庭审理"错误。《刑诉法解释》第325条第1款规定:"审理被告人或者其法定代理人、辩护人、近亲属提出上诉的案件,不得加重被告人的刑罚,并应当执行下列规定:(一) 同案审理的案件,只有部分被告人上诉的,既不得加重上诉人的刑罚,也不得加重其他同案被告人的刑罚;(二) 原判事实清楚,证据确实、充分,只是认定的罪名不当的,可以改变罪名,但不得加重刑罚;(三) 原判对被告人实行数罪并罚的,不得加重决定执行的刑罚,也不得加重数罪中某罪的刑罚;(四) 原判对被告人宣告缓刑的,不得撤销缓刑或者延长缓刑考验期;(五) 原判没有宣告禁止令的,不得增加宣告;原判宣告禁止令的,不得增加内容、延长期限;(六) 原判对被告人判处死刑缓期执行没有限制减刑的,不得限制减刑;(七) 原判事实清楚,证据确实、充分,但判处的刑罚畸轻、应当适用附加刑而没有适用的,不得直接加重刑罚、适用附加刑,也不得以事实不清、证据不足为由发回第一审人民法院重新审判。必须依法改判的,应当在第二审判决、裁定生效后,依照审判监督程序重新审判。"所以,A项、B项、D项都违反了上诉不加刑原则,错误;只有C项正确。(答案:C)

2. 某基层法院就郭某敲诈勒索案一审适用简易程序,判处郭某有期徒刑4年。对于一审中的下列哪些情形,二审法院应以程序违法为由,撤销原判发回重审?(2016年真题,多选)

A. 未在开庭10日前向郭某送达起诉书副本
B. 由一名审判员独任审理
C. 公诉人没有对被告人进行发问
D. 应公开审理但未公开审理

[释疑] 《刑事诉讼法》第227条规定:"第二审人民法院发现第一审人民法院的审理有下列违反法律规定的诉讼程序的情形之一的,应当裁定撤销原判,发回原审人民法院重新审判:(一) 违反本法有关公开审判的规定的;(二) 违反回避制度的;(三) 剥夺或者限制了当事人的法定诉讼权利,可能影响公正审判的;(四) 审判组织的组成不合法的;(五) 其他违反法律规定的诉讼程序,可能影响公正审判的。"本题中,"由一名审判员独任审理"属于"(四) 审判组织的组成不合法的",因为,被告人被判有期徒刑4年,刑诉法规定对可能判处3年以上刑罚适用简易程序的应当组成合议庭。所以,B项正确;D项属于"(一) 违反本法有关公开审判的规定的",所以,D项正确;A项、C项没有法律依据,错误。

(答案:BD)

3. 黄某倒卖文物案于2014年5月28日一审终结。6月9日(星期一),法庭宣判黄某犯倒卖文物罪,判处有期徒刑4年并立即送达了判决书,黄某当即提起上诉,但于6月13日经法院准许撤回上诉;检察院以量刑畸轻为由于6月12日提起抗诉,上级检察院认为抗诉不当,于6月17日向同级法院撤回了抗诉。关于一审判决生效的时间,下列哪一选项是正确的?(2015年真题,单选)

A. 6月9日  B. 6月17日  C. 6月19日  D. 6月20日

[释疑] 《刑诉法解释》第301条规定:"上诉、抗诉必须在法定期限内提出。不服判决的上诉、抗诉的期限为十日;不服裁定的上诉、抗诉的期限为五日。上诉、抗诉的期限,从接到判决书、裁定书的第二日起计算。对附带民事判决、裁定的上诉、抗诉期限,应当按照刑事部分的上诉、抗诉期限确定。附带民事部分另行审判的,上诉期限也应当按照刑事诉讼法规定的期限确定。"第304条规定:"上诉人在上诉期限内要求撤回上诉的,人民法院应当准许。"第307条规定:"人民检察院在抗诉期限内撤回抗诉的,第一审人民法院不再向上一级人民法院移送案件;在抗诉期满后第二审人民法院宣告裁判前撤回抗诉的,第二审人民法院可以裁定准许,并通知第一审人民法院和当事人。"第308条规定:"在上诉、抗诉期满前撤回上诉、抗诉的,第一审判决、裁定在上诉、抗诉期满之日起生效。在上诉、抗诉期满后要求撤回上诉、抗诉,第二审人民法院裁定准许的,第一审判决、裁定应当自第二审裁定书送达上诉人或者抗诉机关之日起生效。"据此,本案中,被告人检察院都是在上诉期满前撤回了上诉、抗诉。所以,"6月9日""6月17日""6月20日"均错误,"6月19日"正确。(答案:C)

4. 甲、乙、丙三人共同实施故意杀人,一审法院判处甲死刑立即执行、乙无期徒刑、丙有期徒刑10年。丙以量刑过重为由上诉,甲和乙未上诉,检察院未抗诉。关于本案的第二审程序,下列哪一选项是正确的?(2014年真题,单选)

A. 可不开庭审理
B. 认为没有必要的,甲可不再到庭
C. 由于乙没有上诉,其不得另行委托辩护人为其辩护
D. 审理后认为原判事实不清且对丙的量刑过轻,发回一审法院重审,一审法院重审后可加重丙的刑罚

[释疑] 《刑诉法解释》第317条规定:"下列案件,根据刑事诉讼法第二百二十三条第一款的规定,应当开庭审理:(一) 被告人、自诉人及其法定代理人对第一审认定的事实、证据提出异议,可能影响定罪量刑的上诉案件;(二) 被告人被判处死刑立即执行的上诉案件;(三) 人民检察院抗诉的案件;(四) 应当开庭审理的其他案件。被判处死刑立即执行的被告人没有上诉,同案的其他被告人上诉的案件,第二审人民法院应当开庭审理。被告人被判处死刑缓期执行的上诉案件,虽不属于第一款第一项规定的情形,有条件的,也应当开庭审理。"故A项错误。《刑诉法解释》第323条规定:"开庭审理上诉、抗诉案件,可以重点围绕对第一审判决、裁定有争议的问题或者有疑问的部分进行。根据案件情况,可以按照下列方式审理:(一) 宣读第一审判决书,可以只宣读案由、主要事实、证据名称和判决主文等;(二) 法庭调查应当重点围绕对第一审判决提出异议的事实、证据以及提交的新的证据等进行;对没有异议的事实、证据和情节,可以直接确认;(三) 对同案审理案件中未上诉的被告人,未被申请出庭或者人民法院认为没有必要到庭的,可以不再传唤到庭;(四) 被告人犯有数罪的案件,对其中事实清楚且无异议的犯罪,可以不在庭审时审理。同案审理的案件,未提出上诉、人民检察院也未对其判决提出抗诉的被告人要求出庭的,应当准许。出庭的被告人可以参加法庭调查和辩论。"根据第1款第3项的规定,B项正确,C项错误。乙虽然没有上诉,但仍然是二审的被告人之一,当然享有委托辩护人的权利。《刑事诉讼法》第226条规定:"第二审人民法院审理被告人或者他的法定代理人、辩护人、近亲属上诉的案件,不得加重被告人的刑罚。第二审人民法院发回原审人民法院重新审判的案件,除有新的犯罪事实,人民检察院补充起诉的以外,原审人民法院也不得加重被告人的刑罚。人民检察院提出抗诉或者自诉人提出上诉的,不受前

款规定的限制。"故 D 项错误。注意,D 项表述的是一审判决事实不清,是可以发回重审的。(答案:B)

5. 某法院判决赵某犯诈骗罪处有期徒刑 4 年,犯盗窃罪处有期徒刑 9 年,合并执行有期徒刑 11 年。赵某提出上诉。中级法院经审理认为,判处刑罚不当,犯诈骗罪应处有期徒刑 5 年,犯盗窃罪应处有期徒刑 8 年。根据上诉不加刑原则,下列哪一做法是正确的? (2010 年真题,单选)

A. 以事实不清、证据不足为由发回原审法院重新审理
B. 直接改判两罪刑罚,分别为 5 年和 8 年,合并执行 12 年
C. 直接改判两罪刑罚,分别为 5 年和 8 年,合并执行仍为 11 年
D. 维持一审判决

[释疑] 《刑诉法解释》第 325 条第 1 款第 3 项规定:"原判对被告人实行数罪并罚的,不得加重决定执行的刑罚,也不得加重数罪中某罪的刑罚。"此种情形只能维持,故选 D 项。(答案:D)

6. 案情:杨某被单位辞退,对单位领导极度不满,心存报复。一天,杨某纠集董某、樊某携带匕首闯至厂长贾某办公室,将贾某当场杀死。中级人民法院一审以故意杀人罪判处杨某死刑,立即执行,判处董某死刑缓期两年执行,判处樊某有期徒刑 15 年。(2009 年真题,案例)

问题:如一审宣判后,被告人杨某、董某均未上诉,检察机关亦未抗诉,樊某提出上诉,高级人民法院应按什么程序处理对杨某、董某的一审判决? 理由是什么?

[释疑] 《刑事诉讼法》第 222 条规定:"第二审人民法院应当就第一审判决认定的事实和适用法律进行全面审查,不受上诉或者抗诉范围的限制。共同犯罪的案件只有部分被告人上诉的,应当对全案进行审查,一并处理。"因此,高级人民法院应按二审程序对杨某、董某的一审判决进行审查。因为,杨某和董某、樊某系共同犯罪,一审法院进行了全案审理,一并判决。共同犯罪的案件只有部分被告人上诉的,二审法院应当对全案进行审查,一并处理。

7. 案情:杨某被单位辞退,对单位领导极度不满,心存报复。一天,杨某纠集董某、樊某携带匕首闯至厂长贾某办公室,将贾某当场杀死。中级人民法院一审以故意杀人罪判处杨某死刑,立即执行,判处董某死刑缓期两年执行,判处樊某有期徒刑 15 年。(2009 年真题,案例)

问题:如一审宣判后,被告人杨某、董某、樊某均未上诉,检察机关亦未抗诉,但贾某的妻子对附带民事判决不服提起上诉,高级人民法院应按什么程序处理对杨某、董某的一审判决? 理由是什么?

[释疑] 《刑诉法解释》第 313 条规定:"刑事附带民事诉讼案件,只有附带民事诉讼当事人及其法定代理人上诉的,第二审人民法院应当对全案进行审查。经审查,第一审判决的刑事部分并无不当的,第二审人民法院只需就附带民事部分作出处理;第一审判决的附带民事部分事实清楚,适用法律正确的,应当以刑事附带民事裁定维持原判,驳回上诉。"第 314 条规定:"刑事附带民事诉讼案件,只有附带民事诉讼当事人及其法定代理人上诉的,第一审刑事部分的判决在上诉期满后即发生法律效力。应当送监执行的第一审刑事被告人是第二审附带民事诉讼被告人的,在第二审附带民事诉讼案件审结前,可以暂缓送监执行。"所以,高级人民法院应按死刑复核程序处理对杨某、董某的一审判决。因为,对刑事附带民事案件,其刑事部分与民事部分可以独立提出上诉,如果只对民事部分提出上诉,其效力不影响刑事部分的效力,高级人民法院对杨某、董某的死刑判决不因附带民事原告人上诉而适用二审程序,而应按死刑复

核程序处理。《刑诉法解释》第331条还规定:"第二审人民法院审理对附带民事部分提出上诉,刑事部分已经发生法律效力的案件,发现第一审判决、裁定中的刑事部分确有错误的,应当依照审判监督程序对刑事部分进行再审,并将附带民事部分与刑事部分一并审理。"

8. 下列哪一选项违反上诉不加刑原则?(2009年真题,单选)

A. 一审法院认定马某犯伤害罪判处有期徒刑3年,马某上诉,检察院没有抗诉,二审法院认为一审判决认定事实不清,发回原审法院重新审判

B. 一审法院认定赵某犯抢夺罪判处有期徒刑5年,赵某上诉,检察院没有抗诉,二审法院在没有改变刑期的情况下将罪名改判为抢劫罪

C. 一审法院以盗窃罪判处金某有期徒刑两年、王某有期徒刑1年,金某、王某以没有实施犯罪为由提起上诉,检察院认为对金某量刑畸轻提出抗诉,二审法院经审理认为一审对金某、王某量刑均偏轻,但仅对金某改判为5年

D. 一审法院认定石某犯杀人罪判处死刑立即执行,犯抢劫罪判处无期徒刑,数罪并罚决定执行死刑立即执行。石某上诉后,二审法院认为石某在抢劫现场杀人只构成抢劫罪一个罪,遂撤销一审对杀人罪的认定,以抢劫罪判处死刑立即执行

[释疑] 《刑事诉讼法》第225条规定:"第二审人民法院对不服第一审判决的上诉、抗诉案件,经过审理后,应当按照下列情形分别处理:(一)原判决认定事实和适用法律正确、量刑适当的,应当裁定驳回上诉或者抗诉,维持原判;(二)原判决认定事实没有错误,但适用法律有错误,或者量刑不当的,应当改判;(三)原判决事实不清楚或者证据不足的,可以在查清事实后改判;也可以裁定撤销原判,发回原审人民法院重新审判。原审人民法院对于依照前款第三项规定发回重新审判的案件作出判决后,被告人提出上诉或者人民检察院提出抗诉的,第二审人民法院应当依法作出判决或者裁定,不得再发回原审人民法院重新审判。"所以A项不选。《刑诉法解释》第325条规定:"审理被告人或者其法定代理人、辩护人、近亲属提出上诉的案件,不得加重被告人的刑罚,并应当执行下列规定:(一)同案审理的案件,只有部分被告人上诉的,既不得加重上诉人的刑罚,也不得加重其他同案被告人的刑罚;(二)原判事实清楚,证据确实、充分,只是认定的罪名不当的,可以改变罪名,但不得加重刑罚;(三)原判对被告人实行数罪并罚的,不得加重决定执行的刑罚,也不得加重数罪中某罪的刑罚;(四)原判对被告人宣告缓刑的,不得撤销缓刑或者延长缓刑考验期;(五)原判没有宣告禁止令的,不得增加宣告;原判宣告禁止令的,不得增加内容、延长期限;(六)原判对被告人判处死刑缓期执行没有限制减刑的,不得限制减刑;(七)原判事实清楚,证据确实、充分,但判处的刑罚畸轻、应当适用附加刑而没有适用的,不得直接加重刑罚;适用附加刑,也不得以事实不清、证据不足为由发回第一审人民法院重新审判。必须依法改判的,应当在第二审判决、裁定生效后,依照审判监督程序重新审判。人民检察院抗诉或者自诉人上诉的案件,不受前款规定的限制。"根据这一规定,B、C项不选,应选D项。(答案:D)

9. 下列哪些二审案件依法应当开庭审理?(2009年真题,多选)

A. 甲犯贪污罪被一审判处有期徒刑5年,检察院认为量刑畸轻而抗诉的

B. 乙犯伤害罪被一审判处无期徒刑,乙上诉的

C. 丙犯抢劫罪被一审判处死刑缓期两年执行,丙对事实、证据无异议,以量刑过重为由上诉的

D. 丁犯杀人罪被一审判处死刑立即执行,丁上诉的

[释疑] 《刑事诉讼法》第223条规定:"第二审人民法院对于下列案件,应当组成合议庭,开庭审理:(一)被告人、自诉人及其法定代理人对第一审认定的事实、证据提出异议,可能影响定罪量刑的上诉案件;(二)被告人被判处死刑的上诉案件;(三)人民检察院抗诉的案件;(四)其他应当开庭审理的案件。第二审人民法院决定不开庭审理的,应当讯问被告人,听取其他当事人、辩护人、诉讼代理人的意见。第二审人民法院开庭审理上诉、抗诉案件,可以到案件发生地或者原审人民法院所在地进行。"故A、C、D项正确,B项错误。(原答案:AD;现答案:ACD)

10. 甲、乙二人共同盗窃金融机构,第一审分别被判有期徒刑10年、6年。甲上诉,乙表示服判,未上诉。在第二审法院审理期间,甲死亡。关于第二审,下列哪一选项是正确的?(2008年缓考真题,单选)

A. 在上诉期满后,对乙的判决生效,可以交付执行
B. 第二审法院应当对甲、乙的案件一并进行审查、处理
C. 第二审法院认为甲构成犯罪,但量刑过重,应当改判
D. 第二审法院认为第一审对乙量刑过轻,应当改判加重其刑罚

[释疑] 《刑事诉讼法》第222条规定:"第二审人民法院应当就第一审判决认定的事实和适用法律进行全面审查,不受上诉或者抗诉范围的限制。共同犯罪的案件只有部分被告人上诉的,应当对全案进行审查,一并处理。"(答案:B)

11. 第二审法院在审查一审裁判时,发现下列哪些情形,应当裁定撤销原判,发回原审法院重新审判?(2008年缓考真题,多选)

A. 第一审程序为提高效率,没有让被告人作最后陈述,被告人也无异议
B. 参与第一审程序的陪审员是本案的目击证人
C. 对涉及国家秘密的案件进行了公开审理
D. 没有告知被告人可以申请回避

[释疑] 《刑事诉讼法》第227条规定:"第二审人民法院发现第一审人民法院的审理有下列违反法律规定的诉讼程序的情形之一的,应当裁定撤销原判,发回原审人民法院重新审判:(一)违反本法有关公开审判的规定的;(二)违反回避制度的;(三)剥夺或者限制了当事人的法定诉讼权利,可能影响公正审判的;(四)审判组织的组成不合法的;(五)其他违反法律规定的诉讼程序,可能影响公正审判的。"故A、B、C、D项均当选。(答案:ABCD)

12. 甲犯杀人罪,手段残忍,影响恶劣,第一审法院为防止被害人家属和旁听群众在法庭上过于激愤影响顺利审判,决定作为特例不公开审理。经审理,第一审法院判处甲死刑立即执行,甲上诉。对于本案,第二审法院下列哪些做法是正确的?(2008年真题,多选)

A. 组成合议庭　　　　　　　　　B. 把案件作为第一审案件审理
C. 审理后改判　　　　　　　　　D. 撤销原判,发回重审

[释疑] 《刑事诉讼法》第223条规定:"第二审人民法院对于下列案件,应当组成合议庭,开庭审理:(一)被告人、自诉人及其法定代理人对第一审认定的事实、证据提出异议,可能影响定罪量刑的上诉案件;(二)被告人被判处死刑的上诉案件;(三)人民检察院抗诉的案件;(四)其他应当开庭审理的案件。第二审人民法院决定不开庭审理的,应当讯问被告人,听取其他当事人、辩护人、诉讼代理人的意见。第二审人民法院开庭审理上诉、抗诉案件,可以到案件发生地或者原审人民法院所在地进行。"故选A项。《刑事诉讼法》第227条规定:"第二

审人民法院发现第一审人民法院的审理有下列违反法律规定的诉讼程序的情形之一的,应当裁定撤销原判,发回原审人民法院重新审判:(一)违反本法有关公开审判的规定的;(二)违反回避制度的;(三)剥夺或者限制了当事人的法定诉讼权利,可能影响公正审判的;(四)审判组织的组成不合法的;(五)其他违反法律规定的诉讼程序,可能影响公正审判的。"故选 D 项。(答案:AD)

13. 关于自诉案件的审理,下列哪些做法是正确的?(2008 年真题,多选)
   A. 甲、乙系一起伤害案件的自诉人,案件审理中甲撤回起诉,法院继续案件审理
   B. 某伤害案,因检察院作出不起诉决定,被害人提起自诉,审理中自诉人与被告人和解而撤回自诉,法院经审查准许
   C. 某遗弃案,被告人在第二审程序中提出反诉,法院予以受理并与原自诉合并审理
   D. 某侵犯知识产权案,第二审中当事人和解,法院裁定准许撤回自诉并撤销一审判决

[释疑] 《刑诉法解释》第274条规定:"自诉人经两次传唤,无正当理由拒不到庭,或者未经法庭准许中途退庭的,人民法院应当裁定按撤诉处理。部分自诉人撤诉或者被裁定按撤诉处理的,不影响案件的继续审理。"故选 A 项。《刑诉法解释》第272条规定:"判决宣告前,自诉案件的当事人可以自行和解,自诉人可以撤回自诉。人民法院经审查,认为和解、撤回自诉确属自愿的,应当裁定准许;认为系被强迫、威吓等,并非出于自愿的,不予准许。"故选 B 项。《刑诉法解释》第334条规定:"第二审期间,自诉案件的当事人提出反诉的,应当告知其另行起诉。"故 C 项不选。《刑诉法解释》第333条规定:"对第二审自诉案件,必要时可以调解,当事人也可以自行和解。调解结案的,应当制作调解书,第一审判决、裁定视为自动撤销;当事人自行和解的,应当裁定准许撤回自诉,并撤销第一审判决、裁定。"故选 D 项。(答案:ABD)

14. 检察院办理死刑上诉、抗诉案件,应当在开庭前对案卷材料进行全面审查,并进行相关工作。依照有关规定,下列哪些工作是应当进行的?(2007 年真题,多选)
   A. 应当讯问被告人,听取被告人的上诉理由或者辩解
   B. 根据案件情况,必要时应当听取辩护人的意见
   C. 对鉴定意见有疑问的,可以重新鉴定或者补充鉴定
   D. 有被害人的,必须听取被害人的意见

[释疑] 《刑事诉讼规则》第477条规定:"人民检察院办理死刑上诉、抗诉案件,应当进行下列工作:(一)讯问原审被告人,听取原审被告人的上诉理由或者辩解;(二)必要时听取辩护人的意见;(三)复核主要证据,必要时询问证人;(四)必要时补充收集证据;(五)对鉴定意见有疑问的,可以重新鉴定或者补充鉴定;(六)根据案件情况,可以听取被害人的意见。"据以上规定,A、B、C 项当选。(答案:ABC)

15. 关于刑事诉讼中查封、扣押、冻结在案财物的处理,下列哪些选项是正确的?(2007 年真题,多选)
   A. 张三盗窃李四电视机一台,公安机关在侦查过程中将电视机发还李四
   B. 王五被控贩卖毒品,作为证据使用的海洛因应当随案移送当庭出示质证
   C. 马六被控受贿金条若干,未随案移送,判决生效后,根据法院通知该金条由查封、扣押的检察机关上缴国库
   D. 牛七涉嫌受贿罪,在侦查期间自杀身亡,检察机关应当通知金融机构将冻结的牛七的

存款、汇款上缴国库。

[释疑] 《刑事诉讼法》第234条规定:"公安机关、人民检察院和人民法院对查封、扣押、冻结的犯罪嫌疑人、被告人的财物及其孳息,应当妥善保管,以供核查,并制作清单,随案移送。任何单位和个人不得挪用或者自行处理。对被害人的合法财产,应当及时返还。对违禁品或者不宜长期保存的物品,应当依照国家有关规定处理。对作为证据使用的实物应当随案移送,对不宜移送的,应当将其清单、照片或者其他证明文件随案移送。人民法院作出的判决,应当对查封、扣押、冻结的财物及其孳息作出处理。人民法院作出的判决生效以后,有关机关应当根据判决对查封、扣押、冻结的财物及其孳息进行处理。对查封、扣押、冻结的赃款赃物及其孳息,除依法返还被害人的以外,一律上缴国库。司法工作人员贪污、挪用或者私自处理查封、扣押、冻结的财物及其孳息的,依法追究刑事责任;不构成犯罪的,给予处分。"因此A项正确。六部门《规定》第36条规定:"对于依照刑法规定应当追缴的违法所得及其他涉案财产,除依法返还被害人的财物以及依法销毁的违禁品外,必须一律上缴国库。查封、扣押的涉案财产,依法不移送的,待人民法院作出生效判决、裁定后,由人民法院通知查封、扣押机关上缴国库,查封、扣押机关应当向人民法院送交执行回单;冻结在金融机构的违法所得及其他涉案财产,待人民法院作出生效判决、裁定后,由人民法院通知有关金融机构上缴国库,有关金融机构应当向人民法院送交执行回单。对于被扣押、冻结的债券、股票、基金份额等财产,在扣押、冻结期间权利人申请出售,经扣押、冻结机关审查,不损害国家利益、被害人利益,不影响诉讼正常进行的,以及扣押、冻结的汇票、本票、支票的有效期即将届满的,可以在判决生效前依法出售或者变现,所得价款由扣押、冻结机关保管,并及时告知当事人或者其近亲属。"因此C项正确。《刑诉法解释》第363条规定:"对不宜移送的实物,应当根据情况,分别审查以下内容:(一)大宗的、不便搬运的物品,查封、扣押机关是否随案移送查封、扣押清单,并附原物照片和封存手续,注明存放地点等;(二)易腐烂、霉变和不易保管的物品,查封、扣押机关变卖处理后,是否随案移送原物照片、清单、变价处理的凭证(复印件)等;(三)枪支弹药、剧毒物品、易燃易爆物品以及其他违禁品、危险物品,查封、扣押机关根据有关规定处理后,是否随案移送原物照片和清单等。上述不宜移送的实物,应当依法鉴定、估价的,还应当审查是否附有鉴定、估价意见。对查封、扣押的货币、有价证券等未移送的,应当审查是否附有原物照片、清单或者其他证明文件。"B项中的毒品属于违禁品,依法不移送原物,因此B项错误。《刑事诉讼法》第280条规定:"对于贪污贿赂犯罪、恐怖活动犯罪等重大犯罪案件,犯罪嫌疑人、被告人逃匿,在通缉一年后不能到案,或者犯罪嫌疑人、被告人死亡,依照刑法规定应当追缴其违法所得及其他涉案财产的,人民检察院可以向人民法院提出没收违法所得的申请。公安机关认为有前款规定情形的,应当写出没收违法所得意见书,移送人民检察院。没收违法所得的申请应当提供与犯罪事实、违法所得相关的证据材料,并列明财产的种类、数量、所在地及查封、扣押、冻结的情况。人民法院在必要的时候,可以查封、扣押、冻结申请没收的财产。"因此,D项错误。(答案:AC)

16. 法院对一起共同犯罪案件审理后分别判处甲死缓、乙无期徒刑。甲没有提出上诉,乙以量刑过重为由提出上诉,同时检察院针对甲的死缓判决以量刑不当为由提起抗诉。下列关于第二审程序的何种表述是错误的?(2006年真题,不定选)

A. 二审法院可以不开庭审理
B. 二审法院应当开庭审理

C. 因上诉和抗诉都不是针对原审事实认定,二审法院对本案不能以事实不清为由撤销原判,发回重审

D. 因本案存在抗诉,二审法院不受上诉不加刑原则的限制

[释疑] 《刑诉法解释》第317条规定:"下列案件,根据刑事诉讼法第二百二十三条第一款的规定,应当开庭审理:(一) 被告人、自诉人及其法定代理人对第一审认定的事实、证据提出异议,可能影响定罪量刑的上诉案件;(二) 被告人被判处死刑立即执行的上诉案件;(三) 人民检察院抗诉的案件;(四) 应当开庭审理的其他案件。被判处死刑立即执行的被告人没有上诉,同案的其他被告人上诉的案件,第二审人民法院应当开庭审理。被告人被判处死刑缓期执行的上诉案件,虽不属于第一款第一项规定的情形,有条件的,也应当开庭审理。"本题中,由于有检察院抗诉,二审法院应当开庭审理。故B项不选,A项应选。《刑诉法解释》第310条规定:"第二审人民法院审理上诉、抗诉案件,应当就第一审判决、裁定认定的事实和适用法律进行全面审查,不受上诉、抗诉范围的限制。"第311条规定:"共同犯罪案件,只有部分被告人提出上诉,或者自诉人只对部分被告人的判决提出上诉,或者人民检察院只对部分被告人的判决提出抗诉的,第二审人民法院应当对全案进行审查,一并处理。"据此,对于上诉和抗诉尽管都未针对原审事实认定,二审法院在全面审查中发现本案存在事实不清的情形时,可以以事实不清为由撤销原判,发回重审。故C项应选。《刑诉法解释》第326条规定:"人民检察院只对部分被告人的判决提出抗诉,或者自诉人只对部分被告人的判决提出上诉的,第二审人民法院不得对其他同案被告人加重刑罚。"由于乙未被检察院抗诉,故本案中二审法院对乙的审理受上诉不加刑原则的限制。所以D项应选。(答案:ACD)

17. 甲与乙婚后6年,乙又与另一男子相爱,并通过熟人办理了结婚登记手续。甲得知后将乙起诉至法院,乙被法院以重婚罪判处有期徒刑1年。对本案第一审判决,哪些人不享有独立上诉权?(多选)

A. 甲
B. 乙
C. 甲、乙的父母
D. 乙的辩护人

[释疑] 《刑事诉讼法》第216条规定:"被告人、自诉人和他们的法定代理人,不服地方各级人民法院第一审的判决、裁定,有权用书状或者口头向上一级人民法院上诉。被告人的辩护人和近亲属,经被告人同意,可以提出上诉。附带民事诉讼的当事人和他们的法定代理人,可以对地方各级人民法院第一审的判决、裁定中的附带民事诉讼部分,提出上诉。对被告人的上诉权,不得以任何借口加以剥夺。"被告人的辩护人和近亲属不是案件的当事人,没有独立的上诉权,故选C、D项。(答案:CD)

18. 根据《刑事诉讼法》的规定,下列哪些人具有独立的上诉权?(多选)

A. 被告人、自诉人
B. 被告人、自诉人的法定代理人
C. 被告人的配偶
D. 被告人的辩护人

[释疑] 《刑事诉讼法》第216条规定:"被告人、自诉人和他们的法定代理人,不服地方各级人民法院第一审的判决、裁定,有权用书状或者口头向上一级人民法院上诉。被告人的辩护人和近亲属,经被告人同意,可以提出上诉。附带民事诉讼的当事人和他们的法定代理人,可以对地方各级人民法院第一审的判决、裁定中的附带民事诉讼部分,提出上诉。对被告人的上诉权,不得以任何借口加以剥夺。"(答案:AB)

19. 被害人对一审判决不服,有权请求人民检察院提出抗诉。下列选项正确的是:(多选)
　　A. 被害人应当自收到判决书后 5 日以内,请求检察院提出抗诉
　　B. 检察院自收到被害人的请求后 5 日以内,应当作出是否抗诉的决定并答复请求人
　　C. 被害人的法定代理人也有权请求检察院提出抗诉
　　D. 被害人的法定代理人有独立的请求抗诉权
　　[释疑]　《刑事诉讼法》第 218 条规定:"被害人及其法定代理人不服地方各级人民法院第一审的判决的,自收到判决书后五日以内,有权请求人民检察院提出抗诉。人民检察院自收到被害人及其法定代理人的请求后五日以内,应当作出是否抗诉的决定并且答复请求人。"故选 A、B、C、D 项。(答案:ABCD)

20. 吕某因挪用资金罪被判处有期徒刑一年缓刑两年,判决宣告时吕某表示不上诉。其被解除羁押后经向他人咨询,认为自己不构成犯罪,于是又想提出上诉。下列哪项不正确?(多选)
　　A. 吕某已明确表示不上诉,因此不能再提起上诉
　　B. 需经法院同意,吕某才能上诉
　　C. 在上诉期满前,吕某有权提出上诉
　　D. 吕某可在上诉期满前提出上诉,但因一审判决未生效,需对他重新收押
　　[释疑]　C 项正确,A、B、D 项于法无据。(答案:ABD)

21. 被告人刘某直接向二审法院提起上诉,法院应如何处理?(多选)
　　A. 二审人民法院应当在收到上诉状后 3 日以内将上诉状交第一审人民法院
　　B. 一审人民法院收到上诉状后,经审查上诉符合法律规定的,应当在接到上诉状后 3 日以内将上诉状连同案卷、证据移送上一级人民法院
　　C. 一审人民法院应当同时将上诉状副本送交同级检察院
　　D. 一审人民法院应当同时将上诉状副本送交对方当事人
　　[释疑]　上诉人直接向第二审人民法院提出上诉的,第二审人民法院应当在收到上诉状后 3 日以内将上诉状交第一审人民法院。第一审人民法院应当审查上诉是否符合法律规定。符合法律规定的,应当在接到上诉状后 3 日以内将上诉状连同案卷、证据移送上一级人民法院,同时将上诉状副本送交同级检察院和对方当事人。故选 A、B、C、D 项。(答案:ABCD)

22. 假如刘某在上诉期满后撤回上诉,二审法院同意的,一审判决从何时生效?(单选)
　　A. 上诉期满之日起生效
　　B. 二审法院裁定准许之日起生效
　　C. 二审人民法院裁定宣告之日起生效
　　D. 二审人民法院裁定书送达原上诉人之日起生效
　　[释疑]　《刑诉法解释》第 308 条规定:"在上诉、抗诉期满前撤回上诉、抗诉的,第一审判决、裁定在上诉、抗诉期满之日起生效。在上诉、抗诉期满后要求撤回上诉、抗诉,第二审人民法院裁定准许的,第一审判决、裁定应当自第二审裁定书送达上诉人或者抗诉机关之日起生效。"故选 D 项。(答案:D)

23. 董某因强奸罪被某县人民法院判处有期徒刑 8 年。判决宣告后,董某以量刑过重为理由提出上诉,但在上诉期满后又要求撤回上诉。对于董某撤回上诉,二审法院应当如何处理?(多选)

A. 允许董某撤回上诉

B. 对上诉案件进行审查,如果原判认定事实和适用法律正确,量刑适当,应当裁定准许董某撤回上诉

C. 对上诉案件进行审查,如果原判认定事实不清,证据不足或适用法律错误、量刑不当,应当不允许撤回上诉

D. 如果原判认定事实不清,证据不足或适用法律错误、量刑不当而不允许撤回上诉的,应当按照上诉程序进行审理

[释疑] 上诉人在上诉期满后要求撤回上诉的,应当由第二审人民法院进行审查。如果认为原判决认定事实和适用法律正确,量刑适当,应当裁定准许撤回上诉;如果认为原判决事实不清、证据不足或者将无罪判为有罪、轻罪重判等,应当不允许撤回上诉,并按照上诉程序进行审理。故选 B、C、D 项。(答案:BCD)

24. 控辩双方对第一审刑事判决未提出抗诉或者上诉,但被告人对第一审刑事附带民事诉讼判决中的附带民事部分不服,提起上诉,第二审法院审查后,认为第一审民事部分判决正确,但刑事部分判决有错误。第二审法院应当如何处理?(单选)

A. 指令下级法院按审判监督程序再审刑事部分

B. 裁定将全案发回重审刑事部分

C. 按审判监督程序再审刑事部分,同附带民事部分一并审理,依法判决

D. 裁定将刑事部分发回重审

[释疑] 略。(答案:C)

25. 在刑事附带民事诉讼案件中,只有附带民事诉讼的当事人就附带民事诉讼上诉时,该案件应当如何处理?(多选)

A. 二审案件只需审查附带民事诉讼

B. 在上诉期满后,第一审刑事部分判决生效

C. 如果第一审附带民事部分事实清楚,适用法律正确,刑事部分亦无不当,则应以刑事附带民事裁定维持原判,驳回上诉

D. 第一审刑事判决需要第二审判决或裁定作出之后,才能确定其效力

[释疑] 全面审查是二审必须坚持的原则,A 项错误;附带民事诉讼的当事人就附带民事诉讼上诉的不影响刑事部分的判决生效,B 项正确;如果第一审附带民事部分与刑事部分都正确,则应以刑事附带民事裁定维持原判,驳回上诉,C 项正确、D 项于法无据。(答案:BC)

26. 乙市某区人民法院对孙某盗窃罪和抢劫罪作出判决后,检察院不抗诉,但孙某不服提出上诉。市中级人民法院审理后认为,一审判决事实清楚,证据确实、充分,但量刑不当。一审对孙某盗窃罪和抢劫罪分别判处 2 年和 9 年有期徒刑,决定执行的刑期为 10 年,而两罪准确量刑应分别为 5 年和 7 年有期徒刑。二审法院应如何处理?(单选)

A. 直接改判两罪刑罚分别为 5 年和 7 年有期徒刑,并在 7 年以上 12 年以下决定应当执行的刑期

B. 直接改判两罪刑罚分别为5年和7年有期徒刑,并决定应当执行的刑期为10年

C. 维持一审判决

D. 维持一审判处的2年有期徒刑,将一审判处的9年有期徒刑改为7年,并在7年以上9年以下决定应当执行的刑期

[释疑] 本题A、B项均违反上诉不加刑原则;在C、D项之间,D项更好地体现了上诉不加刑原则,故选D项。(答案:D)

27. 被告人李某,因故意杀人罪、间谍罪被中级人民法院一审判处死刑缓期两年执行。在上诉期间内,检察院认为人民法院的量刑不当,依法提起抗诉。二审法院不开庭审理后,认为一审法院认定事实没有错误,量刑过轻,依法撤销原判,改判为死刑立即执行,并核准执行死刑立即执行。该案中哪些做法是违法的?(多选)

A. 二审法院改判被告人死刑立即执行　　B. 二审法院核准执行死刑

C. 二审法院没有发回重审　　D. 二审法院不开庭审理本案

[释疑] 本题既有上诉,也有抗诉,不受上诉不加刑限制,A项正确;死刑立即执行的案件应由最高人民法院核准,B项错误;本案只是量刑过轻,应当改判,C项正确;抗诉案件应当开庭审理,D项错误。(答案:BD)

28. 上诉人章某不服一审判决提出上诉。某市中级人民法院审理该案后认为,一审判决事实清楚,证据确实、充分,但对章某的盗窃罪和抢劫罪判处的刑罚不当,一审判决两罪刑罚分别为2年和9年,合并执行10年,准确量刑应分别为5年和7年。根据上诉不加刑原则,二审人民法院应如何作出决定?(单选)

A. 直接改判两罪刑罚,分别为5年和7年,合并执行11年

B. 直接改判两罪刑罚,分别为5年和7年,合并执行仍为10年

C. 维持一审判决

D. 以事实不清、证据不足为由发回原审人民法院重新审理

[释疑] 本题选项中,只有C项符合上诉不加刑原则,故选C项。(答案:C)

29. 某县人民法院一审以抢夺罪判处高某有期徒刑3年。一审宣判后高某向中级人民法院提出上诉,县人民检察院未提出抗诉。市中级人民法院经审理,认为原判认定事实清楚,证据充分,但罪名认定不当,量刑过轻,高某的行为构成抢劫罪,应判处有期徒刑6年。市人民法院应当作出何种处理?(单选)

A. 将抢夺罪改判为抢劫罪,将原判刑期改为6年

B. 在维持原判罪名的情况下将原判刑期改为6年

C. 在不加重原判刑罚的情况下将罪名改为抢劫罪

D. 维持原判

[释疑] 二审法院对原判认定事实清楚、证据充分,只是认定的罪名不当的,在不加重原判刑罚的情况下,可以改变罪名。故选C项。(答案:C)

30. 某人民法院对被告人曹某等共同抢劫一案作出一审判决。曹某对犯罪事实供认不讳,仅以量刑过重为由提出上诉,其他被告人未提出上诉,人民检察院也未抗诉。二审法院经审理认为曹某构成犯罪,但曹某在二审作出裁判前因病死亡。二审法院应当如何处理该案件?(单选)

A. 裁定全案终止审理,原判决自行生效

B. 裁定对上诉终止审理,维持一审判决

C. 裁定撤销一审判决,发回原审法院重审

D. 宣布对曹某终止审理,对其他被告人仍应作出判决或裁定

[释疑] 共同犯罪案件,如果提出上诉的被告人死亡,其他被告人没有提出上诉,第二审人民法院仍应当对全案进行审查。审查后认为死亡的被告人构成犯罪的,应当宣布终止审理。对其他同案被告人仍应当作出判决或者裁定。故选 D 项。(答案:D)

31. 张某、王某合伙实施盗窃,张某被判处有期徒刑 10 年,王某被判处有期徒刑 3 年。张某、王某未上诉,人民检察院认为对王某的量刑过轻,仅就王某的量刑问题提出抗诉。在二审程序中,张某享有哪些权利?(多选)

A. 参加法庭调查 B. 参加法庭辩论

C. 委托辩护人辩护 D. 二审法院不得加重其刑罚

[释疑] 该题的答案为 A、B、C、D 项。"委托辩护人辩护"和"二审法院不得加重其刑罚"都是被告人张某的权利;A、B 项的法条依据是《刑诉法解释》第 323 条的规定:"开庭审理上诉、抗诉案件,可以重点围绕对第一审判决、裁定有争议的问题或者有疑问的部分进行。根据案件情况,可以按照下列方式审理:(一)宣读第一审判决书,可以只宣读案由、主要事实、证据名称和判决主文等;(二)法庭调查应当重点围绕对第一审判决提出异议的事实、证据以及提交的新的证据等进行;对没有异议的事实、证据和情节,可以直接确认;(三)对同案审理案件中未上诉的被告人,未被申请出庭或者人民法院认为没有必要到庭的,可以不再传唤到庭;(四)被告人犯有数罪的案件,对其中事实清楚且无异议的犯罪,可以不在庭审时审理。同案审理的案件,未提出上诉、人民检察院也未对其判决提出抗诉的被告人要求出庭的,应当准许。出庭的被告人可以参加法庭调查和辩论。"(答案:ABCD)

32. 某市中级人民法院对无阿曼(21 岁)被控强奸一案进行了公开审理,判处无阿曼死刑立即执行。无阿曼认为量刑过重,提出上诉。二审法院的哪种做法是正确的?(单选)

A. 应当公开开庭审理 B. 可以不开庭审理

C. 应当裁定撤销原判、发回重审 D. 应当提审

[释疑] 注意,"应当开庭审理"正确,但是,"应当公开开庭审理"却是错误的。因为强奸案件属于涉及个人隐私的案件,应当不公开审理。本案一审法院却对此案进行了"公开审理",这属于《刑事诉讼法》第 227 条规定的违反法定程序的情形之一,应当裁定撤销原判,发回重审,因此,C 项正确。《刑事诉讼法》第 227 条规定:"第二审人民法院发现第一审人民法院的审理有下列违反法律规定的诉讼程序的情形之一的,应当裁定撤销原判,发回原审人民法院重新审判:(一)违反本法有关公开审判的规定的;(二)违反回避制度的;(三)剥夺或者限制了当事人的法定诉讼权利,可能影响公正审判的;(四)审判组织的组成不合法的;(五)其他违反法律规定的诉讼程序,可能影响公正审判的。"(答案:C)

### 三、提示与预测

本章要重点把握上诉、抗诉的主体、理由、方式与程序、上诉不加刑、二审后的处理、自诉案件的二审等。尤其要注意新法的规定。

# 第十七章 复核核准程序

```
           ┌ 死刑复核程序的概念
           │                    ┌ 死刑立即执行案件的核准权
           │ 死刑案件的核准权   ┤
复核核准程序┤                    └ 死刑缓期二年执行案件的核准权
           │                                        ┌ 报请复核程序
           │ 判处死刑立即执行案件的复核核准程序     ┤
           │                                        └ 复核程序
           │                                        ┌ 法定刑以下处刑案件的复核核准程序
           └ 死刑缓期二年执行案件的复核核准程序     ┤
                                                    └ 特殊情况假释案件的复核核准程序
```

## 一、精讲

复核核准程序包括死刑复核程序、法定刑以下判处刑罚以及犯罪分子具有特殊情况,不受执行刑期限制的假释案件的复核核准程序三种。

### 考点 1 死刑复核程序

死刑复核程序,是指对死刑的判决和裁定进行复审核准的一种特殊程序。死刑案件未经复核并核准不得生效,死刑复核程序的启动具有自动性。

### 考点 2 判处死刑立即执行案件的复核程序

(一) 死刑案件的核准权

1. 死刑立即执行案件的核准权

(1)《刑法》第48条第2款规定:"死刑除依法由最高人民法院判决的以外,都应当报请最高人民法院核准。死刑缓期执行的,可以由高级人民法院判决或者核准。"

(2)《关于修改〈中华人民共和国人民法院组织法〉的决定》将第13条"死刑案件除由最高人民法院判决的以外,应当报请最高人民法院核准。杀人、强奸、抢劫、爆炸以及其他严重危害公共安全和社会治安判处死刑的案件的核准权,最高人民法院在必要的时候依法授权省、自治区、直辖市的高级人民法院行使"修改为第12条"死刑除依法由最高人民法院判决的以外,应当报请最高人民法院核准"。

(3)最高人民法院《关于统一行使死刑案件核准权有关问题的决定》(简称《死刑核准权决定》)决定如下:① 自2007年1月1日起,最高人民法院根据全国人民代表大会常务委员会有关决定和《人民法院组织法》原第13条的规定发布的关于授权高级人民法院和解放军军事法院核准部分死刑案件的通知,一律予以废止。② 自2007年1月1日起,死刑除依法由最高人民法院判决的以外,各高级人民法院和解放军军事法院依法判处和裁定的,应当报请最高人民法院核准。③ 2006年12月31日以前,各高级人民法院和解放军军事法院已经核准的死刑立即执行的判决、裁定,依法仍由各高级人民法院、解放军军事法院院长签发执行死刑的命令。

**特别关注：**
死刑除依法由最高人民法院判决的以外，均应当报请最高人民法院核准。

2. 死刑缓期两年执行案件的核准权

死刑缓期执行的，由高级人民法院判决或者核准。

（二）判处死刑立即执行案件的报请复核

《刑事诉讼法》第236条规定："中级人民法院判处死刑的第一审案件，被告人不上诉的，应当由高级人民法院复核后，报请最高人民法院核准。高级人民法院不同意判处死刑的，可以提审或者发回重新审判。高级人民法院判处死刑的第一审案件被告人不上诉的，和判处死刑的第二审案件，都应当报请最高人民法院核准。"《刑诉法解释》第344条规定："报请最高人民法院核准死刑案件，应当按照下列情形分别处理：（一）中级人民法院判处死刑的第一审案件，被告人未上诉、人民检察院未抗诉的，在上诉、抗诉期满后十日内报请高级人民法院复核。高级人民法院同意判处死刑的，应当在作出裁定后十日内报请最高人民法院核准；不同意的，应当依照第二审程序提审或者发回重新审判；（二）中级人民法院判处死刑的第一审案件，被告人上诉或者人民检察院抗诉，高级人民法院裁定维持的，应当在作出裁定后十日内报请最高人民法院核准；（三）高级人民法院判处死刑的第一审案件，被告人未上诉、人民检察院未抗诉的，应当在上诉、抗诉期满后十日内报请最高人民法院核准。高级人民法院复核死刑案件，应当讯问被告人。"

（三）判处死刑立即执行案件报请复核的材料及要求

报请复核的死刑、死刑缓期执行案件，应当一案一报。报送的材料包括报请复核的报告，第一、二审裁判文书，死刑案件综合报告各5份以及全部案卷、证据。死刑案件综合报告，第一、二审裁判文书和审理报告应当附送电子文本。同案审理的案件应当报送全案案卷、证据。曾经发回重新审判的案件，原第一、二审案卷应当一并报送。

报请复核的报告，应当写明案由、简要案情、审理过程和判决结果。死刑案件综合报告应当包括以下内容：

（1）被告人、被害人的基本情况。被告人有前科或者曾受过行政处罚的，应当写明。

（2）案件的由来和审理经过。案件曾经发回重新审判的，应当写明发回重新审判的原因、时间、案号等。

（3）案件侦破情况。通过技术侦查措施抓获被告人、侦破案件，以及与自首、立功认定有关的情况，应当写明。

（4）第一审审理情况。包括控辩双方意见，第一审认定的犯罪事实，合议庭和审判委员会意见。

（5）第二审审理或者高级人民法院复核情况。包括上诉理由、检察机关意见，第二审审理或者高级人民法院复核认定的事实，证据采信情况及理由，控辩双方意见及采纳情况。

（6）需要说明的问题。包括共同犯罪案件中另案处理的同案犯的定罪量刑情况，案件有无重大社会影响，以及当事人的反应等情况。

（7）处理意见。写明合议庭和审判委员会的意见。

（四）判处死刑立即执行案件的复核

（1）最高人民法院、高级人民法院复核死刑案件(含死缓)，应当由审判员3人组成合议庭进行。

（2）最高人民法院复核死刑案件,应当讯问被告人;高级人民法院复核死刑案件(含死缓)应当提审被告人。

（3）《刑诉法解释》第348条规定:复核死刑、死刑缓期执行案件,应当全面审查以下内容:① 被告人的年龄,被告人有无刑事责任能力、是否系怀孕的妇女;② 原判认定的事实是否清楚,证据是否确实、充分;③ 犯罪情节、后果及危害程度;④ 原判适用法律是否正确,是否必须判处死刑,是否必须立即执行;⑤ 有无法定、酌定从重、从轻或者减轻处罚情节;⑥ 诉讼程序是否合法;⑦ 应当审查的其他情况。

（4）制作复核审理报告。

（五）复核后的处理

1.《刑事诉讼法》的有关规定

（1）《刑事诉讼法》第239条规定:"最高人民法院复核死刑案件,应当作出核准或者不核准死刑的裁定。对于不核准死刑的,最高人民法院可以发回重新审判或者予以改判。"

（2）《刑事诉讼法》第240条规定:"最高人民法院复核死刑案件,应当讯问被告人,辩护律师提出要求的,应当听取辩护律师的意见。在复核死刑案件过程中,最高人民检察院可以向最高人民法院提出意见。最高人民法院应当将死刑复核结果通报最高人民检察院。"

2.《刑诉法解释》的有关规定

（1）最高人民法院复核死刑案件,应当按照下列情形分别处理:① 原判认定事实和适用法律正确、量刑适当、诉讼程序合法的,应当裁定核准;② 原判认定的某一具体事实或者引用的法律条款等存在瑕疵,但判处被告人死刑并无不当的,可以在纠正后作出核准的判决、裁定;③ 原判事实不清、证据不足的,应当裁定不予核准,并撤销原判,发回重新审判;④ 复核期间出现新的影响定罪量刑的事实、证据的,应当裁定不予核准,并撤销原判,发回重新审判;⑤ 原判认定事实正确,但依法不应当判处死刑的,应当裁定不予核准,并撤销原判,发回重新审判;⑥ 原审违反法定诉讼程序,可能影响公正审判的,应当裁定不予核准,并撤销原判,发回重新审判。

（2）对一人有两罪以上被判处死刑的数罪并罚案件,最高人民法院复核后,认为其中部分犯罪的死刑判决、裁定事实不清、证据不足的,应当对全案裁定不予核准,并撤销原判,发回重新审判;认为其中部分犯罪的死刑判决、裁定认定事实正确,但依法不应当判处死刑的,可以改判,并对其他应当判处死刑的犯罪作出核准死刑的判决。

（3）对有两名以上被告人被判处死刑的案件,最高人民法院复核后,认为其中部分被告人的死刑判决、裁定事实不清、证据不足的,应当对全案裁定不予核准,并撤销原判,发回重新审判;认为其中部分被告人的死刑判决、裁定认定事实正确,但依法不应当判处死刑的,可以改判,并对其他应当判处死刑的被告人作出核准死刑的判决。

（4）最高人民法院裁定不予核准死刑的,根据案件情况,可以发回第二审人民法院或者第一审人民法院重新审判。第一审人民法院重新审判的,应当开庭审理。第二审人民法院重新审判的,可以直接改判;必须通过开庭查清事实、核实证据或者纠正原审程序违法的,应当开庭审理。

（5）高级人民法院依照复核程序审理后报请最高人民法院核准死刑,最高人民法院裁定不予核准,发回高级人民法院重新审判的,高级人民法院可以依照第二审程序提审或者发回重新审判。

(6) 最高人民法院裁定不予核准死刑,发回重新审判的案件,原审人民法院应当另行组成合议庭审理,但《刑诉法解释》第350条第4项、第5项规定的案件除外。

(7) 死刑复核期间,辩护律师要求当面反映意见的,最高人民法院有关合议庭应当在办公场所听取其意见,并制作笔录;辩护律师提出书面意见的,应当附卷。

(8) 死刑复核期间,最高人民检察院提出意见的,最高人民法院应当审查,并将采纳情况及理由反馈最高人民检察院。

**特别关注:**

最高人民法院关于办理死刑复核案件听取辩护律师意见的办法

(1) 死刑复核案件的辩护律师可以向最高人民法院立案庭查询立案信息。辩护律师查询时,应当提供本人姓名、律师事务所名称、被告人姓名、案由,以及报请复核的高级人民法院的名称及案号。最高人民法院立案庭能够立即答复的,应当立即答复,不能立即答复的,应当在二个工作日内答复,答复内容为案件是否立案及承办案件的审判庭。

(2) 律师接受被告人、被告人近亲属的委托或者法律援助机构的指派,担任死刑复核案件辩护律师的,应当在接受委托或者指派之日起三个工作日内向最高人民法院相关审判庭提交有关手续。辩护律师应当在接受委托或者指派之日起一个半月内提交辩护意见。

(3) 辩护律师提交委托手续、法律援助手续及辩护意见、证据等书面材料的,可以经高级人民法院同意后代收并随案移送,也可以寄送至最高人民法院承办案件的审判庭或者在当面反映意见时提交;对尚未立案的案件,辩护律师可以寄送至最高人民法院立案庭,由立案庭在立案后随案移送。

(4) 辩护律师可以到最高人民法院办公场所查阅、摘抄、复制案卷材料。但依法不公开的材料不得查阅、摘抄、复制。

(5) 辩护律师要求当面反映意见的,案件承办法官应当及时安排。一般由案件承办法官与书记员当面听取辩护律师意见,也可以由合议庭其他成员或者全体成员与书记员当面听取。

(6) 当面听取辩护律师意见,应当在最高人民法院或者地方人民法院办公场所进行。辩护律师可以携律师助理参加。当面听取意见的人员应当核实辩护律师和律师助理的身份。

(7) 当面听取辩护律师意见时,应当制作笔录,由辩护律师签名后附卷。辩护律师提交相关材料的,应当接收并开列收取清单一式二份,一份交给辩护律师,另一份附卷。

(8) 当面听取辩护律师意见时,具备条件的人民法院应当指派工作人员全程录音、录像。其他在场人员不得自行录音、录像、拍照。

(9) 复核终结后,受委托进行宣判的人民法院应当在宣判后五个工作日内将最高人民法院裁判文书送达辩护律师。

(六)《刑事诉讼规则》关于死刑复核法律监督的规定

(1) 最高人民检察院死刑复核检察部门负责承办死刑复核法律监督工作。

(2) 最高人民检察院发现在死刑复核期间的案件具有下列情形之一,经审查认为确有必要的,应当向最高人民法院提出意见:① 认为死刑二审裁判确有错误,依法不应当核准死刑的;② 发现新情况、新证据,可能影响被告人定罪量刑的;③ 严重违反法律规定的诉讼程序,可能影响公正审判的;④ 司法工作人员在办理案件时,有贪污受贿、徇私舞弊、枉法裁判等行为的;⑤ 其他需要提出意见的。

(3) 最高人民检察院对于最高人民法院通报的死刑复核案件,认为确有必要的,应当在最高人民法院裁判文书下发前提出意见。

（4）省级人民检察院对于进入最高人民法院死刑复核程序的下列案件，应当制作提请监督报告并连同案件有关材料及时报送最高人民检察院：① 案件事实不清、证据不足，依法应当发回重新审判，高级人民法院二审裁定维持死刑立即执行确有错误的；② 被告人具有从轻、减轻处罚情节，依法不应当判处死刑，高级人民法院二审裁定维持死刑立即执行确有错误的；③ 严重违反法律规定的诉讼程序，可能影响公正审判的；④ 最高人民法院受理案件后1年以内未能审结的；⑤ 最高人民法院不核准死刑发回重审不当的；⑥ 其他需要监督的情形。

（5）省级人民检察院发现死刑复核案件被告人自首、立功、达成赔偿协议，取得被害方谅解等新的证据材料和有关情况，可能影响死刑适用的，应当及时向最高人民检察院报告。

（6）死刑复核期间当事人及其近亲属或者受委托的律师向最高人民检察院提出的不服死刑裁判的申诉，由最高人民检察院死刑复核检察部门审查。

（7）最高人民检察院死刑复核检察部门对死刑复核监督案件的审查可以采取下列方式进行：① 书面审查最高人民法院移送的材料、省级人民检察院报送的相关案件材料、当事人及其近亲属或者受委托的律师提交的申诉材料；② 听取原承办案件的省级人民检察院的意见，也可以要求省级人民检察院报送相关案件材料；③ 必要时可以审阅卷宗、讯问被告人、复核主要证据。

（8）最高人民检察院对于受理的死刑复核监督案件，应当在1个月以内作出决定；因案件重大、疑难、复杂，需要延长审查期限的，应当报请检察长批准，适当延长办理期限。

（9）最高人民检察院死刑复核检察部门拟就死刑复核案件提出检察意见的，应当报请检察长或者检察委员会决定。检察委员会讨论死刑复核案件，可以通知原承办案件的省级人民检察院有关检察人员列席。

（10）最高人民检察院对于死刑复核监督案件，经审查认为确有必要向最高人民法院提出意见的，应当以死刑复核案件意见书的形式提出。死刑复核案件意见书应当提出明确的意见或者建议，并说明理由和法律依据。

（11）对于最高人民检察院提出应当核准死刑意见的案件，最高人民法院经审查仍拟不核准死刑，决定将案件提交审判委员会会议讨论并通知最高人民检察院派员列席的，最高人民检察院检察长或者受检察长委托的副检察长应当列席审判委员会会议。

## 考点 3 判处死刑缓期两年执行案件的复核程序

中级人民法院判处死刑缓期执行的第一审案件，被告人未上诉、人民检察院未抗诉的，应当报请高级人民法院核准。高级人民法院复核死刑缓期执行案件，应当讯问被告人。

高级人民法院复核死刑缓期执行案件，应当按照下列情形分别处理：

（1）原判认定事实和适用法律正确、量刑适当、诉讼程序合法的，应当裁定核准。

（2）原判认定的某一具体事实或者引用的法律条款等存在瑕疵，但判处被告人死刑缓期执行并无不当的，可以在纠正后作出核准的判决、裁定。

（3）原判认定事实正确，但适用法律有错误，或者量刑过重的，应当改判。

（4）原判事实不清、证据不足的，可以裁定不予核准，并撤销原判，发回重新审判，或者依法改判。

（5）复核期间出现新的影响定罪量刑的事实、证据的，可以裁定不予核准，并撤销原判，发回重新审判，或者依照《刑诉法解释》第220条规定审理后依法改判。

(6) 原审违反法定诉讼程序,可能影响公正审判的,应当裁定不予核准,并撤销原判,发回重新审判。高级人民法院复核死刑缓期执行案件,不得加重被告人的刑罚。

### 考点 4  法定刑以下判处刑罚以及犯罪分子具有特殊情况,不受执行刑期限制的假释案件的复核程序

(一) 法定刑以下判处刑罚案件的复核程序

(1) 报请最高人民法院核准在法定刑以下判处刑罚的案件,应当按照下列情形分别处理:① 被告人未上诉、人民检察院未抗诉的,在上诉、抗诉期满后 3 日内报请上一级人民法院复核。上一级人民法院同意原判的,应当书面层报最高人民法院核准;不同意的,应当裁定发回重新审判,或者改变管辖按照第一审程序重新审理。原判是基层人民法院作出的,高级人民法院可以指定中级人民法院按照第一审程序重新审理。② 被告人上诉或者人民检察院抗诉的,应当依照第二审程序审理。第二审维持原判,或者改判后仍在法定刑以下判处刑罚的,应当依照前项规定层报最高人民法院核准。

(2) 报请最高人民法院核准在法定刑以下判处刑罚的案件,应当报送判决书、报请核准的报告各 5 份,以及全部案卷、证据。

(3) 对在法定刑以下判处刑罚的案件,最高人民法院予以核准的,应当作出核准裁定书;不予核准的,应当作出不核准裁定书,并撤销原判决、裁定,发回原审人民法院重新审判或者指定其他下级人民法院重新审判。

(4) 依照《刑诉法解释》第 336 条、第 338 条规定发回第二审人民法院重新审判的案件,第二审人民法院可以直接改判;必须通过开庭查清事实、核实证据或者纠正原审程序违法的,应当开庭审理。

(5) 上级人民法院和最高人民法院复核在法定刑以下判处刑罚案件的审理期限,参照适用《刑事诉讼法》第 232 条的规定。

(二) 犯罪分子具有特殊情况,不受执行刑期限制的假释案件的复核程序

(1) 报请最高人民法院核准因罪犯具有特殊情况,不受执行刑期限制的假释案件,应当按照下列情形分别处理:① 中级人民法院依法作出假释裁定后,应当报请高级人民法院复核。高级人民法院同意的,应当书面报请最高人民法院核准;不同意的,应当裁定撤销中级人民法院的假释裁定。② 高级人民法院依法作出假释裁定的,应当报请最高人民法院核准。

(2) 报请最高人民法院核准因罪犯具有特殊情况,不受执行刑期限制的假释案件,应当报送报请核准的报告、罪犯具有特殊情况的报告、假释裁定书各 5 份,以及全部案卷。

(3) 对因罪犯具有特殊情况,不受执行刑期限制的假释案件,最高人民法院予以核准的,应当作出核准裁定书;不予核准的,应当作出不核准裁定书,并撤销原裁定。

## 二、例题

1. 甲和乙因故意杀人被中级人民法院分别判处死刑立即执行和无期徒刑。甲、乙上诉后,高级人民法院裁定维持原判。关于本案,下列哪一选项是正确的?(2016 年真题,单选)
   A. 高级人民法院裁定维持原判后,对乙的判决即已生效
   B. 高级人民法院应先复核再报请最高法院核准
   C. 最高人民法院如认为原判决对乙的犯罪事实未查清,可查清后对乙改判并核准甲的

死刑

D. 最高人民法院如认为甲的犯罪事实不清、证据不足,不予核准死刑的,只能使用裁定

[释疑] 《刑诉法解释》第344条规定:"报请最高人民法院核准死刑案件,应当按照下列情形分别处理:……(二)中级人民法院判处死刑的第一审案件,被告人上诉或者人民检察院抗诉,高级人民法院裁定维持的,应当在作出裁定后十日内报请最高人民法院核准……"根据此规定,高级人民法院裁定维持的,高级法院不应先复核再报请最高法院核准。所以,B项错误;本案是共同犯罪,高级人民法院裁定维持的,应当将全案上报最高人民法院。所以A项错误。《刑诉解释》第350条规定:"最高人民法院复核死刑案件,应当按照下列情形分别处理:……(三)原判事实不清、证据不足的,应当裁定不予核准,并撤销原判,发回重新审判;……"根据此规定,原判事实不清、证据不足的,应当裁定不予核准,并撤销原判,发回重新审判,所以,C项错误;D项正确。(答案:D)

2. 鲁某与关某涉嫌贩卖冰毒500余克,B省A市中级法院开庭审理后,以鲁某犯贩卖毒品罪,判处死刑立即执行,关某犯贩卖毒品罪,判处死刑缓期二年执行。一审宣判后,关某以量刑过重为由向B省高级法院提起上诉,鲁某未上诉,检察院也未提起抗诉。请回答第(1)—(3)题。(2015年真题,不定选)

(1) 关于本案侦查,下列选项正确的是:

A. 本案经批准可采用控制下交付的侦查措施

B. 对鲁某采取技术侦查的期限不得超过9个月

C. 侦查机关只有在对鲁某与关某立案后,才能派遣侦查人员隐匿身份实施侦查

D. 通过技术侦查措施收集到的证据材料可作为定案的依据,但须经法庭调查程序查证属实或由审判人员在庭外予以核实

[释疑] 《刑事诉讼法》第151条规定:"为了查明案情,在必要的时候,经公安机关负责人决定,可以由有关人员隐匿其身份实施侦查。但是,不得诱使他人犯罪,不得采用可能危害公共安全或者发生重大人身危险的方法。对涉及给付毒品等违禁品或者财物的犯罪活动,公安机关根据侦查犯罪的需要,可以依照规定实施控制下交付。"所以,A项、C项正确。《刑事诉讼法》第149条规定:"批准决定应当根据侦查犯罪的需要,确定采取技术侦查措施的种类和适用对象。批准决定自签发之日起三个月以内有效。对于不需要继续采取技术侦查措施的,应当及时解除;对于复杂、疑难案件,期限届满仍有必要继续采取技术侦查措施的,经过批准,有效期可以延长,每次不得超过三个月。"所以,B项错误。《刑事诉讼法》第152条规定:"依照本节规定采取侦查措施收集的材料在刑事诉讼中可以作为证据使用。如果使用该证据可能危及有关人员的人身安全,或者可能产生其他严重后果的,应当采取不暴露有关人员身份、技术方法等保护措施,必要的时候,可以由审判人员在庭外对证据进行核实。"所以,D项正确。(答案:ACD)

(2) 如B省高级法院审理后认为,本案事实清楚、证据确实充分,对鲁某的量刑适当,但对关某应判处死刑缓期二年执行同时限制减刑,则对本案正确的做法是:

A. 二审应开庭审理

B. 由于未提起抗诉,同级检察院可不派员出席法庭

C. 高级法院可将全案发回A市中级法院重新审判

D. 高级法院可维持对鲁某的判决,并改判关某死刑缓期二年执行同时限制减刑

[释疑] 《刑诉法解释》第 317 条规定:"下列案件,根据刑事诉讼法第二百二十三条第一款的规定,应当开庭审理:(一) 被告人、自诉人及其法定代理人对第一审认定的事实、证据提出异议,可能影响定罪量刑的上诉案件;(二) 被告人被判处死刑立即执行的上诉案件;(三) 人民检察院抗诉的案件;(四) 应当开庭审理的其他案件。被判处死刑立即执行的被告人没有上诉,同案的其他被告人上诉的案件,第二审人民法院应当开庭审理。"所以,A 项正确。《刑诉法解释》第 321 条:"开庭审理上诉、抗诉的公诉案件,应当通知同级人民检察院派员出庭。抗诉案件,人民检察院接到开庭通知后不派员出庭,且未说明原因的,人民法院可以裁定按人民检察院撤回抗诉处理,并通知第一审人民法院和当事人。"所以,B 项错误。《刑诉法解释》第 325 条规定:"审理被告人或者其法定代理人、辩护人、近亲属提出上诉的案件,不得加重被告人的刑罚,并应当执行下列规定:(一) 同案审理的案件,只有部分被告人上诉的,既不得加重上诉人的刑罚,也不得加重其他同案被告人的刑罚;(二) 原判事实清楚,证据确实、充分,只是认定的罪名不当的,可以改变罪名,但不得加重刑罚;(三) 原判对被告人实行数罪并罚的,不得加重决定执行的刑罚,也不得加重数罪中某罪的刑罚;(四) 原判对被告人宣告缓刑的,不得撤销缓刑或者延长缓刑考验期;(五) 原判没有宣告禁止令的,不得增加宣告;原判宣告禁止令的,不得增加内容、延长期限;(六) 原判对被告人判处死刑缓期执行没有限制减刑的,不得限制减刑;(七) 原判事实清楚,证据确实、充分,但判处的刑罚畸轻,应当适用附加刑而没有适用的,不得直接加重刑罚、适用附加刑,也不得以事实不清、证据不足为由发回第一审人民法院重新审判。必须依法改判的,应当在第二审判决、裁定生效后,依照审判监督程序重新审判。"所以,C 项、D 项错误。(答案:A)

(3) 如 B 省高级法院审理后认为,一审判决认定事实和适用法律正确、量刑适当,裁定驳回关某的上诉,维持原判,则对本案进行死刑复核的正确程序是:

A. 对关某的死刑缓期二年执行判决,B 省高级法院不再另行复核

B. 最高法院复核鲁某的死刑立即执行判决,应由审判员三人组成合议庭进行

C. 如鲁某在死刑复核阶段委托律师担任辩护人的,死刑复核合议庭应在办公场所当面听取律师意见

D. 最高法院裁定不予核准鲁某死刑的,可发回 A 市中级法院或 B 省高级法院重新审理

[释疑] 《刑事诉讼法》第 235 条规定:"死刑由最高人民法院核准。"《刑事诉讼法》第 237 条规定:"中级人民法院判处死刑缓期二年执行的案件,由高级人民法院核准。"所以,A 项正确。《刑事诉讼法》第 238 条规定:"最高人民法院复核死刑案件,高级人民法院复核死刑缓期执行的案件,应当由审判员三人组成合议庭进行。"所以,B 项正确。最高人民法院《关于办理死刑复核案件听取辩护律师意见的办法》第 5 条规定:"辩护律师要求当面反映意见的,案件承办法官应当及时安排。一般由案件承办法官与书记员当面听取辩护律师意见,也可以由合议庭其他成员或者全体成员与书记员当面听取";第 6 条规定:"当面听取辩护律师意见,应当在最高人民法院或者地方人民法院办公场所进行。辩护律师可以携律师助理参加。当面听取意见的人员应当核实辩护律师和律师助理的身份。"所以,C 项错误。《刑诉法解释》第 353 条规定:"最高人民法院裁定不予核准死刑的,根据案件情况,可以发回第二审人民法院或者第一审人民法院重新审判。第一审人民法院重新审判的,应当开庭审理。第二审人民法院重新审判的,可以直接改判;必须通过开庭查清事实、核实证据或者纠正原审程序违法的,应当开庭审理。"所以,D 项正确。(答案:ABD)

3. 甲和乙共同实施拐卖妇女、儿童罪,均被判处死刑立即执行。最高人民法院复核后认为全案判决认定事实正确,甲系主犯应当判处死刑立即执行,但对乙可不立即执行。关于最高人民法院对此案的处理,下列哪一选项是正确的?(2014年真题,单选)

A. 将乙改判为死缓,并裁定核准甲死刑
B. 对乙作出改判,并判决核准甲死刑
C. 对全案裁定不予核准,撤销原判,发回重审
D. 裁定核准甲死刑,撤销对乙的判决,发回重审

[释疑] 《刑诉法解释》第352条规定:"对有两名以上被告人被判处死刑的案件,最高人民法院复核后,认为其中部分被告人的死刑判决、裁定事实不清、证据不足的,应当对全案裁定不予核准,并撤销原判,发回重新审判;认为其中部分被告人的死刑判决、裁定认定事实正确,但依法不应当判处死刑的,可以改判,并对其他应当判处死刑的被告人作出核准死刑的判决。"故B项正确,注意对甲核准死刑的方式是判决,不是裁定。(答案:B)

4. 例题:张某因犯故意杀人罪和爆炸罪,一审均被判处死刑立即执行,张某未上诉,检察机关也未抗诉。最高法院经复核后认为,爆炸罪的死刑判决事实不清、证据不足,但故意杀人罪死刑判决认定事实和适用法律正确、量刑适当。关于此案的处理,下列哪些选项是错误的?(2013年真题,多选)

A. 对全案裁定核准死刑
B. 裁定核准故意杀人罪死刑判决,并对爆炸罪死刑判决予以改判
C. 裁定核准故意杀人罪死刑判决,并撤销爆炸罪的死刑判决,发回重审
D. 对全案裁定不予核准,并撤销原判,发回重审

[释疑] 《刑诉法解释》第351条规定:"对一人有两罪以上被判处死刑的数罪并罚案件,最高人民法院复核后,认为其中部分犯罪的死刑判决、裁定事实不清、证据不足的,应当对全案裁定不予核准,并撤销原判,发回重新审判;认为其中部分犯罪的死刑判决、裁定认定事实正确,但依法不应当判处死刑的,可以改判,并对其他应当判处死刑的犯罪作出核准死刑的判决。"故A、B、C项当选。(答案:ABC)

5. 关于死刑复核程序,下列哪一选项是正确的?(2012年真题,单选)

A. 最高人民法院复核死刑案件,可以不讯问被告人
B. 最高人民法院复核死刑案件,应当听取辩护律师的意见
C. 在复核死刑案件过程中,最高人民检察院应当向最高人民法院提出意见
D. 最高人民法院应当将死刑复核结果通报最高人民检察院

[释疑] 《刑事诉讼法》第240条规定:"最高人民法院复核死刑案件,应当讯问被告人,辩护律师提出要求的,应当听取辩护律师的意见。在复核死刑案件过程中,最高人民检察院可以向最高人民法院提出意见。最高人民法院应当将死刑复核结果通报最高人民检察院。"据此,D项正确。(答案:D)

6. 案情:杨某被单位辞退,对单位领导极度不满,心存报复。一天,杨某纠集董某、樊某携带匕首闯至厂长贾某办公室,将贾某当场杀死。中级人民法院一审以故意杀人罪判处杨某死刑,立即执行,判处董某死刑缓期两年执行,判处樊某有期徒刑15年。(2009年真题,案例)

问题:如一审宣判后,被告人杨某、董某、樊某均未上诉,检察机关亦未抗诉,对被告人杨某、董某、樊某的一审判决,中级人民法院和高级人民法院分别应当如何处理?

[释疑] 《刑诉法解释》第344条规定:"报请最高人民法院核准死刑案件,应当按照下列情形分别处理:(一)中级人民法院判处死刑的第一审案件,被告人未上诉、人民检察院未抗诉的,在上诉、抗诉期满后十日内报请高级人民法院复核。高级人民法院同意判处死刑的,应当在作出裁定后十日内报请最高人民法院核准;不同意的,应当依照第二审程序提审或者发回重新审判;(二)中级人民法院判处死刑的第一审案件,被告人上诉或者人民检察院抗诉,高级人民法院裁定维持的,应当在作出裁定后十日内报请最高人民法院核准;(三)高级人民法院判处死刑的第一审案件,被告人未上诉、人民检察院未抗诉的,应当在上诉、抗诉期满后十日内报请最高人民法院核准。高级人民法院复核死刑案件,应当讯问被告人。"所以,对杨某来说,中级人民法院在上诉、抗诉期满后10日内报请高级人民法院复核。高级人民法院同意判处死刑的,应当在作出裁定后10日内报请最高人民法院核准;不同意判处死刑的,应当提审或发回重新审判。《刑诉法解释》第345条规定:"中级人民法院判处死刑缓期执行的第一审案件,被告人未上诉、人民检察院未抗诉的,应当报请高级人民法院核准。高级人民法院复核死刑缓期执行案件,应当讯问被告人。"《刑诉法解释》第349条规定:"高级人民法院复核死刑缓期执行案件,应当按照下列情形分别处理:(一)原判认定事实和适用法律正确、量刑适当、诉讼程序合法的,应当裁定核准;(二)原判认定的某一具体事实或者引用的法律条款等存在瑕疵,但判处被告人死刑缓期执行并无不当的,可以在纠正后作出核准的判决、裁定;(三)原判认定事实正确,但适用法律有错误,或者量刑过重的,应当改判;(四)原判事实不清、证据不足的,可以裁定不予核准,并撤销原判,发回重新审判,或者依法改判;(五)复核期间出现新的影响定罪量刑的事实、证据的,可以裁定不予核准,并撤销原判,发回重新审判,或者依照本解释第二百二十条规定审理后依法改判;(六)原审违反法定诉讼程序,可能影响公正审判的,应当裁定不予核准,并撤销原判,发回重新审判。高级人民法院复核死刑缓期执行案件,不得加重被告人的刑罚。"所以,对董某来说,中级人民法院在上诉、抗诉期满后应当报请高级人民法院核准。高级人民法院同意判处死刑缓期两年执行的,应当裁定予以核准;认为原判事实不清、证据不足的,应当裁定发回原中级人民法院重新审判;认为原判量刑过重的,应当依法改判。《刑事诉讼法》第248条规定:"判决和裁定在发生法律效力后执行。下列判决和裁定是发生法律效力的判决和裁定:(一)已过法定期限没有上诉、抗诉的判决和裁定……"所以,对樊某来说,中级人民法院在上诉、抗诉期满后应当交付执行。

7. 关于死刑复核程序,下列哪些选项是正确的?(2008年真题,多选)

A. 赵某因故意杀人罪和贩毒罪分别被判处死刑,最高人民法院对案件进行复核时,认为张某贩毒罪的死刑判决认定事实和适用法律正确、量刑适当、程序合法,但故意杀人罪的死刑判决事实不清、证据不足,遂对全案裁定不予核准,撤销原判,发回重审

B. 钱某因绑架罪和抢劫罪分别被判处死刑,最高人民法院在对案件进行复核时,发现钱某绑架罪的死刑判决认定事实和适用法律正确、量刑适当、诉讼程序合法,抢劫罪的死刑判决认定事实清楚,但依法不应当判处死刑,遂对绑架罪作出核准死刑的判决,对抢劫罪的死刑判决予以改判

C. 孙某伙同李某持枪抢劫银行被分别判处死刑,最高人民法院进行复核时发现孙某的死刑判决认定事实和适用法律正确、量刑适当、程序合法,李某的死刑判决认定事实不清、证据不足,遂对全案裁定不予核准

D. 周某伙同吴某劫持航空器致人重伤被分别判处死刑,最高人民法院在复核时发现周某

的死刑判决认定事实和适用法律正确、量刑适当、程序合法,吴某的死刑判决认定事实清楚,但依法不应当判处死刑,遂对周某作出核准死刑的判决,对吴某的死刑判决予以改判。

[释疑] 《刑诉法解释》第351条规定:"对一人有两罪以上被判处死刑的数罪并罚案件,最高人民法院复核后,认为其中部分犯罪的死刑判决、裁定事实不清、证据不足的,应当对全案裁定不予核准,并撤销原判,发回重新审判;认为其中部分犯罪的死刑判决、裁定认定事实正确,但依法不应当判处死刑的,可以改判,并对其他应当判处死刑的犯罪作出核准死刑的判决。"故选A、B项。《刑诉法解释》第352条规定:"对有两名以上被告人被判处死刑的案件,最高人民法院复核后,认为其中部分被告人的死刑判决、裁定事实不清、证据不足的,应当对全案裁定不予核准,并撤销原判,发回重新审判;认为其中部分被告人的死刑判决、裁定认定事实正确,但依法不应当判处死刑的,可以改判,并对其他应当判处死刑的被告人作出核准死刑的判决。"故选C、D项。(答案:ABCD)

8. 最高人民法院复核死刑案件时,裁定不予核准,发回重审的案件,应当如何处理?(2007年真题,多选)

    A. 既可以发回二审法院重新审判,也可以发回一审法院重新审判
    B. 发回二审法院重新审判的案件,除法律另有规定外,二审法院可以不经开庭直接改判
    C. 发回一审法院重新审判的案件,一审法院应当开庭审理
    D. 最高人民法院复核后认为原判认定事实正确,但依法不应当判处死刑的,裁定不予核准,并撤销原判,发回重新审判的案件,重新审判的法院应当另行组成合议庭进行审理

[释疑] 《刑诉法解释》第350条规定:"最高人民法院复核死刑案件,应当按照下列情形分别处理:(一)原判认定事实和适用法律正确、量刑适当、诉讼程序合法的,应当裁定核准;(二)原判认定的某一具体事实或者引用的法律条款等存在瑕疵,但判处被告人死刑并无不当的,可以在纠正后作出核准的判决、裁定;(三)原判事实不清、证据不足的,应当裁定不予核准,并撤销原判,发回重新审判;(四)复核期间出现新的影响定罪量刑的事实、证据的,应当裁定不予核准,并撤销原判,发回重新审判;(五)原判认定事实正确,但依法不应当判处死刑的,应当裁定不予核准,并撤销原判,发回重新审判;(六)原审违反法定诉讼程序,可能影响公正审判的,应当裁定不予核准,并撤销原判,发回重新审判。"《刑诉法解释》第353条规定:"最高人民法院裁定不予核准死刑的,根据案件情况,可以发回第二审人民法院或者第一审人民法院重新审判。第一审人民法院重新审判的,应当开庭审理。第二审人民法院重新审判的,可以直接改判;必须通过开庭查清事实、核实证据或者纠正原审程序违法的,应当开庭审理。"因此A、B、C项正确。《刑诉法解释》第355条规定:"最高人民法院裁定不予核准死刑,发回重新审判的案件,原审人民法院应当另行组成合议庭审理,但本解释第三百五十条第四项、第五项规定的案件除外。"对于D项情形,应当"裁定不予核准,并撤销原判,发回重新审判",但是,原审法院不需要另行组成合议庭进行审理,故D项错误。(答案:ABC)

9. 被告人某甲犯故意杀人罪、贪污罪,被A市中级人民法院一审分别判处死刑,决定执行死刑,在上诉期限内,某甲没有上诉,检察院也没有提出抗诉。对此案应当如何报请复核?(单选)

    A. 报省高级人民法院核准即可
    B. 直接报最高人民法院核准
    C. 由高级人民法院复核同意后再报请最高人民法院核准
    D. 故意杀人罪报省高级人民法院核准,贪污罪报最高人民法院核准

[释疑] 《刑事诉讼法》第 235 条规定:"死刑由最高人民法院核准。"故选 C 项。(答案:C)

10. 焦某因犯故意杀人罪被某市中级人民法院一审判处死刑,缓期两年执行。判决后,焦某没有上诉,检察机关也没有抗诉。省高级人民法院在复核该案时认为,一审判决认定事实清楚,适用法律正确,但量刑不当,因为焦某杀人后先奸尸又碎尸,情节恶劣,应当判处死刑立即执行。省高级人民法院处理错误的是:(多选)

A. 裁定撤销原判,直接改判焦某死刑立即执行
B. 裁定撤销原判,发回市中级人民法院重新审判
C. 裁定撤销原判,由省高级人民法院进行第一审,依法判处焦某死刑立即执行
D. 裁定维持一审判决

[释疑] 本题只能先裁定核准死缓,故 A、B、C 项当选。(答案:ABC)

### 三、提示与预测

本章包括死刑复核程序、法定刑以下判处刑罚以及犯罪分子具有特殊情况,不受执行刑期限制的假释案件的复核核准程序。要重点把握新法的修改和《复核死刑案件若干问题的规定》。

# 第十八章 审判监督程序

审判监督程序
- 审判监督程序的概念
- 审判监督程序的提起
  - 提起审判监督程序的材料来源
  - 提起审判监督程序的主体
- 提起审判监督程序的理由
- 提起审判监督程序的方式
- 审判监督程序的审理
  - 对再审案件的审查
  - 开庭审判前的准备工作
  - 法庭审判程序
- 重新审判后的处理
- 重新审判的期限

## 一、精讲

**考点 1** 审判监督程序的提起、对申诉的处理

审判监督程序,又称再审程序,是指人民法院、检察院对于已经发生法律效力的判决和裁定,发现在认定事实上或者在适用法律上确有错误,依职权提起并由人民法院对案件重新审判的一种诉讼程序。

(一)提起审判监督程序的材料来源

《刑事诉讼法》第 241 条规定:"当事人及其法定代理人、近亲属,对已经发生法律效力的判决、裁定,可以向人民法院或者人民检察院提出申诉,但是不能停止判决、裁定的执行。"《刑

诉法解释》第371条规定:"当事人及其法定代理人、近亲属对已经发生法律效力的判决、裁定提出申诉的,人民法院应当审查处理。案外人认为已经发生法律效力的判决、裁定侵害其合法权益,提出申诉的,人民法院应当审查处理。申诉可以委托律师代为进行。"

1. 申诉的概念

审判监督程序中的申诉,是指当事人及其法定代理人、近亲属对人民法院已经发生法律效力的判决、裁定不服,向人民法院或者检察院提出重新处理请求的诉讼活动。申诉提出后,不能停止判决、裁定的执行。《刑诉法解释》第372条规定:"向人民法院申诉,应当提交以下材料:(一)申诉状。应当写明当事人的基本情况、联系方式以及申诉的事实与理由;(二)原一、二审判决书、裁定书等法律文书。经过人民法院复查或者再审的,应当附有驳回通知书、再审决定书、再审判决书、裁定书;(三)其他相关材料。以有新的证据证明原判决、裁定认定的事实确有错误为由申诉的,应当同时附有相关证据材料;申请人民法院调查取证的,应当附有相关线索或者材料。申诉不符合前款规定的,人民法院应当告知申诉人补充材料;申诉人对必要材料拒绝补充且无正当理由的,不予审查。"

2. 人民法院对申诉的审查处理

(1)申诉由终审人民法院审查处理。但是,第二审人民法院裁定准许撤回上诉的案件,申诉人对第一审判决提出申诉的,可以由第一审人民法院审查处理。上一级人民法院对未经终审人民法院审查处理的申诉,可以告知申诉人向终审人民法院提出申诉,或者直接交终审人民法院审查处理,并告知申诉人;案件疑难、复杂、重大的,也可以直接审查处理。对未经终审人民法院及其上一级人民法院审查处理,直接向上级人民法院申诉的,上级人民法院可以告知申诉人向下级人民法院提出。

(2)对死刑案件的申诉,可以由原核准的人民法院直接审查处理,也可以交由原审人民法院审查。原审人民法院应当写出审查报告,提出处理意见,层报原核准的人民法院审查处理。

(3)对立案审查的申诉案件,应当在3个月内作出决定,至迟不得超过6个月。

(4)申诉人对驳回申诉不服的,可以向上一级人民法院申诉。上一级人民法院经审查认为申诉不符合《刑事诉讼法》第242条和《刑诉法解释》第375条第2款规定的,应当说服申诉人撤回申诉;对仍然坚持申诉的,应当驳回或者通知不予重新审判。

3. 检察院对申诉的审查处理

当事人及其法定代理人、近亲属对已经发生法律效力的判决、裁定,认为有错误向检察院申诉的,检察院控告申诉部门、监所检察部门应当分别处理,依法审查,将审查结果告知申诉人。经审查,检察院认为人民法院已经发生法律效力的判决、裁定确有错误,具有《刑事诉讼法》第242条规定的情形之一的,应当按照审判监督程序向人民法院提出抗诉。

(1)当事人及其法定代理人、近亲属认为人民法院已经发生法律效力的刑事判决、裁定确有错误,向人民检察院申诉的,由作出生效判决、裁定的人民法院的同级人民检察院刑事申诉、检察部门应依法办理。当事人及其法定代理人、近亲属直接向上级人民检察院申诉的,上级人民检察院可以交由作出生效判决、裁定的人民法院的同级人民检察院受理;案情重大、疑难、复杂的,上级人民检察院可以直接受理。当事人及其法定代理人、近亲属对人民法院已经发生法律效力的判决、裁定提出申诉,经人民检察院复查决定不予抗诉后继续提出申诉的,上一级人民检察院应当受理。不服人民法院死刑终审判决、裁定尚未执行的申诉,由监所检察部门办理。

(2) 对不服人民法院已经发生法律效力的刑事判决、裁定的申诉，经两级人民检察院办理且省级人民检察院已经复查的，如果没有新的事实和理由，人民检察院不再立案复查，但原审被告人可能被宣告无罪或者判决、裁定有其他重大错误可能的除外。

(3) 人民检察院刑事申诉检察部门对已经发生法律效力的刑事判决、裁定的申诉复查后，认为需要提出抗诉的，报请检察长或者检察委员会讨论决定。地方各级人民检察院刑事申诉检察部门对不服同级人民法院已经发生法律效力的刑事判决、裁定的申诉复查后，认为需要提出抗诉的，报请检察长或者检察委员会讨论决定。认为需要提出抗诉的，应当提请上一级人民检察院抗诉。上级人民检察院刑事申诉检察部门对下一级人民检察院提请抗诉的申诉案件审查后，认为需要提出抗诉的，报请检察长或者检察委员会决定。人民法院开庭审理时，由同级人民检察院刑事申诉检察部门派员出席法庭。

(4) 人民检察院刑事申诉检察部门对不服人民法院已经发生法律效力的刑事判决、裁定的申诉案件复查终结后，应当制作刑事申诉复查通知书，并在10日以内通知申诉人。经复查，向上一级人民检察院提请抗诉的，应当在上一级人民检察院作出是否抗诉的决定后制作刑事申诉复查通知书。

4. 申诉的理由

《刑事诉讼法》第242条规定："当事人及其法定代理人、近亲属的申诉符合下列情形之一的，人民法院应当重新审判：（一）有新的证据证明原判决、裁定认定的事实确有错误，可能影响定罪量刑的；（二）据以定罪量刑的证据不确实、不充分、依法应当予以排除，或者证明案件事实的主要证据之间存在矛盾的；（三）原判决、裁定适用法律确有错误的；（四）违反法律规定的诉讼程序，可能影响公正审判的；（五）审判人员在审理该案件的时候，有贪污受贿，徇私舞弊，枉法裁判行为的。"

《刑诉法解释》的相关规定：

（1）经审查，具有下列情形之一的，应当根据《刑事诉讼法》第242条的规定，决定重新审判：① 有新的证据证明原判决、裁定认定的事实确有错误，可能影响定罪量刑的；② 据以定罪量刑的证据不确实、不充分、依法应当排除的；③ 证明案件事实的主要证据之间存在矛盾的；④ 主要事实依据被依法变更或者撤销的；⑤ 认定罪名错误的；⑥ 量刑明显不当的；⑦ 违反法律关于溯及力规定的；⑧ 违反法律规定的诉讼程序，可能影响公正裁判的；⑨ 审判人员在审理该案件时有贪污受贿、徇私舞弊、枉法裁判行为的。申诉不具有上述情形的，应当说服申诉人撤回申诉；对仍然坚持申诉的，应当书面通知驳回。

（2）具有下列情形之一，可能改变原判决、裁定据以定罪量刑的事实的证据，应当认定为《刑事诉讼法》第242条第1项规定的"新的证据"：① 原判决、裁定生效后新发现的证据；② 原判决、裁定生效前已经发现，但未予收集的证据；③ 原判决、裁定生效前已经收集，但未经质证的证据；④ 原判决、裁定所依据的鉴定意见，勘验、检查等笔录或者其他证据被改变或者否定的。

《刑事诉讼规则》的相关规定：人民检察院认为人民法院已经发生法律效力的判决、裁定确有错误，具有下列情形之一的，应当按照审判监督程序向人民法院提出抗诉：① 有新的证据证明原判决、裁定认定的事实确有错误，可能影响定罪量刑的；② 据以定罪量刑的证据不确实、不充分的；③ 据以定罪量刑的证据依法应当予以排除的；④ 据以定罪量刑的主要证据之间存在矛盾的；⑤ 原判决、裁定的主要事实依据被依法变更或者撤销的；⑥ 认定罪名错误且明显影响量刑的;⑦ 违反法律关于追诉时效期限的规定的;⑧ 量刑明显不当的;⑨ 违反法律规定的诉讼程序,可能影响公正审判的;⑩ 审判人员在审理案件的时候有贪污受贿,徇私舞弊,枉法裁判行为的。对已经发生法律效力的判决、裁定的审查,参照本规则第 585 条的规定办理。

(二) 提起审判监督程序的主体

1. 各级人民法院院长和审判委员会

各级人民法院院长对本院已经发生法律效力的判决和裁定,如果发现在认定事实上或者在适用法律上确有错误,必须提交审判委员会处理。审判委员会讨论后,如果认为原判决、裁定确有错误,应当作出另行组成合议庭再审的决定。

2. 最高人民法院和其他上级人民法院

最高人民法院对各级人民法院已经发生法律效力的判决和裁定,上级人民法院对下级人民法院已经发生法律效力的判决和裁定,如果发现确有错误,有权提审或者指令下级人民法院再审。《刑诉法解释》第 379 条规定:"上级人民法院发现下级人民法院已经发生法律效力的判决、裁定确有错误的,可以指令下级人民法院再审;原判决、裁定认定事实正确但适用法律错误,或者案件疑难、复杂、重大,或者有不宜由原审人民法院审理情形的,也可以提审。上级人民法院指令下级人民法院再审的,一般应当指令原审人民法院以外的下级人民法院审理;由原审人民法院审理更有利于查明案件事实、纠正裁判错误的,可以指令原审人民法院审理。"

3. 最高人民检察院和其他上级人民检察院

最高人民检察院对各级人民法院已经发生法律效力的判决和裁定,上级人民检察院对下级人民法院已经发生法律效力的判决和裁定,如果发现确有错误,有权按照审判监督程序向同级人民法院提起抗诉。人民检察院抗诉的案件,接受抗诉的人民法院应当组成合议庭重新审理,对于原判决事实不清楚或者证据不足的,可以指令下级人民法院再审。

(三) 提起审判监督程序的理由(同申诉的理由)

(四) 提起审判监督程序的方式

提起审判监督程序的方式有决定再审、指令再审、决定提审和提出抗诉。

审判监督程序抗诉的具体程序是:

(1) 最高人民检察院发现各级人民法院已经发生法律效力的判决或者裁定,上级人民检察院发现下级人民法院已经发生法律效力的判决或者裁定确有错误时,可以直接向同级人民法院提出抗诉,或者指令作出生效判决、裁定人民法院的上一级人民检察院向同级人民法院提出抗诉。

(2) 人民检察院按照审判监督程序向人民法院提出抗诉的,应当将抗诉书副本报送上一级人民检察院。

(3) 对按照审判监督程序提出抗诉的案件,人民检察院认为人民法院作出的判决、裁定仍然确有错误的,如果案件是依照第一审程序审判的,同级人民检察院应当向上一级人民法院提出抗诉;如果案件是依照第二审程序审判的,上一级人民检察院应当按照审判监督程序向同级人民法院提出抗诉。对按照审判监督程序提出抗诉的申诉案件,人民检察院认为人民法院作出的判决、裁定仍然确有错误的,由派员出席法庭的人民检察院刑事申诉检察部门适用《刑事诉讼规则》第 599 条第 1 款的规定办理。

(4) 对于高级人民法院判处死刑缓期两年执行的案件,省级人民检察院认为确有错误提请抗诉的,一般应当在收到生效判决、裁定后 3 个月以内提出,至迟不得超过 6 个月。

(5) 人民检察院对自诉案件的判决、裁定的监督,适用《刑事诉讼规则》第十四章第四节"刑事判决、裁定监督"的规定。

## 考点 2 依照审判监督程序对案件的重新审判

(一) 重新审判的程序

人民法院按照审判监督程序重新审判的案件,应当另行组成合议庭进行。参与过本案第一审、第二审、复核程序审判的合议庭组成人员,不得参与本案的再审程序的审判。

(1)《刑事诉讼法》第 244 条规定:"上级人民法院指令下级人民法院再审的,应当指令原审人民法院以外的下级人民法院审理;由原审人民法院审理更为适宜的,也可以指令原审人民法院审理。"

(2)《刑事诉讼法》第 245 条规定:"人民法院按照审判监督程序重新审判的案件,由原审人民法院审理的,应当另行组成合议庭进行。如果原来是第一审案件,应当依照第一审程序进行审判,所作的判决、裁定,可以上诉、抗诉;如果原来是第二审案件,或者是上级人民法院提审的案件,应当依照第二审程序进行审判,所作的判决、裁定,是终审的判决、裁定。人民法院开庭审理的再审案件,同级人民检察院应当派员出席法庭。"

(3)《刑事诉讼法》第 246 条规定:"人民法院决定再审的案件,需要对被告人采取强制措施的,由人民法院依法决定;人民检察院提出抗诉的再审案件,需要对被告人采取强制措施的,由人民检察院依法决定。人民法院按照审判监督程序审判的案件,可以决定中止原判决、裁定的执行。"

**特别关注:**

人民检察院公诉部门、刑事申诉检察部门办理按照审判监督程序抗诉的案件,认为需要对被告人采取逮捕措施的,应当提出意见,参照《刑事诉讼规则》第十章的规定移送侦查监督部门办理;认为需要对被告人采取取保候审、监视居住措施的,由办案人员提出意见,部门负责人审核后,报检察长决定。

(二) 对再审抗诉的审查

(1) 对人民检察院依照审判监督程序提出抗诉的案件,人民法院应当在收到抗诉书后 1 个月内立案。但是,有下列情形之一的,应当区别情况处理:① 对不属于本院管辖的,应当将案件退回人民检察院。② 按照抗诉书提供的住址无法向被抗诉的原审被告人送达抗诉书的,应当通知人民检察院在 3 日内重新提供原审被告人的住址;逾期未提供的,将案件退回人民检察院。③ 以有新的证据为由提出抗诉,但未附相关证据材料或者有关证据不是指向原起诉事实的,应当通知人民检察院在 3 日内补送相关材料;逾期未补送的,将案件退回人民检察院。决定退回的抗诉案件,人民检察院经补充相关材料后再次抗诉,经审查符合受理条件的,人民法院应当受理。

(2) 对人民检察院依照审判监督程序提出抗诉的案件,接受抗诉的人民法院应当组成合议庭审理。对原判事实不清、证据不足,包括有新的证据证明原判可能有错误,需要指令下级人民法院再审的,应当在立案之日起 1 个月内作出决定,并将指令再审决定书送达抗诉的人民检察院。

(三) 开庭审理、不开庭审理与再审不加刑的情形

(1) 对决定依照审判监督程序重新审判的案件,除人民检察院抗诉的以外,人民法院应当制作再审决定书。再审期间不停止原判决、裁定的执行,但被告人可能经再审改判无罪,或者可能经再审减轻原判刑罚而致刑期届满的,可以决定中止原判决、裁定的执行,必要时,可以对被告人采取取保候审、监视居住措施。

(2) 依照审判监督程序重新审判的案件,人民法院应当重点针对申诉、抗诉和决定再审的理由进行审理。必要时,应当对原判决、裁定认定的事实、证据和适用法律进行全面审查。

(3) 原审人民法院审理依照审判监督程序重新审判的案件,应当另行组成合议庭。原来是第一审案件,应当依照第一审程序进行审判,所作的判决、裁定可以上诉、抗诉;原来是第二审案件,或者是上级人民法院提审的案件,应当依照第二审程序进行审判,所作的判决、裁定是终审的判决、裁定。对原审被告人、原审自诉人已经死亡或者丧失行为能力的再审案件,可以不开庭审理。

(4) 开庭审理的再审案件,再审决定书或者抗诉书只针对部分原审被告人,其他同案原审被告人不出庭不影响审理的,可以不出庭参加诉讼。

(5) 除人民检察院抗诉的以外,再审一般不得加重原审被告人的刑罚。再审决定书或者抗诉书只针对部分原审被告人的,不得加重其他同案原审被告人的刑罚。

(6) 人民法院审理人民检察院抗诉的再审案件,人民检察院在开庭审理前撤回抗诉的,应当裁定准许;人民检察院接到出庭通知后不派员出庭,且未说明原因的,可以裁定按撤回抗诉处理,并通知诉讼参与人。人民法院审理申诉人申诉的再审案件,申诉人在再审期间撤回申诉的,应当裁定准许;申诉人经依法通知无正当理由拒不到庭,或者未经法庭许可中途退庭的,应当裁定按撤回申诉处理,但申诉人不是原审当事人的除外。

(7) 开庭审理的再审案件,系人民法院决定再审的,由合议庭组成人员宣读再审决定书;系人民检察院抗诉的,由检察人员宣读抗诉书;系申诉人申诉的,由申诉人或者其辩护人、诉讼代理人陈述申诉理由。

(四) 重新审判后的处理

(1) 再审案件经过重新审理后,应当按照下列情形分别处理:① 原判决、裁定认定事实和适用法律正确、量刑适当的,应当裁定驳回申诉或者抗诉,维持原判决、裁定;② 原判决、裁定定罪准确、量刑适当,但在认定事实、适用法律等方面有瑕疵的,应当裁定纠正并维持原判决、裁定;③ 原判决、裁定认定事实没有错误,但适用法律错误,或者量刑不当的,应当撤销原判决、裁定,依法改判;④ 依照第二审程序审理的案件,原判决、裁定事实不清或者证据不足的,可以在查清事实后改判,也可以裁定撤销原判,发回原审人民法院重新审判。原判决、裁定事实不清或者证据不足,经审理事实已经查清的,应当根据查清的事实依法裁判;事实仍无法查清,证据不足,不能认定被告人有罪的,应当撤销原判决、裁定,判决宣告被告人无罪。

(2) 原判决、裁定认定被告人姓名等身份信息有误,但认定事实和适用法律正确、量刑适当的,作出生效判决、裁定的人民法院可以通过裁定对有关信息予以更正。

(3) 对再审改判宣告无罪并依法享有申请国家赔偿权利的当事人,人民法院宣判时,应当告知其在判决发生法律效力后可以依法申请国家赔偿。

(五) 重新审判的期限

《刑事诉讼法》第247条规定:"人民法院按照审判监督程序重新审判的案件,应当在作出提

审、再审决定之日起三个月以内审结,需要延长期限的,不得超过六个月。接受抗诉的人民法院按照审判监督程序审判抗诉的案件,审理期限适用前款规定;对需要指令下级人民法院再审的,应当自接受抗诉之日起一个月以内作出决定,下级人民法院审理案件的期限适用前款规定。"

**特别关注：**

《刑诉法解释》规定：① 人民法院讯问被告人,宣告判决,审理减刑、假释案件,根据案件情况,可以采取视频方式进行。② 向人民法院提出自诉、上诉、申诉、申请等的,应当以书面形式提出。书写有困难的,除另有规定的以外,可以口头提出,由人民法院工作人员制作笔录或者记录在案,并向口述人宣读或者交其阅读。③ 诉讼期间制作、形成的工作记录、告知笔录等材料,应当由制作人员和其他有关人员签名、盖章。宣告或者送达判决书、裁定书、决定书、通知书等诉讼文书的,应当由接受宣告或者送达的人在诉讼文书、送达回证上签名、盖章。诉讼参与人未签名、盖章的,应当捺指印;刑事被告人除签名、盖章外,还应当捺指印。当事人拒绝签名、盖章、捺指印的,办案人员应当在诉讼文书或者笔录材料中注明情况,有相关见证人见证,或者有录音录像证明的,不影响相关诉讼文书或者笔录材料的效力。

## 二、例题

1. 最高人民法院《关于适用〈中华人民共和国刑事诉讼法〉的解释》第386条规定,除检察院抗诉的以外,再审一般不得加重原审被告人的刑罚。关于这一规定的理解,下列哪些选项是正确的?（2016年真题,多选）

   A. 体现了刑事诉讼惩罚犯罪和保障人权基本理念的平衡
   B. 体现了刑事诉讼具有追求实体真实与维护正当程序两方面的目的
   C. 再审不加刑有例外,上诉不加刑也有例外
   D. 审判监督程序的纠错功能决定了再审不加刑存在例外情形

   [释疑] 在我国,刑事诉讼中要求惩罚犯罪与保障人权并重,实体公正程序公正并重,所以,生效裁判是依据法定程序作出的实体处理,体现了法律对惩罚犯罪要求。法治国家一般都有再审有利于被告的规定。所以,"再审一般不得加重原审被告人的刑罚"有利于保障被告人的人权,也体现了程序公正的要求;但是,我国的审判监督程序具有纠错功能,所以,规定"检察院抗诉"不受"再审一般不得加重原审被告人的刑罚"的限制,又体现了刑事诉讼对惩罚犯罪的要求,也就是实体公正的要求。二者相结合就体现了刑事诉讼惩罚犯罪和保障人权基本理念的平衡。所以,A项正确,B项、D项也正确;再审不加刑有例外,而上诉不加刑是没有例外的,所以C项正确。（答案：ABD）

2. 关于审判监督程序中的申诉,下列哪一选项是正确的?（2015年真题,单选）

   A. 二审法院裁定准许撤回上诉的案件,申诉人对一审判决提出的申诉,应由一审法院审理
   B. 上一级法院对未经终审法院审理的申诉,应直接审理
   C. 对经两级法院依照审判监督程序复查均驳回的申诉,法院不再受理
   D. 对死刑案件的申诉,可由原核准的法院审查,也可交由原审法院审查

   [释疑] 《刑诉法解释》第373条第1款规定："申诉由终审人民法院审查处理。但是,第二审人民法院裁定准许撤回上诉的案件,申诉人对第一审判决提出申诉的,可以由第一审人民法院审查处理。"所以,A项错误。《刑诉法解释》第373条第2款规定："上一级人民法院对未经终审人民法院审查处理的申诉,可以告知申诉人向终审人民法院提出申诉,或者直接交终审

人民法院审查处理,并告知申诉人;案件疑难、复杂、重大的,也可以直接审查处理。"第 3 款规定:"对未经终审人民法院及其上一级人民法院审查处理,直接向上级人民法院申诉的,上级人民法院可以告知申诉人向下级人民法院提出。"所以,B 项错误。《刑诉法解释》第 377 条规定:"申诉人对驳回申诉不服的,可以向上一级人民法院申诉。上一级人民法院经审查认为申诉不符合刑事诉讼法第二百四十二条和本解释第三百七十五条第二款规定的,应当说服申诉人撤回申诉;对仍然坚持申诉的,应当驳回或者通知不予重新审判。"所以,C 项于法无据,错误。《刑诉法解释》第 374 条规定:"对死刑案件的申诉,可以由原核准的人民法院直接审查处理,也可以交由原审人民法院审查。原审人民法院应当写出审查报告,提出处理意见,层报原核准的人民法院审查处理。"D 项正确。(答案:D)

3. 关于审判监督程序,下列哪些选项是正确的?(2014 年真题,多选)
A. 只有当事人及其法定代理人、近亲属才能对已经发生法律效力的裁判提出申诉
B. 原审法院依照审判监督程序重新审判的案件,应当另行组成合议庭
C. 对于依照审判监督程序重新审判后可能改判无罪的案件,可中止原判决、裁定的执行
D. 上级法院指令下级法院再审的,一般应当指令原审法院以外的下级法院审理

[释疑] 《刑诉法解释》第 371 条规定:"当事人及其法定代理人、近亲属对已经发生法律效力的判决、裁定提出申诉的,人民法院应当审查处理。案外人认为已经发生法律效力的判决、裁定侵害其合法权益,提出申诉的,人民法院应当审查处理。"案外人也可以提出申诉,故 A 项错误。《刑事诉讼法》第 245 条第 1 款规定:"人民法院按照审判监督程序重新审判的案件,由原审人民法院审理的,应当另行组成合议庭进行。如果原来是第一审案件,应当依照第一审程序进行审判,所作的判决、裁定,可以上诉、抗诉;如果原来是第二审案件,或者是上级人民法院提审的案件,应当依照第二审程序进行审判,所作的判决、裁定,是终审的判决、裁定。"故 B 项正确。《刑诉法解释》第 382 条规定:"对决定依照审判监督程序重新审判的案件,除人民检察院抗诉的以外,人民法院应当制作再审决定书。再审期间不停止原判决、裁定的执行,但被告人可能经再审改判无罪,或者可能经再审减轻原判刑罚而致刑期届满的,可以决定中止原判决、裁定的执行,必要时,可以对被告人采取取保候审、监视居住措施。"故 C 项正确。《刑事诉讼法》第 244 条规定:"上级人民法院指令下级人民法院再审的,应当指令原审人民法院以外的下级人民法院审理;由原审人民法院审理更为适宜的,也可以指令原审人民法院审理。"故 D 项正确。(答案:BCD)

4. 法院就被告人"钱某"盗窃案作出一审判决,判决生效后检察院发现"钱某"并不姓钱,于是在确认其真实身份后向法院提出其冒用他人身份,但定案认定事实和适用法律正确。关于法院对此案的处理,下列哪一选项是正确的?(2013 年真题,单选)
A. 可以建议检察院提出抗诉,通过审判监督程序加以改判
B. 可以自行启动审判监督程序加以改判
C. 可以撤销原判并建议检察机关重新起诉
D. 可以用裁定对判决书加以更正

[释疑] 《刑诉法解释》第 390 条规定:"原判决、裁定认定被告人姓名等身份信息有误,但认定事实和适用法律正确、量刑适当的,作出生效判决、裁定的人民法院可以通过裁定对有关信息予以更正。"故 D 项正确。(答案:D)

5. 关于审判监督程序,下列哪一选项是正确的?(2012年真题,单选)

A. 对于原判决事实不清楚或者证据不足的,应当指令下级法院再审

B. 上级法院指令下级法院再审的,应当指令原审法院以外的下级法院审理;由原审法院审理更为适宜的,也可以指令原审法院审理

C. 不论是否属于由检察院提起抗诉的再审案件,逮捕由检察院决定

D. 法院按照审判监督程序审判的案件,应当决定中止原判决、裁定的执行

[释疑] 《刑事诉讼法》第243条第4款规定:"人民检察院抗诉的案件,接受抗诉的人民法院应当组成合议庭重新审理,对于原判决事实不清楚或者证据不足的,可以指令下级人民法院再审。"《刑事诉讼法》第244条规定:"上级人民法院指令下级人民法院再审的,应当指令原审人民法院以外的下级人民法院审理;由原审人民法院审理更为适宜的,也可以指令原审人民法院审理。"《刑事诉讼法》第246条规定:"人民法院决定再审的案件,需要对被告人采取强制措施的,由人民法院依法决定;人民检察院提出抗诉的再审案件,需要对被告人采取强制措施的,由人民检察院依法决定。人民法院按照审判监督程序审判的案件,可以决定中止原判决、裁定的执行。"根据以上规定,B项正确。(答案:B)

6. 甲因犯抢劫罪被市检察院提起公诉,经一审法院审理,判处死刑缓期两年执行。甲上诉,省高级人民法院核准死缓判决。根据审判监督程序规定,下列哪一做法是错误的?(2010年真题,单选)

A. 最高人民法院自行对该案重新审理,依法改判

B. 最高人民法院指令省高级法院再审

C. 最高人民检察院对该案向最高人民法院提出抗诉

D. 省检察院对该案向省高院提出抗诉

[释疑] 《刑事诉讼法》第243条第3款规定:"最高人民检察院对各级人民法院已经发生法律效力的判决和裁定,上级人民检察院对下级人民法院已经发生法律效力的判决和裁定,如果发现确有错误,有权按审判监督程序向同级人民法院提出抗诉。"本案中,省高级人民法院是生效裁判作出的法院,其同级人民检察院,即省人民检察院无权按审判监督程序向省高级人民院提出抗诉,故选D项。(答案:D)

7. 关于生效裁判申诉的审查处理,下列哪一选项是正确的?(2009年真题,单选)

A. 赵某强奸案的申诉,由上级人民法院转交下级人民法院审查处理,不立申诉卷

B. 二审法院将不服本院裁判的刘某抢劫案的申诉交一审法院审查,一审法院审查后直接作出处理

C. 李某对最高人民法院核准死刑的案件的申诉,最高人民法院可以直接处理,也可以交原审法院审查。交原审法院审查的,原审法院应当写出审查报告,提出处理意见,逐级报最高人民法院审定

D. 高某受贿案的申诉,经两级法院处理后不服又申诉,法院不再受理

[释疑] 《刑诉法解释》第373条规定:"申诉由终审人民法院审查处理。但是,第二审人民法院裁定准许撤回上诉的案件,申诉人对第一审判决提出申诉的,可以由第一审人民法院审查处理。上一级人民法院对未经终审人民法院审查处理的申诉,可以告知申诉人向终审人民法院提出申诉,或者直接交终审人民法院审查处理,并告知申诉人;案件疑难、复杂、重大的,也可以直接审查处理。对未经终审人民法院及其上一级人民法院审查处理,直接向上级人民法院申诉的,上级人民法院可以告知申诉人向下级人民法院提出。"《刑诉法解释》第374条规

定:"对死刑案件的申诉,可以由原核准的人民法院直接审查处理,也可以交由原审人民法院审查。原审人民法院应当写出审查报告,提出处理意见,层报原核准的人民法院审查处理。"故B项错误,C项正确。(答案:C)

8. 下列再审案件,哪些可以不开庭审理?(2008年真题,多选)
A. 李某抢劫案,原判事实清楚、证据确实充分,但适用法律错误,量刑畸重
B. 葛某受贿案,葛某已死亡
C. 张某、卞某为同案原审被告人,张某在交通十分不便的边远地区监狱服刑,提审到庭确有困难,但未经抗诉的检察院同意
D. 陈某强奸案,原生效裁判于1979年之前作出

[释疑] 《刑诉法解释》第384条规定:"原审人民法院审理依照审判监督程序重新审判的案件,应当另行组成合议庭。原来是第一审案件,应当依照第一审程序进行审判,所作的判决、裁定可以上诉、抗诉;原来是第二审案件,或者是上级人民法院提审的案件,应当依照第二审程序进行审判,所作的判决、裁定是终审的判决、裁定。对原审被告人、原审自诉人已经死亡或者丧失行为能力的再审案件,可以不开庭审理。"故选B项。(答案:B)

9. 某市中级人民法院判处被告人死缓。被告人没有上诉,检察机关没有抗诉。该案经省高级人民法院核准后,被害人不服,提出申诉。如果提起审判监督程序,下列哪一选项是正确的?(2007年真题,单选)
A. 由市人民检察院提出抗诉
B. 由省人民检察院提起审判监督程序
C. 由市中级人民法院院长提交本院审判委员会处理
D. 由省高级人民法院院长提交本院审判委员会处理

[释疑] 《刑事诉讼法》第243条规定:"各级人民法院院长对本院已经发生法律效力的判决和裁定,如果发现在认定事实上或者在适用法律上确有错误,必须提交审判委员会处理。最高人民法院对各级人民法院已经发生法律效力的判决和裁定,上级人民法院对下级人民法院已经发生法律效力的判决和裁定,如果发现确有错误,有权提审或者指令下级人民法院再审。最高人民检察院对各级人民法院已经发生法律效力的判决和裁定,上级人民检察院对下级人民法院已经发生法律效力的判决和裁定,如果发现确有错误,有权按照审判监督程序向同级人民法院提出抗诉。人民检察院抗诉的案件,接受抗诉的人民法院应当组成合议庭重新审理,对于原判决事实不清楚或者证据不足的,可以指令下级人民法院再审。"本案中,生效裁判的作出法院是该省高级人民法院,因此,如果要提起审判监督程序,只有最高人民检察院、最高人民法院和该省高级人民法院才有权启动审判监督程序。所以,只有D项正确。(答案:D)

10. 甲因犯贪污罪经一审程序被判处死刑缓期两年执行。判决生效后发现,本案第一审的合议庭成员乙在审理该案时曾收受甲的贿赂。对于本案,下列哪些机关有权提起审判监督程序?(多选)
A. 审判该案的第一审中级人民法院　　B. 该省高级人民法院
C. 该省人民检察院　　　　　　　　　D. 最高人民检察院

[释疑] 《刑事诉讼法》第243条规定:"各级人民法院院长对本院已经发生法律效力的判决和裁定,如果发现在认定事实上或者在适用法律上确有错误,必须提交审判委员会处理。最高人民法院对各级人民法院已经发生法律效力的判决和裁定,上级人民法院对下级人民法院已经发生法律效力的判决和裁定,如果发现确有错误,有权提审或者指令下级人民法院再

审。最高人民检察院对各级人民法院已经发生法律效力的判决和裁定,上级人民检察院对下级人民法院已经发生法律效力的判决和裁定,如果发现确有错误,有权按照审判监督程序向同级人民法院提出抗诉。人民检察院抗诉的案件,接受抗诉的人民法院应当组成合议庭重新审理,对于原判决事实不清楚或者证据不足的,可以指令下级人民法院再审。"据此,本案中,甲因犯贪污罪经一审程序被判处死刑缓期两年执行的是中级人民法院,死缓案件应由高级人民法院核准。所以,甲因犯贪污罪经一审程序被判处死刑缓期两年执行的生效裁判是甲因犯贪污罪经一审程序被判处死刑缓期两年执行。故不选 A 项,应选 B 项。又"最高人民法院对各级人民法院已经发生法律效力的判决和裁定,上级人民法院对下级人民法院已经发生法律效力的判决和裁定,如果发现确有错误,有权提审或者指令下级人民法院再审"。故 D 项应选,而省人民检察院对省高级人民法院的生效裁判无权按审判监督程序抗诉,故不选 C 项。(答案:BD)

11. 下列哪些情况可以导致审判监督程序的提起?(多选)
   A. 证明案件事实的主要依据之间存在矛盾
   B. 适用缓刑错误
   C. 违反回避制度,影响案件公正裁判的
   D. 审判人员在审判该案时贪污、受贿、徇私舞弊、枉法裁判的行为

[释疑] 《刑事诉讼法》第 242 条规定:"当事人及其法定代理人、近亲属的申诉符合下列情形之一的,人民法院应当重新审判:(一) 有新的证据证明原判决、裁定认定的事实确有错误,可能影响定罪量刑的;(二) 据以定罪量刑的证据不确实、不充分、依法应当予以排除,或者证明案件事实的主要证据之间存在矛盾的;(三) 原判决、裁定适用法律确有错误的;(四) 违反法律规定的诉讼程序,可能影响公正审判的;(五) 审判人员在审理该案件的时候,有贪污受贿,徇私舞弊,枉法裁判行为的。"因此,A、B、C、D 项均当选。(答案:ABCD)

12. 某直辖市检察院分院发现本市中级人民法院以挪用公款罪判处被告人李某有期徒刑 15 年的第二审生效判决在适用法律上确有错误,该检察分院按下列哪一个程序处理是正确的?(单选)
   A. 向本市中级人民法院提起抗诉
   B. 向本市高级人民法院提起抗诉
   C. 报请市人民检察院,由市人民检察院向市高级人民法院提起抗诉
   D. 向本市中级人民法院提出纠正意见

[释疑] 审判监督程序中的抗诉是最高人民检察院对各级法院的监督,是上级检察院对下级法院的监督,故该检察院分院应当报请市检察院,由市检察院向市高级人民法院提起抗诉。故 C 项正确。(答案:C)

13. 某县人民法院于 1997 年 11 月以盗窃罪判处章世平有期徒刑 3 年。一审判决生效后,1998 年 3 月,地区检察分院在工作检查中发现,章世平盗窃数额巨大,县法院判处其有期徒刑 3 年量刑畸轻,对此案应按照审判监督程序进行再审。根据《刑事诉讼法》的有关规定,检察院应按照下列哪种方式提起再审抗诉?(单选)
   A. 由县检察院向县人民法院提起抗诉
   B. 由县检察院向地区中级人民法院提起抗诉
   C. 由地区人民检察分院向地区中级人民法院提起抗诉
   D. 由地区人民检察分院向县人民法院提起抗诉

[**释疑**] 上级人民检察院发现下级人民法院已经发生法律效力的判决或者裁定确有错误时,可以直接向同级人民法院提出抗诉,或者指令作出生效判决、裁定的人民法院的上一级人民检察院向同级人民法院提出抗诉。故选 C 项。(答案:C)

### 三、提示与预测

本章要重点掌握申诉、审判监督程序提起的主体、理由,重新审判的程序,不加刑情形,强制措施,审判期限等。尤其要注意新法的修改规定。

# 第十九章 执 行

```
          ┌ 执行的概念
          │              ┌ 已过法定期限没有上诉、抗诉的判决和裁定
          │ 执行的依据 ┤ 终审的判决和裁定
          │              │ 高级人民法院核准的判决和裁定
          │              └ 最高人民法院核准的判决和裁定
          │              ┌ 人民法院
          │ 执行主体 ┤ 监狱
          │              │ 公安机关
          │              └ 社区矫正机构
          │                                      ┌ 执行死刑命令的签发
          │                                      │ 执行死刑的主体及期限
          │ 死刑立即执行判决的执行程序 ┤ 执行死刑的场所和方法
          │                                      │ 死刑执行前的要求
执行 ┤                                      └ 执行死刑后的处理
          │ 死刑缓期两年执行、无期徒刑、有期徒刑和拘役判决的执行程序
          │ 有期徒刑缓刑、拘役缓刑的执行程序
          │ 管制、剥夺政治权利的执行程序
          │ 罚金、没收财产的执行程序 ┤ 罚金的执行
          │                              └ 没收财产的执行程序
          │ 无罪判决和免除刑罚判决的执行程序
          │ 死刑执行的变更暂停执行死刑 ┤ 停止执行死刑
          │                                   └ 死刑缓期两年执行的变更
          │              ┌ 暂予监外执行的概念
          │ 暂予监外执行 ┤ 暂予监外执行的对象
          │              │ 暂予监外执行的条件
          │              └ 暂予监外执行的适用程序
          │ 减刑、假释 ┤ 减刑
          │              └ 假释
          │ 对新罪、漏罪的追诉
          └ 人民检察院对执行的监督
```

## 一、精讲

### 考点 1 执行依据、执行机关

（一）执行的概念

刑事诉讼中的执行，是指将人民法院已经发生法律效力的判决、裁定所确定的内容付诸实现以及处理执行过程中的变更执行等问题而依法进行的活动。罪犯被交付执行刑罚的时候，应当由交付执行的人民法院在判决生效后 10 日以内，将有关的法律文书送达公安机关、监狱或者其他执行机关。对被判处死刑缓期两年执行、无期徒刑、有期徒刑的罪犯，由公安机关依法将该罪犯送交监狱执行刑罚。对被判处有期徒刑的罪犯，在被交付执行刑罚前，剩余刑期在 3 个月以下的，由看守所代为执行。对被判处拘役的罪犯，由公安机关执行。对未成年犯应当在未成年犯管教所执行刑罚。执行机关应当将罪犯及时收押，并且通知罪犯家属。判处有期徒刑、拘役的罪犯，执行期满，应当由执行机关发给释放证明书。

（二）执行的依据

执行的依据是发生法律效力的判决和裁定：① 已过法定期限没有上诉、抗诉的判决和裁定；② 终审的判决和裁定；③ 高级人民法院核准的死刑缓期两年执行的判决、裁定；④ 最高人民法院核准的死刑和法定刑以下处刑的判决和裁定，以及最高人民法院核准的因特殊情况不受执行刑期限制的假释的裁定。

（三）执行机关

（1）人民法院。人民法院负责无罪、免除刑罚、罚金和没收财产及死刑立即执行判决的执行。

（2）监狱。监狱负责有期徒刑、无期徒刑、死刑缓期两年执行判决的执行；未成年犯管教所负责对未成年犯判决的执行。

（3）公安机关。公安机关负责拘役、剥夺政治权利和在被交付执行刑罚前，剩余刑期在 3 个月以下的执行。

（4）社区矫正机构。对被判处管制、宣告缓刑、假释或者暂予监外执行的罪犯，依法实行社区矫正，由社区矫正机构负责执行。

人民检察院是执行的监督机关。

### 考点 2 死刑立即执行判决的执行程序

（一）执行死刑命令的签发

最高人民法院判处和核准的死刑立即执行的判决、裁定，应当由最高人民法院院长签发执行死刑的命令。

（二）执行死刑的机关及期限

最高人民法院的执行死刑命令，由高级人民法院交付第一审人民法院执行。第一审人民法院接到执行死刑命令后，应当在 7 日内执行。在死刑缓期执行期间故意犯罪，最高人民法院核准执行死刑的，由罪犯服刑地的中级人民法院执行。

（三）执行死刑的场所和方法

死刑采用枪决或者注射等方法执行。采用注射方法执行死刑的，应当在指定的刑场或者羁押场所内执行。采用枪决、注射以外的其他方法执行死刑的,应当事先层报最高人民法院批准。

（四）执行死刑前的具体要求

（1）第一审人民法院在执行死刑前,应当告知罪犯有权会见其近亲属。罪犯申请会见并提供具体联系方式的,人民法院应当通知其近亲属。罪犯近亲属申请会见的,人民法院应当准许,并及时安排会见。

（2）第一审人民法院在执行死刑3日前,应当通知同级人民检察院派员临场监督。

（3）执行死刑前,指挥执行的审判人员对罪犯应当验明正身,讯问有无遗言、信札,并制作笔录,再交执行人员执行死刑。执行死刑应当公布,禁止游街示众或者其他有辱罪犯人格的行为。

（五）执行死刑后的处理

（1）执行死刑后,应当由法医验明罪犯确实死亡,在场书记员制作笔录。负责执行的人民法院应当在执行死刑后15日内将执行情况,包括罪犯被执行死刑前后的照片,上报最高人民法院。

（2）执行死刑后,负责执行的人民法院应当办理以下事项:① 对罪犯的遗书、遗言笔录,应当及时审查;涉及财产继承、债务清偿、家事嘱托等内容的,将遗书、遗言笔录交给家属,同时复制附卷备查;涉及案件线索等问题的,抄送有关机关。② 通知罪犯家属在限期内领取罪犯骨灰;没有火化条件或者因民族、宗教等原因不宜火化的,通知领取尸体;过期不领取的,由人民法院通知有关单位处理,并要求有关单位出具处理情况的说明;对罪犯骨灰或者尸体的处理情况,应当记录在案。③ 对外国籍罪犯执行死刑后,通知外国驻华使、领馆的程序和时限,根据有关规定办理。

## 考点 3 死刑缓期两年执行、无期徒刑、有期徒刑和拘役判决的执行程序

（1）被判处死刑缓期执行、无期徒刑、有期徒刑、拘役的罪犯,交付执行时在押的,第一审人民法院应当在判决、裁定生效后10日内,将判决书、裁定书、起诉书副本、自诉状复印件、执行通知书、结案登记表送达看守所,由公安机关将罪犯交付执行。罪犯需要收押执行刑罚,而判决、裁定生效前未被羁押的,人民法院应当根据生效的判决书、裁定书将罪犯送交看守所羁押,并依照前款的规定办理执行手续。

（2）同案审理的案件中,部分被告人被判处死刑,对未被判处死刑的同案被告人需要羁押执行刑罚的,应当在其判决、裁定生效后10日内交付执行。但是,该同案被告人参与实施有关死刑之罪的,应当在最高人民法院复核讯问被判处死刑的被告人后交付执行。

（3）执行通知书回执经看守所盖章后,应当附卷备查。

（4）罪犯需要羁押执行刑罚,而判决确定前罪犯没有被羁押的,人民法院应当根据生效的判决书或者裁定书将罪犯羁押,并送交公安机关。

## 考点 4 有期徒刑缓刑、拘役缓刑的执行程序

第一审人民法院判处拘役或者有期徒刑宣告缓刑的犯罪分子,判决尚未发生法律效力的,不能立即交付执行。如果被宣告缓刑的罪犯在押,第一审人民法院应当先行作出变更强制措

施的决定,改为监视居住或者取保候审,并立即通知有关公安机关。判决发生法律效力后,应当将法律文书送达当地社区矫正机构,由社区矫正机构依法对其实行社区矫正。《刑诉法解释》第436条规定:"对被判处管制、宣告缓刑的罪犯,人民法院应当核实其居住地。宣判时,应当书面告知罪犯到居住地县级司法行政机关报到的期限和不按期报到的后果。判决、裁定生效后十日内,应当将判决书、裁定书、执行通知书等法律文书送达罪犯居住地的县级司法行政机关,同时抄送罪犯居住地的县级人民检察院。"

### 考点 5  管制、剥夺政治权利的执行程序

对于被判处管制的罪犯由社区矫正机构依法对其实行社区矫正;被判处剥夺政治权利的罪犯,由公安机关执行。被一审判决宣判管制的罪犯,宣判时如果在押,人民法院可以通知公安机关对其变更强制措施,待判决生效后,将有关的法律文书送达社区矫正机构,由社区矫正机构依法对其实行社区矫正。被管制的罪犯,执行期满,应当通知本人,并向有关群众公开宣布解除管制;被判处剥夺政治权利的罪犯,执行期满,应当由执行机关书面通知本人及其所在单位、居住地基层组织。

《刑诉法解释》第437条规定:"对单处剥夺政治权利的罪犯,人民法院应当在判决、裁定生效后十日内,将判决书、裁定书、执行通知书等法律文书送达罪犯居住地的县级公安机关,并抄送罪犯居住地的县级人民检察院。"

### 考点 6  罚金、没收财产的执行程序

财产刑和附带民事裁判由第一审人民法院负责裁判执行的机构执行。

(1)罚金在判决规定的期限内一次或者分期缴纳。期满无故不缴纳或者未足额缴纳的,人民法院应当强制缴纳。经强制缴纳仍不能全部缴纳的,在任何时候,包括主刑执行完毕后,发现被执行人有可供执行的财产的,应当追缴。行政机关对被告人就同一事实已经处以罚款的,人民法院判处罚金时应当折抵,扣除行政处罚已执行的部分。判处没收财产的,判决生效后,应当立即执行。

(2)执行财产刑和附带民事裁判过程中,案外人对被执行财产提出权属异议的,人民法院应当参照民事诉讼有关执行异议的规定进行审查并作出处理。

(3)被判处财产刑,同时又承担附带民事赔偿责任的被执行人,应当先履行民事赔偿责任。判处财产刑之前被执行人所负正当债务,需要以被执行的财产偿还的,经债权人请求,应当偿还。

(4)被执行人或者被执行财产在外地的,可以委托当地人民法院执行。受托法院在执行财产刑后,应当及时将执行的财产上缴国库。

(5)执行财产刑过程中,具有下列情形之一的,人民法院应当裁定中止执行:① 执行标的物系人民法院或者仲裁机构正在审理案件的争议标的物,需等待该案件审理完毕确定权属的;② 案外人对执行标的物提出异议的;③ 应当中止执行的其他情形。中止执行的原因消除后,应恢复执行。

(6)执行财产刑过程中,具有下列情形之一的,人民法院应当裁定终结执行:① 据以执行的判决、裁定被撤销的;② 被执行人死亡或者被执行死刑,且无财产可供执行的;③ 被判处罚

金的单位终止,且无财产可供执行的;④ 依照《刑法》第 53 条规定免除罚金的;⑤ 应当终结执行的其他情形。裁定终结执行后,发现被执行人的财产有被隐匿、转移等情形的,应当追缴。

(7) 财产刑全部或者部分被撤销的,已经执行的财产应当全部或者部分返还被执行人;无法返还的,应当依法赔偿。

(8) 因遭遇不能抗拒的灾祸缴纳罚金确有困难,被执行人申请减少或者免除罚金的,应当提交相关证明材料。人民法院应当在收到申请后 1 个月内作出裁定。符合法定减免条件的,应当准许;不符合条件的,驳回申请。

(9) 财产刑和附带民事裁判的执行,《刑诉法解释》没有规定的,参照适用民事执行的有关规定。

**特别关注:**
最高人民法院《关于刑事裁判涉财产部分执行的若干规定》

(1) 本规定所称刑事裁判涉财产部分的执行,是指发生法律效力的刑事裁判主文确定的下列事项的执行:① 罚金、没收财产;② 责令退赔;③ 处置随案移送的赃款赃物;④ 没收随案移送的供犯罪所用本人财物;⑤ 其他应当由人民法院执行的相关事项。刑事附带民事裁判的执行,适用民事执行的有关规定。

(2) 刑事裁判涉财产部分,由第一审人民法院执行。第一审人民法院可以委托财产所在地的同级人民法院执行。

(3) 人民法院办理刑事裁判涉财产部分执行案件的期限为 6 个月。有特殊情况需要延长的,经本院院长批准,可以延长。

(4) 人民法院刑事审判中可能判处被告人财产刑、责令退赔的,刑事审判部门应当依法对被告人的财产状况进行调查;发现可能隐匿、转移财产的,应当及时查封、扣押、冻结其相应财产。

(5) 刑事审判或者执行中,对于侦查机关已经采取的查封、扣押、冻结,人民法院应当在期限届满前及时续行查封、扣押、冻结。人民法院续行查封、扣押、冻结的顺位与侦查机关查封、扣押、冻结的顺位相同。对侦查机关查封、扣押、冻结的财产,人民法院执行中可以直接裁定处置,无需侦查机关出具解除手续,但裁定中应当指明侦查机关查封、扣押、冻结的事实。

(6) 刑事裁判涉财产部分的裁判内容,应当明确、具体。涉案财物或者被害人数较多,不宜在判决主文中详细列明的,可以概括叙明并另附清单。判处没收部分财产的,应当明确没收的具体财物或者金额。判处追缴或者责令退赔的,应当明确追缴或者退赔的金额或财物的名称、数量等相关情况。

(7) 由人民法院执行机构负责执行的刑事裁判涉财产部分,刑事审判部门应当及时移送立案部门审查立案。移送立案应当提交生效裁判文书及其附件和其他相关材料,并填写《移送执行表》。《移送执行表》应当载明以下内容:① 被执行人、被害人的基本信息;② 已查明的财产状况或者财产线索;③ 随案移送的财产和已经处置财产的情况;④ 查封、扣押、冻结财产的情况;⑤ 移送执行的时间;⑥ 其他需要说明的情况。人民法院立案部门经审查,认为属于移送范围且移送材料齐全的,应当在 7 日内立案,并移送执行机构。

(8) 人民法院可以向刑罚执行机关、社区矫正机构等有关单位调查被执行人的财产状况,并可以根据不同情形要求有关单位协助采取查封、扣押、冻结、划拨等执行措施。

(9) 判处没收财产的,应当执行刑事裁判生效时被执行人合法所有的财产。执行没收财产或罚金刑,应当参照被扶养人住所地政府公布的上年度当地居民最低生活费标准,保留被执行人及其所扶养家属的生活必需费用。

(10) 对赃款赃物及其收益,人民法院应当一并追缴。被执行人将赃款赃物投资或者置业,对因此形成的财产及其收益,人民法院应予追缴。被执行人将赃款赃物与其他合法财产共同投资或者置业,对因此形成的财产中与赃款赃物对应的份额及其收益,人民法院应予追缴。对于被害人的损失,应当按照刑事裁判认定的实际损失予以发还或者赔偿。

(11) 被执行人将刑事裁判认定为赃款赃物的涉案财物用于清偿债务、转让或者设置其他权利负担,具有下列情形之一的,人民法院应予追缴:① 第三人明知是涉案财物而接受的;② 第三人无偿或者以明显低于市场的价格取得涉案财物的;③ 第三人通过非法债务清偿或者违法犯罪活动取得涉案财物的;④ 第三人通过其他恶意方式取得涉案财物的。第三人善意取得涉案财物的,执行程序中不予追缴。作为原所有人的被害人对该涉案财物主张权利的,人民法院应当告知其通过诉讼程序处理。

(12) 被执行财产需要变价的,人民法院执行机构应当依法采取拍卖、变卖等变价措施。涉案财物最后一次拍卖未能成交,需要上缴国库的,人民法院应当通知有关财政机关以该次拍卖保留价予以接收;有关财政机关要求继续变价的,可以进行无保留价拍卖。需要退赔被害人的,以该次拍卖保留价以物退赔;被害人不同意以物退赔的,可以进行无保留价拍卖。

(13) 被执行人在执行中同时承担刑事责任、民事责任,其财产不足以支付的,按照下列顺序执行:① 人身损害赔偿中的医疗费用;② 退赔被害人的损失;③ 其他民事债务;④ 罚金;⑤ 没收财产。债权人对执行标的依法享有优先受偿权,其主张优先受偿的,人民法院应当在医疗费用受偿后,予以支持。

(14) 执行过程中,当事人、利害关系人认为执行行为违反法律规定,或者案外人对执行标的主张足以阻止执行的实体权利,向执行法院提出书面异议的,执行法院应当依照《民事诉讼法》第225条的规定处理。人民法院审查案外人异议、复议,应当公开听证。

(15) 执行过程中,案外人或被害人认为刑事裁判中对涉案财物是否属于赃款赃物认定错误或者应予认定而未认定,向执行法院提出书面异议,可以通过裁定补正的,执行机构应当将异议材料移送刑事审判部门处理;无法通过裁定补正的,应当告知异议人通过审判监督程序处理。

(16) 人民法院办理刑事裁判涉财产部分执行案件,刑法、刑事诉讼法及有关司法解释没有相应规定的,参照适用民事执行的有关规定。

(17) 最高人民法院此前发布的司法解释与本规定不一致的,以本规定为准。

## 考点 7 无罪判决和免除刑罚判决的执行程序

无罪判决和免除刑罚判决由人民法院执行。人民法院判决被告人无罪、免除刑事处罚的,如果被告人在押,在宣判后应当立即释放。由人民法院将无罪或者免除刑事处罚的判决书连同执行通知书送交看守所,看守所在接到上述法律文书后应当立即释放被关押的被告人。

## 考点 8 执行的变更程序——暂予监外执行

(一) 暂予监外执行的概念

暂予监外执行,是指被判处有期徒刑(个别无期徒刑例外)或者拘役的罪犯,由于出现了法定的某种特殊情形,不适宜在监狱或者其他刑罚执行机关执行刑罚时,暂时采取的一种变通执行的方法。

(二) 暂予监外执行的对象

被判处有期徒刑或者拘役的罪犯和被判处无期徒刑的怀孕或者正在哺乳自己婴儿的罪犯。

(三) 暂予监外执行的条件

《刑事诉讼法》第254条规定:"对被判处有期徒刑或者拘役的罪犯,有下列情形之一的,可以暂予监外执行:(一) 有严重疾病需要保外就医的;(二) 怀孕或者正在哺乳自己婴儿的妇女;(三) 生活不能自理,适用暂予监外执行不致危害社会的。对被判处无期徒刑的罪犯,有前款第二项规定情形的,可以暂予监外执行。对适用保外就医可能有社会危险性的罪犯,或者自伤自残的罪犯,不得保外就医。对罪犯确有严重疾病,必须保外就医的,由省级人民政府指定的医院诊断并开具证明文件。"

(四) 暂予监外执行的适用程序

1. 暂予监外执行的决定

在交付执行前,暂予监外执行由交付执行的人民法院决定;在交付执行后,暂予监外执行由监狱或者看守所提出书面意见,报省级以上监狱管理机关或者设区的市一级以上公安机关批准。六部门《规定》第33条:"对于被告人可能被判处拘役、有期徒刑、无期徒刑,符合暂予监外执行条件的,被告人及其辩护人有权向人民法院提出暂予监外执行的申请,看守所可以将有关情况通报人民法院。人民法院应当进行审查,并在交付执行前作出是否暂予监外执行的决定。"

2. 对暂予监外执行的监督

《刑事诉讼法》第255条规定:"监狱、看守所提出暂予监外执行的书面意见的,应当将书面意见的副本抄送人民检察院。人民检察院可以向决定或者批准机关提出书面意见。"《刑事诉讼法》第256条规定"决定或者批准暂予监外执行的机关应当将暂予监外执行决定抄送人民检察院。人民检察院认为暂予监外执行不当的,应当自接到通知之日起一个月以内将书面意见送交决定或者批准暂予监外执行的机关,决定或者批准暂予监外执行的机关接到人民检察院的书面意见后,应当立即对该决定进行重新核查。"

3. 对暂予监外执行罪犯的执行

对暂予监外执行的罪犯,依法实行社区矫正,由社区矫正机构负责执行。《刑事诉讼法》第257条规定:"对暂予监外执行的罪犯,有下列情形之一的,应当及时收监:(一) 发现不符合暂予监外执行条件的;(二) 严重违反有关暂予监外执行监督管理规定的;(三) 暂予监外执行的情形消失后,罪犯刑期未满的。对于人民法院决定暂予监外执行的罪犯应当予以收监的,由人民法院作出决定,将有关的法律文书送达公安机关、监狱或者其他执行机关。不符合暂予监外执行条件的罪犯通过贿赂等非法手段被暂予监外执行的,在监外执行的期间不计入执行刑期。罪犯在暂予监外执行期间脱逃的,脱逃的期间不计入执行刑期。罪犯在暂予监外执行期间死亡的,执行机关应当及时通知监狱或者看守所。"

**特别关注**:全国人民代表大会常务委员会《关于〈中华人民共和国刑事诉讼法〉第二百五十四条第五款、第二百五十七条第二款的解释》

全国人民代表大会常务委员会根据司法实践中遇到的情况,讨论了《刑事诉讼法》第254条第5款、第257条第2款的含义及人民法院决定暂予监外执行的案件,由哪个机关负责组织病情诊断、妊娠检查和生活不能自理的鉴别和由哪个机关对予以收监执行的罪犯送交执行刑罚的问题,解释如下:

罪犯在被交付执行前,因有严重疾病、怀孕或者正在哺乳自己婴儿的妇女、生活不能自理的原因,依法提出暂予监外执行的申请的,有关病情诊断、妊娠检查和生活不能自理的鉴别,由人民法院负责组织进行。

根据刑事诉讼法第257条第2款的规定,对人民法院决定暂予监外执行的罪犯,有刑事诉讼法第257条第1款规定的情形,依法应当予以收监的,在人民法院作出决定后,由公安机关依照《刑事诉讼法》第253条第2款的规定送交执行刑罚。

六部门《规定》第34条规定:"刑事诉讼法第二百五十七条第三款规定:'不符合暂予监外执行条件的罪犯通过贿赂等非法手段被暂予监外执行的,在监外执行的期间不计入执行刑期。罪犯在暂予监外执行期间脱逃的,脱逃的期间不计入执行刑期。'对于人民法院决定暂予监外执行的罪犯具有上述情形的,人民法院在决定予以收监的同时,应当确定不计入刑期的期间。对于监狱管理机关或者公安机关决定暂予监外执行的罪犯具有上述情形的,罪犯被收监后,所在监狱或者看守所应当及时向所在地的中级人民法院提出不计入执行刑期的建议书,由人民法院审核裁定。"

六部门《规定》第35条:"被决定收监执行的社区矫正人员在逃的,社区矫正机构应当立即通知公安机关,由公安机关负责追捕。"

《刑诉法解释》433条的相关规定:"暂予监外执行的罪犯具有下列情形之一的,原作出暂予监外执行决定的人民法院,应当在收到执行机关的收监执行建议书后十五日内,作出收监执行的决定:(一)不符合暂予监外执行条件的;(二)未经批准离开所居住的市、县,经警告拒不改正,或者拒不报告行踪,脱离监管的;(三)因违反监督管理规定受到治安管理处罚,仍不改正的;(四)受到执行机关两次警告,仍不改正的;(五)保外就医期间不按规定提交病情复查情况,经警告拒不改正的;(六)暂予监外执行的情形消失后,刑期未满的;(七)保证人丧失保证条件或者因不履行义务被取消保证人资格,不能在规定期限内提出新的保证人的;(八)违反法律、行政法规和监督管理规定,情节严重的其他情形。人民法院收监执行决定书,一经作出,立即生效。"第434条规定:"人民法院应当将收监执行决定书送交罪犯居住地的县级司法行政机关,由其根据有关规定将罪犯交付执行。收监执行决定书应当同时抄送罪犯居住地的同级人民检察院和公安机关。"第435条规定:"被收监执行的罪犯有不计入执行刑期情形的,人民法院应当在作出收监决定时,确定不计入执行刑期的具体时间。"

## 考点 9　执行的变更程序——减刑、假释

《刑事诉讼法》第262条规定:"罪犯在服刑期间又犯罪的,或者发现了判决的时候所没有发现的罪行,由执行机关移送人民检察院处理。被判处管制、拘役、有期徒刑或者无期徒刑的罪犯,在执行期间确有悔改或者立功表现,应当依法予以减刑、假释的时候,由执行机关提出建

议书,报请人民法院审核裁定,并将建议书副本抄送人民检察院。人民检察院可以向人民法院提出书面意见。"《刑事诉讼法》第 263 条规定:"人民检察院认为人民法院减刑、假释的裁定不当,应当在收到裁定书副本后二十日以内,向人民法院提出书面纠正意见。人民法院应当在收到纠正意见后一个月以内重新组成合议庭进行审理,作出最终裁定。"

(一) 减刑、假释案件的审理

(1) 被判处死刑缓期执行的罪犯,在死刑缓期执行期间,没有故意犯罪的,死刑缓期执行期满后,应当裁定减刑;死刑缓期执行期满后,尚未裁定减刑前又犯罪的,应当依法减刑后对其所犯新罪另行审判。

(2) 对减刑、假释案件,应当按照下列情形分别处理:① 对被判处死刑缓期执行的罪犯的减刑,由罪犯服刑地的高级人民法院根据同级监狱管理机关审核同意的减刑建议书裁定;② 对被判处无期徒刑的罪犯的减刑、假释,由罪犯服刑地的高级人民法院,在收到同级监狱管理机关审核同意的减刑、假释建议书后 1 个月内作出裁定,案情复杂或者情况特殊的,可以延长 1 个月;③ 对被判处有期徒刑和被减为有期徒刑的罪犯的减刑、假释,由罪犯服刑地的中级人民法院,在收到执行机关提出的减刑、假释建议书后 1 个月内作出裁定,案情复杂或者情况特殊的,可以延长 1 个月;④ 对被判处拘役、管制的罪犯的减刑,由罪犯服刑地中级人民法院,在收到同级执行机关审核同意的减刑、假释建议书后 1 个月内作出裁定。对暂予监外执行罪犯的减刑,应当根据情况,分别适用《刑诉法解释》第 449 条第 1 款的有关规定。

(3) 受理减刑、假释案件,应当审查执行机关移送的材料是否包括下列内容:① 减刑、假释建议书;② 终审法院的裁判文书、执行通知书、历次减刑裁定书的复制件;③ 证明罪犯确有悔改、立功或者重大立功表现具体事实的书面材料;④ 罪犯评审鉴定表、奖惩审批表等;⑤ 罪犯假释后对所居住社区影响的调查评估报告;⑥ 根据案件情况需要移送的其他材料。经审查,材料不全的,应当通知提请减刑、假释的执行机关补送。

(4) 审理减刑、假释案件,应当审查财产刑和附带民事裁判的执行情况,以及罪犯退赃、退赔情况。罪犯积极履行判决确定的义务的,可以认定有悔改表现,在减刑、假释时从宽掌握;确有履行能力而不履行的,在减刑、假释时从严掌握。

(5) 审理减刑、假释案件,应当对以下内容予以公示:① 罪犯的姓名、年龄等个人基本情况;② 原判认定的罪名和刑期;③ 罪犯历次减刑情况;④ 执行机关的减刑、假释建议和依据。公示应当写明公示期限和提出意见的方式。公示地点为罪犯服刑场所的公共区域;有条件的地方,可以面向社会公示。

(6) 审理减刑、假释案件,应当组成合议庭,可以采用书面审理的方式,但下列案件应当开庭审理:① 因罪犯有重大立功表现提请减刑的;② 提请减刑的起始时间、间隔时间或者减刑幅度不符合一般规定的;③ 社会影响重大或者社会关注度高的;④ 公示期间收到投诉意见的;⑤ 人民检察院有异议的;⑥ 有必要开庭审理的其他案件。

(7) 人民法院作出减刑、假释裁定后,应当在 7 日内送达提请减刑、假释的执行机关、同级人民检察院以及罪犯本人。人民检察院认为减刑、假释裁定不当,在法定期限内提出书面纠正意见的,人民法院应当在收到意见后另行组成合议庭审理,并在 1 个月内作出裁定。

(8) 减刑、假释裁定作出前,执行机关书面提请撤回减刑、假释建议的,是否准许,由人民法院决定。

(9) 人民法院发现本院已经生效的减刑、假释裁定确有错误的,应当另行组成合议庭审理;发现下级人民法院已经生效的减刑、假释裁定确有错误的,可以指令下级人民法院另行组成合议庭审理。

(二) 缓刑、假释的撤销

罪犯在缓刑、假释考验期限内犯新罪或者被发现在判决宣告前还有其他罪没有判决,应当撤销缓刑、假释的,由审判新罪的人民法院撤销原判决、裁定宣告的缓刑、假释,并书面通知原审人民法院和执行机关。

罪犯在缓刑、假释考验期限内,有下列情形之一的,原作出缓刑、假释判决、裁定的人民法院应当在收到执行机关的撤销缓刑、假释建议书后1个月内,作出撤销缓刑、假释的裁定:

(1) 违反禁止令,情节严重的;

(2) 无正当理由不按规定时间报到或者接受社区矫正期间脱离监管,超过1个月的;

(3) 因违反监督管理规定受到治安管理处罚,仍不改正的;

(4) 受到执行机关3次警告仍不改正的;

(5) 违反有关法律、行政法规和监督管理规定,情节严重的其他情形。人民法院撤销缓刑、假释的裁定,一经作出,立即生效。人民法院应当将撤销缓刑、假释裁定书送交罪犯居住地的县级司法行政机关,由其根据有关规定将罪犯交付执行。撤销缓刑、假释裁定书应当同时抄送罪犯居住地的同级人民检察院和公安机关。

**特别关注**:最高人民法院《关于减刑、假释案件审理程序的规定》

(1) 对减刑、假释案件,应当按照下列情形分别处理:① 对被判处死刑缓期执行的罪犯的减刑,由罪犯服刑地的高级人民法院在收到同级监狱管理机关审核同意的减刑建议书后1个月内作出裁定;② 对被判处无期徒刑的罪犯的减刑、假释,由罪犯服刑地的高级人民法院在收到同级监狱管理机关审核同意的减刑、假释建议书后1个月内作出裁定,案情复杂或者情况特殊的,可以延长1个月;③ 对被判处有期徒刑和被减为有期徒刑的罪犯的减刑、假释,由罪犯服刑地的中级人民法院在收到执行机关提出的减刑、假释建议书后1个月内作出裁定,案情复杂或者情况特殊的,可以延长一个月;④ 对被判处拘役、管制的罪犯的减刑,由罪犯服刑地中级人民法院在收到同级执行机关审核同意的减刑、假释建议书后1个月内作出裁定。对暂予监外执行罪犯的减刑,应当根据情况,分别适用前款的有关规定。

(2) 人民法院受理减刑、假释案件,应当审查执行机关移送的下列材料:① 减刑或者假释建议书;② 终审法院裁判文书、执行通知书、历次减刑裁定书的复印件;③ 罪犯确有悔改或者立功、重大立功表现的具体事实的书面证明材料;④ 罪犯评审鉴定表、奖惩审批表等;⑤ 其他根据案件审理需要应予移送的材料。报请假释的,应当附有社区矫正机构或者基层组织关于罪犯假释后对所居住社区影响的调查评估报告。人民检察院对报请减刑、假释案件提出检察意见的,执行机关应当一并移送受理减刑、假释案件的人民法院。经审查,材料齐备的,应当立案;材料不齐的,应当通知执行机关在3日内补送,逾期未补送的,不予立案。

(3) 人民法院审理减刑、假释案件,应当在立案后五日内将执行机关报请减刑、假释的建议书等材料依法向社会公示。公示内容应当包括罪犯的个人情况、原判认定的罪名和刑期、罪犯历次减刑情况、执行机关的建议和依据。公示应当写明公示期限和提出意见的方式。公示期限为五日。

(4) 人民法院审理减刑、假释案件,应当依法由审判员或者由审判员和人民陪审员组成合议庭进行。

(5) 人民法院审理减刑、假释案件,除应当审查罪犯在执行期间的一贯表现外,还应当综合考虑犯罪的具体情节、原判刑罚情况、财产刑执行情况、附带民事裁判履行情况、罪犯退赃退赔等情况。人民法院审理假释案件,除应当审查第一款所列情形外,还应当综合考虑罪犯的年龄、身体状况、性格特征、假释后生活来源以及监管条件等影响再犯罪的因素。执行机关以罪犯有立功表现或重大立功表现为由提出减刑的,应当审查立功或重大立功表现是否属实。涉及发明创造、技术革新或者其他贡献的,应当审查该成果是否系罪犯在执行期间独立完成,并经有关主管机关确认。

(6) 人民法院审理减刑、假释案件,可以采取开庭审理或者书面审理的方式。但下列减刑、假释案件,应当开庭审理:①因罪犯有重大立功表现报请减刑的;②报请减刑的起始时间、间隔时间或者减刑幅度不符合司法解释一般规定的;③公示期间收到不同意见的;④人民检察院有异议的;⑤被报请减刑、假释罪犯系职务犯罪罪犯,组织(领导、参加、包庇、纵容)黑社会性质组织犯罪罪犯,破坏金融管理秩序和金融诈骗犯罪罪犯及其他在社会上有重大影响或社会关注度高的;⑥人民法院认为其他应当开庭审理的。

(7) 人民法院开庭审理减刑、假释案件,应当通知人民检察院、执行机关及被报请减刑、假释罪犯参加庭审。人民法院根据需要,可以通知证明罪犯确有悔改表现或者立功、重大立功表现的证人,公示期间提出不同意见的人,以及鉴定人、翻译人员等其他人员参加庭审。

(8) 开庭审理应当在罪犯刑罚执行场所或者人民法院确定的场所进行。有条件的人民法院可以采取视频开庭的方式进行。在社区执行刑罚的罪犯因重大立功被报请减刑的,可以在罪犯服刑地或者居住地开庭审理。

(9) 人民法院对于决定开庭审理的减刑、假释案件,应当在开庭 3 日前将开庭的时间、地点通知人民检察院、执行机关、被报请减刑、假释罪犯和有必要参加庭审的其他人员,并于开庭三日前进行公告。

(10) 减刑、假释案件的开庭审理由审判长主持,应当按照以下程序进行:①审判长宣布开庭,核实被报请减刑、假释罪犯的基本情况;②审判长宣布合议庭组成人员、检察人员、执行机关代表及其他庭审参加人;③执行机关代表宣读减刑、假释建议书,并说明主要理由;④检察人员发表检察意见;⑤法庭对被报请减刑、假释罪犯确有悔改表现或立功表现、重大立功表现的事实以及其他影响减刑、假释的情况进行调查核实;⑥被报请减刑、假释罪犯作最后陈述;⑦审判长对庭审情况进行总结并宣布休庭评议。

(11) 庭审过程中,合议庭人员对报请理由有疑问的,可以向被报请减刑、假释罪犯、证人、执行机关代表、检察人员提问。庭审过程中,检察人员对报请理由有疑问的,在经审判长许可后,可以出示证据,申请证人到庭,向被报请减刑、假释罪犯及证人提问并发表意见。被报请减刑、假释罪犯对报请理由有疑问的,在经审判长许可后,可以出示证据,申请证人到庭,向证人提问并发表意见。

(12) 庭审过程中,合议庭对证据有疑问需要进行调查核实,或者检察人员、执行机关代表提出申请的,可以宣布休庭。

(13) 人民法院开庭审理减刑、假释案件,能够当庭宣判的应当当庭宣判;不能当庭宣判的,可以择期宣判。

(14) 人民法院书面审理减刑、假释案件,可以就被报请减刑、假释罪犯是否符合减刑、假释条件进行调查核实或听取有关方面意见。

(15) 人民法院书面审理减刑案件,可以提讯被报请减刑罪犯;书面审理假释案件,应当提讯被报请假释罪犯。

(16) 人民法院审理减刑、假释案件,应当按照下列情形分别处理:① 被报请减刑、假释罪犯符合法律规定的减刑、假释条件的,作出予以减刑、假释的裁定;② 被报请减刑的罪犯符合法律规定的减刑条件,但执行机关报请的减刑幅度不适当的,对减刑幅度作出相应调整后作出予以减刑的裁定;③ 被报请减刑、假释罪犯不符合法律规定的减刑、假释条件的,作出不予减刑、假释的裁定。在人民法院作出减刑、假释裁定前,执行机关书面申请撤回减刑、假释建议的,是否准许,由人民法院决定。

(17) 减刑、假释裁定书应当写明罪犯原判和历次减刑情况,确有悔改表现或者立功、重大立功表现的事实和理由,以及减刑、假释的法律依据。裁定减刑的,应当注明刑期的起止时间;裁定假释的,应当注明假释考验期的起止时间。裁定调整减刑幅度或者不予减刑、假释的,应当在裁定书中说明理由。

(18) 人民法院作出减刑、假释裁定后,应当在 7 日内送达报请减刑、假释的执行机关、同级人民检察院以及罪犯本人。作出假释裁定的,还应当送达社区矫正机构或者基层组织。

(19) 减刑、假释裁定书应当通过互联网依法向社会公布。

(20) 人民检察院认为人民法院减刑、假释裁定不当,在法定期限内提出书面纠正意见的,人民法院应当在收到纠正意见后另行组成合议庭审理,并在 1 个月内作出裁定。

(21) 人民法院发现本院已经生效的减刑、假释裁定确有错误的,应当依法重新组成合议庭进行审理并作出裁定;上级人民法院发现下级人民法院已经生效的减刑、假释裁定确有错误的,应当指令下级人民法院另行组成合议庭审理,也可以自行依法组成合议庭进行审理并作出裁定。

(22) 最高人民法院以前发布的司法解释和规范性文件,与本规定不一致的,以本规定为准。

## 考点 10 对新罪、漏罪和申诉的处理

罪犯在服刑期间又犯罪的,或者发现了判决的时候所没有发现的罪行,由执行机关移送检察院处理。监狱和其他执行机关在刑罚执行中,如果认为判决有错误或者罪犯提出申诉,应当转请人民检察院或者原判人民法院处理。

## 考点 11 人民检察院对执行的监督

人民检察院依法对执行刑事判决、裁定的活动实行监督。对刑事判决、裁定执行活动的监督由人民检察院监所检察部门负责。人民法院判决被告人无罪,免予刑事处罚,判处管制,宣告缓刑,单处罚金或者剥夺政治权利,被告人被羁押的,人民检察院应当监督被告人是否被立即释放。发现被告人没有被立即释放的,应当立即向人民法院或者看守所提出纠正意见。

(一) 对死刑裁判执行的监督

(1) 被判处死刑的罪犯在被执行死刑时,人民检察院应当派员临场监督。死刑执行临场监督由人民检察院监所检察部门负责;必要时,监所检察部门应当在执行前向公诉部门了解案件有关情况,公诉部门应当提供有关情况。执行死刑临场监督,由检察人员担任,并配备书记

员担任记录。

（2）人民检察院收到同级人民法院执行死刑临场监督通知后，应当查明同级人民法院是否收到最高人民法院核准死刑的裁定或者作出的死刑判决、裁定和执行死刑的命令。

（3）临场监督执行死刑的检察人员应当依法监督执行死刑的场所、方法和执行死刑的活动是否合法。在执行死刑前，发现有下列情形之一的，应当建议人民法院立即停止执行：① 被执行人并非应当执行死刑的罪犯的；② 罪犯犯罪时不满18周岁，或者审判的时候已满75周岁，依法不应当适用死刑的；③ 判决可能有错误的；④ 在执行前罪犯有检举揭发他人重大犯罪行为等重大立功表现，可能需要改判的；⑤ 罪犯正在怀孕的。

（4）在执行死刑过程中，人民检察院临场监督人员根据需要可以进行拍照、录像；执行死刑后，人民检察院临场监督人员应当检查罪犯是否确已死亡，并填写死刑执行临场监督笔录，签名后入卷归档。人民检察院发现人民法院在执行死刑活动中有侵犯被执行死刑罪犯的人身权、财产权或者其近亲属、继承人合法权利等违法情形的，应当依法向人民法院提出纠正意见。

（5）判处被告人死刑缓期两年执行的判决、裁定在执行过程中，人民检察院监督的内容主要包括：① 死刑缓期执行期满，符合法律规定应当减为无期徒刑、有期徒刑条件的，监狱是否及时提出减刑建议提请人民法院裁定，人民法院是否依法裁定；② 罪犯在缓期执行期间故意犯罪，监狱是否依法侦查和移送起诉；罪犯确系故意犯罪的，人民法院是否依法核准或者裁定执行死刑。被判处死刑缓期两年执行的罪犯在死刑缓期执行期间故意犯罪，执行机关移送人民检察院受理的，由罪犯服刑所在地的分、州、市人民检察院审查决定是否提起公诉。人民检察院发现人民法院对被判处死刑缓期两年执行的罪犯减刑不当的，应当依照《刑事诉讼规则》第653条、第654条的规定，向人民法院提出纠正意见。罪犯在死刑缓期执行期间又故意犯罪，经人民检察院起诉后，人民法院仍然予以减刑的，人民检察院应当依照《刑事诉讼规则》第十四章第四节的规定，向人民法院提出抗诉。

（二）对其他执行活动的监督

（1）人民检察院发现人民法院、公安机关、看守所的交付执行活动有下列违法情形之一的，应当依法提出纠正意见：① 交付执行的第一审人民法院没有在判决、裁定生效10日以内将判决书、裁定书、人民检察院的起诉书副本、自诉状复印件、执行通知书、结案登记表等法律文书送达公安机关、监狱或者其他执行机关的；② 对被判处死刑缓期两年执行、无期徒刑或者有期徒刑余刑在3个月以上的罪犯，公安机关、看守所自接到人民法院执行通知书等法律文书后30日以内，没有将成年罪犯送交监狱执行刑罚，或者没有将未成年罪犯送交未成年犯管教所执行刑罚的；③ 对需要收押执行刑罚而判决、裁定生效前未被羁押的罪犯，第一审人民法院没有及时将罪犯收押送交公安机关，并将判决书、裁定书、执行通知书等法律文书送达公安机关的；④ 公安机关对需要收押执行刑罚但下落不明的罪犯，在收到人民法院的判决书、裁定书、执行通知书等法律文书后，没有及时抓捕、通缉的；⑤ 对被判处管制、宣告缓刑或者人民法院决定暂予监外执行的罪犯，在判决、裁定生效后或者收到人民法院暂予监外执行决定后，未依法交付罪犯居住地社区矫正机构执行，或者对被单处剥夺政治权利的罪犯，在判决、裁定生效后，未依法交付罪犯居住地公安机关执行的；⑥ 其他违法情形。

（2）人民检察院发现监狱在收押罪犯活动中有下列情形之一的，应当依法提出纠正意见：① 对公安机关、看守所依照《刑事诉讼法》第253条的规定送交监狱执行刑罚的罪犯，应当收押而拒绝收押的；② 没有已经发生法律效力的刑事判决书或者裁定书、执行通知书等有关法律文书而收押的;③ 收押罪犯与收押凭证不符的;④ 收押依法不应当关押的罪犯的;⑤ 其他违反收押规定的情形。对监狱依法应当收监执行而拒绝收押罪犯的,送交执行的公安机关、看守所所在地的人民检察院应当及时建议承担监督该监狱职责的人民检察院向监狱提出书面纠正意见。

(3) 人民检察院发现监狱、看守所等执行机关在管理、教育改造罪犯等活动中有违法行为的,应当依法提出纠正意见。

(三) 对暂予监外执行的监督

(1) 人民检察院发现监狱、看守所、公安机关暂予监外执行的执法活动有下列情形之一的,应当依法提出纠正意见:① 将不符合法定条件的罪犯提请暂予监外执行的;② 提请暂予监外执行的程序违反法律规定或者没有完备的合法手续,或者对于需要保外就医的罪犯没有省级人民政府指定医院的诊断证明和开具的证明文件的;③ 监狱、看守所提出暂予监外执行书面意见,没有同时将书面意见副本抄送人民检察院的;④ 罪犯被决定或者批准暂予监外执行后,未依法交付罪犯居住地社区矫正机构实行社区矫正的;⑤ 对符合暂予监外执行条件的罪犯没有依法提请暂予监外执行的;⑥ 发现罪犯不符合暂予监外执行条件,或者在暂予监外执行期间严重违反暂予监外执行监督管理规定,或者暂予监外执行的条件消失且刑期未满,应当收监执行而未及时收监执行或者未提出收监执行建议的;⑦ 人民法院决定将暂予监外执行的罪犯收监执行,并将有关法律文书送达公安机关、监狱、看守所后,监狱、看守所未及时收监执行的;⑧ 对不符合暂予监外执行条件的罪犯通过贿赂等非法手段被暂予监外执行,以及在暂予监外执行期间脱逃的罪犯,监狱、看守所未建议人民法院将其监外执行期间、脱逃期间不计入执行刑期,或者对罪犯执行刑期计算的建议违法、不当的;⑨ 暂予监外执行的罪犯刑期届满,未及时办理释放手续的;⑩ 其他违法情形。

(2) 人民检察院收到监狱、看守所抄送的暂予监外执行书面意见副本后,应当逐案进行审查,发现罪犯不符合暂予监外执行法定条件或者提请暂予监外执行违反法定程序的,应当在10日以内向决定或者批准机关提出书面检察意见,同时也可以向监狱、看守所提出书面纠正意见。

(3) 人民检察院接到决定或者批准机关抄送的暂予监外执行决定书后,应当进行审查。审查的内容包括:① 是否属于被判处有期徒刑或者拘役的罪犯;② 是否属于有严重疾病需要保外就医的罪犯;③ 是否属于怀孕或者正在哺乳自己婴儿的妇女;④ 是否属于生活不能自理,适用暂予监外执行不致危害社会的罪犯;⑤ 是否属于适用保外就医可能有社会危险性的罪犯,或者自伤自残的罪犯;⑥ 决定或者批准机关是否符合《刑事诉讼法》第254条第5款的规定;⑦ 办理暂予监外执行是否符合法定程序。检察人员审查暂予监外执行决定,可以向罪犯所在单位和有关人员调查、向有关机关调阅有关材料。

(4) 人民检察院经审查认为暂予监外执行不当的,应当自接到通知之日起1个月以内,报经检察长批准,向决定或者批准暂予监外执行的机关提出书面纠正意见。下级人民检察院认为暂予监外执行不当的,应当立即层报决定或者批准暂予监外执行的机关的同级人民检察院,由其决定是否向决定或者批准暂予监外执行的机关提出书面纠正意见。

(5) 人民检察院向决定或者批准暂予监外执行的机关提出不同意暂予监外执行的书面意见后,应当监督其对决定或者批准暂予监外执行的结果进行重新核查,并监督重新核查的结果是否符合法律规定。对核查不符合法律规定的,应当依法提出纠正意见,并向上一级人民检察院报告。

(6) 对于暂予监外执行的罪犯,人民检察院发现罪犯不符合暂予监外执行条件、严重违反有关暂予监外执行的监督管理规定或者暂予监外执行的情形消失而罪犯刑期未满的,应当通知执行机关收监执行,或者建议决定或者批准暂予监外执行的机关作出收监执行决定。

(四) 对减刑、假释的监督

(1) 人民检察院收到执行机关抄送的减刑、假释建议书副本后,应当逐案进行审查,发现减刑、假释建议不当或者提请减刑、假释违反法定程序的,应当在 10 日以内向审理减刑、假释案件的人民法院提出书面检察意见,同时也可以向执行机关提出书面纠正意见。

(2) 人民检察院发现监狱等执行机关提请人民法院裁定减刑、假释的活动有下列情形之一的,应当依法提出纠正意见:① 将不符合减刑、假释法定条件的罪犯,提请人民法院裁定减刑、假释的;② 对依法应当减刑、假释的罪犯,不提请人民法院裁定减刑、假释的;③ 提请对罪犯减刑、假释违反法定程序,或者没有完备的合法手续的;④ 提请对罪犯减刑的减刑幅度、起始时间、间隔时间或者减刑后又假释的间隔时间不符合有关规定的;⑤ 被提请减刑、假释的罪犯被减刑后实际执行的刑期或者假释考验期不符合有关法律规定的;⑥ 其他违法情形。

(3) 人民法院开庭审理减刑、假释案件,人民检察院应当指派检察人员出席法庭,发表意见。

(4) 人民检察院收到人民法院减刑、假释的裁定书副本后,应当及时进行审查。审查的内容包括:① 被减刑、假释的罪犯是否符合法定条件,对罪犯减刑的减刑幅度、起始时间、间隔时间或者减刑后又假释的间隔时间、罪犯被减刑后实际执行的刑期或者假释考验期是否符合有关规定;② 执行机关提请减刑、假释的程序是否合法;③ 人民法院审理、裁定减刑、假释的程序是否合法;④ 按照有关规定应当开庭审理的减刑、假释案件,人民法院是否开庭审理。检察人员审查人民法院减刑、假释裁定,可以向罪犯所在单位和有关人员进行调查,可以向有关机关调阅有关材料。

(5) 人民检察院经审查认为人民法院减刑、假释的裁定不当,应当在收到裁定书副本后 20 日以内,报经检察长批准,向作出减刑、假释裁定的人民法院提出书面纠正意见。

(6) 对人民法院减刑、假释裁定的纠正意见,由作出减刑、假释裁定的人民法院的同级人民检察院书面提出。下级人民检察院发现人民法院减刑、假释裁定不当的,应当向作出减刑、假释裁定的人民法院的同级人民检察院报告。

(7) 人民检察院对人民法院减刑、假释的裁定提出纠正意见后,应当监督人民法院是否在收到纠正意见后 1 个月以内重新组成合议庭进行审理,并监督重新作出的裁定是否符合法律规定。最终裁定不符合法律规定的,应当向同级人民法院提出纠正意见。

**特别关注**:《人民检察院办理减刑、假释案件规定》

(1) 人民检察院办理减刑、假释案件,应当按照下列情形分别处理:① 对减刑、假释案件提请活动的监督,由对执行机关承担检察职责的人民检察院负责;② 对减刑、假释案件审理、裁定活动的监督,由人民法院的同级人民检察院负责;同级人民检察院对执行机关不承担检察职责的,可以根据需要指定对执行机关承担检察职责的人民检察院派员出席法庭;下级人民检察院发现减刑、假释裁定不当的,应当及时向作出减刑、假释裁定的人民法院的同级人民检察院报告。

(2) 人民检察院收到执行机关移送的下列减刑、假释案件材料后,应当及时进行审查:① 执行机关拟提请减刑、假释意见;② 终审法院裁判文书、执行通知书、历次减刑裁定书;③ 罪犯确有悔改表现、立功表现或者重大立功表现的证明材料;④ 罪犯评审鉴定表、奖惩审批表;⑤ 其他应当审查的案件材料。对拟提请假释案件,还应当审查社区矫正机构或者基层组织关于罪犯假释后对所居住社区影响的调查评估报告。

(3) 具有下列情形之一的,人民检察院应当进行调查核实:① 拟提请减刑、假释罪犯系职务犯罪罪犯,破坏金融管理秩序和金融诈骗犯罪罪犯,黑社会性质组织犯罪罪犯,严重暴力恐怖犯罪罪犯,或者其他在社会上有重大影响、社会关注度高的罪犯;② 因罪犯有立功表现或者重大立功表现拟提请减刑的;③ 拟提请减刑、假释罪犯的减刑幅度大、假释考验期长、起始时间早、间隔时间短或者实际执行刑期短的;④ 拟提请减刑、假释罪犯的考核计分高、专项奖励多或者鉴定材料、奖惩记录有疑点的;⑤ 收到控告、举报的;⑥ 其他应当进行调查核实的。

(4) 人民检察院可以采取调阅复制有关材料、重新组织诊断鉴别、进行文证鉴定、召开座谈会、个别询问等方式,对下列情况进行调查核实:① 拟提请减刑、假释罪犯在服刑期间的表现情况;② 拟提请减刑、假释罪犯的财产刑执行、附带民事裁判履行、退赃退赔等情况;③ 拟提请减刑罪犯的立功表现、重大立功表现是否属实,发明创造、技术革新是否系罪犯在服刑期间独立完成并经有关主管机关确认;④ 拟提请假释罪犯的身体状况、性格特征、假释后生活来源和监管条件等影响再犯罪的因素;⑤ 其他应当进行调查核实的情况。

(5) 人民检察院发现罪犯符合减刑、假释条件,但是执行机关未提请减刑、假释的,可以建议执行机关提请减刑、假释。

(6) 人民检察院收到执行机关抄送的减刑、假释建议书副本后,应当逐案进行审查,可以向人民法院提出书面意见。发现减刑、假释建议不当或者提请减刑、假释违反法定程序的,应当在收到建议书副本后10日以内,依法向审理减刑、假释案件的人民法院提出书面意见,同时将检察意见书副本抄送执行机关。案情复杂或者情况特殊的,可以延长10日。

(7) 人民法院开庭审理减刑、假释案件的,人民检察院应当指派检察人员出席法庭,发表检察意见,并对法庭审理活动是否合法进行监督。

(8) 检察人员应当在庭审前做好下列准备工作:① 全面熟悉案情,掌握证据情况,拟定法庭调查提纲和出庭意见;② 对执行机关提请减刑、假释有异议的案件,应当收集相关证据,可以建议人民法院通知相关证人出庭作证。

(9) 庭审开始后,在执行机关代表宣读减刑、假释建议书并说明理由之后,检察人员应当发表检察意见。

(10) 庭审过程中,检察人员对执行机关提请减刑、假释有疑问的,经审判长许可,可以出示证据,申请证人出庭作证,要求执行机关代表出示证据或者作出说明,向被提请减刑、假释的罪犯及证人提问并发表意见。

(11) 法庭调查结束时,在被提请减刑、假释罪犯作最后陈述之前,经审判长许可,检察人员可以发表总结性意见。

(12) 庭审过程中,检察人员认为需要进一步调查核实案件事实、证据,需要补充鉴定或者重新鉴定,或者需要通知新的证人到庭的,应当建议休庭。

(13) 人民检察院收到人民法院减刑、假释裁定书副本后,应当及时审查下列内容:① 人民法院对罪犯裁定予以减刑、假释,以及起始时间、间隔时间、实际执行刑期、减刑幅度或者假释考验期是否符合有关规定;② 人民法院对罪犯裁定不予减刑、假释是否符合有关规定;③ 人民法院审理、裁定减刑、假释的程序是否合法;④ 按照有关规定应当开庭审理的减刑、假释案件,人民法院是否开庭审理;⑤ 人民法院减刑、假释裁定书是否依法送达执行并向社会公布。

(14) 人民检察院经审查认为人民法院减刑、假释裁定不当的,应当在收到裁定书副本后20日以内,依法向作出减刑、假释裁定的人民法院提出书面纠正意见。

(15) 人民检察院对人民法院减刑、假释裁定提出纠正意见的,应当监督人民法院在收到纠正意见后1个月以内重新组成合议庭进行审理并作出最终裁定。

(16) 人民检察院发现人民法院已经生效的减刑、假释裁定确有错误的,应当向人民法院提出书面纠正意见,提请人民法院按照审判监督程序依法另行组成合议庭重新审理并作出裁定。

(五) 其他监督

(1) 人民检察院发现监狱、看守所对服刑期满或者依法应当予以释放的人员没有按期释放,对被裁定假释的罪犯依法应当交付罪犯居住地社区矫正机构实行社区矫正而不交付,对主刑执行完毕仍然需要执行附加剥夺政治权利的罪犯,依法应当交付罪犯居住地公安机关执行而不交付,或者有对服刑期未满又无合法释放根据的罪犯予以释放等违法行为的,应当依法提出纠正意见。

(2) 人民检察院依法对公安机关执行剥夺政治权利的活动实行监督,发现公安机关有未依法执行或者剥夺政治权利执行期满未书面通知本人及其所在单位、居住地基层组织等违法情形的,应当依法提出纠正意见。

(3) 人民检察院依法对人民法院执行罚金刑、没收财产刑以及执行生效判决、裁定中没收违法所得及其他涉案财产的活动实行监督,发现人民法院有依法应当执行而不执行,执行不当,罚没的财物未及时上缴国库,或者执行活动中有其他违法情形的,应当依法提出纠正意见。

(4) 人民检察院依法对社区矫正执法活动进行监督,发现有下列情形之一的,应当依法向社区矫正机构提出纠正意见:① 没有依法接收交付执行的社区矫正人员的;② 违反法律规定批准社区矫正人员离开所居住的市、县,或者违反人民法院禁止令的内容批准社区矫正人员进入特定区域或者场所的;③ 没有依法监督管理而导致社区矫正人员脱管的;④ 社区矫正人员违反监督管理规定或者人民法院的禁止令,依法应予治安管理处罚,没有及时提请公安机关依法给予处罚的;⑤ 缓刑、假释罪犯在考验期内违反法律、行政法规或者有关缓刑、假释的监督管理规定,或者违反人民法院禁止令,依法应当撤销缓刑、假释,没有及时向人民法院提出撤销缓刑、假释建议的;⑥ 对具有《刑事诉讼法》第257条第1款规定情形之一的暂予监外执行的罪犯,没有及时决定或者批准暂予监外执行的机关提出收监执行建议的;⑦ 对符合法定减刑条件的社区矫正人员,没有依法及时向人民法院提出减刑建议的;⑧ 对社区矫正人员有殴打、体罚、虐待、侮辱人格、强迫其参加超时间或者超体力社区服务等侵犯其合法权利行为的;⑨ 其他违法情形。人民检察院发现人民法院对依法应当撤销缓刑、假释的罪犯没有依法、及时作出撤销缓刑、假释裁定,对不符合暂予监外执行条件的罪犯通过贿赂等非法手段被暂予监外执行以及在暂予监外执行期间脱逃的罪犯的执行刑期计算错误,或者有权决定、批准暂予监外执行的机关对依法应当收监执行的罪犯没有及时依法作出收监执行决定的,应当依法提出纠正意见。

(5) 对人民法院、公安机关、看守所、监狱、社区矫正机构等的交付执行活动、刑罚执行活动以及其他有关执行刑事判决、裁定活动中违法行为的监督,参照《刑事诉讼规则》第632条的规定办理。

## 二、例题

1. 关于生效裁判执行,下列哪一做法是正确的?(2016年真题,单选)
  A. 甲被判处管制1年,由公安机关执行
  B. 乙被判处有期徒刑1年宣告缓刑2年,由社区矫正机构执行
  C. 丙被判处有期徒刑1年6个月,在被交付执行前,剩余刑期5个月,由看守所代为执行
  D. 丁被判处10年有期徒刑并处没收财产,没收财产部分由公安机关执行

[释疑] 《刑事诉讼法》第253条第2款规定:"对判处死刑缓期二年执行、无期徒刑、有期徒刑的罪犯,由公安机关依法将该罪犯送交监狱执行刑罚。对被判处有期徒刑的罪犯,在被交付执行刑罚前,剩余刑期在三个月以下的,由看守所代为执行。对被判处拘役的罪犯,由公安机关执行。"《刑事诉讼法》第258条规定:"对被判处管制、宣告缓刑、假释或者暂予监外执行的罪犯,依法实行社区矫正,由社区矫正机构负责执行。"所以,A项、C项均错误;B项正确。《刑事诉讼法》第261条规定:没收财产的判决,无论附加适用或者独立适用,都由人民法院执行;在必要的时候,可以会同公安机关执行。所以,D项错误。(答案:B)

2. 关于监狱在刑事诉讼中的职权,下列哪一选项是正确的?(2016年真题,单选)
  A. 监狱监管人员指使被监管人体罚虐待其他被监管人的犯罪,由监狱进行侦查
  B. 罪犯在监狱内犯罪并被发现判决时所没有发现的罪行,应由监狱一并侦查
  C. 被判处有期徒刑罪犯的暂予监外执行均应当由监狱提出书面意见,报省级以上监狱管理部门批准
  D. 被判处有期徒刑罪犯的减刑应当由监狱提出建议书,并报法院审核裁定

[释疑] 《人民检察院刑事诉讼规则(试行)》第8条第1款规定:"人民检察院立案侦查贪污贿赂犯罪、国家工作人员的渎职犯罪、国家机关工作人员利用职权实施的非法拘禁、刑讯逼供、报复陷害、非法搜查的侵犯公民人身权利的犯罪以及侵犯公民民主权利的犯罪案件。"《人民检察院刑事诉讼规则(试行)》第8条第4款规定:"国家机关工作人员利用职权实施的侵犯公民人身权利和民主权利的犯罪案件包括:(一) 非法拘禁案(刑法第二百三十八条);(二) 非法搜查案(刑法第二百四十五条);(三) 刑讯逼供案(刑法第二百四十七条);(四) 暴力取证案(刑法第二百四十七条);(五) 虐待被监管人案(刑法第二百四十八条);(六) 报复陷害案(刑法第二百五十四条);(七) 破坏选举案(刑法第二百五十六条)。"所以,本题中A项错误。《刑事诉讼法》第262条规定:"罪犯在服刑期间又犯罪的,或者发现了判决的时候所没有发现的罪行,由执行机关移送人民检察院处理。"《刑事诉讼法》第290条规定:"军队保卫部门对军队内部发生的刑事案件行使侦查权。对罪犯在监狱内犯罪的案件由监狱进行侦查。军队保卫部门、监狱办理刑事案件,适用本法的有关规定。"所以,罪犯在监狱内犯罪,应由监狱侦查,但是,监狱发现罪犯有判决时所没有发现的罪行,则应当移送人民检察院处理,故B项错误。

《刑事诉讼法》第253条规定:罪犯被交付执行刑罚的时候,应当由交付执行的人民法院在判决生效后十日以内将有关的法律文书送达公安机关、监狱或者其他执行机关。对被判处

死刑缓期二年执行、无期徒刑、有期徒刑的罪犯,由公安机关依法将该罪犯送交监狱执行刑罚。对被判处有期徒刑的罪犯,在被交付执行刑罚前,剩余刑期在三个月以下的,由看守所代为执行。对被判处拘役的罪犯,由公安机关执行;《刑事诉讼法》第254条第5款规定:"在交付执行前,暂予监外执行由交付执行的人民法院决定;在交付执行后,暂予监外执行由监狱或者看守所提出书面意见,报省级以上监狱管理机关或者设区的市一级以上公安机关批准。"对于"在被交付执行刑罚前,剩余刑期在三个月以下的,由看守所代为执行"的有期徒刑罪犯的暂予监外执行应当由设区的市一级以上公安机关批准。所以,C项错误。《刑事诉讼法》第262条第2款规定:"被判处管制、拘役、有期徒刑或者无期徒刑的罪犯,在执行期间确有悔改或者立功表现,应当依法予以减刑、假释的时候,由执行机关提出建议书,报请人民法院审核裁定,并将建议书副本抄送人民检察院。人民检察院可以向人民法院提出书面意见。"注意本条中的"执行机关"包括监狱也包括公安机关等执行机关,由于本题D项"被判处有期徒刑罪犯的减刑应当由监狱提出建议书,并报法院审核裁定"用的"应当"而非"均应当",故D项正确。但该题答案不很严谨,综合四个选项,只有D项可选。(答案:D)

3. 关于刑事裁判涉财产部分执行,下列哪一说法是正确的?(2015年真题,单选)

A. 对侦查机关查封、冻结、扣押的财产,法院执行时可直接裁定处置,无需侦查机关出具解除手续

B. 法院续行查封、冻结、扣押的顺位无需与侦查机关的顺位相同

C. 刑事裁判涉财产部分的裁判内容应明确具体,涉案财产和被害人均应在判决书主文中详细列明

D. 刑事裁判涉财产部分,应由与一审法院同级的财产所在地的法院执行

[释疑] 最高人民法院《关于刑事裁判涉财产部分执行的若干规定》第5条第一款规定:"刑事审判或者执行中,对于侦查机关已经采取的查封、扣押、冻结,人民法院应当在期限届满前及时续行查封、扣押、冻结。人民法院续行查封、扣押、冻结的顺位与侦查机关查封、扣押、冻结的顺位相同。"所以,A项错误。第5条第1款规定:"对侦查机关查封、扣押、冻结的财产,人民法院执行中可以直接裁定处置,无需侦查机关出具解除手续,但裁定中应当指明侦查机关查封、扣押、冻结的事实。"所以,B项正确。最高人民法院《关于刑事裁判涉财产部分执行的若干规定》第6条规定:"刑事裁判涉财产部分的裁判内容,应当明确、具体。涉案财物或者被害人人数较多,不宜在判决主文中详细列明的,可以概括叙明并另附清单。判处没收部分财产的,应当明确没收的具体财物或者金额。判处追缴或者责令退赔的,应当明确追缴或者退赔的金额或财物的名称、数量等相关情况。"所以,C项错误。最高人民法院《关于刑事裁判涉财产部分执行的若干规定》第2条规定:"刑事裁判涉财产部分,由第一审人民法院执行。第一审人民法院可以委托财产所在地的同级人民法院执行。"所以,D项错误。(答案:A)

4. 关于减刑、假释案件审理程序,下列哪一选项是正确的?(2015年真题,单选)

A. 甲因抢劫罪和绑架罪被法院决定执行有期徒刑20年,对甲的减刑,应由其服刑地高级法院作出裁定

B. 乙因检举他人重大犯罪活动被报请减刑的,法院应通知乙参加减刑庭审

C. 丙因受贿罪被判处有期徒刑5年,对丙的假释,可书面审理,但必须提讯丙

D. 丁因强奸罪被判处无期徒刑,对丁的减刑,可聘请律师到庭发表意见

[释疑] 最高人民法院《关于减刑、假释案件审理程序的规定》第1条第1款第3项规

定:"对被判处有期徒刑和被减为有期徒刑的罪犯的减刑、假释,由罪犯服刑地的中级人民法院在收到执行机关提出的减刑、假释建议书后一个月内作出裁定,案情复杂或者情况特殊的,可以延长一个月。"所以,A 项错误。最高人民法院《关于减刑、假释案件审理程序的规定》第 6 条规定:"人民法院审理减刑、假释案件,可以采取开庭审理或者书面审理的方式。但下列减刑、假释案件,应当开庭审理:(一) 因罪犯有重大立功表现报请减刑的;(二) 报请减刑的起始时间、间隔时间或者减刑幅度不符合司法解释一般规定的;(三) 公示期间收到不同意见的;(四) 人民检察院有异议的;(五) 被报请减刑、假释罪犯系职务犯罪罪犯,组织(领导、参加、包庇、纵容)黑社会性质组织犯罪罪犯,破坏金融管理秩序和金融诈骗犯罪罪犯及其他在社会上有重大影响或社会关注度高的;(六) 人民法院认为其他应当开庭审理的";第 7 条规定:"人民法院开庭审理减刑、假释案件,应当通知人民检察院、执行机关及被报请减刑、假释罪犯参加庭审。人民法院根据需要,可以通知证明罪犯确有悔改表现或者立功、重大立功表现的证人,公示期间提出不同意见的人,以及鉴定人、翻译人员等其他人员参加庭审。"所以,B 项正确;C 项错误;D 项于法无据,错误。(答案:B)

5. 钱某涉嫌纵火罪被提起公诉,在法庭审理过程中被诊断患严重疾病,法院判处其有期徒刑 8 年,同时决定予以监外执行。下列哪一选项是错误的?(2014 年真题,单选)

  A. 决定监外执行时应当将暂予监外执行决定抄送检察院
  B. 钱某监外执行期间,应当对其实行社区矫正
  C. 如钱某拒不报告行踪、脱离监管,应当予以收监
  D. 如法院作出收监决定,钱某不服,可向上一级法院申请复议

[释疑] 《刑事诉讼法》第 256 条规定:"决定或者批准暂予监外执行的机关应当将暂予监外执行决定抄送人民检察院。人民检察院认为暂予监外执行不当的,应当自接到通知之日起一个月以内将书面意见送交决定或者批准暂予监外执行的机关,决定或者批准暂予监外执行的机关接到人民检察院的书面意见后,应当立即对该决定进行重新核查。"故 A 项正确。《刑事诉讼法》第 258 条规定:"对被判处管制、宣告缓刑、假释或者暂予监外执行的罪犯,依法实行社区矫正,由社区矫正机构负责执行。"故 B 项正确。《刑事诉讼法》第 257 条第 1 款规定:"对暂予监外执行的罪犯,有下列情形之一的,应当及时收监:(一) 发现不符合暂予监外执行条件的;(二) 严重违反有关暂予监外执行监督管理规定的;(三) 暂予监外执行的情形消失后,罪犯刑期未满的。"故 C 项正确,严重违反有关暂予监外执行监督管理规定。被暂予监外执行人没有申请复议的权利,故 D 项错误。(答案:D)

6. 关于有期徒刑缓刑、拘役缓刑的执行,下列哪些选项是正确的?(2014 年真题,多选)

  A. 对宣告缓刑的罪犯,法院应当核实其居住地
  B. 法院应当向罪犯及原所在单位或居住地群众宣布犯罪事实、期限及应遵守的规定
  C. 罪犯在缓刑考验期内犯新罪应当撤销缓刑的,由原审法院作出裁定
  D. 法院撤销缓刑的裁定,一经作出立即生效

[释疑] 《刑诉法解释》第 436 条规定:"对被判处管制、宣告缓刑的罪犯,人民法院应当核实其居住地。宣判时,应当书面告知罪犯到居住地县级司法行政机关报到的期限和不按期报到的后果。判决、裁定生效后十日内,应当将判决书、裁定书、执行通知书等法律文书送达罪犯居住地的县级司法行政机关,同时抄送罪犯居住地的县级人民检察院。"故 A 项正确。缓刑由社区矫正机构执行,法院不负责执行。故 B 项错误。《刑诉法解释》第 457 条规定:"罪犯在

缓刑、假释考验期限内犯新罪或者被发现在判决宣告前还有其他罪没有判决,应当撤销缓刑、假释的,由审判新罪的人民法院撤销原判决、裁定宣告的缓刑、假释,并书面通知原审人民法院和执行机关。"故 C 项错误。《刑诉法解释》第 458 条第 2 款规定:"人民法院撤销缓刑、假释的裁定,一经作出,立即生效。"故 D 项正确。(答案:AD)

7. 赵某因绑架罪被甲省 A 市中级法院判处死刑缓期两年执行,后交付甲省 B 市监狱执行。死刑缓期执行期间,赵某脱逃至乙省 C 市实施抢劫被抓获,C 市中级法院一审以抢劫罪判处无期徒刑。赵某不服判决,向乙省高级法院上诉。乙省高级法院二审维持一审判决。此案最终经最高法院核准死刑立即执行。关于执行赵某死刑的法院,下列哪一选项是正确的?(2013 年真题,单选)

A. A 市中级法院
B. B 市中级法院
C. C 市中级法院
D. 乙省高级法院

[释疑] 《刑诉法解释》第 417 条规定:"最高人民法院的执行死刑命令,由高级人民法院交付第一审人民法院执行。第一审人民法院接到执行死刑命令后,应当在七日内执行。在死刑缓期执行期间故意犯罪,最高人民法院核准执行死刑的,由罪犯服刑地的中级人民法院执行。"故 B 项正确。(答案:B)

8. 下列哪一选项是 2012 年《刑事诉讼法》修正案新增加的内容?(2012 年真题,单选)
A. 怀孕或者正在哺乳自己婴儿的妇女可以暂予监外执行
B. 监狱、看守所提出暂予监外执行的书面意见的,应当将书面意见的副本抄送检察院
C. 决定或者批准暂予监外执行的机关应当将暂予监外执行决定抄送检察院
D. 检察院认为暂予监外执行不当的,应当在法定期间内将书面意见送交决定或者批准暂予监外执行的机关

[释疑] 《刑事诉讼法》第 255 条规定:"监狱、看守所提出暂予监外执行的书面意见的,应当将书面意见的副本抄送人民检察院。人民检察院可以向决定或者批准机关提出书面意见。"故 B 项正确。(答案:B)

9. 被告人王某故意杀人案经某市中级法院审理,认为案件事实清楚,证据确实、充分。如王某被判处死刑立即执行,下列选项正确的是:(2010 年真题,不定选)
A. 核准死刑立即执行的机关是最高人民法院
B. 签发死刑立即执行命令的是最高人民法院审判委员会
C. 王某由作出一审判决的法院执行
D. 王某由法院交由监狱或指定的羁押场所执行

[释疑] 《刑事诉讼法》235 条规定:"死刑由最高人民法院核准。"A 项正确。《刑事诉讼法》第 250 条规定:"最高人民法院判处和核准的死刑立即执行的判决,应当由最高人民法院院长签发执行死刑的命令。被判处死刑缓期二年执行的罪犯,在死刑缓期执行期间,如果没有故意犯罪,死刑缓期执行期满,应当予以减刑,由执行机关提出书面意见,报请高级人民法院裁定;如果故意犯罪,查证属实,应当执行死刑,由高级人民法院报请最高人民法院核准。"B 项错误。《刑诉法解释》第 417 条规定:"最高人民法院的执行死刑命令,由高级人民法院交付第一审人民法院执行。第一审人民法院接到执行死刑命令后,应当在七日内执行。在死刑缓期执行期间故意犯罪,最高人民法院核准执行死刑的,由罪犯服刑地的中级人民法院执行。"C 项正确、D 项错误,故选 A、C 项。(答案:AC)

10. 被告人王某故意杀人案经某市中级人民法院审理,认为案件事实清楚,证据确实、充分。如王某被判处无期徒刑,附加剥夺政治权利,下列选项正确的是:(2010年真题,不定选)

A. 无期徒刑的执行机关是监狱
B. 剥夺政治权利的执行机关是公安机关
C. 对王某应当剥夺政治权利终身
D. 如王某减刑为有期徒刑,剥夺政治权利的期限应改为 15 年

[释疑] 根据《刑事诉讼法》第 253 条第 2 款的规定,对被判处死刑缓期两年执行、无期徒刑、有期徒刑的罪犯,由公安机关依法将该罪犯送交监狱执行刑罚;对于被判处有期徒刑的罪犯……故 A、B 项正确。根据《刑法》的规定,对王某应当剥夺政治权利终身,C 项正确、D 项于法无据。故选 A、B、C 项。(答案:ABC)

11. 被告人王某故意杀人案经某市中级法院审理,认为案件事实清楚,证据确实、充分。如王某被并处没收个人财产,关于本案财产刑的执行及赔偿、债务偿还,下列说法正确的是:(2010年真题,不定选)

A. 财产刑由公安机关执行
B. 王某应先履行对提起附带民事诉讼的被害人的民事赔偿责任
C. 案外人对执行标的物提出异议的,法院应当裁定中止执行
D. 王某在案发前所负所有债务,经债权人请求先行予以偿还

[释疑] 《刑诉法解释》第 438 条规定:"财产刑和附带民事裁判由第一审人民法院负责裁判执行的机构执行。"A 项错误。第 440 条规定:"执行财产刑和附带民事裁判过程中,案外人对被执行财产提出权属异议的,人民法院应当参照民事诉讼有关执行异议的规定进行审查并作出处理。"C 项错误。第 441 条规定:"被判处财产刑,同时又承担附带民事赔偿责任的被执行人,应当先履行民事赔偿责任。判处财产刑之前被执行人所负正当债务,需要以被执行的财产偿还的,经债权人请求,应当偿还。"B 项正确、D 项错误。故选 B 项。(答案:B)

12. 关于停止执行死刑的程序,下列哪一选项是正确的?(2009年真题,单选)

A. 下级法院接到最高人民法院执行死刑的命令后,执行前发现具有法定停止执行情形的,应当暂停执行并直接将请求停止执行报告及相关材料报最高人民法院
B. 最高人民法院审查下级人民法院报送的停止执行死刑报告后,应当作出下级人民法院停止或继续执行死刑的裁定
C. 下级人民法院停止执行后,可以自行调查核实,也可以与有关部门一同对相关情况进行调查核实
D. 下级人民法院停止执行并会同有关部门调查或自行调查后,应当迅速将调查结果直接报最高人民法院

[释疑] 《刑诉法解释》第 418 条规定:"第一审人民法院在接到执行死刑命令后、执行前,发现有下列情形之一的,应当暂停执行,并立即将请求停止执行死刑的报告和相关材料层报最高人民法院:(一) 罪犯可能有其他犯罪的;(二) 共同犯罪的其他犯罪嫌疑人到案,可能影响罪犯量刑的;(三) 共同犯罪的其他罪犯被暂停或者停止执行死刑,可能影响罪犯量刑的;(四) 罪犯揭发重大犯罪事实或者有其他重大立功表现,可能需要改判的;(五) 罪犯怀孕的;(六) 判决、裁定可能有影响定罪量刑的其他错误的。最高人民法院经审查,认为可能影响罪犯定罪量刑的,应当裁定停止执行死刑;认为不影响的,应当决定继续执行死刑。"所以 A 项错

误。《刑诉法解释》第422条规定:"最高人民法院对停止执行死刑的案件,应当按照下列情形分别处理:(一)确认罪犯怀孕的,应当改判;(二)确认罪犯有其他犯罪,依法应当追诉的,应当裁定不予核准死刑,撤销原判,发回重新审判;(三)确认原判决、裁定有错误或者罪犯有重大立功表现,需要改判的,应当裁定不予核准死刑,撤销原判,发回重新审判;(四)确认原判决、裁定没有错误,罪犯没有重大立功表现,或者重大立功表现不影响原判决、裁定执行的,应当裁定继续执行死刑,并由院长重新签发执行死刑的命令。"《刑诉法解释》第420条规定:"下级人民法院接到最高人民法院停止执行死刑的裁定后,应当会同有关部门调查核实停止执行死刑的事由,并及时将调查结果和意见层报最高人民法院审核。"所以B项正确,C、D项错误。(答案:B)

13. 在一起共同犯罪案件中,主犯王某被判处有期徒刑15年,剥夺政治权利3年,并处没收个人财产;主犯朱某被判处有期徒刑10年,剥夺政治权利2年,罚金2万元人民币;从犯李某被判处有期徒刑8个月;从犯周某被判处管制1年,剥夺政治权利1年。请回答(1)—(2)题。(2008年真题,不定选)

(1) 在本案中,由监狱执行刑罚的罪犯是:
A. 王某　　　　B. 朱某　　　　C. 李某　　　　D. 周某

[释疑] 《刑事诉讼法》第253条规定:"罪犯被交付执行刑罚的时候,应当由交付执行的人民法院在判决生效后十日以内将有关的法律文书送达公安机关、监狱或者其他执行机关。对被判处死刑缓期二年执行、无期徒刑、有期徒刑的罪犯,由公安机关依法将该罪犯送交监狱执行刑罚。对被判处有期徒刑的罪犯,在被交付执行刑罚前,剩余刑期在三个月以下的,由看守所代为执行。对被判处拘役的罪犯,由公安机关执行。对未成年犯应当在未成年犯管教所执行刑罚。执行机关应当将罪犯及时收押,并且通知罪犯家属。判处有期徒刑、拘役的罪犯,执行期满,应当由执行机关发给释放证明书。"(原答案:AB;现答案:ABC)

(2) 所判刑罚既需要法院执行,又需要公安机关执行的罪犯是:
A. 王某　　　　B. 周某　　　　C. 李某　　　　D. 朱某

[释疑] 《刑事诉讼法》第260条规定:"被判处罚金的罪犯,期满不缴纳的,人民法院应当强制缴纳;如果由于遭遇不能抗拒的灾祸缴纳确实有困难的,可以裁定减少或者免除。"《刑事诉讼法》第261条规定:"没收财产的判决,无论附加适用或者独立适用,都由人民法院执行;在必要的时候,可以会同公安机关执行。"故A、D项当选。(答案:AD)

14. 《刑事诉讼法》规定,下级法院接到最高法院执行死刑的命令后,发现有关情形时,应当停止执行,并且立即报告最高人民法院,由最高人民法院作出裁定。下列哪些情形应当适用该规定?(2008年真题,多选)
A. 发现关键定罪证据可能是刑讯逼供所得
B. 判决书认定的年龄错误,实际年龄未满18周岁
C. 提供一重大银行抢劫案线索,经查证属实
D. 罪犯正在怀孕

[释疑] 《刑事诉讼法》第251条规定:"下级人民法院接到最高人民法院执行死刑的命令后,应当在七日以内交付执行。但是发现有下列情形之一的,应当停止执行,并且立即报告最高人民法院,由最高人民法院作出裁定:(一)在执行前发现判决可能有错误的;(二)在执行前罪犯揭发重大犯罪事实或者有其他重大立功表现,可能需要改判的;(三)罪犯正在怀孕。

前款第一项、第二项停止执行的原因消失后,必须报请最高人民法院院长再签发执行死刑的命令才能执行;由于前款第三项原因停止执行的,应当报请最高人民法院依法改判。"故选A、B、C、D项。(答案:ABCD)

15. 根据我国《刑事诉讼法》的有关规定,下述哪些判决应当由公安机关执行?(多选)
    A. 管制
    B. 有期徒刑的缓刑
    C. 拘役
    D. 剥夺政治权利

[释疑] 《刑事诉讼法》第253条第2款规定:"……对被判处拘役的罪犯,由公安机关执行。"第258条规定:"对被判处管制、宣告缓刑、假释或者暂予监外执行的罪犯,依法实行社区矫正,由社区矫正机构负责执行。"第259条规定:"对被判处剥夺政治权利的罪犯,由公安机关执行。执行期满,应当由执行机关书面通知本人及其所在单位、居住地基层组织。"(原答案:ABCD;现答案:CD)

16. 下列有关执行机关执行范围的表述,错误的是:(多选)
    A. 人民法院负责无罪、免除处罚、罚金、没收财产及死刑立即执行判决的执行
    B. 公安机关负责送交执行时余刑不足两年的有期徒刑和拘役、管制、缓刑、剥夺政治权利、监外执行等的执行
    C. 监狱负责被判处死刑缓期两年执行、无期徒刑和送交执行时余刑两年以上的有期徒刑的执行
    D. 未成年犯管教所负责未成年犯被判处刑罚和劳动教养处罚的执行

[释疑] 公安机关负责执行时余刑不足3个月的罪犯的执行,B、C项错误;未成年犯管教所不负责劳动教养处罚的执行,D项错误。(答案:BCD)

17. 夏某因犯抢劫罪被某中级人民法院一审判处死刑缓期两年执行,并经高级人民法院核准。在死刑缓期两年执行期间夏某未犯新罪。两年期满后的第二天,高级人民法院尚未裁定减刑,夏某将同监另一犯人打成重伤。该高级人民法院对夏某处理错误的是:(多选)
    A. 裁定核准死刑立即执行
    B. 将死刑缓期两年执行改判为死刑立即执行,报最高人民法院核准
    C. 先依法裁定减刑,然后对所犯新罪另行审判
    D. 维持原死刑缓期两年执行的裁判,以观后效

[释疑] 《刑诉法解释》第416条规定:"死刑缓期执行的期间,从判决或者裁定核准死刑缓期执行的法律文书宣告或者送达之日起计算。死刑缓期执行期满,依法应当减刑的,人民法院应当及时减刑。死刑缓期执行期满减为无期徒刑、有期徒刑的,刑期自死刑缓期执行期满之日起计算。"本题中高级人民法院虽未裁定减刑,但夏某的两年缓刑执行已经期满,应当减为无期徒刑,其伤人行为应当另外以故意犯罪数罪并罚。故C项正确,A、B、D项错误。(答案:ABD)

18. 在刑事执行程序中,下列哪些情形不可以暂予监外执行?(多选)
    A. 被判处无期徒刑的张某,怀有身孕
    B. 被判处有期徒刑10年的罪犯王某,在狱中自杀未遂,生活不能自理
    C. 被判处拘役的罪犯李某,患有严重疾病需要保外就医
    D. 被判处5年有期徒刑的赵某,怀有身孕

[释疑] 《刑事诉讼法》第254条规定:"对被判处有期徒刑或者拘役的罪犯,有下列情形

之一的,可以暂予监外执行:(一) 有严重疾病需要保外就医的;(二) 怀孕或者正在哺乳自己婴儿的妇女;(三) 生活不能自理,适用暂予监外执行不致危害社会的。对被判处无期徒刑的罪犯,有前款第二项规定情形的,可以暂予监外执行。对适用保外就医可能有社会危险性的罪犯,或者自伤自残的罪犯,不得保外就医。对罪犯确有严重疾病,必须保外就医的,由省级人民政府指定的医院诊断并开具证明文件。在交付执行前,暂予监外执行由交付执行的人民法院决定;在交付执行后,暂予监外执行由监狱或者看守所提出书面意见,报省级以上监狱管理机关或者设区的市一级以上公安机关批准。"故选 B 项。(原答案:AB;现答案:B)

### 三、提示与预测

本章要掌握各种判决的执行程序、死刑执行的变更、监外执行、减刑、假释的程序、检察院对执行的监督等。尤其要注意新法的变化。

# 第二十章　未成年人刑事案件诉讼程序

未成年人刑事案件诉讼程序
- 未成年人刑事案件诉讼程序的概念
- 未成年人刑事案件诉讼程序的法律依据
- 未成年人刑事案件诉讼程序的意义
- 特有原则
  - 教育为主、惩罚为辅原则
  - 分案处理(分管分押)原则
  - 不公开审理原则
  - 及时原则、和缓原则
- 程序的特点
  - 必须查明犯罪嫌疑人、被告人的准确出生日期
  - 由专门机构或专职人员承办
  - 诉讼工作的全面性和细致性
  - 未成年犯罪嫌疑人、被告人享有特别的诉讼权利
  - 严格限制强制措施的适用
  - 相对和缓的办案方式

### 一、精讲

未成年人案件诉讼程序,是指专门适用于未成年人刑事案件的侦查、起诉、审判、执行等程序的一种特别刑事诉讼程序。

#### 考点 1 《刑事诉讼法》关于未成年人案件的特殊规定

(1) 对犯罪的未成年人实行教育、感化、挽救的方针。
(2) 坚持教育为主、惩罚为辅的原则。
(3) 人民法院、人民检察院和公安机关办理未成年人刑事案件,应当保障未成年人行使其诉讼权利,保障未成年人得到法律帮助,并由熟悉未成年人身心特点的审判人员、检察人员、侦查人员承办。

（4）未成年犯罪嫌疑人、被告人没有委托辩护人的，人民法院、人民检察院、公安机关应当通知法律援助机构指派律师为其提供辩护。

（5）公安机关、人民检察院、人民法院办理未成年人刑事案件，根据情况可以对未成年犯罪嫌疑人、被告人的成长经历、犯罪原因、监护教育等情况进行调查。

（6）对未成年犯罪嫌疑人、被告人应当严格限制适用逮捕措施。人民检察院审查批准逮捕和人民法院决定逮捕，应当讯问未成年犯罪嫌疑人、被告人，听取辩护律师的意见。

（7）对被拘留、逮捕和执行刑罚的未成年人与成年人应当分别关押、分别管理、分别教育。

（8）审判的时候被告人不满18周岁的案件，不公开审理。但是，经未成年被告人及其法定代理人同意，未成年被告人所在学校和未成年人保护组织可以派代表到场。

（9）对于未成年人刑事案件，在讯问和审判的时候，应当通知未成年犯罪嫌疑人、被告人的法定代理人到场。无法通知、法定代理人不能到场或者法定代理人是共犯的，也可以通知未成年犯罪嫌疑人、被告人的其他成年亲属，所在学校、单位、居住地基层组织或者未成年人保护组织的代表到场，并将有关情况记录在案。到场的法定代理人可以代为行使未成年犯罪嫌疑人、被告人的诉讼权利。

（10）到场的法定代理人或者其他人员认为办案人员在讯问、审判中侵犯未成年人合法权益的，可以提出意见。讯问笔录、法庭笔录应当交给到场的法定代理人或者其他人员阅读或者向他宣读。

（11）讯问女性未成年犯罪嫌疑人，应当有女工作人员在场。

（12）审判未成年人刑事案件，未成年被告人最后陈述后，其法定代理人可以进行补充陈述。

（13）询问未成年被害人、证人，适用《刑事诉讼法》第270条第1款、第2款、第3款的规定。

### 考点 2 附条件不起诉制度

（1）对于未成年人涉嫌《刑法》分则第四章、第五章、第六章规定的犯罪，可能判处1年有期徒刑以下刑罚，符合起诉条件，但有悔罪表现的，人民检察院可以作出附条件不起诉的决定。

（2）人民检察院在作出附条件不起诉的决定以前，应当听取公安机关、被害人的意见。

（3）对附条件不起诉的决定，公安机关要求复议、提请复核或者被害人申诉的，适用《刑事诉讼法》第175条、第176条的规定。

（4）未成年犯罪嫌疑人及其法定代理人对人民检察院决定附条件不起诉有异议的，人民检察院应当作出起诉的决定。

（5）在附条件不起诉的考验期内，由人民检察院对被附条件不起诉的未成年犯罪嫌疑人进行监督考察。未成年犯罪嫌疑人的监护人，应当对未成年犯罪嫌疑人加强管教，配合人民检察院做好监督考察工作。

（6）附条件不起诉的考验期为6个月以上1年以下，从人民检察院作出附条件不起诉的决定之日起计算。

（7）被附条件不起诉的未成年犯罪嫌疑人，应当遵守下列规定：① 遵守法律法规，服从监督；② 按照考察机关的规定报告自己的活动情况；③ 离开所居住的市、县或者迁居，应当报经考察机关批准；④ 按照考察机关的要求接受矫治和教育。

（8）被附条件不起诉的未成年犯罪嫌疑人，在考验期内有下列情形之一的，人民检察院应当撤销附条件不起诉的决定，提起公诉：① 实施新的犯罪或者发现决定附条件不起诉以前还有其他犯罪需要追诉的；② 违反治安管理规定或者考察机关有关附条件不起诉的监督管理规定，情节严重的。

（9）被附条件不起诉的未成年犯罪嫌疑人，在考验期内没有上述情形，考验期满的，人民检察院应当作出不起诉的决定。

**特别关注**：全国人民代表大会常务委员会《关于〈中华人民共和国刑事诉讼法〉第二百七十一条第二款的解释》

全国人民代表大会常务委员会根据司法实践中遇到的情况，讨论了《刑事诉讼法》第271条第2款的含义及被害人对附条件不起诉的案件能否依照第176条的规定向人民法院起诉的问题，解释如下：

人民检察院办理未成年人刑事案件，在作出附条件不起诉的决定以及考验期满作出不起诉的决定以前，应当听取被害人的意见。被害人对人民检察院对未成年犯罪嫌疑人作出的附条件不起诉的决定和不起诉的决定，可以向上一级人民检察院申诉，不适用《刑事诉讼法》第176条关于被害人可以向人民法院起诉的规定。

比较：第176条对于有被害人的案件，决定不起诉的，人民检察院应当将不起诉决定书送达被害人。被害人如果不服，可以自收到决定书后7日以内向上一级人民检察院申诉，请求提起公诉。人民检察院应当将复查决定告知被害人。对人民检察院维持不起诉决定的，被害人可以向人民法院起诉。被害人也可以不经申诉，直接向人民法院起诉。人民法院受理案件后，人民检察院应当将有关案件材料移送人民法院。

第271条对于未成年人涉嫌刑法分则第四章、第五章、第六章规定的犯罪，可能判处1年有期徒刑以下刑罚，符合起诉条件，但有悔罪表现的，人民检察院可以作出附条件不起诉的决定。人民检察院在作出附条件不起诉的决定以前，应当听取公安机关、被害人的意见。对附条件不起诉的决定，公安机关要求复议、提请复核或者被害人申诉的，适用本法第175条、第176条的规定。未成年犯罪嫌疑人及其法定代理人对人民检察院决定附条件不起诉有异议的，人民检察院应当作出起诉的决定。

## 考点 3 犯罪记录封存制度

（1）犯罪的时候不满18周岁，被判处5年有期徒刑以下刑罚的，应当对相关犯罪记录予以封存。

（2）犯罪记录被封存的，不得向任何单位和个人提供，但司法机关为办案需要或者有关单位根据国家规定进行查询的除外。依法进行查询的单位，应当对被封存的犯罪记录的情况予以保密。

（3）办理未成年人刑事案件，除《刑事诉讼法》第五编第一章已有规定的以外，按照《刑事诉讼法》的其他规定进行。

## 考点 4 《刑诉法解释》关于未成年人刑事案件诉讼程序的规定

(一) 一般规定

(1) 人民法院审理未成年人刑事案件,应当贯彻教育、感化、挽救的方针,坚持教育为主、惩罚为辅的原则,加强对未成年人的特殊保护。

(2) 人民法院应当加强同政府有关部门以及共青团、妇联、工会、未成年人保护组织等团体的联系,推动未成年人刑事案件人民陪审、情况调查、安置帮教等工作的开展,充分保障未成年人的合法权益,积极参与社会管理综合治理。

(3) 审理未成年人刑事案件,应当由熟悉未成年人身心特点、善于做未成年人思想教育工作的审判人员进行,并应当保持有关审判人员工作的相对稳定性。未成年人刑事案件的人民陪审员,一般由熟悉未成年人身心特点、热心教育、感化、挽救失足未成年人工作,并经过必要培训的共青团、妇联、工会、学校、未成年人保护组织等单位的工作人员或者有关单位的退休人员担任。

(4) 中级人民法院和基层人民法院可以设立独立建制的未成年人案件审判庭。尚不具备条件的,应当在刑事审判庭内设立未成年人刑事案件合议庭,或者由专人负责审理未成年人刑事案件。高级人民法院应当在刑事审判庭内设立未成年人刑事案件合议庭。具备条件的,可以设立独立建制的未成年人案件审判庭。未成年人案件审判庭和未成年人刑事案件合议庭统称少年法庭。

(5) 下列案件由少年法庭审理:① 被告人实施被指控的犯罪时不满 18 周岁、人民法院立案时不满 20 周岁的案件;② 被告人实施被指控的犯罪时不满 18 周岁、人民法院立案时不满 20 周岁,并被指控为首要分子或者主犯的共同犯罪案件。其他共同犯罪案件有未成年被告人的,或者其他涉及未成年人的刑事案件是否由少年法庭审理,由院长根据少年法庭工作的实际情况决定。

(6) 对分案起诉至同一人民法院的未成年人与成年人共同犯罪案件,可以由同一个审判组织审理;不宜由同一个审判组织审理的,可以分别由少年法庭、刑事审判庭审理。未成年人与成年人共同犯罪案件,由不同人民法院或者不同审判组织分别审理的,有关人民法院或者审判组织应当互相了解共同犯罪被告人的审判情况,注意全案的量刑平衡。

(7) 对未成年人刑事案件,必要时,上级人民法院可以根据《刑事诉讼法》第 26 条的规定,指定下级人民法院将案件移送其他人民法院审判。

(8) 人民法院审理未成年人刑事案件,在讯问和开庭时,应当通知未成年被告人的法定代理人到场。法定代理人无法通知、不能到场或者是共犯的,也可以通知未成年被告人的其他成年亲属,所在学校、单位、居住地的基层组织或者未成年人保护组织的代表到场,并将有关情况记录在案。到场的其他人员,除依法行使《刑事诉讼法》第 270 条第 2 款规定的权利外,经法庭同意,可以参与对未成年被告人的法庭教育等工作。适用简易程序审理未成年人刑事案件,适用《刑诉法解释》第 466 条第 1、2 款的规定。询问未成年被害人、证人,适用《刑诉法解释》第 466 条第 1 款、第 2 款的规定。

(9) 开庭审理时被告人不满 18 周岁的案件,一律不公开审理。经未成年被告人及其法定代理人同意,未成年被告人所在学校和未成年人保护组织可以派代表到场。到场代表的人数和范围,由法庭决定。到场代表经法庭同意,可以参与对未成年被告人的法庭教育工作。对依法公开审理,但可能需要封存犯罪记录的案件,不得组织人员旁听。

（10）确有必要通知未成年被害人、证人出庭作证的,人民法院应当根据案件情况采取相应的保护措施。有条件的,可以采取视频等方式对其陈述、证言进行质证。

（11）审理未成年人刑事案件,不得向外界披露该未成年人的姓名、住所、照片以及可能推断出该未成年人身份的其他资料。查阅、摘抄、复制的未成年人刑事案件的案卷材料,不得公开和传播。被害人是未成年人的刑事案件,适用《刑诉法解释》第469条第1、2款的规定。

（12）审理未成年人刑事案件,《刑诉法解释》第二十章没有规定的,适用《刑诉法解释》的有关规定。

（二）开庭准备

（1）人民法院向未成年被告人送达起诉书副本时,应当向其讲明被指控的罪行和有关法律规定,并告知其审判程序和诉讼权利、义务。

（2）审判时不满18周岁的未成年被告人没有委托辩护人的,人民法院应当通知法律援助机构指派律师为其提供辩护。

（3）未成年被害人及其法定代理人因经济困难或者其他原因没有委托诉讼代理人的,人民法院应当帮助其申请法律援助。

（4）对未成年人刑事案件,人民法院决定适用简易程序审理的,应当征求未成年被告人及其法定代理人、辩护人的意见。上述人员提出异议的,不适用简易程序。

（5）被告人实施被指控的犯罪时不满18周岁,开庭时已满18周岁、不满20周岁的,人民法院开庭时,一般应当通知其近亲属到庭。经法庭同意,近亲属可以发表意见。近亲属无法通知、不能到场或者是共犯的,应当记录在案。

（6）对人民检察院移送的关于未成年被告人性格特点、家庭情况、社会交往、成长经历、犯罪原因、犯罪前后的表现、监护教育等情况的调查报告,以及辩护人提交的反映未成年被告人上述情况的书面材料,法庭应当接受。必要时,人民法院可以委托未成年被告人居住地的县级司法行政机关、共青团组织以及其他社会团体组织对未成年被告人的上述情况进行调查,或者自行调查。

（7）对未成年人刑事案件,人民法院根据情况,可以对未成年被告人进行心理疏导;经未成年被告人及其法定代理人同意,也可以对未成年被告人进行心理测评。

（8）开庭前和休庭时,法庭根据情况,可以安排未成年被告人与其法定代理人或者《刑事诉讼法》第270条第1款规定的其他成年亲属、代表会见。

（三）审判

（1）人民法院应当在辩护台靠近旁听区一侧为未成年被告人的法定代理人或者《刑事诉讼法》第270条第1款规定的其他成年亲属、代表设置席位。审理可能判处5年有期徒刑以下刑罚或者过失犯罪的未成年人刑事案件,可以采取适合未成年人特点的方式设置法庭席位。

（2）在法庭上不得对未成年被告人使用戒具,但被告人人身危险性大,可能妨碍庭审活动的除外。必须使用戒具的,在现实危险消除后,应当立即停止使用。

（3）未成年被告人或者其法定代理人当庭拒绝辩护人辩护的,适用《刑诉法解释》第254条第1款、第2款的规定。重新开庭后,未成年被告人或者其法定代理人再次当庭拒绝辩护人辩护的,不予准许。重新开庭时被告人已满18周岁的,可以准许,但不得再另行委托辩护人或者要求另行指派律师,由其自行辩护。

（4）法庭审理过程中，审判人员应当根据未成年被告人的智力发育程度和心理状态，使用适合未成年人的语言表达方式。发现有对未成年被告人诱供、训斥、讽刺或者威胁等情形的，审判长应当制止。

（5）控辩双方提出对未成年被告人判处管制、宣告缓刑等量刑建议的，应当向法庭提供有关未成年被告人能够获得监护、帮教以及对所居住社区无重大不良影响的书面材料。

（6）对未成年被告人情况的调查报告，以及辩护人提交的有关未成年被告人情况的书面材料，法庭应当审查并听取控辩双方意见。上述报告和材料可以作为法庭教育和量刑的参考。

（7）法庭辩论结束后，法庭可以根据案件情况，对未成年被告人进行教育；判决未成年被告人有罪，宣判后，应当对未成年被告人进行教育。对未成年被告人进行教育，可以邀请诉讼参与人、《刑事诉讼法》第270条第1款规定的其他成年亲属、代表以及社会调查员、心理咨询师等参加。适用简易程序审理的案件，对未成年被告人进行法庭教育，适用《刑诉法解释》第485条第1、2款的规定。

（8）未成年被告人最后陈述后，法庭应当询问其法定代理人是否补充陈述。

（9）对未成年人刑事案件宣告判决应当公开进行，但不得采取召开大会等形式。对依法应当封存犯罪记录的案件，宣判时，不得组织人员旁听；有旁听人员的，应当告知其不得传播案件信息。

（10）定期宣告判决的未成年人刑事案件，未成年被告人的法定代理人无法通知、不能到庭或者是共犯的，法庭可以通知《刑事诉讼法》第270条第1款规定的其他成年亲属、代表到庭，并在宣判后向未成年被告人的成年亲属送达判决书。

（四）执行

（1）将未成年罪犯送监执行刑罚或者送交社区矫正时，人民法院应当将有关未成年罪犯的调查报告及其在案件审理中的表现材料，连同有关法律文书，一并送达执行机关。

（2）犯罪时不满18周岁，被判处5年有期徒刑以下刑罚以及免除刑事处罚的未成年人的犯罪记录，应当封存。2012年12月31日以前审结的案件符合前款规定的，相关犯罪记录也应当封存。司法机关或者有关单位向人民法院申请查询封存的犯罪记录的，应当提供查询的理由和依据。对查询申请，人民法院应当及时作出是否同意的决定。

（3）人民法院可以与未成年罪犯管教所等服刑场所建立联系，了解未成年罪犯的改造情况，协助做好帮教、改造工作，并可以对正在服刑的未成年罪犯进行回访考察。

（4）人民法院认为必要时，可以督促被收监服刑的未成年罪犯的父母或者其他监护人及时探视。

（5）对被判处管制、宣告缓刑、裁定假释、决定暂予监外执行的未成年罪犯，人民法院可以协助社区矫正机构制定帮教措施。

（6）人民法院可以适时走访被判处管制、宣告缓刑、免除刑事处罚、裁定假释、决定暂予监外执行等的未成年罪犯及其家庭，了解未成年罪犯的管理和教育情况，引导未成年罪犯的家庭承担管教责任，为未成年罪犯改过自新创造良好环境。

（7）被判处管制、宣告缓刑、免除刑事处罚、裁定假释、决定暂予监外执行等的未成年罪犯，具备就学、就业条件的，人民法院可以就其安置问题向有关部门提出司法建议，并附送必要的材料。

## 考点 5 《刑事诉讼规则》关于未成年人刑事案件诉讼程序的规定

（1）人民检察院受理案件后，应当向未成年犯罪嫌疑人及其法定代理人了解其委托辩护人的情况，并告知其有权委托辩护人。未成年犯罪嫌疑人没有委托辩护人的，人民检察院应当书面通知法律援助机构指派律师为其提供辩护。

（2）人民检察院根据情况可以对未成年犯罪嫌疑人的成长经历、犯罪原因、监护教育等情况进行调查，并制作社会调查报告，作为办案和教育的参考。人民检察院开展社会调查，可以委托有关组织和机构进行。人民检察院应当对公安机关移送的社会调查报告进行审查，必要时可以进行补充调查。人民检察院制作的社会调查报告应当随案移送人民法院。

（3）对于罪行较轻，具备有效监护条件或者社会帮教措施，没有社会危险性或者社会危险性较小，不逮捕不致妨害诉讼正常进行的未成年犯罪嫌疑人，应当不批准逮捕。对于罪行比较严重，但主观恶性不大，有悔罪表现，具备有效监护条件或者社会帮教措施，具有下列情形之一，不逮捕不致妨害诉讼正常进行的未成年犯罪嫌疑人，可以不批准逮捕：① 初次犯罪、过失犯罪的；② 犯罪预备、中止、未遂的；③ 有自首或者立功表现的；④ 犯罪后如实交代罪行，真诚悔罪，积极退赃，尽力减少和赔偿损失，被害人谅解的；⑤ 不属于共同犯罪的主犯或者集团犯罪中的首要分子的；⑥ 属于已满14周岁不满16周岁的未成年人或者系在校学生的；⑦ 其他可以不批准逮捕的情形。

（4）审查逮捕未成年犯罪嫌疑人，应当重点查清其是否已满14、16、18周岁。对犯罪嫌疑人实际年龄难以判断，影响对该犯罪嫌疑人是否应当负刑事责任认定的，应当不批准逮捕。需要补充侦查的，同时通知公安机关。

（5）在审查逮捕、审查起诉中，人民检察院应当讯问未成年犯罪嫌疑人，听取辩护人的意见，并制作笔录附卷。讯问未成年犯罪嫌疑人，应当通知其法定代理人到场，告知法定代理人依法享有的诉讼权利和应当履行的义务。无法通知、法定代理人不能到场或者法定代理人是共犯的，也可以通知未成年犯罪嫌疑人的其他成年亲属，所在学校、单位或者居住地的村民委员会、居民委员会、未成年人保护组织的代表到场，并将有关情况记录在案。到场的法定代理人可以代为行使未成年犯罪嫌疑人的诉讼权利，行使时不得侵犯未成年犯罪嫌疑人的合法权益。到场的法定代理人或者其他人员认为办案人员在讯问中侵犯未成年犯罪嫌疑人合法权益的，可以提出意见。讯问笔录应当交由到场的法定代理人或者其他人员阅读或者向其宣读，并由其在笔录上签字、盖章或者捺指印确认。讯问女性未成年犯罪嫌疑人，应当有女性检察人员参加。询问未成年被害人、证人，适用《刑事诉讼规则》第490条第2款至第4款的规定。

（6）讯问未成年犯罪嫌疑人一般不得使用械具。对于确有人身危险性，必须使用械具的，在现实危险消除后，应当立即停止使用。

（7）人民检察院作出附条件不起诉的决定后，应当制作附条件不起诉决定书，并在3日以内送达公安机关、被害人或者其近亲属及其诉讼代理人、未成年犯罪嫌疑人及其法定代理人、辩护人。人民检察院应当当面向未成年犯罪嫌疑人及其法定代理人宣布附条件不起诉决定，告知考验期限、在考验期内应当遵守的规定以及违反规定应负的法律责任，并制作笔录附卷。

（8）在附条件不起诉的考验期内，由人民检察院对被附条件不起诉的未成年犯罪嫌疑人进行监督考察。未成年犯罪嫌疑人的监护人，应当对未成年犯罪嫌疑人加强管教，配合人民检察院做好监督考察工作。人民检察院可以会同未成年犯罪嫌疑人的监护人、所在学校、单位、居住地的村民委员会、居民委员会、未成年人保护组织等的有关人员,定期对未成年犯罪嫌疑人进行考察、教育,实施跟踪帮教。

(9) 被附条件不起诉的未成年犯罪嫌疑人,应当遵守下列规定:① 遵守法律法规,服从监督;② 按照考察机关的规定报告自己的活动情况;③ 离开所居住的市、县或者迁居,应当报经考察机关批准;④ 按照考察机关的要求接受矫治和教育。

(10) 人民检察院可以要求被附条件不起诉的未成年犯罪嫌疑人接受下列矫治和教育:① 完成戒瘾治疗、心理辅导或者其他适当的处遇措施;② 向社区或者公益团体提供公益劳动;③ 不得进入特定场所,与特定的人员会见或者通信,从事特定的活动;④ 向被害人赔偿损失、赔礼道歉等;⑤ 接受相关教育;⑥ 遵守其他保护被害人安全以及预防再犯的禁止性规定。

(11) 考验期届满,办案人员应当制作附条件不起诉考察意见书,提出起诉或者不起诉的意见,经部门负责人审核,报请检察长决定。

(12) 被附条件不起诉的未成年犯罪嫌疑人,在考验期内有下列情形之一的,人民检察院应当撤销附条件不起诉的决定,提起公诉:① 实施新的犯罪的;② 发现决定附条件不起诉以前还有其他犯罪需要追诉的;③ 违反治安管理规定,造成严重后果,或者多次违反治安管理规定的;④ 违反考察机关有关附条件不起诉的监督管理规定,造成严重后果,或者多次违反考察机关有关附条件不起诉的监督管理规定的。

(13) 被附条件不起诉的未成年犯罪嫌疑人,在考验期内没有《刑事诉讼规则》第500条规定的情形,考验期满的,人民检察院应当作出不起诉的决定。

(14) 人民检察院办理未成年人刑事案件过程中,应当对涉案未成年人的资料予以保密,不得公开或者传播涉案未成年人的姓名、住所、照片、图像及可能推断出该未成年人的其他资料。

(15) 犯罪的时候不满18周岁,被判处5年有期徒刑以下刑罚的,人民检察院应当在收到人民法院生效判决后,对犯罪记录予以封存。

(16) 人民检察院应当将拟封存的未成年人犯罪记录、卷宗等相关材料装订成册,加密保存,不予公开,并建立专门的未成年人犯罪档案库,执行严格的保管制度。

(17) 除司法机关为办案需要或者有关单位根据国家规定进行查询的以外,人民检察院不得向任何单位和个人提供封存的犯罪记录,并不得提供未成年人有犯罪记录的证明。司法机关或者有关单位需要查询犯罪记录的,应当向封存犯罪记录的人民检察院提出书面申请,人民检察院应当在7日以内作出是否许可的决定。

(18) 被封存犯罪记录的未成年人,如果发现漏罪,且漏罪与封存记录之罪数罪并罚后被决定执行5年有期徒刑以上刑罚的,应当对其犯罪记录解除封存。

(19) 本节所称未成年人刑事案件,是指犯罪嫌疑人实施涉嫌犯罪行为时已满14周岁、未满18周岁的刑事案件。《刑事诉讼规则》第485条、第490条、第491条所称的未成年犯罪嫌疑人,是指在诉讼过程中未满18周岁的人。犯罪嫌疑人实施涉嫌犯罪行为时未满18周岁,在诉讼过程中已满18周岁的,人民检察院可以根据案件的具体情况适用上述规定。

## 二、例题

1. 未成年人小天因涉嫌盗窃被检察院适用附条件不起诉。关于附条件不起诉可以附带的条件,下列哪些选项是正确的?(2016年真题,多选)

A. 完成一个疗程四次的心理辅导

B. 每周参加一次公益劳动

C. 每个月向检察官报告日常花销和交友情况

D. 不得离开所居住的县

[释疑] 《刑事诉讼规则》第497条规定:"被附条件不起诉的未成年犯罪嫌疑人,应当遵守下列规定:(一)遵守法律法规,服从监督;(二)按照考察机关的规定报告自己的活动情况;(三)离开所居住的市、县或者迁居,应当报经考察机关批准;(四)按照考察机关的要求接受矫治和教育。"所以,C项正确,D项错误。《刑事诉讼规则》第498条规定:"人民检察院可以要求被附条件不起诉的未成年犯罪嫌疑人接受下列矫治和教育:(一)完成戒瘾治疗、心理辅导或者其他适当的处遇措施;(二)向社区或者公益团体提供公益劳动;(三)不得进入特定场所,与特定的人员会见或者通信,从事特定的活动;(四)向被害人赔偿损失、赔礼道歉等;(五)接受相关教育;(六)遵守其他保护被害人安全以及预防再犯的禁止性规定。"所以,A项、B项均正确。(答案:ABC)

2. 全国人大常委会关于《刑事诉讼法》第271条第2款的解释规定,检察院办理未成年人刑事案件,在作出附条件不起诉决定以及考验期满作出不起诉决定前,应听取被害人的意见。被害人对检察院作出的附条件不起诉的决定和不起诉的决定,可向上一级检察院申诉,但不能向法院提起自诉。关于这一解释的理解,下列哪些选项是正确的?(2015年真题,多选)

A. 增加了听取被害人陈述意见的机会

B. 有利于对未成年犯罪嫌疑人的转向处置

C. 体现了对未成年犯罪嫌疑人的特殊保护

D. 是刑事公诉独占主义的一种体现

[释疑] 这一规定使得被害人有两次向上一级检察院申诉的机会,故A项正确。由于对检察院作出的附条件不起诉的决定和不起诉的决定,不能向法院提起自诉,使得未成年犯罪嫌疑人避免了因自诉而再入追诉程序的危险。所以B项正确。与普通程序相比,也"体现了对未成年犯罪嫌疑人的特殊保护"。刑事公诉独占主义下是没有自诉的,如上所述,该规定并非取消了自诉而是对未成年犯罪嫌疑人的特殊保护。所以,"是刑事公诉独占主义的一种体现"错误。(答案:ABC)

3. 律师邹某受法律援助机构指派,担任未成年人陈某的辩护人。关于邹某的权利,下列哪些说法是正确的?(2015年真题,多选)

A. 可调查陈某的成长经历、犯罪原因、监护教育等情况,并提交给法院

B. 可反对法院对该案适用简易程序,法院因此只能采用普通程序审理

C. 可在陈某最后陈述后进行补充陈述

D. 可有罪判决宣告后,受法庭邀请参与对陈某的法庭教育

[释疑] 《刑诉法解释》第476条规定:"对人民检察院移送的关于未成年被告人性格特点、家庭情况、社会交往、成长经历、犯罪原因、犯罪前后的表现、监护教育等情况的调查报告,以及辩护人提交的反映未成年被告人上述情况的书面材料,法庭应当接受。"所以,A项正确。《刑诉法解释》第474条规定:"对未成年人刑事案件,人民法院决定适用简易程序审理的,应当征求未成年被告人及其法定代理人、辩护人的意见。上述人员提出异议的,不适用简易程序。"所以,B项正确。《刑诉法解释》第486条规定:"未成年被告人最后陈述后,法庭应当询问其法定代理人是否补充陈述。"C项于法无据,错误。《刑诉法解释》第485条规定:"法庭辩

论结束后,法庭可以根据案件情况,对未成年被告人进行教育;判决未成年被告人有罪的,宣判后,应当对未成年被告人进行教育。对未成年被告人进行教育,可以邀请诉讼参与人、刑事诉讼法第二百七十条第一款规定的其他成年亲属、代表以及社会调查员、心理咨询师等参加。适用简易程序审理的案件,对未成年被告人进行法庭教育,适用前两款的规定。"辩护人是诉讼参与人,所以,D项正确。(答案:ABD)

4. 甲、乙系初三学生,因涉嫌抢劫同学丙(三人均不满16周岁)被立案侦查。关于该案诉讼程序,下列哪些选项是正确的?(2015年真题,多选)

A. 审查批捕讯问时,甲拒绝为其提供的合适成年人到场,应另行通知其他合适成年人到场

B. 讯问乙时,因乙的法定代理人无法到场而通知其伯父到场,其伯父可代乙的控告权

C. 法庭审理询问丙时,应通知丙的法定代理人到场

D. 如该案适用简易程序审理,甲的法定代理人不能到场时可不再通知其他合适成年人到场

[释疑] 《人民检察院办理未成年人刑事案件的规定》第17条第5款规定:"未成年犯罪嫌疑人明确拒绝法定代理人以外的合适成年人到场,人民检察院可以准许,但应当另行通知其他合适成年人到场。"所以,A项正确。《人民检察院办理未成年人刑事案件的规定》第17条第4款规定:"讯问未成年犯罪嫌疑人,应当通知其法定代理人到场,告知法定代理人依法享有的诉讼权利和应当履行的义务。无法通知、法定代理人不能到场或者法定代理人是共犯的,也可以通知未成年犯罪嫌疑人的其他成年亲属,所在学校、单位或者居住地的村民委员会、居民委员会、未成年人保护组织的代表等合适成年人到场,并将有关情况记录在案。到场的法定代理人可以代为行使未成年犯罪嫌疑人的诉讼权利,行使时不得侵犯未成年犯罪嫌疑人的合法权益。"所以,B项错误。《刑事诉讼法》第270条规定,询问未成年被害人、证人,适用"在讯问和审判的时候,应当通知未成年犯罪嫌疑人、被告人的法定代理人到场"的规定。所以,C项正确。《刑诉法解释》第466条第1款规定:"人民法院审理未成年人刑事案件,在讯问和开庭时,应当通知未成年被告人的法定代理人到场。法定代理人无法通知、不能到场或者是共犯的,也可以通知未成年被告人的其他成年亲属,所在学校、单位、居住地的基层组织或者未成年人保护组织的代表到场,并将有关情况记录在案。"所以,D项于法无据,错误。(答案:AC)

5. 黄某(17周岁,某汽车修理店职工)与吴某(16周岁,高中学生)在餐馆就餐时因琐事与赵某(16周岁,高中学生)发生争吵,并殴打赵某致其轻伤。检察院审查后,综合案件情况,拟对黄某作出附条件不起诉决定,对吴某作出不起诉决定。请回答第(1)—(3)题。(2014年真题,不定选)

(1) 关于本案审查起诉的程序,下列选项正确的是:

A. 应当对黄某、吴某的成长经历、犯罪原因和监护教育等情况进行社会调查

B. 在讯问黄某、吴某和询问赵某时,应当分别通知他们的法定代理人到场

C. 应当分别听取黄某、吴某的辩护人的意见

D. 拟对黄某作出附条件不起诉决定,应当听取赵某及其法定代理人与诉讼代理人的意见

[释疑] 《刑事诉讼法》第268条规定:"公安机关、人民检察院、人民法院办理未成年人刑事案件,根据情况可以对未成年犯罪嫌疑人、被告人的成长经历、犯罪原因、监护教育等情况进行调查。"故A项错误,是"可以",不是"应当"。《刑事诉讼法》第270条规定:"对于未成年

人刑事案件,在讯问和审判的时候,应当通知未成年犯罪嫌疑人、被告人的法定代理人到场。无法通知、法定代理人不能到场或者法定代理人是共犯的,也可以通知未成年犯罪嫌疑人、被告人的其他成年亲属,所在学校、单位、居住地基层组织或者未成年人保护组织的代表到场,并将有关情况记录在案。到场的法定代理人可以代为行使未成年犯罪嫌疑人、被告人的诉讼权利。到场的法定代理人或者其他人员认为办案人员在讯问、审判中侵犯未成年人合法权益的,可以提出意见。讯问笔录、法庭笔录应当交给到场的法定代理人或者其他人员阅读或者向他宣读。讯问女性未成年犯罪嫌疑人,应当有女工作人员在场。审判未成年人刑事案件,未成年被告人最后陈述后,其法定代理人可以进行补充陈述。询问未成年被害人、证人,适用第一款、第二款、第三款的规定。"故 B 项正确。《刑事诉讼法》第 170 条规定:"人民检察院审查案件,应当讯问犯罪嫌疑人,听取辩护人、被害人及其诉讼代理人的意见,并记录在案。辩护人、被害人及其诉讼代理人提出书面意见的,应当附卷。"《刑事诉讼法》第 271 条第 1 款:"对于未成年人涉嫌刑法分则第四章、第五章、第六章规定的犯罪,可能判处一年有期徒刑以下刑罚,符合起诉条件,但有悔罪表现的,人民检察院可以作出附条件不起诉的决定。人民检察院在作出附条件不起诉的决定以前,应当听取公安机关、被害人的意见。"《人民检察院办理未成年人刑事案件的规定》第 30 条规定:"人民检察院在作出附条件不起诉的决定以前,应当听取公安机关、被害人、未成年犯罪嫌疑人的法定代理人、辩护人的意见,并制作笔录附卷。被害人是未成年人的,还应当听取被害人的法定代理人、诉讼代理人的意见。"故 C、D 项正确。(答案:BCD)

(2) 关于对黄某的考验期,下列选项正确的是:

A. 从宣告附条件不起诉决定之日起计算

B. 不计入检察院审查起诉的期限

C. 可根据黄某在考验期间的表现,在法定范围内适当缩短或延长

D. 如黄某违反规定被撤销附条件不起诉决定而提起公诉,已经过的考验期可折抵刑期

[释疑] 《刑事诉讼规则》第 495 条规定:"人民检察院作出附条件不起诉决定的,应当确定考验期。考验期为六个月以上一年以下,从人民检察院作出附条件不起诉的决定之日起计算。"故 A 项错误。考验期从作出决定之日起计算,而不是宣告之日。《人民检察院办理未成年人刑事案件的规定》第 40 条规定:"人民检察院决定附条件不起诉,应当确定考验期。考验期为六个月以上一年以下,从人民检察院作出附条件不起诉的决定之日起计算。考验期不计入案件审查起诉期限。考验期的长短应当与未成年犯罪嫌疑人所犯罪行的轻重、主观恶性的大小和人身危险性的大小、一贯表现及帮教条件等相适应,根据未成年犯罪嫌疑人在考验期的表现,可以在法定期限范围内适当缩短或者延长。"故 B、C 项正确。附条件不起诉的考验期不能折抵刑罚,故 D 项错误。(答案:BC)

(3) 关于本案的办理,下列选项正确的是:

A. 在对黄某作出附条件不起诉决定、对吴某作出不起诉决定时,必须达成刑事和解

B. 检察院对黄某作出附条件不起诉决定、对吴某作出不起诉决定时,可要求他们向赵某赔礼道歉、赔偿损失

C. 在附条件不起诉考验期内,检察院可将黄某移交有关机构监督考察

D. 检察院对黄某作出附条件不起诉决定、对吴某作出不起诉决定后,均应将相关材料装订成册,予以封存

[释疑] 黄某属于对未成年人的附条件不起诉,吴某属于酌定不起诉,并不是必须以刑

事和解为前提。故 A 项错误。《刑事诉讼规则》第 498 条规定:"人民检察院可以要求被附条件不起诉的未成年犯罪嫌疑人接受下列矫治和教育:(一) 完成戒瘾治疗、心理辅导或者其他适当的处遇措施;(二) 向社区或者公益团体提供公益劳动;(三) 不得进入特定场所,与特定的人员会见或者通信,从事特定的活动;(四) 向被害人赔偿损失、赔礼道歉等;(五) 接受相关教育;(六) 遵守其他保护被害人安全以及预防再犯的禁止性规定。"《刑事诉讼规则》第 409 条第 1 款:"人民检察院决定不起诉的案件,可以根据案件的不同情况,对被不起诉人予以训诫或者责令具结悔过、赔礼道歉、赔偿损失。"故 B 项正确。《刑事诉讼法》第 272 条第 1 款规定:"在附条件不起诉的考验期内,由人民检察院对被附条件不起诉的未成年犯罪嫌疑人进行监督考察。未成年犯罪嫌疑人的监护人,应当对未成年犯罪嫌疑人加强管教,配合人民检察院做好监督考察工作。"故 C 项错误。《刑事诉讼法》第 273 条第 2 款规定:"被附条件不起诉的未成年犯罪嫌疑人,在考验期内没有上述情形,考验期满的,人民检察院应当作出不起诉的决定。"《刑事诉讼规则》第 507 条:"人民检察院对未成年犯罪嫌疑人作出不起诉决定后,应当对相关记录予以封存。具体程序参照本规则第五百零四条至第五百零六条的规定。"对吴某作出酌定不起诉决定后,应当封存相关材料。注意,附条件不起诉决定的效力是暂时的,不具备终局性,因此对黄某作出附条件不起诉决定后,不能直接封存,要等到考验期满不起诉决定作出后才能封存。故 D 项错误。(答案:B)

6. 检察机关对未成年人童某涉嫌犯罪的案件进行审查后决定附条件不起诉。在考验期间,下列哪些情况下可以对童某撤销不起诉的决定、提起公诉?(2013 年真题,多选)

A. 根据新的证据确认童某更改过年龄,在实施涉嫌犯罪行为时已满十八周岁的
B. 发现决定附条件不起诉以前还有其他犯罪需要追诉的
C. 违反考察机关有关附条件不起诉的监管规定,情节严重的
D. 违反治安管理规定,情节严重的

[释疑] 《刑事诉讼法》第 273 条规定:"被附条件不起诉的未成年犯罪嫌疑人,在考验期内有下列情形之一的,人民检察院应当撤销附条件不起诉的决定,提起公诉:(一) 实施新的犯罪或者发现决定附条件不起诉以前还有其他犯罪需要追诉的;(二) 违反治安管理规定或者考察机关有关附条件不起诉的监督管理规定,情节严重的。被附条件不起诉的未成年犯罪嫌疑人,在考验期内没有上述情形,考验期满的,人民检察院应当作出不起诉的决定。"故 A、B、C、D 项均当选。(答案:ABCD)

7. 关于附条件不起诉,下列哪一说法是错误的?(2012 年真题,单选)

A. 只适用于未成年人案件
B. 应当征得公安机关、被害人的同意
C. 未成年犯罪嫌疑人及其法定代理人对附条件不起诉有异议的应当起诉
D. 有悔罪表现时,才可以附条件不起诉

[释疑] 《刑事诉讼法》第 271 条规定:"对于未成年人涉嫌刑法分则第四章、第五章、第六章规定的犯罪,可能判处一年有期徒刑以下刑罚,符合起诉条件,但有悔罪表现的,人民检察院可以作出附条件不起诉的决定。人民检察院在作出附条件不起诉的决定以前,应当听取公安机关、被害人的意见。对附条件不起诉的决定,公安机关要求复议、提请复核或者被害人申诉的,适用本法第一百七十五条、第一百七十六条的规定。未成年犯罪嫌疑人及其法定代理人对人民检察院决定附条件不起诉有异议的,人民检察院应当作出起诉的决定。"故 B 项当选。

（答案：B）

8.《刑事诉讼法》规定，审判的时候被告人不满18周岁的案件，不公开审理。但是，经未成年被告人及其法定代理人同意，未成年被告人所在学校和未成年人保护组织可以派代表到场。关于该规定的理解，下列哪些说法是错误的？（2012年真题，多选）

A. 该规定意味着经未成年被告人及其法定代理人同意，可以公开审理

B. 未成年被告人所在学校和未成年人保护组织派代表到场是公开审理的特殊形式

C. 未成年被告人所在学校和未成年人保护组织经同意派代表到场是为了维护未成年被告人的合法权益和对其进行教育

D. 未成年被告人所在学校和未成年人保护组织经同意派代表到场与审判的时候被告人不满18周岁的案件不公开审理并不矛盾

[释疑]《刑事诉讼法》第270条第1款规定："对于未成年人刑事案件，在讯问和审判的时候，应当通知未成年犯罪嫌疑人、被告人的法定代理人到场。无法通知、法定代理人不能到场或者法定代理人是共犯的，也可以通知未成年犯罪嫌疑人、被告人的其他成年亲属，所在学校、单位、居住地基层组织或者未成年人保护组织的代表到场，并将有关情况记录在案。到场的法定代理人可以代为行使未成年犯罪嫌疑人、被告人的诉讼权利。"故A、B项当选。（答案：AB）

9. 关于犯罪记录封存的适用条件，下列哪些选项是正确的？（2012年真题，多选）

A. 犯罪的时候不满18周岁　　　　B. 被判处5年有期徒刑以下刑罚

C. 初次犯罪　　　　　　　　　　D. 没有受过其他处罚

[释疑]《刑事诉讼法》第275条规定："犯罪的时候不满十八周岁，被判处五年有期徒刑以下刑罚的，应当对相关犯罪记录予以封存。犯罪记录被封存的，不得向任何单位和个人提供，但司法机关为办案需要或者有关单位根据国家规定进行查询的除外。依法进行查询的单位，应当对被封存的犯罪记录的情况予以保密。"故A、B项当选。（答案：AB）

10. 根据《人民检察院办理未成年人刑事案件的规定》，关于检察院审查批捕未成年犯罪嫌疑人，下列哪些做法是正确的？（2010年真题，多选）

A. 讯问未成年犯罪嫌疑人，应当通知法定代理人到场

B. 讯问女性未成年犯罪嫌疑人，应当有女检察人员参加

C. 讯问未成年犯罪嫌疑人一般不得使用戒具

D. 对难以判断犯罪嫌疑人实际年龄，影响案件认定的，应当作出不批准逮捕的决定

[释疑]《刑事诉讼规则》第489条规定："审查逮捕未成年犯罪嫌疑人，应当重点查清其是否已满十四、十六、十八周岁。对犯罪嫌疑人实际年龄难以判断，影响对该犯罪嫌疑人是否应当负刑事责任认定的，应当不批准逮捕。需要补充侦查的，同时通知公安机关。"D项正确。第490条规定："在审查逮捕、审查起诉中，人民检察院应当讯问未成年犯罪嫌疑人，听取辩护人的意见，并制作笔录附卷。讯问未成年犯罪嫌疑人，应当通知其法定代理人到场，告知法定代理人依法享有的诉讼权利和应当履行的义务。无法通知、法定代理人不能到场或者法定代理人是共犯的，也可以通知未成年犯罪嫌疑人的其他成年亲属，所在学校、单位或者居住地的村民委员会、居民委员会、未成年人保护组织的代表到场，并将有关情况记录在案。到场的法定代理人可以代为行使未成年犯罪嫌疑人的诉讼权利，行使时不得侵犯未成年犯罪嫌疑人的合法权益。到场的法定代理人或者其他人员认为办案人员在讯问中侵犯未成年犯罪嫌疑人合

法权益的,可以提出意见。讯问笔录应当交由到场的法定代理人或者其他人员阅读或者向其宣读,并由其在笔录上签字、盖章或者捺指印确认。讯问女性未成年犯罪嫌疑人,应当有女性检察人员参加。询问未成年被害人、证人,适用本条第二款至第四款的规定。"A项正确、B项正确。第491条规定:"讯问未成年犯罪嫌疑人一般不得使用戒具。对于确有人身危险性,必须使用戒具的,在现实危险消除后,应当立即停止使用。"C项正确。故 A、B、C、D 项当选。(答案:ABCD)

11. 关于审理未成年人刑事案件,下列哪些选项是正确的?(2009年真题,多选)
A. 不能适用简易程序
B. 在法庭上,必要时才对未成年被告人使用戒具
C. 休庭时,可以允许法定代理人或者其他成年近亲属、教师会见未成年被告人
D. 对未成年人案件,宣告判决应当公开进行

[释疑] 《刑诉法解释》第474条规定:"对未成年人刑事案件,人民法院决定适用简易程序审理的,应当征求未成年被告人及其法定代理人、辩护人的意见。上述人员提出异议的,不适用简易程序。"故 A 项错误。第480条规定:"在法庭上不得对未成年被告人使用戒具,但被告人人身危险性大,可能妨碍庭审活动的除外。必须使用戒具的,在现实危险消除后,应当立即停止使用。"故 B 项正确。第478条规定:"开庭前和休庭时,法庭根据情况,可以安排未成年被告人与其法定代理人或者刑事诉讼法第二百七十条第一款规定的其他成年亲属、代表会见。"第487条第1款规定:"对未成年人刑事案件宣告判决应当公开进行,但不得采取召开大会等形式。"故 C、D 项正确。(答案:BCD)

12. 检察院在审查起诉未成年人刑事案件时,应当进行下列哪些活动?(2007年真题,单选)
A. 应当听取辩护人的意见
B. 应当听取未成年被害人的意见
C. 应当听取未成年被害人的法定代理人的意见
D. 在押的未成年犯罪嫌疑人有认罪、悔罪表现的,检察人员可以安排其与法定代理人、近亲属等会见、通话

[释疑] 《刑事诉讼规则》第490条规定:"在审查逮捕、审查起诉中,人民检察院应当讯问未成年犯罪嫌疑人,听取辩护人的意见,并制作笔录附卷。讯问未成年犯罪嫌疑人,应当通知其法定代理人到场,告知法定代理人依法享有的诉讼权利和应当履行的义务。无法通知、法定代理人不能到场或者法定代理人是共犯的,也可以通知未成年犯罪嫌疑人的其他成年亲属,所在学校、单位或者居住地的村民委员会、居民委员会、未成年人保护组织的代表到场,并将有关情况记录在案。到场的法定代理人可以代为行使未成年犯罪嫌疑人的诉讼权利,行使时不得侵犯未成年犯罪嫌疑人的合法权益。到场的法定代理人或者其他人员认为办案人员在讯问中侵犯未成年犯罪嫌疑人合法权益的,可以提出意见。讯问笔录应当交由到场的法定代理人或者其他人员阅读或者向其宣读,并由其在笔录上签字、盖章或者捺指印确认。讯问女性未成年犯罪嫌疑人,应当有女性检察人员参加。询问未成年被害人、证人,适用本条第二款至第四款的规定。"故 A 项正确。(答案:A)

### 三、提示与预测

本章要重点掌握《刑事诉讼法》对未成年人案件程序的新规定。

# 第二十一章 当事人和解的公诉案件诉讼程序

## 一、精讲

刑事和解有广义、狭义之分。广义的刑事和解既包括公诉案件,也包括自诉案件和附带民事诉讼案件的和解;狭义的刑事和解仅指刑事公诉案件的和解。

### 考点 1  当事人和解的公诉案件诉讼程序的适用范围

下列公诉案件,犯罪嫌疑人、被告人真诚悔罪,通过向被害人赔偿损失、赔礼道歉等方式获得被害人谅解,被害人自愿和解的,双方当事人可以和解:① 因民间纠纷引起,涉嫌《刑法》分则第四章、第五章规定的犯罪案件,可能判处 3 年有期徒刑以下刑罚的;② 除渎职犯罪以外的可能判处 7 年有期徒刑以下刑罚的过失犯罪案件。犯罪嫌疑人、被告人在 5 年以内曾经故意犯罪的,不适用本章规定的程序

### 考点 2  当事人和解程序

双方当事人和解的,公安机关、人民检察院、人民法院应当听取当事人和其他有关人员的意见,对和解的自愿性、合法性进行审查,并主持制作和解协议书。

对于达成和解协议的案件,公安机关可以向人民检察院提出从宽处理的建议。人民检察院可以向人民法院提出从宽处罚的建议;对于犯罪情节轻微,不需要判处刑罚的,可以作出不起诉的决定。人民法院可以依法对被告人从宽处罚。

### 考点 3  《刑诉法解释》关于当事人和解的公诉案件诉讼程序的规定

(1) 对符合《刑事诉讼法》第 277 条规定的公诉案件,事实清楚、证据充分的,人民法院应当告知当事人可以自行和解;当事人提出申请的,人民法院可以主持双方当事人协商,以达成和解。根据案件情况,人民法院可以邀请人民调解员、辩护人、诉讼代理人、当事人亲友等参与促成双方当事人和解。

(2) 符合《刑事诉讼法》第 277 条规定的公诉案件,被害人死亡的,其近亲属可以与被告人和解。近亲属有多人的,达成和解协议,应当经处于同一继承顺序的所有近亲属同意。被害人系无行为能力或者限制行为能力人的,其法定代理人、近亲属可以代为和解。

(3) 被告人的近亲属经被告人同意,可以代为和解。被告人系限制行为能力人的,其法定代理人可以代为和解。被告人的法定代理人、近亲属依照《刑诉法解释》第 498 条第 1、2 款规定代为和解的,和解协议约定的赔礼道歉等事项,应当由被告人本人履行。

(4) 对公安机关、人民检察院主持制作的和解协议书,当事人提出异议的,人民法院应当审查。经审查,和解自愿、合法的,予以确认,无须重新制作和解协议书;和解不具有自愿性、合法性的,应当认定无效。和解协议被认定无效后,双方当事人重新达成和解的,人民法院应当

主持制作新的和解协议书。

(5) 审判期间,双方当事人和解的,人民法院应当听取当事人及其法定代理人等有关人员的意见。双方当事人在庭外达成和解的,人民法院应当通知人民检察院,并听取其意见。经审查,和解自愿、合法的,应当主持制作和解协议书。

(6) 和解协议书应当包括以下内容:① 被告人承认自己所犯罪行,对犯罪事实没有异议,并真诚悔罪;② 被告人通过向被害人赔礼道歉、赔偿损失等方式获得被害人谅解;涉及赔偿损失的,应当写明赔偿的数额、方式等;提起附带民事诉讼的,由附带民事诉讼原告人撤回附带民事诉讼;③ 被害人自愿和解,请求或者同意对被告人依法从宽处罚。和解协议书应当由双方当事人和审判人员签名,但不加盖人民法院印章。和解协议书一式3份,双方当事人各持1份,另1份交人民法院附卷备查。对和解协议中的赔偿损失内容,双方当事人要求保密的,人民法院应当准许,并采取相应的保密措施。

(7) 和解协议约定的赔偿损失内容,被告人应当在协议签署后即时履行。和解协议已经全部履行,当事人反悔的,人民法院不予支持,但有证据证明和解违反自愿、合法原则的除外。

(8) 双方当事人在侦查、审查起诉期间已经达成和解协议并全部履行,被害人或者其法定代理人、近亲属又提起附带民事诉讼的,人民法院不予受理,但有证据证明和解违反自愿、合法原则的除外。

(9) 被害人或者其法定代理人、近亲属提起附带民事诉讼后,双方愿意和解,但被告人不能即时履行全部赔偿义务的,人民法院应当制作附带民事调解书。

(10) 对达成和解协议的案件,人民法院应当对被告人从轻处罚;符合非监禁刑适用条件的,应当适用非监禁刑;判处法定最低刑仍然过重的,可以减轻处罚;综合全案认为犯罪情节轻微不需要判处刑罚的,可以免除刑事处罚。共同犯罪案件,部分被告人与被害人达成和解协议的,可以依法对该部分被告人从宽处罚,但应当注意全案的量刑平衡。

(11) 达成和解协议的,裁判文书应当作出叙述,并援引《刑事诉讼法》的相关条文。

### 考点 4 《刑事诉讼规则》关于当事人和解的公诉案件诉讼程序的规定

(1) 下列公诉案件,双方当事人可以和解:① 因民间纠纷引起,涉嫌《刑法》分则第四章、第五章规定的犯罪案件,可能判处3年有期徒刑以下刑罚的;② 除渎职犯罪以外的可能判处7年有期徒刑以下刑罚的过失犯罪案件。上述公诉案件应当同时符合下列条件:① 犯罪嫌疑人真诚悔罪,向被害人赔偿损失、赔礼道歉等;② 被害人明确表示对犯罪嫌疑人予以谅解;③ 双方当事人自愿和解,符合有关法律规定;④ 属于侵害特定被害人的故意犯罪或者有直接被害人的过失犯罪;⑤ 案件事实清楚,证据确实、充分。犯罪嫌疑人在5年以内曾经故意犯罪的,不适用《刑事诉讼规则》第十三章第二节规定的程序。犯罪嫌疑人在犯《刑事诉讼法》第277条第1款规定的犯罪前5年内曾故意犯罪,无论该故意犯罪是否已经追究,均应当认定为《刑事诉讼规则》第510条第3款规定的5年以内曾经故意犯罪。

(2) 被害人死亡的,其法定代理人、近亲属可以与犯罪嫌疑人和解。被害人系无行为能力或者限制行为能力人的,其法定代理人可以代为和解。

(3) 犯罪嫌疑人系限制行为能力人的,其法定代理人可以代为和解。犯罪嫌疑人在押的,经犯罪嫌疑人同意,其法定代理人、近亲属可以代为和解。

(4) 双方当事人可以就赔偿损失、赔礼道歉等民事责任事项进行和解,并且可以就被害人及其法定代理人或者近亲属是否要求或者同意公安机关、人民检察院、人民法院对犯罪嫌疑人依法从宽处理进行协商,但不得对案件的事实认定、证据采信、法律适用和定罪量刑等依法属于公安机关、人民检察院、人民法院职权范围的事宜进行协商。

(5)双方当事人可以自行达成和解,也可以经人民调解委员会、村民委员会、居民委员会、当事人所在单位或者同事、亲友等组织或者个人调解后达成和解。人民检察院对于《刑事诉讼规则》第510条规定的公诉案件,可以建议当事人进行和解,并告知相应的权利义务,必要时可以提供法律咨询。

(6)人民检察院应当对和解的自愿性、合法性进行审查,重点审查以下内容:① 双方当事人是否自愿和解;② 犯罪嫌疑人是否真诚悔罪,是否向被害人赔礼道歉,经济赔偿数额与其所造成的损害和赔偿能力是否相适应;③ 被害人及其法定代理人或者近亲属是否明确表示对犯罪嫌疑人予以谅解;④ 是否符合法律规定;⑤ 是否损害国家、集体和社会公共利益或者他人的合法权益;⑥ 是否符合社会公德。审查时,应当听取双方当事人和其他有关人员对和解的意见,告知刑事案件可能从宽处理的法律后果和双方的权利义务,并制作笔录附卷。

(7)经审查认为双方自愿和解,内容合法,且符合《刑事诉讼规则》第510条规定的范围和条件的,人民检察院应当主持制作和解协议书。和解协议书的主要内容包括:① 双方当事人的基本情况;② 案件的主要事实;③ 犯罪嫌疑人真诚悔罪,承认自己所犯罪行,对指控的犯罪没有异议,向被害人赔偿损失、赔礼道歉等;赔偿损失的,应当写明赔偿的数额、履行的方式、期限;④ 被害人及其法定代理人或者近亲属对犯罪嫌疑人予以谅解,并要求或者同意公安机关、人民检察院、人民法院对犯罪嫌疑人依法从宽处理。和解协议书应当由双方当事人签字,可以写明和解协议书系在人民检察院主持下制作。检察人员不在当事人和解协议书上签字,也不加盖人民检察院印章。和解协议书一式3份,双方当事人各持1份,另1份交人民检察院附卷备查。

(8)和解协议书约定的赔偿损失内容,应当在双方签署协议后立即履行,至迟在人民检察院作出从宽处理决定前履行。确实难以一次性履行的,在被害人同意并提供有效担保的情况下,也可以分期履行。

(9)双方当事人在侦查阶段达成和解协议,公安机关向人民检察院提出从宽处理建议的,人民检察院在审查逮捕和审查起诉时应当充分考虑公安机关的建议。

(10)人民检察院对于公安机关提请批准逮捕的案件,双方当事人达成和解协议的,可以作为有无社会危险性或者社会危险性大小的因素予以考虑,经审查认为不需要逮捕的,可以作出不批准逮捕的决定;在审查起诉阶段可以依法变更强制措施。

(11)人民检察院对于公安机关移送审查起诉的案件,双方当事人达成和解协议的,可以作为是否需要判处刑罚或者免除刑罚的因素予以考虑,符合法律规定的不起诉条件的,可以决定不起诉。对于依法应当提起公诉的,人民检察院可以向人民法院提出从宽处罚的量刑建议。

(12)人民检察院拟对当事人达成和解的公诉案件作出不起诉决定的,应当听取双方当事人对和解的意见,并且查明犯罪嫌疑人是否已经切实履行和解协议、不能即时履行的是否已经提供有效担保,将其作为是否决定不起诉的因素予以考虑。当事人在不起诉决定作出之前反悔的,可以另行达成和解。不能另行达成和解的,人民检察院应当依法作出起诉或者不起诉决定。当事人在不起诉决定作出之后反悔的,人民检察院不撤销原决定,但有证据证明和解违反自愿、合法原则的除外。

(13) 犯罪嫌疑人或者其亲友等以暴力、威胁、欺骗或者其他非法方法强迫、引诱被害人和解,或者在协议履行完毕之后威胁、报复被害人的,应当认定和解协议无效。已经作出不批准逮捕或者不起诉决定的,人民检察院根据案件情况可以撤销原决定,对犯罪嫌疑人批准逮捕或者提起公诉。

## 二、例题

1. 下列哪一案件可以适用当事人和解的公诉案件诉讼程序?(2016年真题,单选)
   A. 甲因侵占罪被免除处罚2年后,又涉嫌故意伤害致人轻伤罪
   B. 乙涉嫌寻衅滋事,在押期间由其父亲代为和解,被害人表示同意
   C. 丙涉嫌犯过失致人重伤罪,被害人系限制行为能力人,被害人父亲愿意代为和解
   D. 丁涉嫌破坏计算机信息系统,被害人表示愿意和解

[释疑] 《刑事诉讼法》第277条规定:"下列公诉案件,犯罪嫌疑人、被告人真诚悔罪,通过向被害人赔偿损失、赔礼道歉等方式获得被害人谅解,被害人自愿和解的,双方当事人可以和解:(一)因民间纠纷引起,涉嫌刑法分则第四章、第五章规定的犯罪案件,可能判处三年有期徒刑以下刑罚的;(二)除渎职犯罪以外的可能判处七年有期徒刑以下刑罚的过失犯罪案件。犯罪嫌疑人、被告人在五年以内曾经故意犯罪的,不适用本章规定的程序。" A项属于"犯罪嫌疑人、被告人在五年以内曾经故意犯罪的",所以不选;"寻衅滋事罪"、"破坏计算机信息系统罪"属于刑法分则第六章妨害社会管理秩序罪规定的犯罪,所以,B项、D项不选。《刑诉法解释》第497条第2款规定:"被害人系无行为能力或者限制行为能力人的,其法定代理人、近亲属可以代为和解。"故C项正确。(答案:C)

2. 甲因邻里纠纷失手致乙死亡,甲被批准逮捕。案件起诉后,双方拟通过协商达成和解。对于此案的和解,下列哪一选项是正确的?(2014年真题,单选)
   A. 由于甲在押,其近亲属可自行与被害方进行和解
   B. 由于乙已经死亡,可由其近亲属代为和解
   C. 甲的辩护人和乙近亲属的诉讼代理人可参与和解协商
   D. 由于甲在押,和解协议中约定的赔礼道歉可由其近亲属代为履行

[释疑] 《刑诉法解释》第498条规定:"被告人的近亲属经被告人同意,可以代为和解。被告人系限制行为能力人的,其法定代理人可以代为和解。被告人的法定代理人、近亲属依照前两款规定代为和解的,和解协议约定的赔礼道歉等事项,应当由被告人本人履行。"故A、D项错误。《刑诉法解释》第497条规定:"符合刑事诉讼法第二百七十七条规定的公诉案件,被害人死亡的,其近亲属可以与被告人和解。近亲属有多人的,达成和解协议,应当经处于同一继承顺序的所有近亲属同意。被害人系无行为能力或者限制行为能力人的,其法定代理人、近亲属可以代为和解。"被害人死亡的,其近亲属就成为和解的主体,可直接与被告人和解。故B项错误。《刑诉法解释》第496条第2款规定:"根据案件情况,人民法院可以邀请人民调解员、辩护人、诉讼代理人、当事人亲友等参与促成双方当事人和解。"故C项正确。(答案:C)

3. 李某因琐事将邻居王某打成轻伤。案发后,李家积极赔偿、赔礼道歉,得到王家谅解。如检察院根据双方和解对李某作出不起诉决定,需要同时具备下列哪些条件?(2013年真题,多选)
   A. 双方和解具有自愿性、合法性

B. 李某实施伤害的犯罪情节轻微,不需要判处刑罚

C. 李某五年以内未曾故意犯罪

D. 公安机关向检察院提出从宽处理的建议

[释疑] 《刑事诉讼法》第277条规定:"下列公诉案件,犯罪嫌疑人、被告人真诚悔罪,通过向被害人赔偿损失、赔礼道歉等方式获得被害人谅解,被害人自愿和解的,双方当事人可以和解:(一)因民间纠纷引起,涉嫌刑法分则第四章、第五章规定的犯罪案件,可能判处三年有期徒刑以下刑罚的;(二)除渎职犯罪以外的可能判处七年有期徒刑以下刑罚的过失犯罪案件。犯罪嫌疑人、被告人在五年以内曾经故意犯罪的,不适用本章规定的程序。"第二百七十九条规定:"对于达成和解协议的案件,公安机关可以向人民检察院提出从宽处理的建议。人民检察院可以向人民法院提出从宽处罚的建议;对于犯罪情节轻微,不需要判处刑罚的,可以作出不起诉的决定。人民法院可以依法对被告人从宽处罚。"故A、B、C项正确。(答案:ABC)

4. 对于适用当事人和解的公诉案件诉讼程序而达成和解协议的案件,下列哪一做法是错误的?(2012年真题,单选)

A. 公安机关可以撤销案件

B. 检察院可以向法院提出从宽处罚的建议

C. 对于犯罪情节轻微,不需要判处刑罚的,检察院可以不起诉

D. 法院可以依法对被告人从宽处罚

[释疑] 《刑事诉讼法》第279条规定:"对于达成和解协议的案件,公安机关可以向人民检察院提出从宽处理的建议。人民检察院可以向人民法院提出从宽处罚的建议;对于犯罪情节轻微,不需要判处刑罚的,可以作出不起诉的决定。人民法院可以依法对被告人从宽处罚。"(答案:A)

5. 关于可以适用当事人和解的公诉案件诉讼程序的案件范围,下列哪些选项是正确的?(2012年真题,多选)

A. 交通肇事罪   B. 暴力干涉婚姻自由罪

C. 过失致人死亡罪   D. 刑讯逼供罪

[释疑] 《刑事诉讼法》第277条规定:"下列公诉案件,犯罪嫌疑人、被告人真诚悔罪,通过向被害人赔偿损失、赔礼道歉等方式获得被害人谅解,被害人自愿和解的,双方当事人可以和解:(一)因民间纠纷引起,涉嫌刑法分则第四章、第五章规定的犯罪案件,可能判处三年有期徒刑以下刑罚的;(二)除渎职犯罪以外的可能判处七年有期徒刑以下刑罚的过失犯罪案件。犯罪嫌疑人、被告人在五年以内曾经故意犯罪的,不适用本章规定的程序。"故A、D项正确。(答案:AD)

### 三、提示与预测

本章要重点掌握《刑事诉讼法》对当事人和解的公诉案件诉讼程序的新规定。

# 第二十二章 犯罪嫌疑人、被告人逃匿、死亡案件违法所得的没收程序

## 一、精讲

### 考点 1 没收违法所得的申请

（1）对于贪污贿赂犯罪、恐怖活动犯罪等重大犯罪案件，犯罪嫌疑人、被告人逃匿，在通缉1年后不能到案，或者犯罪嫌疑人、被告人死亡，依照《刑法》规定应当追缴其违法所得及其他涉案财产的，人民检察院可以向人民法院提出没收违法所得的申请。

（2）公安机关认为有前款规定情形的，应当写出没收违法所得意见书，移送人民检察院。

（3）没收违法所得的申请应当提供与犯罪事实、违法所得相关的证据材料，并列明财产的种类、数量、所在地及查封、扣押、冻结的情况。

（4）人民法院在必要的时候，可以查封、扣押、冻结申请没收的财产。

### 考点 2 对没收违法所得的申请的审理

（1）没收违法所得的申请，由犯罪地或者犯罪嫌疑人、被告人居住地的中级人民法院组成合议庭进行审理。

（2）人民法院受理没收违法所得的申请后，应当发出公告。公告期间为6个月。犯罪嫌疑人、被告人的近亲属和其他利害关系人有权申请参加诉讼，也可以委托诉讼代理人参加诉讼。

（3）人民法院在公告期满后对没收违法所得的申请进行审理。利害关系人参加诉讼的，人民法院应当开庭审理。

（4）人民法院经审理，对经查证属于违法所得及其他涉案财产，除依法返还被害人的以外，应当裁定予以没收；对不属于应当追缴的财产的，应当裁定驳回申请，解除查封、扣押、冻结措施。对于人民法院依照前款规定作出的裁定，犯罪嫌疑人、被告人的近亲属和其他利害关系人或者人民检察院可以提出上诉、抗诉。

（5）在审理过程中，在逃的犯罪嫌疑人、被告人自动投案或者被抓获的，人民法院应当终止审理。

（6）没收犯罪嫌疑人、被告人财产确有错误的，应当予以返还、赔偿。

### 考点 3 六部门《规定》的相关规定

（1）对于依照《刑法》规定应当追缴的违法所得及其他涉案财产，除依法返还被害人的财物以及依法销毁的违禁品外，必须一律上缴国库。查封、扣押的涉案财产，依法不移送的，待人民法院作出生效判决、裁定后，由人民法院通知查封、扣押机关上缴国库，查封、扣押机关应当向人民法院送交执行回单；冻结在金融机构的违法所得及其他涉案财产，待人民法院作出生效判决、裁定后，由人民法院通知有关金融机构上缴国库，有关金融机构应当向人民法院送交执

行回单。对于被扣押、冻结的债券、股票、基金份额等财产,在扣押、冻结期间权利人申请出售,经扣押、冻结机关审查,不损害国家利益、被害人利益,不影响诉讼正常进行的,以及扣押、冻结的汇票、本票、支票的有效期即将届满的,可以在判决生效前依法出售或者变现,所得价款由扣押、冻结机关保管,并及时告知当事人或者其近亲属。

(2)《刑事诉讼法》第 142 条第 1 款规定:"人民检察院、公安机关根据侦查犯罪的需要,可以依照规定查询、冻结犯罪嫌疑人的存款、汇款、债券、股票、基金份额等财产。"根据上述规定,人民检察院、公安机关不能扣划存款、汇款、债券、股票、基金份额等财产。对于犯罪嫌疑人、被告人死亡,依照《刑法》规定应当追缴其违法所得及其他涉案财产的,适用《刑事诉讼法》第五编第三章规定的程序,由人民检察院向人民法院提出没收违法所得的申请。

(3)犯罪嫌疑人、被告人死亡,现有证据证明存在违法所得及其他涉案财产应当予以没收的,公安机关、人民检察院可以进行调查。公安机关、人民检察院进行调查,可以依法进行查封、扣押、查询、冻结。人民法院在审理案件过程中,被告人死亡的,应当裁定终止审理;被告人脱逃的,应当裁定中止审理。人民检察院可以依法另行向人民法院提出没收违法所得的申请。

(4)对于人民法院依法作出的没收违法所得的裁定,犯罪嫌疑人、被告人的近亲属和其他利害关系人或者人民检察院可以在 5 日内提出上诉、抗诉。

### 考点 4 《刑诉法解释》关于犯罪嫌疑人、被告人逃匿、死亡案件违法所得的没收程序的规定

(1)依照《刑法》规定应当追缴违法所得及其他涉案财产,且符合下列情形之一的,人民检察院可以向人民法院提出没收违法所得的申请:① 犯罪嫌疑人、被告人实施了贪污贿赂犯罪、恐怖活动犯罪等重大犯罪后逃匿,在通缉 1 年后不能到案的;② 犯罪嫌疑人、被告人死亡的。

(2)具有下列情形之一的,应当认定为《刑事诉讼法》第 280 条第 1 款规定的"重大犯罪案件":① 犯罪嫌疑人、被告人可能被判处无期徒刑以上刑罚的;② 案件在本省、自治区、直辖市或者全国范围内有较大影响的;③ 其他重大犯罪案件。

(3)实施犯罪行为所取得的财物及其孳息,以及被告人非法持有的违禁品、供犯罪所用的本人财物,应当认定为《刑事诉讼法》第 280 条第 1 款规定的"违法所得及其他涉案财产"。

(4)对人民检察院提出的没收违法所得申请,人民法院应当审查以下内容:① 是否属于本院管辖;② 是否写明犯罪嫌疑人、被告人涉嫌有关犯罪的情况,并附相关证据材料;③ 是否附有通缉令或者死亡证明;④ 是否列明违法所得及其他涉案财产的种类、数量、所在地,并附相关证据材料;⑤ 是否附有查封、扣押、冻结违法所得及其他涉案财产的清单和相关法律手续;⑥ 是否写明犯罪嫌疑人、被告人的近亲属和其他利害关系人的姓名、住址、联系方式及其要求等情况;⑦ 是否写明申请没收的理由和法律依据。

(5)对没收违法所得的申请,人民法院应当在 7 日内审查完毕,并按照下列情形分别处理:① 不属于本院管辖的,应当退回人民检察院;② 材料不全的,应当通知人民检察院在 3 日内补送;③ 属于违法所得没收程序受案范围和本院管辖,且材料齐全的,应当受理。人民检察院尚未查封、扣押、冻结申请没收的财产或者查封、扣押、冻结期限即将届满,涉案财产有被隐匿、转移或者毁损、灭失危险的,人民法院可以查封、扣押、冻结申请没收的财产。

(6)人民法院决定受理没收违法所得的申请后,应当在 15 日内发出公告,公告期为 6 个

月。公告应当写明以下内容:① 案由;② 犯罪嫌疑人、被告人通缉在逃或者死亡等基本情况;③ 申请没收财产的种类、数量、所在地;④ 犯罪嫌疑人、被告人的近亲属和其他利害关系人申请参加诉讼的期限、方式;⑤ 应当公告的其他情况。公告应当在全国公开发行的报纸或者人民法院的官方网站刊登,并在人民法院公告栏张贴、发布;必要时,可以在犯罪地、犯罪嫌疑人、被告人居住地、申请没收的不动产所在地张贴、发布。人民法院已经掌握犯罪嫌疑人、被告人的近亲属和其他利害关系人的联系方式的,应当采取电话、传真、邮件等方式直接告知其公告内容,并记录在案。

(7) 对申请没收的财产主张所有权的人,应当认定为《刑事诉讼法》第281条第2款规定的"其他利害关系人"。犯罪嫌疑人、被告人的近亲属和其他利害关系人申请参加诉讼的,应当在公告期间提出。犯罪嫌疑人、被告人的近亲属应当提供其与犯罪嫌疑人、被告人关系的证明材料,其他利害关系人应当提供申请没收的财产系其所有的证据材料。犯罪嫌疑人、被告人的近亲属和其他利害关系人在公告期满后申请参加诉讼,能够合理说明原因,并提供证明申请没收的财产系其所有的证据材料的,人民法院应当准许。

(8) 公告期满后,人民法院应当组成合议庭对申请没收违法所得的案件进行审理。利害关系人申请参加诉讼的,人民法院应当开庭审理。没有利害关系人申请参加诉讼的,可以不开庭审理。

(9) 开庭审理申请没收违法所得的案件,按照下列程序进行:① 审判长宣布法庭调查开始后,先由检察员宣读申请书,后由利害关系人、诉讼代理人发表意见;② 法庭应当依次就犯罪嫌疑人、被告人是否实施了贪污贿赂犯罪、恐怖活动犯罪等重大犯罪并已经通缉1年不能到案,或者是否已经死亡,以及申请没收的财产是否依法应当追缴进行调查;调查时,先由检察员出示有关证据,后由利害关系人发表意见、出示有关证据,并进行质证;③ 法庭辩论阶段,先由检察员发言,后由利害关系人及其诉讼代理人发言,并进行辩论。利害关系人接到通知后无正当理由拒不到庭,或者未经法庭许可中途退庭的,可以转为不开庭审理,但还有其他利害关系人参加诉讼的除外。

(10) 对申请没收违法所得的案件,人民法院审理后,应当按照下列情形分别处理:① 案件事实清楚,证据确实、充分,申请没收的财产确属违法所得及其他涉案财产的,除依法返还被害人的以外,应当裁定没收;② 不符合《刑诉法解释》第507条规定的条件的,应当裁定驳回申请。

(11) 对没收违法所得或者驳回申请的裁定,犯罪嫌疑人、被告人的近亲属和其他利害关系人或者人民检察院可以在5日内提出上诉、抗诉。

(12) 对不服第一审没收违法所得或者驳回申请裁定的上诉、抗诉案件,第二审人民法院经审理,应当按照下列情形分别作出裁定:① 原裁定正确的,应当驳回上诉或者抗诉,维持原裁定;② 原裁定确有错误的,可以在查清事实后改变原裁定;也可以撤销原裁定,发回重新审判;③ 原审违反法定诉讼程序,可能影响公正审判的,应当撤销原裁定,发回重新审判。

(13) 在审理申请没收违法所得的案件过程中,在逃的犯罪嫌疑人、被告人到案的,人民法院应当裁定终止审理。人民检察院向原受理申请的人民法院提起公诉的,可以由同一审判组织审理。

(14) 在审理案件过程中,被告人死亡或者脱逃,符合《刑事诉讼法》第280条第1款的规定的,人民检察院可以向人民法院提出没收违法所得的申请。人民检察院向原受理案件的人民法院提出申请的,可以由同一审判组织依照《刑诉法解释》第二十二章规定的程序审理。

（15）审理申请没收违法所得案件的期限,参照公诉案件第一审普通程序和第二审程序的审理期限执行。公告期间和请求刑事司法协助的时间不计入审理期限。

（16）没收违法所得裁定生效后,犯罪嫌疑人、被告人到案并对没收裁定提出异议,人民检察院向原作出裁定的人民法院提起公诉的,可以由同一审判组织审理。人民法院经审理,应当按照下列情形分别处理:① 原裁定正确的,予以维持,不再对涉案财产作出判决;② 原裁定确有错误的,应当撤销原裁定,并在判决中对有关涉案财产一并作出处理。人民法院生效的没收裁定确有错误的,除《刑诉法解释》第522条第1款规定的情形外,应当依照审判监督程序予以纠正。已经没收的财产,应当及时返还;财产已经上缴国库的,由原没收机关从财政机关申请退库,予以返还;原物已经出卖、拍卖的,应当退还价款;造成犯罪嫌疑人、被告人以及利害关系人财产损失的,应当依法赔偿。

## 考点 5 《刑事诉讼规则》关于犯罪嫌疑人、被告人逃匿、死亡案件违法所得的没收程序的规定

（1）对于贪污贿赂犯罪、恐怖活动犯罪等重大犯罪案件,犯罪嫌疑人、被告人逃匿,在通缉1年后不能到案,依照《刑法》规定应当追缴其违法所得及其他涉案财产的,人民检察院可以向人民法院提出没收违法所得的申请。对于犯罪嫌疑人、被告人死亡,依照《刑法》规定应当追缴其违法所得及其他涉案财产的,人民检察院也可以向人民法院提出没收违法所得的申请。犯罪嫌疑人实施犯罪行为所取得的财物及其孳息以及犯罪嫌疑人非法持有的违禁品、供犯罪所用的本人财物,应当认定为前两款规定的违法所得及其他涉案财产。

（2）人民检察院审查侦查机关移送的没收违法所得意见书,向人民法院提出没收违法所得的申请以及对违法所得没收程序中调查活动、审判活动的监督,由公诉部门办理。

（3）没收违法所得的申请,应当由与有管辖权的中级人民法院相对应的人民检察院提出。

（4）人民检察院向人民法院提出没收违法所得的申请,应当制作没收违法所得申请书。没收违法所得申请书的主要内容包括:① 犯罪嫌疑人、被告人的基本情况,包括姓名、性别、出生年月日、出生地、户籍地、身份证号码、民族、文化程度、职业、工作单位及职务、住址等;② 案由及案件来源;③ 犯罪嫌疑人、被告人的犯罪事实;④ 犯罪嫌疑人、被告人逃匿、被通缉或者死亡的情况;⑤ 犯罪嫌疑人、被告人的违法所得及其他涉案财产的种类、数量、所在地及查封、扣押、冻结的情况;⑥ 犯罪嫌疑人、被告人近亲属和其他利害关系人的姓名、住址、联系方式及其要求等情况;⑦ 提出没收违法所得申请的理由和法律依据。

（5）公安机关向人民检察院移送没收违法所得意见书,应当由有管辖权的人民检察院的同级公安机关移送。

（6）人民检察院审查公安机关移送的没收违法所得意见书,应当查明:① 是否属于本院管辖;② 是否符合《刑事诉讼法》第280条第1款规定的条件;③ 犯罪嫌疑人身份状况,包括姓名、性别、国籍、出生年月日、职业和单位等;④ 犯罪嫌疑人涉嫌犯罪的情况;⑤ 犯罪嫌疑人逃匿、被通缉或者死亡的情况;⑥ 违法所得及其他涉案财产的种类、数量、所在地,以及查封、扣押、冻结的情况;⑦ 与犯罪事实、违法所得相关的证据材料是否随案移送,不宜移送的证据的清单、复制件、照片或者其他证明文件是否随案移送;⑧ 证据是否确实、充分;⑨ 相关利害关系人的情况。

(7) 人民检察院应当在接到公安机关移送的没收违法所得意见书后30日以内作出是否提出没收违法所得申请的决定。30日以内不能作出决定的,经检察长批准,可以延长15日。对于公安机关移送的没收违法所得案件,经审查认为不符合《刑事诉讼法》第280条第1款规定条件的,应当作出不提出没收违法所得申请的决定,并向公安机关书面说明理由;认为需要补充证据的,应当书面要求公安机关补充证据,必要时也可以自行调查。公安机关补充证据的时间不计入人民检察院的办案期限。

(8) 人民检察院发现公安机关应当启动违法所得没收程序而不启动的,可以要求公安机关在7日以内书面说明不启动的理由。经审查,认为公安机关不启动理由不能成立的,应当通知公安机关启动程序。

(9) 人民检察院发现公安机关在违法所得没收程序的调查活动中有违法情形的,应当向公安机关提出纠正意见。

(10) 在审查公安机关移送的没收违法所得意见书的过程中,在逃的犯罪嫌疑人、被告人自动投案或者被抓获的,人民检察院应当终止审查,并将案卷退回公安机关处理。

(11) 人民检察院直接受理立案侦查的案件,犯罪嫌疑人逃匿或者犯罪嫌疑人死亡而撤销案件,符合《刑事诉讼法》第280条第1款规定条件的,侦查部门应当启动违法所得没收程序进行调查。侦查部门进行调查应当查明犯罪嫌疑人涉嫌的犯罪事实,犯罪嫌疑人逃匿、被通缉或者死亡的情况,以及犯罪嫌疑人的违法所得及其他涉案财产的情况,并可以对违法所得及其他涉案财产依法进行查封、扣押、查询、冻结。侦查部门认为符合《刑事诉讼法》第280条第1款规定条件的,应当写出没收违法所得意见书,连同案卷材料一并移送有管辖权的人民检察院侦查部门,并由有管辖权的人民检察院侦查部门移送本院公诉部门。公诉部门对没收违法所得意见书进行审查,作出是否提出没收违法所得申请的决定,具体程序按照《刑事诉讼规则》第528条、第529条的规定办理。

(12) 在人民检察院审查起诉过程中,犯罪嫌疑人死亡,或者贪污贿赂犯罪、恐怖活动犯罪等重大犯罪案件的犯罪嫌疑人逃匿,在通缉1年后不能到案,依照《刑法》规定应当追缴其违法所得及其他涉案财产的,人民检察院可以直接提出没收违法所得的申请。人民法院在审理案件过程中,被告人死亡而裁定终止审理,或者被告人脱逃而裁定中止审理,人民检察院可以依法另行向人民法院提出没收违法所得的申请。

(13) 人民法院对没收违法所得的申请进行审理,人民检察院应当承担举证责任。人民法院对没收违法所得的申请开庭审理的,人民检察院应当派员出席法庭。

(14) 人民检察院发现人民法院或者审判人员审理没收违法所得案件违反法律规定的诉讼程序,应当向人民法院提出纠正意见。人民检察院认为同级人民法院按照违法所得没收程序所作的第一审裁定确有错误的,应当在5日以内向上一级人民法院提出抗诉。最高人民检察院、省级人民检察院认为下级人民法院按照违法所得没收程序所作的已经发生法律效力的裁定确有错误的,应当按照审判监督程序向同级人民法院提出抗诉。

(15) 在审理案件过程中,在逃的犯罪嫌疑人、被告人自动投案或者被抓获,人民法院按照《刑事诉讼法》第283条第1款的规定终止审理的,人民检察院应当将案卷退回侦查机关处理。

(16) 对于《刑事诉讼法》第280条第1款规定以外需要没收违法所得的,按照有关规定执行。

## 二、例题

1. 李某(女)家住甲市,系该市某国有公司会计,涉嫌贪污公款500余万元,被甲市检察院立案侦查后提起公诉,甲市中级法院受理该案后,李某脱逃,下落不明。请回答第(1)—(2)题。(2015年真题,不定选)

(1) 关于李某脱逃前的诉讼程序,下列选项正确的是:
A. 是否逮捕李某,应由甲市检察院的上一级检察院审查决定
B. 李某符合逮捕条件,但因其有孕在身,可对其适用指定居所监视居住
C. 李某委托的律师在侦查阶段会见李某,需经侦查机关许可
D. 侦查人员每次讯问李某时,应对讯问过程实行全程录音、录像

[释疑] 《刑事诉讼规则》第327条第1款规定:"省级以下(不含省级)人民检察院直接受理立案侦查的案件,需要逮捕犯罪嫌疑人的,应当报请上一级人民检察院审查决定。"所以,A项正确。《刑事诉讼法》第37条第3款规定:"危害国家安全犯罪、恐怖活动犯罪、特别重大贿赂犯罪案件,在侦查期间辩护律师会见在押的犯罪嫌疑人,应当经侦查机关许可。上述案件,侦查机关应当事先通知看守所。"第73条第1款规定:"监视居住应当在犯罪嫌疑人、被告人的住处执行;无固定住处的,可以在指定的居所执行。对于涉嫌危害国家安全犯罪、恐怖活动犯罪、特别重大贿赂犯罪,在住处执行可能有碍侦查的,经上一级人民检察院或者公安机关批准,也可以在指定的居所执行。但是,不得在羁押场所、专门的办案场所执行。"由于李某涉嫌贪污犯罪,所以,B项、C项错误。《刑事诉讼规则》第201条规定:"人民检察院立案侦查职务犯罪案件,在每次讯问犯罪嫌疑人的时候,应当对讯问过程实行全程录音、录像,并在讯问笔录中注明。录音、录像应当由检察技术人员负责。特殊情况下,经检察长批准也可以由讯问人员以外的其他检察人员负责。"所以,D项正确。(答案:AD)

(2) 关于李某脱逃后的诉讼程序,下列选项正确的是:
A. 李某脱逃后,法院可中止审理
B. 在通缉李某一年不到案后,甲市检察院可向甲市中级法院提出没收李某违法所得的申请
C. 李某的近亲属只能在6个月的公告期内申请参加诉讼
D. 在审理没收违法所得的案件过程中,李某被抓捕归案的,法院应裁定终止审理

[释疑] 《刑事诉讼法》第200条规定:"在审判过程中,有下列情形之一,致使案件在较长时间内无法继续审理的,可以中止审理:(一) 被告人患有严重疾病,无法出庭的;(二) 被告人脱逃的;(三) 自诉人患有严重疾病,无法出庭,未委托诉讼代理人出庭的;(四) 由于不能抗拒的原因。中止审理的原因消失后,应当恢复审理。中止审理的期间不计入审理期限。"所以,A项正确。《刑事诉讼法》第280条:"对于贪污贿赂犯罪、恐怖活动犯罪等重大犯罪案件,犯罪嫌疑人、被告人逃匿,在通缉一年后不能到案,或者犯罪嫌疑人、被告人死亡,依照刑法规定应当追缴其违法所得及其他涉案财产的,人民检察院可以向人民法院提出没收违法所得的申请。"所以,B项正确。《刑事诉讼法》第281条规定:"没收违法所得的申请,由犯罪地或者犯罪嫌疑人、被告人居住地的中级人民法院组成合议庭进行审理。人民法院受理没收违法所得的申请后,应当发出公告。公告期间为六个月。犯罪嫌疑人、被告人的近亲属和其他利害关系人有权申请参加诉讼,也可以委托诉讼代理人参加诉讼。人民法院在公告期满后对没收违

法所得的申请进行审理。利害关系人参加诉讼的,人民法院应当开庭审理。"所以,C项错误。《刑事诉讼法》第283条第1款规定:"在审理过程中,在逃的犯罪嫌疑人、被告人自动投案或者被抓获的,人民法院应当终止审理。"所以,D项正确。(答案:ABD)

2. A市原副市长马某,涉嫌收受贿赂2000余万元。为保证公正审判,上级法院指令与本案无关的B市中级法院一审。B市中级法院受理此案后,马某突发心脏病不治身亡。关于此案处理,下列哪一选项是错误的?(2014年真题,单选)

A. 应当由法院作出终止审理的裁定,再由检察院提出没收违法所得的申请
B. 应当由B市中级法院的同一审判组织对是否没收违法所得继续进行审理
C. 如裁定没收违法所得,而马某妻子不服的,可在5日内提出上诉
D. 如裁定没收违法所得,而其他利害关系人不服的,有权上诉

[释疑] 《刑诉法解释》第520条规定:"在审理案件过程中,被告人死亡或者脱逃,符合刑事诉讼法第二百八十条第一款规定的,人民检察院可以向人民法院提出没收违法所得的申请。人民检察院向原受理案件的人民法院提出申请的,可以由同一审判组织依照本章规定的程序审理。"《刑事诉讼规则》第534条第2款规定:"人民法院在审理案件过程中,被告人死亡而裁定终止审理,或者被告人脱逃而裁定中止审理,人民检察院可以依法另行向人民法院提出没收违法所得的申请。"故A项正确。B项错误,不是"应当",而是"可以"。六部门《规定》第39条规定:"对于人民法院依法作出的没收违法所得的裁定,犯罪嫌疑人、被告人的近亲属和其他利害关系人或者人民检察院可以在五日内提出上诉、抗诉。"故C、D项正确。(答案:B)

3. 下列哪一选项不属于犯罪嫌疑人、被告人逃匿、死亡案件违法所得没收程序中的"违法所得及其他涉案财产"?(2014年真题,单选)

A. 刘某恐怖活动犯罪案件中从其住处搜出的管制刀具
B. 赵某贪污案赃款存入银行所得的利息
C. 王某恐怖活动犯罪案件中制造爆炸装置使用的所在单位的仪器和设备
D. 周某贿赂案受贿所得的古玩

[释疑] 《刑诉法解释》第509条规定:"实施犯罪行为所取得的财物及其孳息,以及被告人非法持有的违禁品、供犯罪所用的本人财物,应当认定为刑事诉讼法第二百八十条第一款规定的'违法所得及其他涉案财产'。"故A、B、D项属于"违法所得及其他涉案财产"。C项不属于本人的财物。(答案:C)

4. 关于犯罪嫌疑人、被告人逃匿、死亡案件违法所得的没收程序,下列哪一说法是正确的?(2012年真题,单选)

A. 贪污贿赂犯罪案件的犯罪嫌疑人潜逃,通缉1年后不能到案的,依照《刑法》规定应当追缴其违法所得及其他涉案财产的,公安机关可以向法院提出没收违法所得的申请
B. 在A选项所列情形下,检察院可以向法院提出没收违法所得的申请
C. 没收违法所得及其他涉案财产的申请,由犯罪地的基层法院组成合议庭进行审理
D. 没收违法所得案件审理中,在逃犯罪嫌疑人被抓获的,法院应当中止审理

[释疑] 《刑事诉讼法》第280条规定:"对于贪污贿赂犯罪、恐怖活动犯罪等重大犯罪案件,犯罪嫌疑人、被告人逃匿,在通缉一年后不能到案,或者犯罪嫌疑人、被告人死亡,依照刑法规定应当追缴其违法所得及其他涉案财产的,人民检察院可以向人民法院提出没收违法所得的申请。公安机关认为有前款规定情形的,应当写出没收违法所得意见书,移送人民检察

院……"《刑事诉讼法》第 281 条第 1 款规定:"没收违法所得的申请,由犯罪地或者犯罪嫌疑人、被告人居住地的中级人民法院组成合议庭进行审理。"《刑事诉讼法》第 283 条第 1 款规定:"在审理过程中,在逃的犯罪嫌疑人、被告人自动投案或者被抓获的,人民法院应当终止审理。"故 B 项正确。(答案:B)

### 三、提示与预测

本章要重点掌握《刑事诉讼法》对犯罪嫌疑人、被告人逃匿、死亡案件违法所得的没收程序的新规定。

# 第二十三章　依法不负刑事责任的精神病人的强制医疗程序

强制医疗是一项出于避免社会危害和保障精神疾病患者利益的目的而采取的,对精神疾病患者的人身自由予以一定限制,并对其所患精神疾病进行治疗的特殊保安处分措施。

## 一、精讲

### 考点 1　强制医疗的对象

实施暴力行为,危害公共安全或者严重危害公民人身安全,经法定程序鉴定依法不负刑事责任的精神病人,有继续危害社会可能的,可以予以强制医疗。

### 考点 2　强制医疗的决定机关

根据本章规定对精神病人强制医疗的,由人民法院决定。

### 考点 3　强制医疗的决定程序

(1) 公安机关发现精神病人符合强制医疗条件的,应当写出强制医疗意见书,移送人民检察院。对于公安机关移送的或者在审查起诉过程中发现精神病人符合强制医疗条件的,人民检察院应当向人民法院提出强制医疗的申请。人民法院在审理案件过程中发现被告人符合强制医疗条件的,可以作出强制医疗的决定。

(2) 对实施暴力行为的精神病人,在人民法院决定强制医疗前,公安机关可以采取临时的保护性约束措施。

(3) 人民法院受理强制医疗的申请后,应当组成合议庭进行审理。

(4) 人民法院审理强制医疗案件,应当通知被申请人或者被告人的法定代理人到场。被申请人或者被告人没有委托诉讼代理人的,人民法院应当通知法律援助机构指派律师为其提供法律帮助。

(5) 人民法院经审理,对于被申请人或者被告人符合强制医疗条件的,应当在 1 个月以内作出强制医疗的决定。

(6) 被决定强制医疗的人、被害人及其法定代理人、近亲属对强制医疗决定不服的,可以向上一级人民法院申请复议。

(7) 强制医疗机构应当定期对被强制医疗的人进行诊断评估。对于已不具有人身危险性,不需要继续强制医疗的,应当及时提出解除意见,报决定强制医疗的人民法院批准。

(8) 被强制医疗的人及其近亲属有权申请解除强制医疗。

(9) 人民检察院对强制医疗的决定和执行实行监督。

## 考点 4 《刑诉法解释》关于依法不负刑事责任的精神病人的强制医疗程序的规定

(1) 实施暴力行为,危害公共安全或者严重危害公民人身安全,社会危害性已经达到犯罪程度,但经法定程序鉴定依法不负刑事责任的精神病人,有继续危害社会可能的,可以予以强制医疗。

(2) 人民检察院申请对依法不负刑事责任的精神病人强制医疗的案件,由被申请人实施暴力行为所在地的基层人民法院管辖;由被申请人居住地的人民法院审判更为适宜的,可以由被申请人居住地的基层人民法院管辖。

(3) 对人民检察院提出的强制医疗申请,人民法院应当审查以下内容:① 是否属于本院管辖;② 是否写明被申请人的身份,实施暴力行为的时间、地点、手段、所造成的损害等情况,并附相关证据材料;③ 是否附有法医精神病鉴定意见和其他证明被申请人属于依法不负刑事责任的精神病人的证据材料;④ 是否列明被申请人的法定代理人的姓名、住址、联系方式;⑤ 需要审查的其他事项。

(4) 对人民检察院提出的强制医疗申请,人民法院应当在 7 日内审查完毕,并按照下列情形分别处理:① 不属于本院管辖的,应当退回人民检察院;② 材料不全的,应当通知人民检察院在 3 日内补送;③ 属于强制医疗程序受案范围和本院管辖,且材料齐全的,应当受理。

(5) 审理强制医疗案件,应当通知被申请人或者被告人的法定代理人到场。被申请人或者被告人没有委托诉讼代理人的,应当通知法律援助机构指派律师担任其诉讼代理人,为其提供法律帮助。

(6) 审理强制医疗案件,应当组成合议庭,开庭审理,但是,被申请人、被告人的法定代理人请求不开庭审理,并经人民法院审查同意的除外。审理人民检察院申请强制医疗的案件,应当会见被申请人。

(7) 开庭审理申请强制医疗的案件,按照下列程序进行:① 审判长宣布法庭调查开始后,先由检察员宣读申请书,后由被申请人的法定代理人、诉讼代理人发表意见。② 法庭依次就被申请人是否实施了危害公共安全或者严重危害公民人身安全的暴力行为、是否属于依法不负刑事责任的精神病人、是否有继续危害社会的可能进行调查;调查时,先由检察员出示有关证据,后由被申请人的法定代理人、诉讼代理人发表意见、出示有关证据,并进行质证。③ 法庭辩论阶段,先由检察员发言,后由被申请人的法定代理人、诉讼代理人发言,并进行辩论。被申请人要求出庭,人民法院经审查其身体和精神状态,认为可以出庭的,应当准许。出庭的被申请人,在法庭调查、辩论阶段,可以发表意见。检察员宣读申请书后,被申请人的法定代理人、诉讼代理人无异议的,法庭调查可以简化。

(8) 对申请强制医疗的案件,人民法院审理后,应当按照下列情形分别处理:① 符合《刑事诉讼法》第 284 条规定的强制医疗条件的,应当作出对被申请人强制医疗的决定。② 被申请人属于依法不负刑事责任的精神病人,但不符合强制医疗条件的,应当作出驳回强制医疗申请的决定;被申请人已经造成危害结果的,应当同时责令其家属或者监护人严加看管和医疗。③ 被申请人具有完全或者部分刑事责任能力,依法应当追究刑事责任的,应当作出驳回强制医疗申请的决定,并退回人民检察院依法处理。

（9）第一审人民法院在审理案件过程中发现被告人可能符合强制医疗条件的,应当依照法定程序对被告人进行精神病鉴定。经鉴定,被告人属于依法不负刑事责任的精神病人的,应当适用强制医疗程序,对案件进行审理。开庭审理前款规定的案件,应当先由合议庭组成人员宣读对被告人的精神病鉴定意见,说明被告人可能符合强制医疗的条件,后依次由公诉人和被告人的法定代理人、诉讼代理人发表意见。经审判长许可,公诉人和被告人的法定代理人、诉讼代理人可以进行辩论。

（10）对《刑诉法解释》第532条规定的案件,人民法院审理后,应当按照下列情形分别处理：① 被告人符合强制医疗条件的,应当判决宣告被告人不负刑事责任,同时作出对被告人强制医疗的决定。② 被告人属于依法不负刑事责任的精神病人,但不符合强制医疗条件的,应当判决宣告被告人无罪或者不负刑事责任;被告人已经造成危害结果的,应当同时责令其家属或者监护人严加看管和医疗。③ 被告人具有完全或者部分刑事责任能力,依法应当追究刑事责任的,应当依照普通程序继续审理。

（11）人民法院在审理第二审刑事案件过程中,发现被告人可能符合强制医疗条件的,可以依照强制医疗程序对案件作出处理,也可以裁定发回原审人民法院重新审判。

（12）人民法院决定强制医疗的,应当在作出决定后5日内,向公安机关送达强制医疗决定书和强制医疗执行通知书,由公安机关将被决定强制医疗的人送去强制医疗。

（13）被决定强制医疗的人、被害人及其法定代理人、近亲属对强制医疗决定不服的,可以自收到决定书之日起5日内向上一级人民法院申请复议。复议期间不停止执行强制医疗的决定。

（14）对不服强制医疗决定的复议申请,上一级人民法院应当组成合议庭审理,并在1个月内,按照下列情形分别作出复议决定：① 被决定强制医疗的人符合强制医疗条件的,应当驳回复议申请,维持原决定;② 被决定强制医疗的人不符合强制医疗条件的,应当撤销原决定;③ 原审违反法定诉讼程序,可能影响公正审判的,应当撤销原决定,发回原审人民法院重新审判。

（15）对《刑诉法解释》第533条第1项规定的判决、决定,人民检察院提出抗诉,同时被决定强制医疗的人、被害人及其法定代理人、近亲属申请复议的,上一级人民法院应当依照第二审程序一并处理。

（16）审理强制医疗案件,本章没有规定的,参照适用公诉案件第一审普通程序和第二审程序的有关规定。

（17）被强制医疗的人及其近亲属申请解除强制医疗的,应当向决定强制医疗的人民法院提出。被强制医疗的人及其近亲属提出的解除强制医疗申请被人民法院驳回,6个月后再次提出申请的,人民法院应当受理。

（18）强制医疗机构提出解除强制医疗意见,或者被强制医疗的人及其近亲属申请解除强制医疗的,人民法院应当审查是否附有对被强制医疗的人的诊断评估报告。强制医疗机构提出解除强制医疗意见,未附诊断评估报告的,人民法院应当要求其提供。被强制医疗的人及其近亲属向人民法院申请解除强制医疗,强制医疗机构未提供诊断评估报告的,申请人可以申请人民法院调取。必要时,人民法院可以委托鉴定机构对被强制医疗的人进行鉴定。

(19)强制医疗机构提出解除强制医疗意见,或者被强制医疗的人及其近亲属申请解除强制医疗的,人民法院应当组成合议庭进行审查,并在1个月内,按照下列情形分别处理:① 被强制医疗的人已不具有人身危险性,不需要继续强制医疗的,应当作出解除强制医疗的决定,并可责令被强制医疗的人的家属严加看管和医疗;② 被强制医疗的人仍具有人身危险性,需要继续强制医疗的,应当作出继续强制医疗的决定。人民法院应当在作出决定后5日内,将决定书送达强制医疗机构、申请解除强制医疗的人、被决定强制医疗的人和人民检察院。决定解除强制医疗的,应当通知强制医疗机构在收到决定书的当日解除强制医疗。

(20)人民检察院认为强制医疗决定或者解除强制医疗决定不当,在收到决定书后20日内提出书面纠正意见的,人民法院应当另行组成合议庭审理,并在1个月内作出决定。

## 考点 5 《刑事诉讼规则》关于强制医疗执行监督规定

(1)强制医疗执行监督由人民检察院监所检察部门负责。

(2)人民检察院对强制医疗的交付执行活动实行监督。发现交付执行机关未及时交付执行等违法情形的,应当依法提出纠正意见。

(3)人民检察院在强制医疗执行监督中发现被强制医疗的人不符合强制医疗条件或者需要依法追究刑事责任,人民法院作出的强制医疗决定可能错误的,应当在5日以内报经检察长批准,将有关材料转交作出强制医疗决定的人民法院的同级人民检察院。收到材料的人民检察院应当在20日以内进行审查,并将审查情况和处理意见反馈负责强制医疗执行监督的人民检察院。

(4)人民检察院发现强制医疗机构有下列情形之一的,应当依法提出纠正意见:① 对被决定强制医疗的人应当收治而拒绝收治的;② 收治的法律文书及其他手续不完备的;③ 没有依照法律、行政法规等规定对被决定强制医疗的人实施必要的医疗的;④ 殴打、体罚、虐待或者变相体罚、虐待被强制医疗的人,违反规定对被强制医疗的人使用戒具、约束措施,以及其他侵犯被强制医疗的人合法权利的;⑤ 没有依照规定定期对被强制医疗的人进行诊断评估的;⑥ 对于被强制医疗的人不需要继续强制医疗的,没有及时提出解除意见报请决定强制医疗的人民法院批准的;⑦ 对被强制医疗的人及其近亲属、法定代理人提出的解除强制医疗的申请没有及时进行审查处理,或者没有及时转送决定强制医疗的人民法院的;⑧ 人民法院作出解除强制医疗决定后,不立即办理解除手续的;⑨ 其他违法情形。

对强制医疗机构违法行为的监督,参照《刑事诉讼规则》第632条的规定办理。

(5)人民检察院应当受理被强制医疗的人及其近亲属、法定代理人的控告、举报和申诉,并及时审查处理。对控告人、举报人、申诉人要求回复处理结果的,人民检察院监所检察部门应当在15日以内将调查处理情况书面反馈控告人、举报人、申诉人。人民检察院监所检察部门审查不服强制医疗决定的申诉,认为原决定正确、申诉理由不成立的,可以直接将审查结果答复申诉人;认为原决定可能错误,需要复查的,应当移送作出强制医疗决定的人民法院的同级人民检察院公诉部门办理。

(6)人民检察院监所检察部门收到被强制医疗的人及其近亲属、法定代理人解除强制医疗决定的申请后,应当及时转交强制医疗机构审查,并监督强制医疗机构是否及时审查、审查处理活动是否合法。

(7) 人民检察院对于人民法院批准解除强制医疗的决定实行监督,发现人民法院解除强制医疗的决定不当的,应当依法向人民法院提出纠正意见。

## 二、例题

1. 甲将乙杀害,经鉴定甲系精神病人,检察院申请法院适用强制医疗程序。关于本案,下列哪一选项是正确的?(2016年真题,单选)

A. 法院审理该案,应当会见甲
B. 甲没有委托诉讼代理人的,法院可通知法律援助机构指派律师担任其诉讼代理人
C. 甲出庭的,应由其法定代理人或诉讼代理人代为发表意见
D. 经审理发现甲具有部分刑事责任能力,依法应当追究刑事责任的,转为普通程序继续审理

[释疑] 《刑诉法解释》第528条规定:"审理强制医疗案件,应当通知被申请人或者被告人的法定代理人到场。被申请人或者被告人没有委托诉讼代理人的,应当通知法律援助机构指派律师担任其诉讼代理人,为其提供法律帮助。"所以,B项错误。《刑诉法解释》第530条第2款规定:"被申请人要求出庭,人民法院经审查其身体和精神状态,认为可以出庭的,应当准许。出庭的被申请人,在法庭调查、辩论阶段,可以发表意见。"所以,C项错误。《刑诉法解释》第531条第3项规定:"被申请人具有完全或者部分刑事责任能力,依法应当追究刑事责任的,应当作出驳回强制医疗申请的决定,并退回人民检察院依法处理。"所以,D项错误。《刑诉法解释》第529条第2款规定:"审理人民检察院申请强制医疗的案件,应当会见被申请人。"故A项正确。(答案:A)

2. 依法不负刑事责任的精神病人的强制医疗程序是一种特别程序。关于其特别之处,下列哪一说法是正确的?(2015年真题,单选)

A. 不同于普通案件奉行的不告不理原则,法院可未经检察院对案件的起诉或申请而启动这一程序
B. 不同于普通案件审理时被告人必须到庭,可在被申请人不到庭的情况下审理并作出强制医疗的决定
C. 不同于普通案件中的抗诉或上诉,被决定强制医疗的人可通过向上一级法院申请复议启动二审程序
D. 开庭审理时无需区分法庭调查与法庭辩论阶段

[释疑] 《刑诉法解释》第525条规定:"人民检察院申请对依法不负刑事责任的精神病人强制医疗的案件,由被申请人实施暴力行为所在地的基层人民法院管辖;由被申请人居住地的人民法院审判更为适宜的,可以由被申请人居住地的基层人民法院管辖。"《刑诉法解释》第532条规定:"第一审人民法院在审理案件过程中发现被告人可能符合强制医疗条件的,应当依照法定程序对被告人进行法医精神病鉴定。经鉴定,被告人属于依法不负刑事责任的精神病人的,应当适用强制医疗程序,对案件进行审理。开庭审理前款规定的案件,应当先由合议庭组成人员宣读对被告人的法医精神病鉴定意见,说明被告人可能符合强制医疗的条件,后依次由公诉人和被告人的法定代理人、诉讼代理人发表意见。经审判长许可,公诉人和被告人的法定代理人、诉讼代理人可以进行辩论。"据此,A项错误。《刑诉法解释》第530条第2款规

定:"被申请人要求出庭,人民法院经审查其身体和精神状态,认为可以出庭的,应当准许。出庭的被申请人,在法庭调查、辩论阶段,可以发表意见。"所以,B项正确。《刑诉法解释》第536条:"被决定强制医疗的人、被害人及其法定代理人、近亲属对强制医疗决定不服的,可以自收到决定书之日起五日内向上一级人民法院申请复议。复议期间不停止执行强制医疗的决定。"第537条:"对不服强制医疗决定的复议申请,上一级人民法院应当组成合议庭审理,并在一个月内,按照下列情形分别作出复议决定:(一)被决定强制医疗的人符合强制医疗条件的,应当驳回复议申请,维持原决定;(二)被决定强制医疗的人不符合强制医疗条件的,应当撤销原决定;(三)原审违反法定诉讼程序,可能影响公正审判的,应当撤销原决定,发回原审人民法院重新审判。"第538条规定:"对本解释第五百三十三条第1项规定的判决、决定,人民检察院提出抗诉,同时被决定强制医疗的人、被害人及其法定代理人、近亲属申请复议的,上一级人民法院应当依照第二审程序一并处理。"据此,上一级法院复议期间并不停止执行强制医疗的决定,故复议程序并非二程序。所以,C项错误。只有"第一审人民法院在审理案件过程中发现被告人可能符合强制医疗条件的,应当依照法定程序对被告人进行法医精神病鉴定。经鉴定,被告人属于依法不负刑事责任的精神病人的,应当适用强制医疗程序,对案件进行审理"做出强制医疗决定后检察院抗诉的,适用二审程序。如果被决定强制医疗的人、被害人及其法定代理人、近亲属同时申请复议的,上一级人民法院应当依照第二审程序一并处理。《刑诉法解释》第532条第2款规定:"开庭审理前款规定的案件,应当先由合议庭组成人员宣读对被告人的法医精神病鉴定意见,说明被告人可能符合强制医疗的条件,后依次由公诉人和被告人的法定代理人、诉讼代理人发表意见。经审判长许可,公诉人和被告人的法定代理人、诉讼代理人可以进行辩论。"所以,D项错误。(答案:B)

3. 案情:犯罪嫌疑人段某,1980年出生,甲市丁人,自幼患有间歇性精神分裂症而辍学在社会上流浪,由于生活无着落便经常偷拿东西。2014年3月,段某窜至丁区一小区内行窃时被事主发现,遂用随身携带的刀子将事主刺成重伤夺路逃走。此案丁区检察院以抢劫罪起诉到丁区法院,被害人的家属提起附带民事诉讼。丁区法院以抢劫罪判处段某有期徒刑10年,赔偿被害人家属3万元人民币。段某以定性不准、量刑过重为由提起上诉。甲市中级法院二审中发现段某符合强制医疗条件,决定发回丁区法院重新审理。丁区法院对段某依法进行了精神病鉴定,结果清晰表明段某患有精神分裂症,便由审判员张某一人不公开审理,检察员马某和被告人段某出庭分别发表意见。庭审后,法庭作出对段某予以强制医疗的决定。(2014年真题,案例)

问题1. 结合本案,简答强制医疗程序的适用条件。

[释疑] 根据《刑事诉讼法》第284条的规定,强制医疗的条件有:① 实施了危害公共安全或者严重危害公民人身安全的暴力行为;② 经法定程序鉴定属依法不负刑事责任的精神病人;③ 有继续危害社会的可能。

问题2. 如中级法院直接对段某作出强制医疗决定,如何保障当事人的救济权?

[释疑] 《刑事诉讼法》规定了一审程序被强制医疗的人、被害人及其法定代理人、近亲属对强制医疗决定不服的,可以向上一级法院申请复议,没有明确二程序是否可以申请复议。从理论上讲,二审是终审程序,当事人不能再上诉,只能通过审判监督程序予以纠正。但按照我国刑事诉讼法关于审判监督程序的规定,只有法院的判决、裁定才可以申诉,不包括决定。因此,如果中级法院的强制医疗决定不允许复议,必将剥夺当事人的救济权。故《刑事诉

讼法》第287条规定的被决定强制医疗的人、被害人及其法定代理人、近亲属对强制医疗不服的，可以向上一级法院申请复议，应作广义理解，既包括一审也包括二审，使得当事人的救济权利得以保障。

问题3. 发回重审后，丁区法院的做法是否合法？为什么？

[释疑] 不合法。按照刑事诉讼法和有关司法解释的规定，丁区法院有下列违法行为：① 审理强制医疗应当组成合议庭进行；② 本案被告人系成年人，所犯抢劫罪不属于不公开审理的案件；③ 审理强制医疗案件，应当通知段某的法定代理人到庭；④ 段某没有委托诉讼代理人，法院应当通知法律援助机构指派律师担任其诉讼代理人，为其提供法律援助。

问题4. 发回重审后，丁区法院在作出强制医疗决定时应当如何处理被害人家属提出的附带民事诉讼？

[释疑] 按《刑诉法解释》第160条关于法院认定公诉案件被告人的行为不构成犯罪，对已经提起的附带民事诉讼，经调解不能达成协议的，应当一并作出附带民事诉讼判决的精神，丁区法院应当就民事赔偿进行调解。调解不成，判决宣告被告人段某不负刑事责任，并在判决中就附带的民事赔偿一并处理，同时做出对被告人段某强制医疗的决定。

4. 公安机关在案件侦查中，发现打砸多辆机动车的犯罪嫌疑人何某神情呆滞，精神恍惚。经鉴定，何某属于依法不负刑事责任的精神病人。关于公安机关对此案的处理，下列哪一选项是正确的？（2013年真题，单选）

A. 写出强制医疗意见书，移送检察院向法院提出强制医疗申请
B. 撤销案件，将何某交付其亲属并要求其积极治疗
C. 移送强制医疗机构对何某进行诊断评估
D. 何某的亲属没有能力承担监护责任的，可以采取临时的保护性约束措施

[释疑] 《刑事诉讼法》第284条规定："实施暴力行为，危害公共安全或者严重危害公民人身安全，经法定程序鉴定依法不负刑事责任的精神病人，有继续危害社会可能的，可以予以强制医疗。"第285条规定："根据本章规定对精神病人强制医疗的，由人民法院决定。公安机关发现精神病人符合强制医疗条件的，应当写出强制医疗意见书，移送人民检察院。对于公安机关移送的或者在审查起诉过程中发现的精神病人符合强制医疗条件的，人民检察院应当向人民法院提出强制医疗的申请。人民法院在审理案件过程中发现被告人符合强制医疗条件的，可以作出强制医疗的决定。对实施暴力行为的精神病人，在人民法院决定强制医疗前，公安机关可以采取临时的保护性约束措施。"《刑事诉讼法》第15条规定："有下列情形之一的，不追究刑事责任，已经追究的，应当撤销案件，或者不起诉，或者终止审理，或者宣告无罪：（一）情节显著轻微、危害不大，不认为是犯罪的；（二）犯罪已过追诉时效期限的；（三）经特赦令免除刑罚的；（四）依照刑法告诉才处理的犯罪，没有告诉或者撤回告诉的；（五）犯罪嫌疑人、被告人死亡的；（六）其他法律规定免予追究刑事责任的。"本题属于上述最后一项情形。（答案：B）

5. 法院受理叶某涉嫌故意杀害郭某案后，发现其可能符合强制医疗条件。经鉴定，叶某属于依法不负刑事责任的精神病人，法院审理后判决宣告叶某不负刑事责任，同时作出对叶某强制医疗的决定。关于此案的救济程序，下列哪一选项是错误的？（2013年真题，单选）

A. 对叶某强制医疗的决定，检察院可以提出纠正意见
B. 叶某的法定代理人可以向上一级法院申请复议

C. 叶某对强制医疗决定可以向上一级法院提出上诉
D. 郭某的近亲属可以向上一级法院申请复议

[释疑] 《刑事诉讼法》第287条规定:"人民法院经审理,对于被申请人或者被告人符合强制医疗条件的,应当在一个月以内作出强制医疗的决定。被决定强制医疗的人、被害人及其法定代理人、近亲属对强制医疗决定不服的,可以向上一级人民法院申请复议。"第289条规定:"人民检察院对强制医疗的决定和执行实行监督。"故C项当选。(答案:C)

### 三、提示与预测

本章要重点掌握《刑事诉讼法》对依法不负刑事责任的精神病人的强制医疗程序的新规定。

# 第二十四章 涉外刑事诉讼程序与司法协助制度

涉外刑事诉讼程序与司法协助制度
- 涉外刑事诉讼程序的概念
- 涉外刑事诉讼程序所适用的范围
- 涉外刑事诉讼程序所适用的法律
- 特有原则
  - 中国法律和信守国际条约相结合原则
  - 享有中国法律规定的权利并承担义务原则
  - 使用中国通用的语言文字进行诉讼原则
  - 委托中国律师辩护或代理原则
- 刑事司法协助制度
  - 刑事司法协助的概念和意义
  - 刑事司法协助的法律依据
  - 刑事司法协助的主体

### 一、精讲

#### 考点 1 涉外刑事诉讼程序的概念、范围、适用法律

(一) 涉外刑事诉讼程序的概念

(1) 涉外刑事诉讼与涉外案件的刑事诉讼不同。

(2) 涉外案件的刑事诉讼(涉外刑事案件的诉讼),是指中国司法机关处理涉外刑事案件的方式、方法和步骤。涉外案件包括以下两类:① 在中华人民共和国领域内,外国人犯罪或者我国公民侵犯外国人合法权益的刑事案件;② 在中华人民共和国领域外,符合《刑法》第7条至第10条规定情形的中国公民犯罪或者外国人对中华人民共和国国家和公民犯罪的案件。

(3) 涉外刑事诉讼程序,是指诉讼活动涉及外国人、无国籍人或者需要在国外进行的刑事诉讼所特有的方式、方法和步骤。涉外刑事诉讼包括诉讼活动涉及外国人、无国籍人或者某些诉讼活动需要在国外进行两种情况。所以涉外刑事诉讼包括涉外案件的刑事诉讼,但又不仅仅指涉外案件的刑事诉讼。司法实践中,有些案件虽不是涉外案件,但由于案发时或案发后的一些特殊情况,使得这些案件的诉讼活动涉及外国人或需要在国外进行,比如:① 目击证人是

外国人或者虽是中国人,但诉讼时已身在国外;② 案发后,犯罪嫌疑人、被告人潜逃国外,等等。对这些案件的处理也属于涉外刑事诉讼程序。

(二) 涉外刑事诉讼程序所适用的范围

(1) 中国公民在中国领域外对外国公民、无国籍人、外国法人犯罪的案件。

(2) 外国公民、无国籍人、外国法人在中国公民在中国领域内对中国国家、组织或者公民犯罪的案件。

(3) 外国公民、无国籍人、外国法人在中国领域内触犯中国刑法对外国公民、无国籍人、外国法人犯罪的案件。

(4) 中国缔结或者参加的国际条约规定的中国有义务管辖的国际犯罪行为。比如,① 1980 年 9 月加入、1980 年 10 月对我国生效的《关于制止非法劫持航空器的公约》(《海牙公约》)和《关于制止危害民用航空安全的非法行为的公约》(《蒙特利尔公约》);② 1982 年 12 月签署、1996 年 5 月全国人大常委会批准的《海洋法公约》;③ 1989 年 9 月批准加入的《禁止非法贩运麻醉药品和精神药物公约》,等等。

(5) 外国公民、无国籍人、外国法人在中国公民在中国领域外对中国国家或者公民实施的按照中国刑法规定最低刑为 3 年以上有期徒刑的犯罪案件。

(6) 某些刑事诉讼活动需要在国外进行的非涉外刑事案件。包括:① 中国《刑法》第 7 条、第 8 条规定的中国公民在中国领域外犯罪的案件;② 中国公民在中国领域内犯罪后潜逃出境的案件;③ 犯罪嫌疑人、被告人、被害人均为中国公民,但证人是外国人且诉讼时已出境的案件。

(7) 外国司法机关管辖的,根据国际条约或者互惠原则,外国司法机关请求中国司法机关为其提供刑事司法协助的案件。

(8) 外国人的国籍以其入境时的有效证件予以确认;国籍不明的,以公安机关会同外事部门查明的为准。国籍确实无法查明的,以无国籍人对待,适用涉外刑事案件审理程序。

(三) 涉外刑事诉讼程序所适用的法律

(1) 1979 年 7 月 6 日颁布、1997 年 3 月 14 日修订的《刑法》第 7 条至第 10 条和 1979 年 7 月 7 日颁布、2012 年 3 月 14 日修正的《刑事诉讼法》第 16 条、第 17 条和第 20 条,对涉外刑事案件的管辖以及法律适用原则等作了规定。

(2) 1981 年 6 月 19 日公安部、外交部、最高人民法院、最高人民检察院联合发布《关于处理会见在押外国籍案犯以及外国籍案犯与外界通信问题的通知》。

(3) 1986 年 9 月 5 日第六届全国人大常委会第十七次会议通过《中华人民共和国外交特权与豁免条例》,明确规定外交代表和使馆其他人员享有刑事管辖的豁免权。

(4) 1987 年 6 月 23 日第六届全国人大常委会第二十一次会议通过《关于对中华人民共和国缔结或者参加的国际条约所规定的罪行行使刑事管辖权的决定》。这些国际条约主要有:《关于防止和惩处侵害应受国际保护人员包括外交代表的罪行的公约》《关于在航空器内的犯罪和其他某些行为的公约》《关于制止非法劫持航空器的公约》《关于制止危害民用航空安全的非法行为的公约》《核材料实物保护公约》《反对劫持人质国际公约》《联合国禁止非法贩运麻醉药品和精神药物公约》等。

(5) 1995 年 6 月 20 日外交部、最高人民法院、最高人民检察院、公安部、国家安全部、司法部联合发布《关于处理涉外案件若干问题的规定》,对办理涉外案件的原则,涉外案件通知外国驻华使、领馆以及通知的时限,驻华使、领馆要求探视被拘留、逮捕的本国公民等问题作了具体规定。

(6)《刑诉法解释》和《刑事诉讼规则》等对办理涉外刑事案件的原则和程序作了具体规定。

## 考点 2 刑事司法协助制度

(一) 刑事司法协助的概念和意义

我国《刑事诉讼法》第 17 条规定:"根据中华人民共和国缔结或者参加的国际条约,或者按照互惠原则,我国司法机关和外国司法机关可以相互请求刑事司法协助。"刑事司法协助有广义和狭义两种理解,狭义刑事司法协助是指与审判有关的刑事司法协助,包括送达司法文书、询问证人和鉴定人、搜查、扣押、移交有关物品以及提供有关法律资料等。广义刑事司法协助还包括引渡。有学者主张我国是广义的刑事司法协助。

刑事司法协助的意义:

(1) 有利于有效打击犯罪。

(2) 有利于尊重他国的司法主权。

(二) 刑事司法协助的法律依据

刑事司法协助的法律依据大体有四种:

(1) 国家间共同参加的国际公约。

(2) 国家间签订的刑事司法协助条约。

(3) 国家间临时达成的关于刑事司法协助的互惠协议。

(4) 国内的法律规定。

我国刑事司法协助除了遵守上述依据外,还须遵守有关司法解释、行政法规:

(1)《刑诉法解释》。

(2)《刑事诉讼规则》。

(3) 公安部的有关规定。

(三) 刑事司法协助的主体

在主张狭义刑事司法协助说的国家,刑事司法协助的主体一般指法院。根据司法协助的相互性特点和我国开展刑事司法协助的实际情况,我国刑事司法协助的主体应当包括:

(1) 我国人民法院和外国法院。

(2) 我国人民检察院和外国检察机关。

(3) 我国公安机关和外国警察机关。

## 考点 3 《刑诉法解释》关于涉外刑事案件的审理和司法协助的规定

(1) 本解释所称的涉外刑事案件是指:① 在中华人民共和国领域内,外国人犯罪的或者我国公民侵犯外国人合法权利的刑事案件;② 符合《刑法》第 7 条、第 10 条规定情形的我国公民在中华人民共和国领域外犯罪的案件;③ 符合《刑法》第 8 条、第 10 条规定情形的外国人对中华人民共和国国家或者公民犯罪的案件;④ 符合《刑法》第 9 条规定情形的中华人民共和国在所承担国际条约义务范围内行使管辖权的案件。

（2）第一审涉外刑事案件，除《刑事诉讼法》第 20 条至第 22 条规定的以外，由基层人民法院管辖。必要时，中级人民法院可以指定辖区内若干基层人民法院集中管辖第一审涉外刑事案件，也可以依照《刑事诉讼法》第 23 条的规定，审理基层人民法院管辖的第一审涉外刑事案件。

（3）外国人的国籍，根据其入境时的有效证件确认；国籍不明的，根据公安机关或者有关国家驻华使、领馆出具的证明确认。国籍无法查明的，以无国籍人对待，适用本章有关规定，在裁判文书中写明"国籍不明"。

（4）在刑事诉讼中，外国籍当事人享有我国法律规定的诉讼权利并承担相应义务。

（5）涉外刑事案件审判期间，人民法院应当将下列事项及时通报同级人民政府外事主管部门，并通知有关国家驻华使、领馆：① 人民法院决定对外国籍被告人采取强制措施的情况，包括外国籍当事人的姓名（包括译名）、性别、入境时间、护照或者证件号码、采取的强制措施及法律依据、羁押地点等；② 开庭的时间、地点、是否公开审理等事项；③ 宣判的时间、地点。涉外刑事案件宣判后，应当及时将处理结果通报同级人民政府外事主管部门。对外国籍被告人执行死刑的，死刑裁决下达后执行前，应当通知其国籍国驻华使、领馆。外国籍被告人在案件审理中死亡的，应当及时通报同级人民政府外事主管部门，并通知有关国家驻华使、领馆。

（6）需要向有关国家驻华使、领馆通知有关事项的，应当层报高级人民法院，由高级人民法院按照下列规定通知：① 外国籍当事人国籍国与我国签订有双边领事条约的，根据条约规定办理；未与我国签订双边领事条约，但参加《维也纳领事关系公约》的，根据公约规定办理；未与我国签订领事条约，也未参加《维也纳领事关系公约》，但与我国有外交关系的，可以根据外事主管部门的意见，按照互惠原则，根据有关规定和国际惯例办理。② 在外国驻华领馆领区内发生的涉外刑事案件，通知有关外国驻该地区的领馆；在外国领馆领区外发生的涉外刑事案件，通知有关外国驻华使馆；与我国有外交关系，但未设使、领馆的国家，可以通知其代管国家驻华使、领馆；无代管国家或者代管国家不明的，可以不通知。③ 双边领事条约规定通知时限的，应当在规定的期限内通知；无双边领事条约规定的，应当根据或者参照《维也纳领事关系公约》和国际惯例尽快通知，至迟不得超过 7 日。④ 双边领事条约没有规定必须通知，外国籍当事人要求不通知其国籍国驻华使、领馆的，可以不通知，但应当由其本人出具书面声明。高级人民法院向外国驻华使、领馆通知有关事项，必要时，可以请人民政府外事主管部门协助。

（7）人民法院受理涉外刑事案件后，应当告知在押的外国籍被告人享有与其国籍国驻华使、领馆联系，与其监护人、近亲属会见、通信，以及请求人民法院提供翻译的权利。

（8）涉外刑事案件审判期间，外国籍被告人在押，其国籍国驻华使、领馆官员要求探视的，可以向受理案件的人民法院所在地的高级人民法院提出。人民法院应当根据我国与被告人国籍国签订的双边领事条约规定的时限安排；没有条约规定的，应当尽快安排。必要时，可以请人民政府外事主管部门协助。涉外刑事案件审判期间，外国籍被告人在押，其监护人、近亲属申请会见的，可以向受理案件的人民法院所在地的高级人民法院提出，并依照《刑诉法解释》第 403 条的规定提供与被告人关系的证明。人民法院经审查认为不妨碍案件审判的，可以批准。被告人拒绝接受探视、会见的，可以不予安排，但应当由其本人出具书面声明。探视、会见被告人应当遵守我国法律规定。

（9）人民法院审理涉外刑事案件，应当公开进行，但依法不应公开审理的除外。公开审理的涉外刑事案件,外国籍当事人国籍国驻华使、领馆官员要求旁听的,可以向受理案件的人民法院所在地的高级人民法院提出申请,人民法院应当安排。

(10)人民法院审判涉外刑事案件,使用中华人民共和国通用的语言、文字,应当为外国籍当事人提供翻译。人民法院的诉讼文书为中文本。外国籍当事人不通晓中文的,应当附有外文译本,译本不加盖人民法院印章,以中文本为准。外国籍当事人通晓中国语言、文字,拒绝他人翻译,或者不需要诉讼文书外文译本的,应当由其本人出具书面声明。

(11)外国籍被告人委托律师辩护,或者外国籍附带民事诉讼原告人、自诉人委托律师代理诉讼的,应当委托具有中华人民共和国律师资格并依法取得执业证书的律师。外国籍被告人在押的,其监护人、近亲属或者其国籍国驻华使、领馆可以代为委托辩护人。其监护人、近亲属代为委托的,应当提供与被告人关系的有效证明。外国籍当事人委托其监护人、近亲属担任辩护人、诉讼代理人的,被委托人应当提供与当事人关系的有效证明。经审查,符合《刑事诉讼法》、有关司法解释规定的,人民法院应当准许。外国籍被告人没有委托辩护人的,人民法院可以通知法律援助机构为其指派律师提供辩护。被告人拒绝辩护人辩护的,应当由其出具书面声明,或者将其口头声明记录在案。被告人属于应当提供法律援助情形的,依照《刑诉法解释》第45条的规定处理。

(12)外国籍当事人从中华人民共和国领域外寄交或者托交给中国律师或者中国公民的委托书,以及外国籍当事人的监护人、近亲属提供的与当事人关系的证明,必须经所在国公证机关证明,所在国中央外交主管机关或者其授权机关认证,并经我国驻该国使、领馆认证,但我国与该国之间有互免认证协定的除外。

(13)对涉外刑事案件的被告人,可以决定限制出境;对开庭审理案件时必须到庭的证人,可以要求暂缓出境。作出限制出境的决定,应当通报同级公安机关或者国家安全机关;限制外国人出境的,应当同时通报同级人民政府外事主管部门和当事人国籍国驻华使、领馆。人民法院决定限制外国人和中国公民出境的,应当书面通知被限制出境的人在案件审理终结前不得离境,并可以采取扣留护照或者其他出入境证件的办法限制其出境;扣留证件的,应当履行必要手续,并发给本人扣留证件的证明。对需要在边防检查站阻止外国人和中国公民出境的,受理案件的人民法院应当层报高级人民法院,由高级人民法院填写口岸阻止人员出境通知书,向同级公安机关办理交控手续。控制口岸不在本省、自治区、直辖市的,应当通过有关省、自治区、直辖市公安机关办理交控手续。紧急情况下,确有必要的,也可以先向边防检查站交控,再补办交控手续。

(14)对来自境外的证据材料,人民法院应当对材料来源、提供人、提供时间以及提取人、提取时间等进行审查。经审查,能够证明案件事实且符合《刑事诉讼法》规定的,可以作为证据使用,但提供人或者我国与有关国家签订的双边条约对材料的使用范围有明确限制的除外;材料来源不明或者其真实性无法确认的,不得作为定案的根据。当事人及其辩护人、诉讼代理人提供来自境外的证据材料的,该证据材料应当经所在国公证机关证明,所在国中央外交主管机关或者其授权机关认证,并经我国驻该国使、领馆认证。

(15)涉外刑事案件,符合《刑事诉讼法》第202条第1款、第232条规定的,经有关人民法院批准或者决定,可以延长审理期限。

(16)涉外刑事案件宣判后,外国籍当事人国籍国驻华使、领馆要求提供裁判文书的,可以向受理案件的人民法院所在地的高级人民法院提出,人民法院可以提供。

（17）根据中华人民共和国缔结或者参加的国际条约，或者按照互惠原则，人民法院和外国法院可以相互请求刑事司法协助。外国法院请求的事项有损中华人民共和国的主权、安全、社会公共利益的，人民法院不予协助。

（18）请求和提供司法协助，应当依照中华人民共和国缔结或者参加的国际条约规定的途径进行；没有条约关系的，通过外交途径进行。

（19）人民法院请求外国提供司法协助的，应当经高级人民法院审查后报最高人民法院审核同意。外国法院请求我国提供司法协助，属于人民法院职权范围的，经最高人民法院审核同意后转有关人民法院办理。

（20）人民法院请求外国提供司法协助的请求书及其所附文件，应当附有该国文字译本或者国际条约规定的其他文字文本。外国法院请求我国提供司法协助的请求书及其所附文件，应当附有中文译本或者国际条约规定的其他文字文本。

（21）人民法院向在中华人民共和国领域外居住的当事人送达刑事诉讼文书，可以采用下列方式：① 根据受送达人所在国与中华人民共和国缔结或者共同参加的国际条约规定的方式送达。② 通过外交途径送达。③ 对中国籍当事人，可以委托我国驻受送达人所在国的使、领馆代为送达。④ 当事人是自诉案件的自诉人或者附带民事诉讼原告人的，可以向有权代其接受送达的诉讼代理人送达。⑤ 当事人是外国单位的，可以向其在中华人民共和国领域内设立的代表机构或者有权接受送达的分支机构、业务代办人送达。⑥ 受送达人所在国法律允许的，可以邮寄送达；自邮寄之日起满3个月，送达回证未退回，但根据各种情况足以认定已经送达的，视为送达。⑦ 受送达人所在国法律允许的，可以采用传真、电子邮件等能够确认受送达人收悉的方式送达。

（22）人民法院通过外交途径向在中华人民共和国领域外居住的受送达人送达刑事诉讼文书的，所送达的文书应当经高级人民法院审查后报最高人民法院审核。最高人民法院认为可以发出的，由最高人民法院交外交部主管部门转递。外国法院通过外交途径请求人民法院送达刑事诉讼文书的，由该国驻华使、领馆将法律文书交我国外交部主管部门转最高人民法院。最高人民法院审核后认为属于人民法院职权范围，且可以代为送达的，应当转有关人民法院办理。

## 二、例题

1. 下列哪些案件适用涉外刑事诉讼程序？（2010年真题，多选）

A. 在公海航行的我国货轮被索马里海盗抢劫的案件
B. 我国国内一起贩毒案件的关键目击证人在诉讼时身在国外
C. 陈某经营的煤矿发生重大安全事故后携款潜逃国外的案件
D. 我驻某国大使馆内中方工作人员甲、乙因看世界杯而发生斗殴的故意伤害案件

[释疑] 涉外刑事诉讼程序，是指诉讼活动涉及外国人（包括无国籍人）或需要在国外进行的刑事诉讼所特有的方式、方法和步骤。涉外刑事诉讼包括涉外案件的刑事诉讼，但又不仅仅指涉外案件的刑事诉讼。本题中，B项不是涉外案件，但由于目击案件发生的证人已身在国外，使得案件的诉讼活动需要在国外进行。该案件在诉讼时所采取的方式、方法和步骤不同于非涉外案件，可能要请求外国司法机关协助调查等。这种案件也适用涉外刑事诉讼程序。最高人民法院《刑诉法解释》第392条规定："本解释所称的涉外刑事案件是指：（一）在中华人

民共和国领域内,外国人犯罪的或者我国公民侵犯外国人合法权利的刑事案件;(二) 符合刑法第七条、第十条规定情形的我国公民在中华人民共和国领域外犯罪的案件;(三) 符合刑法第八条、第十条规定情形的外国人对中华人民共和国国家或者公民犯罪的案件;(四) 符合刑法第九条规定情形的中华人民共和国在所承担国际条约义务范围内行使管辖权的案件。"本题中,我驻外大使馆内中方工作人员甲、乙因看世界杯而发生斗殴的故意伤害案件,则视同于中国人在国内犯罪,故本题选A、B、C项。(答案:ABC)

2. 根据我国涉外刑事案件审理程序规定,下列哪一选项是正确的?(2009年真题,单选)

A. 国籍不明又无法查清的,以中国国籍对待,不适用涉外刑事案件审理程序

B. 法院审判涉外刑事案件,不公开审理

C. 对居住在国外的中国籍当事人,可以委托我国使、领馆代为送达

D. 外国法院通过外交途径请求我国法院向外国驻华使、领馆商务参赞送达法律文书的,应由我国有关高级法院送达

[释疑] 《刑诉法解释》第394条规定:"外国人的国籍,根据其入境时的有效证件确认;国籍不明的,根据公安机关或者有关国家驻华使、领馆出具的证明确认。国籍无法查明的,以无国籍人对待,适用本章有关规定,在裁判文书中写明'国籍不明'。"故A项错。第400条规定:"人民法院审理涉外刑事案件,应当公开进行,但依法不应公开审理的除外。公开审理的涉外刑事案件,外国籍当事人国籍国驻华使、领馆官员要求旁听的,可以向受理案件的人民法院所在地的高级人民法院提出申请,人民法院应当安排。"故B项错。第412条规定:"人民法院向在中华人民共和国领域外居住的当事人送达刑事诉讼文书,可以采用下列方式:(一) 根据受送达人所在国与中华人民共和国缔结或者共同参加的国际条约规定的方式送达;(二) 通过外交途径送达;(三) 对中国籍当事人,可以委托我国驻受送达人所在国的使、领馆代为送达;(四) 当事人是自诉案件的自诉人或者附带民事诉讼原告人的,可以向有权代其接受送达的诉讼代理人送达;(五) 当事人是外国单位的,可以向其在中华人民共和国领域内设立的代表机构或者有权接受送达的分支机构、业务代办人送达;(六) 受送达人所在国法律允许的,可以邮寄送达;自邮寄之日起满三个月,送达回证未退回,但根据各种情况足以认定已经送达的,视为送达;(七) 受送达人所在国法律允许的,可以采用传真、电子邮件等能够确认受送达人收悉的方式送达。"故C项正确。第413条规定:"人民法院通过外交途径向在中华人民共和国领域外居住的受送达人送达刑事诉讼文书的,所送达的文书应当经高级人民法院审查后报最高人民法院审核。最高人民法院认为可以发出的,由最高人民法院交外交部主管部门转递。外国法院通过外交途径请求人民法院送达刑事诉讼文书的,由该国驻华使馆将法律文书交我国外交部主管部门转最高人民法院。最高人民法院审核后认为属于人民法院职权范围,且可以代为送达的,应当转有关人民法院办理。"故D项错误。(答案:C)

3. 案例分析:顾某(中国籍)常年居住M国,以丰厚报酬诱使徐某(另案处理)两次回国携带毒品甲基苯丙胺进行贩卖。2014年3月15日15时,徐某在B市某郊区交易时被公安人员当场抓获。侦查中徐某供出了顾某。我方公安机关组成工作组按照与该国司法协助协定赴该国侦查取证,由M国警方抓获了顾某,对其进行了讯问取证和住处搜查,并将顾某及相关证据移交中方。

检察院以走私、贩卖毒品罪对顾某提起公诉。鉴于被告人顾某不认罪并声称受到刑讯逼供,要求排除非法证据,一审法院召开了庭前会议,通过听取控辩双方的意见及调查证据材料,

审判人员认定非法取证不成立。开庭审理后,一审法院认定被告人两次分别贩卖一包甲基苯丙胺和另一包重7.6克甲基苯丙胺,判处其有期徒刑6年零6个月。顾某不服提出上诉,二审法院以事实不清发回重审。原审法院重审期间,检察院对一包甲基苯丙胺重量明确为2.3克并作出了补充起诉,据此,原审法院以被告人两次分别贩卖2.3克、7.6克毒品改判顾某有期徒刑7年零6个月。被告人不服判决,再次上诉到二审法院。(2016年真题,案例分析)

问题:

1. M国警方移交的证据能否作为认定被告人有罪的证据?对控辩双方提供的境外证据,法院应当如何处理?

2. 本案一审法院庭前会议对非法证据的处理是否正确?为什么?

3. 发回原审法院重审后,检察院对一包甲基苯丙胺重量为2.3克的补充起诉是否正确?为什么?

4. 发回重审后,原审法院的改判加刑行为是否违背上诉不加刑原则?为什么?

5. 此案再次上诉后,二审法院在审理程序上应如何处理?

[释疑]

1. M国警方移交的证据可以作为认定被告人有罪的证据。

我国《刑事诉讼法》规定,我国司法机关可以进行刑事司法协助,警方赴M国请求该国警方抓捕、取证属于司法协助的范围,我国法院对境外证据认可其证据效力,本案司法协助程序符合规范,符合办理刑事案件的程序规定。人民法院对来自境外的证据材料,应当对材料来源、提供人、提供时间以及提取人、提取时间等进行审查。经审查,能够证明案件事实符合《刑事诉讼法》规定的,可以作为证据使用。但提供人或者我国与有关国家签订的双边条约对材料的使用范围有明确限制的除外;材料来源不明或者真实性无法确认的,不得作为定案的证据。

2. 不正确。按照《刑事诉讼法》的规定,庭前会议就非法证据等问题只是了解情况,听取意见,不能作出决定。

3. 不正确。本案第二审法院基于原审法院认定的一包甲基苯丙胺数量不明,以事实不清发回重审,重审中检察机关明确为2.3克,只是补充说明不是补充起诉。补充起诉,是指在法院宣告判决前检察机关发现有遗漏的同案犯罪嫌疑人或者罪行可以一并起诉和审理的。

4. 违反上诉不加刑原则。第二审人民法院发回原审人民法院重新审理的案件,除有新的犯罪事实,人民检察补充起诉的以外,原审人民法院不得加重被告人的刑罚。本案补充说明一包重量2.3克是原有的指控内容,不是新增加的犯罪事实。

5. ① 组成合议庭不开庭审理,但应当讯问被告人、听取辩护人、诉讼代理人意见。② 鉴于本案系发回重审后的上诉审,第二审法院不得以事实不清再发回原审法院重新审理。③ 如果认为原判认定事实和适用法律正确、量刑适当,应当裁定驳回上诉,维持原判;如果认为原判适用法律有错误或量刑不当,应当改判,但受上诉不加刑原则的限制。④ 第二审人民法院应当在两个月以内审结。

### 三、提示与预测

本章要重点掌握涉外程序原则、司法协助及相关司法解释。

司考一本通
# 行政法与行政诉讼法

编著 赵宏

北京大学出版社
PEKING UNIVERSITY PRESS

# 编写说明

实行统一的国家司法考试,不仅是我国司法改革的一项重大举措,也是我国法学教育改革的突破口。从律考转变为司考后,使得更多适合条件的考生热衷于此,司法考试也逐渐形成了市场,辅导用书层出不穷。然而在众多的司考辅导用书当中,如何作出选择,便成了备考考生一个头痛的问题。

司考该用何种辅导书?我们认为,要用"看一本就能通"的书。为了达成此目的,我们努力使本书具备了如下特色:

**特色一　名师编著、套书完整**

本书由来胜全方位法律人培训力邀各科司考名师亲自执笔,集结了老师们多年的司考辅导经验和智慧。本书共分八小册,涵盖了最新考纲的重要考点。

**特色二　内容精炼、针对性强**

本书强调内容的精炼和实战性。针对重要的考点,我们结合历年司考的规律,对其进行精讲,并针对实际考查情况和精讲内容,提供例题以提高实战能力。

**特色三　体例安排科学合理**

根据考纲的要求及体系,我们选出了各科的重要考点并对其从以下三个方面为考生提供帮助。

一、精讲。对当前考点进行精当、有效的讲解,以帮助读者掌握当前考点的精要,具备解决问题的基本能力。

二、例题。针对当前考点,并结合精讲内容,使考生得到及时、有效的练习,提高应试能力,并在修正自己错误的过程中得到提高。

三、提示与预测。主要是针对一些应当特别注意的问题的提示,以及对2017年司考动向的预测。

业精于勤而荒于嬉,行成于思而毁于随。当您拥有了本书,您便得到了一片肥沃的黑土,若能加以勤耕,今日播下的种子,定能在那金秋结出胜利的果实!

编者

2017年5月

# 目　录

第一章　行政法基础理论 …………………………………………………（1）
第二章　行政行为理论 ……………………………………………………（21）
第三章　公务员法 …………………………………………………………（36）
第四章　行政处罚 …………………………………………………………（51）
第五章　行政许可 …………………………………………………………（77）
第六章　行政强制法 ………………………………………………………（103）
第七章　政府信息公开条例 ………………………………………………（124）
第八章　行政复议法 ………………………………………………………（142）
第九章　行政诉讼法 ………………………………………………………（176）
第十章　国家赔偿法 ………………………………………………………（269）

# 第一章 行政法基础理论

**【复习提要】**

本章涉及行政法的基础理论,是展开行政法学习的基本前提。行政法的基础理论涉及:行政法的基本概念,包括行政法中的"行政"以及行政法;行政法的法律渊源;行政法的基本原则;行政组织与行政主体理论;行政行为理论。其中"行政与行政法"是要求考生首先明确行政法的基本功能和学科框架,而行政法的法律渊源、行政法的基本原则、行政组织与行政主体理论、行政行为理论,则是行政法中的核心理论,司法考试都会涉及。其中,行政法的基本原则和行政行为理论更频繁出现于近年行政法基础理论部分的考查中,而行政组织与行政主体理论、行政法的法律渊源则与行政法之后的诸多内容息息相关,是准确和熟练掌握其他知识要点的基本前提。

## 第一节 行政与行政法

### 一、行政

**◆知识要点**

行政法中的"行政"为国家行政,即国家行政机关行使行政职权、实现国家行政职能的活动。这种行政首先具有公共性,是行政机关基于公共利益而实施的活动,其范围和对象都是公共事务,这种行政也因此区别于私人所为的行政;其次是职权性,行政权发动的逻辑与私人活动不同,必须有授权基础,其职权要么来源于组织法上的直接规定,要么来源于法律、法规或规章的授予;再次,行政活动通常是对宪法与法律的执行与实施,是将抽象的法律规范具体落实于个案。

**★特别提示**

关于行政法中的"行政",在理解辨识上需注意如下问题:

1. 实施行政活动的主体一般是具有行政权的主体,但并非所有行政主体所为的活动均为行政活动。行政权主体以民事主体身份所为的行为,为学理上的"私经济行为",即民事法律行为,应受民事法律规范调整,而不受行政法规范调整。

2. 公共行政中有一类行为学理上称之为"政府行为"或"国家行为",即具有高度主权性、政治性的行为,此类行为原则上也不属于行政法研究的范畴。与此相应,《行政诉讼法》亦规定,"国防、外交等国家行为"不属于行政诉讼的受案范围。

3. 在我国,公安机关、国家安全机关具有双重属性,既是行政管理机关,又是刑事侦查机关。因此,公安机关和国家安全机关的活动既包含行政管理活动,也包含刑事侦查活动,而公安、国家安全等机关依照《刑事诉讼法》的明确授权实施的行为,因不属于行政行为,因此也不属于行政诉讼的受案范围。

4. 并非只有行政机关所为的行为才是行政活动,法律、法规、规章可授权行政机关以外的其他组织行使某些特定的行政职权。如《行政处罚法》第 17 条规定:"法律、法规授权的具有管理公共事务职能的组织可以在法定授权范围内实施行政处罚。"《行政许可法》第23条规定,"法律、法规授权的具有管理公共事务职能的组织,在法定授权范围内,以自己的名义实施行政许可";此外,行政机关也可将自己的行政管理职权委托他人行使,如《行政处罚法》第18条第1款规定:"行政机关依照法律、法规或规章的规定,可以在其法定权限内委托符合本法第十九条规定条件的组织实施行政处罚。行政机关不得委托其他组织或者个人实施行政处罚。"

## 二、行政法

◆知识要点

行政法是调整行政关系(重点是行政管理的法律关系)的法律规范的总和。

1. 行政管理关系的特点

行政法调整的行政关系主要是行政机关在行政管理活动中与相对人之间的法律关系,这种关系有别于民事主体之间的平等关系,其主要特征在于权利义务分配的不对等,以及行政的单方意志性及强制性。反映在实体上,行政机关享有强制性的行政职权,相对人则处于被管理者的地位,行政机关作出行政决定并无须征得相对人的同意,相反,如相对人不履行行政决定中的义务,行政机关还有权借助国家强制力迫使其履行。但在程序上,行政机关却并没有民事主体一样的"程序选择"自由,它必须严格遵守法律规定的各种行政程序,而行政机关的程序义务对相对人而言,正是其程序权利,因此,如果说在行政管理关系中,行政机关的实体权利(力)多而义务少,那么在程序上则恰恰相反。

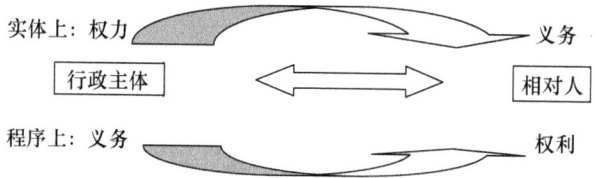

2. 行政法的特点

行政法不同于民法、刑法等部门法,大部分国家都不存在统一的行政法法典,有关行政法的法律规范散见于各种法律规范中。行政法不存在统一实体法典的原因,主要在于行政法的调整对象复杂多样,很难用统一的规范对其予以调整,而且部分行政关系的稳定性低,变动性大,因此也不宜用统一的法典进行规范。但另一方面,很多国家都出台了统一的《行政程序法》,尝试对纷繁复杂的行政关系通过统一的程序规则予以调整和规范,而这也是行政程序在行政法中格外重要的原因。

3. 行政法的功能

正因为权利义务分配的不对等,以及行政机关在行政管理活动所处的优势地位,行政法的主要功能和目的即在于规范行政机关依法行政,防止其滥用行政权力,侵犯相对人的合法权益。

★特别提示

行政法的主要功能在于规范行政机关依法行政,这是所有行政法律规范的指导思想,也是我们认识行政法应持的基本立场。简言之,行政法就是规范行政机关、保护相对人合法权益的法律规范。在这一立场下重新审视行政法的法律规范,就会对行政法有更深入的了解,在复习时也会有了方向。例如,在大部分行政法规范都会侧重于规定行政机关在行政管理活动中应履行的义务,诸如《行政处罚法》中的程序规则,《行政许可法》中的程序规则,这些规则的目的就是通过规范行政机关的行政程序,来达到监督行政机关依法行政的目的,因此这些规范也成为司法考试中命题的重点。再如,《行政复议法》第9条第1款规定:"公民、法人或其他组织认为具体行政行为侵犯其合法权益的,可以自知道该具体行政行为之日起六十日内提出行政复议申请,但是法律规定的申请期限超过六十日的除外。"而对于复议机关的审理期限,《行政复议法》第31条则规定,"行政复议机关应当自受理申请之日起六十日内作出行政复议决定;但是法律规定的行政复议期限少于六十日的除外"。前者是"超过六十日的除外",后者是"少于六十日的除外",很容易混淆,但考生在记忆时只要把握"保护相对人的合法权益"这一基本立场,就会很快记住这两个完全相反的法条。

4. 行政法的学科体系

如上文所述,行政法的主要功能和目的即在于规范行政机关依法行政,保护相对人的合法权益。而对行政机关的规范主要包括三个方面,这三个方面也因此构成了行政法学的整体框架体系:其一,主体规范,即规范行政活动主体的法律资格、行政机关的职权范围以及行政机关与内部公务员的职务委托关系;其二,行为规范,即规范行政活动的实体和程序规则;其三,救济后果规范,即行政机关违法行使行政职权后,相对人可采取的救济途径,或者说法律对行政机关合法行使行政职权的法定监督方式。

在这种功能指向下,行政法的学科框架以及每一部单行行政法规在行政法框架中的归属也如下文所示:

(1) 行政主体部分:《国务院机构设置与编制管理条例》《地方人民政府机构设置与编制管理条例》《公务员法》

(2) 行政行为部分:《行政法规制定程序条例》《行政规章制定程序条例》《行政处罚法》《治安管理处罚法》《行政许可法》《政府信息公开条例》《行政强制法》

(3) 行政救济部分:《行政复议法》《行政诉讼法》《国家赔偿法》

**★特别提示**

大部分同学之所以会觉得行政法复习起来繁杂凌乱的原因就在于,在展开具体内容的学习前并未在脑中建立起有关行政法学科的整体框架,因此所学的具体内容也无法明确定位。而清晰了解行政法的功能价值,整体的学科体系,以及即将学习到的每部单行法律规范在行政法整体框架中的位置,是克服这一问题的最好方法。

## 第二节 行政法的法律渊源

行政法的法律渊源是行政法律规范的具体表现形式,这部分内容虽然不会直接出现在行政法的考题中,却是后续知识的重要基础。对于法律规范的名称及其制定主体,考生在复习时一定要牢记。而《立法法》修改后,对地方性法规和地方政府规章的制定主体都有所调整,考生同样要给予关注。

### 一、行政法的法律渊源

**◆知识要点**

法律渊源是法律的具体表现形式。与其他部门法不同,行政法的法律渊源相对而言较为复杂,包括宪法、法律、行政法规、地方性法规、部门规章、地方政府规章、自治条例、单行条例以及其他规范性文件。这些法律文件的制定主体和效力等级分别如下:

(1)宪法。宪法是国家根本大法,具有最高的法律效力,任何立法性文件都不能与宪法相抵触。

(2)法律。行政法中的法律大多为"狭义的法律",专指全国人大和全国人大常委会制定的法律。通常的法律文件名称上均为"ⅩⅩ法",诸如《公务员法》《行政处罚法》《行政许可法》《行政复议法》《行政诉讼法》等。法律在效力上仅次于宪法,而高于其他一切立法性文件。

(3)行政法规。行政法规由国务院制定,内容主要涉及行政管理事务。行政法规的效力低于宪法与法律,而高于其他立法性文件。

(4)地方性法规。地方性法规由省级(省、自治区、直辖市)人大及其常委会、设区的市的人大及其常委会制定,其效力低于宪法、法律、行政法规。其中设区的市的人大及其常委会制定的地方性法规,效力还低于其所在地的省级地方性法规。

(5)部门规章。部门规章由国务院各部门制定,制定主体不仅包括国务院的组成部门(各部、各委员会,中国人民银行和审计署),还包括国务院的直属机构等。部门规章在效力等级上低于宪法、法律和行政法规。

(6)地方政府规章。地方政府规章由省级地方政府、省会所在地的市的人民政府,设区的市、自治州的政府制定,效力低于宪法、法律、行政法规和本级及本级以上地方性法规。

| 法律规范 | 制定机关 |
| --- | --- |
| 宪法 | 全国人大 |
| 法律 | 全国人大和全国人大常委会 |
| 行政法规 | 国务院 |
| 地方性法规 | 省级(省、自治区、直辖市)人大及其常委会、设区的市的人大及其常委会 |
| 部门规章 | 国务院各部、各委员会、中国人民银行、审计署、直属机构 |
| 地方政府规章 | 地方政府规章由省级地方政府、省会所在地的市的人民政府,设区的市、自治州的政府 |

## 二、法律规范的效力位阶

◆知识要点

(1)宪法是国家根本大法,具有最高的法律效力。

(2)法律在效力上仅次于宪法,而高于其他一切立法性文件。

(3)行政法规的效力低于宪法与法律,而高于其他立法性文件。

(4)地方性法规效力低于宪法、法律、行政法规。其中省会所在地的市的人大以及其常委会制定的地方性法规,效力高于设区的市的人大及其常委会制定的地方性法规。

(5)部门规章在效力等级上低于宪法、法律和行政法规。

(6)地方政府规章效力低于宪法、法律、行政法规和本级及本级以上地方性法规。

(7)《立法法》并未对部门规章与地方性法规效力的高低作出规定,原则上部门规章适用于全国,而地方性法规则仅适用于本地方,如部门规章的规定与地方性法规对同一事项的规定不一致时,首先由国务院提出意见,国务院认为应当适用地方性法规的,则适用地方性法规;国务院认为应当适用部门规章的,须提请全国人大常委会作出最终裁决。

(8) 地方政府规章,无论是省级地方政府规章,还是较大市的地方政府规章,在效力上都与部门规章平行,两者的区别也仅在于适用范围不同。部门规章适用于全国,而地方政府规章仅适用于地方,当两者发生冲突时,由国务院进行裁决。

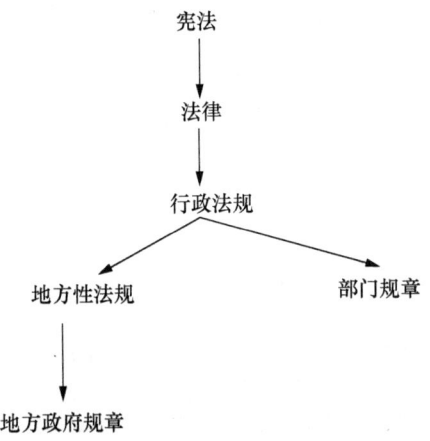

★**特别提示**

行政法的法律渊源尽管是行政法中的基础性理论,但却涉及部门法中的许多具体考点。考生必须牢记各类法律渊源的制定主体和效力等级,只有这样,在学习部门法时才不致混淆。司考内容以及具体单行法中有关行政法法律渊源的部分包括:

(1) 行政处罚、行政许可、行政强制的创设(参见后文的行政处罚设定图、行政许可设定图、行政强制设定图)。

《行政处罚法》《行政许可法》《行政强制法》中分别规定了不同法律文件对于行政处罚、行政许可、行政强制措施的设定权(包括创设权与规定权),考生在识记各类法律文件的设定权时,同样应牢记这些法律文件的制定主体,以免试题出现变通。

(2) 行政诉讼的受案范围。

《行政诉讼法》第13条第(四)项规定,"法律规定由行政机关最终裁决的行政行为"不属于行政诉讼的受案范围,此处的"法律"专指全国人大及全国人大常委会制定的法律,即"狭义的法律"。

(3) 行政主体资格的判断。

下文中会涉及,我国的行政主体除行政机关外,还包括法律、法规、规章授权的行政机关以外的组织,即所谓"法律、法规、规章授权组织"。

(4) 行政诉讼中的法律适用。

《行政诉讼法》第63条规定:"人民法院审理行政案件,以法律和行政法规、地方性法规为依据,地方性法规适用于本行政区域内发生的行政案件……人民法院审理行政案件,参照规章。"

(5) 行政机关的强制执行权。

《行政强制法》第13条规定,"行政强制执行由法律设定。法律没有规定行政机关强制执行的,作出行政决定的行政机关应当申请人民法院强制执行"。此处的"法律"同样是狭义的法律。

## 第三节　行政法的基本原则

行政法的基本原则是司法考试考查的重点,特别是卷四的论述题一般是围绕基本原则来命题的。此外,在选择题中也不可忽视基本原则的地位,随着司法考试行政法试题对理论知识的日益重视,这种趋势仍会延续。

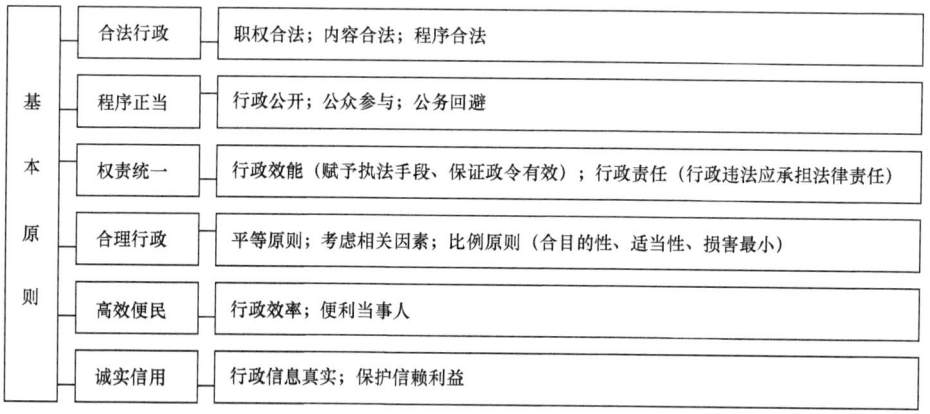

## 一、合法行政原则

### ◆知识要点

合法行政是所有行政活动必须遵循的首要原则,其他原则都可以理解为这一原则的扩展与延伸。合法行政原则的具体要求如下:

(1) 职权合法。行政机关必须在法律规定的权限范围内活动,即行政活动必须有法律的授权,行政机关的活动逻辑与公民个体活动逻辑不同,对于行政机关而言,"法律无授权则为禁止",而对于公民个体而言,"法律无禁止即为自由",这一点对于强制性、命令性的行政行为尤其重要。

(2) 内容合法。行政机关实施行政管理必须严格按照法律规定的诸项内容进行,要做到事实清楚、证据确凿、适用法律、法规正确。

(3) 程序合法。这一点又体现出行政机关与公民个体的不同。对于公民个体而言,在从事民事活动时,只要没有法律的强行性规定,均可自由选择行为程序;但对于行政机关而言,必须严格遵守法律规定的程序规则。

### ★特别提示

合法行政原则着重体现于行政诉讼的维持判决理由中,《行政诉讼法》规定,具体行政行为事实清楚、证据确凿、适用法律法规正确、符合法定程序的,应判决维持。这也说明上述条件,具体行政行为必须全部具备才属于合法,这些条件缺一不可,即行政行为必须全部符合法律规定的条件才属于合法。

◆**考点归纳**

合法行政原则的考查通常就是直接考查《行政处罚法》《行政许可法》《行政强制法》的具体规定。只有符合上述法律规范中有关职权、内容和程序的具体规定,才符合合法行政要求。

◆**经典真题**

1. (2011-2-78)依法行政是法治国家对政府行政活动提出的基本要求,而合法行政则是依法行政的根本。下列哪些做法违反合法行政的要求?(ACD)

A. 因蔬菜价格上涨销路看好,某镇政府要求村民拔掉麦子改种蔬菜

B. 为解决残疾人就业难,某市政府发布《促进残疾人就业指导意见》,对录用残疾人达一定数量的企业予以奖励

C. 孙某受他人胁迫而殴打他人致轻微伤,某公安局决定对孙某从轻处罚

D. 某市政府发布文件规定,外地物流公司到本地运输货物,应事前得到当地交通管理部门的准许,并缴纳道路特别通行费

2. (2013-2-76)合法行政是行政法的重要原则。下列哪些做法违反了合法行政要求?(BC)

A. 某规章规定行政机关对行政许可事项进行监督时,不得妨碍被许可人正常的生产经营活动

B. 行政机关要求行政处罚听证申请人承担组织听证的费用

C. 行政机关将行政强制措施权委托给另一行政机关行使

D. 行政机关对行政许可事项进行监督时发现直接关系公共安全、人身健康的重要设备存在安全隐患,责令停止使用和立即改正

## 二、合理行政原则

◆**知识要点**

合理性正是指所有的行政活动,尤其是行政机关有裁量权的活动,都必须符合合理性。具体而言包括:

(1) 平等原则。即行政机关应平等对待所有当事人,不能有所偏颇。

(2) 符合法律授权的目的。行政机关在实施行政活动时,只能考虑法律授权的目的,而不能考虑与此无关的其他因素。

(3) 符合比例原则。"比例原则"是行政法中的专业术语,具体而言是指行政机关在进行行政管理活动时,其手段和目标必须符合比例,其所选择的手段对于目标的达成必须是必要的,而且在各种可以实现其目标的手段中,应选择对当事人权利影响最小的手段,因此,比例原则又常常被称做"最小侵害原则"或"禁止过度原则"。

◆**考点归纳**

(1) 对于行政诉讼而言,法院原则上只审查行政行为的合法性,只适度审查行政行为的合理性。《行政诉讼法》第5条规定:"人民法院审理行政案件,对行政行为是否合法进行审查。"《行政诉讼法》第70条规定:"行政行为有下列情形之一的,人民法院判决撤销或者部分撤销,并可以判决被告重新作出行政行为:……(六) 明显不当的。"此处涉及的即为合理性审查。

(2) 对于合理行政原则,尤其是其中的"比例原则"是近年来论述题考查的重点。考生在复习时应给与特别关注。

◆**经典真题**

1. (2008-2-46)关于合理行政原则,下列哪一选项是正确的?(B)
   A. 遵循合理行政原则是行政活动区别于民事活动的主要标志
   B. 合理行政原则属实质行政法治范畴
   C. 合理行政原则是一项独立的原则,与合法行政原则无关
   D. 行政机关发布的信息应准确是合理行政原则的要求之一

2. (2010-02-39)关于行法的比例原则,下列哪一说法是正确的?(D)
   A. 是权责统一原则的基本内容之一
   B. 主要适用于羁束行政行为
   C. 是合法行政的必然要求
   D. 属于实质行政法治范畴

3. (2012-2-78)合理行政是依法行政的基本要求之一。下列哪些做法体现了合理行政的要求?(BC)
   A. 行政机关在作出重要决定时充分听取公众的意见
   B. 行政机关要平等对待行政管理相对人
   C. 行政机关行使裁量权所采取的措施符合法律目的
   D. 非因法定事由并经法定程序,行政机关不得撤销已生效的行政决定

4. (2014-2-78)廖某在某镇沿街路边搭建小棚经营杂货,县建设局下发限期拆除通知后强制拆除,并对廖某作出罚款2万元的处罚。廖某起诉,法院审理认为廖某所建小棚未占用主干道,其违法行为没有严重到既要拆除又需要实施顶格处罚的程度,判决将罚款改为1 000元。法院判决适用了下列哪些原则?(BC)
   A. 行政公开    B. 比例原则    C. 合理行政    D. 诚实守信

## 三、程序正当原则

◆**知识要点**

程序正当的具体内容包括:

(1) 行政公开。行政活动应当公开,涉及国家秘密、商业秘密及个人隐私的除外。

(2) 公众参与。行政机关在作出重要决定时,应听取公众意见,尤其是应当听取相对人和其他利害关系人的陈述或申辩。

(3) 公务回避。行政机关工作人员履行职责,与行政管理相对人存在利害关系时,应当回避。

◆**考点归纳**

程序正当的要求几乎渗透到行政法的所有法律规范中。例如《行政许可法》第30条规定:"行政机关应当将法律、法规、规章规定的有关行政许可的事项、依据、条件、数量、程序、期限以及需要提交的全部材料的目录和申请书示范文本等在办公场所公示。申请人要求行政机关对公示内容予以说明、解释的,行政机关应当说明、解释,提供准确、可靠的信息。"这就是行政公开的典型要求;再如,无论是《行政处罚法》还是《行政许可法》均规定,"听证应公开进

行",涉及国家秘密、商业秘密和个人隐私的除外;另外,行政处罚的听证主持人为"非本案调查人员","行政机关应当指定审查该行政许可申请的工作人员以外的人员为听证主持人,申请人、利害关系人认为主持人与该行政许可事项有直接利害关系的,有权申请回避",这些规定均体现出程序正当的要求。

**◆经典真题**

1. (2012-2-77)程序正当是行政法的基本原则。下列哪些选项是程序正当要求的体现?(AD)

   A. 实施行政管理活动,注意听取公民、法人或其他组织的意见
   B. 对因违法行政给当事人造成的损失主动进行赔偿
   C. 严格在法律授权的范围内实施行政管理活动
   D. 行政执法中要求与其管理事项有利害关系的公务员回避

2. (2014-2-77)程序正当是当代行政法的基本原则,遵守程序是行政行为合法的要求之一。下列哪些做法违背了这一要求?(AD)

   A. 某环保局对当事人的处罚听证,由本案的调查人员担任听证主持人
   B. 某县政府自行决定征收基本农田35公顷
   C. 某公安局拟给予甲拘留10日的治安处罚,告知其可以申请听证
   D. 乙违反治安管理的事实清楚,某公安派出所当场对其作出罚款500元的处罚决定

## 四、高效便民原则

**◆知识要点**

高效便民原则具体包含两个方面的要求:

(1) 提高行政效率原则。行政机关应当积极、迅速、及时地履行职责、实现职能,严守时限规定,并不断降低行政成本;

(2) 便利当事人原则。行政活动应尽可能减少当事人的程序负担,尽可能使当事人感觉便利。

**◆考点归纳**

高效便民原则最重要的体现在《行政许可法》中,这些规则也常常成为考试热点。

(1) 许可申请提出的便利。《行政许可法》第29条规定:"公民、法人或者其他组织从事特定活动,依法需要取得行政许可的,应当向行政机关提出申请。申请书需要采用格式文本的,行政机关应当向申请人提供行政许可申请书格式文本。申请书格式文本中不得包含与申请行政许可事项没有直接关系的内容。申请人可以委托代理人提出行政许可申请。但依法应当由申请人到行政机关办公场所提出行政许可申请的除外。行政许可申请可以通过信函、电报、电传、传真、电子数据交换和电子邮件等方式提出。"

(2) "一站式办公"。《行政许可法》第26条规定:"行政许可需要行政机关内设的多个机构办理的,该行政机关应当确定一个机构统一受理行政许可申请,统一送达行政许可决定。行政许可依法由地方人民政府两个以上部门分别实施的,本级人民政府可以确定一个部门受理行政许可申请并转告有关部门分别提出意见后统一办理,或者组织有关部门联合办理、集中办理。"

◆**经典真题**

1. (2011-2-77)高效便民是社会主义法治理念的要求,也是行政法的基本原则。关于高效便民,下列哪些说法是正确的?(BC)
    A. 是依法行政的重要补充
    B. 要求行政机关积极履行法定职责
    C. 要求行政机关提高办事效率
    D. 要求行政机关在实施行政管理时排除不相关因素的干扰

2. (2014-2-76)高效便民是行政管理的基本要求,是服务型政府的具体体现。下列哪些选项体现了这一要求?(AC)
    A. 简化行政机关内部办理行政许可流程
    B. 非因法定事由并经法定程序,行政机关不得撤回和变更已生效的行政许可
    C. 对办理行政许可的当事人提出的问题给予及时、耐心的答复
    D. 对违法实施行政许可给当事人造成侵害的执法人员予以责任追究

## 五、诚实守信原则

◆**知识要点**

1. 信赖保护原则

诚实信用本来是对民事主体进行民事活动时的基本要求,近年来亦成为对政府活动的要求,要求政府在进行行政管理活动中同样应当诚实守信,其中最重要的体现即对相对人的**信赖利益进行保护**。信赖保护原则的要点包括:

(1) 行政机关的具体行政行为一经做出,即具有拘束力,做出行政行为的行政机关本身亦受其拘束,非因法定事由、非经法定依据不能随意对该行为予以变更、撤销或废止。

(2) 行政行为因具有国家公信力,因此,相对人对行政行为做出后能够存续的信赖值得保护,这就是相对人的信赖利益,即使行政行为违法,行政机关也不能随意对该行为予以变更、撤销或废止,必须在相对人的信赖利益和撤销该行为所保护的公益之间进行衡量,只有公益大于私益时,才能撤销,但如果是因为事后事实与法律发生变化要对行政行为进行废止,要对相对人因此受到的损失进行补偿;如果因为行政行为做出时就违法而事后将其撤销,则要对相对人进行赔偿。

(3) 相对人信赖利益产生的基础在于,行政行为的违法并非因相对人的原因造成,如果该违法是因为相对人行贿、威胁、提供虚假信息等行为造成的,相对人不存在值得保护的信赖利益。

◆**考点归纳**

行政法规范中最明显体现诚实信用原则的为《行政许可法》。《行政许可法》第8条规定:"公民、法人或其他组织依法取得的行政许可受法律保护,行政机关不得擅自改变已经生效的行政许可。行政许可所依据的法律、法规、规章修改或者废止,或者准予行政许可所依据的客观情况发生重大变化的,为了公共利益的需要,行政机关可以依法变更或者撤回已经生效的行政许可。由此给公民、法人或者其他组织造成财产损失的,行政机关应当给予补偿。"《行政许可法》第69条规定,"行政机关工作人员滥用职权、玩忽职守作出准予行政许可决定的",作出行政许可决定的机关或者上级机关,根据利害关系人的请求或者依据职权,可以撤销行政许

可,但"被许可人的合法权益受到损害的,行政机关应当依法给予赔偿"。

综上,《行政许可法》允许行政机关事后收回许可的情形主要包括两种,具体内容可参阅如下图示:

(1) 行政许可**合法** —法律或事实发生变化→ **撤回**许可——对相对人进行**补偿**

(2) 行政许可**违法** —事后纠正违法→ **撤销**许可——对相对人进行**赔偿**

◆经典真题

1.(2013-2-78)某县政府发布通知,对直接介绍外地企业到本县投资的单位和个人按照投资项目实际到位资金金额的千分之一奖励。经张某引荐,某外地企业到该县投资500万元,但县政府拒绝支付奖励金。县政府的行为不违反下列哪些原则或要求?(ABCD)

A. 比例原则　　B. 行政公开　　C. 程序正当　　D. 权责一致

2.(2015-2-43)行政机关公开的信息应当准确,是下列哪一项行政法原则的要求?(C)

A. 合理行政　　B. 高效便民　　C. 诚实守信　　D. 程序正当

2. 诚实原则

诚实守信原则的另一方面是指行政机关公布的信息应当全面、准确和真实。

## 六、权责统一原则

◆知识要点

权责统一原则由两个方面的内涵构成:

(1) 行政职权,为保证行政目标的顺利实现,法律、法规应赋予行政机关一定的执法手段,并通过这些手段的运用排除其在职能实现过程中遇到的障碍。

(2) 行政责任,指行政机关违法或不当行使行政职权时,应当依法承担法律责任,从而实现权力与责任的统一。

◆经典真题

1.(2011-2-76)权责一致是社会主义法治理念的要求,也是行政法的基本原则。下列哪些做法是权责一致的直接体现?(AC)

A. 某建设局发现所作出的行政决定违法后,主动纠正错误并赔偿当事人损失

B. 某镇政府定期向公众公布本镇公款接待费用情况

C. 某国土资源局局长因违规征地受到行政记过处分

D. 某政府召开座谈会听取群众对政府的意见

2.(2013-2-77)权责一致是行政法的基本要求。下列哪些选项符合权责一致的要求?(ACD)

A. 行政机关有权力必有责任

B. 行政机关作出决定时不得考虑不相关因素

C. 行政机关行使权力应当依法接受监督

D. 行政机关依法履行职责,法律、法规应赋予其相应的执法手段

## 第四节　行政组织与行政主体

行政组织与行政主体同样是基础理论部分重点考查的章节,考生应首先了解我国行政组

织(行政机关与行政机构)的大体序列,之后重点掌握国务院组织与机构设置,以及地方政府组织与机构设置条例。

## 一、行政机关与行政机构

(一) 行政机关

◆知识要点

行政机关是依照宪法或行政组织法的规定而设置的行使国家行政职权的国家机关。行政机关可区分为综合权限的行政机关与特定权限的行政机关,前者是指各级人民政府,其享有综合行政管辖权;后者则是指政府的职能部门,只在其管辖的行政区域内就某方面的行政管理事项享有职权。

我国的行政机关包括中央国家行政机关和地方国家行政机关。

1. 中央国家行政机关

中央国家行政机关是指国务院和国务院的各组成部门,其中包括:国务院组成部门(各部、各委员会、中国人民银行、审计署)、国务院直属机构、国务院组成部门管理的国家机构。

★特别提示

在中央国家机关中,只有国务院及其组成部门,国务院的直属机构以及国务院部委管理的国家局具有独立的对外行政管理职能,而议事协调结构、办公机构、办事机构一般并不具备独立的行政管理职能。

2. 地方国家行政机关

地方国家行政机关是指地方各级人民政府及其工作部门(通常又被称为职权部门)。我国的地方政府共四级:省级人民政府(包括省、自治区、直辖市)、市级人民政府(包括设区的市、自治州),县级人民政府(包括县、自治县、县级市和市辖区),乡级人民政府(包括乡、民族乡和镇)。各级政府的工作部门(职能部门)与国务院的组成部门间存在相应的对应关系。例如省政府下属的公安厅、市政府下属的公安局和区政府下属的公安分局。但值得注意的是,只有县级以上(包含县级)人民政府才能设立这些职能部门,而乡级政府不设立职能部门。

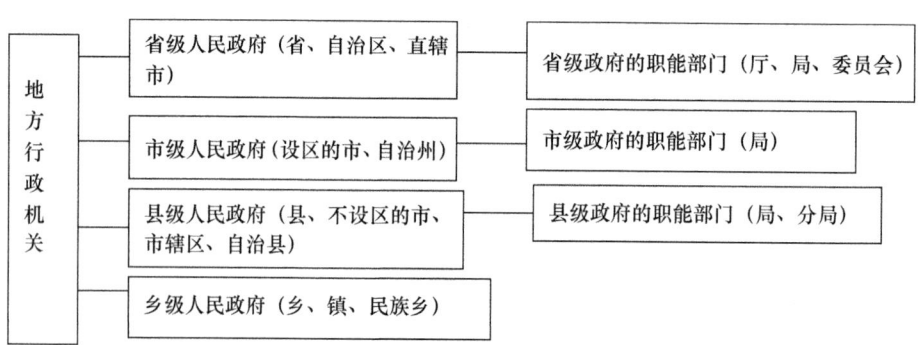

★特别提示

在常规的地方国家机关中,乡级人民政府没有职能部门,换言之,乡级人民政府是我国最低一级的地方行政机关,其下设的都是行政机构,这一点在行政法上至关重要,应牢记。

3. 派出机关

除上述中央国家机关和地方国家机关外,我国的行政机关序列中还包含派出机关。派出机关是由地方人民政府设立的,其职能相当于一级人民政府。在我国派出机关共有三类:

(1) 行政公署:省、自治区政府设立的,职能相当于省级政府与市、县级政府之间的一级人民政府。

(2) 区公所:县、自治县政府设立,职能相当于县级政府与乡、镇级政府之间的一级人民政府。

(3) 街道办事处:由市辖区、不设区的市政府设立,职能相当于区级政府或不设区的市政府下属的一级人民政府。

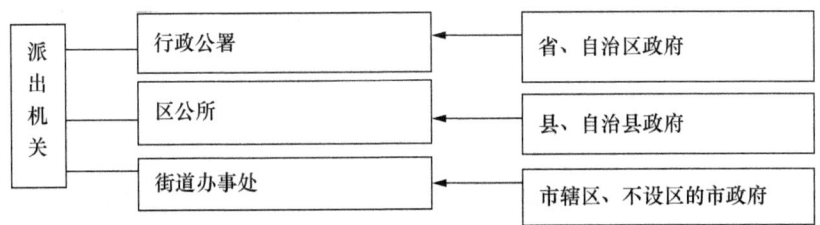

**★特别提示**

派出机关的属性是行政机关,他们均由一级人民政府设立,在职能上也相当于一级人民政府,具备对外的行政管理职能,其在行政法上的地位应与下文中的派出机构相区别。

(二) 行政机构

与行政机关相对应的是行政机构,行政法中的行政机构主要包含三类:内设机构、新增机构和派出机构。这些机构原则上都从属于其隶属的行政机关,既不能以自己的名义对外行使职权,也不能独立承担因行使职权所产生的法律责任。其中派出机构是由政府的工作部门设立的,因此其职能也与工作部门一样是专门性的,例如公安局设立的派出所、税务局设立的税务所和工商局设立的工商所。

行政机构 { 新增机构 / 内设机构 / 派出机构(派出所、工商所、税务所)

| | 属性 | 是否有行政主体资格 | 设立机关 | 行使职能 |
| --- | --- | --- | --- | --- |
| 派出机关 | 行政机关 | 有 | 政府 | 政府的职能 |
| 派出机构 | 行政机构 | 原则上无,除非有法律、法规、规章授权 | 政府的职能部门 | 职能部门的职能 |

**◆考点归纳**

(1) 对我国行政组织的识记与考查,主要是与下文中的行政主体理论密切相关,学习时应与下面的行政主体知识相结合。

(2) 只有县级以上(包含县级)人民政府才能设立工作部门(职能部门),乡级政府一般不设立工作部门。

(3) 派出机关与派出机构之间的区别是经常考查的重点,请牢牢记识。

### 三、行政组织与行政编制

◆知识要点

(一) 国务院的机构设置与编制管理

1. 国务院的机构组成

◆重点法条

《国务院行政机构设置和编制管理条例》

**第6条** 国务院行政机构根据职能分为国务院办公厅、国务院组成部门、国务院直属机构、国务院办事机构、国务院组成部门管理的国家行政机构和国务院议事协调机构。

国务院办公厅协助国务院领导处理国务院日常工作。

国务院组成部门依法分别履行国务院基本的行政管理职能。国务院组成部门包括各部、各委员会、中国人民银行和审计署。

国务院直属机构主管国务院的某项专门业务,具有独立的行政管理职能。

国务院办事机构协助国务院总理办理专门事项,不具有独立的行政管理职能。

国务院组成部门管理的国家行政机构由国务院组成部门管理,主管特定业务,行使行政管理职能。

国务院议事协调机构承担跨国务院行政机构的重要业务工作的组织协调任务。国务院议事协调机构议定的事项,经国务院同意,由有关的行政机构按照各自的职责负责办理。在特殊或者紧急的情况下,经国务院同意,国务院议事机构可以规定临时性的行政管理措施。

◆知识要点

| 机构名称 | 职能 | 可否制定规章 | 是否有独立的行政管理职能 |
| --- | --- | --- | --- |
| 国务院办公厅 | 协助国务院领导处理国务院日常工作 | 不能 | 无 |
| 国务院组成部门(各部、委员会、中国人民银行、审计署) | 依法分别履行国务院基本的行政管理职能 | 可以 | 有 |
| 国务院直属机构 | 主管国务院的某项专门业务 | 可以 | 有 |
| 国务院办事机构 | 协助国务院总理办理专门事项 | 不能 | 无 |
| 国务院组成部门管理的国家行政机构 | 由国务院组成部门管理,主管特定业务 | 不能 | 有 |
| 国务院议事协调机构 | 承担跨国务院行政机构的重要业务工作的组织协调任务 | 不能 | 无 |

2. 国务院机构的设立、撤销与合并

| 机构 | 设立、撤销或合并的批准程序 | 内设机构 |
|---|---|---|
| 组成部门 | 由国务院机构编制管理机关提出方案,经国务院常务会议讨论通过后,由国务院总理提请全国人民代表大会决定;在全国人民代表大会闭会期间,提请全国人民代表大会常务委员会决定 | 在职能分解的基础上设立司、处两级内设机构 |
| 国务院直属机构 | 由国务院机构编制管理机关提出方案,报国务院决定 | |
| 国务院办事机构 | | |
| 国务院组成部门管理的国家行政机构 | | 根据工作需要可以设立司、处两级内设机构,也可以只设立处级内设机构 |

3. 编制管理

◆ **重点法条**
**《国务院行政机构设置和编制管理条例》**
**第 17 条** 国务院行政机构的编制依据职能配置和职位分类,按照精简的原则确定。
前款所称编制,包括人员的数量定额和领导职数。
**第 19 条** 国务院行政机构增加或者减少编制,由国务院机构编制管理机关审核方案,报国务院批准。
**第 20 条** 国务院议事协调机构不单独确定编制,所需要的编制由承担具体工作的国务院行政机构解决。
**第 24 条** 地方各级人民政府行政机构的设置和编制管理办法另行制定。
国务院行政机构不得干预地方各级人民政府的行政机构设置和编制管理工作,不得要求地方各级人民政府设立与其业务对口的行政机构。

◆ **经典真题**
1. (2009-2-83)下列哪些事项属于国务院行政机构编制管理的内容?（CD）
   A. 机构的名称　　　　　　　　　　B. 机构的职能
   C. 机构人员的数量定额　　　　　　D. 机构的领导职数
2. (2013-2-44)国家海洋局为国务院组成部门管理的国家局。关于国家海洋局,下列哪一说法是正确的?（C）
   A. 有权制定规章
   B. 主管国务院的某项专门业务,具有独立的行政管理职能
   C. 该局的设立由国务院编制管理机关提出方案,报国务院决定
   D. 该局增设司级内设机构,由国务院编制管理机关审核批准
3. (2014-2-43)国家税务总局为国务院直属机构。就其设置及编制,下列哪一说法是正确的?（B）

A. 设立由全国人大及其常委会最终决定
B. 合并由国务院最终决定
C. 编制的增加由国务院机构编制管理机关最终决定
D. 依法履行国务院基本的行政管理职能

4.（2015-2-45）甲市某县环保局与水利局对职责划分有异议，双方协商无法达成一致意见。关于异议的处理，下列哪一说法是正确的？（C）
A. 提请双方各自上一级主管机关协商确定
B. 提请县政府机构编制管理机关决定
C. 提请县政府机构编制管理机关提出协调意见，并由该机构编制管理机关报县政府决定
D. 提请县政府提出处理方案，经甲市政府机构编制管理机关审核后报甲市政府批准

（二）地方政府设置与编制管理

◆重点法条
《地方各级人民政府机构设置和编制管理条例》
**第4条** 地方各级人民政府的机构编制工作，实行中央统一领导、地方分级管理的体制。
**第5条** 县级以上各级人民政府机构编制管理机关应当按照管理权限履行管理职责，并对下级机构编制工作进行业务指导和监督。
**第7条** 县级以上地方各级人民政府行政机构不得干预下级人民政府行政机构的设置和编制管理工作，不得要求下级人民政府设立与其业务对口的行政机构。
**第9条** 地方各级人民政府行政机构的设立、撤销、合并或者变更规格、名称，由本级人民政府提出方案，经上一级人民政府机构编制管理机关审核后，报上一级人民政府批准；其中，县级以上地方各级人民政府行政机构的设立、撤销或者合并，还应当依法报本级人民代表大会常务委员会备案。
**第10条** 地方各级人民政府行政机构职责相同或者相近的，原则上由一个行政机构承担。

行政机构之间对职责划分有异议的，应当主动协商解决。协商一致的，报本级人民政府行政机构编制管理机关备案；协商不一致的，应当提请本级人民政府编制管理机关提出协调意见，由机构编制管理机关报本级人民政府决定。
**第11条第1款** 地方各级人民政府设立议事协调结构，应当严格控制；可以交由现有机构承担职能的或者由现有机构可以进行协调可以解决问题的，不另设立议事协调机构。
**第13条** 地方各级人民政府行政机构根据工作需要和精干的原则，设立必要的内设机构。县级以上地方各级人民政府行政机构的内设机构的设立、撤销、合并或者变更规格、名称，由该行政机构报本级人民政府机构编制管理机关审批。
**第16条** 地方各级人民政府的行政编制总额，由省、自治区、直辖市人民政府提出，经国务院机构编制管理机关审核后，报国务院批准。
**第18条** 地方各级人民政府根据调整职责的需要，可以在行政编制总额内调整本级人民政府有关部门的行政编制。但是，在同一个行政区域不同层级之间调配使用行政编制的，应当由省、自治区、直辖市人民政府机构编制管理机关报国务院机构编制管理机关审批。

## ◆知识要点

| 事项 | 提出机关 | 审核机关 | 批准机关 |
|---|---|---|---|
| 地方各级人民政府的行政机构的设立、撤销、合并或者变更规格、名称 | 本级人民政府 | 上一级人民政府机构编制管理机关 | 上一级人民政府 |
| 地方各级人民政府行政机构的内设机构的设立、撤销、合并或者变更规格、名称 | 该行政机构 | 本级人民政府机构编制管理机关 | 本级人民政府机构编制管理机关 |
| 地方各级人民政府的行政编制总额 | 省、自治区、直辖市人民政府 | 国务院机构编制管理机关审核 | 国务院 |
| 地方的事业单位机构和编制管理办法 | 省级人民政府机构编制管理机关拟定 | 国务院编制管理机关审核(省级人民政府发布) | |

## ◆经典真题

1. (2008-2-81)下列哪些行政机构的设置事项,应当经上一级人民政府机构编制管理机关审核后,报上一级人民政府批准?（AC）

  A. 某县两个职能局的合并    B. 某省民政厅增设内设机构

  C. 某市职能局名称的改变    D. 某县人民政府设立议事协调机构

2. (2015-2-45)甲市某县环保局与水利局对职责划分有异议,双方协商无法达成一致意见。关于异议的处理,下列哪一说法是正确的?（C）

  A. 提请双方各自上一级主管机关协商确定

  B. 提请县政府机构编制管理机关决定

  C. 提请县政府机构编制管理机关提出协调意见,并由该机构编制管理机关报县政府决定

  D. 提请县政府提出处理方案,经甲市政府机构编制管理机关审核后报甲市政府批准

3. (2016-2-43)根据规定,地方的事业单位机构和编制管理办法由省、自治区、直辖市人民政府机构编制管理机关拟定,报国务院机构编制管理机关审核后,由下列哪一机关发布?（B）

  A. 国务院

  B. 省、自治区、直辖市人民政府

  C. 国务院机构编制管理机关

  D. 省、自治区、直辖市人民政府机构编制管理机关

## 四、行政主体理论

### ◆知识要点

(一) 行政主体的概念与意义

  行政主体理论是行政法基础理论中非常重要的一项,也是考生必须掌握的一项基本理论。行政主体是指享有行政职权,能够以自己的名义对外行使行政职能,并独立承担由此产生的法律后果的组织。

★**特别提示**

**行政主体理论的意义在于**：行政主体是确认行政复议被申请人（进而确认行政复议机关）、行政诉讼被告和行政赔偿赔偿义务机关的标准。因此，在行政复议、行政诉讼和国家赔偿中，也只有行政主体才能成为复议被申请人、诉讼被告和赔偿义务机关。从这个意义上说，行政法中的行政主体理论堪比民法中的法人理论。行政主体理论在行政法学中至关重要，考生在复习时必须全面掌握。

（二）行政主体种类

在我国行政主体主要包括两类：

1. 行政机关

对于行政机关而言，上文所讲的中央国家行政机关（包括国务院和国务院的各组成部门）以及地方国家行政机关（地方各级人民政府及其工作部门）原则上均具有行政主体资格，因此对其行为可独立承担相应的法律后果，可成为复议被申请人、诉讼被告和行政赔偿义务机关。

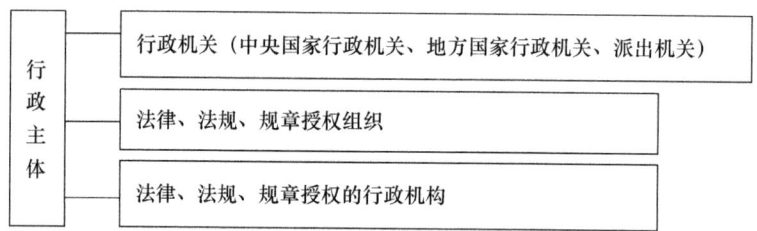

◆**考点归纳**

（1）如何判断某个行政组织是否具有行政主体资格？实践中的行政组织千差万别，考生不可能全部掌握，判断该机关是否具有行政主体资格，只要看它是否属于上文所列的中央国家行政机关、地方国家行政机关或派出机关的序列即可。

（2）因为行政机关的工作部门仅设立到县级政府（包含县级政府），乡级政府（乡、镇政府）不能设立工作部门，因此乡级政府下属的机构所为的行为均由乡政府承担相应的法律责任。

2. 法律、法规、规章授权组织

除中央国家行政机关和地方国家行政机关外，我国还有许多行政机关以外的其他组织，例如事业单位，**它们亦因有了"法律、法规、规章"的授权**，而可以以自己的名义对外行使行政职能，并独立承担由此产生的法律后果，所以也属于行政主体，可成为复议被申请人、诉讼被告和行政赔偿义务机关。

◆**考点归纳**

（1）行政授权与行政委托的区别。

与行政授权相对应的是行政委托。行政委托是行政主体将自己的职权委托给其他机关、机构、组织或个人行使。根据委托的一般原理，受委托的机关、组织、机构或个人不能以自己的名义对外行使职权，不能独立承担由此产生的法律后果，因此不能成为行政复议的被申请人、行政诉讼的被告以及行政赔偿的赔偿义务机关。简言之，**行政机关委托的组织不是行政主体**。

行政授权与行政委托的区别主要是：

第一,两者的权力来源不同。行政授权组织的权力来源于"法律、法规"的授予;而行政委托组织的权力则来源于行政机关的委托。

第二,两者的法律后果不同。行政授权的结果是使被授权者获得了行政主体资格,因此,被授权者能够独立承担法律责任;而受委托组织并不具有行政主体资格,其实施的行为在法律后果上仍然归属于委托它的行政机关,因此对受委托组织作出的行政行为,应由委托机关来担任复议的被申请人、诉讼被告和赔偿义务机关。

| 名称 | 权力来源 | 行为名义 | 责任承担 |
| --- | --- | --- | --- |
| 行政机关 | 宪法、组织法 | 自己 | 自己 |
| 被授权的组织 | 特别的法律、法规、规章 | 自己 | 自己 |
| 被委托的组织 | 委托机关 | 委托机关 | 委托机关 |

(2)易混淆之处:判断"行政授权"还是"行政委托"的依据,不能仅根据文字表述,而应根据权力的真正来源。前者来源于法律、法规、规章;后者来源于行政机关。近年来考题中常常用"行政机关将职权授予某组织"这样的表述来混淆考生,事实上,此时因为权力仍旧来源于行政机关,所以,仍然属于行政委托,而不是行政授权。此外,考生也应牢记能够进行行政授权的只有"法律、法规、规章",如果是行政机关通过其他规范性文件进行所谓的"授权",在行政法上仍旧属于委托。

3. 行政机构的主体资格判断

如前文所述,行政机关内部常常会有不同的组成部分,这些组成部分包括:内设机构,即行政机关内部固定设立的机构,例如地方公安部门内部设立的消防机构、公安交通管理机构、公安出入境管理机构等;派出机构,即上文所说的政府的工作部门所派出的机构,例如派出所、工商所和税务所等;新增机构,即行政机关为行政管理的需要而临时设立的一些机构。

原则上行政机构并不具有行政主体资格,其行为均由它所在的行政机关承担责任。但如果这些机构有了**法律、法规和规章的明确授权**,就具有了行政主体资格,可以独立承担法律责任。

◆考点归纳

(1)行政机构主体资格的判断表。

综上,行政机构的主体资格判断可总结为下表:

| 行政机构 | 一般情形下 | 有法律、法规、规章授权 | 超越法律、法规、规章授权的范围 |
| --- | --- | --- | --- |
| 行政主体资格的有无 | 无 | 有 | 有 |
| 法律责任的承担者 | 行政机构所属的行政机关 | 行政机构 | 行政机构 |

★特别提示

上图中的"超越法律、法规、规章授权的范围"仅指超越授权的幅度范围,例如《治安管理处罚法》授权派出所可进行500元以下的罚款,如派出所进行的是超过500元的罚款,仍以派出所为责任的承担者;但如果派出所超越了法律授权的处罚种类,例如进行了行政拘留的处罚,此时,派出所已经没有法律授权,其行为后果的责任承担者就是派出所所属的行政机关。

(2)派出机关与派出机构。如上文所述,派出机关具有行政主体资格,其行为均由自己来承担法律责任,而派出机构因属于行政机构,因此是否具有行政主体资格,要视是否有"法律、法规和规章"的授权。

# 第二章 行政行为理论

【复习提要】

本章涉及行政行为的总论部分。内容包括行政行为的概念和基本分类,抽象行政行为概念范畴,行政法规、行政规章的制定,以及具体行政行为的基本理论。其中行政法规、行政规章的制定,具体行政行为的合法/违法、生效/无效、效力内容、撤销、废止均是本章的重点内容,也是司法考试基础理论部分的高频考点。

## 第一节 行政行为的概念和基本分类

### 一、行政行为的概念

行政行为是行政法中的另一重要理论,它是所有行政方式的上位概念,是行政机关所有行为方式的总和。行政行为是行政主体行使行政职权作出的、能够产生一定法律后果(效果)的行为。

### 二、抽象行政行为与具体行政行为的划分

抽象行政行为与具体行政行为的区分以行为针对的对象是否特定为标准。抽象行政行为是行政机关针对不特定对象制定的、具有普遍约束力的、能够反复使用的规范性文件。而具体行政行为则是行政机关针对具体对象所作的具体处理。

区分标准:抽象行政行为与具体行政行为的区分标准主要是看行为所影响到的利害关系人是否是可以确定的,即便行为影响到的利害关系人不止一人,只要其范围和数量是可以确定的,该行为仍旧是具体行政行为。

★特别提示

抽象行政行为与具体行政行为的分类在行政法中具有特别的意义,考生必须掌握。其原因就在于抽象行政行为与具体行政行为的区分首先是确定行政诉讼受案范围的重要标准。《行政诉讼法》和《行政复议法》尽管一定程度上引入了对抽象行政行为的审查,但仅仅是部分的、有限的审查,因此他们二者的区分对于行政诉讼、行政复议同样重要。

◆考点归纳

(1)抽象行政行为与具体行政行为的区分是行政法司法考试中的重要考点,几乎每年都会涉及,很多时候还出现在案例分析中,所占的分值也相当多。其原因就在于抽象行政行为与具体行政行为的区分是确定行政诉讼受案范围的重要标准。

(2)易混淆之处:是否以规范性文件的方式作出并不是抽象行政行为与具体行政行为的区分标准,因此,即便某个行为是以规范性文件的方式作出的,但只要影响到的利害关系人可以确定,仍旧是具体行政行为。

◆经典真题

1.(2016-2-44)为落实淘汰落后产能政策,某区政府发布通告:凡在本通告附件所列名单中的企业两年内关闭。据前关闭或者积极配合的给予一定补贴,逾期不履行的强制关闭。关于通告的性质,下列哪一选项是正确的?(B)

A. 行政规范性文件 　　　　B. 具体行政行为
C. 行政给付 　　　　　　　D. 行政强制

## 第二节　抽象行政行为

### 一、抽象行政行为的概念与范围

抽象行政行为是行政机关针对不特定对象制定的、具有普遍约束力的、能够反复使用的规范性文件。实践中,抽象行政行为的范围包括行政立法行为和行政机关制定其他规范性文件的行为。

具体如下图所示：

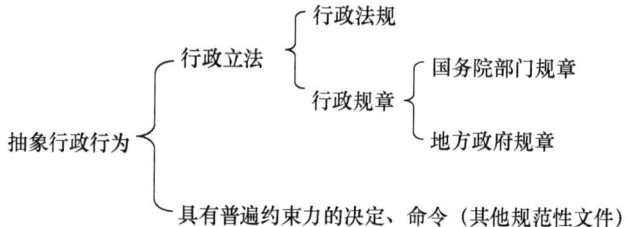

### 二、行政立法及其制定程序

在行政法学理上,通常将有权机关制定行政法规以及行政规章的活动称为行政立法。

（一）行政法规

◆**重点法条**

《行政法规制定程序条例》

**第 7 条**　国务院有关部门认为需要制定行政法规的,应当于每年年初编制国务院年度立法工作计划前,向国务院报请立项。

国务院有关部门报送的行政法规立项申请,应当说明立法项目所要解决的主要问题、依据的方针政策和拟确立的主要制度。

**第 10 条**　行政法规由国务院组织起草。国务院年度立法工作计划确定行政法规由国务院的一个部门或者几个部门具体负责起草工作,也可以确定由国务院法制机构起草或者组织起草。

**第 12 条**　起草行政法规,应当深入调查研究,总结实践经验,广泛听取有关机关、组织和公民的意见。听取意见可以采取召开座谈会、论证会、听证会等多种形式。

**第 13 条**　起草行政法规,起草部门应当就涉及其他部门的职责或者与其他部门关系紧密的规定,与有关部门协商一致;经过充分协商不能取得一致意见的,应当在上报行政法规草案送审稿(以下简称行政法规送审稿)时说明情况和理由。

**第 14 条**　起草行政法规,起草部门应当对涉及有关管理体制、方针政策等需要国务院决策的重大问题提出解决方案,报国务院决定。

**第 15 条**　起草部门向国务院报送的行政法规送审稿,应当由起草部门主要负责人签署。几个部门共同起草的行政法规送审稿,应当由该几个部门主要负责人共同签署。

**第 16 条**　起草部门将行政法规送审稿报送国务院审查时,应当一并报送行政法规送审稿的说明和有关材料。

行政法规送审稿的说明应当对立法的必要性、确立的主要制度、各方面对送审稿主要问题的不同意见、征求有关机关、组织和公民意见的情况等作出说明。有关材料主要包括国内外的有关立法资料、调研报告、考察报告等。

**第17条** 报送国务院的行政法规送审稿，由国务院法制机构负责审查。

国务院法制机构主要从以下方面对行政法规送审稿进行审查：

（一）是否符合宪法、法律的规定和国家的方针政策；
（二）是否符合本条例第十一条的规定；
（三）是否与有关行政法规协调、衔接；
（四）是否正确处理有关机关、组织和公民对送审稿主要问题的意见；
（五）其他需要审查的内容。

**第18条** 行政法规送审稿有下列情形之一的，国务院法制机构可以缓办或者退回起草部门：

（一）制定行政法规的基本条件尚不成熟的；
（二）有关部门对送审稿规定的主要制度存在较大争议，起草部门未与有关部门协商的；
（三）上报送审稿不符合本条例第十五条、第十六条规定的。

**第19条** 国务院法制机构应当将行政法规送审稿或者行政法规送审稿涉及的主要问题发送国务院有关部门、地方人民政府、有关组织和专家征求意见。国务院有关部门、地方人民政府反馈的书面意见，应当加盖本单位或者本单位办公厅(室)印章。

重要的行政法规送审稿，经报国务院同意，向社会公布，征求意见。

**第20条** 国务院法制机构应当就行政法规送审稿涉及的主要问题，深入基层进行实地调查研究，听取基层有关机关、组织和公民的意见。

**第21条** 行政法规送审稿涉及重大、疑难问题的，国务院法制机构应当召开由有关单位、专家参加的座谈会、论证会，听取意见，研究论证。

**第22条** 行政法规送审稿直接涉及公民、法人或者其他组织的切身利益的，国务院法制机构可以举行听证会，听取有关机关、组织和公民的意见。

**第23条** 国务院有关部门对行政法规送审稿涉及的主要制度、方针政策、管理体制、权限分工等有不同意见的，国务院法制机构应当进行协调，力求达成一致意见；不能达成一致意见的，应当将争议的主要问题、有关部门的意见以及国务院法制机构的意见报国务院决定。

**第24条** 国务院法制机构应当认真研究各方面的意见，与起草部门协商后，对行政法规送审稿进行修改，形成行政法规草案和对草案的说明。

**第25条** 行政法规草案由国务院法制机构主要负责人提出提请国务院常务会议审议的建议；对调整范围单一、各方面意见一致或者依据法律制定的配套行政法规草案，可以采取传批方式，由国务院法制机构直接提请国务院审批。

**第26条** 行政法规草案由国务院常务会议审议，或者由国务院审批。

国务院常务会议审议行政法规草案时，由国务院法制机构或者起草部门作说明。

**第27条** 国务院法制机构应当根据国务院对行政法规草案的审议意见，对行政法规草案进行修改，形成草案修改稿，报请总理签署国务院令公布施行。

签署公布行政法规的国务院令载明该行政法规的施行日期。

**第 28 条** 行政法规签署公布后,及时在国务院公报和在全国范围内发行的报纸上刊登。国务院法制机构应当及时汇编出版行政法规的国家正式版本。

在国务院公报上刊登的行政法规文本为标准文本。

**第 29 条** 行政法规应当自公布之日起 30 日后施行;但是,涉及国家安全、外汇汇率、货币政策的确定以及公布后不立即施行将有碍行政法规施行的,可以自公布之日起施行。

**第 30 条** 行政法规在公布后的 30 日内由国务院办公厅报全国人民代表大会常务委员会备案。

《立法法》

**第 65 条** 国务院根据宪法和法律,制定行政法规。

行政法规可以就下列事项作出规定:

(一)为执行法律的规定需要制定行政法规的事项;

(二)宪法第八十九条规定的国务院行政管理职权的事项。

应当由全国人民代表大会及其常务委员会制定法律的事项,国务院根据全国人民代表大会及其常务委员会的授权决定先制定的行政法规,经过实践检验,制定法律的条件成熟时,国务院应当及时提请全国人民代表大会及其常务委员会制定法律。

**第 66 条** 国务院法制机构应当根据国家总体工作部署拟定国务院年度立法计划,报国务院审批。国务院年度立法计划中的法律项目应当与全国人民代表大会常务委员会的立法规划和年度立法计划相衔接。国务院法制机构应当及时跟踪了解国务院各部门落实立法工作计划的情况,加强组织协调和督促指导。

国务院有关部门认为需要制定行政法规的,应当向国务院报请立项。

**第 67 条** 行政法规由国务院有关部门或者国务院法制机构具体负责起草,重要行政管理的法律、行政法规草案由国务院法制机构组织起草。行政法规在起草过程中,应当广泛听取相关领域的人民代表大会代表,有关地方人民代表大会常务委员会,有关机关、组织和公民的意见。听取意见可以采取座谈会、论证会、听证会等多种形式。

行政法规草案应当向社会公布征求意见,但经国务院决定不公布的除外。

**第 68 条** 行政法规起草工作完成后,起草单位应当将草案及其说明、各方面对草案主要问题的不同意见和其他有关资料送国务院法制机构进行审查。

国务院法制机构应当向国务院提出审查报告和草案修改稿,审查报告应当对草案主要问题作出说明。

**第 69 条** 行政法规的决定程序依照中华人民共和国国务院组织法的有关规定办理。

**第 70 条第 1 款** 行政法规由总理签署国务院令公布。

**第 71 条** 行政法规签署公布后,及时在国务院公报和中国政府法制信息网以及在全国范围内发行的报纸上刊载。

在国务院公报上刊登的行政法规文本为标准文本。

◆知识要点

(1)制定主体与名称:国务院。行政法规的名称一般称"条例",也可以称"规定""办法"等。国务院根据全国人民代表大会及其常务委员会的授权决定制定的行政法规,称"暂行条例"或者"暂行规定"。

(2)制定程序:立项、起草、审查、决定、公布、备案。具体程序如下图:

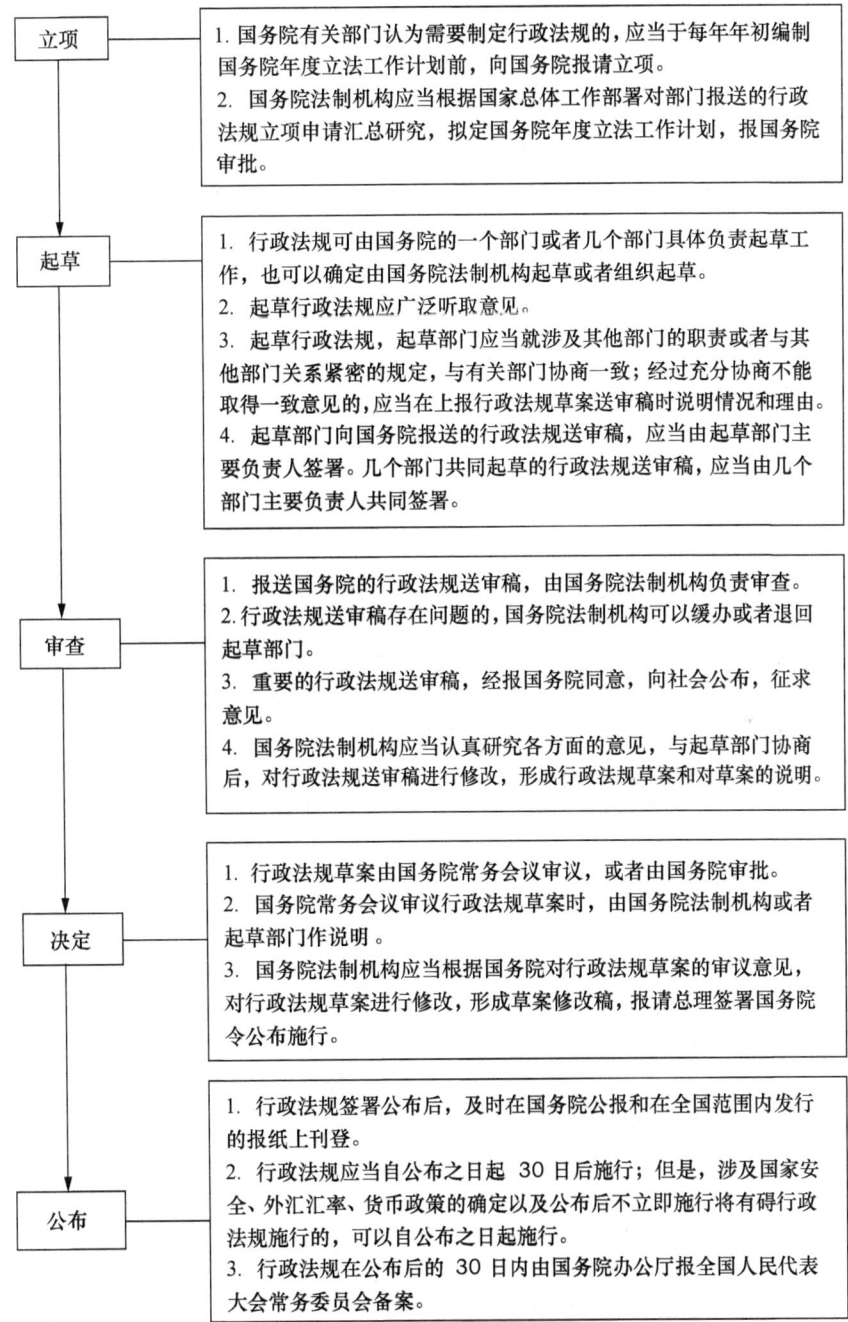

(3) 行政法规条文本身需要进一步明确界限或者作出补充规定的,由**国务院解释**。国务院法制机构研究拟订行政法规解释草案,报国务院同意后,由**国务院公布或者由国务院授权国**

务院有关部门公布。行政法规的解释与行政法规具有同等效力。

◆经典真题

(2008-2-41)法规制定程序的说法,下列哪一选项是正确的?(C)

A. 行政法规的制定程序包括起草、审查、决定和公布,立项不属于行政法规制定程序
B. 几个部门共同起草的行政法规送审稿报送国务院,应当由牵头部门主要负责人签署
C. 对重要的行政法规送审稿,国务院法制办经国务院同意后向社会公布
D. 行政法规应当在公布后30日内由国务院法制办报全国人大常委会备案

2. (2016-2-100)行政法规条文本身需进一步明确界限或作出补充规定的,应对行政法规进行解释。关于行政法规的解释,下列说法正确的是:(ACD)

A. 解释权属于国务院
B. 解释行政法规的程序,适用行政法规制定程序
C. 解释可由国务院授权国务院有关部门公布
D. 行政法规的解释与行政法规具有同等效力

(二)行政规章

◆重点法条

《规章制定程序条例》

**第9条** 国务院部门内设机构或者其他机构认为需要制定部门规章的,应当向该部门报请立项。

省、自治区、直辖市和较大的市的人民政府所属工作部门或者下级人民政府认为需要制定地方政府规章的,应当向该省、自治区、直辖市或者较大的市的人民政府报请立项。

**第13条** 部门规章由国务院部门组织起草,地方政府规章由省、自治区、直辖市和较大的市的人民政府组织起草。

国务院部门可以确定规章由其一个或者几个内设机构或者其他机构具体负责起草工作,也可以确定由其法制机构起草或者组织起草。

省、自治区、直辖市和较大的市的人民政府可以确定规章由其一个部门或者几个部门具体负责起草工作,也可以确定由其法制机构起草或者组织起草。

起草规章可以邀请有关专家、组织参加,也可以委托有关专家、组织起草。

**第14条** 起草规章,应当深入调查研究,总结实践经验,广泛听取有关机关、组织和公民的意见。听取意见可以采取书面征求意见、座谈会、论证会、听证会等多种形式。

**第15条** 起草的规章直接涉及公民、法人或者其他组织切身利益,有关机关、组织或者公民对其有重大意见分歧的,应当向社会公布,征求社会各界的意见;起草单位也可以举行听证会。听证会依照下列程序组织:

(一)听证会公开举行,起草单位应当在举行听证会的30日前公布听证会的时间、地点和内容;

(二)参加听证会的有关机关、组织和公民对起草的规章,有权提问和发表意见;

(三)听证会应当制作笔录,如实记录发言人的主要观点和理由;

(四)起草单位应当认真研究听证会反映的各种意见,起草的规章在报送审查时,应当说明对听证会意见的处理情况及其理由。

**第16条** 起草部门规章,涉及国务院其他部门的职责或者与国务院其他部门关系紧密

的,起草单位应当充分征求国务院其他部门的意见。

起草地方政府规章,涉及本级人民政府其他部门的职责或者与其他部门关系紧密的,起草单位应当充分征求其他部门的意见。起草单位与其他部门有不同意见的,应当充分协商;经过充分协商不能取得一致意见的,起草单位应当在上报规章草案送审稿(以下简称规章送审稿)时说明情况和理由。

**第17条** 起草单位应当将规章送审稿及其说明、对规章送审稿主要问题的不同意见和其他有关材料按规定报送审查。

报送审查的规章送审稿,应当由起草单位主要负责人签署;几个起草单位共同起草的规章送审稿,应当由该几个起草单位主要负责人共同签署。

规章送审稿的说明应当对制定规章的必要性、规定的主要措施、有关方面的意见等情况作出说明。

有关材料主要包括汇总的意见、听证会笔录、调研报告、国内外有关立法资料等。

**第18条** 规章送审稿由法制机构负责统一审查。

法制机构主要从以下方面对送审稿进行审查:

(一)是否符合本条例第三条、第四条、第五条的规定;

(二)是否与有关规章协调、衔接;

(三)是否正确处理有关机关、组织和公民对规章送审稿主要问题的意见;

(四)是否符合立法技术要求;

(五)需要审查的其他内容。

**第19条** 规章送审稿有下列情形之一的,法制机构可以缓办或者退回起草单位:

(一)制定规章的基本条件尚不成熟的;

(二)有关机构或者部门对规章送审稿规定的主要制度存在较大争议,起草单位未与有关机构或者部门协商的;

(三)上报送审稿不符合本条例第十七条规定的。

**第20条** 法制机构应当将规章送审稿或者规章送审稿涉及的主要问题发送有关机关、组织和专家征求意见。

**第21条** 法制机构应当就规章送审稿涉及的主要问题,深入基层进行实地调查研究,听取基层有关机关、组织和公民的意见。

**第22条** 规章送审稿涉及重大问题的,法制机构应当召开由有关单位、专家参加的座谈会、论证会,听取意见,研究论证。

**第23条** 规章送审稿直接涉及公民、法人或者其他组织切身利益,有关机关、组织或者公民对其有重大意见分歧,起草单位在起草过程中未向社会公布,也未举行听证会的,法制机构经本部门或者本级人民政府批准,可以向社会公布,也可以举行听证会。

举行听证会的,应当依照本条例第十五条规定的程序组织。

**第24条** 有关机构或者部门对规章送审稿涉及的主要措施、管理体制、权限分工等问题有不同意见的,法制机构应当进行协调,达成一致意见;不能达成一致意见的,应当将主要问题、有关机构或者部门的意见和法制机构的意见上报本部门或者本级人民政府决定。

**第25条** 法制机构应当认真研究各方面的意见,与起草单位协商后,对规章送审稿进行修改,形成规章草案和对草案的说明。说明应当包括制定规章拟解决的主要问题、确立的主要措施以及与有关部门的协调情况等。

规章草案和说明由法制机构主要负责人签署,提出提请本部门或者本级人民政府有关会议审议的建议。

**第 26 条** 法制机构起草或者组织起草的规章草案,由法制机构主要负责人签署,提出提请本部门或者本级人民政府有关会议审议的建议。

**第 27 条** 部门规章应当经部务会议或者委员会会议决定。

地方政府规章应当经政府常务会议或者全体会议决定。

**第 28 条** 审议规章草案时,由法制机构作说明,也可以由起草单位作说明。

**第 29 条** 法制机构应当根据有关会议审议意见对规章草案进行修改,形成草案修改稿,报请本部门首长或者省长、自治区主席、市长签署命令予以公布。

**第 30 条** 公布规章的命令应当载明该规章的制定机关、序号、规章名称、通过日期、施行日期、部门首长或者省长、自治区主席、市长署名以及公布日期。

部门联合规章由联合制定的部门首长共同署名公布,使用主办机关的命令序号。

**第 31 条** 部门规章签署公布后,部门公报或者国务院公报和全国范围内发行的有关报纸应当及时予以刊登。

地方政府规章签署公布后,本级人民政府公报和本行政区域范围内发行的报纸应当及时刊登。

在部门公报或者国务院公报和地方人民政府公报上刊登的规章文本为标准文本。

**第 32 条** 规章应当事业自公布之日起 30 日后施行;但是,涉及国家安全、外汇汇率、货币政策的确定以及公布后不立即施行将有碍规章施行的,可以自公布之日起施行。

**第 34 条** 规章应当自公布之日起 30 日内,由法制机构依照立法法和《法规规章备案条例》的规定向有关机关备案。

**第 35 条** 国家机关、社会团体、企业事业组织、公民认为规章同法律、行政法规向抵触的,可以向国务院书面提出审查的建议,由国务院法制机构研究处理。

国家机关、社会团体、企业事业组织、公民认为较大的市的人民政府规章同法律、行政法规相抵触或者违反其他上位法的规定的,也可以向本省、自治区人民政府书面提出审查的建议,由省、自治区人民政府法制机构研究处理。

**《立法法》**

**第 80 条** 国务院各部、委员会、中国人民银行、审计署和具有行政管理职能的直属机构,可以根据法律和国务院的行政法规、决定、命令,在本部门的权限范围内,制定规章。

部门规章规定的事项应当属于执行法律或者国务院的行政法规、决定、命令的事项。没有法律或者国务院的行政法规、决定、命令的依据,部门规章不得设定减损公民、法人和其他组织权利或者增加其义务的规范,不得增加本部门的权力或者减少本部门的法定职责。

**第 82 条** 省、自治区、直辖市的人民政府可以根据法律、行政法规和本省、自治区、直辖市的地方性法规,制定规章。

地方政府规章可以就下列事项作出规定:

(一)为执行法律、行政法规、地方性法规的规定需要制定规章的事项;

(二)属于本行政区域的具体行政管理事项。

设区的市、自治州的人民政府根据本条第一款、第二款制定地方政府规章,限于城市建设与管理、环境保护、历史文化保护等方面的事项。已经制定的地方政府规章,涉及上述事项范围以外的,继续有效。

除省、自治区的人民政府所在地的市,经济特区所在地的市和国务院已经批准的较大的市以外,其他设区的市、自治州的人民政府开始制定规章的时间,与本省、自治区人民代表大会常务委员会确立的本市、自治州开始制定地方性法规的时间同步。

应当制定地方性法规但条件尚不成熟的,因行政管理迫切需要,可以先制定地方政府规章。规章实施满两年需要继续实施规章所规定的行政措施的,应当提请本级人民代表大会或者其常务委员会制定地方性法规。

没有法律、行政法规、地方性法规依据,地方政府规章不得设定减损公民、法人和其他组织权利或者增加其义务的规范。

**第83条** 国务院部门规章和地方政府规章的制定程序,参照本法第三章的规定,由国务院规定。

**第84条** 部门规章应当经部务会议或者委员会会议决定。

地方政府规章应当经政府常务会议或者全体会议决定。

**第85条** 部门规章由部门首长签署命令予以公布。

地方政府规章由省长、自治区主席、市长或者自治州州长签署命令予以公布。

**第86条** 部门规章签署公布后,及时在国务院公报或者部门公报和中国政府法制信息网以及在全国范围内发行的报纸上刊载。

地方政府规章签署公布后,及时在本级人民政府公报和中国政府法制信息网以及在本行政区域范围内发行的报纸上刊载。

在国务院公报或者部门公报和地方人民政府公报上刊登的规章文本为标准文本。

◆**知识要点**

(1) 制定主体与名称。部门规章的制定主体包括国务院各部、各委员会、中国人民银行、审计署、国务院直属机构。地方政府规章的制定主体包括省级人民政府以及设区的市的人民政府。**规章的名称一般称"规定""办法",但不得称"条例"。**

(2) 规章的制定程序。

(3) 监督方式。国家机关、社会团体、企业事业组织、公民认为规章同法律、行政法规相抵触的,可以向国务院书面提出审查的建议,由国务院法制机构研究处理。

国家机关、社会团体、企业事业组织、公民认为较大的市的人民政府规章同法律、行政法规相抵触或者违反其他上位法的规定的,也可以向本省、自治区人民政府书面提出审查的建议,由省、自治区人民政府法制机构研究处理。

(三) 其他规范性文件

行政机关制定的其他规范性文件既包括没有权力制定行政法规和行政规章的行政机关制定的规范性文件,例如市公安局发布的规范性文件或是乡政府发布的规范性文件,也包括有权制定行政法规和行政规章的行政机关制定和发布的非行政法规与行政规章的其他决定与命令,例如国务院各部门发布的非行政规章的行政决定。原则上,所有的行政机关都有权在其管辖职权范围内,制定具有普遍约束力的,能够反复使用的规范性文件,也就是说,作出抽象行政行为是行政机关在行政管理过程中选择的一种行为方式。但规范性文件不能违反上位法的规定,也不能超出制定机关的职权范围。

抽象行政行为的制定和生效程序与立法行为类似,一般都要经过立项、起草、审查、决定、公布等几个阶段。其他规范性文件的制定,目前并无统一的法律、法规加以规范,一般参照规章的制定程序。

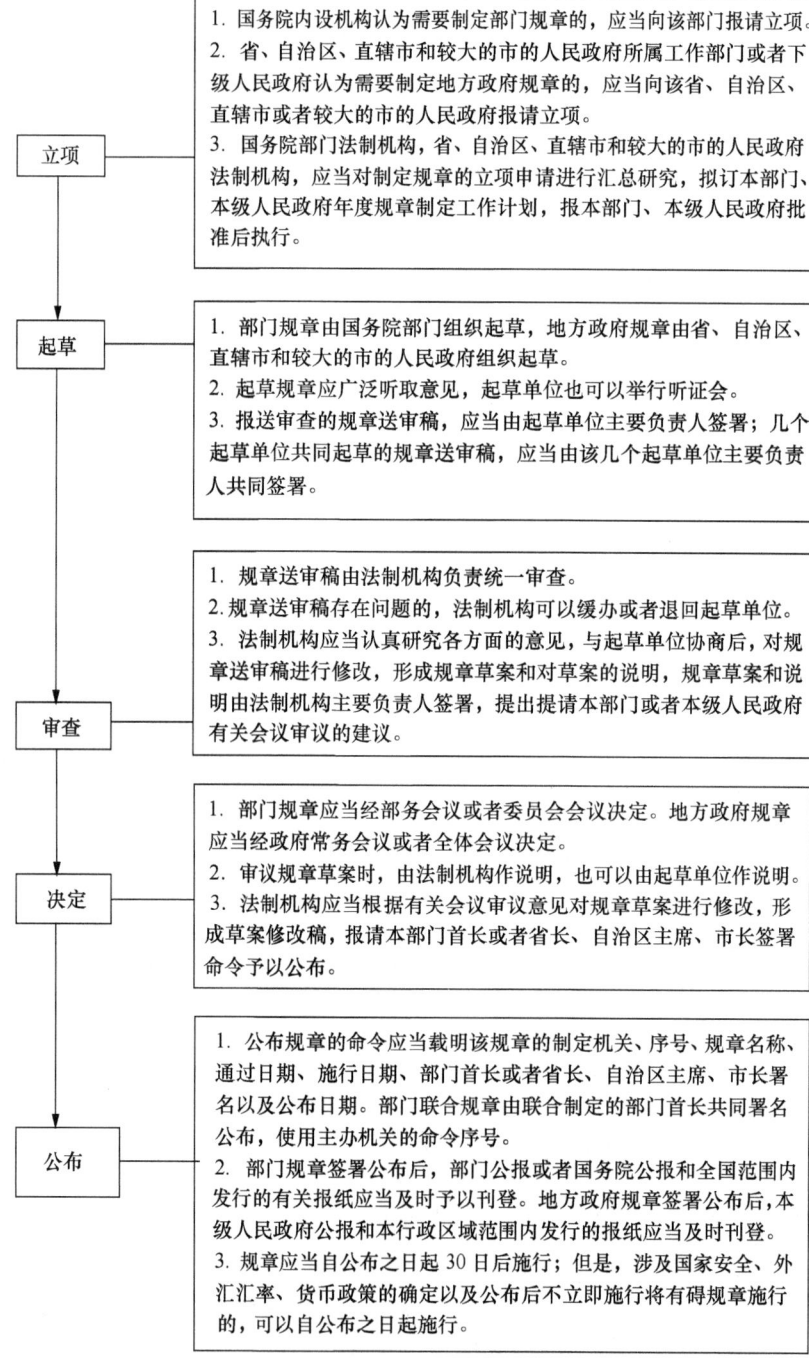

◆经典真题

1. (2009-2-39)下列哪一选项符合规章制定的要求？(D)
A. 某省政府所在地的市政府将其制定的规章定名为"条例"
B. 某省政府在规章公布后60日向省人大常委会备案
C. 基于简化行政管理手续考虑，对涉及国务院甲乙两部委职权范围的事项，甲部单独制定规章加以规范
D. 某省政府制定的规章既规定行政机关必要的职权，又规定行使该职权应承担的责任

2. (2013-2-48)关于部门规章的权限，下列哪一说法是正确的？(C)
A. 尚未制定法律、行政法规，对违反管理秩序的行为，可以设定暂扣许可证的行政处罚
B. 尚未制定法律、行政法规，且属于规章制定部门职权的，可以设定扣押财物的行政强制措施
C. 可以在上位法设定的行政许可事项范围内，对实施该许可作出具体规定
D. 可以设定除限制人身自由以外的行政处罚

3. (2014-2-97)有关规章的决定和公布，下列说法正确的是：(C)
A. 审议规章草案时须由起草单位作说明
B. 地方政府规章须经政府全体会议决定
C. 部门联合规章须由联合制定的部门首长共同署名公布，使用主办机关的命令序号
D. 规章公布后须及时在全国范围内发行的有关报纸上刊登

4. (2015-2-97)2015年《立法法》修正后，关于地方政府规章，下列说法正确的是：(BD)
A. 某省政府所在地的市针对城乡建设与管理、环境保护、历史文化保护等以外的事项已制定的规章，自动失效
B. 应制定地方性法规但条件尚不成熟的，因行政管理迫切需要，可先制定地方政府规章
C. 没有地方性法规的依据，地方政府规章不得设定减损公民、法人和其他组织权利或者增加其义务的规范
D. 地方政府规章签署公布后，应及时在中国政府法制信息网上刊载

5. (2016-2-77)某省会城市的市政府拟制定限制电动自行车通行的规章。关于此规章的制定，下列哪些说法是正确的？(BCD)
A. 应先列入市政府年度规章制定工作计划中，未列入不得制定
B. 起草该规章应广泛听取有关机关、组织和公民的意见
C. 此规章送审稿的说明应对制定规章的必要性、规定的主要措施和有关方面的意见等情况作出说明
D. 市政府法制机构认为制定此规章基本条件尚不成熟，可将规章送审稿退回起草单位

## 第三节 具体行政行为

### 一、概念与特征

（一）概念

具体行政行为是国家行政机关和行政机关工作人员、法律法规授权的组织、行政机关委托的组织或个人在行政管理活动中行使行政职权，针对特定的公民、法人或其他组织，就特定的

具体事项,作出的有关该公民、法人或其他组织权利义务的行为。

(二) 特征

(1) 处分性。即具体行政行为对相对人的权利义务进行了法律上的调整,也就是说行政机关借行政行为对相对人的权利义务进行了处分,并产生了法律效果。具体行政行为的处分性使它与行政机关所为的事实行为,例如行政机关的咨询行为得以区分。

(2) 特定性。这是具体行政行为最重要的特征,具体行政行为所针对的对象不一定只有一个相对人,但它影响到的相对人的范围必须是可以确定的。

(3) 外部性。原则上具体行政行为都是行政机关针对外部的行政管理相对人作出的,行政机关内部的人员配置、公文流程、规则适用等并不属于具体行政行为。

典型的具体行政行为:行政处罚、行政许可、行政强制等。

## 二、具体行政行为的分类

1. 授益行政行为与负担行政行为

授益行政行为与负担行政行为的分类标准主要是行政行为的内容对行政相对人的效果。授益行政行为是行政主体为相对人设定权益或免除其义务的行为,例如行政许可;而负担行政行为则是行政主体为相对人设定义务或剥夺、限制其权益的行政行为,例如行政处罚和行政强制。

2. 羁束行政行为与裁量行政行为

羁束行政行为与裁量行政行为的分类主要根据行政主体对行政法规范的适用有无相应的裁量空间和判断余地。羁束行政行为是指行政主体对行政法规范的适用并没有灵活的裁量空间和判断余地,而裁量行政行为则是指行政主体对行政法规范的适用有灵活的裁量空间和判断余地。

3. 依职权的行政行为与依申请的行政行为

依职权的行政行为与依申请的行政行为的分类主要是以行政行为是否可由行政主体主动实施为标准。依职权行政行为是行政主体根据职权而无须相对人申请,就能主动实施的具体行政行为,例如行政处罚和行政强制;而依申请的行政行为是指行政主体只有在相对人提出申请后才能启动行政程序,才能实施的行为,例如行政许可。

## 三、具体行政行为的合法与违法

1. 合法的行政行为

具体行政行为合法是指该行为符合法律的所有规定。行政行为的合法性要件主要包括三个方面:① 职权合法,即行政机关有作出该行为的法定职权;② 内容合法,即行政机关作出该行为时事实清楚、证据确凿、适用法律法规正确;③ 程序合法,即行政机关符合法律规定的程序要件。

2. 违法的行政行为

违反上述任何方面都会构成违法。《行政诉讼法》第 75 条将具体行政行为的违法情形总结为以下五个方面:① 事实不清、证据不足;② 适用法律法规错误;③ 违反法定程序;④ 超越职权;⑤ 滥用职权;⑥ 行政行为明显不当。

但违法的行政行为并非一定构成无效,只有重大且明显的违法瑕疵才会导致无效,学理上也因此将违法的行政行为区分为可撤销的违法行为与无效行政行为。

违法行为
- 可撤销的行政行为：一般性违法仅构成可撤销的行政行为，但在被有权机关撤销之前，仍旧对相对人产生拘束力
- 无效行政行为：重大明显的违法瑕疵

## 四、具体行政行为的生效与效力内容

（一）生效与无效

学理上认为所谓"具体行政行为的生效"指具体行政行为产生后，发生了一定的法律效果，对当事人的权利义务进行了法律调整。**行政行为的生效要件有两项：① 告知相对人；② 行政行为无重大明显的瑕疵。**

无效行政行为是指行政行为自始无效和绝对无效。如果一个具体行政行为有重大且明显的瑕疵，即属于无效行为。重大且明显违法包括：行为主体没有主体资格、没有法定依据等。

★**特别提示**

行政行为的生效并不依赖于行政行为的合法。一般的违法行政行为仍旧会产生法律效力，这种行政行为并非无效行政行为，而是违法的可撤销行为，但在被有权机关撤销前，相对人仍旧受其拘束。

（二）效力内容

对于行政行为在生效后所发生的法律效果，学界一般概括为四个方面：

（1）公定力。即行政行为一经生效，所有人均应予以尊重的效力；

（2）拘束力。主要针对行政相对人，指具体行政行为一经生效，行政相对人就应遵守履行，即使对该行为有异议，也应通过法律所提供的常规救济途径（如行政复议、行政诉讼和国家赔偿）提出异议，而不能直接予以对抗；

（3）确定力。主要针对作出该行为的行政机关，指具体行政行为一经生效，行为机关就不能再对该行为随意变更或撤销，否则就侵犯了相对人的信赖利益，同时，确定力还指行政相对人对行政行为的异议只能在法律规定的救济期限内提出，超过法定期限，行政行为就具有了确定效果，相对人就无权再提出异议；

（4）执行力。即国家有权使用强制力迫使具体行政行为中所确定的权利义务关系转化为现实。行政行为的执行力与行政行为的强制执行有关，后文中会有相关论述。

| 行政行为效力 | 内容 |
| --- | --- |
| 公定力 | 行政行为一经生效，所有人（行政相对人、相关人、行政机关和法院）均应予以尊重的效力 |
| 拘束力 | 具体行政行为一经生效，行政相对人就应遵守履行 |

(续表)

| 行政行为效力 | | 内容 |
|---|---|---|
| 确定力 | 实质确定力 | 行政行为一经生效,行为机关非因法定事由、法定程序不得随意撤销、变更或废止该行为 |
| | 形式确定力 | 行政相对人对行政行为的异议只能在法律规定的救济期限内提出,超过法定期限,行政行为就具有了确定效果,相对人就无权再提出异议 |
| 执行力 | | 国家有权使用强制力迫使具体行政行为中所确定的权利义务关系转化为现实 |

**★特别提示**

对于效力内容,考生应重点识记行政行为的确定力,因确定力涉及相对人的信赖保护,考试中出现的频率很高。

(三)具体行政行为效力的终止:撤销与废止

撤销与废止都是行政行为作出后丧失法律效力的方式。

1. 撤销

如上文所述,违法行政行为并不一定就会导致无效,一般的瑕疵并不会影响行政行为的生效,但此类行政行为属于"可撤销的行政行为",即有权机关可将其撤销,使其溯及既往地失去效力,因此,撤销针对的是违法的行政行为。又根据上文所述的信赖保护原则,行政机关在撤销违法的行政行为时,如相对人对此违法并无过错,则行政机关应当对相对人遭受的损失予以赔偿。

2. 废止

与撤销不同,废止是指行政行为作出时合法,但事后法律和事实发生了变化,行政行为再无存在的必要,行政机关使其向未来失去效力,因此,废止针对的是合法的行政行为。同样根据上文所述的信赖保护原则,行政机关在废止行政行为时,应当对相对人遭受的损失予以补偿。

| | 行政行为作出时的状态 | 废弃行政行为的理由 | 法律效果 | 信赖保护原则的适用 |
|---|---|---|---|---|
| 撤销 | 违法 | 纠正违法 | 溯及既往失去效力 | 如相对人无过错应对其损失予以赔偿 |
| 废止 | 合法 | 法律、事实发生变化 | 向未来失去效力 | 应对相对人予以补偿 |

**◆经典真题**

1. (2009-2-80)关于具体行政行为的成立和效力,下列哪些选项是错误的?(ACD)

A. 与抽象行政行为不同,具体行政行为一经成立即生效

B. 行政强制执行是实现具体行政行为执行力的制度保障

C. 未经送达领受程序的具体行政行为也具有法律约束力

D. 因废止具体行政行为给当事人造成损失的,国家应当给予赔偿

2. (2013-2-85)关于具体行政行为的合法性与效力,下列哪些说法是正确的?（AB）
   A. 遵守法定程序是具体行政行为合法的必要条件
   B. 无效行政行为可能有多种表现形式,无法完全列举
   C. 因具体行政行为废止致使当事人的合法权益受到损失的,应给予赔偿
   D. 申请行政复议会导致具体行政行为丧失拘束力
3. (2014-2-99)有关具体行政行为的效力和合法性,下列说法正确的是:（CD）
   A. 具体行政行为一经成立即生效
   B. 具体行政行为违法是导致其效力终止的唯一原因
   C. 行政机关的职权主要源自行政组织法和授权法的规定
   D. 滥用职权是具体行政行为构成违法的独立理由
4. (2015-2-46)某地连续发生数起以低价出售物品引诱当事人至屋内后实施抢劫的事件,当地公安局通过手机短信告知居民保持警惕以免上当受骗。公安局的行为属于下列哪一性质?（A）
   A. 履行行政职务的行为　　　B. 负担性的行为
   C. 准备性行政行为　　　　　D. 强制行为

# 第三章 公务员法

**【复习提要】**

《公务员法》是司法考试中每年都会涉及的内容。本章内容涉及公务员的概念和范围,公务员的职位分类制度,公务员的基本管理制度,公务员的申诉与控告和聘任制公务员的管理。其中公务员的处分制度、回避制度、公务员的申诉与控告以及聘任制公务员是《公务员法》中的重点。

## 一、公务员的范围

**◆重点法条**

《公务员法》

**第2条** 本法所称公务员,是指依法履行公职、纳入国家行政编制、由国家财政负担工资福利的工作人员。

**◆知识要点**

我国公务员的范围不仅限于国家行政机关的工作人员,对同时具备依法履行公职、纳入国家行政编制、由国家财政负担工资福利这三个条件的人员,都属于公务员的范围。

## 二、公务员的职位分类

**◆重点法条**

《公务员法》

**第14条** 国家实行公务员职位分类制度。

公务员职位类别按照公务员职位的性质、特点和管理需要,划分为综合管理类、专业技术类和行政执法类等类别。国务院根据本法,对于具有职位特殊性,需要单独管理的,可以增设其他职位类别。各职位类别的适用范围由国家另行规定。

**第16条** 公务员职务分为领导职务和非领导职务。

领导职务层次分为:国家级正职、国家级副职、省部级正职、省部级副职、厅局级正职、厅局级副职、县处级正职、县处级副职、乡科级正职、乡科级副职。

非领导职务层次在厅局级以下设置。

**◆考点归纳**

(1)《公务员法》将公务员划分为综合管理类、专业技术类和行政执法类,只有国务院有权决定增设其他职位类别。

(2)公务员职务分为领导职务和非领导职务,非领导职务层次仅在厅局级以下设置。

**◆经典真题**

(2011-2-39)对具有职位特殊性的公务员需要单独管理的,可以增设《公务员法》明确规定的职位之外的职位类别。下列哪一机关享有此增设权?(C)

A. 全国人大常委会　　　　　　　　B. 国务院
C. 中央公务员主管部门　　　　　　D. 省级公务员主管部门

### 三、公务员管理制度

(一) 录用制度

◆**重点法条**

《**公务员法**》

**第21条** 录用担任主任科员以下及其他相当职务层次的非领导职务公务员,采取公开考试、严格考察、平等竞争、择优录取的办法。

民族自治地方依照前款规定录用公务员时,依照法律和有关规定对少数民族报考者予以适当照顾。

**第22条** 中央机关及其直属机构公务员的录用,由中央公务员主管部门负责组织。地方各级机关公务员的录用,由省级公务员主管部门负责组织,必要时省级公务员主管部门可以授权设区的市级公务员主管部门组织。

**第24条** 下列人员不得录用为公务员:

(一) 曾因犯罪受过刑事处罚的;

(二) 曾被开除公职的;

(三) 有法律规定不得录用为公务员的其他情形的。

**第32条** 新录用的公务员试用期为一年。试用期满合格的,予以任职;不合格的,取消录用。

◆**考点归纳**

(1) 公务员职务的取得包含了两个层次的问题:一是取得公务员的身份;二是取得具体的职位。而此处的录用制度主要是指初次进入国家机关,担任主任科员以下及其他相当职务层次的非领导职务公务员,首先要通过录用程序取得担任公务员的资格。

(2) 中央机关及其直属机构公务员的录用,由中央公务员主管部门负责组织。地方各级机关公务员的录用,均由省级公务员主管部门负责组织。

(3) 曾因犯罪受到刑事处罚或是曾被开除公职的,不得被录用为公务员,这一点须牢记。

(4) 通过公开考试新录用的公务员试用期均为1年,只有聘任制公务可在聘任合同中约定试用期为1个月至6个月。新录用的公务员如果在试用期内不合格被取消录用的,对取消录用的决定,该公务员不能复议和诉讼,只能复核与申诉。

有关录用的问题可总结为下表:

| 公务员录用 | |
| --- | --- |
| 公开考试录用职位 | 担任**主任科员以下及其他相当职务层次的非领导职务公务员**。 |
| 负责机构 | 中央机关及其直属机构公务员的录用,由中央公务员主管部门负责组织;<br>地方各级机关公务员的录用,由省级公务员主管部门负责组织。 |
| 不能被录用的人员 | (1) 曾因犯罪受过刑事处罚的;<br>(2) 曾被开除公职的。 |
| 试用期及处理 | 新录用的公务员试用期为1年。试用期满合格的,予以任职;不合格的,取消录用。 |

◆ **经典真题**

(2012-2-43) 关于公务员录用的做法,下列哪一选项是正确的?(C)

A. 县公安局经市公安局批准,简化程序录用一名特殊职位的公务员

B. 区财政局录用一名曾被开除过公职但业务和能力优秀的人为公务员

C. 市环保局以新录用的公务员李某试用期满不合格为由,决定取消录用

D. 国务院卫生行政部门规定公务员录用体检项目和标准,报中央公务员主管部门备案

(二) 考核制度与职务升降

◆ **重点法条**

《公务员法》

**第36条** 定期考核的结果分为优秀、称职、基本称职和不称职四个等次。

定期考核的结果应当以书面形式通知公务员本人。

**第47条** 公务员在定期考核中被确定为不称职的,按照规定程序降低一个职务层次任职。

**第83条** 公务员有下列情形之一的,予以辞退:

(一) 在年度考核中,连续两年被确定为不称职的;

……

◆ **考点归纳**

| 考核 | 考核的作用:为调整职务、级别和工资以及奖励、培训和辞退提供依据 |
| --- | --- |
| | 考核的内容:德、能、勤、绩,重点是业绩 |
| | 考核的程序:平时考核与定期考核 |
| | 定期考核结果(必须书面通知公务员本人)<br>① 优秀、称职:获得年终奖金<br>② 基本称职:1年内不得晋升职务<br>③ 不称职的:必须降低一个职务层次任职<br>④ 连续两年考核被确定为不称职:予以辞退 |

(三) 职务任免制度

◆ **重点法条**

《公务员法》

**第38条** 公务员职务实行选任制和委任制。

领导成员职务按照国家规定实行任期制。

**第47条** 公务员在定期考核中被确定为不称职的,按照规定程序降低一个职务层次任职。

**第95条第1款** 机关根据工作需要,经省级以上公务员主管部门批准,可以对专业性较强的职位和辅助性职位实行聘任制。

◆ **考点归纳**

与公务员的录用是首次取得公务员的身份不同,公务员的职务取得是指公务员获得某项具体的职务。公务员职务实行选任制、委任制和聘任制三种方式。选任制适用于领导职位,即通过人大及其常委会选举的方式任免领导职务公务员,但具有任期。委任制公务员适用于经

录用进入公务员序列的非领导职务,委任制公务员遇有试用期满考核不合格、职务发生变化、不再担任公务员职务以及其他情形需要任免职务的,按照相关规定任免职务。聘任制公务员主要适用于专业性较强的职位和辅助性的职位。

(四)惩戒制度与行政处分

1. 公务员执行上级错误或违法命令的处理

◆重点法条

《公务员法》

**第54条** 公务员执行公务时,认为上级的决定或者命令有错误的,可以向上级提出改正或者撤销该决定或者命令的意见;上级不改变该决定或者命令,或者要求立即执行的,公务员应当执行该决定或者命令,执行的后果由上级负责,公务员不承担责任;但是,公务员执行明显违法的决定或者命令的,应当依法承担相应的责任。

◆考点归纳

《公务员法》第54条是关于下级对上级决定或命令如何执行的规定,也是考试中常见的考点。具体解析如下:

(1) 下级执行上级的决定或命令时,认为上级有错误的,可以向上级提出意见;

(2) 上级如果仍然坚持此决定或命令,下级必须执行,但执行后果由上级负责,下级免责;

(3) 如果上级决定或命令明显违法,下级不得执行,否则也应承担相应责任。"明显违法"是指明显违背法律的具体规定。

2. 公务员的处分制度

◆重点法条

《公务员法》

**第55条** 公务员因违法违纪应当承担纪律责任的,依照本法给予处分;违纪行为情节轻微,经批评教育后改正的,可以免予处分。

**第56条** 处分分为:警告、记过、记大过、降级、撤职、开除。

**第57条** 对公务员的处分,应当事实清楚、证据确凿、定性准确、处理恰当、程序合法、手续完备。

公务员违纪的,应当由处分决定机关决定对公务员违纪的情况进行调查,并将调查认定的事实及拟给予处分的依据告知公务员本人。公务员有权进行陈述和申辩。

处分决定机关认为对公务员应当给予处分的,应当在规定的期限内,按照管理权限和规定的程序作出处分决定。处分决定应当以书面形式通知公务员本人。

**第58条** 公务员在受处分期间不得晋升职务和级别,其中受记过、记大过、降级、撤职处分的,不得晋升工资档次。

受处分的期间为:警告,六个月;记过,十二个月;记大过,十八个月;降级、撤职,二十四个月。

受撤职处分的,按照规定降低级别。

**第59条** 公务员受开除以外的处分,在受处分期间有悔改表现,并且没有再发生违纪行为的,处分期满后,由处分决定机关解除处分并以书面形式通知本人。

解除处分后,晋升工资档次、级别和职务不再受原处分的影响。但是,解除降级、撤职处分的,不视为恢复原级别、原职务。

**《公务员处分条例》**

**第2条** 行政机关公务员违反法律、法规、规章以及行政机关的决定和命令,应当承担纪律责任的,依照本条例给予处分。

……

除法律、法规、规章以及国务院决定外,行政机关不得以其他形式设定行政机关公务员处分事项。

**第9条第1款** 行政机关公务员受开除处分的,自处分决定生效之日起,解除其与单位的人事关系,不得再担任公务员职务。

**第10条** 行政机关公务员同时有两种以上需要给予处分的行为的,应当分别确定其处分。应当给予的处分种类不同的,执行其中最重的处分;应当给予撤职以下多个相同种类处分的,执行该处分,并在一个处分期以上、多个处分期之和以下,决定处分期。

行政机关公务员在受处分期间受到新的处分的,其处分期为原处分期尚未执行的期限与新处分期限之和。

处分期最长不得超过48个月。

**第14条** 行政机关公务员主动交代违法违纪行为,并主动采取措施有效避免或者挽回损失的,应当减轻处分。

行政机关公务员违纪行为情节轻微,经过批评教育后改正的,可以免予处分。

**第38条** 行政机关公务员违法违纪,已经被立案调查,不宜继续履行职责的,任免机关可以决定暂停其履行职务。

被调查的公务员在违法违纪案件立案调查期间,不得交流、出境、辞去公职或者办理退休手续。

◆ **知识要点**

| 公务员处分制度 ||
| --- | --- |
| 法定依据 | 除法律、法规、规章以及国务院决定外,行政机关不得以其他形式设定行政机关公务员处分事项 |
| 处分种类 | 警告、记过、记大过、降级、撤职、开除 |
| 处分期限 | (1) 警告,6个月;记过,12个月;记大过,18个月;降级、撤职,24个月<br>(2) 行政机关公务员同时有两种以上需要给予处分的行为的,应当分别确定其处分。应当给予的处分种类不同的,执行其中最重的处分;应当给予撤职以下多个相同种类处分的,执行该处分,并在一个处分期以上、多个处分期之和以下,决定处分期<br>(3) 处分期最长不得超过48个月 |
| 作出与解除形式 | (1) 处分决定应当以书面形式通知公务员本人<br>(2) 处分期满后,由处分决定机关解除处分并以书面形式通知本人 |
| 处分执行 | (1) 受撤职处分的,按照规定降低级别<br>(2) 受开除处分的,自处分决定生效之日起,解除其与单位的人事关系,不得再担任公务员职务<br>(3) 公务员在受处分期间不得晋升职务和级别,其中受记过、记大过、降级、撤职处分的,不得晋升工资档次 |

(续表)

| 公务员处分制度 | |
| --- | --- |
| 处分情节 | (1) 行政机关公务员主动交代违法违纪行为,并主动采取措施有效避免或者挽回损失的,应当减轻处分<br>(2) 行政机关公务员违纪行为情节轻微,经过批评教育后改正的,可以免予处分 |
| 立案调查 | (1) 行政机关公务员违法违纪,已经被立案调查,不宜继续履行职责的,任免机关可以决定暂停其履行职务<br>(2) 被调查的公务员在违法违纪案件立案调查期间,不得交流、出境、辞去公职或者办理退休手续 |
| 解除处分 | (1) 解除处分后,晋升工资档次、级别和职务不再受原处分的影响<br>(2) 解除降级、撤职处分的,不视为恢复原级别、原职务 |

◆考点归纳

**公务员处分制度是《公务员法》的考核重点,考生应对以下要点特别注意:**

(1) 对公务员的处分包括警告、记过、记大过、降级、撤职、开除。其中,降级是降低受处分人的级别;撤职即免去受处分人所担任的具体职务,而开除则意味着完全剥夺受处分人的公务员身份。

(2) 处分必须依法定程序作出,并以书面形式通知公务员本人。

(3) 公务员在受处分期间不得晋升职务和级别,其中受记过、记大过、降级、撤职处分的,不得晋升工资档次。受撤职处分的,按照规定降低级别。

(4)《行政机关公务员处分条例》第10条还规定,"行政机关公务员同时有两种以上需要给予处分的行为的,应当分别确定其处分。应当给予的处分种类不同的,执行其中最重的处分"。

(5) 解除降级、撤职处分的,不视为恢复原级别、原职务。

◆经典真题

1. (2008-2-39)关于行政机关公务员处分的说法,下列哪一选项是正确的?(D)

A. 行政诉讼的生效判决撤销某行政机关所作的决定,即应给予该机关的负责人张某行政处分

B. 工商局干部李某主动交代自己的违法行为,即应减轻处分

C. 某环保局科长王某因涉嫌违纪被立案调查,即应暂停其履行职务

D. 财政局干部田某因涉嫌违纪被立案调查,即不应允许其挂职锻炼

2. (2008-2-98)某行政机关负责人孙某因同时违反财经纪律和玩忽职守被分别给予撤职和记过处分。下列说法正确的是:(AB)

A. 应只对孙某执行撤职处分

B. 应同时降低孙某的级别

C. 对孙某的处分期为36个月

D. 解除对孙某的处分后,即应恢复其原职务

3. (2009-2-82)下列哪些选项属于对公务员的处分?(AC)

A. 降级    B. 免职    C. 撤职    D. 责令辞职

## （五）交流制度

◆ **重点法条**

《公务员法》

**第63条** 国家实行公务员交流制度。

公务员可以在公务员队伍内部交流，也可以与国有企业事业单位、人民团体和群众团体中从事公务的人员交流。

交流的方式包括调任、转任和挂职锻炼。

**第64条** 国有企业事业单位、人民团体和群众团体中从事公务的人员可以调入机关担任领导职务或者副调研员以上及其他相当职务层次的非领导职务。调任人选应当具备本法第十一条规定的条件和拟任职位所要求的资格条件，并不得有本法第二十四条规定的情形。调任机关应当根据上述规定，对调任人选进行严格考察，并按照管理权限审批，必要时可以对调任人选进行考试。

**第65条** 公务员在不同职位之间转任应当具备拟任职位所要求的资格条件，在规定的编制限额和职数内进行。

对省部级正职以下的领导成员应当有计划、有重点地实行跨地区、跨部门转任。

对担任机关内设机构领导职务和工作性质特殊的非领导职务的公务员，应当有计划地在本机关内转任。

**第66条** 根据培养锻炼公务员的需要，可以选派公务员到下级机关或者上级机关、其他地区机关以及国有企业事业单位挂职锻炼。

公务员在挂职锻炼期间，不改变与原机关的人事关系。

◆ **知识要点**

| 交流 | 调任 | 国有企业事业单位、人民团体和群众团体中从事公务的人员调入机关担任领导职务或副调研员以上及其他相当职务层次的非领导职务 |
|---|---|---|
| | 转任 | 公务员在不同职位、不同地区、不同部门之间的职务变动 |
| | 挂职锻炼 | 选派公务员到下级或上级机关、其他地区机关以及国有企业事业单位担任职务（不改变与原单位的人事关系） |

◆ **经典真题**

（2009-2-42）下列哪一做法不属于公务员交流制度？（B）

A. 沈某系某高校副校长，调入国务院某部任副司长

B. 刘某系某高校行政人员，被聘为某区法院书记员

C. 吴某系某国有企业经理，调入市国有资产管理委员会任处长

D. 郑某系某部人事司副处长，到某市挂职担任市委组织部副部长

## （六）回避制度

◆ **重点法条**

《公务员法》

**第68条** 公务员之间有**夫妻关系**、**直系血亲关系**、三代以内**旁系血亲关系**以及**近姻亲关系**的，不得在同一机关担任双方直接隶属于同一领导人员的职务或者有直接上下级领导关系

的职务,也不得在其中一方担任领导职务的机关从事组织、人事、纪检、监察、审计和财务工作。

因地域或者工作性质特殊,需要变通执行任职回避的,由省级以上公务员主管部门规定。

**第69条** 公务员担任乡级机关、县级机关及其有关部门主要领导职务的,应当实行地域回避,法律另有规定的除外。

**第70条** 公务员执行公务时,有下列情形之一的,应当回避:

(一)涉及本人利害关系的;

(二)涉及与本人有本法第六十八条第一款所列亲属关系人员的利害关系的;

(三)其他可能影响公正执行公务的。

**《公务员回避规定(试行)》**

**第5条** 公务员凡有下列亲属关系的,不得在同一机关担任双方直接隶属于同一领导人员的职务或者有直接上下级领导关系的职务,也不得在其中一方担任领导职务的机关从事组织、人事、纪检、监察、审计和财务工作。

(一)夫妻关系;

(二)直系血亲关系,包括祖父母、外祖父母、父母、子女、孙子女、外孙子女;

(三)三代以内旁系血亲关系,包括伯叔姑舅姨、兄弟姐妹、堂兄弟姐妹、表兄弟姐妹、侄子女、甥子女;

(四)近姻亲关系,包括配偶的父母、配偶的兄弟姐妹及其配偶、子女的配偶及子女配偶的父母、三代以内旁系血亲的配偶。

本规定所指直接隶属,是指具有直接上下级领导关系;同一领导人员,包括同一级领导班子成员;直接上下级领导关系,包括上一级正副职与下一级正副职之间的领导关系。

**第6条** 公务员任职回避按照以下程序办理:

(一)本人提出回避申请或者所在机关提出回避建议。

(二)任免机关组织人事部门按照管理权限进行审核,并提出回避意见报任免机关。在报任免机关决定前,应当听取公务员本人及相关人员的意见。

(三)任免机关作出决定。需要回避的,予以调整。职务层次不同的,一般由职务层次较低的一方回避;职务层次相同的,根据工作需要和实际情况决定其中一方回避。

◆ 知识要点

| 公务员回避 | 亲属关系回避 | (1)不得在同一机关担任双方直接隶属于同一领导人员的职务,同一领导人员,包括同一级领导班子成员<br>(2)不得在同一机关担任有直接上下级领导关系的职务,直接上下级领导关系,包括上一级正副职与下一级正副职之间的领导关系<br>(3)不得在其中一方担任领导职务的机关从事组织、人事、纪检、监察、审计和财务工作 |
|---|---|---|
| | 地域回避 | 担任县、乡党委、政府及其有关部门正职领导成员的,应当实行地域回避 |
| | 职务回避 | (1)执行职务涉及本人利害关系的<br>(2)涉及与本人有亲属关系人员的利害关系的<br>(3)其他可能影响公正执行公务的 |

**◆ 考点归纳**

公务员的回避制度是《公务员法》考核中的重要考点。其中第68条为任职回避,第69条为地域回避,而第70条为公务回避。第68条因为较复杂,考生易混淆,因此出题频率很高。

对第68条任职回避的正确理解如下:

(1) 第68条中所涉及的亲属关系包括夫妻关系、直系血亲和三代以内旁系血亲以及近姻亲关系。《公务员回避规定(试行)》中特别明确,直系血亲关系包括祖父母、外祖父母、父母、子女、孙子女、外孙子女,三代以内旁系血亲包括伯叔姑舅姨、兄弟姐妹、堂兄弟姐妹、表兄弟姐妹、侄子女、甥子女,而近姻亲关系包括配偶的父母、配偶的兄弟姐妹及其配偶、子女的配偶及子女配偶的父母、三代以内旁系血亲的配偶。

(2) 第68条禁止有上述亲属关系的公务员在同一机关担任双方直接隶属于同一领导人员的职务,或者有直接上下级领导关系的职务,也不得在其中一方担任领导职务的机关从事组织、人事、纪检、监察、审计和财务工作,《公务员回避规定(试行)》中特别明确,同一领导人员,包括同一级领导班子成员;直接上下级领导关系,包括上一级正副职与下一级正副职之间的领导关系。

(3) 但第68条并不禁止有上述亲属关系的公务员在同一机关任职,只要他们并不直接隶属于同一领导人,或是一方虽是另一方的领导,但并非直接的上级领导。

(4) 公务员在任职回避时,由本人或是任免机关提出回避要求,一般情形下职务不同的,由职务较低一方回避;职务相同的,由任免机关根据工作需要和公务员的实际情况决定其中一方回避。

第69条涉及地域回避,即担任县、乡机关及其有关部门主要领导职务的,如县长、副县长、乡长、副乡长等,均不得在原籍任职,所谓本乡、本县的人不得在本地方担任主要领导职务。

第70条涉及职务回避,详解如下:

(1) 所处理的职务涉及本人的利害关系。涉及本人利害关系,可分为本人未被处理的当事人和处理的公务与本人有直接的利害关系,足以影响公正执法。

(2) 所处理的职务涉及与本人有第68条第1款规定的四种比较亲密的亲属关系的人员有利害关系的,这里的亲属包括**夫妻关系、直系血亲关系、三代以内旁系血亲关系以及近姻亲关系**,这里的利害关系包括这些亲属是公务执行的对象或者与公务执行有经济、名誉等利害关系。

**◆ 经典真题**

1. (2007-2-85)下列哪些情形违反《公务员法》有关回避的规定?(ABC)

    A. 张某担任家乡所在县的县长
    B. 刘某是工商局局长,其侄担任工商局人事处科员
    C. 王某是税务局工作人员,参加调查一企业涉嫌偷漏税款案,其妻之弟任该企业的总经理助理
    D. 李某是公安局局长,其妻在公安局所属派出所担任户籍警察

2. (2009-2-42)下列哪一做法不属于公务员交流制度?(B)

    A. 沈某系某高校副校长,调入国务院某部任副司长
    B. 刘某系某高校行政人员,被聘为某区法院书记员

C. 吴某系某国有企业经理,调入市国有资产管理委员会任处长
D. 郑某系某部人事司副处长,到某市挂职担任市委组织部副部长

(七) 辞职辞退

◆重点法条
《公务员法》
**第81条** 公务员有下列情形之一的,不得辞去公职:
(一) 未满国家规定的最低服务年限的;
(二) 在涉及国家秘密等特殊职位任职或者离开上述职位不满国家规定的脱密期限的;
(三) 重要公务尚未处理完毕,且须由本人继续处理的;
(四) 正在接受审计、纪律审查,或者涉嫌犯罪,司法程序尚未终结的;
(五) 法律、行政法规规定的其他不得辞去公职的情形。

**第82条** 担任领导职务的公务员,因工作变动依照法律规定需要辞去现任职务的,应当履行辞职手续。

担任领导职务的公务员,因个人或者其他原因,可以自愿提出辞去领导职务。

领导成员因工作严重失误、失职造成重大损失或者恶劣社会影响的,或者对重大事故负有领导责任的,应当引咎辞去领导职务。

领导成员应当引咎辞职或者因其他原因不再适合担任现任领导职务,本人不提出辞职的,应当责令其辞去领导职务。

**第83条** 公务员有下列情形之一的,予以辞退:
(一) 在年度考核中,连续两年被确定为不称职的;
(二) 不胜任现职工作,又不接受其他安排的;
(三) 因所在机关调整、撤销、合并或者缩减编制员额需要调整工作,本人拒绝合理安排的;
(四) 不履行公务员义务,不遵守公务员纪律,经教育仍无转变,不适合继续在机关工作,又不宜给予开除处分的;
(五) 旷工或者因公外出、请假期满无正当理由逾期不归连续超过十五天,或者一年内累计超过三十天的。

**第84条** 对有下列情形之一的公务员,不得辞退:
(一) 因公致残,被确认丧失或者部分丧失工作能力的;
(二) 患病或者负伤,在规定的医疗期内的;
(三) 女性公务员在孕期、产假、哺乳期内的;
(四) 法律、行政法规规定的其他不得辞退的情形。

**第85条** 辞退公务员,按照管理权限决定。辞退决定应当以书面形式通知被辞退的公务员。

被辞退的公务员,可以领取辞退费或者根据国家有关规定享受失业保险。

◆知识要点

| | 公务员主动辞职 | | 行政机关将公务员辞退 |
|---|---|---|---|
| 时间和程序 | 公务员辞去公职,应当向任免机关提出书面申请。任免机关应当自接到申请之日起30日内予以审批,其中对领导成员辞去公职的申请,应当自接到申请之日起90日内予以审批。 | 予以辞退的情形 | (1)在年度考核中,连续两年被确定为不称职的;<br>(2)不胜任现职工作,又不接受其他安排的;<br>(3)因所在机关调整、撤销、合并或者缩减编制员额需要调整工作,本人拒绝合理安排的;<br>(4)不履行公务员义务,不遵守公务员纪律,经教育仍无转变,不适合继续在机关工作,又不宜给予开除处分的;<br>(5)旷工或者因公外出、请假期满无正当理由逾期不归连续超过15天,或者1年内累计超过30天的。 |
| 不得辞职 | (1)未满国家规定的最低服务年限的;<br>(2)在涉及国家秘密等特殊职位任职或者离开上述职位不满国家规定的脱密期限的;<br>(3)重要公务尚未处理完毕,且须由本人继续处理的;<br>(4)正在接受审计、纪律审查,或者涉嫌犯罪,司法程序尚未终结的;<br>(5)法律、行政法规规定的其他不得辞去公职的情形。 | 不得辞退 | (1)因公致残,被确认丧失或者部分丧失工作能力的;<br>(2)患病或者负伤,在规定的医疗期内的;<br>(3)女性公务员在孕期、产假、哺乳期内的;<br>(4)法律、行政法规规定的其他不得辞退的情形。 |
| 领导人员辞去领导职务 | 担任领导职务的公务员,因工作变动依照法律规定需要辞去现任职务的,应当履行辞职手续。<br>担任领导职务的公务员,因个人或者其他原因,可以自愿提出辞去领导职务。<br>领导成员因工作严重失误、失职造成重大损失或者恶劣社会影响的,或者对重大事故负有领导责任的,应当引咎辞去领导职务。<br>领导成员应当引咎辞职或者因其他原因不再适合担任现任领导职务,本人不提出辞职的,应当责令其辞去领导职务。 | 程序与待遇 | 辞退公务员,按照管理权限决定。辞退决定应当以书面形式通知被辞退的公务员。被辞退的公务员,可以领取辞退费或者根据国家有关规定享受失业保险。 |
| 公务交接 | 公务员辞职或者被辞退,离职前应当办理公务交接手续,必要时按照规定接受审计。 | | |

### ◆经典真题

1. (2005-2-90) 下列哪些做法不符合有关公务员管理的法律法规规定？（ABD）
   A. 县公安局法制科科员李某因 2002 年和 2004 年年度考核不称职而被辞退
   B. 小王 2004 年 7 月通过公务员考试进入市法制办工作，因表现突出于 2005 年 1 月转正
   C. 办事员张某辞职离开县政府，单位要求他在离职前办理公务交接手续
   D. 县财政局办事人田某对单位的开除决定不服向县人事局申诉，在申诉期间财政局应当保留田某的工作

2. (2015-2-76) 关于公务员的辞职和辞退，下列哪些说法是正确的？（CD）
   A. 重要公务尚未处理完毕的公务员，不得辞去公职
   B. 领导成员对重大事故负有领导责任的，应引咎辞去公职
   C. 对患病且在规定的医疗期内的公务员，不得辞退
   D. 被辞退的公务员，可根据国家有关规定享受失业保险

（八）申诉控告

### ◆重点法条

**《公务员法》**

**第 90 条** 公务员对涉及本人的下列人事处理不服的，可以自知道该人事处理之日起三十日内向原处理机关申请复核；对复核结果不服的，可以自接到复核决定之日起十五日内，按照规定向同级公务员主管部门或者作出该人事处理的机关的上一级机关提出申诉；也可以不经复核，自知道该人事处理之日起三十日内直接提出申诉：

（一）处分；
（二）辞退或者取消录用；
（三）降职；
（四）定期考核定为不称职；
（五）免职；
（六）申请辞职、提前退休未予批准；
（七）未按规定确定或者扣减工资、福利、保险待遇；
（八）法律、法规规定可以申诉的其他情形。

对省级以下机关作出的申诉处理决定不服的，可以向作出处理决定的上一级机关提出再申诉。

行政机关公务员对处分不服向行政监察机关申诉的，按照《中华人民共和国行政监察法》的规定办理。

**第 91 条** 原处理机关应当自接到复核申请书后的三十日内作出复核决定。受理公务员申诉的机关应当自受理之日起六十日内作出处理决定；案情复杂的，可以适当延长，但是延长时间不得超过三十日。

复核、申诉期间不停止人事处理的执行。

### ◆考点归纳

《公务员法》第 90 条涉及公务员的申诉控告，申诉控告是公务员认为自己的权利受到所在机关侵犯时所能采用的主要救济方式，因为《行政复议法》与《行政诉讼法》均将"公务员认为行政机关的行为侵犯其合法权益而不服"的这种"内部行政行为"排除在行政复议与行政诉

讼的受案范围之外,因此,此处的公务员的申诉与控告制度就显得非常重要。具体而言,公务员的申诉控告包括以下几个方面:

(1)公务员对于行政机关涉及其权利义务的决定,既不能复议也不能起诉,只能申诉或复核;

(2)公务员对涉及本人的人事处理决定部分,只能申诉和复核。其中复核是向原处理机关提出,而申诉则是向同级公务员主管部门或者作出该人事处理的机关的上一级机关提出。

(3)公务员申诉控告的程序和步骤可以进行选择,即公务员可以先提出复核,复核不服再申诉,也可以不经复核,直接提出申诉。

(4)复核与申诉的期限分别是:先复核后申诉的,自知道该处理决定之日起30日内申请复核,对复核结果不服的在接到复核决定之日起15日内申诉;直接申诉的,自知道该人事处理决定之日起30日内直接提出申诉。

(5)复核与申诉的处理期限分别是:原处理机关应当自接到复核申请书后的30日内作出复核决定。受理公务员申诉的机关应当自受理之日起60日内作出处理决定;案情复杂的,可以适当延长,但是延长时间不得超过30日。

(6)复核、申诉期间不停止人事处理的执行。

有关公务员的救济制度可总结为下表:

| 公务员的救济制度 | |
| --- | --- |
| 救济方式 | 公务员对于行政机关涉及其权利义务的决定,既不能复议也不能起诉,只能申诉或复核。 |
| 处理机关 | 复核是向原处理机关提出,而申诉则是向同级公务员主管部门或者作出该人事处理的机关的上一级机关提出。 |
| 救济步骤 | 公务员可以先提出复核,对复核结果不服再申诉,也可以不经复核,直接提出申诉。 |
| 申请期限 | 先复核后申诉的,自知道该处理决定之日起30日内申请复核,对复核结果不服的在接到复核决定之日起15日内申诉;直接申诉的,自知道该人事处理决定之日起30日内直接提出申诉。 |
| 处理期限 | 原处理机关应当自接到复核申请书后的30日内作出复核决定。受理公务员申诉的机关应当自受理之日起60日内作出处理决定;案情复杂的,可以适当延长,但是延长时间不得超过30日。 |
| 其他事宜 | 复核、申诉期间不停止人事处理的执行。 |

◆经典真题

(2011-2-97)当事人不服下列行为提起的诉讼,属于行政诉讼受案范围的是:(A)

A. 某人保局以李某体检不合格为由取消其公务员录用资格
B. 某公安局以新录用的公务员孙某试用期不合格为由取消录用
C. 某人保局给予工作人员田某记过处分
D. 某财政局对工作人员黄某提出的辞职申请不予批准

## 四、聘任制公务员

◆ **重点法条**

《公务员法》

**第 95 条** 机关根据工作需要,经省级以上公务员主管部门批准,可以对专业性较强的职位和辅助性职位实行聘任制。

前款所列职位涉及国家秘密的,不实行聘任制。

**第 96 条** 机关聘任公务员可以参照公务员考试录用的程序进行公开招聘,也可以从符合条件的人员中直接选聘。

机关聘任公务员应当在规定的编制限额和工资经费限额内进行。

**第 97 条** 机关聘任公务员,应当按照平等自愿、协商一致的原则,签订书面的聘任合同,确定机关与所聘公务员双方的权利、义务。聘任合同经双方协商一致可以变更或者解除。

聘任合同的签订、变更或者解除,应当报同级公务员主管部门备案。

**第 98 条** 聘任合同应当具备合同期限,职位及其职责要求,工资、福利、保险待遇,违约责任等条款。

聘任合同期限为一年至五年。聘任合同可以约定试用期,试用期为一个月至六个月。

聘任制公务员按照国家规定实行协议工资制,具体办法由中央公务员主管部门规定。

**第 99 条** 机关依据本法和聘任合同对所聘公务员进行管理。

**第 100 条** 国家建立人事争议仲裁制度。

人事争议仲裁应当根据合法、公正、及时处理的原则,依法维护争议双方的合法权益。

人事争议仲裁委员会根据需要设立。人事争议仲裁委员会由公务员主管部门的代表、聘用机关的代表、聘任制公务员的代表以及法律专家组成。

聘任制公务员与所在机关之间因履行聘任合同发生争议的,可以自争议发生之日起六十日内向人事争议仲裁委员会申请仲裁。当事人对仲裁裁决不服的,可以自接到仲裁裁决书之日起十五日内向人民法院提起诉讼。仲裁裁决生效后,一方当事人不履行的,另一方当事人可以申请人民法院执行。

◆ **知识要点**

| 聘任制公务员 | |
|---|---|
| 聘任条件 | 机关根据工作需要,经省级以上公务员主管部门批准,可以对专业性较强的职位和辅助性职位实行聘任制。 |
| 聘任方式 | 机关聘任公务员可以参照公务员考试录用的程序进行公开招聘,也可以从符合条件的人员中直接选聘。 |
| 聘任合同 | (1) 机关聘任公务员,应当签订书面的聘任合同。<br>(2) 聘任合同应当具备合同期限,职位及其职责要求,工资、福利、保险待遇,违约责任等条款。<br>(3) 聘任合同期限为 1 年至 5 年。聘任合同可以约定试用期,试用期为 1 个月至 6 个月。 |

| | 聘任制公务员 |
|---|---|
| 人事管理 | （1）聘任制公务员按照国家规定实行协议工资制，具体办法由中央公务员主管部门规定。<br>（2）机关依据本法和聘任合同对所聘公务员进行管理。 |
| 争议解决 | 聘任制公务员与所在机关之间因履行聘任合同发生争议的，可以自争议发生之日起60日内向人事争议仲裁委员会申请仲裁。当事人对仲裁裁决不服的，可以自接到仲裁裁决书之日起15日内向人民法院提起诉讼。 |

◆**经典真题**

（2013-2-79）孙某为某行政机关的聘任制公务员，双方签订聘任合同。下列哪些说法是正确的？（BCD）

A. 对孙某的聘任须按照公务员考试录用程序进行公开招聘

B. 该机关应按照《公务员法》和聘任合同对孙某进行管理

C. 对孙某的工资可以按照国家规定实行协议工资

D. 如孙某与该机关因履行聘任合同发生争议，可以向人事争议仲裁委员会申请仲裁

# 第四章 行政处罚

【复习提要】

行政处罚是行政机关最重要的行为手段之一,而《行政处罚法》也是我国行政法领域第一部对行政机关的行为方式予以规范的法律。本章内容包括:行政处罚的总则,行政处罚的种类与设定,行政处罚的程序,行政处罚的执行,治安管理处罚法。其中行政处罚的种类与设定,行政处罚的程序,以及《治安管理处罚法》中派出所的处罚权限,行政拘留的暂缓执行,《治安管理处罚法》与《行政处罚法》的区别均是司法考试的高频考点。

## 第一节 行政处罚的总则

### 一、行政处罚的"无效"与行政处罚"不成立"

1. 行政处罚的无效

◆重点法条

《行政处罚法》

**第3条第2款** 没有法定依据或不遵守法定程序,行政处罚无效。

2. 行政处罚不成立

◆重点法条

《行政处罚法》

**第41条** 行政机关及其执法人员在作出行政处罚决定之前,不依照本法第三十一条、第三十二条的规定向当事人告知给予行政处罚的事实、理由和依据,或拒绝听取当事人的陈述、申辩,行政处罚决定不能成立;当事人放弃陈述或者申辩权利的除外。

◆考点归纳

(1) 如前文所示,具体行政行为的无效与不成立在学界尚未有统一认识。《行政处罚法》在立法上区分"处罚无效"与"处罚不成立",但用语的选择具有随意性,与学理之间并没有太多关联,因此考生在复习时,对这一部分只要以法律规定为准,做到准确识记即可,不用再套用学理进行分析。

(2)《行政处罚法》第49条规定,"行政机关及其执法人员当场收缴罚款的,必须向当事人出具省、自治区、直辖市财政部门统一制发的罚款收据;不出据财政部门统一制发的罚款收据的,当事人有权拒绝缴纳罚款",此处《行政处罚法》并未明确行政机关不出具罚款收据的应属处罚无效,还是处罚不成立,抑或处罚违法。根据2002年的真题,此处既可以理解为"无效",也可理解为"违法",考生只要记住在此种情形下相对人可以直接拒绝缴纳罚款即可。

◆经典真题

1. (2002-2-75)刘某因超载被公路管理机关执法人员李某拦截,李某口头作出罚款200元的处罚决定,并要求当场缴纳。刘某要求出具书面处罚决定和罚款收据,李某认为其要求属于强词夺理,拒绝听取其申辩。关于该处罚决定,下列哪些说法是错误的?(BD)

A. 该处罚决定不成立,刘某可以拒绝
B. 该处罚决定违法,刘某缴纳罚款后可以申请复议或提起诉讼
C. 该处罚决定不成立,刘某缴纳罚款后可以申请复议或提起诉讼
D. 该处罚决定无效,刘某可以拒绝

2. (2006-2-45)法院在审理某药品行政处罚案时查明,药品监督管理局在作出处罚决定前拒绝听取被处罚人甲的陈述申辩。下列关于法院判决的哪种说法是正确的?(C)

A. 拒绝听取陈述申辩属于违反法定程序,应判决撤销行政处罚决定,并判令被告重新作出具体行政行为
B. 拒绝听取陈述申辩属于程序瑕疵,应判决驳回原告的诉讼请求
C. 拒绝听取陈述申辩属于违反法定程序,应判决确认行政处罚决定无效
D. 拒绝听取陈述申辩属于违反法定程序,应判决确认行政处罚决定不能成立

## 二、行政处罚与民事责任、刑事责任的关系

◆重点法条

《行政处罚法》

**第7条** 公民、法人或其他组织因违法受到行政处罚,其违法行为对他人造成损害的,应当依法承担民事责任。

违法行为构成犯罪的,应当依法追究刑事责任,不得以行政处罚代替刑事处罚。

**第28条** 违法行为构成犯罪的,人民法院判处拘役或者有期徒刑时,行政机关已经给予当事人行政拘留的,应当依法折抵相应刑期。

违法行为构成犯罪,人民法院判处罚金时,行政机关已经给予当事人罚款的,应当折抵相应罚金。

◆考点归纳

行政处罚与民事责任、刑事责任之间的关系可概括如下:

(1) 行政处罚不能替代民事责任与刑事责任;

(2) 行政处罚可以折抵刑罚,但折抵仅仅限于两种类型,行政拘留折抵拘役与有期徒刑,罚款折抵罚金。

## 三、行政处罚的实施

### (一) 行政处罚的实施主体

◆知识要点

(1) 行政机关。行政处罚由具有行政处罚权的行政机关在法定职权范围内实施。

(2) 法律、法规授权组织。法律、法规授权的具有管理公共事务职能的组织可以在法定授权范围内实施行政处罚。

(3) 行政机关委托的组织。

◆重点法条

《行政处罚法》

**第18条** 行政机关依照法律、法规或规章的规定,可以在其法定职权范围内委托符合本法第十九条规定条件的组织实施行政处罚。行政机关不得委托其他组织或者个人实施行政

处罚。

委托行政机关对受委托的组织实施行政处罚的行为应当负责监督,并对该行为的后果承担法律责任。

受委托组织在委托范围内,以委托机关名义实施行政处罚;不得再委托其他任何组织或者个人实施行政处罚。

**第19条** 受委托组织必须符合以下条件:

(一)依法成立的管理公共事务的事业组织;

(二)具有熟悉有关法律、法规、规章和业务的工作人员;

(三)对违法行为需要进行技术检查或者技术鉴定的,应当有条件组织进行相应的技术检查或者技术鉴定。

◆考点归纳

(1)行政处罚的实施主体部分的考核常常与行政诉讼被告、行政复议的被申请人、行政赔偿的赔偿义务机关紧密相连,对这一部分的复习需结合行政主体理论,无须死记硬背。

(2)行政机关委托其他组织实施行政处罚,需注意以下问题:受托组织必须是具有管理公共事务职能的事业单位,**行政机关不得将处罚权委托给盈利性的公司和个人**,这一点必须注意。另外,行政处罚的委托和行政许可、行政强制中关于委托的规定有很大区别,这一点请考生一定留意。

(二)处罚权限的转移

◆重点法条

《行政处罚法》

**第16条** 国务院或者经国务院授权的省、自治区、直辖市人民政府可以决定一个行政机关行使有关行政机关的行政处罚权,但限制人身自由的行政处罚权只能由公安机关行使。

◆考点归纳

(1)处罚权限的转移事实上涉及综合执法问题,即某个行政机关集中行使多个行政机关的处罚权。但这种处罚权的集中只能由国务院或者经国务院授权的省级人民政府决定。

(2)限制人身自由的处罚只能由公安机关行使,而不能进行转移。

### 四、行政处罚的管辖与适用

(一)行政处罚的基本管辖原则

◆重点法条

《行政处罚法》

**第20条** 行政处罚**由违法行为发生地**的**县级以上地方人民政府具有行政处罚权**的行政机关管辖。

◆考点归纳

本条的重点在于行政处罚是由"违法行为发生地"的行政机关管辖,即行政处罚的地域管辖不以"住所地"而以"行为地"为原则。行为地包括:违法行为的实施地、发现地和结果发生地,如果一个行为处于持续状态,且在多个地方进行,这些地方的具有处罚权的行政机关均有权管辖。

◆经典真题

1. (2000-1-58)申某家住甲地,在乙地制作盗版光盘经过丙地运输到丁地进行销售,对申某的违法行为要进行处罚,谁有管辖权:(BCD)
   A. 甲地依法享有处罚权的行政机关　　B. 乙地依法享有处罚权的行政机关
   C. 丙地依法享有处罚权的行政机关　　D. 丁地依法享有处罚权的行政机关

2. (2007-2-86)运输公司指派本单位司机运送白灰膏。由于泄漏,造成沿途路面大面积严重污染。司机发现后即向公司汇报。该公司即组织人员清扫被污染路面。下列哪些选项是正确的?(ABC)
   A. 路面被污染的沿途三个区的执法机关对本案均享有管辖权,如发生管辖权争议,由三个区的共同上级机关指定管辖
   B. 对该运输公司应当依法从轻或者减轻行政处罚
   C. 本案的违法行为人是该运输公司
   D. 本案的违法行为人是该运输公司和司机

(二)一事不再罚原则

◆重点法条

《行政处罚法》

**第24条**　对当事人的同一个违法行为,不得给予两次以上罚款的行政处罚。

◆考点归纳

行政处罚中的一事不再罚原则,是指针对相对人的一个违法行为,不能给予两次以上的罚款处罚。

(1) 所谓"一事",就是同一违法行为;

(2) 所谓"再罚",仅限于两次以上罚款的处罚,即一个处罚主体或多个处罚主体根据同一法律规定,对同一个违法行为实施多次罚款处罚;或一个处罚主体或多个处罚主体,根据不同法律规定对一个违法行为实施罚款处罚。如果一个处罚主体根据同一法律规定,对同一违法行为实施不同种类的处罚,或是多个处罚主体根据不同法律对同一违法行为实施不同种类的处罚,并没有违法一事不再罚原则。

◆经典真题

1. (2004-2-44)1997年5月,万达公司凭借一份虚假验资报告在某省工商局办理了增资的变更登记,此后连续四年通过了工商局的年检。2001年7月,工商局以办理变更登记时提供虚假验资报告为由对万达公司作出罚款1万元,责令提交真实验资报告的行政处罚决定。2002年4月,工商局又作出撤销公司变更登记,恢复到变更前状态的决定。2004年6月,工商局又就同一问题作出吊销营业执照的行政处罚决定。关于工商局的行为,下列说法正确的是:(A)
   A. 2001年7月工商局的处罚决定违反了行政处罚法关于时效的规定
   B. 2002年4月工商局的处罚决定违反了一事不再罚原则
   C. 2004年6月工商局的处罚决定是对前两次处罚决定的补充和修改,属于合法的行政行为
   D. 对于万达公司拒绝纠正自己违法行为的情形,工商局可以违法行为处于持续状态为由作出处罚。

2. (2009-2-85)甲公司将承建的建筑工程承包给无特种作业操作资格证书的邓某,邓某

在操作时引发事故。某省建设厅作出暂扣甲公司安全生产许可证三个月的决定,市安全监督管理局对甲公司罚款三万元。甲公司对市安全监督管理局罚款不服,向法院起诉。下列哪些选项是正确的?(AB)

A. 如甲公司对某省建设厅的决定也不服,向同一法院起诉的,法院可以决定合并审理
B. 市安全监督管理局不能适用简易程序作出罚款三万元的决定
C. 某省建设厅作出暂扣安全生产许可证决定前,应为甲公司组织听证
D. 因市安全监督管理局的罚款决定违反一事不再罚要求,法院应判决撤销

(三) 处罚的从轻、减轻情节

◆ **重点法条**

《行政处罚法》

**第 25 条**　不满十四周岁的人有违法行为的,不予行政处罚,责令监护人加以管教;
已满十四周岁不满十八周岁的人有违法行为的,从轻或者减轻行政处罚。

**第 26 条**　精神病人在不能辨认或者不能控制自己行为时有违法行为的,不予行政处罚,但应当责令其监护人严加看管和治疗。间歇性精神病人在精神正常时有违法行为的,应当给予行政处罚。

**第 27 条**　当事人有下列情形之一的,应当依法从轻或者减轻行政处罚:
(一) 主动消除或者减轻违法行为危害后果的;
(二) 受他人胁迫有违法行为的;
(三) 配合行政机关查处违法行为有立功表现的;
(四) 其他依法从轻或者减轻行政处罚的。
违法行为轻微并及时纠正,没有造成危害后果的,不予行政处罚。

◆ **考点归纳**

(1) 处罚适用的一般情节可参照下表,其中划线的部分请考生特别注意;

| 不予处罚 | 从轻或减轻处罚 |
| --- | --- |
| (1) <u>不满十四周岁的人有违法行为的;</u><br>(2) <u>违法行为轻微并及时纠正,没有造成危害后果的;</u><br>(3) 精神病人在不能辨认或者不能控制自己行为时有违法行为的。 | (1) 已满14周岁不满18周岁的人有违法行为的,从轻或者减轻行政处罚;<br>(2) 主动消除或者减轻违法行为危害后果的;<br>(3) 受他人胁迫有违法行为的;<br>(4) 配合行政机关查处违法行为有立功表现的。 |

(2)《治安管理处罚法》中关于处罚的适用情节与《行政处罚法》的规定稍有差异,如果考题涉及治安管理处罚,请考生特别注意。

(四) 处罚的时效

◆ **重点法条**

《行政处罚法》

**第 29 条**　违法行为在二年内未被发现的,不再给予行政处罚。法律另有规定的除外。
前款规定的期限,从违法行为发生之日起计算;违法行为又连续或者继续状态的,从行为终之日起计算。

## 第二节 行政处罚的种类与设定

### 一、处罚的种类

◆**重点法条**
**《行政处罚法》**
**第8条** 行政处罚的种类：
（一）警告；
（二）罚款；
（三）没收违法所得、没收非法财物；
（四）责令停产停业；
（五）暂扣或者吊销许可证、暂扣或者吊销执照；
（六）行政拘留；
（七）法律、行政法规规定的其他行政处罚。

◆**知识要点**
（1）行政处罚根据不同的标准可划分为不同类型，上述法条中规定的行政处罚可按照处罚的对象划分为如下类型：

| 申诫罚 | 财产罚 | 行为罚 | 自由罚 |
| --- | --- | --- | --- |
| 警告 | （1）罚款<br>（2）没收违法所得、没收非法财物 | （1）责令停产停业<br>（2）暂扣或者吊销许可证、暂扣或者吊销执照 | 行政拘留 |

（2）在上述处罚种类中，考生须甄别的是"没收违法所得"与"没收非法财物"，前者是相对人通过违法的方式获得的财产收益；后者是相对人非法持有的，用于进行违法活动的工具。

（3）行政拘留是所有行政处罚中最严重的一种处罚类型，根据前文所述行政拘留只能由公安机关实施，其他行政机关限制公民人身自由均属于"非法拘禁"。

### 二、处罚的设定

◆**重点法条**
**《行政处罚法》**
**第9条** 法律可以设定各种行政处罚。
限制人身自由的行政处罚，只能由法律设定。
**第10条** 行政法规可以设定除限制人身自由以外的行政处罚。
法律对违法行为已经作出行政处罚规定，行政法规需要作出具体规定的，必须在法律规定的给予行政处罚的行为、种类和幅度范围内规定。
**第11条** 地方性法规可以设定除限制人身自由、吊销企业营业执照以外的行政处罚。
法律、行政法规对违法行为已经作出行政处罚规定，地方性法规需要做出具体规定的，必须在法律、行政法规规定的给予行政处罚的行为、种类和幅度范围内规定。

**第 12 条** 国务院部、委员会制定的规章可以在法律、行政法规规定的给予行政处罚的行为、种类和幅度的范围内做出具体规定。

尚未制定法律、行政法规的,前款规定的国务院部、委员会制定的规章对违反行政管理秩序的行为,可以设定警告或者一定数额罚款的行政处罚。罚款的限额由国务院规定。

国务院可以授权具有行政处罚权的直属机构依照本条第一款、第二款的规定,规定行政处罚。

**第 13 条** 省、自治区、直辖市人民政府和省、自治区任命政府所在地的市人民政府以及经国务院批准的较大的市人民政府制定的规章可以在法律、法规规定的给予行政处罚的行为、种类和幅度的范围内做出具体规定。

尚未制定法律、法规的,前款规定的人民政府制定的规章对违反行政管理秩序的行为,可以设定警告或者一定数额罚款的行政处罚。罚款的限额由省、自治区、直辖市人民代表大会常务委员会规定。

◆知识要点

行政处罚的设定是历年考试的热点。《行政处罚法》第 3 条规定,"没有法定依据的,行政处罚无效"。而明确不同位阶的法律规范的不同设定权,正是《行政处罚法》用以限制行政机关滥设、滥施行政处罚的重要方式。

行政处罚的设定权可以分为创设权和规定权两类。所谓创设权,是指在没有上位法规定的情况下,自行规定处罚的权力,即新创行政处罚,"上无而下设";规定权则是指在上位法已对处罚有所规定的前提下,在其规定范围内进一步作出具体规定的权力,即"上有而细化"。

创设权依照法律规范的位阶而逐级递减,规定权下位法受制于上位法。为更好地便于记忆,本书对不同法律规范的创设权和规定权进行了如下归纳:

| 行政处罚的设定 | | |
| --- | --- | --- |
| 法律规范 | 创设权 | 规定权 |
| 法律 | 设定各种行政处罚(限制人身自由的处罚只能由法律设定) | |
| 行政法规 | 除限制人身自由以外的行政处罚 | 对法律进行细化(行为、种类、幅度) |
| 地方性法规 | 除限制人身自由、吊销企业营业执照以外的行政处罚 | 对法律、行政法规进行细化(行为、种类、幅度) |
| 规章(部门规章与地方政府规章) | 警告与一定数量的罚款(罚款限额分别由国务院与省级人大常委会决定) | 对法律、行政法规、地方性法规进行细化(行为、种类、幅度) |
| 其他规范性文件 | 无 | 无 |

◆考点归纳

(1)人身处罚的设定只能由法律(狭义法律)作出;地方性法规不得设定吊销企业营业执照的处罚,但此处需要注意的是,吊销企业营业执照与吊销个人营业执照不同,后者地方性法规可以创设。

(2)所谓对行政处罚的规定,指在行政处罚的处罚所针对的行为、处罚种类和处罚幅度范围内的具体细化,任一违反均不可。① 突破行为范围,是指上位法并未规定要对某类行为进行处罚,下位法予以规定;② 突破处罚种类范围,是指下位法在上位法规定的处罚种类之外,又引入了其他种类的处罚;③ 突破幅度范围,是指下位法突破了上位法规定的处罚幅度范围,其中提高处罚的下限或是降低处罚的上限都属于突破处罚的幅度范围。

(3)《行政处罚法》对行政法规与地方性法规的处罚创设权均采用排除式的规定,而对于规章则采取列举式的规定,目的就在于限制规章在创设行政处罚方面的权限,规章只能设定警告或者一定数额的罚款,罚款限额还要由国务院或是省级人大常委会规定。

(4)规章以下的规范性文件既没有创设权,也没有规定权,完全不能"染指"行政处罚。

(5)对处罚的设定问题应同时牢记每种法律规范的制定机关。

◆**经典真题**

1.(2003-2-70)我国《种子法》规定,违法经营、推广应当审定而未经审定通过的种子的,可以处以1万元以上5万元以下的罚款。某省政府在其制定的《某省种子法实施办法》中规定,违法经营、推广应当审定而未经审定通过的种子的,可以处以3万元以上5万元以下的罚款。下列说法正确的是?(AC)

A.《实施办法》超越了《种子法》的规定,无效
B.《实施办法》没有超越《种子法》的规定,有效
C. 国务院如果认为《实施办法》超越了《种子法》的规定,有权予以撤销
D. 受处罚人不服处罚申请行政复议的同时,可以对《实施办法》一并请求审查

2.(2009-4-6)案情:高某系A省甲县个体工商户,其持有的工商营业执照载明经营范围是林产品加工,经营方式是加工收购、销售。高某向甲县工商局缴纳了松香运销管理费后,将自己加工的松香运往A省乙县出售。当高某进入乙县时,被乙县林业局执法人员拦截。乙县林业局以高某未办理运输证为由,依据A省地方性法规《林业行政处罚条例》以及授权省林业厅制定的《林产品目录》(该目录规定松香为林产品,应当办理运输证)的规定,将高某无证运输的松香认定为"非法财物",予以没收。高某提起行政诉讼要求撤销没收决定,法院予以受理。

有关规定:《森林法》及行政法规《森林法实施条例》涉及运输证的规定如下:除国家统一调拨的木材外,从林区运出木材,必须持有运输证,否则由林业部门给予没收、罚款等处罚。A省地方性法规《林业行政处罚条例》规定"对规定林产品无运输证的,予以没收"。
……

问题:5. ……(2)依《行政处罚法》,法律、行政法规对违法行为已经作出行政处罚规定,地方性法规需要作出具体规定的,应当符合什么要求?本案《林业行政处罚条例》关于没收的规定是否符合该要求?

## 第三节 行政处罚的程序

### 一、一般程序

◆**重点法条**

《行政处罚法》

**第37条** 行政机关在调查或者进行检查时,**执法人员不得少于两人**,并应当向当事人或者有关人员出示证件。当事人或者有关人员应当如实回答询问,并协助调查或者检查,不得阻

挠。询问或者检查应当制作笔录。

行政机关在收集证据时,可以采取**抽样取证**的方法;在证据可能灭失或者以后难以取得的情况下,经行政机关负责人批准,可以先行**登记保存**,并应当在七日内及时作出处理决定,在此期间,当事人或者有关人员不得销毁或者转移证据。

执法人员与当事人有直接利害关系的,应当回避。

**第 38 条** 调查终结,行政机关负责人应当对调查结果进行审查,根据不同情况,分别作出如下决定:

(一)确有应受行政处罚的违法行为的,根据情节轻重及具体情况,作出行政处罚决定;

(二)违法行为轻微,依法可以不予行政处罚的,不予行政处罚;

(三)违法事实不能成立的,不得给予行政处罚;

(四)违法行为已构成犯罪的,移送司法机关。

对情节复杂或者重大违法行为给予较重的行政处罚,行政机关的负责人应当集体讨论决定。

**第 40 条** 行政处罚决定书应当在宣告后当场交付当事人;当事人不在场的,行政机关应当在七日内依照民事诉讼法的有关规定,将行政处罚决定书送达当事人。

◆ **知识要点**

根据《行政处罚法》的规定,行政处罚的程序可分为两类:一般程序与简易程序。一般程序是行政处罚普遍适用的程序,它包含三个环节:"调查取证""作出处罚决定"与"送达"。其中需要主要的要点可参阅下图:

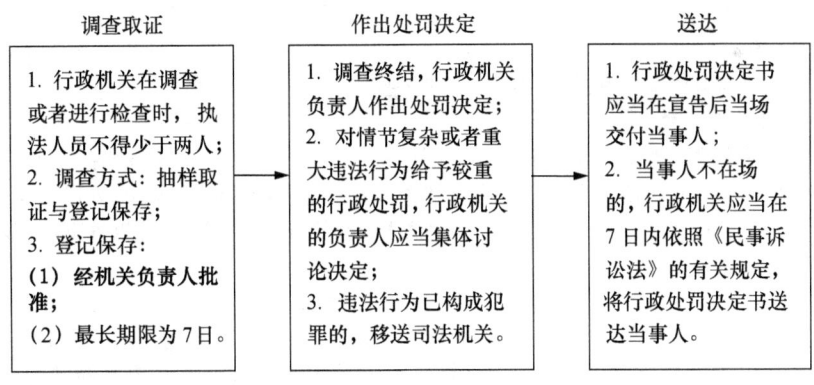

◆ **考点归纳**

(1)一般程序的调查取证过程中,行政机关的工作人员不得少于两人;但作出行政处罚决定的一般情形下是行政机关负责人一人,只有在情节复杂或违法行为重大、处罚较重时,才由集体讨论决定。

(2)如果行政机关在审查过程中认为相对人的违法行为已经构成了犯罪,应当停止行政处罚程序,而将案件移送司法机关,这也是行政程序与司法程序的衔接。

(3)行政处罚决定书应当在作出后,由执法人员(到当事人住所或办公场所)向当事人宣告,之后当场交付当事人,只有当事人不在场时,才按照《民事诉讼法》的规定在7日内送达。但此处须注意的是,《行政处罚法》并没有规定处罚决定书作出后,应当在多少日内由执法人员向当事人宣告,"7日"是执法人员去当事人的住所或办公场所向其宣告处罚决定时,当事人不在场,再按照《民事诉讼法》的规定在7日送达。

◆**经典真题**

1.(2005-2-82)根据行政处罚法的规定,下列哪些说法是正确的?(C)

A. 违法行为轻微,及时纠正没有造成危害后果的,应当依法减轻对当事人的行政处罚

B. 行政机关使用非法定部门制发的罚款单据实施行政处罚,当事人有权拒绝处罚

C. 对情节复杂的违法行为给予较重的行政处罚,应由行政机关的负责人集体讨论决定

D. 除当场处罚外,行政处罚决定书应按照民事诉讼法的有关规定在7日内送达当事人

2.(2008-2-89)某市卫生局经调查取证,认定某公司实施了未经许可擅自采集血液的行为,依据有关法律和相关规定,决定取缔该公司非法采集血液的行为,同时没收5只液氮生物容器。下列哪些说法是正确的?(ABC)

A. 市卫生局在调查时,执法人员不得少于两人,并应当向当事人出示证件

B. 若市卫生局当场作出决定,某公司不服申请复议的期限应自决定作出之日起计算

C. 若某公司起诉,市卫生局向法院提供的现场笔录的效力,优于某公司的证人对现场的描述

D. 没收5只液氮生物容器属于保全措施

## 二、简易程序

◆**重点法条**

《行政处罚法》

**第34条** 违法事实确凿并有法定依据,对公民处以五十元以下、对法人或者其他组织处以一千元以下罚款或者警告的行政处罚的,可以当场作出行政处罚决定。

◆**知识要点**

(1)简易程序是当场作出处罚决定的程序,即将上文中所说的一般程序中的"调查取证"和"作出处罚决定"两个阶段合二为一,行政机关当场发现违法事实,当场作出处罚决定。

(2)适用条件:对公民处以50元以下、对法人或其他组织处以1000元以下罚款或警告。

◆**考点归纳**

简易程序的特点仅在于当场作出处罚决定,绝对不意味着当场执行处罚,尤其是当场收缴罚款。和一般程序相比,简易程序的调查人员可以少于两人,处罚决定也是由行政机关的工作人员当场作出,除此之外,简易程序的具体规范与一般程序没有任何差别:行政机关的执法人员同样应当表明身份、填写书面处罚决定书(处罚决定书中应有执法人员的签名或盖章)、接受当事人陈述申辩或申诉、将处罚决定书当场交付当事人、罚缴分离。尤其值得注意的是:

(1)简易程序的决定同样也是书面的,绝不能是口头的;

(2)简易程序仅仅意味着当场作出处罚决定,并不意味着当场收缴罚款。

| 简易程序与一般程序的不同 | 简易程序与一般程序的相同 |
| --- | --- |
| (1)当场作出处罚决定;<br>(2)调查人员可以少于两人;<br>(3)作出决定的人员是案件调查人员。 | (1)出示证件、表明身份;<br>(2)**填写书面处罚决定书**;<br>(3)罚缴分离;<br>(4)说明事实和理由,接受当事人陈述申辩或申诉。 |

◆**经典真题**

(2009-2-85)甲公司将承建的建筑工程承包给无特种作业操作资格证书的邓某,邓某在操作时引发事故。某省建设厅作出暂扣甲公司安全生产许可证三个月的决定,市安全监督管理局对甲公司罚款三万元。甲公司对市安全监督管理局罚款不服,向法院起诉。下列哪些选项是正确的?(AB)

A. 如甲公司对某省建设厅的决定也不服,向同一法院起诉的,法院可以决定合并审理
B. 市安全监督管理局不能适用简易程序作出罚款三万元的决定
C. 某省建设厅作出暂扣安全生产许可证决定前,应为甲公司组织听证
D. 因市安全监督管理局的罚款决定违反一事不再罚要求,法院应判决撤销

### 三、听证程序

◆**重点法条**

**《行政处罚法》**

**第42条** 行政机关作出责令停产停业、吊销许可证或者执照、较大数额罚款等行政处罚决定之前,应当告知当事人有要求举行听证的权利;当事人要求听证的,行政机关应当组织听证。当事人不承担行政机关组织听证的费用。听证依照以下程序组织:

(一)当事人要求听证的,应当在行政机关告知之后三日内提出;

(二)行政机关应当在听证的七日前,通知当事人举行听证的时间、地点;

(三)除涉及国家秘密、商业秘密或者个人隐私外,听证公开举行;

(四)听证由行政机关指定的非本案调查人员主持;当事人认为主持人与本案有直接利害关系的,有权申请回避;

(五)当事人可以亲自参加听证,也可以委托一至二人代理;

(六)举行听证时,调查人员提出当事人违法的事实、证据和行政处罚建议;当事人进行申辩和质证;

(七)听证应当制作笔录;笔录应当交当事人审查无误后签字或者盖章。

当事人对限制人身自由的行政处罚有异议的,依照治安管理处罚法有关规定执行。

◆**知识要点**

(1)听证程序并非独立的处罚程序,而是一般处罚程序中的调查取证环节。即某些案件特别重大复杂,行政机关除使用常规的调查取证手段外,还通过听证的方式进行调查取证。

(2)适用范围与条件:① 责令停产停业、吊销许可证或执照、较大数额的罚款;② 当事人自己提出听证要求。

(3)特点:① 当事人不承担听证费用;② 主持人为非本案的调查机关;③ 原则上公开进行,但涉及国家秘密、商业秘密和个人隐私的例外;④ 当事人可以委托代理人;⑤ 听证应制作笔录。

◆**考点归纳**

1. 听证的适用条件:

(1)处罚的听证适用于责令停产停业、吊销许可证或执照,此处并不区分是企业或是个人的许可证或执照,但暂扣许可证或执照不适用听证。

(2)尽管行政拘留是行政处罚中较重的一种处罚方式,但无论是《行政处罚法》还是《治

安管理处罚法》都没有规定行政拘留可以申请听证。

2. 听证的程序

《行政处罚法》制定于1996年,初次在我国行政执法领域引入了听证制度,但由于时间较早,因此尽管规定听证应制作听证笔录,但并没有规定处罚决定必须依据听证笔录,因此即便行政机关在听证笔录之外引入了其他证据对当事人作出最后的处罚决定,该决定同样不是违法的。跟2004年制定的《行政许可法》中规定的听证相比,行政处罚的听证也有很多差异,具体而言包括:

(1) 行政处罚听证的启动,只能根据当事人的申请进行,行政机关不能依职权主动启动听证程序;

(2) 听证笔录的效力不同,行政机关可不根据听证笔录作出处罚决定;

(3)《行政处罚法》尽管规定了当事人申请行政处罚的时限,以及行政机关告知相对人举行听证的时限,但并没有规定行政机关组织行政处罚的时限。

◆经典真题

1. (2009-2-85) 甲公司将承建的建筑工程承包给无特种作业操作资格证书的邓某,邓某在操作时引发事故。某省建设厅作出暂扣甲公司安全生产许可证三个月的决定,市安全监督管理局对甲公司罚款三万元。甲公司对市安全监督管理局罚款不服,向法院起诉。下列哪些选项是正确的?(AB)

A. 如甲公司对某省建设厅的决定也不服,向同一法院起诉的,法院可以决定合并审理
B. 市安全监督管理局不能适用简易程序作出罚款三万元的决定
C. 某省建设厅作出暂扣安全生产许可证决定前,应为甲公司组织听证
D. 因市安全监督管理局的罚款决定违反一事不再罚要求,法院应判决撤销

2. (2015-2-77) 对下列哪些拟作出的决定,行政机关应告知当事人有权要求听证?(BC)

A. 税务局扣押不缴纳税款的某企业价值200万元的商品
B. 交通局吊销某运输公司的道路运输经营许可证
C. 规划局发放的建设用地规划许可证,直接涉及申请人与附近居民之间的重大利益关系
D. 公安局处以张某行政拘留10天的处罚

## 四、行政处罚的执行

(一) 罚缴分离原则

◆重点法条

《行政处罚法》

**第46条** 作出罚款决定的行政机关应当与收缴罚款的机构分离。

除依照本法第四十七条、第四十八条的规定当场收缴的罚款外,做出行政处罚决定的行政机关及其执法人员不得自行收缴罚款。

当事人应当自收到行政处罚决定书之日起十五日内,到指定的银行缴纳罚款。银行应当收收罚款,并将罚款直接上缴国库。

◆知识要点

处罚执行原则:罚缴分离原则。罚缴分离原则是用于控制行政机关滥收罚款的另一重要手段。

(二) 当场收缴罚款
◆ **重点法条**
《行政处罚法》
**第47条** 依照本法第三十三条的规定当场作出行政处罚决定,有下列情形之一的,执法人员可以当场收缴罚款:
(一) 依法给予二十元以下的罚款的;
(二) 不当场收缴事后难以执行的。
**第48条** 在边远、水上、交通不便地区,行政机关及其执法人员依照本法第三十三条、第三十八条的规定作出罚款决定后,当事人向指定的银行缴纳罚款确有困难,经当事人提出,行政机关及其执法人员可以当场收缴罚款。
**第50条** 执法人员当场收缴的罚款,应当自收缴罚款之日起二日内,交至行政机关;在水上当场收缴的罚款,应当自抵岸之日起二日内交至行政机关;行政机关应当在二日内将罚款缴付指定的银行。

◆ **知识要点**

| 原则上:罚缴分离 | 例外:执法人员当场收缴罚款 |
| --- | --- |
| (1) 作出罚款决定的行政机关应当与收缴罚款的机构分离;<br>(2) 当事人应当自收到行政处罚决定书之日起15日内,到指定的银行缴纳罚款。 | (1) 20元以下罚款;<br>(2) 对公民50元以下,对法人和其他组织1 000元以下的罚款,不当场收缴事后难以执行;<br>(3) 边远、水上、交通不便地区,当事人自己提出向执法人员缴纳(此时数额不限)。 |

◆ **考点归纳**
(1) 当场收缴罚款与简易程序的含义不同,前者是当场执行罚款的处罚,而后者只是当场作出处罚决定,并非所有当场作出处罚决定的都可以当场收缴罚款,考生在复习时必须严格区分两者的适用条件。
(2) 当场收缴罚款是罚缴分离原则的例外,其适用条件包括:① 20元以下罚款;② 对公民处50元以下,对法人和其他组织处1 000元以下的罚款,不当场收缴事后难以执行;③ 边远、水上、交通不便地区,当事人自己提出向执法人员缴纳(此时数额不限)。
(3) 当场收缴后的处理。执法人员当场收缴的罚款,应当自收缴罚款之日起两日内,交至行政机关;在水上当场收缴的罚款,应当自抵岸之日起两日内交至行政机关;行政机关应当在两日内将罚款缴付指定的银行。

◆ **经典真题**
(2004-2-50)王某擅自使用机动渔船渡客。渔船行使过程中,被某港航监督站的执法人员发现,当场对王某作出罚款50元的行政处罚,并立即收缴了该罚款。关于缴纳罚款,下列选项正确的是:(C)
A. 执法人员应当自抵岸之日起2日内将罚款交至指定银行
B. 执法人员应当自抵岸之日起5日内将罚款交至指定银行
C. 执法人员应当自抵岸之日起2日内将罚款交至所在行政机关,由行政机关在2日内缴

付指定银行

　　D. 执法人员应当自抵岸之日起2日内将罚款交至所在行政机关,由行政机关在5日内缴付指定银行

### (三) 逾期不执行行政处罚的处理

◆**重点法条**

**《行政处罚法》**

**第51条**　当事人逾期不履行行政处罚决定的,作出行政处罚决定的行政机关可以采取下列措施:

(一) 到期不缴纳罚款的,每日按罚款数额的百分之三加处罚款;

(二) 根据法律规定,将查封、扣押的财物拍卖或者将冻结的存款划拨抵缴罚款;

(三) 申请人民法院强制执行。

**《行政强制法》**

**第45条**　行政机关依法作出金钱给付义务的行政决定,当事人逾期不履行的,行政机关可以依法加处罚款或者滞纳金。加处罚款或者滞纳金的标准应当告知当事人。

加处罚款或者滞纳金的数额不得超出金钱给付义务的数额。

**第46条**　行政机关依照本法第四十五条规定实施加处罚款或者滞纳金超过三十日,经催告当事人仍不履行的,具有行政强制执行权的行政机关可以强制执行。

行政机关实施强制执行前,需要采取查封、扣押、冻结措施的,依照本法第三章规定办理。

没有行政强制执行权的行政机关应当申请人民法院强制执行。但是,当事人在法定期限内不申请行政复议或者提起行政诉讼,经催告仍不履行的,在实施行政管理过程中已经采取查封、扣押措施的行政机关,可以将查封、扣押的财物依法拍卖抵缴罚款。

◆**考点归纳**

(1) 3%的加处罚款属于执行罚,其性质是行政强制执行的一种,即执行罚,而不是处罚的加重,或是行政处罚。

(2) "拍卖"或者"划拨"都是直接强制措施,行政机关除非有法律的明确授权,否则行政机关不得自行采取以上措施,而必须申请人民法院强制执行。但此处须注意的是,《行政强制法》对此作了例外规定,即行政机关对当事人作出了罚款的处罚,当事人在法定期限内不申请行政复议或者提起行政诉讼,经催告仍不履行的,在实施行政管理过程中已经采取查封、扣押措施的行政机关,可以将查封、扣押的财物依法拍卖抵缴罚款。

◆**经典真题**

(2004-2-78) 某市技术监督局根据举报,对力青公司进行突击检查,发现该公司正在生产伪劣产品,立即查封了厂房和设备,事后做出了没收全部伪劣产品并处罚款的决定。力青公司既不申请行政复议,也不提起行政诉讼,且逾期拒绝履行处罚决定。对于力青公司拒绝履行处罚决定的行为,技术监督局可以采取下列哪些措施?(AD)

　　A. 申请人民法院强制执行

　　B. 将查封的财物拍卖抵缴罚款

　　C. 通知银行将力青公司的罚款划拨抵缴罚款

　　D. 每日按罚款数额的3%加处罚款

## 第四节　治安管理处罚法

《治安管理处罚法》考题的方向基本上是分为两类：一是与原《治安管理处罚条例》的区别之处。《治安管理处罚法》替代了原来的《治安管理处罚条例》，对原有的《治安管理处罚条例》进行了重大的补充和修改，这些不同之处都是出题人偏好考查考生的地方；二是与《行政处罚法》的不同之处。《治安管理处罚法》与《行政处罚法》是特别法与一般法的关系，按照法律适用的一般规则，特别法与一般法规定不一致时，适用特别法的规定，因此，凡与《行政处罚法》规定不一致的地方，也成为《治安管理处罚法》的重点。鉴于此，对《治安管理处罚法》的学习，我们主要侧重于这两个要点。

### 一、《治安管理处罚法》与《行政处罚法》

◆知识要点

| 差异 | 《行政处罚法》 | 《治安管理处罚法》 |
| --- | --- | --- |
| 处罚种类 | ① 警告；② 罚款；③ 没收违法所得、没收非法财物；④ 责令停产停业；⑤ 暂扣或者吊销许可证、暂扣或者吊销执照；⑥ 行政拘留。 | ① 警告；② 罚款；③ 行政拘留；④ 吊销公安机关发放的许可证。对违反治安管理的外国人，可以附加适用限期出境或者驱逐出境。 |
| 处罚时效 | 两年 | 6个月 |
| 简易程序 | 对公民处50元以下罚款，对法人或其他组织处1 000元以下罚款与警告 | 警告与200元以下罚款 |
| 听证程序 | 责令停产停业、吊销许可证与执照、较大数额的罚款 | 吊销许可证与2 000元以上罚款 |
| 当场收缴罚款 | (1) 20元以下罚款；<br>(2) 对公民处50元以下，对法人和其他组织处1 000元以下的罚款，不当场收缴事后难以执行；<br>(3) 边远、水上、交通不便地区，当事人自己提出向执法人员缴纳。 | (1) 被处50元以下罚款；<br>(2) 在边远、水上、交通不便地区，被处罚人向指定的银行缴纳罚款确有困难的，经被处罚人提出的；<br>(3) 被处罚人在当地没有固定住所，不当场收缴事后难以执行的。 |

1. 处罚种类不同

◆重点法条

**《治安管理处罚法》**

**第10条**　治安管理处罚的种类分为：

（一）警告；

（二）罚款；

（三）行政拘留；

（四）吊销公安机关发放的许可证。

对违反治安管理的外国人,可以附加适用限期出境或者驱逐出境。

◆考点归纳

(1) 公安机关吊销的许可证仅限于其发放的许可证,即公安机关核发的例外允许行政相对人从事法律一般禁止行为的书面许可文书。

(2) 行政拘留的处罚只有公安机关才能作出。根据《治安管理处罚法》的规定,治安拘留的幅度为:5日以下、5日以上10日以下、10日以上15日以下三种;数行为并罚行政拘留合并之行的,最长不超过20日。

(3) 限期出境或者驱逐出境是治安管理处罚中特有的一种处罚类型,专门适用于违反治安管理的外国人,此处的"外国人"包括具有外国国籍的人和无国籍的人。

(4) 在治安管理处罚中,公安机关没有责令停产停业以及没收违法所得与非法财物的处罚种类,因为这两类处罚均涉及生产经营。

2. 处罚时效不同(2年 vs 六个月)

◆重点法条

《治安管理处罚法》

**第22条** 违反治安管理行为在**六个月**内没有内公安机关发现的,不再处罚。

前款规定的期限,从违反治安管理行为发生之日起计算;违反治安管理行为有连续或者继续状态的,从行为终了之日起计算。

◆考点归纳

(1) 与刑法的理解相同,处罚时效适用于"没有发现违反治安管理的行为",而不是"行为人"。如果违反治安管理行为已经被发现,但是行为人还没有被查获,或是行为人逃避处罚的,就不受本条规定的追究实效的限制。

(2) 时效的计算从违反治安管理行为发生之日起计算;违反治安管理行为有连续或是继续状态的,从行为终了之日起计算。

3. 简易程序的适用条件不同("对公民警告与50元以下罚款,对法人警告与1000元以下罚款"vs"警告与200元以下罚款")

◆重点法条

《治安管理处罚法》

**第100条** 违反治安管理行为事实清楚、证据确凿,处警告或者两百元以下罚款的,可以当场作出治安管理处罚决定。

◆考点归纳

(1) 与《行政处罚法》一样,《治安管理处罚法》中也规定了简易程序,即公安机关执法人员当场发现违法事实,当场作出处罚决定的程序。治安管理处罚中的简易程序其他方面均与一般行政处罚相同,唯一不同的就是适用条件。相对于一般行政处罚,治安管理处罚提高了适用数额,为"警告与两百元以下罚款",但这里值得注意的是,《治安管理处罚法》中规定的简易程序的适用条件并没有区分被处罚人是公民还是法人,一律为200元以下罚款。

(2) 治安管理处罚中的简易程序除适用条件与一般处罚不同外,《治安管理处罚法》还特别规定,"有被侵害人的,并将决定书副本抄送被侵害人。当场作出治安管理处罚决定的,经办的人民警察应当在24小时内报所属公安机关备案"。

4. 听证程序("责令停产停业、吊销许可证与执照、较大数额的罚款"vs"吊销许可证与

2 000元以上罚款")

◆**重点法条**
《治安管理处罚法》
**第98条** 公安机关作出吊销许可证以及处二千元以上罚款的治安管理处罚决定前,应当告知违法治安管理行为人有权要求举行听证,违反治安管理行为人要求听证的,公安机关应当及时依法举行听证。

◆**考点归纳**
（1）治安管理处罚中的听证适用条件与一般处罚不同,一般处罚程序仅规定较大数额的罚款可举行听证,《治安管理处罚法》将数额作了具体限定,为2 000元以上；
（2）另外须特别注意的是,无论是《行政处罚法》还是《治安管理处罚法》,都没有规定行政拘留可以申请听证。
（3）除适用条件不同外,治安管理处罚中的听证与《行政处罚法》所规定的听证特征完全相同。

◆**经典真题**
1.（2008-2-49）某区公安局派出所突击检查孔某经营的娱乐城,孔某向正在赌博的人员通风报信,派出所突击检查一无所获。派出所工作人员将孔某带回调查,孔某因受到逼供而说出实情。派出所据此决定对孔某拘留10日,孔某不服提起诉讼。下列哪一选项是正确的？（B）
A. 在作出拘留决定前,孔某有权要求举行听证
B. 对孔某的拘留决定违法
C. 某区公安分局派出所是本案被告
D. 因孔某起诉,公安机关应暂缓执行拘留决定

2.（2013-2-46）因关某以刻划方式损坏国家保护的文物,公安分局决定对其作出拘留10日,罚款500元的处罚。关某申请复议,并向该局提出申请、交纳保证金后,该局决定暂缓执行拘留决定。下列哪一说法是正确的？（D）
A. 关某的行为属于妨害公共安全的行为
B. 公安分局应告知关某有权要求举行听证
C. 复议机关只能是公安分局的上一级公安机关
D. 如复议机关撤销对关某的处罚,公安分局应当及时将收取的保证金退还关某

5. 当场收缴罚款（"20元以下罚款"vs"50元以下罚款或被处罚人无固定住所,不当场收缴事后难以执行"）

◆**重点法条**
《治安管理处罚法》
**第104条** 受到罚款处罚的人应当自收到处罚决定书之日起十五日内,到指定的银行缴纳罚款,但是,有下列情形之一的,人民警察可以当场收缴罚款：
（一）被处五十元以下罚款,被处罚人对罚款无异议的；
（二）在边远、水上、交通不便地区,公安机关及其人民警察依照本法的规定作出罚款决定后,被处罚人向指定的银行缴纳罚款确有困难的,经被处罚人提出的；
（三）被处罚人在当地没有固定住所,不当场收缴事后难以执行的。
**第105条** 人民警察当场收缴的罚款,应当自收缴罚款之日起二日内,交至所属的公安机

关;在水上、旅客列车上当场收缴的罚款,应当自抵岸或者到站后之日起二日内,交至所属的公安机关;公安机关应当自收到罚款之日起二日内将罚款缴付指定的银行。

**第 106 条** 人民警察当场收缴罚款的,应当向被处罚人出具省、自治区、直辖市人民政府财政部门统一制发的罚款收据;不出具统一制发的罚款收据的,被处罚人有权拒绝缴纳罚款。

◆**考点归纳**

《治安管理处罚法》除抬高了当场收缴罚款的数额外,还增加了"被处罚人无固定住所,不当场收缴事后难以执行"时可以当场收缴罚款的规定。例如,对那些"反复纠缠、强行讨要"的职业乞丐因其无固定住所,就可以当场收缴罚款。

## 二、违法治安管理的行为类型

1. 扰乱公共秩序的行为

是对生产和生活等正常社会活动秩序的侵害。例如:扰乱机关、团体、企业、事业单位秩序;扰乱公共场所秩序;扰乱公共交通工具上的秩序;非法拦截公共交通工具;破坏选举;扰乱文化和体育赛事;散布谣言、谎报险情;结伙斗殴;扰乱无线电业务等。

2. 妨害公共安全的行为

是对不特定多数人生命健康和财产安全的危害。例如制造、买卖、贮存、运输、邮寄、携带、使用危险物质;非法携带枪支弹药和管制刀具的;盗窃、损毁移动铁路设施、设备的;组织文化、体育活动发生安全事故危险的;旅馆、饭店、影剧院、娱乐场、运动场、展览馆或者其他提供社会公众活动的场所经营人员,违反安全规定,致使场所发生安全事故的。

3. 侵犯人身权利、财产权利的行为

是对特定人和特定财产的侵害。例如:组织、胁迫诱骗不满16周岁的人进行恐怖、残忍表演的;胁迫、诱骗或者利用他人乞讨的;恐吓他人、公然侮辱他人或者捏造事实诽谤他人的;殴打他人的;猥亵他人或者在公共场所故意裸露身体的;虐待家庭成员的;强买强卖的;煽动民族仇恨和民族歧视的;盗窃、诈骗、哄抢、抢夺、敲诈勒索或者故意损毁公私财物的。

4. 妨害社会管理的行为

是以危害国家机关正常管理为中心内容的其他违反治安管理的行为。例如:拒不执行人民政府在紧急状态下发布的决定、命令的;冒充国家机关工作人员或以其他虚假身份招摇撞骗的;伪造、变造或者买卖国家机关、人民团体、企事业单位或其他组织的公文证件的;伪造、变造、倒卖车票船票航空客票的;煽动、策划非法集会、游行、示威不听劝阻的;制造噪音干扰他人生活的;协助组织或者运送他人偷越国境的;刻划、涂污或者以其他方式故意损害文物的;制作、运输、复制、出售、出租淫秽书刊、图片、影片、音像制品等淫秽物品的;教唆、引诱、欺骗他人吸食、注射毒品的。

## 三、治安管理处罚的适用

(一) 从轻、减轻、不予处罚

◆**重点法条**

《治安管理处罚法》

**第 12 条** 已满十四周岁不满十八周岁的人违反治安管理的,从轻或者减轻处罚;不满十四周岁的人违反治安管理的,**不予处罚**,但是应当责令其监护人严加管教。

**第14条** 盲人或者又聋又哑的人违反治安管理的,**可以从轻、减轻或者不予处罚**。

**第19条** 违反治安管理有下列情形之一的,**减轻处罚或者不予处罚**:

(一)情节特别轻微的;

(二)主动消除或者减轻违法后果的,并取得被害人谅解的;

(三)处于他人胁迫或者诱骗的;

(四)主动投案,向公安机关如实陈述自己的违法行为;

(五)有立功表现的。

◆ 知识要点

| 不予处罚 | 从轻或者减轻处罚 | 可以从轻、减轻或者不予处罚 | 减轻处罚或者不予处罚 |
|---|---|---|---|
| 不满14周岁的人 | 已满14周岁不满18周岁的人 | 盲人或者又聋又哑的人 | (1)情节特别轻微的;<br>(2)主动消除或者减轻违法后果的,并取得被害人谅解的;<br>(3)处于他人胁迫或者诱骗的;<br>(4)主动投案,向公安机关如实陈述自己的违法行为;<br>(5)有立功表现的。 |

◆ 考点归纳

(1)对于从轻、减轻和不予处罚的情节,考生在复习时可参阅《刑法》的有关规定对照进行。此处需要注意的是,《治安管理处罚法》第14条规定"盲人或者又聋又哑的人违反治安管理的","可以从轻、减轻或者不予处罚"。

(2)有《治安管理处罚法》第19条中所规定的情形的,则是应当减轻处罚或者不予处罚,这一点与《行政处罚法》的规定不同,在《行政处罚法》中,"主动消除或者减轻违法行为危害后果的;受他人胁迫有违法行为的;配合行政机关查处违法行为有立功表现的",均是从轻或减轻处罚。

(二)合并执行

◆ 重点法条

《治安管理处罚法》

**第16条** 有两种以上违反治安管理行为的,分别决定,合并执行。行政拘留处罚合并执行的,最长不超过二十日。

◆ 考点归纳

合并执行的部分可参阅刑法学中的数罪并罚部分进行理解。对数个行为的理解,即行为人处于数个故意或是过失,实施了数个行为,具备了数个违反治安管理行为的构成要件,则是数个行为。此处需要特别记住的是,行政拘留处罚合并执行的,最长不超过20日。

(三)从重处罚

◆ 重点法条

《治安管理处罚法》

**第20条** 违反治安管理有下列情形之一的,从重处罚:

（一）有较严重后果的；
（二）教唆、胁迫、诱骗他人违反治安管理的；
（三）对报案人、控告人、举报人、证人打击报复的；
（四）六个月内曾受过治安管理处罚的。

◆**考点归纳**

所谓从重处罚是在法律规定的处罚种类中选择一个较重或者最重的处罚种类，也可以在法条规定的某一种处罚幅度内选择较重的处罚幅度，但不能超出法律规定的最高处罚幅度，另外，本条应当理解为，有规定情形的，"应当从重处罚"。

（四）不执行行政拘留处罚

◆**重点法条**

《治安管理处罚法》

**第 21 条** 违反治安管理行为人有下列情形之一，依照本法应当给予行政拘留处罚的，不执行行政拘留处罚：

（一）已满十四周岁不满十六周岁的；
（二）已满十六周岁不满十八周岁，初次违反治安管理的；
（三）七十周岁以上的；
（四）怀孕或者哺乳自己不满一周岁婴儿的。

◆**考点归纳**

本条所指的是"不执行行政拘留处罚"，是指行政机关对相对人已经作出了行政拘留的处罚决定，但由于相对人具备某些法定情形，而不执行行政拘留，而并非"不予处罚"。

| 不予处罚 | 从轻或减轻处罚 | 不执行行政拘留的处罚 |
| --- | --- | --- |
| 不满 14 岁 | 已满 14 不满 18 岁 | （1）已满 14 周岁不满 16 周岁的<br>（2）已满 16 周岁不满 18 周岁，初次违反治安管理的<br>（3）70 周岁以上的 |

（五）行政拘留与强制措施的折抵

◆**重点法条**

《治安管理处罚法》

**第 92 条** 对决定给予行政拘留处罚的人，在处罚前已经采取强制措施限制人身自由的时间，应当折抵。限制人身自由一日，折抵行政拘留一日。

## 四、公安派出所的决定权限

◆**重点法条**

《治安管理处罚法》

**第 91 条** 治安管理处罚由县级以上人民政府公安机关决定；其中警告、五百元以下的罚款可以由公安派出所决定。

◆**考点归纳**

派出所是公安机关的派出机构。根据前文中有关行政主体的知识，原则上派出所并没有行政主体资格,不能以自己的名义对外行使行政职权,法律后果也应由它所属的公安机关来承担。但《治安管理处罚法》对派出所进行了授权,因此派出所在对"警告、五百元以下的罚款"具有了治安管理处罚的主体资格,可依法以自己的名义作出警告、500元以下的罚款的处罚决定,处罚结果也由派出所自己承担。如果派出所进行了除警告和罚款以外的其他种类的行政处罚,就必须以它所属的公安机关的名义进行,因其并没有这些处罚种类的授权;但如果派出所超出《治安管理处罚法》关于500元以下罚款的罚款数额限制,进行了500元以上的罚款,根据行政诉讼被告确认的相关规则,仍旧由派出所自己来承担法律责任。此外,如果派出所不作为,此时的法律责任仍由派出所承担。具体情形可参阅下表:

| 派出所的权限与责任承担 | |
| --- | --- |
| 行为 | 被告/复议被申请人/赔偿义务机关 |
| 警告/500元以下罚款 | 派出所 |
| 500元以上罚款 | 派出所 |
| 警告、罚款以外的其他处罚 | 派出所所属的区公安分局/县公安局 |
| 不作为 | 派出所 |

### ◆经典真题

1. (2006-2-82)2006年5月2日,吴某到某县郊区旅社住宿,拒不出示身份证件,与旅社工作人员争吵并强行住入该旅社。该郊区派出所以扰乱公共秩序为由,决定对吴某处以300元罚款。下列哪些说法是正确的?(AC)
   A. 派出所可以自己的名义作出该处罚决定
   B. 派出所可以当场作出该处罚决定
   C. 公安机关应当将此决定书副本抄送郊区旅社
   D. 吴某对该罚款决定不服,应当先申请复议才能提起行政诉讼

2. (2016-2-45)李某多次发送淫秽短信、干扰他人正常生活,公安机关经调查拟对李某作出行政拘留10日的处罚。关于此处罚决定,下列哪一做法是适当的?(C)
   A. 由公安派出所作出
   B. 依当场处罚程序作出
   C. 应及时通知李某的家属
   D. 紧急情况下可以口头方式作出

## 五、行政拘留的暂缓执行

### ◆重点法条

**《治安管理处罚法》**

**第107条** 被处罚人不服行政拘留处罚决定,申请行政复议、提起行政诉讼的,可以向公安机关提出暂缓执行行政拘留的申请。公安机关认为暂缓执行行政拘留不致发生社会危险的,由被处罚人或其近亲属提出符合本法第一百零八条规定条件的担保人,或者按每日行政拘留二百元的标准交纳保证金,行政拘留的处罚决定暂缓执行。

**第108条** 担保人应当符合以下条件:
(一)与本案无牵连;
(二)享有政治权利,人身自由未受到限制;

（三）在当地有常住户口和固定住所；
（四）有能力履行担保义务。

◆**知识要点**

行政拘留的暂缓执行必须同时具备以下四个条件：
（1）被处罚人不服行政拘留处罚决定，申请行政复议或者提起行政诉讼的；
（2）被处罚人或者其近亲属提出担保人，或者按每日行政拘留200元的标准交纳保证金；
（3）被处罚人向公安机关提出暂缓执行行政拘留的申请；
（4）公安机关认为暂缓执行拘留决定不致发生社会危险的。

◆**考点归纳**

在行政拘留的暂缓执行问题上，考生须特别注意以下两点：
（1）并非被处罚人一旦申请复议或提起诉讼，公安机关就应当暂缓执行行政拘留的处罚，被处罚人还须满足其他三个条件；
（2）一定是被处罚人本人不服行政拘留决定申请复议或提起诉讼，才满足暂缓执行行政拘留的一项条件，如果是被侵害人认为对被处罚人的处罚太轻，对拘留决定提起诉讼或申请复议，则被处罚人不符合暂缓执行行政拘留的条件。

| 行政拘留暂缓执行 ||
| --- | --- |
| 条件 | （1）被处罚人不服行政拘留处罚决定，申请行政复议或者提起行政诉讼的；<br>（2）被处罚人或者其近亲属提出担保人，或者按每日行政拘留200元的标准交纳保证金；<br>（3）被处罚人向公安机关提出暂缓执行行政拘留的申请；<br>（4）公安机关认为暂缓执行拘留决定不致发生社会危险的。 |

◆**经典真题**

1.（2007-2-47）张某因打伤李某被公安局处以行政拘留15天的处罚，张某不服，申请行政复议。不久，受害人李某向法院提起刑事自诉，法院经审理认为张某的行为已经构成犯罪，判决拘役2个月。下列哪一选项是正确的？（B）
  A. 本案调查中，警察经出示工作证件，可以检查张某的住所
  B. 如果在法院判决时张某的行政拘留已经执行完毕，则对其拘役的期限为一个半月
  C. 如果张某之父为其提供担保，则公安机关可暂缓执行行政拘留
  D. 由公安局将张某送到看守所执行行政拘留

2.（2008-2-49）某区公安局派出所突击检查孔某经营的娱乐城，孔某向正在赌博的人员通风报信，派出所突击检查一无所获。派出所工作人员将孔某带回调查，孔某因受到逼供而说出实情。派出所据此决定对孔某拘留10日，孔某不服提起诉讼。下列哪一选项是正确的？（B）
  A. 在作出拘留决定前，孔某有权要求举行听证
  B. 对孔某的拘留决定违法
  C. 某区公安分局派出所是本案被告
  D. 因孔某起诉，公安机关应暂缓执行拘留决定

3.（2009-2-86）黄某与张某之妻发生口角，被张某打成轻微伤。某区公安分局决定对张某拘留五日。黄某认为处罚过轻遂向法院起诉，法院予以受理。下列哪些选项是正确的？（AD）

A. 某区公安分局在给予张某拘留处罚后,应及时通知其家属
B. 张某之妻为本案的第三人
C. 本案既可以由某区公安分局所在地的法院管辖,也可以由黄某所在地的法院管辖
D. 张某不符合申请暂缓执行拘留的条件

4. (2012-2-47) 经传唤调查,某区公安分局以散布谣言、谎报险情为由,决定对孙某处以10日行政拘留,并处500元罚款。下列哪一选项是正确的?(A)

A. 传唤孙某时,某区公安分局应当将传唤的原因和依据告知孙某
B. 传唤后对孙某的询问查证时间不得超过48小时
C. 孙某对处罚决定不服申请行政复议,应向市公安局申请
D. 如孙某对处罚决定不服直接起诉的,应暂缓执行行政拘留的处罚决定

5. (2013-2-46) 因关某以刻划方式损坏国家保护的文物,公安分局决定对其作出拘留10日、罚款500元的处罚。关某申请复议,并向该局提出申请、交纳保证金后,该局决定暂缓执行拘留决定。下列哪一说法是正确的?(D)

A. 关某的行为属于妨害公共安全的行为
B. 公安分局应告知关某有权要求举行听证
C. 复议机关只能是公安分局的上一级公安机关
D. 如复议机关撤销对关某的处罚,公安分局应当及时将收取的保证金退还关某

| 行政拘留的所有问题 | |
|---|---|
| 法律属性 | 行政处罚,这一点与刑事拘留(刑事侦查)、司法拘留(妨害诉讼的强制措施)相区别。 |
| 设定依据 | 只有**法律**才能够设定行政拘留的处罚。 |
| 执行机关 | 只有**公安机关**才能作出行政拘留的处罚。 |
| 执行场所 | 拘留所。 |
| 拘留幅度 | 治安拘留的幅度为:5日以下、5日以上10日以下、10日以上15日以下三种;数行为并罚行政拘留合并之行的,最长不超过20日。 |
| 不执行行政拘留 | (1) 已满14周岁不满16周岁的;<br>(2) 已满16周岁不满18周岁,初次违反治安管理的;<br>(3) 70周岁以上的;<br>(4) 怀孕或者哺乳自己不满1周岁婴儿的。 |
| 行政拘留暂缓执行 | (1) 被处罚人不服行政拘留处罚决定,申请行政复议或者提起行政诉讼的;<br>(2) 被处罚人或者其近亲属提出担保人,或者按每日行政拘留200元的标准交纳保证金;<br>(3) 被处罚人向公安机关提出暂缓执行行政拘留的申请;<br>(4) 公安机关认为暂缓执行拘留决定不致发生社会危险的。 |
| 听证适用 | 行政拘留当事人不能要求听证。 |
| 与强制措施的折抵 | 在处罚前已经采取强制措施限制人身自由的时间,限制人身自由1日,折抵行政拘留1日。 |

## 六、公安机关在治安类案件中的调查程序

◆**重点法条**

《治安管理处罚法》

**第82条** 需要传唤违反治安管理行为接受调查的,经公安机关办案部门负责人批准,使用传唤证传唤。对现场发现的违反治安管理行为人,人民警察经出示工作证件,可以口头传唤,但应当在讯问笔录中注明。

公安机关应当将传唤的原因和依据告知被传唤人,对无正当理由不接受传唤或者逃避传唤的人,可以强制传唤。

**第83条** 对违反治安管理行为人,公安机关传唤后应当及时询问查证,询问查证的时间不得查过八小时;情况复杂,依照本法规定可能适用行政拘留处罚的,询问查证的时间不得超过二十四小时。

公安机关应当及时将传唤的原因和处所通知被传唤人家属。

**第87条** 公安机关对与违反治安管理行为有关的场所、物品、人身可以进行检查。检查时,人民警察不得少于二人,并应当出示工作证件和县级以上人民政府公安机关开具的检查证明文件。对确有必要立即进行检查的,人民警察出示工作证件,可以当场检查,但检查公民住所应当出示县级以上人民政府公安机关开具的检查证明文件。

检查妇女身体,应当由女性工作人员进行。

**第89条第1款** 公安机关办理治安案件,对与案件有关的需要作为证据的物品,可以扣押;对被侵害人或者善意第三人合法占有的财产,不得扣押,应当予以登记。对与案件无关的物品,不得扣押。

◆**知识要点**

在治安管理处罚中,公安机关的调查手段及其要点主要包括以下方面:

| 治安管理处罚中公安机关的调查程序 | |
|---|---|
| 调查方式 | 注意要点 |
| 传唤 | (1)一般情形下,经公安机关办案部门负责人批准,使用传唤证传唤。<br>(2)对现场发现的违反治安管理行为人,人民警察经出示工作证件,可以口头传唤,但应当在讯问笔录中注明。<br>(3)对无正当理由不接受传唤或者逃避传唤的人,可以强制传唤。 |
| 询问 | (1)公安机关传唤后应当及时询问查证,询问查证的时间不得查过8小时。<br>(2)可能使用行政拘留处罚的,询问查证的时间不得超过24小时。<br>(3)公安机关应当及时将传唤的原因和处所通知被传唤人家属。 |
| 检查 | (1)公安机关对与违反治安管理行为有关的场所、物品、人身可以进行检查。检查时,人民警察不得少于两人,并应当出示工作证件和县级以上人民政府公安机关开具的检查证明文件。<br>(2)对确有必要立即进行检查的,人民警察出示工作证件,可以当场检查。<br>(3)检查公民住所应当出示县级以上人民政府公安机关开具的检查证明文件。 |
| 扣押登记 | 对与案件有关的需要作为证据的物品,可以扣押;对被侵害人或者善意第三人合法占有的财产,不得扣押,应当予以登记。 |

◆ **经典真题**

1.(2012-2-47)经传唤调查,某区公安分局以散布谣言,谎报险情为由,决定对孙某处以10日行政拘留,并处500元罚款。下列哪一选项是正确的?(A)

A. 传唤孙某时,某区公安分局应当将传唤的原因和依据告知孙某
B. 传唤后对孙某的询问查证时间不得超过48小时
C. 孙某对处罚决定不服申请行政复议,应向市公安局申请
D. 如孙某对处罚决定不服直接起诉的,应暂缓执行行政拘留的处罚决定

2.(2015-2-48)公安局以田某等人哄抢一货车上的财物为由,对田某处以15日行政拘留处罚,田某不服申请复议。下列哪一说法是正确的?(B)

A. 田某的行为构成扰乱公共秩序
B. 公安局对田某哄抢的财物应予以登记
C. 公安局对田某传唤后询问查证不得超过12小时
D. 田某申请复议的期限为6个月

## 七、治安管理处罚的救济

◆ **重点法条**

《治安管理处罚法》

**第102条** 被处罚人对治安管理处罚决定不服的,可以依法申请行政复议或者提起行政诉讼。

◆ **考点归纳**

对治安管理处罚不服,相对人的法律救济途径包括行政复议和行政诉讼两种,被处罚人可以选择申请行政复议或者直接提起行政诉讼,也就是说,治安类的案件行政复议并非行政诉讼的前置程序,这一点考生请特别注意。

## 八、公安机关对民事纠纷的调解

◆ **重点法条**

《治安管理处罚法》

**第9条** 对于因民间纠纷引起的打架斗殴或者损毁他人财物等违反治安管理行为,情节较轻的,公安机关可以调解处理。经公安机关调解,当事人达成协议的,不予处罚。经调解未达成协议或者达成协议后不履行的,公安机关应当依照本法的规定,对违反治安管理行为人给予处罚,并告知当事人可以就民事争议依法向人民法院提起民事诉讼。

◆ **考点归纳**

本条是关于违反治安管理行为民事责任的承担问题。违反治安管理行为对他人造成损害的,不仅要依法承担行政责任,受到治安管理处罚,还要依法承担相应的民事责任。对于当事人应承担的民事责任,本应通过民事途径进行解决,但因其与治安管理密切相关,《治安管理处罚法》特别规定此时公安机关可以进行调解处理。

(1)经公安机关调解,当事人达成协议的,不予处罚。

(2)经调解未达成协议或者达成协议后不履行的,公安机关应当依照本法的规定对违反治安管理行为人给予处罚,并告知当事人可以就民事争议依法向人民法院提起民事诉讼。

(3)特别需要注意的是,对于公安机关的调解不服,当事人可直接就民事争议向法院提起民事诉讼,但不能因调解协议而针对公安机关申请行政复议,或是向人民法院提起行政诉讼,因为公安机关的调解协议并没有任何强制力,是否接受均取决于当事人的自愿。

◆经典真题

(2007-2-91)安某放的羊吃了朱某家的玉米秸,二人争执。安某殴打朱某,致其左眼部青紫、鼻骨骨折,朱某被鉴定为轻微伤。在公安分局的主持下,安某与朱某达成协议,由安某向朱某赔偿500元。下列说法正确的是:(D)

A. 安某与朱某达成协议后,仍可以对安某进行治安处罚

B. 如果安某拒不履行协议,朱某可以直接向法院提起行政诉讼

C. 如果安某拒不履行协议,朱某应当先向区公安分局的上一级机关申请行政复议,对复议决定不服再提起行政诉讼

D. 如果安某拒不履行协议,朱某可以向法院提起民事诉讼

# 第五章 行政许可

## 【复习提要】

行政许可同样是行政机关最重要的行为手段之一。我国在 2004 年颁布《行政许可法》，对行政许可行为进行规范。《行政许可法》的基本精神在于放宽政府对于私人事务的管制，尊重社会自治，有效约束行政机关，建设有限政府。因此，《行政许可法》的条文内容，无论是行政许可的设定，还是行政许可的实施程序，都旨在规范行政机关依法实施行政许可权力。本章内容包括：行政许可的适用与设定；行政许可的程序；行政许可的监督和检查；行政许可案件的审理。其中行政许可的设定、许可的程序、许可的监督和检查一直都是《行政许可法》的重点，而行政许可案件的审理近年来也成为对《行政许可法》的考查热点。

## 第一节 行政许可的适用范围与设定

### 一、行政许可的适用范围

◆ **重点法条**

《行政许可法》

**第 2 条** 本法所称的行政许可，是指行政机关根据公民、法人或者其他组织的申请，经依法审查，准予其从事特定活动的行为。

**第 3 条** 行政许可的设定和实施，适用本法。

有关行政机关对其他机关或者对其直接管理的事业单位的人事、财务、外事等事项的审批，不适用本法。

◆ **考点归纳**

行政许可的实质是对"一般禁止的特别解禁"，即法律对于某类行为，因其具有一定的危险性而禁止人们随意而为，但相对人如果具备了某种资格，向行政机关提出申请，行政机关经审查后就可以准许其从事这一禁止行为。

行政许可仅适用于行政机关与相对人的关系中，而有关行政机关对其他机关或者对其直接管理的事业单位的人事、财务、外事等事项的审批，属于行政机关的内部事务，并不属于行政许可。

◆ **经典真题**

(2005-2-86) 根据行政许可法的规定，下列哪些说法是正确的？（AB）

A. 某区动物检验局未按照法定标准收取许可费用，应当对其直接责任人予以行政处分

B. 医生李某死亡，卫生行政主管部门应当依法注销其医师资格

C. 某省公安厅对某高校教师出国护照的审批不适用行政许可法

D. 某企业通过贿赂手段取得的烟花爆竹生产许可证被撤销后，在一年之内不得再申请该项许可

## 二、行政许可的设定

◆知识要点

如上文所说,行政许可是对"一般禁止的特别解禁",它以法律上存在某种禁止为前提。因此,许可事项范围的大小直接决定了相对人自由权利的范围大小,许可范围越大,相对人的自由权利范围就越小。为贯彻放松政府管制、尊重私人自治的基本精神,《行政许可法》对于行政许可的设定进行了严格规定,其目的就是为了约束行政机关滥设行政许可而侵犯相对人的合法权利。

(一)能够设立许可的事项

◆重点法条

《行政许可法》

**第 12 条** 下列事项可以设定行政许可:

(一)直接涉及国家安全、公共安全、经济宏观调控、生态环境保护以及直接关系人身健康、生命财产安全等特定活动,需要按照法定条件予以批准的事项;

(二)有限自然资源开发利用、公共资源配置以及直接关系公共利益的特定行业的市场准入等,需要赋予特定权利的事项;

(三)提供公众服务并且直接关系公共利益的职业、行业,需要确定具备特殊信誉、特殊条件或者特殊技能等资格、资质的事项;

(四)直接关系公共安全、人身健康、生命财产安全的重要设备、设施、产品、物品,需要按照技术标准、技术规范,通过检验、检测、检疫等方式进行审定的事项;

(五)企业或者其他组织的设立等,需要确定主体资格的事项;

(六)法律、行政法规规定可以设定行政许可的其他事项。

◆知识要点

行政许可的类型包括以下几种:

(1)一般许可:直接涉及国家安全、公共安全、经济宏观调控、生态环境保护以及直接关系人身健康、生命财产安全等特定活动,需要按照法定条件予以批准的;

(2)特许:有限自然资源开发利用、公共资源配置以及直接关系公共利益的特定行业的市场准入等需要赋予特定权利的;

(3)认可:提供公众服务并且直接关系公共利益的职业、行业,需要确定具备特许信誉、特殊条件或者特殊技能资格、资质的事项;

(4)核准:直接关系公共安全、人身健康、生命财产安全的重要设备、设施、产品、物品,须按照技术标准、技术规范,通过检验、检测、检疫等方式进行审定的;

(5)登记:企业或其他组织的设立需要确定主体资格的。

◆经典真题

(2016-2-78)《执业医师法》规定,执业医师需依法取得卫生行政主管部门发放的执业医师资格,并经注册后方能执业。关于执业医师资格,下列哪些说法是正确的?(CD)

A. 该资格属于直接关系人身健康,需按照技术规范通过检验、检测确定申请人条件的许可

B. 对《执业医师法》规定的取得资格的条件和要求,部门规章不得作出具体规定
C. 卫生行政主管部门组织执业医师资格考试,应公开举行
D. 卫生行政主管部门组织执业医师资格考试,不得组织强制性考前培训

(二) 不能够设立许可的事项

◆ **重点法条**

《行政许可法》

**第13条** 本法第十二条所列事项,通过下列方式能够予以规范的,可以不设行政许可:
(一) 公民、法人或者其他组织能够自主决定的;
(二) 市场竞争机制能够有效调节的;
(三) 行业组织或者中介机构能够自律管理的;
(四) 行政机关采用事后监督等其他行政管理方式能够解决的。

◆ **考点归纳**

对能够设立许可的事项和不能设立许可的事项,考生作一般了解即可,因上述法条较为原则,可考性不强。

(三) 法律规范的许可设定权

◆ **重点法条**

《行政许可法》

**第14条** 本法第十二条所列事项,法律可以设定行政许可。尚未制定法律的,行政法规可以设定行政许可。

必要时,国务院可以采用发布决定的方式设定行政许可。实施后,除临时性行政许可事项外,国务院应当及时提请全国人民代表大会及其常务委员会制定法律,或者自行制定行政法规。

**第15条** 本法第十二条所列事项,尚未制定法律、行政法规的,地方性法规可以设定行政许可;尚未制定法律、行政法规和地方性法规的,因行政管理的需要,确需立即实施行政许可的,**省、自治区、直辖市人民政府规章**可以设定临时性的行政许可。临时性的行政许可实施满一年需要继续实施的,应当提请本级人民代表大会及其常务委员会制定地方性法规。

地方性法规和省、自治区、直辖市人民政府规章,不得设定应当由国家统一确定的公民、法人或者其他组织的资格、资质的行政许可;不得设定企业或者其他组织的设立登记及其前置性行政许可。其设定的行政许可,不得限制其他地区的个人或者企业到本地区从事生产经营和提供服务,不得限制其他地区的商品进入本地区市场。

**第16条** 行政法规可以在法律设定的行政许可事项范围内,对实施该行政许可作出具体规定。

地方性法规可以在法律、行政法规设定的行政许可事项范围内,对实施该行政许可作出具体规定。

规章可以在上位法设定的行政许可事项范围内,对实施该行政许可作出具体规定。

法规、规章对实施上位法设定的行政许可作出的具体规定,不得增设行政许可;对行政许

可条件作出的具体规定,不得增设违反上位法的其他条件。

**第17条** 除本法第十四条、第十五条规定的外,其他规范性文件一律不得设定行政许可。

◆**考点归纳**

1. 行政许可的设定和行政处罚的设定一样,区分为创设权与规定权

所谓创设权,是指上位法没有设定行政许可,下位法新创设出某种行政许可,即"上无而新设";所谓规定权,是指上位法已经创设出某种行政许可,下位法加以具体规范,即"上有而细化"。

2. 与行政处罚中的创设不同,行政许可的创设区分为经常性许可的创设与临时性许可的创设

前者是指常规性的、长期适用的行政许可,而后者是指对某类事项,国家不确定是否应采用行政许可的方式进行管理,或者设立经常性的行政许可条件尚未成熟,于是先设立临时性的行政许可,在适用一段时间后再决定是否继续使用这种管理方式。

3. 不同位阶的法律规范对于行政许可的创设权

(1) 能够创设经常性许可的法律规范:① 法律可以设定经常性行政许可;② 行政法规可以设定经常性行政许可;③ 地方性法规可以设定经常性行政许可,但其创设权不得设定应当由国家统一确定的公民、法人或者其他组织的资格、资质的行政许可;不得设定企业或者其他组织的设立登记及其前置性行政许可。其设定的行政许可,不得限制其他地区的个人或者企业到本地区从事生产经营和提供服务,不得限制其他地区的商品进入本地区市场。**除此之外,其他的法律规范,无论是规章还是其他规范性文件都无权创设经常性的许可。**

(2) 能够创设临时性许可的法律规范:国务院在必要时采用**决定**的方式创设行政许可,该许可实施后如属于临时性许可,国务院应当及时提请全国人民代表大会及其常务委员会制定法律,或者自行制定行政法规。**省、自治区、直辖市人民政府规章**在尚未制定法律、行政法规和地方性法规的情况下,可以设立临时性的行政许可。临时性的行政许可实施满一年需要继续实施的,应当提请本级人民代表大会及其常务委员会制定地方性法规。

★**特别提示**

与行政处罚不同,《行政许可法》没有赋予规章普遍的行政许可创设权,只允许省级人民政府规章创设临时性许可,且该许可实施1年后或者认为不再需要而废止,或者需要继续实施的提请本级人大及其常委会制定地方性法规。

4. 不同法律规范对于行政许可的规定权

(1) **行政法规**可以在法律设定的行政许可事项范围内,对实施该行政许可作出具体规定;

(2) **地方性法规**可以在法律、行政法规设定的行政许可事项范围内,对实施该行政许可作出具体规定;

(3) **规章**可以在上位法设定的行政许可事项范围内,对实施该行政许可作出具体规定。

行政法规、地方性法规和规章对实施上位法设定的行政许可作出具体规定时,不得增设行政许可;对行政许可条件作出具体规定时,不得增设违反上位法的其他条件。

以上内容可总结为下表:

| 行政许可的设定 ||| 
|---|---|---|
| 法律规范 | 创设权 | 规定权 |
| 法律 | 可以创设经常性许可 | |
| 行政法规 | 可以创设经常性许可 | 可对法律设定的许可进行具体细化,但不能增设许可和增设违反法律的许可条件 |
| | 国务院还可通过决定设定临时性许可(无期限限制) | |
| 地方性法规 | 可以创设经常性许可(但不得设定应当由国家统一确定的公民、法人或者其他组织的资格、资质的行政许可;不得设定企业或者其他组织的设立登记及其前置性行政许可。其设定的行政许可,不得限制其他地区的个人或者企业到本地区从事生产经营和提供服务,不得限制其他地区的商品进入本地区市场) | 可对法律、行政法规设立的许可进行具体细化,但不能增设许可和增设违反法律、行政法规的许可条件 |
| 省级人民政府规章(省、自治区、直辖市人民政府) | 可以创设有效期1年的临时性许可(但不得设定应当由国家统一确定的公民、法人或者其他组织的资格、资质的行政许可;不得设定企业或者其他组织的设立登记及其前置性行政许可。其设定的行政许可,不得限制其他地区的个人或者企业到本地区从事生产经营和提供服务,不得限制其他地区的商品进入本地区市场) | 可对法律、行政法规、地方性法规设立的许可进行具体细化,但不能增设许可和增设违反法律、行政法规、地方性法规的许可条件 |
| 其他规章(包括国务院部门规章以及省级人民政府以下的市级政府制定的规章) | 不能创设行政许可 | |
| 其他规范性文件 | 不能创设行政许可 | 也不能对上位法规定的行政许可进行具体细化 |

◆ **经典真题**

1.(2010-2-82)下列哪些地方性法规的规定违反《行政许可法》?(ABCD)

A. 申请餐饮服务许可证,须到当地餐饮行业协会办理认证手续

B. 申请娱乐场所表演许可证,文化主管部门收取的费用由财政部门按一定比例返还

C. 外地人员到本地经营网吧,应当到本地电信管理部门注册并缴纳特别管理费

D. 申请建设工程规划许可证,需安装建设主管部门指定的节能设施

2.（2016-2-79）关于行政许可的设定权限,下列哪些说法是不正确的？（ABC）

A. 必要时省政府制定的规章可设定企业的设立登记及其前置性行政许可

B. 地方性法规可设定应由国家统一确定的公民、法人或者其他组织的资格、资质的行政许可

C. 必要时国务院部门可采用发布决定的方式设定临时性行政许可

D. 省政府报国务院批准后可在本区域停止实施行政法规设定的有关经济事务的行政许可

### 三、行政许可的设定程序

◆考点归纳

《行政许可法》对于行政许可设定程序的规定充分体现了行政公开的原则：

（1）在设定行政许可之处,"起草许可单位应采取听证会、论证会等形式听取意见,并向制定机关说明设定该行政许可的必要性、对经济和社会可能产生影响以及听取和采纳意见的情况"；

（2）在许可设定之后,《行政许可法》充分贯彻务实原则,要求"行政许可的设定机关定期对其设定的行政许可进行评价,对已设定的行政许可,认为可通过第13条所列方式解决的,应当对设定该行政许可的规定及时予以修改或废止"；

（3）省级人民政府认为行政法规设定的有关经济事务的行政许可,"根据该地区的经济和社会发展情况,认为通过第13条可以解决的,报国务院批准后,可以在本行政区域内停止实施该行政许可"。

### 四、许可适用的地域性界限

◆重点法条

《行政许可法》

**第41条** 法律、行政法规设定的行政许可,其适用范围没有地域限制的,申请人取得的行政许可在全国范围内有效。

◆考点归纳

法律、行政法规设定的行政许可适用时无地域限制,而地方性法规和省级人民政府设立的行政许可是有适用的地域限制的。

## 第二节 行政许可的实施机关

### 一、行政许可的实施机关

◆知识要点

行政许可的实施机关包括：

（1）具有行政许可权的行政机关；

（2）法律、法规授权的具有管理公共事务职能的组织；

（3）行政机关委托的其他机关。

◆ **重点法条**
《行政许可法》
**第 23 条** 法律、法规授权的具有管理公共事务职能的组织,在法定授权范围内,以自己的名义实施行政许可。被授权的组织适用本法有关行政机关的规定。

**第 24 条第 1 款** 行政机关在其法定职权范围内,依照法律、法规、规章的规定,可以委托**其他行政机关**实施行政许可。委托机关应当将受委托行政机关和受委托实施行政许可的内容予以公告。

◆ **考点归纳**
(1) 与行政处罚一样,法律、法规可授权具有管理公共事务职能的组织实施行政许可,因这些组织具有行政主体资格,因此可以自己的名义实施行政许可,可由自己来承担产生的法律责任。

(2) 行政机关将自己的许可权委托他人行使,**但与行政处罚不同的是,行政许可的委托只能委托给其他行政机关,而不能是行政机关以外的其他组织与个人**。同样,受委托机关只能以委托机关的名义实施行政许可,法律后果也由委托机关来承担,受委托机关不得将行政许可权再行委托。

## 二、联合办公

◆ **重点法条**
《行政许可法》
**第 25 条** 经国务院批准,省、自治区、直辖市人民政府根据精简、统一、效能的原则,可以决定一个行政机关行使有关行政机关的行政许可权。

**第 26 条** 行政许可需要行政机关内设的多个机构办理的,该行政机关**应当**确定一个机构统一受理行政许可申请,统一送达行政许可决定。

行政许可依法由地方人民政府两个以上部门分别实施的,本级人民政府**可以**确定一个部门受理行政许可申请并转告有关部门分别提出意见后统一办理,或者组织有关部门联合办理、集中办理。

◆ **考点归纳**
《行政许可法》第 25 条是关于行政许可的集中实施,即将本来分属于不同行政机关的行政许可权转移和集中配置在一个行政机关手中,原机关由此丧失了对该事项的许可实施权,其前提是国务院批准、省级人民政府决定(与行政处罚相区别)。

《行政许可法》第 26 条是关于行政许可办公方式的改革。

(1) 行政许可需要行政机关内设的多个机构办理的,该行政机关**应当**确定一个机构统一办理行政许可。所谓统一办理,是指将外部行政程序内部化,申请人只要面对一个机构,由此减少了申请人与多个机关、多个机构打交道的麻烦,一个机构统一受理,统一送达行政许可。

(2) 行政许可依法由地方人民政府两个以上部门分别实施的,本级人民政府**可以**确定一个部门统一办理,或者组织有关部门联合办理、集中办理。联合办理、集中办理与统一办理不同,申请人仍需与多个机关打交道,但这些机关在地点上集中在一起,由此免去了申请人车马劳顿之苦。

◆**经典真题**

(2005-2-88)某公司准备在某市郊区建一座化工厂,向某市规划局、土地管理局、环境保护局和建设局等职能部门申请有关证照。下列哪些说法是正确的?(AC)

　A. 某公司应当对其申请材料实质内容的真实性负责

　B. 某市人民政府应当组织上述四个职能部门联合为某公司办理手续

　C. 拟建化工厂附近居民对核发该项目许可证照享有听证权利

　D. 如果某公司的申请符合条件,某市人民政府相关职能部门应在45个工作日内为其办结全部证照

## 第三节　行政许可的程序

### 一、一般程序

◆**知识要点**

行政许可是行政法中典型的依申请的行政行为,即行政许可必须要有相对人的申请才能启动,行政机关在受理了相对人的申请后,再审查决定是否授予相对人许可,正因如此,行政许可的程序就由申请、受理、审查与决定四个环节组成。每个环节须注意的问题可归纳为下图:

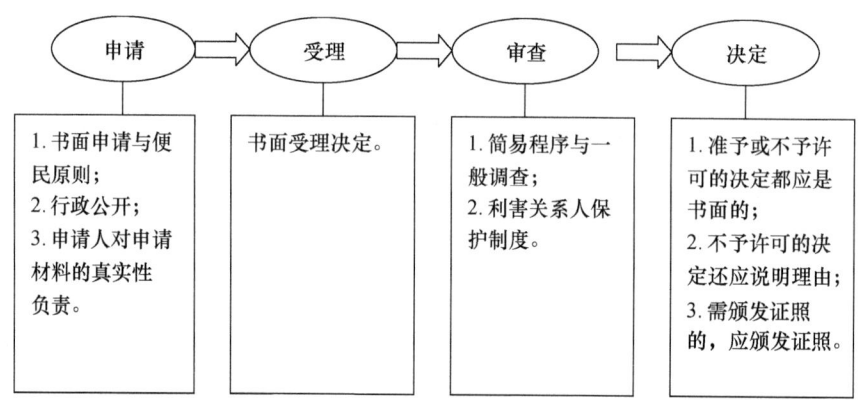

(一) 申请与受理

1. 申请的便民原则

◆**重点法条**

《**行政许可法**》

**第29条**　公民、法人或者其他组织从事特定活动,依法需要取得行政许可的,应当向行政机关提出申请。申请书需要采用格式文本的,行政机关应当向申请人提供行政许可申请书格式文本。申请书格式文本中不得包含与申请行政许可事项没有直接关系的内容。

**申请人可以委托代理人提出行政许可申请**。但是,依法应当由申请人到行政机关办公场所提出行政许可申请的除外。

行政许可申请可以通过信函、电报、电传、传真、电子数据交换和电子邮件等方式提出。

## 第五章 行政许可

◆**考点归纳**

（1）相对人申请行政许可，原则须采取书面的方式，不能采取口头方式；

（2）但为方便当事人，《行政许可法》对具体的书面形式未作限制，行政许可申请可以通过信函、电报、电传、传真、电子数据交换和电子邮件等方式提出，**申请人可以委托代理人提出行政许可申请。**

2. 行政公开

◆**重点法条**

《行政许可法》

**第 30 条第 1 款** 行政机关应当将法律、法规、规章规定的有关行政许可的事项、依据、条件、数量、程序、期限以及需要提交的全部材料的目录和申请书示范文本等在办公场所公示。

◆**经典真题**

（2009-2-90）关于公告，下列哪些选项是正确的？（AC）

A. 行政机关认为需要听证的涉及公共利益的重大许可事项应当向社会公告

B. 行政许可直接涉及申请人与他人之间重大利益关系的，申请人、利害关系人提出听证申请的，行政机关应当予以公告

C. 行政机关在其法定权限范围内，依据法律委托其他行政机关实施行政许可，对受委托行政机关和受委托实施许可的内容应予以公告

D. 被许可人以欺骗、贿赂等不正当手段取得行政许可，行政机关予以撤销的，应当向社会公告

3. 申请人对提交的申请材料的真实性负责

◆**重点法条**

《行政许可法》

**第 31 条** 申请人申请行政许可，应当如实向行政机关提交有关材料和反映真实情况，并对其申请材料实质内容的真实性负责。行政机关不得要求申请人提交与其申请的行政许可事项无关的技术材料和其他材料。

4. 行政机关的受理决定

◆**重点法条**

《行政许可法》

**第 32 条** 行政机关对申请人提出的行政许可申请，应当根据下列情况分别作出处理：

（一）申请事项依法不需要取得行政许可的，应当即时告知申请人不受理；

（二）申请事项依法不属于本行政机关职权范围的，应当即时作出不予受理的决定，并告知申请人向有关行政机关申请；

（三）申请材料不齐全或者不符合法定形式的，应当当场或者在五日内一次告知申请人需要补正的全部内容，逾期不告知的，自收到申请材料之日起即为受理；

（四）申请材料不齐全或者不符合法定形式的，应当当场或者在五日内一次告知申请人需要补正的全部内容，逾期不告知的，自收到申请材料之日起即为受理；

（五）申请事项属于本行政机关职权范围，申请材料齐全、符合法定形式，或者申请人按照本行政机关的要求提交全部补正申请材料的，应当受理行政许可申请。

行政机关受理或者不予受理行政许可申请，应当出具加盖本行政机关专用印章和注明日

期的**书面凭证**。

◆考点归纳

行政法因其主旨是为了规范行政机关依法行使职权,保障相对人的合法权益,因此在程序设置上,对于相对人往往采用"便宜原则",即便于相对人行使权利的原则,不苛求相对人必须按照何种程序行事。但对于行政机关而言,则要遵守各项程序义务,具体到行政许可的申请与受理阶段,首先,要做到行政公开,将行政许可的条件公之于众,以避免暗箱操作;其次,无论是否受理行政许可申请,都应当出具书面凭证。

(二) 审查与决定

1. 简易程序与一般调查

◆重点法条

《行政许可法》

**第34条** 行政机关应当对申请人提交的申请材料进行审查。

申请人提交的申请材料齐全、符合法定形式,行政机关能够当场作出决定的,**应当当场作出书面的行政许可决定**。

根据法定条件和程序,需要对申请材料的实质内容进行核实的,行政机关应当指派**两名以上工作人员**进行核查。

◆考点归纳

(1) 本条第1款中申请人材料齐全、符合法定形式,行政机关能够当场作出决定的,应当当场作出决定,这种程序类似于行政处罚中的简易程序,即行政机关当场审查,当场作出决定,此时审查材料和作出决定的都是执法人员一人,但需要注意的是,即使是当场作出许可决定,也必须是书面的,而不能是口头的。

(2) 第2款为一般程序,即行政机关对申请人提交的材料指派工作人员进行核查,再决定是否授予相对人许可,这种程序同样类似于行政处罚中的一般程序,而且与行政处罚一样,《行政许可法》也规定行政机关的调查人员不得少于两人。

2. 利害关系人制度

◆重点法条

《行政许可法》

**第36条** 行政机关对行政许可申请进行审查时,发现行政许可事项直接关系他人重大利益的,应当告知该利害关系人。申请人、利害关系人有权进行陈述和申辩。行政机关应当听取申请人、利害关系人的意见。

◆考点归纳

(1) 对行政许可可能影响到的利害关系人提供事先陈述和申辩的权利,是《行政许可法》对利害关系人进行保护的重要举措。行政许可是一类典型的授益性行政行为,相对人申请行政许可,都是期望借行政许可而获得某种资格或利益,但有些行政许可决定一旦作出,虽然会使相对人获利,但也有可能给其他人带来不利影响,例如批准建楼许可对周边相邻权人的影响,这也是行政法中所说的"第三人效力",为避免这种不利影响的发生,《行政许可法》特别规定了,行政机关对行政许可申请进行审查时,发现行政许可事项直接关系他人重大利益的,应当告知该利害关系人,听取其陈述、申辩和意见。《行政许可法》第40条规定的,"行政机关作出的准予行政许可决定,应当予以公开,公众有权查阅"同样是为了这一目的。

(2) 在行政许可过程中,利害关系人拥有与申请人同样的权利:申请人、利害关系人有权均进行陈述和申辩;行政机关应当听取申请人、利害关系人的意见;利害关系人有权对行政许可事项提出听证申请;利害关系人还可要求行政机关撤销违法的许可;对于行政机关已经颁发的许可,利害关系人还有权申请复议,提起诉讼。

◆经典真题

(2013-2-47)某公司向规划局交纳了一定费用后获得了该局发放的建设用地规划许可证。刘某的房屋紧邻该许可规划用地,刘某认为建筑工程完成后将遮挡其房屋采光,向法院起诉请求撤销该许可决定。下列哪一说法是正确的?(A)
A. 规划局发放许可证不得向某公司收取任何费用
B. 因刘某不是该许可的利害关系人,规划局审查和决定发放许可证无需听取其意见
C. 因刘某不是该许可的相对人,不具有原告资格
D. 因建筑工程尚未建设,刘某权益受侵犯不具有现实性,不具有原告资格

3. 许可决定与证照颁发

◆重点法条

《行政许可法》

**第38条** 申请人的申请符合法定条件、标准的,行政机关应当依法作出准予行政许可的书面决定。

行政机关依法作出不予行政许可的书面决定的,应当说明理由,并告知申请人享有依法申请行政复议或提起行政诉讼的权利。

**第39条** 行政机关作出准予行政许可的决定,需要颁发行政许可证件的,应当向申请人颁发加盖本行政机关印章的下列行政许可证件:

(一)许可证、执照或者其他许可证书;
(二)资格证、资质证或者其他合格证书;
(三)行政机关的批准文件或者证明文件;
(四)法律、法规规定的其他行政许可证件。

行政机关实施检验、检测、检疫的,可以在检验、检测、检疫合格的设备、设施、产品、物品上加贴标签或者加盖检验、检测、检疫印章。

◆考点归纳

(1) 与行政机关是否受理相对人的许可申请一样,行政机关在审查后无论是否授予相对人许可,都应通过书面的方式作出决定。

(2) 并非所有的授予行政许可的决定都需要颁发相应的许可证件,只有需要颁发的,行政机关才应当向申请人颁发加盖本行政机关印章的行政许可证件。

◆经典真题

(2005-2-46)根据行政许可法的规定,下列有关行政许可的审查和决定的哪一种说法是正确的?(B)
A. 对行政许可申请人提交的申请材料的审查,均应由行政机关两名以上工作人员进行
B. 行政机关作出准予行政许可决定和不予行政许可决定,均应采用书面形式
C. 行政机关作出准予行政许可决定后,均应向申请人颁发加盖本行政机关印章的行政许

可证件

D. 所有的行政许可均在全国范围内有效

(三) 期限

1. 决定期限

◆重点法条

《行政许可法》

**第42条** 除可以当场作出行政许可决定的外,行政机关应当自受理行政许可申请之日起二十日内作出行政许可决定。二十日内不能作出决定的,经本行政机关负责人批准,可以延长十日,并应当将延长期限的理由告知申请人。但是,法律、法规另有规定的,依照其规定。

依照本法第二十六条的规定,行政许可采取统一办理或者联合办理、集中办理的,办理的时间不得超过四十五日;四十五日内不能办结的,经本级人民政府负责人批准,可以延长十五日,并应当将延长期限的理由告知申请人。

**第43条** 依法应当先经下级行政机关审查后报上级行政机关决定的行政许可,下级行政机关应当自其受理行政许可申请之日起二十日内审查完毕,但是,法律、法规另有规定的,依照其规定。

◆考点归纳

许可的决定期限可分为以下三种情形:

| 简易程序 | 一般情形 | 联合办公 |
| --- | --- | --- |
| 当场作出 | 自受理行政许可申请之日起20日内作出行政许可决定。20日内不能作出决定的,经本行政机关负责人批准,可以延长10日 | 办理的时间不得超过45日;45日内不能办结的,经本级人民政府负责人批准,可以延长15日 |

2. 送达时间

◆重点法条

**第44条** 行政机关作出准予行政许可的决定,应当自作出决定之日起十日内向申请人颁发、送达行政许可证件,或者加贴标签、加盖检验、检测、检疫印章。

◆经典真题

(2004-2-40)按照律师法规定,申请领取律师执业证书,司法行政机关应当自收到申请之日起30日内作出是否颁发的决定。按照行政许可法的规定,应当自受理行政许可申请之日起20日内作出行政许可决定。2004年7月初,张某向司法厅申请领取律师执业证书,司法厅的正确做法是:(A)

A. 应当适用律师法,在30日内作出是否颁发的决定
B. 应当适用许可法,在20日内作出是否颁发的决定
C. 可以选择适用律师法或者许可法关于期限的规定作出决定
D. 因法律关于期限的规定不一致,报请全国人大常委会裁决后再作决定

### (四) 变更与延续

◆ **重点法条**

《行政许可法》

**第49条** 被许可人要求变更行政许可事项的,应当向作出行政许可决定的行政机关提出申请;符合法定条件、标准的,行政机关应当依法办理变更手续。

**第50条** 被许可人需要延续依法取得的行政许可的有效期的,应当在该行政许可有效期届满三十日前向作出行政许可决定的行政机关提出申请。但是,法律、法规、规章另有规定的,依照其规定。

行政机关应当根据被许可人的申请,**在该行政许可有效期届满前作出是否准予延续的决定**;逾期未作决定的,视为准予延续。

◆ **考点归纳**

(1) 被许可人需要延续依法取得的行政许可的有效期的,应当在**该行政许可有效期届满30日前**向作出行政许可决定的行政机关提出申请,但法律、法规、规章可对此期限作出例外规定,此处《行政许可法》增加了"规章",考生须特别注意。

(2) 行政机关应当根据被许可人的申请,**在该行政许可有效期届满前作出是否准予延续的决定**;逾期未作决定的,视为准予延续。

◆ **经典真题**

(2009-2-40) 2001年原信息产业部制定的《电信业务经营许可证管理办法》(简称《办法》)规定"经营许可证有效期届满,需要继续经营的,应提前90日,向原发证机关提出续办经营许可证的申请。2003年9月1日获得增值电信业务许可证(有效期为五年)的甲公司,于2008年拟向原发证机关某省通信管理局提出续办经营许可证的申请。下列哪一选项是正确的?(C)

A. 因《办法》为规章,所规定的延续许可证申请期限无效

B. 因《办法》在《行政许可法》制定前颁布,所规定的延续许可证申请期限无效

C. 如甲公司依法提出申请,某省通信管理局应在甲公司许可证有效期届满前作出是否准予延续的决定

D. 如甲公司依法提出申请,某省通信管理局在60日内不予答复的,视为拒绝延续

## 二、行政许可的听证

与行政处罚的听证一样,行政许可的听证事实上也并非一个独立的行政许可程序,它也只是许可审查的一个阶段,即某些特殊许可案件,除采用常规调查核实的方法外,还采用听证的方式进行调查。

### (一) 听证的启动

◆ **重点法条**

《行政许可法》

**第46条** 法律、法规、规章规定实施行政许可应当听证的事项,或者行政机关认为需要听证的其他涉及公共利益的重大行政许可事项,行政机关应当向社会公告,并举行听证。

**第47条** 行政许可直接涉及申请人与他人之间重大利益关系的,行政机关在作出行政许可决定前,应当告知申请人、利害关系人享有要求听证的权利;申请人、**利害关系人**在被告知听证权利之日起五日内提出听证申请的,行政机关应当在二十日内组织听证。

申请人、利害关系人不承担行政机关组织听证的费用。

◆考点归纳

(1)行政许可的听证的启动可分为两种:依职权进行(第46条)和依申请进行(第47条)。前者是指对于法律、法规、规章规定实施行政许可应当听证的事项,或者行政机关认为需要听证的其他涉及公共利益的重大行政许可事项,行政机关主动举行听证;而后者则是指许可事项的申请人或是利害关系人提出举行听证的申请。从这一点上说,许可的听证启动与处罚有着重大差异,后者只能依申请进行。

(2)在依申请进行听证时,除许可申请人外,与许可事项相关的利害关系人也有权要求听证。这一点与前文中许可审查时的利害关系人制度一样,也是对权利义务可能因许可事项受到影响的利害关系人的一种事前保护。

(二)听证的进行

◆重点法条

《行政许可法》

**第48条** 听证按照下列程序进行:

(一)行政机关应当于举行听证的七日前将举行听证的时间、地点通知申请人、利害关系人,必要时予以公告;

(二)听证应当公开举行;

(三)行政机关应当指定审查该行政许可申请的工作人员以外的人员为听证主持人,申请人、利害关系人认为主持人与该行政许可事项有直接利害关系的,有权申请回避;

(四)举行听证时,审查该行政许可申请的工作人员应当提供审查意见的证据、理由,申请人、利害关系人可以提出证据,并进行申辩和质证;

(五)听证应当制作笔录,听证笔录应当交听证参加人确认无误后签字或盖章。

行政机关应当根据听证笔录,作出行政许可决定。

◆考点归纳

(1)对于许可的听证程序,《行政许可法》主要规定了三个期限:① 申请期限。申请人、利害关系人应当在被告知听证权利之日起5日内提出听证申请。② 组织期限。行政机关应当在20日内组织听证。③ 告知期限。行政机关应当于举行听证的7日前将举行听证的时间、地点通知申请人、利害关系人,必要时还应当进行公告。

(2)与行政处罚中的听证不同,《行政许可法》特别规定了听证笔录的效力,"**行政机关应当根据听证笔录,作出行政许可决定**",这一点意味着在许可听证中,听证笔录是作出最终决定的唯一依据,行政机关绝不能采纳听证笔录之外的其他证据作出许可决定。

(3)与行政处罚听证的比较。对行政许可的听证程序,考生最好与行政处罚的听证相比较进行复习,而两者的相同与不同之处可总结为下表:

## 行政处罚与行政许可听证的区别

| 相同之处 | 不同之处 | | |
|---|---|---|---|
| | | 处罚的听证 | 许可的听证 |
| （1）除涉及国家秘密、商业秘密和个人隐私外，听证公开进行；<br>（2）听证主持人为非本案调查人员，如与案件和当事人有利害关系则应回避；<br>（3）申请人不承担听证费用；<br>（4）申请人有权委托代理人，有权申辩与质证；<br>（5）听证应制作听证笔录。 | 听证的启动 | 只能依申请而举行听证。 | 除依申请外，行政机关也可以主动举行听证。 |
| | 听证时间 | （1）当事人要求听证的，应当在行政机关告知之后3日内提出；<br>（2）行政机关应当在听证的7日前，通知当事人举行听证的时间、地点；<br>（3）未规定行政机关应在多长时间内组织听证。 | （1）申请人、利害关系人应当在被告知听证权利之日起5日内提出听证申请；<br>（2）行政机关应当在20日内组织听证；<br>（3）行政机关应当于举行听证的7日前将举行听证的时间、地点通知申请人、利害关系人，必要时还应当进行公告。 |
| | 听证笔录的效力 | 行政机关可不根据听证笔录，作出行政处罚决定。 | 行政机关应当根据听证笔录，作出行政许可决定。 |

（1）听证的启动程序和启动主体不同。首先，在行政处罚中，只能依申请而举行听证，而行政许可中，除依申请外，行政机关也可以主动举行听证；其次，在行政许可中，除许可申请人外，与许可事项相关的利害关系人也有权要求听证。

（2）许可听证的期限规定更加细化。《行政许可法》除规定申请期限和告知期限外，还规定了行政机关组织听证的期限。

（3）听证笔录的效力不同。如上文所述，《行政处罚法》尽管规定听证应制作听证笔录，但并没有规定处罚决定必须依据听证笔录，因此即便行政机关在听证笔录之外引入了其他证据对当事人作出最后的处罚决定，该决定同样不是违法的。但行政许可的听证笔录时作出许可决定的依据。

两者的相同之处包括：
（1）除涉及国家秘密、商业秘密和个人隐私外，听证公开进行；
（2）听证主持人为非本案调查人员，如与案件和当事人有利害关系则应回避；
（3）申请人不承担听证费用；
（4）申请人有权委托代理人，有权申辩与质证；
（5）听证应制作听证笔录。

◆经典真题
1.（2005-2-88）某公司准备在某市郊区建一座化工厂，向某市规划局、土地管理局、环境保护局和建设局等职能部门申请有关证照。下列哪些说法是正确的？（AC）
  A. 某公司应当对其申请材料实质内容的真实性负责
  B. 某市人民政府应当组织上述四个职能部门联合为某公司办理手续
  C. 拟建化工厂附近居民对核发该项许可证照享有听证权利
  D. 如果某公司的申请符合条件，某市人民政府相关职能部门应在45个工作日内为其办

结全部证照

2.（2006-2-48）关于行政许可程序,下列哪一选项是正确的？（A）
A. 对依法不属于某行政机关职权范围内的行政许可申请,行政机关作出不予受理决定,应向当事人出具加盖该机关专用印章和注明日期的书面凭证
B. 行政许可听证均为依当事人申请的听证,行政机关不能主动进行听证
C. 行政机关作出的准予行政许可决定,除涉及国家秘密的,均应一律公开
D. 所有的行政许可适用范围均没有地域限制,在全国范围内有效

3.（2011-2-99）关于行政许可实施程序的听证规定,下列说法正确的是:（ACD）
A. 行政机关应在举行听证7日前将时间、地点通知申请人、利害关系人
B. 行政机关可视情况决定是否公开举行听证
C. 申请人、利害关系人对听证主持人可以依照规定提出回避申请
D. 举办听证的行政机关应当制作笔录,听证笔录应当交听证参与人确认无误后签字或者盖章

4.（2015-2-77）对下列哪些拟作出的决定,行政机关应告知当事人有权要求听证？（BC）
A. 税务局扣押不缴纳税款的某企业价值200万元的商品
B. 交通局吊销某运输公司的道路运输经营许可证
C. 规划局发放的建设用地规划许可证,直接涉及申请人与附近居民之间的重大利益关系
D. 公安局处以张某行政拘留10天的处罚

### 三、特殊的行政许可程序

1. 关于特许和认可

◆**重点法条**

《行政许可法》

**第53条第1款** 实施本法第十二条第二项所列事项的行政许可的,**行政机关应当通过招标、拍卖等公平竞争的方式作出决定**。但是,法律、行政法规另有规定的,依照其规定。

**第54条第1款** 实施本法第十二条第三项所列事项的行政许可,赋予公民特定资格,依法应当举行国家考试的,行政机关根据考试成绩和其他法定条件作出行政许可决定;赋予法人或者其他组织特定的资格、资质的,行政机关根据申请人的专业人员构成、技术条件、经营业绩和管理水平等的考核结果作出行政许可决定。但是法律、行政法规另有规定的,依照其规定。

◆**考点归纳**

对于有限自然资源的开发利用、公共资源的配置、特定行业的市场准入等事项,《行政许可法》规定可通过**招标、拍卖等公平竞争的方式作出决定**;对于需要资格、资质认可的事项,**行政机关则通过举行国家考试或是考核的方式作出许可决定**。

2. 有数量控制的行政许可

◆**重点法条**

《行政许可法》

**第57条** 有数量限制的行政许可,两个或者两个以上申请人的申请均符合法定条件、标准的,行政机关应当根据行政许可申请的先后顺序作出准予行政许可的决定。但是法律、行政法规另有规定的,依照其规定。

## 第四节　行政许可的监督与检查

### 一、许可的撤回、撤销与注销

◆ **重点法条**

《行政许可法》

**第8条**　公民、法人或其他组织依法取得的行政许可受法律保护,行政机关不得擅自改变已经生效的行政许可。

行政许可所依据的法律、法规、规章修改或者废止,或者准予行政许可所依据的客观情况发生重大变化的,为了公共利益的需要,行政机关可以依法变更或者撤回已经生效的行政许可。由此给公民、法人或者其他组织造成财产损失的,行政机关应当依法给予补偿。

**第69条**　有下列情形之一的,作出行政许可决定的行政机关或者其上级行政机关,根据利害关系人的请求或者依据职权,可以撤销行政许可:

（一）行政机关工作人员滥用职权、玩忽职守作出准予行政许可决定的;

（二）超越法定职权作出准予行政许可决定的;

（三）违反法定程序作出准予行政许可决定的;

（四）对不具备申请资格或者不符合法定条件的申请人准予行政许可的;

（五）依法可以撤销行政许可的其他情形。

被许可人以欺骗、贿赂等不正当手段取得行政许可的,应当予以撤销。

**依照前两款的规定撤销行政许可,可能对公共利益造成重大损害的,不予撤销。**

**依照本条第一款的规定撤销行政许可,被许可人的合法权益受到损害的,行政机关应当依法给予赔偿。依照本条第二款的规定撤销行政许可的,被许可人基于行政许可取得的利益不受保护。**

**第70条**　有下列情形之一的,行政机关应当依法办理有关行政许可的注销手续:

（一）行政许可有效期届满未延续的;

（二）赋予公民特定资格的行政许可,该公民死亡或者丧失行为能力的;

（三）法人或者其他组织依法终止的;

（四）行政许可依法被撤销、撤回,或者行政许可证件依法被吊销的;

（五）因不可抗力导致行政许可事项无法实施的;

（六）法律、法规规定的应当注销行政许可的其他情形。

◆ **考点归纳**

1. 信赖保护与许可的撤销、撤回

行政许可是典型的授益行政行为,即赋予相对人权利和利益的行为,相对人获得的行政许可受法律保护。《行政许可法》特别规定,行政机关作出许可决定后不得擅自改变或撤回已经生效的许可,这就是行政法中的"信赖利益保护",即相对人信赖行政许可行为可以存续,这种信赖利益应予保护,行政机关嗣后擅自改变或者已经作出的许可,都是对这种信赖利益的损害。

（1）但信赖利益的保护并非绝对,如行政许可所依据的法律、法规、规章修改或者废止,或者准予行政许可所依据的客观情况发生重大变化的,为了公共利益的需要,行政机关可以依法变更或者撤回已经生效的行政许可。但此时，行政机关必须对因此给公民、法人或其他组织造成的财产损害进行**补偿**。

（2）如果行政机关嗣后发现行政许可的授予所依照的照法律规定是违法的，如《行政许可法》第69条第1款所规定的，"（一）行政机关工作人员滥用职权、玩忽职守作出准予行政许可决定的；（二）超越法定职权作出准予行政许可决定的；（三）违反法定程序作出准予行政许可决定的；（四）对不具备申请资格或者不符合法定条件的申请人准予行政许可的；或是其他情形"，此时行政机关可以将已经授出的行政许可撤销，但因为相对人在这之中并没有任何过错，其信赖利益仍旧需要保护，所以《行政许可法》规定，此时行政机关应当对行政相对人进行**赔偿**。

（3）对相对人信赖利益保护的前提是相对人对于行政许可的违法并无过错，即行政许可的违法并非由相对人的原因造成，如果行政许可的违法是由于相对人的原因造成的，即被许可人以欺骗、贿赂等不正当手段取得行政许可，此时行政许可应予撤销，被许可人基于行政许可取得的利益也不受保护。

2. 许可的撤回、撤销、吊销和注销的区别

行政许可的撤销是指行政许可作出时即存在违法情形，导致该许可自作出时就是违法的，因此法定机关（包括作出许可的机关、上级机关以及有权机关）将其溯及既往地予以撤销；注销许可是一种程序行为，它的原因可能是许可被撤销、许可证被吊销，或是许可的行为已经完成，等等；而吊销许可证是行政处罚的一种类型，它的原因并非许可违法，而是被许可人在进行许可活动时存在违法行为，行政机关对其进行惩戒。它们的区别可参阅下表：

| 行政许可 | 撤回 | 撤销 | 吊销 | 注销 |
| --- | --- | --- | --- | --- |
| 法律属性 | 行政行为的废止 | 行政行为的撤销 | 行政处罚 | 程序行为 |
| 发生事由 | 行政许可在作出时合法的，但由于事后行政许可所依据的法律、法规、规章修改或者废止，或者准予行政许可所依据的客观情况发生重大变化的。 | 行政许可作出时即违法，违法事由包括：(1)行政机关工作人员滥用职权、玩忽职守作出准予行政许可决定的；(2)超越法定职权作出准予行政许可决定的；(3)违反法定程序作出准予行政许可决定的；(4)对不具备申请资格或者不符合法定条件的申请人准予行政许可的。 | 行政许可做出时合法，相对人在实施许可时有违法行为。 | (1)行政许可有效期届满未延续的；(2)赋予公民特定资格的行政许可，该公民死亡或者丧失行为能力的；(3)法人或者其他组织依法终止的；(4)行政许可依法被撤销、撤回，或者行政许可证件依法被吊销的；(5)因不可抗力导致行政许可事项无法实施的；(6)法律、法规规定的应当注销行政许可的其他情形。 |
| 听证权利 | 无 | 无 | 相对人可要求听证 | 无 |
| 法律后果 | 对相对人补偿 | 对相对人赔偿 | | |

3. 许可撤销所涉及的问题

在许可撤销问题上,有以下三个问题,考生在复习时须特别注意:

(1) 基于公共利益的保护,不予撤销,即**撤销行政许可,可能对公共利益造成重大损害的,不予撤销;**

**(2) 撤销**涉及信赖保护,因此必须对被许可人的权益进行赔偿,但赔偿的前提是被许可人对许可的违法并无过错,如果行政许可的违法是由于相对人的原因造成的,即被许可人以欺骗、贿赂等不正当手段取得行政许可,此时撤销许可无须对相对人进行赔偿;

(3) 能够撤销许可的机关包括许可的作出机关、作出机关的上级机关以及有权机关,此处的"有权机关"是指如某机关超越职权为相对人颁发许可,则被越权的机关可撤销越权机关颁发的违法许可。

有关许可撤销的问题可总结为下表:

| 行政许可的撤销 | |
| --- | --- |
| 发生原因 | 行政许可作出时违法:① 行政机关工作人员滥用职权、玩忽职守作出准予行政许可决定的;② 超越法定职权作出准予行政许可决定的;③ 违反法定程序作出准予行政许可决定的;④ 对不具备申请资格或者不符合法定条件的申请人准予行政许可的。 |
| 听证权利 | 不能要求听证。 |
| 撤销机关 | ① 许可作出机关;② 许可机关的上级机关;③ 被越权机关。 |
| 不予撤销 | 撤销行政许可,可能对公共利益造成重大损害的,不予撤销。 |
| 信赖保护 | 撤销行政许可,应对相对人进行赔偿,但被许可人以欺骗、贿赂等不正当手段取得行政许可,撤销许可时不予赔偿。 |

◆ 经典真题

1. (2004-2-96) 甲厂经某市采砂许可证的法定发放机关地质矿产局批准取得了为期5年的采砂许可证,并经某区水电局等部门批准,在区江河管理站划定的区域内采砂。后因缴纳管理费问题与水电局发生纠纷,随后该水电局越权向乙厂颁发了采砂许可证,准予乙厂在甲厂被划定的区域内采砂,下列说法正确的是:(ABCD)

   A. 根据甲厂的申请,某市地质矿产局可以撤销水电局发给乙厂的采砂许可证
   B. 水电局应当撤销给乙厂发放的采砂许可证
   C. 若乙厂的采砂许可证被撤销,发放许可证的水电局应承担乙厂相应的经济损失
   D. 甲厂可以要求水电局赔偿因向乙厂颁发许可证给自己造成的经济损失

2. (2006-2-86) 根据行政许可法的规定,下列关于行政许可的撤销、撤回、注销的哪些说法是正确的?(ABD)

   A. 行政许可的撤销和撤回都涉及到被许可人实体权利
   B. 规章的修改可以作为行政机关撤回已经生效的行政许可的理由
   C. 因行政机关工作人员滥用职权授予的行政许可被撤销的,行政机关应予赔偿
   D. 注销是行政许可被撤销和撤回后的法定程序

3. (2007-2-81) 刘某参加考试并取得《医师资格证书》。后市卫生局查明刘某在报名时提

供的系虚假材料,于是向刘某送达《行政许可证件撤销告知书》。刘某提出听证申请,被拒绝。市卫生局随后撤销了刘某的《医师资格证书》。下列哪些选项是正确的?(ACD)

  A. 市卫生局有权撤销《医师资格证书》
  B. 撤销《医师资格证书》的行为应当履行听证程序
  C. 市政府有权撤销《医师资格证书》
  D. 市卫生局撤销《医师资格证书》后,应依照法定程序将其注销

  3.(2008-2-87)对下列哪些情形,行政机关应当办理行政许可的注销手续?(ABD)
  A. 张某取得律师执业证书后,发生交通事故成为植物人
  B. 田某违法经营的网吧被吊销许可证
  C. 李某依法向国土资源管理部门申请延续采矿许可,国土资源管理部门在规定期限内未予答复
  D. 刘某通过行贿取得行政许可证后,被行政机关发现并撤销其许可

  4.(2009-2-41)经甲公司申请,市建设局给其颁发建设工程规划许可证。后该局在复核中发现甲公司在申请时报送的企业法人营业执照已经超过有效期,遂依据《行政许可法》规定,撤销该公司的规划许可证,并予以注销。甲公司不服,向法院提起诉讼。市建设局撤销甲公司规划许可证的行为属于下列哪一类别?(C)

  A. 行政处罚        B. 行政强制措施
  C. 行政行为的撤销      D. 行政检查

  5.(2011-2-42)某市安监局向甲公司发放《烟花爆竹生产企业安全生产许可证》后,发现甲公司所提交的申请材料系伪造。对于该许可证的处理,下列哪一选项是正确的(B)
  A. 吊销     B. 撤销     C. 撤回     D. 注销

  6.(2015-2-47)食品药品监督管理局向一药店发放药品经营许可证。后接举报称,该药店存在大量非法出售处方药的行为,该局在调查中发现药店的药品经营许可证系提供虚假材料欺骗所得。关于对许可证的处理,该局下列哪一做法是正确的?(B)
  A. 撤回          B. 撤销
  C. 吊销          D. 待有效期限届满后注销

## 二、许可监督检查的其他问题

  1. 行政机关之间的协助义务
  ◆重点法条
  《行政许可法》
  **第64条** 被许可人在作出行政许可决定的行政机关管辖区域外违法从事行政许可事项活动的,违法行为发生地的行政机关应当依法将被许可人的违法事实、处理结果抄告作出行政许可决定的行政机关。

  2. 特定行业的行业禁止
  ◆重点法条
  《行政许可法》
  **第67条** 取得直接关系公共利益的特定行业的市场准入行政许可的被许可人,应当按照国家规定的服务标准、资费标准和行政机关依法规定的条件,向用户提供安全、方便、稳定和价

格合理的服务,并履行普遍服务的义务;未经作出行政许可决定的行政机关批准,不得擅自停业、歇业。

3. 法律责任

◆重点法条

《行政许可法》

**第78条** 行政许可申请人隐瞒有关情况或者提供虚假材料申请行政许可的,行政机关不予受理或者不予行政许可,并给予警告;行政许可申请直接关系公共安全、人身健康、生命财产安全事项的,申请人在一年内不得再次申请该行政许可。

**第79条** 被许可人以欺骗、贿赂等不正当手段取得行政许可的,行政机关应当依法给予行政处罚;取得的行政许可属于直接关系公共安全、人身健康、生命财产安全事项的,申请人在三年内不得再次申请该行政许可;构成犯罪的,依法追究刑事责任。

◆考点归纳

(1)如许可申请人在申请许可时隐瞒有关情况或者提供虚假材料,且行政许可申请直接关系公共安全、人身健康、生命财产安全事项的,许可机关不仅应作出不予受理或不予许可的决定,还可以责令申请人在1年内不得再次申请该行政许可。

(2)如许可申请人已经以欺骗、贿赂等不正当手段取得行政许可的,且取得的行政许可属于直接关系公共安全、人身健康、生命财产安全事项的,申请人在3年内不得再次申请该行政许可。

◆经典真题

(2005-2-86)根据行政许可法的规定,下列哪些说法是正确的? (AB)

A. 某区动植物检验局未按照法定标准收取许可费用,应当对其直接责任人以行政处分
B. 医生李某死亡,卫生行政主管部门应当依法注销其医师资格
C. 某省公安厅对某高校教师出国护照的审批不适用行政许可法
D. 某企业通过贿赂手段取得的烟花爆竹生产许可证被撤销后,在一年之内不得再申请该项许可

# 第五节 行政许可案件的审理

最高人民法院在2009年发布了《关于审理行政许可案件若干问题的规定》,该规定同样成为近几年行政许可部分的考查重点。

## 一、受案范围

◆重点法条

**最高人民法院《关于审理行政许可案件若干问题的规定》**

**第1条** 公民、法人或者其他组织认为行政机关作出的行政许可决定以及相应的不作为,或者行政机关就行政许可的变更、延续、撤回、注销、撤销等事项作出的有关具体行政行为及其相应的不作为侵犯其合法权益,提起行政诉讼的,人民法院应当依法受理。

**第2条** 公民、法人或者其他组织认为行政机关未公开行政许可决定或者未提供行政许可监督检查记录侵犯其合法权益,提起行政诉讼的,人民法院应当依法受理。

**第3条** 公民、法人或者其他组织仅就行政许可过程中的告知补正申请材料、听证等通知行为提起行政诉讼的,人民法院不予受理,但导致许可程序对上述主体事实上终止的除外。

**第6条第1款** 行政机关受理行政许可申请后,在法定期限内不予答复,公民、法人或者其他组织向人民法院起诉的,人民法院应当依法受理。

◆考点归纳

(1) 关于许可案件的受案范围可总结为以下表:

| 法院受理的许可案件 | 不受理的许可案件 |
| --- | --- |
| (1) 行政机关的许可决定;<br>(2) 行政机关受理行政许可申请后,在法定期限内不予答复;<br>(3) 行政机关就行政许可的变更、延续、撤回、注销、撤销等事项作出的有关具体行政行为;<br>(4) 相对人要求行政机关变更、延续、撤回、注销、撤销,行政机关不作为;<br>(5) 行政机关未公开行政许可决定;<br>(6) 行政机关未提供行政许可监督检查记录侵犯其合法权益。 | 仅就行政许可过程中的告知补正申请材料、听证等通知行为提起行政诉讼的,但导致许可程序对上述主体事实上终止的除外。 |

(2) 如果相对人仅起诉行政机关在许可过程中的告知或通知听证等行为,因这些行为是程序行为,并未对相对人的权利义务产生实质影响,因此不可诉;但如果告知或听证行为本身导致行政程序就此终结的,当事人有权对此提起诉讼。

◆经典真题

(2011-2-80)下列当事人提起的诉讼,哪些属于行政诉讼受案范围?(ACD)

A. 某造纸厂向市水利局申请发放取水许可证,市水利局作出不予许可决定,该厂不服而起诉

B. 食品药品监管局向申请餐饮服务许可证的李某告知补正申请材料的通知,李某认为通知内容违法而起诉

C. 化肥厂附近居民要求环保局提供对该厂排污许可证监督检查记录,遭到拒绝后起诉

D. 某国土资源局以建城市绿化带为由撤回向一公司发放的国有土地使用权证,该公司不服而起诉

## 二、行政许可案件的被告确认

◆重点法条

**最高人民法院《关于审理行政许可案件若干问题的规定》**

**第4条** 当事人不服行政许可决定提起诉讼的,以作出行政许可决定的机关为被告;行政许可依法须经上级行政机关批准,当事人对批准或者不批准行为不服一并提起诉讼的,以上级行政机关为共同被告;行政许可依法须经下级行政机关或者管理公共事务的组织初步审查并上报,当事人对不予初步审查或者不予上报不服提起诉讼的,以下级行政机关或者管理公共事务的组织为被告。

**第5条** 行政机关依据行政许可法第二十六条第二款规定统一办理行政许可的,当事人对行政许可行为不服提起诉讼,以对当事人作出具有实质影响的不利行为的机关为被告。

◆**考点归纳**

(1) 当事人不服行政许可决定提起诉讼的,以作出行政许可决定的机关为被告;

(2) 行政许可经上级机关批准的,如果当事人仅起诉行政许可决定,则以作出许可决定的机关为被告;但当事人对批准或者不批准行为不服一并提起诉讼的,以上级行政机关为共同被告;

(3) 行政许可须经下级行政机关或事业组织初步审查并上报才作出的,如果当事人对最后的行政许可决定不服起诉的,以作出许可决定的机关为被告;但当事人若对下级机关或管理公共事务的组织不予审查,或审查后不予上报的行为不服起诉的,以下级机关为被告;

(4) 行政许可涉及政府的多个工作部门的,政府可指定一个部门统一办理许可,当事人嗣后对许可行为不服起诉的,应以对自己作出具有实质影响的不利行为的机关为被告。

| 许可案件的被告确认 | |
| --- | --- |
| 事由 | 被告 |
| 当事人不服行政许可决定提起诉讼的 | 作出行政许可决定的机关 |
| 行政许可经上级机关批准的,当事人对批准或者不批准行为不服一并提起诉讼的 | 上级与下级机关为共同被告 |
| 行政许可须经下级行政机关或事业组织初步审查并上报才作出的,当事人对不予初步审查或者不予上报不服提起诉讼的,以下级行政机关或者管理公共事务的组织为被告 | 下级行政机关或者管理公共事务的组织 |
| 联合办公的 | 作出具有实质影响的不利行为的机关 |

### 三、行政许可案件的证据制度

(一) 法院不予认可的作为许可依据的证据

◆**重点法条**

**最高人民法院《关于审理行政许可案件若干问题的规定》**

**第7条** 作为被诉行政许可行为基础的其他行政决定或者文书存在以下情形之一的,人民法院不予认可:

(一) 明显缺乏事实根据;

(二) 明显缺乏法律依据;

(三) 超越职权;

(四) 其他重大明显违法情形。

◆**考点归纳**

作为被诉许可行为基础的可能是其他机关的行政决定或文书,但并非只要有行政机关的决定或文书作依据,法院就要采纳这些证据,法院仍要对这些决定或文书的合法性进行审查,如果存在明显和重大违法,法院不予认可,而被诉的许可决定也因为无合法的依据而违法。但此处值得注意的是,由于这些决定或文书并非许可案件的审理对象,因此法院不能直接宣告其无效或是予以撤销。

### (二) 第三人的举证权利和人民法院在许可案件中调取证据的权利

◆重点法条

**最高人民法院《关于审理行政许可案件若干问题的规定》**

**第8条** 被告不提供或者无正当理由逾期提供证据的,与被诉行政许可行为有利害关系的第三人可以向人民法院提供;第三人对无法提供的证据,可以申请人民法院调取;人民法院在当事人无争议,但涉及国家利益、公共利益或者他人合法权益的情况下,也可以依职权调取证据。

第三人提供或者人民法院调取的证据能够证明行政许可行为合法的,人民法院应当判决驳回原告的诉讼请求。

◆考点归纳

(1) 被告不提供或者无正当理由逾期提供证据的,与被诉行政许可行为有利害关系的第三人可以向人民法院提供。此条的意旨为:行政许可决定通常对申请人授益,但却会给其他利害关系人带来不利影响,如果利害关系人起诉,则获得许可的申请人为案件第三人,在案件审理中,如果被告行政机关怠于履行举证责任,则会使作为案件第三人的许可获得者权利受损,因此,他可以向人民法院提供相关证据。

(2) 第三人对无法提供的证据,可以申请人民法院调取;人民法院在当事人无争议,但涉及国家利益、公共利益或者他人合法权益的情况下,也可以依职权调取证据。

(3) 第三人提供或者人民法院调取的证据能够证明行政许可行为合法的,人民法院应当判决驳回原告的诉讼请求。此条的意旨为:与被诉行政许可行为有利害关系的第三人可以向法院提供相关证据,或者可以申请法院调取证据,如果这些证据足以证明许可行为合法,法院应判决驳回原告的诉讼请求,而不是维持原许可决定,因在此类案件中,原告并不是许可的获得者。

## 四、行政许可案件的法律适用

◆重点法条

**最高人民法院《关于审理行政许可案件若干问题的规定》**

**第9条** 人民法院审理行政许可案件,应当以申请人提出行政许可申请后实施的新的法律规范为依据;行政机关在旧的法律规范实施期间,无正当理由拖延审查行政许可申请至新的法律规范实施,适用新的法律规范不利于申请人的,以旧的法律规范为依据。

◆考点归纳

法院在审理许可案件时,判决许可决定是否合法,原则上应以申请人提出许可申请后实施的新法为依据,如果申请人提出许可申请后,实施的仍旧是旧法,就以旧法为依据,简言之,要以申请人提出许可申请后有效的法律为依据;但行政机关在旧的法律规范实施期间,无正当理由拖延审查行政许可申请至新的法律规范实施,适用新的法律规范不利于申请人的,以旧的法律规范为依据。

## 五、行政许可案件的判决

◆**重点法条**

**最高人民法院《关于审理行政许可案件若干问题的规定》**

**第 10 条** 被诉准予行政许可决定违反当时的法律规范但符合新的法律规范的,判决确认该决定违法;准予行政许可决定不损害公共利益和利害关系人合法权益的,判决驳回原告的诉讼请求。

**第 11 条** 人民法院审理不予行政许可决定案件,认为原告请求准予许可的理由成立,且被告没有裁量余地的,可以在判决理由写明,并判决撤销不予许可决定,责令被告重新作出决定。

**第 12 条** 被告无正当理由拒绝原告查阅行政许可决定及有关档案材料或者监督检查记录的,人民法院可以判决被告在法定或者合理期限内准予原告查阅。

**第 13 条第 2 款** 在行政许可案件中,当事人请求一并解决有关民事赔偿问题的,人民法院可以合并审理。

◆**考点归纳**

(1)被诉准予许可的决定违反当时的法律规范,本应予以撤销,但此决定又符合新的法律规范,所以应判决确认违法。

(2)准予行政许可决定不损害公共利益和利害关系人合法权益的,判决驳回原告的诉讼请求。这一情形是指作为许可利害关系人对行政机关作出的准予申请人许可的决定不服起诉,但法院经审查认为,准予行政许可决定并不损害公共利益和利害关系人合法权益的,本应维持,但诉讼原告并非许可的获得者,而是利害关系人,因此,法院应判决驳回原告的诉讼请求。

(3)如果原告起诉行政机关不予许可的决定,法院经审查,认为原告理由成立,且被告对是否作出许可也并没有裁量空间,但法院不能直接就准予原告许可,或是责令行政机关为原告颁发许可,否则就会逾越法院应恪守的界限,而应当在判决中注明理由,并判决撤销不予许可决定,责令被告重新作出决定。

(4)被告无正当理由拒绝原告查阅行政许可决定及有关档案材料或者监督检查记录的,人民法院可以判决被告在法定或者合理期限内准予原告查阅。

| 行政诉讼的判决 ||
| --- | --- |
| 事由 | 判决类型 |
| 被诉准予行政许可决定违反当时的法律规范,但符合新的法律规范的 | 确认违法 |
| 利害关系人起诉准予行政许可的决定,法院认为该决定不损害公共利益和利害关系人合法权益的 | 驳回原告的诉讼请求 |
| 申请人起诉行政机关不予许可的决定,法院经审查,认为原告理由成立,且被告对是否作出许可也并没有裁量空间 | 判决撤销不予许可决定,责令被告重新作出决定 |
| 被告无正当理由拒绝原告查阅行政许可决定及有关档案材料或者监督检查记录的 | 履行判决(判决被告在法定或者合理期限内准予原告查阅) |
| 在行政许可案件中,当事人请求一并解决有关民事赔偿问题的 | 行政诉讼附带民事诉讼 |

## 六、行政许可案件的赔偿责任

◆**重点法条**

**最高人民法院《关于审理行政许可案件若干问题的规定》**

**第13条第1款** 被告在实施行政许可过程中,与他人恶意串通共同违法侵犯原告合法权益的,应当承担连带赔偿责任;被告与他人违法侵犯原告合法权益的,应当根据其违法行为在损害发生过程和结果中所起作用等因素,确定被告的行政赔偿责任;被告已经依照法定程序履行审慎合理的审查职责,因他人行为导致行政许可决定违法的,不承担赔偿责任。

◆**考点归纳**

(1)被告在实施行政许可过程中,与他人恶意串通共同违法侵犯原告合法权益的,应当承担连带赔偿责任;

(2)被告与他人违法侵犯原告合法权益的,应当根据其违法行为在损害发生过程和结果中所起作用等因素,确定被告的行政赔偿责任;

(3)被告已经依照法定程序履行审慎合理的审查职责,因他人行为导致行政许可决定违法的,不承担赔偿责任。

## 七、行政许可撤回后的补偿问题

(一)补偿的程序

◆**重点法条**

**最高人民法院《关于审理行政许可案件若干问题的规定》**

**第14条** 行政机关依据行政许可法第八条第二款规定变更或者撤回已经生效的行政许可,公民、法人或者其他组织仅主张行政补偿的,应当先向行政机关提出申请;行政机关在法定期限或者合理期限内不予答复或者对行政机关作出的补偿决定不服的,可以依法提起行政诉讼。

(二)补偿的范围与标准。

◆**重点法条**

**最高人民法院《关于审理行政许可案件若干问题的规定》**

**第15条** 法律、法规、规章或者规范性文件对变更或者撤回行政许可的补偿标准未作规定的,一般在实际损失范围内确定补偿数额;行政许可属于行政许可法第十二条第(二)项规定情形的,一般按照实际投入的损失确定补偿数额。

# 第六章 行政强制法

**【复习提要】**

行政强制是行政机关为达到行政管理的目的,而对相对人的人身或财产实施控制或限制的行为。因为严重涉及相对人的权益,规范行政强制行为,保护相对人合法权益就成为《行政强制法》的立法目的。《行政强制法》于2012年颁布施行,在行政行为法中属于最新的法律规范,因此一直是近年司考的重点。本章内容包括行政强制的类型与设定;行政强制措施的实施与程序;行政强制执行的实施与程序。其中行政强制措施与行政强制执行的行为属性与种类辨别,各自的设定与实施程序,特殊的行政强制措施的实施、行政机关自己有强制执行权的执行程序,以及申请人民法院强制执行具体行政行为的程序均是本章重点以及考试要点。

## 第一节 行政强制的类型与设定

### 一、行政强制的类型

◆**重点法条**

《行政强制法》

**第2条** 本法所称行政强制,包括行政强制措施和行政强制执行。

行政强制措施,是指行政机关在行政管理过程中,为制止违法行为、防止证据损毁、避免危害发生、控制危险扩大等情形,依法对公民的人身自由实施暂时性限制,或者对公民、法人或者其他组织的财物实施暂时性控制的行为。

行政强制执行,是指行政机关或者行政机关申请人民法院,对不履行行政决定的公民、法人或者其他组织,依法强制履行义务的行为。

◆**知识要点**

行政强制包括强制措施和强制执行,二者的特征如下:

(1) 行政强制措施,是指行政机关在行政管理过程中,为制止违法行为、防止证据损毁、避免危害发生、控制危险扩大等情形,依法对公民的人身自由实施暂时性限制,或者对公民、法人或者其他组织的财物实施暂时性控制的行为。

(2) 行政强制执行,是指行政机关或者行政机关申请人民法院,对不履行行政决定的公民、法人或者其他组织,依法强制履行义务的行为。

◆**考点归纳**

综合下文内容,强制措施与强制执行的差异可归纳为下表:

| 差异 | 行政强制措施 | 行政强制执行 |
|---|---|---|
| 目的 | 为制止违法行为、防止证据损毁、避免危害发生、控制危险扩大 | 迫使相对人履行义务或达到与履行义务相同的状态 |
| 手段 | 对人身自由实施暂时性限制,或者对财物实施暂时性控制 | 完整的行政决定 |
| 种类 | (1) 限制公民人身自由;<br>(2) 查封场所、设施或者财物;<br>(3) 扣押财物;<br>(4) 冻结存款、汇款;<br>(5) 其他行政强制措施。 | (1) 加处罚款或者滞纳金;<br>(2) 划拨存款、汇款;<br>(3) 拍卖或者依法处理查封、扣押的场所、设施或者财物;<br>(4) 排除妨碍、恢复原状;<br>(5) 代履行;<br>(6) 其他强制执行方式。 |
| 设定依据 | 法律、行政法规和地方性法规可设定 | 只有法律能够设定 |

## 二、比例原则的适用

◆重点法条

《行政强制法》

第5条 行政强制的设定和实施,应当适当。采用非强制手段可以达到行政管理目的的,不得设定和实施行政强制。

第16条第2款 违法行为情节显著轻微或者没有明显社会危害的,可以不采取行政强制措施。

◆知识要点

《行政强制法》的很多规定都体现了行政法中的比例原则,即"最小侵害"与"过度禁止",上文所列的两款规定是最集中的表现:

(1) 行政强制的设定和实施,应当适当。采用非强制手段可以达到行政管理目的的,不得设定和实施行政强制;

(2) 违法行为情节显著轻微或者没有明显社会危害的,可以不采取行政强制措施;

## 三、行政强制措施的种类与设定

◆重点法条

《行政强制法》

第9条 行政强制措施的种类:

(一) 限制公民人身自由;

(二) 查封场所、设施或者财物;

(三) 扣押财物;

(四) 冻结存款、汇款;

(五) 其他行政强制措施。

**第 10 条** 行政强制措施由法律设定。

尚未制定法律,且属于国务院行政管理职权事项的,行政法规可以设定除本法第九条第一项、第四项和应当由法律规定的行政强制措施以外的其他行政强制措施。

尚未制定法律、行政法规,且属于地方性事务的,地方性法规可以设定本法第九条第二项、第三项的行政强制措施。

法律、法规以外的其他规范性文件不得设定行政强制措施。

**第 11 条** 法律对行政强制措施的对象、条件、种类作了规定的,行政法规、地方性法规不得作出扩大规定。

法律中未设定行政强制措施的,行政法规、地方性法规不得设定行政强制措施。但是,法律规定特定事项由行政法规规定具体管理措施的,行政法规可以设定除本法第九条第一项、第四项和应当由法律规定的行政强制措施以外的其他行政强制措施。

◆知识要点

(1) 行政强制措施的种类包括:① 限制公民人身自由;② 查封场所、设施或者财物;③ 扣押财物;④ 冻结存款、汇款;⑤ 其他行政强制措施。这些措施均是对公民的人身自由实施暂时性限制,或者对公民、法人或者其他组织的财物实施暂时性控制的行为。

(2) **行政强制措施由法律和法规设定。法律可设定所有的强制措施,行政法规不能设定限制人身自由与冻结存款、汇款的强制措施;地方性法规只能设定查封场所、设施或者财物与扣押财物的强制措施;规章和其他规范性文件不能设定强制措施。**

(3) 行政法规、地方性法规可对法律设定的强制措施进行具体细化,但不能扩大对象、条件和种类。

| 法律规范 | 强制措施的创设 | 强制措施的规定 |
| --- | --- | --- |
| 法律 | 可创设所有的行政强制措施 | |
| 行政法规 | **除限制人身自由与冻结存款、汇款以外的其他强制措施** | 可对法律设定的强制措施进行具体细化,但不能扩大对象、条件和种类。 |
| 地方性法规 | 只能设定查封场所、设施或者财物与扣押财物的强制措施 | |
| 规章和其他规范性文件 | 不能设定行政强制措施 | 不能规定行政强制措施 |

◆考点归纳

(1) 相比《行政处罚法》和《行政许可法》,《行政强制法》对规章的设定权进行了更加严格的限定,规章不仅完全不能创设行政强制措施,也不能对上位法规定的行政强制措施进行细化。

(2) 法律对行政强制措施的对象、条件、种类作了规定的,行政法规、地方性法规不得作出扩大规定。

◆经典真题

1. (2012-2-99)某交通局在检查中发现张某所驾驶货车无道路运输证,遂扣留了张某驾驶证和车载货物,要求张某缴纳罚款 1 万元。张某拒绝缴纳,交通局将车载货物拍卖抵缴罚款。下列说法正确的有:(ABD)

A. 扣留驾驶证的行为为行政强制措施　　B. 扣留车载货物的行为为行政强制措施
C. 拍卖车载货物的行为为行政强制措施　　D. 拍卖车载货物的行为为行政强制执行

2. (2013-2-43) 李某长期吸毒, 多次自费戒毒均未成功。某公安局在一次检查中发现后, 将李某送至强制隔离戒毒所进行强制隔离戒毒。强制隔离戒毒属于下列哪一性质的行为？(B)
A. 行政处罚　　B. 行政强制措施　　C. 行政强制执行　　D. 行政许可

3. (2016-2-46) 下列哪一行政行为不属于行政强制措施？(B)
A. 审计局封存转移会计凭证的被审计单位的有关资料
B. 公安交通执法大队暂扣酒后驾车的贾某机动车驾驶证6个月
C. 税务局扣押某企业价值相当于应纳税款的商品
D. 公安机关对醉酒的王某采取约束性措施至酒醒

## 四、行政强制执行的种类与设定

◆**重点法条**

《行政强制法》

**第12条**　行政强制执行的方式：
(一) 加处罚款或者滞纳金；
(二) 划拨存款、汇款；
(三) 拍卖或者依法处理查封、扣押的场所、设施或者财物；
(四) 排除妨碍、恢复原状；
(五) 代履行；
(六) 其他强制执行方式。

**第13条**　行政强制执行由法律设定。
法律没有规定行政机关强制执行的, 作出行政决定的行政机关应当申请人民法院强制执行。

◆**知识要点**

(1) 强制执行是对人身与财产的直接处理：① 加处罚款或者滞纳金；② 划拨存款、汇款；③ 拍卖或者依法处理查封、扣押的场所、设施或者财物；④ 排除妨碍、恢复原状；⑤ 代履行；⑥ 其他强制执行方式。在上述强制执行的方式中, 加处罚款、滞纳金以及代履行属于间接强制, 即通过间接手段, 批示相对人履行义务或达到与履行义务相同的状态, 而其他的方式均属于直接强制, 即行政机关直接对相对人的人身或财产实施强制。

(2) 行政强制执行只能由法律设定, 行政法规、地方性法规也不再拥有此项权限。

## 第二节　行政强制措施的实施和程序

### 一、行政强制措施的实施

◆**重点法条**

《行政强制法》

**第17条**　行政强制措施由法律、法规规定的行政机关在法定职权范围内实施。行政强制措施权不得委托。

依据《中华人民共和国行政处罚法》的规定行使相对集中行政处罚权的行政机关,可以实施法律、法规规定的与行政处罚权有关的行政强制措施。

行政强制措施应当由行政机关具备资格的行政执法人员实施,其他人员不得实施。

**第70条** 法律、行政法规授权的具有管理公共事务职能的组织在法定授权范围内,以自己的名义实施行政强制,适用本法有关行政机关的规定。

◆**知识要点**

(1)如上文所述,只有法律、法规可以设定行政强制措施,因此行政强制措施由法律、法规规定的行政机关在法定职权范围内实施。

(2)行政强制措施权不得委托。这一点与《行政处罚法》与《行政许可法》的规定均不同,《行政处罚法》规定行政处罚权可委托给具有公共管理职能的事业组织,《行政许可法》规定许可权只能委托给其他行政机关,而强制措施权则完全不得委托。从处罚到许可再到强制,关于委托的规定越来越严格。

(3)《行政处罚法》规定,国务院或者经国务院授权的省、自治区、直辖市人民政府可以决定一个行政机关行使有关行政机关的行政处罚权,此时,行使相对集中行政处罚权的行政机关,可以实施法律、法规规定的与行政处罚权有关的行政强制措施。

(4)行政强制措施应当由行政机关具备资格的行政执法人员实施,其他人员不得实施。

## 二、行政强制措施的程序

(一)一般程序

◆**重点法条**

《行政强制法》

**第18条** 行政机关实施行政强制措施应当遵守下列规定:

(一)实施前须向行政机关负责人报告并经批准;

(二)由两名以上行政执法人员实施;

(三)出示执法身份证件;

(四)通知当事人到场;

(五)当场告知当事人采取行政强制措施的理由、依据以及当事人依法享有的权利、救济途径;

(六)听取当事人的陈述和申辩;

(七)制作现场笔录;

(八)现场笔录由当事人和行政执法人员签名或者盖章,当事人拒绝的,在笔录中予以注明;

(九)当事人不到场的,邀请见证人到场,由见证人和行政执法人员在现场笔录上签名或者盖章;

(十)法律、法规规定的其他程序。

**第19条** 情况紧急,需要当场实施行政强制措施的,行政执法人员应当在二十四小时内向行政机关负责人报告,并补办批准手续。行政机关负责人认为不应当采取行政强制措施的,应当立即解除。

◆ **知识要点**

一般程序是行政机关在实施所有行政强制措施时均应遵循的程序步骤和基本要求。这些要求可概括为以下方面：

（1）实施前须向行政机关负责人报告并经批准（情况紧急，需要当场实施行政强制措施的，行政执法人员应当在24小时内向行政机关负责人报告，并补办批准手续。行政机关负责人认为不应当采取行政强制措施的，应当立即解除）。

（2）由两名以上行政执法人员实施。

（3）出示执法身份证件。

（4）通知当事人到场，并当场告知当事人采取行政强制措施的理由、依据以及当事人依法享有的权利、救济途径。

（5）听取当事人的陈述和申辩。

（6）制作现场笔录，现场笔录由当事人和行政执法人员签名或者盖章，当事人拒绝的，在笔录中予以注明；当事人不到场的，邀请见证人到场，由见证人和行政执法人员在现场笔录上签名或者盖章。

◆ **考点归纳**

（1）行政强制措施在实施前原则上均须向行政机关负责人报告并经批准，但情况紧急，需要当场实施行政强制措施的，行政执法人员应当在24小时内向行政机关负责人报告，并补办批准手续。后者属于行政法中所说的"即时强制"。

（2）实施强制措施均应制作现场笔录，笔录原则上要有当事人和行政执法人员签名或者盖章，但当事人拒绝的，现场笔录并非就没有证据效力，行政机关只要在笔录中予以注明即可。

| 行政强制措施的一般程序 | （1）实施前须向行政机关负责人报告并经批准；情况紧急的，在实施后24小时内补办手续。<br>（2）由两名以上执法人员实施。<br>（3）通知当事人到场；当事人不到场的，邀请见证人。<br>（4）出示证件、表明身份、说明理由、告知权利。<br>（5）制作现场笔录。 |
| --- | --- |

（二）涉及人身自由的强制措施的实施程序

◆ **重点法条**

《**行政强制法**》

**第20条** 依照法律规定实施限制公民人身自由的行政强制措施，除应当履行本法第十八条规定的程序外，还应当遵守下列规定：

（一）当场告知或者实施行政强制措施后立即通知当事人家属实施行政强制措施的行政机关、地点和期限；

（二）在紧急情况下当场实施行政强制措施的，在返回行政机关后，立即向行政机关负责人报告并补办批准手续；

（三）法律规定的其他程序。

实施限制人身自由的行政强制措施不得超过法定期限。实施行政强制措施的目的已经达到或者条件已经消失,应当立即解除。

◆**知识要点**

涉及人身自由的强制措施在实践中包括留置、强制隔离、强制带离现场、强制戒毒,等等。行政机关在实施这些强制措施时,除应满足上述一般要求和程序外,还应特别注意如下问题:

(1)当场告知或者实施行政强制措施后立即通知当事人家属实施行政强制措施的行政机关、地点和期限;

(2)在紧急情况下当场实施行政强制措施的,在返回行政机关后,立即向行政机关负责人报告并补办批准手续;

(3)实施限制人身自由的行政强制措施不得超过法定期限;

(4)实施行政强制措施的目的已经达到或者条件已经消失,应当立即解除。

| 限制人身自由的强制措施 | (1)通知制度:当场告知或者实施行政强制措施后立即通知当事人家属实施行政强制措施的行政机关、地点和期限;<br>(2)补办手续:紧急情况下实施强制措施,在返回行政机关后,立即向行政机关负责人报告并补办批准手续;<br>(3)合理期限:不得超过法定期限;<br>(4)及时解除:实施行政强制措施的目的已经达到或者条件已经消失,应当立即解除。 |
| --- | --- |

(三)查封、扣押

◆**重点法条**

《行政强制法》

**第22条** 查封、扣押应当由法律、法规规定的行政机关实施,其他任何行政机关或者组织不得实施。

**第23条** 查封、扣押限于涉案的场所、设施或者财物,不得查封、扣押与违法行为无关的场所、设施或者财物;不得查封、扣押公民个人及其所扶养家属的生活必需品。

当事人的场所、设施或者财物已被其他国家机关依法查封的,不得重复查封。

**第24条** 行政机关决定实施查封、扣押的,应当履行本法第十八条规定的程序,制作并当场交付查封、扣押决定书和清单。

查封、扣押决定书应当载明下列事项:

(一)当事人的姓名或者名称、地址;

(二)查封、扣押的理由、依据和期限;

(三)查封、扣押场所、设施或者财物的名称、数量等;

(四)申请行政复议或者提起行政诉讼的途径和期限;

(五)行政机关的名称、印章和日期。

查封、扣押清单一式二份,由当事人和行政机关分别保存。

**第25条** 查封、扣押的期限不得超过三十日;情况复杂的,经行政机关负责人批准,可以延长,但是延长期限不得超过三十日。法律、行政法规另有规定的除外。

延长查封、扣押的决定应当及时书面告知当事人,并说明理由。

对物品需要进行检测、检验、检疫或者技术鉴定的,查封、扣押的期间不包括检测、检验、检疫或者技术鉴定的期间。检测、检验、检疫或者技术鉴定的期间应当明确,并书面告知当事人。检测、检验、检疫或者技术鉴定的费用由行政机关承担。

**第26条** 对查封、扣押的场所、设施或者财物,行政机关应当妥善保管,不得使用或者损毁;造成损失的,应当承担赔偿责任。

对查封的场所、设施或者财物,行政机关可以委托第三人保管,第三人不得损毁或者擅自转移、处置。因第三人的原因造成的损失,行政机关先行赔付后,有权向第三人追偿。

因查封、扣押发生的保管费用由行政机关承担。

**第27条** 行政机关采取查封、扣押措施后,应当及时查清事实,在本法第二十五条规定的期限内作出处理决定。对违法事实清楚,依法应当没收的非法财物予以没收;法律、行政法规规定应当销毁的,依法销毁;应当解除查封、扣押的,作出解除查封、扣押的决定。

**第28条** 有下列情形之一的,行政机关应当及时作出解除查封、扣押决定:

(一) 当事人没有违法行为;
(二) 查封、扣押的场所、设施或者财物与违法行为无关;
(三) 行政机关对违法行为已经作出处理决定,不再需要查封、扣押;
(四) 查封、扣押期限已经届满;
(五) 其他不再需要采取查封、扣押措施的情形。

解除查封、扣押应当立即退还财物;已将鲜活物品或者其他不易保管的财物拍卖或者变卖的,退还拍卖或者变卖所得款项。变卖价格明显低于市场价格,给当事人造成损失的,应当给予补偿。

◆**知识要点**

查封、扣押的对象是场所、设施和财物。查封、扣押时除应遵守一般程序要求外,须注意的事项可总结为下表:

| 查封、扣押程序 | |
|---|---|
| 实施机关 | 由法律、法规规定的行政机关 |
| 实施禁止 | (1) 不得查封、扣押与违法行为无关的场所、设施或者财物;不得查封、扣押公民个人及其所扶养家属的生活必需品;<br>(2) 当事人的场所、设施或者财物已被其他国家机关依法查封的,不得重复查封。 |
| 程序要求 | 当场交付查封、扣押决定书和清单;查封、扣押清单一式两份,由当事人和行政机关分别保存。 |
| 查封扣押时间 | 不得超过30日;情况复杂的,经行政机关负责人批准,可以延长,但是延长期限不得超过30日。法律、行政法规另有规定的除外。 |
| 物品保管 | 对查封、扣押的场所、设施或者财物,行政机关应当妥善保管;对查封的场所、设施或者财物,行政机关可以委托第三人保管。 |
| 后续处理 | (1) 对违法事实清楚,依法应当没收的非法财物予以没收;<br>(2) 法律、行政法规规定应当销毁的,依法销毁;<br>(3) 应当解除查封、扣押的,作出解除查封、扣押的决定。 |
| 费用承担 | (1) 因查封、扣押发生的保管费用由行政机关承担。<br>(2) 检测、检验、检疫或者技术鉴定的费用由行政机关承担。 |

### ◆ 考点归纳

（1）查封、扣押限于涉案的场所、设施或者财物，不得查封、扣押与违法行为无关的场所、设施或者财物；不得查封、扣押公民个人及其所扶养家属的生活必需品；当事人的场所、设施或者财物已被其他国家机关依法查封的，不得重复查封。

（2）行政机关决定实施查封、扣押的，应当履行《行政强制法》第18条规定的程序，制作并当场交付查封、扣押决定书和清单。

（3）查封、扣押的期限不得超过30日；情况复杂的，经行政机关负责人批准，可以延长；但是延长期限不得超过30日；法律、行政法规另有规定的除外。因此，查封扣押的最长时间一般为60日。

（4）因查封、扣押发生的保管以及对物品的检测、检验、检疫或者技术鉴定的费用均由行政机关承担。

### ◆ 经典真题

1.（2012-2-80）某工商局以涉嫌非法销售汽车为由扣押某公司5辆汽车。下列哪些说法是错误的？（ABD）

A. 工商局可以委托城管执法局实施扣押

B. 工商局扣押汽车的最长期限为90日

C. 对扣押车辆，工商局可以委托第三人保管

D. 对扣押车辆进行检测的费用，由某公司承担

2.（2013-2-80）某工商分局接举报称肖某超范围经营，经现场调查取证初步认定举报属实，遂扣押与其经营相关物品，制作扣押财物决定及财物清单。关于扣押程序，下列哪些说法是正确的？（ABD）

A. 扣押时应当通知肖某到场

B. 扣押清单一式二份，由肖某和该工商分局分别保存

C. 对扣押物品发生的合理保管费用，由肖某承担

D. 该工商分局应当妥善保管扣押的物品

3.（2014-2-47）某区公安分局以非经许可运输烟花爆竹为由，当场扣押孙某杂货店的烟花爆竹100件。关于此扣押，下列哪一说法是错误的？（A）

A. 执法人员应当在返回该分局后立即向该分局负责人报告并补办批准手续

B. 扣押时应当制作现场笔录

C. 扣押时应当制作并当场交付扣押决定书和清单

D. 扣押应当由某区公安分局具备资格的行政执法人员实施

4.（2015-2-78）某公安交管局交通大队民警发现王某驾驶的电动三轮车未悬挂号牌，遂作出扣押的强制措施。关于扣押应遵守的程序，下列哪些说法是正确的？（ABC）

A. 由两名以上交通大队行政执法人员实施扣押

B. 当场告知王某扣押的理由和依据

C. 当场向王某交付扣押决定书

D. 将三轮车及其车上的物品一并扣押，当场交付扣押清单

5.（2016-2-82）某工商局因陈某擅自设立互联网上网服务营业场所扣押其从事违法经营活动的电脑15台，后作出没收被扣电脑的决定。下列哪些说法是正确的？（AC）

A. 工商局应制作并当场交付扣押决定书和扣押清单
B. 因扣押电脑数量较多,作出扣押决定前工商局应告知陈某享有要求听证的权利
C. 对扣押的电脑,工商局不得使用
D. 因扣押行为系过程性行政行为,陈某不能单独对扣押行为提起行政诉讼

(四) 冻结

◆ 重点法条
**《行政强制法》**
**第29条** 冻结存款、汇款应当由法律规定的行政机关实施,不得委托给其他行政机关或者组织;其他任何行政机关或者组织不得冻结存款、汇款。

冻结存款、汇款的数额应当与违法行为涉及的金额相当;已被其他国家机关依法冻结的,不得重复冻结。

**第30条** 行政机关依照法律规定决定实施冻结存款、汇款的,应当履行本法第十八条第一项、第二项、第三项、第七项规定的程序,并向金融机构交付冻结通知书。

金融机构接到行政机关依法作出的冻结通知书后,应当立即予以冻结,不得拖延,不得在冻结前向当事人泄露信息。

法律规定以外的行政机关或者组织要求冻结当事人存款、汇款的,金融机构应当拒绝。

**第31条** 依照法律规定冻结存款、汇款的,作出决定的行政机关应当在三日内向当事人交付冻结决定书。冻结决定书应当载明下列事项:

(一) 当事人的姓名或者名称、地址;
(二) 冻结的理由、依据和期限;
(三) 冻结的账号和数额;
(四) 申请行政复议或者提起行政诉讼的途径和期限;
(五) 行政机关的名称、印章和日期。

**第32条** 自冻结存款、汇款之日起三十日内,行政机关应当作出处理决定或者作出解除冻结决定;情况复杂的,经行政机关负责人批准,可以延长,但是延长期限不得超过三十日。法律另有规定的除外。

延长冻结的决定应当及时书面告知当事人,并说明理由。

**第33条** 有下列情形之一的,行政机关应当及时作出解除冻结决定:

(一) 当事人没有违法行为;
(二) 冻结的存款、汇款与违法行为无关;
(三) 行政机关对违法行为已经作出处理决定,不再需要冻结;
(四) 冻结期限已经届满;
(五) 其他不再需要采取冻结措施的情形。

行政机关作出解除冻结决定的,应当及时通知金融机构和当事人。金融机构接到通知后,应当立即解除冻结。

◆ 知识要点
冻结所涉及的对象是存款和汇款。行政机关实施冻结措施时除应遵守一般程序要求外,须注意的事项可总结为下表:

| 冻结程序 | |
|---|---|
| 实施机关 | 由法律规定的行政机关实施。 |
| 程序要求 | （1）实施前须向行政机关负责人报告并经批准；<br>（2）由两名以上行政执法人员实施；<br>（3）出示执法身份证件；<br>（4）向金融机构交付冻结通知书；<br>（5）制作现场笔录；<br>（6）作出决定的行政机关应当在3日内向当事人交付冻结决定书。 |
| 实施禁止 | 冻结存款、汇款的数额应当与违法行为涉及的金额相当；已被其他国家机关依法冻结的，不得重复冻结。 |
| 协助义务 | 金融机构接到行政机关依法作出的冻结通知书后，应当立即予以冻结，不得拖延，不得在冻结前向当事人泄露信息。 |
| 冻结时间 | 自冻结存款、汇款之日起30日内，行政机关应当作出处理决定或者作出解除冻结决定；情况复杂的，经行政机关负责人批准，可以延长，但是延长期限不得超过30日。法律另有规定的除外。 |
| 后续处理 | 行政机关应当作出处理决定或者作出解除冻结决定。 |

◆**考点归纳**

（1）冻结存款、汇款的数额应当与违法行为涉及的金额相当；已被其他国家机关依法冻结的，不得重复冻结。

（2）行政机关依照法律规定决定实施冻结存款、汇款的，应当履行上述一般程序，并向金融机构交付**冻结通知书**。

（3）依照法律规定冻结存款、汇款的，作出决定的行政机关应当在**3日内向当事人交付冻结决定书**。

（4）自冻结存款、汇款之日起30日内，行政机关应当作出处理决定或者作出解除冻结决定；情况复杂的，经行政机关负责人批准，可以延长，但是延长期限不得超过30日；法律另有规定的除外。因此，冻结存款汇款的最长时间一般为60日。

## 第三节 行政强制执行的程序

### 一、行政强制执行的实施主体

◆**重点法条**

《**行政强制法**》

**第34条** 行政机关依法作出行政决定后，当事人在行政机关决定的期限内不履行义务的，具有行政强制执行权的行政机关依照本章规定强制执行。

**第44条** 对违法的建筑物、构筑物、设施等需要强制拆除的，应当由行政机关予以公告，限期当事人自行拆除。当事人在法定期限内不申请行政复议或者提起行政诉讼，又不拆除的，行政机关可以依法强制拆除。

**第46条第3款** 没有行政强制执行权的行政机关应当申请人民法院强制执行。但是,当事人在法定期限内不申请行政复议或者提起行政诉讼,经催告仍不履行的,在实施行政管理过程中已经采取查封、扣押措施的行政机关,可以将查封、扣押的财物依法拍卖抵缴罚款。

**第53条** 当事人在法定期限内不申请行政复议或者提起行政诉讼,又不履行行政决定的,没有行政强制执行权的行政机关可以自期限届满之日起三个月内,依照本章规定申请人民法院强制执行。

**第70条** 法律、行政法规授权的具有管理公共事务职能的组织在法定授权范围内,以自己的名义实施行政强制,适用本法有关行政机关的规定。

◆知识要点

(1)原则:根据《行政强制法》的规定,相对人在法定期限内既不申请复议、提起诉讼,又不履行行政法上的义务的,行政机关原则上须申请人民法院强制执行,除非法律明确规定行政机关有强制执行权。因此,我国的强制执行制度是"以申请人民法院强制执行为原则,以行政机关自己强制执行为例外"。

(2)例外:根据上述原则,如果行政机关无强制执行权,应当申请人民法院强制执行。但是,《行政强制法》第46条第3款又作了例外授权,规定如行政机关作出了金钱给付义务的决定,当事人在法定期限内不申请行政复议或者提起行政诉讼,经催告仍不履行的,在实施行政管理过程中已经采取查封、扣押措施的行政机关,行政机关可以将查封、扣押的财物依法拍卖抵缴罚款,而不用再申请人民法院强制执行。但这一条的适用有严格限制,下文有详细解析。

(3)对违法的建筑物、构筑物、设施等需要强制拆除的,应当由行政机关予以公告,限期当事人自行拆除。当事人在法定期限内不申请行政复议或者提起行政诉讼,又不拆除的,行政机关可以依法强制拆除,而无须申请法院强制执行。

| 强制执行原则 | 例外 |
| --- | --- |
| 行政机关申请法院强制执行 | (1)公安(国安)、海关、税务有强制执行权,可自己强制执行。<br>(2)行政机关无强制执行权,但实施行政管理过程中已经采取查封、扣押措施的,之后作出金钱给付义务决定,当事人不履行的,行政机关可以将查封、扣押的财物依法拍卖抵缴罚款,而不用再申请人民法院拍卖或处理。<br>(3)对违法的建筑物、构筑物、设施等需要强制拆除的,行政机关公告后,当事人仍不拆除的,行政机关可强制拆除。 |

## 二、行政机关自己强制执行的一般程序

◆重点法条

《行政强制法》

**第34条** 行政机关依法作出行政决定后,当事人在行政机关决定的期限内不履行义务的,具有行政强制执行权的行政机关依照本章规定强制执行。

**第35条** 行政机关作出强制执行决定前,应当事先催告当事人履行义务。催告应当以书面形式作出,并载明下列事项:

(一)履行义务的期限;

(二)履行义务的方式;
(三)涉及金钱给付的,应当有明确的金额和给付方式;
(四)当事人依法享有的陈述权和申辩权。

**第36条** 当事人收到催告书后有权进行陈述和申辩。行政机关应当充分听取当事人的意见,对当事人提出的事实、理由和证据,应当进行记录、复核。当事人提出的事实、理由或者证据成立的,行政机关应当采纳。

**第37条** 经催告,当事人逾期仍不履行行政决定,且无正当理由的,行政机关可以作出强制执行决定。

强制执行决定应当以书面形式作出,并载明下列事项:
(一)当事人的姓名或者名称、地址;
(二)强制执行的理由和依据;
(三)强制执行的方式和时间;
(四)申请行政复议或者提起行政诉讼的途径和期限;
(五)行政机关的名称、印章和日期。

在催告期间,对有证据证明有转移或者隐匿财物迹象的,行政机关可以作出立即强制执行决定。

**第38条** 催告书、行政强制执行决定书应当直接送达当事人。当事人拒绝接收或者无法直接送达当事人的,应当依照《中华人民共和国民事诉讼法》的有关规定送达。

**第39条** 有下列情形之一的,中止执行:
(一)当事人履行行政决定确有困难或者暂无履行能力的;
(二)第三人对执行标的主张权利,确有理由的;
(三)执行可能造成难以弥补的损失,且中止执行不损害公共利益的;
(四)行政机关认为需要中止执行的其他情形。

中止执行的情形消失后,行政机关应当恢复执行。对没有明显社会危害,当事人确无能力履行,中止执行满三年未恢复执行的,行政机关不再执行。

**第40条** 有下列情形之一的,终结执行:
(一)公民死亡,无遗产可供执行,又无义务承受人的;
(二)法人或者其他组织终止,无财产可供执行,又无义务承受人的;
(三)执行标的灭失的;
(四)据以执行的行政决定被撤销的;
(五)行政机关认为需要终结执行的其他情形。

**第41条** 在执行中或者执行完毕后,据以执行的行政决定被撤销、变更,或者执行错误的,应当恢复原状或者退还财物;不能恢复原状或者退还财物的,依法给予赔偿。

**第42条** 实施行政强制执行,行政机关可以在不损害公共利益和他人合法权益的情况下,与当事人达成执行协议。执行协议可以约定分阶段履行;当事人采取补救措施的,可以减免加处的罚款或者滞纳金。

执行协议应当履行。当事人不履行执行协议的,行政机关应当恢复强制执行。

**第43条** 行政机关不得在夜间或者法定节假日实施行政强制执行。但是,情况紧急的除外。

行政机关不得对居民生活采取停止供水、供电、供热、供燃气等方式迫使当事人履行相关行政决定。

**第44条** 对违法的建筑物、构筑物、设施等需要强制拆除的,应当由行政机关予以公告,限期当事人自行拆除。当事人在法定期限内不申请行政复议或者提起行政诉讼,又不拆除的,行政机关可以依法强制拆除。

◆知识要点

根据法律规定有强制执行权的机关在实施强制执行的过程中,应遵循的程序规则可总结为以下要点:

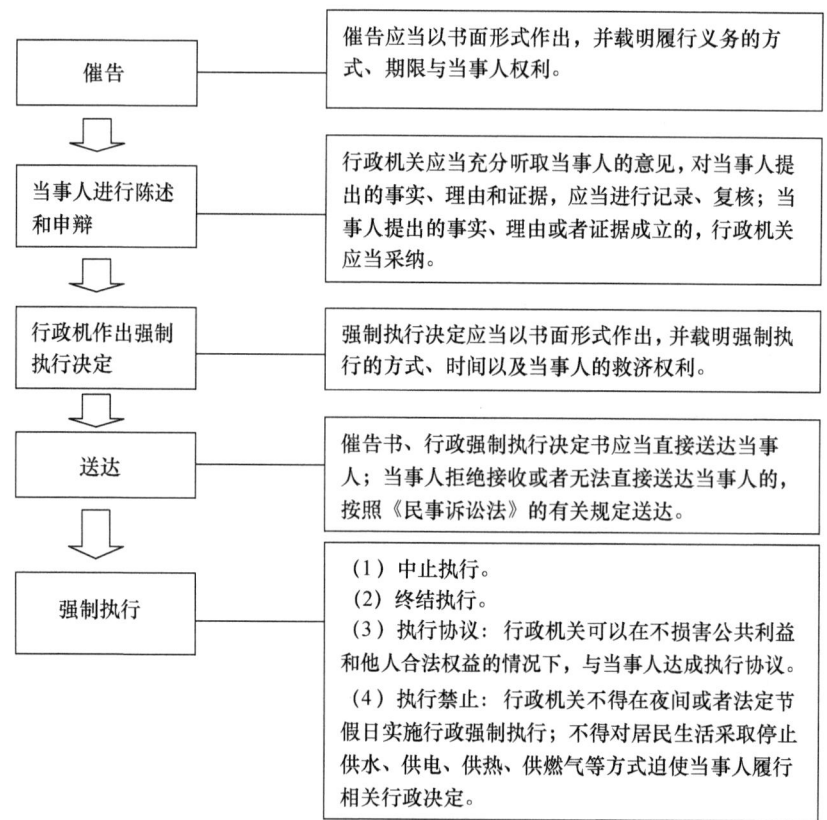

◆考点归纳

(1)《行政强制法》增加了"行政机关作出强制执行决定前,应当事先催告当事人履行义务"的规定;催告应当以书面形式作出,但需要注意的是,当事人不能针对催告通知书本身申请复议或提起诉讼。

(2)当事人收到催告书后有权进行陈述和申辩;经催告,当事人逾期仍不履行行政决定,且无正当理由的,行政机关可以作出书面的强制执行决定;对于这一强制执行决定,当事人可申请复议或提起诉讼。

(3)中止执行:① 当事人履行行政决定确有困难或者暂无履行能力的;② 第三人对执行

标的主张权利,确有理由的;③ 执行可能造成难以弥补的损失,且中止执行不损害公共利益的。

(4) 终结执行:① 公民死亡,无遗产可供执行,又无义务承受人的;② 法人或者其他组织终止,无财产可供执行,又无义务承受人的;③ 执行标的灭失的;④ 据以执行的行政决定被撤销的。

(5) 执行回转:在执行中或者执行完毕后,据以执行的行政决定被撤销、变更或执行错误的,应当恢复原状或者退还原物,不能恢复原状或者退还原物的,依法给予赔偿。

(6) 执行协议:实施行政强制执行,行政机关可以在不损害公共利益和他人合法权益的情况下,与当事人达成执行协议。执行协议可以约定分阶段履行;当事人采取补救措施的,可以减免加处的罚款或者滞纳金。

(7) 执行禁止:行政机关不得在夜间或者法定节假日实施行政强制执行,但是情况紧急的除外;行政机关不得对居民生活采取停止供水、供电、供热、供燃气等方式迫使当事人履行相关行政决定。

(8) 对违法的建筑物、构筑物、设施等需要强制拆除的,应当由行政机关予以公告,限期当事人自行拆除。当事人在法定期限内不申请行政复议或者提起行政诉讼,又不拆除的,行政机关可以依法强制拆除。

◆经典真题

1. (2015-2-49)在行政强制执行过程中,行政机关依法与甲达成执行协议。事后,甲应当履行协议而不履行,行政机关可采取下列哪一措施?(B)
   A. 申请法院强制执行　　　　　　B. 恢复强制执行
   C. 以甲为被告提起民事诉讼　　　D. 以甲为被告提起行政诉讼

2. (2012-4-6)案情:1997年11月,某省政府所在地的市政府决定征收含有某村集体土地在内的地块作为旅游区用地,并划定征用土地的四至界线范围。2007年,市国土局将其中一地块与甲公司签订《国有土地使用权出让合同》。2008年12月16日,甲公司获得市政府发放的第1号《国有土地使用权证》。2009年3月28日,甲公司将此地块转让给乙公司,市政府向乙公司发放第2号《国有土地使用权证》。后,乙公司申请在此地块上动工建设。2010年9月15日,市政府张贴公告,要求在该土地范围内使用土地的单位和个人,限期自行清理农作物和附着物设施,否则强制清理。2010年11月,某村得知市政府给乙公司颁发第2号《国有土地使用权证》后,认为此证涉及的部分土地仍属该村集体所有,向省政府申请复议要求撤销该土地使用权证。省政府维持后,某村向法院起诉。法院通知甲公司与乙公司作为第三人参加诉讼。

在诉讼过程中,市政府组织有关部门强制拆除了征地范围内的附着物设施。某村为收集证据材料,向市国土局申请公开1997年征收时划定的四至界线范围等相关资料,市国土局以涉及商业秘密为由拒绝提供。

问题:

……

5. 市政府强制拆除征地范围内的附着物设施应当遵循的主要法定程序和执行原则是什么?

## 三、金钱给付义务的执行

◆**重点法条**

**《行政强制法》**

**第45条** 行政机关依法作出金钱给付义务的行政决定,当事人逾期不履行的,行政机关可以依法加处罚款或者滞纳金。加处罚款或者滞纳金的标准应当告知当事人。

加处罚款或者滞纳金的数额不得超出金钱给付义务的数额。

**第46条** 行政机关依照本法第四十五条规定实施加处罚款或者滞纳金超过三十日,经催告当事人仍不履行的,具有行政强制执行权的行政机关可以强制执行。

行政机关实施强制执行前,需要采取查封、扣押、冻结措施的,依照本法第三章规定办理。

没有行政强制执行权的行政机关应当申请人民法院强制执行。但是,当事人在法定期限内不申请行政复议或者提起行政诉讼,经催告仍不履行的,在实施行政管理过程中已经采取查封、扣押措施的行政机关,可以将查封、扣押的财物依法拍卖抵缴罚款。

**第47条** 划拨存款、汇款应当由法律规定的行政机关决定,并书面通知金融机构。金融机构接到行政机关依法作出划拨存款、汇款的决定后,应当立即划拨。

法律规定以外的行政机关或者组织要求划拨当事人存款、汇款的,金融机构应当拒绝。

**第48条** 依法拍卖财物,由行政机关委托拍卖机构依照《中华人民共和国拍卖法》的规定办理。

**第49条** 划拨的存款、汇款以及拍卖和依法处理所得的款项应当上缴国库或者划入财政专户。任何行政机关或者个人不得以任何形式截留、私分或者变相私分。

◆**知识要点**

金钱给付义务的执行是指行政机关作出了要求相对人缴纳罚款或是税费的决定,当事人在法定期限内不履行时所涉及的强制执行问题。这一过程中应遵循的程序规则可总结为以下要点:

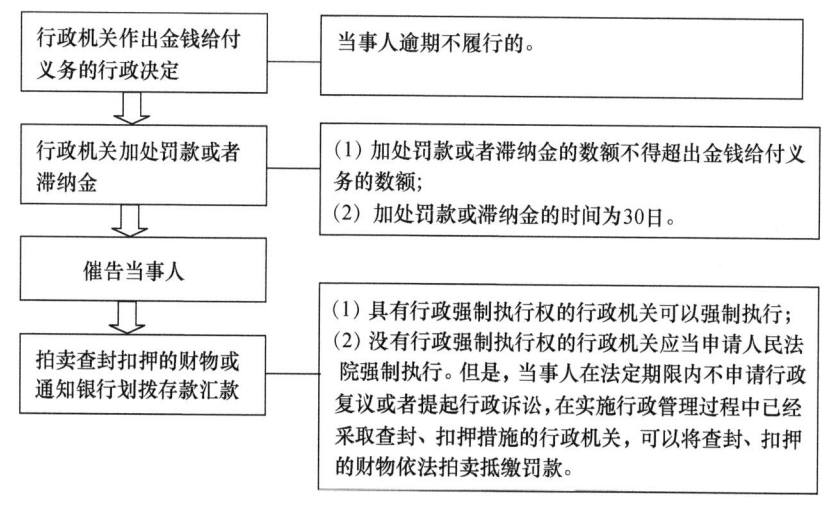

◆**考点归纳**

(1) 行政机关依法作出金钱给付义务的行政决定,当事人逾期不履行的,行政机关可以依法加处罚款或者滞纳金。此处的"罚款"为执行罚,是行政强制执行措施的一种。

(2) 加处罚款或滞纳金的最长时间为30日,超过30日,经催告当事人仍不履行的,具有行政强制执行权的行政机关可以强制执行。

(3) 没有行政强制执行权的行政机关应当申请人民法院强制执行。但是,当事人在法定期限内不申请行政复议或者提起行政诉讼,经催告仍不履行的,在实施行政管理过程中已经采取查封、扣押措施的行政机关,可以将查封、扣押的财物依法拍卖抵缴罚款。

★**特别提示**

上述法条是《行政强制法》对没有强制执行权的行政机关进行的例外授权,但其适用必须具备以下条件:

(1) 行政机关在实施行政管理过程中已经采取查封、扣押措施;

(2) 行政机关作出的是金钱给付义务的决定;

(3) 当事人逾期不履行决定,也不申请复议或提起诉讼,且经行政机关加处罚款或滞纳金后仍不履行义务;

(4) 行政机关履行催告义务,当事人经催告后仍不履行;

(5) 行政机关直接将查封扣押的财物拍卖抵缴罚款。

其具体过程可参阅下图:

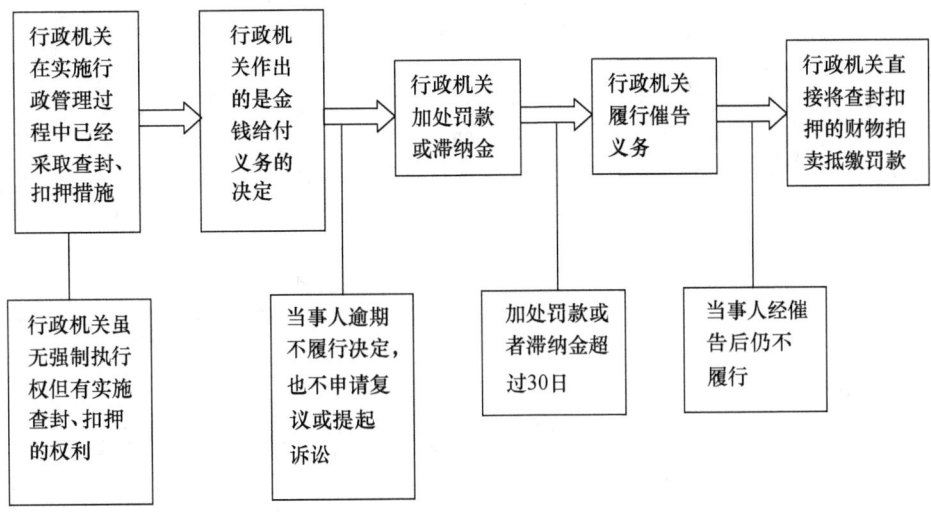

◆**经典真题**

(2012-2-48)某市质监局发现一公司生产劣质产品,查封了公司的生产厂房和设备,之后决定没收全部劣质产品、罚款10万元。该公司逾期不缴纳罚款。下列哪一选项是错误的?(D)

A. 实施查封时应制作现场笔录

B. 对公司的处罚不能适用简易程序

C. 对公司逾期缴纳罚款,质监局可以每日按罚款数额的3%加处罚款

D. 质监局可以通知该公司的开户银行划拨其存款

## 四、代履行

◆ **重点法条**

《行政强制法》

**第 50 条** 行政机关依法作出要求当事人履行排除妨碍、恢复原状等义务的行政决定,当事人逾期不履行,经催告仍不履行,其后果已经或者将危害交通安全、造成环境污染或者破坏自然资源的,行政机关可以代履行,或者委托没有利害关系的第三人代履行。

**第 51 条** 代履行应当遵守下列规定:

(一)代履行前送达决定书,代履行决定书应当载明当事人的姓名或者名称、地址,代履行的理由和依据、方式和时间、标的、费用预算以及代履行人;

(二)代履行三日前,催告当事人履行,当事人履行的,停止代履行;

(三)代履行时,作出决定的行政机关应当派员到场监督;

(四)代履行完毕,行政机关到场监督的工作人员、代履行人和当事人或者见证人应当在执行文书上签名或者盖章。

代履行的费用按照成本合理确定,由当事人承担。但是,法律另有规定的除外。

代履行不得采用暴力、胁迫以及其他非法方式。

◆ **知识要点**

(1)代履行的适用条件是:① 行政机关依法作出要求当事人履行排除妨碍、恢复原状等义务的行政决定,当事人逾期不履行,经催告仍不履行;② 其后果已经或者将危害交通安全、造成环境污染或者破坏自然资源的。

(2)代履行时行政机关可以自己代履行,也可以委托没有利害关系的第三人代履行。

(3)代履行的适用程序:① 代履行前送达决定书;② 代履行 3 日前,催告当事人履行,当事人履行的,停止代履行;③ 代履行时,作出决定的行政机关应当派员到场监督;④ 代履行完毕,行政机关到场监督的工作人员、代履行人和当事人或者见证人应当在执行文书上签名或者盖章。

(4)履行禁止:代履行不得采用暴力、胁迫以及其他非法方式。

(5)费用承担:代履行的费用按照成本合理确定,由当事人承担;但是,法律另有规定的除外。

以上内容可总结为下表:

| | |
|---|---|
| 适用条件 | (1)行政机关依法作出要求当事人履行排除妨碍、恢复原状等义务的行政决定,当事人逾期不履行,经催告仍不履行;<br>(2)其后果已经或者将危害交通安全、造成环境污染或者破坏自然资源的。 |
| 实施机关 | 行政机关可以自己代履行,也可以委托没有利害关系的第三人代履行。 |
| 适用程序 | (1)代履行前送达决定书;<br>(2)代履行 3 日前,催告当事人履行,当事人履行的,停止代履行;<br>(3)代履行时,作出决定的行政机关应当派员到场监督;<br>(4)代履行完毕,行政机关到场监督的工作人员、代履行人和当事人或者见证人应当在执行文书上签名或者盖章。 |

（续表）

| 履行禁止 | 代履行不得采用暴力、胁迫以及其他非法方式。 |
|---|---|
| 费用承担 | 代履行的费用按照成本合理确定,由当事人承担;但是,法律另有规定的除外。 |

◆经典真题

(2014-2-81)代履行是行政机关强制执行的方式之一。有关代履行,下列哪些说法是错误的?（ABD）

A. 行政机关只能委托没有利害关系的第三人代履行
B. 代履行的费用均应当由负有义务的当事人承担
C. 代履行不得采用暴力、胁迫以及其他非法方式
D. 代履行 3 日前应送达决定书

## 五、申请人民法院强制执行的程序

◆重点法条

《行政强制法》

**第53条** 当事人在法定期限内不申请行政复议或者提起行政诉讼,又不履行行政决定的,没有行政强制执行权的行政机关可以自期限届满之日起三个月内,依照本章规定申请人民法院强制执行。

**第54条** 行政机关申请人民法院强制执行前,应当催告当事人履行义务。催告书送达十日后当事人仍未履行义务的,行政机关可以向所在地有管辖权的人民法院申请强制执行;执行对象是不动产的,向不动产所在地有管辖权的人民法院申请强制执行。

**第55条** 行政机关向人民法院申请强制执行,应当提供下列材料:

(一) 强制执行申请书;
(二) 行政决定书及作出决定的事实、理由和依据;
(三) 当事人的意见及行政机关催告情况;
(四) 申请强制执行标的情况;
(五) 法律、行政法规规定的其他材料。

强制执行申请书应当由行政机关负责人签名,加盖行政机关的印章,并注明日期。

**第56条** 人民法院接到行政机关强制执行的申请,应当在五日内受理。

行政机关对人民法院不予受理的裁定有异议的,可以在十五日内向上一级人民法院申请复议,上一级人民法院应当自收到复议申请之日起十五日内作出是否受理的裁定。

**第57条** 人民法院对行政机关强制执行的申请进行书面审查,对符合本法第五十五条规定,且行政决定具备法定执行效力的,除本法第五十八条规定的情形外,人民法院应当自受理之日起七日内作出执行裁定。

**第58条** 人民法院发现有下列情形之一的,在作出裁定前可以听取被执行人和行政机关的意见:

(一) 明显缺乏事实根据的;
(二) 明显缺乏法律、法规依据的;

(三) 其他明显违法并损害被执行人合法权益的。

人民法院应当自受理之日起三十日内作出是否执行的裁定。裁定不予执行的,应当说明理由,并在五日内将不予执行的裁定送达行政机关。

行政机关对人民法院不予执行的裁定有异议的,可以自收到裁定之日起十五日内向上一级人民法院申请复议,上一级人民法院应当自收到复议申请之日起三十日内作出是否执行的裁定。

**第59条** 因情况紧急,为保障公共安全,行政机关可以申请人民法院立即执行。经人民法院院长批准,人民法院应当自作出执行裁定之日起五日内执行。

**第60条** 行政机关申请人民法院强制执行,不缴纳申请费。强制执行的费用由被执行人承担。

人民法院以划拨、拍卖方式强制执行的,可以在划拨、拍卖后将强制执行的费用扣除。

依法拍卖财物,由人民法院委托拍卖机构依照《中华人民共和国拍卖法》的规定办理。

◆**知识要点**

如上文所述,没有强制执行权的机关原则上必须申请人民法院强制执行。行政机关申请人民法院强制执行的具体程序要件如下:

(1) 执行前提:当事人在法定期限内不申请行政复议或者提起行政诉讼,又不履行行政决定的。

(2) 申请期限:行政机关可以自当事人法定起诉期限**届满之日起3个月内**,申请人民法院强制执行。

(3) 催告程序:行政机关申请人民法院强制执行前,应当催告当事人履行义务;催告书送达10日后当事人仍未履行义务的,行政机关可以申请人民法院强制执行。

(4) 管辖法院:所在地有管辖权的人民法院(即参照行政诉讼的管辖规则);执行对象是不动产的,向不动产所在地有管辖权的人民法院申请强制执行。

(5) 受理决定:人民法院接到行政机关强制执行的申请,应当在5日内受理。行政机关对人民法院不予受理的裁定有异议的,可以在15日内向上一级人民法院申请复议,上一级人民法院应当自收到复议申请之日起15日内作出是否受理的裁定。

(6) 审查方式:① 人民法院对行政机关强制执行的申请进行实质性审查,即必须审查该决定是否合法,是否侵害相对人的合法权益;② 人民法院对行政机关强制执行的申请进行书面审查。

(7) 执行裁定:对符合法律规定,且行政决定具备法定执行效力的,**人民法院应当自受理之日起7日内作出执行裁定**;此外,如人民法院认为行政行为有明显违法且损害相对人合法权益的情形,人民法院应当自受理之日起30日内作出是否执行的裁定;行政机关对人民法院不予执行的裁定有异议的,可以自收到裁定之日起15日内向上一级人民法院申请复议,上一级人民法院应当自收到复议申请之日起30日内作出是否执行的裁定。

(8) 费用承担:行政机关申请人民法院强制执行,不缴纳申请费;强制执行的费用由被执行人承担。

以上内容可总结为下表:

| | |
|---|---|
| 执行前提 | 当事人在法定期限内不申请行政复议或者提起行政诉讼,又不履行行政决定的。 |
| 申请期限 | 行政机关可以自当事人法定起诉期限届满之日起3个月内申请。 |
| 催告程序 | 行政机关申请人民法院强制执行前,应当催告当事人履行义务;催告书送达10日后当事人仍未履行义务的,行政机关可以申请人民法院强制执行。 |
| 管辖法院 | 所在地有管辖权的人民法院(即参照行政诉讼的管辖规则)。 |
| 受理决定 | 人民法院接到行政机关强制执行的申请,应当在5日内受理。 |
| 审查方式 | (1) 实质性审查;<br>(2) 书面审查。 |
| 执行裁定 | (1) 简易程序:对符合法律规定,且行政决定具备法定执行效力的,人民法院应当自受理之日起7日内作出执行裁定。<br>(2) 一般程序:行政行为有明显违法且损害相对人合法权益的情形,人民法院应当自受理之日起30日内作出是否执行的裁定。 |
| 裁定异议 | 行政机关对人民法院不予执行的裁定有异议的,可以自收到裁定之日起15日内向上一级人民法院申请复议,上一级人民法院应当自收到复议申请之日起30日内作出是否执行的裁定。 |
| 紧急状态下的立即执行 | 因情况紧急,为保障公共安全,行政机关可以申请人民法院立即执行;经人民法院院长批准,人民法院应当自作出执行裁定之日起5日内执行。 |
| 费用承担 | 强制执行的费用由被执行人承担。 |
| 审查机构 | 人民法院行政庭。 |

◆**经典真题**

(2012-2-84)规划局认定一公司所建房屋违反规划,向该公司发出《拆除所建房屋通知》,要求公司在15日内拆除房屋。到期后,该公司未拆除所建房屋,该局发出《关于限期拆除所建房屋的通知》,要求公司在10日内自动拆除,否则将依法强制执行。下列哪些说法是正确的?(AC)

  A. 《拆除所建房屋通知》与《关于限期拆除所建房屋的通知》性质不同
  B. 《关于限期拆除所建房屋的通知》系行政处罚
  C. 公司可以对《拆除所建房屋通知》提起行政诉讼
  D. 在作出《拆除所建房屋通知》时,规划局可以适用简易程序

# 第七章　政府信息公开条例

【复习提要】

《政府信息公开条例》同样是行政法领域较新的一部法律规范,其旨在通过使行政机关依法履行信息公开义务,而保障公民在现代社会中的知情权。本章内容包括:政府信息公开的主管部门与主要原则;政府信息公开的范围;政府信息公开的程序;政府信息公开案件的审理。其中政府信息公开的程序一直都是这部法律规范的重点,而政府信息公开案件的审理也成为近年司法考试的热点。

## 第一节　政府信息公开的主管部门及主要原则

### 一、政府信息以及信息公开的主管部门

◆重点法条

《政府信息公开条例》

**第3条**　各级人民政府应当加强对政府信息公开工作的组织领导。

国务院办公厅是全国政府信息公开工作的主管部门,负责推进、指导、协调、监督全国的政府信息公开工作。

县级以上地方人民政府办公厅(室)或者县级以上地方人民政府确定的其他政府信息公开工作主管部门负责推进、指导、协调、监督本行政区域的政府信息公开工作。

**第4条**　各级人民政府及县级以上人民政府部门应当建立健全本行政机关的政府信息公开工作制度,并指定机构(以下统称政府信息公开工作机构)负责本行政机关政府信息公开的日常工作。

政府信息公开工作机构的具体职责是:

(一)具体承办本行政机关的政府信息公开事宜;

(二)维护和更新本行政机关公开的政府信息;

(三)组织编制本行政机关的政府信息公开指南、政府信息公开目录和政府信息公开工作年度报告;

(四)对拟公开的政府信息进行保密审查;

(五)本行政机关规定的与政府信息公开有关的其他职责。

◆知识要点

(1)政府信息是行政机关在履行职责过程中制作或者获取的,以一定形式记录、保存的信息。政府信息公开可以保障公民、法人和其他组织依法获取政府信息,提高政府工作的透明度,促进依法行政,充分发挥政府信息对人民群众生产、生活和经济社会活动的服务作用。

(2)国务院办公厅是全国政府信息公开工作的主管部门,负责推进、指导、协调、监督全国的政府信息公开工作。县级以上地方人民政府办公厅(室)或者县级以上地方人民政府确定的其他政府信息公开工作主管部门负责推进、指导、协调、监督本行政区域的政府信息公开

工作。

◆**考点归纳**

对于政府信息的认识不能太过狭隘,只要是行政机关在履行职责过程中制作或者获取的,以一定形式记录、保存的信息,均属于政府信息,即使是行政机关在作出决策过程中的"会议纪要"等过程信息同样属于政府信息的范围。

## 二、政府信息公开的原则

◆**重点法条**

《政府信息公开条例》

**第5条** 行政机关公开政府信息,应当遵循公正、公平、便民的原则。

**第6条** 行政机关应当及时、准确地公开政府信息。行政机关发现影响或者可能影响社会稳定、扰乱社会管理秩序的虚假或者不完整信息的,应当在其职责范围内发布准确的政府信息予以澄清。

**第8条** 行政机关公开政府信息,不得危及国家安全、公共安全、经济安全和社会稳定。

◆**知识要点**

政府信息公开应当遵循以下原则:

(1) 公正、公平、便民原则,即政府信息公开时应以正当目的行使公共权力,平等保障所有公民、法人或其他组织的合法权利,并采取有效手段,使公众能够以最便利的方式获得政府信息;

(2) 及时、准确原则,政府一方面应杜绝公布虚假信息和错误的信息,在行政机关发现影响或者可能影响社会稳定、扰乱社会管理秩序的虚假或者不完整信息的,应当在其职责范围内发布准确的政府信息予以澄清;

(3) 保障公共利益原则,政府信息公开一方面要保障公众的知情权,但另一方面也不得危及国家安全、公共安全、经济安全和社会稳定。

## 第二节 政府信息公开的范围与方式

### 一、行政机关应主动公开的信息

◆**重点法条**

《政府信息公开条例》

**第9条** 行政机关对符合下列基本要求之一的政府信息应当主动公开:

(一) 涉及公民、法人或者其他组织切身利益的;

(二) 需要社会公众广泛知晓或者参与的;

(三) 反映本行政机关机构设置、职能、办事程序等情况的;

(四) 其他依照法律、法规和国家有关规定应当主动公开的。

◆**知识要点**

原则上,行政机关对符合下列基本要求之一的政府信息应当主动公开:涉及公民、法人或者其他组织切身利益的;需要社会公众广泛知晓或者参与的;反映本行政机关机构设置、职能、办事程序等情况的;其他依照法律、法规和国家有关规定应当主动公开的。

## 二、各级政府重点公开的信息

◆ **重点法条**

《政府信息公开条例》

**第10条** 县级以上各级人民政府及其部门应当依照本条例第九条的规定,在各自职责范围内确定主动公开的政府信息的具体内容,并重点公开下列政府信息:

(一)行政法规、规章和规范性文件;

(二)国民经济和社会发展规划、专项规划、区域规划及相关政策;

(三)国民经济和社会发展统计信息;

(四)财政预算、决算报告;

(五)行政事业性收费的项目、依据、标准;

(六)政府集中采购项目的目录、标准及实施情况;

(七)行政许可的事项、依据、条件、数量、程序、期限以及申请行政许可需要提交的全部材料目录及办理情况;

(八)重大建设项目的批准和实施情况;

(九)扶贫、教育、医疗、社会保障、促进就业等方面的政策、措施及其实施情况;

(十)突发公共事件的应急预案、预警信息及应对情况;

(十一)环境保护、公共卫生、安全生产、食品药品、产品质量的监督检查情况。

**第11条** 设区的市级人民政府、县级人民政府及其部门重点公开的政府信息还应当包括下列内容:

(一)城乡建设和管理的重大事项;

(二)社会公益事业建设情况;

(三)征收或者征用土地、房屋拆迁及其补偿、补助费用的发放、使用情况;

(四)抢险救灾、优抚、救济、社会捐助等款物的管理、使用和分配情况。

**第12条** 乡(镇)人民政府应当依照本条例第九条的规定,在其职责范围内确定主动公开的政府信息的具体内容,并重点公开下列政府信息:

(一)贯彻落实国家关于农村工作政策的情况;

(二)财政收支、各类专项资金的管理和使用情况;

(三)乡(镇)土地利用总体规划、宅基地使用的审核情况;

(四)征收或者征用土地、房屋拆迁及其补偿、补助费用的发放、使用情况;

(五)乡(镇)的债权债务、筹资筹劳情况;

(六)抢险救灾、优抚、救济、社会捐助等款物的发放情况;

(七)乡镇集体企业及其他乡镇经济实体承包、租赁、拍卖等情况;

(八)执行计划生育政策的情况。

◆ **知识要点**

除一般规定外,《政府信息公开条例》还特别规定了不同级别的政府需要主动公开的重点内容:

(1)县级以上各级人民政府及其部门应当重点公开下列政府信息:行政法规、规章和规范性文件;国民经济和社会发展规划、专项规划、区域规划及相关政策;国民经济和社会发展统计信息;财政预算、决算报告;行政事业性收费的项目、依据、标准;政府集中采购项目的目录、标准及实施情况;行政许可的事项、依据、条件、数量、程序、期限以及申请行政许可需要提交的全部材料目录及办理情况;重大建设项目的批准和实施情况;扶贫、教育、医疗、社会保障、促进就业等方面的政策、措施及其实施情况;突发公共事件的应急预案、预警信息及应对情况;环境保护、公共卫生、安全生产、食品药品、产品质量的监督检查情况。

(2)设区的市级人民政府、县级人民政府及其部门重点公开的政府信息还包括:城乡建设和管理的重大事项;社会公益事业建设情况;征收或者征用土地、房屋拆迁及其补偿、补助费用的发放、使用情况;抢险救灾、优抚、救济、社会捐助等款物的管理、使用和分配情况。

(3)乡(镇)人民政府应当重点公开下列政府信息:贯彻落实国家关于农村工作政策的情况;财政收支、各类专项资金的管理和使用情况;乡(镇)土地利用总体规划、宅基地使用的审核情况;征收或者征用土地、房屋拆迁及其补偿、补助费用的发放、使用情况;乡(镇)的债权债务、筹资筹劳情况;抢险救灾、优抚、救济、社会捐助等款物的发放情况;乡镇集体企业及其他乡镇经济实体承包、租赁、拍卖等情况;执行计划生育政策的情况。

★**特别提示**

各级政府须重点公开的信息因为内容过于琐碎,考生无须全面系统掌握,对于那些相互重叠和相互区别的部分给予适当关注即可。

### 三、政府依申请公开的信息

◆**重点法条**

《政府信息公开条例》

**第13条** 除本条例第九条、第十条、第十一条、第十二条规定的行政机关主动公开的政府信息外,公民、法人或者其他组织还可以根据自身生产、生活、科研等特殊需要,向国务院部门、地方各级人民政府及县级以上地方人民政府部门申请获取相关政府信息。

◆**知识要点**

**政府依申请公开的信息范围**。公民、法人或者其他组织还可以根据自身生产、生活、科研等特殊需要,向国务院部门、地方各级人民政府及县级以上地方人民政府部门申请获取相关政府信息。《政府信息公开条例》并没有明确依申请公开的信息范围,原则上只要该信息不属于政府信息公开的例外,且与申请人密切相关,政府机关就应当公开。

### 四、政府信息审查与信息公开的例外

◆**重点法条**

《政府信息公开条例》

**第14条** 行政机关应当建立健全政府信息发布保密审查机制,明确审查的程序和责任。

行政机关在公开政府信息前,应当依照《中华人民共和国保守国家秘密法》以及其他法律、法规和国家有关规定对拟公开的政府信息进行审查。

行政机关对政府信息不能确定是否可以公开时,应当依照法律、法规和国家有关规定报有关主管部门或者同级保密工作部门确定。

行政机关不得公开涉及国家秘密、商业秘密、个人隐私的政府信息。但是,经权利人同意公开或者行政机关认为不公开可能对公共利益造成重大影响的涉及商业秘密、个人隐私的政

府信息,可以予以公开。

◆**知识要点**

行政机关应当建立健全政府信息发布保密审查机制,明确审查的程序和责任。行政机关在公开政府信息前,应当依照《保守国家秘密法》以及其他法律、法规和国家有关规定对拟公开的政府信息进行审查。行政机关对政府信息不能确定是否可以公开时,应当依照法律、法规和国家有关规定报有关主管部门或者同级保密工作部门确定。

行政机关不得公开涉及国家秘密、商业秘密、个人隐私的政府信息。但是,经权利人同意公开或者行政机关认为不公开可能对公共利益造成重大影响的涉及商业秘密、个人隐私的政府信息,可以予以公开。

| | 主动公开范围 | 依申请公开范围 | |
|---|---|---|---|
| 政府信息公开范围 | (1) 涉及公民、法人或者其他组织切身利益的;<br>(2) 需要社会公众广泛知晓或者参与的;<br>(3) 反映本行政机关机构设置、职能、办事程序等情况的;<br>(4) 其他依照法律、法规和国家有关规定应当主动公开的。 | 原则 | 例外 |
| | | (三需要) 公民、法人或者其他组织根据自身生产、生活、科研等特殊需要。 | (1) 行政机关不得公开涉及国家秘密、商业秘密、个人隐私的政府信息,除非经权利人同意或行政机关认为不公开会影响公共利益;<br>(2) 公开信息会危及国家安全、公共安全、经济安全和社会稳定。 |

◆**经典真题**

(2008-2-42)下列哪一项信息是县级和乡(镇)人民政府均应重点主动公开的政府信息?(A)

A. 征收或征用土地、房屋拆迁及其补偿、补助费用的发放、使用情况

B. 社会公益事项建设情况

C. 政府集中采购项目的目录、标准及实施情况

D. 执行计划生育政策的情况

### 五、政府信息公开的方式

◆**重点法条**

《政府信息公开条例》

**第15条** 行政机关**应当**将主动公开的政府信息,通过政府公报、政府网站、新闻发布会以及报刊、广播、电视等便于公众知晓的方式公开。

**第16条** 各级人民政府**应当**在国家档案馆、公共图书馆设置政府信息查阅场所,并配备相应的设施、设备,为公民、法人或者其他组织获取政府信息提供便利。

行政机关**可以**根据需要设立公共查阅室、资料索取点、信息公告栏、电子信息屏等场所、设施,公开政府信息。

行政机关应当及时向国家档案馆、公共图书馆提供主动公开的政府信息。

◆**知识要点**

综上,政府应当设置的公开渠道包括:

（1）通过政府公报、政府网站、新闻发布会以及报刊、广播、电视等；

（2）在国家档案馆、公共图书馆设置政府信息查阅场所并配备相应设施、设备。政府可以设置的公开渠道包括：公共查阅室、资料索取点、信息公告栏、电子信息屏等场所、设施。

◆经典真题

(2011-2-79)镇政府主动公开一胎生育证发放情况的信息。下列哪些说法是正确的？（ABD）

A. 该信息属于镇政府重点公开的信息

B. 镇政府可以通过设立的信息公告栏公开该信息

C. 在无法律、法规或者规章特别规定的情况下，镇政府应当在该信息形成之日起3个月内予以公开

D. 镇政府应当及时向公共图书馆提供该信息

## 第三节　政府信息公开的程序

### 一、政府主动公开信息的程序

◆重点法条

《政府信息公开条例》

**第18条**　属于主动公开范围的政府信息，应当自该政府信息形成或者变更之日起20个工作日内予以公开。法律、法规对政府信息公开的期限另有规定的，从其规定。

**第19条**　行政机关应当编制、公布政府信息公开指南和政府信息公开目录，并及时更新。

政府信息公开指南，应当包括政府信息的分类、编排体系、获取方式，政府信息公开工作机构的名称、办公地址、办公时间、联系电话、传真号码、电子邮箱等内容。

政府信息公开目录，应当包括政府信息的索引、名称、内容概述、生成日期等内容。

◆知识要点

行政机关主动公开信息的程序需注意以下问题：

（1）**期限**。属于主动公开范围的政府信息，应当自该政府信息形成或者变更之日起20个工作日内予以公开。法律、法规对政府信息公开的期限另有规定的，从其规定。

（2）**编制信息公开指南与目录**。行政机关应当编制、公布政府信息公开指南和政府信息公开目录，并及时更新。政府信息公开指南，应当包括政府信息的分类、编排体系、获取方式，政府信息公开工作机构的名称、办公地址、办公时间、联系电话、传真号码、电子邮箱等内容。政府信息公开目录，应当包括政府信息的索引、名称、内容概述、生成日期等内容。

### 二、依申请公开信息的程序

◆重点法条

《政府信息公开条例》

**第20条**　公民、法人或者其他组织依照本条例第十三条规定向行政机关申请获取政府信息的，应当采用书面形式（包括数据电文形式）；采用书面形式确有困难的，申请人可以口头提出，由受理该申请的行政机关代为填写政府信息公开申请。

政府信息公开申请应当包括下列内容：
（一）申请人的姓名或者名称、联系方式；
（二）申请公开的政府信息的内容描述；
（三）申请公开的政府信息的形式要求。

**第21条** 对申请公开的政府信息，行政机关根据下列情况分别作出答复：
（一）属于公开范围的，应当告知申请人获取该政府信息的方式和途径；
（二）属于不予公开范围的，应当告知申请人并说明理由；
（三）依法不属于本行政机关公开或者该政府信息不存在的，应当告知申请人，对能够确定该政府信息的公开机关的，应当告知申请人该行政机关的名称、联系方式；
（四）申请内容不明确的，应当告知申请人作出更改、补充。

**第22条** 申请公开的政府信息中含有不应当公开的内容，但是能够作区分处理的，行政机关应当向申请人提供可以公开的信息内容。

**第23条** 行政机关认为申请公开的政府信息涉及商业秘密、个人隐私，公开后可能损害第三方合法权益的，应当书面征求第三方的意见；第三方不同意公开的，不得公开。但是，行政机关认为不公开可能对公共利益造成重大影响的，应当予以公开，并将决定公开的政府信息内容和理由书面通知第三方。

**第24条** 行政机关收到政府信息公开申请，能够当场答复的，应当当场予以答复。

行政机关不能当场答复的，应当自收到申请之日起15个工作日内予以答复；如需延长答复期限的，应当经政府信息公开工作机构负责人同意，并告知申请人，延长答复的期限最长不得超过15个工作日。

申请公开的政府信息涉及第三方权益的，行政机关征求第三方意见所需时间不计算在本条第二款规定的期限内。

**第25条** 公民、法人或者其他组织向行政机关申请提供与其自身相关的税费缴纳、社会保障、医疗卫生等政府信息的，应当出示有效身份证件或者证明文件。

公民、法人或者其他组织有证据证明行政机关提供的与其自身相关的政府信息记录不准确的，有权要求该行政机关予以更正。该行政机关无权更正的，应当转送有权更正的行政机关处理，并告知申请人。

**第26条** 行政机关依申请公开政府信息，应当按照申请人要求的形式予以提供；无法按照申请人要求的形式提供的，可以通过安排申请人查阅相关资料、提供复制件或者其他适当形式提供。

**第27条** 行政机关依申请提供政府信息，除可以收取检索、复制、邮寄等成本费用外，不得收取其他费用。行政机关不得通过其他组织、个人以有偿服务方式提供政府信息。

行政机关收取检索、复制、邮寄等成本费用的标准由国务院价格主管部门会同国务院财政部门制定。

**第28条** 申请公开政府信息的公民确有经济困难的，经本人申请、政府信息公开工作机构负责人审核同意，可以减免相关费用。

申请公开政府信息的公民存在阅读困难或者视听障碍的，行政机关应当为其提供必要的帮助。

◆知识要点

**依申请公开的程序主要分为公民申请和行政机关答复两个阶段。需注意以下要点:**

1. 公民的申请

(1) **申请方式**:公民、法人或者其他组织向行政机关申请获取政府信息的,应当采用书面形式(包括数据电文形式);采用书面形式确有困难的,申请人可以口头提出,由受理该申请的行政机关代为填写政府信息公开申请。政府信息公开申请应当包括下列内容:申请人的姓名或者名称、联系方式;申请公开的政府信息的内容描述;申请公开的政府信息的形式要求。

(2) **例外情形下提供身份证件**。公民、法人或者其他组织向行政机关申请提供与其自身相关的税费缴纳、社会保障、医疗卫生等政府信息的,应当出示有效身份证件或者证明文件。

2. 行政机关的答复

对申请公开的政府信息,行政机关根据下列情况分别作出答复:属于公开范围的,应当告知申请人获取该政府信息的方式和途径;属于不予公开范围的,应当告知申请人并说明理由;依法不属于本行政机关公开或者该政府信息不存在的,应当告知申请人,对能够确定该政府信息的公开机关的,应当告知申请人该行政机关的名称、联系方式;申请内容不明确的,应当告知申请人作出更改、补充;申请公开的政府信息中含有不应当公开的内容,但是能够作区分处理的,行政机关应当向申请人提供可以公开的信息内容。

(1) **对第三人的保护与公共利益的衡量**。行政机关认为申请公开的政府信息涉及商业秘密、个人隐私,公开后可能损害第三方合法权益的,应当书面征求第三方的意见;第三方不同意公开的,不得公开。但是,行政机关认为不公开可能对公共利益造成重大影响的,应当予以公开,并将决定公开的政府信息内容和理由书面通知第三方。

(2) **行政机关的答复期限**。行政机关收到政府信息公开申请,能够当场答复的,应当当场予以答复。政机关不能当场答复的,应当自收到申请之日起15个工作日内予以答复;如需延长答复期限的,应当经政府信息公开工作机构负责人同意,并告知申请人,延长答复的期限最长不得超过15个工作日。申请公开的政府信息涉及第三方权益的,行政机关征求第三方意见所需时间不计算在本条第2款规定的期限内。

(3) **信息提供方式**。行政机关依申请公开政府信息,应当按照申请人要求的形式予以提供;无法按照申请人要求的形式提供的,可以通过安排申请人查阅相关资料、提供复制件或者其他适当形式提供。

(4) **费用征收**。行政机关依申请提供政府信息,除可以收取检索、复制、邮寄等成本费用外,不得收取其他费用。行政机关不得通过其他组织、个人以有偿服务方式提供政府信息。行政机关收取检索、复制、邮寄等成本费用的标准由国务院价格主管部门会同国务院财政部门制定。

以上内容可总结为以下图示:

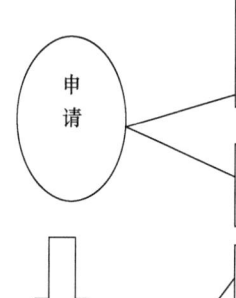

申请方式：原则上书面（包括数据电文），书写困难可口头；
申请资格：申请人无需和申请信息之间有法律上的利害关系，只要证明自己符合"三需要"即可。

有效证件：申请提供与其自身相关的税费缴纳、社会保障、医疗卫生等政府信息的，应当出示有效身份证件。

答复内容：行政机关根据不同情况分别作出公开或不公开的答复，决定不公开应说明理由。

第三人保护：政府信息涉及商业秘密、个人隐私，公开后可能损害第三方合法权益的，应当书面征求第三方的意见。

信息提供方式：原则上应当按照申请人要求的形式予以提供；无法按照申请人要求的形式提供的，可以通过安排申请人查阅相关资料、提供复制件或者其他适当形式提供。

答复时间：除能够当场答复的以外，行政机关应当自收到申请之日起15个工作日内予以答复，如需延长答复期限，延长答复的期限最长不得超过15个工作日。

费用征收：行政机关依申请提供政府信息，除可以收取检索、复制、邮寄等成本费用外，不得收取其他费用。

◆**考点归纳**

依法申请公开政府信息的程序是《政府信息公开条例》中的高频考点，考生应着重注意以下问题：

（1）相对人申请行政机关公开某方面的信息时，原则上只要递交书面的申请书即可，向行政机关申请提供与其自身相关的税费缴纳、社会保障、医疗卫生等政府信息的，应当出示有效身份证件或者证明文件。

（2）相对人申请公开的信息并非一定跟自己有直接的利害关系，行政机关也不能因申请人与申请公开的信息间没有直接的利害关系而拒绝公开。

（3）除能够当场答复的以外，行政机关应当自收到申请之日起15个工作日内予以答复，如需延长答复期限，延长答复的期限最长不得超过15个工作日。

（4）如行政机关拒绝公开当事人申请的信息，应说明理由。

（5）行政机关依申请提供政府信息，除可以收取检索、复制、邮寄等成本费用外，不得收取其他费用。

◆**经典真题**

1.（2008-2-90）因一高压线路经过某居民小区，该小区居民李某向某市规划局申请公开高压线路图。下列哪些说法是正确的？（CD）

A. 李某提交书面申请时应出示本人有效身份证明
B. 李某应说明申请信息的用途
C. 李某可以对公开信息方式提出自己要求
D. 某市规划局公开信息时，可以向李某依法收取相关成本费

2. (2009-2-44) 申请人申请公开下列哪一项政府信息时，应当出示有效身份证件或证明文件？（A）

A. 要求税务机关公开本人缴纳个人所得税情况的信息
B. 要求区政府公开该区受理和审理行政复议案件的信息
C. 要求县卫生局公开本县公共卫生费用使用情况的信息
D. 要求市公安局公开办理养犬证收费情况的信息

3. (2009-2-81) 2002年，甲乙两村发生用地争议，某县政府召开协调会并形成会议纪要。2008年12月，甲村一村民向某县政府申请查阅该会议纪要。下列哪些选项是正确的？（AD）

A. 该村民可以口头提出申请
B. 因会议纪要形成于《政府信息公开条例》实施前，故不受《条例》规范
C. 因会议纪要不属于政府信息，某县政府可以不予公开
D. 如某县政府提供有关信息，可以向该村民收取检索、复制、邮寄等费用

4. (2010-2-45) 区房管局向某公司发放房屋拆迁许可证。被拆迁人王某向区房管局提出申请，要求公开该公司办理拆迁许可证时所提交的建设用地规划许可证，区房管局作出拒绝公开的答复。对此，下列哪一说法是正确的？（C）

A. 王某提出申请时，应出示有效身份证件
B. 因王某与申请公开的信息无利害关系，拒绝公开是正确的
C. 因区房管局不是所申请信息的制作主体，拒绝公开是正确的
D. 拒绝答复应自收到王某申请之日起一个月内作出

5. (2014-2-48) 某乡属企业多年未归还方某借给的资金，双方发生纠纷。方某得知乡政府曾发过5号文件和210号文件处分了该企业的资产，遂向乡政府递交申请，要求公开两份文件。乡政府不予公开，理由是5号文件涉及第三方，且已口头征询其意见，其答复是该文件涉及商业秘密，不同意公开，而210号文件不存在。方某向法院起诉。下列哪一说法是正确的？（D）

A. 方某申请时应当出示有效身份证明或者证明文件
B. 对所申请的政府信息，方某不具有申请人资格
C. 乡政府不公开5号文件合法
D. 方某能够提供210号文件由乡政府制作的相关线索的，可以申请法院调取证据

6. (2015-2-50) 某环保公益组织以一企业造成环境污染为由提起环境公益诉讼，后因诉讼需要，向县环保局申请公开该企业的环境影响评价报告、排污许可证信息。环保局以该组织无申请资格和该企业在该县有若干个基地，申请内容不明确为由拒绝公开。下列哪一说法是正确的？（B）

A. 该组织提出申请时应出示其负责人的有效身份证明
B. 该组织的申请符合根据自身生产、生活、科研等特殊需要要求，环保局认为其无申请资格不成立
C. 对该组织的申请内容是否明确，环保局的认定和处理是正确的
D. 该组织所申请信息属于依法不应当公开的信息

## 第四节　政府信息公开的监督与救济

### 一、政府信息公开的监督

◆**重点法条**

《政府信息公开条例》

**第29条**　各级人民政府应当建立健全政府信息公开工作考核制度、社会评议制度和责任追究制度,定期对政府信息公开工作进行考核、评议。

**第30条**　政府信息公开工作主管部门和监察机关负责对行政机关政府信息公开的实施情况进行监督检查。

**第31条**　各级行政机关应当在每年3月31日前公布本行政机关的政府信息公开工作年度报告。

**第32条**　政府信息公开工作年度报告应当包括下列内容:
(一)行政机关主动公开政府信息的情况;
(二)行政机关依申请公开政府信息和不予公开政府信息的情况;
(三)政府信息公开的收费及减免情况;
(四)因政府信息公开申请行政复议、提起行政诉讼的情况;
(五)政府信息公开工作存在的主要问题及改进情况;
(六)其他需要报告的事项。

**第34条**　行政机关违反本条例的规定,未建立健全政府信息发布保密审查机制的,由监察机关、上一级行政机关责令改正;情节严重的,对行政机关主要负责人依法给予处分。

◆**知识要点**

政府信息公开的监督主要包括各级政府对各部门及下级政府的信息公开工作进行考核、评议,政府信息公开主管部门和监察机关对行政机关政府信息公开的实施情况进行监督检查,各级行政机关信息公开工作年度报告,公民、法人或其他组织认为行政机关不依法履行政府信息公开义务的举报等。

### 二、政府信息公开的救济

◆**重点法条**

《政府信息公开条例》

**第33条**　公民、法人或者其他组织认为行政机关不依法履行政府信息公开义务的,可以向上级行政机关、监察机关或者政府信息公开工作主管部门举报。收到举报的机关应当予以调查处理。

公民、法人或者其他组织认为行政机关在政府信息公开工作中的具体行政行为侵犯其合法权益的,可以依法申请行政复议或者提起行政诉讼。

◆**知识要点**

(1)举报:公民、法人或者其他组织认为行政机关不依法履行政府信息公开义务的,可以向上级行政机关、监察机关或者政府信息公开工作主管部门举报。收到举报的机关应当予以调查处理。

（2）法律救济：公民、法人或者其他组织认为行政机关在政府信息公开工作中的具体行政行为侵犯其合法权益的，可以依法申请行政复议或者提起行政诉讼。

◆考点归纳

值得注意的是，除司法解释有特别规定的地方，对政府信息公开案件的救济方式与其他行政案件完全一致，例如：政府信息公开案件的起诉期限也是3个月；政府信息公开案件的被告确认和管辖规则也与一般的行政案件相同；另外，政府信息公开案件并不是复议前置的案件，当事人既可以先复议再诉讼，也可以不经复议直接起诉。

◆经典真题

1.（2011-2-43）刘某系某工厂职工，该厂经区政府批准后改制。刘某向区政府申请公开该厂进行改制的全部档案、拖欠原职工工资如何处理等信息。区政府作出拒绝公开的答复，刘某向法院起诉。下列哪一说法是正确的？（A）

A. 区政府在作出拒绝答复时，应告知刘某并说明理由
B. 刘某向法院起诉的期限为二个月
C. 此案应由区政府所在地的区法院管辖
D. 因刘某与所申请的信息无利害关系，区政府拒绝公开答复是合法的

2.（2013-2-45）田某为在校大学生，以从事研究为由向某工商局提出申请，要求公开该局2012年度作出的所有行政处罚决定书，该局拒绝公开。田某不服，向法院起诉。下列哪一说法是正确的？（D）

A. 因田某不具有申请人资格，拒绝公开合法
B. 因行政处罚决定为重点公开的政府信息，拒绝公开违法
C. 田某应先申请复议再向法院起诉
D. 田某的起诉期限为3个月

## 第五节　政府信息公开案件的审理

### 一、受案范围

◆重点法条

**最高人民法院《关于审理政府信息公开行政案件若干问题的规定》**

**第1条**　公民、法人或者其他组织认为下列政府信息公开工作中的具体行政行为侵犯其合法权益，依法提起行政诉讼的，人民法院应当受理：

（一）向行政机关申请获取政府信息，行政机关拒绝提供或者逾期不予答复的；

（二）认为行政机关提供的政府信息不符合其在申请中要求的内容或者法律、法规规定的适当形式的；

（三）认为行政机关主动公开或者依他人申请公开政府信息侵犯其商业秘密、个人隐私的；

（四）认为行政机关提供的与其自身相关的政府信息记录不准确，要求该行政机关予以更正，该行政机关拒绝更正、逾期不予答复或者不予转送有权机关处理的；

（五）认为行政机关在政府信息公开工作中的其他具体行政行为侵犯其合法权益的。

公民、法人或者其他组织认为政府信息公开行政行为侵犯其合法权益造成损害的，可以一并或单独提起行政赔偿诉讼。

**第 2 条** 公民、法人或者其他组织对下列行为不服提起行政诉讼的,人民法院不予受理:

(一)因申请内容不明确,行政机关要求申请人作出更改、补充且对申请人权利义务不产生实际影响的告知行为;

(二)要求行政机关提供政府公报、报纸、杂志、书籍等公开出版物,行政机关予以拒绝的;

(三)要求行政机关为其制作、搜集政府信息,或者对若干政府信息进行汇总、分析、加工,行政机关予以拒绝的;

(四)行政程序中的当事人、利害关系人以政府信息公开名义申请查阅案卷材料,行政机关告知其应当按照相关法律、法规的规定办理的。

◆知识要点

(1)司法解释首先列举了能够提起诉讼的典型的政府信息公开案件,这些可以起诉的典型案件可概括为以下内容:① 行政机关拒绝提供信息或对申请逾期不作答复;② 行政机关提供的信息不符合申请内容或形式;③ 行政机关未经当事人同意向他人公开当事人的信息;④ 行政机关拒绝更正当事人的信息,或对更正申请逾期不作答复或不处理。

(2)除明确列举能够起诉的典型案件外,司法解释还明确将以下四类案件排除在行政诉讼的受案范围之外:① 行政机关对当事人的权利义务未产生实质影响的程序性告知行为。这类行为属于程序性、阶段性的行为,并非完整的行政决定,因此对相对人的权利义务并没有产生实质性影响。② 行政机关拒绝提供已在公开出版物上发布的信息的。既然当事人要求行政机关提供的信息已在公开出版物上发布,当事人可直接通过这些公开出版物获知这些信息,如行政机关已告知其该类信息可在公开出版物上获得,当事人即不能对行政机关的决定起诉,否则就属于浪费司法资源的"滥诉"行为。③ 行政机关拒绝为当事人进行信息加工、汇总、分析的。政府信息公开要求政府向公众提供其已经掌握的信息,但相对人如果对行政机关提出了过度要求,要求行政机关为其制作、搜集政府信息,或是对若干政府信息进行汇总、分析、加工,这已经超出了政府信息公开原则对于行政机关的要求,此时行政机关予以拒绝,当事人当然也不能起诉。④ 行政机关拒绝当事人以信息公开名义查阅案卷材料的。对案卷材料的查阅应按照法律法规的相关规定进行,如果相对人表面上要求政府公开某方面的信息,但实质目的却是为了查阅案卷材料,此时行政机关告知其应按照法律法规的规定进行办理,相对人当然不能对此提起诉讼。

以上内容可总结为下表:

| | 政府信息公开案件的受案范围 |
|---|---|
| 可诉的政府信息公开案件 | (1)行政机关拒绝提供信息或对申请逾期不作答复;<br>(2)行政机关提供的信息不符合申请内容或形式;<br>(3)行政机关未经当事人同意向他人公开当事人的信息;<br>(4)行政机关拒绝更正当事人的信息,或对更正申请逾期不作答复或不处理;<br>(5)其他侵犯当事人合法权益的。 |
| 不可诉的政府信息公开案件 | (1)行政机关对当事人的权利义务未产生实质影响的程序性告知行为;<br>(2)行政机关拒绝提供已在公开出版物上发布的信息的;<br>(3)行政机关拒绝为当事人进行信息加工、汇总、分析的;<br>(4)行政机关拒绝当事人以信息公开名义查阅案卷材料的。 |

◆**考点归纳**

政府信息公开案件不仅涉及政府拒绝提供信息或对申请逾期不作答复,或是行政机关提供的信息不符合申请内容或形式,认为行政机关未经本人同意向第三方公布本人的信息,侵犯本人的商业秘密、个人隐私的,以及认为行政机关记载的个人信息有误,要求其更正,行政机关拒绝更正当事人的信息,或对更正申请逾期不作答复或不处理的,当事人均可以提起行政诉讼。

◆**经典真题**

(2012-2-85)法院应当受理下列哪些对政府信息公开行为提起的诉讼?(BCD)
A. 黄某要求市政府提供公开发行的2010年市政府公报,遭拒绝后向法院起诉
B. 某公司认为工商局向李某公开的政府信息侵犯其商业秘密向法院起诉
C. 村民申请乡政府公开财政收支信息,因乡政府拒绝公开向法院起诉
D. 甲市居民高某向乙市政府申请公开该市副市长的兼职情况,乙市政府以其不具有申请人资格为由拒绝公开,高某向法院起诉

## 二、被告确认

◆**重点法条**

**最高人民法院《关于审理政府信息公开行政案件若干问题的规定》**

**第4条** 公民、法人或者其他组织对国务院部门、地方各级人民政府及县级以上地方人民政府部门依申请公开政府信息行政行为不服提起诉讼的,以作出答复的机关为被告;**逾期未作出答复的,以受理申请的机关为被告。**

公民、法人或者其他组织对主动公开政府信息行政行为不服提起诉讼的,以公开该政府信息的机关为被告。

有下列情形之一的,应当以在对外发生法律效力的文书上署名的机关为被告:
(一)政府信息公开与否的答复依法报经有权机关批准的;
(二)政府信息是否可以公开系由国家保密行政管理部门或者省、自治区、直辖市保密行政管理部门确定的;
(三)行政机关在公开政府信息前与有关行政机关进行沟通、确认的。

◆**知识要点**

(1)行政机关拒绝当事人申请公开政府信息的,作出拒绝答复的机关为被告;
(2)当事人申请公开政府信息,行政机关逾期未作答复的,以受理申请的机关为被告;
(3)行政机关未经当事人同意向第三方公开当事人的信息的,以公开信息的行政机关为被告;
(4)政府信息公开与否的答复依法报经有权机关批准的,或是政府信息是否可以公开系由国家保密行政管理部门或者省、自治区、直辖市保密行政管理部门确定的,以及行政机关在公开政府信息前与有关行政机关进行沟通、确认的,均以对外发生法律效力的文书上署名的机关为被告。

上述内容可总结为下表:

| 政府信息公开案件的被告确认 ||
| --- | --- |
| 起诉事由 | 被告确认 |
| 行政机关拒绝当事人申请公开政府信息的 | 作出拒绝答复的机关 |
| 当事人申请公开政府信息,行政机关逾期未作答复的 | 受理申请的机关 |
| 行政机关未经当事人同意向第三方公开当事人的信息的 | 公开信息的行政机关 |
| 政府信息公开需要有关机关批准,或保密部门确定,或其他机关沟通确认的 | 对外发生法律效力的文书上署名的机关 |

### 三、证据制度

◆**重点法条**

**最高人民法院《关于审理政府信息公开行政案件若干问题的规定》**

**第5条** 被告拒绝向原告提供政府信息的,应当对拒绝的根据以及履行法定告知和说明理由义务的情况举证。

因公共利益决定公开涉及商业秘密、个人隐私政府信息的,被告应当对认定公共利益以及不公开可能对公共利益造成重大影响的理由进行举证和说明。

被告拒绝更正与原告相关的政府信息记录的,应当对拒绝的理由进行举证和说明。

被告能够证明政府信息涉及国家秘密,请求在诉讼中不予提交的,人民法院应当准许。

被告主张政府信息不存在,原告能够提供该政府信息系由被告制作或者保存的相关线索的,可以申请人民法院调取证据。

被告以政府信息与申请人自身生产、生活、科研等特殊需要无关为由不予提供的,人民法院可以要求原告对特殊需要事由作出说明。

原告起诉被告拒绝更正政府信息记录的,应当提供其向被告提出过更正申请以及政府信息与其自身相关且记录不准确的事实根据。

◆**知识要点**

| 政府信息公开案件的证据规则被告的举证事项 | 原告申请法院调取证据 | 原告的举证事项 |
| --- | --- | --- |
| (1)被告拒绝向原告提供政府信息的,应当对拒绝的根据以及履行法定告知和说明理由义务的情况举证;<br>(2)因公共利益决定公开涉及商业秘密、个人隐私政府信息的,被告应当对认定公共利益以及不公开可能对公共利益造成重大影响的理由进行举证和说明;<br>(3)被告拒绝更正与原告相关的政府信息记录的,应当对拒绝的理由进行举证和说明。 | 被告主张政府信息不存在,原告能够提供该政府信息系由被告制作或者保存的相关线索的,可以申请人民法院调取证据。 | (1)被告以政府信息与申请人自身生产、生活、科研等特殊需要无关为由不予提供的,人民法院可以要求原告对特殊需要事由作出说明;<br>(2)原告起诉被告拒绝更正政府信息记录的,应当提供其向被告提出过更正申请以及政府信息与其自身相关且记录不准确的事实根据。 |
| 被告能够证明政府信息涉及国家秘密,请求在诉讼中不予提交的,人民法院应当准许。 | | |

◆经典真题

(2016-2-47)甲公司与乙公司发生纠纷向工商局申请公开乙公司的工商登记信息。该局公开了乙公司的名称、注册号、住所、法定代表人等基本信息,但对经营范围、从业人数、注册资本等信息拒绝公开。甲公司向法院起诉,法院受理。关于此事,下列哪一说法是正确的?(B)

A. 甲公司应先向工商局的上一级工商局申请复议,对复议决定不服再向法院起诉
B. 工商局应当对拒绝公开的依据以及履行法定告知和说明理由义务的情况举证
C. 本案审理不适用简易程序
D. 因相关信息不属政府信息,拒绝公开合法

## 四、审理方式

◆重点法条

**最高人民法院《关于审理政府信息公开行政案件若干问题的规定》**

**第6条** 人民法院审理政府信息公开行政案件,应当视情采取适当的审理方式,以避免泄露涉及国家秘密、商业秘密、个人隐私或者法律规定的其他应当保密的政府信息。

## 五、判决类型

◆重点法条

**最高人民法院《关于审理政府信息公开行政案件若干问题的规定》**

**第9条** 被告对依法应当公开的政府信息拒绝或者部分拒绝公开的,**人民法院应当撤销或者部分撤销被诉不予公开决定,并判决被告在一定期限内公开**。尚需被告调查、裁量的,判决其在一定期限内重新答复。

被告提供的政府信息不符合申请人要求的内容或者法律、法规规定的适当形式的,人民法院应当判决被告按照申请人要求的内容或者法律、法规规定的适当形式提供。

人民法院经审理认为被告不予公开的政府信息内容可作区分处理的,应当判决被告限期公开可以公开的内容。

被告依法应当更正而不更正与原告相关的政府信息记录的,人民法院应当判决被告在一定期限内更正。尚需被告调查、裁量的,判决其在一定期限内重新答复。被告无权更正的,判决其转送有权更正的行政机关处理。

**第10条** 被告对原告要求公开或者更正政府信息的申请无正当理由逾期不予答复的,人民法院应当判决被告在一定期限内答复。原告一并请求判决被告公开或者更正政府信息且理由成立的,参照第九条的规定处理。

**第11条** 被告公开政府信息涉及原告商业秘密、个人隐私且不存在公共利益等法定事由的,**人民法院应当判决确认公开政府信息的行为违法**,并可以责令被告采取相应的补救措施;造成损害的,根据原告请求依法判决被告承担赔偿责任。政府信息尚未公开的,应当判决行政机关不得公开。

诉讼期间,原告申请停止公开涉及其商业秘密、个人隐私的政府信息,人民法院经审查认为公开该政府信息会造成难以弥补的损失,并且停止公开不损害公共利益的,可以依照《中华人民共和国行政诉讼法》第四十四条的规定,裁定暂时停止公开。

**第12条** 有下列情形之一,被告已经履行法定告知或者说明理由义务的,人民法院应当

判决驳回原告的诉讼请求：

（一）不属于政府信息、政府信息不存在、依法属于不予公开范围或者依法不属于被告公开的；

（二）申请公开的政府信息已经向公众公开，被告已经告知申请人获取该政府信息的方式和途径的；

（三）起诉被告逾期不予答复，理由不成立的；

（四）以政府信息侵犯其商业秘密、个人隐私为由反对公开，理由不成立的；

（五）要求被告更正与其自身相关的政府信息记录，理由不成立的；

（六）不能合理说明申请获取政府信息系根据自身生产、生活、科研等特殊需要，且被告据此不予提供的；

（七）无法按照申请人要求的形式提供政府信息，且被告已通过安排申请人查阅相关资料、提供复制件或者其他适当形式提供的；

（八）其他应当判决驳回诉讼请求的情形。

◆知识要点

（1）被告对依法应当公开的政府信息拒绝或者部分拒绝公开的，**人民法院应当撤销或者部分撤销被诉不予公开决定，并判决被告在一定期限内公开**；尚需被告调查、裁量的，判决其在一定期限内重新答复。

（2）被告提供的政府信息不符合申请人要求的内容或者法律、法规规定的适当形式的，**人民法院应当判决被告按照申请人要求的内容或者法律、法规规定的适当形式提供。**

（3）被告依法应当更正而不更正与原告相关的政府信息记录的，人民法院应当**判决被告在一定期限内更正**；尚需被告调查、裁量的，判决其在一定期限内重新答复；**被告无权更正的，判决其转送有权更正的行政机关处理。**

（4）被告对原告要求公开或者更正政府信息的申请无正当理由逾期不予答复的，**人民法院应当判决被告在一定期限内答复。**

（5）被告公开政府信息涉及原告商业秘密、个人隐私且不存在公共利益等法定事由的，**人民法院应当判决确认公开政府信息的行为违法**，并可以责令被告采取相应的补救措施；造成损害的，根据原告请求依法判决被告承担赔偿责任；政府信息尚未公开的，应当判决行政机关不得公开。

（6）诉讼期间，原告申请停止公开涉及其商业秘密、个人隐私的政府信息，人民法院经审查认为公开该政府信息会造成难以弥补的损失，并且停止公开不损害公共利益的，可以裁定暂时停止公开。

（7）有下列情形之一的，法院经查明被告已经履行法定告知或者说明理由义务的，人民法院应当判决驳回原告的诉讼请求：① 不属于政府信息、政府信息不存在、依法属于不予公开范围或者依法不属于被告公开的；② 申请公开的政府信息已经向公众公开，被告已经告知申请人获取该政府信息的方式和途径的；③ 起诉被告逾期不予答复，理由不成立的；④ 以政府信息侵犯其商业秘密、个人隐私为由反对公开，理由不成立的；⑤ 要求被告更正与其自身相关的政府信息记录，理由不成立的；⑥ 不能合理说明申请获取政府信息系根据自身生产、生活、科研等特殊需要，且被告据此不予提供的；⑦ 无法按照申请人要求的形式提供政府信息，且被告已通过安排申请人查阅相关资料、提供复制件或者其他适当形式提供的；⑧ 其他应当判决驳回诉讼请求的情形。

| 政府信息公开案件的判决 | | |
|---|---|---|
| 判决类型 | 适用理由 | 注意要点 |
| 撤销并责令公开 | 被告对依法应当公开的政府信息拒绝或者部分拒绝公开的,人民法院应当撤销或者部分撤销被诉不予公开决定,并判决被告在一定期限内公开。 | 尚需被告调查、裁量的,法院在判决撤销不予公开的决定时,判决被告在一定期限内重新答复。 |
| 履行公开义务判决(判决公开或以适当内容、形式公开) | (1)被告提供的政府信息不符合申请人要求的内容或者法律、法规规定的适当形式的,人民法院应当判决被告按照申请人要求的内容或者法律、法规规定的适当形式提供;<br>(2)人民法院经审理认为被告不予公开的政府信息内容可以作区分处理的,应当判决被告限期公开可以公开的内容。 | |
| 更正判决 | 被告依法应当更正而不更正与原告相关的政府信息记录的,人民法院应当判决被告在一定期限内更正。 | 尚需被告调查、裁量的,判决其在一定期限内重新答复;被告无权更正的,判决其转送有权更正的行政机关处理。 |
| 履行答复义务判决 | 被告对原告要求公开或者更正政府信息的申请无正当理由逾期不予答复的,人民法院应当判决被告在一定期限内答复。 | 原告一并请求判决被告公开或者更正政府信息且理由成立的,法院判决其公开。 |

◆**经典真题**

(2012-2-81)田某认为区人社局记载有关他的社会保障信息有误,要求更正,该局拒绝。田某向法院起诉。下列哪些说法是正确的?(BC)

A. 田某应先申请行政复议再向法院起诉
B. 区人社局应对拒绝更正的理由进行举证和说明
C. 田某应提供区人社局记载有关他的社会保障信息有误的事实根据
D. 法院应判决区人社局在一定期限内更正

# 第八章 行政复议法

**【复习提要】**

行政复议是一种重要的法定行政救济方式。公民、法人或其他组织认为行政机关的具体行政行为侵犯其合法权益时,可依法向行政复议机关提出复议申请,由复议机关受理审查并作出决定。行政复议机关通常是争议行为作出机关的上级机关,因此,行政复议究其本质是一种"行政系统内部的自我纠错机制"。正因为行政复议的这一实质,决定了行政复议活动相比行政诉讼具有了如下特点:

(1) 监督的全面性。因为复议机关是被申请机关的上级机关,因此,复议机关有权对被申请机关的行为进行全面监督,而不是像法院在行政诉讼中一样,只能在《行政诉讼法》授权范围内对被诉行政机关进行监督,这是复议相比诉讼的优越性。

(2) 监督的有限性。尽管可以对被申请机关进行全面监督,但行政复议本质上仍旧是"行政系统内部的自我纠错机制",复议制度的这种先天不足因其有悖"自己不能做自己的法官"的法治原理,所以不能成为法治社会解决行政争议的最终途径,也正因如此,《行政复议法》和《行政诉讼法》均规定,复议决定除法律明确规定外,都不是终局的,当事人不服复议决定原则上都可以再提起行政诉讼。

本章的内容包括:行政复议范围;复议参加人与复议机关;复议与诉讼的一般关系;复议的审理、决定和执行。其中行政复议的范围,尤其是抽象行政行为的复议审查、复议机关的确认、复议与诉讼的一般关系是行政复议法永恒的重点。

## 第一节 行政复议范围

### 一、可申请复议的事项

◆**重点法条**

**《行政复议法》**

**第6条** 有下列情形之一的,公民、法人或者其他组织可以依照本法申请行政复议:

(一) 对行政机关作出的警告、罚款、没收违法所得、没收非法财物、责令停产停业、暂扣或者吊销许可证、暂扣或者吊销执照、行政拘留等行政处罚决定不服的;

(二) 对行政机关作出的限制人身自由或者查封、扣押、冻结财产等行政强制措施不服的;

(三) 对行政机关作出的有关许可证、执照、资质证、资格证等证书变更、中止、撤销的决定不服的;

(四) 对行政机关作出的关于确认土地、矿藏、水流、森林、山岭、草原、荒地、滩涂、海域等自然资源的所有权或者使用权的决定不服的;

(五) 认为行政机关侵犯合法的经营自主权的;

(六) 认为行政机关变更或者废止农业承包合同,侵犯其合法权益的;

(七) 认为行政机关违法集资、征收财物、摊派费用或者违法要求履行其他义务的;

(八) 认为符合法定条件,申请行政机关颁发许可证、执照、资质证、资格证等证书,或者申

请行政机关审批、登记有关事项,行政机关没有依法办理的;

(九)申请行政机关履行保护人身权利、财产权利、受教育权利的法定职责,行政机关没有依法履行的;

(十)申请行政机关依法发放抚恤金、社会保险金或者最低生活保障费,行政机关没有依法发放的;

(十一)认为行政机关的其他具体行政行为侵犯其合法权益的。

◆考点归纳

(1)《行政复议法》第6条所规定的可以申请行政复议的案件,事实上只有正面列举和正面示范的作用,并没有穷尽所有能够申请行政复议的行政争议。考生在复习时,完全没有必要记忆第6条,只要记住第8条中明确排除在复议范围之外的案件即可。在判断时,谨记勿从正面进行判断是否属于行政复议的复议范围,只要从反面判断是否属于复议排除事项,只要不属于复议排除事项,无论行政行为的具体样态和法律属性是什么,原则上都是可以申请行政复议的,而不论其是否已经被列举在第6条中。

(2)《行政复议法》关于复议范围的规定尽管与《行政诉讼法》的表述有所不同,且确定标准也变ics:具体行政行为、违法不当、侵犯合法权益,但复议范围的掌握仍然可参照行政诉讼的范围,尤其是最高人民法院《关于适用〈中华人民共和国行政诉讼法〉若干问题的解释》中关于排除事项的规定,原则上也都适用于行政复议。考生请勿纠结于具体的语词表述差异。

## 二、复议排除事项

◆重点法条

《行政复议法》

**第8条** 不服行政机关作出的行政处分或者其他人事处理决定的,依照有关法律、行政法规规定提出申诉。

不服行政机关对民事纠纷作出的调解或者其他处理,依法申请仲裁或者向人民法院提起诉讼。

◆考点归纳

据上述规定,《行政复议法》明确排除在复议范围之外的事项包括两类:

(1)行政处分及其他人事处理决定;

(2)对民事纠纷的调解或处理。前者指行政机关作出的涉及该行政机关公务员权利义务的所有决定,公务员对这些所谓的"内部行政行为"同样不能提起行政诉讼,只能根据《公务员法》的规定进行复核与申诉。而行政机关对民事纠纷所作的调解与处理,因并不具有任何拘束力,所以当事人不服,不能将行政机关作为被申请人申请行政复议,或是将行政机关作为被告提起行政诉讼,相对人应当就原来的民事纠纷提起民事诉讼。

★特别提示

《行政复议法》尽管只排除了上述两类案件,事实上,《行政诉讼法》及最高人民法院《关于适用〈中华人民共和国行政诉讼法〉若干问题的解释》中关于受案范围的很多排除事项同样适用于行政复议,其中包括:国家行为、刑事侦查行为、行政指导行为、重复处理的行为、对当事人的权利义务没有产生实质影响的行为。至于《行政诉讼法》明确排除在受案范围以外的抽象行政行为,《行政复议法》规定了特别的处理方式,下文专门论述。

◆ 经典真题

1.（2002-2-76）下列选项中可以提起行政复议的有？（ACD）
A. 某市交通管理局发布了排气量1升以下的汽车不予上牌照的规定,并据此对吴某汽车不予上牌照的行为进行了处罚
B. 某乡政府发布通告劝导农民种植高产农作物的行为
C. 城建部门将某施工企业的资质由一级变更为二级的行为
D. 民政部门对王某成立社团的申请不予批准的行为

2.（2005-2-85）金某因举报单位负责人贪污问题遭到殴打,于案发当日向某区公安分局某派出所报案,但派出所久拖不理。金某向区公安分局申请复议,区公安分局以未成立复议机构为由拒绝受理,并告知金某向上级机关申请复议。下列说法正确的是：（ABCD）
A. 金某可以向某区人民政府申请复议
B. 金某可以以某派出所为被告向法院提起行政诉讼
C. 金某可以以某区公安分局为被告向法院提起行政诉讼
D. 应当对某区公安分局相关负责人给予行政处分

3.（2013-2-83）当事人对下列哪些事项既可以申请行政复议也可以提起行政诉讼？（CD）
A. 行政机关对民事纠纷的调解
B. 出入境边防检查机关对外国人采取的遣送出境措施
C. 是否征收反倾销税的决定
D. 税务机关作出的处罚决定

## 三、抽象行政行为的审查

（一）审查范围

◆ 重点法条

《行政复议法》

**第7条** 公民、法人或者其他组织认为行政机关的具体行政行为所依据的下列规定不合法,在对具体行政行为申请行政复议时,可以一并向行政复议机关提出对该规定的审查申请：
（一）国务院部门的规定；
（二）县级以上地方各级人民政府及其工作部门的规定；
（三）乡、镇人民政府的规定。

前款所列规定不含国务院部、委员会规章和地方人民政府规章。规章的审查依照法律、行政法规办理。

◆ 考点归纳

抽象行政行为的审查是《行政复议法》的重要考点。与行政诉讼不同,在行政复议中,抽象行政行为**被部分**纳入复议范围。所谓部分,是指除法规、规章以外的其他规范性文件才可以申请复议,而对于行政法规和规章,当事人不能申请行政复议。

★ **特别提示**

这里需要注意的是,有权制定行政法规的国务院,有权制定地方性法规的省级人大及其常委会、省会所在地的市的人大及其常委会和较大市的人大及其常委会,有权制定部门规章的国务院各部门、有权制定地方政府规章的省级人民政府、省会所在地市的人民政府和较大的市的

人民政府所制定的规范性文件并非都是法规和规章,也有可能是决定或者命令,如果这些规范性文件并不属于法规和规章的级别属性,相对人仍可申请行政复议。

(二) 审查方式

◆重点法条

《行政复议法》

**第 27 条** 行政复议机关在对被申请人作出的具体行政行为进行审查时,认为其依据不合法,本机关有权处理的,应当在三十日内依法处理;无权处理的,应当在七日内按照法定程序转送有权处理的国家机关依法处理。处理期间,中止对具体行政行为的审查。

《行政复议法实施条例》

**第 26 条** 依照行政复议法第七条的规定,申请人认为具体行政行为所依据的规定不合法的,可以在对具体行政行为申请行政复议的同时一并提出对该规定的审查申请;申请人在对具体行政行为提出行政复议申请时尚不知道该具体行政行为所依据的规定的,可以在行政复议机关作出行政复议决定前向行政复议机关提出对该规定的审查申请。

◆考点归纳

1. 当事人一并对抽象行政行为申请行政复议

《行政复议法》对于抽象行政行为的审查不仅是部分的,还是"有限的"。所谓有限,是指相对人不能直接、单独地对抽象行政行为申请复议,只能在对具体行政行为不服申请复议的同时,一并要求对其进行审查。"一并审查"的含义在于相对人不能单独对抽象行政行为申请行政复议,只能是对具体行政行为不服申请复议的同时,对该具体行政行为所依据的抽象行政行为一并要求进行审查。

2. 复议机关对具体行政行为依据的抽象行政行为一并审查

除当事人在对具体行政行为申请复议时,一并提出对抽象行政行为的复议审查外,即使当事人并未提出上述要求,行政复议机关在对被申请人作出的具体行政行为进行审查时,如认为其依据不合法,也可以主动对抽象行政行为进行审查,并作出相应处理。

(三) 复议机关对违法抽象行政行为的处理

◆重点法条

《行政复议法》

**第 26 条** 申请人在申请行政复议时,一并提出对本法第七条所列有关规定的审查申请的,行政复议机关对该规定有权处理的,应当在三十日内依法处理;无权处理的,应当在七日内按照法定程序转送有权处理的行政机关依法处理,有权处理的行政机关应当在六十日内依法处理。处理期间,中止对具体行政行为的审查。

**第 27 条** 行政复议机关在对被申请人作出的具体行政行为进行审查时,认为其依据不合法,本机关有权处理的,应当在三十日内依法处理;无权处理的,应当在七日内按照法定程序转送有权处理的国家机关依法处理。处理期间,中止对具体行政行为的审查。

◆知识要点

(1)《行政复议法》第 26 条与第 27 条分别规定了在两种不同情形下复议机关对违法抽象行政行为的处理。第 26 条规定的是申请人对抽象行政行为一并提出复议审查申请,而第 27 条规定的是申请人并未提出对抽象行政行为的复议审查申请,但复议机关在审查具体行政行为时,认为具体行政行为所依据的抽象行政行为违法而进行的处理。

(2) 对于违法抽象行政行为,复议机关的处理方式是:① 有权处理的,30 日内处理;② 无权处理的,7 日内依法定程序转送有权处理机关依法处理。

(3) 复议机关是否有权对抽象行政行为进行处理,要看复议机关是否是该抽象行政行为的制定机关或者上级机关,复议机关只有是该规范性文件的制定机关或者上级机关时,才有权对该规范性文件进行处理,否则就应当移送。具体而言,有权处理包括:行政机关对自己发布的规范性文件有权处理;上级人民政府对下级人民政府发布的规定有权处理;各级人民政府对本级工作部门中不受上级机关直接领导的行政机关发布的规定有权处理等。

◆考点归纳

对抽象行政行为的处理常常与复议机关的确认的考查相结合,考生在碰到此类习题时,首先应确定案件中的复议机关,再看复议机关是否是该抽象行政行为的制定机关或者上级机关,再判断复议机关能否对违法的抽象行政行为进行处理,还是需要依法转送有权机关。

综上,复议机关对抽象行政行为的审查可总结为:

| 复议机关对抽象行政行为的审查 ||
|---|---|
| 审查范围 | 除法规、规章以外的其他规范性文件。 |
| 审查方式 | (1) 当事人在对具体行政行为不服申请复议的同时,可一并要求复议机关对抽象行政行为进行审查;<br>(2) 行政复议机关在对被申请人作出的具体行政行为进行审查时,如认为其依据不合法,也可以主动对抽象行政行为进行审查。 |
| 处理方式 | (1) 有权处理的,30 日内处理;<br>(2) 无权处理的,7 日内依法定程序转送有权处理机关依法处理;<br>(3) 复议机关是否有权对抽象行政行为进行处理,要看复议机关是否是该抽象行政行为的制定机关或是上级机关。 |

◆经典真题

1. (2002-2-72)刘某对市辖区土地局根据省国土资源厅的规定作出的一项处理决定不服提起行政复议,同时要求审查该规定的合法性,在此情况下,下列说法正确的是?(BCD)
A. 市政府作为复议机关无权对省国土资源厅的规定进行处理
B. 区政府作为复议机关应当将国土资源厅的规定转送市政府处理
C. 省政府有权对该规定进行处理
D. 市土地局作为复议机关应当将审查省国土资源厅规定的请求转送省国土资源厅处理

2. (2008-2-84)为严格本地生猪屠宰市场管理,某县政府以文件形式规定,凡本县所有猪类屠宰单位和个人,须在规定期限内到生猪管理办公室申请办理生猪屠宰证,违者予以警告或罚款。个体户张某未按文件规定申请办理生猪屠宰证,生猪管理办公室予以罚款 200 元。下列哪些说法是错误的?(ABC)
A. 若张某在对罚款不服申请复议时一并对县政府文件提出审查申请,复议机关应当转送有权机关依法处理
B. 某县政府的文件属违法设定许可和处罚,有权机关应依据《行政处罚法》和《行政许可法》对相关责任人给予行政处分

C. 生猪管理办公室若以自己名义作出罚款决定,张某申请复议应以其为被申请人
D. 若张某直接向法院起诉,应以某县政府为被告

## 第二节　行政复议的参加人与复议机关

### 一、行政复议的参加人

(一) 申请人

◆重点法条

《行政复议法实施条例》

**第5条**　依照行政复议法和本条例的规定申请行政复议的公民、法人或者其他组织为申请人。

**第6条**　合伙企业申请行政复议的,应当以核准登记的企业为申请人,由执行合伙事务的合伙人代表该企业参加行政复议;其他合伙组织申请行政复议的,由合伙人共同申请行政复议。

前款规定以外的不具备法人资格的其他组织申请行政复议的,由该组织的主要负责人代表该组织参加行政复议;没有主要负责人的,由共同推选的其他成员代表该组织参加行政复议。

**第7条**　股份制企业的股东大会、股东代表大会、董事会认为行政机关作出的具体行政行为侵犯企业合法权益的,可以以企业的名义申请行政复议。

**第8条**　同一行政复议案件申请人超过5人的,推选1至5名代表参加行政复议。

◆知识要点

(1) 行政复议的申请人即权利受到行政机关的具体行政行为影响,申请复议的相对人。行政复议申请人的资格确认与行政诉讼中的原告资格相同,只要与具体行政行为"有法律上的利害关系",当事人均可对行政行为申请行政复议。

(2)《行政复议法实施条例》对于申请人问题新增了几款规定,考生须特别注意:① 合伙企业申请行政复议的,应当以核准登记的企业为申请人,由执行合伙事务的合伙人代表该企业参加行政复议;其他合伙组织申请行政复议的,由合伙人共同申请行政复议;② 能够代表股份制企业申请复议的机构只有股东大会、股东代表大会、董事会,而且均以股份制企业的名义,股东无此权利,这一点与行政诉讼的规定相同;③ 同一行政复议案件申请人超过5人的,推选1至5名代表参加行政复议。

◆经典真题

(2013-2-50)甲市乙区政府决定征收某村集体土地100亩。该村50户村民不服,申请行政复议。下列哪一说法是错误的?（A）

A. 申请复议的期限为30日
B. 村民应推选1至5名代表参加复议
C. 甲市政府为复议机关
D. 如要求申请人补正申请材料,应在收到复议申请之日起5日内书面通知申请人

## (二) 被申请人

◆ **重点法条**

《行政复议法实施条例》

**第 11 条** 公民、法人或者其他组织对行政机关的具体行政行为不服,依照行政复议法和本条例的规定申请行政复议的,作出该具体行政行为的行政机关为被申请人。

**第 12 条** 行政机关与法律、法规授权的组织以共同的名义作出具体行政行为的,行政机关和法律、法规授权的组织为共同被申请人。

行政机关与其他组织以共同名义作出具体行政行为的,行政机关为被申请人。

**第 13 条** 下级行政机关依照法律、法规、规章规定,经上级行政机关批准作出具体行政行为的,批准机关为被申请人。

**第 14 条** 行政机关设立的派出机构、内设机构或者其他组织,未经法律、法规授权,对外以自己名义作出具体行政行为的,该行政机关为被申请人。

◆ **知识要点**

行政复议被申请人的确认与行政诉讼的被告确认规则一样,以是否具备行政主体资格为基本标准,因此,原则上只有具有主体资格的行政机关,法律法规授权组织,法律、法规、规章授权的行政机构才能作为行政复议的被申请人。

| 行为主体 | 被申请人 |
| --- | --- |
| 行政机关 | 作出该行为的行政机关 |
| 行政机关与法律、法规授权的组织以共同的名义作出具体行政行为 | 行政机关与法律、法规授权的组织为共同被申请人 |
| 行政机关与其他组织以共同名义作出具体行政行为的 | 行政机关 |
| 下级行政机关经上级行政机关批准作出具体行政行为的 | 批准机关 |
| 没有法律、法规授权的行政机构与其他组织 | 行政机关 |

◆ **考点归纳**

在被申请人确认问题上,《行政复议法实施条例》新增了几项内容,考生须特别注意:

(1) 行政机关与法律、法规授权组织以外的其他组织以共同名义作出具体行政行为的,行政机关为被申请人,而非共同被申请人;

(2) 下级行政机关依照法律、法规、规章规定,经上级行政机关批准作出具体行政行为的,批准机关为被申请人。这一点与行政诉讼中被告的确认不同,后者以对外署名的机关为被告,而并非一律是以作出批准决定的行政机关为被告。

(3) 在行政诉讼中,行政机关的派出机构、内设机构或其他组织只要有法律、法规和规章的授权,即可以自己的名义对外行为并担当被告;但《行政复议法实施条例》中规定,行政机关设立的派出机构、内设机构或其他组织,只有有法律、法规的授权,才可成为被申请人,否则就应以其所属的行政机关为被申请人,换言之,如果是规章授权,则仍然以行政机构或者其他组织所属的行政机关为被申请人。

★ **特别提示**

派出所作为典型的派出机构,因对其的授权是由《治安管理处罚法》规定,因此,派出所何时为复议的被申请人与派出所何时可作被告规则是相同的。

| 行为 | 诉讼被告/复议被申请人 |
| --- | --- |
| 警告/500 元以下罚款 | 派出所 |
| 500 元以上罚款 | 派出所 |
| 警告、罚款以外的其他处罚 | 派出所所属的区公安分局/县公安局 |
| 不作为 | 派出所 |

(三) 第三人

◆ **重点法条**

《行政复议法实施条例》

**第9条** 行政复议期间,行政复议机构认为申请人以外的公民、法人或者其他组织与被审查的具体行政行为有利害关系的,可以通知其作为第三人参加行政复议。

行政复议期间,申请人以外的公民、法人或者其他组织与被审查的具体行政行为有利害关系的,可以向行政复议机构申请作为第三人参加行政复议。

第三人不参加行政复议,不影响行政复议案件的审理。

◆ **考点归纳**

(1) 行政复议第三人的确认规则与行政诉讼第三人的确认规则基本相同,只要当事人与被审查的具体行政行为有利害关系,就可经复议机关通知,或者自己提出申请作为第三人参加复议。

(2) 行政复议中的第三人的权利地位与申请人基本相似,其可以委托代理人参加复议,复议机关应向其查阅材料提供必要条件,如第三人逾期不起诉又不履行复议决定的强制执行制度也与申请人相同。

(3) 第三人不参加行政复议,不影响行政复议案件的审理。

★ **特别提示**

值得注意的是,在行政诉讼中有类似于被告的第三人,即"如果原告起诉时遗漏了被告,法院应通知原告追加被告,原告不同意追加的,人民法院应当通知其以第三人的身份参加诉讼",但这种类似于被告的第三人在复议中却不会出现,原因在于《行政复议法实施条例》规定,"如果申请人申请复议时遗漏了被申请人,复议机关可以直接追加",而无须征得申请人的同意。

◆ **经典真题**

(2009-2-45) 关于行政复议第三人,下列哪一选项是错误的?(D)

A. 第三人可以委托一至二名代理人参加复议
B. 第三人不参加行政复议,不影响复议案件的审理
C. 复议机关应为第三人查阅有关材料提供必要条件
D. 第三人与申请人逾期不起诉又不履行复议决定的强制执行制度不同

## 二、复议机关的确认

◆**重点法条**

**《行政复议法》**

第12条 对县级以上地方各级人民政府工作部门的具体行政行为不服的,由申请人选择,可以向该部门的本级人民政府申请行政复议,也可以上一级主管部门申请行政复议。

对海关、金融、国税、外汇管理等实行垂直领导的行政机关和国家安全机关的具体行政行为不服的,向上一级主管部门申请行政复议。

第13条 对地方各级人民政府的具体行政行为不服的,向上一级地方人民政府申请行政复议。

对省、自治区人民政府依法设立的派出机关所属的县级地方人民政府的具体行政行为不服的,向该派出机关申请行政复议。

第14条 对国务院部门或者省、自治区、直辖市人民政府的具体行政行为不服的,向作出该具体行政行为的国务院部门或者省、自治区、直辖市人民政府申请行政复议。对行政复议决定不服的,可以向人民法院提起行政诉讼;也可以向国务院申请裁决,国务院依照本法的规定作出最终裁决。

第15条 对本法第十二条、第十三条、第十四条规定以外的其他行政机关、组织的具体行政行为不服的,按照下列规定申请行政复议:

(一)对县级以上地方人民政府依法设立的派出机关的具体行政行为不服的,向设立该派出机关的人民政府申请行政复议;

(二)对政府工作部门依法设立的派出机构依照法律、法规或者规章规定,以自己的名义作出的具体行政行为不服的,向设立该派出机构的部门或者该部门的本级地方人民政府申请行政复议;

(三)对法律、法规授权的组织的具体行政行为不服的,分别向直接管理该组织的地方人民政府、地方人民政府工作部门或者国务院部门申请行政复议;

(四)对两个或者两个以上行政机关以共同的名义作出的具体行政行为不服的,向其共同上一级行政机关申请行政复议;

(五)对被撤销的行政机关在撤销前所作出的具体行政行为不服的,向继续行使其职权的行政机关的上一级行政机关申请行政复议。

有前款所列情形之一的,申请人也可以向具体行政行为发生地的县级地方人民政府提出行政复议申请,由接受申请的县级地方人民政府依照本法第十八条的规定办理。

**《行政复议法实施条例》**

第23条 申请人对两个以上国务院部门共同作出的具体行政行为不服的,依照行政复议法第十四条的规定,可以向其中任何一个国务院部门提出行政复议申请,由作出具体行政行为的国务院部门共同作出行政复议决定。

第24条 申请人对经国务院批准实行省以下垂直领导的部门作出的具体行政行为不服的,可以选择向该部门的本级人民政府或者上一级主管部门申请行政复议;省、自治区、直辖市另有规定的,依照省、自治区、直辖市的规定办理。

◆知识要点

1. 复议机关的确定原则

复议机关的确定原则为"以被申请人的上一级行政机关为复议机关"。因此,复议机关的确定问题又可转化为对复议被申请人的确定。根据前文所述,复议被申请人的确定是以行为主体是否具有行政主体资格为标准的,如果该具体行政行为的行为主体具有行政主体资格,就可成为复议的被申请人,复议机关就是该被申请人的上一级行政机关。而行政主体资格的确认完全参照前文所述,各级人民政府及其工作部门具有行政主体资格,可以作为复议被申请人,复议机关就是它的上一级行政机关;法律、法规授权组织也具有行政主体资格,可以作为复议被申请人,复议机关就是直接管理该组织的地方人民政府、地方人民政府的工作部门或者国务院部门;行政机关委托的组织不具有行政主体资格,不能作为复议被申请人,只能以委托它的行政机关为被申请人,而复议机关就是委托机关的上一级机关。

2. 行政复议机关的一般确认规则

| 被申请人 | 复议机关 | 例外情形 |
| --- | --- | --- |
| 政府工作部门 | 本级人民政府或上一级主管部门 | 上一级主管部门为复议机关(垂直领导的行政部门,如金融、海关、外汇、国税) |
| 各级人民政府 | 上一级人民政府 | 省级人民政府为被申请人时,本机关同时为复议机关 |
| 国务院部门 | 本机关 | |
| 派出机关 | 设立派出机关的政府 | |
| 行政机构(有法律、法规授权) | 设立该机构的部门或本级政府 | |
| 法律法规授权组织 | 直接管理该组织的机关 | |
| 被撤销的行政机关 | 继续行使其职权的行政机关的上一级机关 | |
| 两个或两个以上的行政机关共同为被申请人 | 共同的上一级行政机关 | |
| 两个以上国务院部门共同作出的具体行政行为,共同作为复议被申请人 | 可以向其中任何一个国务院部门提出行政复议申请 | 由作出具体行政行为的国务院部门共同作出行政复议决定 |
| 对经国务院批准实行省以下垂直领导的部门 | 该部门的本级人民政府或者上一级主管部门 | **但省、自治区、直辖市另有规定的除外** |

(1)我国县级以上政府的工作部门一般为双重领导体制,既隶属于本级人民政府,同时又隶属于上一级主管部门,例如区公安分局,既要接受区政府领导,又要接受市公安局的领导,因此,在确定复议机关时,相对人既可向政府工作部门所属的本级人民政府申请复议,也可向上一级主管部门申请复议。但例外的情形是,有些工作部门实行的是垂直领导体制,即这些工作部门并不隶属于某级人民政府,而只服从上级主管部门的领导,诸如海关、金融、国税、外汇管

理部门和国家安全机关,对这些工作部门的具体行政行为,只能向其上一级主管部门申请行政复议。

(2) 对于各级人民政府的行政行为,一般应向上一级政府申请行政复议,例外情形是:对省级人民政府的具体行政行为,应先向本机关复议,因其上一级政府是国务院;另外,如果某县级人民政府直接隶属于省、自治区人民政府依法设立的派出机关,对该县级人民政府的具体行政行为不服,应向该派出机关申请行政复议,而不是向省级人民政府申请复议。

(3) 对于国务院各部门和省级人民政府的具体行政行为,应先向本机关申请复议,因其上一级行政机关为国务院,不应承担太多复议职能;对复议决定不服的,可以向人民法院提起行政诉讼;也可以向国务院再次申请复议。

(4) 对派出机关的具体行政行为不服,因派出机关具有行政主体资格,可以作为复议的被申请人,因此应向设立该派出机关的人民政府申请行政复议。

对派出机构的复议机关确认可总结为下表:

| 被申请人 | 复议机关 |
| --- | --- |
| 行政公署 | 省级人民政府 |
| 区公所 | 县级人民政府 |
| 街道办事处 | 区级/不设区的市级政府 |

(5) 对政府工作部门依法设立的内设机构、新增机构和派出机构作出的具体行政行为不服,此时应看该派出机构有无法律、法规的授权。如果有授权,则意味着该机构具有行政主体资格,能够以自己的名义对外作出行为,可以成为复议的被申请人,因此复议机关就是该机构所属的政府工作部门。但此处值得注意的是,《行政复议法》并没有规定此时只能由机构所属的工作部门为复议机关,相对人向该部门所属的本级地方人民政府申请复议亦可;但如果机构没有法律、法规的授权,就不具有行政主体资格,它也不能以自己的名义对外作出行政行为,复议的被申请人只能是该机构所属的政府工作部门,而复议机关则是该部门的本级地方人民政府或者是该部门的上一级主管机关。

(6) 对法律、法规授权的组织,分别向直接管理该组织的行政机关申请复议。因为这类组织很多,其管理关系也很复杂,如大学有部属大学,也有省管大学,需要注意其中的区别。

3. 复议申请的便民原则

如上所述,《行政复议法》第 15 条规定的复议机关的确定非常复杂,为便于相对人申请行政复议,此条最后一款规定了相应的便民原则,即申请人在无法识别和确定正确的复议机关时,可直接向具体行政行为发生地的县级地方人民政府提出行政复议申请,县级地方人民政府应当自接到该行政复议申请之日起 7 日内,转送有关行政复议机关,并告知申请人。

◆考点归纳

**在复议机关的确认问题中,以下三个问题的出题频率较高,请考生特别注意:**

(1) 对于国务院各部门和省级人民政府的具体行政行为,应先向本机关申请复议;对复议决定不服的,可以向人民法院提起行政诉讼;也可以向国务院再次申请复议。但此处须特别注意的是,对于国务院各部门和省级人民政府的具体行政行为,当事人只能先向本机关复议,复议之后再选择向国务院申请第二次复议或是选择起诉,而是在第一个阶段,当事人即可选择救

济途径,或者复议或者起诉,但如果选择的是复议,则本机关是复议机关。具体流程可参阅下图:

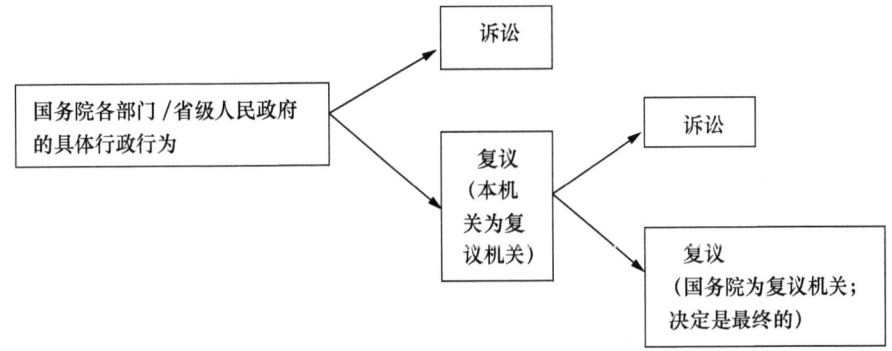

（2）实行垂直领导的海关、金融、国税、外汇管理部门和国家安全机关,对这些工作部门的具体行政行为,只能向其上一级主管部门申请行政复议。但对于经国务院批准实行省以下垂直领导的部门作出的具体行政行为不服的,当事人可以选择向该部门的本级人民政府或者上一级主管部门申请行政复议,除非省、自治区、直辖市另有规定。

（3）派出所是典型的派出机构,原则上并无行政主体资格,因此,派出所作出的行政行为,应以它所属的公安机关（如区公安分局）为被申请人,此时复议机关就是区公安分局的上一级机关,即区政府和市公安局。

但《治安管理处罚法》授权派出所可以进行警告和500元以下的罚款,如派出所所做的是此类行为,它就具有主体资格,可以作为复议的被申请人,复议机关就是派出所所属的上级公安机关,即区公安分局,但《行政复议法》特别规定,此时区公安分局所属的人民政府即区政府也可以作为复议机关,也就是说,在此情况下,复议机关既可是区公安分局,也可以是区政府。

如果派出所超出了法律授权的幅度范围,例如进行了1 000元的罚款,此时被申请人仍旧是派出所;但如果派出所超出了法律授权的种类范围,例如进行了行政拘留,此时应视为"派出所不具有法律授权",此时被申请人和复议机关就是市公安局和区政府。

对派出所的复议机关确认可总结为下图:

| 行为 | 被申请人 | 复议机关 |
|---|---|---|
| 警告/500元以下罚款 | 派出所 | 区公安分局/区政府 |
| 警告与罚款以外的其他处罚 | 区公安分局 | 市公安局/区政府 |
| 500元以上罚款 | 派出所 | 区公安分局/区政府 |
| 不作为 | 派出所 | 区公安分局/区政府 |

对派出所的复议机关确认问题是复议机关确认问题中的高频考点,考生须特别注意。

◆经典真题

1.（2002-2-72）刘某对市辖区土地局根据省国土资源厅的规定作出的一项处理决定不服提起行政复议,同时要求审查该规定的合法性,在此情况下,下列说法正确的是?（BCD）

A. 市政府作为复议机关无权对省国土资源厅的规定进行处理

B. 区政府作为复议机关应当将国土资源厅的规定转送市政府处理
C. 省政府有权对该规定进行处理
D. 市土地局作为复议机关应当将审查省国土资源厅规定的请求转送省国土资源厅处理

2. (2005-2-47) A市某县土地管理局以刘某非法占地建住宅为由,责令其限期拆除建筑,退还所占土地。刘某不服,申请行政复议,下列哪一种说法是正确的?(C)
  A. 复议机关只能为A市土地管理局
  B. 若刘某撤回复议申请,则无权再提起行政诉讼
  C. 刘某有权委托代理人代为参加复议
  D. 若复议机关维持某县土地管理局决定,刘某逾期不履行的,某县土地管理决可以自行强制执行

3. (2005-2-85) 金某因举报单位负责人贪污问题遭到殴打,于案发当日向某区公安分局某派出所报案,但派出所久拖不理。金某向区公安分局申请复议,区公安分局以未成立复议机构为由拒绝受理,并告知金某向上级机关申请复议。下列说法正确的是:(ABCD)
  A. 金某可以向某区人民政府申请复议
  B. 金某可以以某派出所为被告向法院提起行政诉讼
  C. 金某可以以某区公安分局为被告向法院提起行政诉讼
  D. 应当对某区公安分局相关负责人给予行政处分

4. (2009-2-98) 2002年底,王某按照县国税局要求缴纳税款12万元。2008年初,王某发现多缴税款2万元。同年7月5日,王某向县国税局提出退税书面申请。7月13日,县国税局向王某送达不予退税决定。王某在复议机关维持县国税局决定后向法院起诉。下列选项正确的是:(ABCD)
  A. 复议机关是县国税局的上一级国税局
  B. 复议机关应自收到王某复议申请书之日起二个月内作出复议决定
  C. 被告为县国税局
  D. 是否适用《税收征收管理法》"纳税人自结算缴纳税款之日起三年内发现的,可以向税务机关要求退还多缴的税款"的规定,是本案审理的焦点之一

5. (2011-2-84) 甲市乙区公安分局所辖派出所以李某制造噪声干扰他人正常生活为由,处以500元罚款。李某不服申请复议。下列哪些机关可以成为本案的复议机关?(AB)
  A. 乙区公安分局              B. 乙区政府
  C. 甲市公安局              D. 甲市政府

6. (2012-2-49) 国务院某部对一企业作出罚款50万元的处罚。该企业不服,向该部申请行政复议。下列哪一说法是正确的?(D)
  A. 在行政复议中,不应对罚款决定的适当性进行审查
  B. 企业委托代理人参加行政复议的,可以口头委托
  C. 如在复议过程中企业撤回复议的,即不得再以同一事实和理由提出复议申请
  D. 如企业对复议决定不服向国务院申请裁决,企业对国务院的裁决不服向法院起诉的,法院不予受理

7. (2013-2-46) 因关某以刻划方式损坏国家保护的文物,公安分局决定对其作出拘留10日、罚款500元的处罚。关某申请复议,并向该局提出申请、交纳保证金后,该局决定暂缓执行

拘留决定。下列哪一说法是正确的?(D)

A. 关某的行为属于妨害公共安全的行为
B. 公安分局应告知关某有权要求举行听证
C. 复议机关只能是公安分局的上一级公安机关
D. 如复议机关撤销对关某的处罚,公安分局应当及时将收取的保证金退还关某

8.(2014-2-49)某区环保局因某新建水电站未报批环境影响评价文件,且已投入生产使用,给予其罚款 10 万元的处罚。水电站不服,申请复议,复议机关作出维持处罚的复议决定书。下列哪一说法是正确的?(C)

A. 复议机构应当为某区政府
B. 如复议期间案件涉及法律适用问题,需要有权机关作出解释,行政复议终止
C. 复议决定书一经送达,即发生法律效力
D. 水电站对复议决定不服向法院起诉,应由复议机关所在地的法院管辖

## 第三节 行政复议与行政诉讼

### 一、行政复议与行政诉讼衔接的基本原则

◆**重点法条**

**《行政复议法》**

**第 16 条** 公民、法人或者其他组织申请行政复议,行政复议机关已经依法受理的,或者法律、法规规定应当先向行政复议机关申请行政复议、对行政复议决定不服再向人民法院提起行政诉讼的,在法定行政复议期限内不得向人民法院提起行政诉讼。

公民、法人或者其他组织向人民法院提起行政诉讼,人民法院已经依法受理的,不得申请行政复议。

**《行政诉讼法》**

**第 44 条** 对属于人民法院受案范围的行政案件,公民、法人或者其他组织可以先向行政机关申请复议,对复议决定不服的,再向人民法院提起诉讼;也可以直接向人民法院提起诉讼。

法律、法规规定应当先向行政机关申请复议,对复议决定不服再向人民法院提起诉讼的,依照法律、法规的规定。

**第 38 条** 公民、法人或者其他组织不服复议决定的,可以在收到复议决定书之日起十五日内向人民法院提起诉讼。复议机关逾期不作决定的,申请人可以在复议期满之日起十五日内向人民法院提起诉讼。法律另有规定的除外。

◆**知识要点**

对行政复议与行政诉讼的关系,主要把握以下两个原则:

1. 原则上申请人不服复议决定,均可再提起行政诉讼,但复议终局的除外

原则上复议决定都不是最终的,当事人不服复议决定,均可提起行政诉讼,除非法律规定复议终局。此处的"法律"专指全国人大和全国人大常委会制定的法律。

2. 原则上相对人可自由选择救济途径,但复议前置的除外

相对人不服行政机关做出的具体行政行为,原则上既可先申请复议,对复议决定不服再提起诉讼,也可不经复议直接提起行政诉讼,换言之,在我国行政复议并非行政诉讼的前置程序,

除非法律特别规定,当事人在提起行政诉讼前应先申请复议,此类案件在行政法上被称为"复议前置"案件。

有关复议与诉讼的衔接问题可总结为下表:

| 复议与诉讼衔接的原则与例外 | | | |
| --- | --- | --- | --- |
| 原则 | 例外 | 原则 | 例外 |
| 原则上相对人可自由选择救济途径 | 复议前置的除外(有法律、法规规定)<br>(1)自然资源所有权、使用权案件(必须是行政机关的行政行为侵犯了相对人已经依法取得的权利);<br>(2)纳税争议案件(是否纳税、如何纳税、纳税金额、纳税方式)。 | 原则上申请人不服复议决定,均可再提起行政诉讼 | 复议终局的除外(由法律规定)<br>(1)对国务院部门或者省、自治区、直辖市人民政府的具体行政行为不服的,向作出该具体行政行为的国务院部门或省、自治区、直辖市人民政府申请行政复议。对行政复议决定不服的,可以向人民法院提起行政诉讼;也可以向国务院申请裁决,国务院依照本法的规定作出最终裁决;<br>(2)根据国务院或者省、自治区、直辖市人民政府对行政区划的勘定、调整或者征用土地的决定,省、自治区、直辖市人民政府确认土地、矿藏、水流、森林、山岭、草原、荒地、滩涂、海域等自然资源的所有权或者使用权的行政复议决定为最终裁决。 |

## 二、复议前置的案件

法律规定的复议前置案件主要有两类:一类是涉及自然资源所有权、使用权的案件;另一类是纳税争议的案件。

### (一)自然资源所有权、使用权案件

◆重点法条

《行政复议法》

**第30条第1款** 公民、法人或者其他组织认为行政机关的具体行政行为侵犯其已经依法取得的土地、矿藏、水流、森林、山岭、草原、荒地、滩涂、海域等自然资源的所有权或者使用权的,应当先申请行政复议;对行政复议决定不服的,可以依法向人民法院提起行政诉讼。

◆知识要点

《行政复议法》第30条第1款规定的复议前置必须符合以下两个条件:

(1)必须是行政机关的具体行政行为影响到相对人的自然资源所有权与使用权;

(2)所侵犯的必须是既得的自然资源资源权利,即当事人被侵犯的这种自然资源权利必须是依法已经明确取得的,是一种既得权利,如果当事人尚未取得这些权利,其受到损害的只是一种可期待的权利。

◆ **考点归纳**

《行政复议法》第30条第1款的复议前置涉及自然资源的所有权与使用权,但对于这一款应进行限缩性解释,即并非所有涉及自然资源所有权、使用权的案件,都必须先复议前置。只有行政机关的具体行政行为侵犯了相对人的既得自然资源所有权与使用权的案件,才应复议前置,除此之外,相对人都可以自由选择先复议或是先诉讼。

事实上,对于这一规定,最高人民法院专门于2003年、2005年以批复的形式作出解释;其中,2003年《关于适用〈行政复议法〉第三十条第一款有关问题的批复》指出,上述条款规定的具体行政行为,必须是行政机关确认自然资源所有权或者使用权的具体行政行为;而对于涉及自然资源权利的行政处罚、行政强制措施等其他具体行政行为提起行政诉讼的,无须复议前置。2005年的解释进一步缩小了复议前置的范围,明确规定只有当事人对自然资源权属发生争议后,行政机关对该权属作出确权裁决,才需要复议前置,而有关自然资源权利的初始登记,如办法权属证书等行为,不在复议前置之列。

但历年这一方面的考题基本都集中在"当事人是否已经取得自然资源的所有权和使用权"这一点上,因此以下两类案件并非复议前置案件:

(1)两个均没有取得自然资源所有权或使用权的当事人就自然资源权属发生争议,申请行政机关进行裁决,未获裁决的当事人不满确权决定,提起行政诉讼的;

(2)相对人申请行政机关颁发自然资源所有权或使用权证件,行政机关不予许可或许可的内容相对人不满意,提起行政诉讼。

★ **特别提示**

本条的出题频率非常高,也是出题人非常偏好出的一类题目。但考生应注意,复议前置对相对人的权利影响很大,因此原则上对此条应进行限缩解释,只有完全符合法律规定的前提,才属于复议前置。因此,考生切忌看到题干中有"自然资源使用权或所有权"的表述,就马上选择复议前置与复议终局。

◆ **经典真题**

1.(2004-2-72)位于大王乡的多金属硫铁矿区是国家出资勘察形成的大型硫铁矿基地。2003年5月,百乐公司向法定发证机关省国土资源厅申请办理该矿区采矿许可证。2003年11月1日,某市国土资源局以解决遗留问题为由向另一家企业强力公司颁发了该矿取的采矿许可证。2004年1月,省国土资源厅答复百乐公司,该矿区已设置矿权,不受理你公司的申请。关于百乐公司的救济途径,下列哪些说法是正确的?(BD)

　　A. 就省国土资源厅的拒绝发证行为应当先申请行政复议才能提起诉讼
　　B. 就省国土资源厅的拒绝发证行为可以直接向人民法院提起诉讼
　　C. 就市国土资源局向强力公司的发证行为应当先申请行政复议才能提起诉讼
　　D. 就市国土资源局向强力公司的发证行为可以直接向人民法院提起诉讼

2.(2006-2-41)甲村与乙村相邻,甲村认为乙村侵犯了本村已取得的林地所有权,遂向省林业局申请裁决。省林业局裁决该林地所有权归乙村所有,甲村不服。按照《行政复议法》和《行政诉讼法》规定,关于甲村寻求救济的下列哪种说法是正确的?(B)

　　A. 只能申请行政复议
　　B. 既可申请行政复议,也可提起行政诉讼
　　C. 必须先经过行政复议,才能够提起行政诉讼

D. 只能提起行政诉讼

3. (2008-2-82)肖某提出农村宅基地用地申请,乡政府审核后报县政府审批。肖某收到批件后,不满批件所核定的面积。下列哪些选项是正确的?(BC)

A. 肖某须先申请复议,方能提起行政诉讼
B. 肖某申请行政复议,复议机关为县政府的上一级政府
C. 肖某申请行政复议,应当自签收批件之起60日内提出复议申请
D. 肖某提起行政诉讼,县政府是被告,乡政府为第三人

4. (2009-2-84)段某拥有两块山场的山林权证。林改期间,王某认为该山场是自家的土改山,要求段某返还。经村委会协调,段某同意把部分山场给与王某,并签订了协议。事后,段某反悔,对协议提出异议。王某请镇政府调处,镇政府依王某提交的协议书复印件,向王某发放了山林权证。段某不服,向县政府申请复议,在县政府作出维持决定后向法院起诉。下列哪些选项是正确的?(AC)

A. 对镇政府的行为,段某不能直接向法院提起行政诉讼
B. 县政府为本案第三人
C. 如当事人未能提供协议书原件,法院不能以协议书复印件单独作为定案依据
D. 如段某与王某在诉讼中达成新的协议,可视为本案被诉具体行政行为发生改变

(二) 纳税争议案件

◆ **重点法条**

《税收征收管理法》

**第88条第1、2款** 纳税人、扣缴义务人、纳税担保人同税务机关在纳税上发生争议时,必须先依照税务机关的纳税决定缴纳或者解缴税款及滞纳金或者提供相应的担保,然后可以依法申请行政复议;对行政复议决定不服的,可以依法向人民法院起诉。

当事人对税务机关的处罚决定、强制执行措施或者税收保全措施不服的,可以依法申请行政复议,也可以依法向人民法院起诉。

《海关法》

**第64条** 纳税义务人同海关发生纳税争议时,应当缴纳税款,并可以依法申请行政复议;对复议决定仍不服的,可以依法向人民法院提起诉讼。

◆ **考点归纳**

除《行政复议法》第30条第1款规定的复议前置外,实践中需要复议前置的案件还包括纳税争议案件。但与自然资源所有权、使用权案件一样,并非所有与纳税有关的争议,当事人都必须先复议后诉讼,"纳税争议"只包括四个方面:即相对人对是否纳税、由谁纳税、纳税金额与纳税方式所产生的争议,除此之外,当事人对税务机关的税务处罚决定、强制执行措施或者税收保全措施不服等情况,既可申请复议,也可直接提起行政诉讼。

◆ **经典真题**

1. (2006-2-80)李某购买中巴车从事个体客运,但未办理税务登记,且一直未缴纳税款。某县国税局要求李某限期缴纳税款1500元并决定罚款1000元。后因李某逾期未缴纳税款和罚款,该国税局将李某的中巴车扣押,李某不服。下列哪些说法是不正确的?(AD)

A. 对缴纳税款和罚款决定,李某应当先申请复议,再提起诉讼
B. 李某对上述三行为不服申请复议,应向某县国税局的上一级国税局申请

C. 对扣押行为不服,李某可以直接向法院提起诉讼
D. 该国税局扣押李某中巴车的措施,可以交由县交通局采取

2. (2008-2-83)某县地税局将个体户沈某的纳税由定额缴税变更为自行申报,并在认定沈某申报税额低于过去纳税额后,要求沈某缴纳相应税款、滞纳金,并处以罚款。沈某不服,对税务机关下列哪些行为可以直接向法院提起行政诉讼?(CD)
A. 由定额缴税变更为自行申报的决定　　B. 要求缴纳税款的决定
C. 要求缴纳滞纳金的决定　　　　　　　D. 罚款决定

3. (2013-2-45)田某为在校大学生,以从事研究为由向某工商局提出申请,要求公开该局2012年度作出的所有行政处罚决定书,该局拒绝公开。田某不服,向法院起诉。下列哪一说法是正确的?(D)
A. 因田某不具有申请人资格,拒绝公开合法
B. 因行政处罚决定为重点公开的政府信息,拒绝公开违法
C. 田某应先申请复议再向法院起诉
D. 田某的起诉期限为3个月

★特别提示

除上述两类案件外,大部分的行政案件均无须复议前置,尤其是治安管理类的案件,政府信息公开的案件等,如遇这类考题请考生特别注意。

## 三、复议终局的案件

◆重点法条

《行政复议法》

第14条　对国务院部门或者省、自治区、直辖市人民政府的具体行政行为不服的,向作出该具体行政行为的国务院部门或者省、自治区、直辖市人民政府申请行政复议。对行政复议决定不服的,可以向人民法院提起行政诉讼;也可以向国务院申请裁决,国务院依照本法的规定作出最终裁决。

第30条第2款　根据国务院或者省、自治区、直辖市人民政府对行政区划的勘定、调整或者征用土地的决定,省、自治区、直辖市人民政府确认土地、矿藏、水流、森林、山岭、草原、荒地、滩涂、海域等自然资源的所有权或者使用权的行政复议决定为最终裁决。

◆知识要点

(1)如前文所述,对《行政复议法》第14条的理解需要特别注意的是,对国务院或省级人民政府的具体行政行为不服,当事人既可选择复议,也可选择直接起诉,如选择复议则是向本机关复议,此时相对人并非只能先复议;如果当事人选择向本机关复议,除非复议机关的决定是终局的,当事人仍旧可以选择直接起诉,或是再向上一级机关即国务院申请复议,如选择向国务院申请复议,则国务院的复议决定是终局的。

(2)《行政复议法》第30条第2款规定的复议终局是这两年复议法考核的重点,但对于第30条第2款考生应牢记必须进行限缩性解释,即必须符合如下条件复议机关的决定才是终局的:① 复议机关为省、自治区、直辖市人民政府;② 决定内容为确认自然资源的所有权或者使用权;③ 决定依据是国务院或省、自治区、直辖市人民政府对行政区划的勘定、调整或者征用土地的决定。

## 第四节 行政复议的申请、受理与审理

### 一、行政复议的申请与受理

(一) 申请期限

◆重点法条

《行政复议法》

**第9条第1款** 公民、法人或者其他组织认为具体行政行为侵犯其合法权益的,可以自知道该具体行政行为之日起六十日内提出行政复议申请;但是法律规定的申请期限超过六十日的除外。

《行政复议法实施条例》

**第15条** 行政复议法第九条第一款规定的行政复议申请期限的计算,依照下列规定办理:

(一) 当场作出具体行政行为的,自具体行政行为作出之日起计算;

(二) 载明具体行政行为的法律文书直接送达的,自受送达人签收之日起计算;

(三) 载明具体行政行为的法律文书邮寄送达的,自受送达人在邮件签收单上签收之日起计算;没有邮件签收单的,自受送达人在送达回执上签名之日起计算;

(四) 具体行政行为依法通过公告形式告知受送达人的,自公告规定的期限届满之日起计算;

(五) 行政机关作出具体行政行为时未告知公民、法人或者其他组织,事后补充告知的,自该公民、法人或者其他组织收到行政机关补充告知的通知之日起计算;

(六) 被申请人能够证明公民、法人或者其他组织知道具体行政行为的,自证据材料证明其知道具体行政行为之日起计算。

行政机关作出具体行政行为,依法应当向有关公民、法人或者其他组织送达法律文书而未送达的,视为该公民、法人或者其他组织不知道该具体行政行为。

**第16条** 公民、法人或者其他组织依照行政复议法第六条第(八)项、第(九)项、第(十)项的规定申请行政机关履行法定职责,行政机关未履行的,行政复议申请期限依照下列规定计算:

(一) 有履行期限规定的,自履行期限届满之日起计算;

(二) 没有履行期限规定的,自行政机关收到申请满60日起计算。

公民、法人或者其他组织在紧急情况下请求行政机关履行保护人身权、财产权的法定职责,行政机关不履行的,行政复议申请期限不受前款规定的限制。

◆考点归纳

1. 申请期限

相对人申请行政复议原则上应自知道具体行政行为之日起60日内,但法律规定的申请期限超过60日的除外。这就意味着60日是申请复议的最短时间,只有特别法规定的申请期限超过60日的,才适用特别法;如果特别法规定的申请复议时间比60日短,仍旧适用《行政复议法》。

2. 申请期限的起算

(1) 当场作出具体行政行为的,自具体行政行为作出之日起计算;

(2) 载明具体行政行为的法律文书直接送达的,自受送达人签收之日起计算;

(3) 载明具体行政行为的法律文书邮寄送达的,自受送达人在邮件签收单上签收之日起计算;没有邮件签收单的,自受送达人在送达回执上签名之日起计算;

(4) 具体行政行为依法通过公告形式告知受送达人的,自公告规定的期限届满之日起计算;

(5) 行政机关作出具体行政行为时未告知公民、法人或者其他组织,事后补充告知的,自该公民、法人或者其他组织收到行政机关补充告知的通知之日起计算;

(6) 被申请人能够证明公民、法人或者其他组织知道具体行政行为的,自证据材料证明其知道具体行政行为之日起计算。

3. 对行政不作为申请复议的期限起算

(1) 有履行期限规定的,自履行期限届满之日起计算;

(2) 没有履行期限规定的,自行政机关收到申请满 60 日起计算,即此时默认为行政机关的答复时间是 60 日,如果行政机关在 60 日内未作任何决定,自 60 日经过后的 60 日内当事人可申请行政复议;

(3) 相对人在紧急情况下请求行政机关履行保护人身权、财产权的法定职责,行政机关不履行的,行政复议申请期限不受前款规定的限制。

◆经典真题

1. (2009-2-100)郑某因某厂欠缴其社会养老保险费,向区社保局投诉。2004 年 9 月 22 日,该局向该厂送达《决定书》,要求为郑某缴纳养老保险费 1 万元。同月 30 日,该局向郑某送达告知书,称其举报一事属实,并要求他缴纳养老保险费(个人缴纳部分)2,000 元。郑某不服区社保局的《决定书》向法院起诉,法院的生效判决未支持郑某的请求。2005 年 4 月 19 日,郑某不服告知书向市社保局申请复议,后者作出不予受理决定,郑某不服提起诉讼。下列选项正确的是:(AC)

A. 郑某向市社保局提出的复议申请已超过申请期限

B. 区社保局所在地的法院和市社保局所在地的法院对本案均有管辖权

C. 郑某的起诉属重复起诉

D. 如郑某对告知书不服直接向法院起诉,法院可以被诉行为系重复处理行为为由不受理郑某的起诉

2. (2014-2-80)《反不正当竞争法》规定,当事人对监督检查部门作出的处罚决定不服的,可以自收到处罚决定之日起 15 日内向上一级主管机关申请复议;对复议决定不服的,可以自收到复议决定书之日起 15 日内向法院提起诉讼;也可以直接向法院提起诉讼。某县工商局认定某企业利用广告对商品作引人误解的虚假宣传,构成不正当竞争,处 10 万元罚款。该企业不服,申请复议。下列哪些说法是正确的?(CD)

A. 复议机关应当为该工商局的上一级工商局

B. 申请复议期间为 15 日

C. 如复议机关作出维持决定,该企业向法院起诉,起诉期限为 15 日

D. 对罚款决定,该企业可以不经复议直接向法院起诉

## (二) 申请形式

◆**重点法条**

《行政复议法》

**第 11 条** 申请人申请行政复议,可以书面申请,也可以口头申请;口头申请的,行政复议机关应当当场记录申请人的基本情况、行政复议请求、申请行政复议的主要事实、理由和时间。

《行政复议法实施条例》

**第 18 条** 申请人书面申请行政复议的,可以采取当面递交、邮寄或者传真等方式提出行政复议申请。

有条件的行政复议机构可以接受以电子邮件形式提出的行政复议申请。

**第 19 条** 申请人书面申请行政复议的,应当在行政复议申请书中载明下列事项:

(一) 申请人的基本情况,包括:公民的姓名、性别、年龄、身份证号码、工作单位、住所、邮政编码;法人或者其他组织的名称、住所、邮政编码和法定代表人或者主要负责人的姓名、职务;

(二) 被申请人的名称;

(三) 行政复议请求、申请行政复议的主要事实和理由;

(四) 申请人的签名或者盖章;

(五) 申请行政复议的日期。

**第 20 条** 申请人口头申请行政复议的,行政复议机构应当依照本条例第十九条规定的事项,当场制作行政复议申请笔录交申请人核对或者向申请人宣读,并由申请人签字确认。

◆**考点归纳**

复议的申请形式:口头与书面。这一点同样体现了便民原则。

◆**经典真题**

(2016-2-48)某区食品药品监管局以某公司生产经营超过保质期的食品违反《食品安全法》为由,作出处罚决定。公司不服,申请行政复议。关于此案,下列哪一说法是正确的?(A)

A. 申请复议期限为 60 日

B. 公司不得以电子邮件形式提出复议申请

C. 行政复议机关不能进行调解

D. 公司如在复议决定作出前撤回申请,行政复议中止

## (三) 复议的受理

◆**重点法条**

《行政复议法》

**第 17 条第 1 款** 行政复议机关收到行政复议申请后,应当在**五日内**进行审查,对不符合本法规定的行政复议申请,决定不予受理,并书面告知申请人;对符合本法规定,但是不属于本机关受理的行政复议申请,应当告知申请人向有关行政复议机关提出。

**第 18 条** 依照本法第十五条第二款的规定接受行政复议申请的县级地方人民政府,对依照本法第十五条第一款的规定属于其他行政复议机关受理的行政复议申请,**应当自接到该行政复议申请之日起七日内**,转送有关行政复议机关,并告知申请人。接受转送的行政复议机关应当依照本法第十七条的规定办理。

**第 19 条** 法律、法规规定应当先向行政复议机关申请行政复议、对行政复议决定不服再

向人民法院提起行政诉讼的,行政复议机关决定不予受理或者受理后超过行政复议期限不作答复的,公民、法人或者其他组织可以自收到不予受理决定书之日起或者行政复议期满之日起十五日内,依法向人民法院提起行政诉讼。

**第 20 条** 公民、法人或者其他组织依法提出行政复议申请,行政复议机关无正当理由不予受理的,上级行政机关应当责令其受理;**必要时,上级行政机关也可以直接受理。**

◆考点归纳

(1) 行政复议机关收到行政复议申请后,应当在 **5 日内**进行审查,并作出是否受理的决定;对依法属于其他行政复议机关受理的行政复议申请,**应当自接到该行政复议申请之日起 7 日内**转送有关行政复议机关,并告知申请人。

(2) 依法提出行政复议申请,行政复议机关无正当理由不予受理的,上级行政机关应当责令其受理;**必要时,上级行政机关也可以直接受理。**

(3) 对于法律规定的复议前置案件,如果当事人申请复议后,复议机关不予受理或者不作任何答复,**为保护相对人合法权益,相对人可直接起诉**。同理,即使法律没有规定复议是诉讼的前置程序,但相对人选择先申请复议,复议机关决定不予受理或者受理后超过行政复议期限不作答复的,公民、法人或者其他组织也可以自收到不予受理决定书之日起或者行政复议期满之日起 15 日内,依法向人民法院提起行政诉讼。起诉时,相对人既可以就原来的行政争议本身提起诉讼,也可以起诉复议机关的不作为。

(四) 具体行政行为的执行效力

◆重点法条

《行政复议法》

**第 21 条** 行政复议期间具体行政行为不停止执行;但是,有下列情形之一的,可以停止执行:

(一) 被申请人认为需要停止执行的;

(二) 行政复议机关认为需要停止执行的;

(三) 申请人申请停止执行,行政复议机关认为其要求合理,决定停止执行的;

(四) 法律规定停止执行的。

◆考点归纳

根据"起诉不停止执行"原则,当事人申请复议或提起诉讼原则上不影响具体行政行为的执行,除非:① 被申请人认为需要停止执行的;② 行政复议机关认为需要停止执行的;③ 申请人申请停止执行,行政复议机关认为其要求合理,决定停止执行的;④ 法律规定停止执行的。这一点规定与行政诉讼法的规定相同,但考试中出现的频率不高。

## 二、行政复议的审理

(一) 审理形式

◆重点法条

《行政复议法》

**第 22 条** 行政复议原则上采取书面审查的办法,但是申请人提出要求或者行政复议机关负责法制工作的机构认为有必要时,可以向有关组织和人员调查情况,听取申请人、被申请人和第三人的意见。

《行政复议法实施条例》

**第33条** 行政复议机构认为必要时,可以实地调查核实证据;对重大、复杂的案件,申请人提出要求或者行政复议机构认为必要时,可以采取听证的方式审理。

**第34条** 行政复议人员向有关组织和人员调查取证时,可以查阅、复制、调取有关文件和资料,向有关人员进行询问。

调查取证时,行政复议人员不得少于2人,并应当向当事人或者有关人员出示证件。被调查单位和人员应当配合行政复议人员的工作,不得拒绝或者阻挠。

需要现场勘验的,现场勘验所用时间不计入行政复议审理期限。

◆知识要点

(1)行政复议的审查以书面审查为原则,只有行政复议机构认为必要时,可以实地调查核实证据;对重大、复杂的案件,申请人提出要求或者行政复议机构认为必要时,可以采取听证的方式审理。

(2)与行政处罚案件、行政许可案件的调查一样,复议机关在调查取证时,执法人员不得少于2人,并应当向当事人或者有关人员出示证件。

◆经典真题

(2015-2-80)某区工商分局对一公司未取得出版物经营许可证销售电子出版物100套的行为,予以取缔,并罚款6 000元。该公司向市工商局申请复议。下列哪些说法是正确的?(AB)

A. 公司可委托代理人代为参加行政复议
B. 在复议过程中区工商分局不得自行向申请人和其他有关组织或个人收集证据
C. 市工商局应采取开庭审理方式审查此案
D. 如区工商分局的决定明显不当,市工商局应予以撤销

(二)举证责任

◆重点法条

《行政复议法实施条例》

**第21条** 有下列情形之一的,申请人应当提供证明材料:

(一)认为被申请人不履行法定职责的,提供曾经要求被申请人履行法定职责而被申请人未履行的证明材料;

(二)申请行政复议时一并提出行政赔偿请求的,提供受具体行政行为侵害而造成损害的证明材料;

(三)法律、法规规定需要申请人提供证据材料的其他情形。

《行政复议法》

**第23条第1款** 行政复议机关负责法制工作的机构应当自行政复议申请受理之日起七日内,将行政复议申请书副本或者行政复议申请笔录复印件发送被申请人。被申请人应当自收到申请书副本或者申请笔录复印件之日起十日内,提出书面答复,并提交当初作出具体行政行为的证据、依据和其他有关材料。

**第24条** 在行政复议过程中,被申请人不得自行向申请人和其他有关组织或者个人收集证据。

◆**知识要点**

1. 举证责任分配的一般规则

行政复议与行政诉讼一样,均由作为被申请人的行政机关对具体行政行为的合法承担举证责任;被申请人应当自收到申请书副本或者申请笔录复印件之日起10日内,提出书面答复,并提交当初作出具体行政行为的证据、依据和其他有关材料。

2. 申请人应提交的证明材料

行政机关应举出证明具体行政行为合法的证据、依据和其他有关材料。否则应视为具体行政行为违法。复议中的举证规则与诉讼大体相同,考生可参照复习,具体而言包括:

(1) 认为被申请人不履行法定职责的,提供曾经要求被申请人履行法定职责而被申请人未履行的证明材料;

(2) 申请行政复议时一并提出行政赔偿请求的,提供受具体行政行为侵害而造成损害的证明材料;

(3) 法律、法规规定需要申请人提供证据材料的其他情形。

3.《行政复议法》同样规定了复议期间被申请人自行取证禁止

在行政复议过程中,被申请人不得自行向申请人和其他有关组织或者个人收集证据。

★**特别提示**

行政复议举证责任的分配和一般规则与行政诉讼完全相同,考生在复议时可一并记忆。

(三) 申请人撤回复议申请的处理与被申请人在复议期间改变原行为

1. 申请人撤回复议申请

◆**重点法条**

《行政复议法》

**第 25 条**　行政复议决定作出前,申请人要求撤回行政复议申请的,经说明理由,可以撤回;撤回行政复议申请的,行政复议终止。

《行政复议法实施条例》

**第 38 条**　申请人在行政复议决定作出前自愿撤回行政复议申请的,经行政复议机构同意,可以撤回。

**申请人撤回行政复议申请的,不得再以同一事实和理由提出行政复议申请**。但是,申请人能够证明撤回行政复议申请违背其真实意思表示的除外。

◆**知识要点**

(1) 对于申请人撤回复议申请的处理,完全可参照诉讼中当事人撤诉的处理:① 撤诉申请须经复议机关同意;② 申请人撤回行政复议申请的,不得再以同一事实和理由提出行政复议申请。

(2) 相对人在复议决定作出前撤回复议申请的,如果复议并非诉讼的前置程序,相对人仍有权提起行政诉讼,但法院是否受理,要看相对人是否超过了起诉期限,此时起诉期限的计算按照相对人直接起诉的起诉期限计算。但如果复议是诉讼的前置程序,相对人撤回复议申请,当然也不能再提起行政诉讼。

◆**经典真题**

(2005-2-47) A 市某县土地管理局以刘某非法占地建住宅为由,责令其限期拆除建筑,退还所占土地。刘某不服,申请行政复议。下列哪一种说法是正确的?(C)

A. 复议机关只能为 A 市土地管理局
B. 若刘某撤回复议申请,则无权再提起行政诉讼
C. 刘某有权委托代理人代为参加复议
D. 若复议机关维持了某县土地管理局的决定,刘某逾期不履行的,某县土地管理局可以自行强制执行

2. 被申请人在复议期间改变原行为

◆重点法条
《行政复议法实施条例》
**第 39 条**　行政复议期间被申请人改变原具体行政行为的,不影响行政复议案件的审理。但是,申请人依法撤回行政复议申请的除外。

◆知识要点
(1) 与诉讼一样,在复议期间被申请人仍可以改变原行为。
(2) 行政复议期间被申请人改变原具体行政行为的,并不影响行政复议案件的审理。
(3) 行政复议期间被申请人改变原具体行政行为的,经行政复议机构同意的,复议活动终止。

(四) 复议过程中申请人与被申请人的和解

◆重点法条
《行政复议法实施条例》
**第 40 条**　公民、法人或者其他组织对行政机关行使法律、法规规定的自由裁量权作出的具体行政行为不服申请行政复议,申请人与被申请人在行政复议决定作出前自愿达成和解的,应当向行政复议机构提交书面和解协议;和解内容不损害社会公共利益和他人合法权益的,行政复议机构应当准许。

◆知识要点
和解制度是复议法实施条例中新增的内容,复议中的和解必须满足以下要件:
(1) 被申请行为是行政机关行使法律、法规规定的自由裁量权作出的具体行政行为,而对于羁束决定不能和解。所谓裁量行为是指行政机关对于该行为拥有一定的裁量空间和判断余地,例如,《治安管理处罚法》规定,对某类违法行为,"公安机关可以作出警告或 200 元以下的罚款",而羁束行为是指行政机关对于该行为没有裁量空间。
(2) 和解决定是在行政复议决定作出前达成。
(3) 申请人与被申请人自愿达成和解协议。
(4) 和解协议必须经过复议机关审查,只有内容不损害社会公共利益和他人合法权益的,复议机关才会准许。

◆考点归纳
对于复议的和解特别需要注意的是,并非申请人与被申请人达成和解协议,复议活动就会终止,他们双方达成的和解协议必须经复议机关准许,只有复议机关经过审查,认为内容不损害社会公共利益和他人合法权益的,并准许双方的和解后,复议活动才会因此终止。

(五) 复议过程中的调解

◆重点法条
《行政复议法实施条例》
**第 50 条**　有下列情形之一的,行政复议机关可以按照自愿、合法的原则进行调解:

（一）公民、法人或者其他组织对行政机关行使法律、法规规定的自由裁量权作出的具体行政行为不服申请行政复议的；

（二）当事人之间的行政赔偿或者行政补偿纠纷。

当事人经调解达成协议的，行政复议机关应当制作行政复议调解书。调解书应当载明行政复议请求、事实、理由和调解结果，并加盖行政复议机关印章。行政复议调解书经双方当事人签字，即具有法律效力。

调解未达成协议或者调解书生效前一方反悔的，行政复议机关应当及时作出行政复议决定。

◆ **考点归纳**

与和解不同，所谓调解是复议机关在申请人与被申请人之间进行的调解。复议的调解适用于两类案件：

（1）被诉具体行政行为是行政机关运用自由裁量权的行为；

（2）当事人之间的行政赔偿和行政补偿纠纷。当事人经调解达成协议的，复议机关应当制作复议调解书。如果调解没有达成协议或调解书生效前一方反悔的，复议机关应当及时作出行政复议决定。

| 复议和解与调解 | | | |
| --- | --- | --- | --- |
| | 复议和解 | | 复议调解 |
| 适用范围 | 行政机关行使法律、法规规定的自由裁量权作出的具体行政行为。 | 适用范围 | （1）被诉具体行政行为是行政机关运用自由裁量权的行为；（2）当事人之间的行政赔偿和行政补偿纠纷。 |
| 达成条件和复议机关审查 | （1）和解决定是在行政复议决定作出前达成；（2）申请人与被申请人自愿达成和解协议；（3）和解协议必须经过复议机关审查，只有内容不损害社会公共利益和他人合法权益的，复议机关才会准许。 | 达成方式和后续处理 | （1）复议机关在申请人与被申请人之间进行的调解；（2）当事人经调解达成协议的，复议机关应当制作复议调解书；（3）如果调解没有达成协议或调解书生效前一方反悔的，复议机关应当及时作出行政复议决定。 |

◆ **经典真题**

(2008-2-80)对下列哪些情形，行政复议机关可以进行调解？（ACD）

A. 市政府征用某村土地，该村居民认为补偿数额过低申请复议

B. 某企业对税务机关所确定的税率及税额不服申请复议

C. 公安机关以张某非法种植罂粟为由对其处以拘留10日并处1000元罚款，张某申请复议

D. 沈某对建设部门违法拆除其房屋的赔偿决定不服申请复议

## 第五节 行政复议的决定与执行

### 一、复议决定

◆**重点法条**

**《行政复议法》**

**第28条** 行政复议机关负责法制工作的机构应当对被申请人作出的具体行政行为进行审查,提出意见,经行政复议机关的负责人同意或者集体讨论通过后,按照下列规定作出行政复议决定:

(一)具体行政行为认定事实清楚,证据确凿,适用依据正确,程序合法,内容适当的,决定维持;

(二)被申请人不履行法定职责的,决定其在一定期限内履行;

(三)具体行政行为有下列情形之一的,决定撤销、变更或者确认该具体行政行为违法;决定撤销或者确认该具体行政行为违法的,可以责令被申请人在一定期限内重新作出具体行政行为:

1. 主要事实不清、证据不足的;
2. 适用依据错误的;
3. 违反法定程序的;
4. 超越或者滥用职权的;
5. 具体行政行为明显不当的。

(四)被申请人不按照本法第二十三条的规定提出书面答复、提交当初作出具体行政行为的证据、依据和其他有关材料的,视为该具体行政行为没有证据、依据,决定撤销该具体行政行为。

行政复议机关责令被申请人重新作出具体行政行为的,被申请人不得以同一的事实和理由作出与原具体行政行为相同或者基本相同的具体行政行为。

**第29条** 申请人在申请行政复议时可以一并提出行政赔偿请求,行政复议机关对符合国家赔偿法的有关规定应当给予赔偿的,在决定撤销、变更具体行政行为或者确认具体行政行为违法时,应当同时决定被申请人依法给予赔偿。

申请人在申请行政复议时没有提出行政赔偿请求的,行政复议机关在依法决定撤销或者变更罚款、撤销违法集资、没收财物、征收财物、摊派费用以及对财产的查封、扣押、冻结等具体行政行为时,应当同时责令被申请人返还财产,解除对财产的查封、扣押、冻结等措施,或者赔偿相应的价款。

**《行政复议法实施条例》**

**第43条** 依照行政复议法第二十八条第一款第(一)项规定,具体行政行为认定事实清楚,证据确凿,适用依据正确,程序合法,内容适当的,行政复议机关应当决定维持。

**第44条** 依照行政复议法第二十八条第一款第(二)项规定,被申请人不履行法定职责的,行政复议机关应当决定其在一定期限内履行法定职责。

**第45条** 具体行政行为有行政复议法第二十八条第一款第(三)项规定情形之一的,行政复议机关应当决定撤销、变更该具体行政行为或者确认该具体行政行为违法;决定撤销该具体行政行为或者确认该具体行政行为违法的,可以责令被申请人在一定期限内重新作出具体行政行为。

**第46条** 被申请人未依照行政复议法第二十三条的规定提出书面答复、提交当初作出具体行政行为的证据、依据和其他有关材料的,视为该具体行政行为没有证据、依据,行政复议机关应当决定撤销该具体行政行为。

**第47条** 具体行政行为有下列情形之一,行政复议机关可以决定变更:
(一)认定事实清楚,证据确凿,程序合法,但是明显不当或者适用依据错误的;
(二)认定事实不清,证据不足,但是经行政复议机关审理查明事实清楚,证据确凿的。

**第48条** 有下列情形之一的,行政复议机关应当决定驳回行政复议申请:
(一)申请人认为行政机关不履行法定职责申请行政复议,行政复议机关受理后发现该行政机关没有相应法定职责或者在受理前已经履行法定职责的;
(二)受理行政复议申请后,发现该行政复议申请不符合行政复议法和本条例规定的受理条件的。

上级行政机关认为行政复议机关驳回行政复议申请的理由不成立的,应当责令其恢复审理。

**第49条** 行政复议机关依照行政复议法第二十八条的规定责令被申请人重新作出具体行政行为的,被申请人应当在法律、法规、规章规定的期限内重新作出具体行政行为;法律、法规、规章未规定期限的,重新作出具体行政行为的期限为60日。

公民、法人或者其他组织对被申请人重新作出的具体行政行为不服,可以依法申请行政复议或者提起行政诉讼。

**第51条** 行政复议机关在申请人的行政复议请求范围内,不得作出对申请人更为不利的行政复议决定。

◆知识要点

(1)复议决定的种类共包括:维持决定、撤销决定、变更决定、确认违法、履行决定以及驳回复议申请决定六种类型。考生复习时可完全参照诉讼判决类型的相关知识。

(2)维持决定的适用条件为:具体行政行为认定事实清楚、证据确凿、适用依据正确、程序合法、内容适当的,换言之,具体行政行为不仅应合法,还应合理,复议机关才会作出维持决定。

(3)撤销、确认违法和变更判决的适用条件为:① 主要事实不清、证据不足的;② 适用依据错误的;③ 违反法定程序的;④ 超越或者滥用职权的;⑤ 具体行政行为明显不当的。

此外,认定事实清楚,证据确凿,程序合法,但是明显不当或者适用依据错误的;认定事实不清,证据不足,但是经行政复议机关审理查明事实清楚,证据确凿的,复议机关也可以直接变更。

(4)履行决定的适用条件是:被申请人不履行法定职责。

(5)撤销并责令重新作出决定。《行政复议法实施条例》中补充规定,复议机关决定撤销该具体行政行为或者确认该具体行政行为违法的,可以责令被申请人在一定期限内重新作出具体行政行为。行政复议机关依照行政复议法第28条的规定责令被申请人重新作出具体行政行为的,被申请人应当在法律、法规、规章规定的期限内重新作出具体行政行为;法律、法规、规章未规定期限的,重新作出具体行政行为的期限为60日。公民、法人或者其他组织对被申请人重新作出的具体行政行为不服,可以依法申请行政复议或者提起行政诉讼。

(6) 驳回申请人申请的决定。《行政复议法实施条例》中补充了驳回申请人申请的复议决定类型,它类似于行政诉讼的驳回原告诉讼请求的判决,适用条件为:① 申请人认为行政机关不履行法定职责申请行政复议,行政复议机关受理后发现该行政机关没有相应法定职责或者在受理前已经履行法定职责的;② 受理行政复议申请后,发现该行政复议申请不符合行政复议法和本条例规定的受理条件的。

(7) 禁止加重处罚原则。行政复议机关在申请人的行政复议请求范围内,不得作出对申请人更为不利的行政复议决定。

| 决定类型 | 适用理由 | 适用规则 |
| --- | --- | --- |
| 维持决定 | 具体行政行为认定事实清楚、证据确凿、适用依据正确、程序合法、内容适当的。 | |
| 履行决定 | 被申请人不履行法定职责。 | |
| 撤销/确认违法决定 | (1) 主要事实不清、证据不足的;<br>(2) 适用依据错误的;<br>(3) 违反法定程序的;<br>(4) 超越或者滥用职权的;<br>(5) 具体行政行为明显不当的。 | (1) 决定撤销该具体行政行为或者确认该具体行政行为违法的,可以责令被申请人在一定期限内重新作出具体行政行为;<br>(2) 被申请人应当在法律、法规、规章规定的期限内重新作出具体行政行为;法律、法规、规章未规定期限的,重新作出具体行政行为的期限为60日;<br>(3) 被申请人未依照规定提出书面答复、提交当初作出具体行政行为的证据、依据和其他有关材料的,视为该具体行政行为没有证据、依据,行政复议机关应当决定撤销该具体行政行为。 |
| 变更决定 | (1) 主要事实不清、证据不足的;<br>(2) 适用依据错误的;<br>(3) 违反法定程序的;<br>(4) 超越或者滥用职权的;<br>(5) 具体行政行为明显不当的。<br>(6) 认定事实清楚,证据确凿,程序合法,但是明显不当或者适用依据错误的;<br>(7) 认定事实不清,证据不足,但是经行政复议机关审理查明事实清楚,证据确凿的。 | 行政复议机关在申请人的行政复议请求范围内,不得作出对申请人更为不利的行政复议决定。 |

(续表)

| 决定类型 | 适用理由 | 适用规则 |
| --- | --- | --- |
| 驳回复议申请决定 | (1) 申请人认为行政机关不履行法定职责申请行政复议，行政复议机关受理后发现该行政机关没有相应法定职责或者在受理前已经履行法定职责的；<br>(2) 受理行政复议申请后，发现该行政复议申请不符合行政复议法和本条例规定的受理条件的。 | |

◆考点归纳

(1) 变更决定。值得注意的是复议中的变更决定与行政诉讼中的变更判决两者有很大区别。

在行政复议活动中，只要具体行政行为主要事实不清、证据不足，或是适用依据错误，或是违反法定程序，或是超越或者滥用职权，或是明显不当，复议机关均可作出变更判决也就是说，在上述情形下，行政复议机关既可将原行为撤销，或者确认其违法，也可以作出一个新的行政行为取代原行为，即作出变更决定。《行政复议法实施条例》第47条还补充规定："具体行政行为有下列情形之一，行政复议机关可以决定变更：（一）认定事实清楚，证据确凿，程序合法，但是明显不当或者适用依据错误的；（二）认定事实不清，证据不足，但是经行政复议机关审理查明事实清楚，证据确凿的。"

在行政诉讼中，只有在具体行政行为"显失公平"的情形下，法院才能变更原行为。

变更决定与变更判决使用条件存在上述差别的原因在于：复议机关是作为被申请人的行政机关的上级机关，因此对被申请人具有全面的监督权；而法院对于作为被告的行政机关只有有限的监督权，只能在法律授权的范围内对行政机关实施监督，而不能在任何情况下均用自己的决定取代行政机关的决定，那样无异于越俎代庖。

(2) 申请人在申请复议时可以一并提出行政赔偿请求，复议机关应予处理；即使申请人未一并提出行政赔偿请求，复议机关也应当予以处理。因为与司法"不告不理"的被动行为不同，行政复议具有主动性，是上级机关对下级机关的全面监督，不受相对人复议请求的限制。

(3) 首先，尽管《行政复议法》没有明文规定，但参照《行政诉讼法》及最高人民法院《关于执行〈中华人民共和国行政诉讼法〉若干问题的解释》的相关知识，对行政机关不作为申请复议的，有两种可能：一是决定其在一定期限内履行；二是履行已无实际意义的，复议机关应作出确认其不作为违法的决定。其次，如果具体行政行为违法，但复议机关撤销具体行政行为会给公共利益造成重大损失的，复议机关应作出确认违法的决定，同时责令被申请人承担赔偿责任。

◆经典真题

(2007-2-48) 齐某不服市政府对其作出的决定，向省政府申请行政复议，市政府在法定期限内提交了答辩，但没有提交有关证据、依据。开庭时市政府提交了作出行政行为的法律和事实依据，并说明由于市政府办公场所调整，所以延迟提交证据。下列哪一选项是正确的？(C)

A. 省政府应接受市政府延期提交的证据材料
B. 省政府应中止案件的审理
C. 省政府应撤销市政府的具体行政行为
D. 省政府应维持市政府的具体行政行为

## 二、复议意见书与建议书

◆**重点法条**
**《行政复议法实施条例》**
**第57条** 行政复议期间行政复议机关发现被申请人或者其他下级行政机关的相关行政行为违法或者需要做好善后工作的,可以制作行政复议意见书。有关机关应当自收到行政复议意见书之日起60日内将纠正相关行政违法行为或者做好善后工作的情况通报行政复议机构。

行政复议期间行政复议机构发现法律、法规、规章实施中带有普遍性的问题,可以制作行政复议建议书,向有关机关提出完善制度和改进行政执法的建议。

◆**考点归纳**
(1) 与行政诉讼不同,复议机关和被申请人之间因为有上下级隶属关系,因此其监督是全面的,如行政复议机关发现被申请人或者其他下级行政机关的相关行政行为违法或者需要做好善后工作的,可以制作行政复议意见书。有关机关应当自收到行政复议意见书之日起60日内将纠正相关行政违法行为或者做好善后工作的情况通报行政复议机构。

(2) 行政复议期间行政复议机构发现法律、法规、规章实施中带有普遍性的问题,可以制作行政复议建议书,向有关机关提出完善制度和改进行政执法的建议。

◆**经典真题**
(2011-2-47)关于行政复议,下列哪一说法是正确的?(C)
A. 《行政复议法》规定,被申请人应自收到复议申请书或笔录复印件之日起10日提出书面答复,此处的10日指工作日
B. 行政复议期间,被申请人不得改变被申请复议的具体行政行为
C. 行政复议期间,复议机关发现被申请人的相关行政行为违法,可以制作行政复议意见书
D. 行政复议实行对具体行政行为进行合法性审查原则

## 三、复议决定期限

◆**重点法条**
**《行政复议法》**
**第31条** 行政复议机关应当自受理申请之日起六十日内作出行政复议决定;但是法律规定的行政复议期限少于六十日的除外。情况复杂,不能在规定期限内作出行政复议决定的,经行政复议机关的负责人批准,可以适当延长,并告知申请人和被申请人;但是延长期限最多不超过三十日。

行政复议机关作出行政复议决定,应当制作行政复议决定书,并加盖印章。

行政复议决定书一经送达,即发生法律效力。

◆考点归纳

(1) 复议决定期限与复议申请期限虽然都是60日,但要求完全相反。复议决定其现实法律规定少于60日的除外,这意味着最长不得超过60日;而复议申请期限则是法律规定长于60日的除外,这意味着至少是60日。这里面体现的仍旧是保护相对人的立法精神。

(2) 由于行政复议较为复杂,在特殊情形下可以延长复议期限。延长期限的基本规则是:一要经负责人批准;二是最多不得超过30日。

◆经典真题

(2009-2-98)2002年底,王某按照县国税局要求缴纳税款12万元。2008年初,王某发现多缴税款2万元。同年7月5日,王某向县国税局提出退税书面申请。7月13日,县国税局向王某送达不予退税决定。王某在复议机关维持县国税局决定后向法院起诉。下列选项正确的是:(ABCD)

A. 复议机关是县国税局的上一级国税局
B. 复议机关应自收到王某复议申请书之日起二个月内作出复议决定
C. 被告为县国税局
D. 是否适用《税收征收管理法》"纳税人自结算缴纳税款之日起三年内发现的,可以向税务机关要求退还多缴的税款"的规定,是本案审理的焦点之一

## 四、复议决定的执行

◆重点法条

《行政复议法》

**第32条** 被申请人应当履行行政复议决定。

被申请人不履行或者无正当理由拖延履行行政复议决定的,行政复议机关或者有关上级行政机关应当责令其限期履行。

**第33条** 申请人逾期不起诉又不履行行政复议决定的,或者不履行最终裁决的行政复议决定的,按照下列规定分别处理:

(一) 维持具体行政行为的行政复议决定,由作出具体行政行为的行政机关依法强制执行,或者申请人民法院强制执行;

(二) 变更具体行政行为的行政复议决定,由行政复议机关依法强制执行,或者申请人民法院强制执行。

《行政复议法实施条例》

**第52条** 第三人逾期不起诉又不履行行政复议决定的,依照行政复议法第三十三条的规定处理。

◆知识要点

对于行政复议决定的执行,对于申请人与被申请人应采取不同的措施。

(1) 被申请人不履行复议决定:基于行政隶属关系,由行政复议机关或者有关上级行政机关责令其限期履行。

(2) 申请人不履行复议决定:按照行政领域中法定义务人不履行行政机关的具体行政行为进行处理,由行政机关依法强制执行或申请人民法院强制执行。但强制执行的申请人或执行人按复议决定的类型会有所不同。具体如下表:

| 复议决定类型 | 强制执行的申请人或执行人 |
| --- | --- |
| 维持决定 | 作出具体行政行为的原机关 |
| 变更决定 | 复议机关 |

◆**经典真题**

(2008-2-45)某县政府依田某申请作出复议决定,撤销某县公安局对田某车辆的错误登记,责令在30日内重新登记,但某县公安局拒绝进行重新登记。田某可以采取下列哪一项措施?(D)

A. 申请法院强制执行  B. 对某县公安局的行为申请行政复议
C. 向法院提起行政诉讼  D. 请求某县政府责令某县公安局登记

## 五、复议和诉讼的相同与区别

行政复议和行政诉讼有相同之处,也存在一定差异,相同和区别具体可总结为下表:

| 行政复议与行政诉讼的相同点 |
| --- |
| (1) 行政复议与行政诉讼的受案范围(除复议终局事项); |
| (2) 对抽象行政行为的附带性审查; |
| (3) 举证责任的分配; |
| (4) 调解的适用范围; |
| (5) 驳回复议申请决定、撤销决定、履行决定、确认违法决定的适用条件 |

| 区别 | 行政复议 | 行政诉讼 |
| --- | --- | --- |
| 审查范围 | 全面审查,既审查被诉行为的合法性,又审查其合理性。 | 原则上只审查被诉行为的合法性,有限度地审查其合理性。 |
| 审查方式 | 以书面审查为原则。 | 以开庭审理为原则。 |
| 被申请人/被告确认 | 下级行政机关经上级行政机关批准作出具体行政行为的,以批准机关为被申请人。 | 下级行政机关经上级行政机关批准作出具体行政行为的,以对外署名的机关为被告。 |
| 被申请人或被告改变被诉行为的处理 | 被申请人在复议期间改变行政行为的,不影响复议案件的审理,但申请人撤回复议申请的除外。 | 被告改变行政行为,法院如何处理应看原告意愿。 |
| 申请或起诉期限 | 自相对人知道该具体行政行为之日起60日内提出行政复议申请;但是法律规定的申请期限超过60日的除外。 | 自相对人知道或应该知道行政行为之日起6个月,但法律、法规另有规定的除外。 |

（续表）

| 区别 | 行政复议 | 行政诉讼 |
|---|---|---|
| 对被申请/被诉行为以外的其他行为的处理 | 行政复议期间行政复议机关发现被申请人或者其他下级行政机关的相关行政行为违法或者需要做好善后工作的,可以制作行政复议意见书。 | 法院审查应以当事人的诉讼请求为依据,对当事人未起诉的行为,法院不能直接作出判决。 |
| 变更决定/变更判决的适用范围 | (1) 主要事实不清、证据不足的;<br>(2) 适用依据错误的;<br>(3) 违反法定程序的;<br>(4) 超越或者滥用职权的;<br>(5) 具体行政行为明显不当的。 | (1) 行政处罚明显不当;<br>(2) 其他行政行为涉及对款额的确定、认定确有错误的。 |
| 审结案件期限 | 行政复议机关应当自受理申请之日起60日内作出行政复议决定;但是法律规定的行政复议期限少于60日的除外。 | 人民法院应当在立案之日起6个月内作出第一审判决,有特殊情形需要延长的,需经高级人民法院和最高人民法院批准。 |

# 第九章 行政诉讼法

**【复习提要】**

行政诉讼法的知识要点可以说是司法考试行政法与行政诉讼法的重中之重,分值一般都会在一半以上,对这一部分考生应予以特别关注。对行政诉讼法部分的复习,考生应注意如下两点:第一,《行政诉讼法》在2014年进行了第一次大修,考生应着重注意《行政诉讼法》修改后的内容;第二,在复习行政诉讼知识时,除熟知《行政诉讼法》外,还要紧扣最高人民法院1999年发布的《关于执行〈中华人民共和国行政诉讼法〉若干问题的解释》[以下简称《行诉法解释(1999)》]以及2015年发布的《关于执行〈中华人民共和国行政诉讼法〉若干问题的解释》[以下简称《行诉法解释(2015)》]的新解释。本章的内容包括:受案范围;管辖;诉讼参加人;起诉与受理;证据制度;法律适用;行政诉讼中的特殊制度与规则;案件的裁判与执行;二审与再审程序。考生应重点掌握每节中总结的特殊问题和要点。

## 第一节 行政诉讼的受案范围

### 一、行政诉讼受案范围的确定规则

◆**重点法条**

**《行政诉讼法》**

**第12条** 人民法院受理公民、法人或者其他组织提起的下列诉讼:

(一)对行政拘留、暂扣或者吊销许可证和执照、责令停产停业、没收违法所得、没收非法财物、罚款、警告等行政处罚不服的;

(二)对限制人身自由或者对财产的查封、扣押、冻结等行政强制措施和行政强制执行不服的;

(三)申请行政许可,行政机关拒绝或者在法定期限内不予答复,或者对行政机关作出的有关行政许可的其他决定不服的;

(四)对行政机关作出的关于确认土地、矿藏、水流、森林、山岭、草原、荒地、滩涂、海域等自然资源的所有权或者使用权的决定不服的;

(五)对征收、征用决定及其补偿决定不服的;

(六)申请行政机关履行保护人身权、财产权等合法权益的法定职责,行政机关拒绝履行或者不予答复的;

(七)认为行政机关侵犯其经营自主权或者农村土地承包经营权、农村土地经营权的;

(八)认为行政机关滥用行政权力排除或者限制竞争的;

(九)认为行政机关违法集资、摊派费用或者违法要求履行其他义务的;

(十)认为行政机关没有依法支付抚恤金、最低生活保障待遇或者社会保险待遇的;

(十一)认为行政机关不依法履行、未按照约定履行或者违法变更、解除政府特许经营协议、土地房屋征收补偿协议等协议的;

(十二)认为行政机关侵犯其他人身权、财产权等合法权益的。

除前款规定外,人民法院受理法律、法规规定可以提起诉讼的其他行政案件。

**第 13 条**　人民法院不受理公民、法人或者其他组织对下列事项提起的诉讼:

(一)国防、外交等国家行为;

(二)行政法规、规章或者行政机关制定、发布的具有普遍约束力的决定、命令;

(三)行政机关对行政机关工作人员的奖惩、任免等决定;

(四)法律规定由行政机关最终裁决的行政行为。

◆ **知识要点**

行政诉讼的受案范围是行政诉讼中的的特殊问题。相对于民事诉讼与刑事诉讼,法院受理行政案件会受到受案范围的限制,其原因在于法院对于行政机关的监督权是有限的,只能在法律授权的范围内对行政机关进行监督。因此,判断某个行政争议是否属于行政诉讼的受案范围,就成为行政诉讼面临的首要问题。

《行政诉讼法》与《行诉法解释(1999)》关于行政诉讼受案范围的规范非常多且复杂,考生如果仅进行死记硬背,难以掌握其中关键点。在掌握正确的判断要点前,我们首先来梳理一下上述法律规范的逻辑关联:

(一)法条逻辑关联

《行政诉讼法》与《行诉法解释(1999)》关于行政诉讼受案范围的规范共 7 条,它们之间存在密切的逻辑关联。《行政诉讼法》对受案范围的规定采取的是正面列举加反面排除的方式。

首先,《行政诉讼法》第 12 条对能够提起行政诉讼的案件进行了正面列举。但考生应明确的是,第 12 条所列举的案件事实上只具有示范作用,并没有穷尽所有能够提起行政诉讼的案件,也就是说,第 12 条列举的行政处罚案件、行政强制措施案件、侵犯经营自主权的案件、行政许可案件、行政不作为案件、行政给付案件、违法要求履行义务的案件等都属于实践中较为典型的行政争议,《行政诉讼法》对这些案件的列举仅仅是为了降低《行政诉讼法》的适用难度而进行的正面示范,而能够提起行政诉讼的案件并不仅限于这些。因此,对于第 12 条考生并不用花精力记忆。

其次,《行政诉讼法》第 13 条从反面列举了四类明确排除在受案范围之外的案件。相对于第 12 条,第 13 条的否定列举具有非常重要的意义。事实上,是否属于行政诉讼的受案范围,一般只要判断是否属于《行政诉讼法》明确排除在受案范围之外的案件即可,只要不属于法律否定列举的事项,原则上均可提起行政诉讼,因此《行政诉讼法》第 13 条应是考生识记的内容。

(二)判断是否属于行政诉讼受案范围的基础思路

修改前的《行政诉讼法》将行政诉讼对于权益的保护仅限于人身权与财产权,行政行为侵害相对人其他权益的,只有具备特别法的依据时才可提起行政诉讼,但新法将行政诉讼保护的权利范围拓展至"人身权、财产权等合法权益"。因此判断是否符合行政诉讼受案范围的基础思路应当是:看争议行为是否属于《行政诉讼法》明确排除在受案范围之外的四类案件,如果不属于,该争议行为是可诉的。

(三)新增的典型可诉行为

修改后的《行政诉讼法》除继续列入旧法所规定的典型案件,例如行政处罚、行政强制、行政许可案件、行政不作为案件(申请行政机关履行保护人身权、财产权等合法权益的法定职责,行政机关拒绝履行或者不予答复的)、认为行政机关违法要求履行义务的行为外,还增加列举了一些典型的可诉行为,这些行为在之前的诉讼实践中已经被作为可诉行为处理,此次新法的纳入是为了更加明确这些行为的可诉性,这些新增的典型行为包括:

1. 确认自然资源所有权、使用权的案件

相对人对行政机关作出的关于确认土地、矿藏、水流、森林、山岭、草原、荒地、滩涂、海域等自然资源的所有权或者使用权的决定不服的,可提起行政诉讼。根据《土地管理法》《矿产资源法》《水法》《森林法》《草原法》《渔业法》等法律的规定,县级以上各级人民政府对土地、矿藏、水流、森林、山岭、草原、荒地、滩涂、海域等自然资源的所有权或使用权予以明确和核发证书。此类行为属于行政裁决行为,属于行政诉讼的受案范围。

2. 征收、征用决定及其补偿决定

行政征收是行政机关为了公共利益,依法将公民、法人或其他组织的财物收归国有的行为;行政征用是行政机关为了公共利益,而依法强制使用公民、法人或其他组织的财物或劳务的行为。根据法律规定,无论是征收或征用,都应给予相对人相应的补偿;相对人对征收、征用决定或是补偿决定不服的,除法律规定的行政终局外,都可以提起行政诉讼。

3. 侵犯经营自主权或农村土地承包经营权、土地经营权

经营自主权是企业、个体经营者等依法享有的调配使用自己的人力、物力、财力,自主组织生产经营活动的权利。在市场经济体制下,各类市场主体享有广泛的经营自主权,除法律、法规对投资领域、商品价格等事项有明确限制外,行政机关不得干预生产经营,如果干预,相对人可提起行政诉讼。相应的,农村土地承包经营权是土地承包权人对承包的土地享有的自主经营、流转收益的权利。如果乡镇政府或者县级以上地方各级政府相关职能部门干涉农村土地承包,变更、解除承包合同,或者强迫、阻碍承包方进行土地承包经营权流转的,可以提起行政诉讼。

4. 行政机关滥用行政权力排除或者限制竞争的行为

根据《反垄断法》的规定,行政机关滥用行政权力排除或者限制竞争的,包括:

(1)限定或者变相限定单位或个人经营、购买、使用其指定的经营者提供的商品;

(2)妨碍商品在地区之间的自由流动;

(3)以设定歧视资质要求、评审标准或者不依法发布信息等方式,排斥或者限制外地经营者参加本地的招标投标活动;

(4)对外地经营者采取与本地经营者不平等待遇等方式,排斥或者限制外地经营者在本地投资或者设立分支机构等。行政机关以及法律、法规、规章授权组织违反上述规定,经营者可向法院提起行政诉讼。

5. 行政机关未依法支付抚恤金、最低生活保障待遇或社会保险待遇

本条是对给付类行政的救济。所谓行政给付,是公民在面临年老、疾病、失业等困境时,从国家获得物质帮助的权利。而这些给付权利尤其表现为获得抚恤金、最低生活保障待遇或社会保险待遇,如果行政机关未按照法律规定发放,公民可提起行政诉讼。为和本条相互衔接,《行政诉讼法》第73条还增加了"给付判决"。

6. 行政协议纠纷

行政协议的纳入,是新法在受案范围处最大的修改。所谓"行政协议"即行政合同。《行

诉法解释(2015)》第11条将其定义为"行政机关为实现公共利益或者行政管理目标,在法定职责范围内,与公民、法人或其他组织协商订立的具有行政法上权利义务内容的协议"。随着行政机关活动方式的转变,行政合同已经在我国行政管理领域大量使用。但此前行政合同纠纷应如何救济,各地法院做法并不一致。有些法院将此类案件作为民事案件审理,而有些法院又将其作为行政案件审理,审理规则、适用依据都不尽一致。本次修法明确规定,"公民、法人或其他组织认为行政机关不依法履行、未按照约定履行或者违法变更、解除政府特许经营协议、土地房屋征收补偿协议等协议的"可提起行政诉讼,这就将有关行政协议的纠纷明确纳入行政诉讼的受案范围(有关行政协议的审查,下文将有详尽论述)。

上述内容可概括为下表:

| 行政诉讼的受案范围 | |
| --- | --- |
| 可诉行为 | 不可诉行为 |
| (1) 行政处罚;<br>(2) 行政强制;<br>(3) 行政许可;<br>(4) 确认自然资源所有权与使用权决定;<br>(5) 征收、征用与补偿;<br>(6) 行政机关不作为;<br>(7) 侵犯经营自主权和农村土地经营权;<br>(8) 排除或限制竞争;<br>(9) 违法要求履行义务;<br>(10) 行政给付;<br>(11) 行政协议;<br>(12) 侵犯其他人身权、财产权等合法权益的;<br>(13) 法律、法规规定的其他可诉案件。 | (1) 国家行为;<br>(2) 抽象行政行为(除其他规范性文件);<br>(3) 内部行政行为;<br>(4) 行政终局行为。 |

## 二、不可诉行为

◆**重点法条**

《行政诉讼法》

**第13条** 人民法院不受理公民、法人或者其他组织对下列事项提起的诉讼:
(一) 国防、外交等国家行为;
(二) 行政法规、规章或者行政机关制定、发布的具有普遍约束力的决定、命令;
(三) 行政机关对行政机关工作人员的奖惩、任免等决定;
(四) 法律规定由行政机关最终裁决的具体行政行为。

《行诉法解释(1999)》

**第1条** 公民、法人或者其他组织对具有国家行政职权的机关和组织及其工作人员的行政行为不服,依法提起诉讼的,属于人民法院行政诉讼的受案范围。

公民、法人或者其他组织对下列行为不服提起诉讼的,不属于人民法院行政诉讼的受案范围:

（一）行政诉讼法第十二条规定的行为；
（二）公安、国家安全等机关依照刑事诉讼法的明确授权实施的行为；
（三）调解行为以及法律规定的仲裁行为；
（四）不具有强制力的行政指导行为；
（五）驳回当事人对行政行为提起申诉的重复处理行为；
（六）对公民、法人或者其他组织权利义务不产生实际影响的行为。

**第2条** 行政诉讼法第十二条第（一）项规定的国家行为，是指国务院、中央军事委员会、国防部、外交部等根据宪法和法律的授权，以国家的名义实施的有关国防和外交事务的行为，以及经宪法和法律授权的国家机关宣布紧急状态、实施戒严和总动员等行为。

**第3条** 行政诉讼法第十二条第（二）项规定的"具有普遍约束力的决定、命令"，是指行政机关针对不特定对象发布的能反复适用的行政规范性文件。

**第4条** 行政诉讼法第十二条第（三）项规定的"对行政机关工作人员的奖惩、任免等决定"，是指行政机关作出的涉及该行政机关公务员权利义务的决定。

**第5条** 行政诉讼法第十二条第（四）项规定的"法律规定由行政机关最终裁决的具体行政行为"中的"法律"，是指全国人民代表大会及其常务委员会制定、通过的规范性文件。

◆**知识要点**

（一）国家行为

1. 概念要素

国家行为是指国务院、中央军事委员会、国防部、外交部等根据宪法和法律的授权，以国家的名义实施的有关国防和外交事务的行为，以及经宪法和法律授权的国家机关宣布紧急状态、实施戒严和总动员等行为。国家行为不可诉的原因在于其主权性、政治性和整体性。

2. 辨析要点

值得注意的是，并非所有跟国防、外交有关的行为均是国家行为，例如强制服兵役或是海关对外国人进行处罚等都不是国家行为，只有那些具有高度政治性和主权性的行为才是国家行为。

（二）抽象行政行为

1. 概念要素

关于抽象行政行为与具体行政行为的区分，前文已有详尽介绍，此处不再赘述。

2. 辨析要点

值得注意的是，新法并未将所有的抽象行政行为均排除在行政诉讼的受案范围之外，而是将其"部分的、有限的"纳入了行政诉讼的受案范围，不能提起诉讼的抽象行政行为仅为行政法规和行政规章，对于其他规范性文件，相对人可附带性的提起行政诉讼（对于其他规范性文件的附带性审查，下文将有详尽论述）。

（三）内部行政行为

1. 概念要素

所谓内部行政行为是行政机关针对其内部公务员作出的，涉及其权利义务的行为。

2. 辨析要点

《行政诉讼法》第13条规定，"行政机关对行政机关工作人员的奖惩、任免等决定"是不可诉的,《行诉法解释(1999)》对这一规定进行扩大解释,"对行政机关工作人员的奖惩、任免等决定,是指行政机关作出的涉及该行政机关公务员权利义务的决定"。因此,行政机关所有涉及公务员权利义务的决定都是不可诉的。

(四) 行政终局裁决行为

1. 概念要素

所谓行政终局裁决行为是指行政机关作出的决定是最终的,当事人无权再行起诉。

2. 辨析要点

值得注意的是,行政终局裁决行为必须是"法律"规定,这里的"法律"应作狭义解释,仅指全国人大和全国人大常委会制定的法律,也就是说只有最高立法机关才能决定的事项,行政机关具有最终的决定权,而行政机关即使是国务院也无权规定行终决事项。

我国法律规定的行政终局裁决行为主要有:

**《行政复议法》14条规定**,对国务院部门或者省、自治区、直辖市人民政府的具体行政行为不服的,可向作出该具体行政行为的机关申请行政复议,对复议决定不服的,可向国务院申请裁决,国务院作出的裁决为终局裁决;也可向人民法院起诉。

**《行政复议法》30条第2款规定**:"根据国务院或者省、自治区、直辖市人民政府对行政区划的勘定、调整或者征用土地的决定,省、自治区、直辖市人民政府确认土地、矿藏、水流、森林、山岭、草原、荒地、滩涂、海域等自然资源的所有权或者使用权的行政复议决定为最终裁决。"

(五) 刑事侦查行为

1. 概念要素

所谓刑事侦查行为,是指公安、国家安全等特定行政机关根据《刑事诉讼法》的授权实施的侦查犯罪的行为,主要包括侦查手段和强制措施。实践中,公安机关具有双重身份,既是行政机关,履行行政管理职能,又是刑事侦查机关,履行刑事侦查职能。而它以刑事侦查机关的身份所为的刑事侦查行为并不属于行政诉讼监督的范围。

2. 辨析要点

判断公安机关的行为是否属于刑事侦查行为的依据是该行为是否具有《刑事诉讼法》的明确授权,是否符合《刑事诉讼法》所规定的刑事侦查行为的诸项特征,即行为目的是否为了追究犯罪、是否具备《刑事诉讼法》要求的完整的手续等。实践中,公安机关常常借刑事侦查为名,干预公民之间的经济纠纷,这类行为并非《刑事诉讼法》授权的刑事侦查行为,而是公安机关无权力所为的违法行政行为,相对人不服,仍可提起行政诉讼。

(六) 民事调解以及民事仲裁行为

1. 概念要素

民事调解是行政机关在职权范围内,就平等主体之间发生的民事纠纷所为的调解行为,这类行为对当事人并没有强制力,当事人对调解结果不服,完全可以直接就民事争议提起民事诉讼,而不应将行政机关诉至法庭。同样,行政机关内设的某些仲裁机构,也可以依照法定程序,以中立的第三方的身份对平等主体之间的民事纠纷进行仲裁。实践中行政仲裁主要包括劳动仲裁和人事仲裁。这类仲裁活动依据《行诉法解释(1999)》的规定,也是不可诉的。当事人对仲裁结果不服,可直接提起民事诉讼。

2. 辨析要点

行政机关对民事纠纷的调解最典型的是公安机关在治安管理活动中对当事人之间的民事纠纷进行的调解。如前文中所述,对于因民间纠纷引起的打架斗殴或者损毁他人财物等违反治安管理行为,情节较轻的,公安机关可以调解处理。经公安机关调解,当事人达成协议的,不予处罚。经调解未达成协议或者达成协议后不履行的,公安机关应当依照本法的规定,对违反治安管理行为人给予处罚,并告知当事人可以就民事争议依法向人民法院提起民事诉讼。

但此处需要注意的是,行政机关对平等主体之间的民事争议进行的行政裁决,对相对人具有拘束力,相对人不服有权提起行政诉讼。

(七) 行政指导行为

1. 概念要素

行政指导是行政主体向相对人采取指导、劝告、建议、鼓励、警示、倡议等不具有国家强制力的方式,实现行政目的的行为。行政指导因其对相对人并没有任何约束力,因此不属于行政诉讼的受案范围。

2. 辨析要点

此处值得注意的是,行政指导最重要的属性特征就在于"不具有强制力",因此《行诉法解释(1999)》的语词表述"不具有强制力的行政指导行为"严格而言存在语义重复,不能就此认为行政指导可分为具有强制力的行政指导与不具有强制力的行政指导,《行诉法解释(1999)》之所以选择这样的语词表述,目的就在于防止实践中行政机关借"行政指导"为名,对相对人作出具有强制力的行政处理决定,对于这类只具有行政指导外观的行为,相对人仍旧可以提起行政诉讼。

(八) 重复处理行为

1. 概念要素

重复处理行为是行政机关对已经作出的具体行政行为进行强调、重复的行为。重复处理行为只是对先前行为的重复,并没有对相对人的权利义务作出新的调整,因此,相对人也不能对这种重复行为提起诉讼。

2. 辨析要点

《行诉法解释(1999)》之所以规定重复处理行为不可诉,目的是为了避免当事人对于已经经过起诉期限的行政行为,通过不断申诉获得行政机关的再次处理而使其"复活",从而规避行政诉讼的起诉期限。值得注意的是,重复处理行为必须是对先前行为的完全重复,任一变动都不应再视做是重复处理,而应作为新的处理决定,是可诉的。

(九) 对相对人的权利义务不产生实际影响的行为

1. 概念要素

能够起诉的行政行为,必须是对相对人的权利义务已经作出调整,已经产生实际影响的行为,如果某个行为并未对相对人的权利义务产生实际影响,相对人不可诉。

2. 辨析要点

典型的未产生实际影响的行为,如行政机关尚未完成的行为,或是阶段性的告知行为,例如行政机关告知补正材料的通知,或者在作出强制执行决定前对当事人送达的催告通知书。

## 第九章 行政诉讼法

◆ **考点归纳**

（1）对行政诉讼受案范围的判断，事实上转化为对不可诉行为的判断。具体可归纳如下：

| 不可诉行为 | 行为要素 | 常见考点 |
|---|---|---|
| 国家行为 | 高度主权性与政治性 | 并非所有涉及国防和外交的行为都是国家行为 |
| 抽象行政行为 | 针对不特定对象、能够反复使用、具有普遍拘束力 | 以规范性文件针对具体个案或针对特定事件作出的并非抽象行政行为；其他规范性文件可申请附带性审查 |
| 内部行政行为 | 针对内部的公务员 | 内部行政行为包括所有涉及公务员权利义务的决定，这些行为公务员只能复核与申诉 |
| 终局行政裁决行为 | 行政机关的决定具有最终效力 | 只有法律才可规定行政终局，此处的"法律"应作狭义解释 |
| 公安机关的刑事侦查行为 | 依照《刑事诉讼法》的明确授权实施的行为 | 公安机关借刑事侦查为名插手经济纠纷的行为非刑事司法行为 |
| 民事调解以及民事仲裁行为 | 民事调解不具有强制力，是否接受取决于当事人自愿 | 当事人不满调解仅能够就民事纠纷提起民事诉讼 |
| 不具有强制力的行政指导行为 | 针对相对人采取的指导、劝告、建议、鼓励、警示、倡议等非强制行为 | 仅有指导外观，但具有强制力的并非指导行为 |
| 重复处理行为 | 对已经作出的具体行政行为进行强调、重复 | 二次行为必须是对原处理决定的完全重复 |
| 对权利义务不产生实际影响的行为 | 未对相对人的权利义务进行调整 | 典型：未完成的行为、阶段性告知行为 |

◆ **经典真题**

1. （2004-2-80）下列属于行政诉讼受案范围的是：（BD）

A. 张某对其所在的行政机关在年度考核中将其评定为不合格的决定不服

B. 王某在出境时对公安机关对其作出的强制检查决定不服

C. 某小区居民联名要求公安机关取缔小区内的某个舞厅，公安机关以不属于自己的职权范围为由拒绝。之后该小区居民又致函该公安机关，公安机关又做出不予处理的书面答复。小区居民对此书面答复不服

D. 某市经济发展局根据甲公司的申请，做出要求乙公司退出其与甲公司共同经营的合营公司，恢复甲公司在合营公司股东地位的批复，乙公司对此批复不服

2. (2015-2-98)下列选项属于行政诉讼受案范围的是:(C)
A. 方某在妻子失踪后向公安局报案要求立案侦查,遭拒绝后向法院起诉确认公安局的行为违法
B. 区房管局以王某不履行双方签订的房屋征收补偿协议为由向法院起诉
C. 某企业以工商局滥用行政权力限制竞争为由向法院起诉
D. 黄某不服市政府发布的征收土地补偿费标准直接向法院起诉

### 三、抽象行政行为的附带性审查

◆**重点法条**

**《行政诉讼法》**

**第53条** 公民、法人或者其他组织认为行政行为所依据的国务院部门和地方人民政府及其部门制定的规范性文件不合法,在对行政行为提起诉讼时,可以一并请求对该规范性文件进行审查。

前款规定的规范性文件不含规章。

**第64条** 人民法院在审理行政案件中,经审查认为本法第五十三条规定的规范性文件不合法的,不作为认定行政行为合法的依据,并向制定机关提出处理建议。

**《行诉法解释(2015)》**

**第20条** 公民、法人或者其他组织请求人民法院一并审查行政诉讼法第五十三条规定的规范性文件,应当在第一审开庭审理前提出;有正当理由的,也可以在法庭调查中提出。

**第21条** 规范性文件不合法的,人民法院不作为认定行政行为合法的依据,并在裁判理由中予以阐明。作出生效裁判的人民法院应当向规范性文件的制定机关提出处理建议,并可以抄送制定机关的同级人民政府或者上一级行政机关。

◆**知识要点**

(1) 审查范围:与旧法不同,新法并未将所有的抽象行政行为均排除在行政诉讼的受案范围之外,而是将抽象行政行为**部分地**纳入受案范围。所谓部分,是指除行政法规、规章以外的其他规范性文件才可以提起诉讼,而对于行政法规和规章,当事人不能提起诉讼。

(2) 审查方式:附带性审查而非单独审查。相对人不能直接地、单独地对抽象行政行为提起诉讼,只能在对具体决定不服提起诉讼的同时,一并要求法院对具体决定依据的其他规范性文件进行审查。

(3) 法院处理:对于其他规范性文件,法院在审理中并不能在判决中直接宣告其无效或将其撤销或废止,如果法院认为规范性不合法的,只能消极地不予适用,即"人民法院不作为认定行政行为合法的依据"。但为对行政机关起到警示作用,《行诉法解释(2015)》第21条规定:"规范性文件不合法的,人民法院不作为认定行政行为合法的依据,并在裁判理由中予以阐明。作出生效裁判的人民法院应当向规范性文件的制定机关提出处理建议,并可以抄送制定机关的同级人民政府或者上一级行政机关。"

(4) 申请时间:根据《行诉法解释(2015)》第20条的规定:"公民、法人或者其他组织请求人民法院一并审查行政诉讼法第五十三条规定的规范性文件,应当在第一审开庭审理前提出;有正当理由的,也可以在法庭调查中提出。"

◆ **考点归纳**

| 抽象行政行为的审查 | |
|---|---|
| 审查范围 | 除行政法规、规章以外的其他规范性文件 |
| 审查方式 | 附带审查而非单独审查：公民、法人或其他组织认为规范性文件不合法，在对行政行为提起诉讼时，可以一并请求对该规范性文件进行审查。 |
| 申请时间 | 应当在第一审开庭审理前提出；有正当理由的，也可以在法庭调查中提出。 |
| 处理方式 | 人民法院在审理行政案件中，经审查认为规范性文件不合法的，不作为认定行政行为合法的依据，并在裁判理由中予以阐明；并向制定机关提出处理建议，抄送制定机关的同级人民政府或者上一级行政机关。 |

尤其需要注意的是：

（1）法院对其他规范性文件的审查是附带审查而非单独审查；

（2）法院对违法的其他规范性文件的处理方式是"消极的不予适用"，即不作为认定行政行为合法的依据；

（3）为敦促行政机关更正，法院认为规范性文件不合法的，尽管不能在判决中直接宣告其无效，但可在裁判理由中阐明不适用规范性文件的理由，并向制定机关提出处理建议，为保障建议获得落实，还可将建议抄送制定机关的同级人民政府或者上一级行政机关。

◆ **经典真题**

（2016-4-7）材料一（案情）：孙某与村委会达成在该村采砂的协议，期限为5年。孙某向甲市乙国国土资源局申请采矿许可，该局向孙某发放采矿许可证，载明采矿的有效期为2年，至2015年10月20日止。2015年10月15日，乙县国土资源局通知孙某，根据甲市国土资源局日前发布的《严禁在自然保护区采砂的规定》，采矿许可证到期后不再延续，被许可人应立即停止采砂行为，撤回采砂设施和设备。孙某以与村委会协议未到期、投资未收回为由继续开采，并于2015年10月28日向乙县国土资源局申请延续采矿许可证的有效期。该局通知其许可证已失效，无法续期。2015年11月20日，乙县国土资源局接到举报，得知孙某仍在采砂，以孙某未经批准非法采砂，违反《矿产资源法》为由，发出《责令停止违法行为通知书》，要求其停止违法行为。孙某向法院起诉请求撤销通知书，一并请求对《严禁在自然保护区采砂的规定》进行审查。孙某为了解《严禁在自然保护区采砂的规定》内容，向甲市国土资源局提出政府信息公开申请。

……

问题：

……

2. 孙某一并审查的请求是否符合要求？根据有关规定，原告在行政诉讼中提出一并请求审查行政规范性文件的具体要求是什么？

[参考答案] 本案中，因《严禁在自然保护区采砂的规定》并非被诉行政行为（责令停止违法行为通知）作出的依据，孙某的请求不成立。根据《行政诉讼法》第53条和司法解释的规定，原告在行政诉讼中一并请求审查规范性文件需要符合下列要求：一是该规范性文件为国务院部门和地方政府及其部门制定的规范性文件，但不含规章；二是该规范性文件是被诉行政行

为作出的依据;三是应在第一审开庭审理前提出;有正当理由的,也可以在法庭调查中提出。

3. 行政诉讼中,如法院经审查认为规范性文件不合法,应如何处理?

[参考答案] 法院不作为认定被诉行政行为合法的依据,并在裁判理由中予以阐明。作出生效裁判的法院应当向规范性文件的制定机关提出处理建议,并可以抄送制定机关的同级政府或上一级行政机关。

……

## 四、行政协议的审查

### ◆重点法条

**《行诉法解释(2015)》**

**第 11 条** 行政机关为实现公共利益或者行政管理目标,在法定职责范围内,与公民、法人或者其他组织协商订立的具有行政法上权利义务内容的协议,属于行政诉讼法第十二条第一款第十一项规定的行政协议。

公民、法人或者其他组织就下列行政协议提起行政诉讼的,人民法院应当依法受理:

(一)政府特许经营协议;

(二)土地、房屋等征收征用补偿协议;

(三)其他行政协议。

**第 12 条** 公民、法人或者其他组织对行政机关不依法履行、未按照约定履行协议提起诉讼的,参照民事法律规范关于诉讼时效的规定;对行政机关单方变更、解除协议等行为提起诉讼的,适用行政诉讼法及其司法解释关于起诉期限的规定。

**第 13 条** 对行政协议提起诉讼的案件,适用行政诉讼法及其司法解释的规定确定管辖法院。

**第 14 条** 人民法院审查行政机关是否依法履行、按照约定履行协议或者单方变更、解除协议是否合法,在适用行政法律规范的同时,可以适用不违反行政法和行政诉讼法强制性规定的民事法律规范。

**第 15 条** 原告主张被告不依法履行、未按照约定履行协议或者单方变更、解除协议违法,理由成立的,人民法院可以根据原告的诉讼请求判决确认协议有效、判决被告继续履行协议,并明确继续履行的具体内容;被告无法继续履行或者继续履行已无实际意义的,判决被告采取相应的补救措施;给原告造成损失的,判决被告予以赔偿。

原告请求解除协议或者确认协议无效,理由成立的,判决解除协议或者确认协议无效,并根据合同法等相关法律规定作出处理。

被告因公共利益需要或者其他法定理由单方变更、解除协议,给原告造成损失的,判决被告予以补偿。

**第 16 条** 对行政机关不依法履行、未按照约定履行协议提起诉讼的,诉讼费用准用民事案件交纳标准;对行政机关单方变更、解除协议等行为提起诉讼的,诉讼费用适用行政案件交纳标准。

### ◆知识要点

1. 行政协议的特征与属性

行政协议即行政合同,是行政机关为实现公共利益或者行政管理目标,在法定职责范围

内,与公民、法人或者其他组织协商订立的具有行政法上权利义务内容的协议。其特征包括:
(1) 协议的目标是为了实现公共利益或行政管理目标;
(2) 协议主体为行政机关与公民、法人或其他组织;
(3) 协议内容是具有行政法上权利义务内容。根据《行诉法解释(2015)》的规定,典型的行政协议包括政府特许经营协议以及土地、房屋征收征用补偿协议。"政府特许经营协议"是政府通过招标方式,许可特定经营者经营某项公共产品或者提供某项公共服务。例如城市供水、供气、供热、污水处理、垃圾处理、城市公共交通等公共事业领域。"土地房屋征收补偿"是政府依法征收农村集体所有的土地,或征收国有或集体土地上的房屋并给予补偿的行为。实践中这些补偿经常通过协议进行。

2. 可提起行政诉讼的行政协议纠纷

行政协议纠纷既包括行政机关不履行、不按约定履行或单方面变更、解除协议;也包含相对人不履行或不按约定履行协议的行为。但根据《行政诉讼法》第12条第(十一)项的规定,只有公民、法人或其他组织认为"认为行政机关不依法履行、未按照约定履行或者违法变更、解除政府特许经营协议、土地房屋征收补偿协议等协议的",才能提起行政诉讼,如果是相对人不履行或不按约定履性协议,行政机关不能提起行政诉讼,否则即违背了行政诉讼"民告官"的属性。

◆考点归纳

1. 行政协议的特征与属性

行政机关为实现公共利益或者行政管理目标,在法定职责范围内,与公民、法人或者其他组织协商订立的具有行政法上权利义务内容的协议;
(1) 协议目标:为了实现公共利益或行政管理目标;
(2) 协议主体:行政机关与公民、法人或其他组织;
(3) 协议内容:具有行政法上权利义务内容。

2. 审查要点

| \multicolumn{2}{c}{行政协议的审查} | |
|---|---|
| 审查范围 | 公民、法人或其他组织认为行政机关不依法履行、未按照约定履行或者违法变更、解除行政协议的。 |
| 起诉期限 | (1) 对行政机关不依法履行、未按照约定履行协议提起诉讼的,参照民事法律规范关于诉讼时效的规定。<br>(2) 对行政机关单方变更、解除协议等行为提起诉讼的,适用《行政诉讼法》及其司法解释关于起诉期限的规定。 |
| 管辖 | 对行政协议提起诉讼的案件,适用《行政诉讼法》及其司法解释的规定确定管辖法院。 |
| 法律适用 | 人民法院审查行政机关是否依法履行、按照约定履行协议或者单方变更、解除协议是否合法,在适用行政法律规范的同时,可以适用不违反行政法和行政诉讼法强制性规定的民事法律规范。 |

（续表）

| | 行政协议的审查 |
|---|---|
| 判决 | （1）确认有效及履行判决：原告主张被告不依法履行、未按照约定履行协议或者单方变更、解除协议违法，理由成立的，人民法院可以根据原告的诉讼请求判决确认协议有效，判决被告继续履行协议，并明确继续履行的具体内容。 |
| | （2）确认有效、补救及赔偿判决：原告主张被告不依法履行、未按照约定履行协议或者单方变更、解除协议违法，理由成立的，被告无法继续履行或者继续履行已无实际意义的，判决被告采取相应的补救措施；给原告造成损失的，判决被告予以赔偿。 |
| | （3）确认无效判决：原告请求解除协议或者确认协议无效，理由成立的，判决解除协议或者确认协议无效，并根据合同法等相关法律规定作出处理。 |
| | （4）补偿判决：被告因公共利益需要或者其他法定理由单方变更、解除协议，给原告造成损失的，判决被告予以补偿。 |
| 诉讼费用 | （1）对行政机关不依法履行、未按照约定履行协议提起诉讼的，诉讼费用准用民事案件交纳标准。 |
| | （2）对行政机关单方变更、解除协议等行为提起诉讼的，诉讼费用适用行政案件交纳标准。 |

◆经典真题

(2016-2-83) 对于下列起诉，哪些不属于行政诉讼受案范围？（BCD）

A. 某公司与县政府签订天然气特许经营协议，双方发生纠纷后该公司以县政府不依法履行协议向法院起诉

B. 环保局干部孙某对定期考核被定为不称职向法院起诉

C. 李某与房屋征收主管部门签订国有土地上的房屋征收补偿安置协议，后李某不履行协议，房屋征收主管部门向法院起诉

D. 县政府发布全县征地补偿安置标准的文件，村民万某以文件确定的补偿标准过低为由向法院起诉

## 第二节 行政诉讼的管辖

行政诉讼的管辖分为级别管辖、地域管辖和裁定管辖三类。

### 一、级别管辖

◆重点法条

《行政诉讼法》

**第14条** 基层人民法院管辖第一审行政案件。

**第 15 条** 中级人民法院管辖下列第一审行政案件：
（一）对国务院部门或者县级以上地方人民政府所作的行政行为提起诉讼的案件；
（二）海关处理的案件；
（三）本辖区内重大、复杂的案件；
（四）其他法律规定由中级人民法院管辖的案件。
**第 16 条** 高级人民法院管辖本辖区内重大、复杂的第一审行政案件。
**第 17 条** 最高人民法院管辖全国范围内重大、复杂的第一审行政案件。

《行诉法解释（2015）》
**第 8 条** 作出原行政行为的行政机关和复议机关为共同被告的，以作出原行政行为的行政机关确定案件的级别管辖。

◆知识要点
（一）基层人民法院审理的一审行政案件

基层人民法院管辖绝大部分的第一审行政案件，也就是说，只要法律没有例外规定，行政案件的一审法院就是基层人民法院。

（二）中级人民法院审理的一审行政案件

中级人民法院审理的一审行政案件是级别管辖中的重点。《行政诉讼法》规定由中级人民法院作为一审法院的案件有：

1. 海关处理的案件

海关处理的案件由中级人民法院作为一审法院，在于这类案件审理难度较大、专业性、技术性要求较强，同时海关部门的设置也基本上与其他行政工作部门不同，并非严格按照地方政府的级别设置。

2. 国务院各部门或县级以上人民政府为被告的案件

国务院各部门或县级以上人民政府由于级别较高，由它们作被告的案件也由中级人民法院为一审法院。"被告为县级以上人民政府"的案件包括被告为县级人民政府的案件。其中县级和县级以上人民政府包括：县政府、自治县政府、区政府；市政府、自治州政府；省、自治区、直辖市政府。这就意味着只要行政诉讼的被告是县级和县级以上人民政府以及国务院各部门，一审法院就是中级人民法院。这一规定的意义在于提高行政诉讼的审级，使行政诉讼摆脱"被告级别高于审理法院的"的尴尬境地，最终使行政诉讼能够获得公正审理。

（三）高级人民法院和最高人民法院一审的行政案件

高级人民法院管辖本辖区内重大、复杂的第一审行政案件；最高人民法院管辖全国范围内重大、复杂的第一审行政案件。

我国行政诉讼的级别管辖可总结为下表：

| 行政诉讼的级别管辖 | | | |
| --- | --- | --- | --- |
| 基层人民法院 | 中级人民法院 | 高级人民法院 | 最高人民法院 |
| 法律未规定由其他法院一审的行政案件。 | （1）海关处理的案件；<br>（2）被告是县级和县级以上地方人民政府的案件；<br>（3）被告是国务院各部门的案件；<br>（4）本辖区内重大、复杂的行政案件；<br>（5）其他法律规定由中级人民法院管辖的案件。 | 本辖区内重大、复杂的第一审行政案件。 | 全国范围内重大、复杂的第一审行政案件。 |

◆考点归纳

（1）在级别管辖中，中级人民法院审理的一审案件是历年司法考试的重点，尤其是被告是县级和县级以上地方人民政府，以及国务院各部门的案件，由中级人民法院一审。对这一问题的考查也常常与被告考查相结合。但如果被告的地方人民政府的职能部门，无论其级别高低，一审法院仍旧是基层人民法院。

（2）新修改的《行政诉讼法》取消了中级人民法院对专利案件的一审管辖权，涉及专利的案件由知识产权法院进行审理。

（3）复议机关维持原行政行为的，由原机关和复议机关为共同被告，此时以作出原行政行为的行政机关确定案件的级别管辖。例如区公安分局作出处罚决定，当事人向区政府复议，区政府维持了原来的处罚决定，此时当事人起诉以区公安分局和区政府为共同被告，但在确定管辖时以原机关，即区公安分局来确定管辖，因此案件由基层人民法院一审。

◆经典真题

（2016-2-49）某区卫计局以董某擅自开展诊疗活动为由作出没收其违法诊疗工具并处5万元罚款的处罚。董某向区政府申请复议，区政府维持了原处罚决定。董某向法院起诉。下列哪一说法是正确的？（C）

A. 如董某只起诉区卫计局，法院应追加区政府为第三人
B. 本案应以区政府确定案件的级别管辖
C. 本案可由区卫计局所在地的法院管辖
D. 法院应对原处罚决定和复议决定进行合法性审查，但不对复议决定作出判决

## 二、地域管辖

◆重点法条

《行政诉讼法》

**第18条** 行政案件由最初作出行政行为的行政机关所在地人民法院管辖。经复议的案件，也可以由复议机关所在地人民法院管辖。

经最高人民法院批准，高级人民法院可以根据审判工作的实际情况，确定若干人民法院跨行政区域管辖行政案件。

**第19条** 对限制人身自由的行政强制措施不服提起的诉讼，由被告所在地或者原告所在地人民法院管辖。

**第20条** 因不动产提起的行政诉讼，由不动产所在地人民法院管辖。

**《行诉法解释(2015)》**

**第13条** 对行政协议提起诉讼的案件,适用行政诉讼法及其司法解释的规定确定管辖法院。

**《行诉法解释(1999)》**

**第9条** 行政诉讼法第十八条规定的"原告所在地",包括原告的户籍所在地、经常居住地和被限制人身自由地。

行政机关基于同一事实既对人身又对财产实施行政处罚或者采取行政强制措施的,被限制人身自由的公民、被扣押或者没收财产的公民、法人或者其他组织对上述行为均不服的,既可以向被告所在地人民法院提起诉讼,也可以向原告所在地人民法院提起诉讼,受诉人民法院可一并管辖。

◆ **知识要点**

行政诉讼地域管辖的一般原则是"原告就被告",但这一原则只适用于直接起诉,或复议后复议机关维持原行为的情形。地域管辖中也会存在一些例外,具体总结如下:

(1) 行政案件由最初作出具体行政行为的行政机关所在地人民法院管辖。

(2) 经复议的案件,无论复议机关是维持原行为还是改变原行为,均会出现双重管辖,原机关和复议机关所在地的法院均对案件有管辖权,当事人可选择向原机关所在地的法院起诉,也可以选择向复议机关所在地的法院起诉。

(3) 对限制人身自由的行政强制措施不服提起的诉讼,由被告所在地或者原告所在地人民法院管辖,此时当事人可选择管辖法院。

(4) 因不动产提起的行政诉讼,由不动产所在地人民法院管辖,而且不动产管辖相对其他的地域管辖规则具有优先性。

| 地域管辖 | | |
| --- | --- | --- |
| | 管辖法院 | 考点 |
| 未经过复议的案件 | 最初作出具体行政行为的行政机关所在地法院 | |
| 经过复议的案件 | 原机关所在地法院和复议机关所在地法院均有管辖权 | **无论复议机关是维持原行政行为还是改变原行政行为均可由复议机关所在地的法院管辖** |
| 既对人身又对财产实施处罚或强制措施 | 被告所在地和原告所在地 | (1) 行政机关基于同一事实既对人身又对财产实施行政处罚或者采取行政强制措施;<br>(2) 相对人对财产处罚和限制人身自由的强制措施均不服提起诉讼。 |
| 限制人身自由的强制措施 | 原告所在地和被告所在地 | 原告所在地包括:户籍所在地、经常居住地和被限制人身自由地。 |
| 不动产案件 | 不动产所在地 | 不动产管辖相比其他管辖具有优先性。 |

◆ **考点归纳**

在地域管辖的考查中,最高频的考点主要集中为如下问题:

(1) 经过复议的案件,既可由原机关所在地法院管辖,也可由复议机关所在地法院管辖。此时出现了双重管辖,即原机关所在地法院和复议机关所在地法院均有管辖权,相对人也因此有了选择管辖的权利。

此处需要注意的是,新法改变了旧法的做法,无论复议机关维持原行政行为还是改变原行政行为,复议机关所在地的法院对案件均有管辖权。

(2) 限制人身自由的案件。行政机关限制人身自由的强制措施,为便于当事人起诉,《行政诉讼法》规定此类案件既可在原告所在地,也可在被告所在地起诉。

此处需要注意的是,一定是被限制人身自由的人本人提起诉讼时,才适用本条规定的双重管辖。

如果是并非被限制人身自由的其他人对行政机关的决定不服起诉,只能由被告所在地法院管辖。另外,此处的"限制人身自由的强制措施"应作狭义的解释,仅包括拘禁、强制治疗、强制戒毒等,而行政拘留并不属于强制措施,因此对行政拘留决定,当事人只能在被告所在地法院起诉。

但这类案件同样应满足以下两个要件:第一,行政机关基于同一事实既对人身又对财产实施行政处罚或者采取行政强制措施的;第二,相对人对财产处罚和限制人身自由的强制措施均不服提起诉讼的。如果相对人只是对财产处罚起诉,仍旧是在被告所在地法院。

(3) 对地域管辖或级别管辖的考查往往并非分别进行,而要进行综合判断。原则上,应先判断级别,再判断地域。

◆ **经典真题**

1. (2009-2-86) 黄某与张某之妻发生口角,被张某打成轻微伤。某区公安分局决定对张某拘留五日。黄某认为处罚过轻遂向法院起诉,法院予以受理。下列哪些选项是正确的?(AD)

   A. 某区公安分局在给予张某拘留处罚后,应及时通知其家属
   B. 张某之妻为本案的第三人
   C. 本案既可以由某区公安分局所在地的法院管辖,也可以由黄某所在地的法院管辖
   D. 张某不符合申请暂缓执行拘留的条件

2. (2012-2-79) 甲县宋某到乙县访亲,因醉酒被乙县公安局扣留24小时。宋某认为乙县公安局的行为违法,提起行政诉讼。下列哪些说法是正确的?(BC)

   A. 扣留宋某的行为为行政处罚　　B. 甲县法院对此案有管辖权
   C. 乙县法院对此案有管辖权　　　D. 宋某的亲戚为本案的第三人

3. (2016-2-99) 市工商局认定豪美公司的行为符合《广告法》第28条第2款第2项规定的"商品或者服务有关的允诺等信息与实际情况不符,对购买行为有实质性影响"情形,属发布虚假广告,予以行政处罚。豪美公司向省工商局申请行政复议,省工商局受理。如省工商局在复议时认定,豪美公司的行为符合《广告法》第28条第2款第4项规定的"虚构使用商品或者接受服务的效果"情形,亦属发布虚假广告,在改变处罚依据后维持了原处罚决定。公司不服起诉。下列说法正确的是:(AC)

   A. 被告为市工商局和省工商局

B. 被告为省工商局
C. 市工商局所在地的法院对本案有管辖权
D. 省工商局所在地的法院对本案无管辖权

### 三、管辖的其他问题

(一) 跨行政区域管辖

◆**重点法条**

《行政诉讼法》

**第18条第2款** 经最高人民法院批准,高级人民法院可以根据审判工作的实际情况,确定若干人民法院跨行政区域管辖行政案件。

◆**知识要点**

跨行政区域管辖是新法在修改时引入的一项新制度,其目的是使司法机关在审理行政案件时摆脱来自地方行政机关的干预。但本条的适用必须符合两项条件:

(1) 跨行政区域管辖必须经最高人民法院批准;

(2) 跨行政区域管辖须由高级人民法院决定。

在本条款颁布后,最高人民法院第一和第二巡回审判庭分别在深圳和沈阳揭牌。

(二) 共同管辖与选择管辖

◆**重点法条**

《行政诉讼法》

**第21条** 两个以上人民法院都有管辖权的案件,原告可以选择其中一个人民法院提起诉讼。原告向两个以上有管辖权的人民法院提起诉讼的,由**最先立案**的人民法院管辖。

◆**知识要点**

《行政诉讼法》第21条规定的是选择管辖与共同管辖。当两个以上的法院对案件均有管辖权时,就会出现共同管辖。从当事人角度而言,这种共同管辖就意味着选择管辖。共同管辖出现的原因可能是:

(1) 不在同一区域的两个以上的行政机关共同对当事人进行处罚;

(2) 案件经过复议,原机关和复议机关所在地的法院均有权对案件进行管辖;

(3) 当事人对限制人身自由的强制措施不服,既可在原告又可在被告所在地法院起诉等。当出现共同管辖时,当事人可选择管辖法院。

本条的重点在于,原告向两个以上有管辖权的人民法院提起诉讼的,新法规定,"由**最先立案**的人民法院管辖",旧法规定的是由"最先收到起诉状的法院管辖",但实践中,有些法院收到起诉状不一定立案,因此不利于保护当事人的诉权。

(三) 移送管辖

◆**重点法条**

《行政诉讼法》

**第22条** 人民法院发现受理的案件不属于本院管辖的,应当移送有管辖权的人民法院,受移送的人民法院应当受理。受移送的人民法院为受移送的案件按照规定不属于本院管辖的,应当报请上级人民法院指定管辖,不得再自行移送。

◆知识要点

移送管辖是法院在受理案件后,发现自己对案件没有管辖权,而将案件移送给有管辖权的法院。这一制度是法院在错误受理案件后采取的一种补救措施。移送管辖必须符合三个条件:

(1)移送案件的法院已经受理了案件;

(2)受理案件的法院发现案件不属于本院管辖;

(3)应当移送有管辖权的法院。

本条是对旧法移送管辖的重大修改。旧法在此问题上规定,"人民法院发现受理的案件不属于自己管辖时,应当移送有管辖权的人民法院。受移送的人民法院不得自行移送"。新法增加了"受移送的人民法院应当受理,受移送的人民法院人为受移送的案件按照规定不属于本院管辖的,应当报请上级人民法院指定管辖,不得再自行移送"的内容,这一内容的引入当然是为了保障当事人的诉权,避免法院互相推诿。

(四)指定管辖

◆重点法条

《行政诉讼法》

**第23条** 有管辖权的人民法院由于特殊原因不能行使管辖权的,由上级人民法院指定管辖。

人民法院对管辖权发生争议,由争议双方协商解决。协商不成的,报它们的共同上级人民法院指定管辖。

◆知识要点

指定管辖是指由于特殊原因,有管辖权的人民法院不能行使管辖权,或者由于管辖权发生了争议,由上级人民法院以裁定方式制定其辖区内的某个人民法院行使管辖权。指定管辖又叫做裁定管辖。

(五)管辖权转移

◆重点法条

《行政诉讼法》

**第24条** 上级人民法院有权审理下级人民法院管辖的第一审行政案件。

下级人民法院对其管辖的第一审行政案件,认为需要由上级人民法院审理或者指定管辖的,可以报请上级人民法院决定。

◆知识要点

管辖权转移,是指经上级人民法院决定或同意,将行政案件的管辖权由下级人民法院移交给上级人民法院,或者由上级人民法院移交给下级人民法院。管辖权转移是人民法院将本应由自己审理的案件移交给没有管辖权的法院审理;管辖权转移是在有审判监督管辖的上下级法院之间;管辖权转移必须报经上级人民法院决定或同意。

管辖权的转移本来既包括管辖权的上移,即下级法院将其管辖的案件报请上级法院审理,也包括管辖权的下移,即上级法院将其管辖的案件交由下级法院审理。但新法在修改时,在管辖权转移上取消了管辖权的下移,即行政诉讼管辖权的转移只能下移上,而不能上移下。原因是在行政诉讼中,如何避免行政机关干扰,如何提高诉讼审级是核心问题,而管辖的上移下,则违反了提高诉讼审级的基本精神,也不利于行政案件的公正审理。

根据本条,管辖权的下移上既包含:
(1) 上级法院自己决定审理下级法院审理的一审行政案件;
(2) 下级法院对其管辖的一审行政案件,报请上级法院审理。

| | 类型 | 适用要点 |
| --- | --- | --- |
| 管辖的其他问题 | 跨行政区域管辖 | 经最高人民法院批准,高级人民法院决定。 |
| | 共同管辖(选择管辖) | 原告向两个以上有管辖权的人民法院提起诉讼的,由**最先立案**的人民法院管辖。 |
| | 移送管辖 | 受移送的人民法院应当受理;受移送的人民法院人为受移送的案件按照规定不属于本院管辖的,应当报请上级人民法院指定管辖,不得再自行移送。 |
| | 指定管辖 | (1) 有管辖权的人民法院由于特殊原因不能行使管辖权的,由上级人民法院指定管辖;<br>(2) 人民法院对管辖权发生争议,由争议双方协商解决。协商不成的,报它们的共同上级人民法院指定管辖。 |
| | 管辖权转移 | 行政诉讼管辖权转移只包括下移上,即下级法院将其管辖的案件报请上级法院审理;而不包含上移下,上级法院不能将其管辖的案件转移给下级法院审理。 |

## 第三节 行政诉讼当事人

### 一、行政诉讼的原告

(一) 原告资格的一般规则

◆ **重点法条**

《**行政诉讼法**》

**第25条** 行政行为的相对人以及其他与行政行为有利害关系的公民、法人或者其他组织,有权提起诉讼。

有权提起诉讼的公民死亡,其近亲属可以提起诉讼。

有权提起诉讼的法人或者其他组织终止,承受其权利的法人或者其他组织可以提起诉讼。

◆ **知识要点**

1. 行政诉讼原告资格的标准与原告类型

行政诉讼的原告资格即在行政诉讼中,谁有权作为原告提起行政诉讼,换言之,就是起诉之人是否具有起诉资格。旧法并没有行政诉讼原告资格的规定,新法对原告进行了类型区分:行政行为的相对人以及其他与行政行为有利害关系的公民、法人或者其他组织。据此行政诉讼的原告分为两类:

(1) 行政行为的相对人,即行政决定直接针对的对象;

(2) 行政相关人,又可叫做利害关系人,即虽然不是行政决定直接针对的对象,但与行政行为有利害关系的相关人。而利害关系应理解为权利义务关系,也就是说,该行为是否对公民、法人或其他组织的权利义务进行了调整或产生了影响,如果确实产生了现实的影响效果,即具备原告资格。

2. 典型的行政相关人

(1) **相邻权人**。如果行政机关的具体行政行为损害了当事人的相邻权(采光权、通风权、排水权、通行权等),相邻权人均可起诉。

(2) **公平竞争权人**。所谓公平竞争权,是指当事人为从事一定行为、获得一定权益而参加平等竞争的资格与条件。如果行政机关的具体行政行为破坏了公平竞争的环境,使原本平等的当事人处于不平等的境地,当事人有资格进行起诉。

(3) **受害人**。如果受害人认为行政机关对加害人的处罚存在违法(一般是受害人认为处罚过轻),此时可提起行政诉讼,要求加重对加害人的处罚。

(4) **与复议或撤销、变更具体行政行为有法律上利害关系的人**。此类原告实践中包含两类:第一,公民、法人或其他组织原本对行政行为并无意见,但该行政行为经复议后被撤销或变更,或者嗣后被作出原行为的机关撤销或变更,公民、法人或其他组织对这种变更结果不服,认为影响了其权利义务,此时有资格提起行政诉讼;第二,信赖利益人,即行政机关撤销或变更已经生效的具体行政行为时,因为信赖该行为而利益上受到损害的人。

3. 原告资格的转移

有权提起行政诉讼的公民死亡,或者法人与其他组织终止的,其原告资格可以发生转移。原告资格转移的规则为:有权提起行政诉讼的公民死亡,其近亲属可以提起诉讼;有权提起诉讼的法人或者其他组织终止,承受其权利的法人或其他组织可以提起诉讼。但值得注意的是,死亡公民的近亲属,以及承受终止法人权利的法人或其他组织是以自己的名义,而非死亡公民或权利终止的法人或其他组织的名义起诉。只有当公民因被限制人身自由而不能提起诉讼的,其近亲属才可以依其口头或者书面委托以该公民的名义提起诉讼,此时并非原告资格的转移,而是委托起诉。

| 行政诉讼原告 | | |
|---|---|---|
| 类型 | 相对人 | 行政行为直接针对的对象 |
| | 利害相关人 | (1) 相邻权人;<br>(2) 公平竞争权人;<br>(3) 受害人;<br>(4) 与复议或撤销、变更行政行为有利害关系的人;<br>(5) 其他与行政行为有利害关系的人。 |
| 资格转移 | 有权提起行政诉讼的公民死亡,其近亲属可以提起诉讼;有权提起诉讼的法人或其他组织终止,承受其权利的法人或其他组织可以提起诉讼。 | |

◆ **考点归纳**

(1) 判断原告资格的一般规则是是否"与行政行为有利害关系",这一规则使我国行政诉讼的原告不仅限于行政行为的相对人,还包括权利受行政行为影响的"利益相关人"。

(2) 诉权与胜诉权的区别。另外尤其需要注意的是,行政诉讼的原告只要与具体行政行为有利害关系即可,至于其权益是否合法,是否应予以保护,是否真的因为行政机关的具体行政行为而受到侵害,与行政诉讼的原告资格无关,是法院经过实体审理后应确认的问题。

◆经典真题

(2003-2-80)教育行政部门取消了某甲的办学权,甲对此不服向人民法院提起行政诉讼。正在甲处学习的20个学生因此中断了学习,他们需另外找学校学习,另外租借住房或乘车回家,经济上损失较大。因此,这20个学生也对取消办学权的行政决定提起了行政诉讼,法院是否应当受理这些学生的起诉?(CD)

A. 不应当,因为行政决定并不是针对学生作出的
B. 不应当,因为行政决定没有直接规定学生的权利义务
C. 应当,因为该行政决定使学生的合法权益受到损害
D. 应当,因为取消办学权的行政决定属于具体行政行为

(二)特殊原告的起诉问题

◆重点法条

《行诉法解释(1999)》

**第14条** 合伙企业向人民法院提起诉讼的,应当以核准登记的字号为原告,由执行合伙企业事务的合伙人作诉讼代表人;其他合伙组织提起诉讼的,合伙人为共同原告。

不具备法人资格的其他组织向人民法院提起诉讼的,由该组织的主要负责人作诉讼代表人;没有主要负责人的,可以由推选的负责人作诉讼代表人。

同案原告为5人以上,应当推选1至5名诉讼代表人参加诉讼;在指定期限内未选定的,人民法院可以依职权指定。

**第15条** 联营企业、中外合资或者合作企业的联营、合资、合作各方,认为联营、合资、合作企业权益或者自己一方合法权益受具体行政行为侵害的,均可以自己的名义提起诉讼。

**第16条** 农村土地承包人等土地使用权人对行政机关处分其使用的农村集体所有土地的行为不服,可以自己的名义提起诉讼。

**第17条** 非国有企业被行政机关注销、撤销、合并、强令兼并、出售、分立或者改变企业隶属关系的,该企业或者其法定代表人可以提起诉讼。

**第18条** 股份企业的股东大会、股东代表大会、董事会等认为行政机关作出的具体行政行为侵犯企业经营自主权的,可以企业名义提起诉讼。

◆知识要点

1. 联营企业、中外合资或合作企业的联营、合资或合作各方

联营企业、中外合资或者合作企业的联营、合资、合作各方,认为联营、合资、合作企业权益或者自己一方合法权益受具体行政行为侵害的,均可以自己的名义义提起诉讼。

本条的立法用意在于:

第一,如果行政机关的具体行政行为侵犯的是联营企业、中外合资或者合作企业的企业利益,按照《民事诉讼法》的规定应以企业的名义起诉,但以企业名义起诉需要所有联营、合资、合作各方的同意,为避免企业投资人的利益受损,《行诉法解释(1999)》赋予在此种情形下联营、合资、合作各方除以企业名义起诉外,还可以自己的名义提起行政诉讼的权利。

第二,如果行政机关的具体行政行为侵犯的只是联营企业、中外合资或者合作企业中联营、合资、合作某一方的权益,其他投资方如不同意以企业名义起诉,此时利益受损的联营、合资、合作方也可以自己的名义直接提起行政诉讼。

## 2. 农村土地承包权人

行政机关作出的具体行政行为,涉及农村土地权益,实践中原由作为土地所有权人的集体经济组织作为原告起诉,为避免集体经济组织怠于行使权利时,使作为直接受决定影响的农村土地承包权人权利受损,《行诉法解释(1999)》特别赋予农村土地承包人作为土地使用权人对行政机关处分其使用的农村集体所有土地的行为,以自己的名义提起诉讼的权利。

## 3. 非国有企业或其法定代表人

非国有企业在范围上包括集体企业、私营企业等,如果行政机关通过其行政行为,将非国有企业注销、撤销、合并、强令兼并、出售、分立或者改变企业隶属关系的,该企业或者其法定代表人可以提起行政诉讼。本来行政机关将非国有企业注销、撤销、合并、强令兼并、出售、分立或者改变企业隶属关系的,这些企业在法律上的主体资格即为消灭,而诉权也随之丧失,但《行诉法解释(1999)》为保护这些企业免受行政机关违法行政行为侵害,例外的规定继续保留这些形式上已经被消灭了主体资格的非国有企业的诉权,允许其借助行政诉讼来审查行政机关消灭其主体资格的行为是否合法。需要注意的是,此时具备原告资格的主体共有两个:一是企业,二是企业的法定代表人。而企业作为原告起诉,其诉权实际上还是通过法定代表人的行为来实现的。但实践中,行政机关消灭企业的主体资格,往往伴随撤销企业法定代表人身份的决定,如果该法定代表人对后一决定起诉,应以自己的身份。

## 4. 股份企业的股东大会、股东代表大会、董事会

股份制企业的股东大会、股东代表大会、董事会等认为行政机关作出的具体行政行为侵犯企业经营自主权的,可以企业名义提起诉讼。如果行政机关作出的具体行政行为损害了股份制企业的经营自主权,企业的法定代表人当然可以以该企业的名义提起行政诉讼。但是,在有些特殊情况下,法定代表人出于各种原因,却不愿提起行政诉讼,此时企业的内部机构,包括股东大会、股东代表大会、董事会等,可以以企业的名义提起行政诉讼。此处值得注意的是,股份企业能够起诉的内部机构只包括股东大会、股东代表大会和董事会,并不包个别股东;且这些内部机构起诉时,均应以股份企业的名义。

◆ **考点归纳**

三类企业的起诉问题一直是行政诉讼原告资格中的高频考点。其中需要注意的问题如下:

(1)联营企业、中外合资或者合作企业。联营、合资、合作各方既可为保护企业利益,也可为保护自己一方利益,以自己名义起诉。

(2)非国有制企业。被行政机关注销、撤销、合并、强令兼并、出售、分立或者改变企业隶属关系,虽在法律上已经不存在,但该企业或法定代表人仍可起诉。

(3)能够代表股份制企业起诉的只有股东大会、股东代表大会和董事会,且这些机构起诉时以企业的名义。

| 企业 | 起诉原因 | 起诉要点 |
| --- | --- | --- |
| 联营/合资/合作企业 | 行政机关的行为侵犯企业利益或企业中的任何一方利益,被侵犯一方起诉,另一方不愿起诉。 | (1)企业中的各方均可以自己的名义起诉;<br>(2)起诉既可为保护企业利益,也可为保护自己一方的利益。 |

(续表)

| 企业 | 起诉原因 | 起诉要点 |
|---|---|---|
| 非国有制企业 | 企业被行政机关在法律上消失。 | 企业和企业的法定代表人可起诉。 |
| 股份制企业 | 企业因行政机关的具体行政行为受到影响。 | (1) 股东大会、股东代表大会、董事会可起诉；<br>(2) 起诉时职能以企业名义起诉。 |

◆经典真题

1. (2009-2-47) 某市工商局发现,某中外合资游戏软件开发公司生产的一种软件带有暴力和色情内容,决定没收该软件,并对该公司处以三万元罚款。中方投资者接受处罚,但外方投资者认为处罚决定既损害了公司的利益也侵害自己的权益,向法院提起行政诉讼。下列哪一选项是正确的?(B)
   A. 外方投资者只能以合资公司的名义起诉
   B. 外方投资者可以自己的名义起诉
   C. 法院受理外方投资者起诉后,应追加未起诉的中方投资者为共同原告
   D. 外方投资者只能以保护自己的权益为由提起诉讼

2. (2013-2-82) 一公司为股份制企业,认为行政机关作出的决定侵犯企业经营自主权,下列哪些主体有权以该公司的名义提起行政诉讼?(BCD)
   A. 股东　　　　B. 股东大会　　　C. 股东代表大会　　　D. 董事会

## 二、行政诉讼的被告确认

(一) 行政诉讼被告确认的一般规则

◆重点法条

《行政诉讼法》

**第26条** 公民、法人或者其他组织直接向人民法院提起诉讼的,作出行政行为的行政机关是被告。

经复议的案件,复议机关决定维持原行政行为的,作出原行政行为的行政机关和复议机关是共同被告;复议机关改变原行政行为的,复议机关是被告。

复议机关在法定期限内未作出复议决定,公民、法人或者其他组织起诉原行政行为的,作出原行政行为的行政机关是被告;起诉复议机关不作为的,复议机关是被告。

两个以上行政机关作出同一行政行为的,共同作出行政行为的行政机关是共同被告。

行政机关委托的组织所作的行政行为,委托的行政机关是被告。

行政机关被撤销或者职权变更的,继续行使其职权的行政机关是被告。

◆知识要点

行政诉讼的被告确认是行政诉讼中的另一难点问题。如前所述,行政诉讼被告确认的基本规则是"谁行为、谁被告"与"谁主体、谁被告"。首先,被告必须是被诉行政行为的实施主体;其次,被告还必须具有行政主体资格。如果行为主体并不具有主体资格,就应以它所属的具有主体资格的行政机关来担当被告。

如前文所述,具备行政主体资格的组织包括:
(1) 行政机关;
(2) 法律、法规、规章授权组织;
(3) 法律、法规、规章授权的行政机构。

上述组织在作出行政行为后,均可以自己作为被告承担行政责任。反之,行政机关委托的组织因没有行政主体资格,对其所作的行为只能以委托该组织的行政机关为被告。

◆考点归纳

行政授权与行政委托的被告确认考查非常频繁,考生应注意行政授权和行政委托的区分标准。如前所述,区分**"行政授权"还是"行政委托"的依据,并不在于文字表述,而在于权力来源**。前者来源于法律、法规,后者来源于行政机关。司法真题中常常用"行政机关将职权授予某组织"这样的表述来迷惑考生,此时因为权力仍旧来源于行政机关,因此,仍然属于行政委托,而不是行政授权,仍然应以该行政机关为被告。另外,没有法规、规章制定权的行政机关通过其他规范性文件进行所谓"授权",本质仍旧是委托,因此,仍以制定规范性文件的行政机关为被告。

行政诉讼被告确认的具体情形可归纳如下表,对于特殊情形的被告确认下文有详细解析。

|  |  | 被告 |  |
|---|---|---|---|
| 直接起诉 | 作出具体行政行为的行政机关 |  |  |
| 经复议的案件 | 复议机关维持原行为——原机关和复议机关为共同被告 | 复议机关维持原行为包括:复议机关作出维持决定;复议机关驳回复议申请或者复议请求的情形,但以复议申请不符合受理条件为由驳回的不属于维持,属于复议机关不作为。 |  |
|  | 复议机关改变原行为——复议机关为被告 | 复议机关改变原行为是指复议机关改变原行政行为的处理结果。 |  |
|  | 复议机关不作复议决定:既可诉原机关的原行为;也可诉复议机关的不作为 |  |  |
| 两个机关的共同行为 | 共同被告 |  |  |
| 法律、法规授权组织行为 | 法律、法规授权组织 |  |  |
| 行政机关委托组织的行为 | 委托行政机关 |  |  |
| 被撤销的行政机关的行为 | 继续行使其职权的行政机关 |  |  |

(二) 经复议的案件的被告确认

◆重点法条

《行政诉讼法》

**第26条第2、3款** 经复议的案件,复议机关决定维持原行政行为的,作出原行政行为的行政机关和复议机关是共同被告;复议机关改变原行政行为的,复议机关是被告。

复议机关在法定期限内未作出复议决定,公民、法人或者其他组织起诉原行政行为的,作出原行政行为的行政机关是被告;起诉复议机关不作为的,复议机关是被告。

**《行诉法解释(2015)》**
**第6条** 行政诉讼法第二十六条第二款规定的"复议机关决定维持原行政行为",包括复议机关驳回复议申请或者复议请求的情形,但以复议申请不符合受理条件为由驳回的除外。

行政诉讼法第二十六条第二款规定的"复议机关改变原行政行为",是指复议机关改变原行政行为的处理结果。

**第7条** 复议机关决定维持原行政行为的,作出原行政行为的行政机关和复议机关是共同被告。原告只起诉作出原行政行为的行政机关或者复议机关的,人民法院应当告知原告追加被告。原告不同意追加的,人民法院应当将另一机关列为共同被告。

**第9条第1款** 复议机关决定维持原行政行为的,人民法院应当在审查原行政行为合法性的同时,一并审查复议程序的合法性。

◆**知识要点**
经复议的案件的被告确认可分为三种情形:
(1)复议机关维持原行政行为,此时当事人应以原机关和复议机关为共同被告。根据《行诉法解释(2015)》,复议机关维持原行政行为包括:复议机关作出维持决定;复议机关驳回复议申请或者复议请求,但如果复议机关以复议申请不符合受理条件为由驳回,属于复议机关不作为,而非维持。原告只起诉作出原行政行为的行政机关或者复议机关的,人民法院应当告知原告追加被告。原告不同意追加的,人民法院也应当将另一机关列为共同被告。

(2)复议机关改变原行政行为,当事人应以复议机关为被告,这里的"改变"根据《行诉法解释(2015)》仅包括复议机关改变原行政行为的处理结果,换言之,如果处理结果未变,但复议决定所认定的事实和法律依据发生改变,都不属于"改变",而属于维持。

(3)如果复议机关不受理复议申请,或在法定期间内不作复议决定,被告应以当事人起诉的行为为准,如果当事人对原具体行政行为不服提起诉讼的,应当以作出原具体行政行为的行政机关为被告;如果当事人对复议机关不作为不服提起诉讼的,应当以复议机关为被告;换言之,如果复议机关在法定期间内不作复议决定,当事人既可以以原机关为被告,起诉原机关的原行为,也可以复议机关为被告,起诉复议机关的不作为。

上述内容可总结为下表:

| 经复议的案件 | 复议机关维持原行政行为——原机关和复议机关为共同被告 | 复议机关维持原行政行为包括:复议机关作出维持决定;复议机关驳回复议申请或者复议请求的情形,但以复议申请不符合受理条件为由驳回的除外。 |
|---|---|---|
| | 复议机关改变原行政行为——复议机关为被告 | 复议机关改变原行政行为是指复议机关改变原行政行为的处理结果。 |
| | 复议机关不作复议决定:既可诉原机关的原行政行为;也可诉复议机关的不作为。 | |

◆**考点归纳**
(1)经复议案件的被告确认是新法修改最大的地方。旧法规定,复议机关维持原行政行为的,原机关为被告;复议机关只有改变原行政行为的,复议机关才是被告。但这一规定却导

致实践中很多复议机关为避免当被告,而怠于认真履行复议职能,复议活动也沦为单纯的"维持会",为敦促复议机关积极履行复议职能,新法明确,"复议机关维持原行政行为的,原机关和复议机关为共同被告",同时新法增加,"复议机关在法定期限内未作出复议决定,公民、法人或者其他组织起诉原行政行为的,作出原行政行为的行政机关是被告;起诉复议机关不作为的,复议机关是被告"。据此,复议机关不论作出何种决定,在行政诉讼中均有可能成为被告,新法中的"复议案件被告确认规则"也因此被形象地概括为"复议机关恒为被告"。

(2) 旧法规定复议机关改变原行政行为包括:改变事实和依据;改变适用的法律规范并对定性产生影响;改变处理结果;而新司法解释规定,复议机关改变原行政行为仅包括改变处理结果,如果处理结果未变,事实和法律依据改变,仍属于维持。

(3) 复议机关维持原行政行为的,以原机关和复议机关为共同被告,但确定案件的级别管辖时,应以原机关来确定级别管辖。

(4) 复议机关决定维持原行政行为的,人民法院应当在审查原行政行为合法性的同时,一并审查复议程序的合法性,而且要对原机关的原行为和复议决定都要作出裁判。

**◆经典真题**

1. (2005-2-85)金某因举报单位负责人贪污问题遭到殴打,于案发当日向某区公安分局某派出所报案,但派出所久拖不理。金某向区公安分局申请复议,区公安分局以未成立复议机构为由拒绝受理,并告知金某向上级机关申请复议。下列哪些说法是正确的?(ABCD)

   A. 金某可以向某区人民政府申请复议
   B. 金某可以以某派出所为被告向法院提起行政诉讼
   C. 金某可以以某区公安分局为被告向法院提起行政诉讼
   D. 应当对某区公安分局相关责任人给予行政处分

2. (2007-2-44)某派出所以扰乱公共秩序为由扣押了高某的拖拉机。高不服,以派出所为被告提起行政诉讼。诉讼中,法院认为被告应是县公安局,要求变更被告,高不同意。法院下列哪种做法是正确的?(C)

   A. 以派出所为被告继续审理本案　　B. 以县公安局为被告审理本案
   C. 裁定驳回起诉　　　　　　　　　D. 裁定终结诉讼

3. (2007-2-82)甲银行与乙公司签订了贷款合同并约定乙以其拥有使用权的土地作抵押。双方在镇政府内设机构镇土地管理所办理了土地使用权抵押登记,该所出具了《证明》。因乙不能归还到期贷款,甲经法院强制执行时,发现乙用于抵押的国有土地使用证系伪造。甲遂对镇土地管理所出具的抵押证明提起行政诉讼。下列哪些选项是正确的?(BCD)

   A. 本案的被告应当是镇土地管理所
   B. 本案的被告应当是镇政府
   C. 镇土地管理所出具抵押证明的行为是超越职权的行为
   D. 法院应当判决确认抵押证明违法

4. (2015-2-82)李某不服区公安分局对其作出的行政拘留5日的处罚,向市公安局申请行政复议,市公安局作出维持决定。李某不服,提起行政诉讼。下列哪些选项是正确的?(BD)

   A. 李某可向区政府申请行政复议
   B. 被告为市公安局和区公安分局

C. 市公安局所在地的法院对本案无管辖权
D. 如李某的起诉状内容有欠缺，法院应给予指导和释明，并一次性告知需要补正的内容

5. (2016-2-98) 市工商局认定豪美公司的行为符合《广告法》第28条第2款第2项规定的"商品或者服务有关的允诺等信息与实际情况不符，对购买行为有实质性影响"情形，属发布虚假广告，予以行政处罚。豪美公司向省工商局申请行政复议，省工商局受理。如省工商局在法定期限内不作出复议决定，下列说法正确的是：(ABCD)
A. 有监督权的行政机关可督促省工商局加以改正
B. 可对省工商局直接负责的主管人员和其他直接负责人员依法给予警告、记过、记大过的行政处分
C. 豪美公司可向法院起诉要求省工商局履行复议职责
D. 豪美公司可针对原处罚决定向法院起诉市工商局

6. (2016-2-99) 市工商局认定豪美公司的行为符合《广告法》第28条第2款第2项规定的"商品或者服务有关的允诺等信息与实际情况不符，对购买行为有实质性影响"情形，属发布虚假广告，予以行政处罚。豪美公司向省工商局申请行政复议，省工商局受理。如省工商局在复议时认定，豪美公司的行为符合《广告法》第28条第2款第4项规定的"虚构使用商品或者接受服务的效果"情形，亦属发布虚假广告，在改变处罚依据后维持了原处罚决定。公司不服起诉。下列说法正确的是：(AC)
A. 被告为市工商局和省工商局
B. 被告为省工商局
C. 市工商局所在地的法院对本案有管辖权
D. 省工商局所在地的法院对本案无管辖权

(三) 经上级行政机关批准的具体行政行为的被告确认

◆重点法条
《行诉法解释(1999)》
第19条 当事人不服经上级行政机关批准的具体行政行为，向人民法院提起诉讼的，应当以在对外发生法律效力的文书上署名的机关为被告。

◆知识要点
经上级批准的具体行政行为究竟应诉上级机关还是下级机关，应当以在对外发生法律效力的文书上的最终署名为准。

◆考点归纳
(1) 经上级批准的具体行政行为起诉时应以对外发生法律效力的文书上最终署名的机关为被告，如果考题中仅交代某行为经上级机关批准，但并未交代决定对外署名的机关，则选项中"应当以上级机关为被告"或"应当以下级机关为被告"的选项均是错误的。
(2) 经上级批准的具体行政行为的被告确认与复议被申请人的确认并不相同，如前文所述，在行政复议中，下级机关经上级机关批准作出具体行政行为的，批准机关为被申请人。

(四) 行政机构的被告确认

◆重点法条
《行诉法解释(1999)》
第20条 行政机关组建并赋予行政管理职能但不具有独立承担法律责任能力的机构，以

自己的名义作出具体行政行为,当事人不服提起诉讼的,应当以组建该机构的行政机关为被告。

行政机关的内设机构或者派出机构在没有法律、法规或者规章授权的情况下,以自己的名义作出具体行政行为,当事人不服提起诉讼的,应当以该行政机关为被告。

法律、法规或者规章授权行使行政职权的行政机关内设机构、派出机构或者其他组织,超出法定授权范围实施行政行为,当事人不服提起诉讼的,应当以实施该行为的机构或者组织为被告。

**第21条** 行政机关在没有法律、法规或者规章规定的情况下,授权其内设机构、派出机构或者其他组织行使行政职权的,应当视为委托。当事人不服提起诉讼的,应当以该行政机关为被告。

◆**知识要点**

行政机构的被告确认问题是行政诉讼中被告确认的另一难题。实践中,行政机构大致共三类:新建机构、内设机构和派出机构。而根据《行诉法解释(1999)》的上述规定,这些机构作出行政行为后,被告确认大体可归纳如下:

(1)行政机关组建并赋予行政管理职能但不具有独立承担法律责任能力的机构,以自己的名义作出具体行政行为,当事人不服提起诉讼的,应当以组建该机构的行政机关为被告。

(2)行政机关的内设机构或者派出机构在没有法律、法规或者规章授权的情况下,以自己的名义作出具体行政行为,当事人不服提起诉讼的,应当以该行政机关为被告。

(3)法律、法规或者规章授权行使行政职权的行政机关内设机构、派出机构或者其他组织,超出法定授权范围实施行政行为,当事人不服提起诉讼的,应当以实施该行为的机构或者组织为被告。

(4)行政机关在没有法律、法规或者规章规定的情况下,授权其内设机构、派出机构或者其他组织行使行政职权的,应当视为委托。当事人不服提起诉讼的,应当以该行政机关为被告。

上述内容可总结为下图:

| 行为主体 | 被告 |
| --- | --- |
| 行政机关的不具有独立行政职能的新建机构 | 组建该机构的行政机关 |
| 无法律、法规、规章授权的内设机构或派出机构 | 该行政机关 |
| 有法律、法规、规章授权的内设机构或派出机构 | 该机构 |
| 行政机关无法律、法规、规章依据对内设机构和派出机构授权 | 该行政机关 |

## 三、行政诉讼第三人

◆**重点法条**

《**行政诉讼法**》

**第29条** 公民、法人或者其他组织同被诉行政行为有利害关系但没有提起诉讼,或者同案件处理结果有利害关系的,可以作为第三人申请参加诉讼,或者由人民法院通知参加诉讼。

人民法院判决第三人承担义务或者减损第三人权益的,第三人有权依法提起上诉。

◆知识要点

1. 行政诉讼第三人的类型

旧法对于第三人的规定是,"同提起诉讼的具体行政行为有利害关系的其他公民、法人或其他组织,可以作为第三人申请参加诉讼,或者由人民法院通知参加诉讼"。上述规定使我国行政诉讼的第三人与原告基本相同,是"行政行为直接针对的对象"或是"与行政行为有利害关系的人"。上述规定使行政诉讼的第三人范围较窄,仅限于对被诉行政行为具备原告资格,但并未起诉的人。新法在修改后将行政诉讼的第三人区分为两类:

(1)同被诉行政行为有利害关系但没有提起诉讼的公民、法人或其他组织。即与原告"同质"的第三人,这类人对被诉行政行为同样具有原告资格,只是对被诉行政行为并无异议,因此也未提起司法救济,而其他人起诉后,这类人就可作为第三人参加诉讼。

这类第三人的典型类型包括:

① 行政处罚案件中的受害人或加害人。行政处罚案件中,受害人和加害人均有权起诉,如果受害人认为行政机关对加害人的处罚过轻而起诉,加害人就可作为第三人参加诉讼;而加害人如果不服行政机关的行政处罚决定而起诉,受害人也可作为第三人参加诉讼;另如果处罚案件中涉及多个被处罚人,部分处罚人起诉的,未起诉的被处罚人也可以作为第三人参加诉讼。

② 行政确权、行政裁决或行政许可案件中的第三人。在行政确权和行政裁决案件中,多个民事主体对某项权属产生争议,由行政机关来进行确定,此时如果未获得权益的人提起诉讼,经行政行为获得权益的人就可作为第三人参加诉讼;在行政许可案件中,如果多个相对人共同竞争一项行政许可,未获得许可的人对行政许可决定起诉时,获得许可权利的相对人就可以作为第三人参加诉讼。

(2)同案件处理结果有利害关系的公民、法人或其他组织。这类被告虽然与被诉行政行为没有利害关系,对被诉行为没有原告资格,但与案件的处理结果之间却有利害关系。允许这些人作为第三人参加诉讼,有利于为那些与案件处理结果之间有利害关系的人提供参与诉讼程序的机会,并使法院能够充分了解案件事实。这类第三人类似于民法当中的"无独立请求权的第三人"。例如,违法相对人的财物被行政机关查封、扣押,相对人对强制措施不服提起行政诉讼,而此时对该财物享有债权的人,虽然对强制措施并不具备原告资格,但因案件处理结果与其有利害关系,因此可以作为第三人参加诉讼。

2. 行政诉讼第三人参加诉讼的方式

根据本条规定,第三人参加诉讼的方式既包括自己申请,也包括由法院通知。

3. 行政诉讼第三人的上诉权

旧法对第三人的权利地位并未规定,这也导致实践中法院将第三人的权利地位与原告等同。新法将明确第三人的上诉权,规定只有"人民法院判决第三人承担义务或者减损第三人权益的",第三人才能提起上诉。这一规定也因此改变了之前认为所有第三人对法院判决均有权上诉的传统做法。

| 行政诉讼第三人 ||
|---|---|
| 类型 | （1）与行政行为有利害关系，但未提起诉讼的人；<br>（2）与案件处理结果有利害关系的人。 |
| 参加诉讼方式 | （1）自己申请参加诉讼；<br>（2）法院通知参加诉讼。 |
| 上诉权 | 只有人民法院判决第三人承担义务或者减损第三人权益的，第三人才能提起上诉。 |

◆ **考点归纳**

（1）《行政诉讼法》修改后，第三人的范围拓宽，不仅包括"与行政行为有利害关系的人"，还包括"与案件处理结果有利害关系的人"。

（2）并非所有的第三人均有权对判决提出上诉，只有法院"判决第三人承担义务或者减损第三人权益的"，第三人才有权上诉。

◆ **经典真题**

(2012-2-82)村民甲带领乙、丙等人，与造纸厂协商污染赔偿问题。因对提出的赔偿方案不满，甲、乙、丙等人阻止生产，将工人李某打伤。公安局接该厂厂长举报，经调查后决定对甲拘留15日、乙拘留5日，对其他人未作处罚。甲向法院提起行政诉讼，法院受理。下列哪些人员不能成为本案的第三人？(AD)

A. 丙　　　　B. 乙　　　　C. 李某　　　　D. 造纸厂厂长

## 第四节　起诉与受理

### 一、行政诉讼与行政复议的衔接

（一）一般原则

复议与诉讼的衔接关系的一般模式是"以当事人选择为原则，以复议前置为例外"。作为例外，只有单行法律、法规明确规定的才必须复议前置，除此之外，当事人都是可以选择的。关于复议与诉讼的一般原则可参阅前文。

（二）特殊情形处理

1. 复议前置的特殊情形处理

◆ **重点法条**

《行诉法解释(1999)》

**第33条**　法律、法规规定应当先申请复议，公民、法人或者其他组织未申请复议直接提起诉讼的，人民法院不予受理。

复议机关不受理复议申请或者在法定期限内不作出复议决定，公民、法人或者其他组织不服，依法向人民法院提起诉讼的，人民法院应当依法受理。

◆ **知识要点**

综上，如果法律、法规规定复议前置，相对人未申请复议而直接提起诉讼，法院不予受理；但如果法律、法规规定复议前置，复议机关不受理或不作决定，相对人起诉，法院应予受理。此时需要注意的是相对人在此种情形下,既可以起诉针对复议机关的不作为起诉复议机关,也可以直接起诉原行政行为。

2. 复议非前置的特殊情形处理

◆重点法条

《行诉法解释(1999)》

第34条 法律、法规未规定行政复议为提起行政诉讼必经程序,公民、法人或者其他组织既提起诉讼又申请行政复议的,由先受理的机关管辖;同时受理的,由公民、法人或者其他组织选择。公民、法人或者其他组织已经申请行政复议,在法定复议期间内又向人民法院提起诉讼的,人民法院不予受理。

◆知识要点

如果非复议前置,相对人同时申请复议与提起诉讼,由先受理的机关管辖;如先受理的机关是复议机关,除复议终局外,相对人对复议决定不服,均可再提起行政诉讼,但如果先受理的机关是法院,当事人当然不能在诉讼后再申请行政复议。

如果非复议前置,相对人申请复议后又提起诉讼,法院不予受理。此时法院应静待复议机关做出决定,否则就是对复议机关的不尊重。

3. 撤回复议申请的处理

◆重点法条

《行诉法解释(1999)》

第35条 法律、法规未规定行政复议为提起行政诉讼必经程序,公民、法人或者其他组织向复议机关申请行政复议后,又经复议机关同意撤回复议申请,在法定起诉期限内对原具体行政行为提起诉讼的,人民法院应当依法受理。

◆知识要点

如果法律、法规并未规定复议前置,相对人申请复议后又撤回复议申请,再起诉如果仍旧在法定起诉期限内,法院应当受理。此时需要注意的是,这时的起诉期限的计算是按照相对人直接对具体行政行为起诉的期限计算,而不是按照经复议再起诉的期限计算。

◆经典真题

(2005-2-47)A市某县土地管理局以刘某非法占地建住宅为由,责令其限期拆除建筑,退还所占土地。刘某不服,申请行政复议。下列哪一种说法是正确的?(C)

A. 复议机关只能为A市土地管理局

B. 若刘某撤回复议申请,则无权再提起行政诉讼

C. 刘某有权委托代理人代为参加复议

D. 若复议机关维持了某县土地管理局的决定,刘某逾期不履行的,某县土地管理局可以自行强制执行

二、起诉期限

(一)起诉期限的一般规定

◆重点法条

《行政诉讼法》

第45条 公民、法人或者其他组织不服复议决定的,可以在收到复议决定书之日起十五

日内向人民法院提起诉讼。复议机关逾期不作决定的,申请人可以在复议期满之日起十五日内向人民法院提起诉讼。法律另有规定的除外。

**第 46 条第 1 款**　公民、法人或者其他组织直接向人民法院提起诉讼的,应当自知道或者应当知道作出行政行为之日起六个月内提出。法律另有规定的除外。

◆知识要点

行政诉讼的起诉期限分为经复议的起诉期限和直接起诉的起诉期限。

(1) 经复议的案件,申请人可以在收到复议决定书之日起 15 日内向人民法院提起诉讼。复议机关逾期不作决定的,申请人可以在复议期满之日起 15 日内向人民法院提起诉讼。

(2) 相对人直接向法院诉讼的案件,应当在知道或应当知道做出行政行为之日起 6 个月内提出。此时起诉期限计算的时间点为"当事人知道或应当知道行政行为作出之日"。

(3) 如果特别法对特殊行政案件的起诉期限规定与《行政诉讼法》不同的,适用特别法。此处应注意与《行政复议法》规定的一般复议期限与特别复议期限相区别。《行政复议法》规定,只有特别法规定的复议申请时间超过《行政复议法》的,才适用特别法;而《行政诉讼法》则无此限制,只要特别法对起诉期限有特别规定,就应适用特别法。另外,本条规定"法律另有规定的除外",此处的"法律",同样只指狭义的法律,即全国人大和全国人大常委会制定的法律。

| 行政诉讼起诉期限 | |
| --- | --- |
| 经过复议的 | (1) 收到复议决定书之日起 15 日内向人民法院提起诉讼;<br>(2) 复议机关逾期不作决定的,申请人可以在复议期满(60 日)之日起 15 日内向人民法院提起诉讼。 |
| 直接起诉的 | 应当在知道或应当知道作出行政行为之日起 6 个月内提出,法律另有规定的从其规定。 |
| 法律另有规定的 | 起诉期限从特别法的规定,但此处的"法律"仅指全国人大、全国人大常委会制定的法律。 |
| 当事人在行政行为作出时并不知道行政行为存在 | 应当在知道或应当知道行政行为之日起 6 个月内,但涉及不动产的,法律最长保护期为 20 年,一般的行政行为,法律最长保护期为 5 年。 |

◆考点归纳

(1) 旧法规定相对人直接向法院起诉的案件,起诉期限为知道或应当知道作出行政行为之日起 3 个月,为更好地保障当事人诉权,新法延长了起诉期限至 6 个月。

(2) 相对人直接提起行政诉讼的期限是 6 个月,"法律另有规定的除外",此处的"法律"只包含全国人大以及全国人大常委会制定的法律,不含行政法规、地方性法规和规章。

(二) 行政诉讼的最长保护期

◆重点法条

《行政诉讼法》

**第 46 条**　公民、法人或者其他组织直接向人民法院提起诉讼的,应当自知道或者应当知道作出行政行为之日起六个月内提出。法律另有规定的除外。

因不动产提起诉讼的案件自行政行为作出之日起超过二十年,其他案件自行政行为作出之日起超过五年提起诉讼的,人民法院不予受理。

◆知识要点

根据正当程序要求,行政机关在作出行政决定时,应向相对人履行告知决定内容,以及诉讼权利和起诉期限的义务。因此,具体行政行为作出的时间、当事人知道行政行为的时间和当事人知道诉讼权利以及起诉期限的时间,三者原则上是重合的。但实践中,行政机关可能并未履行上述告知义务,就会导致行政决定在作出后,当事人并不知道行政行为的内容。此外,还有许多情形,行政机关只是将行政决定送达给直接相对人,其他因行政决定受到不利影响的相关人,在行政决定作出时,并不知道行政行为的内容。上述两种情形都有可能会影响当事人的诉权。据此,法律规定,在上述情形下,相对人起诉期限的计算从他"实际知道该行为作为或应当知道该行为作出"之日起计算,往后为6个月的时间。

但为了法律秩序的安定,本条也同样规定了"最长保护期":如果针对涉及不动产的行政行为,当事人在行政行为作出之日起20年后知道该行为内容,才诉诸司法救济,就已超过了法律规定的最长保护期,法院不予受理;而普通的行政行为,当事人是在行政行为作出之日起5年后知道该行为内容,才诉诸司法救济,就已超过了法律规定的最长保护期,法院不予受理。

综上,**如果行政机关在作出具体行政行为时,根本未告知当事人具体行政行为的内容**,当事人嗣后才知道行为内容与诉讼权利的,其起诉期限从当事人实际知道或者应当知道该行为内容之日起计算,为6个月的时间,但如果当事人在具体行政行为作出之日起5年后才知道具体行政行为内容的,涉及不动产的在具体行政行为作出之日起20年后才知道具体行政行为内容的其起诉期限已经经过,这也和民事诉讼中的除斥期间相同。因此,当事人真正起诉期间的计算应取6个月的时间与5年时间(或者20年)的交集,这个交集就是最后当事人起诉的实际期限。

示例如下:张某长期在海外居住,遂将自己在国内某市的房子托其亲属李某照看。李某擅自向房产局申请该房子的产权确认,房产局在未经任何查证的情形下于2010年1月1日将房屋确权给李某。2015年8月1日张某在回国期间得知自己的房子已被房产局确权给李某。那么张某的起诉期限如何计算呢?

房产局作出房产确认的时间是2010年1月1日,但该决定作出时,当事人张某并不知道该具体行政行为的内容,因涉及不动产,张某的起诉期限最长可延至2030年1月1日。张某在2015年8月1日知道该具体行政行为的内容,因此他的起诉期限从2015年8月1日起算6个月的时间,即从2015年8月1日至2016年2月1日。这段时间也没有超过2030年1月1日的最长保护期限。但如果张某是在2030年1月1日之后才知道该具体行政行为的,就无权再起诉了。

(三)起诉行政机关不作为的案件

◆重点法条

《**行政诉讼法**》

**第47条** 公民、法人或者其他组织申请行政机关履行保护其人身权、财产权等合法权益的法定职责,行政机关在接到申请之日起两个月内不履行的,公民、法人或者其他组织可以向人民法院提起诉讼。法律、法规对行政机关履行职责的期限另有规定的,从其规定。

公民、法人或者其他组织在紧急情况下请求行政机关履行保护其人身权、财产权等合法权益的法定职责,行政机关不履行的,提起诉讼不受前款规定期限的限制。

◆知识要点

起诉行政机关不作为的案件,其起诉期限的计算包括三种情形:

(1)如果法律、法规规定了行政机关履行职责的期限,则从该期限届满之日起,当事人可以起诉,起诉期限为行政机关履行期限届满之日起6个月。

(2)如果法律、法规中并未包含行政机关履行职责的期限,则行政机关在接到申请之日起两个月内不履行职责的,当事人可以起诉。也就是说,如果法律、法规未规定了行政机关履行职责的期限,那么两个月就是一般的履行职责期限。而两个月经过后接下来的6个月内,当事人可对行政机关的不作为起诉。

(3)当事人在紧急情况下请求行政机关履行职责,行政机关不履行的,当事人可以立即起诉,而不用等待两个月或是法律、法规规定的履行期限的经过。例如,相对人向警察申请履行保护人身权、财产权的法定职责,警察不予履行,导致当事人人身权、财产权受损,此时当事人可立即起诉。

| 行政机关不作为的起诉期限计算 | |
| --- | --- |
| 法律、法规规定了履行期限的 | 起诉期限自履行期限届满之日起6个月 |
| 法律、法规未规定履行期限的 | 履行期限为两个月,当事人可在两个月经过后的6个月起诉 |
| 紧急状态 | 不受前款限制,可立即起诉 |

◆考点归纳

司法考试中,有关起诉期限的考题越来越复杂,题目中出现的期限众多,尤其是当事人不知道诉权或起诉期限的,或者不知道具体行政行为内容的情形,又涉及除斥期间,考生在进行判断时往往非常困难,但如果掌握了判断此类考题的基本步骤和方法,就可以较为容易且正确地解答。

判断此类考题的步骤:

(1)找到被诉行政行为;
(2)找到被诉行政行为的作出时间;
(3)再找当事人知道行政行为内容的时间;
(4)判断后一个时间相比前一个时间有没有超过法律规定的最长保护期(5年/20年);
(5)如果未超过法律规定的最长保护期,则当事人的起诉时间为后一个时间(知道行政行为的时间)开始6个月内。

◆经典真题

1.(2006-2-47)因甲公司不能偿还到期债务,贷款银行向法院提起民事诉讼。2004年6月7日,银行在诉讼中得知市发展和改革委员会已于2004年4月6日根据申请,将某小区住宅项目的建设业主由甲公司变更为乙公司。后银行认为行政机关的变更行为侵犯了其合法债权,于 2006 年 1 月 9 日向法院提起行政诉讼,请求确认市发展和改革委员会的变更行为违法。下列关于起诉期限的哪种说法符合法律规定?(D)

    A. 原告应当在知道具体行政行为内容之日起 5 年内提起行政诉讼
    B. 原告应当在知道具体行政行为内容之日起 20 年内提起行政诉讼
    C. 原告应当在知道具体行政行为内容之日起 2 年内提起行政诉讼
    D. 原告应当在知道具体行政行为内容之日起 3 个月内提起行政诉讼

2. (2014-2-84) 2009 年 3 月 15 日,严某向某市房管局递交出让方为郭某(严某之母)、受让方为严某的房产交易申请表以及相关材料。4 月 20 日,该局向严某核发房屋所有权证。后因家庭纠纷郭某想出售该房产时发现房产已不在名下,于 2013 年 12 月 5 日以该局为被告提起诉讼,要求撤销向严某核发的房屋所有权证,并给自己核发新证。一审法院判决维持被诉行为,郭某提出上诉。下列哪些说法是正确的?(CD)

    A. 本案的起诉期限为 2 年
    B. 本案的起诉期限从 2009 年 4 月 20 日起算
    C. 如诉讼中郭某解除对诉讼代理人的委托,在其书面报告法院后,法院应当通知其他当事人
    D. 第二审法院应对一审法院的裁判和被诉具体行政行为是否合法进行全面审查

(四)起诉期限的扣除和延长

◆重点法条

《行政诉讼法》

**第 48 条**  公民、法人或者其他组织因不可抗力或者其他不属于其自身的原因耽误起诉期限的,被耽误的时间不计算在起诉期限内。

公民、法人或其他组织因前款规定以外的其他特殊情形耽误起诉期限的,在障碍消除后 10 日内,可以申请延长期限,是否准许由人民法院决定。

◆知识要点

本条规定的是起诉期限的扣除和延长。

(1)起诉期限的扣除。公民、法人或者其他组织因不可抗力或者其他不属于其自身的原因耽误起诉期限的,被耽误的时间不计算在起诉期限内。此处的"不可抗力"是当事人不能预见、不能避免或不能克服的客观情况,包括地震、火灾、山洪等自然灾害,在行政诉讼中还包括当事人被限制人身自由等情况。

(2)起诉期限延长是在起诉期限被扣除的基础上,对当事人诉权的进一步保护。而本条所说的"前款规定以外的其他特殊情况",一般包括因交通断绝、生病或未成年人因其法定代理人未确定而不能起诉的。

### 三、起诉条件、起诉方式与驳回起诉

◆重点法条

《行政诉讼法》

**第 49 条**  提起诉讼应当符合下列条件:

(一)原告是符合本法第二十五条规定的公民、法人或者其他组织;

（二）有明确的被告；
（三）有具体的诉讼请求和事实根据；
（四）属于人民法院受案范围和受诉人民法院管辖。

**第50条** 起诉应当向人民法院递交起诉状，并按照被告人数提出副本。

书写起诉状确有困难的，可以口头起诉，由人民法院记入笔录，出具注明日期的书面凭证，并告知对方当事人。

**《行诉法解释(2015)》**

**第2条** 行政诉讼法第四十九条第三项规定的"有具体的诉讼请求"是指：
（一）请求判决撤销或者变更行政行为；
（二）请求判决行政机关履行法定职责或者给付义务；
（三）请求判决确认行政行为违法；
（四）请求判决确认行政行为无效；
（五）请求判决行政机关予以赔偿或者补偿；
（六）请求解决行政协议争议；
（七）请求一并审查规章以下规范性文件；
（八）请求一并解决相关民事争议；
（九）其他诉讼请求。

当事人未能正确表达诉讼请求的，人民法院应当予以释明。

**第3条** 有下列情形之一，已经立案的，应当裁定驳回起诉：
（一）不符合行政诉讼法第四十九条规定的；
（二）超过法定起诉期限且无正当理由的；
（三）**错列被告且拒绝变更的；**
（四）未按照法律规定由法定代理人、指定代理人、代表人为诉讼行为的；
（五）**未按照法律、法规规定先向行政机关申请复议的；**
（六）重复起诉的；
（七）**撤回起诉后无正当理由再行起诉的；**
（八）**行政行为对其合法权益明显不产生实际影响的；**
（九）诉讼标的已为生效裁判所羁束的；
（十）不符合其他法定起诉条件的。

人民法院经过阅卷、调查和询问当事人，认为不需要开庭审理的，可以径行裁定驳回起诉。

◆**知识要点**

(1) 行政诉讼的起诉条件。依据《行政诉讼法》第49条，行政诉讼的起诉条件包括四项：① 原告是符合《行政诉讼法》第25条规定的公民、法人或者其他组织；② 有明确的被告；③ 有具体的诉讼请求和事实根据；④ 属于人民法院受案范围和受诉人民法院管辖。与旧法相比，新法在起诉条件处，对第（一）项规定的原告适格有所修改。旧法规定，"原告是认为具体行政行为侵犯其合法权益的公民、法人或其他组织"。而这一规定可能会造成法院在起诉受理阶段就对原告是否权益受损进行实质审查，从而为违法不受理案件留下空间。

(2) 具体的诉讼请求具体包括：① 请求判决撤销或者变更行政行为；② 请求判决行政机

关履行法定职责或者给付义务;③ 请求判决确认行政行为违法;④ 请求判决确认行政行为无效;⑤ 请求判决行政机关予以赔偿或者补偿;⑥ 请求解决行政协议争议;⑦ 请求一并审查规章以下规范性文件;⑧ 请求一并解决相关民事争议。这些请求与行政诉讼的判决类型及适用理由相互呼应。如果当事人未能正确表达诉讼请求的,人民法院应当予以释明。

(3) 起诉方式:以书面起诉为原则,口头起诉为例外。

(4) 如果有某些情形的,不符合起诉条件,法院应不予立案,如果已经立案的,应裁定驳回起诉。在《行诉法解释(2015)》列举的这些条件中,以下是行政诉讼特殊的问题,请考生在复习时格外注意:① 错列被告且拒绝变更的;② 未按照法律、法规规定先向行政机关申请复议的;③ 撤回起诉后无正当理由再行起诉的;④ 行政行为对其合法权益明显不产生实际影响的。

◆经典真题

(2009-2-100) 郑某因某厂欠缴其社会养老保险费,向区社保局投诉。2004 年 9 月 22 日,该局向该厂送达《决定书》,要求为郑某缴纳养老保险费 1 万元。同月 30 日,该局向郑某送达告知书,称其举报一事属实,并要求他缴纳养老保险费(个人缴纳部分)2,000 元。郑某不服区社保局的《决定书》向法院起诉,法院的生效判决未支持郑某的请求。2005 年 4 月 19 日,郑某不服告知书向市社保局申请复议,后者作出不予受理决定,郑某不服提起诉讼。下列选项正确的是:(A)

A. 郑某向市社保局提出的复议申请已超过申请期限
B. 区社保局所在地的法院和市社保局所在地的法院对本案均有管辖权
C. 郑某的起诉属重复起诉
D. 如郑某对告知书不服直接向法院起诉,法院可以被诉行为系重复处理行为为由不受理郑某的起诉

## 四、立案登记制

◆重点法条

《行政诉讼法》

**第 51 条** 人民法院在接到起诉状时对符合本法规定的起诉条件的,**应当登记立案**。

对当场不能判定是否符合本法规定的起诉条件的,应当接收起诉状,出具注明收到日期的书面凭证,并在七日内决定是否立案。不符合起诉条件的,作出不予立案的裁定。裁定书应当载明不予立案的理由。原告对裁定不服的,可以提起上诉。

起诉状内容欠缺或者有其他错误的,应当给予指导和释明,并一次性告知当事人需要补正的内容。不得未经指导和释明即以起诉不符合条件为由不接收起诉状。

对于不接收起诉状、接收起诉状后不出具书面凭证,以及不一次性告知当事人需要补正的起诉状内容的,当事人可以向上级人民法院投诉,上级人民法院应当责令改正,并对直接负责的主管人员和其他直接责任人员依法给予处分。

**第 52 条** 第人民法院既不立案,又不作出不予立案裁定的,当事人可以向上一级人民法院起诉。上一级人民法院认为符合起诉条件的,应当立案、审理,也可以指定其他下级人民法院立案、审理。

**《行诉法解释(2015)》**

**第1条** 人民法院对符合起诉条件的案件应当立案,依法保障当事人行使诉讼权利。

对当事人依法提起的诉讼,人民法院应当根据行政诉讼法第五十一条的规定,一律接收起诉状。能够判断符合起诉条件的,应当当场登记立案;当场不能判断是否符合起诉条件的,应当在接收起诉状后七日内决定是否立案;七日内仍不能作出判断的,应当先予立案。

起诉状内容或者材料欠缺的,人民法院应当一次性全面告知当事人需要补正的内容、补充的材料及期限。在指定期限内补正并符合起诉条件的,应当登记立案。当事人拒绝补正或者经补正仍不符合起诉条件的,裁定不予立案,并载明不予立案的理由。

当事人对不予立案裁定不服的,可以提起上诉。

◆**知识要点**

"立案登记制"的引入是此次《行政诉讼法》新增加的重要条款。这一条款针对行政诉讼中的"立案难"问题,通过用"立案登记制"取代"立案审查制",来敦促法院积极立案,改变传统诉讼实践中经常出现的"不接受起诉状、不出具书面凭证、不出裁定"等做法。立案登记制的要点在于:① 立案登记要求法院在立案阶段的审查应该是有限的,形式的审查,只要符合法律规定的起诉条件,法院就应该登记立案;② 立案登记制要求法院在立案的每个阶段,对每项决定都要提供相应的书面凭证,使当事人"有据可查";③ 立案登记制对法院作出的每项负面决定,都为当事人提供了相应的救济途径。

具体而言,立案登记制包括以下内容:

(1) 对当事人依法提起的诉讼,人民法院应当一律接收起诉状。

(2) 能够判断符合起诉条件的,应当当场登记立案。

(3) 对当场不能判定是否符合本法规定的起诉条件的,应当接收起诉状,出具注明收到日期的书面凭证,并在7日内决定是否立案;7日内仍不能作出判断的,应当先予立案。

(4) 起诉状内容或者材料欠缺的,人民法院应当一次性全面告知当事人需要补正的内容、补充的材料及期限;不得未经指导和释明即以起诉不符合条件为由不接收起诉状。

(5) 对于不接收起诉状、接收起诉状后不出具书面凭证,以及不一次性告知当事人需要补正的起诉状内容的,**当事人可以向上级人民法院投诉**,上级人民法院应当责令改正,并对直接负责的主管人员和其他直接责任人员依法给予处分。

(6) 不符合起诉条件的,作出不予立案的裁定,裁定书应当载明不予立案的理由;原告对裁定不服的,可以提起上诉。

(7) 在指定期限内补正材料并符合起诉条件的,应当登记立案;当事人拒绝补正或者经补正仍不符合起诉条件的,裁定不予立案,并载明不予立案的理由,当事人对不予立案裁定不服的,可以提起上诉。

(8) 人民法院既不立案,又不作出不予立案裁定的,当事人可以向上一级人民法院起诉;上一级人民法院认为符合起诉条件的,应当立案、审理,也可以指定其他下级人民法院立案、审理。

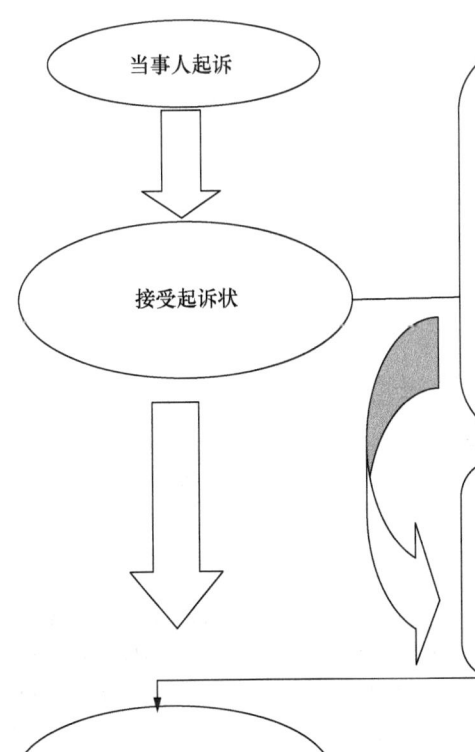

◆ **考点归纳**

（1）《行政诉讼法》和《行诉法解释（2015）》规定了立案登记阶段，相对人对法院所有的负面决定均有相应的救济权，适用条件和救济方式如下：① 投诉：对于不接收起诉状、接收起诉状后不出具书面凭证，以及不一次性告知当事人需要补正的起诉状内容的，当事人可以向上级人民法院投诉；② 上诉：对不予立案的裁定，当事人可以提起上诉；③ 起诉：人民法院既不立案，又不作出不予立案裁定的，当事人可以向上一级人民法院起诉。

（2）对当场不能判定是否符合本法规定的起诉条件的，应当接收起诉状，并在7日内决定是否立案，7日内不能决定的，应当先立案；

（3）人民法院既不立案，又不作出不予立案裁定的，当事人可以向上一级人民法院**起诉**，此处的"起诉"为越级起诉，即当事人针对原来的行政决定直接向上一级法院提起诉讼。

◆ **经典真题**

1.（2015-2-82）李某不服区公安分局对其作出的行政拘留5日的处罚，向市公安局申请行政复议，市公安局作出维持决定。李某不服，提起行政诉讼。下列哪些选项是正确的？（BD）

A. 李某可向区政府申请行政复议
B. 被告为市公安局和区公安分局
C. 市公安局所在地的法院对本案无管辖权
D. 如李某的起诉状内容有欠缺，法院应给予指导和释明，并一次性告知需要补正的内容

2.（2015-4-6）案情：某公司系转制成立的有限责任公司，股东15人。全体股东通过的公司章程规定，董事长为法定代表人。对董事长产生及变更办法，章程未作规定。股东会议选举甲、乙、丙、丁四人担任公司董事并组成董事会，董事会选举甲为董事长。后乙、丙、丁三人组织召开临时股东会议，会议通过罢免甲董事长职务并解除其董事，选举乙为董事长的决议。乙向区工商分局递交法定代表人变更登记申请，经多次补正后该局受理其申请。其后，该局以乙递交的申请，缺少修改后明确董事长变更办法的公司章程和公司法定代表人签署的变更登记申请书等材料，不符合法律、法规规定为由，作出登记驳回通知书。乙、丙、丁三人向市工商局提出复议申请，市工商局经复议后认定三人提出的变更登记申请不符合受理条件，分局作出的登记驳回通知错误，决定予以撤销。三人遂向法院起诉，并向法院提交了公司的章程、经过公证的临时股东会决议。

问题：

……

（4）法院接到起诉状决定是否立案时通常面临哪些情况？如何处理？

……

［参考答案］ 接到起诉状时，对符合法定起诉条件的，应当登记立案。当场不能判定的，应当接收起诉状，出具注明收到日期的书面凭证，并在7日内决定是否立案；不符合起诉条件的，作出不予立案的裁定；如起诉状内容欠缺或有其他错误的，应给予指导和释明，并一次性告知当事人需要补正的内容。不得未经指导和释明即以起诉不符合条件为由不接收起诉状。

# 第五节 证据制度

行政诉讼的证据制度是行政诉讼中的重要问题，在历年的司法考试中所占的分值也不少。

考生在复习时应尤其注意《行政诉讼法》以及《行诉法解释(2015)》中关于行政诉讼证据问题的规定,以及 2002 年最高人民法院颁布的《关于行政诉讼证据若干问题的规定》(以下简称《证据规定》)。

## 一、证据类型与提交要求

(一) 证据类型

◆重点法条

《行政诉讼法》

**第 33 条** 证据包括:

(一) 书证;

(二) 物证;

(三) 视听资料;

(四) 电子数据;

(五) 证人证言;

(六) 当事人的陈述;

(七) 鉴定意见;

(八) 勘验笔录、现场笔录。

以上证据经法庭审查属实,才能作为认定案件事实的根据。

《证据规定》

**第 15 条** 根据《行政诉讼法》第三十一条第一款第(七)项的规定,被告向人民法院提供的现场笔录,应当载明时间、地点和事件等内容,并由执法人员和当事人签名。当事人拒绝签名或者不能签名的,应当注明原因,有其他人在现场的,可由其他人签名。法律、法规和规章对现场笔录的制作形式另有规定的,从其规定。

◆知识要点

1. 书证与物证的区别

书证是通过证据的内容来证明案件事实,而物证则是通过证据的客观存在来证明案件事实。

2. 行政诉讼的特殊证据:现场笔录

现场笔录是行政诉讼中的特殊证据,是行政机关的工作人员在进行行政检查时对现场情况的记录。根据《证据规定》第 15 条的规定,"被告向人民法院提供的现场笔录,应当载明时间、地点和事件等内容,并由执法人员和当事人签名。当事人拒绝签名或者不能签名的,应当注明原因,有其他人在现场的,可由其他人签名"。

综上,现场笔录的制作必须符合如下要求:

(1) 必须现场制作;

(2) 原则上有执行职务人、当事人或见证人签名或盖章。但如果当事人拒绝签名,并不会必然导致现场笔录无效,行政机关可邀请在场见证人签名。如无见证人,只要行政机关可证明现场笔录符合证据的真实性、关联性和合法性,法院仍可认定其证明效力。

3. 电子数据作为新增加的证据

电子数据是本次修法时新增加的证据类型,是指能够证明案件相关事实的电子文件,包括电子邮件、电子数据交换、电子资金划拨、网络 IP 地址和电子公告牌记录等。

◆**考点归纳**

需要注意的是,现场笔录不是必须要有当事人的签名,当事人拒绝签名或不能签名的,可由其他当场见证人签名;另现场笔录无须行政机关的盖章。

(二) 提交要求

◆**重点法条**

《证据规定》

**第 10 条**　根据行政诉讼法第三十一条第一款第(一)项的规定,当事人向人民法院提供书证的,应当符合下列要求:

(一) 提供书证的原件。原本、正本和副本均属于书证的原件。提供原件确有困难的,可以提供与原件核对无误的复印件、照片、节录本;

(二) 提供由有关部门保管的书证原件的复制件、影印件或者抄录件的,应当注明出处,经该部门核对无异后加盖其印章;

(三) 提供报表、图纸、会计账册、专业技术资料、科技文献等书证的,应当附有说明材料;

(四) 被告提供的被诉具体行政行为所依据的询问、陈述、谈话类笔录,应当有行政执法人员、被询问人、陈述人、谈话人签名或者盖章。

法律、法规、司法解释和规章对书证的制作形式另有规定的,从其规定。

**第 11 条**　根据行政诉讼法第三十一条第一款第(二)项的规定,当事人向人民法院提供物证的,应当符合下列要求:

(一) 提供原物。提供原物确有困难的,可以提供与原物核对无误的复制件或者证明该物证的照片、录像等其他证据;

(二) 原物为数量较多的种类物的,提供其中的一部分。

**第 12 条**　根据行政诉讼法第三十一条第一款第(三)项的规定,当事人向人民法院提供计算机数据或者录音、录像等视听资料的,应当符合下列要求:

(一) 提供有关资料的原始载体。提供原始载体确有困难的,可以提供复制件;

(二) 注明制作方法、制作时间、制作人和证明对象等;

(三) 声音资料应当附有该声音内容的文字记录。

**第 13 条**　根据行政诉讼法第三十一条第一款第(四)项的规定,当事人向人民法院提供证人证言的,应当符合下列要求:

(一) 写明证人的姓名、年龄、性别、职业、住址等基本情况;

(二) 有证人的签名,不能签名的,应当以盖章等方式证明;

(三) 注明出具日期;

(四) 附有居民身份证复印件等证明证人身份的文件。

**第 14 条**　根据行政诉讼法第三十一条第一款第(六)项的规定,被告向人民法院提供的在行政程序中采用的鉴定结论,应当载明委托人和委托鉴定的事项、向鉴定部门提交的相关材料、鉴定的依据和使用的科学技术手段、鉴定部门和鉴定人鉴定资格的说明,并应有鉴定人的签名和鉴定部门的盖章。通过分析获得的鉴定结论,应当说明分析过程。

**第 15 条**　根据行政诉讼法第三十一条第一款第(七)项的规定,被告向人民法院提供的现场笔录,应当载明时间、地点和事件等内容,并由执法人员和当事人签名。当事人拒绝签名或者不能签名的,应当注明原因。有其他人在现场的,可由其他人签名。法律、法规和规章对现场笔录的制作形式另有规定的,从其规定。

◆知识要点

有关行政诉讼证据的提交要求可总结为下表:

| 证据种类 | 要求 |
| --- | --- |
| 书证 | 提供原件:原本、正本和副本。 |
| 物证 | 提供原物;原物为种类物的,提供一部分。 |
| 视听资料 | 原始载体注明制作方法等;声音附有文字记录说明。 |
| 证人证言 | 证人签名或盖章,且附有身份证明。 |
| 现场笔录 | 时间、地点、执法人员和当事人签名;当事人拒绝签名,可由其他在场人签名。 |
| 鉴定结论 | 载明委托人和委托鉴定的事项、乡鉴定部门提交的相关材料、鉴定依据、鉴定手段、鉴定资格证明、签名盖章、说明分析过程。 |

◆经典真题

1.(2007-2-84)县烟草专卖局发现刘某销售某品牌外国香烟,执法人员表明了自己的身份,并制作了现场笔录。因刘某拒绝签名,随行电视台记者张某作为见证人在笔录上签名,该局当场制作《行政处罚决定书》,没收15条外国香烟。刘某不服该决定,提起行政诉讼。诉讼中,县烟草专卖局向法院提交了现场笔录、县电视台拍摄的现场录像、张某的证词。下列哪些选项是正确的?(AD)

A. 现场录像应当提供原始载体
B. 张某的证词有张某的签字后,即可作为证人证言使用
C. 现场笔录必须有执法人员和刘某的签名
D. 法院收到县烟草专卖局提供的证据应当出具收据,由经办人员签名或盖章

2.(2009-2-87)许某与汤某系夫妻,婚后许某精神失常。二人提出离婚,某县民政局准予离婚。许某之兄认为许某为无民事行为能力人,县民政局准予离婚行为违法,遂提起行政诉讼。县民政局向法院提交了县医院对许某作出的间歇性精神病的鉴定结论。许某之兄申请法院重新进行鉴定。下列哪些选项是正确的?(BD)

A. 原告需对县民政局准予离婚行为违法承担举证责任
B. 鉴定结论应有鉴定人的签名和鉴定部门的盖章
C. 当事人申请法院重新鉴定可以口头提出
D. 当事人申请法院重新鉴定应当在举证期限内提出

3.(2009-2-88)某县公安局接到有人在薛某住所嫖娼的电话举报,遂派员前往检查。警察到达举报现场,敲门未开破门入室,只见薛某一人。薛某拒绝在检查笔录上签字,警察在笔录上注明这一情况。薛某认为检查行为违法,提起行政诉讼。下列哪些选项是正确的?(ABC)

A. 某县公安局应当对电话举报进行登记
B. 警察对薛某住所进行检查时不得少于二人

C. 警察对薛某住所进行检查时应当出示工作证件和县级以上政府公安机关开具的检查证明文件

D. 因薛某未在警察制作的检查笔录上签字,该笔录在行政诉讼中不具有证据效力

4. (2015-2-84)梁某酒后将邻居张某家的门、窗等物品砸坏。县公安局接警后,对现场进行拍照、制作现场笔录,并请县价格认证中心作价格鉴定意见,对梁某作出行政拘留8日处罚。梁某向法院起诉,县公安局向法院提交照片、现场笔录和鉴定意见。下列哪些说法是正确的? (ACD)

A. 照片为书证

B. 县公安局提交的现场笔录无当事人签名的,不具有法律效力

C. 县公安局提交的鉴定意见应有县价格认证中心的盖章和鉴定人的签名

D. 梁某对现场笔录的合法性有异议的,可要求县公安局的相关执法人员作为证人出庭作证

## 二、举证责任

### ◆重点法条

**《行政诉讼法》**

**第34条** 被告对作出的行政行为负有举证责任,应当提供作出该行政行为的证据和所依据的规范性文件。

被告不提供或者无正当理由逾期提供证据,视为没有相应证据。但是,被诉行政行为涉及第三人合法权益,第三人提供证据的除外。

**第37条** 原告可以提供证明行政行为违法的证据。原告提供的证据不成立的,不免除被告的举证责任。

**第38条** 在起诉被告不履行法定职责的案件中,原告应当提供其向被告提出申请的证据。但有下列情形之一的除外:

(一)被告应当依职权主动履行法定职责的;

(二)原告因正当理由不能提供证据的。

在行政赔偿、补偿的案件中,原告应当对行政行为造成的损害提供证据。因被告的原因导致原告无法举证的,由被告承担举证责任。

**《行诉法解释(2015)》**

**第9条** 复议机关决定维持原行政行为的,人民法院应当在审查原行政行为合法性的同时,一并审查复议程序的合法性。

作出原行政行为的行政机关和复议机关对原行政行为合法性共同承担举证责任,可以由其中一个机关实施举证行为。复议机关对复议程序的合法性承担举证责任。

**《证据规定》**

**第1条** 根据行政诉讼法第三十二条和第四十三条的规定,被告对作出的具体行政行为负有举证责任,应当在收到起诉状副本之日起十日(**新法修改后为十五日**)内,提供据以作出被诉具体行政行为的全部证据和所依据的规范性文件。被告不提供或者无正当理由逾期提供证据的,视为被诉具体行政行为没有相应的证据。

被告因不可抗力或者客观上不能控制的其他正当事由,不能在前款规定的期限内提供证

据的,应当在收到起诉状副本之日起十日内向人民法院提出延期提供证据的书面申请。人民法院准许延期提供的,被告应当在正当事由消除后十日内提供证据。逾期提供的,视为被诉具体行政行为没有相应的证据。

第 2 条　原告或者第三人提出其在行政程序中没有提出的反驳理由或者证据的,经人民法院准许,被告可以在第一审程序中补充相应的证据。

第 3 条　根据行政诉讼法第三十三条的规定,在诉讼过程中,被告及其诉讼代理人不得自行向原告和证人收集证据。

第 4 条　公民、法人或者其他组织向人民法院起诉时,应当提供其符合起诉条件的相应的证据材料。在起诉被告不作为的案件中,原告应当提供其在行政程序中曾经提出申请的证据材料。但有下列情形的除外:

(一)被告应当依职权主动履行法定职责的;

(二)原告因被告受理申请的登记制度不完备等正当事由不能提供相关证据材料并能够作出合理说明的。

被告认为原告起诉超过法定期限的,由被告承担举证责任。

第 5 条　在行政赔偿诉讼中,原告应当对被诉具体行政行为造成损害的事实提供证据。

第 6 条　原告可以提供证明被诉具体行政行为违法的证据。原告提供的证据不成立的,不免除被告对被诉具体行政行为合法性的举证责任。

第 7 条　原告或者第三人应当在开庭审理前或者人民法院指定的交换证据之日提供证据。因正当事由申请延期提供证据的,经人民法院准许,可以在法庭调查中提供。逾期提供证据的,视为放弃举证权利。

原告或者第三人在第一审程序中无正当事由未提供而在第二审程序中提供的证据,人民法院不予接纳。

第 8 条　人民法院向当事人送达受理案件通知书或者应诉通知书时,应当告知其举证范围、举证期限和逾期提供证据的法律后果,并告知因正当事由不能按期提供证据时应当提出延期提供证据的申请。

◆知识要点

1. 行政诉讼的举证原则

"被告对具体行政行为负有举证责任"是行政诉讼的举证原则。因为依法行政是行政机关在作出行政行为时必须遵循的基本要求,即行政机关应该"先取证,后裁决",必须有充分的事实依据和法律依据,才能作出行政行为。因此当行政行为被诉至法院时,法律上确认该行为是应有充分的证据的,如被告不能提供该具体行政行为的证据和所依据的规范性文件,就应当承担败诉的风险。

2. 被告承担举证责任的内容、法律后果与例外

被告在承担举证责任时必须提供"作出该行政行为的证据和所依据的规范性文件"。而举证责任的法律效果也在于,"如果被告不提供或者无正当理由逾期提供证据的,视为没有证据"。此时法院会因缺乏事实证据和法律依据而将被诉行政行为撤销。但有的行政行为还涉及第三人利益,如果此时被告未履行举证责任,一概视为该行政行为没有证据,就会损害第三人的利益,因此本条也规定了被告不承担举证责任的例外,"被诉行政行为涉及第三人利益,第三人提供证据的除外"。在这种情形下,法院不仅可以接受第三人提供的证据,还可以根据

第三人的申请收集证据。例如,行政机关针对甲乙之间的民事权属争议作出裁决,乙对裁决不服提起行政诉讼,在案件中本应由行政机关举证证明裁决的合法,但如果行政机关怠于举证,而法院又一概视为该行政行为没有证据,就会损害第三人甲的利益,因此如果甲在案件审理中提供了证据,就不能一概视为行政行为没有证据。

3. 被告的举证期限

被告应当自收到起诉书副本之日起 15 日内,提供据以作出被诉具体行政行为的全部证据和所依据的规范性文件。如果被告因不可抗力或者客观上不能控制的其他正当事由,不能在收到起诉状副本之日起 15 日内提供证据的,应当在此举证期限内向法院提出延期举证的书面申请。如法院准许其延期举证的,被告应当在正当事由消除后 10 日内提供证据。

4. 被告负举证责任的例外:原告的举证责任

由被告对行政行为的合法性负举证责任,虽然有效促进了行政机关对依法行政原则的遵守,但将举证责任一律分配给被告,却忽视了行政诉讼和其他诉讼一样同样存在利益对立和冲突的双方当事人,因此不利于诉讼当事人的地位平等。鉴于诉讼情形的复杂,新法同样引入了原告的举证责任作为"被告对行政行为合法性承担举证责任"的例外。

原告须举证的情形具体如下:

(1)起诉被告不履行法定职责的案件,证明其向被告提出申请。

在大多数情况下,被告行政机关履行法定职责,必须要首先有相对人的申请,而并非在法定状态出现时就要积极主动地履行义务,因此,曾向被告提出过申请,是原告在起诉被告不履行法定职责时应承担的举证责任。但在以下两种情况下,可免除原告证明提出申请事实的责任。

第一,被告应依职权主动履行法定职责。如果被告义务的履行并不需要相对人提出申请,而是在条件具备时就应主动进行,此时原告的此项举证责任就被免除了。

第二,原告因正当理由不能提供证据的。实践中经常会出现因为被告登记制度不完备或是其他正当理由,导致原告起诉被告不作为时,不能提供曾提出过申请的证据,此时原告的此项举证责任就被免除了。而此时证明原告是否提出过申请的证明责任也被转移至被告身上。

(2)在行政赔偿诉讼、行政补偿诉讼中,证明因被诉行为侵害而受到损害。

行政赔偿诉讼和补偿诉讼在性质上与行政诉讼有所区别,其目的是获得给付,而并非宣告行政行为违法。在这种诉讼中,由原告来证明因被诉行政行为侵害而受到损害,与民事损害赔偿诉讼并无差别。而且赔偿和补偿的前提是原告受到被诉行为的侵害而造成损害,证明损害的存在又是受害者或是要求赔偿者的责任。但本条的适用同样存在例外,如果因被告的原因导致原告无法举证的,原告的举证责任就被免除,此时由被告承担举证责任。

根据《证据规定》,原告举证的期限为开庭审理前或法院指定的交换证据之日前。

5. 原告提供证据的权利

《行政诉讼法》将证明被诉行政行为合法的举证责任分配给行政机关,但并未禁止原告同样可提供证据证明被诉行政行为的违法。相应的,原告提供证据证明行政行为违法,也并非是原告的举证责任,而是其权利。据此,如果原告提出有利于法院确信行政行为违法的证据,法院也不应加以拒绝,反而应予鼓励。也正因为"提供证据证明被诉行为违法"并非原告的举证责任,如果"原告提供的证据不成立的",法院绝不能就此认为"行政行为合法",此时仍应由被告行政机关举证证明行为合法。正因如此,法条又补充"原告提供的证据不成立的,不免除被告的举证责任"。

| 行政诉讼举证责任的分配 |||
| --- | --- | --- |
| 举证事项 | 举证期限 | 法律效果与例外 |
| **被告** 提供证明行政行为合法的证据、依据。 | 自收到起诉书副本之日起15日内 | 被告不提供或者无正当理由逾期提供证据,视为没有相应证据。但是,被诉行政行为涉及第三人合法权益,第三人提供证据的除外。 |
| | | 被告在作出行政行为时已经收集了证据,但因不可抗力等正当事由不能提供的,经人民法院准许,可以延期提供。 |
| **原告** (1)起诉被告不作为,证明提出申请的事实,但被告依职权应主动履行法定职责,或是原告因正当理由不能提供的,原告的此项举证责任免除;(2)行政赔偿诉讼,行政补偿诉讼,证明因行政行为侵害而受到损害,但因被告原因不能提供的,举证责任免除。 | 原告举证的期限为开庭审理前或法院指定的交换证据之日前 | 因正当事由申请延期提供证据的,经人民法院准许,可以在法庭调查中提供。逾期提供证据的,视为放弃举证权利。原告或者第三人在第一审程序中无正当事由未提供而在第二审程序中提供的证据,人民法院不予接纳。 |

◆**考点归纳**

(1)被告的举证期限为收到起诉书副本之日起15日内,如果被告无正当理由在此期限内未提供作出具体行政行为的证据、依据的,法院可认定行政行为无事实依据和法律依据,进而撤销行政机关的行政行为,但被诉行政行为涉及第三人利益,第三人提供证据的除外。

(2)原告的举证责任包括两项:起诉被告不作为,证明提出申请的事实以及行政赔偿诉讼、行政补偿诉讼中证明因行政行为侵害而受到损害,但这两项举证责任中都有例外。

(3)原告虽无责任,但却有权提供证据,证明被诉具体行政行为的违法性,这是原告行使诉讼权利的表现。但如果原告提供的证据不成立的,不免除被告对被诉具体行政行为合法性的举证责任。

◆**经典真题**

(2009-2-87)许某与汤某系夫妻,婚后许某精神失常。二人提出离婚,某县民政局准予离婚。许某之兄认为许某为无民事行为能力人,县民政局准予离婚行为违法,遂提起行政诉讼。县民政局向法院提交了县医院对许某作出的间歇性精神病的鉴定结论。许某之兄申请法院重新进行鉴定。下列哪些选项是正确的?(BD)

A. 原告需对县民政局准予离婚行为违法承担举证责任
B. 鉴定结论应有鉴定人的签名和鉴定部门的盖章
C. 当事人申请法院重新鉴定可以口头提出
D. 当事人申请法院重新鉴定应当在举证期限内提出

### 三、被告取证限制及其例外

◆**重点法条**

《行政诉讼法》

**第35条** 在诉讼过程中,被告及其诉讼代理人不得自行向原告、第三人和证人收集证据。

**第36条** 被告在作出行政行为时已经收集了证据,但因不可抗力等正当事由不能提供的,经人民法院准许,可以延期提供。

原告或者第三人提出了其在行政处理程序中没有提出的理由或者证据的,经人民法院准许,被告可以补充证据。

◆**知识要点**

在诉讼过程中,被告不得自行向原告和证人收集证据的"被告取证限制原则"是被告负举证责任原则的延伸,被告所有用来支持具体行政行为合法的证据,都应当是从行政程序中来的,行政机关在诉讼开始后向原告和证人收集的证据,原则上不能用于认定被诉具体行政行为的合法性。但法律对这一原则也规定了例外,在以下情形下,被告经法院允许可以补充提供相关证据:

(1)被告在作出具体行政行为时已经收集,因不可抗力不能提供的,经法院允许可以补充证据。本条的适用必须符合三项条件:① 该证据是被告在作出行政决定时已经收集的;② 被告因不可抗力不能提供该证据;③ 被告补充证据必须经法院准许。根据《证据规定》,被告因不可抗力或者客观上不能控制的其他正当事由,不能在前款规定的期限内提供证据的,应当在收到起诉状副本之日起15日内向人民法院提出延期提供证据的书面申请。人民法院准许延期提供的,被告应当在正当事由消除后10日内提供证据。逾期提供的,视为被诉具体行政行为没有相应的证据。

(2)原告或第三人提出了行政程序中未提出的反驳理由和证据,被告经法院准许,可以补充证据。基于依法行政原则的要求,被告在诉讼中原则上不能补充证据,但实践中,尽管被告行政机关在作出行政决定时为相对人提供了表达意见的机会,但原告或第三人并未提出反驳理由和证据,而是在诉讼程序中才提出,此时,基于诉讼平等原则,如果一律不履行被告补充证据,对于被告同样不公平。因此,如果原告或第三人在诉讼中提出了其在行政机关作出行政决定时未提出的反驳理由和证据,经法院允许,被告可以补充证据。以上内容可总结为:

| 被告取证限制原则 | 例外 |
| --- | --- |
| 在诉讼过程中,被告及其诉讼代理人不得自行向原告、第三人和证人收集证据。 | (1)延期提供:被告在作出行政行为时已经收集了证据,但因不可抗力等正当事由不能提供的,经人民法院准许,可以延期提供。 |
| | (2)补充提供:原告或者第三人提出了其在行政处理程序中没有提出的理由或者证据的,经人民法院准许,被告可以补充证据。 |

◆**考点归纳**

(1)基于"先取证、后裁决"的原则,被告在诉讼中不得自行再向原告、第三人和证人收集证据;

(2)如果原告或第三人在诉讼中提出了其在行政程序中未提出的反驳理由和证据,被告经法院允许可以补充证据。

◆**经典真题**

(2005-2-45)黄某在与陈某的冲突中被陈某推倒后摔成轻微伤,甲市乙县公安局以此对陈某作出行政拘留15日的决定。陈某不服申请复议,甲市公安局经调查并补充了王某亲眼看到黄某摔伤的证言后维持了原处罚决定。陈某向法院提起诉讼。庭审中,陈某提出该处罚未经过负责人集体讨论,一审法院遂要求被告补充提供该处罚由负责人集体讨论决定的记录。下列哪一种说法是正确的?(B)

A. 此案应由甲市公安局所在地人民法院管辖
B. 王某的证言只能作为证明甲市公安局的复议决定合法的证据
C. 法院要求被告补充记录的做法不符合法律规定
D. 法院对被告提供的记录形成时间所作的审查属于对证据的关联性审查

## 四、人民法院要求当事人提供证据和自己调取证据

为全面查清案件事实,保护公共利益,尤其是处于劣势一方的原告相对人利益,行政诉讼并未采取决定的当事人主义,而是采用了"职权调查主义",法院在审理案件时,除对原被告双方提出的证据进行审核外,还可以主动获取证据。法院主动获取证据的方式包括两种:

(1) 要求当事人提供或补充证据;
(2) 调取证据。

(一) 人民法院要求当事人提供或补充证据

◆**重点法条**

《行政诉讼法》

**第39条** 人民法院有权要求当事人提供或者补充证据。

◆**知识要点**

基于职权调查原则,法院在行政诉讼中可以主动获取证据,但主动获取证据并不意味着一概由法院自己调取证据,如果法院认为当事人趋利避害,仅提供于己有利的证据,为全面调查案件事实,法院可要求当事人提供和补充证据。此外,法院基于专业手段限制和程序经济的考虑,无法主动调取证据时,同样可要求当事人提供和补充证据。此时当事人负有协助的义务。此处的当事人既包含原告、第三人,还包括被告行政机关。

(二) 法院调取证据

◆**重点法条**

《行政诉讼法》

**第40条** 人民法院有权向有关行政机关以及其他组织、公民调取证据。但是,不得为证明行政行为的合法性调取被告作出行政行为时未收集的证据。

**第41条** 与本案有关的下列证据,原告或者第三人不能自行收集的,可以申请人民法院调取:

(一) 由国家机关保存而须由人民法院调取的证据;
(二) 涉及国家秘密、商业秘密和个人隐私的证据;
(三) 确因客观原因不能自行收集的其他证据。

**《证据规定》**

**第22条** 根据行政诉讼法第三十四条第二款的规定,有下列情形之一的,人民法院有权向有关行政机关以及其他组织、公民调取证据:

(一)涉及国家利益、公共利益或者他人合法权益的事实认定的;

(二)涉及依职权追加当事人、中止诉讼、终结诉讼、回避等程序性事项的。

**第23条** 原告或者第三人不能自行收集,但能够提供确切线索的,可以申请人民法院调取下列证据材料:

(一)由国家有关部门保存而须由人民法院调取的证据材料;

(二)涉及国家秘密、商业秘密、个人隐私的证据材料;

(三)确因客观原因不能自行收集的其他证据材料。

人民法院不得为证明被诉具体行政行为的合法性,调取被告在作出具体行政行为时未收集的证据。

**第24条** 当事人申请人民法院调取证据的,应当在举证期限内提交调取证据申请书。

调取证据申请书应当写明下列内容:

(一)证据持有人的姓名或者名称、住址等基本情况;

(二)拟调取证据的内容;

(三)申请调取证据的原因及其要证明的案件事实。

**第25条** 人民法院对当事人调取证据的申请,经审查符合调取证据条件的,应当及时决定调取;不符合调取证据条件的,应当向当事人或者其诉讼代理人送达通知书,说明不准许调取的理由。当事人及其诉讼代理人可以在收到通知书之日起三日内向受理申请的人民法院书面申请复议一次。

人民法院应当在收到复议申请之日起五日内作出答复。人民法院根据当事人申请,经调取未能取得相应证据的,应当告知申请人并说明原因。

◆**知识要点**

调取证据是法院在诉讼中按照法定程序依职权发现、提取、采集并固定与案件事实有关的证据材料的活动。调取证据和要求当事人提供或补充证据,都是职权调查注意的表现,都是为了克服仅由当事人提供证据的缺陷和不足,以全面审核证据,查明案情。法院调取证据的方式分为依职权调取和依申请调取两种。

1. 依职权调取

法院依职权主动调取证据无须当事人提出,自己主动进行。根据《证据规定》,法院可依职权主动调取的证据包括:

(1)涉及国家利益、公共利益或者他人合法权益的事实认定的;

(2)涉及依职权追加当事人、中止诉讼、终结诉讼、回避等程序性事项的。

但法院依职权主动调取证据同样要受到限制,法院不得为证明行政行为的合法性而调取被告作出行政行为时未收集的证据。否则既违反了"先取证、后裁决"的依法行政原则,同样也违法了司法中立的原则。

2. 依申请调取

法院可依原告或第三人的申请取证。在行政程序中,行政机关享有调取证据的主动权,行政机关作出行政决定时依据的事实材料和规范性文件一般也都由行政机关掌握,而原告和第三人掌握证据较为困难。此时,如果原告或第三人虽然知道证据线索,但客观上无法自行收集的,可以申请法院调取证据。法院绝对不能依被告申请调取证据。

原告或第三人申请法院调取的证据包括:
(1)国家有关部门保存而须由人民法院调取的证据材料;
(2)涉及国家秘密、商业秘密、个人隐私的证据材料;
(3)确因客观原因不能自行收集的其他证据材料。

根据《证据规定》,当事人申请人民法院调取证据的,应当在举证期限内提交调取证据申请书,人民法院对当事人调取证据的申请,经审查符合调取证据条件的,应当及时决定调取;不符合调取证据条件的,应当向当事人或者其诉讼代理人送达通知书,说明不准许调取的理由。当事人及其诉讼代理人可以在收到通知书之日起3日内向受理申请的人民法院书面申请复议一次。

以上内容可总结为下表:

| 法院调取证据 | | 依职权调取证据 | | 依申请调取证据 |
|---|---|---|---|---|
| | 调取范围 | (1)涉及国家利益、公共利益或者他人合法权益的事实认定的;<br>(2)涉及依职权追加当事人、中止诉讼、终结诉讼、回避等程序性事项的。 | 调取范围 | (1)国家有关部门保存而须由人民法院调取的证据材料;<br>(2)涉及国家秘密、商业秘密、个人隐私的证据材料;<br>(3)确因客观原因不能自行收集的其他证据材料。 |
| | 禁止规定 | 不得为证明行政行为的合法性而调取被告作出行政行为时未收集的证据。 | 禁止规定 | 只能是原告或第三人申请,被告不能申请法院调取证据。 |

◆**考点归纳**
(1)法院可主动调取证据,但不得为证明行政行为的合法性而调取被告作出行政行为时未收集的证据。
(2)能够申请法院调取证据只有原告和第三人,被告不能申请法院调取证据。

◆**经典真题**
(2004-2-46)根据行政诉讼的有关规定,下列哪一证据材料在原告不能自行收集,但能够提供确切线索时,可以申请人民法院调取?(B)
A. 涉及公共利益的证据材料　　　B. 涉及个人隐私的证据材料
C. 涉及中止诉讼事项的证据材料　D. 涉及回避事项的证据材料

(二)证据保全
◆**重点法条**
《行政诉讼法》
**第42条**　在证据可能灭失或者以后难以取得的情况下,诉讼参加人可以向人民法院申请保全证据,人民法院也可以主动采取保全措施。

《证据规定》

**第 27 条** 当事人根据行政诉讼法第三十六条的规定向人民法院申请保全证据的,应当在举证期限届满前以书面形式提出,并说明证据的名称和地点、保全的内容和范围、申请保全的理由等事项。

当事人申请保全证据的,人民法院可以要求其提供相应的担保。

法律、司法解释规定诉前保全证据的,依照其规定办理。

**第 28 条** 人民法院依照行政诉讼法第三十六条规定保全证据的,可以根据具体情况,采取查封、扣押、拍照、录音、录像、复制、鉴定、勘验、制作询问笔录等保全措施。人民法院保全证据时,可以要求当事人或者其诉讼代理人到场。

◆知识要点

证据保全是在证据可能灭失或者以后难以取得的情况下,人民法院根据诉讼参加人申请或主动依职权采取措施对证据加以固定和保护的制度。证据保全可通过两种方式进行:

(1)诉讼参加人向法院提出申请。当事人向法院申请保全证据,应当在举证期限届满前以书面方式提出,并证明证据的名称和地点、保全的内容和范围、申请保全的理由等。无论是准许还是不准许,人民法院均应制作裁定。当事人申请保全证据的,人民法院可以要求其提供相应的担保,但提供担保不是申请证据保全的必要条件;

(2)人民法院依职权主动采取。此时可以根据具体情况,采取查封、扣押、拍照、录音、录像、复制、鉴定、勘验、制作询问笔录等保全措施。人民法院保全证据时,可以要求当事人或者其诉讼代理人到场。

证据保全内容可总结为下图:

| 证据保全 | 适用前提 | 证据可能灭失或者以后难以取得 |
|---|---|---|
| | 类型 | 当事人申请法院保全证据 | (1)当事人向法院申请保全证据,应当在举证期限届满前以书面方式提出;<br>(2)法院不论是否准许均应以裁定方式作出;<br>(3)法院可要求当事人提供相应担保。 |
| | | 法院依职权保全证据 | 可以根据具体情况,采取查封、扣押、拍照、录音、录像、复制、鉴定、勘验、制作询问笔录等保全措施。人民法院保全证据时,可以要求当事人或者其诉讼代理人到场。 |

◆经典真题

(2007-2-45)关于行政诉讼中的证据保全申请,下列哪一选项是正确的?(B)

A. 应当在第一次开庭前以书面形式提出
B. 应当在举证期限届满前以书面形式提出
C. 应当在举证期限届满前以口头形式提出
D. 应当在第一次开庭前以口头形式提出

## 五、证据的质证、认证与非法证据排除

◆重点法条

《行政诉讼法》

**第 43 条第 1 款** 证据应当在法庭上出示,并由当事人互相质证。对涉及国家秘密、商业

秘密和个人隐私的证据,不得在公开开庭时出示。

**《证据规定》**

**第 35 条**　证据应当在法庭上出示,并经庭审质证。未经庭审质证的证据,不能作为定案的依据。

当事人在庭前证据交换过程中没有争议并记录在卷的证据,经审判人员在庭审中说明后,可以作为认定案件事实的依据。

**第 36 条**　经合法传唤,因被告无正当理由拒不到庭而需要依法缺席判决的,被告提供的证据不能作为定案的依据,但当事人在庭前交换证据中没有争议的证据除外。

**第 37 条**　涉及国家秘密、商业秘密和个人隐私或者法律规定的其他应当保密的证据,不得在开庭时公开质证。

**第 38 条**　当事人申请人民法院调取的证据,由申请调取证据的当事人在庭审中出示,并由当事人质证。

人民法院依职权调取的证据,由法庭出示,并可就调取该证据的情况进行说明,听取当事人意见。

**第 50 条**　在第二审程序中,对当事人依法提供的新的证据,法庭应当进行质证;当事人对第一审认定的证据仍有争议的,法庭也应当进行质证。

**第 51 条**　按照审判监督程序审理的案件,对当事人依法提供的新的证据,法庭应当进行质证;因原判决、裁定认定事实的证据不足而提起再审所涉及的主要证据,法庭也应当进行质证。

**第 52 条**　本规定第五十条和第五十一条中的"新的证据"是指以下证据:

(一)在一审程序中应当准予延期提供而未获准许的证据;

(二)当事人在一审程序中依法申请调取而未获准许或者未取得,人民法院在第二审程序中调取的证据;

(三)原告或者第三人提供的在举证期限届满后发现的证据。

**◆知识要点**

**证据的适用规则中包括证据的质证、证人出庭作证。**

(一)质证

质证是当事人在法官的主持下,对证据的真实性、关联性、合法性与证明力的有无、证明力的大小等问题进行对质与辨识,是对行政诉讼证据进行全面审查的关键环节。证据应当在法庭上出示,并由当事人互相质证。《证据规定》中既规定了各种证据的共同质证规则,也规定了某些证据,例如书证、物证、证人、视听资料、鉴定结论等单独的质证规则。在质证过程中,需要注意的问题有:

(1)未经庭审质证的证据,不得作为定案证据;被告不到庭提供的证据不得作为定案证据。

(2)公开质证和证据公开出示的例外:涉及国家秘密、商业秘密和个人隐私或者法律规定的其他应当保密的证据,不得在开庭时公开质证;对涉及国家秘密、商业秘密和个人隐私的证据,也不得在公开开庭时出示。

(3)人民法院调取证据的质证。当事人申请人民法院调取的证据,由申请调取证据的当事人在庭审中出示,并由当事人质证。人民法院依职权调取的证据,由法庭出示,并可就调取该证据的情况进行说明,听取当事人意见。

(4) 二审与再审程序的质证。在二审程序中，法庭对当事人提供的新证据进行质证，当事人对一审认定的证据仍有争议的，法庭也应当进行质证；在再审程序中，法庭对当事人提供的新证据进行质证，因原审生效判决认定事实的证据不足而提起再审所涉及的主要证据，法庭也应当进行质证。

有关行政诉讼质证的问题可总结为下表：

| 行政诉讼证据质证 | |
| --- | --- |
| 原则 | 证据应当在法庭上出示，并由当事人互相质证。 |
| 公开质证的例外 | 涉及国家秘密、商业秘密和个人隐私或者法律规定的其他应当保密的证据，不得在开庭时公开质证；对涉及国家秘密、商业秘密和个人隐私的证据，也不得在公开开庭时出示。 |
| 法院调取的证据 | 当事人申请人民法院调取的证据，由申请调取证据的当事人在庭审中出示，并由当事人质证；<br>人民法院依职权调取的证据，由法庭出示，并可就调取该证据的情况进行说明，听取当事人意见。 |
| 二审与再审的质证 | 在二审程序中，法庭对当事人提供的新证据进行质证，当事人对一审认定的证据仍有争议的，法庭也应当进行质证；在再审程序中，法庭对当事人提供的新证据进行质证，因原审生效判决认定事实的证据不足而提起再审所涉及的主要证据，法庭也应当进行质证。 |

◆**经典真题**

（2008-2-50）某区城管执法局以甲工厂的房屋建筑违法为由强行拆除，拆除行为被认定违法后，甲工厂要求某区城管执法局予以赔偿，遭到拒绝后向法院起诉。甲工厂除提供证据证明房屋损失外，还提供了甲工厂工人刘某与当地居民谢某的证言，以证明房屋被拆除时，房屋有办公用品、机械设备未搬出，应予赔偿。某区城管执法局提交了甲工厂工人李某和执法人员张某的证言，以证明房屋内没有物品。下列哪一选项是正确的？（A）

A. 法院不能因李某为甲工厂工人而不采信其证言
B. 法院收到甲工厂提交的证据材料，应当出具收据，由经办人员签名并加盖法院印章
C. 张某的证言优于谢某的证言
D. 在庭审过程中，甲工厂要求刘某出庭作证，法院应不予准许

（二）证人出庭作证

◆**重点法条**
《证据规定》
**第41条** 凡是知道案件事实的人，都有出庭作证的义务。有下列情形之一的，经人民法院准许，当事人可以提交书面证言：
（一）当事人在行政程序或者庭前证据交换中对证人证言无异议的；
（二）证人因年迈体弱或者行动不便无法出庭的；
（三）证人因路途遥远、交通不便无法出庭的；
（四）证人因自然灾害等不可抗力或者其他意外事件无法出庭的；

（五）证人因其他特殊原因确实无法出庭的。

**第 42 条** 不能正确表达意志的人不能作证。

根据当事人申请，人民法院可以就证人能否正确表达意志进行审查或者交由有关部门鉴定。必要时，人民法院也可以依职权交由有关部门鉴定。

**第 44 条** 有下列情形之一，原告或者第三人可以要求相关行政执法人员作为证人出庭作证：

（一）对现场笔录的合法性或者真实性有异议的；
（二）对扣押财产的品种或者数量有异议的；
（三）对检验的物品取样或者保管有异议的；
（四）对行政执法人员的身份的合法性有异议的；
（五）需要出庭作证的其他情形。

◆ **知识要点**

凡是知道案件事实的人，都有出庭作证的义务，有下列情形之一的，经人民法院准许，当事人可以提交书面证言：① 当事人在行政程序或者庭前证据交换中对证人证言无异议的；② 证人因年迈体弱或者行动不便无法出庭的；③ 证人因路途遥远、交通不便无法出庭的；④ 证人因自然灾害等不可抗力或者其他意外事件无法出庭的；⑤ 证人因其他特殊原因确实无法出庭的。

原告或者第三人在诉讼中，有下列情形的，可以要求相关行政执法人员作为证人出庭作证：① 对现场笔录的合法性或者真实性有异议的；② 对扣押财产的品种或者数量有异议的；③ 对检验的物品取样或者保管有异议的；④ 对行政执法人员的身份的合法性有异议的；⑤ 需要出庭作证的其他情形。

有关证人出庭作证可总结为下表：

| 证人出庭作证 | |
| --- | --- |
| 原则 | 凡是知道案件事实的人，都有出庭作证的义务。 |
| 例外 | 有下列情形之一的，经人民法院准许，当事人可以提交书面证言：<br>（1）当事人在行政程序或者庭前证据交换中对证人证言无异议的；<br>（2）证人因年迈体弱或者行动不便无法出庭的；<br>（3）证人因路途遥远、交通不便无法出庭的；<br>（4）证人因自然灾害等不可抗力或者其他意外事件无法出庭的；<br>（5）证人因其他特殊原因确实无法出庭的。 |
| 原告或第三人申请行政机关执法人员作为证人出庭作证 | 有下列情形之一，原告或者第三人可以要求相关行政执法人员作为证人出庭作证：<br>（1）对现场笔录的合法性或者真实性有异议的；<br>（2）对扣押财产的品种或者数量有异议的；<br>（3）对检验的物品取样或者保管有异议的；<br>（4）对行政执法人员的身份的合法性有异议的。 |

## 六、证据的审核与认定

证据的审核与认定,是法官对证据证明力进行判断的活动,判断的内容主要包括证据证明力的有无,以及证明力的大小两个方面。

(一)证据的审核原则

◆**重点法条**

《行政诉讼法》

**第 43 条第 2 款**　人民法院应当按照法定程序,全面、客观地审查核实证据。对未采纳的证据应当在裁判文书中说明理由。

《证据规定》

**第 53 条**　人民法院裁判行政案件,应当以证据证明的案件事实为依据。

**第 54 条**　法庭应当对经过庭审质证的证据和无需质证的证据进行逐一审查和对全部证据综合审查,遵循法官职业道德,运用逻辑推理和生活经验,进行全面、客观和公正地分析判断,确定证据材料与案件事实之间的证明关系,排除不具有关联性的证据材料,准确认定案件事实。

**第 55 条**　法庭应当根据案件的具体情况,从以下方面审查证据的合法性:

(一)证据是否符合法定形式;

(二)证据的取得是否符合法律、法规、司法解释和规章的要求;

(三)是否有影响证据效力的其他违法情形。

**第 56 条**　法庭应当根据案件的具体情况,从以下方面审查证据的真实性:

(一)证据形成的原因;

(二)发现证据时的客观环境;

(三)证据是否为原件、原物,复制件、复制品与原件、原物是否相符;

(四)提供证据的人或者证人与当事人是否具有利害关系;

(五)影响证据真实性的其他因素。

◆**知识要点**

法院应当按照法定程序,全面、客观地审查核实证据,是证据审核与认证的一般原则。法院对证据的审核主要围绕证据的真实性、关联性和合法性进行。为强化对法院的监督和贯彻向当事人公开的原则,法院对未采纳的证据应当在裁判文书中说明理由。

(二)不能作为定案依据的证据

◆**重点法条**

《行政诉讼法》

**第 43 条第 3 款**　以非法手段取得的证据,不得作为认定案件事实的根据。

《证据规定》

**第 57 条**　下列证据材料不能作为定案依据:

(一)严重违反法定程序收集的证据材料;

(二)以偷拍、偷录、窃听等手段获取侵害他人合法权益的证据材料;

(三)以利诱、欺诈、胁迫、暴力等不正当手段获取的证据材料;

(四)当事人无正当事由超出举证期限提供的证据材料;

（五）在中华人民共和国领域以外或者在中华人民共和国香港特别行政区、澳门特别行政区和台湾地区形成的未办理法定证明手续的证据材料；

（六）当事人无正当理由拒不提供原件、原物，又无其他证据印证，且对方当事人不予认可的证据的复制件或者复制品；

（七）被当事人或者他人进行技术处理而无法辨明真伪的证据材料；

（八）不能正确表达意志的证人提供的证言；

（九）不具备合法性和真实性的其他证据材料。

**第58条** 以违反法律禁止性规定或者侵犯他人合法权益的方法取得的证据，不能作为认定案件事实的依据。

**第59条** 被告在行政程序中依照法定程序要求原告提供证据，原告依法应当提供而拒不提供，在诉讼程序中提供的证据，人民法院一般不予采纳。

◆知识要点

不能作为定案依据的证据即完全无效的证据。《行政诉讼法》第43条第3款规定："以非法手段取得的证据，不得作为认定案件事实的依据。"《证据规定》中也详述了不能作为定案依据的证据，其中特别注意：

（1）严重违反法定程序收集的证据；

（2）以偷拍、偷录、窃听等手段获取侵害他人合法权益的证据材料。这里需要注意的是，并非所有以偷拍、偷录、窃听等秘密手段获取的证据都不能作为定案依据，只有同时具备"侵害他人合法权益"的条件才是无效证据；

（3）被告在行政程序中依照法定程序要求原告提供证据，原告依法应当提供而拒不提供，在诉讼程序中提供的证据，人民法院一般不予采纳。

（三）不能作为认定具体行政行为合法的依据

◆重点法条

《证据规定》

**第60条** 下列证据不能作为认定被诉具体行政行为合法的依据：

（一）被告及其诉讼代理人在作出具体行政行为后或者在诉讼程序中自行收集的证据；

（二）被告在行政程序中非法剥夺公民、法人或者其他组织依法享有的陈述、申辩或者听证权利所采用的证据；

（三）原告或者第三人在诉讼程序中提供的、被告在行政程序中未作为具体行政行为依据的证据。

**第61条** 复议机关在复议程序中收集和补充的证据，或者作出原具体行政行为的行政机关在复议程序中未向复议机关提交的证据，不能作为人民法院认定原具体行政行为合法的依据。

◆知识要点

与上文中不能作为定案依据的证据不同，《证据规定》第60条、第61条中所说的证据是不能用做证明具体行政行为合法，但反过来却可以用来证明具体行政行为的违法。

需要注意的是，《证据规定》第60条第（三）项所说的是，原告或第三人在诉讼程序中提供了证据，但这些证据却对被告有利，可以证明被告具体行政行为的合法，但如果这些证据如果并非被告作出具体行政行为时的依据，即使对被告有利，也不能用来认定具体行政行为合法。

另外，复议机关在复议程序中收集和补充的证据，或者作出原具体行政行为的行政机关在复议程序中未向复议机关提交的证据，不能作为人民法院认定原具体行政行为合法的依据；但这些证据有可能被用来证明复议决定的合法性。

| 不能作为认定行政行为合法的证据 |
|---|
| （1）被告及其诉讼代理人在作出具体行政行为后或者在诉讼程序中自行收集的证据；<br>（2）被告在行政程序中非法剥夺公民、法人或者其他组织依法享有的陈述、申辩或者听证权利所采用的证据；<br>（3）原告或者第三人在诉讼程序中提供的、被告在行政程序中未作为具体行政行为依据的证据；<br>（4）复议机关在复议程序中收集和补充的证据，或者作出原具体行政行为的行政机关在复议程序中未向复议机关提交的证据，不能作为人民法院认定原具体行政行为合法的依据。 |

◆**经典真题**

1．（2005-2-45）黄某在与陈某的冲突中被陈某推倒后摔成轻微伤，甲市乙县公安局以此对陈某作出行政拘留15日的决定。陈某不服申请复议，甲市公安局经调查并补充了王某亲眼看到黄某摔伤的证言后维持了原处罚决定。陈某向法院提起诉讼。庭审中，陈某提出该处罚未经过负责人集体讨论，一审法院遂要求被告补充提供该处罚由负责人集体讨论决定的记录。下列哪一种说法是正确的？（B）

　A．此案应由甲市公安局所在地人民法院管辖
　B．王某的证言只能作为证明甲市公安局的复议决定合法的证据
　C．法院要求被告补充记录的做法不符合法律规定
　D．法院对被告提供的记录形成时间所作的审查属于对证据的关联性审查

2．（2007-2-42）李某和钱某参加省教委组织的"省中小学教师自学考试"。后省教委以"通报"形式，对李某、钱某等4名作弊考生进行了处理，并通知当次考试各科成绩作废，三年之内不准报考。李某、钱某等均得知该通报内容。李某向省政府递交了行政复议申请书，省政府未予答复。李某诉至法院。下列哪一选项是错误的？（D）

　A．法院应当受理李某对通报不服提起的诉讼
　B．李某对省教委提起诉讼后，法院可以通知钱某作为第三人参加诉讼
　C．法院应当受理李某对省政府不予答复行为提起的诉讼
　D．钱某在诉讼程序中提供的、被告在行政程序中未作为处理依据的证据可以作为认定被诉处理决定合法的依据

（四）人民法院可以直接认定的证据

◆**重点法条**

《证据规定》

**第68条** 下列事实法庭可以直接认定：
（一）众所周知的事实；
（二）自然规律及定理；
（三）按照法律规定推定的事实；

（四）已经依法证明的事实；
（五）根据日常生活经验法则推定的事实。
前款（一）、（三）、（四）、（五）项，当事人有相反证据足以推翻的除外。

◆知识要点

上述证据人民法院无需审核，可直接用来作为案件依据。

（五）不能单独作为定案依据的证据

◆重点法条

《证据规定》

**第71条** 下列证据不能单独作为定案依据：
（一）未成年人所作的与其年龄和智力状况不相适应的证言；
（二）与一方当事人有亲属关系或者其他密切关系的证人所作的对该当事人有利的证言，或者与一方当事人有不利关系的证人所作的对该当事人不利的证言；
（三）应当出庭作证而无正当理由不出庭作证的证人证言；
（四）难以识别是否经过修改的视听资料；
（五）无法与原件、原物核对的复制件或者复制品；
（六）经一方当事人或者他人改动，对方当事人不予认可的证据材料；
（七）其他不能单独作为定案依据的证据材料。

◆知识要点

《证据规定》第70条所规定的证据，证明力较弱，不能单独作为定案依据，即案件如果只有这些证据证明并不充分，还必须辅助其他证据。

（六）证据的证明力

◆重点法条

《证据规定》

**第63条** 证明同一事实的数个证据，其证明效力一般可以按照下列情形分别认定：
（一）国家机关以及其他职能部门依职权制作的公文文书优于其他书证；
（二）鉴定结论、现场笔录、勘验笔录、档案材料以及经过公证或者登记的书证优于其他书证、视听资料和证人证言；
（三）原件、原物优于复制件、复制品；
（四）法定鉴定部门的鉴定结论优于其他鉴定部门的鉴定结论；
（五）法庭主持勘验所制作的勘验笔录优于其他部门主持勘验所制作的勘验笔录；
（六）原始证据优于传来证据；
（七）其他证人证言优于与当事人有亲属关系或者其他密切关系的证人提供的对该当事人有利的证言；
（八）出庭作证的证人证言优于未出庭作证的证人证言；
（九）数个种类不同、内容一致的证据优于一个孤立的证据。

◆知识要点

证据的证明效力是不同的证据之间在证明力方面的比较。在上述规则中，以下问题需要特别注意：
（1）国家机关以及其他职能部门依职权制作的公文文书优于其他书证；

(2) 鉴定结论、现场笔录、勘验笔录、档案材料以及经过公证或者登记的书证优于其他书证、视听资料和证人证言；

(3) 其他证人证言优于与当事人有亲属关系或者其他密切关系的证人提供的对该当事人有利的证言。

---

**证据的证明效力**

(1) 国家机关以及其他职能部门依职权制作的公文文书＞其他书证；
(2) 鉴定结论、现场笔录、勘验笔录、档案材料以及经过公证或者登记的书证＞其他书证、视听资料和证人证言；
(3) 原件、原物＞复制件、复制品；
(4) 法定鉴定部门的鉴定结论＞其他鉴定部门的鉴定结论；
(5) 法庭主持勘验所制作的勘验笔录＞其他部门主持勘验所制作的勘验笔录；
(6) 原始证据＞传来证据；
(7) 其他证人证言＞与当事人有亲属关系或者其他密切关系的证人提供的对该当事人有利的证言；
(8) 出庭作证的证人证言＞未出庭作证的证人证言；
(9) 数个种类不同、内容一致的证据＞一个孤立的证据。

---

◆**经典真题**

(2008-2-50) 某区城管执法局以甲工厂的房屋建筑违法为由强行拆除,拆除行为被认定违法后,甲工厂要求某区城管执法局予以赔偿,遭到拒绝后向法院起诉。甲工厂除提供证据证明房屋损失外,还提供了甲工厂工人刘某与当地居民谢某的证言,以证明房屋被拆除时,房屋有办公用品、机械设备未搬出,应予赔偿。某区城管执法局提交了甲工厂工人李某和执法人员张某的证言,以证明房屋内没有物品。下列哪一选项是正确的？（A）

A. 法院不能因李某为甲工厂工人而不采信其证言
B. 法院收到甲工厂提交的证据材料,应当出具收据,由经办人员签名并加盖法院印章
C. 张某的证言优于谢某的证言
D. 在庭审过程中,甲工厂要求刘某出庭作证,法院应不予准许

## 第六节 行政诉讼的法律适用

### 一、行政诉讼法律适用的一般原则

◆**重点法条**

《行政诉讼法》

**第63条** 人民法院审理行政案件,以法律和行政法规、地方性法规为依据。地方性法规适用于本行政区域内发生的行政案件。

人民法院审理民族自治地方的行政案件,并以该民族自治地方的自治条例和单行条例为依据。

人民法院审理行政案件,参照规章。

**第 64 条** 人民法院在审理行政案件中,经审查认为本法第五十三条规定的规范性文件不合法的,不作为认定行政行为合法的依据,并向制定机关提出处理建议。

◆知识要点

行政诉讼的法律适用主要解决不同层级的法律规范对于行政审判的拘束力问题。根据《行政诉讼法》的规定,行政诉讼的法律适用原则可总结为"以法律、法规为依据,参照规章"。

## 二、以法律、法规为依据

◆知识要点

法律、法规是行政诉讼的审判依据。作为"依据"是指如果法律、法规对被诉具体行政行为所涉及的相关行政管理事项已作出规定,法院在审判时就必须遵循,而不得拒绝适用。这里的"法律"为狭义的法律,指全国人大和全国人大常委会制定的法律,而"法规"包括行政法规和地方性法规。地方性法规适用于本行政区域内发生的行政案件。人民法院审理民族自治地方的行政案件,并以该民族自治地方的自治条例和单行条例为依据。

## 三、参照规章

◆知识要点

法院在行政审判中对规章的适用态度是"参照"。所谓"参照",是指法院可以对行政规章的内容进行审查判断,如果认为其内容合法,法院可以选择适用;如果认为内容与上位法相抵触,法院就可以拒绝适用。也就是说,对于规章,法院有了选择适用的权利。而"规章"根据前文介绍,包括国务院部门根据法律和国务院的行政法规、决定、命令制定、发布的部门规章以及省级人民政府和设区的市级人民政府根据法律和国务院的行政法规制定、发布的地方政府规章。《行政诉讼法》之所以作这样的规定,就是因为规章较之上位法律规范层级较低,而且在内容上往往参差不齐。

## 四、对其他规范性文件的审查

◆知识要点

《行政诉讼法》修改后,允许法院对其他规范性文件进行附带性审查,有关审查的启动和要点可参照前文。法院在审查后认为规范性文件不合法的,不作为认定行政行为合法的依据。

| 行政诉讼的法律适用 ||
|---|---|
| 法律规范 | 适用问题 |
| 法律、法规 | "依据",即必须依据,不能拒绝适用。 |
| 规章 | "参照",即法院有选择余地,合法的适用,不合法的可不适用。 |
| 其他规范性文件 | 法院可进行附带性审查,认为规范性文件不合法的,不作为认定行政行为合法的依据,并向制定机关提出处理建议。 |

◆经典真题

(2009-4-6)案情:高某系 A 省甲县个体工商户,其持有的工商营业执照载明经营范围是林产品加工,经营方式是加工收购、销售。高某向甲县工商局缴纳了松香运销管理费后,将自己加工的松香运往 A 省乙县出售。当高某进入乙县时,被乙县林业局执法人员拦截。乙县林业局以高某未办理运输证为由,依据 A 省地方性法规《林业行政处罚条例》以及授权省林业厅制定的《林产品目录》(该目录规定松香为林产品,应当办理运输证)的规定,将高某无证运输的松香认定为"非法财物",予以没收。高某提起行政诉讼要求撤销没收决定,法院予以受理。

**有关规定**:《森林法》及行政法规《森林法实施条例》涉及运输证的规定如下:除国家统一调拨的木材外,从林区运出木材,必须持有运输证,否则由林业部门给予没收、罚款等处罚。A 省地方性法规《林业行政处罚条例》规定"对规定林产品无运输证的,予以没收"。

问题:
……
3. 省林业厅制定的《林产品目录》的性质是什么?可否适用于本案?理由是什么?
……
5.(1)法院审理本案时应如何适用法律、法规?理由是什么?

## 第七节 行政诉讼中的特殊制度与原则

行政诉讼中有一些特殊制度与原则,这些制度或者是行政诉讼特有的,或者与民事诉讼有很大差异,而这些内容也常常是司法考试的重点。

### 一、撤诉与缺席判决

◆**重点法条**

《行政诉讼法》

**第 58 条** 经人民法院传票传唤,原告无正当理由拒不到庭,或者未经法庭许可中途退庭的,可以按照撤诉处理;被告无正当理由拒不到庭,或者未经法庭许可中途退庭的,可以缺席判决。

**第 62 条** 人民法院对行政案件宣告判决或者裁定前,原告申请撤诉的,或者被告改变其所作的行政行为,原告同意并申请撤诉的,是否准许,由人民法院裁定。

《行诉法解释(2015)》

**第 3 条** 有下列情形之一,已经立案的,应当裁定驳回起诉:
……
(七)撤回起诉后无正当理由再行起诉的;
……

◆**知识要点**

(1)行政诉讼的撤诉类型与处理要件:① 经人民法院传票传唤,原告无正当理由拒不到庭,或者未经法庭许可中途退庭的,可以按照撤诉处理;② 原告申请撤诉的,或者被告改变其所作的行政行为,原告同意并申请撤诉的,是否准许,由人民法院裁定。

(2)撤诉的法律效果:撤回起诉后无正当理由再行起诉的,法院应裁定驳回起诉;

(3)被告无正当理由拒不到庭,或者未经法庭许可中途退庭的,可以缺席判决。

◆**考点归纳**

对行政诉讼的撤诉主要把握其特殊性:

(1)行政诉讼的撤诉必须同时具备原告申请与法院同意两个条件,换言之,在行政诉讼中,并非原告申请撤诉,诉讼便就此终结,是否按撤诉处理还需经法院审查同意,在行政诉讼实践中,原告申请撤诉的原因大多是行政机关在一审期间改变了具体行政行为。最高人民法院在2007年的《关于行政诉讼撤诉若干问题的规定》中规定,被告改变具体行政行为,原告申请撤诉,符合下列条件的,人民法院应当裁定准许:申请撤诉是当事人真实意思表示;被告改变被诉具体行政行为,不违反法律、法规的禁止性规定,不超越或者放弃职权,不损害公共利益和他人合法权益;被告已经改变或者决定改变被诉具体行政行为,并书面告知人民法院;第三人无异议。如果申请撤诉不符合法定条件,法院应及时作出裁判。

(2) 原告申请撤诉,法院准许按撤诉处理后,原告再以同一事实和理由起诉的,法院原则上不予受理,换言之,撤诉并非仅仅关系原告个人利益,因行政诉讼的标的是具体行政行为,撤诉还关系到公共利益,法律要求原告需慎重对待撤诉权利。

| 撤诉类型 | 适用情形 | 法律后果 |
| --- | --- | --- |
| 按撤诉处理 | 经人民法院传票传唤,原告无正当理由拒不到庭,或者未经法庭许可中途退庭的。 | 撤回起诉后无正当理由再行起诉的,人民法院不予受理;已经立案的,裁定驳回起诉。 |
| 申请撤诉 | 被告改变具体行政行为,原告申请撤诉,须经法院审查,符合下列条件的,人民法院应当裁定准许:<br>(1) 申请撤诉是当事人真实意思表示;<br>(2) 被告改变被诉具体行政行为,不违反法律、法规的禁止性规定,不超越或者放弃职权,不损害公共利益和他人合法权益;<br>(3) 被告已经改变或者决定改变被诉具体行政行为,并书面告知人民法院;<br>(4) 第三人无异议。 | |

## 二、被告在诉讼期间改变具体行政行为

◆重点法条
**《行诉法解释(1999)》**
**第50条** 被告在一审期间改变被诉具体行政行为的,应当书面告知人民法院。

原告或者第三人对改变后的行为不服提起诉讼的,人民法院应当就改变后的具体行政行为进行审理。

被告改变原具体行政行为,原告不撤诉,人民法院经审查认为原具体行政行为违法的,应当作出确认其违法的判决;认为原具体行政行为合法的,应当判决驳回原告的诉讼请求。

原告起诉被告不作为,在诉讼中被告作出具体行政行为,原告不撤诉的,参照上述规定处理。

**最高人民法院《关于行政诉讼撤诉若干问题的规定》(2007)**
**第1条** 人民法院经审查认为被诉具体行政行为违法或者不当,可以在宣告判决或者裁定前,建议被告改变其所作的具体行政行为。

**第2条** 被告改变被诉具体行政行为,原告申请撤诉,符合下列条件的,人民法院应当裁

定准许：

（一）申请撤诉是当事人真实意思表示；

（二）被告改变被诉具体行政行为，不违反法律、法规的禁止性规定，不超越或者放弃职权，不损害公共利益和他人合法权益；

（三）被告已经改变或者决定改变被诉具体行政行为，并书面告知人民法院；

（四）第三人无异议。

**第5条** 被告改变被诉具体行政行为，原告申请撤诉，有履行内容且履行完毕的，人民法院可以裁定准许撤诉；不能即时或者一次性履行的，人民法院可以裁定准许撤诉，也可以裁定中止审理。

**第6条** 准许撤诉裁定可以载明被告改变被诉具体行政行为的主要内容及履行情况，并可以根据案件具体情况，在裁定理由中明确被诉具体行政行为全部或者部分不再执行。

**第7条** 申请撤诉不符合法定条件，或者被告改变被诉具体行政行为后当事人不撤诉的，人民法院应当及时作出裁判。

**第8条** 第二审或者再审期间行政机关改变被诉具体行政行为，当事人申请撤回上诉或者再审申请的，参照本规定。

准许撤回上诉或者再审申请的裁定可以载明行政机关改变被诉具体行政行为的主要内容及履行情况，并可以根据案件具体情况，在裁定理由中明确被诉具体行政行为或者原裁判全部或者部分不再执行。

◆**知识要点**

被告在诉讼期间改变被诉具体行政行为的处理，是行政诉讼中的又一难点，它涉及的问题主要包括：

（1）被告在诉讼期间可以自行改变具体行政行为，无须经过法院同意，但应书面通知法院，以示对法院的尊重，这一点与原告申请撤诉不同，后者必须经过法院的同意。

（2）被告改变具体行政行为的处理：

① 被告改变具体行政行为，原告同意且申请撤诉的，只要法院准许，诉讼就此终结。

② 被告改变具体行政行为，原告不撤诉，但也没有对改变后的具体行政行为提起诉讼的，法院应继续审理原行为，但判决种类会变化：如果经审查认为原行为违法的，因其已经被被告废弃，所以法院应作出确认违法判决，如果经审查认为原行为合法的，应作出驳回诉讼请求判决，而不能作出维持判决。

③ 被告改变具体行政行为，原告对改变后的具体行政行为不服的，法院应审理改变后的具体行政行为；如果原告对原行为不申请撤诉，对改变后的具体行政行为也不服的，法院对这两个具体行政行为应进行合并审理。

④ 原告诉被告不履行法定职责的，被告在诉讼中履行法定职责的，如原告撤诉，法院同意则诉讼终结；如果原告不撤诉，法院应继续审理被告的不作为。但判决种类也要发生变化。如果法院经审查认为被告不履行法定职责是违法的，此时因被告在诉讼中已经履行了法定职责，就不能再作出履行判决，而只能作出确认违法判决；如果法院经审查认为被告不作为是合法的，应判决驳回原告诉讼请求。

| 被告改变具体行政行为的处理 |||
|---|---|---|
| 时间 | 前提条件 | 法院处理 |
| 被告可在一审、二审和再审期间改变 | 被告改变原行政行为须书面通知法院，但无须经法院同意 | （1）被告改变具体行政行为，原告同意且申请撤诉的，经法院审查，认为符合条件，法院裁定准予撤诉。 |
| | | （2）被告改变具体行政行为，原告不撤诉，法院继续审查原行政行为，如原行政行为违法，则法院判决确认违法；如原行政行为合法，则法院判决驳回原告诉讼请求。 |
| | | （3）被告改变具体行政行为，原告对改变后的具体行政行为不服，法院应审理改变后的具体行政行为；如果原告对原行政行为不申请撤诉，对改变后的具体行政行为也不服，法院对这两个具体行政行为应进行合并审理。 |
| | | （4）原告诉被告不履行法定职责的，被告在诉讼中履行法定职责的，如果原告不撤诉，法院应继续审理被告的不作为，违法的法院判决确认违法；合法的法院判决驳回原告诉讼请求。 |

◆考点归纳

（1）被告改变具体行政行为无须经法院同意，但应书面通知法院，以示对法院的尊重，这一点与原告申请撤诉不同，后者必须经过法院的同意。

（2）被告改变具体行政行为后，法院如何处理取决于原告的意愿，原告不撤诉，法院应继续审理原行政行为；原告对改变后的具体行政行为不服，法院应审理改变后的具体行政行为；如果原告对原行政行为不申请撤诉，对改变后的具体行政行为也不服，法院对这两个具体行政行为应进行合并审理。

### 三、财产保全和先予执行

（一）财产保全

◆重点法条

《行诉法解释(1999)》

**第48条第1款** 人民法院对于因一方当事人的行为或者其他原因，可能使具体行政行为或者人民法院生效裁判不能或者难以执行的案件，可以根据对方当事人的申请作出财产保全的裁定；当事人没有提出申请的，人民法院在必要时也可以依法采取财产保全措施。

◆知识要点

财产保全的启动须符合两个条件：

（1）因当事人的行为或其他原因，可能使具体行政行为或法院判决不能或难以执行；

（2）当事人提出申请或人民法院认为有必要采取财产保全措施。

◆考点归纳

值得注意的是，在行政诉讼中提出财产保全申请的原则上均是被告。

## （二）先予执行

◆**重点法条**

**《行政诉讼法》**

**第57条** 人民法院对起诉行政机关没有依法支付抚恤金、最低生活保障金和工伤、医疗社会保险金的案件，权利义务关系明确、不先予执行将严重影响原告生活的，可以根据原告的申请，裁定先予执行。

当事人对先予执行裁定不服的，可以申请复议一次。复议期间不停止裁定的执行。

◆**知识要点**

先予执行是法院尚未作出生效裁判之前，先行执行有关财产的行为。行政诉讼中的先予执行须符合以下条件：

（1）涉及案件是行政机关没有依法发给抚恤金、社会保险金、最低生活保障费的案件；

（2）原告提出申请。

法院可根据原告的申请作出准予或不予先予执行的裁定，当事人对先予执行裁定不服的，可以申请复议一次。复议期间不停止裁定的执行。

◆**经典真题**

1.（2010-2-47）陈某申请领取最低生活保障费，遭民政局拒绝。陈某诉至法院，要求判令民政局履行法定职责，同时申请法院先予执行。对此，下列哪一说法是正确的？（C）

A. 陈某提出先予执行申请时，应提供相应担保

B. 陈某的先予执行申请，不属于《行政诉讼法》规定的先予执行范围

C. 如法院作出先予执行裁定，民政局不服可以申请复议

D. 如法院作出先予执行裁定，情况特殊的可以采用口头方式

2.（2015-2-85）丁某以其房屋作抵押向孙某借款，双方到房管局办理手续，提交了房产证原件及载明房屋面积100平方米、借款50万元的房产抵押合同，该局以此出具房屋他项权证。丁某未还款，法院拍卖房屋，但因房屋面积只有70平方米，孙某遂以该局办理手续时未尽核实义务造成其15万元债权无法实现为由，起诉要求认定该局行为违法并赔偿损失。对此案，下列哪些说法是错误的？（ACD）

A. 法院可根据孙某申请裁定先予执行

B. 孙某应对房管局的行为造成其损失提供证据

C. 法院应对房管局的行为是否合法与行政赔偿争议一并审理和裁判

D. 孙某的请求不属国家赔偿范围

## 四、合并审理与共同诉讼

◆**重点法条**

**《行政诉讼法》**

**第27条** 当事人一方或者双方为二人以上，因同一行政行为发生的行政案件，或者因同类行政行为发生的行政案件、人民法院认为可以合并审理并经当事人同意的，为共同诉讼。

**第28条** 当事人一方人数众多的共同诉讼，可以由当事人推选代表人进行诉讼。代表人的诉讼行为对其所代表的当事人发生效力，但代表人变更、放弃诉讼请求或者承认对方当事人的诉讼请求，应当经被代表的当事人同意。

**《行诉法解释(1999)》**

**第46条** 有下列情形之一的,人民法院可以决定合并审理:

(一) 两个以上行政机关分别依据不同的法律、法规对同一事实作出具体行政行为,公民、法人或者其他组织不服向同一人民法院起诉的;

(二) 行政机关就同一事实对若干公民、法人或者其他组织分别作出具体行政行为,公民、法人或者其他组织不服分别向同一人民法院起诉的;

(三) 在诉讼过程中,被告对原告作出新的具体行政行为,原告不服向同一人民法院起诉的;

(四) 人民法院认为可以合并审理的其他情形。

◆知识要点

共同诉讼与合并审理是相互连接的一组概念,共同诉讼分为两类:

(1) 必要的共同诉讼,即当事人一方或者双方为二人以上,因同一具体行政行为发生的行政案件,此时法院应当合并审理;

(2) 普通的共同诉讼,即法院决定可以合并审理的情形,根据《行诉法解释(1999)》,具体包括:① 两个以上行政机关,依据不同的法律规范,针对同意相对人,针对同一事实作出处理,相对人对此均表示不服;② 行政机关就同一事实对若干相对人分别做出具体行政行为,这些相对人表示不服分别向同一法院起诉的;③ 在诉讼过程中,被告对原告作出新的具体行政行为,原告不服向同一人民法院起诉的。

◆经典真题

(2009-2-85) 甲公司将承建的建筑工程承包给无特种作业操作资格证书的邓某,邓某在操作时引发事故。某省建设厅作出暂扣甲公司安全生产许可证三个月的决定,市安全监督管理局对甲公司罚款三万元。甲公司对市安全监督管理局罚款不服,向法院起诉。下列哪些选项是正确的? (AB)

A. 如甲公司对某省建设厅的决定也不服,向同一法院起诉的,法院可以决定合并审理

B. 市安全监督管理局不能适用简易程序作出罚款三万元的决定

C. 某省建设厅作出暂扣安全生产许可证决定前,应为甲公司组织听证

D. 因市安全监督管理局的罚款决定违反一事不再罚要求,法院应判决撤销

## 五、行政诉讼附带民事诉讼

◆重点法条

**《行政诉讼法》**

**第61条** 在涉及行政许可、登记、征收、征用和行政机关对民事争议所作的裁决的行政诉讼中,当事人申请一并解决相关民事争议的,人民法院可以一并审理。

在行政诉讼中,人民法院认为行政案件的审理需以民事诉讼的裁判为依据的,可以裁定中止行政诉讼。

**《行诉法解释(2015)》**

**第17条** 公民、法人或者其他组织请求一并审理行政诉讼法第六十一条规定的相关民事争议,应当在第一审开庭审理前提出;有正当理由的,也可以在法庭调查中提出。

有下列情形之一的,人民法院应当作出不予准许一并审理民事争议的决定,并告知当事人

可以依法通过其他渠道主张权利：
（一）法律规定应当由行政机关先行处理的；
（二）违反民事诉讼法专属管辖规定或者协议管辖约定的；
（三）已经申请仲裁或者提起民事诉讼的；
（四）其他不宜一并审理的民事争议。
对不予准许的决定可以申请复议一次。

**第18条** 人民法院在行政诉讼中一并审理相关民事争议的，民事争议应当单独立案，由同一审判组织审理。

审理行政机关对民事争议所作裁决的案件，一并审理民事争议的，不另行立案。

**第19条** 人民法院一并审理相关民事争议，适用民事法律规范的相关规定，法律另有规定的除外。

当事人在调解中对民事权益的处分，不能作为审查被诉行政行为合法性的根据。

行政争议和民事争议应当分别裁判。当事人仅对行政裁判或者民事裁判提出上诉的，未上诉的裁判在上诉期满后即发生法律效力。第一审人民法院应当将全部案卷一并移送第二审人民法院，由行政审判庭审理。第二审人民法院发现未上诉的生效裁判确有错误的，应当按照审判监督程序再审。

◆知识要点

行政诉讼附带民事诉讼指法院在审理行政争议时，附带解决与该行政争议密切相关的民事争议。

（1）适用范围。旧法中的行政诉讼附带民事诉讼范围仅涉及行政机关对民事纠纷的裁决。新法将行政诉讼附带民事诉讼的适用范围扩大至以下三类案件：① 行政许可、登记；② 征收、征用；③ 行政机关对民事争议所作的裁决三类案件。在上述三类诉讼中，行政争议与民事争议相关联，一并审理可以避免民事与行政争议分别裁判导致的相互矛盾，并减少当事人诉累，节省司法资源，降低诉讼成本。

（2）适用条件。行政诉讼附带民事诉讼的适用要件是：① 相关的民事争议与行政许可、登记、征收、征用、行政机关对民事纠纷的裁决密切相关；② 当事人申请法院在解决行政争议时一并解决民事争议，法院不能依职权主动对与行政纠纷密切相关的民事纠纷进行审查，必须要受到当事人请求的约束，唯有当事人申请一并解决民事争议，法院才可启动民事诉讼程序；③ 受诉法院一并审理该民事争议。行政诉讼附带民事诉讼制度的设立主要是为了诉讼经济，解决该民事争议的仍旧是法院处理行政争议的行政庭，而不是将该民事争议再由行政庭转交民事庭，因此，在相互关联的民事争议和行政争议中，行政诉讼是"主诉"，而民事诉讼属于"从诉"。

（3）提出时间。公民、法人或者其他组织请求一并审理《行政诉讼法》第61条规定的相关民事争议，应当在第一审开庭审理前提出；有正当理由的，也可以在法庭调查中提出。

（4）不予准许的情形。有下列情形之一的，人民法院应当作出不予准许一并审理民事争议的决定，并告知当事人可以依法通过其他渠道主张权利：① 法律规定应当由行政机关先行处理的，即当事人申请一并审理的民事争议法律规定应先由具有相应行政管理职权的行政机关进行处理，之后才能提起民事诉讼的；② 违反民事诉讼法专属管辖规定或者协议管辖约定的，即当事人申请一并审理的民事争议根据《民事诉讼法》的规定属于专属管辖的范畴，或是民事争议的当事人此前对此争议的处理已有相关协议;③ 已经申请仲裁或者提起民事诉讼的,即当事人申请一并审理的民事争议,另一方当事人已经申请民事仲裁,或提起民事诉讼;④ 其他不宜一并审理的民事争议。对不予准许的决定可以申请复议一次。

(5) 审理。① 立案:人民法院在行政诉讼中一并审理相关民事争议的,民事争议应当单独立案,由同一审判组织审理。审理行政机关对民事争议所作裁决的案件,一并审理民事争议的,不另行立案;② 法律适用:人民法院一并审理相关民事争议,适用民事法律规范的相关规定,法律另有规定的除外,即行政诉讼与民事诉讼适用各自的起诉期限、诉讼时效、举证期限、举证责任、庭审程序、裁判方式、诉讼费用交纳等;③ 证据制度:当事人在调解中对民事权益的处分,不能作为审查被诉行政行为合法性的根据;④ 判决:行政争议和民事争议应当分别裁判;⑤ 上诉:当事人仅对行政裁判或者民事裁判提出上诉的,未上诉的裁判在上诉期满后即发生法律效力。第一审人民法院应当将全部案卷一并移送第二审人民法院,由行政审判庭审理。第二审人民法院发现未上诉的生效裁判确有错误的,应当按照审判监督程序再审。

| 行政诉讼附带民事诉讼 | |
|---|---|
| 适用条件 | (1) 行政诉讼涉及行政许可、登记、征收、征用和行政机关对民事争议所作的裁决;<br>(2) 当事人申请一并解决与上述行政争议相关的民事争议。 |
| 申请时间 | 应当在第一审开庭审理前提出;有正当理由的,也可以在法庭调查中提出。 |
| 不予准许一并审理的情形 | (1) 法律规定应当由行政机关先行处理的;<br>(2) 违反民事诉讼法专属管辖规定或者协议管辖约定的;<br>(3) 已经申请仲裁或者提起民事诉讼的;<br>(4) 其他不宜一并审理的民事争议。 |
| 审理方式 | (1) 在行政诉讼中一并审理相关民事争议的,民事争议应当单独立案,由同一审判组织审理。<br>(2) 审理行政机关对民事争议所作裁决的案件,一并审理民事争议的,不另行立案。 |
| 法律适用 | 人民法院一并审理相关民事争议,适用民事法律规范的相关规定,法律另有规定的除外。 |
| 证据规则 | 当事人在调解中对民事权益的处分,不能作为审查被诉行政行为合法性的根据。 |
| 判决 | 行政争议和民事争议应当分别裁判。 |
| 上诉 | (1) 当事人仅对行政裁判或者民事裁判提出上诉的,未上诉的裁判在上诉期满后即发生法律效力。<br>(2) 第一审人民法院应当将全部案卷一并移送第二审人民法院,由行政审判庭审理。<br>(3) 第二审人民法院发现未上诉的生效裁判确有错误的,应当按照审判监督程序再审。 |

(6) 在行政诉讼中,人民法院认为行政案件的审理需以民事诉讼的裁判为依据的,可以裁定中止行政诉讼,等待民事诉讼的结果出来后,再继续行政诉讼。

## ◆经典真题

(2016-2-85)甲、乙两村因土地使用权发生争议,县政府裁决使用权归甲村。乙村不服向法院起诉撤销县政府的裁决,并请求法院判定使用权归乙村。关于乙村提出的土地使用权归属请求,下列哪些说法是正确的?(AB)

A. 除非有正当理由的,乙村应于第一审开庭审理前提出
B. 法院作出不予准许决定的,乙村可申请复议一次
C. 法院应单独立案
D. 法院应另行组成合议庭审理

## 六、行政诉讼的调解

### ◆重点法条

《行政诉讼法》

**第60条** 人民法院审理行政案件,不适用调解。但是,行政赔偿、补偿以及行政机关行使法律、法规规定的自由裁量权的案件可以调解。

调解应当遵循自愿、合法原则,不得损害国家利益、社会公共利益和他人合法权益。

### ◆知识要点

旧法中规定,"人民法院审理行政案件,不适用调解"。其原因主要有两点:首先,行政诉讼的核心是由人民法院审理行政行为的合法性,而行政行为是否合法并没有调解的余地;其次,调解以双方当事人能够自由处分其权益为前提,而行政机关并不能自由处分自己的职权。但实践却表明,行政诉讼并非没有调解的空间,上述理由不尽有绝对化、片面化和陈旧化的倾向,而且不利于化解相对人和行政机关之间的矛盾。鉴于此,新法在"行政诉讼不适用调解"原则之后又引入了可以调解的例外,并对调解本身进行了法律规范。

1. 调解的适用范围

(1)行政赔偿和行政补偿案件。在赔偿和补偿诉讼中,当事人可对诉讼标的进行自由处分,只要不违反法律、损害他人利益,在此类案件中,原告和被告就赔偿补偿的方式、数额、项目、期限等均可以自由协商,通过互相谅解的方式解决纠纷。

(2)行政机关行使法律、法规规定的自由裁量权的案件。如上文所述,行政机关对于法律所赋予的职权并不拥有完全的处分权,因此,行政机关并非可以对任何行政行为和任何行政事项都享有处分权。当法律、法规赋予行政机关裁量空间和判断余地时,行政机关可对是否采取措施以及采取何种措施拥有裁量权时,也就意味着行政机关拥有了处分空间。此时,原告和被告可以对争诉行为进行调解。

2. 调解适用的原则。

(1)自愿原则。调解是法院提出,因此法院在行政审判中既要适时地提出调解建议,又要尊重当事人的意思自治。任何人不同意调解的,不得强迫其进行。此外,法院也应该监督行政机关不利用自身地位的优越性强迫原告接受和解。

(2)合法原则。合法原则是指行政诉讼调解不能排除或放弃对被诉行政行为合法性的审查,法院对于调解活动及调解内容是否合法也要进行监督。

(3)不得损害国家利益、社会公共利益和他人合法权益。

| 行政诉讼调解 ||
|---|---|
| 适用范围 | （1）行政赔偿和行政补偿案件；<br>（2）行政机关行使法律、法规规定的自由裁量权的案件。 |
| 原则 | 自愿、合法原则；不损害国家利益、社会公共利益和他人合法权益。 |
| 救济方式 | （1）再审：各级人民法院院长发现调解违反自愿原则或调解书内容违法，认为需要再审的，应当提交审判委员会讨论决定。最高人民法院对地方各级人民法院，上级人民法院对下级人民法院的调解违反自愿原则或者调解书内容违法的，有权提审或者指令下级人民法院再审。<br>（2）抗诉和检察意见：最高人民检察院发现地方各级人民法院的调解书损害国家利益、社会公共利益的，应当提出抗诉。地方各级人民检察院认为同级人民法院的调解书损害国家利益、社会公共利益的，可以向同级人民法院提出检察建议，并报上级人民检察院备案；也可以提请上级人民检察院向同级人民法院提出抗诉。 |

## 七、妨害诉讼的强制措施

◆重点法条

《行政诉讼法》

**第59条** 诉讼参与人或者其他人有下列行为之一的，人民法院可以根据情节轻重，予以训诫、责令具结悔过或者处一万元以下的罚款、十五日以下的拘留；构成犯罪的，依法追究刑事责任：

（一）有义务协助调查、执行的人，对人民法院的协助调查决定、协助执行通知书，无故推拖、拒绝或者妨碍调查、执行的；

（二）伪造、隐藏、毁灭证据或者提供虚假证明材料，妨碍人民法院审理案件的；

（三）指使、贿买、胁迫他人作伪证或者威胁、阻止证人作证的；

（四）隐藏、转移、变卖、毁损已被查封、扣押、冻结的财产；

（五）以欺骗、胁迫等非法手段使原告撤诉的；

（六）以暴力、威胁或者其他方法阻碍人民法院工作人员执行职务，或者以哄闹、冲击法庭等方法扰乱人民法院工作秩序的；

（七）对人民法院审判人员或者其他工作人员、诉讼参与人、协助调查和执行的人员恐吓、侮辱、诽谤、诬陷、殴打、围攻或者打击报复的。

人民法院对有前款规定的行为之一的单位，可以对其主要负责人或者直接责任人员依照前款规定予以罚款、拘留；构成犯罪的，依法追究刑事责任。

罚款、拘留须经人民法院院长批准。当事人不服的，可以向上一级人民法院申请复议一次。复议期间不停止执行。

◆知识要点

本条是人民法院对妨害诉讼的行为采取强制措施的规定。

（1）妨害诉讼的行为。妨害诉讼的行为是诉讼参与人或其他人在行政诉讼过程中，故意实施的扰乱诉讼秩序，妨害诉讼正常进行的各类违法行为。新法在旧法的基础上又增加了几类妨害诉讼的行为，具体包括：①伪造、隐藏、毁灭证据或者提供虚假证明材料，妨碍人民法院审理案件的;② 以欺骗、胁迫等非法手段使原告撤诉的;③ 以暴力、威胁或者其他方法阻碍人民法院工作人员执行职务,或者以哄闹、冲击法庭等方法扰乱人民法院工作秩序的。

(2) 妨害诉讼的强制措施包括:训诫、责令具结悔过或处 1 万元以下的罚款、15 日以下的拘留。除可对诉讼参与人采取妨害诉讼的强制措施外,对有妨害行政诉讼行为的单位,人民法院可对其主要负责人或直接责任人员予以罚款、拘留。罚款、拘留需经人民法院院长批准。当事人不服的,可以向上一级法院申请复议一次,但复议期间不停止执行。

(3) 除上述强制措施外,本条还规定,构成犯罪的,依法追究刑事责任。

## 第八节 行政诉讼的一审判决

行政诉讼的一审判决是行政诉讼制度构成中非常重要的部分,也是司法考试的重点。而新法在一审判决的类型、适用理由以及注意事项上都进行了重大调整,考生在复习此部分时应特别注意。

### 一、行政诉讼的一审判决类型

◆知识要点

行政诉讼的一审判决共有 6 种,包括:驳回原告诉讼请求判决、撤销判决、变更判决、履行判决、给付判决、确认(违法或无效)判决。法院在作出撤销判决、变更判决、履行判决和确认违法或无效判决时,可同时判决被告承担赔偿责任,但赔偿判决并非独立的判决种类,不能单独适用。这六种判决种类的适用理由可归纳为下表:

| 行政诉讼的一审判决 | | |
| --- | --- | --- |
| 判决种类 | 适用理由 | 适用问题 |
| 驳回原告诉讼请求 | (1) 行政行为证据确凿,适用法律、法规正确,符合法定程序的;<br>(2) 原告申请被告履行法定职责或者给付义务理由不成立的。 | |
| 撤销 | (1) 主要证据不足;<br>(2) 适法错误;<br>(3) 违法法定程序;<br>(4) 超越职权;<br>(5) 滥用职权;<br>(6) **明显不当的**。 | 人民法院判决撤销或者部分撤销,并可以判决被告重新作出行政行为,人民法院判决被告重新作出行政行为的,被告不得以同一的事实和理由作出与原行政行为基本相同的行政行为。 |
| 变更 | (1) **行政处罚明显不当**;<br>(2) **其他行政行为涉及对款额的确定、认定确有错误的**。 | 人民法院判决变更,不得加重原告的义务或者减损原告的权益;但利害关系人同为原告,且诉讼请求相反的除外。 |
| 履行 | (1) 被告不履行法定职责的;<br>(2) 被告不依法履行、未按照约定履行行政协议或违法变更、解除行政协议的。 | 尚需被告调查或者裁量的,应当判决被告针对原告的请求重新作出处理。 |

(续表)

| 行政诉讼的一审判决 | | |
|---|---|---|
| 判决种类 | 适用理由 | 适用问题 |
| 给付 | 被告依法负有给付义务的。 | 原告申请被告依法履行支付抚恤金、最低生活保障待遇或者社会保险待遇等给付义务的理由成立,被告依法负有给付义务而拒绝或者拖延履行义务且无正当理由的,人民法院可以判决被告在一定期限内履行相应的给付义务。 |
| 确认违法 | 确认违法但不撤销行政行为：(1) 行政行为依法应当撤销,但撤销会给国家利益、社会公共利益造成重大损害的；(2) 行政行为程序轻微违法,但对原告权利不产生实际影响的。 | 人民法院判决确认违法或者无效的,可以同时判决责令被告采取补救措施；给原告造成损失的,依法判决被告承担赔偿责任。 |
| | 不需撤销或判决履行的确认违法：(3) 行政行为违法,但不具有可撤销内容的；(4) 被告改变原违法行政行为,原告仍要求确认原行政行为违法的；(5) 被告不履行或者拖延履行法定职责,判决履行没有意义的。 | |
| 确认无效 | 行政行为有实施主体不具有行政主体资格或者没有依据等**重大且明显违法情形**。 | |

## 二、驳回原告诉讼请求判决

◆**重点法条**

《行政诉讼法》

**第69条** 行政行为证据确凿,适用法律、法规正确,符合法定程序的,或者原告申请被告履行法定职责或者给付义务理由不成立的,人民法院判决驳回原告的诉讼请求。

◆**知识要点**

驳回原告诉讼请求判决是新法新增的一类判决,也是对之前的维持判决的彻底替代。维持判决是极具有中国特色的一类行政诉讼判决,但在司法实践中却暴露出诸多弊端,例如它无法涵盖原告的所有诉讼请求,与"监督行政机关依法行政"的功能不服,此外,这一判决也不利于建立相对人对行政诉讼制度的信赖。鉴于此,新法用"驳回原告诉讼请求判决"彻底替代了"维持判决"。"驳回原告诉讼请求判决"能够更好地回应原告的诉讼请求,同样也有利于行政审判的"诉判合一"。

驳回原告诉讼请求判决的适用理由包括：

(1) 被诉行政行为合法:行政行为证据确凿,适用法律、法规正确,符合法定程序的;

(2) 原告起诉被告不作为理由不成立:原告申请被告履行法定职责或者给付义务理由不成立的。

◆**考点归纳**

驳回原告诉讼请求判决是法院经过实体审理后,认为原告的诉讼请求不成立所作的判决,这一判决应与"驳回原告起诉"相区别。后者是原告不符合起诉条件。

◆**经典真题**

(2014-2-82)在行政诉讼中,针对下列哪些情形,法院应当判决驳回原告的诉讼请求?(AC)

A. 起诉被告不作为理由不能成立的

B. 受理案件后发现起诉不符合起诉条件的

C. 被诉具体行政行为合法,但因法律变化需要变更或者废止的

D. 被告在一审期间改变被诉具体行政行为,原告不撤诉的

## 三、撤销判决

◆**重点法条**

**《行政诉讼法》**

**第70条** 行政行为有下列情形之一的,人民法院判决撤销或者部分撤销,并可以判决被告重新作出行政行为:

(一) 主要证据不足的;

(二) 适用法律、法规错误的;

(三) 违反法定程序的;

(四) 超越职权的;

(五) 滥用职权的;

(六) 明显不当的。

**第71条** 人民法院判决被告重新作出行政行为的,被告不得以同一的事实和理由作出与原行政行为基本相同的行政行为。

**《行诉法解释(1999)》**

**第54条** 人民法院判决被告重新作出具体行政行为,被告重新作出的具体行政行为与原具体行政行为的结果相同,但主要事实或者主要理由有改变的,不属于行政诉讼法第五十五条规定的情形。

人民法院以违反法定程序为由,判决撤销被诉具体行政行为的,行政机关重新作出具体行政行为不受行政诉讼法第五十五条规定的限制。

行政机关以同一事实和理由重新作出与原具体行政行为基本相同的具体行政行为,人民法院应当根据行政诉讼法第五十四条第(二)项、第五十五条的规定判决撤销或者部分撤销,并根据行政诉讼法第六十五条第三款的规定处理。

**第58条** 被诉具体行政行为违法,但撤销该具体行政行为将会给国家利益或者公共利益造成重大损失的,人民法院应当作出确认被诉具体行政行为违法的判决,并责令被诉行政机关采取相应的补救措施;造成损害的,依法判决承担赔偿责任。

**第59条** 根据行政诉讼法第五十四条第（二）项规定判决撤销违法的被诉具体行政行为，将会给国家利益、公共利益或者他人合法权益造成损失的，人民法院在判决撤销的同时，可以分别采取以下方式处理：

（一）判决被告重新作出具体行政行为；

（二）责令被诉行政机关采取相应的补救措施；

（三）向被告和有关机关提出司法建议；

（四）发现违法犯罪行为的，建议有权机关依法处理。

**第60条第1款** 人民法院判决被告重新作出具体行政行为，如不及时重新作出具体行政行为，将会给国家利益、公共利益或者当事人利益造成损失的，可以限定重新作出具体行政行为的期限。

◆知识要点

撤销判决是对具体行政行为违法的确认，法院通过撤销使具体行政行为溯及既往地失去效力。

1. 适用理由

行政行为只要具备下列情形之一，法院即可判决撤销该行为：证据不足；适法错误；违法法定程序；超越职权；滥用职权。新法在这五项适用理由基础上又增加了一项：行政行为明显不当的。明显不当是指行政行为虽然形式上符合法律规定，但明显地不合理，不符合行政法的基本原则。"明显不当"作为撤销判决适用理由的引入，从根本上确认了法院可对行政机关行使自由裁量权进行审查。行政机关在被赋予裁量权时，虽然享有一定的活动空间和判断余地，但必须遵守裁量权的界限和法律授权的目的，必须符合比例原则、平等原则，不能考虑法律授权以外的以他因素。如果行政机关逾越了上述裁量界限，且明显不符合合理行政原则，法院同样可以判决撤销。

2. 全部撤销与部分撤销

根据撤销判决是否针对具体行政行为的全部，可以将撤销判决区分为全部撤销与部分撤销。部分撤销适用于具体行政行为可分的情形。

3. 撤销并责令重新作出判决

法院在作出撤销判决时可同时责令被告重新作出新的具体行政行为，这就是所谓的"撤销并责令重新作出判决"，对于重新作出判决，需要注意的是：

（1）人民法院判决被告重新作出具体行政行为的，被告不得以同一的事实和理由作出与原具体行政行为基本相同的具体行政行为。被告重新作出的具体行政行为与原具体行政行为的结果相同，但主要事实或者主要理由有改变的，不属于这种情形。另外，人民法院以违反法定程序为由，判决撤销被诉具体行政行为的，行政机关重新作出具体行政行为不受这一限制。

（2）如果行政机关以同一事实和理由重新作出与原具体行政行为基本相同的具体行政行为，人民法院应当判决撤销或者部分撤销，并向该行政机关的上一级行政机关或者监察、人事机关提出司法建议。

（3）责令重新作出行政行为的期限。人民法院判决被告重新作出具体行政行为，原则上并不指定被告的履行期限，只有不及时重新作出具体行政行为，将会给国家利益、公共利益或者当事人利益造成损失的，可以限定重新作出具体行政行为的期限，也就是说，责令重新作出判决是以"不指定期限为原则，指定期限为例外"。

#### 4. 撤销判决中的附带措施

根据《行诉法解释(1999)》的规定,法院在撤销被诉具体行政行为,将会给国家利益、公共利益或者他人合法权益造成损失的,人民法院在判决撤销的同时,可以分别采取以下方式处理:判决被告重新作出具体行政行为;责令被诉行政机关采取相应的补救措施;向被告和有关机关提出司法建议;发现违法犯罪行为的,建议有权机关依法处理。

◆**考点归纳**

撤销判决中的重要考点包括:

(1)被诉行为违法,但撤销会给公共利益造成重大损失的,不予撤销,作出确认违法判决,并责令行政机关承担赔偿责任。

(2)撤销并责令被告重新作出具体行政行为应注意以下问题:① 责令重作一般不指定期限,但不及时作出会给国家利益、公共利益或当事人利益造成损害的,可以指定期限。② 责令重作,被告不能以同一事实和理由重新作出与原行为相同的行为,除非有如下例外:第一,被告重作时,结果相同,但事实和理由不同;第二,原行为因违反法定程序而被撤销。

(3)如果被告根据同一事实和理由作出与原行为相同的行为,法院的处理方法是继续作出撤销判决并提出司法建议。

◆**经典真题**

(2006-2-46)法院因主要证据不足判决撤销被诉具体行政行为并判令被告重新作出具体行政行为后,被告以同一事实与理由作出与原具体行政行为基本相同的具体行政行为,原告向法院提起诉讼的,法院下列哪种做法是正确的?(D)

A. 确认被告重新作出的具体行政行为违法
B. 确认被告重新作出的具体行政行为无效
C. 判决撤销该具体行政行为,并判令被告重新作出具体行政行为
D. 判决撤销该具体行政行为,并向该行政机关的上一级行政机关或者监察、人事机关提出司法建议

### 四、履行判决

◆**重点法条**

《行政诉讼法》

**第72条** 人民法院经过审理,查明被告不履行法定职责的,判决被告在一定期限内履行。

《行诉法解释(2015)》

**第22条** 原告请求被告履行法定职责的理由成立,被告违法拒绝履行或者无正当理由逾期不予答复的,人民法院可以根据行政诉讼法第七十二条的规定,判决被告在一定期限内依法履行原告请求的法定职责;尚需被告调查或者裁量的,应当判决被告针对原告的请求重新作出处理。

《行诉法解释(1999)》

**第60条第2款** 人民法院判决被告履行法定职责,应当指定履行的期限,因情况特殊难于确定期限的除外。

◆**知识要点**

(1)履行判决适用于原告起诉被告不履行法定职责(金钱给付义务除外),法院确认被告

不履行或拖延履行法定职责违法,并责令其在一定期限内履行的判决。履行判决也是一种原告胜诉的判决类型。

(2) 与责令重新作出判决不同,法院在判决被告履行法定职责是原则上应指定履行的期限,但因情况特殊难以确定期限的除外,也就是说,履行判决以指定履行期限为原则,以不指定履行期限为例外。

(3) 如果法院经审理认为被告未履行法定职责违法,但如何履行尚需被告调查或者裁量的,应当判决被告针对原告的请求重新作出处理。

◆考点归纳

此处需要注意的是,新法将给付判决从履行判决中分离了出来,如果被告应履行金钱给付义务而未履行的,法院应作出给付判决,而非履行判决。

### 五、给付判决

◆重点法条

《行政诉讼法》

第73条 人民法院经过审理,查明被告依法负有给付义务的,判决被告履行给付义务。

《行诉法解释(2015)》

第23条 原告申请被告依法履行支付抚恤金、最低生活保障待遇或者社会保险待遇等给付义务的理由成立,被告依法负有给付义务而拒绝或者拖延履行义务且无正当理由的,人民法院可以根据行政诉讼法第七十三条的规定,判决被告在一定期限内履行相应的给付义务。

◆知识要点

给付判决是新法新增的一类判决。它是从原来的履行判决中分离出的一种判决类型。如果原告申请被告履行支付抚恤金、最低生活保障待遇或者社会保险待遇等金钱给付义务,但被告拒绝或拖延履行且无正当理由的,法院应判决被告在一定期限内履行相应的给付义务。

◆考点归纳

给付判决适用于原告申请被告依法履行支付抚恤金、最低生活保障待遇或者社会保险待遇等金钱给付义务,被告依法负有给付义务而拒绝或者拖延履行义务且无正当理由的,法院应判决被告履行金钱给付义务。

### 六、变更判决

◆重点法条

《行政诉讼法》

第77条 行政处罚明显不当,或者其他行政行为涉及对款额的确定、认定确有错误的,人民法院可以判决变更。

人民法院判决变更,不得加重原告的义务或者减损原告的权益。但利害关系人同为原告,且诉讼请求相反的除外。

◆知识要点

变更判决是法院直接对被告的具体行政行为进行变更的判决。变更判决中应注意的事项如下:

1. 适用范围有限

变更判决是法院直接对被诉具体行政行为进行变更,事实上就是法院用新的处理决定取代被告原来的决定。鉴于司法权和行政权的关系问题,旧法将变更判决在行政诉讼中的适用范围仅限于"行政处罚显失公正的案件"。新法增加了变更判决的适用情形,根据新法,变更判决主要适用于以下两种情形:

(1)行政处罚明显不当。所谓"明显不当"和旧法中的"显失公正"在本质上没有差别,主要是为了与撤销判决中"行政行为明显不当,法院可判决撤销"保持一致,是指行政处罚虽然不违法,但明显的不公正、不合理。

(2)其他行政行为涉及对款额的确定、认定确有错误的。如果行政行为涉及对款额的确定和认定存在错误,此时涉及的并非行政行为的合法性问题,而是相关的技术问题,如法院再要求行政机关根据法院认定的款额重新作出行政行为,将不利于行政经济和效率,此时法院可直接判决变更对款额的确认和认定。

2. 禁止不利变更原则

新法对变更原则的规定不仅在于增加了变更判决的适用理由,还在于引入了"禁止不利变更原则"。"禁止不利变更原则"源于刑法中的"上诉不加刑"原则,其宗旨是为了保护当事人对诉讼制度的信赖,免去当事人诉诸司法救济的后顾之忧。根据这一原则,人民法院判决变更,不得加重原告的义务或者减损原告的权益。但这一原则也有例外,如果利害关系人同为原告,且诉讼请求与原告相反,则法院也并非一律不得加重处罚。例如,在治安类案件中,加害人与受害人对于治安管理处罚均不符,加害人认为处罚过重,受害人认为处罚过轻,此时法院应全面审查行政行为的适用,不再受"禁止不利变更原则"的拘束。此外,根据《行诉法解释(1999)》的规定,审理行政案件不得对行政机关未予处罚的人直接给予行政处罚。

◆考点归纳

变更判决在行政诉讼中的适用范围相当有限,仅限于"行政处罚显示公正的案件",其他案件法院均不能直接变更。这一点与行政复议的变更决定有显著差异。

### 七、确认判决

确认判决是新法新增的判决类型,可区分为确认违法与确认无效判决。

(一)确认违法判决

◆重点法条

**《行政诉讼法》**

第74条 行政行为有下列情形之一的,人民法院判决确认违法,但不撤销行政行为:

(一)行政行为依法应当撤销,但撤销会给国家利益、社会公共利益造成重大损害的;

(二)行政行为程序轻微违法,但对原告权利不产生实际影响的。

行政行为有下列情形之一,不需要撤销或者判决履行的,人民法院判决确认违法:

(一)行政行为违法,但不具有可撤销内容的;

(二)被告改变原违法行政行为,原告仍要求确认原行政行为违法的;

(三)被告不履行或者拖延履行法定职责,判决履行没有意义的。

◆知识要点

确认违法判决是法院经审理后认为被诉行政行为(包括行政不作为违法),但并不适合作出撤销判决或是履行判决,转而确认被诉行政行为违法的判决。从属性上来说,确认违法判决是对被诉行政行为的一种否定性评价,但其在行政诉讼中的地位则属于撤销判决的补充。新法又将确认违法根据其法律效果分为两类:一是确认违法,但不撤销行政行为;二是不需要撤销或判决履行的。

1. 确认违法但不撤销行政行为

所谓确认违法但不撤销行政行为是指,法院虽对被诉行政行为的合法性进行了否定性评价,但并不将其予以撤销,使其溯及既往地失去效力,而是让其在法律上依旧存在,依旧有效。其适用情形包括:

(1) **行政行为依法应当撤销,但撤销会给国家利益、社会公共利益造成重大损害的**。其含义是指被诉行政行为本来符合撤销的适用理由,例如主要证据不足、适用法律法规错误、违法法定程序、超越职权、滥用职权、明显不当等,但此时如果撤销该行为,使其溯及既往地失去效力,会对国家利益、社会公共利益造成重大损失,此时法院虽判决宣告确认该行为违法,但并不撤销该行为,依旧使其在法律上存在并发挥效力。

(2) **行政行为程序轻微违法,但对原告权利不产生实际影响的**。根据《行政诉讼法》第70条的规定,如果行政行为违反法定程序的,法院应判决撤销。但实践中,有些行政机关只是轻微的程序违法,违法瑕疵对原告的权利并未产生实际影响,此时如果撤销,被告行政机关又会作出与之前相同的行为,因此不符合程序经济原则。所以如果行政行为只是程序轻微违法,但对原告权利不产生实际影响的,法院虽判决宣告其违法,但并不撤销该行为,,依旧使其在法律上存在并发挥效力。

2. 不需要撤销或判决履行的。即被诉行政行为(或是不作为)虽然违法,但法院此时已经无法判决撤销或是判决其履行也没有任何意义的。其适用情形包括:

(1) **被诉行为违法,但不具有可撤销内容**。这种情形主要指被诉具体行政行为已经执行完毕且无法恢复原状。

(2) **被告不履行法定职责,但判决其履行已无意义**。这种情形是指被告不履行法定职责已经给原告造成了损失,即使被告再履行法定职责,也难以挽回损失。

(3) **被告在诉讼中改变具体行政行为,原告不撤诉且原行为违法**。如果被告在诉讼期间已经改变了具体行政行为,原告不撤诉要求继续审理原行为的,根据前文所述,法院应继续审理原行为,如审查后认为原行为违法的,因原行为已经被被告撤销,在法律上已经不存在,所以法院应作出确认原行为违法的判决。

(二) 确认无效判决

◆ **重点法条**

《行政诉讼法》

**第75条** 行政行为有实施主体不具有行政主体资格或者没有依据等重大且明显违法情形,原告申请确认行政行为无效的,人民法院判决确认无效。

根据之前的行政行为效力理论:一般的违法瑕疵并不会导致行政行为自始无效,只是使该行为构成违法的可撤销行为,但在当事人在诉请有权机关将该行为撤销前,当事人仍旧受该行为约束。但如果行政行为存在重大且明显的违法瑕疵,此时该行为自始无效。因为如果法院经审查认为,被诉行政行为已经不再是一般性的违法,而是罹患重大且明显的违法瑕疵,就不能再作出撤销判决,而应该判决确认无效。以上学理认知被新法所吸纳,新法增加的确认无效判决主要适用于无效行政行为。对于"无效行政行为"的判断,《行政诉讼法》援用了"重大且明显违法"的标准,即行政行为的违法情形已经重大且明显到任何有理智的人均能判断的程度。为给司法实践给予明确示范,《行政诉讼法》还列举了导致无效的两种典型情形:① 实施主体没有主体资格;② 行政行为没有依据。

(三) 确认违法和确认无效的补充规定

◆重点法条

《行政诉讼法》

**第76条** 人民法院判决确认违法或者无效的,可以同时判决责令被告采取补救措施;给原告造成损失的,依法判决被告承担赔偿责任。

◆知识要点

确认违法和确认无效判决原则上只是对被诉行政行为进行具有法律效力的确认和宣告,其内容并不包含实质的给付,也不会使法律关系发生变动,因此在某些情形下,并不能充分满足原告的诉讼请求。此时法院可同时作出以下辅助性判决:

(1) 责令被告采取补救措施;

(2) 给原告造成损失的,依法判决被告承担赔偿责任。

◆考点归纳

(1) 确认违法判决只是撤销判决的补充判决,对于违法的行政行为,法院原则上就是撤销,只有不适宜撤销时,才会作出确认违法判决。考生不能将撤销判决与确认违法判决并置,认为被诉行政行为违法时,法院可自由选择作出撤销或确认违法判决。

(2) 新法将确认违法判决的法律效果进行了细分,对于确认违法判决适用的五种情形,都在司法考试中经常出现。

(3) 确认无效判决是新法对行政行为效力理论的吸纳。如果被诉行政行为属于"重大且明显违法",法院就不应再作出撤销判决,而应作出确认无效判决。

◆经典真题

1. (2006-2-45) 法院在审理某药品行政处罚案时查明,药品监督管理局在作出处罚决定前拒绝听取被处罚人甲的陈述申辩。下列关于法院判决的哪种说法是正确的?(C)

A. 拒绝听取陈述申辩属于违反法定程序,应判决撤销行政处罚决定,并判令被告重新作出具体行政行为

B. 拒绝听取陈述申辩属于程序瑕疵,应判决驳回原告的诉讼请求

C. 拒绝听取陈述申辩属于违反法定程序,应判决确认行政处罚决定无效

D. 拒绝听取陈述申辩属于违反法定程序,应判决确认行政处罚决定不能成立

2. (2007-2-83) 罗某受到朱某的人身威胁,向公安机关报案,公安机关未采取任何措施。三天后,罗某了解到朱某因涉嫌抢劫被刑事拘留。罗某以公安机关不履行法定职责为由向法院提起行政诉讼,同时提出行政赔偿请求,要求赔偿精神损失。法院经审理认为,公安机关确未履行法定职责。下列哪些选项是正确的?(BD)

A. 因朱某已被刑事拘留,法院应当判决驳回罗某起诉

B. 法院应当判决确认公安机关不履行职责行为违法

C. 法院应当判决公安机关赔偿罗某的精神损失

D. 法院应当判决驳回罗某的行政赔偿请求

3.（2015-2-99）某镇政府以一公司所建钢架大棚未取得乡村建设规划许可证为由责令限期拆除。该公司逾期不拆除,镇政府现场向其送达强拆通知书,组织人员拆除了大棚。该公司向法院起诉要求撤销强拆行为。如一审法院审理认为强拆行为违反法定程序,可作出的判决有:(B)

  A. 撤销判决    B. 确认违法判决   C. 履行判决    D. 变更判决

## 八、法院对复议决定和原行为的一并裁判

◆**重点法条**

《行政诉讼法》

**第79条** 复议机关与作出原行政行为的行政机关为共同被告的案件,人民法院应当对复议决定和原行政行为一并作出裁判。

《行诉法解释(2015)》

**第10条** 人民法院对原行政行为作出判决的同时,应当对复议决定一并作出相应判决。

人民法院判决撤销原行政行为和复议决定的,可以判决作出原行政行为的行政机关重新作出行政行为。

人民法院判决作出原行政行为的行政机关履行法定职责或者给付义务的,应当同时判决撤销复议决定。

原行政行为合法、复议决定违反法定程序的,应当判决确认复议决定违法,同时判决驳回原告针对原行政行为的诉讼请求。

原行政行为被撤销、确认违法或者无效,给原告造成损失的,应当由作出原行政行为的行政机关承担赔偿责任;因复议程序违法给原告造成损失的,由复议机关承担赔偿责任。

◆**知识要点**

《行政诉讼法》修改后,复议机关维持原行为的,原机关和复议机关为共同被告,此时法院在审查中就应对复议决定和原行为一并进行裁判,即法院在诉讼中要分别审查原行为和复议决定的合法性,并在一个判决中对原行政行为和复议决定的合法性同时作出裁判。具体裁判方式如下:

（1）如果原行政决定违法,复议决定又维持了原行政决定,此时法院应同时撤销原行为和复议决定,并可以判决作出原行政行为的行政机关重新作出行政行为。

（2）如果法院经审理认为原机关未依法履行法定职责或给付义务,而复议机关又驳回了当事人要求原机关履行义务的复议申请(驳回复议申请同样属于维持原行为),此时法院会判决作出原行政行为的行政机关履行法定职责或给付义务,相应的,也应同时判决撤销复议机关驳回复议申请的决定。

（3）如果法院经审理认为原行政行为合法,但复议机关虽维持了原行为,但在复议程序中存在程序瑕疵,此时法院应判决驳回原告针对原行政行为的诉讼请求,并判决确认有程序瑕疵的复议决定违法。

（4）原行政行为被撤销、确认违法或者无效,给原告造成损失的,应当由作出原行政行为的行政机关承担赔偿责任;因复议程序违法给原告造成损失的,由复议机关承担赔偿责任。

| 复议机关维持原行为,法院对原行为和复议决定的一并裁判 | | | |
|---|---|---|---|
| 情形 | 原行为 | 复议决定 | 赔偿责任 |
| 原行为违法,复议决定维持原行为 | 人民法院判决撤销原行政行为,可以判决作出原行政行为的行政机关重新作出行政行为 | 同时撤销复议决定 | 原行政行为被撤销、确认违法或者无效,给原告造成损失的,应当由作出原行政行为的行政机关承担赔偿责任,因复议程序违法给原告造成损失的,由复议机关承担赔偿责任 |
| 原机关未履行法定职责或给付义务,复议决定维持原行为 | 人民法院判决作出原行政行为的行政机关履行法定职责或者给付义务的 | 判决撤销复议决定 | |
| 原行政行为合法、复议决定违反法定程序的 | 驳回原告针对原行为的诉讼请求 | 判决确认复议决定违法 | |

## 第九节 行政诉讼的一审程序

本节主要涉及一审中的公开宣判、审理期限以及简易程序。其中简易程序是新法新增的重要内容,考生复习时请特别注意。

### 一、公开宣判

◆**重点法条**

《行政诉讼法》

**第80条** 人民法院对公开审理和不公开审理的案件,一律公开宣告判决。

当庭宣判的,应当在十日内发送判决书;定期宣判的,宣判后立即发给判决书。

宣告判决时,必须告知当事人上诉权利、上诉期限和上诉的人民法院。

◆**知识要点**

判决要公开宣告,是诉讼法中的重要规则。无论是公开审理或是不公开审理的案件,都应该公开宣判。对于不公开审理的案件,宣判时只是宣读判决的主文,对涉及国家秘密、商业秘密和个人隐私的部分,已经作了相应技术处理,因此并不会造成秘密泄露。宣告判决时,为保障当事人的上诉权,必须告知当事人上诉权利、上诉期限和上诉的人民法院。

判决应以书面方式作出。当庭宣判的,应当在10日内发送判决书;定期宣判的,宣判后立即发给判决书。

### 二、第一审审理期限

◆**重点法条**

《行政诉讼法》

**第81条** 人民法院应当在立案之日起六个月内作出第一审判决。有特殊情况需要延长的,由高级人民法院批准。高级人民法院审理第一审案件需要延长的,由最高人民法院批准。

◆**知识要点**

旧法规定行政案件一审的期限为3个月,但实践证明,3个月时间对审结一些复杂的行政案件,期限太短;新法因此将一审期限延长至6个月。

人民法院遇到特殊情况不能如期审结案件的,还可以延长审理期限。这些特殊情形包括:

(1) 行政行为依据的证据需要重新鉴定、勘验或需要补充其他证据;

(2) 行政行为认定的事实需要进一步调查、核实的;

(3) 案件复杂,涉及较多的人员和地区,致使案件不能如期审结的。基层和中级人民法院有特殊情况需要延长的,由高级人民法院批准。高级人民法院审理第一审案件需要延长的,由最高人民法院批准。

### 三、简易程序

◆**重点法条**

《行政诉讼法》

**第82条** 人民法院审理下列第一审行政案件,认为事实清楚、权利义务关系明确、争议不大的,可以适用简易程序:

(一) 被诉行政行为是依法当场作出的;

(二) 案件涉及款额二千元以下的;

(三) 属于政府信息公开案件的。

除前款规定以外的第一审行政案件,当事人各方同意适用简易程序的,可以适用简易程序。

发回重审、按照审判监督程序再审的案件不适用简易程序。

**第83条** 适用简易程序审理的行政案件,由审判员一人独任审理,并应当在立案之日起四十五日内审结。

**第84条** 人民法院在审理过程中,发现案件不宜适用简易程序的,裁定转为普通程序。

◆**知识要点**

简易程序相对于普通程序,是以"相对快速、简单的方式解决争议或处理案件的程序"。旧法并没有简易程序的规定,所有的行政案件,无论繁简,均按同一程序进行;而新法则引入了简易程序,使行政案件的审理做到了"繁简分流"。

1. 适用范围

简易程序只适用于一审行政案件,二审和再审的行政案件均不能适用简易程序。在一审案件中,也并非所有的案件均能适用简易程序,可以适用简易程序审理的案件首先应具备"事实清楚、权利义务关系明确、争议不大"的前提,在形式标准方面,新法列举了以下三种可适用简易程序的情形:

(1) 案件涉及款额在2 000元以下的。

(2) 被诉行政行为是依法当场作出的,即被诉行政行为是行政机关在执法现场适用简易程序直接作出行政行为的情形。例如在《行政处罚法》中,对于"违法事实确凿并有法定依据,对公民处以50元以下,对法人或其他组织处以1 000元以下罚款或警告的处罚,可以当场作出行政处罚决定"。对此类决定,当事人不服提起诉讼,法院可适用简易程序审理案件。

(3) 属于政府信息公开案件的。政府信息公开案件虽然数量众多,但案情相对简单,并不存在太多争议,因此可适用简易程序审理。这类案件包括:向行政机关申请获取政府信息,行政机关拒绝提供或者逾期不予答复的;认为行政机关提供的政府信息不符合其在申请中要求的内容或者法律、法规规定的适当形式的;认为行政机关主动公开或者依他人申请公开政府信息侵犯其商业秘密、个人隐私的;认为行政机关提供的与其自身相关的政府信息记录不准确,要求该行政机关予以更正,该行政机关拒绝更正、逾期不予答复或者不予转送有权机关处理的;认为行政机关在政府信息公开工作中的其他具体行政行为侵犯其合法权益的。

(4)除上述情形外,当事人各方都同意适用简易程序审理的一审案件,可以适用简易程序。但发回重审、按照审判监督程序再审的案件,不能适用简易程序。此类案件一般都存在事实不清或法律争议较大的问题,因此不能适用简易程序。

2. 简易程序的特点

简易程序和一般程序相比有以下特点:

(1)独任审理:即适用简易程序一般都采用独任制的组织形式,由审判员一人独任审理;

(2)审理期限:适用简易程序审理的案件,应当在立案之日起45日内审结。

3. 简易程序转为普通程序

人民法院在审理过程中,如发现案件不宜适用简易程序的,可裁定转为普通程序,转为普通程序后,应当组成合议庭对案件进行审理,并及时通知双方当事人。

| 简易程序 | |
|---|---|
| 适用范围 | (1)被诉行政行为是依法当场作出的一审案件;<br>(2)案件涉及款额2 000元以下的一审案件;<br>(3)属于政府信息公开案件的一审案件;<br>(4)除上述情形外,当事人各方都同意适用简易程序审理的一审案件。 |
| 适用禁止 | 发回重审、按照审判监督程序再审的案件,不能适用简易程序。 |
| 特点 | (1)由审判员一人独任审理;<br>(2)在立案之日起45日内审结。 |
| 转换程序 | 人民法院在审理过程中,发现案件不宜适用简易程序的,裁定转为普通程序。 |

◆经典真题

(2016-2-84)交警大队以方某闯红灯为由当场处以50元罚款,方某不服起诉。法院适用简易程序审理。关于简易程序,下列哪些说法是正确的?(AC)

A. 由审判员一人独任审理

B. 法院应在立案之日起30日内审结,有特殊情况需延长的经批准可延长

C. 法院在审理过程中发现不宜适用简易程序的,裁定转为普通程序

D. 对适用简易程序作出的判决,当事人不得提出上诉

## 第十节 行政诉讼的二审与再审程序

二审和再审程序并非行政诉讼的重点,但考生仍需注意新法对于二审和再审程序作出修改的地方。

## 一、二审程序

◆**重点法条**

**《行政诉讼法》**

**第85条** 当事人不服人民法院第一审判决的,有权在判决书送达之日起十五日内向上一级人民法院提起上诉。当事人不服人民法院第一审裁定的,有权在裁定书送达之日起十日内向上一级人民法院提起上诉。逾期不提起上诉的,人民法院的第一审判决或者裁定发生法律效力。

**第86条** 人民法院对上诉案件,应当组成合议庭,开庭审理。经过阅卷、调查和询问当事人,对没有提出新的事实、证据或者理由,合议庭认为不需要开庭审理的,也可以不开庭审理。

**第87条** 人民法院审理上诉案件,应当对原审人民法院的判决、裁定和被诉行政行为进行全面审查。

**第88条** 人民法院审理上诉案件,应当在收到上诉状之日起三个月内作出终审判决。有特殊情况需要延长的,由高级人民法院批准,高级人民法院审理上诉案件需要延长的,由最高人民法院批准。

**第89条** 人民法院审上诉案件,按照下列情形,分别处理:

(一)原判决、裁定认定事实清楚,适用法律、法规正确的,判决或者裁定驳回上诉,维持原判决、裁定;

(二)原判决、裁定认定事实错误或者适用法律、法规错误的,依法改判、撤销或者变更;

(三)原判决认定基本事实不清、证据不足的,发回原审人民法院重审,或者查清事实后改判;

(四)原判决遗漏当事人或者违法缺席判决等严重违反法定程序的,裁定撤销原判决,发回原审人民法院重审。

原审人民法院对发回重审的案件作出判决后,当事人提起上诉的,第二审人民法院不得再次发回重审。

人民法院审理上诉案件,需要改变原审判决的,应当同时对被诉行政行为作出判决。

**《行诉法解释(1999)》**

**第71条** 原审判决遗漏了必须参加诉讼的当事人或者诉讼请求的,第二审人民法院应当裁定撤销原审判决,发回重审。

原审判决遗漏行政赔偿请求,第二审人民法院经审查认为依法不应当予以赔偿的,应当判决驳回行政赔偿请求。

原审判决遗漏行政赔偿请求,第二审人民法院经审理认为依法应当予以赔偿的,在确认被诉具体行政行为违法的同时,可以就行政赔偿问题进行调解;调解不成的,应当就行政赔偿部分发回重审。

当事人在第二审期间提出行政赔偿请求的,第二审人民法院可以进行调解;调解不成的,应当告知当事人另行起诉。

◆**知识要点**

行政诉讼的二审程序需要特别注意的是:

1. 审理方式

旧法规定,"人民法院对上诉案件,认为事实清楚的,可以实行书面审理"。但新法为更好地保障当事人的上诉权而规定,二审案件以"开庭审理为原则,以书面审查为例外"。人民法院对上诉案件,应当组成合议庭,开庭审理。经过阅卷、调查和询问当事人,对没有提出新的事实、证据或者理由,合议庭认为不需要开庭审理的,也可以不开庭审理。

2. 审理范围

二审法院对于行政诉讼的上诉案件,实行全面审查的原则。所谓"全面审查"指法院审理二审行政案件时,既要审查一审判决,也审查被诉具体行政行为;既要审查法律问题,也要审查事实问题;二审法院的审查也不受当事人上诉理由的限制。

3. 二审裁判

行政案件的二审裁判原则上和民诉相同,需要注意的有两点:

(1) 法院审理上诉案件,需要改变原审判决的,应当同时对被诉行政行为作出判决;

(2) 再次发回重审的禁止。新法特别规定,原审人民法院对发回重审的案件作出判决后,当事人提起上诉的,第二审人民法院不得再次发回重审。

4. 二审遗漏诉讼请求的处理

(1) 原审判决遗漏当事人或诉讼请求,撤销原判,发回重审。

(2) 原审判决遗漏行政赔偿请求的二审法院应对是否赔偿作出处理,二审法院认为依法不应当予以赔偿的,应当判决驳回行政赔偿请求;第二审人民法院经审理认为依法应当予以赔偿的,在确认被诉具体行政行为违法的同时,可以就行政赔偿问题进行调解;调解不成的,应当就行政赔偿部分发回重审。

(3) 当事人在二审提出赔偿请求,二审法院可以调解,调解不成,当事人另行起诉。

5. 二审期限

人民法院审理上诉案件,应当在收到上诉状之日起3个月内作出终审判决。有特殊情况需要延长的,由高级人民法院批准,高级人民法院审理上诉案件需要延长的,由最高人民法院批准。

| 行政诉讼的二审程序 | |
| --- | --- |
| 审理方式 | 以开庭审理为原则,以书面审查为例外。 |
| 审理范围 | 实行全面审查原则,既要审查一审判决,也审查被诉具体行政行为。 |
| 二审裁判 | (1) 原判事实清楚、适法正确,驳回上诉,维持原判;<br>(2) 原判认定事实错误或适法错误,依法改判、撤销或变更原判,需要改变原审判决的,应当同时对被诉行政行为作出判决;<br>(3) 原判事实不清、证据不足的,发回重审或是查清事实后改判,原审人民法院对发回重审的案件作出判决后,当事人提起上诉的,第二审人民法院不得再次发回重审;<br>(4) 原判遗漏当事人或违法缺席判决等严重违反法定程序的,撤销原判,发回重审,原审人民法院对发回重审的案件作出判决后,当事人提起上诉的,第二审人民法院不得再次发回重审。 |

(续表)

| 行政诉讼的二审程序 | |
|---|---|
| 遗漏诉讼请求的处理 | (1) 原审判决遗漏当事人或诉讼请求,撤销原判,发回重审。<br>(2) 原审判决遗漏行政赔偿请求的二审法院应对是否赔偿作出处理,二审法院认为依法不应当予以赔偿的,应当判决驳回行政赔偿请求;第二审人民法院经审理认为依法应当予以赔偿的,在确认被诉具体行政行为违法的同时,可以就行政赔偿问题进行调解;调解不成的,应当就行政赔偿部分发回重审。<br>(3) 当事人在二审提出赔偿请求,二审法院可以调解,调解不成,当事人另行起诉。 |
| 二审期限 | 人民法院审理上诉案件,应当在收到上诉状之日起3个月内作出终审判决。 |

◆ **经典真题**

(2009-2-48)某区公安分局以蔡某殴打孙某为由对蔡某拘留十日并处罚款500元。蔡某向法院起诉,要求撤销处罚决定和赔偿损失。一审法院经审理认定处罚决定违法。下列哪一选项是正确的?(D)

A. 蔡某所在地的法院对本案无管辖权

B. 一审法院应判决撤销拘留决定,返还罚款500元、按照国家上年度职工日平均工资赔偿拘留十日的损失和一定的精神抚慰金

C. 如一审法院的判决遗漏了蔡某的赔偿请求,二审法院应当裁定撤销一审判决,发回重审

D. 如蔡某在二审期间提出赔偿请求,二审法院可以进行调解,调解不成的,应告知蔡某另行起诉

## 二、再审程序

◆ **重点法条**

《行政诉讼法》

**第90条** 当事人对已经发生法律效力的判决、裁定,认为确有错误的,可以向上一级人民法院申请再审,但判决、裁定不停止执行。

**第91条** 当事人的申请符合下列情形之一的,人民法院应当再审:

(一)不予立案或者驳回起诉确有错误的;

(二)有新的证据,足以推翻原判决、裁定的;

(三)原判决、裁定认定事实的主要证据不足、未经质证或者系伪造的;

(四)原判决、裁定适用法律、法规确有错误的;

(五)违反法律规定的诉讼程序,可能影响公正审判的;

(六)原判决、裁定遗漏诉讼请求的;

(七)据以作出原判决、裁定的法律文书被撤销或者变更的;

(八)审判人员在审理该案件时有贪污受贿、徇私舞弊、枉法裁判行为的。

**第92条** 各级人民法院院长对本院已经发生法律效力的判决、裁定,发现有本法第九十一条规定情形之一,或者发现调解违反自愿原则或者调解书内容违法,认为需要再审的,应当提交审判委员会讨论决定。

最高人民法院对地方各级人民法院已经发生法律效力的判决、裁定,上级人民法院对下级人民法院已经发生法律效力的判决、裁定,发现有本法第九十一条规定情形之一,或者发现调解违反自愿原则或者调解书内容违法的,有权提审或者指令下级人民法院再审。

**第 93 条** 最高人民检察院对各级人民法院已经发生法律效力的判决、裁定,上级人民检察院对人民法院已经发生法律效力的判决、裁定,发现有本法第九十一条规定情形之一,或者发现调解书损害国家利益、社会公共利益的,应当提出抗诉。

地方各级人民检察院对同级人民法院已经发生法律效力的判决、裁定,发现有本法第九十一条规定情形之一,或者发现调解书损害国家利益、社会公共利益的,可以向同级人民法院提出检察建议,并报上级人民检察院备案;也可以提请上级人民检察院向同级人民法院提出抗诉。

各级人民检察院对审判监督程序以外的其他审判程序中审判人员的违法行为,有权向同级人民法院提出检察建议。

**《行诉法解释(1999)》**

**第 72 条** 有下列情形之一的,属于行政诉讼法第六十三条规定的"违反法律、法规规定":
(一)原判决、裁定认定的事实主要证据不足;
(二)原判决、裁定适用法律、法规确有错误;
(三)违反法定程序,可能影响案件正确裁判;
(四)其他违反法律、法规的情形。

**第 73 条** 当事人申请再审,应当在判决、裁定发生法律效力后 2 年内提出。

当事人对已经发生法律效力的行政赔偿调解书,提出证据证明调解违反自愿原则或者调解协议的内容违反法律规定的,可以在 2 年内申请再审。

**第 74 条** 人民法院接到当事人的再审申请后,经审查,符合再审条件的,应当立案并及时通知各方当事人;不符合再审条件的,予以驳回。

**第 75 条** 对人民检察院按照审判监督程序提出抗诉的案件,人民法院应当再审。

人民法院开庭审理抗诉案件时,应当通知人民检察院派员出庭。

**第 76 条** 人民法院按照审判监督程序再审的案件,发生法律效力的判决、裁定是由第一审人民法院作出的,按照第一审程序审理,所作的判决、裁定,当事人可以上诉;发生法律效力的判决、裁定是由第二审人民法院作出的,按照第二审程序审理,所作的判决、裁定是发生法律效力的判决、裁定;上级人民法院按照审判监督程序提审的,按照第二审程序审理,所作的判决、裁定是发生法律效力的判决、裁定。

人民法院审理再审案件,应当另行组成合议庭。

**第 77 条** 按照审判监督程序决定再审的案件,应当裁定中止原判决的执行;裁定由院长署名,加盖人民法院印章。

上级人民法院决定提审或者指令下级人民法院再审的,应当作出裁定,裁定应当写明中止原判决的执行;情况紧急的,可以将中止执行的裁定口头通知负责执行的人民法院或作出生效判决、裁定的人民法院,但应当在口头通知后 10 日内发出裁定书。

**第 78 条** 人民法院审理再审案件,认为原生效判决、裁定确有错误,在撤销原生效判决或者裁定的同时,可以对生效判决、裁定的内容作出相应裁判,也可以裁定撤销生效判决或者裁定,发回作出生效判决、裁定的人民法院重新审判。

**第 79 条** 人民法院审理二审案件和再审案件,对原审法院受理、不予受理或者驳回起诉

错误的,应当分别情况作如下处理:

（一）第一审人民法院作出实体判决后,第二审人民法院认为不应当受理的,在撤销第一审人民法院判决的同时,可以发回重审,也可以迳行驳回起诉；

（二）第二审人民法院维持第一审人民法院不予受理裁定错误的,再审法院应当撤销第一审、第二审人民法院裁定,指令第一审人民法院受理；

（三）第二审人民法院维持第一审人民法院驳回起诉裁定错误的,再审法院应当撤销第一审、第二审人民法院裁定,指令第一审人民法院审理。

**第80条** 人民法院审理再审案件,发现生效裁判有下列情形之一的,应当裁定发回作出生效判决、裁定的人民法院重新审理:

（一）审理本案的审判人员、书记员应当回避而未回避的；
（二）依法应当开庭审理而未经开庭即作出判决的；
（三）未经合法传唤当事人而缺席判决的；
（四）遗漏必须参加诉讼的当事人的；
（五）对与本案有关的诉讼请求未予裁判的；
（六）其他违反法定程序可能影响案件正确裁判的。

**第81条** 再审案件按照第一审程序审理的,适用行政诉讼法第五十七条规定的审理期限。

再审案件按照第二审程序审理的,适用行政诉讼法第六十条规定的审理期限。

◆ **知识要点**

行政诉讼的再审程序亦与民事诉讼相同,需要注意的问题有:
(1) 审理内容:再审法院应当全面审查原审判决与被诉的具体行政行为。
(2) 审理程序:再审案件一般适用原审程序。
(3) 审理方式:再审原则上均按照原审方式进行,原审开庭审理的再审也开庭审理,原审书面审理的再审也书面审理。

此外需要注意的是,新法相比旧法在再审程序上进行的修改和增加:
(1) 取消了向原审法院提出申诉,只允许向上一级人民法院申请再审。
(2) 增加对"调解书"的再审程序:各级人民法院院长对本院已经发生法律效力的调解,认为违反自愿原则或者调解书内容违法,认为需要再审的,应当提交审判委员会讨论决定。最高人民法院发现地方各级人民法院的调解违反自愿原则或者调解书内容违法的,有权提审或者指令下级人民法院再审。
(3) 细化了旧法中的检察院抗诉程序。

## 第十一节　法院判决、裁定和调解书的执行

行政诉讼判决、裁定和调解书的执行可区分为公民不履行,以及行政机关不履行,二者的处理方式有相当差异。

### 一、公民不履行判决、裁定和调解书的执行

◆ **重点法条**

《行政诉讼法》

**第95条** 公民、法人或者其他组织拒绝履行判决、裁定、调解书的,行政机关或者第三人

可以向第一审人民法院申请强制执行,或者由行政机关依法强制执行。

**《行诉法解释(1999)》**

**第83条** 对发生法律效力的行政判决书、行政裁定书、行政赔偿判决书和行政赔偿调解书,负有义务的一方当事人拒绝履行的,对方当事人可以依法申请人民法院强制执行。

**第84条** 申请人是公民的,申请执行生效的行政判决书、行政裁定书、行政赔偿判决书和行政赔偿调解书的期限为1年,申请人是行政机关、法人或者其他组织的为180日。

申请执行的期限从法律文书规定的履行期间最后一日起计算;法律文书中没有规定履行期限的,从该法律文书送达当事人之日起计算。

逾期申请的,除有正当理由外,人民法院不予受理。

**第85条** 发生法律效力的行政判决书、行政裁定书、行政赔偿判决书和行政赔偿调解书,由第一审人民法院执行。

第一审人民法院认为情况特殊需要由第二审人民法院执行的,可以报请第二审人民法院执行;第二审人民法院可以决定由其执行,也可以决定由第一审人民法院执行。

◆**知识要点**

与非诉案件的执行不同,法院判决、裁定和调解书执行的对象是法院已经生效的判决、裁定和调解书。执行原因是当事人不履行上述法律文书。对法院生效判决、裁定和赔偿决定书的执行,需要注意的问题是:

(1)申请期限。此时申请强制执行的是行政机关,其申请期限为180日。申请执行的期限从法律文书规定的履行期间最后一日起计算;法律文书中没有规定履行期限的,从该法律文书送达当事人之日起计算。逾期申请的,除有正当理由外,人民法院不予受理。

(2)执行法院。发生法律效力的行政判决书、行政裁定书、行政赔偿判决书和行政赔偿调解书,由第一审人民法院执行。第一审人民法院认为情况特殊需要由第二审人民法院执行的,可以报请第二审人民法院执行;第二审人民法院可以决定由其执行,也可以决定由第一审人民法院执行。

## 二、行政机关不履行判决、裁定和调解书的执行

◆**重点法条**

**《行政诉讼法》**

**第96条** 行政机关拒绝履行判决、裁定、调解书的,第一审人民法院可以采取下列措施:

(一)对应当归还的罚款或者应当给付的款额,通知银行从该行政机关的账户内划拨;

(二)在规定期限内不履行的,从期满之日起,对该行政机关负责人按日处五十元至一百元的罚款;

(三)将行政机关拒绝履行的情况予以公告;

(四)向监察机关或者该行政机关的上一级行政机关提出司法建议。接受司法建议的机关,根据有关规定进行处理,并将处理情况告知人民法院;

(五)拒不履行判决、裁定、调解书,社会影响恶劣的,可以对该行政机关直接负责的主管人员和其他直接责任人员予以拘留;情节严重,构成犯罪的,依法追究刑事责任。

◆**知识要点**

行政机关不履行行政诉讼判决、裁定和调解书的,第一审人民法院可以采取以下措施:

(1) 对应当归还的罚款或者应当给付的款额,通知银行从该行政机关的账户内划拨;

(2) 在规定期限内不履行的,从期满之日起,对该行政机关负责人按日处 50 元至 100 元的罚款;

(3) 将行政机关拒绝履行的情况予以公告;

(4) 向监察机关或者该行政机关的上一级行政机关提出司法建议。接受司法建议的机关,根据有关规定进行处理,并将处理情况告知人民法院;

(5) 拒不履行判决、裁定、调解书,社会影响恶劣的,可以对该行政机关直接负责的主管人员和其他直接责任人员予以拘留;情节严重,构成犯罪的,依法追究刑事责任。

行政机关不履行行政诉讼判决、裁定和调解书的,申请人是公民的,申请执行生效的行政判决书、行政裁定书、行政赔偿判决书和行政赔偿调解书的期限为 1 年,申请执行的期限从法律文书规定的履行期间最后一日起计算;法律文书中没有规定履行期限的,从该法律文书送达当事人之日起计算。逾期申请的,除有正当理由外,人民法院不予受理。

◆**考点归纳**

在行政判决、裁定以及调解书的执行中,行政机关拒不履行,法院的处理方式是司法考试的重点,在法院可以采取的措施中,以下三项是新法新增的内容:

(1) 在规定期限内不履行的,从期满之日起,对该行政机关负责人按日处 50 元至 100 元的罚款;

(2) 将行政机关拒绝履行的情况予以公告;

(3) 拒不履行判决、裁定、调解书,社会影响恶劣的,可以对该行政机关直接负责的主管人员和其他直接责任人员予以拘留;情节严重,构成犯罪的,依法追究刑事责任。

此外,因为行政诉讼引入了调解制度,因此执行的对象不仅包括法院的判决、裁定,还包括已经发生法律效力的调解书。

| | 对法院已生效的判决、裁定和调解书的执行 | |
|---|---|---|
| | 公民、法人或其他组织不履行 | 行政机关不履行 |
| 采取措施 | 公民、法人或者其他组织拒绝履行判决、裁定、调解书的,行政机关或者第三人可以向第一审人民法院申请强制执行,或者由行政机关依法强制执行。 | (1) 对应当归还的罚款或者应当给付的款额,通知银行从该行政机关的账户内划拨;<br>(2) 在规定期限内不履行的,从期满之日起,对该行政机关负责人按日处 50 元至 100 元的罚款;<br>(3) 将行政机关拒绝履行的情况予以公告;<br>(4) 向监察机关或者该行政机关的上一级行政机关提出司法建议。接受司法建议的机关,根据有关规定进行处理,并将处理情况告知人民法院;<br>(5) 拒不履行判决、裁定、调解书,社会影响恶劣的,可以对该行政机关直接负责的主管人员和其他直接责任人员予以拘留;情节严重,构成犯罪的,依法追究刑事责任。 |

（续表）

| | 对法院已生效的判决、裁定和调解书的执行 ||
| --- | --- | --- |
| | 公民、法人或其他组织不履行 | 行政机关不履行 |
| 申请时间 | 申请人是行政机关为180日，申请执行的期限从法律文书规定的履行期间最后一日起计算。 | 申请人是公民的申请期限为1年，申请人是法人或者其他组织的申请期限为180日。 |
| 执行法院 | 原则上由一审法院执行，第一审人民法院认为情况特殊需要由第二审人民法院执行的，可以报请第二审人民法院执行。 | |

# 第十章　国家赔偿法

【复习提要】

《国家赔偿法》虽然放在行政法里面,但其中最重要的部分却并非行政赔偿,而是刑事赔偿,所占的分值也更多;另《国家赔偿法》自1996年制定颁布以来,2010年、2012年进行了两次大幅度修改,修改后的《国家赔偿法》近年又成为司法考试的命题重点,尤其是《国家赔偿法》中大幅修改的刑事赔偿的范围、国家赔偿的标准与方式、国家赔偿的程序,这些考生都需特别注意。

本章内容包括:行政赔偿的范围、请求人和赔偿义务机关、赔偿程序;司法赔偿的范围、请求人和赔偿义务机关、赔偿程序;国家赔偿的标准与方式。其中刑事赔偿的范围、赔偿义务机关的确认、赔偿的标准与方式以及赔偿程序是《国家赔偿法》考核的重点。

## 第一节　国家赔偿的构成要件与归责原则

### 一、国家赔偿的构成要件

◆**重点法条**

《国家赔偿法》

**第2条**　国家机关和国家机关工作人员行使职权,有本法规定的侵犯公民、法人和其他组织的合法权益的情形,造成损害的,受害人有依照本法取得国家赔偿的权利。

本法规定的赔偿义务机关,应当依照本法及时履行赔偿义务。

◆**知识要点**

国家赔偿构成要件是国家承担赔偿责任的必要条件,即国家应在什么情况下给予受害人赔偿、申请人符合哪些条件才能取得国家赔偿,审判机关根据哪些条件才能要求赔偿义务机关进行赔偿。

**国家赔偿的构成要件**具体而言包括主体要件、行为要件、损害后果要件、因果要件和法律要件五项,分别如下:

1. **主体要件**

国家赔偿必须是因国家侵权行为所引起的赔偿责任,但是并非所有的国家机关实施的行为均能获得国家赔偿,根据《国家赔偿法》的规定,只有行使国家行政权与司法权的机关和组织所实施的行为,才可能引起国家赔偿,其中行使行政权的主体即为前文中所说的行政主体,具体包括行政机关与法律、法规授权组织,而行使司法权的主体则包括法院、检察院以及实施刑事侦查活动的公安机关、国家安全机关、看守所以及监狱管理机关。立法机关和军事机关等都不会引起国家赔偿责任。

2. **行为要件**

国家赔偿必须是因国家机关和国家机关工作人员执行职务的行为。如何理解"职务行为"是国家赔偿的关键。《国家赔偿法》将"职务行为"解析为"与行使职权有关的行为"。判断职务行为可以通过行为实施的时间、地点、名义、目的等因素来综合考虑。但基本上,对"职务性"的判断应采用**客观标准**,只要受害人有理由相信工作人员是在执行职务,或客观上足以认定其行为与执行职务有关,就是职务行为。

3. 损害后果要件

损害后果要件是指,国家机关及其工作人员的行为必须造成了公民、法人或其他组织合法权益的实际损害。损害后果包含以下几个方面:

(1) 必须是公民、法人或其他组织的合法权益受损,国家不赔偿当事人的不法权益;

(2) 必须是有实际损害后果发生,国家赔偿原则上不包含可期待利益的赔偿;

(3) 国家赔偿原则上只赔偿物质损害,对于精神损害,新修改的《国家赔偿法》虽然在原有的赔礼道歉、恢复名誉、消除影响等方式基础上增加了精神损害抚慰金的赔偿,但其适用仍然有条件限制。

4. 因果关系要件

国家侵权行为与当事人遭受的损害之间必须具有确定的因果关系。一般情况下,对国家赔偿中的因果关系判断采用的标准为充分性要件。如果有侵权行为,就会产生损害后果,那么侵权行为和损害后果之间就有因果关系;如果没有侵权行为,就一定不会发生损害后果,那么侵权行为和损害后果之间也有因果关系。

5. 法律要件

并非所有的国家侵权行为都能引起国家赔偿,我国的国家赔偿有范围限制,即便一个案件符合上述主体、行为、损害后果和因果关系要件,还要看它是否属于国家赔偿法所规定的赔偿范围。

◆ 经典真题

1. (2006-2-44)2005 年 4 月,县交通局执法人员甲在整顿市场秩序的执法活动中,滥用职权致使乘坐在非法营运车辆上的孕妇乙重伤,检察机关对甲提起公诉。为保障自己的合法权益,乙的下列哪种做法是正确的?(B)

A. 提起刑事附带民事诉讼,要求甲承担民事赔偿责任

B. 提起行政赔偿诉讼,要求甲所在行政机关承担国家赔偿责任

C. 提起刑事附带行政赔偿诉讼,要求甲所在行政机关承担国家赔偿责任

D. 提起刑事附带民事诉讼,要求甲及其所在的行政机关承担民事赔偿责任

2. (2007-2-89)李某租用一商店经营服装。某区公安分局公安人员驾驶警车追捕时,为躲闪其他车辆,不慎将李某服装厅的橱窗玻璃及模特衣物撞坏。事后,公安分局与李某协商赔偿不成,李某请求国家赔偿。下列哪些选项是错误的?(ABD)

A. 公安分局应作为赔偿义务机关,因为李某曾与其协商赔偿

B. 公安分局不应作为赔偿义务机关,因公安人员行为属于与行使职权无关的个人行为

C. 公安分局不应作为赔偿义务机关,因为该公安人员的行为不是违法行使职权,应按行政补偿解决

D. 公安分局应作为赔偿义务机关,因为该公安人员的行为属于与行使职权有关的行为

## 二、国家赔偿的归责原则

◆**重点法条**

**《国家赔偿法》**

**第3条** 行政机关及其工作人员在行使行政职权时有下列侵犯人身权情形之一的,受害人有取得赔偿的权利:

(一)违法拘留或者违法采取限制公民人身自由的行政强制措施的;

(二)非法拘禁或者以其他方法非法剥夺公民人身自由的;

(三)以殴打、虐待等行为或者唆使、放纵他人以殴打、虐待等行为造成公民身体伤害或者死亡的;

(四)违法使用武器、警械造成公民身体伤害或者死亡的;

(五)造成公民身体伤害或者死亡的其他违法行为。

**第4条** 行政机关及其工作人员在行使行政职权时有下列侵犯财产权情形之一的,受害人有取得赔偿的权利:

(一)违法实施罚款、吊销许可证和执照、责令停产停业、没收财物等行政处罚的;

(二)违法对财产采取查封、扣押、冻结等行政强制措施的;

(三)违法征收、征用财产的;

(四)造成财产损害的其他违法行为。

**第17条** 行使侦查、检察、审判职权的机关以及看守所、监狱管理机关及其工作人员在行使职权时有下列侵犯人身权情形之一的,受害人有取得赔偿的权利:

(一)违反刑事诉讼法的规定对公民采取拘留措施的,或者依照刑事诉讼法规定的条件和程序对公民采取拘留措施,但是拘留时间超过刑事诉讼法规定的时限,其后决定撤销案件、不起诉或者判决宣告无罪终止追究刑事责任的;

(二)对公民采取逮捕措施后,决定撤销案件、不起诉或者判决宣告无罪终止追究刑事责任的;

(三)依照审判监督程序再审改判无罪,原判刑罚已经执行的;

(四)刑讯逼供或者以殴打、虐待等行为或者唆使、放纵他人以殴打、虐待等行为造成公民身体伤害或者死亡的;

(五)违法使用武器、警械造成公民身体伤害或者死亡的。

**第18条** 行使侦查、检察、审判职权的机关以及看守所、监狱管理机关及其工作人员在行使职权时有下列侵犯财产权情形之一的,受害人有取得赔偿的权利:

(一)违法对财产采取查封、扣押、冻结、追缴等措施的;

(二)依照审判监督程序再审改判无罪,原判罚金、没收财产已经执行的。

**第38条** 人民法院在民事诉讼、行政诉讼过程中,违法采取对妨害诉讼的强制措施、保全措施或者对判决、裁定及其他生效法律文书执行错误,造成损害的,赔偿请求人要求赔偿的程序,适用本法刑事赔偿程序的规定。

◆**知识要点**

国家赔偿的归责原则,是指国家据以承担赔偿责任的根据,是确认国家机关及其工作人员的职务行为是否构成侵权赔偿责任的根据和标准。不同于民事赔偿中的过错原则,修改后的

《国家赔偿法》采取的是一种多元的规则原则,即以违法归责原则为主,结果归责原则为辅的原则。

违法归责是以国家机关及其工作人员的职务行为是否违法作为认定标准,在这一标准的作用下:

(1)只要国家机关及其工作人员的职权行为违法,其所造成的损害国家就应当承担赔偿责任,而不论国家机关工作人员是否有主观过错此外;

(2)如果国家机关及其工作人员的职权行为合法,即使造成了损害后果,其引发的也并非国家赔偿责任,而是国家补偿责任;

(3)判断国家机关及其工作人员的职务行为是否违法是以行为作出时是否符合法律的规定为基准,如果该项职务行为在作出时符合法律规定,但事后证明并不适当,国家亦不承担赔偿责任。我国的国家赔偿中,行政赔偿实行的就是违法归责,而刑事赔偿则是部分违法归责。在刑事赔偿中,典型的实行违法归责的是《国家赔偿法》第17条第(一)项、第(四)项、第(五)项规定的行为。其中最值得关注的是第(一)项,"违反刑事诉讼法的规定对公民采取拘留措施的,或者依照刑事诉讼法规定的条件和程序对公民采取拘留措施,但是拘留时间超过刑事诉讼法规定的时限,其后决定撤销案件、不起诉或者判决宣告无罪终止追究刑事责任的",这就意味着,只要刑事司法机关在采取拘留措施时符合《刑事诉讼法》的规定,即使事后证明该项拘留措施是错误的,刑事司法机关采取了撤销案件、不起诉或者判决宣告无罪终止追究刑事责任的决定,国家仍旧不承担赔偿责任。

结果归责是以国家机关及其工作人员的职务行为造成的损害后果作为认定赔偿责任的标准,换言之,不论国家机关及其工作人员的职务行为在作出时是否合法,只要造成了相应的损害后果,且事后证明是错误的,国家就应履行赔偿责任。结果归责在我国国家赔偿法中是违法归责的补充,只有法律特别规定时才实行结果归责。在刑事赔偿中,最典型的实行结果归责的是对逮捕的赔偿。《国家赔偿法》第17条第(二)项规定,"对公民采取逮捕措施后,决定撤销案件、不起诉或者判决宣告无罪终止追究刑事责任的",受害人有取得赔偿的权利。这就意味着,不论刑事司法机关在采取逮捕措施时是否符合《刑事诉讼法》规定的逮捕要件,只要给当事人造成了损害后果,国家就应承担赔偿责任。

### 三、国家赔偿的赔偿主体

◆**重点法条**

《国家赔偿法》

**第2条** 国家机关和国家机关工作人员行使职权,有本法规定的侵犯公民、法人和其他组织的合法权益的情形,造成损害的,受害人有依照本法取得国家赔偿的权利。

本法规定的赔偿义务机关,应当依照本法及时履行赔偿义务。

◆**知识要点**

我国《国家赔偿法》实行的是"国家责任,机关赔偿"的基本原则,即国家赔偿的责任主体是国家,不是国家机关,也不是国家机关中的工作人员,但具体赔偿义务是由法定的赔偿义务机关履行。

## 第二节 行政赔偿

### 一、行政赔偿的范围

◆**重点法条**

《国家赔偿法》

**第3条** 行政机关及其工作人员在行使行政职权时有下列侵犯人身权情形之一的,受害人有取得赔偿的权利:

(一)违法拘留或者违法采取限制公民人身自由的行政强制措施的;

(二)非法拘禁或者以其他方法非法剥夺公民人身自由的;

(三)以殴打、虐待等行为或者唆使、放纵他人以殴打、虐待等行为造成公民身体伤害或者死亡的;

(四)违法使用武器、警械造成公民身体伤害或者死亡的;

(五)造成公民身体伤害或者死亡的其他违法行为。

**第4条** 行政机关及其工作人员在行使行政职权时有下列侵犯财产权情形之一的,受害人有取得赔偿的权利:

(一)违法实施罚款、吊销许可证和执照、责令停产停业、没收财物等行政处罚的;

(二)违法对财产采取查封、扣押、冻结等行政强制措施的;

(三)违法征收、征用财产的;

(四)造成财产损害的其他违法行为。

**第5条** 属于下列情形之一的,国家不承担赔偿责任:

(一)行政机关工作人员与行使职权无关的个人行为;

(二)因公民、法人和其他组织自己的行为致使损害发生的;

(三)法律规定的其他情形。

◆**知识要点**

行政赔偿是国家行政机关及其工作人员在行使行政职权时,侵犯公民、法人和其他组织合法权益造成损害时所进行的赔偿。《国家赔偿法》对行政赔偿范围的规定,分为正面列举和反面排除两类。第3条和第4条分别列举了国家承担赔偿责任的行政违法案件,其中第3条为侵犯人身权的案件,而第4条为侵犯财产权的案件,第5条从反面排除了国家不承担赔偿责任的案件。综合这3条的逻辑关系,《国家赔偿法》是在表明侵犯公民人身权和财产权的行政违反行为,只要不属于第5条的排除范围,国家就应当承担赔偿责任。

1. 行政赔偿范围中的人身侵权案件

对人身权的侵害,包括对人身自由、生命权、身体健康权的侵害。第3条第(一)项、第(二)项是关于人身自由的侵害,第(三)项、第(四)项是关于生命健康权的侵害。需要注意的是,第(一)项中的"违法拘留"是指有行政拘留权的行政机关(即公安机关)违法行使拘留权,而第(二)项中的"非法拘禁"是指没有限制公民人身自由权的行政机关非法剥夺公民的人身自由。第(三)项中的"殴打、虐待等行为"除行政机关工作人员自己实施的此类行为外,还包括行政机关工作人员唆使他人,或放纵他人以此类行为造成公民身体伤害或死亡的。第(四)项中的"违法使用武器、警械"必须是行政机关的工作人员在执行职务的过程中,否则不属于国家赔偿的范围。

2. 行政赔偿范围内的财产侵权赔偿案件

财产侵权案件是指国家行政机关及其工作人员的违法行政造成了公民财产的毁损、灭失与减少。其中包括：违法实施行政处罚；违法对财产采取强制措施；违反违法征收、征用财产的；造成财产损害的其他违法行为。

3. 国家不承担行政赔偿责任的范围

具体包括：

（1）行政机关工作人员与行使职权无关的个人行为；个人行为与行使职权无权，后果只能由行政机关工作人员个人承担。区别个人行为与职权行为应采取客观标准，而并非行政机关工作人员的主观意志。只要客观上足以认定行政机关工作人员的行为与职务相关就是职务行为，而不论其是否在工作时间实施，是否在工作岗位上实施等。

（2）因公民、法人或其他组织自己的行为致使损害发生的；自己的行为造成的损失由公民、法人或其他组织自己承担，但如果是混合过错，国家不能免责，应按过错比例分担赔偿责任。

（3）法律规定的其他情形。本条中的"法律"是狭义的法律，即全国人大及其常委会制定的法律。

| 行政赔偿的范围 | | |
|---|---|---|
| 承担赔偿责任的范围 | | 不承担赔偿责任的范围 |
| 侵犯人身权行为 | 侵犯财产权行为 | |
| （1）违法拘留或者违法采取限制公民人身自由的行政强制措施的；<br>（2）非法拘禁或者以其他方法非法剥夺公民人身自由的；<br>（3）以殴打、虐待等行为或者唆使、放纵他人以殴打、虐待等行为造成公民身体伤害或者死亡的；<br>（4）违法使用武器、警械造成公民身体伤害或者死亡的；<br>（5）造成公民身体伤害或者死亡的其他违法行为。 | （1）违法实施罚款、吊销许可证和执照、责令停产停业、没收财物等行政处罚的；<br>（2）违法对财产采取查封、扣押、冻结等行政强制措施的；<br>（3）违法征收、征用财产的；<br>（4）造成财产损害的其他违法行为。 | （1）行政机关工作人员与行使职权无关的个人行为；<br>（2）因公民、法人和其他组织自己的行为致使损害发生的；<br>（3）法律规定的其他情形。 |

◆考点归纳

（1）国家赔偿中的行政赔偿范围相对简单，只要是国家行政机关及其工作人员的职权行为侵犯了公民的人身权和财产权，且不属于第5条的排除范围，国家就应当承担赔偿责任。

（2）如国家行政机关及其工作人员的职权行为并未违背法律规定，但造成了相对人的权利损害，此时引发的是行政补偿责任。

## 二、赔偿请求权人与行政赔偿义务机关

(一) 赔偿请求权人

◆ **重点法条**

《国家赔偿法》

**第6条** 受害的公民、法人或者其他组织有权要求赔偿。

受害的公民死亡,其继承人和其他有扶养关系的亲属有权要求赔偿。

受害的法人或者其他组织终止,其权利承受人有权要求赔偿。

◆ **知识要点**

赔偿请求权人即有权要求国家赔偿的人。**在国家赔偿中,行政赔偿请求人与刑事赔偿请求人范围相同,为受害的公民、法人或其他组织**。如受害公民死亡,或是受害的法人或其他组织终止,请求权资格会发生移转。受害人死亡后,有权请求赔偿的人有:一是继承人;二是其他有抚养关系的亲属。此处的"亲属"与其他法律中规定的"近亲属"范围不同,近亲属的范围更小。

另外需要注意的是,继受赔偿请求权资格的人是以自己的名义起诉。如果受害的法人或其他组织终止,承受其权利的法人或其他组织有权要求赔偿,如果法人或其他组织被行政机关撤销,根据《行诉法解释(1999)》的规定,原企业或法人组织依旧具有行政赔偿请求权。

◆ **经典真题**

(1997-1-77)王某是有权要求国家赔偿的受害人,在请求国家赔偿期间内王某忽然死亡。下列关于王某请求国家赔偿的权利的说法,哪些是正确的?(CD)

A. 因死亡而自然消失  B. 转移给他的近亲属
C. 转移给他的继承人  D. 转移给予他有抚养关系的亲属

(二) 行政赔偿义务机关

◆ **重点法条**

《国家赔偿法》

**第7条** 行政机关及其工作人员行使行政职权侵犯公民、法人和其他组织的合法权益造成损害的,该行政机关为赔偿义务机关。

两个以上行政机关共同行使行政职权时侵犯公民、法人和其他组织的合法权益造成损害的,共同行使行政职权的行政机关为共同赔偿义务机关。

法律、法规授权的组织在行使授予的行政权力时侵犯公民、法人和其他组织的合法权益造成损害的,被授权的组织为赔偿义务机关。

受行政机关委托的组织或者个人在行使受委托的行政权力时侵犯公民、法人和其他组织的合法权益造成损害的,委托的行政机关为赔偿义务机关。

赔偿义务机关被撤销的,继续行使其职权的行政机关为赔偿义务机关;没有继续行使其职权的行政机关的,撤销该赔偿义务机关的行政机关为赔偿义务机关。

**第8条** 经复议机关复议的,最初造成侵权行为的行政机关为赔偿义务机关,但复议机关的复议决定加重损害的,复议机关对加重的部分履行赔偿义务。

◆ **知识要点**

(1)侵权行为机关为赔偿义务机关。行政机关及其工作人员行使行政职权侵犯公民、法人和其他组织的合法权益造成损害的,该行政机关为赔偿义务机关。所谓"自己侵权自

已赔"。

（2）共同行政赔偿义务机关。两个以上行政机关共同行使行政职权时侵犯公民、法人和其他组织的合法权益造成损害的，共同行使行政职权的行政机关为共同赔偿义务机关。共同赔偿义务机关可分为不可分之诉与可分之诉。如果诉讼请求为可分之诉，则被诉的一个或数个侵权机关为被告。如诉讼请求为不可分之诉，则法院应当依法追加其他侵权机关为被告。

（3）法律、法规授权组织为赔偿义务机关。法律、法规授权的组织在行使授予的行政权力时侵犯公民、法人和其他组织的合法权益造成损害的，被授权的组织为赔偿义务机关。因法律、法规授权组织具有行政主体资格，因此对自己的侵权行为可以作为赔偿义务机关。

（4）委托机关为赔偿义务机关。受行政机关委托的组织或者个人在行使受委托的行政权力时侵犯公民、法人和其他组织的合法权益造成损害的，委托的行政机关为赔偿义务机关。受委托的组织或个人不具有行政主体资格，其侵权行为只能由委托他的行政机关作为赔偿义务机关。

（5）行政赔偿义务机关被撤销后，一般由继续行使其职权的行政机关为赔偿义务机关，如果没有继续行使其职权的行政机关，撤销该赔偿义务机关的行政机关为赔偿义务机关。

（6）经**行政复议后**的案件，原则上以原机关为赔偿义务机关。经复议的案件，由最初作出具体行政行为的行政机关为赔偿义务机关，但是，复议机关的复议决定加重损害的，复议机关对加重的部分履行赔偿义务。但值得注意的是，复议机关加重损害的，复议机关对加重的部分承担赔偿责任，而原机关对原有的损害承担赔偿责任，双方并不承担连带责任的共同赔偿义务机关。

◆**考点归纳**

（1）赔偿义务机关是实施了侵权行为，并具体履行赔偿义务的机关。国家是赔偿责任的最终承担者，但赔偿义务机关代表国家向请求人具体履行赔偿义务。如前所述，赔偿义务机关的确认与行政诉讼被告的确认、行政复议被申请人的确认一样，**遵循的依旧是"谁侵权、谁赔偿"和"谁主体，谁赔偿"的原则**。担当行政赔偿义务机关的行政组织必须是侵权主体，同时又具有行政主体资格。

（2）经过复议的案件，赔偿义务机关的确认规则与被告确认并不相同。如前文所述，复议机关改变原行为的，行政诉讼的被告就是复议机关；而经复议的案件，原则上均由最初作出具体行政行为的行政机关为赔偿义务机关，只有复议机关的复议决定加重损害的，复议机关才对加重的部分履行赔偿义务。

此外，对于经过复议的案件，如果赔偿请求人提起行政赔偿诉讼的，其被告的确认与普通行政诉讼有所不同，并不必然以复议机关为被告。如果请求人只起诉了作出原具体行政行为的机关，那么原机关为被告，但原告的诉讼请求不得超过其赔偿范围；如果请求人只起诉了复议机关，复议机关为被告，但原告的诉讼请求也不得超过其赔偿范围；如果请求人同时起诉了两个机关，则两个机关都作为被告，但法院应判决两被告分别承担各自的赔偿责任。

（3）非诉执行案件的赔偿义务机关。行政机关申请人民法院强制执行其具体行政行为，造成被执行人合法权益损害的，赔偿义务机关的确认应视侵权行为而有所区别。如果是法院及其工作人员的执行错误造成的侵权，则由法院作为赔偿义务机关；如果是作为执行依据的具体行政行为存在错误，则应以申请执行的行政机关为赔偿义务机关。

◆**经典真题**

1.（2006-2-88）经张某申请并缴纳了相应费用后，某县土地局和某乡政府将一土地（实为已被征用的土地）批准同意由张某建房。某县土地局和某乡政府还向张某发放了建设用地规划许可证和建设工程许可证。后市规划局认定张某建房违法,责令立即停工。张某不听,继续施工。市规划局申请法院将张某所建房屋拆除,张某要求赔偿。下列哪些说法是正确的?(BCD)

A. 某县土地局、某乡政府和市规划局为共同赔偿义务机关
B. 某县土地局和某乡政府向张某发放规划许可证和建设工程许可证的行为系超越职权的行为
C. 市规划局有权撤销张某的规划许可证
D. 对张某继续施工造成的损失,国家不承担赔偿责任

2. (2013-2-7)某区规划局以一公司未经批准擅自搭建地面工棚为由,限期自行拆除。该公司逾期未拆除。根据规划局的请求,区政府组织人员将违法建筑拆除,并将拆下的钢板作为建筑垃圾运走。如该公司申请国家赔偿,下列哪些说法是正确的?(BD)

A. 可以向区规划局提出赔偿请求
B. 区政府为赔偿义务机关
C. 申请国家赔偿之前应先申请确认运走钢板的行为违法
D. 应当对自己的主张提供证据

### 三、行政赔偿程序

◆重点法条
《国家赔偿法》
**第9条** 赔偿义务机关有本法第三条、第四条规定情形之一的,应当给予赔偿。

赔偿请求人要求赔偿,应当先向赔偿义务机关提出,也可以在申请行政复议或者提起行政诉讼时一并提出。

行政赔偿的程序一般可分为两种:一是赔偿请求权人单独提出赔偿请求的程序;二是在行政复议和行政诉讼程序中一并提出行政赔偿请求的程序。

(一)单独提出赔偿请求的程序

◆重点法条
《国家赔偿法》
**第10条** 赔偿请求人可以向共同赔偿义务机关中的任何一个赔偿义务机关要求赔偿,该赔偿义务机关应当先予赔偿。

**第11条** 赔偿请求人根据受到的不同损害,可以同时提出数项赔偿要求。

**第12条** 要求赔偿应当递交申请书,申请书应当载明下列事项:

(一)受害人的姓名、性别、年龄、工作单位和住所,法人或者其他组织的名称、住所和法定代表人或者主要负责人的姓名、职务;
(二)具体的要求、事实根据和理由;
(三)申请的年、月、日。

赔偿请求人书写申请书确有困难的,可以委托他人代书;也可以口头申请,由赔偿义务机关记入笔录。

赔偿请求人不是受害人本人的,应当说明与受害人的关系,并提供相应证明。

赔偿请求人当面递交申请书的,赔偿义务机关应当当场出具加盖本行政机关专用印章并注明收讫日期的书面凭证。申请材料不齐全的,赔偿义务机关应当当场或者在五日内一次性

告知赔偿请求人需要补正的全部内容。

**第13条** 赔偿义务机关应当自收到申请之日起两个月内,作出是否赔偿的决定。赔偿义务机关作出赔偿决定,应当充分听取赔偿请求人的意见,并可以与赔偿请求人就赔偿方式、赔偿项目和赔偿数额依照本法第四章的规定进行协商。

赔偿义务机关决定赔偿的,应当制作赔偿决定书,并自作出决定之日起十日内送达赔偿请求人。

赔偿义务机关决定不予赔偿的,应当自作出决定之日起十日内书面通知赔偿请求人,并说明不予赔偿的理由。

**第14条** 赔偿义务机关在规定期限内未作出是否赔偿的决定,赔偿请求人可以自期限届满之日起三个月内,向人民法院提起诉讼。

赔偿请求人对赔偿的方式、项目、数额有异议的,或者赔偿义务机关作出不予赔偿决定的,赔偿请求人可以自赔偿义务机关作出赔偿或者不予赔偿决定之日起三个月内,向人民法院提起诉讼。

**第15条** 人民法院审理行政赔偿案件,赔偿请求人和赔偿义务机关对自己提出的主张,应当提供证据。

赔偿义务机关采取行政拘留或者限制人身自由的强制措施期间,被限制人身自由的人死亡或者丧失行为能力的,赔偿义务机关的行为与被限制人身自由的人的死亡或者丧失行为能力是否存在因果关系,赔偿义务机关应当提供证据。

◆**知识要点**

1. 单独提出赔偿请求程序的前提

单独提出赔偿请求程序的前提是侵权行为已经被确认为违法。确认为违法可能是因为该侵权行为已经经过复议或是诉讼而被复议机关或是法院变更、撤销或确认为违法;或者是因为侵权行为的作出机关本身已经变更、撤销该侵权行为或确认其违法;或者是其他与侵权机关有监督关系的机关对该行为作出的处理和确认。总之,受害人和赔偿义务机关对于侵权行为的违法性已经没有任何争议。此时需解决的,仅是行政赔偿问题。

2. 赔偿请求权人提出申请

单独提出赔偿请求的程序以赔偿请求人提出申请为开端。在提出申请时如下问题需特别注意:

(1) 赔偿请求权人可以向共同赔偿义务机关中的任何一个赔偿义务机关要求赔偿,该赔偿义务机关应当先予赔偿。

(2) 赔偿请求人根据受到的不同损害,可以同时提出数项赔偿要求。

(3) 应当递交申请书,申请书应当载明受害人的基本信息、赔偿请求、事实根据和理由;赔偿请求人书写申请书确有困难的,可以委托他人代书;也可以口头申请,由赔偿义务机关记入笔录。

(4) 赔偿请求人不是受害人本人的,应当说明与受害人的关系,并提供相应证明。

3. 赔偿义务机关的先行处理

(1) 收讫凭证:赔偿请求人当面递交申请书的,赔偿义务机关应当当场出具加盖本行政机关专用印章并注明收讫日期的书面凭证。申请材料不齐全的,赔偿义务机关应当当场或者在5日内一次性告知赔偿请求人需要补正的全部内容。

（2）处理期限：赔偿义务机关应当自收到申请之日起两个月内，作出是否赔偿的决定；

（3）处理过程：赔偿义务机关作出赔偿决定，应当充分听取赔偿请求人的意见，并可以与赔偿请求人就赔偿方式、赔偿项目和赔偿数额依照本法第四章的规定进行协商；

（4）赔偿决定：赔偿义务机关决定赔偿的，应当制作赔偿决定书，并自作出决定之日起10日内送达赔偿请求人。赔偿义务机关决定不予赔偿的，应当自作出决定之日起10日内书面通知赔偿请求人，并说明不予赔偿的理由。

4. 行政赔偿诉讼

（1）赔偿诉讼的提出。赔偿义务机关在规定期限内未作出是否赔偿的决定，赔偿请求人可以自期限届满之日起3个月内，向人民法院提起诉讼。赔偿请求人对赔偿的方式、项目、数额有异议的，或者赔偿义务机关作出不予赔偿决定的，赔偿请求人可以自赔偿义务机关作出赔偿或者不予赔偿决定之日起3个月内，向人民法院提起诉讼。

（2）赔偿诉讼的举证责任。举证原则：人民法院审理行政赔偿案件，赔偿请求人和赔偿义务机关对自己提出的主张，应当提供证据。这就表明行政赔偿诉讼的举证原则与行政诉讼并不相同，并非赔偿义务机关承担全部的举证责任，而是"谁主张谁举证"。有如下情况的例外：赔偿义务机关采取行政拘留或者限制人身自由的强制措施期间，被限制人身自由的人死亡或者丧失行为能力的，赔偿义务机关的行为与被限制人身自由的人的死亡或者丧失行为能力是否存在因果关系，赔偿义务机关应当提供证据。

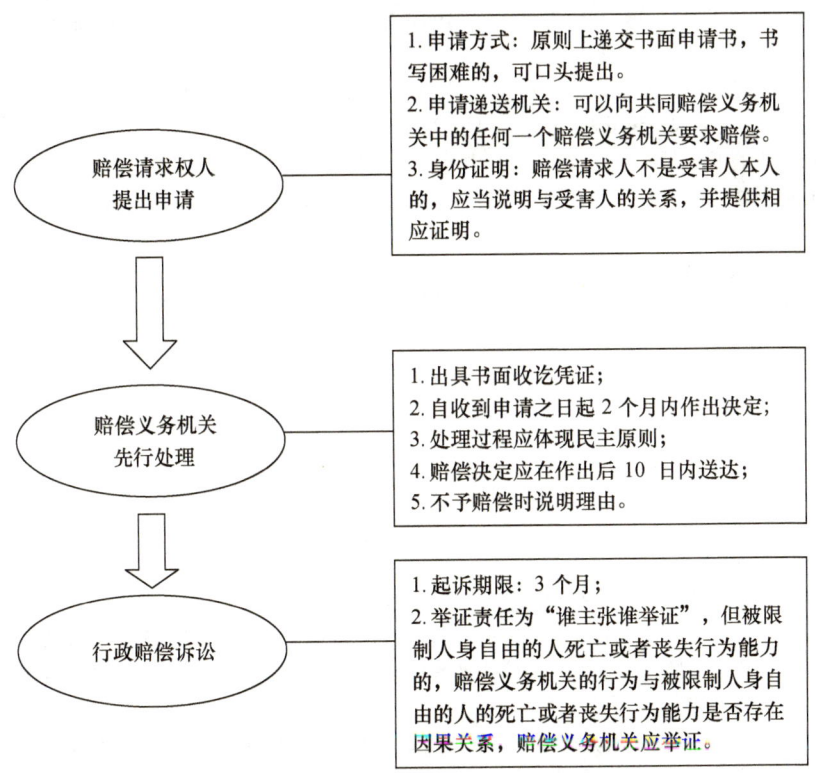

◆**考点归纳**

行政赔偿诉讼是一种特别的行政诉讼类型,其起诉期限、原告资格、被告确认、管辖更均与一般的行政诉讼相同,但在举证责任上则有重大差异。人民法院审理行政赔偿案件,赔偿请求人和赔偿义务机关对自己提出的主张,应当提供证据。除非是赔偿义务机关采取行政拘留或者限制人身自由的强制措施期间,被限制人身自由的人死亡或者丧失行为能力的,赔偿义务机关的行为与被限制人身自由的人的死亡或者丧失行为能力是否存在因果关系,赔偿义务机关应当提供证据。

(二) 一并提出行政赔偿请求的程序

◆**知识要点**

所谓"一并提起"行政赔偿请求的程序是指,赔偿请求权人在对侵权行为申请行政复议或提起行政诉讼的过程中,一并要求侵权机关对该行为造成的损失进行赔偿。

(1) 与先行处理程序不同,在一并提起的程序中,复议机关或是法院首先要确定被申请的或是被诉的行为的违法,在确认违法之后,再确定是否应给予受害人赔偿。也就是说在一并提起的程序中,处理机关要同时处理具体行政行为的合法性问题与赔偿问题。

(2) 在一并提起的程序中,因为受害人是在申请行政复议或提起行政诉讼过程中,一并提出行政赔偿请求,因此具体程序应适用行政复议程序或行政诉讼程序。

(3) 在行政复议程序中,申请人赔偿请求的提出可以在申请复议之后到复议决定最终作出之前;在行政诉讼程序中,原告可以在起诉之后到一审庭审结束之前提出行政赔偿的诉讼请求。

(4) 无论是在行政复议过程中,还是在行政诉讼过程中,对行政赔偿部分,即是否应予赔偿、具体赔偿数额、履行期限及方式等可以适用调解。

(5) 在行政诉讼中,还应结合前文中关于遗漏赔偿请求的处理方式。例如:① 原审判决遗漏行政赔偿请求,第二审人民法院经审查认为依法不应当予以赔偿的,应当判决驳回行政赔偿请求。② 原审判决遗漏行政赔偿请求,第二审人民法院经审理认为依法应当予以赔偿的,在确认被诉具体行政行为违法的同时,可以就行政赔偿问题进行调解;调解不成的,应当就行政赔偿部分发回重审。③ 当事人在第二审期间提出行政赔偿请求的,第二审人民法院可以进行调解;调解不成的,应当告知当事人另行起诉。

(三) 行政追偿

◆**重点法条**

《**国家赔偿法**》

**第 16 条第 1 款** 赔偿义务机关赔偿损失后,应当责令有故意或者重大过失的工作人员或者受委托的组织或者个人承担部分或者全部赔偿费用。

◆**知识要点**

国家追偿是指国家在向赔偿请求人支付了赔偿费用后,依法责令在国家侵权行为中具有违法情形的工作人员或具有其他违法情形的工作人员、受委托组织和个人承担全部或部分赔偿费用的制度。**国家追偿的前提是赔偿义务机关已经承担了赔偿责任,即已经向请求人支付了相关的赔偿费用。**

在行政追偿中,被追偿人必须是**有故意或者重大过失**的工作人员或者受委托的组织或者个人。赔偿义务机关可以根据被追偿人的过错程度,要求被追偿人支付部分或全部赔偿费用,但追偿额度不得超过赔偿费用。对于被追偿人,赔偿义务机关还应当依法给予行政处分,构成犯罪的应当依法追究刑事责任。

## 第三节 刑事赔偿

### 一、刑事赔偿的范围

◆**重点法条**
《国家赔偿法》
**第17条** 行使侦查、检察、审判职权的机关以及看守所、监狱管理机关及其工作人员在行使职权时有下列侵犯人身权情形之一的,受害人有取得赔偿的权利:
(一)违反刑事诉讼法的规定对公民采取拘留措施的,或者依照刑事诉讼法规定的条件和程序对公民采取拘留措施,但是拘留时间超过刑事诉讼法规定的时限,其后决定撤销案件、不起诉或者判决宣告无罪终止追究刑事责任的;
(二)对公民采取逮捕措施后,决定撤销案件、不起诉或者判决宣告无罪终止追究刑事责任的;
(三)依照审判监督程序再审改判无罪,原判刑罚已经执行的;
(四)刑讯逼供或者以殴打、虐待等行为或者唆使、放纵他人以殴打、虐待等行为造成公民身体伤害或者死亡的;
(五)违法使用武器、警械造成公民身体伤害或者死亡的。
**第18条** 行使侦查、检察、审判职权的机关以及看守所、监狱管理机关及其工作人员在行使职权时有下列侵犯财产权情形之一的,受害人有取得赔偿的权利:
(一)违法对财产采取查封、扣押、冻结、追缴等措施的;
(二)依照审判监督程序再审改判无罪,原判罚金、没收财产已经执行的。
**第19条** 属于下列情形之一的,国家不承担赔偿责任:
(一)因公民自己故意作虚伪供述,或者伪造其他有罪证据被羁押或者被判处刑罚的;
(二)依照刑法第十七条、第十八条规定不负刑事责任的人被羁押的;
(三)依照刑事诉讼法第十五条、第一百七十三条第二款、第二百七十三条第二款、第二百七十九条规定不追究刑事责任的人被羁押的;
(四)行使侦查、检察、审判职权的机关以及看守所、监狱管理机关的工作人员与行使职权无关的个人行为的;
(五)因公民自伤、自残等故意行为致使损害发生的;
(六)法律规定的其他情形。
最高人民法院《关于人民法院执行〈中华人民共和国国家赔偿法〉几个问题的解释》(1996)
一、根据《中华人民共和国国家赔偿法》(以下简称赔偿法)第十七条第(二)项、(三)项的规定,依照刑法第十四条、第十五条规定不负刑事责任的人和依照刑事诉讼法第十五条规定不追究刑事责任的人被羁押,国家不承担赔偿责任。但是对起诉后经人民法院判处拘役、有期徒刑、无期徒刑和死刑并已执行的上列人员,有权依法取得赔偿。判决确定前被羁押的日期依法不予赔偿。

......

四、根据赔偿法第二十六条、第二十七条的规定，人民法院判处管制、有期徒刑缓刑、剥夺政治权利等刑罚的人被依法改判无罪的，国家不承担赔偿责任，但是，赔偿请求人在判决生效前被羁押的，依法有权取得赔偿。

......

### ◆知识要点

刑事赔偿是刑事司法机关及其工作人员违法行使刑事司法职权时造成侵权行为的国家赔偿责任。能够引起刑事赔偿的机关包括公安机关（及国家安全机关）、检察机关、法院、看守所、监狱管理机关。

与行政赔偿范围的规定相同，《国家赔偿法》正面列举和反面排除两种方式。第17条和第18条分别列举了国家承担赔偿责任的刑事违法案件，其中第17条为侵犯人身权的案件，而第18条为侵犯财产权的案件，第19条从反面排除了国家不承担赔偿责任的案件。但与行政赔偿范围不同的是，在行政赔偿中，只要是不属于国家赔偿法排除在外的不赔案件，行政机关侵害公民人身权和财产权的违法行为，无论是否属于第3条和第4条明文列举的案件，国家均要承担赔偿责任，而对于刑事案件，只有属于《国家赔偿法》明文列举的赔偿案件，国家才承担赔偿责任。即刑事赔偿范围的范围是确定的，并不包含"其他"的兜底性条款。这一点考生应格外注意。

刑事赔偿的范围具体包括：

（一）人身权侵权赔偿案件

人身权侵权案件即侵犯公民人身自由的案件和侵犯公民生命健康权的案件。

1. 违法拘留

对于拘留类案件，国家承担赔偿责任的情形仅限于以下两类：

（1）违法拘留，即违反刑事诉讼法的规定进行拘留，即公安机关在作出拘留决定时根本不具备《刑事诉讼法》规定的拘留要件而对公民进行拘留。

（2）合法拘留＋超期拘留＋事后证明无罪。依照《刑事诉讼法》规定的条件和程序对公民采取拘留措施，但是拘留时间超过刑事诉讼法规定的时限，其后决定撤销案件、不起诉或者判决宣告无罪终止追究刑事责任的，这类案件是指公安机关在对当事人采取拘留措施时符合刑事诉讼法规定的条件，但拘留时间超过刑事诉讼法规定的时限，其后有关机关又通过决定撤销案件、不起诉或者判决宣告无罪终止追究刑事责任的方式确认当事人无罪。

据此，如果公安机关在对当事人采取拘留措施时符合刑事诉讼法规定的条件，即便其后决定撤销案件、不起诉或者判决宣告无罪终止追究刑事责任的，国家也不承担赔偿责任。

2. 错误逮捕

如前文所述，对于逮捕的赔偿，《国家赔偿法》采取了完全不同于拘留的"结果归责原则"，不论刑事司法机关在采取逮捕措施时是否符合《刑事诉讼法》规定的逮捕要件，只要事后有权机关通过决定撤销案件、不起诉或者判决宣告无罪终止追究刑事责任的方式确认当事人无罪，国家就应承担赔偿责任。

3. 无罪错判有罪

对于"错判案件"，《国家赔偿法》只赔偿无罪判有罪，且刑罚已经执行的。这就意味着，如果是轻罪判重罪，即使再审改判且刑罚已经执行，国家也不承担赔偿责任。

但此处需注意的是,根据**1996年最高人民法院《关于人民法院执行〈中华人民共和国国家赔偿法〉几个问题的解释》**的规定,人民法院判处管制、有期徒刑缓刑、剥夺政治权利等刑罚的人被依法改判无罪的,国家不承担赔偿责任,但是,赔偿请求人在判决生效前被羁押的,依法有权取得赔偿。

4. 暴力行为造成公民人身权侵害

这类案件是指刑事司法机关通过刑讯逼供或者以殴打、虐待等行为或者唆使、放纵他人以殴打、虐待等行为造成公民身体伤害或者死亡的。

5. 违法使用武器、警械造成公民人身权侵害

(二)财产权侵权赔偿案件

(1)违法对财产采取查封、扣押、冻结、追缴等措施;

(2)依照审判监督程序再审改判无罪,原判罚金、没收财产已经执行的。

与上文相同,这里的错判也只包括"无罪判有罪",而不包括"轻罪判重罪"。

(三)国家不承担赔偿责任的情形

(1)因受害人自己的过错导致被羁押或被判处刑罚。例如受害人故意作伪证或是伪造其他有罪证据的。

(2)不负刑事责任的人和不追究刑事责任的人被羁押的。但是1996年最高人民法院《关于人民法院执行〈中华人民共和国国家赔偿法〉几个问题的解释》中规定,对起诉后经人民法院判处拘役、有期徒刑、无期徒刑和死刑并已执行的上列人员,有权依法取得赔偿。判决确定前被羁押的日期依法不予赔偿。

(3)刑事司法机关工作人员的个人行为。与前文相同,区分"个人行为"与"职务行为"的标准是客观标准,而非工作人员的个人主观意识。

(4)公民个人的自伤、自残行为导致损害后果发生的。

(5)法律规定的其他情形。

| 刑事赔偿的范围 | | 国家不赔的范围 |
|---|---|---|
| 人身权侵权案件 | 财产权侵权案件 | (1)受害人自己的过错;<br>(2)不负刑事责任的人和不追究刑事责任的人被羁押(但是对起诉后经人民法院判处拘役、有期徒刑、无期徒刑和死刑并已执行的上列人员,有权依法取得赔偿。判决确定前被羁押的日期依法不予赔偿);<br>(3)工作人员的个人行为;<br>(4)公民个人的自伤、自残行为;<br>(5)其他情形。 |
| (1)违法拘留;<br>(2)错误逮捕;<br>(3)无罪错判有罪(如法院判处管制、有期徒刑缓刑、剥夺政治权利等刑罚的人被依法改判无罪,国家不承担赔偿责任,但是,赔偿请求人在判决生效前被羁押的,依法有权取得赔偿);<br>(4)暴力行为;<br>(5)违反使用武器警械。 | (1)违法对财产采取查封、扣押、冻结、追缴等措施;<br>(2)再审改判无罪,原判罚金、没收财产已经执行的。 | |

◆**考点归纳**

(1)对于拘留类案件,国家承担赔偿责任的情形仅限于以下两种:①违法拘留,②合法拘留+超期拘留+事后证明无罪。据此,如果公安机关在对当事人采取拘留措施时符合刑事诉

讼法规定的条件,即便其后决定撤销案件、不起诉或者判决宣告无罪终止追究刑事责任的,国家也不承担赔偿责任。而有权机关决定撤销案件、不起诉或者判决宣告无罪终止追究刑事责任,都是确认当事人无罪的证明,当事人可直接依据这些决定要求国家赔偿。

(2) 对于逮捕的赔偿,不论刑事司法机关在采取逮捕措施时是否符合《刑事诉讼法》规定的逮捕要件,只要事后有权机关通过决定撤销案件、不起诉或者判决宣告无罪终止追究刑事责任的方式确认当事人无罪,国家就应承担赔偿责任。其中,有权机关通过决定撤销案件、不起诉或者判决宣告无罪终止追究刑事责任,都是确认错误逮捕的证明,当事人可直接依据这些决定要求国家赔偿,无须再经过确认。

(3) 无罪错判有罪的赔偿。根据 **1996 年最高人民法院《关于人民法院执行〈中华人民共和国国家赔偿法〉几个问题的解释》**,人民法院判处管制、有期徒刑缓刑、剥夺政治权利等刑罚的人被依法改判无罪的,国家不承担赔偿责任,但是,赔偿请求人在判决生效前被羁押的,依法有权取得赔偿。因此,对于无罪错判有罪的当事人,国家如何赔偿分为两段:① 在判决生效之前的羁押,国家一律需要赔偿;② 而判决生效之后,国家是否赔偿要看当事人有无实质羁押,如果生效判决判处当事人拘役、有期徒刑、无期徒刑、死刑且已经执行的,国家必须赔偿,所谓"实刑赔偿",如果判处的是管制、有期徒刑缓刑、剥夺政治权利等刑罚,因为没有实质羁押,因此国家不予赔偿。

综上,无罪错判有罪的国家赔偿的范围可总结为下图:

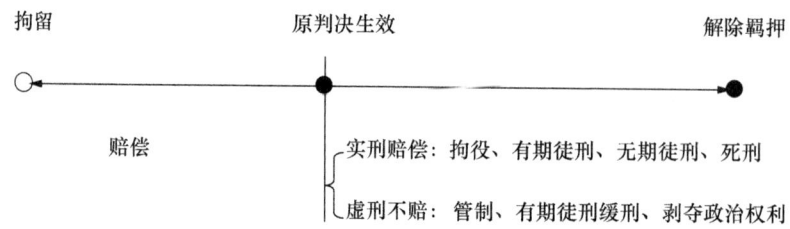

(4) 不负刑事责任的人和不追究刑事责任的人被羁押,国家原则上不承担赔偿责任。但是 1996 年最高人民法院《关于人民法院执行〈中华人民共和国国家赔偿法〉几个问题的解释》中规定,对起诉后经人民法院判处拘役、有期徒刑、无期徒刑和死刑并已执行的上列人员,有权依法取得赔偿,判决确定前被羁押的日期依法不予赔偿。也就是说不负刑事责任的人和不追究刑事责任的人被羁押,对于国家如何赔偿同样分为两段:① 在判决生效之前的羁押,国家一律不予赔偿;② 而判决生效之后,国家是否赔偿要看当事人有无实质羁押,如果生效判决判处当事人拘役、有期徒刑、无期徒刑、死刑且已经执行的,国家必须赔偿,所谓"实刑赔偿",如果判处的是管制、有期徒刑缓刑、剥夺政治权利等刑罚,因为没有实质羁押,因此国家不予赔偿。

综上,不负刑事责任和不追究刑事责任的人被羁押的国家赔偿的范围可总结为下图:

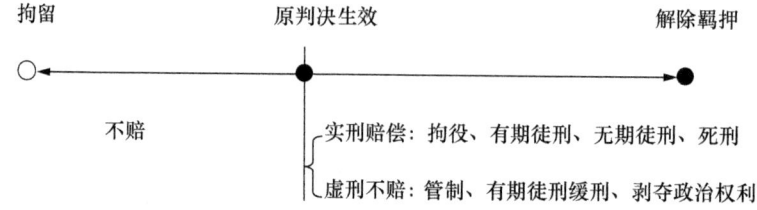

◆经典真题

1.（2007-2-50）李某涉嫌盗窃被公安局刑事拘留,后检察院批准将其逮捕。法院审理时发现,李某系受人教唆,且是从犯,故判处李某有期徒刑2年,缓期3年执行。后李某以自己年龄不满16周岁为由提起上诉,二审法院因此撤销原判,改判李某无罪并解除羁押。下列哪一选项是正确的?（A）

A. 对于李某受到的羁押损失,国家不予赔偿
B. 对于一审有罪判决至二审无罪判决期间李某受到的羁押损失,国家应当给予赔偿
C. 对于一审判决前李某受到的羁押损失,国家应当给予赔偿
D. 对于检察院批准逮捕之前李某受到的羁押损失,国家应当给予赔偿

2.（2009-2-89）2006年12月5日,王某因涉嫌盗窃被某县公安局刑事拘留,同月11日被县检察院批准逮捕。2008年3月4日王某被一审法院判处有期徒刑二年,王某不服提出上诉。2008年6月5日,二审法院维持原判,判决交付执行。2009年3月2日,法院经再审以王某犯罪时不满16周岁为由撤销生效判决,改判其无罪并当庭释放。王某申请国家赔偿,下列哪些选项是错误的?（BCD）

A. 国家应当对王某从2008年6月5日到2009年3月2日被羁押的损失承担赔偿责任
B. 国家应当对王某从2006年12月11日到2008年3月4日被羁押的损失承担赔偿责任
C. 国家应当对王某从2006年12月5日到2008年3月4日被羁押的损失承担赔偿责任
D. 国家应当对王某从2008年3月4日到2009年3月2日被羁押的损失承担赔偿责任

## 二、刑事赔偿的赔偿义务机关

◆重点法条
《国家赔偿法》
**第21条** 行使侦查、检察、审判职权的机关以及看守所、监狱管理机关及其工作人员在行使职权时侵犯公民、法人和其他组织的合法权益造成损害的,该机关为赔偿义务机关。

对公民采取拘留措施,依照本法的规定应当给予国家赔偿的,作出拘留决定的机关为赔偿义务机关。

对公民采取逮捕措施后决定撤销案件、不起诉或者判决宣告无罪的,作出逮捕决定的机关为赔偿义务机关。

再审改判无罪的,作出原生效判决的人民法院为赔偿义务机关。二审改判无罪,以及二审发回重审后作无罪处理的,作出一审有罪判决的人民法院为赔偿义务机关。

◆知识要点
刑事赔偿义务机关确认的一般规则如下：

1. 违法拘留的赔偿义务机关

对公民采取拘留措施,依照上文分析应当给予国家赔偿的,作出拘留决定的机关为赔偿义务机关。在刑事诉讼中,作出拘留决定的一般为行使侦查权的公安机关和国家安全机关。如果上述机关违法进行拘留,或是拘留要件虽合法,但拘留期限超过了法律规定,其后有权机关决定撤销案件、不起诉或者判决宣告无罪终止追究刑事责任的,作出拘留决定的公安机关和国家安全机关为赔偿义务机关。

2. 错误逮捕的赔偿义务机关

对公民采取逮捕措施后决定撤销案件、不起诉或者判决宣告无罪的,作出逮捕决定的机关为赔偿义务机关。在刑事诉讼中,作出逮捕决定的一般为检察机关,在自诉案件中作出逮捕决定的是法院。上述机关在作出逮捕决定后,有权机关又通过撤销案件、不起诉或者判决宣告无罪的方式,确认当事人并不犯罪事实,此时,作出逮捕决定的检察机关或是法院对逮捕之前的羁押承担国家赔偿责任。

3. 无罪错判有罪的赔偿义务机关

(1) 再审改判无罪的,作出原生效判决的人民法院为赔偿义务机关。

再审改判无罪的可分为以下两种情形:第一,原一审法院作出有罪判决后,当事人并未上诉,检察院也未抗诉,一审判决即发生法律效力,此时再审改判无罪的,作出原一审判决的一审法院为赔偿义务机关;第二,原一审法院作出判决,当事人上诉或检察院抗诉,原二审法院维持了一审法院的有罪判决,或是改判后确认当事人有罪的,此时发生法律效力的是二审判决,当再审改判无罪的,作出二审判决的二审法院为赔偿义务机关。

(2) 二审改判无罪,以及二审发回重审后作无罪处理的,作出一审有罪判决的人民法院为赔偿义务机关。

如果一审法院在判决中确认当事人有罪,而二审法院改判无罪;或是二审法院将案件发回重审后,一审法院改判无罪,或是通过其他方式对当事人作出无罪处理的,例如一审法院退回检察院补充侦查,检察院又作出不起诉决定或是撤销案件的决定,此时的赔偿义务机关均是一审法院。

4. 刑事司法机关工作人员的职务侵权行为

除上述决定外,如果行使侦查、检察、审判职权的机关以及看守所、监狱管理机关及其工作人员在行使职权时侵犯公民、法人和其他组织的合法权益造成损害的,工作人员所在的机关为赔偿义务机关。

◆考点归纳

1. 后者吸收前者的一般规则

对刑事赔偿义务机关的确定,《国家赔偿法》采取的是**"后者吸收前者"**的一般规则。换言之,刑事诉讼是一个环环相扣的过程,从刑事拘留—逮捕—起诉——审判决—二审判决—再审判决,一般情况下,如果前阶段的决定已经经过后阶段决定的确认,而后阶段的决定再未继续进行下去,后续的刑事司法机关已经停止追究当事人的刑事责任,则作出后阶段决定的刑事司法机关,要做当事人此前所有国家应当赔偿的羁押损失承担赔偿责任。具体而言:

(1) 如果公安机关在作出拘留决定后,向检察院提请逮捕,检察院作出逮捕决定后,之后又决定撤销案件、不起诉,或者检察院起诉后一审法院判决宣告无罪,而当事人未上诉,检察院也未抗诉,一审法院判决就此生效的,检察院应当对当事人此前所有国家应当赔偿的羁押损失承担赔偿责任,而作出拘留决定的公安机关不再是赔偿义务机关。

(2) 如果公安机关在作出拘留决定、检察院作出逮捕决定,之后又提起公诉,一审法院对当事人作出有罪判决,二审法院改判无罪的,一审法院为赔偿义务机关,一审法院应当对当事人此前所有国家应当赔偿的羁押损失承担赔偿责任,作出拘留决定的公安机关和作出逮捕决定的检察机关不再是赔偿义务机关。

(3) 如果公安机关在作出拘留决定、检察院作出逮捕决定,之后又提起公诉,案件经过一审、二审后,二审法院最终确定了当事人的刑事责任,而再审又改判当事人无罪的,二审法院为赔偿义务机关,二审法院应当对当事人此前所有国家应当赔偿的羁押损失承担赔偿责任,此前作出拘留决定的公安机关、作出逮捕决定的检察机关以及一审法院均不再是赔偿义务机关。

2. 二审改判无罪或发回重审后作无罪处理的

新的《国家赔偿法》规定此时作出一审有罪判决的人民法院为赔偿义务机关,这一点和旧的《国家赔偿法》规定不同,这一修改使刑事赔偿义务机关的确认完全贯彻了上文所述的"后者吸收前者"的原则。

| 刑事赔偿义务机关的确认 ||
|---|---|
| 刑事决定 | 赔偿义务机关 |
| 对公民采取拘留措施后停止追究刑事责任 | 公安机关 |
| 检察院批捕后,之后又决定撤销案件、不起诉,或者检察院起诉后一审法院判决宣告无罪 | 检察院 |
| 一审法院作出有罪判决,二审改判无罪或发回重审后停止追究当事人刑事责任的 | 一审法院 |
| 再审改判无罪的 | 作出原生效判决的人民法院为赔偿义务机关 |

◆经典真题

1. (2012-2-50)50. 县公安局以李某涉嫌盗窃为由将其刑事拘留,并经县检察院批准逮捕。县法院判处李某有期徒刑5年。李某上诉,市中级法院改判李某无罪。李某向赔偿义务机关申请国家赔偿。下列哪一说法是正确的?(D)

　　A. 县检察院为赔偿义务机关
　　B. 李某申请国家赔偿前应先申请确认刑事拘留和逮捕行为违法
　　C. 李某请求国家赔偿的时效自羁押行为被确认为违法之日起计算
　　D. 赔偿义务机关可以与李某就赔偿方式进行协商

2. (2012-2-83)83. 区公安分局以涉嫌故意伤害罪为由将方某刑事拘留,区检察院批准对方某的逮捕。区法院判处方某有期徒刑3年,方某上诉。市中级法院以事实不清为由发回区法院重审。区法院重审后,判决方某无罪。判决生效后,方某请求国家赔偿。下列哪些说法是错误的?(AB)

　　A. 区检察院和区法院为共同赔偿义务机关
　　B. 区公安分局为赔偿义务机关
　　C. 方某应当先向区法院提出赔偿请求
　　D. 如区检察院在审查起诉阶段决定撤销案件,方某请求国家赔偿的,区检察院为赔偿义务机关

3. (2014-2-100)某县公安局以沈某涉嫌销售伪劣商品罪为由将其刑事拘留,并经县检察院批准逮捕。后检察院决定不起诉。沈某申请国家赔偿,赔偿义务机关拒绝。下列说法正确的是:(BCD)

　　A. 县公安局为赔偿义务机关

B. 赔偿义务机关拒绝赔偿,应当书面通知沈某
C. 国家应当给予沈某赔偿
D. 对拒绝赔偿,沈某可以向县检察院的上一级检察院申请复议

4. (2015-2-100)某县公安局以涉嫌诈骗为由将张某刑事拘留,并经县检察院批准逮捕,后县公安局以证据不足为由撤销案件,张某遂申请国家赔偿。下列说法正确的是:(C)
A. 赔偿义务机关为县公安局和县检察院
B. 张某的赔偿请求不属国家赔偿范围
C. 张某当面递交赔偿申请书,赔偿义务机关应当场出具加盖本机关专用印章并注明收讫日期的书面凭证
D. 如赔偿义务机关拒绝赔偿,张某可向法院提起赔偿诉讼

5. (2016-2-50)某县公安局于2012年5月25日以方某涉嫌合同诈骗罪将其刑事拘留,同年6月26日取保候审,8月11日检察院决定批准逮捕方某。2013年5月11日,法院以指控依据不足为由判决方某无罪,方某被释放。2014年3月2日方某申请国家赔偿。下列哪一说法是正确的?(C)
A. 县公安局为赔偿义务机关
B. 赔偿义务机关可就赔偿方式和数额与方某协商,但不得就赔偿项目进行协商
C. 方某2012年6月26日至8月11日取保候审,不属于国家赔偿范围
D. 对方某的赔偿金标准应按照2012年度国家职工日平均工资计算

## 三、刑事赔偿程序

### ◆ 重点法条

**《国家赔偿法》**

**第 22 条** 赔偿义务机关有本法第十七条、第十八条规定情形之一的,应当给予赔偿。

赔偿请求人要求赔偿,应当先向赔偿义务机关提出。

赔偿请求人提出赔偿请求,适用本法第十一条、第十二条的规定。

**第 23 条** 赔偿义务机关应当自收到申请之日起两个月内,作出是否赔偿的决定。赔偿义务机关作出赔偿决定,应当充分听取赔偿请求人的意见,并可以与赔偿请求人就赔偿方式、赔偿项目和赔偿数额依照本法第四章的规定进行协商。

赔偿义务机关决定赔偿的,应当制作赔偿决定书,并自作出决定之日起十日内送达赔偿请求人。

赔偿义务机关决定不予赔偿的,应当自作出决定之日起十日内书面通知赔偿请求人,并说明不予赔偿的理由。

**第 24 条** 赔偿义务机关在规定期限内未作出是否赔偿的决定,赔偿请求人可以自期限届满之日起三十日内向赔偿义务机关的上一级机关申请复议。

赔偿请求人对赔偿的方式、项目、数额有异议的,或者赔偿义务机关作出不予赔偿决定的,赔偿请求人可以自赔偿义务机关作出赔偿或者不予赔偿决定之日起三十日内,向赔偿义务机关的上一级机关申请复议。

赔偿义务机关是人民法院的,赔偿请求人可以依照本条规定向其上一级人民法院赔偿委员会申请作出赔偿决定。

**第25条** 复议机关应当自收到申请之日起两个月内作出决定。

赔偿请求人不服复议决定的,可以在收到复议决定之日起三十日内向复议机关所在地的同级人民法院赔偿委员会申请作出赔偿决定;复议机关逾期不作决定的,赔偿请求人可以自期限届满之日起三十日内向复议机关所在地的同级人民法院赔偿委员会申请作出赔偿决定。

**第26条** 人民法院赔偿委员会处理赔偿请求,赔偿请求人和赔偿义务机关对自己提出的主张,应当提供证据。

被羁押人在羁押期间死亡或者丧失行为能力的,赔偿义务机关的行为与被羁押人的死亡或者丧失行为能力是否存在因果关系,赔偿义务机关应当提供证据。

**第27条** 人民法院赔偿委员会处理赔偿请求,采取书面审查的办法。必要时,可以向有关单位和人员调查情况、收集证据。赔偿请求人与赔偿义务机关对损害事实及因果关系有争议的,赔偿委员会可以听取赔偿请求人和赔偿义务机关的陈述和申辩,并可以进行质证。

**第28条** 人民法院赔偿委员会应当自收到赔偿申请之日起三个月内作出决定;属于疑难、复杂、重大案件的,经本院院长批准,可以延长三个月。

**第29条** 中级以上的人民法院设立赔偿委员会,由人民法院三名以上审判员组成,组成人员的人数应当为单数。

赔偿委员会作赔偿决定,实行少数服从多数的原则。

赔偿委员会作出的赔偿决定,是发生法律效力的决定,必须执行。

**第30条** 赔偿请求人或者赔偿义务机关对赔偿委员会作出的决定,认为确有错误的,可以向上一级人民法院赔偿委员会提出申诉。

赔偿委员会作出的赔偿决定生效后,如发现赔偿决定违反本法规定的,经本院院长决定或者上级人民法院指令,赔偿委员会应当在两个月内重新审查并依法作出决定,上一级人民法院赔偿委员会也可以直接审查并作出决定。

最高人民检察院对各级人民法院赔偿委员会作出的决定,上级人民检察院对下级人民法院赔偿委员会作出的决定,发现违反本法规定的,应当向同级人民法院赔偿委员会提出意见,同级人民法院赔偿委员会应当在两个月内重新审查并依法作出决定。

**第31条第1款** 赔偿义务机关赔偿后,应当向有下列情形之一的工作人员追偿部分或者全部赔偿费用:

(一)有本法第十七条第四项、第五项规定情形的;

(二)在处理案件中有贪污受贿,徇私舞弊,枉法裁判行为的。

**最高人民法院《关于人民法院赔偿委员会审理国家赔偿案件程序的规定》**

**第3条** 赔偿委员会收到赔偿申请,经审查认为符合申请条件的,应当在七日内立案,并通知赔偿请求人、赔偿义务机关和复议机关;认为不符合申请条件的,应当在七日内决定不予受理;立案后发现不符合申请条件的,决定驳回申请。

前款规定的期限,自赔偿委员会收到赔偿申请之日起计算。申请材料不齐全的,赔偿委员会应当在五日内一次性告知赔偿请求人需要补正的全部内容,收到赔偿申请的时间应当自赔偿委员会收到补正材料之日起计算。

**第4条** 赔偿委员会应当在立案之日起五日内将赔偿申请书副本或者《申请赔偿登记表》副本送达赔偿义务机关和复议机关。

**第5条** 赔偿请求人可以委托一至二人作为代理人。律师、提出申请的公民的近亲属、有关的社会团体或者所在单位推荐的人、经赔偿委员会许可的其他公民,都可以被委托为代理人。

赔偿义务机关、复议机关可以委托本机关工作人员一至二人作为代理人。

**第9条** 赔偿委员会审理赔偿案件,可以组织赔偿义务机关与赔偿请求人就赔偿方式、赔偿项目和赔偿数额依照国家赔偿法第四章的规定进行协商。

**第12条** 赔偿请求人、赔偿义务机关对自己提出的主张或者反驳对方主张所依据的事实有责任提供证据加以证明。有国家赔偿法第二十六条第二款规定情形的,应当由赔偿义务机关提供证据。

没有证据或者证据不足以证明其事实主张的,由负有举证责任的一方承担不利后果。

**第13条** 赔偿义务机关对其职权行为的合法性负有举证责任。

赔偿请求人可以提供证明职权行为违法的证据,但不因此免除赔偿义务机关对其职权行为合法性的举证责任。

**第19条** 赔偿委员会审理赔偿案件应当按照下列情形,分别作出决定:

(一)赔偿义务机关的决定或者复议机关的复议决定认定事实清楚,适用法律正确的依法予以维持;

(二)赔偿义务机关的决定、复议机关的复议决定认定事实清楚,但适用法律错误的,依法重新决定;

(三)赔偿义务机关的决定、复议机关的复议决定认定事实不清、证据不足的,查清事实后依法重新决定;

(四)赔偿义务机关、复议机关逾期未作决定的,查清事实后依法作出决定。

◆**知识要点**

刑事赔偿的程序按照赔偿义务机关的不同,可分为两种:

(1)公安机关、检察机关、国家安全机关、看守所和监狱管理机关为赔偿义务机关的赔偿程序;

(2)人民法院为赔偿义务机关的赔偿程序。

(一)公安机关、检察机关、国家安全机关、看守所和监狱管理机关为赔偿义务机关的赔偿程序

1. 请求权人提出申请

刑事赔偿中,赔偿请求权人要求赔偿的,应当先向赔偿义务机关提出。同行政赔偿一样,当事人提出赔偿请求应注意以下事项:

(1)赔偿请求人根据受到的不同损害,可以同时提出数项赔偿要求。

(2)应当递交申请书,申请书应当载明受害人的基本信息、赔偿请求、事实根据和理由;赔偿请求人书写申请书确有困难的,可以委托他人代书;也可以口头申请,由赔偿义务机关记入笔录。

(3)赔偿请求人不是受害人本人的,应当说明与受害人的关系,并提供相应证明。

2. 赔偿义务机关先行处理

刑事赔偿义务机关的先行处理程序与行政赔偿中的先行处理程序相同,同样应注意以下问题:

(1)收讫凭证:赔偿请求人当面递交申请书的,赔偿义务机关应当当场出具加盖本行政机

关专用印章并注明收讫日期的书面凭证。申请材料不齐全的,赔偿义务机关应当当场或者在 5 日内一次性告知赔偿请求人需要补正的全部内容。

（2）处理期限：赔偿义务机关应当自收到申请之日起 2 个月内,作出是否赔偿的决定；

（3）处理过程：赔偿义务机关作出赔偿决定,应当充分听取赔偿请求人的意见,并可以与赔偿请求人就赔偿方式、赔偿项目和赔偿数额依照本法第四章的规定进行协商；

（4）赔偿决定：赔偿义务机关决定赔偿的,应当制作赔偿决定书,并自作出决定之日起 10 日内送达赔偿请求人。赔偿义务机关决定不予赔偿的,应当自作出决定之日起 10 日内书面通知赔偿请求人,并说明不予赔偿的理由。

3. 上一级机关的复议程序

（1）申请期限：赔偿义务机关在规定期限内未作出是否赔偿的决定,赔偿请求人可以自期限届满之日起 30 日内向赔偿义务机关的上一级机关申请复议；赔偿请求人对赔偿的方式、项目、数额有异议的,或者赔偿义务机关作出不予赔偿决定的,赔偿请求人可以自赔偿义务机关作出赔偿或者不予赔偿决定之日起 30 日内,向赔偿义务机关的上一级机关申请复议。

（2）复议期限：复议机关应当自收到申请之日起 2 个月内作出决定。

4. 赔偿委员会的处理程序

（1）申请期限：赔偿请求人不服复议决定的,可以在收到复议决定之日起 30 日内向复议机关所在地的同级人民法院赔偿委员会申请作出赔偿决定；复议机关逾期不作决定的,赔偿请求人可以自期间届满之日起 30 日内向复议机关所在地的同级人民法院赔偿委员会申请作出赔偿决定。

（2）人民法院的赔偿委员会对于刑事赔偿问题作出最终决定。

对于赔偿委员会的处理程序,应注意的是：

**第一,机构设置与组织规则**。中级以上的人民法院设立赔偿委员会,由人民法院 3 名以上审判员组成,组成人员的人数应当为单数。

**第二,受理与代理人制度**。赔偿委员会收到赔偿申请,经审查认为符合申请条件的,应当在 7 日内立案,并通知赔偿请求人、赔偿义务机关和复议机关；认为不符合申请条件的,应当在 7 日内决定不予受理；立案后发现不符合申请条件的,决定驳回申请。

赔偿请求人可以委托一至二人作为代理人。律师、提出申请的公民的近亲属、有关的社会团体或者所在单位推荐的人、经赔偿委员会许可的其他公民,都可以被委托为代理人。赔偿义务机关、复议机关可以委托本机关工作人员一至二人作为代理人。

**第三,书面审查与协商制度**。人民法院赔偿委员会处理赔偿请求,采取**书面审查**的办法；必要时,可以向有关单位和人员调查情况、收集证据；赔偿委员会审理赔偿案件,可以组织赔偿义务机关与赔偿请求人就赔偿方式、赔偿项目和赔偿数额**进行协商**。

**第四,举证责任**。人民法院赔偿委员会处理赔偿请求,赔偿请求人和赔偿义务机关对自己提出的主张,应当提供证据,即人民法院赔偿委员会处理案件实行"谁主张谁举证"的一般规则,只有被羁押人在羁押期间死亡或者丧失行为能力的,赔偿义务机关的行为与被羁押人的死亡或者丧失行为能力是否存在因果关系,赔偿义务机关应当提供证据；没有证据或者证据不足以证明其事实主张的,由负有举证责任的一方承担不利后果；赔偿义务机关对其职权行为的合法性负有举证责任,赔偿请求人可以提供证明职权行为违法的证据,但不因此免除赔偿义务机关对其职权行为合法性的举证责任。

**第四,赔偿决定**:赔偿委员会作出的赔偿决定,是发生法律效力的决定,必须执行。作为刑事司法赔偿的最终处理机关,司法赔偿委员会所作的既非判决,也非裁定,而是按照少数服从多数的原则所作的决定,该赔偿决定是生效决定,必须予以执行;赔偿请求人或者赔偿义务机关对赔偿委员会作出的决定,认为确有错误的,只可以向上一级人民法院赔偿委员会提出申诉。

这种赔偿程序规则可具体归纳如下:

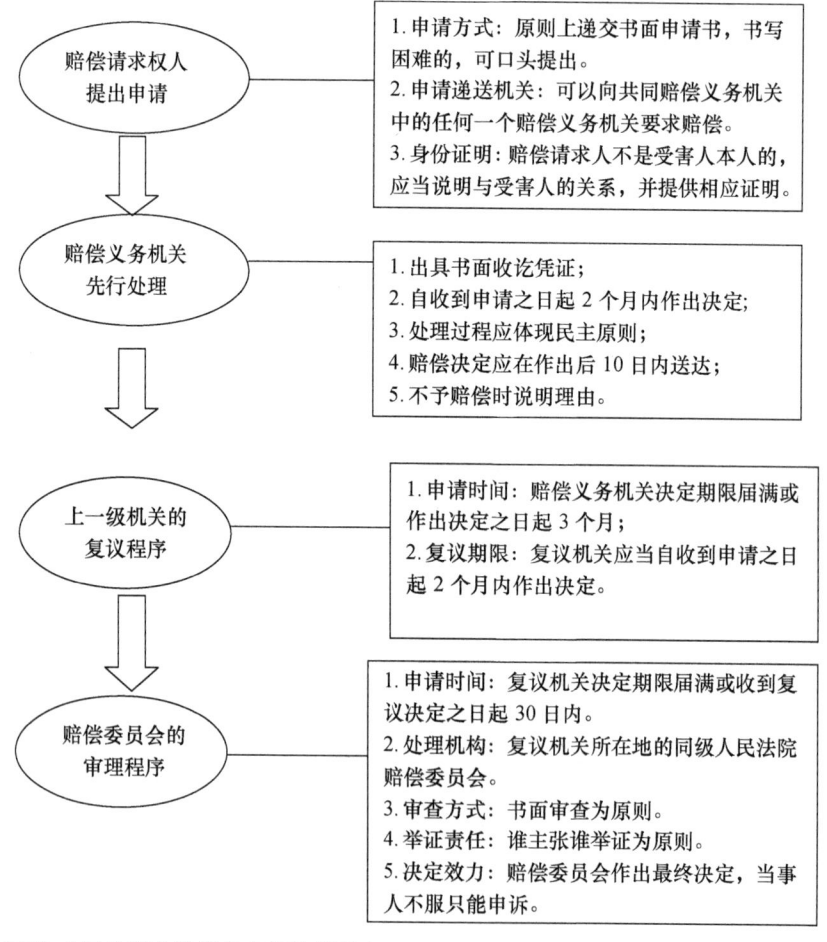

（二）人民法院为赔偿义务机关的程序

相比公安机关、检察机关、安全机关和监狱管理机关为赔偿义务机关的赔偿程序,法院作为赔偿义务机关的赔偿程序省去了上级机关的复议程序。具体程序仅包含三个阶段:

（1）**申请程序**。人民法院作为赔偿义务机关,赔偿请求人同样应首先向赔偿义务机关提出赔偿要求。

（2）**赔偿委员会先行处理程序**。作为赔偿义务机关的法院应当自收到申请之日起两个月内给予赔偿,逾期不予赔偿或者赔偿请求人对赔偿决定有异议的,赔偿请求人可以自期限届满或收到决定之日起30日内向上一级人民法院赔偿委员会申请作出赔偿决定。

**(3) 赔偿委员会最终处理程序。**接受申请的赔偿义务机关的上一级法院的赔偿委员会作出最终决定。

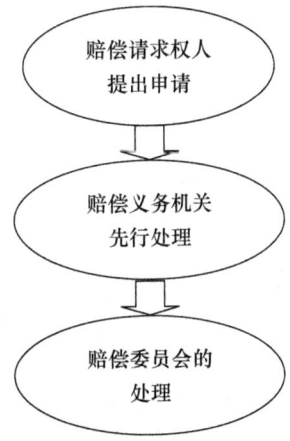

(三) 刑事追偿程序

在刑事赔偿中,赔偿义务机关同样可以在赔偿了请求权人的损失后,向有关工作人员进行追偿,追偿的适用要件如下:

(1) 刑事追偿的前提是赔偿义务机关已经履行了赔偿责任。

(2) 与行政追偿中赔偿义务机关可以向有故意或重大过失的工作人员追偿不同,在刑事赔偿中,被追偿人的范围仅限于实施暴力伤害行为的工作人员,违法使用武器、警械造成他人伤害的工作人员,在处理案件中有贪污受贿、徇私舞弊、枉法裁判行为的工作人员。因此,刑事追偿的范围相比行政追偿要更小。

◆经典真题

1. (2011-2-45)李某被县公安局以涉嫌盗窃为由刑事拘留,后被释放。李某向县公安局申请国家赔偿,遭到拒绝,经复议后,向市中级法院赔偿委员会申请作出赔偿决定。下列哪一说法是正确的?(A)

A. 李某应向赔偿委员会递交赔偿申请书一式4份

B. 县公安局可以委托律师作为代理人

C. 县公安局应对李某的损失与刑事拘留行为之间是否存在因果关系提供证据

D. 李某不服中级法院赔偿委员会作出的赔偿决定的,可以向上一级法院赔偿委员会申请复议一次

2. (2013-2-99)甲市某县公安局以李某涉嫌盗窃罪为由将其刑事拘留,经县检察院批准逮捕,县法院判处李某有期徒刑6年,李某上诉,甲市中级法院改判无罪。李某被释放后申请国家赔偿,赔偿义务机关拒绝赔偿,李某向甲市中级法院赔偿委员会申请作出赔偿决定。下列选项正确的是:(AD)

A. 赔偿义务机关拒绝赔偿的,应书面通知李某并说明不予赔偿的理由

B. 李某向甲市中级法院赔偿委员会申请作出赔偿决定前,应当先向甲市检察院申请复议
C. 对李某申请赔偿案件,甲市中级法院赔偿委员会可指定一名审判员审理和作出决定
D. 如甲市中级法院赔偿委员会作出赔偿决定,赔偿义务机关认为确有错误的,可以向该省高级法院赔偿委员会提出申诉

### 四、民事、行政案件赔偿

◆重点法条

《国家赔偿法》

**第38条** 人民法院在民事诉讼、行政诉讼过程中,违法采取对妨害诉讼的强制措施、保全措施或者对判决、裁定及其他生效法律文书执行错误,造成损害的,赔偿请求人要求赔偿的程序,适用本法刑事赔偿程序的规定。

◆知识要点

(1) 民事、行政案件的赔偿范围。与刑事案件不同,对于民事、行政案件《国家赔偿法》规定的赔偿范围有限,只适用于以下三类案件:① 人民法院在民事诉讼、行政诉讼过程中,违法采取对妨害诉讼的强制措施;② 人民法院在民事诉讼、行政诉讼过程中,违法采取的财产保全措施;③ 人民法院对判决、裁定及其他生效法律文书执行错误,造成损害的。

(2) 民事、行政案件的赔偿程序适用刑事赔偿程序。

## 第四节 国家赔偿的方式和标准

### 一、国家赔偿的方式

◆重点法条

《国家赔偿法》

**第32条** 国家赔偿以支付赔偿金为主要方式。

能够返还财产或者恢复原状的,予以返还财产或者恢复原状。

◆知识要点

国家赔偿的赔偿方式是以金钱赔偿为主,其他赔偿方式为辅,其他方式具体包含返还财产、恢复原状、消除影响、恢复名誉、赔礼道歉。

### 二、人身权损害赔偿的范围与标准

◆重点法条

《国家赔偿法》

**第33条** 侵犯公民人身自由的,每日赔偿金按照国家上年度职工日平均工资计算。

**第34条** 侵犯公民生命健康权的,赔偿金按照下列规定计算:

(一)造成身体伤害的,应当支付医疗费、护理费,以及赔偿因误工减少的收入。减少的收入每日的赔偿金按照国家上年度职工日平均工资计算,最高额为国家上年度职工年平均工资的五倍;

(二)造成部分或者全部丧失劳动能力的,应当支付医疗费、护理费、残疾生活辅助具费、康复费等因残疾而增加的必要支出和继续治疗所需的费用,以及残疾赔偿金。残疾赔偿金

根据丧失劳动能力的程度,按照国家规定的伤残等级确定,最高不超过国家上年度职工年平均工资的二十倍。造成全部丧失劳动能力的,对其扶养的无劳动能力的人,还应当支付生活费;

(三)造成死亡的,应当支付死亡赔偿金、丧葬费,总额为国家上年度职工年平均工资的二十倍。对死者生前扶养的无劳动能力的人,还应当支付生活费。

前款第二项、第三项规定的生活费的发放标准,参照当地最低生活保障标准执行。被扶养的人是未成年人的,生活费给付至十八周岁止;其他无劳动能力的人,生活费给付至死亡时止。

◆ 知识要点

1. 人身自由损害的赔偿标准

侵犯人身自由权的行为包括行政拘留、行政强制措施、非法拘禁、刑事拘留、逮捕、人身自由刑等。侵犯公民人身自由的,每日的赔偿金按照国家上年度职工日平均工资计算。此处的"上年度"是赔偿义务机关、复议机关或人民法院赔偿委员会作出赔偿决定的上年度。如果复议机关或者人民法院赔偿委员会决定维持原赔偿决定,按照作出原赔偿决定时的上年度执行。

2. 身体健康损害的赔偿标准

(1)造成身体伤害的,应当支付医疗费、护理费,以及赔偿因误工减少的收入。减少的收入每日的赔偿金按照国家上年度职工日平均工资计算,最高额为国家上年度职工年平均工资的5倍;

(2)造成部分或者全部丧失劳动能力的,应当支付医疗费、护理费、残疾生活辅助具费、康复费等因残疾而增加的必要支出和继续治疗所必需的费用,以及残疾赔偿金。残疾赔偿金根据丧失劳动能力的程度,按照国家规定的伤残等级确定,最高不超过国家上年度职工年平均工资的20倍;

(3)造成全部丧失劳动能力的,除赔偿上述费用外,对其扶养的无劳动能力的人,还应当支付生活费。

| 人身权损害赔偿的范围和项目 | | |
|---|---|---|
| 人身自由损害赔偿 | 身体健康和生命权的损害赔偿 | |
| 侵犯公民人身自由的,每日赔偿金按照国家上年度职工日平均工资计算,此处的"上年度"是赔偿义务机关、复议机关或人民法院赔偿委员会作出赔偿决定的上年度。如果复议机关或者人民法院赔偿委员会决定维持原赔偿决定,按照作出原赔偿决定使得上年度执行。 | 身体伤害 | 医疗费、护理费,以及赔偿因误工减少的收入。 |
| | 部分丧失劳动能力 | 医疗费、护理费、残疾生活辅助具费、康复费等因残疾而增加的必要支出和继续治疗所必需的费用,以及残疾赔偿金。 |
| | 全部丧失劳动能力 | 医疗费、护理费、残疾生活辅助具费、康复费等因残疾而增加的必要支出和继续治疗所必需的费用,以及残疾赔偿金;对其扶养的无劳动能力的人,还应当支付生活费。 |
| | 死亡的 | 死亡赔偿金、丧葬费,总额为国家上年度职工年平均工资的20倍。对死者生前扶养的无劳动能力的人,还应当支付生活费。 |
| 有人身权损害的,后果严重的,还可要求国家支付相应的**精神损害抚慰金**。 | | |

◆ 经典真题

1.（2009-2-49）2001年5月李某被某县公安局刑事拘留，后某县检察院以证据不足退回该局补充侦查，2002年11月李某被取保候审。2004年，县公安局撤销案件。次年3月，李某提出国家赔偿申请。县公安局于2005年12月作出给予李某赔偿的决定书。李某以赔偿数额过低为由，于2006年先后向市公安局和市法院赔偿委员会提出复议和申请，二者均作出维持决定。对李某被限制人身自由的赔偿金，应按照下列哪个年度的国家职工日平均工资计算？（C）

  A. 2002年度  B. 2003年度  C. 2004年度  D. 2005年度

2.（2012-2-100）廖某在监狱服刑，因监狱管理人员放纵被同室服刑人员殴打，致一条腿伤残。廖某经6个月治疗，部分丧失劳动能力，申请国家赔偿。下列属于国家赔偿范围的有：（ABC）

  A. 医疗费        B. 残疾生活辅助具费
  C. 残疾赔偿金       D. 廖某扶养的无劳动能力人的生活费

## 三、财产权损害赔偿的范围与标准

◆ 重点法条

《国家赔偿法》

**第36条** 侵犯公民、法人和其他组织的财产权造成损害的，按照下列规定处理：

（一）处罚款、罚金、追缴、没收财产或者违法征收、征用财产的，返还财产；

（二）查封、扣押、冻结财产的，解除对财产的查封、扣押、冻结，造成财产损坏或者灭失的，依照本条第三项、第四项的规定赔偿；

（三）应当返还的财产损坏的，能够恢复原状的恢复原状，不能恢复原状的，按照损害程度给付相应的赔偿金；

（四）应当返还的财产灭失的，给付相应的赔偿金；

（五）财产已经拍卖或者变卖的，给付拍卖或者变卖所得的价款；变卖的价款明显低于财产价值的，应当支付相应的赔偿金；

（六）吊销许可证和执照、责令停产停业的，赔偿停产停业期间必要的经常性费用开支；

（七）返还执行的罚款或者罚金、追缴或者没收的金钱，解除冻结的存款或者汇款的，应当支付银行同期存款利息；

（八）对财产权造成其他损害的，按照直接损失给予赔偿。

◆ 知识要点

国家侵权行为造成公民、法人或其他组织财产权损害的，按照以下方式赔偿：

（1）能够返还财产的应当返还财产；能够恢复原状的恢复原状，不能恢复原状的，按照损害程度给付相应的赔偿金。

（2）处罚款、罚金、追缴、没收财产或者违法征收、征用财产的，返还财产。

（3）查封、扣押、冻结财产的，解除对财产的查封、扣押、冻结，造成财产损坏或者灭失的，给付相应的赔偿金。

（4）财产已经拍卖或者变卖的，给付拍卖或者变卖所得的价款；变卖的价款明显低于财产价值的，应当支付相应的赔偿金。

（5）吊销许可证和执照、责令停产停业的，赔偿停产停业期间必要的经常性费用开支。此处的"必要的经常性费用开支"指企业为正常存续而必须付出的费用,如水电费、租金、职工工资、机器维修费用、必须缴纳的税费等,而经营利润等可期待性利益,国家不予赔偿。

(6)返还执行的罚款或者罚金、追缴或者没收的金钱,解除冻结的存款或者汇款的,应当支付银行同期存款利息。

(7)对财产权造成其他损害的,按照直接损失给予赔偿。

| 财产权损害的赔偿范围 | |
| --- | --- |
| 处罚款、罚金、追缴、没收财产或者违法征收、征用财产的 | 返还财产,返还并罚款或罚金、追缴或没收的金钱时应支付银行同期存款利息 |
| 查封、扣押、冻结财产的 | 解除对财产的查封、扣押、冻结,造成财产损坏或者灭失的予以赔偿,解除冻结的存款或汇款的,应同时支付银行同期利息 |
| 应当返还的财产损坏的 | 能够恢复原状的,恢复原状;不能恢复的,给付相应赔偿金 |
| 应当返还的财产灭失的 | 给付相应的赔偿金 |
| 财产已经拍卖或者变卖的 | 给付拍卖或者变卖所得的价款;变卖的价款明显低于财产价值的,应当支付相应的赔偿金 |
| 吊销许可证和执照、责令停产停业的 | 赔偿停产停业期间必要的经常性费用开支(水电费、房租、税费、工人工资、机器维修费用等,但营业利润不属于赔偿范围) |
| 对财产权造成其他损害的 | 按照直接损失给予赔偿 |

◆考点归纳

(1)国家侵权行为造成公民、法人或其他组织财产权损害的,国家仅赔偿侵权行为造成的直接损失。

(2)吊销许可证和执照、责令停产停业的,赔偿停产停业期间必要的经常性费用开支,这里的"经常性费用开支"如上文所述,并不包含营业利润。这一点经常出现在考题中,考生须特别注意。

(3)以下两点是《国家赔偿法》部分对财产赔偿的特别修改,请考生特别注意:① 财产已经变卖的,变卖的价款明显低于财产价值的,应当支付相应的赔偿金;② 国家在返还已执行的罚款或者罚金、追缴或者没收的金钱,解除冻结的存款或者汇款的,还应当支付银行同期存款利息。

◆经典真题

1.(2007-2-90)县工商部门以办理营业执照存在问题为由查封了张某开办的美容店。查封时,工商人员将美容店的窗户、仪器损坏。张某向法院起诉,法院撤销了工商部门的查封决定。张某要求行政赔偿。下列哪些损失属于县工商部门应予赔偿的费用?(BC)

A. 张某因美容店被查封损坏而生病支付的医疗费
B. 美容店被损坏仪器及窗户所需修复费用
C. 美容店被查封停业期间必要的经常性费用开支
D. 张某根据前一个月利润计算的被查封停业期间的利润损失

2. (2008-2-99)张某租用农贸市场一门面从事经营。因赵某提出该门面属于他而引起争议,工商局扣缴张某的营业执照,致使张某停业2个月之久。张某在工商局返还营业执照后,提出赔偿请求。下列属于国家赔偿范围的是:(AD)

A. 门面租赁费
B. 食品过期不能出售造成的损失
C. 张某无法经营的经济损失
D. 停业期间张某依法缴纳的税费

3. (2011-2-83)2006年9月7日,县法院以销售伪劣产品罪判处杨某有期徒刑8年,并处罚金45万元,没收其推土机一台。杨某不服上诉,12月6日,市中级法院维持原判交付执行。杨某仍不服,向省高级法院提出申诉。2010年9月9日,省高级法院宣告杨某无罪释放。2011年4月,杨某申请国家赔偿。关于本案的赔偿范围和标准,下列哪些说法是正确的?(AB)

A. 对杨某被羁押,每日赔偿金按国家上年度职工日平均工资计算
B. 返还45万罚金并支付银行同期存款利息
C. 如被没收推土机已被拍卖的,应给付拍卖所得的价款及相应的赔偿金
D. 本案不存在支付精神损害抚慰金的问题

4. (2013-2-49)某法院以杜某逾期未履行偿债判决为由,先将其房屋查封,后裁定将房屋过户以抵债。杜某认为强制执行超过申请数额而申请国家赔偿,要求赔偿房屋过户损失30万元,查封造成屋内财产毁损和丢失5 000元,误工损失2 000元,以及精神损失费1万元。下列哪一事项属于国家赔偿范围?(B)

A. 2 000元
B. 5 000元
C. 1万元
D. 30万元

## 四、精神损害抚慰金

◆重点法条

《国家赔偿法》

**第35条** 有本法第三条或者第十七条规定情形之一,致人精神损害的,应当在侵权行为影响的范围内,为受害人消除影响,恢复名誉,赔礼道歉;造成严重后果的,应当支付相应的精神损害抚慰金。

◆知识要点

精神损害赔偿是《国家赔偿法》的一处重大修改,但其适用按照上文规定必须符合以下两个条件:

(1)国家机关及其工作人员的职务行为造成了公民的人身权损害,即人身自由和生命健康权的损害,如果仅存在财产权损害,公民不能因此要求精神损害赔偿;

(2)造成了严重后果。

## 五、赔偿金的支付

◆重点法条

《国家赔偿法》

**第37条** 赔偿费用列入各级财政预算。

赔偿请求人凭生效的判决书、复议决定书、赔偿决定书或者调解书,向赔偿义务机关申请支付赔偿金。

赔偿义务机关应当自收到支付赔偿金申请之日起七日内，依照预算管理权限向有关的财政部门提出支付申请。财政部门应当自收到支付申请之日起十五日内支付赔偿金。

赔偿费用预算与支付管理的具体办法由国务院规定。

## 六、国家赔偿的请求时效

◆重点法条

《国家赔偿法》

**第39条** 赔偿请求人请求国家赔偿的时效为两年，自其知道或者应当知道国家机关及其工作人员行使职权时的行为侵犯其人身权、财产权之日起计算，但被羁押等限制人身自由期间不计算在内。在申请行政复议或者提起行政诉讼时一并提出赔偿请求的，适用行政复议法、行政诉讼法有关时效的规定。

赔偿请求人在赔偿请求时效的最后六个月内，因不可抗力或者其他障碍不能行使请求权的，时效中止。从中止时效的原因消除之日起，赔偿请求时效期间继续计算。

◆知识要点

（1）请求时效是赔偿请求人行使国家赔偿请求权的时效。

（2）赔偿请求人请求国家赔偿的时效为2年，自其知道或者应当知道国家机关及其工作人员行使职权时的行为侵犯其人身权、财产权之日起计算，但被羁押等限制人身自由期间不计算在内。

（3）在申请行政复议或者提起行政诉讼时一并提出赔偿请求的，适用行政复议法、行政诉讼法有关时效的规定。

（4）赔偿请求人在赔偿请求时效的最后6个月内，因不可抗力或者其他障碍不能行使请求权的，时效中止。从中止时效的原因消除之日起，赔偿请求时效期间继续计算。

8/7

LICENSE

司考一本通

# 中国特色社会主义法治理论
# 法理学·法制史·宪法
# 司法制度和法律职业道德

编著 杨帆

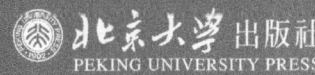

# 编写说明

实行统一的国家司法考试，不仅是我国司法改革的一项重大举措，也是我国法学教育改革的突破口。从律考转变为司考后，使得更多适合条件的考生热衷于此，司法考试也逐渐形成了市场，辅导用书层出不穷。然而在众多的司考辅导用书当中，如何作出选择，便成了备考考生一个头痛的问题。

司考该用何种辅导书？我们认为，要用"看一本就能通"的书。为了达成此目的，我们努力使本书具备了如下特色：

**特色一　名师编著、套书完整**

本书由来胜全方位法律人培训力邀各科司考名师亲自执笔，集结了老师们多年的司考辅导经验和智慧。本书共分八小册，涵盖了最新考纲的重要考点。

**特色二　内容精炼、针对性强**

本书强调内容的精炼和实战性。针对重要的考点，我们结合历年司考的规律，对其进行精讲，并针对实际考查情况和精讲内容，提供例题以提高实战能力。

**特色三　体例安排科学合理**

根据考纲的要求及体系，我们选出了各科的重要考点并对其从以下三个方面为考生提供帮助。

一、精讲。对当前考点进行精当、有效的讲解，以帮助读者掌握当前考点的精要，具备解决问题的基本能力。

二、例题。针对当前考点，并结合精讲内容，使考生得到及时、有效的练习，提高应试能力，并在修正自己错误的过程中得到提高。

三、提示与预测。主要是针对一些应当特别注意的问题的提示，以及对2017年司考动向的预测。

业精于勤而荒于嬉，行成于思而毁于随。当您拥有了本书，您便得到了一片肥沃的黑土，若能加以勤耕，今日播下的种子，定能在那金秋结出胜利的果实！

编者

2017年5月

# 前　言

自2007年来胜开始进行司法考试的培训工作开始,我就在此主讲理论法学,迄今为止,已有九载。"昨日少年今白头",但是和来胜的缘分至今未了,在我心目中,来胜学校一直秉承台湾人的温良恭俭让,细腻而又诚信地服务于广大考生。承蒙来胜有关领导的厚爱,自编纂《司考一本通》以来,理论法学卷一直由我执笔。本卷所谓理论法学由五门学科组成:中国特色社会主义法治理论、法理学、法制史、宪法、司法制度和法律职业道德。2016年这五门学科的分值在135分左右。想要顺利通过司法考试,理论法学绝对不能忽视。但是,理论法学的内容距离现实比较远,加之其中部分内容枯燥乏味,提不起大多数朋友的学习兴趣。许多考生朋友要么放弃、要么把理论法学的复习,放在整个司法考试复习最不重要的环节,把能否得到理论法学的分值交给了运气。从复习策略上看,这绝对是重大的战略失误。从事司法考试培训十余载,几乎每年司法成绩公布后,都能听到好多朋友发出慨叹:"假如当初我能下工夫复习一下理论法学,我就考过了啊!"既有今日,何必当初? 说实在的,在这五门课程中,除了法理学的部分题目有些难度外,其余题目几乎全是考察记忆性知识,异常简单,仅靠死记硬背就能答对,没有任何智识上的挑战。因为这种题目而丢分,进而与司法资格考试失之交臂,不能不说是人生的一大遗憾,即使不遗憾也白白地浪费了一年的时间,而时间是人生的最大福利,早通过一年,你的人生会可能因此而不一样。

那么究竟应该怎么复习理论法学呢?

首先,合理安排复习时间。司法考试科目众多,教育部审定的主干课程几乎均有涉及。这就涉及一个复习时间的合理分配问题。那么怎样分配复习时间才算合理呢? 一般而言,按照该学科在司法考试中的分值比例分配,应该是一个较为合理的安排。故,如果想要得到一个理想的分值,理论法学的复习应该占到有效复习时间的1/6左右。假如我们的有效复习时间是六个月,那么分配给理论法学的时间应该是一个月。但是据我观察,大多数考生都没有做到这一点。

其次,早动手,切莫"临时抱佛脚"。在好多人制定的复习计划中,理论法学的复习往往被拖至临考前的一个月。这与考生对理论法学的误解有关。这种误解认为理论法学临时背背就可以了。有些科目可以放在考试前一个月,甚至是一个礼拜临时背背就能拿分,比如中国特色社会主义法治理论、法制史,但是法理学和宪法学仅靠考前临时背背,是行不通的。法理学的复习靠理解,靠对知识点的融会贯通,要做到这一点不早动手是不行的。宪法虽然靠背背就能得分,但是由于宪法相似的知识点比较多,不提前复习,仅靠临时突击,无法牢固地清楚记忆。

第三,选对复习资料。实践证明,对理论法学而言,最权威的复习资料还是俗称的"三大本",即司法部的推荐用书。但是"三大本"带有中国式教材的显著特征:语言乏味、形式呆板、重点不突出、层次不清晰,读来倦意顿生,于是就有了坊间琳琅满目的辅导机构自编教材。大家手头的这本名师讲义,就是我根据自己的教学经验,对"三大本"的改写。本书在知识点的顺序安排上与"三大本"几乎一样,变化在于,删除了部分不会考的知识点,突出了行文的层次性和清晰性,并且在重要知识点之下增加了经典性的真题。这本教材完全可以取代"三大本"中的理论法学部分,可以用之作为复习的基本材料。

第四,仔细理清法条。理论法学的法条,主要集中在宪法及司法制度和法律职业道德部分。在记忆法条时要结合教材一起看,对教材中提到的法条应该仔细去记忆,对教材中没有提到的法条可以不去记忆。

第五,重视历年真题。通过做真题,可以把握出题者的思路和方向,明确重要知识点并熟练掌握。真题最好做三遍以上。第一遍可以浏览,并不寻求答案,目的是对一些重要知识点做到心中有数,在复习的时候可以对重要知识点重点把握;第二遍要认真做题,最好找来历年真题,边复习边认真做相关真题,对真题中反映出的知识点及相关内容详加掌握;第三遍做真题,属于查漏补缺,可以看出哪些知识点掌握仍是比较薄弱的环节。在最后一遍做真题时最好对自己仍旧做错的题做一下笔记,留作冲刺复习时用,效果会非常好。

第六,听业界比较有经验的辅导老师的授课。绝大多数通过司法考试的人,都或多或少地听过一些辅导课程,或者报辅导班,或者通过网络。听老师的授课,有助于把握考试重点及命题的动向。辅导老师凭借自己的经验对芜杂的知识点进行删减,可以起到帮助考生减负的作用。

以上六点是我根据自己的考试和教学实践总结的几点心得,贡献于此,希望能对备考的朋友们有所助益。

本书中国特色社会主义法治理论、法理学、宪法学部分由我编著,司法制度和法律职业道德部分由我的研究生国智胜编著,法制史部分由我的研究生陈雅楠编著。由于时间加上我们水平的限制,错误在所难免,希望读者朋友在阅读时对我的错漏能不吝赐教!可以微博的方式发私信给我,也可以发电子邮件给我,当然也可以微信的方式联系我。

杨 帆<br>2017 年 4 月 2 日

# 目 录

## 中国特色社会主义法治理论

第一章 中共中央关于全面推进依法治国若干重大问题的决定 …………… 3
第二章 关于《中共中央关于全面推进依法治国若干重大问题的决定》的说明 …… 24

## 法 理 学

第一章 法的本体 …………………………………………………… 43
第二章 法的运行 …………………………………………………… 99
第三章 法的演进 …………………………………………………… 126
第四章 法与社会 …………………………………………………… 136

## 法 制 史

第一章 中国古代法制史 …………………………………………… 149
第二章 中国近代法制史 …………………………………………… 169
第三章 外国法制史 ………………………………………………… 174

## 宪 法

第一章 宪法的基本理论 …………………………………………… 185
第二章 国家基本制度 ……………………………………………… 197
第三章 公民的基本权利和义务 …………………………………… 223
第四章 国家机构 …………………………………………………… 229
第五章 宪法的实施及其保障 ……………………………………… 244

# 司法制度和法律职业道德

第一章　司法制度和法律职业道德概述……………………………………… 253
第二章　审判制度与法官职业道德…………………………………………… 262
第三章　检察制度与检察官职业道德………………………………………… 270
第四章　律师制度与律师职业道德…………………………………………… 277
第五章　公证制度及公证员职业道德………………………………………… 291

# 中国特色社会主义法治理论

# 第一章 中共中央关于全面推进依法治国若干重大问题的决定

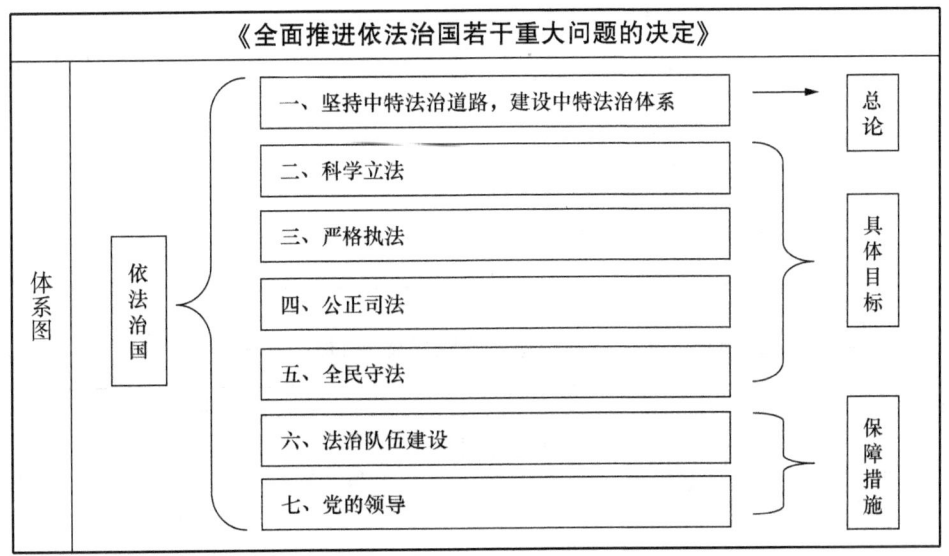

## 一、坚持走中国特色社会主义法治道路，建设中国特色社会主义法治体系

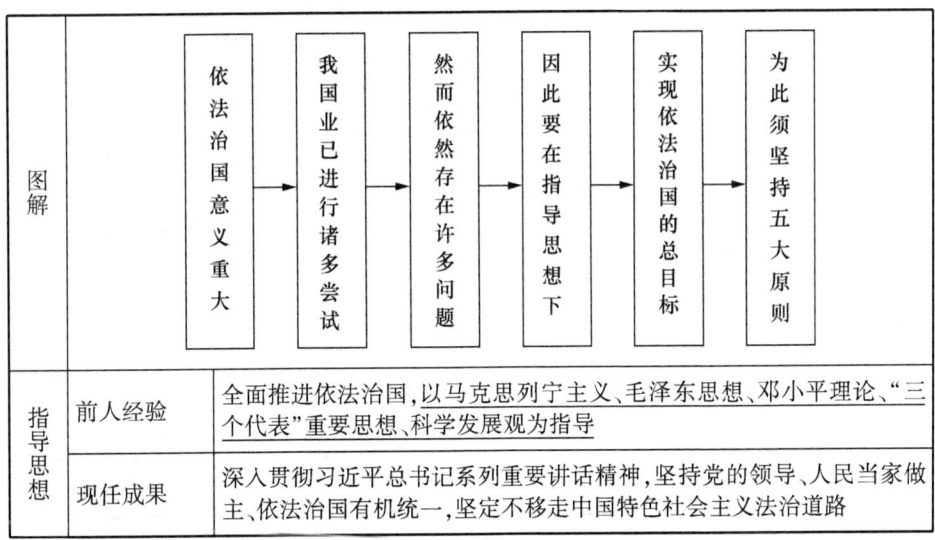

(续表)

| | | |
|---|---|---|
| 总目标 | 建设中国特色社会主义法治**体系** | 在中国共产党领导下,坚持中国特色社会主义制度,贯彻中国特色社会主义法治理论,形成完备的法律规范体系、高效的法治实施体系、严密的法治监督体系、有力的法治保障体系,形成完善的党内法规体系。 |
| | 建设社会主义法治**国家** | 坚持依法治国、依法执政、依法行政共同推进,坚持法治国家、法治政府、法治社会一体建设,实现科学立法、严格执法、公正司法、全民守法,促进国家治理体系和治理能力现代化。 |
| 五大原则 | 1. 坚持中国共产党的领导<br>2. 坚持人民主体地位<br>3. 坚持法律面前人人平等<br>4. 坚持依法治国和以德治国相结合<br>5. 坚持从中国实际出发 | |

## 二、完善以宪法为核心的中国特色社会主义法律体系,加强宪法实施

| 图解 | 科学立法 { (一)健全宪法实施和监督制度 / (二)完善立法体制 / (三)深入推进科学立法、民主立法 / (四)加强重点领域立法 } | |
|---|---|---|
| 宪法实施和监督 | 宪法的**法律**层面实施 | 1. 完善全国人大及其常委会宪法监督制度,健全宪法解释程序机制;<br>2. 加强备案审查制度和能力建设。 |
| | 宪法的**日常**层面实施 | 1. 将每年12月4日定为国家宪法日;2. 在全社会普遍开展宪法教育;<br>3. 建立宪法宣誓制度。 |
| 完善立法体制 | 党的方面 | 加强党对立法工作的领导,完善党对立法工作中重大问题决策的程序。 |
| | 人大方面 | 健全有立法权的人大主导立法工作的体制机制,发挥人大及其常委会的主导作用。 |
| | 政府方面 | 加强和改进政府立法制度建设,完善行政法规、规章制定程序,完善公众参与机制。 |
| | 各主体的权力边界 | 明确立法权力边界,从体制机制和工作程序上有效防止部门利益和地方保护主义法律化。 |

(续表)

| | | |
|---|---|---|
| 科学立法、民主立法 | **人大**组织协调 | 1. 加强人大对立法工作的组织协调；2. 健全立法起草、论证、协调、审议机制；3. 健全向下级人大征询立法意见机制；4. 建立基层立法联系点制度，推进立法精细化。 |
| | **多方**共同参与 | 1. 国家机关、社会团体、专家学者等对立法中涉及的重大利益调整的论证咨询机制；<br>2. (公民)法律法规规章草案公开征求意见和公众意见采纳情况反馈机制。 |
| | 草案表决 | 完善法律草案表决程序，对重要条款可以单独表决。 |
| 加强重点领域立法 | 经济领域 | 1. 产权保护法律：健全以公平为核心原则的产权保护制度，加强对各种所有制经济组织和自然人财产权的保护；2. 市场领域法律：编纂民法典，促进商品和要素自由流动(自由)；同时依法加强和改善宏观调控，维护公平竞争的市场秩序(监管)。 |
| | 民主政治 | 1. 加强社会主义协商民主制度建设；2. 完善和发展基层民主制度；3. 完善国家机构组织法；4. 加快推进反腐败国家立法；5. 完善惩治贪污贿赂犯罪法律制度。 |
| | 文化领域 | 1. 制定公共文化服务保障法；2. 制定文化产业促进法；3. 制定国家勋章和国家荣誉称号法；4. 加强互联网领域立法。 |
| | 民生、治理 | 1. 完善民生领域立法；2. 加强社会组织立法，规范和引导各类社会组织健康发展；3. 制定社区矫正法。 |
| | 国家安全 | 抓紧出台反恐怖等一批亟须法律。 |
| | 生态文明 | 1. 强化生产者环境保护的法律责任；2. 建立健全自然资源产权法律制度；3. 完善国土空间开发保护方面的法律制度；4. 制定完善生态补偿法律。 |
| | 与改革协调 | 实现立法和改革决策相衔接，做到立法主动适应改革和经济社会发展的需要。 |

**三、深入推进依法行政，加快建设法治政府**

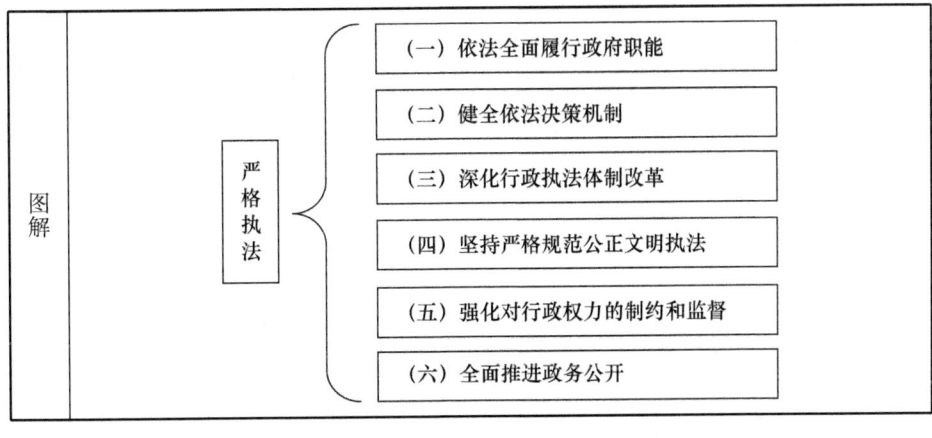

（续表）

| | |
|---|---|
| 依法履行职能 | 1. 完善行政组织和行政程序法律制度，推进机构、职能、权限、程序、责任法定化；<br>2. 推进各级政府事权规范化、法律化，完善不同层级政府特别是中央和地方政府事权法律制度。 |
| 依法决策机制 | 1.【法定程序】把公众参与、专家论证、集体讨论决定，确定为重大行政决策法定程序；<br>2.【决策审查】建立行政机关内部重大决策合法性审查机制；<br>3.【法律顾问】积极推行政府法律顾问制度；<br>4.【决策责任】建立重大决策终身责任追究制度及责任倒查机制。 |
| 行政执法体制 | 1.【综合执法】推进综合执法，大幅减少市县两级政府执法队伍种类；<br>2.【统一领导】完善市县两级政府行政执法管理，加强统一领导和协调；<br>3.【执法资格】严格实行行政执法人员持证上岗和资格管理制度；<br>4.【收支分离】严格执行罚缴分离和收支两条线管理制度；<br>5.【两法衔接】健全行政执法和刑事司法衔接机制。 |
| 公正文明执法 | 1.【惩处违法】依法惩处各类违法行为，加大关系群众切身利益的重点领域的执法力度；<br>2.【执法程序】完善执法程序，建立执法全过程记录制度；<br>3.【审核制度】严格执行重大执法决定法制审核制度；<br>4.【裁量基准】建立健全行政裁量权基准制度；<br>5.【执法责任】全面落实行政执法责任制。 |
| 制约和监督 | 1.【纠错问责】加强对政府内部权力的制约，防止权力滥用，完善纠错问责机制。<br>2.【审计制度】完善审计制度，实行审计全覆盖，推进审计职业化建设。 |
| 政务公开 | 1.【总要求】坚持以公开为常态、不公开为例外的原则；<br>2.【重点公开】涉及权利和义务的规范性文件，按照政府信息公开要求和程序予以公布；<br>3.【执法公示】推行行政执法公示制度；<br>4.【信息化】推进政务公开信息化，加强互联网政务信息数据服务平台和便民服务平台建设。 |

## 四、保证公正司法,提高司法公信力

| | |
|---|---|
| 图解 | 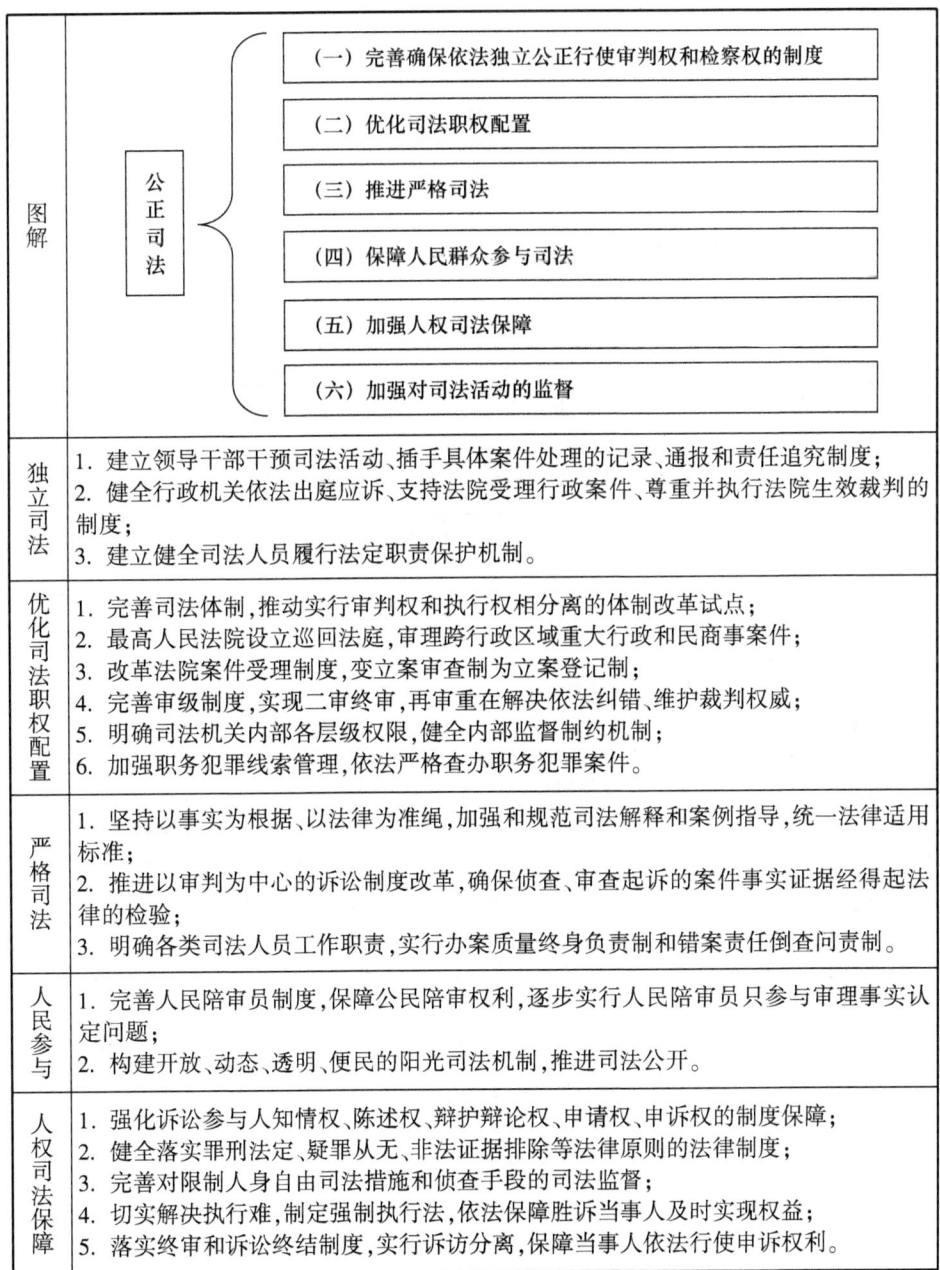 |
| 独立司法 | 1. 建立领导干部干预司法活动、插手具体案件处理的记录、通报和责任追究制度;<br>2. 健全行政机关依法出庭应诉、支持法院受理行政案件、尊重并执行法院生效裁判的制度;<br>3. 建立健全司法人员履行法定职责保护机制。 |
| 优化司法职权配置 | 1. 完善司法体制,推动实行审判权和执行权相分离的体制改革试点;<br>2. 最高人民法院设立巡回法庭,审理跨行政区域重大行政和民商事案件;<br>3. 改革法院案件受理制度,变立案审查为立案登记制;<br>4. 完善审级制度,实现二审终审,再审重在解决依法纠错、维护裁判权威;<br>5. 明确司法机关内部各层级权限,健全内部监督制约机制;<br>6. 加强职务犯罪线索管理,依法严格查办职务犯罪案件。 |
| 严格司法 | 1. 坚持以事实为根据、以法律为准绳,加强和规范司法解释和案例指导,统一法律适用标准;<br>2. 推进以审判为中心的诉讼制度改革,确保侦查、审查起诉的案件事实证据经得起法律的检验;<br>3. 明确各类司法人员工作职责,实行办案质量终身负责制和错案责任倒查问责制。 |
| 人民参与 | 1. 完善人民陪审员制度,保障公民陪审权利,逐步实行人民陪审员只参与审理事实认定问题;<br>2. 构建开放、动态、透明、便民的阳光司法机制,推进司法公开。 |
| 人权司法保障 | 1. 强化诉讼参与人知情权、陈述权、辩护辩论权、申请权、申诉权的制度保障;<br>2. 健全落实罪刑法定、疑罪从无、非法证据排除等法律原则的法律制度;<br>3. 完善对限制人身自由司法措施和侦查手段的司法监督;<br>4. 切实解决执行难,制定强制执行法,依法保障胜诉当事人及时实现权益;<br>5. 落实终审和诉讼终结制度,实行诉访分离,保障当事人依法行使申诉权利。 |

| | (续表) |
|---|---|
| 加强对司法的监督 | 1. 完善检察机关行使监督权的法律制度；<br>2. 完善人民监督员制度；<br>3. 规范媒体对案件的报道，防止舆论影响司法公正；<br>4. 依法规范司法人员与当事人、律师、特殊关系人、中介组织的接触、交往行为；<br>5. 坚决破除各种潜规则，对司法领域的腐败零容忍。 |

## 五、增强全民法治观念，推进法治社会建设

| 图解 | 全民守法 { （一）推动全社会树立法治意识 / （二）推进多层次多领域依法治理 / （三）建设完备的法律服务体系 / （四）健全依法维权和化解纠纷机制 } |
|---|---|
| 树立法治意识 | 1.【机关人员】领导干部带头学法，国家工作人员学法用法；<br>2.【青少年】把法治教育纳入国民教育体系；<br>3.【普法机制】健全普法宣传教育机制，各级党委和政府要发挥对普法工作的领导和职能作用；<br>4.【权利义务观念】牢固树立有权力就有责任、有权利就有义务的观念；<br>5.【道德观念】加强公民道德建设，增强法治的道德底蕴。 |
| 多层次依法治理 | 1.【基层组织】深化基层组织和部门、行业依法治理；<br>2.【社会规范】发挥市民公约等社会规范在社会治理中的积极作用；<br>3.【社会团体】发挥人民团体和社会组织在法治社会建设中的积极作用；<br>4.【民族问题】高举民族大团结旗帜，依法妥善处置涉及民族、宗教等因素的社会问题。 |
| 法律服务体系 | 体系建设 | 推进覆盖城乡居民的公共法律服务体系建设，加强民生领域法律服务。 |
| | 产业建设 | 发展律师、公证等法律服务业，健全统一司法鉴定管理体制。 |

(续表)

| 维权和化解纠纷机制 | 1.【制度体系】构建对维护群众利益具有重大作用的制度体系；<br>2.【信访法治】把信访纳入法治化轨道；<br>3.【矛盾预警】健全社会矛盾纠纷预防化解机制，完善多元化纠纷解决机制；<br>4.【社会治安】深入推进社会治安综合治理，健全落实领导责任制。 |
|---|---|

## 六、加强法治工作队伍建设

| 图解 | 队伍建设：（一）建设高素质法治专门队伍；（二）加强法律服务队伍建设；（三）创新法治人才培养机制 | |
|---|---|---|
| 法治专门队伍 | 1. 把思想政治建设摆在首位，深入开展社会主义核心价值观和社会主义法治理念教育；<br>2. 抓住立法、执法、司法机关各级领导班子建设这个关键，突出政治标准，把善于运用法治思维和法治方式推动工作的人选拔到领导岗位上来；<br>3. 畅通立法、执法、司法部门干部和人才相互之间以及与其他部门具备条件的人才之间的交流渠道；<br>4. 推进法治专门队伍正规化、专业化、职业化，提高职业素养和专业水平；<br>5. 建立法官、检察官逐级遴选制度。 | |
| 法律服务队伍 | 培养律师素质 | 1. 加强律师队伍思想政治建设，把拥护中国共产党领导、拥护社会主义法治作为从业的基本要求；<br>2. 提高律师队伍业务素质，完善执业保障机制。 |
| | 加强律师管理 | 1. 加强律师事务所管理，发挥律师协会自律作用；<br>2. 加强律师行业党的建设，切实发挥律师事务所党组织的政治核心作用。 |
| | 具体制度建设 | 1. 理顺公职律师、公司律师管理体制机制；<br>2. 发展公证员、基层法律服务工作者、人民调解员队伍。 |
| 人才培养机制 | 1.【马工程教材】坚持用马克思主义法学思想和中国特色社会主义法治理论全方位占领高校、科研机构法学教育和法学研究阵地；<br>2.【双向交流】健全政法部门和法学院校、法学研究机构人员双向交流机制。 | |

## 七、加强和改进党对全面推进依法治国的领导

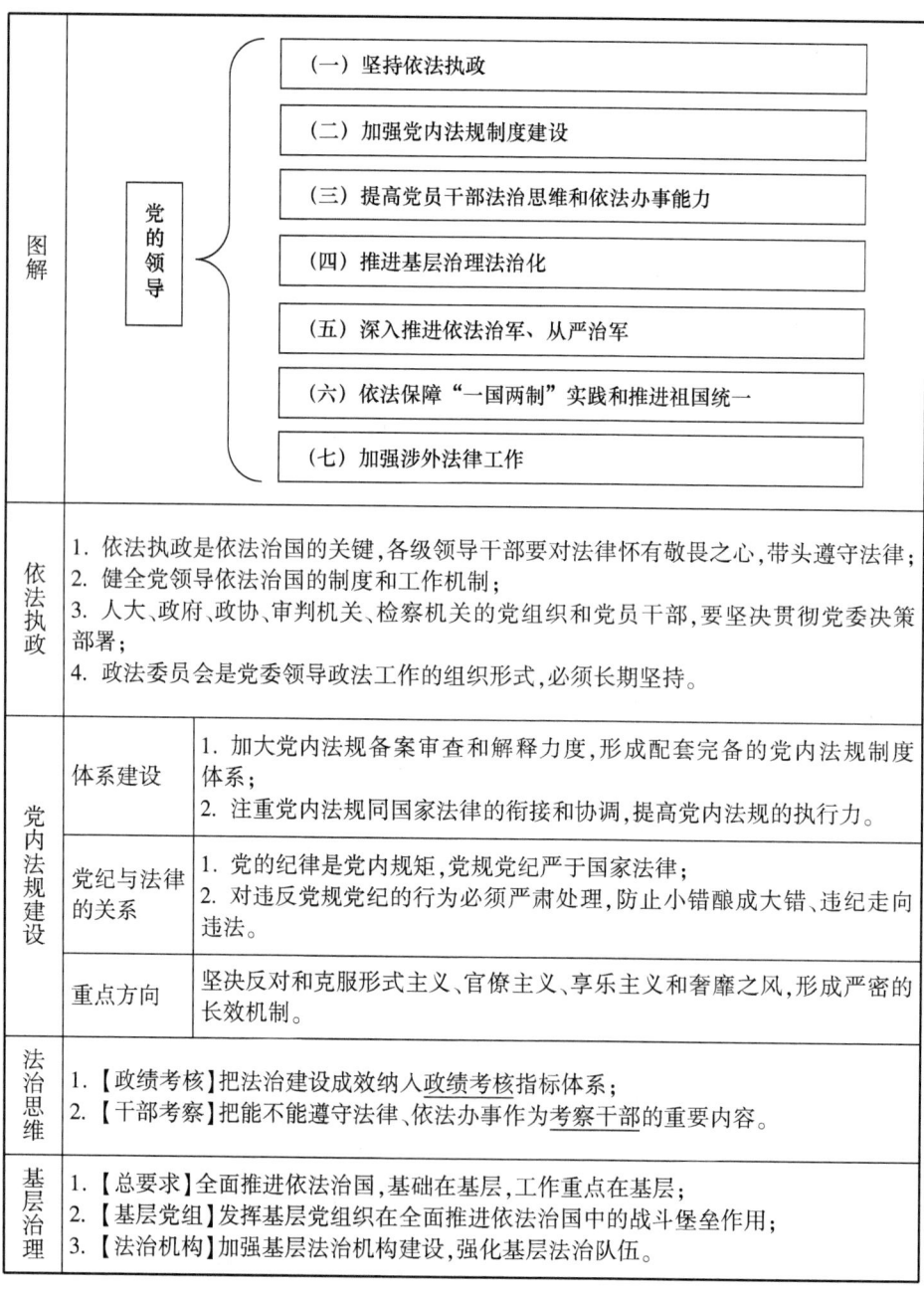

| 图解 | | 党的领导：<br>（一）坚持依法执政<br>（二）加强党内法规制度建设<br>（三）提高党员干部法治思维和依法办事能力<br>（四）推进基层治理法治化<br>（五）深入推进依法治军、从严治军<br>（六）依法保障"一国两制"实践和推进祖国统一<br>（七）加强涉外法律工作 |
|---|---|---|
| 依法执政 | | 1. 依法执政是依法治国的关键，各级领导干部要对法律怀有敬畏之心，带头遵守法律；<br>2. 健全党领导依法治国的制度和工作机制；<br>3. 人大、政府、政协、审判机关、检察机关的党组织和党员干部，要坚决贯彻党委决策部署；<br>4. 政法委员会是党委领导政法工作的组织形式，必须长期坚持。 |
| 党内法规建设 | 体系建设 | 1. 加大党内法规备案审查和解释力度，形成配套完备的党内法规制度体系；<br>2. 注重党内法规同国家法律的衔接和协调，提高党内法规的执行力。 |
| | 党纪与法律的关系 | 1. 党的纪律是党内规矩，党规党纪严于国家法律；<br>2. 对违反党规党纪的行为必须严肃处理，防止小错酿成大错、违纪走向违法。 |
| | 重点方向 | 坚决反对和克服形式主义、官僚主义、享乐主义和奢靡之风，形成严密的长效机制。 |
| 法治思维 | | 1. 【政绩考核】把法治建设成效纳入政绩考核指标体系；<br>2. 【干部考察】把能不能遵守法律、依法办事作为考察干部的重要内容。 |
| 基层治理 | | 1. 【总要求】全面推进依法治国，基础在基层，工作重点在基层；<br>2. 【基层党组】发挥基层党组织在全面推进依法治国中的战斗堡垒作用；<br>3. 【法治机构】加强基层法治机构建设，强化基层法治队伍。 |

(续表)

| | |
|---|---|
| 依法治军 | 1. 【总要求】坚持在法治轨道上推进国防和军队改革,加快完善中国特色社会主义军事制度;<br>2. 【法规体系】健全适应现代军队建设和作战要求的军事法规制度体系;<br>3. 【执行力度】坚持从严治军铁律,加大军事法规执行力度,推动依法治军落到实处;<br>4. 【工作机构】健全军事法制工作体制,建立完善领导机关法制工作机构;<br>5. 【法治素养】强化官兵法治理念和法治素养,完善军事法律人才培养机制。 |
| 一国两制 | 1. 全面贯彻"一国两制"方针,严格依照宪法和基本法,依法行使中央权力,依法保障高度自治;<br>2. 运用法治方式巩固和深化两岸关系和平发展,完善涉台法律法规,推进两岸交流合作;<br>3. 依法保护港澳同胞、台湾同胞权益。 |
| 涉外法律工作 | 1. 【总要求】适应对外开放不断深化,完善涉外法律法规体系;<br>2. 【规则制定】积极参与国际规则制定,运用法律手段维护我国主权、安全、发展利益;<br>3. 【法律服务】强化涉外法律服务,依法维护海外侨胞权益;<br>4. 【司法合作】深化司法领域国际合作,完善我国司法协助体制,扩大国际司法协助覆盖面;<br>5. 【反腐合作】加强反腐败国际合作,加大海外追赃追逃、遣返引渡力度;<br>6. 【安全合作】积极参与执法安全国际合作,共同打击犯罪。 |

附录:

### 中共中央关于全面推进依法治国若干重大问题的决定
**(2014 年 10 月 23 日中国共产党第十八届中央委员会第四次全体会议通过)**

新华社北京 10 月 28 日电 为贯彻落实党的十八大作出的战略部署,加快建设社会主义法治国家,十八届中央委员会第四次全体会议研究了全面推进依法治国若干重大问题,作出如下决定。

## 一、坚持走中国特色社会主义法治道路,建设中国特色社会主义法治体系

依法治国,是坚持和发展中国特色社会主义的本质要求和重要保障,是实现国家治理体系和治理能力现代化的必然要求,事关我们党执政兴国,事关人民幸福安康,事关党和国家长治久安。

全面建成小康社会、实现中华民族伟大复兴的中国梦,全面深化改革、完善和发展中国特色社会主义制度,提高党的执政能力和执政水平,必须全面推进依法治国。

我国正处于社会主义初级阶段,全面建成小康社会进入决定性阶段,改革进入攻坚期和深水区,国际形势复杂多变,我们党面对的改革发展稳定任务之重前所未有、矛盾风险挑战之多前所未有,依法治国在党和国家工作全局中的地位更加突出、作用更加重大。面对新形势新任务,我们党要更好统筹国内国际两个大局,更好维护和运用我国发展的重要战略机遇期,更好统筹社会力量、平衡社会利益、调节社会关系、规范社会行为,使我国社会在深刻变革中既生机

勃勃又井然有序,实现经济发展、政治清明、文化昌盛、社会公正、生态良好,实现我国和平发展的战略目标,必须更好发挥法治的引领和规范作用。

我们党高度重视法治建设。长期以来,特别是党的十一届三中全会以来,我们党深刻总结我国社会主义法治建设的成功经验和深刻教训,提出为了保障人民民主,必须加强法治,必须使民主制度化、法律化,把依法治国确定为党领导人民治理国家的基本方略,把依法执政确定为党治国理政的基本方式,积极建设社会主义法治,取得历史性成就。目前,中国特色社会主义法律体系已经形成,法治政府建设稳步推进,司法体制不断完善,全社会法治观念明显增强。

同时,必须清醒看到,同党和国家事业发展要求相比,同人民群众期待相比,同推进国家治理体系和治理能力现代化目标相比,法治建设还存在许多不适应、不符合的问题,主要表现为:有的法律法规未能全面反映客观规律和人民意愿,针对性、可操作性不强,立法工作中部门化倾向、争权诿责现象较为突出;有法不依、执法不严、违法不究现象比较严重,执法体制权责脱节、多头执法、选择性执法现象仍然存在,执法司法不规范、不严格、不透明、不文明现象较为突出,群众对执法司法不公和腐败问题反映强烈;部分社会成员尊法信法守法用法、依法维权意识不强,一些国家工作人员特别是领导干部依法办事观念不强、能力不足,知法犯法、以言代法、以权压法、徇私枉法现象依然存在。这些问题,违背社会主义法治原则,损害人民群众利益,妨碍党和国家事业发展,必须下大气力加以解决。

全面推进依法治国,必须贯彻落实党的十八大和十八届三中全会精神,高举中国特色社会主义伟大旗帜,以马克思列宁主义、毛泽东思想、邓小平理论、"三个代表"重要思想、科学发展观为指导,深入贯彻习近平总书记系列重要讲话精神,坚持党的领导、人民当家做主、依法治国有机统一,坚定不移走中国特色社会主义法治道路,坚决维护宪法法律权威,依法维护人民权益,维护社会公平正义,维护国家安全稳定,为实现"两个一百年"奋斗目标、实现中华民族伟大复兴的中国梦提供有力法治保障。

全面推进依法治国,总目标是建设中国特色社会主义法治体系,建设社会主义法治国家。这就是,在中国共产党领导下,坚持中国特色社会主义制度,贯彻中国特色社会主义法治理论,形成完备的法律规范体系、高效的法治实施体系、严密的法治监督体系、有力的法治保障体系,形成完善的党内法规体系,坚持依法治国、依法执政、依法行政共同推进,坚持法治国家、法治政府、法治社会一体建设,实现科学立法、严格执法、公正司法、全民守法,促进国家治理体系和治理能力现代化。

实现这个总目标,必须坚持以下原则。

——坚持中国共产党的领导。党的领导是中国特色社会主义最本质的特征,是社会主义法治最根本的保证。把党的领导贯彻到依法治国全过程和各方面,是我国社会主义法治建设的一条基本经验。我国宪法确立了中国共产党的领导地位。坚持党的领导,是社会主义法治的根本要求,是党和国家的根本所在、命脉所在,是全国各族人民的利益所系、幸福所系,是全面推进依法治国的题中应有之义。党的领导和社会主义法治是一致的,社会主义法治必须坚持党的领导,党的领导必须依靠社会主义法治。只有在党的领导下依法治国、厉行法治,人民当家做主才能充分实现,国家和社会生活法治化才能有序推进。依法执政,既要求党依据宪法法律治国理政,也要求党依据党内法规管党治党。必须坚持党领导立法、保证执法、支持司法、带头守法,把依法治国基本方略同依法执政基本方式统一起来,把党总揽全局、协调各方同人大、政府、政协、审判机关、检察机关依法依章程履行职能、开展工作统一起来,把党领导人民制定和实施宪法法律同党坚持在宪法法律范围内活动统一起来,善于使党的主张通过法定程序成为国家意志,善于使党组织推荐的人选通过法定程序成为国家政权机关的领导人员,善于通过国家政权机关实施党对国家和社会的领导,善于运用民主集中制原则维护中央权威、维护全党全国团结统一。

——坚持人民主体地位。人民是依法治国的主体和力量源泉,人民代表大会制度是保证人民当家做主的根本政治制度。必须坚持法治建设为了人民、依靠人民、造福人民、保护人民,以保障人民根本权益为出发点和落脚点,保证人民依法享有广泛的权利和自由、承担应尽的义务,维护社会公平正义,促进共同富裕。必须保证人民在党的领导下,依照法律规定,通过各种途径和形式管理国家事务,管理经济文化事业,管理社会事务。必须使人民认识到法律既是保障自身权利的有力武器,也是必须遵守的行为规范,增强全社会学法尊法守法用法意识,使法律为人民所掌握、所遵守、所运用。

——坚持法律面前人人平等。平等是社会主义法律的基本属性。任何组织和个人都必须尊重宪法法律权威,都必须在宪法法律范围内活动,都必须依照宪法法律行使权力或权利、履行职责或义务,都不得有超越宪法法律的特权。必须维护国家法制统一、尊严、权威,切实保证宪法法律有效实施,绝不允许任何人以任何借口任何形式以言代法、以权压法、徇私枉法。必须以规范和约束公权力为重点,加大监督力度,做到有权必有责、用权受监督、违法必追究,坚决纠正有法不依、执法不严、违法不究行为。

——坚持依法治国和以德治国相结合。国家和社会治理需要法律和道德共同发挥作用。必须坚持一手抓法治、一手抓德治,大力弘扬社会主义核心价值观,弘扬中华传统美德,培育社会公德、职业道德、家庭美德、个人品德,既重视发挥法律的规范作用,又重视发挥道德的教化作用,以法治体现道德理念、强化法律对道德建设的促进作用,以道德滋养法治精神、强化道德对法治文化的支撑作用,实现法律和道德相辅相成、法治和德治相得益彰。

——坚持从中国实际出发。中国特色社会主义道路、理论体系、制度是全面推进依法治国的根本遵循。必须从我国基本国情出发,同改革开放不断深化相适应,总结和运用党领导人民实行法治的成功经验,围绕社会主义法治建设重大理论和实践问题,推进法治理论创新,发展符合中国实际、具有中国特色、体现社会发展规律的社会主义法治理论,为依法治国提供理论指导和学理支撑。汲取中华法律文化精华,借鉴国外法治有益经验,但决不照搬外国法治理念和模式。

全面推进依法治国是一个系统工程,是国家治理领域一场广泛而深刻的革命,需要付出长期艰苦努力。全党同志必须更加自觉地坚持依法治国、更加扎实地推进依法治国,努力实现国家各项工作法治化,向着建设法治中国不断前进。

## 二、完善以宪法为核心的中国特色社会主义法律体系,加强宪法实施

法律是治国之重器,良法是善治之前提。建设中国特色社会主义法治体系,必须坚持立法先行,发挥立法的引领和推动作用,抓住提高立法质量这个关键。要恪守以民为本、立法为民理念,贯彻社会主义核心价值观,使每一项立法都符合宪法精神、反映人民意志、得到人民拥护。要把公正、公平、公开原则贯穿立法全过程,完善立法体制机制,坚持立、改、废、释并举,增强法律法规的及时性、系统性、针对性、有效性。

(一)健全宪法实施和监督制度。宪法是党和人民意志的集中体现,是通过科学民主程序

形成的根本法。坚持依法治国首先要坚持依宪治国，坚持依法执政首先要坚持依宪执政。全国各族人民、一切国家机关和武装力量、各政党和各社会团体、各企业事业组织，都必须以宪法为根本的活动准则，并且负有维护宪法尊严、保证宪法实施的职责。一切违反宪法的行为都必须予以追究和纠正。

完善全国人大及其常委会宪法监督制度，健全宪法解释程序机制。加强备案审查制度和能力建设，把所有规范性文件纳入备案审查范围，依法撤销和纠正违宪违法的规范性文件，禁止地方制发带有立法性质的文件。

将每年十二月四日定为国家宪法日。在全社会普遍开展宪法教育，弘扬宪法精神。建立宪法宣誓制度，凡经人大及其常委会选举或者决定任命的国家工作人员正式就职时公开向宪法宣誓。

（二）完善立法体制。加强党对立法工作的领导，完善党对立法工作中重大问题决策的程序。凡立法涉及重大体制和重大政策调整的，必须报党中央讨论决定。党中央向全国人大提出宪法修改建议，依照宪法规定的程序进行宪法修改。法律制定和修改的重大问题由全国人大常委会党组向党中央报告。

健全有立法权的人大主导立法工作的体制机制，发挥人大及其常委会在立法工作中的主导作用。建立由全国人大相关专门委员会、全国人大常委会法制工作委员会组织有关部门参与起草综合性、全局性、基础性等重要法律草案制度。增加有法治实践经验的专职常委比例。依法建立健全专门委员会、工作委员会立法专家顾问制度。

加强和改进政府立法制度建设，完善行政法规、规章制定程序，完善公众参与政府立法机制。重要行政管理法律法规由政府法制机构组织起草。

明确立法权力边界，从体制机制和工作程序上有效防止部门利益和地方保护主义法律化。对部门间争议较大的重要立法事项，由决策机关引入第三方评估，充分听取各方意见，协调决定，不能久拖不决。加强法律解释工作，及时明确法律规定含义和适用法律依据。明确地方立法权限和范围，依法赋予设区的市地方立法权。

（三）深入推进科学立法、民主立法。加强人大对立法工作的组织协调，健全立法起草、论证、协调、审议机制，健全向下级人大征询立法意见机制，建立基层立法联系点制度，推进立法精细化。健全法律法规规章起草征求人大代表意见制度，增加人大代表列席人大常委会会议人数，更多发挥人大代表参与起草和修改法律作用。完善立法项目征集和论证制度。健全立法机关主导、社会各方有序参与立法的途径和方式。探索委托第三方起草法律法规草案。

健全立法机关和社会公众沟通机制，开展立法协商，充分发挥政协委员、民主党派、工商联、无党派人士、人民团体、社会组织在立法协商中的作用，探索建立有关国家机关、社会团体、专家学者等对立法中涉及的重大利益调整论证咨询机制。拓宽公民有序参与立法途径，健全法律法规规章草案公开征求意见和公众意见采纳情况反馈机制，广泛凝聚社会共识。

完善法律草案表决程序，对重要条款可以单独表决。

（四）加强重点领域立法。依法保障公民权利，加快完善体现权利公平、机会公平、规则公平的法律制度，保障公民人身权、财产权、基本政治权利等各项权利不受侵犯，保障公民经济、文化、社会等各方面权利得到落实，实现公民权利保障法治化。增强全社会尊重和保障人权意识，健全公民权利救济渠道和方式。

社会主义市场经济本质上是法治经济。使市场在资源配置中起决定性作用和更好发挥政府作用,必须以保护产权、维护契约、统一市场、平等交换、公平竞争、有效监管为基本导向,完善社会主义市场经济法律制度。健全以公平为核心原则的产权保护制度,加强对各种所有制经济组织和自然人财产权的保护,清理有违公平的法律法规条款。创新适应公有制多种实现形式的产权保护制度,加强对国有、集体资产所有权、经营权和各类企业法人财产权的保护。国家保护企业以法人财产权依法自主经营、自负盈亏,企业有权拒绝任何组织和个人无法律依据的要求。加强企业社会责任立法。完善激励创新的产权制度、知识产权保护制度和促进科技成果转化的体制机制。加强市场法律制度建设,编纂民法典,制定和完善发展规划、投资管理、土地管理、能源和矿产资源、农业、财政税收、金融等方面法律法规,促进商品和要素自由流动、公平交易、平等使用。依法加强和改善宏观调控、市场监管,反对垄断,促进合理竞争,维护公平竞争的市场秩序。加强军民融合深度发展法治保障。

制度化、规范化、程序化是社会主义民主政治的根本保障。以保障人民当家做主为核心,坚持和完善人民代表大会制度,坚持和完善中国共产党领导的多党合作和政治协商制度、民族区域自治制度以及基层群众自治制度,推进社会主义民主政治法治化。加强社会主义协商民主制度建设,推进协商民主广泛多层制度化发展,构建程序合理、环节完整的协商民主体系。完善和发展基层民主制度,依法推进基层民主和行业自律,实行自我管理、自我服务、自我教育、自我监督。完善国家机构组织法,完善选举制度和工作机制。加快推进反腐败国家立法,完善惩治和预防腐败体系,形成不敢腐、不能腐、不想腐的有效机制,坚决遏制和预防腐败现象。完善惩治贪污贿赂犯罪法律制度,把贿赂犯罪对象由财物扩大为财物和其他财产性利益。

建立健全坚持社会主义先进文化前进方向、遵循文化发展规律、有利于激发文化创造活力、保障人民基本文化权益的文化法律制度。制定公共文化服务保障法,促进基本公共文化服务标准化、均等化。制定文化产业促进法,把行之有效的文化经济政策法定化,健全促进社会效益和经济效益有机统一的制度规范。制定国家勋章和国家荣誉称号法,表彰有突出贡献的杰出人士。加强互联网领域立法,完善网络信息服务、网络安全保护、网络社会管理等方面的法律法规,依法规范网络行为。

加快保障和改善民生、推进社会治理体制创新法律制度建设。依法加强和规范公共服务,完善教育、就业、收入分配、社会保障、医疗卫生、食品安全、扶贫、慈善、社会救助和妇女儿童、老年人、残疾人合法权益保护等方面的法律法规。加强社会组织立法,规范和引导各类社会组织健康发展。制定社区矫正法。

贯彻落实总体国家安全观,加快国家安全法治建设,抓紧出台反恐怖等一批急需法律,推进公共安全法治化,构建国家安全法律制度体系。

用严格的法律制度保护生态环境,加快建立有效约束开发行为和促进绿色发展、循环发展、低碳发展的生态文明法律制度,强化生产者环境保护的法律责任,大幅度提高违法成本。建立健全自然资源产权法律制度,完善国土空间开发保护方面的法律制度,制定完善生态补偿和土壤、水、大气污染防治及海洋生态环境保护等法律法规,促进生态文明建设。

实现立法和改革决策相衔接,做到重大改革于法有据、立法主动适应改革和经济社会发展需要。实践证明行之有效的,要及时上升为法律。实践条件还不成熟、需要先行先试的,要按照法定程序作出授权。对不适应改革要求的法律法规,要及时修改和废止。

## 三、深入推进依法行政,加快建设法治政府

法律的生命力在于实施,法律的权威也在于实施。各级政府必须坚持在党的领导下、在法

治轨道上开展工作,创新执法体制,完善执法程序,推进综合执法,严格执法责任,建立权责统一、权威高效的依法行政体制,加快建设职能科学、权责法定、执法严明、公开公正、廉洁高效、守法诚信的法治政府。

(一)依法全面履行政府职能。完善行政组织和行政程序法律制度,推进机构、职能、权限、程序、责任法定化。行政机关要坚持法定职责必须为、法无授权不可为,勇于负责、敢于担当,坚决纠正不作为、乱作为,坚决克服懒政、怠政,坚决惩处失职、渎职。行政机关不得法外设定权力,没有法律法规依据不得作出减损公民、法人和其他组织合法权益或者增加其义务的决定。推行政府权力清单制度,坚决消除权力设租寻租空间。

推进各级政府事权规范化、法律化,完善不同层级政府特别是中央和地方政府事权法律制度,强化中央政府宏观管理、制度设定职责和必要的执法权,强化省级政府统筹推进区域内基本公共服务均等化职责,强化市县政府执行职责。

(二)健全依法决策机制。把公众参与、专家论证、风险评估、合法性审查、集体讨论决定确定为重大行政决策法定程序,确保决策制度科学、程序正当、过程公开、责任明确。建立行政机关内部重大决策合法性审查机制,未经合法性审查或经审查不合法的,不得提交讨论。

积极推行政府法律顾问制度,建立政府法制机构人员为主体、吸收专家和律师参加的法律顾问队伍,保证法律顾问在制定重大行政决策、推进依法行政中发挥积极作用。

建立重大决策终身责任追究制度及责任倒查机制,对决策严重失误或者依法应该及时作出决策但久拖不决造成重大损失、恶劣影响的,严格追究行政首长、负有责任的其他领导人员和相关责任人员的法律责任。

(三)深化行政执法体制改革。根据不同层级政府的事权和职能,按照减少层次、整合队伍、提高效率的原则,合理配置执法力量。

推进综合执法,大幅减少市县两级政府执法队伍种类,重点在食品药品安全、工商质检、公共卫生、安全生产、文化旅游、资源环境、农林水利、交通运输、城乡建设、海洋渔业等领域内推行综合执法,有条件的领域可以推行跨部门综合执法。

完善市县两级政府行政执法管理,加强统一领导和协调。理顺行政强制执行体制。理顺城管执法体制,加强城市管理综合执法机构建设,提高执法和服务水平。

严格实行行政执法人员持证上岗和资格管理制度,未经执法资格考试合格,不得授予执法资格,不得从事执法活动。严格执行罚缴分离和收支两条线管理制度,严禁收费罚没收入同部门利益直接或者变相挂钩。

健全行政执法和刑事司法衔接机制,完善案件移送标准和程序,建立行政执法机关、公安机关、检察机关、审判机关信息共享、案情通报、案件移送制度,坚决克服有案不移、有案难移、以罚代刑现象,实现行政处罚和刑事处罚无缝对接。

(四)坚持严格规范公正文明执法。依法惩处各类违法行为,加大关系群众切身利益的重点领域执法力度。完善执法程序,建立执法全过程记录制度。明确具体操作流程,重点规范行政许可、行政处罚、行政强制、行政征收、行政收费、行政检查等执法行为。严格执行重大执法决定法制审核制度。

建立健全行政裁量权基准制度,细化、量化行政裁量标准,规范裁量范围、种类、幅度。加强行政执法信息化建设和信息共享,提高执法效率和规范化水平。

全面落实行政执法责任制,严格确定不同部门及机构、岗位执法人员执法责任和责任追究机制,加强执法监督,坚决排除对执法活动的干预,防止和克服地方和部门保护主义,惩治执法腐败现象。

（五）强化对行政权力的制约和监督。加强党内监督、人大监督、民主监督、行政监督、司法监督、审计监督、社会监督、舆论监督制度建设,努力形成科学有效的权力运行制约和监督体系,增强监督合力和实效。

加强对政府内部权力的制约,是强化对行政权力制约的重点。对财政资金分配使用、国有资产监管、政府投资、政府采购、公共资源转让、公共工程建设等权力集中的部门和岗位实行分事行权、分岗设权、分级授权,定期轮岗,强化内部流程控制,防止权力滥用。完善政府内部层级监督和专门监督,改进上级机关对下级机关的监督,建立常态化监督制度。完善纠错问责机制,健全责令公开道歉、停职检查、引咎辞职、责令辞职、罢免等问责方式和程序。

完善审计制度,保障依法独立行使审计监督权。对公共资金、国有资产、国有资源和领导干部履行经济责任情况实行审计全覆盖。强化上级审计机关对下级审计机关的领导。探索省以下地方审计机关人财物统一管理。推进审计职业化建设。

（六）全面推进政务公开。坚持以公开为常态、不公开为例外原则,推进决策公开、执行公开、管理公开、服务公开、结果公开。各级政府及其工作部门依据权力清单,向社会全面公开政府职能、法律依据、实施主体、职责权限、管理流程、监督方式等事项。重点推进财政预算、公共资源配置、重大建设项目批准和实施、社会公益事业建设等领域的政府信息公开。

涉及公民、法人或其他组织权利和义务的规范性文件,按照政府信息公开要求和程序予以公布。推行行政执法公示制度。推进政务公开信息化,加强互联网政务信息数据服务平台和便民服务平台建设。

## 四、保证公正司法,提高司法公信力

公正是法治的生命线。司法公正对社会公正具有重要引领作用,司法不公对社会公正具有致命破坏作用。必须完善司法管理体制和司法权力运行机制,规范司法行为,加强对司法活动的监督,努力让人民群众在每一个司法案件中感受到公平正义。

（一）完善确保依法独立公正行使审判权和检察权的制度。各级党政机关和领导干部要支持法院、检察院依法独立公正行使职权。建立领导干部干预司法活动、插手具体案件处理的记录、通报和责任追究制度。任何党政机关和领导干部都不得让司法机关做违反法定职责、有碍司法公正的事情,任何司法机关都不得执行党政机关和领导干部违法干预司法活动的要求。对干预司法机关办案的,给予党纪政纪处分;造成冤假错案或者其他严重后果的,依法追究刑事责任。

健全行政机关依法出庭应诉、支持法院受理行政案件、尊重并执行法院生效裁判的制度。完善惩戒妨碍司法机关依法行使职权、拒不执行生效裁判和决定、藐视法庭权威等违法犯罪行为的法律规定。

建立健全司法人员履行法定职责保护机制。非因法定事由,非经法定程序,不得将法官、检察官调离、辞退或者作出免职、降级等处分。

（二）优化司法职权配置。健全公安机关、检察机关、审判机关、司法行政机关各司其职,侦查权、检察权、审判权、执行权相互配合、相互制约的体制机制。

完善司法体制,推动实行审判权和执行权相分离的体制改革试点。完善刑罚执行制度,统一刑罚执行体制。改革司法机关人财物管理体制,探索实行法院、检察院司法行政事务管理权和审判权、检察权相分离。

最高人民法院设立巡回法庭,审理跨行政区域重大行政和民商事案件。探索设立跨行政区划的人民法院和人民检察院,办理跨地区案件。完善行政诉讼体制机制,合理调整行政诉讼案件管辖制度,切实解决行政诉讼立案难、审理难、执行难等突出问题。

改革法院案件受理制度,变立案审查制为立案登记制,对人民法院依法应该受理的案件,做到有案必立、有诉必理,保障当事人诉权。加大对虚假诉讼、恶意诉讼、无理缠诉行为的惩治力度。完善刑事诉讼中认罪认罚从宽制度。

完善审级制度,一审重在解决事实认定和法律适用,二审重在解决事实法律争议、实现二审终审,再审重在解决依法纠错、维护裁判权威。完善对涉及公民人身、财产权益的行政强制措施实行司法监督制度。检察机关在履行职责中发现行政机关违法行使职权或者不行使职权的行为,应该督促其纠正。探索建立检察机关提起公益诉讼制度。

明确司法机关内部各层级权限,健全内部监督制约机制。司法机关内部人员不得违反规定干预其他人员正在办理的案件,建立司法机关内部人员过问案件的记录制度和责任追究制度。完善主审法官、合议庭、主任检察官、主办侦查员办案责任制,落实谁办案谁负责。

加强职务犯罪线索管理,健全受理、分流、查办、信息反馈制度,明确纪检监察和刑事司法办案标准和程序衔接,依法严格查办职务犯罪案件。

(三)推进严格司法。坚持以事实为根据、以法律为准绳,健全事实认定符合客观真相、办案结果符合实体公正、办案过程符合程序公正的法律制度。加强和规范司法解释和案例指导,统一法律适用标准。

推进以审判为中心的诉讼制度改革,确保侦查、审查起诉的案件事实证据经得起法律的检验。全面贯彻证据裁判规则,严格依法收集、固定、保存、审查、运用证据,完善证人、鉴定人出庭制度,保证庭审在查明事实、认定证据、保护诉权、公正裁判中发挥决定性作用。

明确各类司法人员工作职责、工作流程、工作标准,实行办案质量终身负责制和错案责任倒查问责制,确保案件处理经得起法律和历史检验。

(四)保障人民群众参与司法。坚持人民司法为人民,依靠人民推进公正司法,通过公正司法维护人民权益。在司法调解、司法听证、涉诉信访等司法活动中保障人民群众参与。完善人民陪审员制度,保障公民陪审权利,扩大参审范围,完善随机抽选方式,提高人民陪审制度公信度。逐步实行人民陪审员不再审理法律适用问题,只参与审理事实认定问题。

构建开放、动态、透明、便民的阳光司法机制,推进审判公开、检务公开、警务公开、狱务公开,依法及时公开执法司法依据、程序、流程、结果和生效法律文书,杜绝暗箱操作。加强法律文书释法说理,建立生效法律文书统一上网和公开查询制度。

(五)加强人权司法保障。强化诉讼过程中当事人和其他诉讼参与人的知情权、陈述权、辩护辩论权、申请权、申诉权的制度保障。健全落实罪刑法定、疑罪从无、非法证据排除等法律原则的法律制度。完善对限制人身自由司法措施和侦查手段的司法监督,加强对刑讯逼供和非法取证的源头预防,健全冤假错案有效防范、及时纠正机制。

切实解决执行难,制定强制执行法,规范查封、扣押、冻结、处理涉案财物的司法程序。加快建立失信被执行人信用监督、威慑和惩戒法律制度。依法保障胜诉当事人及时实现权益。

落实终审和诉讼终结制度,实行诉访分离,保障当事人依法行使申诉权利。对不服司法机关生效裁判、决定的申诉,逐步实行由律师代理制度。对聘不起律师的申诉人,纳入法律援助范围。

（六）加强对司法活动的监督。完善检察机关行使监督权的法律制度,加强对刑事诉讼、民事诉讼、行政诉讼的法律监督。完善人民监督员制度,重点监督检察机关查办职务犯罪的立案、羁押、扣押冻结财物、起诉等环节的执法活动。司法机关要及时回应社会关切。规范媒体对案件的报道,防止舆论影响司法公正。

依法规范司法人员与当事人、律师、特殊关系人、中介组织的接触、交往行为。严禁司法人员私下接触当事人及律师、泄露或者为其打探案情、接受吃请或者收受其财物、为律师介绍代理和辩护业务等违法违纪行为,坚决惩治司法掮客行为,防止利益输送。

对因违法违纪被开除公职的司法人员、吊销执业证书的律师和公证员,终身禁止从事法律职业,构成犯罪的要依法追究刑事责任。

坚决破除各种潜规则,绝不允许法外开恩,绝不允许办关系案、人情案、金钱案。坚决反对和克服特权思想、衙门作风、霸道作风,坚决反对和惩治粗暴执法、野蛮执法行为。对司法领域的腐败零容忍,坚决清除害群之马。

## 五、增强全民法治观念,推进法治社会建设

法律的权威源自人民的内心拥护和真诚信仰。人民权益要靠法律保障,法律权威要靠人民维护。必须弘扬社会主义法治精神,建设社会主义法治文化,增强全社会厉行法治的积极性和主动性,形成守法光荣、违法可耻的社会氛围,使全体人民都成为社会主义法治的忠实崇尚者、自觉遵守者、坚定捍卫者。

（一）推动全社会树立法治意识。坚持把全民普法和守法作为依法治国的长期基础性工作,深入开展法治宣传教育,引导全民自觉守法、遇事找法、解决问题靠法。坚持把领导干部带头学法、模范守法作为树立法治意识的关键,完善国家工作人员学法用法制度,把宪法法律列入党委（党组）中心组学习内容,列为党校、行政学院、干部学院、社会主义学院必修课。把法治教育纳入国民教育体系,从青少年抓起,在中小学设立法治知识课程。

健全普法宣传教育机制,各级党委和政府要加强对普法工作的领导,宣传、文化、教育部门和人民团体要在普法教育中发挥职能作用。实行国家机关"谁执法谁普法"的普法责任制,建立法官、检察官、行政执法人员、律师等以案释法制度,加强普法讲师团、普法志愿者队伍建设。把法治教育纳入精神文明创建内容,开展群众性法治文化活动,健全媒体公益普法制度,加强新媒体新技术在普法中的运用,提高普法实效。

牢固树立有权力就有责任、有权利就有义务观念。加强社会诚信建设,健全公民和组织守法信用记录,完善守法诚信褒奖机制和违法失信行为惩戒机制,使尊法守法成为全体人民共同追求和自觉行动。

加强公民道德建设,弘扬中华优秀传统文化,增强法治的道德底蕴,强化规则意识,倡导契约精神,弘扬公序良俗。发挥法治在解决道德领域突出问题中的作用,引导人们自觉履行法定义务、社会责任、家庭责任。

（二）推进多层次多领域依法治理。坚持系统治理、依法治理、综合治理、源头治理,提高社会治理法治化水平。深入开展多层次多形式法治创建活动,深化基层组织和部门、行业依法治理,支持各类社会主体自我约束、自我管理。发挥市民公约、乡规民约、行业规章、团体章程

等社会规范在社会治理中的积极作用。

发挥人民团体和社会组织在法治社会建设中的积极作用。建立健全社会组织参与社会事务、维护公共利益、救助困难群众、帮教特殊人群、预防违法犯罪的机制和制度化渠道。支持行业协会商会类社会组织发挥行业自律和专业服务功能。发挥社会组织对其成员的行为导引、规则约束、权益维护作用。加强在华境外非政府组织管理，引导和监督其依法开展活动。

高举民族大团结旗帜，依法妥善处置涉及民族、宗教等因素的社会问题，促进民族关系、宗教关系和谐。

（三）建设完备的法律服务体系。推进覆盖城乡居民的公共法律服务体系建设，加强民生领域法律服务。完善法律援助制度，扩大援助范围，健全司法救助体系，保证人民群众在遇到法律问题或者权利受到侵害时获得及时有效法律帮助。

发展律师、公证等法律服务业，统筹城乡、区域法律服务资源，发展涉外法律服务业。健全统一司法鉴定管理体制。

（四）健全依法维权和化解纠纷机制。强化法律在维护群众权益、化解社会矛盾中的权威地位，引导和支持人们理性表达诉求、依法维护权益，解决好群众最关心最直接最现实的利益问题。

构建对维护群众利益具有重大作用的制度体系，建立健全社会矛盾预警机制、利益表达机制、协商沟通机制、救济救助机制，畅通群众利益协调、权益保障法律渠道。把信访纳入法治化轨道，保障合理合法诉求依照法律规定和程序就能得到合理合法的结果。

健全社会矛盾纠纷预防化解机制，完善调解、仲裁、行政裁决、行政复议、诉讼等有机衔接、相互协调的多元化纠纷解决机制。加强行业性、专业性人民调解组织建设，完善人民调解、行政调解、司法调解联动工作体系。完善仲裁制度，提高仲裁公信力。健全行政裁决制度，强化行政机关解决同行政管理活动密切相关的民事纠纷功能。

深入推进社会治安综合治理，健全落实领导责任制。完善立体化社会治安防控体系，有效防范化解管控影响社会安定的问题，保障人民生命财产安全。依法严厉打击暴力恐怖、涉黑犯罪、邪教和黄赌毒等违法犯罪活动，绝不允许其形成气候。依法强化危害食品药品安全、影响安全生产、损害生态环境、破坏网络安全等重点问题治理。

## 六、加强法治工作队伍建设

全面推进依法治国，必须大力提高法治工作队伍思想政治素质、业务工作能力、职业道德水准，着力建设一支忠于党、忠于国家、忠于人民、忠于法律的社会主义法治工作队伍，为加快建设社会主义法治国家提供强有力的组织和人才保障。

（一）建设高素质法治专门队伍。把思想政治建设摆在首位，加强理想信念教育，深入开展社会主义核心价值观和社会主义法治理念教育，坚持党的事业、人民利益、宪法法律至上，加强立法队伍、行政执法队伍、司法队伍建设。抓住立法、执法、司法机关各级领导班子建设这个关键，突出政治标准，把善于运用法治思维和法治方式推动工作的人选拔到领导岗位上来。畅通立法、执法、司法部门干部和人才相互之间以及与其他部门具备条件的干部和人才交流渠道。

推进法治专门队伍正规化、专业化、职业化，提高职业素养和专业水平。完善法律职业准入制度，健全国家统一法律职业资格考试制度，建立法律职业人员统一职前培训制度。建立从符合条件的律师、法学专家中招录立法工作者、法官、检察官制度,畅通具备条件的军队转业干部进入法治专门队伍的通道,健全从政法专业毕业生中招录人才的规范便捷机制。加强边疆地区、民族地区法治专门队伍建设。加快建立符合职业特点的法治工作人员管理制度,完善职业保障体系,建立法官、检察官、人民警察专业职务序列及工资制度。

建立法官、检察官逐级遴选制度。初任法官、检察官由高级人民法院、省级人民检察院统一招录,一律在基层法院、检察院任职。上级人民法院、人民检察院的法官、检察官一般从下一级人民法院、人民检察院的优秀法官、检察官中遴选。

(二)加强法律服务队伍建设。加强律师队伍思想政治建设,把拥护中国共产党领导、拥护社会主义法治作为律师从业的基本要求,增强广大律师走中国特色社会主义法治道路的自觉性和坚定性。构建社会律师、公职律师、公司律师等优势互补、结构合理的律师队伍。提高律师队伍业务素质,完善执业保障机制。加强律师事务所管理,发挥律师协会自律作用,规范律师执业行为,监督律师严格遵守职业道德和职业操守,强化准入、退出管理,严格执行违法违规执业惩戒制度。加强律师行业党的建设,扩大党的工作覆盖面,切实发挥律师事务所党组织的政治核心作用。

各级党政机关和人民团体普遍设立公职律师,企业可设立公司律师,参与决策论证,提供法律意见,促进依法办事,防范法律风险。明确公职律师、公司律师法律地位及权利义务,理顺公职律师、公司律师管理体制机制。

发展公证员、基层法律服务工作者、人民调解员队伍。推动法律服务志愿者队伍建设。建立激励法律服务人才跨区域流动机制,逐步解决基层和欠发达地区法律服务资源不足和高端人才匮乏问题。

(三)创新法治人才培养机制。坚持用马克思主义法学思想和中国特色社会主义法治理论全方位占领高校、科研机构法学教育和法学研究阵地,加强法学基础理论研究,形成完善的中国特色社会主义法学理论体系、学科体系、课程体系,组织编写和全面采用国家统一的法律类专业核心教材,纳入司法考试必考范围。坚持立德树人、德育为先导向,推动中国特色社会主义法治理论进教材进课堂进头脑,培养造就熟悉和坚持中国特色社会主义法治体系的法治人才及后备力量。建设通晓国际法律规则、善于处理涉外法律事务的涉外法治人才队伍。

健全政法部门和法学院校、法学研究机构人员双向交流机制,实施高校和法治工作部门人员互聘计划,重点打造一支政治立场坚定、理论功底深厚、熟悉中国国情的高水平法学家和专家团队,建设高素质学术带头人、骨干教师、专兼职教师队伍。

## 七、加强和改进党对全面推进依法治国的领导

党的领导是全面推进依法治国、加快建设社会主义法治国家最根本的保证。必须加强和改进党对法治工作的领导,把党的领导贯彻到全面推进依法治国全过程。

(一)坚持依法执政。依法执政是依法治国的关键。各级党组织和领导干部要深刻认识到,维护宪法法律权威就是维护党和人民共同意志的权威,捍卫宪法法律尊严就是捍卫党和人民共同意志的尊严,保证宪法法律实施就是保证党和人民共同意志的实现。各级领导干部要对法律怀有敬畏之心,牢记法律红线不可逾越、法律底线不可触碰,带头遵守法律,带头依法办事,不得违法行使权力,更不能以言代法、以权压法、徇私枉法。

健全党领导依法治国的制度和工作机制,完善保证党确定依法治国方针政策和决策部署

的工作机制和程序。加强对全面推进依法治国统一领导、统一部署、统筹协调。完善党委依法决策机制,发挥政策和法律的各自优势,促进党的政策和国家法律互联互动。党委要定期听取政法机关工作汇报,做促进公正司法、维护法律权威的表率。党政主要负责人要履行推进法治建设第一责任人职责。各级党委要领导和支持工会、共青团、妇联等人民团体和社会组织在依法治国中积极发挥作用。

人大、政府、政协、审判机关、检察机关的党组织和党员干部要坚决贯彻党的理论和路线方针政策,贯彻党委决策部署。各级人大、政府、政协、审判机关、检察机关的党组织要领导和监督本单位模范遵守宪法法律,坚决查处执法犯法、违法用权等行为。

政法委员会是党委领导政法工作的组织形式,必须长期坚持。各级党委政法委员会要把工作着力点放在把握政治方向、协调各方职能、统筹政法工作、建设政法队伍、督促依法履职、创造公正司法环境上,带头依法办事,保障宪法法律正确统一实施。政法机关党组织要建立健全重大事项向党委报告制度。加强政法机关党的建设,在法治建设中充分发挥党组织政治保障作用和党员先锋模范作用。

(二)加强党内法规制度建设。党内法规既是管党治党的重要依据,也是建设社会主义法治国家的有力保障。党章是最根本的党内法规,全党必须一体严格遵行。完善党内法规制定体制机制,加大党内法规备案审查和解释力度,形成配套完备的党内法规制度体系。注重党内法规同国家法律的衔接和协调,提高党内法规执行力,运用党内法规把党要管党、从严治党落到实处,促进党员、干部带头遵守国家法律法规。

党的纪律是党内规矩。党规党纪严于国家法律,党的各级组织和广大党员干部不仅要模范遵守国家法律,而且要按照党规党纪以更高标准严格要求自己,坚定理想信念,践行党的宗旨,坚决同违法乱纪行为作斗争。对违反党规党纪的行为必须严肃处理,对苗头性倾向性问题必须抓早抓小,防止小错酿成大错、违纪走向违法。

依纪依法反对和克服形式主义、官僚主义、享乐主义和奢靡之风,形成严密的长效机制。完善和严格执行领导干部政治、工作、生活待遇方面各项制度规定,着力整治各种特权行为。深入开展党风廉政建设和反腐败斗争,严格落实党风廉政建设党委主体责任和纪委监督责任,对任何腐败行为和腐败分子,必须依纪依法予以坚决惩处,决不手软。

(三)提高党员干部法治思维和依法办事能力。党员干部是全面推进依法治国的重要组织者、推动者、实践者,要自觉提高运用法治思维和法治方式深化改革、推动发展、化解矛盾、维护稳定能力,高级干部尤其要以身作则、以上率下。把法治建设成效作为衡量各级领导班子和领导干部工作实绩重要内容,纳入政绩考核指标体系。把能不能遵守法律、依法办事作为考察干部重要内容,在相同条件下,优先提拔使用法治素养好、依法办事能力强的干部。对特权思想严重、法治观念淡薄的干部要批评教育,不改正的要调离领导岗位。

(四)推进基层治理法治化。全面推进依法治国,基础在基层,工作重点在基层。发挥基层党组织在全面推进依法治国中的战斗堡垒作用,增强基层干部法治观念、法治为民的意识,提高依法办事能力。加强基层法治机构建设,强化基层法治队伍,建立重心下移、力量下沉的法治工作机制,改善基层基础设施和装备条件,推进法治干部下基层活动。

(五)深入推进依法治军从严治军。党对军队绝对领导是依法治军的核心和根本要求。紧紧围绕党在新形势下的强军目标,着眼全面加强军队革命化现代化正规化建设,创新发展依法治军理论和实践,构建完善的中国特色军事法治体系,提高国防和军队建设法治化水平。

坚持在法治轨道上积极稳妥推进国防和军队改革,深化军队领导指挥体制、力量结构、政策制度等方面改革,加快完善和发展中国特色社会主义军事制度。

健全适应现代军队建设和作战要求的军事法规制度体系,严格规范军事法规制度的制定权限和程序,将所有军事规范性文件纳入审查范围,完善审查制度,增强军事法规制度科学性、针对性、适用性。

坚持从严治军铁律,加大军事法规执行力度,明确执法责任,完善执法制度,健全执法监督机制,严格责任追究,推动依法治军落到实处。

健全军事法制工作体制,建立完善领导机关法制工作机构。改革军事司法体制机制,完善统一领导的军事审判、检察制度,维护国防利益,保障军人合法权益,防范打击违法犯罪。建立军事法律顾问制度,在各级领导机关设立军事法律顾问,完善重大决策和军事行动法律咨询保障制度。改革军队纪检监察体制。

强化官兵法治理念和法治素养,把法律知识学习纳入军队院校教育体系、干部理论学习和部队教育训练体系,列为军队院校学员必修课和部队官兵必学必训内容。完善军事法律人才培养机制。加强军事法治理论研究。

(六)依法保障"一国两制"实践和推进祖国统一。坚持宪法的最高法律地位和最高法律效力,全面准确贯彻"一国两制"、"港人治港"、"澳人治澳"、高度自治的方针,严格依照宪法和基本法办事,完善与基本法实施相关的制度和机制,依法行使中央权力,依法保障高度自治,支持特别行政区行政长官和政府依法施政,保障内地与香港、澳门经贸关系发展和各领域交流合作,防范和反对外部势力干预港澳事务,保持香港、澳门长期繁荣稳定。

运用法治方式巩固和深化两岸关系和平发展,完善涉台法律法规,依法规范和保障两岸人民关系、推进两岸交流合作。运用法律手段捍卫一个中国原则、反对"台独",增进维护一个中国框架的共同认知,推进祖国和平统一。

依法保护港澳同胞、台湾同胞权益。加强内地同香港和澳门、大陆同台湾的执法司法协作,共同打击跨境违法犯罪活动。

(七)加强涉外法律工作。适应对外开放不断深化,完善涉外法律法规体系,促进构建开放型经济新体制。积极参与国际规则制定,推动依法处理涉外经济、社会事务,增强我国在国际法律事务中的话语权和影响力,运用法律手段维护我国主权、安全、发展利益。强化涉外法律服务,维护我国公民、法人在海外及外国公民、法人在我国的正当权益,依法维护海外侨胞权益。深化司法领域国际合作,完善我国司法协助体制,扩大国际司法协助覆盖面。加强反腐败国际合作,加大海外追赃追逃、遣返引渡力度。积极参与执法安全国际合作,共同打击暴力恐怖势力、民族分裂势力、宗教极端势力和贩毒走私、跨国有组织犯罪。

各级党委要全面准确贯彻本决定精神,健全党委统一领导和各方分工负责、齐抓共管的责任落实机制,制定实施方案,确保各项部署落到实处。

全党同志和全国各族人民要紧密团结在以习近平同志为总书记的党中央周围,高举中国特色社会主义伟大旗帜,积极投身全面推进依法治国伟大实践,开拓进取,扎实工作,为建设法治中国而奋斗!

# 第二章　关于《中共中央关于全面推进依法治国若干重大问题的决定》的说明

**关于《中共中央关于全面推进依法治国若干重大问题的决定》的说明**

习近平

受中央政治局委托，我就《中共中央关于全面推进依法治国若干重大问题的决定》起草情况向全会作说明。

## 一、关于全会决定起草背景和过程

党的十八届三中全会后，中央即着手研究和考虑党的十八届四中全会的议题。党的十八大提出了全面建成小康社会的奋斗目标，党的十八届三中全会对全面深化改革作出了顶层设计，实现这个奋斗目标，落实这个顶层设计，需要从法治上提供可靠保障。

党的十八大提出，法治是治国理政的基本方式，要加快建设社会主义法治国家，全面推进依法治国；到2020年，依法治国基本方略全面落实，法治政府基本建成，司法公信力不断提高，人权得到切实尊重和保障。党的十八届三中全会进一步提出，建设法治中国，必须坚持依法治国、依法执政、依法行政共同推进，坚持法治国家、法治政府、法治社会一体建设。全面贯彻落实这些部署和要求，关系加快建设社会主义法治国家，关系落实全面深化改革顶层设计，关系中国特色社会主义事业长远发展。

法律是治国之重器，法治是国家治理体系和治理能力的重要依托。全面推进依法治国，是解决党和国家事业发展面临的一系列重大问题，解放和增强社会活力、促进社会公平正义、维护社会和谐稳定、确保党和国家长治久安的根本要求。要推动我国经济社会持续健康发展，不断开拓中国特色社会主义事业更加广阔的发展前景，就必须全面推进社会主义法治国家建设，从法治上为解决这些问题提供制度化方案。

改革开放以来，我们党一贯高度重视法治。1978年12月，邓小平同志就指出："应该集中力量制定刑法、民法、诉讼法和其他各种必要的法律，例如工厂法、人民公社法、森林法、草原法、环境保护法、劳动法、外国人投资法等等，经过一定的民主程序讨论通过，并且加强检察机关和司法机关，做到有法可依，有法必依，执法必严，违法必究。"党的十五大提出依法治国、建设社会主义法治国家，强调依法治国是党领导人民治理国家的基本方略，是发展社会主义市场经济的客观需要，是社会文明进步的重要标志，是国家长治久安的重要保障。党的十六大提出，发展社会主义民主政治，最根本的是要把坚持党的领导、人民当家做主和依法治国有机统一起来。党的十七大提出，依法治国是社会主义民主政治的基本要求，强调要全面落实依法治国基本方略，加快建设社会主义法治国家。党的十八大强调，要更加注重发挥法治在国家治理和社会管理中的重要作用。

党的十八大以来，党中央高度重视依法治国，强调落实依法治国基本方略，加快建设社会主义法治国家，必须全面推进科学立法、严格执法、公正司法、全民守法进程，强调坚持党的领导，更加注重改进党的领导方式和执政方式；依法治国，首先是依宪治国；依法执政，关键是依宪执政;新形势下,我们党要履行好执政兴国的重大职责,必须依据党章从严治党、依据宪法治国理政;党领导人民制定宪法和法律,党领导人民执行宪法和法律,党自身必须在宪法和法律范围内活动,真正做到党领导立法、保证执法、带头守法。

现在,全面建成小康社会进入决定性阶段,改革进入攻坚期和深水区。我们党面对的改革发展稳定任务之重前所未有、矛盾风险挑战之多前所未有,依法治国在党和国家工作全局中的地位更加突出、作用更加重大。全面推进依法治国是关系我们党执政兴国、关系人民幸福安康、关系党和国家长治久安的重大战略问题,是完善和发展中国特色社会主义制度、推进国家治理体系和治理能力现代化的重要方面。我们要实现党的十八大和十八届三中全会作出的一系列战略部署,全面建成小康社会、实现中华民族伟大复兴的中国梦,全面深化改革、完善和发展中国特色社会主义制度,就必须在全面推进依法治国上作出总体部署、采取切实措施、迈出坚实步伐。

基于这样的考虑,今年1月,中央政治局决定,党的十八届四中全会重点研究全面推进依法治国问题并作出决定。为此,成立由我任组长,张德江同志、王岐山同志任副组长,相关部门负责同志、两位省里的领导同志参加的文件起草组,在中央政治局常委会领导下进行文件起草工作。

1月27日,党中央发出《关于对党的十八届四中全会研究全面推进依法治国问题征求意见的通知》。2月12日,文件起草组召开第一次全体会议,文件起草工作正式启动。2月18日至25日,文件起草组组成8个调研组分赴14个省区市进行调研。

从各方面反馈的意见和实地调研情况看,大家一致认为,党的十八届四中全会研究全面推进依法治国问题并作出决定,意义重大而深远,符合党和国家事业发展需要和全党全国各族人民期盼。大家普遍希望通过这个决定明确全面推进依法治国的指导思想和总体要求,深刻阐明党的领导和依法治国的关系等法治建设的重大理论和实践问题,针对法治工作中群众反映强烈的突出问题提出强有力的措施,对社会主义法治国家建设作出顶层设计。

文件起草组在成立以来的8个多月时间里,深入调查研究,广泛征求意见,开展专题论证,反复讨论修改。其间,中央政治局常委会召开3次会议、中央政治局召开2次会议分别审议全会决定。8月初,决定征求意见稿下发党内一定范围征求意见,包括征求党内老同志意见,还专门听取了各民主党派中央、全国工商联负责人和无党派人士意见。

从反馈的情况看,各方面一致认为,全会决定直面我国法治建设领域的突出问题,立足我国社会主义法治建设实际,明确提出了全面推进依法治国的指导思想、总目标、基本原则,提出了关于依法治国的一系列新观点、新举措,回答了党的领导和依法治国的关系等一系列重大理论和实践问题,对科学立法、严格执法、公正司法、全民守法、法治队伍建设、加强和改进党对全面推进依法治国的领导作出了全面部署,有针对性地回应了人民群众呼声和社会关切。各方面一致认为,全会决定鲜明提出坚持走中国特色社会主义法治道路、建设中国特色社会主义法治体系的重大论断,明确建设社会主义法治国家的性质、方向、道路、抓手,必将有力推进社会主义法治国家建设。

在征求意见的过程中,各方面提出了许多好的意见和建议。中央责成文件起草组认真梳理和研究这些意见和建议。文件起草组对全会决定做出重要修改。

## 二、关于全会决定的总体框架和主要内容

中央政治局认为,全面推进依法治国涉及改革发展稳定、治党治国治军、内政外交国防等各个领域,必须立足全局和长远来统筹谋划。全会决定应该旗帜鲜明就法治建设的重大理论和实践问题作出回答,既充分肯定我国社会主义法治建设的成就和经验,又针对现实问题提出富有改革创新精神的新观点新举措;既抓住法治建设的关键,又体现党和国家事业发展全局要求;既高屋建瓴、搞好顶层设计,又脚踏实地、做到切实管用;既讲近功,又求长效。

全会决定起草突出了5个方面的考虑。一是贯彻党的十八大和十八届三中全会精神,贯彻党的十八大以来党中央工作部署,体现全面建成小康社会、全面深化改革、全面推进依法治国这"三个全面"的逻辑联系。二是围绕中国特色社会主义事业总体布局,体现推进各领域改革发展对提高法治水平的要求,而不是就法治论法治。三是反映目前法治工作基本格局,从立法、执法、司法、守法4个方面作出工作部署。四是坚持改革方向、问题导向,适应推进国家治理体系和治理能力现代化要求,直面法治建设领域突出问题,回应人民群众期待,力争提出对依法治国具有重要意义的改革举措。五是立足我国国情,从实际出发,坚持走中国特色社会主义法治道路,既与时俱进、体现时代精神,又不照抄照搬外国模式。

全会决定共分三大板块。导语和第一部分构成第一板块,属于总论。第一部分旗帜鲜明提出坚持走中国特色社会主义法治道路、建设中国特色社会主义法治体系、建设社会主义法治国家,阐述全面推进依法治国的重大意义、指导思想、总目标、基本原则,阐述中国特色社会主义法治体系的科学内涵,阐述党的领导和依法治国的关系等重大问题。

第二部分至第五部分构成第二板块,从目前法治工作基本格局出发,对科学立法、严格执法、公正司法、全民守法进行论述和部署。第二部分讲完善以宪法为核心的中国特色社会主义法律体系、加强宪法实施,从健全宪法实施和监督制度、完善立法体制、深入推进科学立法民主立法、加强重点领域立法4个方面展开,对宪法实施和监督提出基本要求和具体措施,通过部署重点领域立法体现依法治国同中国特色社会主义事业总体布局的关系。第三部分讲深入推进依法行政、加快建设法治政府,从依法全面履行政府职能、健全依法决策机制、深化行政执法体制改革、坚持严格规范公正文明执法、强化对行政权力的制约和监督、全面推进政务公开6个方面展开。第四部分讲保证公正司法、提高司法公信力,从完善确保依法独立公正行使审判权和检察权的制度、优化司法职权配置、推进严格司法、保障人民群众参与司法、加强人权司法保障、加强对司法活动的监督6个方面展开。第五部分讲增强全民法治观念、推进法治社会建设,从推动全社会树立法治意识、推进多层次多领域依法治理、建设完备的法律服务体系、健全依法维权和化解纠纷机制4个方面展开。

第六部分、第七部分和结束语构成第三板块。第六部分讲加强法治工作队伍建设,从建设高素质法治专门队伍、加强法律服务队伍建设、创新法治人才培养机制3个方面展开。第七部分讲加强和改进党对全面推进依法治国的领导,从坚持依法执政、加强党内法规制度建设、提高党员干部法治思维和依法办事能力、推进基层治理法治化、深入推进依法治军从严治军、依法保障"一国两制"实践和推进祖国统一、加强涉外法律工作7个方面展开。最后,号召全党全国为建设法治中国而奋斗。

### 三、关于需要说明的几个问题

第一,党的领导和依法治国的关系。党和法治的关系是法治建设的核心问题。全面推进依法治国这件大事能不能办好,最关键的是方向是不是正确、政治保证是不是坚强有力,具体讲就是要坚持党的领导,坚持中国特色社会主义制度,贯彻中国特色社会主义法治理论。党的领导是中国特色社会主义最本质的特征,是社会主义法治最根本的保证。中国特色社会主义制度是中国特色社会主义法治体系的根本制度基础,是全面推进依法治国的根本制度保障。中国特色社会主义法治理论是中国特色社会主义法治体系的理论指导和学理支撑,是全面推进依法治国的行动指南。这3个方面实质上是中国特色社会主义法治道路的核心要义,规定和确保了中国特色社会主义法治体系的制度属性和前进方向。

全会决定明确提出,坚持党的领导,是社会主义法治的根本要求,是党和国家的根本所在、命脉所在,是全国各族人民的利益所系、幸福所系,是全面推进依法治国的题中应有之义;党的领导和社会主义法治是一致的,社会主义法治必须坚持党的领导,党的领导必须依靠社会主义法治。全会决定围绕加强和改进党对全面推进依法治国的领导提出"三统一"、"四善于",并作出了系统部署。

把坚持党的领导、人民当家做主、依法治国有机统一起来是我国社会主义法治建设的一条基本经验。我国宪法以根本法的形式反映了党带领人民进行革命、建设、改革取得的成果,确立了在历史和人民选择中形成的中国共产党的领导地位。对这一点,要理直气壮讲、大张旗鼓讲。要向干部群众讲清楚我国社会主义法治的本质特征,做到正本清源、以正视听。

第二,全面推进依法治国的总目标。全会决定提出,全面推进依法治国,总目标是建设中国特色社会主义法治体系,建设社会主义法治国家,并对这个总目标作出了阐释:在中国共产党领导下,坚持中国特色社会主义制度,贯彻中国特色社会主义法治理论,形成完备的法律规范体系、高效的法治实施体系、严密的法治监督体系、有力的法治保障体系,形成完善的党内法规体系,坚持依法治国、依法执政、依法行政共同推进,坚持法治国家、法治政府、法治社会一体建设,实现科学立法、严格执法、公正司法、全民守法,促进国家治理体系和治理能力现代化。

提出这个总目标,既明确了全面推进依法治国的性质和方向,又突出了全面推进依法治国的工作重点和总抓手。一是向国内外鲜明宣示我们将坚定不移走中国特色社会主义法治道路。中国特色社会主义法治道路,是社会主义法治建设成就和经验的集中体现,是建设社会主义法治国家的唯一正确道路。在走什么样的法治道路问题上,必须向全社会释放正确而明确的信号,指明全面推进依法治国的正确方向,统一全党全国各族人民认识和行动。二是明确全面推进依法治国的总抓手。全面推进依法治国涉及很多方面,在实际工作中必须有一个总揽全局、牵引各方的总抓手,这个总抓手就是建设中国特色社会主义法治体系。依法治国各项工作都要围绕这个总抓手来谋划、来推进。三是建设中国特色社会主义法治体系、建设社会主义法治国家是实现国家治理体系和治理能力现代化的必然要求,也是全面深化改革的必然要求,有利于在法治轨道上推进国家治理体系和治理能力现代化,有利于在全面深化改革总体框架内全面推进依法治国各项工作,有利于在法治轨道上不断深化改革。

第三,健全宪法实施和监督制度。宪法是国家的根本法。法治权威能不能树立起来,首先要看宪法有没有权威。必须把宣传和树立宪法权威作为全面推进依法治国的重大事项抓紧抓好,切实在宪法实施和监督上下工夫。

党的十八届三中全会提出，要进一步健全宪法实施监督机制和程序，把实施宪法要求提高到一个新水平。这次全会决定进一步提出，完善全国人大及其常委会宪法监督制度，健全宪法解释程序机制；加强备案审查制度和能力建设，依法撤销和纠正违宪违法的规范性文件；将每年12月4日定为国家宪法日；在全社会普遍开展宪法教育，弘扬宪法精神。

全会决定提出建立宪法宣誓制度。这是世界上大多数有成文宪法的国家所采取的一种制度。在142个有成文宪法的国家中，规定相关国家公职人员必须宣誓拥护或效忠宪法的有97个。关于宪法宣誓的主体、内容、程序，各国做法不尽相同，一般都在有关人员开始履行职务之前或就职时举行宣誓。全会决定规定，凡经人大及其常委会选举或者决定任命的国家工作人员正式就职时公开向宪法宣誓。这样做，有利于彰显宪法权威，增强公职人员宪法观念，激励公职人员忠于和维护宪法，也有利于在全社会增强宪法意识、树立宪法权威。

第四，完善立法体制。新中国成立以来特别是改革开放以来，经过长期努力，我国形成了中国特色社会主义法律体系，国家生活和社会生活各方面总体上实现了有法可依，这是一个了不起的重大成就。同时，我们也要看到，实践发展永无止境，立法工作也永无止境，完善中国特色社会主义法律体系任务依然很重。

我们在立法领域面临着一些突出问题，比如，立法质量需要进一步提高，有的法律法规全面反映客观规律和人民意愿不够，解决实际问题有效性不足，针对性、可操作性不强；立法效率需要进一步提高。还有就是立法工作中部门化倾向、争权诿责现象较为突出，有的立法实际上成了一种利益博弈，不是久拖不决，就是制定的法律法规不大管用，一些地方利用法规实行地方保护主义，对全国形成统一开放、竞争有序的市场秩序造成障碍，损害国家法治统一。

推进科学立法、民主立法，是提高立法质量的根本途径。科学立法的核心在于尊重和体现客观规律，民主立法的核心在于为了人民、依靠人民。要完善科学立法、民主立法机制，创新公众参与立法方式，广泛听取各方面意见和建议。全会决定提出，明确立法权力边界，从体制机制和工作程序上有效防止部门利益和地方保护主义法律化。一是健全有立法权的人大主导立法工作的体制机制，发挥人大及其常委会在立法工作中的主导作用；建立由全国人大相关专门委员会、全国人大常委会法制工作委员会组织有关部门参与起草综合性、全局性、基础性等重要法律草案制度；增加有法治实践经验的专职常委比例；依法建立健全专门委员会、工作委员会立法专家顾问制度。二是加强和改进政府立法制度建设，完善行政法规、规章制定程序，完善公众参与政府立法机制；重要行政管理法律法规由政府法制机构组织起草；对部门间争议较大的重要立法事项，由决策机关引入第三方评估，不能久拖不决。三是明确地方立法权限和范围，禁止地方制发带有立法性质的文件。

需要明确的是，在我们国家，法律是对全体公民的要求，党内法规制度是对全体党员的要求，而且很多地方比法律的要求更严格。我们党是先锋队，对党员的要求应该更严。全面推进依法治国，必须努力形成国家法律法规和党内法规制度相辅相成、相互促进、相互保障的格局。

第五，加快建设法治政府。法律的生命力在于实施，法律的权威也在于实施。"天下之事，不难于立法，而难于法之必行。"如果有了法律而不实施、束之高阁，或者实施不力、做表面文章，那制定再多法律也无济于事。全面推进依法治国的重点应该是保证法律严格实施，做到"法立，有犯而必施；令出，唯行而不返"。

政府是执法主体，对执法领域存在的有法不依、执法不严、违法不究甚至以权压法、权钱交易、徇私枉法等突出问题，老百姓深恶痛绝，必须下大气力解决。全会决定提出，各级政府必须坚持在党的领导下、在法治轨道上开展工作，加快建设职能科学、权责法定、执法严明、公开公正、廉洁高效、守法诚信的法治政府。全会决定提出了一些重要措施。一是推进机构、职能、权限、程序、责任法定化，规定行政机关不得法外设定权力，没有法律法规依据不得作出减损公民、法人和其他组织合法权益或者增加其义务的决定；推行政府权力清单制度，坚决消除权力设租寻租空间。二是建立行政机关内部重大决策合法性审查机制，积极推行政府法律顾问制度，保证法律顾问在制定重大行政决策、推进依法行政中发挥积极作用；建立重大决策终身责任追究制度及责任倒查机制。三是推进综合执法，理顺城管执法体制，完善执法程序，建立执法全过程记录制度，严格执行重大执法决定法制审核制度，全面落实行政执法责任制。四是加强对政府内部权力的制约，对财政资金分配使用、国有资产监管、政府投资、政府采购、公共资源转让、公共工程建设等权力集中的部门和岗位实行分事行权、分岗设权、分级授权，定期轮岗，强化内部流程控制，防止权力滥用；完善政府内部层级监督和专门监督；保障依法独立行使审计监督权。五是全面推进政务公开，推进决策公开、执行公开、管理公开、服务公开、结果公开，重点推进财政预算、公共资源配置、重大建设项目批准和实施、社会公益事业建设等领域的政府信息公开。这些措施都有很强的针对性，也同党的十八届三中全会精神一脉相承，对法治政府建设十分紧要。

第六，提高司法公信力。司法是维护社会公平正义的最后一道防线。我曾经引用过英国哲学家培根的一段话，他说："一次不公正的审判，其恶果甚至超过十次犯罪。因为犯罪虽是无视法律——好比污染了水流，而不公正的审判则毁坏法律——好比污染了水源。"这其中的道理是深刻的。如果司法这道防线缺乏公信力，社会公正就会受到普遍质疑，社会和谐稳定就难以保障。因此，全会决定指出，公正是法治的生命线；司法公正对社会公正具有重要引领作用，司法不公对社会公正具有致命破坏作用。

当前，司法领域存在的主要问题是，司法不公、司法公信力不高问题十分突出，一些司法人员作风不正、办案不廉、办金钱案、关系案、人情案，"吃了原告吃被告"，等等。司法不公的深层次原因在于司法体制不完善、司法职权配置和权力运行机制不科学、人权司法保障制度不健全。

党的十八届三中全会针对司法领域存在的突出问题提出了一系列改革举措，司法体制和运行机制改革正在有序推进。这次全会决定在党的十八届三中全会决定的基础上对保障司法公正作出了更深入的部署。比如，为确保依法独立公正行使审判权和检察权，全会决定规定，建立领导干部干预司法活动、插手具体案件处理的记录、通报和责任追究制度；健全行政机关依法出庭应诉、支持法院受理行政案件、尊重并执行法院生效裁判的制度；建立健全司法人员履行法定职责保护机制，等等。为优化司法职权配置，全会决定提出，推动实行审判权和执行权相分离的体制改革试点；统一刑罚执行体制；探索实行法院、检察院司法行政事务管理权和审判权、检察权相分离；变立案审查制为立案登记制，等等。为保障人民群众参与司法，全会决定提出，完善人民陪审员制度，扩大参审范围；推进审判公开、检务公开、警务公开、狱务公开；建立生效法律文书统一上网和公开查询制度，等等。全会决定还就加强人权司法保障和加强对司法活动的监督提出了重要改革措施。

第七，最高人民法院设立巡回法庭。近年来，随着社会矛盾增多，全国法院受理案件数量不断增加，尤其是大量案件涌入最高人民法院，导致审判接访压力增大，息诉罢访难度增加，不利于最高人民法院发挥监督指导全国法院工作职能，不利于维护社会稳定，不利于方便当事人诉讼。

全会决定提出,最高人民法院设立巡回法庭,审理跨行政区域重大行政和民商事案件。这样做,有利于审判机关重心下移、就地解决纠纷、方便当事人诉讼,有利于最高人民法院本部集中精力制定司法政策和司法解释、审理对统一法律适用有重大指导意义的案件。

第八,探索设立跨行政区划的人民法院和人民检察院。随着社会主义市场经济深入发展和行政诉讼出现,跨行政区划乃至跨境案件越来越多,涉案金额越来越大,导致法院所在地有关部门和领导越来越关注案件处理,甚至利用职权和关系插手案件处理,造成相关诉讼出现"主客场"现象,不利于平等保护外地当事人合法权益、保障法院独立审判、监督政府依法行政、维护法律公正实施。

全会决定提出,探索设立跨行政区划的人民法院和人民检察院。这有利于排除对审判工作和检察工作的干扰、保障法院和检察院依法独立公正行使审判权和检察权,有利于构建普通案件在行政区划法院审理、特殊案件在跨行政区划法院审理的诉讼格局。

第九,探索建立检察机关提起公益诉讼制度。现在,检察机关对行政违法行为的监督,主要是依法查办行政机关工作人员涉嫌贪污贿赂、渎职侵权等职务犯罪案件,范围相对比较窄。而实际情况是,行政违法行为构成刑事犯罪的毕竟是少数,更多的是乱作为、不作为。如果对这类违法行为置之不理、任其发展,一方面不可能根本扭转一些地方和部门的行政乱象,另一方面可能使一些苗头性问题演变为刑事犯罪。全会决定提出,检察机关在履行职责中发现行政机关违法行使职权或者不行使职权的行为,应该督促其纠正。作出这项规定,目的就是要使检察机关对在执法办案中发现的行政机关及其工作人员的违法行为及时提出建议并督促其纠正。这项改革可以从建立督促起诉制度、完善检察建议工作机制等入手。

在现实生活中,对一些行政机关违法行使职权或者不作为造成对国家和社会公共利益侵害或者有侵害危险的案件,如国有资产保护、国有土地使用权转让、生态环境和资源保护等,由于与公民、法人和其他社会组织没有直接利害关系,使其没有也无法提起公益诉讼,导致违法行政行为缺乏有效司法监督,不利于促进依法行政、严格执法,加强对公共利益的保护。由检察机关提起公益诉讼,有利于优化司法职权配置、完善行政诉讼制度,也有利于推进法治政府建设。

第十,推进以审判为中心的诉讼制度改革。充分发挥审判特别是庭审的作用,是确保案件处理质量和司法公正的重要环节。我国刑事诉讼法规定公检法三机关在刑事诉讼活动中各司其职、互相配合、互相制约,这是符合中国国情、具有中国特色的诉讼制度,必须坚持。同时,在司法实践中,存在办案人员对法庭审判重视不够,常常出现一些关键证据没有收集或者没有依法收集,进入庭审的案件没有达到"案件事实清楚、证据确实充分"的法定要求,使审判无法顺利进行。

全会决定提出推进以审判为中心的诉讼制度改革,目的是促使办案人员树立办案必须经得起法律检验的理念,确保侦查、审查起诉的案件事实证据经得起法律检验,保证庭审在查明事实、认定证据、保护诉权、公正裁判中发挥决定性作用。这项改革有利于促使办案人员增强责任意识,通过法庭审判的程序公正实现案件裁判的实体公正,有效防范冤假错案产生。

全面推进依法治国是一个系统工程,是国家治理领域一场广泛而深刻的革命。制定好这次全会决定具有十分重要的意义。大家要深刻领会中央精神,从党和国家事业发展全局出发,全面理解和正确对待全会决定提出的重大改革举措,深刻领会有关改革的重大现实意义和深远历史意义,自觉支持改革、拥护改革。在讨论中,希望大家相互启发、相互切磋,既提出建设性的修改意见和建议,进一步完善全会决定提出的思路和方案,又加深理解,以利于会后传达贯彻。让我们共同努力,把这次全会开好。

【历年真题】

**1.** 全面推进依法治国,总目标是建设中国特色社会主义法治体系,建设社会主义法治国家。关于对全面推进依法治国的重大意义和总目标的理解,下列哪一选项是不正确的?① (15/1/1)

A. 依法治国事关我党执政兴国,事关人民的幸福安康,事关党和国家的长治久安
B. 依法治国是实现国家治理体系和治理能力现代化的必然要求
C. 总目标包括形成完备的法律规范体系和高效的法律实施体系
D. 通过将全部社会关系法律化,为建设和发展中国特色社会主义法治国家提供保障

【解析】 在《中共中央关于全面推进依法治国若干重大问题的决定》中,是这样阐述全面推进依法治国的意义的:依法治国,是坚持和发展中国特色社会主义的本质要求和重要保障,是实现国家治理体系和治理能力现代化的必然要求,事关我们党执政兴国,事关人民幸福安康,事关党和国家长治久安。

在《中共中央关于全面推进依法治国若干重大问题的决定》中,关于依法治国的总目标是如此论述的:全面推进依法治国,总目标是建设中国特色社会主义法治体系,建设社会主义法治国家。这就是,在中国共产党领导下,坚持中国特色社会主义制度,贯彻中国特色社会主义法治理论,形成完备的法律规范体系、高效的法治实施体系、严密的法治监督体系、有力的法治保障体系,形成完善的党内法规体系,坚持依法治国、依法执政、依法行政共同推进,坚持法治国家、法治政府、法治社会一体建设,实现科学立法、严格执法、公正司法、全民守法,促进国家治理体系和治理能力现代化。

在全面推进依法治国的过程中,当然要重视法律的作用,法律要发挥首要作用,但是法律的作用毕竟是有限的,有些社会关系并不适宜用法律来调整,"将全部社会关系法律化"片面夸大了法律的作用,犯了法律万能论的错误。

综上所述,D项错误。

**2.** 东部某市是我国获得文明城市称号且犯罪率较低的城市之一,该市某村为了提高村民的道德素养,建有一条"爱心互助街",使其成为交换和传递爱心的街区。关于对法治和德治相结合的原则的理解,下列哪一选项是错误的?② (15/1/2)

A. 道德可以滋养法治精神和支撑法治文化
B. 通过公民道德建设提高社会文明程度,能为法治实施创造良好的人文环境
C. 坚持依法治国和以德治国相结合,更要强调发挥道德的教化作用
D. 道德教化可以劝人向善,也可以弘扬公序良俗,培养人们的规则意识

【解析】 在《中共中央关于全面推进依法治国若干重大问题的决定》中是这样论述依法治国和以德治国相结合的原则的:国家和社会治理需要法律和道德共同发挥作用。必须坚持一手抓法治、一手抓德治,大力弘扬社会主义核心价值观,弘扬中华传统美德,培育社会公德、

---

① D
② C

职业道德、家庭美德、个人品德,既重视发挥法律的规范作用,又重视发挥道德的教化作用,以法治体现道德理念、强化法律对道德建设的促进作用,以道德滋养法治精神、强化道德对法治文化的支撑作用,实现法律和道德相辅相成、法治和德治相得益彰。

基于此,C 选项的表述错误。错就错在全面推进依法治国是德法并重而非德高于法。

**3. 完善以宪法为核心的中国特色社会主义法律体系,要求推进科学立法和民主立法。下列哪一做法没有体现这一要求?①(15/1/3)**

A. 在《大气污染防治法》修改中,立法部门就处罚幅度听取政府部门和专家学者的意见
B. 在《种子法》修改中,全国人大农委调研组赴基层调研,征求果农、种子企业的意见
C. 甲市人大常委会在某社区建立了立法联系点,推进立法精细化
D. 乙市人大常委会在环境保护地方性法规制定中发挥主导作用,表决通过后直接由其公布施行

【解析】《中共中央关于全面推进依法治国若干重大问题的决定》规定:"加强人大对立法工作的组织协调,健全立法起草、论证、协调、审议机制,健全向下级人大征询立法意见机制,建立基层立法联系点制度,推进立法精细化。健全法律法规规章起草征求人大代表意见制度,增加人大代表列席人大常委会会议人数,更多发挥人大代表参与起草和修改法律作用。完善立法项目征集和论证制度。健全立法机关主导、社会各方有序参与立法的途径和方式。探索委托第三方起草法律法规草案。健全立法机关和社会公众沟通机制,开展立法协商,充分发挥政协委员、民主党派、工商联、无党派人士、人民团体、社会组织在立法协商中的作用,探索建立有关国家机关、社会团体、专家学者等对立法中涉及的重大利益调整论证咨询机制。拓宽公民有序参与立法途径,健全法律法规规章草案公开征求意见和公众意见采纳情况反馈机制,广泛凝聚社会共识。完善法律草案表决程序,对重要条款可以单独表决。"

基于以上论述 ABC 三项的表述都是正确的。

《中华人民共和国立法法》第 72 条第 2 款规定:"设区的市的地方性法规须报省、自治区的人民代表大会常务委员会批准后施行。省、自治区的人民代表大会常务委员会对报请批准的地方性法规,应当对其合法性进行审查,同宪法、法律、行政法规和本省、自治区的地方性法规不抵触的,应当在四个月内予以批准。"可见,乙市人大常委会制定的地方性法规在表决通过后应该报其所在的省人大常委会批准后才能生效。故 D 错误。

**4. 建设法治政府必然要求建立权责统一、权威高效的依法行政体制。关于建设法治政府,下列哪一观点是正确的?②(15/1/4)**

A. 明晰各级政府事权配置的着力点,强化市县政府宏观管理的职责
B. 明确地方事权,必要时可以适当牺牲其他地区利益
C. 政府权力清单制度是促进全面履行政府职能、厘清权责、提高效率的有效制度
D. 推行政府法律顾问制度的主要目的是帮助行政机关摆脱具体行政事务,加强宏观管理

【解析】《中共中央关于全面推进依法治国若干重大问题的决定》③指出:"推进各级政府事权规范化、法律化,完善不同层级政府特别是中央和地方政府事权法律制度,强化中央政

---

① D
② C
③ 以下简称《决定》。

府宏观管理、制度设定职责和必要的执法权,强化省级政府统筹推进区域内基本公共服务均等化职责,强化市县政府执行职责。"基于此,建设法治政府强化的是中央政府的宏观管理,强化的是县级政府的执行职责。故 A 项表述错误。

明确地方事权,并不意味着地方可以以邻为壑,牺牲其他地区的利益,故 B 项的表述是错误的。

《决定》指出:"行政机关不得法外设定权力,没有法律法规依据不得做出减损公民、法人和其他组织合法权益或者增加其义务的决定。推行政府权力清单制度,坚决消除权力设租寻租空间。"权力清单制度是为了贯彻落实"法无授权不得为,法定职责必须为"的法治原则,故 C 项的说法是正确的。

《决定》指出:"积极推行法律顾问制度,建立政府法制机构人员为主体、吸收专家和律师参加的法律顾问队伍,保证法律顾问在制定重大行政决策、推进依法行政中发挥积极作用。"故 D 项的说法错误。

**5.** 对领导干部干预司法活动、插手具体案件处理的行为作出禁止性规定,是保证公正司法的重要举措。对此,下列哪一说法是错误的?① **(15/1/5)**

A. 任何党政机关让司法机关做违反法定职责、有碍司法公正的事情,均属于干预司法的行为

B. 任何司法机关不接受对司法活动的干预,可以确保依法独立行使审判权和检察权

C. 任何领导干部在职务活动中均不得了解案件信息,以免干扰独立办案

D. 对非法干预司法机关办案,应给予党纪政纪处分,造成严重后果的依法追究刑事责任

【解析】 《决定》指出:"各级党政机关和领导干部要支持法院、检察院依法独立公正行使职权。建立领导干部干预司法活动、插手具体案件处理的记录、通报和责任追究制度。任何党政机关和领导干部都不得让司法机关做违反法定职责、有碍司法公正的事情,任何司法机关都不得执行党政机关和领导干部违法干预司法活动的要求。对干预司法机关办案的,给予党纪政纪处分;造成冤假错案或者其他严重后果的,依法追究刑事责任。"基于此,ABD 三项正确。

领导干部在职务活动中基于自己的职责了解案件信息,是履行职责的活动,不属于干扰独立办案。故 C 项的说法错误。

**6.** 推进严格司法,应统一法律适用标准,规范流程,建立责任制,确保实现司法公正。据此,下列哪一说法是错误的?② **(15/1/6)**

A. 最高法院加强司法解释和案例指导,有利于统一法律适用标准

B. 全面贯彻证据裁判规则,可以促进法庭审理程序在查明事实、认定证据中发挥决定性作用

C. 在司法活动中,要严格遵循依法收集、保存、审查、运用证据,完善证人、鉴定人出庭制度

D. 司法人员办案质量终身负责制,是指司法人员仅在任职期间对所办理的一切错案承担责任

【解析】 《决定》指出:"坚持以事实为根据、以法律为准绳,健全事实认定符合客观真相、

---

① C
② D

办案结果符合实体公正、办案过程符合程序公正的法律制度。加强和规范司法解释和案例指导,统一法律适用标准。"最高人民法院加强司法解释和案例指导制度,有利于限制法官的自由裁量权,统一法律适用标准。故 A 的说法正确。

《决定》指出:"推进以审判为中心的诉讼制度改革,确保侦查、审查起诉的案件事实证据经得起法律的检验。全面贯彻证据裁判规则,严格依法收集、固定、保存、审查、运用证据,完善证人、鉴定人出庭制度,保证庭审在查明事实、认定证据、保护诉权、公正裁判中发挥决定性作用。"故 BC 项的说法正确。

《决定》指出:"明确各类司法人员工作职责、工作流程、工作标准,实行办案质量终身负责制和错案责任倒查问责制,确保案件处理经得起法律和历史检验。"终身负责制是指无论是司法人员在职期间还是离职以后均需要对自己承办过的案件负责,其目的是为了促使司法人员认真对待自己办理的每一个案件。故 D 项的说法错误。

**7.** 增强全民法治观念,推进法治社会建设,使人民群众内心拥护法律,需要健全普法宣传教育机制。某市的下列哪一做法没有体现这一要求?① (15/1/7)

A. 通过《法在身边》电视节目、微信公众号等平台开展以案释法,进行普法教育

B. 印发法治宣传教育工作责任表,把普法工作全部委托给人民团体

C. 通过举办法治讲座、警示教育报告会等方式促进领导干部带头学法、模范守法

D. 在暑期组织"预防未成年人违法犯罪模拟法庭巡演",向青少年宣传《未成年人保护法》

【解析】 《决定》指出:"健全普法宣传教育机制,各级党委和政府要加强对普法工作的领导,宣传、文化、教育部门和人民团体要在普法教育中发挥职能作用。实行国家机关'谁执法谁普法'的普法责任制,建立法官、检察官、行政执法人员、律师等以案释法制度,加强普法讲师团、普法志愿者队伍建设。把法治教育纳入精神文明创建内容,开展群众性法治文化活动,健全媒体公益普法制度,加强新媒体新技术在普法中的运用,提高普法实效。"

由此可见,B 项的做法是不妥当的,违法了"谁执法,谁普法"的普法责任制原则。

**8.** 近年来,一些党员领导干部利用手中权力和职务便利收受巨额贿赂,根据党内法规和法律被开除党籍和公职,并依法移送司法机关处理。对此,下列哪一说法是错误的?② (15/1/8)

A. 这表明党员领导干部在行使权力、履行职责时要牢记法律底线不可触碰

B. 依照党内法规惩治腐败,有利于督促党员领导干部运用法治思维依法办事

C. 要注重将党内法规与国家法律进行有效衔接和协调,以作为对党员违法犯罪行为进行法律制裁的依据

D. 党规党纪严于国家法律,对违反者必须严肃处理

【解析】 进行法律制裁的唯一依据是法律,党内法规只是党内规矩,不能作为对违法犯罪的党员进行法律制裁的依据,故 C 项的说法是错误的。

---

① B
② C

**9.** 保证公正司法,提高司法公信力,一个重要的方面是加强对司法活动的监督。下列哪一做法属于司法机关内部监督?① (15/1/45)

A. 建立生效法律文书统一上网和公开查询制度
B. 逐步实行人民陪审员只参与审理事实认定、不再审理法律适用问题
C. 检察院办案中主动听取并重视律师意见
D. 完善法官、检察官办案责任制,落实谁办案谁负责

【解析】 根据《决定》,建立生效法律文书统一上网和公开查询制度,逐步实行人民陪审员只参与审理事实认定、不再审理法律适用问题,检察院办案中主动听取并重视律师意见都属于保障社会对司法活动的监督制度。只有完善法官、检察官办案责任制,落实谁办案谁负责才体现了法检内部监督制度。

**10.** 关于对全面推进依法治国基本原则的理解,下列哪些选项是正确的?② (15/1/51)

A. 要把坚持党的领导、人民当家做主、依法治国有机统一起来
B. 坚持人民主体地位,必须坚持法治建设以保障人民根本利益为出发点
C. 要坚持从中国实际出发,并借鉴国外法治有益经验
D. 坚持法律面前人人平等,必须以规范和约束公权力为重点

【解析】 该题考察全面推进依法治国的基本原则。根据《决定》,全面推进依法治国应当坚持五个原则:党的领导;人民主体;法律面前人人平等;依法治国和以德治国相结合;从中国实际出发。选项中的说法都没有错误。

**11.** 备案审查是宪法监督的重要内容和环节。根据中国特色社会主义法治理论有关要求和《立法法》规定,对该项制度的理解,下列哪些表述是正确的?③ (15/1/52)

A. 建立规范性文件备案审查机制,要把所有规范性文件纳入审查范围
B. 地方性法规和地方政府规章应纳入全国人大常委会的备案审查范围
C. 全国人大常委会有权依法撤销和纠正违宪违法的规范性文件
D. 提升备案审查能力,有助于提高备案审查的制度执行力和约束力

【解析】 《决定》指出:"完善全国人大及其常委会宪法监督制度,健全宪法解释程序机制。加强备案审查制度和能力建设,把所有规范性文件纳入备案审查范围,依法撤销和纠正违宪违法的规范性文件,禁止地方制发带有立法性质的文件。"故ACD的说法正确。按照《立法法》的规定,行政规章无需报全国人大常委会备案。故B项的说法错误。

**12.** 十二届全国人大作出了制定二十余部新法律、修改四十余部法律的立法规划,将为经济、政治等各领域一系列重大改革提供法律依据。关于加强重点领域立法,下列哪些观点是正确的?④ (15/1/53)

A. 修订《促进科技成果转化法》,能够为科技成果产业化提供法治保障
B. 推进反腐败立法,是完善惩治和预防腐败的有效机制
C. 为了激发社会组织活力,加快实施政社分开,应当加快社会组织立法
D. 用严格的法律制度保护生态环境,大幅度提高环境违法成本,会对经济发展带来不利

---

① D
② ABCD
③ ACD
④ ABC

影响

【解析】《决定》指出:"用严格的法律制度保护生态环境,加快建立有效约束开发行为和促进绿色发展、循环发展、低碳发展的生态文明法律制度,强化生产者环境保护的法律责任,大幅度提高违法成本。建立健全自然资源产权法律制度,完善国土空间开发保护方面的法律制度,制定完善生态补偿和土壤、水、大气污染防治及海洋生态环境保护等法律法规,促进生态文明建设。"显然,决定的精神是不能为了经济发展而伤害环境。故 D 项的表述错误。其他的选项与《决定》的表述一致。

**13.** 2015 年 1 月,最高法院巡回法庭先后在深圳、沈阳正式设立,负责审理跨行政区域重大行政和民商事案件。关于设立巡回法庭的意义,下列哪些理解是正确的?① (15/1/54)
  A. 有利于保证公正司法和提高司法公信力
  B. 有助于消除审判权运行的行政化问题
  C. 有助于节约当事人诉讼成本,体现了司法为民的原则
  D. 有利于就地化解纠纷,减轻最高法院本部办案压力

【解析】《决定》指出:"最高人民法院设立巡回法庭,审理跨行政区域重大行政和民商事案件。探索设立跨行政区划的人民法院和人民检察院,办理跨地区案件。完善行政诉讼体制机制,合理调整行政诉讼案件管辖制度,切实解决行政诉讼立案难、审理难、执行难等突出问题。"这样做有利于审判机关重心下移、就地解决纠纷、方便当事人诉讼,有利于最高人民法院本部集中精力制定司法政策和司法解释、审理对统一法律适用有重大指导意义的案件。

**14.** 培养高素质的法治专门队伍,旨在为建设社会主义法治国家提供强有力的组织和人才保障。下列哪些举措体现了这一要求?② (15/1/55)
  A. 从符合条件的律师中招录立法工作者、法官、检察官
  B. 实行招录人才的便捷机制,在特定地区,政法专业毕业生可直接担任法官
  C. 建立检察官逐级遴选制度,初任检察官由省级检察院统一招录,一律在基层检察院任职
  D. 将善于运用法治思维和法治方式推动工作的人员优先选拔至领导岗位

【解析】《决定》指出:"推进法治专门队伍正规化、专业化、职业化,提高职业素养和专业水平。完善法律职业准入制度,健全国家统一法律职业资格考试制度,建立法律职业人员统一职前培训制度。建立从符合条件的律师、法学专家中招录立法工作者、法官、检察官制度,畅通具备条件的军队转业干部进入法治专门队伍的通道,健全从政法专业毕业生中招录人才的规范便捷机制。加强边疆地区、民族地区法治专门队伍建设。加快建立符合职业特点的法治工作人员管理制度,完善职业保障体系,建立法官、检察官、人民警察专业职务序列及工资制度。"由此可见 A 项的表述和《决定》一致,而 B 项的表述和《决定》不一致。其实,凭常识也可知,政法专业毕业生是不可能直接担任法官的。

《决定》指出:"建立法官、检察官逐级遴选制度。初任法官、检察官由高级人民法院、省级人民检察院统一招录,一律在基层法院、检察院任职。上级人民法院、人民检察院的法官、检察官一般从下一级人民法院、人民检察院的优秀法官、检察官中遴选。"由此可见,C 项的表述和

---

① ABCD
② ACD

《决定》一致。

《决定》指出:"把思想政治建设摆在首位,加强理想信念教育,深入开展社会主义核心价值观和社会主义法治理念教育,坚持党的事业、人民利益、宪法法律至上,加强立法队伍、行政执法队伍、司法队伍建设。抓住立法、执法、司法机关各级领导班子建设这个关键,突出政治标准,把善于运用法治思维和法治方式推动工作的人选拔到领导岗位上来。畅通立法、执法、司法部门干部和人才相互之间以及与其他部门具备条件的干部和人才交流渠道。"故 D 项表述和《决定》一致。

**15.** 党的十八届四中全会《决定》明确指出:"完善以宪法为核心的中国特色社会主义法律体系。"据此,下列哪些做法是正确的?① (15/1/66)

A. 建立全国人大及其常委会宪法监督制度,健全宪法解释程序机制
B. 健全有立法权的人大主导立法工作的体制,规范和减少政府立法活动
C. 探索委托第三方起草法律法规草案,加强立法后评估,引入第三方评估
D. 加快建立生态文明法律制度,强化生产者环境保护的法律责任

【解析】《决定》指出:"完善全国人大及其常委会宪法监督制度,健全宪法解释程序机制。"由此可见,对宪法监督制度是完善的问题而非建立的问题。故 A 项的说法与《决定》不一致。

《决定》指出:"健全有立法权的人大主导立法工作的体制机制,发挥人大及其常委会在立法工作中的主导作用。……加强和改进政府立法制度建设,完善行政法规、规章制定程序,完善公众参与政府立法机制。重要行政管理法律法规由政府法制机构组织起草。"由此可见,政府的立法活动是加强和改进的问题而不是减少的问题。故 B 项的说法与《决定》不一致。

《决定》指出:"明确立法权力边界,从体制机制和工作程序上有效防止部门利益和地方保护主义法律化。对部门间争议较大的重要立法事项,由决策机关引入第三方评估,充分听取各方意见,协调决定,不能久拖不决。"故 C 项的说法与《决定》一致。

《决定》指出:"用严格的法律制度保护生态环境,加快建立有效约束开发行为和促进绿色发展、循环发展、低碳发展的生态文明法律制度,强化生产者环境保护的法律责任,大幅度提高违法成本。"由此可见,D 项的表述与《决定》一致。

**16.** 根据中国特色社会主义法治理论有关内容,关于加强法治工作队伍建设,下列哪些表述是正确的?② (15/1/83)

A. 全面推进依法治国,必须大力提高法治工作队伍思想政治素质、业务工作能力、职业道德水准
B. 建立法律职业人员统一职前培训制度,有利于他们形成共同的法律信仰、职业操守和提高业务素质、职业技能
C. 加强律师职业道德建设,需要进一步健全完善律师职业道德规范制度体系、教育培训及考核机制
D. 为推动法律服务志愿者队伍建设和鼓励志愿者发挥作用,可采取自愿无偿和最低成本方式提供社会法律服务

---

① CD
② ABC

【解析】《决定》指出:"全面推进依法治国,必须大力提高法治工作队伍思想政治素质、业务工作能力、职业道德水准,着力建设一支忠于党、忠于国家、忠于人民、忠于法律的社会主义法治工作队伍,为加快建设社会主义法治国家提供强有力的组织和人才保障。"可见,A 项的表述与《决定》一致。

《决定》指出:"推进法治专门队伍正规化、专业化、职业化,提高职业素养和专业水平。完善法律职业准入制度,健全国家统一法律职业资格考试制度,建立法律职业人员统一职前培训制度。"可见,B 项的表述与《决定》一致。

《决定》指出:"加强律师队伍思想政治建设,把拥护中国共产党领导、拥护社会主义法治作为律师从业的基本要求,增强广大律师走中国特色社会主义法治道路的自觉性和坚定性。构建社会律师、公职律师、公司律师等优势互补、结构合理的律师队伍。提高律师队伍业务素质,完善执业保障机制。加强律师事务所管理,发挥律师协会自律作用,规范律师执业行为,监督律师严格遵守职业道德和职业操守,强化准入、退出管理,严格执行违法违规执业惩戒制度。加强律师行业党的建设,扩大党的工作覆盖面,切实发挥律师事务所党组织的政治核心作用。"故 C 项的表述与《决定》一致。

《决定》指出:"发展公证员、基层法律服务工作者、人民调解员队伍。推动法律服务志愿者队伍建设。建立激励法律服务人才跨区域流动机制,逐步解决基层和欠发达地区法律服务资源不足和高端人才匮乏问题。"D 项的表述与《决定》不一致。

17. 全面推进依法治国,要求深入推进依法行政,加快建设法治政府。下列做法符合该要求的是?① (15/1/86):

A. 为打击医药购销领域商业贿赂,某省对列入不良记录逾期不改的药品生产企业,取消所有产品的网上采购资格

B. 某市建立行政机关内部重大决策合法性审查机制,未经审查的,不得提交讨论

C. 某省交管部门开展校车整治行动时,坚持以人为本,允许家长租用私自改装的社会运营车辆接送学生

D. 某市推进综合执法,为减少市县两级政府执法队伍种类,要求无条件在所有领域实现跨部门综合执法

【解析】《决定》指出:"推进综合执法,大幅减少市县两级政府执法队伍种类,重点在食品药品安全、工商质检、公共卫生、安全生产、文化旅游、资源环境、农林水利、交通运输、城乡建设、海洋渔业等领域内推行综合执法,有条件的领域可以推行跨部门综合执法。"由此可见,A 项的做法符合《决定》的要求,而 D 项的做法不符合《决定》的要求。

《决定》指出:"把公众参与、专家论证、风险评估、合法性审查、集体讨论决定确定为重大行政决策法定程序,确保决策制度科学、程序正当、过程公开、责任明确。建立行政机关内部重大决策合法性审查机制,未经合法性审查或经审查不合法的,不得提交讨论。"B 项的做法符合《决定》的规定。

允许家长租用私自改装的社会车辆接送学生,安全问题无法得到保障,违背了以人为本的执法理念,故 C 项的做法不妥当。

---

① AB

**18.** 2015年4月,最高法院发布了《关于人民法院推行立案登记制改革的意见》。关于立案登记制,下列理解正确的是?① (15/1/87):
A. 有利于做到有案必立,保障当事人诉权
B. 有利于促进法院案件受理制度的完善
C. 法院对当事人的起诉只进行初步的实质审查,当场登记立案
D. 适用于民事起诉、强制执行和国家赔偿申请,不适用于行政起诉

【解析】 立案登记制度是为了方便当事人诉讼,保障当事人诉权而设立的一项制度,其实施将有利于促进法院案件受理制度的完善,故 AB 两项的说法正确。

实行当场登记立案。对符合法律规定的起诉、自诉和申请,一律接收诉状,当场登记立案。对当场不能判定是否符合法律规定的,应当在法律规定的期限内决定是否立案。故 C 项的说法错误。

依据《关于人民法院推行立案登记制改革的意见》,有下列情形之一的,不予登记立案:(一) 违法起诉或者不符合法定起诉条件的;(二) 诉讼已经终结的;(三) 涉及危害国家主权和领土完整、危害国家安全、破坏国家统一和民族团结、破坏国家宗教政策的;(四) 其他不属于人民法院主管的所诉事项。行政诉讼不属于不予立案登记的情形,故 D 项的说法错误。

**19.** 简答(2015/4/1)(本题20分)
材料一:法律是治国之重器,法治是国家治理体系和治理能力的重要依托。全面推进依法治国,是解决党和国家事业发展面临的一系列重大问题,解放和增强社会活力、促进社会公平正义、维护社会和谐稳定、确保党和国家长治久安的根本要求。要推动我国经济社会持续健康发展,不断开拓中国特色社会主义事业更加广阔的发展前景,就必须全面推进社会主义法治国家建设,从法治上为解决这些问题提供制度化方案。(摘自习近平《关于〈中共中央关于全面推进依法治国若干重大问题的决定〉的说明》)

材料二:同党和国家事业发展要求相比,同人民群众期待相比,同推进国家治理体系和治理能力现代化目标相比,法治建设还存在许多不适应、不符合的问题,主要表现为:有的法律法规未能全面反映客观规律和人民意愿,针对性、可操作性不强,立法工作中部门化倾向、争权诿责现象较为突出;有法不依、执法不严、违法不究现象比较严重,执法体制权责脱节、多头执法、选择性执法现象仍然存在,执法司法不规范、不严格、不透明、不文明现象较为突出,群众对执法司法不公和腐败问题反映强烈。(摘自《中共中央关于全面推进依法治国若干重大问题的决定》)

问题:
根据以上材料,结合全面推进依法治国的总目标,从立法、执法、司法三个环节谈谈建设社会主义法治国家的意义和基本要求。

答题要求:
1. 无观点或论述、照搬材料原文的不得分;
2. 观点正确,表述完整、准确;
3. 总字数不得少于400字。

---

① AB

【参考答案】

（一）全面推进依法治国的总目标是建设中国特色社会主义法治体系，建设社会主义法治国家。即：在党的领导下，坚持中国特色社会主义制度，贯彻中国特色社会主义法治理论，形成完备的法律规范体系、高效的法治实施体系、严密的法治监督体系、有力的法治保障体系，形成完备的党内法规体系，坚持依法治国、依法执政、依法行政共同推进，坚持法治国家、法治政府、法治社会一体建设，实现科学立法、严格司法、公正司法、全民守法，促进国家治理体系和治理能力现代化。

（二）从立法环节来看，要完善以宪法为核心的法律体系，加强宪法实施。建设中国特色社会主义法治体系，必须坚持立法先行，发挥立法的引领和推动作用，抓住提高立法质量这个关键。形成完备的法律规范体系，要贯彻社会主义核心价值观，使每一项立法都符合宪法精神。要完善立法体制机制，坚持立改废释并举，增强法律法规的及时性、系统性、针对性、有效性。

（三）从执法环节来看，要深入推进依法行政，加快建设法治政府。法律的生命力和法律的权威均在于实施。建设法治政府要求在党的领导下，创新执法体制，完善执法程序，推进综合执法，严格执法责任，建立权责统一、权威高效的依法行政体制，加快建设职能科学、权责法定、执法严明、公开公正、廉洁高效、守法诚信的法治政府。

（四）从司法环节看，要保证公正司法，提高司法公信力。要完善司法管理体制和司法权力运行机制，规范司法行为，加强监督，让人民群众在每一个司法案件中感受到公平正义。

# 法理学

# 第一章 法的本体

【本章重点难点提示】

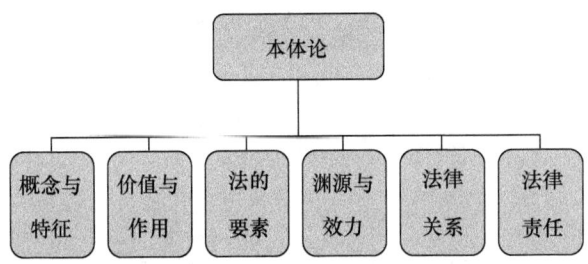

1. 法的规范性、普遍性、可诉性；
2. 价值判断与事实判断，自由、正义与法的关系，及法的价值冲突的解决原理；
3. 法的规范作用与法的作用的局限性；
4. 法律规则的分类、法律原则与法律规则的区别及法律原则的适用条件；
5. 法的正式渊源与非正式渊源的区别及当代中国的法源；
6. 法的效力，特别是法的溯及力问题；
7. 法律关系的分类，及法律事实；
8. 法律责任的归结与免除，法律责任的竞合。

## 第一节 法的概念

### 一、法的概念的争议

【案例】 心怀叵测的告密者

1944年，一个德国士兵在奉命出差执行任务期间，回家短暂探亲。有一天，他私下里向他妻子说了一些他对希特勒及纳粹党其他领导人物不满的话，他的妻子因为在他长期离家服兵役期间"已投向另一个男子的怀抱"，并想除掉她的丈夫，就把他的言论报告给了当地的纳粹党头目。结果，她丈夫遭到了军事特别法庭的审讯，虽被判处死刑，但经过短时期的囚禁后，未被处死，又被送到了前线。纳粹政权倒台后，那个妻子因设法使其丈夫遭到囚禁而被送上法庭。她的抗辩理由是：据当时有效的法律，她丈夫对她所说的关于希特勒及纳粹党的言语已构成犯罪。因此，当她告发她丈夫时，她仅仅是使一个罪犯归案受审。德国的法院认为，"妻子告发丈夫导致丈夫的自由被剥夺，虽然丈夫是被法院以违法的理由宣判的"，但是这种法律"违背所有正常人的健全良知和正义观念"，"完全否认人格价值和尊严的法律不能被看做是法"。

【注意】

（1）妻子的观点：**凡是国家立法机关制定的、以白纸黑字颁布于众的都是法律，至于它是否符合良知和正义在所不问。**

（2）法院的观点：**国家机关颁布的规范不一定是法律，除非它符合良知和正义。**也就是说实在法是否具有法律效力应该接受道德的判断。

【案例】 加拿大因纽特人

　　这块土地上有违法也有犯罪，因为没有哪个民族、种族可以幸免于这些事情。但这里也有人们操控着并反过来指导人们行为的某些力量，这些力量使违法局限在狭窄的范围内。要了解这些力量，就要了解为什么因纽特人不需要我们这样的法律来维持其生活方式的安全。

　　这里根本没有凌驾于人民之上的内部权威组织，没有任何个人或集体会具有魔法意义以外的力量。这里没有老年议事会，没有警察，没有政府组织。从最严格意义上讲，因纽特人生活在一个无政府的国家里，因为他们甚至没有一部刚性的法典。

　　然而，人们亲密地生活在一起，其中的秘密就在于共同的努力，它仅仅受人的意志力和忍耐力的限制。这不是盲目地服从或者因恐惧而服从，而是对一个简朴的法典有智慧地服从。这个法典对那些依靠它的规则生活的人来说是有意义的……

　　……如果一个人不断蔑视"生活的法律"，那么他会发现自己一点点被孤立并与共同体相隔绝。没有比这更强有力的惩罚了……因为在这个世界里，人们必须与其他人共同工作以维持生存……法律不要求以眼还眼的报复。如果可能，违法者会被带回露宿的集体，变成一份财富。他的不当行为会被默默忘掉，无论如何根本不会再犯。

【注意】
维系因纽特人的习惯在实际效果上和法律相同，都起到了定纷止争、维系社会秩序的作用。

根据以上案例，对于"法律是什么？"这个问题，人们的看法不尽一致。大致而言，**判断一个规范究竟是不是法律有三个标准**：

（1）是否权威性立法机关制定？

（2）其内容是否符合道德规范？

（3）该规范是否具有社会实效？

基于对以上问题的不同回答，可以把法学划分为两大阵营：

| | 非实证主义 | | 实证主义 | |
|---|---|---|---|---|
| | 自然法学 | 第三条道路 | 分析法学 | 法社会学 |
| 内容的正确性（是否符合道德） | √ | √ | × | × |
| 权威性制定 | × | √ | √① | √② |
| 社会实效 | × | √ | √② | √① |

从上表可以看出：

1. 实证主义与非实证主义的根本分歧在于，对"法律是不是必须符合道德（法律与道德之间有无内在的必然的联系）"这个问题的认识。

2. 实证主义认为法律与道德之间没有必然联系，实证主义考虑两个要素：权威性制定和社会实效。大多数实证主义者以这两个要素的结合作为定义法的概念的标准。既然是两个要素的结合，就有一个以何者为主要要素的问题，依据对这两个要素强调的程度不同，实证主义法学阵营可以做进一步的区分：

（1）分析法学（也叫分析实证主义法学）：以权威性制定为首要要素。其主张如下表：

| | |
|---|---|
| 主张 | 着力分析真正的法或"严格意义的法"，即国家制定的法律"国家法"，由于这种法律能为经验所感知和真实存在着，因而也叫实在法或实证法。至于其他所谓的"法"，如自然规律、自然法、荣誉法则，只是有比喻意义，不值得研究。 |
| | 实在法或国家法是由法律规则构成的，是一个法律规则或法律规范的体系。 |
| | 法律是中性和价值无涉的，也就是说它是一种纯粹技术性和工具性的东西。至于政治道德等价值观念、意识形态与法律并无内在的和必然的联系，因此不能从政治上和道德上对法进行评价，即不存在什么道义与不道义、良与恶的问题。"恶法是法"。 |
| | 一个由立法机关制定的好的法律规则体系，即形式上合理的法律规则体系是以解决各种社会问题为宗旨的，执法者或法官只要遵循规则就可以审理各种案件，也就是说，执法者只是法律推理的机器，不应当有任何的自由裁决权。 |
| 评价 | 这种法律观只注意到法与国家的密切联系，却忽略、否认和割裂了法与其他事物，特别是政治、道德的不可分割的联系，他们揭示了法的技术性、工具性、独立性，却否认了它的价值性、目的性、依赖性。 |

（2）法社会学（含现实主义法学）：以社会实效为首要因素。其主张如下表：

| | |
|---|---|
| 主张 | 法在本质上是一种社会秩序，真正的和主要的法律不是国家立法机关制定的法律规则，而是社会立法中的秩序或人类联合的内在秩序。凡是对形成秩序起到了实效的东西都是法律。 |
| | 法律与国家之间并没有不可分割的联系，它并非一定由国家机关特别是立法机关所制定和实施，在没有国家的时候和地方也存在着法律。 |
| | 法律绝非仅仅是规则的体系，而是由规则、原则、政策、习惯多种复杂的要素构成，法律的本身必不是单纯的一种规则。 |
| | 法律不仅是一个规则体系，还是一项过程和事业。 |
| 评价 | 社会法学派的观点，表明了他们坚持在法与社会的相互关系中，以法的实际运作为对象，揭示了法产生于社会之中，目的是消解彼此利益之间的矛盾、冲突、对立和斗争，以平衡各种利益。而且，他们还把法置于整个社会之中，分析各种社会的、政治的、心理的以及文化的诸因素对于法及其运作的作用和影响。应当说，法社会学有利于对法的内涵的理解，有利于扩展法学研究的领域和视野。 |

现实主义法学认为:真正法律存在于法官的判决中,纸面上的法律仅仅是对法官将要做什么的预测(霍姆斯)。

3. 非实证主义法学:以内容的正确性为必备要素,不排除其他要素。

(1)自然法学派:以内容的正确性(法律的内容是否符合正义)为唯一要素。其主张如下表:

| 主张 | 关于法的本质,自然法学派认为,法从本质上是一种客观规律,立法者所制定的法律必须以客观规律为基础,这种客观规律是宇宙、自然、事物以及人的本性,是"理性"的反映。 |
|---|---|
| | 法来源于永恒不变的本性、自然性、社会性、理性。真正的法律应当与之相符合,特别是与理性相符合,或以理性为基础,它永恒不变,并具有普遍的适用性。 |
| | 法的功能和目的在于实现公平和正义。 |
| | 法律及其观念应当与人们的价值观念、道德观念相一致,自然法是人类寻求正义之绝对标准的结果。不符合道德、违背正义准则的法律是恶法。"恶法非法"。 |
| 评价 | 自然法学派特别重视法律存在的客观基础和价值目标,即人性、理性、正义、自由、平等、秩序,他们对法律的终极价值目标和客观基础的探索,对于认识法的本质和起源有着重要的意义。 |

(2)第三条道路(综合法学):如果既考虑内容的正确性,又考虑权威性的制度和社会实效,则该学派被称为超越自然法学和分析法学的第三条道路。代表人物如阿列克谢。

【记忆口诀】 自然法学看道德,不道德的不是法。分析法学看来源,出自国家才是法。社会学法学看实效,有实效的都是法。

【历年真题】

**1.** "法学作为科学无力回答正义的标准问题,因而是不是法与是不是正义的法是两个必须分离的问题,道德上的善或正义不是法律存在并有效力的标准,法律规则不会因违反道德而丧失法的性质和效力,即使那些同道德严重对抗的法也依然是法。"关于这段话,下列说法正确的是(15/1/90)①:

A. 这段话既反映了实证主义法学派的观点,也反映了自然法学派的基本立场
B. 根据社会法学派的看法,法的实施可以不考虑法律的社会实效
C. 根据分析实证主义法学派的观点,内容正确性并非法的概念的定义要素
D. 所有的法学学派均认为,法律与道德、正义等在内容上没有任何联系

【解析】 题干的引文说,"即使那些同道德严重对抗的法也依然是法",显然体现的是分析实证主义"恶法亦法"的基本主张。自然法学派的主张与此观点相反,他们认为法律必须接受正义等道德标准的判断,其信条是:"恶法非法"。故 A 项的表述错误。

法律社会学以"社会实效"作为定义法律的首要标准。故 B 项的表述错误。

实证主义定义法的概念时考虑两个要素:权威性制定和社会实效。内容的正确性为他们所不采。分析实证主义以权威性的制定为首要要素,以社会实效为第二位的要素。故 C 项的表述正确。

---

① C

非实证主义法学认为法律与道德、正义等有内在的本质上的必然联系。故 D 项的说法错误。

**2.** 关于实证主义法学和非实证主义法学,下列说法不正确的是①:(13/1/88)

A. 实证主义法学认为,在"实际上是怎样的法"与"应该是怎样的法"之间不存在概念上的必然联系

B. 非实证主义法学在定义法的概念时并不必然排除社会实效性要素和权威性制定要素

C. 所有的非实证主义法学都可以被看做是古典自然法学

D. 仅根据社会实效性要素,并不能将实证主义法学派、非实证主义法学派和其他法学派(比如社会法学派)在法定义上的观点区别开来

## 二、马克思主义法理学关于法的本质的学说

| 正式性(官方性、国家性) | 从来源上看,法律由国家制定或认可。 |
| --- | --- |
| | 从保障实施的力量看,法律的实施最终依赖于国家强制力的保障。 |
| | 从外在表现形式看,法律以正式的规范性法律文件的形式表现于外。 |
| 阶级性 | 国家是统治阶级进行阶级统治的工具。 |
| | 在阶级对立的社会,法律所体现的国家意志实质上是统治阶级的意志。 |
| | 所有的法律都体现统治阶级的意志,但并非所有的法律都仅仅体现统治阶级的意志。有些法律在体现统治阶级的意志的同时,还反映被统治阶级的愿望和要求。 |
| 物质制约性 | 法律最终是由一定社会的物质生活条件决定的。 |
| | "立法者应该把自己看做是一个自然科学家,他不是在制造法律,更不是在发明法律,而仅仅是在表述法律。" |

【记忆口诀】 出自国家正式性;统治工具阶级性;物质制约社会性。

## 三、"国法"及其外延

| 定义 | 特定国家现行有效的法,即一个国家正在实施的法。 | |
| --- | --- | --- |
| 外延 | 国家专门机关(立法机关)制定的法(成文法) | "成文法"中的文指条文。 |
| | 法院或法官在判决中创制的规则(判例法) | ① 判例法是"法官造法"的产物,其基本原则为"遵循先例"。<br>② 中国的"案例指导制度"和英美法系的判例法制度具有类似的功能,即限制法官的自由裁量,实现法的统一适用。 |
| | 国家通过一定方式认可的习惯法(不成文法) | "不成文法"有两种含义:一是指不具有文字形式的习惯法;二是指不具有条文形式的判例法。在日常的用法中,"不成文法"主要指习惯法。 |
| | 其他执行国法职能的法,如教会法 | |

---

① C

**【记忆口诀】** "国法"分四类:国家制定成文法;国家认可习惯法;法院创制判例法;其他职能类似法。

**【注意】**
(1)"不成文法"的两种含义。
**(2)习惯究竟是不是法律?**

> **【案例】 悼念权案**
>
> 2001年8月,原告史广清以被告史广文(原告大哥)在父亲死亡后,未通知自己,便独自料理后事,致使其在父亲死亡3年半后才获知此事,使其丧失了对父亲进行悼念的权利,将被告起诉到了法院。
>
> 史广清与史广文自1979年后断绝往来,双方都未互留地址和其他联系方式。兄弟俩的父亲史成斌因脑血栓住进医院。1997年1月,史成斌因心肌梗塞在史广文家死亡。2000年7月,弟弟史广清从大姐夫口中得知了父亲的死讯。为此,其将大哥史广文起诉到了法院。在审理中,史广清承认:父亲在世时,其除1991年和1996年10月看望过父亲两次,再未对父亲尽过其他义务,也未向其他亲属询问过父亲的病情。
>
> 法院认为:按照我国传统的道德伦理和习惯,原告作为死者的子女,确有权对死者进行悼念和哀思。但鉴于我国目前的法律对于该项权利的相对义务人未作规定,因此,被告的不作为不具有违法性。故在被告对其父尽到主要赡养义务且与原告多年互不联系的情况下,原告以丧失悼念权为由,起诉要求被告独自承担未尽通知义务的责任,没有法律依据,同时也不符合民事法律中的公平原则。另外,有必要指出,原告悼念权的丧失,与其长期不关心且不与父亲联系亦有因果关系,据此,判决驳回了弟弟史广清的诉讼请求。

**【注意】**
(1)"习惯法"一词使用混乱,应仔细辨别。有时仅仅指"习惯",有时指来源于习惯但已经被立法者以法律条文形式确定的法律规范。
(2)分析实证主义法学认为,习惯本身不具有法律效力,只有在国家立法机关认可后才有效力。
(3)法律社会学认为,习惯本身就具有法律的性质。

**【历年真题】**
**下列有关"国法"的理解,哪些是不正确的?①(12/1/54)**
A. "国法"是国家法的另一种说法
B. "国法"仅指国家立法机关创制的法律
C. 只有"国法"才有强制性
D. 无论自然法学派,还是实证主义法学派,都可能把"国法"看作实在法
**【解析】** 此题的难点在于对"国家法"和"国法"这两个概念的辨析。"国家法"指的是出自国家的法,与"社会法"或"民间法"相对立。大致而言,"国家法"包

---

① ABC

括国家立法机关制定的成文法、国家立法机关认可的习惯法、法院创制的判例法。而"民间法"或"社会法"指的是与国家机关无涉,而在社会中存在的型构社会秩序的规范,比如习惯,比如前文提及的教会法就属于这个范畴。根据前文的对国法的定义,显然国法的外延要大于国家法。基于此,AB两个选项的表述是错误的。

一般而言,规范都有保障自己得以实现的力量,规范都有强制性,并不是只有"国法"才具有强制性。

D选项中出现了"实在法"一词。所谓实在法就是能为经验所感知的或实际存在着的法。分析主义法学认为,只有"国法"是能够为经验所感知的,因而只有国法是实在法。自然法学派并不否认"国法"能够为经验感知,也就是说自然法学并不否认"国法"是实在法,自然法学只是强调作为实在法的"国法"应该符合正义等道德规范,否则就不具有法律效力。

### 四、法律的特征

(一) 法是调整人的行为的一种社会规范

1. 法律的对象是一般的或抽象的某一类的人和事,而不是具体的、特定的人和事。
2. 法律在同样的条件下可以反复适用,而不是适用一次。

(二) 法是由公共权力机构制定或认可的具有特定形式的社会规范

1. 法形成于公共权力机构,这是法律与其他人为形成的社会规范的主要区别之一。
2. 法的形成方式有两种:制定和认可。
3. 通过制定的方式形成的法律就是成文法或制定法。
4. 认可就是国家机关赋予社会已有的社会规范,如习惯、道德、宗教教义、政策等法律效力。认可有两种方式:

(1) 国家立法者在制定法律时将已有的不成文的零散的社会规范系统化、条文化,使其上升为法律。此种方式可称之为"具体认可"。

(2) 立法者在法律中承认已有的社会规范具有法律的效力,但未将其转化为具体的法律规定,而是交由司法机关灵活掌握,如有关"从习惯""按政策办"等。此种方式可称之为"抽象认可"。

(三) 法是具有普遍性的社会规范

1. 在一国主权范围内,法具有普遍效力,所有人都要遵守。
2. 在民主法治国家里,法律对同样的事和人同样适用,即法律面前人人平等。
3. 近代以来,法虽是一国主权范围内的事,具有地域性、民族性,但一国法的内容与人类的普遍要求相一致。

(四) 法是以权利和义务为内容的社会规范。

1. 法通过设定以权利义务为内容的行为模式的方式,指引人的行为,将人的行为纳入统一的秩序之中,以调节社会关系。
2. 法律以权利义务为内容,意味着一定条件具备时,人们可以从事或不从事某种行为,必须做或必须不做某件事。而自然法则则不是人们选择的问题,一定条件具备时,必然出现一定的结果。
3. 法律具有既关注权利也关注义务的两面性。宗教、道德等社会规范,其内容主要是对主体的义务性要求。

（五）法是以国家强制力为后盾,通过法律程序保证实现的社会规范。

1. 规范都有保证自己实现的力量。没有保证手段的社会规范是不存在的。

2. 不同的社会规范,其强制措施的方式、范围、性质是不同的。法律强制是一种国家强制,法律是最具有外在强制性的社会规范。国家强制力是保证法律实施的**最后力量**,而**非唯一**力量。

3. 国家强制力即国家暴力。国家的暴力是一种"合法的"暴力。国家权力必须合法行使,包括符合实体法和尤其是程序法两个方面的要求。

4. 无程序即无正义。法律的制定和实施都必须遵守法律程序。法律职业者必须在程序的范围内思考、处理和解决问题。法的程序性是法区别于其他社会规范的重要特征。

（六）法是可诉的规范体系,具有可诉性。

1. 法的可诉性是指法律作为一种规范人们外部行为的规则可以被任何人在法律规定的机构中通过争议解决程序加以运用以维护自身权利的可能性。

2. 法的可诉性的构成要素：

（1）**可争诉性**。即任何人均可以将法律作为起诉和辩护的根据。

（2）**可裁判性**(可适用性)。法律能否用于裁判作为法院适用的标准是判断法律有无生命力、有无存续价值的标志。

【记忆口诀】 可诉性要素有二:对公民可争讼;对法院可裁判。

【历年真题】

法是以国家强制力为后盾,通过法律程序保证实现的社会规范。关于法的这一特征,下列哪些说法是正确的?① **(13/1/55)**

A. 法律具有保证自己得以实现的力量

B. 法律具有程序性,这是区别于其他社会规范的重要特征

C. 按照马克思主义法学的观点,法律主要依靠国家暴力作为外在强制的力量

D. 自然力本质上属于法的强制力之组成部分

【解析】 保证法律实施的力量是国家强制力,国家强制力是一种人为的暴力,而非自然力。

### 五、法的作用

（一）法的作用的定义

1. 法的作用泛指法律对社会产生的影响。

2. 法的作用体现在法与社会的交互影响中,在社会发展的过程中。法作为上层建筑的组成部分,其产生、存在与发展变化都是由社会的生产方式决定的。法在由社会决定的同时,也具有相对的独立性。这种独立性在一定意义上就体现在法能够促进或延缓社会的发展。

3. 法的作用直接表现为国家权力的行使。

4. 法的作用本质上是社会自身力量的体现。法能否对社会发生作用、法对社会作用的程度、法对社会发生作用的效果,不是法律自身能够决定的。

---

① ABC

（二）法的作用对象

1. 法律作用的对象只能是人的行为,而不规制人的思想。思想应该是自由的,思想实际上也是自由的,因为即使囚犯也可以神游九州,心驰八荒。

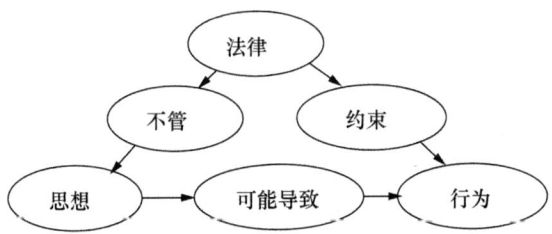

2. 法律作用的行为是人与人之间的交互行为。人与人之间的交互行为构成了社会关系,故也可以说,法律调整的对象是社会关系,经过法律调整的社会关系就是法律关系。

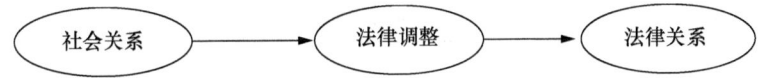

（三）法的规范作用

1. 指引作用

（1）指引作用的对象：自己的行为。

（2）指引作用的形式：

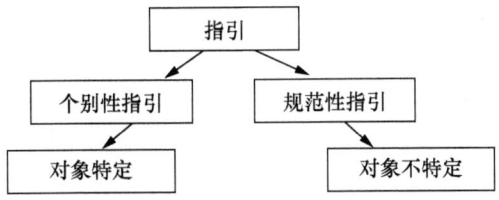

① 个别性指引,即通过一个具体的指示,形成对具体的人的具体情况的指引。它具有针对性强的优点,但也有任意性强、成本高、缺乏效率、缺乏统一性,容易导致人们的不稳定心理等缺点。

② 规范性指引,是通过一般的规则,对同类的人或行为的指引。它存在针对性弱可能造成个案不正义的缺点,但是同时具有连续性、稳定性和高效率的优势。

（3）法律的指引属于规范性指引。以行为人是否可以做出选择,规范性指引可分为确定的指引和不确定的指引(选择性指引)。

（4）权利性规则对人的行为进行选择性指引,义务性规则对人的行为进行确定性指引。但是要注意的是,确定性规则不一定是确定性指引。

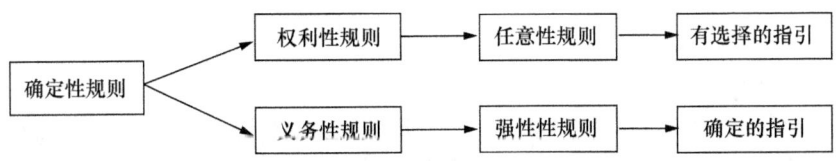

【思考】
"子女可以随父姓,也可以随母姓"属于什么性质的规则,对人的行为构成何种指引?

(5)《管子·七臣七主》说:"法律政令者,吏民规矩绳墨。"在一个法治社会中,人们主要是依据法律来安排自己的行为的。

2. 评价作用

(1) 评价作用的对象:他人的行为。

(2) 任何人都可以依据法律对他人的行为作出评价。

(3) 评价作用有专门评价和一般的评价之分。

专门评价具有法律约束力。一般的评价虽然无法律上的约束力,但是对司法活动既有积极影响,也有消极影响。就积极影响而言,可以形成舆论监督,从而保证司法公正的实现;就消极影响而言,可能影响司法机关独立行使审判权,从而造成司法不公。

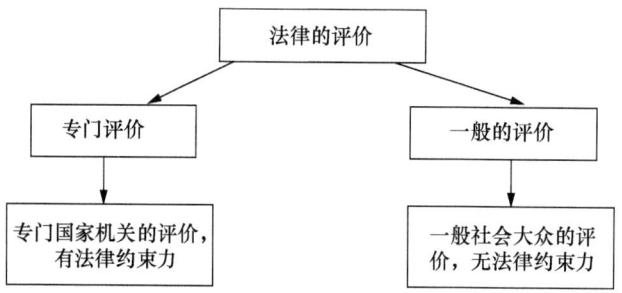

【思考】
以往的司法实践中,常常以"民愤"作为定罪量刑的依据之一,特别是对于死刑判决,往往突出强调"民愤",所谓"不杀不足以平民愤"。对这种现象,您怎么看?

3. 预测作用

(1) 预测作用的对象:人们之间的相互作用。

(2) 预测作用可分为:

① 对如何行为的预测。即当事人根据法律规范的规定,预计对方当事人将如何行为,自己将如何采取相应的行为。

② 对行为后果的预测。即借助于法律规范,行为人可以预测到自己的行为的后果,从而对自己的行为作出理性的安排。

(3) 预测作用与人对安全、稳定的需求有关。美国法学家弗兰克认为,人们心理上有一种恋父情结的残余,在社会生活中大多数人都会追寻父亲般的固定性、可靠性、确定性,这种固定、可靠是建立在对自己行为后果预测的基础上的。行为的结果可预测性越强,人们的安全感越高。

4. 教育作用

(1) 教育作用的对象:一般人的行为。

(2) 教育作用分为示警作用和示范作用。通过法的强制作用可以达到"兴功惧暴"的目的,"兴功"是示范作用的表现,"惧暴"是示警作用的体现。

(3)要实现法的教育作用,必须:① 全面知法;② 公正执法;③ 严肃司法;④ 领会法的精神。

5. 强制作用

(1)强制作用的对象:违法犯罪者的行为。

(2)法的强制作用首先表现为对违法行为的否定和制裁,其目的在于对合法行为的肯定和保护。

(3)强制作用是法的其他作用的重要保障。没有强制作用,法的指引作用就会降低,评价作用就会失去意义,预测作用就会受到怀疑,教育作用也会在一定程度上受到影响。

(4)德国法学家耶林认为,法律乃是国家通过外部强制手段而加以保护的社会生活条件的综合。强制是法律的形式要素,没有强制力的规则是"一把不燃烧的火,一缕不发亮的光"。

(5)虽然法律要发挥作用离不开强制,但是强制并非保证法律实施的唯一力量,而只是最后力量。法律要得到良好地遵守,还得建立在人们自觉自愿的基础上,"民不畏死,奈何以死惧之?"

(6)自愿遵守,建立在人们对法律信任的基础之上。美国法学家伯尔曼说过一句话:"法律必须被信仰,否则它将形同虚设。"故,树立法律的公信力,培育民众对法律的信仰是法治建设亟须解决的课题。

【小结】

**法的规范作用,是司法考试的高频考点。总结如下:**

| 规范作用 | 指引 | 自己的行为 | 指引分为:个别性指引和规范性指引。规范性指引分为确定的指引和有选择(不确定)的指引。 |
| --- | --- | --- | --- |
| | 评价 | 他人的行为 | 评价作用有专门评价和一般的评价之分。专门评价具有法律约束力。 |
| | 预测 | 相互行为 | 包括对如何行为的预测和对行为后果的预测。 |
| | 教育 | 一般人的行为 | 分为示警作用和示范作用。 |
| | 强制 | 违法犯罪行为 | 强制作用是法的其他作用的重要保障。 |
| | 指自己,评别人,测后果,强犯罪,育大众 | | |

【历年真题】

1. 徐某被何某侮辱后一直寻机报复,某日携带尖刀到何某住所将其刺成重伤。经司法鉴定,徐某作案时辨认和控制能力存在,有完全的刑事责任能力。法院审理后以故意伤害罪判处徐某有期徒刑 10 年。关于该案,下列哪些说法是正确的?① (15/1/58)

A."徐某作案时辨认和控制能力存在,有完全的刑事责任能力"这句话包含对事实的法律认定

---

① AC

B. 法院判决体现了法的强制作用,但未体现评价作用
C. 该案中法官运用了演绎推理
D. "徐某被何某侮辱后一直寻机报复,某日携带尖刀到何某住所将其刺成重伤"是该案法官推理中的大前提

【解析】 此题中 B 选项与法的规范作用相关。法院说徐某的行为构成犯罪,是法院依据刑法对徐某的行为做出的评价。法院判处徐某有期徒刑 10 年,是法院代表国家对违法犯罪行为的制裁,体现的是法的强制作用。

**2. 关于法的规范作用,下列哪一说法是正确的?① （14/1/10）**
A. 陈法官依据诉讼法规定主动申请回避,体现了法的教育作用
B. 法院判决王某行为构成盗窃罪,体现了法的指引作用
C. 林某参加法律培训后开始重视所经营企业的法律风险防控,反映了法的保护自由价值的作用
D. 王某因散布谣言被罚款 300 元,体现了法的强制作用

【解析】 陈法官主动申请回避体现了法的指引作用。法院判决王某行为构成盗窃罪,体现了法的评价作用。林某参加法律培训后开始重视所经营企业的法律风险防控,体现了法的指引作用。故 D 项正确。

(四) 法的社会作用

1. 马克思主义法理学认为,法的社会作用就是表现为:维护阶级统治和执行社会公共事务。

2. 一般认为,法律的社会作用主要表现在:
(1) 定纷止争,维护社会的秩序与和平。
(2) 推进社会变迁。
(3) 保障社会整合。
(4) 控制和解决社会的纠纷和争端。
(5) 促进社会价值目标的实现。

(五) 法的作用的局限性

1. 法的作用的局限性的根源

法的作用的消极作用,或者说,法的作用的局限性的根源,在于人的局限性。

(1) 人性中有自私的成分。立法者是人,故立法者会用立法的手段谋取私利,因而有可能存在着不公正的法律,即恶法。法律也是由人执行的,执法者当然有可能在执法的过程中追求自己的私利,因而执法偏私是时有发生的。

(2) 即使立法者和执法者都是公而忘私的,但是人的理性也是有限的。正因为人的理性是有限的,所以立法者创立的法律不可能是尽善尽美的,会存在诸多局限,比如法律会有空白、会滞后;执法者的理性是有限的,所以事实和法律对应的难题是无法最终解决的。

---

① D

2. 法的作用的局限性的表现

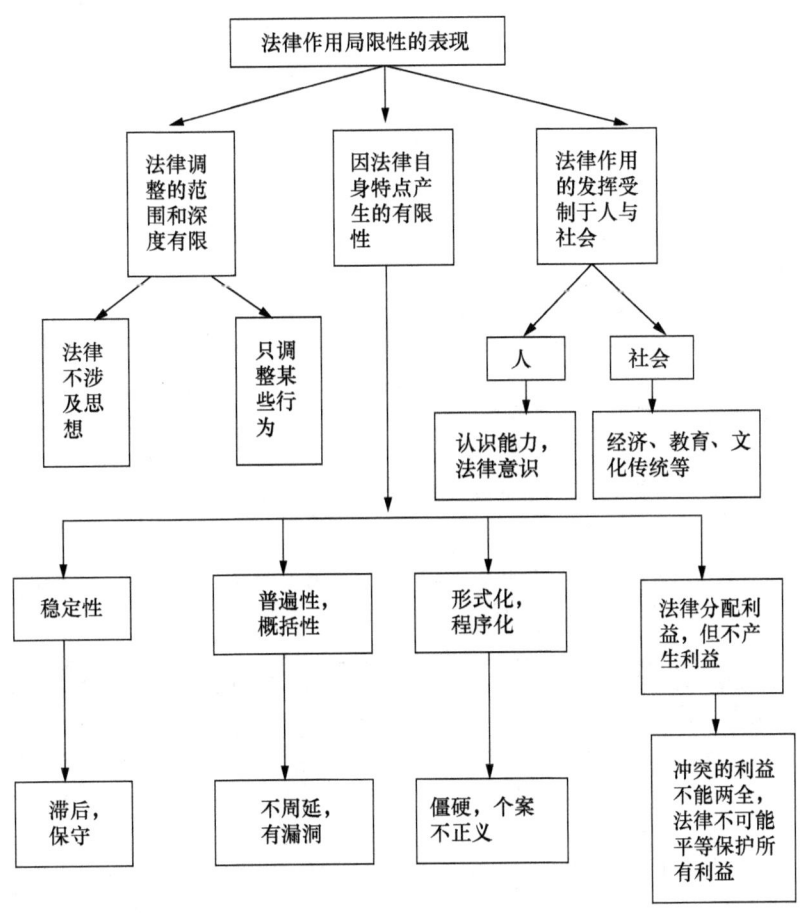

（1）法律调整的范围和深度是有限的,因为：

① 法律只能调整人的外部行为而不涉及人的思想,而行为根源于思想,法律不能解决行为的根源。思想问题最终得靠其他方式来解决。

② 法律只调整人的某些行为,而不能是全部行为。友谊、爱情、信仰就不适宜用法律来调整,特别是用法律来强制。

（2）法律有其自身的局限性：

① 法律应该是稳定的,但是法律所调整的社会关系是频繁变化的,故法律具有**滞后性和保守性**。

② 法律应该是普遍的、概括的,概括性的法律概念有可能不能够涵盖纷繁复杂的现实世界,因而法律有可能不周延,存在漏洞。

### 【案例】 医学博士盗窃、侮辱尸体案

北京某医院医学博士、眼科医生未征得死者生前同意,也未征得死者家属许可,私自将死者眼睛取下装上假眼睛,将眼睛的角膜取下并分别移植给在本院就诊的一位普通女工患者和一位普通农村妇女患者。死者家属控告该医生涉嫌盗窃、侮辱尸体罪。我国刑法规定的盗窃、侮辱尸体是否包含这种情形?

③ 形式化和程序化是法律的重要属性,但是追求形式化和程序化有可能是以牺牲实质正义和个案正义为代价的。

### 【案例】 辛普森案

1994年,前美式橄榄球运动员辛普森杀妻一案,成为当时美国最为轰动的事件。此案当时的审理一波三折,辛普森在用刀杀前妻及餐馆的侍应生郎·高曼两项一级谋杀罪的指控中,由于警方的几个重大失误导致有利证据的失效,以无罪获释,仅被民事判定为对两人的死亡负有责任。本案也成为美国历史上疑罪从无的最大案件。

④ 法律是用来分配利益、解决利益冲突的,但是法律本身并不产生利益,冲突和利益不能两全,法律不可能平等地保护所有利益。

### 【案例】 广西扶绥见义勇为反遭索赔案

1999年6月25日,客运公司司机叶某驾车途中,遇歹徒抢劫乘客,遂见义勇为欲将客车开往派出所,而与歹徒进行搏斗时,不幸翻车,一乘客受重伤(高位截瘫),歹徒趁机逃掉。该受伤乘客向法院起诉,要求客运公司予以巨额赔偿。《合同法》第302条规定:"承运人应当对运输过程中旅客的伤亡承担损害赔偿责任,但伤亡是旅客自身健康原因造成的或者承运人证明伤亡是旅客故意、重大过失造成的除外。"如果法官直接适用合同法的规定,对承运人显失公平;如果拒绝适用,对毫无过错且贫困交加的受害人也不公平和公正。此时,法律不可能同时平等地保护当事人双方的利益,存在一个艰难选择的问题。

(3) 人的因素:

① 法不溯及既往。立法者立法时是在为未来的行为创制规范,这就要求立法对将来要发生的行为具有一定的预测能力,但立法的预见能力是有限的,因而法律难免会有空白。

② 法律与事实之间对应的难题是人力无法完全克服的。法律适用者面对的事实永远是"已经过去的事实",认定和确定事实的过程实质上是法律适用者将"过去的事实"还原为"现在的事实",而且由于人的理性的有限性,还原的过程不是一个完全等值的过程,而是一个不断接近的过程。法律适用过程中的事实是为证据所证明的法律事实,而非真正的客观事实,因而会因为事实认定出错而发生冤假错案。

【案例】 呼格吉勒图案

> 1996年4月9日,内蒙古自治区呼和浩特市毛纺厂年仅18周岁的职工呼格吉勒图被认定为一起奸杀案凶手。案发仅仅61天后,法院判决呼格吉勒图死刑,并立即执行。2005年,被媒体称为"杀人恶魔"的内蒙古系列强奸杀人案凶手赵志红落网。其交代的第一起杀人案就是4·09毛纺厂女厕女尸案,从而引发媒体和社会的广泛关注。

③ 执法者的认识能力及法律意识、公民的法律意识影响法律作用的发挥,有时会使法律背离制定时的预设目标。

(4)社会因素:经济发展、政治体制、文化、传统、教育等都会制约法律的作用的发挥。

【小结】

上文略显冗长地探讨了法律作用的两重性,尤其是法的作用的局限性。下图的法的三个方面的局限性,经常被提及。在司法考试的复习过程中,大家应该注意,当法律出现以下三种局限性时,该如何克服。

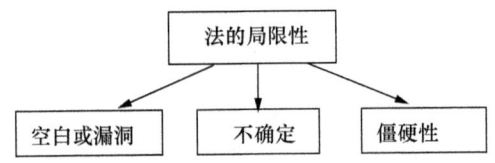

## 第二节 法的价值

### 一、法的价值的含义

1. 法的价值是指作为客体的法相对于作为主体的人而言所表现出来的性状、属性和作用。
2. 法的价值体现了一种主客体之间的关系。法律无论内容还是目的都必须符合人的需要。
3. 法的价值表明了法律对于人们而言所拥有的正面意义,它体现了其属性中为人们所珍视或珍惜的部分。
4. 法的价值既包括对实然法的认识,更包括对应然法的追求。

### 二、法的价值判断和法的事实判断

1. 事实判断是一种描述性判断,是关于客体实际上是什么的判断,而价值判断是一种规范性判断,是关于客体应该是什么的判断。
2. 客观世界是由事实构成的,价值是判断者附加在客体之上的,不同的主体其价值观不同,故对同一客体会做出不同的价值判断,因此,价值判断具有主观性。
3. 法律作为一种规范,它是立法者从自己的价值体系出发做出的,关于人应该如何行为的判断,故,法律规范为价值判断。
4. 根据三段论的推理规则,如果大前提是价值判断,结论必然为价值判断,故在法律实施过程中,一定主体依据法律规范所作出的实体结论为价值判断。

5. 在法律的实施过程中,对案件事实的认定总体上属于事实判断,但是认定案件事实离不开证据,一个证据有无证明力以及证明力大小需要相关主体做价值判断。

【记忆口诀】 描述案件事实判断;依法决定价值判断。

【历年真题】

李某因热水器漏电受伤,经鉴定为重伤,遂诉至法院要求厂家赔偿损失,其中包括精神损害赔偿。庭审时被告代理律师辩称,一年前该法院在审理一起类似案件时并未判决给予精神损害赔偿,本案也应作相同处理。但法院援引最新颁布的司法解释,支持了李某的诉讼请求。关于此案,下列认识正确的是:①(15/1/89)

A. "经鉴定为重伤"是价值判断而非事实判断
B. 此案表明判例不是我国正式的法的渊源
C. 被告律师运用了类比推理
D. 法院生效的判决具有普遍约束力

## 三、法的价值的种类

（一）秩序

1. 任何一种法律都是要追求并保持一定社会的有序状态,法律总是为一定的秩序服务的。不存在不以建构社会秩序为目的的法。

2. 现代法律所追求的秩序必须受自由和正义的规制。奴隶制可以是有秩序的,但是由于奴隶制下缺乏正义和自由,所以不是现代法治意欲建立的秩序。

3. 秩序形成的首要条件是规则的存在,法律秩序的建立的前提条件是存在法律规则。仅颁布规则还不够,这些规则还得具备一定的要件且要得到严格的实施。

（二）自由

1. 是否存在自由,取决于决定论是否成立。如果决定论成立,则自由是不存在的。自然界受"因果律(凡事物都有原因)"的支配,除了第一因(上帝)外,其他事物是不自由的。正是在这个意义上王安石说:"风吹瓦堕屋,正打破我头。瓦亦自破碎,匪独我血流。众生选众业,各有一机抽。切莫嗔此瓦,此瓦不自由。"

2. 但是,对个人而言,人可以支配自己的行为,自己是自己行为的原因,故而人的意志可以是自由的。故,从哲学上来讲,自由是指在没有外在强制的情况下,能够按照自己的意志进行活动的能力。

3. 自由是一个多义词,有学者统计过有200多种定义。我们这里所讨论的自由,是政治上的自由和法律上的自由。从价值上而言,自由体现了人性最深刻的需要,好的法律必须承认、尊重、维护人的自由。法律本质上以自由为最高价值。

4. 绝对意义上的自由就是为所欲为,如果把自由理解为为所欲为,则边沁的名言"每一条法律都是对自由的一次侵犯,都是对自由的一种践踏"是成立的。可是,在一个社会中,不可能有绝对的自由,除非是荒岛上生存的鲁滨逊。

5. 法治政府的常识是:对公民而言,自由就是做法律许可的事情的权利,即"法无禁止即自由"。相应的,法治下的政府的权力是有边界的,即以宪法和法律的授权为界限,"法无授权

---

① BC

即禁止"。

6. 法律可以限制自由,这是当代法治社会的共识。法律不能无限制的、随意的限制自由,这也是共识。赖以证明法律限制自由的正当性的有以下原则:

(1) 伤害原则

在《论自由》一书中,密尔把人的行为分为自涉行为和涉他行为。前者只影响自己的利益或者仅仅伤害到自己,后者则影响到别人或者伤害到别人。密尔认为,只有伤害别人的行为才是法律检查和干涉的对象,未伤害任何人或仅仅伤害自己的行为不应受到法律的惩罚,简言之,社会干预个人行动自由唯一的目的是自我保护,只有为了阻止对别人和公共的伤害,法律对社会成员的限制才是合理的,可以证成的。概言之,所谓伤害原则就是禁止伤害他人的行为。

(2) 法律家长主义原则

法律家长主义原则也称父爱主义,其基本思路是,禁止自我伤害的法律,即家长式的法律强制是合理的。家长式的法律强制是指为了被强制者自己的福利、幸福、需要、利益和价值,而由政府对一个人的自由进行的法律干涉。如禁止自杀、禁止决斗、强制戒毒等法律法规,都是该原则的体现。概言之,就是禁止自我伤害的行为。

(3) 冒犯原则

冒犯原则的基本思路是:法律禁止那些虽不伤害别人但却冒犯别人的行为是合理的。这里的冒犯行为是指使人愤怒、羞耻或惊恐的淫荡行为或放肆行为,如人们忌讳的性行为、虐待尸体、亵渎国旗。这种行为公然侮辱公众的道德信念、道德感情和社会风尚,因此必须受到刑事制裁。概言之,冒犯原则的主旨是禁止公然违背公序良俗的行为。

(4) 法律道德主义原则

凡是违背了一个社群的道德,无论公然与否都予以禁止。该原则过分限制了人的自由,为法治国家所不采。

【注意】 判断一个行为是否应该受到法律的禁止,可采用如下步骤:

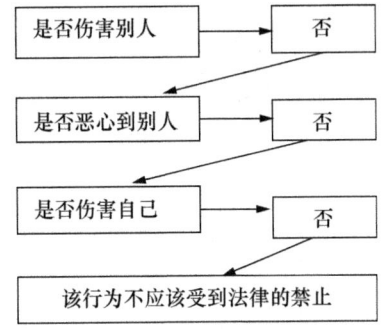

【历年真题】

"法律只是在自由的无意识的自然规律变成有意识的国家法律时,才成为真正的法律。哪里法律成为实际的法律,即成为自由的存在,哪里法律就成为人的实际的自由存在。"关于该段话,下列说法正确的是:①(**16/1/88**)

A. 从自由与必然的关系上讲,规律是自由的,但却是无意识的,法律永远是不自由的,但

---

① BCD

却是有意识的

B. 法律是"人的实际的自由存在"的条件

C. 国家法律须尊重自然规律

D. 自由是评价法律进步与否的标准

【解析】 现代法律的基本价值目标就是确立和捍卫公民的自由,故 A 项说法错误。其余选项说法正确。

(三) 正义

**1.** 美国法理学家博登海默曾经说过:"正义具有一张普罗透斯似的脸,变幻无常,随时可呈不同的形状,并具有极不相同的相貌。"这就是说正义的概念形形色色,正义的观念也有很多种。

**2.** 正义的类型

(1) 分配正义:主要探讨自由、财富和收入的公平分配问题。

(2) 校正正义:校正正义涉及错误的校正,因此在刑法中我们主要考虑惩罚犯罪,而在侵权法中我们要校正不正当的侵害。

(3) 政治正义:政治正义和投票权、民主、正当性以及权威有关。

(4) 程序正义:主要检讨民事诉讼、行政诉讼、刑事诉讼等争议解决程序的公正性。

**3.** 一个什么样的社会结构才算是正义的?

【案例】 一个思想实验:只有当你不知道自己可能是谁时,才能想清楚什么是正义?

假设把我们在座的每一个人都捣碎混合在一起,然后用一个设备重新制造出新人,由这些被制造出的新人重新组成一个社会,在我们被捣碎之前,我们必须事先协商好组成一个社会的基本原则,因为捣碎之后的重新组合是随机的,我们不知道在重新组合后我们是男还是女,是胖还是瘦,是官二代还是平民之子,是健全人还是残疾人,也不知道我们擅长什么……我们只知道组成新社会后我们需要分配一些基本有用物品,请问如果从自利角度考虑,从你个人利益最大化的角度来看如何分配才是公正的?

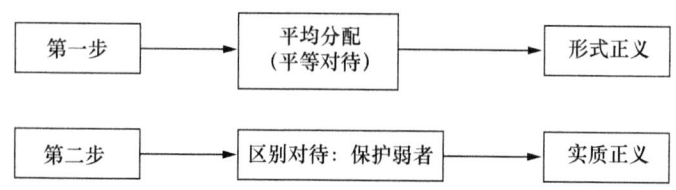

【历年真题】

2008 年修订的《中华人民共和国残疾人保障法》第五十条规定:"县级以上人民政府对残疾人搭乘公共交通工具,应当根据实际情况给予便利和优惠。残疾人可以免费携带随身必备的辅助器具。盲人持有效证件免费乘坐市内公共汽车、电车、地铁、渡船等公共交通工具。盲人读物邮件免费寄递。国家鼓励和支持提供电信、广播电视服务的单位对盲人、听力残疾人、

言语残疾人给予优惠。"对此,下列说法错误的是①:(10/1/92)
  A. 该规定体现了立法者在残疾人搭乘公共交通工具问题上的价值判断和价值取向
  B. 从法的价值的角度分析,该规定的主要目的在于实现法的自由价值
  C. 该规定对于有关企业、政府及残疾人均具有指引作用
  D. 该规定在交通、邮政、电信方面给予残疾人的优待有悖于法律面前人人平等原则
4. 形式正义(形式上的平等)与实质正义(实质上的平等)的区别
  (1) 形式正义:要求不管人们出于何种目的,不管在何种场合,都要以同一方式对待人。正义总意味着平等,意味着平等待人。
  (2) 实质正义:具体情况具体分析,照顾和保护弱者。
  形式正义和实质正义二者的区别,如下图所示:

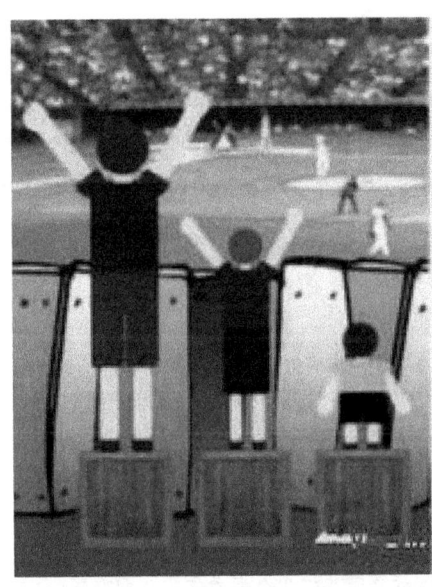
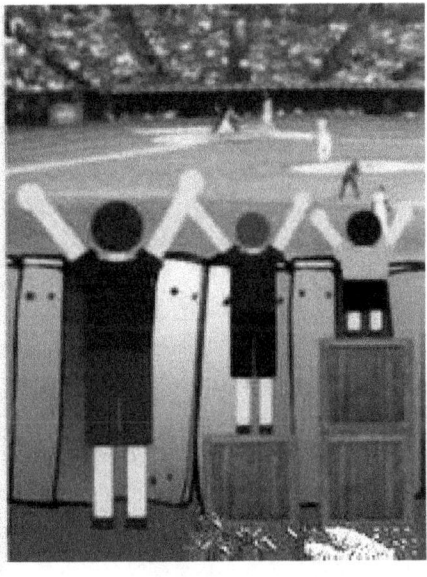

## 【案例】 同命不同价

2005年12月15日的一场车祸,让年仅14岁的重庆市江北区某中学女生何某和另外两个同伴离开了人世。一辆大货车将一辆三轮车轧在了下面,三轮车上的何某和两个好朋友被当场轧死。然而,何某的两名城镇户口的女同学的家人得到20万元赔偿,而户口在江北农村的何某家人仅得到5万余元的赔偿。为什么会出现这种"同命不同价"的现象? 因为2003年12月4日通过的最高人民法院《关于审理人身损害赔偿案件适用法律若干问题的解释》中明确规定:死亡赔偿金按照受诉法院所在地上一年度城镇居民人均可

---

① BD

支配收入或者农村居民人均纯收入标准,按20年计算。该解释自2004年5月1日起施行,而所有交通事故中的人身损害赔偿都得遵照该规定执行。按此规定,何某户口在江北区的农村,赔偿的标准是2004年度的重庆市全年农村居民人均纯收入;其他孩子是城市居民,应基于重庆市全年城市居民人均可支配收入计算。农村户口的居民因此就和城市居民拉开了大大的距离。重庆市权威统计数据显示,该市全年城市居民人均可支配收入为9 221元,全年农村居民人均纯收入2 535元,这两个数字分别乘以赔偿年限(20年)后,自然产生出近20万元和5万余元两个存在巨大差距的结果。

(1) 你认为最高人民法院的司法解释是否违反平等原则?为什么?

(2) 应当如何处理法律价值之间的冲突问题?

**【历年真题】**

**1.** 一外国电影故事描写道:五名探险者受困山洞,水尽粮绝,五人中的摩尔提议抽签吃掉一人,救活他人,大家同意。在抽签前摩尔反悔,但其他四人仍执意抽签,恰好抽中摩尔并将其吃掉。获救后,四人被以杀人罪起诉并被判处绞刑。关于上述故事情节,下列哪些说法是不正确的?①(13/1/53)

A. 其他四人侵犯了摩尔的生命权

B. 按照功利主义"最大多数人之福祉"的思想,"一命换多命"是符合法理的

C. 五人之间不存在利益上的冲突

D. 从不同法学派的立场看,此案的判决存在"唯一正确的答案"

**2.** 法律谚语:"平等者之间不存在支配权。"关于这句话,下列哪一选项是正确的?② (13/1/9)

A. 平等的社会只存在平等主体的权利,不存在义务;不平等的社会只存在不平等的义务,不存在权利

B. 在古代法律中,支配权仅指财产上的权利

C. 平等的社会不承认绝对的人身依附关系,法律禁止一个人对另一个人的奴役

D. 从法理上讲,平等的主体之间不存在相互的支配,他们的自由也不受法律限制

## 四、法的价值冲突及其解决

(一) 法的价值冲突的表现形式

以上所言秩序、自由、正义等都是法律的最基本价值。除此之外,法律尚有效率等基本价值。法的价值之间可能发生矛盾和冲突。比如,要保证社会正义的实现,有可能会牺牲效率。法的价值冲突主要有以下形式:

1. 个体之间法律所承认的价值发生冲突:行使个人自由可能导致他人利益的损失。

2. 共同体之间价值发生冲突:国际人权与一国人权之间可能出现的冲突。

---

① CD

② C

3. 个体与共同体之间的价值冲突。如个人自由与社会秩序的冲突。

（二）法的价值冲突的解决原则

1. 价值位阶原则

位阶即排序。价值位阶就是价值排序。一般而言，当法的主要价值发生冲突的时候，按照下列次序排序：

（1）自由代表了最本质的人性需要，是法的价值的顶端；

（2）正义是自由的价值外化，是自由之下制约其他价值的法律标准；

（3）秩序表现为自由、正义的社会状态，必须接受自由正义标准的约束。

【注意】

只要涉及了排序就是价值位阶，如在抗洪抢险中，王某认识到个人服从社会或国家利益，同意救灾队拆除了家里的门板充作救灾物资，此例中体现的就是价值位阶，因为在个人利益和国家利益之间进行了排序。

2. 个案平衡原则

在处于同一位阶上的价值发生冲突时，必须综合考虑主体之间的特定情形、需求和利益，以使得个案的解决能够适当兼顾双方的利益。一般而言，个案平衡都是为了实现实质正义。

【案例】 马修诉埃尔德雷奇

1956年，美国修正的社会安全法规定了残疾扶助金计划，即工人在身负残疾而无法正常工作时，政府应当给予残疾扶助金。埃尔德雷奇是一名身负残疾的工人，1968年6月，他第一次从州政府那里领取了残疾扶助金。但是，到了1972年3月，他收到了州政府询问他治疗情形的书面问卷。埃尔德雷奇在其对州政府的答复中指出，他的病情并未改善，并同时报告了他接受治疗的情况，包括他的医生及其医生所采用的治疗方法，等等。后来，州政府又向他的医生及精神顾问询问他的情况，并得到了相关的报告资料。在考虑了这些报告及其他资料之后，州政府以书面的形式通知埃尔德雷奇，其扶助金已于1972年5月终止给付，并同时说明了终止的原因，以及告知他可以要求合理的时间以获取并提出有关其病情的其他资料。

埃尔德雷奇回信申诉了他的病情状况，指出州政府已经有足够的证据证明他仍然处于残疾状态。然而州政府还是作出了自该年5月起埃尔德雷奇已不再是残疾身份的最后决定。这一决定为社会安全局所认可。于是，该年7月，社会安全局通知埃尔德雷奇，其扶助金将终止，并告知埃尔德雷奇可在6个月之内请求州政府审查这一决定。

埃尔德雷奇并未请求州政府审查社会安全局的决定，反而质疑这一项行政程序的合宪性。他要求立即召开听证会审理其残疾情形并恢复其权利。健康教育部部长认为，埃尔德雷奇残疾扶助金终止的决定乃是经过有效的行政规则和程序作出的，何况埃尔德雷奇并未用尽现行的救济途径。于是，埃尔德雷奇便提起了诉讼。地方法院认为，被告根据行政程序终止了埃尔德雷奇的扶助金，已经剥夺了他宪法上所享有的正当法律程序的权利，受补助者得到的利益应该是不间断的权利，与古克德伯诉凯利一案中的社会福利受补助者并无不同之处。由于判断其是否具有残疾扶助金受补助者的资格，是基于相互冲突的医疗或非医疗的资料，因此，终止埃尔德里奇的扶助之前，必须提供一个社会安全法第五章为社会福利者所设计的证据听证会。上诉法院基于地方法院的观点,肯定在听证会举行之前禁止作出终止福利的强制令。

本案的核心问题,并非是原告是否应受宪法上正当法律程序的保障问题,而是程序保障的方式问题。也就是说,本案的问题在于宪法所规定的正当法律程序,是否要求在社会安全残疾扶助金终止前,应对受补助者提供一个证据性听证会的机会,或者是于事后给予听证及司法救济便已经足够?

联邦最高法院申明,在决定正当程序于特定的情况下所要求的具体内容时,它将审视三个因素:首先,"因官方行动所将受到影响的私人利益";其次,"通过所诉诸的程序而错误剥削夺取此类利益的奉献";再者,"政府的利益,包括牵制的职能和其他的或替代的程序要求将需要的财政及行政方面的负担"。由此可以看出,在有关该案的处理上,法院并不以"公共利益"作为高于"个人利益"的价值标准来看待,而是结合具体情形来寻找两者之间的平衡。

3. 比例原则

指为了保护某种较为优越的法价值而必须侵犯另外一种法益时,不得逾越此目的所必要的限度。

【注意】 区分比例原则与价值位阶原则:

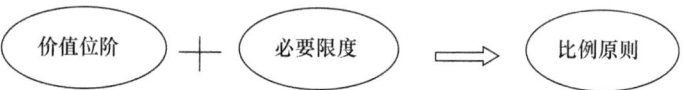

【案例】

为了维护公共秩序,交警必要时可以实行交通管制,但应尽可能实现"最小损害"或"最小限制"。在此事例中,首先,运用价值位阶原则对公共秩序和个人通行自由进行了排序;其次,对个人通行自由的限制规定了必要的限度,即要实现"最小损害"和"最小限制",体现了比例原则。

【历年真题】

临产孕妇黄某由于胎盘早剥被送往医院抢救,若不尽快进行剖宫产手术将危及母子生命。当时黄某处于昏迷状态,其家属不在身边,且联系不上。经医院院长批准,医生立即实施了剖宫产手术,挽救了母子生命。该医院的做法体现了法的价值冲突的哪一解决原则?① (15/1/9)

A. 价值位阶原则　　B. 自由裁量原则　　C. 比例原则　　D. 功利主义原则

---

① A

## 第三节 法的要素

### 一、法的要素概览

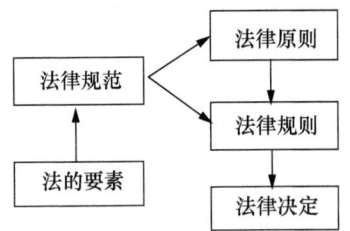

1. 司法考试教材认为:法律有两要素,即规则和原则。
2. 一个国家的法律运行过程是这样的:先确立**法律原则**(价值目标),对原则具体化后形成**法律规则**,法官根据法律规则做出**判决**。这是一个逐步具体化的过程。

### 二、法律规范的表述

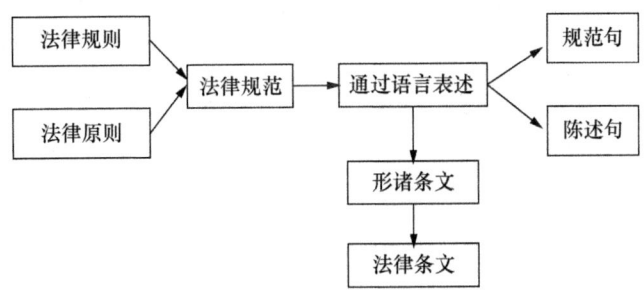

1. 法律规范具有语言的依赖性,任何法律规范都是通过语言(句)表述于外的。语言之外不存在法。
2. 由于语词具有多义性、不确定性以及随着时代的流变性,所以,法律概念会呈现出不确定性、开放性。
3. 表述法律的语句既可以是规范句,也可以是陈述句。
4. 规范句就是带有道义助动词的语句,有命令句(必须、应当、禁止)和允许句(可以)之分。
5. 陈述句是不带有道义助动词的语句,但是表述法律规范的语句都是可以改为规范句的。

> 【案例】 陈述句抑或规范句？
>
> 《中华人民共和国民法通则》第 15 条规定："公民以他的户籍所在地的居住地为住所，经常居住地与住所不一致的，经常居住地视为住所。"

6. 法律规范是法律语句所要表达的意义，并不是语词本身。适用法律规范并不是适用法律语句(词)，而是适用语句(词)所表达的意义，而语词的意义需要解释才能明了。思维离不开抽象的概念，要把抽象概念用于具体事物就得进行解释。

7. 法律语句可以口耳相传，也可以文字化，即形诸纸面。如果形诸于法律条文那就是成文法。法律条文与法律规范之间不是一一对应关系，即，一个条文并不都仅仅表述一个法律规范。

8. 规范性法律文件由规范性法律条文和非规范性法律条文构成。规范性条文是表述法律规范(包括法律规则和法律原则)的条文。非规范性法律条文不直接表述法律规范，而是表述适用法律规范的技术性规定的条文。

> 【案例】
>
> 我国《刑法》第 232 条规定："故意杀人的，处死刑、无期徒刑或者十年以上有期徒刑；情节较轻的，处三年以上十年以下有期徒刑。"此条文规定是一个刑法规则，属于规范性法律条文。但是要适用这个条文，必须明白什么是故意杀人、以上究竟包含不包含本数？为此，我国《刑法》第 14 条规定："明知自己的行为会发生危害社会的结果，并且希望或者放任这种结果发生，因而构成犯罪的，是故意犯罪。"第 99 条规定："本法所称以上、以下、以内，包括本数。"第 14 条和第 99 条是规定适用规范性法律条文的技术性规定，属于非规范性法律条文。

**【历年真题】**
关于法律规则、法律条文与语言的表述，下列哪些选项是正确的？[①] (10/1/51)
A. 法律规则可以"规范语句"的形式表达
B. 所有法律规则都具语言依赖性，在此意义上，法律规则就是法律条文
C. 所有表述法律规则的语句都可以带有道义助动词
D. 《中华人民共和国民法通则》第 15 条规定："公民以他的户籍所在地的居住地为住所，经常居住地与住所不一致的，经常居住地视为住所。"从语式上看，该条文表达的并非一个法律规则

---

[①] AC。该题来源于真题，但是经过笔者改动。

## 三、法律规则

(一) 法律规则的逻辑结构

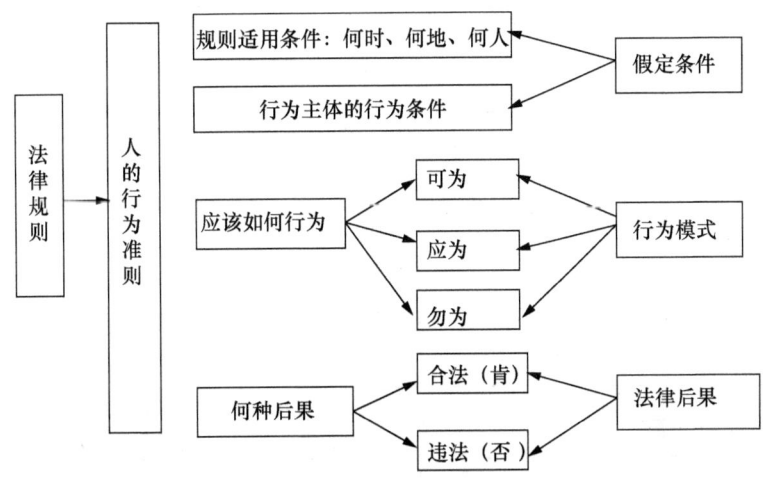

【注意】

在具体的法律条文中,为了表述得简洁和明了,假定条件、行为模式、法律后果是可以被省略的,但是省略并不意味着逻辑上不存在。逻辑上法律规则的这三部分是缺一不可的。

【案例】

《中华人民共和国刑法》第216条规定:"假冒他人专利,情节严重的,处三年以下有期徒刑或者拘役,并处或者单处罚金。"试分析该条文所表述的法律规则的逻辑结构,并回答在该条文中法律规则的哪些部分被省略了。

【历年真题】

《老年人权益保障法》第18条第1款规定:"家庭成员应当关心老年人的精神需求,不得忽视、冷落老年人。"关于该条款,下列哪些说法是正确的?① (13/1/54)

A. 规定的是确定性规则,也是义务性规则
B. 是用"规范语句"表述的
C. 规定了否定式的法律后果
D. 规定了家庭成员对待老年人之行为的"应为模式"和"勿为模式"

---

① ABD

## (二) 法律规则的分类

| 分类标准 | 类别 | | 举例 |
|---|---|---|---|
| 规则内容的规定不同 | 授权性规则 | 职权性规则 | 有……职权 |
| | | 权利性规则 | 有权……，享有……的权利，可以…… |
| | 义务性规则 | 命令性规则 | 有……义务，须得……，要……，应……，必须…… |
| | | 禁止性规则 | 禁止……，不准……，不得……，不应当……，严禁……，不要…… |
| 规则内容的确定性程度不同 | 确定性规则 | | 无须援引或参照其他规则 |
| | 委任性规则 | | 由其他机关制定规则 |
| | 准用性规则 | | 把规则的内容指向了其他规则，参照…… |
| 对人们行为规定和限定的范围或程度不同 | 强行性规则 | | 内容具有强制性，不容许更改 |
| | 任意性规则 | | 允许自行选择、协商确定行为的模式 |
| 规则的功能不同 | 行为规则 | | 指示行为人应当如何行为的规则 |
| | 裁判规则 | | 指示裁判者应当如何裁判案件的规则 |

**【案例】 委任性规则与准用性规则**

《中华人民共和国计量法》第33条规定："中国人民解放军和国防科技工业系统计量工作的监督管理办法，由国务院、中央军事委员会依据本法另行制定。"属于委任性规则。凡是把制定规则的权力委托给别的国家机关的规则都属于委任性规则。

《中华人民共和国商业银行法》第17条规定："商业银行的组织形式、组织机构适用《中华人民共和国公司法》的规定。"属于准用性规则。凡是把规则的内容指向了别的规则的规则，都属于准用性规则。

**【注意】**

1. 分析实证主义法学的代表人物边沁、奥斯丁认为：法律是主权者的命令。所谓主权者是指别人对他有一种习惯性的服从，而他不服从任何人。主权者发布的命令对主权者以外的人而言就是义务，如果违背义务，就会受到来自国家的强制。命令、义务、强制是三位一体的。任何规则都可以转化为义务性规则。

2. 行为规则和裁判规则

行为规则和裁判规则是可以相互转化的。比如《民法通则》第6条规定："民事活动必须遵守法律，法律没有规定的，应当遵守国家政策。"该规则直接告诉民事主体在进行民事活动的时候应该遵守哪些规范。但是该规则间接告诉法院，在裁判民事案件的时候应该使用哪些规范。行为规则是可以"翻译"裁判规则的，反之亦然。

**【历年真题】**

1.《治安管理处罚法》第115条规定："公安机关依法实施罚款处罚，应当依照有关法律、行政法规的规定，实行罚款决定与罚款收缴分离；收缴的罚款应当全部上缴国库。"关于该条

文,下列哪一说法是正确的?① (16/1/8)

A. 表达的是禁止性规则
B. 表达的是强行性规则
C. 表达的是程序性原则
D. 表达了法律规则中的法律后果

【解析】 该题考查的是法律规则的逻辑结构和分类,至为简单。从行为模式的角度来说,题干表述的是命令性规则而非禁止性规则,故A错。

从对人的行为限定范围和程度而言,在该规则之下,行为人并不能对自己的行为模式进行选择,只能按照法律规定的行为模式行为,故该规则属于强行性规则而非任意性规则,故B项的说法正确。

题干中的规范是一个义务性规则,而非法律原则。故C项错误。

题干中的规则仅仅规定了法律规则的行为模式,并未涉及法律后果,故D项说法错误。

2.《婚姻法》第19条第1款规定:"夫妻可以约定婚姻关系存续期间所得的财产以及婚前财产归各自所有、共同所有或部分各自所有、部分共同所有。约定应当采用书面形式。没有约定或约定不明确的,适用本法第十七条、第十八条的规定。"关于该条款规定的规则(或原则),下列哪一选项是正确的?② (13/1/10)

A. 任意性规则　　B. 法律原则　　C. 准用性规则　　D. 禁止性规则

3. 1995年颁布的《保险法》第91条规定:"保险公司的设立、变更、解散和清算事项,本法未作规定的,适用公司法和其他有关法律、行政法规的规定。"经2009年修订的《保险法》第94条规定:"保险公司,除本法另有规定外,适用《中华人民共和国公司法》的规定。"关于两条文规定的内容,下列理解正确的是③:(12/1/87)

A. 均属委任性规则　B. 均属任意性规则　C. 均属准用性规则　D. 均属禁止性规则

## 四、法律原则

(一) 法律原则的含义

1. 法律原则是为法律规则提供某种基础或本源的综合性的、指导性的原理或价值准则的一种规范。

2. 法律原则确定性与可预测性的程度相对较低,不能直接用来对某个裁判进行证立,还需要进一步的规范性前提。

(二) 法律原则的分类:

| 分类标准 | 类别 | 特征 | 举例 |
| --- | --- | --- | --- |
| 产生的基础 | 公理性原则 | 由法律原理构成,是由法律上之事实推导出来的法律原则。 | 法律平等、诚实信用、无罪推定、罪刑法定。 |
| | 政策性原则 | 一个国家或民族出于一定的政策考虑制定的原则,具有时代性、民族性、针对性。 | 四项基本原则、计划生育原则、建设社会主义市场经济的原则等。 |

---

① B
② A
③ C

(续表)

| 分类标准 | 类别 | 特征 | 举例 |
| --- | --- | --- | --- |
| 法律原则对人的行为及其条件之覆盖面的宽窄和适用范围大小 | 基本原则 | 整个法律体系或某一法律部门所适用的、体现法的基本价值的原则。 | 宪法中的各项原则。 |
| | 具体原则 | 适用某一法律部门中特定情形的原则。 | 英美契约法中的要约原则和承诺原则。 |
| 法律原则涉及的内容和问题 | 实体性原则 | 涉及实体法问题的原则。 | 民法、刑法等实体法中的原则。 |
| | 程序性原则 | 涉及程序法问题的原则。 | "一事不再理"、辩护原则、非法证据排除、无罪推定。 |

（三）法律原则与法律规则的区别

| | 法律规则 | 法律原则 |
| --- | --- | --- |
| 内容 | 一般由假定条件、行为模式、法律后果三部分构成，其内容明确而又具体，法律规则着眼于主体行为及各种条件的共性，目的是防止或削弱法律适用上的"自由裁量"。 | 法律原则着眼点不仅限于行为及条件的共性，而且关注它们的个别性，其要求比较笼统模糊，它不预先设定明确的、具体的假定条件，更没有设定明确的法律后果。它只对行为或裁判设定一些概括性的要求或标准，为法官的自由裁量留下了一定的余地。 |
| 适用范围 | 法律规则由于内容具体明确，它们只适用于某一类行为。 | 对人的行为及其条件有更大的覆盖面和抽象性，它们是对从社会生活或社会关系中概括出来的某一类行为、某一法律部门甚至全部法律体系均通用的价值准则，具有宏观的指导性，其适用范围比法律规则宽广。 |
| 适用方式 | 以"全有或全无"的方式适用于个案当中，要么适用，要么不适用。法律规则发生冲突，只能其中一个有效，其他的无效或者加以修改。至于哪些规则有效、哪些规则应当放弃或修改，只能在法律规则范围以外来决定。 | 不以全有或全无之方式应用于个案。不同的法律原则具有不同的强度，而这些不同强度的原则甚至冲突的原则可能存在于一部法律之中。法律原则发生冲突，可以权衡几个法律原则的相对分量，决定采纳其中的一个。一个原则优越于另一个原则，并不意味着另一个原则失去效力或必须加以修改。 |

【案例】 张学英诉蒋伦芳案

被告蒋伦芳与丈夫黄永彬于1963年结婚。1996年，黄永彬认识了原告张学英，并与张同居。2001年4月22日，黄患肝癌去世，在办丧事时，张当众拿出黄生前的遗嘱，称她与黄是朋友，黄对其财产作出了明确的处理，其中一部分指定由蒋继承，另一部分总价值约6万元的遗产遗赠给她，此遗嘱经公证机关于4月20日公证。遗嘱生效后，蒋却控制全部遗产。张认为,蒋的行为侵害了她的合法权益,按《继承法》等有关法律规定,请求法院判令蒋给付遗产。

一审法院认为,该遗嘱虽是遗赠人黄永彬的真实意思表示,且形式上合法,但在实质赠与财产的内容上存在违法之处:黄的住房补助金、公积金及一套住房属夫妻共同财产,而黄未经蒋的同意,单独对夫妻共同财产进行处理,侵犯了蒋的合法权益,其无权处分部分应属无效。且黄在认识张后,长期与张非法同居,其行为违反了《婚姻法》有关规定,而黄在此条件下立遗嘱,是一种违反公共秩序、违反法律的行为。故该院依据《民法通则》第7条(公序良俗原则)的规定判决,驳回原告张学英获得遗赠财产的诉讼请求。

二审法院认为,应当首先确定遗赠人黄永彬立下书面遗嘱的合法性与有效性。尽管遗赠人所立遗嘱时具备完全行为能力,遗嘱也系其真实意思表示,且形式上合法,但遗嘱的内容却违反法律和社会公德、公共秩序。《婚姻法》第26条规定:"夫妻有相互继承遗产的权利。"夫妻间的继承权,是婚姻效力的一种具体体现,蒋伦芳本应享有继承黄永彬遗产的权利,黄将财产赠与张学英,实质上剥夺了蒋的合法财产继承权,违反法律,应为无效。

二审法院认为,《婚姻法》和《继承法》为一般法律,《民法通则》为基本法律。因此《立法法》《民法通则》的效力高于《继承法》,后者若与《民法通则》的规定不一致,应适用《民法通则》。该院认为原审事实清楚,适用法律正确,作出维持一审的判决。

(四)法律原则的适用方式

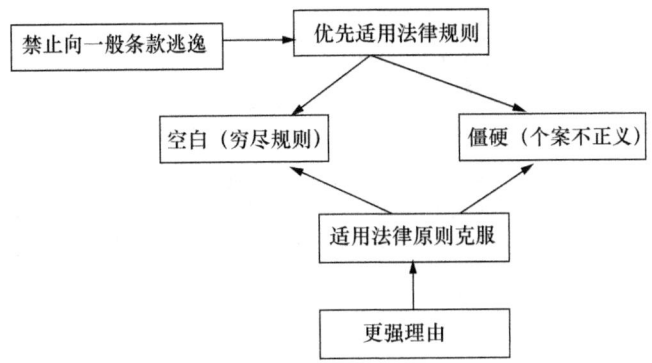

1. 一般条款指的是更加抽象、更加概括的条款。"禁止向一般条款逃逸"的目的,是为了限制自由裁量的范围和幅度,实现法的确定性和可预测性。据此:

(1)当下位法符合上位法时,优先适用下位法。

(2)当法律规则符合法律原则时,优先适用法律规则。

2. 法律原则只有当规则出现空白或者导致个案不正义的时候,才以填补空白或者克服规则僵硬性的手段而被适用。

【历年真题】

全兆公司利用提供互联网接入服务的便利,在搜索引擎讯集公司网站的搜索结果页面上强行增加广告,被讯集公司诉至法院。法院认为,全兆公司的行为违反诚实信用原则和公认的

商业道德,构成不正当竞争。关于该案,下列哪一说法是正确的?① (16/1/9)

A. 诚实信用原则一般不通过"法律语句"的语句形式表达出来
B. 与法律规则相比,法律原则能最大限度实现法的确定性和可预测性
C. 法律原则的着眼点不仅限于行为及条件的共性,而且关注它们的个别性和特殊性
D. 法律原则是以"全有或全无"的方式适用于个案当中

【解析】 所有的法律规范(包括法律规则和法律原则)都是通过法律语句的形式表现出来的。法律具有语言的依赖性,语言之外不存在法律。故 A 项的说法错误。

法律规则在逻辑结构上由三部分构成:假定条件、行为模式、法律后果,与法律原则相比,法律规则明确、具体,关注案件及行为的共性,限制法官的自由裁量权,能够最大限度地实现法的可预测性和确定性;而法律原则笼统、模糊,赋予法官较大的自由裁量权,既可以关注案件的个别性,也可以着眼于案件的共性。故 B 项的说法错误,C 项的说法正确。

在适用方式上,法律规则以"全有或者全无"的方式适用于个案当中,故 D 项的说法错误。

### 五、法律权利与法律义务

(一)法律权利

1. 权利的概念

权利的概念众说纷纭,有自由说、范围说、意思说、利益说、折中说、法力说、资格说、主张说、可能性说、选择说等多种,每种学说都有道理,但也都有缺陷,正如盲人摸象,每个盲人感觉到的只是大象的一部分,所有盲人感觉到的综合才是大象的全貌。

2. 法律权利的特点

(1)法律性:法律确认、国家认可和保障。
(2)自主性:权利主体按照自己的愿望决定是否实施。
(3)求利性:权利不完全等于利益,但其行使以追求和维护某种利益为目的。
(4)与义务的关联性:权利人的权利总是与义务人的义务相关联。

【案例】 如何理解有权利必有义务?

"有权利必有义务"是不是说在行使权利的时候必须承担义务?如果说某人(比如柯震东)有"吸毒的权利"(别着急,我说是假定),那与之对应的义务是什么?

3. 法律权利的结构

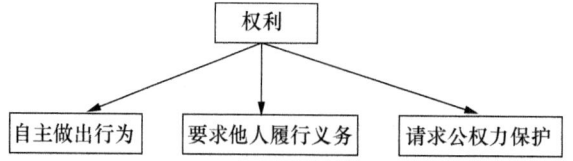

4. 权利不得滥用原则

权利不得滥用原则指一切权利的行使,均不得超过其正当界限,否则即构成权利的滥用。

---

① C

应当承担责任。权利的行使,原则上应当依照权利人的自由意思,不受他人干涉。但是,任何权利的行使都应当有一定程度和范围。如果权利的行使完全无视他人和社会利益,则违反了权利存在的宗旨。

(二) 法律义务

1. 法律义务的概念有多种学说,此不赘述。但一般而言,义务都含有为某种行为的必须性和强制性。

2. 义务的结构:

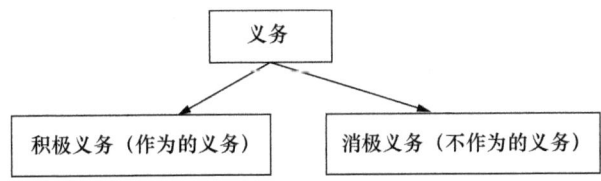

(三) 权利和义务的关系

1. 结构上:紧密联系、不可分割。马克思说:"没有无权利的义务,也没有无义务的权利。"他们的存在和发展都必须以另一方的存在和发展为条件。

2. 数量上:总量是相等。

3. 产生和发展上:从浑然一体到分裂对立,再到相对一致的过程。

4. 价值上:等级特权社会强调义务本位;民主法治社会强调权利本位。本位乃优先之意。

(四) 权利和义务的分类

| 根据根本法与普通法规定的不同 | 基本权利义务 | 宪法中规定的根本权利义务 |
| --- | --- | --- |
| | 普通权利义务 | 宪法以外的普通法律中规定的权利义务 |
| 根据相对应的主体范围不同 | 绝对权利义务 | 绝对权又称"对世权",是指其效力及于一切人,即义务人为不特定的任何人的权利。各种人身权、所有权和其他物权等都属于绝对权。<br>绝对义务又称"对世义务",指对一般人承担的义务,例如不得侵害法律所保护的任何公民的基本权利。 |
| | 相对权利义务 | **对人权,又称为相对权,是权利效力所及相对人,仅为特定人的权利。相对权的效力仅仅及于特定的义务人。**如债权,债权人仅能向特定债务人主张权利。<br>相对义务,又称对人义务,指对特定人承担的义务,如债务人只对债权人承担清偿债务的义务。 |
| 根据权利义务主体的性质不同 | 个人权利义务 | 公民(自然人)在法律上应该享有的权利和应该履行的义务。 |
| | 集体权利义务 | 国家机关、社会团体、企事业组织的权利和义务。 |
| | 国家权利义务 | 国家作为法律关系主体在国际法和国内法上享有的权利和承担的义务。 |

**【历年真题】**

**1.** 甲和乙系夫妻,因外出打工将女儿小琳交由甲母照顾两年,但从未支付过抚养费。后甲与乙闹离婚且均不愿抚养小琳。甲母将甲和乙告上法庭,要求支付抚养费2万元。法院认为,甲母对孙女无法定或约定的抚养义务,判决甲和乙支付甲母抚养费。关于该案,下列哪一选项是正确的?① (16/1/10)

　A. 判决是规范性法律文件

　B. 甲和乙对小琳的抚养义务是相对义务

　C. 判决在原被告间不形成法律权利和义务关系

　D. 小琳是民事诉讼法律关系的主体之一

**【解析】** 规范性文件和非规范性文件的区别在于,针对的对象是否特定,是否可以反复适用。如果一个文件针对的对象是特定的且可以反复适用,则该文件是规范性法律文件。反之,则为非规范性法律文件。各类法典是典型的规范性法律文件,判决书是典型的非规范性法律文件。故A的说法错误。

如果一项义务对应的权利人是特定的,则该义务是相对义务。在本案中,甲和乙的抚养义务针对的权利人是其女小琳这个特定的人,故为相对义务,故B项的说法正确。

法院判令甲和乙支付甲母抚养费,在甲、乙和甲母之间形成了权利义务关系,故C项的说法错误。

在题干提及的民事诉讼法律关系,原告是甲母,被告是甲和乙,诉请的事项是支付甲母对小琳的抚养费,小琳并未参与该民事诉讼。故D项的说法错误。

**2.** 尹老汉因女儿很少前来看望,诉至法院要求判决女儿每周前来看望1次。法院认为,根据《老年人权益保障法》第十八条的规定,家庭成员应当关心老年人的精神需求,不得忽视、冷落老年人;与老年人分开居住的家庭成员,应当经常看望或问候老年人。而且,关爱老人也是中华传统美德。法院遂判决被告每月看望老人1次。关于此案,下列哪一说法是错误的?② (14/1/11)

　A. 被告看望老人次数因法律没有明确规定,由法官自由裁量

　B. 《老年人权益保障法》第十八条中没有规定法律后果

　C. 法院判决所依据的法条中规定了积极义务和消极义务

　D. 法院判决主要是依据道德作出的

**3.** 苏某和熊某毗邻而居。熊某在其居住楼顶为50只鸽子搭建了一座鸽舍。苏某以养鸽行为严重影响居住环境为由,将熊某诉至法院,要求熊某拆除鸽棚,赔礼道歉。法院判定原告诉求不成立。关于本案,下列哪一判断是错误的?③ (12/1/15)

　A. 本案涉及的是安居权与养鸽权之间的冲突

　B. 从案情看,苏某的安居权属于宪法所规定的文化生活权利

　C. 从判决看,解决权利冲突首先看一个人在行使权利的同时是否造成对他人权利的实际侵害

　D. 本案表明,权利的行使与义务的承担相关联

---

① B
② D
③ B

## 第四节 法的渊源

**一、法的渊源的概念**

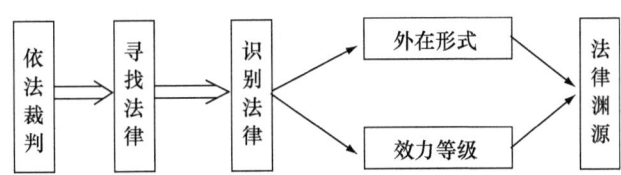

（一）法的渊源含义

1. 通俗地讲，法律渊源就是指法律能够为法律适用者所识别的外在表现形式和效力等级。
2. 法的渊源指明了法律人做出法律决定时大前提（即法律依据）的来源。也就是说，当法律人做法律决定时在何处寻找依据。这些依据对法律人或者具有约束力（必须遵守），或者具有说服力（可以参考）。

（二）正式渊源与非正式渊源

1. 分类标准

**是否具有国家制定法的明文规定的法律效力。**

2. 正式渊源的含义

（1）正式法源是指具有明文规定的法的效力并且直接作为法律人的法律决定的大前提的规范来源的那些资料，主要为制定法。

（2）对于正式法源，法律人有义务适用它们。

3. 非正式渊源的含义

（1）非正式的法的渊源则指不具有明文规定的法律效力、但具有法律说服力，并能构成法律人的法律决定的前提的准则来源的那些资料。

（2）非正式渊源没有明确的界限和范围，凡是对法律人作出法律决定有参考价值的均可以构成法的非正式渊源。

（3）正义标准、理性原则、公共政策、道德信念、社会思潮、习惯、乡规民约、社团规章、权威性法学著作，外国法等均可以成为法律的非正式渊源。

4. 司法实践中法源选取的原则

（1）在司法实践中，在法源的选取上遵循的原则是："先正式渊源，后非正式渊源。"

（2）"先正式渊源，后非正式渊源"仅适用于裁判民事案件，不适用于裁判刑事案件，因为刑法坚守罪刑法定原则，而罪刑法定之法，乃指成文法，即刑法的正式渊源。

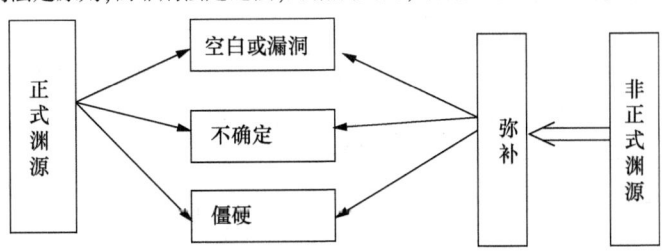

【案例】

《法国民法典》第4条规定:"法官借口法律无规定、法律不明确或不完备而拒绝审判者,得以拒绝审判罪追诉之。"《瑞士民法典》第1条规定:"(一)凡本法在文字上或解释上有相应规定的任何法律问题,一律适用本法。(二)如本法无相应规定时,法官应依据习惯法裁判,依据自己如作为立法者应提出的规则裁判。(三)在前款情况下法官应依据公认的学理和惯例。"请根据法律渊源理论,对以上材料进行分析。

【历年真题】

1995年颁布的《保险法》第91条规定:"保险公司的设立、变更、解散和清算事项,本法未作规定的,适用公司法和其他有关法律、行政法规的规定。"2009年修订的《保险法》第94条规定:"保险公司,除本法另有规定外,适用《中华人民共和国公司法》的规定。"根据法的渊源的知识,关于《保险法》上述两条规定之间的关系,下列理解正确的是①:(12/1/86)

A. "前法"与"后法"之间的关系
B. "一般法"与"特别法"之间的关系
C. "上位法"与"下位法"之间的关系
D. 法的正式渊源与法的非正式渊源之间的关系

## 二、当代中国法的正式渊源

(一)正式渊源的种类

| | | |
|---|---|---|
| 正式渊源 | 宪法 | 制宪权属于人民;全国人大修改宪法;全国人大常委会解释宪法。 |
| | 法律 | 全国人大及其常委会行使国家立法权。全国人大制定修改基本法律;全国人大常委会制定修改非基本法律;全国人大闭会期间,全国人大常委会可对基本法律进行部分补充和修改。全国人大及其常委会作出的具有规范性的决议、决定、规定、办法等,也属于"法律"类的渊源。 |
| | | 法律可以规定任何事项,但是有11类事项只能由法律规定:国家主权,国家机关组织,自治制度,罪和罚,政治权利的剥夺与人身自由的限制,税收基本制度,非国有财产的征收(用),民事基本制度,基本经济制度以及财政、海关、金融和外贸的基本制度,诉讼和仲裁,其他事项。 |
| | | 以上11类事项全国人大及其常委会可以授权国务院就部分事项制定行政法规,但是罪与罚、对公民政治权利的剥夺和限制人身自由的强制措施和处罚、司法制度等事项除外。 |
| | | 授权期限一般不超过5年,授权不得转授。 |
| | 行政法规 | 由国务院制定;可规定执行的法律事项、《宪法》第89条国务院行政管理职权的事项。 |
| | | 行政法规一般称"条例""规定""办法"。 |

---

① A

(续表)

| 正式渊源 | 地方性法规 | 省、自治区、直辖市和设区的市、自治州的人大及其常委会有权制定。 |
|---|---|---|
| | | 设区的市、自治州就城乡建设与管理、环境保护、历史文化保护等事项制定法规。 |
| | | 设区的市、自治州的地方性法规需省级人大常委会审查其合法性,并批准后生效。 |
| | | 地方性法规一般称"条例""规则""规定""办法"。 |
| | 自治法规 | 包括自治条例和单行条例。自治区(州、县)的人大制定,可变通法律行政法规。自治州(县)的自治法规还可以对省级法规进行变通。 |
| | | 自治区的,需要全国人大常委会批准;自治州和自治县的,需要省级人常[①]批准。 |
| | | 自治条例是综合性法规,内容比较广泛。单行条例是有关某一方面事务的规范性文件。一般采用"条例""规定""变通规定""变通办法"等。 |
| | 行政规章 | 国务院各部门、省级人民政府、设区的市、自治州的人民政府可制定。 |
| | | 设区的市、自治州规章就城乡建设与管理、环境保护、历史文化保护等事项进行规定。 |
| | | 是否属于法的正式渊源存在争议。 |
| | 国际条约 | 一国参与或认可的条约,是该国法的正式渊源。 |
| | 法律解释 | 立法解释属于法的正式渊源,司法解释是否属于法的正式渊源存在争议。 |

(二) 我国正式法源的效力等级

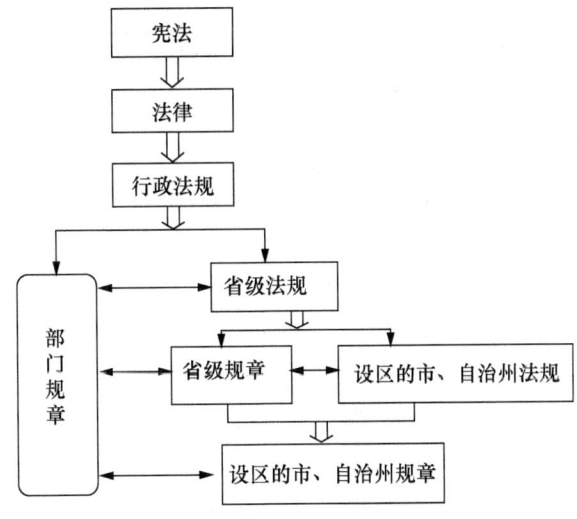

(三) 正式法源的备案
1. 备案的基本规律:下位法报上位法的制定机关备案。

---

① "人常":本书中指人大常委会。

2. 备案的基本规律的制约条件
① 各级人大不接受备案；
② 全国人大常委会不接受规章的备案；
③ 报请批准的规范性文件由批准机关报其他上位法制定机关备案；
④ 宪法、法律和自治区的自治条例和单行条例没有备案的问题；
⑤ 行政法规、地方性法规、行政规章、自治州、自治县的自治条例和单行条例,在公布后30日内报有关机关备案。

**【注意】**
我国《立法法》第98条规定了各类文件的备案问题：

|  | 谁报？ | 报谁备案？ |
|---|---|---|
| 行政法规 | 国务院 | 全国人大常委会 |
| 省法规 | 省级人大常委会 | 国务院和全国人大常委会 |
| 市、州法规 | 省级人大常委会 | 国务院和全国人大常委会 |
| 自治州(县)自治法规 | 省级人大常委会 | 国务院和全国人大常委会 |
| 部门规章 | 国务院部门 | 国务院 |
| 省规章 | 省级政府 | 省人大常委会、国务院 |
| 市、州规章 | 市、州政府 | 市、州人大常委会、省政府、省人大常委会、国务院 |
| 授权法规 | 制定机关 | 授权决定规定的机关 |

(四) 审查要求与审查建议
1. 提出的主体

|  | 针对 | 向全人常①书面提出 | 常务委员会工作机构 |
|---|---|---|---|
| 两央、两高、一委② | 行政法规、地方性法规、自治条例、单行条例 | 审查要求 | 分送有关的专门委员会进行审查、提出意见。 |
| 其他主体 | 行政法规、地方性法规、自治条例、单行条例 | 审查建议 | 进行研究,必要时,送有关的专门委员会进行审查、提出意见。 |

2. 处理程序

|  |  |
|---|---|
| 专门委员会、常委会工作机构认为同宪法或者法律相抵触的 | 可以向制定机关提出书面审查意见。 |
|  | 可以由法律委员会与有关的专门委员会、常委会工作机构召开联合审查会议,要求制定机关到会说明情况,再向制定机关提出书面审查意见。制定机关应当在两个月内研究提出是否修改的意见,并向前述机构反馈。 |
|  | 法律委员会、有关的专门委员会、常委会工作机构审查认为同宪法或者法律相抵触而制定机关不予修改的,应当向委员长会议提出予以撤销的议案,由委员长会议决定是否提请常务委员会会议审议决定。 |
|  | 审查研究情况应当向提出要求或建议者反馈,可以向社会公开。 |

---
① "全人常"：本书中指全国人民代表大会常务委员会。
② "两央"：指国务院和中央军事委员会。"两高"：指最高人民法院和最高人民检察院。"一委"：指省、自治区、直辖市的人大常委会。

(五) 改变与撤销

| 领导关系 | 人大对其常委会 | 改变或撤销 | 不适当的文件 |
|---|---|---|---|
| | 上级行政机关对下级行政机关 | | |
| | 行政机关对其工作部门 | | |
| 监督关系 | 上级人大及其常委会对下级人大及其常委会 | 撤销 | 中央机关(全人大①、全人常、国务院)参与;不合法 |
| | 人大及其常委会对同级行政机关 | | 地方机关之间;不适当 |
| 【注意】 | 1. 人大只处理其常委会制定或批准的文件;<br>2. 全人常不处理规章;上级人常不处理下级规章;国务院不处理地方性法规。<br>3. 省级人大改变或撤销其常委会批准的不适当的设区的市、自治州制定的地方性法规。<br>4. 不适当包括不合法、不合理。 | | |

【练习】
根据以上规律,在空白处填上 A(改变或撤销)或 B(撤销)②:

| 1 | 全国人大有权 | 全国人大常委会制定的不适当的法律 |
|---|---|---|
| | | 全国人大常委会批准的不合法的自治区人大制定的自治法规 |
| 2 | 全国人大常委会有权 | 国务院制定的不合法的行政法规 |
| | | 省级人大及其常委会制定的不合法的地方性法规 |
| | | 省、自治区人大常委会批准的不合法的自治州、自治县的自治法规 |
| 3 | 国务院有权 | 不适当的部门规章 |
| | | 不适当的地方规章 |
| 4 | 省级人大有权 | 其常委会制定的不适当的地方性法规 |
| | | 其常委会批准的市州人大及其常委会制定的不适当的法规 |
| 5 | 地方人大常委会有权 | 本级人民政府制定的不适当的规章 |
| 6 | 省级政府有权 | 下一级人民政府制定的不适当的规章 |
| 7 | 授权机关有权 | 被授权机关制定的超越授权范围或者违背授权目的的法规,必要时可以撤销授权 |

---

① "全人大":本书中指全国人民代表大会。
② 答案依次为:AB、BBB、AA、AA、B、A、B。

## （六）法律规范冲突的处理

| 上下位阶 | | 上位法优于下位法。 |
|---|---|---|
| 效力相等 | 同一机关制定 | 新法优于旧法。 |
| | | 特别法优于一般法。 |
| | | 新的一般规定与旧的特别规定之间，由制定机关裁决。 |
| | | 【注】人大与人大常委会视为同一机关。 |
| | 不同机关制定 | 部门规章与地方性法规之间对同一问题规定不一致，由国务院提出处理意见，国务院认为应当适用地方性法规的适用地方性法规，国务院认为应当适用部门规章的，由全国人大常委会裁决。 |
| | | 部门规章与部门规章之间，部门规章与地方性规章之间对同一问题规定不一致，由国务院裁决。 |
| | | 法律与授权法规之间对同一问题规定不一致，由全国人大常委会裁决。 |
| | | 设区的市、自治州的地方性法规与省、自治区、直辖市的规章规定不一致，由省、自治区、直辖市人大常委会做出处理决定。 |

### 【案例】 洛阳玉米种子案

2003年，洛阳市汝阳县种子公司与伊川县种子公司发生合同纠纷，洛阳市中级人民法院对此案进行审理。在审理过程中，伊川公司同意对汝阳公司进行赔偿，但在赔偿损失的计算方法上却与汝阳公司存在差异。汝阳公司认为，玉米种子的销售价格应依照国家《种子法》的相关规定，按市场价执行；伊川公司则认为，应当依据《河南省农作物种子管理条例》确定的政府指导价进行赔偿。承办法官、时年30岁、拥有刑法学硕士学位的李慧娟在此案提交审委会讨论后作出判决："《种子法》实施后，玉米种子的价格已由市场调节，《河南省农作物种子管理条例》作为法律位阶较低的地方性法规，其与《种子法》相冲突的条款自然无效，而河南省物价局、农业厅联合下发的《通知》又是依据该条例制定的一般性规范性文件，其与《种子法》相冲突的条款亦为无效条款。"2003年10月，河南省人大常委会法制室发文称，经省人大主任会议研究认为，《河南省农作物种子管理条例》第36条关于种子经营价格的规定与《种子法》没有抵触，应继续适用，且"洛阳中院在其民事判决书中宣告地方性法规有关内容无效，这种行为的实质是对省人大常委会通过的地方性法规的违法审查，违背了我国的人民代表大会制度，侵犯了权力机关的职权，是严重违法行为"，要求洛阳市人大常委会"依法行使监督权，纠正洛阳中院的违法行为，对直接负责人员和主管领导依法作出处理，通报洛阳市有关单位，并将处理结果报告省人大常委会"。11月7日，根据省、市人大常委会提出的处理要求，洛阳中院党组拟出一份书面决定，准备撤销相关庭的副庭长职务和李慧娟的审判长职务，免去李慧娟的助理审判员资格。

【问题】 根据以上内容，在我国的现有制度框架内，李慧娟应该怎么做？

【解析】 我国的法院没有对规范性法律文件进行合宪性和合法性审查的权力。根据我国的现行体制和法律，李慧娟在判决书中宣布河南省的《河南省农作物种子管理条例》无效，是不妥当的。在我国现有体制框架下，李慧娟法官可以有以下三条途径来处理该问题:首先,她可以在判决书中直接援引《种子法》,而不理会《河南省农作物种子管理条例》;其次,李慧娟法官可以个人的名义向全国人大常委会书面提出对《河南省农作物种子管理条例》进行审查的建议;再次,李慧娟可以通过其所在的洛阳市中院,报请最高人民法院,由最高人民法院向全国人大常委会书面提出审查要求。

**【历年真题】**

**1.** 耀亚公司未经依法批准经营危险化学品,2003年7月14日被区工商分局依据《危险化学品安全管理条例》罚款40万元。耀亚公司以处罚违法为由诉至法院。法院查明,《安全生产法》规定对该种行为的罚款不得超过10万元。关于该案,下列哪些说法是正确的?① (16/1/57)

　　A.《危险化学品安全管理条例》与《安全生产法》的效力位阶相同
　　B.《安全生产法》中有关行政处罚的法律规范属于公法
　　C. 应适用《安全生产法》判断行政处罚的合法性
　　D. 法院可在判决中撤销《危险化学品安全管理条例》中与上位法相抵触的条款

**【解析】**《安全生产法》属于法律,其效力高于作为行政法规的《危险化学品安全管理条例》,故A错。

关于行政处罚的法律是对行政权的规制,故属于公法的范畴,故B对。

当下位法与上位法发生冲突的时候,应该适用上位法,所以在本案中应该适用《安全生产法》判断行政处罚的合法性

我国法院在判决中并无对违背上位法的下位法进行处理的权力,故D错。

**2.** 特别法优先原则是解决同位阶的法的渊源冲突时所依凭的一项原则。关于该原则,下列哪些选项是正确的?② (16/1/58)

　　A. 同一机关制定的特别规定相对于同时施行或在前施行的一般规定优先适用
　　B. 同一法律内部的规则规定相对于原则规定优先适用
　　C. 同一法律内部的分则规定相对于总则规定优先适用
　　D. 同一法律内部的具体规定相对于一般规定优先适用

**【解析】** 一般法指的是在一般时间或者空间对一般人或者一般事件适用的法律。特别法指的是在特定时间或者特定空间对特定人或事件适用的法律。特别法之所以优先于一般法适用,是因为特别法相对于一般法更有针对性,更加明确、具体,更能够限制执法者和司法者的自由裁量权,实现法的确定性和可预测性。规则相对于原则,规则的针对性更强,故在法律适用中规则优先于原则适用。同一部法律中,分则的规则相对于总则的规则,更加明确具体,更具针对性,故应该优先适用分则的规则。基于此,ABCD四个选项全部正确。

**3.** 关于改变或者撤销法律、法规、自治条例和单行条例、规章的权限,下列哪一选项符合《立法法》的规定?③ (08/1/14)

　　A. 全国人民代表大会有权改变或者撤销全国人民代表大会常务委员会批准的违背《宪

---

① BC
② ABCD
③ B

法》和《立法法》相关规定的自治条例和单行条例

B. 省、自治区、直辖市的人民代表大会有权改变或者撤销其常务委员会制定的和批准的不适当的地方性法规

C. 地方人民代表大会常务委员会有权改变或者撤销本级人民政府制定的不适当的规章

D. 授权机关有权改变被授权机关制定的超越授权范围或者违背授权目的的法规

## 三、当代中国法的非正式渊源

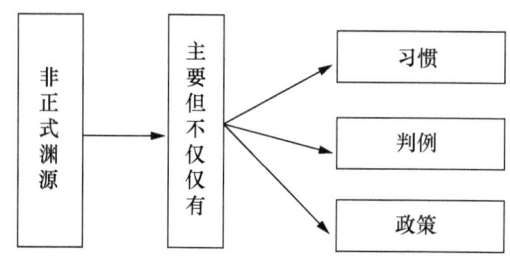

1. 法的非正式渊源具有法律意义,但是不具有法律效力。对正式渊源具有弥补作用。

2. 习惯:

(1) 习惯有个人习惯和社会习惯之分。能够作为法的非正式渊源的习惯只是指社会习惯。

(2) 社会习惯往往与人们的一些具体义务和责任有关。

(3) 习惯之所以能成为法的非正式渊源是因为它是特定共同体的人们在长久的生产生活实践中自然形成的,是该共同体的人们事实上的共同情感和要求的体现,也是他们共同理性的体现。

3. 判例:

(1) 中国有判例而无判例法。判例属于中国法的非正式渊源。

(2) 英美法系承认"法官造法",司法实践中实行"先例拘束"或"遵循先例"原则,判例是正式渊源。

4. 政策:

(1)《民法通则》第6条规定:"民事活动必须遵守法律,法律没有规定的,应当遵守国家政策。"由此可见国家政策属于非正式渊源,当然仅仅属于民法的非正式渊源。

(2) 党的政策对法律的制定和实施都有指导作用。

【历年真题】

**1.** 林某与所就职的鹏翔航空公司发生劳动争议,解决争议中曾言语威胁将来乘坐鹏翔公司航班时采取报复措施。林某离职后在选乘鹏翔公司航班时被拒载,遂诉至法院。法院认为,航空公司依《合同法》负有强制缔约义务,依《民用航空法》有保障飞行安全义务。尽管相关国际条约和我国法律对此类拒载无明确规定,但依航空业惯例航空公司有权基于飞行安全事由拒载乘客。关于该案,下列哪些说法是正确的?① (16/1/56)

---

① ACD

A. 反映了法的自由价值和秩序价值之间的冲突
B. 若法无明文规定,则法官自由裁量不受任何限制
C. 我国缔结或参加的国际条约是正式的法的渊源
D. 不违反法律的行业惯例可作为裁判依据

【解析】 缔约自由是法的自由价值的体现,而飞行安全是法的秩序价值的体现,为了公众的安全而拒绝与有危害飞行安全的乘客订立运输合同体现了法的自由价值与秩序价值的冲突,故 A 正确。

在进行民事裁判时,如果法律没有明文规定,法官不得拒绝裁判案件,但并不是说在这种情况下法官可以不受任何限制地进行自由裁量,此时法官仍然应该受法律原则、习惯等非正式渊源的限制。故 B 错。

我国缔结或参加的国际条约是我国法的正式渊源,故 C 对。

习惯或惯例作为法的正式渊源,对法官裁判案件具有说服力,可以成为裁判案件的依据,故 D 正确。

**2.** 《中华人民共和国民法通则》第 6 条规定:"民事活动必须遵守法律,法律没有规定的,应当遵守国家政策。"从法官裁判的角度看,下列哪一说法符合条文规定的内容?① (12/1/10)

A. 条文涉及法的渊源
B. 条文规定了法与政策的一般关系
C. 条文直接规定了裁判规则
D. 条文规定了法律关系

## 第五节 法律部门与法律体系

### 一、法律部门

1. 法律部门也称部门法,是根据一定标准和原则所划定的调整同一类社会关系的法律规范的总称。

2. 社会关系复杂交错,法律部门之间很难截然分开。有的社会关系需要几个法律部门来调整,如经济关系就需要经济法、民法、行政法、劳动法来调整。

3. 划分法律部门的主要标准是法律所调整的不同的社会关系,即调整对象;其次是法律的调整方法。

4. 部门法是通过规范性法律文件表述出来的。但是一个法律部门中的规范可以通过多个规范性法律文件来表述,比如民事法律规范就是通过《民法通则》《合同法》《物权法》《侵权责任法》等多个规范性法律文件来表述的。当然,一个规范性法律文件中所表述的法律规范有可能属于多个法律部门,比如《森林法》中表述的法律规范,有关林木所有权的规范属于民法部门;有关采伐林木许可程序的属于行政法部门;有关盗伐滥伐林木应该追究刑事责任的属于刑法部门。总而言之,法律部门与规范性法律文件之间是内容和形式之间的关系,但并不是

---

① A

一一对应的关系。

## 二、公法、私法、社会法

1. 公法与私法的划分是大陆法系国家的一项基本分类。最早由古罗马法学家乌尔比安提出。
2. 大陆法系的法学理论中并没有形成普遍接受的公法和私法的区分标准。
3. 公法和私法的区分有利于法学教育和法学研究,划定不同法庭的管辖权限。
4. 现在公认的公法部门包括了宪法和行政法等,私法包括了民法和商法等。
5. 随着社会的发展,又形成了一种新的法律即社会法,如社会保障法。社会法是介于公法和私法之间的法。
6. 公法、社会法与私法在调整对象、调整方式、法的本位、价值目标等方面存在不同。

## 三、法律体系

1. 法律体系又称部门法体系,是指一国的全部现行法律规范,按照一定的标准和原则划分为不同的法律部门而形成的内部和谐一致有机联系的整体。
2. 法律体系只包括现行有效的国内法。不包括历史上废止、已不再生效的法律,也不包括国际法。
3. 当代中国的法律体系主要由七个法律部门和三个不同层次的法律规范构成。七个法律部门是:宪法及相关法;民商法;行政法;经济法;社会法;刑法;诉讼与非诉程序法。三个不同层次的法律规范是:法律;行政法规;地方性法规、自治条例和单行条例。

【注意】
区分法律的内容与形式:

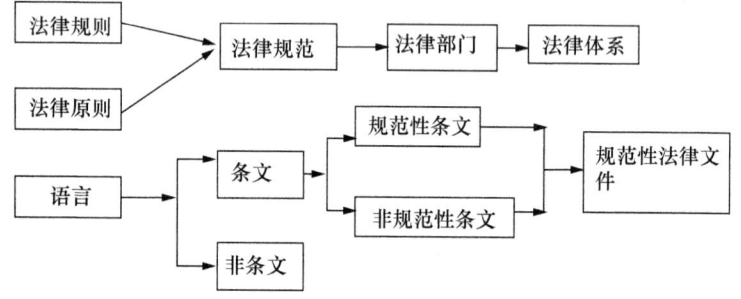

【历年真题】
关于法的渊源和法律部门,下列哪些判断是正确的?① (11/1/51)
A. 自治条例和单行条例是地方国家权力机关制定的规范性文件
B. 行政法部门就是由国务院制定的行政法规构成的
C. 国际公法是中国特色社会主义法律体系的组成部分
D. 划分法律部门的主要标准是法律规范所调整的社会关系

① AD

## 第六节 法的效力

### 一、法的效力概念及其分类

（一）法的效力的概念

法的效力，即法的约束力，指人们应当按照法律规定的行为模式来行为，必须予以服从的一种法律之力。

（二）法的效力分类

1. 规范性法律文件的效力，也叫狭义的法的效力，指法律的生效范围或适用范围，即法律对什么人、什么事、在什么地方和什么时间有约束力。

2. 非规范性法律文件的效力，指判决书、裁定书、逮捕证、许可证、合同等的法的效力。这些文件在经过法定程序之后也具有约束力，任何人不得违反。但是，非规范性法律文件是适用法律的结果而不是法律本身，因此不具有普遍约束力。

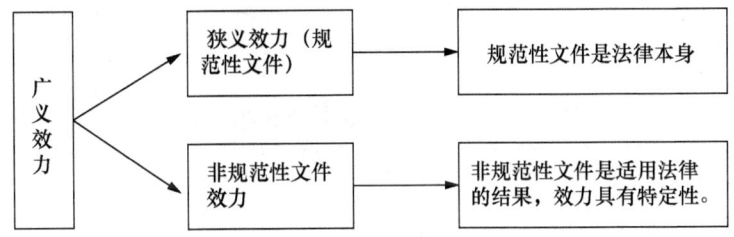

【注意】

通常所讲的法的效力主要指狭义的法的效力。一般而言，法的对人和对事的效力范围，先于法的时间和空间效力范围。

### 二、法的效力的来源

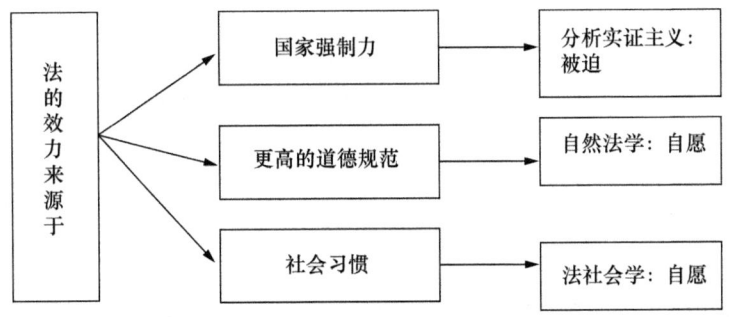

1. 分析实证主义法学认为，法律的效力来源于国家强制力，因而人们遵守法律是被动的。
2. 自然法学认为，法律的效力来源于道德，法律之所以是有效的，是因为它符合正义的标

准,因而人们遵守是出于自愿的。

3. 法律社会学认为,法律之所以有效,是因为它与一个社会存在的道德规范相吻合。

4. 现代法理学的洞见之一是法律的效力不能仅仅建立在强制力的基础上,有一些法律的效力来源于人们自愿的接受。

### 三、法的对人效力

（一）确定法律对人效力范围的原则

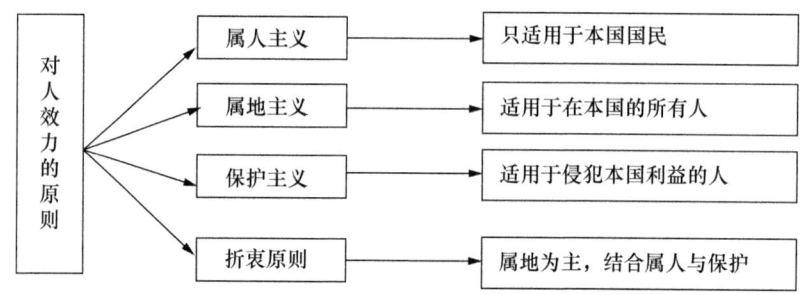

1. 属人原则

（1）含义

一国法只适用于本国公民。只要是本国公民,不论其身在国内还是国外,均受该国法的约束,但对于外国人,即使在该国境内,也不适用该国法律。

（2）缺陷

① 不约束生活在本国领域内的外国人;

② 对于生活在其他国家并且受到所在国法律约束的本国人而言,本国法虽然加以约束,实际上却难以实现。

2. 属地原则

（1）含义

一国法只适用于本国主权范围,不论是否为该国公民,只要其身在该国境内,都适用该国法。

（2）缺陷

① 对于身处外国的本国人,缺乏有效的保护手段;

② 对于发生在本国以外的、侵犯本国利益的行为,缺乏有效约束。

3. 保护主义原则

（1）含义

一国法的适用以保护该国利益为依据,任何人不论其是否为该国公民,也不论其身居国内还是国外,只要侵害了该国利益,就适用该国法。

（2）缺陷

这个原则虽然强调了对于本国利益的保护,但是却容易发生挑战其他国家主权的情形。

4. 折中主义原则

以属地主义为主,结合属人主义和保护主义,既维护了本国利益,又尊重了他国主权,具有现实的操作性。

(二) 我国法律的对人效力

1. 中国公民的效力

中国公民在中国境内适用中国法律,中国公民在境外也应遵守中国法律并受中国法律保护,但须考虑中国法律与所在国法律的关系问题。

2. 外国人和无国籍人的效力

(1) 对在中国境内的外国人和无国籍人,除法律另有规定外,适用中国法律。

(2) 对外国人和无国籍人在中国境外对中国国家和公民犯罪的,按中国刑法应处3年以上有期徒刑的,可适用中国刑法,但按犯罪地法律不受处罚的除外。

【历年真题】

《中华人民共和国刑法》第8条规定:"外国人在中华人民共和国领域外对中华人民共和国国家或者公民犯罪,而按本法规定的最低刑为三年以上有期徒刑的,可以适用本法,但是按照犯罪地的法律不受处罚的除外。"关于该条文,下列哪些判断是正确的?① (12/1/52)

A. 规定的是法的溯及力　　　　　　B. 规定的是法对人的效力
C. 体现的是保护主义原则　　　　　D. 体现的是属人主义原则

## 四、法律的对事效力

1. 法律作用于主体的行为及通过行为所建立起来的社会关系。法律的对事效力通常是指法对主体所进行的哪些行为、事项、社会关系有效。

2. 确立法的对事效力范围的原则

(1) 事项法定原则:法律对哪些事项有效一般以"是否有法律明文规定"为限。法律明确规定进行调整的事项,法对之都有效力;相反,没有法律明确规定的事项,法对之没有效力。

(2) 一事不再理原则。同一机关不得两次或两次以上受理同一当事人就同一法律关系所作的同一请求。

(3) 一事不二罚原则。对同一个行为,不得处以两次或两次以上性质相同或同一刑名的处罚。

## 五、法的空间效力

1. 一般说来,一国法在该国主权所及范围内有效。

2. 法律的空间效力有两种情形:

(1) 法律的域内效力

法律是规范性的国家意志,法律的域内效力是指法律在一主权国家领域内具有效力,相反,在该主权国家领域外无效。

---

① BC

（2）法律的域外效力

法律的域外效力是指法律在其所在的主权国家管辖领域外的效力。在殖民地时期，法律的域外效力通常是宗主国的治外法权。现代国家基于"主权平等""尊重他国主权和内政"等国际法原则，本国法在他国有效必须是建立在平等基础上的，国与国之间互惠互利的合意的结果，通常是双方国家通过签订国际条约或根据国际惯例互相允许对方法律在本国有效。

### 六、法的时间效力

法的时间效力指法律规定其效力在时间上的延续期间。包括法律何时生效、何时失效以及对其生效以前的行为是否有效三个问题。

1. 法律的生效时间

法律开始生效的时间有两种情况：

（1）自法律公布之日起生效。包括两种情形：

一是法律明文规定自公布之日起生效。如《中华人民共和国国籍法》第18条规定："本法自公布之日起施行。"

二是法律中没有明文规定生效时间，通过其他法律文件宣告自公布之日起生效。如我国现行宪法本身没有规定生效时间，而是由全国人大在同日以公告的形式公布宪法实施。

（2）由法律明文规定法律生效的时间。如现行《刑法》是1997年3月14日通过的，但是其生效的时间是1997年10月1日。

【注意】

在实践中，法律如果没有明文规定其生效的时间的，推定其自公布之日起生效。

2. 法律失效的时间

（1）明示的失效：新法或其他法律文件中明文规定旧法被废止。

（2）默示的失效是指已生效的法律与原有法律的规定在某些方面有冲突，根据"新法优于旧法"原则，适用新法从而废止旧法相关内容。

3. 溯及力

（1）法律是用来规范人的行为的。人的本性决定了今天的行为不可能遵守明天才要制定的法律。今天的法只能用来规范人们明天的行为，而不能用来约束人们昨天的行为。

（2）"法不溯及既往"要求在法律适用中采用"从旧"原则。

（3）法律并非绝对地不溯及既往，有时候，当新法更有利于保障人权时可以溯及既往地适用，即"从新"。我国刑法采用"从旧兼从新"原则。

（4）处理法律的溯及力问题，实体法和程序法是有差别的：实体法以从旧为原则，程序法以从新为原则。

【记忆口诀】 溯及从新不从旧，保障人权可从新。

【注意】

法的时间效力属于比较重要的考点，总结如下：

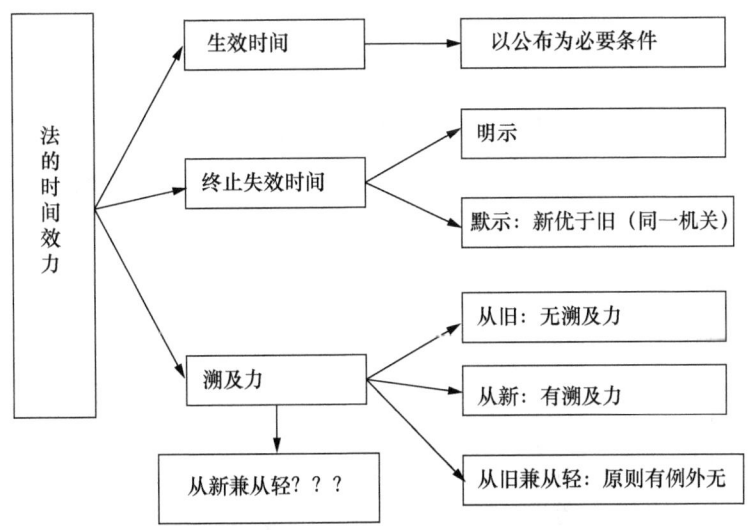

**【历年真题】**

**1.** 有法谚云："法律为未来作规定，法官为过去作判决。"关于该法谚，下列哪一说法是正确的？① （16/1/11）

A. 法律的内容规定总是超前的，法官的判决根据总是滞后的
B. 法官只考虑已经发生的事实，故判案时一律选择适用旧法
C. 法律绝对禁止溯及既往
D. 即使案件事实发生在过去，但"为未来作规定"的法律仍然可以作为其认定的根据

**【解析】** "法律为未来做规定"，意思是说法律是针对未来的行为发生效力的，人们在做出一个行为的时候只应该遵守行为时已经存在的法律，这个原则被称为"法不溯及既往"，也叫"从旧"原则。但是当新法和旧法相比较，新法更加有利于保障人权时，可以适用新法来解决新法生效以前已经发生的行为，这叫"从新"，也就是说新法可以有条件的溯及既往。由此可见，在法律时间效力问题上，以溯及既往为原则，以不溯及既往为例外。

"法官为过去作判决"意思是说，法官要裁判的事实，是已经发生的事实，就法官介入这一时间点而言，该事实已经实施完毕。法官裁判时，应该以该事实发生前已经存在的法律作为裁判的依据。

综上所述，只有 D 项的表述正确，其余三项错误。就 A 项的表述来说，立法者是为未来立法，这就要求立法者对将来要发生的行为具有一定的预测能力，但是立法者的预测能力是有限的，将来要发生的行为总有一些是立法者无法预测到的，正因为如此，现实中的法律总有滞后性，故说"法律的内容总是超前的"是不对的。B 项说法官裁判案件时总考虑适用旧法也是不对的，因为新法在能更好地保障人权时也可以溯及既往的适用。C 项的错误如前面言："法不溯及既往"这一原则并不绝对。

---

① D

**2.** 赵某因涉嫌走私国家禁止出口的文物被立案侦查,在此期间逃往 A 国并一直滞留于该国。对此,下列哪一说法是正确的?① (15/1/13)

A. 该案涉及法对人的效力和空间效力问题
B. 根据我国法律的相关原则,赵某不在中国,故不能适用中国法律
C. 该案的处理与法的溯及力相关
D. 如果赵某长期滞留在 A 国,应当适用时效免责

## 第七节 法 律 关 系

### 一、法律关系概念和性质

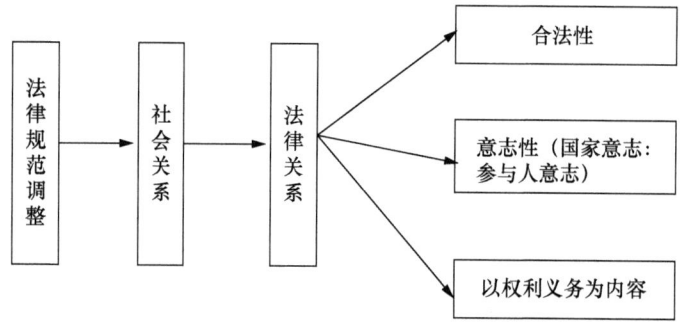

1. 所谓法律关系就是法律规范在调整社会关系的过程中形成的人们之间的权利义务关系。
2. 凡是法律关系都是社会关系。
3. 凡是法律关系都具有合法性,不存在不合法的法律关系,但是可以有非法的社会关系。
4. 行为有违法和合法之分,但是无论是违法行为还是合法行为,其产生的法律关系都是合法的。
5. 所有的法律关系首先反映国家意志,但不仅仅反映国家意志,有些法律关系(主要是民事法律关系)还反映参与人的意志。
6. 法律规范和法律关系都以权利和义务为内容,但是属于两个不同的领域,前者属于应然性、可能性领域,后者属于实然性、现实性领域。

### 二、法律关系的分类

(一)按照法律关系产生的依据、执行的职能和实现规范的内容不同,法律关系可以分为调整性法律关系和保护性法律关系

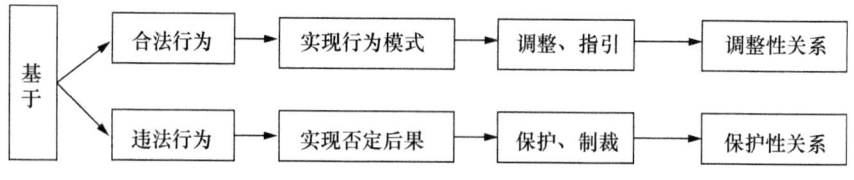

---

① A

1. 调整性法律关系是基于人们的合法行为而产生的、执行法的调整职能的法律关系,它所实现的是法律规范(规则)的行为规则(指示)的内容。调整性法律关系不需要适用法律制裁,法律主体之间即能够行使权利、履行义务,如各种依法建立的民事法律关系、行政合同关系。

2. 保护性法律关系是由于违法行为产生的、旨在恢复被破坏的权利和秩序的法律关系,它执行法的保护职能,所实现的是法律规范(规则)的保护规则(否定性法律后果)的内容,是法的实现的非正常形式。它的典型特征是一方主体(国家)适用法律制裁;另一方主体(通常是违法者)必须接受这种制裁,如刑事法律关系。

(二) 按照法律主体在法律关系中的地位——纵向(隶属)的法律关系和横向(平权)的法律关系

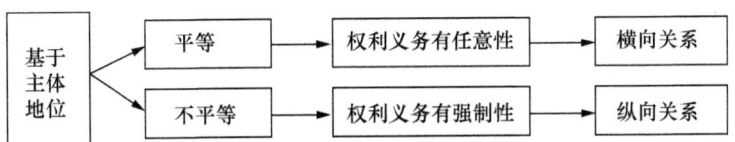

(三) 按照法律主体的多少和权利义务是否一致为根据——单向(单务)法律关系、双向(双边)法律关系和多向(多边)法律关系

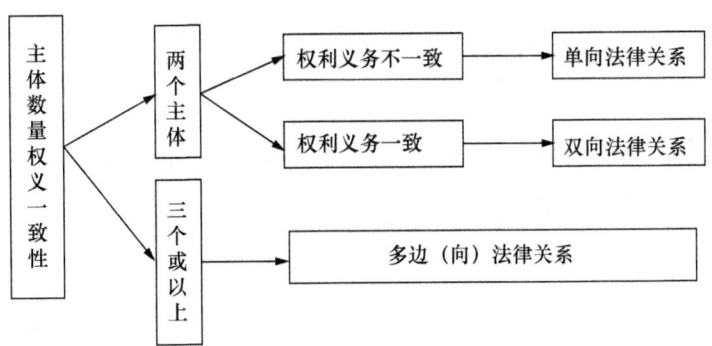

(四) 按照相关的法律关系作用和地位——第一性法律关系(主法律关系)和第二性法律关系(从法律关系)

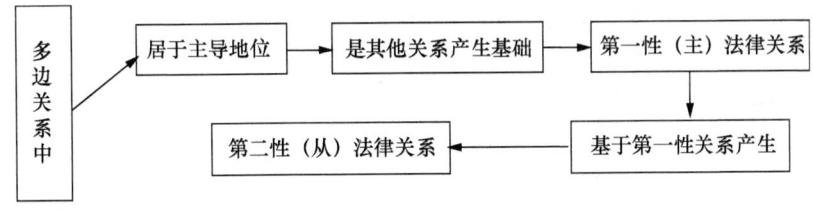

【注意】

法律关系的分类属于高频考点,在做题过程应该注意以下几点:

1. 基于合法行为产生的,为调整性,基于违法行为产生的,为保护性。保护性关系是对调整性关系的保护。若A是B的调整性关系,则B必须是保护性法律关系。

2. 调整关系第一性,保护关系第二性,但第二性法律关系不一定是保护性。
3. 实体关系第一性,程序关系第二性。
4. 保护性法律关系的典型特征是一方主体(国家)适用法律制裁,另一方接受。

**【历年真题】**

甲、乙分别为某有限责任公司的自然人股东,后甲在乙知情但不同意的情况下,为帮助妹妹获取贷款,将自有股份质押给银行,乙以甲侵犯其股东权利为由向法院提起诉讼。关于本案,下列哪一判断是正确的?① (11/1/12)

A. 担保关系是债权关系的保护性法律关系
B. 债权关系是质押关系的第一性法律关系
C. 诉讼关系是股权关系的隶属性法律关系
D. 债权关系是质押关系的调整性法律关系

### 三、法律关系的构成要素

(一) 法律关系的主体

| 概念 | | 法律关系的主体指法律关系的参加人,即在法律关系中享有权利或承担义务的人,享有权利的一方是权利人,承担义务的一方是义务人。 |
|---|---|---|
| 种类 | | 公民(自然人)。 |
| | | 机构或组织(法人)。 |
| | | 国家。国家既可以成为国际法律关系的主体,也可以成为国内法律关系的主体。比如刑事法律关系的一方主体是国家。 |
| 资格 | 权利能力 | 是指能够参与一定的法律关系,依法享有一定的权利和承担一定义务的法律资格。 |
| | | 公民(自然人)的一般权利能力始于出生终于死亡。一般权利能力不能被任意剥夺或解除。但是特殊的权利能力只授予特定的法律主体,如国家机关及其工作人员行使职权的资格。 |
| | | 法人的权利能力自法人成立时产生,至法人解体时消灭。其范围由法人成立的宗旨和范围决定。 |
| | 行为能力 | 是指法律关系主体能够通过自己的行为实际取得权利和履行义务的能力。 |
| | | 确定公民有无行为能力标准有二:一是能否认识自己行为的意义和后果;二是能否控制自己的行为并对自己的行为负责。 |
| | | 对公民(自然人)而言,具有权利能力并不必然具有行为能力,但具有行为能力则必然具有权利能力。 |
| | | 公民(自然人)的行为能力可以分为:权利行为能力、义务行为能力和责任行为能力。 |
| | | 公民的行为能力有完全和不完全之分。法人的行为能力总是有限的,由其成立宗旨和业务范围决定。法人的行为能力同时产生,同时消灭。 |

---

① B

(二) 法律关系的内容
1. 法律关系主体的权利义务与作为法律规则内容的权利义务的异同比较

|  | 所属领域不同 | 针对的主体不同 | 法律效力不同 |
| --- | --- | --- | --- |
| 法律关系主体的权利义务 | 是法律关系主体实有权利和义务，属于现实性领域。 | 特定的主体，是某一法律关系中的有关主体。 | 仅对特定的法律主体有效，没有普遍的效力。 |
| 作为法律规范内容的权利义务 | 应有权利和义务，属于可能性领域。 | 不特定的主体。 | 有一般的、普遍的法律效力。 |

2. 权利与权利能力

| 联系 | 区别 |
| --- | --- |
| 权利能力是法律关系主体享有权利的前提，或者说资格 | 任何人具有权利能力，并不必然表明他可以参与某种法律关系，而要参与法律关系，就必须要有具体的权利。 |
|  | 权利能力包括享有权利和承担义务这两方面的法律资格，而权利本身不包括义务在内。 |

(三) 法律关系客体

| 概念 | 法律关系主体之间权利和义务所指向的对象。 | |
| --- | --- | --- |
|  | 法律关系建立的目的总是为了保护某种利益、获取某种利益、或者分配转移某种利益。客体所承载的利益本身才是法律权利和法律义务联系的中介。 | |
|  | 法律关系客体的范围是一个历史概念，随着社会历史的不断发展变化，其范围和形式、类型也在不断变化着。总体来看有不断扩大的趋势。 | |
| 法律关系客体种类 | 物 | 作为法律关系客体的物与物理意义上的物，既有联系，又有不同，它不仅具有物理属性，而且应具有法律属性。物理意义上的物要成为法律关系客体，须具备以下条件： | ① 应得到法律之认可； |
|  |  |  | ② 应为人类所认识和控制。不可认识和控制之物 (如地球以外的天体) 不能成为法律关系客体； |
|  |  |  | ③ 能够给人们带来某种物质利益，具有经济价值； |
|  |  |  | ④ 须具有独立性。不可分离之物 (如道路上的沥青、桥梁之构造物、房屋之门窗) 一般不能脱离主物，故不能单独作为法律关系客体存在。 |
|  |  | 在我国，大部分天然物和生产物可以成为法律关系的客体，但有几种物不得进入国内商品流通领域，成为私人法律关系的客体： | ① 人类公共之物或国家专有之物，如海洋、山川、水流、空气； |
|  |  |  | ② 文物； |
|  |  |  | ③ 军事设施、武器 (枪支、弹药等)； |
|  |  |  | ④ 危害人类之物 (如毒品、假药、淫秽书籍等)。 |

(续表)

| | | |
|---|---|---|
| 法律关系客体种类 | 人身<br><br>人身是由各个生理器官组成的生理整体(有机体)。它是人的物质形态,也是人的精神利益的体现。不仅是人作为法律关系主体的承载者,而且在一定范围内成为法律关系的客体。 | ① 活人的(整个)身体,不得视为法律上之"物",不能作为物权、债权和继承权的客体,禁止任何人(包括本人)将整个身体作为"物"参与有偿的经济法律活动,不得转让或买卖、贩卖或拐卖人口,买卖婚姻是法律所禁止的违法或犯罪行为,应受法律的制裁; |
| | | ② 权利人对自己的人身不得进行违法或有伤风化的活动,不得滥用人身或自践人身和人格。例如,卖淫、自杀、自残行为属违法行为或至少是法律所不提倡的行为; |
| | | ③ 对人身行使权利时必须依法进行,不得超出法律授权的界限,严禁对他人人身非法强行行使权利。例如,有监护权的父母不得虐待未成年子女的人身。 |
| | 但须注意的是:人身(体)部分(如血液、器官、皮肤等)的法律性质,是一个较复杂的问题。它属于人身,还是属于法律上的"物",不能一概而论。应从三方面分析: | ① 当人身之部分尚未脱离人的整体时,即属人身本身; |
| | | ② 当人身之部分自然地从身体中分离,已成为与身体相脱离的外界之物时,亦可视为法律上之"物"; |
| | | ③ 当该部分已植入他人身体时,即为他人人身之组成部分。 |
| | 精神产品<br><br>精神产品是人通过某种物体(如书本、砖石、纸张、胶片、磁盘)或大脑记载下来并加以流传的思维成果,属于非物质财富。西方学者称之为"无体(形)物"。我国法学界常称为"智力成果"或"无体财产"。 | ① 不同于有体物,其价值和利益在于物中所承载的信息、知识、技术、标识(符号)和其他精神文化; |
| | | ② 不同于人的主观精神活动本身,是精神活动的物化、固定化。 |
| | 行为结果<br><br>作为法律关系客体的行为结果是特定的,即义务人完成其行为所产生的能够满足权利人利益要求的结果。这种结果一般分为两种: | ① 一种是物化结果,即义务人的行为(劳动)凝结于一定的物体,产生一定的物化产品或营建物(房屋、道路、桥梁等); |
| | | ② 另一种是非物化结果,即义务人的行为没有转化为物化实体,而仅表现为一定的行为过程,直至终了,最后产生权利人所期望的结果(或效果)。例如,权利人在义务人完成一定行为后,得到了某种精神享受或物质享受,增长了知识和能力等。 |

【历年真题】

**2012 年,潘桂花、李大响老夫妇处置房产时,发现房产证产权人由潘桂花变成其子李能。原来,早在七年前李能就利用其母不识字骗其母签订合同,将房屋作价过户到自己名下。二老怒将李能诉至法院。法院查明,潘桂花因精神障碍,被鉴定为限制民事行为能力人。据此,法院认定该合同无效。对此,下列哪一说法是不正确的?**① (13/1/14)

A. 李能的行为违反了物权的取得应当遵守法律、尊重公德、不损害他人合法权益的法律规定

B. 从法理上看,法院主要根据"法律家长主义"原则(即,法律对于当事人"不真实反映其意志的危险选择"应进行限制,使之免于自我伤害)对李能的意志行为进行判断,从而否定了他的做法

C. 潘桂花被鉴定为限制民事行为能力人是对法律关系主体构成资格的一种认定

D. 从诉讼"争点"理论看,本案争执的焦点不在李能是否利用其母不识字骗其母签订合同,而在于合同转让的效力如何认定

## 四、法律关系产生、变更与消灭

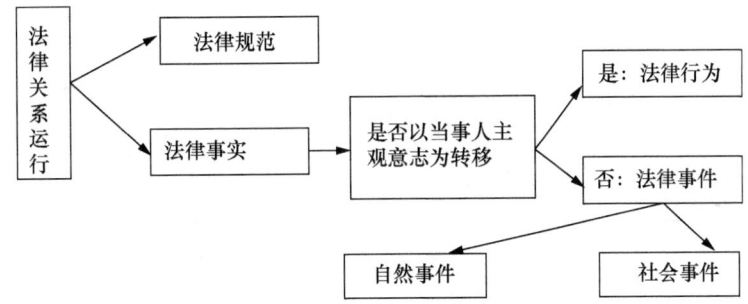

1. 法律规范是法律关系得以产生、变更和消灭的依据。
2. 注意区分民法中的民事法律行为和这里的法律行为。这里的法律行为既可以是合法行为,也可以是违法行为。
3. 同一个法律事实可以引起多种法律关系的产生、变更和消灭,如死亡。
4. 两个或两个以上的法律事实引起同一法律关系的产生、变更或消灭的称为"事实构成"。

【历年真题】

**1. 王某恋爱期间承担了男友刘某的开销计 20 万元。后刘某提出分手,王某要求刘某返还开销费用。经过协商,刘某自愿将该费用转为借款并出具了借条,不久刘某反悔,以不存在真实有效借款关系为由拒绝还款,王某诉至法院。法院认为,"刘某出具该借条系本人自愿,且并未违反法律强制性规定",遂判决刘某还款。对此,下列哪些说法是正确的?**② (14/1/53)

A. "刘某出具该借条系本人自愿,且并未违反法律强制性规定"是对案件事实的认定

---

① B
② ABC

B. 出具借条是导致王某与刘某产生借款合同法律关系的法律事实之一
C. 因王某起诉产生的民事诉讼法律关系是第二性法律关系
D. 本案的裁判是以法律事件的发生为根据作出的

**2.** 张老太介绍其孙与马先生之女相识，经张老太之手曾给付女方"认大小"钱10 100元，后双方分手。张老太作为媒人，去马家商量退还"认大小"钱时发生争执。因张老太犯病，马先生将其送医，并垫付医疗费1 251.43元。后张老太以马家未返还"认大小"钱为由，拒绝偿付医药费。马先生以不当得利为由诉至法院。法院考虑此次纠纷起因及张老太疾病的诱因，判决张老太返还马先生医疗费1 000元。关于本案，下列哪一理解是正确的？① （12/1/13）
A. 我国男女双方订婚前由男方付"认大小"钱是通行的习惯法
B. 张老太犯病直接构成与马先生之医药费返还法律关系的法律事实
C. 法院判决时将保护当事人的自由和效益原则作为主要的判断标准
D. 本案的争议焦点不在于事实确认而在于法律认定

# 第八节　法律责任

## 一、法律责任相关概念

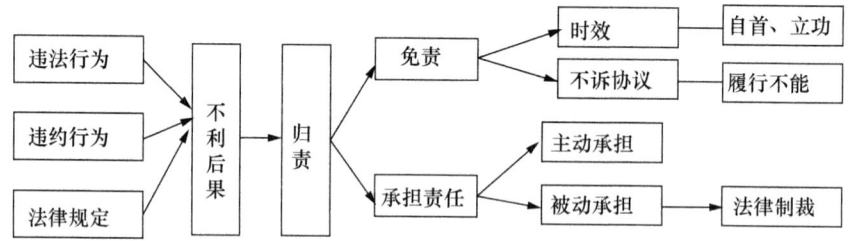

1. 法律责任指行为人由于违法行为、违约行为或者由于法律的规定而应承受的某种不利的法律后果。承担法律责任的最终依据是法律。法律责任具有国家强制性。

2. 违法行为不一定会导致法律责任产生，因为即使违法，也可能存在责任的阻却事由，从而不承担法律责任。但是法律责任并不仅仅因为违法行为而产生。

3. 归责的原则有：

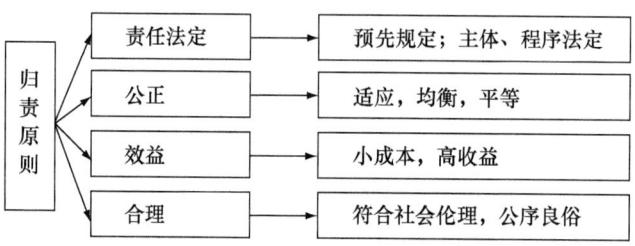

---

① D

（1）责任法定原则是指法律责任作为一种否定性的法律后果应当由法律规范预先规定，包括在法律规范的逻辑结构之中，当出现了违法行为或法定事由的时候，按照事先规定的责任性质、责任范围、责任方式追究行为人的责任。

（2）公正原则要求：
① 对任何违法、违约的行为都应依法追究相应的责任；
② 责任与违法或损害相均衡；
③ 要综合考虑行为人承担责任的多种因素，做到合理地区别对待；
④ 要依据法律程序追究法律责任；
⑤ 坚持法律面前一律平等。

（3）追究法律责任要从效益角度出发，分析成本与所得，努力以较小的成本获得最大的效益。

（4）追究法律责任时要考虑人们的情感和心理因素，努力使法律责任的承担符合社会伦理、公序良俗。

**4. 免责**：

免责的前提条件是存在法律责任。正当防卫和紧急避险属于违法性的阻却事由，故法理学中不以其为免责事由。免责有全部免除和部分免除之分。我国法律规定的免责事由有：

（1）时效免责，是指法律责任经过了一定期限后而免除。其意义在于：保障当事人的合法权益，督促法律关系主体及时行使权利、结清权利义务关系，提高司法机关的工作效率，稳定社会生活秩序，促进社会经济发展。

（2）不诉及协议免责，是指如果受害人或有关当事人不向法院起诉要求追究行为人的法律责任，行为人的法律责任就实际上被免除，或者受害人与加害人在法律允许的范围内协商同意的免责。

（3）自首、立功免责，是指对那些违法之后有立功表现的人，免除其部分和全部的法律责任。这是一种将功抵过的免责形式。

（4）因履行不能而免责，即在财产责任中，在责任人确实没有能力履行或没有能力全部履行的情况下，有关的国家机关免除或部分免除其责任。

5. 法律制裁是指由特定国家机关对违法者依其法律责任而实施的强制性的惩罚措施。法律责任是前提，法律制裁是结果或体现。但法律责任不等于法律制裁，有法律责任不等于一定有法律制裁。与法律责任相对应，法律制裁有刑事制裁、民事制裁、行政制裁和违宪制裁。

**【历年真题】**

法律格言说："紧急时无法律。"关于这句格言含义的阐释，下列哪一选项是正确的？①（09/1/6）

A. 在紧急状态下是不存在法律的
B. 人们在紧急状态下采取紧急避险行为可以不受法律处罚
C. 有法律，就不会有紧急状态
D. 任何时候，法律都以紧急状态作为产生和发展的根本条件

---

① B

## 二、法律责任的竞合

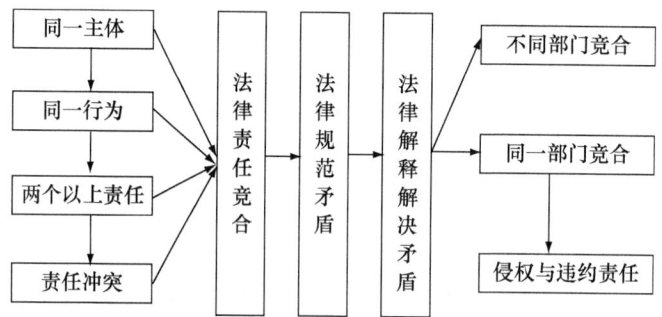

1. 竞合就是竞相符合、同时该当。法律责任的竞合,就是指两个法律责任可以同时适用于一个行为,但是两个责任不能同时追究,只能选择其中一个。故在答题时判断有无法律责任的竞合关键不是看存在不存在两个法律责任,有两个或多个法律责任并不必然构成法律责任的竞合,只有当存在两个法律责任,且这两个法律责任相互冲突,不能同时追究时才构成竞合,如行政处罚法上的罚款和刑法上的罚金就不能同时追究。

2. 不同法律部门法律责任的竞合,一般说来应该按照重者处之。如果相对较轻的法律责任已经被追究,再追究较重法律责任应该考虑适当的折抵。

3. 同一法律部门中法律责任的竞合,在实践中最常见的法律责任竞合是违约责任和侵权责任之间的竞合,对之如何处理,理论上存在争议,各国立法例不同。我国《合同法》允许受害人选择其中一种责任提起诉讼。

【历年真题】

**1.** 李某向王某借款 200 万元,由赵某担保。后李某因涉嫌非法吸收公众存款罪被立案。王某将李某和赵某诉至法院,要求偿还借款。赵某认为,若李某罪名成立,则借款合同因违反法律的强制性规定而无效,赵某无需承担担保责任。法院认为,借款合同并不因李某犯罪而无效,判决李某和赵某承担还款和担保责任。关于该案,下列哪些说法是正确的?① (16/1/59)

A. 若李某罪名成立,则出现民事责任和刑事责任的竞合
B. 李某与王某间的借款合同法律关系属于调整性法律关系
C. 王某的起诉是引起民事诉讼法律关系产生的唯一法律事实
D. 王某可以免除李某的部分民事责任

【解析】 民事责任和刑事责任可以同时追究,故两个责任之间不存在竞合关系。故 A 错。

李某和王某的借款合同法律关系基于合法行为而发生,属于调整性法律关系,故 B 对。

赵某的担保行为及王某的起诉,共同导致了民事诉讼关系的产生,故 C 错。

民事责任具有任意性,可以协商,也可以基于民事主体的自由意志免除。故 D 对。

---

① BD

**2. 下列构成法律责任竞合的情形是**①**:(14/1/91)**

A. 方某因无医师资格开设诊所被卫生局没收非法所得,并被法院以非法行医罪判处 3 年有期徒刑

B. 王某通话时,其手机爆炸导致右耳失聪,可选择以侵权或违约为由追究手机制造商法律责任

C. 林某因故意伤害罪被追究刑事责任和民事责任

D. 戴某用 10 万元假币购买一块劳力士手表,其行为同时触犯诈骗罪与使用假币罪

【解析】 A 选项中虽然存在两种法律责任,但是作为行政责任的没收非法所得和作为刑事责任的 3 年有期徒刑可以同时追究,因而不构成法律责任的竞合。B 选项中既存在违约责任,也存在侵权责任,但是违约责任和侵权责任不能同时追究,因而属于法律责任的竞合。C 选项中,民事责任和刑事责任可以同时追究,因而不属于法律责任的竞合。D 选项中的事例属于想象竞合犯,只能择一重处,不能两个罪名同时追究,因而属于法律责任的竞合。

# 第二章　法 的 运 行

【本章重点难点提示】

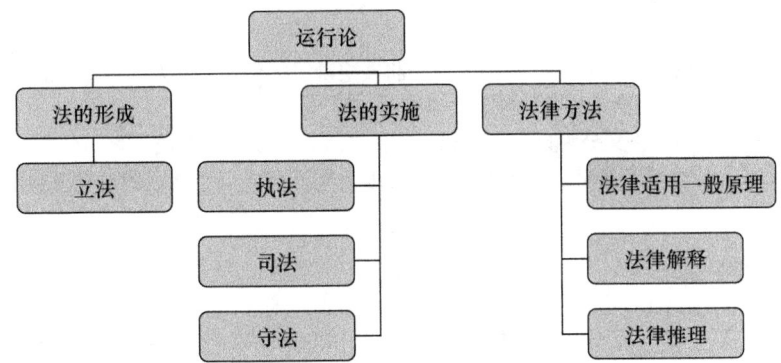

1. 结合社会主义法治理念掌握立法的基本原则;《立法法》的相关规定:立法的程序、规范性法律文件冲突的处理、备案;

2. 结合中国特色社会主义法治理论掌握执法与司法的原则;

3. 法律适用的一般原理:法律适用的目标、法律适用的步骤、法律的内部证成与外部证成;

4. 法律解释的方法与位阶;

5. 法律推理的种类与运用。

---

① BD

## 第一节 立　法

### 一、立法的定义

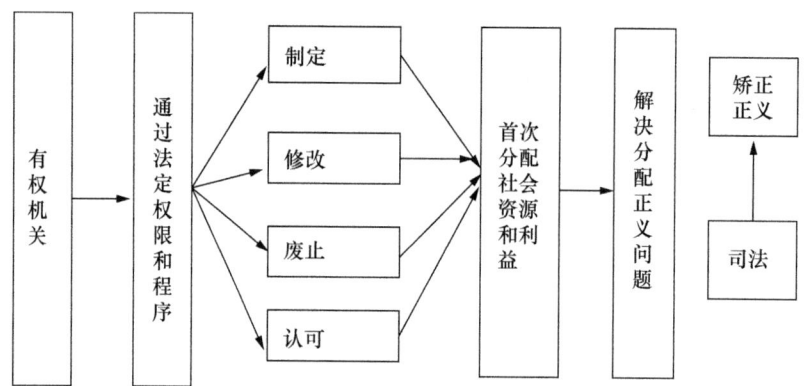

1. 立法有广义和狭义之分。在我国,狭义的立法仅仅指享有国家立法权的机关创制法律的活动。享有国家立法权的机关指的是全国人大及其常委会。
2. 立法的手段包括废、改、立、认可。
3. 按照马克思主义法理学的观点:立法是将一定阶级的意志上升为国家意志的活动。立法是将一个社会的占统治地位的价值观法律化的过程。
4. 亚里士多德将正义分为分配正义和矫正正义。立法涉及社会成员之间的利益与负担的分配是否正当,故属于分配正义问题。司法处理具体社会成员利益之间的调整,属于矫正正义。

### 二、立法体制

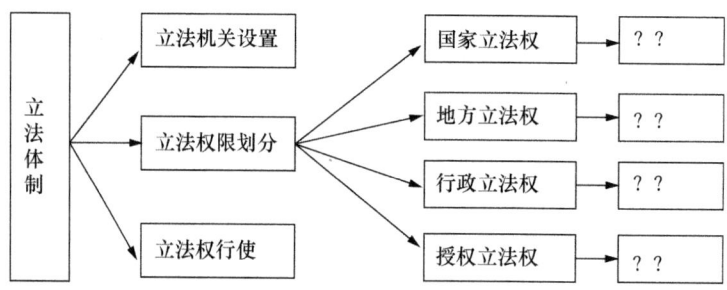

1. 立法权限的划分是立法体制的核心。
2. 立法权限的划分:

| 分类 | 定义 |
|---|---|
| 国家立法权 | **由一定中央国家权力机关行使**,用以调整基本的、带全局性的社会关系,在立法体系中居于基础和主导地位的最高立法权。我国国家立法权由全国人大及其常委会行使。 |
| 地方立法权 | **由地方国家权力机关行使的立法权**,享有地方立法权的地方权力机关可以是单一层次的,也可以是多层次的。我国地方立法权由省、自治区、直辖市的人大及其常委会,设区的市、自治州的人大及其常委会、自治县的人大行使。自治县的人大只能制定自治条例和单行条例,而不能制定地方性法规。 |
| 行政立法权 | 源于宪法、**由国家行政机关依法行使的**、低于国家立法权的一种独立的立法权,**包括中央行政立法权和地方行政立法权。**我国行政立法权由国务院及国务院的部门,省、自治区、直辖市的人民政府,设区的市、自治州的人民政府行使。 |
| 授权立法权 | 又称委托立法权或委任立法权,是有关国家机关由于立法机关的授权而获得的、在一定期限和范围内进行立法的一种附属立法权。我国授权立法权由全国人大及其常委会授权给国务院、经济特区所在地的省、市的人大及其常委会行使。 |

3. 我国的立法体制呈现出"一元多层级"的样式。

### 三、立法原则

当代中国的立法原则为法治原则、民主原则、科学原则、原则性和灵活性相结合原则。具体阐述见本书"中国特色社会主义法治理论"部分。

### 四、立法程序

(一) 全国人大的立法程序

1. 提案

| 全国人大主席团 | 列入会议议程 |
|---|---|
| 全人常、两央、两高、专委会① | 由主席团决定列入会议议程。 |
| 一个代表团或30名以上代表 | 由主席团决定列入会议议程或由专委会审议提出意见再决定是否列入会议议程。专委会审议时可邀请提案人列席会议,发表意见。 |
| 向人大提出的法律案在人大闭会期间可以先向全人常提出,常委会审议后提请人大审议,由全人常或者提案人向大会做说明。全人常审议时应征求代表意见,专门委员会和全人常工作机构可进行立法调研。全人常应在举行会议的1个月前将法律草案发给代表。 ||

---

① "专委会":本书中指全国人大各专门委员会。

2. 审议议案

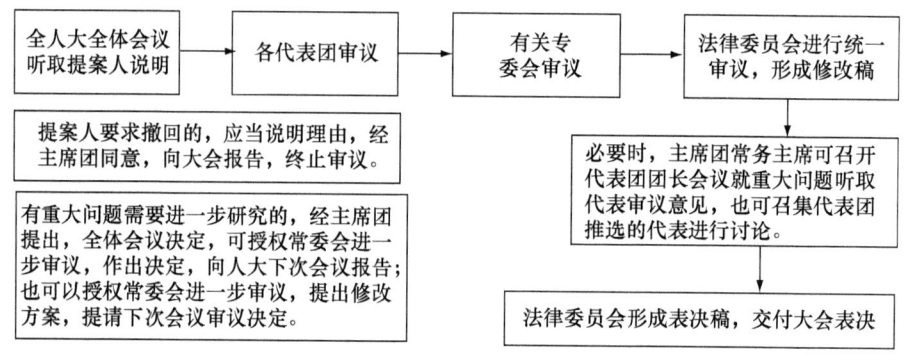

3. 表决

| 法律草案修改稿经各代表团审议,由法律委员会根据各代表团的审议意见进行修改,提出法律草案表决稿,由主席团提请大会全体会议表决,由全体代表的过半数通过。 |
| --- |

4. 公布

| 全国人民代表大会通过的法律由国家主席签署主席令予以公布。 |
| --- |

(二) 全国人大常委会的立法程序

1. 提案

| 委员长会议 | 列入会议议程 | |
| --- | --- | --- |
| 两央、两高、专委会 | 由委员长会议决定列入常委会会议议程,或者先交有关的专委会审议、提出报告,再决定列入常委会会议议程。 | 有重大问题需要研究,可建议修改完善后再提。 |
| 常委会组成人员十人以上 | | 决定不列入的,应向常委会报告或向提案人说明。 |

2. 审议

| 除特殊情况外,应当在会议 7 日前将法律草案发给常委会组成人员。 | |
| --- | --- |
| "三读" | 第一次审议法律案,在全体会议上听取提案人的说明,由分组会议进行初步审议。 |
| | 第二次审议法律案,在全体会议上听取法律委员会关于法律草案修改情况和主要问题的汇报,由分组会议进一步审议。 |
| | 第三次审议法律案,在全体会议上听取法律委员会关于法律草案审议结果的报告,由分组会议对法律草案修改稿进行审议。 |
| | 可以召开联组会议或者全体会议,对法律草案中的主要问题进行讨论。 |

(续表)

| | |
|---|---|
| "三读"例外 | 各方面意见比较一致的,可以经两次常委会会议审议后交付表决;调整事项较为单一或者作部分修改的法律案,各方面的意见比较一致的,也可以经一次常委会会议审议即交付表决。 |
| 民主立法 | 法律委员会、有关专委会、常委会工作机构应当采用座谈会、论证会、听证会等形式听取各方面意见。 |
| | 有关问题专业性较强,需要进行可行性评价的,应当召开论证会。 |
| | 有关问题存在重大分歧或者涉及利益关系重大调整,需要进行听证的,应当召开听证会。 |
| | 列入常委会会议议程的法律案,应当在常委会会议后将法律草案及其起草、修改的说明等向社会公布,征求意见,但是经委员长会议决定不公布的除外。向社会公布征求意见的时间一般不少于30日。征求意见的情况应当向社会通报。 |
| 终止审议 | 列入常委会议程的法律案,在交付表决前,提案人要求撤回的,应当说明理由,经委员长会议同意,并向常委会报告,对该法律案的审议即行终止。 |
| | 列入审议的法律案,因各方面对制定该法律的必要性、可行性等重大问题存在较大意见分歧搁置审议满两年的,或者因暂不付表决经过两年没有再次列入常委会会议议程审议的,由委员长会议向常务委员会报告,该法律案终止审议。 |

3. 表决和通过

| |
|---|
| 法律草案修改稿经常委会会议审议,由法律委员会根据常委会组成人员的审议意见进行修改,提出法律草案表决稿,由委员长会议提请常委会全体会议表决,由常委会全体组成人员的过半数通过。 |
| 法律草案表决稿交付常务委员会会议表决前,委员长会议根据常务委员会会议审议的情况,可以决定将个别意见分歧较大的重要条款提请常务委员会会议单独表决。单独表决的条款经常务委员会会议表决后,委员长会议根据单独表决的情况,可以决定将法律草案表决稿交付表决,也可以决定暂不付表决,交法律委员会和有关的专门委员会进一步审议。 |
| 对多部法律中涉及同类事项的个别条款进行修改,一并提出法律案的,经委员长会议决定,可以合并表决,也可以分别表决。 |

4. 公布

| |
|---|
| 常委会通过的法律由国家主席签署主席令予以公布。 |

(三) 其他规定

| | |
|---|---|
| 议案撤回 | 法律案在列入会议议程前,提案人有权撤回。 |
| 未通案的处理 | 未获人大及人大常委会通过的法律案,可重新提出,由主席团、委员长会议决定是否列入议程。其中未获人大通过的应提请人大审议决定。 |

| 法律的标准文本 | 在全国人大常委会公报和中国人大网及全国范围内发行的报纸上刊载。全国人大常委会公报上的文本为标准文本。 |
|---|---|
| 配套规定 | 法律明确要求有配套规定的,有关机关自施行起1年内作出规定。法律另有规定的,从其规定。 |
| 立法后评估 | 专委会、常委会工作机构可以做立法后评估,向人常报告。 |
| 答复询问 | 全国人大常委会工作机构可以对具体问题的询问进行答复,报全国人大常委会备案。 |

(续表)

【历年真题】

**1.** 根据《立法法》的规定,下列哪些选项是不正确的?① (14/1/61)
  A. 国务院和地方各级政府可以向全国人大常委会提出法律解释的要求
  B. 经授权,行政法规可设定限制公民人身自由的强制措施
  C. 专门委员会审议法律案的时候,应邀请提案人列席会议,听取其意见
  D. 地方各级人大有权撤销本级政府制定的不适当的规章

【解析】 国务院、中央军事委员会、最高人民法院、最高人民检察院、省级人大常委会、全国人大各专门委员可以向全国人大常委会提出法律解释的要求。地方各级政府无权向全国人大常委会提出法律解释的要求。故A错。

犯罪与刑罚、对公民政治权利的剥夺、限制人身自由的强制措施和处罚、司法制度,只能由全国人大及其常委会制定法律,属于法律的绝对保留事项,不能授权国务院制定行政法规。故B选项错误。

按照《立法法》第27条的规定:"专门委员会审议的时候,可以邀请提案人列席会议,发表意见。"可见是可以邀请而非应当邀请。故C选项错误。

地方人大不处理同级政府的规章。地方人大常委会无权撤销本级人民政府制定的不适当的规章。故D错误。

**2.** 根据《宪法》和《立法法》规定,关于全国人大常委会委员长会议,下列哪些选项是正确的?② (11/1/61)
  A. 委员长会议可以向常委会提出法律案
  B. 列入常委会会议议程的法律案,一般应当经3次委员长会议审议后再交付常委会表决
  C. 经委员长会议决定,可以将列入常委会会议议程的法律案草案公布,征求意见
  D. 专门委员会之间对法律草案的重要问题意见不一致时,应当向委员长会议报告

【解析】 《立法法》第26条规定:"委员长会议可以向常务委员会提出法律案,由常务委员会会议审议。"故A项正确。

《立法法》第29条规定:"列入常务委员会会议议程的法律案,一般应当经三次常务委员会会议审议后再交付表决。"常务委员会会议不同于委员长会议,故B项错误。

《立法法》第37条规定:"列入常务委员会会议议程的法律案,应当在常务委员会会议后

---

① ABCD
② AD

将法律草案及其起草、修改的说明等向社会公布,征求意见,但是经委员长会议决定不公布的除外。向社会公布征求意见的时间一般不少于三十日。征求意见的情况应当向社会通报。"可见是应当公布而非可以公布,因而 C 项错误。

《立法法》第 35 条规定:"专门委员会之间对法律草案的重要问题意见不一致时,应当向委员长会议报告。"故 D 项正确。

## 第二节 法的实施

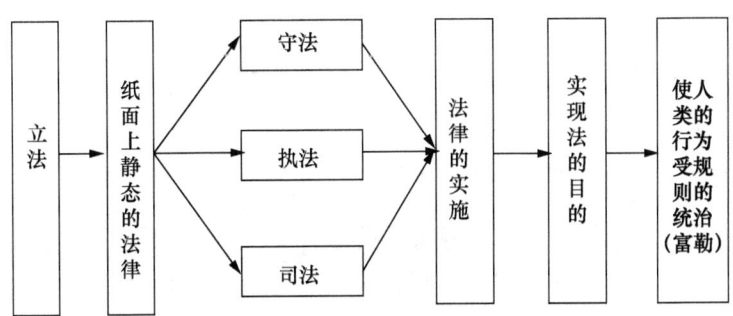

### 一、执法

1. 执法有广义和狭义之分,司法考试采用狭义说,狭义的执法仅指国家行政机关及其公职人员依照法定职权和程序实施法的活动。一般所说的执法指狭义的执法。
2. 执法的特点:

| 主体的特定性 | 执法的主体是行政机关及其公职人员或经行政机关授权、委托的组织和个人。 |
| --- | --- |
| 范围的广泛性 | 执法涉及广泛社会领域,内容纷繁复杂,其活动直接关系到公民的合法权益。 |
| 过程的主动性与单向性 | 执法一般处于积极主动的状态,是行政机关依据职权的单向性活动。 |
| 内容的灵活性 | 执法要适应社会关系的复杂性和社会发展的不平衡性,满足社会对执法活动的要求。 |
| 国家强制性 | 行政机关依法对社会进行管理,必须以国家强制力为保障。 |

3. 执法的原则:
(1) 依法行政原则
所谓依法行政,就是要求国家行政机关及其公职人员在执行法律时,要严格按照法定权限和程序,不得越权执法、滥用权力或违反程序。
(2) 讲求效能原则
这一原则要求行政机关及其公职人员在执行法律时,在严格遵循依法行政原则的前提下,要端正执法态度、完善办事流程,努力提高行政执法效率。

(3) 公平合理原则

公平合理指行政机关在执法时应当权衡多方面的利益因素和情境因素,在严格执行规则的前提下做到公平、公正、合理、适度,避免由于滥用自由裁量权而形成执法轻重不依、标准失范的结果。

## 二、司法

1. 司法又叫法的适用,是国家司法机关依照法定职权和程序,将法运用于具体案件的专门活动。
2. 司法的特征:

| 司法权的专属性 | 司法权只能由专门的国家机关及其公职人员,依照法定职权和法定程序行使。 |
| --- | --- |
| 司法活动的职业性 | 司法职业人员必须具备专门的理念、知识技能,以及运用法言法语、法律推理的职业能力。司法是发现法律事实、得出法律结论的过程。 |
| 司法过程的程序性 | 司法机关在职权范围内依法行使司法权过程中,必须严格依照法定程序进行,处理不同的案件需要使用不同的法律程序。科学合理的程序对司法公正起着至关重要的作用。 |
| 司法裁决的终局性 | 司法机关适用法律过程中作出的判决和裁定具有极大的权威性和终局性。任何法律裁决一经生效,就有法律上不可撤销性和强制性,当事人都要受其约束,切实执行,任何人都不能擅自变更或违抗。 |
| 司法结果具有文书性 | 司法文书对特定的当事人和事项具有法律约束力,必须执行和履行法律义务。如果对司法文书内容有异议,可依据法定程序上诉或申诉,但不得拒不执行已经发生法律效力的判决、裁定或决定。 |
| 审判权的被动性与中立性 | 法院以"不告不理"为原则,非当事人请求不做主动干预。法官在当事人之间保持不偏不倚的中立态度,不受其他因素的干涉和影响,法官在处理个案过程中不能存在偏见或偏袒一方当事人。 |

3. 司法和执法的区别:

|  | 执法 | 司法 |
| --- | --- | --- |
| 主体不同 | 执法的主体是国家行政机关及其公职人员。 | 司法主体是司法机关(法院和检察院)及其公职人员。 |
| 对象不同 | 以国家的名义对社会进行管理,内容比司法广泛。 | 司法本质上是一种判断,其对象是各种纠纷和争端。 |
| 程序不同 | 执法活动讲究效率、快捷和迅速的特点,使得执法程序设计得相对比较简便。 | 司法要遵循严格程序法规定,违反程序性规定,产生的司法裁判结果是无效的。 |
| 地位不同 | 执法具有较强的经常性和主动性。 | 司法活动具有被动性,贯彻不告不理的原则。 |

4. 司法的原则:司法公正,法律面前一律平等,以事实为根据、以法律为准绳,司法机关依法独立行使职权等原则,具体内容参照本书"司法制度和法律职业道德"部分的相关内容。

【历年真题】
关于司法的表述,下列哪些选项可以成立?① (07/1/54)
A. 司法的依据主要是正式的法律渊源,而当代中国司法原则"以法律为准绳"中的"法律"则需要作广义的理解
B. 司法是司法机关以国家名义对社会进行全面管理的活动
C. 司法权不是一种决策权、执行权,而是一种判断权
D. 当代中国司法追求法律效果与社会效果的统一

## 三、守法

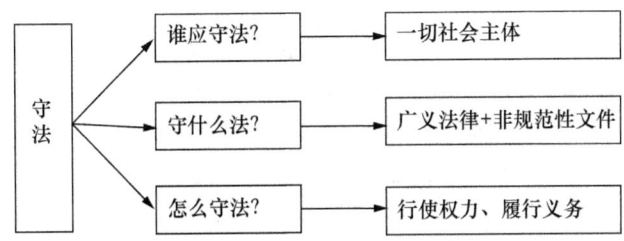

【历年真题】
下列有关执法与守法区别的说法哪些是不正确的?② (04/1/52)
A. 执法的主体不仅包括国家机关,也包括所有的法人;守法的主体不仅包括国家机关,也包括所有的法人和自然人
B. 行政机关的执法具有主动性,公民的守法具有被动性
C. 执法是执法主体将法律实施于其他机关、团体或个人的活动,守法是一切机关、团体或个人实施法律的活动
D. 执法须遵循程序性要求,守法无须遵循程序性要求

## 四、法律监督

| 概念 | 广义 | 国家机关、社会组织和公民个人对各种法律活动是否合法进行的监督,也称为一般法律监督。 |
|---|---|---|
| | 狭义 | 特定国家机关,依照法定权限和程序对立法、司法和执法活动的合法性所进行的监督,也称为国家机关的法律监督。 |

---

① ACD
② ABD

（续表）

| 内容 | 监督主体 | 即由谁来监督。在现代民主法治国家,法律监督的主体具有广泛性,包括国家机关、政党、社会组织、公民、大众传媒等。 |
|---|---|---|
| | 监督客体 | 即监督谁。在现代民主法治国家,法律面前人人平等,因而各类进行法律监督的主体同时也是被法律监督的客体。 |
| | 监督内容 | 即监督什么。法律监督的内容包括与客体行为是否合法相关的所有问题,重点是国家行政机关及其公职人员行使行政权的行为和国家司法机关及其公职人员行使司法权的行为。 |
| | 监督权力(利) | 监督主体凭什么进行监督。 |
| | 监督规则 | 即如何进行监督。法律监督的规则包括实体规则和程序规则,实体规则指监督主体和客体所具有的相应的权力(权利)和职责(义务),程序规则指监督主体实施监督活动所应遵循的步骤和方式。 |
| 体系 | 国家监督体系 | 国家法律监督包括国家权力机关、司法机关和行政机关所进行的监督。 |
| | | 国家法律监督具有国家强制力和法的效力,是我国法律监督体系的核心。 |
| | 社会监督体系 | 中国共产党的监督 |
| | | 社会组织的监督 |
| | | 公民的监督 |
| | | 法律职业群体的监督 |
| | | 新闻舆论的监督 |

【历年真题】

**1.** 王某向市环保局提出信息公开申请,但未在法定期限内获得答复,遂诉至法院,法院判决环保局败诉。关于该案,下列哪些说法是正确的?① （16/1/60,单选）

A. 王某申请信息公开属于守法行为

B. 判决环保局败诉体现了法的强制作用

C. 王某起诉环保局的行为属于社会监督

D. 王某的诉权属于绝对权利

【解析】 守法指的是所有社会主体,依据法律行使权利和履行义务的行为。王某申请信息公开属于行使权利的行为,属于守法行为,故 A 对。

法院判决环保局败诉,是法院依据法律对环保局的行为作出了评价,认为环保局的行为违法,故体现了法律的评价作用(司法部的答案认为体现了法的强制作用,我认为不妥,强制作用必须有强制性措施比如法律制裁的适用,但本题题干中并无强制的信息)。

王某起诉环保局的行为属于社会监督,因为王某不是国家机关而是社会主体,故 C 对。

王某的诉权针对的是环保局,义务人是特定的,属于相对权利而非绝对权利。

**2.** 律师潘某认为《母婴保健法》与《婚姻登记条例》关于婚前检查的规定存在冲突,遂向全国人大常委会书面提出了进行审查的建议。对此,下列哪一说法是错误的?② （15/1/11）

A.《母婴保健法》的法律效力高于《婚姻登记条例》

---

① ABC

② B

B. 如全国人大常委会审查后认定存在冲突,则有权改变或撤销《婚姻登记条例》
C. 全国人大相关专门委员会和常务委员会工作机构需向潘某反馈审查研究情况
D. 潘某提出审查建议的行为属于社会监督

## 第三节　法律适用的一般原理

### 一、法律适用的目标

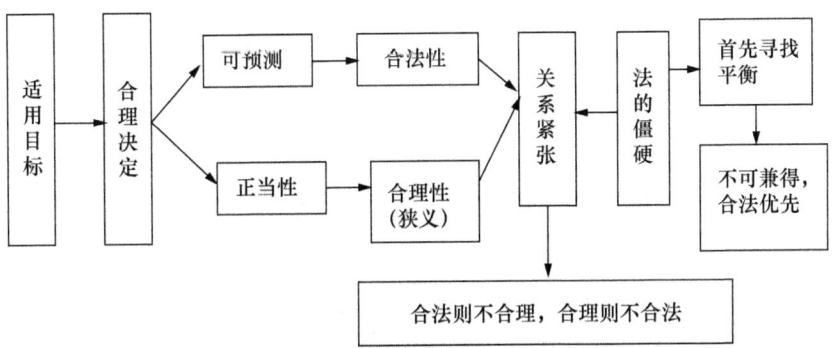

1. 法律人适用法律最直接的目标就是为了得到一个合理的决定。在法治社会,所谓合理的法律决定就是指法律决定具有可预测性和正当性。

2. 可预测性是形式主义法治的要求,正当性是实质法治的要求。

3. 可预测性要求法律人依据法律做出决定,限制和削弱其自由裁量权。可预测性又称合法性、安定性。

4. 正当性是指按照实质价值和某些道德考量,法律决定是正当的或正确的。实质价值和道德主要是指特定法治国家或宪政国家的宪法所规定的一些国公民都承认的、法律和公共权力保障和促进的实质价值,如自由、平等、人权、正义的观念等。正当性又称合理性、可接受性、合目的性。

5. 从作为整体的法治来说,它要求做法律整体决定的人应该努力在可预测性和正当性之间寻找最佳的协调。在现代法治社会,人们总是要求二者兼备。

6. 由于法律自身的局限性,法律决定的可预测性和正当性之间可能会存在矛盾和冲突,有时候是难以兼得的。对特定的一个时间段内特定的国家的法律人来说,法律决定的可预测性具有初始的优先性。

【历年真题】

"法律人适用法律的最直接目标就是要获得一个合理的决定。在法治社会,所谓合理的法律决定就是指法律决定具有可预测性和正当性。"对于这一段话,下列说法正确的是①:(14/1/92)

A. 正当性是实质法治的要求

---

① ABCD

B. 可预测性要求法律人必须将法律决定建立在既存的一般性的法律规范的基础上
C. 在历史上,法律人通常借助法律解释方法缓解可预测性与正当性之间的紧张关系
D. 在法治国家,法律决定的可预测性是理当崇尚的一个价值目标

## 二、法律适用的步骤

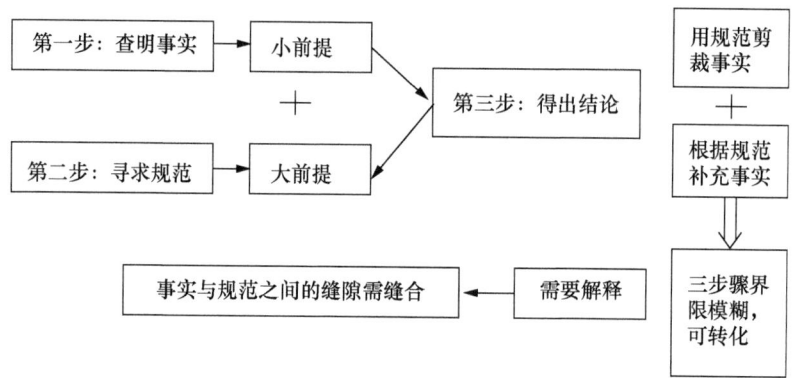

1. 法律人适用法律规范解决具体个案的过程就是一个形式逻辑上三段论的推理过程。首先查明案件事实作为小前提,其次寻求法律规范作为大前提,然后根据两个前提得出法律结论。

2. 在实际的法律实践中,三个步骤界限模糊并可以相互转化。如查明事实的过程就是目光在事实与规范之间流连反转、来回穿梭的过程。

3. 法律人通过法律解释就是要对一般和个别之间的缝隙进行缝合,解释要解决规范和事实之间的紧张关系。因此法律解释是法律适用的基础。

## 三、内部证成与外部证成的区分

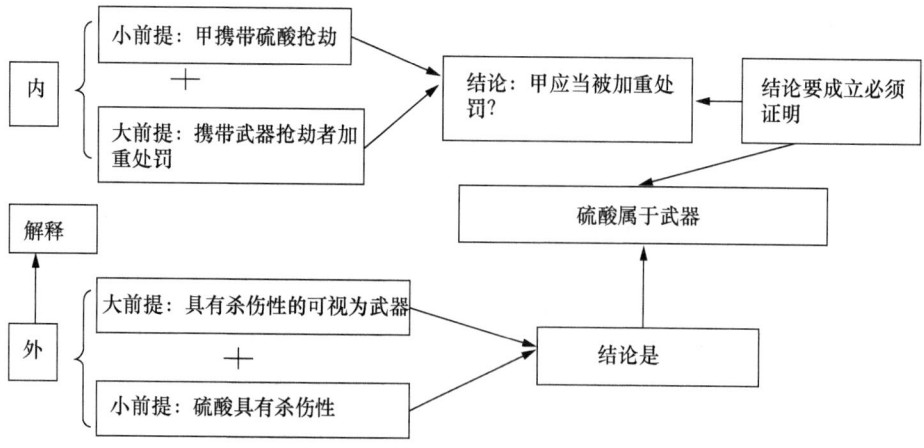

1. 内部证成是为了证明案件的结论是否成立的,即为案件结论提供充足理由。外部证成

是为了证明赖以证明结论的前提是否成立,包括三个方面:大前提是否成立、小前提是否成立、大前提是否能够涵摄小前提。一句话,内部证成证明结论,外部证成证明前提。

2. 在法律适用的过程中,内部证成和外部证成是相互关联的,外部证成是将一个新的三段论附加在证据的链条中,这个新的三段论是用来支持内部证成中的前提。

3. 法律推理或法律适用在整体框架上是一个三段论,而且是大三段论套小三段论。这就意味着在外部证成的过程中也必然涉及内部证成。

4. 法律人在证成前提的过程中必须遵循一定的推理规则,即法律决定所依赖的前提得到一定的法律渊源和法律解释的支持,但是这个前提作为一个判断或结论如果不是从该前提所依赖的前提中逻辑地推出的,就是不正当或不合理的前提。

5. 法律人在法律适用或者做法律决定的过程中所确立的每一个法律命题或法律判断都必须能够被重构为逻辑上正确的结论。

【历年真题】
**1.** 关于法的适用,下列哪一说法是正确的?① (15/1/15)
　A. 在法治社会,获得具有可预测性的法律决定是法的适用的唯一目标
　B. 法律人查明和确认案件事实的过程是一个与规范认定无关的过程
　C. 法的适用过程是一个为法律决定提供充足理由的法律证成过程
　D. 法的适用过程仅仅是运用演绎推理的过程

**2.** 原告与被告系亲兄弟,父母退休后与被告共同居住并由其赡养。父亲去世时被告独自料理后事,未通知原告参加。原告以被告侵犯其悼念权为由诉至法院。法院认为,按照我国民间习惯,原告有权对死者进行悼念,但现行法律对此没有规定,该诉讼请求于法无据,判决原告败诉。关于此案,下列哪一说法是错误的?② (14/1/12)
　A. 本案中的被告侵犯了原告的经济、社会、文化权利
　B. 习惯在我国是一种非正式的法的渊源
　C. 法院之所以未支持原告诉讼请求,理由在于被告侵犯的权利并非法定权利
　D. 在本案中法官对判决进行了法律证成

**3.** 关于适用法律过程中的内部证成,下列选项正确的是③: (13/1/86)
　A. 内部证成是给一个法律决定提供充足理由的活动
　B. 内部证成是按照一定的推理规则从相关前提中逻辑地推导出法律决定的过程
　C. 内部证成是对法律决定所依赖的前提的证成
　D. 内部证成和外部证成相互关联

**4.** 张某与王某于2000年3月登记结婚,次年生一女小丽。2004年12月张某去世,小丽随王某生活。王某不允许小丽与祖父母见面,小丽祖父母向法院起诉,要求行使探望权。法官在审理中认为,我国《婚姻法》虽没有直接规定隔代亲属的探望权利,但正确行使隔代探望权有利于儿童健康成长,故依据《民法通则》第7条有关"民事活动应当尊重社会公德"的规定,

---

① C
② A
③ ABD

判决小丽祖父母可以行使隔代探望权。关于此案,下列哪些说法是正确的?① （12/1/53）
A. 我国《婚姻法》和《民法通则》均属同一法律部门的规范性文件,均是"基本法律"
B. "民事活动应当尊重社会公德"的规定属于命令性规则
C. 法官对判决理由的证成是一种外部证成
D. 法官的判决考虑到法的安定性和合目的性要求

## 第四节　法律推理

### 一、法律推理的概念、特点

（一）法律推理的规则

法律推理就是指法律人在从一定的前提推导出法律决定的过程中所必须遵循的推论规则。

（二）法律推理的特点

1. 法律推理是以法律以及法学中的理或理由为依据的。

2. 法律推理受现行法律的约束。法律的正式渊源或非正式渊源都可以成为法律推理中的"理由"。

3. 法律推理是一种寻求正当性证明的推理。

法律推理的核心主要是为行为规范或人的行为是否正确或妥当提供正当理由。法律推理所要回答的问题是:规则的正确含义及其有效性是否正当的问题,当事人是否拥有权利、是否应有义务、是否应负法律责任等问题。

### 二、法律推理的种类

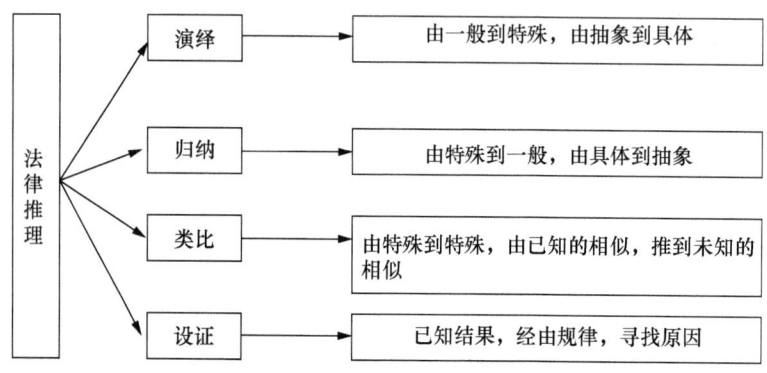

（一）演绎

司法中的三段论是直言三段论。直言三段论是由三个直言命题组成的演绎论证,其中包含且仅包含三个词项,每个词项在其构成命题中出现两次。

---

① ACD

1. 大项、小项和中项

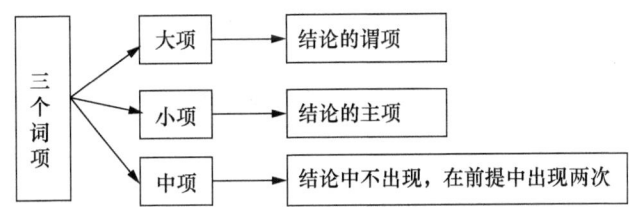

（1）任何论证都是由命题构成的，所谓命题是人们通常使用陈述句所断定的东西。

（2）谓项也称谓词，简单判断中表示事物的性质或事物之间的关系的概念。如命题"按劳分配是社会主义的分配原则"中的"社会主义的分配原则"就是谓项，而按劳分配是主项，也叫主词。

【案例】

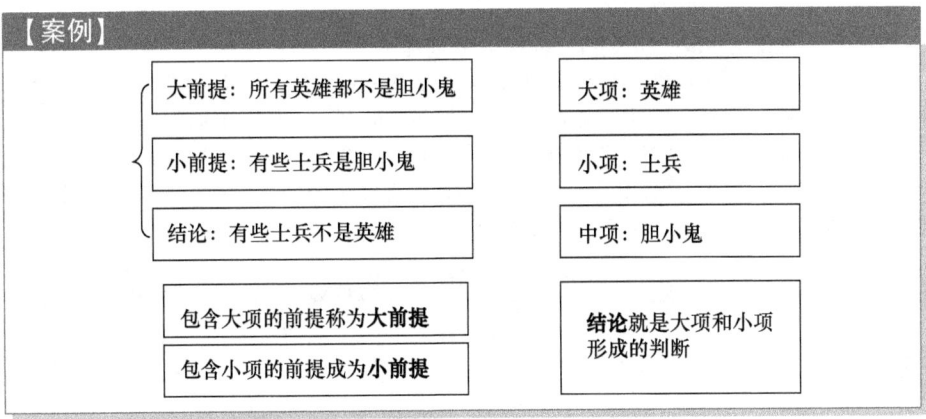

2. 三段规则和三段论谬误

**规则1　避免四项**

一个有效的标准式直言三段论必须仅仅包含三个项，在整个论证中，每一个项都须在相同的意义上使用，否则将会导致四项谬误。

【案例】　四项谬误

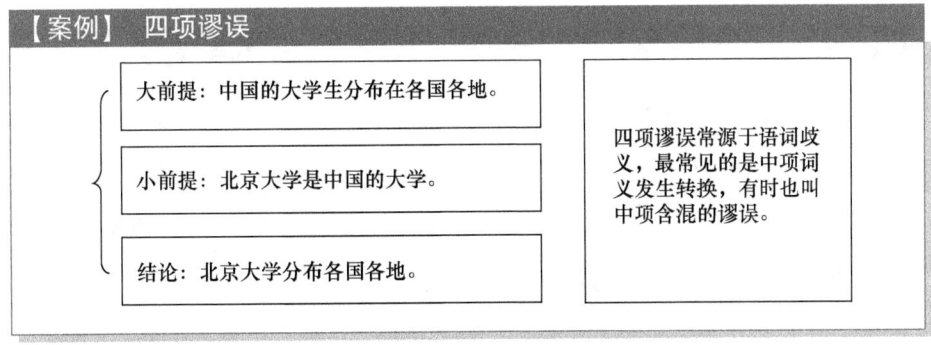

**规则2  中项至少在一个前提中周延**

如果命题述及一个词项所指称的全部对象,则该项在命题中就是周延的。如果中项在两个前提中都不周延,推出结论所需的词项关联就不能建立。这种情形叫中项不周延谬误。

【案例】 中项不周延

- 大前提:所有的五毛党都是爱钱的人。
- 小前提:所有的小市民都是爱钱的人。
- 结论:所有的小市民都是五毛党。

一个有效的三段论,其中项必定至少在一个前提中是周延的。此例中,"爱钱的人"在两个前提中均不周延。

**规则3  在结论中周延的项在前提中也必须周延**

述及一个类的全部对象,比述及其中的某些对象要断定更多。所以,如果三段论前提中不周延的项在结论中周延,也就是结论断定了比前提更多的东西。但是,有效的论证要求前提必须能逻辑地推出结论,结论绝不能比前提断定得更多。可以说,在结论中周延而在前提中不周延的项说明结论超出了前提,跑得太远了。这种谬误叫做不当周延。不当周延有两种形式:大项的不当周延(非法大项)和小项的不当周延(非法小项)。

【案例】 非法大项

- 大前提:所有的狗都是动物。
- 小前提:没有猫是狗。
- 结论:没有猫是动物。

此处大项是动物,大前提中没有对所有动物做断言,而结论断定所有的动物都不包含猫。

【案例】 非法小项

- 大前提:所有的武器都具有杀伤性。
- 小前提:所有的武器都可以用来犯罪。
- 结论:所有用来犯罪的工具都有杀伤性。

此例中犯罪工具是小项。结论断定了所有犯罪的工具,而在小前提中并没有这样断言。

**规则4　避免出现两个否定的前提**

任何否定的命题都否认类的包含关系,断定一个类的部分或者全部被排除在另一个类的全体之外。但是由两个断定这种排斥性的前提中不能得出结论中的联系。因此,不可能是有效的论证。这种错误叫做排斥前提谬误。

【案例】　排斥前提谬误

大前提:所有河南人都不是黑人。
小前提:周晗隽不是河南人。
结论:周晗隽不是黑人。

此例中周晗隽是小项,黑人是大项,河南人是中项。否定前提没有告诉我们小项和大项之间的明确关系。

**规则5　如果有一个前提是否定的,那么结论必须是否定的**

肯定的结论只能由两个肯定的前提得到,违反这条规则的错误叫做从否定推肯定的谬误。

【案例】　从否定推肯定的谬误

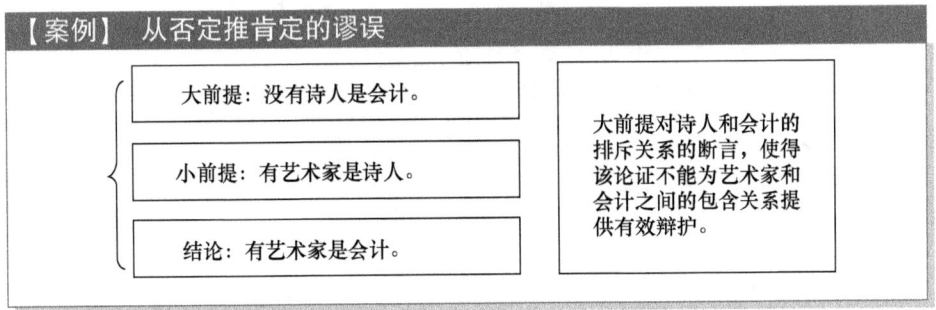

大前提:没有诗人是会计。
小前提:有艺术家是诗人。
结论:有艺术家是会计。

大前提对诗人和会计的排斥关系的断言,使得该论证不能为艺术家和会计之间的包含关系提供有效辩护。

**规则6　两个全称前提得不出特称结论**

【案例】　存在谬误

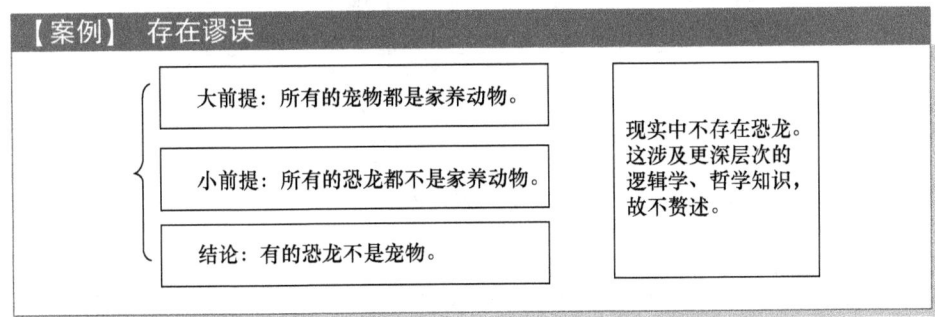

大前提:所有的宠物都是家养动物。
小前提:所有的恐龙都不是家养动物。
结论:有的恐龙不是宠物。

现实中不存在恐龙。这涉及更深层次的逻辑学、哲学知识,故不赘述。

## (二) 归纳

### 1. 归纳的概念

(1) 归纳(统计)三段论

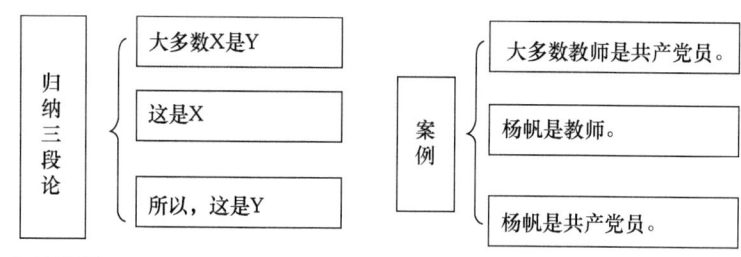

(2) 归纳概括

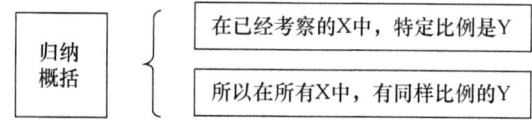

【案例】

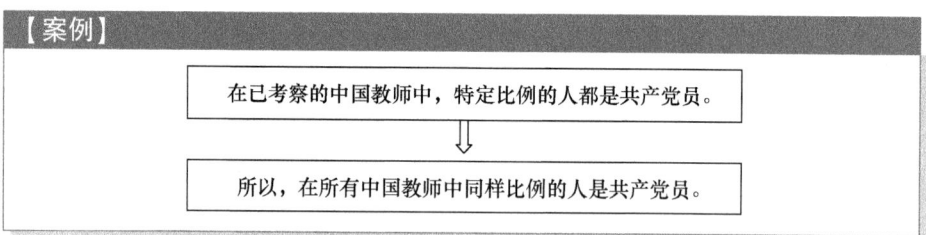

### 2. 归纳推理的规则

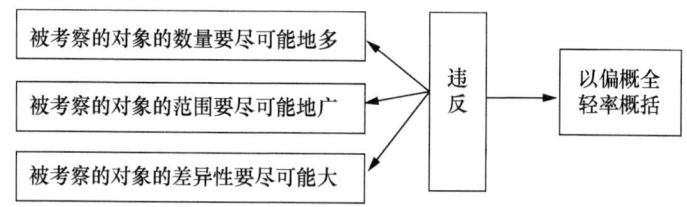

### 3. 归纳推理与演绎推理的区别

(1) 演绎推理具有必然性:前提为真,结论必然为真。
(2) 归纳推理具有或然性:前提为真,结论不一定成立。

### 4. 法律适用中运用类比推理应该遵循的规则

除了所列举事例或案例具有足够的代表性,累计经验中的事例或案例数量越大,推理所得的结论正确的或然性就越高。

(三) 类比
1. 类比的基本结构

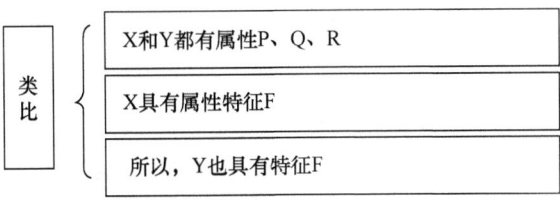

【案例】

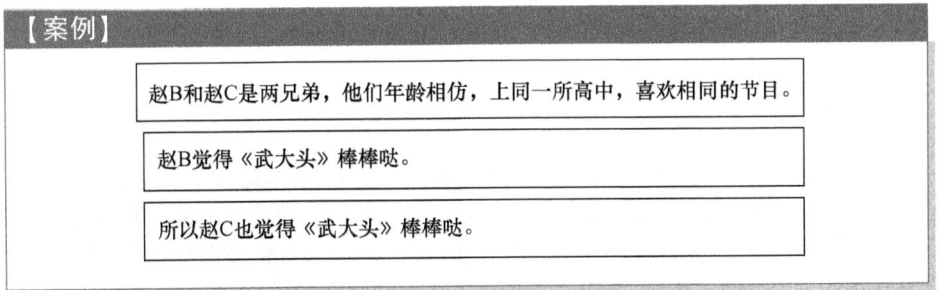

2. 法律实践中的类比推理

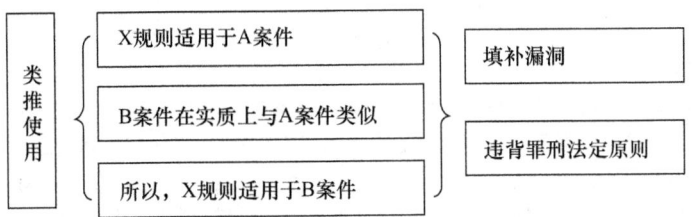

（1）类比推理是英美法系法庭推理的基本工具之一。法官不是事先摆出严格的法规,他们往往这样推理,因为两个案件——早先已判决的案件和手头上待判决的案件——有相同的特点,他们应当具有相同的判决结果。例如,一旦做出不能禁止3K党发表言论的判决,那么法庭可能通过类比论证而得出不能禁止纳粹党游行的结论。通过判例的类比论证一旦做出,人们将确定和强调以前的案子和手头案件之间的类似的那些特点。

（2）在民事法律裁判中,可以用类比推理的方法来填补法律的空白。但是如果在刑事案件中进行类比推理则违背了罪刑法定原则,因而现代刑法禁止对刑事被告不利的类比推理。

(四) 设证

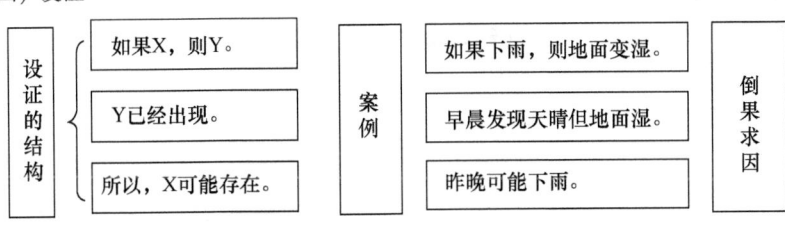

1. 设证推理是已知结果经由已被证实的规则去寻找原因,但是导致某一结果的原因往往不止一个,我们只是假定了其中一个最有可能的原因,故设证推理具有或然性。

2. 设证推理在司法实践中具有重要的地位。因为我们首先遇到的是案件的结果,要寻找导致案件发生的原因必须进行设证。

【历年真题】

**1.** 新郎经过紧张筹备准备迎娶新娘。婚礼当天迎亲车队到达时,新娘却已飞往国外,由其家人转告将另嫁他人,离婚手续随后办理。此事对新郎造成严重伤害。法院认为,新娘违背诚实信用和公序良俗原则,侮辱了新郎人格尊严,判决新娘赔偿新郎财产损失和精神抚慰金。关于本案,下列哪些说法可以成立?① (14/1/52)

A. 由于缺乏可供适用的法律规则,法官可依民法基本原则裁判案件
B. 本案法官运用了演绎推理
C. 确认案件事实是法官进行推理的前提条件
D. 只有依据法律原则裁判的情形,法官才需提供裁判理由

**2.** 赵某与陈女订婚,付其5 000元彩礼,赵母另付其1 000元"见面礼"。双方后因性格不合解除婚约,赵某诉请陈女返还该6 000元费用。法官根据《婚姻法》和最高法院《关于适用〈婚姻法〉若干问题的解释(二)》的相关规定,认定该现金属彩礼范畴,按照习俗要求返还不违反法律规定,遂判决陈女返还。对此,下列哪一说法是正确的?② (13/1/12)

A. 法官所提及的"习俗"在我国可作为法的正式渊源
B. 在本案中,法官主要运用了归纳推理技术
C. 从法理上看,该判决不符合《婚姻法》第19条"夫妻可以约定婚姻关系存续期间所得的财产"之规定
D. 《婚姻法》和《关于适用〈婚姻法〉若干问题的解释(二)》均属于规范性法律文件

**3.** 范某参加单位委托某拓展训练中心组织的拔河赛时,由于比赛用绳断裂导致范某骨折致残。范某起诉该中心,认为事故主要是该中心未尽到注意义务引起,要求赔偿10万余元。法院认定,拔河人数过多导致事故的发生,范某本人也有过错,判决该中心按40%的比例承担责任,赔偿4万元。关于该案,下列哪一说法是正确的?③ (13/1/15)

A. 范某对案件仅做了事实描述,未进行法律判断
B. "拔河人数过多导致了事故的发生"这一语句所表达的是一种裁判事实,可作为演绎推理的大前提
C. "该中心按40%的比例承担责任,赔偿4万元"是从逻辑前提中推导而来的
D. 法院主要根据法律责任的效益原则作出判决

**4.** 中学生小张课间打篮球时被同学小黄撞断锁骨,小张诉请中学和小黄赔偿1.4万余元。法院审理后认为,虽然两被告对原告受伤均没有过错,不应承担赔偿责任,但原告毕竟为小黄所撞伤,该校的不当行为也是伤害事故发生的诱因,且原告花费1.3万余元治疗后尚未完

---

① ABC
② D
③ C

全康复,依据公平原则,法院酌定两被告各补偿 3 000 元。关于本案,下列哪一判断是正确的?① (12/1/12)

A. 法院对被告实施了法律制裁
B. 法院对被告采取了不诉免责和协议免责的措施
C. 法院做出对被告有利的判决,在于对案件事实与规范之间的关系进行了证成
D. 被告承担法律责任主要不是因为行为与损害间存在因果关系

5. 李某因热水器漏电受伤,经鉴定为重伤,遂诉至法院要求厂家赔偿损失,其中包括精神损害赔偿。庭审时被告代理律师辩称,一年前该法院在审理一类似案件时并未判决给予精神损害赔偿,本案也应作相同处理。但法院援引最新颁布的司法解释,支持了李某的诉讼请求。关于此案,下列认识正确的是② : (15/1/89)

A. "经鉴定为重伤"是价值判断而非事实判断
B. 此案表明判例不是我国正式的法的渊源
C. 被告律师运用了类比推理
D. 法院生效的判决具有普遍约束力

6. 在宋代话本小说《错斩崔宁》中,刘贵之妾陈二姐因轻信刘贵欲将她休弃的戏言连夜回娘家,路遇年轻后生崔宁并与之结伴同行。当夜盗贼自刘贵家盗走 15 贯钱并杀死刘贵,邻居追赶盗贼遇到陈、崔二人,因见崔宁刚好携带 15 贯钱,遂将二人作为凶手捉拿送官。官府当庭拷讯二人,陈、崔屈打成招,后被处斩。关于该案,下列哪一说法是正确的?③ (16/1/12)

A. 话本小说《错斩崔宁》可视为一种法的非正式渊源
B. 邻居运用了设证推理方法断定崔宁为凶手
C. "盗贼自刘贵家盗走 15 贯钱并杀死刘贵"所表述的是法律规则中的假定条件
D. 从生活事实向法律事实转化需要一个证成过程,从法治的角度看,官府的行为符合证成标准

【解析】 法的非正式渊源是指虽然没有明确的条文规定其效力,但是对法官裁判案件具有说服力,并能够成为法律裁判案件大前提来源的东西。《错斩崔宁》并不能成为法官裁判的依据,故 A 项的说法错误。

设证推理的模式是:已知结果,经由日常生活中的经验法则,寻找导致某一结果发生的原因。在本案中,邻居看到的结果是刘贵被杀且 15 贯铜钱被盗,经验法则是只要身上有 15 贯铜钱的人就有杀人的嫌疑,结论是崔宁身上正好有 15 贯铜钱,且崔宁正好和陈二姐同行,故崔陈二人有杀人盗钱私奔的嫌疑。该推理过程是一个典型的设证推理,故 B 项的说法正确。

"盗贼自刘贵家盗走 15 贯钱并杀死刘贵"是对案件事实的描述,不是法规规则中的假定条件。故 C 项说法错误。

法官据以定案的事实是能够被证据链条证明了的法律事实。证据需要具有合法性和真实性。而且在事实案件中,证明链条的构建要能够排除合理怀疑。本案中,证据是通过拷讯的方式获得,不具有合法性,而且据以定案的证据太过于单薄,尚不能排除合理怀疑,因而法官的证明不符合证成标准。故 D 项的说法错误。

---

① C
② BC
③ B

## 第五节 法律解释

### 一、法律解释的概念

(一) 法律解释的含义与特点

1. 法律解释的含义

(1) 一定的人、组织以及国家机关在法律运用或实施过程中对表达法律的语言的意义的揭示、说明和选择。

(2) 法律解释必须遵循解释的循环原理。循环原理是指对整体的理解和把握,需要建立在理解其组成部分的基础之上;而对于部门的理解和把握,又只能建立在对整体的理解的基础上。

2. 法律解释的特征

(1) 法律解释的对象具有制度性。法律解释的对象是能够作为裁判案件大前提来源的文本和资料,主要是制定法、习惯等,除了习惯,其他对象都是制度性行为的结果。

(2) 法律解释与具体案件密切相关。首先,法律解释是由有待处理的案件所引起的;其次,法律解释要将条文与案件事实结合起来进行。

(3) 法律解释具有实践性和目的性。法律解释是一个评判的过程,具有强烈的目的性。依据法律规范评价个别案件,就成为贯彻法律意图的主要过程。尤其是在出现疑难案件时,更需要法官创造性地依据法律的基本目的,对案件做出恰当的衡量。

(二) 法律解释的种类

| 根据解释的主体和解释的效力 | 正式解释 | 由特定的国家机关、官员或其他有解释权的人对法律作出的具有法律上约束力的解释,又称法定解释、有权解释。我国的法定解释可以分为立法、司法和行政解释。 |
| --- | --- | --- |
| | 非正式解释 | 也称学理解释,一般是指由学者或其他个人及组织对法律规定所做的不具有法律约束力的解释。这种解释不能被作为执行法律的依据。 |

### 二、法律解释的方法与位阶

(一) 法律解释的方法

1. 文义解释

(1) 也叫语法解释、文法解释、文理解释,指按照日常的、一般的或法律的语言使用方式清晰地描述制定法的某个条款的内容,这种方法要求解释者必须对语言使用方式或规则的有效性进行证成。

(2) 文义解释的特点,是将解释的焦点集中在语言上,而不顾及根据语言解释出的结果是否公正、合理。

2. 立法者的目的解释

(1) 又称主观目的解释,是指根据参与立法的人的意志或立法资料揭示某个法律规定的含义,或者说将对某个法律规定的解释建立在参与立法的人的意志或立法资料的基础之上。

(2) 这种解释方法要求解释者对立法的目的或意图进行证成,而要完成这个任务,解释者必须以一定的立法资料如会议记录、委员会的报告等为依据。

3. 历史解释

(1) 指依据正在讨论的法律问题的历史事实对某个法律规定进行解释。

(2) 它的具体内容是:

① 正在讨论的法律问题的特定解决方案在过去曾被实施过;

② 该方案导致了一个后果 F;

③ F 是不合乎社会道德标准的;

④ 过去与现在的情形不同,不能充分地排除 F 在目前的情形下不会出现;

⑤ 该解决方案在目前也许不被称赞。

(3) 这种方法要求解释者要对历史事实及其与现实情形的差异进行证成,而且要对"F 是不是符合社会道德标准"的命题进行证成。

4. 比较解释

(1) 根据外国的立法例和判例学说对某个法律规定进行解释。

(2) 如果说历史解释是利用历史已经发生的法律状况证成某个解释结果,那么比较解释是利用另一个社会或国家的状况证成某个解释结果。

(3) 无论是英美法系还是大陆法系国家的法院,都有利用外国立法情况及判例学说解释本国法律的例子。对于中国这样大规模地移植其他国家法律制度及法学的国家的法制实践来说,比较解释的重要性是不言而喻的。

5. 体系解释

(1) 也叫逻辑解释或系统解释,指将被解释的法律条文放在整部法律乃至整个法律体系中,联系此法条与其他法条之间的关系进行解释。

(2) 它的具体形式是某个法律规定的解释结果 R1 与已被承认的有效的其他法律规定的含义 R2 相矛盾,那么 R1 必须被承认是无效的,也就是说,它是利用逻辑中的矛盾律来支持或反对某个解释结果,因此也被称为逻辑解释。

6. 客观目的解释

(1) 这种学说认为法律解释的目标不是在于探求历史上立法者事实上的意思,法律从被颁布之日起,就有它自身的目的。

(2) 法律解释的目标就是探求这一内在于法律的目标。用来决定法律目标的时间点是裁判时。

(二) 各种解释方法的功能

1. 文义解释和立法者的目的解释是使法律使用者在做法律决定时严格受制于制定法,相对于其他解释方法,这两种解释方法使法律适用的确定性和可预测性得到最大可能的保证。

2. 历史解释和比较解释容许法律适用者在做法律决定时可以参酌历史法律经验和其他国家或社会的法律经验。

3. 体系解释有助于维护特定国家法律秩序的统一,从而保障法律适用的一致性。

4. 客观目的解释可以使法律决定与特定社会的伦理与道德相一致,从而使法律决定具有最大可能的正当性。

(三) 法律解释的位阶

1. 各种解释方法之所以具有不同的功能,是因为他们各自指出了在法律解释中考虑的因素不同或提出问题的视角不同,而这就意味着在具体的情景下按照不同的法律解释方法对同一个法律规定进行解释可能会得出完全不同的解释结果,这种结果的出现导致了法律适用的不确定性。消除这种不确定性的方法是在各种法律解释之间确立一个位阶关系。

2. 现在大部分法学家都认可下列位阶:
文义解释 → 体系解释 → 立法者的目的解释 → 历史解释 → 比较解释 → 客观目的解释

3. 上述位阶关系是相对的而不是绝对的,在具体案件中可能会有不同。但是法律人在推翻上述位阶所确定的各种方法之间优先性关系时,必须要予以充分论证,即只有存在更强理由的情况下,法律人才可以推翻那些有限性关系。

【总结】

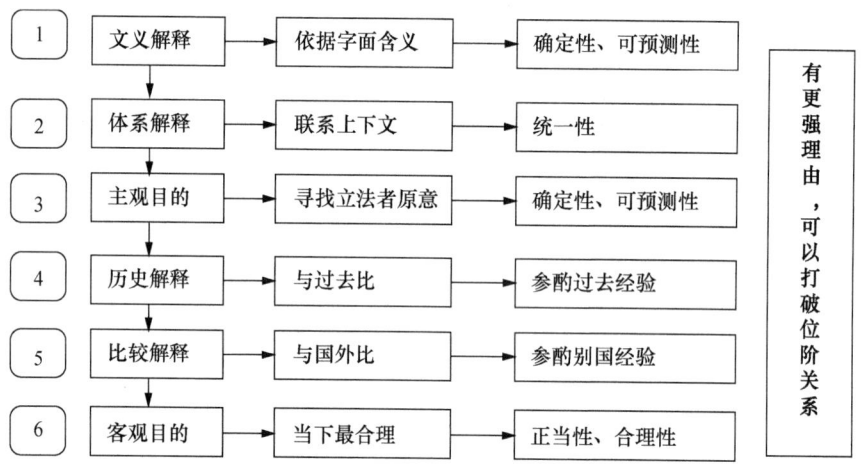

【历年真题】

1. 在莎士比亚喜剧《威尼斯商人》中,安东尼与夏洛克订立契约,约定由夏洛克借款给安东尼,如不能按时还款,则夏洛克将在安东尼的胸口割取一磅肉。期限届至,安东尼无力还款,夏洛克遂要求严格履行契约。安东尼的未婚妻鲍西娅针锋相对地向夏洛克提出:可以割肉,但仅限一磅,不许相差分毫,也不许流一滴血,惟其如此方符合契约。关于该故事,下列说法正确的是:①(16/1/90)

A. 夏洛克主张有约必践,体现了强烈的权利意识和契约精神
B. 夏洛克有约必践(即使契约是不合理的)的主张本质上可以看做是"恶法亦法"的观点
C. 鲍西娅对契约的解释运用了历史解释方法
D. 安东尼与夏洛克的约定遵循了人权原则而违背了平等原则

---

① AB

【解析】 历史解释方法是指把现在的法律问题和过去的法律问题进行比较,从而保持现在和过去的一致性。鲍西亚对合同进行了严格的字面解释而非历史解释,故C错。

安东尼与夏洛克订立的契约是两个平等的民事主体在自愿的情况下订立的,既体现了平等原则,也体现了自由原则,所以D项说法错误。

2. 张某出差途中突发疾病死亡,被市社会保障局认定为工伤。但张某所在单位认为依据《工伤保险条例》,只有"在工作时间和工作岗位突发疾病死亡"才属于工伤,遂诉至法院。法官认为,张某为完成单位分配的任务,须经历从工作单位到达出差目的地这一过程,出差途中应视为工作时间和工作岗位,故构成工伤。关于此案,下列哪些说法是正确的?① (15/1/59)

   A. 解释法律时应首先运用文义解释方法
   B. 法官对条文作了扩张解释
   C. 对条文文义的扩张解释不应违背立法目的
   D. 一般而言,只有在法律出现漏洞时才需要进行法律解释

3. 张林遗嘱中载明:我去世后,家中三间平房归我妻王珍所有,如我妻今后嫁人,则归我侄子张超所有。张林去世后王珍再婚,张超诉至法院主张平房所有权。法院审理后认为,婚姻自由是宪法基本权利,该遗嘱所附条件侵犯了王珍的婚姻自由,违反《婚姻法》规定,因此无效,判决张超败诉。对于此案,下列哪一说法是错误的?② (14/1/13)

   A. 婚姻自由作为基本权利,其行使不受任何法律限制
   B. 本案反映了遗嘱自由与婚姻自由之间的冲突
   C. 法官运用了合宪性解释方法
   D. 张林遗嘱处分的是其财产权利而非其妻的婚姻自由权利

【解析】 此题的关键是出现了一个陌生的名词:合宪解释。合宪解释是指法律适用者在法律适用时应当依据宪法的规定和精神来解释阶位较低的法律的一种基本的法律解释方法。

4. 甲骑车经过乙公司在小区内的某施工场地时,由于施工场地湿滑摔倒致骨折,遂诉至法院请求赔偿。由于《民法通则》对"公共场所"没有界定,审理过程中双方对施工场地是否属于《民法通则》中的"公共场所"产生争议。法官参考《刑法》《集会游行示威法》等法律和多个地方性法规对"公共场所"的规定后,对"公共场所"作出解释,并据此判定乙公司承担赔偿责任。关于此案,下列哪些选项是正确的?③ (14/1/55)

   A. 法官对"公共场所"的具体含义的证成属于外部证成
   B. 法官运用了历史解释方法
   C. 法官运用了体系解释方法
   D. 该案表明,同一个术语在所有法律条文中的含义均应作相同解释

---

① ABC
② A
③ AC

**5.** 杨某与刘某存有积怨,后刘某服毒自杀。杨某因患风湿病全身疼痛,怀疑是刘某阴魂纠缠,遂先后3次到刘某墓地掘坟撬棺,挑出刘某头骨,并将头骨和棺材板移埋于自家责任田。事发后,检察院对杨某提起公诉。一审法院根据《中华人民共和国刑法》第302条的规定,认定杨某的行为构成侮辱尸体罪。杨某不服,认为坟内刘某已成白骨并非尸体,随后上诉。杨某对"尸体"的解释,属于下列哪些解释?① (12/1/55)

A. 任意解释　　　B. 比较解释　　　C. 文义解释　　　D. 法定解释

### 三、当代中国的法律解释体制

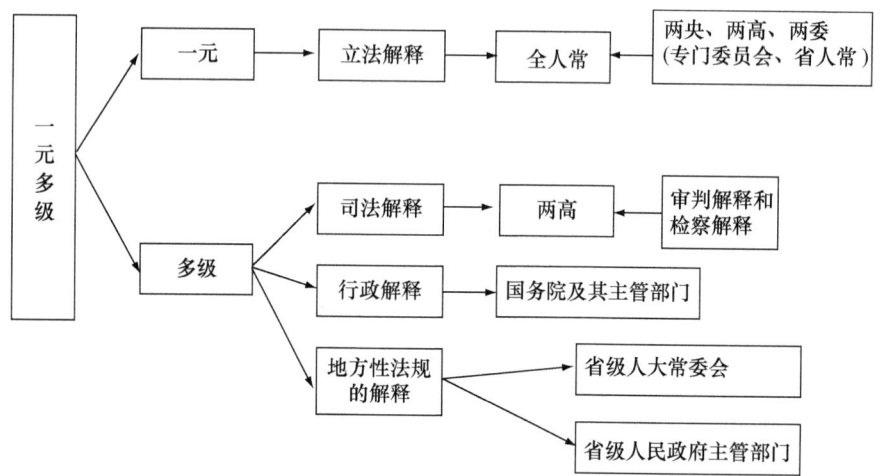

1. 需要全国人大常委会解释的情形:法律的规定需要进一步明确具体含义的;法律制定后出现新的情况,需要明确适用法律依据的。

2. 全国人民代表大会常务委员会的法律解释同法律具有同等效力。

3. 最高人民法院和最高人民检察院的解释如果有原则性的分歧,报请全国人民代表大会常委会解释或决定。

4. 两高的解释应当自公布之日起30日内报全国人民代表大会常务委员会备案。

5. 有关主体可以针对司法解释提出审查要求和审查建议,具体程序和立法法规定的对法规类文件的审查一样,此不赘述。不同的地方在于:专门委员会认为司法解释同法律规定相抵触,而两高不予修改或者废止的,可以提出要求两高予以修改、废止的议案,或者提出由全国人民代表大会常务委员会作出法律解释的议案,由委员长会议决定提请常务委员会审议。

6. 不属于审判和检察工作中的其他法律、法令如何具体应用的问题,由国务院及其主管部门进行解释。

7. 凡属于地方性法规条文本身需要进一步明确界限或做补充规定的,由制定法规的省、自治区、直辖市人大常委会进行解释或作出规定。凡属于地方性法规如何具体应用的问题,由省、自治区、直辖市人民政府主管部门进行解释。

---

① AC

## 【历年真题】

**1.** 《全国人民代表大会常务委员会关于〈中华人民共和国刑法〉第一百五十八条、第一百五十九条的解释》中规定:"刑法第一百五十八条、第一百五十九条的规定,只适用于依法实行注册资本实缴登记制的公司。"关于该解释,下列哪一说法是正确的?① （16/1/13）

A. 效力低于《刑法》

B. 全国人大常委会只能就《刑法》作法律解释

C. 对法律条文进行了限制解释

D. 是学理解释

【解析】 全国人大常委会的解释和法律具有同等的效力,故 A 项错误。

对于全国人大及其常委会制定的法律,法律解释权属于全国人民代表大会常务委员会。法律有以下情况之一的,由全国人民代表大会常务委员会解释:(1) 法律的规定需要进一步明确具体含义的;(2) 法律制定后出现新的情况,需要明确适用法律依据的。故 B 项的说法错误。

该解释把公司解释为"依法实行注册资本实缴登记制的公司"显然缩小的公司一词词义的外延,故属于限制解释。

全国人大常委会的解释属于正式解释而非学理解释,故 D 错。

**2.** 《最高人民法院关于适用〈中华人民共和国合同法〉若干问题的解释(二)》第十九条规定:"对于合同法第七十四条规定的'明显不合理的低价',人民法院应当以交易当地一般经营者的判断,并参考交易时交易地的物价部门指导价或者市场交易价,结合其他相关因素综合考虑予以确认。"关于该解释,下列哪些说法是正确的?② （15/1/60）

A. 并非由某个个案裁判而引起

B. 仅关注语言问题而未涉及解释结果是否公正的问题

C. 具有法律约束力

D. 不需报全国人大常委会备案

**3.** 《最高人民法院、最高人民检察院关于办理赌博刑事案件具体应用法律若干问题的解释》第二条规定:"以营利为目的,在计算机网络上建立赌博网站,或者为赌博网站担任代理,接受投注的,属于刑法第三百零三条规定的'开设赌场'"。关于该解释,下列哪一说法是不正确的?③ （14/1/14）

A. 属于法定解释

B. 对刑法条文做了扩大解释

C. 应当自公布之日起 30 日内报全国人大常委会备案

D. 运用了历史解释方法

---

① C

② AC

③ D

# 第三章 法的演进

【本章重点难点提示】

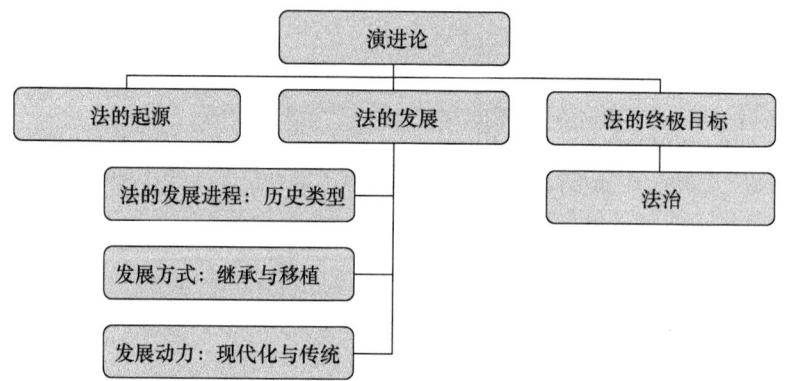

1. 法律起源的三个根源、三个规律、三个标志；
2. 法的历史类型理论；
3. 法系理论；
4. 中国法律传统与中国法律现代化；
5. 法治理论。

## 第一节 法的起源

### 一、法的起源学说

1. 非马克思主义的学说

（1）神创说

即法是由神创造的，如自然法、神法、人定法源于自然法，或是从神法派生出来的。

① 在西塞罗看来，作为最高理性的自然法来自神的理性，人定法源于自然法。

② 中世纪神学家奥古斯丁提出：秩序和安排来源于上帝永远的正义和永恒的法律，即神法；人法服从神法，是从神法派生出来的。

③ 中国古代也有类似的认识，如认为法源于天。

（2）暴力说

即法是暴力斗争的产物。如中国法家代表韩非子认为："人民众而财货寡，事力劳而供养薄，故民争"，有斗争、有暴力，才需要解决冲突的规则。

（3）契约说

该说认为，在人类进入政治社会之前有一个自然状态，无国家无法律，但存在一些危及人类发展的因素，人们为了安全，为了进一步的发展，相互缔结契约，放弃部分自然权利，从而进入了政治社会,该契约就是法律。17、18世纪的古典自然法学者大部分都持此说。

(4) 发展说

① 人的能力发展说:随着社会的进化,人的能力有了发展,财富有了增加,社会关系开始复杂,因而需要法。

② 精神发展说:黑格尔认为,绝对精神在自然界产生以前就已经存在,绝对精神发展到了自然阶段,才有了人类,人类精神的发展产生了法。萨维尼等民族精神论者提出,法来自民族精神或历史传统。

(5) 合理管理说

许多法社会学者持此观点,认为一个群体的法律秩序,是基于合理性管理的需要而发展起来的。代表人物是美国法律社会学家塞尔兹尼克。

2. 马克思主义关于法的起源的学说

(1) 法不是从来就有的,法是人类社会发展到一定阶段而产生的,法的产生经历了一个长期发展的过程。

(2) 在原始社会,社会组织的形态经历了原始群、母系氏族、父系氏族的发展,调整社会关系的规范是道德规范、宗教规范和习惯,它们与阶级社会的法是根本不同的。

(3) 在原始社会后期,随着生产力的发展、私有制的产生、阶级的分化和国家的产生而产生的。

## 二、法产生的根源与标志

1. 法产生的根源

(1) 经济根源:私有制的产生和商品经济的发展。

(2) 阶级根源:阶级的产生。

(3) 社会根源:社会的发展。社会的不断发展和进步,导致原始社会既有的社会规范无法适应社会冲突,为了维护新的社会秩序,国家产生了,法也产生了。

2. 法产生的标志

(1) 国家的产生

国家是一种特殊的公共权力系统,凌驾于全社会之上,制定或认可法律,并以其强制力来保障法律的实施;同时,国家权力的存在和行使,也有赖于法的确认,所以,国家的产生也标志着法的产生。

(2) 权利义务观念的形成

原始社会后期,社会中出现了权利义务观念,出现了"我的""你的"之类的区分,且权利义务发生了分离,有人只享有权利,有人只承担义务,这意味着早期人类的法产生了。

(3) 诉讼和司法的出现

原始社会后期,专门的司法机构和司法活动出现了,代替了私力救济,这也是法产生的标志之一。

## 三、法与原始社会规范的关系

1. 共同点

(1) 两者都属于社会规范。

(2) 都要求人们普遍遵守,并且有一定约束力。
(3) 都根源于一定的社会物质生活条件,由各自的经济基础所决定。
(4) 都是调整一定社会关系和社会秩序的重要手段。

2. 区别

|  | 原始社会规范 | 法律 |
| --- | --- | --- |
| 产生的方式 | 在人们共同的生产和生活中自发形成 | 由国家制定和认可 |
| 反映的利益和意志 | 原始社会全体成员的利益和意志 | 统治阶级的利益和意志 |
| 保证实施的力量 | 由社会舆论、传统力量、氏族部落领袖的威信保证实施 | 由国家强制力保证 |
| 适用的范围 | 同血缘的氏族部落成员 | 法律适用于国家主权所及地域内的所有居民 |

### 四、法律产生的一般规律

1. 法从原始社会的道德、宗教规范和习惯中孕育出来,经历了同这些规范浑然一体到相分化并相分离的发展过程。
2. 法的产生经历了一个从个别调整到一般规范性调整,再到法的调整的发展过程。
3. 法的产生经历了一个由习惯到习惯法,再到制定法的发展过程。

**【历年真题】**
"社会的发展是法产生的社会根源。社会的发展,文明的进步,需要新的社会规范来解决社会资源有限与人的欲求无限之间的矛盾,解决社会冲突,分配社会资源,维持社会秩序。适应这种社会结构和社会需要,国家和法这一新的社会组织和社会规范就出现了。"关于这段话的理解,下列哪些选项是正确的?① (12/1/51)
　　A. 社会不是以法律为基础,相反,法律应以社会为基础
　　B. 法律的起源与社会发展的进程相一致
　　C. 马克思主义的法律观认为,法律产生的根本原因在于社会资源有限与人的欲求无限之间的矛盾
　　D. 解决社会冲突,分配社会资源,维持社会秩序属于法的规范作用

## 第二节 法 的 发 展

### 一、法的历史类型

1. 法的历史类型的含义
所谓法的历史类型,是按照法所产生和赖以存在的经济基础及所体现的阶级的意志,对人

---

① AB

类历史上存在过的法所作的划分。凡是建立在相同的经济基础之上,体现相同阶级意志的法,就属于同一历史类型的法。

2. 法的历史类型的种类

马克思主义认为,人类历史上存在 4 种历史类型的法:奴隶制法、封建制法、资本主义法和社会主义法。

在人类社会发展中,并非每一个国家、民族的法都一定经历这四种历史类型。但法的历史发展的总体表明,从奴隶制法到封建制法,继而发展为资本主义法和社会主义法,是法的历史发展的一般规律。随着人类社会的发展,法的历史类型也由低级类型的法向高级类型的法依次更替。

3. 法的历史类型更替原因

法的历史类型的更替是不以人的意志为转移的历史必然——社会基本矛盾的运动是法的历史类型更替的根本原因;阶级斗争和社会革命是法的历史类型更替的直接原因。

## 二、法的继承

(一) 法的继承的定义

1. 所谓法的继承,指不同历史类型的法之间的承接和继受,一般表现为旧法对新法的影响和新法对旧法的承接和继受。

2. 法的继承是客观存在的,法就是在继承中发展的,法作为文化现象,其发展表现为文化累积的过程,其继承是不可避免的。

3. 法的阶级性并不排斥法的继承性。

(二) 法的继承的根据和理由

1. 社会生活条件的历史延续性决定了法的继承性。
2. 法的相对独立性决定了法的发展过程的延续性和继承性。
3. 法作为人类文明成果决定了法的继承的必要性。
4. 法的发展的历史事实验证了法的继承性。

## 三、法的移植

(一) 法律移植的含义

1. 法的移植是指在鉴别、认同、调适、整合的基础上,引进、吸收、采纳、摄取、同化外国法,使之成为本国法律体系的有机组成部分,为本国所用。

2. 法的继承体现时间上的先后关系,法的移植则反映一个国家对同时代其他国家法律制度的吸收和借鉴。法的移植的范围除了外国的法律外,还包括国际法律和惯例。

3. 法的移植以供体(被移植的法)和受体(接受移植的法)之间存在着共同性,即受同一规律的支配、互不排斥、可互相吸纳为前提。

(二) 法的移植有其必然性和必要性

1. 社会发展和法的发展的不平衡性决定了法的移植的必然性。比较落后的国家为促进社会的发展,有必要移植先进国家的某些法律。

2. 市场经济的客观规律和根本特征决定了法的移植的必要性。市场经济要求冲破一切地域的限制,使国内市场与国际市场接轨,把国内市场变成国际市场的一部分,从而达到生产、贸易、物资、技术国际化。一个国家能否成为国际统一市场的一员在很大程度上取决于该国的法律环境。因而就要求借鉴和引进别国的法律,特别是世界各国通行的法律原则和规范。

3. 法治现代化既是社会现代化的基本内容,也是社会现代化的动力,而法的移植是法治现代化的一个过程和途径,因此法的移植是法治现代化和社会现代化的必然需要。

4. 法律移植是对外开放的应有内容。

(三) 法律移植的类型

1. 经济、文化和政治处于相同或基本相同发展阶段和发展水平的国家,相互吸收对方的法律,以致融合和趋同。

2. 落后国家或发展中国家直接采纳先进国家或发达国家的法律。

3. 区域性法律统一运动和世界性法律统一运动或法律全球化。

(四) 法律移植中应该注意的问题

1. 避免不加选择地盲目移植,选择优秀的、适合本国国情和需要的法律移植。

2. 注意国外法与本国法的同构性和兼容性。

3. 注意法律体系的系统性。

4. 适当的超前性。

【历年真题】

"法的继承体现时间上的先后关系,法的移植则反映一个国家对同时代其他国家法律制度的吸收和借鉴,法的移植的范围除了外国的法律外,还包括国际法律和惯例。"据此,下列哪些说法是正确的?① (09/1/52)

A. 1804 年《法国民法典》是对罗马法制度、原则的继承

B. 国内法不可以继承国际法

C. 法的移植不反映时间关系,仅体现空间关系

D. 法的移植的范围除了制定法,还包括习惯法

# 第三节 法 的 传 统

## 一、法的传统与当代中国法的传统

1. 法的传统的含义

法的传统,指一个国家或一个民族世代相传的、有关法的观念和制度的总和。

2. 法律文化的含义

法律文化指一个国家或地区的法律长期以来所形成的知识、意识、技术和调整方法等内容的总和,一般可分为:

(1) 物化的层面,指法律文化通常以某种物化的形式表现出来。

(2) 制度的层面,指法律文化表现为与传统相关的各种具体的制度。

(3) 观念的层面,指人们思想意识中关于法的种种看法。

3. 中国古代法的传统表现形式

(1) 在秩序的规范基础方面,礼法结合,以礼为主;

---

① ABD

(2) 在秩序价值基础上,等级有序,家族本位;
(3) 在规范的适用方面,恭行天理,执法原情;
(4) 在法律体系的内部结构上,民刑不分,重刑轻民;
(5) 在秩序的形成方式上,无讼是求。

综上所述,中国古代法律文化是比较独特的,是以道德理想主义为基础的,其基本特征就是强调宗法、等级、名分。

4. 现代中国法律文化的渊源
(1) 马克思主义关于法的基本思想及社会主义各国尤其是中国自己的社会主义法制建设经验。
(2) 西方法律制度和法律思想。
(3) 中国古代法律传统。

## 二、法律意识

1. 法律意识的含义

法律意识,指人们关于法律现象的思想、观念、知识和心理的总称,是社会意识的一种特殊形式。

2. 法律意识的特点
(1) 法律意识相对比较稳定,具有一定的连续性,法律意识可以使一个国家的法律传统得以延续。
(2) 法律意识可能先于法律制度而存在,也可能滞后于法律制度的发展。

3. 法律意识的结构

法律意识在结构上可分为法律心理和法律思想体系。
(1) 法律心理,指人们对法律现象表面的、感性的认识和情结,是法律意识的初级形式和阶段,是人们对法律现象的直觉反映。
(2) 法律思想体系,指人们对法律现象进行理性认识的产物,具有系统化、体系化的特征,是法律意识的高级形式,是人们对法律现象的自觉反映。

4. 法律意识对于法律的作用
(1) 在法的演进过程中,法律意识起着传承人们关于法的思想、观点和知识的作用。
(2) 在现实的法律创制过程中,法律意识也具有一定的指导作用。
(3) 在法的实施过程中,法律意识同样具有重要作用。
① 法律职业者法律意识水平的高低决定着他们对法律精神实质的理解程度,并直接关系到他们处理案件的正确、合法与否。
② 法律意识在公民、社会组织、政府机构遵守和执行法律规范的过程中也起着重要作用。

【历年真题】
下列哪些选项属于法律意识的范畴?① (11/1/52)
A. 法国大革命后制定的《法国民法典》
B. 西周提出的"以德配天,明德慎罚"

---

① BCD

C. 中国传统的"和为贵""少讼""厌讼"
D. 社会主义法治理念

### 三、西方国家的两大法系

(一) 法系的含义

1. 法系的含义

法系,指根据法的历史传统和外部特征的不同对法所做的分类,凡具有同一历史传统和相同外部特征的法构成一个法系。

2. 法系划分的依据

(1) 法系划分的依据,主要是法的传统和外部特征。
(2) 在历史上,曾经存在过:印度法系、中华法系、伊斯兰法系、民法法系、普通法系,等等。
(3) 当今世界上最有影响的是民法法系和普通法系。

(二) 民法法系和普通法系

|  |  | 民法法系 | 普通法系 |
| --- | --- | --- | --- |
| 含义 | | 又称大陆法系、罗马法系、法典法系、罗马—德意志法系,是以罗马法,特别是以19世纪初《法国民法典》为传统产生和发展起来的法律的总称。 | 又称普通法法系、英国法系、判例法系、英美法系,是指以英国中世纪的法律、特别是以普通法为基础和传统产生与发展起来的法律的总称。 |
| 范围 | | 法国、德国、葡萄牙、荷兰、非洲的埃塞俄比亚、南非、津巴布韦;亚洲的日本、泰国、土耳其;**加拿大的魁北克省,美国的路易斯安那州,英国的苏格兰等。** | 除了英、美两国外,其他如印度、巴基斯坦、新加坡、缅甸、加拿大、澳大利亚、新西兰、马来西亚以及中国香港都属普通法系。 |
| 区别 | 法律思维 | 演绎型思维 | 归纳式思维 |
| | 法的渊源 | 法的正式渊源只是制定法 | 制定法、判例法都是法的正式渊源 |
| | 法的分类 | 公法与私法 | 普通法与衡平法 |
| | 诉讼程序 | 纠问制 | 对抗制 |
| | 法典编纂 | 主要发展阶段都有代表性的法典 | 不倾向进行系统的法典编纂 |
| | 法院体系、法律概念、法律适用技术、法律观念方面也不同 | | |

【历年真题】

**1.** 关于外国法律制度,下列哪些表述是正确的?[①] (13/1/58)

A. 按照罗马私法,私诉是根据个人的申诉对有关私人利益案件的审理,这是保护私权的

---

[①] ABD

法律手段,相当于后世的民事诉讼

　　B. 直到1875年司法改革前,普通法院与衡平法院的并列一直是英国司法的显著特征
　　C. 在法国,判例从来不被作为正式法律渊源,对法院判决无拘束力
　　D. 从诉讼程序传统来看,大陆法系倾向于职权主义,法官在诉讼中起积极主动的作用

**2.** 法系是法学上的一个重要概念。关于法系,下列哪些选项是正确的?① (08/1/55)

　　A. 法系是一个比较法学上的概念,是根据法的历史传统和外部特征的不同对法所做的分类
　　B. 历史上曾经存在很多个法系,但大多都已经消亡,目前世界上仅存的法系只有民法法系和普通法系
　　C. 民法法系有编纂成文法典的传统,因此,有成文法典的国家都属于民法法系
　　D. 法律移植是一国对外国法的借鉴、吸收和摄取,因此,法律移植是法系形成和发展的重要途径

**3.** "在中国法的发展历史上,追求'民族化'显然是一个主线,形成了'尚古主义'取向的具有保守性格的中华法系。只是到了清末出现一批主张借鉴西方法律制度的学者和政治家如沈家本之后,法的民族化受到部分冲击。西方近代以后两大法系基本形成,两大法系的发达程度之高已被国际公认,其原因不得不归结为法的民族化与国际化的协调一致。"基于这段引文,下列表述正确的是②:(08 四川/1/91)

　　A. 无论中华法系还是西方的两大法系都包含各自的法律文化
　　B. 中华法系具有保守性格,追求"民族化",与其他法系的文化之间没有形成交流与融合
　　C. 西方的两大法系在历史发展的过程中逐渐实现了与国际化的协调一致,但与中华法系相比,却又失去了"民族化"特色
　　D. 沈家本是倾向于法律移植的法学家

# 第四节　法的现代化

## 一、法的现代化的含义和分类

1. 法的现代化的含义
法的现代化,是与社会的现代化需要相适应的、法的现代性因素不断增加的过程。
2. 法的现代化的分类
依据法的现代化动力来源,可将法的现代化分为两类:
(1) 内发型现代化
所谓内发型现代化,指由社会内部自发产生的力量促使法进行的现代化,这是一种自发的、缓慢的现代化过程,社会内部的矛盾和斗争比较和缓。西方国家法的现代化大多属于内发型的。

---

① AD
② AD

**(2) 外源型现代化**

所谓外源型现代化,指由外部环境的影响而引发的现代化,外来因素是最初的推动力,在此过程中,社会内部的矛盾和斗争比较尖锐。

法的外源型现代化有以下特点:

① 具有被动性,即在法的外源型现代化中,现代化最初是迫于某种外来压力而进行的。

② 具有依附性,即在外源型现代化国家中,法的现代化本身往往不具有价值,而是国家图强的一种工具,服务于国家政治、经济的变革。

③ 具有反复性,即在法的外源型现代化中,由于外来因素是最初的推动力,与固有的传统习惯之间存在激烈斗争,双方互有进退,因而表现为过程的反复性。

## 二、当代中国法的现代化的历史进程与特点

1. 中国法的现代化的类型

中国法的现代化属于外源型。在鸦片战争后,面对欧洲列强的殖民压力和国内有识之士变法图强的要求,清政府不得已开始修律活动,中国法的现代化在制度层面上正式开始。

2. 中国法的现代化进程的特点

(1) 从被动接受到主动选择;

(2) 从模仿民法法系到建立有中国特色社会主义法律制度;

(3) 自上而下的立法活动是中国法治现代化的主要形式;

(4) 法律意识的建立落后于法律制度,思想领域斗争激烈。

**【历年真题】**
**关于法的发展、法的传统与法的现代化,下列说法正确的是①:(14/1/93)**
A. 中国的法的现代化是自发的、自下而上的、渐进变革的过程
B. 法律意识是一国法律传统中相对比较稳定的部分
C. 外源型法的现代化进程带有明显的工具色彩,一般被要求服务于政治、经济变革
D. 清末修律标志着中国法的现代化在制度层面上的正式启动

# 第五节 法治理论

## 一、法治的含义

(一) 法制

1. 法制,是指法律和制度的总称。

2. 社会主义法制,指由社会主义国家制定或认可的、体现工人阶级领导下全体人民意志的法律和制度的总称,是社会主义立法、守法、执法、司法、法律监督各环节的统一,核心是依法办事。

3. 社会主义法制的基本要求是"有法可依、有法必依、执法必严、违法必究"。

---

① BCD

（二）法治

1. 法治一词明确了法律在社会生活中的最高权威。
2. 法治一词显示了法律介入社会生活的广泛性：

法治一词的含义比较明确，就是在全部国家生活和社会生活中都必须依法办事。法律不仅在社会生活中具有重大作用，而且在国家的政治生活中也同样有重要作用。因此，法治要求法律更全面地、全方位地介入社会生活。

3. 法治一词蕴涵了法律调整社会生活的正当性。

（1）法治是与专制相对立的，又是与民主相联系的，可以体现社会主义制度下人民当家做主的要求。

（2）法治要求社会生活的法律化，可以从根本上改变我国社会生活中强制性社会规范过多、过滥的弊端，维护公民的自由。

（3）法治符合社会生活理性化的要求，使人们的社会行为和交往活动具有了可预测性和确定性，也使人们的正当要求有了程序化、制度化的保证，增强了社会成员的安全感等。

4. 社会主义法治，是指社会主义国家的依法治国的原则和方略，即与人治相对的治国理论、原则、制度和方法。

## 二、法治国家与社会主义法治国家

1. 法治国家的含义
（1）法治国家或法治国是德语中最先使用的一个概念。
（2）现代意义上的法治国家，是德国资产阶级宪政运动的产物，其基本含义是国家权力，特别是行政权力必须依法行使。
2. 法治国家的条件和标准
（1）通过法律保障人权，限制公共权力的滥用；
（2）良法的治理；
（3）通过宪法确立分权与权力制约的国家权力机关；
（4）赋予广泛的公民权利；
（5）确立普遍的司法原则，司法独立等。
3. 社会主义法治国家的基本标志
（1）制度条件(标志)
① 完备的法律和系统的法律体系；
② 相对平衡和相互制约的符合社会主义制度需要的权力运行的法律机制；
③ 一个独立的具有极大权威的司法系统和一支高素质的司法队伍；
④ 必须有健全的律师制度。
（2）思想条件(标志)
① 法律至上：法律在社会规范中具有最高权威；
② 权利平等：所有的社会成员法律地位平等；
③ 权力制约：所有的公共权力的运行必须受到其他公共权力的制约；
④ 权利本位：在国家权力和人民权利的关系中人民权利是决定性的，在权利和义务的关系中权利是决定性的。

# 第四章 法与社会

【本章重点难点提示】

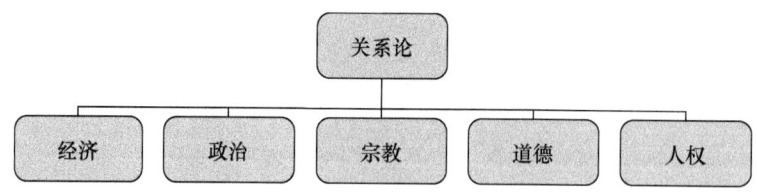

1. 法律与社会的一般关系；
2. 法律与科技的相互作用；
3. 法律与政治的相互作用；
4. 法律与宗教的联系与区别；
5. 法律与道德的联系与区别；
6. 法律与人权的关系。

## 第一节 法与社会的一般理论

### 一、法与社会的一般关系

（一）法以社会为基础

1. 法是社会的产物，社会的性质决定着法律的性质，社会物质生活条件决定着法的本质。不同的社会有不同的法律。即使是同一性质或历史形态的社会也存在着不同的法律。

2. 社会是法的基础。制定、认可法律的国家也以社会为基础，国家权力以社会力量为基础；同时还可以说，国家法以社会法为基础，"纸上的法"以"活法"为基础。

（二）法对社会的调整

1. 法对社会的调整表现在以调和社会各种冲突的利益，进而保证社会秩序得以确立和维护。

2. 法对社会的调整，还表现为通过法律对社会机体的疾病进行疗治。就是运用法律解决经济、政治、文化、科技、道德、宗教等方面的各种社会问题，由此实现法的价值，发挥法的功能。

3. 要使法律有效地控制社会，还必须使法律与其他的资源分配系统进行配合。

### 二、法与和谐社会

（一）和谐社会的含义和特征

1. 和谐社会的特征

和谐社会是全体人民各尽其能、各得其所而又和谐相处的社会，是理性、人本、人与社会、人与自然关系协调、和谐发展的社会。以和谐理念为主导，经济繁荣，社会稳定，人们和平相处，安居乐业，是和谐社会的一般特征。

2. 社会主义和谐社会的基本特征:
(1) 和谐社会是民主法治的社会;
(2) 和谐社会是公平正义的社会;
(3) 和谐社会是充满活力的社会;
(4) 和谐社会是诚信友爱的社会;
(5) 和谐社会是安定有序的社会;
(6) 和谐社会是人与自然和谐相处的社会。
(二) 如何运用法律的手段构建和谐社会
1. 必须建立理性的法律制度
无法律则无和谐社会。理性的法律制度,就是在以人为本的科学发展观指导下建立起来的法律制度。
2. 必须确立实质法治
所谓实质法治,是指整个社会、一切人和组织都服从和遵守体现社会正义的理性法律统治。理性、社会正义和法律统治三者的有机联系,构成新世纪新阶段科学的法治精神内涵。
3. 必须创新法律对社会的调整机制
(1) 尽快完善社会主义法律体系,建立以宪法为核心而又体现社会正义的法律机制;
(2) 加强行政法制建设,建立健全社会整合与平衡机制,逐步形成以法治政府为中心的新型社会管理模式;
(3) 完善利益调控法律机制,建立社会公平保障体系,加强社会治安综合治理,形成良好的社会秩序。

【历年真题】
奥地利法学家埃利希在《法社会学原理》中指出:"在当代以及任何其他的时代,法的发展的重心既不在立法,也不在法学或司法判决,而在于社会本身。"关于这句话涵义的阐释,下列哪一选项是错误的?① (09/1/7)
  A. 法是社会的产物,也是时代的产物
  B. 国家的法以社会的法为基础
  C. 法的变迁受社会发展进程的影响
  D. 任何时代,法只要以社会为基础,就可以脱离立法、法学和司法判决而独立发展

## 第二节 法 与 经 济

### 一、法与经济的一般关系

1. 法是由经济基础决定的
(1) 法作为上层建筑的一部分,是由经济基础决定的。
(2) 法的起源、本质、作用和发展变化,都要受到社会经济基础的制约。但不能因此就认为法律不受其他因素的影响,或与其他社会现象无关。

---

① D

2. 法对经济的作用

(1) 法对于经济基础具有能动的反作用,并且通过生产关系反作用于生产力。

(2) 法的这种反作用并不是自发实现的,而是在人们的自觉活动过程中进行和实现的,要受到生产关系适合生产力这一客观规律的制约和支配。

(3) 法对经济作用的主要表现:① 确认经济关系;② 规范经济行为;③ 维护经济秩序;④ 服务经济活动。

**【历年真题】**

2007年8月30日,我国制定了《反垄断法》,下列说法哪些可以成立?① (09/1/54)

A.《反垄断法》的制定是以我国当前的市场经济为基础的,没有市场经济,就不会出现市场垄断,也就不需要《反垄断法》,因此可以说,社会是法律的母体,法律是社会的产物

B. 法对经济有积极的反作用,《反垄断法》的出台及实施将会对我国市场经济发展产生重要影响

C. 我国市场经济的发展客观上需要《反垄断法》的出台,这个事实说明,唯有经济才是法律产生和发展的决定性因素,除经济之外法律不受其他社会因素的影响

D. 为了有效地管理社会,法律还需要和其他社会规范(道德、政策等)积极配合,《反垄断法》在管理市场经济时也是如此

## 二、法与科学技术的一般关系

1. 科技进步对法的影响

(1) 科技进步对立法的影响:① 科技发展对一些传统法律领域提出了新问题,使民法、刑法、国际法等传统法律部门面临着种种挑战,要求各个法律部门的发展要不断深化。② 随着科技的发展,出现了大量新的立法领域,科技法日趋成为一个独立的法律部门。③ 关于科技法的研究也随之广泛开展起来,科技法学作为一个新的独立的学科,也被广泛承认。

(2) 科技进步对司法的影响:司法过程的3个主要环节——事实认定、法律适用和法律推理,越来越深刻地受到了现代科学技术的影响。

(3) 科技进步对法律思想的影响:① 对立法起着指导作用的法律意识常常受到科技发展的影响和启迪。② 科技进步促进了人们法律观念的更新,出现了一些新的法律思想、法学理论。③ 科技进步对于历史上已经形成的各个法系以及对于法学流派的产生、分化和发展,也发生着重要的影响。

(4) 科技进步对法律方法论的影响:法律和科技在方法论上并没有不可逾越的鸿沟。① 法律问题常常涉及科学技术方面的内容。② 科技的长足进步也为处理复杂的法律问题提供了新的具体手段。

2. 法对科技进步的作用

(1) 运用法律管理科技活动,确立国家科技事业的地位以及国际间科技竞争与合作的准则。

(2) 法律对于科技经济一体化特别是科技成果商品化,具有积极的促进作用。

(3) 知识经济时代,法律具有对科技活动和科技发展所引发的各种社会问题的抑制和预

---

① ABD

防作用。

## 第三节 法 与 政 治

### 一、法与政治的一般关系

1. 政治影响法的产生、发展和变化

政治和法都属于一定社会的上层建筑，但政治在上层建筑中居于主导地位，从总体而言，法要服务于一定的政治，其产生、发展和变化在一定程度上受政治的影响。

2. 法对政治影响

（1）在现代民主法治国家，政治体制的架构、国家权力的配置与行使，均要依法进行。

（2）法贯穿于国家政治关系的形成过程，并将政治关系以法律的形式固定下来，使之具有形式上的合法性。

（3）为政治活动的参加者制定了规范。

（4）政治运行的规范化、民主化等均须法的配合与保障。

【历年真题】

"近现代法治的实质和精义在于控权，即对权力在形式和实质上的合法性的强调，包括权力制约权力、权利制约权力和法律的制约。法律的制约是一种权限、程序和责任的制约。"关于这段话的理解，下列哪些选项是正确的？① （13/1/51）

A. 法律既可以强化权力，也可以弱化权力

B. 近现代法治只控制公权，而不限制私权

C. 在法治国家，权力若不加限制，将失去在形式和实质上的合法性

D. 从法理学角度看，权力制约权力、权利制约权力实际上也应当是在法律范围内的制约和法律程序上的制约

### 二、法与政策的联系和区别

1. 联系

经济基础相同、阶级本质相同、指导思想和根本原则、目标相同，执政党为法的制定、实施和发展提供政治支持和保障。

2. 区别

| | 法律 | 政策 |
|---|---|---|
| 意志属性 | 法律体现国家意志，具有普遍拘束力，向全社会公开。 | 体现全党的意志，其强制实施范围仅限于党的组织和成员，允许有不对社会公开的内容存在。 |
| 规范形式 | 规范性法律文件，或国家认可的其他法律渊源形式，以规则为主，具有严格逻辑结构，权利和义务的规定具体明确。 | 表现为决议、宣言、决定、命令、通知，具有纲领性、原则性和方向性。 |

---

① ACD

(续表)

| | 法律 | 政策 |
|---|---|---|
| 实施方式 | 法的实施与国家强制力相关,切实有组织化、专门化和程序化。 | 以党的纪律保障实施,其实施一般不与国家强制性相关。 |
| 调整范围 | 只能调整可以以法定权利义务来界定的、具有交涉性和可诉性的行为领域和社会关系。 | 政策调整的社会关系和领域比法律广,对党的组织和党的成员的要求也比法律高。 |
| 稳定性程序化程度 | 法具有较高的稳定性和程序性,法的任何变动都必须遵循严格且专业性很强的程序。 | 政策可以应形势的变化作出较为迅速的反应和调整,其程序性约束也不及法那样严格和专门化。 |

### 三、法与国家

1. 法与国家权力相互依存、相互支撑
（1）法表述和确认国家权力,以赋予国家权力合法性的形式,强化和维护国家权力;
（2）法如此对待国家权力,因为其不可缺少:
① 国家义务实现需要权力;
② 个体权利保护需要权力;
③ 社会整合需要权力;
④ 法的创设和实施需要权力。
2. 法与国家权力之间也存在着紧张或冲突关系
法要对权力进行约束和限制。近代法治的实质和精义在于控制权力,法律对权力的制约是一种权限、程序和责任的制约。但权力凌驾于法之上的可能性也是存在的。因为权力制约机制的运用也是有限的,主要表现在于:
（1）所谓权力制约,是在权力存在之必要的前提下操作的,因此权力制约从根本上以不能妨碍权力的效能为限;
（2）法的至上性只意味着法相对于任何一个被具体化的国家权力有至上地位,并不意味着法在总体上高于或脱离国家权力而存在;
（3）法自身存在局限,且权力因情势而动的本性使其经常处于一种扩张或裁量的可能状态。

## 第四节 法与道德

### 一、法与道德的联系

1. 关于法与道德在本质上的联系
（1）肯定说:自然法学派认为,法与道德在本质上存在必然的联系。他们认为:道德的原则可以上升为法律原则;违反人道的法律不具有法的品质;"恶法非法"。
（2）否定说:法与道德没有本质上的必然联系,强调法的安全性优先的原则,强调只有实在法才是有效的法律;"恶法亦法"。

2. 法与道德在内容上的联系

(1) 近代以前的法律,在内容上与道德的重合程度极高,有时甚至浑然一体。

(2) 近现代法在确认和体现道德时,大多注意两者重合的限度,"法律是最低限度的道德"几成共识。但是最低限度如何确定仍然存在分歧。分歧在于一个不道德的行为是否只有在伤害自己或伤害公众情感或损害社会的公共德性的情况下才可以引出法律干预的理由。曾经提出的原则有:伤害原则、法律家长主义原则、冒犯原则和容忍与社会完整性统一相协调的最大限度的个人自由、容忍限度的改变、尽可能充分地尊重个人隐私、法涉及最低限度的而不是最高限度的行为标准等原则。

3. 法与道德在功能上的联系

两者的联系并无异议,关键是在社会调整中何者为主。

(1) 传统社会重道德的社会调整;

(2) 近现代以来,强调法律调整的突出作用成为普遍的政治主张,其原因在于:

① 分工和交换的普遍、常态化使人们之间的交往成为必然且逐渐增多,法因其肯定性、普遍性、严格的程序和较强的操作性,能胜任这种复杂利益关系的调整;

② 与市场经济相伴的是利益分化的加剧和价值冲突的普遍化和常态化,道德难以胜任;

③ 民主政治是程序性的政治,因此法律调整尤占重要地位。

## 二、法与道德的区别

| | 法律 | 道德 |
|---|---|---|
| 生成方式 | **建构性**。法在生成方式上往往与有组织的国家活动相关,由权威主体经程序主动制定认可,具有形式上的**建构性**。 | **非建构性**。道德在社会生产生活中自然演进而成,不是自觉制定和程序选择的产物,自发而非建构是其本质属性。 |
| 行为标准 | **确定性**。法有特定的表现形式和渊源,有肯定明确的行为模式和法律后果,因而具体确切,可操作性强;同时,其被任意解释和滥用的余地小,容易排斥恣意擅断。 | **模糊性**。道德无特定具体的表现形式,往往体现在一定的学说、舆论、和典型的行为及后果中,其对行为的要求笼统、原则,标准模糊,只具一般倾向性,理解和评价易生歧义。 |
| 存在形态 | **一元性**。法在特定的国家体系结构中基本是一元的,法律的一元化存在形态也使其具有统一性和普适性。 | **多元性**。由于信仰和良心是道德的存在方式,因而道德在本质上是多元、多层次的。 |
| 调整方式 | **外在侧重**。法律一般只规范和关注外在行为,一般不离开行为过问动机。 | **内在关注**。道德首先关注和过问内在动机,不仅侧重通过内在信念影响外在行为,且评价和谴责主要针对动机。 |

(续表)

| | 法律 | 道德 |
|---|---|---|
| 运作机制 | **程序性**。法是程序性的,程序是法的核心。法的实体内容通过程序选择和决定,其生成和实现也与程序相关。法以权利义务为实质内容,所调整的关系往往具有交涉性,因而就特别需要程序提供交涉的方式和途径,提供制度性协商和对话的机制,以使选择和决定能被交涉中的各方认同和接受。 | **非程序性**。道德的中心在于义务和责任。在道德领域,义务不对应权利,也不以权利为前提,因而,不存在以交涉为本质的程序;再者,道德以主体内省和自觉的方式生成和实现,也使道德与程序无关。 |
| 强制方式 | **外在强制**。法与有组织的国家强制有关,通过程序进行,针对外在行为,表现为一定的物质结果。 | **内在约束**。道德主要凭借内在的良知认同和责难。 |
| 解决方式 | **可诉性**。可诉性是法区别于一切行为规则的显著特征。 | **不可诉性**。道德不具有可诉性,主要表现为无形的舆论压力和良心谴责,且舆论的评价和谴责往往是多元的。 |

【案例】

20世纪40年代以来,同性恋人数猛增。而传统以来,同性恋一直为法律所禁止。英国同性恋者成立组织并开展争取"合法权利"的斗争。1954年,英国议会任命了一个特别委员会——"同性恋与卖淫调查委员会"("沃尔芬登委员会"),去调查同性恋与卖淫问题,并就此提出法律改革的立法建议。该委员会于1957年提交报告,建议改革有关同性恋和卖淫的刑法。主旨是:不应继续把同性恋和卖淫行为作为犯罪惩罚,但是应通过一项法律禁止公开卖淫。报告说:"我们认为,它(刑法)的功能是在于维持公共秩序及体面的行为,对公民进行保护,使他们不受到侵犯和伤害,并且提供充分的安全措施以防止剥削和腐化他人,尤其是对于那些因为年轻、身心较弱、没有经验,或者在现实上、身份处境上以及经济上要特别依赖他人者……成年人之间同意且在私下进行的同性恋行为,不应再被视为犯罪。……在私人道德领域,社会与法律应该给予个人选择及行动的自由。……法律应当留下一个属于私人道德与不道德的领域,这个领域,简言之,不关法律的事。"1959年,德富林勋爵发表一篇讲演,批评沃尔芬登报告,提出反对意见。同年,哈特也作了一个讲演,对德富林的批评进行反批评。

请回答:法律是否应当禁止同性恋行为?是否应当禁止成年人之间彼此同意且在私下进行的同性恋行为?法律是否可以强制人们履行某些在社会大众看来是道德的行为(比如见义勇为),是否可以禁止人们做出不道德的行为?

【历年真题】

**1.** 王某参加战友金某婚礼期间,自愿帮忙接待客人。婚礼后王某返程途中遭遇车祸,住院治疗花去费用1万元。王某认为,参加婚礼并帮忙接待客人属帮工行为,遂将金某诉至法院要求赔偿损失。法院认为,王某行为属由道德规范的情谊行为,不在法律调整范围内。关于该案,下列哪一说法是正确的?①(2016/1/14)

　　A. 在法治社会中,法律可以调整所有社会关系
　　B. 法官审案应区分法与道德问题,但可进行价值判断
　　C. 道德规范在任何情况下均不能作为司法裁判的理由
　　D. 一般而言,道德规范具有国家强制性

【解析】　法律调整的对象是人与人之间的交互行为,即社会关系,但是并非所有的社会关系应当由法律来调整,法律只调整应当由法律来调整的社会关系。至于哪些社会关系应当由法律来调整,由立法者来判断。故 A 项的说法是错误的。

　　法官裁判案件只应该关注法律问题,就法律问题根据事实和法律作出裁判,把道德问题交给社会。但是法官在裁判案件时,如果法律有空白、出现僵硬性的情况,可以进行价值判断,作出自由裁量,但是自由裁量应该以实现个案正义为目标。故 B 项的说法正确。

　　道德规范属于法律的非正式渊源,在法律有空白、僵硬等情况下可以成为裁判民事案件的依据。故 C 项的说法错误。

　　法律规范和道德规范的区别之一就在于法律规范具有国家强制性。道德规范虽然具有强制性,但是这种强制并非由国家来实施的。故 D 项的说法错误。

**2.** 公元前 399 年,在古雅典城内,来自社会各阶层的 501 人组成的法庭审理了一起特别案件。被告人是著名哲学家苏格拉底,其因在公共场所喜好与人辩论、传授哲学而被以"不敬神"和"败坏青年"的罪名处死刑。在监禁期间,探视友人欲帮其逃亡,但被拒绝。苏格拉底说,虽然判决不公正,但逃亡是毁坏法律,不能以错还错。最后,他服从判决,喝下毒药而亡。对此,下列哪些说法是正确的?②(13/1/52)

　　A. 人的良知、道德感与法律之间有时可能发生抵牾
　　B. 苏格拉底服从判决的决定表明,一个人可以被不公正地处罚,但不应放弃探究真理的权利
　　C. 就本案的事实看,苏格拉底承认判决是不公正的,但并未从哲学上明确得出"恶法非法"这一结论
　　D. 从本案的法官、苏格拉底和他的朋友各自的行为看,不同的人对于"正义"概念可能会有不同的理解

# 第五节　法　与　宗　教

## 一、宗教对法的影响

1. 宗教可以推动立法
部分宗教教义被法律吸收,成为立法的基本精神。
2. 宗教影响司法程序
在宗教作为国教与政教合一的地方,宗教法庭掌握部分司法权。从诉讼审判方式看,宗教

---

① 　B
② 　ABCD

宣誓有助于简化审判程序。

3. 宗教信仰有助于提高人们的守法自觉性

当然宗教对法律也有消极影响。由于宗教信仰产生激情，会导致过分的狂热，某些宗教甚至妨碍司法公正的实现。

## 二、法对宗教的影响

1. 法对政教合一国家宗教的影响是双向的

（1）法是国教的工具和卫护者；

（2）法是异教的破坏力量。

2. 现代法律对宗教的影响

主要表现为法对本国宗教政策的规定。宗教自由问题最早出现在宪法性文件上，是1776年美国弗吉尼亚州的《权利宣言》。

【历年真题】

**1.** 关于法与宗教的关系，下列哪种说法是错误的？① （06/1/2）

A. 法与宗教在一定意义上都属于文化现象

B. 法与宗教都在一定程度上反映了特定人群的世界观和人生观

C. 法与宗教在历史上曾经是浑然一体的，但现代国家的法与宗教都是分离的

D. 法与宗教都是社会规范，都对人的行为进行约束，但宗教同时也控制人的精神

**2.** 《摩奴法典》是古印度的法典，《法典》第五卷第一百五十八条规定："妇女要终生耐心、忍让、热心善业、贞操，淡泊如学生，遵守关于妇女从一而终的卓越规定。"第一百六十四条规定："不忠于丈夫的妇女生前遭诟辱，死后投生在豺狼腹内，或为象皮病和肺痨所苦。"第八卷第四百一十七条规定："婆罗门贫困时，可完全问心无愧地将其奴隶首陀罗的财产据为己有，而国王不应加以处罚。"第十一卷第八十一条规定："坚持苦行，纯洁如学生，凝神静思，凡十二年，可以偿赎杀害一个婆罗门的罪恶。"结合材料，判断下列哪一说法是错误的？② （09/1/8）

A. 《摩奴法典》的规定表明，人类早期的法律和道德、宗教等其他规范是浑然一体的

B. 《摩奴法典》规定苦修可以免于处罚，说明《法典》缺乏强制性

C. 《摩奴法典》公开维护人和人之间的不平等

D. 《摩奴法典》带有浓厚的神秘色彩，与现代法律精神不相符

**3.** 下列关于法与道德、宗教、科学技术和政治关系的选项中，哪一项表述不成立？③（03/1/5）

A. 宗教宣誓有助于简化审判程序，有时也助于提高人们守法的自觉性

B. 法具有可诉性，而道德不具有可诉性

C. 法与科学技术在方法论上并没有不可逾越的鸿沟，科学技术对法律方法论有重要影响

D. 法的相对独立性只是对经济基础而言，不表现在对其他上层建筑（如政治）的关系中

---

① C

② B

③ D

## 第六节 法与人权

### 一、人权的概念

1. 所谓人权,指每个人作为人应该享有或者享有的权利。
2. 人权在本源上具有历史性。人权存在、发展的内因是人的自然属性;外因是社会的经济、文化状况,其具体内容和范围随着历史发展、社会进步而不断丰富和扩展。
3. 人权不是天赋的,也不是理性的产物,而是历史地产生的,最终由一定的物质生活条件所决定的。

### 二、法与人权的一般关系

人权的确立,取决于国家的社会制度、经济制度和法律制度,也取决于一个社会和民族的文化、历史传统和信念。

1. 人权可以作为判断法律善恶的标准

人权是法的源泉,不体现人权要求的法律就不是好法。人权对法的作用体现在:
(1) 指出了立法和执法所应坚持的最低的人道主义标准和要求;
(2) 可以诊断现实社会生活中法律侵权的症结,从而提出相应的法律救济标准和途径;
(3) 有利于实现法律的有效性,促进法律的自我完善。

2. 法是人权的体现和保障
(1) 法律对人权的保障有以下优势:
① 它设定了人权保护的一般标准,从而避免了其他保护手段的随机性和相互冲突;
② 人权的法律保护以国家强制力为后盾,具有国家强制性、权威性和普遍有效性。
(2) 人权往往通过法律权利的形式具体化。

尽管并非人权的所有内容都由法律规定、都成为公民权,但法律权利无疑是人权首要的和基本的内容,大部分人权都反映在法律权利上。

3. 人权与法律权利的具体关系表现为:
(1) 人权的基本内容是法律权利的基础,只有争得了最基本的人权,才能将一般人权转化为法律权利;
(2) 法律权利是人权的体现和保障,人权只有以法律权利的形式存在才有其实际意义,基本人权必须法律化。但是哪些人权可以转化为法律权利,取决于以下因素:① 一个国家的经济和文化状况;② 某个国家的民族传统和基本国情。

【历年真题】
1. 关于法与人权的关系,下列哪一说法是错误的?① (14/1/15)
A. 人权不能同时作为道德权利和法律权利而存在
B. 按照马克思主义法学的观点,人权不是天赋的,也不是理性的产物
C. 人权指出了立法和执法所应坚持的最低的人道主义标准和要求

---

① A

D. 人权被法律化的程度会受到一国民族传统、经济和文化发展水平等因素的影响

**2. 下列哪一表述说明人权在本原上具有历史性?①（11/1/15）**
A. "根据自然法,一切人生而自由,既不知有奴隶,也就无所谓释放"
B. "没有无义务的权利,也没有无权利的义务"
C. "人人生而平等,他们都从他们的'造物主'那里被赋予某些不可转让的权利"
D. "权利永远不能超出社会的经济结构以及由经济结构所制约的文化发展"

---

① D

# 法 制 史

# 第一章　中国古代法制史

**【本章重点难点提示】**

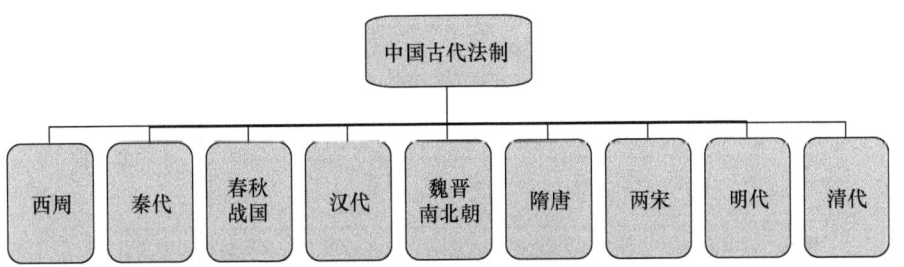

1. 重要朝代的立法指导思想,如西周的"以德配天,明德慎罚"和明代的"明刑弼教"思想;
2. 重要朝代的重要罪名和刑法制度,如秦代法官渎职犯罪、汉代的"亲亲得相首匿"制度等,每个朝代的重要制度在讲义中都有特别提示;
3. 西周和宋代的契约、婚姻、继承方面的制度。
4. 每个朝代具体的司法机关和具体的诉讼制度,特别是三法司的流变。

## 第一节　西周的法律思想和法律

### 一、立法指导思想

以德配天,明德慎罚
- "德"的含义:敬天,敬祖,保民。
- 要求:实施德教,用刑宽缓。
- 西周初期的基本政治观和基本治国方针。西周法律特色是礼刑结合。后来被儒家发挥为"德主刑辅,礼刑并用",为以"礼法结合"为特征的中国传统法制奠定了理论基础。

### 二、"出礼入刑"的礼刑关系

礼与刑
- 亲亲父为首(家族范围),尊尊君为首(社会范围)。
- 吉礼(祭祖之礼);凶礼(丧葬之礼);军礼(行兵打仗之礼);宾礼(迎宾待客之礼);嘉礼(冠婚之礼)。
- 出礼入刑;礼不下庶人,刑不上大夫。

### 三、契约与婚姻继承法律

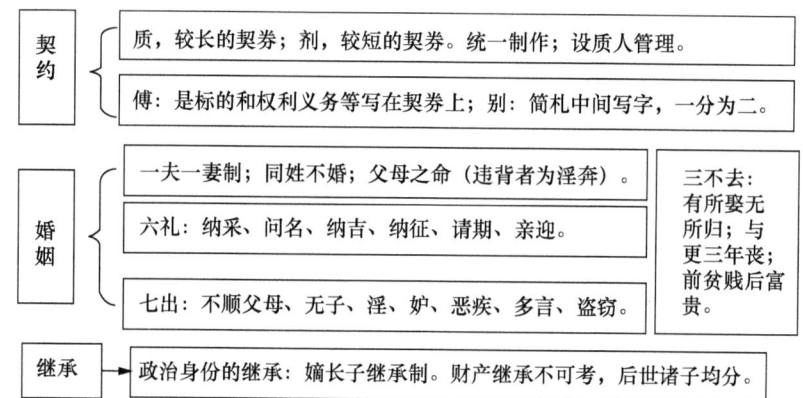

### 四、司法制度

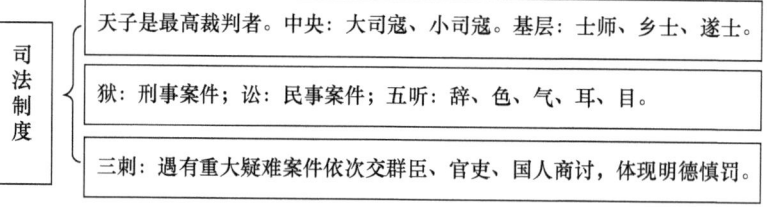

【历年真题】

**1.** 西周商品经济发展促进了民事契约关系的发展。《周礼》载:"听买卖以质剂"。汉代学者郑玄解读西周买卖契约形式:"大市谓人民、牛马之属,用长券;小市为兵器、珍异之物,用短券。"对此,下列哪一说法是正确的?① (16/1/15)

A. 长券为"质",短券为"剂"

B. "质"由买卖双方自制,"剂"由官府制作

C. 契约达成后,交"质人"专门管理

D. 买卖契约也可采用"傅别"形式

【解析】 西周的买卖契约叫"**质剂**","质"是买卖奴隶、牛马所使用的较长的契券;"剂"是买卖兵器、珍异之物所使用的较短的契券。"质""剂"均由官府制作,并由"质人"专门管理。西周的买卖契约称为"傅别"。故 A 项的说法正确。

**2.** 关于西周法制的表述,下列哪一选项是正确的?② (13/1/16)

A. 周初统治者为修补以往神权政治学说的缺陷,提出了"德主刑辅,明德慎罚"的政治法律主张

---

① A
② B

B. 《汉书·陈宠传》称西周时期的礼刑关系为"礼之所去,刑之所取,失礼则入刑,相为表里"

C. 西周的借贷契约称为"书约",法律规定重要的借贷行为都须订立书面契约

D. 西周时期在宗法制度下已形成子女平均继承制

【解析】 周初统治者为修补以往神权政治学说的缺陷,提出了"以德配天,明德慎罚"的政治法律主张。"德主刑辅"是汉代才提出的。故 A 的说法错误。

西周的借贷契约为"傅别",而非"书约",故 C 项错误。

西周时期,在宗法制度下已经形成了嫡长子继承制度,故 D 的说法错误。

**3.** 《左传》云,"礼,所以经国家,定社稷,序民人,利后嗣者也",系对周礼的一种评价。关于周礼,下列哪一表述是正确的?① (15/1/16)

A. 周礼是早期先民祭祀风俗自然流传到西周的产物

B. 周礼仅属于宗教、伦理道德性质的规范

C. "礼不下庶人"强调"礼"有等级差别

D. 西周时期"礼"与"刑"是相互对立的两个范畴

【解析】 礼是中国古代社会长期存在的、维护血缘宗法和宗法等级制度的一系列精神原则以及言行规范的总称。礼起源于原始社会祭祀鬼神时所举行的仪式。商、周两朝在前代礼制的基础上,都有所补充和发展,尤其在周代,周公进行了"制礼作乐"的活动。故 A 项的说法错误。

周礼完全具有规范性、国家意志性和强制性等法的基本特征,而且事实上也对社会关系起到了实际调整的作用。故 B 项的说法错误。

礼与刑是相互补充的,两者共同构成西周法律的完整体系。"礼不下庶人"强调礼有等级差别,禁止任何越礼的行为,故 C 项说法正确,D 项说法错误。

## 第二节 春秋、战国时期的法律

### 一、成文法的公布

成文法公布 { 铸刑书。前536年,郑国执政子产"铸刑书",首次公布成文法。

铸刑鼎。前513年,晋国赵鞅把范宣子所编刑书铸于鼎上。第二次公布。

【历年真题】

**1.** 春秋时期,针对以往传统法律体制的不合理性,出现了诸如晋国赵鞅"铸刑鼎",郑国执政子产"铸刑书"等变革活动。对此,下列哪一说法是正确的?② (16/1/16)

A. 晋国赵鞅"铸刑鼎"为中国历史上首次公布成文法

B. 奴隶主贵族对公布法律并不反对,认为利于其统治

---

① C

② C

C. 打破了"刑不可知,则威不可测"的壁垒
D. 孔子作为春秋时期思想家,肯定赵鞅"铸刑鼎"的举措

【解析】 中国法制史上第一次公布成文法的是郑国子产"铸刑书",该事件发生于公元前536年。子产公布成文法的活动受到了叔向等旧贵族的反对,认为公布成文法不利于其统治。因为在公布成文法以前是按照判例和习惯法处理问题的。公布成文法后,权利和义务都公开了,打破了"刑不可知,则威不可测"的壁垒。中国法制史上第二次公布成文法的活动是晋国赵鞅"铸刑鼎",遭到了孔子的反对。

**2.** 郑国执政子产于公元前536年"铸刑书",这是中国历史上第一次公布成文法的活动。对此,晋国大夫叔向曾写信痛斥子产:"昔先王议事以制,不为刑辟,惧民之有争心也……民知有辟,则不忌于上,并有争心,以征于书,而徼幸以成之,弗可为矣。"关于"不为刑辟"的含意,下列哪一选项是正确的?① (08/1/10)

A. 不制定法律
B. 不规定刑罚种类
C. 不需要判例法
D. 不公布成文法

【解析】 公元前536年,郑国执政子产将郑国的法律条文铸在象征诸侯权位的金属鼎上,向社会公布,这是中国历史上第一次公布成文法的活动。晋国大夫叔向写信痛斥子产针对的就是公布成文法的行为,选项D正确。

## 二、《法经》

| 《法经》 | 中国历史上第一部比较系统的成文法典。 |
| --- | --- |
| | 篇目:盗、贼、囚(网)、捕、杂、具(总则)。"王者之政,莫急于盗贼,故律始于盗"。杂法中规定六禁:淫、狡、城、嬉、徒、金。 |
| | 《法经》六篇为秦汉直接继承,成为秦汉律的主要篇目。 |

【记忆口诀】 魏国李悝作《法经》,系统法典第一部,盗贼囚(网)捕杂具,六篇法律在其中。具律本是总则名,淫狡城(禁)嬉徒金,六禁之规在杂法。

## 三、商鞅变法

| 商鞅变法 | 改法为律,扩充法律内容,强调法律的普遍性。 |
| --- | --- |
| | 颁布了《分户令》和《军爵律》,富国强兵。 |
| | 贯彻法家主张:以法治国;轻罪重刑;不赦不宥;鼓励告奸;实行连坐。 |
| | 用法律的手段剥夺旧贵族的特权,太子犯罪,刑其师傅。 |

---

① D

## 第三节 秦代法制

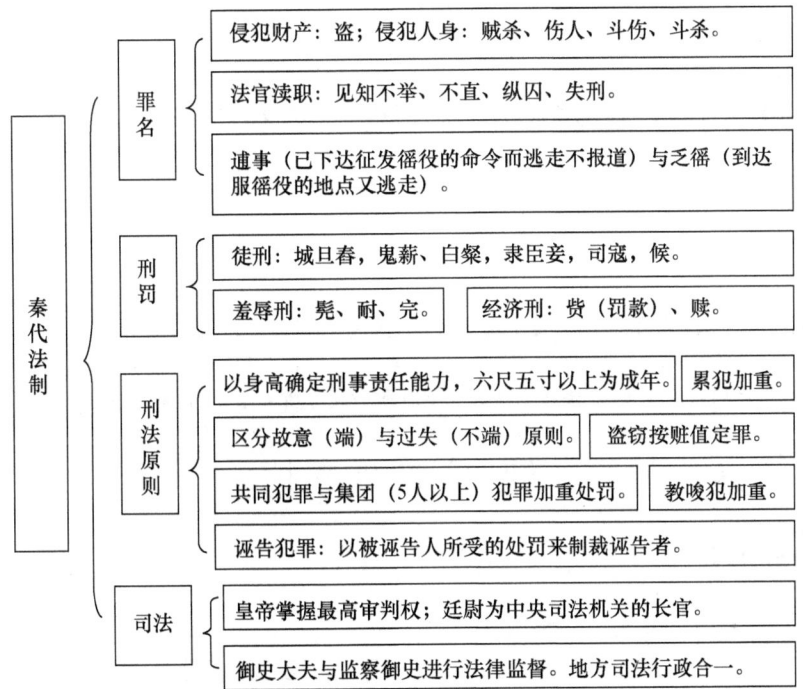

**【历年真题】**

**1.** 秦律明确规定了司法官渎职犯罪的内容。关于秦朝司法官渎职的说法,下列哪一选项是不正确的?① (14/1/16)

A. 故意使罪犯未受到惩罚,属于"纵囚"
B. 对已经发生的犯罪,由于过失未能揭发、检举,属于"见知不举"
C. 对犯罪行为由于过失而轻判者,属于"失刑"
D. 对犯罪行为故意重判者,属于"不直"

**【解析】** 秦代关于司法管理的渎职犯罪有:
① "纵囚"罪,指应当论罪而故意不论罪。
② "见知不举"罪,指官吏看见违法犯罪行为而不纠举。此罪不以过失为要件。故 B 错。
③ "不直"罪,指罪重而轻判,罪应轻而重判。
④ "失刑"罪,指因过失而量刑不当。

---

① B

**2. 秦汉时期的刑罚主要包括笞刑、徒刑、流放刑、肉刑、死刑、羞辱刑等,下列哪些选项属于徒刑?**① (12/1/56)

A. 候

B. 隶臣妾

C. 弃市

D. 鬼薪白粲

**3. 据史书载,以下均为秦朝刑事罪名。下列哪一选项最不具有秦朝法律文化的专制特色?**② (11/1/16)

A. "偶语诗书"

B. "以古非今"

C. "非所宜言"

D. "失刑"

【解析】 "失刑"为渎职罪,是中国古代官吏职务犯罪的罪名,最不具有秦朝法律文化的专制特色。选项D正确。"偶语诗书""以古非今""非所宜言"均为危害皇权的犯罪,比较明显地体现了秦朝的法律文化、法律制度的专制特色。故选项A、B、C都是不符合题意的。

## 第四节 汉代法制

### 一、肉刑的废除

| 废除肉刑 | 导火线:缇萦上书救父。 |
| --- | --- |
| | 文帝:黥刑改为髡钳城旦舂;劓刑改为笞三百;斩左趾改为笞五百;斩右趾改为弃市死刑。 |
| | 景帝:笞三百改为笞二百;笞五百改为笞三百。颁布《箠令》,规定笞杖尺寸,以竹板制成,削平竹节,以及行刑不得换人等。 |
| | 为结束传统刑罚制度,建立新的刑罚制度奠定了重要基础。 |

### 二、汉律的儒家化

自汉罢黜百家,独尊儒术后,儒家思想对传统法制的影响至为深远。汉代开启了法律儒家化的进程,后世因袭之。

---

① ABD

② D

## 汉律儒家化

- **上请**：汉高祖刘邦七年。后，宣帝、平帝相继规定。东汉时成为普遍特权，从徒刑二年到死刑均可适用。

- **恤刑**：矜老恤幼，80岁以上、8岁以下、怀孕未产者、老师、侏儒等，不戴刑具。老人幼童及连坐妇女，除犯大逆不道诏书指明追捕的犯罪外，一律不再拘捕监禁。

- **亲亲得相首匿**：汉宣帝时确立，来源于儒家"父为子隐，子为父隐，直在其中"的理论，卑幼首匿尊长的犯罪行为，不追究刑事责任。尊长首匿卑幼，罪应处死的，可上请皇帝宽贷。

- **春秋决狱**：董仲舒所创，依据《春秋》等儒家经典著作审理案件，"春秋之治狱，论心定罪。志善而违于法者免；志恶而合于法者，诛。"对传统的司法和审判是一种积极的补充，但为司法擅断提供了依据。

- **秋冬行刑**：依董仲舒"天人感应"理论所建，除谋反大逆等外，一般死刑犯须在秋天霜降以后、冬至以前执行。唐律"立春后不决死刑"，明清律中的"秋审"制度溯源于此。

【历年真题】

董仲舒解说"春秋决狱"："春秋之听狱也,必本其事而原其志;志邪者不待成,首恶者罪特重,本直者论其轻。"关于该解说之要旨和倡导,下列哪些表述是正确的?① (13/1/57)

A. 断案必须根据事实,要追究犯罪人的动机,动机邪恶者即使犯罪未遂也不免刑责

B. 在着重考察动机的同时,还要依据事实,分别首犯、从犯和已遂、未遂

C. 如犯罪人主观动机符合儒家"忠""孝"精神,即使行为构成社会危害,也不给予刑事处罚

D. 以《春秋》经义决狱为司法原则,对当时传统司法审判有积极意义,但某种程度上为司法擅断提供了依据

## 三、司法机关

**司法机关**
- **审判机关**：承秦制，廷尉为中央司法长官。地方行政长官兼理司法。基层设乡里组织，负责治安与调解。
- **监督机关**：御史大夫（西汉）、御史中丞（东汉），负责法律监督。武帝后设司隶校尉，监督中央百官与地方司法官吏。又设刺史，专司各地行政与法律监督之职。

---

① ABD

## 第五节 魏晋南北朝法制

### 一、魏晋南北朝时期重要法典及制度比较

| 法典 | 立法年代 | 结构变化 | 特色制度 | 历史意义 |
|---|---|---|---|---|
| 《魏律》 | 魏明帝 | 18篇；"具律"改为"刑名"置于律首。 | 八议：来源于《周礼》"八辟"；亲(皇帝亲戚)、故(皇帝故旧)、贤(有传统德行与影响的人)、能(有大才能)、功(有大功勋)、贵(贵族官僚)、勤(为朝廷勤劳服务)、宾(前代皇室宗亲)八种人犯罪减免。 | 使中国法典在系统和科学上进了一大步。 |
| 《晋律》 | 西晋泰始三年 | 20篇602条的格局；刑名后增加法例律。 | 1. 张斐、杜预为之作注，故又称"张杜律"。<br>2. 准五服制罪：服制依亲属远近关系分为五等：斩衰、齐衰、大功、小功、缌麻。服制确定继承与赡养等权利义务关系，同时也是亲属相犯时确定刑罚轻重的依据。 | 对刑法分则部分重新编排，体现"刑宽""禁简"。 |
| 《北魏律》 | | 20篇 | 1. 官当：《北魏律》与《陈律》共同确立了官当制度。《北魏律》在"法例篇"规定："每一爵位折抵徒刑2年。"南朝《陈律》规定：凡一官职折抵徒刑，同赎刑结合适用。<br>2. 死刑复奏：北魏太武帝时正式确立，为唐代的死刑三复奏打下了基础，这一制度的建立既加强了皇帝对司法审判的控制，又体现了皇帝对民众的体恤。 | 采诸家法典之长，经过综合比较，"取精用宏"。 |
| 《北齐律》 | | 将刑名与法例律合为名例律一篇。共12篇。 | "重罪十条"：①反逆(造反) ②大逆(毁坏皇帝宗庙、山陵与宫殿) ③叛(叛变) ④降(投降) ⑤恶逆(殴打谋杀尊亲属) ⑥不道(凶残杀人) ⑦不敬(盗用皇室器物及对皇帝不尊重) ⑧不孝(不侍奉父母，不按礼制服丧) ⑨不义(杀本府长官与授业老师) ⑩内乱(亲属间的乱伦行为)。**其犯此十者，不在八议论赎之限。** | 承先启后的作用，对封建后世的立法影响深远。 |

【记忆口诀】 1.《魏律》：明帝《魏律》**18篇**，具改刑名置律首，八议此时入法律，等级特权昭昭然。

**2.《晋律》**：司马代魏西晋立，泰始年间做法律，律名晋律或泰始，此律一共 20 篇，刑名之后法例加，五服治罪是首创。张斐杜预疏法律，解释与律同效力，此律还名张杜律。

**3.《北齐律》**：承先启后北齐律，刑名法例二而一，名例之律始出现。此时法律定型期，篇目一共十二篇，唐宋承之不改变，重罪十条北齐创，隋律开皇改十恶。

**4. 官当**：北有北魏南有陈，官职抵罪律中明。

## 二、法律形式的变化

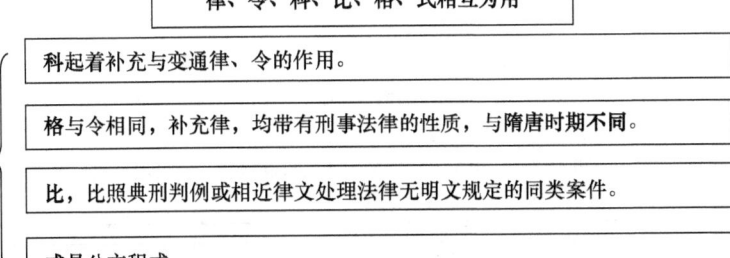

## 三、刑罚制度改革

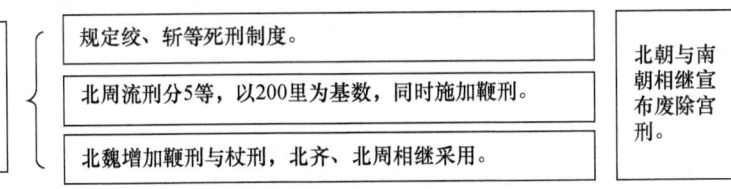

## 四、魏晋南北朝的司法制度

```
         ┌ 北齐正式设置大理寺，以大理寺卿和少卿为正副长官。
司法制度  │ 提高尚书台的地位，其中的"三公曹"与"二千石曹"执掌司法审判。
  变化    │ 晋设御史台主监察，纠举不法案件，又设治书侍御史，纠举审判官吏的
         └ 不法行为。
```

【历年真题】

"名例律"作为中国古代律典的"总则"篇，经历了发展、变化的过程。下列哪一表述是不正确的？① （13/1/18）

A.《法经》六篇中有"具法"篇，置于末尾，为关于定罪量刑中从轻从重法律原则的规定

---

① C

B.《晋律》共20篇,在刑名律后增加了法例律,丰富了刑法总则的内容
C.《北齐律》共12篇,将刑名与法例律合并为名例律一篇,充实了刑法总则,并对其进行逐条逐句的疏议
D.《大清律例》的结构、体例、篇目与《大明律》基本相同,名例律置首,后为吏律、户律、礼律、兵律、刑律、工律

## 第六节 唐律与中华法系

### 一、唐律的制定过程

| 唐律沿革 | 《武德律》,唐首部法典,以隋《开皇律》为草蓝本,共十二篇,五百条。 |
| --- | --- |
| | 《贞观律》,确定了唐律的主要内容和风格,增设加役流,确定了五刑、十恶、八议以及类推原则与制度。 |
| | 《永徽律》系高宗永徽二年长孙无忌、李绩等在《贞观律》基础上修订而成。后又下令对之进行注释,律疏合编称《永徽律疏》,元代后称《唐律疏议》。注释引用儒家经典作为律文的理论根据,系中华法系的代表性法典,标志着中国古代立法达到了最高水平,是迄今保存下来的最完整、最早、最具社会影响的古代成文法典。 |

### 二、唐律确立的主要制度

| 制度 | 内容 |
| --- | --- |
| 十恶 | 渊源于北齐律的"重罪十条",隋《开皇律》正式确定。包括谋反、谋大逆(图谋破坏国家宗庙、皇帝陵寝以及宫殿的行为)、谋叛、恶逆(殴打或谋杀祖父母、父母等尊亲属的行为)、不道(杀一家非死罪三人及肢解人的行为)、大不敬、不孝、不睦、不义(杀本管上司、受业师及夫丧违礼的行为)、内乱(奸小功以上亲属等乱伦行为)。凡犯十恶者,不适用八议等规定,且为常赦所不原,即"十恶不赦"。 |
| 六杀 | 贼盗、斗讼篇中依主观意图区分了"六杀":谋杀(预谋杀人);故杀(事先虽无预谋,情急杀人时已有杀人的意念);斗杀(斗殴中出于激愤失手将人杀死);误杀(由于种种原因错置了杀人对象);过失杀(出于过失杀人);戏杀("以力共戏"而导致杀人)。 |
| 六赃 | 六赃包括:受财枉法、受财不枉法、受所监临(非法收受所辖范围内百姓或下属财物)、强盗、窃盗、坐赃(官吏或常人非因职权之便非法收受财物)。这些规范和按赃值定罪的原则为后世继承,**明清律典中有"六赃图"的附配**。 |
| 保辜 | 伤人罪的后果不是立即显露的,规定加害方在一定期限内对被害方伤情变化负责。在限定的时间内受伤者死去,伤人者承担杀人的刑责;限外死去或者限内以他故死亡者,伤人者只承担伤人的刑事责任。 |

## 三、五刑与刑罚原则

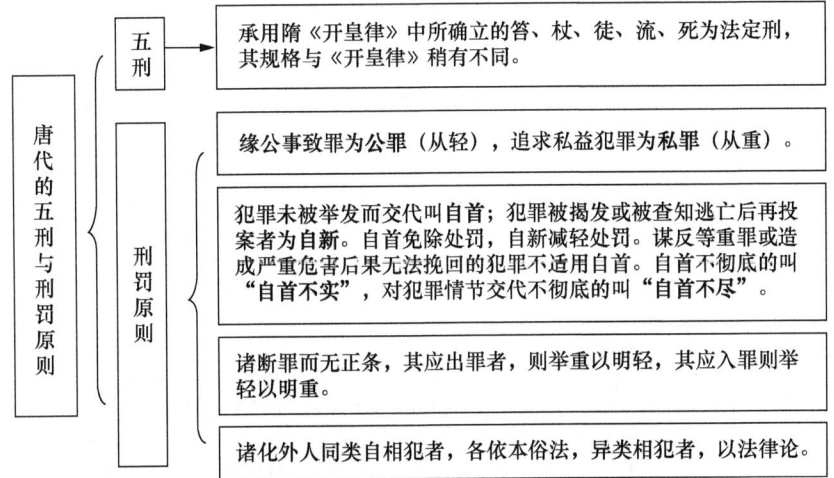

## 四、唐代的司法制度

(一) 中央司法机关

| | 构成 | 职权 |
|---|---|---|
| 大理寺 | 以正卿和少卿为正副长官 | 行使中央司法审判权,审理中央百官与京师徒刑以上案件。凡属流徒案件的判决,须送刑部复核;死刑案件必须奏请皇帝批准。同时大理寺对刑部移送的死刑与疑难案件具有重审权。 |
| 刑部 | 以尚书、侍郎为正副长官,下设刑部、都官、比部和司门四司 | 刑部有权参与重大案件的审理,对中央、地方上报的案件具有复核权,并有权受理在押犯申诉案件。 |
| 御史台 | 御史台以御史大夫和御史中丞为正副长官,下设台、殿、察三院 | 御史台有权监督大理寺、刑部的审判工作,同时参与疑难案件的审判,并受理行政诉讼案件。台院是御史台的基本组成部分,设侍御史若干人,执掌纠弹中央百官,参与大理寺的审判和审理皇帝交付的重大案件。殿院,设殿中侍御史若干人,执掌纠察百官在宫殿中违反朝仪的失礼行为,并巡视京城及其他朝会、郊祀等,以维护皇帝的神圣尊严为其主要职责。察院,设监察御史若干人,执掌纠察州县地方官吏的违法行为。 |

## (二) 唐代的会审制度

**会审制度**
- **三司推事**：刑部侍郎、御史中丞、大理寺卿共同审理地方或中央发生的重大案件。
- **三司使**：大理寺评事、刑部员外郎、监察御史审理地方不便于解往中央的案件。
- **督堂集议制**：每逢重大死刑案件，皇帝下令"中书、门下四品以上及尚书才卿议之"，以示慎刑。

## (三) 唐代的地方司法机关

**地方司法机关**
- 行政长官兼理司法，司法是行政的一个环节。
- 州设**法曹参军**或**司法参军**，县设**司法佐史**等协助州县长官司进行审判。
- 县以下乡官、里正纠举犯罪，调处轻微犯罪与民事案件，结果呈报上级。

## (四) 唐代的刑讯制度

**刑讯制度**
- 拷讯前审核口供的真实性并查验证据。证据确凿，仍狡辩否认的，主审官与参审官共同决定使用；未依法定程序拷讯，承审官要负刑责。
- 人赃俱获，经拷讯仍拒不认罪的，可"据状断之"。
- 使用标准规格的常行杖；不得超过三次，每次应间隔20天，总数不得超过200，杖罪以下不得超过所犯之数；拷讯数满，仍不承认的，应当反拷告状之人，以查明有无诬告等情形。
- 应议、请、减等特权人物和年70以上15以下、肢废、腰脊折、痴哑、侏儒等老幼废疾之人，"不合拷讯，皆据众证(3人以上证实)定罪"

## (五) 法官回避制度

**法官回避**
- 《唐六典》第一次以法典的形式，肯定了法官司的回避制度。
- "鞫狱，官司与被鞫人有亲属仇嫌者，皆听更之。"

**特点地位影响**
- 特点：礼法合一；科条简要、宽简适中；立法技术完善。
- 地位：中国传统法典的楷模与中华法系形成的标志。
- 域外影响：朝鲜《**高丽律**》、日本文武皇制定的《**大宝律令**》、越南李太尊《**刑书**》皆模仿唐律而成。

## 五、唐律的特点与中华法系

**【历年真题】**

**1.**《唐律疏议·贼盗》载"祖父母为人杀私和"疏:"若杀祖父母、父母应偿死者,虽会赦,仍移乡避仇。以其与子孙为仇,故令配。"下列哪些理解是正确的?① (13/1/56)

A. 杀害同乡人的祖父母、父母依律应处死刑者,若遇赦虽能免罪,但须移居外乡

B. 该条文规定的移乡避仇制体现了情法并列、相互避让的精神

C. 该条文将法律与社会生活相结合统一考虑,表现出唐律较为高超的立法技术

D. 该条文侧面反映了唐律"礼律合一"的特点,为法律确立了解决亲情与法律相冲突的特殊模式

**2.**《唐律·名例律》规定:"诸断罪而无正条,其应出罪者,则举重以明轻;其应入罪者,则举轻以明重。"关于唐代类推原则,下列哪一说法是正确的?② (14/1/17)

A. 类推是适用法律的一般形式,有明文规定也可"比附援引"

B. 被类推定罪的行为,处罚应重于同类案件

C. 被类推定罪的行为,处罚应轻于同类案件

D. 唐代类推原则反映了当时立法技术的发达

**3.** 唐永徽年间,甲由祖父乙抚养成人。甲好赌欠债,多次索要乙一祖传玉坠未果,起意杀乙。某日,甲趁乙熟睡,以木棒狠击乙头部,以为致死(后被救活),遂夺玉坠逃走。唐律规定,谋杀尊亲处斩,但无致伤如何处理的规定。对甲应当实行下列哪一处罚?③ (15/1/17)

A. 按"诸断罪而无正条,其应入罪者,则举轻以明重",应处斩刑

B. 按"诸断罪而无正条,其应出罪者,则举重以明轻",应处绞刑

C. 致伤未死,应处流三千里

D. 属于"十恶"犯罪中的"不孝"行为,应处极刑

**【解析】** "谋杀"相对于"杀死"而言是一种比较轻的行为,轻的行为法律明文规定应当处斩,重的行为当然应应当受到处罚,故 A 项的说法正确。

**4.** 元代人在《唐律疏议序》中说:"乘之(指唐律)则过,除之则不及,过与不及,其失均矣。"表达了对唐律的敬畏之心。下列关于唐律的哪一表述是错误的?④ (2016/1/17)

A. 促使法律统治"一准乎礼",实现了礼律统一

B. 科条简要、宽简适中、立法技术高超,结构严谨

C. 是我国传统法典的楷模与中华法系形成的标志

D. 对古代亚洲及欧洲诸国产生了重大影响,成为其立法渊源

**【解析】**《唐律疏议》是中华法系的典型代表,ABC 三项中对唐律的评价均成立。《唐律疏议》对域外的影响主要是几个周边国家,如日本、朝鲜、越南等,对欧洲诸国的影响微乎其微。

---

① ABCD
② D
③ A
④ D

## 第七节　两宋的法律

### 一、《宋刑统》与编敕

(一) 宋刑统

**宋律**
- 《宋建隆重详定刑统》，太祖建隆四年七月完成，第一部刊印颁行的法典。
- 源于《大中刑律统类》，统括性和综合性的法典，继承唐律，但篇下分门。

(二) 编敕

**编敕**
- 皇帝对特定的人或事所作的命令，须中书省"制论"和门下省"封驳"。
- 主要规定犯罪与刑罚，神宗时设编敕所，"丽刑名轻重者，皆为敕"。
- 仁宗前基本是：敕律并行；神宗朝是："凡律所不载者，一断于敕"。

### 二、刑罚的变化

**刑罚变化**
- 建隆四年颁行**"折杖法"**规定：除死刑外，其他笞、杖、徒、流四刑均折换成臀杖和脊杖。但对反逆、强盗等重罪不予适用。
- **配役**刑渊源于隋唐的流配刑。配役刑在两宋多为刺配，刺配源于后晋天福年间的刺面之法，太祖时偶尔用之，仁宗后成为常制。
- **凌迟**始于五代时的西辽；仁宗时使用凌迟刑，神宗熙宁以后成为常刑；南宋，《庆元条法事类》确定为法定死刑的一种；《大清现行刑律》废。

### 三、契约与婚姻法规

(一) 契约

**契约**
- 债的发生强调"合意"性，维护家长的支配权。
- 买卖契约分为绝卖、活卖与赊卖，须订立书面契约，取得官府承认。
- 对**房宅**的租凭：**租、赁或借**；对**人畜车马**的租赁：**庸、雇**。
- 租佃契约中须明定纳租与纳税的条款，实行分成租或实行定额租。地主向官府缴纳田赋。若佃农过期不交地租，由官府代为索取。
- **典卖又称"活卖"**，让渡物的使用权收取部分利益而保留回赎权。
- 不付息的使用借贷为**负债**，付息的消费借贷为**出举**。

## （二）婚姻法规

| 结婚与离婚 | 宋承唐律，男年15、女年13以上，并听婚嫁。 |
| --- | --- |
| | 禁止五服以内亲属结婚，表兄弟姐妹结婚不禁止。 |
| | 诸州县官人在任之日，不得共部下百姓交婚，违者虽会赦仍离之。同其定婚在前，任官居后，及三辅内官门阀相当情愿者，不在禁限。 |
| | 离婚沿唐"七出"与"三不去"，但有变通。夫外出3年不归，6年不通问，准妻改嫁或离婚，妻擅走者徒3年，改嫁者流3 000里，妾各减1等。 |

## （三）继承

| 继承 | 沿兄弟均分制，允许在室女享受部分财产继承权，承认遗腹子与亲生子享有同样的继承权。 |
| --- | --- |
| | 家无男子承继称户绝，"**夫亡而妻在**"，立继从妻，称立继；"**夫妻俱亡**"，立继从其尊长亲属，称为命继。 |
| | 继子与绝户之女均享有继承权，只有**在室女**的，继子仅享有1/4的财产继承权。只有出嫁女的，**出嫁女、继子、官府**各享有1/3。 |

## 四、司法制度

| 司法机关与制度 | 中央机关 | 宋沿唐制，在中央设大理寺、刑部、御史台，分掌中央司法职能。 |
| --- | --- | --- |
| | | 神宗后，刑部分设左曹（负责死刑案件复核）和右曹（负责官吏犯罪案件的审核），职能扩大。 |
| | | 太祖时设**审刑院**，使**大理寺降为慎刑机关**，地方上报案件必先送审刑院备案，后移送大理寺、刑部复审，再经审刑院详议，交由皇帝裁决。 |
| | 地方机关 | 宋代地方州县仍实行**司法与行政合一**之制。<br>**太宗**时在**州县之上**，设立**提点刑狱司**，作为中央在地方**各路的司法派出机构**。巡视州县，监督审判，详录囚徒。凡地方官吏审判违法，轻者，提点刑狱司可以立即处断；重者，上报皇帝裁决。 |
| | 具体制度 | 人犯否认口供（称"**翻异**"），事关重大案情的，由另一法官或另一司法机关重审，称"**别勘**"。 |
| | | 两宋注重证据，原被告均有举证责任。重视现场勘验，南宋地方司法机构制有专门的"**检验格目**"。《**洗冤集录**》为世界最早的法医学著作。 |

【历年真题】
**1.** 宋承唐律，仍实行唐制"七出""三不去"的离婚制度，但在离婚或改嫁方面也有变通。下列哪一选项不属于变通规定？① （**12/1/16**）

---

① D

A. "夫外出三年不归,六年不通问"的,准妻改嫁或离婚
B. "妻擅走者徒三年,因而改嫁者流三千里,妾各减一等"
C. 夫亡,妻"若改适(嫁),其见在部曲、奴婢、田宅不得费用"
D. 凡"夫亡而妻在",立继从妻

**2.** 南宋时,霍某病故,留下遗产值银9000两。霍某妻子早亡,夫妻二人无子,只有一女霍甲,已嫁他乡。为了延续霍某姓氏,霍某之叔霍乙立本族霍丙为霍某继子。下列关于霍某遗产分配的哪一说法是正确的?① (16/1/18)

A. 霍甲9000两
B. 霍甲6000两,霍丙3000两
C. 霍甲、霍乙、霍丙各3000两
D. 霍甲、霍丙各3000两,余3000两收归官府

【解析】 本题涉及南宋的"户绝"的继承制度。户绝指家无男子承继。户绝必须通过一定的方式设立继子。在财产的继承方面如果户绝之人有尚未出嫁的女儿,在室女可得其财产的3/4,继子继承1/4。如果女儿已经出嫁,则继子、出嫁女、官府各得其财产的1/3。

## 第八节 元代的法制

| 元代法制 | 人分四等:蒙古人;色目人(西夏、回回);汉人;南人(南宋统治的民众)。 |
| --- | --- |
| | **宗室及蒙古人的案件,由中央大宗正府负责。汉人、南人诉案归刑部**,且审判机关的正职由蒙古人担任。汉蒙古纠纷多祖蒙古人,同罪异罚。 |
| | 烧埋银,又称烧埋钱,明、清称烧埋葬银。不法致人死亡的,行凶者在接受刑罚之外,还须赔一定数额的丧葬费。 |

## 第九节 明代的法制

### 一、明代的立法思想

| 明刑弼教 | "明刑弼教",最早见于《尚书·大禹谟》。 |
| --- | --- |
| | 宋以前将"明刑弼教"附于"德主刑辅"之后,强调"**大德小刑**"和"**先教后刑**"。 |
| | 朱熹提高了刑的地位,**德只是刑罚的目的**,可"**先刑后教**"。 |
| | 经朱熹阐发的"明刑弼教"思想,成为朱元璋重典治国政策的理论依据。 |

---

① D

## 二、大明律、明大诰与明会典

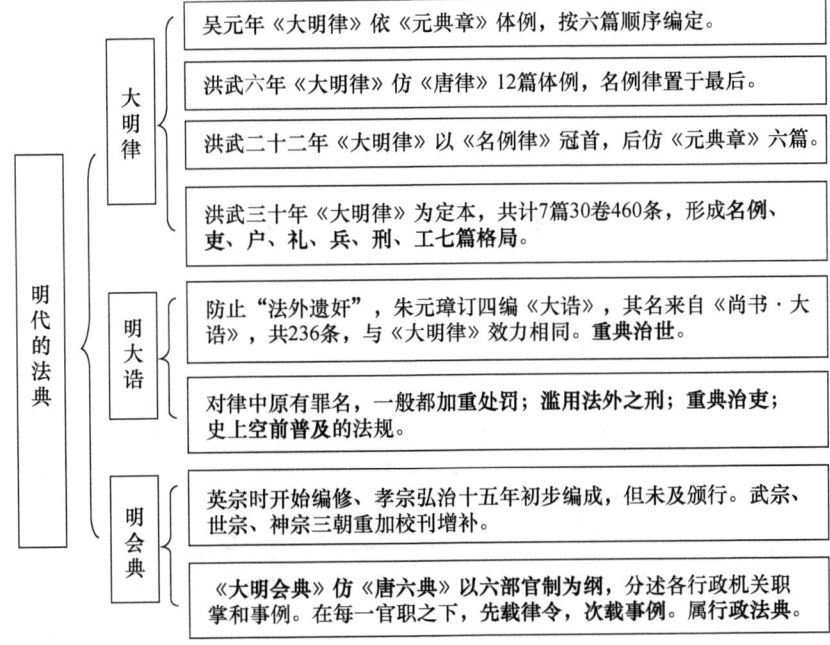

## 三、明代的刑法原则、罪名、刑罚

### (一) 刑法原则

**刑法原则**
- 从重从新："凡律自颁降日为始，若犯在已前者，并依新律拟断。"
- "重其所重，轻其所轻"：对于**贼盗及有关钱粮**等事，明律较唐律处刑为重。对于"**典礼及风俗教化**"等一般性犯罪，明律处罚**轻**于唐律。

### (二) 罪名与刑罚

**罪与罚**
- 洪武年间创设"**奸党**"罪，无确定内容，为杀戮功臣宿将提供合法依据。
- 故杀，唐代传统的贼杀被分解为故杀和谋杀。故杀，临时起意的故意杀人。谋杀，在唐代及以后把谋杀看作必要共犯，《大明律》说：称"谋"者，二人以上。
- 在流刑外增加充军刑，远至4000里，近至1000里，并有**本人终身充军**与**子孙永远充军**的区分。

## 四、司法制度

**明代司法制度**

### 中央三法司

- **刑部**增设13个清吏司，分掌各省刑民案件，加强对地方司法控制。

- **大理寺掌复核驳正**，发现有"情词不明或失出入者"，驳回刑部改判，并再行复核。如此三改不当者，奏诸皇帝裁决。

- **都察院掌纠察**。主要是纠察百司。司法活动仅限于会审及审理官吏犯罪案件，并无监督法律执行的原则。设有十三道监察御史。

### 地方司法机关

- 省设**提刑按察司**，有权判处徒刑及以下案件，徒刑以上案件须报送中央刑部批准执行。

- 府、县两级仍是知府、知州、知县实行行政司法合一体制，掌管狱讼事务。明代越诉受重惩。

- 各州县及乡设立"**申明亭**"，张贴榜文，申明教化，由民间德高望重的耆老受理当地民间纠纷，加以调处解决。

### 管辖制度与厂卫

- **交叉案件的管辖上**，继承了唐律"**以轻就重，以少就多，以后就先**"的原则，实行被告原则。

- 凡军官、军人有犯，"与民不相干者"，一律"从本管军职衙门自行追问"。若军案与民相干者，由管军衙门与当地官府"一体约问"。

- 廷杖：**由皇帝下令**，司礼监监刑，**锦衣卫施刑**，杖责大臣。

- 朱元璋设锦衣卫，锦衣卫下设南、北镇抚司，北镇抚司专理诏狱；成祖设东厂；宪宗设西厂；武宗设内行厂。

### 会审

- **九卿会审（圆审）**：由六部尚书及通政使、左都御史、大理寺卿，会审皇帝交付的案件或已判决但因犯仍翻供不服之案。

- **朝审**：设于英宗，霜降后，三法司会同公侯、伯爵，在**吏部（或户部）**尚书主持下会审重案囚犯。

- **大审**：始于成化十七年宪宗命司礼监参与审判，"自此定例，每五年辄大审。"

【历年真题】

明太祖朱元璋在洪武十八年(公元1385年)至洪武二十年(公元1387年)间,手订四编《大诰》,共236条。关于明《大诰》,下列哪些说法是正确的?① (14/1/57)

A. 《大明律》中原有的罪名,《大诰》一般都加重了刑罚
B. 《大诰》的内容也列入科举考试中
C. "重典治吏"是《大诰》的特点之一
D. 朱元璋死后《大诰》被明文废除

【解析】 朱元璋在修订《大明律》的同时,为防止"法外遗奸",又在洪武十八年(公元1385年)至洪武二十年(公元1387年)间,手订四编《大诰》,共236条,具有与《大明律》相同的法律效力。明《大诰》集中体现了朱元璋"重典治世"的思想。《大诰》是明初的一种特别刑事法规。《大诰》之名来自儒家经典《尚书·大诰》。其特征在于:(1)《大诰》对于律中原有的罪名,一般都加重处罚。(2)《大诰》的另一特点是滥用法外之刑,四编大诰中开列的刑罚如族诛、枭首、断手、斩趾等等,都是汉律以来久不载于法令的酷刑。(3)"重典治吏"是《大诰》的又一特点,其中大多数条文专为惩治贪官污吏而定,以此强化统治效能。(4)《大诰》也是中国法制史上空前普及的法规,每户人家必须有一本《大诰》,科举考试中也列入《大诰》的内容。明太祖死后,《大诰》被束之高阁,不再具有法律效力。

# 第十节 清  代

## 一、清代律、例、会典

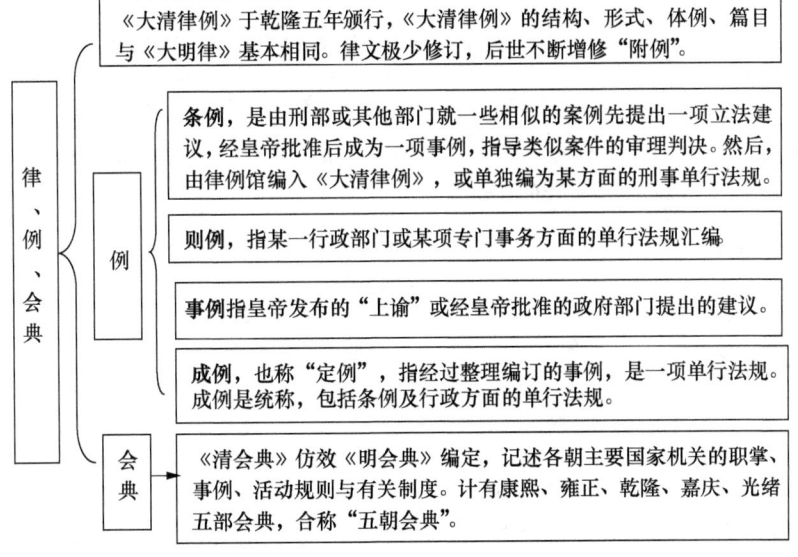

---

① ABC

## 二、清代的司法制度

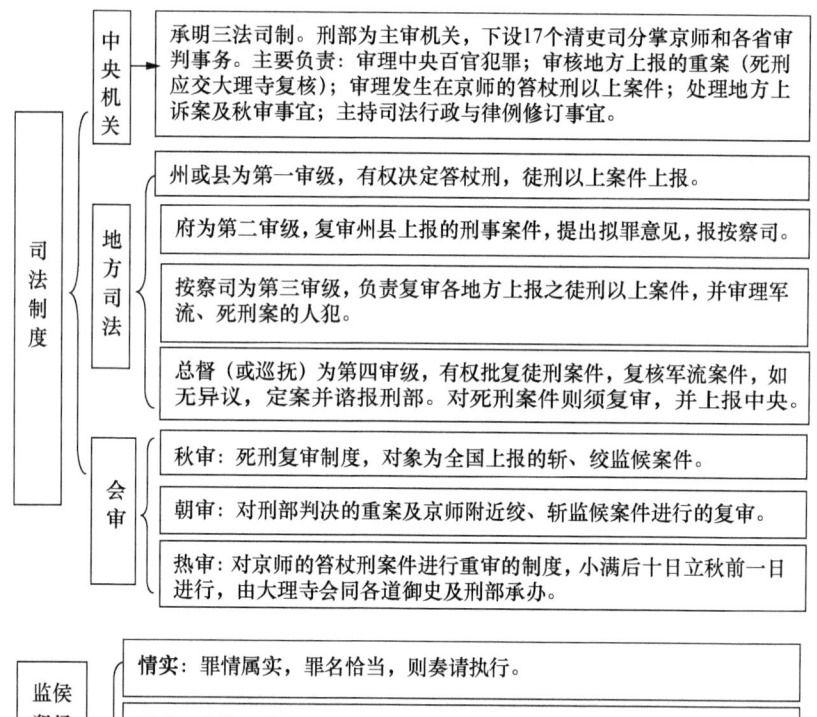

【历年真题】

**1.** 根据清朝的会审制度,案件经过秋审或朝审程序之后,分四种情况予以处理:情实、缓决、可矜、留养承嗣。对此,下列哪一说法是正确的?① (14/1/18)

A. 情实指案情属实、罪名恰当者,奏请执行绞监候或斩监候

B. 缓决指案情虽属实,但危害性不能确定者,可继续调查,待危害性确定后进行判决

C. 可矜指案情属实,但有可矜或可疑之处,免于死刑,一般减为徒、流刑罚

D. 留养承嗣指案情属实、罪名恰当,但被害人有亲老丁单情形,奏请皇帝裁决

**2.**《折狱龟鉴》载一案例:张泳尚书镇蜀日,因出过委巷,闻人哭,惧而不哀,遂使讯之。云:"夫暴卒。"乃付吏穷治。吏往熟视,略不见其要害。而妻教吏搜顶发,当有验。乃往视之,

---

① C

果有大钉陷其脑中。吏喜,辄矜妻能,悉以告泳。泳使呼出,厚加赏方,问所知之由,并令鞫其事,盖尝害夫,亦用此谋。发棺视尸,其钉尚在,遂与哭妇俱刑于市。关于本案,张泳运用了下列哪一断案方法?① (12/1/17)

　　A.《春秋》决狱　　　　　　　　B. "听讼""断狱"
　　C. "据状断之"　　　　　　　　D. 九卿会审

【解析】 唐宋律规定,审判时"必先以情,审查辞理,反复参验,犹未能决,事须拷问者,立案同判,然后拷讯,违者杖六十"。也就是在拷讯之前必须先审核口供的真实性,反复查验证据。同时规定,对那些人赃俱获,经拷讯仍不认罪,也可"据状断之",即根据证据定罪。本案中,张泳"付吏穷治""吏往熟视""发棺视尸,其钉尚在"等,广泛搜集证据,根据证据定罪。所以属于"据状断之"。选项 C 正确。其他选项都不符合,是错误的。

**3.** 关于中国古代法律历史地位的表述,下列哪一选项是正确的?② (12/1/18)

　　A.《法经》是中国历史上第一部比较系统的成文法典
　　B.《北魏律》在中国古代法律史上起着承先启后的作用
　　C.《宋刑统》是中国历史上第一部刊印颁行的仅含刑事内容的法典
　　D.《大明会典》以《元典章》为渊源,为《大清会典》所承继

**4.** 清乾隆年间,甲在京城天安门附近打伤乙被判笞刑,甲不服判决,要求复审。关于案件的复审,下列哪些选项是正确的? (12/1/57③)

　　A. 应由九卿、詹事、科道及军机大臣、内阁大学士等重要官员会同审理
　　B. 应在霜降后 10 日举行
　　C. 应由大理寺官员会同各道御史及刑部承办会同审理
　　D. 应在小满后 10 日至立秋前 1 日举行

【解析】 清乾隆年间,甲在京城天安门附近打伤乙被判笞刑,甲不服判决,要求复审。这一案件应按照清代法律制度的热审进行。热审是对发生在京师的笞杖刑案件进行重审的制度,于每年小满后 10 日至立秋前 1 日,由大理寺官员会同各道御史及刑部承办司共同进行,快速决放在监笞杖刑案犯。选项 A、B 不符合,是错误的。选项 C、D 符合,是正确的。

# 第二章　中国近代法制史

【本章重点难点提示】

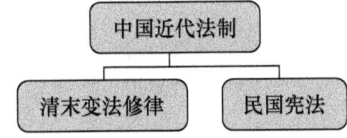

---

① C
② A
③ CD

1. 预备立宪中成立的两个咨询性机关、制定的两个宪法性文件;
2. 《大清现行刑律》《大清新刑律》《大清民律草案》的制定过程及主要内容;
3. 清末司法制度的变革;
4. 民国的主要宪法。

## 一、预备立宪

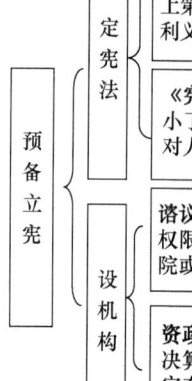

预备立宪

定宪法
- **《钦定宪法大纲》**：宪政编查馆编订，1908年8月颁布。中国近代史上第一个宪法性文件。共23条，分正文"君上大权"和附录"臣民权利义务"。
- **《宪法重大信条十九条》**：资政院起草，1911年11月3日公布。缩小了皇帝的权力，扩大了议会和总理的权力，但仍强调皇权至上，且对人民权利只字未提。

设机构
- **谘议局**：地方咨询机关。以"指陈通省利病、筹计地方治安"为宗旨。权限包括讨论本省兴革事宜、决算预算、选举资政院议员、申复资政院或本省督抚的咨询等。
- **资政院**：中央咨询机构。承旨办事的御用机构，可以议决国家年度预决算、税法与公债，以及其他奉"特旨"交议事项等。但最后由皇帝定夺，皇帝有权谕令资政院停会或解散及指定钦选议员。

【历年真题】

武昌起义爆发后,清王朝于**1911 年 11 月 3 日**公布了《宪法重大信条十九条》。关于该宪法性文件,下列哪一说法是错误的?①（14/1/19）

A. 缩小了皇帝的权力　　B. 扩大了人民的权利
C. 扩大了议会的权力　　D. 扩大了总理的权力

## 二、清末主要修律内容

| 法典 | 完成或公布时间 | 性质 | 内容 |
|---|---|---|---|
| 《大清现行刑律》 | 1910年5月15日颁行。 | 《大清新刑律》完成前的一部过渡性法典。 | 与《大清律例》相比，有如下变化：① 改律名为"刑律"；② 取消了六律总目,将法典各条按性质分隶30门；③ 对纯属民事性质的条款不再科刑；④ 废除了一些残酷的刑罚手段，如凌迟；⑤ 增加了一些新罪名，如妨害国交罪等。 |

---

① B

(续表)

| 法典 | 完成或公布时间 | 性质 | 内容 |
|---|---|---|---|
| 《大清新刑律》 | 起草工作始于1906年，由于引发了礼教派的攻击和争议，至1911年1月才正式公布。 | 中国第一部近代意义上的专门刑法典。 | 将法典分为总则和分则，后附《暂行章程》5条；确立了新刑罚制度，规定刑罚分主刑、从刑；采用了罪刑法定原则和缓刑制度等。 |
| 《大清民律草案》 | 1910年12月完成，并未正式颁布和实施。 | 指导思想为：中体西用。 | 由沈家本、伍廷芳、俞廉三等主持的修订法律馆主持修订，分为总则、债、物权、亲属、继承5编，共计1569条，前3编由日本法学家松冈正义等仿照德国、日本民法典的体例和内容草拟而成，后2编由修订法律馆会同保守的礼学馆起草。 |

## 三、清末司法体制的变化

（一）领事裁判权

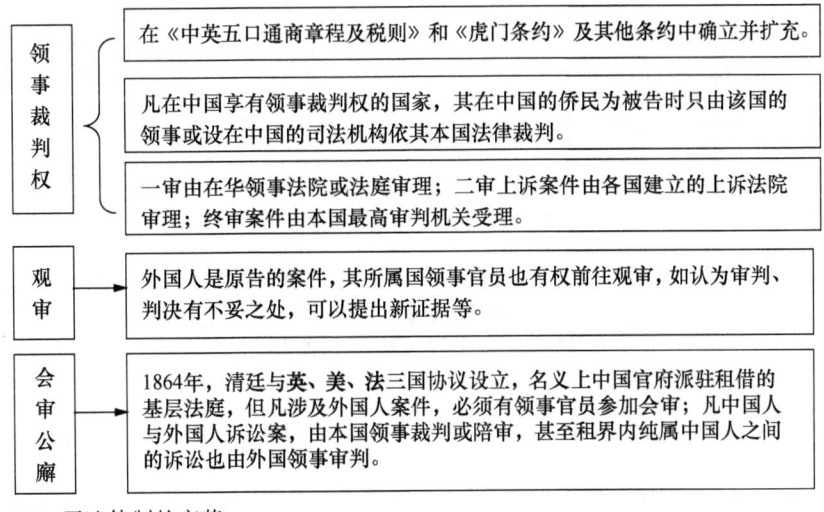

（二）司法体制的变革

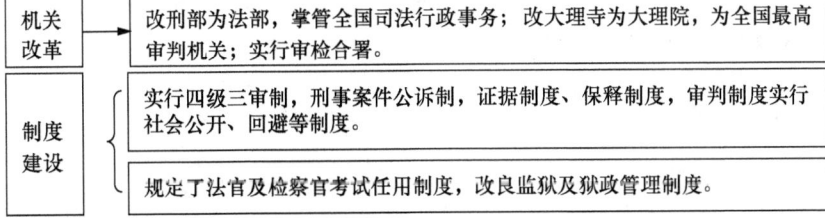

## 四、民国时期的宪法

|  | 公布时间 | 内容 | 历史地位(意义) |
|---|---|---|---|
| 《中华民国临时约法》 | 南京临时政府于1912年3月11日公布。 | 孙中山民权主义学说具体化;规定了人民享有人身、财产、居住、信教等项自由和选举、被选举、考试、请愿、诉讼等权利;确立资产阶级共和国的国家制度;三权分立原则,采用责任内阁制。**改总统制为责任内阁制,扩大参议院的权力,规定特别修改程序以制约袁世凯。** | 第一部资产阶级共和国性质的宪法文件。 |
| 《中华民国宪法(草案)》("天坛宪草") | 1913年10月31日完成。 | 采用资产阶级三权分立的宪法原则,确认民主共和制度,同时体现了限制袁世凯的意图。 | 北洋政府时期的第一部宪法草案。 |
| 《中华民国约法》("袁记约法") | 北洋政府于1914年5月1日公布。 | 彻底否定民主共和制度,代之以个人独裁;用总统独裁否定了责任内阁制;用有名无实的立法院取消了国会制。 | 军阀专制全面确立的标志。 |
| 《中华民国宪法(1923)》("贿选宪法") | 北洋政府1923年10月10日公布。 | 词藻漂亮,对"国权"和"地方制度"作了专门规定。 | 中国近代史上首部正式颁行的宪法。 |
| 《中华民国宪法(1947)》 | 1947年1月1日公布,同年12月25日施行。 | 该法共14章,依次是总则、人民之权利义务、国民大会、总统、行政、立法、司法、考试、监察、中央与地方之权限、地方制度、选举、罢免、创制、复决、基本国策和宪法之施行及修改,共175条。实行国会制、内阁制、省自治、司法独立、保护人民权利等。 | 人民无权,独夫集权。既非国会制、内阁制,又非总统制;罗列人民各项民主自由权利,比以往都充分,但予以限制。 |

**【历年真题】**

**1.** 清末修律时,修订法律大臣俞廉三在"奏进民律前三编草案折"中表示:"此次编辑之旨,约分四端:(一)注重世界最普通之法则。(二)原本后出最精确之法理。(三)求最适于中国民情之法则。(四)期于改进上最有利益之法则。"关于清末修订民律的基本思路,下列哪一表述是最合适的?① (13/1/17)

A. 西学为体、中学为用  B. 中学为体、西学为用

C. 坚持德治、排斥法治  D. 抛弃传统、尽采西说

---

① B

**2.** 鸦片战争后,清朝统治者迫于内外压力,对原有的法律制度进行了不同程度的修改与变革。关于清末法律制度的变革,下列哪一选项是正确的?① (15/1/18)

A.《大清现行刑律》废除了一些残酷的刑罚手段,如凌迟
B.《大清新刑律》打破了旧律维护专制制度和封建伦理的传统
C. 改刑部为法部,职权未变
D. 改四级四审制为四级两审制

【解析】 清末的变法修律中制定了两部刑法,即作为过渡性法典的《大清现行刑律》和作为中国近代第一部专门意义上刑法典的《大清新刑律》。

《大清现行刑律》的主要变化有:改律名为"刑律";取消了六律总目;对纯属民事性质的事项不科刑;废凌迟刑,增加妨害国交罪等新的罪名。故 A 项的说法正确。

《大清新刑律》属于现代刑法典,由总则和分则两部分构成,但是作为改革派和保守派妥协的产物,该法典后附《暂行章程》,意在维护专制制度和封建伦理的传统。故 B 项的说法错误。

清代的刑部是主审机关。在变法修律中,刑部改名为法部,掌管司法行政事务,改大理寺为大理院,作为最高司法行政机关。故 C 项的说法错误。

有清一代并无现代诉讼法的级别管辖之区分,所有的案件都得从州县衙门开始起诉,实行"逐级审转复核制"。清末借鉴国外做法实行四级三审制。故 D 项的说法错误。

**3.** 1903 年,清廷发布上谕:"通商惠工,为古今经国之要政,急应加意讲求,著派载振、袁世凯、伍廷芳,先定商律,作为则例。"下列哪一说法是正确的?② (16/1/19)

A.《钦定大清商律》为清朝第一部商律,由《商人通例》《公司律》和《破产律》构成
B. 清廷制定商律,表明随着中国近代工商业发展,其传统工商政策从"重农抑商"转为"重商抑农"
C. 商事立法分为两阶段,先由新设立的商部负责,后主要商事法典改由修订法律馆主持起草
D.《大清律例》《大清新刑律》《大清民律草案》与《大清商律草案》同属清末修律成果

【解析】 清末的商事立法,大致可以分为前后两个阶段:1903—1907 年为第一阶段;1907—1911 年为第二阶段。第一阶段商事立法主要由新设立的商部负责。第二阶段,主要商事法典改由修订法律馆主持起草;单行法规仍由各有关机关拟定,经宪政编查馆和资政院审议后奏请皇帝批准颁行。故 C 正确。

《钦定大清商律》由《商人通例》和《公司律》构成,于 1904 年 1 月颁布,是大清的第一部商律。《破产律》属于单行法规,于 1906 年 5 月颁布。故 A 错。

清廷制定商法,仅仅是应急之举,并非其治国策略转变的标志,故 B 错。

《大清律例》是清朝自开国以来就制定的基本法典,并非清末修律的结果,故 D 错。

---

① A
② C

# 第三章 外国法制史

【本章重点难点提示】

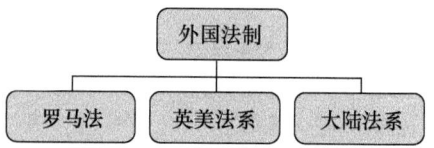

1. 罗马法:《十二表法》的结构与内容,市民法与万民法的形成,《国法大全》,罗马法的内容:人法、物法、诉讼法;

2. 英美法系:英国法的渊源:普通法、衡平法、制定法,英国的法院设置及陪审制度,美国宪法及美国司法制度;

3. 大陆法系:法国宪法,法国民法典和德国民法典,德国法的形成和发展。

## 第一节 罗 马 法

### 一、《十二表法》的制定

| 《十二表法》 | 元老院为了缓和因习惯法适用引起的平民的不满,设立法委员会,制定之。 |
| --- | --- |
| | 篇目为传唤、审理、索债、家长法、继承和监护、所有权和占有、土地和房屋、私犯、公法、宗教法、前五表的追补、后五表的追补。 |
| | 罗马国家第一部成文法,总结了前一阶段的习惯法,并为罗马法的发展奠定了基础。它被认为是罗马法的主要渊源。 |

### 二、罗马法的发展

| 法律体系 | **市民法**:形成于罗马共和国前期,适用于罗马市民之间,涵盖国家行政管理、诉讼程序、财产、婚姻家庭和继承等规范。 |
| --- | --- |
| | **万民法**:共和国后期形成,适用于**罗马市民与外来人以及外来人之间的关系**。由外事裁判官创制,吸收了市民法和外来法的合理因素,主要是所有权和债权方面的规范,**很少涉及婚姻、家庭和继承等内容**。<br>市民法与万民法互为**补充**,查士丁尼将两者统一起来。 |

| 法学家 | 形成了不同的学派，主要有普罗库尔学派和萨比努斯学派。 |
| --- | --- |
| | 五大法学家：盖尤斯、伯比尼安、保罗、乌尔比安、莫迪斯蒂努斯。法学著作和法律解释具有同等法律效力。 |

| 《国法大全》 | 《查士丁尼法典》是历代罗马皇帝颁布的敕令的汇集和整理。 |
| --- | --- |
| | 《查士丁尼法学总论》，又译《法学阶梯》，以盖尤斯的《法学阶梯》为基础改编，是官方指定的"私法"教科书，具有法律效力。 |
| | 《查士丁尼学说汇纂》：又译《法学汇编》，是历代罗马著名法学家的学说著作和法律解答分门别类的汇集、整理，具有法律效力。 |
| | 《查士丁尼新律》是查士丁尼皇帝在位时所颁布的168条敕令的汇集。 |

## 三、罗马私法的基本内容

| 人法 | 人格由自由权、市民权和家庭权三种身份权构成，全部或部分丧失叫"人格减等"。只有年满25岁的成年男子才享有完全的行为能力。 |
| --- | --- |
| | 没有明确的法人概念和术语，但有初步的法人制度。 |
| | 实行一夫一妻的家长制家庭制度；婚姻存在有夫权婚姻和无夫权婚姻之分。 |

| 物法 | 物法是罗马法的主体和核心，由物权、继承和债三部分构成。 |
| --- | --- |
| | 遗嘱继承优于法定继承。早期采取"概括继承"，后来采取"限定继承"。 |

| 诉讼 | 公诉是对损害国家利益案件的审理；私诉是对有关私人利益案件的审理，相当民事诉讼。先后有法定诉讼、程式诉讼、特别诉讼三种形态。 |
| --- | --- |

## 四、罗马法的历史地位

| 历史地位 | 1135年，《查士丁尼学说汇纂》原稿的发现，揭开了罗马法复兴的序幕。 |
| --- | --- |
| | 意大利波伦亚大学最先开始研究，形成注释法学派。14世纪形成评论法学派，致力于罗马法的适用。 |
| | 罗马法复兴的意义：有利于民族统一国家的形成，使法学得到发展形成了世俗法学家阶层，为近代自然法学说提供了思想渊源。 |
| | 影响：在继承罗马法的基础上形成了大陆法系；私法体系为西欧民事立法借鉴和发展；权利平等、契约自由、法人制度等被近代立法所采用。 |

【历年真题】

在罗马法的复兴和传播过程中,法学研究起了重要的推动作用。关于罗马法复兴和传播的说法,下列哪些选项是正确的?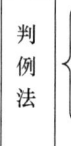(14/1/58)

A. 罗马法复兴的原因,在于西欧当时的法律极不适应商品经济发展的需要

B. 为改造落后的封建地方习惯法,在对罗马法与西欧社会司法实践结合的研究过程中,形成了"社会法学派"和"注释法学派"

C. 罗马法的研究,形成了世俗的法学家阶层,将罗马法运用于实践,为成长中的资本主义关系提供了现成的法律形式

D. 在全面继承罗马法的基础上,形成了大陆法系和英美法系

【解析】 罗马法复兴原因有二:首先是西欧的法律状况同商品经济发展及社会生活极不适应。其次是作为资本主义社会以前调整商品生产者关系的最完备的法律,罗马法可以满足这些国家一般财产和契约关系发展变化的需要。故 A 正确。

在罗马法复兴的过程中先后出现了两个学派:注释法学派和评论法学派。故 B 错误。

经过罗马法复兴,以研究《国法大全》为突破口,法学蓬勃发展起来,形成了一个世俗的法学家阶层,改变了教会僧侣掌握法律知识的状况。这就为把罗马法运用于实践准备了条件,从而为正在成长中的资本主义关系提供了现成的法律形式。故 C 正确。

在全面继承罗马法的基础上,形成了大陆法系(罗马法系或者民法法系),故 D 错误。

## 第二节 英美法系

### 一、英国法的渊源

| | |
|---|---|
| 判例法 | 普通法是最重要的渊源,由普通法院创立并发展起来的一套法律规则。"遵循先例"是其基本原则;"程序先于权利"是其最大的特征。 |
| | 通过大法官法院(衡平法院)的审判活动,以法官的"良心"和"正义"为基础发展起来。程序简便、灵活,法官判案有很大的自由裁量权,被称为"大法官的脚"。与普通法发生冲突时,衡平法优先。 |
| 制定法 | 制定法可对判例法进行整理、修改。制定法的种类有:欧洲联盟法、国会立法、委托立法。其中国会立法是英国近现代最重要的制定法,被称作"基本立法"。 |

---

① AC

## 二、英国的司法制度

**法院组织、陪审制、对抗制、律师**

19世纪后期，取消了普通法院和衡平法院两大法院系统的区别。依据2005年英国的宪制改革，英国将原终审机构——上议院司法委员会独立出来，改为联合王国最高法院，已于2009年10月1日正式成立。原最高法院（含上诉法院、高等法院以及皇家刑事法院）改称高级法院。

英国是现代陪审制度的发源地。陪审团的职责是就案件的事实部分进行裁决，法官则在陪审团裁决的基础上就法律问题进行判决。陪审团裁决一般不允许上诉，但当法官认为陪审团的裁决存在重大错误时，可以加以撤销，重新组织陪审团审判。

对抗制：法官主持开庭，并对双方的动议和异议做出裁决，但不主动调查，只充当消极仲裁人的角色。

出庭律师可以在任何法院出庭辩护。事务律师主要从事一般的法律事务，可在低级法院出庭辩护，但不能在高级法院出庭。近年来两类律师的划分已不再泾渭分明。

## 三、美国宪法

**美国宪法**

独立战争后发表《独立宣言》。此后通过《邦联条例》，成立了邦联政府。1787年制宪会议制定美国现行宪法，成立联邦制国家。

由序言和7条正文组成。序言不是宪法的组成部分，在审判活动中不能被引用。正文共7条：立法权、行政权、司法权、授予各州的权力、宪法修正案提出和通过的程序、条约是"全国最高法律"、宪法的批准问题。

修正案是宪法唯一正式修改形式。前10条修正案被称为"权利法案"。

## 四、美国的司法制度

**司法制度**

联邦与州各有法院组织系统。前者包括联邦最高法院、联邦上诉法院和联邦地区法院。其中联邦最高法院的判决对全国一切法院均有约束力。州法院组织系统不统一。州的最高一级法院称作州最高法院，正式的初审法院是地区法院，基层法院是治安法院。

1803年的"马布里诉麦迪逊案"创立了违宪审查制度，为美国联邦最高法院争得司法审查权。

【历年真题】

现代陪审制发源于英国并长期作为一种民主的象征被广泛运用。关于英国陪审制度，下列哪一说法是正确的？① （15/1/19）

A. 陪审团职责是就案件的程序部分进行裁决

---

① C

B. 法官在陪审团裁决基础上就事实和法律适用进行判决
C. 对陪审团裁决一般不允许上诉
D. 法官无权撤销陪审团裁决

### 五、美国法的特点和历史地位

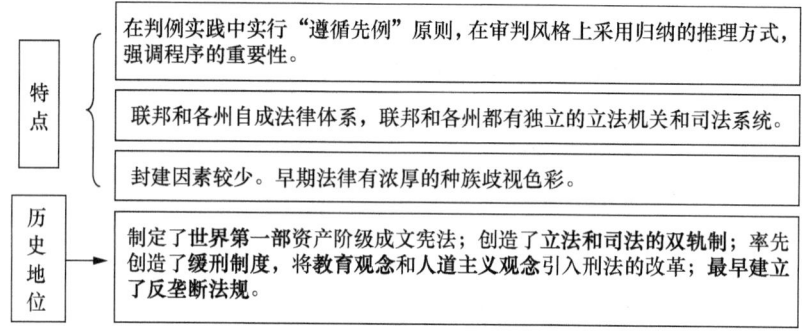

## 第三节 大陆法系

### 一、法国宪法

|  | 时间 | 主要内容 | 历史地位 |
|---|---|---|---|
| 《人权与公民权利宣言》 | 1789年8月26日颁布。 | ① 宣布人权是"天赋的",是"神圣不可侵犯的"。② 确立了"人民主权""权力分立"的资产阶级民主原则。③ 提出了资产阶级法制原则:法律是公共意志的体现;法律面前人人平等;罪刑法定;法不溯及既往;无罪推定及禁止非法控告、逮捕或拘留等刑事诉讼法的基本原则。 | 奠定了法国宪政制度的基础,而且是多部法国宪法的序言。 |
| 1791年宪法 | 1791年9月颁布。 | 《人权宣言》为序言,正文由前言和8篇组成。① 以孟德斯鸠的君主立宪和分权思想为指导,宣布法国为君主立宪国,实行三权分立。② 确认资产阶级的各项权利。③ 把公民划分为"积极公民"和"消极公民"。④ 继续维护法国殖民统治。 | 结束了法国的封建统治,标志着资产阶级君主立宪制的正式确立。 |
| 1875年宪法 | 1875年颁布。 | 三个文件组成:《参议院组织法》《政权组织法》和《国家政权机关相互关系法》。上院(参)和下院(众)都有立法权和行政监督权;总统由参、众两院联席会议选出,任期7年,连选连任;实行责任内阁制;参事院既是咨议机关,又是最高行政法院。 | 法国史上实施时间最长的宪法,确立了资产阶级共和制。 |

| 法国宪法 | 1946年。第四共和国宪法。 |
| --- | --- |
| | 1958年。第五共和国宪法经过四次修改，是法国现行宪法。 |

## 二、《法国民法典》与《德国民法典》之比较

| | 时间 | 特点及主要内容 | 历史地位 |
| --- | --- | --- | --- |
| 《法国民法典》 | 1804年3月21日。 | ① 与自由竞争的经济条件相适应，体现了"个人最大限度的自由，法律最小限度的干涉"的立法精神；② 确立了**民事权利平等**、**私有财产权无限制和不可侵犯**、**契约自由**、**过失责任**等原则；③ 法典保留了若干旧的残余；④ 在立法模式、结构和语言方面，也有特殊性。 | 资本主义社会第一部民法典，是大陆法系的核心和基础。 |
| 《德国民法典》 | 1896年通过，1900年1月1日起实施。 | ① **私有财产权无限制和不可侵犯、契约自由、过失责任**等原则；② 规定了法人制度，这是资产阶级民法史上第一部全面规定法人制度的法律；③ 以大量篇幅规定容克贵族的土地所有权以及基于土地私有而产生的其他权利；④ 在亲属法方面保留了中世纪家长制残余；⑤ 逻辑体系严密、概念科学、用语精确。⑥ 继受了罗马法，但在很大程度上保留了较多固有的日耳曼法因素。⑦ 体系完整、用语精确，既体现了自由资本主义时期民法的基本原则，又反映了垄断时代民法的某些特征。 | 对统一德国法制作用巨大，并成为德国民法发展的基础。 |

## 三、德国的司法制度

| 《法院组织法》(1877年) | 确认了司法独立原则，规定审判权由独立的法院行使，审判只服从法律，法官实行终身制。 |
| --- | --- |
| | 设置了由区法院、地方法院、高等法院和帝国法院构成的普通法院体系，帝国法院为全国的最高司法审级。 |

## 四、日本宪法

| | 时间 | 特点及主要内容 |
|---|---|---|
| 《大日本帝国宪法》（明治宪法） | 1889年2月11日颁布。 | ① 基于君主主权思想，是钦定宪法；② 深受德国宪法的影响(46条抄自普鲁士宪法，3条独创)；③ 带有大纲目性质，对一些问题没有作出明显规定；④ 对公民自由权利的规定范围狭窄，随时可加以限制；⑤ 名义上是君主立宪政体，实质上是天皇专制。 |
| "和平宪法" | 1946年11月3日颁布，1947年5月3日实施。 | ① 天皇成了象征性国家元首；② 三权分立，责任内阁制；③ 放弃战争，仅保留自卫权；④ 扩大国民的基本权利和自由。 |

【历年真题】
**1.** 关于《法国民法典》有关规定所体现的资产阶级民法基本原则，下列哪一说法是不正确的?① (16/1/20)

A. "所有法国人都享有民事权利"，"满21岁为成年，到此年龄后，除结婚章中规定的例外，有能力为一切民事生活上的行为"——民事权利地位平等原则

B. "所有权是对物有绝对无限制地使用、收益及处分的权利，但法令所禁止的使用不在此限"——私有财产权不可侵犯和部分有限原则

C. "契约是一种合意，依此合意，一人或数人对其他一人或数人负担给付、作为或不作为的债务"，"依法成立的契约，在缔结契约的当事人间有相当于法律的效力"——契约自由原则

D. "任何行为使他人受损害时，因自己的过失而致行为发生之人对该他人负赔偿的责任"，"任何人不仅对其行为所致的损害，而且对其过失或懈怠所致的损害负赔偿责任"——过失（错）责任原则

【解析】《法国民法典》确立的原则有四：公民民事权利平等、私有财产权无限制和不可侵犯、契约自由、过失责任。基于此，B项错误。

**2.** 关于思想家、法学家在法律发展中的作用，下列哪些陈述是正确的?② (11/1/58)

A. 在中国古代法律的发展中，汉代董仲舒提出依据《春秋》等儒家经典的精神和原则判案，而不仅仅依据汉律判案

B. 在罗马法的发展中，盖尤斯、伯比尼安、保罗、乌尔比安、莫迪斯蒂努斯等法学家起过十分重要的作用

C. 在法国法律的发展中，前后近一个世纪的拿破仑与法学家之争，促使《法国民法典》具有了较高的科学性和学理性

D. 在普通法和衡平法的发展中，英国法学家对法律发展所起的作用举足轻重

---

① B
② AB

**3.** 18至20世纪,英美法德等国在宪法和法律中,分别对公民选举权作出规定,其中影响深远的是一些国家在法律上确立了男女平等权利。分析西方法律制度,下列哪一情形可以成立?① (12/1/19)

A. 1791年,法国某地区一身无分文的流浪汉以"特别公民"身份当选为国民议会代表
B. 1932年,英国某地区一女店主参加了该区下院议员选举的投票
C. 1936年,德国某些地区仍有少量共产党人当选为联邦议会议员
D. 1975年,美国某地区一女职员要求根据国会参众两院通过的修正案取得男女平等权利

【解析】 1791年法国通过了一部宪法,以《人权宣言》为序言,把公民分为"积极公民"和"消极公民",不存在"特别公民"。选项A错误。

第一次世界大战后,英国的法律制度发生了很大的改变,选举制度进一步完善,基本确立了普遍、秘密、平等的选举制度。1932年,英国某地区一女店主参加了该区下院议员选举的投票是正确的。选项B正确。

1933年希特勒上台后,颁布了一系列法律,像《消除人民和国家痛苦法》《禁止组织新党法》等废除了议会民主制,并采取了很多措施来打击其他政党,所以1936年,德国不可能有少量共产党人当选为联邦议会议员。选项C错误。

男女平等修正案1975年虽然获得参众两院的通过,但因在规定时间内未获得3/4以上的州通过而成为废案。所以1975年,美国某地区一女职员不可能要求根据国会参众两院通过的修正案取得男女平等权利。选项D错误。

**4.** ① 美国《独立宣言》与《美国联邦宪法》给予了人权充分保障  ② 法国《人权宣言》明确宣布"人们生来并且始终是自由的,并在权利上是平等的",该宣言成为此后多部法国宪法的序言  ③ 日本《明治宪法》对公民自由权作出充分规定,促进了日本现代民主政体的建立  ④ 德国《魏玛宪法》扩大了人权范围,将"社会权"纳入宪法保护范围

关于各国"人权与宪法"问题的说法,下列哪些选项不成立?② (12/1/58)

A. ①②          B. ③④          C. ①③          D. ②④

【解析】 美国《独立宣言》的主要内容在于宣告美国的独立,没有过多的涉及人权。《美国联邦宪法》也没有涉及人权的内容。所以①错误。法国《人权宣言》明确宣布"人们生来并且始终是自由的,并在权利上是平等的",该宣言成为此后多部法国宪法的序言。所以②正确。日本《明治宪法》是一部钦定宪法,对公民自由权作出种种的限制。所以③错误。德国《魏玛宪法》的颁布具有划时代的意义,扩大了人权范围,将"社会权"纳入宪法保护范围。所以④正确。只有②④是正确的,选项D是正确的,但不符合题意。选项A、B、C错误,故符合题意。

---

① B
② ABC

# 憲　法

# 第一章 宪法的基本理论

【本章重点难点提示】

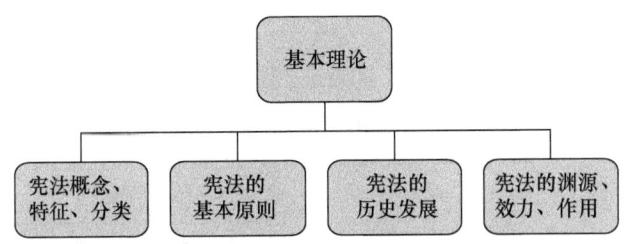

1. 宪法的三个特征,尤其掌握宪法作为根本法的表现形式;
2. 宪法的形式分类(成文与不成文,刚性与柔性,钦定、民定与协定);
3. 中国现行宪法修正案的主要内容;
4. 宪法的渊源,尤其重点掌握宪法典的结构、宪法判例与惯例;
5. 宪法在建设社会主义法治国家中的作用。

## 第一节 宪法的概念

### 一、宪法的词源

| 中国 | | 古代的典籍中出现"宪""宪法""宪令"等词语,但含义与近代宪法不同。将"宪法"一词作为根本法使用,始于19世纪80年代。 |
|---|---|---|
| 西方 | 古代 | 有关规定城邦组织与权限方面的法律。 |
| | | 皇帝的诏书、谕旨,以区别于市民会议制定的普通法规则。 |
| | | 确认教会、封建主以及城市行会势力的特权及他们与国王等关系的法律。 |
| | 近代 | 宪法指根本法。 |

## 二、宪法与法律的关系及其特征

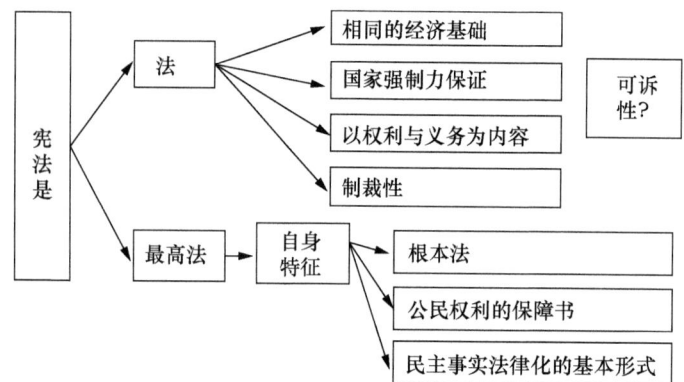

1. 宪法是法,所以宪法应该和普通法律一样具有一些基本的属性。但是在中国要注意一点,即我国的宪法不具有可诉性,这意味着公民不能以宪法作为起诉和辩护的依据,法院不能以宪法作为裁判案件的根据。

2. 宪法不是一般的法,宪法是最高法,是管法的法。作为最高法,宪法有其自身的特征,表现在三个方面:宪法是根本法、是公民权利的保障书,是民主事实法律化的基本形式。

3. 宪法的根本性表现在三个方面:

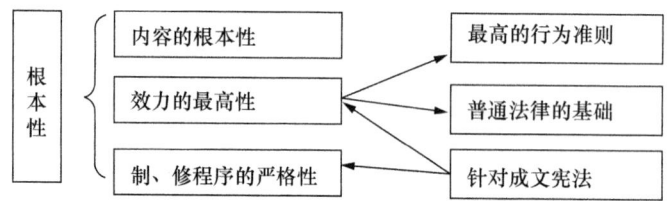

(1) 宪法的内容的根本性是指宪法规定一个国家最根本、最核心的问题。我国宪法序言中明确规定:"本宪法以法律的形式确认了中国各族人民奋斗的成果,规定了国家的根本制度和根本任务,是国家的根本法,具有最高的法律效力。"

(2) 宪法效力的最高性有三个方面的含义:

① 宪法是制定普通法律的依据,普通法律是宪法的具体化;
② 任何普通法律都不得与宪法的内容、原则和精神相违背;
③ 宪法是一切国家机关、社会团体和全体公民的最高行为准则。

(3) 宪法制定和修改程序的严格性表现在:

① 制定和修改机关往往是依法特别成立的非普通立法机关。如美国1787年宪法是由55名代表组成的制宪会议制定。
② 通过或批准宪法或者宪法修正案的程序往往严于普通法律,一般要求是制宪机关或立法机关全体成员的绝对多数。

【注意】

效力的最高性和制定修改的严格性是针对成文宪法而言的。不成文宪法在制定和修改的程序和效力上与普通法律相同。

4. 宪法最主要、最核心的价值在于,它是公民权利的保障书。规范国家权力的有效行使也是为了保障公民的基本权利和自由不受侵犯。

5. 民主主体的普遍化,是宪法得以产生的前提之一;民主和宪法之间也会出现矛盾和冲突。民主的非理性部分(多数人的暴政)要有宪政来制衡和约束。

## 三、宪法的本质与概念

1. 宪法和其他法律一样都具有阶级性。宪法的本质是阶级力量对比关系的集中表现。
2. 宪法就是规定国家的根本制度和根本任务、集中体现各种政治力量对比关系、保障公民基本权利的国家根本法。
3. 宪政
(1)宪政的概念与特征

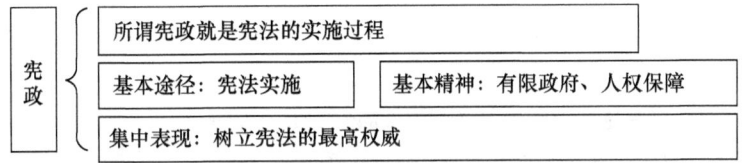

【注意】
有限政府表现为两个宪政原则:不得行使宪法没有授予的和禁止行使的权力;公共权力不但不得侵犯宪法所规定的公民的基本权利,而且有义务保障公民权利的实现。
(2)宪法与宪政的关系
① 宪政的前提是制宪,包括成文宪法和不成文宪法。
② 宪法属于规则体系,侧重于静态的调整;而宪政提供了实现宪法的环境与过程,侧重于动态的调整。
③ 宪法是一种规范形态,而宪政是一种现实形态,宪政是宪法原则和内容的具体实施。
④ 宪法通常表现为一种行为规则,而宪政提供社会共同体追求的价值与目标。

## 四、宪法的分类

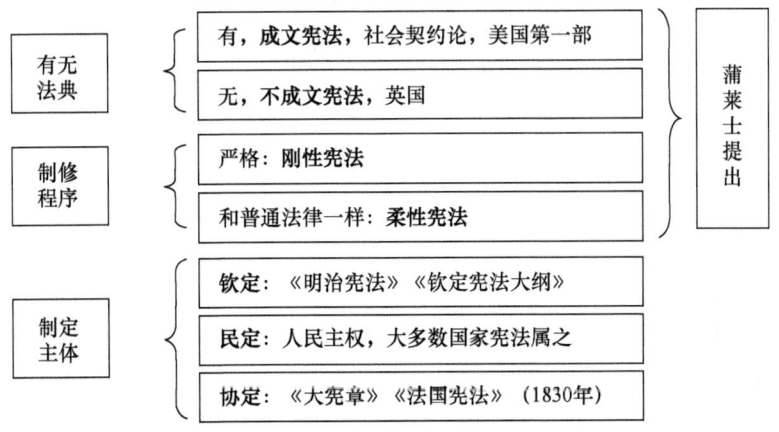

**【注意】**

(1) 成文宪法也叫文书宪法或制定宪法,17、18 世纪自然法学派提出的社会契约论是成文宪法最重要的思想渊源。1787 年《美利坚合众国宪法》是世界上第一部成文宪法,1791 年法国宪法是欧洲大陆第一部成文宪法。

(2) 不成文宪法指不具有统一的法典形式,而是散见于多种法律文书、宪法判例、宪法惯例的宪法。英国是典型的不成文宪法的国家。英国宪法的主体由各个不同时期颁布的宪法性文件构成,包括:《权利请愿书》(1628 年);《人身保护法》(1679 年);《权利法案》(1689 年);《王位继承法》(1701 年);《国会法》(1911 年);《国民参政法》(1918 年);《男女选举平等法》(1928 年);《人民代表法》(1969 年)。

(3) 成文宪法往往是刚性宪法,不成文宪法往往是柔性宪法。

(4) 钦定宪法是指由君主或者以君主的名义制定和颁布的宪法,基本原则是主权在君。民定宪法是指由民意机关或者由全民公决制定的宪法,以人民主权为基本原则。协定宪法是由君主与国民的代表机关协商制定的宪法。

**【历年真题】**
**根据宪法分类理论,下列哪一选项是正确的?①(12/1/21)**
A. 成文宪法也叫文书宪法,只有一个书面文件
B. 1215 年的《自由大宪章》是英国宪法的组成部分
C. 1830 年法国宪法是钦定宪法
D. 柔性宪法也具有最高法律效力

### 五、宪法的制定

| 制宪权与修宪权 | 人民作为制宪主体是现代宪法发展的基本特点。 |
| --- | --- |
| | 最早系统提出制宪权概念并建立理论体系的是法国学者西耶斯。 |
| | 人民作为制宪主体并不意味着人民直接参与制宪的过程。为了制定宪法,各国通常根据制宪的需要,成立各种形式的制宪机构。 |
| | 修宪权是依据制宪权而产生的权力形态。制宪权与修宪权是两种不同性质的权力。修宪权受制宪权的约束,不得违背制宪权的基本精神和原则。而与立法权、行政权、司法权相比较,制宪权、修宪权属于根源性的国家权力,即能够创造其他具体的组织化的国家权力的权力。 |
| 制宪的程序 | 设立制宪机关。制宪机关通常有宪法的起草机关和宪法的通过机关。 |
| | 提出宪法草案。 |
| | 通过宪法草案。通常需要通过机关的 2/3 或 3/4 以上多数通过。 |
| | 公布宪法。由国家元首或代表机关公布。 |

**【历年真题】**
宪法的制定是指制宪主体按照一定程序创制宪法的活动。关于宪法的制定,下列哪一选

---

① B

项是正确的?① （15/1/20）
A. 制宪权和修宪权是具有相同性质的根源性的国家权力
B. 人民可以通过对宪法草案发表意见来参与制宪的过程
C. 宪法的制定由全国人民代表大会以全体代表的三分之二以上的多数通过
D. 1954年《宪法》通过后，由中华人民共和国主席根据全国人民代表大会的决定公布

## 第二节　宪法的历史

### 一、近代意义上宪法产生的条件

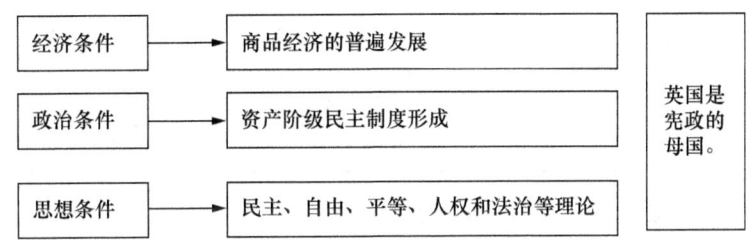

【历年真题】
关于宪法的历史发展，下列哪一选项是不正确的?② （14/1/21）
A. 资本主义商品经济的普遍化发展，是近代宪法产生的经济基础
B. 1787年美国宪法是世界历史上的第一部成文宪法
C. 1918年《苏俄宪法》和1919年德国《魏玛宪法》的颁布，标志着现代宪法的产生
D. 行政权力的扩大是中国宪法发展的趋势

### 二、新中国宪法的产生及修改

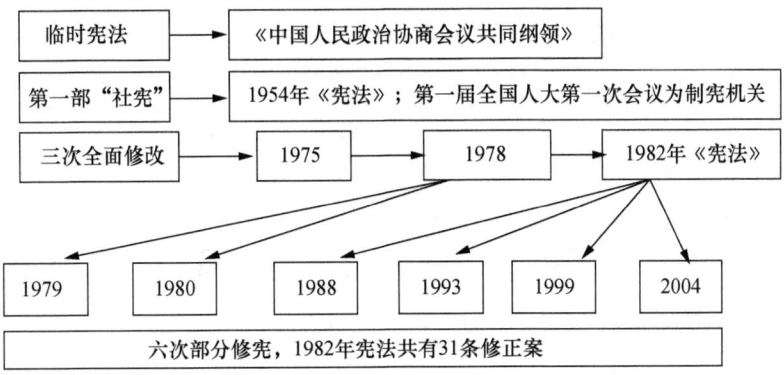

---

① B
② D

1. 1982年《宪法》是我国的现行宪法,由序言和正文两部分构成,正文为:总纲,公民的基本权利和义务,国家机构,国旗、国徽、国歌、首都,共138条。

2. 1982年《宪法》主要进步有:以四项基本原则为指导思想;进一步完善国家机构体系,扩大全国人大常委会的职权;扩大公民权利和自由的范围,恢复"公民在法律面前人人平等"原则;废除了国家机关领导职务的终身制;确认经济改革的成果,如发展多种经济形式,扩大企业的自主权等;完善民族区域自治制度;规定特别行政区制度。

3. 1978年《宪法》的2次修改

| | |
|---|---|
| 1979年 | 县级及县级以上各级人大设常委会; |
| | 县级人大代表由选民直接选举产生; |
| | 改地方各级革命委员会为地方各级人民政府。 |
| | 检察院上下级由监督关系改为领导关系。 |
| 1980年 | 取消了原第45条公民有运用"大鸣、大放、大辩论、大字报"的权利。 |

4. 1982年《宪法》(现行宪法)的4次修改

(1) 1988年

| | |
|---|---|
| 第1修正案 | 私营经济的补充地位,引导、监督管理。 |
| 第2修正案 | 土地使用权可以出租、转让。 |

(2) 1993年

| | |
|---|---|
| 第3修正案 | "正处于社会主义初级阶段""建设有中国特色社会主义""坚持改革开放"。 |
| 第4修正案 | 中国共产党领导的多党合作和政治协商制度将长期存在和发展。 |
| 第5修正案 | "国营经济"改为国有经济。 |
| 第6修正案 | 确立家庭联产承包责任制作为农村集体经济组织的基本形式。 |
| 第7修正案 | 国家实行社会主义市场经济,加强经济立法,完善宏观调控。 |
| 第8修正案 | 把原《宪法》第16条的"国营企业"改为"国有企业"。 |
| 第9修正案 | 废除"集体经济组织受国家计划指导"。 |
| 第10修正案 | 把原《宪法》第42条第3款的"国营企业"改为"国有企业"。 |
| 第11修正案 | 把县级人民代表大会的任期由3年改为5年。 |

(3) 1999 年

| 第 12 修正案 | 长期处在社会主义初级阶段、邓小平理论指引下发展社会主义市场经济。 |
| --- | --- |
| 第 13 修正案 | 中华人民共和国实行依法治国,建设社会主义法治国家。 |
| 第 14 修正案 | 国家在社会主义初级阶段,坚持公有制为主体、多种所有制经济共同发展的基本经济制度,坚持按劳分配为主体、多种分配方式并存的分配制度。 |
| 第 15 修正案 | 农村集体经济组织实行家庭承包经营为基础、统分结合的双层经营体制。 |
| 第 16 修正案 | 非公有制经济是社会主义市场经济的重要组成部分。国家保护个体经济、私营经济的合法的权利和利益,对其实行引导、监督和管理。 |
| 第 17 修正案 | 将镇压"反革命活动"修改为镇压"危害国家安全的犯罪活动"。 |

(4) 2004 年

| 第 18 修正案 | 在"三个代表"重要思想指引下,推动物质文明、政治文明、精神文明协调发展。 |
| --- | --- |
| 第 19 修正案 | 在序言关于爱国统一战线组成结构的表述中增加"社会主义事业的建设者"。 |
| 第 20 修正案 | 为了公共利益的需要,可以对土地实行征收或者征用并给予补偿。 |
| 第 21 修正案 | 鼓励、支持和引导非公有制经济的发展,并依法实行监督和管理。 |
| 第 22 修正案 | 合法私有财产不受侵犯,可基于公共利益征收征用并给予补偿。 |
| 第 23 修正案 | 建立健全同经济发展水平相适应的社会保障制度。 |
| 第 24 修正案 | 国家尊重和保障人权。 |
| 第 25 修正案 | 全国人大中增加港澳特别行政区选出的人大代表。 |
| 第 26 修正案 | 原《宪法》第 67 条的"戒严"改为"紧急状态"。 |
| 第 27 修正案 | 原《宪法》第 80 条的"戒严"改为"紧急状态"。 |
| 第 28 修正案 | 第 81 条国家主席职权中,增加"进行国事活动"的规定。 |
| 第 29 修正案 | 原《宪法》第 89 条的"戒严"改为"紧急状态"。 |
| 第 30 修正案 | 乡级人大的任期由 3 年改为 5 年。 |
| 第 31 修正案 | 在《宪法》中增加关于国歌的规定。 |

【历年真题】

我国《宪法》第 13 条明确规定:"国家为了公共利益的需要,可以依照法律规定对公民的私有财产实行征收或者征用并给予补偿。"关于公民财产权限制的界限,下列选项正确的是:① (16/1/92)

---

① ABD

A. 对公民私有财产的征收或征用构成对公民财产权的外部限制
B. 对公民私有财产的征收或征用必须具有明确的法律依据
C. 只要满足合目的性原则即可对公民的财产权进行限制
D. 对公民财产权的限制应具有宪法上的正当性

【解析】 对公民财产权的限制,不但要符合公共利益的需要,而且要有法律依据,符合法定程序。基于此,C项的说法错误。其余三项正确。

## 第三节 宪法的基本原则

无论是资本主义宪法还是社会主义宪法,一般都会确立以下原则:

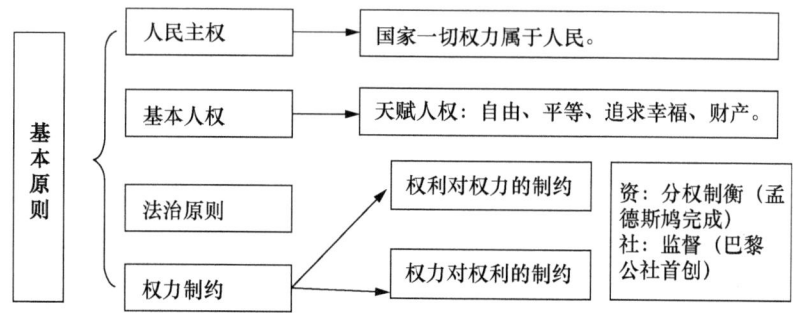

1. 1776年美国《独立宣言》宣布,政府的正当权力需得自被统治者的同意;1789年法国《人权宣言》宣布,整个主权的本原主要寄托于国民。
2. 2004年,我国《宪法》中增加了"国家尊重和保障人权"的宪法原则。
3. 以自由、平等与正义的实现为基本内容的法治国家理论可以追溯至古罗马时代。
4. 1787年的《美国宪法》就是按照典型的分权制衡原则确立了国家的政权体制。
5. 法国《人权宣言》宣称:"凡权利无保障和分权未确立的社会就没有宪法。"
6. 监督原则是指权力机关的组成成员由选民民主选举产生,并对选民负责,受选民监督。

【历年真题】
权力制约是依法治国的关键环节。下列哪些选项体现了我国《宪法》规定的权力制约原则?① (11/1/59)
A. 全国人大和地方各级人大由人民民主选举产生,对人民负责,受人民监督
B. 法院、检察院和公安机关办理刑事案件,应当分工负责,互相配合,互相制约
C. 地方各级人大及其常委会依法对"一府两院"监督
D. 法院对法律合宪性进行审查

---

① ABC

## 第四节 宪法的基本功能

### 一、宪法的一般功能

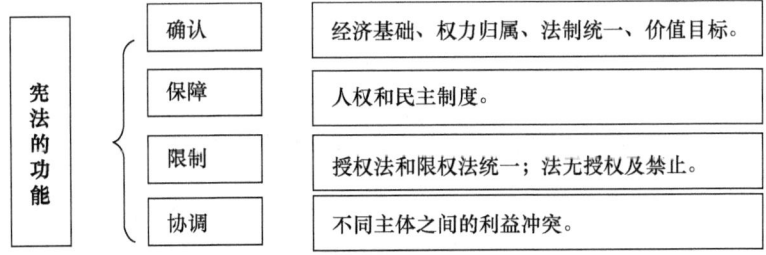

### 二、宪法在建设社会主义法治国家中的作用

| | |
|---|---|
| 立法 | 确立了社会主义法律体系的基本目标； |
| | 确立了立法统一的基础； |
| | 确立了解决法律内部冲突的基本机制； |
| | 是立法体制发展与完善的基础与依据。 |
| 执法 | 宪法是执法的基础与原则。 |
| 司法 | 宪法是检察权和审判权的来源； |
| | 宪法规定了司法机关活动的基本原则。 |
| 守法 | 认真遵守宪法、树立宪法意识是提高守法意识的重要内容。 |

## 第五节 宪法的渊源与结构

### 一、宪法的渊源

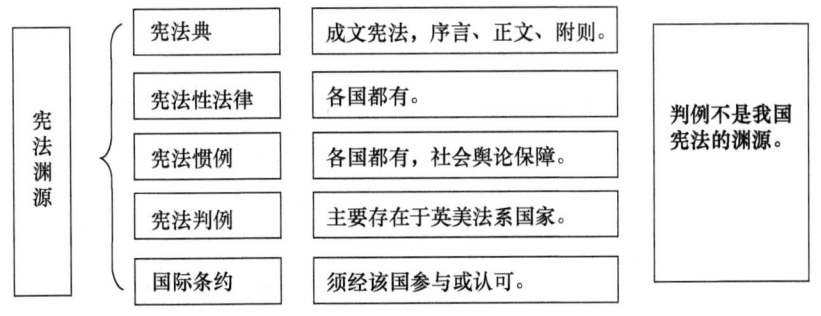

1. 英国作为不成文宪法国家的典型,不存在根本法意义上的宪法,只存在部门法意义上

的宪法。

2. 宪法惯例是与宪法有同等效力的习惯或传统。

3.《美国宪法》第6条规定,美国缔结和即将缔结的条约是美国的最高法律,每个州的法官都应该受其约束。

**【历年真题】**

**宪法的渊源即宪法的表现形式。关于宪法渊源,下列哪一表述是错误的?①  (15/1/21)**

A. 一国宪法究竟采取哪些表现形式,取决于历史传统和现实状况等多种因素

B. 宪法惯例实质上是一种宪法和法律条文无明确规定、但被普遍遵循的政治行为规范

C. 宪法性法律是指国家立法机关为实施宪法典而制定的调整宪法关系的法律

D. 有些成文宪法国家的法院基于对宪法的解释而形成的判例也构成该国的宪法渊源

**【解析】**  宪法的渊源就是宪法的表现形式。综观世界各国,宪法的渊源主要有宪法典、宪法性法律、宪法惯例、宪法判例、国籍条约和国际习惯等。一国或一国不同历史时期的宪法究竟采取哪些渊源形式,则取决于本国的历史传统和现实政治状况等综合因素。故A项的说法正确。

宪法惯例是指宪法条文无明确规定,但在实际政治生活中存在,并为国家机关、政党及公众所普遍遵守,且与宪法具有同等效力的习惯或传统。基于此,B项的说法正确。

宪法性法律有两种情况:第一种情况是不成文宪法国家不存在宪法典,其最重要最根本的问题由宪法性法律规定。第二种情况是成文宪法的国家由立法机关为实施宪法典而制定的有关规定宪法内容的法律。故C选项的表述忽视了不成文宪法的存在,因而失之偏颇。

宪法判例指宪法条文无明文规定,而由司法机关在审判实践中逐渐形成并具有宪法效力的判例。在普通法系国家存在"先例约束原则",法院在法律没有明确规定的情形下可以创造规则。在不成文宪法的国家,没有根本法意义上的宪法,法院在宪法性法律没有明确规定的前提下,就有关的宪法问题做出的判例也是宪法的表现形式之一。在成文宪法的国家,法院不能创设宪法规范,但有的国家的法院有宪法解释权,法院在具体案件中基于对宪法的解释而作出的判决,对下级法院有约束力。如果最高法院在具体案件的判决中认为某项法律或行政命令违宪而拒绝适用,那么下级法院在以后审理类似案件时,也不得用该法律或行政命令。基于此D项的说法正确。

## 二、宪法典的结构

| | |
|---|---|
| 序言 | 大多数宪法有序言。<br>我国《宪法》的序言主要包括如下内容:① 历史发展的叙述;② 规定了国家的根本任务;③ 规定了国家的基本国策;④ 规定了宪法的根本法地位和最高效力。 |
| 正文 | 我国《宪法》正文的排列顺序是:总纲、公民的基本权利与义务,国家机构,国旗、国徽、国歌和首都。 |
| 附则 | 附则是宪法的一部分,其法律效力与一般条文相同,并具有特定性和临时性的特点。我国《宪法》无附则。 |

---

① C

【历年真题】

综观世界各国成文宪法,结构上一般包括序言、正文和附则三大部分。对此,下列哪一表述是正确的?① (16/1/21)

A. 世界各国宪法序言的长短大致相当
B. 我国《宪法》附则的效力具有特定性和临时性两大特点
C. 国家和社会生活诸方面的基本原则一般规定在序言之中
D. 新中国前三部宪法的正文中均将国家机构置于公民的基本权利和义务之前

【解析】 宪法典一般由三部分构成:序言、正文、附则。大多数国家的宪法都有序言,有的国家宪法序言短,比如说美国,有的国家宪法序言长,比如中国、朝鲜。故 A 错。

我国现行《宪法》由序言和正文两部分构成,没有附则。序言由四个部分构成:历史发展的叙述、我国的根本任务、国家的基本政策、宪法的根本法地位和最高效力。正文由四章构成:总纲;公民的基本权利和义务;国家机构;国旗、国歌、国徽、首都。国家和社会生活诸方面的基本原则规定在总纲之中。故 B、C 项的表述都错。

1954 年、1975 年、1978 年三部《宪法》均将国家机构置于公民的基本权利和义务之前,故 D 的说法正确。

## 第六节 宪法规范

| 概念 | | 由国家制定或认可的、宪法主体参与国家和社会生活最基本社会关系的行为规范。 |
|---|---|---|
| 特点 | 根本性 | 规定国家生活中的根本性问题。 |
| | 最高性 | 效力最高,是最根本的行为规范。 |
| | 原则性 | 指规定有关问题的基本原则。 |
| | 纲领性 | 表达了对未来目标的追求。 |
| | 稳定性 | 具有相对的稳定性。 |
| 分类 | 确认性规范 | 确立具体的宪法制度和权力关系,以肯定性的规范存在为其主要特征。确认性规范依其作用的特点,又可分为宣言性规范、组织性规范、授权性规范等形式。 |
| | 禁止性规范 | 是指对特定的主体或行为的一种限制,也称为禁行性规范。这类规范对于宪法的实现起着十分重要的作用,集中表现了宪法的法属性。 |
| | 权利性规范与义务性规范 | 这类规范主要是在调整公民基本权利与义务过程中形成的,同时为行使权利与义务提供了依据。我国宪法中的权利性规范与义务性规范可分为:① 权利性规范,宪法赋予特定主体以权利,使之具有权利主体资格。② 义务性规范,集中表现在公民应该履行的基本义务。③ 宪法中的权利性规范和义务性规范相结合为一体。 |
| | 程序性规范 | 具体规定宪法制度运行过程的程序,主要涉及国家机关活动程序方面的内容。 |

① D

**【历年真题】**
**关于宪法规范,下列哪一说法是不正确的?**① (13/1/22)
A. 具有最高法律效力
B. 在我国的表现形式主要有宪法典、宪法性法律、宪法惯例和宪法判例
C. 是国家制定或认可的、宪法主体参与国家和社会生活最基本社会关系的行为规范
D. 权利性规范与义务性规范相互结合为一体,是我国宪法规范的鲜明特色

## 第七节 宪法的效力

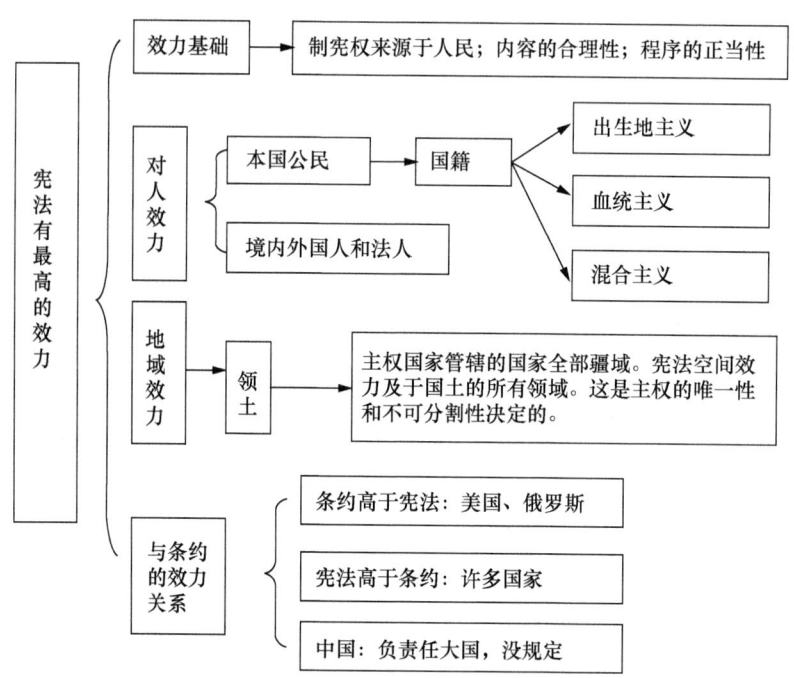

1. 判断一个人属于何国国民,看其国籍。在国籍取得上,中国采混合主义,但不承认双重国籍。
2. 华侨指定居在国外的中国公民。我国宪法保护华侨的正当权益。

**【历年真题】**
**1. 关于宪法效力的说法,下列选项正确的是?**② (14/1/94)
A. 宪法修正案与宪法具有同等效力
B. 宪法不适用于定居国外的公民
C. 在一定条件下,外国人和法人也能成为某些基本权利的主体

---

① B
② ACD

D. 宪法作为整体的效力及于该国所有领域

**2.** 维护国家主权和领土完整,维护国家统一是我国宪法的重要内容,体现在《宪法》和法律一系列规定中。关于我国宪法对领土的效力,下列表述正确的是?① (12/1/89)

A. 领土包括一个国家的陆地、河流、湖泊、内海、领海以及它们的底床、底土和上空(领空)

B. 领土是国家的构成要素之一,是国家行使主权的空间,也是国家行使主权的对象

C. 《宪法》在国土所有领域的适用上无任何差异

D. 《宪法》的空间效力及于国土全部领域,是由主权的唯一性和不可分割性决定的

【解析】 国家领土是指国家主权支配和管辖下的地球的特定部分及附属的特定上空。它由领陆、领水、领空和底土四部分组成。领水包括内水和领海。选项 A 正确。

国家的领土主权是指国家对领土的最高的排他的权利。领土是一国主权行使的空间和对象。选项 B 正确。

宪法在空间效力上及于国内所有领域,并不意味着宪法在国土所有领域的适用上无差别,宪法在国土不同领域内的适用是有差别的。如宪法确定的"民族区域自治制度"就不是每个地方适用的。选项 C 错误。

法的空间效力,指法在哪些领域有效力,适用于哪些地区。一国法律适用于该国主权范围所及的全部领域。我国《宪法》作为国家的根本大法,效力自然及于中华人民共和国的所有领域,这正是由主权的唯一性和不可分割性决定的。选项 D 正确。

# 第二章　国家基本制度

【本章重点难点提示】

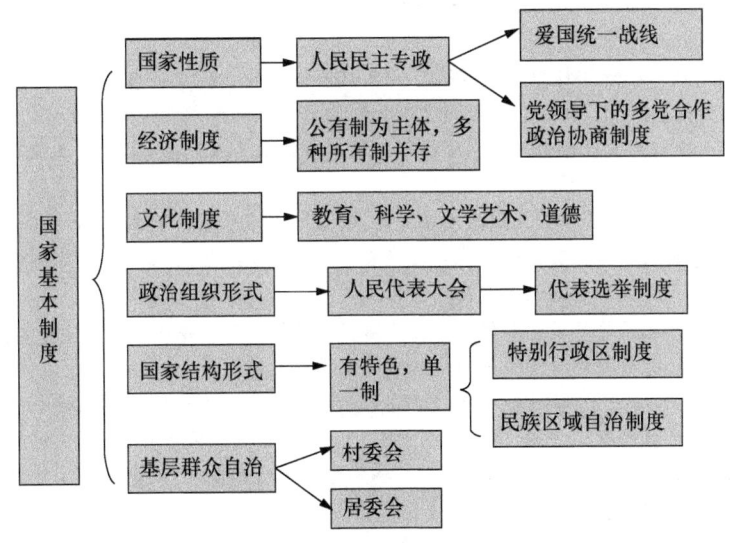

---

① ABD

1. 宪法对经济制度、文化制度、社会制度的具体规定；
2. 《选举法》《基本法》《民族区域自治法》《村委会组织法》的重点法条。

## 第一节 国家性质

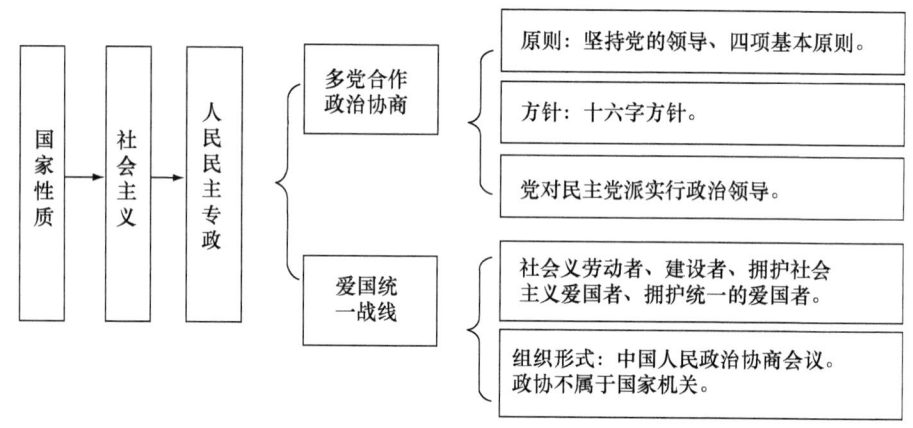

【历年真题】

**1.** 我国《宪法》规定了"一切权力属于人民"的原则。关于这一规定的理解，下列选项正确的是：①（16/1/91）

A. 国家的一切权力来自并且属于人民
B. "一切权力属于人民"仅体现在直接选举制度之中
C. 我国的人民代表大会制度以"一切权力属于人民"为前提
D. "一切权力属于人民"贯穿于我国国家和社会生活的各领域

【解析】 国家的一切权力属于人民。人民行使权力的机构是各级人大。人大代表由人民直接或间接选举产生，对人民负责，接受人民的监督。其他国家机关都是由人大产生并要对人大负责。选举人大代表无论是直接还是间接选举都体现了人民主权原则，故 B 错。其余三项的说法完全正确。

**2.** 根据《宪法》，关于中国人民政治协商会议，下列哪些选项是正确的？②（13/1/62）

A. 中国人民政治协商会议是具有广泛代表性的统一战线组织
B. 中国人民政治协商会议是重要的国家机关
C. 中国共产党领导的多党合作和政治协商制度将长期存在和发展
D. 中国共产党领导的爱国统一战线将继续巩固和发展。

【解析】 《中国人民政治协商会议章程》总纲规定："中国人民在长期的革命和建设进程中，结成了由中国共产党领导的，有各民主党派、无党派人士、人民团体、少数民族人士和各界爱国人士参加的，由全体社会主义劳动者、社会主义事业的建设者、拥护社会主义的爱国者和

---

① ACD
② ACD

拥护祖国统一的爱国者组成的,包括香港特别行政区同胞、澳门特别行政区同胞、台湾同胞和海外侨胞在内的最广泛的爱国统一战线。"选项 A 正确。

政协是爱国统一战线的组织形式,属于人民团体,不属于国家机关。选项 B 错误。

1993 年《宪法修正案》第 4 条规定:"宪法序言第十自然段段末增加:中国共产党领导的多党合作和政治协商制度将长期存在和发展。"选项 C、D 正确。

## 第二节　国家的基本经济制度

| | | | |
|---|---|---|---|
| 经济制度概念 | 经济制度包括生产资料的所有制形式、各种经济成分的相互关系及其宪法地位、国家发展经济的基本方针、国家管理经济的基本原则等内容。 | | |
| | 自德国《魏玛宪法》以来,经济制度便成为现代宪法的重要内容之一。 | | |
| | 1993 年宪法修正案:国家实行社会主义市场经济;1999 年宪法修正案:发展社会主义市场经济。 | | |
| 中国特色社会主义市场经济构成 | 公有制 | 全民所有制 | 即国有经济,是国民经济的主导力量。国家保障国有经济的巩固和发展。 |
| | | | 矿藏、水流、城市的土地专属国家所有。 |
| | | 集体所有制 | 国民经济的基础力量。国家保护城乡集体经济组织的合法的权利和利益,鼓励、指导和帮助集体经济的发展。 |
| | | | 农村集体经济组织实行家庭联产承包经营为基础,统分结合的双层经营体制。 |
| | | | 宅基地、自留地、自留山专属集体所有。 |
| | 非公有制经济 | 在法律规定范围内的个体经济、私营经济等非公有制经济,是社会主义市场经济的重要组成部分。 | |
| | | 国家保护个体经济、私营经济等非公有制经济的发展,并对非公有制经济依法实行监督和管理。 | |
| | | 非公有制经济包括劳动者个体经济、私营经济、"三资企业"。 | |
| **社会主义的公共财产神圣不可侵犯。公民的合法的私有财产不受侵犯。** | | | |

【历年真题】

**1.** 社会主义公有制是我国经济制度的基础。根据现行《宪法》的规定,关于基本经济制度的表述,下列哪一选项是正确的?① (16/1/23)

A. 国家财产主要由国有企业组成

B. 城市的土地属于国家所有

C. 农村和城市郊区的土地都属于集体所有

D. 国营经济是社会主义全民所有制经济,是国民经济中的主导力量

【解析】　在我国,国有企业和国有自然资源是国家财产的主要部分。此外,国家机关、事

---

① B

业单位、部队等全民单位的财产也是国有财产的重要组成部分。故 A 项的说法错误。

矿藏、水流、城市的土地专属于国家所有，简称"矿水城"。宅基地、自留地、自留山专属于集体所有，简称"宅二自"。故 B 项的说法正确。农村和城市郊区的土地既可以属于国家所有，也可以属于集体所有，故 C 的说法错误。

1993 年宪法修正案中，已经把国营经济改为国有经济。故 D 项的说法错误。

**2.** 根据《宪法》规定，关于我国基本经济制度的说法，下列选项正确的是？① （14/1/95）

A. 国家实行社会主义市场经济
B. 国有企业在法律规定范围内和政府统一安排下，开展管理经营
C. 集体经济组织实行家庭承包经营为基础、统分结合的双层经营体制
D. 土地的使用权可以依照法律的规定转让

## 第三节　国家基本文化制度

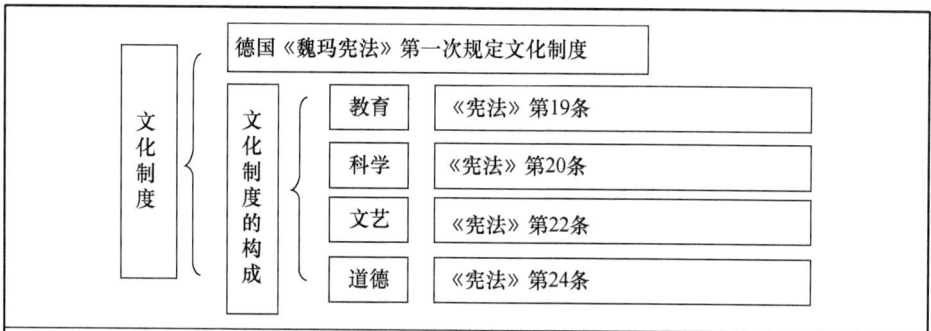

| 第 19 条：国家发展社会主义的教育事业，提高全国人民的科学文化水平。国家举办各种学校，普及初等义务教育，发展中等教育、职业教育和高等教育，并且发展学前教育。国家发展各种教育设施，扫除文盲，对工人、农民、国家工作人员和其他劳动者进行政治、文化、科学、技术、业务的教育，鼓励自学成才。国家鼓励集体经济组织、国家企业事业组织和其他社会力量依照法律规定举办各种教育事业。国家推广全国通用的普通话。|
|---|
| 第 20 条：国家发展自然科学和社会科学事业，普及科学和技术知识，奖励科学研究成果和技术发明创造。|
| 第 22 条：国家发展为人民服务、为社会主义服务的文学艺术事业、新闻广播电视事业、出版发行事业、图书馆博物馆文化馆和其他文化事业，开展群众性的文化活动。国家保护名胜古迹、珍贵文物和其他重要历史文化遗产。|
| 第 24 条：国家通过普及理想教育、道德教育、文化教育、纪律和法制教育，通过在城乡不同范围的群众中制定和执行各种守则、公约，加强社会主义精神文明的建设。国家提倡爱祖国、爱人民、爱劳动、爱科学、爱社会主义的公德，在人民中进行爱国主义、集体主义和国际主义、共产主义的教育，进行辩证唯物主义和历史唯物主义的教育，反对资本主义的、封建主义的和其他的腐朽思想。|

---

① AD

**【历年真题】**

**1.** 近代意义宪法产生以来,文化制度便是宪法的内容。关于两者的关系,下列哪一选项是不正确的?① （13/1/23）

　　A. 1787年《美国宪法》规定了公民广泛的文化权利和国家的文化政策
　　B. 1919年《德国魏玛宪法》规定了公民的文化权利
　　C. 我国现行《宪法》对文化制度的原则、内容等做了比较全面的规定
　　D. 公民的文化教育权、国家机关的文化教育管理职权和文化政策,是宪法文化制度的主要内容

**【解析】** 1787年《美国宪法》正文只有七条,规定了国家机关之间的权力划分,并未对公民的基本权利做出规定,美国公民的基本权利规定在其前十条修正案,即《权利法案》中。故A项错误。

**2.** 关于宪法与文化制度的关系,下列哪一选项是不正确的?② （12/1/23）

　　A. 宪法规定的文化制度是基本文化制度
　　B. 《德国魏玛宪法》第一次比较全面系统规定了文化制度
　　C. 宪法规定的公民文化教育权利是文化制度的重要内容
　　D. 保护知识产权是我国宪法规定的基本文化权利

**3.** 关于国家文化制度,下列哪些表述是正确的?③ （15/1/62）

　　A. 我国《宪法》所规定的文化制度包含了爱国统一战线的内容
　　B. 国家鼓励自学成才,鼓励社会力量依照法律规定举办各种教育事业
　　C. 是否较为系统地规定文化制度,是社会主义宪法区别于资本主义宪法的重要标志之一
　　D. 公民道德教育的目的在于培养有理想、有道德、有文化、有纪律的社会主义公民

## 第四节　国家的基本社会制度

| 概念 | 广义 | 指回应人们基本的社会需求,反映社会形态,在一定时期具有稳定性的整体社会规范体系,包含政治、经济、文化、生态等基本制度。 |
|---|---|---|
| | 中义 | 基于我国政治、经济、文化、社会、生态五位一体的社会建设的需要,在社会领域所构建的制度体系。 |
| | 狭义 | 特指社会保障制度。 |
| 特征 | 社会制度以维护平等为基础。 | |
| | 社会制度以保障公平为核心。 | |
| | 社会制度以捍卫和谐稳定的法治秩序为关键。 | |

---

① A
② D
③ BD

(续表)

| | | |
|---|---|---|
| 宪法规定 | 社会保障制度 | 国家建立健全同经济发展水平相适应的社会保障制度;对弱势和特殊群体保障。 |
| | 医疗卫生事业 | 国家发展医疗卫生事业,发展现代医药和我国传统医药,鼓励和支持农村集体经济组织、国家企业事业组织和街道组织举办各种医疗卫生设施,开展群众性的卫生活动,保护人民健康。国家发展体育事业,开展群众性的体育活动,增强人民体质。 |
| | 劳动保障制度 | 国家通过各种途径,创造劳动就业条件,加强劳动保护,改善劳动条件,并在发展生产的基础上,提高劳动报酬和福利待遇。劳动是一切有劳动能力的公民的光荣职责。国有企业和城乡集体经济组织的劳动者都应当以国家主人翁的态度对待自己的劳动。国家提倡社会主义劳动竞赛,奖励劳动模范和先进工作者。国家提倡公民从事义务劳动。国家对就业前的公民进行必要的劳动就业训练。 |
| | 社会人才培养制度 | 国家培养为社会主义服务的各种专业人才,扩大知识分子的队伍,创造条件,充分发挥他们在社会主义现代化建设中的作用。 |
| | 计划生育制度 | 国家推行计划生育,使人口的增长同经济和社会发展计划相适应。 |
| | 社会秩序及安全维护 | 中华人民共和国的武装力量属于人民。它的任务是巩固国防,抵抗侵略,保卫祖国,保卫人民的和平劳动,参加国家建设事业,努力为人民服务。国家加强武装力量的革命化、现代化、正规化的建设,增强国防力量。 |

【历年真题】

**1. 我国的基本社会制度是基于经济、政治、文化、社会、生态文明五位一体的社会主义建设的需要,在社会领域所建构的制度体系。关于国家的基本社会制度,下列哪些选项是正确的?**① (16/1/62)

A. 我国的基本社会制度是国家的根本制度

B. 社会保障制度是我国基本社会制度的核心内容

C. 职工的工作时间和休假制度是我国基本社会制度的重要内容

D. 加强社会法的实施是发展与完善我国基本社会制度的重要途径

【解析】 《宪法》第1条第2款规定:社会主义制度是中华人民共和国的根本制度。故A项错误。其余三项的说法正确。

**2. 国家的基本社会制度是国家制度体系中的重要内容。根据我国宪法规定,关于国家基本社会制度,下列哪一表述是正确的?**② (15/1/22)

A. 国家基本社会制度包括发展社会科学事业的内容

B. 社会人才培养制度是我国的基本社会制度之一

---

① BCD
② B

C. 关于社会弱势群体和特殊群体的社会保障的规定是对平等原则的突破
D. 社会保障制度的建立健全同我国政治、经济、文化和生态建设水平相适应

## 第五节　人民代表大会制度

### 一、政权组织形式的概念与种类

| | 定义、特征 | 举例 |
|---|---|---|
| 二元制君主立宪制 | 以君主为核心,由君主在国家体系中发挥主导作用的政权组织形式。其主要特征是虽然君主的权力受到宪法和议会的限制,但这种限制的力量非常弱小,君主仍然掌握极大的权力。 | 约旦、沙特阿拉伯 |
| 议会制君主立宪制 | 君主的权力受到宪法和议会的严格限制,以至于君主行使的只是一些形式上的或者礼仪性的职权,君主对议会、内阁、法院都没有实际控制的能力。 | 英国、西班牙、荷兰、比利时、日本 |
| 总统制 | 国家设有总统,总统既是国家元首,又是政府首脑;总统由选民选举产生,不对议会负责,议会不能通过不信任案迫使总统辞职,总统也无权解散议会。 | 美国 |
| 议会共和制 | 议员由选民选举产生,政府由获得议会下院多数席位的政党或构成多数席位的几个政党联合组成;议会与政府相互渗透,政府成员一般由议员兼任,议会可通过不信任案迫使政府辞职,政府也可解散议会。 | 意大利 |
| 委员会制 | 最高国家行政机关为委员会,委员会成员由众议院选举产生,总统由委员会成员轮流担任,任期一年,不得连任;众议院不能对委员会提出不信任案,委员会也无权解散议会。 | 瑞士 |
| 半总统制半议会制 | 总统既是国家元首,又拥有任免总理、主持内阁会议、颁布法律、统帅武装部队等大权;总理是政府首脑,对议会就政府的施政纲领或政府的总政策承担责任;议会可通过不信任案,或不同意政府的施政纲领和总政策,迫使总理向总统提出辞职。 | 1958年后的法国 |

### 二、我国的政权组织形式

(一) 人民代表大会制度的基本内容

1. 人民主权原则。
2. 人民代表大会是人民掌握和行使国家权力的组织形式与制度。
3. 人民代表由人民选举,受人民监督。
4. 其他国家机关由人大产生,对人大负责,受人人监督。

(二) 人民代表大会制度的性质

1. 人民代表大会制度是我国根本的政治制度。
(1) 从人民代表大会的组成来说,各级人民代表大会由人民通过民主选举方式产生的代

表组成;

(2) 从人民代表大会的职权来说,人民代表大会代表人民行使国家权力;

(3) 从人民代表大会的责任来说,它要向人民负责,受人民的监督。

2. 人民代表大会制度是我国实现社会主义民主的基本形式。

**【历年真题】**

根据《宪法》和法律规定,关于人民代表大会制度,下列哪一选项是不正确的?①(11/1/24)

A. 人民代表大会制度体现了一切权力属于人民的原则

B. 地方各级人民代表大会是地方各级国家权力机关

C. 全国人民代表大会是最高国家权力机关

D. 地方各级国家权力机关对最高国家权力机关负责,并接受其监督

## 第六节 选举制度

选举制度是天赋人权、人民主权学说付诸实践的产物。近代选举制度有三个特点:被选举者往往是代议机关的代表或议员;形式上往往采用普选制;有一套比较完整的法律规范。

### 一、我国选举制度的基本原则

| 普遍性 | 中国国籍;年满18周岁;享有政治权利。 |
|---|---|
| 平等性 | 一人一票;每票价值相同;代表人口数相同。 |
| 直、间并用 | 县乡人大代表直接选举;其余各级间接选举。 |
| 秘密投票 | 各级人大代表选举一律采用无记名投票。 |

1. 精神病患者不能行使选举权利的,经选举委员会确认而不列入选民名单;

2. 因犯危害国家安全罪或其他严重刑事犯罪案件被羁押、正在受侦查、起诉、审判的人,经人民法院或者人民检察院决定,在被羁押期间停止行使选举权利。

3. 我国现行《选举法》制定于1979年,经过1982年、1986年、1995年、2004年、2010年5次修改。其中1982年、1995年、2010年三次修改都涉及对城乡代表名额的修改。

### 二、选举主持机构

| 直选 | 选举委员会 | 选举委员会由县级人大常委会任命,受其领导;其余地方人大常委会指导县乡人大代表选举。 |
|---|---|---|
| 间选 | 人大常委会 | 人大常委会主持本级人大代表的选举工作;<br>下级人大选举上级人大代表时,由该人大主席团主持。 |

---

① D

1. 选举委员会一般设立主任 1 人,副主任若干人,委员若干人。
2. 选举委员会履行下列职责:划分选区,分配代表的名额;进行选民登记,审查选民资格,公布选民名单;受理选民名单争议申诉,并作出决定;确定选举日期;了解核实并组织介绍代表候选人的情况;根据较多数选民的意见,确定和公布正式代表候选人名单;主持投票选举;确定选举结果是否有效,公布当选代表名单;法律规定的其他职责。

### 三、地方各级人大代表名额

| 确定规则 | 省级 | 350 + X;X = 总人口数/15 万(省、自治区);X = 总人口数/2.5 万(直辖市);不超过 1 000 名。 |
|---|---|---|
| | 地级 | 240 + X;X = 总人口数/2.5 万,总数不得超过 650 名。 |
| | 县级 | 120 + X;X = 总人口数/5 千,总数不得超过 450 名;人口不足 5 万的,可以少于 120 名。 |
| | 乡级 | 40 + X;X = 总人口数/1.5 千,总数不得超过 160 名;人口不足 2000 的,可以少于 40 名。 |
| | ① 自治区、聚居区的少数民族多的省,经全国人大常委会决定,代表名额可以另加 5%。<br>② 聚居的少数民族多或者人口居住分散的县、自治县、乡、民族乡,经省级人大常委会决定,代表名额可以另加 5%。 | |
| 确定机关 | 省级 | 全国人大常委会 |
| | 地县级 | 省级人大常委会,报全国人大常委会备案 |
| | 乡级 | 县级人大常委会,报上一级人大常委会备案 |
| | 【注意】 | ① 地级指设区的市、自治州;县级指不设区的市、市辖区、县、自治县。<br>② 代表总名额经确定后,不再变动。因重大原因需要变动的,重新确定。 |
| 分配的原则 | ① 根据本行政区域所辖的下一级各行政区域或者各选区的人口数,按照每一代表所代表的城乡人口数相同的原则,以及保证各地区、各民族、各方面都有适当数量代表的要求进行分配。<br>② 在县、自治县的人民代表大会中,人口特少的乡、民族乡、镇,至少应有代表 1 人。 | |

### 四、全国人大代表名额

| 来源 | 省、自治区、直辖市;特别行政区、军队。 | |
|---|---|---|
| 总数 | 不超过 3 000 人。 | |
| 分配原则 | 根据各省、自治区、直辖市的人口数,按照每一代表所代表的城乡人口数相同的原则,以及保证各地区、各民族、各方面都有适当数量代表的要求进行分配。 | 省、自治区、直辖市应选全国人民代表大会代表名额,由根据人口数计算确定的名额数、相同的地区基本名额数和其他应选名额数构成。 |
| 分配机关 | 全国人大常委会。 | |

## 五、各少数民族的选举

| 少数民族聚居区 | 同一少数民族人口数占总人口数 | 大于30% | 每一代表所代表的人口数应相当于当地人民代表大会每一代表所代表的人口数。 |
|---|---|---|---|
| | | | 每一聚居区的少数民族都应有代表参加当地的人民代表大会。 |
| | | 不足15% | 每一代表所代表的人口数可以适当少于当地人民代表大会每一代表所代表的人口数,但不得少于1/2;实行区域自治的民族人口特少的自治县,经省级人大常委会决定,可以少于1/2。人口特少的其他聚居民族,至少应有代表一人。 |
| | | 15%以上,不足30% | 每一代表所代表的人口数,可以适当少于当地人民代表大会每一代表所代表的人口数,但分配给该少数民族的应选代表名额不得超过代表总名额的30%。 |
| 散居的少数民族 | | | 应当有当地人民代表大会的代表,其每一代表所代表的人口数可以少于当地人民代表大会每一代表所代表的人口数。 |

## 六、选区划分

| |
|---|
| 1. 选区划分发生在直接选举过程中。选区又划分为若干选民小组。 |
| 2. 选区可以按居住状况划分,也可以按生产单位、事业单位、工作单位划分。 |
| 3. 选区的大小,按照每一选区选1名至3名代表划分。 |
| 4. 本行政区域内各选区每一代表所代表的人口数应当大体相等。 |

## 七、选民登记

| | |
|---|---|
| | 一次登记,长期有效 |
| 20、5、3、5 | 选举日20日前公布选民名单,有异议,自公布之日起5日内向选举委员会申诉; |
| | 选举委员会3日内做出决定,有意见,选举日5日前起诉;法院选举日前做出判决。 |

## 八、代表候选人的提出

| 推荐主体 | 各政党、各人民团体单独或联合；选民或代表 10 人以上联合。 |
|---|---|
| 推荐人数 | 直选：多于应选代表名额的 1/3 至 1 倍；间选：多于应选代表名额的 1/5 至 1/2。 |
| 候选人名单公布 | 直选中，选举委员会汇总提名的候选人，于选举日的 15 日以前公布； |
| | 经过酝酿、协商、甚至预选，确定正式代表候选人名单，于选举 7 日前公布。 |
| 介绍候选人 | 代表候选人的介绍必须于选举日前停止； |
| | 选举委员会根据选民的要求应当组织候选人与选民见面，回答选民问题。 |
| 其他要求 | 间接选举中，下级人大选举上级人大代表时，候选人不限于各该级人大代表。 |

## 九、选举程序

### 1. 投票

| 种类 | 赞成、反对、弃权、另选其他选民。 |
|---|---|
| 委托 | 选举委员会同意；书面委托其他选民，接受委托不超过 3 人；按照委托人意愿投票。 |
| 领票 | 凭身份证或选民证领取选票。 |
| 华侨 | 可以参加原籍地或者出国前居住地的选举。 |

### 2. 选举结果的确定

| | | | |
|---|---|---|---|
| 选举有效 | 每次选举所投的票数多于投票人数的无效。 | | |
| | 直选：选区**全体选民的过半数**参加投票选举有效。 | | |
| 选票有效 | 每一选票所选的人数多于规定应选人数的作废。 | | 不得同时担任两个以上无行政隶属关系的区域的人大代表。 |
| 获得一定数额选票 | 直：参加投票的选民的过半数；间：全体的过半数。 | | |
| 过半数多于应选 | 得票多的当选，票数相等时再次投票。 | | |
| 过半数少于应选 | 另行选举 | 直：得票多的当选，票数不少于选票的 1/3。 | |
| | | 间：全体的过半数。 | |
| 结果公布 | 直：选举委员会。间：主席团。 | | |

## 十、对代表的监督、罢免、辞职和补选

| 监督 | 各级人大代表受选民或原选举单位的监督。 | | | | |
|---|---|---|---|---|---|
| 罢免 | 直选 | 县 | 原选区选民 50 人以上 | 向县级人常提出 | 原选区过半数选民通过。罢免表决由县人常主持。罢免理由及申辩意见须印发选民。 |
| | | 乡 | 原选区选民 30 人以上 | | |
| | 间选 | 会议期间 | 主席团或 1/10 以上代表 | 提出由本级人大选出的上级人大代表罢免案 | 全体代表过半数通过 | 被罢免的代表可口头或书面提出申辩意见。由主席团或主任会议印发。 |
| | | 闭会时 | 常委会主任会议或 1/5 以上组成人员 | | 全体组成人员过半数通过 | |
| 辞职 | 直选 | 县 | 向县级人常提出辞职 | 县人常过半数通过 | |
| | | 乡 | 向乡人大提出辞职 | 乡人大过半数通过 | |
| | 间选 | | 向选举他的人大常委会提出辞职 | 组成人员过半数通过 | |
| 补选 | 代表在任期内,因故出缺,由原选区或选举单位补选;补选可以差额,也可以等额。 | | | | |

【注意】(1) 代表被罢免、辞职的,基于代表身份担任的一切职务归于消灭。
(2) 罢免代表采用无记名表决方式。
(3) 间接选举产生的代表的罢免决议、接受辞职的决定,应报上级人常备案、公告。

## 十一、特别行政区和台湾省人大代表的选举

| 特别行政区 | 在特别行政区成立全国人大代表选举会议,选举会议名单由全国人大常委会公布。 |
|---|---|
| | 选举会议第一次会议由全国人大常委会议主持,会议选举会议成员组成主席团。 |
| | 选举由主席团主持,代表候选人由选举会议成员 10 人以上联名提出,联名提名不得超过应选人数。候选人应多于应选名额,进行差额选举。 |
| | 香港应选十二届人大代表 36 名,澳门 12 名。 |
| | 选举结果由主席团依法宣布,报全国人大代表资格审查委员会进行资格确认后,公布代表名额。 |
| 台湾 | 台湾省应选第十二届全国人大代表 13 人,由在各省、自治区、直辖市和中国人民解放军的台湾省籍同胞选出。 |

## 十二、选举的物质保障和法律保障

| | |
|---|---|
| 物质保障 | 全国人民代表大会和地方各级人民代表大会的选举经费,列入财政预算,由国库开支。 |
| 法律保障 | 为保障选民和代表自由行使选举权和被选举权,对有下列行为之一,破坏选举,违反治安管理规定的,依法给予治安管理处罚;构成犯罪的,依法追究刑事责任:① 以金钱或者其他财物贿赂选民或者代表,妨害选民和代表自由行使选举权和被选举权的;② 以暴力、威胁、欺骗或者其他非法手段妨害选民和代表自由行使选举权和被选举权的;③ 伪造选举文件、虚报选举票数或者有其他违法行为的;④ 对于控告、检举选举中违法行为的人,或者对于提出要求罢免代表的人进行压制、报复的。<br>国家工作人员有上述行为的,还应当依法给予行政处分。<br>以贿选当选的,其当选无效。<br>主持选举的机构发现有破坏选举的行为或者收到对破坏选举行为的举报,应当及时依法调查处理;需要追究法律责任的,及时移送有关机关予以处理。 |

【历年真题】

**1.** 关于各少数民族人大代表的选举,下列哪一选项是不正确的?① （12/1/24）

A. 有少数民族聚居的地方,每一聚居的少数民族都应有代表参加当地的人民代表大会

B. 散居少数民族应选代表,每一代表所代表的人口数可少于当地人民代表大会每一代表所代表的人口数

C. 聚居境内同一少数民族的总人口占境内总人口数30%以上的,每一代表所代表的人口数应相当于当地人民代表大会每一代表所代表的人口数

D. 实行区域自治人口特少的自治县,每一代表所代表的人口数可以少于当地人民代表大会每一代表所代表的人口数的1/2

**2.** 根据《宪法》和法律的规定,关于选举程序,下列哪些选项是正确的?② （13/1/60）

A. 乡级人大接受代表辞职,须经本级人民代表大会过半数的代表通过

B. 经原选区选民30人以上联名,可以向县级的人民代表大会常务委员会书面提出罢免乡级人大代表的要求

C. 罢免县级人民代表大会代表,须经原选区三分之二以上的选民通过

D. 补选出缺的代表时,代表候选人的名额必须多于应选代表的名额

**3.** 根据《选举法》的规定,关于选举制度,下列哪些选项是正确的?③ （14/1/62）

A. 全国人大和地方人大的选举经费,列入财政预算,由中央财政统一开支

B. 全国人大常委会主持香港特别行政区全国人大代表选举会议第一次会议,选举主席团,之后由主席团主持选举

C. 县级以上地方各级人民代表大会举行会议的时候,三分之一以上代表联名,可以提出

---

① D
② AB
③ BD

对由该级人民代表大会选出的上一级人大代表的罢免案

D. 选民或者代表10人以上联名,可以推荐代表候选人

**4.** 甲市乙县人民代表大会在选举本县的市人大代表时,乙县多名人大代表接受甲市人大代表候选人的贿赂。对此,下列哪些说法是正确的?① (15/1/10)

A. 乙县选民有权罢免受贿的该县人大代表

B. 乙县受贿的人大代表应向其所在选区的选民提出辞职

C. 甲市人大代表候选人行贿行为属于破坏选举的行为,应承担法律责任

D. 在选举过程中,如乙县人大主席团发现有贿选行为应及时依法调查处理

**5.** 根据《选举法》和相关法律的规定,关于选举的主持机构,下列哪一选项是正确的?② (16/1/24)

A. 乡镇选举委员会的组成人员由不设区的市、市辖区、县、自治县的人大常委会任命

B. 县级人大常委会主持本级人大代表的选举

C. 省人大在选举全国人大代表时,由省人大常委会主持

D. 选举委员会的组成人员为代表候选人的,应当向选民说明情况

【解析】 县乡两级人大代表的选举实行直接选举,直接选举由选举委员会主持,选举委员会由县级人大常委会任命,并接受其领导。基于此,A项的说法正确,B项的说法错误。

全国人大代表、省级人大代表、地级(设区的市、自治州)人大代表实行间接选举,即由下一级人大选举产生。间接选举涉及本级人大和下一级人大,间接选举的主持机关有两个(考试答题时遵循"**上问常委会,下问主席团**"的规律答题),从上级看,本级人大代表的选举由本级人大常委会主持,但是下一级人大在选举上一级人大代表时由该级人大主席团主持。比方说全国人大代表的选举由全国人大常委会主持,北京市人大在选举应该由北京选出的全国人大代表时由北京市人大主席团主持。故C项的说法错误。正确的说法是:省人大在选举全国人大代表时,由省人大主席团主持。

为了保证选举的公正性,《选举法》规定:选举委员会的组成人员为代表候选人的,应当辞去选举委员会的职务。因为在一个人既当运动员又当裁判员的情况下,很难保证该赛事的公正性,即使该裁判员能公正地对待自己和其他运动员,也不能排除公众对该赛事是否公正的合理怀疑。故D项的说法错误。

## 第七节 国家结构形式

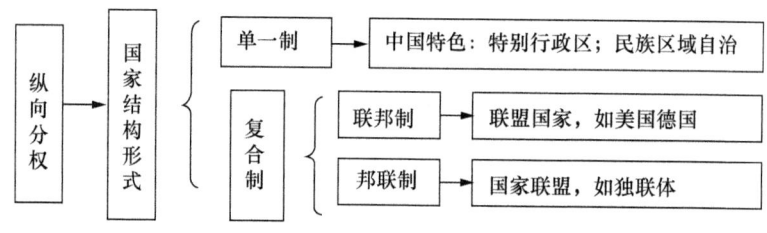

① ACD
② A

1. 决定国家结构形式的因素:最主要并起决定作用的是统治阶级的政治需要,其他因素中最主要的是历史因素和民族因素。

2. 单一制和联邦制区别如下:

|  | 单一制 | 联邦制 |
|---|---|---|
| 法律体系 | 只有一部宪法。 | 联邦和成员国都有宪法。 |
| 政权组织形式 | 只有一套政府体制(个别地方除外)。 | 有多套政府体制。 |
| 权力配置 | 地方政府的权力由中央授予。 | 联邦的权力来源于成员国的让与。 |
| 国际关系 | 只有一个国际法主体。 | 有些国家允许其成员国有一定的外交权。 |
| 公民的国籍 | 公民具有统一国籍。 | 公民有双重国籍。 |

3. 我国行政区划设立、变更的主管机关

(1) 设立、变更的决定机关

|  | 权限 |
|---|---|
| 全国人大 | 批准省、自治区、直辖市的建置;决定特别行政区的设立及其制度。 |
| 国务院 | 批准省、自治区、直辖市区域划分; |
|  | 批准自治州、县、自治县、市的建置和区划。 |
| 省级人民政府 | 决定乡、民族乡、镇的建置和区域划分; |
|  | 根据国务院的授权,审批县、市、市辖区的部分行政区域界限的变更。 |

(2) 行政区划争议处理的主管部门:县级以上的地方各级人民政府的民政部门。

**【历年真题】**

1. 根据《宪法》规定,关于行政建置和行政区划,下列选项正确的是①:(14/1/96)
   A. 全国人大批准省、自治区、直辖市的建置
   B. 全国人大常委会批准省、自治区、直辖市的区域划分
   C. 国务院批准自治州、自治县的建置和区域划分
   D. 省、直辖市、地级市的人民政府决定乡、民族乡、镇的建置和区域划分

2. 根据《宪法》的规定,关于国家结构形式,下列哪一选项是正确的?②(13/1/24)
   A. 从中央与地方的关系上看,我国有民族区域自治和特别行政区两种地方制度
   B. 县、市、市辖区部分行政区域界线的变更由省、自治区、直辖市政府审批
   C. 经济特区是我国一种新的地方制度
   D. 行政区划纠纷或争议的解决是行政区划制度内容的组成部分

3. 维护国家主权和领土完整,维护国家统一是我国宪法的重要内容,体现在《宪法》和法律一系列规定中。关于我国的国家结构形式,下列选项正确的是③:(12/1/90)
   A. 我国实行单一制国家结构形式

---

① AC
② D
③ ABD

B. 维护宪法权威和法制统一是国家的基本国策
C. 在全国范围内实行统一的政治、经济、社会制度
D. 中华人民共和国是一个统一的国际法主体

**4.** 维护国家主权和领土完整,维护国家统一是我国《宪法》的重要内容,体现在《宪法》和法律一系列规定中。关于我国的行政区域划分,下列说法不成立的是①:(12/1/91)

A. 是国家主权的体现  B. 属于国家内政
C. 任何国家不得干涉  D. 只能由《宪法》授权机关进行

## 第八节 民族区域自治制度

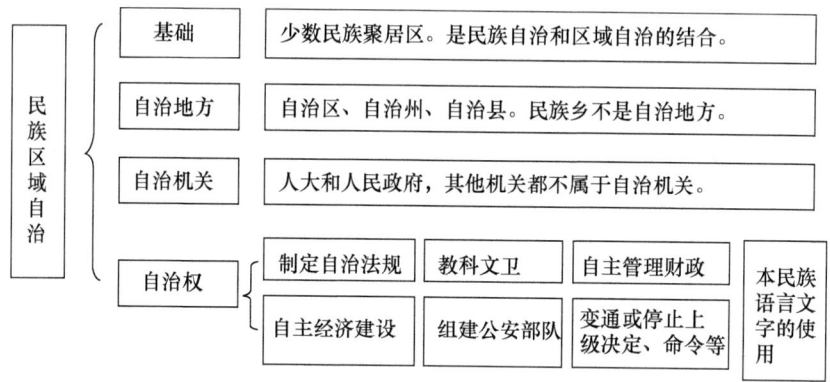

1. 自治区主席、自治州州长、自治县县长由实行区域自治的民族的公民担任。
2. 民族自治地方的人民代表大会常务委员会中应当有实行区域自治的民族的公民担任主任或者副主任。
3. 政府其他组成人员应当合理配备少数民族的人员。民族自治地方的自治机关所属工作部门的干部中,应当合理配备实行区域自治的民族和其他少数民族的人员。
4. 民族自治地方法院和检察院的领导成员和工作人员中,也应当有实行区域自治的民族的人员。
5. 上级国家机关的决议、决定、命令和指示,如有不适合民族自治地方实际情况的,自治机关可以报经该上级国家机关批准,变通执行或停止执行;该上级国家机关应当在收到报告之日起60日内给予答复。
6. 自治区制定的开支标准、定员、定额补充规定和具体办法,报国务院备案;自治州、自治县须报省、自治区、直辖市人民政府批准。
7. 自治州、自治县决定减税或者免税,须报省、自治区、直辖市人民政府批准。
8. 民族自治地方依照国家规定可以开展对外经济贸易活动,经国务院批准,可以开辟对外贸易口岸。与外国接壤的民族自治地方经国务院批准,开展边境贸易。
9. 民族自治地方依照国家军事制度和当地的实际需要,经国务院批准,可以组织本地方

---

① D

维护社会治安的公安部队。

## 第九节 特别行政区制度

### 一、中央与特别行政区的关系

| | | |
|---|---|---|
| 自治权 | 立法权 | 自治范围内事项立法,报全国人大常委会备案。<br>全国人大常委会在征询其所属的香港特别行政区基本法委员会后,如认为立法会制定的任何法律不符合基本法关于中央管理的事务及中央和香港特别行政区的关系的条款,可将有关法律发回,但不做修改。<br>经全国人民代表大会常务委员会发回的法律立即失效。该法律的失效,除香港特别行政区的法律另有规定外,无溯及力。 |
| | 行政管理权 | 特别行政区政府行使行政管理权。 |
| | 司法权和终审权 | 对国防、外交等国家行为无管辖权。遇有涉及国防、外交等国家行为的事实问题,应取得行政长官发出的证明文件,行政长官须事前取得中央人民政府的证明书。 |
| | 对外事务 | 基于中央人民政府的授权自行处理有关对外事务。 |
| 中央管辖事务 | 国务院 | 外交：国务院负责管理特区外交事务。外交部在特区设立机构。 |
| | | 防务：驻特区部队不得干预地方事务,可协助维护社会治安和救助灾害,驻军费用由中央政府承担。 |
| | | 人事任免：行政长官、政府的主要官员、澳门的检察长。 |
| | 全国人大常委会 | 决定特别行政区进入紧急状态。<br>**基本法解释权属于全人常**。<br>特区法院基于全国人大常委会的授权,审案时也可就基本法所有条款进行解释。<br>特别行政区法院解释基本法时应注意：① 对所有条款都可以解释。对自治范围内的条款自行解释。② 解释中央人民政府管理的事务或中央和特别行政区关系的条款时,如该条款的解释影响到案件的判决,在对该案件作出终局判决前,应由终审法院请全国人民代表大会常务委员会对有关条款作出解释。该解释无溯及力。 |
| | 全国人大 | 基于全国人大常委会、国务院、特别行政区的提案**修改基本法**。特别行政区的修改议案,须经香港特别行政区的全国人民代表大会代表2/3多数、香港特别行政区立法会全体议员2/3多数和香港特别行政区行政长官同意后,交由香港特别行政区出席全国人民代表大会的代表团向全国人民代表大会提出。对基本法的解释和修改都得征询基本法委员会的意见。 |

## 二、居民的基本权利和义务

（一）香港居民的含义

| | |
|---|---|
| 永久性居民 | ① 在香港出生的中国公民； |
| | ② 在香港通常居住连续7年以上的中国公民； |
| | ③ 第①、②两项所列居民在香港以外所生的中国籍子女； |
| | ④ 持有效旅行证件进入香港、在香港通常居住连续7年以上并以香港为永久居住地的非中国籍的人； |
| | ⑤ 在香港特别行政区成立以前或以后第④项所列居民在香港所生的未满21周岁的子女； |
| | ⑥ 第①至⑤项所列居民以外在香港特别行政区成立以前只在香港有居留权的人。 |
| | 以上居民在香港特别行政区享有居留权和有资格依照香港特别行政区法律取得载明其居留权的永久性居民身份证。 |
| 非永久性居民 | 有资格依照香港特别行政区法律取得香港居民身份证，但没有居留权的人。 |

（二）居民的基本权利

| | |
|---|---|
| 基本原则 | 《宪法》中规定的大陆公民享有的权利香港居民几乎全部享有。 |
| 特有权利 | 永久性居民享有选举权和被选举权； |
| | 新闻，组织和参加工会，罢工； |
| | 在特别行政区内迁徙，移居其他国家和地区。有效旅行证件的持有人，除非受到法律的制止，可以自由离开特区，无需特别批准； |
| | 公开传教和举行参加宗教活动的自由； |
| | 婚姻自由和生育自愿； |
| | 《公民权利和政治权利国际公约》《经济、社会与文化权利国际公约》和国际劳工公约适用于香港的规定继续有效，通过特别行政区的法律予以实施。 |

## 三、政治体制

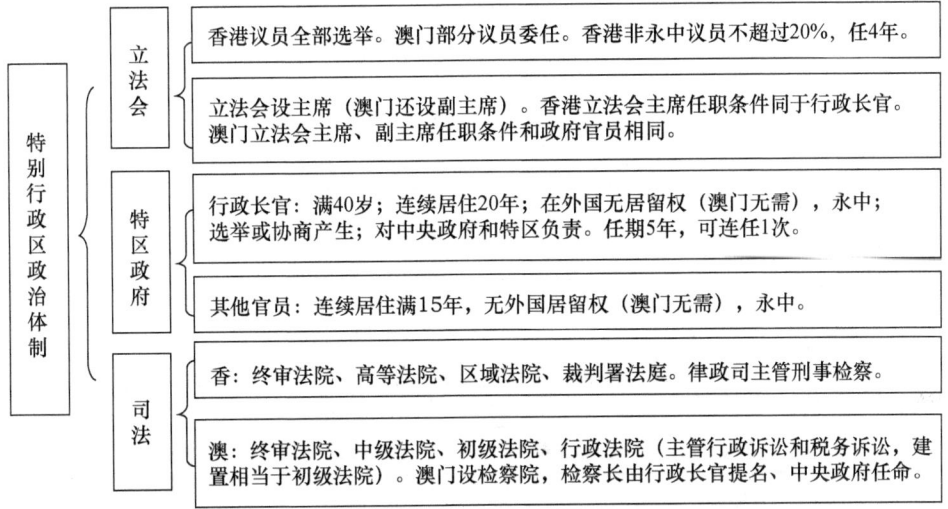

1. "永中"指永久性居民中的中国公民。
2. 行政长官短期不能履行职务时,由政务司长、财政司长、律政司长依次临时代理。
3. 香港特别行政区行政长官如有下列情况之一者必须辞职:
(1) 因严重疾病或其他原因无力履行职务;
(2) 因两次拒绝签署立法会通过的法案而解散立法会,重选的立法会仍以全体议员 2/3 多数通过所争议的原案,而行政长官仍拒绝签署;
(3) 因立法会拒绝通过财政预算案或其他重要法案而解散立法会,重选的立法会继续拒绝通过所争议的原案。
4. 行政会议
(1) 香港特别行政区行政会议是协助行政长官决策的机构。
(2) 香港特别行政区行政会议的成员由行政长官从行政机关的主要官员、立法会议员和社会人士中委任,其任免由行政长官决定。行政会议成员的任期应不超过委任他的行政长官的任期。
(3) 香港特别行政区行政会议成员由在外国无居留权的香港特别行政区永久性居民中的中国公民担任。行政长官认为必要时可邀请有关人士列席会议。香港特别行政区行政会议由行政长官主持。
(4) 行政长官在作出重要决策、向立法会提交法案、制定附属法规和解散立法会前,须征询行政会议的意见,但人事任免、纪律制裁和紧急情况下采取的措施除外。行政长官如不采纳行政会议多数成员的意见,应将具体理由记录在案。
5. 廉政公署与审计署
香港特别行政区设立廉政公署和审计署,独立工作,对行政长官负责。
6. 立法会有立法权、财政权、监督权和其他职权。监督权中重点注意对行政长官的弹劾:
(1) 香港立法会全体议员的 1/4 联合动议(澳门 1/3),指控行政长官有严重违法或渎职

行为而不辞职,经立法会通过进行调查;

(2) 立法会可委托终审法院首席法官负责组成独立的调查委员会,并担任主席;

(3) 调查委员会调查后向立法会提出报告。如认为有足够证据构成上述指控,立法会以全体议员 2/3 多数通过,可提出弹劾案,报请中央人民政府决定。

7. 议员资格的丧失

| 有右列情况之一,由立法会主席宣告其丧失立法会议员的资格 | 因严重疾病或其他情况无力履行职务; |
| --- | --- |
| | 未得到立法会主席的同意,连续 3 个月不出席会议而无合理解释者; |
| | 丧失或放弃香港特别行政区永久性居民的身份; |
| | 接受政府的委任而出任公务人员; |
| | 破产或经法庭裁定偿还债务而不履行; |
| | 在香港特别行政区区内或区外被判犯有刑事罪行,判处监禁 1 个月以上,并经立法会出席会议的议员 2/3 通过解除其职务; |
| | 行为不检或违反誓言而经立法会出席会议的议员 2/3 通过谴责。 |

8. 法官的任免

(1) 法官由独立委员会推荐,行政长官任命。香港、澳门独立委员会的组成有差异:香港是由当地法官和法律界及其他方面知名人士组成;澳门是由当地法官、律师和知名人士组成。

(2) 任职资格方面:香港终审法院和高等法院的首席法官,应由在外国无居留权的永中担任。香港终审法院的(所有)法官和高等法院首席法官的任免,还须由行政长官征得立法会同意,并报全国人大常委会备案。澳门各级法院的院长由行政长官从法官中选任。终审法院院长由澳门永久性居民中的中国公民担任。终审法院院长的任命和免职须报全国人民代表大会常务委员会备案。

(3) 免职的条件港澳基本相同,即:无力履行职责和行为不检(澳门表述为:所为与职务不相称)。

## 四、特别行政区的法律制度

| "原有法律" | 除同基本法相抵触或经特别行政区立法机关修改者外,予以保留。 |
| --- | --- |
| 立法会的法律 | 可就自治范围内的事项立法。 |
| 全国性法律 | 基本法、附件三所列法律,特殊情况下实施的全国性法律。 |

1. 全国人大常委会在征询其所属的香港特别行政区基本法委员会和香港特别行政区的意见后,可对本法附件三的法律作出增减,任何列入附件三的法律,限于国防外交和其他按本法规定不属于香港特别行政区自治范围的法律。

2. 全国人民代表大会常务委员会决定宣布战争状态或因香港特别行政区内发生香港特别行政区政府不能控制的危及国家统一或安全的动乱而决定香港特别行政区进入紧急状态,中央人民政府可发布命令将有关全国性法律在香港特别行政区实施。

## 第二章 国家基本制度

【历年真题】

**1.** 根据《宪法》和法律的规定,关于特别行政区,下列哪一选项是正确的?① (14/1/23)

A. 澳门特别行政区财政收入全部由其自行支配,不上缴中央人民政府
B. 澳门特别行政区立法会举行会议的法定人数为不少于全体议员的三分之二
C. 非中国籍的香港特别行政区永久性居民不得当选为香港特别行政区立法会议员
D. 香港特别行政区廉政公署独立工作,对香港特别行政区立法会负责

【解析】 《澳门基本法》第104条规定:"澳门保持财政独立。澳门财政收入全部由澳门自行支配,不上缴中央人民政府。中央人民政府不在澳门征税。"故A正确。

《澳门基本法》第77条规定:"澳门立法会举行会议的法定人数为不少于全体议员的二分之一。除本法另有规定外,立法会的法案、议案由全体议员过半数通过。立法会议事规则由立法会自行制定,但不得与本法相抵触。"故B错。

《香港基本法》第67条规定:"香港特别行政区立法会由在外国无居留权的香港特别行政区永久性居民中的中国公民组成。但非中国籍的香港特别行政区永久性居民和在外国有居留权的香港特别行政区永久性居民也可以当选为香港特别行政区立法会议员,其所占比例不得超过立法会全体议员的百分之二十。"故C错。

《香港基本法》第57条规定:"香港特别行政区设立廉政公署,独立工作,对行政长官负责。"故D错。

**2.** 根据《香港特别行政区基本法》和《澳门特别行政区基本法》的规定,下列哪些选项是正确的?② (13/1/61)

A. 对世界各国或各地区的人入境、逗留和离境,特别行政区政府可以实行入境管制
B. 特别行政区行政长官依照法定程序任免各级法院法官、任免检察官
C. 香港特别行政区立法会议员因行为不检或违反誓言而经出席会议的议员三分之二通过谴责,由立法会主席宣告其丧失立法会议员资格
D. 基本法的解释权属于全国人大常委会

【解析】 《香港基本法》第154条规定:"对世界各国或各地区的人入境、逗留和离境,香港特别行政区政府可实行出入境管制。"《澳门基本法》第139条规定:"中央人民政府授权澳门政府依照法律给持有澳门永久性居民身份证的中国公民签发中华人民共和国澳门护照,给在澳门的其他合法居留者签发中华人民共和国澳门的其他旅行证件。上述护照和旅行证件,前往各国和各地区有效,并载明持有人有返回澳门的权利。对世界各国或各地区的人入境、逗留和离境,澳门政府可实行出入境管制。"基于此,A项说法正确。

香港不设检察院,故B项的说法错误。

《香港基本法》第79条规定:"香港特别行政区立法会议员如有下列情况之一,由立法会主席宣告其丧失立法会议员的资格:……(七)行为不检或违反誓言而经立法会出席会议的议员三分之二通过谴责……"故C项正确。

根据两部基本法的规定,全国人大常委会有权对基本法进行解释。D项正确。

---

① A
② ACD

**3.** 澳门特别行政区依照《澳门基本法》的规定实行高度自治,享有行政管理权、立法权、独立的司法权和终审权。关于中央和澳门特别行政区的关系,下列哪一选项是正确的?[1]（16/1/25）

A. 全国性法律一般情况下是澳门特别行政区的法律渊源
B. 澳门特别行政区终审法院法官的任命和免职须报全国人大常委会备案
C. 澳门特别行政区立法机关制定的法律须报全国人大常委会批准后生效
D.《澳门基本法》在澳门特别行政区的法律体系中处于最高地位,反映的是澳门特别行政区同胞的意志

【解析】 为了保证一国两制及特别行政区的高度自治权,在一般情况下,全国性法律不得在特别行政区直接实施,除非全国人大常委会决定宣布战争状态或者决定特别行政区进入紧急状态时,国务院可以发布命令,将全国性法律在特别行政区实施。故 A 项的说法错误。

澳门特别行政区终审法院法官的任命和免职须报全国人大常委会备案。故 B 项的说法正确。这里要注意和香港区别,香港是终审法院的法官和高等法院的首席法官在任命时要经立法会同意,并报全国人大常委会备案。

两个特别行政区的立法会制定的法律都是报全国人大常委会备案而不是批准。故 C 项的说法错误。

《澳门基本法》由全国人大制定,体现的是包括特别行政区同胞在内的全体中华人民共和国人民的意志。故 D 项的说法错误。

## 第十节　基层群众自治性组织

### 一、村民委员会

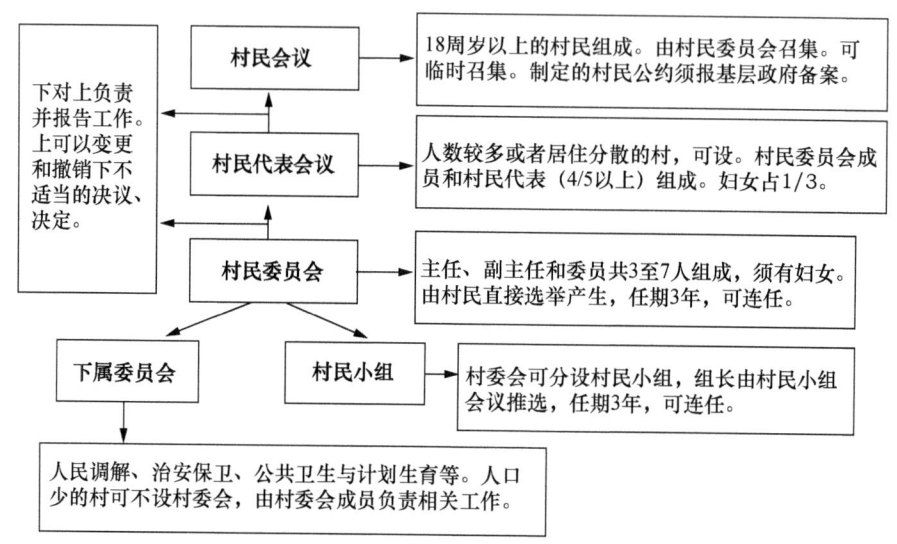

---

[1] B

(一) 关于村委会的问题

1. 村委会的设立、撤销、范围调整,由乡、民族乡、镇的人民政府提出,经村民会议讨论同意后,报县级人民政府批准。

2. 村民委员会的选举、罢免、补选

| | |
|---|---|
| 选举 | 由村民选举委员会主持选举。村民选举委员会由主任和委员组成,由村民会议、村民代表会议或者各村民小组会议推选产生。 |
| | 村民委员会选举前,应当对下列人员进行登记,列入参加选举的村民名单:<br>① 户籍在本村并且在本村居住的村民;<br>② 户籍在本村,不在本村居住,本人表示参加选举的村民;<br>③ 户籍不在本村,在本村居住1年以上,本人申请参加选举,并且经村民会议或者村民代表会议同意参加选举的公民。<br>已在户籍所在村或者居住村登记参加选举的村民,不得再参加其他地方村民委员会的选举。 |
| | 参加选举的村民名单问题和《选举法》相似,只是没有规定起诉程序。 |
| | 当选的计算方法和《选举法》相同,最核心的地方在于"双过半"。 |
| | 登记参加选举的村民,选举期间外出,可以委托有选举权的近亲属代为投票。 |
| 罢免 | 本村1/5以上有选举权的村民或者1/3以上的村民代表联名,可以提出罢免村民委员会成员的要求,并说明要求罢免的理由。被提出罢免的村民委员会成员有权提出申辩意见。 |
| | 罢免村民委员会成员,须有登记参加选举的村民过半数投票,并须经投票的村民过半数通过。 |
| 补选 | 村民委员会成员丧失行为能力或者被判处刑罚的,其职务自行终止。 |
| | 村民委员会成员出缺,可以由村民会议或者村民代表会议进行补选。 |
| 工作移交 | 村民委员会应当自新一届村民委员会产生之日起10日内完成工作移交。工作移交由村民选举委员会主持,由乡、民族乡、镇的人民政府监督。 |

(二) 关于村民会议的问题

1. 有1/10以上的村民或者1/3以上的村民代表提议,应当召集村民会议。召集村民会议,应当提前10天通知村民。

2. 召开村民会议,应当有本村18周岁以上村民的过半数,或者本村2/3以上的户的代表参加,村民会议所作决定应当经到会人员的过半数通过。

3. 召开村民会议,根据需要可以邀请驻本村的企业、事业单位和群众组织派代表列席。

(三) 关于村民代表会议

1. 村民代表由村民按每5户至15户推选1人,或者由各村民小组推选若干人。村民代表的任期与村民委员会的任期相同。村民代表可以连选连任。

2. 村民代表会议每季度召开 1 次。有 1/5 以上的村民代表提议,应当召集村民代表会议。

3. 村民代表会议有 2/3 以上的组成人员参加方可召开,所作决定应当经到会人员的过半数同意。

(四) 民主管理和民主监督

1. 村委会实行**村务公开制度**。法律规定的一般事项至少每季度公布 1 次;集体财务往来较多的,财务收支情况应当每月公布 1 次;涉及村民利益的重大事项应当随时公布。

2. 村应当建立**村务监督委员**会或者其他形式的村务监督机构。其成员由村民会议或者村民代表会议在村民中推选产生,其中应当有具备财会、管理知识的人员。村民委员会成员及其近亲属不得担任村务监督机构成员。村务监督机构成员向村民会议和村民代表会议负责,可以列席村民委员会议。

3. 村民委员会成员以及由村民或者村集体承担误工补贴的聘用人员,应当接受村民会议或者村民代表会议对其履行职责情况的**民主评议**。民主评议每年至少进行 1 次,由村务监督机构主持。村民委员会成员连续两次被评议不称职的,其职务终止。

4. 村民委员会和村务监督机构应当建立**村务档案**。

5. 村民委员会成员实行**任期和离任经济责任审计**。由县级人民政府农业部门、财政部门或者乡、民族乡、镇的人民政府负责组织,审计结果应当公布,其中离任经济责任审计结果应当在下一届村民委员会选举之前公布。

【历年真题】

**1.** 某乡政府为有效指导、支持和帮助村民委员会的工作,根据相关法律法规,结合本乡实际作出了下列规定,其中哪一规定是合法的?(16/1/26,单选)

A. 村委会的年度工作报告由乡政府审议

B. 村民会议制定和修改的村民自治章程和村规民约,报乡政府备案

C. 对登记参加选举的村民名单有异议并提出申诉的,由乡政府作出处理并公布处理结果

D. 村委会组成人员违法犯罪不能继续任职的,由乡政府任命新的成员暂时代理至本届村委会任期届满

【解析】 根据《村委会组织法》第 23 条的规定,村委会的年度工作报告由村民会议审议。故 A 错。

根据《村委会组织法》第 27 条的规定,村民会议制定和修改的村民自治章程和村规民约,报乡政府备案。故 B 对。

根据《村委会组织法》第 14 条的规定,对登记参加选举的村民名单有异议并提出申诉的,由村民选举委员会而非乡政府作出处理并公布处理结果。

根据《村委会组织法》第 18 条和第 19 条的规定,村委会成员出缺,可以由村民会议或者村民代表会议补选,补选的村委会成员任期到本届村委会任期届满为止。故 D 项的说法错误。

**2.** 根据《宪法》和法律的规定,关于自治和自治权,下列哪些选项是正确的?① (13/1/63)

A. 特别行政区依照法律规定实行高度自治,享有行政管理权、立法权、独立的司法权和终审权

B. 民族区域自治地方的法院依法行使自治权

C. 民族乡依法享有一定的自治权

D. 村民委员会是基层群众性自治组织

**3.** 根据《村民委员会组织法》的规定,下列哪一选项是正确的?② (12/1/26)

A. 村民委员会每届任期3年,村民委员会成员连续任职不得超过两届

B. 罢免村民委员会成员,须经投票的村民过半数通过

C. 村民委员会选举由乡镇政府主持

D. 村民委员会成员丧失行为能力的,其职务自行终止

**3.** 某村村委会未经村民会议讨论,制定了土地承包经营方案,侵害了村民的合法权益,引发了村民的强烈不满。根据《村民委员会组织法》的规定,下列哪些做法是正确的?③ (15/1/4)

A. 村民会议有权撤销该方案

B. 由该村所在地的乡镇级政府责令改正

C. 受侵害的村民可以申请法院予以撤销

D. 村民代表可以就此联名提出罢免村委会成员的要求

【解析】 根据《村委会组织法》,村民会议和村民代表会议均有权变更或撤销村委会不适当的决议或决定,故 A 项的说法正确。

《村委会组织法》第27条第2款规定:"村民自治章程、村规民约以及村民会议或者村民代表会议的决定不得与宪法、法律、法规和国家的政策相抵触,不得有侵犯村民的人身权利、民主权利和合法财产权利的内容。"第3款规定:"村民自治章程、村规民约以及村民会议或者村民代表会议的决定违反前款规定的,由乡、民族乡、镇的人民政府责令改正。"故 B 项的说法正确。

《村委会组织法》第36条规定:"村民委员会或者村民委员会成员作出的决定侵害村民合法权益的,受侵害的村民可以申请人民法院予以撤销,责任人依法承担法律责任。"故 C 项的说法正确。

《村委会组织法》第16条规定:"本村五分之一以上有选举权的村民或者三分之一以上的村民代表联名,可以提出罢免村民委员会成员的要求,并说明要求罢免的理由。被提出罢免的村民委员会成员有权提出申辩意见。"据此,D 项的说法正确。

---

① AD
② D
③ ABCD

## 二、居民委员会

| 设置 | | 居委会的设立、撤销、规模调整,由不设区的市、市辖区的人民政府决定。 |
|---|---|---|
| 组织 | 居委会 | 居委会由主任、副主任和委员共5至9人组成。 |
| | | 居委会的成员可以由本居住地区范围内全体年满18周岁且没有被剥夺政治权利的居民选举产生,也可以由每户派出代表选举产生,还可以由每个居民小组选举代表2至3人选举产生。 |
| | | 居民委员会每届任期3年,其成员可以连选连任。 |
| | | 居民委员会可以分设若干居民小组,小组长由居民小组推选。 |
| | | 居委会根据需要可以设立人民调解、治安保卫、公共卫生等委员会,也可不设下属委员会,由居委会成员分工负责有关工作。 |
| | 居民会议 | 居民会议由18周岁以上的居民组成。 |
| | | 居民会议可以由全体18周岁以上的居民或者每户派代表参加,也可以由每个居民小组选举代表2至3人参加。 |
| | | 居民会议必须有全体18周岁以上的居民、户的代表或居民小组选举的代表的过半数出席,才能举行。会议的决定,由出席人的过半数通过。 |
| | | 居民委员会向居民会议负责并报告工作。 |
| | | 居民会议由居民委员会召集和主持。有1/5以上的18周岁以上的居民、1/5以上的户或者1/3以上的居民小组提议,应当召集居民会议。涉及全体居民利益的重要问题,居民委员会必须提请居民会议讨论决定。 |
| | | 居民会议有权撤换和补选居民委员会成员。 |
| | | 居民委员会决定问题,采取少数服从多数的原则。 |
| | | 居民公约由居民会议讨论制定,报不设区的市、市辖区的人民政府或者它的派出机关备案,由居民委员会监督执行。居民应当遵守居民会议的决议和居民公约。 |

【历年真题】
根据《宪法》和法律的规定,关于基层群众自治,下列哪一选项是正确的?① (14/1/25)
A. 村民委员会的设立、撤销,由乡镇政府提出,经村民会议讨论同意,报县级政府批准
B. 有关征地补偿费用的使用和分配方案,经村民会议讨论通过后,报乡镇政府批准
C. 居民公约由居民会议讨论通过后,报不设区的市、市辖区或者它的派出机关批准
D. 居民委员会的设立、撤销,由不设区的市、市辖区政府提出,报市政府批准

---

① A

# 第三章 公民的基本权利和义务

**【本章重点难点提示】**

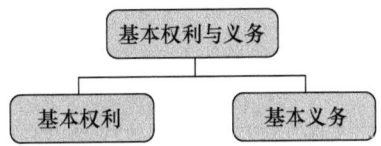

1. 基本权利与义务的主体、特点；
2. 《宪法》第二章对基本权利和义务的具体规定。

## 第一节 公民基本权利义务概述

| | |
|---|---|
| 基本权利概念 | 公民的基本权利是指由宪法规定的公民享有的主要的、必不可少的权利。基本权利具有如下特点：① 基本权利决定着公民在国家中的宪法地位；② 基本权利是公民在社会生活中最主要、最基本的而又不可缺少的权利；③ 基本权利具有母体性，它能派生出公民的法律权利；④ 基本权利具有稳定性和排他性，与人的公民资格不可分。 |
| 基本义务概念 | 基本义务指宪法规定的公民必须遵守和应尽的根本责任。 |
| 基本权利主体 | 基本权利的主体主要是公民。有些国家的宪法规定，法人和外国人也可以成为基本权利的主体。 |

| 基本权利效力 | | |
|---|---|---|
| | 特点 | **广泛性**：基本权利约束一切国家权利活动与社会生活领域。 |
| | | **具体性**：基本权利的效力通常在具体的事件中得到实现；特定主体在具体活动中感受到权利的价值，并通过具体的事件解决围绕效力而发生的宪法争议。 |
| | | **现实性**：基本权利是调整现实社会中主体活动的具体权利形态，一旦规定在宪法上便具有直接的规范效力。部门法对基本权利的具体化只是基本权利实现的一种形式，并不是唯一的形式。 |
| | 体现 | **对立法权的制约**：直接约束立法者与立法过程，以防止立法者制定侵害人权的法律，立法者在立法过程中应遵循过剩禁止原则和比例原则，控制其立法裁量权。 |
| | | **对行政权的制约**：基本权利对行政活动产生直接的约束力，行政活动应当体现基本权利的价值，以保障行政权的合宪性。 |
| | | **对司法权的制约**：基本权利直接约束一切司法权的活动，司法活动应当保护基本权利。 |

(续表)

| 基本权利限制 | | 限制基本权利的目的有三:维护社会秩序、保障国家安全、维护公共利益。 |
|---|---|---|
| 基本权利义务的特点 | 广泛性 | 主体广泛; |
| | | 内容广泛。 |
| | 平等性 | 享有权利和履行义务一律平等; |
| | | 正当权利和合法利益都平等地受到法律保护; |
| | | 不允许任何主体享有法律之上的特权。 |
| | 现实性 | 内容具有现实性; |
| | | 既有物质保障,也有法律保障。 |
| | 一致性 | 享有权利的主体和履行义务的主体是一致的; |
| | | 公民的某些权利和义务是相互结合的,如劳动和受教育; |
| | | 基本权利和基本义务相互促进、相辅相成。 |

## 第二节 我国公民的基本权利

### 一、平等权

（一）平等权的概念与要求

| 概念 | 平等权是指公民依法平等地享有权利履行义务,不受任何差别对待,要求国家给予同等保护的权利。 |
|---|---|
| 要求 | 中华人民共和国公民在法律面前一律平等。 |
| | 合理的差别对待。禁止不合理的差别对待。 |

（二）宪法对特定群体的保护

| 妇女 | 中华人民共和国妇女在政治的、经济的、文化的、社会的和家庭的生活等各方面享有同男子平等的权利。 |
|---|---|
| 退休人员和军烈属 | 国家依照法律规定实行企业事业组织的职工和国家机关工作人员的退休制度。退休人员的生活受到国家和社会的保障。 |
| | 国家和社会保障残废军人的生活,抚恤烈士家属,优待军人家属。 |
| | 国家和社会帮助安排盲、聋、哑和其他有残疾的公民的劳动、生活和教育。 |

(续表)

| | |
|---|---|
| 婚姻、家庭、母亲、儿童和老人 | 婚姻、家庭、母亲和儿童受国家的保护。禁止破坏婚姻自由,禁止虐待老人、妇女和儿童。 |
| 青少年和儿童 | 国家培养青年、少年、儿童在品德、智力、体质等方面全面发展。 |
| 华侨、归侨和侨眷 | 华侨是居住在外国的中国公民。归侨是已经回国定居的华侨。 |
| | 中华人民共和国保护华侨的正当权利和利益,保护归侨和侨眷的合法权利和利益。 |

## 二、政治权利和自由

| | |
|---|---|
| 选举权和被选举权 | 中华人民共和国年满18周岁的公民,不分民族、种族、性别、职业、家庭出身、宗教信仰、教育程度、财产状况、居住期限,都有选举权和被选举权;但是依照法律被剥夺政治权利的人除外。 |
| 政治自由 | 公民有言论、出版、集会、结社、示威、游行的自由。 |

## 三、宗教信仰自由

| |
|---|
| 中华人民共和国公民有宗教信仰自由。 |
| 任何国家机关、社会团体和个人不得强制公民信仰宗教或者不信仰宗教,不得歧视信仰宗教的公民和不信仰宗教的公民。 |
| 国家保护正常的宗教活动。任何人不得利用宗教进行破坏社会秩序、损害公民身体健康、妨碍国家教育制度的活动。 |
| 宗教团体和宗教事务不受外国势力支配。 |

## 四、人身自由(广义)

| | |
|---|---|
| 生命权 | 生命权主体只能是自然人,包括本国人、外国人和无国籍人。 |
| | 生命权是享有其他权利的基础。但未明文规定,属于隐含的权利。 |
| 人身自由不受侵犯 | 中华人民共和国公民的人身自由不受侵犯。 |
| | 任何公民,非经人民检察院批准或者决定或者人民法院决定,并由公安机关执行,不受逮捕。 |
| | 禁止非法拘禁和以其他方法非法剥夺或者限制公民的人身自由,禁止非法搜查公民的身体。 |
| 人格尊严不受侵犯 | 中华人民共和国公民的人格尊严不受侵犯。禁止用任何方法对公民进行侮辱、诽谤和诬告陷害。 |
| | 人格权包括:姓名权、肖像权、名誉权、荣誉权、隐私权。 |

（续表）

| | |
|---|---|
| 住宅不受侵犯 | 中华人民共和国公民的住宅不受侵犯。禁止非法搜查或者非法侵入公民的住宅。 |
| 通信自由和通信秘密 | 中华人民共和国公民的通信自由和通信秘密受法律的保护。除因国家安全或者追查刑事犯罪的需要，由公安机关或者检察机关依照法律规定的程序对通信进行检查外，任何组织或者个人不得以任何理由侵犯公民的通信自由和通信秘密。 |

## 五、社会经济权利

| | |
|---|---|
| 财产权 | 公民的合法的私有财产不受侵犯。国家依照法律规定保护公民的私有财产权和继承权。 |
| | 国家为了公共利益的需要，可以依照法律规定对公民的私有财产权实行征收或征用并给予补偿。 |
| 劳动权 | 中华人民共和国公民有劳动的权利和义务。 |
| 休息权 | 中华人民共和国劳动者有休息的权利。 |
| 获得物质帮助的权利 | 中华人民共和国公民在年老、疾病或者丧失劳动能力的情况下，有从国家和社会获得物质帮助的权利。 |

## 六、文化教育权利

| | |
|---|---|
| 受教育的权利 | 中华人民共和国公民有受教育的权利和义务。 |
| 进行科学研究、文学艺术创作和其他文化活动的自由 | 国家对于从事教育、科学、技术、文学、艺术和其他文化事业的公民的有益于人民的创造性工作，给予鼓励和帮助。 |

## 七、监督权和获得赔偿权

| | | |
|---|---|---|
| 监督权 | 批评、建议权 | 公民对于任何国家机关和国家工作人员，有提出批评和建议的权利。 |
| | 控告、检举权、申诉权 | 对于任何国家机关和国家工作人员的违法失职行为，有向有关国家机关提出申诉、控告或者检举的权利，但是不得捏造或者歪曲事实进行诬告陷害。对于公民的申诉、控告或者检举，有关国家机关必须查清事实，负责处理。任何人不得压制和打击报复。 |
| 获得赔偿权 | | 由于国家机关和国家工作人员侵犯公民权利而受到损失的人，有依照法律规定取得赔偿的权利。 |

【历年真题】

1. 王某为某普通高校应届毕业生,23 岁,尚未就业。根据《宪法》和法律的规定,关于王某的权利义务,下列哪一选项是正确的?①（14/1/24）
   A. 无需承担纳税义务
   B. 不得被征集服现役
   C. 有选举权和被选举权
   D. 有休息的权利

2. 关于《宪法》对人身自由的规定,下列哪一选项是不正确的?②（13/1/25）
   A. 禁止用任何方法对公民进行侮辱、诽谤和诬告陷害
   B. 生命权是《宪法》明确规定的公民基本权利,属于广义的人身自由权
   C. 禁止非法搜查公民身体
   D. 禁止非法搜查或非法侵入公民住宅

3. 根据我国宪法规定,关于公民住宅不受侵犯,下列哪些选项是正确的?③（12/1/61）
   A. 该规定要求国家保障每个公民获得住宅的权利
   B.《治安管理处罚法》第 40 条规定,非法侵入他人住宅的,视情节给予不同时日的行政拘留和罚款。该条规定体现了宪法保障住宅不受侵犯的精神
   C.《刑事诉讼法》第 69 条规定,被取保候审的犯罪嫌疑人、被告人未经执行机关批准不得离开所居住的市、县。该条规定是对《宪法》规定的公民住宅不受侵犯的合理限制
   D. 住宅自由不是绝对的,公安机关、检察机关为了收集犯罪证据、查获犯罪嫌疑人,严格依法对公民住宅进行搜查并不违宪

4. 根据《宪法》的规定,下列哪些选项是正确的?④（12/1/60）
   A. 社会主义的公共财产神圣不可侵犯
   B. 社会主义的公共财产包括国家的和集体的财产
   C. 国家可以对公民的私有财产实行无偿征收或征用
   D. 土地的使用权可以依照法律的规定转让

5. 根据《宪法》和法律的规定,下列哪些选项是不正确的?⑤（12/1/63）
   A. 生命权是我国宪法明确规定的公民基本权利
   B. 监督权包括批评建议权、控告检举权和申诉权
   C.《宪法》第 43 条第 1 款规定,中华人民共和国公民有休息的权利
   D. 受教育既是公民的权利也是公民的义务

6. 某县政府以较低补偿标准进行征地拆迁。张某因不同意该补偿标准,拒不拆迁自己的房屋。为此,县政府责令张某的儿子所在中学不为其办理新学期注册手续,并通知财政局解除张某的女婿李某(财政局工勤人员)与该局的劳动合同。张某最终被迫签署了拆迁协议。关

---

① C
② B
③ BD
④ ABD
⑤ AC

于当事人被侵犯的权利,下列选项正确的是①:(15/1/92)
A. 张某的住宅不受侵犯权
B. 张某的财产权
C. 李某的劳动权
D. 张某儿子的受教育权

**7.** 张某对当地镇政府干部王某的工作提出激烈批评,引起群众热议,被公安机关以诽谤他人为由行政拘留5日。张某的精神因此受到严重打击,事后相继申请行政复议和提起行政诉讼,法院依法撤销了公安机关《行政处罚决定书》。随后,张某申请国家赔偿。根据《宪法》和法律的规定,关于本案的解析,下列哪些选项是正确的?② (16/1/63)
A. 王某因工作受到批评,人格尊严受到侵犯
B. 张某的人身自由受到侵犯
C. 张某的监督权受到侵犯
D. 张某有权获得精神损害抚慰金

【解析】 基于我国《宪法》,公民可以对任何国家机关及其工作人员提出批评和建议,所以,张某对当地镇政府干部王某的工作提出激烈批评,是行使其宪法权利的行为,并无不妥,故A错。其余三项的说法正确。

## 第三节 我国公民的基本义务

1. 中华人民共和国公民有维护国家统一和全国各民族团结的义务。
2. 中华人民共和国公民必须遵守宪法和法律,保守国家秘密,爱护公共财产,遵守劳动纪律,遵守公共秩序,尊重社会公德。
3. 中华人民共和国公民有维护祖国的安全、荣誉和利益的义务,不得有危害祖国的安全、荣誉和利益的行为。
4. 保卫祖国、抵抗侵略是中华人民共和国每一个公民的神圣职责。依照法律服兵役和参加民兵组织是中华人民共和国公民的光荣义务。
5. 中华人民共和国公民有依照法律纳税的义务。

【历年真题】
根据《宪法》的规定,关于公民纳税义务,下列哪些选项是正确的?③ (12/1/62)
A. 国家在确定公民纳税义务时,要保证税制科学合理和税收负担公平
B. 要坚持税收法定原则,税收基本制度实行法律保留
C. 纳税义务直接涉及公民个人财产权,宪法纳税义务具有防止国家权力侵犯其财产权的属性
D. 履行纳税义务是公民享有其他权利的前提条件

---

① BCD
② BCD
③ ABC

# 第四章 国家机构

【本章重点难点提示】

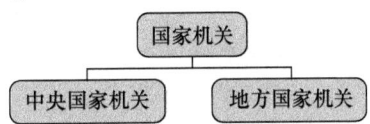

1. 国家机关的设置原则；
2. 国家机关的产生、任期、职权、会议制度。

## 第一节 国家机构概述

| | | |
|---|---|---|
| 国家机构特点 | 阶级性 | 阶级矛盾不可调和的产物。 |
| | 历史性 | 随着国家的变迁而变化。 |
| | 强制性 | 以国家强制力为后盾。 |
| | 组织性 | 以一定原则建立起来的有机系统。 |
| 国家机构的组织和活动原则 | 民主集中制原则：<br>① 在国家机构与人民的关系上，体现了国家权力来自人民，由人民组织国家机构。因为权力机关——人民代表大会是由人民民主选举产生的人民代表组成的。<br>② 在国家权力机关与其他国家机关之间的关系上，在我国，国家权力机关居于核心地位，其他的国家机关都由它产生、对它负责、受它监督。<br>③ 在中央和地方机构的关系上，遵循"在中央的统一领导下，充分发挥地方的主动性、积极性"的原则。 | |
| | 社会主义法治原则。 | |
| | 责任原则：<br>① 我国宪法规定了两种责任制：集体负责制和个人负责制。<br>② 各级人民代表大会及其常委会、各级人民法院、各级人民检察院都适用集体负责制。<br>③ 各级行政机关以及中央军事委员会都实行个人负责制。 | |
| | 密切联系群众，为人民服务。 | |
| | 精简和效率原则。 | |

## 第二节　中央国家机关

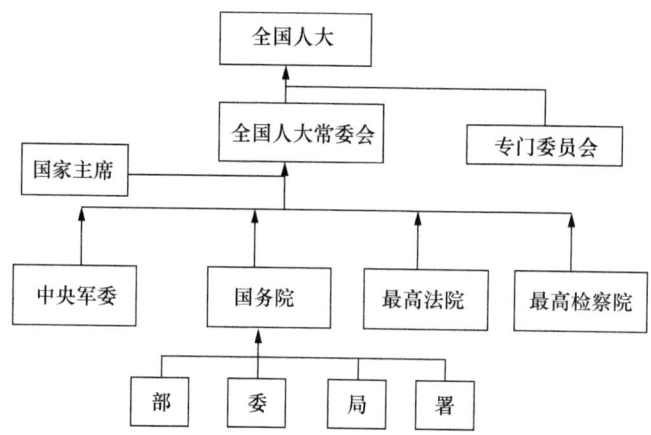

### 一、全国人大及其常委会、国务院相关问题比较

| | 全国人大 | 全国人大常委会 | 国务院 |
|---|---|---|---|
| 组成 | 不超过3 000名代表。 | 委员长、副委员长、秘书长、委员。 | 总理、副总理、国务委员、各部部长、各委员会主任、审计长、秘书长。 |
| 任期及相关要求 | 5年,任期届满两个月前,必须完成下届选举。遇到不能进行选举的非常情况,全人常以2/3多数通过延长任期,非常情况结束后1年内必须完成选举。 | 5年,委员长、副委员长连续任职不超过两届。常委会的组成成员不得担任国家行政机关、审判机关和检察机关的职务。 | 5年,总理、副总理、国务委员连续任职不得超过两届。 |
| 会议制度 | 每年举行1次,由常务委员会召集。全国人大常委会认为必要,或者有1/5以上的全国人大代表提议,可以临时召集全国人大会议。举行会议前先召开预备会议,选举大会主席团和秘书长。预备会议由常委会主持。人大会议主席团主持。 | 全体会议:每2个月举行1次;有特殊需要时,可以临时召集会议。由委员长召集并主持。委员长可以委托副委员长主持会议。<br><br>委员长会议:由委员长、副委员长、秘书长组成。处理常委会的重要日常工作。 | 全体会议:每两个月召开一次。<br><br>常务会议:总理、副总理、国务委员、秘书长组成。每周召开一次。 |

(续表)

| | | | 全国人大 | 全国人大常委会 | 国务院 |
|---|---|---|---|---|---|
| 职权 | | 宪法 | 修改宪法、监督宪法实施（不能制定宪法） | 解释宪法、监督宪法实施 | 实施宪法 |
| | | 立法 | 制定、修改基本法律 | 制定和修改非基本法律；在全国人大闭会期间，对基本法律进行部分补充和修改；解释法律。 | 制定行政法规 |
| | 人事任免 | 选举 | 国家主席、副主席 | 在全国人大闭会期间：<br>① 根据国务院总理的提名，决定部长、委员会主任、审计长、秘书长的人选；<br>② 根据中央军事委员会主席的提名，决定中央军事委员会其他组成人员的人选；<br>③ 根据最高法院院长的提请，任免最高法院副院长、审判员、审判委员会委员和军事法院院长；根据最高检察院检察长的提请，任免最高检察院副检察长、检察员、检察委员会委员和军事检察院检察长，并且批准省、自治区、直辖市的人民检察院检察长的任免。 | 任免各部副部长、各委员会副主任等 |
| | | | 军委主席 | | |
| | | | 最高法院（检察院）院长 | | |
| | | | 全国人大常委会组成人员 | | |
| | | 决定 | 根据主席提名决定总理人选 | | |
| | | | 根据总理提名决定国务院其他组成人员人选 | | |
| | | | 根据军委主席提名决定军委其他组成人员人选 | | |
| | | 重大事项决定权 | ① 审查和批准国民经济和社会发展计划和计划执行情况的报告；<br>② 审查和批准国家预算和预算执行情况的报告；<br>③ 批准省、自治区和直辖市的建置；<br>④ 决定特别行政区的设立及其制度；<br>⑤ 决定战争与和平问题。 | ① 决定驻外全权代表的任免；<br>② 决定同外国缔结的条约和重要协定的批准和废除；<br>③ 规定军人和外交人员的衔级制度和其他专门衔级制度；<br>④ 规定和决定授予国家的勋章和荣誉称号；<br>⑤ 决定特赦；<br>⑥ 在全国人大闭会期间，如果遇到国家遭受武装侵犯或者必须履行国际间共同防止侵略的条约的情况，决定战争状态的宣布；<br>⑦ 决定全国总动员或者局部动员；<br>⑧ 决定全国或者个别省、自治区、直辖市进入紧急状态。 | ① 批准省、自治区、直辖市的区域划分，批准自治州、县、自治县、市的建置和区域划分；<br>② 依照法律规定决定省、自治区、直辖市范围内部分地区进入紧急状态。 |

(续表)

| | | 全国人大 | 全国人大常委会 | 国务院 |
|---|---|---|---|---|
| 职权 | 监督权 | 质询：一个代表团或者30名以上的代表，可以书面提出对国务院和国务院各部、各委员会的质询案。 | 质询：常委会组成人员10人以上联名，可以提出对国务院、最高人民法院、最高人民检察院的质询案。 | |
| | | 罢免：全国人大主席团或者3个以上的代表团或者1/10以上的代表，可以提出对于全国人大选举或决定的人员的罢免案。 | | |
| | | 调查：全国人大和全国人大常委会认为必要时可以组织关于特定问题的调查委员会。 | | |

【补充】

1. 全国人大会议公开举行；在必要的时候，经主席团和各代表团团长会议决定，可以举行秘密会议。

2. 全国人大会议设立秘书处，在秘书长领导下工作。全国人民代表大会会议设副秘书长若干人。副秘书长的人选由主席团决定。

3. 国务院的组成人员、中央军事委员会的组成人员、最高人民法院院长和最高人民检察院检察长，列席全国人民代表大会会议；其他有关机关、团体的负责人，经主席团决定，可以列席全国人民代表大会会议。

4. 专门委员会：

（1）由全国人大产生，受全国人大领导，闭会期间受全国人大常委会领导的常设性工作机构。

（2）由主任委员、副主任委员、委员组成。他们都由全国人大主席团从代表中提名，由大会通过。主任委员主持委员会会议和委员会的工作，副主任委员协助主任委员工作。

（3）它没有独立的法定职权，其主要职责是在全国人大及其常委会的领导下，研究、审议和拟定有关议案。

（4）各专门委员会可以根据工作需要，任命专家若干人为顾问；顾问可以列席专门委员会会议，由全国人民代表大会常务委员会任免。

5. 国务院各部委：

（1）国务院各部、各委员会的设立、撤销或者合并，经总理提出，由全国人民代表大会决定；在全国人民代表大会闭会期间，由全国人民代表大会常务委员会决定；

（2）各部设部长1人、副部长2至4人。各委员会设主任1人、副主任2至4人、委员5至10人。

6. 国务院审计机关：

（1）审计机关对国务院各部门和地方各级人民政府的财政收支，对国家的财政金融机构和企事业组织的财务收支，实行审计监督。

(2) 审计机关在国务院总理的领导下,依照法律规定,独立行使审计监督权,不受其他行政机关、社会团体和个人的干涉。

7. 注意勋章和荣誉称号的授予问题:

(1) 国家勋章包括"共和国勋章"和"友谊勋章",国家荣誉称号的具体名称由全国人大常委会在决定授予时确定。

(2) 委员长会议、中央军委、国务院可以向全国人大常委会提出授予国家勋章和荣誉称号的议案,由全人常决定,由国家主席授予和签发证书。

(3) 国家主席进行国事活动,可以直接授予外国政要、国际友人等人士"友谊勋章"。

(4) 国家设立国家功勋薄,记载国家勋章和国家荣誉称号的获得者及其功绩。

【历年真题】

**1. 根据《宪法》规定,关于全国人大的专门委员会,下列哪一选项是正确的?①（13/1/26）**

A. 各专门委员会在其职权范围内所作决议,具有全国人大及其常委会所作决定的效力

B. 各专门委员会的主任委员、副主任委员由全国人大及其常委会任命

C. 关于特定问题的调查委员会的任期与全国人大及其常委会的任期相同

D. 全国人大及其常委会领导专门委员会的工作

【解析】 专门委员会并无明确的法定职权,只是在全国人大及其常委会的领导下研究、审议、拟定有关议案。专门委员会虽然也作出决议,但这种决议必须经过全国人大或者全国人大常委会审议通过以后才具有国家权力机关所做决定的效力。选项 A 错误。

各专门委员会由主任1人、副主任和委员若干人组成,各委员会的人选由全国人大主席团在代表中提名,由大会表决决定。在全国人大闭会期间,全国人大常委会可以补充和任命专门委员会的个别副主任委员和部分委员。选项 B 错误。

作为临时性委员会,调查委员会并无一定的任期,对特定问题的调查任务一经完成,该委员会予以撤销。选项 C 错误。

《宪法》第70条第2款规定:"各专门委员会在全国人民代表大会和全国人民代表大会常务委员会领导下,研究、审议和拟订有关议案。"选项 D 正确。

**2. 预算制度的目的是规范政府收支行为,强化预算监督。根据《宪法》和法律的规定,关于预算,下列表述正确的是②:(15/1/93)**

A. 政府的全部收入和支出都应当纳入预算

B. 经批准的预算,未经法定程序,不得调整

C. 国务院有权编制和执行国民经济和社会发展计划、国家预算

D. 全国人大常委会有权审查和批准国家的预算和预算执行情况的报告

【解析】 预算的审批权属于人大。人大常委会只是在人大闭会期间决定预算的部分调整。

**3. 根据《宪法》和法律的规定,关于全国人大代表的权利,下列哪些选项是正确的?③(16/1/64)**

A. 享有绝对的言论自由

---

① D
② ABC
③ BD

B. 有权参加决定国务院各部部长、各委员会主任的人选
C. 非经全国人大主席团或者全国人大常委会许可,一律不受逮捕或者行政拘留
D. 有五分之一以上的全国人大代表提议,可以临时召集全国人民代表大会会议

【解析】 《代表法》第31条规定:"代表在人民代表大会各种会议上的发言和表决,不受法律追究。"可见,代表的言论自由仅限于人大的各种会议,故A错。

《代表法》第32条规定"县级以上的各级人民代表大会代表,非经本级人民代表大会主席团许可,在本级人民代表大会闭会期间,非经本级人民代表大会常务委员会许可,不受逮捕或者刑事审判。如果因为是现行犯被拘留,执行拘留的机关应当立即向该级人民代表大会主席团或者人民代表大会常务委员会报告。"基于此,C错。

《代表法》第11条规定:"全国人民代表大会代表有权对主席团提名的全国人民代表大会常务委员会组成人员的人选,中华人民共和国主席、副主席的人选,中央军事委员会主席的人选,最高人民法院院长和最高人民检察院检察长的人选,全国人民代表大会各专门委员会的人选,提出意见。"基于此,B正确。

《宪法》第61条第1款规定:"全国人民代表大会会议每年举行一次,由全国人民代表大会常务委员会召集。如果全国人民代表大会常务委员会认为必要,或者有五分之一以上的全国人民代表大会代表提议,可以临时召集全国人民代表大会会议。"基于此,D正确。

4. 国家实行审计监督制度。为加强国家的审计监督,全国人大常委会于1994年通过了《审计法》,并于2006年进行了修正。关于审计监督制度,下列哪些理解是正确的?① (16/1/65)
A. 《审计法》的制定与执行是在实施宪法的相关规定
B. 地方各级审计机关对本级人大常委会和上一级审计机关负责
C. 国务院各部门和地方各级政府的财政收支应当依法接受审计监督
D. 国有的金融机构和企业事业组织的财务收支应当依法接受审计监督

【解析】 地方各级审计机关对本级人民政府和上一级审计机关负责,故B项说法错误,其余各项正确。

## 二、国家主席

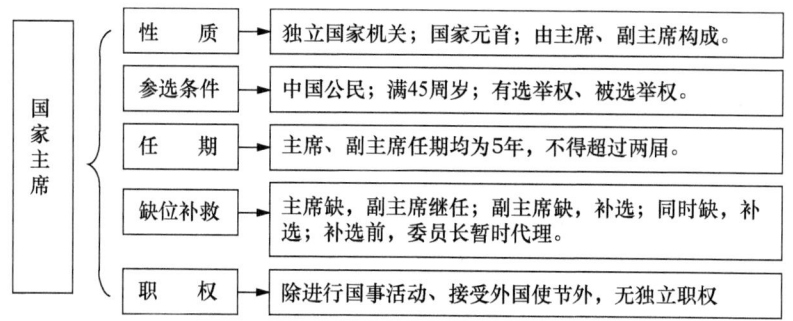

1. 1954年宪法规定,国家主席与全国人大常委会联合行使国家元首的职权。1975年宪法和1978年宪法均未设置国家主席。

---

① ACD

2. 和1954年宪法相比较,国家主席不再统帅全国武装力量,不再具有召开最高国务会议的职权,国家主席的职权只是履行特定的法律手续。国家主席不参与行政工作,不对全国人大负行政责任。

3. 国家主席职权

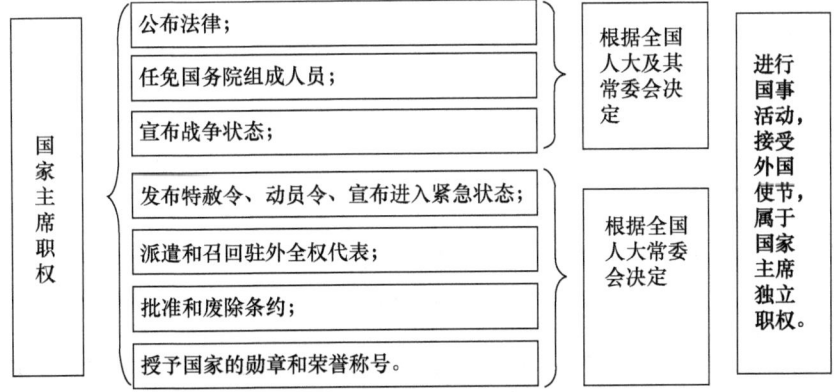

【历年真题】
根据《宪法》的规定,无需全国人大常委会决定,国家主席即可行使下列哪些职权?① (08/1/60)

A. 代表中华人民共和国接受外国使节　　B. 代表中华人民共和国进行国事活动
C. 派遣和召回驻外全权代表　　D. 授予国家的勋章和荣誉称号

## 三、中央军事委员会

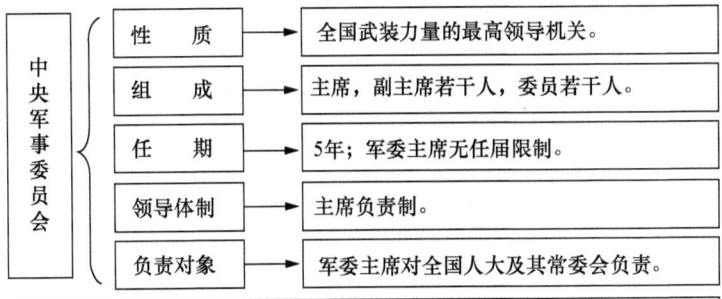

**中央军事委员会主席对全国人大及其常委会负责且不报告工作。国务院和"两高"都是整个机关（不是一把手）对人大及其常委会负责且需要报告工作。**

领导体制（通俗讲就是内部谁说了算）有**集体负责制和个人负责制**之别。行政机关、中央军事委员会实行个人负责制。人大及其常委会、法院、检察院实行集体负责制。如国务院就是总理负责制。

---

① AB

## 【历年真题】

中华人民共和国中央军事委员会领导全国武装力量。关于中央军事委员会,下列哪一表述是错误的?①（15/1/26）

A. 实行主席负责制 　　　　　　B. 每届任期与全国人大相同
C. 对全国人大及其常委会负责　　D. 副主席由全国人大选举产生

【解析】　我国宪法明确规定国家机关实行工作责任制原则。责任制分为集体负责制和个人负责制两种形式。各级人大及其常委会、法院、检察院实行集体负责制。中央军事委员会和行政机关实行个人负责制。故 A 项的说法正确。

我国的国家机关任期都为 5 年,中央军事委员会也不例外。不同之处在于,中央军事委员会主席只有任期 5 年的限制而无连任不得超过两届的限制,故 B 项的说法正确。

其他国家机关都是由人大产生的,应当对人大及其常委会负责并报告工作。我国宪法规定,中央军事委员会主席对全国人大及其常委会负责。故 C 项的说法正确(严格说来,C 项的表述也有问题,因为对全国人大及其常委会负责的是军委主席而非军事委员会,但司法部的答案认为 C 项正确)。

对需要由全国人大选举产生的职位,我曾经总结为:"人常三主席,法检选首席"。即全国人大根据主席团提名,选举产生:① 人常三主席:"人常"指全国人大常委会的组成人员;"三主席"指国家主席、副主席、军委主席。② 法检选首席:"首席"指一把手,即最高人民法院院长和最高人民检察院检察长。军委副主席不是由人大选举,而是由军委主席提名,在人大会议期间由人大决定任命,在人大闭会期间由人大常委会决定任命。故 D 项的说法错误。

## 第三节　地方国家机关

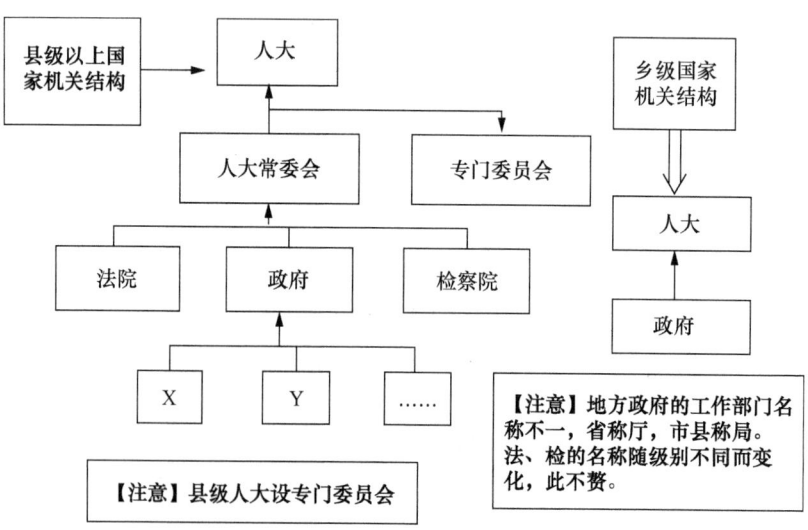

---

① D

1. 宪法规定我国地方政权应当是三级(省、县、乡),但实际上是四级:在省和县之间多出一级设区的市。

2. 从省到乡,每级都设人大,但乡级人大不设常委会。

3. 乡级人民政府不设工作部门,故乡级政府的构成极为简单:乡(镇长)、副乡(镇)长。

**地方人大、人大常委会、政府相关问题比较**

<table>
<tr><th></th><th></th><th>人大</th><th>人大常委会</th><th>人民政府</th></tr>
<tr><td colspan="2">组成</td><td>代表组成。县乡两级人大代表直接选举产生。</td><td>主任、副主任、委员、秘书长(县级人大常委会不设秘书长)。</td><td>正职、副职、秘书长、工作部门正职(县乡级人民政府不设秘书长;乡级人民政府不设工作部门)。</td></tr>
<tr><td colspan="2">任期及相关要求</td><td>5年。</td><td>5年。常委会组成人员不得担任行政机关、审判机关、检察机关职务。</td><td>5年。</td></tr>
<tr><td rowspan="4">会议制度</td><td>召集</td><td>县级以上人大会议由本级人大常委会召集。乡人大会议由上次会议主席团召集。</td><td>常委会主任召集、主持常委会会议和主任会议。<br>【注意】 县级人大常委会不设秘书长,因而会议的组成人员中没有秘书长。</td><td>行政一把手召集全体会议和常务会议。<br>【注意】 县级人民政府不设秘书长,因而会议的组成人员中没有秘书长。</td></tr>
<tr><td>主持</td><td>预备会议由常委会主持。正式会议由主席团主持。乡人大会议由本次会议主席团主持。</td><td></td><td></td></tr>
<tr><td>开会频率</td><td>每年至少举行一次。</td><td>每月至少举行一次。</td><td></td></tr>
<tr><td>临时会议</td><td>1/5以上代表提议,可以临时召集。</td><td></td><td></td></tr>
<tr><td colspan="2">提案</td><td>主席团、常委会、各专门委员会、本级人民政府、县级以上的地方各级人大10人以上联名,乡、民族乡、镇的人大代表5人以上联名,可以提出属于本级人大职权范围内的议案,由主席团决定是否列入大会议程。</td><td>主任会议、常委会组成人员5人(县级是3人)、人民政府、专门委员会可以提出属于常委会职权范围内的议案,由主任会议决定是否提请常委会会议审议,或者先交有关专门委员会审议、提出报告,再决定是否提请常委会会议审议。</td><td></td></tr>
</table>

(续表)

| | 人大 | 人大常委会 | 人民政府 |
|---|---|---|---|
| 质询 | 代表10人以上联名,可以提出对"一府"(包括政府工作部门)"两院"的质询案。 | 省、地两级人大常委会组成人员5人(县级3人)联名可以提出对"一府两院"①的质询案。 | / |
| 相关机构的设置 | ① 省、地两级人大根据需要可以设立法制(政法)、财经、教科文卫等委员会。<br>② 乡级人大设代表资格审查委员会。<br>③ 主席团或者1/10以上代表书面联名可提议组织特定问题调查委员会。 | ① 县级以上地方各级人大常委会设代表资格审查委员会,由主任委员、副主任委员和委员组成,由主任会议在常委会组成人员中提名,常委会会议通过。<br>② 主任会议或者1/5以上的常委会组成人员可以提议组织特定问题调查委员会。<br>③ 省、自治区的人大常委会可以在地区设立工作机构。 | ① **地方各级人民政府**(《地方组织法》②)根据工作需要和精干原则设立必要的工作部门。工作部门的设立、撤销、合并由本级政府报上级政府批准,报本级人大常委会备案。<br>② 县级以上政府可以设审计机关。审计机关对本级政府和上一级审计机关负责。 |
| | 【注意】 地方人民政府可以设派出机关:<br>① 省、自治区的人民政府在必要的时候,经国务院批准,可以设立若干派出机关(行政公署)。<br>② 县、自治县的人民政府在必要的时候,经省、自治区、直辖市的人民政府批准,可以设立若干区公所,作为它的派出机关。<br>③ 市辖区、不设区的市的人民政府,经上一级人民政府批准,可以设立若干街道办事处,作为它的派出机关。 | | |

| | | 人大 | 人大常委会 |
|---|---|---|---|
| 职权 | 选举决定 | ① 县级以上人大选举本级人大常委会组成人员、本级政府的正副职、本级法院院长、本级检察院检察长(须由上级检察长报该人大常委会批准)。<br>② 乡人大选举本级人大的主席、副主席;乡(镇)长、副乡(镇)长。民族乡乡长必须由设立该民族乡的少数民族公民担任(选举程序另文介绍)。 | ① 决定地方政府副职的个别任免和撤销;在政府、法、检的正职因故不能担任职务时,从副职中决定代理人选,但是决定代理检察长须报上一级检察院和人大常委会备案。<br>② 根据政府正职的提名决定本级政府秘书长和工作部门正职的任免,报上一级人民政府备案。<br>③ 任免和撤销法院和检察院副职及以下的所有法院和检察院职务。但是助理审判员和助理检察员除外。 |

---

① "一府"指人民政府,"两院"指人民法院、人民检察院。
② 为《中华人民共和国地方各级人民代表大会和地方各级人民政府组织法》的简称。

(续表)

| 人大 | | |
|---|---|---|
| 职权 | 罢免 | ① 县级以上地方各级人大主席团、常务委员会或者 1/10 以上代表联名,可以提出对本级人大常委会组成人员、人民政府组成人员、人民法院院长、人民检察院检察长的罢免案,由主席团提请大会审议。<br>② 乡人大主席团或 1/5 以上代表联名,可以提出对本级人大主席、副主席、(副)乡长、(副)镇长的罢免案。 |
| | 选举 | ① 需要人大选举的职务有:人大常委会组成人员、政府的正副职、法院院长、检察院检察长、乡人大的正副主席。<br>② 主席团或一定数额的人大代表联名可以提出以上职务的候选人人选(一定数额的人大代表指的是:省级人大代表 30 人以上,设区的市、自治州 20 人以上,县级 10 人以上,乡级 10 人以上)。<br>③ 候选人人数:选举正职可以差额也可以等额;选举副职(候选人数应比应选人数多 1 至 3 人)和人大常委会的委员(候选人数应比应选人数多 1/10 至 1/5,)必须差额。补选可以差额也可以等额。<br>④ 投票和当选的要求参考人大代表的选举。 |

【历年真题】

1. 根据《宪法》和法律的规定,关于国家机构,下列哪些选项是正确的?[①] (14/1/60)

A. 全国人民代表大会代表受原选举单位的监督
B. 中央军事委员会实行主席负责制
C. 地方各级审计机关依法独立行使审计监督权,对上一级审计机关负责
D. 市辖区的政府经本级人大批准可设立若干街道办事处,作为派出机关

【解析】 《宪法》第 77 条规定:"全国人民代表大会代表受原选举单位的监督。原选举单位有权依照法律规定的程序罢免本单位选出的代表。"故 A 正确。

《宪法》第 93 条规定"……中央军事委员会实行主席负责制。"故 B 正确。

《宪法》第 109 条规定:"县级以上的地方各级人民政府设立审计机关。地方各级审计机关依照法律规定独立行使审计监督权,对本级人民政府和上一级审计机关负责。"C 项说审计机关仅对上一级机关负责,因而是错误的。

《地方组织法》第 68 条规定:"省、自治区的人民政府在必要的时候,经国务院批准,可以设立若干派出机关。县、自治县的人民政府在必要的时候,经省、自治区、直辖市的人民政府批准,可以设立若干区公所,作为它的派出机关。市辖区、不设区的市的人民政府,经上一级人民政府批准,可以设立若干街道办事处,作为它的派出机关。"街道办事处的设立需要上一级人民政府批准,故 D 错误。

---

① AB

**2.** 根据《宪法》和法律的规定，关于国家机关组织和职权，下列选项正确的是①：(13/1/90)
A. 全国人民代表大会修改宪法、解释宪法、监督宪法的实施
B. 国务院依照法律规定决定省、自治区、直辖市范围内部分地区进入紧急状态
C. 省、自治区、直辖市政府在必要的时候，经国务院批准，可以设立若干派出机构
D. 地方各级检察院对产生它的国家权力机关和上级检察院负责

【解析】 全国人大无权制定宪法，只能修改宪法，解释宪法的权力属于全国人大常委会，故 A 项的说法错误。

《宪法》第 89 条规定："国务院行使下列职权……（十六）依照法律规定决定省、自治区、直辖市的范围内部分地区进入紧急状态……"故 B 项正确。

《地方组织法》第 68 条规定："省、自治区的人民政府在必要的时候，经国务院批准，可以设立若干派出机关。"故 C 项错误。理由：不包括直辖市。

《宪法》第 133 条规定："最高人民检察院对全国人民代表大会和全国人民代表大会常务委员会负责。地方各级人民检察院对产生它的国家权力机关和上级人民检察院负责。"故 D 项正确。

## 第四节　各级人大常委会监督法②

| | |
|---|---|
| 听取和审议专项工作报告 | 各级人大常委会可有计划地听取和审议**一府两院**的专项工作报告。 |
| | 听取和审议前，可组织**人大常委会组成人员**或**本级人大代表**视察或专项调查。 |
| | 听取和审议前，应将各方面意见汇总交一府两院在报告中回应。 |
| | 会议前 20 日，一府两院将报告交专门委员会或常委会工作机构征求意见；并根据意见修改后，在会议 10 日前送交常委会。常委会工作机构在会议 7 日前将报告发给常委会组成人员。 |
| | 一府两院的负责人可以亲自或者委托相关部门负责人报告。 |
| | 常委会认为必要时，可以对专项工作报告做出决议。一府两院在决议规定的期限内，将执行决议的情况向常委会报告。 |
| | 常委会听取的报告及审议意见，一府两院对审议意见处理情况或者执行决议情况的报告，向本级人大代表通报并向社会公布。 |

---

① BD
② 为《中华人民共和国各级人民代表大会常务委员会监督法》。

(续表)

| | |
|---|---|
| 对决算、国民经济和社会发展计划、预算的执行情况报告、审计工作报告的监督 | 国务院在每年 **6** 月将上一年度的**中央决算草案**提请全国人大常委会审查和批准。县级以上地方各级政府在每年 **6** 月至 **9** 月期间，将上一年度的**本级决算草案**提请本级人常审批。 |
| | **各级**人民政府应当在每年 **6** 月至 **9** 月期间，向本级人常报告本年度上一阶段**国民经济和社会发展计划、预算的执行情况**。 |
| | 国民经济和社会发展计划、预算经人民代表大会批准后，在执行过程中需要作**部分调整**的，各级政府应当将调整方案提请**本级人常审查和批准**。 |
| | 地方各级政府有关主管部门应当在本级人常举行会议审批预算调整方案的 1 个月前，将初步方案送交本级人大财政经济委员会进行初步审查，或者送交常务委员会有关工作机构征求意见。 |
| | 人大常委会每年**审查和批准决算的同时**，**听取**和审议本级政府提出的审计机关关于上一年度预算执行和其他财政收支的**审计工作报告**。 |
| | 常务委员会认为**必要**时，可以**对审计工作报告作出决议**；本级政府应当在决议规定的期限内，将执行决议的情况向常务委员会报告。 |
| | 国民经济和社会发展五年规划经人民代表大会批准后，在实施的中期阶段，人民政府应当将规划实施情况的中期评估报告提请本级人民代表大会常务委员会审议。规划经中期评估需要调整的，人民政府应当将调整方案提请本级人民代表大会常务委员会审查和批准。 |
| 法律法规实施情况检查 | 常务委员会年度执法检查计划，经委员长会议或者主任会议通过，印发常务委员会组成人员并向社会公布。**执法检查工作由本级人大专门委员会或者常委会有关工作机构具体组织实施**。 |
| | 执法检查组的组成人员，从**本级人大常委会组成人员**以及**本级人大有关专门委员会**组成人员中确定，并**可以邀请本级人民代表大会代表**参加。 |
| | **全国人大常委会和省级人大常委会**根据需要，可以委托下**一级人常**对有关法律、法规在本行政区域内的实施情况进行检查。受委托的人常应当将检查情况书面报送上一级人常。 |
| | 执法检查结束后，执法检查组应当及时提出执法检查报告，由委员长会议或者主任会议决定提请常务委员会审议。 |
| 规范性文件备案 | 参考法理学部分相关规定。 |

(续表)

| | |
|---|---|
| 询问和质询 | 全国人大常委会组成人员**10人以上联名**,省、自治区、直辖市、自治州、设区的市人常组成人员**5人以上联名**,县级人常组成人员**3人以上联名**,可以向常委会书面提出对本级一府两院质询案。 |
| | 质询案由委员长会议或者主任会议决定交由受质询的机关答复。 |
| | 委员长会议或者主任会议可以决定由受质询机关在常委会会议上或者有关专门委员会会议上**口头答复**,或者由受质询机关**书面答复**。在专门委员会会议上答复的,提质询案的常务委员会组成人员有权列席会议,发表意见。委员长会议或者主任会议认为必要时,可以将答复质询案的情况报告印发常务委员会会议。 |
| | 提质询案的常委会会议组成人员**过半数**,对受质询机关的答复**不满意的**,可以提出要求,经委员长会议或者主任会议决定,由受质询机关**再作答复**。 |
| | 质询案以**口头答复的**,由受质询机关的**负责人到会答复**。质询案以**书面答复**的,由受质询机关的**负责人签署**。 |
| 特定问题调查 | 各级人大常委会对属于其职权范围内的事项,需要作出决议、决定,但**有关重大事实不清的**,可以组织关于特定问题的调查委员会。 |
| | **委员长会议或者主任会议**或**1/5以上常委会组成人员**书面联名可以向本级人常提议组织关于特定问题的调查委员会。 |
| | 调查委员会由**主任委员、副主任委员和委员组成**,由委员长会议或者主任会议在**本级人大常委会组成人员和本级人大代表**中提名,提请常务委员会审议通过。调查委员会可以聘请有关专家参加调查工作。与调查的问题有利害关系的常务委员会组成人员和其他人员不得参加调查委员会。 |
| | 调查委员会在调查过程中,**可以不公布调查的情况和材料**。 |
| 撤职案的审议和决定 | 县级以上地方人常在本级人大闭会期间,可以决定撤销**本级人民政府个别副职、由其任命的政府其他组成人员及法检职务**。 |
| | 县级以上**地方各级人民政府、法院和检察院、人大常委会主任会议、人大常委会1/5以上的组成人员**可以提出撤职案。 |
| | 撤职案应当写明撤职的对象和理由,并提供有关的材料。 |
| | 撤职案在提请表决前,被提出撤职的人员有权在常务委员会会议上提出申辩意见,或者书面提出申辩意见,由主任会议决定印发常务委员会会议。 |
| | 撤职案的表决采用**无记名投票**的方式,由常委会全体组成人员**过半数**通过。 |

【历年真题】

**1.** 根据《监督法》的规定,关于监督程序,下列哪一选项是不正确的?① (14/1/26)

A. 政府可委托有关部门负责人向本级人大常委会作专项工作报告

B. 以口头答复的质询案,由受质询机关的负责人到会答复

C. 特定问题调查委员会在调查过程中,应当公布调查的情况和材料

---

① C

D. 撤职案的表决采用无记名投票的方式,由常委会全体组成人员的过半数通过

**2.** 根据《宪法》和《监督法》的规定,关于各级人大常委会依法行使监督权,下列选项正确的是①:(13/1/91)

A. 各级人大常委会行使监督权的情况,应当向本级人大报告,接受监督
B. 全国人大常委会可以委托下级人大常委会对有关法律、法规在本行政区域内的实施情况进行检查
C. 质询案以书面答复的,由受质询的机关的负责人签署
D. 依法设立的特定问题调查委员会在调查过程中,可以不公布调查的情况和材料

【解析】《监督法》第 6 条规定:"各级人民代表大会常务委员会行使监督职权的情况,应当向本级人民代表大会报告,接受监督。"故 A 项的说法正确。

《监督法》第 25 条规定:"全国人民代表大会常务委员会和省、自治区、直辖市的人民代表大会常务委员会根据需要,可以委托下一级人民代表大会常务委员会对有关法律、法规在本行政区域内的实施情况进行检查。受委托的人民代表大会常务委员会应当将检查情况书面报送上一级人民代表大会常务委员会。"B 项中"下级"表述与立法中"下一级"不一致,故 B 项的说法错误。

《监督法》第 38 条规定:"质询案以口头答复的,由受质询机关的负责人到会答复。质询案以书面答复的,由受质询机关的负责人签署。"故 C 项正确。

《监督法》第 42 条规定:"……调查委员会在调查过程中,可以不公布调查的情况和材料。"故 D 项的说法正确。

**3.** 甲市政府对某行政事业性收费项目的依据和标准迟迟未予公布,社会各界意见较大。关于这一问题的表述,下列哪些选项是正确的?②(16/1/66)

A. 市政府应当主动公开该收费项目的依据和标准
B. 市政府可向市人大常委会要求就该类事项作专项工作报告
C. 市人大常委会组成人员可依法向常委会书面提出针对市政府不公开信息的质询案
D. 市人大举行会议时,市人大代表可依法书面提出针对市政府不公开信息的质询案

【解析】 在政务公开方面奉行"以公开为原则,以不公开为例外"的原则,政务公开是市政府的义务,故 A 项说法正确。

《监督法》第 9 条规定:"人民政府、人民法院和人民检察院可以向本级人民代表大会常务委员会要求报告专项工作。"基于此,B 正确。

《监督法》第 35 条规定"全国人民代表大会常务委员会组成人员十人以上联名,省、自治区、直辖市、自治州、设区的市人民代表大会常务委员会组成人员五人以上联名,县级人民代表大会常务委员会组成人员三人以上联名,可以向常务委员会书面提出对本级人民政府及其部门和人民法院、人民检察院的质询案。"基于此,C 正确。

《地方组织法》第 28 条规定:"地方各级人民代表大会举行会议的时候,代表十人以上联名可以书面提出对本级人民政府和它所属各工作部门以及人民法院、人民检察院的质询案。质询案必须写明质询对象、质询的问题和内容。"基于此,D 正确。

---

① ACD
② ABCD

# 第五章 宪法的实施及其保障

【本章重点难点提示】

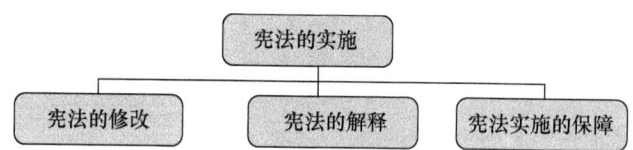

1. 宪法实施的途径、特点；
2. 宪法修改的方式及程序；
3. 宪法保障的体制。

## 第一节 宪法实施的途径及特征

**实施途径**
- 执行：代议机关、行政机关
- 适用：法院
- 遵守：所有社会主体

中国法院不能适用宪法，即中国宪法尚未司法化

**实施特征**
- 广泛性：范围广泛、主体广泛
- 综合性：事关高度综合性社会问题
- 最高性：最高法律效力；最高行为准则
- 原则性：不直接规定行为模式；不规定具体制裁措施
- 直接性：包括实施方式和制裁；但实施方式主要是间接的
- 间接性：通过具体法律制裁违宪的公民

## 第二节 宪法修改

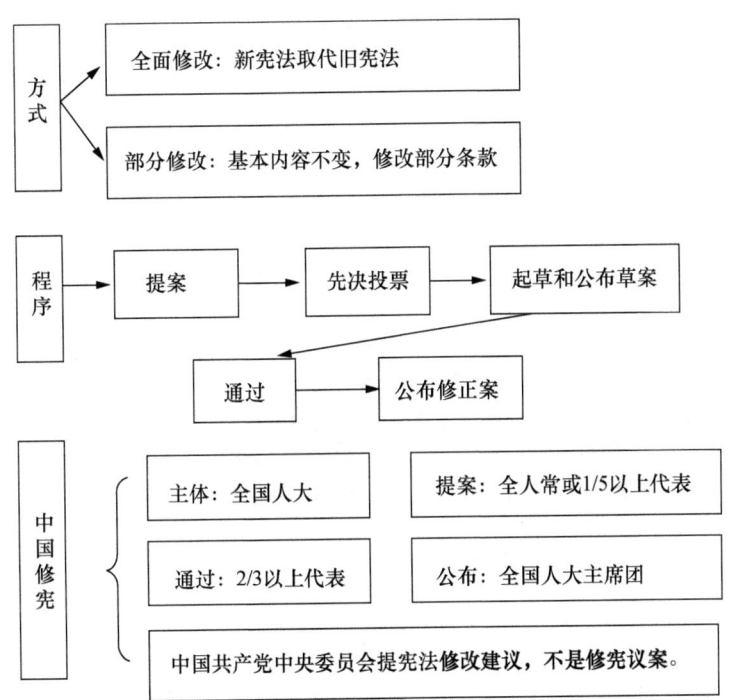

1. 希腊《宪法》规定,宪法修正案应特别指明拟修的条文,并规定有关修改的决定;应经相距至少 1 个月的两次投票表决后,才能提交下届国会审议。

2. 荷兰、比利时等国《宪法》要求公布宪法修改草案。

3. 意大利《宪法》规定,议会在审议宪法修改草案时必须进行两次审议,而且两次审议须间隔一定的时间方能通过。

4. 卢森堡《宪法》规定,宪法修正案必须经议会 3/4 的议员出席并以 2/3 以上的多数同意通过。

5. 有的国家规定,宪法修正案通过后按照《宪法》规定,要由特定机关批准或需经全民公决后方能生效。

6. 中国 1954 年《宪法》只规定修宪机关是全国人大并且全体代表 2/3 以上多数通过。

7. 中国 1975 年《宪法》与 1978 年《宪法》只规定了全国人大有修改宪法的职权,没有对相关程序进行规定。

**【历年真题】**

**1. 宪法修改是指有权机关依照一定的程序变更宪法内容的行为。关于宪法的修改，下列选项正确的是：①（16/1/93）**

A. 凡宪法规范与社会生活发生冲突时，必须进行宪法修改
B. 我国《宪法》的修改可由五分之一以上的全国人大代表提议
C. 《宪法修正案》由全国人民代表大会公告公布施行
D. 我国1988年《宪法修正案》规定，土地的使用权可依照法律法规的规定转让

**【解析】** 宪法修改是调整宪法规范与社会生活冲突的基本形式。当宪法规范与社会生活发生冲突时有可能进行宪法修改，而不是必须进行宪法修改。故A错。

我国1988年《宪法修正案》第2条规定："土地的使用权可依照法律的规定转让"，可见土地使用权的转让只能依据法律的规定，而不能依据法规的规定，基于此，D错。

B、C两项涉及我国的宪法修改制度。我国宪法修改制度可以概括为一句口诀："人常五分一，三二主席团"，意思是全国人大常委会或者1/5以上的全国人大代表可以向全国人大提出宪法修改的议案，由全国人大全体代表的2/3以上多数通过，由全国人大主席团公布。

**2. 关于我国《宪法》修改，下列哪一选项是正确的？②（14/1/22）**

A. 我国修宪实践中既有对宪法的部分修改，也有对宪法的全面修改
B. 经十分之一以上的全国人大代表提议，可以启动宪法修改程序
C. 全国人大常委会是法定的修宪主体
D. 《宪法修正案》是我国宪法规定的宪法修改方式

# 第三节 宪法的解释

| 解释机关 | 代议机关 | 源自英国。议会为主权机关，不允许司法机关推翻议会所制定的法律；同时在英国，宪法和法律没有明显区别，所以宪法和法律的含义如何只能由议会作出。 |
|---|---|---|
| | | 在中国，全国人大常委会解释宪法。 |
| | 司法机关 | 源于美国1803年的"马伯里诉麦迪逊案"。该判例确立了"违宪的法律不是法律""阐释宪法是法官的职责"的宪法原则，开创了司法审查制度的先河。 |
| | | 目前世界上有60多个国家采用该体制。法院一般遵循不告不理的原则，只有在审理案件时才可以附带性地审查其所适用的法律是否违宪，如果认为违宪则拒绝在本案中适用。 |
| | 专门机关 | 专门机关指宪法法院和宪法委员会。 |
| | | 专门机关解释宪法普遍采用司法积极主义原则，最早提出建立宪法法院的是汉斯·凯尔森。 |
| | | 实施这一制度的理由在于，解释宪法是国家最重要的权力，解释机关应该居于普通国家机关之上，以超然的地位解释宪法争议，维护宪法尊严。 |

---

① BC
② A

(续表)

| | | |
|---|---|---|
| 解释的原则 | 依法解释原则； | |
| | 符合制宪目的原则； | |
| | 以宪法的根本精神和基本原则为指导的原则； | |
| | 适应社会发展需要的原则； | |
| | 字面解释原则； | |
| | 整体解释原则。 | |
| 解释方法 | 统一解释 | 对人们理解不一的宪法条文做出明确而统一说明的方法。 |
| | 逻辑解释 | 根据宪法的文字含义、法理、先例、类推和上下文之间的关系等予以说明。 |
| | 补充解释 | 对宪法在规定的过程中存在的遗漏进行补充。 |
| | 扩大解释 | 扩大宪法文字的含义，使宪法适应变化了的社会现实。 |

## 第四节 宪法监督

| | | |
|---|---|---|
| 监督内容 | 规范的合宪性的审查与监督 | |
| | 行为的合宪性的审查与监督 | |
| 监督体制 | 普通司法机关监督：起源于马伯里诉麦迪逊案，由普通司法机关在具体争议案件中审查该案涉及的规范性文件是否合宪。 | |
| | 代议机关监督：起源于英国。我国亦属之。全国人大及其常委会监督宪法的实施。 | |
| | 专门机关监督：起源于1799年法国宪法设立的护法元老院。 | |
| 监督方式 | 事先审查 | 在规范性文件尚未颁布实施以前，由有权机关对其合宪性作出审查，对于不合宪的文件或给予修改或给予撤销。 |
| | 事后审查 | 在规范性文件颁布以后，有关主体对其合宪性提出疑问，由有权机关对其合宪性作出审查，对于不合宪的规范性文件予以撤销。 |
| | 附带性审查 | 司法机关在审理具体案件的过程中，当事人或司法机关对案件所涉规范性文件的合宪性提出质疑，由有权国家机关对其合宪性进行审查并作出裁决的活动。附带性审查多为由司法机关保障宪法实施的体制所采用。 |
| | 宪法控诉 | 公民在其宪法权利受到损害时向宪法法院或其他机构提出控诉，要求其对有关行为的合宪性进行审查，以保障自己的宪法权利。 |
| | | 公民进行宪法控诉，一般来说应在穷尽一切其他救济手段而得不到有效救济时方能使用。 |

| | | | （续表） |
|---|---|---|---|
| 中国监督 | 监督机关 | | 我国1954年《宪法》确立了代议机关监督的模式。1954年《宪法》规定宪法的监督机关是全国人大。 |
| | | | 在保留全国人大行使宪法监督职权的基础上，现行《宪法》又授予了全国人大常委会具有宪法监督的职权。 |
| | 监督方式 | 事先审查 | 规范性法律文件的批准属之。 |
| | | 事后审查 | 规范性法律文件备案属之。有关主体针对某些文件提出的审查要求和审查建议亦属之。 |
| | 制裁措施 | | 撤销违宪法律；宣布违宪法律无效；允许宪法主体不受该法律的约束或者不适用该法律；不得通过违宪法案，并责令立法机关修改；以弹劾、罢免等措施追究违宪行为的责任者。 |

## 第五节 宪法实施的保障

| | |
|---|---|
| 政治保障 | 中国共产党作为执政党模范地遵守和执行宪法。 |
| 社会保障 | 宪法主体遵守宪法、认同宪法、信仰宪法。 |
| | 为了提升公民的宪法意识，将12月4日设立为宪法日。 |
| | 宪法宣誓制度：① 各级人民代表大会及县级以上各级人大常委会选举或者决定任命的国家工作人员，以及各级人民政府、人民法院、人民检察院任命的国家工作人员，在就职时应当公开进行宪法宣誓。<br>② 全国人大选举或者决定任命的人员由主席团主持宣誓。全人常决定任命的人员一般由委员长会议主持宣誓，但是全人常决定的司法机关副职以下的人员宣誓由最高司法机关主持，驻外全权代表由外交部主持。<br>③ 国务院及其各部门、两高任命的国家工作人员由任命机关组织宣誓。<br>④ 地方各级人大及县级以上人大常委会选举或者决定任命的国家工作人员，以及地方各级人民政府、法院、检察院任命的国家工作人员，在依法定程序产生后进行宪法宣誓。宣誓具体办法由省级人常制定，报全人常备案。 |
| 法律保障 | 明确规定宪法是国家的根本大法。 |
| | 明确规定其自身具有最高的法律效力。 |
| | 规定一切法律、法规都不得与宪法的规定相抵触。 |
| | 一切机关、组织和个人都必须以宪法为根本。 |
| | 明确规定修改宪法的特别程序。 |
| | 明确规定地方各级人大及其常委会有保证宪法在本行政区域内实施的职责 |

【历年真题】

**1.**《全国人民代表大会常务委员会关于实行宪法宣誓制度的决定》于 2016 年 1 月 1 日起实施。关于宪法宣誓制度的表述，下列哪些选项是正确的?① （16/1/61）

A. 该制度的建立有助于树立宪法的权威

B. 宣誓场所应当悬挂中华人民共和国国旗或者国徽

C. 宣誓主体限于各级政府、法院和检察院任命的国家工作人员

D. 最高法院副院长、审判委员会委员进行宣誓的仪式由最高法院组织

【解析】 各级人大和县级以上人大常委会选举或者决定任命的国家工作人员、各级人民政府、法院、检察院任命的国家工作人员在正式就职时，应该公开进行宪法宣誓，故 C 项的说法错误。其余三项说法正确。

**2.** 根据《宪法》和法律，关于我国宪法监督方式的说法，下列选项正确的是：②（16/1/94）

A. 地方性法规报全国人大常委会和国务院备案，属于事后审查

B. 自治区人大制定的自治条例报全国人大常委会批准后生效，属于事先审查

C. 全国人大常委会应国务院的书面审查要求对某地方性法规进行审查，属于附带性审查

D. 全国人大常委会只有在相关主体提出对某规范性文件进行审查的要求或建议时才启动审查程序

【解析】 行政法规、地方性法规、自治州、自治县的自治条例和单行条例、行政规章在公布后的 30 日内需要报有关主体备案。备案属于事后审查。故 A 对。

自治条例和单行条例、设区的市、自治州的地方性法规的生效需要相关主体的批准，批准属于事先审查。其中自治区的自治条例和单行条例需要报全国人大常委会批准，自治州和自治县的需要报省级人大常委会批准。设区的市和自治州的地方性法规需要报省级人大常委会批准。故 B 项说法正确。

附带性审查指的是法院在审理具体案件时，对具体案件涉及的规范性文件的合宪性进行审查。全国人大常委会应国务院的书面审查要求对某地方性法规进行审查，属于事后审查。故 C 错。

全国人大常委会既可以在对规范性文件进行批准或备案时启动审查程序，也可以在相关主体提出对某规范性文件进行审查的要求或建议时才启动审查程序。故 D 错。

---

① ABD

② AB

# 司法制度和法律职业道德

# 第一章 司法制度和法律职业道德概述

【本章重点难点提示】

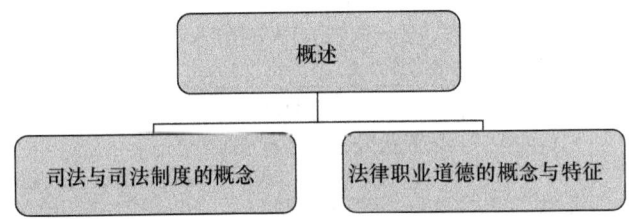

1. 司法的概念、司法的功能；
2. 法律职业道德的概念与特征；
3. 司法公正与司法效率；
4. 法律职业道德的基本原则。

## 第一节 司法和司法制度的概念

### 一、司法的概念和特征

（一）司法的概念

1. 西方司法概念的演变

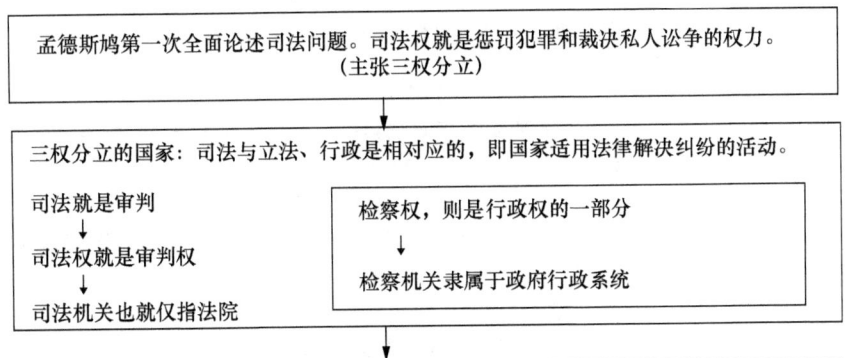

2. 我国司法概念的演变

| 古代 | 君主专制的中央集权制下,行政与司法不分。 |
|---|---|
| 清朝末年 | 从日本引进"司法"一词。清末的司法权就是指审判权,检察厅虽附设于大理院或同级审判厅,但受专门负责司法行政的法部领导。 |
| 辛亥革命后 | 司法权仍由法院行使;而检察机关则属于行政系统(同法德)。国民党时期基本上沿袭了这一制度。1947年的《中华民国宪法》体现了"司法独立"原则的基本内容。 |
| 中华人民共和国 | (1) 新中国成立后,设立人民法院、人民检察署、公安机关和司法机关,分别行使审判、检察、公安和司法行政的职权。<br>(2) 1951年后,**在组织制度上,人民法院是人民政府的组成部分,受双重领导,人民检察署亦受双重领导**。<br>(3) 按照现行《宪法》,法院和检察院属于司法机关。 |

(二) 司法的特征

司法的特征：
- **独立性**：在审判活动中独立于政府,在美国并且独立于立法机关。
- **被动性**：法律适用活动的机制是"不告不理"。
- **交涉性**：必须在受判决直接影响的各方参与下,提出证据,最终做裁。
- **程序性**：司法机关处理案件必须依据相应的程序法规定。
- **普遍性**：解决纠纷的普遍方式。
- **终极(局)性**：司法是解决纠纷、处理冲突的最后环节。

【历年真题】

司法与行政都是国家权力的表现形式,但司法具有一系列区别于行政的特点。下列哪些选项体现了司法区别于行政的特点？① （14/1/83）

A. 甲法院审理一起民事案件,未按照上级法院的指示作出裁判

B. 乙法院审理一起刑事案件,发现被告人另有罪行并建议检察院补充起诉,在检察院补充起诉后对所有罪行一并作出判决

C. 丙法院邀请人大代表对其审判活动进行监督

D. 丁法院审理一起行政案件,经过多次开庭审理,在原告、被告及其他利害关系人充分举证、质证、辩论的基础上作出判决

【解析】 A选项表明了司法具有独立性的特点,法院上下级之间是监督关系,除了依据法律程序对下级法院的审理活动进行监督外,上级法院不能以任何方式对下级法院的裁判活动进行监督。

---

① ABD

B项表明司法活动的被动性，司法的裁判权性质决定司法奉行"不告不理"原则。

人大代表可以对司法机关的司法活动、行政机关的执行活动进行监督，故C项不属于司法区别于行政的特征。

D项表明了司法活动相对于行政的更严格的程序性。

## 二、司法的功能

| 解决纠纷、惩罚犯罪 | 解决纠纷是司法制度的普遍特征，它构成司法制度产生的基础、运作的主要内容和直接任务，也是其他功能发挥的先决条件。 |
|---|---|
| 人权保障 | 在法治国家中，司法权力是维护人权的坚强后盾，司法程序是人们依法、理性维权的基本途径，司法机关是保障人权的责任主体，保障人权是司法机关的重要职责。 |
| 调整社会关系 | 司法制度调整社会关系的功能是通过司法机关和司法组织的各项司法活动发挥出来的。我国司法制度的调整社会关系功能主要是通过人民法院的审判活动来实现的。在法治社会里，公民的权利只要受到侵犯，就应允许其通过司法途径寻求救济，这是司法最终解决原则的基本要求。 |
| 解释、补充法律 | 法律具有滞后性。法官在司法过程中不应当机械地适用法律，而应根据社会生活的变化，对法律进行正确完整的阐释。法官自由裁量应力求达到合法与合理高度统一，尽可能减少法律使用过程中的不确定性，防止司法擅断与专横。 |
| 形成公共政策 | 司法对法律与政策没有规范的问题的妥善处理，符合法律与政策精神，符合社会公众的一般愿望，促进裁判结果，推动相关法律、政策逐步形成。 |

【历年真题】

法律在社会中负有分配社会资源、维持社会秩序、解决社会冲突、实现社会正义的功能，这就要求法律职业人员具有更高的法律职业道德水准。据此，关于提高法律职业道德水准，下列哪些表述是正确的？① （16/1/83）

A. 法律职业道德主要是法律职业本行业在职业活动中的内部行为规范，不是本行业对社会所负的道德责任和义务

B. 通过长期有效的职业道德教育，使法律职业人员形成正确的职业道德认识、信念、意志和习惯，促进道德内化

C. 以法律、法规、规范性文件等形式赋予法律职业道德以更强的约束力和强制力，并加强道德监督，形成他律机制

D. 法律职业人员违反法律职业道德和纪律的，应当依照有关规定予以惩处，通过惩处教育本人及其他人员

【解析】 所谓法律职业道德，是指法官、检察官、律师、公证员等法律职业人员在进行法律职业活动中，所应遵循的符合法律职业要求的心理意识、行为准则和行为规范的综合，是本行业对社会所负的道德责任和义务。故A错，其他三个选项都正确。

---

① BCD

## 三、司法制度

| | |
|---|---|
| 在实行三权分立的国家,司法制度仅指审判制度。 | |
| 在我国,所谓司法制度除审判制度和检察制度外,还应包括律师制度、公证制度等。 | |
| 中国特色社会主义司法制度主要由以下四个方面的体系构成:① 司法规范体系;② 司法组织体系;③ 司法制度体系;④ 司法人员管理体系。 | |

## 四、司法公正

| | |
|---|---|
| 合法性 | 司法机关按照法律规定办事,做到实体合法和程序合法。 |
| 中立性 | 法官同争议的事实和利益没有关联性,不得歧视或者偏袒任何一方。 |
| 公开性 | 立案、庭审公开,审判结果、裁判文书和执行过程公开。 |
| 平等性 | 当事人有平等的诉讼权利,法院平等地保护当事人权利。 |
| 参与性 | 当事人充分地参与到纠纷的解决过程中。 |
| 正确性 | 司法结果要在事实和适用法律两个方面正确。 |
| 廉洁性 | 恪守司法廉洁,是司法公正与司法公信的基石。 |

【历年真题】

**1.** 司法活动的公开性是体现司法公正的重要方面,要求司法程序的每一阶段和步骤都应以当事人和社会公众看得见的方式进行。据此,按照有关文件和规定精神,下列哪一说法是正确的?① (16/1/45)

A. 除依法不在互联网公布的裁判文书外,法院的生效裁判文书均应在互联网公布

B. 检察院应通过互联网、电话、邮件、检察窗口等方式向社会提供案件程序性信息查询服务

C. 监狱狱务因特殊需要不属于司法公开的范围

D. 律师作为诉讼活动的重要参与者,其制作的代理词、辩护词等法律文书应向社会公开

【解析】《中共中央关于全面推进依法治国若干重大问题的决定》中说:"构建开放、动态、透明、便民的阳光司法机制,推进审判公开、检务公开、警务公开、狱务公开,依法及时公开执法司法依据、程序、流程、结果和生效法律文书,杜绝暗箱操作。加强法律文书释法说理,建立生效法律文书统一上网和公开查询制度。"由此可见,A 对,C 错。因为狱务也应当公开。《决定》并未要求检察院应通过互联网、电话、邮件、检察窗口等方式向社会提供案件程序性信息查询服务,故 B 错。律师的代理词、辩护词等法律文书属于其私人作品,没有公开的义务,故 D 错。

**2.** 司法人员恪守司法廉洁,是司法公正与公信的基石和防线。违反有关司法廉洁及禁止规定将受到严肃处分。下列属于司法人员应完全禁止的行为是:② (16/1/98)

A. 为当事人推荐、介绍诉讼代理人、辩护人

---

① A
② ABD

B. 为律师、中介组织介绍案件
C. 在非工作场所接触当事人、律师、特殊关系人
D. 向当事人、律师、特殊关系人借用交通工具

【解析】 最高人民法院、最高人民检察院、公安部、国家安全部、司法部近日联合印发《关于进一步规范司法人员与当事人、律师、特殊关系人、中介组织接触交往行为的若干规定》，司法人员被完全禁止的行为有：(1) 泄露司法机关办案工作秘密或者其他依法依规不得泄露的情况；(2) 为当事人推荐、介绍诉讼代理人、辩护人，或为律师、中介组织介绍案件，要求、建议或者暗示当事人更换符合代理条件的律师；(3) 接受当事人、律师、特殊关系人、中介组织请客送礼或者其他利益；(4) 向当事人、律师、特殊关系人、中介组织借款、租借房屋、借用交通工具、通讯工具或者其他物品；(5) 在委托评估、拍卖等活动中徇私舞弊，与相关中介组织和人员恶意串通、弄虚作假、违规操作等行为；(6) 司法人员与当事人、律师、特殊关系人、中介组织的其他不正当接触交往行为。基于此，A、B、D 属于完全禁止的行为。

根据《关于进一步规范司法人员与当事人、律师、特殊关系人、中介组织接触交往行为的若干规定》，司法人员在案件办理过程中，应当在工作场所、工作时间接待当事人、律师、特殊关系人、中介组织。因办案需要，确需与当事人、律师、特殊关系人、中介组织在非工作场所、非工作时间接触的，应依照相关规定办理审批手续并获批准；因不明情况或者其他原因在非工作时间或非工作场所接触当事人、律师、特殊关系人、中介组织的，应当在 3 日内向本单位纪检监察部门报告有关情况。据此，司法人员在非工作场所可接触当事人、律师、特殊关系人，只是要获得批准。

**3.** 司法公正体现在司法活动各个方面和对司法人员的要求上。下列哪一做法体现的不是司法公正的内涵？① (14/1/45)
A. 甲法院对社会关注的重大案件通过微博直播庭审过程
B. 乙法院将本院公开审理后作出的判决书在网上公布
C. 丙检察院为辩护人查阅、摘抄、复制案卷材料提供便利
D. 丁检察院为暴力犯罪的被害人提供医疗和物质救助

【解析】 司法公正包括实体公正和程序公正。程序公正指司法程序正当和合理，当事人在司法过程中受到公平的对待。程序公正要求司法活动具备公开性。司法公开指除法律有特殊规定以外，司法机关的活动应当向社会公开，不仅通知当事人和其他诉讼参与人到场或到庭，而且允许公民旁听、允许新闻媒体采访和报道。司法公开既是司法公正的重要标志，又是司法公正的重要保障。甲法院对社会关注的重大案件通过微博直播庭审过程，有利于实现社会对案件的实时监督，属于审判过程的公开。故 A 选项正确。乙法院将本院公开审理后作出的判决书在网上公布，属于审判结果的公开。故 B 选项正确。

辩护人享有阅卷权。丙检察院为辩护人查阅、摘抄、复制案卷材料提供便利，有利于保障辩护人的阅卷权，维护辩护人的正当权利，实现司法正义，体现了司法公正的内涵。选项 C 正确。

丁检察院为暴力犯罪的被害人提供医疗和物质救助虽然是帮助被害人的行为，但不是司法活动的内容，故不能体现司法公正的内涵。选项 D 错误，应选 D。

---

① D

## 五、司法效率

| 司法效率 | 提高办案效率，及时审理和结案，合理利用和节约司法资源。 |
| --- | --- |
| | 司法效率包括时间效率、资源利用效率、成本效率。 |
| | 在司法过程中，应当坚持"公正优先，兼顾效率"的原则。 |

**【历年真题】**

我国司法承担着实现公平正义的使命，据此，下列哪些说法能够成立？① （13/1/83）

A. 中国特色社会主义司法制度是我国实现公平正义的重要保障

B. 司法通过解决纠纷这一主要功能，维持社会秩序和正义

C. 没有司法效率，谈不上司法公正，公平正义也将难以实现，因此应当选择"公正优先，兼顾效率"的价值目标

D. 在符合法律基本原则的前提下，司法兼顾法理和情理更利于公平正义的实现

**【解析】** 中国特色社会主义司法制度是一个科学系统，不仅包括系列独具中国特色的司法规范、司法组织、司法机构等，而且包括独具中国特色的司法理念、司法理论等丰富内容，是我国实现公平正义的重要保障。选项 A 正确。

司法是解决社会纠纷的最后手段，也是最强有力的手段，主要的功能是实现正义、维护秩序。所以，选项 B 正确。

要注意兼顾公正与效率，我国的司法现状决定了我国应当作出"公正优先、兼顾效率"的价值选择。所以，选项 C 正确。

法律不是僵硬的，在符合法律基本原则的前提下，司法应兼顾法理和情理，可以更好地实现正义。所以，选项 D 正确。

## 六、审判独立与检察独立

| 司法权的专属性 | 审判权和检察权只能由法院和检察院行使。 |
| --- | --- |
| 行使职权的独立性 | 司法机关依法独立行使职权，不受行政机关、社会团体和个人的干涉。 |
| 行使职权的合法性 | 司法机关在司法活动中必须依照法律规定，正确适用法律。 |

**【历年真题】**

关于司法、司法制度的特征和内容，下列哪一表述不能成立？② （12/1/45）

A. 中国特色社会主义司法制度包括司法规范体系、司法组织体系、司法制度体系、司法人员管理体系

B. 法院已成为现代社会最主要的纠纷解决主体，表明司法的被动性特点已逐渐被普遍性特点所替代

---

① ABCD
② B

C. 解决纠纷是司法的主要功能,它构成司法制度产生的基础、决定运作的主要内容和直接任务,也是其他功能发挥的先决条件

D."分权学说"作为西方国家一项宪法原则,进入实践层面后,司法的概念逐步呈现技术性、程序性特征

【解析】 建设公正、高效、权威的社会主义司法制度,是中国特色社会主义事业的重要组成部分。中国特色社会主义司法制度包括司法规范体系、司法组织体系、司法制度体系、司法人员管理体系。选项 A 正确。

法律适用活动的惯常机制是"不告不理",司法程序的启动离不开权利人或特定机构的提请或诉求,即法院不能主动发动一个诉讼,被动性是法院的特点,是不能被替代的。选项 B 错误。

司法具有解决纠纷的直接功能和调整社会关系、解释和补充法律、形成公共政策、秩序维持、文化支持等间接功能。而解决纠纷是司法制度的普遍特征,它构成司法制度产生的基础、运作的主要内容和直接任务,亦是其他功能发挥的先决条件。选项 C 正确。

司法通常是指国家司法机关根据法定职权和法定程序,具体应用法律、处理案件的专门活动。自 1787 年被载入美国《宪法》后,分权学说即由学术进入实践,司法的概念逐步呈现技术性、程序性特征。选项 D 正确。

## 七、司法改革

| 确保依法独立公正行使审判权、检察权 | 推动省以下地方法院、检察院人财物统一管理,探索建立与行政区划适当分离的司法管辖制度,保证国家法律统一正确实施。 |
|---|---|
| | 健全法官、检察官、人民警察统一招录、有序交流、逐级遴选机制,完善司法人员分类管理制度,健全法官、检察官、人民警察职业保障制度。 |
| 健全司法权力运行机制 | 优化司法职权配置,健全司法权力分工负责、互相配合、互相制约机制,加强监督。 |
| | 改革审委会制度,完善主审法官、合议庭办案责任制,让审理者裁判、由裁判者负责。 |
| | 推进审判公开、检务公开,录制并保留全程庭审资料。 |
| 完善人权司法保障制度 | 国家尊重和保障人权。进一步规范查封、扣押、冻结、处理涉案财物的司法程序。健全错案防止、纠正、责任追究机制,严禁刑讯逼供、体罚虐待,严格实行非法证据排除规则。逐步减少适用死刑罪名。 |
| | 废止劳动教养制度,健全社区矫正制度。 |
| | 健全国家司法救助制度,完善法律援助制度。 |

【历年真题】
**关于深化法院人事管理改革措施的表述,下列选项正确的是:**①(16/1/99)

A. 推进法院人员分类管理制度改革,将法院人员分为法官、法官助理和书记员三类,实行分类管理

B. 建立法官员额制,对法官在编制限额内实行员额管理

C. 拓宽法官助理和书记员的来源渠道,建立法官助理和书记员的正常增补机制

D. 配合省以下法院人事改革,设立省市两级法官遴选委员会

【解析】 根据《人民法院第四个五年改革纲要(2014—2018)》,法院人事制度改革主要有五项:

(1)配合省以下法院人事统管改革,推动在省一级设立法官遴选委员会,从专业角度提出法官人选,由组织人事、纪检监察部门在政治素养、廉洁自律等方面考察把关,人大依照法律程序任免。

(2)推进法院人员分类管理制度改革,将法院人员分为法官、审判辅助人员和司法行政人员,实行分类管理。与之配套的,则是拓宽审判辅助人员的来源渠道,建立审判辅助人员的正常增补机制,减少法官事务性工作负担。

(3)建立法官员额制,对法官在编制限额内实行员额管理,确保法官主要集中在审判一线,高素质人才能够充实到审判一线。

(4)完善法官等级定期晋升机制,确保一线办案法官即使不担任领导职务,也可以正常晋升至较高的法官等级。

(5)完善法官选任制度,针对不同层级的法院,设置不同的法官任职条件。初任法官首先到基层人民法院任职,上级法院法官原则上从下一级法院遴选产生。

基于此,可知B、C表述正确。A、D错误。

## 第二节 法律职业道德的概念和特征

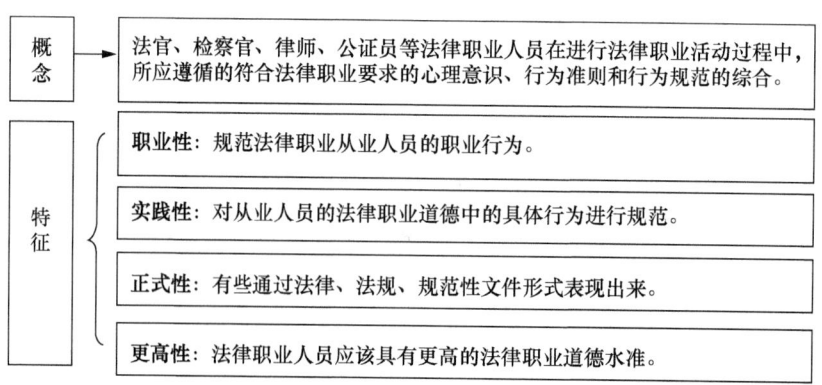

———
① BC

# 第一章　司法制度和法律职业道德概述

【历年真题】
**1. 关于法律职业人员职业道德,下列哪一说法是不正确的?①（14/1/49）**
A. 法官职业道德更强调法官独立性、中立地位
B. 检察官职业道德是检察官职业义务、职业责任及职业行为上道德准则的体现
C. 律师职业道德只规范律师的执业行为,不规范律师事务所的行为
D. 公证员职业道德应得到重视,原因在于公证证明活动最大的特点是公信力

【解析】　律师执业道德的主要依据有《律师法》《律师执业行为规范》等,这些规范对律师的执业前提、执业组织、律师业务推广行为规范、律师与委托人或当事人的关系的规范、律师参与诉讼或仲裁规范、律师与其他律师的关系规范、律师与所任职的律师事务所关系规范、律师与律师协会关系规范进行了全面规定。故C项的说法错误。

**2. 根据有关规定,我国法律职业人员因其职业的特殊性,业外活动也要受到约束。下列哪些说法是正确的?②（14/1/85）**
A. 法律职业人员在本职工作和业外活动中均应严格要求自己,维护法律职业形象和司法公信力
B. 业外活动是法官、检察官行为的重要组成部分,在一定程度上也是司法职责的延伸
C. 《律师执业行为规范》规定了律师在业外活动中不得为的行为
D. 《公证员职业道德基本准则》要求公证员应当具有良好的个人修养和品行,妥善处理个人事务

**3. 关于法律职业道德,下列哪一表述是不正确的?③（13/1/45）**
A. 基于法律和法律职业的特殊性,法律职业人员被要求承担更多的社会义务,具有高于其他职业的职业道德品行
B. 互相尊重、相互配合为法律职业道德的基本原则,这就要求检察官、律师尊重法官的领导地位,在法庭上听从法官的指挥
C. 选择合适的内化途径和适当的内化方法,才能使法律职业人员将法律职业道德规范融进法律职业精神中
D. 法律职业道德教育的途径和方法,包括提高法律职业人员道德认识、陶冶法律职业人员道德情感、养成法律职业人员道德习惯等

【解析】　法律职业道德和其他职业道德相比具有更强的象征意义和感召作用,因为法律在人们的心目中是公平与正义的体现,是规范社会、惩恶扬善的最后手段,也是最强有力的手段。基于法律和法律职业的特殊性,法律职业人员应被要求承担更多的社会义务,具有高于其他职业的职业道德品行。所以,选项A正确。

互相尊重、相互配合为法律职业道德的基本原则,这要求法官、检察官和律师要承担起各自的职责并互相尊重和配合,同时职业人员在人格和依法履行职责上是平等的,不存在谁处于领导地位、谁听从谁指挥的问题。所以,选项B错误。

在实践中,只有选择合适的内化途径和适当的内化方法才能使法律职业者将法律职业规

---

① C
② ABCD
③ B

范融进法律职业精神中。所以,选项C正确。

法律职业道德教育的途径和方法,主要包括提高法律职业人员道德认识、确立法律职业人员道德信念、陶冶法律职业人员道德情感、锻炼法律执业人员道德意志、养成法律职业人员道德习惯等方面。所以,选项D正确。

### 第三节 法律职业道德的基本原则

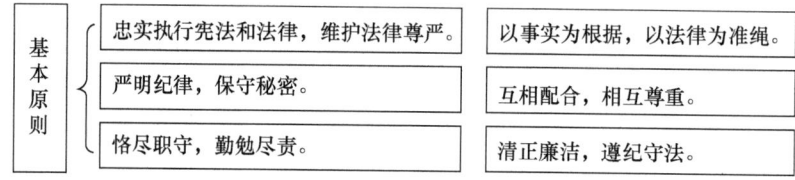

# 第二章 审判制度与法官职业道德

【本章重点难点提示】

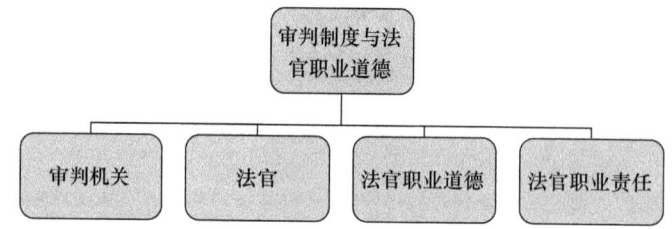

1. 人民法院的性质、任务、设置和职权;
2. 《法官法》关于法官制度的主要规定;
3. 法官职业道德的主要内容。

### 第一节 审判制度的基本原则与主要审判制度

#### 一、审判制度的基本原则

| | |
|---|---|
| 审判独立原则 | 我国《宪法》《人民法院组织法》和三大诉讼法均规定,人民法院依照法律规定独立行使审判权,不受行政机关、社会团体和个人的干涉。审判独立包括外部独立与内部独立两重含义。外部独立是指法院独立依法行使审判权,不受各种社会力量的法外干预。内部独立是指法官在执行审判职务过程中应独立于其同事和上级法院法官。 |

（续表）

| | |
|---|---|
| 不告不理原则 | 未经控诉一方提起控诉，法院不得自行主动对案件进行裁判的一项审判基本原则。具体包括两层含义：一是没有原告的起诉，法院不得启动审判程序，即原告的起诉是法院启动审判程序的先决条件；二是法院审判的范围应与原告起诉的范围相一致，法院不得对原告未提出诉讼请求的事项进行审判。 |
| 直接、言词原则 | 直接原则也称直接审理原则，要求参加审判的法官必须亲自参加审查证据，聆听法庭辩论。这一原则强调审理法官与判决法官的一体化。<br>言词原则也称言词审理原则，要求当事人等在法庭上须用言词形式开展质证辩论的原则。这一原则是公开原则、辩论原则和直接原则实施的必要条件。<br>直接、言词原则反映了我国诉讼活动的亲历性。 |
| 及时审判原则 | 人民法院审判案件应在法律规定的期限内进行，而且应尽量做到快速结案。审判及时是现代审判活动的重要特征，体现了国家、当事人和社会公众对审判过程和审判结果在时间上的期望与要求。 |
| 保护人权原则 | 司法活动必须尊重和保护人权。 |

## 二、主要审判制度

| | |
|---|---|
| 两审终审制度 | 是指一个案件经过两级人民法院审理即告终结的法律制度。 |
| 审判公开制度 | 是指除非法律另有规定，法院审判案件应当公开进行，除休庭评议这个程序是秘密进行的以外，其他审判程序，包括宣布开庭、法庭调查、法庭辩论、被告人最后陈述和宣告判决，均公开进行。 |
| 人民陪审员制度 | 是我国法律规定的由审判员和人民陪审员组成合议庭对案件共同进行审判的一项制度。 |
| 审判监督制度 | 又称再审制度，是指人民法院对已经发生法律效力的判决和裁定依法重新审判的一种特殊审判制度。 |

**【历年真题】**
法院的下列哪些做法是符合审判制度基本原则的？① （16/1/84）
A. 某法官因病住院，甲法院决定更换法官重新审理此案
B. 某法官无正当理由超期结案，乙法院通知其三年内不得参与优秀法官的评选
C. 对某社会高度关注案件，当地媒体多次呼吁法院尽快结案，丙法院依然坚持按期审结
D. 因人身损害纠纷，原告要求被告赔付医疗费，丁法院判决被告支付全部医疗费及精神

---

① ABC

损害赔偿金

【解析】 A选项中的做法符合直接原则。B项的做法体现了及时审判原则。C项的做法体现了审判独立原则。D项的做法违背了不告不理原则。

## 第二节 审判机关①

### 一、军事法院

| 军事法院的设置及职权 | 中国人民解放军军事法院：审判正师职以上人员犯罪的第一审案件；涉外刑事案件；最高法院授权或指定审判的案件以及它认为应当自己审判的其他第一审刑事案件；负责上诉、抗诉案件与再审案件的审判。 |
| --- | --- |
| | 大军区、军兵种军事法院：审判副师职和团职人员犯罪的第一审案件；审判可能判处无期徒刑、死刑的案件以及上级军事法院授权或指定审判的案件；负责上诉、抗诉案件的审判。 |
| | 军级军事法院：审判正营职以下人员犯罪和可能判处无期徒刑以下刑罚（不含无期徒刑）的第一审案件；审判上级军事法院授权或指定审判的第一审案件。 |

【注意】中国人民解放军军事法院对中央军事委员会和中国人民解放军总政治部负责，其他各级军事法院对本级政治机关负责。各级军事法院审判工作受最高人民法院的监督，下级军事法院的审判工作受上级军事法院的监督。

### 二、海事法院

| 海事法院 | 海事法院专门受理海事、海商一审案件，而不受理刑事案件和其他民事案件。其建制相当于中级人民法院。 |
| --- | --- |
| | 对不服海事法院判决、裁定的上诉案件，由各海事法院所在地的高级人民法院负责审理。 |

---

① 审判机关的设置及职能在诉讼法中有详细的阐述，这里讲述两类特殊的法院：军事法院和海事法院。

## 第三节 法　官

### 一、法官的条件

| 一般条件 | 禁止性条件 |
|---|---|
| (1) 具有中华人民共和国**国籍**；<br>(2) 年满 23 岁；<br>(3) 拥护中华人民共和国宪法；<br>(4) 有良好的政治、业务素质和良好的品行；<br>(5) 身体健康；<br>(6) 高校**本科**＋从事法律工作 **2** 年（一般法官）<br>　　高校**本科**＋从事法律工作 **3** 年（最高、高院法官）<br>〔硕士或博士＋工作 1 年 → 一般法官<br>　硕士或博士＋工作 2 年 → 最高、高院法官〕 | 曾因**犯罪**受过刑事处罚的；<br>曾被开除**公职**的。 |

### 二、法官的任免

（一）任职

| 法院级别<br>职务 | 最高法院 | 地方各级法院 | 特殊（直辖市或省内按地区设立的中级人民法院） |
|---|---|---|---|
| 院长 | 全国人民代表**大会**选举和罢免 | 地方各级人民代表大会选举和罢免 | 省一级人大常委会根据**主任会议的提名**决定任免 |
| 副院长、审委会委员、庭长、副庭长和审判员 | 最高法院院长（提请）<br>↓<br>全国人大**常委**会任免 | 本院院长（提请）<br>↓<br>本级人大常委员会任免 | 高院院长**提请**省一级的人大常委会任免。 |

注：人民法院的助理审判员由本院院长任免。

## (二) 免职

| 法官有右边情形之一的免职： | 丧失中华人民共和国国籍的； |
|---|---|
| | 调出本法院的； |
| | 职务变动不需要保留原职务的； |
| | 经考核确定为不称职的； |
| | 因健康原因长期不能履行职务的； |
| | 退休的； |
| | 辞职或者被辞退的； |
| | 因违纪、违法犯罪不能继续任职的。 |

## 三、任职回避

| | | |
|---|---|---|
| 职务回避 | 有夫妻关系、直系血亲关系、三代以内旁系血亲以及近姻亲关系的，不得同时担任右边职务： | 同一人民法院的院长、副院长、审判委员会委员、庭长、副庭长(**不能同时担任领导职务**)； |
| | | 同一人民法院的院长、副院长和审判员、助理审判员(**不能有直接指挥关系**)； |
| | | 同一审判庭的庭长、副庭长、审判员、助理审判员(**不能在同一法庭任职**)； |
| | | 上下相邻两级人民法院的院长、副院长。 |
| 业务回避 | | 从人民法院离任后**2年**内，不得以**律师身份**担任诉讼代理人或者辩护人。 |
| | | 从人民法院离任后，不得担任**原任职法院**办理案件的诉讼代理人或者辩护人。 |
| | | 法官的配偶、子女不得担任其**所任职法院**办理案件的诉讼代理人或者辩护人。 |

## 四、法官的辞退

| 法官有右边情形之一的，予以辞退： | 在年度考核中，连续2年确定为不称职的； |
|---|---|
| | 不胜任现职工作，又不接受另行安排的； |
| | 因审判机构调整或者缩减编制员额需要调整工作，本人拒绝合理安排的； |
| | 旷工或者无正当理由逾假不归连续超过15天，或者1年内累计超过30天的； |
| | 不履行法官义务，经教育仍不改正的。 |

## 第四节 法官的职业道德

| 忠诚司法事业 | 爱党爱国爱事业 |
|---|---|
| 保证司法公正 | (1) 维护司法独立。① 坚持原则,不受任何行政机关、社会团体和个人的**干涉**。② **不过问、不干预、不评论**其他法官正在审理的案件。<br>(2) 确保案件裁判结果公平公正。坚持以事实为根据,以法律为准绳,查明案件事实,正确适用法律。<br>(3) 坚持实体公正与程序公正并重。严格按照法定程序执法办案,保障当事人和其他诉讼参与人的诉权。<br>(4) 提高司法效率,及时化解纠纷。<br>(5) 公开审判。尊重人民群众的知情权,自觉接受法律监督和社会监督。<br>(6) 遵守回避规定,保持中立地位。① **不私自单独会见**当事人及其代理人、辩护人。② 凡人民法院领导干部和在人民法院审判、执行、立案、审判监督、国家赔偿等业务岗位工作的法官,其**配偶子女**在其任职法院辖区内开办律师事务所、以律师身份为案件当事人提供诉讼代理人或者其他有偿法律服务的,应当实行任职回避。③ 人民法院工作人员在审理相关案件时,以本人或者他人名义持有与所审案件相关的上市公司**股票**的,应主动申请回避。<br>(7) 不办**关系案,人情案**,不偏袒或歧视任何一方当事人。 |
| 确保司法廉洁 | (1) 不从事或者参与营利性的经营活动,不在**企业**及其他**营利性组织中兼任**法律顾问等职务,不就**未决案件或者再审案件**给当事人及其他诉讼参与人提供**咨询意见**。<br>(2) 妥善处理**个人和家庭事务**,不利用法官身份寻求特殊利益。 |
| 坚持司法为民 | (1) 以人为本。<br>(2) 发挥司法的能动作用。<br>(3) 司法便民。<br>(4) 尊重当事人和其他诉讼参与人。**尊重当事人**和其他诉讼参与人的人格尊严,避免盛气凌人、"冷硬横推"等不良作风;**尊重律师**,依法保障律师参与诉讼活动的权利。 |

| | （续表） |
|---|---|
| 维护司法形象 | （1）坚持学习，精研业务。<br>（2）坚持文明司法，遵守司法礼仪。在履行职责过程中**行为规范**、**着装得体**、**语言文明**、**态度平和**，保持良好的职业修养和司法作风。<br>（3）加强自身修养，**约束业外活动**。培育高尚道德操守和健康生活情趣，杜绝与法官职业形象不相称、与法官职业道德相违背的不良嗜好和行为，遵守社会公德和家庭美德，维护良好的个人声誉。<br>（4）**退休法官谨慎行为**：<br>① 法官退休后应当遵守国家相关规定，不利用自己的原有身份和便利条件过问、干预执法办案，避免因个人不当言行对法官职业形象造成不良影响。<br>② 法院工作人员在离职或者退休后的**规定年限内**，不得具有下列行为：<br>一是接受与本人原所办案件和其他业务相关的企业、律师事务所、中介机构的聘任；<br>二是担任原任职法院所办案件的诉讼代理人或者辩护人；<br>三是以律师身份担任诉讼代理人、辩护人。 |

【历年真题】

**1.** 关于法官在司法活动中如何理解司法效率，下列哪一说法是不正确的？① （14/1/46）

A. 司法效率包括司法的时间效率、资源利用效率和司法活动的成本效率

B. 在遵守审理期限义务上，对法官职业道德上的要求更加严格，应力求在审限内尽快完成职责

C. 法官采取程序性措施时，应严格依法并考虑效率方面的代价

D. 法官应恪守中立，不主动督促当事人或其代理人完成诉讼活动

【解析】 《法官职业道德基本准则》第11条规定："严格遵守法定办案时限，提高审判执行效率，及时化解纠纷，注重节约司法资源，杜绝玩忽职守、拖延办案等行为。"根据此一规定，法官在提高司法效率方面应该做到以下几点：① 严格遵守审限；② 法官的职权活动应该充分考虑效率因素；③ 监督当事人及时完成诉讼活动。故 D 错误。

**2.** 关于法官任免和法官行为，下列哪一说法是正确的？② （13/1/46）

A. 唐某系某省高院副院长，其子系该省某县法院院长。对唐某父子应适用任职回避规定

B. 楼法官以交通肇事罪被判处有期徒刑一年、缓刑一年。对其无须免除法官职务

C. 白法官将多年办案体会整理为《典型案件法庭审理要点》，被所在中级法院推广到基层法院，收效显著。对其应予以奖励

D. 陆法官在判决书送达后，发现误将上诉期15日写成了15月，立即将判决收回，做出新判决书次日即交给当事人。其行为不违反法官职业规范规定

【解析】 根据《法官法》第16条规定，"法官之间有夫妻关系、直系血亲关系、三代以内旁

---

① D
② C

系血亲以及近姻亲关系的,不得同时担任下列职务:(一) 同一人民法院的院长、副院长、审判委员会委员、庭长、副庭长;(二) 同一人民法院的院长、副院长和审判员、助理审判员;(三) 同一审判庭的庭长、副庭长、审判员、助理审判员;(四) 上下相邻两级人民法院的院长、副院长。"唐某系某省高院副院长,其子系该省某县法院院长,唐某父子之间的关系不属于上下相邻两级人民法院的院长、副院长,不应适用任职回避的规定。所以,选项 A 错误。

根据《法官法》第 13 条的规定,"法官有下列情形之一的,应当依法提请免除其职务:……(八) 因违纪、违法犯罪不能继续任职的。"楼法官以交通肇事罪被判处有期徒刑一年、缓刑一年,说明楼法官已经触犯刑法,已构成违法犯罪,应当依法提请免除其职务。所以,选项 B 错误。

根据《法官法》第 29 条规定:"法官在审判工作中有显著成绩和贡献的,或者有其他突出事迹的,应当给予奖励。"白法官有突出的事迹,应予奖励。所以,选项 C 正确。

根据《民事诉讼法》第 154 条的规定:"裁定适用于下列范围:……(七) 补正判决书中的笔误。"陆法官不需要将判决书收回,只需要作个补正笔误的裁定就可以了。所以,选项 D 错误。

3. 审判组织是我国法院行使审判权的组织形式。关于审判组织,下列说法错误的是①:(15/1/98)
    A. 独任庭只能适用简易程序审理民事案件,但并不排斥普通程序某些规则的运用
    B. 独任法官发现案件疑难复杂,可以转为普通程序审理,但不得提交审委会讨论
    C. 再审程序属于纠错程序,为确保办案质量,应当由审判员组成合议庭进行审理
    D. 不能以审委会名义发布裁判文书,但审委会意见对合议庭具有重要的参考作用

【解析】 独任庭可以审理:第一审的刑事自诉案件和其他轻微刑事案件;第一审的简单民事案件和经济纠纷案件;适用特别程序审理的案件。独任庭审理的案件,按照简易程序进行,以方便当事人,提高审判效率。但是,仍然要依照法律的规定进行。在审理过程中,要认真执行法律规定的审判公开、回避、辩护、两审终审等各项原则和制度,切实保障当事人和其他诉讼参与人的诉讼权利,以保证办案质量,实现司法公正。故 A 项的说法错误。

独任审判的案件,开庭审理之后,独任审判员认为有必要的,可以提请院长决定提交审判委员会讨论决定。故 B 项的说法错误。

第二审案件、再审案件、死刑复核案件、第一审行政案件,一律组成合议庭进行审判。合议庭可以由审判员组成,也可以由审判员和人民陪审员组成。故 C 项的说法错误。

审判委员会的决定,合议庭应当执行。换句话说,对合议庭有拘束力。故 D 项的说法错误。

4. 银行为孙法官提供了利率优惠的房屋抵押贷款,银行王经理告知孙法官,是感谢其在一年前的合同纠纷中作出的公正判决而进行的特殊安排,孙法官接受该笔贷款。关于法院对孙法官行为的处理,下列说法正确的是②:(16/1/100)
    A. 法院认为孙法官的行为系违反廉政纪律的行为

---

① ABCD
② ACD

B. 如孙法官主动交代,并主动采取措施有效避免损失的,法院应从轻给予处分
C. 由于孙法官行为情节轻微,如经过批评教育后改正,法院可免予处分
D. 确认属于违法所得的部分,法院可根据情况作出责令退赔的决定

【解析】 孙法官接受该笔贷款的行为显然属于违反廉政纪律的行为。故 A 对。

《人民法院工作人员处分条例》第 14 条规定:"主动交待违纪违法行为,并主动采取措施有效避免或者挽回损失的,应当在本条例分则规定的处分幅度以外降低一个档次给予减轻处分。应当给予警告处分,又有减轻处分情形的,免予处分。"基于此,B 错。

《人民法院工作人员处分条例》第 15 条规定:"违纪违法行为情节轻微,经过批评教育后改正的,可以免予处分。"基于此,C 对。

《人民法院工作人员处分条例》第 18 条规定:"对违纪违法取得的财物和用于违纪违法的财物,应当没收、追缴或者责令退赔。没收、追缴的财物,一律上缴国库。对违纪违法获得的职务、职称、学历、学位、奖励、资格等,应当建议有关单位、部门按规定予以纠正或者撤销。"基于此,D 正确。

## 第五节　法官职业责任(略)

# 第三章　检察制度与检察官职业道德

【本章重点难点提示】

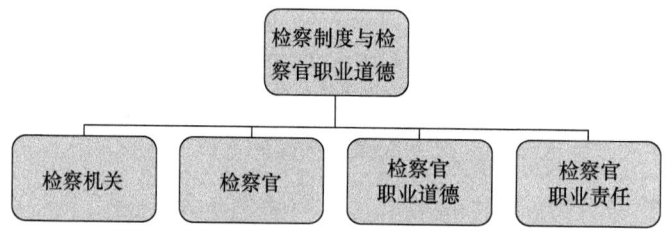

1. 人民检察院的性质、任务、设置和职权;
2. 《检察官法》关于检察官制度的主要规定;
3. 检察官职业道德的主要内容。

# 第一节 检察制度概述

## 一、检察制度的概念

| |
|---|
| 检察是一种由特定机关代表国家向法院提起诉讼及维护法律实施的司法职能。 |
| 检察制度是指国家检察机关的性质、任务、组织体系、组织和活动原则以及工作制度的总称。 |
| 检察制度最早起源于13世纪的英国和法国。英国检察官的前身是为国王办理财产诉讼的律师,法国检察官是由封建庄园的管家演变而来。 |
| 当今世界上有三种类型的检察制度,以英国、美国为代表的英美法系的检察制度,以德国、法国为代表的大陆法系的检察制度,以中国为代表的社会主义国家的检察制度。 |

## 二、我国检察制度的特征

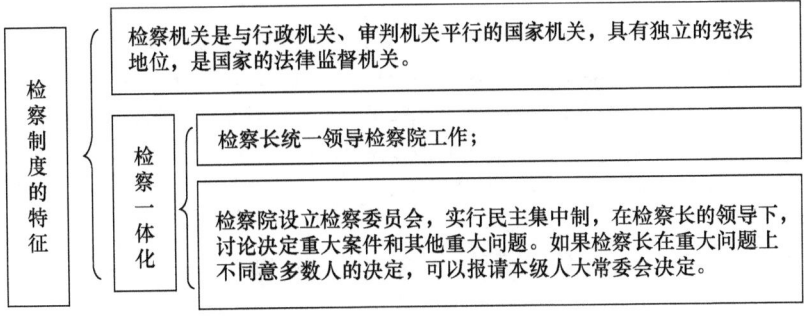

## 三、检察制度的基本原则

| | |
|---|---|
| 检察权统一行使原则 | 即检察一体化原则,指各级检察机关、检察官依法构成统一的整体,各级检察机关、检察官在履行职权、职务中,应当根据上级检察机关、上级检察官的批示和命令进行工作和活动。 |
| 检察权独立行使原则 | 指检察机关依照法律规定独立行使检察权,不受其他机关、社会团体和个人的非法干涉。检察机关对诉讼活动实行法律监督原则。 |
| 对诉讼活动实行法律监督原则 | 指检察机关依法对各种诉讼的进行,以及诉讼中国家专门机关和诉讼参与人的诉讼活动进行监督,其重点是对诉讼活动中国家机关及其工作人员的违法行为和违法事项进行监督。 |

### 四、主要检察制度(略)

**【历年真题】**

检察一体原则是指各级检察机关、检察官依法构成统一的整体,下级检察机关、下级检察官应当根据上级检察机关、上级检察官的批示和命令开展工作。据此,下列哪一表述是正确的?① (16/1/47)

A. 各级检察院实行检察委员会领导下的检察长负责制
B. 上级检察院可建议而不可直接变更、撤销下级检察院的决定
C. 在执行检察职能时,相关检察院有协助办案检察院的义务
D. 检察官之间在职务关系上可相互承继而不可相互移转和代理

**【解析】** 根据《人民检察院组织法》第3条的相关规定,检察长统一领导检察院的工作。各级人民检察院设立检察委员会。检察委员会实行民主集中制,在检察长的主持下,讨论决定重大案件和其他问题。如果检察长在重大问题上不同意多数人的决定,可以报请本级人大常委会决定。基于此,检察院的领导体制是检察长负责制与检察委员会集体领导相结合的领导体制。故A错。

我国检察制度实行检察权统一行使原则。该原则是指各级检察机关、检察官依法构成统一整体,各级检察机关、检察官在履行职权、职务中,应当根据上级检察机关、上级检察官的批示和命令进行工作和活动;具体包括在上下级检察机关和检察官之间存在着上命下从的领导关系、各地和各级检察机关之间具有职能协助义务、检察官之间和检察院之间在职务上可以发生相互承继、移转和代理关系。故B、D错误,C正确。

## 第二节 检察机关(略)

## 第三节 检 察 官

### 一、检察官的任职条件

检察官的任职条件和法官的任职条件相类似,此不赘述。

---

① C

## 二、检察官的任免

| 最高人民检察院 | 最高人民检察院检察长由全国人民代表大会选举和罢免,副检察长、检察委员会委员和检察员由最高人民检察院检察长提请全国人大常委会任免。 |
|---|---|
| 地方各级检察院 | 地方各级人民检察院检察长由地方各级人民代表大会选举和罢免,副检察长、检察委员会委员和检察员由本院检察长提请各本级人大常委会任免。地方各级人民检察院检察长的任免须报上一级人民检察院检察长提请该级人大常委会批准。 |
| 特殊的检察院分院 | 在省、自治区内按地区设立的和在直辖市内设立的人民检察院分院检察长、副检察长、检察委员会委员和检察员由省、自治区、直辖市人民检察院检察长提请本级人民代表大会常务委员会任免。各级人民检察院的助理检察员由本院检察长任免。 |

**【历年真题】**
关于检察官的行为,下列哪一观点是正确的?① (12/1/49)

A. 房检察官在同乡聚会时向许法官打听其在办案件审理情况,并让其估计判处结果。根据我国国情,房检察官的行为可以被理解

B. 关检察长以暂停工作要挟江检察官放弃个人意见,按照陈科长的判断处理某案。关检察长的行为与依法独立行使检察权的要求相一致

C. 容检察官在本地香蕉滞销,蕉农面临重大损失时,多方奔走将10万斤香蕉销往外地,为蕉农挽回了损失,本人获辛苦费5000元。容检察官没有违反有关经商办企业、违法违规营利活动的规定

D. 成检察官从检察院离任5年后,以律师身份担任各类案件的诉讼代理人或者辩护人,受到当事人及其家属的一致肯定。成检察官的行为符合《检察官法》的有关规定

**【解析】** 检察官必须遵守宪法和法律,严格执行宪法和法律规定,自觉维护宪法和法律的统一、尊严和权威。根据法律和我国国情,房检察官的行为不可以被理解。选项A错误。

检察官应当依法履行检察职责,不受行政机关、社会团体和个人的干涉。检察官既不能非法干预他人办理案件,也不能为他人的非法干预所左右。选项B错误。

法律、法规禁止检察官从事营利性经营活动。容检察官违反有关经商办企业、违法违规营利活动的规定。选项C错误。

根据《检察官法》第20条第1款规定:"检察官从人民检察院离任后二年内,不得以律师身份担任诉讼代理人或者辩护人。"成检察官的行为符合《检察官法》的有关规定。选项D正确。

---

① D

## 第四节　检察官职业道德

| | |
|---|---|
| 忠诚 | 忠于：<br>① 党和国家；② 人民；③ 事实和法律；④ 检察事业、恪尽职守、乐于奉献。 |
| 公正 | （1）尊重律师的职业尊严，依法保障和维护律师参与诉讼活动的权利。<br>（2）出席法庭审理活动，应当尊重庭审法官，遵守法规，维护法庭审判的严肃性和权威性。<br>（3）严格执行检察人员执法过错责任追究制度。 |
| 清廉 | （1）教育近亲属或者其他关系密切的人员模范执行有关廉政规定，秉持清正廉洁的情操。<br>（2）不为自己、家人或者他人谋取不正当利益；不从事、参与经商办企业、违法违规营利活动，以及其他可能有损检察官廉洁形象的商业、经营活动。<br>（3）不收受案件当事人及其亲友、案件利害关系人或者单位及其所委托的人以**任何名义馈赠**的礼品礼金、有价证券、购物凭证以及干股等；不参加其安排的宴请、娱乐休闲、旅游度假等可能影响公正办案的活动；不接受其提供的各种费用报销、出借的钱款、交通通讯工具、贵重物品及其他利益。<br>（4）不兼任律师、法律顾问等职务，不私下为所办案件的当事人介绍辩护人或者诉讼代理人。<br>（5）在职务外活动中，**不披露或者使用未公开的**检察工作信息以及在履职过程中获得的商业秘密、个人隐私等非公开的信息。<br>（6）妥善处理个人事务，按照有关规定报告个人有关事项，**如实申报收入**；保持与合法收入、财产相当的生活水平和健康的生活情趣。<br>（7）退休检察官应当继续保持良好操守，不再延用原检察官身份、职务，不利用原地位、身份形成的影响和便利条件，过问、干预执法办案活动，为承揽律师业务或者其他请托事宜打招呼、行便利，避免因不当言行给检察机关带来不良影响。 |
| 文明 | （1）弘扬人文精神，体现人文关怀。做到执法理念文明，执法行为文明，执法作风文明，执法语言文明。<br>（2）遵守各项检察礼仪规范，注重职业礼仪约束，仪表庄重、举止大方、态度公允、用语文明，保持良好的职业操守和风范，维护检察官的良好形象。<br>（3）执行**公务**、**参加政务活动**时，按照检察人员着装规定穿着检察制服，佩戴检察标识徽章，严格守时，遵守活动纪律。<br>（4）在公共场合及新闻媒体上，不发表有损法律严肃性、权威性，有损检察机关形象的言论。**未经批准**，不对正在办理的案件发表个人意见或者进行评论。<br>（5）不穿着检察正装、佩戴检察标识到营业性娱乐场所进行娱乐、休闲活动或者在公共场所饮酒，不参与赌博、色情、封建迷信活动。<br>（6）不要特权、逞威风、蛮横无理。本人或者亲属与他人发生矛盾、冲突，应当通过正当合法的途径解决，不应以检察官身份寻求特殊照顾，不要恶化事态酿成事端。<br>（7）在职务外活动中应当约束言行，避免公众对检察官公正执法和清正廉洁产生合理怀疑，避免对履行职责产生负面作用，避免对检察机关的公信力产生不良影响。 |

## 第三章　检察制度与检察官职业道德　275

【历年真题】

**1.** 关于检察官职业道德和纪律,下列哪一做法是正确的?①（14/1/47）

A. 甲检察官出于个人对某类案件研究的需要,私下要求邻县检察官为其提供正在办理的某案情况

B. 乙检察官与其承办案件的被害人系来往密切的邻居,因此提出回避申请

C. 丙检察官发现所办案件存在应当排除的证据而未排除,仍将其作为起诉意见的依据

D. 丁检察官为提高效率,在家里会见本人所承办案件的被告方律师

【解析】《检察官职业道德基本准则(试行)》第23条规定:"严格遵守检察纪律,不违反规定过问、干预其他检察官、其他人民检察院或者其他司法机关正在办理的案件,不私自探询其他检察官、其他人民检察院或者其他司法机关正在办理的案件情况和有关信息,不泄露案件的办理情况及案件承办人的有关信息,不违反规定会见案件当事人、诉讼代理人、辩护人及其他与案件有利害关系的人员。"故A项中甲检察官的做法错误,D项中丁检察官的做法也是错误的。

《检察官职业道德基本准则(试行)》第19条规定:"树立程序意识,坚持程序公正与实体公正并重,严格遵循法定程序,维护程序正义。"故C项中丙检察官的做法错误。

**2.** 检察官职业道德的主要内容概括为"忠诚、公正、清廉、文明",下列哪一选项体现了"文明"的要求?②（13/1/47）

A. 检察官不得散布有损国家声誉的言论

B. 检察院内部严格执行"案件查处由不同机构承办、互相制约"的制度

C. 检察官应当树立证据意识、程序意识,全面、客观依照程序收集证据

D. 检察官本人或亲属与他人发生矛盾,应当通过合法途径解决,不得以检察官身份寻求照顾

【解析】根据《检察官职业道德基本准则(试行)》第10条的规定:"维护国家安全、荣誉和利益,维护国家统一和民族团结,严守国家秘密和检察工作秘密。"检察官要维护国家的荣誉,不得散布有损国家声誉的言论,这属于"忠诚"的要求。所以,选项A错误。

根据《检察官职业道德基本准则(试行)》第23条的规定:"严格遵守检察纪律,不违反规定过问、干预其他检察官、其他人民检察院或者其他司法机关正在办理的案件,不私自探询其他检察官、其他人民检察院或者其他司法机关正在办理的案件情况和有关信息,不泄露案件的办理情况及案件承办人的有关信息,不违反规定会见案件当事人、诉讼代理人、辩护人及其他与案件有利害关系的人员。"检察院内部严格执行"案件查处由不同机构承办、互相制约"的制度,属于"公正"的要求。所以,选项B错误。

根据《检察官职业道德基本准则(试行)》第19条的规定:"树立程序意识,坚持程序公正与实体公正并重,严格遵循法定程序,维护程序正义。"检察官应当树立证据意识、程序意识,全面、客观依照程序收集证据,属于"公正"的要求。所以,选项C错误。

根据《检察官职业道德基本准则(试行)》第44条的规定:"不要特权、逞威风、蛮横无理。本人或者亲属与他人发生矛盾、冲突,应当通过正当合法的途径解决,不应以检察官身份寻求

---

① B
② D

特殊照顾,不要恶化事态酿成事端。"检察官本人或亲属与他人发生矛盾,应当通过合法途径解决,不得以检察官身份寻求照顾,属于"文明"的要求。所以,选项 D 正确。

**3.** 职业保障是确保法官、检察官队伍稳定、发展的重要条件,是实现司法公正的需要。根据中央有关改革精神和《法官法》《检察官法》规定,下列哪一说法是错误的?① （15/1/46）
   A. 对法官、检察官的保障由工资保险福利和职业(履行职务)两方面保障构成
   B. 完善职业保障体系,要建立符合职业特点的法官、检察官管理制度
   C. 完善职业保障体系,要建立法官、检察官专业职务序列和工资制度
   D. 合理的退休制度也是保障制度的重要组成部分,应予高度重视

【解析】 根据《法官法》和《检察官法》的规定,对法官和检察官的保障主要由职业保障、工资保险福利保障、人身和财产保障等方面构成。故 A 项说法错误。

《决定》提出加快建立符合职业特点的法治工作人员管理制度,完善职业保障体系,建立法官、检察官、人民警察专业职务序列及工资制度,故 B、C 项的说法正确。

为保障法官严格执法、独立公正审判案件,需要建立法官的身份保障和经济保障制度。合理的退休制度属于经济保障制度的一个环节。故 D 项的说法正确。

**4.** 根据中央司法体制改革要求及有关检察制度规定,人民监督员制度得到进一步完善和加强。关于深化人民监督员制度,下列哪一表述是错误的?② （15/1/47）
   A. 是为确保职务犯罪侦查、起诉权的正确行使,根据有关法律结合实际确定的一种社会民主监督制度
   B. 重点监督检察机关查办职务犯罪的立案、羁押、扣押冻结财物、起诉等环节的执法活动
   C. 人民监督员由司法行政机关负责选任管理
   D. 参与具体案件监督的人民监督员,由选任机关从已建立的人民监督员信息库中随机挑选

【解析】 人民监督员制度是为确保职务犯罪侦查、起诉权的正确行使,根据有关法律结合实际确定的一种社会民主监督制度。故 A 的说法正确。

根据《深化人民监督员制度改革方案》,人民监督员对人民检察院办理直接受理立案侦查案件的下列情形实施监督:(1) 应当立案而不立案或者不应当立案而立案的;(2) 超期羁押或者检察机关延长羁押期限决定不正确的;(3) 违法搜查、扣押、冻结或者违法处理扣押、冻结款物的;(4) 拟撤销案件的;(5) 拟不起诉的;(6) 应当给予刑事赔偿而不依法予以赔偿的;(7) 检察人员在办案中有徇私舞弊、贪赃枉法、刑讯逼供、暴力取证等违法违纪情况的;(8) 犯罪嫌疑人不服逮捕决定的;(9) 采取指定居所监视居住强制措施违法的;(10) 阻碍律师或其他诉讼参与人依法行使诉讼权利的;(11) 应当退还取保候审保证金而不退还的。故 B 项的说法正确。

根据《深化人民监督员制度改革方案》,人民监督员由司法行政机关负责选任,省级和设区的市级司法行政机关分别选任同级人民检察院人民监督员。故 C 项的表述正确。

根据《深化人民监督员制度改革方案》,参与具体案件监督的人民监督员,由组织案件监督的人民检察院会同司法行政机关从人民监督员信息库中随机抽选产生。故 D 项的说法

---

① A
② D

错误。

**5.** 根据法官、检察官纪律处分有关规定，下列哪一说法是正确的？① （16/1/46）

A. 张法官参与迷信活动，在社会中造成了不良影响，可予提醒劝阻，其不应受到纪律处分

B. 李法官乘车时对正在实施的盗窃行为视而不见，小偷威胁失主仍不出面制止，其应受到纪律处分

C. 何检察官在讯问犯罪嫌疑人时，反复提醒犯罪嫌疑人注意其聘请的律师执业不足2年，其行为未违反有关规定

D. 刘检察官接访时，让来访人前往国土局信访室举报他人骗取宅基地使用权证的问题，其做法是恰当的

【解析】 根据《人民法院工作人员处分条例》第104条的规定："参与迷信活动，造成不良影响，给予警告、记过或者记大过处分。"基于此，张法官参与迷信活动，应该受纪律处分，故A项的说法错误。

对正在进行的违法行为进行制止是警察的义务，法官并无此义务，故B项说法错误。

为了实现司法公正，法院和检察院不能给当事人推荐介绍律师担任辩护人或诉讼代理人，当然也不能对当事人已经委托的辩护人或代理人评头论足。故C项的说法是错误的。

## 第五节　检察官职业责任（略）

# 第四章　律师制度与律师职业道德

【本章重点难点提示】

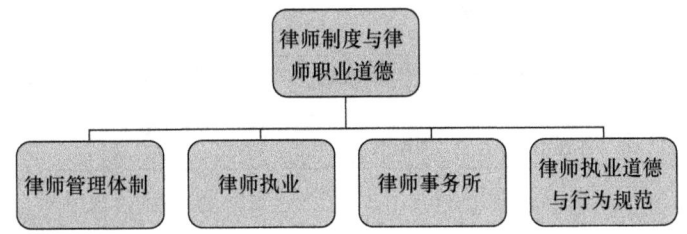

1. 律师的管理体制；
2. 律师事务所的分类、设立和管理制度；
3. 律师执业的行为规范；
4. 法律援助制度。

---

① D

## 第一节 律 师

### 一、律师执业的资格条件

| 一般条件 | 禁止性条件 | 限制性条件 |
|---|---|---|
| (1) 拥护中华人民共和国宪法；<br>(2) 通过国家统一司法考试；<br>(3) 在律师事务所实习满一年；<br>(4) 品行良好。 | (1) 无民事**行为能力**或者限制民事行为能力的；<br>(2) 受过刑事处罚的，但过**失犯罪的除外**；<br>(3) 被开除公职或者被吊销律师执业证书的。 | (1) 律师只能在**一个律师事务所**执业。<br>(2) **公务员**不得兼任执业律师。律师担任各级人民代表大会**常务委员会组成人员**的，任职期间不得从事诉讼代理或者辩护业务。 |

### 二、执业律师的义务

| | |
|---|---|
| 执业律师的义务 | 只能在**一个律师事务所**执业。 |
| | 加入所在地的地方**律师协会**。 |
| | 不得**私自接受委托**、收取费用。 |
| | 不得利用提供法律服务的便利牟取当事人**争议的权益**，或者接受对方当事人的财物。 |
| | 不得在同一**案件**中，为**双方当事人**担任代理人。 |
| | 律师接受委托后，**无正当理由**的，不得拒绝辩护或代理。 |
| | 应当保守在执业活动中知悉的国家**秘密**和当事人对律师的信赖，维护律师的信誉。 |
| | 曾担任法官、检察官的律师，从人民法院、人民检察院离任后**2年内**，不得担任诉讼代理人或辩护人。 |
| | 依照国家规定承担法律援助义务。 |

## 第二节 律师事务所

| | |
|---|---|
| 设立的一般条件 | ① 有自己的名称、住所和章程；② 有符合国务院司法行政部门规定数额的资产；③ 有符合本法规定的律师；④ 设立人应当是具备一定的职业经历，且3年内未受过停止执业处罚的律师。 |
| 合伙律师事务所 | 除具备一般条件外，普通合伙应是3名以上有3年以上执业经历的律师、30万元以上资产、有书面合伙协议。特殊的普通合伙要求20名以上设立人，1 000万以上资产。 |

(续表)

| | |
|---|---|
| 个人律师事务所 | 除一般条件外,还应当:① 设立人应当是具有 5 年以上执业经历并能够专职执业的律师;② 10 万元以上资产;③ 设立人对律师事务所的债务承担无限责任。 |
| 国资所 | 除一般条件外,应有 2 名专职律师,由县级司法行政机关筹建,申请设立许可前须经县级政府有关部门核拨编制、提供经费保障。 |
| 分所 | 成立 **3 年**以上并具有 **20 名**以上执业律师的**合伙律师事务所**,可以设立分所。设立分所,须经拟设立分所所在地的**省**、自治区、直辖市人民政府司法行政部门审核。 |

## 第三节 律师执业行为规范

| | | |
|---|---|---|
| 律师业务推广行为规范 | 执业推广原则 | (1) 律师和律师事务所**可以依法以广告方式宣传**律师和律师事务所以及自己的业务领域和专业特长。<br>(2) 律师和律师事务所可以通过发表学术论文、案例分析、专题解答、授课、普及法律等**活动**,宣传自己的专业领域。<br>(3) 律师和律师事务所可以通过举办或者参加各种形式的专题、专业**研讨会**,宣传自己的专业特长。<br>(4) 律师可以以自己或者其任职的律师事务所名义参加各种社会**公益**活动。 |
| | 律师业务推广广告 | (1) 具有可识别性,应当能够使社会公众辨明是律师广告。<br>(2) 可以律师个人名义发布,也可以律师事务所名义发布。以律师个人名义发布的律师广告应当注明律师个人所任职的执业机构名称,应当载明律师执业证号。<br>(3) 具有下列情况之一的,律师和律师事务所不得发布律师广告:① 没有通过年度考核的;② 处于停止执业或停业整顿处罚期间;③ 受到通报批评、公开谴责未满 1 年的。<br>(4) 律师个人广告的内容应当限于:律师的姓名、肖像、年龄、性别、学历、学位、专业、律师执业许可日期、所任职律师事务所名称、在所任职律师事务所的执业期限;收费标准、联系方法、依法能够向社会提供的法律服务业务范围、执业业绩。<br>(5) 律师事务所广告的内容应当限于:律师事务所名称、住所、电话号码、传真号码、邮政编码、电子信箱、网址;所属律师协会;所内执业律师及依法能够向社会提供的法律服务业务范围简介;执业业绩。<br>(6) 律师和律师事务所不得以有悖律师使命、有损律师形象的方式制作广告,不得采用一般商业广告的**艺术夸张手段**制作广告。 |
| | 律师宣传 | (1) 律师和律师事务所不得进行歪曲事实和法律,或者可能使公众对律师产生不合理期望的宣传。<br>(2) 律师和律师事务所可以宣传所从事的某一专业法律服务领域,但不得**自我声明**或者暗示其被公认或者证明为某一专业领域的**权威或专家**。<br>(3) 律师和律师事务所不得进行律师之间或者律师事务所之间的**比较宣传**。 |

（续表）

| | | |
|---|---|---|
| 与委托人或当事人关系规范 | 委托代理关系 | （1）律师应当建立律师业务档案，保存完整的工作记录。<br>（2）律师接受委托后，应当在委托人委托的权限内开展执业活动，不得超越委托权限。<br>（3）律师接受委托后，**无正当理由**不得拒绝辩护或者代理，或以其他方式终止委托。委托事项违法、委托人利用律师提供的服务从事**违法**活动或者委托人故意隐瞒与案件有关的**重要事实**的，律师有权告知委托人并要求其整改，有权拒绝辩护或者代理、或以其他方式终止委托，并有权就**已经履行事务**取得律师费。<br>（4）律师在承办受托业务时，对已经出现的和可能出现的不可克服的困难、风险，应当及时通知委托人，并向律师事务所报告。 |
| | 禁止虚假承诺 | （1）律师根据委托人提供的事实和证据，依据法律规定进行分析，向委托人提出分析性意见。<br>（2）律师的辩护、代理意见未被采纳，不属于虚假承诺。 |
| | 禁止非法牟取委托人权益 | （1）律师和律师事务所不得违法与委托人就争议的权益产生经济上的联系，不得与委托人约定将争议标的物出售给自己；不得委托他人为自己或为自己的近亲属收购、租赁委托人与他人发生争议的标的物。<br>（2）律师事务所可以依法与当事人或委托人签订以回收款项或标的物为前提按照一定比例收取货币或实物作为律师费用的协议。 |
| | 利益冲突审查 | （1）律师事务所应当建立利益冲突审查制度。律师事务所在接受委托之前，应当进行利益冲突审查并作出是否接受委托决定。<br>（2）办理委托事务的律师与委托人之间存在利害关系或利益冲突的，不得承办该业务并应当主动提出回避。<br>（3）有下列情形之一的，律师及律师事务所不得与当事人建立或维持委托关系：<br>① 律师在**同一案件中**为双方当事人担任代理人，或代理与本人或者其近亲属有**利益冲突**的法律事务的；<br>② 律师办理诉讼或者非诉讼业务，**其近亲属**是对方当事人的法定代表人或者代理人的；<br>③ **曾经亲自处理**或者审理过某一事项或者案件的行政机关工作人员、审判人员、检察人员、仲裁员，成为律师后又办理该事项或者案件的；<br>④ **同一律师事务所**的不同**律师同时担任**同一**刑事案件**的被害人的代理人和犯罪嫌疑人、被告人的辩护人，但在该县区域内只有一家律师事务所且事先征得当事人同意的除外；<br>⑤ 在民事诉讼、行政诉讼、仲裁案件中，同一律师事务所的不同律师同时担任争议双方当事人的代理人，或者本所或其工作人员为一方当事人，本所其他律师担任对方当事人的代理人的；<br>⑥ 在非诉讼业务中，除各方当事人共同委托外，同一律师事务所的律师同时担任彼此有利害关系的各方当事人的代理人的；<br>⑦ 在委托关系终止后，同一律师事务所或同一律师在同一案件后续审理或者处理中又接受对方当事人委托的；<br>⑧ 其他与第①至第⑦项情形相似，且依据律师执业经验和行业常识能够判断为应当主动回避且不得办理的利益冲突情形。 |

(续表)

| | | |
|---|---|---|
| 与委托人或当事人关系规范 | 利益冲突审查 | (4) 有下列情形之一的,律师应当告知委托人并主动提出回避,但委托人同意其代理或者继续承办的除外:<br>① 接受民事诉讼、仲裁案件一方当事人的委托,而同所的其他律师是该案件中对方当事人的近亲属的;<br>② 担任刑事案件犯罪嫌疑人、被告人的辩护人,而同所的其他律师是该案件被害人的近亲属的;<br>③ 同一律师事务所接受正在代理的诉讼案件或者非诉讼业务当事人的对方当事人所委托的其他法律业务的;<br>④ 律师事务所与委托人存在法律服务关系,在某一诉讼或仲裁案件中该委托人未要求该律师事务所律师担任其代理人,而该律师事务所律师担任委托人对方当事人的代理人的;<br>⑤ 在委托关系终止后一年内,律师又就同一法律事务接受与原委托人有利害关系的对方当事人的委托的;<br>⑥ 其他与第①至第②项情况相似,且依据律师执业经验和行业常识能够判断的其他情形。<br>律师和律师事务所发现存在上述情形的,应当告知委托人利益冲突的事实和可能产生的后果,由委托人决定是否建立或维持委托关系。委托人决定建立或维持委托关系的,应当签署知情同意书,表明当事人已经知悉存在利益冲突的基本事实和可能产生的法律后果,以及当事人明确同意与律师事务所及律师建立或维持委托关系。<br>(5) 委托人知情并签署知情同意书以示豁免的,承办律师在办理案件的过程中应对各自委托人的案件信息予以保密,不得将与案件有关的信息披露给相对人的承办律师。 |
| | 保管委托人财产 | 律师事务所受委托保管委托人财产时,应当将委托人财产与律师事务所的财产、律师个人财产严格分离。 |
| | 转委托 | (1) **未经委托人同意**,律师事务所不得将委托人委托的法律事务转委托其他律师事务所办理。但在紧急情况下,为维护委托人的利益可以转委托,但应当及时告知委托人。<br>(2) 受委托律师遇有突患疾病、工作调动等**紧急情况**不能履行委托协议时,应当及时**报告**律师事务所,由**律师事务所另行指定**其他律师继续承办,并及时告知委托人。<br>(3) 非经委托人的同意,不能因转委托而增加委托人的费用支出。 |

(续表)

| | | |
|---|---|---|
| | 委托关系的解除与终止 | (1) 有下列情形之一的,律师事务所应当终止委托关系:<br>① 委托人提出终止委托协议的;<br>② 律师受到吊销执业证书或者停止执业处罚的,经过协商,委托人不同意更换律师的;<br>③ 当发现有利益冲突情形的;<br>④ 受委托律师因健康状况不适合继续履行委托协议的,经过协商,委托人不同意更换律师的;<br>⑤ 继续履行委托协议违反法律、法规、规章或者本规范的。<br>(2) 有下列情形之一,经提示委托人不纠正的,律师事务所可以解除委托协议:<br>① 委托人利用律师提供的法律服务从事违法犯罪活动的;<br>② 委托人要求律师完成无法实现或者不合理的目标的;<br>③ 委托人没有履行委托合同义务的;<br>④ 在事先无法预见的前提下,律师向委托人提供法律服务将会给律师带来不合理的费用负担,或给律师造成难以承受的、不合理的困难的;<br>⑤ 有其他合法的理由的。 |
| 参与诉讼和仲裁 | 调查取证 | 律师作为证人出庭作证的,不得再接受委托担任该案的辩护人或者代理人出庭。 |
| | 尊重法庭与规范接触司法人员 | 律师在执业过程中,因对事实真假、证据真伪及法律适用是否正确而与诉讼相对方意见不一致的,或者为了向案件承办人提交新证据的,与案件承办人接触和交换意见应当在司法机关内指定场所。 |
| | 庭审仪表和语态 | (1) 律师担任辩护人、代理人参加法庭、仲裁庭审理,应当按照规定穿着律师出庭服装,佩戴律师出庭徽章,注重律师职业形象。<br>(2) 律师在法庭或仲裁庭发言时应当举止庄重、大方,用词文明、得体。 |
| 律师之间的关系 | 尊重与合作 | (1) 律师变更执业机构时应当维护委托人及原律师事务所的利益;律师事务所在接受转入律师时,不得损害原律师事务所的利益。<br>(2) 律师与委托人发生纠纷的,律师事务所的解决方案应当充分尊重律师本人的意见,律师应当服从律师事务所解决纠纷的决议。 |
| | 禁止不正当竞争 | (1) 律师和律师事务所在与司法机关及司法人员接触中,不得利用律师兼有的其他**身份**影响所承办业务的正常处理和审理。<br>(2) 律师或律师事务所相互之间不得采用下列手段排挤竞争对手的公平竞争:<br>① 串通抬高或者压低收费;<br>② 为争揽业务,不正当获取其他律师和律师事务所收费报价或者其他提供法律服务的条件;<br>③ 泄露收费报价或者其他提供法律服务的条件等暂未公开的信息,损害相关律师事务所的合法权益。<br>(3) 律师和律师事务所不得擅自或者非法使用社会专有名称或者知名度较高的名称以及代表其名称的标志、图形文字、代号以混淆误导委托人。<br>(4) 律师和律师事务所不得伪造或者冒用法律服务荣誉称号。 |

(续表)

| | |
|---|---|
| 与任职的律所 | 律师事务所对本所执业律师负有教育、管理和监督的职责。 |
| 与律协的关系 | (1) 律师和律师事务所应当遵守律师协会制定的律师行业规范和规则。律师和律师事务所享有律师协会章程规定的权利，承担律师协会章程规定的义务。<br>(2) 律师参加国际性律师组织并成为其会员的，以及以中国律师身份参加境外会议等活动的，应当报律师协会**备案**。<br>(3) 律师和律师事务所因执业行为成为刑、民事被告，或者受到行政机关调查、处罚的，应当向律师协会书面**报告**。<br>(4) 律师应当按时缴纳会费。 |

【历年真题】

**1.** 法院、检察院、公安机关、国家安全机关、司法行政机关应当尊重律师，健全律师执业权利保障制度。下列哪一做法是符合有关律师执业权利保障制度的?[①]（16/1/48）

　　A. 县公安局仅告知涉嫌罪名，而以有碍侦查为由拒绝告知律师已经查明的该罪的主要事实

　　B. 看守所为律师提供网上预约会见平台服务，并提示律师如未按期会见必须重新预约方可会见

　　C. 国家安全机关在侦查危害国家安全犯罪期间，多次不批准律师会见申请并且说明理由

　　D. 在庭审中，作无罪辩护的律师请求就被告量刑问题发表辩护意见，合议庭经合议后当庭拒绝律师请求

【解析】《关于依法保障律师执业权利的规定》第6条规定:"辩护律师接受犯罪嫌疑人、被告人委托或者法律援助机构的指派后，应当告知办案机关，并可以依法向办案机关了解犯罪嫌疑人、被告人涉嫌或者被指控的罪名及当时已查明的该罪的主要事实，犯罪嫌疑人、被告人被采取、变更、解除强制措施的情况，侦查机关延长侦查羁押期限等情况，办案机关应当依法及时告知辩护律师。"据此可知，公安局有告知律师已经查明的主要犯罪事实的义务。故A错。

《关于依法保障律师执业权利的规定》第7条规定:看守所应当设立会见预约平台，采取网上预约、电话预约等方式为辩护律师会见提供便利，但不得以未预约会见为由拒绝安排辩护律师会见。基于B项中，看守所的做法是没有法律根据的。

《关于依法保障律师执业权利的规定》第9条规定:"辩护律师在侦查期间要求会见危害国家安全犯罪、恐怖活动犯罪、特别重大贿赂犯罪案件在押的犯罪嫌疑人的，应当向侦查机关提出申请。侦查机关应当依法及时审查辩护律师提出的会见申请，在三日以内将是否许可的决定书面答复辩护律师，并明确告知负责与辩护律师联系的部门及工作人员的联系方式。对许可会见的，应当向辩护律师出具许可决定文书;因有碍侦查或者可能泄露国家秘密而不许可会见的，应当向辩护律师说明理由。有碍侦查或者可能泄露国家秘密的情形消失后，应当许可会见，并及时通知看守所和辩护律师。对特别重大贿赂案件在侦查终结前，侦查机关应当许可辩护律师至少会见一次犯罪嫌疑人。"据此可知，C项的做法正当。

---

[①] C

《关于依法保障律师执业权利的规定》第35条规定:"辩护律师作无罪辩护的,可以当庭就量刑问题发表辩护意见,也可以庭后提交量刑辩护意见。"由此可知,D项的做法错误。

**2. 某律师事务所一审代理了原告张某的案件。一年后,该案再审。该所的下列哪一做法与律师执业规范相冲突?**① **(14/1/48)**

A. 在代理原告案件时,拒绝与该案被告李某建立委托代理关系

B. 在拒绝与被告李某建立委托代理关系时,承诺可在其他案件中为其代理

C. 得知该案再审后,主动与原告张某联系

D. 张某表示再审不委托该所,该所遂与被告李某建立委托代理关系

**3. 下列哪一情形下律师不得与当事人建立或维持委托关系?**② **(13/1/48)**

A. 律师与委托当事人系多年好友

B. 接受民事诉讼一方当事人委托,同一律师事务所其他律师系该案件对方当事人的近亲属,但委托人知悉且同意

C. 同一律师事务所不同律师同时担任同一民事案件争议双方当事人代理人

D. 委托关系停止后两年,律师就同一法律业务接受与原委托人有利害关系的对方当事人委托

【解析】 根据《民事诉讼法》第58条规定:"当事人、法定代理人可以委托一至二人作为诉讼代理人。下列人员可以被委托为诉讼代理人:(一)律师、基层法律服务工作者。"当事人当然可以与自己多年的律师好友建立委托关系。选项A不符合。

根据《律师执业行为规范》第51条规定:"有下列情形之一的,律师应当告知委托人并主动提出回避,但委托人同意其代理或者继续承办的除外:(一)接受民事诉讼、仲裁案件一方当事人的委托,而同所的其他律师是该案件中对方当事人的近亲属的。"选项B不符合。

根据《律师执业行为规范》第50条规定:"有下列情形之一的,律师及律师事务所不得与当事人建立或维持委托关系:……(五)在民事诉讼、行政诉讼、仲裁案件中,同一律师事务所的不同律师同时担任争议双方当事人的代理人,或者本所或其工作人员为一方当事人,本所其他律师担任对方当事人的代理人的。"同一律师事务所不同律师不能同时担任同一民事案件争议双方当事人代理人,选项C符合。

根据《律师执业行为规范》第51条规定:"有下列情形之一的,律师应当告知委托人并主动提出回避,但委托人同意其代理或者继续承办的除外:……(五)在委托关系终止后一年内,律师又就同一法律事务接受与原委托人有利害关系的对方当事人的委托的。"选项D不符合。

**3. 王某和李某斗殴,李某与其子李二将王某打伤。李某在王某提起刑事自诉后聘请省会城市某律师事务所赵律师担任辩护人。关于本案,下列哪一做法符合相关规定?**③ **(15/1/48)**

A. 赵律师同时担任李某和李二的辩护人,该所钱律师担任本案王某代理人

B. 该所与李某商定辩护事务按诉讼结果收取律师费

C. 该所要求李某另外预交办案费

D. 该所指派实习律师代赵律师出庭辩护

---

① D

② C

③ C

【解析】 根据《律师执业行为规范》第 50 条第 4 项规定,"同一律师事务所的不同律师不能同时担任同一刑事案件的被害人的代理人和犯罪嫌疑人、被告人的辩护人,但在该县区域内只有一家律师事务所且事先征得当事人同意的除外"。根据题干和 A 项交代的信息,A 项的做法是不符合法律规定的。

按诉讼结果收取律师费即风险代理收费,国家禁止刑事诉讼案件、行政诉讼案件、国家赔偿案件以及群体性诉讼案件实行风险代理收费。故 B 项的做法不符合法律规定。

律师事务所在提供法律服务过程中代委托人支付的诉讼费、仲裁费、鉴定费、公证费和查档费,不属于律师服务费,由委托人另行支付。律师事务所需要收异地办案差旅费的,应当向委托人提供费用概算,经协商一致,由双方签字确认。故 C 项的做法符合法律规定。

《律师职业行为规范》56 条规定:"受委托律师遇有突患疾病、工作调动等紧急情况不能履行委托协议时,应当及时报告律师事务所,由律师事务所另行指定其他律师继续承办,并及时告知委托人。"由此可知,律师事务所是可以在受托律师不能办理案件的情况下指定其他律师代为办理的,但是持实习律师证的实习律师在接受当事人委托后应当在指导律师的带领下出庭辩护,并可以发表辩护意见。故 D 项的做法错误。

**4.** 为促进规范司法,维护司法公正,最高检察院要求各级检察院在诉讼活动中切实保障律师依法行使执业权利。据此,下列选项正确的是①:(15/1/100)

A. 检察院在律师会见犯罪嫌疑人时,不得派员在场

B. 检察院在案件移送审查起诉后律师阅卷时,不得派员在场

C. 律师收集到犯罪嫌疑人不在犯罪现场的证据,告知检察院的,其相关办案部门应及时审查

D. 法律未作规定的事项,律师要求听取意见的,检察院可以安排听取

【解析】 《关于依法保障律师执业权利的规定》第 5 条规定:"人民检察院在律师会见时不得派员在场,不得通过任何方式监听律师会见的谈话内容。"基于此,A 项的说法正确。

《关于依法保障律师执业权利的规定》第 6 条规定:"人民检察院应当依法保障律师的阅卷权。……律师查阅、摘抄、复制案卷材料应当在人民检察院设置的专门场所进行。必要时,人民检察院可以派员在场协助。"基于此,B 项的说法错误。

《关于依法保障律师执业权利的规定》第 7 条规定:"人民检察院应当依法保障律师在刑事诉讼中的申请收集、调取证据权。律师收集到有关犯罪嫌疑人不在犯罪现场、未达到刑事责任年龄、属于依法不负刑事责任的精神病人的证据,告知人民检察院的,人民检察院相关办案部门应当及时进行审查。"基于此,C 项的说法正确。

《关于依法保障律师执业权利的规定》第 8 条规定:"人民检察院应当依法保障律师在诉讼中提出意见的权利。人民检察院应当主动听取并高度重视律师意见。法律未作规定但律师要求听取意见的,也应当及时安排听取……"D 项说可以听取,显然不符合规定。

**5.** 某律师事务所律师代理原告诉被告买卖合同纠纷案件,下列哪一做法是正确的?②(16/1/49,单选)

A. 该律师接案时,得知委托人同时接触他所律师,私下了解他所报价后以较低收费接受

---

① AC
② D

委托

B. 在代书起诉状中,律师提出要求被告承担精神损害赔偿20万元的诉讼请求

C. 在代理合同中约定,如胜诉,在5万元律师代理费外,律师事务所可按A照胜诉金额的一定比例另收办案费用

D. 因律师代理意见未被法庭采纳,原告要求律师承担部分诉讼请求损失,律师事务所予以拒绝

【解析】 无正当理由,以低于同地区同行业收费标准为条件承揽业务,或者采用承诺给予客人、中介人、推荐人回扣、馈赠金钱、财务或者其他利益等方式争揽业务,属于《律师执业行为规范》第78条禁止的不正当竞争行为。故A的做法错误。

违约诉讼中不能主张精神损害赔偿。故B的做法错误。

律师收取的费用可以分为律师费和办案费用。办案费以实际发生为限。律师服务收费可以根据不同的服务内容,采取计件收费、按标的额比例收费和计时收费等方式。其中,计件收费一般不适用于不涉及财产关系的法律事务;按标的额比例收费适用于涉及财产关系的法律事务;计时收费课适用于全部法律服务。办理涉及财产关系的民事案件时,委托人被告知政府指导价后仍要求实行风险代理的,律师事务所可以实行风险代理收费,但是下列情形除外:(1)婚姻、继承案件;(2)请求给予社会保险待遇或者最低生活保障待遇的;(3)请求给付赡养费、抚养费、扶养费、抚恤金、救济金、工伤赔偿的;(4)请求支付劳动报酬的等。禁止刑事诉讼案件、行政诉讼案件、国家赔偿案件以及群体性诉讼案件实行风险代理收费。风险代理收费金额不得高于收费合同约定标的额的30%。故C项的做法错误。

律师代理意见不被法庭采纳的,不属于虚假承诺,律师不承担责任。故D项的做法正确。

## 第四节 律师执业责任(略)

## 第五节 法律援助制度

### 一、法律援助制度的特征

| 无偿性 | 法律援助服务完全是无偿的,是对贫困或者处于不利地位的人提供免费的法律咨询、代理、刑事辩护等法律服务。 |
|---|---|
| 责任主体的特定性 | 法律援助是政府的责任,县级以上人民政府应当采取积极措施推动法律援助工作,为法律援助提供财政支持,保障法律援助事业与经济、社会协调发展。法律援助经费应当专款专用,接受财政、审计部门的监督。 |
| 统一性 | 对公民的法律援助申请和法院指派的法律援助案件,由法律援助机构统一受理(接受)、统一审查、统一指派、统一监督。 |

## 二、法律援助的范围

| 右列民事或行政案件,因经济困难没有委托代理人的,可以向法律援助机构申请法律援助: | 依法请求国家赔偿的; |
| --- | --- |
| | 请求给予社会保险待遇或者最低生活保障待遇的; |
| | 请求发给抚恤金、救济金的; |
| | 请求给付赡养费、抚养费、扶养费的; |
| | 请求支付劳动报酬的; |
| | 主张因见义勇为行为产生的民事权益的。 |
| 刑事诉讼中有右列情形之一的,公民可以向法律援助机构申请法律援助: | 犯罪嫌疑人在被侦查机关第一次讯问后或者采取强制措施之日起,因经济困难没有聘请律师的; |
| | 公诉案件中的被害人及其法定代理人或者近亲属,自案件移送审查起诉之日起,因经济困难没有委托诉讼代理人的; |
| | 自诉案件的自诉人及其法定代理人,自案件被人民法院受理之日起,因经济困难没有委托诉讼代理人的。 |

## 三、法律援助机构

| 法律援助机构 | 县级以上地方各级人民政府司法行政部门监督管理本行政区域的法律援助工作。 |
| --- | --- |
| 法律援助人员 | 法律援助机构可以指派律师事务所安排律师或者安排本机构的工作人员办理法律援助案件;也可以根据其他社会组织的要求,安排其所属人员办理法律援助案件。 |

## 四、法律援助的申请和审查

| 民事、行政法律援助的申请 | (1) 请求国家赔偿的,向赔偿义务机关所在地的法律援助机构提出申请;<br>(2) 请求给予社会保险待遇、最低生活保障待遇或者请求发给抚恤金、救济金的,向提供社会保险待遇、最低生活保障待遇或者发给抚恤金、救济金的义务机关所在地的法律援助机构提出申请;<br>(3) 请求给付赡养费、抚养费、扶养费的,向给付赡养费、抚养费、扶养费的义务人住所地的法律援助机构提出申请;<br>(4) 请求支付劳动报酬的,向支付劳动报酬的义务人住所地的法律援助机构提出申请;<br>(5) 主张因见义勇为行为产生的民事权益的,向被请求人住所地的法律援助机构提出申请。 |
| --- | --- |

| | (续表) |
|---|---|
| 刑事法律援助申请 | (1) 刑事案件的当事人及其法定代理人或其近亲属申请法律援助的，应当向办理案件的人民法院、人民检察院、公安机关所在地的法律援助机构提出申请。<br>(2) 被羁押的犯罪嫌疑人、被告人、服刑人员、强制隔离戒毒人员申请法律援助的，可以通过办理案件的人民法院、人民检察院、公安机关或者所在监狱、看守所、强制隔离戒毒所转交申请。<br>(3) 申请人为无民事行为能力人或者限制民事行为能力人的，由其法定代理人代为提出申请。无民事行为能力人或者限制民事行为能力人与其法定代理人之间发生诉讼或者因其他利益纠纷需要法律援助的，由与该争议事项无利害关系的其他法定代理人代为提出申请。 |

### 五、法律援助终止

| 有右边原因之一的,终止: | ① 受援人不再符合法律援助经济困难标准的；② 案件依法终止审理或者被撤销的；③ 受援人又自行委托其他代理人或者辩护人的；④ 受援人要求终止法律援助的；⑤ 受援人利用法律援助从事违法活动的；⑥ 受援人故意隐瞒与案件有关的重要事实或者提供虚假证据的；⑦ 法律、法规规定应当终止的其他情形。 |
|---|---|

**【历年真题】**

**1. 某法律援助机构实施法律援助的下列做法，哪一项是正确的？**① （14/1/50）

A. 经审查后指派律师担任甲的代理人，并根据甲的经济情况免除其80%的律师服务费

B. 指派律师担任乙的辩护人以后，乙自行另外委托辩护人，故决定终止对乙的法律援助

C. 为未成年人丙指派熟悉未成年人身心特点但无律师执业证的本机构工作人员担任辩护人

D. 经审查后认为丁的经济状况较好，不符合法律援助的经济条件，故拒绝向其提供法律咨询

**【解析】**《法律援助条例》第22条规定："办理法律援助案件的人员，应当遵守职业道德和执业纪律，提供法律援助不得收取任何财物。"故 A 项的做法错误。

《法律援助条例》第23条规定："办理法律援助案件的人员遇有下列情形之一的，应当向法律援助机构报告，法律援助机构经审查核实的，应当终止该项法律援助：（一）受援人的经济收入状况发生变化，不再符合法律援助条件的；（二）案件终止审理或者已被撤销的；（三）受援人又自行委托律师或其他代理人的；（四）受援人要求终止法律援助的。"故 B 项的做法正确。丁的经济状况较好，不符合法律援助的经济条件，可以拒绝向其提供法律援助，而不是拒绝法律咨询，故 D 错误。

《关于刑事诉讼法律援助工作的规定》第9条规定："犯罪嫌疑人、被告人具有下列情形之

---

① B

一没有委托辩护人的,公安机关、人民检察院、人民法院应当自发现该情形之日起3日内,通知所在地同级司法行政机关所属法律援助机构指派律师为其提供辩护:(一)未成年人;(二)盲、聋、哑人;(三)尚未完全丧失辨认或者控制自己行为能力的精神病人;(四)可能被判处无期徒刑、死刑的人。"故C的做法错误。

**2.** 根据《法律援助条例》等规定,下列关于法律援助的哪一说法是不能成立的?① (13/1/50)

A. 在共同犯罪案件中,其他犯罪嫌疑人、被告人已委托辩护人的,本人及其近亲属可向法律援助机构提出法律援助申请,法律援助机构无须进行经济状况审查

B. 律师事务所拒绝法律援助机构的指派,不安排本所律师办理法律援助案件的,由司法行政部门给予警告,责令改正

C. 我国的法律援助实行部分无偿服务、部分为"缓交费"或"减费"形式有偿服务的制度

D. 检察院审查批准逮捕时,认为公安机关对犯罪嫌疑人应当通知辩护而没有通知的,应当通知公安机关予以纠正,公安机关应当将纠正情况通知检察院

【解析】 根据《刑事诉讼法司法解释》第43条的规定,"具有下列情形之一,被告人没有委托辩护人的,人民法院可以通知法律援助机构指派律师为其提供辩护:(一)共同犯罪案件中,其他被告人已经委托辩护人……"。根据《法律援助条例》第12条第1款的规定,"公诉人出庭公诉的案件,被告人因经济困难或者其他原因没有委托辩护人,人民法院为被告人指定辩护时,法律援助机构应当提供法律援助。"在共同犯罪案件中,其他犯罪嫌疑人、被告人已委托辩护人的,人民法院可以通知法律援助机构指派律师为其提供辩护,法律援助机构应当提供法律援助,无须进行经济状况审查。选项A正确。

根据《法律援助条例》第27条的规定:"律师事务所拒绝法律援助机构的指派,不安排本所律师办理法律援助案件的,由司法行政部门给予警告、责令改正;情节严重的,给予1个月以上3个月以下停业整顿的处罚。"所以,选项B正确。

根据《法律援助条例》第2条的规定:"符合本条例规定的公民,可以依照本条例获得法律咨询、代理、刑事辩护等无偿法律服务。"我国的法律援助都是无偿服务,所以选项C错误。

根据《刑事诉讼法》第8条的规定:"人民检察院依法对刑事诉讼实行法律监督。"检察院是我国法定的法律监督机关,在公安机关存在违法行为时,检察院有权通知其纠正,公安机关应当将纠正情况通知检察院。所以,选项D正确。

**3.** 某检察院对王某盗窃案提出二审抗诉,王某未委托辩护人,欲申请法律援助。对此,下列哪一说法是正确的?② (15/1/49)

A. 王某申请法律援助只能采用书面形式

B. 法律援助机构应当严格审查王某的经济状况

C. 法律援助机构只能委派律师担任王某的辩护人

D. 法律援助机构决定不提供法律援助时,王某可以向该机构提出异议

【解析】 《法律援助条例》第17条规定:"申请应当采用书面形式,填写申请表;以书面形式提出申请确有困难的,可以口头申请,由法律援助机构工作人员或者代为转交申请的有关机

---

① C
② C

构工作人员作书面记录。"故 A 项的说法是错误的。

《法律援助条例》第 18 条规定:"法律援助机构收到法律援助申请后,应当进行审查;认为申请人提交的证件、证明材料不齐全的,可以要求申请人作出必要的补充或者说明,申请人未按要求作出补充或者说明的,视为撤销申请;认为申请人提交的证件、证明材料需要查证的,由法律援助机构向有关机关、单位查证。"此处并未特别强调严格审查王某的经济状态。故 B 项的说法错误。

《法律援助条例》第 19 条规定:"申请人对法律援助机构作出的不符合法律援助条件的通知有异议的,可以向确定该法律援助机构的司法行政部门提出,司法行政部门应当在收到异议之日起 5 个工作日内进行审查,经审查认为申请人符合法律援助条件的,应当以书面形式责令法律援助机构及时对该申请人提供法律援助。"故 D 项的说法错误。

4. 根据《法律援助条例》和《关于刑事诉讼法律援助工作的规定》,下列哪些表述是正确的?① (16/1/85)

　　A. 区检察院提起抗诉的案件,区法院应当通知区法律援助中心为被告人甲提供法律援助

　　B. 家住 A 县的乙在邻县涉嫌犯罪被邻县检察院批准逮捕,其因经济困难可向 A 县法律援助中心申请法律援助

　　C. 县公安局没有通知县法律援助中心为可能被判处无期徒刑的丙提供法律援助,丙可向市检察院提出申诉

　　D. 县法院应当准许强制医疗案件中的被告丁以正当理由拒绝法律援助,并告知其可另行委托律师

【解析】 《关于刑事诉讼法律援助工作的规定》第 2 条第 3 款规定:"具有下列情形之一,犯罪嫌疑人、被告人没有委托辩护人的,可以依照前款规定申请法律援助:(一)有证据证明犯罪嫌疑人、被告人属于一级或者二级智力残疾的;(二)共同犯罪案件中,其他犯罪嫌疑人、被告人已委托辩护人的;(三)人民检察院抗诉的;(四)案件具有重大社会影响的。"基于此,人民检察院抗诉的案件,仍然要求被告人申请法律援助,而不是由法院通知法律援助中心为其提供法律援助。故 A 的表述错误。

《关于刑事诉讼法律援助工作的规定》第 3 条规定:"公诉案件中的被害人及其法定代理人或者近亲属,自诉案件中的自诉人及其法定代理人,因经济困难没有委托诉讼代理人的,可以向办理案件的人民检察院、人民法院所在地同级司法行政机关所属法律援助机构申请法律援助。"由此可见,乙应当向邻县法律援助中心申请法律援助,故 B 项说法错误。

《关于刑事诉讼法律援助工作的规定》第 24 条规定:"犯罪嫌疑人、被告人及其近亲属、法定代理人,强制医疗案件中的被申请人、被告人的法定代理人认为公安机关、人民检察院、人民法院应当告知其可以向法律援助机构申请法律援助而没有告知,或者应当通知法律援助机构指派律师为其提供辩护或者诉讼代理而没有通知的,有权向同级或者上一级人民检察院申诉或者控告。人民检察院应当对申诉或者控告及时进行审查,情况属实的,通知有关机关予以纠正。"基于此,C 项的说法正确。

《法律援助条例》第 23 条规定:"办理法律援助案件的人员遇有下列情形之一的,应当向法律援助机构报告,法律援助机构经审查核实的,应当终止该项法律援助:(一)受援人的经济

---

① CD

收入状况发生变化,不再符合法律援助条件的;(二)案件终止审理或者已被撤销的;(三)受援人又自行委托律师或者其他代理人的;(四)受援人要求终止法律援助的。"基于此,D 的说法正确。

# 第五章 公证制度及公证员职业道德

【本章重点难点提示】

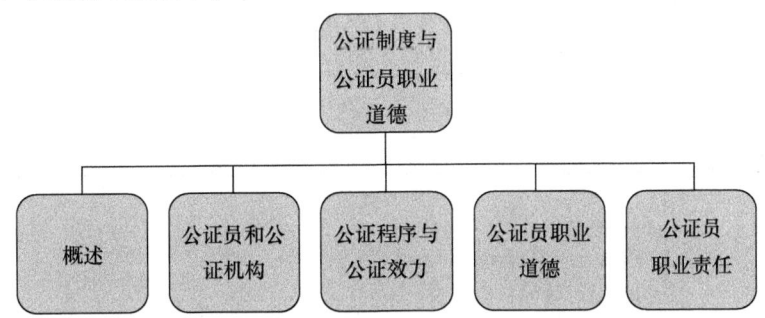

1. 公证业务范围;
2. 公证员的权利与义务;
3. 公证的程序与效力。

## 一、我国公证制度的特征

| | |
|---|---|
| 特殊的证明活动 | 主体的特定性:只能由公证机构统一行使。公证机构出具的法律文书具有普遍的法律约束力,以及广泛性、通用性、可靠性、权威性。 |
| | 对象和内容的特定性:公证对象是没有争议的民事法律行为、有法律意义的事实和文书;公证的内容是证明公证对象的真实性与合法性。 |
| | 效力的特殊性:公证文书具有证据效力、强制执行效力、法律行为成立要件效力。 |
| | 程序的法定性。 |
| 非诉的司法活动 | 公证是一种预防性的法律制度,其活动的宗旨是通过公证活动预防纠纷,避免不法行为的发生,减少诉讼。 |

## 二、我国公证管理体制

| |
|---|
| 我国实行司法行政机关行政管理与公证员协会行业管理相结合的公证管理体制。 |

## 三、公证机构的设立

| 设立条件 | 有自己的名称； |
| --- | --- |
| | 有固定的场所； |
| | 有 2 名以上公证员； |
| | 有开展公证业务所必需的资金。 |
| 批准机关 | 设立公证机构，由所在地的司法行政部门报省、自治区、直辖市人民政府司法行政部门按照规定程序批准后，颁发公证机构执业证书。 |
| 负责人 | 公证机构的负责人应当在有 3 年以上执业经历的公证员中推选产生，由所在地的司法行政部门核准，报省、自治区、直辖市人民政府司法行政部门备案。 |

## 四、公证的业务范围

| | |
| --- | --- |
| 根据自然人、法人或者其他组织的申请，公证机构办理右列公证事项： | (1) 合同； <br> (2) 继承； <br> (3) 委托、声明、赠与、遗嘱； <br> (4) 财产分割； <br> (5) 招标投标、拍卖； <br> (6) 婚姻状况、亲属关系、收养关系； <br> (7) 出生、生存、死亡、身份、经历、学历、学位、职务、职称、有无违法犯罪记录； <br> (8) 公司章程； <br> (9) 保全证据； <br> (10) 文书上的签名、印鉴、日期，文书的副本、影印本与原本相符； <br> (11) 自然人、法人或者其他组织自愿申请办理的其他公证事项。 <br> 法律、行政法规规定应当公证的事项，有关自然人、法人或者其他组织应当向公证机构申请办理公证。 |
| 根据自然人、法人或者其他组织的申请，公证机构可以办理右列事务： | (1) 法律、行政法规规定由公证机构登记的事务； <br> (2) 提存； <br> (3) 保管遗嘱、遗产或者其他与公证事项有关的财产、物品、文书； <br> (4) 代写与公证事项有关的法律事务文书； <br> (5) 提供公证法律咨询。 |
| 公证机构不得有右列行为： | (1) 为不真实、不合法的事项出具公证书； <br> (2) 毁损、篡改公证文书或者公证档案； <br> (3) 以诋毁其他公证机构、公证员或者支付回扣、佣金等不正当手段争揽公证业务； <br> (4) 泄露在执业活动中知悉的国家秘密、商业秘密或者个人隐私； <br> (5) 违反规定的收费标准收取公证费； <br> (6) 法律、法规、国务院司法行政部门规定禁止的其他行为。 |

## 五、公证员的条件与任免

| | |
|---|---|
| 担任公证员的条件 | (1) 具有中华人民共和国国籍；<br>(2) 年龄25周岁以上65周岁以下；<br>(3) 公道正派，遵纪守法，品行良好；<br>(4) 通过国家司法考试；<br>(5) 在公证机构实习2年以上或者具有3年以上其他法律职业经历并在公证机构实习1年以上，经考核合格。 |
| 考核任职 | 从事法学教学、研究工作，具有高级职称的人员，或者具有本科以上学历，从事审判、检察、法制工作、法律服务满10年的公务员、律师，已经离开原工作岗位，经考核合格的，可以担任公证员。 |
| 不得担任公证员的情形： | (1) 无民事行为能力或者限制民事行为能力的；<br>(2) 因故意犯罪或者职务过失犯罪受过刑事处罚的；<br>(3) 被开除公职的；<br>(4) 被吊销执业证书的。 |
| 任命程序 | 担任公证员，应当由符合公证员条件的人员提出申请，经公证机构推荐，由所在地的司法行政部门报省、自治区、直辖市人民政府司法行政部门审核同意后，报请国务院司法行政部门任命，并由省、自治区、直辖市人民政府司法行政部门颁发公证员执业证书。 |
| 免职情形 | 公证员有下列情形之一的，由所在地的司法行政部门报省、自治区、直辖市人民政府司法行政部门提请国务院司法行政部门予以免职：<br>(1) 丧失中华人民共和国国籍的；<br>(2) 年满65周岁或者因健康原因不能继续履行职务的；<br>(3) 自愿辞去公证员职务的；<br>(4) 被吊销公证员执业证书的。 |

## 六、公证的程序

| | |
|---|---|
| 公证当事人 | 无民事行为能力人或者限制民事行为能力人申办公证，应当由其监护人代理。法人申办公证，应当由其法定代表人代表。其他组织申办公证，应当由其负责人代表。 |
| | 当事人可以委托他人代理申办公证，但申办遗嘱、遗赠扶养协议、赠与、认领亲子、收养关系、解除收养关系、生存状况、委托、声明、保证及其他与自然人人身有密切关系的公证事项，应当由其本人亲自申办。公证员、公证机构的其他工作人员不得代理当事人在本公证机构申办公证。 |
| | 居住在我国香港、澳门、台湾地区的当事人，委托他人代理申办涉及继承、财产权益处分、人身关系变更等重要公证事项的，其授权委托书应当经其居住地的公证人（机构）公证，或者经司法部指定的机构、人员证明。 |
| | 居住在国外的当事人，委托他人代理申办前款规定的重要公证事项的，其授权委托书应当经其居住地的公证人（机构）、我驻外使（领）馆公证。 |

(续表)

| | |
|---|---|
| 执业区域 | 公证事项由当事人住所地、经常居住地、行为地或者事实发生地的公证机构受理。涉及不动产的公证事项,由不动产所在地的公证机构受理;涉及不动产的委托、声明、赠与、遗嘱的公证事项,可以适用前款规定。 |
| | 两个以上当事人共同申办同一公证事项的,可以共同到行为地、事实发生地或者其中一名当事人住所地、经常居住地的公证机构申办。 |
| | 当事人向两个以上可以受理该公证事项的公证机构提出申请的,由最先受理申请的公证机构办理。 |
| 不予办理公证的事项 | (1) 无民事行为能力人或者限制民事行为能力人没有监护人代理申请办理公证的;<br>(2) 当事人与申请公证的事项没有利害关系的;<br>(3) 申请公证的事项属专业技术鉴定、评估事项的;<br>(4) 当事人之间对申请公证的事项有争议的;<br>(5) 当事人虚构、隐瞒事实,或者提供虚假证明材料的;<br>(6) 当事人提供的证明材料不充分又无法补充,或者拒绝补充证明材料的;<br>(7) 申请公证的事项不真实、不合法的;<br>(8) 申请公证的事项违背社会公德的;<br>(9) 当事人拒绝按照规定支付公证费的。 |
| 终止公证事项 | (1) 因当事人的原因致使该公证事项在6个月内不能办结的;<br>(2) 公证书出具前当事人撤回公证申请的;<br>(3) 因申请公证的自然人死亡、法人或者其他组织终止,不能继续办理公证或者继续办理公证已无意义的;<br>(4) 当事人阻挠、妨碍公证机构及承办公证员按规定的程序、期限办理公证的;<br>(5) 其他应当终止的情形。 |

## 七、公证的效力

公证的效力
- 证据效力:经过公证的民事行为、事实和文书,应当作为认定事实的根据。
- 强制执行力:公证的债权文书,债权人可以向有管辖权的法院申请执行。
- 法律行为成立要件效力
  - 法律、行政法规规定当事人必须公证的事项。
  - 双方当事人约定必须公证的事项。
  - 我国公民、法人或其他组织需在境外使用的某些文书(如结婚、学历、职称等证书)。

## 八、公证员职业道德

| | |
|---|---|
| 忠于事实<br>忠于法律 | (1) 遵守法定**回避**制度；<br>(2) 自觉履行执业**保密**义务；<br>(3) 在履行职责时，对违法、违规、违公德的行为，积极采取措施予以纠正、制止。 |
| 爱岗敬业<br>规范服务 | (1) 应在履行职责时，告知权利和义务；<br>(2) 在执行职务时，应当平等、热情地对待，尊重差别；<br>(3) 应当注重礼仪，做到着装规范、举止文明，维护职业形象；<br>(4) 如果发现已生效的公证文书存在问题或其他公证员有违法、违规行为，应当及时向有关部门反映。 |
| 清正廉洁<br>同业互助 | (1) 应当树立廉洁自律意识，遵守职业道德和执业纪律，不得从事有报酬的其他职业和与公证员职务、身份不相符的活动。<br>(2) 应当妥善处理个人事务，不得利用其身份和职务为自己、亲属或他人谋取利益。<br>(3) 不得索取或接受当事人及其代理人、利害关系人的答谢款待、馈赠财物或其他利益。<br>(4) 应当互相尊重，与同行保持良好的合作关系，公平竞争，同业互助，共谋发展。<br>(5) 不得以不正当方式或途径对其他公证员正在办理的公证事项进行干预或施加影响。<br>(6) 不得从事不正当竞争行为 |
| 加强修养<br>提高素质 | 略 |

【历年真题】

**1.** 盘叔系某山村农民，为人正派，热心公益，几十年来为村邻调解了许多纠纷，也无偿代理了不少案件，受到普遍肯定。下列哪一说法是正确的？① (13/1/49)

A. 法官老林说盘叔是个"土法官"，为充分发挥作用，可临时聘请其以人民陪审员身份参与审判活动

B. 检察官小张说盘叔见多识广，检察院可以聘请其为检察监督员

C. 律师小李说盘叔扰乱了法律服务秩序，应该对其进行批评教育，并禁止其继续代理案件

D. 公证员老万说盘叔熟悉法律法规，有几十年处理纠纷经验，经考核合格，可以担任公证员

【解析】 根据《法院组织法》第37条的规定："有选举权和被选举权的年满二十三岁的公民，可以被选举为人民陪审员，但是被剥夺过政治权利的人除外。"陪审员由选举产生，法官老林无权临时聘请盘叔为陪审员。所以选项 A 错误。

---

① B

根据《最高人民检察院关于实行人民监督员制度的规定》第4条的规定:"人民监督员应当具备下列条件:(一)拥护中华人民共和国宪法;(二)有选举权和被选举权;(三)年满二十三周岁;(四)公道正派,有一定的文化水平;(五)身体健康。"《最高人民检察院关于实行人民监督员制度的规定》第7条规定:"省级以下人民检察院人民监督员由上一级人民检察院组织选任;有条件的省、自治区、直辖市可以由省级人民检察院统一组织选任人民监督员。"盘叔符合人民监督员的条件,检察院可以聘请盘叔为检察监督员,所以选项B正确。

根据《民事诉讼法》第58条规定:"当事人、法定代理人可以委托一至二人作为诉讼代理人。下列人员可以被委托为诉讼代理人:(一)律师、基层法律服务工作者;(二)当事人的近亲属或者工作人员;(三)当事人所在社区、单位以及有关社会团体推荐的公民。"盘叔得到当事人所在社区、单位以及有关社会团体推荐,并无偿充当诉讼代理人并无不当。所以,选项C错误。

根据《公证法》第18条规定,"担任公证员,应当具备下列条件:(一)具有中华人民共和国国籍;(二)年龄二十五周岁以上六十五周岁以下;(三)公道正派,遵纪守法,品行良好;(四)通过国家司法考试;(五)在公证机构实习二年以上或者具有三年以上其他法律职业经历并在公证机构实习一年以上,经考核合格。"从题目中可以看出盘叔并不具备(四)(五)两个条件。所以,选项D错误。

**2. 下列哪些行为违反了相关法律职业规范规定?**① (13/1/85)

A. 某律师事务所明知李律师的伯父是甲市中院领导,仍指派其到该院代理诉讼

B. 检察官高某在办理一起盗车并杀害车内行动不便的老人案件时,发现网上民愤极大,即以公诉人身份跟帖向法院建议判处被告死刑立即执行

C. 在法庭上,公诉人车某发现李律师发微博,当庭予以训诫,审判长怀法官未表明态度

D. 公证员张某根据甲公司董事长申请,办理了公司章程公证,张某与该董事长系大学同学

【解析】 根据《最高人民法院关于审判人员在诉讼活动中执行回避制度若干问题的规定》第9条规定:"审判人员及法院其他工作人员的配偶、子女或者父母不得担任其所任职法院审理案件的诉讼代理人或者辩护人。"甲市中院领导是李律师的伯父,并没有违反法律的规定。所以,选项A不符合题意。

根据《检察官职业道德基本准则(试行)》第19条的规定:"树立程序意识,坚持程序公正与实体公正并重,严格遵循法定程序,维护程序正义。"检察官高某应按照既有的法定程序提出定罪量刑的建议。所以,选项B正确。

根据《检察官职业道德基本准则(试行)》第20条的规定:"树立人权保护意识,尊重诉讼当事人、参与人及其他有关人员的人格,保障和维护其合法权益。"根据《刑事诉讼法》第194条规定:"在法庭审判过程中,如果诉讼参与人或者旁听人员违反法庭秩序,审判长应当警告制止。对不听制止的,可以强行带出法庭;情节严重的,处以一千元以下的罚款或者十五日以下的拘留。"审判长怀法官是法庭秩序的维护者,公诉人车某无权对李律师当庭予以训诫。所以,选项C正确。

根据《公证员执业管理办法》第23条的规定:"公证员应当依法履行公证职责,不得有下

---

① BC

列行为：……（三）为本人及近亲属办理公证或者办理与本人及近亲属有利害关系的公证；（四）私自出具公证书……"张某与甲公司董事长系大学同学，双方之间不存在近亲属的关系，也不存在其他的利害关系。所以，选项 D 不符合题意。

**3.** 关于我国公证的业务范围、办理程序和效力，下列哪一选项符合《公证法》的规定？① （15/1/50）
  A. 申请人向公证机关提出保全网上交易记录，公证机关以不属于公证事项为由拒绝
  B. 自然人委托他人办理财产分割、赠与、收养关系公证的，公证机关不得拒绝
  C. 因公证具有较强的法律效力，要求公证机关在办理公证业务时不能仅作形式审查
  D. 法院发现当事人申请执行的公证债权文书确有错误的，应裁定不予执行并撤销该公证书

【解析】 根据《公证法》第11条规定："根据自然人、法人或者其他组织的申请，公证机构办理下列公证事项……（九）保全证据……"保全网上交易记录属于法定的公正事项，故 A 项的做法不符合《公证法》的规定。

《公证法》第26条规定："自然人、法人或者其他组织可以委托他人办理公证，但遗嘱、生存、收养关系等应当由本人办理公证的除外。"故 B 项的说法不符合《公证法》的规定。

《公证法》第28条规定："公证机构办理公证，应当根据不同公证事项的办证规则，分别审查下列事项：（一）当事人的身份、申请办理该项公证的资格以及相应的权利；（二）提供的文书内容是否完备，含义是否清晰，签名、印鉴是否齐全；（三）提供的证明材料是否真实、合法、充分；（四）申请公证的事项是否真实、合法。"故 C 项的说法符合《公证法》的规定。

根据《公证法》第37条规定："债权文书确有错误的，人民法院裁定不予执行，并将裁定书送达双方当事人和公证机构。"故 D 项的说法不符合《公证法》的规定。

**4.** 法律职业人员在业内、业外均应注重清正廉洁，严守职业道德和纪律规定。下列哪些行为违反了相关职业道德和纪律规定？② （15/1/84）
  A. 赵法官参加学术研讨时无意透露了未审结案件的内部讨论意见
  B. 钱检察官相貌堂堂，免费出任当地旅游局对外宣传的"形象大使"
  C. 孙律师在执业中了解到委托人公司存在严重的涉嫌偷税犯罪行为，未向税务机关举报
  D. 李公证员代其同学在自己工作的公证处申办学历公证

【解析】 《人民法院工作人员处分条例》第87条规定："因过失导致国家秘密、审判执行工作秘密及其他工作秘密、履行职务掌握的商业秘密或者个人隐私被泄露，造成不良后果的，给予警告、记过或者记大过处分；情节较重的，给予降级或者撤职处分；情节严重的，给予开除处分。"故 A 项中赵法官无意透露未审结案件的内部讨论意见的行为属于违反法官职业道德和纪律的行为。

《检察官职业道德基本准则》第28条规定："不利用职务便利或者检察官的身份、声誉及影响，为自己、家人或者他人谋取不正当利益；不从事、参与经商办企业、违法违规营利活动，以及其他可能有损检察官廉洁形象的商业、经营活动；不参加营利性或者可能借检察官影响力营利的社团组织。"钱检察官长得帅，免费做"形象大使"，无损于检察官廉洁形象，不属于违反职

---

① C
② AD

业道德和职业纪律的行为。

《律师法》第 38 条规定:"律师对在执业活动中知悉的委托人和其他人不愿泄露的情况和信息,应当予以保密。但是,委托人或者其他人准备或者正在实施危害国家安全、公共安全以及严重危害他人人身、财产安全的犯罪事实和信息除外。"由此可见,C 项中的律师行为并未违反职业道德和职业纪律。

《公证程序规则》第 10 条规定:"……公证员、公证机构的其他工作人员不得代理当事人在本公证机构申办公证。"D 项中李公证员的行为违反了职业道德和职业纪律。

**5.** 法律职业人员应自觉遵守回避制度,确保司法公正。关于法官、检察官、律师和公证员等四类法律职业人员的回避规定,下列哪些判断是正确的?① (15/1/85)

A. 与当事人(委托人)有近亲属关系,是法律职业人员共同的回避事由
B. 法律职业人员的回避,在其《职业道德基本准则》中均有明文规定
C. 法官和检察官均有任职回避的规定,公证员则无此要求
D. 不同于其他法律职业,律师回避要受到委托人意思的影响

【解析】 律师与当事人之间有近亲属关系并不构成回避的理由,故 A 项的判断错误。

《法官职业道德基本准则》第 13 条、《检察官职业道德基本准则》第 16 条、《公证员职业道德基本准则》第 4 条都是关于回避制度的规定,但是对律师回避的规定在《律师职业行为规范》第 49 条,故 B 项的说法错误。

《检察官法》第 19 条、第 20 条,《法官法》第 16 条和第 17 条是关于任职回避的规定。《公证法》47 个条文中无关于任职回避的规定。故 C 项的说法正确。

《律师执业行为规范》规定:同一律师事务所的不同律师同时担任同一刑事案件的被害人的代理人和犯罪嫌疑人、被告人的辩护人,但在该县区域内只有一家律师事务所且事先征得当事人同意的除外。基于此,D 项的说法正确。

**6.** 关于我国法律职业人员的入职条件与业内、业外行为的说法:① 法官和检察官的任职禁止条件完全相同;② 被辞退的司法人员不能担任律师和公证员;③ 王某是甲市中院的副院长,其子王二不能同时担任甲市乙县法院的审判员;④ 李法官利用业余时间提供有偿网络法律咨询,应受到惩戒;⑤ 刘检察官提出检察建议被采纳,效果显著,应受到奖励;⑥ 张律师两年前因私自收费被罚款,目前不能成为律所的设立人。对上述说法,下列判断正确的是②: (15/1/99)

A. ①⑤正确 B. ②④错误 C. ②⑤正确 D. ③⑥错误

【解析】 根据《法官法》和《检察官法》,被开除公职和因犯罪受过刑事处罚的人不得担任法官和检察官。故①的说法正确。

根据《律师法》第 7 条的规定:"申请人有下列情形之一的,不予颁发律师执业证书:(一) 无民事行为能力或者限制民事行为能力的;(二) 受过刑事处罚的,但过失犯罪的除外;(三) 被开除公职或者被吊销律师执业证书的。"根据《公证法》第 20 条规定:"有下列情形之一的,不得担任公证员:(一) 无民事行为能力或者限制民事行为能力的;(二) 因故意犯罪或者职务过失犯罪受过刑事处罚的;(三) 被开除公职的;(四) 被吊销执业证书的。"从以上两

---

① CD
② AD

个条文可以看出,被开除公职的人员不能担任律师和公证员,辞退不在禁止任职的事由之列。故②的说法错误。

根据《法官法》,具有夫妻关系、直属血亲关系、近姻亲关系、三代以内旁系血亲关系不能同时担任上下相邻两级的人民法院的院长、副院长。故父亲是市中院的副院长,儿子是下级法院的审判员,这种情形不在法官任职的职务回避的事由之列,故③的说法错误。

《人民法院工作人员处分条例》第63条规定:"违反规定从事或者参与营利性活动,在企业或者其他营利性组织中兼职的,给予记过或记大过处分;情节较重的,给予降级或者撤职处分;情节严重的,给予开除处分。"故④的说法正确。

《检察官法》第33条规定:"检察官有下列表现之一的,应当给予奖励:……(二)提出检察建议或者对检察工作提出改革建议被采纳,效果显著的;……"基于此,⑤的说法正确。

《律师事务所管理办法》第6条规定:"设立律师事务所应当具备下列基本条件:……(三)设立人应当是具有一定的执业经历并能够专职执业的律师,且在申请设立前3年内未受过停止执业处罚……"基于此,⑥的说法错误。

综上所述,本题的答案为AD。

**7. 关于公证制度和业务,下列哪一选项是正确的?**① （16/1/50）

A. 依据统筹规划、合理布局设立的公证处,其名称中的字号不得与国内其他公证处的字号相同或者相近

B. 省级司法行政机关有权任命公证员并颁发公证员执业证书,变更执业公证处

C. 黄某委托其子代为办理房屋买卖手续,其住所地公证处可受理其委托公证的申请

D. 王某认为公证处为其父亲办理的放弃继承公证书错误,向该公证处提出复议的申请

【解析】《公证机构执业管理办法》第18条规定:"公证机构名称中的字号,应当由两个以上文字组成,并不得与所在省、自治区、直辖市内设立的其他公证机构的名称中的字号相同或者近似。"故A错。

《公证法》第21条规定:"担任公证员,应当由符合公证员条件的人员提出申请,经公证机构推荐,由所在地的司法行政部门报省、自治区、直辖市人民政府司法行政部门审核同意后,报请国务院司法行政部门任命,并由省、自治区、直辖市人民政府司法行政部门颁发公证员执业证书。"由此可见,公证员由司法部任命,故B错。

《公证程序规则》第11条规定:"当事人可以委托他人代理申办公证,但申办遗嘱、遗赠扶养协议、赠与、认领亲子、收养关系、解除收养关系、生存状况、委托、声明、保证及其他与自然人人身有密切关系的公证事项,应当由其本人亲自申办。"可见房屋买卖手续不属于禁止委托他人代办公证的事项,故C对。

《公正程序规则》第61条:"公证事项的利害关系人认为公证书有错误的,可以自知道或者应当知道该项公证之日起一年内向出具该公证书的公证机构提出复查,但能证明自己不知道的除外。提出复查的期限自公证书出具之日起最长不得超过二十年。"据此,利害关系人提出的是复查而不是复议,故D错。

---

① C

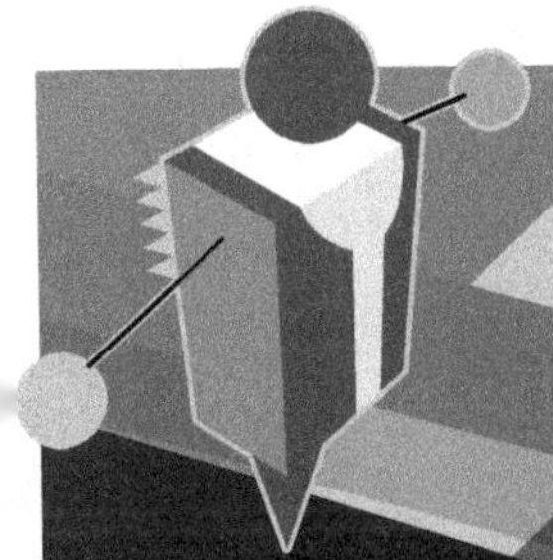

司考一本通

# 国际公法·国际私法·国际经济法

编著 李毅

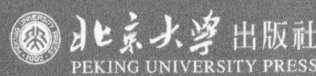

# 编写说明

实行统一的国家司法考试，不仅是我国司法改革的一项重大举措，也是我国法学教育改革的突破口。从律考转变为司考后，使得更多适合条件的考生热衷于此，司法考试也逐渐形成了市场，辅导用书层出不穷。然而在众多的司考辅导用书当中，如何作出选择，便成了备考考生一个头痛的问题。

司考该用何种辅导书？我们认为，要用"看一本就能通"的书。为了达成此目的，我们努力使本书具备了如下特色：

**特色一　名师编著、套书完整**

本书由来胜全方位法律人培训力邀各科司考名师亲自执笔，集结了老师们多年的司考辅导经验和智慧。本书共分八小册，涵盖了最新考纲的重要考点。

**特色二　内容精炼、针对性强**

本书强调内容的精炼和实战性。针对重要的考点，我们结合历年司考的规律，对其进行精讲，并针对实际考查情况和精讲内容，提供例题以提高实战能力。

**特色三　体例安排科学合理**

根据考纲的要求及体系，我们选出了各科的重要考点并对其从以下三个方面为考生提供帮助。

一、精讲。对当前考点进行精当、有效的讲解，以帮助读者掌握当前考点的精要，具备解决问题的基本能力。

二、例题。针对当前考点，并结合精讲内容，使考生得到及时、有效的练习，提高应试能力，并在修正自己错误的过程中得到提高。

三、提示与预测。主要是针对一些应当特别注意的问题的提示，以及对2017年司考动向的预测。

业精于勤而荒于嬉，行成于思而毁于随。当您拥有了本书，您便得到了一片肥沃的黑土，若能加以勤耕，今日播下的种子，定能在那金秋结出胜利的果实！

编者

2017年5月

# 前　言

2016年的司法考试卷一试题中，三国法部分考了31分，2015年考了29分，近两年考查分数有所下降。2010—2014年这5年三国法每年均为26道题，共计39分。总体来看，三国法的考题基本上延续了以前的特点，即注重考查传统重点和热点、新增考点，并涉及少量生僻考点。预计2017年考题风格不会有太大变化。

1. 国际公法

从近几年的真题来看，国际公法部分近年在司法考试中平均分值约在12分左右，但近两年为7分。近年真题涉及的大多都是中国在外交实践中可能经常碰到的问题或知识点，比如引渡和庇护、领海、专属经济区、大陆架、管辖权的冲突、战争犯罪、外交特权与豁免的范围、条约的效力、解释和适用等。相应的，考生复习也应注意能够结合所学知识，提高实际分析问题的能力。就重点问题的考查而言，国际公法的考题涉及的联合国、国际法院的管辖权、外交特权与豁免、使馆的特权与豁免、国际法律责任、条约的终止等均属于传统重点。国际公法的考题通常也涉及热点问题，如2014年考了联合国表决制度、国家主权豁免、国际海洋法法庭等。2015年考了联合国大会和安理会的职权、引渡、中国国籍法法条等。2016年则考了联合国安理会的表决制度、领土的取得方式、领海制度等。

从司法考试大纲来看，国际公法包括国际法的一般理论、国际法的主体、国际责任、国际法上的空间划分、国际法上的居民、外交和领事关系法、条约法、国际争端的解决以及战争法九个章节的内容。在这些章节中，没有特别突出的重点章节，几乎每章都可能出现考题，其内容较多，知识点琐碎，各章节之间的内在有机联系往往并不密切，体系比较庞杂，对有些考生而言也较为陌生，需要考生在复习过程中通过多做练习的方式巩固有关知识点，否则容易在看完教材后很快就记忆模糊，从而导致在考试中失分。国际公法部分通常以考查各章节的基本理论方面的内容为主，但在近年的考试中一再出现直接考查《中华人民共和国国籍法》《中华人民共和国引渡法》《中华人民共和国入境出境管理法》等法律、法规的题目，考生应予以注意。从近几年的考试来看，国际公法的个别考题也涉及生僻一些的考点，非重点的部分也可能成为考查的内容，比如2014年考了加入联合国的程序、群岛水域、条约的登记、外交特权与豁免制度中"不受欢迎的人"等，2015年考了中国条约缔结程序法的具体规定、委派非派遣国国民担任领事官员的制度等，2016年则考了界标维护的规则及边境管理制度等一些较为生僻的考点。

因此，对于国际公法的内容应全面掌握，重点记忆。

2. 国际私法

国际私法部分在近年的司法考试中平均分值约为15分左右，但近两年为11分。国际私法包括国际私法的基本理论、基本制度、涉外民事法律关系的法律适用以及国际民事诉讼与国际商事仲裁几个部分。与国际公法和国际经济法相比，其考点十分突出，即以考查涉外民事法律关系的法律适用和涉外争议解决程序为主，直接考查法条的题目居多，考点重复率较高。《涉外民事关系法律适用法》、最高人民法院《关于适用〈中华人民共和国涉外民事关系法律适用法〉若干问题的解释(一)》《民法通则》及其意见、《海商法》《民用航空法》《票据法》《继承法》《民事诉讼法》及其司法解释中关于涉外民事法律关系法律适用及涉外民事诉讼的规则都会涉及,应全面掌握。考生在复习国际私法部分时,对于国际私法的基本理论和冲突规范的基本制度部分应以理解为主,对于法律适用部分则必须记忆《民法通则》第八编以及相关法律条文的内容。

除注重传统重点的复习之外,还应特别注意当年的新增考点和近年的次新考点。某些题目考查大家对于具体冲突规范连接点或者涉外仲裁、涉外诉讼程序中具体规定例如管辖权、涉外诉讼代理、涉外送达、取证、法院判决的承认与执行等知识点记忆的准确性。

国际私法内容尽管较多,但条理分明,知识框架体系简洁明确,主要的考点如法律适用的法条、基本制度(识别、反致、外国法的查明、公共秩序保留、法律规避)及国际民事诉讼程序等方面的考点在真题中重复率很高,建议在重视真题的基础上多做一些练习题目,通过做题来检验和巩固自己对相关知识点的掌握。

3. 国际经济法

国际经济法部分在近年的司法考试中分值平均约在15分左右,但近两年为11分。国际经济法分为相对独立的几个部分,包括国际货物买卖、国际货物运输、国际货运保险、国际贸易支付、对外贸易管制、世界贸易组织的制度以及其他领域的制度。其中,国际货物买卖、国际货物运输、国际货运保险以及支付的内容常以案例题的形式出现,其中又以涉及买卖、运输、保险三方面的综合案例题为主。通常一个案例同时涉及买卖、运输、保险等几方面的内容,考查考生对相关规则的熟悉程度和综合分析运用的能力,因此需要考生能够将国际货物买卖、运输、保险方面的知识点融会贯通,并通过多做一些相关例题加以巩固。而国际贸易支付、对外贸易管制、世界贸易组织的制度以及其他领域的制度如知识产权保护、国际投资法、国际税法等则往往主要表现为相对简单的表述判断题,通常只要考生在理解的基础上准确记忆即可。

编者

2017年5月

# 目　录

## 国际公法

第一章　导论 …………………………………………………………（3）
第二章　国际法的主体 ………………………………………………（7）
第三章　国际法律责任 ………………………………………………（16）
第四章　国际法上的空间划分 ………………………………………（19）
第五章　国际法上的个人 ……………………………………………（34）
第六章　外交关系法与领事关系法 …………………………………（48）
第七章　条约法 ………………………………………………………（55）
第八章　国际争端的和平解决 ………………………………………（67）
第九章　战争与武装冲突法 …………………………………………（71）

## 国际私法

第一章　导论 …………………………………………………………（81）
第二章　国际私法的主体 ……………………………………………（83）
第三章　法律冲突、冲突规范和准据法 ……………………………（86）
第四章　适用冲突规范的制度 ………………………………………（90）
第五章　国际民商事法律适用 ………………………………………（98）
第六章　国际民商事争议的解决 ……………………………………（121）
第七章　区际法律问题 ………………………………………………（146）

## 国际经济法

第一章　导论（略）……………………………………………………（161）
第二章　国际货物买卖 ………………………………………………（162）
第三章　国际货物运输与保险 ………………………………………（176）
第四章　国际贸易支付 ………………………………………………（185）
第五章　我国对外贸易管理制度 ……………………………………（194）
第六章　世界贸易组织的法律制度 …………………………………（205）
第七章　国际经济法领域的其他法律制度 …………………………（215）

# 国际公法

# 第一章 导　　论

**本章知识体系：**

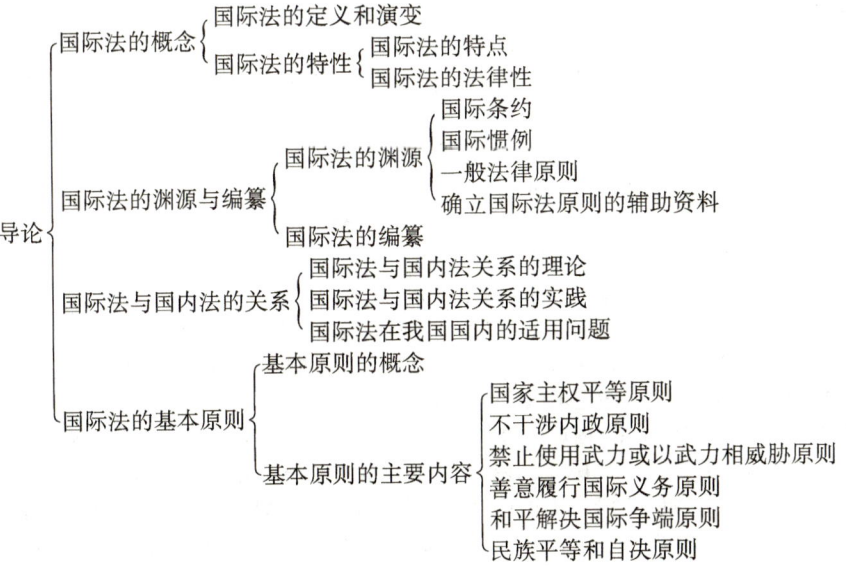

考点 **1** 国际法的特征、渊源、国际法与国内法的关系

## 一、精讲

国际法的基本理论主要涉及国际法的特征、国际法的渊源、国际法与国内法的关系、国际法的基本原则等几个方面。

### 1. 国际法的特征

国际法是法律，因而具有规范性、强制性等一切法律所具有的共性。作为一个特殊的法律体系，国际法又有别于国内法，表现出如下特征：

（1）主体与调整对象：其主体主要是国家，主要调整国家之间的关系。在某种范围和条件下，政府间国际组织和某些特定的政治实体也作为国际法的主体而存在。

（2）立法方式：各国协议共同制定。

（3）强制力的依据：国家协议意志（效力根据）。

（4）无超越国家的强制机构，通过国家单独或集体行动实施。

### 2. 国际法的渊源

国际法的渊源是国际法的原则、规则和规章、制度第一次出现的地方或最初的表现形式，它的意义在于指明去哪里寻找国际法规则，以及识别一项规则是否有效的国际法规则。

国际法的渊源为国际条约、国际习惯和一般法律原则；而其他各项是确立法律原则时的辅助资料。国际条约是现代国际法最主要的法律渊源,是国际法规则最主要的表现形式。国际习惯是指在国际交往中由各国前后一致地不断重复所形成并被广泛接受为有法律拘束力的行为规则或制度。国际习惯构成要素有两个:即物质要素或客观要素和心理要素或主观要素。较为广泛接受的观点认为,一般法律原则是指各国法律体系中所共有的一些原则,如善意、禁止反言等。此外,确立国际法原则的辅助方法本身不是国际法的渊源,包括司法判例、国际法学说和国际组织的决议等。

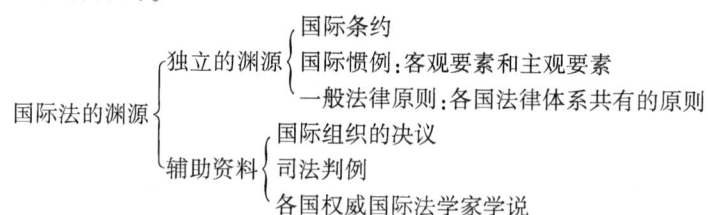

3. 国际法与国内法的关系及条约在中国的适用

从实践角度来看,二者的关系可以分为两个层面:

在国际层面,国内立法不能改变国际法的原则、规则;国家不得以其国内法规定来对抗其承担的国际义务,或以国内法规定作为违背国际义务的理由来逃避其国际责任。同时,国际法不干预一国国内法的制定,除非该国承担了相关的特殊义务。

在国内层面,典型的条约在国内适用的方式,一种称为"转化",采取这种方式的国家,要求所有条约内容都必须逐个经过相应的国内立法程序转化成为国内法,才能在国内适用;另一种称为"并入"或"采纳",即原则上所有的条约都可以在国内直接适用。许多国家一般也是两种方式兼用。从国际法的角度看,如果一国在国际法与国内法发生冲突时,由于优先适用其国内法造成其对国际法的违背,该国应对此承担相应的国家责任。

条约在我国国内的适用规则可以总结如下:

(1) 我国坚持和遵守和平共处五项原则为核心的国际法基本原则,并将其写入宪法。

(2) 对于条约在国内的适用和地位,我国宪法没有作出统一明确的规定。从一些涉及条约适用的国内立法看,条约的直接适用、条约与相关国内法并行适用、条约须经国内立法转化才能适用几种情况都存在,同时也有相当一部分法律对于条约事项未作出任何规定。

(3) 一般认为,在民商事范围内,中国缔结的条约与国内法有不同规定的部分,在国内可以直接适用,但是我国参加的知识产权领域的条约,已经或需要转化的除外。

(4) 民商事以外的条约,能否在中国国内直接适用,需要根据与该条约相关的法律规定,结合条约本身的情况进行具体考查才能作出恰当的结论。

(5) 关于条约与国内法的冲突解决,在民商事范围内,条约与国内法冲突时,条约可以优先适用,但我国参加的知识产权领域的条约,已经或需要转化的除外。与条约的适用问题相似,在整个法律范围内,条约与国内法冲突时的优先适用问题,也还没有统一全面的明确规定。

(6) 关于国际习惯在国内法中的地位,我国宪法也没有规定。从有关的民商事法律的规定来看,民事范围的国际习惯和惯例在国内适用时没有作出区分,它们的适用次序排在国内法和条约之后,是作为对国内法和条约的一种补充。

## 二、例题

1. 根据国际法有关规则和我国有关法律,当发生我国缔结且未作保留的条约条款与我国

相关国内法规定不一致的情况时,下列哪一选项是正确的?(2007年真题,单选)

A. 如条约属于民事范围,则由全国人民代表大会常务委员会确定何者优先适用
B. 如条约属于民事范围,则优先适用条约的规定
C. 如条约属于民事范围,则由法院根据具体案情,自由裁量,以公平原则确定优先适用
D. 我国缔结的任何未作保留的条约的条款与中国相关国内法的规定不一致时,优先适用条约的规定

[释疑] 关于条约在我国国内的适用规则,考点中已经作了总结。根据该规则,当发生我国缔结且未作保留的条约条款与我国相关国内法规定不一致的情况时,如条约属于民事范围,则优先适用条约的规定,故 B 选项正确。但对于民事以外的条约,究竟如何适用,则是需要具体问题具体分析,有时直接适用,有时需经转化才能适用。(答案:B)

提示:我国虽然是 WTO 规则的缔约国,但不能视其为一般的民商事条约,在我国应属于转化适用之列。

2. 甲公司是瑞士一集团公司在中国的子公司。该公司将 SNS 柔性防护技术引入中国,在做了大量的宣传后,开始被广大用户接受并取得了较大的经济效益。原甲公司员工古某利用工作之便,违反甲公司的保密规定,与乙公司合作,将甲公司的 14 幅摄影作品制成宣传资料向外散发,乙公司还在其宣传资料中抄袭甲公司的工程设计和产品设计图、原理、特点、说明,由此获得一定的经济利益。甲公司起诉后,法院根据《中华人民共和国著作权法》、《伯尔尼保护文学艺术作品公约》的有关规定,判决乙公司立即停止侵权、公开赔礼道歉、赔偿损失 5 万元。针对本案和法院的判决,下列何种说法是错误的?(2006 年真题,不定选)

A. 一切国际条约均不得直接作为国内法适用
B. 《伯尔尼保护文学艺术作品公约》可以视为中国的法律渊源
C. 《伯尔尼保护文学艺术作品公约》不是我国法律体系的组成部分,法院的判决违反了"以法律为准绳"的司法原则
D. 《中华人民共和国著作权法》和《伯尔尼保护文学艺术作品公约》分属不同的法律体系,法院在判决时不应同时适用

[释疑] 本题涉及国际法和国内法的关系、条约在中国的适用等方面的问题。国际法和国内法的关系是国际法的基本理论问题,其要点主要涉及条约和国际惯例在国内的适用方式。就我国而言,条约在国内的适用已经在前述考点分析中说明。就本题而言,《伯尔尼保护文学艺术作品公约》是我国已经参加的民商事类的条约,显然可以在国内直接适用,即法院在判决书中是可以直接援引作为判决依据的。A 选项声称一切国际条约均不得直接作为国内法适用显然是错误的。《伯尔尼保护文学艺术作品公约》作为我国参加的民商事条约,可以视为我国法律的渊源,故 C 选项错误。关于 D 选项,既然我国参加的民商事条约可以作为国内法的渊源,且我国并无禁止法院在判决时同时援引条约和国内法的规定,故 D 选项的表述亦属错误。(答案:ACD)

提示:对于 WTO 的有关规则,在我国原则上不能直接适用,而应由有关部门在制定相应国内法的情况下予以适用。本题采用了用实际案例的方式考查考生对条约在我国国内适用方式的把握,并涉及国际法和国内法的关系理论。如果考生掌握我国适用条约的几个特点,并能够认识到《伯尔尼保护文学艺术作品公约》是我国参加的民商事条约,则不难正确解答。

### 三、提示与预测

处理条约和国内法关系的理论和实践以及中国适用条约的特点,一直是考查的重点,值得

考生注意。

## 考点 2 国际法的基本原则

### 一、精讲

国际法的基本原则是指被各国公认的、具有普遍意义的、适用于国际法一切效力范围内的、构成国际法基础和核心并具有强行法性质的国际法原则。

强行法,或国际法强行规则,"是指国家之国际社会全体接受,并公认为不许损抑,且仅有以后具有同等性质之一般国际法规律始得更改之规律"。应注意国际法基本原则都是强行法原则,但并不是所有的强行法规则都是国际法基本原则。

国际法的基本原则包括:
(1) 国家主权平等原则;
(2) 不干涉内政原则;
(3) 禁止使用武力或以武力相威胁原则;
(4) 和平解决国际争端原则;
(5) 民族平等和自决原则;
(6) 善意地履行国际义务原则。

前述原则中,应注意主权平等原则是国际法的基石,主权的含义包括对内最高权、对外独立权和自保权。关于不干涉内政原则,应掌握内政是指国家基于其管辖的领土而行使主权的表现,包括建立国家政权体制和建立社会、经济、教育、文化等制度,内政虽然以领土为基础,但内政不是一个地理概念,即发生在一国领土内的事项并不一定属于内政的范畴,反之,也有在领土外从事的活动属于一国的内政。判断某一事项是否属于内政,关键在于其本质上是否属于国内管辖的事项及该事项中的行为是否违背已确立的国际法原则和规则。禁止使用武力或以武力相威胁原则存在某些例外,例如(单独或集体)自卫、根据安理会的决议采取武力行动等。

### 二、例题

1. 关于国际法基本原则,下列哪些选项是正确的?(2013年真题,多选)
A. 国际法基本原则具有强行法性质
B. 不得使用威胁或武力原则是指禁止除国家对侵略行为进行的自卫行动以外的一切武力的使用
C. 对于一国国内的民族分离主义活动,民族自决原则没有为其提供任何国际法根据
D. 和平解决国际争端原则是指国家间在发生争端时,各国都必须采取和平方式予以解决

[释疑] 所有的国际法基本原则均为国际强行法,故 A 选项正确。除自卫外,根据安理会的决议采取武力行动也是符合国际法的,因此 B 选项错误。民族自决原则并不支持一国国内的民族分离主义活动,故 C 选项正确。和平解决国际争端原则要求各国必须用和平方式解决争端,故 D 选项正确。(答案:ACD)

2. 2001 年,甲国新政府上台后,推行新的经济政策和外交政策,在国内外引起强烈反应。乙国议会通过议案,谴责甲国的政策,并要求乙国政府采取措施,支持甲国的和平反政府运动;同时乙国记者兰摩也撰写了措辞严厉的批评甲国政策的文章在两国报纸上发表;甲国的邻国丁国暗自支持甲国的反政府武装活动。根据上述情况和国际法的相关原则,下列哪一选项是正确的?(2008 年缓考真题,单选)

A. 乙国记者的行为,涉嫌违反国际法
B. 乙国议会的法案一旦被执行,则涉嫌违反国际法
C. 丙国的行为涉嫌违反国际法
D. 丁国的行为不涉嫌违反国际法

[释疑] 乙国记者兰摩也撰写了措辞严厉的批评甲国政策的文章在丙国报纸上发表,该记者的行为和丙国报社发表文章的行为都不可归因于国家,属于正常的评论行为,不违反国际法,故 A、C 选项错误。乙国议会的行为属于可以归因于国家的行为,乙国就此应承担干涉内政的国际责任,B 选项正确。丁国暗自支持甲国的反政府武装活动,属于干涉内政的行为,违反国际法,D 选项错误。(答案:B)

## 三、提示与预测

在国际法的基本原则之中,主权平等原则、禁止使用武力或以武力相威胁原则、不干涉内政原则相对重要一些,在以后的考题中仍有可能出现。

# 第二章 国际法的主体

**本章知识体系:**

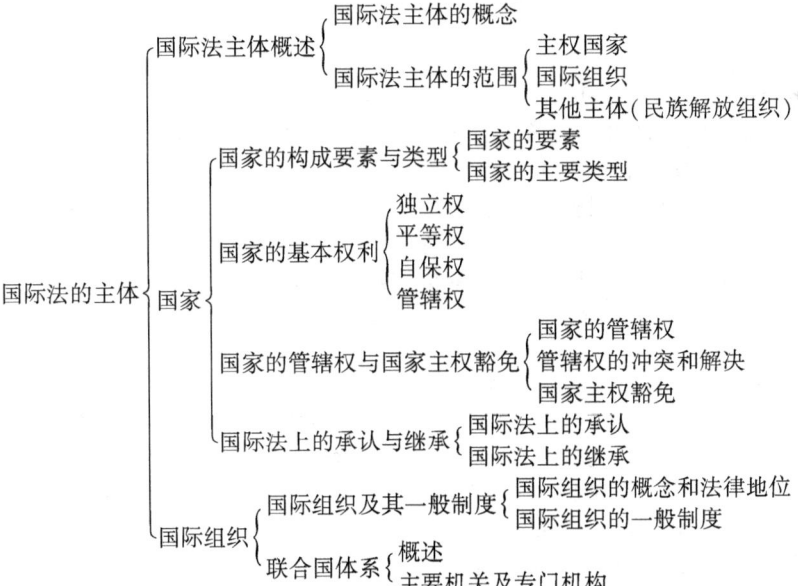

## 考点 1 国际法主体的范围

国际法主体是指能够独立享有国际法上的权利和独立承担国际法上的义务的国际法律关系参加者,或称为国际法律人格者。根据我国的通说,国际法主体的范围:

(1) 作为国际法最主要的主体的主权国家。
(2) 作为派生性的国际法主体的政府间国际组织。
(3) 其他主体：某些特定的民族解放组织或民族解放运动，在殖民地民族争取民族独立的过程中，被国际社会接受为国际法的主体，但是其作为国际法主体是有条件的和不完全的。此外应注意，根据我国的通说，个人尚不是国际法的主体。

## 考点 2　国家的类型和基本权利

1. 国家的类型

现代国家的主要类型包括单一国和复合国。单一国是由若干行政区域组成的统一的主权国家。它拥有单一的宪法，其人民拥有单一的国籍。单一国是一个国际法主体，由中央政府代表国家参与国际关系，各地方区域都没有国际法主体地位。复合国是两个或两个以上成员组成的国家或国家联合体，目前有联邦和邦联两种形式。联邦国家是指由两个或两个以上的成员单位根据联邦宪法组成的国家，是复合国中最主要、最典型的形式。联邦国家有统一的联邦宪法，并设立联邦立法、司法和行政机构。联邦政府与各组成成员之间的职权范围由宪法划定。联邦国家的人民拥有统一的联邦国籍。联邦国家的对外权力主要由联邦政府行使，其本身是国际法主体，其各成员单位（州或成员国）不是国际法主体。邦联是两个或两个以上主权国家由于特殊的目的根据条约组成的国家联合体，其本身没有统一的立法、行政、司法机关，其人民也没有统一的国籍。邦联的各成员是独立的主权国家，分别是国际法的主体，而邦联本身不是国际法主体。

2. 国家的基本权利

国家的基本权利包括：独立权、平等权、自保权和管辖权。

国家的管辖权是国家对特定的人、物和事件进行管理和处置的权力。一般管辖权分为属地管辖权、属人管辖权、保护性管辖权和普遍性管辖权。

(1) 属地管辖权又称属地优越权，是指国家对于其领土及其领土内的一切人、物和事件，都有进行管辖的权力。属地管辖权是现代国家行使管辖权的普遍形式和首要依据，除非国际法另有规定，属地管辖权相对于其他管辖权类型被认为具有优越权。同时，属地管辖权的行使受国际法及国家承担的相关国际义务的限制。如属地管辖权不适用于领域内依法享有特权与豁免的外国人或外国财产。

(2) 属人管辖权，或称国籍管辖权，是指国家对于具有其国籍的人，具有管辖的权力，无论他们是在其领土范围内还是领土范围外。除自然人外，国家行使属人管辖权的对象在不同程度上还包括具有该国国籍的法人以及船舶、航空器或航天器等获得国籍的特定物。

(3) 保护性管辖权，是指国家对于在其领土范围以外从事严重侵害该国或其公民重大利益行为的外国人进行管辖的权力。行使保护性管辖权一般基于以下条件：一是该外国人所犯罪行的后果危及本国或公民的重大利益；二是根据犯罪地法律也应受到刑事处罚的罪行；三是法定之罪或按规定应处一定刑期以上的罪行。

(4) 普遍性管辖权，是指对于危害国际安全与和平及全人类利益的某些国际犯罪行为，不论行为人国籍及行为发生地，各国都有进行管辖的权力。目前，战争罪、破坏和平罪、违反人道罪、海盗罪、灭绝种族罪、贩卖毒品罪、贩卖奴隶罪、种族隔离罪、实施酷刑、航空器劫持等行为也已被认为是各国应合作惩治的罪行。

## 考点 3 国家主权豁免

### 一、精讲

国家主权豁免是指国家的行为及其财产不受或免受他国管辖。诞生于19世纪末的限制豁免主义理论主张,将国家行为分为商业行为(管理权行为、非主权行为)和非商业行为(统治权行为、主权行为),认为国家的商业行为不应享有豁免权,从而将传统上对国家一切行为和财产的豁免原则或主张称为绝对豁免主义。然而,在国际社会就限制豁免达成有拘束力的条约,以明确和完善国家及其财产豁免的具体范围和规则之前,传统的绝对主权豁免原则仍然被认为是一项有效的国际习惯法规则。

国家也可以自愿地对其某个方面或某种行为,放弃在外国法院的管辖豁免。这种放弃是国家的一种主权行为,必须是自愿、特定和明确的:

(1)豁免的放弃可以分为明示放弃和默示放弃两种形式。明示放弃主要是指国家通过条约等明白的语言文字表达方式放弃豁免;默示放弃通常是指国家通过在外国法院的与特定诉讼直接有关的积极行为表示放弃豁免而接受外国法院的管辖,包括作为原告起诉、正式出庭应诉、提起反诉、作为利害关系人介入诉讼等。国家或其授权的代表为主张或重申国家的豁免权,对外国法院的管辖作出反应,出庭阐述立场,或要求外国法院宣布判决或裁决无效,都不构成豁免的默示放弃。

(2)国家在外国领土范围内从事商业行为本身不意味着豁免的放弃。

(3)把国家本身的活动和国有公司或企业的活动区别开来,认为国有公司或企业是具有独立法律人格的经济实体,不应享受豁免。

(4)放弃豁免是针对个案进行的,不能因在某一案件中放弃了豁免就视为在以后所有的案件中都放弃了豁免。

(5)国家对于管辖豁免的放弃,并不意味着对诉讼程序豁免(例如扣押、冻结等)或执行豁免的放弃。

### 二、例题

甲国某公司与乙国驻甲国使馆因办公设备合同产生纠纷,并诉诸甲国法院。根据相关国际法规则,下列哪些选项是正确的?(2014年真题,多选)

A. 如合同中有适用甲国法律的条款,则表明乙国放弃了其管辖的豁免
B. 如乙国派代表出庭主张豁免,不意味着其默示接受了甲国的管辖
C. 如乙国在本案中提起了反诉,则是对管辖豁免的默示放弃
D. 如乙国曾接受过甲国法院的管辖,甲国法院即可管辖本案

[释疑] 国家主权豁免只能通过明示放弃或特定方式默示放弃(起诉、应诉、反诉、介入),而不能简单推定放弃,故 A 选项错误。出庭主张豁免权不意味着放弃,B 选项正确。反诉属于默示放弃,故 C 选项正确。曾经放弃不等于永远放弃,故 D 选项错误。(答案:BC)

### 三、提示与预测

关于国家主权豁免,重点掌握中国在该问题上的立场。

## 考点 4 国际法上的承认

### 一、精讲

国际法上的承认一般是指既存国家对于新国家、新政府或其他事态的出现,以一定的方式表示接受或同时表明愿意与其发展正常关系的政治法律行为。

1. 承认的主体:现存国家、政府间国际组织。
2. 承认的对象:新国家、新政府、交战团体、叛乱团体。
3. 承认的表示形式:明示承认和默示承认;法律承认和事实承认。其中,默示承认包括:建立外交关系、正式接受领事、支持新国家参加政府间国际组织、与新国家签订双边的政治性条约等。但是与新国家一起参加国际会议,或参加缔结一项多边条约,并不因此而构成对该新国家的默示承认。
4. 国家承认和政府承认:新国家产生主要有以下四种情况:独立、合并、分立和分离。

社会革命或政变导致成立新政府,则涉及对新政府的承认,对新政府的承认以该新政府能够有效控制本国领土和行使国家权力为前提。对新政府的承认意味着对旧政府承认的撤销。

5. 承认的性质:承认是承认者作出的一种单方面行为,承认本身并不是新国家成为国际法主体的条件。对新国家和新政府的承认表示愿意与其建立或保持正常关系,但承认不等于建交,建交是双方行为,需要双方达成协议。对新国家的承认还意味着双方可缔结政治、经济、军事等各个方面的条约或协定。一旦承认新国家或新政府,就产生追溯力,即意味着也承认新国家或新政府自成立以来的立法、司法和行政行为的效力及主权豁免。

| | | |
|---|---|---|
| 承认的方式 | 明示承认 | 如正式通知、照会、声明或在缔结的条约或其他正式文件中进行表述。 |
| | 默示承认 | 包括:① 接受对方派遣的使领馆;② 缔结双边的政治性条约;③ 正式投票支持参加政府间国际组织。<br>不构成默示承认的情形:① 共同参加多边国际会议或国际条约;② 建立非官方或非完全外交性质的机构;③ 某些级别的官员接触。 |
| 承认的性质 | 法律上的承认 | 永久、正式、不可撤销的承认。 |
| | 事实上的承认 | 与新国家仅在某些范围内交往,临时的、可撤销的承认。 |
| 承认的对象 | 对新国家的承认 | 产生原因:基于新国家的出现:合并、分离、分立、独立等。 |
| | | 法律后果:① 为建立正式外交及领事关系奠定基础;② 双方可以缔结各方面条约或协定;③ 承认国尊重新国家作为国际法主体享有的一切权利,包括尊重其立法、行政、司法和豁免权。 |
| | 对新政府的承认 | 产生原因:因社会革命或政变而产生新政府。 |
| | | 法律后果:① 意味着对旧政府承认的撤销;② 承认者必须尊重新政府拥有的作为国家合法代表的一切资格和权利,包括在位于国内外国家财产上的权利,在国际组织或国际会议中的代表权等。 |

## 二、例题

甲、乙两国建立正式外交关系数年后,因两国多次发生边境冲突,甲国宣布终止与乙国的外交关系。根据国际法相关规则,下列哪一选项是正确的?(2010年真题,单选)

A. 甲国终止与乙国的外交关系,并不影响乙国对甲国的承认
B. 甲国终止与乙国的外交关系,表明甲国不再承认乙国作为一个国家
C. 甲国主动与乙国断交,则乙国可以撤回其对甲国作为国家的承认
D. 乙国从未正式承认甲国为国家,建立外交关系属于事实上的承认

[释疑] 甲、乙两国建立正式外交关系,属于法律承认的方式,而法律承认是不可撤销的承认。承认分为法律承认与事实承认,法律承认是承认国给予新国家或新政府以一种完全的、永久的、不可撤销的正式承认。事实承认是不完全、非正式和暂时性的,可以随时撤销的承认。甲、乙两国建立正式外交关系,属于法律承认的方式,故答案为 A 选项。(答案:A)

## 三、提示与预测

司法考试一般更注重考查承认中的默示承认和承认的法律效果问题。因此,要注意前述精讲部分"承认的表示形式"和"承认的性质"中的表述。

# 考点 5 国际法上的继承

## 一、精讲

国际法上的继承是指在某些特定情况下,国际法上的权利义务由一个承受者转移给另一个承受者所发生的法律关系。国际法上的继承包括国家继承、政府继承和国际组织的继承,其中最重要和最基本的是国家继承。国家继承是指由于领土变更的事实,导致国际法上的权利义务在相关国家之间的转移而发生的法律关系。从国际实践来看,国家领土变更情况主要有合并、分立、分离、独立以及部分领土转移五种,对于不同的领土变更情况,国家继承的情况也各不相同。

国家继承的对象是国家在国际法上的权利义务,一般分为两大类:关于条约方面的继承和非条约事项(国家财产、债务、档案等)的继承。

1. 条约的继承

条约继承的实质是在领土发生变更时,被继承国的条约对于继承国是否继续有效的问题。除当事国另有约定外,条约继承的一般原则是:

(1) 政治性或人身性条约不予继承,诸如同盟条约、友好条约、中立条约、共同防御条约等。

(2) 与领土、资源相关的条约一般予以继承,诸如边界条约、有关自然资源和道路交通的条约等。

(3) 经济性条约依据双方达成的协议酌情继承,诸如贸易协定、投资保护协定等。

(4) 新独立国家对宗主国或殖民国家等被继承国所签订的条约,有权拒绝继承,这是国际法上著名的"白板原则"。"白板原则"是拒绝继承条约的原则,主要指新独立国家原则上不继承原殖民地或宗主国承担的任何条约义务,但"白板原则"不适用于有关国界和特殊领土制度

的条约,也不适用于公认的国际法原则和规范。

2. 国家财产的继承

国家财产的继承主要包括两项原则:

(1)财产随领土一并转移而转属继承国原则:主要是针对继承发生时位于所涉领土内的被继承国财产而言,特别是针对不动产。

(2)所涉领土的实际生存原则:主要是针对位于所涉领土以外的财产而言,特别是针对动产,即凡是与所涉领土生存或活动有关的国家动产,不论其所处地理位置,都应转属继承国。

3. 国家债务的继承

一般应继承国家债务、地方化债务,但不继承地方债务、私人债务和"恶债"。国家债务是指以国家的名义对外举借的债务。地方化债务是指以国家的名义举借,但用于地方的债务。地方债务是指以地方自己的名义举借的,用于地方的债务。恶债是指尽管该债务是国家举借的,但该债务的产生违反国际法基本原则或继承国根本利益的债务,如征服债务、战争债务等。

4. 国家档案的继承

在国际实践中,关于国家档案的继承,通常通过有关国家间协议解决,如无协议,一般将所涉领土有关的档案转属继承国。

## 二、例题

甲国与乙国1992年合并为一个新国家丙国。此时,丁国政府发现,原甲国中央政府、甲国南方省,分别从丁国政府借债3 000万美元和2 000万美元。同时,乙国元首以个人名义从丁国的商业银行借款100万美元,用于乙国1991年救灾。上述债务均未偿还。甲、乙、丙、丁四国没有关于甲、乙两国合并之后所涉债务事项的任何双边或多边协议。根据国际法中有关原则和规则,下列哪一选项是正确的?(2008年真题,单选)

A. 随着一个新的国际法主体丙国的出现,上述债务均已自然消除
B. 甲国中央政府所借债务转属丙国政府承担
C. 甲国南方省所借债务转属丙国政府承担
D. 乙国元首所借债务转属丙国政府承担

[释疑] 甲国与乙国合并为一个新国家丙国,则甲、乙两国此前承担的国家债务或者地方化债务应当由丙国继承,例如甲国中央政府所借债务即属国家债务,应转属丙国政府承担,因此A选项错误,B选项正确。甲国南方省所借债务属于地方债务,由该南方省自己负责,不应转属丙国政府继承。乙国元首以个人名义从丁国的商业银行借款100万美元,虽然用于乙国1991年救灾,但该债务在性质上属于私人债务,故不应由丙国政府继承,C、D选项错误。(答案:B)

## 三、提示与预测

在国际法上的继承中,条约、财产和债务的继承都曾在考题中出现过,对其规则应予以掌握。

## 考点 6 国际法的派生主体——联合国

### 一、精讲

1. 联合国的会员国

《联合国宪章》规定,各国不论社会制度如何,都可加入联合国。按照取得会员资格的程

序不同,联合国会员国分为两类:第一类为创始会员国。凡参加旧金山会议或以前签署联合国宣言的国家,签署了《宪章》并依法予以批准的,都属于这一类,联合国共有 51 个创始会员国。第二类为纳入会员国。被接纳为新会员国的条件是:

(1) 被接纳的是一个爱好和平的国家。

(2) 其接受《宪章》规定的义务,愿意并能够履行《宪章》的义务。

(3) 经安理会推荐;申请国首先向秘书长提出申请,秘书长将其申请交由安理会,安理会审议并通过后向大会推荐。

(4) 获得大会准许,经大会审议并 2/3 多数通过。

2. 联合国的主要机关

联合国设有六个主要机关:大会、安全理事会、经济和社会理事会、托管理事会、国际法院和秘书处。

3. 联合国大会的职权及表决制度

大会由全体会员国组成,具有广泛的职权,可以讨论《宪章》范围内或联合国任何机关的任何问题,但安理会正在审议的除外。大会不是一个立法机关,而主要是一个审议和建议机关。大会表决实行会员国一国一票制。对于一般问题的决议采取简单多数通过;对于重要问题的决议采取 2/3 多数通过。实践中也常常采取协商一致方法通过决议。上述重要问题包括:与维持国际和平与安全相关的建议,安全理事会、经社理事会和托管理事会中需经选举的理事国的选举;新会员国接纳;会员国权利中止或开除会籍;实施托管的问题;联合国预算及会员国应缴费用的分摊等。

根据《宪章》的规定,大会对于联合国组织内部事务通过的决议对于会员国具有拘束力;对于其他一般事项作出的决议属于建议性质,不具有法律拘束力。

4. 联合国安理会职权及表决制度

安理会由 15 个理事国组成,其中,中国、法国、俄罗斯、英国、美国 5 国为常任理事国。其他理事国按照地域分配名额由大会选出,任期两年,不得连任。安理会是联合国在维持国际和平与安全方面负主要责任的机关,也是联合国中唯一有权采取行动的机关。

安理会的重要职权包括:

(1) 促使争端和平解决。

(2) 制止侵略行为,断定任何对于和平的破坏或侵略行为是否存在,作出制止的建议或抉择。

(3) 其他方面:负责拟定军备管制方案;在特定战略性地区实行联合国托管职能;建议或决定为执行国际法院的判决而采取的强制措施;《宪章》规定的其他程序性的相关职能,包括在新会员国接纳、秘书长推荐等方面的职能等。

安理会的表决制度:根据《宪章》的规定,安理会表决采取每一理事国一票。对于程序性事项决议的表决采取 9 个同意票即可通过。对于非程序性事项或称实质性事项的决议表决,要求包括全体常任理事国在内的 9 个同意票,此又称为"大国一致原则",即任何一个常任理事国都享有否决权。对于一个事项是否为程序性事项发生争议,同样按照上述"大国一致"表决方式决定。常任理事国在安理会表决中的上述权利也被称为"双重否决权",它确保了大国之间的一致。否决权制度是安理会表决制度的核心。安理会在向大会推荐接纳新会员国或秘书长人选、建议中止会员国权利和开除会员国等问题上,也适用非程序性事项表决程序。安理会为制止对和平的破坏、威胁和侵略行为而作出的决定,以及依《宪章》规定在其他职能上作出的决定,对于当事国和所有成员国都具有拘束力。

联合国大会和安理会表决制度的对比如下：

| 机构 | 表决制度 | |
|---|---|---|
| 联合国大会 | （1）实行一国一票制；<br>（2）一般问题采用简单多数通过，重要问题采用2/3多数通过，实践中也采用协商一致的方式；<br>（3）对于联合国组织内部事务通过的决议对会员国具有拘束力，对于其他一般事项作出的决议属于建议性质，不具有法律拘束力。 | |
| 安理会 | （1）程序性事项 | 9个国家的同意票即可通过。 |
| | （2）非程序性事项 | "大国一致原则"：<br>① 同意票必须达到9票；<br>② 不得有常任理事国的反对票；<br>③ 常任理事国的弃权或缺席不影响决议的通过。 |
| | （3）双重否决权 | ① 决定是否属于程序性事项，五大国拥有否决权；<br>② 对非程序性事项进行表决，五大国拥有否决权。 |

5. 联合国专门机构

联合国专门机构是指根据特别协定而与联合国建立关系或根据联合国决定而创立的对某一特定业务领域负有国际责任的政府间专门性国际组织。

《联合国宪章》规定，各国政府间协定所成立的关于经济、社会、文化、教育、卫生及其他有关部门的专门机构，依其组织规章的制定，应与联合国订立协定，使它们与联合国建立关系；在适当情形下，联合国还可创设上述各种新专门机构。但专门机构不是联合国的附属机关，它们是独立的国际法律人格者。

6. 非政府国际组织（跨国、非政治、非营利、志愿性）

联合国经社理事会有可能给予非政府国际组织某种咨商地位：① 普遍咨商地位；② 特殊咨商地位；③ 注册咨商地位。应注意获得咨商地位的非政府国际组织只是可以参加联合国的一些活动，并无表决权，亦不能因此而取得政府间国际组织的地位。

## 二、例题

1. 联合国大会由全体会员国组成，具有广泛的职权。关于联合国大会，下列哪一选项是正确的？(2015年真题，单选)

A. 其决议具有法律拘束力

B. 表决时安理会5个常任理事国的票数多于其他会员国

C. 大会是联合国的立法机关，2/3以上会员国同意才可以通过国际条约

D. 可以讨论《联合国宪章》范围内或联合国任何机关的任何问题，但安理会正在审议的除外

[释疑] 联合国大会的决议除关于内部事项的问题外，在一般意义上并无法律拘束力，故A选项错误。安理会所有理事国都享有的是一票表决权，常任理事国享有双重否决权但并不享有更多的投票权，故B选项错误。联合国并不存在立法机关，故C选项错误。联合国大会理论上有权审议《联合国宪章》范围内的一切事项，但安理会正在审议者，除安理会请求外，大会不得提出建议，即安理会对维护国际和平与安全承担主要责任，故D选项正确。(答案：D)

2. 由于甲国海盗严重危及国际海运要道的运输安全，在甲国请求下，联合国安理会通过

决议,授权他国军舰在经甲国同意的情况下,在规定期限可以进入甲国领海打击海盗。据此决议,乙国军舰进入甲国领海解救被海盗追赶的丙国商船。对此,下列哪一选项是正确的?(2009年真题,单选)

  A. 安理会无权作出授权外国军舰进入甲国领海打击海盗的决议
  B. 外国军舰可以根据安理会决议进入任何国家的领海打击海盗
  C. 安理会的决议不能使军舰进入领海打击海盗成为国际习惯法
  D. 乙国军舰为解救丙国商船而进入甲国领海属于保护性管辖

[释疑] 维护国际和平与安全是安理会的职能,在沿海国甲国请求的情况下有权作出授权打击海盗的决议。安理会的决议虽然对成员国有拘束力,但并非国际习惯法,国际习惯法要求满足"惯行"和"法律的确信"两个构成要件。乙国军舰解救丙国商船,显属行使普遍性管辖权,答案为C选项。(答案:C)

  3. 甲国是联合国的会员国。2006年,联合国驻甲国的某机构以联合国的名义,与甲国政府签订协议,购买了一批办公用品。由于甲国交付延期,双方产生纠纷。根据《联合国宪章》和有关国际法规则,下列哪一选项是正确的?(2008年真题,单选)

  A. 作为政治性国际组织,联合国组织的上述购买行为自始无效
  B. 上述以联合国名义进行的行为,应视为联合国所有会员国的共同行为
  C. 联合国大会有权就该项纠纷向国际法院提起针对甲国的诉讼,不论甲国是否同意
  D. 联合国大会有权就该项纠纷请求国际法院发表咨询意见,不论甲国是否同意

[释疑] 联合国作为政府间国际组织,属于国际法的主体,享有为实现其目的和宗旨而独立参与国际交往的能力,因此,购买办公用品的行为是合法有效的。另外,联合国也就其行为独立对外承担相应的责任,不能把联合国的行为和责任等同于所有会员国的行为和责任,故A、B选项均错误。根据《国际法院规约》的规定,在法院得为诉讼当事国者,限于国家。所以联合国无权在国际法院提起诉讼。但联合国大会及安理会、经社理事会或者大会授权的专门机构等,有权请求国际法院发表咨询意见,因此C选项错误而D选项正确。(答案:D)

  4. "恐龙国际"是一个在甲国以非营利性社会团体注册成立的组织,成立于1998年,总部设在甲国,会员分布在20多个国家。该组织的宗旨是鼓励人们"认识恐龙,回溯历史"。2001年,"恐龙国际"获得联合国经社理事会注册咨商地位。现该组织试图把活动向乙国推广,并准备在乙国发展会员。依照国际法,下列哪些表述是正确的?(2006年真题,多选)

  A. 乙国有义务让"恐龙国际"在乙国发展会员
  B. 乙国有权依照其本国法律阻止该组织在乙国的活动
  C. 该组织在乙国从事活动,必须遵守乙国法律
  D. 由于该组织已获得联合国经社理事会注册咨商地位,因此,它可以被视为政府间的国际组织

[释疑] "恐龙国际"作为一个在甲国以非营利性社会团体注册成立的组织,属于一个非政府组织,尽管在联合国经社理事会获得注册咨商地位,但这并不能改变其非政府组织的法律地位。乙国并无义务允许该组织在本国境内活动,即便该组织获允在乙国从事活动,也必须遵守乙国法律,接受乙国的属地管辖权。因此,本题中的B、C选项正确。

  "恐龙国际"获得联合国的注册咨商地位,可以参加联合国的一些会议和活动,但这仅仅表明该非政府组织加强了与联合国的联系,并不能使主权国家承担支持该非政府组织的义务。因此,作为主权国家的乙国有权决定是否允许其在本国内活动,但并无让"恐龙国际"在本国从事发展会员等活动的义务。(答案:BC)

### 三、提示与预测

联合国是最重要的政府间国际组织,联合国大会和安理会的职权、表决机制等考点在考题中多次出现。应注意联合国除自身的大会、安理会、经社理事会等六大机关外,还有十几个专门机构,这些专门机构均属于政府间国际组织,而近年来被联合国经社理事会赋予三种咨商地位的非政府组织在性质上仍然属于非政府组织。

# 第三章 国际法律责任

**本章知识体系:**

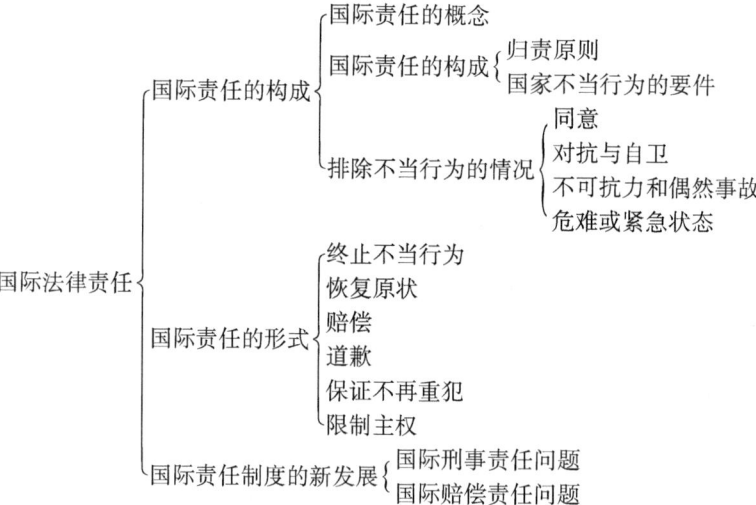

### 考点 1　国际法律责任的特征

国际法律责任是指国际法主体对国际不当行为或损害行为所应承担的法律责任。国际法律责任具有以下特征:

1. **国际法律责任的主体是国际法主体**

国际法主体是国际法上的权利和义务的承受者,当国际法律责任发生时自然也是该责任的承担者,亦即国际法律责任的主体。

2. **国际法律责任的起因是国际不当行为或损害行为**

这里不仅强调了国际不当行为引起国际法律责任,还强调了国际法不加禁止的行为(简称损害行为)所产生的损害性后果的责任。

### 考点 2　国家不当行为的责任

**一、精讲**

国家不当行为,是指国家违背国际法义务的行为。根据《国际责任条文草案》的规定,该行为必须具备两个条件:一方面,该行为可以归因于国家;另一方面,该行为违背了该国所应承担的国际义务。

1. 该行为属于可归因于国家的行为

下列行为,包括作为和不作为,被国际法认为是可以归因于国家的行为:

(1) 国家机关的行为,国家元首、政府首脑、外交部长及外交使节,由于其在对外交往中的特殊地位及享有的在外国的特权与豁免,对于他们在国外私人身份的不法行为,国家也承担相关的责任。此外,一般私人或私人团体本身对外国或外国人的不法侵害不引起国家责任,但是该行为如果由于国家的失职造成,或国家对该行为进行纵容,则可能引起国家对本身失职或放纵行为的责任,这也称为间接责任。

(2) 经授权行使政府权力的其他实体的行为。

(3) 实际上代表国家行事的人的行为。

(4) 别国或国际组织交予一国支配的机关的行为。

(5) 上述可归因于国家行为的国家机关和国家授权人员的行为,一般也包括他们以此种资格执行职务内事项时的越权或不法行为。

(6) 叛乱运动机关的行为,以该叛乱机关成功组建新政府或新国家为前提。

(7) 一个行为可以归因于几个国家时,相关国家对于其各自相关的行为承担单独或共同责任。

2. 该行为违背了该国所承担的国际义务

一国违背国际义务是指一国行为不符合对其有效的国际义务的要求,不论其所承担的该国际义务来源于条约、国际习惯或国际法的其他渊源。构成一国不当行为所违背的义务必须是对其有效的国际义务。对国际义务的违背,按照义务的性质又被分为对一般国际义务的违背和对保护国际社会根本利益至关重要的义务的违背,前者称为国际不法行为,后者称为国际罪行。因此,国家不当行为包括国际不法行为和国际罪行两类。

3. 排除国家违背义务行为的不当性的情况

(1) 同意。一国不符合该国国际义务的行为,如经与该义务直接有关的权利方以正式有效的方式表示同意,然后实施,则排除了该行为的不当性。应注意对同意的限制有二:首先,受害国应当是以明确的方式事先自愿表示同意;其次,被违反的义务不属于国际强行法规则。

(2) 对抗与自卫。对抗与自卫作为排除其行为不当性的理由,应符合以下条件:对抗的对方首先必须有对对抗国违背义务的行为;对抗措施必须必要和适度,其结果要与对方造成的侵害成比例。除自卫外,对抗措施不得行使武力。

(3) 不可抗力和偶然事故。如果实际上的不可能履行是由于行为者本身引起的,则不能援引不可抗力和偶然事故排除其不当性。

(4) 危难或紧急状态。对危难和紧急状态下违背义务行为的不当性的排除,除要求情况紧急别无他法之外,还要求危难或紧急状态不是该国本身或协助造成,并且所违背义务的行为不得造成比危难同样或更大的灾难或危及他国的根本利益,不得违背国际法强行性规则。否则其不当性不能排除。

4. 国际责任的形式

国际不法行为的行为国承担的国家责任方式主要包括:终止不当行为、恢复原状、赔偿、道歉、保证不再重犯、限制主权。其中,限制主权是指限制责任国主权或主权某些方面的行使,属于国家责任中最严重的形式。

## 二、提示与预测

国际责任是国际法中的重要考点。国际责任的构成除国家的行为违背国际法义务之外，还包括国家的行为具有不当性，注意理解"不当性"的含义。此外，排除国际不当行为"不当性"的情况、国际责任的形式也应掌握。

## 考点 3  国际法不加禁止的行为引起的损害赔偿责任

### 一、精讲

由于科学技术的发展，国家从事的某些开发或试验性活动在带来巨大利益的同时，也存在巨大的潜在危险。这些活动一般是本国在其领土或其控制下进行的，但其危害具有跨国性。这些活动本身是国际法不禁止的，但如果造成了跨国界的损害，受害国有权要求加害国给予合理的赔偿。由于对这些损害一般仅采取恢复原状和赔偿的方式，因此，它们又被称为国际赔偿责任制度。

目前，从赔偿责任的主体看，现行的制度一般有三类：

（1）国家责任制度，即国家承担对外国损害的责任。如《空间物体造成损害的国际责任公约》规定，发射国对本国或在本国境内发射的空间物体对他国的损害承担责任。

（2）双重责任制度，即国家与营运人共同承担对外国损害的赔偿责任。如《关于核损害的民事责任的维也纳公约》和《核动力船舶经营人公约》规定，国家保证营运人的赔偿责任，并在营运人不足赔偿的情况下，对规定的限额进行赔偿。

（3）营运人赔偿。无论营运人是国家或者私人企业，都由营运人直接承担有限赔偿责任。

### 二、例题

甲国某核电站因极强地震引发爆炸后，甲国政府依国内法批准将核电站含低浓度放射性物质的大量污水排入大海。乙国海域与甲国毗邻，均为《关于核损害的民事责任的维也纳公约》缔约国。下列哪一说法是正确的？（2011年真题，单选）

　　A. 甲国领土范围发生的事情属于甲国内政
　　B. 甲国排污应当得到国际海事组织同意
　　C. 甲国对排污的行为负有国际法律责任，乙国可通过协商与甲国共同解决排污问题
　　D. 根据"污染者付费"原则，只能由致害方，即该核电站所属电力公司承担全部责任

[释疑]　内政的范围是指一国从事的行为不违反该国承担的国际义务，甲国将核废料排入大海的行为造成相邻的乙国海域污染，需承担国际法律责任，已经超出内政范围，A 选项错误。向海洋排放核废物属于违反国际法的行为，任何组织都无权授权违法行为，国际海事组织是从事国际间协调管理的技术性组织，当然更不例外，B 选项错误。乙国通过协商与甲国解决排污问题属于和平解决国际争端，C 选项正确。根据《关于核损害的民事责任的维也纳公约》的相关规定，对核损害适用双重责任，运营商无力赔偿的部分，由国家保证赔偿，D 选项错误。（答案：C）

### 三、提示与预测

关于国际法不加禁止的行为引起的损害赔偿责任，注意掌握适用国家责任和双重责任这两种情形。

# 第四章 国际法上的空间划分

本章知识体系：

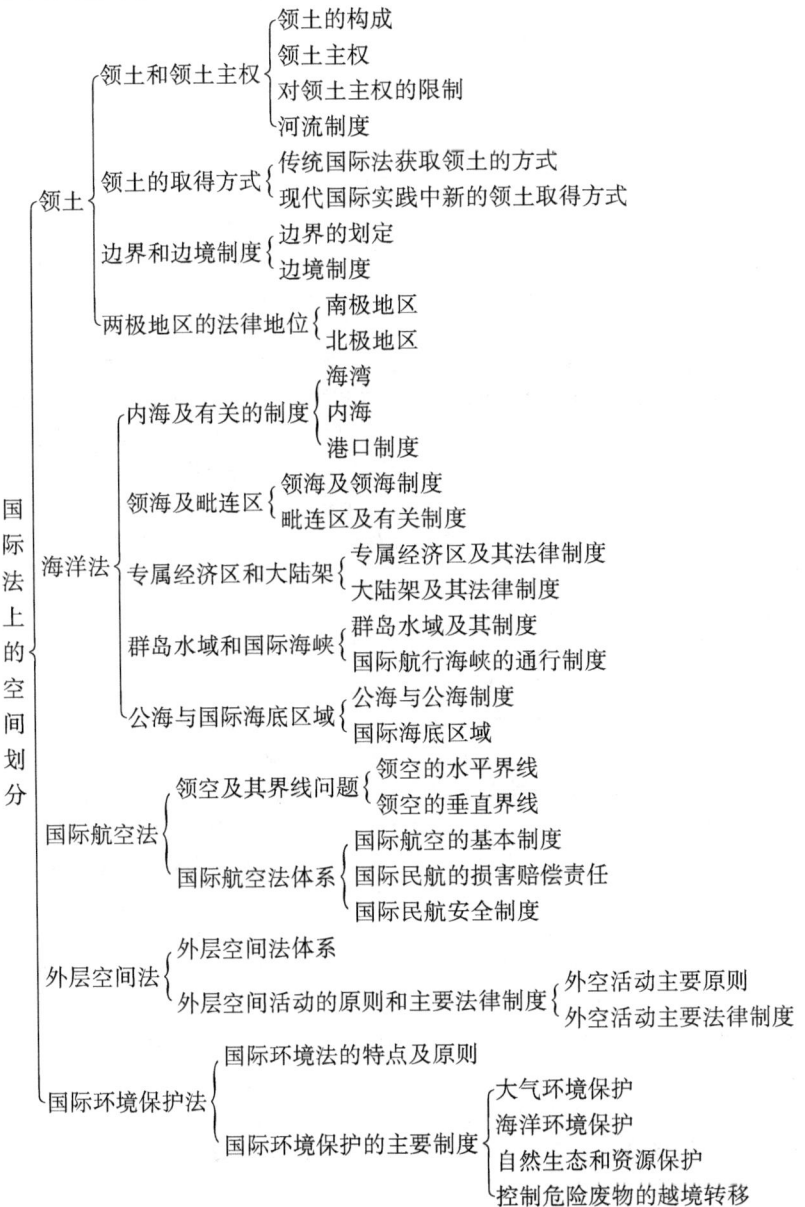

## 考点 1 领土和领土主权

### 一、精讲

1. 领土和领土主权的概念

领土是指国家主权支配和管辖下的地球的特定部分。领土由领陆、领水、领空及其底土四个部分组成。领土主权,是指国家对领土的最高的排他的权利。包括两方面内容:

(1) 对领土的所有权或领有权。

(2) 国家享有排他的领土管辖权。

2. 对领土主权的限制

(1) 适用于一切国家或者大多数国家对领土主权的一般性限制,例如,享受外交特权与豁免的人在接受国不受其法律管辖;国家在其领土上行使主权时,在利用边界河流、多国河流、边境土地的时候,不得损害邻国的利益;国家在开发和利用其海域资源的时候,如果其他国家在该海域享有某些传统权利,则不应加以侵犯;国家领海、群岛国的群岛水域应允许外国船舶无害通过等。

(2) 适用于特定国家的根据条约产生的对其领土主权施加的特殊限制,这种对领土主权的限制是否合法,取决于其据以产生的条约是否合法。在传统国际法中,属于此类特殊限制的形式主要有以下四种:共管、租借、国际地役和势力范围。其中,国际地役是指一国根据条约将其部分或全部领土提供给另一国为某种目的而永久使用。国际地役可依其性质分为积极地役和消极地役。积极地役是指允许他国在其境内从事某种行为,例如,允许他国在其领土内驻扎军队等。消极地役是一国承担条约义务为他国之利益而不在本国领土上从事某种行为,例如,在本国某些地区设立非军事区等。

3. 河流制度

(1) 内河。内河是指从发源地到入海口全部流经一国境内的河流。国内河流完全处于国家主权管辖范围之下,外国船舶未经许可无权在一国的国内河流中航行。

(2) 界河。界河是流经两国之间,分隔两个国家,并作为两国领土国界的河流。关于界河的划分,可通航的河流,通常以主航道中心线为界;不可通航的河流,通常以河道中心线为界。沿岸国对于主航道或中心线本国一侧的河域行使管辖权,沿岸国也均有权在河流中航行。有关界河的利用不得损害邻国的利益,对于河流的利用和维护事项,通常由两个沿岸国协议解决。例如,渔民一般只能在界河的本国一侧捕鱼,不得单方采取可能使河流枯竭或泛滥的措施,更不得单方故意使河水改道。相邻国家在界河上享有平等的航行权,船舶在航行时应该具有明显的国籍标志。除遇难或有其他特殊情况外,一方船舶未经允许不得在对方靠岸停泊。一方如欲在界河上建造工程设施,如桥梁、堤坝等,应取得另一方的同意。国家还应注意保护界河水质,对本国一侧的各种污染源进行有效的控制和治理,以免污染水域。

(3) 多国河流和国际河流。多国河流是流经两个或两个以上国家领土的河流。多国河流所流经的各国,分别对本国领土上该河流的河段拥有主权。多国河流通常对所有沿岸国开放,但非沿岸国船舶未经许可不得航行。国际河流是指基于条约的规定而对所有国家开放航行的多国河流,其法律地位和航行制度通常由国际条约规定,国际河流各段的主权仍然分属其所流经的各沿岸国。

## 二、例题

甲河是多国河流,乙河是国际河流。根据国际法相关规则,下列哪些选项是正确的?(2011年真题,单选)

A. 甲河沿岸国对甲河流经本国的河段拥有主权
B. 甲河上游国家可对自己享有主权的河段进行改道工程,以解决自身缺水问题
C. 乙河对非沿岸国商船也予开放
D. 乙河的国际河流性质决定了其属于人类共同的财产

[释疑] 多国河流是流经两个或两个以上国家领土的河流。多国河流流经各国的河段分别属于各国领土,各国分别对位于其领土的一段拥有主权。选项A正确。多国河流的使用一般涉及流经各国的利益,因此,对多国河流的航行、使用、管理等事项,一般应由有关国家协议解决。每一沿岸国在对该河流行使权利时,都应顾及其他沿岸国的利益。各国不得有害地利用该河流,不得使河流改道或堵塞河流。选项B错误。国际河流的法律地位和制度是由国际条约规定的,不同的国际河流可能有所不同。国际河流流经各国领土的河段仍然是该国主权下的领土。选项D错误。国际河流一般允许所有国家的船舶特别是商船在其中航行通过,选项C正确。(答案:AC)

## 三、提示与预测

国家领土主权的意义及领土主权受到限制的理由、界河的利用规则等属于国际关系中常见的问题,很有可能出现在案例当中。

## 考点 2 领土的取得方式

### 一、精讲

1. 传统国际法获取领土的五种方式

(1) 先占。先占是指国家占领了一块不在任何其他国家主权下的土地——"无主地"的主权,并对其实行了"有效占领",从而在法律上取得了该地的主权的行为。因此,先占必须具备两个条件:首先,占领的对象必须是"无主地",但18世纪以后,单纯对无主地的发现行为,只能构成一种暂时阻止他国对该地予以占领的初步权利。其次,要取得对所发现的无主地的主权,还要满足先占的另一个条件——实施"有效占领",即占领者不仅要以占领国的名义公开实行占有,而且实施占领的国家要在该地建立行政管理机构,并采取立法、司法、宣布主权、行使管辖权等行动。当前世界上已基本不存在可供先占的对象,因此先占现在的意义主要在于据以解决某些历史遗留的领土争端问题。

(2) 时效。时效是指一国占有他国某块土地后,在相当长时期内不受干扰地领有,即取得该地主权的方式。时效的基本条件是:国家占有他国领土,并公开地展示其主权权力。因此,时效不同于以"无主地"为占领对象的先占;国家对他国领土的占有没有受到干扰,丧失国予以默认或不提出抗议;国家对他国领土的占有持续一定时期。但在现代国际法体制下,时效因违反国际法的基本原则而属无效的领土取得方式,该方式仅仅具有历史意义。

(3) 添附。添附是指因自然或人为的作用使一国增加领土。添附包括两种情况:一是人

为的添附。围海造地、建筑堤坝都可使一国领土扩展。二是自然添附。涨滩和三角洲的形成、界河的改道或干涸、新生岛屿的出现都可能造成领土的增加。

（4）割让。割让是指国家将自己的领土依条约规定转让给他国，从而使对方国家取得该领土的主权。割让最为显著的特点即领土的转移以条约为依据，所以它不同于征服。在国际关系史上，条约的签订往往处于不同的情势之下，因此，传统国际法中的割让可以分为强制性的割让和非强制性的割让两类。基于不平等条约的强制性割让，由于违反现代国际法基本原则，在现代国际法中已经失去其合法性。

（5）征服或兼并。征服是指战争结束后战胜国把战败国灭亡而兼并其领土。征服包括两方面的要件：一是征服国有兼并战败国领土的明确表示；二是战败国及其盟国表示屈服并放弃一切抵抗或收复失地的企图。通过灭亡他国而取得他国的领土，这本身就是侵犯国家主权和领土完整的行为，因此，征服显然是违反现代国际法的。

2. 现代国际实践中的新的领土取得方式

现代国际实践中新的领土取得方式主要有殖民地独立和公民投票。

## 二、例题

1. 关于领土的合法取得，依当代国际法，下列哪些选项是正确的？（2016年真题，多选）

   A. 甲国围海造田，未对他国造成影响
   B. 乙国陈兵邻国边境，邻国被迫与其签订条约割让部分领土
   C. 丙国与其邻国经平等协商，将各自边界的部分领土相互交换
   D. 丁国最近二十年派兵持续控制其邻国部分领土，并对外宣称拥有主权

   [释疑] 本题考点为领土取得的方式及其合法性。围海造田属于添附行为，只要未损害他国的正当利益，即为合法的领土取得方式，故A选项正确。自愿的割让才是合法的领土取得方式，乙国胁迫邻国签订割让条约，因而属于强迫割让，属于非法行为，故B选项错误。自愿交换领土的行为并不违反国际法，故C选项正确。丁国派兵长期控制邻国领土，侵犯了邻国的领土主权，属于非法行为。即便丁国以时效为理由主张取得该领土，由于时效在现代国际法意义上，其强占他国领土的行为被认为属于侵犯领土主权的行为，因而也属于无效的行为，故D选项错误。（答案：AC）

2. 亚金索地区是位于甲、乙两国之间的一条山谷。18世纪甲国公主出嫁乙国王子时，该山谷由甲国通过条约自愿割让给乙国。乙国将其纳入本国版图一直统治至今。2001年，乙国发生内乱，反政府武装控制该山谷并宣布脱离乙国建立"亚金索国"。该主张遭到乙国政府的强烈反对，但得到甲国政府的支持和承认。根据国际法的有关规则，下列哪一选项是正确的？（2007年真题，单选）

   A. 国际法中的和平解决国际争端原则要求乙国政府在解决"亚金索国"问题时必须采取非武力的方式
   B. 国际法中的民族自决原则为"亚金索国"的建立提供了充分的法律根据
   C. 上述18世纪对该地区的割让行为在国际法上是有效的，该地区的领土主权目前应属于乙国
   D. 甲国的承认，使得"亚金索国"满足了国际法上构成国家的各项要件

   [释疑] 本题由于同时考查了和平解决国际争端原则、民族自决原则、割让、国家主权和

国际法上的承认等几方面问题,应该算是有一定难度的综合性考题。题干中的山谷由甲国通过条约自愿割让给乙国,乙国即已经合法取得该领土,故 C 选项正确。乙国解决本国的内乱是行使主权的行为,国际关系中的和平解决国际争端原则并不适用于这一问题,故 A 选项错误。民族自决原则适用于受到外国奴役的被压迫民族,显然在本题情况下对该问题不适用,故 B 选项错误。一个新的实体是否构成一个国家,关键是看其是否满足国家构成的四个要素(确定的领土、定居的居民、政权组织和主权),而不取决于他国的承认,本题中,甲国匆忙对乙国尚未平息的内乱局势中的"亚金索国"予以承认,属于"过急的承认",在国际法上属于干涉乙国内政的行为,故 D 选项错误。(答案:C)

### 三、提示与预测

关于领土取得的传统方式,应特别注意掌握传统方式当中哪些迄今仍然合法,哪些则已经不符合现代国际法。由于我国与周边国家仍然存在领土争端,因此,这一考点的有关规则十分重要。

## 考点 3　边界和边境制度

### 一、精讲

1. 边界的划定

边界又称国界,它是指分隔一国领土与他国领土、与外层空间、与公海或专属经济区的界限,用以确定国家领土的范围。

边界的划定通常包括下列程序:

(1)划界。双方签订边界条约,边界条约是划界的基本法律文件,也称为划界"母约"。

(2)勘界。由根据边界条约设立的勘界委员会进行实地划界并在边界上树立界桩(即标界)。

(3)制定边界文件。标界完成后,双方拟定边界议定书,绘制地图,作为条约的附件。边界条约、议定书和地图是划定边界的基本法律文件。

2. 边境制度

(1)边界标志的维护。边境地区的国家对边界标志的维护负有共同的责任,采取必要的措施防止界标被移动、损坏或毁灭。在界桩被移动、毁损或灭失时,应尽快通知对方国家,在双方代表均在场的情况下共同采取恢复措施,并有义务惩罚肇事者。

(2)边界资源的利用。国家对本国边境地区的土地和自然资源的利用,应遵循不使邻国利益受损的原则,如不得污染邻国的空气、不使河水改道或干涸。国家应保护边境地区的动植物,不准越界射击或追捕鸟兽。

(3)边境居民的交往。为了国家安全和对边境进行有效管理,各国在边境往往设立边境检查制度,对出入境的人和货物进行限制。但是,为了便利边境居民的生活和生产,相邻国家还往往订立协定,在和平时期对边境居民在国界两侧一定范围内从事航运、贸易、探亲访友、进香朝圣等活动给予特殊的便利。

(4)边境事件的处理。相邻国家依照条约或协定设立边界委员会处理边境上发生的事件,或通过外交途径解决。

## 二、例题

1. 甲乙两国边界附近爆发部落武装冲突,致两国界标被毁,甲国一些边民趁乱偷渡至乙国境内。依相关国际法规则,下列哪一选项是正确的?(2016年真题,单选)
   A. 甲国发现界标被毁后应尽速修复或重建,无需通知乙国
   B. 只有甲国边境管理部门才能处理偷渡到乙国的甲国公民
   C. 偷渡到乙国的甲国公民,仅能由乙国边境管理部门处理
   D. 甲乙两国对界标的维护负有共同责任

   [释疑] 本题考点为界标维护的规则及边境管理制度、国家的管辖权。边境邻国如果发现界标被毁,则应在双方代表均在场的情况下恢复原状,并惩办肇事者,故 A 选项错误。对于毁损界标并偷渡到乙国的肇事者,甲国享有属人管辖权,乙国享有属地管辖权,故 B、C 选项错误。边界邻国对于界标的维护负有共同的责任,故 D 选项正确。(答案:D)

2. 奥尔菲油田跨越甲、乙两国边界,分别位于甲、乙两国的底土中。甲、乙两国均为联合国成员国,且它们之间没有相关的协议。根据有关的国际法规则和国际实践,对油田归属与开发,下列哪一选项是正确的?(2007年真题,单选)
   A. 该油田属于甲、乙两国的共有物,其中任何一国无权单独进行勘探和开采
   B. 该油田位于甲、乙两国各自底土中的部分分属甲国、乙国各自所有
   C. 该油田的开发应在联合国托管理事会监督下进行
   D. 无论哪一方对该油田进行开发,都必须与另一方分享所获的油气收益

   [释疑] 国家领土包括领陆、领水、领空及其底土。本题中,甲、乙两国对于各自底土中的资源享有主权,在没有相关协议的情况下,该资源分属两国各自所有。故应选 B 选项,A、D 选项错误。联合国托管理事会只负责托管领土的事务,与本题中的底土开发无关,故 C 选项不当选。(答案:B)

## 三、提示与预测

关于边境土地的使用、界水的利用、界标的保护等,一般都要求各国在利用本国领土的同时适当顾及邻国的正当利益。

# 考点 4 海洋法

## 一、精讲

1. 内海、海湾和港口制度

（1）内海。内海是一国领海基线以内的海域,包括内陆海、内海湾、内海峡和其他位于海岸与领海基线之间的海域。内海是一国内水的一部分,沿海国对其具有同领陆一样的完全的排他的主权。

（2）海湾。海湾是指海洋深入陆地而形成的明显水曲。从国际法角度看,只有当水曲的面积大于或等于以湾口宽度为直径划成的半圆时,才能视为海湾。从法律地位上看,海湾可分为内海湾和非内海湾。

按照《海洋法公约》的规定,沿岸属于一国的海湾如果天然入口处两端的低潮标之间的距

离不超过24海里,则可在两个低潮标之间划出一条封口线,该线所包围的水域应视为内水,该海湾即属内海湾。如果海湾天然入口处两端的低潮标之间的距离超过24海里,24海里的直线基线应划在海湾内,基线以内的水域才是内水,该海湾属非内海湾。公约还规定,上述规定不适用历史性海湾。这是以湾口宽度作为确定内海湾标准的例外。历史性海湾是指海岸属于一国,其湾口宽度虽超过24海里,但历史上一向被承认是沿海国内海的海湾。

(3) 港口制度。国家对其港口享有排他的主权,外国船舶经过允许方可驶入。国家对于位于其港口的外籍船舶具有管辖权,但依国际法享有豁免权的军舰和政府公务船等除外。实践中,国家一般不介入外国船舶的内部事务。在刑事管辖方面,通常只有对扰乱港口安宁、受害者为沿岸国或其国民、案情重大或船旗国领事或船长提出请求时,沿岸国才予以管辖。在民事案件方面,对完全属于船舶内部管理,如工资、劳动条件、个人财产权利等事项,各国通常不行使管辖权。当案件涉及港口国公民的利益或其他船舶以外的因素,或涉及船舶本身在港口内航行、停留期间的权利义务时,港口国才予以管辖。

2. 领海

(1) 领海指邻接国家领陆、内水或群岛水域的,受国家主权管辖和支配的一定宽度的海水带。

(2) 领海基线的划定有两种:① 正常基线或自然基线,是以落潮时海水退到离海岸最远的潮位线,即低潮线作为基线;② 直线基线,是选取海岸或近海岛屿最外缘的若干适当基点,用直线连接而成的折线作为基线。我国即采用直线基线。

(3) 领海的宽度不得大于12海里,内陆国没有领海。外国船舶在领海中享有无害通过权。无害通过权是指外国船舶在不损害沿海国的和平安宁和正常秩序的条件下,拥有无须事先通知或征得沿海国许可而连续不断地通过其领海的航行权利。但在行使无害通过权的过程中,不得采取任何和通过无关的行为。此外,无害通过要求连续不停地迅速通过,不得停泊和下锚,除非不可抗力、遇难和救助。潜水艇或其他潜水器通过领海须浮出水面并展示其船旗。

(4) 沿海国在领海对外国船舶的刑事管辖权:① 罪行的后果及于沿海国;② 罪行属于扰乱当地安宁或沿海国良好秩序的性质;③ 经船长或船旗国外交代表或领事官员请求当地政府予以协助;④ 取缔违法贩运麻醉品或精神调理物质所必要。各种情况下,如经船长请求,沿海国在采取任何步骤前应通知船旗国的外交代表或领事官员。以上规定不影响沿海国为在驶离内水后通过领海的外国船舶上逮捕或调查目的而采取其法律授权的任何步骤的权利。对于来自外国港口仅通过领海而不进入内水的外国船舶,沿海国不得在该船上对驶入领海前与所犯罪行有关的任何人予以逮捕或进行有关的调查。

(5) 沿海国在领海对外国船舶的民事管辖权:① 沿海国不应为对外国船舶上的人行使管辖权而停止该船航行或改变其航向;② 不得为民事诉讼目的对船舶从事执行或加以逮捕,除非涉及船舶本身在通过领海的航行中,或为该航向的目的而承担的义务或负担的债务;③ 上述规定不妨碍沿海国按照其法律,为任何民事诉讼的目的而对在其领海内停泊或驶离内水后通过领海的外国船舶实施执行或逮捕的权利。

3. 毗连区

毗连区,又称邻接区或特别区,是指沿海国在毗连其领海的一定范围内,为对其海关、财政、卫生和移民等类事项行使管制而设置的区域。它从领海基线量起不超过24海里。

《海洋法公约》规定沿海国可在毗连区行使下列管制:

(1) 防止在其领土或领海内违反其海关、财政、移民或卫生法律和规章。
(2) 惩治在其领土或领海内违反上述法律和规章的行为。

可见国家在毗连区内行使管制是为了维护本国主权和法律秩序,是为了对违法者进行追究和惩罚。

《领海及毗连区法》规定了我国的毗连区宽度为 12 海里。

4. 专属经济区

专属经济区是指领海以外毗邻领海的一定宽度的水域。根据《海洋法公约》的规定,它从领海基线量起不得超过 200 海里。专属经济区不是本身自然存在的权利,需要国家以某种形式宣布建立并说明其宽度。专属经济区制度不影响其上空和底土本身的法律地位。

| 专属经济区的性质 | (1) 既不是领海,也不是公海,沿海国对专属经济区不拥有主权,但享有《海洋法公约》规定的某些主权权利;<br>(2) 沿海国在专属经济区的权利的特点:① 资源性;② 排他性。 |
| --- | --- |
| 范围 | 从测算领海宽度的基线量起不超过 200 海里;水域、海床及底土。 |
| 沿海国在专属经济区的主权权利 | (1) 勘探、开发、养护、管理海床和底土及其上覆水域的生物或非生物自然资源的排他权利;<br>(2) 从事海水、风力利用等经济性勘探开发的排他性权利;<br>(3) 建造、使用、管理人工岛屿和设施;<br>(4) 海洋科研、海洋环保方面的管辖权。 |
| 其他国家权利 | 航行、飞越、铺设海底电缆和管道的自由。 |

5. 大陆架

大陆架是指其领海以外依其陆地领土的全部自然延伸,扩展到大陆边缘的海底区域的海床和底土。大陆架不是沿海国领土,但是沿海国在此享有某些排他性的主权权利。

| 大陆架的性质 | 沿海国陆地领土的自然延伸,属于自然权利,无须宣布或占领即享有。 |
| --- | --- |
| 范围 | 不足 200 海里的,扩展至 200 海里;超过 200 海里的,不得超过 350 海里或 2 500 公尺等深线以外 100 海里。 |
| 沿海国在大陆架的权利 | (1) 勘探、开发、养护、管理海床和底土自然资源的排他权利;<br>(2) 钻探的排他性权利;<br>(3) 建造、使用、管理人工岛屿和设施。 |
| 其他国家权利 | 航行、飞越、铺设海底电缆和管道的自由。 |

6. 公海

(1) 公海是指不包括在国家的专属经济区、领海、内水、群岛国的群岛水域内的全部海域。

(2) 公海不属于任何国家领土的组成部分,也不在任何国内法主体管辖之下,它属于管辖范围以外的海域。《海洋法公约》规定了 6 项公海自由,即:① 航行自由;② 飞越自由;③ 铺设海底电缆和管道的自由;④ 建造国际法所容许的人工岛屿和其他设施的自由;⑤ 捕鱼自由;⑥ 科学研究自由。

(3) 任何国家的船舶都可以悬挂其旗帜在公海中自由航行。在公海中航行的船舶必须在一国进行登记并悬挂该国国旗,登记国称为该船的国籍国或船旗国。在公海航行的船舶必须并且只能悬挂一国旗帜,悬挂两国或两国以上旗帜航行或视方便而换用旗帜的,可视为无国籍船舶。船旗国应与船舶有真正的联系,并向依其国内法进行登记因而悬挂其国旗的船舶发放船籍文件。依据各国法律和政策对船舶登记条件的不同规定,目前船舶登记制度可以分为开放式、半开放式和封闭式三种。其中采用船舶开放登记制度的国家,对前来登记的船舶,条件限制比较宽松,有些近乎没有限制条件,几乎所有的船舶都可以在该国登记。因此,这些船舶的国籍已失去了"法律纽带"的本质,船旗国与船舶并无真正的联系。这些船舶所取得的国籍被称为"方便旗籍",它们所悬挂的国旗为"方便旗",这些船舶被视为"方便旗船"。

(4)按照国际法,船舶在公海上也要服从国际法与本国法律。公海上的管辖权最主要是船旗国管辖和普遍性管辖两种。行使临检权和紧追权是国家某种管辖权在公海上实施或实现的两种措施。普遍性管辖是指为了维持公海上的良好秩序,各国有权对公海上的违反人类利益的国际性罪行以及某些违反国际法的活动进行干预和管辖。

(5)登临权,又称临检权,指各国军舰或者经授权的政府船舶在公海上遇到外国船舶(军舰等享有豁免权的除外)有从事公约所列违反国际法行为的嫌疑时,可以靠近和登上该船进行检查的权利。管辖的对象主要是从事海盗、贩奴、非法广播、船舶无国籍或虽然悬挂他国旗帜但管辖国认为该船具有本国国籍等情形。

(6)紧追权,指沿海国的军舰或军用飞机对于在其管辖范围内的海域内违反了该沿海国法律的外国船舶,进行追逐直至公海仍可继续以期拿获的权利。

(7)依照公约和国际惯例,各国在行使紧追权时应遵守下列规则:① 紧追必须从国家管辖范围内的海域开始,即须从沿海国的内水、群岛水域、领海、毗连区、专属经济区或大陆架开始。而且,紧追只有在外国船舶视听所及的距离内发出停驶信号后,才可开始。② 紧追必须连续不停地进行,不得中断。如果紧追船舶、飞机需要更替时,须在后者到达时才可退出,否则即为中断,中断后再追逐,紧追便不成立。③ 紧追的终止情况:A.将被追逐船舶逮捕;B.被追逐的船舶进入其本国或第三国领海。④ 紧追只可由军舰、军用飞机或其他有明显标志的经授权的为政府服务的船舶或飞机进行。⑤ 紧追权的行使应当审慎,紧追不当,追逐国应承担赔偿责任。

7. 国际海底区域

(1)国际海底区域是指国家管辖范围以外的海床、洋底及其底土,即国家领土、专属经济区及大陆架以外的海底及其底土。

(2)国际海底开发制度主要内容包括:国际海底管理局组织和控制区域内的活动,特别是区域内的资源开发活动。目前区域内资源开发采取"平行开发制",即区域的开发一方面由海底局企业部进行;另一方面由缔约国有效控制的自然人或法人与管理局以合作的方式进行。

(3)国际海底区域及其资源是人类的共同继承财产。任何国家不应对"区域"的任何部分或其资源主张或行使主权或主权权利;任何国家或自然人或法人,也不得将"区域"的任何部分据为己有。"区域"内资源的一切权利属于全人类,由国际海底管理局代表人类行使。"区域"的法律地位不影响上覆水域和水域上空的法律地位。

8. 群岛水域

(1)定义。是指群岛国按照《联合国海洋法公约》规定的方法划定的群岛基线所包围的除内水以外的水域。群岛国是指包括全部由一个或多个群岛构成的国家,并可包括其他岛屿。

群岛国可用直线基线法,将连接其最外缘岛屿的直线作为基线(应包括主要岛屿),并从基线量出其领海、毗连区、专属经济区、大陆架等海域,而基线所包围的水域,不论深度或距离海岸的远近如何,都称为"群岛水域"。

(2)群岛水域的范围。群岛国划定群岛基线时,应受以下条件限制:一是面积上的限制。在基线所包围的区域内,水域面积和陆地面积的比例应为1:1到9:1。二是基线长度一般不超过100海里,在基线总数中,最多是3%能超过这一长度,且无论如何最长者不超过125海里。三是基线的划定,不应在任何明显的程度上偏离群岛的一般轮廓。群岛国划定的群岛基线不能将其他国家的领海与公海或专属经济区隔断。

(3)群岛水域的法律地位。群岛水域是一种具有特殊法律地位的海域,群岛国在群岛水域可以行使主权,但受到无害通过和群岛海道通过制的限制。① 无害通过:所有国家的船舶享有通过除群岛国内水以外的群岛水域的无害通过权;② 群岛海道通过制:群岛国可以指定适当的海道和其上的空中通道,以便其他国家的船舶或飞机连续不停地迅速通过或飞越其群岛水域及其邻接的领海。

9. 用于国际航行的海峡

(1)概念。国际航行的海峡是指两端连接公海和专属经济区一部分和公海及专属经济区另一部分之间的海峡。

(2)用于国际航行的海峡的通过制度。

① 过境通行制。所有国家的船舶和飞机在用于国际航行的海峡中,都享有过境通行的权利。过境通行是专为连续不停和迅速通过目的而进行的自由航行和飞越,不得从事其通过所通常附带发生活动以外的任何活动。

② 公海自由通过。在国际海峡中,如果有穿过公海或专属经济区的(在航行和水文特征方面)同样方便的航道,则各国可在该航道中自由通过,该海峡不再适用过境通行制。

③ 无害通过。适用无害通过的国际航行海峡,是由一国岛屿和大陆之间形成的海峡,该岛屿向海一面有一条在航行和水文特征方面同样方便的航道,则在该海峡中只是适用无害通过,而不适用过境通行制。

④ 协定通过。如果该海峡的通过制度已有国际条约加以规范,则适用该国际条约。例如黑海海峡的通过,由《蒙特勒公约》加以规定,即属此例。

## 二、例题

1. "青田"号是甲国的货轮、"前进"号是乙国的油轮、"阳光"号是丙国的科考船,三船通过丁国领海。依《联合国海洋法公约》,下列哪些选项是正确的?(2016年真题,多选)

A. 丁国有关对油轮实行分道航行的规定是对"前进"号油轮的歧视

B. "阳光"号在丁国领海进行测量活动是违反无害通过的

C. "青田"号无须事先通知或征得丁国许可即可连续不断地通过丁国领海

D. 丁国可以对通过其领海的外国船舶征收费用

[释疑] 本题考点为无害通过。沿海国在其领海,对于行使无害通过权的船舶是可以实行分道航行制的管理的,故A选项错误。外国船舶通过沿海国领海的时候,不得采取任何与通过无关的行为,因此测量行为是非法的,故B选项正确。行使无害通过权不必事先通知或征得沿海国同意,沿海国也无权对无害通过的外国船舶征收费用,故C选项正确,D选项错误。

(答案:BC)

2. 甲国是群岛国,乙国是甲国的隔海邻国,两国均为《联合国海洋法公约》的缔约国。根据相关国际法规则,下列哪一选项是正确的?(2014年真题,单选)

A. 他国船舶通过甲国的群岛水域均须经过甲国的许可
B. 甲国为连接其相距较远的两岛屿,其群岛基线可隔断乙国的专属经济区
C. 甲国因已划定了群岛水域,则不能再划定专属经济区
D. 甲国对其群岛水域包括上空和底土拥有主权

[释疑] 其他国家在群岛水域享有无害通过权和群岛海道通过权,除前述限制外,群岛国对群岛水域享有主权,故A选项错误,D选项正确。群岛基线的划定不得将他国的领海与专属经济区或公海隔断,故B选项错误。群岛国可以以其群岛基线为起算线,向外划定其领海、毗连区、专属经济区、大陆架,故C选项错误。(答案:D)

3. A公司和B公司于2011年5月20日签订合同,由A公司将一批平板电脑售卖给B公司。A公司和B公司营业地分别位于甲国和乙国,两国均为《联合国国际货物销售合同公约》缔约国。合同项下的货物由两国C公司的"潇湘"号商船承运,装运港是甲国某港口,目的港是乙国某港口。在运输途中,B公司与中国D公司就货物转卖达成协议。"潇湘"号运送该批平板电脑的航行路线要经过丁国的毗连区。根据《联合国海洋法公约》,下列选项正确的是:(2011年真题,不定选)

A. "潇湘"号在丁国毗连区通过时的权利和义务与在丁国领海的无害通过相同
B. 丁国可在"潇湘"号通过时对毗连区上空进行管制
C. 丁国可根据其毗连区领土主权对"潇湘"号等船舶规定分道航行
D. "潇湘"号应遵守丁国在海关、财政、移民和卫生等方面的法律规定

[释疑] 根据《联合国海洋法公约》的规定,沿海国可在该海域内依法行使海关、财政、卫生和移民等管辖权。在毗连区内,沿海国行使有限的专门管辖权,主要是为防止、惩治在其领土或领海内犯有海关、财政、移民和卫生的法律规章的行为而行使必要的管制权力。毗连区不是领海,在其中通行不适用"无害通过"制度,A选项错误,D选项正确。毗连区不是国家领土,国家对毗连区不享有领土主权,只是在毗连区范围行使上述特定方面的管制权,国家对于并非其领土的毗连区无权适用分道航行制度,国家对于毗连区的管制不包括其上空。B、C选项错误。(答案:D)

4. 乙国军舰A发现甲国渔船在乙国领海走私,立即发出信号开始紧追,渔船随即逃跑。当A舰因机械故障被迫返航时,令乙国另一艘军舰B在渔船逃跑必经的某公海海域埋伏。A舰返航半小时后,渔船出现在B舰埋伏的海域。依《联合国海洋法公约》及相关国际法规则,下列哪一选项是正确的?(2009年真题,单选)

A. B舰不能继续A舰的紧追
B. A舰应从毗连区开始紧追,而不应从领海开始紧追
C. 为了紧追成功,B舰不必发出信号即可对渔船实施紧追
D. 只要B舰发出信号,即可在公海继续对渔船紧追

[释疑] 紧追可以从内水、领海、毗连区等海域开始,如果发现外国船舶违反了沿海国有关的大陆架或专属经济区的制度,发出警告信号后,在这些海域也可以开始紧追。乙国军舰A

发现甲国渔船在乙国领海走私,如果紧追也应从该领海区域开始,故 B 选项错误。紧追应先发出信号,且紧追应持续进行,本题中 B 舰埋伏后如果继续紧追属于接力紧追,是违反国际法规则的行为,B 舰无紧追权,故 C、D 选项错误。(答案:A)

### 三、提示与预测

海洋法因为关涉我国的国家利益,在考题中出现次数较多。相对来说,其中领海、大陆架、专属经济区、公海的法律地位更重要一些。

## 考点 5 外层空间法

### 一、精讲

1. 领空及领空主权

领空是指一国领土上空一定高度的空间。迄今,国际社会尚未划定领空与外空的界限。领空主权是指国家对其领空拥有完全的和排他的主权。外国航空器进入国家领空需经该国许可并遵守领空国的有关法律。领空主权往往体现为:

(1) 立法和执法权,即国家有权制定外国航空器入境、离境和在境内飞行的规章制度,可以指定外国航空器降停的设关机场。

(2) 国家保留国内航线专属权,即一国内部的不同地点的航空运输只能由该国自己经营,他国不得介入。

(3) 国家为安全及军事需要有在其领空中划定某些禁区的权力。

2. 国际航空的基本制度

1944 年的《芝加哥公约》将航空器分为国家航空器和民用航空器,该公约仅适用于民用航空器,而不适用于国家航空器。国家航空器是指用于军队、海关和警察部门的航空器。一国的国家航空器未经特别协定或其他方式的许可,不得在其他国家的领空飞行或领土上降落。

民用航空器须在一国登记并因此而取得登记国国籍,但在两个或两个以上国家重复进行登记的均被认为无效,登记可以由一国转移到另一国。

《芝加哥公约》把国际航空飞行分为定期航班飞行和不定期航班飞行。定期航班飞行须经领空国许可,不定期航班飞行则可以不经领空国许可,但一些国家对后者作出了保留。

3. 国际民航安全制度

1963 年的《东京公约》、1970 年的《海牙公约》和 1971 年的《蒙特利尔公约》基本确立了国际民航安全制度。上述三个公约就拥有对于危害民航安全罪行的管辖权的国家作了规定。三个公约还规定危害民航安全罪行是一种可引渡的罪行,但各国没有强制引渡的义务。国家可以依据引渡协议或国内法决定是否予以引渡。如果嫌疑人所在国没有相关协议引渡义务,并决定不予引渡,则应在本国作为严重的普通刑事案件进行起诉,使此种行为受到惩处。1978 年和 1980 年,我国先后加入了上述三个有关国际民航安全公约,并在国内刑法中对有关危害民航安全行为的处理作出了规定。

| 有关公约 | 《蒙特利尔公约》 |
|---|---|
| 危害国际民航安全行为之范围 | 破坏使用中的航空器使它不能飞行;传送假情报危及飞行中航空器的安全;在使用中的航空器内放置危及其飞行安全的装置或物质;破坏航行设备危及飞行安全;劫持飞机;在飞行中的航空器内使用暴力足以危及飞行安全。 |
| 管辖权 | 对此种国际罪行各国可以根据本国法行使管辖权。 |
| 引渡 | 可引渡罪行,但各国无强制引渡的义务,或引渡或起诉原则。 |

**4. 外空活动的主要法律制度**

《外空宣言》《外层空间条约》及其他外空条约文献中确定了外层空间的主要原则,以作为各国在外层空间活动中所必须遵守的原则:(1)为全人类谋福利而进行。(2)不得将外层空间据为己有。(3)应当和平利用外层空间。(4)国际合作和互助。

| 年份 | 公约名称 | 公约简称 |
|---|---|---|
| 1967年 | 《关于各国探索和利用包括月球和其他天体在内的外层空间活动的原则条约》 | 《外空条约》 |
| 1968年 | 《营救宇宙航行员、送回宇宙航行员和归还发射到外层空间的实体的协定》 | 《营救协定》 |
| 1972年 | 《空间物体造成损害的国际责任公约》 | 《责任公约》 |
| 1975年 | 《关于登记射入外层空间物体的公约》 | 《登记公约》 |
| 1979年 | 《指导各国在月球和其他天体上活动的协定》 | 《月球协定》 |
| 登记制度 | 双重登记制:从事任何外空发射活动都要在本国和联合国秘书处登记。 | |
| 营救制度 | ① 援助:对获悉或发现在一国领土内的宇航员,领土国应立即采取一切可能的措施,营救宇航员并给予必要帮助。<br>② 通知:各国在获悉或发现宇航员发生意外、遇难或紧急降落时,应立即通知其发射国及联合国秘书长。<br>③ 送还:对于发生意外的空间物体应送还其发射国。 | |
| 责任制度 | ① 外空物体彼此间损害:过错责任。发射国对空间物体在地球表面以外的地方对另一国的空间物体的损害,由发生过错的实体的发射国单独或共同负损害责任。当空间物体在地球表面以外的其他地方对另一国空间物体及其所载人员造成损害时,如损害是由前者的过失造成的,该国应负赔偿责任;如果这一损害也在地球表面以外的地方对第三国的空间物体造成损害时,前两国根据它们的过失对第三国承担责任。<br>② 外空物体对地面第三人或空中飞机的损害:绝对责任。发射国对其空间物体对地面或者飞机造成的损害负有绝对责任。发射或促进空间物体发射的国家,以及从其领土或设施发射空间物体的国家,均为该物体发射国,发射国对其空间物体在地球表面造成的损害,或对飞行中的飞机造成的损害,应负赔偿的绝对责任。<br>③ 例外。前述赔偿责任的规定,不适用于两种情形:一种是受害人为发射国本国国民;另一种是受害人应邀请参加发射活动或者到发射现场而遭到损害。 | |

## 二、例题

1. 甲国发生内战,乙国拟派民航包机将其侨民接回,飞机需要飞越丙国领空。根据国际法相关规则,下列哪些选项是正确的?(2011年真题,不定选)

   A. 乙国飞机因接其侨民,得自行飞越丙国领空
   B. 乙国飞机未经甲国许可,不得飞入甲国领空
   C. 乙国飞机未经允许飞越丙国领空,丙国有权要求其在指定地点降落
   D. 丙国军机有权在警告后将未经许可飞越丙国领空的乙国飞机击落

   [释疑] 地面国家对本国领空的资源有完全的排他占有使用的权利,并且没有得到地面国家许可,外国的航空器不得飞经或者飞入,A 选项错误、B 选项正确。国家基于领空主权对于非法飞入的外国航空器,有权采取措施,目的是维护国家领空安全。对未经许可进入地面国领空的外国军用航空器必要时可以采取武力,但对民用飞机可以要求离开或者追降,而不得使用武力,故 C 选项正确、D 选项错误。(答案:BC)

2. 乙国与甲国航天企业达成协议,由甲国发射乙国研制的"星球一号"卫星。因发射失败,卫星碎片降落到甲国境内,造成人员和财物损失。甲、乙两国均为《空间物体造成损害的国际责任公约》缔约国。下列选项正确的是:(2009年真题,不定选)

   A. 如"星球一号"发射成功,发射国为技术保密可不向联合国办理登记
   B. 因"星球一号"由甲国的非政府实体发射,甲国不承担国际责任
   C. "星球一号"对甲国国民的损害不适用《责任公约》
   D. 甲国和乙国对"星球一号"碎片造成的飞机损失承担绝对责任

   [释疑] 根据《空间物体造成损害的国际责任公约》的规定,发射国(包括事实上发射和促使发射的国家)对其发射的空间物体(包括其国内的非政府组织发射的空间物体)造成他国地面损害应绝对的赔偿责任,但对本国国民的损害赔偿问题不适用该公约,故答案应为 C、D 选项。(答案:CD)

## 三、提示与预测

关于外空法,国际民航安全制度是热点问题,《空间物体造成损害的国际责任公约》规定的归责原则也应掌握。

# 考点 6 国际环境保护法

## 一、精讲

1. 《京都议定书》

《京都议定书》规定了发达国家温室气体净排放量具体减排目标。为促进目标的实现,议定书还规定允许下列三种减排折算方式:

(1) "集团方式",即只要有关国家集团达到减排总额,可不管集团内部成员国的排量增减。

(2) "排放权交易",即排量超出其额度发达国家可以向其他排量低于自身额度的发达国家购买其低于限额部分的排放量,使得总量仍然达标。

（3）"绿色交易"，即发达国家可以通过资助在发展中国家营造森林或转让有关绿色技术，相应抵消其部分排放量。

2. 《控制危险废物越境转移及其处置公约》（《巴塞尔公约》）

《巴塞尔公约》对于列举在其附件中的危险废物的越境转移，规定了严格的条件。包括：

（1）缔约国禁止向另一缔约国出口危险废物，除非进口国没有一般的禁止该废物的进口，并且以书面形式对某一危险废物的进口向出口国表示同意。出口国或者危险废物的生产者或出口者，应将拟出口的废物的越境转移以书面形式通知进口国的有关主管部门。

（2）危险废物的任何越境转移都必须有相关的保险、保证或担保。

（3）出口国有理由认为拟出口的废物不会被以符合有关标准的对环境无害的方式在进口国或其他地方处理，则不得出口。

（4）如果出口的危险废物被证明无法以无害于环境的方式得到处理，则须运回出口国。

（5）不得向非缔约国出口或自非缔约国进口危险废物。

## 二、例题

甲、乙两国是温室气体的排放大国，甲国为发达国家，乙国为发展中国家。根据国际环境法原则和规则，下列哪一选项是正确的？（2008年真题，单选）

A. 甲国必须停止排放，乙国可以继续排放，因为温室气体效应主要是由发达国家多年排放积累造成的

B. 甲国可以继续排放，乙国必须停止排放，因为乙国生产效率较低，并且对于环境治理的措施和水平远远低于甲国

C. 甲、乙两国的排放必须同等被限制，包括排放量、排放成分标准、停止排放时间等各方面

D. 甲、乙两国在此问题上都承担责任，包括进行合作，但在具体排量标准、停止排放时间等方面承担的义务应有所区别

［释疑］ 在控制温室气体排放方面，发达国家和发展中国家承担共同但有区别的责任。《京都议定书》规定允许采取以下四种减排方式：(1) 发达国家之间可以进行排放额度买卖的"排放权交易"，即难以完成削减任务的国家，可以花钱从超额完成任务的国家买进超出的额度。(2) 可以采用"集团方式"，即像欧盟这样的国家集团，集团内部的许多国家可视为一个整体，采取有的国家削减、有的国家增加的方法，在总体上完成减排任务。(3) "绿色交易方式"，即可以采用绿色开发机制，发达国家向发展中国家援助绿色技术或者帮助发展中国家植树造林，可以折算为一定的减排量。(4) 以"净排放量"计算温室气体排放量，即从本国实际排放量中扣除森林所吸收的二氧化碳的数量。发达国家和发展中国家都应承担责任，但相比较而言，发达国家应承担更多的责任，发展中国家承担与其能力相适应的责任。故A、B、C选项错误，D选项正确。（答案：D）

## 三、提示与预测

《京都议定书》规定的温室气体减排机制属于热点问题，应予以注意。《巴塞尔公约》曾考过一次，建议掌握其主要内容。

# 第五章　国际法上的个人

**本章知识体系：**

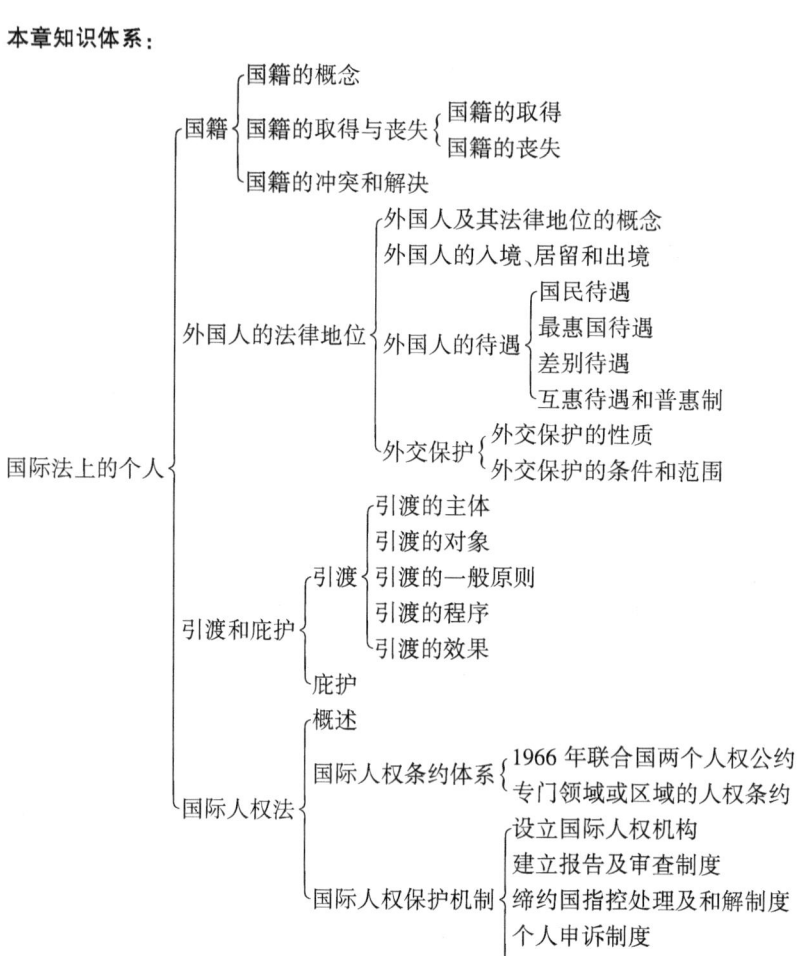

## 考点 1　中国的国籍制度

### 一、精讲

1. 国籍是指一个人属于某一个国家的国民或公民的法律资格，表明一个人同一个特定国家间的固定的法律联系，是国家行使属人管辖权和外交保护权的法律依据。

（1）国籍的取得

国籍的取得是指一个人取得某一个国家的国民或公民资格。根据各国有关国籍的立法、国际公约、双边条约及实践,国籍的取得主要有以下两种方式:一是因出生取得国籍;二是因加入取得国籍。

关于因出生取得国籍,各国的立法中采取的原则有血统主义、出生地主义和混合制原则三种。血统主义是指以父母的国籍来确定一个人的国籍,凡本国人所生的子女,不论出生在国内还是国外,当然具有本国国籍。血统原则又可分为单系血统原则和双系血统原则,单系血统原则是指以父亲的国籍决定其子女的国籍,故单系血统原则又称为父系血统原则;双系血统原则是指以父母的国籍决定其子女国籍。出生地主义是指一个人的国籍根据其出生地来决定,即一个人出生在哪一国家,就取得哪个国家的国籍,而不管其父母国籍情况如何。依混合制原则取得国籍,是指兼采血统主义和出生地主义,采取混合制原则的国家在具体做法上也有不同,有的以血统原则为主,以出生地原则为辅,而有的则平衡地兼采两种原则。

因加入取得国籍是指由于本人意愿或某种事实,根据一国国籍法的规定而获得该国的国籍。这种国籍也称为继有国籍或转承国籍。因加入取得国籍又可以分为申请入籍和由于法定事实引起获得国籍(包括因跨国婚姻、收养、取得住所、领土转移等各种情况)。

(2)国籍的丧失

一般可以分为自愿丧失和非自愿丧失两种。自愿丧失包括自愿退籍和自愿选择放弃两种做法。导致非自愿丧失国籍的事实一般有涉外婚姻、收养、已加入外国国籍、剥夺国籍等。

2.我国1980年《国籍法》的主要法条:

第4条规定:父母双方或一方为中国公民,本人出生在中国,具有中国国籍。

第5条规定:父母双方或一方为中国公民,本人出生在外国,具有中国国籍;但父母双方或一方为中国公民并定居在外国,本人出生时即具有外国国籍的,不具有中国国籍。

第6条规定:父母无国籍或国籍不明,定居在中国,本人出生在中国,具有中国国籍。

第9条规定:定居外国的中国公民,自愿加入或取得外国国籍的,即自动丧失中国国籍。

第10条规定:中国公民具有下列条件之一的,可以经申请批准退出中国国籍:(1)外国人的近亲属;(2)定居在外国的;(3)有其他正当理由。

第12条规定:国家工作人员和现役军人,不得退出中国国籍。

## 二、例题

1.中国公民王某与甲国公民彼得于2013年结婚后定居甲国并在该国产下一子,取名彼得森。关于彼得森的国籍,下列哪些选项是正确的?(2015年真题,多选)

A. 具有中国国籍,除非其出生时即具有甲国国籍

B. 可以同时拥有中国国籍与甲国国籍

C. 出生时是否具有甲国国籍,应由甲国法确定

D. 如出生时即具有甲国国籍,其将终生无法获得中国国籍

[释疑] 我国《国籍法》第5条规定:"父母双方或一方为中国公民,本人出生在外国,具有中国国籍;但父母双方或一方为中国公民并定居在外国,本人出生时即具有外国国籍的,不具有中国国籍。"故A选项正确。中国国籍法不承认中国人具有双重国籍,故B选项错误。各国国籍法在本质上是内政,一个人是否具有某国国籍,应由该国法确定,故C选项正确。外国人符合条件的,可以申请加入中国国籍,故D选项错误。(答案:AC)

2. 中国人王某定居美国多年,后自愿加入美国国籍,但没有办理退出中国国籍的手续。根据我国相关法律规定,下列哪些选项是正确的?(2010年真题,多选)

A. 由于王某在中国境外,故需向在国外的中国外交代表机关或领事机关办理退出中国国籍的手续

B. 王某无需办理退出中国国籍的手续

C. 王某具有双重国籍

D. 王某已自动退出了中国国籍

[释疑] 我国《国籍法》虽然规定受理国籍申请的机关,在国内为当地市、县公安局,在国外为中国外交代表机关和领事机关。但是对于中国公民定居外国,并自愿取得外国国籍的,视为自动退出中国国籍,无须再办理退籍手续,故 A 选项错误、B 选项正确。王某既然定居美国并自愿加入美国国籍,则自动丧失中国国籍,在本案中只具有美国国籍,C 选项错误、D 选项正确。(答案:BD)

### 三、提示与预测

《国籍法》的法条在近几年的考题中出现的频率非常高,应作为复习重点。

## 考点 2 外国人的法律地位

### 一、精讲

1. 外国人的范围

外国人是指位于一国境内,没有该国国籍但拥有其他国家国籍的人。位于一国境内且拥有该国国籍的人为本国人,在一国境内而没有任何国家国籍的人则为无国籍人。广义上,为管理的便利,无国籍人也被视为外国人。关于双重或者多重国籍人,如果他所具有的两个或多个国籍都不是居留国的国籍,则他对居留国而言属于外国人;如果他具有的国籍中有一个是居留国的国籍,则居留国通常不把他作为外国人看待。

2. 外国人的待遇(国民待遇、最惠国待遇、差别待遇、互惠原则与普惠制)

国民待遇,是指给予外国人与本国人相同的待遇,即在同样条件下,外国人所享受的权利和承担的义务与本国人相同;同时,外国人也不能要求比本国人更多的权利。根据国际实践,国民待遇仅限于民事权利和诉讼权利方面,并不包括政治方面的权利。国民待遇通常是国家之间在互惠原则的基础上相互给予的。

最惠国待遇,是指一国给予另一国的公民或法人的待遇,在现在或将来不低于给予任何第三国公民或法人在该国享有的待遇。最惠国待遇的目的在于防止本国公民或法人在与外国的经济交往中处于不利的地位,即低于第三国国民在该外国的地位。现代各国多在平等互惠的基础上相互给予最惠国待遇。其主要适用于经济和贸易方面,但不适用于以下情形:

(1) 给予邻国的利益和特惠;

(2) 关税同盟内的优惠;

(3) 自由贸易区和优惠贸易区内部的优惠;

(4) 经济共同体内的优惠。

差别待遇,是指在外国人与本国人之间或在不同国籍的外国人之间给予不同的待遇。包

括两个方面：

（1）指给予外国公民或法人的权利在某些方面少于本国公民或法人；

（2）指对不同国籍的外国公民或法人给予不同的待遇。

如果所采取的差别待遇不含任何歧视，则为国际法所许可；相反，如果采取歧视性的不合理的差别待遇，则是违反国际法的歧视待遇。

普遍优惠待遇，简称普惠制，是一种单向优惠。其含义为：由于国际经济地位的不平衡，因此，在发达国家与发展中国家的经济交往中，发达国家应给予发展中国家以优惠，但发展中国家并不给予发达国家以同样的优惠。普惠制成为发展中国家为建立新的国际经济秩序的正当合理的要求。

3. 外国人的入境、居留和出境

根据国家主权原则，国家有权自由决定是否准许外国人入境。实践中，各国通常在互惠的基础上允许外国人为合法目的入境，但一般都要求持有护照和经过签证。护照是指一国法定机关颁发的用以在国外证明持有人具有本国国民或公民身份的证件。入境签证是指入境国对申请入境的外国人给予的允许其入境或居留的许可，通常由入境国法定机关以某种认证方式作出。特定情况下，有些国家也可能通过协议，互免签证。

一国为了本国的利益，有权在入境口岸进行安全、卫生等方面的检查，拒绝某些外国人入境，如精神病患者、某种传染病患者、刑事罪犯等，但是，这一措施不应带有任何歧视，例如种族、性别、宗教、语言或肤色方面的歧视。一国是否允许外国人在本国居留，是其主权管辖范围内自主决定的事项，其他国家和个人无权干涉。外国人可以根据某一国家的法律法令和该国所参加的有关国际条约或协定的规定，在该国做短期、长期或永久居留。外国人在居留国的居留期间的权利和义务由居留国的法律规定。实践中，外国人的民事权利（例如人身权、财产权、著作权、婚姻家庭和继承权等）和诉讼权等，一般都受到居留国的保护，但本国人所享受的政治权利，外国人通常不能享有，外国人一般也没有在居留国服兵役的义务。

外国人只要符合所在国有关出境的规定，该所在国就应允许其出境。但所在国可以对外国人离境规定一定的条件，各国法律通常要求，外国人出境应办理出境手续，且必须没有未了结的司法案件或债务，依法付清捐税或债务。对于合法出境的外国人，应允许按照居留国法律的规定，带走其合法财产。在特定情况下，国家可以限令外国人离境，或将外国人驱逐出境。

4. 《中华人民共和国出境入境管理法》有关中国人和外国人出境、入境管理的主要规定

我国于2012年6月出台了《中华人民共和国出境入境管理法》（以下简称《出境入境管理法》），该法于2013年7月1日起施行，原来的《中华人民共和国外国人入境出境管理法》和《中华人民共和国公民出境入境管理法》同时废止。

（1）一般规定

《出境入境管理法》第2条规定：其适用范围包括中国公民出境入境、外国人入境出境、外国人在中国境内停留居留的管理，以及交通运输工具出境入境的边防检查。

《出境入境管理法》第4条第1、2、3款规定：公安部、外交部按照各自职责负责有关出境入境事务的管理。中国驻外使馆、领馆或者外交部委托的其他驻外机构负责在境外签发外国人入境签证。出入境边防检查机关负责实施出境入境边防检查。县级以上地方人民政府公安机关及其出入境管理机构负责外国人停留居留管理。公安部、外交部可以在各自职责范围内委托县级以上地方人民政府公安机关出入境管理机构、县级以上地方人民政府外事部门受理

外国人入境、停留居留申请。

（2）中国公民出境入境管理的主要规定

① 中国公民出境入境需持有的证件

《出境入境管理法》第9条规定：中国公民出境入境，应当依法申请办理护照或者其他旅行证件。中国公民前往其他国家或者地区，还需要取得前往国签证或者其他入境许可证明。但是，中国政府与其他国家政府签订互免签证协议或者公安部、外交部另有规定的除外。中国公民以海员身份出境入境和在国外船舶上从事工作的，应当依法申请办理海员证。

② 定居国外的中国公民回国定居及身份证明

《出境入境管理法》第13条规定：定居国外的中国公民要求回国定居的，应当在入境前向中华人民共和国驻外使馆、领馆或者外交部委托的其他驻外机构提出申请，也可以由本人或者经由国内亲属向拟定居地的县级以上地方人民政府侨务部门提出申请。

《出境入境管理法》第14条规定：定居国外的中国公民在中国境内办理金融、教育、医疗、交通、电信、社会保险、财产登记等事务需要提供身份证明的，可以凭本人的护照证明其身份。

（3）有关外国人入境、出境、居留等方面的主要规定

① 外国人入境时应当向中国主管部门申请签证

《出境入境管理法》第15条规定：外国人入境，应当向驻外签证机关申请办理签证，但是另有规定的除外。

《出境入境管理法》第16条规定：签证分为外交签证、礼遇签证、公务签证、普通签证。对因外交、公务事由入境的外国人，签发外交、公务签证；对因身份特殊需要给予礼遇的外国人，签发礼遇签证。外交签证、礼遇签证、公务签证的签发范围和签发办法由外交部规定。对因工作、学习、探亲、旅游、商务活动、人才引进等非外交、公务事由入境的外国人，签发相应类别的普通签证。普通签证的类别和签发办法由国务院规定。

《出境入境管理法》第21条规定：外国人有下列情形之一的，不予签发签证：A. 被处驱逐出境或者被决定遣送出境，未满不准入境规定年限的；B. 患有严重精神障碍、传染性肺结核病或者有可能对公共卫生造成重大危害的其他传染病的；C. 可能危害中国国家安全和利益、破坏社会公共秩序或者从事其他违法犯罪活动的；D. 在申请签证过程中弄虚作假或者不能保障在中国境内期间所需费用的；E. 不能提交签证机关要求提交的相关材料的；F. 签证机关认为不宜签发签证的其他情形。对不予签发签证的，签证机关可以不说明理由。

《出境入境管理法》第22条规定：外国人有下列情形之一的，可以免办签证：A. 根据中国政府与其他国家政府签订的互免签证协议，属于免办签证人员的；B. 持有效的外国人居留证件的；C. 持联程客票搭乘国际航行的航空器、船舶、列车从中国过境前往第三国或者地区，在中国境内停留不超过24小时且不离开口岸，或者在国务院批准的特定区域内停留不超过规定时限的；D. 国务院规定的可以免办签证的其他情形。

② 对外国人的入境、出境管理

《出境入境管理法》第24条规定：外国人入境，应当向出入境边防检查机关交验本人的护照或者其他国际旅行证件、签证或者其他入境许可证明，履行规定的手续，经查验准许，方可入境。

《出境入境管理法》第28条规定：外国人有下列情形之一的，不准出境：A. 被判处刑罚尚未执行完毕或者属于刑事案件被告人、犯罪嫌疑人的，但是按照中国与外国签订的有关协议，移管被判刑人的除外；B. 有未了结的民事案件，人民法院决定不准出境的；C. 拖欠劳动者的

劳动报酬,经国务院有关部门或者省、自治区、直辖市人民政府决定不准出境的;D. 法律、行政法规规定不准出境的其他情形。

③ 外国人在中国的停留居留、工作就业和旅行等问题的管理

关于外国人在中国的居留,《出境入境管理法》第 30 条第 1 款规定:外国人所持签证注明入境后需要办理居留证件的,应当自入境之日起 30 日内,向拟居留地县级以上地方人民政府公安机关出入境管理机构申请办理外国人居留证件。

《出境入境管理法》第 38 条、第 39 条还规定,年满 16 周岁的外国人在中国境内停留居留,应当随身携带本人的护照或者其他国际旅行证件,或者外国人停留居留证件,接受公安机关的查验。在中国境内居留的外国人,应当在规定的时间内到居留地县级以上地方人民政府公安机关交验外国人居留证件。外国人在中国境内旅馆住宿的,旅馆应当按照旅馆业治安管理的有关规定为其办理住宿登记,并向所在地公安机关报送外国人住宿登记信息。外国人在旅馆以外的其他住所居住或者住宿的,应当在入住后 24 小时内由本人或者留宿人,向居住地的公安机关办理登记。

关于外国人在中国的工作就业,《出境入境管理法》第 41 条第 1 款规定:外国人在中国境内工作,应当按照规定取得工作许可和工作类居留证件。任何单位和个人不得聘用未取得工作许可和工作类居留证件的外国人。

《出境入境管理法》第 43 条规定:外国人有下列行为之一的,属于非法就业:A. 未按照规定取得工作许可和工作类居留证件在中国境内工作的;B. 超出工作许可限定范围在中国境内工作的;C. 外国留学生违反勤工助学管理规定,超出规定的岗位范围或者时限在中国境内工作的。

关于对外国人居住或进入区域的限制,《出境入境管理法》第 44 条规定:根据维护国家安全、公共安全的需要,公安机关、国家安全机关可以限制外国人、外国机构在某些地区设立居住或者办公场所;对已经设立的,可以限期迁离。未经批准,外国人不得进入限制外国人进入的区域。

关于外国人在中国的永久居留,《出境入境管理法》第 47 条第 1 款规定:对中国经济社会发展作出突出贡献或者符合其他在中国境内永久居留条件的外国人,经本人申请和公安部批准,取得永久居留资格。

《出境入境管理法》第 48 条规定:取得永久居留资格的外国人,凭永久居留证件在中国境内居留和工作,凭本人的护照和永久居留证件出境入境。

④ 必要时对外国人的调查和遣返的有关规定

《出境入境管理法》第 58 条规定,必要情况下对外国人的当场盘问、继续盘问、拘留审查、限制活动范围、遣送出境措施,由县级以上地方人民政府公安机关或者出入境边防检查机关实施。

《出境入境管理法》第 62 条规定:外国人有下列情形之一的,可以遣送出境:A. 被处限期出境,未在规定期限内离境的;B. 有不准入境情形的;C. 非法居留、非法就业的;D. 违反本法或者其他法律、行政法规需要遣送出境的。其他境外人员有前款所列情形之一的,可以依法遣送出境。被遣送出境的人员,自被遣送出境之日起 1—5 年内不准入境。

## 二、例题

1. 王某是定居美国的中国公民,2013 年 10 月回国为父母购房。根据我国相关法律规定,下列哪一选项是正确的?(2014 年真题,单选)

A. 王某应向中国驻美签证机关申请办理赴中国的签证
B. 王某办理所购房产登记需提供身份证明的,可凭其护照证明其身份
C. 因王某是中国公民,故需持身份证办理房产登记
D. 王某回中国后,只要其有未了结的民事案件,就不准出境

[释疑] 王某具有中国国籍,回国无须签证,故 A 选项错误。根据《出境入境管理法》第 14 条的规定,定居国外的中国公民在中国境内办理金融、教育、医疗、交通、电信、社会保险、财产登记等事务需要提供身份证明的,可以凭本人的护照证明其身份。故 B 选项正确、C 选项错误。根据《出境入境管理法》第 12 条的规定,有未了结的民事案件,人民法院决定不准出境的,才不准出境,故 D 选项错误。(答案:B)

2. 甲国公民杰克申请来中国旅游,关于其在中国出入境和居留期间的管理,下列哪些选项是正确的?(2013 年真题,多选)
A. 如杰克患有严重精神障碍,中国签证机关不予签发其签证
B. 如杰克入境后可能危害中国国家安全和利益,中国出入境边防检查机关可不准许其入境
C. 杰克入境后,在旅馆以外的其他住所居住或者住宿的,应当在入住后 48 小时内由本人或者留宿人,向居住地的公安机关办理登记
D. 如杰克在中国境内有未了结的民事案件,法院决定不准出境的,中国出入境边防检查机关有权阻止其出境

[释疑] 外国人患有严重精神障碍、传染性肺结核病或者有可能对公共卫生造成重大危害的其他传染病的,或外国人入境后可能危害中国国家安全和利益的,不予签发签证,故 A、B 选项正确。外国人在旅馆以外的其他住所居住或者住宿的,应当在入住后 24 小时内由本人或者留宿人,向居住地的公安机关办理登记,故 C 选项错误。外国人在中国境内有未了结的民事案件,法院决定不准出境的,中国出入境边防检查机关有权阻止其出境,D 选项正确。(答案:ABD)

3. 甲国公民大卫到乙国办理商务,购买了联程客票搭乘甲国的国际航班,经北京首都国际机场转机到乙国。甲国与我国没有专门协定。根据我国有关出入境法律,下列判断正确的是:(2010 年真题,不定选)
A. 大卫必须提前办理中国过境签证
B. 如大卫在北京机场的停留时间不超过 24 小时且不出机场,可免办中国入境签证
C. 如大卫不出北京机场,无论其停留时间长短都可免办中国入境签证
D. 如大卫在北京转机临时离开机场,需经边防检查机关批准

[释疑] 根据我国《出境入境管理法》的规定,持联程客票搭乘国际航班直接过境,在中国停留不超过 24 小时不出机场的外国人,免办签证。要求临时离开机场的,需经边防检查机关批准。故 B、D 选项正确。(答案:BD)

## 考点 3 外交保护

### 一、精讲

1. 外交保护或外交保护权,是指一国国民在外国受到不法侵害,且依该外国法律程序得不到救济时,其国籍国可以通过外交方式要求该外国进行救济或承担责任,以保护其国民或国

家的权益。

2. 国家行使外交保护权一般应符合以下条件：

（1）一国国民权利受到侵害是由于所在国的国家不当行为所致，即该侵害行为可以引起国家责任。如果损害仅仅涉及外国私人的行为，所在国家不存在任何直接或间接责任，则不得行使外交保护。

（2）受害人自受害行为发生起到外交保护结束的期间内，必须持续拥有保护国国籍。

（3）在提出外交保护之前，受害人必须"用尽当地救济"，即用尽当地法律规定的一切可以利用的救济办法，包括行政和司法救济手段。在这些手段用尽之后仍未得到合理救济时，其国籍国才可以提出外交保护。

## 二、例题

甲国公民廖某在乙国投资一家服装商店，生意兴隆，引起一些从事服装经营的当地商人不满。一日，这些当地商人煽动纠集一批当地人，涌入廖某商店哄抢物品。廖某向当地警方报案。警察赶到后并未采取措施控制事态，而是袖手旁观。最终廖某商店被洗劫一空。根据国际法的有关规则，下列对此事件的哪些判断是正确的？（2006年真题，多选）

A. 该哄抢行为可以直接视为乙国的国家行为
B. 甲国可以立即行使外交保护权
C. 乙国中央政府有义务调查处理肇事者，并追究当地警察的渎职行为
D. 廖某应首先诉诸乙国行政当局和司法机构，寻求救济

[释疑] 本题中，甲国公民在乙国遭遇不法商人的哄抢，属于受到不法侵害的情形，尽管乙国警察到现场后袖手旁观，但该不作为仅可以认定乙国违反了保护外国人正当权益的义务，不能定性为哄抢行为也属于乙国国家行为，故 A 选项错误。就本题而言，受害人的正当权益受到侵害后，乙国警察的不作为可以定性为乙国存在不当行为，此种情况下，如果受害人在乙国用尽当地救济仍然不能维护自己的正当权益，则甲国可以行使外交保护权。B 选项是在用尽当地救济之前行使外交保护权，错误。C 选项正确，乙国如果调查处理肇事者并追究当地警察的渎职行为，则受害人的权益就可以得到救济，也就无须再行使外交保护权。D 选项提到的受害人应先诉诸乙国行政当局和司法机构，正是"用尽当地救济"的表现形式，显属正确。

本题借助一个外国人受侵害的案例，同时考查考生对"可归因于国家的行为"及外交保护的前提条件这两个考点。此种题型近年连续出现，值得考生重视。（答案：CD）

## 考点 4 引渡和庇护

### 一、精讲

1. 引渡

（1）引渡是一国将处于本国境内的被外国指控为犯罪或已经判刑的人，应该外国的请求，送交该外国审判或处罚的一种国际司法协助行为。引渡的主体是国家，对象是被请求国指控为犯罪或被其判刑的人，可能是请求国人、被请求国人和第三国人。

(2) 引渡的一般原则:① 无条约无义务原则。国家没有一般的引渡义务,因此引渡需要根据有关的引渡条约进行。② 政治犯罪不引渡原则。国际法规定了一些不应被视为政治犯罪的行为,包括战争罪、反和平罪和反人类罪、种族灭绝或种族隔离罪行、非法劫持航空器、侵害包括外交代表在内的受国际保护人员罪行等。③ 双重犯罪原则。该原则是指被请求引渡人的行为必须是请求国和被请求国的法律都认定为犯罪的行为。④ 罪名特定原则。该原则指请求国只能就其请求引渡的特定犯罪行为对该被引渡人进行审判或处罚,如果以其他罪名进行审判则一般应经原引出国的同意。⑤ 转引渡需经原引出国同意原则。如果引渡国打算将被引渡人转引给第三国,则一般应经原引出国的同意。

2. 庇护

(1) 领域庇护。一般所称之庇护是指领域庇护,也称领土庇护,指国家对于因政治原因被外国追诉或受迫害而要求避难的外国人,准其入境和居留,给以法律保护,并拒绝将其引渡给任何外国的行为。在国际法上,庇护以国家的属地优越权为依据。每一国家对于其领土内的人,不管是本国人或外国人,都具有管辖和保护的权利。因此,对于请求庇护的外国人,是否给以庇护,由庇护国自主决定。因此,庇护的主要根据是国内法。

(2) 域外庇护。域外庇护又称外交庇护,是指给避难者在驻在国的使馆、领馆、军舰甚至商船内以庇护,即庇护国在外国领土上庇护外国人。域外庇护与领土庇护的最大区别在于,它是庇护国在外国领土利用特权与豁免来庇护外国人。在国际法上,国家只应根据属地优越权在本国领土内行使庇护权,而没有所谓"域外庇护"权,否则,就侵犯了其他国家的领土主权,所以,域外庇护一直未得到国际社会的普遍接受。

(3) 我国《引渡法》的相关规定

我国《引渡法》的主要内容归纳如下:

① 外国向中国提出引渡请求

中华人民共和国和外国之间的引渡,通过外交途径联系。中华人民共和国外交部为指定的进行引渡的联系机关。外交部将引渡请求书等材料转交最高人民法院、最高人民检察院。最高人民检察院经审查,认为应当由我国追诉,应自收到引渡请求书起1个月内,将准备提起刑事诉讼的意见分别告知最高人民法院和外交部。最高人民法院接到引渡请求书等材料后,应当及时转交所指定的高级人民法院组成合议庭进行审查。最高人民法院对高级人民法院作出的裁定进行复核。

② 准予向外国引渡的条件

《引渡法》第7条规定:"外国向中华人民共和国提出的引渡请求必须同时符合下列条件,才能准予引渡:(一) 引渡请求所指的行为,依照中华人民共和国法律和请求国法律均构成犯罪;(二) 为了提起刑事诉讼而请求引渡的,根据中华人民共和国法律和请求国法律,对于引渡请求所指的犯罪均可判处一年以上有期徒刑或者其他更重的刑罚;为了执行刑罚而请求引渡的,在提出引渡请求时,被请求引渡人尚未服完的刑期至少有六个月。对于引渡请求中符合前款第一项规定的多种犯罪,只要其中有一种犯罪符合前款第二项的规定,就可以对上述各种犯罪准予引渡。"

③ 应当拒绝引渡的理由

《引渡法》第8条规定:"外国向中华人民共和国提出的引渡请求,有下列情形之一的,应当拒绝引渡:(一) 根据中华人民共和国法律,被请求引渡人具有中华人民共和国国籍的;(二) 在收到引渡请求时,中华人民共和国的司法机关对于引渡请求所指的犯罪已经作出生效判决,或者已经终止刑事诉讼程序的;(三) 因政治犯罪而请求引渡的,或者中华人民共和国已经给予被请求引渡人受庇护权利的;(四) 被请求引渡人可能因其种族、宗教、国籍、性别、政治见解或者身份等方面的原因而被提起刑事诉讼或者执行刑罚,或者被请求引渡人在司法程序中可能由于上述原因受到不公正待遇的;(五) 根据中华人民共和国或者请求国法律,引渡请求所指的犯罪纯属军事犯罪的;(六) 根据中华人民共和国或者请求国法律,在收到引渡请求时,由于犯罪已过追诉时效期限或者被请求引渡人已被赦免等原因,不应当追究被请求引渡人的刑事责任的;(七) 被请求引渡人在请求国曾经遭受或者可能遭受酷刑或者其他残忍、不人道或者有辱人格的待遇或者处罚的;(八) 请求国根据缺席判决提出引渡请求的。但请求国承诺在引渡后对被请求引渡人给予在其出庭的情况下进行重新审判机会的除外。"

④ 可以拒绝引渡的理由

《引渡法》第 9 条规定:"外国向中华人民共和国提出的引渡请求,有下列情形之一的,可以拒绝引渡:(一) 中华人民共和国对于引渡请求所指的犯罪具有刑事管辖权,并且对被请求引渡人正在进行刑事诉讼或者准备提起刑事诉讼的;(二) 由于被请求引渡人的年龄、健康等原因,根据人道主义原则不宜引渡的。"

⑤ 中国向外国提出请求引渡的程序

《引渡法》第 47 条规定:"请求外国准予引渡或者引渡过境的,应当由负责办理有关案件的省、自治区或者直辖市的审判、检察、公安、国家安全或者监狱管理机关分别向最高人民法院、最高人民检察院、公安部、国家安全部、司法部提出意见书,并附有关文件和材料及其经证明无误的译文。最高人民法院、最高人民检察院、公安部、国家安全部、司法部分别会同外交部审核同意后,通过外交部向外国提出请求。"

⑥ 必要时向外国作出限制量刑或限制追诉的承诺的相关规定

《引渡法》第 50 条规定:"被请求国就准予引渡附加条件的,对于不损害中华人民共和国主权、国家利益、公共利益的,可以由外交部代表中华人民共和国政府向被请求国作出承诺。对于限制追诉的承诺,由最高人民检察院决定;对于量刑的承诺,由最高人民法院决定。在对被引渡人追究刑事责任时,司法机关应当受所作出的承诺的约束。"

庇护
- 对象:在国外遭受迫害、追诉而前来避难的外国人(政治犯)
- 行为:准予入境、居留、提供保护、拒绝引渡
- 性质:属地管辖权的体现;是权利,而非义务
- 例外:对犯有严重国际罪行的人不得庇护(战争、种族灭绝或隔离、劫机、侵害外交代表)
- 必须基于领土主权;域外庇护不合法(利用外交领事机构馆舍、船舶、飞机)

## 二、例题

1. 甲国公民汤姆于 2012 年在本国故意杀人后潜逃至乙国,于 2014 年在乙国强暴一名妇女后又逃至中国。乙国于 2015 年向中国提出引渡请求。经查明,中国和乙国之间没有双边引

渡条约。依相关国际法及中国法律规定,下列哪一选项是正确的?(2015年真题,单选)

  A. 乙国的引渡请求应向中国最高人民法院提出
  B. 乙国应当作出互惠的承诺
  C. 最高人民法院应对乙国的引渡请求进行审查,并由审判员组成合议庭进行
  D. 如乙国将汤姆引渡回本国,则在任何情况下都不得再将其转引

[释疑] 根据《引渡法》的规定,外国应向中国外交部提出引渡的请求,故A选项错误。根据《引渡法》第15条的规定:"在没有引渡条约的情况下,请求国应当作出互惠的承诺。"故B选项正确。最高人民法院接到外交部转交的引渡请求书等材料后,应当及时转交所指定的高级人民法院以合议庭方式进行审查,故C选项错误。根据转引渡须征得原引出国同意原则,D选项错误。(答案:B)

2. 甲国公民库克被甲国刑事追诉,现在中国居留,甲国向中国请求引渡库克,中国和甲国间无引渡条约。关于引渡事项,下列选项正确的是:(2013年真题,不定选)

  A. 甲国引渡请求所指的行为依照中国法律和甲国法律均构成犯罪,是中国准予引渡的条件之一
  B. 由于库克健康原因,根据人道主义原则不宜引渡,中国可以拒绝引渡
  C. 根据中国法律,引渡请求所指的犯罪纯属军事犯罪的,中国应当拒绝引渡
  D. 根据甲国法律,引渡请求所指的犯罪纯属军事犯罪的,中国应当拒绝引渡

[释疑] 引渡请求所指的行为,依照中华人民共和国法律和请求国法律均构成犯罪,故A选项正确。由于被请求引渡人的年龄、健康等原因,我国根据人道主义原则可以不予引渡,故B选项正确。根据中国或者请求国的法律,引渡请求所指的犯罪纯属军事犯罪的,中国应当拒绝引渡,故C、D选项正确。(答案:ABCD)

3. 甲国公民彼得,在中国境内杀害一中国公民和一乙国在华留学生,被中国警方控制。乙国以彼得杀害本国公民为由,向中国申请引渡,中国和乙国间无引渡条约。关于引渡事项,下列哪些选项是正确的?(2012年真题,多选)

  A. 中国对乙国无引渡义务
  B. 乙国的引渡请求应通过外交途径联系,联系机关为外交部
  C. 应由中国最高人民法院对乙国的引渡请求进行审查,并作出裁定
  D. 在收到引渡请求时,中国司法机关正在对引渡所指的犯罪进行刑事诉讼,故应当拒绝引渡

[释疑] 无引渡条约则无引渡义务,故A选项正确。外国向中国或中国向外国请求引渡,应通过中国外交部联系,故B选项正确。最高人民法院指定高级人民法院对外国引渡请求进行审查,C选项错误。中华人民共和国对于引渡请求所指的犯罪具有刑事管辖权,并且对被请求引渡人正在进行刑事诉讼或者准备提起刑事诉讼的,可以拒绝引渡而不是"应当拒绝引渡"(对于引渡请求所指的犯罪已经作出生效判决或者终止刑事诉讼程序的),故D选项错误。(答案:AB)

4. 中国人高某在甲国探亲期间加入甲国国籍,回中国后健康不佳,也未申请退出中国国籍。后甲国因高某在该国的犯罪行为,向中国提出了引渡高某的请求,乙国针对高某在乙国实施的伤害乙国公民的行为,也向中国提出了引渡请求。依我国相关法律规定,下列哪一选项是

正确的?(2009年真题,单选)
  A. 如依中国法律和甲国法律均构成犯罪,即可准予引渡
  B. 中国应按照收到引渡请求的先后确定引渡的优先顺序
  C. 由于高某健康不佳,中国可以拒绝引渡
  D. 中国应当拒绝引渡

[释疑]  根据我国《国籍法》第9条的规定,定居外国的中国公民,自愿加入或取得外国国籍的,即自动丧失中国国籍。第10条规定,中国公民具有下列条件之一的,可以经申请批准退出中国国籍:外国人的近亲属;定居在外国的;有其他正当理由。因此本题中高某不符合丧失中国国籍的条件,仍然是中国人。我国《引渡法》规定,中国公民不引渡,因此中国应当以此为理由拒绝引渡。(答案:D)

### 三、提示与预测

引渡、庇护(包括域外庇护)、外交保护这几个考点经常出现在案例题中,属于高频考点,要求考生能够通过分析案例就相关问题作出判断。

## 考点 5  国际人权法

### 一、精讲

国际人权法是指有关保护人的基本权利和自由的国际法原则、规则和制度的总称。人权的国际保护是指国家按照国际法,通过条约,承担国际义务,对实现基本人权的某些方面进行合作与保证,并对侵犯这种权利的行为予以防止与惩治。在仍然由主权国家组成的国际社会中,基本人权的享有和实现,归根结底还是要依靠各国国内法的保障。人权仍然主要是国家主权管辖范围内的事项,个人直接享有的法律上的人权,主要是基于国内法的规定和实施而得以实现。国家通过缔结或参加国际人权条约,所承担的保护人权的国际义务,也最终是由一国在其主权下通过国内法实现的。当前,人权及人权的国际保护在理论和实践中都存在分歧,人权的国际合作应符合国际法的基本原则。

  1. 国际人权条约体系

人权问题在第二次世界大战之后全面进入国际法领域,几乎所有的重要的全球性或区域性人权条约,都是在联合国成立以后制定的,这些条约主要包括:

(1) 1966年联合国两个人权公约。联合国成立以来,先后制定了一系列关于人权的文件,其中最重要的有1948年的《世界人权宣言》和1966年的《经济、社会、文化权利国际公约》和《公民权利与政治权利国际公约》,后两个公约于1976年生效,它们和《世界人权宣言》一起被称为"国际人权宪章"。我国已经签署了1966年两个人权公约,并已批准了其中的《经济、社会、文化权利国际公约》。

(2) 专门领域或区域的人权条约。"二战"结束以来,有关国家还缔结了一系列有影响的涉及专门领域人权条约,主要包括《防止及惩治灭绝种族罪行公约》(1948年)、《消除一切形式种族歧视公约》(1966年)等。

区域性的公约主要有《欧洲人权公约》(1950年)及其一系列议定书、《欧洲社会宪章》

(1961年)、《美洲人权公约》(1960年)、《非洲人权和人民权利宪章》(1981年)等。

2. 国际人权保护机制

国际人权保护机制是指有关国际人权公约规定的保护公约规定的人权的相关制度和具体程序。国际人权条约通常都规定了相应的国际保障或履约机制,其方式主要有以下几种:

(1) 设立国际人权机构。为了实施国际人权保护,国际社会设置了一些国际人权机构,这些机构可分为以下几类:

① 根据《联合国宪章》设置的人权机构,例如人权委员会。人权委员会由43个国家的代表组成,是联合国系统内处理人权问题的主要机构,根据2005年联合国首脑会议《成果文件》的规定,人权委员会被人权理事会所取代。

② 根据国际人权公约而设立的人权机构。有关人权公约为受理公约规定的缔约国提交的报告、缔约国或个人的来文而设立了保障实施条约的机构,例如依据《公民权利与政治权利国际公约》而设立的"人权事务委员会",依据《儿童权利公约》成立的"儿童权利委员会"等。

③ 根据联合国主要机构的决议或授权而成立的专门人权机构。例如根据联合国大会1761号决议成立的"反对种族隔离特别委员会",人权委员会根据经社理事会的授权而设立的"防止歧视及保护少数小组委员会"。

④ 根据区域性公约成立的区域性人权机构。例如,根据《欧洲人权公约》设立的欧洲人权委员会和欧洲人权法院,根据《美洲人权公约》设立的美洲国家间人权委员会和美洲国家间人权法院,根据《非洲人权和人民权利宪章》设立的非洲人权和民族权委员会等。

(2) 建立报告及审查制度。缔约国根据条约承担义务,将其履约情况定期或按要求向指定机构提交报告,由该机构进行审查。具体报告、审查形式和程序依不同条约有所不同。对于审议机构,不同条约也有不同的规定,有些公约则规定由公约专门成立的审议机构进行。

关于报告和审查制度,多数人权条约都规定了各缔约国有定期或按要求将其履行条约情况向指定的审议机构提交报告的义务,如《公民权利与政治权利国际公约》《经济、社会、文化权利国际公约》《消除一切形式种族歧视公约》《禁止酷刑公约》《消除对妇女歧视公约》等都规定缔约国应通过联合国秘书长向有关机构提交报告,由审议机构对报告进行审议并提出一般性建议或评论。一般情况下,各人权条约规定的审议机构也有所不同,如《公民权利与政治权利国际公约》规定,人权事务委员会为其审议机构,《经济、社会、文化权利国际公约》规定的机构是联合国经社理事会,还有些人权条约规定由联合国的既存机构审议报告。

(3) 缔约国指控处理及和解制度。一些人权公约规定了缔约国来文指控处理及和解制度。如《公民权利与政治权利国际公约》规定,各国可以随时声明接受任择条款,即承认由人权事务委员会接受并处理一缔约国对另一缔约国未履行公约义务的指控。对于接受任择条款的国家,人权事务委员会在认定所指控事项由当事人在被指控国国内已经用尽了当地救济之后,有权受理该指控,提供斡旋,如仍然未获解决,经各有关缔约国同意后,人权事务委员会可以指派一个由5名委员组成的和解委员会进行和解。如果仍不能获得解决,和解委员会应作出报告,报告中应说明对于各有关缔约国之间争执事件的一切有关事实问题的结论,以及对于该事件可能解决的各种可能性意见。各有关缔约国应于接到报告后3个月内通知委员会主席是否接受该报告的内容。其他一些人权条约如《禁止酷刑公约》《消除一切形式种族歧视公约》等也作了类似的规定。

(4) 个人申诉制度。一些人权条约规定了个人申诉制度,但有关个人申诉的制度往往规定在条约任选条款或任意议定书之中,而且一般都要求确认已经用尽国内救济办法是受理个人来文申诉的前提。例如《公民权利与政治权利国际公约》任意议定书规定,成为该议定书缔约国的国家承认人权事务委员会有权接受并审查该国管辖下的个人声称为该缔约国侵害公约所载任何权利的受害人的来文。人权事务委员会应根据《议定书》所提出的任何来文提请缔约国注意,收到通知的国家应在6个月内书面向委员会提出解释或声明,如该国业已采取救济措施,则亦应一并说明,人权事务委员会在审查该个人及有关缔约国所提出的一切书面资料和根据《议定书》所收到的来文后,向该缔约国及该个人提出意见。其他一些公约,如《禁止酷刑公约》《消除一切形式种族歧视公约》等也规定了类似制度。

(5) 联合国"1503"程序。"1503"程序是指1970年联合国经社理事会通过的一个题为"有关侵犯人权及基本自由的来文的处理程序"的决议所规定的程序。该决议规定,在经证明的确存在一贯和严重地侵害基本人权的情形下,防止歧视及保护少数小组委员会不用依据条约,就有权受理个人或非政府组织的来文,小组委员会可决定将具有一贯侵犯人权特点的情况提交人权委员会审议。人权委员会可以自行研究并向经社理事会提出报告和建议,也可以在征得有关国家同意的情况下,任命一个特设委员会进行调查。

由于没有条约根据,人权委员会和防止歧视及保护少数小组委员会基于"1503程序"所作决议对当事国没有法律上的拘束力。而且,证明存在"一贯和严重地侵害基本人权的情形"往往比较困难,加上政治因素影响,这一程序在实践中不仅难以适用,而且有时可能产生消极影响。

## 二、例题

为促进对人权的尊重和保护,联合国大会2006年通过决议,设立了一个专门负责联合国人权领域工作的大会附属机构。下列哪一个选项是正确的?(2008年真题,单选)

A. 联合国人权委员会　　　　　　B. 联合国人权事务委员会
C. 联合国人权理事会　　　　　　D. 联合国人权法院

[释疑] 本题涉及人权保护的监督执行机构问题。《公民权利与政治权利国际公约》的监督执行机构为联合国人权事务委员会。人权理事会是根据2005年联合国首脑会议《成果文件》的要求设立的,目的是取代不断遭到批评的人权委员会。人权事务委员会与联合国人权理事会不同,前者属于《公民权利与政治权利国际公约》的监督执行机构。联合国体系内尚未成立人权法院,现有的国际法院也只处理国家之间的争端,因此本题只有C选项正确。(答案:C)

## 三、提示与预测

国际人权法较少考查,只是在2008年考题中出现一次。考生应注意掌握其主要方面,如国际人权宪章、主要人权保护机制等。

# 第六章　外交关系法与领事关系法

**本章知识体系：**

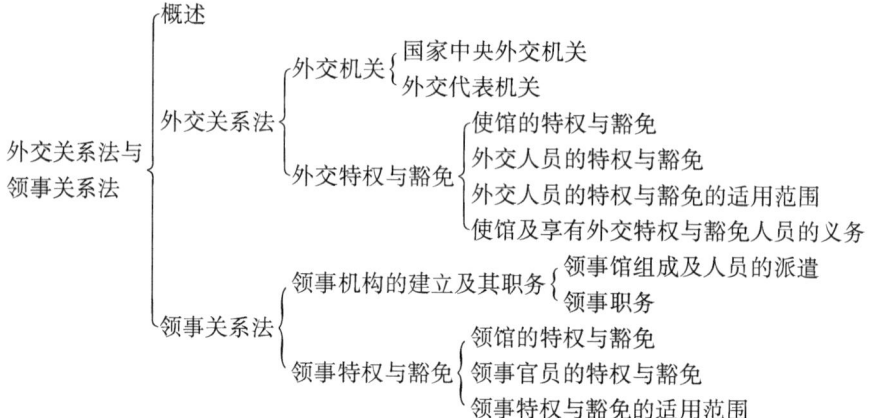

## 考点 1　使馆的职权及义务

### 一、精讲

使馆由使馆馆长、外交人员、行政技术人员及服务人员等组成。使馆馆长分为大使、公使、代办三级。根据馆长的级别不同,使馆相应地称为大使馆、公使馆和代办处。

1. 使馆的职务

根据《维也纳外交关系公约》第 3 条的规定,使馆的职务主要有五项：

(1) 代表,即在接受国中代表派遣国；

(2) 保护,即于国际法许可之限度内,在接受国中保护派遣国及其国民之利益；

(3) 交涉,即与接受国政府办理交涉；

(4) 调查,即以一切合法手段调查接受国之状况及发展情形,向派遣国政府具报；

(5) 促进,即促进派遣国与接受国之友好关系及发展两国间之经济、文化与科学关系。

此外,使馆还可在接受国允许的情况下,代行领事职务或受委托保护第三国及国民在接受国的利益。

2. 使馆及享有外交特权与豁免人员的义务

(1) 尊重接受国的法律规章；

(2) 不得干涉接受国的内政；

(3) 使馆馆舍不得用于与使馆职务不相符合的其他用途；

(4) 使馆与接受国洽谈公务,应经与接受国外交部或另经商定的其他部门按照相关程序办理；

(5) 外交代表不应在接受国内为私人利益从事任何专业或商业活动。

## 二、例题

克森公司是甲国的一家国有物资公司。前一年,该公司与乙国驻丙国的使馆就向该使馆提供馆舍修缮材料事宜,签订了一项供货协议。后来,由于使馆认为克森公司交货存在质量瑕疵,双方产生纠纷。根据国际法的有关规则,下列哪一选项是正确的?(2008年真题,单选)

A. 乙国使馆无权在丙国法院就上述事项提起诉讼
B. 克森公司在丙国应享有司法管辖豁免
C. 乙国使馆可以就该事项向甲国法院提起诉讼
D. 甲国须对克森公司的上述行为承担国家责任

[释疑] 乙国使馆对于在乙国国内因为买卖合同引起的纠纷,在作为被告时享有豁免权,但它也可以作为原告起诉。故 A 选项错误、C 选项正确。克森公司是乙国的一家国有企业,其行为并不能归因于国家,其行为的后果由其自己承担,也不能享有豁免权,故 B、D 选项错误。(答案:C)

## 三、提示与预测

使馆的特权与豁免、使馆职权和对接受国的义务等规则容易出现在小案例题型中。

# 考点 2 使馆人员及其特权与豁免

## 一、精讲

馆长外的其他使馆人员包括外交人员、行政技术人员和服务人员。

1. 外交人员
外交人员,即具有外交职衔的使馆人员,包括参赞、武官、外交秘书和随员。

2. 行政技术人员和服务人员
行政技术人员包括译员、工程师、行政主管、会计等;服务人员包括司机、清洁工、修理工等。

3. 使馆人员图示及使馆人员的派遣

使馆人员
- 馆长
  - 大使:元首向元首派遣的最高一级使节,享有最高礼遇
  - 公使:元首向元首派遣的第二级使节,礼遇稍逊于大使
  - 代办:外交部长向外交部长派遣的使节,与"临时代办"不同
- 一般外交人员
  - 参赞:协助馆长处理外交事务的高级别外交官
  - 武官:作为武装力量代表,处理军事合作事务的外交官
  - 外交秘书:分一、二、三等,按指示办理外交事务和文书
  - 随员:最低一级的外交官

(说明:横线以上人员及其构成同一户口之家属享有完全的特权与豁免)

- 行政技术人员:译员、工程师、行政主管、会计等,不是外交官
- 服务人员:司机、清洁工、修理工等,不是外交官

#### 4. 使馆人员的派遣

（1）须征求接受国同意的人员之派遣。

派遣国对使馆馆长的任命必须事先征求接受国的同意。此外，派遣国派遣使馆馆长和陆、海、空军武官之前，应先将其拟派人选通知接受国，征得接受国同意后正式派遣。如派遣国委派具有接受国国籍或第三国国籍的人为使馆人员，也应事先征得接受国的同意。其他使馆人员，原则上派遣国自由选派，无须事先征得接受国的同意。

依规定，大使、公使到任要携带国书。国书是派遣国元首为派遣大使、公使致接受国元首的正式文书。派遣国书是派遣国元首的委任状，一般写明使馆馆长的任命和等级，表示发展两国关系的愿望以及请求接受国对代表给以信任等内容。国书由派遣国元首签署，外长副署。代办不带国书，而携带由派遣国外长签署并向接受国外长发出的委任书。

（2）其他使馆人员的选派。除上述人员外，其他外交人员原则上自由委派，无须征得接受国的同意。

（3）不受欢迎的人与不能接受。依照《维也纳外交关系公约》的规定，接受国可以随时不必说明理由即通知派遣国宣告使馆外交人员为不受欢迎的人或其他人员为不能接受。在此情况下，派遣国应酌情召回该人员或终止其在使馆中的职务，否则接受国可以不复承认该人员在使馆的身份。

#### 5. 外交人员的特权与豁免及其例外

（1）人身不可侵犯。

（2）寓所、财产和文书信件不可侵犯。

（3）管辖豁免。包括刑事管辖豁免、民事和行政管辖豁免，但民事和行政管辖豁免有一些例外情况：① 外交人员在接受国境内私有不动产物权的诉讼，但其代表派遣国为使馆用途置有的不动产不在此列；② 外交人员以私人身份并不代表派遣国而作为遗嘱执行人、遗产管理人、继承人或受赠人之继承事项的诉讼；③ 外交人员在接受国内在公务范围以外所从事的专业或商务活动的诉讼；④ 外交人员主动起诉而引起的与该诉讼直接有关的反诉。

（4）某些方面免税和行李免受查验。

（5）外交人员在接受国无出庭作证的义务。

（6）其他特权与豁免。

## 二、例题

1. 甲、乙、丙三国因历史原因，冲突不断，甲国单方面暂时关闭了驻乙国使馆。艾诺是甲国派驻丙国使馆的二秘，近日被丙国宣布为不受欢迎的人。根据相关国际法规则，下列哪些选项是正确的？（2014年真题，多选）

　　A. 甲国关闭使馆应经乙国同意后方可实现

　　B. 乙国驻甲国使馆可用合法手段调查甲国情况，并及时向乙国作出报告

　　C. 丙国宣布艾诺为不受欢迎的人，须向甲国说明理由

　　D. 在丙国宣布艾诺为不受欢迎的人后，如甲国不将其召回或终止其职务，则丙国可拒绝承认艾诺为甲国驻丙国使馆人员

[释疑]　使馆的职务包括调查、报告、代表、交涉和促进外交关系等，故乙国驻甲国使馆

可用合法手段调查甲国情况,并及时向乙国作出报告,B 选项正确。宣布为不受欢迎的人,接受国不必说明理由,派遣国如果不召回被宣布为不受欢迎的人,则接受国可以不复承认其为外交官员。故 C 选项错误、D 选项正确。(答案:BD)

2. 甲、乙、丙三国均为《维也纳外交关系公约》缔约国。甲国汤姆长期旅居乙国,结识甲国驻乙国大使馆参赞杰克,2 人在乙国与丙国汉斯发生争执并互殴,汉斯被打成重伤。后,杰克将汤姆秘匿于使馆休息室。关于事件的处理,下列哪一选项是正确的?(2012 年真题,多选)

　　A. 杰克行为已超出职务范围,乙国可对其进行逮捕
　　B. 该使馆休息室并非使馆工作专用部分,乙国警察有权进入逮捕汤姆
　　C. 如该案件在乙国涉及刑事诉讼,杰克无作证义务
　　D. 因该案发生在乙国,丙国法院无权对此进行管辖

[释疑] 杰克作为乙国大使馆参赞,属于外交官员身份,享有刑事管辖豁免权,乙国无权逮捕,A 选项错误;使馆的任何地方未经许可,接受国均无权进入,B 选项错误;外交官在接受国无作证的义务,C 选项正确;尽管该案发生在乙国,丙国法院可以行使保护性管辖权,D 选项错误。(答案:C)

3. 经乙国同意,甲国派特别使团与乙国进行特定外交任务谈判,甲国国民贝登和丙国国民奥马均为使团成员,下列哪些选项是正确的?(2009 年真题,多选)

　　A. 甲国对奥马的任命需征得乙国同意,乙国一经同意则不可撤销此项同意
　　B. 甲国特别使团下榻的房舍遇到火灾而无法获得使团团长明确答复时,乙国可以推定获得同意进入房舍救火
　　C. 贝登在公务之外开车肇事被诉诸乙国法院,因贝登有豁免权乙国法院无权管辖
　　D. 特别使团也适用对使馆人员的"不受欢迎的人"的制度

[释疑] 派遣大使馆的馆长、武官及派遣非本国国民担任外交官时,须经接受国的同意,其他人不必经过接受国同意,故 A 选项错误。特别使团的特权与豁免和领事馆相近,低于大使馆,其寓所遇有重大事故,可以推定同意而进入,故 B 选项正确。特别使团的成员和领事官员一样,因交通肇事被诉时无豁免权,故 C 选项错误。接受国对享有外交特权与豁免的人有权适用"不受欢迎的人"的制度,故 D 选项正确。(答案:BD)

### 三、提示与预测

应注意区分使馆的人员中哪些是外交官员,掌握外交官员所享有的外交特权与豁免及其例外,此考点为高频考点。

## 考点 3  领事官员的特权与豁免

### 一、精讲

1. 领事馆及其人员的职务及义务

国家之间领事关系的建立以其双边协议确定。国家间达成协议建立领事关系的直接标志一般是设立领事机构,即领事馆。

(1) 领事馆的职务

① 保护，即保护本国及其侨民和法人在接受国的利益；

② 促进，即促进本国与接受国间的商业、经济、文化和科学关系的发展，并在其他方面促进两国间的友好关系；

③ 调查，即以一切合法手段调查接受国内商业、经济、文化及科学活动的改善及发展情形，向派遣国政府具报，并向有关人士提供资料等；

④ 办证，即办理护照、签证、公证、认证以及侨民的出生、死亡和婚姻登记事项；

⑤ 帮助，即给予本国侨民以及进入接受国境内的本国飞机、船舶及其人员以所需要的帮助；

⑥ 公约规定，一国受第三国（与驻在国断绝领事关系，或不存在领事关系）委托，并经接受国同意后，可代表该国执行领事职务。

(2) 领事馆及其人员的义务

领事馆及其人员的义务和使馆的义务基本相同，不干涉内政、不从事与职务不相符合的行为等。

2. 领馆人员的类别

领馆人员 {
　领事官员 {
　　职业领事：派遣国任命，专职从事领事职务
　　名誉领事：非专职，从接受国中的本国侨民或当地的商人或律师中选任，从事某些职务
　}
　领事雇员 {
　　受雇担任领馆行政技术事务
　　通常包括：译员、速记员、办公室助理员、档案员等
　}
　服务人员：司机、清洁工、修理工、传达人员等
}

领馆人员分为领事官员、领事雇员和服务人员。领事官员指执行领事职务的人员，包括领馆馆长；领事雇员指行政和技术人员；服务人员包括汽车司机、传达员等。私人服务员不在领馆人员之列。

领事有两种：专职领事和名誉领事。专职领事，又称派任领事，是国家正式派遣的领馆馆长。按其职位可分为四级：总领事、领事、副领事和领事代理人。名誉领事，又称选任领事，指一国政府选任执行领事职务的兼职官员，多从当地的本国侨民中选任，也可以在接受国的国民中选任，通常选用律师或商人担任。名誉领事不属于派遣国国家人员编制，不领取薪金，其报酬从领馆手续费、规费中支付。名誉领事有名誉总领事和名誉领事两级，中国目前原则上既不委派也未接受名誉领事。

领事由派遣国委派，并由接受国承认准予执行职务。派遣国任命时，应将领事委任书通过外交途径送至接受国外交部，由其发给"领事证书"，或在领事委托书上批写"领事证书"字样后，方可开始执行职务。

公约规定，接受国可随时通知派遣国，宣告某领事人员为不受欢迎的人或宣布其他领馆官员为不能接受的人，并视情形为必要时，"撤销关系人员之领事证书或不复承认该员为领馆官员"。采取上述措施，接受国无须说明其理由。

3. 领事特权与豁免

```
                          ┌─领馆馆舍不可侵犯(范围、推定同意进入、可征用)
                          │ 领馆档案及文件不可侵犯
             ┌─领馆馆舍的特权与豁免─┤ 通讯自由
             │            │ 免纳捐税
             │            │ 领馆人员有行动自由
             │            └─使用派遣国的国家标志、与派遣国国民通讯联络
             │            ┌─人身不可侵犯(一定程度)
领事特权与豁免─┤ 领事官员特权与豁免─┤ 管辖豁免:例外、执行职务行为无作证义务
             │            │ 某些方面免税和免验
             │            └─其他特权与豁免:免个人劳务和服兵役等
             │ 领事雇员:执行职务范围内的行为享有和领事官员相同的司法和管辖豁免
             └─领馆服务人员:仅就其服务的工资免纳捐税
```

（1）领馆的特权与豁免

根据1963年《维也纳领事关系公约》的规定，领馆的特权与豁免主要有：

① 领馆馆舍在一定限度内不可侵犯。领馆馆舍是指专供领馆使用的建筑物及各部分和其所属土地。所谓"领馆馆舍一定限度内不可侵犯"，是指专供领馆工作之用的部分馆舍未经许可不得进入，而馆舍的其余部分不包括在内；此外，遇紧急情况时，如火灾和其他灾害须迅速采取措施的场合，可推定领馆馆长已经同意而采取保护行动。依公约规定，接受国对馆舍负有特殊责任，应采取一切措施避免任何扰乱领馆安宁或损害领馆尊严之事件的发生。公约还规定，领馆馆舍、设备及其财产在一般情况下应免受征用。但在确有必要征用时，则可征用，然后应给以赔偿，并应采取措施，避免对领馆职务的执行造成妨碍。

② 领馆档案及文件不可侵犯。领馆档案及文件无论何时，不论位于何处，都不得侵犯。

③ 通讯自由。此项特权与使馆的规定基本相同。

（2）领馆人员的特权与豁免

依1963年《维也纳领事关系公约》的规定，领事官员的特权与豁免有：

① 人身自由的一定保护。接受国对领事官员不得予以逮捕候审或羁押候审，不得监禁或以其他方式拘束领事官员的人身自由，但对犯有严重罪行或司法机关已裁判执行的除外。

② 一定的管辖豁免。领事官员执行职务行为，不受接受国的民事和行政管辖。但有几种例外：A. 因领事官员并未明示或默示以派遣国代表身份而订立契约所发生的诉讼；B. 第三者因车辆、船舶或航空器在接受国内所造成的意外事故而要求损害赔偿的诉讼；C. 领事官员主动起诉引起的反诉；D. 私人继承纠纷或者私人不动产纠纷引起的诉讼。

③ 捐税、关税和查验免除。

④ 其他特权与豁免。

领馆人员就其执行职务所涉事项，无担任作证或提供有关来往公文及文件的义务。职务范围以外的事项，一般应当作证，但如领事官员拒绝作证，不得对其施行强制措施或处罚。此外，还有免除外侨登记和居留证的义务，免予适用社会保险办法；免除个人劳务及捐献、屯宿等军事义务等方面的豁免。

此外，领事馆的行政技术人员等，在其职务范围内的事项享有和领事官员相同的特权与

豁免。

领事官员特权与豁免的放弃规则，与外交官员特权与豁免的放弃基本相同。

## 二、例题

1. 甲国与乙国基于传统友好关系，兼顾公平与效率原则，同意任命德高望重并富有外交经验的丙国公民布朗作为甲乙两国的领事官员派遣至丁国。根据《维也纳领事关系公约》，下列哪一选项是正确的？（2015年真题，单选）

   A. 布朗既非甲国公民也非乙国公民，此做法违反《公约》
   B. 《公约》没有限制，此做法无须征得丁国同意
   C. 如丁国明示同意，此做法是被《公约》允许的
   D. 如丙国与丁国均明示同意，此做法才被《公约》允许

   [释疑]《维也纳领事关系公约》第18条规定："两个以上国家经接受国之同意得委派同一人为驻该国之领事官员。"第22条规定："一、领事官员原则上应属派遣国国籍。二、委派属接受国国籍之人为领事官员，非经该国明示同意，不得为之；此项同意得随时撤销之。三、接受国对于非亦为派遣国国民之第三国国民，得保留同样权利。"故C选项正确。（答案：C）

2. 甲、乙两国均为《维也纳领事关系公约》缔约国，阮某为甲国派驻乙国的领事官员。关于阮某的领事特权与豁免，下列哪一表述是正确的？（2013年真题，单选）

   A. 如犯有严重罪行，乙国可将其羁押
   B. 不受乙国的司法和行政管辖
   C. 在乙国免除作证义务
   D. 在乙国免除缴纳遗产税的义务

   [释疑] 领事官员一般享有刑事管辖豁免权，但犯有重罪的接受国可管辖，已经判决的可以执行，故A选项正确。领事官员的管辖豁免是不完全的，特殊情况下接受国可以对领事官员行使刑事、行政或民事管辖权，故B选项错误。领事除职务行为之外，不免除作证的义务，故C选项错误。遗产税一般不在免除之列，除非是领事官员或其家属亡故，才可以免纳其在接受国境内的动产的有关遗产的各种捐税，故D选项错误。（答案：A）

3. 经乙国同意，甲国派特别使团与乙国进行特定外交任务谈判，甲国国民贝登和丙国国民奥马均为使团成员，下列哪些选项是正确的？（2009年真题，多选）

   A. 甲国对奥马的任命需征得乙国同意，乙国一经同意则不可撤销此项同意
   B. 甲国特别使团下榻的房舍遇到火灾而无法获得使团团长明确答复时，乙国可以推定获得同意进入房舍救火
   C. 贝登在公务之外开车肇事被诉诸乙国法院，因贝登有豁免权，乙国法院无权管辖
   D. 特别使团也适用对使馆人员的"不受欢迎的人"的制度

   [释疑] 派遣大使馆的馆长、武官及派遣非本国国民担任外交官时，须经接受国的同意，其他人不必经过接受国同意，故A选项错误。特别使团的特权与豁免和领事馆相近，低于大使馆，其寓所遇有重大事故，可以推定同意而进入，故B选项正确。特别使团的成员和领事官员一样，因交通肇事被诉时无豁免权，故C选项错误。接受国对享有外交特权与豁免的人有权适用"不受欢迎的人"的制度，故D选项正确。（答案：BD）

### 三、提示与预测

应注意比较领事官员和外交官员所享有的外交特权与豁免及其例外。

# 第七章　条　约　法

**本章知识体系：**

条约法
- 条约的种类：双边条约、多边条约、开放性条约和非开放性条约等
- 条约的名称：公约、盟约、条约、宪章、专约、协约、议定书、最后文件、宣言、联合声明、换文、备忘录等
- 条约成立的实质性要件
  - 具有缔约能力和缔约权
  - 自由同意
  - 符合国际法强行规则
- 条约的缔结
  - 条约的缔结程序
  - 条约的保留
    - 不得提出保留的情形
    - 保留的接受和效力
    - 保留的效果
- 条约的登记
  - 联合国会员国已生效条约，应向联合国秘书处登记
  - 一国登记则免除其他缔约国登记，联合国亦可依职权登记
  - 条约未登记者不得在联合国任何机关援引
- 条约的效力
  - 条约的生效
  - 条约的适用
  - 条约对第三国的效力
- 条约的解释与修订
- 条约的终止
- 条约的暂停施行

## 考点 1　条约成立的实质要件

### 一、精讲

条约须具备三项实质性条件：

1. 具有缔约能力和缔约权

缔约能力，是指国家和其他国际法主体拥有的合法缔结条约的能力；缔约权是指拥有缔约能力的主体，根据其内部的规则赋予某个机关或个人对外缔结条约的权限。

《维也纳条约法公约》规定，一国不能以本国机关违反国内法关于缔约权限的规定而主张其所缔结的条约无效，除非这种违反国内法关于缔约权限规定的行为非常明显，涉及根本重要的国内法规则。对于被授权缔约的代表超越对其权限的特殊限制所缔结的条约，除非事先已将对这位谈判代表的权限的特殊限制通知其他谈判国，其本国不得主张所缔结的条约无效。

### 2. 自由同意

缔约国自由地表示同意构成条约有效的基本条件之一。根据《维也纳条约法公约》的规定,以下情况下所表示的同意都不能被认为是自由同意:错误、诈欺和贿赂、强迫(以强迫而缔结的条约自始无效)。

### 3. 符合国际法强行规则

强行法是为了整个国际社会的利益而存在的,是国际社会全体公认为不能违背,并且以后只能以同等性质的规则才能变更的规则,它不能以个别国家间的条约排除适用。《维也纳条约法公约》规定,条约必须符合国际法强行规则。首先,条约在缔结时与一般国际法强行规则相抵触者无效。其次,条约缔结后如遇新的强行规则产生时,与该规则相抵触者失效并终止。前者是自始无效,后者则是自与新的强行规则发生抵触时起失效。

## 二、提示与预测

条约成立的实质要件包括上述三个方面,缺一不可,应在此基础上判断。另外,如果一个已经成立的条约在生效后由于新的强行法出现而与该强行法相抵触,则自抵触时起该条约归于无效。

# 考点 2 条约的缔结程序和方式

## 一、精讲

条约的缔结程序一般包括以下几部分:

1. 约文的议定

约文的议定包括缔约方为达成条约而进行的谈判、约文起草和草案的商定。条约文本的议定一般首先经过谈判。

条约谈判多数情况是由国家主管当局授权的全权代表进行,全权代表进行谈判缔结条约须具备全权证书。国家元首、政府首脑和外交部长谈判缔约,或使馆馆长议定派遣国和接受国之间的条约约文,或国家向国际会议或国际组织或其机关之一派遣的代表,议定在该会议、组织或机关中的一个条约约文,由于他们所任职务,无须出具全权证书。

2. 约文的认证

(1) 草签。由谈判代表将其姓氏或姓名的首字母签于条约约文下面,表示该约文不再更改。草签通常用于在约文议定后须经过一段时间才举行条约签署的情况。

(2) 待核准的签署或暂签。此种签署是等待政府确认的签署,表示一种特殊的待定状态。在签署人所代表的本国确认以前,它只有认证条约约文的效力;如待核准的签署经该国确认,即发生正式签署的效力。

(3) 签署。签署是指有权签署的人将其姓名签于条约约文之下,签署首先具有对约文认证的作用,是约文认证的一种方式。此外,根据条约本身的规定或有关各方的约定,签署在不同情况下可以有不同的法律意义:① 如经条约规定或各有关方约定,签署意味着签字国同意受条约的拘束,此时的签署就具有认证和接受拘束的双重意义;② 对规定或约定需要批准的条约,仅仅签署该条约对于该国尚无法律拘束力,但该国签署之后不应作出有损条约目的、宗旨的行动;③ 若签署国嗣后明确表示不予批准,则该签署只具有认证的作用。

3. 表示同意受条约拘束——条约对某一国家产生拘束力的依据

（1）签署。一国通过签署表示同意受条约的拘束，发生于下列情况：① 该条约规定签署有这种效果；② 各谈判国约定签署有这种效果；③ 该国在其代表的全权证书中或在谈判过程中表示该国赋予签署这种效果。

（2）批准。批准是指一国同意受条约的拘束，是否批准及何时批准一项条约，由各国自行决定。国家没有必须批准其所签署的条约的义务。

（3）加入。加入是指未对条约进行签署的国家表示同意受条约的拘束，成为条约当事方的一种方式。

（4）接受和赞同。

4. 条约的保留

条约的保留是指一国在签署、批准、接受、赞同或加入一个条约时所作的单方声明，无论措辞或名称如何，其目的在于排除或更改条约中某些规定对该国适用时的法律效果。保留的提出、反对、撤回或撤回对保留的反对，都必须采用书面形式。

（1）不得提出保留的情形 $\begin{cases} 条约规定禁止保留 \\ 保留不在条约准许的保留范围内 \\ 保留与条约的目的和宗旨不符 \end{cases}$

（2）保留的接受和效力 $\begin{cases} 条约允许的保留——无须其他缔约国接受自然生效 \\ 数目和宗旨表明须全体接受——全体接受方有效 \\ 条约为国际组织章程——该组织有权机构接受即有效 \\ 其他情形——条约国自行决定是否接受 \end{cases}$

（3）保留的效果。如果保留是在签署批准的条约时提出的，保留国必须在批准条约时确认此项保留方才产生保留的效果，在这一情况下，该项保留应认为在其被确认之日提出。保留的提出，以及对于保留的明示接受和反对，都必须以书面形式提出，并通知各缔约方或有权成为该条约当事方的其他国家或国际组织。撤回保留或撤回对保留提出的反对，也必须以书面形式作出。一国表示同意受条约约束而附有保留的行为，只要至少有另一缔约国已经接受该项保留，就成为有效。

依《维也纳条约法公约》的规定，凡是根据有关规定对另一当事国成立的保留，在保留国与接受保留的当事国之间，依保留的范围修改保留所涉及的条约的规定，在其他当事国之间，则不修改条约的规定，如果反对保留的国家并未反对条约在该国与保留国之间生效，则在该两国之间仅不适用保留所涉及的规定。如果反对保留的国家反对条约在该国与保留国之间生效，条约在它们彼此间互不适用。

5. 条约的登记

（1）联合国会员国已生效条约，应向联合国秘书处登记。

（2）一国登记则免除其他缔约国登记，联合国亦可依职权登记。

（3）条约未登记者不得在联合国任何机关援引。

## 二、例题

1 甲国分立为"东甲"和"西甲"，甲国在联合国的席位由"东甲"继承，"西甲"决定加入联合国。"西甲"与乙国（联合国成员）交界处时有冲突发生。根据相关国际法规则，下列哪一

选项是正确的?(2014年真题,单选)

A. 乙国在联大投赞成票支持"西甲"入联,一般构成对"西甲"的承认
B. "西甲"认为甲国与乙国的划界条约对其不产生效力
C. "西甲"入联后,其所签订的国际条约必须在秘书处登记方能生效
D. 经安理会9个理事国同意后,"西甲"即可成为联合国的会员国

[释疑] 投票支持加入只有国家才能参加的政府间国际组织,构成默示承认,故 A 选项正确。第三国对当事国的边界条约有予以尊重的义务,故 B 选项错误。生效的条约才应当到联合国秘书处登记,如果未予登记,则在联合国机关不得援引。换言之,登记时条约在联合国机关援引的条件,而非生效条件,故 C 选项错误。加入联合国必须先经安理会推荐后,再经大会作为重要问题表决同意,故 D 选项错误。(答案:A)

2. 甲、乙、丙国同为一开放性多边条约缔约国,现丁国要求加入该条约。四国均为《维也纳条约法公约》缔约国。丁国对该条约中的一些条款提出保留,下列哪一判断是正确的?(2009年真题,单选)

A. 对于丁国提出的保留,甲、乙、丙国必须接受
B. 丁国只能在该条约尚未生效时提出保留
C. 该条约对丁国生效后,丁国仍然可以提出保留
D. 丁国的加入可以在该条约生效之前或生效之后进行

[释疑] 除条约本身规定允许的保留之外,对保留国的保留,其他国家可以选择接受或者拒绝接受,故 A 选项错误。即使是已经生效的条约,仍然有新加入的国家在加入时提出保留的情况,故 B 选项表述错误。国家在条约对自己生效的时候提出保留才是有效的保留,在条约对自己生效后不能再行提出保留,故 C 选项错误。加入可以在条约生效之前或生效之后进行,故答案为 D 选项。(答案:D)

3. 甲国倡议并一直参与某多边国际公约的制定,甲国总统与其他各国代表一道签署了该公约的最后文本。根据该公约的规定,只有在2/3以上签字国经其国内程序予以批准并向公约保存国交存批准书后,该公约才生效。但甲国议会经过辩论,拒绝批准该公约。根据国际法的有关规则,下列哪一项判断是正确的?(2005年真题,单选)

A. 甲国议会的做法违反国际法
B. 甲国政府如果不能交存批准书,将会导致其国际法上的国家责任
C. 甲国签署了该公约,所以该公约在国际法上已经对甲国产生了条约的拘束力
D. 由于甲国拒绝批准该公约,即使该公约本身在国际法上生效,其对甲国也不产生条约的拘束力

[释疑] 签署是指有权签署的人将其姓名签于条约约文之下。签署首先具有对约文认证的作用,是约文认证的一种方式。另外,根据条约本身的规定或有关各方的约定,签署在不同情况下可以有不同的法律意义:(1)如经条约规定或有关方约定,签署意味着签字国同意受条约的约束,那么此时的签署具有认证和接受约束的双重意义。(2)对规定或约定需要批准的条约,签署除对约文的认证外,还含有签署者代表的国家初步同意缔结该条约的意思,虽然该条约对于该国尚无法律拘束力,但该国签署之后不应作出有损条约目的和宗旨的行动。若签署国嗣后不予批准,则该签署只有认证的作用。本题中,所涉公约已经约定必须有2/3以上签字国经国内程序批准并向公约保存国交存批准书,该公约才生效,在这种情形下,甲国总统

的签署只具有认证的效力,而没有批准的效力,该公约不对甲国发生效力。故 D 选项正确。(答案:D)

### 三、提示与预测

对于条约的缔结程序,应区别条约的草签、签署、批准、接受等行为的法律效果。

## 考点 3 条约的生效

条约的生效是指一个条约在法律上成立,各当事国受该条约的拘束。条约生效的日期和方式一般依照条约的规定,或依照各谈判国的约定。

1. 双边条约生效的日期和方式通常有:
(1) 条约经签署后生效;
(2) 经批准通知或交换批准书后生效;
(3) 交存批准书或加入书后生效;
(4) 条约规定于一定的日期生效。

2. 多边条约生效的日期和方式通常有:
(1) 规定一定数目的国家交存批准书或在交存一定数目的批准书和加入书后经一定时间生效;
(2) 规定在所要求的一定数目的国家中必须包括若干具备一定条件的国家批准,才能生效。

## 考点 4 条约对第三国的效力

### 一、精讲

条约未经第三国同意对第三国既不创设义务,亦不创设权利。如果一个条约有意为第三国创设一项义务,必须经第三国以书面形式明示接受,才能对第三国产生义务,且条约使第三国担负义务时,该项义务一般必须经条约各当事国与该第三国的同意方得取消或变更。一个条约有意为第三国创设一项权利时,原则上仍应得到第三国的同意。但是,如果第三国没有相反的表示,应推断其同意接受这项权利,不必须以书面形式明示接受。条约使第三国享有权利时,如果经确定原意为非经该第三国同意不得取消或变更该项权利,当事国不得随意取消或变更。

### 二、例题

嘉易河是穿越甲、乙、丙三国的一条跨国河流。1982 年甲、乙两国订立条约,对嘉易河的航行事项作出了规定。其中特别规定给予非该河流沿岸国的丁国船舶在嘉易河中航行的权利,且规定该项权利非经丁国同意不得取消。事后,丙国向甲、乙、丁三国发出照会,表示接受该条约中给予丁国在嘉易河上航行权的规定。甲、乙、丙、丁四国都是《维也纳条约法公约》的缔约国。对此,下列哪项判断是正确的?(2006 年真题,单选)

A. 甲、乙两国可以随时通过修改条约的方式取消给予丁国的上述权利
B. 丙国可以随时以照会的方式,取消其承担的上述义务
C. 丁国不得拒绝接受上述权利

D. 丁国如果没有相反的表示,可以被推定为接受了上述权利

[释疑] 本题中,甲、乙两国订立的条约规定给予非该河流沿岸国的丁国船舶在嘉易河中航行的权利,且规定该项权利非经丁国同意不得取消,甲、乙两国不可以通过修改条约的方式取消给予丁国的上述权利,故 A 选项错误。丙国既然已经分别照会甲、乙、丁三国接受该条约,则其依据该条约所承担的义务,也不能单方面取消,故 B 选项错误。丁国作为条约的第三国,可以拒绝接受条约赋予的权利,但如果不作相反表示,则可以推定其已经接受。故 C 选项错误,而 D 选项正确。(答案:D)

### 三、提示与预测

条约对第三国的效力属于重要考点,需要熟练掌握。

## 考点 5 条约的冲突

### 一、精讲

条约冲突指一国就同一事项先后参加的两个或几个条约的规定相互冲突。解决条约的冲突一般采以下方法:

(1) 适用条约本身关于解决条约冲突的规定。例如,《联合国宪章》规定,宪章规定的会员国的义务和会员国根据其他条约所负的义务有冲突时,宪章规定的义务居优先地位。

(2) 先后就同一事项签订的两个条约的当事国完全相同时,无论是双边条约还是多边条约,一般适用后约优于先约的原则。

(3) 如果先订条约的全体当事国也是后订条约的当事国,而先订条约只在其规定与后订条约的规定相容的范围内适用。

(4) 后订条约的当事国并不包括先订条约的全体当事国时,在同为该两条约的当事国之间,先订条约如果不终止或暂停施行,先订条约只在其规定与后订条约规定的相容的范围内适用;在同为两条约当事国与仅是其中一个条约的当事国之间,权利和义务依两国都是当事国的那个条约规定。

(5) 条约冲突时的效力图示:

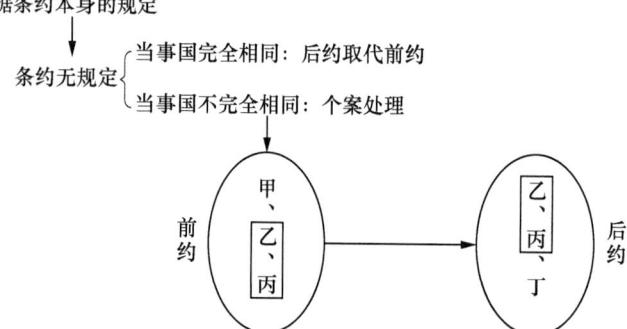

说明:上图中乙、丙之间适用后约;乙、丁和丙、丁之间适用后约;甲、乙和甲、丙之间适用前约。

## 二、例题

甲、乙、丙三国为某投资公约的缔约国,甲国在参加该公约时提出了保留,乙国接受该保留,丙国反对该保留,后乙、丙、丁三国又签订了涉及同样事宜的新投资公约。根据《维也纳条约法公约》,下列哪些选项是正确的?(2014年真题,多选)

A. 因乙丙丁三国签订了新公约,导致甲乙丙三国原公约失效
B. 乙丙两国之间应适用新公约
C. 甲乙两国之间应适用保留修改后的原公约
D. 尽管丙国反对甲国在原公约中的保留,丙甲两国之间并不因此而不发生条约关系

[释疑] 新约和旧约的当事国并不完全相同,因此不能认为新约出现就导致旧约失效,A选项错误。乙、丙两国均为新约和旧约的当事国,故它们之间应适用新约,B选项正确。甲国提出的保留被乙国接受,故甲、乙两国之间应适用保留修改后的原条约,故C选项正确。丙国反对甲国的保留,但并未反对条约在两国之间生效,因此,两国之间条约有效,但保留所涉条款的内容视为在两国之间不存在,故D选项正确。(答案:BCD)

## 三、提示与预测

条约的冲突之处理既是难点也是重点,应注意区分先约与后约的当事国是否完全相同而引起的不同解决办法。

## 考点 6 条约的终止和暂停施行

### 一、精讲

条约的终止是指条约由于期满或由于其他原因的发生而导致该条约对其缔约方失去法律效力。条约的暂停实施是指由于某种原因的出现导致一个有效条约暂时不能施行,该条约的规定暂时对于当事方不具有拘束力,如果这种停止原因消失,该条约的效力还可依一定程序得到恢复。条约终止和暂停实施的原因如下:

1. 根据条约本身的规定
条约根据其规定而终止的情况通常有:
(1) 条约规定的有效期届满;
(2) 条约规定的解除条件成立。

2. 条约全体当事方嗣后协商共同同意
条约是缔约各方达成合意而签订,自然也可由缔约各方的一致同意而终止或暂停施行。根据《维也纳条约法公约》的规定,条约经全体当事国于协商表示同意后可以终止或暂停施行。

3. 单方面退约或解约
除条约明文规定允许一方退约或解约外,原则上,条约当事方不能单方面退出条约。1969年《维也纳条约法公约》第56条规定,条约如果无关于其终止、解除或退出之规定,除有下列两种情形之一外,不得解约或退出:
(1) 经确定该条约各当事国的原意容许解约或终止的可能性;

(2) 从该条约的性质可以认为隐含解约或退约的权利。

在这两种情形下退约,缔约方至迟应在 12 个月以前将退约或废约的意思通知其他当事方。

4. 条约履行完毕而终止

有些条约的目的在于执行一定的具体义务或事项,如该义务或事项履行完毕,则条约即告失效。例如,关于两国之间贸易的年度协定。

5. 条约被代替而终止

当某条约的全体当事方嗣后又就同一事项缔结新约时,新约或明确规定终止前订条约,或虽未作此种明确规定,但新约与前订条约之规定不合之程度使两者不能同时适用时,则前订条约被后订条约代替而终止。

6. 条约嗣后履行不可能

条约缔结后,可能因执行条约必不可少的对象永久消灭或被毁,致使条约无法执行。1969 年《维也纳条约法公约》第 61 条规定,如果因实施条约所必不可少的标的物永久消失或毁坏,以致不可能履行条约时,当事方可以以此为理由终止或退出条约。但是,如果条约的无法执行是由一当事方违反条约引起的,或违反其他任何国际法义务所引起的,则该当事方无权援引此项终止条约的理由。如果履行不能属于暂时性的,则当事国只能暂停条约的实施。

7. 条约因当事方丧失国际人格而终止

当一国分裂为数国或并入其他国家而丧失其国际人格时,或作为双边条约的当事方的国际组织解散而不复存在时,它们所缔结的双边条约即行终止。

8. 条约因缔约方断绝外交和领事关系而终止

根据 1969 年《维也纳条约法公约》第 63 条的规定,缔约方之间外交和领事关系的断绝并不影响彼此间由条约确定的法律关系,但在外交或领事关系的存在是适用该条约所必要的前提条件的情况下,不在此限。

9. 战争

战争的爆发通常会导致交战国间外交和领事关系的断绝。交战国之间以维持共同政治行动或友好关系为目的的条约,如同盟条约、和平友好条约、互助条约等立即失效,一些政治、经济性条约如引渡条约、商务条约等通常也暂停实施,但有关战争法规的条约和一些普遍性的国际多边公约并不因战争的发生而失效,除非该种条约中有明确的相反的规定。

10. 缔约另一方违约

国际法的理论与实践都肯定,一缔约方在缔约他方违反条约义务时,有权宣布废除条约。1969 年《维也纳条约法公约》第 60 条规定,缔约方在缔约他方有重大违约行为时有权终止条约。重大违约是指:

(1) 废弃条约,而此种废弃非公约所准许;

(2) 违反条约规定,而此项规定是实现该条约目的或宗旨所必要的。

通常,双边条约当事方之一重大违约时,他方有权终止该条约,或全部或部分停止其施行;多边条约当事国一方有重大违约时,其他当事方有权以一致同意,在这些当事方与违约方的关系上,或在全体条约当事方之间,全部或部分停止施行或终止该条约。

11. 因情势变迁而终止

情势变迁是一个在条约法上引起过很多争论的古老原则。它是指缔结条约时存在一个假设即以缔约国在缔约时所能预见到的情况不发生根本性的变化为条约有效的前提,一旦情势发生根本变化,缔约国便有权终止条约。这项原则被认为是对"约定必须遵守"原则的必要补充。1969 年《维也纳条约法公约》鉴于情势变迁原则有极易被滥用的可能,对把这一原则作为终止或退出条约的理由作了比较严格的限制。即:

(1) 发生情势变迁的时间必须是在缔约之后;
(2) 情势变迁的程度必须是根本性的;
(3) 情势变迁的情势必须是当事方缔约时所未预见的;
(4) 情势变迁的结果必须是丧失了当事方当初同意接受该条约拘束的必要基础或基本前提;
(5) 情势变迁的影响必须是将根本改变依据该条约尚待履行义务的程度或范围;
(6) 情势变迁的原因必须不是出于该当事方本身的违约行为;
(7) 情势变迁原则适用的对象必须不是边界条约或条款。

只有在满足上述条件时,才可以援引情势变迁这一原则以主张退出或终止条约。1926 年,中国政府就曾援引情势变迁原则,以当时中国的政治、经济情况发生变化为理由,主张废除《中比友好通商航海条约》,后来中比政府于 1928 年通过谈判缔结了新的条约,有条件地废止了比利时在华的领事裁判权。

此外,条约还可能因与嗣后出现的强行法规则相冲突而终止。1969 年《维也纳条约法公约》第 64 条规定,如果条约在缔结时与当时存在的一般国际法强行规则并不冲突,但却与后来出现的新的强行法规则相抵触,则该条约在与之相抵触的新的强行法规则生效时起成为无效并终止。

## 二、例题

1. 甲、乙两国 1990 年建立大使级外交关系,并缔结了双边的《外交特权豁免议定书》。2007 年两国交恶,甲国先宣布将其驻乙国的外交代表机构由大使馆降为代办处,乙国遂宣布断绝与甲国的外交关系。之后,双方分别撤走了各自驻对方的使馆人员。对此,下列哪一选项是正确的?(2008 年真题,单选)

A. 甲国的行为违反国际法,应承担国家责任
B. 乙国的行为违反国际法,应承担国家责任
C. 上述《外交特权豁免议定书》终止执行
D. 甲国可以查封没收乙国使馆在甲国的财产

[释疑] 甲、乙两国建立大使级外交关系后,两国的外交关系出现裂痕,甲国先宣布将其驻乙国的外交代表机构由大使馆降为代办处的做法并不违反国际法,而乙国在此情况下断绝与甲国的外交关系,亦是国际法并不禁止的行为,甲、乙两国均无须就此承担国家责任。即便两国断绝外交关系,使馆馆舍及其财产依然享有不受侵犯权。双方所缔结的双边条约《外交特权豁免议定书》是以存在外交关系为前提的,既然已经断绝外交关系,则该条约归于终止,因此 C 选项正确。(答案:C)

2. 菲德罗河是一条依次流经甲、乙、丙、丁四国的多国河流。1966 年,甲、乙、丙、丁四国就该河流的航行事项缔结条约,规定缔约国船舶可以在四国境内的该河流中通航。2005 年年底,甲国新当选的政府宣布:因乙国政府未能按照条约的规定按时维修其境内航道标志,所以

甲国不再受上述条约的拘束,任何外国船舶进入甲国境内的菲德罗河段,均须得到甲国政府的专门批准。自2006年起,甲国开始拦截和驱逐未经其批准而驶入甲国河段的乙、丙、丁国船舶,并发生多起扣船事件。对此,根据国际法的有关规则,下列表述正确的是:(2008年真题,不定选)

A. 由于乙国未能履行条约义务,因此,甲国有权终止该条约
B. 若乙、丙、丁三国一致同意,可以终止该三国与甲国间的该条约关系
C. 若乙、丙、丁三国一致同意,可以终止该条约
D. 甲、乙两国应分别就其上述未履行义务的行为,承担同等的国家责任

[释疑] 条约是经过全体缔约国一致同意而缔结的,在条约有效期内,各缔约国负有忠实履行条约的义务。除条约明文规定允许一方退约或解约外,一般不经其他缔约国的同意,不得单方面终止或退出条约。1969年《维也纳条约法公约》规定,因一方违约,缔约他方有权终止或暂停施行该条约,但条约当事国一方的违约必须是重大的违约,包括:(1) 条约当事国一方非法片面终止条约;(2) 违反条约规定,且这项规定是实现条约目的和宗旨所必要的。一方并不严重的违约不能导致另一方的废约。双边条约当事方之一重大违约时,他方有权终止该条约,或全部或部分停止其施行;多边条约当事国一方有重大违约时,其他当事方有权以一致同意,在这些当事方与违约方的关系上或在全体条约当事方之间,全部或部分停止施行或终止该条约。

本题中,甲、乙、丙、丁四国共同参加了涉及该四个国家的多国河流的条约,该条约规定缔约国船舶可以在四国境内的该河流中通航。后来发生"乙国政府未能按照条约的规定按时维修其境内航道标志"的情形,该情形并不至于使得在该河流中的航行无法继续,显然就该条约而言,这一情形构成乙国政府的一般违约而非重大违约,因而甲国并不能以此为理由终止该条约,A选项错误。甲国执意单方终止该条约,构成对该条约的重大违约,其他当事方乙、丙、丁国有权以一致同意,在这些当事方与违约方甲国的关系上,或在全体条约当事方之间,全部或部分停止施行或终止该条约。故B、C选项正确。由于乙国属于一般违约,甲国属于重大违约,二者应承担的责任也应当有所不同,所以D选项错误。(答案:BC)

### 三、提示与预测

应注意了解导致条约终止或暂停实施的原因。条约法的很多规则都与合同法相似,可以类比理解和记忆。由于条约是国际法最主要的渊源之一,条约法原则上是必考的考点。因此,应掌握好条约法主要的理论和规则。

## 考点 7 中国缔结条约程序法

### 一、精讲

《中华人民共和国缔结条约程序法》于1990年12月通过,该法主要规范中国同外国缔结的双边和多边条约、协定和其他具有条约、协定性质的文件的缔结程序。其主要内容如下:

1. 缔约权限及缔约事务之管理

《缔结条约程序法》第3条规定:中华人民共和国国务院,即中央人民政府,同外国缔结条约和协定。中华人民共和国全国人民代表大会常务委员会决定同外国缔结的条约和重要协定

的批准和废除。中华人民共和国主席根据全国人民代表大会常务委员会的决定,批准和废除同外国缔结的条约和重要协定。中华人民共和国外交部在国务院领导下管理同外国缔结条约和协定的具体事务。

2. 参与谈判时无须出示全权证书的人员范围

下列人员谈判、签署条约、协定,无须出具全权证书:

(1) 国务院总理、外交部长;

(2) 谈判、签署与驻在国缔结条约、协定的中华人民共和国驻该国使馆馆长,但是各方另有约定的除外;

(3) 谈判、签署以本部门名义缔结协定的中华人民共和国政府部门首长,但是各方另有约定的除外;

(4) 中华人民共和国派往国际会议或者派驻国际组织,并在该会议或者该组织内参加条约、协定谈判的代表,但是该会议另有约定或者该组织章程另有规定的除外。

3. 条约和重要协定之批准与公布

《缔结条约程序法》第7条第1款规定:条约和重要协定的批准由全国人民代表大会常务委员会决定。第7条第2款明确规定:"条约和重要协定"是指:"(一) 友好合作条约、和平条约等政治性条约;(二) 有关领土和划定边界的条约、协定;(三) 有关司法协助、引渡的条约、协定;(四) 同中华人民共和国法律有不同规定的条约、协定;(五) 缔约各方议定须经批准的条约、协定;(六) 其他须经批准的条约、协定。"

在批准程序方面,条约和重要协定签署后,由外交部或者国务院有关部门会同外交部,报请国务院审核;由国务院提请全国人民代表大会常务委员会决定批准;中华人民共和国主席根据全国人民代表大会常务委员会的决定予以批准。

双边条约和重要协定经批准后,由外交部办理与缔约另一方互换批准书的手续;多边条约和重要协定经批准后,由外交部办理向条约、协定的保存国或者国际组织交存批准书的手续。批准书由中华人民共和国主席签署,外交部长副署。

在已参加的条约的公布办法方面,《缔结条约程序法》第15条规定:"经全国人民代表大会常务委员会决定批准或者加入的条约和重要协定,由全国人民代表大会常务委员会公报公布。其他条约、协定的公布办法由国务院规定。"

4. 加入和接受多边条约

加入多边条约和协定,分别由全国人民代表大会常务委员会或者国务院决定。接受多边条约和协定,由国务院决定。

5. 条约的保存

以国家或者政府名义缔结的双边条约、协定的签字正本,以及经条约、协定的保存国或者国际组织核证无误的多边条约、协定的副本,由外交部保存;以中国政府部门名义缔结的双边协定的签字正本,由本部门保存。

6. 条约和协定在联合国的登记

《缔结条约程序法》第17条规定:中华人民共和国缔结的条约和协定由外交部按照联合国宪章的有关规定向联合国秘书处登记。中华人民共和国缔结的条约和协定需要向其他国际组织登记的,由外交部或者国务院有关部门按照各该国际组织章程的规定办理。

## 二、例题

1. 依据《中华人民共和国缔结条约程序法》及中国相关法律,下列哪些选项是正确的?(2015年真题,多选)

   A. 国务院总理与外交部长参加条约谈判,无需出具全权证书
   B. 由于中国已签署《联合国国家及其财产管辖豁免公约》,该公约对我国具有拘束力
   C. 中国缔结或参加的国际条约与中国国内法有冲突的,均优先适用国际条约
   D. 经全国人大常委会决定批准或加入的约和重要协定,由全国人大常委会公报公布

   [释疑] 依据《缔结条约程序法》第6条的规定,国务院总理与外交部长参加条约谈判,无须出具全权证书,故A选项正确。《联合国国家及其财产管辖豁免公约》本身并未生效,仅仅签署该公约并不导致其对我国产生拘束力,故B选项错误。中国缔结或参加的民商事领域的国际条约与中国国内法有冲突的,优先适用国际条约,但知识产权的条约中国已经转化或者需要转化为国内法的除外,故C选项错误。《缔结条约程序法》第15条规定:"经全国人民代表大会常务委员会决定批准或者加入的条约和重要协定,由全国人民代表大会常务委员会公报公布。其他条约、协定的公布办法由国务院规定。"故D选项亦正确。(答案:AD)

2. 根据《维也纳条约法公约》和《中华人民共和国缔结条约程序法》,关于中国缔约程序问题,下列哪些表述是正确的?(2013年真题,多选)

   A. 中国外交部长参加条约谈判,无须出具全权证书
   B. 中国谈判代表对某条约作出待核准的签署,即表明中国表示同意受条约约束
   C. 有关引渡的条约由全国人大常委会决定批准,批准书由国家主席签署
   D. 接受多边条约和协定,由国务院决定,接受书由外交部长签署

   [释疑] 中国谈判代表对某条约作出待核准的签署,则该签署并不表明中国表示同意受条约约束,B选项错误。(答案:ACD)

3. 中国参与某项民商事司法协助多边条约的谈判并签署了该条约,下列哪些表述是正确的?(2012年真题,多选)

   A. 中国签署该条约后有义务批准该条约
   B. 该条约须由全国人大常委会决定批准
   C. 对该条约规定禁止保留的条款,中国在批准时不得保留
   D. 如该条约获得批准,对于该条约与国内法有不同规定的部分,在中国国内可以直接适用,但中国声明保留的条款除外

   [释疑] 签署条约后可以批准,也可以不批准,故A选项错误。条约需经全国人大常委会决定批准,条约禁止保留的条款自然不能保留,我国参加民商事条约在国内直接适用,但保留的条款除外,故B、C、D选项正确。(答案:BCD)

4. 中国拟与甲国就有关贸易条约进行谈判。根据我国相关法律规定,下列哪一选项是正确的?(2010年真题,单选)

   A. 除另有约定,中国驻甲国大使参加该条约谈判,无须出具全权证书
   B. 中国驻甲国大使必须有外交部长签署的全权证书方可参与谈判
   C. 该条约在任何条件下均只能以中国和甲国两国的官方文字作准

D. 该条约在缔结后应由中国驻甲国大使向联合国秘书处登记

[释疑] 大使作为使馆馆长，在与驻在国谈判时不必出示全权证书，故 A 选项正确、B 选项错误。条约的约文采用何种文字，以缔约国协商为准，故 C 选项错误。关于 D 选项，一方面，《维也纳条约法公约》并未规定应由条约的哪一方向联合国秘书处登记条约，究竟由哪一方缔约国到联合国登记可以依据缔约国的约定进行；另一方面，我国《缔结条约程序法》第 17 条规定，条约应由外交部到联合国登记，故 D 选项中"应由中国驻甲国大使向联合国秘书处登记"的表述错误。（答案：A）

## 三、提示与预测

我国每年都参与谈判、签订大量的国际条约，对于《缔结条约程序法》有关条约和重要协定之批准、登记等程序的规定，应予掌握。

# 第八章　国际争端的和平解决

**本章知识体系：**

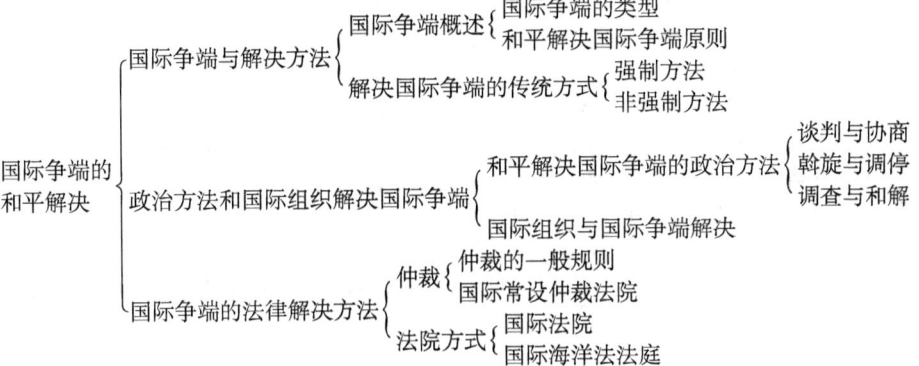

考点 **1** 反报和报复

## 一、精讲

反报是指一国对某国不礼貌、不友好或不公正但不违反国际法的行为，采取同样或类似的但不违反国际法的行为予以回应。反报的目的是迫使对方改变其不礼貌、不友好或不公正的行为，只要对方改变了这些行为，反报即应停止。

报复是指一国对另一国的国际不法行为采取相应的强制措施，例如停止执行某些条约、实行贸易禁运、冻结对方财产等。报复所针对的是一种国际不法行为，报复的手段，传统国际法并没有加以限制。现代国际法虽然没有禁止报复，但报复的手段必须是国际法所允许的，而且，报复应符合必要性原则和相称性原则，即采取报复措施确有必要，而且报复所引起的后果与被报复行为所引起的后果应该是基本相称的。报复的目的是迫使对方停止其不法行为，一且对方停止了该不法行为,报复即应停止。

## 二、提示与预测

注意区别反报和报复的不同,二者在国际实践中经常被使用。

### 考点 2　和平解决国际争端的政治方法

#### 一、精讲

和平解决国际争端的政治方法一般均不具有法律拘束力,实践中通常包括以下几种:

1. 谈判与协商。
2. 斡旋与调停。

（1）斡旋是指在争端当事国之间存在国际争端的情况下,争端当事方以外的第三方进行干预,促使当事国开始或重新开始谈判以解决争端,但自己不参与谈判的方法。调停则是指在争端当事国之间存在国际争端的情况下,争端当事方以外的第三方不仅促使当事国开始或重新开始谈判,而且直接介入谈判并提出解决争端的建议的方法。

（2）斡旋和调停既可以由第三方出于善意主动进行,也可以基于争端当事国一方或各方邀请而进行。斡旋或调停者可以是国家、组织或个人,斡旋或调停者提出的建议对当事国均无法律拘束力,斡旋或调停者对于斡旋或调停的成败也不承担任何法律义务或后果。

3. 调查与和解。

（1）调查是指在争端当事国因事实不清或对事实存在争议的情况下,当事方通过协议成立国际调查委员会,由调查委员会负责查明事实,向各当事国提交调查结果报告,但调查结果报告只限于陈述已查明的事实,对争端当事国没有法律拘束力。

（2）和解是比调查进一步的解决方法。和解是在争端当事国因事实不清或对事实存在争议的情况下,当事方通过协议成立国际和解委员会,和解委员会不仅负责查明事实,还负责基于所查明的事实提出解决争端的建议,该建议可包含实质内容,但只具有道义上的拘束力而没有法律拘束力。

#### 二、例题

根据国际法相关规则,关于国际争端解决方式,下列哪些表述是正确的?（2011年真题,单选）

A. 甲、乙两国就界河使用发生纠纷,丙国为支持甲国可出面进行武装干涉

B. 甲、乙两国发生边界争端,丙国总统可出面进行调停

C. 甲、乙两国可书面协议将两国的专属经济区争端提交联合国国际法院,国际法院对此争端拥有管辖权

D. 国际法院可就国际争端解决提出咨询意见,该意见具有法律拘束力

[释疑]　武力解决国际争端已为现代国际法所禁止,属于非法方式,A选项错误。斡旋和调停属于和平解决国际争端的方式,B选项正确。缔约各方在现行条约或协定中规定,各方同意将有关争端提交国际法院解决属于国际法院对事的管辖权中的协定管辖,C选项正确。国际法院的咨询意见不具有法律约束力,D选项错误。（答案:BC）

## 三、提示与预测

重点注意区别斡旋与调停的不同,分清其各自的法律意义。

## 考点 3 国际争端的法院解决方式

### 一、精讲

1. 国际法院

国际法院由 15 名法官组成。15 人中不得有两人为同一国家的国民。法官在联合国大会和安理会中分别独立进行选举,只有在这两个机关同时都获得绝对多数票方可当选。安理会常任理事国对法官选举没有否决权。法官任期 9 年,可以连选连任。国际法院的法官是专职的,法官对涉及本国的案件,不适用回避制度,除非其就任法官前曾参与过该案件。在法院受理的案件中,如一方当事国有本国国籍的法官,则他方当事国也有权选派一人作为法官,参与该案的审理,如双方当事国都没有本国国籍的法官,则双方都可选派法官一人参与该案的审理,这种临时选派的法官称为"专案法官"或"特别法官",他们在参与该案件的审理过程中同其他法官具有完全平等的地位。

2. 国际法院的诉讼管辖权和咨询管辖权

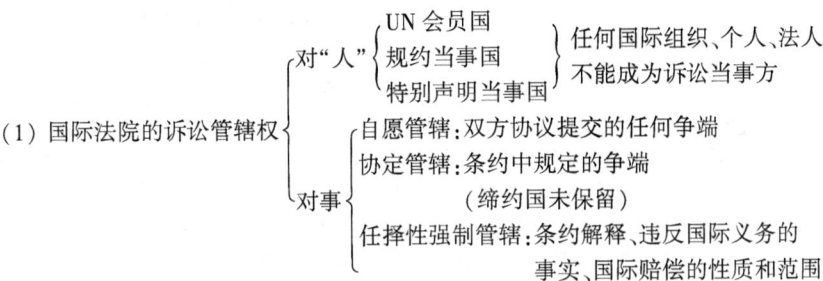

(2)国际法院的咨询管辖权。联合国大会及大会临时委员会、安理会、经社理事会、托管理事会、要求复核行政法庭所作判决的申请委员会以及经大会授权的联合国专门机构或其他机构,可以就执行其职务中的任何法律问题请求国际法院发表咨询意见。国际法院作出的咨询意见虽然没有法律拘束力,但具有重要的影响。

3. 国际法院的诉讼程序

包括起诉、书面程序和口头程序、附带程序(或称特别程序,由法院在特定情况下采用。包括初步反对主张、临时保全、参加或共同诉讼、中止诉讼等)。

4. 国际法院的判决

国际法院的判决是终局性的。判决一经作出,即对本案及本案当事国产生拘束力,当事国必须履行。如有一方拒不履行判决,他方得向安理会提出申诉,安理会可以作出有关建议或决定采取措施执行判决。

5. 国际海洋法法庭

国际海洋法法庭根据《联合国海洋法公约》设立,法庭由 21 名法官组成。关于法庭的对人管辖范围,根据公约规定,海洋法法庭的诉讼当事人可以是:(1)公约所有缔约国;(2)管理局和作为勘探和开发海底矿物资源合同人的自然人或法人;(3) 规定将管辖权授予海洋法法庭的任何其他协定的当事者。国际海洋法法庭对当事方经协议向其提交的一切争端或申请,以及将管辖权授予法庭的任何其他国际协定中具体规定的一切申请有管辖权。

## 二、例题

1. 关于国际法院,依《国际法院规约》,下列哪一选项是正确的?(2016年真题,单选)
A. 安理会常任理事国对法官选举拥有一票否决权
B. 国际法院是联合国的司法机关,有诉讼管辖和咨询管辖两项职权
C. 联合国秘书长可就执行其职务中的任何法律问题请求国际法院发表咨询意见
D. 国际法院做出判决后,如当事国不服,可向联合国大会上诉

[释疑] 本题考点为国际法院的制度。国际法院的法官须经联合国大会和安理会双重选举,但在大会表决时属于一般问题而非重要问题,在安理会表决时不属于实质性事项,故 A 选项错误。国际法院的管辖权包括诉讼管辖权和咨询管辖权,故 B 选项正确。联合国大会、大会的临时委员会、经社理事会、安全理事会、托管理事会及联合国大会授权的专门机构可请求发表咨询意见,任何个人、联合国秘书长、国家及其他组织无权请求国际法院发表咨询意见,故 C 选项错误。国际法院实行一审终审,无上诉程序。败诉方不履行的,胜诉方可以向联合国安理会申诉。故 D 选项错误。(答案:B)

2. 甲、乙两国就海洋的划界一直存在争端,甲国在签署《联合国海洋法公约》时以书面声明选择了海洋法法庭的管辖权,乙国在加入公约时没有此项选择管辖的声明,但希望争端通过多种途径解决。根据相关国际法规则,下列选项正确的是:(2014年真题,不定选)
A. 海洋法法庭的设立不排除国际法院对海洋活动争端的管辖
B. 海洋法法庭因甲国单方选择管辖的声明而对该争端具有管辖权
C. 如甲、乙两国选择以协商解决争端,除特别约定,两国一般没有达成有拘束力的协议的义务
D. 如丙国成为双方争端的调停国,则应对调停的失败承担法律后果

[释疑] 国际海洋法法庭和国际法院都有权受理海洋纠纷,故 A 选项正确。国际海洋法法庭受理案件,也以当事方双方都同意为前提,故 B 选项错误。协商解决并无强制性,协商当事方并无达成有拘束力协议的义务,故 C 选项正确。调停也不具有强制性,调停方提出的建议无拘束力,而且调停方也并无义务保证调停一定能够成功,故 D 选项错误。(答案:AC)

3. 关于联合国国际法院的表述,下列哪一选项是正确的?(2013年真题,单选)
A. 联合国常任理事国对国际法院法官的选举不具有否决权
B. 国际法院法官对涉及其国籍国的案件,不适用回避制度,即使其就任法官前曾参与该案件
C. 国际法院判决对案件当事国具有法律拘束力,构成国际法的渊源
D. 国际法院作出的咨询意见具有法律拘束力

[释疑] 国际法院的法官由安理会和联合国大会双重选举,在安理会国际法院法官的选举不属于实质性事项,因此常任理事国不享有否决权,故 A 选项正确。(答案:A)

## 三、提示与预测

在和平解决国际争端这一部分,国际法院是最重要的考点,应掌握其法官制度、诉讼管辖权制度和咨询管辖权制度。

# 第九章 战争与武装冲突法

**本章知识体系：**

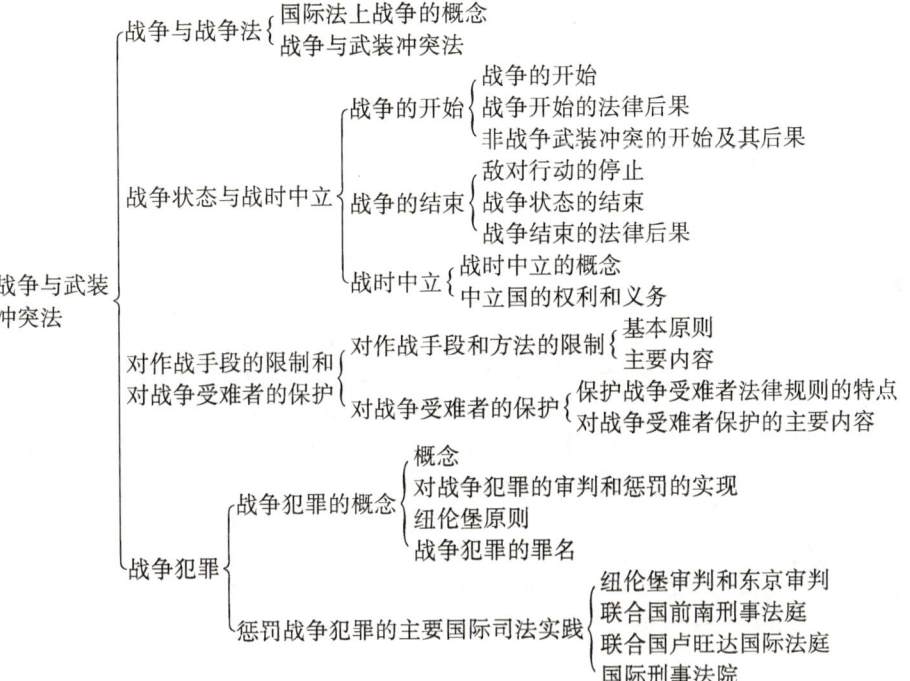

## 考点 1 战争法、战争状态、战时中立

### 一、精讲

1. 战争法的概念、特点和重要原则

调整交战国之间的关系和调整交战国与非交战国之间关系的规则的总体，就是国际法体系中的战争法。战争法包含两部分：一部分是调整交战国相互关系的规则，称为战争规则；另一部分是调整交战国与非交战国之间关系的规则，称为中立规则。战争法本来只适用于战争，用以限制作战手段和调整战争时期交战国之间和交战国与非交战国之间的关系。但是随着战争法的发展，战争法中的重要原则和规则也扩大适用于国际性和非国际性的武装冲突。

从大量的战争法条约中可以看到现代战争法上存在下列几个普遍接受的重要原则：

（1）遵守国际义务原则。任何交战国都必须遵守战争法条约上规定的国际法义务。作战行为必须恪守战争法规，"军事必要"和"条约无规定"均不能作为免除其义务之理由。

（2）区别待遇原则。在战争中，对平民与武装部队、战斗员与非战斗员、战斗员与战争受难者应加以区别对待。

(3) 人道主义原则。战争中不仅应保护非战斗员、战争受难者和平民,对战斗员亦应给予人道待遇。

(4) 遵守中立义务原则。交战国应保护中立国的利益,中立国应保持不偏不倚的中立立场。任何违反行为都构成违反中立义务的行为,行为者应对此承担国际责任。

2. 战争的开始及其法律后果

(1) 战争的开始。战争是一种法律状态,战争开始就是交战国之间的关系从和平状态向战争状态的转变。传统国际法认为战争必须以宣战的形式开始。宣战作为一项法律程序,它宣告了交战国之间的关系进入了战争状态,并可使中立国获悉战争状态的存在。但根据现代国际法,只要武装冲突的双方存在交战的意思,即可认为存在战争状态。

(2) 战争开始的法律后果:

① 外交与领事关系的断绝。

② 条约关系的变化。交战国间的条约关系因战争而发生重要变化:两国间的双边政治性条约立即废除,经济贸易条约失效或停止施行。但关于领土和边界的条约不能因战争而失效(除非该条约是导致战争的主要原因)。双方共同参加的多边条约中与战争冲突的条款在交战双方之间停止施行,但它们参加的有关战争和中立的条约却因战争的开始而自动发生作用。

③ 经济贸易关系的中断。交战国之间不论是政府间还是民间的经济贸易行为都因战争而中断。交战双方认为对方的国民及财产均带有敌性,私人间的商业关系受到严令禁止。

④ 交战国人民及其财产带有敌性。战争发生后,交战国认定对方的财产和人民带有敌性。交战国对占领区内的敌国军事性质的动产可以征用,不动产可以使用,但不得拥有、变卖等,军事性质的不动产必要时可加以破坏。交战国对于占领区内的敌国私人财产,原则上不得干涉和没收,但对于可供军事需要的私人财产可予以征用。

在交战国境内的敌国财产,如果是敌国国家财产(除使领馆外),则可以没收;交战国对于境内的敌国人民的私财,可以加以一定的限制(如禁止转移、冻结或征用)。敌国人民(包括自然人和法人)带有敌性,但一般允许他们在适当时期内离境。敌国之公司法人,如是国家公司,则视同敌国财产;如是私人公司,则视作敌国人民的私人财产。

对公海上的敌国商船及其所载货物,均可拿捕没收,但用于宗教、慈善、医疗和科学用途者除外,对于敌国航空器及其所载货物,也均可拿捕没收。中立国商船上敌国私产可用于战争者方可没收。

3. 战时中立

(1) 战时中立的概念。战争时期,非交战国不参加战争的任何一方,保持不偏不倚的法律地位,此地位即为战时中立。任何非交战国都有权在交战各国之间宣布中立,不卷入战争的任何一方,这是它的自主权利,除非受条约义务约束。任何非交战国都没有义务保持中立,除非受条约义务约束。中立地位可以明示表示(如发表声明),也可以默示表示(如事实上遵守中立),一经表示中立,在交战国和中立国之间就开始适用中立法。战时中立与永久中立是两个不同的概念。战时中立也与和平时期的中立政策或中立主义不同,前者是一种法律地位,后者只是和平时期某些国家所奉行的政策,这种中立政策没有产生法律权利和义务。

(2) 战时中立制度。在战争时期,中立国和交战国都承担着不作为、防止和容忍三种义务。

不作为就是自我制约,不从事或介入交战任何一方的行为。中立国不得直接或间接帮助交战国的任何一方,不得提供军队、供给、担保贷款或向交战国提供避难场所。交战国不得在中立国领土从事战争行为,不得在中立国领水或领空进行敌对行为,也不得将中立国领水或领空作为作战基地或军队远征的出发点。防止就是防止违反中立义务的行为发生。容忍就是容忍对方加于自己造成一定损害的行为。中立国容忍交战国对其船舶临检和搜索,对其船上载运的战时禁制品加以拿捕、审判和处罚。交战国容忍中立国与他方交战国保持外交和商务关系,容忍中立国把其港口提供给他方交战国为临时庇护或维修船舶之用。

4. 战争的结束及其法律后果

战争状态的结束通常包含两方面内容:一是停止敌对行动;二是结束战争状态。

(1) 停止敌对行动。停止敌对行动具有临时性和过渡性,往往是为最终实现和平做准备。战争和武装冲突中的敌对行动可因下列三种情况而停止:

① 停火。停火只是交战过程的一种暂时性或局部性的行动。

② 停战。停战是双方通过协议实行的。停战可能是全面的,也可能是局部的,全面的停战也可能导致军事行动的长期结束。

③ 投降。投降是交战一方承认战败而要求停止战斗的行为。投降可能是全面的也可能是局部的。全面的投降会导致战争的结束,但投降包括无条件投降本身并不是战争在法律上的结束标志。

(2) 结束战争状态。战争状态的结束是交战国间一切战争行动的终止和与战争有关的一切政治、经济、领土及其他问题全面的和最终的解决。在法律上结束战争状态的方式通常有三种:

① 缔结和平条约。缔结和平条约,是结束战争状态的最通常和最正式的一种形式。和约一旦缔结和生效,意味着战争双方不得再相互攻击、征用或进行没收等类似行为。和约一般由交战各国(含战胜国和战败国)在和平会议或外交会议上签订,是结束战争的重要国际文件。

② 单方面宣布战争结束。一般是由战胜国单方面宣布的,如"二战"后,直到1955年4月7日,中华人民共和国主席发布结束中德之间战争状态的命令,中德之间的战争状态才在法律上正式结束。

③ 发表联合声明。由交战双方发表联合声明,宣布结束战争状态,如1972年9月29日宣布的中日关于结束两国战争状态,恢复正常和平关系的联合声明。

(3) 战争结束的法律后果。战争结束的法律后果主要表现在以下几个方面:

① 外交关系恢复。两国派遣外交代表,恢复正常的外交关系。

② 条约关系恢复。战争发生后,两国的政治条约已失效,经济条约已停止生效。战争结束后,政治性条约可能经重订而恢复效力,经济性条约可能恢复效力。原交战双方所参加的多边条约又重新对它们发生效力。同时,双方还可能在正常的外交关系上签订新的条约。

③ 国际交往全面恢复。战争时期,交战国间的政治、经济、文化、军事等联系已经中断了,随着战争状态的结束,这些关系又重新恢复。

## 二、例题

1. 甲、乙国发生战争,丙国发表声明表示恪守战时中立义务。对此,下列哪一做法不符合战争法?(2012年真题,单选)

A. 甲、乙战争开始后,除条约另有规定外,两国间商务条约停止效力

B. 甲、乙不得对其境内敌国人民的私产予以没收
C. 甲、乙交战期间,丙可与其任一方保持正常外交和商务关系
D. 甲、乙交战期间,丙同意甲通过自己的领土过境运输军用装备

[释疑] 战争开始后,交战国间的双边政治、经贸条约终止,故 A 选项表述正确。交战国对于本国境内的敌国私人财产,原则上不得予以没收,故 B 选项表述正确。中立国宣布中立后,就承担容忍、防止、回避等方面的义务。中立国可以与交战国任何一方保持正常关系,但不得向交战国任何一方提供军事援助或使用本国的领土为交战国提供军事便利,C 选项表述正确,D 选项错误。(答案:D)

2. 甲、乙两国由于边界纠纷引发武装冲突,进而彼此宣布对方为敌国。目前乙国军队已突入甲国境内,占领了甲国边境的桑诺地区。根据与武装冲突相关的国际法规则,下列哪些选项符合国际法?(2008 年真题,多选)

A. 甲国对位于其境内的乙国国家财产,包括属于乙国驻甲国使馆的财产,不可以没收
B. 甲国对位于其境内的乙国国民的私有财产,可以没收
C. 乙国对桑诺地区的甲国公民的私有财产,可以没收
D. 乙国强令位于其境内的甲国公民在规定时间内进行敌侨登记

[释疑] 甲、乙两国在宣战后进入战争状态,从而对有关财产的地位产生一定的影响。甲国对位于其境内的乙国国家财产,除属于乙国驻甲国使馆的财产外,是可以没收的。A 选项的表述不够严谨,使人难以判断出题人究竟是想说使馆财产不可没收,还是所有国家财产都不能没收。标准答案认为 A 选项正确,但按照 A 选项的字面意思,是说甲国对位于其境内的所有乙国国家财产均不可没收,而事实上,除使馆之外的财产是可以没收的,希望以后的真题尽量避免出现这种明显的语法错误。不论是对本国境内还是对占领区内的敌国私人财产,一般均不得没收。B、C 选项错误。对占领区内的敌国国民私人财产不应以任何方式加以干涉,但如为了军事目的,则可以对该财产进行征用。乙国强令位于其境内的甲国公民在规定时间内进行敌侨登记,属于战争法所允许的一种对占领区内对方国民的限制措施,故 D 选项正确。(答案:AD)

三、提示与预测

由于战争在国际实践中仍然时有出现,对于战争开始和结束的标志、战争状态出现和结束的法律后果应当掌握。

# 考点 2 国际法对作战手段的限制或禁止

一、精讲

现代国际法对作战方法和手段的限制或禁止主要表现为:
(1) 禁止使用极度残酷的武器。武器的作用是使对方的战斗员丧失战争力,如果超越这一程度而使受害者受到极度痛苦甚至不可避免地死亡,此武器即为"极度残酷的武器"。
(2) 禁止使用有毒、化学和细菌(生物)武器。
(3) 限制使用原子武器、氢武器和核武器。这些武器都具有大规模杀伤力,但目前国际法还未对核武器的禁止使用作出全面明确的规定。国际法院在 1996 年就"使用核武器是否合

法"发表的咨询意见认为,一般情况下,使用和威胁使用核武器是违反关于战争和武装冲突的国际法规则的,但是,国家于危及其生死存亡的关头进行自卫的情况下,使用或威胁使用核武器是否合法,法院不能作出明确的结论。

(4) 禁止使用不分皂白的作战手段和作战方法。为了保证平民、居民的安全和民用物体的免受破坏,战争法规强调冲突各方无论何时均应遵守区别原则,在普通居民和战斗员之间、民用物体和军事目标之间加以区别,禁止使用波及平民的不分皂白的作战手段和作战方法。1907 年《海牙第四公约》附件第 25 条规定:"禁止轰击不设防城镇、住所和建筑物。" 1977 年《日内瓦四公约第一附加议定书》第 51 条规定:"不分皂白的攻击"是指:① 不以特定军事目标为对象的攻击;② 使用不能以特定军事目标为对象的作战方法或手段;③ 使用其效果不能按照本议定书的要求加以限制的作战方法或手段;④ 以平民或民用物体集中的城镇、乡村作为军事目标进行攻击,附带使平民生命受损害的攻击,作为报复对平民进行攻击,均属于不分皂白的攻击。

(5) 禁止使用改变环境的作战手段和方法。

## 二、提示与预测

由于国际时事和舆论时常关注战争问题,国际法对作战手段的限制或禁止这一考点的相应规则也值得关注。

## 考点 3 人道主义保护规则

### 一、精讲

在战争与武装冲突中,交战各方要严格遵守各种战争的规范、原则,而且要遵守关于人道主义的保护规则,限制作战手段和作战方法,减少战斗员的损害和痛苦,并对战俘、伤病员、非战斗员和平民采取一定的保护措施。它是以"日内瓦公约体系"为主要渊源的,这类保护规则被称为"国际人道法"或"国际人道主义法"。

1. 对平民的保护

平民在传统战争法中指位于交战国领土而不属于交战者的和平居民;广义的平民应泛指交战者之外的所有和平居民,包括占领地和占领地以外的平民。然而现有公约中保护平民的规定往往限于占领区内的平民,对占领区之外的平民保护缺乏关注。在战争与武装冲突中,敌对行动应针对武装部队和战斗员,禁止或限制使用波及平民的武器和作战方法。

2. 对战争受难者的保护

战争受难者指在战争或武装冲突中遭受伤害的交战的战斗员及其他正式随军服务的人员,主要指战俘和伤病员。战俘也称俘虏,指在战争或武装冲突中落于敌方权力之下的战斗员。对于战俘,除了个别在战争中有破坏战争法规的罪行者外,不能惩罚,不能虐待,更不能杀害,而应给以他们适当的人道主义待遇。伤病员指战争或武装冲突中的病患或负伤者。依公约规定,凡交战的战斗员及其他正式随军服务的人员受伤或生病时,收容他们,应不分国籍、性别、种族、宗教和政治主张,一律予以尊重、保护并治疗。

3. 对交战者的保护

交战者包括正规军、非正规武装部队、军使、侦察兵,但不包括雇佣兵和间谍。交战者在战争或武装冲突中具有合法的地位,受到战争法规的保护。

## 二、例题

1. 甲、乙两国因边境冲突引发战争,甲国军队俘获数十名乙国战俘。依《日内瓦公约》,关于战俘待遇,下列哪些选项是正确的?(2009年真题,多选)

　　A. 乙国战俘应保有其被俘时所享有的民事权利
　　B. 战事停止后甲国可依乙国战俘的情形决定遣返或关押
　　C. 甲国不得将乙国战俘扣为人质
　　D. 甲国为使本国某地区免受乙国军事攻击可在该地区安置乙国战俘

[释疑] 根据1949年《关于战俘待遇之日内瓦公约》和1977年《日内瓦四公约第一附加议定书》,战俘应保有其民事权利,除可用于作战的武器等,其他财产不得没收。不得将战俘扣为人质,也不得将战俘安置于其生命受威胁的不安全地带。战争结束后战俘应予以遣返。(答案:AC)

2. 国际人道法中的区分对象原则(区分军事与非军事目标,区分战斗员与平民)是一项已经确立的国际习惯法原则,也体现在1977年《日内瓦四公约第一附加议定书》中。甲、乙、丙三国中,甲国是该议定书的缔约国,乙国不是,丙国曾是该议定书的缔约国,后退出该议定书。根据国际法的有关原理和规则,下列哪些选项是错误的?(2007年真题,多选)

　　A. 该原则对甲国具有法律拘束力,但对乙国没有法律拘束力
　　B. 丙国退出该议定书后,该议定书对丙国不再具有法律拘束力
　　C. 丙国退出该议定书后,该原则对丙国不再具有法律拘束力
　　D. 该原则对于甲、乙、丙三国都具有法律拘束力

[释疑] 国际人道法中的区分对象原则既是1977年《日内瓦四公约第一附加议定书》规定的原则,又是国际习惯法规则,因此即使乙国没有参加该议定书,也应当遵守。因此A选项错误、D选项正确。1977年《日内瓦四公约第一附加议定书》本属于条约,丙国退出该条约,则该条约从整体上讲不再对丙国有拘束力,但区分对象原则作为国际习惯法规则仍然对丙国具有拘束力,故B选项正确、C选项错误。因此,错误的选项当选A、C。

国际习惯法规则原则上对各国均具有拘束力,其对某国的拘束力不以某国是否参加收录了该原则的条约为前提。(答案:AC)

## 三、提示与预测

《日内瓦公约》规定了平民、交战者和战俘的地位和待遇,其宗旨均在于追求人道主义,反对无谓的杀戮和虐待。

## 考点 4　惩罚战争犯罪的主要国际司法实践

### 一、精讲

"二战"后的纽伦堡审判和东京审判及20世纪90年代设立的联合国前南刑事法庭和联合国卢旺达国际法庭乃至国际刑事法院的成立,是国际社会惩罚战争犯罪的主要实践。

1. 欧洲国际军事法庭的"纽伦堡审判"

"二战"后,盟国在德国纽伦堡设立欧洲国际军事法庭,设立依据是《关于控诉和惩处欧洲轴心国主要战犯的协定》,《欧洲国际军事法庭宪章》是该协定的附件。

2. 远东国际军事法庭的"东京审判"

盟国于"二战"后在亚洲的日本东京设立远东国际军事法庭,依据是《远东国际军事法庭宪章》。

3. 联合国前南刑事法庭

1991年以来,前南斯拉夫境内发生了"种族清洗"、蓄意杀人、强奸、大规模屠杀等严重违反国际人道主义法的情事,国际社会震惊之余,通过联合国安理会827号决议成立联合国前南刑事法庭,作为安理会一个具有司法性质的附属机关,以追究对发生上述人道主义灾难负有责任的人员。

4. 联合国卢旺达国际法庭

该法庭设立于1994年11月,其性质同前南刑事法庭一样,也是为追究在卢旺达国内武装冲突中犯有严重违反人道主义法的行为人的刑事责任,由安理会通过决议而设立。

5. 国际刑事法院

1998年7月,《国际刑事法院规约》于罗马通过(故亦称《罗马规约》),该规约于2002年7月生效。国际刑事法院于2002年7月正式成立,总部在荷兰的海牙。

国际刑事法院是一个常设的国际刑事司法机构,其管辖范围限于种族灭绝罪、侵略罪、战争罪、反人类罪等,其管辖的罪行限于规约生效后的行为。根据规约,国际刑事法院在符合下列情形之一时可行使管辖权:

(1)罪行所涉一方或多方是缔约国;

(2)被告人是缔约国国民;

(3)犯罪是在缔约国境内实施;

(4)《国际刑事法院规约》非缔约国决定接受法院对其境内实施的或由其国民实施的一项具体犯罪的管辖权。

二、提示与预测

对战争罪犯的惩治属于国际法的热点问题,应注意区分前南国际刑事法庭、卢旺达国际刑事法庭与国际刑事法院的异同。国际刑事法院知识尚未考过,更应关注。

# 国际私法

# 第一章 导 论

**本章知识体系：**

国际私法概述 { 国际私法的概念 / 国际私法的规范 / 国际私法的渊源

## 考点 1 国际私法的调整对象及其调整方法

### 一、精讲

国际私法是以直接规范和间接规范相结合来调整平等主体之间的国际民商事法律关系并解决国际民商事法律冲突的法律部门。

1. 国际私法的调整对象

国际私法的调整对象就是具有国际因素的民商事法律关系，或称国际民商事法律关系，或称涉外民事关系，或称国际私法关系。就一国而言，国际民商事法律关系可称为涉外民商事法律关系，即其主体、客体、内容这三个要素中至少有一项涉外的民商事法律关系。《民通意见》第178条第1款规定："凡民事关系的一方或者双方当事人是外国人、无国籍人、外国法人的；民事关系的标的物在外国领域内的；产生、变更或者消灭民事权利义务关系的法律事实发生在外国的，均为涉外民事关系。"

最高人民法院《关于适用〈中华人民共和国涉外民事关系法律适用法〉若干问题的解释（一）》第1条规定："民事关系具有下列情形之一的，人民法院可以认定为涉外民事关系：（一）当事人一方或双方是外国公民、外国法人或者其他组织、无国籍人；（二）当事人一方或双方的经常居所地在中华人民共和国领域外；（三）标的物在中华人民共和国领域外；（四）产生、变更或者消灭民事关系的法律事实发生在中华人民共和国领域外；（五）可以认定为涉外民事关系的其他情形。"

2. 国际私法的调整方法

国际私法调整国际民商事法律关系的方法有两种：间接调整方法和直接调整方法。

（1）间接调整方法。间接调整方法是指在有关的国内法或国际条约中规定某类国际民商事法律关系受何种法律调整或支配，而不直接规定如何调整国际民商事法律关系当事人之间的实体权利与义务关系的一种方法。例如冲突规范的调整方法。

（2）直接调整方法。直接调整方法就是用直接规定当事人权利与义务的"实体规范"来直接调整国际民商事法律关系当事人之间的权利与义务关系的一种方法。国内法、国际条约和国际惯例中均存在这种直接调整国际民商事法律关系的规范。例如，《联合国国际货物销售合同公约》和《跟单信用证统一惯例》就是直接规定当事人权利与义务的实体法规则和惯例规则。

## 二、例题

在涉外民事关系中,依《涉外民事关系法律适用法》和司法解释,关于当事人意思自治原则,下列表述中正确的是:(2013年真题,不定选)

A. 当事人选择的法律应与所争议的民事关系有实际联系
B. 当事人仅可在具有合同性质的涉外民事关系中选择法律
C. 在一审法庭辩论终结前,当事人有权协议选择或变更选择适用的法律
D. 各方当事人援引相同国家的法律且未提出法律适用异议的,法院可以认定当事人已经就涉外民事关系适用的法律作出了选择

[释疑] 根据最高人民法院《关于适用〈中华人民共和国涉外民事关系法律适用法〉若干问题的解释(一)》的规定,不要求当事人选择的法律与争议有实际联系,A 选项错误。根据《涉外民事关系法律适用法》等法律和司法解释,除合同外,在侵权行为、知识产权、夫妻财产关系、动产物权等许多领域,均允许当事人选择法律,故 B 选项错误。C、D 选项符合相关法律的规定。(答案:CD)

## 三、提示与预测

国际私法的调整对象是理解国际私法的基础,应掌握国际民商事关系的"三要素说",并了解在我国涉港澳台的民商事关系也比照涉外民事关系处理。

# 考点 2 国际私法的规范

## 一、精讲

国际私法应包括外国人的民商事法律地位规范、冲突规范、国际统一实体私法规范和国际民商事争议解决规范。

1. 外国人的民商事法律地位规范

外国人的民商事法律地位规范是确定外国的自然人、法人甚至外国国家和国际组织在内国民商事领域享有权利与承担义务的资格和状况的规范。

2. 冲突规范

冲突规范是指明某种国际民商事法律关系应适用何种法律的规范。例如,我国《民法通则》第 146 条第 1 款前半段规定,"侵权行为的损害赔偿,适用侵权行为地法律"。

3. 国际统一实体私法规范

国际统一实体私法规范是指国际条约和国际惯例中具体规定国际民商事法律关系当事人的实体权利与义务的规范。

4. 国际民商事争议解决的规范

国际民商事争议解决的规范主要指国际民事诉讼程序规范和国际商事仲裁规范,也包括解决国际民商事争议的其他规范,如和解和调解规范等。

## 二、提示与预测

注意国际私法与冲突规范是包含与被包含的关系,不能简单地把二者等同起来。

## 考点 3　国际私法的渊源

国际私法的渊源是指国际私法的表现形式,主要包括国内法渊源和国际法渊源两方面。

1. 国际私法的国内法渊源

国际私法的国内法渊源主要包括国内立法、国内判例等。值得注意的是,在我国,判例不是法律的渊源,当然也不是国际私法的渊源。另外,我国最高人民法院的司法解释,由于其对法院的审判活动具有约束力,实际上已成为我国法律的一种渊源。

2. 国际私法的国际法渊源

国际私法的国际法渊源包括国际条约和国际惯例两方面。

就国际条约而言,目前,我国已经加入了大量涉及外国人的法律地位、国际统一实体私法、国际民事诉讼程序和国际商事仲裁的国际公约,但尚未加入任何专门的冲突法国际公约。

就国际惯例而言,我国《民法通则》第142条第3款规定,中华人民共和国法律和中华人民共和国缔结或者参加的国际条约没有规定的,可以适用国际惯例。《民法通则》第150条还规定,适用外国法律或者国际惯例"不得违背中华人民共和国的社会公共利益",也就是说,不得违背我国的公共秩序。

# 第二章　国际私法的主体

**本章知识体系：**

国际私法的主体 ｛ 自然人的国籍、住所(属人法的连结点)等的积极和消极冲突及其解决
法人的国籍、住所、营业所的积极和消极冲突及其解决
国家及其财产豁免
政府间国际组织的豁免权
被告或第三人享有特权与豁免的情况下立案的报审程序

## 考点 1　自然人国籍和住所冲突的解决

### 一、精讲

自然人国籍的积极冲突是指一个人同时具有两个或两个以上的国籍,其解决分为两种情形：

1. 各国在实践中解决自然人国籍的积极冲突的一般做法

(1) 在当事人所具有的两个或两个以上国籍中有一个是内国国籍时,国际上通行的做法是以内国国籍为准,即以内国法作为其本国法。

(2) 在当事人所具有的两个或两个以上的国籍均为外国国籍时,各国实践有如下几种做法：① 以当事人最后取得的国籍为准；② 以当事人住所或惯常居所所在国国籍为准；③ 以与当事人有最密切联系的国籍为准。

（3）对当事人所具有的两个或两个以上国籍不作内国国籍和外国国籍的区分,为确定应适用的法律,只以与当事人有最密切联系的国籍为准。

2. 我国关于解决自然人国籍的积极冲突的规定

《涉外民事关系法律适用法》第19条规定:依照本法适用国籍国法律,自然人具有两个以上国籍的,适用有经常居所的国籍国法律;在所有国籍国均无经常居所的,适用与其有最密切联系的国籍国法律。自然人无国籍或者国籍不明的,适用其经常居所地法律。

《涉外民事关系法律适用法》第20条规定:依照本法适用经常居所地法律,自然人经常居所地不明的,适用其现在居所地法律。

住所,即一个人以久住的意思而居住的某一处所。自然人住所的冲突与国籍冲突一样,包括积极冲突和消极冲突两种情况。住所的积极冲突指一个人同时在两个或两个以上国家或法域有住所;而住所的消极冲突则指一个人无任何法律意义上的住所。住所的冲突,主要由于各国有关住所的法律规定不同而产生。

《民通意见》第183条规定,当事人的住所不明或者不能确定的,以其经常居住地为住所。当事人有几个住所的,以与产生纠纷的民事关系有最密切联系的住所为住所。

《涉外民事关系法律适用法》第20条规定,依照本法适用经常居所地法律,自然人经常居所地不明的,适用其现在居所地法律。

最高人民法院《关于适用〈中华人民共和国涉外民事关系法律适用法〉若干问题的解释（一）》第15条规定:"自然人在涉外民事关系产生或者变更、终止时已经连续居住一年以上且作为其生活中心的地方,人民法院可以认定为涉外民事关系法律适用法规定的自然人的经常居所地,但就医、劳务派遣、公务等情形除外。"

## 二、例题

张某居住在深圳,2008年3月被深圳某公司劳务派遣到马来西亚工作,2010年6月回深圳,转而受雇于香港某公司,其间每周一到周五在香港上班,周五晚上回深圳与家人团聚。2012年1月,张某离职到北京治病,2013年6月回深圳,现居该地。依《涉外民事关系法律适用法》(不考虑该法生效日期的因素)和司法解释,关于张某经常居所地的认定,下列哪一表述是正确的?（2013年真题,单选）

A. 2010年5月,在马来西亚

B. 2011年12月,在香港

C. 2013年4月,在北京

D. 2008年3月至今,一直在深圳

[释疑]　根据最高人民法院《关于适用〈中华人民共和国涉外民事关系法律适用法〉若干问题的解释（一）》第15条的规定:"自然人在涉外民事关系产生或者变更、终止时已经连续居住一年以上且作为其生活中心的地方,人民法院可以认定为涉外民事关系法律适用法规定的自然人的经常居所地,但就医、劳务派遣、公务等情形除外。"故应选D选项。（答案:D）

## 三、提示与预测

我国有关自然人国籍积极冲突的解决的法条规定是高频考点,应注意掌握。

## 考点 2　法人国籍、住所和营业所的确定及外国法人的认可

### 一、精讲

（一）各国确定法人国籍的一般做法

1. 对于如何确定一个法人的国籍，主要有如下几种不同的主张：

（1）法人成员国籍主义或称资本控制主义，即根据法人资本控制者的国籍来确定法人的国籍；

（2）设立地主义，或称成立地主义或登记地主义；

（3）住所地主义；

（4）准据法主义；

（5）法人设立地和法人住所地并用主义。

2. 我国的相关规定

《涉外民事关系法律适用法》第 14 条规定：法人及其分支机构的民事权利能力、民事行为能力、组织机构、股东权利义务等事项，适用登记地法律。

法人的主营业地与登记地不一致的，可以适用主营业地法律。法人的经常居所地，为其主营业地。

（二）法人住所的确定

1. 各国的一般做法

许多国家主张以法人的住所地法作为法人的属人法。但对法人的住所有不同理解：

（1）主事务所所在地说，或称管理中心所在地说；

（2）营业中心所在地说；

（3）章程指定住所说；

（4）主要办事机构所在地说。

2. 我国的相关规定

《民法通则》第 39 条规定："法人以它的主要办事机构所在地为住所。"《公司法》第 10 条规定："公司以其主要办事机构所在地为住所。"

（三）法人营业所的确定

法人的营业所，即法人从事经营活动的场所。法人的营业所所在地可能同法人的住所所在地是一致的，但也可能不一致。在实际生活中，一个法人可能有两个或两个以上的营业所，也可能没有营业所，从而导致营业所的积极冲突或消极冲突。

《民通意见》第 185 条规定：当事人有二个以上营业所的，应以与产生纠纷的民事关系有最密切联系的营业所为准；当事人没有营业所的，以其住所或者经常居住地为准。

《涉外民事关系法律适用法》第 14 条规定：法人及其分支机构的民事权利能力、民事行为能力、组织机构、股东权利义务等事项，适用登记地法律。

法人的主营业地与登记地不一致的，可以适用主营业地法律。法人的经常居所地，为其主营业地。

（四）外国法人的认可

外国法人的认可是指内国对外国法人的法律人格的认许。外国法人一经内国认可，即表明该外国法人所具有的权利能力和行为能力在该内国得到确认，有资格并可以有效地在该内

国从事民商事活动。外国法人在内国法律上是否被认可是各国的内政事项。

1. 国际立法认可和国内立法认可

外国法人认可的方式分为国际立法认可(即通过条约规定认可的条件)和国内立法认可两种。

国内立法认可包括：

(1) 一般认可，即内国对于外国法人，不问其属于何国，一般都加以认可。

(2) 概括认可，即内国对属于某一外国之特定的法人概括地加以认可。

(3) 特别认可，即内国对外国法人通过特别登记或批准程序加以认可。

2. 我国的相关规定

《公司法》第192条第1款规定："外国公司在中国境内设立分支机构，必须向中国主管机关提出申请，并提交其公司章程、所属国的公司登记证书等有关文件，经批准后，向公司登记机关依法办理登记，领取营业执照。"

## 二、提示与预测

涉外民事关系当事人的属人法是近几年司考每年都涉及的考点，因此对我国法律关于自然人和法人的国籍、住所、营业所的冲突规范的规定，必须牢固掌握。

# 第三章　法律冲突、冲突规范和准据法

**本章知识体系：**

冲突规范与准据法 ｛ 民商事法律冲突； 冲突规范 ｛ 特点； 结构：范围＋系属 ｝； 冲突规范的四种基本类型：单边、双边、重叠适用、选择适用冲突规范； 准据法 ｝

## 考点 1　国际民商事法律冲突、冲突规范

### 一、精讲

(一) 国际民商事法律冲突

法律冲突是指调整同一社会关系或解决同一问题的不同法律制度由于各自内容的差异和位阶的高低而导致相互在效力上的抵触。法律冲突的主要类型包括：① 公法冲突和私法冲突；② 空间法律冲突、时际法律冲突和人际法律冲突；③ 平面冲突和垂直冲突。

国际私法上所讲的法律冲突，就是国际民商事法律冲突，即同一民商事关系因所涉各国民商事法律规定不同而发生的法律适用上的冲突，属于跨国的、空间的、私法的、平面的冲突。

1. 国际民商事法律冲突的产生

国际民商事法律冲突产生的主要原因：

(1) 各国民商事法律制度互不相同；

（2）各国人民之间存在着正常的民商事交往，并结成国际民商事法律关系；
（3）各国承认外国人在内国享有平等的民商事法律地位；
（4）各国在一定条件下承认外国民商事法律在内国的域外效力。

2. 国际民商事法律冲突的解决方法

（1）冲突法解决方法。冲突法解决方法是指运用冲突规范来指定应适用的法律的方法，即通过制定内国或国际的冲突规范来确定各种不同性质的国际民商事法律关系应适用何种法律，从而解决国际民商事法律冲突。冲突法解决方法可分为内国冲突法解决方法和国际冲突法解决方法。

（2）实体法解决方法。实体法解决方法即通过制定国内或国际的民商事实体法规范来直接确定当事人的权利与义务，调整国际民商事法律关系，以避免或消除国际民商事法律冲突的方法。国际统一实体私法解决方法可分为国际条约解决方法和国际惯例解决方法。理论上，由于从根本上起到了避免和消除民商事法律冲突的作用，国际统一实体私法解决方法优于冲突法解决方法。

（二）冲突规范的概念、特征与结构

1. 冲突规范的概念

冲突规范是由内国法或国际条约规定的，指明某种国际民商事法律关系应适用何种法律的规范。

2. 冲突规范具有以下特性

（1）冲突规范是法律适用规范；
（2）冲突规范不是实体规范而是间接规范；
（3）冲突规范是结构独特的法律规范。

3. 冲突规范的结构

冲突规范由"范围""系属""关联词"三部分构成。

（1）"范围"或"连接对象"。"范围"或"连接对象"是指冲突规范所要调整的民商事法律关系或所要解决的法律问题。通过冲突规范的"范围"可以判断该规范适用于调整哪一类民商事法律关系。

（2）"系属"或"冲突原则"。"系属"或"冲突原则"规定冲突规范中"范围"所应适用的法律。例如在"共同海损的理算，适用理算地法律"这一冲突规范中，"理算地法律"即为系属。

"系属"还包含冲突规范的"连结点"。连结点也称为联结因素，是指冲突规范借以确定某一法律关系应适用什么法律的根据。根据冲突规范对法律的选择，实际上也是一种对连结点的确定。连结点还可分为静态的连结点和动态的连结点。静态的连结点就是固定不变的连结点，主要指不动产所在地以及涉及过去的行为或事件的连结点，如婚姻举行地、合同缔结地、法人登记地、侵权发生地。动态的连结点就是可变的连结点，主要有国籍、住所、居所、动产所在地等。

冲突规范的一些系属在长期的实践过程中逐渐固定化起来，形成系属公式。最常见的系属公式有属人法、物之所在地法、行为地法、当事人合意选择的法律、法院地法、旗国法、最密切联系地法等。

（3）"关联词"。"关联词"是指从语法结构上把"范围"和"系属"联系起来的词。例如

"适用""依据"等。

(4) 相关图示。冲突规范 = 范围 + 系属(包含连结点——动态、静态连结点的区分及其意义),见下图:

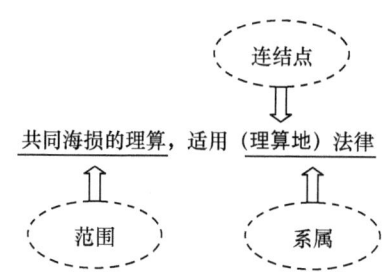

4. 冲突规范的类型

冲突规范一般分为单边冲突规范、双边冲突规范、重叠适用的冲突规范和选择适用的冲突规范。

(1) 单边冲突规范,是指直接规定适用某一特定国家法律的冲突规范。它既可以明确规定适用内国法,也可以直接规定只适用某一特定的外国法。例如"在中华人民共和国境内履行的中外合资经营企业合同、中外合作经营企业合同、中外合作勘探开发自然资源合同,适用中国法律"。

(2) 双边冲突规范,是指冲突规范的系属并不直接规定适用内国法还是外国法,而只是规定一个可推定的系属,再根据这个系属并结合民商事法律关系的具体情况去推定应适用某法律的冲突规范。例如"不动产的所有权,适用不动产所在地法律"。

(3) 重叠适用的冲突规范,是指其有两个或两个以上的系属,并且依据这些系属所确定的法律应同时适用于某种民商事法律关系的冲突规范。例如"离婚的理由应适用夫妻本国法及法院地法"。

(4) 选择适用的冲突规范,是指其有两个或两个以上,但只选择其中之一来调整民商事法律关系的冲突规范。由于允许选择的方式和条件的不同,这种规范又可以分为两类:

① 无条件选择适用的冲突规范。在此种规范中,各系属所提供的可供选择的法律具有同等地位,并无优先秩序之分,受理案件的法院可以自由地选择其中一种法律予以适用。例如"法律行为的方式适用行为完成地的法律,也可以适用调整行为效力的法律"即是。

② 有条件选择适用的冲突规范。在此种规范中,各系属所提供的可供选择的法律具有优先次序之分,受理案件的法院应先适用某种法律,只有在符合特定条件的情况下才可以适用其中另一种法律。例如,根据《民法通则》第145条的规定,涉外合同的当事人可以选择处理合同争议所适用的法律,法律另有规定的除外;涉外合同的当事人没有选择的,适用与合同有最密切联系的国家的法律。

## 二、例题

《涉外民事关系法律适用法》规定:结婚条件,适用当事人共同经常居所地法律;没有共同经常居所地的,适用共同国籍国法律;没有共同国籍,在一方当事人经常居所地或者国籍国缔结婚姻的,适用婚姻缔结地法律。该规定属于下列哪一种冲突规范?(2007年真题,单选)

A. 单边冲突规范  B. 重叠适用的冲突规范
C. 无条件选择适用的冲突规范  D. 有条件选择适用的冲突规范

[释疑] 单边冲突规范是指系属直接指向应适用内国法或只适用外国法的法律适用规范。重叠性冲突规范是指对某些涉外民事法律关系的调整在系属中规定必须同时适用两个或两个以上国家的法律适用规范。选择性冲突规范是指它的系属指向两个或两个以上可以适用的法律,仅选择其中一个加以适用的法律适用规范。依据选择适用是否有条件,又可分为有条件的选择性冲突规范和无条件的选择性冲突规范。有条件的选择性冲突规范是指对系属中指出的几种法律进行选择时有顺序之别,选择适用后一法律必须以前一法律不能适用为前提的法律适用规范。无条件的选择性冲突规范是指对系属中指出的几种法律进行选择时没有主次之分,法院、仲裁机构或有关当事人可以任选其中一个法律而适用。本题关于结婚条件法律适用的冲突规范中,有几种法律均有适用的可能,但存在优先顺序,故属于有条件的选择性冲突规范,D 选项正确。(答案:D)

### 三、提示与预测

冲突规范的类型一度是常考的考点,但该考点相对简单,考生应理解四种冲突规范各自的特征,注意区分其不同即可。

## 考点 2 准据法

### 一、精讲

1. 准据法的概念与特点

准据法是指经冲突规范指定援用来具体确定民商事法律关系当事人权利义务的特定实体法。作为国际私法上的特殊法律范畴,准据法具有以下特点:

(1) 准据法必须是通过冲突规范所援引的法律,未经冲突规范的指定而直接适用于涉外民商事法律关系的法律,无论是国际统一实体私法规范还是国内法中的实体私法规范,都不能称作准据法。

(2) 准据法是能够具体确定国际民商事法律关系当事人的权利义务关系的实体法,虽经冲突规范的指定,但不能用来直接确定当事人权利义务的法律,如在采用冲突法的反致、转致等特殊制度时,内国冲突规范所援用的外国冲突规范就不是准据法。

(3) 准据法一般是依据冲突规范中的系属并结合有关国际民商事案件的具体情况来确定。

2. 区际法律冲突与准据法的确定

一个国家内部不同地区的法律制度之间的冲突,为区际法律冲突。

我国《涉外民事关系法律适用法》第 6 条规定:涉外民事关系适用外国法律,该国不同区域实施不同法律的,适用与该涉外民事关系有最密切联系区域的法律。

### 二、例题

1. 中国某法院受理一涉外民事案件后,依案情确定应当适用甲国法。但在查找甲国法时

发现甲国不同州实施不同的法律。关于本案,法院应当采取下列哪一做法?(2011 年真题,单选)

　　A. 根据意思自治原则,由当事人协议决定适用甲国哪个州的法律
　　B. 直接适用甲国与该涉外民事关系有最密切联系的州的法律
　　C. 首先适用甲国区际冲突法确定准据法,如甲国没有区际冲突法,适用中国法律
　　D. 首先适用甲国区际冲突法确定准据法,如甲国没有区际冲突法,适用与案件有最密切联系的州的法律

　　[释疑]　依据《涉外民事关系法律适用法》第6条的规定,显然应选 B 选项。应注意,我国《民通意见》第192条规定:依法应当适用的外国法律,如果该外国不同地区实施不同的法律的,依据该国法律关于调整国内法律冲突的规定,确定应适用的法律。该国法律未作规定的,直接适用与该民事关系有最密切联系的地区的法律。这一规定由于与《涉外民事关系法律适用法》第6条的规定有冲突而归于无效。(答案:B)

　　2. 关于冲突规范和准据法,下列哪一判断是错误的?(2010 年真题,单选)
　　A. 冲突规范与实体规范相似
　　B. 当事人的属人法包括当事人的本国法和住所地法
　　C. 当事人的本国法指的是当事人国籍所属国的法律
　　D. 准据法是经冲突规范指引、能够具体确定国际民事法律关系当事人权利义务的实体法

　　[释疑]　冲突规范是指明某种国际民商事法律关系应适用何种法律的规范,属于间接规范,实体规范直接确定当事人的权利和义务,属于直接规范,二者不同,故 A 选项错误。属人法在大陆法系的一些国家或地区是指本国或地区法,即当事人的所属国法,在英美法系一些国家是指住所地法,故 B、C 选项正确。D 选项关于准据法的界定正确。(答案:A)

### 三、提示与预测

　　准据法的特征和确定是本节中另一个重要内容,考生应准确记忆,并着重掌握区际冲突的解决。应注意准据法是一个法律范畴,并非法律规范中独立的一种。准据法不属于冲突规范的范畴,而是实体法律。实体法律只要经过冲突规范的指引,并能确定当事人之间的具体权利义务关系都可成为准据法。国内实体私法与国际统一实体私法都可成为准据法,只要其经过特定冲突规范的援引。

# 第四章　适用冲突规范的制度

**本章知识体系:**

适用冲突规范的制度
- 识别
- 反致
- 外国法的查明
- 公共秩序保留
- 法律规避

# 考点 1  识别

## 一、精讲

1. 识别的定义

识别又称定性或归类,是指在适用冲突规范时,依照某一法律观念对有关的事实或问题进行分析,将其归入一定的法律范畴,并对有关的冲突规范的范围或对象进行解释,从而确定何种冲突规范适用何种事实或问题的过程。

二级识别是指在准据法确定之后,依准据法再次进行识别。

2. 识别的依据

在国际私法的理论和实践中,对依据什么法律进行识别的问题,主要有如下几种不同的主张:

(1) 依法院地法识别说;
(2) 依准据法识别说;
(3) 分析法学与比较法说;
(4) 个案识别说;
(5) 二级识别说。

一国法院在处理国际民商事案件时,一方面,应该依据法院地法对有关的事实或问题进行识别,对自己的冲突规范加以解释;另一方面,必要时也应该适当考虑依据与有关案件有最密切联系的法律进行识别。

我国《涉外民事关系法律适用法》第 8 条规定:涉外民事关系的定性,适用法院地法律。

最高人民法院《关于适用〈中华人民共和国涉外民事关系法律适用法〉若干问题的解释(一)》第 13 条规定:"案件涉及两个或者两个以上的涉外民事关系时,人民法院应当分别确定应当适用的法律。"

## 二、提示与预测

识别是处理涉外民商事纠纷的前提,应掌握识别的依据一般为法院地法。

# 考点 2  先决问题

## 一、精讲

先决问题又称附带问题,是指在国际私法中有的争诉问题的解决,以首先解决另一个问题为条件。

最高人民法院《关于适用〈中华人民共和国涉外民事关系法律适用法〉若干问题的解释(一)》第 12 条规定:"涉外民事争议的解决须以另一涉外民事关系的确认为前提时,人民法院应当根据该先决问题自身的性质确定其应当适用的法律。"

## 二、提示与预测

先决问题属于近几年的次新考点,应掌握其概念及上述相关法条的规定。

## 考点 3 反致

### 一、精讲

1. 反致的类型

一般讲的反致是广义的反致,是一个总括性概念,包括直接反致、转致、间接反致、包含直接反致的转致、完全反致。

(1) 直接反致,即狭义的反致,是指对某一案件,法院按照自己的冲突规范本应适用外国法,而该外国法的冲突规范却指定此种法律关系应适用法院地法,于是该法院最终适用了法院地法。

(2) 转致又称"二级反致",是指对某一案件,甲国或甲地区法院根据本国或本地区的冲突规范指定应适用乙国或乙地区的法律,而乙国或乙地区的冲突规范指定应适用丙国或丙地区的法律,结果甲国或甲地区的法院适用了丙国或丙地区的法律。

(3) 间接反致是指对某一案件,甲国或甲地区的法院根据本国或本地区的冲突规范指定应适用乙国或乙地区的法律,但依乙国或乙地区的冲突规范的指定应适用丙国或丙地区的法律,而依丙国或丙地区的冲突规范的指定却应适用甲国或甲地区的法律,结果甲国或甲地区的法院适用了自己的实体法。

(4) 包含直接反致的转致,是指对某一案件,甲国或甲地区法院根据本国或本地区的冲突规范指定应适用乙国或乙地区的法律,而乙国或乙地区的冲突规范指定应适用丙国或丙地区的法律,但丙国或丙地区的冲突规范反向指定应适用乙国或乙地区的法律,最后甲国或甲地区的法院适用乙国或乙地区的实体法律处理了案件。

(5) 完全反致又称双重反致,是指英国法院的法官在处理某一案件时,如果依英国法而应适用某外国法,则应假定将自己置身于该外国法律体系,像该外国法官依据自己的法律裁断案件一样,再依该外国对反致所持的立场,决定最终应适用的法律。

2. 反致产生的原因

反致问题的产生必须具备如下三个条件:

(1) 不同国家或不同地区的冲突规范对同一民商事法律关系或民商事法律问题的法律适用作出了不同的规定或不同的解释。

(2) 审理案件的法院将本国或本地区的冲突规范所指定的外国法或外域法视为包括冲突规范在内的全部法律。

(3) 法院地法律接受反致制度。

归根结底,反致是冲突规范的冲突的一种表现形式。

3. 我国的相关规定

我国《涉外民事关系法律适用法》第 9 条规定:涉外民事关系适用的外国法律,不包括该国的法律适用法。

显然,根据上述规定,既然依冲突规范直接确定应适用的外国实体法,就没有反致产生的可能性了,因此这一规定意味着我国排除反致制度。

### 二、提示与预测

反致属于高频考点,应能够区分直接反致、间接反致、转致及我国对反致的态度。

## 考点 4　外国法的查明

### 一、精讲

（一）外国法的查明方法和无法查明外国法的解决办法

外国法的查明是指一国法院根据本国冲突规范指定应适用外国法时,如何查明该外国法的存在和内容。

1. 实践中各国一般用以查明外国法的方法
（1）当事人举证证明。
（2）法官依职权查明,无须当事人举证。
（3）法官依职权查明,但当事人亦负有协助的义务。

2. 实践中各国在无法查明外国法的情况下的解决办法

如无法查明该外国法,通常采取以下解决办法:以内国法取而代之、驳回当事人的诉讼请求或抗辩、适用同本应适用的外国法相近似或类似的法律、适用一般法理。

根据《民通意见》第193条的规定,对于应当适用的外国法律,……通过以上途径仍不能查明的,适用中华人民共和国法律。

（二）外国法的错误适用

可能发生的外国法的错误适用有两种情况:

（1）适用内国冲突规范的错误,指法官在适用内国冲突规范进行法律选择时,本应适用某一外国法,却适用了另一外国或内国法,或者本应适用内国法,却适用外国法而发生的错误。对于这种错误,一般认为和违反内国其他法律具有相同的性质,允许当事人依法上诉,以便纠正错误。

（2）适用外国法本身的错误,指法官在依内国冲突规范适用某一外国法时,对该外国法的内容作了错误的解释,或者本应适用该外国法的甲法而适用了该外国法的乙法,并据此作出错误判决的情形。对于这种外国法的错误适用,有不允许当事人上诉和允许上诉两种不同的主张。

我国《民事诉讼法》规定,民事案件实行两审终审制,无法律审与事实审的区别。根据"有错必纠"的原则,对我国法院在审理国际民商事案件时发生的适用外国法的错误,无论是适用内国冲突规范的错误,还是适用外国法本身的错误,当事人均可对之提起上诉。

（三）我国关于外国法的查明的规定

| | |
|---|---|
| （1）查明的主体 | 《涉外民事关系法律适用法》第10条规定:"涉外民事关系适用的外国法律,由人民法院、仲裁机构或者行政机关查明。当事人选择适用外国法律的,应当提供该国法律。不能查明外国法律或者该法律没有规定的,适用中华人民共和国法律。" |
| （2）查明的途径 | 《民通意见》第193条规定:对于应当适用的外国法律,可通过下列途径查明:① 由当事人提供;② 由与我国订立司法协助协定的缔约对方的中央机关提供;③ 由我国驻该国使领馆提供;④ 由该国驻我国使馆提供;⑤ 由中外法律专家提供。通过以上途径仍不能查明的,适用中华人民共和国法律。 |

| | (续表) |
|---|---|
| (3)"不能查明"的认定标准 | 最高人民法院《关于适用〈中华人民共和国涉外民事关系法律适用法〉若干问题的解释(一)》第17条规定:人民法院通过由当事人提供、已对中华人民共和国生效的国际条约规定的途径、中外法律专家提供等合理途径仍不能获得外国法律的,可以认定为不能查明外国法律。根据《涉外民事关系法律适用法》第10条第1款的规定,当事人应当提供外国法律,其在人民法院指定的合理期限内无正当理由未提供该外国法律的,可以认定为不能查明外国法律。 |
| (4)外国法的理解与适用 | 最高人民法院《关于适用〈中华人民共和国涉外民事关系法律适用法〉若干问题的解释(一)》第18条规定:人民法院应当听取各方当事人对应当适用的外国法律的内容及其理解与适用的意见,当事人对该外国法律的内容及其理解与适用均无异议的,人民法院可予以确认;当事人有异议的,由人民法院审查认定。 |
| (5)适用外国法的错误 | 对我国法院在审理国际民商事案件时发生的适用外国法的错误,无论是适用内国冲突规范的错误,还是适用外国法本身的错误,当事人均可对之提起上诉。 |

## 二、例题

1. 根据《涉外民事关系法律适用法》和司法解释,关于外国法律的查明问题,下列哪一表述是正确的?(2013年真题,单选)

A. 行政机关无查明外国法律的义务

B. 查明过程中,法院应当听取各方当事人对应当适用的外国法律的内容及其理解与适用的意见

C. 无法通过中外法律专家提供的方式获得外国法律的,法院应认定为不能查明

D. 不能查明的,应视为相关当事人的诉讼请求无法律依据

[释疑] 根据最高人民法院《关于适用〈中华人民共和国涉外民事关系法律适用法〉若干问题的解释(一)》第17条、第18条的规定,B选项正确。(答案:B)

2. 在某涉外合同纠纷案件审判中,中国法院确定应当适用甲国法律。关于甲国法的查明和适用,下列哪一说法是正确的?(2011年真题,单选)

A. 当事人选择适用甲国法律的,法院应当协助当事人查明该国法律

B. 该案适用的甲国法包括该国的法律适用法

C. 不能查明甲国法的,适用中华人民共和国法律

D. 不能查明甲国法的,驳回当事人的诉讼请求

[释疑] 我国《涉外民事关系法律适用法》第10条规定,涉外民事关系适用的外国法律,由人民法院、仲裁机构或者行政机关查明。当事人选择适用外国法律的,应当提供该国法律。不能查明外国法律或者该法律没有规定的,适用中华人民共和国法律。对于应当适用的外国法律,可通过下列途径查明:①由当事人提供;②由与我国订立司法协助协定的缔约对方的中央机关提供;③由我国驻该国使领馆提供;④由该国驻我国使馆提供;⑤由中外法律专家提供。通过以上途径仍不能查明的,适用中华人民共和国法律。故C选项正确。(答案:C)

### 三、提示与预测

外国法查明这一考点在真题中经常出现,应注意《民通意见》第 193 条规定了外国法查明的五种方法,但这五种方法的采用并无优先顺序,可以在审判实践中选择任意一种。

## 考点 5　公共秩序保留与"直接适用的法"

### 一、精讲

1. 公共秩序保留的概念及其实践

公共秩序又称为公共政策,是指关系一国的国家和社会的重大利益或法律和道德的基本原则。通常在一国依内国冲突规范的指定应对某一国际民商事法律关系适用外国法时,如其适用将与自己的公共秩序相抵触,便可排除该外国法的适用。此外,凡基于公共秩序,认为自己的某些法律是具有直接适用于国际民商事法律关系的效力的,也可以排除外国法的适用。

应注意各国在立法中对公共秩序保留这一制度的表述可能并不完全相同,例如"公共政策"或"社会公共利益"等。

2. 我国关于公共秩序制度的规定

我国《民法通则》第 150 条规定:"依照本章规定适用外国法律或者国际惯例的,不得违背中华人民共和国的社会公共利益。"

《涉外民事关系法律适用法》第 5 条规定:"外国法律的适用将损害中华人民共和国社会公共利益的,适用中华人民共和国法律。"

3. 公共秩序保留与"直接适用的法"

公共秩序保留与"直接适用的法"既有联系,又有区别。二者都与维护国家重大利益相关。但另一方面,二者又有区别。"直接适用的法"不同于公共秩序保留之处在于,在法律适用领域,公共秩序保留发生在某一涉外民事关系根据法院地冲突规范的指引应受某一外国法支配,但该外国法的适用将违背法院地公序良俗,从而排除该外国法的适用,转而适用法院地法的情形,而"直接适用的法"抛开法院地冲突规范的指引,直接适用于涉外民事关系。

我国《涉外民事关系法律适用法》第 4 条规定:"中华人民共和国法律对涉外民事关系有强制性规定的,直接适用该强制性规定。"

最高人民法院《关于适用〈中华人民共和国涉外民事关系法律适用法〉若干问题的解释(一)》第 10 条规定:"有下列情形之一,涉及中华人民共和国社会公共利益、当事人不能通过约定排除适用、无需通过冲突规范指引而直接适用于涉外民事关系的法律、行政法规的规定,人民法院应当认定为涉外民事关系法律适用法第四条规定的强制性规定:(一)涉及劳动者权益保护的;(二)涉及食品或公共卫生安全的;(三)涉及环境安全的;(四)涉及外汇管制等金融安全的;(五)涉及反垄断、反倾销的;(六)应当认定为强制性规定的其他情形。"

### 二、例题

1. 沙特某公司在华招聘一名中国籍雇员张某。为规避中国法律关于劳动者权益保护的强制性规定,劳动合同约定排他性地适用菲律宾法。后因劳动合同产生纠纷,张某向中国法院提起诉讼。关于该劳动合同的法律适用,下列哪一选项是正确的?(2015 年真题,单选)

A. 适用沙特法
B. 因涉及劳动者权益保护,直接适用中国的强制性规定
C. 在沙特法、中国法与菲律宾法中选择适用对张某最有利的法律
D. 适用菲律宾法

[释疑] 最高人民法院《关于适用〈中华人民共和国涉外民事关系法律适用法〉若干问题的解释(一)》第10条规定:"有下列情形之一,涉及中华人民共和国社会公共利益、当事人不能通过约定排除适用、无需通过冲突规范指引而直接适用于涉外民事关系的法律、行政法规的规定,人民法院应当认定为涉外民事关系法律适用法第四条规定的强制性规定:(一) 涉及劳动者权益保护的;(二) 涉及食品或公共卫生安全的;(三) 涉及环境安全的;(四) 涉及外汇管制等金融安全的;(五) 涉及反垄断、反倾销的;(六) 应当认定为强制性规定的其他情形。"故 B 选项正确,其他选项错误。(答案:B)

2. 根据我国法律和司法解释,关于涉外民事关系适用的外国法律,下列说法正确的是:(2014年真题,不定选)
A. 不能查明外国法律,适用中国法律
B. 如果中国法有强制性规定,直接适用该强制性规定
C. 外国法律的适用将损害中方当事人利益的,适用中国法
D. 外国法包括该国法律适用法

[释疑] 根据《涉外民事关系法律适用法》的规定,外国法不能查明的,适用中国法,故 A 选项正确。中国法的强制性规定,应予直接适用,故 B 选项正确。外国法的适用将损害中国社会公共利益(而非中方当事人的利益)的,则不予适用,故 C 选项错误。依法应当适用的外国法,不包括其法律适用法,故 D 选项错误。(答案:AB)

3. 中国甲公司与德国乙公司进行一项商事交易,约定适用英国法律。后双方发生争议,甲公司在中国法院提起诉讼。关于该案的法律适用问题,下列哪一选项是错误的?(2013年真题,单选)
A. 如案件涉及食品安全问题,该问题应适用中国法
B. 如案件涉及外汇管制问题,该问题应适用中国法
C. 应直接适用的法律限于民事性质的实体法
D. 法院在确定应当直接适用的中国法律时,无需再通过冲突规范的指引

[释疑] 根据最高人民法院《关于适用〈中华人民共和国涉外民事关系法律适用法〉若干问题的解释(一)》第10条的规定,食品安全、外汇管制(金融安全)、环境安全等方面的法律规定均属于"直接适用的法",故 A、B 选项表述本身正确。直接适用的法既包括涉外民事关系的法律,也包括行政法规的规定,故 C 选项表述错误。对于"直接适用的法",当事人不能通过约定排除适用、无需通过冲突规范指引而直接适用,故 D 选项表述正确。(答案:C)

4. 世界各国都将公共秩序保留作为捍卫本国根本利益的一项重要法律制度。关于这一制度,下列哪项判断是错误的?(2006年真题,单选)
A. 我国的公共秩序保留制度仅在适用外国法律违反我国社会公共利益的情况下才可以适用,其结果为排除相关外国法律的适用
B. 在英美普通法系国家中,"公共秩序"的概念一般表述为"公共政策"
C. 公共秩序保留制度已经为国际条约所规定

D. 我国法律中常常采用"社会公共利益"来表述"公共秩序"的概念

[释疑] 我国除规定适用外国法律或者国际惯例不能违背我国的社会公共利益外,在承认和执行外国法院或外国仲裁裁决方面,也以该判决或仲裁裁决不违反我国的社会公共利益为前提之一。例如,《民事诉讼法》第274条规定,对中华人民共和国涉外仲裁机构作出的裁决,被申请人提出证据证明仲裁裁决有下列情形之一的,经人民法院组成合议庭审查核实,裁定不予执行……人民法院认定执行该裁决违背社会公共利益的,裁定不予执行。第282条也规定:"人民法院对申请或者请求承认和执行的外国法院作出的发生法律效力的判决、裁定,依照中华人民共和国缔结或者参加的国际条约,或者按照互惠原则进行审查后,认为不违反中华人民共和国法律的基本原则或者国家主权、安全、社会公共利益的,裁定承认其效力,需要执行的,发出执行令,依照本法的有关规定执行。违反中华人民共和国法律的基本原则或者国家主权、安全、社会公共利益的,不予承认和执行。"因此,A选项错误。在英美法系国家中,"公共秩序"的概念一般表述为"公共政策",目前,公共秩序保留制度已经可以见诸许多国际条约的规定。我国《民法通则》第150条作为一条通则性的公共秩序条款,没有使用"公共秩序"这样的措辞,而是规定"依照本章规定适用外国法律或者国际惯例的,不得违背中华人民共和国的社会公共利益"。因此,B、C、D选项本身正确,故答案应为A选项。(答案:A)

### 三、提示与预测

公共秩序保留制度是冲突法的基本制度之一,它不仅可能在适用外国法的场合被援用,在决定是否承认外国的司法判决和仲裁裁决时也可能被援用。我国《民法通则》第150条所针对的,不仅包括依我国冲突规范本应适用但却违背我国社会公共利益的外国法律,而且还包括那些违背我国社会公共利益的国际惯例。

## 考点 6 法律规避

### 一、精讲

1. 法律规避的概念与效力

法律规避是指国际民商事法律关系的当事人故意制造某种连结点,以避开本应适用的对其不利的法律,从而使对自己有利的法律得以适用的一种行为。一般来说,在实践中,大多数国家都认为法律规避是非法的,不承认其效力。

法律规避包括以下构成要件:
(1) 主观条件:直接故意;
(2) 规避对象:当事人本应适用的法律;
(3) 行为方式:通过改变连结点来实现;
(4) 客观结果:规避行为已经完成。

连结点有静态的连结点和动态的连结点之分。静态的连结点是固定不变的连结点,主要是指不动产所在地以及过去行为或事件的连结点,如婚姻举行地、合同缔结地、侵权发生地等。静态连结点是不可能经由当事人的行为而发生改变的。通过改变连结点而达到规避法律的目的,改变的是动态连结点。动态的连结点就是可变的连结点,主要有国籍、住所、居所、动产所在地等。因为有动态连结点的存在,当事人即可利用冲突规范的漏洞,达到规避法律的目的,这实际上即是当事人滥用冲突规范的表现。

2. 中国关于法律规避的规定

我国《民通意见》第 194 条规定："当事人规避我国强制性或者禁止性法律规范的行为,不发生适用外国法律的效力。"

《涉外民事关系法律适用法》第 4 条规定："中华人民共和国法律对涉外民事关系有强制性规定的,直接适用该强制性规定。"

从上述规定可以看出,我国在司法实践中主张,法律规避是指规避我国的强制性或禁止性的法律,而非任何法律;而且,当事人规避我国的强制性或禁止性的法律的行为无效,不发生适用外国法的效力。至于对规避外国法律的行为如何处理的问题,我国法律尚无明确的规定。

## 二、提示与预测

应注意我国禁止当事人规避的是我国的禁止性或强制性法律,不包括任意法或外国法。

# 第五章 国际民商事法律适用

**本章知识体系:**

国际民商事法律适用
- 法律适用的一般原则
- 权利能力和行为能力的法律适用
- 涉外诉讼时效的法律适用
- 涉外物权的法律适用
- 涉外债权的法律适用
- 涉外知识产权的法律适用
- 涉外商事关系的法律适用
  - 涉外票据关系的法律适用
  - 涉外海事关系的法律适用
  - 涉外民航关系的法律适用
  - 涉外代理和信托的法律适用
- 婚姻、家庭的法律适用
  - 涉外结婚的法律适用
  - 涉外离婚的法律适用
  - 夫妻关系的法律适用
  - 涉外父母子女关系的法律适用
  - 涉外收养关系的法律适用
  - 涉外监护关系的法律适用
  - 涉外扶养关系的法律适用
  - 涉外继承关系的法律适用

## 考点 1  法律适用的一般原则

### 一、精讲

1. 《涉外民事关系法律适用法》有关法律适用的一般原则

2010年10月28日,第十一届全国人大常委会第十七次会议通过了《涉外民事关系法律适用法》,自2011年4月1日起施行。《涉外民事关系法律适用法》共计八章52条,该法就民事主体、婚姻家庭、继承、物权、债权和知识产权等涉外民事关系的法律适用作了全面、系统的规定,第一次将冲突规则集中规定在同一部单行法律中。该法一方面弥补了我国原来立法在不少法律适用问题上的漏洞,另一方面也体现出了一些新的特点,例如,将经常居所作为主要连结点,注重法律适用的灵活性,重视保护弱者的利益等。《涉外民事关系法律适用法》在法律适用方面的规定主要体现出以下几个原则:

(1) 意思自治原则。《涉外民事关系法律适用法》允许当事人意思自治的范围比以前有所扩展,例如明确规定在侵权行为、动产物权、夫妻财产关系等方面允许当事人意思自治等。

根据《涉外民事关系法律适用法》及其司法解释,涉及意思自治原则的有关规定主要内容如下:

① 选择的方式。《涉外民事关系法律适用法》第3条规定:"当事人依照法律规定可以明示选择涉外民事关系适用的法律。"

② 我国禁止当事人选择适用法律的情形。最高人民法院《关于适用〈中华人民共和国涉外民事关系法律适用法〉若干问题的解释(一)》第6条规定:"中华人民共和国法律没有明确规定当事人可以选择涉外民事关系适用的法律,当事人选择适用法律的,人民法院应认定该选择无效。"

③ 可以选择的法律之范围——无须实际联系,允许选择尚未对我国生效的条约。最高人民法院《关于适用〈中华人民共和国涉外民事关系法律适用法〉若干问题的解释(一)》第7条规定:"一方当事人以双方协议选择的法律与系争的涉外民事关系没有实际联系为由主张选择无效的,人民法院不予支持。"第9条规定:"当事人在合同中援引尚未对中华人民共和国生效的国际条约的,人民法院可以根据该国际条约的内容确定当事人之间的权利义务,但违反中华人民共和国社会公共利益或中华人民共和国法律、行政法规强制性规定的除外。"

④ 作出选择的时间限制。最高人民法院《关于适用〈中华人民共和国涉外民事关系法律适用法〉若干问题的解释(一)》第8条规定:"当事人在一审法庭辩论终结前协议选择或者变更选择适用的法律的,人民法院应予准许。各方当事人援引相同国家的法律且未提出法律适用异议的,人民法院可以认定当事人已经就涉外民事关系适用的法律做出了选择。"

(2) 最密切联系原则。值得注意的是,《涉外民事关系法律适用法》对该法与其他法律的关系作了规定,并将"最密切联系原则"作为一般性的补充原则。该法第2条规定:"涉外民事关系适用的法律,依照本法确定。其他法律对涉外民事关系法律适用另有特别规定的,依照其规定。本法和其他法律对涉外民事关系法律适用没有规定的,适用与该涉外民事关系有最密切联系的法律。"

(3) 保护弱者的利益原则。在涉外监护、涉外抚养和涉外父母子女关系等方面,《涉外民事关系法律适用法》都明确规定,应适用有利于保护弱者权益的法律。

2. 涉台法律适用的有关规定

最高人民法院《关于审理涉台民商事案件法律适用问题的规定》(2010年4月26日最高人民法院审判委员会第1486次会议通过)的主要内容：

(1)人民法院审理涉台民商事案件,应当适用法律和司法解释的有关规定。根据法律和司法解释中选择适用法律的规则,确定适用台湾地区民事法律的,人民法院予以适用。

(2)台湾地区当事人在人民法院参与民事诉讼,与大陆当事人有同等的诉讼权利和义务,其合法权益受法律平等保护。

(3)根据本规定确定适用有关法律违反国家法律的基本原则或者社会公共利益的,不予适用。

## 二、例题

1. 在某合同纠纷中,中国当事方与甲国当事方协议选择适用乙国法,并诉至中国法院。关于该合同纠纷,下列哪些选项是正确的?(2015年真题,多选)

A. 当事人选择的乙国法,仅指该国的实体法,既不包括其冲突法,也不包括其程序法

B. 如乙国不同州实施不同的法律,人民法院应适用该国首都所在地的法律

C. 在庭审中,中国当事人以乙国与该纠纷无实际联系为由主张法律选择无效,人民法院不应支持

D. 当事人在一审法庭辩论即将结束时决定将选择的法律变更为甲国法,人民法院不应支持

[释疑] 《涉外民事关系法律适用法》第9条规定:"涉外民事关系适用的外国法律,不包括该国的法律适用法。"而作为国际惯例,法院地国一般不会适用外国的程序法,故A选项正确。《涉外民事关系法律适用法》第6条规定:"涉外民事关系适用外国法律,该国不同区域实施不同法律的,适用与该涉外民事关系有最密切联系区域的法律。"故B选项错误。《关于适用〈中华人民共和国涉外民事关系法律适用法〉若干问题的解释(一)》第7条规定:"一方当事人以双方协议选择的法律与系争的涉外民事关系没有实际联系为由主张选择无效的,人民法院不予支持。"故C选项正确。第8条第1款规定:"当事人在一审法庭辩论终结前协议选择或者变更选择适用的法律的,人民法院应予准许。"故D选项错误。(答案:AC)

2. 根据我国有关法律规定,关于涉外民事关系的法律适用,下列哪些领域采用当事人意思自治原则?(2011年真题,多选)

A. 合同  
B. 侵权  
C. 不动产物权  
D. 诉讼离婚

[释疑] 《涉外民事关系法律适用法》第41条规定:当事人可以协议选择合同适用的法律。当事人没有选择的,适用履行义务最能体现该合同特征的一方当事人经常居所地法律或者其他与该合同有最密切联系的法律。A选项正确。第44条规定:侵权责任,适用侵权行为地法律,但当事人有共同经常居所地的,适用共同经常居所地法律。侵权行为发生后,当事人协议选择适用法律的,按照其协议。B选项正确。第36条规定:不动产物权,适用不动产所在地法律。C选项错误。第27条规定:诉讼离婚,适用法院地法律。D选项错误。(答案:AB)

### 三、提示与预测

对于《涉外民事关系法律适用法》有关原则的把握,有利于在学习有关具体法条时做好归纳总结。真题中有时也会考查例如哪些领域允许当事人意思自治之类的问题(例如上述 2011 年真题)。

## 考点 2　权利能力和行为能力、时效、代理和信托

### 一、精讲

(一) 自然人的权利能力和行为能力的法律适用

1. 自然人权利能力的法律适用

(1) 对自然人权利能力的法律适用,国际上一般有三种做法:① 适用有关法律关系的准据法;② 适用法院地法;③ 适用当事人的属人法。

(2) 多数国家采取适用当事人的属人法做法,但由于各国对属人法的理解不同,具体做法有三种:① 大陆法系国家适用当事人的国籍国法或本国法;② 普通法系国家适用当事人的住所地法;③ 有一些国家对在内国的外国人适用其住所地法,对在外国的本国人适用其本国法。

2. 自然人行为能力的法律适用

国际上关于自然人行为能力的法律适用的通行做法是原则上适用当事人的属人法,但有两个例外或限制:一是处理不动产的当事人的行为能力适用不动产所在地法;二是有关商务活动的当事人的行为能力可以适用行为地法,即只要其属人法或行为地法认为自然人有行为能力,就应认为其有行为能力。

3. 我国有关自然人权利能力和行为能力的法律适用的相关规定

我国《涉外民事关系法律适用法》第 11 条规定:自然人的民事权利能力,适用经常居所地法律。

《涉外民事关系法律适用法》第 12 条第 1 款规定:自然人的民事行为能力,适用经常居所地法律。

4. 宣告失踪、宣告死亡及人格权的法律适用

我国《民法通则》规定,公民死亡是公民民事权利能力终止的法定事由。公民死亡的方式有自然死亡和宣告死亡两种。宣告死亡导致公民民事权利能力终止;而宣告失踪并不导致公民民事权利能力终止,仅发生财产方面的法律后果。不同国家对于宣告失踪或者宣告死亡规定了不同的前提条件。

我国《涉外民事关系法律适用法》第 13 条规定:宣告失踪或者宣告死亡,适用自然人经常居所地法律。

此外,关于人格权,一般是指作为一个人不能被剥夺的与生俱来的权利。我国《民法通则》所规定的人格权包括:生命权、健康权、姓名权(名称权)、肖像权、名誉权、荣誉权、婚姻自主权(所谓的配偶权)等。

我国《涉外民事关系法律适用法》第 15 条规定:人格权的内容,适用权利人经常居所地法律。

### (二) 法人权利能力和行为能力的法律适用

解决法人权利能力和行为能力的法律冲突问题,国际上的通行做法是适用法人的属人法,即法人的国籍所属国法或住所地法。但实际上,外国法人在内国活动,其在内国的权利能力、行为能力的范围,受到本国法和内国法的双重限制和制约,即一般要叠加适用其本国法和内国法。我国《民通意见》第184条第2款规定:外国法人在我国领域内进行的民事活动,必须符合我国的法律规定。

我国《涉外民事关系法律适用法》第14条规定:法人及其分支机构的民事权利能力、民事行为能力、组织机构、股东权利义务等事项,适用登记地法律。法人的主营业地与登记地不一致的,可以适用主营业地法律。法人的经常居所地,为其主营业地。

### (三) 时效的法律适用

我国《民通意见》第195条规定:涉外民事法律关系的诉讼时效,依冲突规范确定的民事法律关系的准据法确定。

我国《涉外民事关系法律适用法》第7条规定:诉讼时效,适用相关涉外民事关系应当适用的法律。

### (四) 代理

我国《涉外民事关系法律适用法》第16条规定:代理适用代理行为地法律,但被代理人与代理人的民事关系,适用代理关系发生地法律。当事人可以协议选择委托代理适用的法律。

### (五) 信托

信托是指委托人基于对受托人的信任,将其财产权委托给受托人,由受托人按委托人的意愿以自己的名义,为受益人的利益或者特定目的进行管理或者处分的行为。

我国《涉外民事关系法律适用法》第17条规定:当事人可以协议选择信托适用的法律。当事人没有选择的,适用信托财产所在地法律或者信托关系发生地法律。

## 二、例题

1. 经常居所同在上海的越南公民阮某与中国公民李某结伴乘新加坡籍客轮从新加坡到印度游玩。客轮在公海遇风暴沉没,两人失踪。现两人亲属在上海某法院起诉,请求宣告两人失踪。依中国法律规定,下列哪一选项是正确的?(2016年真题,单选)

A. 宣告两人失踪,均应适用中国法
B. 宣告阮某失踪,可适用中国法或越南法
C. 宣告李某失踪,可适用中国法或新加坡法
D. 宣告阮某与李某失踪,应分别适用越南法与中国法

[释疑] 本题考点为自然人宣告失踪的法律适用。《涉外民事关系法律适用法》第13条规定:"宣告失踪或者宣告死亡,适用自然人经常居所地法律。"本案中,两人的经常居所地均在上海,故均应适用中国法,只有A选项正确。(答案:A)

2. 韩国公民金某在新加坡注册成立一家公司,主营业地设在香港地区。依中国法律规定,下列哪些选项是正确的?(2016年真题,多选)

A. 该公司为新加坡籍
B. 该公司拥有韩国与新加坡双重国籍
C. 该公司的股东权利义务适用中国内地法

D. 该公司的民事权利能力与行为能力可适用香港地区法或新加坡法

[释疑] 本题考点为外国法人的国籍之确定及其能力的法律适用。《民通意见》184条规定,外国法人以其注册登记地国家的法律为其本国法,法人的民事行为能力依其本国法确定。本题中该公司在新加坡注册,故应为新加坡国籍,A选项正确,B选项错误。《涉外民事关系法律适用法》第14条规定:"法人及其分支机构的民事权利能力、民事行为能力、组织机构、股东权利义务等事项,适用登记地法律。法人的主营业地与登记地不一致的,可以适用主营业地法律。法人的经常居所地,为其主营业地。"本题中,该公司的登记地为新加坡,主营业地在中国香港地区,主营业地与登记地并不一致,故该公司的股东权利义务、民事权利能力、民事行为能力等事项,可以适用香港地区法律或者新加坡法,故C选项错误,D选项正确。(答案:AD)

3. 甲国公民琼斯的经常居住地在乙国,其在中国居留期间,因合同纠纷在中国法院参与民事诉讼。关于琼斯的民事能力的法律适用,下列哪一选项是正确的?(2012年真题,单选)

A. 民事权利能力适用甲国法
B. 民事权利能力适用中国法
C. 民事行为能力应重叠适用甲国法和中国法
D. 依照乙国法琼斯为无民事行为能力,依照中国法为有民事行为能力的,其民事行为能力适用中国法

[释疑] 自然人的民事行为能力适用其经常居所地法,自然人从事民事活动,依照经常居所地法律为无民事行为能力,依照行为地法律为有民事行为能力的,适用行为地法律,但涉及婚姻家庭、继承的除外,故应选D选项。(答案:D)

4. 甲国A公司和乙国B公司共同出资组建了C公司,C公司注册地和主营业地均在乙国,同时在甲国、乙国和中国设有分支机构,现涉及中国某项业务诉诸中国某法院。根据我国相关法律规定,该公司的民事行为能力应当适用哪国法律?(2011年真题,单选)

A. 甲国法　　　　　　　　　　　　B. 乙国法
C. 中国法　　　　　　　　　　　　D. 乙国法或者中国法

[释疑] 我国《涉外民事关系法律适用法》第14条规定:法人及其分支机构的民事权利能力、民事行为能力、组织机构、股东权利义务等事项,适用登记地法律。法人的主营业地与登记地不一致的,可以适用主营业地法律。法人的经常居所地,为其主营业地。本题中公司注册地和主营业地均在乙国,该公司的民事行为能力应当适用乙国法,故答案应为B选项。(答案:B)

5. 甲国人特里长期居于乙国,丙国人王某长期居于中国,两人在北京经营相互竞争的同种产品。特里不时在互联网上发布不利于王某的消息,王某在中国法院起诉特里侵犯其名誉权、肖像权和姓名权。关于该案的法律适用,根据我国相关法律规定,下列哪些选项是错误的?(2011年真题,多选)

A. 名誉权的内容应适用中国法律,因为权利人的经常居住地在中国
B. 肖像权的侵害适用甲国法律,因为侵权人是甲国人
C. 姓名权的侵害适用乙国法律,因为侵权人的经常居所地在乙国
D. 网络侵权应当适用丙国法律,因为被侵权人是丙国人

[释疑] 《涉外民事关系法律适用法》第15条规定:人格权的内容,适用权利人经常居所地法律。A选项表述本身正确。第46条规定:通过网络或者采用其他方式侵害姓名权、肖像

权、名誉权、隐私权等人格权的,使用被侵权人经常居所地法律。故 B、C、D 选项错误。(答案:BCD)

### 三、提示与预测

《民通意见》第 195 条关于诉讼时效法律适用的规定在司考中反复出现过,应重点把握。代理、信托的法律适用规定是新法增加的内容,也值得关注。

## 考点 3 物权

### 一、精讲

1. 物之所在地法原则

物之所在地法即物权关系客体物所在地的法律,它是目前国际私法上用来解决物权关系法律冲突的一项基本原则。对于物权关系的法律适用,一般将动产物权和不动产物权区分开来。不动产物权适用不动产所在地法是各国普遍采用、基本没有争议的规则;但关于动产物权,有的主张适用物之所在地法,有的主张适用当事人住所地法,有的主张适用行为地法,有的主张适用支配转让行为的自体法。

通常情况下,物之所在地法的适用范围及例外:

(1) 从有关实践来看,通常情况下物之所在地法适用于:① 动产与不动产的区分;② 决定物权客体的范围;③ 决定物权的种类和内容;④ 决定物权的取得、转移、变更和消灭的方式及条件;⑤ 决定物权的保护方法。

(2) 由于某些物的特殊性或处于特殊状态,物之所在地法的适用有如下例外:① 运送中的物品的物权关系一般适用送达地法或发送地法。② 船舶、飞行器等运输工具的物权关系一般适用登记注册地法或船旗国法。③ 外国法人终止或解散时,有关物权关系一般适用法人属人法。④ 遗产继承目前主要有单一制和区别制两种做法,采取单一制的国家有时根本不考虑遗产所在地法;采取区别制的国家对动产一般适用被继承人的属人法。

2. 我国关于物权关系法律适用的有关规定

(1) 不动产物权和动产物权

《涉外民事关系法律适用法》第 36 条规定:"不动产物权,适用不动产所在地法律。"

《涉外民事关系法律适用法》第 37 条规定:"当事人可以协议选择动产物权适用的法律。当事人没有选择的,适用法律事实发生时动产所在地法律。"

《涉外民事关系法律适用法》第 38 条规定:"当事人可以协议选择运输中动产物权发生变更适用的法律。当事人没有选择的,适用运输目的地法律。"

《民法通则》第 144 条规定:"不动产的所有权,适用不动产所在地法律。"

《民通意见》第 186 条规定:"土地、附着于土地的建筑物及其他定着物、建筑物的固定附属设备为不动产。不动产的所有权、买卖、租赁、抵押、使用等民事关系,均应适用不动产所在地法律。"

(2) 船舶物权

① 船舶所有权。《海商法》第 270 条规定:"船舶所有权的取得、转让和消灭,适用船旗国

法律。"

② 船舶抵押权。《海商法》第 271 条规定："船舶抵押权适用船旗国法律。船舶在光船租赁以前或者光船租赁期间,设立船舶抵押权的,适用原船舶登记国的法律。"

③ 船舶优先权。《海商法》第 272 条规定："船舶优先权,适用受理案件的法院所在地法律。"

(3) 民用航空器物权

① 航空器所有权。《民用航空法》第 185 条规定："民用航空器所有权的取得、转让和消灭,适用民用航空器国籍登记国法律。"

② 航空器抵押权。《民用航空法》第 186 条规定："民用航空器抵押权适用民用航空器国籍登记国法律。"

③ 航空器优先权。《民用航空法》第 187 条规定："民用航空器优先权适用受理案件的法院所在地法律。"

(4) 权利质权和有价证券

《涉外民事关系法律适用法》第 40 条规定:权利质权,适用质权设立地法律。

《涉外民事关系法律适用法》第 39 条规定:有价证券,适用有价证券权利实现地法律或者其他与该有价证券有最密切联系的法律。

## 二、例题

A 公司和 B 公司于 2011 年 5 月 20 日签订合同,由 A 公司将一批平板电脑售卖给 B 公司。A 公司和 B 公司营业地分别位于甲国和乙国,两国均为《联合国国际货物销售合同公约》缔约国。合同项下的货物由丙国 C 公司的"潇湘"号商船承运,装运港是甲国某港口,目的港是乙国某港口。在运输途中,B 公司与中国 D 公司就货物转卖达成协议。B 公司与 D 公司就运输途中平板电脑的所有权产生了争议,D 公司将争议诉诸中国某法院。根据我国有关法律适用的规定,关于平板电脑所有权的法律适用,下列选项正确的是:(2011 年真题,不定选)

A. 当事人有约定的,可以适用当事人选择的法律,也可以适用乙国法
B. 当事人有约定的,应当适用当事人选择的法律
C. 当事人没有约定的,应当适用甲国法
D. 当事人没有约定的,应当适用乙国法

[释疑] 根据《涉外民事关系法律适用法》第 38 条之规定,当事人可以协议选择运输中动产物权发生变更适用的法律。当事人没有选择的,适用运输目的地法律。故 B、C 选项正确。(答案:BC)

## 三、提示与预测

动产物权的法律适用是《涉外民事关系法律适用法》新增加的规定,值得关注。船舶物权的法律适用是司考的重点。船舶物权与航空器物权都是较为特殊的物权,在法律适用上也存在很多共性,应该类比记忆。船舶与民用航空器所有权的相关问题都适用其国籍国法律,抵押权也适用国籍国法律(船舶的光船租赁比较特殊,应特别记忆),优先权都适用受理案件的法院地法律。

## 考点 4 债权

### 一、精讲

（一）合同的法律适用的理论及我国的相关规定

合同的法律适用是指合同的法律选择或合同准据法的确定。

1. 确定合同准据法的两对基本概念

（1）单一论与分割论。单一论主张对于不同性质的合同应不分类型，统一确定其准据法，对于同一合同应就整个合同适用同一法律。分割论主张，对于不同性质的合同应适用不同的准据法，对于同一合同应就合同的不同方面适用不同的法律。

（2）主观论与客观论。主观论主张，合同当事人有权选择适用于合同的法律。客观论则主张，合同的准据法应根据合同与某一国家有最密切联系的客观标志来确定。

2. 确定合同准据法的通常方法

（1）当事人意思自治原则。

（2）最密切联系说。

（3）客观标志说。客观标志说即认为某一合同准据法应当是在客观上最适合支配该合同的法律，如合同签订地、合同履行地、当事人住所地、船旗国等。

（4）特征性履行方法。特征性履行方法是指涉外合同当事人未选择合同应适用的法律时，根据合同的特殊性质，基于"特征性履行行为"而确定合同准据法的理论。特征性履行又称为特征性给付，是指双务合同中代表合同本质特征的当事人履行合同的行为，如买卖合同中卖方交付货物的行为，即属特征性履行；而买方支付货款的行为属金钱给付，这种行为仅仅体现了双务合同的共性，不能反映买卖合同的本质特征，因而属于非特征性履行。按照特征性履行方法，合同准据法应为担负特征性履行义务的当事人的住所地法，或惯常居所地法，或营业所所在地法。

（5）合同自体法。合同自体法一般是指涉外合同当事人明示选择的法律。该理论主张，在当事人未作明示选择，而且也无法推知当事人的意图时，应适用与该涉外合同有最密切、最真实联系的法律。

3. 我国关于涉外合同法律适用的规定

《涉外民事关系法律适用法》第41条规定：当事人可以协议选择合同适用的法律。当事人没有选择的，适用履行义务最能体现该合同特征的一方当事人经常居所地法律或者其他与该合同有最密切联系的法律。

《合同法》第126条规定，涉外合同的当事人可以选择处理合同争议所适用的法律，但法律另有规定的除外。涉外合同的当事人没有选择的，适用与合同有最密切联系的国家的法律。在中华人民共和国境内履行的中外合资经营企业合同、中外合作经营企业合同、中外合作勘探开发自然资源合同，适用中华人民共和国法律。

最高人民法院《关于审理涉外民事或商事合同纠纷案件法律适用若干问题的规定》这一司法解释尽管已经被废止，但其中关于最密切联系地的判断仍然作为我国司法实践中被沿用的做法继续适用。

关于最密切联系原则，该司法解释规定，当事人未选择合同争议应适用的法律的，适用与合同有最密切联系的国家或者地区的法律。人民法院根据最密切联系原则确定合同争议应适用的法律时,应根据合同的特殊性质,以及某一方当事人履行的义务最能体现合同的本质特性等因素,确定与合同有最密切联系的国家或者地区的法律作为合同的准据法:① 买卖合同,适用合同订立时卖方住所地法;如果合同是在买方住所地谈判并订立的,或者合同明确规定卖方须在买方住所地履行交货义务的,适用买方住所地法。② 来料加工、来件装配以及其他各种加工承揽合同,适用加工承揽人住所地法。③ 成套设备供应合同,适用设备安装地法。④ 不动产买卖、租赁或者抵押合同,适用不动产所在地法。⑤ 动产租赁合同,适用出租人住所地法。⑥ 动产质押合同,适用质权人住所地法。⑦ 借款合同,适用贷款人住所地法。⑧ 保险合同,适用保险人住所地法。⑨ 融资租赁合同,适用承租人住所地法。⑩ 建设工程合同,适用建设工程所在地法。⑪ 仓储、保管合同,适用仓储、保管人住所地法。⑫ 保证合同,适用保证人住所地法。⑬ 委托合同,适用受托人住所地法。⑭ 债券的发行、销售和转让合同,分别适用债券发行地法、债券销售地法和债券转让地法。⑮ 拍卖合同,适用拍卖举行地法。⑯ 行纪合同,适用行纪人住所地法。⑰ 居间合同,适用居间人住所地法。如果上述合同明显与另一国家或者地区有更密切联系的,适用该另一国家或者地区的法律。

适用外国法律违反中华人民共和国社会公共利益的,该外国法律不予适用,而应当适用中华人民共和国法律。

在中华人民共和国领域内履行的下列合同,适用中华人民共和国法律:① 中外合资经营企业合同。② 中外合作经营企业合同。③ 中外合作勘探开发自然资源合同。④ 中外合资经营企业、中外合作经营企业、外商独资企业股份转让合同。⑤ 外国自然人、法人或者其他组织承包经营在中华人民共和国领域内设立的中外合资经营企业、中外合作经营企业的合同。⑥ 外国自然人、法人或者其他组织购买中华人民共和国领域内的非外商投资企业股东的股权的合同。⑦ 外国自然人、法人或者其他组织认购中华人民共和国领域内的非外商投资有限责任公司或者股份有限公司增资的合同。⑧ 外国自然人、法人或者其他组织购买中华人民共和国领域内的非外商投资企业资产的合同。⑨ 中华人民共和国法律、行政法规规定应适用中华人民共和国法律的其他合同。

4. 特殊合同法律适用的有关规定

《涉外民事关系法律适用法》第42条规定:消费者合同,适用消费者经常居所地法律;消费者选择适用商品、服务提供地法律或者经营者在消费者经常居所地没有从事相关经营活动的,适用商品、服务提供地法律。

《涉外民事关系法律适用法》第43条规定:劳动合同,适用劳动者工作地法律;难以确定劳动者工作地的,适用用人单位主营业地法律。劳务派遣,可以适用劳务派出地法律。

(二) 侵权行为的法律适用

1. 对侵权行为的法律适用的一般做法

① 适用侵权行为地法,但有的国家以加害行为地作为侵权行为地,有的国家把损害发生地作为侵权行为地,还有的国家认为两者均为侵权行为地。② 选择适用侵权行为地法和当事人共同属人法。③ 重叠适用侵权行为地法和法院地法。④ 选择适用侵权行为地法、法院地法和当事人共同属人法。

但自20世纪中期以来,侵权行为的法律适用出现了如下新发展:① 侵权行为自体法与最密切联系原则的产生;② 当事人意思自治开始进入侵权法领域;③ 对受害人有利的法律有时影响侵权行为的法律适用。另外,现在各国一般对一些特殊的侵权行为,如交通事故、产品责任、不正当竞争、海上侵权等,单独解决其法律选择问题。

2. 我国关于侵权行为的法律适用的规定

我国的有关规定可以归纳如下:

| 侵权法律适用原则 | 我国相关法条 |
| --- | --- |
| (1) 侵权行为地法原则 | ①《民法通则》第146条第1款规定:侵权行为的损害赔偿,适用侵权行为地法律。<br>②《海商法》第273条关于船舶碰撞的法律适用和《民用航空法》第189条关于民用航空器对地面第三人的损害赔偿,都规定适用侵权行为地法。<br>③ 关于侵权行为地的确定,《民通意见》第187条规定:侵权行为地法律包括侵权行为实施地法律和侵权结果发生地法律;如果两者不一致,由人民法院选择适用。 |
| (2) 共同属人法原则 | 《民法通则》第146条第1款规定:当事人双方国籍相同或者在同一个国家有住所的,也可以适用当事人本国法律或者住所地法律。 |
| (3) 重叠适用侵权行为地法和法院地法原则 | 《民法通则》第146条第2款规定:中华人民共和国法律不认为在中华人民共和国领域外发生的行为是侵权行为的,不作为侵权行为处理。 |
| (4) 法院地法原则 | ①《海商法》第273条第2款规定:船舶在公海上发生碰撞的损害赔偿,适用受理案件的法院所在地法律。<br>②《海商法》第275条规定:海事赔偿责任限制,适用受理案件的法院所在地法律。<br>③《民用航空法》第189条第2款规定:民用航空器在公海上空对水面第三人的损害赔偿,适用受理案件的法院所在地法律。 |
| (5) 船旗国法原则 | 《海商法》第273条第3款规定:同一国籍的船舶,不论碰撞发生在何地,碰撞船舶之间的损害赔偿适用船旗国法律。 |

| 侵权行为 | 我国相关法条 |
| --- | --- |
| (1) 一般侵权行为 | ①《涉外民事关系法律适用法》第44条规定:侵权责任,适用侵权行为地法律,但当事人有共同经常居所地的,适用共同经常居所地法律。侵权行为发生后,当事人协议选择适用法律的,按照其协议。<br>② 关于侵权行为地的确定,《民通意见》第187条规定:侵权行为地的法律包括侵权行为实施地法律和侵权结果发生地法律。如果两者不一致时,人民法院可以选择适用。 |
| (2) 产品责任侵权 | 《涉外民事关系法律适用法》第45条规定:产品责任,适用被侵权人经常居所地法律;被侵权人选择适用侵权人主营业地法律、损害发生地法律的,或者侵权人在被侵权人经常居所地没有从事相关经营活动的,适用侵权人主营业地法律或者损害发生地法律。 |

（续表）

| 侵权行为 | 我国相关法条 |
|---|---|
| （3）侵犯人格权 | 《涉外民事关系法律适用法》第46条规定：通过网络或者采用其他方式侵害姓名权、肖像权、名誉权、隐私权等人格权的，适用被侵权人经常居所地法律。 |
| （4）船舶碰撞侵权 | ①《海商法》第273条规定：船舶碰撞的损害赔偿，适用侵权行为地法律。船舶在公海上发生碰撞的损害赔偿，适用受理案件的法院所在地法律。同一国籍的船舶，不论碰撞发生于何地，碰撞船舶之间的损害赔偿适用船旗国法律。<br>②《海商法》第275条规定：海事赔偿责任限制，适用受理案件的法院所在地法律。 |
| （5）民用航空器侵权 | 《民用航空法》第189条规定：民用航空器对地面第三人的损害赔偿，适用侵权行为地法律。民用航空器在公海上空对水面第三人的损害赔偿，适用受理案件的法院所在地法律。 |
| （6）知识产权侵权 | 《涉外民事关系法律适用法》第50条规定：知识产权的侵权责任，适用被请求保护地法律，当事人也可以在侵权行为发生后协议选择适用法院地法律。 |

（三）不当得利、无因管理之债的法律适用

关于不当得利、无因管理之债的法律适用，我国《涉外民事关系法律适用法》第47条规定：不当得利、无因管理，适用当事人协议选择适用的法律。当事人没有选择的，适用当事人共同经常居所地法律；没有共同经常居所地的，适用不当得利、无因管理发生地法律。

## 二、例题

1. 英国公民苏珊来华短期旅游，因疏忽多付房费1 000元，苏珊要求旅店返还遭拒后，将其诉至中国某法院。关于该纠纷的法律适用，下列哪一选项是正确的？（2016年真题，单选）

A. 因与苏珊发生争议的旅店位于中国，因此只能适用中国法
B. 当事人可协议选择适用瑞士法
C. 应适用中国法和英国法
D. 应在英国法与中国法中选择适用对苏珊有利的法律

[释疑] 本题考点为不当得利的法律适用。《涉外民事关系法律适用法》第47条规定："不当得利、无因管理，适用当事人协议选择适用的法律。当事人没有选择的，适用当事人共同经常居所地法律；没有共同经常居所地的，适用不当得利、无因管理发生地法律。"本案中，双方当事人可以协议选择适用的法律，如果没有协议，由于双方并无共同经常居所地，则应适用不当得利发生地法中国法。因此答案应为B选项，其他选项错误。（答案：B）

2. 甲国游客杰克于2015年6月在北京旅游时因过失导致北京居民孙某受重伤。现孙某在北京以杰克为被告提起侵权之诉。关于该侵权纠纷的法律适用，下列哪一选项是正确的？（2015年真题，单选）

A. 因侵权行为发生在中国，应直接适用中国法
B. 如当事人在开庭前协议选择适用乙国法，应予支持，但当事人应向法院提供乙国法的内容

C. 因本案仅与中国、甲国有实际联系,当事人只能在中国法与甲国法中进行选择

D. 应在中国法与甲国法中选择适用更有利于孙某的法律

[释疑] 普通侵权允许当事人协议选择法律适用,当事人在一审法庭辩论前选择均可,当事人如果选择了外国法,就应当提供该外国法的内容,故 B 选项正确。(答案:B)

3. 甲国公民大卫被乙国某公司雇佣,该公司主营业地在丙国,大卫工作内容为巡回于东亚地区进行产品售后服务,后双方因劳动合同纠纷诉诸中国某法院。关于该纠纷应适用的法律,下列哪一选项是正确的?(2014 年真题,单选)

A. 中国法	B. 甲国法
C. 乙国法	D. 丙国法

[释疑]《涉外民事关系法律适用法》第 43 条规定:劳动合同,适用劳动者工作地法律;难以确定劳动者工作地的,适用用人单位主营业地法律。劳务派遣,可以适用劳务派出地法律。本题中,属于难以确定劳动者工作地的情形,故应适用用人单位主营业地法丙国法。答案为 D 选项。(答案:D)

4. 中国甲公司与巴西乙公司因合同争议在中国法院提起诉讼。关于该案的法律适用,下列哪些选项是正确的?(2014 年真题,多选)

A. 双方可协议选择合同争议适用的法律

B. 双方应在一审开庭前通过协商一致,选择合同争议适用的法律

C. 因法院地在中国,本案的时效问题应适用中国法

D. 如案件涉及中国环境安全问题,该问题应适用中国法

[释疑] 一般的合同允许当事人意思自治,故 A 选项正确。协议选择适用的法律应在第一次法庭辩论终结前而不是开庭前,故 B 选项错误。诉讼时效适用相关涉外民事关系应当适用的法律,故 C 选项错误。环境安全方面的法律,属于我国强制性的必须直接适用的法律,故 D 选项正确。(答案:AD)

5. 甲国公民 A 与乙国公民 B 的经常居住地均在中国,双方就在丙国境内发生的侵权纠纷在中国法院提起诉讼。关于该案的法律适用,下列哪些选项是正确的?(2012 年真题,多选)

A. 如侵权行为发生后双方达成口头协议,就纠纷的法律适用做出了选择,应适用协议选择的法律

B. 如侵权行为发生后双方达成书面协议,就纠纷的法律适用做出了选择,应适用协议选择的法律

C. 如侵权行为发生后双方未选择纠纷适用的法律,应适用丙国法

D. 如侵权行为发生后双方未选择纠纷适用的法律,应适用中国法

[释疑]《涉外民事关系法律适用法》第 3 条规定:"当事人依照法律规定可以明示选择涉外民事关系适用的法律。"此处明示协议应该如何理解?官方答案认为 A、B 选项都正确,即认为书面协议和口头协议均为明示协议。《涉外民事关系法律适用法》第 44 条规定:侵权责任,适用侵权行为地法律,但当事人有共同经常居所地的,适用共同经常居所地法律。侵权行为发生后,当事人协议选择适用法律的,按照其协议。因此,在当事人未协议选择适用何种法律的情况下,本案应适用共同经常居所地(本题中当事人的共同经常居所地为中国)法律,D 选项也正确。(答案:ABD)

6. 甲国贸易公司航次承租乙国籍货轮"锦绣"号将一批货物从甲国运往中国,运输合同载

有适用甲国法律的条款。"锦绣"号停靠丙国某港时与丁国籍轮"金象"号相撞,有关货损和碰撞案在中国法院审理。关于该案的法律适用,下列哪些选项是正确的?(2009年真题,多选)

A. 有关航次租船运输合同的争议应适用与合同有最密切联系的法律
B. 有关航次租船运输合同的争议应适用甲国法律
C. 因为"锦绣"号与"金象"号的国籍不同,两轮的碰撞纠纷应适用法院地法解决
D. "锦绣"号与"金象"号的碰撞应适用丙国法律

[释疑] 航次租船运输合同载有适用甲国法律的条款,故应适用甲国的法律。《海商法》第273条第1款规定:船舶碰撞的损害赔偿,适用侵权行为地法律。"锦绣"号与"金象"号在停靠丙国某港时碰撞,应适用侵权行为地丙国法律,故答案应为B、D选项。(答案:BD)

7. 在国际私法中,应当适用于某一合同的实体法被称为该合同的准据法。关于合同准据法的确定,下列何种表述是正确的?(2006年真题,不定选)

A. 我国所有的法律都允许涉外合同的当事人自行约定合同准据法
B. 合同的当事人没有选择适用于合同的准据法时,我国法院应适用与该合同有最密切联系的国家的法律
C. 关于对合同当事人的行为能力与合同的有效性应分别适用不同国家法律的主张,称为确定合同准据法的分割论
D. 按照特征性履行方法的理论,当事人未选择适用于合同的法律时,应根据合同的特殊性确定合同准据法

[释疑] 关于A选项,由于我国《合同法》第126条第2款规定,在中华人民共和国境内履行的中外合资经营企业合同、中外合作经营企业合同、中外合作勘探开发自然资源合同,适用中华人民共和国法律,故"我国所有的法律都允许涉外合同的当事人自行约定合同准据法"的说法是错误的。根据我国《合同法》第126条的规定,B选项正确。根据分割论,在一个国际民商事案件涉及多个法律冲突问题时,应将该案件中的各个具体问题加以区分,分别选择适用不同的法律来解决不同的具体问题,C选项关于分割论的说法是正确的。D选项关于特征性履行的说法亦属正确。(答案:BCD)

### 三、提示与预测

涉外合同和侵权的法律适用是高频考点,可能与实践中这类争端较多有关。关于涉外合同,除《合同法》第126条的规定之外,还应掌握最高人民法院《关于审理涉外民事或商事合同纠纷案件法律适用若干问题的规定》。关于涉外侵权,建议理清思路,分别掌我国关于一般侵权的法律适用规定、船舶和航空器侵权的法律适用规定等。

## 考点 5  涉外知识产权的法律适用

### 一、精讲

知识产权,指权利人对其所创作的智力劳动成果所享有的专有权利,如专利权、商标权、著作权等。我国《涉外民事关系法律适用法》对于涉外知识产权的法律适用作了如下规定:

| | 我国相关法条 |
|---|---|
| 知识产权的归属和内容 | 《涉外民事关系法律适用法》第48条规定:知识产权的归属和内容,适用被请求保护地法律。 |
| 知识产权的转让和许可使用 | 《涉外民事关系法律适用法》第49条规定:当事人可以协议选择知识产权转让和许可使用适用的法律。当事人没有选择的,适用本法对合同的有关规定。 |
| 知识产权的侵权责任 | 《涉外民事关系法律适用法》第50条规定:知识产权的侵权责任,适用被请求保护地法律,当事人也可以在侵权行为发生后协议选择适用法院地法律。 |

## 二、例题

1. 韩国甲公司为其产品在中韩两国注册了商标。中国乙公司擅自使用该商标生产了大量仿冒产品并销售至中韩两国。现甲公司将乙公司诉至中国某法院,要求其承担商标侵权责任。关于乙公司在中韩两国侵权责任的法律适用,依中国法律规定,下列哪些选项是正确的?(2016年真题,多选)

   A. 双方可协议选择适用中国法
   B. 均应适用中国法
   C. 双方可协议选择适用韩国法
   D. 如双方无法达成一致,则应分别适用中国法与韩国法

   [释疑] 本题考点为涉外知识产权侵权的法律适用。《涉外民事关系法律适用法》第50条规定:"知识产权的侵权责任,适用被请求保护地法律,当事人也可以在侵权行为发生后协议选择适用法院地法律。"本题中,权利人在韩国和中国均注册了商标,对于侵犯商标权的指控,应适用被请求保护地法,但也可以协议选择法院地法(本题中法院地在中国,即可以选择中国法)。故A选项正确,B、C选项错误。在本案中,由于乙公司在中国和韩国均存在销售仿冒产品的行为,被请求保护地分别为中国和韩国,故如果双方无法达成一致,则应分别适用中国法和韩国法,故D选项正确。(答案:AD)

2. 德国甲公司与中国乙公司签订许可使用合同,授权乙公司在英国使用甲公司在英国获批的某项专利。后因相关纠纷诉诸中国法院。关于该案的法律适用,下列哪些选项是正确的?(2014年真题,多选)

   A. 关于本案的定性,应适用中国法
   B. 关于专利权归属的争议,应适用德国法
   C. 关于专利权内容的争议,应适用英国法
   D. 关于专利权侵权的争议,双方可以协议选择法律,不能达成协议,应适用与纠纷有最密切联系的法律

   [释疑] 涉外民事关系的定性,适用法院地法,故A选项正确。专利权的内容和归属,适用被请求保护地法,本案中被请求保护地为英国,故B选项错误、C选项正确。知识产权侵权,适用被请求保护地法,当事人也可以协议适用法院地法,故D选项错误。(答案:AC)

## 三、提示与预测

我国《涉外民事关系法律适用法》对涉外知识产权的法律适用的规定属于新增法条,复习时应作为重点关注。

## 考点 6 涉外商事关系的法律适用

### 一、精讲

（一）我国涉外票据关系法律适用的规定

根据我国《票据法》第 94 条第 2 款的规定，涉外票据是指"出票、背书、承兑、保证、付款等行为中，既有发生在中华人民共和国境内又有发生在中华人民共和国境外的票据"。

1. 票据当事人能力

《票据法》第 96 条规定：票据债务人的民事行为能力，适用其本国法律。票据债务人的民事行为能力，依照其本国法律为无民事行为能力或者为限制民事行为能力而依照行为地法律为完全民事行为能力的，适用行为地法律。

2. 票据行为方式

（1）《票据法》第 97 条规定：汇票、本票出票时的记载事项，适用出票地法律。支票出票时的记载事项，适用出票地法律，经当事人协议，也可以适用付款地法律。

（2）《票据法》第 98 条规定：票据的背书、承兑、付款和保证行为，适用行为地法律。

3. 票据追索权行使期限

《票据法》第 99 条规定：票据追索权的行使期限，适用出票地法律。

4. 持票人责任

《票据法》第 100 条规定：票据的提示期限、有关拒绝证明的方式、出具拒绝证明的期限，适用付款地法律。

5. 票据丧失时权利保全程序

《票据法》第 101 条规定：票据丧失时，失票人请求保全票据权利的程序，适用付款地法律。

（二）我国关于海事关系法律适用的规定

1. 意思自治与最密切联系原则

《海商法》第 269 条规定：合同当事人可以选择合同适用的法律，法律另有规定的除外。合同当事人没有选择的，适用与合同有最密切联系的国家的法律。

2. 船旗国法原则

（1）《海商法》第 270 条规定：船舶所有权的取得、转让和消灭，适用船旗国法律。

（2）《海商法》第 271 条规定：船舶抵押权适用船旗国法律。船舶在光船租赁以前或光船租赁期间，设立船舶抵押权的，适用原船舶登记国的法律。

（3）《海商法》第 273 条第 3 款规定：同一国籍的船舶，不论碰撞发生在何地，碰撞船舶之间的损害赔偿适用船旗国法律。

3. 侵权行为地法原则

《海商法》第 273 条第 1 款规定：船舶碰撞的损害赔偿，适用侵权行为地法律。

4. 法院地法原则

（1）《海商法》第 272 条规定：船舶优先权，适用受理案件的法院所在地法律。

（2）《海商法》第 273 条第 2 款规定：船舶在公海上发生碰撞的损害赔偿，适用受理案件的法院所在地法律。

（3）《海商法》第 275 条规定：海事赔偿责任限制，适用受理案件的法院所在地法律。

5. 理算地法原则

《海商法》第274条规定:共同海损理算,适用理算地法律。

(三) 我国关于民用航空关系法律适用的规定

1. 航空器国籍国法原则

(1)《民用航空法》第185条规定:民用航空器所有权的取得、转让和消灭,适用民用航空器国籍登记国法律。

(2)《民用航空法》第186条规定:民用航空器抵押权适用民用航空器国籍登记国法律。

2. 法院地法原则

(1)《民用航空法》第187条规定:民用航空器优先权适用受理案件的法院所在地法律。

(2)《民用航空法》第189条第2款规定:民用航空器在公海上空对水面第三人的损害赔偿,适用受理案件的法院所在地法律。

3. 意思自治与最密切联系原则

《民用航空法》第188条规定:民用航空运输合同当事人可以选择合同适用的法律,但是法律另有规定的除外;合同当事人没有选择的,适用与合同有最密切联系的国家的法律。

4. 侵权行为地法原则

《民用航空法》第189条第1款规定:民用航空器对地面第三人的损害赔偿,适用侵权行为地法律。

## 二、例题

1. 甲国人罗得向希姆借了一笔款。罗得在乙国给希姆开具了一张5万美元的支票,其记载的付款人是罗得开立账户的丙国银行。后丙国银行拒绝向持有支票的希姆付款。因甲国战乱,希姆和罗得移居中国经商并有了住所,希姆遂在中国某法院起诉罗得,要求其支付5万美元。关于此案的法律适用,下列哪一选项是正确的?(2009年真题,单选)

A. 该支票的追索应适用当事人选择的法律

B. 该支票追索权的行使期限应适用甲国法律

C. 该支票的记载事项适用乙国法律

D. 该支票记载的付款人是丙国银行,罗得的行为能力应适用丙国法

[释疑] 根据《票据法》第99条的规定,票据追索权的行使期限,适用出票地法律,故在本题中该支票的追索权应适用出票地乙国法。根据《票据法》第97条的规定,汇票、本票出票时的记载事项,适用出票地法律。支票出票时的记载事项,适用出票地法律,经当事人协议,也可以适用付款地法律,本题中的支票当事人并未约定适用付款地法,故应适用出票地法乙国法。(答案:C)

2. 甲公司在中国签发了一张以德国乙公司为受益人、以德国丙银行为付款人的汇票。乙公司在德国将该汇票背书转让给西班牙丁公司,丁公司向丙银行提示承兑时被拒绝。依照我国《票据法》,关于此案的法律适用,下列哪一表述是正确的?(2006年真题,单选)

A. 甲公司是否有签发该票据的能力应依德国法

B. 该汇票的背书争议应适用西班牙法

C. 该汇票出票时的记载事项适用中国法

D. 丙银行拒绝承兑后,该汇票追索权的行使期限适用德国法

[释疑] 本题考查对涉外票据有关问题的法律适用的把握。在此案中,甲公司在中国签发了一张以德国乙公司为受益人、以德国丙银行为付款人的汇票,由于我国《票据法》第96条规定,票据债务人的民事行为能力,适用其本国法律,票据债务人依照其本国法律为无民事行为能力或者为限制民事行为能力而依照行为地法律为完全民事行为能力的,适用行为地法律。因此,虽然题干中并未透露甲公司的国籍,但甲公司在中国实施出票这一行为,可以认为中国是出票地,德国两公司仅仅是汇票的受益人和付款人,德国既不是甲公司的国籍国,又不是出票行为的行为地国,故关于甲公司是否有签发该票据的能力不应依德国法,故 A 选项错误。《票据法》第98条规定:票据的背书、承兑、付款和保证行为,适用行为地法律。本案中背书行为发生于德国,故 B 选项错误。《票据法》第97条第1款规定:汇票、本票出票时的记载事项,适用出票地法律。由于本案汇票是在中国出票,故该汇票出票时的记载事项应适用中国法,C 选项正确。《票据法》第99条规定:票据追索权的行使期限,适用出票地法律。本案出票地在中国,故主张丙银行拒绝承兑后该汇票追索权的行使期限适用德国法的 D 选项错误。关于汇票追索权的行使期限问题,不少考生容易错记为适用付款地法,这一点值得注意。(答案:C)

## 三、提示与预测

涉外商事关系问题,我国的规定并不复杂,无非就是票据、海商和民航三个方面的几个法条,特别应注意涉外票据法律适用的几个法条,应注意区分什么情况下适用行为地、出票地、付款地法,以免混淆。

## 考点 7 家庭

### 一、精讲

(一) 我国关于涉外结婚法律适用的规定

我国《涉外民事关系法律适用法》第21条规定:结婚条件,适用当事人共同经常居所地法律;没有共同经常居所地的,适用共同国籍国法律;没有共同国籍,在一方当事人经常居所地或者国籍国缔结婚姻的,适用婚姻缔结地法律。

第22条规定:结婚手续,符合婚姻缔结地法律、一方当事人经常居所地法律或者国籍国法律的,均为有效。

此外,在条约或互惠的基础上,我国也承认具有相同国籍的外国人双方在其本国驻华使领馆成立的婚姻为有效婚姻。

(二) 夫妻关系的法律适用

夫妻关系是合法有效的婚姻产生的特定男女之间的一种法律关系,包括夫妻人身关系和夫妻财产关系。各国国际私法一般区分夫妻人身关系和夫妻财产关系,分别确定其准据法。

1. 夫妻人身关系包括姓氏权、同居义务、忠贞及扶助义务、住所决定权、从事职业和社会活动的权利、夫妻之间的代理权等内容

解决其法律适用问题的做法主要有:

(1) 适用当事人的属人法。

(2) 适用属人法和行为地法。

我国《涉外民事关系法律适用法》第 23 条规定:夫妻人身关系,适用共同经常居所地法律;没有共同经常居所地的,适用共同国籍国法律。

2. 夫妻财产关系的法律适用

夫妻财产关系又称夫妻财产制,是指具有合法婚姻关系的男女双方对家庭财产的权利义务,主要包括婚姻对双方当事人婚前财产发生什么效力,婚姻存续期间的财产归属,以及夫妻对财产的管理、处分和债务承担等方面的制度。解决夫妻财产关系的法律冲突主要有意思自治原则或属人法原则。

我国《涉外民事关系法律适用法》第 24 条规定:夫妻财产关系,当事人可以协议选择适用一方当事人经常居所地法律、国籍国法律或者主要财产所在地法律。当事人没有选择的,适用共同经常居所地法律;没有共同经常居所地的,适用共同国籍国法律。

(三) 父母子女间的人身关系和财产关系的法律适用

父母子女间的人身关系和财产关系的相关规定,都是以对子女的利益保护为目的的,两者在内容上很难清晰区分,例如对子女的法定代理权,既可以体现在父母子女的人身关系中,也可以体现在其财产关系中。

我国《涉外民事关系法律适用法》第 25 条规定:父母子女人身、财产关系,适用共同经常居所地法律;没有共同经常居所地的,适用一方当事人经常居所地法律或者国籍国法律中有利于保护弱者权益的法律。

(四) 离婚案件的管辖权和离婚的法律适用

1. 我国关于涉外离婚案件管辖权的规定

根据《民事诉讼法》第 21 条、第 22 条第(1)项的规定,只要被告在我国有住所或居所,我国法院就有管辖权;同时,对于被告不在我国境内居住的离婚案件,如原告在我国境内有住所或居所,则原告住所地或居所地法院也有管辖权。

最高人民法院《关于适用〈中华人民共和国民事诉讼法〉的解释》对涉外离婚案件的管辖权作了比较详细的规定:

第 13 条规定:在国内结婚并定居国外的华侨,如定居国法院以离婚诉讼须由婚姻缔结地法院管辖为由不予受理,当事人向人民法院提出离婚诉讼的,由婚姻缔结地或者一方在国内的最后居住地人民法院管辖。

第 14 条规定:在国外结婚并定居国外的华侨,如定居国法院以离婚诉讼须由国籍所属国法院管辖为由不予受理,当事人向人民法院提出离婚诉讼的,由一方原住所地或者在国内的最后居住地人民法院管辖。

第 15 条规定:中国公民一方居住在国外,一方居住在国内,不论哪一方向人民法院提起离婚诉讼,国内一方住所地人民法院都有权管辖。国外一方在居住国法院起诉,国内一方向人民法院起诉的,受诉人民法院有权管辖。

第 16 条规定:中国公民双方在国外但未定居,一方向人民法院起诉离婚的,应由原告或者被告原住所地人民法院管辖。

2. 我国关于涉外离婚案件法律适用的规定

《涉外民事关系法律适用法》第 26 条规定:协议离婚,当事人可以协议选择适用一方当事人经常居所地法律或者国籍国法律。当事人没有选择的,适用共同经常居所地法律;没有共同经常居所地的,适用共同国籍国法律;没有共同国籍的,适用办理离婚手续机构所在地法律。

《涉外民事关系法律适用法》第 27 条规定:诉讼离婚,适用法院地法律。

(五)我国关于涉外收养的法律适用的规定

对收养成立的形式要件,大都主张适用收养成立地法,也有主张适用与解除收养实质要件相同的准据法。但对收养成立的实质要件,有适用法院地法、收养人属人法、收养发生地法等不同的主张。

根据 1999 年我国国务院批准的《外国人在中华人民共和国收养子女登记办法》第 3 条和 1998 年修订的《收养法》第 21 条的规定,外国人在华收养子女应符合《收养法》的规定,并不得违背收养人经常居所地法律。这说明外国人在我国收养子女,必须重叠适用我国《收养法》和收养人经常居所地法律。

上述规定只是针对外国人在我国收养子女作了单边规定,对于中国人在外国收养子女的问题,以及收养的条件、效力和解除是否适用不同法律的问题,则未明确。我国《涉外民事关系法律适用法》第 28 条则作了比较全面的规定:收养的条件和手续,适用收养人和被收养人经常居所地法律。收养的效力,适用收养时收养人经常居所地法律。收养关系的解除,适用收养时被收养人经常居所地法律或者法院地法律。

关于外国人在我国收养子女的条件和手续,《收养法》第 21 条第 2、3 款规定:外国人在中华人民共和国收养子女,应当经其所在国主管机关依照该国法律审查同意。收养人应当提供由其所在国有权机构出具的有关收养人的年龄、婚姻、职业、财产、健康、有无受过刑事处罚等状况的证明材料,该证明材料应当经其所在国外交机关或者外交机关授权的机构认证,并经中华人民共和国驻该国使领馆认证。该收养人应当与送养人订立书面协议,亲自向省级人民政府民政部门登记。收养关系当事人各方或者一方要求办理收养公证的,应当到国务院司法行政部门认定的具有办理涉外公证资格的公证机构办理收养公证。《外国人在中华人民共和国收养子女登记办法》第 8 条规定,夫妻共同收养的,应当共同来华办理收养手续;一方因故不能来华的,应当书面委托另一方。委托书应当经所在国公证和认证。

(六)我国关于涉外监护法律适用的规定

监护是监护人对未成年人或禁治产人的人身和财产利益依法实行监督和保护的一种法律制度。承担监督义务的人为监护人,受监护人监督和保护的人为被监护人。

我国《涉外民事关系法律适用法》第 30 条规定:监护,适用一方当事人经常居所地法律或者国籍国法律中有利于保护被监护人权益的法律。

(七)我国关于涉外扶养的法律适用的规定

扶养是指特定亲属间一方对他方给予生活上的扶助。多数国家只对扶养作了笼统规定,有的规定适用扶养义务人的属人法,有的规定适用扶养权利人的属人法。

我国《涉外民事关系法律适用法》第 29 条规定:扶养,适用一方当事人经常居所地法律、国籍国法律或者主要财产所在地法律中有利于保护被扶养人权益的法律。

## 二、例题

1. 经常居所在汉堡的德国公民贝克与经常居所在上海的中国公民李某打算在中国结婚。关于贝克与李某结婚,依《涉外民事关系法律适用法》,下列哪一选项是正确的?(2016 年真题,单选)

A. 两人的婚龄适用中国法

B. 结婚的手续适用中国法

C. 结婚的所有事项均适用中国法

D. 结婚的条件同时适用中国法与德国法

[释疑] 本题考点为涉外结婚的法律适用。《涉外民事关系法律适用法》第21条规定:"结婚条件,适用当事人共同经常居所地法律;没有共同经常居所地的,适用共同国籍国法律;没有共同国籍,在一方当事人经常居所地或者国籍国缔结婚姻的,适用婚姻缔结地法律。"具体到本题,结婚年龄属于实质要件即结婚的条件问题,由于双方并无共同经常居所地和共同国籍国,且在其中一方的国籍国中国缔结婚姻,故适用中国法。结婚的手续属于形式要件,即结婚的手续问题,《涉外民事关系法律适用法》第22条规定:"结婚手续,符合婚姻缔结地法律、一方当事人经常居所地法律或者国籍国法律的,均为有效。"故符合中国法或德国法均为有效,B选项错误。C、D选项为干扰项,显然错误。(答案:A)

2. 韩国公民金某与德国公民汉森自2013年1月起一直居住于上海,并于该年6月在上海结婚。2015年8月,二人欲在上海解除婚姻关系。关于二人财产关系与离婚的法律适用,下列哪些选项是正确的?(2015年真题,多选)

A. 二人可约定其财产关系适用韩国法

B. 如诉讼离婚,应适用中国法

C. 如协议离婚,二人没有选择法律的,应适用中国法

D. 如协议离婚,二人可以在中国法、韩国法及德国法中进行选择

[释疑] 《涉外民事关系法律适用法》第24条规定:"夫妻财产关系,当事人可以协议选择适用一方当事人经常居所地法律、国籍国法律或者主要财产所在地法律。当事人没有选择的,适用共同经常居所地法律;没有共同经常居所地的,适用共同国籍国法律。"故A选项中选择一方当事人的国籍国法韩国法是正确的。《涉外民事关系法律适用法》第26条规定:"协议离婚,当事人可以协议选择适用一方当事人经常居所地法律或者国籍国法律。当事人没有选择的,适用共同经常居所地法律;没有共同经常居所地的,适用共同国籍国法律;没有共同国籍的,适用办理离婚手续机构所在地法律。"故B、C、D选项正确。(答案:ABCD)

3. 经常居住于英国的法国籍夫妇甲和乙,想来华共同收养某儿童。对此,下列哪一说法是正确的?(2014年真题,单选)

A. 甲、乙必须共同来华办理收养手续

B. 甲、乙应与送养人订立书面收养协议

C. 收养的条件应重叠适用中国法和法国法

D. 若发生收养效力纠纷,应适用中国法

[释疑] 《外国人在中华人民共和国收养子女登记办法》第8条规定:外国人来华收养子女,应当亲自来华办理登记手续。夫妻共同收养的,应当共同来华办理收养手续;一方因故不能来华的,应当书面委托另一方。委托书应当经所在国公证和认证。第9条规定:外国人来华收养子女,应当与送养人订立书面收养协议。协议一式三份,收养人、送养人各执一份,办理收养登记手续时收养登记机关收存一份。书面协议订立后,收养关系当事人应当共同到被收养人常住户口所在地的省、自治区、直辖市人民政府民政部门办理收养登记。故A选项错误、B选项正确。《涉外民事关系法律适用法》第28条规定:收养的条件和手续,适用收养人和被收

养人经常居所地法律。收养的效力,适用收养时收养人经常居所地法律。收养关系的解除,适用收养时被收养人经常居所地法律或者法院地法律。本题中收养人的经常居所地在英国,被收养人的经常居所地在中国,故收养的手续应适用英国法和中国法,收养的效力适用英国法,C、D选项均错误。(答案:B)

4. 某甲国公民经常居住地在甲国,在中国收养了长期居住于北京的中国儿童,并将其带回甲国生活。根据中国关于收养关系法律适用的规定,下列哪一选项是正确的?(2012年真题,单选)

A. 收养的条件和手续应同时符合甲国法和中国法
B. 收养的条件和手续符合中国法即可
C. 收养效力纠纷诉至中国法院的,应适用中国法
D. 收养关系解除的纠纷诉至中国法院的,应适用甲国法

[释疑] 《涉外民事关系法律适用法》第28条规定:收养的条件和手续,适用收养人和被收养人经常居所地法律。收养的效力,适用收养时收养人经常居所地法律。收养关系的解除,适用收养时被收养人经常居所地法律或者法院地法律。故只有A选项正确。(答案:A)

### 三、提示与预测

涉外婚姻家庭的法律适用(包括涉外离婚的管辖权)是在法律适用这一部分考查最频繁的考点,应掌握前述有限的几个法条,区别涉外结婚、离婚、收养、扶养、监护情况下的具体法律适用规定。

## 考点 8  继承

### 一、精讲

1. 法定继承的法律适用

法定继承是指继承人的范围、继承顺序和遗产的分配由法律予以规定的继承方式。概括说来,适用于法定继承的冲突规则不外乎被继承人的本国法、被继承人的住所地法和遗产所在地法。

根据是否将遗产中的动产和不动产区别开来分别确定法定继承的准据法,人们将法定继承的法律适用归纳为区别制和同一制。区别制,也称分割制,就是将遗产区分为动产和不动产,分别确定继承的准据法,即动产适用被继承人的属人法,不动产适用物之所在地法。同一制,也称单一制,是指不管遗产是动产还是不动产,继承关系作为一个整体适用同一冲突规范所指定的准据法,通常为被继承人的属人法(本国法或住所地法)。

我国《涉外民事关系法律适用法》明确将动产法定继承的连结点界定为"经常居所地法",该法第31条规定:法定继承,适用被继承人死亡时经常居所地法律,但不动产法定继承,适用不动产所在地法律。

2. 遗嘱的法律适用

关于遗嘱内容和效力的法律适用,通常有以下几种主张:

(1) 适用立遗嘱人立遗嘱时或死亡时的本国法;
(2) 适用立遗嘱人立遗嘱时或死亡时的住所地法;

(3)有关动产的遗嘱适用被继承人的属人法,有关不动产的遗嘱则适用物之所在地法;

(4)适用遗产所在地法;

(5)适用被继承人选择的法律。

我国《涉外民事关系法律适用法》第32条规定:遗嘱方式,符合遗嘱人立遗嘱时或者死亡时经常居所地法律、国籍国法律或者遗嘱行为地法律的,遗嘱均为成立。

《涉外民事关系法律适用法》第33条规定:遗嘱效力,适用遗嘱人立遗嘱时或者死亡时经常居所地法律或者国籍国法律。

3. 遗产管理的法律适用

遗产管理是指根据遗嘱的指定,或特定情况下由法院指定受托人在一定期限内代继承人管理遗产。

我国《涉外民事关系法律适用法》第34条规定:遗产管理等事项,适用遗产所在地法律。

4. 无人继承财产及其归属问题的法律适用

无人继承财产是指继承尽管已经开始,但在法定期限内,没有人接受继承或受领遗赠。解决无人继承财产归属问题的冲突规则有两种:

(1)适用被继承人的属人法,这为主张继承取得的国家所采用;

(2)适用财产所在地法,这为主张先占取得的国家所采用。

我国《涉外民事关系法律适用法》第35条规定:无人继承遗产的归属,适用被继承人死亡时遗产所在地法律。

在我国境内死亡的外国人,对其遗产无人继承又无人受遗赠的处理,我国也作了专门规定。

我国《继承法》第32条规定:"无人继承又无人受遗赠的遗产,归国家所有;死者生前是集体所有制组织成员的,归所在集体所有制组织所有。"《民通意见》第191条规定:"在我国境内死亡的外国人,遗留在我国境内的财产如果无人继承又无人受遗赠的,依照我国法律处理,两国缔结或者参加的国际条约另有规定的除外。"

## 二、例题

1. 经常居所在上海的瑞士公民怀特未留遗嘱死亡,怀特在上海银行存有100万元人民币,在苏黎世银行存有10万欧元,且在上海与巴黎各有一套房产。现其继承人因遗产分割纠纷诉至上海某法院。依中国法律规定,下列哪些选项是正确的?(2016年真题,多选)

A. 100万元人民币存款应适用中国法

B. 10万欧元存款应适用中国法

C. 上海的房产应适用中国法

D. 巴黎的房产应适用法国法

[释疑] 本题考点为涉外法定继承的法律适用。《涉外民事关系法律适用法》第31条规定:"法定继承,适用被继承人死亡时经常居所地法律,但不动产法定继承,适用不动产所在地法律。"本案中,被继承人的存款属于动产,均应适用被继承人死亡时的经常居所地法中国法,故A、B选项正确。被继承人的房产为不动产,应适用不动产所在地法,本案中,被继承人在上海的房产应适用中国法,在巴黎的房产应适用法国法,故C、D选项也正确。答案应为全选。(答案:ABCD)

2. 中国人李某定居甲国,后移居乙国,数年后死于癌症,未留遗嘱。李某在中国、乙国分别有住房和存款,李某养子和李某妻子的遗产之争在中国法院审理。关于该遗产继承案的法律适用,下列哪些选项是正确的?(2010年真题,多选)

　　A. 李某动产的继承应适用甲国法
　　B. 李某动产的继承应适用乙国法
　　C. 李某动产的继承应适用中国法
　　D. 李某所购房屋的继承应适用房屋所在国的法律

[释疑]　李某定居甲国,后移居乙国,其死亡时的最后住所地在乙国,根据《民法通则》第149条的规定,动产的继承应适用李某死亡时的住所地法,也就是乙国法。李某所购房屋为不动产,应适用不动产所在地法。故B、D选项正确。本题为2010年真题,即使根据2011年4月1日开始实施的《涉外民事关系法律适用法》第31条的规定,法定继承,适用被继承人死亡时经常居所地法律,但不动产法定继承,适用不动产所在地法律。本题答案仍然应选B、D选项。(答案:BD)

### 三、提示与预测

涉外继承问题也是常考的考点,根据有无合法遗嘱,涉外继承分为遗嘱继承和法定继承。作为涉外继承标的的财产分为动产和不动产。涉及这一考点的案例题往往要求考生能够区分继承标的的性质(动产还是不动产)以及判断被继承人死亡时的经常居住地。此外,应注意有人继承遗产与无人继承遗产的法律适用是截然不同的。

# 第六章　国际民商事争议的解决

**本章知识体系:**

国际民商事争议的解决
- 国际商事仲裁
  - 涉外仲裁协议的效力
  - 涉外仲裁中的财产或证据保全
  - 涉外仲裁裁决的承认与执行
- 国际民事诉讼
  - 外国人的民事诉讼地位及诉讼代理
  - 国际民事案件管辖权
  - 国际民事司法协助

## 考点 1　国际民商事争议的解决方式及协商和调解

### 一、精讲

1. 国际民商事争议的解决方式

国际民商事争议是指国际民商事交往中各方当事人之间在权利义务方面所发生的各种纠纷。根据争议是否通过裁判解决,国际民商事争议解决方式可分为非裁判性的解决方式(包括和解或协商、调解)和裁判性的解决方式(包括仲裁和司法诉讼)。根据争议的解决是否有第三人介入,国际民商事争议解决方式可分为当事人自行解决争议的方式(如和解或协商)和第三人参与解决争议的方式(包括调解、仲裁和司法诉讼等)。通常使用的争议解决方式主要有和解、调解、仲裁和司法诉讼等。司法诉讼以外的解决争议的各种方式又被称为"替代争议解决方式"。替代争议解决方式一般是以当事人自愿为基础的,主要包括和解、协商、调解、仲裁、无约束力仲裁、调解仲裁、小型审判、借用法官、私人法官、附属法院的仲裁以及简易陪审团审判等。

2. 协商和调解

(1)协商的概念和原则。协商又称为谈判,是争议当事人在自愿互谅的基础上,按照有关法律和合同规定,直接进行磋商,自行达成协议,从而解决争议的一种方式。由于这种方式是通过协商或谈判达成和解,故这种方式又称为和解。采取协商方式解决国际民商事争议时应遵循如下五个原则:自愿原则、平等原则、合法原则、协商一致原则、公平合理原则。

(2)调解的概念、原则和类型。调解是当事人自愿将争议提交第三者,并在第三者的主持和促使下达成和解协议,解决争议的一种方法。调解人可以由当事人指定,也可以由调解机构指定。在一般情况下,如果调解后达成的协议上仅有当事人签字,该协议称为和解书或和解协议。如果调解人也在协议上签字,该协议称为调解书或调解协议。和解书和调解书具有合同的法律效力,如果一方当事人反悔或不履行协议,应视为违约。根据我国《仲裁法》第51条的规定,在仲裁中,当事人达成调解协议时,仲裁庭应当制作调解书或根据协议的结果制作裁决书;调解书与裁决书具有同等的法律效力,此种调解书具有强制执行的法律效力。在我国,调解大体上可分为人民调解、民间调解、调解机构调解、仲裁机构调解和法院调解等几种不同的方式。

2015年1月30日发布的最高人民法院《关于适用〈中华人民共和国民事诉讼法〉的解释》第530条规定:"涉外民事诉讼中,经调解双方达成协议,应当制发调解书。当事人要求发给判决书的,可以依协议的内容制作判决书送达当事人。"

## 二、例题

我国G公司与荷兰H公司正就签订一项商务合同进行谈判。针对该合同可能产生的争议,H公司提出,如发生争议应尽量协商调解解决,不成再提请仲裁或进行诉讼。在决定如何回应此方案之前,G公司向其律师请教。该律师关于涉外民商事纠纷调解的下列哪一表述是错误的?(2006年真题,单选)

A. 调解是有第三人介入的争议解决方式

B. 当事人双方在调解人的斡旋下达成的和解协议不具有强制执行的效力

C. 在涉外仲裁程序中进行的调解,仲裁庭无须先行确定双方当事人对调解的一致同意即可直接主持调解

D. 在涉外诉讼中,法官也可以对有关纠纷进行调解

[释疑] 调解是当事人自愿将争议提交第三者,并在第三者的主持和促使下达成和解协议,解决争议的一种方法,故A选项正确。一般来说,当事人双方在调解人的斡旋下达成的和解协议不具有强制执行的效力,不能以和解书或调解书为依据向法院申请强制执行(但和解书和调解书具有合同的法律效力,如果一方当事人反悔或不履行协议,应视为违约,另一方当事人可以寻求新的途径解决争议),所以B选项亦属正确。关于C选项,在涉外仲裁程序中进行的调解,仲裁庭主持调解前仍需先行确定双方当事人对调解的一致同意,故该选项错误。

《关于适用〈中华人民共和国民事诉讼法〉的解释》第 530 条规定:"涉外民事诉讼中,经调解双方达成协议,应当制发调解书。当事人要求发给判决书的,可以依协议的内容制作判决书送达当事人。"可见,在涉外诉讼中,法官也可以对有关纠纷进行调解,故 D 选项正确。(答案:C)

## 考点 2　国际商事仲裁

### 一、精讲

1. 仲裁的类型和机构

仲裁的类型包括国际仲裁、国内仲裁和国际商事仲裁等。根据其组织形式的不同,国际商事仲裁机构可分为临时仲裁庭和常设仲裁机构两种。《关于适用〈中华人民共和国民事诉讼法〉的解释》第 545 条规定:"对临时仲裁庭在中华人民共和国领域外作出的仲裁裁决,一方当事人向人民法院申请承认和执行的,人民法院应当依照民事诉讼法第二百八十三条规定处理。"我国的常设涉外仲裁机构有中国国际经济贸易仲裁委员会和中国海事仲裁委员会。

常设仲裁机构包括国际性常设仲裁机构和国内常设仲裁机构。国际性常设仲裁机构是依据国际公约或一国国内法成立的,有固定名称、地址、人员及办事机构设置、组织章程、行政管理制度及程序规则,解决国际民商事争议的仲裁组织。国际性常设仲裁机构可分为全球性的常设仲裁机构和区域性的常设仲裁机构。前者如 1923 年成立,设在法国巴黎的"国际商会仲裁院"(ICCICA)和根据 1965 年《关于解决国家与他国国民之间的投资争端的公约》设立的"解决投资争端国际中心"(ICSID);后者如 1939 年设立的"美洲国家间商事仲裁委员会"等。

2. 我国关于国际商事仲裁中"涉外""商事"的确定

国际商事仲裁是含有国际因素或涉外因素的仲裁,是解决国际、跨国或涉外商事争议的仲裁,有时也称为国际经济贸易仲裁、涉外仲裁、国际仲裁或跨国仲裁。

关于"涉外仲裁",在我国,凡仲裁协议的一方或双方当事人为外国人、无国籍人或外国企业或实体,或者仲裁协议订立时双方当事人的住所或营业地位于不同的国家,或者即使位于相同的国家,但仲裁地位于该国之外,或者仲裁协议中涉及的商事法律关系的设立、变更或终止的法律事实发生在国外,或者争议标的位于国外等,都应视为涉外仲裁。实践中,中国仲裁机构对涉及中国香港、澳门和台湾地区的仲裁案件,比照涉外案件处理。

关于"商事"的界定,我国最高人民法院 1987 年《关于执行我国加入的〈承认与执行外国仲裁裁决公约〉的通知》第 2 条作了一个解释:根据我国加入该公约时所作的商事保留声明,我国仅对按照我国法律属于契约性和非契约性商事法律关系所引起的争议适用公约。所谓"契约性和非契约性商事法律关系",具体指由于合同、侵权或者根据有关法律规定而产生的经济上的权利义务关系,例如货物买卖、财产租赁、工程承包、加工承揽、技术转让、合资经营、合作经营、勘探开发自然资源、保险、信贷、代理、咨询服务和海上、民用航空、铁路、公路的客货运输以及产品责任、环境污染、海上事故和所有权争议等,但不包括外国投资者与东道国政府之间的争端。

3. 仲裁协议及其效力的认定标准

仲裁协议的类型包括仲裁条款、仲裁协议书或仲裁特别约定。我国《仲裁法》第 16 条第 2 款规定:仲裁协议应当具备下列内容:① 请求仲裁的意思表示;② 仲裁事项;③ 选定的仲裁委员会。

《仲裁法》第3条规定:下列纠纷不能仲裁:① 婚姻、收养、监护、扶养、继承纠纷;② 依法应当由行政机关处理的行政争议。

关于仲裁协议的效力问题,《仲裁法》第17条规定:有下列情形之一的,仲裁协议无效:① 约定的仲裁事项超出法律规定的范围;② 无民事行为能力人或者限制民事行为能力人订立的仲裁协议;③ 一方采取胁迫手段,迫使对方订立仲裁协议。第18条规定:仲裁协议对仲裁事项或者仲裁委员会没有约定或者约定不明确的,当事人可以补充协议;达不成补充协议的,仲裁协议无效。

2006年最高人民法院《关于适用〈中华人民共和国仲裁法〉若干问题的解释》(以下简称《仲裁法解释》)规定了仲裁协议约定不明确的具体处理办法:

(1) 仲裁协议约定的仲裁机构名称不准确,但能够确定具体的仲裁机构的,应当认定选定了仲裁机构。

(2) 仲裁协议仅约定纠纷适用的仲裁规则的,视为未约定仲裁机构,但当事人达成补充协议或者按照约定的仲裁规则能够确定仲裁机构的除外。

(3) 仲裁协议约定两个以上仲裁机构的,当事人可以协议选择其中的一个仲裁机构申请仲裁;当事人不能就仲裁机构选择达成一致的,仲裁协议无效。

(4) 仲裁协议约定由某地的仲裁机构仲裁且该地仅有一个仲裁机构的,该仲裁机构视为约定的仲裁机构。该地有两个以上仲裁机构的,当事人可以协议选择其中的一个仲裁机构申请仲裁;当事人不能就仲裁机构选择达成一致的,仲裁协议无效。

(5) 当事人约定争议可以向仲裁机构申请仲裁也可以向人民法院起诉的,仲裁协议无效。但一方向仲裁机构申请仲裁,另一方未在《仲裁法》第20条第2款规定的期间内提出异议的除外。

涉外仲裁协议所涉及仲裁事项争议可能是买卖合同争议、运输合同争议或者其他争议,对此,我国《涉外民事关系法律适用法》第18条规定:当事人可以协议选择仲裁协议适用的法律。当事人没有选择的,适用仲裁机构所在地法律或者仲裁地法律。

4. 涉外仲裁协议效力认定的主体

我国《仲裁法》第20条规定:当事人对涉外仲裁协议的效力有异议的,可以请求仲裁委员会作出决定或者请求人民法院作出裁定。一方请求仲裁委员会作出决定,另一方请求人民法院作出裁定的,由人民法院裁定。根据1998年10月21日通过的最高人民法院《关于确认仲裁协议效力几个问题的批复》的规定,如果仲裁机构先于人民法院接受申请并已就管辖权异议作出决定,人民法院不再受理当事人的申请。如果仲裁机构接受申请后尚未作出决定,人民法院应予受理,同时通知仲裁机构终止仲裁。当事人对仲裁协议的效力有异议的,应当在仲裁庭首次开庭前提出。

根据1995年8月28日颁发的最高人民法院《关于人民法院处理与涉外仲裁及外国仲裁事项有关问题的通知》的规定,凡起诉到人民法院的涉外、涉港澳和涉台经济、海事海商纠纷案件,如果当事人在合同中订有仲裁条款或者事后达成仲裁协议,人民法院认为该仲裁条款或者仲裁协议无效、失效或者内容不明确无法执行的,在决定受理一方当事人起诉之前,必须报请本辖区所属高级人民法院进行审查;如果高级人民法院同意受理,应将其审查意见报最高人民法院。在最高人民法院未作答复前,可暂不予受理。

5. 涉外仲裁中的财产保全

关于涉外仲裁中的财产保全,2015 年最高人民法院《关于适用〈中华人民共和国民事诉讼法〉的解释》第 542 条规定:"依照民事诉讼法第二百七十二条规定,中华人民共和国涉外仲裁机构将当事人的保全申请提交人民法院裁定的,人民法院可以进行审查,裁定是否进行保全。裁定保全的,应当责令申请人提供担保,申请人不提供担保的,裁定驳回申请。当事人申请证据保全,人民法院经审查认为无需提供担保的,申请人可以不提供担保。"

6. 涉外仲裁裁决的承认与执行

(1) 我国仲裁机构涉外仲裁裁决在我国的执行、撤销及不予执行

① 我国仲裁机构涉外仲裁裁决在我国的执行。根据《民事诉讼法》第 273 条,《仲裁法》第 70、71 条以及最高人民法院有关司法解释的规定,凡败诉方不自动履行裁决,胜诉方可以向败诉方住所地或财产所在地的中级人民法院申请强制执行。

② 我国仲裁机构涉外仲裁裁决的撤销及不予执行的理由。申请撤销或不予执行涉外仲裁裁决的理由,《仲裁法》第 70 条规定:当事人提出证据证明涉外仲裁裁决有《民事诉讼法》第 274 条第 1 款规定的情形之一的,经人民法院组成合议庭审查核实,裁定撤销。

《民事诉讼法》第 274 条第 1 款规定:"对中华人民共和国涉外仲裁机构作出的裁决,被申请人提出证据证明仲裁裁决有下列情形之一的,经人民法院组成合议庭审查核实,裁定不予执行:(一)当事人在合同中没有订有仲裁条款或者事后没有达成书面仲裁协议的;(二)被申请人没有得到指定仲裁员或者进行仲裁程序的通知,或者由于其他不属于被申请人负责的原因未能陈述意见的;(三)仲裁庭的组成或者仲裁的程序与仲裁规则不符的;(四)裁决的事项不属于仲裁协议的范围或者仲裁机构无权仲裁的。"

《仲裁法解释》第 19 条还对仲裁协议的超裁问题作了规定:"当事人以仲裁裁决事项超出仲裁协议范围为由申请撤销仲裁裁决,经审查属实的,人民法院应当撤销仲裁裁决中的超裁部分。但超裁部分与其他裁决事项不可分的,人民法院应当撤销仲裁裁决。"

③ 申请撤销我国涉外仲裁裁决的上报审查程序及裁定撤销后能否上诉问题。关于申请撤销我国涉外仲裁裁决的上报审查程序,最高人民法院《关于人民法院撤销涉外仲裁裁决有关事项的通知》规定:凡一方当事人按照仲裁法的规定向人民法院申请撤销我国涉外仲裁裁决,如果人民法院经审查认为涉外仲裁裁决具有现行《民事诉讼法》第 274 条规定的情形之一的,在裁定撤销裁决或通知仲裁庭重新仲裁之前,须报请本辖区所属高级人民法院进行审查。如果高级人民法院同意撤销裁决或通知仲裁庭重新仲裁,应将其审查意见报最高人民法院。待最高人民法院答复后,方可裁定撤销裁决或通知仲裁庭重新仲裁。

关于我国法院裁定撤销我国仲裁机构作出的涉外仲裁裁决后能否上诉问题,最高人民法院 1997 年 4 月 23 日发布的《关于人民法院裁定撤销涉外仲裁裁决或驳回当事人申请后当事人能否上诉问题的批复》规定:对人民法院依法作出的撤销仲裁裁决或驳回当事人申请的裁定,当事人无权上诉。人民法院依法裁定撤销仲裁裁决的,当事人可以根据双方重新达成的仲裁协议申请仲裁,也可以向人民法院起诉。

(2) 我国仲裁机构涉外仲裁裁决在外国的承认与执行

我国仲裁机构的涉外仲裁裁决需要在外国承认与执行的,可分为两种情况:① 如果该外国为 1958 年《纽约公约》的成员国,则当事人应根据公约规定的程序和条件,直接向该外国有管辖权的法院提出请求承认与执行的申请,然后由该国法院对裁决进行审查,作出是否承认与

执行的裁定。② 如果该外国为非《纽约公约》的成员国,则当事人应当直接向有管辖权的外国法院申请承认与执行,由该国法院根据有关司法协助条约或其本国法律裁定是否承认与执行。

(3) 外国仲裁裁决在我国的承认与执行

《纽约公约》已于1987年4月22日对我国生效,该公约规定缔约国应相互承认仲裁裁决具有约束力,并应依照承认与执行地的程序规则予以执行,执行时不应在实质上比承认与执行本国的仲裁裁决规定更繁琐的条件或更高昂的费用。

根据《纽约公约》第5条第1款的规定,凡外国仲裁裁决有下列情形之一时,被请求承认与执行的国家的主管机关可依被执行人的申请,拒绝承认与执行:① 签订仲裁协议的当事人,根据对他们适用的法律,当时是处于某种无行为能力的情况下;或者根据仲裁协议所选定的准据法,或在未选定准据法时依据裁决地法,该仲裁协议无效;② 被执行人未接到关于指派仲裁员或关于仲裁程序的适当通知,或者由于其他情况未能在案件中进行申辩;③ 裁决所处理的事项不是当事人交付仲裁的事项,或者不包括在仲裁协议规定之内,或者超出了仲裁协议的范围;④ 仲裁庭的组成或仲裁程序与当事人之间的协议不符,或者当事人之间没有这种协议时,与仲裁地所在国法律不符;⑤ 裁决尚未发生法律效力,或者裁决已经由作出裁决的国家或根据其法律作出裁决的国家的主管机关撤销或停止执行。

按照公约第5条第2款的规定,如果被请求承认与执行地国的主管机关依职权主动查明有下列情形之一时,也可以拒绝承认与执行:① 依照执行地国的法律,争议事项不可以用仲裁的方式加以解决(例如根据我国《仲裁法》第3条的规定,婚姻、收养、监护、扶养、继承纠纷以及依法应当由行政机关处理的行政争议不能用仲裁的方式加以解决)。② 承认与执行该裁决违反承认与执行地国的公共政策。

在适用《纽约公约》的规定时,应注意我国提出的两项保留——互惠保留和商事保留。① 互惠保留,即我国只对在另一缔约国领土内作出的裁决适用该公约。我国《民事诉讼法(试行)》与公约有不同规定的,按公约的规定办理。② 商事保留,即我国仅对那些按照我国法律属于契约性或非契约性商事法律关系所引起的争议所作的裁决适用公约的规定。

最高人民法院《关于执行我国加入的〈承认及执行外国仲裁裁决公约〉的通知》第2条规定,我国适用该公约承认和执行的争端中"不包括外国投资者与东道国政府之间的争端"。该通知第3条还规定,仲裁裁决的一方当事人申请我国法院承认和执行在另一缔约国领土内作出的仲裁裁决,应由我国下列地点的中级人民法院受理:① 被执行人为自然人的,为其户籍所在地或者居所地;② 被执行人为法人的,为其主要办事机构所在地;③ 被执行人在我国无住所、居所或者主要办事机构,但有财产在我国境内的,为其财产所在地。

最高人民法院《关于执行我国加入的〈承认及执行外国仲裁裁决公约〉的通知》第4条规定,我国有管辖权的人民法院接到一方当事人的申请后,应对申请承认及执行的仲裁裁决进行审查,如果认为不具有1958年《纽约公约》第5条第1、2款所列的情形,应当裁定承认其效力,并且依照《民事诉讼法(试行)》规定的程序执行;如果认定具有第5条第2款所列的情形之一的(即被我国法律禁止仲裁或违反我国社会公共秩序的),或者根据被执行人提供的证据证明具有第5条第1款所列情形之一的(即《纽约公约》第5条第1款列举的5种情形),应当裁定驳回申请,拒绝承认及执行。

此外,还应注意《纽约公约》对于"外国仲裁裁决"的判断标准是根据"仲裁地点",而非仲裁当事人的国籍。该公约第1条第1款规定:仲裁裁决,因自然人或法人间之争议而产生且在申请承认及执行地所在国以外之国家领土内作成者,其承认及执行适用本公约。

当事人依照1958年《纽约公约》规定的条件申请承认与执行外国仲裁裁决的,受理申请的人民法院决定予以承认与执行的,应在受理申请之日起两个月内作出裁定,如无特殊情况,应在裁定后6个月内执行完毕;决定不予承认和执行的,须按最高人民法院1995年8月28日《关于人民法院处理与涉外仲裁及外国仲裁事项有关问题的通知》的有关规定,在裁定不予执行或者拒绝承认和执行之前,必须报请本辖区所属高级人民法院进行审查;如果高级人民法院同意不予执行或者拒绝承认和执行,应将其审查意见报最高人民法院,待最高人民法院答复后,方可裁定不予执行或者拒绝承认和执行。该审查意见应在受理申请之日起两个月内上报最高人民法院。

如果作出仲裁裁决的仲裁机构所在地国与我国既没有缔结也没有共同参加的国际条约,当事人向我国法院提出承认与执行仲裁裁决的申请时,当事人应该以该裁决为依据向有管辖权的人民法院起诉,由法院作出判决,予以执行。

## 二、例题

1. 2015年3月,甲国公民杰夫欲向中国法院申请承认并执行一项在甲国境内作出的仲裁裁决。中国与甲国均为《承认与执行外国仲裁裁决公约》成员国。关于该裁决的承认和执行,下列哪一选项是正确的?(2015年真题,单选)

   A. 杰夫应通过甲国法院向被执行人住所地或其财产所在地的中级人民法院申请
   B. 如该裁决系临时仲裁庭作出的裁决,人民法院不应承认与执行
   C. 如承认和执行申请被裁定驳回,杰夫可向人民法院起诉
   D. 如杰夫仅申请承认而未同时申请执行该裁决,人民法院可以对是否执行一并作出裁定

   [释疑] 就外国仲裁在中国申请承认和执行,应由当事人自己而非外国法院向被执行人住所地或其财产所在地的中级人民法院申请,故A选项错误。对于临时仲裁,我国原则上要求在我国境内应由常设仲裁机构进行仲裁,即原则上不认可在我国境内的临时仲裁。但对于临时仲裁庭在我国境外作出的仲裁,我国也允许当事人到我国境内申请承认与执行。《关于适用〈中华人民共和国民事诉讼法〉的解释》第545条规定:"对临时仲裁庭在中华人民共和国领域外作出的仲裁裁决,一方当事人向人民法院申请承认和执行的,人民法院应当依照民事诉讼法第二百八十三条规定处理。"故B选项错误。如果外国仲裁裁决的承认与执行被拒绝,则当事人可以重新在中国起诉,故C选项正确。当事人仅仅申请承认而未同时申请执行该裁决,则人民法院仅对是否承认作出裁定,故D选项错误。(答案:C)

2. 法国某公司依1958年联合国《承认与执行外国仲裁裁决公约》,请求中国法院承认与执行一项国际商会国际仲裁院的裁决。依据该公约及中国相关司法解释,下列哪一表述是正确的?(2013年真题,单选)

   A. 法院应依职权主动审查该仲裁过程中是否存在仲裁程序与仲裁协议不符的情况
   B. 该公约第5条规定的拒绝承认与执行外国仲裁裁决的理由是穷尽性的
   C. 如该裁决内含有对仲裁协议范围以外事项的决定,法院应拒绝承认执行该裁决
   D. 如该裁决所解决的争议属于侵权性质,法院应拒绝承认执行该裁决

   [释疑] 《承认与执行外国仲裁裁决公约》第5条明确规定了成员国可以拒绝承认和执行在其他缔约国境内作出的仲裁裁决的7个理由,因此属于穷尽性的规定,故应选B选项。

(答案:B)

3. 中国A公司与甲国B公司签订货物买卖合同,约定合同争议提交中国C仲裁委员会仲裁,仲裁地在中国,但对仲裁条款应适用的法律未作约定。后因货物质量问题双方发生纠纷,中国A公司依仲裁条款向C仲裁委提起仲裁,但B公司主张仲裁条款无效。根据我国相关法律规定,关于本案仲裁条款的效力审查问题,下列哪些判断是正确的?(2012年真题,多选)

A. 对本案仲裁条款的效力,C仲裁委无权认定,只有中国法院有权审查
B. 对本案仲裁条款的效力,如A公司请求C仲裁委作出决定,B公司请求中国法院作出裁定的,由中国法院裁定
C. 对本案仲裁条款效力的审查,应适用中国法
D. 对本案仲裁条款效力的审查,应适用甲国法

[释疑] 法院和仲裁机构均可认定涉外仲裁协议是否有效,二者如果冲突,则法院优先,但仲裁机构已经作出裁决的除外,A选项错误、B选项正确。《涉外民事关系法律适用法》第18条规定:当事人可以协议选择仲裁协议适用的法律。当事人没有选择的,适用仲裁机构所在地法律或者仲裁地法律。故C选项正确、D选项错误。(答案:BC)

4. 中国和甲国均为《承认与执行外国仲裁裁决公约》缔约国。现甲国某申请人向中国法院申请承认和执行在甲国作出的一项仲裁裁决。对此,下列哪一选项是正确的?(2010年真题,单选)

A. 我国应对该裁决的承认与执行适用公约,因为该申请人具有公约缔约国国籍
B. 有关中国投资者与甲国政府间投资争端的仲裁裁决不适用公约
C. 中国有义务承认公约缔约国所有仲裁裁决的效力
D. 被执行人为中国法人的,应由该法人营业所所在地法院管辖

[释疑] 《纽约公约》对于"外国仲裁裁决"的判断标准是根据仲裁地点,而非仲裁当事人的国籍,故A选项错误。根据最高人民法院的司法解释,我国适用《纽约公约》承认和执行的争端中"不包括外国投资者与东道国政府之间的争端",故B选项正确。根据《纽约公约》第5条的规定,我国对于7种情形下的其他缔约国仲裁裁决可以不予承认和执行,C选项错误。根据最高人民法院《关于执行我国加入的〈承认及执行外国仲裁裁决公约〉的通知》第3条的规定,被执行人为中国法人的,应由其主要办事机构所在地中级人民法院管辖,D选项错误。(答案:B)

5. 某国甲公司与中国乙公司订立买卖合同,概括性地约定有关争议由"中国贸仲"仲裁,也可以向法院起诉。后双方因违约责任产生争议。关于该争议的解决,依我国相关法律规定,下列哪一选项是正确的?(2009年真题,单选)

A. 违约责任不属于可仲裁的范围
B. 应认定合同已确定了仲裁机构
C. 仲裁协议因约定不明而在任何情况下均无效
D. 如某国甲公司不服仲裁机构对仲裁协议效力作出的决定,向我国法院申请确认协议效力,我国法院可以受理

[释疑] 根据我国《仲裁法》第3条的规定:下列纠纷不能仲裁:婚姻、收养、监护、扶养、继承纠纷;依法应当由行政机关处理的行政争议。合同纠纷属于可仲裁的事项,故A选项错

误。2006年最高人民法院《关于适用〈中华人民共和国仲裁法〉若干问题的解释》第3条规定:仲裁协议约定的仲裁机构名称不准确,但能够确定具体的仲裁机构的,应当认定选定了仲裁机构,故B选项正确。仲裁协议如果约定不明,双方还可以通过达成补充协议等方式使之有效,因而认为仲裁协议因约定不明而在任何情况下都无效是错误的,C选项错误。根据最高人民法院《关于确认仲裁协议效力几个问题的批复》的规定,如果仲裁机构先于人民法院接受申请并已就管辖权异议作出决定,人民法院不再受理当事人的申请,故D选项错误。(答案:B)

6. 我国甲公司与瑞士乙公司订立仲裁协议,约定由某地仲裁机构仲裁,但约定的仲裁机构名称不准确。根据最高人民法院《关于适用〈中华人民共和国仲裁法〉若干问题的解释》,下列哪些选项是正确的?(2007年真题,多选)

    A. 仲裁机构名称不准确,但能确定具体的仲裁机构的,应认定选定了仲裁机构

    B. 如仲裁协议约定的仲裁地仅有一个仲裁机构,该仲裁机构应视为约定的仲裁机构

    C. 如仲裁协议约定的仲裁地有两个仲裁机构,成立较早的仲裁机构应视为约定的仲裁机构

    D. 仲裁协议仅约定纠纷适用的仲裁规则的,不得视为约定了仲裁机构

[释疑] 依据《仲裁法解释》第3条的规定,A选项正确。依据第6条第1款的规定,B选项也正确,但C选项错误。即如果该地有两个以上仲裁机构的,当事人可以协议选择其中一个仲裁机构申请仲裁;当事人不能就仲裁机构选择达成一致的,仲裁协议无效。根据《仲裁法解释》第4条的规定,仲裁协议仅约定纠纷适用的仲裁规则的,视为未约定仲裁机构,但当事人达成补充协议或者按照约定的仲裁规则能够确定仲裁机构的除外。即仲裁协议仅约定纠纷适用的仲裁规则的,也可能因为达成补充协议或者按照约定的仲裁规则能够确定仲裁机构,从而被认定为有效,因此D选项错误。(答案:AB)

7. 关于我国涉外仲裁法律规则,下列哪些表述不符合我国《仲裁法》的规定?(2007年真题,多选)

    A. 只要是有关当事人可以自由处分的权利的纠纷,就可以通过仲裁解决

    B. 如果当事人有协议约定,仲裁案件可以不开庭审理

    C. 仲裁庭在中国内地进行仲裁时,无权对当事人就仲裁协议有效性提出的异议作出决定

    D. 由三人组成仲裁庭审理的案件,裁决有可能根据一个仲裁员的意见作出

[释疑] 根据我国《仲裁法》第3条第(1)项的规定,婚姻、收养、监护、扶养、继承纠纷不能仲裁,而前述的纠纷涉及的民事权利,在一定范围内当事人是可以自由处分的,故A选项的说法错误。《仲裁法》第39条规定:仲裁应当开庭进行。当事人协议不开庭的,仲裁庭可以根据仲裁申请书、答辩书以及其他材料作出裁决,故B选项的说法正确。《仲裁法》第20条第1款规定,当事人对仲裁协议的效力有异议的,可以请求仲裁委员会作出决定或者请求人民法院作出裁定。因仲裁委员会只是仲裁程序的管理机构,对每个案件的具体案情事实并不全面了解,故一般授权由仲裁庭对仲裁管辖权问题作出决定,所以仲裁庭在中国内地进行仲裁时,有权对当事人就仲裁协议有效性提出的异议作出决定,故C选项的说法错误。《仲裁法》第53条规定:裁决应当按照多数仲裁员的意见作出,少数仲裁员的不同意见可以记入笔录。仲裁庭不能形成多数意见时,裁决应当按照首席仲裁员的意见作出,故D选项的说法本身正确。题干要求选择不符合我国《仲裁法》规定的选项,答案为A、C选项。(答案:AC)

### 三、提示与预测

涉外仲裁方面,我国除《仲裁法》对一般的仲裁协议和程序作了规定之外,《民事诉讼法》(第274条)和有关的司法解释,以及我国参加的《纽约公约》(第5条),还对仲裁的撤销和不予执行,以及外国仲裁裁决的承认和执行的前提条件等作了规定,对此也应掌握。

此外,就涉外仲裁而言,要求大家理解和掌握的内容主要是涉外仲裁协议的效力的认定、涉外仲裁裁决的承认和执行两方面的法条规定。

## 考点 3　国际民事诉讼——外国人在中国的民事诉讼地位

### 一、精讲

(1) 给予外国人以对等为条件的国民待遇原则。

(2) 关于当事人的民事诉讼权利能力与民事诉讼行为能力,我国对此无明文规定,一般认为,当事人的民事诉讼权利能力应依法院地法,至于当事人是否具有民事诉讼行为能力,则应由当事人的属人法决定,但根据其属人法无民事诉讼行为能力,如果依法院地所在国的法律却有民事诉讼行为能力的,应当认定为有民事诉讼行为能力,即此时应依法院地法。

(3) 诉讼费用担保。诉讼费用担保是指审理国际民事案件的法院依据本国诉讼法的规定,为防止原告滥用其诉讼权利或防止其败诉后不支付诉讼费用,要求作为原告的外国人或者在内国无住所的人,在起诉时提供以后可能由他负担的诉讼费用的担保。

对于诉讼费用担保,我国经历了从要求外国人提供担保到实行在互惠前提下免除诉讼费用担保的过程。

(4) 诉讼代理。根据我国《民事诉讼法》及有关司法解释的规定,外国人在我国法院参与诉讼时,可以亲自进行,也有权通过一定程序委托我国的律师或我国其他公民代为进行。

《民事诉讼法》第263条规定:外国人、无国籍人、外国企业和组织在人民法院起诉、应诉,需要委托律师代理诉讼的,必须委托中华人民共和国的律师。

《关于适用〈中华人民共和国民事诉讼法〉的解释》第528条规定:涉外民事诉讼中的外籍当事人,可以委托本国人为诉讼代理人,也可以委托本国律师以非律师身份担任诉讼代理人;外国驻华使领馆官员,受本国公民的委托,可以个人名义担任诉讼代理人,但在诉讼中不享有外交特权和豁免权。

关于涉外民事诉讼代理授权委托书的认证手续,《民事诉讼法》第264条规定:在中华人民共和国领域内没有住所的外国人、无国籍人、外国企业和组织委托中华人民共和国律师或者其他人代理诉讼,从中华人民共和国领域外寄交或者托交的授权委托书,应当经所在国公证机关证明,并经中华人民共和国驻该国使领馆认证,或者履行中华人民共和国与该所在国订立的有关条约中规定的证明手续后,才具有效力。

(5) 司法豁免。依据《民事诉讼法》第261条的规定,对享有外交特权与豁免的外国人、外国组织或者国际组织提起的民事诉讼,应当依照中华人民共和国有关法律和中华人民共和国缔结或者参加的国际条约的规定办理。

(6) 涉外民事案件应使用的诉讼语言文字。《民事诉讼法》第 262 条规定:人民法院审理涉外民事案件,应当使用中华人民共和国通用的语言、文字。当事人要求提供翻译的,可以提供,费用由当事人承担。

《民事诉讼法》第 5 条规定:"外国人、无国籍人、外国企业和组织在人民法院起诉、应诉,同中华人民共和国公民、法人和其他组织有同等的诉讼权利义务。外国法院对中华人民共和国公民、法人和其他组织的民事诉讼权利加以限制的,中华人民共和国人民法院对该国公民、企业和组织的民事诉讼权利,实行对等原则。"

我国涉外民事诉讼程序中的诉讼代理等问题的具体规定总结如下:

(1) 涉外民事诉讼程序中的身份证明、诉讼代理等

| ① 外国人及外国企业或者组织的诉讼代表在中国民事诉讼程序中的身份证明 | | 最高人民法院《关于适用〈中华人民共和国民事诉讼法〉的解释》第 523 条规定:外国人参加诉讼,应当向人民法院提交护照等用以证明自己身份的证件。外国企业或者组织参加诉讼,向人民法院提交的身份证明文件,应当经所在国公证机关公证,并经中华人民共和国驻该国使领馆认证,或者履行中华人民共和国与该所在国订立的有关条约中规定的证明手续。代表外国企业或者组织参加诉讼的人,应当向人民法院提交其有权作为代表人参加诉讼的证明,该证明应当经所在国公证机关公证,并经中华人民共和国驻该国使领馆认证,或者履行中华人民共和国与该所在国订立的有关条约中规定的证明手续。本条所称的"所在国",是指外国企业或者组织的设立登记地国,也可以是办理了营业登记手续的第三国。 |
|---|---|---|
| ② 外国人在中国民事诉讼程序中的诉讼代理 | 代理人范围 | 《民事诉讼法》第 263 条规定:外国人、无国籍人、外国企业和组织在人民法院起诉、应诉,需要委托律师代理诉讼的,必须委托中华人民共和国的律师。<br>最高人民法院《关于适用〈中华人民共和国民事诉讼法〉的解释》第 528 条规定:涉外民事诉讼中的外籍当事人,可以委托本国人为诉讼代理人,也可以委托本国律师以非律师身份担任诉讼代理人;外国驻华使领馆官员,受本国公民的委托,可以个人名义担任诉讼代理人,但在诉讼中不享有外交或者领事特权和豁免。<br>第 529 条规定:涉外民事诉讼中,外国驻华使领馆授权其本馆官员,在作为当事人的本国国民不在中华人民共和国领域内的情况下,可以以外交代表身份为其本国国民在中华人民共和国聘请中华人民共和国律师或者中华人民共和国公民代理民事诉讼。 |
| | 授权委托的公证、见证程序 | 最高人民法院《关于适用〈中华人民共和国民事诉讼法〉的解释》第 525 条规定:外国人、外国企业或者组织的代表人在人民法院法官的见证下签署授权委托书,委托代理人进行民事诉讼的,人民法院应予认可。<br>第 526 条规定:外国人、外国企业或者组织的代表人在中华人民共和国境内签署授权委托书,委托代理人进行民事诉讼,经中华人民共和国公证机构公证的,人民法院应予认可。 |

(2) 涉外民事诉讼的材料翻译、调解、诉讼期间、审判语言等其他问题

| ① 书面材料的翻译 | 最高人民法院《关于适用〈中华人民共和国民事诉讼法〉的解释》第527条规定:当事人向人民法院提交的书面材料是外文的,应当同时向人民法院提交中文翻译件。当事人对中文翻译件有异议的,应当共同委托翻译机构提供翻译文本;当事人对翻译机构的选择不能达成一致的,由人民法院确定。 |
| --- | --- |
| ② 涉外民事诉讼的诉讼期间 | 最高人民法院《关于适用〈中华人民共和国民事诉讼法〉的解释》第538条规定:不服第一审人民法院判决、裁定的上诉期,对在中华人民共和国领域内有住所的当事人,适用《民事诉讼法》第164条规定的期限(注意:即送达判决15日内,裁定10日内上诉);对在中华人民共和国领域内没有住所的当事人,适用《民事诉讼法》第269条规定的期限(即判决、裁定送达后30日内上诉,被上诉人收到上诉状副本后30日内答辩)。当事人的上诉期均已届满没有上诉的,第一审人民法院的判决、裁定即发生法律效力。<br>第539条规定:人民法院对涉外民事案件的当事人申请再审进行审查的期间,不受《民事诉讼法》第204条规定的限制(注意:不受"自收到再审申请书之日起三个月内审查"的限制)。 |
| ③ 涉外民事诉讼中的调解 | 最高人民法院《关于适用〈中华人民共和国民事诉讼法〉的解释》第530条规定:涉外民事诉讼中,经调解双方达成协议,应当制发调解书。当事人要求发给判决书的,可以依协议的内容制作判决书送达当事人。 |
| ④ 涉外民事诉讼的审判语言 | 《民事诉讼法》第262条规定:人民法院审理涉外民事案件,应当使用中华人民共和国通用的语言、文字。当事人要求提供翻译的,可以提供,费用由当事人承担。 |

## 二、例题

1. 某外国公民阮某因合同纠纷在中国法院起诉中国公民张某。关于该民事诉讼,下列哪一选项是正确的?(2012年真题,单选)

A. 阮某可以委托本国律师以非律师身份担任诉讼代理人

B. 受阮某委托,某该国驻华使馆官员可以个人名义担任诉讼代理人,并在诉讼中享有外交特权和豁免权

C. 阮某和张某可用明示方式选择与争议有实际联系的地点的法院管辖

D. 中国法院和外国法院对该案都有管辖权的,如张某向外国法院起诉,阮某向中国法院起诉,中国法院不能受理

[释疑] 根据最高人民法院《关于适用〈中华人民共和国民事诉讼法〉的解释》第528条的规定,涉外民事诉讼中的外籍当事人,可以委托本国律师以非律师身份担任诉讼代理人,也可以委托外国驻华使领馆官员,以个人名义担任诉讼代理人,但后者在诉讼中不享有外交特权和豁免权,故A选项正确、B选项错误。涉外民事诉讼不必遵循一事不再理原则,即使外国法

院受理,中国法院仍然有权受理,故 D 选项错误。关于 C 选项,《民事诉讼法》第 34 条规定:合同或者其他财产权益纠纷的当事人可以书面协议选择被告住所地、合同履行地、合同签订地、原告住所地、标的物所在地等与争议有实际联系的地点的人民法院管辖,但不得违反本法对级别管辖和专属管辖的规定。第 266 条规定:因在中华人民共和国履行中外合资经营企业合同、中外合作经营企业合同、中外合作勘探开发自然资源合同发生纠纷提起的诉讼,由中华人民共和国人民法院管辖。官方答案认为 C 选项错误,其理由大概是题干中并未说明是何种合同纠纷,如果阮某和张某的合同属于专属管辖的合同,当事人协议外国法院管辖则无效。对于本题,我们也可以靠做题技巧,基于本题属于单项选择,而 A 选项显然正确,用排除法把其他几个选项排除掉。(答案:A)

2. 普拉克是外国公民,在一起由中国法院审理的涉外侵权案件中为原告。普拉克请求使用其本国语言进行诉讼。关于中国法院对该请求的处理,下列哪一选项是正确的?(2008 年真题,单选)

A. 尊重普拉克的这一请求,使用其本国语言审理
B. 驳回普拉克的这一请求,使用中文审理,告知由其自行解决翻译问题
C. 驳回普拉克的这一请求,以中文审理,但在其要求并承担费用的情况下,应为其提供翻译
D. 驳回普拉克的这一请求,使用中文审理,但可为其提供免费翻译

[释疑] 本题中,在该起由中国法院审理的涉外侵权案件中,原告是外国人,根据《民事诉讼法》第 262 条的规定,本案应以中文审理,但在当事人要求提供翻译并承担费用的情况下,可以提供翻译,故 C 选项正确。(答案:C)

### 三、提示与预测

外国人在我国的民事诉讼地位主要涉及待遇、委托代理人的程序和范围、审理过程中所适用的语言等比较具体的问题,由于这几个问题在实践中经常会遇到,考试中也时常出现,所以应掌握其相应的法条规定。

## 考点 4 国际民事诉讼——国际民事案件管辖权

### 一、精讲

1. 确定国际民事案件管辖权的原则

确定国际民事案件管辖权的原则包括属地管辖原则、属人管辖原则、协议管辖原则(又称为合意管辖原则)、专属管辖原则(是指一国主张其法院对某些国际民事案件具有独占的或排他的管辖权,不承认其他国家法院对这些案件的管辖权)、平行管辖原则(又称为选择管辖原则,是指一国在主张自己对某些案件有管辖权的同时,并不否认其他国家法院对这些案件行使管辖权)等。一般来说,各国主要是依据属地或属人原则,同时采用平行管辖、专属管辖和协议管辖等原则。

在国际民事诉讼中,一些国家并不禁止一事再理或一事两诉,也就是说,一些国家对依据本国法律有管辖权的案件会加以受理,而不会因另一国法院已经受理或者正在审理相同当事人就同一诉讼标的或诉由提起的案件而自己拒绝行使管辖权。最高人民法院《关于适用〈中

华人民共和国民事诉讼法〉的解释》第 533 条规定:"中华人民共和国法院和外国法院都有管辖权的案件,一方当事人向外国法院起诉,而另一方当事人向中华人民共和国法院起诉的,人民法院可予受理。判决后,外国法院申请或者当事人请求人民法院承认和执行外国法院对本案作出的判决、裁定的,不予准许;但双方共同缔结或者参加的国际条约另有规定的除外。外国法院判决、裁定已经被人民法院承认,当事人就同一争议向人民法院起诉的,人民法院不予受理。"有效解决一事再理问题的途径当属制定有关国际民事案件管辖权的公约,或一国在必要情况下主动采用"非方便法院原则"(即一国法院虽然对某一涉外民事案件享有管辖权,但可以该法院审理该案非常不方便为理由拒绝行使管辖权)主动拒绝管辖。最高人民法院《关于适用〈中华人民共和国民事诉讼法〉的解释》第 532 条就"非方便法院原则"作了如下规定:"涉外民事案件同时符合下列情形的,人民法院可以裁定驳回原告的起诉,告知其向更方便的外国法院提起诉讼:(一) 被告提出案件应由更方便外国法院管辖的请求,或者提出管辖异议;(二) 当事人之间不存在选择中华人民共和国法院管辖的协议;(三) 案件不属于中华人民共和国法院专属管辖;(四) 案件不涉及中华人民共和国国家、公民、法人或者其他组织的利益;(五) 案件争议的主要事实不是发生在中华人民共和国境内,且案件不适用中华人民共和国法律,人民法院审理案件在认定事实和适用法律方面存在重大困难;(六) 外国法院对案件享有管辖权,且审理该案件更加方便。"

2. 我国《民事诉讼法》有关涉外民事案件管辖权的规定

(1) 普通地域管辖。普通地域管辖即原告就被告。涉外民事案件中的被告住所地在我国,或者被告的住所地与经常居住地不一致时其经常居住地在我国领域内,我国法院都有管辖权。自然人的住所地指户籍所在地,经常居住地指公民离开其住所至起诉时连续居住 1 年以上的地方。法人的住所地指法人的主要营业地或者主要办事机构所在地。但对不在我国领域内居住的人提起的有关身份关系的诉讼,可以由原告住所地或经常居住地的我国法院管辖。

(2) 特别地域管辖。《民事诉讼法》第 265 条规定:"因合同纠纷或者其他财产权益纠纷,对在中华人民共和国领域内没有住所的被告提起的诉讼,如果合同在中华人民共和国领域内签订或者履行,或者诉讼标的物在中华人民共和国领域内,或者被告在中华人民共和国领域内有可供扣押的财产,或者被告在中华人民共和国领域内设有代表机构,可以由合同签订地、合同履行地、诉讼标的物所在地、可供扣押财产所在地、侵权行为地或者代表机构住所地人民法院管辖。"

《民通意见》第 187 条规定:"侵权行为地的法律包括侵权行为实施地法律和侵权结果发生地法律。如果两者不一致时,人民法院可以选择适用。"

(3) 专属管辖。关于专属管辖,根据我国《民事诉讼法》第 33、266 条及《海事诉讼特别程序法》第 7 条的规定,下列案件,由有关人民法院专属管辖:① 因不动产纠纷提起的诉讼,由不动产所在地人民法院管辖。② 因沿海港口作业纠纷提起的诉讼,由港口所在地海事法院管辖。③ 因继承遗产纠纷提起的诉讼,由被继承人死亡时住所地或者主要遗产所在地人民法院管辖。④ 因在中华人民共和国履行中外合资经营企业合同、中外合作经营企业合同、中外合作勘探开发自然资源合同发生纠纷提起的诉讼,由中华人民共和国人民法院管辖。

(4) 协议管辖。关于协议管辖,《民事诉讼法》第 34 条规定:合同或者其他财产权益纠纷的当事人可以书面协议选择被告住所地、合同履行地、合同签订地、原告住所地、标的物所在地等与争议有实际联系的地点的人民法院管辖,但不得违反本法对级别管辖和专属管辖的规定。最高人民法院《关于适用〈中华人民共和国民事诉讼法〉的解释》第 531 条也规定："涉外合同或者其他财产权益纠纷的当事人,可以书面协议选择被告住所地、合同履行地、合同签订地、原告住所地、标的物所在地、侵权行为地等与争议有实际联系地点的外国法院管辖。根据民事诉讼法第三十三条和第二百六十六条规定,属于中华人民共和国法院专属管辖的案件,当事人不得协议选择外国法院管辖,但协议选择仲裁的除外。"此外,《海事诉讼特别程序法》第 8 条规定:海事纠纷的当事人都是外国人、无国籍人、外国企业或者组织,当事人书面协议选择中华人民共和国海事法院管辖的,即使与纠纷有实际联系的地点不在中华人民共和国领域内,中华人民共和国海事法院对该纠纷也具有管辖权。

(5) 默示接受管辖或推定管辖。关于默示接受管辖或推定管辖,《民事诉讼法》第 127 条规定:"人民法院受理案件后,当事人对管辖权有异议的,应当在提交答辩状期间提出。人民法院对当事人提出的异议,应当审查。异议成立的,裁定将案件移送有管辖权的人民法院;异议不成立的,裁定驳回。当事人未提出管辖异议,并应诉答辩的,视为受诉人民法院有管辖权,但违反级别管辖和专属管辖规定的除外。"

(6) 集中管辖。最高人民法院《关于涉外民商事案件诉讼管辖若干问题的规定》就集中管辖作了规定:

第 1 条规定:"第一审涉外民商事案件由下列人民法院管辖:(一) 国务院批准设立的经济技术开发区人民法院;(二) 省会、自治区首府、直辖市所在地的中级人民法院;(三) 经济特区、计划单列市中级人民法院;(四) 最高人民法院指定的其他中级人民法院;(五) 高级人民法院。上述中级人民法院的区域管辖范围由所在地的高级人民法院确定。"

第 2 条规定:"对国务院批准设立的经济技术开发区人民法院所作的第一审判决、裁定不服的,其第二审由所在地中级人民法院管辖。"

第 3 条规定:"本规定适用于下列案件:(一) 涉外合同和侵权纠纷案件;(二) 信用证纠纷案件;(三) 申请撤销、承认与强制执行国际仲裁裁决的案件;(四) 审查有关涉外民商事仲裁条款效力的案件;(五) 申请承认和强制执行外国法院民商事判决、裁定的案件。"

第 4 条规定:"发生在与外国接壤的边境省份的边境贸易纠纷案件,涉外房地产案件和涉外知识产权案件,不适用本规定。"

第 5 条规定:"涉及香港、澳门特别行政区和台湾地区当事人的民商事纠纷案件的管辖,参照本规定处理。"

(7) 涉外离婚案件的管辖权。对于涉外离婚案件的管辖权,根据我国《民事诉讼法》第 21 条、第 22 条第(1)项的规定,只要被告在我国有住所或居所,我国法院就有管辖权;同时,对于被告不在我国境内居住的离婚案件,如原告在我国境内有住所或居所,则原告住所地或居所地法院也有管辖权。

《关于适用〈中华人民共和国民事诉讼法〉的解释》第 13 条至第 17 条作了更具体的规定:

第 13 条规定:在国内结婚并定居国外的华侨,如定居国法院以离婚诉讼须由婚姻缔结地法院管辖为由不予受理,当事人向人民法院提出离婚诉讼的,由婚姻缔结地或者一方在国内的最后居住地人民法院管辖。

第 14 条规定:在国外结婚并定居国外的华侨,如定居国法院以离婚诉讼须由国籍所属国法院管辖为由不予受理,当事人向人民法院提出离婚诉讼的,由一方原住所地或者在国内的最后居住地人民法院管辖。

第 15 条规定：中国公民一方居住在国外，一方居住在国内，不论哪一方向人民法院提起离婚诉讼，国内一方住所地人民法院都有权管辖。国外一方在居住国法院起诉的，受诉人民法院有权管辖。

第 16 条规定：中国公民双方在国外但未定居，一方向人民法院起诉离婚的，应由原告或者被告原住所地人民法院管辖。

第 17 条规定：已经离婚的中国公民，双方均定居国外，仅就国内财产分割提起诉讼的，由主要财产所在地人民法院管辖。

（8）遵守国际条约的规定。如果我国法律规定与所参加的有关民事诉讼管辖权的条约规定有不同的，除我国声明保留的条款外，应优先适用公约的规定。

我国管辖权相关规定
- 条约优先
- 普通地域管辖（被告住所地、经常居住地）及其例外
- 特别地域管辖
- 专属管辖
- 协议管辖（又称为合意管辖）
- 默示接受管辖（应诉管辖或推定管辖或接受管辖）
- 集中管辖

## 二、例题

1. 俄罗斯公民萨沙来华与中国公民韩某签订一份设备买卖合同。后因履约纠纷韩某将萨沙诉至中国某法院。经查，萨沙在中国境内没有可供扣押的财产，亦无居所；该套设备位于中国境内。关于本案的管辖权与法律适用，依中国法律规定，下列哪一选项是正确的？（2016年真题，单选）

A. 中国法院没有管辖权
B. 韩某可在该套设备所在地或合同签订地法院起诉
C. 韩某只能在其住所地法院起诉
D. 萨沙与韩某只能选择适用中国法或俄罗斯法

[释疑] 本题考点为特别领域管辖。《民事诉讼法》第265条规定："因合同纠纷或者其他财产权益纠纷，对在中华人民共和国领域内没有住所的被告提起的诉讼，如果合同在中华人民共和国领域内签订或者履行，或者诉讼标的物在中华人民共和国领域内，或者被告在中华人民共和国领域内有可供扣押的财产，或者被告在中华人民共和国领域内设有代表机构，可以由合同签订地、合同履行地、诉讼标的物所在地、可供扣押财产所在地、侵权行为地或者代表机构住所地人民法院管辖。"根据前述规定，本案中，该设备买卖合同的标的物所在地或合同签订地的中国法院有管辖权。故 B 选项正确，其他选项错误。（答案：B）

2. 朗文与戴某缔结了一个在甲国和中国履行的合同。履约过程中发生争议，朗文向甲国法院起诉戴某并获得胜诉判决。戴某败诉后就同一案件向我国法院提起诉讼。朗文以该案件已经甲国法院判决生效为由对中国法院提出管辖权异议。依据我国法律、司法解释以及我国缔结的相关条约，下列哪一选项是正确的？（2008年真题，单选）

A. 朗文的主张构成对我国法院就同一案件实体问题行使管辖权的有效异议
B. 我国法院对戴某的起诉没有管辖权

C. 我国法院对涉外民事诉讼案件的管辖权不受任何限制

D. 我国法院可以受理戴某的起诉

[释疑] 本题涉及涉外合同纠纷,该合同在甲国和中国履行,根据我国《民事诉讼法》关于特别地域管辖的规定,即在六种情况下,对于涉外合同或者财产权益纠纷,即使被告在我国没有住所或者经常居住地,我国法院也有管辖权。而且,根据《关于适用〈中华人民共和国民事诉讼法〉的解释》第533条的规定,外国法院已经管辖并不影响中国法院对自己有管辖权的案件立案受理。本题案情中,当事人一方以甲国法院已经就该纠纷作出生效判决为理由主张我国法院没有管辖权是不能成立的(当然,如果我国法院已经裁定承认该外国法院就该案所作判决,则不应再就同一案件立案受理,但本题并不属于此种情况),故A、B选项错误。我国法院就涉外民事案件行使管辖权,应依据《民事诉讼法》及相关司法解释的规定进行,C选项认为不受任何限制是错误的。就本题而言,我国法院对该案件有管辖权,答案为D选项。(答案:D)

3. 国际海上运输合同的当事人在合同中选定我国某法院作为解决可能发生的纠纷的法院。关于此,下列哪一选项是错误的?(2007真题,单选)

A. 该协议不得违反我国有关级别管辖和专属管辖的规定

B. 当事人可以在纠纷发生前协议选择我国法院管辖

C. 如与该合同纠纷有实际联系的地点不在我国领域内,我国法院无权依该协议对纠纷进行管辖

D. 涉外合同或涉外财产权益纠纷的当事人可以选择管辖法院

[释疑] 本题中,国际海上运输合同的当事人在合同中选定我国某法院为管辖法院,根据《民事诉讼法》的规定,A、B、D选项的说法本身都是正确的。从表面上看,当事人应用书面协议"选择与争议有实际联系的地点的法院管辖",但我国《海事诉讼特别程序法》第8条又规定,如果海事纠纷的当事人都是外国人、无国籍人、外国企业或者组织,则并不要求"选择与争议有实际联系的地点的法院管辖",而本题恰好属于国际海上运输合同问题,涉及海事纠纷,依据特别法优于一般法的原则,在本题的案情中,并不必然要求当事人选择的我国法院和案件有实际联系。C选项错误,在本题中当选。(答案:C)

4. 最高人民法院《关于涉外民商事案件诉讼管辖若干问题的规定》中,明确了涉外民商事案件的诉讼管辖权限和范围,也规定了例外的情况。不适用上述规定进行集中管辖的涉外案件是:(2007年真题,不定选)

A. 涉外房地产案件　　　　　　B. 边境贸易纠纷案件

C. 强制执行国际仲裁裁决案件　　D. 信用证纠纷案件

[释疑] 根据最高人民法院《关于涉外民商事案件诉讼管辖若干问题的规定》第3条的规定,强制执行国际仲裁裁决案件和信用证纠纷案件都适用集中管辖;而根据该规定第4条的规定,本题中的涉外房地产案件和边境贸易纠纷案件都不适用集中管辖,答案显然为A、B选项。(答案:AB)

### 三、提示与预测

涉外民事纠纷的管辖权问题非常重要,属于每年必考的问题。由于我国相关法条共规定了八个原则,如领域管辖、特别领域管辖、协议管辖、专属管辖、推定管辖、集中管辖、条约优先、平行管辖,这些法条应认真掌握,注意区别,防止做题的时候相互混淆。

## 考点 5 国际民事诉讼的期间、诉讼保全和诉讼时效

1. 期间

在国际民事诉讼中,由于涉及国外的当事人或需要在国外完成一定的诉讼行为,诉讼期间一般需要较长时间,各国民事诉讼法规定的国际民事诉讼期间通常比国内民事诉讼期间要长。

根据我国《民事诉讼法》的相关规定,被告在我国领域内没有住所的,法院应当将起诉状副本送达被告,并通知被告在收到起诉状副本后30天内提出答辩状。被告申请延期的,是否准许,由法院决定。另外,在我国领域内没有住所的当事人的上诉期、被上诉人的答辩期也都是30天,并且经法院准许还可以延长。而且,法院审理涉外案件的期间不受国内案件审理期间的限制。

2. 诉讼保全

根据我国《民事诉讼法》的相关规定,在涉外民事诉讼中,法院只基于当事人的申请或在起诉前基于利害关系人的申请,裁定是否采取财产保全措施,并不依职权主动采取该类措施。

3. 诉讼时效

对于涉外民事诉讼时效的准据法,目前各国的趋势是规定诉讼时效适用该诉讼请求的准据法。

## 考点 6 国际司法协助

### 一、精讲

1. 国际司法协助概述

国际司法协助请求的提出一般通过以下途径:外交途径、使领馆途径、法院途径、中心机关途径(又称为中央机关途径)。我国先后参加了《承认及执行外国仲裁裁决公约》《关于向国外送达民事或商事诉讼文书和非诉讼文书公约》《关于从国外调取民事或商事证据的公约》。

(1)我国涉外司法协助的范围。根据《民事诉讼法》第276条至第283条的规定,关于司法协助的范围,我国法院和外国法院可以在我国缔结或参加的国际条约或互惠原则的基础上,相互请求进行司法协助,包括送达文书、调查取证、承认与执行外国法院判决和外国仲裁裁决以及进行其他诉讼行为。但外国法院请求协助的事项有损我国的主权、安全或社会公共利益的,我国法院不予执行。

(2)提出司法协助请求的途径。司法协助请求提出的途径,应当根据我国缔结或参加的国际条约所规定的途径进行;没有条约关系的,通过外交途径进行。此外,外国驻我国使领馆可以向其本国公民送达文书和调查取证,但不得违反我国法律,并不得采取强制措施。未经我国主管机关的准许,任何其他外国机关或个人不得在我国领域内送达文书和调查取证。最高人民法院《关于适用〈中华人民共和国民事诉讼法〉的解释》第549条规定:"与中华人民共和国没有司法协助条约又无互惠关系的国家的法院,未通过外交途径,直接请求人民法院提供司法协助的,人民法院应予退回,并说明理由。"

(3)提供司法协助的程序。我国法院提供司法协助依我国法律规定的程序进行,外国法院请求采用特殊方式进行的,也可以按照其请求的特殊方式进行,但请求采用的方式不得违反

我国的法律。

2. 域外送达

域外送达是指一国法院根据国际条约或本国法律或按照互惠原则将诉讼文书和非诉讼文书送交给居住在国外的当事人或其他诉讼参与人的行为。

(1) 一般的涉外送达规定。《民事诉讼法》第267条规定:"人民法院对在中华人民共和国领域内没有住所的当事人送达诉讼文书,可以采用下列方式:(一)依照受送达人所在国与中华人民共和国缔结或者共同参加的国际条约中规定的方式送达;(二)通过外交途径送达;(三)对具有中华人民共和国国籍的受送达人,可以委托中华人民共和国驻受送达人所在国的使领馆代为送达;(四)向受送达人委托的有权代其接受送达的诉讼代理人送达;(五)向受送达人在中华人民共和国领域内设立的代表机构或者有权接受送达的分支机构、业务代办人送达;(六)受送达人所在国的法律允许邮寄送达的,可以邮寄送达,自邮寄之日起满三个月,送达回证没有退回,但根据各种情况足以认定已经送达的,期间届满之日视为送达(最高人民法院《关于适用〈中华人民共和国民事诉讼法〉的解释》第536条规定:受送达人所在国允许邮寄送达的,人民法院可以邮寄送达。邮寄送达时应当附有送达回证。受送达人未在送达回证上签收但在邮件回执上签收的,视为送达,签收日期为送达日期。自邮寄之日起满三个月,如果未收到送达的证明文件,且根据各种情况不足以认定已经送达的,视为不能用邮寄方式送达);(七)采用传真、电子邮件等能够确认受送达人收悉的方式送达;(八)不能用上述方式送达的,公告送达,自公告之日起满三个月,即视为送达。"最高人民法院《关于适用〈中华人民共和国民事诉讼法〉的解释》第534条规定:"对在中华人民共和国领域内没有住所的当事人,经用公告方式送达诉讼文书,公告期满不应诉,人民法院缺席判决后,仍应当将裁判文书依照民事诉讼法第二百六十七条第八项规定公告送达。自公告送达裁判文书满三个月之日起,经过三十日的上诉期当事人没有上诉的,一审判决即发生法律效力。"第537条规定:"人民法院一审时采取公告方式向当事人送达诉讼文书的,二审时可径行采取公告方式向其送达诉讼文书,但人民法院能够采取公告方式之外的其他方式送达的除外。"

此外,2006年7月17日通过的最高人民法院《关于涉外民事或商事案件司法文书送达问题若干规定》对涉外民商事案件的送达方式进一步作了规定:① 当事人(包括作为受送达人的外国企业或其他组织的法定代表人、主要负责人)在我国领域内的,可直接向该当事人送达。最高人民法院《关于适用〈中华人民共和国民事诉讼法〉的解释》第535条对此进一步规定:"外国人或者外国企业、组织的代表人、主要负责人在中华人民共和国领域内的,人民法院可以向该自然人或者外国企业、组织的代表人、主要负责人送达。外国企业、组织的主要负责人包括该企业、组织的董事、监事、高级管理人员等。"② 可以向代理人送达,但授权委托书明确排除代理人接受送达的除外。③ 可以向当事人在中国设立的代表机构送达,如果向当事人在中国设立的分支机构或业务代办人送达,以其得到可以接受送达的授权为前提。④ 如果受送达国家也是《海牙送达公约》的成员,中国与该国家签订的双边司法协助协定优先于《海牙送达公约》。⑤ 可以通过其他适当方式送达(传真、电子邮件),但以对方国家不禁止及确认当事人已收悉为前提。⑥ 对不能适用公约、协定、外交途径以及邮寄方式送达的界定:自我国有关机关将司法文书转递受送达人所在国有关机关之日起满6个月,如果未能收到送达与否的证明文件,且根据各种情况不足以认定已经送达的,视为不能用该种方式送达。⑦ 合法送达之认定:即使受送达人未对人民法院送达的司法文书履行签收手续,受送达人书面向人民法院提及了所送达司法文书的内容,或受送达人已按所送达文书的内容履行,则可以视为已经合法送达。

(2) 我国参加《关于向国外送达民事或商事司法文书和司法外文书公约》(即《海牙送达公约》)的司法解释。最高人民法院、外交部、司法部《关于执行〈关于向国外送达民事或商事司法文书和司法外文书公约〉有关程序的通知》规定:① 凡公约成员国驻华使、领馆转送该国法院或其他机关请求我国送达的民事或商事司法文书,应直接送交司法部,由司法部转递给最高人民法院,再由最高人民法院交有关人民法院送达给当事人。送达证明由有关人民法院交最高人民法院退司法部,再由司法部送交该国驻华使、领馆。② 凡公约成员国有权送交文书的主管当局或司法助理人员直接送交司法部请求我国送达的民事或商事司法文书,由司法部转递给最高人民法院,再由最高人民法院交有关人民法院送达给当事人。送达证明由有关人民法院交最高人民法院退司法部,再由司法部送交该国主管当局或司法助理人员。③ 对公约成员国驻华使、领馆直接向其在华的本国公民送达民事或商事司法文书,如不违反我国法律,可不表示异议。④ 我国法院若请求公约成员国向该国公民或第三国公民或无国籍人送达民事或商事司法文书,有关中级人民法院或专门人民法院应将请求书和所送司法文书送有关高级人民法院转最高人民法院,由最高人民法院送司法部转送给该国指定的中央机关;必要时,也可由最高人民法院送我国驻该国使馆转送给该国指定的中央机关。⑤ 我国法院欲向在公约成员国的中国公民送达民事或商事司法文书,可委托我国驻该国的使、领馆代为送达。委托书和所送司法文书应由有关中级人民法院或专门人民法院送有关高级人民法院转最高人民法院,由最高人民法院径送或经司法部转送我国驻该国使、领馆送达给当事人。

司法部、最高人民法院、外交部《关于印发〈关于执行海牙送达公约的实施办法〉的通知》还规定了有关程序:① 司法部收到国外的请求书后,对于有中文译本的文书,应于5日内转给最高人民法院;对于用英文或法文写成,或者附有英文或法文译本的文书,应于7日内转给最高人民法院;对于不符合公约规定的文书,司法部将予以退回或要求请求方补充、修正材料。② 最高人民法院应于5日内将文书转给送达执行地高级人民法院;高级人民法院收文后,应于3日内转有关的中级人民法院或者专门人民法院;中级人民法院或者专门人民法院收文后,应于10日内完成送达,并将送达回证尽快交最高人民法院转司法部。③ 执行送达的法院不管文书中确定的出庭日期或期限是否已过,均应送达。如受送达人拒收,应在送达回证上注明。④ 对于国外按公约提交的未附中文译本而附英、法文译本的文书,法院仍应予以送达。除双边条约中规定英、法文译本为可接受文字者外,受送达人有权以未附中文译本为由拒收。凡当事人拒收的,送达法院应在送达回证上注明。⑤ 司法部接到送达回证后,按公约的要求填写证明书,并将其转回国外请求方。

(3) 其他有关规定。根据最高人民法院《关于向外国公司送达司法文书能否向其驻华代表机构送达并适用留置送达问题的批复》的规定,人民法院向外国公司的驻华代表机构送达诉讼文书时,可以适用留置送达的方式。关于外国法院向在我国的受送达人送达,应当根据该国与我国缔结或共同参加的条约所规定的途径送达,没有条约关系的,按外交途径送达;外国驻我国使领馆可以向其本国公民送达文书,但不得违反我国法律,并不得采取强制措施。

3. 域外取证

域外取证是指基于国际条约或互惠原则,被请求国协助请求国调查案情,获得或收集证据的活动。域外取证方式主要包括:

(1) 代为取证。

(2) 领事取证,采取此种取证方式不得违反当地的法律,也不得采取强制措施。

(3) 特派员取证。我国原则上不允许外国特派员在我国境内取证,但在特殊情况下可特许外国特派员在我国境内取证。

(4) 当事人或诉讼代理人自行取证。根据我国有关规定,未经我国主管机关准许,任何外国当事人或其诉讼代理人都不得在我国境内自行取证。

4.《关于从国外调取民事或商事证据的公约》的有关规定

根据公约的规定,在民事或商事案件中,每一缔约国的司法机关可以根据该国的法律规定,通过请求书的方式,请求另一缔约国主管机关"调取证据"或"履行某些其他司法行为"。请求书不得用来调取不打算用于已经开始或即将开始的司法程序的证据。"其他司法行为"一词不包括司法文书的送达或颁发执行判决或裁定的任何决定,或采取临时措施或保全措施的命令。这说明公约仅适用于调取用于司法程序的证据或请求履行与司法程序相关的行为。

在民事或商事案件中,每一缔约国的司法机关可以根据该国的法律规定,通过请求书的方式,请求另一缔约国主管机关调取证据或履行某些其他司法行为。

每一缔约国应指定一个中央机关负责接收来自另一缔约国司法机关的请求书,并将其转交给执行请求的主管机关。各缔约国应依其本国法律组建该中央机关。请求书应直接送交执行国中央机关,无须通过该国任何其他机关转交。

在符合下列条件的情况下,每一缔约国的外交官员或领事代表在另一缔约国境内其执行职务的区域内,亦可以向他执行职务地所在国或第三国国民在不采取强制措施的情况下调取证据,以协助在其代表的国家的法院中进行的诉讼:① 他执行职务地所在国指定的主管机关已给予一般性或对特定案件的许可,并且② 他遵守主管机关在许可中设定的条件。缔约国可以声明,无须取得事先许可即可依本条进行取证。

在程序方面,执行请求书的司法机关应适用其本国法规定的方式和程序。但是,该机关应采纳其他缔约国的请求机关提出的采用特殊方式或程序的请求,除非其与执行国国内法相抵触或因其国内惯例和程序或存在实际困难而不可能执行。请求书应迅速执行,只有在下列情况下,被请求的缔约国才能拒绝执行请求书:

(1) 在执行国,该请求书的执行不属于司法机关的职权范围;

(2) 被请求国认为,请求书的执行将会损害其主权和安全。

执行国不能仅因其国内法已对该项诉讼标的规定专属管辖权或不承认对该事项提起诉讼的权利为理由,拒绝执行请求。

5. 最高人民法院《关于依据国际公约和双边司法协助条约办理民商事案件司法文书送达和调查取证司法协助请求的规定》

第1条规定:人民法院应当根据便捷、高效的原则确定依据海牙送达公约、海牙取证公约,或者双边民事司法协助条约,对外提出民商事案件司法文书送达和调查取证请求。

第2条规定:人民法院协助外国办理民商事案件司法文书送达和调查取证请求,适用对等原则。

第3条规定:人民法院协助外国办理民商事案件司法文书送达和调查取证请求,应当进行审查。外国提出的司法协助请求,具有海牙送达公约、海牙取证公约或双边民事司法协助条约规定的拒绝提供协助的情形的,人民法院应当拒绝提供协助。

第4条规定:人民法院协助外国办理民商事案件司法文书送达和调查取证请求,应当按照民事诉讼法和相关司法解释规定的方式办理。请求方要求按照请求书中列明的特殊方式办理的,如果该方式与我国法律不相抵触,且在实践中不存在无法办理或者办理困难的情形,应当按照该特殊方式办理。

第5条规定:人民法院委托外国送达民商事案件司法文书和进行民商事案件调查取证,需要提供译文的,应当委托中华人民共和国领域内的翻译机构进行翻译。译文应当附有确认译文与原文一致的翻译证明。翻译证明应当有翻译机构的印章和翻译人的签名。译文不得加盖人民法院印章。

第6条规定:最高人民法院统一管理全国各级人民法院的国际司法协助工作。高级人民法院应当确定一个部门统一管理本辖区各级人民法院的国际司法协助工作并指定专人负责。中级人民法院、基层人民法院和有权受理涉外案件的专门法院,应当指定专人管理国际司法协助工作;有条件的,可以同时确定一个部门管理国际司法协助工作。

第7条规定:人民法院应当建立独立的国际司法协助登记制度。

第8条规定:人民法院应当建立国际司法协助档案制度。办理民商事案件司法文书送达的送达回证、送达证明在各个转递环节应当以适当方式保存。办理民商事案件调查取证的材料应当作为档案保存。

第9条规定:经最高人民法院授权的高级人民法院,可以依据海牙送达公约、海牙取证公约直接对外发出本辖区各级人民法院提出的民商事案件司法文书送达和调查取证请求。

第10条规定:通过外交途径办理民商事案件司法文书送达和调查取证,不适用本规定。

第11条规定:最高人民法院国际司法协助统一管理部门根据本规定制定实施细则。

第12条规定:最高人民法院以前所作的司法解释及规范性文件,凡与本规定不一致的,按本规定办理。

6. 外国法院判决的承认与执行

关于承认与执行外国法院判决的程序,各国在实践中主要有三种不同的做法:经形式上的审查发给执行令的程序;经实质性审查后发给执行令的程序;重新起诉程序。我国采取上述第一种程序。

(1)外国法院的判决在中国的承认和执行。《民事诉讼法》第281条规定:外国法院作出的发生法律效力的判决、裁定,需要中华人民共和国人民法院承认和执行的,可以由当事人直接向中华人民共和国有管辖权的中级人民法院申请承认和执行,也可以由外国法院依照该国与中华人民共和国缔结或者参加的国际条约的规定,或者按照互惠原则,请求人民法院承认和执行。

最高人民法院《关于适用〈中华人民共和国民事诉讼法〉的解释》第548条规定:"承认和执行外国法院作出的发生法律效力的判决、裁定或者外国仲裁裁决的案件,人民法院应当组成合议庭进行审查。人民法院应当将申请书送达被申请人。被申请人可以陈述意见。人民法院经审查作出的裁定,一经送达即发生法律效力。"

关于当事人向中国法院申请承认和执行时应提交的申请材料,最高人民法院《关于适用〈中华人民共和国民事诉讼法〉的解释》第543条规定:"申请人向人民法院申请承认和执行外国法院作出的发生法律效力的判决、裁定,应当提交申请书,并附外国法院作出的发生法律效力的判决、裁定正本或者经证明无误的副本以及中文译本。外国法院判决、裁定为缺席判决、裁定的,申请人应当同时提交该外国法院已经合法传唤的证明文件,但判决、裁定已经对此予以明确说明的除外。中华人民共和国缔结或者参加的国际条约对提交文件有规定的,按照规定办理。"

此外,仅仅申请承认并不等同于申请执行。最高人民法院《关于适用〈中华人民共和国民事诉讼法〉的解释》第546条规定:"对外国法院作出的发生法律效力的判决、裁定或者外国仲裁裁决,需要中华人民共和国法院执行的,当事人应当先向人民法院申请承认。人民法院经审查,裁定承认后,再根据民事诉讼法第三编的规定予以执行。当事人仅申请承认而未同时申请执行的,人民法院仅对应否承认进行审查并作出裁定。"第547条规定:"当事人申请承认和执行外国法院作出的发生法律效力的判决、裁定或者外国仲裁裁决的期间,适用民事诉讼法第二百三十九条的规定。当事人仅申请承认而未同时申请执行的,申请执行的期间自人民法院对承认申请作出的裁定生效之日起重新计算。"

《民事诉讼法》第282条规定:人民法院对申请或者请求承认和执行的外国法院作出的发生法律效力的判决、裁定,依照中华人民共和国缔结或者参加的国际条约,或者按照互惠原则进行审查后,认为不违反中华人民共和国法律的基本原则或者国家主权、安全、社会公共利益的,裁定承认其效力,需要执行的,发出执行令,依照本法的有关规定执行。违反中华人民共和国法律的基本原则或者国家主权、安全、社会公共利益的,不予承认和执行。

承认与执行外国法院判决、裁定的条件
① 存在条约或互惠关系——无此关系则告知可重新起诉
② 外国法院有管辖权
③ 不与正在我国国内进行或已经终结的诉讼相冲突
④ 审判程序公正
⑤ 判决或裁定已经发生法律效力
⑥ 不违反我国法律的基本原则或主权、安全和社会公共利益

(2) 我国法院的判决在外国申请承认和执行。《民事诉讼法》第280条第1款规定:"人民法院作出的发生法律效力的判决、裁定,如果被执行人或者其财产不在中华人民共和国领域内,当事人请求执行的,可以由当事人直接向有管辖权的外国法院申请承认和执行,也可以由人民法院依照中华人民共和国缔结或者参加的国际条约的规定,或者按照互惠原则,请求外国法院承认和执行。"

7. 我国关于承认与执行外国法院离婚判决的规定

根据1991年最高人民法院《关于中国公民申请承认外国法院离婚判决程序问题的规定》的规定,归纳如下:

(1) 对与我国没有订立司法协助协议的外国法院作出的离婚判决,中国国籍的当事人可以根据该规定向人民法院申请承认该外国法院的判决。但外国法院离婚判决中的夫妻财产分割、生活费负担、子女抚养方面判决的承认执行,不适用该规定。

(2) 申请由申请人住所地中级人民法院受理。申请人住所地与经常居住地不一致的,由经常居住地中级人民法院受理。申请人不在国内的,由申请人原国内住所地中级人民法院

受理。

（3）经审查，外国法院的离婚判决具有下列情形之一的，不予承认：① 判决尚未发生法律效力；② 作出判决的外国法院对案件没有管辖权；③ 判决是在被告缺席且未得到合法传唤情况下作出的；④ 该当事人之间的离婚案件，我国法院正在审理或已作出判决，或者第三国法院对该当事人之间作出的离婚判决已为我国法院所承认；⑤ 判决违反我国法律的基本原则或者危害我国国家主权、安全和社会公共利益。

## 二、例题

1. 蒙古公民高娃因民事纠纷在蒙古某法院涉诉。因高娃在北京居住，该蒙古法院欲通过蒙古驻华使馆将传票送达高娃，并向其调查取证。依中国法律规定，下列哪一选项是正确的？（2016年真题，单选）

A. 蒙古驻华使馆可向高娃送达传票

B. 蒙古驻华使馆不得向高娃调查取证

C. 只有经中国外交部同意后，蒙古驻华使馆才能向高娃送达传票

D. 蒙古驻华使馆可向高娃调查取证并在必要时采取强制措施

[释疑] 本题考点为涉外领事送达及取证。我国允许外国驻华使领馆直接向其本国国民送达或取证，故 A 选项正确，B、C 选项错误。外国驻华使领馆在我国向其本国国民取证时，不得采取强制措施，故 D 选项错误。（答案：A）

2. 中国与甲国均为《关于从国外调取民事或商事证据的公约》的缔约国，现甲国法院因审理一民商事案件，需向中国请求调取证据。根据该公约及我国相关规定，下列哪一说法是正确的？（2014年真题，单选）

A. 甲国法院可将请求书交中国司法部，请求代为取证

B. 中国不能以该请求书不属于司法机关职权范围为由拒绝执行

C. 甲国驻中国领事代表可在其执行职务范围内，向中国公民取证，必要时可采取强制措施

D. 甲国当事人可直接在中国向有关证人获取证人证言

[释疑] 根据《关于执行〈关于向国外送达民事或商事司法文书和司法外文书公约〉有关程序的通知》的规定，司法部为我国指定的履行该公约的中央机关。故 A 选项正确。对于不属于司法机关职权范围的取证请求，被请求国可以拒绝执行，故 B 选项错误。使领馆取证不可采取强制措施，故 C 选项错误。我国原则上禁止外国当事人在我国境内自行取证，故 D 选项错误。（答案：A）

3. 中国某法院审理一起涉外民事纠纷，需要向作为被告的外国某公司进行送达。根据《关于向国外送达民事或商事司法文书和司法外文书公约》（海牙《送达公约》）、中国法律和司法解释，关于该案件的涉外送达，法院的下列哪一做法是正确的？（2013年真题，单选）

A. 应首先按照海牙《送达公约》规定的方式进行送达

B. 不得对被告采用邮寄送达方式

C. 可通过中国驻被告所在国使领馆向被告进行送达

D. 可通过电子邮件方式向被告送达

[释疑] 中国驻外国使领馆均限于向中国国民送达，C 选项错误。通过电子邮件或传真

的方式送达是可以的,只要能够确认当事人已经收悉即可,故应选 D 选项。(答案:D)

4. 甲国秋叶公司在该国法院获得一项胜诉的判决,并准备向中国法院申请执行。根据我国现行法律,下列哪些选项是正确的?(2008 年真题,多选)

A. 该判决可以由当事人直接向我国有管辖权的法院申请执行

B. 该判决可以由甲国法院依照该国与我国缔结或共同参加的国际条约的规定向我国有管辖权的法院申请执行

C. 对外国法院判决效力的承认,我国采取裁定方式

D. 对与我国缔结司法协助条约的国家的法院判决,我国法院均应予以执行

[释疑] 根据《民事诉讼法》第 281 条的规定,外国法院作出的发生法律效力的判决、裁定,需要我国人民法院承认和执行的,由当事人直接向我国有管辖权的中级人民法院申请承认和执行,也可以由外国法院依照该国与我国缔结或者参加的国际条约的规定,或者按照互惠原则,请求人民法院承认和执行,故 A、B 选项正确。对于外国法院判决效力的承认,我国采取裁定方式,C 选项正确。对与我国缔结司法协助条约的国家的法院判决,也必须满足一系列有关条件,例如不违反我国法律的基本原则或者国家主权、安全、社会公共利益等,才能予以承认和执行,因此 D 选项错误。(答案:ABC)

5. 外国公民张女士与旅居该国的华侨王先生结婚,后因感情疏离,张女士向该国法院起诉离婚并获得对其有利的判决,包括解除夫妻关系,以及夫妻财产分割和子女抚养等内容。该外国与中国之间没有司法协助协定。张女士向中国法院申请承认该离婚判决,王先生随后在同一中国法院起诉与张女士离婚。根据我国法律和司法解释,下列哪一选项是错误的?(2008 年真题,单选)

A. 中国法院应依最高人民法院《关于中国公民申请承认外国法院离婚判决程序问题的规定》决定是否承认该判决中解除夫妻身份关系的内容

B. 中国法院应依前项司法解释决定是否执行该判决中解除夫妻身份关系之外的内容

C. 若张女士的申请被驳回,她就无权再提出承认该判决的申请,但可另行向中国法院起诉离婚

D. 中国法院不应受理王先生的离婚起诉

[释疑] 根据最高人民法院《关于中国公民申请承认外国法院离婚判决程序问题的规定》第 2 条的规定,该规定不适用外国法院离婚判决中的夫妻财产分割、生活费负担、子女抚养方面判决的承认与执行。但根据该规定第 1 条的规定,对于该判决中解除夫妻身份关系的内容,是可以依该规定予以承认的,故 A 选项本身说法是正确的,B 选项错误。张女士向中国法院申请承认该离婚判决,《关于中国公民申请承认外国法院离婚判决程序问题的规定》第 22 条规定:申请人的申请被驳回后,不得再提出申请,但可以另行向人民法院起诉离婚,C 选项正确。该规定第 19 条规定:人民法院受理承认外国法院离婚判决的申请后,对方当事人向人民法院起诉离婚的,人民法院不予受理。故中国法院不应受理王先生的离婚起诉,D 选项正确。本题要求选择错误的说法,故答案为 B 选项。(答案:B)

### 三、提示与预测

国际司法协助——涉外送达、取证、外国法院判决的承认和执行——也是每年必考的考点。关于涉外送达,除要了解我国《民事诉讼法》第 267 条及最高人民法院《关于涉外民事或

商事案件司法文书送达问题若干规定》外,还应了解我国所参加的《海牙送达公约》的主要内容,才算是比较系统地掌握了这一考点。此外,还应了解《海牙送达公约》《关于执行海牙公约的通知》以及《关于执行海牙送达公约的实施办法》的规定。涉外取证的问题相对简单,了解我国规定及《关于从国外调取民事或商事证据的公约》的主要规定即可。判决的承认与执行是国际民事诉讼法中重要的内容,应掌握我国法院的判决在外国的承认与执行以及外国判决在我国法院的承认与执行两个方面。

# 第七章 区际法律问题

**本章知识体系:**

中国的区际司法协助
- 最高人民法院《关于涉台民事诉讼文书送达的若干规定》
- 内地与香港特别行政区的送达安排
- 内地与澳门特别行政区(送达与取证)的安排
- 涉港澳送达——《关于涉港澳商事案件司法文书送达问题若干规定》
- 内地与澳门特别行政区相互认可与执行民事判决的安排
- 《关于认可和执行台湾地区法院民事判决的规定》
- 《关于内地与香港特别行政区法院相互认可和执行当事人协议管辖的民商事案件判决的安排》
- 内地与香港相互执行仲裁裁决的安排
- 内地与澳门相互认可和执行仲裁裁决的安排

## 考点 1 区际法律冲突与区际冲突法

1. 区际法律冲突法

区际法律冲突法是指用以解决同一个主权国家内部的不同法域之间的民商事法律冲突的法律冲突法。区际法律冲突法本质上是多法域国家的国内法,这与国际私法不同。

2. 区际法律冲突的"区际冲突法解决途径"

(1) 全国统一区际冲突法。

(2) 各自的区际冲突法。

(3) 类推国际私法解决。

(4) 适用与解决国际私法冲突基本相同的规则。

3. 区际法律冲突的"统一实体法解决途径"

区际法律冲突的"统一实体法解决途径",即多法域国家制定统一实体法解决国内不同法域的法律冲突。

4. 中国区际法律冲突的解决步骤

(1) 中国区际法律冲突的解决途径。目前,直接通过中央机关制定全国统一冲突法或统一实体法来解决我国的区际法律冲突在现阶段尚不可能。我国当前是参照国际私法规则来解决区际法律冲突的。

(2) 中国区际法律冲突之解决步骤设想:① 各自制定各自的区际冲突法;② 全国统一的

区际冲突法;③ 全国统一实体法。

## 考点 2　中国的区际司法协助

### 一、精讲

（一）内地与香港特别行政区之间的送达

1999 年最高人民法院《关于内地与香港特别行政区法院相互委托送达民商事司法文书的安排》的主要内容如下：

（1）双方委托送达司法文书,均须通过各高级人民法院和香港特别行政区高等法院进行。最高人民法院司法文书可以直接委托香港特别行政区高等法院送达;

（2）委托书应以中文文本提出,所附司法文书没有中文文本的,应当提供中文译本;

（3）委托送达司法文书应当依据受委托方所在地的法律规定的程序进行,根据被请求方的程序不论司法文书中确定的出庭日期或期限是否已过,受委托方均应送达;

（4）受托法院完成送达的期限最迟不得超过自收到委托书之日起两个月;

（5）委托送达司法文书费用互免,但委托方在委托书中请求以特定送达方式送达所产生的费用,由委托方负担。

（二）内地与澳门特别行政区之间的送达和调查取证、相互认可和执行民事判决、相互认可和执行仲裁裁决的安排

1. 内地与澳门特别行政区之间的送达和调查取证

对于委托送达,内地和香港特区、澳门特区都有安排,但委托取证,则内地只和澳门特区有安排,和香港特区没有安排。2001 年最高人民法院《关于内地与澳门特别行政区法院就民商事案件相互委托送达司法文书和调取证据的安排》的主要内容如下：

（1）双方相互委托送达司法文书和调取证据,均须通过各高级人民法院和澳门特别行政区终审法院进行。最高人民法院与澳门特别行政区终审法院可以直接相互委托送达和调取证据。

（2）委托书应以中文文本提出。所附司法文书及其他相关文件没有中文文本的,应当提供中文译本。

（3）委托送达司法文书应当依据受委托方所在地的法律规定的程序进行,根据被请求方的程序不论司法文书中确定的出庭日期或期限是否已过,受委托方均应送达。

（4）受委托方法院完成受托事项的期限,送达文书最迟不得超过自收到委托书之日起两个月,调取证据最迟不得超过自收到委托书之日起 3 个月。

（5）委托送达司法文书费用互免,但受委托方法院根据其本辖区法律规定,有权在调取证据时,要求委托方法院预付鉴定人、证人、翻译人员的费用,以及因采用委托方法院在委托书中请求以特殊方式送达司法文书或调取证据所产生的费用。

（6）委托方法院请求调取的证据只能是用于与诉讼有关的证据。

（7）受委托方法院收到委托书后,不得以其本辖区法律规定对委托方法院审理的该民商事案件享有专属管辖权或不承认对该请求事项提起诉讼的权利为由,不予执行受托事项。

（8）证人、鉴定人在委托方地域内逗留期间,不得因在其离开受委托方地域之前,在委托方境内所实施的行为或针对他所作的裁决而被刑事起诉、羁押,或者为履行刑罚或者其他处罚

而被剥夺财产或者扣留身份证件,或者以任何方式对其人身自由加以限制。证人、鉴定人完成所需诉讼行为,且可自由离开委托方地域后,在委托方境内逗留超过 7 天,或者已离开委托方地域又自行返回时,前述所指的豁免即行终止。

2.《内地与澳门特别行政区关于相互认可和执行民商事判决的安排》的主要内容

(1) 内地与澳门特别行政区民商事案件(在内地包括劳动争议案件,在澳门特别行政区包括劳动民事案件)判决的相互认可和执行,刑事案件中有关民事损害赔偿的判决、裁定,适用该安排,该安排不适用于行政案件。

(2) 内地有权受理认可和执行判决申请的法院为被申请人住所地、经常居住地或者财产所在地的中级人民法院。两个或者两个以上中级人民法院均有管辖权的,申请人应当选择向其中一个中级人民法院提出申请。澳门特别行政区有权受理认可判决申请的法院为中级法院,有权执行的法院为初级法院。

(3) 被申请人在内地和澳门特别行政区均有可供执行的财产的,申请人可以向一地法院提出执行申请。申请人向一地法院提出执行申请的同时,可以向另一地法院申请查封、扣押或者冻结被执行人的财产。待一地法院执行完毕后,可以根据该地法院出具的执行情况证明,就不足部分向另一地法院申请采取处分财产的执行措施。两地法院执行财产的总额,不得超过依据判决和法律规定所确定的数额。

(4) 被请求方法院经审查核实存在下列情形之一的,裁定不予认可:① 根据被请求方的法律,判决所确认的事项属被请求方法院专属管辖;② 在被请求方法院已存在相同诉讼,该诉讼先于待认可判决的诉讼提起,且被请求方法院具有管辖权;③ 被请求方法院已认可或者执行被请求方法院以外的法院或仲裁机构就相同诉讼作出的判决或仲裁裁决;④ 根据判决作出地的法律规定,败诉的当事人未得到合法传唤,或者无诉讼行为能力人未依法得到代理;⑤ 根据判决作出地的法律规定,申请认可和执行的判决尚未发生法律效力,或者因再审被裁定中止执行;⑥ 在内地认可和执行判决将违反内地法律的基本原则或者社会公共利益;在澳门特别行政区认可和执行判决将违反澳门特别行政区法律的基本原则或者公共秩序。

3. 内地与澳门特别行政区之间相互认可和执行仲裁裁决的安排

| 承认和执行仲裁裁决 | 管辖法院 | 被申请人在两地均有财产的 | 适用范围 | 拒绝执行理由 |
| --- | --- | --- | --- | --- |
| 内地 | 被申请人住所地、经常居住地或财产所在地中级人民法院;二者不同时可选择其一,但不得同时分别申请。 | 可单独也可以同时分别申请,仲裁地法院先执行,可向另一地法院就不足部分申请执行。 | 仲裁机构、仲裁地、准据法(仲裁法规)均在对方所在地,三重标准。 | 基本与《纽约公约》第 5 条相同。 |
| 澳门 | 中级法院(申请认可)。 | | | |

(三) 内地向住所地在香港、澳门的民商事案件当事人送达司法文书的问题

最高人民法院于 2009 年 2 月 16 日通过了《关于涉港澳民商事案件司法文书送达问题若干规定》,其主要内容归纳如下:

1. 适用条件

人民法院审理涉及香港特别行政区、澳门特别行政区的民商事案件时,向住所地在香港特

别行政区、澳门特别行政区的受送达人送达司法文书,适用本规定。

2. 送达方式

(1) 作为受送达人的自然人或者企业、其他组织的法定代表人、主要负责人在内地的,人民法院可以直接向该自然人或者法定代表人、主要负责人送达。

(2) 除受送达人在授权委托书中明确表明其诉讼代理人无权代为接收有关司法文书外,其委托的诉讼代理人为有权代其接受送达的诉讼代理人,人民法院可以向该诉讼代理人送达。

(3) 受送达人在内地设立有代表机构的,人民法院可以直接向该代表机构送达。受送达人在内地设立有分支机构或者业务代办人并授权其接受送达的,人民法院可以直接向该分支机构或者业务代办人送达。

(4) 人民法院向在内地没有住所的受送达人送达司法文书,可以按照最高人民法院《关于内地与香港特别行政区法院相互委托送达民商事司法文书的安排》或者最高人民法院《关于内地与澳门特别行政区法院就民商事案件相互委托送达司法文书和调取证据的安排》送达。

按照前款规定方式送达的,自内地的高级人民法院或者最高人民法院将有关司法文书递送香港特别行政区高等法院或者澳门特别行政区终审法院之日起满3个月,如果未能收到送达与否的证明文件且不存在本规定第12条规定情形的,视为不能适用上述安排中规定的方式送达。

(5) 人民法院向受送达人送达司法文书,可以邮寄送达。邮寄送达时应附有送达回证。受送达人未在送达回证上签收但在邮件回执上签收的,视为送达,签收日期为送达日期。自邮寄之日起满3个月,虽未收到送达与否的证明文件,但存在本规定第12条规定(该条规定内容见下文)情形的,期间届满之日视为送达。自邮寄之日起满3个月,如果未能收到送达与否的证明文件,且不存在本规定第12条规定情形的,视为未送达。

(6) 人民法院可以通过传真、电子邮件等能够确认收悉的其他适当方式向受送达人送达。

(7) 人民法院不能依照本规定上述方式送达的,可以公告送达。公告内容应当在内地和受送达人住所地公开发行的报刊上刊登,自公告之日起满3个月即视为送达。

(8) 除公告送达方式外,人民法院可以同时采取多种法定方式向受送达人送达。采取多种方式送达的,应当根据最先实现送达的方式确定送达日期。

(9) 人民法院向在内地的受送达人或者受送达人的法定代表人、主要负责人、诉讼代理人、代表机构以及有权接受送达的分支机构、业务代办人送达司法文书,可以适用留置送达的方式。

(10)《关于涉港澳民商事案件司法文书送达问题若干规定》第12条规定:受送达人未对人民法院送达的司法文书履行签收手续,但存在以下情形之一的,视为送达:① 受送达人向人民法院提及了所送达司法文书的内容;② 受送达人已经按照所送达司法文书的内容履行;③ 其他可以确认已经送达的情形。

3. 转递或补正程序

下级人民法院送达司法文书,根据有关规定需要通过上级人民法院转递的,应当附申请转递函。上级人民法院收到下级人民法院申请转递的司法文书,应当在7个工作日内予以转递。

上级人民法院认为下级人民法院申请转递的司法文书不符合有关规定需要补正的,应当在7个工作日内退回申请转递的人民法院。

(四)最高人民法院《关于认可和执行台湾地区法院民事判决的规定》

2015年6月2日最高人民法院审判委员会第1653次会议通过了《关于认可和执行台湾地区法院民事判决的规定》,主要内容如下:

(1)台湾地区法院民事判决,包括台湾地区法院作出的生效民事判决、裁定、和解笔录、调解笔录、支付命令等;台湾地区法院在刑事案件中作出的有关民事损害赔偿的生效判决、裁定、和解笔录;由台湾地区乡镇市调解委员会等出具并经台湾地区法院核定,与台湾地区法院生效民事判决具有同等效力的调解文书。

(2)申请认可台湾地区法院民事判决的案件,由申请人住所地、经常居住地或者被申请人住所地、经常居住地、财产所在地中级人民法院或者专门人民法院受理。申请人向两个以上有管辖权的人民法院申请认可的,由最先立案的人民法院管辖。申请人向被申请人财产所在地人民法院申请认可的,应当提供财产存在的相关证据。

(3)对申请认可台湾地区法院民事判决的案件,人民法院应当组成合议庭进行审查。

(4)申请人申请认可台湾地区法院民事判决,应当提供相关证明文件,以证明该判决真实并且已经生效。申请人可以申请人民法院通过海峡两岸调查取证司法互助途径查明台湾地区法院民事判决的真实性和是否生效以及当事人得到合法传唤的证明文件;人民法院认为必要时,也可以就有关事项依职权通过海峡两岸司法互助途径向台湾地区请求调查取证。

(5)人民法院受理认可台湾地区法院民事判决的申请后,当事人就同一争议起诉的,不予受理。一方当事人向人民法院起诉后,另一方当事人向人民法院申请认可的,对于认可的申请不予受理。

(6)案件虽经台湾地区有关法院判决,但当事人未申请认可,而是就同一争议向人民法院起诉的,应予受理。

(7)人民法院受理认可台湾地区法院民事判决的申请后,作出裁定前,申请人请求撤回申请的,可以裁定准许。

(8)人民法院受理认可台湾地区法院民事判决的申请后,应当在立案之日起6个月内审结。有特殊情况需要延长的,报请上一级人民法院批准。通过海峡两岸司法互助途径送达文书和调查取证的期间,不计入审查期限。

(9)人民法院经审查能够确认台湾地区法院民事判决真实并且已经生效,而且不具有本规定第15条所列情形的,裁定认可其效力;不能确认该民事判决的真实性或者已经生效的,裁定驳回申请人的申请。裁定驳回申请的案件,申请人再次申请并符合受理条件的,人民法院应予受理。

(10)对人民法院裁定不予认可的台湾地区法院民事判决,申请人再次提出申请的,人民法院不予受理,但申请人可以就同一争议向人民法院起诉。

(11)申请人申请认可和执行台湾地区法院民事判决的期间,适用《民事诉讼法》第239条的规定,但申请认可台湾地区法院有关身份关系的判决除外。申请人仅申请认可而未同时申请执行的,申请执行的期间自人民法院对认可申请作出的裁定生效之日起重新计算。

(12)申请认可和执行台湾地区法院民事判决,应当参照《诉讼费用交纳办法》的规定,交纳相关费用。

(五)最高人民法院《关于认可和执行台湾地区仲裁裁决的规定》

2015年6月2日最高人民法院审判委员会第1653次会议通过了最高人民法院《关于认

可和执行台湾地区仲裁裁决的规定》，主要内容如下：

（1）台湾地区仲裁裁决是指，有关常设仲裁机构及临时仲裁庭在台湾地区按照台湾地区仲裁规定就有关商事争议作出的仲裁裁决，包括仲裁判断、仲裁和解和仲裁调解。

（2）申请认可台湾地区仲裁裁决的案件，由申请人住所地、经常居住地或者被申请人住所地、经常居住地、财产所在地中级人民法院或者专门人民法院受理。申请人向两个以上有管辖权的人民法院申请认可的，由最先立案的人民法院管辖。申请人向被申请人财产所在地人民法院申请认可的，应当提供财产存在的相关证据。

（3）对申请认可台湾地区仲裁裁决的案件，人民法院应当组成合议庭进行审查。

（4）申请人申请认可台湾地区仲裁裁决，应当提供相关证明文件，以证明该仲裁裁决的真实性。申请人可以申请人民法院通过海峡两岸调查取证司法互助途径查明台湾地区仲裁裁决的真实性；人民法院认为必要时，也可以就有关事项依职权通过海峡两岸司法互助途径向台湾地区请求调查取证。

（5）人民法院受理认可台湾地区仲裁裁决的申请后，当事人就同一争议起诉的，不予受理。当事人未申请认可，而是就同一争议向人民法院起诉的，亦不予受理，但仲裁协议无效的除外。

（6）人民法院受理认可台湾地区仲裁裁决的申请后，作出裁定前，申请人请求撤回申请的，可以裁定准许。

（7）人民法院经审查能够确认台湾地区仲裁裁决真实，而且不具有本规定第14条所列情形的，裁定认可其效力；不能确认该仲裁裁决真实性的，裁定驳回申请。裁定驳回申请的案件，申请人再次申请并符合受理条件的，人民法院应予受理。

（8）一方当事人向人民法院申请认可或者执行台湾地区仲裁裁决，另一方当事人向台湾地区法院起诉撤销该仲裁裁决，被申请人申请中止认可或者执行并且提供充分担保的，人民法院应当中止认可或者执行程序。申请中止认可或者执行的，应当向人民法院提供台湾地区法院已经受理撤销仲裁裁决案件的法律文书。台湾地区法院撤销仲裁裁决的，人民法院应当裁定不予认可或者裁定终结执行；台湾地区法院驳回撤销仲裁裁决请求的，人民法院应当恢复认可或者执行程序。

（9）对人民法院裁定不予认可的台湾地区仲裁裁决，申请人再次提出申请的，人民法院不予受理。但当事人可以根据双方重新达成的仲裁协议申请仲裁，也可以就同一争议向人民法院起诉。

（10）申请认可和执行台湾地区仲裁裁决，应当参照《诉讼费用交纳办法》的规定，交纳相关费用。内地人民法院决定认可台湾地区仲裁裁决的，应自立案起两个月内作出裁定；拒绝认可或者驳回申请的，应在作出决定前按有关规定自立案之日起两个月内上报最高人民法院。

（六）最高人民法院《关于涉台民事诉讼文书送达的若干规定》

（1）人民法院送达或者代为送达的民事诉讼文书包括起诉状副本、上诉状副本、反诉状副本、答辩状副本、授权委托书、传票、判决书、调解书、裁定书、支付令、决定书、通知书、证明书、送达回证以及与民事诉讼有关的其他文书。

（2）人民法院向住所地在台湾地区的当事人送达民事诉讼文书，可以采用下列方式：

① 直接送达：受送达人居住在大陆的，直接送达。受送达人是自然人，本人不在的，可以交其同住成年家属签收；受送达人是法人或者其他组织的，应当由法人的法定代表人、其他组

织的主要负责人或者该法人、组织负责收件的人签收;受送达人不在大陆居住,但送达时在大陆的,可以直接送达。

②受送达人在大陆有诉讼代理人的,向诉讼代理人送达。受送达人在授权委托书中明确表明其诉讼代理人无权代为接收的除外。

③受送达人有指定代收人的,向代收人送达。

④受送达人在大陆有代表机构、分支机构、业务代办人的,向其代表机构或者经受送达人明确授权接受送达的分支机构、业务代办人送达。

⑤受送达人在台湾地区的地址明确的,可以邮寄送达(注:应当附有送达回证,受送达人未在送达回证上签收但在邮件回执上签收的,视为送达,签收日期为送达日期。自邮寄之日起满3个月,如果未能收到送达与否的证明文件,且根据各种情况不足以认定已经送达的,视为未送达)。

⑥有明确的传真号码、电子信箱地址的,可以通过传真、电子邮件方式向受送达人送达(注:应当注明人民法院的传真号码或者电子信箱地址,并要求受送达人在收到传真件或者电子邮件后及时予以回复,以能够确认受送达人收悉的日期为送达日期)。

⑦按照两岸认可的其他途径送达(注:应由有关的高级人民法院出具盖有本院印章的委托函)。

⑧采用上述方式不能送达或者台湾地区的当事人下落不明的,公告送达(注:公告内容应当在境内外公开发行的报刊或者权威网站上刊登。公告送达的,自公告之日起满3个月,即视为送达)。

⑨受送达人、诉讼代理人或者有权接受送达的人在送达回证上签收或者盖章,即为送达;拒绝签收或者盖章的,可以依法留置送达。

(3)人民法院按照两岸认可的有关途径代为送达台湾地区法院的民事诉讼文书,应当有台湾地区有关法院的委托函。

(4)人民法院收到台湾地区有关法院的委托函后,经审查符合条件的,应当在收到委托函之日起两个月内完成送达。

(5)人民法院按照委托函中的受送达人姓名或者名称、地址不能送达的,应当附函写明情况,将委托送达的民事诉讼文书退回。

(6)受委托的人民法院对台湾地区有关法院委托送达的民事诉讼文书的内容和后果不负法律责任。

(七)内地与香港相互执行仲裁裁决

| 承认和执行仲裁裁决 | 管辖法院 | 被申请人在两地均有财产的 | 申请期限及程序 | 拒绝执行的理由 |
| --- | --- | --- | --- | --- |
| 内地 | 被申请人住所地或财产所在地中级人民法院;二者不同时可选择其一,但不得同时分别申请。 | 不能同时分别申请,一地法院执行不足部分,可向另一地法院申请。 | 依据被申请执行地法律。 | 基本与《纽约公约》第5条相同。 |
| 香港 | 香港特别行政区高等法院。 | | | |

(八)最高人民法院《关于内地与香港特别行政区法院相互认可和执行当事人协议管辖的民商事案件判决的安排》(2008年8月1日起施行)

1. 适用范围:内地人民法院和香港特别行政区法院在具有书面管辖协议的民商事案件中作出的须支付款项的具有执行力的终审判决(在内地包括判决书、裁定书、调解书、支付令;在香港特别行政区包括判决书、命令和诉讼费评定证明书)。

2. 协议必须以书面形式明确约定内地人民法院或者香港特别行政区法院具有唯一管辖权。"书面形式"是指合同书、信件和数据电文(包括电报、电传、传真、电子数据交换和电子邮件)等可以有形地表现所载内容,可以调取以备日后查用的形式。

3. 合同中的管辖协议条款独立存在,合同的变更、解除、终止或者无效,不影响管辖协议条款的效力。

4. 申请认可和执行符合本安排规定的民商事判决,在内地向被申请人住所地、经常居住地或者财产所在地的中级人民法院提出,在香港特别行政区向香港特别行政区高等法院提出。

被申请人住所地、经常居住地或者财产所在地在内地不同的中级人民法院辖区的,申请人应当选择向其中一个人民法院提出认可和执行的申请,不得分别向两个或者两个以上人民法院提出申请。

被申请人的住所地、经常居住地或者财产所在地,既在内地又在香港特别行政区的,申请人可以同时分别向两地法院提出申请,两地法院分别执行判决的总额,不得超过判决确定的数额。已经部分或者全部执行判决的法院应当根据对方法院的要求提供已执行判决的情况。

5. 有关法院申请认可和执行判决应当提交的文件:
(1)请求认可和执行的申请书。
(2)经作出终审判决的法院盖章的判决书副本。
(3)作出终审判决的法院出具的证明书,证明该判决属于本安排第2条所指的终审判决,在判决作出地可以执行。
(4)身份证明材料:① 申请人为自然人的,应当提交身份证或者经公证的身份证复印件;② 申请人为法人或者其他组织的,应当提交经公证的法人或者其他组织注册登记证书的复印件;③ 申请人是外国籍法人或者其他组织的,应当提交相应的公证和认证材料。

向内地人民法院提交的文件没有中文文本的,申请人应当提交证明无误的中文译本。

执行地法院对于本条所规定的法院出具的证明书,无须另行要求公证。

申请人申请认可和执行内地人民法院或者香港特别行政区法院判决的程序,依据执行地法律的规定。

申请人申请认可和执行的期间为两年。

6. 原审判决中的债务人提供证据证明有下列情形之一的,受理申请的法院经审查核实,应当裁定不予认可和执行:
(1)根据当事人协议选择的原审法院地的法律,管辖协议属于无效。但选择法院已经判定该管辖协议为有效的除外。
(2)判决已获完全履行。
(3)根据执行地的法律,执行地法院对该案享有专属管辖权。
(4)根据原审法院地的法律,未曾出庭的败诉一方当事人未经合法传唤,或者虽经合法传唤但未获依法律规定的答辩时间。但原审法院根据其法律或者有关规定公告送达的,不属于上述情形。

(5) 判决是以欺诈方法取得的。

(6) 执行地法院就相同诉讼请求作出判决，或者外国、境外地区法院就相同诉讼请求作出判决，或者有关仲裁机构作出仲裁裁决，已经为执行地法院所认可或者执行的。

内地人民法院认为在内地执行香港特别行政区法院判决违反内地社会公共利益，或者香港特别行政区法院认为在香港特别行政区执行内地人民法院判决违反香港特别行政区公共政策的，不予认可和执行。

7. 对于香港特别行政区法院作出的判决，判决确定的债务人已经提出上诉，或者上诉程序尚未完结的，内地人民法院审查核实后，可以中止认可和执行程序。经上诉，维持全部或者部分原判决的，恢复认可和执行程序；完全改变原判决的，终止认可和执行程序。

8. 内地地方人民法院就已经作出的判决按照审判监督程序作出提审裁定，或者最高人民法院作出提起再审裁定的，香港特别行政区法院审查核实后，可以中止认可和执行程序。再审判决维持全部或者部分原判决的，恢复认可和执行程序；再审判决完全改变原判决的，终止认可和执行程序。

9. 获得认可的判决与执行地法院的判决效力相同。

10. 当事人对认可和执行与否的裁定不服的，在内地可以向上一级人民法院申请复议，在香港特别行政区可以根据其法律规定提出上诉。

11. 在法院受理当事人申请认可和执行判决期间，当事人依同事实再行提起诉讼的，法院不予受理。已获认可和执行的判决，当事人依相同事实再行提起诉讼的，法院不予受理。

对于不予认可和执行的判决，申请人不得再行提起认可和执行的申请，但是可以按照执行地的法律依相同案件事实向执行地法院提起诉讼。

12. 法院受理认可和执行判决的申请之前或者之后，可以根据申请人的申请，对被申请人的财产采取保全或强制措施。

13. 当事人向有关法院申请执行判决，应当根据执行地有关诉讼收费的法律和规定交纳执行费或者法院费用。

14. 相互认可和执行的标的范围，除判决确定的数额外，还包括根据该判决需支付的利息、经法院核定的律师费以及诉讼费，但不包括税收和罚款。

## 二、例题

1. 秦某与洪某在台北因合同纠纷涉诉，被告洪某败诉。现秦某向洪某财产所在地的大陆某中级人民法院申请认可台湾地区的民事判决。关于该判决的认可，下列哪些选项是正确的？（2015年真题，多选）

　　A. 人民法院受理秦某申请后，应当在6个月内审结

　　B. 受理秦某的认可申请后，作出裁定前，秦某要求撤回申请的，人民法院应当允许

　　C. 如人民法院裁定不予认可该判决，秦某可以在裁定作出1年后再次提出申请

　　D. 人民法院受理申请后，如对该判决是否生效不能确定，应告知秦某提交作出判决的法院出具的证明文件

[释疑] 根据2015年7月1日开始施行的最高人民法院《关于认可和执行台湾地区法院民事判决的规定》第14条第1款的规定："人民法院受理认可台湾地区法院民事判决的申

请后,应当在立案之日起六个月内审结。有特殊情况需要延长的,报请上一级人民法院批准。"故 A 选项正确。该规定第 13 条规定:"人民法院受理认可台湾地区法院民事判决的申请后,作出裁定前,申请人请求撤回申请的,可以裁定准许。"故 B 选项正确。第 19 条规定:"对人民法院裁定不予认可的台湾地区法院民事判决,申请人再次提出申请的,人民法院不予受理,但申请人可以就同一争议向人民法院起诉。"故 C 选项错误。第 9 条规定:"申请人申请认可台湾地区法院民事判决,应当提供相关证明文件,以证明该判决真实并且已经生效。申请人可以申请人民法院通过海峡两岸调查取证司法互助途径查明台湾地区法院民事判决的真实性和是否生效以及当事人得到合法传唤的证明文件;人民法院认为必要时,也可以就有关事项依职权通过海峡两岸司法互助途径向台湾地区请求调查取证。"故 D 选项正确。(答案:ABD)

2. 内地某中级法院审理一起涉及澳门特别行政区企业的商事案件,需委托澳门特别行政区法院进行司法协助。关于该司法协助事项,下列哪些表述是正确的?(2013 年真题,多选)

A. 该案件司法文书送达的委托,应通过该中级法院所属高级法院转交澳门特别行政区终审法院

B. 澳门特别行政区终审法院有权要求该中级法院就其中文委托书提供葡萄牙语译本

C. 该中级法院可以请求澳门特别行政区法院协助调取与该案件有关的证据

D. 在受委托方法院执行委托调取证据时,该中级法院司法人员经过受委托方允许可以出席并直接向证人提问

[释疑] 根据最高人民法院《关于内地与澳门特别行政区就民商事案件相互委托送达司法文书和调取证据的安排》的规定,委托方提供资料的文字应为中文,故 B 选项错误。A、C、D 选项都符合安排的规定,当选。(答案:ACD)

3. 澳门甲公司与内地乙公司的合同争议由内地一仲裁机构审理,甲公司最终胜诉。乙公司在广东、上海和澳门均有财产。基于这些事实,下列哪些选项是正确的?(2010 年真题,单选)

A. 甲公司可分别向广东和上海有管辖权的法院申请执行

B. 只有国务院港澳办提供的名单内的仲裁机构作出的裁决才能被澳门法院认可与执行

C. 甲公司分别向内地和澳门法院申请执行的,内地法院应先行执行清偿

D. 两地法院执行财产总额不得超过依裁决和法律规定所确定的数额

[释疑] 根据《关于内地与澳门特别行政区相互认可和执行仲裁裁决的安排》的规定,两个或者两个以上中级人民法院均有管辖权的,当事人应当选择向其中一个中级人民法院提出申请,故 A 选项错误。《关于内地与香港特别行政区相互执行仲裁裁决的安排》规定,香港特别行政区法院同意执行内地仲裁机构的仲裁裁决,内地仲裁机构的名单由国务院法制办公室经国务院港澳事务办公室提供。但是内地与澳门之间的上述安排并无此限制性规定,故 B 选项错误。根据《关于内地与澳门特别行政区相互认可和执行仲裁裁决的安排》的规定,当事人分别向内地、澳门两地法院提出申请的,两地法院都应当依法进行审查,仲裁地法院应当先行执行清偿,本题中内地为仲裁裁决地,故内地法院先行执行清偿。两地法院执行财产总额不得超过依裁决和法律规定所确定的数额,因此 C、D 选项正确。(答案:CD)

4. 大陆甲公司与台湾地区乙公司签订了出口家具合同,双方在合同履行中产生纠纷,乙公司拒绝向甲公司付款。甲公司在大陆将争议诉诸法院。关于向台湾地区当事人送达文书,下列哪些选项是正确的?(2009 年真题,多选)

A. 可向乙公司在大陆的任何业务代办人送达
B. 如乙公司的相关当事人在台湾地区下落不明的,可采用公告送达
C. 邮寄送达的,如乙公司未在送达回证上签收而只是在邮件回执上签收,可视为送达
D. 邮寄送达未能收到送达与否证明文件的,满3个月即可视为已送达

[释疑] 根据最高人民法院《关于涉台民事诉讼文书送达的若干规定》的规定,受送达人在大陆有代表机构、分支机构、业务代办人的,向其代表机构或者经受送达人明确授权接受送达的分支机构、业务代办人送达,故 A 选项的表述错误。根据上述规定,受送达人未在送达回证上签收但在邮件回执上签收的,视为送达;相关当事人在台湾地区下落不明的,可采用公告送达。自邮寄之日起满3个月,如果未能收到送达与否的证明文件,且根据各种情况不足以认定已经送达的,视为未送达,故 D 选项错误。(答案:BC)

5. 香港甲公司与内地乙公司订立供货合同,约定由香港法院管辖。后双方因是否解除该合同及赔偿问题诉诸香港法院,法院判乙公司败诉。依相关规定,下列哪一选项是正确的?(2009年真题,单选)
A. 如该合同被解除,则香港法院管辖的协议也随之无效
B. 如乙公司在内地两省均有财产,甲公司可向两省的有关法院申请认可和执行
C. 如甲公司向内地法院申请认可和执行判决,免除执行费用
D. 如甲公司向内地法院提交的文件无中文文本,应当提交证明无误的中文译本

[释疑] 根据最高人民法院《关于内地与香港特别行政区法院相互认可和执行当事人协议管辖的民商事案件判决的安排》的规定,合同中的管辖协议条款独立存在,合同的变更、解除、终止或者无效,不影响管辖协议条款的效力,故 A 选项错误。被申请人住所地、经常居住地或者财产所在地在内地不同的中级人民法院辖区的,申请人应当选择向其中一个人民法院提出认可和执行的申请,不得分别向两个或者两个以上人民法院提出申请,故 B 选项错误。《关于内地与香港特别行政区法院相互认可和执行当事人协议管辖的民商事案件判决的安排》并未规定申请认可和执行判决免除执行费用,故 C 选项错误。向内地人民法院提交的文件没有中文文本的,申请人应当提交证明无误的中文译本,故 D 选项正确。(答案:D)

6. 上海甲公司作为卖方和澳门乙公司订立了一项钢材购销合同,约定有关合同的争议在中国内地仲裁。乙公司在内地和澳门均有营业机构。双方发生争议后,仲裁庭裁决乙公司对甲公司进行赔偿。乙公司未在规定的期限内履行仲裁裁决。关于甲公司对此采取的做法,下列哪些选项是正确的?(2008年真题,多选)
A. 向内地有管辖权的中级人民法院申请执行该仲裁裁决
B. 向澳门特别行政区中级法院申请执行该仲裁裁决
C. 分别向内地有管辖权的中级人民法院和澳门特别行政区中级法院申请执行仲裁裁决
D. 向澳门特别行政区初级法院申请执行该仲裁裁决

[释疑] 官方公布的答案为 A、B、C 选项。本题中,上海甲公司作为在内地作出仲裁裁决的买卖纠纷案件的胜诉一方,打算向法院申请认可和执行该仲裁裁决。根据最高人民法院《关于内地与澳门特别行政区相互认可和执行仲裁裁决的安排》第2条第2款的规定,内地有权受理认可和执行仲裁裁决申请的法院为中级人民法院,A 选项正确。该安排第2条第3款规定,澳门特别行政区有权受理认可仲裁裁决申请的法院为中级法院,有权执行的法院为初级法院。第3条规定,当事人在两地法院可分别提出申请。问题的关键是,向澳门申请执行时,

是向澳门中级法院提出申请,还是向澳门初级法院提出申请,这一问题似乎有些争议。《关于内地与澳门特别行政区相互认可和执行仲裁裁决的安排》第2条第3款的规定为,澳门特别行政区有权受理认可仲裁裁决申请的法院为中级法院,有权执行的法院为初级法院。从该条的字面意思来理解,一般可以理解为应向澳门中级法院提出认可的申请,得到认可后如果需要执行,则向澳门初级法院提出执行的申请,如果按照这一理解,则只能选A、D选项,但官方公布的答案为A、B、C选项,按照出题人的逻辑,不管是申请认可还是执行,都只能向澳门中级法院提出申请,但如果这样理解,则"澳门特别行政区有权受理认可仲裁裁决申请的法院为中级法院,有权执行的法院为初级法院"的规定似乎就显得画蛇添足。(答案:ABC)

### 三、提示与预测

随着"一国两制"制度的发展,区际法律冲突的解决和区际司法协助逐渐成为我国国际私法学界研究的主要问题之一。因此,不但要对区际冲突法有所了解,还要对仅有的几个涉及区际法律冲突解决和司法协助的规定重点掌握。

# 国际经济法

# 第一章 导 论(略)

**本章知识体系：**

国际经济法
- 调整范围
  - 国际货物贸易的法律规范与制度
  - 国际服务贸易的法律规范与制度
  - 国际投资的法律规范与制度
  - 知识产权国际保护的法律规范与制度
  - 国际货币与金融的法律规范与制度
  - 国际税收的法律规范与制度
- 主体
  - 自然人
  - 法人
  - 国家
  - 国际经济组织
- 渊源
  - 内国立法
  - 国际条约
  - 国际惯例
  - 联合国大会规范性文件
- 原则
  - 国际经济主权原则
  - 平等互利原则
  - 国际合作与发展原则

# 第二章 国际货物买卖

**本章知识体系：**

国际货物买卖
- 国际货物买卖概述
  - 国际货物买卖合同的概念
  - 关于国际货物买卖的立法
  - 国际货物买卖合同的主要条款
- 2010年《国际贸易术语解释通则》
  - 国际贸易术语概述
  - 2010年《国际贸易术语解释通则》规定的贸易术语
  - FCA、FOB、CIF、CFR 价格术语
  - 需要明确的几个问题
- 1980年《联合国国际货物销售合同公约》
  - 公约的适用范围
  - 公约排除的买卖
  - 公约的适用根据
  - 公约未涉及的法律问题
  - 公约适用的任意性
  - 中国的保留
- 国际货物买卖合同的成立
  - 要约
  - 承诺
- 买卖双方的义务
  - 卖方的义务
    - 交付货物
    - 交付单据
    - 质量担保
    - 权利担保
  - 买方的义务
    - 支付货款
    - 接收货物
- 风险的转移
  - 风险分担的原则
  - 风险转移的时间
- 违反合同的补救办法
  - 卖方违约适用于买方的补救办法
  - 买方违约适用于卖方的补救办法
  - 适用于买卖双方的一般规定

## 考点 1 国际贸易术语

**一、精讲**

1. 2010年《国际贸易术语解释通则》概述

2010年《国际贸易术语解释通则》对2000年《国际贸易术语解释通则》作了一定的修改，例如，用 DAP 取代了 DAF、DES 和 DDU 三个术语，DAT 取代了 DEQ，且扩展至适用于一切运输方式。修订后的《国际贸易术语解释通则》取消了"船舷"的概念，卖方承担货物装上船为止

的一切风险,买方承担货物自装运港装上船后的一切风险。规定,"Incoterms® 2010"不仅适用于国际销售合同,也适用于内国销售合同。

2010年《国际贸易术语解释通则》共规定了11种贸易术语,尽管通则在每一个价格术语中列举了买卖双方的10项义务,但关键内容是其中的5项,即进出口清关手续谁来办理、有无投保义务、谁负责运输、风险何时何地转移、卖方在什么地方履行自己的交货义务。以下是对这11个术语的主要特点所作的一些归纳。

(1) 清关:卖出买进除首尾(除了EXW和DDP,都是卖方负责出口清关,买方负责进口清关)。

(2) 投保:贸易术语里有字母"I"的表示卖方有义务投保,其他术语双方均无义务。

(3) 运输:E组和F组买方负责运输;C组和D组卖方负责运输。

(4) 风险:FOB、CFR、CIF是货物装到船上时风险转移,其他是交货时风险转移。

(5) 交货地点:E组、F组、C组是在出口国的某地,D组是在进口国的某地。

(6) 注意:E组和F组后面的地名表示装运地、装运港;C组和D组后面的地名表示目的地、目的港。例如:FOB上海(装运港)、CIF上海(目的港)。

(7) 适用的运输方式:FAS、FOB、CFR、CIF,这4个术语只适用于船运,其余的术语适用于各种运输方式。

2. 11个贸易术语的主要内容

2010年《国际贸易术语解释通则》共规定了11个贸易术语,并将这11个术语分为两组,即适用于各种运输方式的术语与只适用于海运的术语。为了叙述方便,以下仍然采用按字母分类的方式,分为四组来简要介绍各术语的主要内容。

(1) E组术语(内陆交货合同)。E组贸易术语中只有一个贸易术语,即EXW,全称是Ex-work,意为工厂交货(指定地点),此术语为卖方义务最小的贸易术语,卖方只要将货物在约定地点,通常是卖方所在地交给买方处置即可,此约定的地点指卖方的工厂、仓库等,由于是在卖方的内陆完成交货,因此又称"内陆交货合同"。在这一术语下,货物的风险自交货时转移。

依该术语,卖方的义务是:① 履行交货义务,即在其所在地(一般为工厂或仓库)将货物交买方;② 承担交货前的风险和费用。

买方的义务是:① 买方必须承担在卖方所在地受领货物的全部费用和风险;② 办理出口清关手续。该术语适用于各种运输方式。

(2) F组术语(主要运费未付)(装运合同)。F组共有三个术语,即FCA(Free Carrier)意为"货交承运人"(指定地点)、FAS(Free Alongside Ship)意为"船边交货"(指定装运港)和FOB(Free on Board)意为"船上交货"(指定装运港)。F组术语均为装运合同,即卖方均在货物的装运地或启运地或出口地完成其在销售合同中的交货义务,因此主要运费应是由买方承担的,对于卖方来说则是"主要运费未付"。

在双方的义务上,在F组术语中,卖方的义务是:① 履行交货义务,即在出口国承运人所在地或港口将货物交承运人;② 办理出口结关手续;③ 向买方提交与货物有关的单证或相等的电子单证。

买方的义务是:① 办理货物的运输和保险;② 办理货物的进口手续。

在风险和费用的划分上,3种术语是不同的,在FCA的情况下,是以货交承运人的时间和地点为界线;在FAS的情况下,是以装运港船边为界线;在FOB的情况下,是以装运港货物装到船上(即在装运港完成装货)为界线。在适用的运输方式上,FAS和FOB只适用于海运和内河运输,而 FCA 则可以适用于各种运输方式。

(3) C 组术语(主要运费已付)(装运合同)。C 组由 4 个术语组成,包括 CFR、CIF、CPT 和 CIP。其特点是卖方须订立运输合同并支付运费,因此称为"主要运费已付",尽管卖方承担了到目的港或目的地的运费,但其交货义务仍然是在卖方一边的装运地完成的,因此,C 组术语仍属于装运合同。

在双方的义务上,卖方的义务是:① 办理运输的手续和承担运费,在 CIF 和 CIP 术语中,卖方还须办理投保手续和承担保险费;② 提交与货物有关的单据或相等的电子单证;③ 办理出口手续。

买方的义务是:① 在 CFR 和 CPT 术语下办理投保并支付保险费;② 办理进口手续。

在风险的划分上,4 种术语是不同的,在 CFR 和 CIF 的情况下,货物的风险在装运港货物装到船上时(即在装运港完成装货)转移;在 CPT 和 CIP 的情况下,货物的风险在货交第一承运人时转移;在适用的运输方式上,CFR 和 CIF 适用于海运和内河运输,而 CPT 和 CIP 则适用于各种运输方式。

(4) D 组术语(到货合同)。D 组由 3 个贸易术语组成,即 DAT、DAP 和 DDP。其特点是卖方须承担货物交至目的地国所需的全部费用和风险。卖方是在目的地,如边境、港口、进口国内地履行交货义务,因此称为到货合同。

在双方的义务上,卖方的义务是:① 将货物运至约定地点或目的地交货;② 承担在目的地交货以前的风险和费用;③ 由卖方办理出口手续,在 DDP 的情况下,卖方不但要办理出口手续,还要办理进口手续。

买方的义务是:① 承担货物在目的地交付后的风险和费用;② 除 DDP 术语外,买方应办理进口手续。

在风险的转移上,D 组术语均为在交货时风险转移。在适用的运输方式上,D 组术语适用于各种运输方式。

| 名称 | 交货地点 | 风险转移 | 运输 | 保险 | 出口手续 | 进口手续 |
| --- | --- | --- | --- | --- | --- | --- |
| EXW 工厂交货 | 卖方工厂 | 交货时 | 买方 | (买方) | 买方 | 买方 |
| FCA 货交承运人<br>FAS 船边交货<br>FOB 船上交货 | 交承运人<br>装运港船边<br>装运港船上 | 交货时<br>交货时<br>装运港船舷 | 买方 | (买方) | 卖方 | 买方 |
| CFR 成本加运费<br>CIF 成本保险费加运费<br>CPT 运费付至<br>CIP 运费保险费付至 | 装运港船上<br>装运港船上<br>交承运人<br>交承运人 | 装运港船舷<br>装运港船舷<br>交货时<br>交货时 | 卖方 | (买方)<br>卖方<br>(买方)<br>卖方 | 卖方 | 买方 |
| DAP 目的地交货<br>DAT 目的地或目的港的集散站交货<br>DDP 完税交货 | 目的地不卸货<br>目的地卸货<br><br>指定目的地 | 交货时 | 卖方 | (卖方) | 卖方 | 买方<br>买方<br><br>卖方 |

## 二、例题

1. 中国甲公司向波兰乙公司出口一批电器,采用 DAP 术语,通过几个区段的国际铁路运输,承运人签发了铁路运单,货到目的地后发现有部分损坏。依相关国际惯例及《国际铁路货物联运协定》,下列哪些选项是正确的?(2016年真题,多选)

    A. 乙公司必须确定损失发生的区段,并只能向该区段的承运人索赔
    B. 铁路运单是物权凭证,乙公司可通过转让运单转让货物
    C. 甲公司在指定目的地运输终端将仍处于运输工具上的货物交由乙公司处置时,即完成交货
    D. 各铁路区段的承运人应承担连带责任

    [释疑] 本题考点为《国际铁路货物联运协定》及贸易术语 DAP。根据该协定,负责联运的承运人对于货损应承担连带责任,故 A 选项错误而 D 选项正确。铁路运单在性质上属于收据或者运输合同的证明,但并非物权凭证,故 B 选项错误。根据 DAP 术语,卖方应负责将货物运至目的地,将尚处于运输工具上的货物交给买方处置即可,并无义务卸货,故 C 选项正确。(答案:CD)

2. 中国甲公司向加拿大乙公司出口一批农产品,CFR 价格条件。货装船后,乙公司因始终未收到甲公司的通知,未办理保险。部分货物在途中因海上风暴毁损。根据相关规则,下列哪一选项是正确的?(2014年真题,单选)

    A. 甲公司在装船后未给乙公司以充分的通知,造成乙公司漏保,因此损失应由甲公司承担
    B. 该批农产品的风险在装港船舷转移给乙公司
    C. 乙公司有办理保险的义务,因此损失应由乙公司承担
    D. 海上风暴属不可抗力,乙公司只能自行承担损失

    [释疑] 根据 CFR 术语,卖方中国甲公司有义务及时在货物装船后向买方发出装船的通知,怠于通知引起的损失,卖方应承担责任。(答案:A)

3. 某国甲公司向中国乙公司出售一批设备,约定贸易术语为"FOB(Incoterms 2010)",后设备运至中国。依《国际贸易术语解释通则》和《联合国国际货物销售合同公约》,下列哪一选项是正确的?(2013年真题,单选)

    A. 甲公司负责签订货物运输合同并支付运费
    B. 甲、乙公司的风险承担以货物在装运港越过船舷为界
    C. 如该批设备因未按照同类货物通用方式包装造成损失,应由甲公司承担责任
    D. 如该批设备侵犯了第三方在中国的专利权,甲公司对乙公司不承担责任

    [释疑] FCA 术语指卖方只要将货物在指定地点交给由买方指定的承运人,并办理了出口清关手续,即完成交货。该术语适用于各种运输方式,包括多式联运。"承运人"是指在运输合同中承诺通过铁路、公路、空运、海运、内河运输或联合方式履行运输或由他人履行运输的任何人。FCA 的交货地点的选择对在该地点装货和卸货的义务会产生影响。如在卖方所在地交货,卖方应负责装货,如在其他地点交货则卖方可以在自己的运输工具上完成交货,而不负责将货物从自己的运输工具上卸下。(答案:BC)

4. 甲国 A 公司向乙国 B 公司出口一批货物,双方约定适用 2010 年《国际贸易术语解释通

则》中 CIF 术语。该批货物由丙国 C 公司"乐安"号商船承运,运输途中船舶搁浅,为起浮抛弃了部分货物。船舶起浮后继续航行中又因恶劣天气,部分货物被海浪打入海中。到目的港后发现还有部分货物因固有缺陷而损失。关于 CIF 贸易术语的适用,下列选项正确的是:(2012年真题,不定选)

　　A. 货物的风险在装运港完成交货时由 A 公司转移给 B 公司
　　B. 货物的风险在装运港越过船舷时由 A 公司转移给 B 公司
　　C. 应由 A 公司负责海运运输
　　D. 应由 A 公司购买货物海运保险

[释疑] 根据 2010 年《国际贸易术语解释通则》,CIF 术语下,风险在装运港装上船时发生转移,卖方负责运输和承担运费,购买保险,因此应选 A、C、D 选项。(答案:ACD)

　　5. A 公司和 B 公司于 2011 年 5 月 20 日签订合同,由 A 公司将一批平板电脑售卖给 B 公司。A 公司和 B 公司营业地分别位于甲国和乙国,两国均为《联合国国际货物销售合同公约》缔约国。合同项下的货物由丙国 C 公司的"潇湘"号商船承运,装运港是甲国某港口,目的港是乙国某港口。在运输途中,B 公司与中国 D 公司就货物转卖达成协议。在贸易术语适用上,A、B 公司在双方的买卖合同中仅约定适用 FOB 术语。对此,下列选项正确的是:(2011年真题,不定选)

　　A. 该合同应当适用 2010 年《国际贸易术语解释通则》
　　B. 货物的风险应自货交 C 公司时由 A 公司转移给 B 公司
　　C. B 公司必须自付费用订立从指定装运港运输货物的合同
　　D. 因当事人选择了贸易术语,故不再适用

[释疑] 2010 年《国际贸易术语解释通则》(简称《通则》)于 2011 年 1 月 1 日正式生效并与 2000 年《国际贸易术语解释通则》并存,可由当事人选择适用,但 2010 年《通则》规定,当事人如果选择 2010 年《通则》,必须在协议中注明,否则视为选择该版本,本题题干未说明选择 2010 年《通则》,故 A 选项错误。根据 2000 年《通则》,FOB 术语项下,货物在指定装运港越过船舷时卖方完成交货而不是货交第一承运人时履行交货义务,B 选项错误。FOB 术语项下,买方承担从指定装运港运输货物的费用,C 选项正确。在选择贸易术语的情况下,如果也符合《联合国国际货物销售合同公约》的适用条件,则术语优先,公约构成对术语的补充,D 选项错误。(答案:C)

### 三、提示与预测

　　贸易术语是每年必考的考点,11 个术语之中,重点术语为 CIF、FOB、CFR、FCA、EXW、DDP。作为 2010 年《通则》增加的内容,DAP 和 DAT 也很重要。

## 考点 2 《联合国国际货物销售合同公约》

### 一、精讲

　　1.《联合国国际货物销售合同公约》(以下简称《公约》)的适用范围
　　(1) 适用《公约》的货物销售合同。依《公约》第 1 条的规定:本公约适用于营业地在不同

国家的当事人订立的货物销售合同:① 如果这些国家是缔约国;或② 如果国际私法规则导致适用某一缔约国的法律。我国加入该《公约》时,对"如果国际私法规则导致适用某一缔约国的法律"这一依国际私法规则扩大适用的规定进行了保留。

(2) 不适用《公约》的合同。《公约》在第2条和第3条对不适用公约的合同分别作了规定。《公约》第2条是从合同的种类上排除了6种不适用《公约》的合同:① 供私人、家人或家庭使用的货物销售;② 以拍卖的方式进行的销售;③ 依法律执行令状或其他令状的销售;④ 公债、股票、投资证券、流通票据或货币的销售;⑤ 船舶、船只、气垫船或飞机的销售;⑥ 电力的销售。

此外,《公约》第3条还排除了对提供货物与提供服务相结合的合同的适用。依《公约》的规定,下列两种合同排除适用:① 通过劳务合作方式进行的购买,如补偿贸易;② 通过货物买卖方式进行的劳务合作,如技贸结合。

但如上述合同中提供的劳务或服务没有构成供货方绝大部分义务的,则仍被《公约》视为买卖合同而适用。另外,如合同是由买卖和劳务两部分组成,则《公约》只适用于买卖部分。在许多货物销售合同中都包含有卖方同时提供相应服务的内容,如卖方销售设备常常伴随有安装调试的义务。在这种情况下,《公约》的标准是看该合同中的绝大部分义务是销售货物还是提供劳务或服务。如果销售货物是主要的,则应适用《公约》,反之,则不适用。

(3)《公约》未涉及的法律问题。《公约》并没有对涉及国际货物销售的所有法律问题均进行规定。由于各国法律的规定差异比较大,为了吸纳更多的国家加入《公约》,《公约》对如下三个方面的法律问题未涉及:① 有关销售合同的效力或惯例的效力问题;② 销售合同对所售出的货物的所有权转移问题;③ 卖方对货物引起的人身伤亡的责任问题。

(4)《公约》适用的任意性。《公约》第6条规定:双方当事人可以不适用本公约,或者在第12条规定的条件下,减损本公约的任何规定或改变其效力。本条表明《公约》的适用并不是强制性的,主要表现以下两点:① 当事人可以通过选择其他法律而排除《公约》的适用,如果买卖合同双方没有排除《公约》的适用,则《公约》自动适用于他们之间的买卖合同。如果当事人在合同中选择适用了某一国际惯例,如某一国际贸易术语,则不能认为排除了《公约》的适用,因为贸易术语主要是解决买卖双方在交货方面的责任、费用及风险划分等问题,没有涉及违约及违约救济等方面的问题,贸易术语和《公约》在内容上是互补的,因此,《公约》仍应对合同适用。② 当事人可以在买卖合同中约定部分地适用《公约》,或对《公约》的内容进行改变。但当事人的此项权利是受到一定限制的,即如果当事人营业地所在国在加入《公约》时已提出保留的内容,当事人必须遵守,而不得排除或改变。

(5) 我国加入《公约》时提出的保留。① 合同形式保留:即国际货物买卖合同应采用书面的形式,《公约》有关口头或书面以外的合同也有效的规定对中国不适用。1999年10月1日我国《合同法》生效后,已允许涉外合同采用口头形式,但在中国没有撤销有关的保留前,该保留仍然有效,即仍应采用书面形式。当然,营业地在中国的当事人与营业地在非缔约国的当事人订立的涉外合同则可以采用口头的形式,因为不涉及《公约》的适用。② 扩大适用的保留:即我国仅同意对双方的营业地所在国均为缔约国的当事人之间订立的国际货物销售合同才适用《公约》。

2. 合同的成立——要约承诺规则

(1) 要约的概念及其构成要件。要约是一方当事人以订立合同为目的向对方所作的意思表示。在国际货物买卖中,要约既可以由买方发出,也可以由卖方发出。提出要约的一方称为要约人,要约人的相对人称为受要约人或受盘人。要约在我国贸易实践中又称"发价"或"发盘"。

一项有效的要约须具备以下条件:① 要约应向一个或一个以上特定的人提出。② 要约的内容必须十分确定。依《公约》第14条的规定,要约中应至少包含三个基本交易条件:(a) 货物的名称;(b) 货物的数量或确定数量的方法;(c) 价格或确定价格的方法。③ 表明要约人在得到接受时承受约束的意旨。④ 要约必须传达到受要约人。

(2) 要约的生效。要约送达受要约人时生效。

(3) 要约的撤回与撤销。① 要约的撤回。要约的撤回,是指要约人在要约生效之前阻止要约生效的行为。因为要约在到达受要约人之前尚未产生法律效力,因此要约人可以撤回要约。只要撤回要约的通知先于要约到达受要约人即可撤回要约,即要约人撤回要约的条件是,撤回要约的通知必须于要约到达受要约人之前或同时送达受要约人。② 要约的撤销。要约人在要约送达受要约人后取消要约的行为称为要约的撤销。要约分为可撤销的要约和不可撤销的要约。对于不可撤销的要约,只有撤回的问题。依《公约》第16条的规定,在未成立合同之前,也就是受要约人没有承诺之前,要约可以撤销,但是撤销的通知必须在受要约人发出接受通知之前送达受要约人。

在下列两种情况下,要约不得撤销:a. 要约写明接受要约的期限或以其他方式表示要约是不可撤销的;b. 受要约人有理由信赖该项要约是不可撤销的,而且受要约人已本着对该要约的信赖行事。

(4) 要约的失效。要约失效后,无论是要约人还是受要约人均不再受要约的拘束,要约失效的原因主要有以下几种情况:① 要约因有效期已过而失效,即要约因受要约人没有在要约规定的期间内作出有效的承诺而失去效力。② 要约因要约人的撤销而失效。③ 要约因受要约人的拒绝而失效。拒绝要约有两种方式:一种是明确拒绝,即受要约人表示不接受要约的任何条件;另一种是反要约。这是指受要约人表示接受要约,但在接受通知中对要约的内容作了扩张、限制或变更,以致实质性地改变了要约的条件,这种实质性改变要约内容的接受在法律上称为反要约。如果原要约人不接受受要约人提出的反要约,受要约人提出的反要约实际上就是对要约的拒绝。

(5) 承诺。承诺是受要约人按照要约所规定的方式,对要约的内容表示同意的一种意思表示。要约一经承诺,合同即告成立。承诺又被称为"接受"。有效承诺须具备以下条件:① 须由受要约人作出,依《公约》第18条的规定,承诺的作出可以声明或行为表示,但缄默或不作为本身不等于承诺。② 承诺须在要约规定的有效期间或合理期间内作出。理论上迟到的承诺或逾期的承诺,不是有效的承诺,而是新的要约,一般须经原要约人承诺后才能成立合同。③ 承诺须与要约的内容一致。如果受要约人所表示的对要约的内容有变更即是反要约,或称为还价,反要约是对要约的拒绝,不能发生承诺的效力,它必须经原要约人承诺后才能成立合同。

(6) 承诺对要约所作的变更——"实质性变更"和"非实质性变更"。《公约》将受要约人对要约内容的改变分为"实质性变更"和"非实质性变更"两种。如果对要约内容的改变属于非实质性变更,原则上可视为承诺,也就是说,只要要约人在合理时间内没有以口头或书面通知提出异议,对要约内容作了非实质性改变的接受即构成承诺。然而,如果承诺对要约内容作了实质性改变,则这种接受就不能构成承诺,而是一项反要约。《公约》规定,关于货物价格、付款、货物质量和数量、交货地点和时间、一方当事人对另一方当事人的赔偿责任及解决争端等的添加或不同条件,均视为在实质上变更要约的条件。

(7) 逾期的承诺。逾期承诺又称迟延的承诺,是指承诺通知到达要约人的时间已超过了要约规定的有效期或在要约未规定有效期的情况下而超过合理期时间。关于逾期承诺的效力,《公约》第21条并没有一概否定,而是分两种情况,作了灵活的处理:① 因受要约人自己的迟延而造成的逾期承诺。该逾期承诺原则上无效,但如果要约人毫不迟延地用口头或书面通知受要约人其接受该项承诺,则该逾期的承诺仍为有效的承诺,合同成立。② 因为传递中的延误而使一项承诺逾期。该项逾期承诺产生法律上的效力,是一项有效的承诺,除非要约人毫不迟延地用口头或书面通知受要约人,他认为其要约已经失效。

(8) 承诺生效的时间。承诺一旦生效,合同即告成立。对于承诺生效的时间,英美法系国家和大陆法系国家分别采用不同的原则:① 发信主义(投邮生效主义):英美法系认为,在以书信、电报作出承诺时,承诺的通知一经投邮立即生效,合同即告成立。② 收信主义(到达生效主义):大陆法系认为,承诺的通知必须于到达相对人时才生效,合同才成立。③《公约》的观点:公约采纳了收信主义。依《公约》第18条第2款的规定,对要约所作的承诺,应于表示同意的通知送达要约人时生效。

(9) 承诺的撤回。依《公约》第22条的规定,承诺可以撤回,只要撤回的通知在承诺生效之前或与其同时送达要约人。

3. 买卖双方的主要义务

(1) 卖方的义务。根据《公约》的规定,卖方的义务主要包括:① 交付货物:依《公约》的规定,卖方应依合同规定的地点、时间及方式完成其交货义务。② 质量担保:卖方交付的货物必须与合同规定的数量、质量和规格相符,并须按照合同所规定的方式装箱或包装。③ 权利担保:权利担保可以概括为所有权担保和知识产权担保两个方面。④ 交付单据:《公约》规定,如果卖方有义务移交与货物有关的单据,他必须按照合同规定的时间、地点和方式移交这些单据。

| 地点 | ① 当国际货物买卖合同涉及货物的运输,则交货地点为货交第一承运人的地点;<br>② 如果合同指的是特定货物或从特定存货中提取的或还在生产的未经特定化的货物,而双方当事人在订立合同时已知道这些货物的特定地点,则卖方应在该地点交货;<br>③ 在其他情况下,卖方应在其订立合同时的营业地交货。 |
|---|---|
| 时间 | ① 如果合同规定有交货的日期,或从合同可以确定交货的日期,应在该日期交货;<br>② 如果合同规定有一段时间,或从合同可以确定一段时间,除非情况表明应由买方选定一个日期外,应在该段时间内任何时候交货;<br>③ 在其他情况下,应在订立合同后一段合理时间内交货。 |

(续表)

| | | |
|---|---|---|
| 担保 | 质量担保 | 货物的质量担保义务是指卖方必须保证其交付的货物与合同规定的相符。具体是指卖方交付的货物必须与合同规定的数量、质量和规格相符,并须按照合同所规定的方式装箱或包装。在合同没有对数量、质量、规格和包装作出明确规定的情况下,则应满足下列条件:① 适用于通常的使用目的;② 适用于特定目的;③ 与样品样式相符;④ 达到同类货物通用的包装要求或是以保全和保护货物的方式包装。 |
| | 权利担保 | 所有权担保指卖方保证对其出售的货物享有完全的所有权或合法的处分权,必须是第三方不能提出任何权利或要求的货物,如不存在任何未向买方透露的担保物权等。<br>知识产权担保指卖方所交付的货物,必须是第三方不能依工业产权或其他知识产权主张任何权利或要求的货物。<br>卖方的知识产权担保义务受到以下限制:<br>① 第三方只有依据以下法律提出有关知识产权的权利或要求,卖方才承担责任:a. 依据货物的预期转售地法律;b. 依据买方营业地所在国法律。<br>② 在下列两种情况下,卖方的知识产权担保义务免除:a. 买方在订立合同时已知道或不可能不知道此项权利或要求;b. 此项权利或要求的发生,是由于卖方要遵照买方所提供的技术图样、图案、款式或其他规格。<br>③ 时间限制。买方应在合理期限内将第三人的要求通知卖方。 |

(2) 买方的主要义务。

买方的主要义务 $\begin{cases} 支付货款 \begin{cases} 地点 \\ 时间 \end{cases} \\ 接收货物:采取一切理应采取的行动,依约按时提取货物 \end{cases}$

| | | |
|---|---|---|
| 支付货款 | 地点 | 支付的地点首先应以当事人在合同中的约定为准,在合同对此没有约定的情况下,《公约》对支付地点进行了下列补充规定:① 卖方营业地(即合同成立时卖方的营业地)为支付地,若有一个以上营业地时,依卖方与合同及合同的履行关系密切的营业地确定支付地;② 如凭移交货物或单据支付货款,则移交货物或单据的地点为支付地。 |
| | 时间 | 双方当事人未在合同中具体约定付款时间的,则买方应依《公约》规定的下列时间支付货款:① 在卖方将货物或单据置于买方控制下时付款;② 在买卖合同涉及运输时,在收到银行的付款通知时付款;③ 在买方没有机会检验货物前,可以拒绝支付货款。 |

4. 违反合同的补救办法

(1) 卖方违反合同时适用于买方的补救办法包括:要求实际履行;交付替代物;修理;减价;宣告合同无效。

(2) 买方违反合同时适用于卖方的补救办法包括:① 要求履行义务;② 宣告合同无效。

卖方在下列情况下可以宣告合同无效:① 当买方没有履行合同或公约规定的义务等于根本违反合同时;② 买方不在卖方规定的额外时间内履行支付价款的义务或收取货物,或买方声明他将不在所规定的时限内履行。但如买方支付了全部货款,卖方原则上就丧失了宣告合同无效的权利。

(3) 宣告合同无效的效果。依《公约》的规定,宣告合同无效的效果主要有三方面:① 解除买卖双方在合同中的义务,但并不解除违约一方损害赔偿的责任,以及合同中有关解决争议和合同中有关双方在合同无效后的权利义务的规定。② 买方必须按实际收到货物的原状归还货物。买方如果不能按实际收到货物的原状归还货物,他就丧失宣告合同无效或要求卖方交付替代货物的权利,除非:(a) 如果不可能归还货物或不可能按实际收到货物的原状归还货物,并非由于买方的行为或不行为所造成;或者(b) 如果货物或其中一部分的毁灭或变坏,是由于按照《公约》第 38 条规定进行检验所致;或者 (c) 如果货物或其中一部分,在买方发现或理应发现与合同不符以前,已为买方在正常营业过程中售出,或在正常使用过程中消费或改变。③ 买卖双方必须归还因接受履行所获得的收益。

5. 预期违约

根据《公约》的规定,预期违约是指在合同规定的履行期限到来之前,已有迹象表明合同的一方当事人将不会履行合同的全部或大部分义务的情形,故又称为先期违约。

《公约》第 71 条规定:

(1) 如果订立合同后,另一方当事人由于下列原因显然将不履行其大部分重要义务,一方当事人可以中止履行义务:(a) 他履行义务的能力或他的信用有严重缺陷;或(b) 他在准备履行合同或履行合同中的行为。

(2) 如果卖方在上一款所述的理由明显化以前已将货物发运,他可以阻止将货物交给买方,即使买方持有其有权获得货物的单据。本款规定只与买方和卖方间对货物的权利有关。

(3) 中止履行义务的一方当事人不论是在货物发运前还是发运后,都必须立即通知另一方当事人,如经另一方当事人对履行义务提供充分保证,则他必须继续履行义务。

《公约》第 72 条规定:

(1) 如果在履行合同日期之前,明显看出一方当事人将根本违反合同,另一方当事人可以宣告合同无效。

(2) 如果时间许可,打算宣告合同无效的一方当事人必须向另一方当事人发出合理的通知,使他可以对履行义务提供充分保证。

(3) 如果另一方当事人已声明他将不履行其义务,则上一款的规定不适用。

从《公约》的上述规定来看,判断预期违约的标准主要有两个:

(1) 主观标准,即以合同一方当事人之主观意识进行判断,判定合同的另一方当事人将不履行合同的很大一部分。

(2) 客观标准,即客观事实表明合同一方当事人将不履行合同。

根据《公约》的规定,预期违约可能产生以下法律后果:

(1) 中止履行合同义务。

(2) 要求提供履约担保。

(3) 行使停运权。

(4) 宣告合同无效。

6.《公约》关于风险转移时间的规定

依《公约》第 67 条和第 68 条的规定,风险转移的时间有以下几种情况:

(1) 合同中有运输条款的货物买卖的风险转移:① 如该运输条款规定卖方有义务在某一

特定地点把货物交给承运人运输,则卖方在该特定地点履行义务以后,货物的风险就随之转移给了买方;② 如合同中没有指明交货地点,卖方只要按合同规定把货物交给第一承运人,货物的风险就转移给了买方。

(2) 在运输中销售的货物的风险转移,自买卖合同成立时起转移给买方。《公约》还规定,如情况表明有此需要,风险自交给签发运输单据的承运人时起转移给买方,但这种情况须以卖方在订立合同时不知道货物已灭失或损坏为限。

(3) 其他情况下货物的风险转移。依《公约》的规定,其他情况下,如在卖方营业地交货,或在卖方营业地以外的地点交货,此时的风险从买方接受货物时起或货物交由买方处置时起转移给买方。

(4) 货物的风险自交货时转移原则适用的前提是风险的转移是在卖方无违约责任的情况下,如果货物的损坏或灭失是由于卖方违反合同所致,则依《公约》第70条的规定,买方仍然有权向卖方提出索赔,采取因此种违反合同而可以采取的各种补救办法。

7. 免责、保全货物的责任

(1) 免责

| | |
|---|---|
| 条件 | 《公约》所称的"不能控制的障碍"实际上就是"不可抗力"。<br>① 不履行必须是由于当事人不能控制的障碍所致。<br>② 这种障碍是不履行一方在订立合同时不能预见的。<br>③ 这种障碍是当事人不能避免或不能克服的。 |
| 后果 | 免责一方所免除的是对另一方损害赔偿的责任,但受损方依《公约》采取其他补救措施的权利不受影响。 |

(2) 保全货物。保全货物是指在一方当事人违约时,另一方当事人仍持有货物或控制货物的处置权,该当事人有义务对他所持有的或控制的货物进行保全。保全货物的目的是为了减少违约一方当事人因违约而给自己带来的损失。

保全货物的方式 $\begin{cases} \text{将货物寄放于仓库} \\ \text{将易坏货物或其保全会发生不合理费用的货物出售,但应事前向} \\ \text{另一方当事人发出合理的意向通知} \end{cases}$

关于买卖双方保全货物的条件:卖方保全货物的条件是,买方没有支付货款或接受货物,而卖方仍拥有货物或控制着货物的处置权;买方保全货物的条件是,买方已接受了货物,但打算退货。

## 二、例题

1. 中国甲公司与德国乙公司签订了进口设备合同,分三批运输。两批顺利履约后乙公司得知甲公司履约能力出现严重问题,便中止了第三批的发运。依《国际货物销售合同公约》,下列哪一选项是正确的?(2016年真题,单选)

A. 如已履约的进口设备在使用中引起人身伤亡,则应依公约的规定进行处理
B. 乙公司中止发运第三批设备必须通知甲公司
C. 乙公司在任何情况下均不应中止发运第三批设备
D. 如甲公司向乙公司提供了充分的履约担保,乙公司可依情况决定是否继续发运第三批

设备

[释疑] 本题考点为《联合国国际货物销售合同公约》的适用范围及中止履行。根据《联合国国际货物销售合同公约》,以下问题为公约未涉及的问题:(1) 有关销售合同的效力或任何惯例的效力;(2) 合同对所售货物所有权可能产生的影响;(3) 卖方对货物所引起的人身伤亡责任。故 A 选项错误。本案中,甲公司的履约能力出现严重问题,符合中止履行的前提条件,故乙公司在通知甲公司之后可以中止履行,故 B 选项正确、C 选项错误。如果甲公司提供了充分的担保,则中止履行的一方必须继续履行,否则即构成违约,故 D 选项错误。(答案:B)

2. 中国甲公司与法国乙公司签订了向中国进口服装的合同,价格条件 CIF。货到目的港时,甲公司发现有两箱货物因包装不当中途受损,因此拒收,该货物在目的港码头又被雨淋受损。依 1980 年《联合国国际货物销售合同公约》及相关规则,下列哪一选项是正确的?(2015 年真题,单选)

A. 因本合同已选择了 CIF 贸易术语,则不再适用《公约》
B. 在 CIF 条件下应由法国乙公司办理投保,故乙公司也应承担运输途中的风险
C. 因甲公司拒收货物,乙公司应承担货物在目的港码头雨淋造成的损失
D. 乙公司应承担因包装不当造成的货物损失

[释疑] 如果当事人选择了贸易术语,则贸易术语优先于《联合国国际货物销售合同公约》,但并不产生排除该公约适用的效果,故 A 选项错误。CIF 贸易术语之下,风险于装运港货物装上船时由卖方转移给买方,故 B 选项错误。根据《联合国国际货物销售合同公约》的规定,买方有收货的义务,因此本案中买方有权就卖方包装不当引起的损失索赔,但无权就不收货而导致扩大的损失即货物在目的港码头雨淋造成的损失提出索赔,故 C 选项错误、D 选项正确。(答案:D)

3. 中国甲公司与法国乙公司商谈进口特种钢材,乙公司提供了买卖该种钢材的格式合同,两国均为 1980 年《联合国国际货物销售合同公约》缔约国。根据相关规则,下列哪一选项是正确的?(2014 年真题,单选)

A. 因两国均为公约缔约国,双方不能在合同中再选择适用其他法律
B. 格式合同为该领域的习惯法,对双方具有约束力
C. 双方可对格式合同的内容进行修改和补充
D. 如双方在合同中选择了贸易术语,则不再适用公约

[释疑] 《联合国国际货物销售合同公约》并不禁止当事人意思自治,当事人可以选择某一国家的法律,或者选择某一贸易术语,如果当事人选择了贸易术语则该术语优先,对于该术语没有规定的问题,公约仍然可以适用,故 A、D 选项均错误。一方当事人提供的格式合同并不具有强制性,而是可以作为双方谈判的基础,故 B 选项错误、C 选项正确。(答案:C)

4. 甲公司从国外进口一批货物,根据《联合国国际货物销售合同公约》,关于货物检验和交货不符合同约定的问题,下列说法正确的是:(2013 年真题,不定选)

A. 甲公司有权依自己习惯的时间安排货物的检验
B. 如甲公司须再发运货物,没有合理机会在货到后加以检验,而卖方在订立合同时已知道再发运的安排,则检验可推迟到货物到达新目的地后进行
C. 甲公司在任何时间发现货物不符合同均可要求卖方赔偿
D. 货物不符合同情形在风险转移时已经存在,在风险转移后才显现的,卖方应当承担

责任

[释疑] 《联合国国际货物销售合同公约》第38条规定:"(1)买方必须在按情况实际可行的最短时间内检验货物或由他人检验货物。(2)如果合同涉及货物的运输,检验可推迟到货物到达目的地后进行。(3)如果货物在运输途中改运或买方须再发送货物,没有合理机会加以检验,而卖方在订立合同时已知道或理应知道这种改运或再发送的可能性,检验可推迟到货物到达新目的地后进行。"此外,货物不符合同情形在风险转移时已经存在,在风险转移后才显现的,属于货物质量问题,卖方应承担责任,故应选B、D选项。(答案:BD)

5. A公司和B公司于2011年5月20日签订合同,由A公司将一批平板电脑售卖给B公司。A公司和B公司营业地分别位于甲国和乙国,两国均为《联合国国际货物销售合同公约》缔约国。合同项下的货物由丙国C公司的"潇湘"号商船承运,装运港是甲国某港口,目的港是乙国某港口。在运输途中,B公司与中国D公司就货物转卖达成协议。如货物运抵乙国后,乙国的E公司指控该批平板电脑侵犯其在乙国取得的专利权,致使货物遭乙国海关扣押,B公司向A公司索赔。在下列选项中,A公司无须承担责任的情形是:(2011年真题,不定选)

A. A公司在订立合同时不知道这批货物可能依乙国法而侵权
B. B公司在订立合同时知道这批货物存在第三者权利
C. A公司是遵照B公司提供的技术图样和款式进行生产的
D. B公司在订立合同后知道这批货物侵权但未在合理时间内及时通知A公司

[释疑] 根据《联合国国际货物销售合同公约》的相关规定,卖方所交付的货物,必须没有侵犯第三方的知识产权,但卖方的知识产权担保义务受两方面限制:(1)地域限制。第三方只有依据以下法律提出有关知识产权的权利或要求,卖方才承担责任:① 依据货物的预期转售地法律;② 依据买方营业地所在国法律。(2)其他限制:① 买方在订立合同时已知道或不可能不知道此项权利或要求;② 此项权利或要求的发生,是由于卖方要遵照买方所提供的技术图样、图案、款式或其他规格;③ 买方在知道第三人的权利或要求后,未在合理时间内通知卖方。A选项错误,A公司并不能因主观不知侵权而免责。(答案:BCD)

6. 2008年8月11日,中国甲公司接到法国乙公司出售某种设备的发盘,有效期至9月1日。甲公司于8月12日复电:"如能将每件设备价格降低50美元,即可接受。"对此,乙公司没有答复。甲公司于8月29日再次致电乙公司表示接受其8月11日发盘中包括价格在内的全部条件。根据1980年《联合国国际货物销售合同公约》,下列哪一选项是正确的?(2008年真题,单选)

A. 乙公司的沉默表明其已接受甲公司的降价要求
B. 甲公司8月29日的去电为承诺,因此合同已成立
C. 甲公司8月29日的去电是迟到的承诺,因此合同没有成立
D. 甲公司8月29日的去电是新要约,此时合同还没有成立

[释疑] 关于承诺,《联合国国际货物销售合同公约》第19条规定:(1)对要约表示接受但载有添加、限制或其他更改的答复,即为拒绝该项要约并构成还价。(2)但是,对要约表示接受但载有添加或不同条件的答复,如所载的添加或不同条件在实质上并不变更该项要约的条件,除要约人在不过分迟延的期间内以口头或书面通知反对其间的差异外,仍构成接受。如果要约人不作出这种反对,合同的条件就以该项要约的条件以及接受通知内所载的更改为准。(3)有关货物价格、付款、货物质量和数量、交货地点和时间、一方当事人对另一方当事人的赔

偿责任范围或解决争端等的添加或不同条件,均视为在实质上变更要约的条件。

本题中,作为受要约人的中国甲公司在收到要约后,于该要约有效期内作出了承诺,但是由于该承诺变更了原要约的价格,根据《联合国国际货物销售合同公约》第19条第3款的规定,属于实质性变更,在性质上属于无效的承诺、反要约或者新的要约。由于法国乙公司对该新要约并未作出承诺,沉默并不表明其已接受甲公司的降价要求,因此合同没有成立。因此A、B选项错误。虽然甲公司于8月29日再次致电乙公司表示接受其8月11日发盘中包括价格在内的全部条件,但法国乙公司2008年8月11日的要约已经因为甲公司于8月12日发出含有实质性变更的承诺(相当于对原要约的拒绝)而归于失效。因此,甲公司于8月29日再次致电所作的表示充其量也只能相当于一个新的要约,故C选项错误,D选项正确。(答案:D)

7. 根据国际公约有关规定,在卖方有义务移交与货物有关的单据的情况下,关于卖方的此项义务,下列哪些选项是正确的?(2008年真题,多选)

    A. 卖方必须在规定的时间移交
    B. 如卖方在规定的时间前移交,可以在该时间到达前纠正其中不符合同规定的情形
    C. 卖方行使纠正单据的权利使买方承担不合理开支的,买方有权要求赔偿
    D. 卖方在不使买方承担不合理开支的情况下,可以改变移交单据的地点和方式

[释疑] 关于卖方交单的义务问题,《联合国国际货物销售合同公约》第34条规定:如果卖方有义务移交与货物有关的单据,他必须按照合同所规定的时间、地点和方式移交这些单据。如果卖方在那个时间以前已移交这些单据,他可以在那个时间到达前纠正单据中任何不符合同规定的情形,但是,此一权利的行使不得使买方遭受不合理的不便或承担不合理的开支。但是,买方保留本公约所规定的要求损害赔偿的任何权利。

根据《联合国国际货物销售合同公约》第34条的规定,卖方应在规定的时间内交单,如果提前交单,则可以在规定的时间到达前纠正单据中任何不符合同规定的情形,但不得因此使买方遭受不合理的不便或承担不合理的开支,否则买方有权索赔。因此A、B、C选项正确。《公约》第34条只规定了在不给买方带来不合理不便和额外开支的情况下,可以提前交单,但并未规定可以基于这一条件改变移交单据的地点和方式,因此D选项错误。(答案:ABC)

## 三、提示与预测

国际货物买卖部分是司法考试的必考内容,该部分题目以案例题居多,但仅凭记忆是不能在这部分拿高分的,要求考生在记忆理解相关考点的基础上,能够对给定的题目进行综合分析,理清基本法律事实,再根据相关的条文进行答题。国际货物买卖部分的重点内容主要包括以下两个方面:

(1) 国际贸易术语。建议考生横向、纵向地对主要术语进行比较记忆,特别应重点识记几个常用术语,即FOB、CFR和CIF的内容。

(2)《联合国国际货物销售合同公约》。其中的公约适用范围、要约与承诺的相关问题、合同成立、买卖双方的权利义务及违约责任、货物的保全等内容是常考点,考生必须完全掌握。我国《合同法》基本根据该《公约》的相关内容制定,《合同法》的知识将在复习该部分内容时起到重大作用。

# 第三章 国际货物运输与保险

**本章知识体系：**

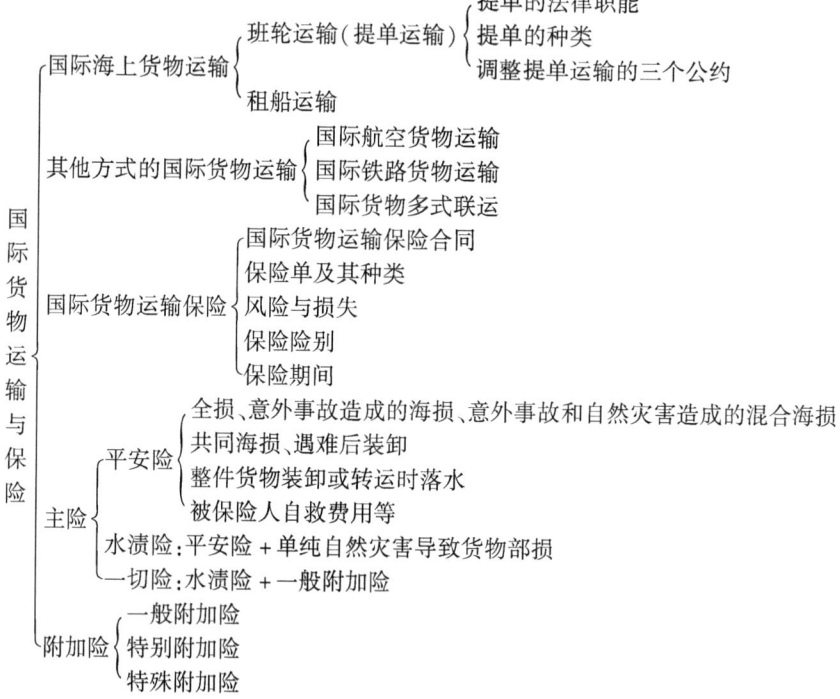

### 考点 1 班轮运输、提单、保函及海运单

**一、精讲**

1. 班轮运输

班轮运输是由航运公司以固定的航线、固定的船期、固定的运费率、固定的挂靠港口组织将托运人的杂货运往目的地的运输。班轮运输又被称为提单运输。班轮运输的当事人为承运人和托运人。承运人即承担运输的航运公司，托运人即与承运人订立运输合同的当事人，在国际货物运输关系中，通常是买卖合同中的卖方。承运人包括与托运人订立运输合同的船舶所有人或租用船舶的承租人。

2. 提单

提单是指用以证明海上运输合同和由承运人接管或装载货物，以及承运人保证据以交付货物的单证。

以下为提单的分类：

（1）根据货物是否已装船可将提单分为已装船提单和收货待运提单。

（2）依收货人的抬头可将提单分为记名提单、不记名提单和指示提单。

记名提单指提单正面载明收货人名称的提单。依据记名提单，承运人只能向该收货人，或向经收货人背书转让的提单持有人交付货物。记名提单一般不能转让。不记名提单指提单正面未载明收货人名称的提单。这种提单的转让十分简单，无须背书，交付即可。指示提单指提单正面载明凭指示交付货物的提单。指示提单的转让必须经过背书。

（3）根据提单有无批注可将提单分为清洁提单和不清洁提单。不清洁提单指在提单上批注有表明货物表面状况有缺陷的提单。银行除非在信用证规定可以接受该类提单的情况下，一般会拒绝接受不清洁提单办理结汇。

（4）根据运输方式可将提单分为直达提单、转船提单和联运提单。

（5）依是否已付运费可将提单分为运费预付提单和运费到付提单。

（6）倒签提单和预借提单。提单中注明的装船日期早于实际装船的日期就称为倒签提单。预借提单是当信用证规定的有效期即将届满，而货物还未装船时，托运人为了使提单上的装船日期与信用证规定的日期相符，要求承运人在货物装船前签发的已装船提单。

提单具有如下法律特征：

（1）提单是运输合同证明。提单不是运输合同本身，从理论上讲，提单只是由当事人一方签发的。从时间上讲，运输合同是在提单签发之前成立的。承运人签发提单仅属履行合同过程中的一个环节，故提单是合同的一种证明。当提单转让给善意第三方时，这时提单就成了约束承运人和提单持有人的运输合同。

（2）提单是货物收据。提单在托运人手中时只是初步证据。所谓初步证据，是指如承运人有确实的证据证明其收到的货物与提单上的记载不符，承运人可以向托运人提出异议。但在托运人将提单背书转让给第三人的情况下，对于提单的受让人来说，提单就成了终结性的证据。

（3）提单是物权凭证。提单是承运人保证向收货人交付货物的物权凭证。提单持有人对提单内的货物享有所有权，并有权向承运人提货。一定条件下，提单可以转让、抵押、结汇。

3. 保函

保函是指由托运人出具的用以担保承运人签发清洁提单而产生一切法律后果的一种担保文件。关于保函，我国《海商法》并无规定，主要是参照《汉堡规则》之规定，可概括为两点内容：

（1）善意保函有效，此有效也仅限于托运人与承运人之间，并不能对抗第三人。

（2）恶意保函无效，即承运人向收货人承担责任后不得再依保函向托运人索赔。

在托运人与承运人明知货物的表面状况有瑕疵仍以保函换取清洁提单的情况下，此种保函是一种恶意保函。恶意保函无效，承运人在对收货人承担责任后不得依保函向托运人索偿。

此外，预借提单与倒签提单一样，都掩盖了货物的实际装船日期，从而避开了迟延交货的责任，属于对收货人的欺诈行为，日后需对因此而引起的损失负责。为预借提单和倒签提单出具保函均为无效保函。

4. 海运单

海运单是20世纪70年代以来，随着集装箱运输的发展，特别是航程较短的运输中产生的一种运输单证。国际海事委员会1990年通过的《海运单统一规则》对相关规则作了规定,海运单是海上货物运输合同的证明,是收据,但却不是据以收货的物权凭证,不具有可流通性。

5. 承运人无正本提单交付货物的法律责任问题

2009年3月5日起施行的最高人民法院《关于审理无正本提单交付货物案件适用法律若干问题的规定》,对承运人无正本提单交付货物的法律责任问题作了规定:

(1) 正本提单持有人可以要求承运人承担违约责任,或者承担侵权责任。

(2) 承运人因无正本提单交付货物承担民事责任的,不适用《海商法》第56条关于限制赔偿责任的规定。

(3) 提货人凭伪造的提单向承运人提取了货物,持有正本提单的收货人可要求承运人承担无正本提单放货的责任。

(4) 承运人因无正本提单交付货物造成正本提单持有人损失的赔偿额,按照货物装船时的价值加运费和保险费计算。

(5) 正本提单持有人可以要求无正本提单交付货物的承运人与无正本提单提取货物的人承担连带赔偿责任。

(6) 承运人按照记名提单托运人的要求中止运输、返还货物、变更到达地或者将货物交给其他收货人,承运人对持有记名提单的收货人不承担责任。

(7) 诉讼时效期间为1年,自承运人应当交付货物之日起计算。

## 二、例题

1. 两批化妆品从韩国由大洋公司"清田"号货轮运到中国,适用《海牙规则》,货物投保了平安险。第一批货物因"清田"号过失与他船相碰致部分货物受损,第二批货物收货人在持正本提单提货时,发现已被他人提走。争议诉至中国某法院。根据相关规则及司法解释,下列哪些选项是正确的?(2014年真题,多选)

A. 第一批货物受损虽由"清田"号过失碰撞所致,但承运人仍可免责

B. 碰撞导致第一批货物的损失属于保险公司赔偿的范围

C. 大洋公司应承担第二批货物无正本提单放货的责任,但可限制责任

D. 大洋公司对第二批货物的赔偿范围限于货物的价值加运费

[释疑] 根据《海牙规则》,承运人对于管船过失造成货损可以免责,故A选项正确。碰撞导致的损失属于意外事故所致,属于平安险的承保范围,故B选项正确。承运人大洋公司对于无正本提单放货应承担全额赔偿责任,赔偿的范围应为成本加保险费加运费,故C、D选项均错误。(答案:AB)

2. 中国甲公司从国外购货,取得了代表货物的单据,其中提单上记载"凭指示"字样,交货地点为某国远东港,承运人为中国乙公司。当甲公司凭正本提单到远东港提货时,被乙公司告知货物已不在其手中。后甲公司在中国法院对乙公司提起索赔诉讼。乙公司在下列哪些情形下可免除交货责任?(2013年真题,多选)

A. 在甲公司提货前,货物已被同样持有正本提单的某公司提走

B. 乙公司按照提单托运人的要求返还了货物

C. 根据某国法律要求,货物交给了远东港管理当局

D. 货物超过法定期限无人向某国海关申报,被海关提取并变卖

[释疑] 承运人签发一式数份正本提单,向最先提交正本提单的人交付货物后,承运人无须向其他持有正本提单的人承担赔偿责任,故在甲公司提货前,货物已被同样持有正本提单的某公司提走,乙公司可以免除责任,A 选项正确。对于"记名提单",如果承运人按照托运人的要求返还了货物,则不承担责任。B 选项为"指示提单"而非"记名提单",前述规定不适用,故 B 选项错误。承运人依照提单载明的卸货港所在地法律规定,必须将承运到港的货物交付给当局的,不承担责任,故 C 选项正确。承运到港的货物超过法律规定期限无人向海关申报,被海关提取并依法变卖处理的,承运人也不承担责任,故 D 选项正确。(答案:ACD)

3. 中国甲公司通过海运从某国进口一批服装,承运人为乙公司,提单收货人一栏写明"凭指示"。甲公司持正本提单到目的港提货时,发现货物已由丙公司以副本提单加保函提取。甲公司与丙公司达成了货款支付协议,但随后丙公司破产。甲公司无法获赔,转而向乙公司索赔。根据我国相关法律规定,关于本案,下列哪一选项是正确的?(2011 年真题,单选)

A. 本案中正本提单的转让无须背书

B. 货物是由丙公司提走的,故甲公司不能向乙公司索赔

C. 甲公司与丙公司虽已达成货款支付协议,但未得到赔付,不影响甲公司要求乙公司承担责任

D. 乙公司应当在责任限制的范围内承担因无单放货造成的损失

[释疑] 指示提单通过指示人背书后方可以转让,A 选项错误。根据 2009 年最高人民法院《关于审理无正本提单交付货物案件适用法律若干问题的规定》的规定,正本提单持有人可以要求船公司和无正本提单提货的人承担连带赔偿责任,故 B、D 选项错误,C 选项正确。(答案:C)

4. 甲公司依运输合同承运一批从某国进口中国的食品,当正本提单持有人乙公司持正本提单提货时,发现货物已由丙公司以副本提单加保函提走。依我国相关法律规定,下列哪一选项是正确的?(2009 年真题,单选)

A. 无正本提单交付货物的民事责任应适用交货地法律

B. 乙公司可以要求甲公司承担违约责任或侵权责任

C. 甲公司对因无正本提单交货造成的损失按货物的成本赔偿

D. 丙公司提走了货物,不能要求甲公司承担责任

[释疑] 根据最高人民法院《关于审理无正本提单交付货物案件适用法律若干问题的规定》的规定,对于无正本提单交付货物的民事责任应适用的法律,在适用中国法的情况下适用该规定,"应适用交货地法律"的表述错误,故 A 选项错误。对于无正本提单交付货物,正本提单持有人可以要求承运人承担违约责任,或者承担侵权责任,B 选项正确。承运人因无正本提单交付货物造成正本提单持有人损失的赔偿额,按照货物装船时的价值加运费和保险费计算,C 选项错误。可以要求无正本提单交付货物的承运人与无正本提单提取货物的人承担连带赔偿责任,D 选项错误。(答案:B)

## 三、提示与预测

提单属于高频考点,应掌握其种类和法律性质,以及提单对于托运人、承运人和收货人的

意义。

## 考点 2 调整班轮运输的三个提单公约——《海牙规则》《维斯比规则》《汉堡规则》

### 一、精讲

1.《海牙规则》

(1) 承运人最低限度的义务(适航的义务和管货的义务)。关于适航的义务,承运人在开航前与开航时必须谨慎处理,以便:① 使船舶具有适航性;② 适当地配备船员、设备和船舶供应品;③ 使货舱、冷藏舱和该船其他运载货物的部位适宜并能安全地收受、运送和保管货物。

关于管货的义务,一方面,承运人应谨慎收受、运送、照料和保管货物,否则对有关货物损失应承担赔偿责任。另一方面,《海牙规则》还规定承运人对由于下列原因引起或造成的货物的灭失或损害不负责任:① 船长、船员、引水员或承运人的雇用人在驾驶或管理船舶中的行为、疏忽或不履行职责;② 火灾,但由于承运人实际过失或私谋所造成者除外;③ 海上或其他可航水域的风险、危险或意外事故;④ 天灾;⑤ 战争行为;⑥ 公敌行为;⑦ 君主、统治者或人民的扣留或拘禁或依法扣押;⑧ 检疫限制;⑨ 货物托运人或货主、其代理人或代表的行为或不行为;⑩ 不论由于何种原因引起的局部或全面的罢工、关厂、停工或劳动力受到限制;⑪ 暴乱和民变;⑫ 救助或企图救助海上人命或财产;⑬ 由于货物的固有瑕疵、性质或缺陷所造成的容积或重量的损失,或任何其他灭失或损害;⑭ 包装不当;⑮ 标志不清或不当;⑯ 尽适当的谨慎所不能发现的潜在缺陷;⑰ 不是由于承运人的实际过失或私谋,或是承运人的代理人或受雇人员的过失或疏忽引起的任何其他原因。

(2) 托运人的义务和责任。《海牙规则》规定,托运人应对其所提供的资料不正确所造成的损失负赔偿责任。对于危险品,如托运人隐瞒货物的危险性,承运人只要发现后可立即将货物抛弃而不需负责,且托运人还应赔偿船东及受害的第三方因载此货而引起的损失。如托运人已表明了货物的危险性,则承运人只有在面临危险的情况下,才可抛弃货物而不需负责。此时,托运人也无须对由运输此货而引起的损失负责。

(3) 检查货物与索赔。收货人在提货时应检查货物,如发现短缺或残损,应立即向承运人提出索赔。如残损不明显,则在 3 日内提出索赔通知。如在提货时或提货后 3 日内没有提出索赔通知,就是交货时货物的表面状况良好的初步证据。在联合检验的情况下,不需出具索赔通知。

(4) 诉讼时效。关于诉讼时效,《海牙规则》第 3 条第 6 款规定,收货方对承运人或船舶提起货物灭失或损害索赔的诉讼时效为 1 年,自货物交付之日起算,在货物灭失的情况下,自货物应交付之日起算。

(5) 适用范围。《海牙规则》第 10 条规定:本公约各项规定,适用于在任何缔约国所签发的一切提单。第 5 条规定:本规则中的各项规定不适用于租船合同,但如果提单是在船舶出租情况下签发,便应符合本规则中的各项规定。

2.《维斯比规则》

《维斯比规则》于 1977 年生效,其内容主要是对《海牙规则》的补充和修改。该规则的主要内容有：

(1) 明确规定提单对于善意受让人是最终证据。《维斯比规则》第 1 条对《海牙规则》第 3 条第 4 款的内容进行了补充，规定提单对托运人来说是初步证据，而对善意的提单受让人来说则是最终的证据。

(2) 承运人的责任限制。《维斯比规则》采用了双重责任限额制，即承运人对货物的灭失或损害责任以每件或每单位 1 万金法郎或每公斤 30 金法郎为限，两者以高者计。1984 年 4 月生效的修订《维斯比规则》的议定书规定，承运人的责任限制金额为每件或每单位 666.67 特别提款权，或按货物毛重每公斤 2 特别提款权计算，两者之中以较高者为准。

(3) 承运人的雇用人或代理人的责任限制。《海牙规则》未明确规定承运人的雇用人或代理人是否也能享受责任限制的保护。《维斯比规则》进行了明确规定：① 对承运人提起的货损索赔诉讼，无论是以合同为依据，还是以侵权行为为依据，均可以适用责任限制的规定；② 承运人的雇用人或代理人也可以享受责任限制的保护。

(4) 诉讼时效。《维斯比规则》对《海牙规则》第 6 条作了两点修改：① 诉讼时效为 1 年，双方协商，可以延长时效；② 对第三者的追偿诉讼，在 1 年的诉讼时效期满后，仍有 3 个月的宽限期。

3.《汉堡规则》

(1) 承运人的责任。《汉堡规则》在承运人的责任基础上采用了完全的过失责任制。同时，《汉堡规则》还采用了推定过失责任制，即在货损发生后，先推定承运人有过失，如承运人主张自己无过失，则必须承担举证的责任。

(2) 承运人的免责。《汉堡规则》取消了承运人对船长、船员等在驾驶船舶或管理船舶及火灾中的过失免责。承运人对火灾所引起的灭失、损坏或延迟交付负赔偿责任，但索赔人需证明承运人、其受雇人或代理人有过失。

(3) 承运人延迟交货的责任。《海牙规则》没有规定延迟交货的责任，《汉堡规则》规定了承运人应对延迟交货负责。承运人对延迟交货的赔偿责任限额为迟交货物应付运费的 2.5 倍，但不应超过应付运费的总额。

(4) 承运人的责任期间。《汉堡规则》规定承运人的责任期间为货物在装货港、运送途中和卸货港在承运人掌管下的全部期间。

(5) 承运人的责任限额。《汉堡规则》提高了承运人的最高赔偿限额，规定承运人对货物灭失或损坏的赔偿责任限额为每件或每单位 835 特别提款权（SDR），或每公斤 2.5 特别提款权，以高者为准。此外，《汉堡规则》还规定，如货损是由于承运人、其雇用人或代理人故意造成的，则将丧失责任限制的权利。

(6) 关于保函的效力。《汉堡规则》第一次在一定范围内承认了保函的效力，《汉堡规则》规定：托运人为了换取清洁提单可向承运人出具保函，但保函只在托运人与承运人之间有效。如保函有欺诈意图，则保函无效，承运人应赔偿第三者的损失，且不能享受责任限制。

(7) 货物的适用范围。《汉堡规则》不适用于舱面货和活牲畜。关于舱面货，《汉堡规则》规定，承运人依协议、惯例、法律的要求，才有权在舱面装货，否则承运人应对将货物装在舱面上造成的损失负赔偿责任。关于活牲畜，《汉堡规则》规定，活牲畜的受损如是因其固有的特殊风险造成的，承运人可以免责，但承运人须证明已按托运人的特别指示办理了与货物有关的事宜。

(8) 索赔通知和诉讼时效。《汉堡规则》规定,索赔通知应在收货后的第一个工作日内提交。在损害不明显时,在收货后 15 日内提交。延迟交付的索赔通知应在收到货后连续 60 天内提交。《汉堡规则》规定的诉讼时效为两年。此外,承运人向收货人赔付后在向第三方追偿时,可以协议延长时效。

## 二、例题

关于海上货物运输中的迟延交货责任,下列哪一表述是正确的?(2006 年真题,单选)
A.《海牙规则》明确规定承运人对迟延交付可以免责
B.《维斯比规则》明确规定了承运人迟延交付的责任
C.《汉堡规则》只规定了未在约定时间内交付为迟延交付
D.《汉堡规则》规定迟延交付的赔偿为迟交货物运费的 2.5 倍,但不应超过应付运费的总额

[释疑] 《海牙规则》和《维斯比规则》都没有规定延迟交货的责任,《汉堡规则》规定,承运人对延迟交货的赔偿责任限额为迟交货物应付运费的 2.5 倍,但不应超过应付运费的总额。因此,本题中 A、B 选项显然均为错误表述,D 选项正确。关于 C 选项,《汉堡规则》还规定,延迟交货指未在约定的时间内交付,或在无约定的情况下,未在合理的时间内交付,故 C 选项的"《汉堡规则》只规定了未在约定时间内交付为迟延交付"的说法错误。(答案:D)

提示:本题的 C 选项有一定的难度,未在约定时间内交付是属于迟延交付,但《汉堡规则》还规定在无约定的情况下,未在合理的时间内交付也属于迟延交付,考生可能会因为对此记忆不准确而觉得难于判断。但从做题技巧方面看,对 D 选项的正确性,考生一般是有把握的,既然本题为单项选择题,也可以由此断定 C 选项错误。

## 三、提示与预测

在有关提单的三大公约中,最为重要的是《海牙规则》,特别是该规则中关于承运人最低限度的义务、承运人的免责范围等。此外,以前真题还数次考过三大公约在主要方面的比较,例如对保函、实际承运人、迟延交货的规定等。

## 考点 3 国际货物运输保险

### 一、精讲

1. 海损

海损从程度上可分为全部损失和部分损失,部分损失又可分为单独海损和共同海损。

(1)"实际全损"指保险标的发生保险事故后灭失,或者受到严重损坏完全失去原有形体、效用,或者不能再归被保险人所拥有的损失状态。

(2)"推定全损"指货物发生保险事故后,认为实际全损已经不可避免,或者为避免发生实际全损已经不可避免,或者为避免发生实际全损所需要支付的费用、继续将货物运抵目的地的费用之和超过保险价值的损失状态。对推定全损,由被保险人选择:① 按实际全损索赔;

② 按部分损失索赔。如果按实际全损索赔,则必须向保险人发出委付通知,即将全损货物委付给保险人。如不发出委付通知,则视为按部分损失处理。对于被保险人的委付通知,保险人可以接受,也可以不接受。但是一旦接受,不得反悔。也就是说,如果保险人接受了委付,就应该按全损赔付。此时,被保险人应该将剩余物的所有权转让给保险人。

(3)"共同海损"是指在同一海上航程中,船舶、货物和其他财产遭遇共同危险,为了共同安全,有意地和合理地采取措施所直接造成的特殊牺牲,支付的特殊费用。具有以下特点:① 船舶、货物和其他财产必须遭遇共同危险。② 采取的措施必须是有意而合理的。所谓有意的措施,是指船长主观上明知采取某种措施会导致船舶或货物的损害,但为了避免船舶和货物遭受共同的危险而不得已采取的措施。如船舶在航行中,货舱起火,船长明知向舱内灌水会造成货物的损失,但却必须这样做,由此而造成的损失是共同海损。③ 共同海损的牺牲和费用必须是特殊的。特殊费用是指超出船舶正常营运情况外所承担的责任,也可以理解为是在船舶和货物面临共同危险的情况下,采取的正常航行所需以外的特殊费用。如为了使船舶脱浅,反复使用快进车,快倒车,以使船舶松动,得以脱浅的措施,这种措施对船舶主机造成的损害应列入共同海损。因为所采取的措施已超出船舶主机正常的使用范围。④ 共同海损的措施必须有效果。在非常情况下,船方所采取的措施,达到了全部或部分保全船舶和货物的目的。

(4)"单独海损"指货物由于风险直接造成的部分损失。

2. 平安险、水渍险、一切险的责任范围

| | |
|---|---|
| 平安险 | 平安险的英文意思为"单独海损不赔"。其责任范围主要包括:<br>(1) 被保险货物在运输途中由于恶劣气候、雷电、海啸、地震、洪水等自然灾害造成的整批货物的全部损失或推定全损。<br>(2) 由于运输工具遭受搁浅、触礁、沉没、互撞、与流冰或其他物体碰撞以及失火、爆炸等意外事故造成货物的全部或部分损失。<br>(3) 在运输工具已经发生搁浅、触礁、沉没、焚毁等意外事故的情况下,货物在此前后又在海上遭受恶劣气候、雷电、海啸等自然灾害所造成的部分损失。<br>(4) 在装卸或转运时由于一件或数件整件货物落海造成的全部或部分损失。<br>(5) 被保险人对遭受承保责任内危险的货物采取抢救、防止或减少货损的措施而支付的合理费用,但以不超过该批被救货物的保险金额为限。<br>(6) 运输工具遭遇海难后,在避难港由于卸货所引起的损失以及在中途港、避难港由于卸货、存仓以及运送货物所产生的特别费用。<br>(7) 共同海损的牺牲、分摊和救助费用。<br>(8) 运输合同中定有"船舶互撞责任"条款,根据该条款规定应由货方偿还船方的损失。 |
| 水渍险 | 该险的责任范围除平安险的各项责任外,还负责赔偿被保险货物由于恶劣气候、雷电、海啸、地震、洪水等自然灾害所造成的部分损失。 |
| 一切险 | 该险除包括水渍险的责任范围外,还负责赔偿被保险货物在运输途中由于外来原因所致的全部或部分损失。外来原因指偷窃、提货不着、淡水雨淋、短量、混杂、玷污、渗漏、串味异味、受潮受热、包装破裂、钩损、碰损破碎、锈损等原因。 |

3. 一般附加险、特别附加险和特殊附加险

海洋货物运输保险的附加险别,分为一般附加险、特别附加险和特殊附加险三类。一般附加险属于一切险的范围,保了一切险,就不必再附加任何一般附加险;而特别附加险和特殊附加险所保的责任已超出了一切险的范围。

一般附加险包括偷窃、提货不着、淡水雨淋、短量、混杂、玷污、渗漏、串味异味、受潮受热、包装破裂、钩损、碰损破碎、锈损险等。

特别附加险包括:① 交货不到险;② 进口关税险;③ 舱面险;④ 拒收险;⑤ 黄曲霉素险;⑥ 出口货物到香港或澳门存仓火险。

特殊附加险包括海洋运输货物战争险和货物运输罢工险。

4. 保险人的除外责任

除外责任就是保险人不承保的风险。中国人民保险公司海洋运输货物保险的除外责任包括:① 被保险人的故意行为或过失所造成的损失;② 属于发货人责任引起的损失;③ 在保险责任开始前,被保险货物已存在的品质不良或数量短差所造成的损失;④ 被保险货物的自然损耗、本质缺陷、特性以及市价跌落、运输迟延引起的损失和费用;⑤ 海洋运输货物战争险条款和货物运输罢工险条款规定的责任范围和除外责任。

## 二、例题

1. 青田轮承运一批啤酒花从中国运往欧洲某港,货物投保了一切险,提单上的收货人一栏写明"凭指示",因生产过程中水分过大,啤酒花到目的港时已变质。依《海牙规则》及相关保险规则,下列哪一选项是正确的?(2015年真题,单选)

A. 承运人没有尽到途中管货的义务,应承担货物途中变质的赔偿责任
B. 因货物投保了一切险,保险人应承担货物变质的赔偿责任
C. 本提单可通过交付进行转让
D. 承运人对啤酒花的变质可以免责

[释疑] 本题中啤酒花的变质是因为生产过程中水分过大,是货物固有的缺陷引起的损失,该损失承运人可以免责,保险人也可以以除外责任为由拒绝理赔,故 A、B 选项均错误。本题中的提单为指示提单,须经背书方可转让,故 C 选项错误。根据《海牙规则》关于承运人免责的具体规定,货物固有的性质或缺陷引起的损失承运人可以免责,故应选 D 选项。(答案:D)

2. 甲公司向乙公司出口一批货物,由丙公司承运,投保了中国人民保险公司的平安险。在装运港装卸时,一包货物落入海中。海运途中,因船长过失触礁造成货物部分损失。货物最后延迟到达目的港。依《海牙规则》及国际海洋运输保险实践,关于相关损失的赔偿,下列哪些选项是正确的?(2013年真题,多选)

A. 对装卸过程中的货物损失,保险人应承担赔偿责任
B. 对船长驾船过失导致的货物损失,保险人应承担赔偿责任
C. 对运输延迟造成的损失,保险人应承担赔偿责任
D. 对船长驾船过失导致的货物损失,承运人可以免责

[释疑] 根据平安险,装卸时整件货物落海的损失,保险人应予以赔偿。驾船过失属于意外事故,造成的损失也应赔偿。运输迟延属于除外责任,保险人不赔偿,故 C 选项错误。根据《海牙规则》的规定,承运人对于航行过失引起的损失可以免责。(答案:ABD)

3. 中国甲公司与某国乙公司签订茶叶出口合同,并投保水渍险,议定由丙公司"天然"号货轮承运。下列哪些选项属于保险公司应赔偿范围?(2011年真题,多选)

A. 运输中因茶叶串味等外来原因造成货损
B. 运输中因"天然"号过失与另一轮船相撞造成货损
C. 运输延迟造成货损
D. 运输中因遭遇台风造成部分货损

[释疑] 一般附加险包括偷窃、提货不着、淡水雨淋、短量、混杂、玷污、渗漏、碰撞破碎、串味异味、受潮受热、钩损、包装破裂、锈损等原因。串味属于一般附加险,A选项错误。水渍险承保范围包括"平安险"承保范围和保险货物由于自然灾害造成的部分损失。由于运输工具遭受搁浅、触礁、沉没、互撞、与流冰或其他物体碰撞以及失火、爆炸等意外事故造成货物的全部或部分损失,保险公司应予赔偿,B选项正确。运输延迟造成的货损属于除外责任,不被任何险种所承保,C选项错误。台风属于自然灾害,其造成的部分损失,在水渍险之下也可以向保险人索赔,D选项正确。答案为B、D选项。(答案:BD)

### 三、提示与预测

国际海运保险之中的平安险、水渍险、一切险为高频考点,除2008年之外,在每年的考题中均有出现。建议以平安险为基础,掌握三大基本险别的承保范围,同时掌握共同海损、委付、除外责任等基本概念。

# 第四章 国际贸易支付

**本章知识体系:**

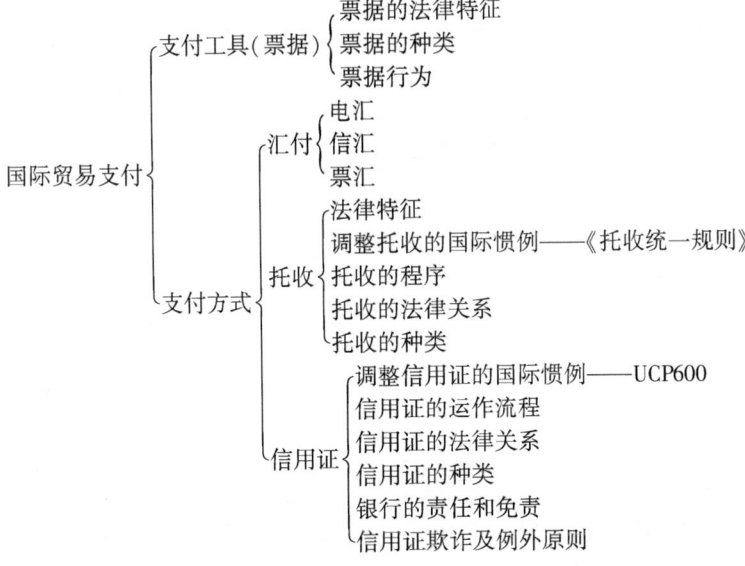

## 考点 1 托收

### 一、精讲

托收是由收款人开立汇票,委托银行向付款人收取货款的结算方式。在托收付款下,付款人是否付款是依其商业信用,银行并不承担责任。1995年国际商会公布了新修订的《托收统一规则》,又称522号出版物。该规则属于国际惯例,在国际贸易中已得到了广泛的承认和使用。但当事人在选择适用《托收统一规则》的情况下,不得违背有关国家国内法中的强制性规定,如外汇管制的规定等。

1. 托收的种类

(1) 光票托收与跟单托收。光票托收指委托人开立不附货运单据的汇票,仅凭汇票委托银行向付款人收款的托收方式。跟单托收(Documentary Bill for Collection)则是指委托人开立附货运单据的汇票,凭跟单汇票委托银行向付款人收款的托收方式。跟单托收又可分为付款交单和承兑交单。

(2) 付款交单与承兑交单。付款交单(Documents against Payment,简称 D/P)指代收行在买方付清货款后才将货运单据交给买方的付款方式。承兑交单(Documents against Acceptance,简称 D/A)指在开立远期汇票的情况下,代收行在接到跟单汇票后,要求买方对汇票承兑,在买方承兑后即将货运单据交付买方的托收方式。承兑交单的风险大于付款交单。

2. 跟单托收流程图

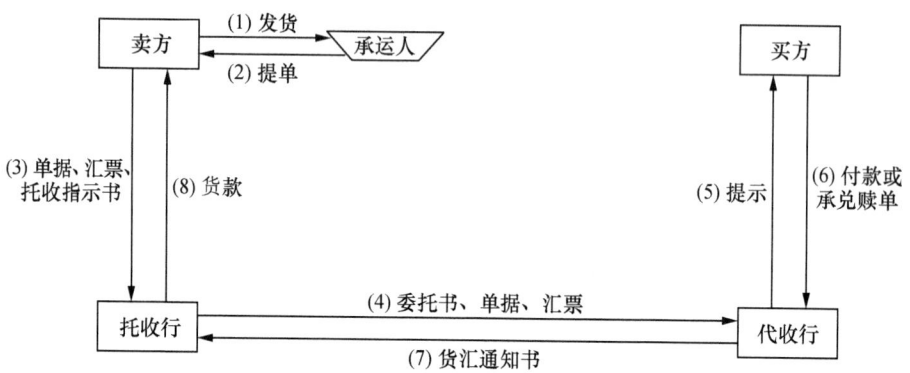

3. 当事人的法律关系

(1) 委托人与托收行之间是委托关系。

(2) 托收行与代收行之间是委托关系,其代理合同由托收指示书、委托书以及由双方签订的业务互助协议等组成。根据《托收统一规则》的规定,银行必须依托收指示书中的规定和本规则行事,如由于某种原因,某一银行不能执行其所收到的托收指示书的规定时,必须立即通知发出托收指示书的一方。如代理人违反了该项原则,应赔偿由此给委托人造成的损失。

(3) 委托人与代收行之间不存在直接的合同关系,尽管托收行是委托人的代理人,代收行又是托收行的代理人,但依代理法的一般原则,在委托人与代收行之间并没有合同关系。因此,如果代收行违反托收指示行事导致委托人遭受损失时,委托人并不能直接对代收行起诉,委托人只能通过托收行追究代收行的责任。

(4) 代收行与付款人之间没有法律上的关系，付款人是否付款是依对托收票据的付款责任而定。

4. 托收业务中银行的义务

(1) 及时提示的义务，指对即期汇票应毫无延误地进行付款提示；对远期汇票则必须不迟于规定的到期日作付款提示。当远期汇票必须承兑时应毫无延误地作承兑提示。

(2) 审单的义务，即银行应保证汇票和装运单据与托收指示书的表面一致，如发现任何单据有遗漏，应立即通知发出指示书的一方。

(3) 及时解交款项的义务，即收到的款项在扣除必要的手续费和其他费用后必须按照指示书的规定无迟延地解交本人。

(4) 及时通知托收结果，包括付款、承兑、拒绝承兑或拒绝付款等。

5. 托收业务中银行的免责

《托收统一规则》规定了银行不承担责任的情况，主要包括：

(1) 银行只需核实单据在表面上与托收指示书一致，此外没有进一步检验单据的义务；代收行对承兑人签名的真实性或签名人是否有签署承兑的权限概不负责。

(2) 与托收有关的银行对由于任何通知、信件或单据在寄送途中发生延误或失落造成的一切后果，或对电报、电传、电子传送系统在传送中发生延误、残缺和其他错误，或对专门性术语在翻译上和解释上的错误，概不负责。

(3) 与托收有关的银行对由于天灾、暴动、骚乱、叛乱、战争或银行本身无法控制的任何其他原因，或对由于罢工或停工致使银行营业间断所造成的一切后果，概不负责。

(4) 除非事先征得银行同意，货物不应直接运交银行或以银行为收货人，否则银行无义务提取货物。银行对于跟单托收项下的货物无义务采取任何措施。

(5) 在汇票被拒绝承兑或拒绝付款时，若托收指示书上无特别指示，银行没有作出拒绝证书的义务。

(6) 受指示方行为免责，即托收行对选择代收行的风险、其选择的代收行未执行托收指示而造成的损失免责。

## 二、例题

修帕公司与维塞公司签订了出口200吨农产品的合同，付款采用托收方式。船长签发了清洁提单。货到目的港后经检验发现，货物质量与合同规定不符，维塞公司拒绝付款提货，并要求减价。后该批农产品全部变质。根据国际商会《托收统一规则》，下列哪一选项是正确的？（2008年真题，单选）

A. 如代收行未执行托收行的指示，托收行应对因此造成的损失对修帕公司承担责任
B. 当维塞公司拒付时，代收行应当主动制作拒绝证书，以便收款人追索
C. 代收行应无延误地向托收行通知维塞公司拒绝付款的情况
D. 当维塞公司拒绝提货时，代收行应当主动提货以减少损失

[释疑] 根据《托收统一规则》关于银行义务和免责的规定，托收行对于代收行未执行指示而造成的损失免责，当买方维塞公司拒付时，代收行无义务主动制作拒绝证书，当维塞公司拒绝提货时，代收行也无义务主动提货，故A、B、D选项错误。遭到拒付后，代收行应无延误地向托收行通知维塞公司拒绝付款的情况，托收行也应无延误地通知卖方，C选项正确。（答案：C）

### 三、提示与预测

在国际支付方式中,托收是仅次于信用证的重要考点,应掌握托收当事人的法律关系、托收的种类、银行的责任和免责等几个方面。

## 考点 2 信用证

### 一、精讲

1. 信用证的含义及特点

UCP600 第 2 条对信用证的定义是,信用证是指一项约定,无论其如何命名或描述,该约定不可撤销并因此构成开证行对于相符提示予以兑付的确定承诺。具体含义包括:是银行签发的一种对受益人的约定;受益人依此约定取得信用证项下权利,即要求开证行支付,但这种权利的实现是有条件的,受益人必须满足信用证所规定的要求;如果受益人满足了信用证规定的要求,开证行将依约定支付受益人约定的金额。

信用证的特点:

(1) 以银行信用取代商业信用。在信用证交易中,银行根据信用证取代买方承担了作为第一付款人的义务,日后只要卖方提供符合信用证的单据,即使买主破产,卖方也能从银行得到付款保证。这样,银行提供了远优于进口商个人信誉的银行信用,较之托收或直接付款方式来说,使卖方风险大为减少。

(2) 信用证具有独立性。开立信用证的基础是买卖合同,但银行与买卖合同无关,也不受其约束。因此,一家银行作出的付款、承兑、支付汇票或议付或履行信用证项下其他义务的承诺,不受因申请人与开证行或与受益人之间关系而提出的索赔或抗辩的约束。

(3) 信用证交易的标的物是单据。对于出口商来说,只要按信用证规定条件提交了单据,在单单一致、单证一致的情况下,即可从银行得到付款;对进口商来说,只要在申请开证时,保证收到符合信用证规定的单据即行付款并交付押金,便可从银行取得代表货物所有权的单据。因此,银行开立信用证实际是进行单据的买卖。

2. UCP600 对 UCP500 的修改

目前适用于信用证的是国际商会制定的国际惯例《跟单信用证统一惯例》。国际商会在 2006 年年会上通过了修改《跟单信用证统一惯例 500》(UCP500)的 UCP600 号出版物,考生有必要对几处主要的修改有所掌握:

(1) UCP600 删除了可撤销的信用证,规定 UCP600 所调整的信用证是不可撤销的。

(2) UCP600 规定交单地点应在指定银行或开证行所在地,规定"兑付"是指开证行、保兑行、指定行在信用证下除议付以外的一切与支付相关的行为。规定"相符的交单"是指单据应当和信用证的条款、适用的惯例条款及国际银行标准实务相符合。

(3) 明确规定"议付"是对票据及单据的一种买入行为,并明确是对受益人的融资,即预付或承诺预付。将原来 UCP500 规定的审单期限改为"最多为收单翌日起第 5 个工作日"。

(4) 明确规定开证行发出拒付通知时,可以退单,也可以"留存单据直到其从申请人处接到放弃不符点的通知并同意接受该放弃,或者其同意接受对不符点的放弃之前从交单人处收到其进一步的指示"。

（5）明确规定对于可转让的信用证，第二受益人提交单据必须经过转让行。

信用证的当事人，包括开证申请人、受益人、开证行、通知行、议付行等。

3. 信用证的种类

信用证依其性质、形式、付款期限及用途的不同可分为保兑信用证和不保兑信用证、即期信用证和远期信用证、可转让的信用证和不可转让的信用证、跟单信用证和光票信用证，以及对背信用证、对开信用证、循环信用证、备用信用证等不同种类的信用证。

（1）保兑信用证和不保兑信用证。保兑信用证指开证行开出的信用证又经另一家银行保证兑付的信用证。保兑行对信用证进行保兑后，其承担的责任就相当于本身开证，不论开证行发生何种变化，保兑行都不得片面撤销其保兑。不保兑的信用证指未经另一银行加以保证兑付的信用证。

（2）即期信用证和远期信用证。即期信用证指允许受益人开立即期汇票，开证行或议付行于见票后即付款的信用证。远期信用证指受益人仅可开立远期汇票，开证行或议付行在汇票指定的付款到期日支付货款的信用证。

（3）可转让的信用证和不可转让的信用证。可转让的信用证指受益人可将信用证的部分或全部权利转让给第三人的信用证。可转让的信用证必须在信用证上注明"可转让"的字样。不可转让的信用证指受益人不能将信用证的权利转让给他人的信用证。

（4）循环信用证。循环信用证指在同样条款的情况下，在一定期间内，信用证金额可重复使用的信用证。当受益人全部或部分使用了信用证金额后，该金额可重新恢复到原金额，继续使用，周而复始直至规定的次数或规定的总金额用完为止。

（5）对开信用证。对开信用证是指交易双方约定，分别申请开立以对方作为受益人的信用证，两证可以互为生效条件而同时生效。

（6）备用信用证。备用信用证指开立备用信用证的银行向受益人担保，如申请人不履行债务，则由开证行给予补偿。

4. 信用证的运作流程

以信用证方式付款时，一般须经过下列基本步骤：

（1）国际货物买卖合同的双方在买卖合同中明确规定采用信用证方式付款。

（2）申请开证，买方向其所在地的银行提出开证申请，并交纳一定的开证押金或提供其他保证，要求银行向卖方开出信用证。

（3）通知受益人，开证行依申请书的内容开立信用证并寄交卖方所在地银行（该银行即通知行），由通知行向受益人作出通知。

（4）交单议付，卖方对信用证审核无误后，即发运货物并取得信用证所要求的装运单据，再依信用证的规定凭单据向其所在地银行议付货款。

（5）索偿，议付行议付后将汇票和货运单据寄开证行要求索偿，开证行核对单据无误后偿付议付行。

（6）付款赎单，开证行通知买方付款赎单。

5. 信用证当事人之间的关系

（1）开证申请人与受益人之间为买卖合同关系。

（2）开证行与开证申请人之间是基于开证申请书及其他文件形成的委托合同关系。

（3）通知行与开证行之间是委托代理关系。

（4）通知行与受益人之间不存在合同关系。

（5）关于开证行与受益人之间的关系，如果开立的是可撤销的信用证，开证行与受益人之间不存在合同关系；如果开立的是不可撤销的信用证，则在开证行与受益人之间形成附条件的合同关系，即如果受益人能够在信用证规定的时间内提交符合要求的单据，银行就应履行付款义务。

6. 银行的责任

银行的责任主要为审单并在符合条件的情况下付款。银行在审单时需坚持单证相符、单单相符的原则。即受益人提交的单据必须在表面上符合信用证条款的要求，而且单据在彼此之间也应相互一致，不能相互矛盾，否则银行有权拒绝接受受益人提交的单据，并拒绝付款、承兑或议付。付款行、承兑行和议付行也不应接受单证之间或单单之间不符的单据，否则开证行有权拒绝偿付上述银行。如果开证行接受了不符的单据，开证申请人有权拒绝到开证行那里付款赎单。开证行只在表面上审查单据，不考查货物是否和单据上的描述相符，只要是在信用证的有效期内而且单证相符、单单相符，开证行就应承担付款责任。

7. 银行的免责

根据《跟单信用证统一惯例》的规定，银行免责的情况主要包括：

（1）银行对任何单据的形式、完整性、准确性、真实性、伪造或法律效力，以及对单据上所载的或附加的一般或特殊条件，概不负责。

（2）银行对由于任何消息、信函或单据在传递过程中发生延误或遗失而引起的后果，或任何电讯在传递过程中发生延误、残缺或其他错误，概不负责。

（3）银行对由于天灾、暴动、骚乱、叛乱、战争或本身无法控制的其他原因，或任何罢工或停工而中断营业所引起的后果，概不负责。

（4）银行不受买卖合同的约束或影响，不负责买卖合同的履行情况及买卖当事人的资信等。

（5）受指示方行为免责，即开证行对所选择的通知行等未执行指示而造成的损失免责。

8. 信用证欺诈及例外原则

信用证欺诈的种类主要有：开立假信用证、开立软条款信用证、伪造单据、以保函换取与信用证相符的提单（包括倒签提单、预借提单及以保函换取清洁提单等）。

信用证欺诈例外原则是指为了打击国际贸易中出现的欺诈行为，不少国家的法律、判例规定，如果在银行对卖方提交的单据付款或承兑以前，发现或获得确凿证据，证明卖方确有欺诈行为，买方可请求法院向银行颁发禁止令，禁止银行付款。

（1）软条款信用证。限制生效、付款、装运（包括信用证中载有暂不生效条款、限制性付款条款、加列各种限制、对装运的限制等）条款。

信用证中的"软条款"指信用证中规定一些限制性条款，或信用证的条款含糊不清，使信用证的不可撤销性大大降低，开证银行的付款承诺缺乏确定性，开证申请人因而很容易控制整笔交易，而受益人处于受制他人的被动地位。

因买方在信用证中加列一些使信用证实际无法生效或卖方无法执行的"软条款"，目的是买方骗得履约金、佣金或质保金之后，不通知装船、不签发检验证书，使卖方公司（受益人）拿不到装船通知和检验证书，不能发货及向开证行交单索汇。较常见的"软条款"有：

① 信用证中载有暂不生效条款。如注明"本证暂不生效，待进口许可证签发通知后生

效"。

② 限制性付款条款。如信用证规定"信用证项下的付款要在货物清关后才支付""开证行须在货物经检合格后方可支付"等。

③ 加列各种限制。信用证中对受益人的交货和提交的各种单据加列各种限制,如"出口货物须经开证申请人派员检验,合格后出具检验认可的证书"等。

④ 对装运的限制。信用证中对受益人的交货装运加以各种限制,如"货物装运日期,装运港、目的港须待开证人同意,由开证行以修改书的形式另行通知"等。

对于含有"软条款"的信用证,受益人应立即以最快的通讯方式与卖方协商,要求删除或修改该信用证中的"软条款"。

(2) 最高人民法院《关于审理信用证纠纷案件若干问题的规定》对"不符点"、信用证欺诈例外、信用证欺诈例外的例外等问题作了比较明确的规定:

① 不符点。最高人民法院《关于审理信用证纠纷案件若干问题的规定》第6条规定,信用证项下单据与信用证条款之间、单据与单据之间在表面上不完全一致,但并不导致相互之间产生歧义的,不应认定为不符点。第7条规定:开证行有独立审查单据的权利和义务,有权自行作出单据与信用证条款、单据与单据之间是否在表面上相符的决定,并自行决定接受或者拒绝接受单据与信用证条款、单据与单据之间的不符点。开证行发现信用证项下存在不符点后,可以自行决定是否联系开证申请人接受不符点。开证申请人决定是否接受不符点,并不影响开证行最终决定是否接受不符点。开证行和开证申请人另有约定的除外。开证行向受益人明确表示接受不符点的,应当承担付款责任。开证行拒绝接受不符点时,受益人以开证申请人已接受不符点为由要求开证行承担信用证项下付款责任的,人民法院不予支持。

② 信用证欺诈例外。最高人民法院《关于审理信用证纠纷案件若干问题的规定》第8条规定:"凡有下列情形之一的,应当认定存在信用证欺诈:(一)受益人伪造单据或者提交记载内容虚假的单据;(二)受益人恶意不交付货物或者交付的货物无价值;(三)受益人和开证申请人或者其他第三方串通提交假单据,而没有真实的基础交易;(四)其他进行信用证欺诈的情形。"

③ 信用证欺诈例外的例外。最高人民法院《关于审理信用证纠纷案件若干问题的规定》第10条规定:"人民法院认定存在信用证欺诈的,应当裁定中止支付或者判决终止支付信用证项下款项,但有下列情形之一的除外:(一)开证行的指定人、授权人已按照开证行的指令善意地进行了付款;(二)开证行或者其指定人、授权人对信用证项下票据善意地作出了承兑;(三)保兑行善意地履行了付款义务;(四)议付行善意地进行了议付。"

④ 信用证项下款项的中止支付。最高人民法院《关于审理信用证纠纷案件若干问题的规定》第9条规定:开证申请人、开证行或者其他利害关系人发现信用证欺诈的情形,并认为将会给其造成难以弥补的损害时,可以向有管辖权的人民法院申请中止支付信用证项下的款项。第12条第1款规定:人民法院接受中止支付信用证项下款项申请后,必须在48小时内作出裁定;裁定中止支付的,应当立即开始执行。

⑤ 保证人的保证责任。最高人民法院《关于审理信用证纠纷案件若干问题的规定》第16条规定:保证人以开证行或者开证申请人接受不符点未征得其同意为由请求免除保证责任的,人民法院不予支持。保证合同另有约定的除外。第17条规定:开证申请人与开证行对信用证进行修改未征得保证人同意的,保证人只在原保证合同约定的或者法律规定的期间和范围内承担保证责任。保证合同另有约定的除外。

## 二、例题

1. 中国甲公司与法国乙公司订立了服装进口合同,信用证付款,丙银行保兑。货物由"铂丽"号承运,投保了平安险。甲公司知悉货物途中遇台风全损后,即通知开证行停止付款。依《海牙规则》、UCP600号及相关规则,下列哪一选项是正确的?(2016年真题,单选)

A. 承运人应承担赔偿甲公司货损的责任

B. 开证行可拒付,因货已全损

C. 保险公司应赔偿甲公司货物的损失

D. 丙银行可因开证行拒付而撤销其保兑

[释疑] 本题为涉及《海牙规则》、UCP600及平安险的综合性考题。根据《海牙规则》,承运人对于自然灾害造成的货损免责,故A选项错误。信用证支付过程中,银行只能审查单据,而不能以货物为理由拒付,故B选项错误。本案投的是平安险,对于自然灾害造成的实际全损,保险公司应予以赔偿,故C选项正确。保兑行负有第一位的、相当于开证行的付款责任,即使开证行拒付,也不能成为保兑行拒付或撤销保兑的理由,故D选项错误。(答案:C)

2. 依最高人民法院《关于审理信用证纠纷案件若干问题的规定》,出现下列哪一情况时,不能再通过司法手段干预信用证项下的付款行为?(2015年真题,单选)

A. 开证行的授权人已对信用证项下票据善意地作出了承兑

B. 受益人交付的货物无价值

C. 受益人和开证申请人串通提交假单据

D. 受益人提交记载内容虚假的单据

[释疑] 最高人民法院《关于审理信用证纠纷案件若干问题的规定》第10条规定:"人民法院认定存在信用证欺诈的,应当裁定中止支付或者判决终止支付信用证项下款项,但有下列情形之一的除外:(一)开证行的指定人、授权人已按照开证行的指令善意地进行了付款;(二)开证行或者其指定人、授权人已对信用证项下票据善意地作出了承兑;(三)保兑行善意地履行了付款义务;(四)议付行善意地进行了议付。"故A选项正确。B、C、D选项是前述司法解释规定的信用证欺诈的具体表现形式,恰恰是法院裁定止付的条件之一,故在本题中不当选。(答案:A)

3. 中国甲公司与德国乙公司签订了出口红枣的合同,约定品质为二级,信用证方式支付。后因库存二级红枣缺货,甲公司自行改装一级红枣,虽发票注明品质为一级,货价仍以二级计收。但在银行办理结汇时遭拒付。根据相关公约和惯例,下列哪些选项是正确的?(2014年真题,多选)

A. 甲公司应承担交货不符的责任

B. 银行应在审查货物的真实等级后再决定是否收单付款

C. 银行可以发票与信用证不符为由拒绝收单付款

D. 银行应对单据记载的发货人甲公司的诚信负责

[释疑] 甲公司交付的货物不符合合同中的规定,故构成违约,A选项正确。信用证下,银行没有义务也没有权利审查货物,只需审查单据是否与信用证相符,单据如果含有不符点则有权拒付,故B选项错误、C选项正确。信用证下,银行对买卖双方的资信状况概不负责,故D选项错误。(答案:AC)

4. 中国甲公司从某国乙公司进口一批货物,委托中国丙银行出具一份不可撤销信用证。乙公司发货后持单据向丙银行指定的丁银行请求付款,银行审单时发现单据上记载内容和信用证不完全一致。乙公司称甲公司接受此不符点,丙银行经与甲公司沟通,证实了该说法,即指示丁银行付款。后甲公司得知乙公司所发货物无价值,遂向有管辖权的中国法院申请中止支付信用证项下的款项。下列说法正确的是:(2013年真题,不定选)

　　A. 甲公司已接受不符点,丙银行必须承担付款责任
　　B. 乙公司行为构成信用证欺诈
　　C. 即使丁银行已付款,法院仍应裁定丙银行中止支付
　　D. 丙银行发现单证存在不符点,有义务联系甲公司征询是否接受不符点

[释疑]　根据最高人民法院《关于审理信用证纠纷案件若干问题的规定》的规定,不符点的接受之最终决定权在于开证行,故 A 选项错误。本案中,乙公司所发货物无价值,构成欺诈,故 B 选项正确。如果开证行指定的银行已经善意付款,则法院不能再裁定中止支付,故 C 选项错误。开证行发现不符点,可以而不是必须联系开证申请人征询是否接受不符点,故 D 选项错误。(答案:B)

5. 中国甲公司(买方)与某国乙公司签订仪器买卖合同,付款方式为信用证,中国丙银行为开证行,中国丁银行为甲公司申请开证的保证人,担保合同未约定法律适用。乙公司向信用证指定行提交单据后,指定行善意支付了信用证项下的款项。后甲公司以乙公司伪造单据为由,向中国某法院申请禁止支付令。依我国相关法律规定,下列哪一选项是正确的?(2009年真题,单选)

　　A. 中国法院可以诈欺为由禁止开证行对外支付
　　B. 因指定行已善意支付了信用证项下的款项,中国法院不应禁止中国丙银行对外付款
　　C. 如确有证据证明单据为乙公司伪造,中国法院可判决终止支付
　　D. 丁银行与甲公司之间的担保关系应适用《跟单信用证统一惯例》规定

[释疑]　本案涉及信用证欺诈问题,根据最高人民法院《关于审理信用证纠纷案件若干问题的规定》第10条的规定,如果开证行的指定人、授权人已按照开证行的指令善意地进行了付款,则法院不能再禁止开证行对外支付,A 选项、C 选项错误,而 B 选项正确。《跟单信用证统一惯例》并未对申请人和担保人之间的担保关系如何处理作出规定,根据最高人民法院《关于审理信用证纠纷案件若干问题的规定》的规定,在双方当事人未约定适用法律的问题上,应适用合同的最密切联系地法(保证合同的最密切联系地原则上为保证人的住所地),故 D 选项错误,答案应为 B 选项。(答案:B)

6. 根据国际商会《跟单信用证统一惯例》(UCP600)的规定,如果受益人按照信用证的要求完成对指定银行的交单义务,出现下列哪些情形时,开证行应予承付?(2008年真题,多选)

　　A. 信用证规定指定银行议付,但其未议付
　　B. 信用证规定指定银行延期付款,但其未承诺延期付款
　　C. 信用证规定指定银行承兑,但其到期不付款
　　D. 信用证规定指定银行即期付款,但其未付款

[释疑]　开证行的责任包括审单和付款等方面,《跟单信用证统一惯例》第7条规定:
(1) 只要规定的单据被提交给指定银行或开证方,并且构成相符交单,则开证行必须按下述信用证所适用的情形予以兑付:①信用证规定由开证行即期付款、延期付款或承兑;②信

用证规定由指定银行即期付款但其未付款;③ 信用证规定由指定银行延期付款但其未承诺延期付款,或虽已承诺延期付款,但未在到期日付款;④ 信用证规定由指定银行承兑,但其未承兑以其为付款人的汇票,或虽然承兑了汇票,但未在到期日付款;⑤ 信用证规定由指定银行议付但其未议付。

(2) 开证行自开立信用证之时起即不可撤销地承担承付责任。

(3) 指定银行承付或议付相符交单并将单据转给开证行之后,开证行即承担偿付该指定银行的责任。对承兑或延期付款信用证下相符交单金额的偿付应在到期日办理,无论指定银行是否在到期日之前预付或购买了单据,开证行偿付指定银行的责任独立于开证行对受益人的责任。

根据《跟单信用证统一惯例》第 7 条第 1 款的规定,只要规定的单据提交给指定银行或开证方,并且构成相符交单,则开证行在五种情形下必须承担付款责任。本题的 A、B、C、D 4 个选项被包括在上述五种情形之中,应当全选。(答案:ABCD)

### 三、提示与预测

信用证是国际经济法真题中出现频率最高的考点,其重要性不言而喻。考生应注意了解信用证的种类、法律性质、法律关系、银行的责任和免责、审单标准、欺诈例外等。

# 第五章 我国对外贸易管理制度

**本章知识体系:**

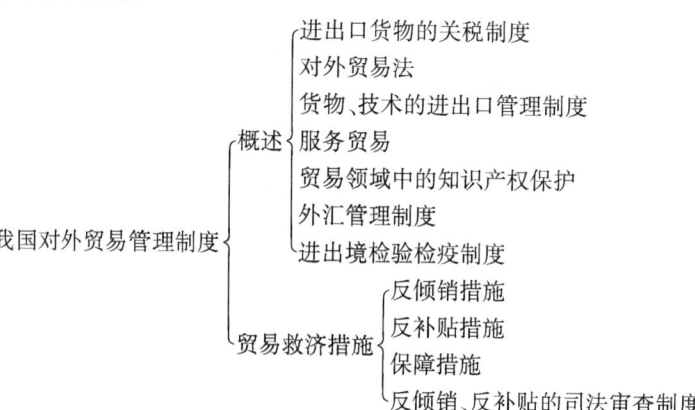

## 考点 1 我国对外贸易法的主要内容

### 一、精讲

1. 对外贸易经营者和对外贸易经营权

《对外贸易法》第 8 条规定:"本法所称对外贸易经营者,是指依法办理工商登记或者其他执业手续,依照本法和其他有关法律、行政法规的规定从事对外贸易经营活动的法人、其他组织或者个人。"即只要依法办理了工商登记或其他执业手续,自然人、法人及其他组织都可从事对外经营贸易活动。

《对外贸易法》取消了修订前的旧法所规定的对货物和技术进出口经营权的审批,实行备案登记。该法第9条规定:"从事货物进出口或者技术进出口的对外贸易经营者,应当向国务院对外贸易主管部门或者其委托的机构办理备案登记;但是,法律、行政法规和国务院对外贸易主管部门规定不需要备案登记的除外。备案登记的具体办法由国务院对外贸易主管部门规定。对外贸易经营者未按照规定办理备案登记的,海关不予办理进出口货物的报关验放手续。"

《对外贸易法》第11条规定:"国家可以对部分货物的进出口实行国营贸易管理。实行国营贸易管理货物的进出口业务只能由经授权的企业经营;但是,国家允许部分数量的国营贸易管理货物的进出口业务由非授权企业经营的除外。"第12条规定:"对外贸易经营者可以接受他人的委托,在经营范围内代为办理对外贸易业务。"

2. 货物进出口与技术进出口的管理

(1) 货物与技术的自由进出口管理。《对外贸易法》第14条规定:"国家准许货物与技术的自由进出口。但是,法律、行政法规另有规定的除外。"第15条规定:"国务院对外贸易主管部门基于监测进出口情况的需要,可以对部分自由进出口的货物实行进出口自动许可并公布其目录。实行自动许可的进出口货物,收货人、发货人在办理海关报关手续前提出自动许可申请的,国务院对外贸易主管部门或者其委托的机构应当予以许可;未办理自动许可手续的,海关不予放行。进出口属于自由进出口的技术,应当向国务院对外贸易主管部门或者其委托的机构办理合同备案登记。"

(2) 货物进出口与技术进出口的禁止或限制的依据之规定:

| 对货物或技术进出口采取的措施 | (采取措施的依据)《对外贸易法》第16、17条原文 |
| --- | --- |
| 限制或者禁止进口或者出口 | ① 为维护国家安全、社会公共利益或者公共道德,需要限制或者禁止进口或者出口的。<br>② 为保护人的健康或者安全,保护动物、植物的生命或者健康,保护环境,需要限制或者禁止进口或者出口的。<br>③ 为实施与黄金或者白银进出口有关的措施,需要限制或者禁止进口或者出口的。<br>⑩ 依照法律、行政法规的规定,其他需要限制或者禁止进口或者出口的。<br>⑪ 根据我国缔结或者参加的国际条约、协定,其他需要限制或者禁止进口或者出口的。 |
| 限制或者禁止出口 | ④ 国内供应短缺或者为有效保护可能用竭的自然资源,需要限制或者禁止出口的。 |
| 限制出口 | ⑤ 输往国家或者地区的市场容量有限,需要限制出口的。<br>⑥ 出口经营秩序出现严重混乱,需要限制出口的。 |

(续表)

| | |
|---|---|
| 限制进口 | ⑦ 为建立或者加快建立国内特定产业,需要限制进口的。<br>⑧ 对任何形式的农业、牧业、渔业产品有必要限制进口的。<br>⑨ 为保障国家国际金融地位和国际收支平衡,需要限制进口的。 |
| 采取任何必要的措施 | 国家对与裂变、聚变物质或者衍生此类物质的物质有关的货物、技术进出口,以及与武器、弹药或者其他军用物资有关的进出口,可以采取任何必要的措施,维护国家安全。在战时或者为维护国际和平与安全,国家在货物、技术进出口方面可以采取任何必要的措施。 |

3. 发展国际服务贸易

国家促进国际服务贸易的逐步发展,在国际服务贸易方面,根据所缔结或者参加的国际条约、协定中所作的承诺,给予其他缔约方、参加方市场准入和国民待遇。

对国际服务贸易的进出口采取的措施:

| 措施 | (采取措施的依据)《对外贸易法》第26、27条原文 |
|---|---|
| 限制或禁止 | ① 为维护国家安全、社会公共利益或者公共道德,需要限制或者禁止的。<br>② 为保护人的健康或者安全,保护动物、植物的生命或者健康,保护环境,需要限制或者禁止的。<br>⑤ 依照法律、行政法规的规定,其他需要限制或者禁止的。<br>⑥ 根据我国缔结或者参加的国际条约、协定,其他需要限制或者禁止的。 |
| 限制 | ③ 为建立或者加快建立国内特定服务产业,需要限制的。<br>④ 为保障国家外汇收支平衡,需要限制的。 |
| 采取任何必要的措施 | 国家对与军事有关的国际服务贸易,以及与裂变、聚变物质或者衍生此类物质的物质有关的国际服务贸易,可以采取任何必要的措施,维护国家安全。在战时或者为维护国际和平与安全,国家在国际服务贸易方面可以采取任何必要的措施。 |

4. 保护与对外贸易有关的知识产权

国务院对外贸易主管部门可对下列侵犯知识产权的行为采取必要措施:

(1) 进口货物侵犯知识产权,并危害对外贸易秩序的。

(2) 知识产权权利人有阻止被许可人对许可合同中的知识产权的有效性提出质疑、进行强制性一揽子许可、在许可合同中规定排他性返授条件等行为之一,并危害对外贸易公平竞争秩序的。

(3) 其他国家或者地区在知识产权保护方面未给予中华人民共和国的法人、其他组织或者个人国民待遇,或者不能对来源于中华人民共和国的货物、技术或者服务提供充分有效的知识产权保护的。

5. 进行对外贸易调查

为了维护对外贸易秩序,国务院对外贸易主管部门可以自行或者会同国务院其他有关部门,依照法律、行政法规的规定对下列事项进行调查:

(1) 货物进出口、技术进出口、国际服务贸易对国内产业及其竞争力的影响。

(2) 有关国家或者地区的贸易壁垒。

(3) 为确定是否应当依法采取反倾销、反补贴或者保障措施等对外贸易救济措施,需要调查的事项。

(4) 规避对外贸易救济措施的行为。

(5) 对外贸易中有关国家安全利益的事项。

(6) 其他国家针对中国的歧视性措施,侵犯知识产权、滥用知识产权,或者未能对中国知识产权提供充分有效的保护的事项。

(7) 其他影响对外贸易秩序,需要调查的事项。

## 二、提示与预测

《对外贸易法》的有关法条在近年来的真题中时有出现,建议通读该法,并重视其中关于对外贸易经营主体、货物和技术进出口及服务贸易管理、知识产权、对外贸易调查等方面的规定。

## 考点 2 反倾销

### 一、精讲

《反倾销条例》规定,进口产品以倾销方式进入中国市场,并对已经建立的国内产业造成实质损害或者产生实质损害威胁,或者对建立国内产业造成实质阻碍的,依照该条例进行调查,采取反倾销措施。

1. 倾销、损害及因果关系的确定

进口产品存在倾销、对国内产业造成损害、二者之间有因果关系,是采取反倾销措施的必要条件。

(1) 倾销是指在正常贸易过程中进口产品以低于其正常价值的出口价格进入中国市场。确定倾销的关键是比较正常价值和出口价格。出口价格低于其正常价值的幅度,为倾销幅度。

(2) 损害是指倾销对已经建立的国内产业造成实质损害或者产生实质损害威胁,或者对建立国内产业造成实质阻碍。

(3) 倾销进口与国内产业损害间的因果关系。倾销进口必须是造成国内产业损害的原因。另外,非倾销因素对国内产业造成的损害,不得归因于倾销。

2. 反倾销调查

(1) 反倾销调查有两种发起方式。主要是基于国内产业或者代表国内产业的自然人、法人或者有关组织向商务部提出反倾销调查的书面申请。特殊情况下,商务部可以自主决定立案调查。

(2) 反倾销调查的申请特别应包括下述两个方面:第一,申请调查的进口产品倾销、对国内产业造成损害、二者之间存在因果关系的证据;第二,有足够的国内生产者的支持,在支持和反对申请的生产者中,支持者的产量占二者总产量的50%以上,同时不得低于国内同类产品总产量的25%。

(3) 商务部进行调查时,利害关系方(申请人、已知的出口经营者和进口经营者、出口国或地区政府以及其他有利害关系的组织和个人)应当如实反映情况,提供有关资料。利害关系方不如实反映情况、提供有关资料的,或者没有在合理时间内提供必要信息的,或者以其他方式严重妨碍调查的,商务部可以根据已经获得的事实和可获得的最佳信息作出裁定,即基于现有事实作出裁定。

(4) 反倾销调查分为初步裁定和终局裁定两个阶段。初步裁定倾销、损害和二者之间的因果关系成立的,继续调查,作出终局裁定。

(5) 下列情形下,终止反倾销调查:申请人撤销申请;没有足够证据证明存在倾销、损害或者二者之间有因果关系;倾销幅度低于2%;倾销进口产品实际或者潜在的进口量或者损害可忽略不计;商务部认为不适宜继续进行反倾销调查。

3. 反倾销措施

$$\text{反倾销措施}\begin{cases}\text{临时反倾销措施}\\\text{价格承诺}\\\text{反倾销税}\end{cases}$$

(1) 初步裁定倾销成立并由此对国内产业造成损害,可以采取临时反倾销措施。临时反倾销措施方式包括征收临时反倾销税、提供保证金、保函或其他形式的担保。其数额不得超过初步裁定确定的倾销幅度。临时反倾销措施自公告实施之日起不得超出4个月,特殊情形下不得超出9个月。在公告反倾销立案调查之日起的60天内,不得采取临时反倾销措施。

(2) 倾销进口产品的出口经营者在反倾销调查期间,可以向商务部作出改变价格或者停止以倾销价格出口的价格承诺。商务部可以建议但不得强迫出口经营者作出价格承诺。出口经营者不作出价格承诺或不接受价格承诺建议,不妨碍反倾销案件的调查和确定。是否接受价格承诺,由商务部决定。商务部接受价格承诺,可以中止或终止反倾销调查。商务部在初步裁定前不得寻求或者接受价格承诺。接受价格承诺后继续进行调查并作出否定的倾销或损害的终局裁定,价格承诺自动失效。出口经营者违反其价格承诺的,商务部依照《反倾销条例》的规定,可以立即决定恢复反倾销调查;根据可获得的最佳信息,可以决定采取临时反倾销措施,并可以对实施临时反倾销措施前90天内进口的产品追溯征收反倾销税,但违反价格承诺前进口的产品除外。

(3) 终局裁定确定倾销成立并由此对国内产业造成损害的,可以征收反倾销税。反倾销税的纳税人为倾销进口产品的进口经营者。反倾销税税额不得超过终局裁定确定的倾销幅度。反倾销税对终局裁定公告之日起进口的产品适用,但在特殊情况下也可以追溯征收。对实施临时反倾销税的期间追溯征收的,采取多退少不补的原则。

4. 反倾销措施的期限和复审

(1) 反倾销税的征收期限和价格承诺的履行期限不超过5年;但是经复审确定终止征收反倾销税有可能导致损害的继续或者再度发生的,可以适当延长反倾销税的征收期限。

(2) 对反倾销税和价格承诺,商务部可以决定对其必要性进行复审,经利害关系方申请,商务部也可以对反倾销税和价格承诺的必要性进行复审。根据复审结果,商务部作出保留、修改或者取消反倾销税或价格承诺的决定。

(3) 对终局裁定、是否征收反倾销税的决定以及追溯征收、退税、对新出口经营者征税的决定,对复审决定,利害关系人不服的可以依法申请行政复议,或依法向人民法院提起诉讼。

## 二、例题

1. 应国内化工产业的申请,中国商务部对来自甲国的某化工产品进行了反倾销调查。依

《反倾销条例》，下列哪一选项是正确的？（2016年真题，单选）

A. 商务部的调查只能限于中国境内
B. 反倾销税税额不应超过终裁确定的倾销幅度
C. 甲国某化工产品的出口经营者必须接受商务部有关价格承诺的建议
D. 针对甲国某化工产品的反倾销税征收期限为5年，不得延长

[释疑] 本题考点为反倾销制度中的调查、反倾销税、价格承诺、征收期限等。根据我国《对外贸易法》及《反倾销条例》，中国政府的实地调查可以在境内进行，也可以经外国政府同意在境外进行，故A选项错误。根据我国《反倾销条例》，反倾销税税额不应超过终裁决定确定的倾销幅度，故B选项正确。价格承诺，被调查产品的出口经营者可以接受，也可以拒绝，商务部不能强迫其接受，故C选项错误。反倾销税的征收期限原则上不超过5年，但确有必要的，可以适当延长，故D选项错误。（答案：B）

2. 甲、乙、丙三国企业均向中国出口某化工产品，2010年中国生产同类化工产品的企业认为进口的这一化工产品价格过低，向商务部提出了反倾销调查申请。根据相关规则，下列哪一选项是正确的？（2014年真题，单选）

A. 反倾销税税额不应超过终裁决定确定的倾销幅度
B. 反倾销税的纳税人为倾销进口产品的甲、乙、丙三国企业
C. 商务部可要求甲、乙、丙三国企业作出价格承诺，否则不能进口
D. 倾销进口产品来自两个以上国家，即可就倾销进口产品对国内产业造成的影响进行累积评估

[释疑] 反倾销税税额不应超过终裁决定确定的倾销幅度，故A选项正确。反倾销税的纳税人为进口经营者而非出口商，故B选项错误。价格承诺以自愿为原则，故C选项错误。根据《反倾销条例》第9条第1款的规定："倾销进口产品来自两个以上国家（地区），并且同时满足下列条件的，可以就倾销进口产品对国内产业造成的影响进行累积评估：（一）来自每一国家（地区）的倾销进口产品的倾销幅度不小于2%，并且其进口量不属于可忽略不计的；（二）根据倾销进口产品之间以及倾销进口产品与国内同类产品之间的竞争条件，进行累积评估是适当的。"故D选项错误。（答案：A）

3. 部分中国企业向商务部提出反倾销调查申请，要求对原产于某国的某化工原材料进口产品进行相关调查。经查，商务部终局裁定确定倾销成立，决定征收反倾销税。根据我国相关法律规定，下列哪一说法是正确的？（2012年真题，单选）

A. 构成倾销的前提是进口产品对我国化工原材料产业造成了实质损害，或者产生实质损害威胁
B. 对不同出口经营者应该征收同一标准的反倾销税税额
C. 征收反倾销税，由国务院关税税则委员会作出决定，商务部予以执行
D. 与反倾销调查有关的对外磋商、通知和争端事宜由外交部负责

[释疑] 严格地说，本题并无正确答案。A选项是官方答案，但是事实上，A选项的表述是不准确的。《反倾销条例》第3条第1款规定："倾销，是指在正常贸易过程中进口产品以低于其正常价值的出口价格进入中华人民共和国市场。"可见，构成倾销的前提是出口价格高于正常价值。根据《反倾销条例》的规定，采取反倾销措施的前提是有倾销、有损害（实质性损害或者实质性损害的威胁）以及二者有因果关系。《反倾销条例》第41条规定：反倾销税应当根

据不同出口经营者的倾销幅度,分别确定。对未包括在审查范围内的出口经营者的倾销进口产品,需要征收反倾销税的,应当按照合理的方式确定对其适用的反倾销税,故 B 选项错误。《反倾销条例》第 38 条规定:征收反倾销税,由商务部提出建议,国务院关税税则委员会根据商务部的建议作出决定,由商务部予以公告。海关自公告规定实施之日起执行,故 C 选项错误。《反倾销条例》第 57 条规定:商务部负责与反倾销有关的对外磋商、通知和争端解决事宜,故 D 选项错误。(司法部公布答案:A)

4. 甲、乙、丙中国企业代表国内某食品原料产业向商务部提出反倾销调查申请,要求对原产于 A 国、B 国、C 国的该原料进行相关调查。经查,商务部终局裁定确定倾销成立,对国内产业造成损害,决定征收反倾销税。根据我国相关法律规定,下列哪一说法是正确的?(2011 年真题,单选)

A. 反倾销税的纳税人是该原料的出口经营者

B. 在反倾销调查期间,商务部可以建议进口经营者作出价格承诺

C. 终裁决定确定的反倾销税额高于已付或应付临时反倾销税或担保金额的,差额部分不予征收

D. 终裁决定确定的反倾销税额低于已付或应付临时反倾销税或担保金额的,差额部分不予退还

[**释疑**] 依据《反倾销条例》第 40 条的规定,反倾销税的最终纳税人是进口经营者而非出口经营者,A 选项错误。《反倾销条例》第 31 条规定,出口经营者在反倾销调查期间可向商务部作出价格承诺,商务部可建议但不能强迫出口经营者进行价格承诺,商务部可自主决定是否接受,商务部作出初裁前不得接受价格承诺。作出价格承诺的是出口经营者而非进口经营者,B 选项错误。《反倾销条例》第 43 条第 3 款规定,终裁决定确定的反倾销税,高于已付或应付临时反倾销税或担保金额的,差额部分不予收取;低于已付或应付临时反倾销税或担保金额的,差额部分应当根据具体情况予以退还或重新计算。D 选项错误、C 选项正确。(答案:C)

### 三、提示与预测

反倾销在我国的对外贸易管制中十分重要,有关反倾销的一系列程序,如反倾销调查申请、反倾销调查、反倾销措施(尤其是反倾销税)以及反倾销的审查是需要注意的内容。考生应对《反倾销条例》第 13、17、24、25、28、31、32、33、37、42、48、53 条的内容有所了解。

## 考点 3 反补贴

### 一、精讲

补贴,是指出口国(地区)政府或者其任何公共机构提供的并为接受者带来利益的财政资助以及任何形式的收入或者价格支持。

我国《反补贴条例》规定,进口产品存在补贴,并对已经建立的国内产业造成实质损害或者产生实质损害威胁,或者对建立国内产业造成实质阻碍的,可以依据《反补贴条例》的规定进行调查,采取反补贴措施。

1. 专向性补贴

《反补贴条例》规定,应当予以调查、采取反补贴措施的补贴,必须具有专向性。专向性补贴包括:

(1) 由出口国(地区)政府明确确定的某些企业、产业获得的补贴;

(2) 由出口国(地区)法律、法规明确规定的某些企业、产业获得的补贴;

(3) 指定特定区域内的企业、产业获得的补贴;

(4) 以出口实绩为条件获得的补贴,包括本条例所附出口补贴清单列举的各项补贴;

(5) 以使用本国(地区)产品替代进口产品为条件获得的补贴。

2. 反补贴的调查

反补贴调查,应当自立案调查决定公告之日起12个月内结束;特殊情况下可以延长,但延长期不得超过6个月。

有下列情形之一的,反补贴调查应当终止:

(1) 申请人撤销申请的;

(2) 没有足够证据证明存在补贴、损害或者二者之间有因果关系的;

(3) 补贴金额为微量补贴的;

(4) 补贴进口产品实际或者潜在的进口量或者损害属于可忽略不计的;

(5) 通过与有关国家(地区)政府磋商达成协议,不需要继续进行反补贴调查的;

(6) 外经贸部和国家经贸委共同认为不适宜继续进行反补贴调查的。

3. 反补贴调查及初裁和终裁

反补贴调查的申请主体、调查主体、调查方法和反倾销调查基本相同。商务部根据调查结果,分别就补贴、损害作出初裁决定,并就二者之间的因果关系是否成立作出初裁决定后予以公告。初裁决定确定补贴、损害以及二者之间的因果关系成立的,商务部应当对补贴及补贴金额、损害及损害程度继续进行调查,并根据调查结果分别作出终裁决定后予以公告。

4. 反补贴措施

(1) 临时反补贴措施。初裁决定确定补贴成立,并由此对国内产业造成损害的,可以采取临时反补贴措施。临时反补贴措施采取以现金保证金或者保函作为担保的征收临时反补贴税的形式。临时反补贴措施实施的期限,自临时反补贴措施决定公告规定实施之日起,不超过4个月。但自反补贴立案调查决定公告之日起60天内,不得采取临时反补贴措施。

(2) 承诺。在反补贴调查期间,出口国(地区)政府提出取消、限制补贴或者其他有关措施的承诺,或者出口经营者提出修改价格的承诺的,商务部应当予以充分考虑。商务部也可以向出口经营者或者出口国(地区)政府提出有关价格承诺的建议,但不得强迫出口经营者作出承诺。

商务部认为承诺能够接受的,可以决定中止或者终止反补贴调查,不采取临时反补贴措施或者征收反补贴税。不接受承诺的,应当向有关出口经营者说明理由。调查机关对补贴以及由补贴造成的损害作出肯定的初裁决定前,不得寻求或者接受承诺。在出口经营者作出承诺的情况下,未经其本国(地区)政府同意的,调查机关不得寻求或者接受承诺。

依照前述规定基于承诺中止或者终止调查后,应出口国(地区)政府请求或者调查机关认为有必要,调查机关可以对补贴和损害继续进行调查。根据调查结果,作出补贴或者损害的否定裁定的,承诺自动失效;作出补贴或者损害的肯定裁定的,承诺继续有效。对违反承诺的,商务部可以立即决定恢复反补贴调查;根据可获得的最佳信息,可以决定采取临时反补贴措施,并可以对实施临时反补贴措施前 90 天内进口的产品追溯征收反补贴税,但违反承诺前进口的产品除外。

(3) 反补贴税。在为完成磋商的努力没有取得效果的情况下,终裁决定确定补贴成立,并由此对国内产业造成损害的,可以征收反补贴税。征收反补贴税,由商务部提出建议,国务院关税税则委员会根据建议作出决定,由商务部予以公告。反补贴税适用于终裁决定公告之日后进口的产品,但属于追溯征收反补贴税情形的除外。反补贴税的纳税人为补贴进口产品的进口经营者。反补贴税税额不得超过终裁决定确定的补贴金额。

终裁决定确定存在实质损害,并在此前已经采取临时反补贴措施的,反补贴税可以对已经实施临时反补贴措施的期间追溯征收。下列三种情形并存的,必要时可以对实施临时反补贴措施之日前 90 天内进口的产品追溯征收反补贴税:① 补贴进口产品在较短时间内大量增加;② 此种增加对国内产业造成难以补救的损害;③ 此种产品得益于补贴。

终裁决定确定的反补贴税,高于现金保证金或者保函所担保的金额的,差额部分不予收取;低于现金保证金或者保函所担保的金额的,差额部分应当予以退还。

5. 反补贴税和承诺的期限与复审

反补贴税的征收期限和承诺的履行期限不超过 5 年;但是,经复审确定终止征收反补贴税有可能导致补贴和损害的继续或者再度发生的,反补贴税的征收期限可以适当延长。商务部对反补贴税和承诺的复审程序,与其对反倾销及价格承诺的复审程序相同。

## 二、例题

1. 根据《中华人民共和国反补贴条例》,下列哪些选项属于补贴?(2014 年真题,多选)
   A. 出口国政府出资兴建通向口岸的高速公路
   B. 出口国政府给予企业的免税优惠
   C. 出口国政府提供的贷款
   D. 出口国政府通过向筹资机构付款,转而向企业提供资金

[释疑] 《反补贴条例》第 3 条规定:"补贴,是指出口国(地区)政府或者其任何公共机构提供的并为接受者带来利益的财政资助以及任何形式的收入或者价格支持。出口国(地区)政府或者其任何公共机构,以下统称出口国(地区)政府。本条第一款所称财政资助,包括:(一)出口国(地区)政府以拨款、贷款、资本注入等形式直接提供资金,或者以贷款担保等形式潜在地直接转让资金或者债务;(二)出口国(地区)政府放弃或者不收缴应收收入;(三)出口国(地区)政府提供除一般基础设施以外的货物、服务,或者由出口国(地区)政府购买货物;(四)出口国(地区)政府通过向筹资机构付款,或者委托、指令私营机构履行上述职能。"

可见,出口国政府给予企业的免税优惠,出口国政府提供的贷款,出口国政府通过向筹资机构付款,转而向企业提供资金等行为,都属于政府直接或者政府主导给予补贴的情形。故应选 B、C、D 选项。(答案:BCD)

2. 中国某化工产品的国内生产商向中国商务部提起对从甲国进口的该类化工产品的反补贴调查申请。依我国相关法律规定,下列哪一选项是正确的?(2009 年真题,单选)
   A. 商务部认为必要时可以强制出口经营者作出价格承诺
   B. 商务部认为有必要出境调查时,必须通过司法协助途径
   C. 反补贴税税额不得超过终裁决定确定的补贴金额

D. 甲国该类化工产品的出口商是反补贴税的纳税人

[释疑] 根据《反补贴条例》的规定,商务部可以向出口经营者或者出口国(地区)政府提出有关价格承诺的建议,但商务部并无权力强制对方作出价格承诺,A 选项错误。商务部认为有必要出境调查时,可以派出工作人员赴有关国家(地区)进行调查,但是,有关国家(地区)提出异议的除外,所以 B 选项"必须通过司法协助途径"的说法是错误的。反补贴税的纳税人应为进口经营者,故 D 选项错误。反补贴税税额不得超过终裁决定确定的补贴金额,答案为 C 选项。(答案:C)

## 考点 4 保障措施

### 一、精讲

根据我国《保障措施条例》的规定,进口产品数量增加,并对生产同类产品或者直接竞争产品的国内产业造成严重损害或者严重损害威胁的,可以进行调查,采取保障措施。

进口产品数量增加,是指进口产品数量与国内生产相比绝对增加或者相对增加。国内产业,则是指中华人民共和国国内同类产品或者直接竞争产品的全部生产者,或者其总产量占国内同类产品或者直接竞争产品全部总产量的主要部分的生产者。

1. 保障措施调查的立案

保障措施调查案件的立案方式有两种:

(1) 国内产业或者代表国内产业的自然人、法人或者有关组织,可以依照《保障措施条例》的规定向商务部提出保障措施调查的书面申请。

(2) 外经贸部没有收到采取保障措施的书面申请,但有充分证据认为国内产业因进口产品数量增加而受到损害的,可以决定立案调查。

2. 初裁和终裁

商务部根据调查结果作出初裁决定后公告。初裁决定确定进口产品数量增加和损害成立并且二者之间有因果关系的,商务部应当继续进行调查,根据调查结果作出终裁决定后公告。

3. 临时保障措施和保障措施

| 措施 | 适用条件 | 具体方式 |
|---|---|---|
| 临时保障措施 | 有明确证据表明进口产品数量增加,在不采取临时保障措施将对国内产业造成难以补救的损害的紧急情况下,可以作出初裁决定,并采取临时保障措施。 | 提高关税。其实施期限,自公告规定实施之日起,不超过200天。 |
| 保障措施 | 终裁决定确定进口产品数量增加,并由此对国内产业造成损害的,可以采取保障措施。 | 提高关税、数量限制。 |

4. 实施期限与复审

保障措施的实施期限不超过 4 年,符合特定条件的,可以适当延长,但一项保障措施的实施期限及其延长期限,最长不超过 10 年。对同一进口产品再度采取保障措施的,与前次采取保障措施的时间间隔应当不短于前次采取保障措施的实施期限,并且至少为两年。保障措施实施期限超过 1 年的,应当在实施期间内按固定时间间隔逐步放宽。保障措施实施期限超过 3 年的,商务部应当在实施期间内对该项措施进行中期复审。

## 二、例题

1. 进口中国的某类化工产品 2015 年占中国的市场份额比 2014 年有较大增加,经查,两年进口总量虽持平,但仅给生产同类产品的中国产业造成了严重损害。依我国相关法律,下列哪一选项是正确的?(2015 年真题,单选)

A. 受损害的中国国内产业可向商务部申请反倾销调查
B. 受损害的中国国内产业可向商务部提出采取保障措施的书面申请
C. 因为该类化工产品的进口数量并没有绝对增加,故不能采取保障措施
D. 该类化工产品的出口商可通过价格承诺避免保障措施的实施

[释疑] 本题满足申请保障措施的条件,题干中并未提及存在倾销,故应申请保障措施而非申请反倾销调查,A 选项错误、B 选项正确。采取保障措施的前提条件之一是进口的数量增加,包括绝对增加,也包括相对增加,故 C 选项错误。在保障措施之中,不存在出口经营者作出承诺这一制度安排,故 D 选项错误。(答案:B)

2. 根据《中华人民共和国保障措施条例》,下列哪一说法是不正确的?(2013 年真题,单选)

A. 保障措施中"国内产业受到损害",是指某种进口产品数量增加,并对生产同类产品或直接竞争产品的国内产业造成严重损害或严重损害威胁
B. 进口产品数量增加指进口数量的绝对增加或与国内生产相比的相对增加
C. 终裁决定确定不采取保障措施的,已征收的临时关税应当予以退还
D. 保障措施只应针对终裁决定作出后进口的产品实施

[释疑] A 选项关于保障措施中"国内产业受到损害"的表述正确。进口产品数量增加指进口数量的绝对增加或与国内生产相比的相对增加,故 B 选项正确。终裁决定确定不采取保障措施的,已征收的临时关税应当予以退还,C 选项正确。保障措施原则上针对终裁决定作出后进口的产品实施,但也可以追溯征收,故 D 选项错误。(答案:D)

3. 进口到中国的某种化工材料数量激增,其中来自甲国的该种化工材料数量最多,导致中国同类材料的生产企业遭受实质损害。根据我国相关法律规定,下列哪一选项是正确的?(2011 年真题,单选)

A. 中国有关部门启动保障措施调查,应以国内有关生产者申请为条件
B. 中国有关部门可仅对已经进口的甲国材料采取保障措施
C. 如甲国企业同意进行价格承诺,则可避免被中国采取保障措施
D. 如采取保障措施,措施针对的材料范围应当与调查范围相一致

[释疑] 《保障措施条例》第 3 条规定:与国内产业有关的自然人、法人或者其他组织(以下统称申请人),可以依照本条例的规定,向商务部提出采取保障措施的书面申请。商务部应当及时对申请人的申请进行审查,决定立案调查或者不立案调查。第 4 条规定:商务部没有收到采取保障措施的书面申请,但有充分证据认为国内产业因进口产品数量增加而受到损害的,可以决定立案调查。可见我国有两种发起保障措施调查的方式,A 选项错误。保障措施应无歧视地针对所有 WTO 成员方,B 选项错误。价格承诺是我国反倾销或反补贴制度中的措施,不适用于保障措施制度,故 C 选项错误。不论采取反倾销、反补贴还是采取保障措施,措施针对的材料范围都应当与调查范围相一致,故 D 选项正确。(答案:D)

## 三、提示与预测

本章涉及我国对外贸易管制的内容,包括对外贸易管理制度和贸易救济措施两大部分,涉

及《对外贸易法》《反倾销条例》《反补贴条例》《保障措施条例》等法律、法规。在外贸管理制度中,考生应注意新修订的《对外贸易法》的内容,尤其要注意其中修改的部分;在贸易救济措施中,对所涉及的三部条例——《反倾销条例》《反补贴条例》《保障措施条例》都应有一定程度的掌握。反倾销措施、反补贴措施与保障措施在认定、申请、调查、措施以及复审和异议方面都有很多相同之处,可以进行类比记忆。建议考生按照以上几个方面绘制一个表格,这会使相关知识点一目了然。在这部分法条中,概念、主体、期限是常考的部分,应多加注意。本节的内容多以直接考查法条为主,从已考的内容来看,还是较为简单的,需要考生对法条内容有一定程度的了解。今后的司法考试仍将会以这种方式进行考查。

# 第六章　世界贸易组织的法律制度

**本章知识体系:**

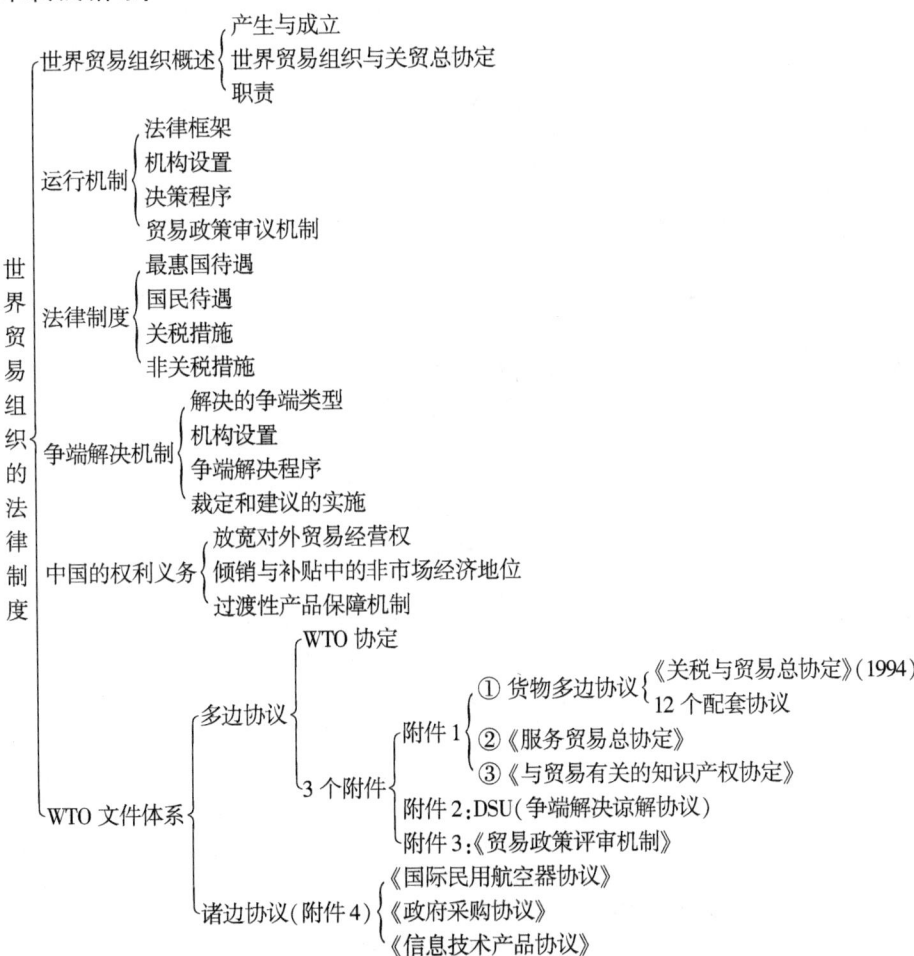

世界贸易组织(简称WTO)于1995年1月1日成立,其前身是关税与贸易总协定。世界贸易组织的法律文件由《建立世界贸易组织协议》以及其附件1、2和3等部分构成。

(1)附件1包括附件1A、附件1B、附件1C。

附件1A是关于货物贸易的多边协议,包括:《1994年关税与贸易总协定》《农产品协议》《卫生与植物检疫措施协议》《纺织品与服装协议》《贸易技术壁垒协议》《与贸易有关的投资措施协议》《1994年关税与贸易总协定第六条执行协议》《1994年关税与贸易总协定第七条执行协议》《装运前检验协议》《原产地规则协议》《进口许可证程序协议》《补贴与反补贴措施协议》以及《保障措施协议》。

附件1B是《服务贸易协议》及各附件。

附件1C是《与贸易有关的知识产权协定》。

(2)附件2——《争议解决规则和程序谅解》。

(3)附件3——《贸易政策评审机制》。

(4)附件4包括以下若干单项贸易协议(也称诸边协议):民用航空器贸易协议、政府采购协议、国际牛乳协议、牛肉协议。世界贸易组织成立后签订的《信息技术协议》,也属于诸边贸易协议。

除附件4外,上述所有各项协议,要求成员"一揽子"接受,对所有成员具有法律约束力,各成员方必须遵守。而各成员方对附件4可选择是否接受。

# 考点 1 世界贸易组织的主要原则

## 一、精讲

(1)互惠原则。互惠原则,也叫对等原则,是WTO最为重要的原则之一,是指两成员方在国际贸易中相互给予对方贸易上的优惠待遇。WTO成立后,互惠原则已经扩大到国际贸易的其他方面,如航运、非关税贸易壁垒、知识产权、服务贸易等。

(2)最惠国待遇原则。最惠国待遇,是指WTO任一成员方在货物、服务贸易和知识产权领域给予任何其他国家(无论是否世贸组织成员)的优惠待遇,应立即和无条件地给予其他各成员方。最惠国待遇原则具有以下几个特点:自动性、同一性、相互性和普遍性。

最惠国待遇义务存在一些例外,这些例外情形主要包括:边境贸易;发达国家对发展中国家给予优惠的"普遍优惠制";关税同盟或自由贸易区成员方之间相互给予的优惠等,此外,还允许以维持收支平衡、征收反倾销税或反补贴税为理由偏离最惠国待遇义务;允许对某一成员方或某些成员方豁免最惠国待遇;允许基于一般例外或安全例外偏离最惠国待遇。

根据《关税与贸易总协定》的规定,一般例外是指当采取为保障人民、动植物的生命和健康所必需的措施;有关输出和输入黄金和白银的措施;为保护本国具有艺术、历史和考古价值文物而采取的措施;国家维护国内公共利益而制定的限制规定与禁令等时,成员方有权不遵循最惠国待遇原则。安全例外则主要包括:① 要求任何缔约国提供给根据国家基本安全利益认为不能公布的资料。② 阻止任何缔约国为保护国家基本安全利益对有关下列事项采取其认为必要采取的任何行动:裂变材料和提炼裂变材料的原料;武器、弹药和军火贸易或直接和间接提供给军事机构用的其他物品和原料的贸易;战时或国际关系中的其他紧急情况。③ 阻止任何缔约国根据《联合国宪章》为维护国际和平与安全而采取行动。

（3）国民待遇原则。WTO 中的国民待遇，是指对其他成员方的产品、服务或服务提供者及知识产权所有者和持有者所提供的待遇，不低于本国相同产品、服务或服务提供者及知识产权所有者和持有人所享有的待遇。

国民待遇在货物贸易领域中的适用包括：① 不对进口产品征收超过对本国相同产品所征收的国内税或其他国内费用。② 在本国产品与进口产品具有直接竞争或可替代竞争关系时，不以保护国内生产的方式对两者不同征税。③ 在影响产品的国内销售、购买、运输、分销与使用的所有法律、法规、规章和要求，包括影响进口产品在国内销售、分销与使用的投资管理措施等方面，进口产品所享受的待遇不得低于本国相同产品。④ 成员方对产品的混合、加工或使用实施国内数量管制时，不能强制要求生产者必须使用特定数量或比例的国内产品。

（4）市场准入原则。所谓市场准入，是指一成员允许另一成员方的货物、劳务与资本参与本国市场的程度。"准入"体现了国家法律上的一种含义，是国家通过实施各种法律和规章制度对本国市场对外开放程度的一种宏观掌握和控制。在市场准入原则的实施中，对于开放市场所作的时间安排至关重要，不可能要求各成员在同一时间、同一项目下作同样程度的开放，而要由各成员政府根据本国的实际情况确定市场准入的规模、程度和时间，特别是对于服务贸易市场的开放。

（5）透明度原则。透明度原则（Transparency），是指 WTO 成员方应公布所制定和实施的贸易措施及其变化情况（如修改、增补或废除等），没有公布的措施不得实施，同时还应将这些贸易措施及其变化情况通知世贸组织。此外，成员方所参加的有关影响国际贸易政策的国际协定，也应及时公布和通知 WTO。

（6）公平贸易原则。公平贸易原则又叫公平竞争原则，是指 WTO 成员方应避免采取扭曲市场竞争的措施，努力纠正不公平贸易行为。

## 二、例题

1. 甲、乙、丙三国为世界贸易组织成员，丁国不是该组织成员。关于甲国对进口立式空调和中央空调的进口关税问题，根据《关税与贸易总协定》，下列违反最惠国待遇的做法是？（2014年真题，不定选）

　　A. 甲国给予来自乙国的立式空调和丙国的中央空调以不同的关税
　　B. 甲国给予来自乙国和丁国的立式空调以不同的进口关税
　　C. 因实施反倾销措施，导致从乙国进口的立式空调的关税高于从丙国进口的
　　D. 甲国给予来自乙、丙两国的立式空调以不同的关税

[释疑] 根据最惠国待遇原则的"同一性"原则，优惠所给予的对象应是相同的，立式空调和中央空调属于不同的产品，其进口关税自当允许有别，故 A 选项不违反最惠国待遇原则。丁国不是世界组织的成员，因此理论上甲国给予丁国和乙国的立式空调不同的进口关税，也是允许的，故 B 选项不违反最惠国待遇原则。反倾销措施属于世界贸易组织允许的最惠国待遇原则的例外，故 C 选项的做法不违反最惠国待遇原则。甲、乙、丙三国均为世界贸易组织成员国，因此，甲国给予乙国和丙国同一产品即立式空调同样的关税待遇，故 D 选项的做法违反了最惠国待遇原则。（答案：D）

2. 关于世界贸易组织(WTO)的最惠国待遇制度,下列哪种说法是正确的?(2006年真题,单选)

A. 由于在WTO不同的协议中,最惠国待遇的含义不完全相同,所以,最惠国待遇的获得是有条件的

B. 在WTO中,最惠国待遇是各成员相互给予的,每个成员既是施惠者,也是受惠者

C. 对最惠国待遇原则的修改需经全体成员4/5同意才有效

D. 区域经济安排是最惠国待遇义务的例外,但边境贸易优惠则不是

[释疑] 在WTO不同的协议中,最惠国待遇的含义不完全相同,但这和最惠国待遇的获得没有因果关系,无条件的最惠国待遇是WTO的基本原则,在WTO中,最惠国待遇是各成员相互给予的,每个成员既是施惠者,也是受惠者。因此,A选项错误、B选项正确。对最惠国待遇原则的修改需经全体成员同意才有效,C选项错误。WTO的最惠国待遇原则也存在例外,对于关税同盟或自由贸易区成员方之间相互给予的优惠,其他缔约方不能自动获得。缔约方之间相互给予边境小额贸易优惠也不适用最惠国待遇。因此,D选项错误。(答案:B)

### 三、提示与预测

在世界贸易组织的主要原则之中,考查次数最多、最重要的是最惠国待遇原则,应掌握其含义、特点、例外等。

## 考点 2 世界贸易组织的有关协定

### 一、精讲

1.《与贸易有关的投资措施协议》

《与贸易有关的投资措施协议》主要规定了禁止成员方实施的投资限制措施类型,分为违反国民待遇原则的措施和违反取消数量限制原则的措施。

违反国民待遇原则的投资措施包括:

(1)要求企业购买或使用国内产品或任何来自国内来源的产品;

(2)要求企业购买或使用的进口产品限制在与其出口的当地产品的数量或价值相关的水平。

违反取消数量限制原则的措施包括:

(1)普遍限制企业用于当地生产或与当地生产相关的产品的出口;

(2)限制企业使用外汇,从而限制进口产品;

(3)限制企业产品出口或供出口产品的销售。

2.《服务贸易协议》

《服务贸易协议》就服务贸易的范围、最惠国待遇与例外、透明度要求以及成员国承担国民待遇、市场准入等特定义务问题作了规定。《服务贸易协议》规定,服务贸易是指提供以下服务:

(1)跨境供应,指从一成员方境内向任何其他成员方境内提供的服务。

(2)境外消费,指在一成员方境内向任何其他成员方的服务消费者提供的服务,如给来自

境外的旅游者提供服务。

（3）商业存在，指一成员方的服务提供者通过在任何其他成员方境内的商业现场（即建立在一成员方境内的任何形式的业务或专业）提供的服务，如银行在境外设立分支机构。

（4）自然人流动，指一成员方的服务提供者通过自然人到任何其他成员方境内提供服务，如工程承包。

服务贸易方面最惠国待遇义务和具体承诺（市场准入与国民待遇、减让表）：WTO各成员应无条件立即给予其他成员方以最惠国待遇，但服务贸易中的最惠国待遇适用于服务产品和服务提供者，不适用于货物产品。在服务贸易方面，市场准入与国民待遇属于具体承诺而非一般义务。是否给予市场准入，是否给予国民待遇，应当依据每一个WTO成员方具体列出的承诺表确定。

## 二、例题

1. 为了促进本国汽车产业，甲国出台规定，如生产的汽车使用了30%国产零部件，即可享受税收减免的优惠。依世界贸易组织的相关规则，关于该规定，下列哪一选项是正确的？（2015年真题，单选）

　　A. 违反了国民待遇原则，属于禁止使用的与贸易有关的投资措施
　　B. 因含有国内销售的要求，是扭曲贸易的措施
　　C. 有贸易平衡的要求，属于禁止的数量限制措施
　　D. 有外汇平衡的要求，属于禁止的投资措施

[释疑]　国产化率高才能享有税收减免，相当于要求外国投资者尽可能使用当地的原材料或零部件，属于"当地成分要求"，违反了国民待遇原则，故A选项正确，B、C、D选项错误。（答案：A）

2. 根据世界贸易组织《服务贸易总协定》，下列哪一选项是正确的？（2013年真题，单选）

　　A. 协定适用于成员方的政府服务采购
　　B. 中国公民接受国外某银行在中国分支机构的服务属于协定中的境外消费
　　C. 协定中的最惠国待遇只适用于服务产品而不适用于服务提供者
　　D. 协定中的国民待遇义务，仅限于列入承诺表的部门

[释疑]　根据《服务贸易总协定》的规定，服务贸易领域的最惠国待遇是无条件的，即应无条件给予世界贸易组织所有其他成员方的服务产品和服务提供者以最惠国待遇。但是另一方面，服务贸易领域的国民待遇和市场准入是有条件的，即世界贸易组织成员方是否给予其他成员方国民待遇和市场准入，以其作出的承诺为前提条件，故本题应选D选项。（答案：D）

3. 《服务贸易总协定》规定了服务贸易的方式，下列哪一选项不属于协定规定的服务贸易？（2012年真题，单选）

　　A. 中国某运动员应聘到美国担任体育教练
　　B. 中国某旅行公司组团到泰国旅游
　　C. 加拿大某银行在中国设立分支机构
　　D. 中国政府援助非洲某国一笔资金

[释疑]　《服务贸易总协定》规定的服务贸易有四种方式：跨境交付、境外消费、自然人流动和商业存在。A选项为自然人流动，B选项为境外消费，C选项为商业存在，均属于服务贸

易。D 选项属于政府援助,不构成服务贸易,当选。(答案:D)

4. 针对甲国一系列影响汽车工业的措施,乙、丙、丁等国向甲国提出了磋商请求。四国均为世界贸易组织成员。关于甲国采取的措施,下列哪些是《与贸易有关的投资措施协议》禁止使用的?(2009年真题,多选)

A. 要求汽车生产企业在生产过程中必须购买一定比例的当地产品
B. 依国产化率对汽车中使用的进口汽车部件减税
C. 规定汽车生产企业的外资股权比例不应超过60%
D. 要求企业购买进口产品的数量不能大于其出口产品的数量

[释疑] A 选项属于"当地成分要求"。B 选项属于间接限制进口措施,均为禁止措施。C 选项属于"当地股权要求",是各国调整外商投资的常用手段,尽管属于投资措施,但对国际贸易的流向没有直接的或间接的扭曲作用,因此,不属于《与贸易有关的投资措施协议》禁止的与贸易有关的投资措施。D 选项属于限制进口,也属于违反数量限制的措施。唯独 C 选项不属于被《与贸易有关的投资措施协议》禁止的措施,答案应为 A、B、D 选项。(答案:ABD)

### 三、提示与预测

关于世界贸易组织的有关协定,《与贸易有关的投资措施协议》以考查禁止成员方实施的五种投资限制措施类型为主;《服务贸易协议》方面,则主要应掌握其规范的服务类型和最惠国待遇原则及国民待遇原则在该协议中适用的范围。

## 考点 3  世界贸易组织的争端解决机制

### 一、精讲

《关于争端解决规则与程序的谅解》(DSU)在世界贸易组织框架下,建立了统一的多边贸易争端解决制度。

1. 争端机构解决的争端类型

(1) 违反性申诉。这是争端的主要类型,申诉方须证明被诉方违反了有关协议的条款。在确立了存在违反有关协议条款的行为后,推定申诉方的利益受损或丧失。对这种争端的裁定,被诉方往往需要废除或修改有关措施。

(2) 非违反性申诉。对这种申诉的审查,不追究被诉方是否违反了有关协议条款,而只处理被诉方的措施是否使申诉方根据有关协议享有的利益受损或丧失。申诉方需要证明其根据有关协议享有合理的预期利益,该合理预期利益因为被诉方的措施受损或丧失。被诉方没有取消有关措施的义务,只需作出补偿。

(3) 其他情形。

2. 世界贸易组织的争端解决机制的基本程序

根据《关于争端解决规则与程序的谅解》的规定,其争端解决基本程序包括:

(1) 磋商程序。一成员方应以书面形式向世界贸易组织总干事提出磋商申请,指出要求磋商的理由,具体指明被诉方违反了哪些规定。磋商有助于澄清争端、促进争端的解决。磋商是申请设立专家组的前提条件。成员国间争端的解决都必须先进行磋商。

(2) 斡旋、调解与调停程序。在争端解决的过程中,世界贸易组织总干事等可以就争端解决进行斡旋、调解与调停。

(3) 专家小组程序。提出磋商请求 60 天内磋商未达成协议,则申诉方可以申请成立专家组。提起申诉,并不以申诉方具有的法律利益或经济利益受到损害为前提。争端双方应就自己的主张提供证据,由专家组进行裁断。专家组的权限范围仅限于申请设立专家组的申请书中所指明的具体争端和法律依据。未在申请书中指明的诉求,不属于专家组的权限范围。专家组既审查事实问题,也审查法律问题,对争端方没有提出的主张,专家组不能作出裁定。专家组可以向其认为适当的任何机构和个人寻求信息和技术建议。

(4) 上诉审查程序。在专家组报告发布后的 60 天内,任何争端方都可以向上诉机构提起上诉。上诉机构是常设的,由 7 人组成,上诉机构只审查专家组报告涉及的法律问题和专家组作出的法律解释。上诉机构有权维持、修改或推翻专家组的报告,但对专家组的报告并没有发回重审的权利。

(5) 报告的通过和裁定的监督执行。争端解决机构并不亲自审理案件,只在专家组和上诉机构的协助下提出建议、作出裁定,实际上,争端解决机构只是决定是否通过专家组或上诉机构的结论报告或建议,除非争端解决机构一致同意不通过相关争端解决的报告,否则该报告即得到通过,此为"反向协商一致原则"。

裁决和建议经争端解决机构通过后即成为其正式建议或裁定,被裁定违反 WTO 有关协议的一方,应在合理期限内履行裁定或建议。

(6) 补偿与减让的中止以及"交叉报复"。被诉方如认为争端解决机构已经通过的报告无法履行,可以自愿给申诉方以补偿,如果被诉方既不愿意履行裁定,又不愿意给予补偿,则原申诉方可以向争端解决机构申请授权报复。对被诉方中止减让或其他义务。

中止减让或其他义务,首先应在被认定为违反义务或造成利益损失的部门的相同部门实施,此为"平行报复";当"平行报复"措施不可行或没有效果时,可以对同一协议项下的其他部门实施,如果仍不可行或无效果,则可以寻求中止另一协议项下的减让或其他义务,此即为"交叉报复"。

## 二、例题

1. 甲、乙、丙三国均为世界贸易组织成员,甲国对进口的某类药品征收 8% 的国内税,而同类国产药品的国内税为 6%。针对甲国的规定,乙、丙两国向世界贸易组织提出申诉,经裁决甲国败诉,但其拒不执行。依世界贸易组织的相关规则,下列哪些选项是正确的?(2015 年真题,多选)

　A. 甲国的行为违反了国民待遇原则
　B. 乙、丙两国可向上诉机构申请强制执行
　C. 乙、丙两国经授权可以对甲国采取中止减让的报复措施
　D. 乙、丙两国的报复措施只限于在同种产品上使用

[释疑]　就国内税而言,给予进口产品和国内同类产品的税率不同,显然违反了国民待遇原则,故 A 选项正确。胜诉方在败诉方拒绝履行世贸组织争端解决机构的裁决时,争端解决机构并无强制执行的权力,但胜诉方经授权可以报复,报复一般为在相同产品领域实施"平行报复",必要时也可以申请授权实施跨行业或跨部门的"交叉报复"。故 B、D 选项错误,C 选项正确。(答案:AC)

2. 关于世界贸易组织争端解决机制的表述,下列哪一选项是不正确的?(2013年真题,单选)

　　A. 磋商是争端双方解决争议的必经程序
　　B. 上诉机构为世界贸易组织争端解决机制中的常设机构
　　C. 如败诉方不遵守争端解决机构的裁决,申诉方可自行采取中止减让或中止其他义务的措施
　　D. 申诉方在实施报复时,中止减让或中止其他义务的程度和范围应与其所受到损害相等

[释疑]　根据世界贸易组织争端解决机制,磋商是世贸组织争端双方解决争议唯一的必经程序,故A选项正确。上诉机构为世界贸易组织争端解决机制中的常设机构,故B选项正确。对于世界贸易组织争端解决机构的裁决,如果败诉方不履行也拒绝给予补偿,则申诉方只有在获得授权的情况下才可以进行报复,故C选项不正确。申诉方在实施报复时应符合相称性原则,即中止减让或中止其他义务的程度和范围应与其所受到的损害相等,故D选项表述正确。不正确的表述只有C选项。(答案:C)

3. 甲、乙均为世界贸易组织成员国。乙称甲关于影像制品的进口管制违反国民待遇原则,为此向世界贸易组织提出申诉,并经专家组和上诉机构审理。对此,下列哪一选项是正确的?(2012年真题,单选)

　　A. 甲、乙磋商阶段达成的谅解协议,可被用于后续争端解决审理
　　B. 专家组可对未在申请书中指明的诉求予以审查
　　C. 上诉机构可将案件发回专家组重审
　　D. 上诉案件由上诉机构7名成员中3人组成上诉庭审理

[释疑]　磋商阶段达成的谅解协议,不可被用于后续争端解决审理,A选项错误。专家组对于未在申请书中指明的诉求不得进行审查和作出裁定,B选项错误。上诉机构有权维持、修改或推翻专家组的报告,但对专家组的报告并没有发回重审的权利,C选项错误。上诉机构由7人组成,具体的上诉案件由上诉机构7名成员中3人组成上诉庭审理,故D选项正确。(答案:D)

4. 甲、乙两国均为世界贸易组织成员,甲国对乙国出口商向甲国出口轮胎征收高额反倾销税,使乙国轮胎出口企业损失严重。乙国政府为此向世界贸易组织提出申诉,经专家组和上诉机构审理胜诉。下列哪一选项是正确的?(2009年真题,单选)

　　A. 如甲国不履行世贸组织的裁决,乙国可申请强制执行
　　B. 如甲国不履行世贸组织的裁决,乙国只可在轮胎的范围内实施报复
　　C. 如甲国不履行世贸组织的裁决,乙国可向争端解决机构申请授权报复
　　D. 上诉机构只有在对该案的法律和事实问题进行全面审查后才能作出裁决

[释疑]　世界贸易组织的争端解决机构无强制执行裁决的职权,故A选项错误。在败诉方拒绝履行裁决的情况下,胜诉方可以向争端解决机构申请授权报复,该报复可以针对争端所涉及的产品(平行报复),必要时也可以扩展于其他产品(交叉报复),故B选项错误、C选项正确。上诉机构只审查法律解释问题,不审查事实认定问题(该问题以专家组的认定为准),故D选项错误。(答案:C)

### 三、提示与预测

　　WTO的争端解决机制在真题中多次出现,一般以考查其程序为主,因此应重点掌握磋商、

专家小组、上诉机构、裁决的监督与执行特点、报复和交叉报复等几个方面。

## 考点 4  中国在世界贸易组织中的权利义务

### 一、精讲

加入世界贸易组织后,一方面,中国应承担世界贸易组织各个成员都承担的规范性义务并享有相应权利;另一方面,中国也基于《中国加入世界贸易组织议定书》和《中国加入工作组报告书》承担一些特定的义务。

1. 贸易经营权和国家专营企业问题

《中国加入世界贸易组织议定书》中,中国承诺放开对外贸易经营权,即在中国入世后3年内,除国家专营商品外,中国和外国的法人、自然人和企业都有权在中国进行货物进出口活动。

《中国加入世界贸易组织议定书》还要求中国的专营企业的进口程序充分透明,政府不应在商品的质量、价值和产地方面采取措施施加影响或直接指示。

2. 倾销与补贴中的"非市场经济"地位

(1) 反倾销调查中"正常价值"的确定方法。WTO 的其他成员可以在中国入世后 15 年内,基于中国是"非市场经济国家"而要求在对中国的产品进行反倾销调查时,选择采用下列两种方法之一来确定受调查的中国产品的"正常价值":① 使用中国受调查产品的国内价格或成本作为正常价值;② 使用不严格依据与中国的国内价格或成本比较的方法,即使用"替代国价格或成本"作为正常价值(这一方法由于其任意性,显然对中国不利)。

在某一产业或方面,如果中国一旦根据某一 WTO 成员的国内法而达到市场经济标准,则该成员方在该产业领域就无权再使用"替代国价格或成本",无论如何,"替代国价格或成本"的方法在中国入世 15 年后终止。

(2) 对给予国有企业的补贴的定性。根据《中国加入世界贸易组织议定书》的规定,如果中国政府提供补贴的主要接受者为国有企业,或者国有企业接受了补贴中不成比例的大量数额,则其他成员方可以基于中国的非市场经济地位,将该补贴视为专向性补贴。

3. 特定产品的过渡性产品保障机制

(1) 磋商。根据《中国加入世界贸易组织议定书》第 16 条的规定,如果中国产品进口到任何 WTO 成员境内的增加数量,足以对进口成员方同类或直接竞争产品的国内生产商造成市场扰乱或市场扰乱的威胁,则受影响的该成员方可以要求与中国进行磋商。

(2) 中国政府根据协议采取自我限制措施。经磋商如果能达成一致,认为中国产品是造成市场扰乱的原因,则中国政府应采取措施。

(3) 受影响的成员方采取限制措施。如果在收到磋商请求的 60 天内没有达成协议,则受影响的成员方可以自由决定对该产品中止减让,或限制进口。在紧急情况下,受影响的成员方还可以采取不超过 200 天的临时措施。

(4) 受贸易转移影响的其他成员方采取限制措施。世界贸易组织的其他成员方,如果认为进口成员方采取的过渡性保障措施造成了对其市场的贸易转移,也可以要求磋商。提出磋商请求后 60 天内没有达成协议,则该成员方也可以对所涉及的中国产品采取相应的限制措施。

显然,这种针对中国特定产品的过渡性产品保障机制,对中国出口产品有较大威胁,而且容易引起连锁反应。《中国加入世界贸易组织议定书》规定,该机制的最终适用期限为自中国入世时起12年。

## 二、例题

1. 关于中国在世贸组织中的权利义务,下列哪一表述是正确的?(2011年真题,单选)
A. 承诺入世后所有中国企业都有权进行货物进出口,包括国家专营商品
B. 对中国产品的出口,进口成员在进行反倾销调查时选择替代国价格的做法,在《中国加入世界贸易组织议定书》生效15年后终止
C. 非专向补贴不受世界贸易组织多边贸易体制的约束,包括中国对所有国有企业的补贴
D. 针对中国产品的过渡性保障措施,在实施条件上与保障措施的要求基本相同,在实施程序上相对简便

[释疑] 我国《对外贸易法》第11条第1款规定,国家可以对部分货物的进出口实行国营贸易管理。实行国营贸易管理货物的进出口业务只能由经授权的企业经营;但是,国家允许部分数量的国营贸易管理货物的进出口业务由非授权企业经营的除外。我国在《中国加入世界贸易组织议定书》中并没有承诺国家专营商品任何企业都可以经营,故A选项错误。在《中国加入世界贸易组织议定书》中,我国承诺在入世后15年内,其他成员方可以把我国视为非市场经济国家,相应的,其他国家在该期限内,对中国产品发动反倾销调查需要确定正常价值时,可以采用替代国价格;在对中国发动反补贴调查时,可以把主要受补贴对象为国有企业的补贴视为专项性补贴,故B选项正确、C选项错误。在《中国加入世界贸易组织议定书》中,其他国家对中国产品采取过渡性保障措施,以"市场扰乱""市场扰乱的威胁"或者"贸易转移"为前提,与一般保障措施以"严重损害"或者"严重损害的威胁"为前提不同,故D选项错误。(答案:B)

2. 中国加入世界贸易组织的条件规定在《中国加入世界贸易组织议定书》及其附件中。对此,下列哪些选项是正确的?(2007年真题,多选)
A. 该《议定书》及其附件构成世界贸易组织协定的一部分
B. 中国只根据该《议定书》及其附件承担义务
C. 该《议定书》规定了特定产品过渡性保障机制
D. 中国与其他成员在加入谈判中作出的具体承诺,不构成该《议定书》的组成部分

[释疑] 《中国加入世界贸易组织议定书》及其附件构成世界贸易组织协定的一部分,中国与其他成员在加入谈判中作出的具体承诺,也构成该议定书的组成部分。中国入世后,不仅要根据该议定书承担义务,还应与其他WTO成员方一样遵守《世界贸易组织协定》及其附件的规定,该议定书还规定了有关中国的特定产品过渡性保障机制,故答案应为A、C选项。(答案:AC)

# 第七章　国际经济法领域的其他法律制度

**本章知识体系：**

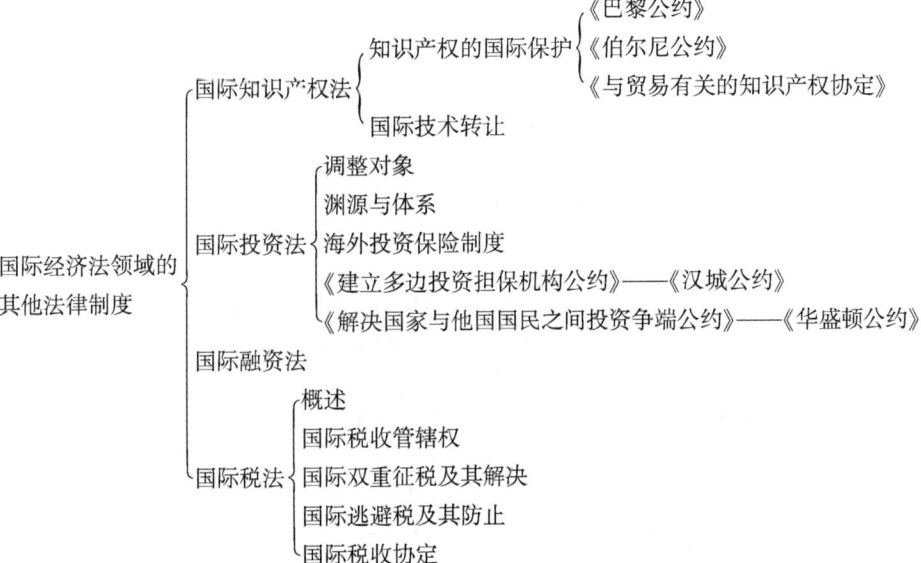

## 考点 1　国际知识产权法

### 一、精讲

1. 《保护工业产权巴黎公约》(以下简称《巴黎公约》)

《巴黎公约》于1883年在法国首都巴黎缔结，1884年正式生效。它是知识产权领域第一个世界性多边公约，中国于1985年3月15日正式成为该公约的成员国。

(1)《巴黎公约》的基本原则：

| | |
|---|---|
| 国民待遇原则 | ① 享有国民待遇的主体：包括公约缔约国的国民和在一个缔约国领域内设有住所或真实有效的工商营业所的非缔约国国民。<br>② 国民待遇原则的例外：各成员国在关于司法和行政程序、管辖以及选定送达地址或指定代理人的法律规定等方面，凡工业产权法有所要求的，可以明确予以保留。 |

(续表)

| | |
|---|---|
| 优先权原则 | ① 优先权原则适用的范围:《巴黎公约》的优先权原则并不是对一切工业产权均适用,它只适用于发明专利、实用新型、外观设计和商品商标。<br>② 优先权原则适用的条件:已在一个成员国正式提出申请发明专利权、实用新型、外观设计或商标注册的人或其权利的合法继受人(继承人和受让人),在规定的期限内(发明专利和实用新型专利为 12 个月,外观设计专利和商标为 6 个月)享有在其他成员国提出申请的优先权。<br>③ 优先权原则的效力:在优先权期限内每一个在后申请的申请日均为第一次申请的申请日(优先权日)。在规定的申请优先权期限届满之前,任何后来在公约其他成员国内提出的申请,都不因在此期间内他人所作的任何行为而失效。 |
| 临时性保护原则 | ① 缔约国应对在任何一个成员国内举办的或经官方承认的国际展览会上展出的商品中可以取得专利的发明、实用新型、外观设计和可以注册的商标给予临时保护。<br>② 如果展品所有人在临时保护期内申请了专利或商标注册,则申请案的优先权日不再从第一次提交申请案时起算,而从展品公开展出之日起算。 |
| 保护的独立性原则 | 《巴黎公约》要求,关于外国人的专利申请或商标注册,应由各成员国根据本国法律作出决定,不应受原属国或其他任何国家就该申请作出的决定的影响。 |

(2)《巴黎公约》对于驰名商标的特殊保护。① 驰名商标的认定不以注册为前提,使用亦可成为认定的依据。② 对于商标注册国或使用国主管机关认为一项商标构成已属享有公约利益的人所有并在该国驰名的商标的复制、模仿或翻译图案,用于相同或类似商品上,易于造成混乱者,应依职权或应当事人的请求,拒绝或取消注册,并禁止使用。③ 自注册之日起至少5 年内,应允许提出取消这种商标的要求,允许提出禁止使用的期限可由各成员国规定。④ 对以不诚实手段取得注册或使用的商标提出取消注册或禁止使用的要求的,不应规定时间限制。

2.《保护文学艺术作品伯尔尼公约》(以下简称《伯尔尼公约》)

《伯尔尼公约》是版权领域第一个世界性多边国际条约,《伯尔尼公约》规定,"文学和艺术作品"包括文学、科学和艺术领域内的一切成果,不论其表现形式或方式如何,包括书籍和其他作品;讲课、演讲和其他同类性质作品;戏剧作品;舞蹈艺术作品和哑剧;图画、油画、建筑等作品;地理、地形等的示意图、地图、设计图、草图和立体作品等。《伯尔尼公约》规定其保护不适用于日常新闻或纯属报刊消息性质的社会新闻。

(1)国民待遇原则。《伯尔尼公约》规定,对文学艺术作品的版权保护实行"双国籍国民待遇"原则:① "作者国籍标准",此标准又包括两种情形:其一,对于公约成员国的国民,其作品无论是否出版,在各成员国均享有国民待遇;其二,对于非成员国的国民,只要在成员国境内有惯常居所的,其作品无论是否出版,也同样在一切成员国享有国民待遇。这两种情况都是"作者国籍标准",亦被称为"人身标准"。② "作品国籍标准",即非公约成员国国民,只要其作品首先在某一个成员国出版,或者同时在一个成员国和非成员国出版,也应在一切成员国中享有国民待遇,这也被称为"地理标准"。

(2)自动保护原则。作者在其他缔约国享有和行使该国国民所享有的版权不需要履行任何手续,作者在作品完成时自动享有版权,不需向其他缔约国提出请求或履行任何手续。

(3) 版权独立原则。作者在其他缔约国享有和行使该国国民的版权以及《伯尔尼公约》特别规定的权利,不依赖于作品起源国是否存在保护,即作品在起源国的保护和在其他缔约国的保护是相互独立的。

(4) 最低标准原则。《伯尔尼公约》规定,各成员国在版权的客体范围、权利内容、权利限制、保护期限等方面给予的保护,只能高于而不得低于《伯尔尼公约》规定的标准。

(5) 保护作者的经济权利和精神权利。《伯尔尼公约》规定作者享有以下经济权利:翻译权、复制权、广播权、朗诵权、改编权、录制权、电影权、公演权。除规定上述权利之外,《伯尔尼公约》还允许各国版权法作出不同程度的权利限制。但为保证《伯尔尼公约》的最低权利要求,《伯尔尼公约》又对各国的限制规定予以规范。《伯尔尼公约》还规定,成员国必须保护作者的署名权和保护作品完整权两项精神权利。在经济权利转让之后,作者仍保有要求其作品作者身份的权利(即署名权),并有反对对其作品的任何有损其声誉的歪曲、割裂或其他更改,以及其他损害行为的权利。

(6) 保护期限。对作品的保护期限,《伯尔尼公约》作了如下规定:一般作品的保护期限是作者有生之年及其死后 50 年;电影作品的保护期限是在作者同意下自作品公之于众后 50 年,如自作品完成后 50 年内尚未公之于众,则自作品完成后 50 年期满;不具名作品和假名作品的保护期自其合法公之于众之日起 50 年,如在公之于众后 50 年内作者身份公开或确定,则保护期为作者有生之年及其死后 50 年;摄影作品和作为艺术作品保护的实用艺术作品的保护期限不应少于自该作品完成之后算起的 25 年。

(7) 公约适用的追溯力。《伯尔尼公约》还规定,它适用于所有在该公约开始生效时尚未因保护期届满而在其来源国进入公有领域的版权作品。

3. 国际许可证协议

许可证协议是指位于一国的供方将其技术使用权在一定条件下让渡给位于另一国的受让方,而由受让方支付使用费的合同。

(1) 许可证协议的分类。许可证协议根据其标的可分为专利许可证协议、商标许可证协议、版权许可证协议、专有技术许可证协议、混合许可证协议。

根据许可证协议可使用地域范围以及使用权范围的大小可分为独占许可证协议、排他许可证协议、普通许可证协议、交叉许可证协议和分许可证协议等。① 独占许可证协议,指在协议规定的时间和地域范围内,受让方对受让的技术拥有独占的使用权,许可方不能将该技术使用权另行转让给第三方,同时许可方也不能在该时间和地域范围内自行使用该项出让的技术。② 排他许可证协议,指在协议规定的时间和地域范围内,受让方对受让的技术拥有使用权,许可方不能将该项技术使用权另行转让给第三方,但许可方自己仍保留在该时间和地域范围内的使用权。③ 普通许可证协议,指在协议规定的时间和地域范围内,受让方不仅可以使用某项技术,许可方也可使用或许可第三方使用某项技术。④ 交叉许可证协议,指技术许可方和受让方在协议中规定,将其各自的技术使用权相互交换,供对方使用。⑤ 分许可证协议,指协议中的受让方可以将其受让的技术使用权再行转让给第三方。

(2) 国际许可证协议中的限制性商业条款。其是指在国际许可证协议中由技术许可方向被许可方施加的,法律所禁止的,造成不合理限制的合同条款。

根据《技术进出口管理条例》的规定,我国技术进出口合同不得含有下列限制性条款:

① 要求受让人接受并非技术进口必不可少的附带条件,包括购买非必需的技术、原材料、产品、设备或者服务;② 要求受让人为专利权有效期届满或者专利权被宣告无效的技术支付使用费或者承担相关义务;③ 限制受让人改进让与人提供的技术或者限制受让人使用所改进的技术;④ 限制受让人从其他来源获得与让与人提供的技术类似的技术或者与其竞争的技术;⑤ 不合理地限制受让人购买原材料、零部件、产品或者设备的渠道或者来源;⑥ 不合理地限制受让人产品的生产数量、品种或者销售价格;⑦ 不合理地限制受让人利用进口的技术生产产品的出口渠道。

4.《与贸易有关的知识产权协定》

《与贸易有关的知识产权协定》(即 TRIPs)规定国民待遇原则和最惠国待遇原则是其首要的基本原则,并将《保护工业产权巴黎公约》《保护文学艺术作品伯尔尼公约》(第 6 条第 2 款关于精神权利的规定除外)、《保护表演者、录音制品制作者和广播组织罗马公约》和《关于集成电路的知识产权条约》的实体性规定全部纳入到 TRIPs 之中,作为世界贸易组织成员保护知识产权的最低标准。

同以前的国际知识产权保护公约相比,TRIPs 是一个更高标准、更严要求的公约,该公约具有如下显著特点:

(1) 首次将最惠国待遇原则引入知识产权的国际保护领域;

(2) 要求成员对知识产权(限于其明文规定的七种客体)提供更高水平的立法保护;

(3) 要求成员采取更严格的知识产权执法措施;

(4) 要求成员的知识产权获权和维持程序必须公平合理;

(5) 将成员之间的知识产权争端纳入 WTO 争端解决机制,加强了协议的拘束力。

《与贸易有关的知识产权协定》就版权及相关权利、商标、产地标志、工业设计、专利、集成电路的布图设计、商业秘密保护等七个方面的客体的知识产权保护问题作了规定:

(1) 关于版权及相关权利保护的规定。TRIPs 将《伯尔尼公约》纳入并在保护客体和权利方面对《伯尔尼公约》作了补充。在保护客体问题上,将计算机程序和有独创性的数据汇编列为版权保护对象。在权利内容方面,增加规定计算机程序和电影作品的出租权。在邻接权方面,TRIPs 还将《保护表演者、录音制品制作者和广播组织罗马公约》纳入并在两个方面提高了保护标准,不仅延长了保护期限,还将《伯尔尼公约》关于追溯力的规定适用于表演者权及录音制品制作者权。

(2) 商标。TRIPs 第一次给商标下了一个明确的定义:任何标记或任何标记的组合,包括文字、字母、数字、图形要素、色彩的组合及上述内容的组合,能够将某一企业的商品或服务区别于其他企业的商品或服务,应能构成商标。

在驰名商标问题上,TRIPs 规定,将《巴黎公约》关于驰名商标的保护扩大适用于服务标记,而且,对驰名商标的保护的规定还应比照适用于与该商标核准使用的商品或服务不相类似的商品或服务(即把《巴黎公约》的相对保护扩大为绝对保护)。商标首次注册和每次续展注册的期限不少于 7 年,商标注册允许无限展期。各成员可决定商标许可与转让的条件,但不允许商标的强制许可。

(3) 地理标志。地理标志是标明一商品来源于一成员方国内或该国内的一地区或一个地方,而该商品的特定品质、声誉或其他特色本质上与这一地理来源有关。成员方应对地理标志提供法律保护,以防止不正当竞争以及公众对原产地的误解。

（4）工业品外观设计。成员方应对独立创作的,具有原创性或新颖性的工业品外观设计提供保护。受保护的工业设计的所有者,有权阻止第三方为商业目的未经所有人同意而生产、销售或进口其拥有设计权的标的物。成员方对工业设计的保护期限至少为 10 年。

（5）专利。TRIPs 规定,对于以下客体,成员方可不授予专利:对人或动物的诊断、治疗和外科手术方法,植物、动物(微生物除外)的新品种。在权利内容方面,TRIPs 在《巴黎公约》的基础上增加了专利进口权、提供销售权,并要求成员方将对方法专利的保护至少扩展于依据该专利方法所直接获得的产品。专利权的保护期限为自登记之日起不得少于 20 年。

（6）集成电路的布图设计。TRIPs 在《关于集成电路的知识产权条约》的基础上提高了保护水平。首先,《关于集成电路的知识产权条约》只保护布图设计和含有受保护布图设计的集成电路,TRIPs 还保护"含有受保护集成电路的物品"。其次,TRIPs 将保护期限由《关于集成电路的知识产权条约》规定的 8 年延长至 10 年。最后,TRIPs 对善意侵权作了补充规定,善意侵权人在收到该布图设计属于非法复制的通知后,仍然可以就其现有的存货或订单继续实施其行为,但有义务向权利人支付报酬,其数额应相当于通常情况下基于自由谈判达成协议所应支付的许可费。

（7）对未披露的信息的保护。根据 TRIPs,未披露的信息的要件为:① 信息是秘密的,即该信息作为一个整体或其组成部分的组合和精确排列方式,不为接触该信息的公众所知或不容易获得;② 该信息因为秘密而具有商业价值;③ 信息的拥有者在当时情况下已采取了合理的措施保证其秘密性。成员方应防止自然人和法人所控制的未披露信息在没有得到其同意的情况下,被他人以违反诚信商业做法的方式泄露、获得或使用。

此外,《与贸易有关的知识产权协定》还规定了 WTO 成员方应采取的保护知识产权的执法措施:

（1）民事和行政措施:① 提供公平、公正的程序,原、被告享有及时获得详细通知的权利,各方有权证明其权利请求并提供相关证据。② 禁令,司法机关有权命令一方当事人停止侵权,特别是在货物结关后立即制止涉及侵权的进口产品进入国内商业渠道。③ 赔偿费,对于已知或者有理由知道自己从事侵权活动的人,司法机关有权责令侵权人向权利人支付足以补偿因侵权所受损害的赔偿,以及律师费用。④ 其他补救,在不给予任何补偿的情况下,司法机关有权责令以避免对权利人造成损害的方式,将被认定侵权的货物清除出流通渠道,或只要不违反宪法,责令销毁侵权货物。此外,成员方还应规定申请人滥用程序应赔偿,公共机构或官员非善意执法时应给予受损失当事人适当救济。

（2）刑事措施。成员方应制定刑事程序和处罚,至少将其适用于具有商业规模的、故意假冒商标或盗版的案件。

（3）临时措施。为制止侵权的发生,特别是阻止货物(包括结关后的进口货物)进入成员方管辖区域的商业渠道,为保存侵权指控的相关证据,司法机关有权采取迅速有效的临时措施。为在侵权发生之初制止其继续及防止销毁证据而应申请人请求采取临时措施时,有权责令申请人提供担保,在采取临时措施后的合理期限内没有发起案件审理程序(合理期限 20 个工作日或 31 个自然日),则应被申请人的请求,对临时措施予以撤销或终止。

（4）边境措施。成员方的海关有权中止放行有证据被怀疑的侵权商品,边境措施期满而未进入案件进一步审理程序的,则被申请人提交保证金可放行,但假商标或盗版除外。如果存在侵犯知识产权的初步证据,主管机关也可以主动采取措施中止货物的放行。对假冒商标的货物,不得允许该侵权货物以未作改变的状态再出口。

(5) 中国的边境措施。① 收货人或发货人可向海关申报知识产权备案,备案10年有效,每次届满前6个月内可以申请续展备案。② 权利人充分举证并提供担保,可请求海关扣留侵权嫌疑货物,也可申请诉前财产保全。

## 二、例题

1. 香槟是法国地名,中国某企业为了推广其葡萄酒产品,拟为该产品注册"香槟"商标。依《与贸易有关的知识产权协定》,下列哪些选项是正确的?(2015年真题,多选)

　　A. 只要该企业有关"香槟"的商标注册申请在先,商标局就可以为其注册
　　B. 如该注册足以使公众对该产品的来源误认,则应拒绝注册
　　C. 如该企业是在利用香槟这一地理标志进行暗示,则应拒绝注册
　　D. 如允许来自法国香槟的酒产品注册"香槟"的商标,而不允许中国企业注册该商标,则违反了国民待遇原则

[释疑] 《与贸易有关的知识产权协定》禁止使用虚假地理标志和误导性的地理标志,故A、D选项错误,B、C选项正确。(答案:BC)

2. 甲国人柯里在甲国出版的小说流传到乙国后出现了利用其作品的情形,柯里认为侵犯了其版权,并诉诸乙国法院。尽管甲、乙两国均为《伯尔尼公约》的缔约国,但依甲国法,此种利用作品不构成侵权,另外,甲国法要求作品要履行一定的手续才能获得保护。根据相关规则,下列哪一选项是正确的?(2014年真题,单选)

　　A. 柯里须履行甲国法要求的手续才能在乙国得到版权保护
　　B. 乙国法院可不受理该案,因作品来源国的法律不认为该行为是侵权
　　C. 如该小说在甲国因宗教原因被封杀,乙国仍可予以保护
　　D. 依国民待遇原则,乙国只能给予该作品与甲国相同水平的版权保护

[释疑] 根据《伯尔尼公约》的版权独立性原则,成员国对版权的保护不受外国法的影响,故A、B选项错误,C选项正确。依《伯尔尼公约》的国民待遇原则,成员方给予的待遇不低于给予本国作品的待遇即可,故D选项错误。(答案:C)

3. 2011年4月6日,张某在广交会上展示了其新发明的产品,4月15日,张某在中国就其产品申请发明专利(后获得批准)。6月8日,张某在向《巴黎公约》成员国甲国申请专利时,得知甲国公民已在6月6日向甲国就同样产品申请专利。下列哪一说法是正确的?(2013年真题,单选)

　　A. 如张某提出优先权申请并加以证明,其在甲国的申请日至少可以提前至2011年4月15日
　　B. 2011年4月6日这一时间点对张某在甲国以及《巴黎公约》其他成员国申请专利没有任何影响
　　C. 张某在中国申请专利已获得批准,甲国也应当批准他的专利申请
　　D. 甲国不得要求张某必须委派甲国本地代理人代为申请专利

[释疑] 根据《巴黎公约》的规定,发明专利的优先权期限为12个月,故A选项正确。根据临时性保护原则,2011年4月6日这一时间点可以作为申请日期,故B选项错误。根据独立性原则,在一国获得专利,并不自动在其他缔约国获得,故C选项错误。《巴黎公约》允

许各缔约国在国内法中就委派代理人作出相关规定,故 D 选项错误。(答案:A)

4. 李伍为惯常居所地在甲国的公民,满成为惯常居所地在乙国的公民。甲国不是《保护文学艺术作品伯尔尼公约》缔约国,乙国和中国是该公约的缔约国。关于作品在中国的国民待遇,下列哪些选项是正确的?(2012 年真题,多选)

  A. 李伍的文章在乙国首次发表,其作品在中国享有国民待遇

  B. 李伍的文章无论发表与否,其作品在中国享有国民待遇

  C. 满成的文章无论在任何国家首次发表,其作品在中国享有国民待遇

  D. 满成的文章无论发表与否,其作品在中国享有国民待遇

[释疑] 根据《伯尔尼公约》的规定,非成员国国民的作品在成员国首次发表,应享有国民待遇。非成员国国民在成员国有惯常居所的,享有国民待遇。成员国的国民之作品自创作完成时起,在成员国享有国民待遇。故应选 A、C、D 选项。(答案:ACD)

5. 关于版权保护,下列哪一选项体现了《与贸易有关的知识产权协定》对《伯尔尼公约》的补充?(2010 年真题,单选)

  A. 明确了摄影作品的最低保护期限

  B. 将计算机程序和有独创性的数据汇编列为版权保护的对象

  C. 增加了对作者精神权利方面的保护

  D. 无例外地实行国民待遇原则

[释疑] 《伯尔尼公约》明确了摄影作品的最低保护期限,规定对作者给予精神权利方面的保护,实行有例外的国民待遇原则。《与贸易有关的知识产权协定》将计算机程序和有独创性的数据汇编列为版权保护的对象,体现了《与贸易有关的知识产权协定》对《伯尔尼公约》的补充,故答案为 B 选项。(答案:B)

6. 根据《保护工业产权巴黎公约》,关于优先权,下列哪一选项是正确的?(2009 年真题,单选)

  A. 优先权的获得需要申请人于"在后申请"中提出优先权申请并提供有关证明文件

  B. 所有的工业产权均享有相同期间的优先权

  C. "在先申请"撤回,"在后申请"的优先权地位随之丧失

  D. "在先申请"被驳回,"在后申请"的优先权地位随之丧失

[释疑] 优先权的获得并不是自动的,需要申请人于在后申请中提出优先权申请并提供有关证明文件,A 选项正确。发明专利和实用新型专利为 12 个月,外观设计和商标为 6 个月,B 选项错误。《保护工业产权巴黎公约》第 4 条规定,在本联盟同一国家内以第一次申请同样的主题所提出的后一申请,如果提出该申请时前一申请已被撤回、放弃或驳回,没有提供公众阅览,也没有遗留任何权利,而且如果前一申请还没有成为要求优先权的根据,应认为是第一次申请,其申请日应为优先权期间的起算日。在这以后,前一申请不得作为要求优先权的根据。因此,C、D 选项错误。(答案:A)

7. 中国甲公司发现有假冒"麒麟"商标的货物通过海关进口。依我国相关法律规定,甲公司可以采取下列哪些措施?(2009 年真题,多选)

  A. 甲公司可向海关提出采取知识产权保护措施的备案申请

  B. 甲公司可要求海关将涉嫌侵犯"麒麟"商标权的标记移除后再进口

  C. 甲公司可向货物进出境地海关提出扣留涉嫌侵权货物的申请

D. 甲公司在向海关提出采取保护措施的申请后,可在起诉前就被扣留的涉嫌侵权货物向法院申请采取责令停止侵权行为的措施

[**释疑**] 根据《知识产权海关保护条例》的规定,收货人或发货人可向海关申报知识产权备案,A 选项正确。收货人或发货人可向海关申报知识产权备案,也可以在起诉前就被扣留的涉嫌侵权货物向法院申请采取责令停止侵权行为或采取诉前财产保全等措施,C、D 选项正确。权利人无权要求海关将涉嫌侵犯商标权的标记移除后再进口,且涉嫌侵犯商标权的标记移除后作为同类产品仍然构成对权利人的产品存在竞争,即该做法也与权利人的利益相悖,故B 选项错误。(答案:ACD)

### 三、提示与预测

《保护工业产权巴黎公约》亦为常考考点,应注意其保护的范围为包括发明专利、实用新型、外观设计和商品商标在内的工业产权,但不包括版权。此外,还应掌握该公约的几个基本原则的具体含义。《保护文学艺术作品伯尔尼公约》在知识产权考点中出现频率最高,亦应注意掌握其保护范围、基本原则等内容。

《与贸易有关的知识产权协定》在近几年的司法考试中大概是每年出一道题,考生应掌握该协议保护的知识产权客体范围及特点。客体范围已如上述,特点可以归纳如下:

（1）基本原则包括国民待遇和最惠国待遇(首次在知识产权领域规定最惠国待遇原则)。

（2）版权保护的特殊性——保护客体包括计算机程序、有独创性的数据汇编;保护权利内容包括计算机程序和电影作品的出租权,并规定对表演者及录音制品制作者权的保护有追溯力。

（3）对驰名商标予以绝对保护且将此种保护扩大适用于服务标记。

（4）关于专利,对于疾病的诊断治疗方法、外科手术方法、动植物的新品种可以不授予专利。

（5）关于集成电路布图设计,保护的对象包括布图设计,含有受保护的布图设计的集成电路,含有受保护的布图设计的集成电路的物品。

国际知识产权法部分包括 3 个公约:《巴黎公约》《伯尔尼公约》和《世界版权公约》以及《与贸易有关的知识产权协定》和国际许可证协议,考查方式既有单考某个公约的内容的,也有同时考查多个公约之间的对比的。因此,对本部分内容应注意类比记忆。

## 考点 2　国际投资法

### 一、精讲

国际投资法是指调整跨国私人直接投资关系的有关国内法规范和国际法规范的总称。

1. 海外投资保证制度

海外投资保证,是指资本输出国政府对本国的海外投资者在国外可能遇到的政治风险,提供保证或保险。投资者从本国投资保险机构取得保险后,如因东道国发生政治风险,导致投资者遭受损失,国内保险机构负责承担补偿。海外投资保证是一种特殊的保险,它不是一种民间保险或私人保险,而是一种政府保证或是国家保证,其保险人即海外投资保证机构不仅具有国家特设机构的性质,而且其保证往往与政府间投资保证协定有密切联系。它不以营利为目的,

而是以保护海外投资、促进本国经济发展为目的,这是海外投资保证制度与普通商业保险最大的区别。

海外投资保证制度的主要特征如下:

(1)投保主体的特殊性。即能够得到承保的"合格的投资者"通常只限于保险机构所在地的本国国民或与本国有十分密切的联系。

(2)保险对象的特殊性。该制度的实施只限于私人海外直接投资,即投资者直接参与经营管理并具有控制权的海外企业的投资,不包括间接投资。海外投资保证制度一般要求"合格的投资"应为东道国已经明确表示同意接纳的"新"项目的股权投资。

(3)"合格的东道国"要求。即要求海外投资输入的国家必须符合一定的条件,保险机构才同意承保。

(4)承保风险范围的特殊性。海外投资保证制度的风险不是一般的商业风险,也不是自然风险,而是特殊的政治风险,如战争和内战、征用与国有化、禁止限制汇兑等。各国通常对外汇险、征用险和战争险等予以承保,有些国家还承保政府违约险。

(5)保险期限的特殊性。保险期限较长,各国大多规定保险期限最长为15年,可延长到20年。另外,海外投资保证制度通常不进行全额保险,一般以投资总额的90%作为最大保险金额。

(6)海外投资保证制度着眼点在于尽可能防止风险的发生,或者说尽可能保证海外投资者的财产、利益不受损失,重点在于保护,而不在于事后补偿。

2.《建立多边投资担保机构公约》

《建立多边投资担保机构公约》又被称为《汉城公约》,根据该公约建立了多边投资担保机构(MIGA)。其宗旨是通过针对非商业风险的担保和非担保业务的活动,促进以生产为目的的资金和技术流入发展中国家。MIGA 的主要作用是补充国家、区域性和私人投资保险活动的不足,并以此补充世界银行集团其他机构的活动,促进国际投资的发展。

《建立多边投资担保机构公约》的主要内容如下:

(1)多边投资担保机构承保的险别。依照《建立多边投资担保机构公约》的规定,多边投资担保机构承保下列四种风险:① 货币汇兑险,即东道国政府采取任何措施,限制投资人将其货币兑换成可自由使用货币或被保险人可接受的另一种货币。② 征收和类似措施险包括:东道国政府采取立法或行政措施,或懈怠行为,实际上剥夺了被保险人对其投资和收益的所有权或控制权。但政府为管理其境内的经济活动而通常采取的普遍适用的非歧视性措施不在此列。③ 政府违约险,是指东道国政府不履行或违反与被保险人签订的合同,如果投资人又不能求助于司法或仲裁程序时,机构对因此而造成的投资人的损害予以补偿。④ 战争和内乱险。

此外,机构在一定条件下,还承保其他非商业风险。

(2)合格的投资。《建立多边投资担保机构公约》对承保的对象——外国投资在条件、内容、形式、时间上作了种种限制,只有满足这些要求的投资,才具有合格性,才可在机构进行投保。

(3)合格的投资者。《建立多边投资担保机构公约》第13条从投资者的国籍、类型及经营性质等方面规定了合格投资者应满足的条件。① 自然人:不具有东道国国籍的任何一个会员国的国民,均可成为合格的投资者。② 法人:在东道国以外的会员国登记并在该国设有主要营业点的公司;在东道国注册登记,但多数资本为东道国以外的一个或几个会员国所有或其国民所有的法人。

(4) 合格的东道国。依照《建立多边投资担保机构公约》的规定,合格东道国必须符合如下条件:① 是一个发展中国家;② 是一个同意多边机构担保特定风险的国家;③ 是一个经机构查明,投资可以得到公正平等待遇和法律保护的国家。判断标准是东道国的法律和东道国与投资者本国之间的双边投资协定。

(5) 代位求偿权。风险发生后,投资者即可根据与机构订立的担保合同向机构求偿。多边投资担保机构一经向投保人支付或同意支付赔偿,即代位取得投保人对东道国或其他债务人所拥有的有关承保投资的各种权利或索赔权。机构作为投资者的代位权人所取得的财产的待遇,应等同于这些财产在投资者手中的待遇,因而不能享受机构的特权与豁免,但在税收和关税方面可例外。

3.《解决国家与他国国民之间投资争端公约》

《解决国家与他国国民之间投资争端公约》又称为《华盛顿公约》,据此成立的解决投资争端国际中心(ICSID),是世界银行集团的成员。"解决投资争端国际中心"(ICSID)为各缔约国与其他缔约国国民之间的投资争端提供调解或仲裁。

(1) 中心的管辖权。符合以下条件的投资争端可以提交给中心管辖:① 主体方面,中心只管辖缔约国政府和另一缔约国国民之间的投资争端,在争端双方都同意的情况下,也管辖东道国和受外国投资者控制的东道国法人之间的争端。② 主观条件方面,必须是争端双方之间存在将该争端提交中心管辖的书面文件。③ 争端性质方面,必须是因直接投资而产生的法律争端。④ 东道国可以要求用尽当地各种行政或司法补救办法,作为其同意根据公约交付仲裁的一个条件。当然,东道国也可以不提出此项要求。

(2) 中心仲裁时应适用的法律。仲裁庭应适用争端双方协议选择的法律规则。如无此种协议,仲裁庭应适用争端一方的缔约国的法律(包括其关于冲突法的规则)以及可能适用的国际法规则。

(3) 提交中心仲裁的后果。① 除非另有声明,提交中心仲裁视为双方同意排除任何其他救济办法。② 每一缔约国应承认依照《解决国家与他国国民之间投资争端公约》作出的裁决具有约束力,并在其领土内履行该裁决所加的义务。③ 缔约国对于它本国的一个国民和另一缔约国根据《解决国家与他国国民之间投资争端公约》已同意交付或已交付中心仲裁的争端,不得给予外交保护或提出国际要求,除非该另一缔约国未能遵守和履行对此项争端所作出的裁决。

## 二、例题

1. 甲国 T 公司与乙国政府签约在乙国建设自来水厂,并向多边投资担保机构投保。依相关规则,下列哪一选项是正确的?(2016 年真题,单选)

A. 乙国货币大幅贬值造成 T 公司损失,属货币汇兑险的范畴

B. 工人罢工影响了自来水厂的正常营运,属战争内乱险的范畴

C. 乙国新所得税法致 T 公司所得税增加,属征收和类似措施险的范畴

D. 乙国政府不履行与 T 公司签订的合同,乙国法院又拒绝受理相关诉讼,属政府违约险的范畴

[释疑] 本题考点为《建立多边投资担保机构公约》,根据该公约,多边投资担保机构主要承保政府违约险、战争和内乱险、货币汇兑险、征收征用险。货币汇兑险主要是指东道国政

府拒绝或拖延汇兑,货币贬值则属于商业风险,故不属于货币汇兑险的范畴,故 A 选项错误。战争和内乱险适用于东道国境内的军事行动或内乱,此外,主要发生于东道国境外的军事行为或内乱如果损害位于该东道国境内的投资项目的有形资产或妨害该投资项目的业务,也属于该险的范畴,但很显然战争、内乱不包括工人罢工,故 B 选项错误。征收和类似措施险是指东道国政府采取的有关措施实际上剥夺了被保险人对其投资和收益的所有权和控制权,但政府为管理其境内的经济活动而通常采取的普遍适用的非歧视性措施不在此列,乙国征税的行为恰恰属于普遍适用的非歧视性措施,故 C 选项错误。政府违约险是指东道国政府不履行或违反与被保险人签订的合同,故 D 选项正确。(答案:D)

2. 甲国公司在乙国投资建成地热公司,并向多边投资担保机构投了保。1993 年,乙国因外汇大量外流采取了一系列的措施,使地热公司虽取得了收入汇出批准书,但仍无法进行货币汇兑并汇出,甲公司认为已发生了禁兑风险,并向投资担保机构要求赔偿。根据相关规则,下列选项正确的是:(2014 年真题,不定选)

A. 乙国中央银行已批准了货币汇兑,不能认为发生了禁兑风险
B. 消极限制货币汇兑也属于货币汇兑险的范畴
C. 乙国应为发展中国家
D. 担保机构一经向甲公司赔付,即代位取得向东道国的索赔权

[释疑] 根据《建立多边投资担保机构公约》的规定,东道国拖延汇兑的情形也属于货币汇兑险的承保范围,故 A 选项错误、B 选项正确。多边投资担保机构只承保向发展中缔约国的投资,故 C 选项正确。公约规定,在对被保险人支付或同意支付赔偿后,多边投资担保机构应代位取得被保险人对东道国和其他债务人所拥有的有关承保投资的权利或索赔权,故 D 选项正确。(答案:BCD)

3. 根据《建立多边投资担保机构公约》,关于多边投资担保机构(MIGA)的下列哪一说法是正确的?(2011 年真题,多选)

A. MIGA 承保的险别包括征收和类似措施险、战争和内乱险、货币汇兑险和投资方违约险
B. 作为 MIGA 合格投资者(投保人)的法人,只能是具有东道国以外任何一个缔约国国籍的法人
C. 不管是发展中国家的投资者,还是发达国家的投资者,都可向 MIGA 申请投保
D. MIGA 承保的前提条件是投资者母国和东道国之间有双边投资保护协定

[释疑] 多边投资担保机构主要承保的险别包括政府违约险、战争和内乱险、货币汇兑险、征收征用险,没有投资方违约险,A 选项错误。对于前来投保的跨国投资者,多边投资担保机构要求必须是具备东道国以外会员国国籍的自然人,或在东道国以外会员国注册登记并设有主要营业点的法人,或其多数股本为东道国以外一个或几个会员国所有或其国民所有的法人。但只要东道国同意,且用于投资的资本来自东道国境外,根据投资者和东道国的联合申请,经多边投资担保机构董事会特别多数票通过,还可将合格投资者扩大到东道国的自然人、在东道国注册的法人以及其多数资本为东道国国民所有的法人,B 选项错误。多边投资担保机构的目的为促进向发展中国家投资,投资者来自发展中国家还是发达国家在所不问,C 选项正确。多边投资担保机构承保前提包括合格的投资、合格的投资者、合格的东道国,投资者母国与东道国之间是否存在双边投资保护协定不影响承保,D 选项错误。(答案:C)

4. 关于《解决国家与他国国民之间投资争端公约》和依其设立的解决国际投资争端中心，下列哪些说法是正确的？（2011年真题，多选）

A. 中心管辖直接因投资引起的法律争端

B. 中心管辖的争端必须是关于法律权利或义务的存在或其范围，或是关于因违反法律义务而实行赔偿的性质或限度的

C. 批准或加入公约本身并不等于缔约国承担了将某一特定投资争端提交中心调解或仲裁的义务

D. 中心的裁决对争端各方均具有约束力

[释疑] 根据《解决国家与他国国民之间投资争端公约》第25条第1款的规定，中心的管辖适用于缔约国（或缔约国指派到中心的该国的任何组成部分或机构）和另一缔约国国民之间直接因投资而产生的任何法律争端，而该项争端经双方书面同意提交给中心。当双方表示同意后，不得单方面撤销其同意。B选项也是强调中心只解决法律争端。选项A、B正确。《解决国家与他国国民之间投资争端公约》第25条第4款规定，任何缔约国可以在批准、接受或认可本公约时，或在此后任何时候，把它将考虑或不考虑提交给中心管辖的一类或几类争端通知中心。此外，《解决国家与他国国民之间投资争端公约》还规定，需东道国政府和投资者达成书面协议，中心才对具体争议享有仲裁的管辖权，C选项正确。《解决国家与他国国民之间投资争端公约》第53条第1款规定，裁决对双方有约束力。不得进行任何上诉或采取任何其他除本公约规定外的补救办法。除依照本公约有关规定予以停止执行的情况外，每一方应遵守和履行裁决的规定，D选项正确。（答案：ABCD）

5. 根据《解决国家与他国国民之间投资争端公约》，甲缔约国与乙缔约国的桑德公司通过书面约定一致同意：双方之间因直接投资而产生的争端，应直接提交解决投资争端国际中心仲裁。据此事实，下列哪一选项是正确的？（2007年真题，单选）

A. 任何一方可单方面撤销对提交该中心仲裁的同意

B. 在中心仲裁期间，乙国无权为桑德公司行使外交保护

C. 在该案中，任何一方均有权要求用尽当地救济解决争端

D. 对该中心裁决不服的一方有权向有管辖权的法院提起撤销裁决的诉讼

[释疑] 《解决国家与他国国民之间投资争端公约》规定，如果双方通过书面约定一致同意，因直接投资而产生的争端应直接提交解决投资争端国际中心仲裁，则任何一方不可单方面撤销对提交该中心仲裁的同意，故A选项错误。缔约国对于它本国的一个国民和另一缔约国根据《解决国家与他国国民之间投资争端公约》已同意交付或已交付中心仲裁的争端，不得给予外交保护或提出国际要求，除非该另一缔约国未能遵守和履行对此项争端所作出的裁决，故B选项正确。东道国可以要求用尽当地补救，作为其同意根据《解决国家与他国国民之间投资争端公约》交付仲裁的一个条件，东道国也可以不提出此项要求，但不是任何一方均有权要求用尽当地救济解决争端。中心裁决为终局裁决，不能再向任何法院提起撤销裁决之诉，故C、D选项均错误。（答案：B）

### 三、提示与预测

国际投资法部分的重点极其突出，主要体现为两个知识点，即资本输出国的投资保护措施——海外投资保险制度和解决投资争端国际中心的管辖权。考生应掌握《建立多边投资担

保机构公约》《解决国家与他国国民之间投资争端公约》这两个公约的主要内容,具体包括《建立多边投资担保机构公约》中的投保主体、保险对象、承保风险、代位求偿的内容;《解决国家与他国国民之间投资争端公约》中关于中心管辖权的规定。

## 考点 3　国际融资法

### 一、精讲

1. 国际融资法概述

国际融资法是调整国际资金融通关系的各种法律规范的总和。国际资金融通关系是指跨越国境的资金融通关系。资金融通关系不同于国际直接投资关系,它是指借贷资本的跨国流动关系,包括国际贷款融资、国际证券融资、国际融资租赁、国际融资担保等。这种投资的特点是,投资者并不直接参与所投资的项目和所投资的企业的经营管理。调整国际资金融通关系的法律规范包括有关国际金融的国内法,也包括有关国际金融的国际惯例和有关国际金融的国际公约。

2. 国际资金融通的方式

国际资金融通的方式主要包括国际贷款、国际证券融资、国际融资租赁。

3. 国际贷款的种类

国际贷款一般可分为政府贷款、国际金融机构贷款、国际商业银行贷款、国际银团贷款、国际项目融资等。

(1) 政府贷款,是指一国政府利用其财政资金,向另一国政府及其机构和公司企业提供优惠贷款所签订的协议。

(2) 国际金融组织贷款,是指世界性和区域性的国际金融组织向一国政府或公私企业提供贷款所签订的协议。国际货币基金组织是目前世界上最大的政府间国际金融组织,其主要宗旨是通过发放贷款调整成员国国际收支的暂时失衡。

(3) 国际商业银行贷款,是指一国商业银行作为贷款人以贷款协议的方式向其他国家借款人提供的商业贷款。

(4) 国际银团贷款,是指由数家国际性银行组成一个银行集团,按一定贷款条件向同一借款人提供贷款所签订的协议。该贷款一般具有金额大、期限长、风险分担、实行特殊的浮动利率等特点。

(5) 国际项目融资,又称国际项目贷款,是指专为建设特定的项目工程而发放的贷款,以项目完成后所产生的收益作为偿还资金来源。

国际项目贷款有如下特点:① 贷款人把资金贷给专门为完成该项目而成立的公司(项目公司),而不是直接把资金贷给项目的主办人。② 项目贷款以项目完成后的收益作为主要的还款来源,项目主办人一般仅以其投入该项目公司中的资产承担偿还责任。③ 传统的贷款方式中,以银行或政府提供的信用担保居多,但是项目贷款中一般以项目本身的资产和收益为贷款人设定担保。④ 项目融资一般期限长、成本高,风险由多方分担。⑤ 项目融资中贷款人的追索权往往受到贷款协议的限制。

项目贷款可以分为无追索权的项目贷款和有限追索权的项目贷款。后者是指除以项目完成后的收益作为偿还贷款的来源外,还要求与该项目有利害关系的第三人提供担保,但项目主办人和担保人仅以贷款合同和担保合同所约定的金额为限承担责任,而非无限责任。

4. 国际贷款协议的共同性标准条款

国际贷款协议所具有的共同性标准条款一般包括:

(1)陈述和保证条款,即陈述借款人及与贷款协议有关的事项,并保证其真实性和完整性。

(2)先决条件条款,即贷款人发放贷款前借款人必须满足的前提条件。

(3)约定事项条款,即为保证借款人如期还款,要求借款人承诺在融资期间的作为和不作为的义务。

(4)违约事件条款,即约定一些可能出现的情形,如果出现此类情形就视为借款人违约。

5. 国际融资担保

国际融资担保是指借款人或第三人以自己的信用和资产向外国贷款人所作的还款担保。国际融资担保主要包括物权担保和信用担保。

国际物权担保是指借款人或第三方以其拥有的资产(包括物和权利)向外国贷款人所作的偿还贷款的担保。根据担保物的性质,物权担保可分为不动产物权担保和动产物权担保及浮动担保。浮动担保(Floating Charges)又称浮动抵押(Floating Mortgage),是指借款人以其全部财产或某类财产向贷款人提供保证,于约定事件发生时,担保标的物的价值才能确定的法律形式。浮动担保中用于担保的财产的价值是变化的。

国际信用担保是指借款人或第三方以自己的信用向外国贷款人所作的偿还贷款的担保。主要包括保证、备用信用证和意愿书等。

(1)保证,是指由借款人以外的第三人以自己的信用作为借款人的还款保证,当借款人不履行债务偿还责任时,由保证人承担还款责任。

保证是信用担保中最为普遍的担保方式,在保证之中又以见索即付保证(又称独立保证)最为常用。见索即付保函(Demand Guarantees),是指任何保证、担保或其他付款条款,这些保证、担保或其他付款承诺是由银行、保险公司或其他组织或个人出具的,以书面形式表示在交来符合保函条款的索赔书或保函中规定的其他文件时,承担付款责任的承诺文件。据此,见索即付保函的担保人承担的是第一性的、直接的付款责任,故这种保函又称为无条件保函。

与传统的保证相比,见索即付保证有以下特点:① 持续性,并非要求保证人承担无期限的保证责任,而是指保证人要对贷款协议项下借款人的所有借款负责,确保在透支账户下,不因借款人的分期还款而减少保证人的担保责任,使借款人再提取的贷款能够继续得到担保保护。② 不可撤销性,指保证人无权以根据基础合同所产生的抗辩权对抗贷款人而撤销其保证义务。③ 无条件性,是指保证人对贷款人承担的是第一位的、独立的还款义务,即如果借款人违约,则贷款人可立即直接要求保证人承担还款责任。

(2)备用信用证。备用信用证是保证人(开证行)应借款人(开证申请人)要求向贷款人开出的以贷款人为受益人的付款凭证。当受益人出示信用证所规定的违约证明时,保证人即向受益人付款。

备用信用证主要有如下特点:① 保证人为银行。② 贷款人只要出具借款人违约证明,保证人就应当付款,而不必对违约事实进行审查。③ 开证行作为保证人承担第一位的付款责任,无权主张贷款人先向借款人追索未果后再付款。④ 备用信用证独立于该国际借贷合同这一基础交易,即便该国际借贷合同被认定无效,作为保证人的开证行仍须承担保证责任。

(3)意愿书。意愿书是指政府或母公司为其下属机构或子公司的借款向贷款人出具的愿意为其还款的书面文件。该书面文件一般不具有法律效力,因而在法律上难以执行。

## 二、例题

1. 在一国际贷款中,甲银行向贷款银行乙出具了备用信用证,后借款人丙公司称贷款协议无效,拒绝履约。乙银行向甲银行出示了丙公司的违约证明,要求甲银行付款。依相关规则,下列哪些选项是正确的?(2016年真题,多选)

A. 甲银行必须对违约的事实进行审查后才能向乙银行付款
B. 备用信用证与商业跟单信用证适用相同的国际惯例
C. 备用信用证独立于乙银行与丙公司的国际贷款协议
D. 即使该国际贷款协议无效,甲银行仍须承担保证责任

[释疑] 本题考点为备用信用证。在信用证支付的情况下,银行只对单据作形式审查,并无义务或权利对违约事实进行审查,备用信用证本身也独立于作为基础合同的贷款合同,基础合同是否有效,并不影响备用信用证开证行的付款责任,故 A 选项错误而 C、D 选项正确。普通信用证主要适用的国际惯例为《跟单信用证统一惯例》(UCP600),备用信用证适用的国际惯例主要是《国际备用信用证惯例》(ISP98),故 B 选项错误。(答案:CD)

2. 甲国公司承担乙国某工程,与其签订工程建设合同。丙银行为该工程出具见索即付的保函。后乙国发生内战,工程无法如期完工。对此,下列哪些选项是正确的?(2011年真题,多选)

A. 丙银行对该合同因战乱而违约的事实进行实质审查后,方履行保函义务
B. 因该合同违约原因是乙国内战,丙银行可以此为由不履行保函义务
C. 丙银行出具的见索即付保函独立于该合同,只要违约事实出现即须履行保函义务
D. 保函被担保人无须对甲国公司采取各种救济方法,便可直接要求丙银行履行保函义务

[释疑] 见索即付保函是指由银行、保险公司或其他组织或个人出具的,以书面形式表示在交来符合保函条款的索赔书或保函中规定的其他文件时,承担付款责任的承诺文件。见索即付保函的担保人承担的是第一性的、不可撤销的、直接的付款责任,故这种保函又称为无条件保函。担保人对索赔文件的审核责任仅限于表面审查,A 选项错误。虽然见索即付保函是产生于委托人与受益人之间的基础合同,但保函却独立于该基础合同。只要贷款人提交了保函中规定的索赔文件,则保证人即应当承担还款责任,而无须对违约的原因和事实进行调查,即使是战争导致违约,担保人也应承担偿付责任,B 选项错误、C 选项正确。担保人承担的是第一位的付款责任,担保权人无须对甲国公司采取各种救济方法,便可直接要求丙银行履行保函义务,D 选项正确。(答案:CD)

3. 关于特别提款权,下列哪些选项是正确的?(2009年真题,多选)

A. 甲国可以用特别提款权偿还国际货币基金组织为其渡过金融危机提供的贷款
B. 甲、乙两国的贸易公司可将特别提款权用于两公司间国际货物买卖的支付
C. 甲、乙两国可将特别提款权用于两国政府间结算
D. 甲国可以将特别提款权用于国际储备

[释疑] 特别提款权是国际货币基金组织按各国认缴份额比例分配给会员国的一种使

用资金的特别权利,可以与黄金、外汇一起作为国际储备,成员国在国际货币基金组织开设特别提款权账户,作为一种账面资产或记账货币,可以用于政府间的结算,它同时也被用来作为计价和定值单位,但不可用于公司之间的货物买卖结算,故 B 选项错误。(答案:ACD)

4. 实践中,国际融资担保存在多种不同的形式,如银行保函、备用信用证、浮动担保等,中国法律对其中一些担保形式没有相应的规定。根据国际惯例,关于各类融资担保,下列哪些选项是正确的?(2008 年真题,多选)

A. 备用信用证项下的付款义务只有在开证行对借款人的违约事实进行实质审查后才产生

B. 大公司出具的担保意愿书具有很强的法律效力

C. 见索即付保函独立于基础合同

D. 浮动担保中用于担保的财产的价值是变化的

[释疑] 本题考查几种国际融资担保的方式如备用信用证、意愿书、见索即付保函及浮动担保的主要特点。备用信用证下,开证行只对受益人出示信用证所规定的违约证明作形式审查,对借款人的违约事实并不进行实质审查,故 A 选项错误。意愿书是指政府或母公司为其下属机构或子公司的借款向贷款人出具的愿意为其还款的书面文件。意愿书通常内容措辞模糊,缺乏法律规范和交易惯例可资援引,因此该种书面文件一般不具有法律效力,故 B 选项错误。见索即付保函的担保人承担的是第一性的、直接的付款责任,即使基础借贷合同被宣告无效,保证人仍应承担保证责任,因此 C 选项正确。浮动担保是在借款人全部财产上设立抵押,从设立抵押到约定事件发生时,这些财产的价值会随着借款人经营状况的变化而相应变化,故 D 选项正确。(答案:CD)

### 三、提示与预测

国际融资法较少考查,唯独在 2008 年的考题中出现过一道考查几种国际融资担保方式特点的题目。故国际融资法部分主要掌握几种融资方式和融资担保方式的特点即可。

## 考点 4  国际税法

### 一、精讲

1. 国家税收管辖权及认定标准

国家税收管辖权是一国政府对一定的人或对象征税的权力,是国家主权在税收关系中的体现。国家管辖权的原则主要表现为属地管辖权和属人管辖权,主权国家一般都是根据属地原则和属人原则行使其税收管辖权的。目前世界上绝大多数国家按照属地原则和属人原则实行的税收管辖权,大致可以分为居民税收管辖权、收入来源地税收管辖权两个类别。

(1)居民税收管辖权。居民的认定标准,对于自然人,一般采取住所标准、居所标准或居住时间标准等确定。

对于法人,则分别有登记注册地标准、实际控制与管理中心所在地标准、总机构所在地标准等做法。

一国对被认定为本国居民的对象的全球所得,都可以主张征税。

(2) 来源地管辖权(仅对非居民纳税人来自境内的所得征税)

征税对象
- 营业所得:通过常设机构进行工商业经营
- 劳务所得:纳税人(个人)提供劳动服务的所得
- 投资所得:股息、利息、特许权使用费、租金收益
- 财产所得:转让财产所有权收益

各项所得来源地的确认:

| | |
|---|---|
| 营业所得来源地的确认 | 国际上一般采用常设机构原则,即征税国只能对非居民设在本国境内的常设机构来源于本国的营业所得征税。 |
| 劳务所得来源地的确认 | 纳税人如为企业,其所取得的劳务所得在各国税法上通常认定为营业所得。个人所获得的劳务报酬可以分为独立劳务所得和非独立劳务所得两类。各国确认独立劳务所得的来源地有以下标准:<br>① 固定基地标准、停留期间标准、收入支付地标准;<br>② 各国确认非独立劳务所得来源地的标准包括停留时间标准和收入支付地标准等。 |
| 投资所得来源地的确认 | 各国主要采用以下两种原则确认投资所得的来源地:<br>① 投资权利发生地原则,即以这类权利的提供人的居住地为所得的来源地;<br>② 投资权利使用地原则,即以权利或资产的使用或实际负担投资所得的债务人居住地为所得来源地。 |
| 财产所得来源地的确认 | 对转让不动产所得的来源地认定,各国税法一般都以不动产所在地为所得来源地。但在转让不动产以外的其他财产所得的来源地认定上,各国主张的标准不一。 |

为统一来源国的征税标准,经合组织范本和联合国范本确立了常设机构原则,即来源国对非居民来自本国境内的经营所得征税,必须以非居民在来源国境内设有常设机构为前提条件。常设机构是指一个企业在一国境内进行全部或部分生产经营活动的固定营业场所。常设机构一般是指管理场所、分支机构、办事处、工厂、作业场所、矿场、油井或气井、采石场或者其他开采自然资源的场所、农场或种植园等。在各国的税收实践中,有的国家采用实际联系原则,即对非居民纳税人来自与常设机构有实际联系的各种所得予以征税,与常设机构无实际联系的所得不征税。也有的国家采用引力原则,来源国并不考虑非居民纳税人来自本国境内的所得是否与常设机构有实际联系,只要属于来源于本国境内的所得,都可以合并入常设机构,作为常设机构的所得征税。

2. 国际双重征税

国际双重征税是指两个或两个以上国家各自依据其税收管辖权,对同一纳税主体或同一纳税客体在同一征税期间征收同样或类似的税收。国际双重征税分为国际重复征税和国际重叠征税。

国际重复征税是指两个或两个以上国家对同一跨国纳税人就同一征税对象在同一时期同时课税。国际重复征税也被称为法律意义的国际双重征税。国际税法上通常所说的国际双重征税就是指国际重复征税。国际重叠征税则是指两个或两个以上国家就同一征税对象对同一

经济来源的不同纳税人分别课税。国际重叠征税也被称为经济意义的国际双重征税。

居住国基于一定条件承认来源地税收管辖权的优先地位时,可在国内法上采取以下办法解决国际重复征税问题:

(1) 免税法,是指居住国对本国居民来源于国外的所得和位于国外的财产免予征税。免税法的实质是居住国对居民的境外所得放弃行使居民税收管辖权,等于承认来源国税收管辖权独占,使居住国财政收入减少。因此,虽然免税法对纳税人有利但实践中很少有国家采用。

(2) 抵免法,是指居住国允许居民纳税人在本国税法规定的限额内,用已向来源国缴纳的税款抵免就其世界范围内的跨国所得向居住国缴纳税额的一部分。抵免法包括全额抵免和限额抵免两种具体形式。全额抵免是指居住国允许居民纳税人已经向来源国缴纳的税款从居住国应纳税额(跨国所得)中全部抵免。在全额抵免中,并不考虑纳税人已经向来源国缴纳的税款是否超过了按居住国税率计算的数额。限额抵免是指居住国对居民纳税人在所得来源国已缴纳的税款所允许抵免的数额,仅限于取自来源国的所得按居住国的税法规定的税率计算的应纳税额。即如果来源国税率高于居住国税率,税收抵免额不得超过国外所得额按居住国税率计算的应纳税额。如果来源国税率低于居住国,则只能按纳税人实际已向来源国缴纳的税款抵免。

此外,还有税收饶让抵免,又称税收饶让,是指居住国对其居民因享受来源国税收减免等优惠待遇而未实际缴纳的税额视同已纳税额给予抵免的制度。一般要通过双方国家签订税收协定加以明确规定。发达国家为了鼓励本国资本到国外投资,大多同意实行税收饶让。

当前大多数国家采用限额抵免法,我国《个人所得税法》规定了采用限额抵免法。

(3) 扣除制,是指本国居民的应税总所得包括其境内和境外的全部所得,从其应税总所得中扣除国外已纳税款,其余额适用居住国所得税税率。采用扣除制并不能真正彻底避免国际重复征税,因此实行这种制度的国家不多。

(4) 减税制,是指居住国对本国居民来源于国外的收入,按照本国税率计算征税,但按照一定的标准予以减征。

3. 国际逃税与避税

(1) 国际逃税,是指跨国纳税人故意违反居住国税法和国际税收协定的规定,采取各种隐蔽的非法手段,以减少本应承担的国际纳税义务的行为。表现为不向税务机关报送纳税资料;谎报所得数额;虚构成本、多摊成本、费用、折旧等扣除项目等。

(2) 国际避税,是指跨国纳税人利用各国税法上的差别或漏洞,采取变更经营地点或经营方式等各种公开的合法手段,以减轻或不承担国际纳税义务的行为。从性质上讲,国际逃税行为是非法行为,而国际避税则表现为一种不道德行为,表面上并不违反东道国的法律。

纳税人进行避税的主要方式包括:① 纳税主体的跨国转移,这是自然人最常用的一种国际避税方式,作为纳税人的自然人往往通过移居来控制在某国的居住时间,使得自己不符合该国的纳税居民的条件(一般以特定的居留时间为确定纳税人的条件),从而避税。② 征税对象的跨国转移,主要包括两种方法:一种是跨国公司通过跨国联属企业的转移定价,即不是基于市场价格标准,而是人为操纵价格,以达到使利润从税率高的国家向税率低的国家转移的目的。另一种是通过在避税港(税率极低的国家或地区)设立基地公司,将在其他各地的所得和财产汇集于该基地公司的名下,以便达到避税的目的。

对于转移定价的做法,各国主要通过正常交易原则和总利润原则防治。正常交易原则是对关联企业相互间的交易活动,不按实际成交价格,而是均按照正常情况下的市场交易价格来计算应纳税额。总利润原则是不审核联营企业相互间的转让价格,而是直接按照一定的标准,将跨国公司的总利润分配给各联属企业并相应征税。

对于避税港避税的做法,各国防治的主要方法有:立法禁止纳税人在避税港设立基地公司;禁止非正常的利润转移;取消境内股东在基地公司未分配股息所得的延期纳税待遇,使得纳税人丧失在基地公司积累利润的积极性。

## 二、例题

1. 为了完成会计师事务所交办的涉及中国某项目的财务会计报告,永居甲国的甲国人里德来到中国工作半年多,圆满完成报告并获得了相应的报酬。依相关法律规则,下列哪些选项是正确的?(2015年真题,多选)

   A. 里德是甲国人,中国不能对其征税
   B. 因里德在中国停留超过了183天,中国对其可从源征税
   C. 如中国已对里德征税,则甲国在任何情况下均不得对里德征税
   D. 如里德被甲国认定为纳税居民,则应对甲国承担无限纳税义务

   [释疑] 《个人所得税法》第1条规定:"在中国境内有住所,或者无住所而在境内居住满一年的个人,从中国境内和境外取得的所得,依照本法规定缴纳个人所得税。在中国境内无住所又不居住或者无住所而在境内居住不满一年的个人,从中国境内取得的所得,依照本法规定缴纳个人所得税。"因此里德尽管不是我国的纳税居民,但对于其在我国的收入,我国可以行使来源地税收管辖权,故A选项错误、B选项正确。甲国如果依其国内法认定里德为其纳税居民,则纳税居民对居民国承担无限纳税义务,即便中国已经对里德征税,理论上甲国仍有权向其征税,故C选项错误、D选项正确。(答案:BD)

2. 甲国人李某长期居住在乙国,并在乙国经营一家公司,在甲国则只有房屋出租。在确定纳税居民的身份上,甲国以国籍为标准,乙国以住所和居留时间为标准。根据相关规则,下列哪一选项是正确的?(2014年真题,单选)

   A. 甲国只能对李某在甲国的房租收入行使征税权,而不能对其在乙国的收入行使征税权
   B. 甲、乙两国可通过双边税收协定协调居民税收管辖权的冲突
   C. 如甲国和乙国对李某在乙国的收入同时征税,属于国际重叠征税
   D. 甲国对李某在乙国经营公司的收入行使的是所得来源地税收管辖权

   [释疑] 甲、乙两国由于采用不同的居民身份认定标准,因此,双方均可对甲国人李某在本案中的收入行使居民税收管辖权,甲、乙两国可通过双边税收协定协调居民税收管辖权的冲突,故B选项正确。(答案:B)

3. 目前各国对非居民营业所得的纳税普遍采用常设机构原则。关于该原则,下列哪些表述是正确的?(2010年真题,多选)

   A. 仅对非居民纳税人通过在境内的常设机构获得的工商营业利润实行征税
   B. 常设机构原则同样适用于有关居民的税收
   C. 管理场所、分支机构、办事处、工厂、油井、采石场等属于常设机构
   D. 常设机构必须满足公司实体的要求

[**释疑**] 根据非居民营业所得的常设机构原则,该原则只针对非居民,仅对非居民纳税人通过在境内的常设机构获得的工商营业利润实行征税,管理场所、分支机构、办事处、工厂、油井、采石场等属于常设机构,而不是必须满足公司实体的要求,故 A、C 选项正确。(答案:AC)

### 三、提示与预测

国际税法问题在司考中只偶有涉及,相对而言其较为重要的几个问题是国际双重征税的解决办法(如免税法、抵免法等)、国际逃税和避税的主要手段及其主要防治手段等。